本书系2012年国家社会科学基金重大项目
——德国古典哲学与德意志文化深度研究
（批准号12&ZD126）

邓晓芒作品 · 句读系列

下卷 康德《实践理性批判》句读

邓晓芒 著

人民出版社

目　录

第二卷　纯粹实践理性的辩证论 ……………………………… 1

第一章　纯粹实践理性的一般辩证论 ………………………… 2

第二章　纯粹理性在规定至善概念时的辩证论 …………… 40

  I. 实践理性的二律背反 ………………………………… 76

  II. 对实践理性的二律背反的批判的消除 …………… 88

  III. 纯粹实践理性在其与思辨理性结合时的优先地位 …… 156

  IV. 灵魂不朽，作为纯粹实践理性的一个悬设 ……… 194

  V. 上帝存有，作为纯粹实践理性的一个悬设 ……… 229

  VI. 总论纯粹实践理性的悬设 ……………………… 340

  VII. 如何能够设想纯粹理性在实践意图中的扩展而不

     与此同时扩展其思辨的知识？ ………………… 366

  VIII. 出于纯粹理性的某种需要的认其为真 ………… 412

  IX. 人的认识能力与他的实践使命的明智适当的比例 …… 436

第二部分　纯粹实践理性的方法论

结　论 ……………………………………………………… 503

后　记 ……………………………………………………… 518

第二卷　纯粹实践理性的辩证论

今天开始讲辩证论。我们可以看到康德的批判哲学有一个固定的构架，通常是三个这样的部分，一个是分析论，一个是辩证论，它们属于要素论；然后是方法论。要素论，也就是分析论和辩证论，可以说是他的主体部分，也就是把纯粹理性的要素分析出来，再限定它的范围。那么谈完要素之后再谈方法，就是如何运用这些要素。要素论的基本概念、它的范畴以及它的原理和它的理念，这些都是属于主体部分，那么从这个主体里面最后引出方法，就是从他的立场看，要建立一门形而上学应该怎么建立，因为批判哲学毕竟还只是批判，为形而上学开路，还不是他的形而上学体系本身，他的形而上学体系只有经过批判哲学才得以建立起来。所以批判哲学的结果就是得出一套方法，得出方法之后再用这套方法去建立他的形而上学。形而上学的两大部分，一个是自然的形而上学，一个是道德形而上学。《道德形而上学》康德已经写出来了，自然形而上学他没有写出来，只写出了《自然科学的形而上学基础》。《道德形而上学》和《道德形而上学奠基》都是他完成了的，他认为这方面是他一生哲学工作最重要的任务和使命。至于自然形而上学的那部分，他认为很容易，可以交给他的学生们去做。《道德形而上学》已经有了张荣、李秋零的中译本，收入《康德著作全集》第六卷。我们今天要讲的是《实践理性批判》的第二卷，首先是其中的"纯粹实践理性的一般辩证论"。

第一章　纯粹实践理性的一般辩证论

这个辩证论的第一章是"纯粹实践理性的一般辩证论"。一般辩证论就是说从一般的立场来看，纯粹实践理性是应该有这一部分的，为什么？也就是说他把纯粹实践理性跟纯粹思辨理性对照着来看，得出了同样的道理。在《纯粹理性批判》里面引出了一个辩证论，那么在《实践理性批判》里面也应该有一个辩证论。这个辩证论是如何引起来的，首先要从总体上对它进行一番考察。康德的这个方法总是这样的，先从总体深入到细部。这是他论证的程序。我们来看看第一章。

纯粹理性总是有它的辩证论的，不管我们是在它的思辨运用中还是在它的实践运用中考察它；因为它向一个给予的有条件者要求那绝对的条件总体，而这个总体只有在自在之物本身中才能找到。

"纯粹理性总是有它的辩证论的"，一谈到纯粹理性，如果是未经批判的话，它必然地就要产生出辩证论来。我们前面已经讲到过，所谓辩证论就是说，当理性想要超出它的范围去规定它的对象的时候，它往往会陷入到它的幻相，而这种幻相它自己还觉察不了。这个理性在得出幻相的时候，它以为自己是完全合乎理性、合乎逻辑的，找不出什么毛病来。这在思辨理性和实践理性里面都是同样的道理，都是理性试图超出它的范围去规定它不能规定的东西。所以纯粹理性总是有它的辩证论的，当然，经过批判之后，我们就可以克服这种辩证论。辩证论也就是辩证法，Dialektik 在康德的心目中是一个贬义词，黑格尔把 Dialektik 变成一个褒义词了。在康德这里讲到辩证论的时候都是贬义词，比如说在纯粹理性批判里面讲到先验辩证论的时候，他给它取了一个名字叫"幻相的逻辑"，其中第一个幻相就是"谬误推理"，还有"二律背反"，都是属于"幻相"。分析论属于真理的逻辑，辩证论属于幻相的逻辑，当然不是说幻相本身有逻辑，而是说我们怎么样去避免幻相，这里面有逻辑。他是在否定的、消极的意义上谈辩证论的，辩证论一旦产生就给我们提供了一条线索，暴露了我们思想中的一些矛盾，那么我们要解决这种内在矛盾，有一些什么办法？这就是幻相的逻辑了。所以辩证论在康德这里是贬义的，但是又不是只有贬义，就是说，尽管凡是发生辩证论的时候就说明出了问题了，但是这个问题的确是应该提出来的，所以从另外一个方面说，辩证论倒是有助于我们揭示真相。我们的真理不是独断地能够假定的，而是要通过消极的方面、否定的方面对它进行攻击，它才经得起考验。如果没有辩证论的话，那就容易变成独断论。所以辩证论虽然是消极的，但是另一个方面它间接地也有积极意义，有反面教材的意义，它能间接地促进正面的真理。所以这里第一句话就讲，纯粹理性总是有它的辩证论的，"不管我们是在它的思辨运用中还是在它的实践运用中考察它"，它总是会发生辩证论。这就从已经讲过的纯粹思辨理性的辩证论引入到现在要讲的纯粹实践理性的辩证论了。"因为它向一个给予的有条件者要求那绝对的条件总体，而这个总体只有在自在之物本身中才能找到"，为什么两种纯粹理性一定会有它们的辩证论呢？是因为在两种场合下，纯粹理性的本质都是要通过推理，从有条件的东西里推出它的条件，一直推出条件的条件，乃至于推到最终，要得出那个无条件者，这就是纯粹理性的辩证论。在形式逻辑里面有三个阶梯：概念、判断和推理，概念和判断在康德那里属于知性的功能，知性的作用就是提出概念并作出判断，那么理性的作用就在于推理。而凡是推理，大前提总是假定的，你要对大前提加以怀疑，那这个推理就进行不了了。但既然有假定，就还不是彻底的真理，所以为了使推理不受假定的限制，必须要对大前提的假定进行追溯，看这个大前提它又是根据什么前提条件推出来的。那么这个追溯就会导致一种无穷后退的进程，凡是推理在追求真相时都会有这样一种不断往上追溯的趋势，想要达到最终无须条件而自明的真理。这就是理性的作用，就是通过推理去追溯条件之上的条件，试图一直追溯到最后的无条件者，它再不能追溯了，它就是一切条件的条件。那么这个无条件者当然是不可能现实到手的，只能在无限的追溯中来设定，这种设定就被称之为理念。所以理性必然要设定它的理念，你要追到哪里去，你的目标是什么？为什么你还觉得没有达到你的目标，那么你把你的那个最终目标给出来，那就叫理念。理念是一个追溯不到的东西，一个无限的东西，但是它是理性可以给自己提出的一个概念。它跟知性不一样。知性的范畴都是有用武之地的，都是在现实的具体认识过程中针对有限的经验对象的，唯独理念是针对无限对象的。理念是理性的概念，而范畴是知性的概念，这是两个不同的层次。从知性到理性，从狭义上看是一个从低到高的阶梯，那么理性的本质就是要通过推理往上推，推出到认识的范围之外。所以他这里讲，它向一个给予的有条件者要求那绝对的条件总体，而这个总体只有在认识的彼岸中、在自在之物本身中才能找到。其实这样一个总体你永远也找不到，你所能找到的都是有限的东西，它们本身都是有条件的，你的理念所设定的那个绝对的总体，它只能够在彼岸，只能在自在之物里。理念本身不是知识，它当然对于我们完善我们自己的知识有用。它引导我们不断地去追求，但是理念本身你不能把它当作知识，理念本身所意指的那个对象、那个无条件的总体只能是自在之物。

但由于一切事物概念都必须与直观相关，而直观在我们人类这里永远只能是感性的，因而只让对象不作为自在之物本身、而仅仅作为现象得到认识，在这些现象的有条件者和那个条件系列中是永远不可能遇到无条件者的，

"但由于一切事物概念都必须与直观相关"，一切事物都是具体的事物，具体事物怎么来的，我们先不管，但是这个事物已经在这里了，它必须与直观有关，必须是看得见摸得着的，必须是在时间空间中出现的。"而

直观在我们人类这里永远只能是感性的"，这个里面就包含着言外之意了，就是也可能有一种知性的直观，不是通过感性、不是通过时间空间来接受的，而是通过知性范畴直接就带来直观。这是康德所设想的一个我们人类所不具备的直观能力，叫作知性直观，或者译作理智直观、智性直观。这种直观我们人类是不具备的，但是我们可以去设想，设想有可能超出我们人类之上的存在者，比如说上帝。如果有上帝的话，他也许就有知性直观，他思想什么东西，什么东西就会出现。上帝说要有光，于是就有了光，他不需要感性的东西作为他的材料，他只要想到光，光就会出现在直观中。但是我们人类是有限的，所以我们人类只能凭借自己的感官，凭借自己的感性，凭借自己的先天直观形式，时间空间，这样来接受后天的感性材料。所以人类的直观都是感性直观，时间空间本身就是感性的东西，任何感性的材料只有在时间空间中才能显现。所以直观在我们人类这里永远只能是感性的，"因而只让对象不作为自在之物本身、而仅仅作为现象得到认识"。直观在我们人类这里，因为它是感性的，所以它的对象只能是现象，而不是自在之物。我们要凭借一个感性去认识一个对象，那我们所认识的对象就只是在我们感性的时空里面出现的那个对象，至于在感性后面的那个对象、那个超越时空的自在之物，那我们不知道，因为我们看不到。也许上帝能看到。如果有上帝的话，他也许就有知性直观，他也许就会一旦能思考到感性后面那个对象，他就能看到那个对象，他就能直观到那个对象。当然这个直观不是凭眼睛，不是凭感官，就是凭他的思维，上帝的思维本身就是直观的，但是人的思维不能是直观的。人的认识有两个来源，直观没有思维就是盲的，思维没有直观就是空的。所以在人类这里我们只能够认识现象，在认识中思维和直观这两大来源缺一不可，它们所组成的这个对象只能在现象中，只能在时间空间中，只能在我们人类的直观中显现出来，在直观背后的那个自在之物，康德承认它有，但是我们看不到。所以，"在这些现象的有条件者和那个条件系列中是永远不可能遇到无条件者的"，既然我们认识到的对象都是现象，所以要从有条件者去追求无条件者，或者是追求整个条件的总体，那在现象中是追求不到的，因为那个总体、包含那个无条件者都是属于自在之物的。最高无条件者和条件总体实际上是一回事，当然意思有点不同，就是整个条件总体必须靠最高的无条件者来把握。所以这个总体是一个自在之物。是因为最高的无条件者是个自在之物。这两个概念在很大程度上是重合的，条件总体和最高的无条件者在纯粹理性批判的第四个二律背反里面作了区分。就是说整个世界和整个世界的最高项，概念虽然有所不同，但是所指实际上是一样的，它们都属于自在之物，在这些现象的有条件者和那个条件系列中是永远不可能遇到它们的。

所以，从条件总体（因而无条件者）这一理性理念在现象上的应用中就产生出一个不可避免的幻相，似乎这些现象就是自在的事物本身（因为在缺乏一个警戒性的批判时它们总是被认为是这样的），

这就是前面讲的，由于一切概念都必须与直观相关，由于我们把对象只能够作为现象、而不能够作为自在之物来认识，这是前面的一个条件。"所以，从条件总体（因而无条件者）这一理性理念在现象上的应用中就产生出一个不可避免的幻相"，就是理性的理念当我们把它应用在现象上的时候，就会产生一个不可避免的幻相。什么幻相呢？"似乎这些现象就是自在的事物本身"。这个幻相是不可避免的，我们从现象中把理念通过纯粹理性推出来，是为了什么呢？当然是为了把握我们的现象中的对象整体，整个世界，否则我们去推干什么呢？我们就是要从有条件者推出无条件者，这是最高的条件，至上的条件，它本身再没有条件了；然后再用这个绝对条件解释一切，解释我们所有的条件系列是怎么来的。本来我们就是为了这个目的而运用我们的推理，所以我们一定会把无条件者这个理念运用在现象上，但是运用在现象上就会产生不可避免的幻相，就是以为这些幻相就是事物本身。就是说我们在把这个属于自在之物的理念在运用于现象的时候，必然会把现象也看作了自在之物

本身。括号中解释说："（因为在缺乏一个警戒性的批判时它们总是被认为是这样的）"，因为如果预先不受警告的话，由于现象是可以认识的，当我们把不可认识的理念运用在现象中的时候，我们当然会把这个理念也当作是可以认识的，这是不可避免地会产生的幻相。自在之物和现象的边界就这样被超越了，这是在《纯粹理性批判》里面讲到的辩证论，它所产生的幻相就是这样产生的。在《纯粹理性批判》里面当然康德已经做了一个警戒性的批判，已经把这样一个幻相的迷惑人的地方揭示了。但是如果不是经过纯粹理性批判把这一点揭示出来的话，人们总是会认为这个理念在现象上的运用就是在自在之物上的运用，其实这是有区别的。理念在现象上当然也可以作一种范导性的运用，但是你不能把它当作知识。它真正的用途并不是在现象上，在现象上当然可以运用，先验的理念可以作为我们现象界里面所有的知识追求的一个永恒的目标，这种引导就是在现象上的运用。理念也不是说不能在现象上运用，但是它运用在现象上的时候，它只是辅助性、调节性的作用，只是帮助现象的知识走向完善化，你不能把它本身当作是关于物自体的知识。但是往往我们就把它当作有关物自体的知识，也就是对它作了构成性的运用，如果不经批判的警戒，不经过预先批判的考察，那我们就把握不住这个幻相，就会被它所迷惑。

　　但如果这个幻相不是在理性把它的那个为一切有条件者预设无条件者的原理应用到现象上去时，通过理性的自相**冲突**而自己暴露出来，它是永远不会被发觉其欺骗性的。

　　我们把这句话压缩一下：但如果这个幻相不是自己暴露出来，那么"它是永远不会被发觉其欺骗性的"。这个幻相它可以自己暴露出来，它通过什么而能够自己暴露出来是骗人的幻相呢？他说，这个幻相"在理性把它的那个为一切有条件者预设无条件者的原理应用到现象上去时，通过理性的自相**冲突**而自己暴露出来"。也就是说，理性把它的原理运用到现象上去的时候就会产生一种自相冲突，只有这种自相冲突才使得幻相暴露出它的欺骗性。如果没有这种自相冲突的话,这种幻相是永远不会暴露出自己其实不是真理,而是幻相的。理性为什么会产生自相冲突呢? 是因为理性把自己的原理运用于现象,理性的原理就是为一切有条件者预设一个无条件者,理性把这样一种原理运用到现象上,要为现象中的一切有条件者预设一个无条件的理念。凡是理念都被预设为一个无条件者,那么当这个理念运用在现象上时,就导致理性的自相冲突,也就是二律背反。二律背反就是理性的自相冲突,看起来两方面都很有道理,都是合乎理性的,但是两个命题在逻辑上是不能相容的,你死我活。这样一种自相矛盾就使得理性非常尴尬,在理性遇到这样一种尴尬的时候,它就会反思了:我到底是哪里出了问题? 但是这种自相矛盾还没有被发现之前,理性还沾沾自喜,以为自己的那些幻相是真理,它们能够在有限中把握无限的东西,能够把握自在之物本身。但是当它们运用到现象上去时,它们所遇到的那种自相矛盾,就把它们的那种自满、那种骄傲自大完全摧毁了。虽然按照理性的法则来说,双方都完全合乎理性,但却不能相容,互相取消。那么在这种情况下,它们就完全暴露出自己是幻相,如果不是这样被暴露出来,它们是永远不会发觉其欺骗性的,在此之前,它们一直都被旧的形而上学认为是最高真理。但是由于它们的自相矛盾性,使得旧形而上学的名声受到了极大的损害,一谈到形而上学人们都认为是一种讽刺的话,形而上学家成了名声很不好的一类人。那么康德想恢复形而上学的"科学之女王"这样一个地位,所以首先必须要对旧的形而上学、包括使它名声扫地的那些形而上学幻相进行批判。所有这些都是在《纯粹理性批判》里面所展开的一种思想进程,这里则是以这样一种思想进程作为榜样,把它引进到《实践理性批判》里面来,就是说在那里的原理跟在这里的原理其实是一致的,是同一个原理。

但理性由此就被迫去追踪这个幻相,它是从何处产生的,以及如何能消除它,而这只有通过对整个纯粹的理性能力作一个彻底的批判才能做到;

　　前面讲纯粹理性已经产生幻相了，产生自相矛盾了，也发现了这些幻相具有欺骗性，那么是不是一切都崩溃了呢？上面我们讲形而上学已经被人们所唾弃，形而上学是不是就没有希望了呢？不是。康德是想从辩证论的这样一种消极意义里面力图找出它的积极意义来。所以他讲，"但理性由此就被迫去追踪这个幻相，它是从何处产生的，以及如何能消除它"，既然产生幻相了，你就不能掉以轻心，你就必须要查清查明这幻相从何而来，以及如何能消除它。"而这只有通过对整个纯粹的理性能力作一个彻底的批判才能做到"，这就是康德为什么要写《纯粹理性批判》的动机，他的理由就在这里。休谟惊醒了他独断论的理性梦，使康德意识到这些幻相是幻相。通过对二律背反的反思，也通过对上帝存在的证明、对灵魂不朽的证明的一系列的批判，康德试图重建形而上学。这只能通过对整个纯粹的理性能力作一个彻底的批判才能做到，而这就是由幻相所引发的积极意义。就是由于这些幻相，休谟提出了他的怀疑论，才惊醒了康德的独断论的迷梦，因此他想到，我们要从头检视我们的纯粹理性的能力。必须追踪这个幻相是从何而来的，以及如何能消除它的欺骗性，由此形而上学才能够恢复健康。纯粹理性的这些幻相使得形而上学处于危机之中，那么解决这一危机的办法是找到它的根源，消除这些病灶，形而上学就得到幸存了。

　　所以纯粹理性在其辩证论中所显示出来的二律背反，事实上是人类理性历来所可能陷入过的最有好处的迷误，因为它最终推动我们去寻求走出这一迷宫的线索，这个线索如果被找到，还会揭示那我们未曾寻求却毕竟需要的东西，即对事物的一种更高的、不变的秩序的展望，

　　就是说纯粹理性在它的辩证论中所显示的二律背反是他特别重视的，虽然除了二律背反之外还有对上帝存在证明的批判，还有对理性心理学的批判，但是其中最被他重视的就是二律背反：世界到底是有限的还是无限的，世界是由复杂的东西还是由简单的东西构成的，世界上到底有没有自由，整个世界到底是偶然的还是必然的。这个四个二律背反

惊醒了他独断论的迷梦，特别是第三个二律背反：这个世界上到底有没有自由，这个世界到底是全部服从自然因果性，还是有一种原因性是自由的，有一种自由因。这些是惊醒他独断论迷梦的最具有震撼力的一些幻相，双方都认为自己有道理，但是它们却不能相容。你说世界是有限的或无限的，这两个命题可能相容吗？它是有限的就不可能是无限的，它是无限的就不可能是有限的，必有一错。类似这些矛盾和冲突引发了康德的批判哲学，这就是他的思想根源。所以他一方面说，辩证论使我们陷入幻相，左右为难，但是另一方面这个辩证论，特别是里面的二律背反，"事实上是人类理性历来所可能陷入过的最有好处的迷误"。它当然是迷误，幻相嘛，使得你错误地以为怎么怎么样。但是这个迷误是最有好处的，因为这个迷误可以自己揭发自己，通过它的自相矛盾，它不是单方面的断言就是这样的，而是同时提出了两个互不相容的命题让你去断言，让你左右为难。所以它使你困惑，但是这种困惑是非常有好处的，它能使你彻底检查一番，所有这些左右为难的命题都是有根源的，如果没有这种迷误、没有这种困惑，你想不到去追问它的根源。但正因为有二律背反，所以你才被迫想到要去追溯它的来源，以便解决二律背反。以前理性也遇到过一些迷误，但是随着人类认识的提高这些迷误都被清除了；但是二律背反的迷误却是不管你多么小心都必然会陷入的。这个就要你从头检视一下了，你是不是一开头就出了问题。所以他讲，"因为它最终推动我们去寻求走出这一迷宫的线索"，这种二律背反最终会逼迫我们去寻找走出这一迷宫的线索。这一迷误不是白白地欺骗了你一番，而是在欺骗的同时使你反省，去反思这个欺骗的根，于是就迫使你去寻求一条解决问题的线索。"这个线索如果被找到，还会揭示出那我们未曾寻求却毕竟需要的东西，即对事物的一种更高的、不变的秩序的展望"，就是说当我们最后找到了走出迷宫的线索时，还会有一个意外的收获，我们最初并未寻找它，但它却毕竟是我们需要的东西。这里讲的其实就是理性在实践上的运用法规，这是我们在第一批判中并未有意寻求的，我们寻求的只是走出这一理论迷宫的线索。本来仅仅是要摆脱这个迷宫，摆脱这个困惑，但是在摆脱这个困惑的同时，我们突然发现了一个我们极其需要的东西，"即对事物的一种更高的、不变的秩序的展望"。由此显示出来有两种事物的秩序，一种是自然界的秩序，它由思辨理性通过科学来立法；另一种是道德的秩序，它是实践理性通过道德法则为实践主体自己立法，后者是对事物的一种更高的不变的秩序，在这方面我们可以得到一种展望。我们不但走出了理论理性的迷误，而且当我们走出的时候，我们同时也发现了一个更高的实践理性的秩序，这是我们未曾预料到的。当然这个秩序指的是理知世界的秩序，也就是道德实践、宗教信仰这样一个理知世界的秩序，它向我们展示了一个新天地，这个新天地更高，比我们以往曾经陷入到困惑之中的那个天地的秩序层次更高。这个更高的天地是我们毕竟需要的东西，虽然我们发现它是通过摆脱思辨理性、理论理性的困惑之后才能发现的新天地。但是这个新天地一旦被发现出来，我们就会看出它毕竟是我们需要的，我们人类除了需要科学知识以外，还需要道德行为法则，还需要有信仰。但我们一开始并不是要寻求这个东西，所以康德的批判哲学体系还是从《纯粹理性批判》开始，只是在它的结尾处，特别是"方法论"部分，展示出了它所引出的《实践理性批判》的新天地。康德在他的《纯粹理性批判》的方法论中已经引出了他的《实践理性批判》中的"理性的法规"，在方法论的第二章即"纯粹理性的法规"一章，康德明确提出，在前面先验分析论中所制定的只是"纯粹**知性**的法规"，但根本不可能有"纯粹**理性**的思辨运用的任何法规纯"，也就是在认识论意义上纯粹理性不可能有法规。法规是具有构成作用的知识成分，纯粹理性的理念不可能在知识中起构成作用，它只能起范导作用，只能起一种调节性的作用，它本身不能构成知识，它只能引导知识。所以在知识领域里面理性不可能有法规，认识的法规只能是知性的，这就是范畴和原理，它们是构成性的。但是像灵魂、世界整体、上帝这些理念本身不是知识，只可以引导知识，心理学上你可以不断地向灵魂靠近，物理学可以不断地向世界整体靠近，整个大宇宙和小宇宙可以不断地向唯一的上帝靠近。所以在认识领域里面只有知性的范畴和原理才是法规，理性不是法规。但是理性在另外一个领域里面可以作为法规，那就是在实践领域里面，这些法规就是道德法则，它们在另外一个领域里面构成一个秩序。所以他在《纯粹理性批判》里就讲道："这样一来，如果什么地方有纯粹理性的一种正确运用，并在这种情况下也必定有理性的一种**法规**的话，则这种法规将不涉及思辨的运用，而是关系到**理性的实践的运用**"（A797=B825）。当我们在《纯粹理性批判》里面，在认识论的顶点上，从幻相里面跳出来，我们就进入到了一个新天地，那就是道德实践的领域。在这个领域里面纯粹理性拥有一种构成性的法规，所以它有一种更高的不变的秩序。"更高的"是相对于我们现象界的科学知识领域的秩序而言的，人为自然界立法，当然就有了秩序；但是更高的秩序就是纯粹实践理性里面的秩序。康德为什么讲实践理性高于理论理性呢？实践理性高于思辨理性就在于它的秩序更高。它是一种支配性的秩序。

　　我们现在已经处在这种秩序中，并且我们从现在起就可以由确定的

[108]　规范指导着，按照最高的理性规定在这个秩序中去继续我们的生活。

　　"我们现在已经处在这种秩序中"，这个"现在"就是指，我们现在谈的是《实践理性批判》了，所以我们已经处在实践理性所建立起来的道德秩序中了。在《纯粹理性批判》的结尾方法论的部分，还只是对实践理性秩序的一种展望，而我们现在已经是在进行实践理性批判了。所以通过前一个批判的展望，我们现在进入到实践理性批判，进入到更高的秩序中了。"并且我们从现在起就可以由确定的规范指导着，按照最高的理性规定在这个秩序中去继续我们的生活"，这个就是在纯粹实践理性里面所要做的事情，我们从现在起已经获得了纯粹实践理性的法规，我们就可以由确定的规范来指导我们的生活了。"确定的规范"就是道德法则，就是定言命令，定言命令当然是确定的，它是无条件的，你应该这样

做,那就必须这样做,没有什么条件可讲。按照最高的理性规定,道德法则就是最高的理性规定,它比理论理性中理念的范导性运用更高,它是一种构成性的规定,所以我们可以在这个秩序中去继续我们实实在在的生活。"在这个秩序中",也就是在纯粹实践理性所形成的法规中,由道德法则所形成的秩序中,在这样的秩序的指导下去继续我们的生活。我们前面也有生活,就是追求科学知识。追求科学知识当然也是一种生活,知识就是力量嘛,它给我们带来巨大的物质利益。但是那样一种生活是由知性的法规来指导的,而不是由一种最高的理性法规来指导的。我们为什么要追求科学知识,无非是追求更高的物质利益,满足人们更多的感性需要。所以科学知识当然是有它的知性法规的,但是我们的感性需要是随着我们的感性条件的变化而不同的,我们感性需要是不断地变化的,欲望是难以满足的,所以是偶然的,这个没有什么规律,它是受感性的杂多所支配的,而不是受理性的法规所支配的。那么经过实践理性批判以后,我们可以按照最高的理性规定在这个秩序中去继续我们的生活。这个就跟我们的科学知识包括科学技术完全不一样了,我们进入到了一个道德的境界,一个信仰的境界,我们有了一种信仰的生活。而仅仅通过科学技术所追求的生活是片面的,那只是一个方面。这就是第一段,它从《纯粹理性批判》里面的辩证论引导到《实践理性批判》,以便下面进入到纯粹实践理性的辩证论。一开始讲,《纯粹理性批判》也好,《实践理性批判》也好,它们都有辩证论,那么接下来就讲《纯粹理性批判》即思辨理性批判里面的辩证论,它的思路是怎么来的,然后顺着这个思路到达《纯粹理性批判》的最后的结论,就是对纯粹理性法规的一种展望,顺理成章地就转到,我们现在已经处在纯粹理性的法规这样一种秩序之中。我们从现在起就由确定的法规指导着,并且按照最高的理性规定在这个秩序中去继续我们更高层次的生活。

在纯粹理性的思辨的运用中,那个自然的辩证论应如何来解决,以及应如何防止来自某个多余的自然幻相的错误, 我们可以在那种能力的批判中得悉详情。

这里有一个小改动, 原来译作"以及应如何防止另外来自某个自然幻相的错误", 这里改成"以及应如何防止来自某个多余的自然幻相的错误", 这个另外 (übrigens) 的也可以翻译成多余的。来自某个多余的自然幻相的错误, 也就是在自然界里面这种幻相是多余的, 它对于我们形成自然知识毫无用处, 我们在形成自然知识的时候, 可以不考虑它。不管是理性派还是经验派, 不管你站在哪一边, 你如果没有这种幻相的话, 完全不影响你, 我只要研究这个东西是怎么样的那个东西是怎么样的, 我不需要知道世界整体是怎么样的。对于科学家来说, 这种形而上学的预设、这种幻相是多余的。那么他这里讲的就是, 在纯粹理性的思辨的运用中, 也就是在理论理性的运用中, "那种自然的辩证论应如何来解决"。"自然的辩证论"就是作为一种自然倾向而引起的辩证论, 当涉及世界整体的时候, 比如说宇宙, 灵魂, 这都是物理学和心理学的整体对象, 这个时候它就有辩证论。它是如何解决的, "以及应如何防止来自某个多余的自然幻相的错误, 我们可以在那种能力的批判中得悉详情"。这些自然的辩证论所引起的是一些在自然科学中多余的自然幻相, 在科学研究中根本不需要它们, 而且还要避免它们的干扰, 而如何避免干扰, 这在《纯粹理性批判》里面已经详详细细地作出了解释。这还是一个铺垫, 承上启下。

但理性在其实践运用中的情况也是半斤八两。它作为纯粹实践的理性, 同样要为实践上的有条件者 (基于爱好和自然需要之上的东西) 寻求无条件者, 而且不是作为意志的规定根据, 而是即使在这个规定根据 (在道德法则中) 已被给予时, 以至善的名义去寻找纯粹实践理性之对象的无条件的总体。

这句就转到正题上来了。也就是说在纯粹理性的思辨运用中是那样的, 那种自然的辩证论应该如何来解决, 已经树立了榜样。但是呢, 话题一转,"理性在其实践运用中的情况也是半斤八两"。我们从《纯粹理性批判》的辩证论中,现在引入到实践理性的辩证论,我们就有了一个榜样,我们在《纯粹理性批判》里面是这样处理辩证论的,那么我们在《实践理性批判》里面,当我们遇到辩证论的时候,我们也会遭遇到幻相,情况也是一样的。就是说理性作为一种纯粹实践理性,同样要为有条件者寻求无条件者,这个跟《纯粹理性批判》里面情况是同样的。只不过在《纯粹理性批判》中的那个有条件者是一个认识的对象,比如说某种因果关系,一个对象它是有原因的,它的原因前面还有原因,还有原因的原因,可以一直追溯上去,凡是有原因的东西都是有条件的,那么是不是有一个终极的原因呢?这个终极的原因就涉及一个理念了,就是万物的原因,世界的整体的原因,或者世界的最高原因,这样一个最高原因就是一个理念,就是一个无条件者。那么在纯粹实践理性里面呢,情况类似,就是要为实践的理性的有条件者寻求无条件者,不同的是,这个有条件者是"基于爱好和自然需要之上的东西"。为什么这个短语要放在括号里面?就是说这是纯粹思辨理性和纯粹实践理性不同的地方,而他这句话里面讲的是相同的地方。同样要为实践上的有条件者寻求无条件者,括号里就说,这个有条件者不是基于自然的规律,而是基于爱好和自然需要之上。在思辨理性中有条件者是一种知识,我们有了一种知识,我们就要为它寻求它的条件;而在实践理性这里它不是一种知识,它是一种需要,它是你想要达到的某种目的,是你的自然倾向性,你的爱好,在这方面它是有条件的,与你的身体条件和周围的环境条件相关。有目的就有条件了,你要达到你的目的,那你就应当怎么怎么做,这就叫有条件的命令。但所有这些最后要追溯到无条件的命令,这就是在纯粹实践理性里面要做的事情了。这在形式上和思辨理性批判中一样,同样是为有条件者寻求无条件者,因为在我们所有的现实生活中,所有的那些有条件的命令,它们构成一个条件系列。人生有很多目的,这些目的形成了一个目的链条,你想得很远很深,你甚至想到你整个一生要追求的目的,那么既然你一生想要成为一个什么人，你想要成为一个名人，你想要成为一个演员，医生，大学教授等等，如果你要达到这个目的，你就要在生活中的每一点一滴做起，你的那些具体的目的都要为这样一个最终目的服务，都以实现这个目的为条件。当然有的人集中不了，他随时被引诱着偏离目标，他的人生就是失败的，能够坚持下来的人则是成功的。但是你为什么选择当演员，或者当医生，当教授等等，这本身仍然是有条件的，是根据各人的不同情况或爱好而定的，并不一定人人都必须当医生，或当教授等等。所以，最终的人生目的永远是有条件的，如果一个人能够运用实践理性，他就能够追溯，形成条件链条；而一个人生没有一定的目的的人，就形不成链条，我们说他缺乏实践理性。一个有实践理性的人能够把他的那些目的构成一个目标链条，他的一生所有的一举一动，追求这个目的追求那个目的，养家糊口，穿衣吃饭，他都有一个最终的目的，要实现自己人生的理想。但你为什么要追求这个理想、这个最终目的，这还是取决于你个人的条件，而并不是终极的目的，你所运用的实践理性就还是一般的实践理性，而不是纯粹实践理性。纯粹实践理性所考虑的则是终极目的，就是超越所有上面那些考虑之上，涉及我们讲的，人为什么要活着，人生有没有意义，人生有什么样的意义这样一些问题，不管你的人生理想是成为什么，都必须面临这一思考，这就是我们讲的"终极关怀"。那么终极关怀就是无条件者了，在康德这里只能是道德法则。不管你干什么工作，成为什么人，一个人活着就必须按照道德法则做事情，这就是无条件者。所以一切活动都是为这个无条件者服务的，一个有理性者如果按照自己的纯粹实践理性去行动的话，他就会意识到这一点。所以在纯粹实践理性里面同样要为有条件者寻求无条件者。"而且不是作为意志的规定根据，而是即使在这个规定根据（在道德法则中）已被给予时，以**至善**的名义去寻找纯粹实践理性之**对象**的无条件的总体"，这个补充句非常重要。就是说要为实践上的有条件者寻求无条件者，而且并不只是以此作为意志的规定根据，作为意志的规定根据的无条件者那就是道德法则，但是呢，这个无条件的总体还不仅仅是这样，不仅仅是作为意志的规定根据的道德法则，而是即使在这个规定根据已经被给予时，在你的意志已经被道德法则所规定时，还要考虑把所有那些有条件的东西统摄起来，归于"至善"这个无条件的总体之中。道德法则本身已经是无条件的命令、定言命令了，但是这还不够，因为它不足以统摄实践理性的各种对象，它甚至根本不管实践理性在感性世界中的目的性是否实现，而是自顾自地从彼岸世界向人发布命令。所以，真要形成实践理性对象的一个无条件的总体，那就还要以至善的名义去把实践理性的所有对象统一在一个无条件的理念之中，这个就很关键了。"至善"是用黑体字表示出来，它就比重点符号（加粗）更带有重点强调的意思，而且至善这个词在这里差不多是第一次出现，前面偶尔提到过两三次，但都没有展开（见《实践理性批判）第3、58、88页，边码4、52、76）。这里为什么提出至善的概念，就是强调这个至善是在实践领域中作为一切有条件者的无条件者，只有至善才能承担这个一切有条件者的无条件总体。道德法则作为意志的规定根据已经是无条件者了，但是它还不能作为一切有条件者的终极条件而与它们共同构成一个无条件的总体。意志的规定根据在这里还只是意志的**动因**，还不是它的对象，我们前面讲了，什么是纯粹意志的对象呢？那就是善。我们前面讲到着眼于善的自由范畴表，那些范畴都是对象，为什么说是对象呢？是因为我们的自由意志要追求的就是范畴表上面所列出的那些范畴。这与那个意志的规定根据还不太一样，它是规定了意志以后，作为一个结果你要去完成一个什么样的对象，不管你是否能够完成，但是你要达到的是一个什么样的对象，这就是各种不同的善；而善的无条件的总体就是至善。所有的部分都可以说是善，哪怕日常生活中，你要达到什么目的，你的手段对这个目的而言就已经是善（好）了。但是那是日常的善，各种各样的目的得到满足，你就说"很好"，但是那都是有条件的，也许在另外一种条件下，就不是好的甚至是坏的。那么所有这些"好"的情况的无条件的总体，那就是至善。当然道德本身也可以说是好的，道德本身的意志也可以说是善的意志，是好的意志，但是它还不是好的总体、不是善的总体。好的意志包括道德法则，它只是好的东西里面的最高部分，是最高的善，但是还不是至善。康德所理解的至善应该是一切善的东西的总体，不单单是最高的善，而是包括最高的善在内的完满的善。所以至善（das höchste Gute）这个概念，牟宗三先生把它翻译成"圆善"，这是有道理的。我们这里没有采取他的这个译名。我们还是用"至善"这个名称。但是我们要注意至善这个名称本身包含着歧义，它可能意味着"最高"的善，但是也可能意味着"圆满"的善。而康德的至善的意思是在完满的善这个意义上讲的。也就是说完满的善可以包括至高的善，至上的善，但是至上的善不能包括完满的善。因为康德的至善是用在完满的善这个含义上的，所以他才讲，即使在这个规定根据在道德律中已被给予时，仍然以"至善"的名义去寻求纯粹实践理性之对象的无条件者的总体。纯粹实践理性的对象就是至善，就是完满的善，就是一切善的总体，这个总体再没有条件了。当然道德法则它也是无条件的善，它是定言命令，定言命令就是无条件的命令，它本身最高，但还不是最完满，道德命令是无条件的，但是它还不是无条件的总体。至善则不仅仅是包含有无条件的规定根据，而且在被给予的时候，还要求一个无条件者的总体。他这里讲的至善不是道德法则，而是无条件的总体，这个总体当然也包含道德法则，作为这个总体的最高项。意志的规定根据是在彼岸，它跟一切此岸的目的是有界限的。但是至善要把彼岸和此岸完全统一起来，我们后面要讲到，所谓至善就是德福一致，就是道德法则跟此岸的幸福、跟感性的幸福要达到成比例的一致，这就是至善。所以他这里一定要把至善跟作为意志的规定根据的道德法则划分开来，当然最后他还是讲了，实际上道德法则仍然可以作为一个无条件者，作为至善中的最重要的要素。那么既然如此，似乎就不能说这个无条件者"不"是意志的规定根据，你只能说它"不只"是意志的规定性根据。但是他这个地方的意思，是说哪怕意志的规定根据已经给予了，它还不能叫作至善的根据，它仍然要以至善的名义去寻找对象的无条件的总体，而这个总体是你的意志所不可求的，只有上帝的意志才能达到。也就是说光是道德法则它不能叫作至善，你可以称之为最高的、至上的善，但是你不能把它称之为完满的善，它还不完满。真正的完满应该是善有善报，你光是道德还不行，还要得到相应的幸福，那就完满了。这个合乎我们通常的常识，我们通常老百姓都是希望善有善报恶有恶报，一个人做了好事应该有相应的报酬，这才是圆满，这大家都说好。如果一个人做了好事最后却没有得到好的下场，这个命运很悲惨，虽然大家都很佩服他，很崇敬他，但毕竟这个不圆满，应该给他一个大团圆的结局。但这并不是我们的意志能够做到的，也不能成为我们的意志的规定根据，我们的意志只能保证自己做道德的事，却不能保证最后有好的结果，那是上帝该操心的事。所谓至善就是德福一致，它最终要由上帝来担保，当然这个意思这里还没有讲。我们提前从这个角度理解，就可以看出他为什么要这样说。他已经从纯粹思辨理性进入到了纯粹实践理性，而且提出了纯粹实践理性的至善这个概念，至善这个概念是在纯粹实践理性的辩证论中提出的。正如同在《纯粹理性批判》里面所讲的辩证论就是要追求一切有条件者的最高条件即无条件者，这导致了纯粹思辨理性里面的二律背反；那么在纯粹实践理性里面，辩证论具体落实到至善这个至关重要的概念上，这里的辩证论就是因为要追求至善的德福一致，所导致的二律背反也是要为实践上的有条件者寻求一个绝对的无条件的总体，由此就形成了纯粹实践理性的辩证论。这个地方已经接触到他的主题了。

　　<u>把这个理念在实践上、也就是为了我们的合乎理性的行为准则来加以充分的规定，这就是**智慧学**，而当智慧学又作为**科学**时就是古人所理解的这个词的含义上的**哲学**，在他们那里，哲学曾是对至善必须由以建立的那个概念及至善必须借以获得的那个行为的指示。</u>

"把这个理念在实践上、也就是为了我们的合乎理性的行为准则来加以充分的规定,这就是**智慧学**",这句话是有来历的。"这个理念"也就是至善的理念,把这个至善的理念在实践上加以充分的规定,也就是为了我们的合乎理性的行为准则而作充分的规定,这个充分规定是为了用作我们的理性行为的准则、也就是用在实践上,而不是用在理论认识方面,这就是智慧学(Weisheitslehre),Weisheit 是智慧,Lehre 是学问,智慧的学问。这个智慧学是有来历的,它是从古希腊亚里士多德来的。我们知道亚里士多德有两种智慧,一种是理论智慧,一种是实践智慧。实践智慧就是 phronesis,那么理论智慧就是科学,它跟技术不一样。phronesis 是个希腊词,在希腊语里的意思就是智慧、审慎、明智、谨慎的含义,我们把它翻译成"实践智慧",也可以译作"明智"。这里说把至善的理念"为了我们的合乎理性的行为准则加以充分的规定",其实也就是明智的意思。所以我们说康德这句话是有来历的,这就是智慧学,明智之学,即实践智慧。我们在日常行为中、在实践中如何做得最好,这就是一种智慧,这种智慧需要审慎,需要明智,这就要建立合乎理性的行为准则。我们说你这样做不明智、不理智,我们要达到一个目的要怎样做才是明智的,这有一套准则,那么你要按照这样做你就是有实践智慧的。在古希腊实践智慧就是在这个意义上讲的。"而当智慧学又作为**科学**时就是古人所理解的这个词的含义上的**哲学**",当智慧学既作为实践智慧、又作为科学的时候就是古人所讲的哲学,在哲学这个词的含义上的哲学,也就是本来意义上的哲学了。这里的"古人",既包括亚里士多德,也涉及柏拉图。智慧学它本来是一种实践智慧,但是你把实践智慧又当作科学来看的时候,就是古人在哲学的本意上所理解的哲学了。哲学的本意是什么呢? 就是"爱智慧"(philosophia),不过这个爱智慧的"智慧"是 sophia,与 phronesis 还不太一样,sophia 包含实践智慧,但是也包含有科学知识。那么本来意义上的哲学就既是实践智慧又是理论智慧,就是把实践和理论、智慧学和科学融为一体,本来意义上的哲学就是这两者的合一。"在他们那里,哲学曾是对至善必须由以建立的那个概念及至善必须借以获得的那个行为的指示",这句话就特别讲了它是两者含义的合一。哲学是什么呢? 哲学曾经是对至善必须由以建立的那个概念的指示,那就是知识的问题、科学的问题,最高的知识就是至善的概念,柏拉图的"善的理念"就是这样理解的;以及至善必须借以获得的那个行为的指示,那就是实践智慧,实践智慧与理论智慧合为一体,亚里士多德就是这样理解的。柏拉图的善的理念是知识的原理,是理念世界的主宰,理念世界所有的理念都由善的理念加以统摄,所以理念世界的王国,它的国王就是善的理念,这个善的理念是万物追求的对象,当然也包括人的追求对象。理念世界也追求至善,即完备无缺意义上的善,至善作为太阳,作为最高的理念,它照亮了人们的知识王国。所以善的理念是至善必须由以建立的那个概念,至善必须由善的理念来建立,善的理念统治着整个理念世界,这是从认识论上讲的。"以及至善借以获得的那个行为的指示",这是从实践论上来讲的,你认识到了善的理念,那你就要去做,就要去追求,追求至善是你的使命。正是在后面这种意义上,康德不满意于柏拉图的善的理念仅仅停留于认识论的层面,完全被当作一种思辨的知识,所以他要转向亚里士多德的实践智慧。他在《纯粹理性批判》中批评柏拉图没有充分规定自己的概念,说他"因而有时谈话乃至于思考都违背了自己的本意",柏拉图"把他的概念扩展到思辨的知识上去……正是在这一点上我不能附和他",并且点明了,实际上,"柏拉图最初是在一切实践的东西中,就是说,在一切以自由为依据的东西中,发现他的理念的",所以这个理念"原本就是德行的理念"(A314—315=B370—372)。可见这一理念同时具有双重含义,一方面具有认识论的含义,另一方面具有实践的含义,而后者是更高、更本源的含义。哲学曾经是对这两个方面的指示,就是在认识论上,你要追求至善的理念;在实践论上你要按照至善的理念去做,通过那个行为你才能获得至善。所以哲学就是以实践智慧为统帅的实践哲学和理论哲学的统一。

假如我们让这个词保留其古代的作为一门**至善之学**的含义，那就好了，只要理性在其中努力使至善成为**科学**。

"假如我们让这个词"，什么词呢？就是"哲学"这个词，假如我们让哲学这个词"保留其古代的作为一门**至善之学**的含义"，比如在柏拉图那里，哲学就是追求善的理念，哲学就是关于至善的学问，那就好了，那就对了。"只要理性在其中努力使至善成为**科学**"，这是附加条件。当然至善之学里面有理性，而理性的作用就是努力使至善成为科学，而不是一种盲目的教条。古代那个词，"爱智慧"，我们要把它保留，它里面其实已经有了这两个方面的含义，一个是认识论的含义，一个是实践论的含义，道德的含义，把这两方面都保留下来，那就好了。它本来就具有这两个方面的含义，但是理性在其中还必须努力使至善成为科学，科学打了着重号。就是说古代这个词还没有真正成为科学，它想要成为科学，但是这是一个过程，两千年来人们都在努力，但是都失败了，现在康德认为还需要努力使它成为科学。以前的形而上学和哲学都只是一种"自然的倾向"，但是康德从此要使要使形而上学成为科学。所以他后面补充了一句：只要理性在其中努力使至善成为科学，而不能简单地把古人的意思全盘照收。古代人特别在柏拉图那里，当然也不能说他们没有努力，但是他们认为自己已经通过一次性的努力就完成了哲学，但实际上哲学还远远没有成为科学，有待于康德在现在进一步使哲学成为科学，成为一种"能够作为科学出现的未来形而上学"。他现在所做的工作就是这种"未来形而上学导论"。

因为一方面，这个附带的限制条件将会适合于希腊的这一术语（它意味着**爱智慧**），但同时却又足以把爱**科学**、因而爱一切理性的思辨知识，就其既在概念上又在实践的规定根据上有助于理性而言，一同包括在哲学的名义之下，却又不会让唯一能因之而被称为智慧学的那个主要目的逃出自己的视线。

这就是解释前面的了，假如我们让这个词保留其古代的作为一门至善之学的含义，那就好了，只要理性在其中努力使至善成为科学。"因为一方面，这个附带的限制条件"，也就是理性努力使至善成为科学，"将会适合于希腊的这一术语（它意味着**爱智慧**）"，这个附带的限制条件即努力使至善成为科学，与希腊的"爱智慧"是相适合的，因而与智慧之学也是相容的，这个条件是在古希腊哲学里面已经包含着的一个意思。"但同时却又足以把爱**科学**"，前面是爱智慧，这里是爱科学（die Liebe zur Wissenschaft），科学这里打了着重号，智慧包含实践智慧和理论智慧，理论智慧就是科学。"因而爱一切理性的思辨知识，就其既在概念上又在实践的规定根据上有助于理性而言，一同包括在哲学的名义之下"，一切理性的思辨知识，也就是理论知识，它们当然要包括在哲学的名义之下。我们可以把爱科学也同时包含在爱智慧的名义之下，因为爱科学本来就是从爱智慧那里来的。但要注意，这种包括是"就其既在概念上又在实践的规定根据上有助于理性而言"，不是仅仅只在概念上包括进来，而且是作为实践的规定根据而包括进来。这其实也是古希腊的传统，从苏格拉底开始，苏格拉底认为自己是"爱智慧者"，他不愿意称自己是"智者"，他认为智者是一个笑话，他只承认自己是爱智慧者。苏格拉底通常不谈自然知识，虽然苏格拉底有很丰富的自然知识，但是苏格拉底认为这些表面的知识其实是无知的，苏格拉底自知其无知。无知并不是说他缺乏自然科学的知识，他说的无知是指他缺乏人文的知识、实践的知识，他不知道什么是美德、什么是善或正义这些知识，美德是否可教，什么是美等等。苏格拉底的智慧主要是指实践智慧，当然也不排除科学。所以这个附带的限制条件，它一方面适合于希腊的这个术语，因为希腊这个术语它不排除科学；但另一方面，它要使实践智慧连同思辨智慧一起成为科学。虽然苏格拉底已经明显地从自然科学的知识转入到实践智慧里头来了，但是柏拉图仍然非常强调自然知识，他的理念世界在善的理念之下包括一切自然知识和实践知识，包括这个自然是怎么构成的，水火土气四大元素是如何按照几何学方式把万物构造出来的，柏拉图晚年特别致力于这方面的研究。所以这样一个限制条件跟希腊的爱智慧是不冲突的。但同时却又足以把爱科学因而爱一切理性的思辨知识一同包括在哲学的名义之下，这个包括既是在概念上又在实践的规定根据上有助于理性。思辨的知识在概念上当然是有助于理性的，我们的理性在思辨上就体现在我们的自然科学知识上面，思辨理性从概念到概念，要把概念搞清楚；但同时呢，又要在实践的规定根据上有助于理性，也就是同时又有助于实践理性，这个就跟《纯粹理性批判》里面有一点差别了。《纯粹理性批判》里面那些思辨知识的主要目的不是在实践的范围内有助于理性，而主要是要搞清楚科学知识何以可能。当然在最后，在《纯粹理性批判》的方法论中接触到了这个方面，他认为思辨的知识能够最后通过辩证论、通过自我批判把我们引向实践理性，这就造成了向《实践理性批判》的过渡。这个过渡就是说，这些思辨的理念都不会被抛弃，但是它们会作为实践理性考虑的问题被纳入到实践理性中来，所以思辨的知识它在实践的理性的规定根据上也是有助于理性的，最终是有助于道德法则的运用的。道德法则本身提供了纯粹理性在实践中的不矛盾性，定言命令无非就是把自由意志用逻辑来加以确定，所谓的自律就是用自由意志来规定自由意志，使得自由意志在逻辑上不自相矛盾。因此道德法则在逻辑上它的本质就是纯粹理性的运用，也就是同一律和不矛盾律在实践方面的运用。所以在这方面思辨理性也是有助于理性的。这就是为什么能够把爱科学、爱一切理性的思辨知识一同包括在哲学的名义之下，不光是爱实践理性，也爱理论智慧，当然它们的层次不一样，实践理性更高一层，但是它们都是爱智慧。"却又不会让唯一能因之而被称为智慧学的那个主要目的逃出自己的视线"，"因之"，因什么呢？因这个主要目的而被称为智慧学，这个"之"是代词提前了。就是说那个主要目的还是实践的目的，还是追求至善的目的，就是实践的智慧仍然是爱智慧、智慧之学的主要目的。phronesis 这个词虽然有两种智慧包含在里面，既爱实践的智慧也爱思辨的智慧，但是实践智慧是主要目的，思辨智慧是为实践智慧服务的,是从属的。为什么叫作智慧学? 唯一的原因就是实践的智慧。这是一个方面,即我们可以借这个附带条件把全部智慧学变成一门真正科学的形而上学。

另一方面,对于那胆敢以哲学家头衔自命的人,一旦我们通过定义把那个将使他的资格大受贬损的自我评估的尺度摆在他面前,就会吓退他的自大,而这也不坏;

"另一方面"就是说,把智慧学变成一门科学,并不意味着凡是有一些科学知识的人都可以自称为哲学家,而是仍然保留有哲学作为一门实践智慧的主要含义,也就是保留着哲学作为"爱智慧"、而不是有任何现成的智慧的含义。"对于那胆敢以哲学家头衔自命的人,一旦我们通过定义把那个将使他的资格大受贬损的自我评估的尺度摆在他面前,就会吓退他的自大",就是说,如果有人胆敢以哲学家的头衔自命,那么我们就告诉他,哲学家并不是那种仅仅着眼于科学认知、思辨的智慧并以此沾沾自喜的人,而是身体力行地去追求智慧的人。但是如果我们把哲学的这种解释、即它里面其实主要是实践智慧的含义摆在他面前,那么这样一个定义就会使他的哲学家资格大受贬损,使他再也不敢自大。这里显然在暗示苏格拉底和智者学派的争论,智者学派把哲学家的头衔理解为"有智慧的人",他们自以为有很多现成的知识,就可以自称为"智者"。但苏格拉底通过和他们辩论而揭示出来,光是有很多知识并不能称为智者,凡人的知识只是些雕虫小技,不算智慧,只有神才是有智慧的,而人顶多只配称为"爱智者"。所以苏格拉底说自己"自知其无知",没有智慧,只是爱智慧而已,这才是哲学家的本意。你要成为一个哲学家,你不能没有最主要的东西,就是对神的智慧的追求和爱,所以这样一个定义就会使那些人的哲学家资格大受贬损,使他自惭形秽。你自称为一个哲学家,你对实践智慧到底了解多少? 我们把这个尺度摆在他面前,这就会吓退他的自大了。"当然这也不坏",就是应该把他们从自满自大的高处拉下来,回复到哲学的本意,保持在智慧面前的谦虚。

　　因为做一名**智慧的导师**，比起一名还一直没有进到足以用对一个如此高尚的目的的有把握的期待来指导自己、更不用说指导别人的学生来，确实要意味着更多的东西；那将意味着一位**知晓智慧的大师**，它所表示[109]的将超过一个谦虚的人会对自己期许的，而哲学将正如智慧本身那样，仍然还会是一个理想，

　　"因为做一名**智慧的导师**，比起一名还一直没有进到足以用对一个如此高尚的目的的有把握的期待来指导自己、更不用说指导别人的学生来，确实要意味着更多的东西"，做一名智慧的导师，意味着你真的要当一个教导智慧的哲学家，那你就要注意，这个智慧的导师要比仅仅是一名学生意味着更多的东西。也就是说，你必须自认为能够用一个"如此高尚的目的"即实践智慧（也就是前面讲的"智慧学的主要目的"）的期待来指导自己和指导别人。如果你做不到这一点，只想教一点现成的知识，那你和那个学生没有两样，怎么配称为智慧的导师？如果你想做一名智慧的导师，你又没有更多的东西的话，那你仅仅是一名学生。因为做一名智慧的导师，要比做一名学生具备更多的东西，他必须进到足以用对一个如此高尚的目的的有把握的期待来指导自己，也就是用实践智慧、爱智慧来指导自己，也因此才能指导别人，成为别人的老师。但如果加上这样一些更多的东西，"那将意味着一位**知晓智慧的大师**，它所表示的将超过一个谦虚的人会对自己期许的，而哲学将正如智慧本身那样，仍然还会是一个理想"。**知晓智慧的大师**，在这样一个头衔面前，一个谦虚的人就会超过对自己的期许，正如古代的智者派一样。一个有自知之明的人，他不会把"知晓智慧的大师"这样一个帽子戴在自己的头上，例如苏格拉底就拒绝给自己戴上"智者"的头衔，因为这个名头太大了，你以为你是神吗？他在和普罗塔哥拉辩论的时候，就强调"美德不可教"，能够教的只是那些表面的知识，真正的实践智慧没有老师，要靠每个人自己去追求，首先要意识到自己无知，才能有追求的动力，而无知是不可教的。这样一种实践智慧的哲学即爱智慧，将正如智慧本身那样，

仍然还会是一个理想。就是说，如果这样来理解哲学，那它是凡人所不可能达到的，只能是一个理想。所谓理想，就是没有人适合戴这样一个大帽子。所以苏格拉底说，我不是智者，我只是爱智慧者。

这理想在客观上只是在理性中才完全被表现出来，但主观上对个人来说却只是他不停努力的目标，而且只有那能够在自己个人身上把这种努力的不容置疑的作用（就他对自己的克制和他对普遍的善首先抱有的无可怀疑的兴趣来看）作为榜样树立起来的人，才有资格宣称以自命为哲学家的名义达到了这个目标，这也是古人为了能够配得上这个尊称所要求的。

"这理想在客观上只是在理性中才完全被表现出来，但主观上对个人来说却只是他不停努力的目标"，这样一个理想实际上是达不到的，我们只有在理性中才能够把它作为理念表现出来，我们可以设想出这个理念作为永恒的目标，就是设想一个哲学家或者一种哲学智慧，然后每个人可以朝这个方向努力。康德在《纯粹理性批判》里面也讲到了，哲学家这样一个概念是一个理念。没有人在严格意义上敢于自称为是哲学家，我们只能是哲学工作者，哲学研究者，"我们只能学习做哲学研究"，"哲学就是一个有关某种可能的科学的单纯理念，这门科学永远也不被具体地给予，但人们却从各种不同的道路去试图接近它"。因此，"哲学家"只是一个理想中的导师，"自称是一位哲学家并自以为比得上那个仅仅存在于理想中的蓝本，这是非常大言不惭的。"（A838—839=B866—867）主观上对个人来说，做一个哲学家只是他不停努力的目标，那只是我们的理想。"而且只有那能够在自己个人身上把这种努力的不容置疑的作用（就他对自己的克制和他对普遍的善首先抱有的无可怀疑的兴趣来看）作为榜样树立起来的人，才有资格宣称以自命为哲学家的名义达到了这个目标"，只有那种人能够自命为是哲学家，什么人呢？就是他能够在自己个人身上把这种趋向于做一个哲学家的努力作为榜样树立起来，才有资格宣称达到了这个目标，但也只是"以自命为哲学家的名义", 也就是名义上成为了哲学家。对这样一个人来说, 追求哲学, 追求智慧, 是他不停努力的目标, 只有作为这样一种榜样, 而不是作为一个具体的个人, 他才有资格宣称达到了这个目标。在现实中具体的个人其实是达不到的, 没有这样的人。人都只是在追求成为哲学家的过程之中; 只有当他把这种努力的不容置疑的作用做成了一个榜样, 仅就他对自己的克制和他对普遍的善首先抱有的无可怀疑的兴趣这一点来看, 我们可以承认他是一个哲学家的蓝本, 一个哲学家的典型。而就这一点来看, 这个哲学家典型实际上就是一个实践智慧的典型, 这种实践智慧表现在他对自己的克制和对普遍的善抱有明显的兴趣上。康德在《纯粹理性批判》中也说: "为了道德哲学对于一切其他理性追求的优越地位之故, 我们自古以来也一直都把哲学家这个名称同时理解为并且首先理解为**道德学家**, 而且甚至连表面上表现出理性的自我控制能力, 也会使得我们现在还按照某种类比而把一个人称之为哲学家, 即使他的知识很有限。"(A840=B868)如果一个人对自己有很强的理性的克制, 又对普遍的善即道德首先抱有无可怀疑的兴趣, 那么我们当然可以把他作为道德的榜样, 并且在类比的意义上把他称为哲学家。但是前面说过, 就像伏尔泰那样, 道德榜样不必考虑他本人真实的情况, 而是在我们欣赏者、崇拜者心目中把他树立起来的, 我们把它当作一个标本。当然所有的标本并不是完美无缺的, 但是我们可以把它们当作完美无缺的。他当然有缺陷, 但是我们可以在他身上看出完美无缺应该是什么样的。"而这也是古人为了能够配得上这个尊称所要求的", 这里的"古人"显然是指苏格拉底了。哲学家、爱智慧者它只是一个目的, 苏格拉底之所以不敢自称为是智者, 只敢自称为爱智慧者, 就是说智慧是永远追求不到的, 但可以在实践中去不断追求和践行, 去日益接近它。只要你有对智慧的爱、也就是无可怀疑的兴趣, 并在实践中把这种努力在自己身上无可置疑地表现出来, 就可以配得上爱智慧者即"哲学家"这个尊称所要求的了。

　　刚才我们讲的整个这一大段，就是康德把一些概念理了一下，智慧、智慧学、实践智慧、爱智慧，哲学家、哲学、智慧大师、导师等等，对所有这些概念作了一个梳理。这是一些基本的技术性的处理，如果这些搞不清楚，下面就很难进行了。主要是把智慧、实践智慧在爱智慧（哲学）中的地位加以确定，实践智慧在爱智慧中是处于一个主体地位，当然也包括理论智慧，包括科学，但是实践智慧是最高的，实践智慧高于理论智慧。所以在哲学里应该是以实践智慧为主，而那些自命为哲学家的人在这个标准面前会自惭形秽，都不配称之为哲学家。你真正要做到通晓实践智慧，那永远是一个理想，能够配得上称为哲学家的人在这个世界上是没有的，那只是一个理想，或者一个榜样。我们通常称一个人为哲学家，那都不是在严格意义上讲的，而只是类比，他只能是一个哲学工作者，他把哲学家作为一个理想来接近。这一大段的意图，就是在上面提出"至善"的概念之后，从哲学史上澄清这个至善作为实践智慧在哲学中高居于理论智慧之上的崇高地位，以及它作为绝对的无条件者，作为纯粹实践理性的一切对象的总体，而与现实的个人之间所拉开的无限距离，从而为后面的纯粹实践理性的二律背反的发生提供了基点。下面一段就直奔他的主题了，就是切入到至善的概念和它的辩证论之间的关系。纯粹实践理性的辩证论与纯粹思辨理性的辩证论不同，它不是由世界整体的二律背反引出来的，而是由至善的理念所导致的二律背反引出来的。

　　就纯粹实践理性的辩证论而言，在对**至善**概念进行规定这一点上（这种规定，当纯粹实践理性的辩证论得到解决时，就正如理论理性的辩证论一样，让人期待最有好处的结果，因为坦率地展开而不是隐瞒纯粹实践理性的自相矛盾，就会迫使它对自己的能力进行彻底的批判），我们只需再作出一个预先的提醒。

　　前面都是在谈纯粹实践理性的辩证论在和纯粹思辨理性的辩证论相类比时所呈现出来的一般共同之处和不同之处，共同之处在于两者都是因为追求无条件的条件总体而导致了二律背反，不同的是，理论理性是追求世界整体，实践理性是追求至善，至善导致的二律背反是幸福和德行、科学和实践智慧的冲突。那么这里说，"就纯粹实践理性的辩证论而言，在对**至善**概念进行规定这一点上"，我们还要作一个预先的提醒。括弧里面是就"在对**至善**概念进行规定这一点上"进行说明，他说："这种规定，当纯粹实践理性的辩证论得到解决时，就正如理论理性的辩证论一样，让人期待最有好处的结果"。对至善的概念进行规定肯定会引来二律背反，但它正如理论理性的辩证论一样，所引起的二律背反在得到解决时，就会让人期待最有好处的结果。就是如果我们对于由至善所引起的纯粹实践理性的二律背反加以解决，它同样会带来最大的好处，正如同在《纯粹理性批判》的辩证论解决了以后会带来很大的好处一样。什么好处呢？"因为坦率地展开而不是隐瞒纯粹实践理性的自相矛盾，就会迫使它对自己的能力进行彻底的批判"，我们只要把至善理念在进行规定的时候所必然导致的二律背反坦率地揭示出来，而不是隐瞒不报、讳疾忌医，这就会迫使纯粹实践理性对自己的能力进行彻底的批判。我们通过辩证论的揭示可以进一步对于纯粹实践理性的能力，它能做到什么，它的界限何在，乃至于最后它可以希望什么，都得到一种彻底的考察。但是这一段主要是讲，就纯粹实践理性的辩证论而言，我们只需再作出一个预先的提醒。这个"预先的提醒"就把我们带入到纯粹实践理性的辩证论的核心问题里面去了，这就为下一章打开了一扇大门。

道德法则是纯粹意志的唯一的规定根据。但由于这一法则只是形式上的（也就是只要求准则的形式是普遍立法的），所以它作为规定根据就抽掉了一切质料，因而抽掉了一切意志客体。

这个预先的提醒主要还是在这一点，就是说，"道德法则是纯粹意志的唯一的规定根据"。我们刚才讲了，对纯粹意志的唯一规定根据就是道德法则，而不是至善，因为至善是由两部分构成，即道德法则和幸福，德福一致才是至善。道德法则只能是纯粹意志的唯一规定根据,"唯一"的意思就是说,它唯一能规定的就是纯粹意志。所以它不是整个至善的规定根据,因为它无法规定幸福。为什么不能规定幸福? "但由于这一法则只是形式上的(也就是只要求准则的形式是普遍立法的),所以它作为规定根据就抽掉了一切质料,因而抽掉了一切意志客体",为什么道德法则只能规定纯粹意志,而不是规定幸福的根据,就是因为它仅仅是形式上的,而把一切质料、把一切意志的客体都抽掉了。这些质料和意志的客体正是幸福的内容,你把它们都撇开不谈,只谈道德法则,只用这种形式来规定意志,那当然就对幸福毫无影响力了。而至善作为一种善,它是意志的客体,因为它包含幸福在自身中作为它必要的要素。一般说来,任何善都是意志的客体,这在自由范畴表里面我们已经看出来了,各种各样的自由的实现就是各种不同等级的善的实现,它们构成了纯粹实践理性的"对象概念"。至善则是其中的最高等级,当然也是纯粹意志的客体(或"全部客体"),但它不可能成为纯粹意志的规定根据。因为,固然它里面的道德法则是纯粹意志的规定根据,但与之相配的幸福却不是,如果你把幸福也掺杂进来,作为纯粹意志的规定根据,那纯粹意志就不纯粹了,就把道德法则败坏掉了,整个至善也就不可能了。正因为道德法则只有把所有客体都抽掉了才能作为纯粹意志的规定根据,至于行动之后达到一种什么样的后果、产生什么样的客体,道德法则是不管的,所以如果至善要想作为纯粹意志的规定根据的话,它就必须另外引入幸福的原则,但这是与道德法则相冲突的,由此而导致二律背反。所以至善不能作为规定纯粹意志的根据。

因而尽管至善是一个纯粹实践理性、亦即一个纯粹意志的全部**对象**,但它却并不因此就能被视为纯粹意志的**规定根据**,而唯有道德法则才必须被看作是使那个至善及其促成或促进成为意志自身的客体的根据。

"因而尽管至善是一个纯粹实践理性、亦即一个纯粹意志的全部**对象**,但它却并不因此就能被视为纯粹意志的**规定根据**",这里"对象"和

31

"规定根据"都打了着重号，就是说纯粹意志的全部对象跟纯粹意志的规定根据是完全不同的，尽管至善是一个纯粹实践理性、亦即一个纯粹意志的全部对象，但至善却并不因此能被视为纯粹意志的规定根据。它是纯粹意志的全部对象，但是它不是纯粹意志的规定根据。就是说你的纯粹意志不能够是以至善作为自己的规定根据，纯粹意志只能够从形式上完全是抽象地按照定言命令来加以规定，而至善却不能做这种规定，你不能说我既想根据最高的道德法则行动，同时又想由此获得全部与之成比例的幸福，你的意志不能以这样一种至善作为规定根据。你做好事，不能是因为你是想善有善报，这个不能作为你的意志的规定根据。但是善有善报可以是纯粹意志的全部对象，就是从质料上、后果上来考虑，纯粹意志还是希望能够善有善报，既要有道德上最高的善，同时呢善人也应该得到与他的道德相配的最大的幸福。这个是可以作为纯粹意志的全部对象来看待的，但是不能作为纯粹意志的规定根据来看待，简言之，可以作为后果来期待，但不能作为动机来要求，这个是有区别的。也就是说我们做道德的事情当然不是出于要得到幸福的动机，但是既然我们做了道德的事情，我们就会自然希望要得到与之相配的幸福，这才叫作圆满。但你不能把希望与之相配的幸福当作你的动机，当作你的纯粹意志的规定根据。我就是为了得到与之相配的幸福，所以才去做道德的事情，那就不对了，那个道德的事情本身是不是真的道德就值得怀疑了，而你所要求的"与之相配的幸福"是否真与你的道德相配也就有问题了。因为你把至善当作你的纯粹意志的规定根据时，你已经混杂进了幸福原则。纯粹意志的规定根据唯一地只能够是纯粹的道德法则，不能说还可以带有某些幸福呀、爱好呀这些考虑在里面，一丝一毫都不能带入，只有完全抽象化、形式化的原则，才可以是纯粹意志的规定根据。当然规定了以后呢，这个纯粹意志的行动还是尽可能想要获得善有善报的结果。这个是不一样的。总之，"唯有道德法则才必须被看作是使那个至善及其促成或促进成为意志自身的客体的根据"，唯有道德法则才必须被看作是那个根据，就是我们刚才讲的，你的意志的规定根据只能出于纯粹的道德法则，不能出于任何别的考虑。但是这个道德法则作为纯粹意志的规定根据呢，最终也能使得那个至善及其促成或促进成为意志自身的客体。就是意志的规定根据当然是道德法则，但是道德法则规定了意志以后，它对至善有一种促成作用，它可以促成至善成为意志自身的客体，因为它提出了一个标准，我的意志是从道德法则出发的，所以我才有希望得到至善。但是如果你不是出于道德法则，那你对至善成为意志的客体就没有促进作用，甚至于起相反的作用。所以康德在这里阐释了虽然动机和效果两者是不同的，但是关系又是密切的。你以纯粹道德法则作为意志的规定根据，那么你就能够希望至善成为意志的客体或对象。意志的客体跟意志的规定根据不一样，我不是为了这个客体才去做道德的事情，而是我做了道德的事情，道德规定了我的意志，那么这个道德的事情就应该有与之相配的幸福，那么客观地来说，意志的客体就应该是至善。所以至善是意志的结果，但是不是意志的初衷，不是你的出发点，你的出发点是纯粹道德，但是你的结果是使得你能够或使得你配得上成为至善的获得者，也就是成为与之相配的幸福的获得者。道德加上与之相配的幸福就是至善。这是一种微妙的关系。所以他这个预先的提醒就在这里，就是说我们要把这一点确立下来，我们要把你的出发点跟你的最后的结果区分开来。

这一提醒在一个像对德性原则作规定这样一种微妙的场合下是有重要意义的，在此即使最小的误解都会歪曲意向。

这样一个提醒有重要意义，特别是在这样一个场合之下，什么样的场合之下呢？对德性原则做规定这样一种微妙的场合之下。对德性原则作规定，这是完全抽象形式的，它不能掺杂一点质料的考虑，不能混入一丝一毫我们的感性、爱好，我们现实的目的和幸福，这些都要把它们排除掉。在这个场合之下，我们就要注意，不要以为至善既然是我们都愿意看到的结果，就可以拿来作为我们的德性原则的规定，这就恰好把道德法则跟爱好和幸福混淆起来了。所以在此即使最小的误解都会歪曲意向，你稍微不留神，你就会把幸福混进意志的规定根据中来，那问题就大了，就把康德的整个出发点摧毁了。

因为我们将从分析论中看出，如果我们在道德法则之前把任何一个客体以某种善的名义假定为意志的规定根据，然后又从它引出至上的实践原则，那么这种原则任何时候都会带来他律并排斥道德原则。

"因为我们将从分析论中看出，如果我们在道德法则之前把任何一个客体以某种善的名义假定为意志的规定根据"，也就是假如我们误入了这种歪曲的意向，那么我们就会根据前面的分析论而看出，在道德法则之前，就是说还没有确定道德法则作为意志的唯一规定根据之前，我们将会把任何一个客体以某种善的名义假定为意志的规定根据了。这个"某种善"就包括至善，当然也包括日常的善的客体，包括感性的爱好，包括其他的感性目标。不管是以至善的名义还是以一般日常的善的名义，把它假定为意志的规定根据，这将会带来不堪的后果，所以至善不能成为意志的规定根据。如果我们把至善当作意志的规定根据，"然后又从它引出至上的实践原则"，至上的实践原则就是道德原则。看起来好像顺理成章，从至善引出至上的道德法则，难道有什么不对？但问题就在于，"那么这种原则任何时候都会带来他律并排斥道德原则"。如果我们把至善作为意志的规定根据，那么有一点是确定的，就是这个原则任何时候都会带来他律，并且排斥道德原则。"带来他律"就是带来幸福呀等等其他的一些规定，因为至善本身也包含幸福，你把至善作为意志的规定根据，那你就会把幸福、感性的东西带进意志的规定根据中来，而一旦带进意志的规定根据，它们就会排斥道德原则，或者使道德的自律遭到污染。所以你不能把至善假定为意志的规定根据，再从它里面引出至上的实践原则，这是以往的道德哲学家经常做的事，而康德恰好是要反其道而行之。以往的道德哲学家，包括那些理性派的道德学家，往往是先假定一个至善、假定一个完善，然后道德是完善中的一种，我们当然是要追求完善,那么我们同时也要追求道德,在追求道德以外还要追求幸福,这样来达到德福一致。以往的道德学家,特别是理性派的道德学家通常采取这种思路,以完善作为最高的意志的规定根据,在规定意志的时候就把幸福也掺杂进来,以为这样就可以把一切好事都占全了。那么实际上在康德看来,这会带来他律,首先会排斥或败坏道德原则。所以对于道德原则加以规定,这是非常微妙的场合,如果你不把这一点严格的划分开来,即意识到意志的规定根据跟意志的客体不是一回事,那就会陷入到以往的道德学家所落入的陷阱。你本来是要讲道德的,结果你引进了他律,并且把道德原则排斥掉了。也就是说你讲至善可以,但是你首先要从至善里面区分出一般的善和最高的善,而且把这个最高的善规定为完全形式化的道德法则,仅仅用这样一种完全形式化的道德法则来作为意志的规定根据,而把其他的那些幸福的、感性的成分作为道德法则所带来的一种后果,一种可以希望的对象,看作仅仅是意志的客体,意志所可能造成的一种客观的状态,要这样来达成德福一致。要把这个关系处理好,把它讲清楚,在至善里面不是说什么都混在一起,而是有一个秩序,有一个结构。幸福可以讲,但是幸福要跟德性相配,要配得上德性,这里面有种主从关系,幸福在至善里面是从属的。最高的善就是道德法则。而最高的善之所以是道德法则,是因为你的意志仅仅以抽象的道德法则作为它的规定根据,不带其他任何条件,才能称之为是道德的。如果没有这个前提,你的规定根据里面已经掺杂了幸福,那你的道德本身就不是真正道德了,那也就谈不上德福一致了,那就一切都是他律了。这就是为什么他要作一个预先的提醒,现在还没有进行辩证论的讨论,还没谈论对至善的规定问题,但是首先要把这一点区分开来。也可以说,整个他的第一章即纯粹实践理性的一般辩证论,就是要打好这个基础。首先要把概念搞清楚,我们讲的辩证论当然是由至善这个概念引起的,但是至善的概念如何理解,你不能把它理解为意志的规定根据,你只能把它理解为意志的客体。而混淆这一点,正是纯粹实践理性的二律背反之所以产生的原因。所以我们要紧紧抓住这一点。他这里的提醒是很重要的。

[110] **但不言而喻的是，如果道德法则作为至上条件也已经被包括在至善概念中了，那么就不仅仅至善是客体，而且就连它的概念及它的通过我们的实践理性而可能的实存的表象，也同时会是纯粹意志的规定根据了：**

这个地方又反过来了，当然这个反过来的层次已经不一样了。"但不言而喻的是，如果道德法则作为至上条件也已经包括在至善概念之中了"，如果你首先把道德法则作为至上条件包括在至善概念中，也就是说在你的至善概念里面，道德法则是作为一个至上的条件，它是至高无上的，这个上下等级结构已经确立了，不得逾越。"那么就不仅仅至善是客体，而且就连它的概念及它的通过我们的实践理性而可能的实存的表象，也同时会是纯粹意志的**规定根据**了"，在这种情况下，你的纯粹意志的规定根据也不妨把至善这个意志的客体也纳入进来。你意志的规定根据一旦唯一地由道德法则规定下来，那么在这个条件之下，至善的其他内容就会跟随而来，也成为意志的规定根据中的题中应有之义了，这是不言而喻的。如果你把这个观点处理好了，那么至善就不仅仅是客体，而且就连它的概念及它的通过我们的实践理性而可能的实存的表象，也同时会是纯粹意志的规定根据了。如果你严格守住道德法则的至上性，那么至善这个意志的全部客体就会在道德法则的率领下也成为了意志的规定根据，就连至善的概念，以及它在实践理性中呈现出来的实存的表象，也同时会是纯粹意志的规定根据了。也就是说在这种理解之下，你把至善的概念当作纯粹意志的规定根据也是可以的。他前面一直在讲不可以，不能混淆，你一定要把这个区分开来；但是在这里他讲到，一旦区分开来、划定了等级之后，你把至善的概念在不同等级上当作纯粹意志的规定根据也是可以的。因为你把这种至善的概念当作纯粹意志的规定根据的时候，你所讲的无非是把道德法则作为纯粹意志的规定根据，因为其他的部分如幸福等等那都是服从道德法则的，它们自身没有独立的意义，它们自身只是在服从道德法则、与道德法则相配这个方面才具有意义。所以康德在有的地方谈到，我们甚至可以把道德法则直接表述为"配得幸福"的行为。道德法则本来有它的定言命令的规定，但是康德说，我们也可以这样来理解道德法则，就是要使你的行为配得幸福。道德法则的另一种表述就是这样的，当然它是一种间接的隐晦的表述。怎么叫作"配得幸福"呢？当然是要使你的行为的准则成为一条普遍的法则，你才配得幸福嘛。但是从幸福的角度来看，我们可以把它看作就是这样的，就是说凡是配得幸福的行为就是道德的行为，我们可以把道德法则这样来描述。在这种意义上，"配得幸福"也可以看作是纯粹意志的规定根据了。当然它不是本来的表述，它是一种派生的表述。那么在这里也是在派生的意义上面，我们可以把至善的概念看作是纯粹意志的规定根据，就连它的概念及它的通过我们的实践理性而可能的实存的表象都是如此。实存的表象就是至善的这些客体的表象，实存嘛，就是你的意志最后所造成的那些对象的表象，包括德福一致的幸福生活，这都是至善的实存的表象，这些表象也同时会成为纯粹意志的规定根据。也可以说你的纯粹实践理性的规定根据在次级的意义上就是至善，就是德福一致，就是你的德性配得上你的幸福；但是就它的最原始的、顶级的动因来说，它还是出自于纯粹的道德法则。纯粹道德法则是与之相配的幸福的前提条件，所以你不能着眼于幸福，你只能着眼于幸福与某种东西"相配"，这样来规定你的意志。你的意志的规定根据不能是幸福，但是可以是与道德法则相配的幸福，你要使你的幸福能够配得上道德法则，这也可以成为意志的规定根据。当然这是间接的规定，直接的还是由道德法则来规定你的意志根据。这个是看起来非常奇怪的、自相矛盾的说明，但是经过康德的梳理也就不奇怪了。从另外一个角度来看，可以说至善的概念以及它的实存的表象都可以看作是纯粹意志的规定根据。

　　<u>因为这样一来，事实上是在这个概念中已经包含着并同时被想到的道德法则，而不是别的对象，在按照自律的原则规定着意志。</u>

　　这就是我们刚才讲的，你以至善作为你的意志的规定根据，实际上还是以至善里面已经包含着的道德法则作为你的意志的规定根据，而不是以至善里面的任何别的成分来规定意志，因为别的成分都没有独立的意义，它们都是服从道德法则的。按照康德所理解的至善，它是一个有等级有秩序的整体，既有德也有福，但是德福之间有必然的上下秩序，不可颠倒，也不能割裂，也不能把它们分别看成是独立的。至少幸福是不能独立的，唯有道德法则可以是独立的，幸福则是附属于它的。所以当你以这样一种至善来规定意志的时候，实际上是以里面所想到的道德法则来规定意志，而不是由里面所想到的幸福，因为幸福没有独立的意义。这就跟其他的用"完善"来规定意志的理性派伦理学家区分开来了。在那些伦理学家那里，道德和幸福杂乱无章地混在一起，虽然道德比幸福更高，但是幸福也是该追求的，所以经验派的伦理学就完全可以把幸福从里面单独挑出来，作为意志的规定根据了。理性派的伦理学则把它们混在一起作为意志的规定根据，他们都没有把这个关系理清楚。康德则指出，你把至善作为意志的规定根据，实际上无非是以道德法则作为意志的唯一规定根据。所以他讲，"因为这样一来，事实上是在这个概念中已经包含着并同时被想到的道德法则，而不是别的对象，在按照自律的原则规定着意志"。这种规定是按照自律的原则而不是按照他律的原则，不是按照幸福的原则而是按照你配得幸福的原则，配得幸福的原则实际上还是道德法则，还是一种自律，这就不会发生那种混淆。

　　有关意志规定的诸概念的这种秩序应该受到密切的注意：因为否则我们就会对自己产生误解，以为自己在自相矛盾，其实一切都处于最完满的相互和谐之中。

　　这是康德在提醒，读者要高度关注他的这一区分，以及由这种区分所构成的秩序。"有关意志规定的诸概念的这种秩序"，一个概念是道德法则，一个概念是至善，它们都可以是意志的规定根据，但是在这些概念之间有一个秩序。道德法则本来就是至善里面的一个成分，但却是最高的成分，那么其他成分是被安排在服从道德法则的这个秩序之中的，所以我们在考察意志的规定根据时，有关意志的诸概念的这种秩序应该受到密切的注意。要密切关注道德法则和至善以及里面的幸福之间有什么样的关系，有什么样的秩序和必然的从属关系。"因为否则我们就会对自己产生误解，以为自己在自相矛盾，其实一切都处于最完满的相互和谐之中"，就是说如果你对这一点不密切关注的话，会对自己产生误解，也就是说会对康德产生误解，以为康德是在自相矛盾。你前面讲了意志的规定根据只能够是道德法则，而不能够是至善；但是后面又讲在某种意义上也可以用至善作为意志的规定根据，这不是自相矛盾吗？但是如果你注意到这里面的秩序之后，你就会发现其实一点都不矛盾，一切都处于最完满的相互和谐之中。这是他的第一章，作为一种铺垫，还没有进入到辩证论的内部，只是肃清了外围，引入了至善的主题。那么第二章才进入到辩证论本身，就是纯粹理性在规定至善概念时的辩证论，展示它的二律背反的冲突是如何围绕对至善的理解即德与福的关系而发生的。

＊　　　　　＊　　　　　＊

第二章　纯粹理性在规定至善 概念时的辩证论

这是第二章了。上次已经讲到，一般纯粹实践理性它会发生一种自然的辩证论，第一章就是讲，一般纯粹实践理性的辩证论它是从何而来，是因为纯粹理性总是有它的辩证论，不管是思辨的，还是实践的，它在思辨的和实践的运用中都会产生一种"自然的辩证论"，也就是一种作为自然倾向的辩证论。我们在《纯粹理性批判》导言里面已经看到，纯粹理性批判的总问题就是先天综合判断何以可能，分为四个问题：数学何以可能，自然科学何以可能，作为一种自然倾向的形而上学何以可能，然后第四个问题才是作为科学的形而上学何以可能。那么作为自然倾向的形而上学，它自然就会导向辩证论。辩证论在康德那里是不太好的意思，带有一种贬义，一旦陷入到辩证论，那问题就大了，就要考虑如何排除这种辩证论，但是人类由于他的理性的自然倾向，又总是要陷入到各种各样的辩证论。上次讲到，不但纯粹思辨理性在运用中会陷入到辩证论，而且在纯粹实践理性的运用中也会陷入到辩证论，而这种辩证论是来自于我们对于"至善"概念的追求。至善概念作为实践领域里面一切有条件者的一个绝对的无条件者，也是最终的一个目的。正如在思辨理性里面追求一个终极的大全，这个时候就会产生辩证论，就其要不要设定一个彼岸世界的理念而言，必然会产生辩证论；那么在纯粹实践理性里面也是这样，当我们追求一个德福一致的至善的时候，这个理念也会产生出辩证论来。所以第二章这里讲的就是"纯粹实践理性在规定至善概念时的辩证论"，我们在规定至善概念并且要对它进行追溯的时候，也必然会产生出一种辩证论来，主要是在至善里面德和福是个什么关系，会产生截然相反的两种看法。由此就会导致自然而然的两难，两个同样有道理的命题，但又是互相冲突的，所以这也属于二律背反。这个二律背反是纯粹实践理性在规定至善概念的时候出现的，它跟纯粹思辨理性的二律背反有所不同，但是它们的原理是相同的。

至高这个概念已经含有一种歧义，这种歧义如果我们不加重视就会引起不必要的争执。至高的东西可以意味着至上的东西 (supremum，拉丁文：最高的、极限的)，也可以意味着完满的东西 (consummatum，拉丁文：完成了的)。

第二章一开始就提出这样一个概念，这个概念跟至善概念是有关的，这就是"至高" (Höchsten) 这个概念。"至善"的概念 (das höchste Gut) 如果按照字面意义上来翻译的话，就是"至高的善"。这里面"至高的" (höchst) 作为名词化了的形容词就是"至高"，Höchsten，这里我们把它翻译成至高，至高无上的意思。但是"**至高**这个概念已经包含一种歧义"，康德在这里首先要把歧义点出来，因为至善 (das höchste Gute) 这个概念，直接从字面上可以译作最高的或者至高的善，但是在我们的文本里面，我们通常把它译作"至善"。至善当然可以理解为至上的善，但是前面讲了，它也可以理解为完满的善，圆善，善之至。所以在这个至善里面包含有歧义，就是按照康德的意思，我们不能够仅凭它字面的意义上把它理解为最高的善，而必须把它理解为最完满的善。因为要讲最高的善，康德另外还有一个词，即 oberst。oberst 也是最高的意思，为了区分，我们把它译成"至上的"。一个至高的，一个至上的，这样以免引起混淆。很多译本里面都没有区分开来，如果你不懂德文就很麻烦。康德在德文的字面上做了很严格地区分，所以他一开始就讲，Höchsten 包含一种歧义，"这种歧义如果我们不加重视就会引起不必要的争执"。首先一个区分是："至高的东西可以意味着至上的东西 (supremum，拉丁文：最高的、极限的)，也可以意味着完满的东西 (consummatum，拉丁文：完成了的）"，就是 Höchsten 包含有至上的东西 Oberste 和完满的东西 Vollendete 两种意思，而康德用在"至善"中时是取后面这种意思。至于 Höchsten 的至高的那种含义，康德改用 Obersten 来表示。本来这两个概念也是非常接近的意思，Ober 是在上面的意思，hoch 是高的意思，但是他要把它们区分开来。他说，至高的东西可以意味着完满（Vollendete），vollen 就是完成的意思。当然完满的东西还有另外一个概念 vollkommen，我们把它翻译成完善。那么它这里讲的至高的东西，也就是 Höchsten 这个概念也可以意味着 Obersten 至上的东西，但是它也可以意味着完满的东西，完成了东西，完备无缺的东西。Obersten 仅仅是高高在上的意思，没有完备无缺或完成了的意思，但是 Höchsten 不只是说它高而已，也没有说它悬在高处不下来，所以它也可以包含完满的东西的意思，虽然它是最高的，但是它可以包含底下的东西。所以它有这两种含义，经常引起歧义。那么康德这里就着意要把它们区别开来。

　　前者是这样一种本身无条件的、亦即不从属于任何别的条件的条件（originarium，拉丁文：原生的）；后者是一个整体，它绝不是某个同类型的更大整体的部分（perfectissimum，拉丁文：完备无缺的）。

　　前者，也就是至上的东西（Obersten），它"是这样一种本身无条件的、亦即不从属于任何别的条件的条件"，也就是原生的、开端的条件。至高无上的东西在"理性的纯粹运用"里面就是要从有条件的东西推出条件的条件，一直推到绝对无条件的东西，这个我们在《纯粹理性批判》的先验辩证论导言中已经看到过了。康德把理性的纯粹运用设定为从有条件的东西推到无条件的东西，那么推出的这个无条件的东西，即最终的、最高的那个东西就是至上的东西。所以这里说，至高的前一种理解就是这种作为至上的东西的含义，它意味着本身是无条件的，再没有别的条件了，它是最终的条件，是至高无上的。但是至高还有另一种含义。他说，"后者是一个整体，它绝不是某个同类型的更大整体的部分（perfectissimum，拉丁文：完备无缺的）"。后者（Vollendete）是指完满的东西，而完满的东西是一个整体，它虽然也是至高无上的，但并不是悬在高处不下来的那样一个最终的条件，而是由这个最终的条件把所有有条件的东西都包含在内的一个整体，它把条件系列跟最高的无条件者统一为 Höchsten，一个都不能少。所以它也意味着完满的意思、完成了的意思。到最高的地方，它就完成了，完成了它就是一个整体了。所以至高这个概念它也可以是一个整体，这个整体绝不是某个同类型的更大整体的部分，它是在它这一类里面的唯一的整体，再没有更大的整体了，在它之上再没有条件了。所以它不可能被包含在另外一个同类型的整体里面。这里为什么要强调"同类型"呢？用斯宾诺莎的话来说，这就叫作"自类无限"，在它自身的这个类里面它是一个完整的整体。那么不同类型还有没有呢？当然有，比如说这是在实践理性领域里面的至善的整体，在善的这一类里面它是一个整体；而在另外一个领域，比如说在"真"这个类型里面，真理、知识、科学，那又是一个整体，这个整体跟善的整体不相干，它们不同类别。在思辨理性里面，也讲到一个整体，比如说宇宙整体，宇宙整体当然是一个无限的整体，但是它跟善的整体是两回事，它们不能互相包括。你不能说把善的整体包含在宇宙的整体里面作为它的一个部分，也不能反过来把宇宙整体包含在善的整体中，这都是不行的。宇宙中的恶太多了，而道德上的善却往往不能在现实的宇宙中实现，所以这是两个不同类型的世界，不能重合的。我们只能说，Höchsten 是在同类东西的范围之内最高的，或者说最完备的。

德行（作为配得幸福的资格）是一切只要在我们看来可能值得期望的东西的、因而也是我们一切谋求幸福的努力的**至上条件**，因而是**至上的善**，这一点在分析论中已证明过了。

"德行"（Tugend），它跟 Sitten 有点区别，有人经常把两者都翻译成"德性"，这里我们把它翻译成德行，以示区别。Sitten 或 Sittlichkeit 也常常被人翻译成"道德"，但是 Tugend 跟道德、德性都不同，它是讲的更为具体的道德行为，译"德行"比较好。再看这句话，这句话的意思简单说就是，德行是至上的善，因为它是一切谋求幸福的努力的至上条件，是一切在我们看来值得期望的东西的至上条件。当然它还不是完满的善。就是说我们要谋求一切幸福的这种努力，它有一个至上条件，你凭什么可以谋求你的幸福？那么至上的条件就是德行，你有了德行你就有了获得一切善的东西或者幸福的资格，如果你没有德行，即使你获得了幸福，也是不正当的，也是为富不仁的。孔子说，"不义而富且贵，于我如浮云"，也是这个意思。真正要获得幸福，从正当性来说它必须要以德行作为条件。那么德行作为配得幸福的资格，是一切只要在我们看来可能值得期望的东西的、因而也是我们一切谋求幸福的努力的至上条件。追求幸福就是去追求值得我们期望的东西，但这种追求的至上条件是什么呢？就是至上的善。他说，"这一点在分析论中已经证明过了"，我们甚至于把道德律也作了重新的解释，从幸福这个角度来看待道德律，那就是要使你的行为配得幸福。道德律本来的表达方式就是要使你的行为准则成为一条普遍的法则，但是要从幸福的角度上说，就是要使你的行为配得幸福。这个在分析论里面已经谈到过了。所以德行作为配得幸福的资格，跟幸福的关系是这样的关系，那么它当然就是所有幸福的至上条件。因而德行是至上的善，但是它是作为我们一切谋求幸福的努力的至上条件才是至上的善。从这个角度来看，作为这样一个至上的条件而把幸福包含在内，那么这样一种德行和善的关系就可以称之为至善了。所以单是这个至上的善还不是至善，至上的善不等于至善。至上的善就是超越于一切条件，一切幸福之上的善，而完满的善则还有别的要求。

<u>但因此它就还不是作为有限的理性存在者的欲求能力之对象的全部而完满的善</u>；因为要成为这样一种善，还要求有**幸福**，而且这不仅是就使自己成为目的的人格的那些偏颇之见而言，甚至也是就把世上一般人格视为目的本身的某种无偏见的理性的判断而言的。

因为德行只是一个至上的条件，它是高高在上的，它本身是不下来的，它跟幸福是不能相互掺杂的，如果掺杂了一点幸福的考虑在内，那它

就不是至上的了,它就被污染了。在分析论里面,康德经常提到要把至上的道德原则和一般的幸福的善严格区分开来。但正因为如此,"它就还不是作为有限的理性存在者的欲求能力之对象的全部而完满的善",就是说,德行因为它只是高高在上的,所以它虽然是配享幸福的资格或条件,但还不是作为有理性的存在者(比如说人)的欲求能力之对象的全部而完满的善,还没有把幸福本身按照与德行的比例而纳入到自身中来。就是说有理性的存在者除了高级欲求能力即意志外,他还有一般欲求能力即追求幸福的任意。人不是神,那么人除了可以去追求德行、去追求道德的至高无上的善之外,他还要追求幸福。我们人是有限的理性存在者,我们欲求能力的对象有很多,除了道德以外我们还要追求幸福,如果道德和幸福全部都被我们追求到了,那才叫作全部而完满的善,如果仅仅是德行,那还不能够叫作完满的善。它虽然是至上的善,但是还有欠缺,就是说虽然他道德很高,但是他没有得到幸福,这个还不是我们欲求能力之对象的全部而完满的善,或者还不是我们欲求能力的全部的对象。"因为要成为这样一种善,还要求有**幸福**,而且这不仅是就使自己成为目的的人格的那些偏颇之见而言,甚至也是就把世上一般人格视为目的本身的某种无偏见的理性的判断而言的",要成为一种全部而完满的善即"至善",还要求有幸福,而且这不仅是就"人格"(Person)的那个偏颇之见而言。一个人的人格使自己成为自己的目的,每个人的人格都要把自己的人格当作目的,都要保持自己的人格独立性。前面我们讲到康德的人格概念,就是在时间中的号数上的同一性。你如果要把他编个号的话,他就是在那个位置,他唯一的就是那个位置,这就是人格。这种人格就是在时间中的自我维持,在实践中要把自己的人格维持下来。但是这样的人格总是有些偏颇,总是站在自己个人的立场上看问题的。我们这里原来把"人格"译成"个人",意思也没有错,他的确就是站在个人的立场看问题,是带有偏颇性的。要求有完满的善,要求有幸福,是不是就是要求满足个人的一种偏颇之见呢?我从个人的立场出发,我除了做到最高的德行以外,我还要求有自己的幸福,当然是这样,是就个人的这样一种偏颇之见而言的。但是不仅仅是这样。所以他讲,这"不仅是"就使自己成为目的的人格的那些偏颇之见而言,"甚至也是"就把世上一般人格视为目的本身的某种无偏见的理性的判断而言的。这个"甚至也是"其实就是道德法则的要求了,就是要求你把个人的行动准则变成一条普遍的法则;但它同时也是把幸福和德行结合起来的要求,即不仅仅是个人对幸福的要求,实现个人的目的,而且是把世上一般人格视为目的本身,达到某种无偏见的理性的判断。这种无偏见的理性超越于个人的有限理性的目的之上,它无偏见地把一般人格视为目的本身,尽可能满足每个人对幸福的追求。在《道德形而上学奠基》中,道德律的第二个变形公式是:不仅要把你自己的人格中的人性当作目的,而且要把他人的人格中的人性也当作目的,而不仅仅当作手段。那么这里的至善就不仅仅是对于个人而言的,个人当然也要求幸福,你做了好事按照完满的善来说就必然要有好报,有相应的幸福,你个人是会这样认为;但是至善不仅仅是个人这样的观点,而且是一般人格的观点,是普遍的人格的观点。把世上一般的人格视为目的本身,这样一种无偏见的理性判断就是道德法则。道德法则不仅仅是把你自己的人格中的人性、而且是把一切人格中的人性当作目的,那么从这个角度来判断,我们也就要求有普遍的幸福。道德律的第二个变形公式实际上也涉及幸福的问题,要把人格中的人性当作目的,那么人格中的人性包含两个方面,前面我们讲了人格是跨两界的,一方面它意味着在此岸、在感性世界中的时间上的一贯性,号数上的同一性,这就是维持自身的生存。但是在感性世界中这种人格中的同一性虽然被努力维持,却得不到证明,只有在彼岸世界,站在自在之物的立场上,我们才知道这种人格真正具有人格性。就是说,只有从实践的立场上,把这个人看作是具有自由意志的一贯性的,他必须前后一贯为自己的行为负责,这个时候我们才能谈他的人格性。所以人格是跨两界的,它既在感性世界里面有它的表现,同时又在本体界里面有他的根据。那么人格中的人性就既包括此岸世界的幸福，也包括彼岸世界的根据，这两方面都应该统一在人格之中。既然一个人格要追求自己的幸福，那么按照他的人格性推演开来，一切人格都要追求自己的幸福。所以某种无偏见的理性判断也要求除了德行以外还要有幸福，不仅仅是就个人而言的，而且是就一切人格而言的，他们都要求一个人的道德应当有与之相应的幸福相匹配。

　　<u>因为需要幸福，也配得上幸福，但却没有分享幸福，这是与一个有理性的同时拥有一切强制力的存在者——哪怕我们只是为了试验设想一下这样一个存在者——的完善意愿根本不能共存的。</u>

　　需要幸福也配得上幸福，一个人做了道德的事情，他也配得上幸福，只要他是一个人，他就需要幸福。如果他是神的话，那他就不需要幸福了，但是他是一个有限的理性存在者，所以他需要幸福。他的道德使他配得幸福，但却没有分享幸福，"这是与一个有理性的同时拥有一切强制力的存在者……的完善的意愿根本不能共存的"，在这里上帝已经呼之欲出了。但康德并不是想在这里证明上帝，所以他在两个破折号中注明："哪怕我们只是为了试验设想一下这样一个存在者"。就是这种有道德而无幸福的情况在设想中是与一个有理性的同时拥有一切强制力的存在者的意愿不能共存的。什么是有理性的同时拥有一切强制力的存在者呢？那当然是上帝了，只有上帝既是有理性者，同时又不是有限的理性者，而是具有一切强制力的、具有无限力量的这样一个理性存在者。这个地方目前还没有提到上帝作为一种悬设究竟应该怎么证明，他只是说，且让我们来做一个思想试验，假设一下这样一个无限的有理性的存在者，他不像人是有限的，他具有无限的强制力。当我们设想这样一个有理性的存在者的时候呢，他要追求完善的这样一个意愿是不能够容忍这样一种不匹配的情况的，就是一个人配享幸福也需要幸福，但是却没有得到幸福。这按照上帝的理性来说是不能容忍的。所以如果我们设想他有无限的强制力，他就会纠正这种情况，至少会在末日进行公平的审判。这就是基

督教的解决办法。上帝按照他的无偏颇的理性会主持正义,善有善报恶有恶报,上帝当然不需要幸福,但是上帝创造了自然界也创造了人,那么按照上帝的理性必然会设计德行和幸福相互配合,人的德行必须配得幸福,也能够得到成比例的幸福。但凡人没有这种能力,他能够支配的只有自己的德行,所谓无欲而成其欲,无私而能成其私,这只有靠上帝的理性的安排才能做到。我们人达不到这样的结果,但是上帝具有无限的强制力,他就能够做到。所以上帝这样一个理性存在者,如果有一种完善的意愿的话,就肯定要把人身上的幸福和他的德行相互协调起来,如果不协调,那么这就跟上帝的理性和他的完善的意愿根本不能共存了。

既然德行和幸福一起构成一个人格对至善的占有,但与此同时,幸福在完全精确地按照与德性的比例(作为人格的价值及其配享幸福的资格)来分配时,也构成一个可能世界的**至善**:

这是一个条件句。"既然德行和幸福一起构成一个人格对至善的占有",就是德行和幸福一起,在一个人格中构成了对至善的占有,我拥有一部分德行也拥有一部分相应的幸福,那么这对于我来说就是善有善报,就是至善了。当然这对于全人类来说、或对上帝来说还远远还不够,你只是一个人,还有别人,还有其他人的人格。你的幸福跟你的德行相配,当然对于你来说就是你所追求的至善了,你一个人追求完满的善就到了最高境界,因为人是有限的有理性的存在者。"但与此同时,幸福在完全精确地按照与德性的比例(作为人格的价值及其配享幸福的资格)来分配时,也构成一个可能世界的**至善**",这就不是你个人的人格中的事,而是一个可能世界的事了。你一个人达到了人格中的至善,但同样,世界上的每个人也都希望达到这样的至善,这种至善就是使每个人的幸福完全精确地按照与德性的比例来分配,即按照人格的价值来分配幸福。当然这在现实世界中是不可能的,它只能构成一个可能世界的至善。就是说,每个人的幸福完全精确地按照德性的比例来分配,这是不可能做到的,即使我的德性带来了与之相配的幸福,这也是非常偶然的情况,在一般的情况下这是不能指望的,通常幸福都不可能完全精确地按照与德性的比例得到分配。那么这样一种分配只能构成一个可能世界的至善。这个可能世界就是说彼岸世界,彼岸世界是一个可能世界,它不排除在死后有这种可能。当然一个人的德性和幸福兼收并蓄,既有德行又有幸福,这是他所希望的;但是幸福是否能够与德性精确地相配,这个是他无能为力的,他只能希望,但是他自己没有这种分配的能力,也不掌握这样一种分配的标准,这个标准、这种能力都是掌握在上帝手里的。所谓至善,就是完全精确地按照与德性的比例来分配幸福,在此岸我们是看不到的。也许某个人他可以做到这一点,但是这是偶然的,绝大部分人他的幸福和德性都是不相配的,哪怕他既有幸福也有德性,但是不是成比例,这个是无法计算的,也不是他能够追求的,他只能够碰运气。可能世界的至善它有两个不同的层次,个人对至善的占有只是偶然性的,如果要完全精确地按照与德性的比例分配幸福,这种能力只有上帝才拥有,而这种分配只是可能世界的至善,它不可能在现实世界中找到。基于这个前提,他说:

那么这种至善就意味着整体,意味着完满的善,然而德行在其中始 [111] 终作为条件而是至上的善,因为它不再具有超越于自己之上的任何条件,而幸福始终是这种东西,它虽然使占有它的人感到快适,但却并不单独就是绝对善的和从一切方面考虑都是善的,而是任何时候都以道德的合乎法则的行为作为前提条件的。

"那么这种至善就意味着整体",康德主要是要引出这一点。在现实中的人格他已经在追求至善了,既然他的人格是跨两界的,那么他除了追求德性以外还要追求幸福。但是德性与幸福按照每个人格的价值的精确的比例来分配,对他说来只是一个可能世界的至善。这种至善意味着整体,一个人的人格不可能获得整体,而至善是所有的人格都要用这样一种善的标准来对幸福和德性之间的比例加以精确地规定。但这在现实中是做不到的,只有在来世经过公正的审判,才能够做到善有善报恶有恶报。所以这样一种完满的善只有在可能世界里才能设想。这个完满的

49

善是有一个结构的,它不是随随便便把德行和幸福混在一起,德行和幸福之间有一种精密的、确定的关系。什么样确定的关系呢？ "然而,德性在其中始终作为条件而是至上的善,因而它不再具有超越于自己之上的任何条件",即一方面,在这样一个整体之中德行是至高无上的,德行高居于所有的条件之上,它作为整体的至上的条件,如果没有这个条件,至善这个整体就不用谈了。但是有了这个条件还不够,还要把其他条件者都附在这个条件之下,才能构成整体。所以另一方面,"而幸福始终是这种东西,它虽然使占有它的人感到快适,但却并不单独就是绝对善的和从一切方面考虑都是善的,而是任何时候都以道德的合乎法则的行为作为前提条件的"。就是说德行和幸福是这样一种关系,德行是至高无上的条件,而幸福则始终是这样一种东西,它虽然使每个得到幸福的人都感到快乐。但却并不单独就是绝对善的,也不是从一切方面考虑都是善的。把幸福单独抽出来,你说它就是善的,它不需要别的条件就是善的、从一切方面考虑都是善的,这是不行的。再好、再有效、再能够带来快乐的东西,如果前提是不道德的,也不会是善的,所以它任何时候都以道德的合乎法则的行为作为前提条件,"道德的合乎法则的行为"就是德行。这就阐明了至善这样一个整体的、完满的善里面,它的两个要素即德行和幸福相互之间的关系只能是一种从属关系、统摄关系、有条件者和无条件者的关系。幸福都是有条件的,它不是绝对善的,你要把幸福称之为好的,那就已经预设了一个前提条件,就是它同时就必须是道德的。虽然我们一般来说,财富是好的,富裕是好的,但是没有人会说为富不仁是好的。所以我们单独说财富是好的,我们已经预设了这种财富是正当得来的,是用道德的手段得来的,我们才说它是好的。如果没有这个条件,那么这个判断是不尽然的,有些财产是好的,有些财产是不好的,所以它是有条件的。

下面一段主要是提出一般的划分方式,前面讲到了至善、完满的善里面有两个成分，一个成分在最高处，另一个是从属于它的。如果没有这种主从关系，至善就不能形成一个统一体，也就不可能成为一个无条件者了。那么一般来说，统一体里面它的成分是一种什么样的关系呢？是分析的关系呢，还是综合的关系？下面从逻辑上加以梳理，我们说至善里面包含两个成分的时候，这两个成分可能是一种什么关系。

<u>在一个概念中**必然**结合的两个规定必须作为根据和后果而联系在一起，就是说要么这样，即这个**统一体**被看作**分析的**（逻辑的联结），要么它就被看作是**综合的**（实在的结合），前者是按照同一律来看的，后者是按照因果律来看的。</u>

这是从逻辑上提出的方法论上的原则。一般来说，"在一个概念中**必然**结合的两个规定"，"必然"打了着重号，如果这两个规定是必然地结合在一起的，而不是偶然碰到一起的，至善概念中的两个要素显然是必然相关的，谁都离不了谁，那么它们就"必须作为根据和后果而联系在一起"。当然在某些情况下，一个概念中的两个成分不一定是必然联结的，有可能是偶然碰到一起的，比如说，"红玫瑰"的概念，写成判断形式是"玫瑰花是红的"，它里面的"红的"跟"玫瑰花"这两个规定就是偶然碰到一起的。但是如果是必然结合的，那么这两个规定就必须有这样一种关系，就是一个是根据，另一个是后果，是以这种必然的方式联系在一起的。那么根据和后果的联系又有两种情况，"就是说要么这样，即这个**统一体**被看作是**分析的**（逻辑的联结）"，这种情况下，这两个概念本身具有分析性的关系。康德在《纯粹理性批判》导言的第四部分就讲了"分析判断和综合判断的区别"，他在那里对于分析判断所举的例子就是，比如说"物体是有广延的"，物体和广延这两个概念在逻辑上是分析的关系，即一个规定（广延）本身就包含在另一个规定（物体）里面，没有广延的概念，物体的概念就根本形成不起来，"无广延的物体"是个自相矛盾的概念。因此广延必然可以从另一个规定即物体里面直接引出来，而另

51

一个规定就构成该规定的根据。根据和后果相互之间的这样一种分析的关系有种逻辑上的必然性，是一个规定包含另一个规定在自身中的关系。另一种情况则是，"要么它就被看作是**综合的**（实在的结合）"，康德在那里举的例子是："物体是有重量的"，这是综合判断，因为我们形成物体概念用不着重量的概念，比如我们可以设想在太空失重的情况下仍然有物体。但这种综合判断是偶然经验的，如果是像康德这里讲的"必然的"综合判断，那就必须是先天综合判断了，就是概念中的两个互不包含的规定即使不考虑经验，它们也是先天必然地综合在一起的，例如"事情的原因"这样的概念，凡发生的事情都必定是有原因的，虽然"事情"的概念里面并不包含"原因"概念，但这个判断永远不会错。上述两种情况都是根据和后果的必然关系，"前者是按照同一律来看的，后者是按照因果律来看的"，即一个是逻辑上的联结，一个是实在的联结，或者说一个是形式逻辑上的联结，一个是先验逻辑上的联结。与形式逻辑比起来，先验逻辑要管对象，所谓实在的结合就是有关对象的，有关对象的必然联结就是先天综合判断，而单纯形式逻辑的必然判断则只能是分析判断，它只按照同一律来进行，是不管对象的。这个道理在《纯粹理性批判》里面康德讲得很详细，所谓分析判断是就形式逻辑的关系上面说的，有普遍必然性，但不能增加什么新的知识；而经验性的判断虽然能够增加新知识，但又没有普遍必然性；既能增加新知识、又有普遍必然性的只有先天综合判断，它在数学、自然科学和形而上学中都包含有，而且是作为这些学科的基础。这里沿用了《纯粹理性批判》里面的划分，还没有讲到实践理性里面来，但是它的一般原理已经在《纯粹理性批判》里面制定了，分析命题和综合命题以及先天综合命题是不同的。当然他这个里面讲的是同一个概念里面的两个规定的关系，这两个规定之间必须有一种必然的关系，那么它就既可能是逻辑上的必然关系，也可能是实在的必然关系，既可能是一种分析的必然关系，也可能是一种综合的必然关系。如果是分析的它就是按照同一律，如果是综合的它就是按照因果律了。可见康德在《纯粹理性批判》里面所制定的这一区分，也就是对于一般的普遍逻辑和他所独创的先验逻辑之间的一种区分，是一种放之四海而皆准的普遍原理，它可以用在理论理性的认识中，也可以用在《实践理性批判》里面，用在对至善概念的分析上。

　　所以，德行和幸福的联结要么可以这样来理解：努力成为有德性的及有理性地去谋求幸福，这并不是两个不同的行动，而是两个完全同一的行动，因为前一个行动不需要任何别的准则作根据，只需要后一个行动的准则作根据；要么，那种联结就被置于这种关系中，即德行把幸福当作某种与德行意识不同的东西产生出来，就像原因产生出结果那样。

　　"德行和幸福的联结要么可以这样来理解"，德行和幸福它们构成了至善嘛，那么至善里面的这两个规定是如何联结的呢？"要么"，它与下面一个"要么"相对，这是说第一种理解可以是这样的。是怎么样的呢？就是这双方，一方是努力成为有德性的，另一方是有理性地去谋求幸福，这并不是两个不同的行动，而是完全同一个行动。它们的联结是同一个行动本身的两方面，这两方面是互相同一的，是这样来联结它们。当你追求德行的时候，你同时就是在合理地追求着幸福，或者说，追求德行本身就可以看作是一种合理的利己主义的行动，所以合理的利己主义就成了道德法则，所谓道德无非就是合理地追求幸福。这就是把这两个行为看作是完全同一的行动。"因为前一个行动不需要任何别的准则作根据，只需要后一个行动的准则作根据"，为什么是完全同一的行动呢？因为前一个行动即努力成为有德性的行动不需要任何别的准则作根据，只需要把有理性地谋求幸福作为努力追求德性的根据。那么显然，它们的这种关系就是一种分析的关系，或者毋宁说是一种同一性的关系，分析性的关系说到极点就是同一性的关系。分析命题的最极端的例子就是A=A，那个过程就等于是这个过程，那个行动就是这个行动，也就是追求德行的行动就等于追求幸福的行动，你去合理地追求幸福也就等于追求德行了，都是一种同一性的关系、分析的关系。那么能不能说后一个行动以前一个行动的准则作根据呢？在这里不能这样说，就是说这种把它们等同起来的说法，不管是这个等于那个还是那个等于这个，最终都是以合理地追求幸福这样一个准则作为根据的，而不是以追求德行作根据的。德行只要和幸福等同，不论是如何等同，都是把德行拉下来到幸福的水平，而不可能是把幸福提升到德行的水平。当然它们是同一个行动，但是实际上它们是以幸福作根据的，而不是以德行作根据的。康德前面多次讲到，哪怕你有德行，你也有幸福，但是只要你把这两个东西等同起来，你就是以幸福作根据，以爱好作根据，而不是以德行作根据了。真正的德行必须高高在上，它不能够被污染、被混淆，你稍微掺杂一点幸福在里头，它马上就不是以德行作根据，而是以幸福作根据了。这是康德的一个固定的想法。有时候我们好像觉得康德在这里没有说完。为什么只说前一个行动需要后一个行动的准则作根据，而不是后一个行动也会以前一个行动的准则作根据呢？其实康德在前面已经作了说明，就是这两个不能对等，它们不是平列的东西。当你把它们平列的时候，你肯定是把德行拉下来了，把德行降下来了，而不是把幸福提上去了。所以他这里只提一个。以上是分析的关系。"要么，那种联结就被置于这种关系中，即德行把幸福当作某种与德行意识不同的东西产生出来，就像原因产生出结果那样"，这就是第二种理解即综合的理解了。也就是说，德行和幸福的联结，要么你把它们从逻辑的同一性上加以联结，其后果就是把德行的根据置于幸福的准则之上，幸福的准则是德行的规定根据；要么呢，那种联结就被置于这种关系中，即德行把幸福当作某种与德行意识不同的东西产生出来，就像原因产生结果那样，这就是一种先天综合的关系了。前面那种是合乎形式逻辑的同一律，是一种分析的关系，后面这种是一种先天综合的关系。原因和结果的关系是先验逻辑中的一种先天综合关系，前一种关系的两项必须是同质的，后一种关系的两项可以是不同质的，甚至可以一个在现象界，一个在本体中。所以德行和幸福的关系有两种，一种是你把它们当作是逻辑上同一的，那就是一种分析的关系；要么你就把它们当作是不同的，但又是必然联结在一起的，那就是一种类似于因果关系的先天综合的关系。在分析的关系中，你实际上把德行降到了幸福的层面上来；而在先天综合的关系里面，你把它们分成了两个不同的层次，即德行是原因而幸福是结果。它们是不同的，分处于不同的领域，不能同一、等同，也不能混淆。当然原因产生结果在《纯粹理性批判》里面主要是讲的现象界的事物法则，这个东西是那个东西的原因，那个东西是这个东西的结果；但是你把它运用在实践中，它就很可能是说，把本体作为原因，把现象作为结果。虽然一般来说康德反对把因果关系运用到本体的事情上，他认为那种先验的运用是不可能的，但是那是在经验知识的层面上、在认识论的意义上不可能，但是在实践的意义上则是可能的。我们把自由意志看作是一切因果关系的终极的原因性，那么这个自由意志就是在本体界、在自在之物那里作为原因性而起作用，它所开始的那个因果序列的链条是由它产生出来的，被看作是最初的自由意志的一系列的结果。所以那种因果联结用在这里也可以这样来理解，即那种联结就被置于这种关系中，即德行把幸福当作某种与德行意识不同的东西产生出来，就像原因产生结果那样。德行是在本体界，而幸福是在现象界，那么德行把幸福作为与它自身不同的东西产生出来，不同在什么地方呢？不同在它是现象，而德行则属于自在之物。自在之物与现象有如此大的不同，但是它们也可以在至善里面综合起来，就像原因产生结果一样，有一种先天的综合关系。这是从一般的形式逻辑和先验逻辑的原理，把它运用到德行和幸福的两种不同的实践关系之中，我们由此引出了在德行和幸福之间，除了有那种等同起来的分析关系的可能性，还可能有一种先天综合的关系。这是一步步的引出来的，首先提出至善，至善里面有两种规定，德行和幸福，然后在德行和幸福里面有两种不同的可能的关系，一种是分析的关系，一种是先天综合的关系。当然按照康德自己的观点，他认为分析的关系是不可能的；虽然不可能，但是人们可能想到，可能会提出来，人们肯定会从这个方面想问题。然而按照康德的观点，这两者只能是综合的关系，德行和幸福在至善里面只能是先天综合命题，而至善的二律背反也只能在这一先天综合命题如何可能的问题上产生出来。所以要谈纯粹实践理性的二律背反，首先必须把德和福的那种分析性的关系排除掉，而归结到先天综合关系上来，在这个基础上谈问题。所以下面一段就首先从历史上来考察二者的关系，康德发现在历史上曾经有过的学派都是把德行和幸福当作是一种分析的关系，而没有从先天综合方面来谈二者的关系的。

在古希腊各学派中，真正说来只有两个学派，是在规定至善的概念时，虽然就它们不让德行和幸福被看作至善的两个不同要素、因而是按照同一律寻求原则的统一性而言，遵循着同样的方法的，但在它们从两者之中对基本概念作不同的选择上却又是相互分歧的。

古希腊在德行和幸福方面有很多学派，比如说昔尼克学派，也就是犬儒学派，犬儒学派像第欧根尼这些人，都是禁欲主义的，认为德性本身就是幸福，用不着另外去追求幸福。第欧根尼据说住在木桶里面，吃饭、喝水用同一个杯子，后来他看到一只狗用舌头舔水喝，他把杯子也扔了，一切从简，他要求的是德性。但是后来犬儒主义的名声不好，说这些人放浪形骸，无拘无束，像狗一样没有任何道德规范，其实是误解。第欧根尼是非常讲究道德的，但是在生活方面他没有任何要求，他认为跟狗一样生活也可以。还有昔勒尼学派，强调感性的幸福，他们是后来的伊壁鸠鲁派的前身。之前还有像智者学派、苏格拉底这些人。但是康德说，"在希腊各学派中，真正说来只有两个学派，是在规定至善的概念时，虽然就它们不让德行和幸福被看作至善的两个不同要素、因而是按照同一律寻求原则的统一性而言，遵循着同样的方法的"，就是说这两个学派用的是同样的方法，什么同样的方法呢？就是都把至善里面的德行和幸福看作是同一的。这就是形式逻辑的同一律，认为德行和幸福不过是同一个东西的两个名字，这方面两派采用的是同样的方法。"但在它们从两者之中对基本概念作不同的选择上却又是相互分歧的",就是在至善的概念里面,对这两个规定作不同的选择,你是选择至善里面的德性呢还是选择幸福来做基本概念?或者说,德行概念跟幸福概念哪一个更基本?在这种选择上它们又是互相分歧的。所以真正说来,只有两个学派,他们都把这两个概念看作是同一性的关系,但另一方面又认为这两个概念中,要么是基于德性,要么是基于幸福,或者说,不是把幸福归结为德行,就是把德行归结为幸福。他们在这一点上有分歧,真正说来就是这两种。其他的都可以归于这两个学派之下,有的也许不纯粹,但从本质上看,各家各派最后都归于这两个学派。而这两个学派就是伊壁鸠鲁派和斯多亚派。

伊壁鸠鲁派说:意识到自己的导致幸福的准则,这就是德行;**斯多亚派**说:意识到自己的德行,就是幸福。

实际上伊壁鸠鲁派和斯多亚派在康德的心目中是两个对立的极端,他认为古希腊所有的道德伦理学说最后就是归结为这样一个分歧。要么是伊壁鸠鲁派,要么是斯多亚派,他们分别代表两种截然不同的倾向。但是他们在看问题的方式上又是完全一致的,都是按照形式逻辑的同一律来看待这两个概念的关系,是从同一个角度所想出来的完全不同的观点。同一个角度就是把道德和幸福看成是同一的,不同的观点就是要么道德就是幸福,要么幸福就是道德。

对于前者来说,**明智**和德性是一样的;后者给德行挑选了一个更高级的名称,对于这派来说唯有**德性**才是真正的智慧。

对于前者即伊壁鸠鲁派来说,明智和德性是一样的,所谓明智就是亚里士多德的所谓实践智慧,就是怎么做才是聪明稳妥的。明智就是通过理性的考虑权衡如何使人们获得更大的幸福,两害相权取其轻,两利相权取其重。按照明智的原则应该尽可能追求更大的幸福,避免更大的不幸。那么伊壁鸠鲁派认为明智就是德性,不需要有另外的德性。当然都是要追求幸福,但是与愚蠢地追求幸福不同,要明智地追求幸福,这就是德性了。追求幸福都是人的本能，都是自然而然的一种需要，每个人都需要幸福，但是要合理地追求幸福，即所谓合理的利己主义。你光是追求幸福，如果没有明智的话，你最后会受害，或者你追求到的只是眼前的幸福，但是长远的幸福你丧失了，这就是明智的观点。而后者，也就是斯多亚派，"给德行挑选了一个更高级的名称，对于这派来说唯有**德性**才是真正的智慧"。更高级的名称是智慧，智慧跟明智在他们那里是不一样的。虽然亚里士多德把明智看作"实践智慧"，但这只是汉语译名，phronesis 翻译成实践智慧，其实它就是明智、审慎，翻译成实践智慧实际上是抬高了它，真正的智慧只能是 sophia。亚里士多德给智慧、明智这些东西都作了一个等级安排：最低层次的是技术，比技术更高的是科学知识，比科学更高的就是明智或实践智慧，比实践智慧更高的才是智慧 sophia。智慧跟 phronesis 不太一样，在亚里士多德那里明智并不是很高的，当然比科学要高，比知识要高，一般的知识如果你没有明智，你不会运用知识，那还是不够的。所以明智里面既有知识，也有超越知识的东西，我们当然可以把它理解为一种智慧，但是这种智慧其实就是明智。但是更高级的是理论智慧，它比实践智慧更高。所以康德在这里讲，给德行挑选了一个更高级的名称，对于这派来说唯有德性才是真正的智慧，智慧比明智更高级。我觉得这里的着重号要打在"智慧"上，意思就更明白了。什么是更高级的名称，相对于明智来说，就是智慧，按照亚里士多德的安排就是这样的。对于斯多亚派而言，唯有德性才是真正的智慧。斯多亚派认为光是明智不能成为德性，所以他们挑选了一个更高的名词"智慧"（sophia）来赋予德性，它在亚里士多德那里要比明智或实践智慧更高。他们用智慧这个词来形容德性，而在伊壁鸠鲁派那里用不着智慧，他们只要有明智就够了，因为他们是合理的利己主义，是享乐主义，是幸福主义。幸福主义用不着智慧这么高的名字，只要有明智就够了。但是斯多亚派认为需要智慧。在康德心目中，斯多亚派要比伊壁鸠鲁派高明，虽然他们也不对，但是要比伊壁鸠鲁派层次更高，他们已经达到了智慧的层次,而伊壁鸠鲁派还停留在明智的层次。注意这里有时用"德性"(Sittlichkeit)取代了"德行"(Tugend),意思其实差不多,只是前者更抽象一点,后者更具体一点。

上一段已经把希腊各个学派里面所体现出来的这样一对完全不同、但是根本上出于同一视角的伦理学流派把它摆出来了。这两派其实也就是经验派和理性派的对立,康德前面一直都在左右开弓地对他们进行批判,但在这里则是指出,他们共同的问题是都限于把至善理解为德福之间的一种分析性的关系,而这才是问题的根本症结所在。康德所谓的纯粹实践理性的二律背反并不是纠缠于这种表层的问题,而是基于把至善提升到先天综合命题的层次来看待时所出现的二律背反。所以要进入二律背反,必须首先把这两种分析性的理解排除掉,而把讨论转到德福之间的综合性的关系上来。

我们不能不遗憾的是,这些人(我们同时却也不由得惊叹他们在如此早的时代就已经尝试过了哲学征服的一切想得出来的方式)的敏锐目光不幸被用于在两个极端不同性质的概念、即幸福概念和德行概念之间挖空心思地想出同一性来。

"我们不能不遗憾的是",这是在前面提出来这两派之后表示遗憾,也就是表示批判的意思了。他说,这些人的"敏锐目光不幸被用于在两个极端不同性质的概念、即幸福概念和德行概念之间挖空心思地想出同一性来",他承认伊壁鸠鲁派和斯多亚派他们的眼光是非常敏锐、非常细致的,但是不幸,他们的敏锐用得不是地方。幸福和德行是两个极端不同性质的概念,一个是在现象界,一个是在本体界,要在两者之间用形式逻辑想出同一性来,只有挖空心思,明明是两个完全不同的概念,却拼命地硬要想出它们之间的同一性。因为这两派的立场都是这个同一性,都要把幸福和德行看作是一回事,这在康德看起来实际上是徒劳的。两个来源完全不同的概念,在现象和本体之间你要找一个同一性,那显然是不可能的。但是古代的这两派哲学家把他们那么敏锐的眼光用在这个徒劳无益的事情上,这是他们的不幸。但是康德在括号里面也承认,"(我们同时却也不由得惊叹他们在如此早的时代就已经尝试过了哲学征服的一切想得出来的方式)"。哲学具有征服力,哲学的这种征服力以一切想得出来的方式要把所有的东西归于"一",在各种完全不同的东西之间进行尝试。在两千多年以前古人就已经作出了一切尝试,穷尽了一切可能性,我们不得不感到惊叹。实际上,人类的哲学史从古到今两千多年,虽然走过了这么长的时间距离,但是从思维能力上说,今天的人跟古代的人相比并没有特别显著的提高。人跟人相比,谁也不比谁傻,每个时代都有它杰出的人物,真正使思维能够发展的原因,只是因为后人总是站在前人的肩膀之上。之所以我们今天看起来觉得古人好像很幼稚,其实他们远远不是我们所想象的那样幼稚。从这一点上看,是非常值得惊叹的。

<u>不过这是与他们那个时代的辩证精神相适合的,这种精神甚至现在有时也在诱使那些精敏的头脑,通过力图把那些原则中的本质的和永远无法一致的区别转化为词句之争,并这样在表面上装得有概念的统一性</u>
[112] <u>而只是名称不同,来取消它们的这些区别,</u>

前面是讲的他们的不幸,他们的敏锐的目光用在了不恰当的目的上。这句则说,"不过这是与他们那个时代的辩证精神相适合的",这种不幸与他们所处的那个时代的辩证精神相适合。辩证精神我们前面讲在康德那里是有贬义的,但是在这里头,贬中也带有一点褒义。就是说辩证精神虽然会带来矛盾冲突,但它体现出一种穷根究底,宁可陷入冲突也要一条道走到黑,咬住形式逻辑不松口,一根筋的彻底精神。人们力图从各个方面、甚至从极端对立的方面来贯彻同一个原则,甘冒与基于同一个原则的对立面发生冲突的风险。这就是古希腊的辩证精神,总是有人提出相反的命题,双方又都是那么彻底,那个时代的辩证精神就是这样,所以他们的不幸是与他们时代的辩证精神相适合的。"这种精神甚至现在也在诱惑着那些精敏的头脑，通过力图把那些原则中的本质性的和永远无法一致的区别转化为词句之争"，这样来把这种辩证精神所带来的有区别的东西的冲突化解为没有区别，似乎只是对同一个事情的不同表达而已。"并这样在表面上装得有概念的统一性而只是名称不同，来取消它们的这些区别"，这实际上是一种自欺欺人的做法。说这种辩证精神甚至"现在"也在诱使着那些精敏的头脑，这里是指谁，没有说。我们可以猜想，可能是指莱布尼茨。莱布尼茨曾经做过这样的努力，他提出两种真理，一种是事实的真理，一种是逻辑的真理，事实的真理是根据充足理由律，逻辑的真理是根据同一律和不矛盾律。那么逻辑的真理就是形式逻辑，形式逻辑可以推出绝对不能质疑的真理；但是还有大量的经验事实，不是用形式逻辑能够推得出来的。莱布尼茨就想出了一个办法把它们也归于逻辑，那就是充足理由律，即凡是那些偶然的事实，它们后面都有充足的理由，只是由于我们人类的理性太弱了，太有限了，所以我们把握不到那么多充足的理由，于是我们就把它作为事实接受下来，把它们命名为"偶然的真理"了。必然真理和偶然的真理是跟逻辑的真理和事实的真理相对应的，但是这种称呼和划分在莱布尼茨看来是表面的，实际上两者都是一样的，也就是在上帝眼中都是一样的必然真理，上帝拥有无限的理性能力，他就可以把这些偶然的真理中那些无限多的充足理由全部把握在胸，因此可以把这些偶然的真理看作是必然导致的，这就能把偶然的事实的真理全部还原为逻辑的必然真理了。当然这是我们的引申，康德在这里并没有提出来。像莱布尼茨这样的哲学家是一个调和论者，他想把经验派和理性派调和起来，也就是想把经验派统摄到他的理性主义的逻辑立场之上，他就是通过这样一种解释，说我们所划分的经验知识和理性知识只是用词的不同而已，因为我们人类的理性有限，所以我们只好把有些真理称之为偶然的，而把有些真理称之为必然的逻辑的，但是在上帝那里一切都是必然的逻辑的。所以康德说，这种精神甚至现在有时也在诱使那些精敏的头脑，通过力图把那些原则中的本质性的和永远无法一致的区别转化为词句之争。经验世界的现象和本体世界的逻辑在莱布尼茨那里就被转化为词句之争，因为现象和本体在上帝眼里没有什么区别，在人心目中之所以是有区别的，是因为人的理性太弱，人看不到最终的东西，但是上帝能看到，所以这种划分完全是词句之争。莱布尼茨还力图发明一种人工语言，也就是今天的数理逻辑，认为可以用来解决经验的问题，经验世界的事实也可以通过逻辑推出来。如果语言足够严格的话，我们可以从逻辑来推出经验世界，所谓普遍的逻辑、数理逻辑可以解决一切问题，就连上帝是否存在，我们也可以拿出笔和纸来"算一算"。这是康德坚决反对的，康德认为形式逻辑作为普遍逻辑来说，它对于我们人类的知识具有消极的证明作用，就是可以证明哪些东西不是真理，但是不能单凭逻辑就能证明哪些东西是真理，要证明哪些东西是真理必须运用先验逻辑。但先验逻辑只能管现象界，它不能管本体界。所以这个界限是不能跨越的，形式逻辑当然可以运用到本体界，因为它是普遍逻辑嘛，但是它运用到本体界的时候，它也不能形成知识，只有先验逻辑在运用到现象界的时候，才能形成知识，这是康德一个严格的划分。按照莱布尼茨的独断论，就是把现象当作本体，这种区别就被取消了，变成有限人类的词句之争了。所以我们借助莱布尼茨可以理解康德说的，"在表面上装得有概念的统一性而只是名称不同"，有概念的统一性就是指上帝的前定和谐，都统一在上帝的逻辑理性里面，而所显现出来的那些偶然的事实真理只是名称的不同，所以经验派和理性派的争论也只是词句之争。

　　而这通常发生在这样的场合，在这里不同性质的根据的结合是如此高深，或者是要求那些往常在哲学体系中被假定的学说有一个如此彻底的改变，以至于人们对于深入到那实在的区别感到畏惧，而宁可把这种区别当作仅仅是在表达形式上的不一致来看待。

　　"而这通常发生在这样的场合"，就是这种辩证的精神甚至现在也在诱使着那些精敏的头脑去取消现象和物自体的区别，这种情况通常发生在这样的场合。"在这里不同性质的根据的结合是如此高深"，比如说幸福和德行，它们的根据要结合起来是如此高深。当然康德也认为它们是可以结合的，但是这个结合太高深了，一般人深入不到这个层次。于是人们常常在表面的肤浅的层次把它们结合起来，比如说把它们的区别归结为言词之争，在言词之下它们实际上用不着结合，就是一回事，这就太表面化了。实际上它们的根据是有严格区别的，你要把它们结合，首先必须要承认这些深刻的区别。"或者是要求那些往常在哲学体系中被假定的学说有一个如此彻底的改变"，要么无法结合，只能表面敷衍，要么就要对那些往常在哲学体系中被假定的学说有一个彻底的颠覆。经验论呀、唯理论呀，都是被假定的独断论，对这些独断假定的前提，你要彻底把它们颠覆，你才能深入它们的根基把它们结合起来。但是一般的哲学家不愿意做这件工作，而是习惯于用往常的哲学眼光看问题。这种结合"如此高深"、需要"如此彻底的改变"，到什么程度呢？"以至于人们对于深入到那实在的区别感到畏惧，而宁可把这种区别当作仅仅是在表达形式上的不一致来看待"，人们感到畏惧，为什么感到畏惧，就是要把你历来所习惯的哲学学说都加以颠覆，那太令人畏惧了。现象和物自体的区别太深了，你要把这个区别接受下来，这本身就令人感到恐惧，如果你要看到它们的根本区别，你的一切习以为常的东西都要经受一次哥白尼式的革命。一般人没有这么大的胆子，只有康德第一次做到了这一点。一般人则对于深入到那实在的区别感到畏惧，而宁可把这种区别当作仅仅是在表达形式上的不一致来看待。你把这些区别看作只是表面上的不一致，而最终它们是一致的，那你就心安理得了，就不用深入去想了。康德则排除了这些习惯想法，你不要以为现象和自在之物是一回事，你要把幸福和德行结合起来，也要先经受现象和自在之物的彻底分离，然后再想办法把它们结合起来。你如果没有这个勇气的话，那么你这种结合只是表面的、形式化的。

　　当这两个学派都力图挖空心思地想出德行和幸福这两个实践原则的等同性时，他们并没有因此就他们想如何硬提出这种同一性而相互达成一致，而是相互有无限大的分歧，

　　这个地方就讲到两派的分歧了，前面是讲到他们共同的毛病，就是想在两个极端不同性质的概念、即幸福概念和德行概念之间挖空心思地想出同一性来。伊壁鸠鲁派和斯多亚派都想作这种尝试，他们值得敬佩的是，除了这两种可以尝试的方案以外，确实再也没有别的东西可以尝试的了，这就是一种彻底的辩证精神。这里把两个极端摆出来了，其他一切都可以归于它们之下，不是这个极端就是那个极端。"当这两个学派都力图挖空心思地想出德行和幸福这两个实践原则的等同性时，他们并没有因此就他们想如何硬提出这种同一性而相互达成一致"，他们都是硬提出这种同一性，但是他们在这方面并没有达成一致，他们提出同一性的方式是完全不同的。"而是相互有无限大的分歧"，或者说，他们两者分属于两个不同的极端。这种无限大的分歧根本就不可调和，伊壁鸠鲁派和斯多亚派根本不可能调和，从两千年前到康德时代都是这两派在斗来斗去。我们经常讲唯心主义和唯物主义是两条路线的斗争，不可调和。但是在伦理学上康德也认为这两派是不可调和的，也是两条路线。为什么不可调和，就是因为它们是两极的，它们之间是一种辩证对立或矛盾的关系。所有其他的流派都是中间的。就是说自古以来的伦理学家们不是伊壁鸠鲁派就是斯多亚派，其他的都是搞一些调和、折中，那就在逻辑上不彻底了。只要你逻辑上彻底，那么你不是这一方就是那一方。所以它们相互之间有无限大的分歧，不可调和。

　　因为一派把自己的原则建立在感性的方面，另一派则把它建立于逻辑方面，前者把自己的原则置于感性需要的意识中，后者则把它置于实践理性对一切感性的规定根据的独立性中。

　　这个无限大的分歧在康德看来就是这样，"一派把自己的原则建立在感性的方面，另一派则把它建立于逻辑方面"。经验论和唯理论是这

样的,前者把自己的原则建立在感性的方面,经验派中的幸福主义、功利主义都是这样。另一派则把它建立在逻辑方面,伦理、道德,哪怕诉诸上帝的理性,也还是建立在逻辑的方面。"前者把自己的原则置于感性需要的意识中,后者则把它置于实践理性对一切感性的规定根据的独立性中",经验派的伦理学是立足于感性需要的意识,理性派则使自己的原则独立于一切感性的规定根据之外,双方都认为自己的原则是绝对的,可以把对方的原则包括在自身之中。

按照伊壁鸠鲁派,德行的概念已经包含在促进自身的幸福这一准则中了;反之,按照**斯多亚派**,幸福的情感已经包含在人的德行的意识中了。

这个是两个截然对立的原则。"按照**伊壁鸠鲁派**,德行概念已经包含在促进自身幸福这一准则中了",促进自身幸福这是每一个有肉体需要的人自然的准则,但是准则里面已经包含了德行的概念,所谓合理的利己主义,这个利己已经包含着"合理"在里面,真正的利己就是合理地利己。如果你做不道德的事情,那就不合理了,那你就不能得到真正的幸福或长远的幸福,真正懂得利己的人就会按照德行安排自己的行为。那么按照德行安排自己的行为归根结底是为了自己获得更大、更完整的、更全面的幸福。所以使自己获得更长远的幸福本身就是德行,德行概念已经分析地包含在人们追求幸福的准则之中,这是一种分析性的关系。这是伊壁鸠鲁派的观点。"反之,按照**斯多亚派**,幸福的情感已经包含在人的德行的意识之中了",真正的幸福就是德行带来的幸福情感,你要追求幸福,如果只是贪图感官的享乐,那是追求不到幸福的,真正的幸福就是追求德行,就是做好事。所谓"德行的意识",你做了好事,你的意识中肯定是会满意的,而这种满意才是真正的幸福。这种满意不会被痛苦所抵消,比如说你的享乐固然可以得到感官的快感,但是人生中痛苦要比快乐多得多,而且痛苦往往是由感官的快乐带来的。所以你以为你在感官享乐中可以得到幸福,其实你是得不偿失的,那不是真正的幸福。

真正的幸福就是你在做好事的时候，德行本身带来快乐。对于德行的意识本身就是一种幸福，这种幸福是夺不走的，哪怕到了彼岸世界，如果有彼岸世界的话，它也是存在的。死了以后，你连身体都没有了，感官的享乐早就不存在了，但是德行的幸福还在，如果有灵魂不朽的话。或者没有灵魂不朽，那么在此生此世做好事的幸福也是更长久的。在斯多亚派那里和伊壁鸠鲁派完全相反，幸福的情感已经包含在人的德行的意识中了。做好事所带来的快乐，那种幸福远超感官上的快乐。

<u>但是，凡是被包含在另一个概念中的东西，虽然与包含者的一个部分是相等的，却并不与那个整体相等，此外，两个整体虽然由同一种材料构成，但如果因为在两者中的那些部分被结合为一个整体的方式是完全不同的，则它们也可以在种类上相互区别开来。</u>

这也是一种逻辑关系了。一个东西被包含在另一个概念中，虽然与包含者（指概念）的一个部分相等，但却并不与那个整体相等。就是这个概念里面包含着某个部分，凡是被包含在一个概念中的东西虽然与包含者的某个部分是相等的，却并不与那个整体相等，否则你就是以偏概全了。被包含在另一个概念中的东西不与这个概念整体相等，比如说至善这个概念，它当然包含着幸福，幸福是至善这个概念中的一个部分，幸福与至善中的一个部分相等，但是幸福并不与整个至善概念相等，它只是整个至善的一个部分。所以在康德看来，伊壁鸠鲁派和斯多亚派两方面都犯了同一个以偏概全的逻辑错误。"此外，两个整体虽然由同一种材料构成，但如果因为在两者中的那些部分被结合为一个整体的方式是完全不同的，则它们也可以在种类上相互区别开来"，这是另一方面，即不同的方面。比如说伊壁鸠鲁派的至善和斯多亚派的至善，它们都是由幸福和德行两种材料构成的，这方面它们是相同的，但是因为在两者中的那些部分被结合为一个整体的方式截然不同，也就是在两种至善的体系中，德行和幸福的这两部分被结合为一个整体的构成方式是完全不同的，你是把德行归于幸福，还是把幸福归于德行，虽然这两个整体的内容、材

料是一样的,但是它们在不同的部分中结合的方式是不同的,则它们也可以是不同种类的学说。伊壁鸠鲁派和斯多亚派的至善都包含德行和幸福,但是两者的结合方式不同,所以这两个至善学说也可以在种类上相互区别,成为两种完全不同的整体(至善)。这也是一个逻辑的划分。他这里只是讲的一般的原则,一个概念如果包含两个部分,那么这两部分结合的方式也会导致这个概念的不同,所以斯多亚派的至善概念和伊壁鸠鲁派的至善概念是完全不同的两个概念。

斯多亚派主张,德行就是**整个至善**,幸福只不过是对拥有德行的意识,属于主观的状态。伊壁鸠鲁派主张,幸福就是**整个至善**,而德行只不过是谋求幸福这一准则的形式,就是说,在于合理地运用手段去达到幸福。

根据上述逻辑上的划分,这两派的根本区别就展示出来了。斯多亚派主张有德行就够了,你要我讲至善,那么我只要讲德行就够了,幸福就已经包含在德行里面,它只不过是对拥有德行的意识,属于主观的状态。你做事情客观上符合道德律、符合逻各斯,那就是德行,但是与此同时,我们人作为有限的存在者,对于德行自然会产生一种主观的状态,这种主观状态就是幸福。我有了德行之后,我主观上就有了德行的意识,当然德行本身不在乎你的意识,你没有这个意识它也是德行,但是我们人总是会有意识。我意识到我自己的德行,那么它就给我带来快乐,所以幸福只是主观的状态。斯多亚派比较强调客观的逻各斯,客观的世界理性,那么主观状态作为人来说当然可以加上去,但是它是以客观的德行概念作为前提和基础的,而德行概念是不依赖于人的主观状态的。你要不把它看作是幸福也没有关系,德行还是德行。所以斯多亚派经常有一种禁欲主义和苦行主义的倾向,主观状态的幸福可有可无,如果你境界高,它当然能带来幸福,但是它可有可无,其实哪怕带来痛苦也没有关系,以苦为乐也没关系,越是使自己痛苦,就越高兴、觉得自己越有德行。"伊壁鸠鲁派主张,幸福就是**整个至善**,而德行只不过是谋求幸福这一准则的形式，就是说，在于合理地运用手段去达到幸福"，这是作为对比了。这里的"整个至善"跟前面的"整个至善"都是打了着重号的，为什么要打着重号？就是说明这两个整体是完全对立的。虽然它们的内容好像都有，斯多亚派也讲德行，也讲幸福，伊壁鸠鲁派也讲德行和幸福，他们都讲整个至善；但是作为整个至善来说，实际上斯多亚派讲的只是德行，伊壁鸠鲁派讲的只是幸福。所以虽然讲的都是至善，但是一个是德行的至善，一个是幸福的至善，这两个至善是完全不同的。伊壁鸠鲁派主张，幸福已经是整个至善了，德行只不过是谋求幸福的形式手段。幸福总是要谋求的，但是采取什么方式去谋取，就是说要用合理地手段去达到幸福，幸福主义要上升到功利主义才能达到真正的幸福。要采取合理的手段，而最合理的手段就是德行，要采取德行的方式去达到幸福才会获得最大、最长久的幸福。所以在这方面，幸福本身本来也不需要德行的，但是因为你考虑要追求幸福，要采取一种手段，那么附带的也必须把德行考虑在内。在这个意义上，我们也可以说德行就是为了达到幸福，真正的幸福就是德行，幸福是基础，德行只是达到幸福的手段，所以幸福实际上就是整个至善，德行只是手段。如果没有这种手段，那么幸福就不完整，就不能得出整个至善，为了促成整个至善必须把德行作为手段。如果你有了整个幸福，那德行就无关紧要了，但是你如果只从幸福出发，就只能得到片段的幸福，那么你就要考虑用德行去完成整个幸福而达到至善了。这种思路和斯多亚派完全相反。

　　但现在，从分析论中表明，德行的准则和自身幸福的准则在它们的至上实践原则方面是完全不同性质的，而且尽管它们都属于一个至善以便使至善成为可能，但它们是远非一致的，在同一个主体中极力相互限制、相互拆台。

　　这个"但"，就是要突显出这两派的共同的问题了。前面都是提出伊壁鸠鲁派和斯多亚派他们各自所理解的至善是什么样的。他们都想把自己的一个片面当作整体而把对方统摄进来，纳入进来当作自身的一个形式，也就是把双方看作同样性质的东西，形成一种互相包含的分析的关系。但康德说，"从分析论中表明，德行的准则和自身幸福的准则在它们的至上实践原则方面是完全不同性质的"，德行和幸福你把它们分别当作准则来看的话，那么在它们的至上实践原则上面是完全不同的。首先德行的实践原则在它的至上实践原则上那就是道德法则，道德律是属于纯粹实践理性的，把一切对爱好，对幸福的考虑全部排除了以后，你才能得到道德律，所以道德律是纯粹实践理性的最高原则，它是来自彼岸世界的原则。那么幸福呢，幸福也是实践的原则，但是是一般的实践理性原则。一般的实践理性当然要追求幸福，我们日常的实践理性都要追求幸福，但是追求幸福的至上原则是经验的，顶多加上明智的手段，最终是要达到感性的快乐，因而是此岸的原则。它的至上原则是有条件的，所以严格说起来不是至上的，不是最高的。所以在至善的两个完全不同性质的要素中，相对而言，纯粹实践理性原则才是最高的。而在一般的实践理性里面，当然幸福的准则也有它的至上的原则，但是它的至上原则充其量是快乐，明智则可以使你达到尽可能大的幸福或者最大多数人的最大幸福。你用什么样的手段去达到最大的幸福，那就是明智。所以快乐总是有条件的，不但取决于手段，而且取决于经验感受，最终获得的快乐取决于不同的人或环境。你说他达到了最大的幸福，但如果他说没有，他不快乐，那就是没有，你要让他真正满意才能算数，但这个满意完全取决于经验的各种条件，以及每个人的不同口味，没有统一的绝对标准。在纯粹实践理性里面则必须把这些去掉，才能得出至上原则。所以，"尽管它们都属于一个至善以便使至善成为可能，但它们是远非一致的，在同一个主体中极力相互限制、相互拆台"，就是说你要讲至善的话，你要把德行和幸福完全都纳入进来，不能漏掉一个，它们合起来才使至善成为可能。你只考虑一个，那么它也不是至善。哪怕是德行，它是至上的善，它也还不是至善，还不是最完满的善。但是这两方面是远非一致的，相反，它们在同一个主体中极力相互限制、相互拆台，德行排斥幸福，而幸福消解着德行。因为它们的原则是不同的，德行首先要排除对幸福的考虑，而幸福总是想把德行降低为自己的手段，这就败坏了德行。这种来自不同根源的要素在统一为一个至善时所必然发生的相互冲突，才是导致纯粹实践理性二律背反的真正原因。

所以这个问题：**至善在实践上如何可能？** 不论迄今已作了怎样多的**联合尝试**，还仍然是一个未解决的课题。

这里实际上提出了纯粹实践理性的根本问题：至善在实践上如何可能？也可以说实践理性批判的最终的问题就是这个课题。我们前面讲到《纯粹理性批判》里面有一个最终的课题，就是人的知识、人的认识何以可能，分成四个问题：纯粹自然科学何以可能，纯粹数学何以可能，形而上学作为自然倾向何以可能，形而上学作为科学何以可能。这四个问题都可以归结为一个问题，就是先天综合判断何以可能。那么在《实践理性批判》里面实际上可以归结为一个问题，至善在实践上何以可能，而不是在理论上何以可能。在理论上何以可能是没法解决的，至善在理论上早就已经被悬置了。所以在这里只讨论至善在实践上是如何可能的。这句话整句都打了着重号。如果说《实践理性批判》的二律背反有一个核心问题，那就是这个问题。前面也讲到纯粹实践理性的最高原理、至上原理，就是道德律，但是那不成为"问题"，实践理性的核心问题是，我们的道德和幸福如何可能协调、如何可能统一，也就是如何形成先天综合命题，所以至善的理念中隐含着的也是先天综合命题如何可能的问题。那么在日常的理解中，这两者是完全不能统一的，康德认为把两个完全不能统一的东西以分析的方式强行统一起来，这是做不到的，这正是伊壁鸠鲁派和斯多亚派的问题所以。于是他为自己提出了这个问题，至善在实践上如何可能？至善把德和福结合起来了。以往的人们作了很多联合尝试，伊壁鸠鲁派和斯多亚派都想把它们结合起来形成至善，但是迄今为止都失败了。为什么失败了？就是因为他们把来源完全不同的两种类型、两种性质的东西看作分析性的统一体。但是不是完全不能统一呢？在分析的意义上是不可能的，那要求双方的同质性；但可以在综合的意义上试一试，综合也许可以把完全不同质的东西联结起来，就像因果关系那样。正是在这种尝试中，暴露出了纯粹实践理性的二律背反。

但使它成为一个难以解决的课题的东西已经在分析论中提出来了，这就是，幸福和德性是至善的两个在种类上完全**不同的要素**，所以它们的结合**不是分析地**能看得出来的（例如说那个这样寻求着自己幸福的人 [113] 在他的这个行为中通过对其概念的单纯分解就会发现自己是有德的，或者一个如此遵循德行的人在一个这样行为的意识中就已经会 ipso facto [根据行为本身] 感到自己是幸福的了），而是这两个概念的某种**综合**。

"使它成为一个难以解决的课题的东西已经在分析论中提出来了"，在前面分析论中提出了什么，使这个问题如此难以解决呢？"这就是，幸福和德性是至善的两个在种类上**完全不同的要素**"，种类上完全不同，你怎么能把它们结合在同一个至善的概念里面呢？于是至善何以可能就成了问题。所以在以往的伦理学家那里不可能解决这个问题，因为他们都想通过分析的方式使它们结合在一起，统一成一个概念。"所以它们的结合**不是分析地**能看得出来的"。所谓"分析地"就是种类上相同因而一个能够包含另一个的，或者就是互相等同的。在逻辑上互相等同是互相包含的极端形式，同一性命题是分析命题的极端形式，最彻底的分析关系就是 A=A。但是由于至善的双方是完全不同种类的，所以它们的结合不是分析地能看得出来的。括号中举例说："（例如说那个这样寻求着自己幸福的人在他的这个行为中通过对其概念的单纯分解就会发现自己是有德的，或者一个如此遵循德行的人在一个这样行为的意识中就已经会 ipso facto [根据行为本身] 感到自己是幸福的了）"，这就是前面伊壁鸠鲁和斯多亚派的例子。就是说如果分析地能看得出来双方的结合，那就是这种方式，即那个这样寻求着自己幸福的人在他的这个行为中通过对其概念的单纯分解，即对幸福概念加以分析，就会发现自己是有德的，也就是说在幸福的概念中就包含着德性,这就是伊壁鸠鲁派的观点。或者一个如此遵守德行的人在一个这样行为的意识中也就已经会根据行为本身感到自己是幸福的了,这就是斯多亚派的观点。这两派的观点都是基于一种分析的关系,在幸福里面分析地包含德行,或者在德行里面分析地包含幸福。这是两种完全对立的观点,但双方都是分析地看出这两个要素是如何结合起来的。但至善的概念不应该是这样的,"而是这两个概念的某种**综合**",康德认为幸福和德性必须综合地包含在至善概念中,它们不可能是分析的关系。

<u>但由于这种结合被认为是先天的,因而是实践上必然的,从而就被认识到不是由经验推出来的,而至善的可能性也就不是基于任何经验性的原则的,于是这个概念的**演绎**就必须是**先验的**。</u>

"但由于这种结合被认为是先天的,因而是实践上必然的",前面讲这种结合不是分析地能够看得出来的,而是这两个概念的某种综合,而这句紧接着讲,这种综合的结合被认为是先天的、实践上必然的,也就是说,这种结合必须被看作是先天综合命题。以往人们一讲到先天的必然的命题,就会想到分析命题,但是康德首次提出有一种先天必然的综合命题,在他以前没有人提出过这样一种先天综合命题。所以在《纯粹理性批判》里面康德提出的总问题是先天综合判断如何可能,那么在这里他也提出,作为实践的命题,一个先天综合命题如何可能。其实在道德律那里提出的已经是先天综合命题了,就是你要使自己的行为准则成为一条普遍的法则。那么在至善这里也必须是先天综合命题,就是要使你的幸福和你的德行相配。"从而认识到不是由经验推出来的",先天综合命题当然不是由经验推出来的,这个是康德的意思。以往的人们已经意识到它是一个先天的必然的命题,但是又试图从经验中推出,像伊壁鸠鲁派试图把这样一个先天的命题从经验中分析地推出来,因为分析命题都是先天必然的。但是在康德看来,真正先天必然的东西不能从经验中推出来,而至善的可能性也不是基于任何经验性的原则,但是它又是综

合的而不是分析的,所以它是先天综合命题。前面已经讲了,这种结合只能是综合的,但是呢由于这种结合又被认为是先天的,从而它不是基于任何经验性的原则,"于是这个概念的**演绎**就必须是**先验的**"。这里又出现了"演绎"这个词。先验演绎在《纯粹理性批判》里面是一个非常核心的概念,纯粹知性范畴的先验演绎,就是要证明纯粹知性范畴有什么合法的权利能够运用于经验的对象之上,它的根据何在。纯粹知性范畴完全是先天的东西,经验的对象完全是后天的东西,那么你凭什么把先天的东西运用于后天东西之上?这个演绎在康德那里得出来这样一个结论,就是先验自我意识的本源的综合统一,这就是根据,就是统觉使得我们的范畴能够用来综合那些后天的经验材料,赋予了它们这种权利,也就是主体的能动性使得那些范畴有资格去综合那些后天的材料。如果没有这样一种能动性,那么就不可能形成知识,一切经验知识里面都体现出先验自我意识的这种统觉的能动性,统觉就是把所有的经验材料统起来、抓握到一起,它就是干这个的。所以它诉诸认识主体的能动性,这就是在理论理性里面,在认识何以可能这个问题上所作出的先验的演绎。这个演绎是先验的,不是后天经验的。如果是经验性的演绎,那就只能从大量经验事实中去归纳,那是得不出普遍必然性的。在理论理性中先验的演绎就是诉诸人的先验自我意识的一种统觉能力,范畴需要追溯到它们的根源、就是先验自我意识的统一,才能说明它们用于经验对象上的合法性。那么在实践理性这里也讲先验演绎,也就是对至善这个概念进行演绎,这个演绎也必须是先验的,它不能从经验中得来,不能从幸福中得来。伊壁鸠鲁派也好,斯多亚派也好,其实都是诉诸后天的幸福,虽然斯多亚派认为后天的幸福是可有可无的,但是如果要把至善理解为德行和幸福的统一的话,那么他们仍然必须基于经验,就是你做了一件好事,你就感到一种愉快,这种愉快的情感还是经验的,虽然你是按照先天的理性在做好事,但是愉快本身是经验的。康德却独辟蹊径,他撇开所有经验的原则而从先验的方面对至善的概念加以演绎,那么这个演绎就必须是先验的。这个演绎是怎么做的呢？我们可以先翻到《精粹》的第375 页，《实践理性批判》的 173 页（边码 145）："这样一来，从这个**演绎**中就可以理解到，为什么**希腊的**那些学派在解决他们有关至善的实践可能性问题上永远也不可能成功了：因为他们总是只把人的意志运用自己的自由的那个规则当成这种可能性的唯一的和独自充分的理由，依他们看来为此并不需要上帝的存有。"这一句说明什么问题呢？说明至善的一个成功的先验演绎必须追溯到上帝。就像在《纯粹理性批判》里面，范畴的演绎必须追溯到先验的统觉，那么在《实践理性批判》中，至善概念的演绎必须追溯到上帝的存有，上帝的自由意志，这才能达成至善的这个先验演绎。你不能只通过人的自由意志法则去寻求，不管是明智的法则还是道德法则，都只能为至善中的一个因素（幸福，或者德行）提供根据，而不能为至善整体提供根据。以前的人们总是只从人的行动的根据里面去寻找这个演绎，而忽视上帝的本源的行动，所以他们永远也不可能成功，因为他们的这个演绎脱离不了人这个经验性的主体，根本说来还属于经验性的演绎。于是这个概念的演绎必须是先验的，"演绎"和"先验的"都打了着重号，但是他在这里没有展开这个演绎。真正的演绎是要等到后面建立起对上帝的悬设以后才谈得上。上帝存有的悬设才使得至善的概念获得了它的先验的演绎。

通过意志自由产生出至善，这是先天地（在道德上）必然的；所以至善的可能性的条件也必须仅仅建立在先天的知识根据之上。

　　所以最后一句话讲，"**通过意志自由产生出至善**，这是先天地（在道德上）必然的；所以至善的可能性的条件也必须仅仅建立在先天的知识根据之上"。"通过意志自由产生出至善"，这里打了着重号，这是先天地必然的。与上面联系起来看，上面说这个概念的演绎必须是先验的，那我们就必须证明，至善不是由经验中产生的，而是通过意志自由而产生出来的，这在道德上是先天必然的，或者说是先天必要的。这里提出的是先验演绎的任务，如果这个演绎必须是先验的，那在实践上就意味着不是从经验出发，而必须从意志自由出发，这样才有必然性。当然这个必然是在道德上的必然，不是在经验知识上的必然。至于这个意志自由到底是人的意志自由还是上帝的意志自由，这里没有说，因为这里还不是展开这个演绎的地方。只有在后面正式谈至善的演绎的时候，康德才点出这正是上帝的意志自由，如《实践理性批判》第172页（边码144）上说的："自然的至上原因，只要它必须被预设为至善，就是一个通过**知性**和**意志**而成为自然的原因（因而是自然的创造者）的存在者，也就是上帝。"通过上帝的意志自由产生出至善，这是在道德上先天必然的或必要的，所以这句接下来又说："至善由于只有在上帝存有的条件下才会发生，它就把它的这个预设与义务不可分割地结合起来，即在道德上有必要假定上帝的存有"。这里则说，正是由于这种必然性，"所以至善的可能性的条件也必须仅仅建立在先天的知识根据之上"，这个"先天的知识根据"不是理论理性的知识根据，而只是一种假定。如康德在后面说的："尽管这种假定本身是属于理论理性的，不过，就理论理性而言，这种假定作为解释的根据来看可以称之为**假设**"，它实际上是用作"信仰"的（见同上第172—173页，边码145）。至善的可能性的条件既然是上帝，这个上帝的存有也必须仅仅建立在先天的知识根据之上，这个先天知识实际上是基于道德实践的需要而借助于理论理性所推出来的一个纯粹实践理性的"悬设"。当然这个实践的先天知识根据到了上帝这个层次，它又把理论知识的根据反过来包含在自身中了，因为至善所讲的德福一致，其中幸福是属于理论知识、属于现象界的。在现象界，幸福、明智其实都是理论知识，但是在实践知识、道德知识的先天根据上建立起了至善的可能性以后，通过上帝我们就可以把理论知识也包括进来，实现与德行相配的幸福。所以在上帝那里其实又回复到理论知识上来了，最终使得理论知识和实践知识达到了统一。在康德那里，宗教实际上就是实践理性和理论理性的统一，就是在实践知识的基础之上，回过头来把理论知识也包括进来。因为上帝不仅仅是人们的道德所追求的一个目标，而且是整个世界、包括自然界的创造者，一切自然界的规律都是上帝创造的。所以上帝的概念无所不包，既包括自然界，也包括道德律。当然有不同的层次，自然界的规律是为了完成道德律，为了把人引向道德律，但是自然界的规律跟道德律在层次上和性质上完全不同。只有在上帝那里才可以打通两界，现象和自在之物被设想为在上帝那里打通了，当然上帝本身也是自在之物，只是我们人出于道德需要的一种设想。我们人一旦悬设了一个上帝，那么我们就可以设想上帝能够把理论理性的知识和实践理性的道德统一起来，但实践理性的道德本身并不是理论知识。这里面有很细致的区分，我们要注意，搞得不好就弄错了。演绎的所有这些具体内容在这里都还没有谈到，而只是指出了一个大的方向，它们的真正展开还有待于纯粹实践理性辩证论的解决。第二章前面讲的到这里可以说是一个导论，下面接下来就要具体地讲二律背反了。

＊　　　　　＊　　　　　＊

I. 实践理性的二律背反

今天讲实践理性的二律背反。前面都已经作了一些铺垫了，二律背反的起因，跟纯粹理性批判里面的二律背反的比较，再就是对至善的概念的初步讨论。已经展示了得出至善概念的两种方式，一种是分析的，一种是综合的，涉及怎么样能够实现至善，但分析的至善概念不论是伊壁鸠鲁派还是斯多亚派，都是一种误置，即把德和福这两种不同性质而且分居于两岸的东西当作同一性质分析地互相包含的东西，因此要谈纯粹实践理性的二律背反，必须先将这种误置排除，而把问题拉到综合命题的平台上来谈。进一步说，至善作为德福一致不但是综合命题，而且是先天综合命题，它所形成的二律背反双方也都是先天综合命题，不是通过后天经验能够解决的，而必须为此寻求最高的先天原理。实践理性的二律背反是实践理性的辩证论里面的核心问题，就是当实践理性要去解决至善如何可能的问题的时候,所提出的两种先天综合命题就形成了二律背反,也就是双方都形成了自己的看似言之成理的主张,但双方却又是完全互相冲突的。

在对我们是实践性的、亦即必须通过我们的意志使之实现的至善中,德行和幸福将被设想为必然结合着的,以至于一方若没有另一方也归属于它就不能被纯粹实践理性所采纳。

这是第一句话,"在对我们是实践性的……至善中",什么是实践性的至善? 也就是必须通过我们的意志使之实现的至善,也就是至善被当作意志的一个目的。凡是实践性的都是有目的的,通过我们的意志要把这样一个目的实现出来,这就是实践性的。在别的地方康德也讲过,所谓实践的活动与自然现象不同的地方就在于它的合目的性,就在于它不是按照规则,而是按照规则的"表象"来运作的。按照规则来运作那就是自然规律,按照规则的表象来运作那就是实践法则。规则的表象就是目的,我先有一个规则的表象,然后我按照这个表象把这个结果实现出来。那么在这样一种至善中,"德行和幸福将被设想为必然结合着的",这是对我们来说,德行和幸福被设想为必然结合的,这不是对于上帝来说。上帝就不用设想了,他干脆就能够做到。对于我们人来说,我们只能把它们设想为这样,德行和幸福两者将必然结合在一起。"以至于一方若没有另一方也归属于它就不能被纯粹实践理性所采纳",怎么必然结合呢? 以至于德行和幸福双方不能缺任何一方,并且一方必定是归属于另一方的。两者都要,而且两者要有一种必然关系,这种必然关系相当于有一种归属关系。如果不是这样,它就不能被纯粹实践理性所采纳,就是纯粹实践理性被设想为一定要以德行和幸福的结合作为它的目的。我们人一方面是理性存在者,另一方面是感性的存在者,我们的理性是有限的,但是我们从纯粹实践理性出发,我们也一定要把德行和幸福(哪怕是感性世界的幸福) 看作是结合在一起的。不管是以一种什么方式相互归属，但是一定是以一种必然的方式，否则的话就不能被纯粹实践理性所采纳。比如说，如果只有幸福，没有德行，那么纯粹实践理性就不会采纳。这是康德的立场，纯粹实践理性首先要有德性，光有幸福是不行的。但是另一方面光有德性而没有幸福，那纯粹实践理性也不会接纳。当然实际上康德在前面也说了，纯粹实践理性光有德行没有幸福也可以，不但可以，而且本身要尽可能把幸福排除掉，把爱好和需要全部排除掉，不能有一丝一毫感性的杂质掺杂在里面。但是这是就纯粹实践理性的动机或出发点来说的，而不是就它的结果或目的来说的，如果按照纯粹实践理性的目的来说，完全缺乏幸福也是不能被纯粹实践理性所采纳的，就是说纯粹实践理性最后还是要有至善。这也是纯粹实践理性所要求或希望的，不能说纯粹实践理性就完全排除一般实践理性所需要的幸福、爱好。虽然它首先是要排除掉这些，但是并不是说排除掉就不管了。而是最后还是要把它们收拾起来完成至善，这是纯粹实践理性的最终目的。最初当然它必须从德行出发，暂时把幸福放在一边，但是最终要采纳的还是德行和幸福的一致。

现在，这种结合（正如任何一般结合一样）要么是**分析的**，要么是**综合的**。但既然现在给予的结合不可能是分析的，如刚才已预先指出的那样，所以它必须被综合地设想，也就是被设想为原因和结果的联结：因为它涉及到一种实践的善，亦即通过行动而可能的东西。

"这种结合"，就是德行和幸福以什么方式结合呢？以一种这一方归属于那一方的方式。这种归属关系"（正如任何一般结合一样）要么是**分析的**，要么是**综合的**"。分析是一种归属关系，一个概念已经包含在另外一个概念里面，那么这两个概念的关系是分析的。例如"物体是有广延的"，广延被包含在物体概念中，是形成物体概念的一个不可少的成分。"玫瑰花是红的"则不是这样，玫瑰花不一定是红的，这两者是综合的关系。"既然现在给予的结合不可能是分析的，如刚才已预先指出的那样，所以它必须被综合地设想"，即两者没有分析关系，但是又必须有一种归属关系,一方归属于另一方,但却是一种综合的归属关系,或者说是一种外在的归属关系。这两种归属的划分"正如任何一般结合一样",康德的一般逻辑方法,不仅仅适用于这个场合,而且适用于一切场合,凡是谈到两个概念结合的地方,那么必须要么是分析的,要么是综合的。这是一种一般的原则,把这个一般原则提出来之后,就好谈了。既然刚才已经证明,对于至善现在给予的结合不可能是分析的,前面这个导言中已经讲到德行和幸福的关系不可能是分析的,幸福不可能分析地包含德行,德行也不可能分析地包含幸福,因为它们是不同质的,不能用数学性的眼光来看它们,而只能用力学性的眼光来看它们。所以这种结合必须被综合地设想,而且必须先天综合地设想。因为后天综合、经验性的综合没有必然性,只是偶然碰巧(如玫瑰花是红的),也就形成不了至善的固定关系了。而这种先天综合的关系也就只能设想为原因和结果的联结。原因和结果是先天综合的关系,是一种先天综合判断。一个原因必有结果,一个结果也必有原因,虽然原因的概念并没有包含在结果的概念里面,结果的概念也没有包含在原因的概念里面,所以原因和结果是先天综合的关系。但是还有别的范畴也是综合的关系,比如说实体和属性、交互关系其实也是综合的关系。那么为什么这里特别提出只能是原因和结果的联结呢?他下面有一个冒号:"因为它涉及到一种实践的善,亦即通过行动而可能的东西"。原因和结果在这里体现为一种实践的原因和结果,实践的因果性。它不是实体和属性,也不是交互关系。实践的目的性就是通过行动而可能的东西,自由意志本身就是一种无条件的原因性,这种原因性得出的结果是我们人在实践中通过行动而产生出来的一种善。它们本来可能是没有关系的,道德和幸福分属于两个不同的世界,有什么关系呢?但是通过实践活动,它们必然要发生关系,它们由此进入到了原因和结果的先天综合关系。这句话实际上就是把这种关系归结到因果关系。但是这种因果关系,跟理论上的、科学上的因果关系又是不一样的。它是一种实践的因果关系。

　　所以，要么对幸福的欲求必须是德行的准则的动因，要么德行准则
必须是对幸福的起作用的原因。

　　既然是因果关系，那么德和福作为因果关系就有两种不同的综合方
式，这两种方式就是二律背反的双方了。一种情况，"要么对幸福的欲求
必须是德行的准则的动因"，对幸福的欲求是原因，德行的准则是结果，
这是一种情况。动因这个词 Bewegursache, Beweg 就是运动，Ursache 就
是原因，这个动因是因果关系的一种说法。我们前面讲了，动因和动机
是不一样的。动机 Triebfeder，是比较具体的，是一种发动的机制，它具
体到你去解释这个事情如何引起的那个事情。但是一般而言，这个事情
是那个事情的动因，这个还不一定涉及它内部的机制。我们讲太阳晒是
石头热的原因，这个很具体，可以归结到物理学的各种规律；但是我们讲
他的自由意志是选择这一行动的原因，这个没有什么可说的，因为自由
意志是彼岸的原因性。动因可以是跨越彼岸和此岸的因果关系，这就不
必也不可能去追究它里面具体的过程。所以动因这个概念比动机这个
概念更加广泛一些，它当然也可以包括动机，但是动机不等于动因，动
机更具体一些。这里说的是，要么对幸福的欲求必须是德行的准则的动
因，那就是要求对幸福的追求要影响到德行准则。虽然看起来像是一个
分析判断，但德行在这里并没有要求包含在幸福的概念里面，而只要求
它是追求幸福的后果，所以这已经不是分析性的关系，而是综合性的关
系，并且想要成为先天综合的关系。"要么德行准则必须是对幸福的起
作用的原因"，注意这里用了不同的词，一个是动因，一个是起作用的原
因。起作用的原因是 die wirkende Ursache, Ursache 就是 Bewegursache
中的 Ursache，动因 Bewegursache 指运动的原因，说得比较一般，但是起
作用的原因 die wirkende Ursache 说得比较具体，wirkende 就是起作用，
发生效果、影响，wirken 本来是"工作"的意思，就是做功，变成形容词就
是起作用的，它是非常具体的，也就是在物理学上、生理学上我们都可以
用科学的种种方式加以测量的那样一种原因。那么德行准则必须是对幸

福的起作用的原因,这个地方为什么要换一个词,不是讲一般的动因呢?因为德行原则对幸福作为一般的原因、作为一般的动因来说,康德其实是承认的,他由此保留了自己对至善的一种解释,就是虽然不是起作用的原因,但是可以借助于假设一个上帝而让幸福与德行相适合,让德行成为幸福的"动因"。所以这个地方在谈二律背反的一方的时候,他要为动因 Bewegursache 留下余地,他要换成 die wirkende Ursache,这样一个比较具体的、在现象界能够找到它的蛛丝马迹的词,我们在这里翻译成"起作用的原因"。但是他不像前面那样用 Bewegursache,为的是要留下一个余地,以便他将来作另外一种解释,要是用在这里,他就把自己的路堵死了。我们在现象界不能够把德行的准则看作是对幸福起作用的原因,就是你有德,你就能够由此获得幸福,这个观点康德是不赞成的。当然这个地方他只是提出两种可能性,作为二律背反的双方,如果你把幸福和德行看作是综合的,那么就有两种可能的综合方式,有两种可能的因果关系,它们是不可调和的。一种因果关系就是幸福是德行准则的动因,幸福是德行的动因,这个就不需要加以限制了,就是一般来说幸福就是在现象界,幸福本来就在感性世界之中,所以它可以一般的泛泛而谈 Bewegursache 就行了,人们就知道这是在现象界所谈的动因。但是谈到德行准则必须是对幸福起作用的原因,这个时候就必须要加以限制,就是我这里所讲的原因是指在现象界起作用的原因。至于它是不是也能够在本体界起作用,我们这个地方不谈。wirkende 这个词它只能用在现象界,它不能用在本体界,运用在本体界你怎么能去测定呢? 作为道德本体,对于现象界的因果关系起作用,那是不能测定的,也不需要测定,它不是一个测定的问题。这个原因跟现象界的原因不是同一个原因,它是另外一种含义,就是这件事情是你做的,那你就要为这件事情负责,是在这个意义上的原因。而不是说,你通过你的自由意志的怎么样一个机制使得现象界产生了这样一个后果,这个是追究不到的。一旦这样追究就不是从本体上来谈了,那就还是在现象界谈,一旦你涉及本体界,这样一种说法就不起作用了。这里摆出来的是至善概念的二律背反，下面就来否定了。

前者是绝对不可能的：因为（正如在分析论中已证明的）把意志的规定根据置于对人的幸福的追求中的那些准则根本不是道德的，也不能建立起任何德行。

"前者是**绝对**不可能的"，就是把幸福当作德行的动因，由于你追求幸福所以你就是有德的，这是绝对不可能的，"绝对"打了着重号。伊壁鸠鲁把两者看成分析的关系当然是不成立的，但之所以不成立，最终还是因为这两者在综合的意义上是不可能形成因果关系的，形式逻辑上的误置是以先验逻辑上的误判为根据的，两者根本就不在同一个现象界，怎么可能形成分析性的关系？综合性的因果关系同样也不可能，你此岸的幸福能够影响彼岸的道德律？伊壁鸠鲁的意思也不是这个，他的动因首先是追求幸福，然后你如何去追求幸福，你要明智地去追求幸福。明智的也就是从它的效果来考虑，最长久的幸福，伊壁鸠鲁认为达到这种结果这就是德行了，全部过程都只是在现象界进行。但是康德认为这是绝对不可能的，没有任何余地，因为"把意志的规定根据置于对人的幸福的追求中的那些准则根本不是道德的，也不能建立起任何德行"。幸福的准则也就是爱好、快乐、需要等等这样一些主观的准则，以此为根据怎么可能是道德的呢？你从非道德的准则的原因怎么能得出道德的结果来呢？在分析论中已经证明过了，这些准则不是道德的，那么在这些准则之上的行动也不可能建立起德行。

但后者也是不可能的，因为在现世中作为意志规定的后果，原因和结果的一切实践的联结都不是取决于意志的道德意向，而是取决于对自然规律的知识和将这种知识用于自己的意图的身体上的能力，因而不可能指望在现世通过严格遵守道德律而对幸福和德行有任何必然的和足以达到至善的联结。

[114]

这个解释就说得多一些。前者不需要说那么多，已经在分析论中说过多次,不能通过幸福推出德行来。"但后者**也是不可**能的","也是不可能的"打了着重号,它跟前面的"**绝对**不可能的"相对照。前一个是绝对不可能的,后一个也是不可能的,这一个口气缓和多了,没有那么绝对了,但是也是不可能的。通过德行推出幸福也是不可能的,但是这是有限制的,加了什么限制呢?"因为在现世中作为意志规定的后果","意志规定"当然可以是在物自体,在理知世界,但是作为意志规定的"后果"肯定是在"现世"中的。一个行动它的意志的规定根据可以是现象界的,也可以是本体界的,有两种原因性,一种是物理的原因性,一种是自由的原因性。自由的原因性是在本体界,但是不管哪种原因性,它们的后果都是在现象界,自由的原因性也要在现象界表现出来,这就是实践的后果。在现世中作为意志规定的后果,"原因和结果的一切实践的联结都不是取决于意志的道德意向,而是取决于对自然规律的知识和将这种知识用于自己的意图的身体上的能力"。原因与结果在现象界的一切实践的联结,这个是与在现世中的意志规定的后果发生的联结。在现世中如果有这种联结的话,那么不管是怎么样的联结,它都不是取决于意志的道德意向的,而是取决于对自然规律的知识。你在现象界里面,哪怕你要把道德的意向和它的幸福的结果联结起来,它也不是取决于道德意向,而是取决于对自然规律的知识。你有道德意向很好,但是你这个道德意向要想得到一个好的结果,你想使你自己因此而得到幸福,那就必须要有科学知识,你要精通现实世界的各种知识,你要知道采取什么样的手段。虽然你的道德意向的出发点是好的,但是真正要达到人人都满意的结果,至少要达到你自己所满意的、所感到幸福的结果,那你就要善于运用科学知识,善于运用技巧、手段,来使你的这个意图能够跟幸福联结起来。这是在现世中,原因和结果的一切实践的联结都不是取决于意志的道德意向,你光是有道德意向,那是不行的,那是书呆子。你意图是好的,但是效果往往是不行的,甚至是反过来的,你从道德动机出发却造成了不幸的结果,或者对别人不幸,或者对自己不幸,好心办坏事,这种情况多得很。所以它的这种因果联结不是取决于道德意向，而是取决于对自然规律的知识和将这种知识用于自己的意图的身体上的能力。两个方面，一个是取决于对自然规律的知识，另一个是取决于你有没有这种操作能力。你光有知识还不行，你如果自身条件有限制，也达不到目的，你还得有物质手段。一个是要有自然知识，你要懂得自然规律，这个是前提条件，你要知道你的意图能否实现，在什么条件下在什么情况之下才能实现，这就是明智；另一方面你要具有实现它的物质条件，要具有身体上的行动能力，这两个条件是不可缺少的。因而你不可能指望在现世通过严格遵守道德律而对幸福和德行有任何必然的和足以达到至善的联结。他为什么老是要强调"现世"呢，就是说在来世还是有希望的，他这里要留有余地。就是他只是把这种结构方式限制在现世，但是在来世留有余地，他在这里埋下了伏线，为后面进一步展开提供了条件。所以他这里要加以限定。"因而不可能指望在现世通过严格遵守道德律而对幸福和德行有任何必然的和足以达到至善的联结"，在现世中，通过严格遵守道德律而把幸福联结到德行之上来达到至善，这是行不通的。即算好人得了好报，这也要靠运气，不是必然的，既然不是必然的，那就不能达到至善。我们所要求的至善一定是必然的联结，有一种因果性。因为你是道德的，所以你就一定得到幸福，这在现实中只是幻想，有联结也不是严格遵守道德法则导致的，也不可能达到的一种必然的联结。

　　既然至善在其概念中包含着这一联结，而对至善的促进是我们意志的一个先天必然的客体，且是与道德律不可分地关联着，那么前者的不可能也就必然证明了后者的谬误。

　　这里的"既然"就是一个条件句了，就是说，"既然至善在其概念中包含着这一联结"，至善概念包含着德行和幸福之间的必然联结，这是一个条件。"而对至善的促进是我们意志的一个先天必然客体"，这是第二个条件。两个条件，一个是至善概念本身必须包含这个联结，这是从概念分析的意义上说的；第二个是，对至善的促进是我们的意志的一个先天必然的客体,这是从实践的因果关系的综合意义上说的。在实践中我们的意志先天必然地要把促进至善当作我们的目的。这个客体可以理解为目的,Objekt 在英语里面也有目的的意思,一个客体,一个追求的对象,一个实践的对象,那就是目的了。促进至善是我们意志的一个先天必然的客体,"且是与道德律不可分地关联着"。也就是促进至善本身就是出于道德的意志,或者本身就是根据道德法则,虽然不是道德法则的动机,但却是道德法则的后果,其中有种因果关系。我们作为有道德的人,要把促进至善当作我们先天必然的目的,肯定会希望善有善报恶有恶报,有种因果关系或者说果报关系。对至善的促进是与我们的道德法则本身不可分地关联着的果报关系。这是两个条件。"那么前者的不可能也就必然证明了后者的谬误",前者也就是第一个条件,就是在至善的概念中包含着这样一个联结,即一方归属于另一方之下,没有这种联结,至善就不可能。后者则是把至善当作意志的先天必然的客体通过实践行动来促进。但如果前一个条件是不可能的,就是说至善在概念中都不可能包含德行和幸福之间的归属关系,因为这两者各自处于不同的两岸,没有同质性,互不相谋;那么在实践中实现它们的因果关系就更是不可能的,恰好证明了后一个条件的谬误。这也就是说,至善的概念中两要素的分析性的联结不可能,就使得它们的综合性的因果关系也不可能,不但把幸福当作德行的原因不可能,把德行当作幸福的原因也不可能,持这种看法只能是败坏道德,从而摧毁至善。

所以如果至善按照实践规则是不可能的,那么甚至命令人促进至善的那条道德法则也必定是置于幻想中及某种空虚杜撰的目的上的,因而本身就是虚假的。

这个就是进一步推论,推出了一个最后的结论了,说明所有这两个方面的假定都是幻想。为什么是幻想呢? "如果至善按照实践规则是不可能的",这前面已经讲到了,在两种情况之下都被认为是不可能的,第一个是绝对不可能的,第二个也是不可能的。当然前面讲的不可能是指德福不可能结合，而至善又必须包含有它们的结合。既然至善在其概念中包含这一联结的可能性已经被否定了，因而至善在实践中实现这一因果联结的可能性也被否定了，它按照实践规则也是不可能的，所以结论就是：至善是不可能的，不但在概念上不可，而且在实践中也不可能。既然在实践上也不可能，那么"甚至命令人促进至善的那条道德法则也必定是置于幻想中及某种空虚的杜撰的目的上的，因而本身就是虚假的"。就是说，第一个条件即至善在概念上已经是不可能的了；那么前面设定的第二个条件，即这条实践原理："对至善的促进是我们意志的一个先天必然的客体，且是与道德法则不可分割地关联着的"，也是谬误的；而这最后就导致了：命令我们促进至善的那条道德法则也是虚假的，它是置于幻想和虚假的目的之上的。我们要分清这里面的层次，前一句讲，"既然至善在其概念中包含着这样一个联结，而对至善的促进是我们意志的一个先天必然的客体，且是与道德法则不可分割的关联着的"，这是至善的两个条件，本来应该是这样的。但是根据前面的证明，首先至善的概念就不可能了，因为它并不包含这一联结；既然至善的概念不可能了，那么同一理由，促进至善的这个有目的的实践行动也就不可能了；而这最终导致对这一行动发命令的道德法则也成了虚假的了。所以这两句话里面的意思是层层深入的。前面我们已经讲了，德和福不管采取何种方式来加以综合，都是不可能的：一种是绝对不可能的，另一种也是不可能的。既然至善是不可能的，那么命令人促进至善的那个道德法则也必定是幻想的，它就是实践理性的二律背反所产生出来的幻相。什么幻相呢？"命令人促进至善的那条道德律也必定是置于幻想中及某种空虚杜撰的目的上的"，"某种空虚杜撰的目的"是什么目的呢？就是至善。至善在这种意义上成了空虚杜撰的目的，而命令人促进至善的道德法则也必定是幻想。我们在康德的《纯粹理性批判》里面讲到先验辩证论的幻相，任何辩证论，不管是理性心理学的还是宇宙论的，还是对上帝存在的证明，由于它的这种谬误推理或者二律背反或者虚假证明，它所带来的都是幻相,即以为我们所获得的是一种知识。这是在《纯粹理性批判》里面提出的幻相。就是我们误以为我们对本体界的那样一些概念能获得某种先天的知识,因而产生了幻相,其实它们不是知识,只是一种理念。这种理念在知识界顶多能够起一种范导作用,但是你不能把它当作知识。这样一解释,这种幻相就被拆穿了,当然幻相不会消失,幻相永远会产生出来,人的这种有限理性的自然倾向总是会产生幻相,就是想要获得彼岸世界的知识,但是又获得不了。所以我们不是要消除幻相,而是要揭穿幻相。就像我们说,太阳每天升起。这就是一个幻相,其实不是太阳升起,是地球在转动,但是我们还是觉得太阳升起了、太阳落下去了,没关系,这是自然发生的。只要你理解到不是太阳在升起,实际上是地球在转动,那就够了,幻相都是这样的。那么在实践理性里面也是这样的,二律背反就是这样的,我们想象至善是可能的,在现象界我们可以做到至善,要么从幸福推出德行,要么从德行推出幸福。我们想象我们可以做到。因此我们把对至善的追求当作一条道德法则,并且用在实践中,这就是幻相。但是这个幻相是有道理的,人必然要有这些幻相产生,因为追求至善是人的理性的本能,理性的自然倾向。问题就是我们如何解释它,我们不能完全排除它就完事了,说那都是假的,而是要对它作出解释。当然从幸福推出德行来那是绝对不可能的,但是要从德行推出幸福来,却不是绝对不可能,而是有某种可能,但是不是在这种意义上,不是在现世中,而是要划分两个不同的世界,一个是现象界,一个是理知世界。从两个世界的角度来看,借助于它们的创造者,以及灵魂在来世的不朽,从德行推出幸福是可能的,但是从幸福推出德行仍然是绝对不可能的,它本身是自相矛盾的。所以从德行推出幸福作为一种自然倾向,它是有道理的,这种自然倾向是值得保护的,并且是值得解释的,经过解释以后那就不再是自然倾向了,那就是一种科学,那就是一种道德形而上学的解释,一切都顺理成章了。这个是后面要加以解释的。这里就是提出了实践理性的二律背反,实践理性的二律背反提出了两个命题,一个是由幸福推出德行,一个是从德行推出幸福,双方都是不对的,都是不可能的。但一个是绝对不可能的,一个虽然也是不可能的,但在某种意义上或许是可能的。凡是二律背反中都有幻相,因而双方都是虚假的,实际上是提出了两个互相冲突的命题,并且证明这两个命题都是不可能的,因此双方都陷入到了幻相。下面就看看他对实践理性的二律背反如何加以解决了。

II. 对实践理性的二律背反的批判的消除

这是第二章的第二个小标题,或者说第一节,就是通过他的批判的分析,指出这种二律背反实际上不是真正的逻辑冲突,而是有它合理的解释,按照这种解释,这种二律背反就消除了。就是说第一个命题既然是绝对不可能的,而且是绝对错误的,从幸福推出德行,本身在逻辑上就是不成立的;至于第二个命题,从德行推出幸福,当然也是不对的,但是经过解释也可以把它扶正。经过严格区分现象和物自体,现世和知性世界,把这两个界限划清楚了之后,可以对它在实践上做出因果关系的解释。这就一方面批判它,否定它,另一方面从里面拯救出某些合理的因素,用来解释人的自然倾向。人的自然倾向在两千年前已经表现出来了,人们想要达到至善,这是自然倾向了,只是如何去达到至善的途径还没有想清楚,因此导致了一些二律背反的错误、困惑。但是经过解释以后,这种自然倾向将得到合理的解释。

在纯粹思辨理性的二律背反中,在世界上事件的因果性里自然必然性和自由之间发生了一个相似的冲突。

首先提到在纯粹思辨理性中的二律背反,也就是《纯粹理性批判》里面所讲的第三个二律背反,即自然因果性和自由之间的冲突。世界上有没有自由,有两种相互冲突的意见,一种说世界上除了自然因果律之外,还有一种自由的原因性。这是根据莱布尼茨的充足理由律,就是全世界的因果必然性链条如果没有开始这一因果链条的起点的话,那就是理由不充分的,因而是不可能的,因为按照充足理由律,没有任何事情是没有充足理由而能够存在的;那么整个宇宙的因果性,它也必须有一个自身充足的理由,这个理由不再需要任何其他的理由作为条件,是不再有原因的最终原因。所以按照莱布尼茨的说法,如果没有这个理由,全部因果链条就不符合充足理由律,那是不可能存在的;但是我们这个世界事实上已经存在了,这反过来就证明它肯定是有充足理由的。那么这个充足理由是什么呢? 那就是(上帝的)自由意志。所以因果性链条的最初的前提、它的无条件的条件就是自由意志。这就是莱布尼茨派的观点。那么经验派是完全对立的观点,就是说你所说的自由,我们在任何地方都没有找到,也不可能找到,你要能找到一个最终的原因性,我马上就可以在它的后面再找到一个更高的原因,没有任何事情是没有原因的,自由的原因也应该是有原因的,而有原因的自由也就不再是自由了,所以世界上没有自由。这是两种同样合理的观点,一个是理性派的观点、一个是经验派的观点。第三个二律背反就是围绕自由的可能性展开讨论,理性派认为肯定有一个自由的原因,经验派认为按照我们的经验知识、按照我们对这个世界的知识,不可能有。这种冲突的解决办法只能是严格划分开现象和自在之物两个不同的领域,不让它们起冲突。这就是纯粹理性的二律背反,主要是指的第三个二律背反,就是"在世界上事件的原因性里自然必然性和自由之间发生了一个相似的冲突"。这个冲突跟实践理性的二律背反是相似的。因为实践理性的二律背反里面实际上也涉及现象界和本体界的冲突,在《实践理性批判》里面的争论跟《纯粹理性批判》中第三个二律背反的争论非常相似。到底有没有自由,如果你把它看作是在现象界,那当然是没有自由的,但是如果你把这个自由看作是本体界的,那两个命题都不冲突,你说世界上没有自由,那是不错的,你指的是现象界,我们所面临的现世的世界中的确是找不到自由的。但是你说有自由,也没有错,只要你把自由限定在知性世界,理知世界,也就是限定在彼岸世界,限定在自在之物,那也没错,尽管我们在现象界里面看不到自由,但是我们不能否认在自在之物里面有自由。我们现象界所看到的那些自然因果必然性,它后面都可能有一种自由的原因性,比如说,上帝或者人的意志活动,它既符合自然规律,同时它又是自由意志的产物,你不能否认它是自由意志的产物,它后面可能有一种自由。至于这个自由是什么,你不知道,但是你也不能否认。这是康德在第三个二律背反中讲的冲突。如何解决这种冲突,他也讲得很清楚。那么在这里也是一样,如何解决道德和幸福的冲突?在幸福里面你看不出道德来,在现象界、在现世你看不出有道德的痕迹;但是你不能排除在知性世界有一种道德的根据,它能够导致现象界的一系列因果关系,包含幸福在内。这个你没法断言,但也没法否认,因为在本体界、在知性世界里面它不是按照自然规律,它是按照另外一种规律,我们要另外加以处理。那么经过这样一种划分之后呢,我们就可以解释了,我们在现象界看不到道德律,但是你把现象界和本体界结合起来,我们可以承认道德律在实践中的作用,它的原因性的作用,甚至可以承认从道德法则能够推出幸福来,看你怎么推。这样一种二律背反由此就可以得到消除。所以在这里我们可以看到,《实践理性批判》的二律背反实际上是从《纯粹理性批判》的第三个二律背反中引申出来的。《纯粹理性批判》的第三个二律背反讲的是自然必然性和自由的关系。康德自己也讲过,实际上我的哲学起点就是第三个二律背反,世界上有自由或者没有自由,他的整个哲学就是围绕自由在讨论,都是围绕自然和自由的关系在那里转。从这里我们可以看出第三个二律背反的重要性,所以后来叔本华就把这一点特别提出来,说实际上没有那么多二律背反,归结起来就是自由和必然的关系。

　　这个冲突由于已证明,当我们(正如我们应当作的那样)把事件和事件在其中发生的那个世界都只看作现象时就不会有任何真正的冲突,就被消除了:

　　"这个冲突",也就是讲的第三个二律背反的冲突即自由和自然必然性的冲突。"这个冲突由于已证明"，只要我们"把事件和事件在其中发生的那个世界都只看作现象"，就不会有任何真正的冲突，当我们证明了这一点，那么这个冲突就被消除了。而且我们本来就应当把事件和发生事件的那个世界都只看作现象。"只看作现象"一语双关，就是说，仅仅是现象，而不能同时又看作自在之物。事件和事件所发生的世界都只是现象，它们都服从自然的因果必然性，但由于这"只"在现象中发生，所以并不否定在本体中另有原因。一个事件发生了，康德举了一个例子，就是我从椅子上站起来了，这个事件是来自于自然必然性的原因还是来自于自由的原因呢？如果我们把这个事件以及这个事件在其中发生的那个世界都只看作是现象，比如说我从椅子上站起来，它有一系列的因果链条，包括我的血压，包括生物电、神经、呼吸、肌肉收缩等等，还有椅子、地面等等，你把这些事件无限地追下去，可以追溯到整个世界，开天辟地，整个世界之初。任何一个事件都是这样，都可以追到整个世界，因为它处在无限的链条之中，这个世界的无论哪个链条出了问题，这个事件就不会发生了，或者这个事件就不会这样发生而要那样发生了。那么你如果把这整个世界都只看作是现象，而给自在之物留下余地，那这个冲突就被消除了，因为我同样可以在自在之物的意义上把这一行动看作是自由的。我们当然应该这样来消除二律背反，消除这样的冲突。自由和自然必然性其实没有冲突。只要你把我们所讨论的这样的事件以及这个事件在其中发生的整个世界都限制在现象中，你不要把它们看作是本体，那么你就可以把自然必然性放在现象界，而把自由放在本体界，让它们不相互影响，那问题就解决了。自由它在本体界，你可以把现象界发生的事情都看作是由它引起的，但实际上你不必由它来解释现象界的因果关系的每一个细节。因为自由是如何起作用的，你不知道，你也不必知道，你只需要保持你作这种判断的权利，就是这是一个自由意志行为，那就行了。这样一来，它们的冲突就消除了。

因为同一个行动着的存在者作为现象（甚至在他自己的内感官面

前）具有一种感官世界中的、任何时候都是符合自然机械作用的因果性，

"行动着的存在者"，也就是人。同一个人"**作为现象**（甚至在他自己的内感官面前）具有一种感官世界中的、任何时候都是符合自然机械作用的原因性"，这里"作为现象"打了着重号。为什么括号里面要加上"甚至在他自己的内感官面前"？按照通常的说法，现象是外部现象，一个意志行为产生的结果，它所采取的手段、工具，这都属于外部现象；那么它的动机则属于内部，通常我们把它看作是本体或一个主体，就是一个主体想干什么把它干出来了，那就成了现象了。但是康德认为这样解释不对，包括你的内在的主体，你的经验自我，你的心理现象，你的心理活动，这些东西它本身还是现象，你外部的结果是外部的现象，你的内感官那是你内部的现象。所以它还是现象，你不要以为这个就是你行为的真正的动因，就把这个当作了本体。你的心理活动，比如说你的爱好，你的情绪，你的欲望，这些东西都在你的内感官面前呈现出来、激动着你，作为时间中的一种表象，它们还是现象。所以他这里讲到，甚至在他自己的内感官面前，这些现象"具有一种感官世界中的、任何时候都是符合自然机械作用的原因性"。包括你内在的心理表象，它们都是符合自然机械作用的因果规律的。心理学，在康德看来只能是经验心理学，那当然就是实验心理学了，虽然实验心理学是后来才发展出来的，新康德主义就非常重视实践心理学，像费希纳这些人都是新康德主义。实验心理学就是把心理现象当作是一种自然机械作用来加以研究，把人的心理学跟动物的心理学以及自然界的一切自然规律看作是同样的规律，于是心理学才被叫作科学。我们今天的心理学的学科是放在中国科学院之下，不是放在中国社会科学院之下，也就是把心理学看作一门自然科学，这个当然是援用西方特别是英美的划分方式，认为心理学不是一个哲学问题，而是一个科学的问题，或者说我们把心理学当作自然科学来研究。我们武大哲学院有心理学系，这个在国内是吃不开的，你把心理学放在哲学院，国内主流的心理学家是瞧不起的，他们认为你那是什么心理学，

你把哲学、宗教学、伦理学、社会学等等混进来了。真正的心理学要有数据，要有数学模式，要有公式，要能够定量分析并计算出结果。弗洛伊德虽然接近于哲学，但人们承认他是科学，是因为他有严格的可操作性，他可以治好病人，把人都当作病人，当作病人那就是从病理学上来研究了。通常人们对心理学的研究就是这样的，在康德时代其实就是这样的了。康德就认为所谓理性心理学严格说不能够放在哲学里来考虑，但是你当作经验心理学来研究、来作一种现象的描述是可以的，只要你不把它当作本体的知识。所以康德承认经验的心理学即作为一种自然科学的心理学。自然科学有两大门类，一类是物理学，一类是心理学；物理学是研究外部现象的，心理学是研究内感官的现象的。他认为宇宙整体这个理念以及灵魂这个理念都可以保留，可以在物理学和心理学方面起范导性的作用。虽然我们不能认识世界整体，但是我们可以把世界整体作为一个范导性的目标，引导我们的物理学知识不断地趋于完美。我们在心理学里面有一个灵魂的概念，它也不是知识，但是它可以趋使我们不断地接近对于灵魂的把握。而这两方面的具体规律都是符合自然机械作用的原因性，符合牛顿物理学，连心理学也是符合牛顿物理学的，也是可以加以定量化的解释的，因为外感官和内感官、空间和时间都是可以定量化的。康德对心理学的看法停留在这样一个层次上面，这个影响很大，一直影响到今天，我们今天实验心理学、行为心理学、社会心理学、神经心理学等等，一般都是放在自然科学之下。凡是要在心理学里研究哲学的，或者用哲学的眼光来看心理学的，在心理学界都属于边缘，不被重视，因为那个东西没有"科学标准"。你说你很有成就，那么你的成就发表在什么地方，自然科学的杂志上有没有。在哲学方面你可以谈，但那不属于科学。

<u>但就同一个事件而言，只要行动着的人格同时又把自己看作**本体**</u>（作为在其不能按照时间来规定的存有中的纯粹理智），就可能包含有那<u>个按照自然规律的因果性的规定根据，这根据本身是摆脱了一切自然规</u><u>律的。</u>

前一句话讲的是"同一个行动的存在者**作为现象**",而这里讲的是"就同一个事件而言,只要行动着的人格同时又把自己看作**本体**","本体"打了着重号,与前面"作为现象"相对照。这里讲的是同一个人做的同一件事。他为什么要讲同一个事件呢? 就是说同一个人做的同一件事,其实有两种可能的解释,一方面从现象界你可以对它进行解释,它完全符合自然机械作用,你可以从心理学、病理学等这些角度对它进行解释,你可以把它还原为分子、原子、光波、电磁波,所以一直到今天还有"还原论",一切行为、活动、实践行动,全部还原为原子分子的运动,条件反射、神经通道、脑电波,基因结构,你可以把它还原掉,至于自由意志你可以不谈,完全忽视。但是另一方面,就同一个事件而言,"只要行动着的人格同时又把自己看作**本体** (作为在其不能按照时间来规定的存有中的纯粹理智)",这个本体就是"存有中的纯粹理智",它是不能按照时间来规定的,按照时间规定就成现象了,就要服从机械因果性了。存有,Dasein, da 就是此时此地,所以有些人也把 Dasein 翻译成"此在"。但是康德这里说的是不能按照时间来规定的存有,它这个存有实际上是指的人,人的本体。海德格尔的此在也是指的人,是人的现象。那么康德这里就是特别强调,不能按照时间来规定的存有,那么同一个人如果不能按照时间来规定,那就只能看作本体了,所以他这个括弧里面是用来解释这个本体的。就是说行动着的人格同时又把自己看作本体。人格是跨两界的,一方面它意味着时间中的前后一贯性,号数上的同一性;但是这个前后一贯性不能单从现象界理解,还可以在超出现象和时间之外的本体中来理解,它是纯粹理念,它不是知识。这也就预示着这个人格在本体界有它的根据,也就是在同一个人格那里不是着眼于现象那一部分,而是放眼于它的本体那一部分。放眼于本体界呢,也就是看作在理知世界、知性世界中的纯粹理智,纯粹理智是属于知性世界的。Intelligent 我们通常翻译成理智,就是说在本体界的人格,通常只能通过理智来设想,它属于理知世界,理知世界就是 die intelligible Welt, 它不属于现象界。

那么这个被看作本体的人格"就可能包含有那个按照自然规律的因果性的规定根据"，如果我们把一个人看作是本体，在这个本体里面就可能包含有那个因果性的规定根据，那个因果性本来是按照自然规律来进行的，但现在可以由这个本体的原因性来解释了。这根据本身是摆脱了自然规律的，那就是自由。这个还是重申思辨理性里面的二律背反，自由和自然必然性之间的冲突，通过一定的方式我们可以把这个冲突消除。通过什么方式呢？就是同一个行动分两个层面来看，既作为现象，把它看作是一种符合自然机械规律的原因性，但就同一事件而言，行动着的人格同时又把自己看作本体，这个时候我们就可能在同一个事件里面发现那个按照自然规律的因果性后面的规定根据，而这个规定根据本身是摆脱了一切自然规律的。这是他的一种解决方式，这个方式在他看来是非常完美的，没有任何一点破绽，因而可以用作解决纯粹实践理性的二律背反的借鉴。

对实践理性的二律背反的消除，第一段主要是重复了他在《纯粹理性批判》里面的第三个二律背反，以及他是如何解决这个二律背反的。他的解决方式主要是划分现象界和本体界，然后把问题归结到在本体界里面，是否有可能包含有一种对现象界的规定根据，这个规定根据本身是摆脱了一切自然规律的。这是问题的根本。

目前这个纯粹实践理性的二律背反也正是这样一种情况。这两个命题中的第一个命题，即对幸福的追求产生出德行意向的某种根据，是**绝对错误的**；

前面已经讲了思辨理性的二律背反以及它的解决方式，那么以这种解决方式作为榜样，照样把它搬到实践理性里面来。我们在这里可以看到，实际上在第三个二律背反里面跟实践理性里面的二律背反有一点不同，在第三个二律背反里面，两个命题在某种意义上都是对的，但是在实践理性的二律背反里面，第一个命题"对幸福的追求产生出德行意向的某种根据，是**绝对错误的**"，不管是考虑到现象界还是本体界都是错误的，因此这个我们可以排除了。当然这个绝对错误，他后面也有解释，就是认为伊壁鸠鲁实际上误解了他自己。按照后来解释学的原理，我们后人可以比前人更好的理解前人的真实意图，康德也已经有这种方法上的自觉了，例如参看《纯粹理性批判》中谈对柏拉图的理解，康德自认为比柏拉图自己更理解柏拉图（A314=B370）。这里康德也认为，伊壁鸠鲁实际上并不是像他自以为的，是从幸福这个根据出发来推出德性的，而是他在对幸福的追求已经包含有德性的前提了。如果从这个意义上讲，消除伊壁鸠鲁对自己的误解以后，那么他也有可能是对的。但是那他就被归到第二个命题上来了。

但第二个命题，即德行意向必然产生出幸福，则**不是绝对地**错，而只是就德行意向被看作感官世界中的因果性形式而言，因而是当我把感官世界中的存有当作有理性存在者实存的唯一方式时，才是错误的，因此只是**有条件地**错误的。

这个就说得很明确了，第一个命题是绝对错误的，第二个命题是相对错误的，也就是说换一个条件，它也可能就是正确的。"但第二个命题，即德行意向必然产生出幸福，则**不是绝对地**错"，德行意向必然产生幸福，这在现象界它是错误的，在现象界里面德行意向怎么会必然产生幸福呢？即使得到幸福也是偶然的。但这个不是绝对错的，而是相对错的，它"只是就德行意向被看作感官世界中的因果性形式而言"是错的，注意这里的"德行意向"被错打成"德性意向"了，改过来。也就是你把本体中的原因性当作现象中的因果性了。德行意向，你有做好事的动机，但是你把这个动机看作是感官世界中的原因性形式，看作好像是自然规律那样的形式，这就错了。自然规律有一套形式，我的德行意向也有一套形式，你错把德行意向看作了自然的因果性形式，你把你的道德律看作了自然规律。因而当我把感官世界中的存有（Dasein）当作有理性存在者实存（Existenz）的唯一方式时，才是错误的。存有（Dasein）与实存（Existenz）是基本上可以互换的两个词。所谓 Dasein 翻译成存有，实际上它是指非常具体的存在，有的把它翻译成生活、生存。不过 Existenz 是拉丁文，作为一个外来词它还是要抽象一些，涵盖面更广一些。在这里它既可以是现象中的生存，但也可以是本体中的实存。这样来看，你把有理性者的存在者的实存看作唯一地只在感官世界中实存，你就是以偏概全了，你就把人在本体中的实存丢掉了。你把人看作感官世界的对象，这个本来是不错的；但是你把自然界看作是你唯一的生存方式，你想把道德等同于我们这个自然界里面的因果性，这才是错误的，当然这是有条件的错误。这个条件就是你把人仅仅是当作现象，你把现象界的生存方式当作是人的生存的唯一方式，那么要从道德推出幸福，当然是错误的，你把道德贬低了。你只看到现象界的一维，对于人的本体界你没有看到，或者你把人的本体就放到现象界来，认为人就是一个动物。如果人就是一个动物，那人还有什么德行呢，德行还有什么作用呢？如果人仅仅是个动物，德行也不可能在人身上发生现实的作用或因果联系，所以在这个方面，它是有条件的错误。

　　<u>但由于我不仅仅有权把我的存有也设想为一个知性世界中的本体，而且甚至在道德法则上对我（在感官世界中）的原因性有一种纯粹智性</u> [115] <u>的规定根据，所以意向的德性作为原因，与作为感官世界中的结果的幸福拥有一种即使不是直接的、但却是间接的（借助于一个理知的自然创造者）也就是必然的关联，这并非是不可能的，这种结合在一个仅仅是感官客体的自然中永远只能偶然地发生，而不能达到至善。</u>

　　"但由于我不仅仅有权把我的存有也设想为一个知性世界中的本体"，这个"但"就是说，"我"不仅仅是现象界的存有，而且也不仅仅有权把我的存有设想为一个知性世界的本体。把"我"设想为知性世界的存有，这本来是康德历来的观点，但还不仅仅是这样，这里还有进一层的意思。就是说我作为一个知性世界中的本体，"而且甚至在道德法则

上对我（在感官世界中）的原因性有一种纯粹智性的规定根据"，即我不仅仅有一个知性世界的本体，而且这个本体对于感官世界的存有还要起作用，要发生影响。我们人跨两界，一个是现象界，一个是本体界，这个是没有问题的；但是两界相互之间有没有影响呢？特别是我的本体界的存有会不会对我的现象界的存有发生影响呢？这个问题就更进一步了。所以他讲，由于我不仅仅有权把我的存有也设想为一个知性世界中的本体，而且甚至（甚至就是进一步了）在道德法则上对我在感官世界中的原因性有一种纯粹智性的规定根据。如果我作为一个知性世界中的存有，我理解了道德法则，我按照道德法则对我的感官世界的原因性建立起一种纯粹智性的规定根据，那就会怎么样呢？感官世界的规定根据一般来说是感官的、感性的，它不是纯粹知性的，它也有理性，但是它这个理性只是服务于感性的工具，只是对感性世界、对自然科学的知识来使用的。但是在道德法则上，我可以对我的感官世界的原因性有一种纯粹智性的规定根据，我可以用纯粹的道德法则，不需要任何感性的条件，而对感官世界提供一种纯粹智性的规定根据。由于以上理由，他讲，"所以意向的德性作为原因，与作为感官世界中的结果的幸福拥有一种即使不是直接的、但却是间接的（借助于一个理知的自然创造者）也就是必然的关联，这并非是不可能的"。前面讲的，由于我不仅有权把我设想为知性世界的本体，而且我还有权甚至于在道德法则上来规定我在感官世界里的原因性，由于这两点，所以意向的德性作为原因，与幸福拥有一种即使不是直接的、但却是间接的也就是必然的关联，也就是说后面这个命题，即德性意向必然产生幸福，这并非是绝对不可能的。只要你把条件改换一下，你把人看作不仅仅是现象界的存有，而且看作是本体界的存有，而且使本体界的存有对现象界的存有具有一种规定性，那么这样一种关联就是必然的。所以意向的德性、你的动机中的德性作为原因，与在感官世界中作为结果的幸福，就拥有即使不是直接的也是间接的、也就是必然的关联。那么这种因和果之间拥有的一种必然的关联为什么不是直接的呢？直接的就是说要么你是在本体界得出本体界的结果，那当然是不可能的，本体界作为原因性，但是它的结果是在现象界，它不是直接在本体界得出来的。另一方面，如果完全是在现象界呢，那种直接性也是不可能的，就是说你把德行放在现象界，把德行理解为现象界的一种心理现象，由这种心理现象得出它的物理后果，这当然也是直接的，但这也是不可能的。但是如果是间接的，就是说本体界的原因间接地得出了现象界的结果，这个是可能的。就是本体的原因跨过这个界限，间接地得出了这个结果。括号里面讲，借助于一个理知的自然创造者，这个很重要。就是说从本体界的原因，要得出现象界的结果，这个本来是不可能的，因为这是两界，它们怎么可能有一个因果关系呢？即算是有因果关系也是偶然的，怎么会是必然的因果关系呢？但是借助于一个理知的自然创造者就可能了。理知的自然创造者是什么呢？当然就是上帝了，这里没有说明，实际上就是借助于上帝。借助于上帝，可以把本体界的德行和现象界的幸福必然地联结起来。正因为它是间接的，所以也就是必然的关联，只有这种间接的关联才是必然的，直接的关联、现象和现象是偶然的关联，你把道德律看作是一个现象，那么它得出一个幸福，在现象界就是通过一个起作用的原因得出幸福，这就是从现象到现象，它是偶然的。一个好人做了好事，他得了好报，这是偶然的。但是借助于一个理知的创造者，那么这种间接性、偶然性就成了必然性，就是上帝必然会使得人们的道德能够得到相应的幸福，越是道德越是得到更多幸福，按照精确的比例获得他应得的幸福，这是在上帝那里，在人这里是不可能的。但是按照上帝的中介，我们可以把它作为一种必然的关联，按比例，有多少德行就配享多少幸福。如果我们放眼彼岸世界，那么彼岸世界我们可以设想上帝，通过上帝就可以在德行和幸福之间间接地达到一种因果必然的关系，这并非是不可能的。"这种结合在一个仅仅是感官客体的自然中永远只能偶然地发生，而不能达到至善"，也就是说，如果按照在一个仅仅是感官客体的自然中，这种情况永远只能偶然地发生，好人有好报，这个永远只能偶然发生，它没有必然性。你一个善人要得到善报，你就要掌握自然科学的知识，还要有行善的能力，身体上的能力，你能把它做出来。你有了知识，并且能用这个知识改造世界，你才能得到善的结果，但这永远取决于偶然性。这些条件都不是你能够控制的，都取决于偶然的条件。所以他说，这种结合在一个仅仅是感官客体的自然中永远只能偶然地发生，而不能达到至善。即算是它偶然发生了，它也不是至善，善的行为和它的结果即算是一致了，也不是至善。因为它里面没有必然性，也没有成比例性。谁能够计算一个人的善得到多少幸福呢，这个是人做不到的，只有上帝才做得到。这一段讲到了实践理性的二律背反，我们如何把它加以消除，通过设想一个人格（上帝），它除了现象界以外，还有一个本体界的存在，这个本体界的存在可以按照道德律成为我们现象界的原因，成为我们现象界的因果性后面的规定根据，那么我们就把这个二律背反消除了。也就是二律背反的第一个命题是绝对错误的。那么第二个命题，我们可以承认它相对而言有它的正确性，就是说改变它的条件，设想它有另外一个条件，我们就可以设想它的正确性，但是这个正确性跟它的现象界的必然规律是没有冲突的。

所以，尽管实践理性与自身有这种表面的冲突，至善仍是一个被从道德上规定的意志的必然的最高目的，是实践理性的真正客体；

"所以，尽管实践理性与自身有这种表面的冲突"，也就是这个二律背反好像是一种冲突，但实际上并不是冲突，冲突是表面的。因为第一个命题实际上在逻辑上就不成立，真正的二律背反应当是两个在逻辑上同样成立的命题相互之间发生冲突，就是双方在逻辑上都能自圆其说、言之成理，但是它们是在同样一个前提之下双方的意思相反。但在实践理性的二律背反中不是这样，它的情况有所不同。就是说第一个命题它是绝对错误的，而第二个命题只要改换它的前提，它也可以看作是对的。那么这样一来它们的冲突就消除了，它们不是在同一个层面上谈问题。

第一个命题它是错误的，那么第二个命题在它现有的条件之下也是错误的，两个命题都是错误地理解了自己的前提，实际上都是把自己的前提放在现象界之内，但是双方都以为这个现象界就是本体界，都错误地把现象界理解为本体界，都错误地认为现象界与本体界没有什么区别，所以造成了这种表面上的冲突。但是只要把现象界和本体界区分开来，这种冲突就不存在了。就是说双方都错了，在现象界既不能从幸福推出德行，也不能从德行推出幸福，因为德行处在本体界，幸福处在现象界，双方不搭界。如果双方划分开这个界限，那么双方都不会发生错误，前者就会自我取消，后者则会浴火重生。想把现象和本体放在同一个层面看，把本体界的道德律也看作是一种现象，这是他们共同的错误。所以，尽管实践理性与自身有这种表面的冲突，"至善仍是一个被从道德上规定的意志的必然的最高目的，是实践理性的真正客体"。表面冲突经过批判的消除以后，至善仍有可能保留下来，保持为一个被从道德上规定的意志的必然的最高目的。如果我们区分了现象和自在之物，那么我们可以把至善放在自在之物上来谈，这样至善就仍然是一个道德意志必然要树立的最高目的，就是说，如果一个意志被从道德上规定了，那么它必然会追求至善。一个意志当然可以被很多东西所规定，比如爱好、利益等等，但是也可以被从道德上加以规定，那就是从本体界得到规定了。一个人的意志从本体上得到规定，这种意志就是被从道德上规定了，它就必然会追求至善了。当然它首先要立足于道德，容不得丝毫对幸福的考虑；但是最终，它还是要向往至善。你光是服从道德的命令，你成了一个道德高人，但是最后你还是会不满足。我虽然达到了最高的善，但还不是最圆满的善。除了我做到最高的善以外，我还想要得到与之相配的幸福，才是最完满的。所以至善它是必然的最高目的，从道德上被规定的意志一旦实行了，必然会要求与之相配的幸福，也就必然会把至善作为最高的目的来追求，这是实践理性的真正客体。实践理性的真正客体就是至善。注意他这里讲的是"实践理性"，而不是强调"纯粹实践理性"，是为了简便吗？应该不会。我们知道康德对行文用语是极其讲究的，他前面强调的是要用纯粹实践理性来批判一般实践理性，为什么要批判一般实践理性？因为一般实践理性它不纯粹，它里面包含有爱好、感性、幸福、功利等等的考虑，而纯粹实践理性它只包含有道德法则，要从道德法则的高度来批判一般的实践理性。但是批判完了以后，它最后还要回过头来把一般实践理性统率在纯粹实践理性之下，包含在纯粹实践理性的最高法则之下，来达成一个"大团圆"的目的，这就是圆善或至善了。就是说纯粹实践理性法则是道德律，但是道德律一旦实现以后，它就要求把一般实践理性的其他要素都统摄在纯粹实践理性之下。所以他这里有一个回头，就是归结到至善是一个被从道德上规定的意志的必然的最高目的，是实践理性的真正客体，这个"实践理性"，既包含纯粹实践理性，又是指一般实践理性。对幸福的追求、对成功的追求、对一般目的的追求，这些是不纯粹的实践理性的客体。但是在至善中，实践理性的所有这些客体都没有被否定，都被统摄在至善之下了，所以至善是一般实践理性的真正客体。德福一致，与德行相配的幸福，所有的实践理性最终都是以这个为对象的。当然德行是最高的客体，但是光有德行是不满足的，还不足以成为一般实践理性的全部的客体，道德律只是纯粹实践理性的最高原理，但是要把它作为真正的客体，也就是真正的至善，那就还必须要纳入相应的幸福。

　　<u>因为它在实践上是可能的，而按其质料与此相关的那些意志准则都具有客观实在性，</u>

　　"因为它在实践上是可能的"，这个"它"就是至善了，因为至善在实践上是可能的，当然不能否定这种可能性。如果局限于经验的眼光，我们在现实的现象界没有看到过这种可能性，但是只要把眼界从我们生活的这个现象界推广到彼岸世界，它就是可能的，因为在本体界我们可以设想一个上帝，这个上帝是理知世界和自然界的创造者，我们这个自然界都是彼岸世界的上帝创造出来的。如果我们把我们的眼界推广到这样

一个世界，那么至善在实践上就是可能的。当然它要通过我们现象界的眼光，要从我们现象界的眼光推广到本体界的领域。但是光有这种可能性还不够，他这里讲，"而按其质料与此相关的那些意志准则都具有客观实在性"。"按其质料与此相关"，也就是从幸福这方面与至善相关的那样一些意志的准则，那都是具有客观实在性的。与至善相关的质料也可以成为意志的准则，意志的准则可以是形式的，那就是道德律，而意志的质料准则呢，那就是我们的幸福，我们的爱好和幸福也可以成为意志的准则。那么按其质料与此相关的那些意志的准则，也就是幸福的准则，在这个至善里面都具有自己的客观实在性。当然这些东西现在都包含在至善的概念中，作为它的质料，而与德行的形式相一致，德福一致，其中德是形式，福是质料。按其质料与此相关的那些意志准则本来是与道德没有关系的，我们的幸福本来与道德没有关系，在道德中并不考虑它们的客观实在性；但是一旦它们与至善相关，就是通过你配享幸福而获得那些幸福，那么它们都具有了客观实在性。追求幸福总是有客观实在性的，这是一种经验性的实在性，而道德形式可以说是先验的观念性。而在至善这个概念里面，道德法则的先验的观念性和幸福的经验性的实在性就统一起来了。所以在这个意义上，至善这个概念包含有客观实在性，因为它包含有幸福。幸福就具有一种经验性的实在性，但是这个幸福的经验性的实在性是按照先验的观念性、即按照道德的形式而配置的，它不能够自行配置，它不能自己想怎么就怎么。如果你没有相应的道德行为，那么你就不配幸福，那就不是至善了。所谓至善就是说你的幸福跟你的道德行为相配，那么这个道德行为就是你得到的幸福的一种形式，而你得到的幸福就是你的道德形式的质料。这里有一种质料和形式的关系，也有一种先验的观念性和经验性的实在性的关系。这个是在《纯粹理性批判》里面提出来的一对概念，先验的观念性和经验性的实在性相结合，使得我们的知识既具有先验的必然性同时也具有客观经验的实在性，不会由于休谟的攻击而使这些知识全部作废。

　　这种实在性最初由于在德行与幸福按照一条普遍法则结合时的二律背反而受到冲击，但这只是出于误解，因为人们把现象之间的关系看作了自在之物本身与这些现象的关系。

　　"这种实在性"，也就是质料在至善概念中具有的实在性，"最初由于在德行与幸福按照一条普遍法则结合时的二律背反而受到冲击"，这里有个注，即维勒认为这里应改为："这种实在性最初由于在德性与幸福按照一条普遍法则结合时所遇到的二律背反而处于危险之中"，意思其实大同小异。总之是说，这种实在性最初被否定了，为什么被否定了呢？因为德行与幸福按照一条普遍法则结合时就会产生二律背反，二律背反当然就没有实在性了，就像上一节的末尾所讲的："如果至善按照实践规则是不可能的，那么甚至命令人促进至善的那条道德法则也必定是置于幻想中及某种空虚杜撰的目的上的，因而本身就是虚假的"（《实践理性批判》第 156 页）。在这种理解下，至善就没有什么实在性了。所以他这里就讲到，这种实在性最初由于这种二律背反而受到冲击，"但这只是出于误解"。之所以这种实在性变成了一种辩证的幻相，就是因为有一种误解。什么误解？"因为人们把现象之间的关系看作了自在之物本身与这些现象的关系"，也就是人们局限于现象的领域看问题，但却没有意识到自己的这种局限性，而把现象与现象的关系看作了自在之物跟现象的关系。也就是把我们在现实生活中所获得的幸福与我们的道德的意向作为一种心理上的事实而结合起来，把一种现象和另外一种现象结合起来，把我们的行动所造成的后果的现象和我们主观意向中的现象结合起来，把物理现象和心理现象结合起来，以为这样就能达到至善了。这当然是达不到的，它们顶多有一种偶然的相遇，你有一种道德的意向，你主观心理上有一种道德的意图，结果得出了幸福的感觉，得到了身心愉快的好报，你以为这就是一种必然的关系了，但实际上是一种幻想。所以这种实在性受到了冲击，但这只是出于一种误解，人们把现象之间的关系误以为就是自在之物本身与这些现象的关系。不过即便如此，真正的至善并没有被否定,只要你转换立场,不是仅仅局限于现象界,而是放眼于两个世界,一个是感性世界,一个是知性世界,那么它们的关系是可以得到确定的,甚至我们可以证明它们是一种必然的关系。但是绝不是以往所理解的那种必然关系,好像如果有好的意图就能得到幸福的结果,或者从幸福的意图出发就可以证明好的意图。这是证明不了的。

如果我们看到自己不得不在这么远的距离中、即在与某个理知世界的联结中,去寻找至善这种由理性为一切有理性的存在者的一切道德愿望所标定的目标的可能性,那么必然会感到奇怪的是,古代和近代的哲学家们竟能**在此生中**(在感官世界中)就已经感到了与德行有完全相当比例的幸福,或是能说服人去意识到这种幸福。

"如果我们看到自己不得不在这么远的距离中、即在与某个理知世界的联结中,去寻找至善这种由理性为一切有理性的存在者的一切道德愿望所标定的目标的可能性",这是一个假设的前提。我们通过上面一段已经摆出来了,至善这种目标的可能性必须被置于遥远的彼岸世界,我们不得不在这么远的距离中去寻找它的可能性,必须要联系到某个理知世界去寻找这种可能性,它是由理性为一切有理性的存在者的一切道德愿望所标定的目标。这么大的体量,远远超出了现象界的可能经验的范围,这就需要放眼看到现象界以外的或者是背后的那个理知世界。这是非常间接的关系了,不是从德行法则直接在现象界就可以得出一个幸福的结果,这太直接了,这种直接没有必然性。但是我们把眼光投远一点,不要局限于现象界,在这么远的距离中,即在与某个理知世界的联结中,把现象界与某个理知世界相联结。当然这就是一种间接的关系了,在与理知世界联结中,去寻找至善的可能性,而不是仅仅在现象界中寻找至善的可能性。至善是理性为一切人的道德愿望最后所标定的目的,道德愿望当然首先是要实现道德法则,要按照道德律来行动,但它的最终的目标还是希望达到至善,德福一致。所以有道德的人出于理性就会把至善作为自己追求的目标，或者说作为自己的终极目标。那么我们要在与理知世界的联结里去寻找至善这个目标的可能性，当然这里没有说到这个可能性在什么地方，后面点明了其实就在上帝。上帝就是我们在理知世界可以假设或者悬设的，我们可以在理知世界里悬设一个上帝，这样我们就可以使我们的至善的目标在实践上具有可能性，不仅仅是可能性，而且是必然性，上帝创造世界必然会使得我们的道德跟幸福最终一致。但是如果我们接受了上述观点，看到我们不得不在这么远的距离中去寻找至善的可能性，那么我们"必然会感到奇怪的是，古代的和近代的哲学家竟能**在此生中**（在感官世界中）就已经感到了与德行有完全相当比例的幸福，或是能说服人去意识到这种幸福"。这个当然是反语，就是说实际上是不可能的。既然我们不得不在这么远的距离中去寻求至善的可能性，那么这就奇怪了，古代和近代的哲学家竟能在此生中就能感到这种至善，在感官世界中就找到与德行有完全相当比例的幸福，或者能说服人去意识到这种幸福。能感到与德行有完全相当比例的幸福，这是指的伊壁鸠鲁，通过感觉就感到了这种至善；或者能说服人去意识到这种幸福，这当然是指的斯多亚派了，斯多亚派当然不是凭感觉，但他们凭逻辑去论证，去证明我们按照道德律行动这本身就是幸福了，由此去说服人相信、去意识到这种幸福。近代哲学家也是这样，因为在康德看来，自从伊壁鸠鲁和斯多亚派以来，没有人真正超过他们，都是沿用他们的思路。那么我们会感到奇怪，他们凭什么就能在此生中，仅仅局限于现象界，就感到了这样一种至善，或者能说服人去意识到这种至善，这是不可思议的。要么是我们错了，要么是他们错了，当然康德意思是说，既然我们没有错，他们那样说就很奇怪了。按照我们所论证的，必须在与知性世界的综合的联结中去寻找至善的可能性；他们却想在现象界的分析中去获得至善的现实性，这是匪夷所思的。古代和近代的哲学家，一直到康德以前，这样一种在此生中寻求至善的一脉相承的观点，就全部被康德推翻了。这里其实也暗示了后面关于"灵魂不朽"的悬设，既然我们不可能

"在此生中"寻求至善，就必须设定灵魂不朽。

　　因为不论是**伊壁鸠鲁**还是**斯多亚派**都曾把从生活中的德行意识里产生的幸福提升到一切东西之上，前者在其实践的规范中并不那么思想卑鄙，就像人们有可能从他的理论的那些为了说明、而不是为了行动的原则中所推论出来的那样，或者像许多人以淫乐一词偷换满足一词来阐释这一理论时那样，

　　为什么应该感到奇怪呢？"因为不论是**伊壁鸠鲁**还是**斯多亚派**都曾把从生活中的德行意识里产生的幸福提升到一切东西之上"，伊壁鸠鲁和斯多亚派实际上在这一点上是一致的，都是从德行产生幸福，并且把德行的意识里面、也就是在心理上所产生的幸福提升到一切东西之上，也就是提升到至善上来。把从德行里面产生的幸福看作是至善，不管伊壁鸠鲁派还是斯多亚派其实都是这样的。当然这个跟前面所讨论的似乎有点不太一致，因为伊壁鸠鲁派是从幸福里面推出德行，只有斯多亚派是从德行产生幸福。但是前面讲了，经过康德的分析，他已经把这两派都归结为，他们都是把从生活中的德行意识里产生的幸福提升到至善。他说，"前者"，即伊壁鸠鲁，"在其实践的规范中并不那么思想卑鄙，就像人们有可能从他的理论的那些为了说明、而不是为了行动的原则中所推论出来的那样"，伊壁鸠鲁通常被人们误解为纵欲主义者，其实他自己标榜是幸福主义者、享乐主义者。"或者像许多人以淫乐一词偷换满足一词来阐释这一理论时那样"，通常人们用"淫乐"一词偷换他经常所谈到的"满足"一词，这就把伊壁鸠鲁污名化了，像人们一般讲的纵欲主义，为所欲为，穷奢极侈，放纵享乐，其实并不是这样的。这种误解也有些情有可原，因为他的理论有时候为了说明、而不是为了行动而提出的原则就使人带有这种误解的可能性。比如说幸福就是德行，好像德行的标准就只能用幸福快乐来衡量，好像只要放纵人的快乐、舒适、享乐这些方面的要求，本身就是德行了，那么人们就很容易把他理解为一个思想卑鄙的人，沉溺于动物式的生活的人，贪图舒适、除了吃就是睡的人。但是康

德认为他的那些话只是为了说明,而不是为了行动。从行动上来说,伊壁鸠鲁是非常有道德、非常严谨的,他并不是一个纵欲主义者,他的行为其实处处都是从道德法则出发严格自律的;但他说出来的那些话很容易让人产生误解。但是他那些话仅仅是为了说明,而不是为了行动,而他这些说明又是错误的,在逻辑上是自相矛盾的。所以人们有可能从他的理论的那些为了说明的话中推论出思想卑鄙、把人降低为动物的结论。伊壁鸠鲁自己用的词是"满足",但是人们把这种满足理解为纵欲、淫乐。康德则认为这是不对的。他自己后面也常常用"满足"来代替"快乐",以减轻它的感性色彩。

相反,他把最不自私的行善也算在最发自内心的快活的享乐方式之列,并且如同哪怕最严格的道德哲学家所可能要求的那种知足和对爱好的节制,也都应属于他对快乐(他把这理解为持久喜悦的心情)的计划之列;

这是康德的理解,这跟人们通常的理解不一样。伊壁鸠鲁"他把最不自私的行善也算在最发自内心的快活的享乐方式之列","最不自私的行善"就是自我牺牲了,舍己为人。就连舍己为人也是一种享乐方式,他所讲的享乐、满足实际上就包含这些东西,包含舍己为人、大公无私等等,这些行为都是最发自内心的快活的享乐,是最出自于自己的感觉的,牺牲自己去帮助别人这是最快乐的。伊壁鸠鲁其实是这样想的,是很高尚的一种生活态度。"并且如同哪怕最严格的道德哲学家所可能要求的那种知足和对爱好的节制,也都应属于他对快乐(他把这理解为持久喜悦的心情)的计划之列",他对快乐的计划包含最不自私的行善,也包含哪怕最严格的道德哲学家所可能要求的那种知足和对爱好的节制。知足,在物质生活方面知道满足,没有更多的要求;还有自制和节制,伊壁鸠鲁很重视节制的概念,这一点跟斯多亚派是一样的。斯多亚派最重视的就是节制、忍耐、刚毅、知足。这些最严格的道德哲学家所可能要求的,就是最严格的禁欲主义。当然伊壁鸠鲁没有采取像斯多亚派那样极端的方式，比如自杀，不活了，那个当然是伊壁鸠鲁反对的。只要不走到自杀、结束自己的生命这种最极端的地步，那么他也像斯多亚派的那些最严格的道德哲学家一样，也推崇一种节制、知足的生活，但却把这些看作都应属于他对快乐的计划之列。这就像孔子称赞颜回的，"一箪食，一瓢饮，人不堪其忧，回也不改其乐"，这个跟伊壁鸠鲁有点类似，一箪食一瓢饮，安贫乐道，他就觉得属于他对快乐的计划之列，他把这理解为"持久喜悦的心情"。颜回的"不改其乐"就是这个意思，那么伊壁鸠鲁也是这样的，他们都宣扬一种持久的喜悦。伊壁鸠鲁的说法是"身体的无痛苦，灵魂的无纷扰"，这两方面合起来，在伊壁鸠鲁看起来就是最高的幸福了，这是不会改变的。他所设计的快乐就包含这两个方面，那就够了，这就叫作"不动心"，不要去追求别的什么。在这点上他跟斯多亚派其实是一样的，他们都把"不动心"作为他们的行动的原则，但是对于这一原则的理论说明是不一样的，伊壁鸠鲁派是注重于感性的幸福，斯多亚派是注重理性的逻各斯、理性的法则。

在这方面他与斯多亚派的突出的分歧仅仅在于，他把动因建立在这种快乐里面，而斯多亚派则拒绝、而且有权拒绝这样做。

伊壁鸠鲁跟斯多亚派在这方面区别已经很小了，但是康德在这里仍然指出他们的区别，说"他跟斯多亚派的区别仅仅在于，他把动因建立在这种快乐里面，而斯多亚派则拒绝、而且有权拒绝这样做"。伊壁鸠鲁派把至善的动因（"动因"，Bewegungsgrund 与 Bewegursache 是同义词）、也把道德的动因仅仅建立在这种快乐里面，不管你把"快乐"定义成什么样的，它毕竟是感性的。虽然淡泊名利，蔑视一切奢华、富贵，于我如浮云，但是你还是为了维持你内心的一种心情，维持你的内感官中的平静的愉快感。淡泊也是一种愉快，灵魂没有纷扰嘛，你就可以自得其乐，当然也要保持你不至于饿死，保持温饱的生活，其他什么名利你都可以不放在眼里，那都是身外之物。一个人生活在世界上，只要身体上没有痛苦，心灵中无烦恼，那就是最大的幸福了，这个当然是一种道德的境界。我们经常说一个人有境界，就是说他淡泊名利，甘于清贫，只要做到这一点，那么一般人就认为他是道德的。但是这在康德看来还是把道德建立在感性的基础之上，还不是纯粹的道德。你只不过是追求的不同而已，人家追求的是奢华、享乐、纵欲，而你追求一种最起码的平静的生活，这也是一种感性上的追求。所以伊壁鸠鲁跟斯多亚派的区别就在这里，就是他还是把动因建立在快乐之上，而斯多亚派是反过来的，他们是把快乐从德行里面推出来的。所以康德讲，斯多亚派则拒绝而且有权拒绝这样做。在这方面斯多亚派跟康德有更接近之处，康德基本上是沿着斯多亚派的思路走下来的，当然比斯多亚派要更加高明、更加复杂、精致。所以他认为斯多亚派有权拒绝把快乐当作基础。

[116]　　因为一方面，有德行的伊壁鸠鲁，正如现在还有许多在道德上有良好意向、虽然对自己的原则并没有充分深思熟虑的人士那样，犯了在他最初想要为之指示德行动机的那些人格身上预先假定德行**意向**的错误（事实上正直的人如果不是事先意识到自己的正直的话，是不可能感到幸福的：因为由于德行意向，他在违禁的行为中将被他自己的思维方式逼迫着对自己作出责备和道德上的自我谴责，这就会剥夺他对本来可能包含在他的状态中的快意的一切享受了）。

　　为什么斯多亚派有权拒绝快乐的基础呢？这就要指出伊壁鸠鲁的错误啦。前面他在为伊壁鸠鲁辩护，就是说伊壁鸠鲁并不是像人们理解的那样思想卑鄙，是一个纵欲主义者，相反他的行为是非常节制的，他把最不自私的行为的善也看作是幸福的、快乐的。但是斯多亚派也有权拒绝伊壁鸠鲁派的做法，"因为一方面，有德行的伊壁鸠鲁，正如现在还有许多在道德上有良好意向、虽然对自己的原则并没有充分深思熟虑的人士那样"，有德性的伊壁鸠鲁，也就是康德理解的伊壁鸠鲁，现在还有一些人与他类似，在道德上有良好意向，但对自己的原则并没有充分深思熟虑。他们只是在意向上是道德的，想做一个有道德的人，但是对自己的道德原则并没有想深想透。那么这些人，包括古代的伊壁鸠鲁、现代的一些人士（康德没有说明哪些人士，实际上包括洛克、法国启蒙思想家爱尔维修这些人都有这种倾向），都犯了一种错误，什么错误呢？"犯了在他最初想要为之指示德行动机的那些人格身上预先假定德行**意向**的错误"。就是说这是一个错误，即他们最初想要在一个人格身上为他指示出德行动机（Triebfeder），却预先假定了他们的德行意向。本来是想要指出他这些德行的动机是怎么产生的，但却预先已经把德行意向假定在他们身上了，他实际上并不是从感性的幸福、快乐这些里面推出德行，把它们作为德行的动机，而是相反，他预先假定了德行意向，是人们本来已经有了德行的意向，才有这样一些动机，这就搞颠倒了。你本来要指出德行是从哪里来的，结果你预先假定了德行的意向，把要证明的东西当作了证明的前提，犯了在他最初想要为之指示德行动机的那些人格身上预先假定德行意向的错误，将结论预设为了前提。我们再来看看后面括弧里面的话，这些话其实是一种具体的解释。"事实上正直的人如果不是事先意识到自己的正直的话，是不可能感到幸福的"，就是说你要从幸福推出正直来，但实际上，你如果本来就不正直，你就不可能从正直中感到幸福，正直才是幸福感的前提，而不是相反。伊壁鸠鲁所设想的那种幸福主义不是一般人所想的那种纵欲主义、为所欲为、贪图享受，而只是一个正直的人、一个有道德的人才会感到的幸福。他的幸福需要解释，怎么解释？还是要用道德来解释，你的这种幸福是一种道德的幸福，是一种正直的快乐。所以括弧里面还讲，"因为由于德行意向，他在违禁的行为中将被他自己的思维方式逼迫着对自己作出责备和道德上的自我谴责，这就会剥夺他对本来可能包含在他的状态中的快意的一切享受了"，这里是反过来讲，由于德行意向，那么他在不道德的违禁行为中，他将被自己的思想境界逼迫着对自己作出责备和道德上的自我谴责，那就谈不上什么幸福了。就是说做道德的事情会带来道德上的幸福感，但是如果他做出违背道德的事情，哪怕也会带来快乐，他也会对自己作出谴责，没有什么幸福感。这就更加说明，他有没有幸福感完全取决于所做的事情是否道德，是顺应还是违背他的道德意向。或者说，道德行为是否能带来幸福感，取决于做这行为的是不是一个道德的人。只有一个讲道德的人，因为他事先有一个德行意向，假如违背道德的话，这就会剥夺他对本来可能包含在他的状态中的快意的一切享受了。撇开道德意向，这件事有可能是包含有他心理上的各种快意的，会带来感官上的享受的；但如果他意识到自己是在做不道德的事情，他的快乐就会被剥夺掉了。一个道德的人对不道德的事情，虽然在感官上是会觉得舒适和愉快的，但由于自身的道德谴责、道德自责，有可能给他带来更大的痛苦，远远超过他感官上所获得的快意和享受，所以他宁可把这种享受看作是痛苦的。所以伊壁鸠鲁是这样的，虽然表面上他是从幸福里面推出道德来，但是他所谓的幸福是有解释的，是指那些有节制的、合乎道德的幸福，不自私的幸福，特别是那些道德行为。那么这些行为为什么会引起你的愉快呢？是因为你有道德意向。一个好人做了好事，才会感到幸福，一个坏人他没有道德意向，他用什么来评价自己的幸福或者不幸福呢？只能用感官。所以你要真正从幸福出发，那就会沦为纵欲者，沦为动物性，人们对伊壁鸠鲁的理解就没错。但是之所以还是错了，就是说伊壁鸠鲁实际上还是有一个前提，就是他先已经预设了一个道德意向。所以他们的那个解释对伊壁鸠鲁是不公平的，因为他对自己理论的说明是自相矛盾的。你要加以分析、加以深思熟虑的话，你就会发现他的这样一个自相矛盾。这句话就是指出了伊壁鸠鲁的症结，这是点得非常准的，一针见血。实际上伊壁鸠鲁跟斯多亚派在根本之点上并没有区别。他们都是从道德出发的，只不过伊壁鸠鲁在理论上的说明是把动因完全放在快乐之上，这个是不合乎他自己的理论的。所以斯多亚派有权拒绝像伊壁鸠鲁那样把自己的动因建立在快乐之上。

但问题在于：评估自己的生活价值的这样一种意向和思维方式最初是通过什么而成为可能的，因为在此之前主体中还根本找不到对一般道德价值的任何情感？

　　这是一个真正的问题,就是"评估自己的生活价值的这样一种意向和思维方式最初是通过什么而成为可能的"。前面已经讲了,伊壁鸠鲁在评估自己的生活价值、快乐和幸福的时候,他已经有一个道德意向和思维方式 (Dekungsart,也可以译作"思想境界"),就是伊壁鸠鲁的快乐不是一般普通人所理解的快乐,而是有一定的道德意向的前提的,那么这样一种道德意向和由此带来的淡泊名利、随遇而安、知足常乐等等的思想境界,最初又是通过什么而成为可能的,它的最初的前提是什么?这在伊壁鸠鲁那里是找不到解释的。"因为在此之前主体中还根本找不到对一般道德价值的任何情感","在此之前",在形成这样一种道德价值的评价标准之前,在我们能够用来评价自己的生活价值的道德意向产生之前,我们如何能够找到对这种评价标准和道德意向的任何情感? 在这之前,根本找不到对一般道德价值的情感。你要从情感里面去找,你是找不到对一般道德价值的情感的,因为伊壁鸠鲁所强调的情感就是快乐的情感、幸福的情感,那么对于一般道德情感,在此之前主体还根本找不到。他没有预先设立在此之前对一般道德方面的情感,他首先讲情感,然后再讲情感必须要是长久的快乐,而这种长久的快乐才具有道德价值,所以道德价值似乎是被推出来的,它不是作为前提。当然实际上它已经被当作前提了,如刚才所分析的,但在他的理论上,道德价值毕竟是要从情感和快乐里面推出来的。所以你不能在他这里找到主体中对一般道德价值的情感需要来当作前提,这个是找不到的。这时康德就发问了,既然找不到,那么你凭什么评价这个快乐是有道德价值的?

　　<u>当然,如果一个人是有德行的,他不在自己的每个行动中意识到自己的正直就不会对生活感到快活,哪怕他身体状态的幸运对他是多么的有利;</u>

　　这个是离开伊壁鸠鲁,是一般来说了。"如果一个人是有德行的,他不在自己的每个行动中意识到自己的正直就不会对生活感到快活"。这是康德的意思了,就是说你要对自己的正直的生活感到快活,就必须有

一个前提，就是你必须是有德行的，你有德行你才会对你行为中的正直感到快活。一个好人才会对自己做了好事感到快活，一个坏人对自己做了好事甚至也许会感到懊悔，觉得自己太傻，对自己没有好处呀。但是如果他是一个好人的话，他对自己的行动的正直就会感到快活，否则就不会快活，"哪怕他身体状态的幸运对他是多么的有利"，也不会让他快活。如果他在自己的行动中没有意识到自己的正直，他也不会对自己的生活感到满意。

　　但是，为了首先使他成为有德行的，因而还在他对自己生存的道德价值作这样高的评估之前，我们此时怎好向他夸赞出自对某种正直的意识而他对之却没有任何感觉的心灵的平静？

　　这还是那个问题，就是说，"为了首先使他成为有德行的"，前面讲的如果一个人是有德行的，那么他如果不在自己的每一个行动中意识到正直，他就不会对生活感到快活，但这是因为他是一个正直的人。那么他是如何成为一个正直的人的呢？他只有相信自己在生活中很正直，这个时候才会带来他对生活的快乐，像颜回一样不改其乐。但是他这个正直是哪来的？在这个问题解决之前，"因而还在他对自己生存的道德价值作这样高的评估之前，我们此时怎好向他夸赞出自对某种正直的意识而他对之却没有任何感觉的心灵的平静"，就是说，在他对自己生存的道德价值作出如此高的评估之前，应该是有某种道德或正直的意向作为条件的，必须首先使他成为有德行的，才能谈得上向他夸赞这种本质上是出自对正直的意识的心灵平静，而当他对这种正直还没有任何感觉时，我们怎么好夸奖他？也就是说，他其实是出于自己对正直的意识才带来了心灵的平静，但他却不以为这种平静是出自这种意识，他对这种意识毫无感觉，却希望人们只对这种平静大加赞赏，但在这种平静的根源即正直的意识被加以探讨之前，在这种正直的道德来自何处被解释清楚之前，我们单单对这种平静的不动心加以赞赏又有什么意义呢？难道这就能够使他成为有德行的吗？所以为了首先使他成为有德行的，我们不能够夸奖他虽然出自对某种正直的意识对之却没有任何感觉的那种心灵的平静。这种心灵的平静实际上是出自对某种正直的意识，但是他却对这种正直没有任何感觉，那么你拼命抬高这种心灵的平静，这并不能够首先使他成为有德行的。当他还没有德行，或者他还没有意识到德行的时候，也就是在能够对他自己生存的道德价值作出这样高的评估之前的，你去夸赞他那种不动心，把这种平静抬高为他道德行为的一个根据，一个动因，这难道是合适的吗？伊壁鸠鲁显然是把这种心灵的平静、感性的不动心、长久的持久的快乐等等，当作是道德的本源的动因了。这个反问显然有一种质疑的意思。为了使一个人成为有德行的，我们不去为他指出德行法则的来源，而是倒果为因，把由此导致的不动心的情感作为动因，而从中推出德行作为结果，并因而对这种情感本身加以吹捧，抬高为一切道德的根源，这不是太荒唐了吗？这是质问伊壁鸠鲁的这种把心灵的平静无忧当作德行的动因的做法。这是在正确理解了伊壁鸠鲁的情况下，在排除了那些误解之后，康德对他的批判，这让我们看到伊壁鸠鲁实际上的自相矛盾。就是说他所鼓吹的心灵的平静，持久的快乐和持久的不动心，事实上已经以人所预先具有的道德意识为前提了，那么这个道德意识从哪里来的，就不能够通过这样一种心灵的平静推出来，而必须首先单独加以考察，追溯其来源，否则岂不是倒因为果了。所以你要把他的理论严格分析下去的话，实际上他跟斯多亚派是站在一条线上的，只不过他误解了自己。所以在这里，对伊壁鸠鲁的幸福主义和功利主义的批评就在于指出伊壁鸠鲁在逻辑上有一种循环论证，他已经暗中预设了一个道德的标准，但是在论证的时候，他却把动因完全建立在感觉上、建立在快乐之上，而把道德标准撇在一边，然后把道德的标准看作是由快乐中推出来的，这是一种逻辑错误。由于他没有意识到自己的这种逻辑错误，所以他自以为自己的命题是一种分析命题，而没有发现他实际上已经引进了一种异质的条件，因而使他的命题暗中成了一个综合命题。由此就化解了伊壁鸠鲁表面上从快乐推出德行的思路，并且把它归结为与斯多亚派同样的方式，或者说，他实际上是暗中纳入了斯多亚派的命题作为自己的命题的条件。那么对斯多亚派和对伊壁鸠鲁的批判，也就是对康德自己的如何解除实践理性的二律背反一个初步的展示。

＊　　　　　＊　　　　　＊

我们上次讲到了伊壁鸠鲁，在康德的眼中伊壁鸠鲁没有发现自己的自相矛盾，如果把他自相矛盾的地方还原出来，那么他跟斯多亚派并没有很大的区别，他们都是从最基本的道德意向出发，然后用这种道德意向来评定人们所感到的爱好、幸福、快乐究竟是道德的还是不道德的。但是伊壁鸠鲁作为经验论者或者感觉主义者，没有看到他的感觉应该有一个道德的前提，所以他的这种享乐主义被人们误解为纵欲主义。康德一方面帮伊壁鸠鲁澄清了人们的误解，另一方面揭示了他理论上的矛盾，以及他理论上真正的根据，还是建立在一种超感性的道德基础之上。所以我们上次讲到最后的这一大段就是揭示伊壁鸠鲁的这种矛盾性，揭示他的本质，揭示他的合理的利己主义、合理的享乐主义实际上是以道德的法则作为前提的。那么今天下面这一段是接着上面一段来的，上面是揭示伊壁鸠鲁的矛盾，就是说你不可能没有道德的前提就对那种心灵的平静和永恒的快乐有所判定，这是他的一个矛盾；今天讲这一段则是讲伊壁鸠鲁是如何陷入这种错觉的。

但另一方面，在这里总是有某种错误的欺骗行为（vitium subreptions[偷换的错误]）的根据，仿佛是某种关于我们所**做出**的事——不同于我们所**感到**的事——的自我意识中的视幻觉的根据，这种视幻觉哪怕是最饱经考验的人也都不能完全避免的。

中间有所改动，加了两个破折号，其间"不同于我们所**感到**的事"是对"我们所**做出**的事"的一个说明，实际上它不是说"关于我们所做出的事不同于我们所感到的事的自我意识"这个意思，而就是指关于我们所做出的事的自我意识,这件事是不同于我们所感到的事的。原译中没有破折号,现在加上两个破折号,意思就明确了。我们来看这句话,"但另一方面",为什么这里要用"但",要转折一下呢?就是说根据康德的揭露,伊壁鸠鲁实际上是从道德意向出发的,并不是像他自己理解的那样是从感觉上出发的,他的命题实际上是综合命题,而并非分析命题。如果没有道德意识,他那种感觉就会落入到纵欲主义,就会被人们所误解。如果人们正确地理解伊壁鸠鲁,那就必须把道德法则放在前面,然后再讲感觉。但是另一方面,伊壁鸠鲁这样一种观点里面"总是有某种错误的欺骗行为"作根据,就是说他在这里头总是在犯某种偷换概念的错误,总是自发地产生欺骗作用。所以伊壁鸠鲁的错误是根据某种偷换概念的错误而发生的,但虽然是错误的,却总是避免不了的,这就是康德对幻相的解释了。正如我们看到太阳从东边升起来,这是一种幻相,但是我们在日常生活中总是免不了要这样说,太阳升起来了,太阳又落下去了。伊壁鸠鲁也说过,太阳就像看起来那么大,也就是有一个盘子那么大。这就是一种幻觉,也可以说是视幻觉。你如果没有通过一种理性的清理和批判,那么这种视幻觉始终会欺骗你。一个天文学家他也会有视幻觉,但是他不会被这种视幻觉所欺骗,他每天仍然看到太阳升起来,太阳每天都显示为升起来,这个是免不了的,但是他不会被欺骗。所以这种视幻觉在伊壁鸠鲁的理论里面是有根据的。"仿佛是某种关于我们所**做出**的事……的自我意识中的视幻觉的根据",我们所做出的事当然不同于我们所感到的事,但是对于这种做出的事情的自我意识里面有一种视幻觉,这种视幻觉就是我们把它看作是我们所感到的事。幻觉在哪里呢?就是说虽然是对我们所做的事情的自我意识,但是在这个自我意识里面,我们把它误以为是我们所感到的事。"做出"和"感到"都打了着重号,以示对照,就是说所做出的事和所感到的事其实是不同的、不能混淆的。"所做出的事"是从实践的意义上讲的,这件事情是我做的,那么就意味着我是出于自由意志在做这件事情,并且为此承担责任,这就叫

"我做出的事"。这跟感觉没有关系，它当然会反映到感觉中，把感觉里面的事作为后果。但是我在做这件事情的时候并不是出于感觉。所以这种自我意识里面包含着一种视幻觉，就是把我们所做出的事情误以为就是我们所感觉到的事情，把实践的东西等同于感觉到的东西。实践的东西跟感觉到的东西是不一样的，实践的东西是主动的、能动的，感觉到的东西是被动的，是外来的影响，是不可预测的，是遭受到的。我们所做出的事情是我们主动做的，没有任何条件，不受任何干扰，在任何情况下，你想要做你总是能做的，你的自由意志决定你想做的事总是能够去做的，这是不受任何感性的束缚的。但是在这里头，总好像有某种关于我们所做出的事的自我意识中的视幻觉的根据。注意这个"自我意识中的"，康德在《实践理性批判》中提到自我意识的时候很少，差不多每次提到总带有批判的态度，因为自我意识属于思辨理性里面的概念，这里要讲的却是自由意志，这两者是根本不同的。作为统觉的综合能力的自我意识在实践理性中往往把事情弄糟。这个很多人往往搞不清楚，以为看到康德讲自由意志，也就以为是自我意识，或者至少是有某种联系。但是康德实际上是把它们划分开的，自我意识是《纯粹理性批判》里面的最高原理，先验的自我意识是认识论、理论理性的最高原理，那么实践理性中的最高原理则是自由意志，它跟自我意识没有关系。但是一旦在实践理性中提到自我意识，里面就可能有某种幻觉，或者是把自我意识等同于自由意志，但实际上不是的。先验的自我意识它是有自发性，它在理论上，在认识论上是本源的、能动的为自然立法，但是在实践上，它仍然是被动的。从实践的眼光来看，因为它要依赖于感性的作用，它仍然是被动的，它单独不能有任何作用。先验自我意识包括它的十二个范畴，不能做先验的运用，只能够做经验性的运用，只能够依赖于感性材料的提供，然后它才能起作用，这跟自由意志完全不一样。所以自我意识虽然是能动的，但是跟自由意志比起来，它仍然是被动的。比如在这个地方，他为什么一提到自我意识就有视幻觉呢，就是自我意识在这里脱离了感性，面临着超越世界的秩序,但我们又不由自主地要把我们所做的事情理解为感到的事情。这种幻觉当然也是很自然的,它是有根据的,不是凭空来的。所以"这种视幻觉哪怕是最饱经考验的人也都不能完全避免的",你要完全避免这种视幻觉是不行的,哪怕天文学家,他也不能避免早上看到太阳,就说太阳升起来了。在康德看来,幻相是不能排除的,关键就是你不要受幻相的欺骗、不受它的诱惑,你要看透它的本质,那么幻相保留了也没有什么坏处,甚至于往往还有好处。只要你不要受它的欺骗,那么作为一种自然倾向必然要产生出幻相来,在某种意义上还有好处,可以引导你去了解真相。

道德意向是和直接通过法则规定意志的意识必然结合着的。

所谓道德意向、道德的动机,如果真正是道德的,那么它就是"和**直接通过法则**规定意志的意识必然结合着的"。"道德的意向"就是为义务而义务,为道德而道德,它不是为了别的,它直接和道德法则结合着,和直接通过法则规定的意志必然结合着,"直接通过法则"打了着重号。所谓"直接通过法则规定意志",就是直接用道德法则来规定意志,它中间没有别的东西,没有感性、快乐等其他的考虑,我反正就是为法则而法则、为义务而义务,这就是直接的,中间不插入任何感性的东西。这是一个前提,所谓道德意向,它必须结合着为义务而义务的意识,才叫作道德意向。

现在,对欲求能力进行规定的意识总是对由此产生出来的行动感到愉悦的根据;但这种愉快,这种对自己本身的愉悦,并不是行动的规定根据,相反,直接地、只通过理性而对意志的规定才是愉快情感的根据,而那种规定仍然是一种对欲求能力的纯粹实践的、而非感性的规定。

"现在",也就是说既然这样了,既然有那么个前提了,那么我们就有下面的推论了。"对欲求能力进行规定的意识总是对由此产生出来的行动感到愉悦的根据",就是对欲求能力进行规定的意识总是愉悦的根据,对什么感到愉悦呢? 对由此产生出来的行动感到愉悦。这里应该可以理清它的逻辑关系了。就是既然我们的道德意向是为义务而义务，是与直接通过法则规定意志的意识必然结合着的，那么，对欲求能力进行规定的意识总是对由此产生出来的行动感到愉悦的根据。也就是说，你做了道德的事情会感到愉悦，但是感到愉悦的根据是什么呢？就是对欲求能力进行规定的意识，对欲求能力直接进行规定的东西就是道德法则。这样一种进行规定的意识必然是对由这种根据所产生出来的行动感到愉悦的根据。你为什么感到愉悦，是因为一开始你的行动根据就由道德法则规定了，先由法则做了规定，然后才有愉悦。所以对于法则的规定是你感到愉悦的根据，这是必然推得出来的。因为它的前提就是说所谓道德意向，是和直接通过法则规定意志的意识必然结合着的，中间不能插进任何别的东西，也不能以任何别的东西为前提。所以应该首先在起点上把感性的愉悦排除掉，才能最终感到愉悦，这是顺理成章的。这样形成的命题只能是综合命题，而不是分析命题。"但这种愉快，这种对自己本身的愉悦，并不是行动的规定根据，相反，直接地、只通过理性而对意志的规定才是愉快情感的根据，而那种规定仍然是一种对欲求能力的纯粹实践的、而非感性的规定"，这就好理解了，这句话其实是重复解释上面的意思。就是对这种行动感到的愉快，对这种行动本身所感到的愉悦，并不是行动的规定根据，而应该反过来说，这种行动的规定意识才是这种愉快的根据，这种愉快却并不是行动的规定根据。相反，只通过理性而对意志的直接规定才是愉快情感的根据，这种规定是一种对欲求能力的纯粹实践的、而非感性的规定，而不能把它混同于感性规定。自由意志是一种高级欲求能力，它是超感官的。欲求能力在康德那里是比较广义的，有一种低级的欲求能力，求生呀、求快感呀，都是感性的；但是自由意志也是一种欲求能力，但它是纯粹实践的。所以康德讲，人有三种能力，一种是认识能力，一种是欲望能力，一种是情感能力，三种能力都有它的先天原则。在欲求能力方面，有一般的欲求能力，它是低级的，感性的；但是也有高级欲求能力，它是先天的，超感性的，那就是意志。所以当我们看到他讲欲求能力的时候,这个概念你要根据上下文判断,他是在高级意义上讲的,还是在低级意义上讲的。"相反",是指你不能把情感当作意志的规定根据,而应该把意志当作情感的规定根据,这种规定是一种对欲求能力的纯粹实践的、而非感性的规定。这个"欲求能力"显然是针对意志而言的,这种对欲求能力的规定就是意志的规定。所以这句话反过来复过去实际上还是重复前面一句话,但是讲的更加具体、细致一些。康德是在一步步的推,为什么要一步步的推呢? 他就是要解决视幻觉的问题,为什么在伊壁鸠鲁那里有一种视幻觉的根据呢? 那么他就讲了,本来这个视幻觉是不应该存在的,一切道德意向都必须建立在一种纯粹实践的、而非感性的规定之上。按道理本来应该是这样的。

　　既然这种规定在内心对于活动的驱动,起了如同一个从所欲求的行动中被期待的快意情感将会起的恰好一样的作用,所以我们很容易把我们自己所做出的事看作只是我们被动地所感到的事,而把道德的动机当　[117]
作是感性的驱动,正如这在所谓感官的(这里是在内感官的)错觉中通常总在发生的那样。

　　这句话就是阐释了为什么会产生视幻觉的原因或理由。理由就是,"既然这种规定在内心对于活动的驱动,起了如同一个从所欲求的行动中被期待的快意情感将会起的恰好一样的作用",这就是原因了。为什么会产生视幻觉呢? 就是这种规定在内心对于活动有驱动作用,这种活动是纯粹实践的,但却不是感性的,那么这种规定在内心对你的实践活动的驱动是你活动的动因,你为什么活动? 是出于你的纯粹实践理性对你的意志的规定,命令你去这样做,就对你起了一种驱动、促进作用了。但这种作用正如同一个从所欲求的行动中被期待的快意情感将会起的恰好一样的作用。它既然要对你的内心起一种驱动作用,那么这种驱动作用从我们内心看,跟感性的驱动作用好像是一样的。通常我们从所欲求的行动中期待一种快意情感,哪怕我做道德的事情,也会有这种期待,期待这件道德的事情会带来一种情感上的愉快。其实不光是做道德的事情,

121

任何具体的生活中任何一个有目的的事情，都会期待它带来一种愉快，一种快意情感。所以这样一种所欲求的行动中就有一种被期待的快意情感，而这种快意的情感呢，它是驱动我们去做这件事情的，我可能就为了这快意情感去做这件事情，哪怕是做道德的事情。我也可能是期待做道德的事情所获得的那种快意的情感而做道德的事情，这种追求快乐的倾向就促使我去做道德的事情，就好像和道德律命令我去做道德的事情是一样的。有的人做道德的事情是为义务而义务，有的人做道德的事情是为了满足自己的道德快感，就是这个人心地善良，他不做会感到不安，做了才感到愉快。这两者好像是一样的，我们通常在日常生活中也不把它们区别开来。一个人做道德的事情究竟是出于对这个被帮助的人的喜爱或同情，还是出于他的道德义务，我们认为这个差别不大，他既然帮助他，他就是喜爱他、同情他。但是康德认为不一定，有的人帮助一个人并不是因为喜欢他，甚至可能会厌恶他，但他还是要帮助他，为什么呢？他是出于义务。但是我们在日常生活中经常把这混为一谈，一个人帮助一个人，肯定是他喜欢那个人，对那个人有好感。康德认为这两者应该区别开来，但是在日常生活中这通常很难区别。也就是说为义务而义务的驱动作用，恰好起了如同一个被期待的快意情感所起到的一样的作用，好像他就是为了那个快感才去做道德的事情。那么这个快感也对他有驱动作用，这个驱动作用跟道德律的驱动作用好像是一样的，其实是完全不一样的。所以我们很容易把我们自己所做出的事看作只是我们被动地所感到的事，这就解释了我们为什么会有一种混淆，为什么有一种错误的自欺行为，就是因为这两种作用好像是一样的。这个康德是区分得非常清楚的，我们所做的事情和我们所感到的事情，一个是主动的，一个是被动的。你哪怕是出于对道德的爱好、对慈善行为的爱好，那也是被动的，那是因为你天生的气质，你控制不了，你要硬起心肠你硬不起来，你心肠软，你看不得人家受苦，这都是被动的。这并不是出于你的自由意志，而是人家可怜巴巴的样子打动了你，使得你不能不这样做。所感到的事情和我们所做的事情在康德看起来是有本质区别的,但是"我们很容易把我们所做的事情看作只是我们被动地所感觉到的事情,而把道德的动机当作是感性的驱动,正如这在所谓感官的(这里是在内感官的)错觉中通常总在发生的那样"。在内感官的错觉中,也就是在一种经验性的自我意识中,在经验性的自我意识中的那个"自我"是我们研究的对象,伊壁鸠鲁就是把这样一个对象误以为是我们行动的主体。所谓内感官的错觉中,就是在经验的自我意识中发生了错觉,康德在《纯粹理性批判》中多次提到,经验的自我意识不能看作是一个主体,不能混同于先验的主体性,仅仅凭借内感官你就要把握主体,那个就是越位了。但是往往有这种错觉,我们把我们自己做出的事情看作只是我们被动地所感到的事情,而把道德的动机看作是感性的驱动。我们出于道德法则,本来应该是为义务而义务才是道德的,没有任何感性的东西掺杂在内,我们才能够用来评价我们行为的道德价值。但是因为这种为义务而义务的行为经常会产生快感,因此我们容易把这个快感误以为是我们产生这个行为的真正的根据,那就把我们内感官中被动地感觉到的东西误以为是道德的东西了。这就是伊壁鸠鲁的错误的根源。前面也讲到自我意识中的视幻觉的根据,这句话就是具体解释什么样的视幻觉,怎么样产生的,就是这样产生的。我们很容易把道德的后果当作道德的前提,倒因为果,这就是一种欺骗性的论证。这句话是关键性的,就是为什么伊壁鸠鲁会发生错误。但是反过来康德又对这种错误作了比较公平的评价,不是完全的否定。

　　<u>人类本性中的某种非常崇高的东西,是直接被某种纯粹理性法则规定着去行动,甚至是这种错觉,即把意志可以智性地规定这种性质的主观性看作某种感性的东西和某种特殊感官的情感(因为一种智性的情感将会是一个矛盾)的作用。</u>

　　他这句话里面实际上是把刚才所否定的视幻觉、欺骗纳入到另一个维度进行考察,又对之作了某种肯定,就是说,这是"人类本性中的某种

非常崇高的东西"。什么是非常崇高的东西呢？首先当然是"直接被某种纯粹理性法则规定着去行动"了，这是很崇高的，甚至是最崇高的东西，它是至上的善。道德上的善是至上的善，为道德而道德是至高无上的原则，是实践理性的最高原理，它是直接为某种纯粹理性法则规定着意志，不需要任何感性的东西在里面作为中介。但是"甚至是这种错觉"，也就是这种崇高的东西甚至也包括这种错觉，实际上就是这种视幻觉的错觉，"即把意志可以智性地规定这种性质的主观性看作某种感性的东西和某种特殊感官的情感"的作用。意志可以智性地规定这种性质，规定这种崇高性质的主观性，主观性也可以翻译成主体性；但却被这种错觉看作某种感性的东西。这种主体性本身当然不是感性的东西，它是直接被某种纯粹理性法则规定着去行动的，这本来是人类本性中某种非常崇高的东西。但是把意志可以智性地规定这种性质的主观性、主体性看作是某种感性的东西，这当然是一种错觉，因为它本身是直接地规定意志的，不需要感性的东西插进来，但是你把它看作是某种感性的东西，那不是一种错觉吗？但是他说，甚至是这种错觉，都是人类本性中的某种非常崇高的东西。看作某种感性的东西"和某种特殊感官的情感"，特殊感官的情感，也就是哈奇森他们讲的第六感官，道德感官，这其实都是从伊壁鸠鲁来的，伊壁鸠鲁就强调道德也是一种情感，也是从人的情感出发的。那么近代经验派的伦理学家就提出道德情感是第六感官、内感官，是一种特殊感官的情感作用。把这样一种主体性看作是某种特殊感官的作用，那也就失去主体性了，它是由某种特殊感官接受了某种信息之后所产生的一种影响、一种作用后果，其实是一种错觉。括弧里面讲，"因为一种智性的情感将会是一个矛盾"，为什么要设定一个特殊感官的情感、要设定一个第六感官呢？就是说只有智性是产生不了情感的，因为智性跟感性是两个完全对立的概念，所以他们就只好去设定一个特殊感官的情感。一种智性的情感将会是一个矛盾，一般来说，康德认为情感就是情感，智性就是智性，不可能有一种智性的情感。所以他认为这是一种错觉，但是一种非常崇高的错觉，人类本性中某种非常崇高的东西也包括这种错觉在内，康德对这种错觉加以肯定。

使人注意到我们人格性的这一属性并尽可能地培养理性对这种情感的作用，这也是具有重要意义的。

为什么说这种错觉也是很崇高的呢？因为，"使人注意到我们人格性的这一属性并尽可能地培养理性对这种情感的作用，这也是具有重要意义的"，这里的"人格性"一词（Persönlichkeit）原译作"人格"，但这两者是不同的，人格性是人格中属于理知世界的方面，这里改一下。就是说，把这种感性的东西颠倒为意志的规定根据虽然是一种错觉，但它能够使人注意到我们人格性的这种超感性的属性，并且能够使这种超感性的理性尽可能地对情感起作用，这一点也是很重要的，它起到了一种把人从感性中提升起来并由此影响感性的作用。这种错觉的作用就是把人提升到理知世界，提升到纯粹实践理性，因为所谓特殊感官的情感、第六感官并不能在人的身体结构上找到任何根据，它只是表明了自己和一般的感官或情感是完全不同的，因此就引导人们摆脱一般感官的束缚，使人注意到我们人格性的这一理知的属性，并尽可能地培养起理性对这种情感的作用。例如有可能培养起来对道德律的敬重感，这是具有重要意义的，敬重感就是我们理性对这种情感的作用的表现。纯粹理性本身是不加入情感的，它是直接地对人的实践起作用的，但是一旦起作用，它会对情感发生效力，情感会受到影响，在这种影响之下就会产生出一种排除一切情感的情感，也就是敬重感。人们在实践中，肯定是带有情感的，那么情感因此肯定会受到影响，那么注意到这样一种作用，并且尽可能培养理性对这种情感的作用，哪怕是否定的作用，也是具有重要意义的。对人的教养、教化经常在这方面起作用，就是使理性产生出感性的效应，所以我们应该有意识地去培养人类本性中的这种崇高的情感，这种道德情感。当然你不要把它看作是道德的根据，它是道德的后果，但是这个道德的后果也是要精心培养的，它可以为道德开辟道路。你如果习惯于这样一种情感,那么你会防止其他的阻碍道德的情感的东西,这就给走上道德的道路去掉了阻碍,这个是很好的。

但我们也必须提防通过我们把特殊的快活的情感放在这种作为动机的道德规定根据底下作基础(它们毕竟只是后果),而对这种规定根据作出不真实的过高估价,这样使得那真正的真实动机即法则本身仿佛是被一种虚假的衬托而贬低和变得面目全非了。

这个是康德的主要的意思,前面是一个退让,我们作为有道德的人必须让一步,就是说伊壁鸠鲁虽然说得不对,但是它体现了人类本性的崇高性,我们作为一个道德的人必须有意识地去培养我们这种由道德所引起的情感,由于做道德的事情而产生的情感,这是有利于我们道德情感养成的。但是与此同时,"我们也必须提防通过我们把特殊的快活的情感放在这种作为动机的道德规定根据底下作基础(它们毕竟只是后果)",而贬低真正的道德动机。就是说,如果我们把特殊的快活的情感当作道德规定根据的基础,这就把事情搞颠倒了,这种情感毕竟只是后果而不能构成道德的动机。"而对这种规定根据作出不真实的过高估价",就是当我们把快活的情感放在这种作为动机的道德规定底下作基础时,我们就把这种快活的情感当作了道德的规定根据,这里"基础"和"根据"都是一个词 Grund。要提防这一点,就是提防以这样一种方式对这个基础作出过高估计,否则的话,"这样就使得那真正真实的动机与法则本身仿佛是被一种虚假的衬托而贬低和变得面目全非了"。你把道德所带来的愉快情感抬得过高,就会衬托得真正的道德法则被贬低,变得面目全非了。道德规定的根据本来是不以快活的情感做基础的,它本身是原发性的,它怎么能以感性的东西作基础呢?它直接规定人的行为,不需要情感的掺杂。但是我们往往把特殊的快活的情感放在这种作为动机的道德规定根据底下作基础,用来解释道德法则,我们把这种规定根据当作道德的动机。其实这个道德规定根据本身应该看作是动因,应该看作是情感后面的东西,它不应该仅仅看作是动机,这个动机就是活动的机制,本来应该是道德规定根据所导致的。但是我们现在把特殊的快活情感放在这种作为动机的道德规定根据底下,看作是后者的一种动因,这就是倒果为因了。但它们毕竟只是后果,如果不是当作后果而是当作根据,那就是对这种规定根据作了不真实的过高估价,按照康德的说法,它并不具有道德价值。但是伊壁鸠鲁把这种以快活情感为基础的规定根据作了过高估价,这样就使得那真正真实的动机与法则本身仿佛是被一种虚假的衬托而贬低了,这就是我们要提防的。真实的规定根据应该是法则本身,真正的真实动机是由法则本身而来的动机。这里主要是跟伊壁鸠鲁的观点对照而言,在伊壁鸠鲁那里,真正的法则本身倒被贬低了,而虚假的规定根据反而被抬高了,因为伊壁鸠鲁是感觉论的,他认为感觉是最高的标准,认为幸福、感觉就是道德,那么真正的道德法则反而在这一衬托之下被贬低了,仅仅是实现幸福的一种工具了。其实在康德的理论里,一旦使道德的规定根据取决于我们的道德情感,那么由于这种虚假的衬托,真正的道德根据反倒变得面目全非了,它本来是作为一个奠基性的基础,但现在被作为一种表面的东西,它真正的基础被归于快活的情感了。这句话就是说,尽管这种道德情感有它一定的价值,对于我们道德的教养它是有用的、有利的,而且也是崇高的,我们可以鼓励这种道德情感的培养,作为人类本性的一种崇高信仰;但是我们要提防一种误解,就是把道德的规定根据置于特殊的快活的情感之上,以之作为基础,这将导致对真正的真实动机也就是法则本身的一种贬低和扭曲。

所以,敬重、而不是快乐或对幸福的享受,才是某种对它来说不可能有任何**先行**去给理性提供根据的情感的东西（因为这种情感永远都会是感性的和病理学上的），它作为通过法则对意志直接强迫的意识,与愉快的情感几乎没有类比性,因为这种意识在与欲求能力的关系中恰好造成同样的东西,但却是出自另外的来源;

"所以,敬重、而不是快乐或对幸福的享受",敬重与快乐或对幸福的享受是完全不同的。这个地方跟伊壁鸠鲁针锋相对地提出,是敬重而不是快乐，不是对幸福的享受，"才是某种对它来说不可能有任何**先行**去给理性提供根据的情感的东西"。注意这句修改了，原来译作："才是某种不可能有任何**先行的**情感为之给理性提供根据的东西"，意思不明。其实这句是说，伊壁鸠鲁提出来快乐和对幸福的享受是先行的情感，它们给理性提供了作道德判断的根据；但是康德认为，是敬重而不是快乐和对幸福的享受，才是一种对它而言不可能有任何先行于它去为理性提供根据的情感的东西。敬重是这样一种东西，它是不可能有某种情感在它之先去为理性提供根据的，因为它本身就是直接由理性的动因造成的。当然敬重本身也是一种情感，但是它不可能有任何其他的为理性提供根据的情感先行于它，如果有就被它否定了，在它之先没有别的情感，更不可能有在它之先为理性提供根据的情感。它就是理性所直接产生的后果，当然自身就是以理性为根据的，所以它也不可能否定理性法则的先在性、先行性。括弧里面讲，"（因为这种情感永远都会是感性的和病理学上的）"。就是说为理性提供根据的情感永远都会是感性的和病理学上的，敬重不可能是那样一种情感，在敬重之前也不可能有那种情感。那种情感永远都会是感性的和病理学上的，当然这里是用的虚拟式了，如果想象中有那种情感的话，它将永远都会是感性的和病理学上的。"它作为通过法则对意志直接强迫的意识，与愉快的情感几乎没有类比性"，"它"也就是敬重了，敬重作为通过法则对意志直接强迫的意识，几乎无法与愉快的情感相类比，因为它一点也不愉快。被强迫总是不愉快的，但是它又还是一种情感，在这点上与愉快的情感又还有一点类似，所以这里说"几乎"没有类比性或类似性。它是法则对意志直接强迫的意识，我意识到道德法则对意志有一种直接的强迫，如何意识到的呢？在情感中意识到的。因为道德法则对意志有一种规定，但意志不是那么服服帖帖的，意志经常受到感性的诱惑，所以道德法则就有一种强迫，命令你不能受其他情感的诱惑，那么对这种强迫的意识就是谦卑，它仍然发生在情感中。我们前面讲到敬重是一种否定一切情感的情感，你要感到了敬重,那其他一切情感都不在话下、都无足挂齿了,所以才有了这种强迫性的意识。我意识到这种强迫性,这种强迫性命令我把一切情感排除掉,所以它跟一切愉快的情感几乎没有类比性,它不是诸多情感中的一种,它是另类,跟所有的情感不是一类的。"因为这种意识在与欲求能力的关系中恰好造成同样的东西,但却是出自另外的来源",这种对法则的强迫意识恰好造成同样的东西,我们可以理解为恰好造成某种情感,但是这种情感却是出自另外的来源,不是出自某种感官,而是出自纯粹实践理性。"这同样的东西"他用的是中性的 dasselbe,这个可以和"情感"对应。前面讲理性的规定在内心中起了与快意的情感"恰好一样的作用",这里也讲这种强迫性的意识造成了跟那些情感恰好同样的东西,但是我们不能由于这表面同样的效果而把它跟一般的情感混为一谈,而要强调这种情感是出自另外的来源。对法则的意识在欲求能力的关系中也造成了情感的效果,这种情感跟愉快的情感之所以没有可比性,就在于它是出自另外的来源。一般的情感都是出自于感官,哪怕是出自于内感官,也是出自于感官,但是敬重出自于纯粹实践理性,出自于道德法则。所以它跟愉快的情感"几乎"没有类比性,不是绝对没有类比性,敬重也是一种情感,它属于实践理性批判里面的感性论。实践理性要作用于感性世界它要通过一种什么样的动机,那就是通过敬重来作用于我们的情感,来否定我们的情感,所以它是否定一切情感的情感,但它出自于另外的非情感的来源。

<u>但我们唯有通过这种表象方式才能达到我们所寻求的东西,即行动不仅仅是合乎义务(依照快适情感)地发生,而且是出自义务而发生的,这必须是一切道德教养的真正目的。</u>

这里又有一个"但",又有一个转折,就是敬重这种意识、这种表象方式虽然是另类的情感,是否定一切情感的情感,"但我们唯有通过这种表象方式",就是唯有通过敬重的情感这种表象方式,"才能达到我们所寻求的东西"。这就对伊壁鸠鲁这样一种情感论作了总结,虽然是否定

它，而提出了敬重、而不是快乐或对幸福的享受，才是某种不可能对它有任何先行的情感的东西；但敬重也是一种情感，我们唯有通过这种表象方式才能达到我们所寻求的东西，只有通过敬重的动机我们才能把道德律在我们的实践活动中实现出来。纯粹实践理性的唯一的动机就是敬重，唯有通过这种表象方式才能够实现我们所追求的道德行为。这种行为是什么样的呢？"即行动不仅仅是合乎义务（依照快适情感）地发生，而且是出自义务而发生的"，行动不仅仅是合乎义务，合乎义务你可以依照别的情感，比如依照快适情感，你也可以合乎义务。为了满足自己的虚荣心也好，满足自己的同情心也好，这些都是出自于别的情感，也可以做到合乎义务，比如说成为慈善家。他做了一件好事，从行为上看，它是合乎义务的，但是从动机上看，它不一定是真正道德的行为，它是依照快适的情感来做的。所以道德行为必须是出自义务而发生的，为义务而义务的行为才是真正道德的，它只能够以敬重为动机，不能以别的情感作为动机。"这必须是一切道德教养的真正目的"，可见康德对伊壁鸠鲁的情感论有一点让步，不是绝对的一棍子打死。当然从理论上是绝对不认同的，但是从道德教养上来说呢，道德情感的培养又是不容忽视的。要把伊壁鸠鲁那种做了好事而感到愉快的情感小心培养起来，做了好事有快感，虽然本身还不是道德的，但却是对人的道德素质的一种培养或教养（Bildung）。如果你做好事总是没有快感，老是要克服巨大的阻力才能做一件好事，这是不利于我们执行道德命令的。那么你要做一个道德的人，首先培养起一种适应于道德的情感也是值得去做的。当然，这种愉快不是根据，你出自情感去做这件事不是值得敬重的，但是至少是值得鼓励的，只要是合乎义务的情感，都是值得鼓励的。但是你要值得敬重，那就必须是出自义务，而不是仅仅出自恻隐之心，怜悯之心，更不是出自利害考虑去帮助别人。为义务而义务，这个比出自于爱去帮助一个人要更高，即使他恨这个人，他没有什么感性的理由要去帮助别人，但是他仅仅出于对道德律的敬重，然后去帮助他，这才真正具有道德性。《圣经》里面讲,要爱你的敌人。能够做到爱你的敌人,这就很高了,因为敌人跟你没有任何瓜葛,你不是为了任何利益,也不是为了任何情感上的需要,仅仅是出自道德,你去爱他,帮助他,这个就是为道德而道德,就是纯粹地为义务而义务,就是出自义务而发生的行为。道德教养的真正目的是什么呢? 我要培养我的道德情感,要培养我对道德的爱好,这个当然也是为了道德的教养,但是真正的目的还是在这样一种感性训练过程中,我们意识到敬重。唯一地只有对道德律的敬重,才能够使人为义务而义务,任何其他情感还不是为义务而义务,它都是为了别的目的做了合乎义务的事,当然也值得鼓励,总比违背义务要好,但是真正的目的还不在这里。对伊壁鸠鲁所强调的快乐的情感,当然也不是没有作用,也是值得鼓励的,但是这种道德情感的培养才是真正的目的,要使人懂得敬重,而不是快乐,不是对幸福的享受。所以一切道德教养的真正目的,就是最后要落实到敬重上来,这是对伊壁鸠鲁的观点反反复复地分析、评价,最后得出来的比较全面的结论,就是一方面要揭示他的错误,另一方面要把他的作用引向敬重的情感。最终还是要培养起对道德法则的敬重的情感,才能做到为义务而义务,才具有道德价值。如果仅仅是一般的情感,它当然是有作用的,但却是不够的,它仅仅使人做到合乎义务,而不能使人做到出于义务,只有敬重这样一种情感才能使人做到出于义务。

刚才有同学提出来,就是那句"因为这种意识在与欲求能力的关系中恰好造成同样的东西,但却是出自另外的来源",认为"同样的东西"不是指的情感,而是这种意识在与欲求能力的关系中恰好造成了同样的后果,恰好造成了同样的效果,与什么东西同样的效果呢? 与愉快的情感同样的效果。敬重与愉快的情感几乎没有类比性,但是这种意识在与欲求能力的关系中恰好造成了同样的后果,这样理解更加顺一些。的确也可以这样理解,不过意思是一样的,因为敬重感本身就是在与欲求能力的关系中所造成的后果,就后果而言它与愉快的情感都属于感性的情感,这是同样的,只是来源不同,一个来自理性法则,一个来自感官。前面把伊壁鸠鲁的幸福、享乐、快乐这些东西作为道德的根据原则上否定了,但同时又做了一些让步,说对感性愉快的重视有利于我们培养道德素质,只是要避免一种误解,要提防把这种东西当作道德的根据。下面这一段就讲到,如果既要重视感性的愉快,又要避免把它当作道德的根据,以免陷入伊壁鸠鲁的幸福主义、享乐主义的错误,那么我们究竟应该怎么理解这种感性的愉快才好?

<u>但我们是否就没有一个词,它不像幸福一词那样表示着一种享受,但却指明了一种对我们实存的愉悦,一种与必然会伴随着德行意识的幸福的类比?</u>

伊壁鸠鲁的幸福主义我们是不能接受的,但是它又有一点道理,那么我们是不是可以用另外一个词来代替它、取代它? 就是说,是否有一个词,“它不像幸福一词那样表示着一种享受,但却指明了一种对我们实存的愉悦,一种与必然会伴随着德行意识的幸福的类比”。这个前面讲了,敬重它不是这种幸福的类比,敬重的概念跟幸福的概念没有可比性,那么这就使康德的观点跟伊壁鸠鲁的观点严格划清了界限。但是伊壁鸠鲁的观点有可取之处呀,我们是不是可以对伊壁鸠鲁的观点作一点小小的改进,使它能适应于我们的观点? 所以他这句话就是试探,我们是不是可以对伊壁鸠鲁的幸福概念稍加改动,然后可以引向康德自己所理解的道德法则。所以如果有一个词,它不像幸福一词那样表示着一种享受,但却指明了一种对我们实存的愉悦,一种与必然会被伴随着德行意识的幸福的类比,那就好了。这就能够跟幸福这个词做一个类比,但是又不像幸福那样表示着一种享受,虽然不是一种享受,但还是一种对我们实存的愉悦。所谓实存就是 Existenz,就是指我们的具体的生存、生活。对我们现实的存在有一种愉悦,这就是一种高层次的愉悦了,不是一种低级的快乐和享受。敬重感本身是没有愉悦的,敬重感带有一种谦卑、一

种痛苦。那么能不能有另外一个词,介于敬重和伊壁鸠鲁的幸福之间的词呢?

有! 这个词就是**自我满足**,它在自己本来的含义上永远只是暗示着对我们实存的一种消极的愉悦,在其中我们意识到自己一无所求。

有这么一个词可以过渡,可以在康德的观点和伊壁鸠鲁的观点之间形成一种类比的作用,它一方面可以跟伊壁鸠鲁的幸福相类比,另一方面可以跟康德的敬重感相类比,这个词就是自我满足 (Selbstzufriedenheit)。自我满足在前面(《实践理性批判》第 158 页,边码 133) 其实已经提到了:"像许多人以淫乐一词偷换满足一词来阐释这一理论那样",就是伊壁鸠鲁的观点并不像人们所理解的那样思想卑鄙,人们对他误解往往是因为对他的用语的误解,用"淫乐"一词偷换了"满足"(Zufriedenheit) 一词。严格说起来,伊壁鸠鲁所讲的那种幸福感就只是一种满足感,它不是我们通常理解的那种快乐、享乐,应该就是自我满足。所以康德在这里特别把自我满足这个词提出来,满足这个概念当然也是一种愉快,但是它是更高层次的,它是一种非激情的,不是一种激动,不是通常讲到的,只要怎么怎么样,我就满足了。而是一种平静的知足常乐,有点像颜回的那种满足,一箪食一瓢饮,人不堪其忧,回也不改其乐。不改其乐的这种快感其实就是自我满足感,不是满足于很多很多享受,而是对自己的一种自满,自己具有我的独立性,万事不求人,在这方面康德找到了一个词,就是自我满足。自我满足这个概念"在自己本来的含义上永远只是暗示着对我们实存的一种消极的愉悦",消极的愉悦不是因为带来了某些新奇的东西、某些快适的东西、某些舒服的东西而愉悦,而是感到没有什么东西能够干扰我,也就是伊壁鸠鲁所讲的身体的无痛苦、心灵的无纷扰,在这种意义上的"不动心",这就是自我满足。不是满足于我得到的东西,而是满足于我没有什么东西可以失去,没有什么东西可以破坏我、败坏我,在其中我们意识到自己一无所求。不动心也是斯多亚派所强调的概念,哲人的最高境界就是不动心,不动心也就是自我满足,你无所畏惧，觉得自己一无所求，这就是一种消极的愉悦。这当然是一种愉悦，不是得到什么东西的愉悦，而是没有什么东西可以失去的愉悦，这种自我满足可以帮助我们正确理解伊壁鸠鲁。

　　<u>自由和对自由作为一种以压倒性的意向遵守道德律的能力的意识，就是**对于爱好的独立性**，至少是对于作为我们的欲求之规定性的（即使不是作为**刺激性的**）动因的那些爱好的独立性，并且，就我遵守自己的道德准则时意识到这独立性而言，它就是某种必然与之结合在一起的、不</u>

[118] <u>是基于任何特殊情感的、恒久不变的满足的唯一根源，而这种满足可以称之为智性的满足。</u>

　　"自由和对自由作为一种以压倒性的意向遵守道德律的能力的意识"，自由和对自由的意识，对自由的什么意识？对自由作为一种以压倒性的意向遵守道德律的能力的意识。对自由的意识就是把自由看作是一种以压倒性的意向遵守道德律的能力，自由是有这种能力的。当然自由还有别的能力，你可以有自由的选择，服从自己的爱好当然也可以，你任意而为，你为所欲为，那都是你的自由，而你做道德的事情也是你的自由。但自由至少具有这种能力，什么能力呢？就是以压倒性的意向遵守道德律的能力，就是说它本来就有这种能力，即压倒所有别的意向，比如说爱好、享乐的意向等等，而去遵守道德律。当然你也可以不使用这种能力，那也是你的自由；但是你要使用这种能力，你是可以使用的，你具有这种能力。那么对于自由，和我们对于自己能遵守道德法则的能力的这种自由的意识，"就是**对于爱好的独立性**"。"对于爱好的独立性"打了着重号，也就是不受爱好的干扰。当然这是一种消极的意识，自由也可以看作是一种消极的意识，所谓消极的自由，它不受爱好的干扰，能够自己决定自己要做什么。"至少是对于作为我们的欲求之规定性的（即使不是作为**刺激性的**）动因的那些爱好的独立性"，这个地方加了一个限定：至少是对于那些爱好的独立性。什么爱好呢？作为我们欲求能力之规定性的动因的那些爱好的独立性。在这种爱好中，有一种情况就是直接地刺激人的爱好,那么我有自由,我就对它有一种独立性,这是对于作为刺激性的爱好而言,我们可以抵抗爱好对于我们直接的刺激。但是并不只是对于这种爱好的独立性,而是一般地对作为我们的欲求之规定性的动因的那些爱好都要有独立性。这里面就包含有一种间接性的场合了,它不是直接刺激我们、但也属于作为我们的欲求之规定性的动因的爱好,哪怕这个动因并不是直接的刺激性爱好,至少对这些动因的爱好我们都要保持自己的独立性。这里扩展了所涉及的爱好的范围,就是不仅独立于直接刺激的爱好,而且独立于一般动因的爱好,直接刺激当然也可以是欲求规定性的动因,但是还有别的不那么直接的,比如功利主义的爱好,它也可以成为欲求规定的动因。享乐主义和功利主义,或者幸福主义和功利主义,这个里面有一种层次的区别,幸福主义、享乐主义就是只着眼于这些刺激,什么东西最吸引我,那么我就去做,为所欲为;但是功利主义是一种合理的利己主义,它对自己的这种欲求能力要加以理性的思考。最终当然还是追求刺激、追求幸福和享乐,但是要追求得合理,要能够实现长久的幸福,甚至最大多数人的最大幸福。那就必须要有一种规划,有一种筹划,要对你的欲求能力加以规定,不是说完全任意为所欲为。另外还有更高层次的爱好,这就是同情和怜悯,对慈善的爱好,对与人为善的爱好,通过做道德的事情使自己快乐。功利主义高于享乐主义的地方就是,要懂得你怎么样才能享乐,这里面除了感性的刺激以外,还要加进一些理性的考虑,要用这些理性的思考对自己的欲求能力加以规定。这些爱好不是直接地刺激我们的行动,而是通过一种对欲求能力的动因的合理的规定来指导行动。所以即使不是直接的享乐主义,也是一种间接性的功利主义。对慈善的爱好更是对功利都不考虑,完全只着眼于做好事带来的愉快,但仍然是把道德当作一种手段,不是出于道德律而只是符合道德律。所以这些爱好都属于欲求的规定性的动因,而我们至少对于这些作为欲求的规定性的一般动因的爱好有一种独立性。就是说当你能够用自己的理性去规定自己的行动的时候,那么自由就有这种独立性,就是它至少可以不以那些爱好为转移，不论这种爱好是刺激性的、功利性的还是慈悲心的。自由本来就是这样一种独立性，它对于同情的、功利性的和刺激性的动因都有独立性。所谓"至少"的意思是说，不管是什么样的动因，只要是动因，自由就不为所动，而守住自己的独立性。所以形式上看是至少，但在内容上看却是最多，它包括一切欲求之规定性的动因。"并且，就我遵守自己的道德准则时意识到这独立性而言，它就是某种必然与之结合在一起的、不是基于任何特殊情感的、恒久不变的满足的唯一根源，而这种满足可以称之为智性的满足"，前面半句讲到自由和对自由的意识就是对于爱好的独立性，那么这里补充说，这种独立性就是前面讲的那种满足的根源。这种满足的根源就在于，我遵守自己的道德准则时意识到了自己的自由的独立性，这种自由意识就必然会带来某种满足，它是某种必然与之结合在一起的满足的唯一根源。满足的唯一根源就在于自由以及对自由的意识，这个是在我遵守自己的道德准则的时候、当我意识到我自己的这样一种独立性的时候必然会意识到的。什么样的满足呢？一个是必然与之结合在一起的，就是这种满足是必然与这种自由结合在一起的；一个是，不是基于任何特殊情感的，也就是这种自由不是在特殊情感方面的满足，这样一种自我满足跟一般的对日常生活中的对这个感到满意、对那个感到满意是不一样的，它不是基于任何特殊情感；再一个，它是一种恒久不变的满足，自我满足是恒久不变的，在任何情况下都不动心、都能做到自满自足、不假外求。我只要做到我自己能够自满自足就够了，能够跟我自己的理性、法则相协调就够了，不需要任何感性的愉快来使我得到多余的满足，那么这种满足唯一的根源就是自由，或者说就是对自由的意识，也就是对遵守道德法则的能力的意识。所以最后说，这就可以称之为一种"智性的满足"，就是我意识到我具有一种遵守道德法则的能力，这种自由给我带来的满足是完全摆脱了感性的，是纯粹智性的满足。这是这句话的第二层意思了。第一层意思就是说，自由和自由的意识是对于一切爱好的独立性；第二层意思就是说,这种独立性必然带来一种知性的满足,当我在遵守道德法则的时候,我意识到的这样一种满足是唯一的植根于自由的。这个就把自我满足提得很高了,它远远高于伊壁鸠鲁的幸福、享乐,虽然在表面上它跟伊壁鸠鲁是一致的,理智的、不动心的、永恒的快乐、不受干扰的幸福、自娱自乐,但是它比伊壁鸠鲁那个幸福要更准确,表达了这样一个不受干扰的状态。

那基于对爱好的满意之上的审美的(不是在本来意义上这样称呼的)满足,不论它被苦心琢磨得多么细致,也永远不能适合于我们对此所思考的东西。

这里提出一个对比的例子来说明这种满足,就是说有一种满足感,它是"基于对爱好的满意(Befriedigung)之上的审美的"满足。"审美的",ästhetisch,这是一个形容词,它来自 Ästhetik,我们前面翻译成"感性论",这是按照它的希腊字的本义来译的,据此 ästhetisch 就应该翻译成"感性的"。但是这个词在近代以来通常翻译成"美学",相应的形容词就翻译成"审美的"了,这是从鲍姆伽通开始的,把这个词用在"关于美的学问"这个意思上。康德在《纯粹理性批判》的"先验感性论"开头的一个注释中就对此表示了不满,认为是误用,Ästhetik 不能翻译成美学,实际上它原来的意思就是感性论。但是在这个地方他依从通俗的说法把这个词用在了"审美的"意义上,只是加了一个括号:"(不是在本来意义上这样称呼的)",到后来的《判断力批判》中,他才直接采用了这一通俗的译名,随大流了。所以这里的"审美的"不是在"感性的"这个本来的意义上称呼的,因为在感性的本来的意义上称呼的那个 ästhetisch 还处于康德所讲的经验性的感觉的那种未经加工的层次(空间时间),只是一些原材料。而这里的意思则是已经把感性打磨成一种高级的鉴赏形态了,所提供的是一种审美的满足。所以他接下来说,"不论它被苦心琢磨得多么细致",那就是在审美的意义上经过了苦心琢磨,变得精致细腻了,成了一种不但出自感官而且与情感能力相关的高级的感性。但这样一种审美的满足,不论它被苦心琢磨得多么细致,"也永远不能适合于我们对此所思考的东西"。审美的满足在《判断力批判》里面展开了系统的论述,但是在《实践理性批判》中,康德还没有想好《判断力批判》的构思,康德是在《实践理性批判》写作的后期,才开始有一个写作的意向,是不是要写一部有关鉴赏力的书。那么在写到这个地方时,康德还没有意识到他将来还要写一部有关《判断力批判》的专门的书。当然他也看到审美的层次要比一般的感性的层次高一些,鉴赏的情感、鉴赏的愉悦跟所有的愉快都不一样,它是超功利的,但是又有先天的普遍性,这就是审美的愉悦,这种观点是在后来才发挥出来的。康德已经意识到美和崇高的情感与一般的快感有一个档次的区别,早年在关于美和崇高的情感的文章里面已经发现这一点了,但还没有把思路理清。所以他在这里提到,基于对爱好的满意之上的审美的满足,审美的满足在这时候他还认为是基于爱好的满意之上,后来在《判断力批判》里面他才改变主意,认为审美的满足跟基于爱好的满意是完全不同的,它里面已经没有爱好,没有利益,只是一种形式的合目的性,这就有普遍性了。基于爱好那肯定是没有普遍性的,每个人都有自己的爱好,每一瞬间都可能有不同的爱好。所以这里讲到对基于爱好之上的审美的满足,在这个时候他对此是不屑一顾的,包括审美,他这时认为审美也没有先天的普遍性。康德的思想后来有所改变,《判断力批判》里面就是想要从审美鉴赏活动里面寻找先天的普遍法则,他找到了"共通感",但在这里他还没有找到。所以他讲,美和崇高这样一种愉快的情感,不论被琢磨得多么细致,永远也不能适合于我们对此所思考的东西,不能适用于道德上的满足。包括崇高,前面已经提到了人类本性中的崇高的东西,他对崇高的东西是非常赞赏的,但是他认为即使是崇高也不能适合于我们对此所思考的东西。

因为爱好是变易的,是随着我们让其受到的宠幸而增长的,并且永远还留下一个比我们已想到去填满的要更大的壑洞。

"因为爱好是变易的",爱好总是千变万化的,此一时也彼一时也,每个时候都有特殊的爱好，爱好绝对不能从头至尾都是爱好，再好听的音乐听久了也腻了，虽然我们讲百听不腻，那是因为还没有听够。所以爱好它总是变易的，"是随着我们让其受到的宠幸而增长的"，你对它宠幸，它就增长了，你对它不屑一顾，它就消亡了。"并且永远还留下一个比我们已想到去填满的要更大的壑洞"，即我们所说的欲壑难填，有了这个爱好，我们马上又想到另一个爱好。爱好本身是对爱好的一种激发，满足了一种爱好，你就会发现有更大的爱好没有满足，一个人过清净的生活本来好好的，发了一点小财，他突然意识到我还可以做得更好，于是就想发更大的财，于是一发不可收拾。欲望一旦被刺激起来就趋向于无穷大，这就叫欲壑难填。所以它永远还留下一个比我们已想到去填满的要更大的壑洞，一旦你暂时填满了一个洞，你马上发现又有一个更大的壑洞。

因此这些爱好对于一个有理性的存在者永远是一个累赘，而且即使他没有能力摆脱它们，它们却迫使他希望从它们解脱出来。

你如果要从你的理性出发来对待生活，那么这些爱好永远是一个累赘。人没办法摆脱爱好，人生为一个动物性的自然性的存在，同时又是有理性的存在者，那么人能不能完全摆脱他的动物性、自然性呢？没有办法摆脱。如果你从理性出发看待这些爱好，就会永远把它们看作是一种累赘，"而且即使他没有能力摆脱它们，它们却迫使他希望从它们解脱出来"。当一个人意识到自己的本质是理性，他就希望自己从感性爱好的累赘里面解脱出来，虽然不能够完全摆脱，但是他总会希望能够从中摆脱出来。

甚至对合乎义务的事（例如对慈善行为）的爱好，虽然能使道德准则更容易起作用，但并不产生任何这种作用。

甚至对于合乎义务的事的爱好，例如有些人对于慈善行为的爱好，当然是指发了财之后专门喜欢去捐助别人的慈善家，这种合乎义务的事已经成了他的自然本性，甚至他可以不留名，而在使人家能够得到救助和幸福的这件事业中，他自己感到快乐。那么对于这种合乎义务的事情

139

的爱好，康德认为"虽然能使**道德**准则更容易起作用，但并不产生任何这种作用"。这种爱好能为道德准则开辟道路，在这种良好的社会风气之下，使人们更容易遵守道德准则，但本身并不产生任何这种作用，也就是不产生道德准则直接产生的作用。道德准则的作用还是要来自于道德法则，不是来自于爱好，爱好可以使道德准则更容易起作用，但是爱好本身并不能产生这种作用。合乎义务的事并不等于出自义务。

因为道德准则中一切都必须着眼于作为规定根据的法则表象，如果行动所包含的不应当只是**合法性**，而且也是**道德性**的话。

"因为在道德准则中"，如果你的准则的出发点是道德，"一切都必须着眼于作为根据的法则表象"，你的目的是要使你的道德准则成为一条普遍法则，这个普遍法则的表象就是你的着眼处，也就是把它作为行动的规定根据。你要把你的道德准则变成一条普遍的法则，那么这个普遍法则就是你道德准则的根据。"如果行动所包含的不应只是**合法性**，而且也是**道德性**的话"，就是说如果你的行动仅仅要求合法性，那你就不必把普遍法则用作你的准则的规定根据，而是可以把随便什么感性的表象当作规定根据。反之，如果你在乎的是行为的道德性，那么你就要把你的道德法则作为准则，而不是把爱好、哪怕是对慈善事业的爱好作为你的规定根据，因为按照爱好，你可以达到合法性，但是还不足以成为道德性。

爱好是盲目的和奴性的，不论它是否具有好的性质，而理性当事情取决于德性时不仅必须扮演爱好的监护人，而且必须不考虑爱好而作为纯粹实践理性完全只操心它自己的利益 [兴趣]。

这是作了一个对比。"爱好是盲目的和奴性的，不论它是否具有好的性质"，不管什么爱好都是盲目的，你这个人天生慈善，你有一颗慈悲之心，你见不得人家遭难，你见不得人家受屈辱，于是你去帮助人家，这也是一种爱好。但这种爱好也是盲目的，而且是奴性的，你被这种爱好所奴役。我们经常讲，我们被某种爱好所控制了，我们人处于这种爱好的控制中，我做不出违心的事，为什么做不出，那没什么解释的，我天性就是这样，我这个人性格就是这样的，我这个人心软、豆腐心肠，没办法。所以它是盲目的受奴役的。当然慈悲之心尚且如此，其他的就更加是这样，比如说爱情，爱情典型是受奴役的，我们被爱情俘虏了就更加是这样，爱情可以使人做出很多疯狂的事情来，甚至造成悲剧，所以它是奴役人的，无论它是否具有好的性质。具有好的性质的爱好比如说慈善，比如说爱情，它也是盲目的和奴性的，它没有主动性，它是被动的，这是一方面。另一方面，"而理性当事情取决于德性时不仅必须扮演爱好的监护人，而且必须不考虑爱好而作为纯粹实践理性完全只操心它自己的利益[兴趣]"，作为对比，理性是另外一回事。理性要扮演爱好的监护人，什么叫作爱好的监护人？所谓监护人就是说，对于爱好，一方面理性可以适当鼓励它，另一方面也可以限制或者禁止它。作为监护人，理性在考虑德行的时候，有些爱好它必须鼓励，比如说慈善行为的爱好，它是赞赏的，而且还是可以慢慢培养的，一个小孩子你把他的慈善之心培养起来，这是必要的。这是为道德法则开辟道路，当然具有好的性质。但有些爱好理性可以控制它，这种爱好是不好的、过分的，你必须放弃。有理性的人就必须对自己的爱好做这样一个监护，看它是好的还是不好的，好的就培养它，不好的就去削弱或者禁止它，从而起一种明智、审慎的作用。但理性不仅仅是起这种监护人的作用，如果只是监护人的作用，那还只能够达到合法性，在事情取决于德性的时候，它的监护人的作用只能是合法性，它鼓励那些合法的爱好而反对那些不合法的爱好，它只能保证合法性。除此之外，他说，而且必须根本不考虑爱好，而作为纯粹实践理性完全只操心它自己的利益。这就是更到位的啦，理性的作用取决于德性时，它一方面固然可以起监护的作用，另一方面更彻底地来说，它必须完全不考虑爱好，它完全只操心自己的利益。Interesse，在德语里有很多意思，可以翻译成兴趣、利益、利害、关切，都可以，关切当然更加抽象一些，兴趣其次，利益就更加具体，利害是最低层次的。我们这里翻译成利益，并不是说这个纯粹实践理性它自己能够得到什么好处，而是在借用、转用的方面，也就是说有利于纯粹实践理性的东西、能够为纯粹实践理性开辟道路的东西，这个是纯粹实践理性唯一关注的。为义务而义务，对有利于义务的东西加以关切，并不是说义务能够带来什么益处和好处。而是说它是有利于纯粹实践理性的，我们要完全把心思放在这个方面。这个词很多地方不太好翻译，我们这里虽然这样译但是还是需要解释，它不是像在别的地方那样排除功利主义，你纯粹实践理性还是有它自己的利益或兴趣的，但是这里是借用、转用。

　　甚至同情的情感和贴心关怀的情感，如果先行于考虑什么是义务而成为规定根据的话，对于善于思维的人来说本身也是累赘，将把他们经过思虑的准则带入混乱，并引发要从中解脱出来而只服从立法的理性的愿望。

　　"甚至同情的情感和贴心关怀的情感"，这里包括慈善行为的情感，慈善家富有同情心，是穷人的贴心人。但是如果这种善心"先行于考虑什么是义务而成为规定根据的话"，如果这种慈善的情感先行于我们对义务的考虑，我做慈善事业不是出于义务而是出于爱好、出于我的同情和慷慨，如果你对义务的概念还没有搞清楚，或者你根本不去考虑义务的出发点，就把这种同情心作为规定根据，有很多这种情况。很多人出于慈悲之心做好事，但并不是真正出于义务，而只是一种不忍之心、恻隐之心，我们说某某人心肠太软，有时候也会办坏事，比如说关公放走了曹操，是出于不忍之心，看到曹操失魂落魄的样子，于心不忍，就把一个奸贼放走了，最后导致了蜀国的失败。所以这种不忍之心它是偶然的，没有道德的必然性，它可以做成好事，也可能坏事，导致徇私枉法，小不忍则乱大谋。即使可以救助一些落难的人，但是它没有义务的考虑在里头。这种先行于考虑什么是义务而成为规定根据的情感，"对于善于思维的人来说也是一种累赘"。善于思维就是要把它想清楚，想彻底，你的不忍之心虽然有利于你的道德法则贯彻，但是你不要把它当作最终的规定根据，而必须把它建立在我们对义务的清晰的概念之上，这样我们就不会在我们的好心的行为中犯错误。有些行为看起来好像是道德的,但是实际上它是不合乎义务的。如果你把爱好和情感看作至关重要的话,你往往会蒙蔽了自己义务的眼睛,在康德看来这是非常不理智的。情感用事,妇人之仁,往往不能实现真正的道德理想。所以这些情感,哪怕是同情的情感和贴心关怀的情感,虽然本身是值得鼓励的,但是你不能把它看作是最高的规定根据,否则的话,对于善于思维的人来说甚至会成为累赘,"将把他们经过思虑的准则带入混乱,并引发要从中解脱出来而只服从立法的理性的愿望"。善于思维的人本来对于这些义务的事情想得很清楚的,但是如果你没有摆正关系,你本来能够想得很清楚的概念就会受到干扰、造成混乱,并引发要从中解脱出来而只服从立法的理性的愿望。对于善于思考的人来说,对情感或同情心的顾及甚至是一种负担,它会引起一种愿望,就是说我最好能摆脱这些愿望和情感的干扰,直接服从立法的理性。这些情感固然能为道德开辟道路,但是它也可能干扰真正的义务。理性的作用就是立法,建立起前后一贯普遍性的法则,这个是情感不能代替的。情感是忽生忽灭的,它没有一定的法则,心血来潮,我对某某人突然一下觉得他特别可怜,但是对于另外一些可能比他更可怜的人,我又无动于衷,这个很难说,根据我的心情好不好而定。我今天心情特别好,我捐了100万,我明天心情不好我一毛不拔,都完全可能的,你根本分不清他是出于什么样的具体考虑,所以这个是没有普遍性的。而只有理性才能够立法,那么一个善于思考的人,就希望只服从立法的理性,这样更干脆也更可靠,它是直接立足于道德性之上的。所谓"善于思考的人",严格来说应该译作"那些善于思考的人格"(wohldenkende Personen),意思是,这些人既考虑到自己此岸的状况,如情感之类,同时也能够考虑彼岸的状况,就是道德立法,因为作为人格,他是跨越此岸和彼岸的,不会陷入到一个片面而拔不出来。

由此可以理解:对一个纯粹实践理性的这种能力的意识如何能够通

过行动（德行）而产生出战胜自己的爱好的意识，同时也就产生出独立于这些爱好、因而也独立于总是伴随这些爱好的不满足的意识，这样就产生了对自己的状态的一种消极的愉悦，即**满足**，它在其根源上就是对自己人格的满足。

"由此就可以理解"，根据前面的说法，这个地方回过头来谈满足了。前面的说法就是讲到自我满足这种最高层次的愉悦，这种对自己的生存的满足，它的最深的根源是出于自由以及对自由的意识，对自由的作为道德行为根源的意识。那么我们由此就可以理解到，"对一个纯粹实践理性的这种能力的意识如何能够通过行动（德行）而产生出战胜自己的爱好的意识"。"对一个纯粹实践理性的这种能力的意识"也就是对自由的意识，我们的纯粹实践理性有一种做道德选择的自由，有这样一种能力，这样一种能力的意识是能够通过行动（德行）而产生出战胜自己的爱好的意识的。"德行"我们前面讲了，主要是指道德行动，比较具体的，而"德性"更加抽象，指道德性。自由的意识如何从道德的行动而产生出了战胜爱好的意识？它就是这样产生的，即上面说的，它意识到把情感当作规定根据是多么麻烦、多么不可靠，还不如一心一意遵守道德立法。只有战胜并独立于一切爱好，这样才能产生道德性，而不仅仅是合法则性，这是由对一个纯粹实践理性的能力的意识所产生出来的。"同时也就产生出独立于这些爱好、因而也独立于总是伴随这些爱好的不满足的意识"，前面讲了产生了一个意识，就是战胜自己的爱好，这里讲不但独立于这些爱好，而且也独立于总是伴随这些爱好的不满足的意识。凡是爱好，总是会伴随着一种不满足，因为感性的爱好总是有限的，不可能达到普遍性。而独立于不满足的意识，那么这种意识是什么呢？那当然就是满足的意识了。"这样就产生了对自己的状态的一种消极的愉悦，即**满足**，它在其根源上就是对自己人格的满足"，这个满足是什么意思呢？就是对一个纯粹实践理性的能力的这种意识产生了战胜自己爱好并独立于不满足的意识，那么独立于不满足的意识，也就产生了对自己的状态的一种消极的愉悦，即满足，它根源于对自己人格的满足。消极的愉悦，就是并没有投入积极的情感，而只是去掉了消极的情感，达到一种像伊壁鸠鲁那样的身体的无痛苦和心灵的无纷扰，一种宁静的自满自足。前面讲了，自由和对自由的意识，对自由作为一种道德行为能力的意识，那么在这个根源上就是对自己人格的满足。单是立足于情感，这是不能满足人格的，人格必须跨两界才有独立性，才是独立人格。那么对这种人格的满足，就是说把现象界的一个个人提升到了一个行为的主体，一个彼岸的立法者。当人格把现象界的感性的个人提升到一个自由意志的主体，这才实现了人格的完满性，你虽然是现象界的一个个体，你要受到现象界的约束、决定，但是你作为一个完整的人格是不受决定的，你是可以自决的，这就是人格。光有这个肉体还不能算作是人格，但是光有自由的彼岸的自在之物，如果不以现象界的一个人身作为载体，作为战胜的对象，他也不成为人格。在现象界的一个个人，它又体现出在本体界的一种自由意志、一种自决的能力，或者说一种人格性，这就是人格。那么对自己的人格的这种满足就是康德在这里讲的自我满足，对自己的生存的一种满足，它的根源就是对自己的人格的满足。当然人们出于自由来看待自己的时候，他对自己的自由就有一种满足，他不屈从于任何爱好，也不屈从于任何爱好所带来的不满，有爱好就有不满，那么唯一的满足就是对自己人格的满足。对于自己来说，自己的人格是自我圆融的，这个时候就可以自我满足了。

自由本身以这样一种方式（亦即间接地）就可以是一种享受，这种享受不能称之为幸福，因为它不依赖于某种情感的积极参加，严格说来也不能称之为永福，因为它并不包含对爱好和需要的完全的独立性，

对自己人格的满足当然就要涉及自由了。"自由本身以这样一种方式（亦即间接地）就可以是一种享受"，读到这里，我们也许会大吃一惊，就是康德那么样为伊壁鸠鲁辩解，说他讲的其实不是享受，而是一种满足，而在这里却突然讲，自由本身以这样一种方式也可以是一种享受。

他为什么这样讲,是有条件的,所谓以这样的方式,就是以间接的方式,它可以是一种享受。什么是间接的方式? 就是通过战胜自己的爱好来获得满足,而不是直接从爱好中获得满足。而这种享受跟以往所讲的幸福又不太一样,"这种享受不能称之为幸福,因为它不依赖于某种情感的积极参加",这种享受不能与我们通常所说的幸福等同,因为凡是幸福里面都要有情感的积极参加,都是建立在积极的情感之上的,而这种享受它是一种消极的愉悦,就是说排除一切情感、一无所求的时候,它就满足了,它对所有的愉悦都加以拒斥,唯独它对自己的人格有一种愉悦,任何外在的影响都干扰不了它。"严格说来也不能称之为永福,因为它并不包含对爱好和需要的完全的独立性",永福,Seligkeit ,这个词是宗教上的一个术语,也译作"天福"、"至福",就是在天堂里所享受到的幸福。天堂里所享受的幸福当然不是感性的啦,因为在天堂里,人的肉体都消亡了,只有灵魂还在,所以它不是一种感官上的幸福,而是完全灵魂上的幸福。那么这样一种享受虽然不能称之为幸福,但严格说来也还不能称之为永福,因为它并不包含对爱好和需要的完全的独立性。这种满足是对自己人格的满足,人格我们刚才讲了它是跨两界的,它介于现象界和自在之物之间,所以对个人人格的满足并没有完全独立于爱好和需要之外,而是与之有一种消极的关系、否定的关系。当然它没有某种情感的积极参加,它是排除所有情感之后所获得的对自己人格的满足感,但是严格说起来也不能称之为永福,因为它仍然依赖于与爱好和需要的关系。它还没有达到完全摆脱了肉体和感性之后,在天堂把那种爱好和情感完全抛开了。而永福是必须对爱好和需要有完全的独立性的,就是灵魂赤裸裸的幸福,一种抽象的幸福,一种永恒的宁静感,它是着眼于灵魂不朽,而与一个完全达到了至上德性的灵魂相配的。但是这种满足还没有达到那个层次,虽然它排除了那些具体的爱好和需要,但是他还有一个身体在,这个身体是他人格的代表,这个身体代表了他活在这个世界上,必须与这个世界上的各种刺激作斗争,才能达到内心的平静。所以这个满足一方面跟其他的幸福不一样,它已经把爱好和需要的这些情感加以排斥,但是又不能完全取消掉,它恰好是在与这些情感的对比中才显出自己的满足的,这种愉快是需要人去维持的,所以它跟上天堂以后的那个也是不一样的,永福是完全不需要情感的,它已经没有肉体了。

但它毕竟和永福是近似的,因为至少它的意志规定可以免于这些爱好和需要的影响,因而至少按照其起源来说是与我们只能赋予最高存在者的那种自足相类似的。

这种对于自己人格的满足虽然还不是永福,"但毕竟跟永福是近似的",对人格的满足它是向着彼岸的提升,向着永福而上升,它是以永福为目标的,也就是以灵魂在不朽中完成最终的德性为目标的,那时灵魂才达到了神圣性,才配得永福。而现在,虽然我还有一个身体,作为人格我还在这个感性世界生活,作为一个身体,我还有情感和欲望。但是我把身体所带来的爱好和需要用自由意志排除掉,而获得一种内心平静的满足,那么这种满足跟永福是有近似的地方的。"因为至少它的意志规定可以免于这些爱好和需要的影响",人凭借他的意志规定命令自己克服自己的那些爱好和需要,他能够免于这些爱好和需要的享受的干扰,他做到了一无所求,无欲则刚,没有任何欲望,于是他的人格就立起来了,他的意志规定就可以免于爱好和需要的影响而建立起独立人格。在这一点上,它与永福是近似的,"因而至少按照其起源来说是与我们只能赋予最高存在者的那种自足相类似的",也就是和上帝的自足相类似了。这就是由此再进一步推论了,至少按照其起源,也就是自由的起源,它的起源是来自于自由,也就是来自于自在之物,来自于彼岸的理知世界,按照这一起源,这种满足具有上帝那样的神圣性。我们前面讲了自由属于理知世界,它不属于现象世界,它虽然可以对现象界发生作用,但是它本身是在理知世界的。那么按照它的起源来说,它与我们只能赋予最高存在者的那种自足相类似,"最高存在者"就是上帝,上帝在理知世界里面他就是自足的,上帝全知全能全在,他不再需要其他东西,他自我满足。这是相类似的。人的自由意志如果到了这样一种境界，他就跟上帝相类似了，当然还没有达到上帝那种永福，但是他跟上帝的那种永福已经非常接近，已经相类似，或者说已经相通了。因为人格性就是把人的肉体的存在提升到彼岸世界，人格跨两界，就是从此岸这一界跨到彼岸那一界，那么就是跨到上帝那一界了。这个说法当然是跟基督教的教义有些相似的，康德的很多命题要从基督教的意思就比较好理解，就是人虽然作为肉体是有限的，但他本身有自己的神性，他跟上帝有某些类似之处，有限的人跟上帝之间不是绝对绝缘的，而是相通的，人身上有神性。但是人身上的神性又不够，人只能使自己不断地提升，去接近上帝，虽然人跟神之间有绝对的界限，不能等同，但是可以越来越趋向于上帝，追求跟上帝合一，达到神圣性，这是人的理想。人之所以有这种理想，就是人性跟神性有相通性。所以上帝是完全自足的，而人也有某种自足性，人的这种源于自由的自足性，跟上帝的自足性是相联系的。上帝不需要任何感性的质料就可以创造出世界，无中生有，那么人也可以不需要任何感性材料而有自己的独立性，他能够决定自己的行为，这是类似之处。

[119]　　　**由实践的纯粹理性的二律背反的这种解决中得出的是，在实践原理中，在对德性意识和对于作为德性的后果并与之比例相当的幸福的期望之间，一种自然的和必然的结合至少是可以设想为可能的（但当然还并不因此就是认识和洞见到的）；相反，谋求幸福的原理要产生出德性是不可能的；**

　　　"由实践的纯粹理性的二律背反的这种解决中得出的是"，前面讲的都是对实践的纯粹理性的二律背反的"解决"，也就是这个二律背反通过康德批判的分析，已经解决了，它不是什么二律背反，不是什么真正的冲突，只要你把两界分清楚，把人作为一种情感的动物跟人作为理性的存在者分清楚，这个二律背反就不存在了。虽然不存在，但是它还有幻相，那么康德对这种幻相也进行了解释，即这种假象也是必要的，但是还是应该提防它，我们不能把假象当作真相。这种幻相在这种透彻的分析中其实也已经解决了。那么在这种解决中，我们可以得出以下的几点。"在实践原理中，在对德性的意识和对于作为德性的后果并与之比例相当的幸福的期望之间，一种自然的和必然的结合至少是可以设想为可能的"，就是在德性意识和对此成比例的幸福的期望之间，一种结合是可设想的，德福之间是可以设想为一致的。虽然在现实世界中，我们从来没有见到过德和福必然一致，我们见到的顶多是偶然的相遇，但绝对不是必然一致；但是在实践的原理中，我们可以设想这种可能性。注意他这里的用词，在德性意识和作为德性的后果并与之比例相当的幸福的期望之间，一方是德性意识，另一方他不是说简单的幸福期望，而是说对于作为德性的后果并与之比例相当的幸福期望，不是什么幸福都期望，而是作为德性的后果你才去期望它，并且你期望多少是要与你的德性成比例的，你有多少德性，你就可以期望多少幸福，要有一种合适的比例。对这样一种德性和幸福之间是可以设想自然的和必然的结合的，这就是至善。自然的结合，就是哪怕它是在自然界，它也有一种结合，而且这种结合是必然的。当然在现实的自然界中我们没有看到，但是我们在实践的原理里面可以设想，设想在自然界中有这种可能性，并且设想这种结合是必然的。一种自然的和必然的结合至少是可以设想为可能的，所谓可以设想为可能的，也就是可能的可能性。"（但当然还并不因此就是认识和洞见到的）"，这个设想只是作为实践原理而是可能的，并不是因此它就是能认识和洞见到的，物自体的东西，你是可以设想的，但却是永远看不穿的。自由这个东西你永远也看不穿的，自在之物这个东西如果你能看到它，那么你就能认识它，但你并不能看到，所以也不能认识。"相反，谋求幸福的原理要产生出德性是不可能的"，这是跟前面相对照，前面讲在实践的原理中，我们至少可以设想，德性和与之成比例的幸福相一致是有可能的，也就是说，德性为主，幸福以它为标准而符合一定的比例，这是至善的本意。但相反，你以谋求幸福的原理为主，把它当作根据，要想由此产生出德性来，那当然是不可能的，这种德福一致也不是至善本来的意思。也就是说在实践的原理中，从德行产生相应的幸福是可能的，但是从幸福的原理里面产生出德性，这连设想都是不可能的。

　　<u>因此，那**至上的**善（作为至善的第一个条件）构成德性，反之幸福则虽然构成至善的第二个要素，但却是这样构成的，即它只是前者的那个以道德为条件的、但毕竟是必然的后果。</u>

　　这个"因此"就是把前面两个要素综合起来，确定它们的结构方式。既然从实践的原理里面可以设想从德性产生相应的幸福来构成德福一致，而不可能设想从幸福的原理里面产生德性，当然也不可能设想这样来达成德福一致，"因此，那**至上的**善（作为至善的第一个条件）构成德性"，"至上的"打了着重号。前面我们已经讲了，所谓"至上的善"不等于"至善"，康德意义上的至善是圆善，是完满的善，而至上的善则只是至高的善。所以那至上的善只是至善的第一个条件，至上的善虽然不等于至善，但是它是至善中的一个最重要的条件，它构成德性，在德福一致中，德性是最重要的。"反之幸福则虽然构成至善的第二个要素，但却是这样构成的，即它只是前者的那个以道德为条件的、但毕竟是必然的后果"，即幸福只是前者、也就是第一个条件至上的善的后果，什么后果呢？以道德为条件的后果，但毕竟是必然的后果。它是前者的后果，当然就已经说了是以前者为条件了，但这里要特别强调出来。但毕竟是必然的后果，就是说它虽然是以道德为条件的，但是它又是道德的必然的后果，道德必然要有它这个后果，所谓善有善报，恶有恶报，不是不报，时候未到，天道不爽，逃不了的。由此而构成一个先天综合命题。所以道德被设想为幸福的充分必要条件，当然这只是在纯粹实践理性的设想中应该如此，在现实中道德作为幸福的条件只可能是偶然的，只有在至善的概念里面，道德才构成幸福的充分必要条件，幸福是道德的必然后果，有道德必然就有相应的幸福。这是由至善这个概念所决定的，在至善里面道德和幸福必须是这样构成的，首先是道德，幸福是以道德为前提，道德必

然导致与之相配的、成比例的幸福，必然是这样，这才叫作至善。如果它缺了一点，或者幸福与它不成比例，或者有道德而没有幸福，那都不叫作至善。那顶多叫作至上的善。至上的善必须配上与之成比例的幸福，那就是至善、圆善了。所以至善必须要有幸福作为它的后果，红花必须绿叶扶，这就是在至善中德和福相互结合的方式。这个方式是固定的，不能颠倒，不能缺一样。

只有在这种隶属关系中至善才是纯粹实践理性的全部客体，纯粹实践理性必须把至善必然地表象为可能的，因为尽一切可能促使至善的产生是它的一条命令。

"只有在这种隶属关系中"，也就是说在至善中，德和福是隶属关系，福隶属于德，这个关系要搞清楚。德福一致，不能说你把德放在幸福之下，那是不行的，必须要把幸福放在德之下，它是一种固定的不可颠倒的关系，两者的相互结合一定是以这种关系，即德为先为主，然后必然辅之以福，一定是以这种关系结合起来的。只有在这种隶属关系中，"至善才是纯粹实践理性的全部客体"，前面讲了，至善是纯粹实践理性的全部客体（《实践理性批判》第 150 页以下）。如果单纯讲纯粹实践理性的客体，那就是一般作为善恶概念的自由范畴，它们不一定考虑到德性，也不考虑幸福与德性的比例；但是讲到纯粹实践理性的"全部"客体，那你就要把所有的客体都算进来，包括德性，也包括幸福，把它们看作一个有隶属关系的整体，那就是至善，那就是圆善。所以在这种隶属关系中，至善才是纯粹实践理性的全部客体，纯粹实践理性的客体之一是德性即至上的善，但是光有至上的善还不够，纯粹实践理性还不满足，而必须把一般实用的善即幸福也纳入进来，当然它们在世俗生活中是纳入不进来的，必须设想一个来世，一个彼岸，一个上帝，来成比例地纳入它们，这是后面要探讨的至善必须悬设的条件。在这里则首先要把纯粹实践理性的全部客体包含哪些要素理清楚，那就是既要有道德，也要有与之相配的幸福。"纯粹实践理性必须把至善必然地表象为可能的，因为尽一切可能促进至善的产生是它的一条命令"，必须把至善表象为必然可能的，这是纯粹实践理性的一个命令（Gebot），一个推脱不了的使命，它必须把至善表象为必然是可能的。这个必然是按照理性来推论，它必然怎么样，它必然有一种可能性。虽然这种可能性不可能在我们现象界、自然界实现出来，但是它必然在我们的实践理性里头，不管它在什么地方，必然是可能的。因为纯粹实践理性的全部客体既然是至善，所以它的一条命令就是要把这个至善实现出来。这个必然性是立足于纯粹实践理性本身的理性的必然性，纯粹实践理性必然要尽一切可能促使至善的产生。这个命令（Gebot）与道德法则的定言命令（das kategorische Imperative）还不太一样，后者不涉及幸福，完全是形式上、逻辑上的，前者则涉及幸福的质料，需要设定灵魂不朽和上帝存有的条件。

但由于有条件者与其条件的这样一种结合的可能性完全属于事物的超感官的关系，并且按照感官世界的法则是根本不能被给予的，哪怕这个理念的后果、也就是以实现至善为目的的行动是属于感官世界的：

"但由于有条件者与其条件的这样一种结合的可能性"，纯粹实践理性就是要从有条件者去推出最终的无条件的条件，有条件者与其条件，后一个条件显然是指最终的条件。什么是有条件者？就是幸福；它的最终条件是什么？就是道德。而它们的结合是从纯粹实践理性推出来的。我们在《纯粹理性批判》里面的"先验辩证论"中一开始就读到，一个是理性的逻辑运用，逻辑运用就是推理，一旦推理就有一个过程，从有条件者推出它的条件，从条件又推出其条件，一直推到最终的条件，那就是无条件的条件。这就进入到理性的纯粹运用，就是提出一个纯粹理性的理念，它是完全超验的。那么在纯粹实践理性这里也有这样的意思，在实践的意义上，从有条件者一直推到无条件的命令即定言命令，也就是绝对命令；那么这个无条件者与有条件者的结合呢，就不光是绝对命令、定言命令了，而是要考虑有条件者和无条件的命令怎么能够结合起来、统一起来，使它们相一致，这就是至善。那么这样一种结合的可能性"完全属于事物的超感官的关系",定言命令本身就是在超感官的领域里面提出来的,有条件者则是在感官世界里面存在的,那么你要把它们结合起来,在感官世界中是不可能的。所以这种结合的可能性完全是属于事物的超感官的关系,"并且按照感官世界的法则是根本不能被给予的",德福一致在感官世界中,按照感官世界的法则是根本不可能做到的。"哪怕这个理念的后果、也就是以实现至善为目的的行动是属于感官世界的",这个补充很重要。哪怕这个理念,也就是至善的理念,它的后果,也就是它在现实中所引起的追求至善的实践行动,仍然是属于感官世界的,但它本身还是属于超验世界的。至善既然是纯粹实践理性的理念,那么在实践中它有自己的后果;但哪怕这个理念的后果、也就是以实现至善为目的的行动,是属于感官世界的,但真正要实现出来,这只有在超感官世界中才有可能。这个纯粹实践理性命令我们去实现至善,那么我们就按照去做,姑妄信之,姑妄行之,在感官世界中肯定会有一系列的后果,但千万不要以为有一天真的会实现出来。哪怕这个后果是感官世界的,但是它的原因即至善的理念也是不能用感官世界的法则来加以解释的。

所以我们将试图对于那个可能性的诸根据,首先就直接受我们支配的东西而言,其次通过理性为了弥补我们在至善的可能性上的无能而(按照实践原则必然)呈示给我们的、不受我们支配的东西,来加以描述。

"那个可能性"就是德福一致的可能性,我们后面要做的是,将试图对于那个可能性的诸根据,"首先就直接接受我们支配的东西而言,其次通过理性为了弥补我们在至善的可能性上的无能而(按照实践原则必然)呈示给我们的、不受我们支配的东西,来加以描述",这是布置了下面几节的任务了。那个可能性的根据何在呢?按照什么样的可能性条件,我们才能够有德福一致呢?这些都涉及彼岸世界的理念。首先是直接受我们支配的东西,什么是直接受我们支配的东西?那就是我们的理性,包括理论理性和实践理性,这是至善的可能性根据中必须要用到的;其次是理性为了弥补我们在至善的可能性上的无能而按照实践原则必然呈示给我们的、不受我们支配的东西。什么是不受我们支配的东西？后面对此提出了两个实践理性的悬设，一个是我们要设定我们的灵魂不朽，这个是我们无法支配、只能听天由命的，我们不可能凭自己的能力而做到灵魂不朽，只能通过理性来假设。因为我们在感性世界中再怎么努力，也只能接近、而不能达到德福一致，所以我们设想在彼岸世界我们的灵魂还在延续，继续把德福一致的努力推向永恒。所以灵魂不朽是德福一致的一个不可缺少的根据，哪怕是死后，它也可以不断地使德福走向一致，不断地使自己配得上幸福，没有这一假设，至善就落空了。人在世界上生活，总是不能获得配得上德行的幸福，那么有了灵魂不朽呢，就可以给人以希望，我今生做不到，我来世继续做。那么按照道德律使自己获得能够配得上幸福，这就必须设定我的灵魂不朽这个条件。但是光有这个条件还是不够的，这是个必要条件但不是充分条件，我虽然设定了灵魂不朽，但仍然只是有了追求德福一致的条件，并不保证能够追求到，也可能永远追求不到。所以还必须再设定一个上帝，上帝才有能力按照你的德行而把与之相配的幸福赐予你，这是最终的充分条件。所以这里有两个层面，一个是首先就直接受我们支配的东西而言，那就是通过实践理性和理论理性的结合，来设想至善有些什么样的可能性条件；其次，通过理性为了弥补我们在至善的可能性上的无能而按照实践原则必然呈示给我们的、不受我们支配的东西来加以描述。这种无能一个是主观上的无能，即我们的寿命有限，不可能追求到无限的至善，这就要设定灵魂不朽；一个是客观上的无能，就是即算有灵魂不朽，是否最终能够追求到与德性相配的幸福仍然不由我们自己决定，而必须设定一个上帝来保证。因为在设想中，上帝除了是道德世界的主宰，同时也是自然界的创造者，所以只有上帝才能把与德性相配的幸福赐给我们，而我们自己在这方面是无能为力的，哪怕你有不朽的灵魂，也是无能为力的，因为不朽的灵魂也不能创造世界。所以理性为了弥补我们在至善的可能性上的无能而呈现给我们的、不受我们支配的东西，一个是灵魂不朽的悬设，一个是上帝的悬设，这都是不受我们支配的，但是可以弥补我们在至善的可能性上的无能。理性为什么能呈示给我们这两个悬设呢？只能按照实践原则来呈现给我们，按照实践原则，我们必须要悬设一个灵魂不朽，一个上帝，这不是认识上、理论上的呈示，而是实践上的假设。下面将要对这种实践理性的悬设加以描述，看它们是如何保证至善的实现的。

＊　　　　　＊　　　　　＊

　　我们再继续前一周的。我们前一次讲到实践理性的二律背反的解决，他是怎么解决这个二律背反的？实际上跟《纯粹理性批判》里面的二律背反的解决方式是类似的，也就是区分两个层次，一个是现象的层次，一个是自在之物的层次。现象的层次就是表现为伊壁鸠鲁的观点，他执着于人的幸福和功利，这样来建立他的道德学说；那么自在之物的层次、本体的层次就是康德所主张的，从现象（幸福和功利）里面去寻找更高层次的条件。幸福和功利作为善的内容，它们本身是不足以构成直接的善的标准的，它们没办法衡量自己究竟是不是善的，只有从自在之物、道德法则这个层面我们才能找到衡量真正善的标准。所以我们通常讲的日常生活中的功利、幸福，这些好的东西究竟是不是好的，归根结底必须要用道德来衡量，就是说看它们是否能配得上道德，在它们配得上道德的这个层面你可以说它们是好的，否则的话，再好的东西如果是不道德的，那它也不是好的。那么既然谈到"配得上"，就有一个问题，就是至善的问题，就是德福一致的问题。德福一致的这个命题、这个理念是必须探讨的一个课题，但是这个理念在人们的现实生活中是不能实现的，它不可能分析地包含在人的感性生活中，只有寄托于彼岸世界，然后将两个世界综合起来，才有希望达到德福一致。我们上次讲到的最后这一段最后这几句话里面，已经讲到了这样一个至善的目的我们应当如何来理解，康德在我们上次课的最后那一句话里面讲到，"所以我们将试图对于那个可能性的诸根据，首先就直接受我们支配的东西而言，其次通过理性为了弥补我们在至善的可能性上的无能而（按照实践原则必然）呈示给我们的、不受我们支配的东西，来加以描述。"从后面康德讲的这几节（第Ⅲ、Ⅳ、Ⅴ节）的次序来说，所谓"直接受我们支配的东西"应该就是第Ⅲ节讨论的问题，我们前面曾说它是指人的纯粹实践理性和理论理性的结合，这是我们能够做到的。第Ⅲ节的标题就是"纯粹实践理性在其与思辨理性结合时的优先地位"，就是讨论这种结合的方式，即纯粹实践理性在和思辨理性的结合中具有优先地位，这样才能建立起德福之间的正确关系，这个关系是我们可以支配的。那么后面讲，"其次通过理性为了弥补我们在至善的可能性上的无能而呈示给我们的、不受我们支配的东西"，那就是后面的两个话题，一个是关于灵魂不朽，一个是关于上帝存有，就是纯粹实践理性的两大悬设。这是不受我们支配的，我们只能悬设，但是它们究竟是不是这样的，这是不可能知道的。我们只是在道德实践中有这个需要，我们希望是这样，但究竟如何，它是不受我们支配的，我们能支配的就是我们自己把纯粹实践理性和思辨理性这两种理性的能力调整好它们的位置。

Ⅲ. 纯粹实践理性在其与思辨理性结合时的优先地位

纯粹理性有两种运用方式，一种是思辨理性，运用在理论上，为的是获得科学知识；另外一种运用在实践上，那就是实践理性，纯粹实践理性就是用在道德上。那么这两种理性或者说这两种理性的运用它们如何结合，在结合时有优先地位的是什么，我们把哪一方看作是具有优先地位的，这是第Ⅲ节所要讨论的一个主题，也就是确定我们如何来摆正这两种纯粹理性的位置。我们来看看他怎么说的。

对于在两个或多个由理性结合起来的事物之间的优先地位，我理解为其中之一是与所有其他事物相结合的最初规定根据这种优先权。

这是讲的一般的原理，这个里头还没有具体到讲实践理性和思辨理性,而是"对于在两个或多个由理性结合起来的事物之间的优先地位",这里首先当然是要讲两个,这是最起码的。但是一般而言,如果有两个以上由理性结合起来的事物,就存在何者具有优先地位的问题。这个第Ⅲ节里面本来他的意思是指纯粹实践理性和思辨理性这两者的关系,其实也可能涉及纯粹实践理性、一般实践理性(实用的、技术的理性)和思辨理性这三者的关系,它们都是由理性所结合起来的事物,实践理性是把理性结合于人的实践,思辨理性是把理性结合于人的直观的感性经验以构成知识。当然这里实际上并未谈及三者的关系,而只谈纯粹实践理性和思辨理性,也就是道德和知识之间的关系,这是最重要、最根本的,这个大框架一定下来,其他的就好安排了。那么纯粹实践理性和思辨理性之间的优先地位如何定,它们之间哪个优先,首先就要确定这里的"优先"是什么意思。他说对于这种优先地位,"我理解为其中之一是与所有其他事物相结合的最初规定根据这种优先权",就是理解为这样一种优先权,其中的一个事物是与所有其他事物相结合的"最初规定根据"。这个事物是最初用来规定整个结合体的,它是本源的规定根据,那么它就有优先权。就是说它们结合在一起,最初是按照什么样的规定根据结合在一起的,那么这样一种规定根据当然就具有优先权,如果没有这个规定根据,那这个结合就散了,这个结合就不可能了。之所以能够结合得起来,就是因为其中某一个事物提供了结合的规定根据,提供了结合的原则,那么这个东西当然具有优先权。这是从一般意义上来讲的,没有具体地涉及纯粹实践理性和思辨理性的结合。一般来说,凡是由理性结合起来的事物之间,只要有优先权的问题,那么我们就理解为其中之一能够给所有的其他事物的结合提供出最初的规定根据,这就是所谓优先权。那么下面就比较具体一些了。

　　在狭义的、实践的意义上,这意味着其中之一的兴趣在其他事物的兴趣都服从于它(这种兴趣决不能置于其他兴趣之后)的场合下所具有的优先权。

"在狭义的、实践的意义上",这句改一下,原来译作"在狭义的实践意义上",容易被误解为有种狭义的实践和一种广义的实践,但这里只是说,在狭义上和实践的意义上的优先权,优先权的本来的意义就是在实践上说的,这是狭义的优先权,用在其他方面都是引申和借用了,例如上一句中讲的两个或多个事物之间相结合时作为最初的规定根据的优先权,就成了广义的优先权了。那么,在这种狭义的和实践的意义上,"这就意味着其中之一的兴趣在其他事物的兴趣都服从于它……的场合下所具有的优先权",这是对优先权的进一步解释,从一般原理进到了我们现在要讲的主题。优先权在这种狭义上就意味着,在各个事物之间,不仅其中之一是其他事物的"最初规定根据",而且其他事物的兴趣都要"服从于"这一事物的兴趣。一个是讲服从,一个是讲兴趣,这就是实践意义上的优先权了。这不单单是讲事物之间的关系,而是讲事物的兴趣之间的关系,而且是一种服从的隶属关系。比如说目的和手段的关系,手段我们也有兴趣,目的我们也有兴趣,但是我们之所以抓住手段,是因为要实现这个目的,所以作为目的的那个兴趣要高于手段的兴趣,手段是服从和隶属于目的的,如果没有目的那你的手段就没意义了。所以一般来讲,狭义的、实践的意义上的优先权就意味着事物的不同兴趣之间的优先权,中间这个括号里说"(这种兴趣决不能置于其他兴趣之后)",我们可以理解为比如说目的和手段的关系。这个"兴趣"在这里我们也可以翻译成"关切",Interesse 也可以翻译成利益、利害,但是在这个地方呢,它更适合于翻译成兴趣,就是在实践中所关注的目标。我们前面曾经讲到过兴趣这个概念,康德说:"从动机的概念中产生出来某种**兴趣**的概念,这兴趣永远只能赋予一个有理性的存在者,并且意味着意志的**动机**,只要这动机**通过理性表象出来**。"他把"**动机**概念、**兴趣**概念和**准则**概念"这三个概念并列起来讲(《实践理性批判》第 108 页倒数第 3 行,第 109 页第 5 行,即边码 93),就是说动机、兴趣和准则三个概念有一种相通性。所以这个兴趣我们在这里也可以理解为动机,或者大致上也可以理解为目的。你的目的在什么地方,你的兴趣在什么地方,你的追求的动机在什么地方,这都是我们日常语言里面可以互换的几个词。包括准则,在康德那里准则就是主观的行为原则,也可以理解为主观的目的。那么这句话就是说,一般而言我们谈到狭义的、实践的优先权,就是说我们不讨论一般的事物之间哪个占先,哪个是其他事物的优先的规定根据,这个在理论的意义上也可以用的,上位的概念规定下位的概念,例如"动物"的概念优先规定了"马"的概念。狭义的优先权的概念则是实践上的优先权,那么它就意味着其中之一的兴趣使得其他事物的兴趣都服从于它,这就是它的优先权。在一般实践活动中我们都有优先权的问题,你是以什么为目的而利用什么东西作为手段,你最终的目的是什么,哪个目的最重要,要优先考虑,你就要有所选择。凡是一个比较明智的人,他在诸多目的中都有一种选择:其他的目的也许都重要,但是都是为这个最终的目的服务的,这是这句话的意思。

　　对每一种内心能力我们都可以赋予一种兴趣,亦即一条原则,它包含着唯有在其之下这能力的实施才得到促进的条件。

　　这句话特别解释兴趣这个概念,"对每一种内心能力我们都可以赋予一种**兴趣**","兴趣"打了着重号。前面讲到了兴趣,讲到各事物其中之一的兴趣在其他事物的兴趣都服从于它的场合下所具有的优先权。那么兴趣在这里是什么意思呢? 他说"对每一种内心能力我们都可以赋予一种**兴趣**",人心有着各种能力,通常我们讲知、情、意,那么康德这里主要是讲的知识和意志,情现在还没有谈到,情感主要是在第三批判里面讲到的。那么在这里讲到一切内心能力,他主要是指的知识能力和欲求能力,其中知识能力的知性、理性,以及欲求能力的意志能力,这是属于比较高级的能力了。当然还有比较低级的,如认识能力中的感性直观,欲求能力中的感性欲求能力,如任意。意志能力是欲求能力中的一种高级欲求能力,一般的欲求能力就是在实践活动中的一般的追求,日常实践活动中我们为了感性的需要和感官愉快而追求一个对象,这也是属于

159

欲求能力。所有这些能力，每一种都可以赋予一种兴趣，不管是认识能力也好，还是实践能力欲求能力也好，我们都可以赋予它一种兴趣。什么兴趣？"亦即一条原则，它包含着唯有在其之下这能力的实施才得到促进的条件"。每一种能力我都有个兴趣，这个兴趣包含着使得这个能力得以实施的条件。那么我们理解这个兴趣，就是说每一种能力你要干什么，你要达到什么目的，你要追求什么，你的兴趣何在，你的关切何在，实际上在这里大体上相当于目的这个概念。每一种能力都能体现为一种有目的的活动，包括人的认识能力其实也是一种有目的的活动，所以认识能力实际上也可以看作某种实践能力。他这里讲到兴趣，讲到目的，也就是把所有的能力都放在目的活动这样一个维度上来加以考察，把认识能力和欲望能力都放到实践能力这样一个维度上来加以考察。因为实践能力、实践活动是有目的的，那么认识能力也可以有目的，每一种能力都体现为一种有目的的活动，包括人的认识能力其实也是一种有目的的活动，所以认识能力实际上也是一种实践能力。认识能力的目的就是要尽可能得到更全面、更精确的知识，从这个角度来看，正如实践活动也是一种认识活动一样，认识活动也是一种实践活动。在实践能力方面，康德在很多地方都讲到"实践的知识"或者"道德的知识"，但是这个知识不是那种理论知识，实践知识不是理论知识，但是可以从知识的这个角度来看。那么反过来，一切知识也可以从实践的角度来看，它们都是有兴趣的。所以康德在《纯粹理性批判》中把"我们理性的一切兴趣（思辨的以及实践的）"归结为三个问题，即我能够知道什么、我应当作什么、我可以希望什么（A805=B833）。当然，有兴趣不一定能够获得知识，但是你有一个最终的兴趣，就是一切认识能力的活动最终都是要趋向于获得最完整最全面的知识，达到一个完成了的知识系统，如世界整体、灵魂实体和上帝。虽然它们只是一些理念，而并不能真正成为知识，但却对知识本身的发展具有某种调节性的作用。如果你有这样一个目的，那么你就有一条原则，这个原则包含着唯有在其之下这能力的实施才得到促进的条件，唯有你树立了一个追求的目的，那么你才有了动力，你才能够把你的认识能力实施出来。在认识方面你有了一个远大的目标，要尽可能地获得全面的知识，那么你就可以不断地推进自己的认识，对你的创造发明添砖加瓦，日益精进。如果你没有这个目标，没有这个兴趣，那你就没有这个条件，你的能力放在那里就荒废了。这是对"兴趣"的一种解释，当然兴趣还可以有其他的解释，比如说利益、利害攸关，反正是你关心的东西，Interesse 这个词是个多义词。

理性作为原则的能力，规定着一切内心能力的兴趣，但它自己的兴 [120]
趣却是自我规定的。

兴趣里面肯定有理性，因为你要把一种兴趣放在前面作为自己的追求目标，你的兴趣放在一个什么目的上面，那么你这个里头就有一种理性的设计。你要达到这样一个目标你就必须采取一些手段、一些中间环节，手段和目的之间本身有一种合乎理性的关系，是由理性设计的。"理性作为原则的能力，它规定着一切内心能力的兴趣"，理性提供原则，一切能力具有一种兴趣，都要依赖理性为它提供原则，理性能够给它指明方向，你朝什么方向努力，那么你这个兴趣就能够实现，那么反过来这个兴趣就是由这个理性的原则所规定的。但这个里头又分出一个层次来了：理性能够为一切内心能力规定兴趣，"但是它自己的兴趣却是自我规定的"。理性你如果把它当作工具，那当然你可以用来在日常生活中对一切兴趣加以规定，做出明智的选择，这就叫实践智慧，你可以恰到好处地选择你的手段和目的。但是理性本身的兴趣不是为了实现别的目的，满足别的兴趣，而是为了满足理性自身的兴趣，实现理性自身的目标，那么这个目标，这个兴趣呢，却是理性自我规定的，它只能自己规定自己的兴趣。当然这个理性它也有两方面，我们刚才讲了，思辨理性和实践理性，他下面就讲：

它的思辨运用的兴趣在于**认识**客体，直到那些最高的先天原则，而实践运用的兴趣则在于就最后的完整的目的而言规定**意志**。

　　理性自己的兴趣分两方面，一个是思辨的兴趣，"思辨理性的兴趣在于**认识**客体"，"认识"打了着重号，也就是思辨理性运用的兴趣在于认识。具体认识哪一个对象，这个是它用来规定其他的事物的兴趣，但是它本身的兴趣不在于认识哪个具体的对象或者认识到哪一个具体的水平，而在于认识，这就是理性本身的兴趣。"直到那些最高的先天原则"，不断地向更高的先天原则提升，一直到它最高的先天原则，也就是包括那些理性的理念，世界、灵魂、上帝，这个在《纯粹理性批判》里面已经讲到了。最高的先天原则，这个是理性的思辨运用的兴趣所在。当然除了这个兴趣以外，理性的思辨运用还有一些手段，比如说范畴，十二个范畴是它作为手段的兴趣，为的是认识具体的客体；但是这些作为手段的兴趣最终是为了那最高的先天原则，那就是理念，为了认识整个世界，为了认识灵魂，然后世界和灵魂统一起来，为了认识上帝。所以思辨运用的兴趣最终是针对着那些最高的理性理念的，一共是三个：灵魂、宇宙和上帝。思辨理性要认识客体，直到把那些先天原则当作自己的客体，当然你如果真的当作认识的客体就会发生幻相，就会发生纯粹理性的辩证论了。所以这些最高的先天原则是指导我们去认识客体的，但它们本身不是客体。这是思辨运用的兴趣。"而实践运用的兴趣则在于就最后的完整的目的而言规定**意志**"，"意志"打了着重号，和前面的"认识"相对。最后的完整目的就是指至善，德福一致，德和福都在里面，德福都是意志的对象，那么如何把这些对象全部包含在内，达成圆善，这是实践理性的最终目的，最终对象。所以实践运用的兴趣在于就最后的完整的目的而言规定意志，这就是把至善当作意志的目的。思辨理性和实践理性运用的兴趣分别有它们的不同的方向，这都是讲理性自己的兴趣，它是自我规定的。理性自己的兴趣是由理性自身来规定的，一个是通过最高的先天原则，就是理念，来规定思辨理性最终的兴趣，即认识宇宙，认识心灵，认识上帝。宇宙、灵魂和上帝，先验的物理学、先验的心理学和先验的神学，这是思辨理性的最高的兴趣，也是思辨理性自身的兴趣、自我规定的兴趣。这个不需要依赖于经验的对象，它自己规定自己，它自己就能够规定自己。理念完全是它自己的兴趣，它不需要任何经验，单凭理性的推理就把理念提出来了。而实践的方面就是以至善作为目的，这也是通过纯粹实践理性自己提出来的，在实践中你也追求不到，在实践中你只能够追求到局部的目的，你怎么能追求到完整的目的呢？但是你也有这种意志，就是想要去追求，那么这样一种追求就不依赖于你在现实、此生的实践活动中达到哪一步，而是一种对彼岸可能性的希望，哪怕你此生追求不到，你死后还有希望，还可以再去追求，这就要假定灵魂不朽。所以这两方面都是由理性自身来规定的，不假外求，不借助于经验，也不借助于具体的实践活动。

<u>一般理性运用的可能性所要求的是，理性的各个原则和主张不可相互矛盾，这并不构成理性的兴趣的任何部分，而是拥有理性的一般条件；只有理性的扩展，而不仅仅是与自身相一致，才被算作理性的兴趣。</u>

这个里头区分了一个东西，前面所讲的就是思辨理性和实践理性，它们分别有理性自身的兴趣，一个是那些最高的先天原则，就是理念，另外一个就是完整的目的，是意志所追求的对象。但是这里又讲到，"一般理性运用的可能性所要求的是，理性的各个原则和主张不可相互矛盾"，也就是说理性本身有一个要求，即要求必须逻辑一贯，必须不违背矛盾律，必须遵守同一律，这是理性本身的要求。由于这一要求，纯粹理性在思辨上必须符合形式逻辑，在实践上必须服从绝对命令即道德自律。这是理性本来的意思，我们讲理性首先就要讲逻辑嘛，在康德那里所谓理性就是逻辑理性，只不过这个逻辑理性可以运用于理论上，也可以运用于实践中。运用在理论上就成了一切真理的消极条件，就是说你任何知识都不能违背逻辑，都必须在逻辑上能够自圆其说；用在实践上就是说服从定言命令，定言命令就是要使你的行为的准则成为一条普遍法则，这个法则就意味着你不是自相矛盾的，如果自相矛盾就不成为法则了。所以这里都运用了逻辑理性，运用了形式逻辑的不矛盾律，同一律。但

是形式逻辑的不矛盾律和同一律本身"并不构成理性的兴趣的任何部分，而是拥有理性的一般条件"，它本身不是一种兴趣，不是你追求的对象，不是你的目的。所以他讲，这只是"一般理性运用的可能性所要求的"，这只是理性运用的可能性条件，如果没有这个，理性就根本无法运用。你要使理性的运用成为可能，你首先必须遵守不矛盾律，即理性的各个原则和主张不可相互矛盾。理论理性也好、实践理性也好都是理性的运用，而理性运用本身是不矛盾的。所以后来黑格尔批评康德，就是说他所讲的理性其实就是知性，所谓知性就是说实际上还是一种逻辑理性，还是比较狭窄的，而不是那种超越性的理性，不是那种能动性的理性。康德归根结底他所理解的理性是不具有能动性的，而是静态的，它具有一种划分的能力，一种分析的能力，当然他也讲到综合，但是他的这种综合最终的理解还是放在分析论里面讲的。由此我们可以看出，在康德那里他所讲的理性基本上跟形式逻辑是分不开的，这是大陆理性派的传统，康德虽然批评这个传统，但他也继承了这个传统。在他这里形式逻辑是对理性的根本理解，停留在这个根本理解上当然还不足以构成本体论，还必须要从形式逻辑提升到先验逻辑，但是先验逻辑还是从形式逻辑里面引出来的。所以他认为这样一种形式逻辑的不矛盾律并不构成理性的兴趣的任何部分，理性的兴趣就涉及本体论了，涉及理性的对象或客体了。"只有理性的扩展，而不仅仅是与自身相一致，才被算作理性的兴趣"，只有理性的扩展，这个扩展可以在两方面，一方面把理性扩展为知识，或者说运用理性去获得知识，这就是理性的扩展。另一方面是运用理性去进行实践，运用理性去干事情，去做事情，这也是一种扩展。这两方面都是属于理性的扩展。他说只有理性的扩展而不仅仅是与自身相一致，才被算作理性的兴趣，理性的兴趣你总要有一个目标嘛，单纯是理性自身跟自身相一致，形式逻辑的不矛盾律，那个还构不成兴趣。真正理性的兴趣必须有一个目标，就是把理性扩展开来，要么用于理论理性，去争取最大可能的知识，要么用于实践理性，争取实现最完整的目的，这才被算作理性的兴趣。这是对于兴趣的一种解释，我们由此理解到实际上兴趣本身它是属于理性的运用、涉及实践的，只有在实践中我们才能谈得上兴趣，在理论中我们也能说到兴趣，那是因为我们从实践的角度来看理论，我们由此可以看出它还是有它追求的目标的。我们甚至于可以从实践的角度来看审美，我们在第三批判里面涉及"美的经验的兴趣"和"美的智性的兴趣"这两节。也就是说审美它本身是无利害的，无利害的合目的性嘛，无利害也可以翻译为无兴趣，当然翻译成"无兴趣"在汉语里面意思就变了，美怎么可能是"无兴趣"的呢？但是它不是那种无兴趣，而是要撇开那种有利害的、追求一个目的的兴趣，不是那种要达到实效的兴趣，所以美是超越于利害之上的。但是它本身还是有利益所在的，有经验的利益也有智性的利益。所以美的智性的兴趣（利益）就是道德的象征，可以把人引向道德；经验的兴趣（利益）就是艺术，可以有利于人们的社交，在社会生活中现实地影响别人。所以凡是讲"兴趣"的时候，我们都是从它的实践或者实践的后果这方面来考虑一种活动。因此这一节所谈的问题实际上涉及理论和实践的关系问题，理论理性和实践理性的关系问题。而且讲到了优先地位，就是两种兴趣，实践理性和理论理性两种兴趣哪个更优先，这个问题在上面第一段中已经提出来了。

　　如果实践理性除了**思辨**理性单独从自己的见地出发所能呈献给它的东西之外，不再能假定任何东西并把它思考为被给予的，那么思辨理性就领有优先地位。

　　这是讲的实践理性和思辨理性相互之间的关系是怎么样的了。他讲，"如果实践理性除了**思辨**理性单独从自己的见地出发所能呈献给它的东西之外，不再能假定任何东西并把它思考为被给予的"，就是说如果实践理性仅仅是按照思辨理性所能提供给它的东西来做，实践理性的范围被局限在思辨理性已经给它提供的范围，它不假定任何别的东西，在这个时候呢，"思辨理性就领有优先地位"。通常我们对实践的理解就是这样的，我们对于人的自由的理解也是这样的。我们通常讲"自由是对必然的认识"，既然这样，那自由就受到必然的限制，哪怕你去改造必然的世界，也还是受到自然界的限制，你对必然认识了以后你才能改造，你才能利用客观必然规律去改造这个世界。那么归根结底呢，这个客观世界的规律是优先的。在这种情况下思辨理性和实践理性的关系就是，思辨理性占优先地位，因为实践理性除了思辨理性单独从自己的见地出发所提供的东西以外，不假定任何别的东西。它仅仅是局限于思辨理性已经给它提供出来的那样一个领域，比如说自然规律、科学知识，他按科学规律办事，仅仅把科学所已经提供出来的东西放在优先地位，而不假定任何别的东西，比如说道德、伦理，这些东西跟科学没有关系，这些东西用科学无法分析。那么在这种情况下，思辨理性就领有优先地位，其前提就是说，实践理性仅仅是一般的功利主义的那种实践理性，一般的实践理性或者实用的理性、技术的理性。一般日常的实践理性都是功利的，就是为了达到自己某个具体的目的，就去应用客观自然界的某些规律，你失败了说明你认识没到位，你还要加强认识；如果你成功了，证明你的认识是正确的，实践出真知嘛。这是通常的理解。通常理解都是把实践理性放在思辨理性这个基础之上来加以理解，那它就超不出思辨理性的前提。下面是一个相反的假设。

但假设实践理性自身拥有本源的先天原则，与这些原则不可分割地结合着的是某些理论性的肯定，而这些肯定却仍然是思辨理性的任何可能的见地所见不到的（虽然它们也必定不是与思辨理性相矛盾的），

我们先看这半句，这是另外一种假设了。"但假设实践理性自身拥有本源的先天原则"，这个假设跟前面已经不一样了，前面就是说实践理性除了思辨理性所提供的东西以外，不再假定任何东西。但现在这个假设呢，就是假设实践理性自身拥有本源的先天原则，它拥有一些先天原则，这些先天原则是本源的。"与这些原则不可分割地结合着的是某些理论性的肯定"，这些实践理性本身的先天原则一旦被假定，那么与它们不可分割地也会结合上某些理论性的肯定。这些理论性的肯定是在实践理性的这些本源的原则之下被结合进来的，它们本身不是本源性的，而是附着于本源性原则之下的。"而这些肯定却仍然是思辨理性的任何可能的见地所见不到的"，就是说在实践理性的本源原则之下，也有一些理论性的肯定的命题，但是这些肯定的命题不是从思辨理性引出来的，相反，它们是思辨理性根本见不到的。"（虽然它们也必定不是与思辨理性相矛盾的）"，这个括弧里面讲，思辨理性根本见不到它们，因为它们出自实践理性，但是思辨理性与它们也不相矛盾。那么这些理论性的肯定是些什么样的肯定呢？实际上就是康德在后面所讲的悬设，比如说灵魂是不朽的，上帝是存在的，这是两大悬设，还有自由意志，意志是自由的，这是更基本的悬设，一共是三大悬设。这都是一些理论性的"肯定"，都是些肯定判断：什么是什么样的。例如灵魂是不朽的，在思辨理性里面我们从来没有证明过灵魂不朽，相反，康德在《纯粹理性批判》里面大力批判了这样一种证明，你想通过思辨理性来证明灵魂不朽，还有上帝存在的证明，那完全是荒谬的，那会引出很多的幻相。但是康德在《纯粹理性批判》里面批判完了这些纯粹理性的幻相以后呢，他又肯定这样一些命题在另外一种意义上是有价值的，你不能完全否认。灵魂不朽、上帝存在这些命题在另外一种意义上是有价值的，在什么意义上面呢？就是在实践的意义上面，在信仰、在道德这些意义上它们是有价值的。它们作为一些理论性的肯定虽然未经证明，但是它们是附属于实践理性的那些本源的先天原则上的，当然它们仍然是思辨理性的任何可能的见地所见不到的，在可能经验的范围之内，你不可能见到灵魂的不朽或者上帝的存在。虽然它们也不与思辨理性相矛盾，你把它们放到经验世界里加以证明，它们就会产生自相矛盾，但是如果你把它区分开来了，我们讲的不是一种认识的理论命题，而是附属于实践理性的那些本源的先天原则之下的这样一些理论的命题，那么它们就处在另外一个层次，它们跟思辨理性所要探讨的那个领域是不相冲突的,它并不影响思辨理性的科学知识。你拥有了不管多么广泛的科学知识,你的科学知识不管推进到哪一步,你都不能够证伪灵魂不朽和上帝存在,这个不矛盾。我们今天讲很多大科学家为什么还信上帝,我们觉得很难理解,其实不难理解。对上帝的信仰和对科学的信念完全可以不相矛盾,他可以是一个大科学家,他也可以是一个虔诚的信徒。这半句话是一种假设:"但假设实践理性自身拥有本源的先天原则",这跟前面那个假定是相反的。前面那个假定是,如果实践理性除了思辨理性单独所提供的东西以外没有任何别的假定,那么思辨理性就占据优先地位;而这里这个假定就是:"但假定实践理性自身拥有本源的先天原则",如果有这么一个假定,问题就不同了。

那么问题是,何种兴趣将是至上的兴趣(而不是:何种兴趣必须退出,因为一种兴趣并不必然地与另一种兴趣相矛盾):

这个问题就来了,前面一个假定没有问题,如果实践理性只是指的对于思辨理性所提供的东西进行实践,在自然界里面按照自然规律进行实践,那没问题,思辨理性具有优先地位。但是反过来,如果实践理性它自身具有一些本源的先天原则,那么就有问题了,问题是,"何种兴趣将是至上的兴趣(而不是:何种兴趣必须退出,因为一种兴趣并不必然地与另一种兴趣相矛盾)"。就是两种兴趣,一个是思辨理性的兴趣,一个是实践理性的兴趣,这两种兴趣到底哪一种是至上的兴趣呢? 哪一种是至上的兴趣并不意味着其中有一种必须退出,因为这两种兴趣并不相矛盾,可以共存,只是有个先后次序的不同。所以我们要确定的是这两种兴趣里面哪一种是最高的,这里并不存在二律背反的问题。后面是冒号,就是解释这个问题了。

对于实践理性交给它去采纳的东西一无所知的思辨理性是否必须接受这些命题,并且即使这些命题在思辨理性看来是过甚其辞的,它也不得不力图把它们作为一笔外来的转移给它的财产与自己的概念一致起来,

　　这是一个问题，下面"或者"是另外一个问题。"对于实践理性交给它去采纳的东西一无所知的思辨理性"，这个主语是思辨理性了，这个思辨理性对于实践理性交给它去采纳的东西一无所知，比如说上帝，比如说灵魂不朽，这是实践理性交给理论理性去采纳的，但是理论理性（思辨理性）对这些东西一无所知，灵魂究竟是否不朽，上帝是否存在，这些事情它一无所知。那么它"是否必须接受这些命题"呢？这就有问题了。思辨理性是用来认识的，但是对于那些它根本不可能认识的命题，它是否必须接受？实践理性命令它去相信灵魂不朽和上帝存在，那么它怎么处理呢？是否一定要接受这些命题呢？"并且即使这些命题在思辨理性看来是过甚其辞的"，过甚其辞就是说，那些理念，理性心理学和对上帝存在的证明，包括宇宙论的二律背反，都是过甚其辞的，都是说出来的比他所知道的要多，他其实并不知道，但是他自以为他知道了。这些命题在思辨理性看来都是过甚其辞的，都是超出了边界，超出了限度，超出了可能经验的范围的。即使如此，"它也不得不力图把它们作为一笔外来的转移给它的财产与自己的概念一致起来"，"它"就是思辨理性了，虽然在思辨理性看来是过甚其辞的，它也不得不力图把它们、把这些命题作为一笔外来的转移给它的财产，而融合进自己的概念体系中。"外来的"，就是对于思辨理性来讲是外来的，那就意味着是由实践理性转给它的，实践理性对于思辨理性在这个意义上是外来的。这些命题是由别的地方转来的，不是通过思辨理性自己论证出来的，而是由实践理性的需要迫使它接受的。它不得不将它们与自己的概念一致起来，也就是说虽然它不能证明这些东西，但它必须接受，而且要与它自己的那些概念相一致。它自己的那些概念就是科学知识，要与科学知识本身的那些概念能够达到一致。这个一致在《纯粹理性批判》里面已经做了一些尝试，就是说这样一些理念，它们对于人的科学知识来说可以作为一种范导性的原理让人们去追求，包括世界整体，灵魂不朽和上帝存在，作为一种范导性的原理，可以和科学知识构成一个系统。就是说你可以向着它们去努力。比如说心理学，你尽可能去追求灵魂的知识，但是你永远达不到灵魂本身，所以灵魂就可以作为一个目标，引导你向它靠近；世界整体也是，世界整体没有人能认识，但是世界整体作为科学知识追求的一个目标，它可以作为一面旗帜，可以促使你不满足于已有的知识而去追求越来越多、越来越广泛的知识；上帝也是这样，物理学的知识和心理学的知识最后都是要达到上帝的知识，大宇宙和小宇宙都是上帝创造的，上帝是如何创造的，上帝本身究竟是什么意思，当然这是永远不能知道的，但是它可以使得心理学家和物理学家永远不懈怠地去追求这样一个目标。所以在这种追求中它们可以与思辨理性自己的概念一致起来，只要你好好地区分知识和理想的目标，这样一些理想的目标本身不是知识，你不能说我具有对上帝存在和灵魂不朽的知识，或者对世界整体的知识，那个是不行的。但是即算它们不是知识，它也是引导知识必要的目标，一个理念，一个理想。所以在这个意义上这个理想跟现实可以达到一致，在无限的追求过程之中，树立这个目标就是为了引导这个无限的过程。在这个意义上，思辨理性的那些概念可以和这样一些命题相一致。但现在面对的是另外一个问题，不是把理念看作思辨理性本身的一个范导性的概念来接受，而是对于理念作为由实践理性交给思辨理性来采纳的东西，思辨理性是否必须接受，即算这些命题在思辨理性看来是过甚其辞的，它也不得不力图把它们作为一笔外来的转移给它的财产与自己的概念一致起来。当然从思辨理性本身的利益、本身的兴趣来看，它们可以为了扩展知识而被接受；但这些理念还有更高的目标、更高的兴趣，使得思辨理性不得不把它们接受下来，灵魂不朽啊，上帝存在啊，这个更高的目标也就是最后达到德福一致了。德福一致意味着自然界和彼岸世界最后达到一致，幸福是自然界的事情，并且是遵守自然规律自然知识的，它不是遵守道德法则的，但是它又要和道德一致，所以就必须在更高层次上面，在一个永恒的无限追求过程中达到德福一致，这是与这些理念在思辨意义上的范导性运用不同层次的。那么这种一致是否可能，能否像理性派一样简单地把这些理念的实践意义接受过来,用在思辨理性中,哪怕造成幻相也不管,这是第一个问题。

或者,思辨理性是否有权顽固地恪守它自己特有的兴趣,并按照**伊壁鸠鲁**的理则学 (Kanonik),把一切不能由明显可见的、可在经验中提出的例证来认可其客观实在性的东西,都作为空洞的玄想而加以拒绝,哪怕这些东西还是与实践的 (纯粹的) 运用紧密交织在一起的,本身也和理论的运用并不矛盾,只是由于它们在取消思辨理性为自己建立起来的界限并使理性听任想象力的一切胡闹与疯癫的限度内,现实地损害了思辨理性的兴趣。

这个"或者"就是跟前面的问题相连的了。前面已经讲了,思辨理性是否必须接受实践理性交给它去采纳的东西,将它们当作自己的事情来对待,这是一个问题;再一个问题就是,"或者,思辨理性是否有权顽固地恪守它自己特有的兴趣"。这两个问题连起来就是讲,思辨理性是接受实践理性交给它的那些命题呢,还是顽固地恪守它自己特有的兴趣? 所以这两个问话、两个"是否",恰好提供的是思辨理性的两种立场:前一种立场就是,它是否不得不接受实践理性交给它去采纳的东西,虽然它对此一无所知,但是它还是要尽量地使它们与自己的那些概念达到一致,哪怕会导致幻相,这其实就是理性派的立场,是否可以被接受;后一种立场就是,思辨理性是否有权顽固地恪守它自己特有的兴趣,"并按照**伊壁鸠鲁**的理则学,把一切不能由明显可见的、可在经验中提出的例证来认可其客观实在性的东西,都作为空洞的玄想而加以拒绝",这就是经验派的立场。前一种态度是理性派主张接受实践理性的兴趣,是否要接受? 后一种态度是拒绝,经验派是否有权拒绝? 我们来分析一下。思辨理性是否有权顽固地恪守它自己特有的兴趣? 思辨理性特有的兴趣,我们前面讲到,就是要获得客观世界的理论知识,它不管道德,不管信仰,不管宗教。那么它特有的兴趣是建立在经验之上的,思辨理性就是要把经验的材料打造成我们的科学知识,它离不开经验的材料,离开经验的材料它就是空的。所以他这里讲，按照伊壁鸠鲁的理则学拒绝一切超经验的玄想。伊壁鸠鲁就是经验派了，我们知道他强调感性经验，在古希腊，他最早提出了一条所谓的伊壁鸠鲁的路线，这个伊壁鸠鲁的路线跟柏拉图的路线是西方哲学史上的两条路线，我们以前经常讲哲学史中"两条路线的斗争"，我们把它讲成是阶级斗争，这是不对的。但是两条路线的斗争是有的。伊壁鸠鲁派跟柏拉图派，柏拉图派其实也就是后来的斯多亚派，这两派是始终贯彻下来的，就是经验主义和理性主义。那么伊壁鸠鲁派是经验主义者，但是他也不一定完全局限于经验，他也有所谓的理则学，Kanonik 这个词本来就是从 Kanon 引出来的，Kanon 我们把它翻译成法规，知性的法规就是范畴，理性的法规就是道德律。那么伊壁鸠鲁的法规学也就是理则学，想要从经验里面建立起法规，经验派也一直沿用伊壁鸠鲁派的这样一种理则学来建立他们的认识的法规，直到近代都是这样。近代以来，在休谟以前，都认为可以从经验里面建立起一套认识论的法规，不管是培根、霍布斯还是洛克，他们都希望从经验本身里面建立起法规。但到了休谟，就把这些法规都取消掉了，休谟是彻底的经验派，他跟伊壁鸠鲁已经完全不同了，虽然他也是从伊壁鸠鲁来的，但是他取消了这种法规学，认为一切法规都不成为法规，都是一种习惯，都是经验本身。那么伊壁鸠鲁的法规学还是想建立法规的，但是他拒斥不是从经验来的法规，所以康德这里讲到，按照伊壁鸠鲁的理则学，要拒绝一切不能由可见的经验来认可其客观实在性的东西，认为它们都是空洞的玄想。下面有两个修饰语，一个是"哪怕这些东西还是与实践的（纯粹的）运用紧密交织在一起的，本身也和理论的应用并不矛盾"，这些东西他作为玄想而拒绝了，哪怕这些东西本身还是和纯粹实践理性的运用紧密交织在一起的，也就是和实践理性的道德的运用紧密相关的。这样一种实践的运用虽然在理论上是空洞的玄想，但是在道德上是另有价值、另有含义的。伊壁鸠鲁拒斥这样一些法规，似乎也有他的道理，就是说如果它们在经验中没有根据，那么你提出这样一种法规要获得经验的有效性，就像你想一个晚上赚一千万块钱,那岂不是一种幻想,一种玄想吗?但是由于这种在一般实践理性或实用理性意义上的幻想和玄想,伊壁鸠鲁把纯粹实践理性的法规也一起拒绝掉了,就是这些法规哪怕还在道德上有用处,哪怕这些东西与纯粹实践理性的运用紧密交织在一起,我们也要把它当作一种空洞的玄想加以拒斥,这就是康德所不同意的了。有些空想的东西虽然在经验中可能失败,但是它不是毫无意义的,你想要一个晚上赚一千万块钱,失败了就毫无意义,但是你如果是为了道德的目的而杀身成仁舍生取义,虽然在经验中你也失败了,但却并不是毫无意义的。所以他这个"实践的"后面打个括弧,"(纯粹的)",这里头其实包含有更深层次的考虑。你把这些与实践的运用紧密结合在一起的东西加以拒绝,如果是指一般的实践、普通的日常实践,那么你这样做是有道理的;但是如果是跟实践的纯粹运用紧密交织在一起的那些法则、那些原则,你也加以拒斥,那你就没有道理了,那就把它的道德方面完全否定了。哪怕这些东西"本身也和理论的运用并不矛盾",这就明确指的是纯粹的实践运用、也就是道德实践上的运用了。如果是一般的实践运用,你从一种空泛的、没有经验作根据的前提出发把它运用于实践,那和理论的运用、和自然知识必然是相矛盾的;但是如果是纯粹的实践的运用,它本身和理论的运用并不矛盾,它们可以并存。当然你也可以说,上帝存在你又不能证明,那不是空想吗?但是他可以说我不是这个意思,我根本不是想证明上帝真的存在,我是把上帝存在作为一个道德上的要求,一种悬设,来促使自己在道德上面日益精进,这样一来它就可以跟理论的运用并驾齐驱了。它并不像假设我今晚要赚一千万块钱,人的认识如果跟客观实际不符合,那就注定要失败,如果你成功了那倒很奇怪了,那你就跟自然科学的规律相矛盾了。但是如果是道德方面的实践的纯粹运用,那它跟理论的运用是并不相矛盾的。"只是由于它们在取消思辨理性为自己建立起来的界限并使理性听任想象力的一切胡闹与疯癫的限度内,现实地损害了思辨理性的兴趣",这是跟"哪怕"前面那句接上来的,如果我们把"哪怕"这句话去掉的话，就可以接上来了。也就是说，把一切不能由明显可见的、可在经验中提出的例证来认可其客观实在性的东西，都作为空洞的玄想而加以拒绝，为什么要拒绝？这只是由于，这些东西在取消思辨理性为自己建立起来的界限并使理性听任想象力的一切胡闹与疯癫的限度内，现实地损害了思辨理性的兴趣。这个是接起来的，中间的这个"哪怕"是插入进来的一个从句。就是说伊壁鸠鲁的理则学，把那些脱离经验的东西作为空洞的玄想加以拒绝，是因为它们取消了思辨理性为自己建立起来的界限，也就是可能经验的界限，并且使理性听任想象力的一切胡闹与疯癫，从而在这限度内现实地损害了思辨理性的兴趣。就是伊壁鸠鲁派要把那些脱离经验的东西排除掉，为什么要排除掉呢？仅仅因为这样一些东西取消了思辨理性为自己建立起来的界限，你要把那些外来的、脱离经验的东西引进来，那么这些东西就没有任何界限而成为胡闹了。比如说灵魂不朽，上帝存在，这都是超出经验的界限之外的，那么你提出这样一些法规岂不是超出了思辨理性本来为自己建立起来的界限吗？思辨理性的界限就是要限定在可能经验的范围之内，现在你提出一个超经验的法规，那么它就会使理性听任想象力的一切胡闹与疯癫，在这个限度之内，它们就现实地损害了思辨理性的兴趣，这是非常现实的。你要把上帝、把灵魂引进自然科学，那现实地就阻碍了自然科学的发展。一些自然科学的难题，很多人以为这很简单，搬出上帝就可以解决了，凡是解决不了的问题，我们就引入上帝，是上帝插手的奇迹。这种做法都是对于思辨理性的兴趣的现实的损害，它阻碍了科学的发展。休息一下吧。

好我们再继续看，刚才这一段已经提出问题了，就是思辨理性到底采取什么立场。因为康德的《实践理性批判》是接着《纯粹理性批判》写的，所以现在这个问题是对于思辨理性提出来的一个问题，就是在这种情况之下，思辨理性采取什么立场。那么问题就分两个层次了，一个就是说，思辨理性是否必须接受实践理性交给它的那些命题，是不是能够接受，第二个就是思辨理性是否对这些命题加以拒绝，这当然是同一个问题了，是否接受也就是接受还是拒绝，是否拒绝也是接受还是拒绝，实际上是同一个问题，从两个不同的角度来说，那么这两方面都可以有它的理由。思辨理性跟实践理性是完全不同的两个领域，你要接受一个外来的命题，那么可不可以；如果你坚守自己的领域，不接受任何外来的命题，又可不可以。那么这个提出来的问题就是说，你已经假设了实践理性自身拥有本源的先天原则，这个问题是由这里来的。如果你说实践理性没有本源的先天原则，它完全是服从思辨理性的原则，那就没有问题了，那显然思辨理性优先；但是如果假设实践理性自身拥有本源的先天原则，那就有问题了，那你把这些本源的先天原则以及附属于它的那些理论性的命题转交给思辨理性，那么思辨理性能不能接受，这就是个问题。所以它的前提就是说，实践理性自身有它自己本源的先天原则，它不是从思辨理性那里借来的。

　　实际上，只要实践理性是作为以病理学上的东西为条件的，亦即作为只是在幸福的感性原则之下管理对各种爱好的兴趣的，而被建立为基础，那么就根本不能对思辨理性做这种苛求。

　　这就是我们刚才强调的，之所以思辨理性陷入两难，成了问题，就是因为你已经假设了实践理性自身拥有本源的先天原则；如果你把这个本源的先天原则一旦去掉，如果实践理性仅仅是以病理学上的东西为条件的，也就是如果仅仅是日常的一般实践理性，它没有自己本源的先天原则，那么思辨理性就不会面临这样的问题。那就是前面那段一开始讲的，如果实践理性除了思辨理性单独从自己的见地出发所能呈现给它的东西之外，不再能假定任何东西，那么思辨理性就领有优先地位，这个就是毫无争议的。所以这里也讲，"实际上，只要实践理性是作为以病理学上的东西为条件的，亦即作为只是在幸福的感性原则之下管理对各种爱好的兴趣的，而被建立为基础"，这个是跟前面的那段话的前提相吻合的。就是说如果你把实践理性看作是以病理学上的东西为条件的，也就是日常的实践理性，一般的实践理性活动，在其中我们也要运用理性，但是它是以病理学上的东西为条件的，也就是我们的感性冲动，我们的本能，我们的肉体需要，以这些东西为条件的，通常叫作实用理性。这只是在幸福的感性原则之下管理对各种爱好兴趣的实践理性，各种爱好都有它的兴趣，前面讲任何一种人类的内心的能力都有它的兴趣，那么各种爱好也是人内心的各种能力，爱好、欲望、欲求能力，都有它们的兴趣。那么对这些爱好兴趣如何加以管理，就是由实践理性在幸福的感性原则之下对各种爱好兴趣加以协调平衡，一般的实践理性就是干这件事情的，这就是实践智慧或明智。我们说一个人是否明智，你选择这样做是否明智，你是否捡了芝麻丢了西瓜，你是否放弃了最重要的目的而捡了一些次要的目的，那么这些目的相互之间必须有一个明智的观念来管理，一般来说实践理性就是干这件事情的。它在日常生活中能够对各种爱好的兴趣加以管理，使什么样的兴趣服从什么样的兴趣，为了什么样的兴趣你可以放弃什么样的兴趣。那么这样一种选择必须要明智，必须要有理性在里面做出选择，如果没有理性，完全凭感性冲动，那你就可能会失败，或者会吃亏，这是一般讲的实践理性。如果是这样呢，"那么就根本不能对思辨理性作这种苛求"，你就不能要求思辨理性再接受什么外来的法规，就凭思辨理性本身它的这种自然规律就可以了。比如说你追求幸福，那么你就要考虑你追求这种幸福的欲望有多大，你的享受能力有多大，你的身体条件怎么样，然后按照这个身体条件我可以请一个医生来，然后请一个经济学家来帮你计算一下，有些目的你有兴趣你也要放弃了，你就不必去追求了，你不需要的东西你就不必去追求了，我给你设计一条能够使你这一生在现有条件下得到最大幸福的生活方式。我们可以请人来设计一下嘛，一位有经验的、有理性头脑的行家，他有一套计算公式，对待什么样的人运用什么样的计算公式，这些都是以病理学的条件作为基础,于是一切最后都归结为思辨理性了,思辨理性具有优先地位。而且不仅仅是具有优先地位,这样一种实践理性实际上可以归结为思辨理性,即所谓技术上的实践,技术上的实践就是采取一种什么样的手段能够使你生活得更好更幸福。这种技术性的实践在康德看来不能归之于实践哲学,只能归之于理论哲学,在第三批判的导言里面讲了这个问题,所谓的技术性的实践本质上不是属于实践哲学的问题,它应该划归理论哲学的范围。我们讲"科学技术",技术是附属于科学的,技术不是属于实践的,而只是理论哲学的补充,就像几何学里面的作图法是附属于几何学的,但是它不是一种实践哲学,它不属于实践哲学。那么科学技术它也是附属于科学的,它属于理论哲学,不属于实践哲学。所以在这方面思辨理性占有优先地位,而且你不能用实践的角度对思辨理性做这种苛求,让它接受一种外来的、不是属于它这个领域里面的法规,否则就是迷信。

穆罕默德的天国,或是**神智学家**和**神秘主义者**的与神性融合为一,如同每个人兴之所至那样,都会把他们的大而无当强加于理性,而完全[121]没有理性就会和把理性以这种方式委诸一切梦幻是同样的情况了。

这里提到"**穆罕默德**的天国",那就是伊斯兰教的天国,按照基督教的眼光看来,伊斯兰教的天国是非常世俗化的,当然我没有研究过伊斯兰教,但是据说伊斯兰教的天国是非常世俗化的,他们相信到天国以后可以享到无穷无尽的幸福,一个男人可以娶七个老婆,这种天国的生活是他们的一种向往。在现世生活中到处都是苦难,没有什么可留恋的,我不如到天国里面去享福。"或是**神智学家**和**神秘主义者**的与神性融合为一",神智学家就是比如说诺斯替教派,诺斯替教派又叫神智学派,Theosophist,神智学,神的智慧,神智者。这个智者派自称为智慧者,苏格拉底说你不能自称为智慧者,你只能称之为爱智慧者,因为神的智慧不是人能够冒充的,所以 Sophist 是太自大了,把自己当作智慧的化身,你只能爱智慧,追求智慧,但是你的智慧跟神的智慧不能相比,应当自知其无知。那么从新柏拉图主义里面发展出来的神智学家，就认为这种神的智慧是人可以获得的，当然他们最初也是爱智慧者，但是爱智慧到了一定的程度，他们就认为自己跟神的智慧合为一体了，只要你经过修炼，你就可以达到和神的智慧合为一体的、与神性融合为一的那种境界。到达那种境界你的肉体就被神圣化了，你的精神就被贯穿在你的感觉里面了，所以精神和肉体、理性和感性、神的智慧和人的智慧就合一了，这是一种神秘主义的说法。新柏拉图主义的普罗提诺就说，他通过冥想可以达到一种迷狂状态，但是很难，他一辈子只达到过六次。所以这里讲到神智学家和神秘主义者，神秘主义者也就是这样一类人，在希腊化时期有很多这样的学派，神智学者也属于神秘主义，还有其他的，总而言之是与神性融合为一。穆罕默德的天国其实也是的，用人的肉体享受去设想天国，设想神，设想死后的生活。你不需要改变你的生活方式，不需要改变你的肉体生存，你就可以跟神融合为一，这就导致宗教狂热。我们前面讲，康德非常反对宗教狂热，除了宗教狂热以外就是道德狂热，宗教狂热和道德狂热有一个共同点，就是把彼岸的东西跟此岸的东西混为一谈。道德狂热也是认为我们通过自己内心的道德感受就能够实现最高的道德，而在康德看来这两者、此岸和彼岸是有原则区别的，你不能把它们混淆起来，一混淆起来就会导致狂热，要么是宗教狂热，要么是道德狂热，那么在这里讲的是宗教狂热。他说，"如同每个人兴之所至那样，都会把他们的大而无当强加于理性"，这种宗教狂热就如同每个人心血来潮，每个人想到什么就是什么，都是把他们的大而无当强加于理性，把他们超越理性范围之外通过想象力无限膨胀所想到的那些东西强加于理性，认为这就是理性能够达到的。"而完全没有理性就会和把理性以这种方式委诸一切梦幻是同样的情况了"，就是说这种情况，好像他们也很强调理性，但是他们跟完全不讲理性是同样的情况。滥用理性或者是超出理性的范围，把理性和非理性混为一谈，这个跟无理性的梦幻是一样的行为，没什么本质的区别。为什么讲到这一点呢，还是从前面那句话来讲，就是说实际上只要实践理性作为以病理学上的东西为条件，亦即作为只是在幸福的感性原则之下管理对各种爱好的兴趣的，而被建立为基础，那么就根本不能对思辨理性作这样一种苛求。如果你的实践理性的层次还是停留在一般的感性的需求这个上面，就不能对思辨理性做出这种苛求，否则的话就很容易陷入到这种神秘主义。像穆罕默德的天国，或者神智学家和神秘主义者的与神性融合为一，都是用这样一种在感性层次上面的实践理性来扩展我们的思辨理性，那就会听任自己的梦幻把自己的想象无限地膨胀，与神性融合为一。用这样一种方式来设想神性，用思辨理性的和感性欲求的方式来设想神性，那么就会导致宗教狂热。每个人凭他的想象力、凭他的一时的灵感，就把他们的大而无当强加于理性。当然康德的纯粹实践理性的道德律也很大，但那是大而有当，它不会跟思辨理性相冲突，它们是属于两个不同的领域。但是这些人他们是大而无当，又想得很大，神性啊，上帝啊这些东西，但却强加于思辨理性，那么这种情况就跟完全没有理性没有什么区别，实际上是非理性的。这是立足于这种实践理性病理学上的基础所导致的一种状况，像这个诺斯替教派，很多人说他们就是发神经嘛，就是精神有问题，他们经常感觉到一些平常的人感觉不到的东西，突然听到了一种什么声音，上帝启示给他的，他们就拼命地用他们的理性加以分析，对这种声音用逻辑来加以分析，认为自己的体会既是理性的，又是一种天启。在这个前提之下就会得出这样的一种结论，我们不能对思辨理性做这种苛求，不能苛求它去接受那些大而无当的东西，否则就会导致这种宗教狂热。

　　不过，如果纯粹理性独自就可以是实践的，并且这种情况是现实的，如同道德法则的意识所证明的那样，那么毕竟总是只有同一个理性，不论是出于理论的还是实践的意图，在按照先天原则做判断，

　　我们先看这半句，话题转过来了。前一句话的前提就是实践理性以病理学上的东西为条件而被建立为基础，这里就是把前提换一下。"不过，如果纯粹理性独自就可以是实践的，并且这种情况是现实的，如同道

德法则的意识所证明的那样",这个前提就变过来了。就是说如果纯粹理性独自就可以是实践的,所谓独自,就意味着它不是以那种病理学上的东西、感性的东西、仅仅是停留在幸福层面上的东西为条件,而是独自地就可以是实践的,它可以直接对人的实践活动进行规定。不需要那些东西为条件,它单独就可以来规定你的意志。并且这种情况是现实的,如同道德法则的意识所证明的那样。纯粹理性独自就可以是实践的,这是在《实践理性批判》序言的一开始就已经确立起来的一个前提。康德在那里说:"如果理性作为纯粹理性现实地是实践的,那么它就通过这个事实而证明了它及其概念的实在性,而反对它的存在的可能性的一切玄想就都是白费力气了。"(第1页,边码3)而在第7节谈"纯粹实践理性的基本法则"时也说:"我们可以把这个基本法则的意识称之为理性的一个事实……它不是任何经验性的事实,而是纯粹理性的唯一的事实"(第41页,边码36)。这不是想一想而已的,而是在现实活动中的确可以做出来的。就是说你不是从任何功利的幸福的爱好的角度来考虑,而完全从纯粹实践理性的法则来考虑,你要做这件事情,那么你就会意识到,这是现实的,这是可以做出来的,有道德法则的意识为证。就是说当你意识到道德法则的时候,那就是这种情况,道德法则要求你为义务而义务,而你必然会意识到,这是可以做到的,哪怕你终于没有去做,哪怕你由于感性的诱惑或者某种其他原因而没有做到,你仍然会认为只要你愿意做,肯定是能做到的。所有妨碍你去这样做的那些考虑都是病理学上的东西,是从功利的幸福的各方面来加以考虑,使得你没有选择去做道德要求你做的事情,但是即算这个时候,你仍然意识到只要我选择去做,我本来是能做到的,它具有现实的可能性。所谓道德律,它给人的意识就是说,只要你愿意你就能做到,没有一种道德律它让你意识到你根本做不到而它却要求你去做的,那是不合理性的。道德律则是符合理性的,它要求你做的都是你能做到的,如孔子讲的,"我欲仁,斯仁至矣",只要你愿意,你就能做到道德律所要求的。当然人们往往做不到,做不到不是因为他们原则上做不到,而是因为他们不愿意做,他们有自由,他们可以选择,他也可以选择这样做也可以选择不这样做。但是他即算选择了没有这样做,他仍然意识到他本来是可以选择这样做的,这是一个理性的事实,每个有理性的人都会承认的,哪怕那些恶棍他也会承认,只要他愿意实际上是可以不做坏事的,所以他做了坏事,才必须自己承担责任。如果你说我根本就做不到不做坏事,那就不需要为自己的行为承担责任了,比如说你被麻醉了,你被控制了,你被捆住了手脚,或者在精神病或梦游症中杀了人,这个是不需要负刑事责任的。其实道德律并不要求他做力量不够的事情,它不会要求一个人去把天上的星星摘下来,这个不是道德律。道德律是通过理性建立起来的,它不会设定那些人们不可能做到的事情,它总是设定人们能够做到的事情,问题只取决于你去不去做,这才是道德律。这是如同道德法则的意识所证明的那样,纯粹实践理性在道德法则(或道德法则的意识,如前面所说的,这是一回事)上证明了它就是一个理性的事实,或者说,它在道德法则的运用中证明自己是一个理性的事实。这是跟前面的病理学上的条件完全不同甚至是完全相反的一个实践理性的条件,即道德上的纯粹实践理性的条件;但在这个条件之下,他又提出来,"那么毕竟总是只有同一个理性,不论是出于理论的还是实践的意图,在按照先天原则作判断"。这就是把前两个条件综合起来了,毕竟它们都属于同一个理性,同一个理性在干什么呢,在前面是思辨理性占优势、占优先地位的情况,那是一种情况,那个时候实践理性是仅仅作为以病理学上的东西为条件的而被建立为基础。但是呢,纯粹理性又独自就可以是实践的,这是讲的同一个理性的另一方面的运用。同一个理性它可以在思辨理性的领域里面建立它的优先地位,建立它对于一般的日常实践理性的优先地位,或者说一般的日常的实践理性可以划归于思辨理性之下,受它统治。我们对幸福的追求受制于思辨理性的统治,思辨理性运用在实践方面,那就是明智,也就是所谓的实践智慧。但是如果纯粹理性独自就可以是实践的,不需要日常的那些感性的条件,甚至可以很不"明智"，那么这是同一个理性，它不论是出于理论的还是实践的意图，都是在按照先天原则作判断。在思辨理性那里，理性按照先天原则即诸范畴作判断，在实践理性这里，仍然是理性在按照先天原则作判断，即按照道德法则作判断，实践理性本身具有本源的先天原则，它独自就可以是实践的，可以做出实践的事情来。

　　而这就很明显，即使理性的能力在前一种意图中做不到肯定地确立某些命题，然而这些命题同样也并不与理性相矛盾，正是这些命题，只要它们**不可分割地**属于纯粹理性的**实践兴趣**，虽然是作为某种并非在纯粹理性基地上生长起来的外来的赠品，但毕竟是得到了充分认可的赠品，理性就同样必须采纳它们，必须力图把它们和理性作为思辨的理性所能支配的一切东西相比较、相联结；

　　"而这就很明显"，这是推出来的了，同一个理性不管是出于理论的还是实践的意图，都是在按照先天原则作判断的，由此就看得很清楚，"即使理性能力在前一种意图中做不到肯定地确立某些命题"，前一种意图就是理论的意图，前面讲到无论是出于理论的还是实践的意图，那么即使理性能力在前一种理论的意图中，做不到肯定地确立某些命题，例如说，意志自由，灵魂不朽，上帝存有，这些命题当然不是思辨理性能够确立的。"然而这些命题也并不与理性相矛盾"，这些命题当然是外来的，是从纯粹实践理性那个基地里转移过来的，这是思辨理性在它自己的领域里没有办法肯定地加以确立的。然而这些命题也并不与理性相矛盾，只是它们跟思辨理性属于不同的领域，思辨理性即使想要否定它，也鞭长莫及。思辨理性不能证明它们，但是也不能否定它们，所以它们与思辨理性谈不上发生冲突。而在实践理性里面呢，这些命题是作为纯粹实践理性的本源的命题提交给思辨理性的，它们本身就具有纯粹理性的出身，所以它们并不与两种理性相矛盾。"正是这些命题，只要它们**不可分割地**属于纯粹理性的**实践兴趣**，虽然是作为某种并非在纯粹理性基地上生长起来的外来的赠品，但毕竟是得到了充分认可的赠品，理性就同样必须采纳它们"，这句话应该说把这个要害点出来了，就是说上面那些命题，只要它们不可分割地属于纯粹理性的实践兴趣，理性就必须加以采纳。这个地方点明了，在思辨理性的意图中，虽然做不到肯定地确立这些实践理性的命题，但是这些命题，只要它们不可分割地属于纯粹理性的实践兴趣，虽然是作为某种并非在纯粹理性基地上生长起来的外来的赠品，也就是说它们属于一种实践的兴趣而不是认识的兴趣，所以是一种外来的赠品。并非在纯粹理性基地上，这个纯粹理性他这里讲的是在理性的"前一种意图"中，那就是纯粹思辨理性了；当然这些实践的兴趣、实践的规范对于实践理性来说并不是外来的，它是本土的，但是对于纯粹思辨理性来说，它是外来的，它是把实践的东西放到了思辨的理论的领域里面来作为一个任务了，所以它是一种外来的赠品。"但毕竟是得到了充分认可的赠品"，毕竟是在思辨理性这里也得到充分认可的，思辨理性不能证明它也不能肯定它，但是它毕竟要充分地认可它。既然是得到充分认可的赠品，思辨理性也就必须同样采纳它们。当然在《纯粹理性批判》里面，这些外来的赠品也得到过一定的认可，就是把它们作为范导性的原理，或者调节性的原理，作为一些理念引导科学知识不断地向前发展，不断地完善化，这是得到了一定的认可的。不能认可的就是把它们当作知识，那是不能认可的。但是充分地认可就是说，没有把它们作为知识来认可，但却是把它作为外来的赠品加以认可，就是说它们在实践的信仰的领域里面是必须被思辨理性承认的，你不能否定它们，你不能因为它们在知识的领域里面没用，或者说虽然有范导性的作用，但是没有构成性的作用，你就否定它们的存在，否定上帝的存在，否定灵魂的不朽，或者仅仅把它们当作一个达不到的目标，来引导我们的知识不断地往前发展，那也是不够的。你还得承认它们有它们自身的价值，它们在它们自身的领域里面有它的价值，这才是充分的认可，它们尽管是外来的赠品，但是是得到充分认可的赠品。在《纯粹理性批判》里面康德已经提到了，就是这些概念、这些理念，虽然在知识论的意义上没有一种构成性的作用，但是在实践的方面具有一种构成性的作用，具有它们自身的价值。所以，"理性就同样必须采纳它们，必须力图把它们和理性作为思辨的理性所能支配的一切东西相比较、相联结"，理性同样必须采纳它们，这就是回答了前面那个问题，理性能不能把一种实践理性交给它去采纳的东西放到思辨理性里面来加以接受，回答是：能。前面讲，对于实践理性交给它去采纳的东西一无所知的思辨理性，是否必须接受这些命题；那么这里就讲，理性就同样必须采纳它们，这个已经回答了前面提出的问题了。思辨理性是否要采纳实践理性交给它的那些命题呢？应该而且必须采纳它们，理性必须采纳它们，必须力图把它们和理性作为思辨的理性所能支配的一切东西相比较、相联结。必须力图把它们，把这样一些命题，把这一些属于理性的实践兴趣的命题和理性作为思辨的理性所能支配的一切东西，去和一切科学的知识相比较、相联结。必须把实践上的那些法规、也就是道德的命题、道德的命令，和一切自然科学的知识在比较中联结起来。加以比较你就肯定会发现它们有问题，它们完全属于不同的来源，不能够统一，很难达到统一，也很难达到联结，但是理性必须使它们联结，因为它们出自于同一个理性，同一个理性必须要把他们里面的各种成分加以联结，但是怎么联结？下面就讲了。

　　但却要满足于：这并非理性的洞见，但却是理性的运用向某种别的意图、即向实践意图中的扩展，这与理性的兴趣在于限制思辨的违禁是一点也不相悖的。

　　理论的命题和实践的命题相互之间要加以比较、加以联结，要把实践理性的命题容纳进思辨理性的范围中来，"但却要满足于：这并非理性的洞见"，也就是不要把这看作是思辨理性的洞见。这样一种联结并非理性的洞见，也就是并不是一种理性的知识，并不是一种理论知识，你不要仍然立足于思辨理性这个立场，试图把一切东西都归结为一种理论知识。这并不是理性的洞见，"但却是理性的运用向某种别的意图、即向实践意图中的扩展"。你要把它看作是理性的运用向实践的运用的扩展，也就是你不要局限于理性的思辨运用，你局限于理性的思辨运用你就会把所有这些都看作是一种思辨理性的知识，那就越界了，思辨理性不可能超出经验的范围而在认识上规定实践理性的理念，那必定会导致幻相。但只要你把这种运用的意图转换一下，把这样一种比较和联结看作是理性的运用向某种别的意图、即向实践意图中的扩展，那就没有问题。这时你已经转向了别的意图、别的兴趣，也就是实践的兴趣，你不是为了获得更多的科学知识，而是为了在实践中获得行为的法规，那么就思辨理性来说，它已经是一种扩展，它已经扩展到思辨理性的范围之外，扩展到信仰上面去了。所以，康德在《纯粹理性批判》的第二版序言里面讲，"我要悬置知识，为信仰腾出位置"，为信仰留地盘，那么信仰的领域就比知识的领域要更加扩展一些，更加扩大一些。同样都是理性，那么在这个时候呢，理性把自己的眼界扩大了，不仅仅是为了求知识，而且是为了运用于实践，而且在实践的意图中最终能够把理论理性的领域容纳进来，造成实践理性和理论理性的统一，这就是宗教信仰的领域。"这与理性的兴趣在于限制思辨的违禁是一点也不相悖的"，理性的兴趣在于限制思辨的违禁，思辨理性一旦违禁，超出可能经验的范围去获取自在之物的知识，那就是独断论，它将产生各种幻相。自在之物是不可认识的，理性的思辨运用就是要认识一切可以认识的东西，那么这个认识就有它的界限，那就是只能在可能经验的范围之内来认识，超出这个范围就是禁区。那么理性的限制思辨的违禁这样一种兴趣，跟它向实践意图中扩展的这样一种兴趣是一点也不矛盾的。我可以在思辨的意义上不违禁，不超出经验的范围，但是我在实践的意义上超出经验的范围，甚至完全在经验之外运用理性，这两者一点都不矛盾。因为实践它基于自由，自由本身就超出了经验的范围，它本身是属于自在之物的，这种自由不是被当作认识的对象，而是作为实践的一个出发点。那么在这个意义上，两方面可以并行不悖，我既可以在认识中不超出经验的范围，我又可以在实践中不受经验范围的束缚而体现我的自由，哪怕我有了一切知识，我仍然有自由按照道德律而不是按照这些知识来行动。我哪怕明明知道我这个行动可能会没有任何效果，却仍然可以知其不可而为之，可以撇开所有的效果而去做我自己觉得应该做的事情，这两者一点都不矛盾。我可以是一个知识丰富的大科学家，但是我也可以同时做到为我的道德理想而献身，不顾我所掌握的一切科学知识。我掌握的知识处处证明我的这种献身会毫无现实的效果，这种做法不明智，无助于事情的改变，在各方面都可以论证这一点，但是尽管如此，我仍然要选择这样做，因为否则的话有损于我的人格。这个是一点都不矛盾的，两方面可以并行不悖。这两者一个是实践方面的意图，一个是思辨方面的意图，它们可以并行不悖，那么这个并行不悖有一种什么样的结构呢？难道就只是你把它们并列起来并行不悖？不是的，不仅仅是不相悖，而且它们相互之间有一种结构，有一种等级关系，这就是最后这一段所要讲的。

所以，在纯粹思辨理性与纯粹实践理性结合为一种知识时，后者领有**优先地位**，因为前提是，这种结合绝不是**偶然的**和随意的，而是先天地建立在理性本身之上的，因而是**必然的**。

这句话点到了他的本题了，整个这一节所要证明的就是这一点。"所以，在纯粹思辨理性与纯粹实践理性结合为一种知识时，后者领有**优先地位**"，注意是结合为一种"知识"，知识在这个地方已经超出了原来的那种含义了。原来康德讲到知识的时候主要是指的科学知识，甚至于自然科学知识，只有自然科学知识、有关经验对象的知识才能称之为知识，超出经验对象的那不叫知识。认识一个对象和思考一个对象是截然不同的，康德一直对这个区分得很严格，我们能够思考一个对象，但是那个对象我们不能叫作知识，只能叫我们的思考。但是在这个地方呢，这两者结合为一种知识，纯粹思辨理性和纯粹实践理性可以结合为一种知识。当然这个知识是广义的，包括的一个是自然科学的知识，一个是道德的知识、实践的知识，就是对我应该怎么做的这样一种知识，这也是知识。这方面的知识有点类似于我们中国人讲的"知"，中国人讲的"诚明所知"、"诚明之知"，那跟一般的耳闻目见的"闻见小知"是不一样的，道德的知识就是一种"诚明所知"，一种实践的知识，你应该怎么去做的知识，它教你怎么做人，教你怎么行动。那么康德在这里有这个意思，就是实践理性也是一种知识，思辨理性也是一种知识，思辨理性是本来意义上的，实践理性的知识是在实践的道德意义上面讲的一种知识。它们为什么都能叫知识呢？因为他们都出于理性，出于理性的规范。那么这两种知识可以结合为一种知识，都是出于理性，这种知识你不能说它完全是道德的，也不能说它完全是思辨的，它是一种既是道德的又是思辨的知识，既有道德含义，又有知识的含义。德福一致的知识就有这个特点，一个方面德是道德知识，至高无上的善；而福跟自然科学知识是分不开的，你要取得幸福，你就必须要认识和把握客观规律，掌握客观规律你才能为自己谋幸福。所以自然知识是跟人的幸福结合在一起的，你如果强调幸福的话你就要努力地增加自己的自然科学知识，把它化为科学技术，这样你才能为自己谋幸福。但是这两者在这里结合为一种知识，它们是出于同一个理性，在这样一种知识里面，纯粹实践理性的知识领有优先地位，实践理性高于思辨理性就在这里体现出来了。那么为什么领有优先地位呢？"因为前提是，这种结合绝不是**偶然的**和随意的，而是先天地建立在理性本身之上的，因而是**必然的**"。我们刚才讲，之所以叫作知识就是因为它们都出于理性，但是这两种理性有区别。就思辨理性来说，虽然它是纯粹思辨理性，也有先天的原则，但是它要取决于后天的经验，它不能脱离后天的经验，它运用的范围就只能在后天经验的范围之内、可能经验的范围之内运用，而可能经验的范围都是偶然的。所以虽然它的原则是先天的必然的，但是它具体得出什么样的知识都是偶然的。爱因斯坦、牛顿，他们所得出的知识都是偶然的知识，都是有关我们现在所处的这个宇宙中的规律的一种知识，在我们这个宇宙里面它有必然性，它放之四海而皆准，但是那只是就我们所见所知而言的这个宇宙，还有没有别的宇宙呢？以后这个宇宙的视野是不是还会扩大呢？这个就不好说了。所以它只管着我们现有所知的这个宇宙、这个世界里面的物理学的规律，因此你不能把它作为一种具有优先地位的知识，你只能够把后者，就是把纯粹实践理性看作是领有优先地位的，因为前提是，这种结合绝不是偶然的和随意的，而是先天地建立在理性本身之上的，因而是必然的。这种知识是必然的知识，它先天地建立在理性本身之上，那么只有纯粹实践理性才是这样，纯粹实践理性是先天地建立在理性本身之上的一种必然性，它不管实践出来将会是怎样的后果，这个它是不管的，甚至在实践中究竟具体怎么操作，它也是不管的，它只管应当，绝对的应当，无条件的应当。我应当这样做，这是我的义务，为义务而义务，所以它单凭自身就具有实践的作用。从这个意义上，按照康德的说法就是，纯粹实践理性才是真正的纯粹理性，纯粹思辨理性还不太纯粹。这在康德那里意味着，真正的纯粹理性就是纯粹实践理性，康德在第三批判里面重新为他的前两个批判命名，说《纯粹理性批判》严格说来应该是"纯粹知性批判"，只有《实践理性批判》才是"纯粹理性批判"，只有纯粹实践理性才真正是纯粹的，不以任何经验的东西为转移的（参看《判断力批判》导言Ⅲ，见中译本第 13 页）。而在思辨理性里面呢，虽然也是纯粹理性，但是严格说起来不完全是纯粹的，它只能运用于经验的对象，而不能运用于超经验的东西，它的那个纯粹性还不彻底。所以由思辨理性建立起来的那些知识，那些自然科学知识，当然它们有必然性形式，康德花了大力气证明，它们是有必然性形式的，但是就这些知识的内容来说，它们是取决于偶然性的，它们是偶然里面有必然，必然体现在偶然之中。比如说因果律，到底哪个是哪个的原因，这是偶然的，但是凡是发生的事情都有原因，这个肯定是必然的。所以严格说起来，思辨理性所建立起来的自然知识并不完全具有必然性，或者说它既具有形式上的必然性，同时也具有内容上的偶然性，而纯粹实践理性建立的却是绝对必然的实践知识。所以他这句话把这个关系奠定了，就是在这两者之间，在纯粹思辨理性和纯粹实践理性两者之间，如果我们要定一个优先地位的话，那么必须把纯粹实践理性看作是优先的，为什么？就因为它仅仅建立在理性本身之上，是绝对必然的，不受任何偶然的东西的干扰的。

因为，假如没有这种从属关系，理性与自身的一种冲突就会产生出来：因为如果两者只是相互并列（并立），前者就会独自紧紧地封锁住它的边界，而不从后者中接受任何东西到自己的领域中来，后者却仍然会把自己的边界扩展到一切之上，并且在自己需要的要求下就会力图把前者一起包括到自己的边界之内来。

这是从相反的方面来设想了。"因为，假如没有这种从属关系"，我们从相反的方面来考虑一下，如果它们两者不是一种从属关系，而是相互并列，前面讲了双方一点也不相悖，可以同时并存。那么我们可以这样设想一下，如果是这种情况，仅仅是不相悖而没有从属关系。"理性与自身的一种冲突就会产生出来"，理性就会产生出一种自身冲突。什么样一种自身冲突？下面讲，"因为如果两者只是相互并列（并立）"，括弧里面讲"并立"，相互并立，"前者"，也就是纯粹思辨理性，"就会独自紧紧地封锁住它的边界"，纯粹思辨理性就是要设立边界、设立禁区，在一切可能经验的范围之外都是禁区，我们的理性只能在可能经验的范围之内来加以运用。那么它就会独自紧紧的封锁住它的边界，限制它的理性不要超过这个边界，这正是《纯粹理性批判》中康德所从事的批判事业。这个当然对科学来说是必要的而且有好处的，科学知识就是要把一切道德的、情感的、信仰的所有的东西都从知识的领域排除出去，把上帝赶出自然界，把灵魂也排除在知识对象之外，把自由以及关于宇宙整体的"知识"全部作为幻相而剥夺其知识的资格。以往的形而上学则未经这种批判而任意跨越禁区，这就陷入到独断论的伪科学。所以，经历过康德的批判的思辨理性，单独来看就应该紧紧地封锁住它的边界，"而不从后者中接受任何东西到自己的领域中来"，后者也就是纯粹实践理性了，而不从后者中接受任何东西，也就是拒斥纯粹实践理性的任何东西，宗教的、信仰的、道德的，这些东西都要拒斥掉。这就是当时已成气候并且直到今天还占据着很大一部分人的头脑的唯科学主义思想，这种思想对科学本身的发展是有好处的，但却牺牲了人性中很大一部分重要的内容。"后者却仍然会把自己的边界扩展到一切之上，并且在自己需要的要求下就会力图把前者一起包括到自己的边界之内来"，这倒是康德自己所主张的观点。就是说在这种双方对峙的情况下，纯粹思辨理性固然可以坚守自己的边界，不与纯粹实践理性沾边，但是纯粹实践理性却仍然会把自己的边界扩展到一切之上，无可逃避。就是说，纯粹思辨理性所获得的科学知识仍然要放到伦理的、道德的甚至于信仰的角度下面来加以看待，你用这些科学知识来干什么。你造原子弹是用来干什么，我们对原子弹就有一个评价，不是说你科学家在那里埋头制造，它可以发挥这么大的威力，你就成功了；而是纯粹实践理性最终要对你这件行为加以评价，所以你的科学知识尽管有你独立的范围，但是在这个范围之外，你仍然要受到道德的评价，宗教的评价，信仰的评价，仍然会把你的领域包括到纯粹实践理性自己的边界之内来。在纯粹实践理性需要的要求下，这种居高临下的包容是必然会发生的。这两种不同的态度是理性的一种自相冲突，思辨理性紧紧地封锁住自己的边界，守住自己的领地，但是实践理性仍然要从它的边界外面把它作为一个整体包括到自己的边界之内来，而纯粹实践理性所提出的那些法规，纯粹思辨理性又不听，它坚持自己的独立王国，这就是一种自相冲突。同样是有理性的人，哪怕是同一个科学家，一方面他去造原子弹，他去造克隆人，另一方面他有一种道德的理性在那里对他进行评价，甚至有可能插手干预。当然作为科学家他要排除这种干扰，我造克隆人完全是出于科学的兴趣，我不考虑道德方面的东西，科学家不应该考虑道德方面的东西。有的人提出来，科学家就是实事求是，我把它做出来了，这客观上就是对科学的推进了。但是另一方面你这样做在道德上如何评价？哪怕在他自己的内心仍然会发生冲突，这就是理性自身的冲突，思辨理性和实践理性的冲突。

　　但我们根本不能指望纯粹实践理性从属于思辨理性，因而把这个秩序颠倒过来，因为一切兴趣最后都是实践的，而且甚至思辨理性的兴趣也只是有条件的，唯有在实践的运用中才是完整的。

　　也就是说，在这种理性与自身的自相冲突的情况之下，康德认为前者的态度是错误的、有局限的，只有后者的态度才是正确的，这其实仍然还是从纯粹实践理性的优先地位所得出的结论。思辨理性你可以固守你的边界，但是作为一个理性的整体，最后仍然要由实践理性来加以评价。你作为一个科学家可以拒斥实践理性的考虑，但是作为一个理性的存在者，你不能不超出科学的边界来理性地考虑你所做的事情，你所做的事情也是一种实践活动啊，你的思辨理性的这样一种行为本身已经是一种实践活动了，你在做这件事情，科学研究，科学发现，你就是把它当作一种有目的的活动来追求的，你要追求实事求是，你要追求更加精密，你要追求眼界的更加扩大，这难道不也是一种实践活动吗？既然科学研究本身就是一种实践活动，它必然会作为一种附属的部分被纳入到纯粹实践理性的领域中来。"但是这个时候我们根本不能指望纯粹实践理性从属于思辨理性，因而把这个秩序颠倒过来"，就是说，在这种双峰并立的态势中，只能是纯粹实践理性吞并纯粹思辨理性，而不可能是相反。把纯粹实践理性从属于思辨理性，这个是自相矛盾的。你把一般的实践理性从属于思辨理性，那个是可以的，技术性、实用性的实践，它实际上是属于理论哲学的范围，它不属于实践哲学，比如说科学实验，科学实验也是一种实践活动啊，还有科学知识的应用，科学技术的精密化，所谓工匠精神，这些实践活动都是从属于理论知识的范围之内的。但是纯粹实践理性，我们不可能指望它从属于思辨理性，因而我们不可能把这个秩序颠倒过来，就是纯粹实践理性对于思辨理性具有优先地位的这个秩序是不可颠倒的。"因为一切兴趣最后都是实践的，而且甚至思辨理性的兴趣也只是有条件的，唯有在实践的运用中才是完整的"，为什么不能颠倒？因为一切兴趣最后都是实践的，一切兴趣中包括思辨理性的兴趣，思辨理性的兴趣也是实践的，比如前面讲的，认识一切客观对象直到最高的先天原则，将这些先天原则当作范导性、调节性原则来促进科学知识体系的完善化，这种兴趣本身就已经是实践的兴趣了。而且他这里讲到，甚至思辨理性的兴趣也只是有条件的，唯有在实践的运用中才是完整的。思辨理性的兴趣有什么条件呢？你要不断地去促进科学知识的无限发展，这种兴趣无非是为了改善人类的生活嘛，"知识就是力量"，难道不就是为了赋予人日益强大的生存力量吗？所以科学知识本身的兴趣是有条件的，它是建立在人们追求自己最大可能的幸福的实践要求上的。所以它唯有在实践的运用中才是完整的，就是说，追求最大可能的幸福在实践中还有个完整化的问题，如果你仅仅立足于这种兴趣之上，那它还停留于思辨的兴趣，也就是技术的实用的兴趣，它本身将陷入不断地追求条件和条件的条件而永远达不到完整性的困境。比如说你造出原子弹来，造出氢弹来，初衷是为了结束战争，最终却损害了人类的幸福，那就是不完整的，你要达到自己兴趣的完整，必须在实践的运用中提高自己的层次，用至高的善来引领一切完善，使人类配得幸福，这才能够达到实践理性的完整的兴趣。所以，一切兴趣最后都是实践的，而一切实践的兴趣最后都要服从最高的实践兴趣，就是以道德的自由意志为统帅的至善，这个前面已经讲了。在不同的兴趣里面，其中有等级关系，德性是至高无上的善，而其他的善都是在至上的善这个标准之下才成其为善的。所以一切幸福的追求最后都要用纯粹实践理性的标准来加以衡量，才显得是值得追求的。如果没有这个至高的标准，哪怕你得到了极大的幸福，那也跟一个成功的动物没什么区别。我们说人类是地球上最成功的动物，这并没有把人类提升起来，人无非还是动物而已，只不过他运气好，他赋有了理性，所以他能够战胜所有其他的动物，成为最成功的动物。它的繁衍的数量是最多的，霸占了整个地球，那又怎么样呢？问题是人要能够配享自己的幸福，那就必须有一个标准，人是否是道德的。如果人产生在这个世界上借用的是一些不道德的手段，而且最后实现的是一个不道德的世界,那这个动物性的世界没有什么可值得追求的。所以纯粹实践理性是不能够从属于思辨理性的,一般的实践理性它还可以从属于思辨理性,例如我们说自由是对必然的认识,认识到必然我们就可以改造自然界,就可以获得更大的幸福,我们就得到自由了。但这种自由是非常低层次的,真正的自由要摆脱自然本能的束缚,显示出人的独立性和高贵性,显示出人跟动物不一样、比动物高级,这种自由就必须要有纯粹实践理性,它有自己本源的先天原则,那不是从思辨理性里面拿来的。纯粹实践理性把人抬高到超出思辨理性的对象,只有在这样一个前提之下我们才能够指望人们实现德福一致。道德和幸福一致,不是说两者并列地一致,这一方面也好那一方面也好,不是的;而是有一个等级序列。在纯粹实践理性、道德律的前提之下,幸福才具有配享的资格,配享的标准就是看它是否能够和道德律成比例。在这个比例下我们来实现德福一致,才是真正地把整个世界的幸福完整地包括在至高无上的道德律之下,那就是一个至善的理想。全部此岸世界的幸福都能够用彼岸世界的至高无上的那种道德律来加以衡量,这就是至善。整个这一节就是要把这两者的关系搞清楚,就是纯粹实践理性和纯粹思辨理性在结合的时候,前者具有一种优先的地位,我们人作为有理性者必须摆正它们的位置。你不摆正,你颠倒地看待这一关系,你就违背了理性,你就会把自己贬低为动物。虽然你还是有理性,但是你把理性仅仅当作工具,当作一种实用手段,如同动物的爪牙,你就陷入到了一种经验主义和幸福主义的感性的欲求,那就跟动物的病理学上的本能规律没什么区别了。但是人的理性之所以能够超出动物,不仅仅在于他比动物在自然力量这方面更强,而在于他在实践理性方面可以提供出一些本源的先天原则,用来统率我们理性的各个部分,包括思辨理性,这才能达成理性的没有自相冲突的完整性。这就是实践理性高于思辨理性的这样一种关系,也是理性唯一可能达到自身的完整性的关系。由此就为纯粹实践理性作出自己的悬设提供了根据,就是它不必遵守思辨理性的要求而单凭自身的要求提出那些最高的实践悬设，并且促使思辨理性也来为自己的这一兴趣服务，从而体现了它的至高无上的地位。这一位置确定了以后，我们就可以来讨论至善的可能性条件了。

*　　　　*　　　　*

[122] ## IV. 灵魂不朽, 作为纯粹实践理性的一个悬设

康德在第二节的末尾已经讲到，我们要解决这个至善的可能性的根据问题，将要分两个步骤，一个是就我们所能够支配的东西来加以讨论，另外一个是由于我们在至善的可能性上的无能，就我们的无能而言我们需要补充什么东西。你要讲至善，那么就我们现有的、我们可以支配的东西而言就是我们的纯粹理性，它确定了纯粹实践理性优先于理论理性的关系，我们可以把这个关系摆正。那么摆正了以后呢，我们还需要一些东西，否则的话这个至善还是实现不了，因为我们人类毕竟是生命有限的，所以我们在这方面是无能的。于是他在提出了两种理性之间的优先关系以后呢，又提出了两个假设、两个悬设来确定至善的可能性，一个是灵魂不朽，一个是上帝的存有。我们今天先把这个灵魂不朽的悬设来讲一讲。第 IV 节标题是"灵魂不朽, 作为纯粹实践理性的一个悬设"。悬设这个概念，Postulat，一般翻译成假设，但是我们在这里翻译成悬设，是按照关文运先生最早提出来的一个译法。关文运在他从英文翻译的《实践理性批判》里面就是这样翻译的，我觉得这个翻译很有讲究，悬设跟一般的假设不太一样。当然这个词在康德那里有时也用在一般假设的意义上，我们在《纯粹理性批判》里面曾经译作"公设"，比如说数学的公设，在数学里面我们把它翻译成公设。在纯粹知性的原理里面，讲到模态的原理的时候，我们把它翻译成"一般经验思维的公设"，都是这个 Postulat。但是在讲到实践理性的时候我们把它翻译成悬设，使它带上一点实践性的意味。因为悬设它有一个"要求"的意思在里头，悬在那里，就是

要求人们去趋近于它。比如说悬赏, 悬疑, 悬设, 都是有一个东西在那里, 要求和鼓励大家去趋近于它。而且 Postulat 这个词在拉丁文里面本来就有两重意思, 一个是假设的意思, 另外一个是要求的意思, 就是要求大家趋近的, 要求大家去设想的那么一个命题就叫作 Postulat。但是灵魂不朽这个命题本身又是一个理论性的命题, 我们前面已经讲到了, 它是从理论理性的"灵魂实体"这个理念里面引出来的。理论理性里面讲到灵魂实体的时候呢, 说它是一个万变中不变的实体, 这个不变包括不死, 当然这是一个导致幻相的命题, 你如果把它当作一种知识来追求的话, 它就是理性心理学的谬误推理, 那么它就会导致幻相, 所以你不能够把灵魂不朽当作一种既定的知识, 当作一个我们已知的判断。所以在思辨理性里面, 这个命题是导致误解的。但是在实践理性的领域里面这个命题是有用的, 这个我们上次已经讲到了, 它被转移到实践的领域里面来, 但是呢, 它的形式仍然是理论性的, 就是"灵魂是不朽的", 这样一个命题好像是一种知识。它不是说"灵魂应该是不朽的", 而是断言"灵魂是不朽的", 但是它不是知识, 它是一个悬设。那么这种悬设它本身具有理论性, 而在被运用于实践理性的时候呢, 它带上了实践的要求的含义, 它不是一个既成的事实, 而是一种行动的要求, 要求我们如同灵魂是不朽的那样去行动。我们来看看这一节。

　　至善在现世中的实现是一个可以通过道德法则来规定的意志的必然客体。但在这个意志中意向与道德法则的**完全适合**却是至善的至上条件。所以这种适合必须正如它的客体一样也是可能的, 因为它被包括在必须促进这个客体的同一个命令之中。

　　这三句话因为都是短句子, 我们把它们合起来讲一下。"至善在现世中的实现是一个可以通过道德法则来规定的意志的必然客体", 至善的实现是意志的必然客体, 前面也讲了, 至善是纯粹实践理性的全部客体。所以意志必然会要求去实现至善。什么样的意志呢? 可以通过道德法则来规定的意志，这里有一个限定，就是并不是所有的意志都要求实现至善，一般的日常的意志只是要求实现有限的善的目的就够了，它们通常被称为"任意"。但是可以通过道德法则来规定的意志，那就是纯粹意志，也就是纯粹实践理性，它必定会要求至善的实现，这里有一种必然性。就是至善这个理念，必然会由道德意志要求它实现出来，所以它是道德意志所追求的一个必然的客体，它必然要追求这样一个对象。"但在这个意志中意向与道德法则的**完全适合**却是至善的至上条件"，为什么要说"但"呢？前面讲了，可以通过道德法则来规定的意志，那只是"可以"，这只是一种可能性，它可以通过道德法则来规定，但是否能够完全规定得了，这个还不一定。道德法则规定意志是否能够完全适合，这个还不一定，但是这种完全适合却是至善的至上条件。就是说道德法则规定意志要完全适合，得到了完全适合的规定，那么这个至善才能够真正实现出来。这两句话的逻辑关系是这样的，至善本来是可以通过道德法则规定的意志的一个必然客体，这种意志必然要追求至善的实现，但是在这个意志里面，意向和道德法则的完全适合又必须看作是至善的至上条件，最高条件。他不仅是说，可以通过道德法则规定的意志就要求至善的实现，而且是说，至善的实现要求这个意志可以通过道德法则完全规定，所谓完全规定、完全适合，是指意志完全由道德法则规定，完全为义务而义务，不掺杂任何其他的东西，这是更进一步的要求。就是说如果可以通过道德法则规定意志，但是又不完全能规定意志，不完全适合，或者说只是符合道德律，而不是完全出于道德律，那就还实现不了至善。至善的条件是至上的善，那就是你的道德法则和意志之间达到一种完全的适合，不仅仅是可以用道德法则来规定意志，而且是唯一地用道德法则规定意志，这两者能够完全适合，这才能够实现至善，这样一个条件才是实现至善的至上的条件。"所以这种适合必须正如它的客体一样也是可能的"，根据前面两个命题，所以这种适合、也就是道德法则和意志的完全适合，必须正如它的客体一样也是可能的。这种适合的客体也就是至善了,正如至善是可能的,那么这种适合也必须是可能的。至善也就是可以通过道德法则来规定的那个意志的必然客体,正如这个客体是可能的一样,意志与道德法则的这种适合同样也必须是可能的。为什么呢?"因为它被包括在必须促进这个客体的同一个命令之中",这种适合被包含在必须促进这个客体的同一个命令之中。要促进这个客体、促进至善,这是一个意志的命令,是道德法则对意志所下的一个命令:你必须去实现至善;但是同一个命令里面已经包含了你的意志中的意向和道德法则的完全适合。你要促进这个至善,你要促进这个客体,如何促进?那么它就有一个至上的条件,这个至上的条件就是道德法则和意志的完全适合,就是首先必须做到完全的德行。所以当你命令由道德法则规定的意志必须去实现至善时,这个时候就已经包含了你的这个由道德法则规定的意志必须跟道德法则完全适合,必须具有为义务而义务的德行的资格,因为这种完全适合是实现至善的至上条件,德行是实现至善的至上条件。所以这是一种包含关系,对德行的命令已经包含在实现至善的命令里面了,在必须促进这个客体的同一个命令里面已经包含了意志和道德法则的完全适合。

但意志与道德法则的完全适合就是**神圣性**,是任何在感官世界中的有理性的存在者在其存有的任何时刻都不能做到的某种完善性。

前面讲这种适合是可能的,也是被命令的,"但意志与道德法则的完全适合就是**神圣性**",康德知道,这种完全适合是普通凡人做不到的,完全做到为义务而义务谈何容易,因为人只要还有生命,有肉体需要,就免不了受到感性的束缚。所以这"是任何在感官世界中的有理性的存在者在其存有的任何时刻都不能做到的某种完善性",虽然被要求,但他不可能做到,那么这种完全适合在他看来就是"神圣性"了。感官世界中的有理性的存在者、有限的理性存在者怎么可能做到这种完善性呢?神圣性怎么可能在感官世界里面达到呢?既然它是神圣性,那么它实际上在我们有生之年是做不到的。所以前面讲它是可能的,又是必须的,又是被包括在必须促进这个客体的同一个命令之中的,但是它又是做不到的,所以它是神圣的。它太高了,它太神圣、太圣洁了,我们普通凡人在此生、在感官世界中,在我们的存有的任何时刻,都不可能完全做到这种完善性。

然而由于它仍然是作为实践上的而被必然要求着,所以它只是在一个朝着那种完全的适合而进向无限的进程中才能找到,而按照纯粹实践理性的原则是有必要假定这样一个实践的进步作为我们意志的实在客体的。

这句话又有一个转弯,就是"然而"。前面讲它是不能完全做到的,这种神圣性,这种完全适合道德律的意志,那是不可能完全做到的。"然而由于它仍然是作为实践上的而被必然要求着",在实践上被必然要求着,在行动中必然要求着,虽然做不到但是要求你做到,你应该做到,它会提出这样一种要求。"所以它只是在一个朝着那种完全的适合而进向**无限的进程**中才能找到",这个是康德的一个新观点、一个新见了,就是把无限的进程提出来了。也就是说,我虽然不能在某个时刻做到,但是我可以设想在无限的进程中能够做到。因为实践总是在对我们提出这种要求,要达到神圣性,要达到意志和道德法则的完全适合,我又不能做到完全适合,那就慢慢去做吧,那就努力去做吧。而且这个努力是无穷无尽的,只有在朝着那种适合而进向无限的进程中才能找到,不然的话,你又做不到,你又要提出来,那提出来有什么意义呢,那不是空的? 但是康德的深刻之处就在这里,他认为尽管如此也还不是空的,它是能够对我们的现实生活发生作用的,我们的现实生活就是从有限进向无限的这样一个进程。我们有一个无限的理想目标在前面,这个理想目标固然我们在有生之年根本就不能实现它,但它是起作用的,有这个目标跟没有这个目标是大不一样的,有了这个目标我们就可以用来约束自己的行为,不断精进,不断改善自己,不断朝这个目标接近,那我们的人生就变得有目的了。从整个人生来看,在从有限进向无限的进程中,我们可以找到这种神圣性,这种神圣性就具有了现实意义。我们可以在一个不断进步的过程中找到这种神圣性。"而按照纯粹实践理性的原则是有必要假定这样一个实践的进步作为我们意志的实在客体的",按照纯粹实践理性的原则,这是从前面一步步推出来的,前面都是按照纯粹实践理性的原则,因此按照纯粹实践理性的原则有必要假定这样一个实践的进步,作为我们意志的实在客体。注意这个地方的"实在客体",前面一个是讲到至善是必然客体,那么神圣性也就是意志和道德法则的完全适合是有可能的,也可以说是一个可能的客体,神圣性是可能的,但是神圣性在我们现实中的每一时刻、任何一个时刻都找不到,它的实在性何在呢? 它的实在性就在于从有限进向无限这样一个过程,在这个过程中它时刻都在起作用,所以我们可以赋予它以实在性。这个里头必然性、可能性和实在性这三个层次大家要注意。就是说纯粹实践理性的原则是不是空的呢? 讲了半天,你说它是必然要求的,又说它是可能的,但在现实中我们没有任何一瞬间能找到它,那岂不是空的吗? 对我们的道德实践有什么作用呢? 所以它的实在性就在这里,就是纯粹实践理性的原则有必要假定这样一个实践的进步,作为我们意志的实在客体。纯粹实践理性既然它本身就具有实践能力,那么它就有必要假定这样一个实践的进步,假定在实践中我们会日益趋向于那个客体,不管是可能的客体还是必然的客体,那么这个客体才具有了一种动态的实在性。纯粹实践理性的实在性就在这里,人的自由理念的实在性也就在这里。人的自由理念作为一个先验的理念是空的,它是一个空位置,它在什么地方获得实在性呢? 就是在人的实践活动中,而且这个实践活动是连续的,它是从有限进向无限的,这种前进有一个目标,它可以不断地接近它的终极目标。这就是有目的的生活。有目的的生活才叫实践,无目的的生活那就不叫实践了,那就是动物式的本能了。凡是实践都是有目的的,而最终的目的是无限的,它在彼岸,但是它可以支配我们在此岸世界的一切有目的的活动,这样就赋予了纯粹实践理性的实践能力以实在性。纯粹实践理性的实在性不是在一时一刻的某个具体目的的达到,而是一个过程,他这里用了"一个实践的进步",一个进步的过程。我们每个人都在进步,我们人类也在进步,整个人类种族都处于一个进步的发展过程中,当然这是启蒙的理想,这个启蒙的理想是有它的根据的,也就是我们人是可以不断提高自己的,这是他的第一段。

但这个无限的进程只有在同一个有理性的存在者的某种无限持续下去的生存和人格性(我们将它称之为灵魂不朽)的前提之下才有可能。

这个人格性我们原来译作人格,Persönlichkeit,这里改译成"人格性",它是人格中彼岸那一边的性质。"但这个无限的进程",这个实践的从有限到无限的这样一个进程,"只有在同一个有理性的存在者的某种**无限**持续下去的**生存**和人格性……的前提之下才有可能",这个"人格性"后面括号中的解释是,"(我们将它称之为灵魂不朽)"。既然是无限的进程,那么实际的人生是有限的,而人的实践活动又是趋向于无限的,那么这个"无限"的意义何在呢? 这个无限的意义就在于灵魂不朽,灵魂不朽就意味着同一个有理性的存在者无限持续下去的生存,也就是人格性。人格性我们前面已经讲到了,它是在彼岸的,它和人格的区别在于人格是跨两界的,而人格性是在彼岸世界、知性世界的,有这一点区别。所以人格性比人格更高,人格性是在人格里面提升人格的要素,它把人格从感性世界提升到知性世界。所以我们这里要改成人格性,我们以往对这两者的区别不是很严格,在很多地方都把它们混同起来了,我们现在要区分开来。某种无限持续下去的生存,生存 Existenz,一般来说就是现实生活的意思,生存,生活,一般讲是此岸世界的,但是还有"来生"这个概念,基督教有来生、死后的生存、死后的生活这个概念,甚至认为只有死后才开始真正的生命。那么他在这个地方是把这个概念也包括进来了,就是灵魂不朽,无限持续下去的生存,也就是人格性,人同时具有彼岸世界的这样一种特性,哪怕是一个活着的人,他也有人格性,人格性代表他的本体。这种本体是不会毁灭的，不受现象界的事物所影响，因此有可能在死后也会继续延续。所以他这个里头讲到同一个有理性的存在者，"同一个"也就是人格的同一性了，有理性的存在者每一个个体它都具有同一性，那么这个同一性作为个体灵魂，并不仅仅只是时间上的前后一贯性，而是不受改变的人格性，灵魂和人格性在死后的延续就是灵魂不朽。这个无限的进程只有在同一个有理性的存在者的某种无限持续下去的生存和人格性的前提之下才有可能，就是说你要讲我们在实践中的无限进步的过程，那么你当然要设定灵魂不朽了。因为人的此生都是有限的，你要设定他是向着无限进步，那么你就必须超出此生，设定灵魂不朽作为前提，这个无限进程只有在这个人格跨到彼岸世界去的前后一贯性的前提之下才有可能，才可以设想。否则的话人家一句话就把你反驳了：人生不过百年，你谈什么无限性呢？那就不用谈了。所以刚才讲的意志的实在客体，当然包括我们此生的努力，但是也包括对于灵魂不朽的一种设定、一种悬设，这个实在性包括一种悬设的实在性。我们努力向无限靠近，但是我们靠不近，我们的生命有限，那么我们就设想我们死后可以继续靠近，那么从我们的此生是否能够推测我们来生还可以继续存在并且向无限靠近呢？这个问题后面康德会有回答。

　　所以至善在实践上只有以灵魂不朽为前提才有可能，因而灵魂不朽当其与道德法则不可分割地结合着时，就是纯粹实践理性的一个悬设（我把这理解为一种**理论上的**、但本身未经证明的命题，只要它不可分割地与某种无条件地先天有效的**实践**法则联系着）。

　　他这句话就是讲，既然这个无限的进程要实现神圣性，实现道德法则和意志的完全适合，但这又是一个无限的进程，"所以至善在实践上只有以灵魂不朽为前提才有可能"。因为前面讲了，无限地逼近神圣性，这种神圣性是至善之所以可能的至上条件，就是说这种道德法则和意志的完全适合是至善之所以可能的最高条件，因此这个无限的进程也是至善之所以能实现的一个必要条件，只有以灵魂不朽为前提至善才有可能实现。"因而灵魂不朽当其与道德法则不可分割地结合着时，就是纯粹实践理性的一个**悬设**"，这里第一次正式谈悬设，打了一个加强的着重号。前面也有三次提到"悬设"，除了两次是顺便提到（《实践理性批判》第55页边码50、第109页边码93）外，另一次是在一个长注释中作了说明。康德在这个说明中讲道："而那个纯粹实践理性的悬设却是出自必然的实践规律来设定某种对象（上帝和灵魂不朽）本身的可能性的，所以只是为了实践理性而设定的；因为这种被设定了的可能性的确定性根本不是在理论上，因而也不是必然地、亦即不是在客体方面被认识到的必然性，而是在主体方面为了遵守实践理性的那些客观的、但却是实践的规律所必要的设定，因而只是必要的假设。"（第12页，边码12）这个说明已经很详尽了，现在的解释不过是重复那个说明。灵魂不朽当其与道德法则不可分割地结合着时就是纯粹实践理性的悬设，既然灵魂不朽就是道德法则和意志的完全适合状态所要求的那种无限性，那么在这种意义上它就是纯粹实践理性的一个悬设。所以括号中讲："（我把这理解为一种**理论上的**、但本身未经证明的命题，只要它不可分割地与某种无条件地先天有效的**实践**法则联系着）"，这一悬设是理论上的，但却是未经证明的，而在实践上则是与实践法则不可分割的。灵魂不朽在《纯粹理性批判》里面是被批倒了的，为什么批倒呢，是因为人们把灵魂不朽当作一种知识，当作一种理性心理学的知识，我们可以通过心理学的分析来确定这个不朽的灵魂它本身具有哪些属性，比如说能够思维，能思的灵魂，甚至肉体死了以后还可以思维。这样来确定灵魂不朽那当然是一个假象，是一个幻相。但是如果我们把它与道德法则不可分割地结合在一起，那么它就是纯粹实践理性的一个必要的悬设，它就具有意义了。这个我们前面已经多次讲到了，就是说康德对灵魂不朽的这种辩证论、这种幻相的批判仅仅是在知识论的意义上来批判的，但是他同时又指出来这样一个命题如果运用在别的方面，比如说宗教和道德方面，它是有用的，它是有价值的，不能够完全抹杀掉，所以还必须为它保留它的正当的位置。那么这里就跟前面在《纯粹理性批判》里面所预留的那个位置挂上钩、对上号了。括弧里面对悬设所做的解释就是这样, 他说我把这理解为一种理论上的、但本身未经证明的命题。灵魂不朽是一种理论上的命题, 这个我们上次已经讲到了, 有同学提问的时候已经提到这个问题, 就是在368 页最后一行 (《实践理性批判》第 165 页第 7 行, 边码 138): "与这些原则不可分割地结合着的是某些理论性的肯定, 而这些肯定却仍然是思辨理性的任何可能的见地所见不到的", 就是说它是理论性的肯定, 但却是思辨理性所不可能认识到的, 而在这个地方则是跟实践性的道德法则不可分割地结合着的; 但虽然是跟实践性的道德法则不可分割地结合着的, 但它仍然是一种理论性的命题: 灵魂是不朽的。这是一个理论性的命题, 它不是命令你: 要使你的灵魂变得不朽; 而是预设一件事: 灵魂是不朽的, 就像说: 火星是寒冷的, 它本身是朝着一种知识而提出来的, 它是指向一种知识的。但这种知识与火星的知识还不同, 它永远证明不了, 它只是采取了一种理论性的形式, 但是它实际上是作为一种悬设运用在我们的道德实践之中。所以他讲, 我把它理解为一种理论上的未经证明的命题, 只要它不可分割地与某种无条件地先天有效的实践法则联系着。一种理论性的命题我们可以把它转用于实践领域, 跟实践法则紧密联系起来, 那么它就成为了实践理性的悬设, 悬设就是这么个意思。我们从理论的意义上把理论理性的不可证明的命题引入实践里面来。这个理论理性和实践理性虽然有着无限的鸿沟, 但是互相有一些借鉴, 比如在《纯粹理性批判》里面讲到的三大纯粹理念, 灵魂、世界整体和上帝, 这三大理念都是不可证明的, 都不构成我们的知识, 但是它们对知识有用, 可以引导我们的知识, 那么这种引导实际上已经是一种实践的作用。我们昨天也提到了, 我们可以把实践的理论兴趣在理论理性里面展示出来, 理论理性无非就是要追求更多的、更完满的、更精确的知识嘛, 那么你这个目的就是理论理性的目的, 就是理论理性的兴趣, 同时也就是理论理性的实践兴趣, 也就是从实践的角度来看理论理性了。所以你可以从实践的角度看理论理性，你也可以从理论的角度看实践理性。悬设本身是理论理性的，但它是被用在实践理性中，理论理性和实践理性在这里有个交叉。当然在理论理性里面的那种实践的兴趣，那种思辨理性本身的兴趣，只是一般实践理性的兴趣，比起纯粹实践理性的兴趣来是一种低层次的，就是日常的那种实践意义，诸如"知识就是力量"、"科学技术是生产力"之类；那么这个地方把理论理性里面的命题转用于实践里面，它是高层次的，它就成为了纯粹实践理性的悬设，它不可分割地与某种无条件地先天有效的实践法则联系着。无条件地先天有效的实践法则就是道德，纯粹实践理性的道德法则是纯粹实践理性的至上原理，是无条件地先天有效的，它在人的实践中总要发生作用。绝对命令没有条件，没有任何条件它都有效，都影响你的实践活动，这样一些实践法则跟理论上的这样一些命题结合起来就构成了悬设，其中第一个就是灵魂不朽。

关于我们的本性只有在一个无限行进的进步中才能达到与德性法则完全相适合这一道德使命的命题，具有最大的用处，这不仅是考虑到目前对思辨理性的无能加以弥补，而且也是着眼于宗教。

前面这两段，都提出了这样一个命题，就是"关于我们的本性只有在一个无限行进的进步中才能达到与德性法则完全相适合这一道德使命的命题"，而这个命题"具有最大的用处"。这个命题是前面两段得出来的。前面两段都提出了人的意志要和道德律完全适合，但要达到这种神圣性，只有在一个进向无限的进程中才能达到，而在我们有限的人生中是永远达不到的。我们的本性，这个"本性"（Natur）这里可以理解为我们的自然本性，我们人有自然本性，人是有肉体的，人是有限的、感性的。那么这样一个有限的本性只有在无限行进的进步中才能达到与道德律完全相适合，与道德律完全相适合这是我们的道德使命。这样一个命题具有最大的用处，什么用处？"这不仅是考虑到目前对思辨理性的无能加以补偿，而且也是着眼于宗教"，一方面是对于我们目前的思辨理性的无能加以弥补,我们的思辨理性在本来的意义上是有它的界限的,它不可能把握到无限的东西,它只能把握有限世界,你要涉及无限的东西它就不能到达了。那么在道德上提出这样一个命题,不仅仅是考虑到目前对思辨理性的无能加以弥补,前面第二节的最后一句就是讲到,"通过理性为了弥补我们在至善的可能性上的无能而呈示给我们的不受我们支配的东西,来加以描述",第 368 页的第 5 行(《实践理性批判》第 164 页第 1 行,边码 137),就是在至善的可能性问题上,我们在思辨理性方面是无能的。那么在这里也讲到,考虑到目前对思辨理性的这种无能,要加以弥补。为什么是"目前"呢? 就是说实际上康德的悬设已经是思辨理性和实践理性的一种结合,是更高层次上的思辨理性,比如说这种悬设是一种理论上的但未经证明的命题,只是它不可分割地与实践法则联系着。也就是说这个命题本身还是思辨理性的命题,灵魂不朽,但作为悬设它弥补了思辨理性的无能。那么这句话里面讲的就是说,不仅是考虑到对思辨理性的无能加以弥补,而且也着眼于宗教。康德曾经提到,在宗教里面"我可以希望什么"这个命题既是思辨的也是实践的,既包含有思辨理性也包含有实践理性,它是一个合题,它是思辨理性和实践理性的结合。这是理性更高的一个追求,就是说当人们提出这样一个命题的时候,就是我们的自然本性只有在一个无限的进步中才能达到与道德律完全适合这样一个道德的使命,这个命题一方面对过去的思辨理性进行了弥补,另一方面为未来要建立的宗教准备了基础。一个是针对以前思辨理性的无能,我们现在开始有了一种弥补,再一个呢,我们现在要建立的是宗教,这是更重要的。康德更看重这一用处,它可以为我们建立一种崭新意义上的宗教提供基础。我们不能止步于道德,我们从道德还要迈步到宗教。怎么迈步,就是从有限和无限的这种关系入手。我们的实践也好理论也好,涉及的都是我们有限的人生,但是从道德里面,我们从有限的人生里面引出到了无限的目标,那么这个无限的目标已经置身于另外一个更高的领域了,那就是宗教的领域,那是为我们的人生而悬设的这样一个宗教领域。我们把它悬设得更高，它是彼岸的，它是代表我们人类的纯粹本性的，不是自然本性而是自在之物的本性。所以他这里讲，最大的用处不仅仅是对思辨理性的无能加以弥补，而且也着眼于宗教，这个是非常重要的。其实他讲到神圣性的时候他已经跟宗教挂起钩来了，我们的道德法则跟意志完全地适合，那就是神圣性，神圣性就已经是超越的，凡是此岸的都不能叫神圣性，它带有肉体的需要、带有感性。真正的神圣性只有在无限中才能找到，而人生是有限的，所以只有在来世才能找到，这就已经接触到宗教领域了。

缺少这个命题，要么道德法则就会完全不配有它的**神圣性**，因为人们把它矫饰成**宽大无边的**（宽纵的），以适合于我们的怡然自得，

"缺少这个命题"，也就是如果没有放眼于无限的领域，缺乏这个无限进步的命题，亦即灵魂不朽的命题，那么从一方面来说，"要么道德法则就会完全不配有它的**神圣性**"。如果你不放眼于无限，你只是着眼于有限的人生，我反正是过一辈子，不满百年我反正是要死的，那么我就我这一生来安排我的行为，我的实践活动，我对得起这一生就够了。如果这样的话，那么道德法则就完全不配有它的神圣性了。我固然也可以在我此生遵守根据我此生的现实的需要而拟定的道德法则，比如说伊壁鸠鲁就是这样的，死后也没什么灵魂，我们人生在世就是追求幸福，追求尽可能最大的幸福。怎么追求？我们把它好好安排一下，不要为眼前的幸福损害了长久的幸福，最大的幸福其实就是平静、不动心。当然我也可以从中抽出某种道德法则，但这种道德是松弛的，"因为人们把它矫饰成**宽大无边的**（宽纵的），以适合于我们的怡然自得"，它是宽大无边的，宽纵的，就是把一切使我感到快乐的东西都纳入到道德里面来，道德法则已经不配有它的神圣性。这样一种生活不配称为道德的生活，它被矫饰成宽大无边的。它也从道德律那里拿来一些东西，比如己所不欲勿施于人之类，它也可以承认，但是那是为了自己能够得到更大的幸福、更好的生活，那就把道德律歪曲成一种宽纵的准则了。这就是为什么幸福主义、

享乐主义最后必然演变成了纵欲主义，因为没有一种严格的先天道德规范做标准，纵欲主义也主张为所欲为就可以得到最大的幸福啊，它也可以说得通。"以适合我们的怡然自得"，Behaglichkeit 就是惬意、舒服这样一个意思，我们译作怡然自得。按照这种道德法则，我们在此生只要过得舒服过得痛快那就够了，好人一生平安，那就是最大的幸福了。那么把道德歪曲成这样一种东西，这是第一种可能性，如果你缺乏无限的眼光，要么你就会堕落到这样一种享乐主义的道德；但还有另外一种可能性。

要么就把自己的天职、同时也把自己的期望绷紧到某种无法达到的规定，亦即绷紧到所希望的对意志的神圣性的完全获得，而迷失在狂热的、与自我认识完全相矛盾的**神智学的**梦呓之中， [123]

这是另外一种可能性，"要么就把自己的天职、同时也把自己的期望绷紧到某种无法达到的规定"，把自己的天职，Beruf 也就是天职，它本来的意思是召唤的意思了，在新教里面把它理解为上帝的召唤，那就是天职，就是你的义务、你的使命。马克斯·韦伯在《新教伦理和资本主义精神》里面特别讨论过天职的概念。要么就把自己的这种使命、自己的天职，同时也把自己的期望，你的使命同时也是你的期望，你期望自己能够完成这个使命，那么这个使命，把它绷紧到某种无法达到的规定，就是说这种使命在现实生活中你是没有办法达到的，但是你又把自己的期望绷紧到在有生之年就去达到它，也就是对自己的期望值过高。"亦即绷紧到所希望的对意志的神圣性的完全获得"，就是这种神圣性在人的此生中本来是不可能的，只有通过一个追求无限的过程才展示出它的可能性，但是如果你把这个无限不放在眼里，或者置于脑后不顾的话，那么你就会有这样一种倾向，以为我在此生就可以完全获得这种神圣性，那就是非常紧张的了。你要在此生完全获得这种神圣性，你就必须把你的所有的对现实事物的追求全部加以否定，采取一种严格禁欲主义的方式，那就是非常紧张的一种生活态度了。凡是跟肉体有关、跟享受有关的你都要把它拒之于门外，你把自己当作圣人，自以为圣洁，没有一丝一毫的瑕疵，当成这样一个标准，一个榜样，一个楷模，这种生活是非常紧张、非常不人道的，相当于活着的死人了。你自认为圣人，你的意志跟道德律的这种神圣性绝对相协调相适合，已经完全获得了这种神圣性。"而迷失在狂热的、与自我认识完全相矛盾的**神智学**的梦呓之中"，神智学我们昨天已经讲到了，神智学就是在此生试图达到彼岸，在肉体中试图达到精神的理想，这导致神魂颠倒，肉体和精神不分，甚至于灵魂出窍，陷入神秘主义，神秘的直观。我在此生通过苦修苦练，我就可以达到灵魂出窍，我就可以直接看到真理，看到上帝，看到神，掌握神的智慧，这就是神智学。它是一种迷狂，道德的迷狂或者宗教的迷狂，所以它迷失在狂热的、与自我认识完全相矛盾的梦呓之中。你对自我有一种清醒的认识，那你就不会这样迷狂，你就会认识到人的有限性，人在此岸、在此生的有限性，认识到他的肉体他的自然本性对他的束缚。你想要摆脱这种束缚，在此岸是根本做不到的，你在此岸，你在此生，在你没死之前，你永远会受到你的感性的束缚，这就是我们对我们人类的自我认识。什么是人？人就是有限的理性存在者。你不要把自己当作无限的理性存在者，你把自己当作无限就是把有限当无限了，你以为凭借你的神智就可以看到上帝。神智学最具代表性的就是诺斯替派，诺斯替主义者又称为神智学者，他们的学说是一种梦呓，与自我认识完全相矛盾的。有限的人想要成神，想要知天命，想要替天行道代天立言，这样一种狂热就是一种神智学的梦呓，根源就在于他希望在此生就能够达到对意志的神圣性的完全获得。但是这一目标又只有在无限的过程中才能一步步地接近，是不可能完全获得的，那是一个理想，你可以把它作为目标去追求，但是你永远也达不到的。

通过这两者，所阻碍的只是那种不停息的**努力**，即努力准确地和彻底地遵守一种严格而不宽纵的、但却也不是理想化的而是真实的理性命令。

"通过这两者",也就是通过前面这两种可能性,要么就是像伊壁鸠鲁那样把道德变成一种宽纵的准则,来适合于我们的自我感觉良好,放弃了对无限的追求,这就过于逍遥了;要么就是把自己当作无限,把自己有限的此生当作是当下马上就可以达到与神圣性完全适合、达到意志与道德法则的完全适合的,这又过于峻急了。通过这两者,"所阻碍的只是那种不停息的**努力**,即努力准确地和彻底地遵守一种严格而不宽纵的、但却也不是理想化的而是真实的理性命令"。这个是总结前面两种偏颇了。这两种偏向由于忽视了无限性,它们阻碍了一种唯一正确的态度,即那种不停息的努力,努力准确地和彻底地遵守一种严格而不宽纵的、但却也不是理想化的而是真实的理性命令。这里一个是准确地,准确地就是针对伊壁鸠鲁的,伊壁鸠鲁歪曲了理性的命令,那么我们就要准确地遵守理性的命令;再一个就是彻底地,是针对神智主义者,神智主义者想在我们此岸世界通过一种灵魂出窍就看到真理、看到神圣性,就自身可以成圣,实际上他们遵守理性的命令是不彻底的,没有摆脱肉体,他们还是把此生、把有限的人生当作就可以获得那种神圣性的一个基础。同样,严格的而不宽纵的,这个也是针对伊壁鸠鲁对道德的那种宽纵的理解,即不是严格的理解,而是对道德法则的一种大而化之的宽纵。严格而不宽纵的、但却也不是理想化的而是真实的理性命令,这个理想化的也是针对神智主义者,神智主义者他们是理想化的,灵魂出窍,马上就可以把握到上帝的智慧,把握到神的智慧,这是不切实际的,是一种狂热、一种梦呓,这种理想化在神智学那里是不真实的。但是呢,这种努力也不是理想化的,而是真实的理性命令,是准确地彻底地遵守真实的理性的命令,所以它是有现实性的。这个就是前面讲的,必须假定这样一个实践的进步作为我们意志的实在客体,所以这里讲到,遵守的是一种真实的理性命令。它是有现实作用的,它是按部就班,既不忽视我们人的有限性,同时也没有抛弃我们无限的目标,而是一步一个脚印地去稳扎稳打,具有现实的改善人的道德的作用。所以这种努力是他最看重的,康德的深刻之处就在于，他把对道德理想的追求不是看作一种空想，而是看作一种目标，这个目标有它现实的作用，就是我们在现实的实践活动中，可以从有限不断地努力向无限靠近，这对我们的现实生活有一种促进作用。这就跟启蒙的理想挂上钩了，启蒙的理想就是讲人类社会是进步的，人也是进步的，人是一步步地被教育成有道德的，最开始他不是天生有道德的，但是他从有限的存在者、从一个动物逐渐地向神靠拢，逐渐地提高自己的道德境界，这个过程中他必须要努力，非常实在的努力，既不是放纵也不是空想，既不散漫也不峻急。

对于一个有理性的但却是有限的存在者来说，只有那从道德完善性的低级阶段到高级阶段的无限进程才是可能的。

这一句说得很明白了。"对于一个有理性的但却是有限的存在者来说"，就是对于人来说，他有理性，有理性他就可以提升他的理想了，理性可以超越于现实，甚至可以超越于科学知识去思考一些对象，这些对象尽管不是现实的但却是应该的。有了理性你就可以思考这样一些对象，理性可以思考无限的东西，但是他本身作为有理性的存在者又是有限的有理性的存在者，所以他又超不出他的肉体。对于一个有理性的但却是有限的存在者来说，"只有那从道德完善性的低级阶段到高级阶段的无限进程才是可能的"，你不可能一蹴而就，一步登天，马上就达到道德的高级阶段、神圣性阶段，所以你必须、你不得不从道德的低级阶段起步，然后日益向高级阶段无限地迈进，只有这样的过程才是可能的。不能像神智学家以为我马上顿悟，坐在那里冥思苦想，我就可以灵魂出窍，就可以跟上帝交通，那是不可能的。你是有限的，你要真正地能够获得神圣性，必须要经过整个一生乃至于死后无限的努力，经历这样一个过程你才能够获得真正的神圣性。

那不存在任何时间条件的无限者，则把这个对于我们是无限的序列看作与道德法则相适合的整体，而为了在他给每个人规定至善的份额上与他的公正相称，他的命令所毫不含糊地要求的那种神圣性，则是在对这些有理性的存在者的此生的某种唯一的智性直观之中才能全部见到的。

这是跟前面一句对照而言的。前面是讲的一个有理性的但却是有限的存在者，就是讲的人类了，那么与人类相对照的那就是上帝了，所以这一句他讲的是上帝。"那不存在任何时间条件的**无限者**"，这无限者就是上帝，就是超越人类之上的彼岸世界的一个有理性的存在者，他是不存在任何时间条件的无限者。这个无限者"则把这个对于我们是无限的序列看作与道德法则相适合的整体"，上帝可以把我们的无限的序列从整体上加以把握。我们人做不到，我们只能从一步步地做起，从有限做起，从低级阶段做起，然后一步一个脚印地跨进到越来越高级的阶段，但是每跨进一步都只是一小步，都不能够达到那个最终的目标，所以我们不能够把握这个整体。只有那个无限者、也就是上帝才能把这个对于我们是无限的序列看作与道德法则相适合的整体，而只有从整体上看，这个过程才能够达到与道德法则完全适合，即达到神圣性。如果我们人类也具有这种眼光，我们就成了上帝了，我们就可以把我们的整个无限的过程看作是神圣的。现在我们只能在过程中看到我们一步步地接近神圣，最后达到神圣我们看不到，因为它是无限，只有上帝可以达到，他可以把这个无限的序列看作一个与道德法则完全适合的神圣整体。"而为了在他给每个人规定至善的份额上与他的公正相称，他的命令所毫不含糊地要求的那种神圣性，则是在对这些有理性的存在者的此生的某种唯一的智性直观之中才能全部见到的"，上帝给每个人规定至善的份额，每个人都想要达到至善，但是一个人在达到至善的时候他有他的份额，人与人是不同的，上帝在每个人之间分配至善的时候，是按照一种公平公正的原则。上帝的最后审判代表最后的公正，那么他给每个人规定至善一个特殊的份额。所谓特殊的份额就是按照你的道德来分配相应比例的幸福，这就是你的份额，另一个人他的道德很不怎么样，于是他分配的幸福就很少，甚至于判他下地狱，这也是他的份额。上帝给每个人的至善的份额是一种关系，德福一致，善有善报恶有恶报，这是一种关系，就是判定每个人在善有善报恶有恶报的天平上得到哪一份，这个必须要与上帝的公正相称。上帝代表公正，为了与他的公正相称，那么他的命令所毫不含糊地要求的那种神圣性，则是在对这些有理性的存在者的此生的某种唯一的智性直观之中才能全部见到的。他的命令毫不含糊地要求人类要具有神圣性，就是你的意志要完全适合于道德律，意志完全适合与道德律那就是神圣性了，这是上帝对每个人发出的命令。那么这样一种神圣性、这样一种意志和道德律的完全适合，是不是完全适合了呢？在上帝的眼睛里面，只有在对这些有理性的存在者的此生的某种唯一的智性直观之中才能全部见到，对此我们人类是无法判定的，只有上帝能够判定。为什么只有上帝才能够判定呢？因为只有上帝才可能具有智性直观。智性直观在这里又提出来了。在《纯粹理性批判》里面到处都否定人具有智性直观，但是到处也都留了一个尾巴，就是说如果有上帝的话，那么上帝的直观有可能是智性直观，上帝的智性可能就是直观的智性，上帝想要什么就有了什么，上帝思考了什么，那个东西就出现了，上帝说要有光，于是光就出现了。所以上帝的思维跟直观是一码事，这就叫智性直观。那么上帝具有这样一种智性直观，他就能够看透思维之物，而对于我们人来说，思维之物和认识之物是不同的，有些东西是可以认识的，有些东西只能思维而不能认识，因为我们没有智性直观，我们只有感性直观。凡是超出感性直观之外的我们都不能认识，但是不一定不能思维，超出感性之外的很多东西我们都可以思维，这就是自在之物，我们可以思维但是不能认识，因为它超出我们的感性直观之外。但是如果有一种知性直观，那就是凡是思维的都能直观到，那就可以认识，但是那超出了我们人的认识能力的范围之外，我们只能设想那是上帝的知识，上帝的认识可以认识一切能思维的东西，只要你想得到，他就能认识，甚至于可以把它造出来。他认识了当然就可以把它造出来，变成一个事物，这种直观就是智性直观。那么上帝的智性直观用在这个场合之下，就是在对这个有理性的存在者此生的某种唯一的智性直观之中才能全部见到那种神圣性，见到上帝的命令所毫不含糊地要求的那种神圣性。也就是我们此生中，我们人是只有感性直观的，我们只能看到此生的现象，但是我们此生的那个本体我们是见不到的，我们在现象中所做的事情在本体中到底值几何，到底具有多少神圣性，我们是看不到的，哪怕我们天天做好事，我们也看不到它到底具有多少神圣性，我们只是拼命向神圣性最高处去努力，但是要评价我们的这个神圣性，那只有上帝能做到。因为上帝能把握我们的本体，上帝能真正地把我们的所作所为是否符合上帝的命令，在什么程度上符合了上帝的命令，根据毫不含糊的神圣性的标准，通过他的智性直观加以评定。上帝能够评定每一个人的行为，他的罪和他的神圣性，都是由上帝来评定的，因为上帝能够凭借他的智性直观来把握我们这些有理性的存在者的本体，这些有理性的存在者的此生，这个此生他用的是 Dasein，我们也可以把它翻译成存有，或者说此在。海德格尔讲的此在就是 Dasein，da 就是此时此地，Sein 就是存在，所以我们把它翻译成此生。翻译成此在也可以，我们通常是把它翻译成存有，如果要为了术语的统一的话这个地方可以把它改成存有。但是要在这个具体的地方表达他的这个含义，此生还是比较贴切的，就是在此生中。我们人的有限的存在就是此生，那么对这种此生我们只有感性直观，但是上帝具有智性直观，在这种智性直观中能够把握住我们此生按照神圣性要求来衡量的那个程度，到底有多少神圣性，不是凭我们的感性能够衡量的，要凭借上帝的智性直观才能够准确地把握，才能全部见到。这种神圣性只有在上帝对我们人的此生的智性直观中才能全部见到，那么上帝见到了神圣性，能够有了全部的把握以后呢，他就可以给每个人的至善的份额加以公正地分配。所以他前面是讲，为了在他给每个人规定至善的份额上与他的公正相称，他就必须在我们的此生中的智性直观之中去把握他的命令所毫不含糊地所要求的那种神圣性，把握了这种神圣性他就可以按照这种神圣性的程度，根据你做到了神圣性多少的程度,来公正地分配每个人的至善的份额,上帝这方面有精确的直观、精确的计算。

至于就这种份额的希望方面可以归于被造物的东西,那将是对他这种经过考验的意向的意识,以便从他的迄今由比较恶劣到道德上较为改善的进步中,从他由此得知的不可改变的决心中,希望这个进步更加不断地继续下去,

我们先看这半句。"至于就这种份额的希望方面",这种份额就是至善的份额,刚才讲到上帝会公正地分配至善的份额给每一个人,那么就这种份额的希望方面,你希望获得多少份额,在这方面"可以归于被造物的东西",可以归于我们人的东西,我们人就是被上帝所创造的。也就是你凭什么可以希望自己得到某种份额,我希望得到尽可能多的份额,至善,德福一致,但是我凭什么能够有这个希望呢?那么可以归于我的东西,在我这方面有些东西是不知道的,我的本体,我的神圣性的程度,这些东西我是不知道的,但是有一点我是知道的,我可以凭借我自己的这方面的一些根据来希望我应得的份额,那么这个东西是什么呢?"那将是对他的这种经过考验的意向的意识",也就是对人的这样一种经过考验的意向的意识。什么叫经过考验的呢?就是说从低级到高级,这是一个长期的考验过程,你要坚持这样一种意向不动摇,这种意向经过从低级到高级、从有限到无限不断的进步,这样一种意向它要经过考验,你不要到半路之中又退回去了,放弃了,你要不断地精进、不断地上升,提高自己。那么对这种经过考验的意向的意识,这是我们可以作为根据的,我们凭借的是这样一种意识,比如说在我临死之前我觉得我这一生都在拼命地向神圣性靠近,虽然我没有做到,我是一个凡人,我不是一个圣人,但是我的意志坚定,一直就没有动摇过,或者中间有一点小小的波折我又克服了,我仍然坚持着做一个道德的人。对这种意向的意识就可以作为我们这方面的根据,我们凭借这种意识就可以希望得到一定的至善的份额。什么样一种经过考验的意向的意识呢?就是意识到这样一个意向,

"以便从他的迄今由比较恶劣到道德上较为改善的进步中，从他由此得知的不可改变的决心中，希望这个进步更加不断地继续下去"。我有了这样一种经过考验的意向的意识，那么我就能够从我迄今为止由比较恶劣到道德上较为改善的进步中，从我由此得知的不可改变的决心中，来希望这个进步更加不断地继续下去。我有了这种意识以后呢，那我就更加坚定了我的信心和决心：既然我这么多年都坚持向善的意向，那么我就要好自为之，我不要轻易破坏了这个意向、中断了这个意向，我要把它继续下去，我要一贯到底地做一个好人。否则的话一步失足，遗恨终生，毁了一世的清名，那就划不来了。所以我意识到我自己从比较恶劣到道德上比较改善这样一个进步，由此得知我有一种不可改变的决心，我的决心越来越坚定。一个人开始做好人的时候他不一定那么坚定，青少年的时候他可以变好也可以变坏，但是如果他想要做一个好人，那么到了一定的时候，到了成年人的时候，他的信心就比较坚定了，到老年的时候他回顾自己一生，我从来没有做过一件坏事，那么这本身就足以成为一种限制他做坏事的一个理由，这个事情我就不能干，我从来没有干过，不符合我向来的原则，那么我就由此得知了一种不可改变的决心，而希望这个进步更加不断地继续下去。这都是由我们的经过考验的一种向善的意向而引出来的，这种意识能够使我们坚定自己的决心，能够希望这个进步更加不断地继续下去。

　　<u>而不论他的生存能达到多么长久，甚至超出此生，也就是永远不是在这里或在他此生任何可预见的将来某个时候，而只是在（唯有上帝才能一目了然的）他的延续的无限性中，与上帝的意志完全相符合（而无须与公正性不合拍的宽容和姑息）。</u>　[124]

　　他希望这个进步更加不断地继续下去，"而不论他的生存能达到多么长久，甚至超出此生"。这里康德有个注释，我们把这个注释放到下一节课来讲。就是说我坚定了这个决心以后，那么这个决心就是超越我的此生而继续下去的了，我从此生中得出了这个决心，从此生的进步中，从本

来比较恶劣到后来道德上比较改进，变成了好人而且越来越好，越来越坚定我向善的信心、向善的决心，并且希望这个进步更加不断地继续下去，要永远做一个好人。那么这个永远的决心它就不限于此生了，而且它可以超出此生，延续到死后，延续到肉体死了以后我的灵魂仍然在不断地朝神圣性进步，而不论我的生存能够达到多久，甚至于超出此生，也能够不断地继续。我在此生就会有这样一种愿望，这样一种决心，就是说这是我的一贯的原则，而且我希望它成为我的永恒的原则，哪怕死后我也仍然要坚持这样一个原则，这就是我的人格性。这样就把灵魂不朽的悬设引出来了，这种灵魂不朽只有上帝才能看出来，所以它与上帝的悬设又是不可分割的，这就又引出了下一节对上帝的悬设。他这里讲，"也就是永远不是在这里或在他此生任何可预见的将来某个时候，而只是在（唯有上帝才能一目了然的）他的延续的无限性中，与上帝的意志完全相符合（而无须与公正性不合拍的宽容和姑息）"。这样一种不断继续下去的决心，甚至于超出此生，那是什么时候呢？那就是永远不是在这里，也不是在他此生任何可预见的将来某个时候，而是达到与上帝的意志相符合。比如此生我预计还有几十年生命，在这几十年中任何一个时候，我都无法做到这一点，而只有在我的无限的延续过程中才能实现我的理想，就是与上帝的意志完全相符合。与上帝的意志完全相符合也可能有别的看法，有人会以为我可以在这里当下就与上帝的意志完全相符合，或者在此生的任何可预见的将来某个时候，通过苦修苦练，将来会一朝豁然贯通，达到顿悟，神智学家们就是这样想的。但在康德看来这是不可能的，所以他讲，只有在他延续的无限性中，他才能与上帝的意志完全相符合。而这种无限性是他看不到边的，只有上帝才能一目了然。我的意志一旦跟上帝的意志、也就是跟道德律完全相符合，达到那种神圣性，那就不需要宽容和姑息了，因为那将会是不公正的。我不需要请求上帝的宽恕，网开一面，放我一马，而是该是什么就是什么。但是这种延续的无限性对于我们有限的人来说只是一个无限努力的过程，我们看不到整体，我们也不能预见将来无限远的什么时候能够与上帝的意志相符合。而上帝是可以一目了然地看到的, 所以我们讲上帝是知人心者, 而人对自己是把握不定的。虽然人对自己把握不定, 但是他可以坚定自己的决心。可以坚定自己的信心, 不断地去努力, 这一点他可以抓住, 这就是他的现实性。人在现实生活中对于纯粹实践理性法则有一种现实性, 就是从有限到无限, 从比较的恶劣到道德上日益改进, 这样一个进步他是可以看到、可以抓住的。我不知道将来会怎么样, 但是我知道我今天比昨天要进步一点, 这总是现实的, 我明天还要比今天更加进步, 这也是可以预见的, 但是不是进步到就能够跟上帝的意志完全相符合, 这个我们不能够把握, 这只有上帝才能把握, 而且可以对你的每一个阶段进行评价。因为他有一个最后的公正的标准, 所以他可以回过头来对你的每一步加以评价。伊壁鸠鲁把人的感性的自然需要也容纳进道德法则里面来, 或者甚至于用它替换了道德法则, 那就是一种宽纵和姑息, 它是与公正不合拍的。要与公正合拍, 那就必须严格地按照神圣性, 按照与上帝的意志是否完全相符合这样一个标准, 来分配每个人至善的份额, 善有善报恶有恶报, 善报到什么程度, 是成比例的, 恶报也是成比例的, 那么这才体现出上帝的公正性啊。你如果把什么幸福啊什么东西都纳入到道德里面来, 那标准何在呢, 那就体现不出公正性了。你要体现公正性必须要有一个统一的标准, 那只有上帝才掌握这个标准, 但是人可以朝着这方面努力, 就有希望跟上帝的意志做到完全相符合, 并且由此所获得的幸福将会是公正的。休息一下吧。

好, 我们最后来处理他这个注释, 这个注释比较长。这个注释是根据刚才讲的这一句话, 就是"希望这个进步更加不断地继续下去, 而不论他的生存能达到多么长久, 甚至超出此生", 这后面康德加了一个注释。我们在此生的经验中, 通过我们长期坚持一种信念, 一种追求, 一种意向, 获得一种经过考验的意识, 我们发现我们能够做到的一个向善的意向是,

从比较恶劣到道德上比较进步、比较改善的进程中，从由此得知的不可
改变的决心中，我们已经坚定了自己的决心，这个决心我们意识到它是
不可改变的了，那么我们就可以希望这个进步更加不断地继续下去，甚
至于超出此生，这个地方就加了这样一个注释。

当然，对自己的意向在向善的进步中不可改变抱有**确信**，看来对一
个被造物独自说来也是不可能的。

这是对这种意向的一种修正。前面讲，我从自己此生中所形成的一
种经过考验的意向的意识，发现自己有这种决心，并且我希望能够把这
种决心继续保持下去，我希望这个进步更加不断地继续下去，甚至于超
出此生，到来生我希望还能够保持这样一种决心，这是康德对于人在道
德上的进步提出的能够归于我们自己这一方的希望，这不必归于上帝。
上帝是知人心者，那么人能干什么呢？人就是可以坚定自己的信心，在
这方面我们可以做到这一点，从我们长期所坚持的、所坚定的一个信念
中我们可以得出一个希望，就是到来世我们还可以坚持我们向善的这个
进步。但是这样一种信心是不是就确定了呢？我们主观感觉上也许会觉
得是确定的，但是主观感觉是不可靠的，主观感觉毕竟是主观感觉，人不
可能是知人心者，只有上帝才是知人心者，我们自己怎么可能知道我这
种决心就的确是确定的呢？就真的可以保持永远不改变、死后也不改变
呢？死后你能保证自己的决心不改变吗？是不是这就毕竟能够有一种确
信呢？所以他这里做了一个补充说明。他说："当然，对自己的意向在向
善的进步中不可改变抱有**确信**，看来对一个被造物独自来说也是不可能
的"，我似乎也不可能单独对自己的这样一种不变的决心抱有确信，"确
信"打了着重号。为什么打着重号？康德在《纯粹理性批判》先验方法
论第二章第三节"意见、知识和信念"中，为一般的"视其为真"区分出
了客观上充分的"确信"和只是主观的"置信"，前者被看作是对每个人
都有效的，后者则不必如此；主观上充分而客观上不充分的叫作"信念"；

主观和客观上都充分的就叫作"知识",其中,主观上充分的这一面叫作"确信"(虽然它也被视为对他人有效),客观上充分的这一面叫作"确定性"。(参看 A821—822=B849—850)我们由此可以看出"确信"在这些"视其为真"中的位置:即它与"置信"不同在于它需要认定对每个人都有效;它与"信念"(Glauben,即信仰)不同在于后者在客观上并不充分而它却是客观上充分的;它与"确定性"的不同则在于在同一个"知识"中,它仍然代表主观充分的一面。可见它的客观上充分的方面有赖于他人的印证,必须假定对一切人都有效,而不是仅仅是单独一个人自己内心的信念。所以这里说,这种确信看来对一个被造物"独自来说"也是不可能的,为什么?因为它只涉及个人对自己内心意志的态度,与他人相不相信无关。所以相信自己的意向在这一无限进步中永不改变,如果单独就个人来看,这只能说是主观的"置信",而不是"确信",或者说,一个人独自不可能有这种确信。

为此之故,基督教的宗教教义也仅仅让这种确信来自同一个圣灵,这圣灵产生出虔诚,也就是这种坚定的决心,及与此一道产生出对在道德进程中始终不渝的意识。

"为此之故,基督教的宗教教义也仅仅让这种确信来自同一个圣灵",为了弥补对这种意向的决心在确信中客观上还不太充分的不足,基督教勉强作了一种补救,这就是仅仅让这种确信来自同一个圣灵。所谓圣灵,在基督教中指普遍的灵魂,所有人的灵魂最终都归于同一个圣灵,个体灵魂是互不相通的,但借助于上帝,这些灵魂在圣灵中相通并且融为一体。上帝的一个"位格"就是圣灵(圣父、圣子和圣灵三位一体)。所以在圣灵之下,就不存在他人的灵魂如何印证我的灵魂的问题了,我对我的灵魂不朽的意向就可以说是一种地道的"确信"了。当然,基督教的这种补救并不是着眼于这种确信的知识层面,不是放在"知识"的确信和确定性的要素中来看待这种确信的,所以这种补救在知识的层面上是很勉强的,只是着眼于实践上的作用,即"这圣灵产生出虔诚,也就是这种坚定的决心，及与此一道产生出对在道德进程中始终不渝的意识"。实际上这里讲的只是信念或者信仰，从知识的层面看来信念或信仰都只是主观上充分而客观上并不充分的；而从实践的层面来看，这就是虔诚，也就是一种坚定的决心，由此产生出在道德进程中的意志的一贯性。所以基督教的教义并不是要在理论上证明这种确信，而只是要在实践的信仰中坚定这种决心，这种始终不渝的意识，这就是为什么说这种教义"仅仅让这种确信来自同一个圣灵"，因为圣灵也不能证明这种确信理论上的客观性，但却可以赋予主观实践意志的坚定性，这就是信仰的虔诚性。只是在这一点上你不要太自信，以为我凭借我的经验，我历来就有一种向善的决心，那么这个决心作为一种习惯，就一定可以保持到来世，你这样断言就是一种理论上、客观上的断言了。基督教需要的自信不是理论上的，而是实践上的，我们人可以不断地坚定我们的信念，坚定我们的决心，要从有限进向无限，这样来努力。所以基督教的教义仅仅让这种确信来自同一个圣灵，每个人的那种自我感觉都是不可靠的，你要坚定自己的信心，就不能完全靠自己的自我感觉或经验，似乎我以前都遵守得蛮好，那么我以后也一定会遵守得好，我死后也一定会这样做，这个是靠不住的。你只有依靠同一个圣灵，那就是上帝了，圣灵就是上帝，由这个上帝、这个圣灵产生出虔诚。这个虔诚 Heiligung 其实也可以译成"神圣化"，就是说人的虔诚是产生于圣灵，来自于上帝，他使得人的这种意向虔诚起来，神圣化起来，你要把自己的努力看作是在追求神圣性，这个神圣性来自于上帝，它不可能来自于你的有限的人生。你的有限的人生可以给你提供一些经验，你起意要做个好人，你立志要做个好人，而且你长期以来做到了，这只是一种经验，但是不是它就能够保证你的这样一种决心具有神圣性呢？这是不可能的，它不能保证你的这种不可改变的决心具有确定性，只有这个圣灵才能产生出虔诚，也就是这种坚定的决心。我们看到基督教徒向上帝祈祷，祈祷上帝给我信心，给我力量，给我决心，甚至于祈祷上帝给我信仰。他既然在祈祷上帝,他当然已经是有信仰的了,但是他对自己的信仰并不十分确信,认为这种意向随时有可能改变,于是他要祈祷上帝给他以坚定的信仰。特别是新教徒,新教徒在这一方面更加具有深度,就是说他们从来不认为自己就是彻头彻尾地坚定地相信上帝的,所以他们的忏悔精神更加彻底。就是说虽然他们相信自己是受到上帝恩宠的,但是他们绝不依赖于这一方面,以为可以高枕无忧,而是不断地祈祷,希望能够借助于上帝的力量、借助于圣灵的力量来坚定他们的信心,这个是基督教的很重要的一个特点。上帝的圣灵普遍地渗透每一个人,每一个人心中都有圣灵,都代表上帝的声音,所以你必须借助上帝的圣灵,你才能产生出一种虔诚,一种确信,产生出一种坚定的决心,以及与此一道产生出对在道德进程中的始终不渝的意识。这就说明我们在现实生活中虽然有不断向善的进步,但是你不要过分地相信我们这个进步的决心,它随时可能改变。

但是,一个意识到自己一生的一个很长时间直到生命结束都在向着更加善良,也就是出于纯正道德动因而持续进步的人,当然也很可以使自己产生这种即使并不确定的令人慰藉的希望,即他甚至在一个超出此生而继续下去的生存中也会坚持这些原理,并且尽管在他自己的眼中,他在这里是绝对没有根据的,也不可以凭未来所指望的他的自然完善性的增长,甚至与此同时他的义务的增长而有朝一日希望这一点,

我们暂时到这里打住,来看这半句话。前面说,我们不可能过分地相信自己的这种决心,在向善的进步过程中,我们不能对自己的这种不可改变的决心抱有确信,基督教里面也只是引入圣灵来增加我们的这种信念,如果不引入圣灵的话,我们靠自己那是没有办法相信自己能够得到拯救的。这个地方康德还只是把基督教引入进来作为一个例子,还没有加以解释,他这里不谈基督教,他这里谈的还是道德,还没有进入到宗教层面来谈。我们作为一个暂时不谈基督教的人,在道德方面我们可以怎么做呢?我们对我们向善的进步既然不可能抱有确信,那么我们能够

怎么做呢？他说尽管如此，"但是，一个意识到自己一生的一个很长时间直到生命结束都在向着更加善良，也就是出于纯正的道德动因而持续进步的人，当然也很可以使自己产生出这种即使并不确定的令人慰藉的希望"，就是说我们虽然不能产生确信，但仍然可以产生"希望"，这种希望当然是不确定的，是非常微弱的，仅仅是一种希望而已，而不是一种坚定的信心，不是一种确信。一个人意识到自己一生很长时间直到生命结束，哪怕在临死之前我对自己的一生加以回顾我也问心无愧，如果是一个这样的人，一个在向着更加善良、也就是出于纯正的道德动因而持续进步的人，仍然是有希望的。我一生都在不断地改善自己，出于纯正的道德动因，这个动因是 Bewegungsgrund，我们前面讲了它跟动机有点区别。道德是我们的纯正的动因，是推动我们的意志的规定根据，使得我们持续地进步，这样一个人当然也很可以使自己产生这种即使并不确定的令人慰藉的希望。尽管不确定，但是我们可以抱有一种希望，既然我一生已经按照道德律去做了，我问心无愧，我可以死而无憾，那么我对于死后也可以有一种希望，这希望可以给我一个安慰：我死了以后不会下地狱而会上天堂。虽然我一辈子做好事，吃了很多亏，丧失了大量的幸福，甚至我为了做道德的事情丧失了所有的幸福，当然我做道德的事情不是为了幸福，而是我在临死之前可以有一种安慰，就是我虽然丧失了所有的幸福，但是我在来世会得到加倍的报偿。这也给人一种希望，这种希望当然是不确定的，它也不足以使你对自己这种决心和信心得到确信。这个确信我们人是做不到的，人每时每刻都在自由地选择，你怎么可以确信你就不改变了呢？你怎么可以确定你的人生还剩下那么短暂的时间，你就不会毁了一世的英名呢？有的人在临死之前做了一件坏事，晚节不保，整个一辈子辛辛苦苦地积攒起来的声誉毁于一旦，这种例子还是很多的。所以任何人都不能够保证自己，尽管你从来都是个好人，也不能保证自己永远是个好人，不做坏事。因为人是自由的，人随时可以打破习惯，所以你不要过分相信自己的这种决心，甚至以为可以推到来世。

但是你还是可以有一种希望, 这个提法就比那种确信要弱得多了, 希望不是一种确信, 它只是一种设想, 即使并不确定, 但令人慰藉。只要他一辈子都做好事, 他就很可以产生这种希望, 就是来世会得到报偿。当然他这里讲的不是来世的报偿, 而是来世也会希望自己坚持这样一种做法, 这样一种做好事的决心, 这个是前提。但是你来世如果坚持一种做好事的决心, 那么有了这个最高条件, 你当然可以希望得到相应的报偿, 得到相应的成比例的幸福, 这是随之而来的。但是前提就是说, 即算在来世, 你也仍然可以日益精进地改善自己的道德状况。所以他这里讲到, 也很可以使自己产生这种希望, "即他甚至在一个超出此生而继续下去的生存中也会坚持这些原理, 并且尽管在他自己的眼中, 他在这里是绝对没有根据的, 也不可以凭未来所指望的他的自然完善性的增长, 甚至与此同时他的义务的增长而有朝一日希望这一点"。什么希望呢, 就是他甚至在一个超出此生而继续下去的生存中也会坚持这些原理。我希望我在来世仍然坚持我在此生所坚持的这样一些道德原则, 这样一种生活方式, 这样一种信心, 这样一种决心。我决心做一个好人, 那么在来世我也会相信自己, 我希望自己也会这样坚持, 也会坚持这样做。并且尽管在他自己的眼中, 他在这里是绝对没有根据的, 你有什么根据预料自己在来生也会坚持这些原理呢? 没有根据。尽管我以往一直在这样做, 但是我难保我来世还会继续这样做, 这绝对没有根据。在他自己的眼中, 他在这里是绝对没有根据的, 也不可以凭未来所指望的他的自然完善性的增长, 甚至与此同时他的义务的增长而希望这一点。自然完善性的增长是未来所指望的, 就是说指望自己的自然完善性将会越来越增长, 比如说来世, 来世的完善性会比此生更加增长, 更加增长他的完善性。人的本性在来世是怎么样的我们根本就不知道, 是不是我的完善性就会增长呢? 我摆脱了肉体以后我的灵魂不朽, 是不是我的完善性就更加增长了呢? 我作为人格性, 是不是在来世就更加完善了呢? 这个都很难说。假如是自然完善性增长了, 那么随之而来的也就是他的义务的增长, 因为一个人的义务是随着他的自然完善性而来的,越是强有力的人他所承担的义务就越多。我们前面曾说到,纯粹实践理性不会命令人承担他做不到的义务。一个在自然方面有缺陷的人,那么他承担的义务可能就要少一些,比如说残疾人,有些义务可能就要少一些,他的能力有限嘛。那么将来是不是人的能力会提高,以及伴随而来的,人的能力提高了人的义务也就增长了呢,是不是会有这样一种义务的增长呢? 是否能够由于这种义务的增长而有朝一日希望他在一个甚至超出此生的生存中也会坚持这些原理,希望自己在来生、在死后还会坚持这些原理? 那么康德说,这些在他自己眼里都是没有根据的,这些希望都是不可靠的。不能指望由于他死了以后他的自然完善性的增长以及与此同时他的义务的增长,而有朝一日希望他能够在来世仍然也会坚持这些原理,也会坚持过道德的生活,这个是不足为凭的,在此生他是没有任何根据的,无法推出来世他能够有什么样的希望。

但他却仍然可以在这个进步中拥有一个永福的未来的前景,这种进步虽然涉及到一个被推延至无限的目标,但毕竟对于上帝来说是被当作已具有的;

尽管我的希望是没有根据的,所有这些希望就是希望我在未来坚持这些原则,坚定自己的决心,甚至于在来世、在另外一个世界,希望我仍然可以坚持这些原则,这样一种希望实际上是没有根据的,你凭什么断言我可以做到这一点? 没有什么凭据。"但他却仍然可以在这个进步中**拥有一个永福的未来的前景**",或者说未来的展望。我仍然可以展望未来,也就是仍然可以有希望。虽然我不能确定,但是希望总是可以有的,希望一下总是可以的,我可以拥有这样一个永福的未来展望,因为我在进步嘛,在进步我们就可以向前看嘛。如果我们不进步了,我们就只能看着眼面前,看着自己的立足之地,如果我们往前走,我们就总可以有一个展望。而这个展望是指向一个永福的未来的,"永福的"打了着重号,就是说,灵魂不朽趋向于神圣性,给我们带来一种配得永福的希望,我们在来世继续坚持道德法则, 那就有希望拥有永福, 那就是和上帝合一了, 达到上帝本身的至善了。永福和一般的与道德成比例的幸福还不完全一样, 它是这些幸福中最高层次的, 只有上帝本身才拥有的, 这种至善的德福一致是最高层次的, 是不朽的灵魂的德行和天堂永福之间的一致, 也就是在彼岸世界中的一致。而且, "这种进步虽然涉及到一个被推延至无限的目标, 但毕竟对于上帝来说是被当作已具有的", 这个地方提出上帝来了, 前面一直回避用上帝这个词, 因为第二个悬设还没有提出来, 但这里预先提出来了, 灵魂不朽的希望最终要由上帝来保证。就是说在我这一方面主观上是没有任何根据的, 但是我仍然可以拥有这个希望, 为什么呢? 是因为假设了一个上帝, 而这种希望对于上帝来说是被当作已具有的。上帝已经具有了这样一种远景, 就是在上帝的天堂里面, 所有适合于道德法则的灵魂通过灵魂不朽达到神圣性, 都有希望享有永福, 这在上帝的概念里面是包含着的, 对上帝来说是被当作已具有的。这就表明我们现在有必要把上帝引出来了, 也就是引到下面一节了, 就是上帝的存有作为一个悬设, 我们怎么来设定。但是这里还没有, 这里只是涉及到, 只是提及, 就是一个永福的未来是我们可以在这个进步中展望的, 我们可以希望的, 但这个希望要由上帝来保证。因为如果你不假设一个上帝, 那么这个希望仍然很渺茫, 尽管你在道德上日益精进, 哪怕到来世灵魂不朽, 死了以后你仍然拼命地努力地向神圣性接近, 乃至于你最后做到了神圣性, 但是不是能因此获得与之相应的幸福呢? 这还是个问题。你只能希望自己在未来可以做到神圣性, 但是你不能希望在未来得到与神圣性相应的永福, 获得与你的神圣性相应的那种最高幸福。要获得与你做到的神圣性相应的幸福, 那还得由上帝来保证。所以这里涉及另外一个问题, 就是说在来世, 前面所讲的都是我能够坚持使自己不断地接近于神圣性, 不断地从道德的低级阶段上升到道德的高级阶段乃至最后达到最高的阶段, 就是神圣性, 意志和道德法则完全相适合, 这是一种希望; 但是还有一种希望就是, 与之相应地要获得成比例的幸福, 直至永福。那么这就是另外一种希望了。灵魂不朽带来的是两大希望，一个是希望自己做到神圣性，由于有灵魂不朽，所以我们有希望做到神圣性，我们并不是此生就完了，此生就完了就没有希望了，死了以后什么也没有，那么我做到什么就是什么，那就永远也达到不神圣性了。但是如果设想一个灵魂不朽，那就还有希望，虽然我在此生没有达到神圣性，但是我还可以继续努力，这是一种希望；另外一种希望就是说，我此生做好事并没有得到好报，那么我希望死后，由于我达到了神圣性，所以有可能获得与之相应的成比例的幸福，这就是至善了。这两方面合起来就构成对至善的一种希望，当然后面这种希望需要引进一个上帝。那么对上帝来说这样一个永福的未来展望是被当作已具有的，对于我们来说虽然涉及一个被推延至无限的目标，对于上帝来说却是已经达到了的，因为上帝是无限的，上帝超越时间、空间，也超越一切有限性，所以上帝是已经具有了这整个过程的。

因为永福这个词是理性用来表示一种不依赖于世上一切偶然原因的完整的福祉的，这正如神圣性一样是一个只能包含在无限的进程及其总体中的理念，因而被造物是永远不会完全达到的。

就是说，我们仍然可以在这个进步中拥有一个永福的未来展望，也就是拥有对于永福的一种希望，它是靠上帝来保证的，因为这种进步虽然涉及一个被推延至无限的目标，但毕竟对于上帝来说是被当作已具有的。那么下面就解释了："因为永福这个词是理性用来表示一种不依赖于世上一切偶然原因的完整的福祉的"，永福这个概念是一个理性的概念，用来表示什么呢，表示一种完整的福祉，不依赖于世上一切偶然的原因。我们所谓的幸福都依赖于我们所生活的这个世界中各种偶然的原因，包括周围的环境，也包括你个人的条件等等偶然的原因，它们能够带来幸福；但是永福这个词，在彼岸世界的天堂里面享受永福，那是不依赖于一切偶然原因的，它是一个理性的完整的福祉，是纯粹由理性所推出来的，它的前提是神圣性。永福的前提是神圣性，永福就是跟神圣性相配的幸福，它是不依赖于偶然性的，它有必然性，就是在上帝眼里，凡是做到神圣性的都能够享有最高的永福，成比例的。所以他接下来讲，"这正如**神圣性**一样是一个只能包含在无限的进程及其总体中的理念"，永福（福祉）和神圣性这是两个打了着重号的理念，是在至善中互相配合的，但它们都只能包含在无限进程中以及总体中。无限进程还不够，必须要是在总体中，就是必须要有一个上帝能够对它们加以总体地把握。无限进程它本身是遥遥无期的，永无止境的，没个完，但是上帝能够把它们作为一个总体来加以把握，这个时候才能够显出神圣性，也才能够显出永福，最高的福祉，最完整的福祉，它不依赖于世上的一切偶然性。世上一切偶然性在我们的这个无限的进程中随时随地都在发生，但是一旦它在上帝眼里完成了它的总体，那么一切都是必然的。在我们人看来都是偶然的，但是在上帝的安排中一切都是必然的，最后归结为必然。就像莱布尼茨所讲的，在我们人看起来好像到处都充满了冲突，不和谐，但是在上帝眼里，一切都是和谐的，整个都是一个前定和谐的世界，这是莱布尼茨的观点，在康德这里也有一点点痕迹，虽然他不完全同意莱布尼茨。就是在上帝心目中，这一切都是可以完全按照理性的必然性来配合的，你有多少神圣性，你有多少道德的适合性，你就得到多少幸福，这个不根据偶然性，不根据你的命运如何，你的天赋如何，完全根据你的道德如何。这就是一种理性的分配，善有善报恶有恶报，完全是合理的。"因而被造物是永远不会完全达到的"，这样一个层次、这样一个眼光是上帝独自具有的，只有上帝才能够具有这种眼光，而我们被造物是不会完全达到的。这个注释实际上是从这里引出了下一个问题：我们有必要设定上帝的存在。在基督教里面把这种确信归之于一个圣灵，康德在这里还没有正式谈到基督教，在基督教还没有建立在理性的基础上之前，康德是不谈基督教的。但他心目中是有基督教的，他心目中是要重建宗教的，那么如何重建宗教，实际上他跟基督教所做的方式是类似的。基督教就是预设了一个圣灵，说我们的信心、我们的信念、我们的信仰来自于圣灵，不是来自于我自己的感悟，或者我自己的经历，我自己所受的教育，这些都是不可靠的，真正可靠的就是同一个圣灵。那么在康德这里呢，就是归之于上帝这样一个悬设。我们必须要悬设一个上帝，才能够解释我们为什么对于我们的这种信念抱有希望。当然这种希望已经比基督教的信仰要减弱很多了，它不是一种严格意义上的信仰，它是一种理性的推论；但它又不是完全理论理性的，不是完全从逻辑推出来的，它是一种实践理性的希望，或者说他从逻辑理性上推出来的只是一种实践理性的希望而已。我可以希望什么？我可以希望我的道德能够达到神圣性，在来世有这种希望，那么与此相伴的就是我可以希望凭借这样一种道德获得与之相应的幸福，最后是凭借神圣性获得永福。我可以希望来世的永福，如果你在死后的灵魂不朽中做到了神圣性，你就可以希望与之相配的永福。那么相应地你就必须要假定一个上帝，要悬设一个上帝才能够提供这种相配的保障，所以悬设上帝是我们的希望的一个前提。希望有两个前提，一个前提就是灵魂不朽，你死了以后还可以干一些事；再一个前提就是上帝，上帝能够公正地审判，能够评价，不但能够以道德性为标准来分配幸福的份额，而且能够以神圣性为标准来分配永福的份额，也就是分配至善的份额，每个人的至善的份额有多大，这个由上帝来评判。所以有必要设定一个上帝。这是他向下一个环节过渡。下一个环节我们这学期已经不能讲了，只好留到下学期了。

＊　　　　　＊　　　　　＊

　　我们今天开始讲《实践理性批判》的最后这几部分，就是《康德三大批判精粹》里面所收入的最后这几部分。我们上学期已经讲了《实践理性批判》的辩证论，里面有好几节，上次讲到了第Ⅳ节，就是关于纯粹实践理性的第一个悬设，灵魂不朽。那么今天我们要讲的就是第Ⅴ节，关于上帝存有。

Ⅴ.上帝存有,作为纯粹实践理性的一个悬设

在《实践理性批判》的辩证论部分,康德提出了两个悬设。实际上他有三大悬设,三大悬设呢,前面的一个悬设是自由意志,意志的自由,他在这里就没有专门讲了,为什么没有专门讲呢? 因为那是作为一个前提。意志自由不是推出来的,它不是从纯粹实践理性里面一层层推出来的,不是根据前面一系列的讨论。当然它也是从道德律里面推出来的,所以它还是一种悬设,但是后面讲的这两大悬设是作为辩证论的悬设,辩证论的悬设是从道德推出宗教。意志自由这样一个悬设本身还不是宗教,当然它是宗教的基础,但它首先是道德的基础。基督教在康德心目中它的基础还是从自由意志的道德律推出来的,但是就宗教本身来说呢,它的条件就是两个最主要的悬设:一个是灵魂不朽,一个是上帝存有。所以他这里只提到两个悬设,那么最后呢,在他的第Ⅵ节"总论纯粹实践理性的悬设"中,他又提到三大悬设,就是把意志自由也加入进来了。但是自由的悬设在这里没有展开讨论,因为前面已经讲得够多,他用不着在这里再展开了。我们先看他的这个第Ⅴ节:"上帝存有,作为纯粹实践理性的一个悬设",就是在我们精粹本的372页,全译本的170页(边码143)。我们还是一句一句地来讲。

在前面进行的分析中,道德法则导致了一个没有任何感性动机的加入而只通过纯粹理性来颁布的实践任务,这就是导致至善的最先和最重要的部分即**德性**的必然完整性,并且由于这个任务只有在某种永恒中才能完全得到解决,就导致了对**不朽**的悬设。

在前面的分析中,也就是在上一节关于灵魂不朽的分析中,"道德法则导致了一个没有任何感性动机的加入而只是通过纯粹理性来颁布的实践任务",这个实践任务就是"导致至善的最先和最重要的部分即**德性**的必然完整性",这是对上一节作总结了。上一节提出了灵魂不朽,为什么

要提出灵魂不朽？这是由于道德法则导致了一个排除任何感性动机只是通过纯粹实践理性来颁定的实践任务。这个任务就是德性的必然完整性，它是至善的最高条件、也就是最先和最重要的部分。德福一致首先就要求德性是完整的，这样德性才能在德福关系中占据绝对的优先地位，它作为至高无上的善才能为至善奠定基础。我们前面讲过纯粹理性本身就具有实践能力，也就是不需要任何感性的东西就具有实践能力，那么它的实践任务是什么呢？它的实践任务就是要达到纯粹的德性、最高的德性。而德性的必然完整性就是导致至善的最先和最重要的部分，在至善这个概念里面首先必须要有德性。一般的善可以是指任何好的东西、值得向往的东西，但是至善肯定必须要有完全的德性作为它的前提。首先要有德性才有至善，并且德性是其中最重要的部分，当然不是全部，至善除了德性以外还有幸福，德福一致才能叫至善嘛；但是在至善里面德性是最先的和最重要的部分。道德法则要求德性是必然完整的，它是由纯粹的定言命令所规定的，它必须是完完全全地按照道德法则来做的，掺杂任何其他感性因素就被破坏了，不完整了。但是因为人是有限的，人有感性、有肉体需要，所以他在现实中做不到完整的德性，而只能一步步地逐渐克服感性对他的束缚，但是直到一生结束，他也不能做到完全克服感性动机，而完不成纯粹实践理性给他颁布的这项实践任务。这样，"由于这个任务只有在某种永恒中才能完全得到解决，就导致了对**不朽**的悬设"，这个是把意思挑明了。为什么要设定不朽？不朽的悬设就是为了在永恒中来实现德性的必然完整性这样一个任务，而这个任务对于有限的人来说是不可能完成的，对于带有肉体、带有生命的现实性的人来说是不可能完成的，那么只有设定一个灵魂不朽才能完成，所以就必须从道德法则里面推导出对不朽的悬设。如果你撇开那些感性的偶然性的话，那必然就会要设定一个灵魂不朽。一旦我们在灵魂不朽中撇开了感性，撇开了人的肉体，那么单凭道德法则就会顺利地产生一个德性的必然完整性，不受任何感性的肉体的损害，完全由纯粹理性从道德法则里面推出这种德性的必然完整性。所以如何能够撇开人的感性、肉体,那就是要设定灵魂不朽,人在此生是撇不开的。必须要设定一个灵魂不朽,在来世,在死后,这个时候我们才能不受肉体的干扰,单纯从道德法则凭借纯粹理性来完成这个德性的任务。我今生今世是完成不了了,我只能尽量地努力,但是我希望死后能够把它完成。

　　<u>正是这条法则,也必定如同以前那样无私地只是出于不偏不倚的理性,而导致至善的第二个要素,即与那个德性相适合的**幸福**的可能性,也就是在与这一结果相符合的某种原因的存有的前提下导致这种可能性,亦即必定把**上帝实存**悬设为必然是属于至善(这一我们意志的客体是与纯粹理性的道德立法必然结合着的)的可能性的。我们要以使人信服的方式来描述这一关联。</u>

　　"正是这条法则",这是指前面那个道德法则了,也就是上一句的主语。正是这条道德法则,"也必定",这个地方原来译作"必然",改成"必定"更好一些,"也必定如同以前那样无私地只是出于不偏不倚的理性"。下面这两个意群调换一下位置更好理解,原来接下来是:"也就是在与这一结果相符合的某种原因的存有的前提下",我们把这个调到后面去。只是出于不偏不倚的理性,接下来是:"而导致至善的第二个要素,即与那个德性相适合的**幸福**的可能性"。就是说,道德法则出于不偏不倚的理性而导致了至善的第二个要素的可能性,就是与德性相适合的幸福的可能性,这里"幸福"打了加强的着重号,与上面打了同样的着重号的"德性"相对应。德性和幸福是至善中的两大要素,而德性的必然性和幸福的可能性都是由道德法则推导出来的。但这个幸福的可能性是如何推导出来的呢? 这就可以从前面那个被调到后面去的意群中看出来,"也就是在与这一结果相符合的某种原因的存有的前提下导致这种可能性",与这一结果相符合,这个结果就是指前面的幸福的可能性这个结果。我们原来把这个意群放到前面,后面的"幸福的可能性"还没有出来,"这一结果"就没有着落了,人们就不知道是什么结果了。我们把它调到后

面, 这就很明确, 这一结果就是指与那个德性相适合的幸福的可能性,
至善的第二个要素就是这个结果。所以我们要把两个意思调整一下, 不
调整的话就有可能引起茫然。那么, 至善的这第二个要素是如何导致的
呢? 是在与这一结果相符合的某种原因的存有的前提下导致的, 或者说,
其前提就是与这一结果相适合的某种原因的存有, 是这样导致的, 这就
很明确了。什么是与这一结果相符合的某种原因的存有? 那就是上帝
的存有啊! 这自然就引出了上帝存有的悬设了。"亦即必定把**上帝实存**
悬设为必然是属于至善 (这一我们意志的客体是与纯粹理性的道德立法
必然结合着的) 的可能性的", 这个"必定"与前面的"必定"共用同一个
muß, 因而这半句与前半句是并列句, 即对至善的第二个要素的设定也就
是对上帝实存的设定了。前面讲道德法则导致了一个实践的任务, 人在
此生是不可能完成的, 所以导致了对不朽的悬设; 那么同一个道德法则
也必定会导致对上帝存有的可能性的悬设, 以便使至善的第二个要素成
为可能, 也就是导致与德性相适合的幸福的可能性。现在我们再从头来
分析一下这个句子。"正是这条法则, 也必定如同以前那样无私地只是
出于不偏不倚的理性", 如同以前那样, 就是如同它导致了不朽的悬设那
样, 怎么样呢, "无私地"。这个地方出现一个"无私地", 也就是仅仅出
于不偏不倚的理性, 不是适合于某个个人的特殊爱好的理性, 不是被当
作爱好的工具的理性。理性是一种普遍法则, 出于不偏不倚的理性, 也
就是出于纯粹理性, 它不是根据某个私人的兴趣, 他的特质、他的气质、
他的爱好、他个人的一些需求, 而是无私地仅仅出于不偏不倚的理性。"而
导致至善的第二个要素, 即与那个德性相适合的**幸福**的可能性", 至善的
第二个要素就是幸福了, 那么这个幸福是与那个德性相适合的幸福, 不
是笼而统之地讲幸福, 导致幸福。我们通常做任何一件事情都是为了幸
福, 但是在这里是出于无私的不偏不倚的理性而导致幸福, 那么这个幸
福就一定是与那个德性相适合的幸福, 导致那样一种幸福的可能性, 这
就是至善的第二个要素了。在至善里面有两个要素, 一个是德性, 一个

是幸福,而在其中首先要强调德性是最先的最重要的,而幸福是与德性相适合的,这个关系要强调,否则的话,两者并列,或者甚至把幸福放在更重要的地位,这在康德看来都是不合法的,都不是至善。那么这样一种幸福的可能性有其前提,也就是"与这一结果相符合的某种原因的存有"。什么是这一结果呢,就是这样一种与德性相适合的幸福的可能性,要导致这样一种结果,那么它有一个相应的前提就是某种原因的存有,要以这个存有为前提,否则的话这种结果的可能性就不存在。这个"某种原因"当然就是上帝了,由上帝来保证,这结果才有可能。理论上你从道德法则里面推出来的这种可能性,实际上需要假设一个上帝的存有来保证。所以他下面接下来就是,"亦即必定把**上帝实存**悬设为必然是属于至善……的可能性的",中间有个括弧:"(这一我们意志的客体是与纯粹理性的道德立法必然结合着的)",至善这样一个我们的意志的客体,也就是我们意志所追求的对象,它是与纯粹理性的道德立法必然结合着的,这里特别强调这一点。这样一个至善,包括它的两大悬设,都是必须以道德立法作为它的最先的和最重要的内容,最重要的成分。这个"必定"跟前面一个"必定"是相并列的。前面讲,正是这条道德法则也必定如同以前那样无私地只是出于不偏不倚的理性,而导致至善的第二个要素;并列的就是,亦即必定把上帝实存悬设为必然是属于至善的可能性的。它是这样推出来的:首先,第一个必定就是必定导致至善的第二个要素,就是与德性适合的幸福的可能性;第二个必定是,既然这种可能性的前提必须要设定一个某种原因的存有,那顺理成章地,必定把上帝的实存悬设为必然是属于至善的可能性的,因为只有上帝的存有使得这种幸福的可能性成为可能。上帝的实存这样一个悬设是属于至善的可能性的,至善要得以可能就必须要悬设一个上帝。括弧里面他进一步强调,至善这一我们意志的客体是与纯粹理性的道德立法必然结合着的,就是他时时刻刻不忘这样一个至善里面的道德所占据的最重要的分量,哪怕他设定上帝,但是他还是要强调我们做这样的设定就是要完成与道德立法必然结合着的那种至善。这是从第一个悬设引入到了第二个悬设，从灵魂不朽的悬设引入到上帝存有这个悬设，里面具体的机制在下面他还要加以阐述。所以他最后一句讲，"我们要以使人信服的方式来描述这一关联"。前面只是提了一个大致的线索，那么具体的关联是怎么样的呢？如何能够从道德法则里面必然地推出上帝的悬设？其中的原理就在下面，或者说对上帝悬设的"演绎"就在下面两段。这个演绎跟《纯粹理性批判》里面对于范畴的演绎有结构上的类似性，所谓知性范畴的演绎，就是要证明这些范畴如何能够有资格运用于感性经验的对象之上，他的证明就是说，感性经验作为知识来说如果没有范畴，那是不成立的。凡是有感性经验的知识，里面其实已经包含着范畴作为它的前提了，没有范畴的能动性，那些感性的东西根本不成为知识，只有通过本源的综合统一，把那些知识联结起来，这些知识才成其为知识。范畴的作用就在这里，就是使知识成为知识。那么与此类似，上帝存有这样一个理念、这样一个悬设，它的作用在什么地方，为什么一定要悬设一个上帝，这个理由也是康德在《实践理性批判》里面进行演绎的一个主题。

幸福是现世中一个有理性的存在者的这种状态，对他来说在他的一生中**一切都按照愿望和意志在发生**，因而是基于自然与他的全部目的、同样也与他的意志的本质性的规定根据相一致之上的。

这是对幸福的一种解释。什么是幸福？他说，"**幸福是现世中一个有理的存在者的这种状态**"，现世中就是在现实世界中，一个有理性的存在者的这种状态。在现世中的有理性的存在者就是有限的有理性的存在者，也就是人。他的幸福是这样一种状态，什么状态呢？"对他来说在他的一生中**一切都按照愿望和意志在发生**"，也就是我们通常所讲的，"心想事成"、"万事如意"。什么是幸福？幸福就是心想事成嘛，一切都按照愿望和意志在发生。但是心想事成是笼统的，他这里区分了，一个是愿望，一个是意志。愿望和意志不一样：愿望更带有感性的需要，意志更带有自由意志的色彩,意志甚至于可以摆脱感性的需要,为了达到一个目的可以坚持,甚至于可以牺牲一些感性的需要去达到最后的目的,所以这两个层次是不太一样的。他这里讲到,按照愿望和意志在发生,如果单纯是按照愿望而没有按照意志,或者缺乏意志,那等于醉生梦死。你虽然生活优裕,想要什么就有什么,但还是觉得不自由,你是被养在笼子里的鸟,关在动物园里的狼,什么供给都让你满足了,但你还是不满足,那个不能叫作幸福。幸福除了愿望的满足以外,还需要有意志的自由。所以他这里不单纯是我们讲的心想事成的意思,它有两个层次。下面就分出这两个层次了,他说,"因而是基于自然与他的全部目的、同样也与他的意志的本质性的规定根据相一致之上的"。基于自然与他的全部目的相一致,这就是心想事成了,就是你的一切愿望都可以实现,自然会提供你实现你的任何愿望的手段,达到你的全部目的,这是一方面,我们通常讲的幸福都是这个层次。但是除此而外还有另一方面,他讲,同样也与他的意志的本质性的规定根据相一致。不光是与他在自然或现实中的全部目的相一致,他的所有的目的都能实现。当然在幸福里面包含有这个意思,从一般的世俗眼光来看,这就是幸福的了。一个人当上了国王、当上了皇帝,想要什么就有什么,那就是幸福的了,所有的人都追求当皇帝。但是当皇帝也有不自由的时候啊,有的皇帝已经意识到这一点,隋文帝就曾经有过这样的感叹:吾贵为天子而不得自由。这是为什么呢?因为所有的目的虽然都有自然的条件供他来实现,但是除此而外呢,也要与他的意志的本质性的规定相一致,那就是要与自由意志相一致。这些东西必须是你的自由意志所带来的,并且按照你自由意志本身的法则,不违背这个法则。当然再进一步推就会推出道德律,但是这个地方他还没有讲道德律,他只是讲幸福。幸福当然必须要跟道德律相一致,这才是至善;但是你单讲幸福的时候呢,它只要跟你的意志的本质性的规定根据相一致就够了,就是说你要意识到自己是自由的。所有这些东西,所有这些幸福,都是我自己争取得来的,不是由别人给我安排好的或者强加于我的,否则你有再多的钱你也不觉得幸福,你想要什么都能买到你也不一定会觉得幸福。你吃老本,或者你当"啃老族",你花的是父母给你创造的财富,你没有成就感,所以你也不一定幸福。所以幸福本身就包含有两个层次,一个是低层次的,一个是比较高层次的,最高层次的当然就接近于道德了,就是与道德律相适合的那种幸福,那就是最高幸福,但还不是道德律本身。幸福跟道德、跟德性之间还是有区别、有界限的,不能像伊壁鸠鲁那样混淆两者;但是它本身也有两个层次,它的高层次就是跟道德律比较接近的。

现在,道德法则作为一种自由的法则,是通过应当完全独立于自然、也独立于它与我们的(作为动机的)欲求能力的协调一致的那些规定根据来发布命令的;但现世中行动着的有理性的存在者却并不同时又是这个世界和自然的原因。

前面一句讲的是幸福,这一句讲的是道德法则。幸福是基于自然与人的全部目的、并且与人的意志的本质性的规定根据相一致之上的,这是幸福;而道德律呢,"道德法则作为一种自由的法则",这个与幸福是完全相反的,"是通过应当完全独立于自然、也独立于它与我们的(作为动机的)欲求能力的协调一致的那些规定根据来发命令的"。独立于自然,也独立于自然与我们的欲求能力、与我们的动机的协调一致,也就是独立于幸福的那些规定根据来发命令的。道德法则作为一种自由的法则,是通过那样一些规定根据来发命令的,什么样一些规定根据呢?这些规定根据完全独立于自然,而且也独立于自然与我们的(作为动机的)欲求能力的协调一致。自然与我们的欲求能力,与我们的需要,与我们的动机或目的协调一致,这就是幸福了;但是道德律是按照独立于这样一种幸福、独立于这样一种协调一致的规定根据来命令人的。这个是作为一种对比,前面讲的是幸福,这一句讲的是道德法则。道德法则跟幸福完全相反,幸福需要自然与他的全部目的以及与他的意志的本质性的规定根据相一致,如果自然恰好配合你的目的、配合你的需要,那你就觉得幸福。但是道德法则不一样,它不需要自然跟你的目的相配合,它是完全独立于自然也独立于它与我们的欲求能力的协调一致,是按照这样一些规定根据来发命令的。这是一个鲜明的对比,前面讲幸福,后面讲道德律。"但现世中行动着的有理性的存在者却并不同时又是这个世界和自然的原因",就是说我们在现世中行动,我们在这个自然界中行动,但我们并不是这个世界和自然界的原因,这个世界不是我们创造的,没有说出来的那句话就是,实际上是上帝创造的。这个世界不是我们创造的,我们是被抛入了这个世界,抛入了一个并非我们自己创造出来的世界,这个世界并不会自动地满足我们。假如它是我们自己创造出来的,那我当然可以创造得使它既满足我们的欲望、又符合我们的道德律,但是我们不是创造这个世界的原因。那么这就意味着我们既不能轻易得到幸福,也不能轻易把道德律在现世中实现出来,因为你的道德律根本就不管现实,不管自然界是怎么样的,那你怎么能实现出来呢? 你仅仅是按照你自己的纯粹理性来规定你的行为。所以这句话就是说,道德也好幸福也好,这两者完全不能协调,因为这个世界不是我们创造出来的。

　　所以在道德法则中没有丝毫的根据,来使一个作为部分而属于这个世界因而也依赖于这个世界的存在者的德性和与之成比例的幸福之间有必然的关联,这个存在者正因此而不能通过他的意志而成为这个自然的原因,也不能出于自己的力量使自然就涉及到他的幸福而言与他的实践原理完全相一致。

　　这就是我们刚才讲的,在这两个方面人都是无能为力的,这个世界不是人创造的,人只是这个世界中的一个部分,这个世界对于他的目的如何样地来适合,这个不由他决定,这由很多对他来说是偶然的因素来决定。谋事在人,成事在天,你可以谋划,但是成不成,那个不在你的能力范围之内,你可能一事无成,你想得很好,但是你一事无成。这个不论是在幸福方面还是在德性方面都是这样,你既不能得到你想要的幸福,你也不能实现你所策划好的德性的行为。"所以在道德法则中没有丝毫的根据",你在道德法则里面凭借纯粹理性,撇开自然你不管,那么你就没有丝毫的根据,"来使一个作为部分而属于这个世界因而也依赖于这个世界的存在者的德性和与之成比例的幸福之间有必然的关联"。道德法则不能使你的德性和你的幸福产生必然的关联,你从道德法则里面推不出来你的德性必然会获得相应的幸福,或者你的幸福必然是符合相应的德性的,它们没有任何必然关系。因为至少你的幸福必须依赖于自然,而德性不依赖于自然,那么这两者如何能够对应呢? 所以它们没有必然的关系,这个德性和与之成比例的幸福之间,你有多少德性就得到多少幸福,善有善报恶有恶报而且是成比例地报,这个从单纯的德性法则里面是推不出来的。"这个存在者正因此而不能通过他的意志而成为这个自然的原因",这个存在者就是指人了,就是一个作为部分而属于这个世界因而也依赖于这个世界的存在者,人本来就是这个世界产生出来的,是这个世界的一部分。那么这个存在者正因此,因为什么呢,因为他德福不能一致嘛,正因为德福不能一致,而不能通过他的意志成为这个自然的原因,也就是不能通过他意志的法则、不能通过道德律而成为自然的原因。想通过他的道德律就产生出与道德律相适合的自然,这个是做不到的,人只是自然的一分子。"也不能出于自己的力量使自然就涉及到他的幸福而言与他的实践原理完全相一致",也不能出于自己的力量,自己的自然力量,使自然在他的幸福方面与他的实践原理、道德原理完全相一致。你不可能既有自然的幸福,又有相应的完全一致的实践原理、也就是道德原理。这还是讲的德福不能一致,你既不能通过道德产生出与之相应的自然后果,与之相应的幸福,也不能出于自己的自然的力量使得自然在幸福方面与自己的道德法则完全一致,就是既不能从道德推出幸福,也不能把幸福提升到道德,这两方面都是人做不到的,

[125]　　然而在纯粹理性的这个实践任务中,即在对至善的必然探讨中,这样一种关联却被悬设为必然的:我们**应当**力图去促进至善(所以至善终归必须是可能的)。

也就是说德福在自然中不能一致。"然而在纯粹理性的这个实践任务中",德福一致是纯粹理性的实践任务,也就是至善。至善是纯粹理性的实践的对象,意志的对象,也是意志的任务,你要完成德福一致这个对象。"即在对至善的必然探讨中",对于至善,纯粹理性是必然要去探讨的。"这样一种关联却被悬设为必然的:我们**应当**力图去促进至善",也就是说虽然在自然界德福一致是做不到的,因为这个自然界不是我们产生、创造出来的,而是现成的,我们被抛入到这个自然界来了,你怎么能做到使这个自然界和你的道德律相一致呢?你怎么能做到使你在自然中所追求的幸福和这个道德律相一致呢?但是呢,在纯粹理性的这个实践任务中,在对至善的必然探讨中,德福一致这样一种关联却被悬设为必然的,这个必然的意思就是,我们应当力图去促进至善,"应当"打了着重号。我们必然会应当,按照纯粹理性来说,我们应当去促进至善,我们必须去追求这个至善,这是纯粹理性的要求。纯粹理性本身的要求首先是道德律,然后是与之相配的幸福;道德律可以直接推出来,但是与之相配的幸福呢,那就要通过一个间接的悬设才能推出来,直接推不出来。在现实世界中我们推不出来,德福不能一致,德福本身在现世中是没有办法一致的,但是从纯粹理性里面呢,德福一致这样一种关联却被悬设为必然的,也就是被假定为必然的。这个必然就是我们必然会有一种应当,道德上有一种应当,我们必然应当力图去促进至善。我们做不到,但是纯粹理性教导我们,你一定要去做,知其不可而为之。知其不可,之所以不可是因为我们生活在世界上,所以不可;而为之,那就要悬设一个来世了,并且还要悬设一个可能性——至善的可能性,你肯定是把它当作可能的去追求,如果根本不可能,在理性上就不可能,那就没有追求的理由了。如果从纯粹理性上它是可能的,那你就有追求的理由:虽然在现世我们追求不到,我们知道在现世追求不到,人是受肉体限制的,受自然界限制的;但是你可以设想一旦人摆脱了他的肉体,上升到一个更高的境界,你至少可以这样设想、这样悬设,那么呢,它就是可能的,至善的促进是可能的。我们上升到这个世界的原因,这个世界我们不是它的原因,但是我们可以悬设一个这个世界的原因,来调和德和福。我们调和不了,但是我们应当去追求,这里头已经就有一种悬设,就是悬设有一个可能调和德福的这样一个原因。他在括弧里面讲,"(所以至善终归必须是可能的)",我们必须要去追求,当然是以它的可能性作为前提,如果我们已经证明它不可能,那你去追求就是犯傻了。正因为我们从纯粹理性出发认为德福一致是可能的,虽然我们在现世生活中不可能,但原则上还是可能的,那么我们才会去追求,所以至善终归必须是可能的。

　　这样,甚至全部自然的一个与自然不同的原因的存有也就被**悬设**了,这个原因将包含有这一关联,也就是幸福与德性之间精确一致的根据。

　　这就是我们刚才讲到的,这样一来呢,甚至于全部自然的一个原因的存有,一个什么样的原因呢? 一个与自然不同的原因的存有,全部自然的原因本身不是自然,已经超出自然之上了,所以它是与自然不同的。"甚至全部自然的一个与自然不同的原因的存有也就被悬设了",也就是说伴随着我们对于至善的可能性的悬设,我们同时也就悬设了一个全部自然的原因的存有。这两个悬设,一个是对于至善的可能性的悬设,一个是对于全部自然的原因的悬设,这两个悬设是伴随着的,或者甚至于可以说这两个悬设就是一个悬设,但是在层次上还是要把它们分清楚。康德下面进一步把这两个悬设的层次作了区分。他说,"这个原因将包含有这一关联,也就是幸福与德性之间精确一致的根据",这样一个全部自然的原因将包含有这样一个关联,这个原因也就是上帝了,上帝的这样一个原因将会包含有德福一致的关联,它是幸福与德性之间精确一致的根据,或者说这个原因就是至善的根据,上帝就是至善的根据。当我们设定至善的可能性的时候,我们就已经设定了上帝,当然这里还没有提到上帝,他只是说全部自然的一个与自然不同的原因,这个跟以往的一些自然神论是不一样的。以往的自然神论者认为全部自然的原因也是一个自然,就是上帝本身也是自然,他是按照自然律在创造这个世界的。

但是康德认为这是不够的,仅仅把上帝设想为一个自然的原因是不够的,他必须设想为一个与自然不同的自然的原因,这个原因跟他所创造出来的结果就是自然界是不同的。不同在哪里,后面将要讲到,一个是他是有理智的,自然界是盲目的,而上帝是有理智的;再一个呢,上帝是有自由意志的,这个跟自然界是不同的。不同就在这两点,一个是他是有理智,再一个他有自由意志,这里还没有讲到这些不同之处。

但这个至上的原因不应当只是包含自然与有理性的存在者的某种意志法则协调一致的根据,而应当包含自然与这一**法则**就他们将它建立为自己**意志的至上规定根据**而言的表象协调一致的根据,因而不仅应当包含与形式上的道德风尚协调一致的根据,而且还应包含与作为有理性的存在者的动机的他们的德性、即与他们的道德意向协调一致的根据。

这句话又做了一个细微的区分,这个至上的原因,不应该是这样一种根据而应该是那样的根据。就是说,"这个至上的原因不应当只是包含自然与有理性的存在者的某种意志法则协调一致的根据",自然与有理性的存在者的意志法则一致,也就是自然与道德法则一致,它的根据当然就是上帝了。但是还不够,上帝不仅仅包含这样一种自然与道德法则协调一致的根据,这种表述只是讲到德福一致,还没有讲到它们如何一致。所以讲到上帝对至善的保证的时候,我们要注意这一点。我们通常讲至善就是德福一致,但这个表述其实是不精确的,精确的表述应该是福适合于德,德是至高无上的,在德福一致中它们不是两个并列的东西,而是德比福占有优先地位,必须按照你的德性来分配相应比例的幸福,这就比较精确了。所以他这里讲到的,但是这个至上的原因不应当只是包含自然与道德法则协调一致的根据,"而应当包含自然与这一**法则**就他们将它建立为自己**意志的至上规定根据**而言的表象协调一致的根据"。这两句话的区别何在?就在于我们刚才讲的:仅仅讲德福一致,德和福好像是并列的,好像上帝处于第三者的地位,把德和福联结起来就完了,不是这样子,或者不仅仅是这样。联结当然要联结起来,但是以什么方式联结起来？那么这里就进一步地加以规定了，应当就他们将道德法则建立为自己意志的至上规定根据而言，以这种方式来建立自然与道德法则的一致。注意这里的"法则"以及"意志的至上规定根据"都打了着重号，强调这一法则应该具有这样的表象，自然是与法则的这种至上的规定根据的表象协调一致。它们不是并列的关系，而是上下级关系，体现了纯粹实践理性优先于思辨理性的原理。幸福肯定不是至上的，只有道德律才是至上的规定根据，要与这样一个表象协调一致。"因而不仅应当包含与形式上的道德风尚协调一致的根据，而且还应包含与作为有理性的存在者的动机的他们的德性、即与他们的道德意向协调一致的根据"，这个说得更加明白一些了，就是说不仅仅应当包含与形式上的道德风尚协调一致的根据，也就是我们通常讲的善有善报恶有恶报，这也是一种道德风尚了，我们通常都这样说，但它是形式上的，就是说你做了好事就有了好报；但是你做好事的时候你是否出于好的动机，这个难说。如果你不是出于好的动机，你就是想得到好报，那么这种协调一致还不是这里所要讲的协调一致，他只是符合道德风尚而已。一个人做了好事他当然应该得到好报，至于他内心的动机怎么样我们不必去追究，我们也追究不了，他的内心我们不知道；但是康德所要求的那种真正的德性必须是立足于为道德而道德，立足于这样一种道德的动机。所以它应该包含与作为有理性的存在者的动机的他们的德性、即与他们的道德意向协调一致的根据。必须有一种道德意向、主观的动机，这个是康德最看重的，为道德而道德才是真正的道德，如果仅仅是为了得到幸福、得到好名声、获得回报，或者是出于某种情感、出于某种同情心、怜悯心去做道德的事情，在康德看来这都还不算真正的道德，这只是符合道德风尚，值得鼓励，但是还不值得敬重。真正值得敬重的就是为道德而道德，他没有什么情感方面、自然方面、利益方面、功利方面，任何这些自然方面的考虑，那么与这样一种道德表象的协调一致那就很难很难了，它的根据只有上帝才能够包含于自身。我们说道德风尚，善有善报恶有恶报的德福一致也不是完全做不到的,人生在世,一个人如果非常聪明的话,如果很明智的话,他是有可能在某种程度上做到德福一致的,他又做好事结果又得了便宜,或者吃小亏而占大便宜,这个我们在现实生活中也可能会找到这样一些例子,并不是完全做不到。但是一个完全是为道德而道德的人,他在现实生活中那是极少能够成功的,极少能够得福的,一般都要碰得头破血流,那就只有靠上帝来保证他相应的幸福了。所以上帝能够保证的不仅仅是一般的德福一致,而且还应该包含自然界与有理性的存在者的动机这样一种德性、也就是与他们的道德意向协调一致,这个就必须要上帝来保证了。如果真正是纯粹的道德意向,为道德而道德的这样一种动机,那么它跟自然界如何能够协调,这必须要诉之于至上的原因,因为自然界本身就是这个至上的原因创造出来的,他最终可以安排得使这个自然界和人们的为道德而道德的纯粹道德意向协调一致,他有这个本领。

　　<u>所以至善在现世中只有在假定了一个拥有某种符合道德意向的原因性的至上的自然原因时才有可能。</u>

　　这个是前面这一段的推论。"所以至善在现世中只有在假定了一个拥有某种符合道德意向的原因性的至上的自然原因时才有可能",至善在我们这个现实世界中基本上是追求不到的,基本上是没有的,但是我们必然会设想它在现世中有可能,那么如果要假设它有可能的话,我们就必然要假定一个拥有某种符合道德意向的至上的自然原因,也就是假定上帝的存有,这个时候才有可能。在现世中,我们处于自然界里面,我们处于现实生活中,那么我们要做到至善,德福一致,而且不是一般的德福一致,不是德福平行的一致,而是按照道德成比例地得到自己的幸福的那种一致,那么要达到这样一种德福一致、达到这样一种至善呢,我们就必须要假设一个拥有某种符合道德意向的原因性的至上的自然原因。首先他是至上的自然原因,就是说他是自然界的创造者,他是至高无上的自然界的主宰;但是他又拥有符合道德意向的原因性,他又拥有为道

243

德而道德的道德意向的原因性，他使得人的行为完全按照道德的动机出发来影响自然界。我们只有假设这样一个自然界的原因才有可能在现实生活中把至善实现出来，这就引出了上帝了。就是说至善你要能够设想它在现实中实现出来，你就必须要设想一个上帝。所以这两个悬设，至善的可能性的悬设跟上帝的悬设实际上是一致的。

现在，一个具有按照法则的表象行动的能力的存在者是一个**理智者**（有理性的存在者），而按照法则的这种表象的这样一个存在者的原因性就是它的**意志**。

这是给上帝定性了，只有经过这种定性，这个自然原因才可以理解为上帝，而不只是自然神论者眼里的最高自然。我们前面讲到过，有理性的存在者跟自然界、跟自然物的区别就在这个地方，自然物是按照法则而运作的，而唯有实践的主体、唯有有理性的存在者是按照法则的"表象"而运作的。"一个具有按照法则的表象行动的能力的存在者是一个**理智者**（有理性的存在者）"，有理性的存在者具有一种按照法则的表象而行动的能力，所谓按照法则的表象就是按照目的，目的就是一个法则的表象，这个目的还没有实现出来，但是它已经以表象的方式存在于有理性的存在者的头脑里面了。自然物它是按照法则运行，但是它没有表象，更没有法则的表象，它不是把这个法则当作一个表象、当作一个目的去追求；而有理性的存在者就可以把法则的表象设立在那里：我这里有一个目的，这个目的是我按照法则而想出来的，它是符合法则的，所以也是能够实现的。那么我就在它还没有实现的时候按照法则的表象采取行动，把它实现出来，这是人的特点。当然，这同时也是上帝的特点，只不过上帝这方面的能力更加强大得不可比拟，因为人只是有限的理性存在者或理智者，而上帝是无限的理性存在者或理智者。"理智者"打了着重号，这是上帝的第一个定性，除此之外他还有第二个定性。"而按照法则的这种表象的这样一个存在者的原因性就是它的**意志**"，这个"意志"也打了着重号，这是和"理智者"相对应，它们共同构成了上帝的两个定性。

拥有这两个定性的上帝就和一般的自然原因区别开来了,上帝由此而具有了"人格"或"位格"(Person),不再是自然界了。康德前面已经说过,什么叫意志,意志就是按照一个法则的表象起作用的原因性。所以意志跟自然规律的不同也就在这里,有理性的存在者跟自然物的不同也就在这里,它们都是按照法则的表象而起作用的。为什么在这个地方要提出这两个定性呢? 是为下面做铺垫的。前面已经提到了这样一个自然的原因性,那么这种原因性有两方面,一方面是作为一个理智者(Intelligenz),它具有按照法则的表象行动的能力;那么另外一方面就是按照法则的这种表象的原因性,就是意志。这两方面都是为了规定这种原因性的,因为前一句话讲到自然的原因性嘛,所以这一句话的两个分句都讲到这样一种原因性,一是它必须是有理性的,另外一个必须是有自由意志的。这就为下面做好铺垫了,就是说这样一个自然的原因性它是什么呢? 它本身不是自然,如果它还是自然的话,它就不可能有理性,也不可能有意志,自然界不可能有理性也不可能有意志,它就是按照自然规律、按照自然法则在运行而已。但是这样一种原因性具有意志,也具有理性,它不是按照自然法则在运行,而是按照法则的表象在行动。做了这样一个铺垫,下面一句直接就点明了。

　　<u>所以,自然的至上原因,只要它必须被预设为至善,就是一个通过**知性**和**意志**而成为自然的原因(因而是自然的创造者)的存在者,也就是上帝</u>。

　　"所以,自然的至上原因,只要它必须被预设为至善,就是一个通过**知性**和**意志**而成为自然的原因(因而是自然的创造者)的存在者,也就是**上帝**",也就是说自然的至上原因、这个拥有符合道德意向的原因性的至上的自然原因,只要被假定为至善,那它就必定是通过知性和意志而成为自然的原因的,因而是自然的创造者,而不只是自然本身。它是有目的、有意图、有计划地创造出自然界来的,一定要假设一个创世过程的,这样一个世界的创造者才是上帝。注意这里"知性"(Verstand,也译作"理智")

和"意志"（Wille）都打了着重号，最后"上帝"则打了加强的着重号，表明知性和意志是上帝的两大属性。创世说是对自然神论的超越，就因为创世是一个有意识、有目的、有理智、有自由意志的行为，而不是单纯的自然规律，这样一种行为是至善在现实中实现出来的可能性的根据。所以这句话就是讲，自然的至上原因，只要它必须被预设为至善，就是一个通过知性和意志而成为自然的原因的存在者，也就是上帝。我们前面讲到至善的悬设跟上帝的悬设其实是一个悬设，就是这个道理，自然的这样一种至上原因只要它必须被预设为至善，那么它就是上帝，这个上帝是一个通过知性和意志而成为自然的原因的存在者，那么这样一个至上的原因呢，我们当然只能把它设想为上帝了。上帝跟自然神论者所讲的那种单纯的自然的第一因、第一推动者（它本身也是一个自然的原因）是大不一样的，康德所理解的上帝实际上是一个纯粹精神的上帝，他不是那种自然神论的上帝。自然神论的上帝把上帝仅仅设想为是一个物理学家或者是一个数学家，他按照物理学的规律办事，他不可能创造一个违背物理学和数学规律、违背逻辑规律的世界出来。或者上帝如果有头脑的话，他那个头脑跟人的头脑一样也是被规定了的，但是我们不能把上帝做这样的设想。上帝有知性，还有自由意志，这样设想的上帝才是真正的上帝，才不是那种自然神论所冒牌的上帝，或者斯宾诺莎的泛神论的上帝，泛神论就是把整个自然界、整个宇宙称之为上帝，但是已经没有上帝创世的理智和意志了。而康德要求的上帝是超越于整个自然界之上的、自上而下地创造自然界的自然原因，那么超越在自然界之上体现在什么地方呢？就体现在他本身应该是具有知性和意志的，是这样一种自然原因。他按照知性发动他的意志来创造这个世界，成为自然的创造者，但他跟自然本身又是不同的，他是按照自由意志和知性来创造这个世界的。当然这只是一种悬设，下面一句话就把这两个层次整出来了。

　　因此，最高的派生的善（最好的世界）**的可能性的悬设同时就是某个最高的本源的善**的现实性的悬设，亦即上帝实存的悬设。

　　一个是最高的派生的善，最高的派生的善就是最好的世界，什么是最好的世界？就是最善的世界，在这个世界里面德福完全一致，那就是至善在现世中的实现了，在现世中的至善的概念就是这个最高的派生的善。但是它是派生的，它是被创造出来的一个结果，但是谁能够把这样一种至善创造出来呢？那还必须要往最高处去追溯。这种追溯在最高的派生的善里面其实已经开始了，就是说当你悬设一个最高的派生的善、一个最好的世界的可能性的时候，这种悬设同时就已经设定了它的创造者，即某种最高的本源的善的现实性，也就是上帝的存有、上帝的实存。上帝实存的悬设已经包含在这里头了，所以这两个悬设其实是一个，当然是分做两次来讲，你设定结果时就已经设定了原因，这其实是同一个过程。你假设了上帝确实存有，那么你才能够为至善的可能性提供根据。所以从这种可能性的悬设里面推出了一个现实性的悬设，或者说，从一个可能的可能性里面推出了一个现实的可能性，因为悬设本身就是可能性，它悬设了现实性。当然至善和上帝还是两个概念，上帝是使得至善可能的一个悬设，但是至善的悬设的可能性里面已经悬设了上帝的现实性。这个里头非常微妙，就是上帝和至善之间的关系非常微妙，它们既是同一个悬设，同时又不是同一个概念，有两个层次，但是在悬设的时候它们是联结在一起不可分的，你要悬设至善的可能性，你就必须悬设上帝的现实性。

　　现在，我们的义务是促进至善，因而不仅有权、而且也有与这个作为需要的义务结合着的必要，来把这个至善的可能性预设为前提，至善由于只有在上帝存有的条件下才会发生，它就把它的这个预设与义务不可分割地结合起来，即在道德上有必要假定上帝的存有。

　　"现在，我们的义务是促进至善"，就是促进至善是纯粹实践理性对我们下的命令，要促进至善，要促进德福一致，这是我们的一项义务。我们前面也讲到了，不光道德律是我们的义务，而且促进相应的幸福也是我们的义务，当然不是为幸福而幸福，而是为道德而幸福。为幸福而幸福那就不是义务了,但是为道德而幸福则是我们作为义务而努力促进的,善有善报也是符合纯粹实践理性的。幸福之所以是义务就是说,善有善报、恶有恶报才是公平的,我们是为了追求公平正义而要为德性求得相应的幸福。我们"因而不仅有权、而且也有与这个作为需要的义务结合着的必要,来把这个至善的可能性预设为前提",获得与德性相应的幸福不仅是一种权利,而且也是与这个作为需要的义务相结合的,所以我们有权而且有必要把至善的可能性预设为前提,只有在这一前提下,我们的权利才能得到保障,义务也才能得到实行。"作为需要的义务",本来幸福只是一种需要,在与德性结合时是一种权利,但满足这种与德性结合着的需要则是一种义务,而这些都必须以至善的预设为前提。我们的义务是促进至善,使你获得配得上你的德性的幸福,那么我们不仅有权、而且也有必要预设至善,这样你就不光是为义务而义务,而且还有希望得到相应的幸福。他说,"至善由于只有在上帝存有的条件下才会发生,它就把它的这个预设与义务不可分割地结合起来,即在道德上有必要假定上帝的存有",至善由于必须以上帝存有为条件,所以它的这个上帝存有的预设是与义务分不开的,也就是道德上有必要假定上帝的存有,否则至善的义务就会完不成。这个里头有一种非常细微的区别,就是说他把他的这个对于上帝存有的预设、也就是至善的可能性的预设与义务不可分割地结合起来,使它从属于一种道德义务。当然道德律本身是直接的道德义务,那么这个上帝的预设呢,与这个道德义务是不可分割地结合的,因为这个义务要求有至善的可能性的预设,因此也要求有上帝存有的预设,所以上帝的预设与人们在追求至善的时候它所负有的义务是不可分割的,即在道德上就有必要假定上帝的存有。因为在道德上我们有义务去追求至善嘛,你要追求至善,那就必须假定上帝存有。所以上帝的预设跟我们的道德义务是不可分割地结合起来的,但是上帝的预设本身不是义务。这个里头他的用词是非常讲究的:至善把它的这个预设与义务不可分割地结合起来,即在道德上有必要、也就是有义务假定上帝的存有，但是下面他又讲了上帝的存有本身还不是义务，它只是与义务不可分割地结合着。这就是下面一段将要仔细加以分辨的，我们先休息一下。

我们前面讲了至善的可能性的预设，其实就是对上帝的悬设，上帝就是至善的可能性，这是同一个悬设，但是这同一个悬设稍微有一点层次上的不同。上面一段已经露出了这样一个苗头，就是说我们还不能够简单地把这两个悬设看作是一回事，虽然是同一个过程，但是还不是一回事。所以下面这一段就谈到这个问题了。

这里必须多加注意的是，这种道德必要性是**主观的**，亦即是需要，而不是**客观的**，亦即本身不是义务；因为根本就不可能有假定某物实存的义务（因为这只是关系到理性的理论应用）。

"这种道德必要性是**主观的**，亦即是需要"，上面一句讲了，在道德上有必要假定上帝的存有，也就是说这样一种对上帝存有的必要性的假设是主观的，对上帝的悬设是主观的，亦即是需要。"而不是**客观的**，亦即本身不是义务"，就是说它是一种主观的需要，但是它不是客观的义务。他这里区分得很严格，就是说它是主观的而不是客观的，是需要而不是义务。这里的需要跟人的对幸福的追求有关，最终与对至善的追求有关。人还是希望善有善报恶有恶报，与善、与你的道德相配合、相匹配，成比例地，我们还是需要有幸福。所以我们需要假定一个上帝，但是它不是义务，如果是义务那就是外来的，强加的，那就有一种强制性，强制你相信上帝。这个区分非常微妙也很重要，就是说康德假定了上帝，悬设一个上帝，把他跟通常理解的基督教的上帝信仰区分开来，从这里开始就有了区分，实际上康德对基督教是一种颠覆。在教会和神学家看来康德是非基督教的或者说他是异教徒，甚至于有的人认为他是无神论者。康德后来受到了教会和国王的谴责，他发表他的《单纯理性范围内的宗教》

之后遭到国王的谴责和禁止，但是就他自己来说他反而认为，我才是真正的基督徒，我揭示了基督教的上帝信仰的真正的实质，它的秘密。它的秘密在什么地方呢？他的秘密就在于我信上帝是一种主观的需要，但不是客观的义务，不是外来的强制，我是从自己的主观的需要出发必须要假定上帝的存有。要追求至善，这是我的义务，但是至善的可能性要求我们假定一个上帝的存有，这个不是我的义务。我们追求至善才是道德上的义务，要追求德福一致，与道德相配地获得自己的幸福，这个是我们的义务，但是要悬设一个上帝，相信一个上帝，这是我们的需要而不是义务。"因为根本就不可能有假定某物实存的义务（因为这只是关系到理性的理论应用）"，就是说假定某物实存、某物的现实性，这不可能是一个义务，我们不能说，"应该"假定一个上帝实存，因为我们要假定它只是关系到理论的运用，如果不假定它在理论上会说不过去。要讲义务那就是实践理性的了，说你必须假定一个上帝，否则就不道德，这个在康德看来是没有道理的，我们没有这种义务，我们不可能出于义务去假定一个东西的实存。这里一口把基督教的信仰观否定了，基督教信仰一个上帝的存有是不讲道理的，认为好人信上帝，只有坏人才不信上帝，信上帝成了一个义务。康德则把它变成一个理论问题，是为了至善概念在理论上能够自圆其说，所以才有必要假定一个上帝的存有。他认为一般而论，要出于义务去假定某物实存是不可能的，某物是实存的或不是实存的，这是一个理论上的假设问题，哪怕假设也是一个理论上的假设，而不是道德上的假设。至善是道德上的假设，但上帝的存有本身不是道德上的假设，它是理论上的假设。在康德看来，宗教达到了理论和实践的统一，就体现在这两个假设的统一，至善在道德上的需要导致了上帝存有这个理论上的假设。至善是要不要、应不应该的问题，上帝存有则是有没有、是不是的问题，而正因为后面这个问题存疑，只是一个悬设，所以导致前面的至善虽然在道德上不是问题（肯定是应该的），但在理论上也成了问题，因而也成了一个悬设。他不是说你应当假定一个上帝，当然你应当假定至善, 既然你应当假定至善, 那么至善的可能性条件那就是上帝, 但这个时候已经转到理性的理论运用上面来了, 就是说到底有没有上帝, 这是一个理论问题。当然在康德看来这个理论问题是无法解决的, 是不可知的, 有没有上帝我们都不可知, 但是尽管不可知, 它还是一个理论问题, 还是一个知识问题, 是一个不可知的知识问题, 只是它的作用是为至善这样一个实践理性的假设提供条件, 提供可能性的根据。这个里头有一种非常复杂的关系, 大家要仔细地去辨析, 它既是跟理性的实践运用密切相关的, 跟义务结合着的, 但是它本身又不是一种义务, 不是一种理性的实践运用, 而是理性的理论运用。所以在宗教意识方面康德认为是属于理论和实践相统一的一个领域。康德三大问题: 我能够知道什么, 我应当作什么, 我可以希望什么, 第一个问题是属于理论问题, 第二个问题是属于实践问题, 第三个问题属于理论和实践相统一的问题。第一个问题是认识论的问题, 第二个问题是道德的问题, 第三个问题是宗教问题。宗教问题是我可以希望什么, 那么在 "我可以希望什么" 里头, 既有实践的成分也有理论的成分, 它是在实践成分上面提出的一种理论的假设, 我们把它翻译成 "悬设"。假设上帝存有这种道德上必要的悬设是主观的, 亦即是我们的一种需要, 而不是外来的一种客观的义务加于我们身上, 这个对基督教的解释有一种颠覆性。就是说我们再怎么假设一个上帝, 这个上帝对我们也不形成一种束缚, 他还是我们的自由意志主动地为自己的需要而假定的。

　　其至这也不意味着, 对上帝存有的假定是**作为对任何一般的责任的根据**的假定而必要的 (因为这种根据正如已充分证明了的, 只是建立在理性本身的自律上的)。　　[126]

　　"甚至这也不意味着", 这个更进一层了, 就是说对上帝存有的假定也并不意味着是 "**作为对任何一般的责任的根据**的假定而必要的", 这个 "任何" 把它改成 "所有" 好一些, 对所有一般的责任的根据的假定而必要的。就是按照基督教的这样一个说法, 上帝存有是一切责任和义务的根据,那么在康德这里不是这样,它只是至善的根据。一切责任的根据,这个"责任"也可以译作"义务",但是我们要把它们区分开来。我们前面讲了,Verbindlichkeit,它跟 Pflicht 是不一样的,小有区别。Pflicht 我们翻译成义务,责任 Verbindlichkeit 我们把它翻译为责任,责任更加泛一些。所有的一般的责任,在基督教那里它们的最后的总根据就是上帝存有。你信不信上帝,你信上帝你就有义务、你就有道德,你不信上帝你就没有道德,因为上帝是一切责任和义务的总根据,最终的根据。但是康德在这里直接针对这种观念,他认为对上帝存有的假定并不是作为对所有一般的责任的根据的假定而必要的,它只对至善的假定而言是必要的。因为康德不是把道德建立在宗教之上,而是相反,他把宗教建立在道德之上,由于有道德,所以宗教才是必要的。括弧里面是阐述他自己的观点,他说"(因为这种根据正如已充分证明了的,只是建立在理性本身的自律上的)",道德责任的根据不是宗教,而是纯粹实践理性的自律,纯粹实践理性不需要任何宗教就可以从自身中直接建立起道德法则来,这是前面反复表明了的。凡是道德义务,凡是责任,它们最后都要追溯到理性的自由意志的自律,而不必追溯到上帝,恰好相反,上帝的假设是在道德律这个自律的基础之上才得以建立起来的,才有这样一种需要。所以康德在他的《单纯理性范围内的宗教》里面曾经讲到,要把宗教建立在道德之上,而不能把道德建立在宗教之上。第三批判里面也讲到,要建立一种伦理学的神学,而不是一种神学的伦理学。就是说伦理学在前,伦理学不是以神学为基础,它是单纯的道德学说、道德形而上学;但是呢,它一旦建立起来,就可以扩展到神学上面,建立起一种伦理学的神学。这就是康德所理解的宗教,即道德宗教,但是他的道德绝对不是宗教的道德,这个要分清楚。哪个是基础哪个是上层? 道德是基础,道德律是基础,自由意志的自律是基础,你又有了道德又有了自律,然后你才可以建立起一种宗教。建立这种宗教并不能摧毁人的自由意志,不能摧毁人的主体性。所以康德在他的宗教说里面所强调的仍是人的独立性、人的主体性,人作为一种道德的存在者它本来可以没有宗教,但是为了完成他的道德最终的使命,他才有必要设定一种宗教来帮助他的道德使命最终完成,那只是锦上添花。道德本身是自足的,但是道德要完善,要达到德和福的一致,那才有必要去设定上帝。但是设定上帝不是道德的基础,道德已经设定了,才需要上帝,或者它在没有上帝的情况下已经自己设定了自己,道德是自己独立存在的。那么在它的逻辑要求中,它也会要求有一个宗教,这是第二个层次了,以便更好地完成他的道德义务、道德使命。我们从这一层意思来理解,我们就会了解到他在这个地方的用意是要厘清道德和宗教的关系。

在此属于义务的只是致力于造成和促进在现世中的至善,因而这种至善的可能性是可以悬设的,但我们的理性却发现这种可能性只能设想为以某种最高理智者为前提的,因而假定这个最高理智者的存有是与我们的义务的意识结合在一起的,尽管这种假定本身是属于理论理性的,

看前面这半句。"在此属于义务的只是致力于造成和促进在现世中的至善",就是说在这里属于义务的只有一点,就只是致力于造成和促进在现世中的至善,这是我们的义务,设定上帝存有则不是我们的义务。在现世中我们要尽可能地做到接近至善,力求完成它,当然我们做不到了,谋事在人成事在天嘛,有太多的偶然性,我们人类是有限的,但是我们有义务努力去做,使自己尽可能具有配得上我们道德的幸福,在这一点上是属于义务的。"因而这种至善的可能性是可以悬设的",我们做不到,但是我们把它悬设为我们的理想目标,我们尽量去做,做到德福一致,这是可以悬设的。"但我们的理性却发现这种可能性只能设想为以某种最高理智者为前提的,因而假定这个最高理智者的存有是与我们的义务的意识结合在一起的,尽管这种假定本身是属于理论理性的",这就是前面讲到的,属于义务的就是对于至善在现世中的追求了,但并不包含对上帝存有的悬设;只是当我们悬设至善的可能性时,我们的理性却发现了这种可能性只能设想为以某种最高的理智存在者为前提的。也就是说,

至善的这种可能性只能以上帝存有为前提，我们在现世中怎么可能追求到至善呢？那么我们就只能假设一个上帝作为它的前提，上帝使我们最终能够获得与自己的德性相应的报偿，因为这个世界是上帝创造的，上帝完全可以把这个世界造得使一切偶然的、自然的条件最终都成比例地适合于你的道德行为，你的道德意向，上帝完全有这个能力。所以至善在现世中实现的可能性是以上帝为前提的，因而这个最高的理智者的存有是与我们的义务的意识结合在一起的，尽管这种假定本身是属于理论理性的。我们的义务当然是实践理性了，但我们出于实践理性，假定了理论理性的一个悬设，一个条件，在这里理论理性和实践理性就结合为一体了。我们的义务是道德律以及与道德律相配的幸福，那么假定上帝呢，它不是我们的义务，但它是由这个义务推出来的，你要假定至善，那么至善的可能性就必须要以上帝的存有为前提。所以尽管这种假定本身是属于理论理性的，但是这种假定又是与我们的义务的意识结合在一起的，与我们追求一个至善这种义务结合在一起的。

不过，就理论理性而言，这种假定作为解释的根据来看可以称之为**假设**，但在与一个毕竟是由道德法则提交给我们的客体（至善）的可理解性发生关系时，因而在与一种实践意图中的需要的可理解性发生关系时，就可以称之为**信仰**，而且是纯粹的**理性信仰**，因为只有纯粹理性（既按照其理论运用又按照其实践运用）才是这种信仰产生出来的源泉。

这个"不过"就是意思一转，"就理论理性而言，这种假定作为解释的根据来看可以称之为**假设**"。虽然上帝存有是一个理论上的假设，不过，它毕竟是道德所带出来的，间接地来说也可以说是道德上的假设，"但在与一个毕竟是由道德法则提交给我们的客体（至善）的可理解性发生关系时，因而在与一种实践意图中的需要的可理解性发生关系时，就可以称之为**信仰**"，这种来源于道德的假设就可以称之为信仰。对上帝的这样一种假设本身是属于理论理性的，理论理性是讨论知识的，未知的知识就是假设。知识里面也包含有假设，我们讲科学假设啊，胡适讲的大胆假设小心求证啊，牛顿曾经提醒物理学：当心形而上学，不要假设，但实际上牛顿自己的"上帝第一推动力"就是一个假设。所以物理学、自然科学、人类的知识离了假设是不行的。那么上帝存有在这种意义上面它也是一种假设，我们没法证明它，它是在知识的意义上被假设的，这个假设的真伪我们不可知，但是我们也不能否定，我们不能证实，但是我们也不能证伪。那么就理论理性而言，这种假定作为解释的根据来看，可以称之为假设，它虽然不能得到证明，但是我们可以作为解释的根据，因而它是具有某种主观确定性的。正如他在《纯粹理性批判》中谈"意见、知识和信念（信仰）"时说的，信仰是主观上充分而客观上不充分的视其为真（A822=B850）。至善如果要有可能的话，那么为了主观上解释得通，就必须要假定上帝是实存的，所以上帝的存有就成了解释至善可能性的一个理论上的根据，在这个意义上我们可以把它称之为假设。"假设"打了着重号，为什么要打着重号？是为了与后面那个词相对应，就是"信仰"。所以他讲，但在与一个毕竟是由道德法则提交给我们的客体即至善的可理解性发生关系时，因而在与一种实践意图中的需要的可理解性发生关系时，就可以称之为信仰。那么前面称之为假设是在理论的意义上面来讲的，理论本身它需要假设，或者说假设本身属于理论的范围，当然这种假设又不是一般的科学假设，一般的科学假设我们设定一种什么力，我们对万有引力或者说对某种相互作用力搞不清楚，我们就设定它有一种力，这也是一种假设，这是用来解释因果性的。但是上面的假设跟一般的科学假设又不太一样，虽然它也属于理论理性，但是它不是用来解释现实的因果性的，而是用来解释一个毕竟是由道德法则提交给我们的客体即至善的可理解性的。这个"毕竟是"就是说，虽然它是理论理性的一个假设，但它毕竟是跟道德相关的，跟至善这样一个客体的可理解性相关的。因而在与一种实践意图中的需要的可理解性发生关系时就称之为信仰，这个"因而"就把它跟实践联系起来了，它本来是一种理论理性的概念，就是假设，但是呢，它与道德相关，因而与实践意图相关，在发生这种关系时，就可以称之为信仰，信仰打了着重号。信仰跟一般的假设的不同就在于它是跟实践的意图相关的，它不需要搞清楚。而一般的假设就有一种冲动，凡是假设的东西都要求证，都要证实，至少要证伪，你不能既不证实也不证伪。所以在信仰这种假设中，虽然你有理论的意图，但是在科学上是没有用的，是用不着的；但虽然在理论上用不着，但却在实践上用得着。虽然在理论上既不能证伪也不能证实，但是它与实践打交道，因而与一种实践意图中的需要的可理解性有关。实践意图中的需要就是对于这个至善的需要，我们在实践中必须追求至善，这是我们的义务；那么这种义务的可理解性还是一种理论性，我们要理解这样一种至善的可能性、可理解性，如果不可理解那就不可能了。而有一种可理解性，那么我们就可以把它的可能性确定下来，虽然它最后能不能证实，这个我们不知道，也许永远不能证实，但它是可理解的。那么这种可理解性是实践意图中的需要的可理解性，至善的可理解性，在与这样一种可理解性发生关系时，就可以称之为信仰。康德在《纯粹理性批判》的第二版导言里面曾经有一句话："我必须悬置知识，以便为信仰腾出位置"，在这里就落实了，信仰就是这样才冒出来的。我们把知识悬置起来，我们现在不谈知识，我们谈实践，这个时候人就可以为信仰留下位置，信仰的位置就在知识不置可否的情况之下，比如说上帝，你作为一种知识，它是不置可否的，我既不能证实也不能证伪，在这种情况下我们把它存而不论，有没有上帝，我们在理论上可以存而不论。我们在现实生活中、在物理学中、在自然科学中从来没有发现过上帝的踪迹，但是我们也没有发现上帝肯定没有的根据，能够断言上帝没有的根据我们也没发现，那么我们就把它存而不论了。但是这个上帝的假设、这种悬设呢，在信仰上是有用的，我们可以把这种假设称之为信仰，我们相信一个上帝，为什么相信？因为我们有道德，我们又需要一个至善，所以我们相信一个上帝，这样一种假设就可以称之为信仰。"而且是纯粹**理性信仰**，因为只有纯粹理性（既按照其理论运用又按照其实践运用）才是这种信仰产生出来的源泉"，最后这句话很重要，就是说这种信仰不是一般说的信仰，而是纯粹的理性信仰，因为我们前面一直都在进行理性的推理，强调上帝假设的可理解性。信仰历来有很多理解，在宗教的意义上面谈的信仰有非理性的信仰，有狂热，但是康德所强调的是理性的信仰，是由理论理性推出来的一种假设，但是我们把它运用在实践方面它就是一种理性的信仰，不管是理论上还是实践上它都是合乎理性的。那么这样一种信仰是纯粹的理性信仰，它跟任何狂热无关，它跟任何实证、科学的证据也无关。我们通常要信一个东西必须要有证据，你要使我相信你要拿出证据来，但是这样一种信仰呢，它不是那种科学的信念。信仰和信念是一个词，Glaube。它是一种纯粹的理性信仰，把经验的东西全部排除，把实证的根据、感性的东西全部排除，单纯从理性的两大运用，一个是理论运用一个是实践运用，我们就可以推出这样一种信仰。因为只有纯粹理性，既按照其理论运用又按照其实践运用，才是这种信仰产生出来的源泉。纯粹理性是这种信仰产生出来的源泉，但是纯粹理性里面的这两个层次，一个是理论的运用一个是实践的运用，我们要分清楚。理论的运用是在上帝本身的实存上的运用，上帝本身是对理性作了一种理论的运用才得出来的，我们把上帝作为一个可理解性的假设，为了理解至善的可能性，我们在理论上假定一个上帝的存有，这是理论上的运用；但是理论上的这种运用呢在理论上并没有什么效果，得不出任何知识，它只是在实践的意义上能够满足我们的实践意图的需要，我们的实践意图就是要追求一个至善，那么这个至善的可能性就必须要假设一个上帝。所以上帝的这样一种信仰既是按照理论运用又是按照实践运用，就它本身来说是按照理论的运用而假设，但是一旦假设了，它就在实践上有了它的用处，它是把理论和实践两方面调和起来、综合起来的结果。康德哲学的三大问题，第三个问题是宗教问题，是前两个问题的综合，它既是理论的又是实践的。这一段把上帝悬设的性质给我们交代得非常细致，前面两段都可以看作是对上帝悬设的演绎，我们刚才讲，就像《纯粹理性批判》里面对于范畴的演绎一样,那么在这里呢,他对于上帝这个理念也进行了一番演绎,也就是它凭什么能够运用于我们的实践活动中,我们的实践活动中是否需要一个上帝的悬设,是否可以把上帝当作我们的信仰的对象,这两段已经把这个问题交代清楚了。

这样一来,从这个**演绎**中就理解到,为什么**希腊的**那些学派在解决他们的有关至善的实践可能性的问题上永远也不可能成功了:因为他们总是只把人的意志运用自己的自由的那个规则当成这种可能性的唯一的和独自充分的理由,依他们看来为此并不需要上帝的存有。

"这样一来,从这个**演绎**中就理解到","演绎"打了着重号。也就是前面对上帝这个假设所做的种种说明,都是在对上帝存有的理念进行演绎,也就是讨论上帝存有的悬设何以可能用于实践理性中,在什么意义上可以用来解释至善的可能性。从这个演绎里面,我们理解到了什么呢?"为什么**希腊的**那些学派在解决他们的有关至善的实践可能性的问题上永远也不可能成功了",也就是说古希腊的各种德性原则其实都谈到了至善,也就是都谈到德和福的关系,凡是谈哲学的,凡是哲学家们,都要谈到这个问题,哪怕他是享乐主义者、幸福主义者,他谈幸福,他也说幸福就是道德,也是德福的问题。我们前面已经讲到伊壁鸠鲁和斯多亚派他们各执一端,一个是立足于幸福谈道德,另一个是立足于道德谈幸福,他们其实都想从自己那个片面来达到德福一致,但是由于他们把至善命题看作一个分析命题而不是综合命题,他们都不借助于上帝的悬设,上帝的悬设在他们这里都不起作用。因此根据前面两段康德对于上帝在他的至善理论里面所占的位置加以阐明、加以演绎,我们就可以理解到,为什么希腊的那些学派在解决他们有关至善的实践可能性的问题上永远也不可能成功了。因为他们没有上帝这个理念,没有建立上帝这个悬设,他们都是就事论事,抓住至善的一端就想推出另一端,把道德和幸福的关系置于分析命题中,而不是由一个更高的上帝来综合双方。"因为他们总是只把人的意志运用自己的自由的那个规则当成这种可能性的唯一的和独自充分的理由，依他们看来为此并不需要上帝的存有"，这就点出他的主要意思来了。就是说因为他们没有为德和福这两个不同质的东西追问其所以可能一致的条件，从中引出上帝的存有这个概念，而总是只把人的意志运用自己的自由的那个规则，要么是幸福主义，要么是德行论，当成这种可能性的唯一的和独自充分的理由。就看你定一个什么样的规则，如果你把这个规则看作是幸福的规则，那就是伊壁鸠鲁派，我自由地追求自己的幸福，那就是道德了，德福一致就在这里头了，至善就建立起来了，至于上帝的假设则用不上，伊壁鸠鲁是一个无神论者；那么斯多亚派其实也是这样，早期斯多亚派也是无神论者、唯物主义者，那么晚期斯多亚派虽然也不否认神，但他们所理解的神其实很少具有什么神性，它就是逻各斯，就是规律，就是命运，而谈不上什么自由意志，所以很难说他们的那个神是真正意义上的神。他们没有真正意义上的上帝概念，也就是作为一个既是知性的又是意志的这样一个存在者。斯多亚派的上帝是知性的，但不是意志的，神不能够创造世界，神只能按照逻各斯、理性来规定整个宇宙。所以他们都没有像康德所提出的这样一种上帝的概念，他们只是把这种可能性的唯一的和独自充分的理由建立在人的意志及其规则之上。人的意志在运用自己的自由的时候，他的规则也可能是经验性的规则，幸福，也可能是理性的规则，那就是德性，但这种德性只是世俗的德性，是人自己的自然的德性，而没有超越性，没有彼岸世界这样一个维度。他们的眼光都盯着此岸世界的人，有的人喜欢享乐，有的人崇尚道德，那么这就是人的一种气质、一种倾向，人的一种自然的追求。所以依他们看来为此并不需要上帝的存有，有人就够了，你要分析人，有什么样的人，有的人是享乐主义者，有的人是禁欲主义者，但他们都讲德福一致。

虽然他们在把德性的原则不依赖于这一悬设而从理性单单与意志的关系中独自确定下来，并因而使之成为至善的**至上的**实践条件方面是对

259

的，但这并不因此就是至善的可能性的**全部**条件。

也就是说他们在这一方面是对的，在什么方面是对的呢，"虽然他们把德性的原则不依赖于这一悬设而从理性单单与意志的关系中独自确立下来，并因而使之成为至善的**至上的**实践条件方面是对的"，也就是说不论伊壁鸠鲁派还是斯多亚派，他们的做法在这一点上和康德类似，即康德所悬设的这个上帝确实并不影响至善的"至上"条件，至善的至上条件就是道德，就是道德律，在这里用不着上帝，在这方面他们是对的。我们前面讲了，至上的善不等于至善，不等于圆善，它只是最高的善，但并不是最完满的善。当然至善的至上条件被定在道德之上，这个是不需要依赖于上帝悬设的，我们把德性的原则不依赖于上帝而仅仅从理性与意志的关系中独自确定下来，这是整个《实践理性批判》的出发点。就伊壁鸠鲁派和斯多亚派两派观点而言，这里主要指的是斯多亚派，伊壁鸠鲁派则是经过康德解释过以后才显得是如此，所以康德在这两派观点中更倾向于斯多亚派，认为斯多亚派在这一点上是对的，就是应当单独把德性的原则从理性与意志的关系中确立起来，伊壁鸠鲁派则没有公开这样做，如果他们这样做，那么他们也是对的，这个是符合于康德的立场的。康德的立场也正是通过理性和自由意志本身的关系来建立起道德法则，而不需要从上帝推出道德法则，在这一点上，康德是同意斯多亚派的。"但这并不因此就是至善的可能性的**全部**条件"，在这一点上他又是反对斯多亚派的，斯多亚派把道德律当作是至善的全部条件，只要有道德那就是幸福，不需要追求任何别的幸福了，其他的幸福都是虚假的，只有做道德的事情所感到的那种满足才是真正的幸福，所以他们主张禁欲主义。禁欲主义就是一切欲望都要排除，类似于中国人讲的"存天理，灭人欲"，一切人欲都要排除，只有天理、只有道德本身才是最高的幸福，这是斯多亚派的立场。但是康德认为这样一种道德并不因此就是至善的可能性的全部条件，至善的可能性比单纯的道德要广阔得多，它还要求有人欲的满足，要求有幸福，只不过这种幸福要与道德相匹配而已，必须是善有善报恶有恶报。善不得善报,那还谈不上至善,谈不上完善,谈不上圆善。为什么所有的小说都希望有一个大团圆的结局呢,好人得好报,恶人得到惩罚,这才能满足人们对于至善的要求,这种至善的要求是对的,正当的。问题就是要摆正它中间的关系,好人应该与他的道德相符合、成比例地获得他的幸福,这是我们纯粹实践理性的一项义务,我们要去追求,让这个社会尽量地成为一个美满的社会,所有的好人都得到好报,并且成比例地得到好报,这是我们有义务去追求的。但是斯多亚派仅仅把其中的道德作为至善的全部内容,这个是片面化的。当然这里还没有直接提到伊壁鸠鲁派和斯多亚派,但是康德心目中是针对着这两个学派的,所以下面他就直接点名了。

于是,**伊壁鸠鲁派**虽然把一个完全错误的德性原则、即幸福原则假定为了至上的原则,并把按照每个人自己的爱好作随意选择的准则偷换为了一条法则:但在这里他们的行事倒还是充分**前后一贯**的,

这里点到了伊壁鸠鲁派,伊壁鸠鲁派是康德全面批判的,他认为伊壁鸠鲁派完全把事情搞颠倒了,但伊壁鸠鲁派虽然是错误的,但仍然有他们的可钦佩之处,就是他们有他们的一贯的行动原则。所以他这里有点带表扬的意思,他说,"**伊壁鸠鲁派**虽然把一个完全错误的德性原则、即幸福原则假定为了至上的原则",把幸福的原则当作一个德性的原则,这本身就是错误的,幸福原则怎么可能成为德性原则?真正的德性必须是为道德而道德,为义务而义务,而不是为了幸福,一为了幸福就是虚假的了。但是伊壁鸠鲁派把一个完全错误的德性原则、即幸福原则假定为了至上的原则,变成了幸福至上,幸福主义,享乐主义,伊壁鸠鲁派的原则认为最高的享乐就是最高的道德,就是最高的德性,这个是康德所不能同意的,认为这是一种错误的道德原则,把幸福的原则当作了至上的原则。"并把按照每个人自己的爱好作随意选择的准则偷换为了一条法则",这个"并"后面实际上是对于这种错误做了解释,为什么说它是错误的呢,前面其实已经早就分析过了,但在这里还要提醒一句,它实际是

把按照每个人自己的爱好作随意选择的准则偷换为一条法则了。它错就错在这里，因为准则是个人的，所谓准则在康德那里的意思就是主观的，Maxime 是准则，法则是 Gesetz，我们也把它翻译成规律，规律、法则是客观的，那么准则是主观的，这是康德的严格的用语。那么在这里他不加解释了，前面已经讲过了。他就是说，把一个准则偷换为一条法则，这是不合法的，这是错误的，你主观的准则怎么可能成为一条客观的法则呢？幸福的原则完全是主观的，各人有各人的幸福，每个人对幸福的理解都不一样，对同一件事情也许你认为幸福的，人家不一定认为是幸福的，你怎么能把它当作法则来作为至善的条件、作为道德法则？这个是完全不对的，如果每个人想怎么样就怎么样，那就没有法则了。所以他这里讲，按照每个人自己的爱好作随意选择的准则，每个人任意为所欲为，想怎么就怎么，他觉得舒服他就认为是法则，那还有法则吗？那就没有法则了。法则是带有普遍性的。他说，"但在这里他们的行事倒还是充分**前后一贯**的"，这里对他有一种表扬，就是说伊壁鸠鲁派，尽管他们的观念、他们的原则是错误的，但他们的行事倒还是充分前后一贯的，怎么样一贯呢？

他们按照这样的比例，即按照他们原理的低下的比例而贬低了他们的至善，而且决不期望比通过人的明智（属于此列的也有对爱好的节制和调控）所能获取到的更大的幸福，

他们的前后一贯就在这里，就是说他们的前提是错误的，他们的道德原则不足以成为法则，而会被贬低为一些为所欲为的准则，但是"他们按照这样的比例，即按照他们原理的低下的比例而贬低了他们的至善"。就是说他们的原理如此地低下，不成法则，而只是准则，但是按照这样一种准则的低下的程度，他们提出了与之相应的、成比例的至善的概念，也就是说他们的原理本身的低下使得他们对至善的理解也同样低下，这是成比例的，他们没有要求更高的至善，他们不要求更高的至善，所以在这一点上他们是前后一贯的。他们没有标榜自己在道德上如何高超，他们

认为每个人满足自己的欲望就是最好的了，这就是至善了，所以在这方面他们倒是充分前后一贯的，因为这两者是合乎比例的。既然你理解的道德很低下，那么你理解的至善也就很低下，不做更高的要求，所以按照他们原理的低下的比例而贬低了他们的至善。你说他们没有至善，他们说，这就是至善啊！你说他们没有更高的追求，他们说，这就是最高的追求了。所以他们贬低了他们的至善，"而且决不期望通过人的明智（属于此列的也有对爱好的节制和调控）所能获取到的更大的幸福"，通过人的明智，就是通过所谓实践智慧了，我们说这个人很聪明，他懂得追求自己真正需要的东西，他有理性，他会算计，会权衡利害。这个明智里面包含有算计，我究竟如何样才能得到最大的幸福，这就要有明智，或者你至少要听从明智的劝告，"不听老人言，吃亏在眼前"。老人是最明智最审慎的，他什么都经过了，他知道你图眼前的一时的好处，你最后要吃大亏，于是你就还不如放弃眼前的一些爱好，顾全大局。所以在括弧里面讲，属于此列的也有对爱好的节制和调控，这是明智的，我放弃一些爱好，克制一些眼前的欲求，我不是为道德而道德，而是为了将来能够得到更大的满足、更大的幸福，在小的幸福和大的幸福里面，我做了明智的选择，我在吃小亏和吃大亏之间，我做了明智的选择，这都属于实践智慧，这都属于明智。那么通过人的明智所能获取到的更大的幸福，这是伊壁鸠鲁派认为最高的也是最完满的善了，这是我们所可能获得的最大的幸福，我们不期望有比这个更多的、更大的幸福了。只要你明智地处理你自己的事情，你就能获得最大的幸福，没有比这更大的、也不期望能够获得比这更大的幸福。所以伊壁鸠鲁所讲的享乐主义跟我们通常理解的不太一样，我们前面已经提到过，伊壁鸠鲁的享乐主义不是说纵欲，幸福主义也不是纵欲主义，相反它是很克制的；但它克制的目的不是为道德而道德，而是为了获得更大、更长久的幸福。你只看到眼前的幸福，你纵欲，你把自己的身体搞坏了，你加速了自己的死亡，那个实际上划不来的。所以伊壁鸠鲁派是一种明智的享乐主义者，他不是骄奢淫逸、穷奢极欲，不是的，穷奢极欲是很不明智的。所以伊壁鸠鲁派实际上也是一种道德的生活方式，但是这种道德在康德看来很低下。但是他们也没有要求更高的道德，所以在这一点上他们倒是前后一贯的，在这一点上康德认为他们是一贯的。

<u>这种幸福的结果，众所周知，必定是够贫乏的，并且必定是按照不同情况而极其不同的；这还不算他们的准则所不得不连连承认的例外，这些例外使这些准则不适合于用作法则。</u>

这下面又是对他的批判了。"这种幸福的结果，众所周知，必定是够贫乏的"，通过明智所获得的这种幸福，它的结果是怎么样的呢？它的结果是很贫乏的，无非是清贫，长寿，用伊壁鸠鲁的话来说就是身体的无痛苦和心灵的无纷扰。两方面，一个是身体上没有痛苦，这个要求很低啊，只要身体上没有痛苦就够了；另一个心灵上没有纷扰，这也是最低限度，这是对幸福追求的最低限度，在康德看来这是很贫乏的了。"并且必定是按照不同的情况而极其不同的"，有不同的情况，你认为难以忍受的，另外一个人认为这个无所谓，这根据各人不同的情况，各人的忍受力，各人的兴趣所在。各人的追求、欲望、欲望程度都有不同，所以每个人对幸福的要求、标准都是各不相同的。我们以前，中国人只要吃饱肚子就很幸福了，终于能够吃饱肚子了，但是现在不同了，现在有更多的要求，随着时代而变化。我们今天拿低保的，城镇里面最低保障才几百块钱，三四百块钱，我们都觉得这个非常不幸福，没有人觉得我拿低保是很幸福的，拿低保的肯定是最不幸的一群人，属于弱势群体。但是拿三四百块钱放在 50 年以前，那就已经不得了了，以前省委书记也才两百多块钱一个月，当然货币贬值了，这个没办法比，但至少没有饿饭之忧了，这在过去是值得向往的。所以在这里呢，康德认为这种幸福必定是够贫乏的，并且必然是按照不同的情况而极其不同的。"这还不算他们的准则所不得不连连承认的例外，这些例外使这些准则不适合于用作法则"，就算按照他们自己的准则也有例外，在例外的情况之下，他们的准则也会被打

破。一个充满了例外的准则更加不能成为法则了,准则本来就是主观的,本来就不能成为法则,何况这个准则本身还经常地被打破。原来抱定一个准则,我要每个月挣一千块钱,这就是我的准则,我觉得这就很幸福了,结果我没找到工作,一千块钱也挣不到,最后降到五百,降到五百还不行,最后拿低保,这个有很多例外,没办法啊,情况所迫啊。所以这些准则根本就不适合于用作法则。这是对伊壁鸠鲁派的批评,前面也批评过,我们前面讲到二律背反的时候也批评过。伊壁鸠鲁他们最重要的毛病就是把准则本身当作了法则,而准则其实是不能作法则来用的,它与法则是异质的,它没有普遍性,没有普遍性就不符合理性。伊壁鸠鲁派强调经验,强调感性,强调感觉,那就没有什么规律了,人就跟动物差不了多少。那么下面再讲斯多亚派。

反之,斯多亚派完全正确地选择了他们的至上的实践原则、亦即德行作为至善的条件,但由于他们把德性的纯粹法则所需要的德行程度想象成可以在今生完全达到的,他们不仅把**人的**道德能力以某种**哲人**的名义张扬到超越于他的本性的一切局限的高度,并假定了某种与一切人类知识相矛盾的东西, [127]

这里一开始对斯多亚派也进行了表扬,这种表扬是真心实意的;前面对伊壁鸠鲁的表扬是假心假意的,是有点虚假的。他总得也要承认他们双方各自的某种合理之处啦,他就说伊壁鸠鲁派非常一贯,他们犯了错误,但是这个错误犯得很一贯,这也算是一种表扬。那么对斯多亚派呢,他说,“反之,**斯多亚派**完全正确地选择了他们的至上的实践原则、亦即德行作为至善的条件”,这个是完全正确的,康德自己也是这样认为的。就是说德性这样一个至上的实践原则是至善的条件,这个是斯多亚派所提出的,至善的条件就是德性,正合康德的意思。但是下面就批评他们了。“但由于他们把德性的纯粹法则所需要的德行程度想象成可以在今生完全达到的”,这是一个很重要的严重的错误,就是说在斯多亚派人看起来,人是理性的,那么人就纯粹是理性的了,人可以做到纯粹按照理性的原则办事。这个就忽略了人的有限性，因为人除了是理性的以外，人还是感性的。但斯多亚派把这一点搞错了，就是他们只看到人是理性的，但是他们把德性的纯粹法则所需要的德行程度想象成可以在今生完全达到的。然而，人的一辈子，按照康德的说法，既然摆脱不了他的肉体，所以他是不可能完全达到纯粹实践理性对人的要求的，所以才需要一个来世啊，所以才需要设定、悬设一个摆脱了肉体的来世。但是斯多亚派不需要一个来世，他们认为今生就可以做到，我只要有毅力，刚毅，坚忍不拔，克服一切困难，克服一切痛苦，我就可以做到纯粹理性对我们所要求的道德原则，而且此生就可以做到，只要你有毅力就可以做到。实际上他们是把这样一种可能性建立在人的一种天生气质之上，一种忍耐力，一种自然赋予的好的身体结构，坚强的神经系统。我能够忍耐，我比别人能忍耐，当然一方面这是出于道德，另一方面还出于人的身体素质。有的人特别能够忍耐，有的人特别不怕疼，另外一个人特别怕疼，稍微碰他一下他就不得了，但是有的人你就是把他剁掉一根手指头他都不在乎，他就是能够忍耐。斯多亚派就是依靠人的这种忍耐性，认为忍耐性就是美德，忍耐性当然是美德，但是它在很大程度上依赖于人的身体条件。有的人从小就很懦弱，胆子就小，有的人生来胆子大，有的人不怕牺牲，敢于冒险，这个人跟人是不一样的。斯多亚派标榜的就是那种具有坚强意志的人，刚毅精神的人，英雄主义。英雄不是人人都能当的，你要成为一个英雄，除了有坚定的信念以外，你还要有身体条件。为什么革命过程中出了那么多叛徒，那么多叛徒并不一定个个都是缺乏一种信念，有的可能还是由于他的身体条件，他经不起。我们讲经不起考验，好像纯粹是一种精神上的原因，其实也有肉体上的原因，人总有他的肉体上带来的一些性质，一些气质，这个是不能忽视的。所以康德就充分认识到人的脆弱性，人的有限性，而斯多亚派完全忽视这一点。我们通常所宣传的革命者呢，有点类似于斯多亚派，禁欲主义，没有任何个人的需求，像在革命样板戏里面所演的那些人都是没有欲望的，都是经得起任何考验的,但实际上是与事实不符合的。大多数人在受刑的时候都要当叛徒,没有当叛徒是你的运气,你没有被抓住。但是斯多亚派比较强调,人在此生就可以达到纯粹法则所需要的德行的程度。做一点好事不足为奇,你要在德行上面坚持到什么样的程度,那就是英雄了,所以斯多亚派鼓吹的就是那种英雄的道德。下面讲,"他们不仅把**人的**道德能力以某种**哲人**的名义张扬到超越于他的本性的一切局限的高度,并假定了某种与一切人类知识相矛盾的东西",他们不仅把人的道德能力,"人的"打了着重号,为什么要把"人的"打着重号? 强调人是有限的嘛。他们不仅把人的道德能力以某种哲人的名义,"哲人"也打了着重号。原来这里这个词我们翻译为"智者",在这里他用的是 Weisen, Weise 就是智慧,Weisen 就是智慧者。这也是词典上的译法,但我始终觉得翻译成智者在这里不太恰当,我把智者改成哲人,因为"智者"这个译法在汉语中已经有特定的含义,就是指古希腊的那些 Sophist,那些自认为是有智慧的人。Sophist 当然也是 Weiser 的意思,在德语和希腊文里面这两个词是同义词,但是在这里用"智者"来译,似乎带有一种贬义,因为"智者"在古希腊到苏格拉底那里已经带有贬义了。而在伊壁鸠鲁和斯多亚派的时代,智者又去掉了这层贬义,通常都译为"哲人"。所以我们这个地方不如翻译成"哲人","哲"在汉语里面也是智慧的意思。斯多亚派把人的道德能力以哲人的名义张扬到超越于他的本性的一切局限的高度,并假定了某种与一切人类知识相矛盾的东西,这是前面一句话的延伸。前面一句话就是,他们以为此生就可以完全达到纯粹道德法则的道德律,他们不仅把人的道德能力以某种哲人的名义,哲人就是完全理性的、具有智慧的人,完全没有感性的人,把这种人抬高到超越于他的本性的一切局限的高度。就是认为人可以成为一个纯粹的哲人,超出人的本性的一切局限性、一切有限性,超出他的肉体、感性的有限性。这就假定了某种与一切人类知识相矛盾的东西,人类知识 (Menschenkenntniß),不是指人类的一切知识,而是人对自己的知识,比如说人的肉体的知识,生理学、生物学、心理学等等，这都属于人类知识，也可以译作"人性知识"。与人类知识相矛盾，就是认为人可以克服他生理上的极限，人可以完全不是一个动物，人可以是纯粹的哲人、智者，他可以做出与一切人类知识相矛盾的事。在根本不具备可能性的情况之下，你要追求那种可能性，突破了人的极限去追求那种道德目标，那就是与一切人类知识相矛盾了。前面可以看作是一个单元，一个意思，就是说他们把人的局限性忽视了，超越了人的局限性，把人不当人，把人当作了神。哲人实际上已经是神了，只有神才没有肉体，才不受肉体的束缚，才完全按照理性和智慧去行事。那么下面是第二方面的内容。

　　而且尤其也根本没有想要让属于至善的第二个**组成部分**即幸福被看作人的欲求能力的一个特殊对象，而只是使他们的**哲人**如同一个神那样通过意识到自己人格的杰出性而完全独立于自然（在他的满足方面），

　　我们看第二个内容，不仅把人的道德能力张扬到超越他的本性的一切局限的高度，而且把他的这种局限性撇开了，不仅是超越了他的肉体的需要、肉体的幸福，而且把他的幸福看作是完全不必要的。他这个"而且"就是说，"尤其也根本没有想要让属于至善的第二个**组成部分**即幸福被看作人的欲求能力的一个特殊对象"，就是把幸福完全排除出人的欲求能力的对象之外了。人不要去追求幸福，但幸福其实是至善的第二个必要成分啊，他们把至善的第二个组成部分完全排除出了人的欲望对象，"存天理，灭人欲"了，灭掉人对幸福的追求了，根本没有想到要让幸福被看作是人的欲求能力的一个特殊对象。前面一个内容主要是讲人超出了他对幸福、对于自然的一切追求，而去追求一个纯粹理性的目标；第二个内容就是说不但追求纯粹理性的目标，而且反过来把人对所有幸福的追求都排斥了，不但超越了，而且排斥了人的幸福，排斥了人的肉体需要。这是两个不同的层次。"而只是使他们的哲人如同一个神那样通过意识到自己人格的杰出性而完全独立于自然"，排除一切肉体需要的哲人，那当然就是神了，就像神一样的了。如同一个神那样，意识到自己人格的

杰出性,他又不是神,他还是人格,我们前面讲到过,人格在康德那里是跨两界的,一方面是神性的,跨神性的,它有彼岸的成分,但另一方面它在此岸又表现为一个人,一个人身,这就是人格。但斯多亚派就像神那样,通过意识到自己人格的杰出性而完全独立于自然,他在自然中,但是他完全独立于自然。括号中"(在他的满足方面)",他不依赖于这种满足,在满足方面完全独立于自然。当然他们也有自己的纯粹道德的满足,前面讲了,满足不同于愉快、快乐,这种满足是非自然的,排除快乐的。

　　<u>因为他们虽然把哲人委之于恶劣的生活,但却不使他屈服于其下(同时也把他表现为摆脱了恶的),这样就把至善的第二个要素即自身幸福实际上省略掉了,因为他们把这要素仅仅建立于行动和对自己人格价值的满足中,并因而只将它包括在对道德思维方式的意识之中,但在其中,他们通过他们自己本性的声音本来是可以被充分驳倒的。</u>

　　"因为他们虽然把哲人委之于恶劣的生活",斯多亚派是这样的,存天理灭人欲,那么你就只能过恶劣的生活了,少私寡欲,在生活中不追求任何奢侈享受,一个真正的斯多亚派对这些都是禁止的,必须要过那种恶劣的生活,"一箪食,一瓢饮"那种生活,对他们来说这就是一个哲人的生活。"但却不使他屈服于其下(同时也把他表现为摆脱了恶的)",颜回就是这样,他不屈服于这种粗茶淡饭的简陋的生活。同时在简陋的生活中,也把他表现为摆脱了恶的。他没有任何恶的意念,也没有任何恶劣的行为,再简陋的生活他也安居其中。"这样就把至善的第二个要素即自身幸福实际上省略掉了",这个是点出了它的实质,就是实际上把至善里面本来应该包含的第二个要素,就是幸福,完全抛弃了。"因为他们把这些要素仅仅建立于行动和对自己人格价值的满足中",幸福这个要素被排除掉了、省略掉了,前面讲他们在满足方面完全独立于自然,但他们还是有自己的满足的,他们排除幸福,但是他们还是有自己对幸福的理解的。为什么省略掉了幸福呢? 并不是他们不讲德福一致了,他们还讲德福一致,但这个福呢,已经不是通常理解的自然满足了,而是仅仅建立

于行动和对自己人格价值的满足中。他们对于身体上面的享乐那种幸福完全不在乎,但是他们认为自己的道德行动本身就是一种满足,这就是幸福。他们对自己在行动中的人格价值有一种自豪感,你看我多么清高,多么有道德,多么鄙视常人那么看重的那种幸福、那种享受,那么当我意识到这一点的时候,我就有一种满足感,这也是一种幸福。所以至善的第二个要素在这里,你不能说他们没有幸福感,他们也有幸福感,但是这个幸福感跟自然没有关系,跟人的肉体没有关系,完全是他们在实践一种道德法则的时候,他们对自己人格的价值产生的一种满足感,有一种完满的感觉。我只要没有违背道德,哪怕我的生活再差,我也感到满足。"并因而只将它包括在对道德思维方式的意识之中",因而只将它,它就是幸福了,也就是至善的第二要素,只将这种幸福包括在对道德思维方式的意识之中。思维方式,原文为 Denkungsart,也译作"思想境界"。我对自己的道德境界有一种意识,有一种自我意识和自我感觉,那么这种自我感觉就是幸福感。幸福仅仅在这里,仅仅在我做了一件道德的事情,做了一件好事,我所感到的那种人格满足,那种自豪感,那种清高,自我感觉良好,建立在这样一种意识之中。我意识到这一点就够了,我不需要什么报偿,我做了好事,这本身就是报偿,就是对我的报答了,我不需要由别人来奖赏我。"但在其中",这又是针对他们的一个批判了,就是在这种意识中,"他们通过他们自己本性的声音本来是可以被充分驳倒的",这句改一下,原来译作"他们通过他们自己本性的声音本来就已经被充分驳倒了",意思不太清楚。这里用的是虚拟式。就是在他们的这种自我意识中,他们的自然本性 (Natur) 本来是完全可以驳倒他们的,因为他们违背人的自然本性嘛。康德对于他们这种清高是很不以为然的,他认为在他们的自我意识中,他们没有听从他们自己自然本性的声音,他们也是人啊,每天都要吃喝拉撒,跟凡人一样的。我们经常把那些以往被神化了的英雄模范加以常人化,还原到他们的人的本色,说那些人"其实也是人",他们跟常人一样每天也要吃饭,也不是不食人间烟火,那些英雄人物也有他们的隐私。斯多亚派其实也是这样的，他们标榜自己如何如何高尚，其实来自于他们自然本性的声音已经能够充分驳倒他们的理论了，只不过他们尽量地把这种本性的声音掩盖起来，装出一副满不在乎的样子，维持他们的英雄形象。但是一个了解他们的人就会发现他们其实也不是什么英雄，也是凡人，也许在某方面更具有克制力，如此而已，但实际上也逃不出凡人的命运。所以只要你仔细地观察一下，你就会发现他们的本性就足以把他们的理论驳倒了。这是康德对两派，一个是伊壁鸠鲁派，一个是斯多亚派，总而言之是古希腊的这些伦理学家们所进行的批判，最后归结为：他们没有上帝的悬设，他们太自高自大，太骄傲了，他们以为可以没有上帝的悬设就能够达到至善，实际上是做不到的。要么是你贬低了至善，降低了标准；要么你自以为是至善，但实际上是不完满的、跛脚的。那么怎么样才能跳出古希腊的这样一个矛盾呢？当然只有康德所理解的基督教对上帝的信仰。所以下面一段就讲到基督教的学说，前面是正反两方面都加以批判，然后进入到基督教的理论，这种理论经过康德的分析，他认为可以摆脱这样一种困境。今天就讲到这里吧。

＊　　　　　＊　　　　　＊

今天换了个地方啊，接着上一次关于上帝存有作为纯粹实践理性的一个悬设的讨论。上帝存有，存有对应的德文词就是 Dasein，一般翻译成存在，但是我们把它跟这个 Sein 区别开来，在康德这里有一个细微的区分，一般人不太注意。就是康德很少用 Sein 来说上帝存在，除非引用别人的说法，他自己一般都用 Dasein，这个 Dasein 跟 Sein 是不一样的。康德曾经讲到关于上帝存在的证明时特意澄清过，就是说 Sein 这个词不能够作实在的谓词，能够做实在的谓词的就是 Dasein，它在康德的范畴表上属于模态范畴的第二项。Dasein 我们一般理解为就是具体的存在，现实存在，或者是个别的存在，我们在黑格尔那里翻译成定在，在海德格尔那里翻译成此在。定在、此在跟 Sein 都是不一样的，海德格尔区分得很清楚，海德格尔说 Dasein 是窥视 Sein 的一个窗口，通过 Dasein 我们才能走向 Sein。所以 Dasein 是比较具体的，带有某种经验的或者感性的成分。那么康德为什么要用 Dasein 来说明上帝的存在，意思就在这里，就是说通常证明上帝存在并不是说"上帝是"，sein 可以理解为是，但是一般人要证明上帝存在他不满足于说"上帝是"，因为"上帝是"这个说法没有说出什么信息，必须要说上帝 Dasein，才说出了某种信息，就是说上帝可以用经验的东西来加以规定。所以一切对上帝存在的证明实际上都是对上帝的 Dasein 的证明，我们特意选了一个词叫作"存有"，当然也是存在，从汉语来说没有什么很严重的区别，但是要从翻译上把这两个概念区别开来，所以是上帝存有的证明。那么我们前面已经讲到了关于上帝存有的悬设，在《实践理性批判》里面是讲，把上帝存有作为纯粹实践理性的一个悬设，这是可能的，它不是什么证明，只是必要的假设。我们前面已经讲到这个悬设它的必要性，为什么要悬设一个上帝，是为了达到至善，因为人类作为有限的理性存在者有义务、但却没有能力达到至善，他只能够在道德上走向最高的善，但是在幸福这一方面无能为力，因此有必要悬设一个上帝的存有，来满足至善这样一个道德的义务。我们追求至善是道德的一个义务，虽然我们没有能力完成它，但是我们有义务去完成它，那么就有必要设定一个上帝了。我们上一次讲到，康德特别提出来，在希腊的那些学者那里还没有意识到这一层，他们都认为自己在此岸世界就可以达到至善，不需要一个上帝。当然你也可以设定一个上帝，但是那个上帝没什么作为，我们靠人自己就可以做到至善，就是德福一致。伊壁鸠鲁派认为幸福就是道德了，这就达到德福一致了，那么斯多亚派认为所有的道德就已经是幸福了，这也达到德福一致了，希腊的学者们通常都是这样。这种一致是分析的一致，因而也是虚假的一致，因为德和福是异质的而不是同质的，只能由一个第三者来综合才能达到一致。而在他们那里由于没有划分此岸和彼岸，所以也没有必要设定一个上帝的存有来统一双方,这是我们上一次在最后这一段讲到的。那么我们今天讲的这一段就是讲基督教了,我们翻开《精粹》第376页,《实践理性批判》是174页,边码146。他这是对照而言的,为什么这个地方讲到基督教,因为前面讲了希腊人、希腊哲学他们是怎么看待这个问题的,在他们那里,上帝在道德上对他们没有起一个根本性的作用。那么在基督教这里开始有了一个微妙的变化,但是一般人都没有太注意到,以为基督教就这么一路走过来的,也没有什么根本性的创见,但是康德在这里要特别把基督教提出来,作为他自己设立一个上帝存有的历史上的根据。实际上就康德自己而言,他认为他的道德哲学就是从基督教来的,或者说他要对基督教的哲学进行一番道德的解释。当然你也可以说它是对基督教道德哲学的一种改造,对基督教他也有不满的地方,他认为现有的基督教还不足以成为一种真正的道德哲学,不足以成为一种道德宗教,它还只是一种宗教的道德,这是康德的一种提法。道德宗教跟宗教的道德是不一样的,宗教的道德它毕竟是以宗教为前提的,而道德的宗教是以道德为前提的,它也是宗教,但这个宗教是道德性的,建立在道德之上的。但是他从基督教里面看出了跟他的道德观点非常吻合的地方,或者我们甚至于可以说,他的道德哲学就是从基督教的道德哲学里面发展出来、引申出来的,或者经过改造、提升而形成的。这是康德为什么对基督教特别青睐,特别关注,特别赞扬,他认为他的这个理性范围内的宗教已经在基督教里面显示出来了,但是一般的大众还没有从这个角度来理解,他是第一个这样来理解的。从理性这样一个范围来理解基督教,来看待基督教,这实际上已经是对基督教很重要的一个改造了,因此引起了当时教会的极大的不满,甚至于禁止他再讲宗教问题,这个是众所周知的事实了。

那么我们今天来看看,他提到基督教学说,这个地方有一个很长的注释。这个很长的注释实际上就是他把基督教和希腊人的道德学说进行了一番比较,从希腊哲学到基督教之间有一个飞跃,历史因此而得到划分，从希腊罗马时代进入到基督教的中世纪，显然在文化、精神、哲学上都产生了一个飞跃。但是这个飞跃究竟如何评价，在哪些方面基督教的道德哲学要高于或者低于古希腊人的道德哲学，这个历来众说纷纭，那么康德在这里作了他自己的一个评价。当然文艺复兴以来很多人认为，基督教是对古希腊灿烂文明的一种倒退，进入到基督教的中世纪是一个黑暗的时代，文化堕落，没有文学、艺术、诗歌、科学，这些东西都黯淡了，唯有基督教的信仰是统治一切的，这被称之为黑暗的中世纪。但是近年来很多人也说基督教并不完全是那样黑暗的，在某些方面它不如古希腊的灿烂文明，但是在某些方面呢，它有很大的提升，而且这种提升是必经之路，不经过中世纪，现代西方的人性是没有办法形成起来的。因此也有的人说西方文化和西方人性是经过"两希文明"而塑造出来的，两希用汉语来说就是希腊文明和希伯来文明，希伯来文明那就是从犹太圣经进入到基督教的新约，是这两个源头塑造了现在的西方文化和西方人性。康德在这里对基督教的评价也非常高，虽然他作为启蒙思想的一个很重要的代表，他对于基督教时期人们的信仰和思想所受到的压制也是非常不满的，他的道德哲学也可以说是对基督教这种遗风的一种反抗，从这个方面来说，也可以说他是反基督教的。所以基督教会对他很恼火，按他这样一说，那信仰就没有位置了，就摆在一个可有可无的地位上了，你信它也可以，不信它也可以，不信它也可以过生活，好像是这样的。但是康德对于基督教有他自己的评价，我们来看看这个长注。

　　人们通常认为基督教对德性的规范就其纯粹性而言并不在斯多亚派的道德概念之上；不过两者的区别仍然是十分明显的。
　　"人们通常认为基督教对德性的规范就其纯粹性而言并不在斯多亚派的道德概念之上"，这是当时人们通常的一种见解，所谓黑暗的中世纪。基督教对于德性的规范，哪怕就在德性方面，它也超不过斯多亚派，不如斯多亚派的道德概念那么纯粹。有的研究者，如青年黑格尔派的布鲁诺·鲍威尔有一个判断,就是说斯多亚派的塞涅卡是基督教教义之父,基督教的教义从哪里来的? 一个是斯多亚派,特别是塞涅卡,当然不止塞涅卡了,还有爱比克泰德这样一些人,他们塑造了基督教的基本教义;另外一个来源就是新柏拉图主义,例如亚历山大的斐诺。基督教的教义有两个来源,一个是新柏拉图主义,一个是斯多亚派,这是通常的看法。那么康德引述了这样一种观点,就是说人们通常认为基督教对德性的规范不如斯多亚派。他这个地方限于德性,不是一般的教义。但基督教教义主要是德性规范,它的重心就是德性,所以也可以说整个基督教的哲学,就其纯粹性而言并不在斯多亚派的道德概念之上。当然反过来说,斯多亚派已经为基督教的德性概念在纯粹性方面准备了理论基础。"不过两者的区别仍然是十分明显的",他要强调提出的是这两者的明显区别,斯多亚派跟基督教的德性概念毕竟是不同的,不同在什么地方,我们下面看。

斯多亚派的体系使刚毅精神的意识成为一切德性意向应当绕之旋转的枢纽,并且虽然这个体系的追随者也谈及义务,也对义务作了极好的规定,但他们毕竟把意志的动机和真正的规定根据建立在思维方式的提升中,即超越于低级的,只是通过精神脆弱来主宰的那些感性动机之上。

这就是一个很重要的区别了,就是说,"斯多亚派的体系使刚毅精神的意识成为一切德性意向应当绕之旋转的枢纽",斯多亚派的这个德性意识主要是围绕着刚毅精神而建立起来的。什么是刚毅精神? 刚毅精神就是忍耐力,就是一种忍耐的意志,这是凡人只要自己愿意都可以做到的。坚毅,坚定不移,忍受一切压制、压力,克服一切欲望,克服一切干扰,坚定地按照道德律去做事,去行动,这是斯多亚派的一个最典型的精神。我们通常讲古希腊的斯多亚派,说他们是禁欲主义者,为什么要禁欲? 为了道德的目的。那么你要禁欲就必须要有刚毅精神,要有忍耐力,要有坚强的意志,要摧不垮。所以斯多亚派认为他们是特殊材料制成的,他们自己锻炼自己,自己考验自己,长期以来把自己打造成这样一种具有刚毅精神的人。刚毅精神的意识成为一切德性意向应当绕之旋转的枢纽，就是说一切德性意向应该以刚毅精神为枢纽，什么叫枢纽呢？就是以它为核心，你的德性的高低，就看你的刚毅精神如何，看你的忍耐力强不强。当然有的人说，你忍耐力强不见得是好事，你如果做坏事的话，你忍耐力越强你做的坏事越多。斯多亚派不太考虑这个方面，他认为忍耐力强就说明这个人道德高尚，一个人的忍耐力强，就是他道德水平的标志，忍耐力强的人肯定会做好事，因为他可以不受感性的诱惑嘛。一切坏事都是由于感性的干扰，是由欲望、冲动、非理性导致的，如果一个人能够不受感性的干扰，克服感性的干扰，那他当然只会做好事了，那他就是一个好人了。所以他们的核心的精神就是刚毅精神，对刚毅精神的一种意识成为了一切德性意向应当绕之旋转的枢纽。"并且虽然这个体系的追随者也谈及义务，也对义务作了极好的规定"，斯多亚派也谈义务，义务跟刚毅精神就不太一样了，刚毅精神仅仅是对感性冲动欲望的克制而已，而义务必须要有其他的标准，不是说你能够忍受、能够吃苦耐劳你就是个好人，你吃苦耐劳还必须要符合义务。你为盗墓也可以吃苦耐劳，你为任何一个其他的目标都可以吃苦耐劳，但是如果没有义务在里面这始终是模糊不清的，你这样坚持到底是为了什么。所以他们也谈及义务，也对义务作了极好的规定。"但他们毕竟把意志的动机和真正的规定根据建立在思维方式的提升中，即超越于低级的、只是通过精神脆弱来主宰的那些感性动机之上"，这就是我们刚才讲的，他们对义务本来也做了一些很好的规定，比如说理性啊，普遍的逻各斯啊等等，从纯粹理性的角度也做了一些规定；但是最终呢，他们毕竟把意志的动机和真正的规定根据建立在思维方式的提升之中。思维方式也可以译作思想境界，思想境界就涉及你的这个行为这样一种层次，比如说刚毅精神是超越于感性欲望之上的，那么你这种精神就比感性欲望的境界要高。这个思想境界，当然一般来说是一个很高超的概念了，但是在康德看来，光是思想境界还不够，思想境界还只是人的一种气质，人的一种特性，而人在康德看来是有限的,你光是建立在人的思想境界的提高这样一个维度上面,用这样一个维度来理解义务是不够的。真正的义务应该不光是超感性的,而且是超人类的,包括人的有限的理性也要超出,更不用说要超出感性了。但是斯多亚派就仅仅停留在超感性,达到一种更高的思想境界,那就够了,所以他们毕竟把意志的动机建立在思想境界的提升中,即超越于低级的、只是通过精神脆弱来主宰的那些感性动机之上。低级的感性动机只是通过精神的脆弱来主宰的,例如感伤主义啊,同情心和怜悯心啊,我们讲软心肠的人都是如此,缺乏刚毅精神,由不忍人之心来主宰感性动机,这是斯多亚派极力要超越的。但超越了之后,仍然只是一种思维方式或思想境界,这是康德对斯多亚派的一种评价,就是说他们仅仅是诉之于人的个人的一种气质,一种素质,着意于锻炼自己的忍耐能力,不为感性的冲动所诱惑,他们就逐渐地把自己的境界提升了。那么这种人他本身的刚毅精神就成为了道德的标准,标志着他的道德境界的提升,斯多亚派他们的纯粹的德性规范就是建立在这个之上的。

这样,德行在他们那里就是超然于人类的动物本性之上的**哲人**的某种英雄主义,对于哲人自己,英雄主义就足够了,他虽然向别人讲义务,他自己却超然于义务之上,而决不屈服于违犯德性法则的诱惑。

这里两处的"哲人"原来都译作"智者",前面已经把这个词改译作哲人了,我们前面也讲了为什么要改,我们把"智者"这个译名留给古希腊的智者学派。但是到了希腊化时期,Sophist 也就是德文的 Weiser 的意思有所变化,泛化为一般的哲人、高人的意思了。"这样,德行在他们那里就是超然于人类的动物本性之上的**哲人**的某种英雄主义",德行,这个地方用的德行,前面用的德性,德行跟德性我们前面也讲了,也有点区别,德性是代表更加一般的,而德行是体现在人的行动中的,Tugend 我们翻译成德行,汉语里面念起来也是德性,还有操行、品行。但是我们把它区分一下,它跟这个德性、跟 Sittlichkeit 是不一样的。德行在他们那里就是哲人的英雄主义,"对于哲人自己,英雄主义就足够了,他虽然向别人讲义务，他自己却超然于义务之上，而决不屈服于违犯德性法则的诱惑"，这个地方德性法则跟前面的德行我们可以注意一下，有点区别的。一般来说当然区别不大，但是较起真来的时候还是有点区别。也就是德行在他们那里是超然于人的动物本性之上的哲人的某种英雄主义，我们知道斯多亚派、伊壁鸠鲁派他们标榜的就是哲人的态度，包括怀疑派，当时希腊化时期这三大道德学说，伊壁鸠鲁、斯多亚派和怀疑派，他们都标榜哲人，哲人的生活方式应该是怎么样的。那么斯多亚派的哲人呢，他们标榜一种英雄主义，所谓英雄主义就是说他跟别人不一样，他是特殊材料造成的，他能够经得起任何诱惑。就像荷马史诗里面讲的那些英雄，从小受到良好的教育，首先是他们的出身是不一样的，英雄往往是神和人结合的后裔，然后经过自己的长期的苦学苦练，把自己打造成英雄，能够超出凡人之上，古希腊神话里的那些英雄都是这样。那么斯多亚派的英雄主义是精神上的，他们当然不太强调那种肉体上的强壮，像赫克里斯、阿喀琉斯这些人，都是在体力方面武功盖世，能够打败所有的敌人，这方面是英雄主义。但是斯多亚派在这里有一个提高，就是说崇尚精神上的英雄主义，特别表现在精神上的强大，精神上不为任何敌人所屈服。这种哲人的英雄主义跟一般的英雄不太一样，一般的英雄你肯定身体素质要好，高大强壮，武艺高强，精神上却不一定坚强，受一点委屈就号啕大哭。但是斯多亚派不是这样，也许他很瘦小，也许他甚至于是残疾，但是他的灵魂、他的精神无人能及，坚韧不拔。那么对于哲人自己来说，英雄主义就足够了，就不再需要有外来的义务了。英雄他是不讲义务的，我们看希腊神话里面的那些英雄，他们是没有义务的，他们就是张扬自己，显示自己，表达自己的能耐，这是古希腊的英雄。那么斯多亚派的英雄也有类似之处，斯多亚派的英雄虽然也许就是一个奴隶，也许手无缚鸡之力，没有什么能耐，体力也不强，但是在精神上呢，他靠自己能够显示自己的光芒。但是也不怎么讲义务，他自己不受义务的束缚。"他虽然向别人讲义务，他自己却超然于义务之上，而决不屈服于违犯德性法则的诱惑",他向别人讲义务,因为别人都是弱者,别人没有达到英雄的高度。那么他自己以英雄来标榜自己,他有资格对人家讲义务,你们也应该像我一样服从逻各斯,但是逻各斯对于他自己来说并不是一种义务,他就是逻各斯的拥有者和主人,所以不能说把逻各斯当作一种义务来强制自己做某种事情,他不是的。斯多亚派是不懂得屈服、不懂得投降的一种人,他自己超然于义务之上,他有足够的力量不屈服于违犯德性法则的诱惑,他以这种不屈服为荣,而不是为了尽义务。因此他对一般的人们讲义务,教导那些不是英雄的大众,但他们自己是教导者,他们不再需要教导,已经达到了一种"从心所欲而不逾矩"的境界,他们随便干什么都是出于逻各斯,不是出于感性诱惑,这是斯多亚派,他们的道德理想是这样。

<u>但对于这一切,他们假如以纯粹性和严格性设想过德性法则,如同福音书的规范所做的那样,则是不可能做到的。</u>

"但对于这一切,他们假如以纯粹性和严格性设想过德性法则",这里稍有改动,原译作"他们假如以纯粹性和严格性来设想了德性法则",这里的过去式还应该表达得更明确一点。如果他们以纯粹性和严格性设想过德性法则,怎样的纯粹性和严格性呢? 就是"如同福音书的规范所做的那样",就是说,他们所标榜的这一切,如果以福音书、以圣经里面的规范、以彼岸世界的纯粹性和严格性来设想德性法则的话,"则是根本不可能做到的"。他们会意识到,他们所标榜的这一切是根本做不到的,因为人非圣贤,人非草木,孰能无情,斯多亚派自己其实也是做不到的。他们自以为能够做到,实际上是他们对自己的一种误解,人心都是肉长的,人都是肉体的人嘛。除非你死了,除非你抛弃了自己的肉体,你没有了肉体;但是只要你活着,你实际上是做不到的,当你这样想的时候你还是有肉体的。福音书的规范已经显示了德性法则是具有纯粹性和严格性的,在福音书里面已经显示了基督教的这样一种精神,就是说凡人要做到纯粹和严格的德性是不可能的。为什么要有耶稣基督的拯救呢,为什

么要靠救世主呢,因为人自己做不到,因为德性的法则太纯粹,它完全撇开人的感性欲望,完全忽视人的精神的脆弱,它要求人做到精神上的绝对的坚强,那只有在彼岸世界,按照福音书的精神是这样的。人在此岸世界要做到绝对的刚毅坚强,那是不可能的,人有弱点,人有原罪,人是有限的,你怎么可能做到没有一丝一毫感性的欲望、感性的诱惑呢?所以说对这一切,他们假如以纯粹性和严格性设想过德性法则,如同福音书的规范所做的那样,他们就会意识到这是不可能做到的。斯多亚派所标榜的一切他们实际上是不可能做到的,如果他们读过圣经,用圣经的标准来衡量过自己的行为,那么他们就会意识到这一点。

如果我把一个**理念**理解为一种在经验中不能有任何东西与之相符合的完善性,那么道德理念并不因此就是什么过甚其辞的东西,亦即并非那种我们甚至连它的概念也不能充分规定的东西,或是那种它是否任何地方会有某个对象与之相应都不确定的东西,就像思辨理性的理念那样;

这句话我把最后这一句提到前面来,就像思辨理性的理念那样,把它提到前面,我们这样来翻译可能会更加清楚一些:"如果我把一个**理念**理解为一种在经验中不能有任何东西与之相符合的完善性,那么道德理念并不因此"("就像思辨理性的理念那样")"是什么过甚其辞的东西",这个更清楚一些。就是思辨理性的理念在康德看来是过甚其辞的,是夸大其辞的,言过其实,思辨理性的理念如上帝啊,灵魂啊,世界整体啊,你如果把它当作是一个思辨理性的对象的话,那么就是夸张的,你的认识超不出你的感性经验的范围,但你却以为可以像对经验对象一样地认识它们,这就已经越界了。他这个地方为什么一开始就要讲,如果我把一个理念理解为一种在经验中不能有任何东西与之相符合的完善性?这是一般理念的一种规定,所谓理念就是这样的。在康德的理解中,一个理念就意味着一种在经验中不能有任何东西与之相符合的完善性,上帝,世界整体,万物,灵魂,这都是完善性,都是无限的。上帝是无限的,灵魂其实也是,上帝是无限大全,而灵魂是无限小、无限精致的,那么世界整体也是无限的。如果我们从思辨的角度来理解这些理念, 那么它们肯定是过甚其辞的, 思辨的理念是这样的; 那么道德的理念呢? 道德的理念在这方面也是没有任何经验与之相符合的完善性, 但是跟思辨理念不一样, 就是说它虽然没有任何经验的东西与之相符, 但是它并不因此就是什么过甚其辞的东西, 像思辨的理念那样。我们注意这一句话里面有两个层次, 一个是就一般的理念来说, 如果我把一个理念理解为一种在经验中不能有任何东西与之相符的完善性, 这个是一般理念都是这样的; 但是下面分两种, 一种是道德理念, 一种是思辨的理念, 在这个总的前提之下, 道德的理念跟思辨的理念有一些不同。思辨的理念因此就是过甚其辞的, 就是夸张的, 超出经验界限的, 那么道德的理念并不因此就是过甚其辞, 而是很实在的, 这是两种不同的理念。虽然它们共同都是理念, 都是超出经验的, 思辨的理念一旦超出经验它就是过甚其辞的, 你不要受它的迷惑, 它会产生一些幻相迷惑你, 让你去追求什么上帝啊, 什么灵魂不朽啊, 让你白费力气去追求关于它们的知识, 这个是你要警惕的。但是道德的理念呢, 它不一样, 它虽然是超越于经验的一切对象, 但是它并不是什么过甚其辞的东西, "亦即并非那种我们甚至连它的概念也不能充分规定的东西"。就是说道德的理念它的概念是可以充分规定的, 即算它里面没有任何经验的对象, 我们仍然可以从概念上对它进行充分的规定。"或是那种它是否任何地方会有某个对象与之相应都不确定的东西", 概念上不确定, 对象上也不确定, 在思辨的意义上确实是不确定的。比如说自由的理念, 在第三个二律背反里面提出自由的理念, 自由的理念在概念上是不能充分规定的东西, 它只是一个空位, 在《纯粹理性批判》里面它只是留下一个位置, 它还没有得到积极的规定, 它只是一个消极的规定: 什么叫自由, 自由就是不受自然规律、自然因果性的限制, 这就是自由的规定, 这是一个消极的规定, 它的概念没有得到充分的规定。那么对先验自由的这个理念来说呢, 任何地方是否会有某个对象与之相应都不确定, 它的对象是不确定的, 世界上有没有自由, 那么康德给它保留了一点余地，就是说你既不能证明它有，也不能证明它无，不能否定有自由。你在此岸世界可以说我没有看到过自由，一切都是必然的，一切都是因果自然规律，但是你没有到过彼岸世界，你不知道彼岸世界是不是会有自由，所以他是留下了一个空位，也可以说是留下了一个问题。这个是康德在《纯粹理性批判》第三个二律背反里面已经反复论述过的。对于先验自由的理念从思辨的角度来看，我们无法确定它的概念，充分地规定它的概念，也无法确定它是否任何地方会有某个对象与之相应，它只是一个抽象的概念而已。但是作为道德的理念，那就不同了，先验的自由作为一种实践的自由，也就是作为一种道德理念，作为一种行动的意志，它的概念是能够充分规定的，它的对象也是可以确定的，就是这种实践行为，这本身甚至是一个"事实"。先验的自由只是意味着它不服从自然规律，不服从自然的因果性；那么实践的自由则是一个积极的规定，就是说你任何时候都可以按照自己的自由意志的法则去行动，这就是实践自由所包含的意思，这是可以得到具体的规定的。那么它是不是任何地方会有某个对象与之相应都不确定呢？不是的，实践的自由是可以确定的，怎么确定？通过人的道德法则，通过人的道德行为，我们就可以确定人是有自由的。这个自由在思辨的、理论的意义上我们认识不了，但是在实践的意义上我们绝对可以确定有那么个对象。实践的自由它确实就是指的那么一个对象，就是人的自由的行为，通过人有道德行为我们就可以看出来。人可以不必考虑自然规律而行动，他可以只考虑道德法则而行动，哪怕有时候违背自然规律，比如说杀身成仁舍生取义。人作为自然人、作为动物都爱惜自己的生命，它不会为了某个抽象的理念而牺牲自己的生命，动物不会这样，但是人就能够做到。人能够做到这一点就说明了人有自由，人的本体里面包含有自由。所以作为道德理念来说，同样也是理念，但是在实践的意义上是有它确定的对象的。这个是一般地把道德的理念和思辨的理念区分开来了，把它们区分开来的意思是什么，这个地方为什么要这样区分开来呢，是为了引出下面的意思。

相反，这些理念作为实践的完善性的范本，充当着德性行为的不可缺少的准绳，同时也充当着**比较的尺度**。

"相反"，跟什么相反呢，就是跟思辨的理念相反，跟思辨的理念不同，或者说跟前面所讲的相反。前面讲它不是什么过甚其辞的东西，也不是那些连它的概念也不确定的东西，相反，"这些理念作为实践的完善性的范本，充当着德性行为的不可缺少的准绳"。就是说它作为范本，那它当然是非常确定的一个概念，道德的理念是一个范本，是一个标准，充当着德性行为的不可缺少的准绳，用来衡量我们现实的德性行为。我们现实的行为是否具有德性，要由它来衡量，来评价，这是非常实在的。"同时也充当着**比较的尺度**"，这个行为跟那个行为哪个是德性行为，我们必须要有一个实实在在的尺度。这个尺度它本身不在现实生活中，你可以说它在现世生活之外、在彼岸，但是它可以用来衡量我们的现实生活。实际上这个地方讲的是，基督教的道德理念如何从古希腊的那些理念里面提升出来，古希腊称之为道德的那些理念实际上还是思辨的，还停留在思辨的层次、停留在认识的层次，还被认为是一种认识的对象，要达到一种客观自然界的知识。比如说对自然的逻各斯、宇宙的逻各斯，我们有一种认识，既然万物都是这样的，那么我们人的行为也应该是这样的，也应该按照这样一种自然的规律去办事。斯多亚派就是这样，他们也讲宇宙的逻各斯，也讲神，但是他们那个神其实就是自然，就是自然规律，所以他们的那些理念虽然看起来很高超，但实际上还是停留在自然之中，没有真正成为道德理念。而停留在自然之中，那就是思辨的理念。思辨的理念你要想确定它的内容，想通过自然现象认识它的本体，那就是夸大其辞的，它不可能超出经验的范围之外。

现在，假如我对**基督教道德**从它的哲学方面来考察，那么它在与希腊各学派的理念相比较时就会这样显现出来：**犬儒派、伊壁鸠鲁派、斯多亚派和基督教**的理念分别就是：**素朴、明智、智慧和神圣**。

　　他前面为什么要讲两种不同的理念，思辨的理念和道德的理念，就是为了引出这下面的意思，道德的理念它是可以作为准绳，作为比较的尺度的。用道德的理念来作为比较的尺度，我们来进行一番比较，在基督教的道德和古希腊的道德上来运用道德的理念。那么这个道德的理念实际上在基督教那里已经具备了，所以这里是用基督教的道德理念作为尺度去衡量古希腊的那些理念。那些理念也自认为是道德的，但实际上是思辨的。那么这个比较在这里就表现出来了。"**现在，假如我对基督教道德从它的哲学方面来考察**"，这个地方为什么要强调从哲学方面考察？也就是要在理性范围之内来考察。基督教道德除了哲学方面，它还有信仰方面，康德处处都要撇开信仰来谈理性，所以后来专门写了《单纯理性范围内的宗教》。基督教里面本来有两种成分，一种是信仰的真理，一种是哲学的真理，那么康德要谈理性范围内的宗教，他就要把信仰的真理暂时撇开。对信仰他也不反对，但是他不去碰它，这个信仰的真理我先不谈，我先谈哲学的真理，我先把这一方面搞清楚。所以基督教的道德从它的哲学方面来考察，就是从理性范围内来考察，也就是从道德理念方面来考察它的这个含义。"**那么它在与希腊各学派的理念相比较时就会这样显现出来**"，通过这种比较，我们把基督教的道德理念显现出来，一比就比出来了。当然这个比较呢，本身是用道德的理念作为尺度来比，而这个道德的理念确实就是基督教才达到的，才有了道德的理念，其他的希腊学派都只达到了一种思辨的理念。那么这个比较是这样的：

"**犬儒派、伊壁鸠鲁派、斯多亚派和基督教**的理念分别就是：**素朴、明智、智慧和神圣**"，犬儒派、伊壁鸠鲁派、斯多亚派和基督教有四种不同的理念，这个理念他没有说是道德的理念还是思辨的理念，其实里面既包含有道德的理念也包含有思辨的理念。他说分别就是：素朴、明智、智慧和神圣。神圣当然是最高的，它是彼岸的，神圣的理念就是道德的理念，道德追求神圣。那么素朴、明智和智慧都还不是道德的，应该说都还是思辨的理念，都还属于自然，都是人的一种本性、人的一种素质。素朴是犬儒派所标榜的,犬儒派的领军人物是第奥根尼,第奥根尼他就标榜素朴的生活方式,他自己住在一个木桶里面,只有一个杯子能够舀水喝,后来看到一只狗在那里用舌头舔水喝,他就把杯子也扔了,他说这也是多余的,用手去捧水喝就够了,我要杯子干什么。他们标榜的就是最素朴的生活,这就是人的本性,其他都是多余的,这是他们标榜的一种道德,叫犬儒派。为什么叫犬儒派,就是要像狗一样,狗是最素朴的,动物是最素朴的,要像动物一样地生活,那就是去掉了一切文明的束缚,那就是自由的生活了。那么伊壁鸠鲁派标榜明智,我们前面讲了,伊壁鸠鲁派追求享乐主义、幸福主义,但是它不是纵欲主义,纵欲主义是最不明智的,因为它败坏了自己享乐的能力。因此伊壁鸠鲁派所标榜的道德原则就是明智的享乐主义,就是主张更多更持久地享乐,这需要明智才做得到。素朴和明智当然都被他们看作是理念,人能不能真正地做到呢,那还不一定,但是他们相信是可以做到的,只要人有决心是可以做到的。再就是智慧,智慧就是斯多亚派主张的,在道德方面斯多亚派是古希腊哲学家们最被康德所看重的,因为它达到了最高层次,就是达到了智慧。智慧已经是建立在理性之上的了,但是这个理性在康德看来还是局限于思辨的理性,认识的理性,它始终是有限的,你要使它成为无限就会是过甚其辞的了,就会超越经验的界限了,那将一无所获。最后才是基督教的理念,就是神圣,神圣就是已经达到彼岸了,已经排除了人的一切感性的东西,不管是忍耐力也好,刚毅精神也好,还是你个人的气质也好,你的英雄的气质也好,聪明智慧也好,这些东西在神圣性那里不值一提,人间的英雄在圣徒那里根本不值一提。你好勇斗狠,你比别人强,你能够在肉体上甚至于在精神上压倒你的敌人,你就赢了?你最后都要归于虚无,自然界的万事万物、包括你的身体,包括你的气质最后都等于是虚无,只有提升到神圣的境界,你才能是有,你才能是一切。提升到神圣,你跟上帝在一起,你才是一切。这个是很不一样的,它们有不同的等级,这里有四个等级。下面就进行解释。

至于达到它们的方式，希腊哲学家是如此相互不同，即犬儒派觉得**普通人类知性**对此就足够了，另两派则认为只有**科学**的方式才行，因而这两者终归认为只要运用**自然力量**就足以做到这点。

"至于达到它们的方式，希腊哲学家是如此相互不同"，希腊哲学家们也有很多不同的说法，要达到他们心目中的理念，各有各的办法。"**犬儒派觉得普通人类知性**对此就足够了"，犬儒派强调素朴的生活，不需要任何多余的东西，文明的东西，虚假的东西，装饰的东西，全部都要去掉，只要有起码的人类知性就足够了。只要你没有发疯，只要你还活着，还有意识，那就足够了。知性可以使你有意识地排除一切文明的虚饰，使你回到自然的生活，这是犬儒派的主张。"另外两派则认为只有**科学**的方式才行"，伊壁鸠鲁派和斯多亚派都非常崇尚科学，都有他们的"自然哲学"。伊壁鸠鲁派继承了德谟克利特的原子论，但是他们提出原子论的目的跟德谟克利特不一样，他们是为了道德的生活，不是为了自然哲学；他们用自然哲学为道德哲学服务，我探讨了自然的规律，宇宙的结构，我就懂得自己应该怎么生活了，按照自然的规律去办事、去行动，那是没错的。所以他们的这些理想，他们的这些理念，最后归结为一种自然的方式。斯多亚派也是这样，斯多亚派的逻各斯，普遍理性，世界理性，也是世界万物的自然规律。当然他们强调理性，而伊壁鸠鲁派强调感性、强调经验，这个是不一样的，但是他们对于促成自己的道德理想都是要借助于自然的力量，这一点是一样的，只是对自然的理解不同而已。伊壁鸠鲁派理解为感性经验的自然，而斯多亚派理解为理性的自然法则，自然法。政治哲学中的自然法派最早要追溯到斯多亚派，当然还有它的前提是亚里士多德，在亚里士多德那里已经有它的渊源，但斯多亚派是正式把自然界看作是有法的，自然法派是从这里来的。"因而这两派"，"这两派"我们把它改一下，改成"这两者"，因为他这里不是仅仅是说另外两派、后面这两派，而是这两派和犬儒派一起，它们构成两者。"因而这两者终归认为只要运用**自然的**力量就足以做到这一点"。这两者就是说，犬儒派为一者，另两派为一者，就是斯多亚派和伊壁鸠鲁派是明确地说了，只要运用自然的力量就可以做到他们的明智和智慧。而犬儒派也是这样，其实也是认为只要运用自然的力量就可以做到，最普通的知性就是让人返回自然的，你不要去探讨自然的规律，自然是由什么构成的，犬儒派不讨论这个。虽然不讨论这个，但是他们回归自然，你不要去认识自然，你回归自然就是了。所以他们也是运用自然的力量就足以达到他们的理想了。所以前面讲的这三种，这三派，可以说都是诉之于自然的力量来实现自己的理想，这一比就显示出基督教的高明之处了。

基督教道德由于它把自己的规范（如同也是必须的那样）设立得如此纯粹和不爽分毫，就剥夺了对人至少在此生中与这种规范完全符合的信任，但它毕竟又以下述方式把这种信任重新树立起来，即如果我们尽我们**所能**地行善，我们就可以希望凡是我们所不能做到的，将在另外的地方使我们受益，不论我们现在是否知道以何种方式。

这个是通过对比而得出来的基督教的一个很重要的特点。"基督教道德由于它把自己的规范（如同也是必须的那样）设立得如此纯粹和不爽分毫"，它把自己的规范建立在神圣性之上，什么叫神圣性？就是如此纯粹和不爽分毫，一丝一毫也不会错，不会混杂那些感性的东西，那些自然的东西，它跟自然没关系，它超越于万事万物之上。括号中说，如同也是必须的那样，它不光是已经做到这一点，而且它必须做到这一点。基督教作为一种对于超验世界的宗教，那么它必须把自己的道德、自己的德性放在一个纯粹的境界、一个彼岸世界里面来加以考察。而这样一来，"就剥夺了对人至少在此生中与这种规范完全符合的信任"，剥夺了什么信任呢？对人在此生中做到与这种规范完全符合的信任。这是前面几派都没有意识到的，他们都相信我们在此生中就能够做到与自己的理念完全符合，问题只取决于愿意不愿意做。因为他们所想到的道德理念，实际上是思辨的理念了，他们认为只要有普通知性或者科学的方式就可以达到这些理念。他们提出一个理念来，圣人、哲人应该是怎么样的，都有些具体的标准,斯多亚派和伊壁鸠鲁派都在探讨这个问题,其实怀疑派也在探讨这个问题。他这个地方没有提怀疑派,因为怀疑派是比较消极的,没有提出什么积极的道德规范。哲人应该怎么样,那么在伊壁鸠鲁派看起来就应该服从自己的感性,斯多亚派认为哲人就应该服从自己的理性,总而言之是服从自然规律。犬儒派则是服从自己的自然本能。那么所有这三派,他们都认为人在此生中就可以做到与这些规范完全相符合,而唯独基督教剥夺了对人至少在此生中与这种规范完全符合的信心。为什么这个地方说"至少"呢,就是说它还有一个保留,就是在来生、在来世他还有可能做到符合这些规范,那就需要假设灵魂不朽了。但是至少在此生中他不能够做到,这个是跟前面三派都不一样的,它剥夺了人们这样一种信心,防止人们在道德上滋生骄傲。"但它毕竟又以下述方式把这种信任重新树立起来,即如果我们尽我们**所能**地行善,我们就可以希望凡是我们所不能做到的,将在另外的地方使我们受益,不论我们现在是否知道以何种方式",这就显示出他前面讲"至少在此生中"时所留下的余地了,就是说,虽然在完全符合道德理念方面它取消了我们在此生中对自己的完全自信,但它毕竟又以下述方式把这种信任重新树立起来了。我自以为在此生中就能够达到哲人或圣人的标准,在此生中就可以成圣,立地成佛,满街都是圣人,只要我愿意我就可以成为圣人,这种自信在基督教那里完全被摧毁了:你在此生根本就不可能做到神圣性。那么是不是就完全不能做到呢? 也不见得,至少它还留下了一个余地嘛。就是说你可以做成圣人,但不是在此生,而是在来世。他说,如果我们尽我们所能地行善,我们尽我们的力量,尽可能去行善,我们就可以希望我们所不能做到的将在另外的地方得到补偿。只要我们按照道德律去做,尽我们所能,我们所能当然是有限的,但是只要你尽了你的力量,尽你有限的能力去行善,就可以希望凡是我们所做不到的,将有可能在另外的地方做到,这就使我们受益了。虽然我们现在并不知道将会是以何种方式使我们受益,如果你知道的话那就成了一个思辨的理念了,那就成为一种科学知识了，但是我们在科学知识上对此一无所知，我们在来世究竟怎么样，谁见到过来世？谁也没有从来世回到我们的现世，告诉我们来世是什么样子的，死后的世界是一个不可知的世界。所以我们根本就不可能知道我们将以何种方式在另外的地方得到帮助，从而做到这样一种神圣性，我们只是希望而已。这个就是基督教跟前面所列举出来的三种伦理道德学说的根本性不同了，因为它必须在另一个世界中悬设灵魂不朽和上帝存有，才能帮助我们完成道德理念，这是前面几派所不具备的。

亚里士多德和柏拉图的区别只在我们的德性概念的**起源**方面。

"起源"在这里打了着重号。这个地方为什么提到亚里士多德和柏拉图的区别，就是前面列举了三种古希腊的道德学说，但是这三种道德学说都起源于亚里士多德和柏拉图，它们的总根源是在亚里士多德和柏拉图那里。但是亚里士多德和柏拉图还没有单独地以道德为核心建立他们的哲学，他们还是本体论的、宇宙论的、自然哲学的，这些东西占据了大多数的内容，而到了希腊化时期的这三种哲学，就都是以道德哲学为中心了。但是他们的根源要追溯到亚里士多德和柏拉图。那么"**亚里士多德和柏拉图**的区别只在我们的德性概念的**起源**方面"，我们的德性概念从哪里来，从经验得来还是从"回忆"得来，这是亚里士多德和柏拉图的区别。但他们共同忽视了前面所讲的在此生中完全达到这些德性概念的可能性的问题，而是认为这不是个问题，因为他们都是停留在自然力量这样一个层面上讨论问题，跟前面所举出的三派哲学一样，都是诉诸人的自然力量。当然柏拉图已经有彼岸的理念世界的设想了，但他并不是让彼岸世界的灵魂不朽和上帝来帮助现实的人实现功德圆满，而仍然是让此岸世界的人的灵魂通过回忆而返回理念世界，并且认为灵魂在此生中尽力高飞远举，还是有希望在某个时刻一窥理念世界的汪洋大海的。尽管柏拉图的善的理念被置于彼岸，但是涉及德性概念的起源问题，那他还没有超出人心中先天固有的观念，是通过回忆可以在自己内心发现的，只要我们尽力地去回忆，我们最终可以通过"理智的迷狂"达到善的理念。所以柏拉图虽然把此岸世界和彼岸世界割裂开来，分离成两个世界，但是他仍然认为通过人的一种素质，通过人的一种自然力量也就是认识的力量、理性的力量，我们就可以直接把握、直接看到善的理念。亚里士多德则是回归到感性世界了，他是从经验的基地一路上升的，把善和美德划分成好几个层次，实用技术的，个人行为的，社会政治的，最后是理性思辨的，那么到了理性思辨的时候人就跟上帝同一了，就跟神相通了，所谓"对思想的思想"，这是人可以做到的最高美德，也是最高幸福。所以柏拉图和亚里士多德的区别虽然看起来好像很大，一个是立足于经验，亚里士多德立足于经验，柏拉图立足于理念，理性主义，但是在德性的起源方面，他们同样地都是立足于思辨的理念，立足于自然的力量。这个自然的力量是广义的，就是说立足于人的力量，包括人的理性也是自然的力量，感性理性这些东西都属于人的本性，人的 nature，里面已经包含着的那些能力，立足于这些能力。唯独基督教，它把这个能力跟德性的理念直接相通的这样一条线索切断了，人不可能通过自己的自然的力量就直接地掌握德性的理念，如果能够掌握德性理念，那德性理念就成为一个思辨的理念了，那就是夸大其辞的了。你怎么能够超出你的经验范围之外去掌握一种知识呢？在康德看来这是不可能的。那么基督教把这一点切断了，这跟康德把思辨理性和实践理性切断了是异曲同工的。所以康德为什么对基督教的道德评价最高，就因为基督教的道德超出了古希腊的那些直接打通人的自然能力和道德理想的做法，这种做法在康德看来是不可能的。唯独基督教，他认为是走上了一条正道，就是把实践理性和思辨理性分隔开来了。所以他这个长注，主要是要突出基督教的学说的优势，以及它跟古希腊的这些道德学家们有哪些实质性的不同。下面我们来看这个正文。

　　基督教的学说，即使人们还没有把它作为宗教学说来考察，就在这

一点上提供了一个至善的(上帝之国的)概念,只有这个概念才使实践理 [128]
性的这种最严格的要求得到满足。

"基督教的学说,即使人们还没有把它作为宗教学说来考察",我们
即使不把它作为宗教学说来考察,比如说早期基督教所提出的上帝之国
的概念,提出了一个上帝之国赏善罚恶的概念,人们还没有把它作为宗
教学说来考察,而只是把它作为一般的道德学说或者是行为规范来看待。
已经"就在这一点上提供了一个至善的(上帝之国的)概念",在哪一点
上呢? 这个要联系到上面一段讲的了。上面一段是对于希腊道德学说的
批判,这些批判归结为一点就是说,他们实际上找不到一个更高的东西
来把幸福和德性统一起来,他们没有一个超越于此岸世界的彼岸上帝概
念,所以他们的至善实际上还不是真正的至善。要追求至善,你必须首
先要超越于此岸的德行,超越于我们人所能够做到的混杂有功利性的道
德行为,还要超越于所有此岸的幸福之上,从而对此岸幸福和彼岸德性
加以综合。那么基督教的学说一开始就已经提供了这么一个概念,因而
在这一点上、就是在德福一致这一点上提供了一个至善的上帝之国的概
念,这甚至不是为了建立一种宗教学说,而只是为了建立一种道德学说。
基督教超越古希腊伦理学的地方就在这里,古希腊的各种道德学说都没
有能够提供一个超越现实德福之上的、能够真正地达到德福一致的概念,
而基督教的学说呢,即算早期还没有被当作宗教的学说来对待的时候,
它就已经提供了这样一个概念。就是说哪怕你不从宗教的角度来看,你
仅仅从道德的角度来看它,它也就已经提供了这么一个启示,就是有一
个至善的概念。基督教当然有宗教的方面也有道德的方面,这个是康德
从基督教里面分析出来的,有理性范围内的宗教和信仰范围内(历史范
围内)的宗教之别,信仰范围内的宗教包括外在的礼仪,教会,教阶制,
这一整套制度,这些东西都属于信仰范围之内的。但是理性范围内的宗
教呢,它涉及道德。那么作为道德学说来看,它已经提供了一个至善的
概念了,而且这是先于它作为宗教学说就已经提出来的,一开始它只是

291

道德学说，后来才成了宗教学说。"只有这个概念才使实践理性的这种最严格的要求得到满足"，只有这样一个上帝之国的概念，才使得实践理性的这种最严格的要求得到满足，也就是德福一致、严格按照道德来分配幸福，分配的标准则掌握在彼岸上帝的手中。

道德法则是神圣的（分毫不爽的），并要求德性的神圣性，虽然人所能够达到的一切道德完善性永远只是德行，即出于对法则的**敬重**的合乎法则的意向，因而是对于违禁、至少是不正派、亦即在遵守法则上混杂进许多不纯正的（非道德的）动因这样一种不断的偏好的意识，所以是一种与谦恭结合着的自重，

"道德法则是神圣的（分毫不爽的），并要求德性的神圣性"，道德法则在康德看来，它是在彼岸世界一尘不染的，所以它本身是神圣的、分毫不爽的，是由纯粹理性精确地规定了的。它不能够让步，不能够掺杂进任何别的东西，它超越于、提升于所有的感性事物之上，这就是它的神圣性。因为道德法则是神圣的，所以它带来了德性的神圣性。道德法则和德性还是两个不同的概念，道德法则是纯粹实践理性的法则，德性就是这法则的道德性，所以道德法则的神圣性同时就要求德性的神圣性，即由此所规定的德性也必须是一尘不染的，具有彼岸世界的纯粹性。"虽然人所能够达到的一切道德完善性永远只是德行"，德行跟德性我们刚才讲了，两个概念的层次不一样，德行更加具体一些，它是人所做的那些道德行为，德性呢，它是这行为的道德性，是属于彼岸的，它是一个标准。人的道德行为是有德性的，那只是因为他带上了德性的标准，所以我们把德性跟德行区分开来，德性更加抽象一些，它本身属于彼岸世界，但是德行它就不能到彼岸世界去了，它只属于此岸世界的人的行为，它就是我们人类所做的道德的事情。虽然人所能够达到的一切道德完善性永远只是德行，这个"虽然"是对前面的修饰，就是说，道德法则和德性本身都是神圣的，虽然德行并不是那么神圣的。德行不是居高临下的命令，而是自下而上的仰望，因而与敬重这种感性动机相关。"即出于对法

则的**敬重**的合乎法则的意向",就是说你的动机是出于对法则的敬重,你有这种动机,那么这就是德行了。出于对道德法则的敬重而做一件道德的事情,这个才是真正的德行,如果你掺杂了别的目的,别的因素,别的动机,那它就还不是真正的道德行为。出于敬重就是为义务而义务,就是敬重道德法则,这就是合乎法则的意向,合乎法则的动机。"因而是对于违禁、至少是不正派、亦即在遵守法则上混杂进许多不纯正的(非道德的)动因这样一种不断的偏好的意识",你有一种敬重的意向,那么你肯定有对反面的意识,比如说对于违禁、违反道德律,对于不正派,亦即在遵守法则上混杂进许多不纯正的、非道德的动因等等,这样一些不断冒出来的偏好的意识。你一旦对于道德法则本身有一种敬重感,并且把这种敬重感当作你的行为的动机,那么你对于相反的方面也就会有一种意识,会有一种警惕。这个地方的"动因",Bewegungsgrund,前面说了,它跟"动机"Triebfeder 是不一样的,当然动因的概念更大,它可以包含感性的 Triebfeder,也可以包含彼岸超验的东西,Triebfeder 则只是此岸的,它是我们人的一种意向,而 Bewegungsgrund 可以容纳彼岸的那种原因,那种 Grund,比如说自由,自由就是决定意志的一个动因,但它不是动机。但是动机也属于动因,有时候康德把动因用在更广泛的意义上,就是说它可以取代 Triebfeder,取代动机,但是动机不可能完全取代动因,因为动因还包含有彼岸的本体的东西,而动机只是现象的原因。而在这个地方康德的"动因"含有在现象中的原因的意思,即许多不纯正的(非道德的)动因,这些动因当然只是一些作为现象的动机。所以他讲德行是出于敬重的意向,因而也是对这样一些不断的偏好的意识,即意识到自己不断地在偏离应当的道德规范。当你把敬重当作自己的动机的时候,你就会强烈地意识到有这么一种动因,它努力地要挣脱你的道德规范,要这样跟你搏斗。为道德而道德对于人类来说不是那么轻而易举的,你不是特殊材料制成的,你就是普通的人,你有你的有限性,因此你必须要跟这样一种偏向不断地斗争,这就是德行。所以德行"是一种与谦恭结合着的自重"，你有了这种意识就会谦恭，就是说你作为一个有限的人，你要做到道德性、为义务而义务，你就必须意识到自己的有限性，必须跟你自己身上的这样一些有限性作斗争，所以你不能骄傲，而永远必须谦恭自重。敬重和谦卑是一物两面，谦恭不是说自轻自贱，对自己看轻了，而恰好是一种自重。自重跟自大不一样，自大就以为自己无所不能了，你不是无所不能的，但是你要自重，你要守住自己的本质，你的重心应该放在你自己的道德性上面，道德性是你人生的重心，你要在这上面安身立命。这就使你产生一种自重，但是你又不是狂妄，不是骄傲自大，而是有一种谦恭。这个都是讲的基督教了。

因而在基督的法则所要求的神圣性方面，留给被造物的就只剩下无限的进步，也正因此，被造物有资格希望自己持续地进向无限。

与谦恭结合着的自重带来了基督教的法则的这样一种特点："在基督教的法则所要求的神圣性方面，留给被造物的就只剩下无限的进步"。注意他这个表达方式，留给被造物的只剩下无限的进步，就是说其他的你就不要想了，你要想一劳永逸地成为圣人，在你没有死之前，没有进入到彼岸的生活之前，那是休想，你死了这个心，要跟古希腊的那种狂妄一刀两断。古希腊的哲人们都认为，我们在此生就可以做到成圣，成为圣人，那是不可能的，你要谦恭；但是还留下一点让你自重的地方，就是说唯一给你留下来可以做的，就只剩下无限的进步，你可以向那个方向努力。你虽然做不到百分之百地成为哲人，但是你可以不断地努力，不断地向那个目标靠拢，这是留给你可以做的。因此你还是能保持你的自重，你不要自轻自贱，你不要自暴自弃，你不要放弃你的努力，觉得你就是个动物了，你此生恐怕就只能像动物一样生活了，不是的。人跟动物毕竟不同，他能够向彼岸世界不断地接近，用彼岸世界的标准来衡量自己的生活，来要求自己。"也正因此，被造物有资格希望自己持续地进向无限"，这样一个被造物，也就是被创造的人类，有资格希望自己持续地进向无限，它有这个资格，动物没有这个资格，人跟动物还是不一样的。人有资格干什么呢,有资格抱有这种希望,希望自己持续地进向无限。无限永远达不到,但是你可以持续地往那个方向前进、发展,提高自己、改善自己,这个是可以做的,这个是你能够有资格希望的。这就是基督教的道德了。

一个与道德法则完全适合的意向的价值是无限的:因为一切可能的幸福在一个智慧的和万能的幸福分配者作出判分时没有任何别的限制,除了有理性的存在者缺乏与自己的义务的适合性之外。

这个地方提出来,"一个与道德法则**完全**适合的意向的**价值**是无限的",刚才说你要持续地进向无限,目标在哪里呢? 向什么方向前进呢? 这里就讲了,什么东西是无限的,一个与道德法则完全适合的意向的价值就是无限的,这就是你的方向。你有资格进向无限,那么这个无限的目标就是一个与道德法则完全适合的意向,只有它的价值是无限的。当然你做不到,任何有限的人在此生完全与道德法则相适合是不可能的,他不能够完全撇开自己的肉体和感性;如果他完全能够做到,完全能够适合道德法则,那么这样一种意向的价值是无限的,它的无限性就在它的价值的无限性,"价值"打了着重号。换言之,德行的价值是无限的,没有什么别的东西能够和它价值相当,它能够值得一切幸福,或者说它配得一切幸福。如果你真正做到了与道德法则完全相适合了,那么你的行为就值得无限的幸福,你就配享无限的幸福。所以下面讲,"因为一切可能的幸福在一个智慧的和万能的幸福分配者做出判分时没有任何别的限制,除了有理性的存在者缺乏与自己的义务的适合性之外",这就是解释这个价值的无限性了,一个人在上帝的审判面前配得幸福的限制只有一个,那就是你在与自己的义务相适合方面有所欠缺。除了这个限制之外,也就是如果你完全做到了与自己的义务相适合的话,那么你就值得由上帝这个智慧的和万能的幸福分配者为你分配无限的幸福,没有任何限制。就是说如果你没有完全做到符合你的义务,这就是对你幸福的唯一的限制,在上帝的眼睛里面是这样的。在最后的审判时,如果你做不到完全适合于自己的义务,那么你有多少没有做到,你就受到多少限制,你适合得越多,你得到的幸福就越多,适合得越少你得到的幸福就越少,这是成比例的。

但单独的道德法则却不**预示**任何的幸福;因为幸福按照一般自然秩序的概念是并不与对道德法则的遵守结合在一起的。

虽然在上帝的审判中,道德法则和幸福是相配的也是成比例的,"但单独的道德法则却不**预示**任何的幸福"。你单独就道德法则本身来看,那么它跟幸福是没有任何关系的,它不预示任何幸福。这两者之间是异质的关系,单独看道德法则,如果离开了上帝,离开了上帝的分配,那么它跟这个幸福不沾边,它不预示任何幸福。如果它带有幸福的预期,那它作为道德法则就是可疑的了,真正的道德法则是纯粹实践理性的法则,不含任何感性经验的成分。"因为幸福按照一般自然秩序的概念是并不与对道德法则的遵守结合在一起的",幸福它是按照一般自然秩序而来的,它跟自然的规律相关,你要得到多少幸福,在我们人类的现世生活中,这跟你掌握的自然规律有关,也就是跟技术有关,跟你的科技发展有关,跟你的明智有关。这就必须遵守自然的秩序,取决于你对自然科学的知识的掌握程度,所谓知识就是力量,你掌握多少知识你就能取得多少幸福,这跟道德法则没有关系。掌握科学知识的人也许是很不道德的人,希特勒利用那么多科学家、先进的技术发展了他的军事工业,发动了第二次世界大战,那么他掌握的科学是不道德的,它跟道德没有任何关系。我们今天要反对技术主义、唯科学主义,就是因为这一点,它跟道德没关系,甚至于有可能被利用来做不道德的事情。因此德福之间才需要一个上帝来综合。

现在,基督教的德性论通过把有理性的存在者在其中全心全意地献身于德性法则的世界描述为一个**上帝之国**,而补足了这一(至善的第二个不可缺少的组成部分的)缺陷,在这个国度里,自然和德性通过一个使这种派生的至善成为可能的神圣的创造者,而进入到了对两者中任何一个本身单独来说都是陌生的和谐之中。

前面讲的是一般的原理了，那么在具体场合之下，"现在，基督教的德性论通过把有理性的存在者在其中全心全意地献身于德性法则的世界描述为一个**上帝之国**"。上帝之国就是彼岸之国，只有在这里，有理性的存在者才能全心全意献身于德性法则，它超越于我们此岸的现实生活，"而补足了这一（至善的第二个不可缺少的组成部分的）缺陷"。补足了什么缺陷呢？就是前面讲的，德性和幸福在现实世界中不可能一致，这一缺陷是至善的第二个不可缺少的组成部分的缺陷。也就是说，至善的两个不可缺少的部分，第一个是德性，第二个是幸福，缺一不可，缺一就不能成为至善了，所以德性不可缺少，与之相匹配的幸福也不可缺少，否则德福一致就不可能了。那么现在我要补足这第二个缺陷、即缺少与德相匹配的幸福这个缺陷，我就只有提升到一个非现实的，超现实的世界。既然在现实世界中不可能做到这一点，那么我们就为了补足这一缺陷而提升到一个超现实的彼岸世界，那就是上帝之国。所以上帝之国它可以补足这一缺陷，而在现实世界中你要达到至善，至少就缺了一方，你在现实世界中可以做到不断地向最高的道德迈进，但是这种迈进跟你所获得的幸福并不成比例，所以德福总是达不到一致。当然至善的第一个组成部分在现实世界中也是不可能完全达到的，但它至少不是缺少的，你要做道德的人是可以的，只不过你要完全做到不可能，你不能一下子一蹴而就，你必须不断地努力去接近，这不是缺少。缺少的是什么呢，缺少的是与之相配的幸福。你单独追求幸福，它和德性不相配，你单独追求德性，它又跟幸福不相配，这都跟至善没有关系。要跟至善发生关系，必须有跟德性相配的幸福，但这个是缺少的。而"在这个国度里"，即在上帝之国里，"自然和德性通过一个使这种派生的至善成为可能的神圣的创造者，而进入到了对两者中任何一个本身单独来说都是陌生的和谐之中"。也就是在上帝之国里，自然和德性、也就是幸福和德性——因为幸福取决于自然嘛——才通过一个使这种派生的至善成为可能的神圣的创造者，而进入到双方的和谐中。"派生的至善"我们前面讲到过，374

页（《实践理性批判》172 页）已经讲到了"最高的派生的善（最好的世界）的可能性的悬设同时就是某个最高的本源的善的现实性的悬设，亦即上帝实存的悬设"，最高的派生的善也就是派生的至善，最高的本源的善也就是本源的至善，所以至善它有两个层面，一个是派生的至善，一个是本源的至善，前者的可能性和后者的现实性都有赖于上帝实存的悬设。这个地方讲到的是派生的至善，即自然和德性通过一个使这种派生的至善成为可能的神圣的创造者而达到了和谐。派生的至善就是在被创造的世界这个层面上讲的德福一致，就是上帝创造了一个德福一致的世界，那么就他的创造的后果来说呢，它就是派生的至善。德福一致的世界就是派生的至善了，按前面讲的就是"最好的世界"，所谓最好的世界就是至善的世界，至善的世界就是德福一致的世界。虽然是一个彼岸世界的悬设，但是它被悬设为创造出来的一个后果，这就是派生的至善；那么本源的至善呢，就是创造这个世界的上帝本身，上帝才是本源的至善，是创造出至善来的至善，上帝本身就是按照德福一致的原则来创世的，所以他也能够创造出德福一致的现实世界。可见上帝是本源的至善，他所创造的世界则是派生的至善，派生的至善最终要追溯到上帝这个本源的至善。所以他这里讲，自然和德性通过一个使这种派生的至善成为可能的神圣的创造者，也就是通过一个本源的至善，而进入到对两者中的任何一个本身单独来说都是陌生的和谐之中。对两者，这两者就是前面讲的自然和德性，自然和德性任何一个本身单独来说对这种至善都是陌生的。你单独把自然拿来，至善对自然来说是陌生的，是追求不到的；你单独从德性来看，你要追求至善也是追求不到的，因为你离开了自然，离开了幸福，它可以达到一种至上的、最高的善，但是它达不到至善。所以在上帝的保证下，现在就可以把双方结合在对两者中任何一个单独来说都是陌生的和谐之中，虽然对每个单独来说都是陌生的，但是对于更高的一个第三者来说，它们又是和谐的，而不是陌生的。这就必须推出一个上帝，一个神圣的创造者，那么这个神圣的创造者使得这两者成为和谐，这种和谐单独从两者中的任何一个出发都是陌生的,但是有了上帝,它们就不陌生了,就使它们两个互相分离的要素结合到一起,构成了一个先天综合命题。

德性的**神圣性**已经被指定给他们当作此生中的准绳了,但与之成比 [129] 例的福祉,即**永福**,却只是被表现为在永恒中才能达到的:因为前者在任何情况下都必须永远是他们行为的范本,而朝它前进在此生中已经是可能的和必要的了,但**后者**在现世中却是根本不可能以幸福的名义达到的(这取决于我们的能力),因此只能被当作希望的对象。

"德性的**神圣性**已经被指定给他们当作此生中的准绳了",这个"他们"指上面讲的在上帝之国中有理性的存在者。德性本身具有神圣性,它跟彼岸是相通的,而从上帝之国中,德性的神圣性已经被指定给他们当作此生中的准绳了。有理性的存在者在此生中,在没有进入到上帝之国以前,在现世生活中有一个准绳,这个准绳就是由上帝指定给他的德性的神圣性,也就是彼岸的准绳。我们在此岸的生活中用彼岸来做我们的准绳,做我们的衡量标准,比一比看你离神圣性还有多远,那么你就懂得谦虚了。这种用来衡量我们此生的尺度是由上帝之国指定给他们的此生的,所以我们说在此生中虽然我们达不到德性的神圣性,但是它已经成为我们的准绳,我们在此生中已经拿到这个准绳了。"但与之成比例的福祉,即**永福**,却只是被表现为在永恒中才能达到的",就是幸福那一方面,我们要达到永福,永福就是跟完全的德性相配的幸福,Seligkeit 就是跟神圣性相配的幸福,那么这种永福只能够设想为在永恒中才能达到的,在此生达不到。所以我们在此生可以做到的,就是用德性的神圣性来衡量我们自己,虽然不能够达到理想的程度,但我们在道德方面是有所收获、有所前进的。但是在与之相配的幸福方面我们一无所获,我们唯一只能够依靠上帝的悬设来保证。"因为前者在任何情况下都必须永远是他们行为的范本,而朝它前进在此生中已经是可能的和必要的了",前者也就是德性的神圣性,在任何情况下都必须永远是他们行为的范本,朝着它前进在我们此生中已经是可能的和必要的了。就是说我们在德性的方面倒是有所得的，至善的两个要素一个是德性，一个是福祉，永福，德福要达到一致，我们自己能做到的只是在德性方面可以不断地提高自己，朝向我们的目标前进，在这一点上我们在此岸就可以做；但是我们做不到的就是与之相配的幸福、乃至于永福。"但**后者**在现世中却是根本不可能以幸福的名义达到的（这取决于我们的能力），因此只能被当作希望的对象"，德福一致在现世生活中，在此生中，我们能做的就是德性这方面的进步，那么幸福方面呢，我们连进步都做不到，我们此生永远也不能够在这方面与德性相配，得到与我们的德相配的福。我们只能够把它作为希望的对象，因为这要取决于我们的能力，而我们恰好没有能力做到这一点。或者说我们有能力做到的并不是与我们的德相配的福，我们不是上帝，这个自然界不是我们创造的，我们生在自然界中，我们生下来就面临着已经造好的自然界，我们没有能力使这个自然界造得合乎我们的德性。那个自然界是上帝创造的，上帝在彼岸，所以我们可以寄希望于彼岸的上帝，因此这种与德相配的福只能被当作希望的对象。这都是讲的基督教的一些道德原理了。

尽管如此，基督教的**道德**原则本身毕竟不是神学的（因而不是他律），而是纯粹实践理性自身独立的自律，因为它使对上帝及其意志的知识不是成为道德法则的根据，而是成为在遵守这些法则的条件下达到至善的根据，

"尽管如此，基督教的**道德**原则本身毕竟不是神学的（因而不是他律）"，"道德"打了着重号，这里把前面的基督教的原则作了更深层次的解释，实际上我们可以把它看作对基督教的一种批判，也是他对基督教的一种改造。前面说了基督教很多很有道理的观点，把上帝置于彼岸，使人凸显出他的有限性，以及他在此岸世界道德努力的可能性，这些都是很有价值、很有意义的；但尽管如此，基督教的道德原则本身毕竟不是神学的，道德原则本身不能从神学的角度来看待，虽然它包含在基督教

神学里面,但是道德原则本身是独立的,只是穿上了神学的外衣。这是康德一个非常重要的观点,即我们不要把道德建立在宗教的基础之上,而要把宗教建立在道德的基础之上,道德本身不必用宗教来解释。既然道德原则本身不是神学的,因而不是他律,你要从神学来解释道德原则,那就成了他律了。以往的基督教都是这样解释的:我为什么有道德,因为我有信仰,我信耶稣基督我就有道德,我不信就没有道德,这就是把道德建立在信仰的基础之上了,我做道德的事纯粹是因为听从耶稣的教导了。但是按照康德的意思呢,要把信仰建立在道德的基础之上:我有道德,所以我才会信仰基督,信仰上帝只是我要完成自己道德使命的一个必要的悬设,上帝是一个悬设,一个必要的假设。并不是因为我信仰上帝我才有道德,而是我首先有道德,所以为了完成道德义务(至善),我才信仰上帝。所以基督教的道德原则本身毕竟不是神学的,因而不是他律,"而是纯粹实践理性自身独立的自律"。每一个人都有纯粹理性,纯粹理性用在实践方面它就会有一种独立的自律。实践是按照纯粹理性来做的,那么这个实践就有一种自律,就是自己给自己提出的一种法则,一种合乎逻辑、合乎理性的规范:你要前后一致,不能自相矛盾、自我否定。这就产生了道德原则,它作为一种自律的特点就是合乎理性、合乎同一律。这个是康德的一个根本观点,就是说康德不管是在道德上还是在宗教上,他把一切都建立在纯粹实践理性之上,都是从理性推出来的。"因为它使对上帝及其意志的知识不是成为道德法则的根据,而是成为在遵守这些法则的条件下达到至善的根据",因为它,就是道德原则了,道德原则使得对上帝及其意志的知识,——这个知识指理论上的一种假设——不是成为道德法则的根据,不是在知道什么是上帝或者上帝的意志是什么这个前提之下才建立起了道德法则,不是这样的。而是什么呢,而是上帝的知识成为了在遵守这些法则的条件下达到至善的根据。我们首先有个前提,就是遵守道德法则,在这个前提之下,我们为了完成道德法则所颁布的义务即至善,我们发现对上帝的知识是必要的,它使我们有可能达到至善。所以对上帝及其意志的知识是我们达到至善的根据，但不是道德法则本身的根据，相反，它的前提是遵守道德法则。我们遵守道德法则就会对至善有追求，我们把至善当作我们的道德义务；那么有了这样一种追求，我们就会设立一个上帝及其意志，以便我们在理论上能够自圆其说，在这个意义上我们有了对上帝及其意志的知识，它为至善提供理论上的根据。你要遵守道德法则，那么在这个条件之下你就要去追求至善，你要达到至善，就要有它的理论根据啊，这根据就在于你必须设立一个上帝和他的意志，上帝使你达到至善成为可能，有希望，否则至善就没有希望。所以你在遵守道德法则的前提之下，你可以从上帝的知识那里获得这样一种希望。

　　它甚至把遵守法则的真正**动机**不是置于遵守它们时的被指望的后果中，而是仅仅置于义务的表象中，同时，获得被指望的后果的资格也只在于对这种义务的忠实的遵循。

　　"它"，这还是指基督教的道德原则了，基督教的道德原则"甚至把遵守法则的真正**动机**不是置于遵守它们时的被指望的后果中，而是仅仅置于义务的表象中"。被指望的后果就是德福一致中的福，当然它要达到德福一致，所以它要遵守道德法则，但是它遵守道德法则的真正动机不是放在它们被指望的后果上，并不是考虑我能不能得到与之相配的幸福，而是仅仅建立在义务的表象中。道德行为的真正动机不是建立在后果之上，而是建立在义务之中，这已经和康德一样体现了一种动机论，而不是效果论，所以是康德特别赞赏的。当然德福一致要讲这个后果，至善是要追求德福一致，但是它的遵守法则的动机或出发点并不是德福一致，而是为义务而义务。最后得到的结果是德福一致，它可以希望，但这个希望不成为它的动机，它的动机首先是遵守道德法则本身，为遵守它们而遵守它们。当然人们都希望善有善报恶有恶报，你做了好事肯定可以希望得到好报，但是我的动机不是出于这个，我不是因为怕下地狱或者想得好报而去做好事不做坏事，我真正的动机仅仅置于义务的表象中。

"同时,获得被指望的后果的资格也只在于对这种义务的忠实的遵循",如果你的动机不是置于为义务而义务,而是想要通过道德行为获得好报,那你实际上已经丧失了获得好报的资格。你可以希望在来世得到好报,做了好事可以希望得到好报,但是如何能得到好报,你得到好报的资格在什么地方呢?不在于你一开始就是为了指望得到好报去做好事,而只在于对这种义务的忠实的遵循,为义务而义务。那么你就可以有希望得到好报,有希望达到德福一致,这是你行为可以期待的后果;但是你的动机不是这个,动机跟后果没有必然的关系,动机就是应该仅仅建立在为义务而义务上,忠实地遵循这样一个原则。当然这实际上是康德对于基督教道德学说的一种改造,他自以为是对基督教精神的一种揭示和发挥,其实已经偷运进了他自己的观点。休息一下吧。

好,我们再继续往下啊。前面讲了康德对基督教的道德一方面做了提升,另一方面也做了批判,但是都很隐晦,大概他自己心里也知道他跟基督教的那一套东西不是完全吻合的,但是他比较谨慎,你不能公开站出来批判基督教。所以他一方面表扬了基督教,确实基督教跟古希腊的那些道德学说相比层次更高,但是另一方面呢,必须对它加以重新解释。他采取的策略就是说:你们解释的那些基督教都不是真正的基督教,你们听我来解释,我来解释就是什么呢,就是说把基督教当作一种道德学说,把基督教建立在纯粹实践理性之上,建立在道德自律之上,也就是建立在自由之上。因此我们可以把康德的基督教观点看作是一种自由的宗教观,基督教在他眼睛里面成了一种自由的宗教。后来黑格尔明确提出来,基督教是自由的宗教,但最初还是从康德来的。康德首次把基督教的那些原理建立在自由意志的基础之上,建立在纯粹实践理性的基础之上,这是他的一场革命,我们也可以说他在宗教领域里发起了一场哥白尼式的革命,把秩序颠倒过来了,不是道德取决于宗教,而是宗教取决于道德。在以往的基督教那里都不是这样的。以往的基督教都是说我们要信一个上帝，为什么呢，因为如果不信上帝的话那就没有道德了，那我们就可以为所欲为了，如果没有上帝我们什么事都干得出来了，但是有了上帝我们就可以做道德的人了。但是在康德看来这还是立足于恐惧，信上帝你就能做道德的人，为什么呢，因为你不道德就会下地狱，你做道德的事情就会得福，这还是出于利害，出于一种感性的欲望、需求，是低层次的考虑。那么经过康德所解释过的基督教呢，那就不同了，就别开生面了。

以这种方式，道德法则就通过至善作为纯粹实践理性的客体和终极目的的概念而引向了**宗教**，亦即**引向对一切义务作为上帝的命令的知识，这种命令不是强令，亦即不是一个陌生意志的任意的、单独来看本身是偶然的指令**，而是每一个自由意志的自身独立的根本**法则**，但这些法则却必须被看作最高存在者的命令，

我们看看这半句。"以这种方式"，就是以上面所解释过的基督教的道德学说这样一种方式，"道德法则就通过至善作为纯粹实践理性的客体和终极目的的概念而引向了**宗教**"，道德法则通过至善的概念引向了宗教。至善是一个什么概念呢，至善是一个纯粹实践理性的客体和终极的目的的概念，纯粹实践理性的客体就是至善，或者说纯粹实践理性的对象就是至善。当然实践理性有很多对象，一般的实践理性追求这个追求那个，都可以说是它的客体，也可以说都是它的目的；但是"纯粹"实践理性的对象和终极目的，那就是至善，就是德福在彼岸世界达到一致。通过这样一个至善的概念呢，道德法则就引向了宗教。宗教是从道德法则引出来的，是通过至善的概念引出来的，这个很重要。就是说宗教其实本身不是一个独立自存的前提，而是在建立了道德法则以后从中一步一步地推出来的，宗教是从道德法则里面派生出来的，宗教派生于道德法则。那么这个被引出来的宗教是什么呢？"亦即**引向对一切义务作为上帝的命令的知识**"，这是他对宗教的解释，引向了宗教也就是引向了对

一切义务作为上帝的命令的知识。这个在道德律里面是没有的,但是它可以从中引出来。道德律为义务而义务,它本身是独立的,它是自律,它不需要任何他律,不需要任何外来的干预;但是它可以引出一切义务作为上帝的命令的一种知识。这个知识当然是广义的,这里指宗教知识。也就是宗教在康德看来就是把一切义务当作上帝的命令来看待、来认识。这本来是不需要的,我为义务而义务,我需要一个上帝干什么,我只要有纯粹实践理性就够了。但是它一步一步地:你要追求至善,至善是你的最高义务,当然首先是为义务而义务,你首先要做道德的事情,但最后你的义务是要促进德福一致,那么这样一个义务就必须要引进上帝了,这种义务你自己完不成,你必须要引进上帝的概念才能够完成,这是一种认识上必要的预设。所以你必须把一切义务最终作为上帝的命令来看待,上帝命令你完成你的义务,首先是因为你要完成你的至善的义务,但是要完成至善的义务你首先必须要遵守道德律,那么遵守这些道德律呢也就被看成了上帝的命令。它本来不是上帝的命令,是你的实践理性的命令,但是由于有至善的概念,你可以把实践理性对你的命令也看作是上帝的命令。所以他下面就解释了,他说,**"这种命令不是强令,亦即不是一个陌生意志的任意的、单独来看本身是偶然的指令,而是每一个自由意志的自身独立的根本法则,但这些法则却必须被看作最高存在者的命令"**。就是这种命令呢,我们把它看作是上帝的命令,但是这种命令不是强令,不是强制,也就是说不是他律。尽管我们把它看作是上帝的命令,好像是从上至下对我们下命令,但是我们必须另一方面不要把它看作是一个陌生意志的任意的、单独来看本身是偶然的指令。以前的基督教就有这个毛病,以为既然是上帝的命令,那我们就服从上帝的意志,上帝为所欲为,而我们亦步亦趋,上帝要我们干什么我们就干什么,不要讲价钱,否则有你好看的,这就是强令。但是康德解释说,这种命令不是强令,亦即不是一个陌生意志的任意的、单独来看本身是偶然的指令,而是什么呢,而是每一个自由意志的自身独立的根本法则。这种命令表面看起来是上帝的外来的命令，但实际上是每一个自由意志自己对自己的命令，每一个人他都有这个意志，这个意志本身就有自身独立的根本法则，我们服从的是自己的法则。我们把它当作是上帝的命令，这些法则必须被看作最高存在者的命令，但实际上它还是我自己的根本法则，是我自己通过道德自律建立起来的。但是我必须要把它们看作最高存在者的命令，为什么？为什么一定要引出一个上帝？所以下面就解释了。

因为我们只有从一个道德上完善的（神圣的和善意的）、同时也是全能的意志那里，才能希望至善，因而只有通过与这个意志协调一致才能希望达到至善，而道德法则就使得把至善设立为我们努力的对象成了我们的义务。

我们有道德自律就够了，为什么一定要设定一个上帝呢？是因为至善。有道德法则我们可以进向最高的道德的善，但是我们达不到至善，而至善又是道德法则必然要要求的。所以他讲，为什么这些法则必须被看作最高存在者的命令呢，"因为我们只有从一个道德上完善的（神圣的和善意的）、同时也是全能的意志那里，才能希望至善"，就是落实在我们如何能够希望至善这一点上。我们要得到至善，那就不是我单纯遵守道德法则就能够希望的，如果没有上帝的话，你遵守道德法则一生一世，甚至在来世灵魂不朽让你继续坚守德行，你仍然不可能得到幸福。而道德法则本身是要求善有善报恶有恶报的，一个道德的人不应该得到一个悲惨的下场，他应该有一个与他的道德相配的幸福的后果，以及与他的神圣性相配的永福的后果。这种德福一致是道德法则必须当作自己的义务来追求的，虽然你的动机不在于这个客体和后果，但是动机一旦确立，它本身必然有它的客体和后果，有它的终极目的，那就是德福一致。纯粹实践理性要求这个，并把这作为义务加在选择道德法则作为动机的人身上，所以由于这一点，我们只有从上帝这样一个道德上完善的、也就是神圣的和善意的意志那里，当然也必须是全能的意志那里，才能希望至善。这里一个是神圣的，一个是善意的，神圣的代表他道德上的神圣性，善意的代表他的对幸福的一种分配，上帝分配幸福，上帝是至高无上的神圣性，但是呢，他按照神圣性来分配幸福。同时上帝的意志是全能的，所以他什么都做得到，不会让我们失望。因为在我们的假设中只有上帝才是创造世界的造物主，自然界和理知的世界都是上帝创造的，所以他能够做到这一点。只有从这样一个全能的意志那里才能希望至善，"因而只有通过与这个意志协调一致才能希望达到至善"，你的行为与这样一个上帝的意志协调一致，你就能有希望达到至善。"而道德法则就使得把至善设立为我们努力的对象成为了我们的义务"，道德法则首先它是使得神圣性、道德性成为了我们的义务，但是它一旦使得神圣性和道德性成为了我们的义务，那么它也就使得至善成为了我们的义务，与之相配的幸福也必须考虑在内，这是它的进一步的考虑。这个必须放在彼岸世界来考虑，在此岸世界当然无法考虑，在此岸世界至善是不可能的，德福一致是不可能的，但是既然要进向一个来世，就必须考虑来世的幸福、永福这个问题，那就必须要引入上帝了。因为道德法则使得整个至善也同时成为了我们的义务。

因此，即使在这里，一切都仍然是无私的，仅仅建立在义务之上的；不允许把作为动机的恐惧或希望当作基础，它们如果成为原则，就会取消行动的全部道德价值。

"因此"，就因为是道德法则才使至善作为我们努力的对象成为了我们的义务，因此"即使在这里，一切都仍然是无私的，仅仅建立在义务之上的"。因为所有这一切都是道德法则自己所建立起来的，是道德法则使至善成为了我们的义务，因此即使在这里，即使在至善的德福一致这里，即使在我们追求至善的努力之中，一切都仍然是无私的，是仅仅建立在义务之上的。就是这种追求虽然包含有幸福的内容，但却没有任何私心，没有任何个人特有的欲望、感性的需要等等这些考虑，还是为义务而义务。至善本身当然已经是德福一致了，不仅仅是形式上为义务而义务了，而是为义务而义务所带来的内容，因此其中的那些幸福也是可以希望的，在为义务而义务之上加入了某种对幸福的希望；但是为义务而义务仍然是出发点，一切都仍然是无私的。康德在这里反复强调的其实就是他对基督教的一种重新解释，就是虽然我把它看作上帝的命令，但是我的基点仍然是自由意志，仍然是我的道德自律，仍然是我的为义务而义务，是遵循我自己的纯粹实践理性的法则，而不是一种外来的他律，不是由上帝从外部来规定我们、命令我们、恐吓我们。所以即使在这里，即使在宗教里面，一切都仍然是无私的，不是带有某种侥幸或者某种恐惧，害怕下地狱，或者某种自私的意图，想要通过做一个好人然后在上帝那里得到加倍的报偿，不是出于这些自私的目的，而是仅仅建立在义务之上。"不允许把作为动机的恐惧或希望当作基础，它们如果成为原则，就会取消行动的全部道德价值"，这个点得很明确了，不允许把作为动机的恐惧或者希望当作基础，对于地狱的恐惧，对于幸福的希望，当然你可以有这个希望，但这个希望不是基础，不能作为动机，只能作为一种希望，作为一种你做了好事以后的一种应该，还是一种纯粹实践理性的考虑，做了好事之后应该得到与之相配的幸福。这是从纯粹实践理性的角度来看，是应该的，总不能让好人得到恶报，那就不应该了。从纯粹实践理性来看，一切以道德作为衡量的标准，那幸福也应该以道德作为衡量的标准，以道德性作为衡量的标准，有多少道德性，就必须相应地配以多少幸福。但并不是出于对后果的恐惧或者是希望，以此作为一个动机来做道德的事情，那样就会把事情搞颠倒了。它们如果成为原则，就会取消行动的全部道德价值了。这个等于是把基督教的那些信徒们全都批判了，基督教的信徒就是出于这个，就是害怕下地狱嘛，一个人做了坏事人家就会警告他，你要下地狱的；如果一个人做了好事人家表扬他，就说他死后将会上天堂，得到全部幸福。基督教就是靠这些东西来影响那些基督徒，让他们坚定自己的信仰。但是经过康德这样一解释呢，这些信仰的全部道德价值，哪怕你做了好事，都将会被取消。这个康德在前面就已经讲到，道德价值之所在，仅仅在于为义务而义务，你要掺杂一点利害考虑, 就没有道德价值了, 这个是他的一个基本的原则。

道德法则命令, 要使一个世界中的可能的至善成为我的一切行为的最后的对象。

"道德法则命令, 要使一个世界中的可能的至善成为我的一切行为的最后的对象", 道德法则发出这样一个命令, 我们一切行为的最后对象就是一个世界中可能的至善, 在哪个世界中, 他没有说。实际上单是在此岸世界中是不可能的, 必须进入到彼岸世界中才有可能。总而言之道德法则提出了这样一种命令, 就是说要使可能的至善作为我的一切行为的最后的对象, 这是就此岸和彼岸贯通了来看的对象, 此生实现不了来生再继续做。我的一切行为最后努力要达到的就是至善, 就是德福一致。当然最开始的时候不能以此为目的, 最开始就是为道德而道德, 道德法则命令人要使你的行为的准则成为一条普遍的法则, 这就是定言命令, 仅此而已, 还没有涉及到至善问题。但是道德法则是出自纯粹实践理性, 那么把纯粹实践理性的法则推而广之, 就会涉及到你怎么样看待自然和道德、幸福和道德的关系问题, 在幸福和道德的关系问题上, 你一开始可以撇开幸福, 因为幸福会干扰和污染我们的道德法则。但是一旦你按照道德法则行动, 那么道德和幸福究竟是一种什么关系就会冒出来, 当然应该是一致的关系, 用道德来衡量幸福, 这是纯粹实践理性所要求的。所以道德法则也提出了这样一个命令: 你要把这样一个最终的目的作为你的义务。最初的动机就是定言命令, 就是道德律, 你要做一个道德的人, 你就要按照道德律去做事; 但是最后的对象呢, 最终我们要考虑到这样一个道德法则必须成为衡量一切的标准, 那就是德福一致, 就是至善。

但这个至善, 除非通过我的意志与一个神圣的和善意的创世者的意志协调一致, 我是不能希望实现它的;

我们从纯粹实践理性的立场出发把至善规定为我们的义务, 但是我们要完成这样一个义务有没有可能、有没有希望呢? 如果你不假设一个上帝,那它是没有希望的。"但是这个至善,除非通过我的意志与一个神圣的和善意的创世者的意志协调一致我是不能希望实现它的",这里又有两个,一个是神圣的,一个是善意的,即一方面道德上是神圣的,另一方面在幸福方面是善意的。上帝有两个方面,一个是神圣性,一个是善意。你只有和神圣的和善意的创世者的意志协调一致,才能希望实现至善,才有希望通过上帝的神圣性和善意来实现德福一致。

[130] 尽管在作为一个整体的概念的至善概念中,最大的幸福和最大程度的德性的(在被造物中所可能的)完善被表象为在一个最精确的比例中结合着,而**我自身的幸福**也一起包括在内:但毕竟不是幸福,而是道德法则(它毋宁说把我对幸福的无限制的追求严格限制在一些条件上),才是被指定去促进至善的那个意志的规定根据。

这个是对于至善内部德和福双方的关系的确定。"尽管在一个作为整体的概念的至善概念中,最大的幸福和最大程度的德性的(在被造物中所可能的)完善被表象为在一个最精确的比例中结合着",至善概念作为一个整体必须被设想为最大的幸福和最大程度的德性按精确的比例结合在一起,这个最大程度的德性的完善是在被造物中所可能的完善,作为被造物,它不可能绝对完善,只是尽可能地在德性上完善,这个留有余地。就是你要做到绝对的完善那是不可能的,在道德上做到绝对的完善,那你就必须要设定灵魂不朽,在来世你继续努力,而在此生此世,你一直会受到感性的限制,所以你做不到绝对的完善,但是你可以做到最大可能的完善。这种完善和最大的幸福在至善中被表象为在一个最精确的比例中的结合,有多大程度的完善就有多大程度的幸福,这个是至善的整体的概念,在这个概念里两方面处在一个最精确的比例中,这只有上帝能做到。上帝明察秋毫,所有的细微的区别、比例、程度,他都能够算出来,并且能够根据这种比例赏善罚恶。"而**我自身的幸福**也一起包括在内",我自身的幸福,包括我自己作为感性肉体所需要、所追求的一切,也都包括在德福一致之中。当然在我此生实现不了,在来世才有可能实现得了,但是在来世所实现的这个德福一致也包括我自身在此生此世所理解的那些幸福。所以康德所讲的这个与德性相匹配的幸福虽然在彼岸世界,但是它跟此岸世界的理解是相通的,因为两个世界都是上帝创造的,此岸和彼岸都是上帝创造的,我的幸福、我在此生的幸福也是上帝创造的。但上帝只有在彼岸才能够做最后的审判,才能够摆平,才能够平衡各方面,今生今世你亏了,那么我给你补偿一点,你亏得多,我给你补偿得更多,这是最后的审判,在彼岸才能够做到。但是此岸世界的幸福也包括在内,我自身此岸的幸福也应该包含在至善的概念里面,我的哪怕是很低层次地理解的幸福也在至善的概念里面。至善并不是说高到不食人间烟火,而是把一切世俗理解的幸福都包括在内了;但是要成比例,要按照你的德性成比例地获得你的幸福,一般来说至善的概念它是一个比例的概念。所以,虽然至善的概念里面包括最大范围的幸福和最大程度的德性,"但毕竟不是幸福,而是道德法则(它毋宁说把我对幸福的无限制的追求严格限制在一些条件上),才是被指定去促进至善的那个意志的规定根据"。尽管德福两者都不能放弃,哪怕是低层次的幸福,我自身的幸福,我的肉体的幸福,所以幸福肯定也在至善的这个概念里面包含着,但促进至的意志的规定根据并不是幸福,而是道德法则。康德绝对不是禁欲主义者,他是主张人们追求自己的幸福的,但前提是你要配得上,你如果配不上,你追求幸福再多也是不应该的,而配得上配不上的标准就是道德。所以毕竟不是幸福,而是道德法则,才是被指定去促进至善的那个意志的规定根据。归根结底在这两者之中,只有道德法则才是意志的规定根据,我们在促进至善的时候,促进德福一致的时候,我们的意志的规定根据应该是立足于道德法则,而不是立足于幸福。而道德法则呢,后面有个括弧说,它毋宁说把我对幸福的无限制的追求严格限制在一些条件上,就是说你把意志的规定根据建立在道德法则这样一个基点之上,那么相应地来说呢,它往往是要对我的幸福的无限的追求加以限制的。如果规定根据建立在幸福之上,那就没有什么限制了,为所欲为,我想干什么就干什么，我想追求什么就追求什么，越多越好。但是你如果建立在道德法则上呢，当然它并不排除你对幸福的追求，但实际上它对你追求幸福是有限制的，就是你只能追求那些符合道德法则的幸福，从道德的眼光来看你所配得的那些幸福，你才能去追求。但这种追求本身孤立起来看并不具有道德的含义，因而并不具有当然的善的含义，只有用道德的法则来衡量，才能看出它是否合乎道德性。孔子也说，"不义而富且贵，于我如浮云"，你追求到了幸福但是没有道德，那么这个是不应该去追求的。康德这里也有类似的观点，就是说你追求幸福可以，但是要立足于道德法则，你不是为了追求幸福才去做道德的事情，而是你做道德的事情你才配得幸福，这个关系不能搞颠倒。那么你立足于道德法则的时候你往往要有所不为，有时候你要放弃你的幸福，有时候甚至于要杀身成仁舍生取义，这也不见得就是禁欲主义者，你可以希望你来世得到报偿，但是你的出发点不是来世的报偿，当然也不是禁欲主义。康德即算在这种情况下他也不赞成禁欲主义，还是认为相应的道德应该得到相应的幸福。

　　因此，即使道德学真正说来也不是我们如何**使得**自己幸福的学说，而是我们应当如何**配得**幸福的学说。

　　"因此，即使道德学真正说来也不是我们如何**使得**自己幸福的学说，而是我们应当如何**配得**幸福的学说"，道德学这个是 Moral，Moral 是一个拉丁文，就是基督教里面通常所讲的道德学，它本来是从拉丁文来的。那么在康德这里呢，他自己经常用的不是这个词，他也用 Moral，但是通常用在 moralisch，Moralität，用在形容词和形容词变成的名词这样一个意义上面。那么他用 Moral 这个词的时候通常是采用基督教的说法。他说，即使道德学真正说来也不是我们如何"使得"自己幸福的学说，而是我们应当如何"配得"幸福的学说。注意打了着重号的这两个词，使得和配得，这就是区别。他对基督教的这个道德学做了一番他自己的解释，这个解释跟基督教的解释其实是有出入的。当然基督教也不会反对道德学是如何配得幸福的学说,但是基督教经常讲的是,道德学也可以是如何使自己得幸福的学说。基督徒很多都是为了追求幸福而变成基督徒、而信仰基督的,就是说他们想通过信基督教来使自己得幸福,把基督教当作自己得幸福的一种手段,这个在基督教里面,在教义上是允许的,而且是通行的。基督教的教义当然五花八门了,但是在这方面可以说,大多数基督徒都把基督教的道德学看作是使自己获得幸福的学说,他们认为基督教徒是最幸福的,有上帝的恩泽,被上帝所选中了,那是无上的幸福,而且在来世可以得到永生,那是此岸所不可想象的一种幸福,这是传统的说法。但是在康德这里把这个完全屏蔽了,就是基督教即使是道德学,真正说来也不是我们如何使得自己幸福的学说,而是我们应当如何配得幸福的学说。道德学如果是如何使自己得幸福的学说,那就成了一种谋利的工具了,道德就成为了幸福的工具了,而其实道德不可能成为工具,道德自己是独立的,而幸福才是附属于道德的。所以道德学应该是我们如何使自己配得幸福,这个就既反对了基督教里面那种世俗功利的眼光,同时也排除了禁欲主义。禁欲主义完全排除幸福,但是康德认为应当关注的是我们如何配得幸福,他不排除幸福,但是要理顺幸福和道德之间的关系。

只有当宗教达到这一步时,也才会出现有朝一日按照我们曾考虑过的不至于不配享幸福的程度来分享幸福的希望。

"只有当宗教达到这一步",基督教的道德学只有当提升到康德所理解的这样一个层次的时候,才会出现一种希望,出现什么希望呢?"出现有朝一日按照我们曾考虑过的不至于不配享幸福的程度来分享幸福的希望"。不至于不配享幸福,听起来别扭,但他一定要这样来说,我们前面已经提到过他这样一种表述方式。他不是肯定地说一定配享幸福,而是用否定的方式,就是说他不至于会不配享幸福吧。这个就是从后果方面来讲的,不是从动机上讲的,而后果是在彼岸,只是一种悬设,所以不能肯定。如果说一定能够配享幸福，这就是从动机上来讲了，从动机上讲一定配享幸福，那你还是为了追求幸福；但是用否定的方式：不至于不配享幸福，就是说我做了道德的事情之后不至于不配享幸福吧，我相信、我希望不至于不配享幸福，从纯粹实践理性来看应该不至于如此。这就是从彼岸的后果上面来猜测了，不是把它当作动机。当然我做道德的事情的时候我可以不考虑后果，但是它是有后果的，你做了道德的事情不至于会不配享幸福的。这种表述方式很有特色的，就是按照我们曾考虑过的不至于不配享幸福的程度，也就是配享幸福的程度，用正面的说法就是按照我们配享幸福的程度，来分享幸福，有这样一种希望。只有当宗教达到这样一个层次的时候，才会出现这样一种希望，出现一种配享幸福的希望。这个是康德对于基督教的一种改造。我们今天就讲到这里。

＊　　　　　　＊　　　　　　＊

我们继续昨天的啊，今天加一次，以后有机会我们就加，因为这学期耽误得比较多了。我们昨天已经讲到，康德对于基督教的道德学和古希腊的道德学做了一个比较，这个比较主要是讲到基督教的关于上帝、关于上帝之国这样一种道德的悬设，这是在古希腊所没有的。这样一种道德悬设使道德性具有了一种神圣性，即摆脱一切感性的经验世界、此岸世界，而具有一种彼岸的意义。那么从这个角度来解读基督教是康德的一个创见，一种哥白尼式的革命，就是把基督教的彼岸的上帝的学说建立在人的道德自律这样一个基础之上，把宗教变成了自由的宗教，变成了人性的宗教，这是康德一个很重要的贡献，也引起了教会的不满。那么我们今天接下来再看 379 页的上面这一段（《实践理性批判》178 页，边码 149）。

每个人都<u>配得上</u>拥有一件事物或一种状态，如果他在这种拥有中与至善相协调的话。

　　这个是一般的原理，就是说只要一个人与至善相协调，那么他就配得上拥有一件事物或一种状态。一种事物和一种状态是两个不同的层次，一种事物是具体地指某一个事物，比如说带来幸福的某一个对象，你想要得到某种东西，你得到了，那你就感到幸福了；那么一种状态就更泛一些，不仅仅是得到这一件东西，而主要是指你是否配得那样一种状态，指你跟事物之间的关系。一般来说如果你的行动跟至善相协调的话，那么你肯定配得一些东西或者是配得某种状态，但是前提就是你要在这种拥有中与至善相协调。所以这个配得是与一个标准相联系的，我们讲你"不配"，或者某某人"不配"，那就有一个标准，你根据什么来断言、来判断他配或者是不配。那么在这里的标准就是至善，一切不配或者配得，它的最高标准就是至善。或者说，任何配得，它有很多很多标准，有不同层次不同等级的标准，那么最高的标准就是至善。我们凡是要说一个人配不配，那么我们这个标准也许是相对的，但是它最终要以至善作为绝对的标准来加以衡量。当然这个是一般而论的。那么下面就讲到这个具体情况。

　　现在可以很容易地看出，任何配得上都取决于德性的行为，因为这种行为在至善的概念中构成其他的（属于状态的）东西的条件，也就是构成分享幸福的条件。

　　前面是一个一般原理，那么这个一般原理在康德的道德学说里面现在可以很容易地看出，任何配得上都取决于德性的行为。至善当然包括德性，至善之所以能够成为标准，就是因为它里面包括了德性，德性是至善里面的最高的标准，至善里面包含最高的善或者至上的善，那就是德性。当然还包含有幸福，幸福是低一个层次的。那么在这种情况之下，任何配得上最终都是取决于德性的行为。他说，"因为这种行为在至善的概念中构成其他的（属于状态的）东西的条件"，德性的行为是在至善的概念里面，但这个概念里面还有其他的东西，还有幸福；但是德性的行为构成幸福的条件，或者说其他东西配得的条件。你配不配得幸福，要

315

取决于你的德性。其他的，这个括弧里面说是属于状态的，属于状态的也就是说不是属于行为的，状态是行为的后果。前面讲了配得上拥有一件事物或一种状态，拥有事物本身也可以看作状态，那么德性行为是构成其他的属于状态的东西的条件，配不配得是一种状态。那么德性就是你配不配得的条件，所以下面就讲，"也就是构成分享幸福的条件"，你配不配分享幸福，那就看德性这个条件了。

于是由此得出：我们必须永远不把道德学本身当作**幸福学说**来对待，亦即当作某种分享幸福的指南来对待；因为它只是与幸福的理性条件（conditio sine qua non，不可或缺的条件）相关，而与获得幸福的手段无关。

这里头可以推出下面的结论了，就是"我们必须永远不把道德学本身当作**幸福学说**来对待"，什么是当作幸福学说来对待，就是当作"分享幸福的指南"，技巧、步骤、方法，这都可以用来解释这句话。分享幸福的指南就是告诉你怎么样去得到幸福，怎么样才能够分享幸福，那么它就有一套技术手段。道德学是不是这样一套技术手段呢，肯定不是，但是以往的道德学往往就是这样，包括基督教的道德学。我们上次讲到了，道德学，Moral 这个词，它本来是拉丁文，在基督教里面、在中世纪，它就是告诉你怎么样获得幸福：你不是太痛苦了吗，人生在世遭受了苦难，我们说基督教是从苦难中产生出来的，就是因为很多人得不到幸福，于是想要寻找幸福，最后在基督教里面找到了，基督教告诉你们一套获得幸福的指南，一套方法。但是在康德这里，这一套被颠覆了。就是说哪怕是基督教的道德学，我们也必须永远不把它本身当作幸福学说，以及当作某种分享幸福的指南来对待。不是因为你活不下去了，你太痛苦了，于是你就皈依基督教，这个层次太低。按照康德的眼光，你皈依基督教应该是出于你自己的纯粹实践理性，出于你是一个有理性者，所以从你的理性出发，在道德实践中你能够树立起你的道德实践的理性法则，那么这个法则必然会引导你走向基督教，走向信上帝。所以根本上，道德学本身你不能把它当作幸福学说来看待。当然康德也不否认幸福学说,人们在生活中、现实中有苦难,追求幸福,这是很自然的,但是那是另外一回事情,那不是属于道德学本身的事情;道德学本身不排斥幸福,但是它不是幸福学说,这一点要分清楚。"因为它",也就是道德学,"只是与幸福的理性条件(conditio sine qua non)相关",括弧里面的拉丁文是"不可或缺的条件",与这个必要条件相关,而与获得幸福的手段无关。道德学并不能告诉你采取什么手段去获得幸福,但是它可以告诉你什么是获得幸福的条件,也就是说你获得幸福的资格,这个条件不是手段的意思,不是说用这个手段你就拥有了一种条件,而是说资格,你配不配获得幸福。要获得幸福你必须有一个条件,如果没有这个条件,哪怕你获得了幸福实际上也是不配的。你采取不义的手段获得了你所谓的幸福,其实是不配的。所以获得幸福的理性条件应该就是德性,道德学是讨论这个的,而与获得幸福的手段无关。你如何才能够获得幸福,这个不是道德学所要讨论的话题。前面已经讲了,就是道德学不能等同于幸福学说。但是下面有一个转折的语气。

　　但假如道德学(它仅仅提出义务,而不给自私的愿望提供做法)被完整地阐述出来:那么只有在这时,当基于一个法则之上的、以前未能从任何自私的心灵中产生的促进至善(把上帝之国带给我们)的道德愿望被唤醒,并为着这个愿望向宗教迈出了步伐之后,这种伦理学说才能够也被称之为幸福学说,因为对幸福的**希望**只是从宗教才开始的。

　　这一句话实际上是把这个语气又转了,就是道德学当然不能等同于幸福学说,但是在某种情况之下,这种伦理学说也可以被称之为幸福学说,"这种伦理学说"他这个地方用的是 Sittenlehre,我们有时候也翻译成道德学,但是这个地方要把它跟那个 Moral 区分开来,为了区分开来我们特地把这里翻译成伦理学说。道德形而上学是 Die Metaphysik der Sitten, Sitten 和 Sittlichkeit 既有道德的意思也有伦理的意思,在康德那里道德和伦理是没有分得很清楚的,虽然他已经有区分的意思,但是道德和伦理真正区分开来是在黑格尔那里,在康德这里还没有太区分开来。因为在康德看来,一切伦理归根结底都是道德的,包括法。康德在《道德形而上学》里面把他的道德形而上学分成两个部分,一个是法的形而上学,一个是 Tugend,德行的形而上学。德行的形而上学就是我们通常理解的道德形而上学,而法的形而上学,我们通常不会把它理解为道德形而上学,因为法律和道德是不同的,西方的法律和道德应该是区分得很清楚的。中国的法律和道德不分,应该说在现代社会的条件之下这是中国文化的一个缺陷。法和道德不分,以道德代替法律,以德治国,不是依法治国。西方其实近代以来道德和法就已经区分得很清楚了,但是在康德那里他力图把这两者又弥合起来,就是说法的问题不能仅仅理解为利害的问题,利益的问题。当然法权主要是建立在私有财产制度,刑法、民法这一套制度之上的,但是康德反对仅仅把它理解为利害关系。把它理解为利害关系这是通行的观点,从英国资产阶级革命以后,树立了西方的法制精神,就是从经验的、利益的、幸福主义的、功利主义的角度来理解法制,这当然没错,但是康德力图对它做更深层次的解释。就是说这样一种法制、这样一种功利主义仅仅表达了人作为一种动物在社会中如何生活的一套法则技巧,但是它并不反映本质,也不能提高人,真正提高人还是在法的后面所隐藏的形而上学的道德原理。这是康德的一个新的解释,我最近有篇文章专门谈康德的道德和法的关系,[①] 就是康德力图把在英法资产阶级法制观念那里已经区分开来了的道德和法又通过某种方式打通,所以他的《道德形而上学》包括法的形而上学和德行的形而上学两部分。通常所讲的道德就是德行,就是 Tugend,也就是做好事、道德上的善;但是法,我们通常不把它直接理解为是道德。而在康德这里,要从道德的角度去理解法,法律也有义务,这个义务应该从道德的角度来理解,为义务而义务。法律不追求你的动机,它只看你的后果,看你损害

---

① 参看拙文:《康德论道德与法的关系》,载《江苏社会科学》2009 年第 4 期。

了他人没有，至于你的动机是什么样的，法律一般不追究。但是康德力图把法律的义务也归结为道德上的为义务而义务，也归结到动机论，要看他的动机，只有一个出于为义务而义务守法的人才是真正道德的人，不仅仅是合法的人。法律也有一个道德问题，真正的好公民不仅是守法，而且是为守法而守法，为义务而义务，这就把它归到道德上来了。所以Sittenlehre这个词我们通常翻译为道德学，当然也没错，但是在这个地方跟Moral层次不一样，它包括法，而且也包括宗教。这个Moral是不包括宗教的，它就是宗教里面的道德的那一部分，那个成分，但是Sittenlehre已经把宗教也包含在内了，至少是把宗教的基础包含在内了。一旦包含有宗教的基础，那跟单纯的Moral就不一样了，单纯的Moral是不能够理解为幸福学说的，而Sittenlehre在某种意义上是可以理解为幸福学说的，但不是幸福的指南，而是指的获得幸福的希望。你配不配得幸福，你如果配得幸福你就有希望，是从这个角度来理解的一种道德学说。我们来看看这一句话。他说，"但假如道德学（它仅仅提出义务，而不给自私的愿望提供做法）被完整地阐述出来"，道德学（Moral）仅仅提出义务，提供道德律，但是它不给自私的愿望提供基础，就是说你在这个道德律的基础上是不是就能够建立起自私的愿望呢，不是的。道德律绝对不是自私的愿望的基础，不是你为了获得某个自私的目的、某种利益的满足而做道德的事情，而按照道德律办事，那个其实是不符合道德律的，所以也是不符合道德学的。道德学仅仅提供义务而不给自私的愿望提供做法，做法就是手段了，你怎么去做。假如道德学被完整地阐述出来，就是说，它仅仅是提供了一个基础，但如果你把这个基础得以建立的所有的法则都系统地阐述出来的话，"那么只有在这时，当基于一个法则之上的、以前未能从任何自私的心灵中产生的促进至善（把上帝之国带给我们）的道德愿望被唤醒"，这是一个条件了。就是当基于一个法则之上的道德愿望被唤醒，基于法则就是基于道德法则，这种道德愿望以前未能从任何自私的心灵中产生。什么道德愿望呢？就是促进至善、把上帝之国带给我们的这种道德愿望。促进至善,达到善有善报恶有恶报,这样一种道德愿望以前在任何自私的心灵中都未曾产生出来。人都是自私的,人在满足自己的愿望的时候很少想到善有善报恶有恶报,或者说很少希望善有善报恶有恶报,他只是想要得到善报,逃避恶报,但是采取什么手段他不管,自私的心灵一般都是这样的。所以从任何自私的心灵中从来都不能够产生出促进至善的道德愿望,这种愿望现在被唤醒了,就是说如果道德学被完整地阐述出来,那么当基于道德法则之上的那种促进至善的道德愿望被唤醒,人们开始渴望一个上帝之国的时候,也就是对于一个彼岸的绝对的至善有了要求。"并为着这个愿望向宗教迈出了步伐之后",对上帝之国的愿望当然就是向宗教迈出步伐了,就是对宗教有一种要求,对彼岸、神圣性有一种要求了。在这个时候,"这种伦理学说",这种 Sittenlehre,对于宗教的要求是属于这种伦理学说的,它不属于道德学本身,它是属于道德学的一种推广,一种扩展,扩展到整个伦理学说,那就是把宗教的基础也包含进来了。这种伦理学说"才能够被称之为幸福学说,因为对幸福的**希望**只是从宗教才开始的"。也就是道德学它本身不谈幸福,它只谈纯粹实践理性,道德法则,为义务而义务,道德自律,它谈这一套;那么这一套一旦成立了以后,它要推而广之,纯粹实践理性的最终目的是为了什么呢,是为了至善。而要达到至善就必须要呼唤一个彼岸的上帝之国,这个时候就已经包含有宗教的根基了。那么这种宗教的根基就包含在 Sittenlehre 里面,就包含在伦理学说里面。既然它被包含在伦理学说里面,那么这样一个对上帝之国的呼唤就包含有幸福的希望,所以在这个意义上面你可以把它称之为幸福学说,或者说你可以把它称之为如何配得幸福的学说。同样讲幸福学说,有两个意思,一个是如何能够达到幸福、能够获得幸福,那就是幸福的指南,这个当然是道德学说不谈的,是属于自然科学谈的问题。如何能够得到,那你就去研究自然界的规律,改善人们的物质生活条件,这不是道德学所要讨论的问题。道德学讨论的问题是你有了道德以后你就具有了获得幸福的资格,你获得幸福就是顺理成章的, 就是合乎纯粹实践理性的。你要是做了道德的事情你又没有获得幸福, 这个对纯粹实践理性来说是不完满的。当然纯粹实践理性在进行道德实践的时候不考虑这个不完满性, 它不计后果, 它就是按照道德律来做事; 但是它最后还是要追求一个完满, 最终的目的。最终的目的不是说要好人都遭殃, 坏人不受惩罚, 它最终的目的还是要善有善报恶有恶报, 要达到与道德相配的幸福。按照纯粹实践理性, 这是最理想的一个世界, 但却是彼岸世界, 它是纯粹实践理性的终极目标。那么这个里头就包含有对幸福的希望。所以他讲, 对幸福的希望只是从宗教才开始的, 在道德里面没有, 道德学不谈对幸福的希望, 更不谈获得幸福的手段。但是在伦理学说里面, 因为它把宗教的根基纳入进来了, 所以你可以把它看作是幸福学说。从这个角度, 康德甚至于对道德律也采取了一种幸福学说的表述方式。一般道德律、定言命令, 康德的表述就是, 你要这样做, 使你的行为的准则成为一条普遍的法则, 这是一般的定言命令的表达方式。那么康德有时又把这个表达方式说成是等同于这样一种表达方式: 你要这样行动, 使你的行为配得幸福。不是说使你的行为去获得幸福, 使你采取一种行动去得到幸福, 而是使你的行动配得幸福。这个配得幸福后面有它的背景没说出来, 怎么才能配得幸福? 按照康德的解释, 只有出于道德律才配得幸福, 所以这句话, 这样一个命令的公式跟道德律的公式是等值的, 但是角度不一样, 它是从幸福的角度来规定的。道德律就是要这样行动, 使你的行动的准则配得幸福, 值得与之相配的幸福。所以从幸福的角度我们也可以对道德律做这样一种表述, 但是这种表述已经立足于一个完全不同的立场, 它不是从道德律本身的立场, 而是从宗教的立场上来看的。当然它跟道德律本身是等值的, 等价的, 具有相同的内容, 但是立足点是不一样的。

我们从中也可以看出: 如果我们追问在创造世界中**上帝的最后目的**, 我们不得举出在世界中有理性的存在者的**幸福**, 而必须举出**至善**, 后者在这些存在者的那个愿望之上还加上了一个条件，即配享幸福这个条件，也就是这同一些理性存在者的**德性**，唯有它才包含着他们能够据以希望从一个**智慧的**创造者手中分得幸福的尺度。

　　从上面的论述我们已经自然可以推出这样一个结论了："如果我们追问在创造世界中**上帝的最后目的**，我们不得举出在世界中有理性的存在者的**幸福**"，上帝创造世界，最后是为了什么？上帝创造我们这个世界，创造我们这个宇宙、大自然，创造我们人类，最终是为了什么？那么在这里我们不能够举出在世界中有理性的存在者的幸福，比如说我们人类，人类的幸福就是上帝创造世界的目的吗？上帝就是一个大发慈悲的统治者，为人类好，为人类幸福，所以就把人类创造出来，把人的世界创造出来？这种理解是不对的。我们不得举出在世界中有理性的存在者的幸福，"而必须举出**至善**"。至善当然包括幸福，但是至善不仅仅是幸福，我们不能单独把幸福举出来，我们必须把至善举出来。你单单举出幸福来，不仅仅是不够，而且是不对。至善里面当然有幸福，但这个幸福跟单独的幸福是不一样的，至善里面的幸福是有依赖性的。所以我们必须举出至善才是上帝创造世界的最后目的，上帝创造世界就是为了达到德和福的一致，道德和幸福的一致，这样说才对了，才全面。下面讲后者，后者也就是至善了，"后者在这些存在者的那个愿望之上还加上了一个条件，即配享幸福这个条件"。至善在这些存在者的那个愿望、那个幸福的愿望之上，还加了一个条件，即配享幸福。当然要有幸福，上帝创造的这个世界是可以给人带来幸福的，确实是有这一方面，但是有个条件，这个条件就是配享幸福，就是在一定的道德前提之下成比例地带给人幸福，配享幸福的条件就是德性。"也就是这同一些理性存在者的**德性**，惟有它才包含着他们能够据以希望从一个**智慧的**创造者手中分得幸福的尺度"，唯有德性才包含着人希望从上帝手中分得的幸福的尺度。智慧的创造者，那就是上帝，"智慧的"底下打了着重号，强调上帝的智慧就在于他能够掌握尺度，丝毫不爽地使一定的德性获得与之成比例的幸福，对于这样一种精确的比例的意识,那就是上帝的智慧。那么你有了德性,你就有了希望,这希望的根据是什么呢?是从一个智慧的创造者手中分得幸福的尺度,这尺度包含在德性之中。你有多少德性,那么你按照这个尺度就可以希望从上帝那里分得多少幸福,如果你没有德性那就只有下地狱,你就任何希望都没有了。所以德性是我们配得幸福的尺度。

因为智慧从理论上来看意味着对至善的知识,而从实践上看意味着 [131]
意志对至善的适合性,所以我们不能赋予一个最高的独立智慧以某种仅仅建立在**善意**上的目的。

"因为**智慧**从理论上来看意味着**对至善的知识**,而从实践上看意味着**意志对至善的适合性**",智慧有两个方面,一方面从理论上来看,它意味着对至善的知识,什么是至善,至善里面幸福和德性的比例如何,这都是一种知识,智慧当然可以看作是一种知识了。但是另一方面它还有实践的智慧,实践智慧是亚里士多德早就提出来的,但康德在这里意思有所不同,康德的实践上看的智慧不是那种作为工具的"明智"、"审慎",而是最高层次的纯粹实践理性在至善上的行动智慧。亚里士多德讲智慧有两种,一种理论的,一种实践的,但他把理论智慧看得比实践智慧更高。而康德的理论智慧是为实践上的智慧服务的,智慧从理论上来看意味着对至善的知识,上帝具有了对至善的知识,他就知道怎么样来按照严格的比例分配幸福,所以从实践上来看的智慧意味着意志对至善的适合性,上帝的意志是按照至善的标准去行使的。当然上帝是自由的,但是你不能凭此就断言上帝什么事都干得出来,上帝可以干好事也可以干坏事,这是从你的人的有限的理性来判断的。而上帝的理性、上帝的智慧比人的理性高得多,上帝的智慧意味着对至善的适合性。上帝知道了至善,即最高的德性与之相配有多大幸福,他就能够做到,他不仅仅知道而且能做到。所以理论的和实践的智慧在上帝那里是同一个智慧的两种表现,一方面他知道什么是至善,另一方面他能够把他所知道的至善恰当地实现出来,这就是上帝的意志,上帝能够把他的至善、把他的智慧实现出来。

"所以我们不能赋予一个最高的独立智慧以某种仅仅建立在**善意**上的目的"，上帝的智慧具有这两方面，一个是理论上的对至善的知识，一个是意志上的对至善的适合性，所以我们不能赋予上帝的智慧以某种仅仅是建立在善意之上的目的。善意他这里用的是 Gütigkeit，Gut（善）变成了形容词就是 gütig（善的），gütig 再变成名词 Gütigkeit，那就是善意。善意仅仅是表达了上帝的好意，要赐福与人类，这应该也属于他的意志方面，但是缺了智慧，这种善意并不能成为至善的基础，还必须加上这种善意的意志对至善的适合性，这就必须对于至善拥有知识。上帝的善意不是毫无标准的，他既在理论上有至善的知识作标准，又在实践上有与这标准相适合的意志，其后果才有可能是善意的目的的实现。所以我们不能仅仅抓住他的善意的后果方面来理解上帝的智慧。

因为善意的这一（在有理性的存在者的幸福方面的）结果，我们只有在与创造者的意志的**神圣性**协调一致这个限制条件下，才能思考为与本源的至善相适合的。

就是上帝固然是善意的，我们也讲上帝以人为目的拯救人类，所以上帝是 gütig，上帝具有 Gütigkeit，具有善意。但是我们不能依赖这一点，认为反正上帝会拯救人类的，所以我为所欲为都无所谓，最后会得到上帝的拯救。上帝固然有善意，但是上帝的善意是有条件、有前提的。有什么前提呢？实际上就是除了这种实践上的理解之外，还有前面讲的理论上的理解，就是上帝的智慧从理论上来看意味着对至善的知识，什么知识呢？一种神圣性的知识。"因为善意的这一（在有理性的存在者的幸福方面的）结果，我们只有在与创造者的意志的**神圣性**协调一致这个限制条件下，才能思考为与本源的至善相适合的"，神圣性也就相当于超越性，就是它高于所有一切感性的经验的东西，高于一切世俗的东西，它是对彼岸的敬重的对象，所以它具有神圣性，这个是要作为前提的。上帝固然具有善意，能够给人类造成幸福的结果，但是这个结果要以神圣性为前提、为标准，这个神圣性里面包含的是道德、德性。上帝当然可以给人以幸福,上帝是一个慈悲的上帝,慈悲为怀、救苦救难,我们可以这样来希望;但是当我们这样希望的时候有一个前提,就是你要把自己提升到神圣性的高度,也就是提升到德性的高度,因为上帝同时也是一个正义的上帝,不容许有人钻慈悲的空子。你做了道德的事情,按照彼岸的标准来规范了自己的行动,你才能指望上帝对你施加善意,给你以幸福。否则的话你休想,你不做好事就希望上帝给你带来幸福,那是不可能的。我们只有在与创造者的意志的神圣性协调一致这个限制条件下,才能把幸福的结果思考为与本源的至善相适合的。这样一来这种幸福才可以被划归到至善里面作为第二大要素。"本源的至善"我们前面讲了,实际上就是上帝,上帝本身的至善,这个派生的至善就是它的后果。后果当然是德福一致,上帝可以给人带来幸福,通过他的最后审判,善有善报恶有恶报,这样给人带来幸福,这就是派生的至善;但是本源的至善就是上帝本身。出于上帝的智慧。这样一个派生的至善才能被思考为与本源的至善相适合,派生出来的至善要追溯到那个本源的至善,就是上帝的神圣性。我们看这句中的"神圣性"后面有一个注释。

在这里,为了标明这个概念的特征,我只想再说明一点:当我们赋予上帝以不同的属性时,我们发现这些属性的性质也是适合于被造物的,只是它们在上帝那里被提升到最高的程度而已,例如力量、知识、在场、善意等等被冠以全能、全知、全在、全善等等名称,

"在这里,为了标明这个概念的特征,我只想再说明一点",这个概念就是神圣性了,他这个注就是为了解释神圣性这个概念的,什么是神圣性呢? 他说为了标明这个概念的特征,他在这里还要表明一点,就是说,"当我们赋予上帝以不同的属性时,我们发现这些属性也是适合于被造物的",这里掉了最后一个"的"字。就是说上帝的种种属性实际上是我们根据人自己的属性来赋予上帝的,所以这些属性其实也属于人,"只是它们在上帝那里被提升到最高的程度而已",只是程度上有不同,但性质

上完全是一样的。"例如力量、知识、在场、善意等等被冠以全能、全知、全在、全善等等名称",比如说人有力量,于是我们就设想上帝是全能,人有知识,我们就设想上帝是全知,人存在,我们就相信上帝无所不在,永恒存在,人的善意被放大成了上帝的全善,等等。后来费尔巴哈说宗教是人的本质的异化,人把自己的本质寄托于上帝身上,就是这个意思。

但毕竟有三种性质是唯一地赋予上帝但却不带大小上的同位语的,它们全都是道德上的:上帝是唯一神圣的、唯一永福的、唯一智慧的,因为这些概念已经具有不受限制性了。

"但毕竟有三种性质是唯一地赋予上帝但却不带大小上的同位语的,它们全都是道德上的",就是除了以上那些人类固有的性质被夸大和推到极限来赋予上帝,形成了上帝的属性以外,我们还有三种对上帝的规定是唯一地赋予上帝的,人并不具备它们,它们也没有带有大小的规定,没有代表全和不全的规定。全知全能全善的"全"都是带有大小的规定的,人不能达到"全",只能达到极小的一部分,人的知、能、在都是跟上帝不能相比的,上帝是无限的,是大全,而人只是一个个体,这就是大小的同位语。在前面那些性质那里,同一种性质都带有这种大小的限定。但是以下有三种性质是唯一地赋予上帝但却不带有大小上的同位语的,它们全都是道德上的。道德上已经无所谓大小了,你不能说"全德",道德本身已经是彼岸世界的"全"了,不全就是不道德或非道德,它跟此岸世界的大小已经脱离关系了。当然你可以说它是无限的,对于人在此岸世界的生活来说它永远也追求不到,但是就它本身而言无所谓大小,没有大小的区别,只有纯粹不纯粹的区别。那么在这种意义上,上帝赋予的这些属性就是唯一的,它们都没有大小的区别。这些道德上的属性他举出了三个:"上帝是**唯一神圣的、唯一永福的、唯一智慧的**",一个神圣,一个永福,一个智慧,都是唯一的。神圣当然就是超越一切有限事物之上了,说明上帝的最高等级、地位,他是神圣的,神圣不可侵犯,神圣不可及,高高在上,这就是神圣的。那么永福的,永福的是不是一种道德上的性质呢,就永福而言,Seligkeit,它也是道德上的性质,因为所谓永福在康德的术语里面就意味着跟最高道德的神圣性完全相符合的幸福。永福也可以看作是一种幸福,是上帝独有的幸福,但它跟幸福不是程度上的不同,而是本质上的不同。一般幸福就是Glückseligkeit,Glück带有一种运气、偶然的幸运的意思,偶然地能够达到的就是幸运之福,就人而言,我们所追求的幸福都是偶然的,都是Glück、Glückseligkeit。但Seligkeit就是永福,你如果单独说Seligkeit,那就是永福,永福是与道德的神圣性相适合的,而且是必然相适合的,所以它本身也具有道德性质,而人的Glückseligkeit本身不具有道德性质,因为它带有经验的偶然性,它与道德的适合也只能是偶然的适合。但是永福是在上帝之国里面所享到的福,那个福跟现实世俗的这种幸福相比层次就无限地高了,它是在一个神圣性的层次上面,上帝所感到的天福,那种幸福就不是我们所理解的这种低俗的感性的幸福,而是一种高层次的智性的幸福,人只有在达到与上帝合一、与圣灵合一的时候才能得到永福。那么这种永福也是唯一的,它跟神圣性、跟德性是完全相吻合的。第三个是唯一智慧的,智慧的我们刚才讲了,它有两个方面,一个是理论上的,一个是实践上的,理论智慧和实践智慧,都是从与至善相适合的意义上来看的。那么这三个属性呢,神圣的可以说是理论上的,永福的可以说是实践上的,但它们都统一于智慧。智慧是在最高意义上来理解的,有点像苏格拉底的那种智慧,爱智慧的智慧,真正的智慧,真正的智慧只有上帝才有,人不能够自称为智者,只能够自称为爱智者。普通人怎么能称为智者呢? 你的智慧跟上帝的智慧相比根本就等于零,只有上帝才有智慧,人只能自知其无知而爱智慧,爱智慧就是哲学。苏格拉底已经把智慧抬到了神的高度,人不得自称为智慧的人,上帝的智慧和人的智慧不是程度上的不同,而是本质的不同,所以上帝是唯一智慧的。这三个属性全都是道德上的,一个是神圣的,就是理论智慧,一个是永福的,这就是实践智慧,一个是理论智慧和实践智慧的统一,那就是智慧本身,就是唯一的智慧。"因为这些概念已经具有不受限制性了", 它们已经不受限制了, 它们都是无限的, 它们都不能够等同于那些具体的、低层次的东西, 它们没有大小, 不能够说是大一点的智慧小一点的智慧, 大一点的神圣性或小一点的神圣性, 它是唯一的, 没有大一点的神圣性小一点的神圣性、多一点的永福和少一点的永福的说法。

这样一来, 上帝按照这些概念的秩序也就是**神圣的立法者**(和创造者), **善意的统治者**(和保护者)**及公正的审判者**: 这三种属性包含了上帝借以成为宗教对象的一切, 而与这些属性相适合, 种种形而上学的完善性就自然添加到理性中来了。

"这样一来, 上帝按照这些概念的秩序也就是**神圣的立法者**(和创造者), **善意的统治者**(和保护者)**及公正的审判者**", 这三个概念非常重要, 一个是神圣的立法者, 立法者和创造者, 上帝创造世界, 上帝具有神圣性, 具有超越于一切之上的一种纯粹实践理性的理论智慧, 神圣性是属于理论方面的智慧, 他是神圣的立法者。有了这种智慧, 上帝就能按照这种智慧来创造这个世界, 就具有了居高临下的神圣不可侵犯的最高地位。立法者和创造者, 这个地方主要强调的是他的地位, 这个法是他立的, 这个世界是他创造的, 所以这是属于理论理性。一个是善意的统治者和保护者, 这个属于实践理性, 属于实践智慧。这就是前面讲的, "我们不能赋予一个最高的独立智慧以某种仅仅建立在善意之上的目的", 因为善意的这一结果"我们只有在与创造者的意志的神圣性协调一致这个限制条件下, 才能思考为与本源的至善相适合的。"这是我们刚才念的这一句, 这个注释就是注释这一句的。所以这第二个是善意的统治者和保护者, 上帝当然有善意, 能带来幸福, 但是我们不能仅仅把他建立在善意之上, 他的前提是神圣性, 他是神圣的立法者和创造者, 他具有这样一种神圣的高度。你把上帝的善意要从这种神圣的高度来理解才是对的, 如果你单独把上帝的善意挑出来理解, 那就不对了, 因为它是有条件的, 他的实践智慧是以他的理论智慧为条件的。那么第三个就是智慧本身、公正的审判者,它能够形成上帝的公正的最后审判,这个是最高的概念,它是前面两个的统一,一个是理论智慧,一个是实践智慧,它们统一于最后的公正的审判。上帝立了法,并且他又有善意,他是善意的统治者,那么最后的公正的审判者就是这两者的统一,理论和实践的统一。在上帝的这三个属性里面可以看出来,它有"正反合"的这样一种辩证的关系,这一点非常有特色。就是说基督教也好,西方的古希腊的文化也好,乃至于基督教以后近代和现代西方的文化精神也好,他们心目中的"公正"是最高的,公正是上帝的特色,上帝的最后审判是公正的,它既是最合理的,也是最善的。这个跟我们中国人是很不一样的。中国人通常把最高的道德建立在"诚"之上,诚者天之道也,诚之者人之道也,诚是天道,那么人道也要跟天道相吻合,那就是你必须诚心诚意,放弃你的私心杂念,然后达到心诚,你就和天道合一了。但是,是不是公正,这个中国人不太讲,不太重视公正,更重视的是等级,"礼"的规范。在康德那里则吸收了基督教的公正的传统,当然也不光是基督教的传统,从古希腊就有这个传统,古希腊神话里面的最高神灵宙斯或朱庇特就是法律之神,代表的是公正,正义,公正和正义是他们最高的德性概念。在基督教的上帝这里也是,公正的审判者是前两者的综合,一方面他必须具有理论的智慧,要有神圣性,另一方面他要具有仁慈,具有实践的智慧,这两者结合起来形成了公正的审判者,最后赏善罚恶,他作为最高的审判者来主持正义。"这三种属性包含了上帝借以成为宗教对象的一切",我们可以好好琢磨一下这三个概念,康德认为这三种属性包含了上帝借以成为宗教对象的一切属性。上帝无非就是这三种属性,一个是神圣的立法者和创造者,上帝创世,上帝创造了自然规律,创造了一切法则,这体现为《旧约》;一个是善意的统治者和保护者,上帝除了创造一切法则以外,他还有一种善意,他仁慈,他愿意好人得到好报,他保护好人惩罚恶人,这是《新约》的精神;再一个是公正的审判者,上面这两者的统一,至高无上的他的身份就是一个最终的审判者,这是整个《圣经》的精神。这三者包括了上帝作为基督教对象的一切。犹太教还不一定是这样,犹太教的上帝是创世者,犹太教的耶和华是立法者,但是他不一定是善意的统治者,你违背了他的意志,他就可以把你毁灭掉,有时候是不讲道理的。你不听他的话,他就可以把整个城市毁灭,发洪水,发雷电。所以旧约里面的上帝是威严的,是神圣的,但不是仁慈的。只有耶稣基督所代表的上帝才体现出他的仁慈。那么最后还有个公正的审判,这是犹太教和基督教都指望的,犹太教也指望有一个弥赛亚来拯救世界,作出最后的赏善罚恶。基督教则认为这个弥赛亚就是耶稣基督,这一点他们是一致的。但是在前两个性质方面倒不一定是一致的,所以在康德这里讲的上帝借以成为宗教对象的一切,主要是指的基督教,在基督教那里,上帝要成为宗教的对象,他就必须同时具有这三种属性,而这三种属性都是道德性的。"而与这些属性相适合,种种形而上学的完善性就自然添加到理性中来了",与这些道德属性相适合,种种形而上学的完善性,也就是他前面所列举的那些全知全能全在全善,"全"就是完善性嘛,无所不包的大全,这些大全的完善性当然是形而上学的,在物理学之后的,超越于经验世界的。这样一些神学形而上学的完善性呢,就自然地添加到理性中来了,人们通过理性在思考上帝的时候,从以上三种属性来看上帝,就会把上帝设想为全知全能全在等等。这个注释是对神圣性这个概念的一种解释,我们从这个解释里面可以看出来康德对基督教的上帝究竟是怎么理解的。这是这个注释,我们再看正文。

所以那些把创造的目的建立在上帝的荣耀中(前提是,人们不要把这种荣耀拟人化地设想为得到颂扬的爱好)的人,也许是找到了最好的表达。

紧接上一句。"所以那些把创造的目的建立在上帝的荣耀中"的人,他们"也许是找到了最好的表达",这个是新教徒、特别是加尔文教徒挂在嘴边的上帝的荣耀,人们的所作所为都是为了增加上帝的荣耀。马克斯·韦伯讲新教伦理和资本主义精神,就体现在清教徒在美洲大陆开疆辟土、发财挣钱、办事业办实业等等,他们有一个最终的目的,就是为了增加上帝的荣耀。那么我们如何理解这个荣耀、这个 Ehre？德文里面 Ehre 就是荣誉,光荣,如何理解这种荣耀呢？括号中说,"(前提是,人们不要把这种荣耀拟人化地设想为得到颂扬的爱好)",我们不能够拟人化地理解,设想为就好像我们人都要追求荣誉,我们人所理解的荣誉就是被别人称赞,得到别人的颂扬,这是一种爱好。那上帝也有这种爱好吗？上帝希望得到谁的称赞呢？上帝的荣耀好像跟人的荣耀挂不上钩,因为上帝只有一个,没有另外一个上帝来称赞他。人们当然可以去称赞他,但是上帝不稀罕,上帝并不希望人去称赞他,当然人称赞他也是符合他的命令的,上帝命令人服从他,崇拜他,但是他绝对不会由于人称赞他,他就感到得意,这个你不能拟人化地去设想上帝。那么上帝的荣耀究竟是什么意思呢？在这个地方康德指出来,所谓上帝的荣耀就是上帝的神圣性,它是上帝的地位的一种标志,上帝的至高无上本身就是光芒万丈的。我们人在现实生活中,劳动赚钱发财办大事,显示我们人的能耐,显示我们的天才、我们的精神超越于那些碌碌无为的人,但我们都是为了上帝的荣耀,都是为了证明上帝至高无上。我们是秉承着上帝的荣耀来干这些事情的,我们的成功就是上帝的成功,我们的辉煌就是上帝的辉煌,我们的事情做得再大,也仅仅是为上帝增光,而不能归功于我们自己,我们自己仍然要保持低调、谦卑。这个荣耀不是说要得到表扬的意思,而是说这体现出上帝的神圣性,超越于一切世俗生活之上的、彼岸的那种至高无上性,以及全能性,这就是上帝的荣耀。所以他讲,用荣耀来表达上帝创造的目的,即上帝创世的目的是为了显示上帝的荣耀,这"也许是找到了最好的表达"。就是上帝创造世界是为了表明他的神圣性,他的至高无上性,他是一切感性东西的原始创造者,一切感性世界、人的世界都是从他那里来的,这是对上帝的最好的表达。

　　因为最使上帝荣耀的莫过于这个世界上最可尊重的东西:敬重上帝的命令,遵循上帝的法则交付给我们的神圣义务,如果他的宏伟部署达到以相适合的幸福来使这样一个美好的秩序得以圆满完成的话。

"因为最使上帝荣耀的"是什么呢，它不是人们的称赞，而是"莫过于这个世界上最可尊重的东西：敬重上帝的命令，遵循上帝的法则交付给我们的神圣义务"。在这个世界上最可尊重的、能够获得至高无上的地位的东西是什么呢？一个是敬重上帝的命令，敬重这个概念前面已经讲到了，Achtung 就是对一个彼岸的、超越一切世俗的法则的一种崇仰和遵从，一种谦卑，它是一种否定情感的情感。那么这种情感是对一个彼岸世界的无限崇拜，这就是对上帝的命令的敬重，上帝的命令来自彼岸，我对它抱有敬重。再一个，遵循上帝的法则交付给我们的神圣义务，上帝的法则，比如说摩西十诫，比如爱上帝、爱你的邻人如爱己，爱你的敌人等等，这样一些法则交付给我们的，对于我们来说就是神圣的义务。当然后面还有一个补充，不要落下了："如果他的宏伟部署达到以相适合的幸福来使这样一个美好的秩序得以圆满完成的话"，当然这就是德福一致了。前面都是讲德，"如果"后面就讲福，与之相一致的福，那么这两者加起来就是至善，它就是上帝交付给我们的道德义务。德就是敬重上帝的命令，遵循上帝的神圣义务；福就是如果他的宏伟部署达到以相适合的幸福来使这样一个美好的秩序得以圆满完成的话，圆满完成那就达到了至善，也就是我们前面讲的，达到了圆善。你光是道德上遵循上帝的命令，杀身成仁舍生取义，这当然很高，但是还不圆满。最圆满的就是说，你抱着杀身成仁舍生取义的这样一种信念去行动，但是最后你得到了圆满的幸福，这就是最圆满的，当然在此生此世你不要指望，你只有指望来世。至善本身就是使上帝能够彰显他的荣耀的事情。

如果说后面这种情况（以人类的方式来说）使上帝值得爱，那么通过前一种情况上帝就是敬拜（崇拜）的对象。

"如果说后面这种情况（以人类的方式来说）使上帝值得爱"，后面这种情况是什么情况？就是获得与德性相适合的幸福这种情况。这种情况以我们人类的方式来说，那么上帝是值得爱的，为什么呢，因为他能够达到圆满,能够使我们有了道德的行为以后,有希望获得与我们的道德行为相应的幸福。这样一个上帝是值得爱的,因为他给我们以希望,就是因德得福,所以从我们人类的角度来看,他是值得爱的。为什么是从人类的角度来看? 就是说人毕竟还是要追求幸福的,我们人不是神,我们人有感性,有追求幸福的欲望,那么这种欲望得到满足,我们就会受到上帝恩典的感动,产生出爱的情感来。从这个角度来说上帝值得我们爱的情感,这是一般的基督教徒他们所相信的道理。之所以他们要信仰上帝,爱上帝胜过一切,就是因为相信上帝会给他们带来与德性相应的幸福,前提当然是他们是有德之人。那么有德之人能不能得幸福,如果你对幸福根本不屑一顾,像斯宾诺莎那样,那你当然可以不信上帝。斯宾诺莎虽然也讲对神的"理智的爱",但是那个爱已经是非人的方式了,真正从人的立场来说,还是想要得到幸福。只不过你不要把这种幸福当作动机,你只能把它当作德行的可以希望的后果。由于这种希望,上帝是值得爱、值得追求的,爱上帝、追随上帝是值得的。所以从人的角度来看,上帝是值得我们爱的,这是后面那种情况。而前面那种情况呢,"那么通过前一种情况上帝就是敬拜(崇拜)的对象"。这个"敬拜"(Anbetung)原译作"膜拜",我们可以把它改一下,膜拜带有一点贬义,改成"敬拜",敬拜和崇拜的对象。前一种情况就是说,敬重上帝的命令,遵循上帝的法则交付给我们的神圣义务,你在这样做的时候,你就已经把上帝作为你敬拜的对象了。基督教新教徒,路德教徒和加尔文教徒讲"因信称义",因为信,所以成为义人;那么康德可以说是把这一点倒过来了:"因义称信",因为你做了一个义人,所以你就把上帝看作一个信仰的对象,崇拜的对象,敬拜的对象。首先是要做一个义人,然后你才会具有真信仰。那么新教的原则就是说你要信仰,你就成了一个义人,信仰是衡量你义和不义的标准。康德则是说,看你信不信的标准在于你是否按照上帝的义去做,你按照上帝的义去做,那么上帝就是你崇拜和信仰的对象。

　　<u>甚至人类虽然也能够通过做好事而为自己获得爱,但永远也不能仅</u>

仅由此而获得敬重，以至于最大的慈善行为也只有按照配得的资格来施
行时才会给他们带来荣耀。

　　"甚至人类虽然也能够通过做好事而为自己获得爱"，前面是讲上帝
了，上帝高高在上，但是通过给好人带来相应的幸福而值得人类的爱；同
样的道理也适用于人类，人类通过做好事，给别人带来好处，当然别人也
就会爱他了，这个是毫无疑问的。"但永远也不能仅仅由此而获得敬重"，
这个我们前面已经提到过，就是说你给人家带来好处，但是你的目的如
果别有用心，或者说你的目的还是为了给自己带来好处，那么虽然人家
也会感谢你，也会爱你，也会喜欢你，但是他不会敬重你。唯有怎么样才
能够获得敬重呢？为义务而义务。你不是为了自己谋利益，不是为了双
赢，你就是为了给人带来应得的好处，配享的幸福，这是你的原则，这才
会赢得敬重。一个商店的老板卖商品，他也可以让利，让利给顾客带来
很多好处啊，于是顾客都喜欢到他的商店里去买东西，也很喜欢这个老
板，这个老板卖东西便宜，我从他那里得到很多利益。但是回来一想，你
仔细想，这个老板其实得到了更大的利益，他薄利多销啊，他的商店有品
牌效应啊，所有人都去买东西他不是发财了吗？所以你可以喜欢他，你
可以爱他，但是你不会敬重他。要真正敬重他，就是说他能够坚持一个
道德原则，他不卖假货，虽然这样一种原则很笨，甚至于有时候很愚蠢，
如果所有的人都卖假货，他不卖，他的店就倒闭了。如果这个老板说我
倒闭了也不卖假货，那么人家对这个人就有敬重，除了爱他，除了喜欢他
以外，还有一种敬重。所以通过做好事可以为自己获得爱，但永远不能
仅仅由此而获得敬重，"以至于最大的慈善行为也只有按照配得的资格
来施行时才会给他们带来荣耀"。你做这件慈善行为，它应该按照一个
配得的资格标准来施行，也就是要以德性为前提，你不是为慈善而慈善，
不是为了养懒人，更不是为了炒作自己，而是为了奖励道德行为，人家才
不会怀着不劳而获的心理来看待你的慈善行为，不会得了便宜还要说你
的坏话。只有按照配得幸福的资格来施行救济，这才能给慈善家带来荣

耀。这个荣耀和上帝的荣耀有类似的性质,它的意思在这里也就更加清楚了,就是说有一种更高的道德地位,这样人家才会敬重你。荣耀是跟敬重分不开的,敬重就是从下而上,敬仰、仰望更高的东西,神圣的东西。道德律是神圣的,那么它就具有荣耀。

　　在这个目的秩序中,人(与他一起每一个有理性的存在者)就是**自在的目的本身**,亦即他永远不能被某个人(甚至不能被上帝)单纯用作手段而不是在此同时自身又是目的,所以在我们人格中的**人性**对我们来说本身必定是**神圣的**:

　　"在这个目的秩序中",也就是上面一段已经构成了一个以上帝为最终目的的目的秩序,上帝创造世界的最终目的不仅仅是幸福,而是上帝的荣耀。把上帝创造世界的目的建立在上帝的荣耀中,这才是上帝创造世界的真正的目的。那么这就是一个目的秩序,首先是上帝创造这个世界的目的是为了证明上帝的神圣性,上帝的至高无上的地位;然后在这个神圣性的基础之上,上帝给人带来与此相配的幸福,以便使这样一个美好的秩序得以圆满完成。上帝首先是立足于他的至高无上的神圣性这个最高点,又从这个至高无上的点降下来,把所有他所创造的世界都包括在内,只要你跟这个至高无上的点相适合,都能够把你包容进来,这就形成了一个目的秩序。你的一切行为都是为了增加上帝的荣耀,彰显上帝的荣耀。在这个目的秩序中,"人(与他一起每一个有理性的存在者)就是**自在的目的本身**",人和他人就是自在的目的本身,这是一个目的秩序,但是这个目的秩序里面真正的目的本身就是人。看起来上帝至高无上,好像跟人没有什么关系了,其实不是的,上帝创造世界的真正的目的还是为了人,因为上帝代表的那个神圣性,那种至高无上性,那种荣耀,其实就是体现在人身上的道德性,以及他所配享的幸福。所以他讲,在这个目的秩序中,人,与他一起每一个有理性的存在者,就是自在的目的本身。自在的目的,不只是说表现出来的目的。自在,自在之物,背后的那个实质性的、本质性的目的，就是人，这是从自在之物的角度来看，从彼岸世界的角度来看的，其实就是为了人。因为人不仅仅是动物，他也是自在之物，我们设想上帝创造世界，实际上是把人的彼岸的道德作为至高无上的神圣性，而把此岸世界的人的肉体需要当作与之相适应的幸福，这样来统一，就构成了这个目的秩序。所以每个个人都是自在的目的本身，"亦即他永远不能被某个人（甚至不能被上帝）单纯用作手段而不是在此同时自身又是目的"。人是自在的目的本身，什么意思呢，也就是说它永远不能被某个人，哪怕是被上帝，单纯用作手段而不同时又是目的，简而言之就是不要把人仅仅当手段，要把人当作目的，这是第一原则。当然人在社会中生活，把人当手段是免不了的，但是当你把人当手段的时候同时要把他当作目的，当你利用别人的时候你同时要把他当目的，不要把他仅仅当作利用的手段。你当然要依靠别人生活，人怎么能脱离社会呢，所以他人对于任何一个人来说都具有手段的性质；但是你不要把他人仅仅当手段，这个是康德所强调的，因为每一个人都是自在的目的本身。这里实际上是在重复《道德形而上学奠基》中关于定言命令的第二变形公式即目的公式的表述："你要这样行动，把不论是你的人格中的人性，还是任何其他人的人格中的人性，任何时候都同时用做目的，而绝不只是用做手段。"① 既然人格中的人性有这么高的地位，"所以在我们人格中的**人性**对我们来说本身必定是**神圣的**"，在我们的人格中的人性，对我们来说它必定是神圣的，是最高层次的规定。我们人格中的人性，这是目的的公式的典型表达。人格我们前面已经讲到过了，它是跨两界的，一个人的人格首先表现为在时间中的前后一贯性，我们讲一个人行不改名坐不改姓，他就是他这么一个人，任何人不能代替他，他老了，只要他还没死，那么他就有权代表自己，甚至死了也得尊重他的人格。这个就是一个人的人格，这是我们通常在世俗生

---

① ［德］康德：《道德形而上学奠基》，杨云飞译，邓晓芒校，人民出版社 2013 年版，第 64 页。

活中都承认的，在法律上也承认的。但是康德认为这样一种人格后面还
有一种设定，就是自在之物，它在现象中表现为在时间中的一贯性，但是
单是时间中的一贯性那还不足以确定一个人的人格，你要确定一个人的
人格必须要有一个假定，就是它后面有一种人格性。人格就是 Person，人
格性就是 Persönlichkeit，Persönlichkeit 比人格要更加抽象一些。人格比
较具体，它在时间中嘛，在时间中就意味着在感性生活中，在感性生活中
它有它的一贯性的表现。但是在时间中的一贯性是不是就是人格了呢？
那还不够，动物也在时间中前后一贯，它就是它，但是人在时间中的一贯
性它不一样的，它后面有一个彼岸的、自在之物的东西在支撑它，那就是
人格性，Persönlichkeit。为什么动物也在时间中前后一贯，但是动物没有
人格呢，就是因为动物没有人格性。人格性就是自在之物里面的自由意
志，作为自在之物的那种自由意志，它体现为一种自由意志的自律，这才
形成了人格性，也才给人格以支撑，使得人格具有了人格性，具有了真正
完全的人格。所以人格这个概念还是比较模糊的，它跨两界，但是人格性
这个概念它就是彼岸的，它给此岸的人格带来了人格性，所以人这种存在
是双重的，在此岸世界他是一个动物，但是同时在彼岸世界他是一个自
由的主体。那么这句话讲，所以在我们人格中的人性对我们来说本身必
定是神圣的。我们人格中的人性必定是神圣的，为什么？人格中的人性
它具有神圣性，人格跨两界，人性这个概念也可以说是跨两界，人的人性
是双重的，一方面在现象界它表现为人有动物性，人性当然也离不了动物
性，如果离开动物性它就不是人性，它就是神性了；但是除了动物性以外
它还有神圣性，就是人格性。所以讲我们人格中的人性对我们来说本身
必定是神圣的，或者说我们的人性、我们的人格必定具有神圣性的一维，
必定具有自在之物的那一维，那一维使我们具有了神圣性。冒号后面是
结论了。

　　这就是从现在起自然得出的结论，因为人是**道德法则的主体**，因而
是那种自在地就是神圣的东西的主体，甚至一般说来，只是为着道德法　[132]

337

则并与此相一致，某物才能被称之为神圣的。

　　这个是对前面的总结了。"这就是从现在起自然得出的结论"，这个结论就是前面讲的那个结论：所以在我们人格中的人性对我们来说本身必定是神圣的，这就是《道德形而上学奠基》里面提出的定言命令的第二个变形的表达公式所得出的结论。按照康德的说法，为了使定言命令通俗化，他在普遍的标准公式上加上了感性直观的通俗性，把它作了几个变形。普遍公式是：要使你的行为的准则成为一条普遍的法则，这不太好理解，如何成为一条普遍的法则？首先你就想想自然法则是怎么样的，要像自然法则那样就行，这就是第一个变形公式。第二个变形的公式就是说，要使你和他人的人格中的人性永远不仅仅是手段，而是本身成为目的。第三条变形的公式就是要使你的意志成为普遍的立法者。这三条变形公式相互之间以及它们与普遍公式之间的关系，很长时间也没有多少人把它讲清楚过。那么在这个地方呢，实际上是援引了第二条变形公式，就是说在我们的人格中的人性对我们来说本身必定是神圣的，神圣的就是说你必须把它当作目的，不能只当作手段，目的对于手段来说层次更高，那么最高的目的当然就是神圣的目的，而人就是最高的目的。这个时候我们就自然会得出这个结论，从康德前面所讲的，我们对上帝的信仰，我们对上帝的神圣性、上帝的荣耀的崇拜等等，所有这一切最后回到它的基点上来，它们都是建立在人格中的人性的神圣性之上的。我们讲上帝的神圣性，实际上我们讲的是人的神圣性，上帝的命令其实就是人的道德命令。所以康德在这里强调，他跟基督教传统道德的说法是不一样的，传统基督教的道德讲到上帝的神圣性就到顶了，再下面就没有什么可讲的了。但是康德进一步把它引申，就是说你讲到上帝的荣耀，上帝的神圣性，最后是谁的神圣性？最后就是人格中的人性，对我们来说它必定是神圣的。所以他讲，这是从现在起自然得出的结论。我们讲完了宗教以后，讲完了对上帝的崇拜，讲完了上帝的命令，讲完了这一切以后，从现在起我们自然会得出这样的结论。为什么这样说呢，"因为人是**道德法则的主体**",上帝用道德法则来命令人,其实人本身恰好是道德法则的主体,道德法则内在于人的本质之中,所以这种上帝的神圣性其实就是人的主体的一种神圣性,是人格中的人性所体现的一种神圣性。"因而是那种自在地就是神圣的东西的主体",自在地本身就是神圣的东西,那就是道德法则了,也就是上帝的命令,上帝的命令它的主体其实就是人自己。"甚至一般说来,只是为着道德法则并与此相一致,某物才能被称之为神圣的",只是为着道德法则,并与道德法则相一致,任何一个东西才能够被称之为神圣的。比如说上帝。上帝之所以被叫作是神圣的,就是因为他代表道德法则,只是为着道德法则并且与道德法则相一致。某物是泛指一切东西,包括上帝在内。所以为什么人永远不能只被当作手段而不同时当作目的,意思就在这里,理由就在这里。任何东西要能够被称之为神圣的,都必须和道德性相一致,而道德性的主体就是人。

因为这个道德法则是建立在他的意志的自律之上的,而他的意志乃是一个自由意志,它根据自己的普遍法则,必然能够同时与它应当**服从**的东西相一致。

这是点出了他的最终的立足点。康德的理性范围内的宗教,虽然也承认上帝的悬设、灵魂不朽都是必要的,但是最终的基点还是立足于人作为一种道德主体的神圣性,这是他最终的归宿之地。所以他已经把基督教人化了,他从人的角度来看基督教,而不是从神的角度,神的角度只是他的一个过渡,归根结底是站在人的角度。"因为这个道德法则是建立在他的意志的自律之上的",他听从上帝的命令绝对不是他律,还是自律,因为所谓上帝的命令无非就是道德的命令,而道德的命令恰好就内在于人的主体之中。所以我服从上帝的命令,听从上帝的命令,实际上是听从我自己的内心的道德的命令,而当我听从自己内心的道德的命令的时候,我是听从自己自由意志的命令。所以他讲,"而他的意志乃是一个自由意志,它根据自己的普遍法则,必然能够同时与它应当服从的东西**相一致**",听从上帝的命令我还是自由的,因为我听从的无非是我自己内心的道德的命令，而这个道德的命令恰好体现了我的自由意志。我服从自己的道德命令，这恰好是我能够自主、能够自己支配自己的行为的一种最根本的体现，是我的自由意志的一种体现。根据自己的普遍法则，必然能够同时与它应当服从的东西相一致，必然会的。一个自由意志根据它自己的普遍法则、普遍立法，它当然就会跟它所应当服从的东西、即与他悬设的上帝相一致。自己立法自己遵守，一切都来自于自由意志，这个里头有一种必然关系，我自己的自由意志立的法，我当然是自己能够遵守、能够服从的，我服从我自己的时候我还是自由的，这里与定言命令的第三变形公式的表述也是完全一致的。这是康德对于上帝的悬设最后达到的结论，这一节就是讲的对于上帝作为纯粹实践理性的一个悬设，以及由这个悬设而建立起来的整个宗教。康德的理性范围内的宗教，最后落实到就是人的自由意志的自律，就是人的道德性作为道德主体。我们休息一下吧。

VI. 总论纯粹实践理性的悬设

我们下面这点时间加快点把这两页读完，今天就可以把它告一段落了。这个第VI节，就是"**总论纯粹实践理性的悬设**"，总论悬设有一个很值得注意的现象，就是前面实践理性的悬设是提出了两个，一个是灵魂不朽，另外一个是上帝存有。这是他在第IV节和第V节提出来的；但是他在这里"总论"悬设的时候呢，他提出了三个悬设，即加进了一个自由意志。意志自由当然也是实践理性的一个悬设，但是他前面没有单独提出来说。他为什么不说？为什么在这里只提出了其他的两个悬设，一个是不朽，一个是上帝，而自由在这里被省掉了？因为他在这个第二章里面讨论的是纯粹理性"在规定至善概念时"的辩证论，而至善概念在这一部分提出来的主要目的，是要建立一种道德宗教。这个前面我们已经讲了，要建立道德宗教必须要有两个悬设，一个是灵魂不朽，一个是上帝，这个是一切宗教所必须讨论的两个主题。凡是讲宗教，它都有两个设定，一个是神，一个是灵魂不朽，即死后的生活、来世。如果没有这两个悬设的话，那就不是宗教了。但是自由意志并不是宗教的必要的假设，一般的宗教不一定需要自由意志，甚至还可以否定自由意志，认为人不是自由的，人都是被决定的。如宗教中的宿命论、神学的命定论就是否定自由意志的。所以一般的宗教有两个悬设就足够了，就可以建立一个宗教了。但是康德的理性范围内的宗教，也就是道德宗教，则必须是以自由意志为前提的，只不过这个自由意志的前提是他在论证他的道德法则的时候已经论证过了，已经把它悬设过了。自由意志当然是一个悬设，但这个悬设跟其他两个悬设还不太一样：其他两个悬设完全是悬设，而自由意志这个悬设在某种意义上它又不是单纯的悬设，它本身还是一个"事实"，它这个事实体现在道德律之上。我们前面一开始讲《实践理性批判》的导言里面就提到了，道德律是一个"理性的事实"，我们人除了遵守动物性的本能生活以外，实际上总还是有遵守道德法则的要求。不仅仅是那些杀身成仁舍生取义的人，其实每个人凭借自己的理性都会认为这是应该履行的义务，并认为自己完全可以按照道德法则来生活，不管他们实际上如何生活，这是一个"理性的"事实。当然这不是经验的事实，在经验上道德君子总是少数，我们从生物学上、从医学上也无法理解他们的杀身成仁舍生取义，我们只有从理性来思考，才能承认这样一种事情按照道德法则是能够发生的，所以道德法则是一个理性的事实。那么我们为什么有道德法则？就是因为我们有自由意志，这个前面在导言里面也已经讲到过了，所谓"道德律是自由的认识理由，自由是道德律的存在理由"。道德律是自由的认识理由，就是说通过道德律我们可以知道我们有自由，因为如果不是我们有自由的话，我们这个道德律就没办法解释，只有承认了我们是自由的，我们人才可以撇开感性对我们的一切束缚来解释道德律。既然道德律作为一个理性的事实，它是自由的认识理由，所以自由意志也是一个事实。自由意志是一个事实，这一点在第三批判里面讲得比较明确，第三批判里面讲，自由在所有的理念之中

是唯一的一个这样的理念，它是一个事实而不仅仅是理念假设。① 自由
是理性的事实，不是经验的事实，从经验的、自然科学的角度你没有办法
确定这个自由是一个什么样的事实，但是如果你从理性的角度看，自由
它就是一个事实。但自由的理念在理论上也是一个假设、一个悬设，它
悬设好了以后必然会导致宗教，因为它建立起道德法则以后，必将导致
德福一致的理念，因而导致另外两个悬设，而宗教得以成立主要是建立
在另外两个悬设之上的。除了基督教以外，其他的宗教都不需要有自由
意志的悬设，而且基督教里面有些人也否定自由意志，特别是新教徒否
定自由意志。天主教徒还是承认自由意志的，但是天主教徒的自由意志
不是作为宗教的一个理论基点，而是作为他们所认可的一个经验事实来
承认的。但是新教徒，像马丁·路德他们这些人，加尔文这些人，就否
定人有自由意志，他们也可以建立一个宗教。当然康德进行了一场哥白
尼式的革命，就是把这种缺乏自由意志的宗教植根于道德之上，归根结
底植根于自由意志之上。但是植根于自由意志之上的这样一个工作在
前面早就已经准备好了，所有前面的对道德律的论证，对自由概念的分
析等等，都在为自由意志做论证，所以在建立这个理性范围内的道德宗
教的时候呢，他虽然没有直接地提出三个悬设，但实际上自由意志的悬
设在前面已经作为前提了。但是这种前提首先不是为了建立宗教，而是
为了建立道德律。道德律本身是理性的事实，纯粹理性本身具有实践能
力，这就体现为道德律，这是人人都必须承认的，只要是一个有理性者，
他都会承认这个理性的事实。在这个事实之上再加以悬设，比如说灵魂
不朽和上帝，那么就建立起了宗教。但是回过头来在第Ⅵ节，我们现在
要"总论纯粹实践理性的悬设"的时候，就必须把自由意志这个悬设加进
去了，因为自由意志它本身是最基本的悬设，缺了这一块，其他悬设就釜
底抽薪了，也就谈不上是"总论"了。但是在前面（包括在整个《纯粹理

---

① 参看《判断力批判》，邓晓芒译，杨祖陶校，人民出版社 2002 年版，第 328、334 页。

性批判》中) 他并没有用悬设 (Postulat) 这个词来说自由意志, 他一般用的是"假定" (annehmen)。[①] 但理论上的假定是由于实践中的悬设。当他说道德律是自由的认识理由, 而自由是道德律的存在理由, 这其实就既是假定、也是悬设了。自由意志作为假定 (annehmen) 最初是由《纯粹理性批判》的第三个二律背反的"正题"所做出来的, 但在那里只是一种理论上的消极的可能性; 只有在《实践理性批判》中, 这种理论上消极的可能性才转变成了具有积极的事实性的实践上的"要求", 这就是"悬设" (Postulat) 中包含着的意思 (要求)。在道德律后面是自由, 但是自由是不可认识的, 它作为道德律的存在理由是我们的一种悬设, 一种推论, 如果没有自由的话, 我们的道德律是不可能存在的, 所以它是道德律的存在理由。那么现在回过头来要总论纯粹实践理性的悬设的时候, 就必须把自由意志也纳入进来一起考虑: 我们有三大悬设, 一个是灵魂不朽, 一个是自由意志, 一个是上帝存有, 这三大悬设构成了道德宗教的基础。但是其中自由意志首先是道德的基础, 然后灵魂不朽和上帝存有才构成宗教的基础。所以在由道德推出宗教的时候, 他只用两大悬设就够了, 一个是灵魂不朽, 一个是上帝, 这也是传统基督教最主要的两个理论支柱。康德不同的就是他把基督教建立在第三个更根本的理论支柱之上, 那就是自由意志的悬设, 由此基督教才能够成为"道德宗教"。所以他这个"总论纯粹实践理性悬设"必须把自由意志加进来一起讨论。

　　这些悬设全都是从道德性的原理出发的, 这个原理不是悬设, 而是理性用来直接规定意志的法则, 这个意志正由于它被这样规定而作为纯

---

① 唯有一个地方, 即《康德全集》第 5 卷第 95 页 (《实践理性批判》中译本 2003 年版第 128 页): "只要我们能够充分保证不会有对自由的不可能性的任何证明, 于是就由于悬设 [postuliert] 了自由的那个道德律而不得不假定 [annehmen] 自由并同样也被授权假定自由, 那就是万幸了!"这是在《实践理性批判》中第一次用"悬设"来规定自由的地方, 位于分析论的末尾, 并且澄清了"悬设"和"假定"的层次关系。

<u>粹意志要求着遵守其规范所必要的这样一些条件。</u>

"这些悬设"可以理解为上面讲的两大悬设，但是也可以理解为实际上已经包含有自由意志的悬设了，只不过在自由意志身上它还没有正式采用悬设（Postulat）这个词。也可以说这三大悬设全都是"从道德性的原理出发的"，但前面讲的两大悬设是从道德律和至善的关系推出来的，而自由意志却把道德律本身看作自己的"认识理由"，所以它们从道德律"出发"的含义不尽相同。而"这个原理不是悬设"，我们刚才讲，道德律本身不是悬设，不是 Postulat。但是这个说法与康德别的地方的说法好像不太一致。比如说在《实践理性批判》的第 61 页就讲道："自由的概念作为这些法则的基础"，也就是作为"纯粹实践法则"即道德法则的基础，"并没有任何别的意思，而那些法则只有在与意志自由相关时才是可能的，并且在以意志自由为前提时是必然的，或者相反，意志自由是必然的，是由于那些法则作为实践的悬设是必然的。"实践的悬设，这里用的是Postulat。也就是说他前面讲的那些法则就是道德律，意志自由是必然的，是由于那些法则作为实践的悬设是必然的。这里明确讲到了这些道德法则作为实践的悬设是必然的。而在现在这一段里面，他讲悬设都是从道德性的原理出发的，但这个原理本身不是悬设，"而是理性用来直接规定意志的法则"。那为什么前面讲这些法则作为悬设是必然的？这里头好像有一些矛盾。我的理解是，这些道德法则本身并不是悬设，而是理性的事实；但这些理性的事实必须要以自由意志作为自己的"存在理由"才能得到解释，而自由意志则是"实践的悬设"，因此道德法则作为自由意志这种实践的悬设是必然推出来的。所以康德有时把道德律的意识和自由的意识看作是一回事，例如他在上引 61 页那句话后面接着说："至于对道德律的这种意识，或者这样说也一样，对自由的意识，是如何可能的，这是不能进一步解释的，不过它们的可容许性倒是完全可以在理论的批判中得到辩护。"在《纯粹理性批判》中他提供了自由理念的"可容许性"的证明，那只是消极的证明，即不能排除有自由意志的可能性，但也没有

排除另一种可能性，即到头来根本就没有自由意志，我们不可能在理论上发现它的存在。而在《实践理性批判》这里，自由才首次有了积极的证明，这就是："这个意志正由于它被这样规定而作为纯粹意志要求着遵守其规范所必要的这样一些条件。"这个意志，也就是受到道德律所规定的意志，这个意志正由于它被道德律这样规定，而作为纯粹意志"要求着"这样一些条件，要求遵守其规范所必要的这样一些条件，这样一些条件也就是这样一些悬设了。这些悬设是起什么作用的呢，就是纯粹的意志在遵守其规范的时候，必须要有这样一些悬设作为条件，这样一些条件就是指的前面讲的所有这些悬设，所有这些悬设都是些条件，都是道德律规定意志、而这个意志为了遵守这个道德律的规定而必要的一些条件。所谓悬设，Postulat，之所以译作"悬设"而不译作"公设"或一般的"假设"，就是因为考虑到它里面包含有"要求"的意思。这就是对他的这个悬设的一种概括。为什么会有这些悬设，是因为要遵守道德律，意志要遵守道德律，它就必须要假定一些条件，但是这个道德律本身并不是悬设，它是很实在的，它实实在在地对人的意志起作用，甚至给被悬设的自由意志提供了实在性。总而言之，道德法则、道德律是理性的事实，本身不是悬设；而灵魂不朽和上帝存有肯定不是事实，它们只是悬设。至于自由意志呢，它既是悬设又是事实，从它本身来看它是悬设，从它所造成的道德法则来看它又是事实；而道德法则虽然本身并不是悬设，而是理性用来直接规定意志的法则，也就是是直接起作用的理性事实，但是从它所依据的自由的根据来看它又是悬设。上面讲的那两大悬设都是从道德性的原理出发的，这个道德性原理本身却不是悬设，它是理性用来直接规定意志的法则。

这些悬设不是理论的教条，而是在必要的实践考虑中的**诸种前提**，因而它们虽然并不扩展思辨的知识，然而却**普遍地**（借助于它们与实践的关系）赋予思辨理性的诸理念以客观实在性，并使思辨理性对于那些它本来甚至哪怕自以为能断言其可能性都无法做到的概念具有了权利。

"这些悬设不是理论的教条"，它们不属于在理论上的一些教条，教条，Dogmata，也就是独断论（Dogmatismus）的知识。比如说，灵魂不朽，是不是真的灵魂不朽啊？它如何可能灵魂不朽；上帝存在，上帝存在于什么地方啊？如果你要回答这些问题，那就是想获得独断的知识，它们在理论上就只是一些教条，是没有经过证明的独断，这种独断论在《纯粹理性批判》中已经被批得十分透彻了。这个教条我们也可以翻译成独断的东西。但是这些悬设并不是理论的教条，不是理论上的独断的断言，而是跟实践相关的行为规范。它们是"在必要的实践考虑中的**诸种前提**"，必要的实践考虑就是人在实践中总是要做到尽善尽美，要达到至善，那就要考虑这些前提，没有这些前提，至善就根本不可能。"因而它们虽然并不扩展思辨的知识，然而却**普遍地**（借助于它们与实践的关系）赋予思辨理性的诸理念以客观实在性"，也就是这些悬设虽然并不扩展思辨的知识，并不能对人的灵魂和上帝的存有加以认识上的规定。你对灵魂也好对上帝也好，并没有增加任何知识，但是它们却借助于它们与实践的关系，而普遍地赋予了思辨理性的诸理念以实践上的客观实在性。这些理念现在具有了一种实践的普遍性，就是你在道德实践中，你必须要普遍地赋予思辨理性的理念以客观实在性，这些思辨理性的诸理念，虽然你不能够认识它们，不能在经验中把握它们，但是你在实际进行道德实践的时候，你必须要把它们设定下来，按照如同它们已经存在的那样去做，按照你的灵魂是不朽的、上帝是存有的那样去实践，你要进行道德实践你就必须这样行动，必须把它们作为行动的前提。所以在这个意义上面，这些理念作为悬设是具有客观实在性的，但不是理论上的客观实在性，而是在你的行动上，在实践上，它们具有客观实在的指导作用和规范作用。就是你把它们当作是存在的，那么你就这样去做，付之于实际行动，你就可以去履行你的道德义务。你信上帝，你如同有一个上帝那样去支配你的行为，你才能在行动中趋向于至善这一道德的终极目的，这在实践上是具有一种客观实在性的。因此它可以赋予思辨理性的诸理念以客观实在性,灵魂、上帝、自由,这些概念都是从思辨理性里面推出来的,但是思辨理性证明不了这些理念的实在性,它得出了这些理念但却不能认识,它从有条件者推出了最高的无条件者,但是只是个理念,它不能把握、不能认识,因此都是些空无内容的理念。那么在实践中就赋予了这些理念以实在性的内容,它们在思辨理性里没有实在性,只有在实践理性里面才被赋予了实在性。所以这些悬设可以说是思辨理性和实践理性的一个综合,一个统一。他利用了理论理性的那些思辨的理念,但却充实以实践的内容,使它们不再是空的。在思辨理性那里它们是空的,灵魂也好上帝也好自由也好,它们都是空洞的,只是一些引导知识不断完善化的先验的理念,有它们的调节性的作用,可以引导知识不断地追求完善。在它们的引导下,心理学和物理学都可以不断地追求完整的知识,自然科学可以不断地完善化,但是这些理念本身是空的。而在实践领域里面它们被赋予了实在的意义,不再是空的了。所以他讲,这些理念的悬设"使思辨理性对于那些它本来甚至哪怕自以为能断言其可能性都无法做到的概念具有了权利",这就是我们刚才讲的这个意思。这些悬设使思辨理性的这些概念具有了权利,对于这些概念,它本来甚至连自以为能断言其可能性都是无法做到的。对那些概念,也就是那些理念了,灵魂啊,上帝啊,自由啊,那些理念,到底有没有灵魂,到底有没有上帝,到底有没有自由,这样一些理念,不要说断言它们的实在性,就连断言它们的可能性,你都没有办法断言,顶多只能假定这种可能性。虽然在思辨理性那里没有办法断言其可能性,但是在实践理性这里,它们作为一些必然的悬设,却使得思辨理性对它们具有了权利,即有权断言它们的可能性。这是实践理性赋予的权利,思辨理性借助于实践理性使它的那些理念具有了权利,证明它的那些假定本来确实是有理由的,从而使假定提升为悬设。本来是没有权利断言的,单靠思辨理性自己是没有权利的,但是现在有了实践理性的参与,帮助它获得了这种权利,所以宗教应该说是理论理性(思辨理性)以及它和实践理性这两者之间的一种结合。理性范围内的宗教就是把思辨理性和实践理性统一起来的宗教。那么下面就来总结了。

　　这些悬设就是不朽的悬设，从积极意义看（作为一个存在者就其属于理知世界而言的原因性）的自由的悬设，和上帝存有的悬设。

　　三大悬设出来了。自由的悬设在这个地方插进来了，而且它是插在中间。第一个是不朽的悬设，也就是灵魂不朽的悬设，第二个是积极的自由的悬设，第三个是上帝存有的悬设。但是积极自由的悬设在前面两节论悬设的时候没有讲，前面只讲了两个，一个是灵魂不朽，一个是上帝存有，在这个时候才突然提出来一个积极自由的悬设，而且是插在中间。为什么是插在中间呢？是为了跟《纯粹理性批判》里面的先验辩证论的次序相吻合。先验辩证论我们知道有三大部分，一个是对于理性心理学的批判，理性心理学的灵魂不朽的理念导致谬误推理；一个是对理性的宇宙论进行批判，理性的宇宙论导致二律背反，其中最重要的是第三个二律背反，就是自由和自然必然性，世界上到底有没有自由；第三个部分是对于理性神学进行批判，对上帝存有的各种理性证明进行批判。所以按照这个次序来排，灵魂不朽的悬设，积极自由的悬设和上帝存有的悬设，是这样排下来的。但是，虽然第三个二律背反的确是最重要的一个，但是还有其他的三个二律背反，第一个、第二个和第四个二律背反，他在这个地方为什么没有提及呢？整个世界时空上的无限性，以及宇宙的绝对必然性也都是一些理念，为什么不提？这是因为，在对理性的宇宙论的批判里面，按照康德的说法，第一个和第二个二律背反的正反两面都是错的，正题和反题都是错误的，没有实质性的成果。世界在时间空间上是有限的还是无限的，或者世界是复杂的还是单纯的，前面我们已经讲到过，康德认为不论你讲它是有限的还是无限的，讲是单纯的还是复杂的，都是错误的。反之，第三个和第四个二律背反的正反两面都可以是正确的，就是说世界是有自由还是没有自由，那么你讲没有自由也可以是正确的,因为你着眼于现象界,现象界没有自由的,一切都是根据因果律;那么你讲有自由也可以是正确的,只要你把现象界和本体界区分开来,在理知世界、在自在之物那里,那是有可能有自由的,虽然我没法断言,但是我也没法否定,所以我可以假定它的可能性,这是不会错的。那么第四个二律背反就是讲,世界上一切都是必然的或者是偶然的,这两者都可以是正确的,在现象界你可以说一切都是偶然的,凡必然性都是相对的;但是在本体界你不能排除有一个最终的绝对必然性。那么这个绝对必然性,有人分析就是实际上已经提出上帝了,但也有人认为不一定是讲的上帝,他没有提上帝,那种绝对必然性只是一种境界,是为上帝做准备的,就是说一个理知的世界是有可能的,一个理知世界里面一切都是按照理性的必然性来决定的。所以第三个和第四个二律背反,我们可以把它们合起来称之为积极意义上的自由,就是这里括号里讲的,"作为一个存在者就其属于理知世界而言的原因性",自由的理念在一个必然的理知世界里面是有可能存在的。所以四个二律背反就其理念的最后的积极的成果来看,就是积极自由的理念。当然你要单从第三个二律背反来看,它只是一个消极自由的理念,就是它可以不受感性的约束。但是如果没有第四个二律背反给它提供一个理知世界的可能性,那么这种不受感性的约束只说明了自由不是什么,至于它究竟是什么,它存在于何处,却还没有着落。所以第四个二律背反虽然可以看作是为上帝的理念做准备的,但实际上也可以归到第三个二律背反里面来看,看作是为上帝的自由意志Ⅲ的积极理念提供了可能性。虽然当时还没有现实地提供出来,因为这个理知世界本身还是不确定的,整个是一种假设,只有在纯粹实践理性里面,这种积极的自由才被真正地提供出来,成为了道德实践的悬设,而在《纯粹理性批判》里面基本上还是只提供了一个消极的自由理念。这个是对一些背景的介绍,为什么他在这个地方提出三个悬设,前面似乎没有铺垫,我们要追溯到《纯粹理性批判》里面的论述,才能理清它的来龙去脉。下面是对这些悬设进行分析。

第一个悬设来源于持续性要与道德法则的完整实现相适合这个实践上的必要条件；

"第一个悬设"，就是灵魂不朽，它来源于什么呢，它"来源于持续性要与道德法则的完整实现相适合这个实践上必要的条件"。为什么要设定灵魂不朽呢，就是因为灵魂要有持续性，才能有时间完成道德法则的完整实现。持续性也可以说是灵魂的持续性了，因为万物生灭不已，人的肉体也注定要消灭、解体，世界上唯一有可能持续不朽的就是人的灵魂。而道德法则的完整实现在此岸是做不到的，因为人的肉体是有限的，人都有感性的需要，除非他死后灵魂不朽，这时他的肉体死了，也就没有感性的需要了，这个时候他才能够做到使自己灵魂的持续性与道德使命的完全实现的无限性相适应，哪怕要到彼岸去实现，他也能够跟上。所以灵魂的不朽作为一个实践上的必要的条件，就是为了与道德法则的完整性相适合，这一悬设是出于实现道德法则的完整性的必要，你要完整地实现道德法则，你就必须要设定灵魂不朽，否则的话任何人在此生此世都不可能做到道德上的完美无缺。

第二个悬设来源于对感官世界的独立性及按照理知世界的法则规定其意志的能力，亦即自由这个必要的前提；

第二个悬设，为什么要悬设积极意义上的自由，一个是"来源于对感官世界的独立性"，这是一方面，首先要与感官世界相独立，这个是在第三个二律背反里面已经提出来的，除了有自然因果性以外，还有一种不受自然因果性约束的自由的原因性，这就是独立于感官世界的那种消极自由了。另一方面，"及按照理知世界的法则规定其意志的能力"，这就是积极的自由了。前面的对感官世界的独立这样一种消极的自由还不够，它只是提供了一种可能性，那么自由的实在性就体现在它的积极意义上面，也就是体现在按照理知世界的法则规定其意志的能力上，这就是实践的自由了。自由不单是说不受什么东西的束缚，用伊赛亚·伯林的话说，"免于做什么的自由"，而且是说按照自己的法则去做什么、即行动的自由，也就是不仅仅要从消极意义上来理解，而且要从积极意义上来理解。所以前面讲到从积极意义看的自由的悬设是"作为一个存在者就其属于理知世界而言的原因性"，这也就是从积极意义上面来讲的了。从积极意义上看的自由的悬设，就其属于理知世界而言，它能够发挥它的原因性的作用，那就是一种积极的作用。当然这种原因性在《纯粹理性批判》的第三个二律背反里面已经提出来了，但是它还是作为一种消极意义上的说法提出来的，就是有一种不同于自然的因果性的自由的原因性。他只是跟自然的因果性相比较而言提出来有一种自由的原因性，但是他还没有考察这种自由的原因性用来干什么。那么积极的自由就是说明了它用来干什么，它就是属于理知世界而言的原因性，是按照理知世界的法则规定其意志的能力。这个是在《实践理性批判》里面才讲明白，在《纯粹理性批判》里面还没有讲到这一层，只讲到了自由理念来自理知世界，至于这理知世界是一些什么样的原则，康德说它们是"属于超验的哲学的，对这种哲学这里还不是讨论的地方"。[①] 而现在正是讨论的合适地方了。所以第二个悬设就来自于这样一个必要的前提，就是说按照理知世界的法则规定其意志的能力，这就是积极自由的前提。这当然是从道德实践的角度提出来的，在道德上，按照理知世界的法则即道德法则来规定意志。在道德上人才现实地有积极的自由，在感性世界方面人只是可能有摆脱感性世界的消极的自由。

第三个悬设来源于通过独立的至善、即上帝存有这个前提来给这样一个理知世界提供为了成为至善的条件的必要性。

第三个悬设来源于另外一种必要性、第三种必要性，什么必要性呢？通过独立的至善、即上帝存有这个前提，来给理知世界提供成为至善的条件这样一种必要性，也就是理知世界要想成为至善的话，就必须以设立一个上帝为条件，由于这种必要性，于是把上帝悬设为一个前提。理

---

① 《纯粹理性批判》A456=B484.

知世界也就是彼岸世界，彼岸世界要达到至善那就必须要有一个条件，这个条件就是上帝，因为上帝既是彼岸世界、理知世界的统治者、主宰，又是此岸世界、感性世界的创造者。单是理知世界是不足以达到至善的，只能在道德上达到最高的善，彼岸世界固然可以有灵魂不朽，有充分完整的道德，但如果没有上帝来审判，来为道德配上与之相称的幸福，那仍然达不到至善，不能实现德福一致。你尽管有道德，不断地完善自己的德性，哪怕借助于灵魂不朽最后实现了道德上的绝对的完善，但是没有相配的幸福，好人没有好报，那就还不是至善。你要有与德性相配的幸福必须要依赖一个上帝，他才是全知全能全善的立法者，是自然界和理知世界的创造者，也是绝对公正的审判者，所以他能够支配自然界来满足你的道德所配得的幸福，只有上帝能做到这一点。所以他也是一个必要性。这三者都是出于某种必要性，第一个是来自于完整地实践道德法则的必要性；第二个是来源于自由这个必要的前提，就是按照道德法则来规定意志的能力这样一个必要的前提；第三个是来自于至善必须要有一个条件这样一种必要性。这三种必要性都是立足于纯粹实践理性的道德性。

所以，由于对道德法则的敬重而成为必要的对至善的意图，以及至善的由这种意图发源的客观实在性前提，通过实践理性的悬设就引向了思辨理性虽然作为课题提出、但却不能解决的诸概念。

这是对上面所说的这些加以概括。"所以，由于对道德法则的敬重而成为必要的对至善的意图"，一个是对于道德法则的敬重而成为必要的对至善的意图、对至善的追求，如果它是出于对道德法则的敬重而成为必要的，那么再加上"至善的由这种意图发源的客观实在性前提"，"由这种意图"原译作"由此"，不太明确。也就是至善的客观实在性不是以经验性的东西为前提，而是以这种出于道德法则的敬重的意图为前提，于是这两项加在一起，"通过实践理性的悬设就引向了思辨理性虽然作为课题提出、但却不能解决的诸概念"。就是说，出于对道德法则的敬重，我既要追求至善，又要由这种意图来达到至善的客观实在性，那么我就借实践理性的悬设而引出了在思辨理性中早已提出的那些理念，这些理念在思辨理性中、在《纯粹理性批判》中虽然早已提出来，但却无法解决，而只能假定为一种可能性。这里的意思是，对道德法则的敬重不仅把我们引向了道德实践，而且必然要假定至善，同时要探求这种至善的客观实在性前提，为此就必须通过实践理性的悬设而从实践的立场返回到思辨的立场上，调用在思辨理性批判中已经假定下来的那些概念，把它们变成实践理性的悬设。所以实践理性的悬设其实是实践理性和理论理性双方合作的产物，是理论理性和实践理性的统一，只有这种统一才能够建立起新型的道德宗教来。但这样做有两个前提，一个是对至善的意图必须是出于对道德律的敬重，而不是出于对幸福的期望；再一个，出于道德敬重的意图必须具有可实现的客观实在性，那就必须要有三大悬设作为前提，最终是要由上帝来保障。所以三大悬设实际上就是思辨理性中三大理念的实践理性形式，这三大理念在思辨理性中只是作为课题提出来，也就是被作为可能性假定下来，但并未找到这种假定的根据。只有在实践理性中，才为这些假定提供了必然的客观实在性的根据。这句话简化一下，我们可以说，对至善的道德意图以及为至善的客观实在性寻求前提，就把我们引向了思辨理性的诸概念。思辨理性的那些理念，灵魂、自由和上帝，这都是思辨理性已经提出来的一些概念，但只有在实践理性中才成为了至善的客观实在性的前提。所以实践理性的悬设就引回到了思辨理性的那些概念上去了，康德的宗教学是思辨理性和实践理性的统一，这个我们前面也讲到了。康德的三大问题，我能够知道什么，我应当作什么，我可以希望什么，第一个问题是思辨理性的问题，由认识论来解决，第二个问题是实践理性的问题，由道德学来解决，第三个问题是思辨理性和实践理性的统一的问题，由宗教学来解决。这句话正是表达了这个意思。

[133]　　　　于是就 1) 引向了这样一个课题, 在它的解决中思辨理性只会陷入**谬误推理**(这就是不朽的课题), 因为在它那里, 为了把在自我意识中必然赋予灵魂的那个关于最后主体的心理学概念补足为一个实体的实在表象, 缺乏的是持久性的特征,

　　先看这半句。第一, 引向了这样一个课题, 这样一个课题在思辨理性那里, 就是在《纯粹理性批判》的先验辩证论里面我们已经看到了, 首先是理性心理学的谬误推理, 也就是在不朽的灵魂问题上导致了谬误推理。思辨理性解决不了灵魂不朽的问题, 因为在它那里, 也就是在思辨理性那里, "为了把在自我意识中必然赋予灵魂的那个关于最后主体的心理学概念补足为一个实体的实在表象, 缺乏的是持久性的特征"。理性心理学想要把在自我意识中必然赋予灵魂的那个关于最后主体的心理学概念补足为一个实体的实在表象, 就是说, 根据笛卡尔的"我思故我在", 既然我们人有自我意识, 那么必然会引起这个自我意识的主体是谁的问题, 这就引导我们想到人的灵魂问题。理性心理学认为, 人的灵魂在时间上有前后一贯性, 从小我就是我, 一直到大, 这个我还是不变的, 我积累了我的知识, 我获得了我的经验, 我成了一个科学家等等, 于是就要考虑这个"我"是谁。所以理性心理学就力图要把这个我、这个最后的主体建立为一个实体, 自我是一个灵魂实体, 实体就是在时间中的变中不变、以不变应万变的东西。既然我是一个实体, 那就要把它补足为一个实体的实在的表象, 是不是真正的实体, 就要看它是不是具有这样一种持久性的表象。但是恰好在这一点上, 它缺乏的是持久性的特征。灵魂实体要求在时间上的前后一致, 但是它的时间在现实中仅仅是生活在这个世界上的时间, 它是有限的。人生不满百, 不到一百岁就死了, 你的这个"我"仅仅靠时间上的这个 100 年间的前后一贯性, 它能够成为实体吗? 死后我的灵魂岂不是解体了? 所谓实体性是一个范畴, 实体性这个范畴意味着它身上所有的东西都生灭变化, 唯独它本身是不生不灭不变的; 但如果人到一百岁就死了, 他的身体就解体了, 他的灵魂也消散了,

那他还成为实体吗？他只不过是其他的实体的偶性而已，比如说原子和分子，细胞，细胞也要解体，解体为原子分子，原子分子才是实体，你的灵魂怎么会成为实体呢？所以灵魂如果没有不朽这样一个悬设的话，那么它的这个持续性、也就是它的实体性是无法得到证明的，所有的证明都只能是谬误推理。因此在理论理性、思辨理性的范围之内，灵魂不朽没法设定，它没有经验的内容，你怎么知道灵魂不朽？我们所看到的每一个人都要死，都要进棺材，最后都消灭了，你怎么知道灵魂就是不朽的呢？当然你也否定不了，只能存而不论。所以只有在实践的意义上，我们把灵魂不朽设定为一个实践理性的悬设才能解决这个问题，在理论上、在认识上你永远解释不了，你把人的灵魂当成一个实体来认识，那你永远得不到真正的认识。

而这一点实践理性通过对某种与作为实践理性的全部目的的至善中的道德法则相适合所要求的持续性加以悬设，就做到了。

实践理性就做到了这一点，即为灵魂补足了实体的实在表象，赋予了灵魂持久性的特征。由此灵魂不朽的假设就具有了实在性，但不是具有了认识的实在性，而是实践理性通过某种悬设而赋予的实在性，也就是悬设了这样一种持续性，这种持续性是为了和至善中的道德法则相适合而必须设定为前提的，因而是适合于实践理性的全部目的的。实践理性必须对某种持续性加以悬设，因为实践理性的全部目的就是至善，而至善中必须包含有道德法则作为它的最高的标准；但这个最高标准如果没有灵魂的持续性加以保证的话，它是不可能完全实现出来的，因而也不可能达成实践理性的全部目的。现在，实践理性通过把与这个道德法则相适合所要求的那种持续性加以悬设，就使这样一种灵魂的不朽具有了实在性，具有了什么实在性呢？具有了实践理性的实在性。因为实践理性的道德法则在全部目的的至善中是一个最高的原则，同时它又是一个理性的事实，这个理性的事实是具有实在性的，每个人实际上都是可以遵守的，可以去做的，而且是可以做到的，所以它具有实在性。与这种道德法则相适合所要求的持续性，正是一个按照道德法则而行动的人所必然悬设于心的，因为他发现他所做的每一件道德的事情用道德法则来衡量都还没有到位，都还只是做到了一部分，做到了一定程度，那么要完全做到就必须要有一种无限的持续性，甚至超出此生此世，这就从一个道德法则的实在性推出了彼岸世界的悬设的必要性。道德法则要求行动者有一个无限的持续性，那么你在自己的实践行动中对这种持续性加以悬设，就使这种持续性具有了实践行动的实在性，你的道德行为就不只是着眼于此生此世，而是着眼于来世而行动。这就解决了思辨理性解决不了的问题，即悬设了灵魂不朽这样一个理念，当然它也没法在理论上加以证明，但是在实践上它可以体现出自己的实在性。这个证明不等于你获得了对于灵魂不朽的知识，而是说你获得了你的实践理性的某种意义上的实在性，它是实实在在地可以用在你的实践行为中的。

2) 它引向了这种概念，思辨理性关于它只包含有二**律背反**，并只能把这种二律背反的解决建立在某种虽然可以或然地思维、但按其客观实在性却并不能对思辨理性证明和确定下来的概念之上，这就是一个理知世界的**宇宙论的**理念，及借助于自由的悬设对我们在这个理知世界的存有的意识

我们先看这个半句，后面括弧里我们暂时放着。"它引向了这种概念"，这个"它"也就是实践理性了，就是它引向了这样一种概念，思辨理性关于这个概念"只包含有二**律背反**"。这个概念可以理解为世界整体或宇宙整体的概念，它在思辨理性中引起了四个二律背反；但是如前所述，前两个二律背反，即时空上的有限或无限，以及事物构成的可分和不可分，都是由于提问方式不当而作为误解被排除了；后两个二律背反则归结为自由意志的理念，所以最重要的是第三个二律背反——世界上有自由还是没有自由，也就是说，宇宙整体的问题最后归结为世界整体上是由某个自由的原因性所推动的，还是不存在这种原因性，一切不过是自然因果性而已。可见宇宙整体的理念最终归结为自由意志的理念了，

宇宙整体的原因性被归结为上帝的自由意志，其中的因果序列的始因则被归结到人的自由意志。所以这里讲的"这种概念"也可以理解为是指自由意志。在思辨理性中这是一个二律背反，你要谈自由的问题，你就会遇到这样一个二律背反，所以这个课题它只包含有二律背反，"并只能把这种二律背反的解决建立在某种虽然可以或然地思维、但按其客观实在性却并不能对思辨理性证明和确定下来的概念之上"。自由的概念就是这样，先验的自由理念可以或然地思维，就是说你可以假定它是有可能的，尽管在现象界它不可能认识。现象界一切都是按照物理的自然因果性、按照必然因果链条运行，没有一个环节可以被中断，一环套一环，没有自由的余地。但是在彼岸世界，在物自体里面，你不能不留下余地，因为你不知道物自体里面究竟是怎么样的，那么你也就可以为它留下某种可能性，留下某种或然性，或然性也可以理解为一种可能性。但是这种可能性比较抽象，它跟那种经验的可能性还不一样，对彼岸世界的那种可能性更接近一种或然性，或者会有，也许会有，自由也许在彼岸世界会有。我可以思维它，所谓自由是什么呢，就是自由的原因性嘛，自由的原因性就是自发的原因性，它不受任何其他的条件或者其他的因果性链条的束缚，它可以跳出因果性链条，置身于这个链条的顶端，自己决定自己的行为，自行开始一个因果序列。这种自由是可以设想的，可以思维的，但按其客观实在性却并不能被思辨理性证明和确定下来。按照客观实在性，思辨理性的客观实在性就是经验的客观实在性，那你怎么能够确定下来呢？怎么能够证明呢？所以这种二律背反只是建立在这样一个先验的理念之上，这个理念对于思辨理性来说是空洞的，它没有任何内容，它只是一种设想，可能会有、大致会有，大概会有，但它是什么，这个不知道，也许可能在彼岸世界有一种原因性是不受经验的因果律所支配的。那么这个概念是什么呢，他说，"这就是一个理知世界的**宇宙论的**理念，及借助于自由的悬设对我们在这个理知世界的存有的意识"，这样一个概念就是一个理知世界的宇宙论的理念，这包括第三个和第四个二律背反，都是涉及这样一个理知世界的宇宙论的理念。就是说一个彼岸世界，一个自在之物的世界，在这个世界里面可能有自由，在这个世界里面有可能有一种理知世界的必然法则。总而言之，你必须要设定一个理知世界的理念，才能够为自由或者理知世界的法则留下余地，而不是处处都按照经验世界的法则来判断一切事物。所以这就是一个理知世界的宇宙论的理念，它表明宇宙论不仅仅包括现象界、经验世界，而且要扩大到理知世界，这两个世界才构成一种宇宙论。宇宙论变成双重的了，不仅仅是现象界、经验世界，而且还有理知世界。我们也属于理知世界，理知世界有它必然的法则，但是我们又属于感性世界，所以我们在理知世界里面拥有对于感性世界来说是自由的特点，拥有我们不受感性世界束缚的自由。当然这是一种消极的自由，因为理知世界的法则究竟是什么法则，我们现在还没有触及到，在第三个二律背反和第四个二律背反里面都还没有涉及理知世界的法则是什么样的法则，只是涉及理知世界可能有自由，理知世界可能有绝对的必然性。在现实的感性世界中，一切必然性都是相对的，本质上都是偶然的，那么有没有绝对的必然性？在理知世界可能有，但是是什么我们不知道，我们认识不了，只是留了个余地，留下了一种可能性。所以他这里讲，借助于自由的悬设对我们在这个理知世界中的存有的意识，我们意识到我们自己在这个理知世界里面有我们的存有，有我们的本质的存在，我们意识到这一点。这里一个是讲理知世界的宇宙论的理念，一个是讲自由的理念、自由的意识，这相当于康德的第四个二律背反和第三个二律背反的议题，当然最后落实到第三个二律背反，第三个二律背反是所有的四个二律背反里面最核心的主题。下面我们再看括弧里面。

（对自由的实在性，理性是通过道德法则、并与此同时通过一个理知世界的法则来阐明的，对这个理知世界的法则思辨理性只是指出来，但却不能规定它的概念）。

这就是对于在思辨理性的二律背反里面所没有讲出来的东西，在括弧里面加以补充，它已经超出《纯粹理性批判》的二律背反，进入到实践理性的视角了。所以他讲，"对自由的实在性"，前面讲的第三个二律背反是只是确定了自由的可能性，但是，自由是不是有实在性，这个在理论上面没法确定，它不可能有一种经验的实在性。但是它有一种实践的实在性，纯粹实践理性使它具有了一种实在性，对自由的这种实在性，"理性是通过道德法则、并与此同时通过一个理知世界的法则来阐明的"，道德法则属于理知世界的法则，但是理知世界的法则比道德法则包含更广，它还应该包含至善的条件，三大悬设都在内。所谓道德法则就是在一个彼岸世界，一个理知世界，或者说一个超感官的世界，才能够成为法则的，但理知世界的法则不仅仅是道德法则，它是超验的法则，超验的法则当然是以道德法则为根基的，但是在超验的法则里面除了道德法则以外，还有比如说德福一致、上帝存有、灵魂不朽，这也是理知世界的法则，不过它们的根基是道德法则。所以理性是通过道德法则、并与此同时通过一个理知世界的法则来阐明自由的实在性的，"对这个理知世界的法则，思辨理性只是指出来，但却不能规定它的概念"。对这个理知世界的法则，思辨理性已经指出来了，比如说灵魂不朽啊，上帝存有啊，意志自由啊，这个思辨理性已经指出来了，但是没有办法认识它，不能规定它的概念。这个概念是你推出来的，从有条件者推出无条件者，一直往上推，推到最后肯定有一个无条件者的理念；但是这个理念如何来规定呢？没法规定。在思辨理性里面要规定它就会成为幻相，你再不能进一步来规定它了，所以它是空的。而在实践理性里面呢，它才得到了规定，得到了实在性，这就是自由的悬设。

　　3）它使思辨理性虽然想到了、但却不得不让它作为单纯的先验**理想**而不加规定的东西，即原始存在者的**神学**概念，获得了意义（在实践意图中的意义，也就是作为由那个法则所规定的意志的客体之所以可能的条件），也就是在一个理知世界中通过其中统治着的道德立法而使至善这一至上原则获得了意义。

　　它，也就是实践理性，"使思辨理性虽然想到了、但却不得不让它作为单纯的先验**理想**而不加规定的东西"，所谓先验的理想，理想打了着重号，是特指上帝。在《纯粹理性批判》的先验辩证论里面，关于上帝存在的证明，康德是把它特别规定为一种特殊的理念，就是理想。理想这个理念跟一般的理念有不一样的地方，理念有很多，但是理想是唯一的，是最高的，那么就是讲上帝了。思辨理性虽然想到了上帝，但是却不得不把它作为单纯的先验的理想而不加规定，这个理想是先验地想出来的，但是没办法对它加以规定。这就是"原始存在者的**神学概念**"，原始存在者，我们可以说上帝是一个原始存在者，上帝创造万物嘛，这是一个神学的概念。但是如何对它加以规定呢，没有办法对它加以规定。但是这个概念、这个上帝的理念在实践中，由于实践的理性而获得了意义。原来只是一个原始存在者，一切事物最开始的最早的原因，作为一切事物的创造者，但是没办法具体地规定它。那么这一概念在这个时候获得了意义，获得了什么意义？就是括弧里面讲的："在实践意图中的意义，也就是作为由那个法则所规定的意志的客体之所以可能的条件"。由那个法则，那个法则就是前面讲的理知世界的法则，也就是道德法则。由理知世界的法则所规定的意志的客体，那个客体是什么呢，就是至善，至善是纯粹实践理性的客体，也是纯粹实践理性的最终目的、终极目的。那么这个客体之所以可能，它的条件就在于上帝，只有引入上帝才能够解释这样一种终极至善的可能性。思辨理性中被视为一个空洞理想的上帝的神学概念，现在作为这个纯粹实践理性的意志的终极客体即至善的可能性条件而获得了意义。这样一个上帝获得了什么意义呢？它被作为至善的可能性而悬设下来，"也就是在一个理知世界中通过其中统治着的道德立法而使至善这一至上原则获得了意义"。如果没有上帝的理念，通过道德立法来建立至善是不可能的，这样的至善也是没有意义的；但现在有了上帝悬设的保证，至善作为一个至上原则便获得了意义，而这反过来也使上帝理念本身获得了意义。这一段的解释就是他所谓的总论纯粹实践理性的悬设。前面都可以说是总论，已经论过了，那么下面来加以评述。

但我们的知识以这样一种方式通过纯粹实践理性难道就有了现实的扩展，而对于思辨理性来说曾是**超验**的东西，难道在实践理性中就是**内在**的了吗？ 当然，不过**仅仅是在实践的意图中**。

我们的知识"以这样一种方式通过纯粹实践理性就有了现实的扩展"，这是康德肯定的。我们的知识有了现实的扩展，但这个知识已经跟原来意义上的知识不一样了，我们讲到康德的知识有广义的狭义的，狭义的就是科学知识，特别是自然科学知识，数学知识，那么广义的也包括道德知识和宗教知识，这些属于实践知识。他这个地方讲的知识是从狭义知识的扩展到了广义的知识，我们的知识以这样一种方式有了现实的扩展，而对于思辨理性来说曾是"超验"的东西，在实践理性中就成了"内在"的。这是康德所肯定的。他用反问的方式来提出这个问题，但实际上他是肯定的，他是不怀疑的。"当然"，它当然是这样的。原来在思辨理性那里是超验的东西，超验的东西就不可认识啊，在彼岸的东西怎么能获得知识呢？ 那么现在呢，在实践理性中它已经成为内在的了，就是说，它是内在于经验世界的了。凡是内在的，康德的意思就是在经验世界之中，在现实世界之中，内在于现象之中。上帝啊，自由啊，灵魂啊，这些东西在思辨理性那里曾经是超验的东西，但是在实践理性里面成为内在的了，就是说在实践理性里面，它跟经验世界挂起钩来了，跟人们的实际行动挂起钩来了。人们的行动是带有经验性的，所谓的道德实践也好，任何实践也好，不能躺在床上想一想就实践了，你必须去做，必须去对现实经验世界发生影响，发生改变，才叫作实践。你要有目的地、有意志地去做一种改变现实世界的活动、行动，才叫作实践。那么在实践理性的这个意义上，它就是内在的了，就是在你的行动中，它成为了你的行动的一种目的，一种法则，这个行动是按照这个目的、这个法则发生出来的，它改变了经验世界。当然是这样。但是他紧接着讲，"不过**仅仅是在实践的意图中**"，打了着重号。你当然可以说道德知识、宗教知识，这是一种新的知识，你都可以说，但是在你这样说的时候你要特别强调，这仅仅是在实践的意图中，而不是在思辨的意图中，不是在理论的意图中，不是在科学知识的意图中。这些知识只是你为了实践而作的悬设，为的是在道德实践中有个正确的方向，获得正确行为的指导，而不是去认识这些理念。

因为我们虽然由此既没有对于我们灵魂的本性，也没有对于理知的世界，更没有对于最高存在者，按照它们自在本身所是的而有所认识，而只是使它们的概念在作为我们意志客体的**至善**这一**实践**的概念中结合起来了，

我们看这半句。"因为我们虽然由此既没有对于我们灵魂的本性，也没有对于理知的世界，更没有对于最高存在者，按照它们自在本身所是的而有所认识"，也就是灵魂、自由以及上帝这三大悬设，我们都没有对他们作为物自体到底是什么而有所认识。注意这里用"理知世界"来代表自由意志的理念，虽然它除了自由意志而外也包含不朽的灵魂和上帝的存有，但毕竟是由自由意志逼出来的一个理念。"而只是使它们的概念在作为我们意志客体的**至善**这一**实践**的概念中结合起来了"，就是说使这些概念，包括灵魂不朽，包括意志自由，包括上帝存有这些概念结合起来了，在什么里面结合起来了呢？在作为我们意志客体的至善这样一个实践概念中，在至善的概念中，我们把它们结合起来了，它们都是为了实现至善而作的悬设。至善是我们意志的最终客体，这样一个至善是一个实践的概念，一个目的概念。我们要把它实现出来，我们今生今世做不到，我们来世再做，我们的自由意志保证会不断地追求它，而上帝会保证它的实现。所以这是一个实践的概念，那么在这个概念里面，我们把灵魂不朽、自由和上帝都结合起来了。

而我们是完全先天地通过纯粹理性，但只是借助于道德法则并且也

只是在与道德法则的关系中，就其所要求的客体而言来结合的。

这种结合是如何结合的呢？是"完全先天地通过纯粹理性、但只是借助于道德法则并且也只是在与道德法则的关系中"来结合的，因为至善是道德法则所要求的客体。纯粹理性在这个地方就是纯粹实践理性了，所以它们不是像思辨理性那样，把这些理念推出来就放在那里了，而是通过道德法则并且只是在与道德法则的关系中结合起来了。纯粹实践理性就是道德法则，通过道德法则，即排除了实用的理性、技术的理性这种不纯粹的实践理性，并且也只在与道德法则的关系中，或者说即使超出了道德法则，也只是在与道德法则的关系中把它们结合起来的。就这些道德法则所要求的客体而言，这客体是超出了道德法则的，至善不光是有道德法则，而且还要求有幸福；但这幸福仅仅是在与道德法则的关系中来看的。所以至善客体只是在与道德法则的关系中、应道德法则的要求来结合三大悬设的。道德法则所要求的客体就是至善，注意这个悬设Postulat 里面包含有"要求"的意思，三大悬设都是应至善的要求而设立起来的。

但为什么哪怕自由也仅仅是可能的，而我们又是如何能从理论上积极地表达这种原因性，这却并没有因此而被看出来，而只是通过道德法则并为了道德法则而悬设了有这样一种原因性存在。

就是虽然我们把这三个悬设按照道德法则结合在至善的概念里面了，"但为什么哪怕自由也仅仅是可能的，而我们又是如何能从理论上积极地表达这种原因性，这一点却并没有因此而被看出来"。这就是强调纯粹实践理性的上述处理方式并没有给我们带来思辨理性上的好处，虽然我们把三个悬设结合在一个至善的概念里面了，但是从理论上说，自由仍然还只是可能的，我们并没有因此就看出来自由在积极的表达中是什么样的一种原因性。哪怕自由也仅仅是可能的，这个"哪怕"也就是说，就连自由意志这样一个实践理性的事实，在思辨理性上也仅仅只是可能的，就更不用说灵魂不朽和上帝存有了。自由还有道德律作为它的理性的事实来支撑它，自由本身在某种意义上也可以看作是一个"事实"，但是就连这样一种自由的事实也仅仅是可能的，无法对它从理论上作积极的表达。从理论上我们只能消极地表达这种自由，我们前面已经讲了，第三个二律背反里面对自由的表达仅仅是一种消极的表达，就是它不受感性的束缚，这样一种原因性就是自由。那么积极的表达只能从实践的意义上表达，就是我遵循我的自由意志自身的立法去实践，这就是积极的自由。但如何能从理论上积极地表达这种原因性，这却并没有因此而被看出来，这问题在理论上仍然没有解决。"而只是通过道德法则并为了道德法则而悬设了有这样一种原因性存在"，严格说起来这不是一种知识，广义地说我们也可以把它称之为一种实践的知识，我们的知识扩展到了实践的领域，扩展到了道德的领域、宗教的领域，但是严格说起来我们并没有因此就对所有这些悬设、这些理念获得什么理论的知识，那是不可能的。我们只是通过道德法则并且为了道德法则而悬设了这样一种原因性存在。

　　同样，别的那些理念的情况也是如此，它们的可能性是没有任何人

[134] 类知性在任何时候会去探索的，但即使它们是**非**真实的概念，也是任何诡辩在任何时候都不会从哪怕最普通的人的确信中夺走的。

　　"别的那些理念"，就是灵魂不朽和上帝存有了，前面这句话是哪怕自由也仅仅是可能的，那别的理念就更加是如此了。同样，别的那些理念的情况也是如此，"它们的可能性是没有任何人类知性在任何时候会去探索的"，它们的可能性究竟何以可能，灵魂不朽何以可能？上帝存有何以可能？这是没有任何人类的知性在任何时候会去探索的，也是探索不到的。你自以为在探索，但实际上你是在犯了一个逻辑错误，就像康德在批评理性心理学和理性神学的时候一样，你们并没有探讨，你们自己并没有在探讨灵魂不朽或者上帝的证明，只是自以为在进行探索罢了，实际上是没有任何人类知性在任何时候会去真正探索的。那些理念并不能得到探索，只有在实践的意义上才能够有它们的意义。"但即使它们

是非真实的概念",这个地方我把它改了一下,原来是:"但它们是非真实的概念这一点",这句很不好理解。其实这里是一个 daß 从句,前面有一个 auch(也),auch 后面跟一个状态从句的话呢,它就带有"即使"、"尽管"这样的意思。现在这样一改动,这个意思就比较清晰了,否则的话就不容易明白。"但即使它们是非真实的概念,也是任何诡辩在任何时候都不会从哪怕最普通的人的确信中夺走的。"即使这些悬设都是些非真实的概念,即它们在理论的意义上是非真实的,你没有办法证实它们的,即算如此,也是任何诡辩在任何时候都不会从哪怕最普通的人的确信中夺走的。因为它们是信仰的对象,即算在理论上是不真实的,但是在任何时候,哪怕最普通的人的确信中,你们都不能把这些悬设夺走。为什么呢,因为就连最普通的老百姓都具备健全的纯粹实践理性,而不必拥有多少理论知识。① 所以这些悬设都是有它们的道德根基的。你想把它们从人的确信中夺走,你认为通过理论的论证,证明在自然界看不到上帝,你就可以否定上帝存有,你看不到灵魂不朽你就认为人死如灯灭,什么都没有,通常唯物主义者就是这样运用自然科学来对付宗教的信仰。但其实这样做对于广大老百姓来说是无效的,因为这样一来我们的道德就没有着落了,我们的道德所要追求的终极目标就没有条件了,我们整个道德和信仰就会垮台了。所以老百姓的最普通的理性都会拒绝这种论证,认为这是诡辩,因为他们需要有这些悬设。为什么需要有这些悬设,还是归结为人是有道德的,所以人需要信仰,人需要信仰就需要有这些悬设。有理性的人通过道德法则并且为了道德法则而悬设了自由的原因性,悬设了灵魂的不朽和上帝的存有,即算它们在理论上没法探索没法证实,哪怕它们在科学的意义上是不真实的,但是你也没法把它们从普通的老

---

① 如康德在《道德形而上学奠基》中说,"不需要科学和哲学,人们就知道该如何做才是诚实的和善良的,甚至才是智慧的和有德的。……在这里人们倒是可以不无惊讶地看到,在普通的人类知性中,实践的评判能力竟会远远超过理论的评判能力。"见杨云飞译,人民出版社 2013 年版,第 27 页。

百姓那里夺走。普通的老百姓为什么非要有这样一些假设呢？他们自己不知道，康德帮他们分析出来，就是因为每个人不论知识水平高低，都是有道德的，都是同样有纯粹实践理性的，这一点甚至不受知识水平高低的影响。这决定了普通老百姓非要相信一个上帝，非要有一种宗教。所以宗教的最深的根基就是建立在道德的基础之上的，这样它才能够不会衰落，即使衰落了也有条件复兴。从这一点我们也可以看出来，康德为基督教在现代社会继续发挥它的作用提供了一个非常坚实的基础，那就是纯粹实践理性，就是合乎理性的道德法则，以道德法则为基督教的信仰奠定了新的基础。按照以前基督教的那种信仰，那是经不起现代社会的变化发展的，现代社会的科学如此发达，人们的生活如此地舒适，那还需要上帝干什么？以前之所以人们信上帝是因为世界充满了痛苦，那么按照今天的生活方式，很多国家的人民已经非常幸福了，按照旧的标准来看，今天没有什么痛苦了，又不挨饿，又有房子住，出门有车，各种各样的享乐五花八门，那么他为什么还要信仰上帝呢，为什么一直到今天美国和欧洲还有那么多人信上帝？你要追溯它的根源的话，只能追溯到道德。现在人们不是把道德建立在信仰之上，建立在宗教之上，而是反过来，把宗教建立在道德之上，那么宗教就有了新的生命力。这是康德的一种论证，当然我们不一定完全同意他的观点，但是也可以从他这里得到一些启发吧。

*　　　　　*　　　　　*

VII. 如何能够设想纯粹理性在实践意图中的扩展而不与此同时扩展其思辨的知识？[①]

这个第七节的标题包含两个意思，一个是，"如何能够设想纯粹理性

---

① 从本节以下直到结尾，均未实行课堂句读，而是后来补写的。

在实践意图中的扩展",另一个是,"而不与此同时扩展其思辨的知识",这两者是不可分的,实际上构成了一个意思。其实这个意思在上一节中已经提出来了,我们可以看前面一段的第一句话:"但我们的知识以这样一种方式通过纯粹实践理性难道就有了现实的扩展,而对于思辨理性来说曾是**超验**的东西,难道在实践理性中就是**内在**的了吗?当然,不过**仅仅是在实践的意图中**。"不过在那里这句话强调的是前一个意思,即我们的知识在实践活动中通过对超验的理念的悬设得到了扩展;后一个意思虽然打了着重号,但却引而不发,就是要等到现在这一节来专门阐述的。所以这一节所讲的就是,在什么意义上纯粹理性可以在实践方面扩展而又不会在理论上扩展自身。在康德看来,这就是纯粹实践理性在自己的辩证论中牢牢把握住自己的大方向而不走偏的一条重要的原理。

　　我们将马上把这个问题通过应用于目前的场合来作出回答,以免太抽象。——为了**在实践上扩展一个纯粹知识,必须有一个意图**、即一个作为(意志之)客体的目的被先天地给予出来,这个客体必须独立于一切理论的原理,并通过一个直接规定意志的(定言的)命令,而被表象为实践上必要的;而这在这里就是**至善**。

　　这个问题具体来说就是我们对至善问题怎么看。至善中的三大理念,自由、灵魂不朽和上帝,它们在《纯粹理性批判》中作为理论理性的概念曾经被排除在知识范围之外,而在《实践理性批判》中却又通过实践的意图而恢复了它们作为某种知识的资格,这就是我们"目前的场合"。"为了**在实践上扩展一个纯粹知识,必须有一个意图**、即一个作为(意志之)客体的目的被先天地给予出来","在实践上"和"意图"都打了着重号,这是和在理论上扩展知识不同的。在理论上要扩展一种知识,就必须有经验性的直观材料提供出来;相反,在实践上我们所能够扩展的是"纯粹"知识,它需要先天地提供一种意图,也就是提供一个意志客体的目的,而不需要后天的经验性材料。"这个客体必须独立于一切理论的原理，并通过一个直接规定意志的（定言的）命令，而被表象为实践上必要的；而这在这里就是**至善**"，这话在前面（《实践理性批判》第163页，边码137）已经说过了，在那里康德在讲到德福之间的隶属关系时说："只有在这种隶属关系中**至善**才是纯粹实践理性的全部客体，纯粹实践理性必须把至善必然地表象为可能的，因为尽一切可能促使至善的产生是它的一条命令。"意思是，纯粹实践理性的客体不仅仅是德行，而且也包括由德行所必然带来的幸福，这就突出了德福关系中意志的定言命令的主导性和至上地位。而正因为如此，这样一个完整的客体就必须独立于一切理论的原理而只服从意志的普遍法则。

　　但如果不预设这三个概念（由于它们只是纯粹理性概念，就不可能为它们找到相应的直观、因而不能以理论的方式为之找到任何客观实在性），即：自由、不朽和上帝，则至善就是不可能的。

　　这种关系也是前面已经证明了的，就是如果不预设或悬设自由、灵魂不朽和上帝存有的理念，则至善就不可能；但至善的可能性又是纯粹实践理性在道德实践中所必然要预设的，这就说明了这三个理念在实践中的必然性或必要性。换言之，道德实践的行为必然会预设至善的可能性，而至善的可能性又必须预设这三个理念。但由于这三个理念"只是纯粹理性概念，就不可能为它们找到相应的直观、因而不能以理论的方式为之找到任何客观实在性"，就是说，对这些纯粹理性所想出来的理念是不可能有相应的直观的，所以不能在理论上赋予它们客观实在性，它们的客观实在性仅仅是就其在实践行动中的作用而言的，而和任何理论知识无关。这一点在下面将得到更具体的说明。

　　所以，通过要求一个世界中可能至善之实存的那个实践法则，纯粹思辨理性的那些客体的可能性，及它所不可能为这些客体保证的那种客观实在性，就被悬设了；这样一来纯粹理性的理论知识当然就获得了某种增长，但这种增长仅仅在于，那些本来对纯粹理性是悬拟的（只是可思维的）概念现在就被实然地解释为应现实地将诸客体归之于它们的概

念了,

　　"所以,通过要求一个世界中可能至善之实存的那个实践法则,纯粹思辨理性的那些客体的可能性,及它所不可能为这些客体保证的那种客观实在性,就被悬设了",就是说,实践法则由于要求至善有可能实存而把纯粹思辨理性的理念悬设下来,而这些理念的客观实在性在思辨理性中并未得到保证,现在却在纯粹实践理性的维度中被加以预设。而"这样一来纯粹理性的理论知识当然就获得了某种增长,但这种增长仅仅在于,那些本来对纯粹理性是悬拟的(只是可思维的)概念现在就被实然地解释为应现实地将诸客体归之于它们的概念了",就是说,既然纯粹思辨理性的理念虽然在理论上并未成为知识,但却被纯粹实践理性的必要性所悬设,这就毕竟使我们对这些理论理性的理念增加了某种知识。这些理念原来只是可思维的,而现在成为可用于行动中的了,这也可以看作对这些理念有了某种知识。但这种知识仅仅在于,这些理念不再只是可思维的,而是"被实然地解释为应现实地将诸客体归之于它们的概念",也就是在道德实践中德行和与之相配的幸福的至善客体都必须置于这些理念之下来指导我们的行动,它们具有了指导我们行动的现实性或实然性。

　　因为实践理性不可避免地为了自己的而且是实践上绝对必要的至善客体的可能性而需要它们实存,而理论理性也就由此被授权去预设它们。

　　"因为实践理性不可避免地为了自己的而且是实践上绝对必要的至善客体的可能性而需要它们实存,而理论理性也就由此被授权去预设它们",实践理性对这些理念的需要是不可避免的,是实践上绝对必要的,因为它必须把至善看作自己的必然的客体。而为了满足这种需要,实践理性授权理论理性去预设这些理念,换言之,它让理论理性为自己的实践目的服务。这种服务使我们对这些理念有了另一方面的认识,就是当它们被用于实践的目的时,它们就获得了一种道德实践意义上的客观实在性。这个道理其实在自由从一个先验理念而成为了实践自由的事实时就已经体现着了,现在不过是将它扩展到灵魂不朽和上帝存有的理念上去而已。由此康德建立起了理论理性和实践理性相统一的宗教原理。

但理论理性的这种扩展不是什么思辨的扩展,即不是为了此后在**理论的意图上**对此作一个积极的运用。

这个是当然的了,我们对理论理性的这种扩展只不过是知道了它的理念还可以用于实践理性,以及如何用于实践理性,这种知识根本不是什么理论理性的知识,只不过是理论理性的理念被征用来为实践理性的目的服务而已。这些理念在理论的意图上顶多只有消极的运用,即为知性所获得的那些有关心理学、物理学的具体知识做一个范导性的引导,使它们努力追求完善,但却不可能在这方面有什么积极的运用,即它们永远不可能成为任何构成性的知识。

因为在这里,既然通过实践理性所做到的只不过是:那些概念是实在的,并现实地拥有自己的(可能的)客体,但同时却并没有这些客体的任何直观被给予我们(这一点也是不能被要求的),那么凭借这些概念的这种被承认的实在性并不能使任何综合命题成为可能。

为什么这种扩展不是思辨的扩展?"因为在这里,既然通过实践理性所做到的只不过是:那些概念是实在的,并现实地拥有自己的(可能的)客体,但同时却并没有这些客体的任何直观被给予我们(这一点也是不能被要求的)",我们在这里得到扩展的知识只不过是知道了那些理念有其实在性,它们现实地、也就是在实践的行动中拥有自己的可能的客体,也就是拥有自己的目的。实践的目的就是可能的客体,但这个目的却不是日常实践的感性目的,不是可以直观到的目的,而是彼岸的努力的方向,在这方面我们不可能要求任何直观,它们都是超验的。"那么凭借这些概念的这种被承认的实在性并不能使任何综合命题成为可能",这些理念在实践上被承认有客观实在性,但由于没有任何直观的内容,所以并没有任何加以综合的对象,不存在任何建立综合命题的可能性。

[135]　　所以这种开拓在思辨的意图上对我们没有丝毫的帮助,但在纯粹理

性的实践的运用方面倒是有助于我们扩展自己的这种知识。思辨理性的上述三种理念本身还不是什么知识;但它们毕竟是些 (超验的) **思想**,在其中没有任何不可能的东西。

这还是上面的意思。"这种开拓在思辨的意图上对我们没有丝毫的帮助,但在纯粹理性的实践的运用方面倒是有助于我们扩展自己的这种知识",理论理性的这种扩展也可以说是对知识的开拓,但这种开拓并不是从思辨的意图上来理解的,而只是对实践方面的知识的开拓。"思辨理性的上述三种理念本身还不是什么知识;但它们毕竟是些 (超验的) **思想**,在其中没有任何不可能的东西",理性的理念不是知识,而只是思想,这在《纯粹理性批判》中早已声明过了;但这里讲,既然它们是思想,那它们就没有任何不可能的东西,即使在经验中看不见摸不着,即使没有直观的内容,想一想总是可以的。因此,所谓知识的开拓或者扩展,都只不过是对一种可能性的开拓或扩展,只是思想的开拓或扩展,这种思想上的开拓或扩展或许有利于实践的运用,但绝对不是思辨的知识。

于是,它们通过一条无可置疑的实践法则,作为这条法则要求**当作客体**的那种东西的可能性的必要条件,就获得了客观实在性,就是说,我们由那条法则而得到指示:**它们拥有客体**,但却不能指出它们的概念是如何与一个客体发生关系的,而这也就还不是对**这些客体**的知识,因为我们由此根本不可能对它们作出综合的判断,也不能对它们的应用作出理论上的规定,而理性的一切思辨知识真正说来就在于这种运用。

"于是,它们通过一条无可置疑的实践法则,作为这条法则要求**当作客体**的那种东西的可能性的必要条件,就获得了客观实在性",这就是由上面所作的限定而推出这些理念的客观实在性是什么性质的实在性。就是说,它们是当一条无可置疑的实践法则、也就是道德法则在要求自己的客体即至善的可能性时必须设定的条件,在这种意义上它们具有客观实在性,也就是在现实的道德行动中起作用的客观实在性。"就是说,我们由那条法则而得到指示:**它们拥有客体**,但却不能指出它们的概念是如何与一个客体发生关系的，而这也就还不是对**这些客体**的知识"，我们由道德法则而得知它们所拥有的客体，这正如在序言中一开始就已经提出的，道德法则是自由的"认识理由"，那么进一步推论，它同样也是灵魂不朽和上帝存有的认识理由，我们由道德法则而推知肯定有这样一些客体；但我们却不能仅凭这些客体的概念而了解它们是如何与这些客体发生关系的。换言之，我们仅仅由这些理念拥有自己的客体推不出这些客体的知识。"因为我们由此根本不可能对它们作出综合的判断，也不能对它们的应用作出理论上的规定，而理性的一切思辨知识真正说来就在于这种运用"，为什么得不出这些客体的知识，是因为这些理念已经超出可能经验的范围，它们没有任何直观的内容，没有经验性的材料可供它们来综合，这些概念既不能作先验的运用（那将导致幻相），也不能作经验性的运用（因此空无着落）。而理性的一切思辨的知识、或者说理论知识都在于它的概念必须能够作经验性的运用，如知性范畴的作用就在于此。但纯粹理性的理念本身已经超越了可能经验的范围，从此便失去了形成理论知识的基础。

　　<u>**然而，虽然不是这些客体的**、但却是一般理性的理论知识却由此而在下述方面得到了扩展，即通过这些实践的悬设，那些理念毕竟被**给予了客体**</u>，因为一个不过是悬拟的思想借此首次获得了客观实在性。

　　这又反过来说了，"**虽然不是这些客体的**、但却是一般理性的理论知识却由此而在下述方面得到了扩展"，虽然我们没有能够扩展这些客体的理论知识，但是却扩展了一般理性的理论知识，这个一般理性就包括理论理性和实践理性，就是说，我们毕竟扩展了实践理性的理论知识。如何扩展的呢？"即通过这些实践的悬设，那些理念毕竟被**给予了客体**，因为一个不过是悬拟的思想借此首次获得了客观实在性"，就是实践的悬设要求那些理念作为我们的实践理性的对象而在行动中起作用，而不仅仅是在知性的认识中从旁引导的调节性作用。而一个原来只不过是悬拟的思想通过这种实践的要求而从一种范导性或调节性的作用变成了一

种构成性的作用，这就使这些思想、这些理念首次获得了客观实在性。

所以这不是什么**有关被给予的超感性对象**的知识的扩展，但却是理论理性及其在一般超感性的东西方面的知识的扩展，只要理论理性不得不承认**有这样一些对象**，但却不能对它们作更进一步的规定，因而不能对关于这些客体（它们从现在起就出于实践的理由并且也只是为了实践的运用而被给予了理性）的这种知识本身加以扩展，

"所以这不是什么**有关被给予的超感性对象**的知识的扩展，但却是理论理性及其在一般超感性的东西方面的知识的扩展，只要理论理性不得不承认**有这样一些对象**"，同一个理论理性，如果是想要寻求超感性对象的知识的扩展，那肯定是不行的，必将导致幻相；但如果仅仅是由于它不得不承认有这样一些超感性的对象，从而仅就这一点而扩展这方面的知识，那是可以的。"但却不能对它们作更进一步的规定，因而不能对关于这些客体（它们从现在起就出于实践的理由并且也只是为了实践的运用而被给予了理性）的这种知识本身加以扩展"，不能对这些超感性客体作进一步规定，而只能满足于承认它们的存在。我不知道它们是怎样的，但是我知道它们是存在的，就此而言理论理性就已经有了对某种知识的扩展了。其实当初康德说自在之物不可知，但我们可以肯定它的存在，这时他就已经有了对自在之物的某种知识了，他由此而与休谟的彻底的怀疑论划清了界限，休谟是连自在之物是否存在也表示怀疑的。但康德自己也由此而留下了把柄，后来费希特他们就说，你明明已经对自在之物有所知了，怎么还能够装作一无所知？但康德在这里的意思却是说，对自在之物的这种知识不是理论上的知识，而只是实践上的知识，只有实践才能支撑起自在之物存在的确实性。所以他这里的括号中说，这些理念的客体"（它们从现在起就出于实践的理由并且也只是为了实践的运用而被给予了理性）"，它们在这里只是作为实践的客体或对象，而不再是作为认识的客体或对象（如同在《纯粹理性批判》的辩证论中那样）。

所以纯粹理论理性必须把这种知识的增长仅仅归功于自己的纯粹实

践能力,而对它自己来说,所有那三个理念都是超验的,也是没有客体的。

"所以纯粹理论理性必须把这种知识的增长仅仅归功于自己的纯粹实践能力",纯粹理论理性在这里没有把这些对象当作理论认识对象,而只是用理论的眼光来看待纯粹实践能力的对象,由此而获得了作为实践对象的知识,但这种知识的增长仅仅归功于纯粹实践理性的能力,理论理性只是被纯粹实践理性所利用的工具。"而对它自己来说,所有那三个理念都是超验的,也是没有客体的",就纯粹理论理性自己来说,那三个理念仍然只是没有客体的,不可能构成它自己本来意义上的知识。

在这里,这三个理念就成了**内在的**和**构成性的**了,因为它们是使纯粹实践理性的那个**必要的客体**(至善)**成为现实**的那种可能性的根据,除此之外它们就是**超验的**,是思辨理性的单纯**调节性**原则,这些原则交给思辨理性的任务不是超出经验之外去假定某个新的客体,而只是使它在经验中的运用接近完备。

"在这里,这三个理念就成了**内在的**和**构成性的**了,因为它们是使纯粹实践理性的那个**必要的客体**(至善)**成为现实**的那种可能性的根据",注意这里打了着重号的"内在的"(immanent)和"构成性的"(konstitutiv),这是在《纯粹理性批判》中已经确立起来的、与"超验的"(transzendent)和"调节性的"(regulativ,又译作"范导性的")相对应的两个概念。一般而言,知性范畴只能作经验性的运用,因此它只能"内在"于感性经验之中并且"构成"经验知识中的一个先天成分;而理性的理念则只能站在经验知识外面并"超越"于经验知识之上对它作"调节性"的运用,使这些已有的经验知识能够趋向于一个完整的系统。所以理念本身不是知识,而只是促进知识的完备性的一种外在工具。然而,在《实践理性批判》中,理念所扮演的角色有所改变,它不再只是引导现有知识趋向于完备的一种外部手段,而成了内在于至善客体之中并构成其必要条件的成分了。所以这里说,这三个理念在这里成了内在的和构成性的,因为它们是使纯粹实践理性的那个必要客体即至善成为现实的可能性根据,"必要的客体成为现实"也打了着重号。在至善这里，这三个理念不是什么可有可无的东西，就如同它们在知性所构成的理论知识中那样，即使我们的知识还不完备，但毕竟现有的知识已经获得了；但纯粹实践理性如果缺少了这三个理念，则它所必要的至善客体就不可能成为现实了，所以它们本身参与了至善客体的建构。"除此之外它们就是**超验的**，是思辨理性的单纯**调节性**原则，这些原则交给思辨理性的任务不是超出经验之外去假定某个新的客体，而只是使它在经验中的运用接近完备"，就是说，除了在纯粹实践理性方面的这种运用之外，这些理念本身都是超验的，它们只是思辨理性的调节性原则，本来的任务只是站在经验之外引导经验知识，使得思辨理性即知性在经验中的运用接近完备，在这种意义上它们是"先验的"理念；它们不是要另外假定某个超出经验之外的新的客体，否则就是越界了。所以，理论理性在思辨的运用中和在实践的运用中所承担的任务是完全不同的，前者是把先验的理念置于一切经验知识之上作调节性的运用，后者则是使它们在实践的意义上变成内在的并对它们作构成性的运用。

　　但一旦理性具有这种增长，那么它作为思辨理性（本来只是为了保证其实践的运用）所进行的工作就是消极的，就是说，它的工作不是以那些理念来扩展，而是借那些理念来澄清，以便一方面阻止作为**迷信之源**的**拟人主义**或凭借臆想的经验对那些概念所作的虚假扩展，另方面阻止 [136] 那通过超感性的直观或这类感受而对那种扩展作出许诺的**狂信**；

　　"但一旦理性具有这种增长，那么它作为思辨理性（本来只是为了保证其实践的运用）所进行的工作就是消极的"，一旦理性具有这种增长，也就是理论理性在实践知识上具有了这样一种扩展，它作为思辨理性的工作就只是消极的。因为思辨理性在这里只是为了保证其实践的运用，它是附着于实践理性之上起一种辅助性的作用的，而就它本身来看，它所做的工作就只是消极的。如何是消极的呢？"就是说，它的工作不是以那些理念来扩展，而是借那些理念来澄清"，虽然它在帮助实践理性运用方面的确扩展了某种知识，但它本身的工作并不是以这些理念来扩展知识，反而是用这些理念来澄清，来将那些容易混入的感性的东西挡在门外，宣布这里是超经验的理知世界的禁地，闲人免入。"以便一方面阻止作为**迷信之源**的**拟人主义**或凭借臆想的经验对那些概念所作的虚假扩展，另方面阻止那通过超感性的直观或这类感受而对那种扩展作出许诺的**狂信**"，这种澄清有两个方面，一方面是阻止迷信和拟人主义的臆想的经验，用此岸的经验去猜想和附会彼岸的生活，例如对来世的荣华富贵的想象，这是比较低层次的。另一方面是自以为在内心体验中，通过一种超感性的直观（理智直观）而看到了那些概念的"真相"，虽然也许只有一瞬间而且不可重复，但却相信只要自己心诚并且坚持修炼，终有一天会达到通观一切奥秘的大彻大悟境界，这是比较高级的神秘主义，如柏拉图的"理智的迷狂"和诺斯替教派的"神智学"。但只要我们保持纯正的理性理念，不是用它们来构成所谓的超验世界的知识，而是用来辅助纯粹实践理性在道德方面的运用，以保证其客体即至善实现出来的可能性，这就既能够促成纯粹实践理性在实践活动中的合理信仰，又能够防止将它的那些理念滥用于迷信或狂热。

这一切都是纯粹理性的实践运用的障碍，所以对它们加以防范当然就属于对我们在实践意图上的知识所作的扩展了，而与此并不矛盾的是，同时又承认理性在思辨的意图上丝毫也没有因此就有了任何收获。

上述两个方面的偏离即迷信和狂信"都是纯粹理性的实践运用的障碍"，在实践中都是败坏纯粹理性的，"所以对它们加以防范当然就属于对我们在实践意图上的知识所作的扩展了"。对思辨理性的误用加以防范本身也属于纯粹理性在实践意图上的知识的扩展，当我们知道了思辨理性的这些理念在实践的运用中并不意味着它们具有了理论知识的扩展，但我们又的确必须运用它们来成全实践理性的客体，这就已经使我们对理论理性在其运用方面的知识有了扩展，即它在实践理性方面还大有用武之地，是超出它仅仅用来辅助经验知识系统的作用的。而这种扩展就是向宗教和信仰的领域扩展,这正好印证了《纯粹理性批判》第二版序言中所说的:"如果我不同时**取消**思辨理性对夸大其辞的洞见的这种僭妄,我就连为了我的理性的必要的实践运用而**假定上帝、自由和灵魂不死**都不可能。……因此我不得不悬置**知识**,以便给**信仰**腾出位置"(BXXX)。所以康德说,"而与此并不矛盾的是,同时又承认理性在思辨的意图上丝毫也没有因此就有了任何收获",这两者,一方面认为纯粹理性通过自己的理念在实践的意图上的运用而扩展了自己的知识,另一方面却又承认这种运用在思辨的意图上没有任何收获,它的作用只是消极的,这双方并没有任何矛盾,相反,两者正好是相辅相成的,或者说,它们正是同一件事的两面。

　　对于理性在一个对象上的任何运用,都要求有纯粹知性概念(**范畴**),没有它们就没有任何对象能够被思维。这些概念只能被应用于理性的理论用途,即只能应用于那些同时配备有直观(这种直观永远是感性的)的一类知识,因而只能是为了通过它们来表象一个可能经验的客体。

　　"对于理性在一个对象上的任何运用,都要求有纯粹知性概念(**范畴**),没有它们就没有任何对象能够被思维",这是康德的一个基本原则,在《纯粹理性批判》中得到了全面的阐明。他所谓的"先验逻辑"就是通过考察形式逻辑的各种判断形式在运用于对象上时所体现出来的概念的规范作用,这些概念就叫作"范畴"。所以范畴就是思维任何一个对象所必须运用的一套逻辑规范,例如在认识经验对象时必须要用到多数性、单一性、因果性、实体性等等十二范畴,甚至理性在对自在之物如灵魂、世界整体和上帝这样的对象提出理念时,这些理念也是依照知性范畴表中的"关系范畴"即实体性、因果性和协同性并将之绝对化而形成起来的。所以没有知性范畴,纯粹理性就既没有经验对象可以思维,也没有自在之物的对象可以思维。"这些概念只能被应用于理性的理论用途,即只能应用于那些同时配备有直观（这种直观永远是感性的）的一类知识，因而只能是为了通过它们来表象一个可能经验的客体"，这里是说的前一种情况，即范畴运用于经验对象上时的情况，这种运用是着眼于对经验对象的理论知识即自然科学知识的。这是范畴当初提出来的时候本来所具有的功能，它只限于产生出在感性直观中具有经验内容的那种对象的知识，超出可能经验的范围则不可能有任何知识产生出来，这也是纯粹理性"批判"对科学的认识何以可能的一种预先勘测。括号中"（这种直观永远是感性的）"则是要提醒，这里不考虑那种人所不具有的智性直观的场合，我们的认识的界限就是感性直观的经验，而范畴在这方面的任务只是用来表象一个可能经验的客体。但这只不过是范畴提出来的最初的意图，它们只是作为理论理性在对经验对象的认识方面的先天必要条件而制定的，它适合于上述第一种情况。至于第二种情况，即范畴运用于超验对象上的情况，下面则展示了另一种运用方式。

　　但现在，理性的这些在任何经验中都根本不可能被给予出来的**理念**，在这里却是我们必须通过范畴来思维以便对之加以认识的东西。不过，在此所涉及的也不是对这些理念的客体的理论知识，而只是这些理念一般说来拥有客体这件事。

　　"但现在，理性的这些在任何经验中都根本不可能被给予出来的**理念**，在这里却是我们必须通过范畴来思维以便对之加以认识的东西"，理念是在任何经验中都不可能给予的东西，现在我们却必须通过范畴来思维它的对象，以便对它们加以认识。这就是另外一种运用范畴的方式了，这些范畴的对象不是经验对象，而是自在之物，而自在之物本身又是不可认识的，那么，理性的理念作为一些特殊的范畴，如灵魂的实体性，自由意志的原因性，以及上帝的协同性，在何种意义上可以说对这些自在之物有所认识呢？这就是康德下面这句所解释的："不过，在此所涉及的也不是对这些理念的客体的理论知识，而只是这些理念一般说来拥有客体这件事"。理论理性在这些理念那里所要认识的并不是这些理念的客体究竟是什么东西，由此获得对它们的理论知识，而仅仅是要确定这些理念一般来说不是空穴来风，而是拥有现实的客体这件事。

纯粹实践理性获得了这种实在性，而在此理论理性所要做的只不过是通过范畴来单单**思维**那些客体而已，而这正如我们在别的地方清楚地指出过的那样，是完全可以不需要直观（不论是感性直观还是超感性直观）来进行的，因为范畴在不依赖于而且先于一切直观并且只是作为思维能力的纯粹知性中拥有自己的位置和起源，它们永远只意指一个一般客体，而**不论它以何种方式被给予我们**。

理论理性将自己的理念的知识所做的扩展仅仅限于指出它们拥有现实的客体，从而使之具有客观实在性，但它之所以能够做到这一点，并不是凭借它自己，而是借重于纯粹实践理性，是纯粹实践理性在实践行动中才使得理论理性认识到这些理念具有实践的客观实在性。所以这里说，"纯粹实践理性获得了这种实在性，而在此理论理性所要做的只不过是通过范畴来单单**思维**那些客体而已"。这种实在性并不需要任何经验性的知识，对纯粹实践理性而言只需要按照法则而行动就行，而对理论理性而言，则只需要在行动中通过范畴来思维那些客体，即把灵魂、自由和上帝看作客观存在的实体、原因和协同作用。"而这正如我们在别的地方清楚地指出过的那样，是完全可以不需要直观（不论是感性直观还是超感性直观）来进行的，因为范畴在不依赖于而且先于一切直观并且只是作为思维能力的纯粹知性中拥有自己的位置和起源，它们永远只意指一个一般客体，而**不论它以何种方式被给予我们**"。理论理性仅仅通过范畴就可以思维那些客体而不需要直观来进行，这在"别的地方清楚地指出过"，在什么地方清楚指出过？我们可以参看《纯粹理性批判》第一版的"先验演绎"部分，康德在谈到先验自我意识的统觉的综合统一功能时说，"从现在起，我们将可以对我们有关一个一般**对象**的概念作出更为准确的规定了。一切表象作为表象都有自己的对象，并且本身又都能是另外一些表象的对象。……所以这一对象不再能够被我们所直观，因而可以被称之为非经验性的、即先验的对象，等于X。有关这种先验对象（它实际上在我们的一切知识中是永远等同于X的）的纯粹概念，就是一般说来能够在我们的一切经验性概念中带来与一个对象的关系、即带来客观实在性的东西。现在，这个概念根本不包含任何确定的直观，因而它不涉及任何别的东西，只涉及那种只要和一个对象发生关系就必然会在知识的一个杂多中找到的统一性。"（A108—109）单凭范畴来思考的"一般对象概念"就是一个先验对象的概念，它是用来统摄杂多感性的经验性材料以形成一个经验对象的，但它本身是一个内容未定的X，尽管当它被赋予感性直观的材料时将构成一个经验对象，而且在设想它假如有某种知性直观时也将成为自在之物的知识，然而由于思考它的那些范畴"在不依赖于而且先于一切直观并且只是作为思维能力的纯粹知性中拥有自己的位置和起源"，所以这个由范畴设想出来的"一般客体"只不过是一个先验对象的表象。所以我们可以单凭"实体性"来思考一个灵魂实体，单凭"原因性"思考一个自由意志，单凭"协同性"来思考一个上帝，尽管它们并没有在感性直观中被给予我们，也不可能在知性直观中被给予我们，"它们永远只意指一个一般客体"。这就是理论理性凭借自己的统觉的综合统一能力所能够做到的，而纯粹实践理性恰好就利用了它的这种功能，并且使之获得了实践的客观实在性。

于是诸范畴就其应当应用于那些理念而言虽然不可能在直观中被给予任何客体；但它们毕竟通过实践理性在至善概念中毫无疑问地呈现出来的一个客体，即通过为了至善的可能性所要求的**那些概念的实在性**，而得到了充分保证：**这样一个客体是现实的**，因而这些范畴作为一种单纯的思维形式在这里不是空洞的，而是有意义的，但却仍然不会由于这种增长就造成以理论原理为依据的知识的丝毫扩展。

"于是诸范畴就其应当应用于那些理念而言虽然不可能在直观中被给予任何客体"，这些范畴，实体性、原因性、协同性，当它们被应用于灵魂、自由和上帝的理念上时并没有被在直观中给予任何客体，从理论知识上来说它们是"空的",即所谓"思维无内容是空的,直观无概念是盲的"(《纯粹理性批判》A51=B75)。"但它们毕竟通过实践理性在至善概念中毫无疑问地呈现出来的一个客体,即通过为了至善的可能性所要求**的那些概念的实在性**,而得到了充分保证",就是从实践理性上来说,由于至善概念毫无疑问地要求或者说悬设了那些概念的实在性,我们在道德实践中出于道德义务而将自由意志、灵魂不朽和上帝存有当作至善的客观实在的条件而付之于行动,所以这些理念的实在性毕竟得到了保证。如何保证的呢? **"这样一个客体是现实的**,因而这些范畴作为一种单纯的思维形式在这里不是空洞的,而是有意义的",这些客体在实践中都是现实的,虽然思维无内容是空的,但这些概念并不是完全无内容的,而是具有实践行为的现实内容。所以这些范畴作为单纯思维的形式被运用于纯粹实践理性中时并不是空洞无物的,而是有意义的,这在《纯粹理性批判》中有关理性心理学的谬误推理、自由原因性的二律背反和上帝存有的目的论证明中都预先已经留有余地,说明这些理念虽然在理论理性中作为知识的客体只不过是一些幻相,但在道德和宗教的意义上又都是有其实在的用途的。"但却仍然不会由于这种增长就造成以理论原理为依据的知识的丝毫扩展",这就要分清楚不同的语境了,在道德和宗教的实践领域中具有实在性的这些理念,并不因此就能在认识论的理论领域中获得丝毫扩展,成为某种科学知识的对象。这就是这一节反复说明的一个道理,即我们虽然能够设想纯粹理性在实践意图中的扩展,但却不会与此同时扩展其思辨的知识。

◇　　　　　◇　　　　　◇

　　除此之外,如果上帝、一个理知世界(上帝之国)和不朽这些理念通过那些从我们自己的本性中拿来的谓词而得到规定的话,那么人们既不可将这些规定看作那些纯粹理性理念的**感性化**(拟人化),也不可看作对**超感性**对象的夸大其辞的知识;因为这些谓词无非是知性和意志,确切 [137]

地说无非是当它们必须在道德法则中被思维时在这样的相对关系中被考察的知性和意志，因而只是就它们被当作一种纯粹实践的运用而言的。

这是一个补充说明。"除此之外，如果上帝、一个理知世界（上帝之国）和不朽这些理念通过那些从我们自己的本性中拿来的谓词而得到规定的话，那么人们既不可将这些规定看作那些纯粹理性理念的**感性化**（拟人化），也不可看作对**超感性**对象的夸大其辞的知识"，这里的三个理念的提法有所改变，其中"自由"的理念被"理知世界（上帝之国）"所取代。这种取代当然有其用意，也就是使这三个理念更加适合于一般宗教或基督教的表达，而在康德这里也不是没有理由的。因为康德在《道德形而上学奠基》中谈到定言命令的第三个变形公式即"每个意志都是普遍立法的意志"（又叫作"自律公式"）时说："每个理性存在者，都必须通过它意志的全部准则把自己看作普遍立法的，以便从这一视角出发来评判自身及其行动，这样一个理性存在者的概念，就引向一个依赖于它的、极富成果的概念，即一个目的王国的概念。"[1] 他并且说，"如果一个理性存在者虽然在目的王国中普遍立法，但自己也服从这些法则，那它就作为成员属于目的王国。如果它作为立法者不服从任何一个其他理性存在者的意志，它就作为首脑属于目的王国。"[2] 这里的"首脑"显然是指上帝，因而"目的王国"也就是"上帝之国"。自律公式可以看作定言命令的最高形式，也是自由的最本质性的体现，而这种作为自律的自由意志是引向一个目的王国即上帝之国的，所以这里把自由意志换成人人自我立法的一个理知世界或上帝之国也是顺理成章的。这种改动主要是为了说明上帝悬设的作用。康德说，如果这些理念通过那些"从我们自己的本性中拿来的谓词而得到规定"，也就是通过我们先天固有的范畴即协同性、原因性和实体性范畴得到规定，那么我们不可犯两方面的错误，一方面将

---

[1] 《道德形而上学奠基》，杨云飞译，人民出版社 2013 年版，第 69 页。
[2] 同上书，第 70 页。

它们感性化或拟人化,就是以为可以对它们加以心理学、物理学或者拟人化的描述,比如把灵魂不朽看作一个时间中同一不变的实体,把理知世界看作另一个天上的感性世界,它仍然由自然因果性所支配,或者把上帝看作一个白胡子老头,具有无所不能的神通,一切交互关系都已经由他所前定了。另一方面则是把这看作对超感性对象的夸大其辞的知识,也就是设想自己具有某种知性直观,可以纯粹凭借自己的知性而使对象在直观中存在,其实我们并不具备这种知性直观的能力,我们设想这些对象在直观中存在完全是夸大其辞的。"因为这些谓词无非是知性和意志",这些谓词,无论实体性也好,原因性也好,协同性也好,都无非是知性和意志,根本不涉及感性直观。"确切地说无非是当它们必须在道德法则中被思维时在这样的相对关系中被考察的知性和意志,因而只是就它们被当作一种纯粹实践的运用而言的",确切地说,它们是结合在道德法则中的知性和意志,我们在思考道德法则时必须考察知性和意志在道德的实践行动中的相对关系,所以只是就它们被作一种纯粹实践的运用而言的。换言之,我们是在考察道德实践中的纯粹意志是如何运用知性来建立起自己的道德义务、来为自己设定至善的目标的。知性在运用自己的范畴完成意志所交代的这一任务之后,再无别的运用。

这样一来,所有其他那<u>些在心理学上、即就我们对我们这些能力**在它们的实行中**作经验性的观察的范围内与这些概念有关联的东西</u>(如人的知性是推论性的,因而其表象是思想而非直观,这些表象在时间中一个跟随一个,而人的意志则总是带有满足于其对象之实存的依赖感,如此等等,而在最高存在者那里则不可能是这样的)就都被抽象掉了;

这句的主干是,这样一来,所有那些心理学上的东西都被抽象掉了,这些东西是"就我们对我们这些能力**在它们的实行中**作经验性的观察的范围内与这些概念有关联的东西"。我们在运用范畴于理念上时,从心理学上观察,可以看出这些范畴在纯粹实践中的实行当然也会表现出一些内感官的现象。在括号中则对这类现象作了大致的描述:"(如人的知性是推论性的，因而其表象是思想而非直观，这些表象在时间中一个跟随一个，而人的意志则总是带有满足于其对象之实存的依赖感，如此等等，而在最高存在者那里则不可能是这样的）"。就是说，这些范畴在实践的运用中不但与外部感性直观的材料毫无关系，而且也与主体在运用它们时的内部感受毫无关系。实践的主体在运用知性能力时无疑也是带有内部感官的心理活动的，作为经验性的自我意识，它肯定也会发现这些表象是思想表象，而不是直观表象，而且这些思想表象作为心理学的表象也具有时间中的相继性，同时知性在为意志服务时也会意识到意志之所以利用知性范畴是因为它依赖于自己对象的实存。但是所有这些心理活动在最高存在者即上帝那里都是不可能的，我们不能把上帝拟人化。我们把这些范畴用来构建一个理知世界或上帝之国，不是为了把上帝当作一个更高的心理主体来加以认识，而只是为了在道德实践中给至善提供可能性根据。

于是关于我们借以思维一个纯粹知性存在者的那些概念，所余留下来的就刚刚只是为了能够思维一个道德法则所要求的东西，因而虽然是一种上帝知识，但却只是在实践关系中的知识；

范畴只是用来"思维一个纯粹知性存在者"即上帝的，别无他用，所以排除了那些我们在运用范畴时的心理学上的经验现象之后，所剩余下来的仅仅只是"为了能够思维一个道德法则所要求的东西"。为了能够思维一个道德法则，我们必须悬设至善，而为此就必须悬设一个上帝，这都是道德法则本身的要求，否则道德法则的义务就无法完全履行。所以这些范畴"虽然是一种上帝知识，但却只是在实践关系中的知识"，我们把它们用在道德实践的关系中，并且是为了道德实践之故而承认它们的实在性，但却与对上帝的理论知识无关，它们只是在实践关系中的上帝知识。

因此，如果我们试图把它扩展为一种理论性的知识，我们就将获得一种并不思维但却**直观**的知性，一种指向对象而其满足丝毫也不依赖于该对象之实在的意志（我连提都不想提及那些先验的谓词，例如实存的某种量、即延续，但这种延续却不在时间中发生，时间则是我们把存有设想为量所唯一可能的手段）：

这也是一个假设的推论。"因此，如果我们试图把它扩展为一种理论性的知识，我们就将获得一种并不思维但却**直观**的知性，一种指向对象而其满足丝毫也不依赖于该对象之实在的意志"，就是说，假如我们想把这种上帝知识扩展为一种理论性的知识，那我们就会获得一种直观的知性了，这种直观知性并不思维，不需要经过运用范畴等一系列工夫而直接就能够让对象被直观到，就像《圣经》中上帝说：要有光，于是就有了光。而这其实就是一种意志，它指向某些对象，而它的满足丝毫也不依赖于这些对象的实存，因为它直接就把这些本来并不存在的对象产生出来了。当然，就像康德无数次重申的，我们人类根本不具有这种直观的知性或知性的直观，因而我们也不具备这种无中生有的意志。所以我们如果想把这种上帝知识扩展为一种理论知识，那么我们注定是要失败的。因为这将意味着我们自己必须具备上帝那样的直观知性和创造意志，我们才能说出来上帝究竟是怎么样无须任何条件而创造世界的。括号中说："（我连提都不想提及那些先验的谓词，例如实存的某种量、即延续，但这种延续却不在时间中发生，时间则是我们把存有设想为量所唯一可能的手段）"，这就是上述观点的题中应有之义了，不必特别阐明，只须在括号中顺便说一下。不言而喻，这里也不存在那些先验的谓词，这里的先验谓词指的实际上是范畴的时间图型，因为既然不用范畴来把握对象，当然也就用不着时间图型了。康德举例说，实存的某种量，即延续（Dauer），这本来是必须在时间中发生的。在《纯粹理性批判》中讨论"实体性"范畴及其原理时康德说："唯有通过持存的东西，在时间序列中前后相继的不同部分的存有（Dasein）才获得了某种量，我们把它称之为持续性（Dauer）。"（A183=B226）然而，在直观知性中，这种延续或持续性"却不在时间中发生"，而时间却是我们人类把存有（Dasein）设想为量的唯一可能的手段,即图型。知性直观试图抛开感性的直观形式即时间来直接把握对象,这对于我们这些只有感性直观的人类来说是不可思议的,更不可能由此而建立起一种理论知识了。

这些纯洁的属性,我们对之完全不可能造成任何与对象的**知识**相适合的概念,而由此也就告诉我们,它们永远不能够被运用于有关超感性存在者的某种**理论**,因而也根本不可能在这方面建立起某种思辨的知识,而是把自己的运用仅仅局限于对道德法则的实行之上。

"这些纯洁的属性",就是那些从纯粹知性存在者那里先天地拿来,还未受到感性事物或时间直观形式所污染的各种范畴,主要是实体性、原因性和协同性三种关系范畴,"我们对之完全不可能造成任何与对象的**知识**相适合的概念"。它们抽象掉了运用于感性对象之上的图型,一般说来是既不能在经验上运用,也不可能作先验的运用的,所以是完全不可能造成任何与对象的知识相适合的概念的。"而由此也就告诉我们,它们永远不能够被运用于有关超感性存在者的某种**理论**,因而也根本不可能在这方面建立起某种思辨的知识",这其实并不是在这里才告诉我们的,在《纯粹理性批判》中早已经揭示出来,当知性范畴被运用于先验对象,或者说被加以先验的运用时,它们只可能形成某种辩证的幻相。这里只不过是重申了范畴的这一运用规则,即它们只有通过图型运用于感性经验的对象上时才能够获得某种理论知识或思辨理性的知识。所以,它们在这里的运用决不是要建立起那种思辨的知识,"而是把自己的运用仅仅局限于对道德法则的实行之上",也就是在对道德法则的实践过程中必须引入这些范畴来悬设纯粹实践理性的最终客体,为的是使这一实践过程得以完成,而不是要获得对这些悬设的对象的理论知识。

后面这一点是如此显而易见,并能够通过事实得到如此清楚的证明,以至于我们可以放心地请求所有那些被以为的**自然神学家们**(一个怪异[138]　的称号),哪怕只举出一个对他们的这种对象进行(超出单纯本体论的谓词之外的）规定的属性，例如知性属性或意志属性，人们都将能够对之不无异议地表示，如果我们从中把一切拟人主义的东西都剔除掉，留给我们的就会只是一个单纯的词语，而不能把任何一个概念与之相结合，以便可以指望对理论知识有某种扩展。

"后面这一点"，就是指上面讲的，想要把范畴运用于某种有关超感性存在者的理论是根本不可能的，这一点是"如此显而易见，并能够通过事实得到如此清楚的证明"。事实上，在康德的时代，不少人都试图单凭理性的范畴和推理来建立起有关上帝和彼岸世界的理论知识，但实际上他们是经过拟人主义的偷换才建立起了对上帝的伪知识，这在康德看来是经不起推敲的。这里举了一个例子："以至于我们可以放心地请求所有那些被以为的**自然神学家们**（一个怪异的称号），哪怕只举出一个对他们的这种对象进行（超出单纯本体论的谓词之外的）规定的属性，例如知性属性或意志属性"。他把"自然神学家"视为"一个怪异的称号"，这里有一个注解，我们后面再来讨论这个注。他说我们尽可以放心地请那些自然神学家们哪怕只举出一个属性，例如知性属性或意志属性，这些属性是超出单纯本体论的谓词之外的，我们都可以提出异议，断定他们将无法形成有关上帝的理论知识。如果我们只能用单纯本体论的谓词来称谓上帝，如实体性、原因性、协同性等，但没有直观经验的内容，那么这些谓词是空的，不能形成理论知识。于是除了这些谓词之外，他们还会加上说，上帝有知性或者有意志，或者上帝本身就是最高知性或最高意志，但这不过是一种似人主义的说法而已。"如果我们从中把一切拟人主义的东西都剔除掉，留给我们的就会只是一个单纯的词语，而不能把任何一个概念与之相结合，以便可以指望对理论知识有某种扩展"，就是说，一旦我们将其中的拟人主义都清除掉，不以人自身的知性和意志来比附上帝，那它们就会只剩下一个空洞的语词，而无法用任何其他的语词来对之加以描述，来扩展我们对上帝的知性和上帝的意志的理论知识。这是对当时流行的"自然的神学"（die natürliche Theologie）的质疑。康德在《纯粹理性批判》中（参看 A631—632=B659—660）对神学作了如下的划分：一种是理性神学，一种是启示神学；前者又分成先验神学即自然神论（Deismus）和自然的神学即人格神论（Theismus）。康德这里批判的主要是人格神论，即拟人化了的自然的神学，《纯粹理性批判》对这种神学所作的批评是："后一种人主张理性有能力按照与自然的类比对这个对象作更进一步规定，即规定为一个通过知性和自由而把一切其他物的原始根据都包含在自身中的存在者。……把它设想为一个世界创造者"。这段话中所讲的"知性和自由"，也就相当于现在这里谈的"知性属性或意志属性"了，这本身就是一种拟人化的设想。康德指出，如果不加进拟人主义，所有那些论证和推理都丝毫不能扩展我们对上帝的理论认识。不过，康德在《纯粹理性批判》中虽然已经对一切上帝的证明进行了批判，但他网开一面的是目的论的证明，它通向所谓道德神学的证明，而这恰好也是拟人主义的证明，只是它其实已经不再以理论知识为目标了，因为它虽然在理论上不成立，但是在实践上却是把人引向道德实践的。下面看看康德有关"自然神学家"这个"怪异的称号"的注释。

博学本来只是各种**历史**科学的总和。所以只有启示神学的教师才能叫作**神学家**。

博学（Gelehrsamkeit）在康德和其他德国哲学家眼中从来都不是什么值得推崇的品格，因为它只不过意味着知识面广、博闻强记，"只是各种**历史**科学的总和"。这里的"历史科学"也就是经验知识的意思，康德曾把"历史知识"称之为"出自事实的知识"，以和"合理的知识"即"出自原则的知识"相对 [①]。知道得很多并不表明有智慧，也不表明有深刻的见解和系统的方法。"所以只有启示神学的教师才能叫作**神学家**"，"启示神学"在我们上面所引的康德关于一切神学的分类中是与"理性神

---

① 参看《纯粹理性批判》A836=B864。

学"相对立的一类，它是立足于福音书的启示的历史知识，只有牢记并传授这种历史知识的教师才能叫作神学家。这里的"神学家"原文为Gottesgelehrter，意即对神的博学者或有学问者，与前面的"博学"有词根上的联系。在这种意义上，神学家并不是一个很光彩的称号，因为他们把神学当作一门历史知识或经验知识来看待，仅仅显示出自己在这方面、比如在《圣经》知识方面的博学。正因此，那些自以为的"自然神学家"（natürliche Gottesgelehrter）就是一个十分怪异的称号，因为他们所从事的"自然的神学"（die natürliche Theologie）或"人格神论"（Theismus）其实并不包含有什么经验的或历史的知识，他们的神学并不是凭借自己的博学建立起来的，而是通过拟人主义的想象，把人的知性和自由意志附会在神的身上而设想出来的，因此严格说来不能自称为神学家，甚至不能称之为博学者。

但如果人们想把那种拥有各种理性科学（数学和哲学）的人也称之为一个博学者，虽然这已经会与这个词的含义（即它任何时候都只把那种绝对必须被**教给**、因而不能通过理性由自己发明的东西算做博学的）发生冲突：那么哲学家就完全有可能用自己的作为积极科学的上帝知识而造成一种太坏的形象，以至于不能被称之为一个**博学者**。

"但如果人们想把那种拥有各种理性科学（数学和哲学）的人也称之为一个博学者，虽然这已经会与这个词的含义（即它任何时候都只把那种绝对必须被**教给**、因而不能通过理性由自己发明的东西算做博学的）发生冲突"，就是说，"博学"本来的意思就是只学会了那些必须被教给的东西，而不包含那些通过理性由自己发明的东西；但是如果人们把数学家和哲学家也称之为博学者，当然这是不恰当的、自相矛盾的，因为这些人是用理性思考而不是单凭历史记忆的，"那么哲学家就完全有可能用自己的作为积极科学的上帝知识而造成一种太坏的形象，以至于不能被称之为一个**博学者**"。就是说，哲学家在宗教领域中完全有可能凭借自己对上帝的某种积极的理论知识而造成一种凌空蹈虚的形象，他们完

389

全用不着任何经验知识和历史知识，全凭头脑中的拟人化想象就可以得出上帝在知性和意志方面的特征的知识。这个形象"太坏了"，不像一个有知识的人所做的事，所以人们简直就不好意思再把他们称之为博学者，因而也不好意思把他们称之为神学家了。下面再回到正文。

　　但在实践的东西方面从一个知性和意志的那些属性中毕竟还是给我们余留下了某种关系的概念，实践法则（它恰好先天地规定了知性对意志的这种关系）使这个概念获得了客观实在性。

　　前面讲知性和意志如果被当作上帝属性的理论知识看就会陷入拟人主义或是空无一物，不能指望它们对理论知识有什么扩展。这里说："但在实践的东西方面从一个知性和意志的那些属性中毕竟还是给我们余留下了某种关系的概念"，知性和意志都包含有某种关系的概念，但在这里并非理论的东西方面的关系概念，而是实践的东西方面的关系概念，它们表达的不是上帝的属性，而是上帝的实践关系，实体性、原因性和协同性这三个关系范畴都成了实践关系。"实践法则（它恰好先天地规定了知性对意志的这种关系）使这个概念获得了客观实在性"，这种实践关系首先体现在实践法则中。定言命令的道德法则本身就是原因性和实体性的关系：要使你行为的准则成为一条普遍法则，行为的准则体现了自由意志的原因性，普遍法则体现的是前后一贯的持存性，也就是自由意志的实体性（道德自律）。而作为道德法则的一项终极义务的德福一致（至善）则体现了协同性。所有这些都是由实践法则先天规定了的、知性范畴对意志行动的实践关系，正是这种实践关系使得范畴获得了客观实在性。

　　只要这种情况一旦发生，则一个道德上被规定了的意志的客体概念（至善概念），以及和它一起，这客体的可能性条件即上帝、自由和不朽的理念，也都被赋予了实在性，但永远只是在与这个道德法则之实行的关系中（而不是为了思辨的目的）赋予的。

　　"只要这种情况一旦发生"，即只要实践法则通过知性和意志的实践关系而使这些关系范畴获得了客观实在性,"则一个道德上被规定了的意志的客体概念(至善概念),以及和它一起,这客体的可能性条件即上帝、自由和不朽的理念,也都被赋予了实在性"。这些范畴的客观实在性所带来的同时还有那个道德意志的客体概念也就是至善概念的客观实在性,以及这个至善客体的可能性条件即上帝、自由和灵魂不朽的理念的客观实在性。这是一步一步逼出来的:如果这三个理念不具有实践的实在性,那么至善也就不会具有实在性;至善如果没有实在性,则协同性范畴在这里就是不可能的;协同性范畴不可能,则原因性和实体性范畴在道德实践的行动中就是没有希望的,它们固然可以作为道德意志独自坚持下去(如斯宾诺莎),但无法作为系统的实践知识而得到客观实在性的保证。这种系统的实践知识只有当这三个范畴都被赋予了客观实在性,才有可能建立起来。"但永远只是在与这个道德法则之实行的关系中(而不是为了思辨的目的)赋予的",这是再一次提醒,在道德实践中诸范畴的客观实在性永远不是为了思辨的目的,不是要建立起某种理论知识,而只是在与道德行动的关系中才被赋予的。

　　在作了这些提醒之后,现在也就可以很容易地找到对这一重要问题的答案了:**上帝概念是一个属于物理学**(因而当它只包含物理学的那些普遍意义上的纯粹先天原则时也属于形而上学)**的概念还是一个属于道德学的概念**?

　　这个问题就是自然神学还是道德神学的问题。前引康德《纯粹理性批判》(A631—632=B659—660)中关于神学的划分仍然是背景,在那里,他将理性神学划分为先验神学即自然神论(Deismus)和自然的神学即一神论(Theismus,又译"人格神论")。前者把上帝设想为一个"世界原因";后者把上帝设想为一个"世界创造者"。前者从自然规律中推出上帝(宇宙神学),或者单凭概念推出上帝(本体神学);后者把上帝设想为最高理智(自然神学,Physikotheologie,又译"物理神学"),或者设想为最高道

德秩序 (道德神学)。现在,当康德提出第一种观点,即认为"**上帝概念是一个属于物理学** (因而当它只包含物理学的那些普遍意义上的纯粹先天原则时也属于形而上学) **的概念**"时,他针对的是先验神学即自然神论,其中分为"宇宙神学"和"本体神学" (也就是对上帝的宇宙论证明和本体论证明)。而他自己的立场则是把上帝看作"**一个属于道德学的概念**",也就是上述"道德神学"。至于与道德神学同属于"自然的神学"之下的"自然神学 (物理神学)",在康德这里可以看作一个过渡,也就是相当于对上帝的目的论证明。但由于它不可避免地含有拟人主义的因素,所以作为对上帝的知识来看是完全不适合的,除非把这种拟人主义从理论理性转移到实践理性,但这样的上帝就属于道德学的概念了。而一旦达到了对上帝的道德学的概念,回过头来看前面的先验神学,我们会发现它所提供的上帝概念虽然不是什么自然知识,但一旦从宇宙神学推导到本体神学,倒是可以为道德神学提供出可用的纯粹概念来。这种观点"承认我们必要时可以通过单纯理性认识一个原始存在者的存有,但我们关于它的概念只是先验的,即仅仅是关于某个具有一切实在性的存在者的概念,对这种实在性我们却并不能作出更进一步的规定" (A631=B659)。例如"必然性、无限性、统一性、在世界之外 (不是作为世界灵魂的) 存有、没有时间条件的永恒性、没有空间条件的全在、全能等等,这些都是些纯然先验的谓词,因此它们的被纯化出来的概念,作为每一种神学如此必不可少的概念,都只能从先验神学中抽引出来。" (A641—642=B669—670) 这些谓词在经验中或物理的自然界中是绝对找不到的。但它们仍然不是理论知识,而必须置于道德神学的基础上才能发挥它们真正的作用。所以首先必须把立场确定下来,再谈双方各自的作用。有了上面的提醒,这种立场的确定就是轻而易举的了。

在**解释**自然的安排或它的变化时,如果有人乞灵于作为万物的创造者的上帝,那么这至少不是什么自然的解释,而是在各方面都承认他的哲学已经完蛋了:因为他不得不假定某种他从来对之没有任何特殊概念的东西，以便能够对他眼前所看到的东西造成一个概念。

　　这是将上面一句的前一方面的观点，即认为"**上帝概念是一个属于物理学**（因而当它只包含物理学的那些普遍意义上的纯粹先天原则时也属于形而上学）**的概念**"的先验神学的观点，加以拆开分别讨论。即先讨论括号外面的把上帝概念看作一个物理学的概念观点，这就是先验神学中的"宇宙神学"观点，相当于对上帝存有的宇宙论证明；然后再讨论括号里面的"也属于形而上学"的观点，即先验神学中的"本体神学"观点，相当于对上帝存有的本体论证明。而这两者都属于自然神论（Deismus）。先看宇宙神学。"在**解释**自然的安排或它的变化时，如果有人乞灵于作为万物的创造者的上帝，那么这至少不是什么自然的解释，而是在各方面都承认他的哲学已经完蛋了"，就是说，自然神论用上帝的安排来解释自然的变化，不论是牛顿的"第一推动力"还是莱布尼茨的"前定和谐"，这就已经证明了这种哲学、因而这种神学的失败。"因为他不得不假定某种他从来对之没有任何特殊概念的东西，以便能够对他眼前所看到的东西造成一个概念"，用假定一个抽象空洞的理念来解释眼前看到的特殊东西，这种做法在科学上和哲学上都是不允许的，相当于以己之昏昏使人昭昭，或者如同康德举过的一个例子，即一个人在挤公羊的奶，另一个人用筛子接在下面。再看本体神学。

　　但通过形而上学从**这个**世界的知识**借助于可靠推论**来达到上帝的概念及其实存的证明之所以是不可能的，是因为我们将必须把这个世界作为最完满的可能整体来认识，因而为此目的就必须认识一切可能的世界（以便能够将它们与这个世界相比较），因而就必须是全知的，以便说这个世界只有通过一个**上帝**才是可能的（就像我们必须设想这个概念那样）。 [139]

　　"但通过形而上学从**这个**世界的知识**借助于可靠推论**来达到上帝的概念及其实存的证明之所以是不可能的"，这里显然是对上帝存在的本体论证明、尤其是笛卡尔式的本体论证明的思路。笛卡尔从自己头脑中明明有一个"最完满的存在者"的概念出发，借助于一种"可靠的推论"，即最完满的东西不可能只存在于不完满的"我"之内，而必定也存在于"我"这个不完满的东西之外，所以它必定是客观存在的，否则的话它就不是最完满的概念了，而这是自相矛盾的：由此而推出一个最完满的存在者即上帝在我之外的客观存在。从我的一个最高完满性的概念中（它是在"这个"世界中发生的）推出一个在我之外的最完满的上帝的存在，这是康德在《纯粹理性批判》中批判过的对上帝存在的本体论证明，而在这里对这一证明的批判与那里有所不同。在那里是通过**分析**"上帝存在"这一命题的逻辑错误（"存在"不能作为实在的谓词）来批驳它，而在这里则是指出上帝实存的证明缺乏**综合**的前提。他说，这一证明之所以是不可能的，"是因为我们将必须把这个世界作为最完满的可能整体来认识，因而为此目的就必须认识一切可能的世界（以便能够将它们与这个世界相比较）"，这里实际上也引入了莱布尼茨的观点，即上帝在一切可能的世界中出于最大的善意选择了我们这个最完满的世界。但你怎么知道我们这个世界就是最完满的，你是否比较了所有可能的世界？① 不预先完成这种整体的综合，你怎么能够判断上帝所创造的这个世界的完满性？而我们为了完成这种综合，"因而就必须是全知的，以便说这个世界只有通过一个**上帝**才是可能的（就像我们必须设想这个概念那样）"，我们的"全知"（甚至比上帝还要全知）是我们判断上帝的全知的前提，也是我们设想出上帝概念的必要条件，而这显然是不可能的。这就从另一方面解构了上帝存在的本体论证明，因而解构了本体神学。下面继续

---

① 康德在《纯粹理性批判》中说，一个最高存在者的概念"甚至连在可能性方面教给我们更多的东西也做不到。……既然把一切实在属性连结在一物中是一种综合，其可能性是我们不能够先天判断的，……因为综合知识的可能性标志永远只在经验中去寻求，但一个理念的对象却不可能属于经验；所以著名的莱布尼茨就远没有做到他所自吹的，即他想先天地洞察一个如此崇高的理想存在者的可能性。"他并且把莱布尼茨的这一证明归属于"这个如此有名的（笛卡尔派的）本体论证明"。（见A602=B630）

论述。

　　但完全从单纯概念来认识这个存在者的实存是绝对不可能的，因为任何一个实存命题，也就是关于一个我对之取得一个概念的存在者作出"它实存着"这样的表述的命题，都是一个综合命题，亦即这样一种命题，我借助于它而超出那个概念之外并对之说出比在概念中所曾想到的更多的东西：就是说，与这个在**知性**中的概念相应地，还要设定一个**在知性之外**的对象，而这显然是通过任何一种推论不可能做得到的。

　　"但完全从单纯概念来认识这个存在者的实存是绝对不可能的，因为任何一个实存命题，也就是关于一个我对之取得一个概念的存在者作出'它实存着'这样的表述的命题，都是一个综合命题"，这个在康德这里已经是老生常谈了。即单纯凭概念自己建立起来的命题都是分析命题，而不可能是有关实存的命题；凡是实存的命题，凡是有关客观存在的命题，都是综合性的命题，所针对的是客观实存的对象。"亦即这样一种命题，我借助于它而超出那个概念之外并对之说出比在概念中所曾想到的更多的东西"，这种综合命题所说出的东西一定是超出这个概念之外的某种东西，不可能在概念之内循环论证。"就是说，与这个在**知性**中的概念相应地，还要设定一个**在知性之外**的对象，而这显然是通过任何一种推论不可能做得到的"，具体到这个在知性中的上帝概念，由于它是包括一切知性能力在内的一个概念即"全知"的概念，它就不仅必须超出某个确定的概念之外，而且还必须超出全部知性概念之外，也就是要与这个知性中的概念相应地设定一个在整个知性之外的对象。而这已经超出了一切知性的能力，也超出了知性推论的能力，显然是一切推论都不可能做得到的。知性本身是有可能推出某个概念之外的对象的，例如先天综合判断：一切发生的事情都是有原因的，"原因"概念并不在"一切发生的事情"的概念之中。但谈到"上帝"这个实存的对象，那么它不但超出一切概念，而且也超出了知性本身。从这里就可以顺理成章地得出，有关上帝的知识只能是在实践方面的知识，而不可能是知性的理论知识。

　　所以留给理性来达到这种认识的只剩下唯一的一种处理方式，这就是它作为纯粹理性而从自己的实践运用的至上原则出发（因为这种运用本来就只是针对着作为理性之后果的某物的**实存**的）来规定自己的客体。

　　在排除了知性推论的一切处理方式之后，现在剩下的只有一种理性处理方式，"这就是它作为纯粹理性而从自己的实践运用的至上原则出发（因为这种运用本来就只是针对着作为理性之后果的某物的**实存**的）来规定自己的客体"。所谓实践运用的至上原则也就是道德法则，纯粹理性从道德法则出发来规定自己的客体，也就是规定至善的客观实在性，这是有关上帝的知识的唯一可能的处理方式。只有这种方式才能在知性推论之外来确定某物的实存，因为如同括号中说的，理性实践的运用本来就只是针对着作为理性后果的某物的实存的，在实践中我们不是要认识某物，而是要把某物实现出来。而在道德实践中，把至善实现出来、使之成为实存就是我们的道德义务。只是考虑到这种必要性，我们才必须悬设一个上帝作为实现至善的可能性条件，我们对上帝的全部知识仅限于此。

　　而在这里就不仅仅是在理性使意志倾向于至善的不可回避的任务中显示出在与这个世界的这种至善的可能性的关系中假定这样一个原始存在者的必要性，而且最值得注意的是，还显示出理性在自然道路的进程中所完全缺乏的某种东西，这就是**对这个原始存在者的一个精确规定了的概念**。

　　这是更进一步说了。虽然我们对上帝的知识唯一地是由保证至善的客观实在性而悬设的，但这种悬设除了确立起了上帝实存的必要性之外，还显示了对上帝规定的精确性。"而在这里就不仅仅是在理性使意志倾向于至善的不可回避的任务中显示出在与这个世界的这种至善的可能性的关系中假定这样一个原始存在者的必要性"，在这里，也就是在道德法则规定自己的客体时，当理性把至善作为义务加在意志身上时，不仅显示了这个世界的至善必须假定上帝才有可能。注意这里"这个世界的至善"一语，就是说，这种上帝悬设的必要性并不只是对"这个世界"而言，而且是超出这个世界而对一切可能世界而言，或者不如说，只是对超验的理知世界而言，这就远远超出了一切自然神论或自然的神学的眼界，摆脱了任何拟人主义的局限性。所以下面说："而且最值得注意的是，还显示出理性在自然道路的进程中所完全缺乏的某种东西，这就是**对这个原始存在者的一个精确规定了的概念**"。不论是自然神论还是自然的神学，都离不了从眼面前的经验事实出发来推论彼岸上帝的属性，无非是把人们所眼见的那些属性尽可能夸大，但无论怎么夸大，都离不了拟人主义的比附，所以他们在自己的自然道路上都缺乏对上帝这个原始存在者的精确规定了的概念。只有从纯粹实践理性的道德法则出发来悬设上帝的属性，我们才能对上帝产生出真正摆脱了经验的混杂而精确规定了的概念。这些概念是什么，下面就讲到了。

既然我们只认识这个世界的一个很小的部分，更不能够把这个世界与一切可能的世界相比较，所以我们固然可以从这个世界的秩序、合目的性和伟大推论出它的一个**智慧、善意和大能**等等的创造者，但却推不出他的**全知、全善、全能**等等。

这就是自然的神学的局限性，它只能以我们自己有限的眼光来设想无限的上帝，就像老百姓想象皇上天天吃白面馍一样。"所以我们固然可以从这个世界的秩序、合目的性和伟大推论出它的一个**智慧、善意和大能**等等的创造者，但却推不出他的**全知、全善、全能**等等"，我们可以用我们日常的理解力把我们所看到的秩序、合目的性和伟大推到想象的极致，从而把智慧、善意和大能这样一些谓词赋予心目中的创造者、上帝，这里把对上帝的目的论的证明、也就是自然神学的证明纳入进来了。正如《纯粹理性批判》中说的："所以这个推论就由在世界中可以如此毫无例外地观察到的秩序和合目的性、即某种完全偶然的编排进向了一个与之相称的原因的存有。但这个原因的概念必须把某种有关这原因的完全确定的东西提供给我们来认识，因此它不能是任何别的概念，只能是关于一个具有全能、全智等等、总之是具有全部完善性的、作为一个最充分的存在者的存在者概念。因为极其伟大的、令人吃惊的、无法估量的力量和卓越性这样一些谓词根本没有给出任何确定的概念"（A627=B655）。但正如上面所说的，只要把这里的自然秩序替换为道德秩序，这就为道德神学打开了门户，在这基础上所理解的全知全能全善等等就不是通过与人们所看到的有限的世界秩序相类比扩展而来，而是一些纯粹先验的谓词。

　　人们哪怕完全可以承认，他们的确有权用一个可以容许的十分合理的假设来弥补这个不可避免的缺陷，这个假设就是：如果在我们较贴近的知识所呈现出来的那些部分中放射出智慧、善意等等的光辉，则在所有其他的部分中也同样会如此，所以把一切可能的完善赋予世界的创造者就是合理的；但这绝不是我们借此自以为有所洞见的什么**推论**，而只是人们可以原谅我们的一种许可，但这种许可为了自己的运用毕竟还需要其他方面的推荐。

　　对于自然神学不能由这个世界的秩序等等推论出上帝的全知全善全能这一缺陷，康德在这里也表现出一种宽容，对人们力图用某种办法加以补救表示理解。"人们哪怕完全可以承认，他们的确有权用一个可以容许的十分合理的假设来弥补这个不可避免的缺陷，这个假设就是：如果在我们较贴近的知识所呈现出来的那些部分中放射出智慧、善意等等的光辉，则在所有其他的部分中也同样会如此，所以把一切可能的完善赋予世界的创造者就是合理的"，就是说，自然神学的那种类比假设在某种意义上也可以说是"合理的"。我们的确可以由近及远地推测上帝可能具有的种种属性，而且自古以来人们也确实就是这样做的。"但这绝不是我们借此自以为有所洞见的什么**推论**"，这种假设绝不是什么推论，就连类比推论也不是，因为事情并不同类。我们绝不能由此岸的事物通过类推而洞见到彼岸的情况。"而只是人们可以原谅我们的一种许可，但这种许可为了自己的运用毕竟还需要其他方面的推荐",这只是一种许可,人们这样做情有可原,因为它底下隐藏的是人类对于形而上学的一种自然的倾向,只不过对于这种倾向是自然的形而上学还是道德的形而上学,人们还没有搞得很清楚。所以说,这种许可为了自己的运用毕竟还需要其他方面的推荐,也就是需要道德实践方面的支持,而道德上的需要恰好正隐藏在这种自然神学的底下,作为它追求自己的上帝知识的内在动力,现在只须把它从中揭示出来,使这些知识精确化。

<u>所以,上帝概念以经验性的方式(物理学的方式)就仍然总是有关第一存在者之完善性的**一个没有得到精确规定的概念**,以至于不能把这个概念看作与一个神性的概念相适合的概念(但凭借形而上学在其先验的部分中却又根本不可能有任何建树)。</u>

"所以,上帝概念以经验性的方式(物理学的方式)就仍然总是有关第一存在者之完善性的**一个没有得到精确规定的概念**",括号中"物理学的"方式,德文用的是 der Physik,这明确是指的自然神学(Physikotheologie,又译"物理神学")。就是说,以自然神学的方式,我们对于上帝存有的完善性就仍然还没有得到精确的规定,而陷在我们人类的狭隘眼光的拟人主义之中。"以至于不能把这个概念看作与一个神性的概念相适合的概念",以至于,自然神学的完善性概念,如智慧、善意和大能等等,还不能看作是一个与神性概念相配的概念,它们的层次和上帝所要求的相比还是太低了。括号中,"(但凭借形而上学在其先验的部分中却又根本不可能有任何建树)",是说在先验神学中,凭借本体神学(本体论的证明)所提供的只是一个具有一切实在性的存在者的概念,但却不能对这种实在性作出任何规定,所以它只不过是留下了一个空位,等待道德神学来加以填补。这就把康德所划分出来的神学各个门类,包括先验神学(宇宙神学、本体神学)和自然的神学(物理神学、道德神学)都说到了,最后的结论是,只有道德神学才能解决上帝的知识的问题,才能给上帝的完善性提供一个精确规定了的概念。

[140]　　　现在我试图把这个概念限制在实践理性的客体上，于是我就发现，道德原理只有在预设一个具有**最高完善性**的世界创造者的前提下才允许这一概念是可能的。

"现在我试图把这个概念限制在实践理性的客体上"，限制，halten，也可译作"保持"，"这个概念"，即前面所说的那个没有得到精确规定的最高完善性概念。现在我把这个概念专门放在实践理性的客体上，或者说专门当作实践理性的客体来处理，"于是我就发现，道德原理只有在预设一个具有**最高完善性**的世界创造者的前提下才允许这一概念是可能的"，就是说，一旦放在实践理性的客体上来看待，那么它就成了道德原理的客体，而道德原理只有在预设一个世界创造者即上帝时，由于上帝是具有最高完善性的，所以才使得这个最高完善性的概念成为了可能。据编者注说，那托尔普认为这里的"概念"（ihn）应改为"客体"（es），也有道理，因为既然只有把未精确规定的最高完善性概念限制在实践理性的客体上，它才能真正成为最高完善性概念，即才能得到精确规定，而未精确规定的这个概念则不需要这一前提，一般自然神学已经提供了这一概念，那么这将导致这句话说不通。所以这句话的意思应当理解为：当我把未精确规定的最高完善性概念限制在实践理性的客体上来看待时，我发现道德原理的客体必须以具有最高完善性的上帝为前提才是可能的，即这个客体本身要求上帝的精确规定了的最高完善性概念（即如前所述，与一个神性概念相适合的概念）。所以并非实践客体是最高完善性概念的前提，反倒是最高完善性概念成了道德原理的实践客体的前提。这样理解这句话就顺了。当然，如果把"这一概念"理解为最高完善性的精确概念，前面那种解释也没有什么大问题，顶多是表述含糊而已。

世界创造者必须是**全知的**，以便在一切可能的情况下及在一切将来都对我的行为直到我意向的最深处都加以认识；必须是**全能的**，以便为我的行为分配适当的后果；同样也必须是**全在的**、**永恒的**等等。

"世界创造者必须是**全知的**，以便在一切可能的情况下及在一切将来都对我的行为直到我意向的最深处都加以认识"，上帝必须全知，以便知道我的行为和内心，"在一切可能的情况下及在一切将来"，意指在每一瞬间、即使在灵魂不朽的来世，也对我是否出自为义务而义务的行为了如指掌，这样才能在衡量德福是否相配时拥有一个精确的标准，才能做到审判绝对公正。"必须是**全能的**，以便为我的行为分配适当的后果"，就是上帝在作出了公正的审判后，还必须有足够的能力来执行赏罚，为我的行为分配适当的幸福或处罚。这里没有提到全善，但把全知和全能综合起来看，这本身就已经是全善了。"同样也必须是**全在的、永恒的**等等"，表面看来是指空间和时间上的无限性，但实际上已经超越空间和时间了，是一般地指上帝君临一切场合，天上地下，此生来世，无所不在。只有用这样一些绝对的谓词所描述的上帝，才能成为至善的可能性根据，而这些谓词正是对上帝的精确规定了的概念，它们就是道德原理的客体即至善所必须预设的前提。而预设这些前提就是预设了上帝的客观实在性，这些概念被看作上帝的真正属性，它们就是我们在实践理性的意义上对上帝的精确的知识。

　　因而道德法则就通过那个作为一个纯粹实践理性的对象的至善概念而能够规定**作为最高存在者**的原始存在者的概念，这是理性的自然进程（并进一步延伸到形而上学进程）、因而整个思辨进程所不可能做到的。

　　"因而道德法则就通过那个作为一个纯粹实践理性的对象的至善概念而能够规定**作为最高存在者**的原始存在者的概念"，道德法则能够规定作为最高存在者的上帝概念，如何规定呢？通过作为一个纯粹实践理性的对象的至善概念来规定。但前面讲了，纯粹实践理性的对象、也就是道德原理的客体正是以上帝的最高完善性为前提的，到底哪个是哪个的前提，这里看来好像说反了。但仔细琢磨一下，在不同的意义上两种说法都成立，因而上面提到的那托尔普的更改虽然有道理，但并没有根本性的必要。因为说道德原理的客体以上帝的最高完善性为前提，这是就这个客体的客观实在性如何能够得到保障而言的；而说上帝的那些最高完善性的谓词只有预设了道德原理的至善客体才能得到精确的规定，这是就如何能够获得有关上帝的知识而言的。在这里可以套用一句康德谈道德律与自由的关系的经典解释：至善客体是上帝的最高完善性的"认识理由"，而上帝的最高完善性是至善客体的"存在理由"①。因为上帝的最高完善性作为知识只有预设了实践的至善客体才能成立，没有这一客体它作为理论知识只能是伪知识；反之，至善客体只有预设了上帝的最高完善性，它的客观实在性才得到了保证。"这是理性的自然进程（并进一步延伸到形而上学进程）、因而整个思辨进程所不可能做到的"，这里再次排斥了自然神学、物理神学和本体神学（形而上学）的思路，因为所有这些都属于"思辨进程"，它们顶多能够对上帝的最高完善性提出一些没有得到精确规定的概念，但只有从道德神学的实践理性立场才能真正使上帝的精确知识获得唯一的支持。

　　所以上帝概念是一个从起源上就不属于物理学的、亦即不是对思辨理性而言的概念，而是一个属于道德学的概念，并且我们对其他理性概念也可以有同样的说法，我们在前面已经把它们当作理性在其实践运用中的一些悬设来处理了。

　　"所以上帝概念是一个从起源上就不属于物理学的、亦即不是对思辨理性而言的概念，而是一个属于道德学的概念"，这就是结论了。上帝概念本来就不是来自于思辨理性，因而不是来自于对自然界的观察和思考，而是来自于对道德的思考。虽然在历史上，自古以来人们对上帝的思考总是免不了放在宇宙论和自然目的论的理论背景上来进行，并且最终总是陷入到本体论的逻辑谬误，所以才有了对上帝存在的各种宇宙论的、自然神学（目的论）的和本体论的站不住脚的证明；但作为一种自然倾向，它在背后实际上已经有道德学的原理在鼓动，因而从一开始就是

─────────

① "自由固然是道德律的 ratio essendi［存在理由］，但道德律却是自由的 ratio cogno-scendi［认识理由］"，见《实践理性批判》第 2 页注释 1。

属于道德学的概念。这一秘密在西方哲学史和宗教学史上是由康德首次揭示出来的，他为上帝概念找到了真正的出身地。"并且我们对其他理性概念也可以有同样的说法，我们在前面已经把它们当作理性在其实践运用中的一些悬设来处理了"，其他理性概念或理念，包括由上帝作为最高完善者所带来起来的全知全善全能和至善等等，也包括灵魂不朽和自由意志，这些都是理性在实践运用中的一些悬设，这在前面讨论纯粹实践理性的三大悬设时已经都阐明过了。

如果我们在**阿那克萨哥拉**以前的希腊哲学史中没有找到某种纯粹的理性神学的任何清晰的痕迹，那么其原因并不在于古代哲学家们在知性和洞见上有缺陷，不能通过思辨的途径、至少是借某种完全合理的假设之助使自己提升到这一水平；

"如果我们在**阿那克萨哥拉**以前的希腊哲学史中没有找到某种纯粹的理性神学的任何清晰的痕迹"，众所周知，在希腊哲学史中，阿那克萨哥拉首次提出，理性、即努斯 (Nous，又译"心灵") 是在宇宙之外按照自己的法则安排整个世界秩序的精神力量，即神。后来的苏格拉底和柏拉图则接过阿那克萨哥拉的这一观点，把它发展为西方哲学史上一直贯穿下来的理性神学传统。而在此之前，希腊哲学史中所有的早期哲学家都摆脱不了万物有灵论和泛神论，摆脱不了自然和精神的混杂以及拟人主义的模糊概念。这是为什么？"其原因并不在于古代哲学家们在知性和洞见上有缺陷，不能通过思辨的途径、至少是借某种完全合理的假设之助使自己提升到这一水平"，就是说，并不是因为他们在对自然的知识和理解上比不上阿那克萨哥拉，因而不能借某种合理的自然假设使自己超出整个自然界之外去假定一个置身于世界之上的神。也许恰好相反，他们越是对自然界有丰富的知识，则越是不能跳出这些自然知识而设定一个彼岸的最高完善的神，来作为这些自然现象的终极原因。

有什么能够比每个人自发地呈现出来的思想，即假定一个拥有一**切**

完善性的唯一合理的世界原因去取代不同世界原因的那些不确定的完善程度，要更加容易和更加自然的呢？但这个世界上的各种坏事却似乎对他们提出了许多太重要的反驳，以至于不能把主张这样一种假设看作是有理由的。

"有什么能够比每个人自发地呈现出来的思想，即假定一个拥有一**切完善性**的唯一合理的世界原因去取代不同世界原因的那些不确定的完善程度，要更加容易和更加自然的呢？"换言之，要假定一个拥有一切完善性的世界原因来使各种不完善的世界原因得到协调和统一，使它们被安排在各自合理的位置上，这倒是每个人自发地呈现出来的思想，而且这样想一想是再容易、再自然不过的了。但问题是，当人们的眼光还局限于自然界的时候，这样一种假设是否能够成立、能够经得起推敲。"但这个世界上的各种坏事却似乎对他们提出了许多太重要的反驳，以至于不能把主张这样一种假设看作是有理由的"，假设容易，证明难，如果你只把眼光停留在自然界或此岸世界，那你几乎注定会对一个合理安排一切的世界主宰感到绝望，甚至会发出"老天爷不长眼"的咒骂。所以那个时候，谁要是仅凭自然现象而断言有一个理性的神在合理地安排世界的秩序，那他一定会像断言"上帝在一切可能世界中选择了一个最好的世界"的莱布尼茨一样，遭到世人的嘲笑，因为这个世界中种种灾难和不合理的事太多了。甚至就连阿那克萨哥拉，当他提出努斯（理性）从宇宙之外统治世界的新见时，也因为他仅仅从事物的自然规律的层面来看待这种统治的法则而遭到苏格拉底的批评和惋叹，并被后者改造成了一种道德意义上的合目的性理论。苏格拉底所造成的希腊哲学的"伦理学转向"才是西方神学思想的真正奠基者。

因而他们正好这样来表现知性的洞见，即他们并不冒昧去作那种假设，反而在自然原因中到处搜求，看自己是否能够在这些原因中碰到原始存在者所要求的那种性状和能力。

这就是讲的阿那克萨哥拉和苏格拉底以前的早期希腊哲学有关世界

"始基（或本原）"的学说。这些学说都是一些知性的洞见，哲学家们并不试图推出一个总管万物的上帝，不去假设一个拥有一切完善性的唯一合理的世界原因，而是在各种自然现象和自然原则之间挑挑选选，依次把水、"无定形者"、气、火、数、土、一、存在等等当作世界的始基，"看自己是否能够在这些原因中碰到原始存在者所要求的那种性状和能力"。虽然他们随时都赋予了这些始基以精神的性质，并且始基的层次似乎也越来越高，但精神和物质在其中始终是不分离的，精神力量只不过被看作是这些物质存在的一种属性或表现而已。因此伦理道德的东西在这些世界本原中并没有找到自己超越于自然物质之上的基地，它的原理一直被掩盖在自然规律之下而未得到自身的阐明。只有当阿那克萨哥拉把精神力量从物质事物中完全抽离出来置于彼岸世界，伦理的原则才有可能在苏格拉底那里以自己纯粹的形式被发现出来，一个超越于自然界之上的上帝的形象才开始初见端倪。在此之前，一切试图在自然界搜求原始存在者即上帝所要求的那种绝对完善性和绝对能力的工作都毫无成果，这就从哲学史上证明上帝的知识本质上是属于道德学的。

　　但当这个富有洞察力的民族在自然研究中走过了如此一段距离，甚至对其他民族从来也没有超出过空泛议论的那些道德的对象也作了哲学的处理之后，这时他们才第一次发现了一种新的需要，即一种实践的需要，这种需要不会不给他们确定地指明那个原始存在者概念，

　　"但当这个富有洞察力的民族在自然研究中走过了如此一段距离，甚至对其他民族从来也没有超出过空泛议论的那些道德的对象也作了哲学的处理之后"，这就是由苏格拉底所开启的一个新的致思方向。前苏格拉底的哲学家们在自然的研究中搜索殆尽却仍然没有找到自己真正的上帝概念即原始存在者概念，直到苏格拉底对那些道德对象，如什么是善，什么是正义，什么是美德等等，都进行了哲学的处理，将它们置于反复的辩难和概念澄清之中，这些对象在其他民族中从来都没有超出过空泛的议论。"这时他们才第一次发现了一种新的需要，即一种实践的需要，

这种需要不会不给他们确定地指明那个原始存在者概念"。在苏格拉底身上，这体现在他自命为雅典城邦的一只牛虻，他的使命就是刺激这只大笨牛快步前进，而这一工作就是他对神的"事奉"。苏格拉底不是一个空谈家，他是一个实践家，为了他自己心目中的"好的生活"即爱神、爱智慧，他不惜牺牲生命，坦然赴死。只有在这个时候，这种实践上的需要才使得希腊人确定地指明了那个原始存在者即神的概念，在柏拉图那里，这就是在彼岸世界的那个最高的"善的理念"。

[141]　　而思辨理性则对此袖手旁观，顶多还有这样的功劳，即对一种不是在自己的基地上生长起来的概念作点润饰，并且凭借现在才首次显露出来的出于自然观察的一连串确证，与其说是提高这个概念的声望（这一点已经得到了确立），不如说只是用臆想的理论上的理性洞见助长其浮华。

　　现在，当整个问题已经被置于实践理性的立场上来讨论、来解决时，理论理性或思辨理性又还能干什么呢？"而思辨理性则对此袖手旁观，顶多还有这样的功劳，即对一种不是在自己的基地上生长起来的概念作点润饰"，思辨理性这时只能起一种敲边鼓的作用，一点润饰和渲染作用，因为这个上帝或原始存在者的概念跟它没有关系，是在另外一个基地上即实践理性的基地上生长起来的。所以它顶多能够起一种引导作用，使人们在通往上帝的道路上变得容易一些。比如对于小孩子，你可以向他指出自然界万物相互关系的合乎理性的和谐，并由此使他关注一个自然秩序的安排者，从而相信有一只看不见的大手在后面掌控一切。"并且凭借现在才首次显露出来的出于自然观察的一连串确证，与其说是提高这个概念的声望（这一点已经得到了确立），不如说只是用臆想的理论上的理性洞见助长其浮华"，这些万物都合乎理性的证据其实是现在才首次才显露出来的，也就是只有当上帝概念已经在道德实践的领域中被确立起来之后，我们怀着道德的眼光去观察自然界，才会从中看出事物的合理性及合目的性。我们会选择性地忽略那些不合理、不合目的性的事情，坚信那只是因为我们的科学知识还未洞见到更深层次的缘故，我们会相信上帝决不会创造出一个荒谬的世界来。但即使如此，康德对思辨理性在这方面的作用也持有保留的态度，认为这"一连串的确证"如果真地形成一种对上帝存有的推论的话，那么它们与其说是提高了上帝概念的声望，不如说是助长了思辨理性在这方面企图单凭自身来获得有关上帝知识的浮夸。上帝概念的声望根本用不着思辨的理性来提升，它早已经在实践理性的道德法则中得到了确立。

◇　　　　　　◇　　　　　　◇

从这些提醒中，纯粹思辨理性批判的读者将会完全确信，那个艰难的范畴**演绎**对于神学和道德学而言是如何极其必要、如何有用了。

这里又提到了"演绎"，即对上帝概念运用于道德实践中的必要性的演绎，对上帝概念凭什么可以而且必须运用于纯粹实践理性中的演绎。这是在前面第Ⅴ节有关上帝存有的悬设的讨论中谈到的，在那里曾说，上帝悬设是为了要设想至善的可能性，而促进至善是我们的道德义务，因此归根结底，上帝的悬设的必要性是出于道德法则本身的要求。所以"这样一来，从这个**演绎**中就理解到，为什么**希腊的**那些学派在解决他们有关至善的实践可能性的问题上永远也不可能成功了"（前面《实践理性批判》173页，边码145），他们在至善的二律背反中遭到失败就是由于他们没有在道德上悬设一个上帝，而只相信自己的自由意志。所以这里讲，"从这些提醒中"，主要是提醒上帝概念只能是一个道德学的概念而决不能是一个思辨理性的概念，则"纯粹思辨理性批判的读者将会完全确信，那个艰难的范畴**演绎**对于神学和道德学而言是如何极其必要、如何有用了"。纯粹思辨理性批判也就是《纯粹理性批判》这本书，它的读者们将会相信，在那里显得如此艰难的对范畴的先验演绎，在这里对于神学和道德学也是极其必要和有用的。范畴的先验演绎在认识论上就是要证明范畴运用于经验对象上的权利和资格，这种权利和资格最终追溯到先验自我意识的统觉的本源的综合统一；而上帝概念本身就属于关系范畴即协同性范畴，它运用于纯粹实践理性的客体即至善之上的权利和资格则要追溯到道德法则本身。正如前面所说，"正是这条法则，也必然……只是出于不偏不倚的理性，也就是在与这一结果相符合的某种原因的存有的前提下，而导致至善的第二个要素，即与那个德性相适合的**幸福**的可能性，亦即必定把**上帝实存**悬设为必然是属于至善（这一我们意志的客体是与纯粹理性的道德立法必然结合着的）的可能性的。"（《实践理性批判》170 页，边码 143）当然，所谓"这些提醒"除了对上帝概念的重点提醒之外，还包括对灵魂不朽和"一个理知世界"的理念的提醒，它们都是就其"被当作一种纯粹实践的运用而言的"（《实践理性批判》187 页，边码 157），因而连同上帝概念一起得到了演绎。这一演绎是极其必要和有用的，为什么呢？

　　因为唯有借这种演绎才有可能当人们把这些范畴在纯粹知性中设立起来时，防止人们像**柏拉图**那样把它们看作是天生的，并在这上面建立起对我们无法预料其结果的超感性之物的理论的夸大其辞的僭妄，却由此而使神学成为充满幻影的幻灯；

　　这里首先讲这种演绎的必要性，而且首先是第一方面的必要性，这就是防止柏拉图主义在这方面的先验的实在论偏向。"因为唯有借这种演绎才有可能当人们把这些范畴在纯粹知性中设立起来时，防止人们像**柏拉图**那样把它们看作是天生的"，柏拉图把范畴都叫作理念，并把这些理念看作是与生俱来的，是我们在化身为人时先天带来的，我们人只有通过回忆才能把它们一点一点从记忆中找回来。"并在这上面建立起对我们无法预料其结果的超感性之物的理论的夸大其辞的僭妄，却由此而使神学成为充满幻影的幻灯"，柏拉图通过回忆说而建立起对彼岸世界理念的夸大其辞的僭妄，形成了西方哲学史上先验论的唯理论这样一个传统，这在认识论上受到了康德的批判。但康德认为柏拉图正因此而使得神学也成为了充满幻影的幻灯，这一判断却与康德在别的地方对柏拉图的评价不太吻合。如在《纯粹理性批判》中谈到理念时，康德表扬柏拉图说："柏拉图很敏锐地看出，为了能把现象当作经验来解读，我们的认识能力会感到有一种远比仅仅按照综合的统一性来逐字拼写诸现象还更高的需要，而我们的理性会自然而然地腾飞到那些知识上去，这些知识远远超出随时都能有某个经验所能提供的对象与之相符合的地步，但尽管如此，它们却具有自己的实在性，而决不仅仅是一些幻影。"同时还说"柏拉图最初是在一切实践的东西中，就是说，在一切以自由为依据的东西中，发现他的理念的"（A314=B370—371）。当然康德在那里承认自己并不是严格按照柏拉图本人的意思来阐述他的思想。但至少，他在目前对柏拉图的批评，其实更适合于柏拉图的后继者，例如新柏拉图主义，他们的确借助于先验的实在论把知性范畴跨界用于彼岸的神学，并以此建立起一种有关上帝的理论知识，其实是把上帝变成了一种幻影。

但当人们把这些范畴看作后天获得的时，则防止人们像伊壁鸠鲁那样把它们所有的和每一种运用、哪怕是在实践意图上的运用都仅仅局限于感官的对象和规定根据上。

这是第二方面的必要性，就是防止伊壁鸠鲁那样的经验性的观念性。当人们把这些范畴看作后天获得的，"则防止人们像伊壁鸠鲁那样把它们所有的和每一种运用、哪怕是在实践意图上的运用都仅仅局限于感官的对象和规定根据上"。当然这也是泛泛而论了，伊壁鸠鲁是否有意识地把范畴看作后天获得的以及将之局限于感官对象和对感官的规定根据上，这其实无从可考，这更像是休谟的观点。伊壁鸠鲁不谈范畴，连因果性范畴他都认为有例外，如有关原子的无缘无故的"偏斜运动"的观点，一般来说他相信感官感觉的直接性，他甚至认为太阳就只是我们看起来那么大。他也不谈神的问题，认为神和我们无关。当然他的享乐主义也要涉及知性的明智，要比较享乐的大小和长短，但不一定要用到实体性、原因性和协同性这些范畴。康德这里指的只是一种大致的倾向，不能完全对号入座的。

但现在,当批判在那个演绎中证明了,**第一**,这些范畴并没有经验性的起源,而是先天地在纯粹知性中有自己的位置和来源;以及**第二**,由于它们不依赖于对象的直观而与**一般对象**发生关系,它们虽然只有在应用于**经验性的**对象时才形成**理论知识**,但毕竟在被应用于通过纯粹实践理性而被给予的对象时也会用来**对超感性的东西作确定的思考**,但却只不过是就这种超感性的东西仅仅被这样一些必然属于纯粹的、被先天给予的**实践意图**及其可能性的谓词所规定而言。

前面是讲这个演绎的必要性,而现在要讲这个演绎的有用性了。"但现在,当批判在那个演绎中证明了,**第一**,这些范畴并没有经验性的起源,而是先天地在纯粹知性中有自己的位置和来源;以及**第二**,由于它们不依赖于对象的直观而与**一般对象**发生关系",这是演绎的两个方面,也是在《纯粹理性批判》中已经阐明过的。一个就是通过演绎而证明这些范畴在纯粹知性中有自己先天的起源,另一个则是它们因此而不依赖于对象的直观而与一般对象发生关系,这种一般对象可以是经验对象,也可以是超验的对象。当然要获得经验知识或理论知识的话,它们只能用于经验对象,如果用在超经验对象上,那在理论上就会导致幻相,但在实践上则又当别论。那么由演绎的这两个方面也就提供了范畴的这两方面的应用,这就是:"它们虽然只有在应用于**经验性的**对象时才形成**理论知识**,但毕竟在被应用于通过纯粹实践理性而被给予的对象时也会用来**对超感性的东西作确定的思考**"。这就是范畴的演绎带给我们的两方面的用处,一个是形成有关经验对象的知识,再一个是提供对超经验、超感性的对象的思考。当然这种思考不是什么理论知识,而"只不过是就这种超感性的东西仅仅被这样一些必然属于纯粹的、被先天给予的**实践意图**及其可能性的谓词所规定而言"。当我们对这种超感性的东西运用范畴来进行思考(而不是认识)时,我们是把这些范畴当作道德实践意图及其可能性的必然的谓词,以便用来规定这些超感性的东西。注意这句话中打了着重号的那些词语,如果你在读它们时把它们的重音强调读出来,也就大致了解这句话的意思了。

纯粹理性的思辨的局限和它的实践的扩展第一次把纯粹理性带进了这样一种**平等关系**之中,在这里一般理性可以得到合目的性的运用,而这个例子就比别的例子更好地证明,通往**智慧**之路如果应当是可靠的而不是不可通行的或引入歧途的,那么它在我们人类这里就不可避免地必须借助于科学来通达,但对此我们又只有在这门科学完成以后才能够确信它是通向那个目标的。

这一句就是对这一节的总结了。"纯粹理性的思辨的局限和它的实践的扩展第一次把纯粹理性带进了这样一种**平等关系**之中,在这里一般理性可以得到合目的性的运用",就是说,纯粹理性在思辨的运用上是有局限性的,但它在实践的运用中却扩展了某种知识,这就使纯粹理性置身于一种"平等关系"中。所谓平等关系就是说,纯粹理性在理论上的运用和在实践上的运用是平等的,互相不能取代的,只有它们各管各的,这样"一般理性"、包括理论理性和实践理性,才能得到合目的性的运用。当然两者各有各的目的,根据你所要求的目的不同而不同,你要得到经验知识还是要用于道德实践,这就会有不同的运用,但总之是一般理性的合目的性的运用。这就是本节的标题所说的:"如何能够设想纯粹理性在实践意图中的扩展而不与此同时扩展其思辨的知识"的意思。凡是想要使两种理性互相取代或者越俎代庖的做法都是不合目的性的。"而这个例子就比别的例子更好地证明,通往**智慧**之路如果应当是可靠的而不是不可通行的或引入歧途的,那么它在我们人类这里就不可避免地必须借助于科学来通达","这个例子"是指范畴演绎的双重作用。这句话我们可以结合后面结论部分的最后一句话来读,在那里康德说:"总之一句话:科学(通过批判的寻求和有方法的导引)是导致**智慧学**的狭窄关口,如果这种智慧学不仅仅被理解为人们所应当作的事,而且还被理解为应当用作**教师们**的准绳的东西、以便妥善而明确地开辟那条每个人都应走的通往智慧的路并保证别人不走歧路的话:这门科学,任何时

411

候哲学都仍然必须是它的保管者"(《实践理性批判》222—223页，边码188)。这两句话中的"科学"，都不限于经验自然科学，而是指经过批判的作为方法的纯粹理性，所以它必定是"可靠的而不是不可通行的或引入歧途的"，它是一条"通往智慧之路"。而这里讲的"智慧"，前面也曾有过全面的解释："因为**智慧**从理论上来看意味着**对至善的知识**，而从实践上看意味着**意志对至善的适合性**"(同上，第178页，边码150)，是指上帝的智慧。但在我们人类这里，我们不可避免地必须借助于科学来通达它，也就是必须借助于经过批判的实践理性并按照一般理性的方法来通达它。"但对此我们又只有在这门科学完成以后才能够确信它是通向那个目标的"，也就是我们只有凭借批判的理性建立起了一门"道德形而上学"，这是康德所预先承诺的两门"未来作为科学的形而上学"之一，我们才能确信(überzeugen)这种理性是能够通向上帝的智慧的。当然，即便如此，我们也不可能到达上帝的智慧。①

[142]　　## VIII. 出于纯粹理性的某种需要的认其为真

上面第七节的最后一句话是说，我们"只有在这门科学完成以后才能够确信它是通向那个目标的"，这里的"确信"用的是 übezeugen，这不是随便用的。因为在《纯粹理性批判》中，康德曾把它看作是"视其为真"(Fürwahrhalten，亦可译作"认其为真")的"客观上充分的"形态

---

① 这里还可以参看《纯粹理性批判》的"建筑术"部分的一段话："由我们的批判的整个进程出发，人们将会充分地确信：即使形而上学不可能是宗教的基础，但它仍然任何时候都必将作为宗教的捍卫者而屹立，而人类理性既然由于其自然倾向而是辩证的，它就永远不可能没有这样一门对它加以约束的科学，而这门科学将会通过一种科学性的和完全明白易懂的自我知识来防止某种无法无天的思辨理性肯定会在道德和宗教中造成的种种破坏。……所以自然的形而上学以及道德的形而上学，尤其是作为预习(入门)而先行的、对驾着自己的翅膀去冒险的理性所作的批判，其实才是唯一构成我们在真正意义上能够称之为哲学的东西。这种哲学使一切都与智慧相联系，但却是通过科学之路，这是一条一旦被开辟出来就再也不被壅蔽且决不会让人迷失的唯一的道路。"(A849—850=B877—878)可见这是康德反复强调的观点。

（A820=B848），他并且还按照与确信的关系而把视其为真分为三个层次：意见、信念和知识。意见是主客观都不充分的；信念（Glauben，视情况可以译作"信仰"）是主观上充分而客观上不充分的，知识则是主客观都充分的。但在知识中的确信却偏向于"主观上的充分性"，而偏向于客观上的充分性则叫作"确定性"（Gewißheit）（A822=B850）。他有时还把"主观的确信"称之为"坚定的信念"（A824=B852）。而信念本身也分为两个层次。他说"无论在哪里，只有通过**实践的关系**，那理论上不充分的视其为真才能被称之为信念。于是，这一实践的意图要么是**熟巧**的意图，要么是**德性**的意图，前者指向随意的和偶然的目的，后者则指向绝对必然的目的。"（A823=B851）自然神学的各种信念（Glauben，这时就可以译作"信仰"）属于"学理的信念"，它介于上述两种信念之间，随时有可能动摇；"**道德的信念**的情况就完全不同了。因为在这里绝对必然的是，有件事必须发生，这就是我会在一切方面听从道德法则。这个目的在这里是不可回避地固定了的，并且按照我的一切洞见，只有一个唯一的条件可以使这个目的与所有的目的全都关联起来，并使之具有实践的效力，这就是：有一个上帝和一个来世……既然道德规范同时就是我的准则（正如理性命令它应该是的那样），那么我将不可避免地相信上帝的存有和一个来世生活，并且我肯定没有任何东西可以动摇这一信念，因为那样一来我的道德原理本身将会遭到颠覆，而这些道德原理是我如果不在自己眼里成为可憎的就不能放弃的。"（A828=B856）这种信念就是本节标题"出于纯粹理性的某种需要的认其为真"所要展开的内容，而上述有关意见、信念和知识的讨论就是这个话题的背景。

　　纯粹理性在其思辨的运用中的某种**需要**只是导致**假设**，但纯粹实践理性的需要则导向**悬设**；因为在前一种情况下我从派生的东西出发在根据序列中向上提升到**如我所愿**的高度，并且需要一个原始根据，不是为了赋予那种派生的东西（如在这个世界中的事物和变化的因果联系）以客观实在性，而只是为了在派生的东西方面完全满足我的探索的理性。

"纯粹理性在其思辨的运用中的某种**需要**只是导致**假设**，但纯粹实践理性的需要则导向**悬设**"，我们前面曾讲到过假设 (Hypothese) 和悬设 (Postulate) 的区别，后者也是一种假设，但还带有"要求"的意思，所以它与实践行动有关。纯粹理性的思辨的运用没有这种要求，而只是旁观。"因为在前一种情况下我从派生的东西出发在根据序列中向上提升到**如我所愿**的高度，并且需要一个原始根据"，我从派生的东西出发，也就是从现有的结果出发，去追溯它的原因或根据，搞清它是"何以可能"的，这就是《纯粹理性批判》里面所遵从的思维方向。一般科学思维也是如此，按照一个因果序列去追溯一件事情发生的原因，上升到"如我所愿"的高度，想追到哪一步就追到哪一步，直到满意为止，或者直到不能再追为止。最终如果还需要假设一个原始根据的话，那就是自然神学的上帝（"第一推动力"之类）。而这样做，"不是为了赋予那种派生的东西（如在这个世界中的事物和变化的因果联系）以客观实在性，而只是为了在派生的东西方面完全满足我的探索的理性"。在这里，派生的东西已经是现成的，不需要再论证它的客观实在性，如在这个世界中的事物和变化的因果联系已经是事实了，现在要追究的是它们何以可能是这样的，知其然还要知其所以然，目的只是要在这些事情上满足探索的理性，想要搞清楚它们的原委。当这种原委还没有搞清楚时，就需要先假设一个根据，然后再证明它。这就是思辨理性的一般操作方式。当然，与此相对照的就是实践理性的运用，它是要将尚未实现出来的东西实现出来，当然要预先设定派生的东西的客观实在性，以免落空。但这里还没有谈到这一方面。

于是我就在我面前的自然中看到了秩序和合目的性，不需要为了使自己确信其**现实性**而着手去进行思辨，而只需要为了**解释**它们而**预设一个上帝**作为其原因，这样一来，由于从一个结果向一个确定的原因、尤其是像我们对上帝所必须思考的那样严格那样完全地确定的原因所作的这种推论永远是靠不住的和拙劣的，则这样一种预设所能达到的就只不过是对我们人类而言最为合理的意见这种程度。

"于是我就在我面前的自然中看到了秩序和合目的性，不需要为了使自己确信其**现实性**而着手去进行思辨，而只需要为了**解释**它们而**预设一个上帝**作为其原因"，这还是讲思辨理性的那种回溯程序，它必然会从"我面前的自然中"按照某种现成的秩序和合目的性去追溯它的前提，最终导致一个上帝的假设，作为解释这种秩序的终极原因。这就是从已有的现实性出发而推出那个并未证明也不可能再证明其现实性的预设，即上帝的理念，它的作用其实仅仅在于引导这一无限的追溯过程，而本身则是没有根据的，既缺乏客观根据，也缺乏主观根据，所以只能是一种"意见"。"这样一来，由于从一个结果向一个确定的原因、尤其是像我们对上帝所必须思考的那样严格那样完全地确定的原因所作的这种推论永远是靠不住的和拙劣的"，这种上帝被假设为完全严格完全确定的最终原因，但对它的推论永远是从有限跳到无限，从条件系列跳到无条件者，中间的无限距离是跳过去了的，所以这种推论永远靠不住。而如果自以为达到了最终的证成则是拙劣的，"这样一种预设所能达到的就只不过是对我们人类而言最为合理的意见这种程度"，它充其量不过是一种"合理的意见"。而且即使对我们人类最为"合理"，也还未弄清楚它合的是什么"理"，即它自以为合的是自然之理、思辨之理，其实是完全不合理，只有后面隐藏的实践理性之理，才是这种自然倾向的真正道理。接下来康德有一个注释，我们先来看看。

　　<u>然而</u>，即使在这里，假如不是有一个悬拟的但毕竟是不可避免的理性概念，即一个绝对必然的存在者的概念摆在我们眼前的话，我们也就不可能把<u>理性</u>的一种需要用作借口了。

这就是上面说的，自然神学把"理性的需要"作为推出一个终极的原始存在者的"借口"，毕竟不是毫无根据的。这个根据就是，的确"有一

个悬拟的但毕竟是不可避免的理性概念，即一个绝对必然的存在者的概念摆在我们眼前"。在自然神学家看来，如果没有类似牛顿的"第一推动"的假设来解释整个宇宙的运转，那就是"不合理"的，其实这只是一种借口。牛顿自己就说过，他反对假设，而且事实上，没有这种假设，自然科学家照样能够很好地进行科学研究。但为什么还总是要假设一个上帝，这种需要只能从另一种不可避免的理性概念来解释，它不是一种假设的概念，而是一种绝对必然的存在者的概念，这种必然性或必要性最终并不是出于思辨理性或科学理性的要求，而是出自实践理性的要求。但它却打着科学理性的需要的旗号，似乎没有这种假设，科学理性所建立的宇宙秩序就不完整。

　　现在这个概念将得到规定，而这一点当对此加以扩展的冲动发生时，就是思辨理性的一种需要的客观根据，即要对应当用作其他存在者的原始根据的一个必然存在者的概念作进一步规定并由此使它得到标明这种需要的客观根据。

　　"现在这个概念将得到规定"，现在，我们将对这个由思辨理性提出来的虽然是悬拟的但毕竟是不可避免的理性概念加以规定，看看它到底是出自于何种根据。"而这一点当对此加以扩展的冲动发生时，就是思辨理性的一种需要的客观根据"，为什么思辨理性会产生这样一种对此加以扩展的冲动，为什么会有这样一种需要，它这样做的动力来自何处，这肯定是有它的一种外部的客观根据的。"即要对应当用作其他存在者的原始根据的一个必然存在者的概念作进一步规定并由此使它得到标明这种需要的客观根据"，我们需要加给其他存在者一个原始根据，要对这个必然存在者作进一步规定并标明它就是原始根据，这种需要的客观根据又是什么，这就是我们现在需要探讨的。实际上这个根据就是思辨理性之外的实践理性的道德需要，是它在促使思辨理性在万事万物中寻求一个原始存在者的理性概念，这正是一种实践上的必然要求。但在这个注释中对此仍然引而不发。

没有这样一些先行的必要问题，也就没有任何需要、至少没有**纯粹理性**的需要；其余的都是**爱好**的需要。

"没有这样一些先行的必要问题"，就是说，如果不预先解决好这种需要的客观根据的问题，那么"也就没有任何需要、至少没有**纯粹理性的需要**"。思辨理性如果没有一种道德实践上的客观根据，它也就没有一定要假设一个上帝的必要性，至少没有纯粹理性上的必要性。"其余的都是**爱好**的需要"，这种需要也许没有客观根据，但是否会有主观根据呢？主观根据带来的都是爱好的需要，而不是纯粹理性的需要，例如帕斯卡著名的"打赌"：我赌上帝存在，这是最划得来的，假如没有上帝，我也不会有任何损失，而万一有上帝，我就赚大了。那么，什么是这种需要的客观根据？这就是下面正文中所要展开谈的了。

反之，一个纯粹**实践**理性的需要则是建立在某种**义务**之上的，即有义务使某种东西（至善）成为我的意志的对象，以便尽我的一切力量促进它；但我在此必须预设它的可能性，甚至还必须对这种可能性的那些条件即上帝、自由和不朽加以预设，因为我通过我的思辨的理性并不能证明它们，虽然也不能反驳它们。

这里就是对上文和注释中引而不发的问题的点破。思辨理性一定要假设一个上帝的需要究竟出自何处？这里说："反之，一个纯粹**实践**理性的需要则是建立在某种**义务**之上的，即有义务使某种东西（至善）成为我的意志的对象，以便尽我的一切力量促进它"。反之，就是与思辨理性相反，不是出于理论的需要，而是出于纯粹实践理性的需要。纯粹实践理性向我们表明，这种假定一个上帝的需要是建立在某种义务之上的，这就是我们必须实现至善的义务，这种义务根源于道德法则。"但我在此必须预设它的可能性，甚至还必须对这种可能性的那些条件即上帝、自由和不朽加以预设"，道德律不会把不可能的事情设定为义务，它永远不会要求我们做那些根本做不到的事情；所以当它把至善设定为义务时，就已经预设了至善的可能性，而同时也就必须为这种可能性的条件即上帝、自由和灵魂不朽加以预设，而这种预设这时就成为了悬设，即成为了道德律的要求。"因为我通过我的思辨的理性并不能证明它们，虽然也不能反驳它们"，在这方面，思辨理性并不能证明这些假设，虽然也不能反驳它们，但这只不过为它们保留了一个空位，这空位正是为纯粹实践理性所预留的，正如先验自由的理念所表明的那样。

[143] 　　但这种义务建立在某种完全不依赖于后面这些预设而自身独立地、无可置疑地确定的法则即道德法则之上，在此范围内它为了约束我们最完善地做出无条件地合乎法则的行动，并不需要从别的地方通过对事物的内部性状、对世界秩序的或是某个主管世界秩序的统治者的隐秘目的的理论意见提供任何支持。

　　这里强调的是，虽然上帝等等的悬设是出于实践义务的需要，它们构成至善的可能性前提，但这种义务本身并不以它们为前提。"但这种义务建立在某种完全不依赖于后面这些预设而自身独立地、无可置疑地确定的法则即道德法则之上"，道德义务本身是不依赖于上帝而自行建立起来的，不是道德法则依赖于上帝，而是上帝等等悬设最终要依赖于道德法则，不是神学的道德学，而是道德的神学。所以道德法则及其义务是自身独立、无可置疑的确定的法则，是一切悬设的基点。"在此范围内它为了约束我们最完善地做出无条件地合乎法则的行动，并不需要从别的地方通过对事物的内部性状、对世界秩序的或是某个主管世界秩序的统治者的隐秘目的的理论意见提供任何支持"，在此范围内，也就是在道德法则的实践范围内，它为了把我们的出于义务的行动做到极致而建立起了上帝等等的悬设，而不需要借重于思辨理性从别的地方提供任何支持，例如对事物的内部性状、世界秩序或某个创造者的目的进行理论分析，提供一些似是而非的意见，这都是不必要的。这就在确立起道德神学的同时，排除了自然神学的一切尝试。

　　但这条法则的主观效果，即与它相适合并且也通过它而是必然的那个促进实践上可能的至善的**意向**，却至少预设了至善是**可能的**，在相反的情况下，拼命追求一个其实是空洞而没有客体的概念的客体，这在实践上就会是不可能的。

"但这条法则的主观效果，即与它相适合并且也通过它而是必然的那个促进实践上可能的至善的**意向**，却至少预设了至善是**可能的**"，这条法则即道德法则，它与自然神学的那些意见就完全不同了，它至少在主观意向中预设了至善的可能性。这种主观意向是与道德法则相适合的，并且通过道德法则而是一种必然的意向，这就是促进至善的意向。"在相反的情况下，拼命追求一个其实是空洞而没有客体的概念的客体，这在实践上就会是不可能的"，相反的情况正是自然神学的情况，人们拼命追求的是这样一个概念的客体，这个概念其实是空洞的，根本没有客体的。而这在实践上是不可能的，一旦人们知道了这一点，或者像康德那样在对上帝的各种证明的批判中戳穿了这一点，就不再会有人去追求这种客体了。谁会去追求一个明知是空洞无物的、不可能实现的概念的客体呢？这样一个概念是不能用于实践的。

于是上述悬设就只涉及至善的**可能性**的那些自然的或形而上学的、总之是处于事物本性中的条件，但不是为了一个随意的思辨的意图，而是为了纯粹理性意志的一个实践上必要的目的，这个意志在这里并不**选择**，而是**听从**理性的一个毫不松懈的命令，

"于是上述悬设就只涉及至善的**可能性**的那些自然的或形而上学的、总之是处于事物本性中的条件"上述悬设，就是出自道德法则的悬设，就只涉及至善的可能性的条件，这个条件既是自然也是形而上学的条件，总之是万物本性的条件，因为它是万物的创造者，所以才能为至善提供可能性。"但不是为了一个随意的思辨的意图，而是为了纯粹理性意志的一个实践上必要的目的，这个意志在这里并不**选择**，而是**听从**理性的一个毫不松懈的命令"，悬设这个条件不是为了主观上随意的思辨的意图，比如说为了认识世界整体或世界的最终原因，这个不去认识也没有什么关系，我们照样可以在科学中做出开拓和贡献。上帝的悬设不是为

了这个,而是为了纯粹理性意志的实践上的必要的目的,也就是一定要使至善成为可能。思辨的理性是可以选择的,你可以选择当自然哲学家,也可以选择只当自然科学家,这对于思辨理性和自然知识并无大碍;但这样一个意志在这里并不选择,而是有种必须服从的必然性,必须听从纯粹理性的绝对命令,不这样做就有损于道德。

　　这个命令在事物的性状中**客观上**有其根据,只要这些事物必须由纯粹理性来作普遍的评判,并且,这个命令绝不是建立在**爱好**之上的,这种爱好为了我们出于单纯**主观**的根据所**希望**的东西,没有任何权利马上就假定达到这种东西的手段是可能的,乃至于假定这对象是现实的。

　　"这个命令在事物的性状中**客观上**有其根据,只要这些事物必须由纯粹理性来作普遍的评判",这个命令,也就是命令我们一定要促进至善,这个在客观事物中有这样的根据,就是要使客观事物的性状与纯粹理性的普遍法则相适合。在这个法则的衡量标准之下,事物的客观性状要达到什么样一个比例才算是按照这个命令发生了,这是有客观的甚至量化的尺度的。例如对于见义勇为、拾金不昧等等好人好事,人们心目中会有一个奖励标准,有时政府甚至设立了确定的奖金或物质奖品。善有善报,恶有恶报,这不单纯只是口头上赞扬或谴责的事,而是必须要有客观物质性的奖惩,人们才觉得公平。"并且,这个命令绝不是建立在**爱好**之上的,这种爱好为了我们出于单纯**主观**的根据所**希望**的东西,没有任何权利马上就假定达到这种东西的手段是可能的,乃至于假定这对象是现实的",这个命令也不是建立在爱好之上,例如善恶有报决不只是人民大众喜闻乐见的事,也不是对谁有好处,会给谁带来快乐,后面这些都只是出自我们主观的根据,并不能仅仅根据我们的这些希望就假定任何手段都是可能的,为达目的不择手段,乃至于假定这对象或目的只要我想要就能够实现出来,我既没有这种权利,也没有这种能力。

　　所以这就是一个**在绝对必要的意图中的需要**,它表明自己的预设不仅只是作为可以允许的假设是有理由的,而且作为在实践意图中的悬设也是有理由的；

"所以这就是一个**在绝对必要的意图中的需要**"，这种需要，也就是悬设一个上帝的需要，不是什么可有可无的需要，而是一个出于绝对必要的意图的需要，或者出于绝对意志的需要。"它表明自己的预设不仅只是作为可以允许的假设是有理由的，而且作为在实践意图中的悬设也是有理由的"，这种需要表明它不仅仅是一个可以允许的假设，就是说可以有理由这样假设但也有理由不这样假设，你要这样假设的话没有人阻拦你，爱做不做，就像在第三个二律背反中对自由理念的假设那样，不是这样的；而是一个实践理性的悬设，它只有唯一的理由，不存在相反的理由，它就是一种命令或要求，不做不行。这里再次显示出"悬设"和"假设"的区别。

并且如果承认这个纯粹道德法则作为命令（而不是作为明智的规则）毫不松懈地约束着每个人，一个正直的人就完全可以说：我愿意有一位上帝，我在这个世界上的存有在自然联结之外也还会是一个纯粹知性世界中的存有，再就是最后，我的延续是无穷的，我坚持这些并且非要自己这样相信不可；

"并且如果承认这个纯粹道德法则作为命令（而不是作为明智的规则）毫不松懈地约束着每个人"，不单这个悬设、这个要求是有理由的，而且如果我们承认道德法则的命令对每个有理性的人都有毫不松懈的约束力的话，而不像明智的规则你可以服从也可以不服从，那么，"一个正直的人就完全可以说：我**愿意**有一位上帝，我在这个世界上的存有在自然联结之外也还会是一个纯粹知性世界中的存有，再就是最后，我的延续是无穷的，我坚持这些并且非要自己这样相信不可"。就是说，道德法则看起来是客观的、外在的命令，好像是你被迫服从的，你不得不听从的，别无选择；但是对于一个正直的人，他完全可以把这种客观的命令理解为主观的愿意，我服从它就是自愿服从自己的理性本质。所以，按照这种命令，我愿意有一位上帝，愿意在一个理知世界或上帝之国中生存，并且愿意我的灵魂不朽,在来世也无穷地延续。很明显,这里提到的三种愿望就是前面第 187 页所说的三个理念,我坚持这些并且非要自己这样相信 (Glauben) 不可,这都是一位听命于道德法则的人所必然会愿意悬设并愿意相信的。注意这里的"相信"已经是"信仰"了,它可以译作信仰,而这就是康德对信仰的真正理解,即纯粹理性的道德实践的理解,和通常所说的信念是很不相同的,这一点康德在后面接下来的三个自然段中作了详细的解说。

　　因为这是唯一的场合,在这里由于我决不**可以**忽视自己的兴趣,我的兴趣就不可避免地规定着我的判断,而不去注意那些玄想,不管我对这些玄想可能会多么难以回答,或是多么难以做到以更加虚假的玄想去对抗它们。

　　"因为这是唯一的场合,在这里由于我决不**可以**忽视自己的兴趣,我的兴趣就不可避免地规定着我的判断",注意这里的用词,一个是打了着重号的"可以" (darf),一个是上面也打了着重号的"愿意" (wollen),还有一个是这里的"兴趣" (Interesse)。那么,在这里是唯一的场合,我决不可以忽视自己的兴趣,并由兴趣来规定我的判断。兴趣在这里意味着关切、关注、需求,结合前面的 wollen (愿意、愿望、希望),这里表达的正是康德的三个著名的问题中的第三个问题:我可以希望什么? 康德在《纯粹理性批判》中的原话是这样说的:"我们理性的一切兴趣 (思辨的以及实践的) 集中于下面三个问题:1.**我能够知道什么? 2.我应当做什么? 3.我可以 (darf) 希望什么?**" (A805=B833) 这第三个问题据他说,正是由宗教来解决的,所以它既不单纯是理论问题,也不单纯是道德实践问题,而是理论问题和实践问题的统一,所以是"唯一的场合"来谈可以希望什么。"而不去注意那些玄想,不管我对这些玄想可能会多么难以回答,或是多么难以做到以更加虚假的玄想去对抗它们",既然是唯一的场合,所以对于其他场合我就不去注意了,这主要是指由思辨理性在上帝问题上所导致的"玄想" (Vernunftelein)。这是个贬义词,指滥用理性的推理，自然神学已经把这种滥用发挥到了极致。这种玄想试图用思辨理性来解决上帝存在的问题，想尽了一切办法，也遭到了同样的思辨理性的各种反驳，而证明的一方和反驳的一方都遇到了不可克服的困难。但所有这些困难的问题，都随着康德把话题转移到纯粹实践理性的论域中来而烟消云散了，都不值一提、不值得注意了。所以康德才在《纯粹理性批判》的第二版序中说，"我不得不悬置知识，以便给信仰腾出位置"，并告诫青年人不要"对他们在其中乃至世界上任何人在其中都会一无所见的东西随意玄想"（BXXX、BXXXI）。这下面又有一个长注。

在 1787 年 2 月号的《德意志博物馆》上登载了一篇由头脑极为敏锐而清澈、可惜早逝的已故**魏岑曼**的文章，他在其中对于从一种需要推论出这个需要的对象的客观实在性的做法提出质疑，并用一个**热恋者**的例 [144] 子来阐明他的论点，这个热恋者由于迷恋于只是他自己的幻影的那个美的理念，就想推论这样一个客体是现实地在什么地方实存着的。

康德的《实践理性批判》出版于 1788 年，魏岑曼的文章不可能是针对康德这本书的（也许是针对《纯粹理性批判》后面部分有关道德实践的讨论）。但他"对于从一种需要推论出这个需要的对象的客观实在性的做法提出质疑"，有点类似于当年高尼罗对笛卡尔从一个最完满的存在概念推论出上帝一定在他之外也存在的做法的驳斥，高尼罗说，我可以设想一个最美丽的岛屿，但并不因此就能证明这个岛屿在海上存在。在这方面，康德是会同意高尼罗的，他自己对笛卡尔的本体论证明的批判也相当于这种反驳，当然他也会同意魏岑曼了。单从我们主观上，不论是有一个最完满的概念也好，还是有一个需要的对象也好，都不可能推论出一个外在对象的客观现实的存在。但这种质疑是否可以移用于康德对上帝存有的客观实在性的悬设呢？是否可以认为我们主观上对至善的需要就足以推论出上帝的存有呢？康德认为这是不能等同的。为了澄清这个问题，他先承认魏岑曼的看法有道理。

在把需要建立在**爱好**之上的一切场合下，我承认他在这里是完全有道理的，爱好就连对那种受到它诱惑的人也不是必然能够悬设其客体的实存的，更不包含对每个人都有效的要求，因此只是种种希望的一个**主观的**根据。

这句的关键词一个是"爱好"，一个是"主观的"，都打了着重号。康德承认，如果是出于主观的爱好而假设一个相应的客体的实在性，这当然是荒谬的，是一厢情愿的，不能用主观愿望或需要代替客观现实，这也不会得到每个人承认的。魏岑曼的例子涉及的是热恋，即一种爱好，他的观点代表了常识。但从这两个关键词已经可以看出，康德在这里已经留了一手。下面他就来为自己的观点辩护了，或者说，他这个注释就是要为自己从至善的道德义务来悬设上帝存有的做法提供辩护。

但在这里却是一种出自意志的**客观的**规定根据，即来自道德法则的**理性的需要**，它是必然约束着每个有理性的存在者的，所以就先天地有资格在自然中预设与它相适合的条件，并使得这些条件与理性的完全的实践运用成为不可分割的。

这句的关键词一个是"客观的"，一个是"理性的需要"，恰好和上一句的"爱好"和"主观的"针锋相对。与处于热恋中的爱好的需要不同，康德对上帝的悬设是出于道德法则的理性的需要，这种需要不是张三李四的，而是自由意志的客观的规定根据，"它是必然约束着每个有理性的存在者的"。凡是有理性者，他在实践行动中的自由意志就必然受到这一法则的规定，对他起一种约束作用。这样一种客观的理性需要，"所以就先天地有资格在自然中预设与它相适合的条件，并使得这些条件与理性的完全的实践运用成为不可分割的"。因为这不是什么爱好的需要，不是主观的一厢情愿，而是每个有理性者都不能不需要这样的客体即至善，并且能够在自然中预设与它相适合的条件，这就是自然界的创造者、上帝。上帝就是使得至善能够实现的条件，这个条件与理性的完全实践的运用、即一直贯穿到对至善义务的履行是分不开的。所以，上帝悬设的客观实在性正是植根于道德法则作为纯粹意志法则的实在性,只要道德法则本身不受质疑,则悬设上帝的客观存有也不会有问题。

这就是我们竭尽全力使至善成为现实的那个义务;因此至善终归也必须是可能的,因而对于这个世界的每个有理性的存在者来说,也不可避免地要预设对至善的客观可能性所必需的东西。这个预设正如道德法则一样是必要的,它也只是在与道德法则的关系中才有效。

"这就是我们竭尽全力使至善成为现实的那个义务",这,也就是那个理性的需要,就是我们在实践中要实现至善的义务,因而并不是什么爱好或感性的需要。"因此至善终归也必须是可能的,因而对于这个世界的每个有理性的存在者来说,也不可避免地要预设对至善的客观可能性所必需的东西",因为它不是感性的主观需要而是理性的客观需要,所以它的义务的对象即至善也必须是可能的,道德实践不像日常实用的实践,它不会提出自己实现不了的义务,凡是它提出的义务都是肯定能够实现、至少有实现的可能性的。所以一个有理性者也不可避免地要为这种可以实现的至善预设或悬设保证它实现所必需的东西,即上帝存有和灵魂不朽以及一个上帝之国。因此,"这个预设正如道德法则一样是必要的,它也只是在与道德法则的关系中才有效",上帝的悬设只在与道德法则的关系中才有效,它与道德法则共存亡,而道德法则作为一条纯粹实践理性的法则,它本身就具有实践能力,因而本身就是一个不容否认的"理性的事实",这是在本书一开头就提出来的一个立论的基点。

◊　　　　　◊　　　　　◊

为了在运用像纯粹实践理性的信仰这样一种还是如此不习惯的概念时防止误解,请允许我再增添一个注解。

星号下面的这三个自然段都是专门讨论康德的"信仰"(Glauben)概念的,这个概念前面大都译为"信念",因为这个德文词本身就有两种不同层次的含义,一般层次的就是信念,最高层次的则是信仰,也就是康德所谓要"悬置知识，为信仰腾出位置"的那个意义上的信仰。一般层面上的信念是不需要悬置知识的，例如我相信今天会下雨，这是可以有气象知识作根据的，而前面的讨论，包括涉及《纯粹理性批判》有关意见、信念和知识的讨论，都还是在这个一般层面上展开，虽然已经包含有信仰的可能性，但还没有正式把它专门作为宗教信仰来进行分析。而只有在第Ⅴ节谈上帝的悬设时，以及在本节谈"认其为真"时，才开始正面谈到作为宗教信仰或对上帝的信仰的 Glauben。所以康德觉得需要在这里重点对这个概念作为一种宗教概念加以辨析。

　　——据说情况看来差不多是这样，似乎这个理性信仰在这里本身就会被宣布为命令，即要求把至善假定为可能的。但一个被命令的信仰是荒唐无稽的。

　　就是说，也许有人会把康德的这个理性信仰理解为一种命令，命令人们把至善假定为可能的，这样理解就太直接了。前面说过，道德法则把至善的实现当作一个义务，因此它命令意志去以自己的实践实现至善，并因为这种命令的客观实在性而必须悬设一个上帝来保证至善实现的可能性，但这并不等于道德法则直接命令人们信仰一个上帝。对上帝的信仰不是由道德法则的直接命令而来的，而是由至善在实践中的客观实在性而来的，这种实践要求至善的客观实在性，因而必然会悬设一个上帝来保证这种客观实在性，这里面的层次是不同的。所以"一个被命令的信仰是荒唐无稽的"，虽然最终对上帝的信仰根源于实践理性，但它本身的悬设却是一种思辨理性的悬设，正因此这种宗教信仰才是理论理性和实践理性的统一。这一点其实在前面第Ⅴ节讲上帝的悬设时已经讲得很清楚了，就是虽然"我们的义务是促进至善"，而"至善由于只有在上帝存有的条件下才会发生，它就把它的这个预设与义务不可分割地结合起来，即在道德上有必要假定上帝的存有"；然而，"这里必须多加注意的是，这种道德必要性是主观的，亦即是需要，而不是客观的，亦即本身不是义务；因为根本就不可能有假定某物实存的义务（因为这只是关系到理性的理论运用）。"（见前面 172 页，边码 144）所以康德在这里也说道：

但是让我们回忆一下上面对于在至善概念中被要求假定的东西所作的分析，我们就会懂得，对这种可能性作出假定，这是根本不可以命令的事，它也不要求任何**承认**这种可能性的实践意向，相反，思辨理性必然会对这种可能性无需申请就加以批准；因为毕竟不可能有任何人愿意主张：这个世界上的有理性的存在者与道德法则相适合而配得幸福的资格，与按照这种资格的比例对这种幸福的占有结合起来，这本身是**不可能的**。

就是说，根据前面已经作过的分析，在至善概念中被要求假定上帝的存有，这是不可能命令的，那将会是强词夺理，以往的基督教就是这样。"它也不要求任何**承认**这种可能性的实践意向"，这种悬设也不是要求人们在实践中承认这种可能性，好像我不承认上帝存有我就不能实践道德法则了，这倒并非如此。我在悬设一个上帝之前，就已经在进行道德实践了，虽然还没有看到德福一致的希望，但至少可以为道德而道德地尽自己的本分，出自义务而做一些事情。但这些事情中也包含德福一致、至善，这时我就要想了，既然我有义务实现至善，那么这个至善实现的条件是什么呢？只能是创造世界的全知全能的上帝，而这时我运用的正好不是实践理性，而是思辨理性或理论理性。所以"相反，思辨理性必然会对这种可能性无需申请就加以批准"，它不需要向实践理性申请，或者由实践理性来命令它，而是自己就可以根据至善可能性的理论关系直接批准一个上帝的悬设。"因为毕竟不可能有任何人愿意主张：这个世界上的有理性的存在者与道德法则相适合而配得幸福的资格，与按照这种资格的比例对这种幸福的占有结合起来，这本身是**不可能的**"，这句话相当于自相矛盾，当然不会有人愿意主张了。我们说，有理性的存在者因其德性而配得幸福，却又不可能按照这种德性的比例而占有这种幸福，这不是自打耳光吗？你说他"实际上"并没有按照他的德性的比例而占有相应的幸福还可以说得通，而且这种事比比皆是；但你要说这是"不可能的",这就是自相矛盾。既然根本不可能,他怎么会有配得幸福的"资格"？只须用理论理性或思辨的理性想一想,就可以发现这说不通。

现在,就至善的前一部分,即涉及到德性的部分而言道德法则给予我们的只是一个命令,而怀疑那个组成部分的可能性也就等于是对道德法则本身产生怀疑。

至善既然是德福一致,那么它就有两部分,前一部分就是德性部分。在这一部分中,"道德法则给予我们的只是一个命令,而怀疑那个组成部分的可能性也就等于是对道德法则本身产生怀疑",关于德性部分,道德法则只给我们一个命令,命令我们出于道德法则行动,这个是不容怀疑的,否则就是怀疑道德法则本身。所以这一命令本身是一个理性的事实,是一切道德原理的原初的基点。

但涉及到那个客体的第二部分,亦即与那个资格通盘相适合的幸福,那么虽然承认这种幸福的一般可能性根本不需要一个命令,因为理论理性自身并不反对这一点:只是我们应当**如何**设想自然法则与自由法则的
[145]　这样一种和谐的**方式**本身却具有某种值得我们**选择**的特点,因为理论理性对于这一点不能以无可置疑的确定性作出任何决断,而在这种确定性方面可以有一个道德的兴趣来起决定性的作用。

也就是说,至善的第二部分是与德性相适合的幸福,"虽然承认这种幸福的一般可能性根本不需要一个命令,因为理论理性自身并不反对这一点",承认这种与德性相适合的幸福一般是可能的,这不需要命令,因为理论理性自身是价值中立的,它不会特意反对这种可能性。"只是我们应当**如何**设想自然法则与自由法则的这样一种和谐的**方式**本身却具有某种值得我们**选择**的特点",虽然理论理性并不反对这种可能性,然而在如何设想自然法则与自由法则的和谐方式这点上,也就是在设想德福一致的方式上,我们却是可以选择的,是按照理论理性来确定这种关系呢,还是按照道德的兴趣来决定？"因为理论理性对于这一点不能以无可置疑的确定性作出任何决断,而在这种确定性方面可以有一个道德的兴趣

来起决定性的作用"，选择如果以结果的确定性来衡量，则肯定会是由道德的兴趣来拍板，因为理论理性在这方面不可能作出决断。它可以悬设一个上帝来从理论上说明德福一致如果要有可能的话，就必须是以这种方式，即以上帝的存有为条件；但德福一致到底是否有可能，这个则是由道德的兴趣来决断的，按照这种兴趣至善必定是可能的。所以如果你只听从理论理性，你很可能会放弃德福一致的可能性并同时放弃上帝的悬设，就像斯宾诺莎一样高不成低不就，既不信上帝也失去了对幸福的希望，而这对理论理性来说的确是无所谓的。只有通过道德的兴趣来确立起我可以希望什么，这才能使上帝的悬设成为真正的信仰。当然，理论理性也不一定要放弃信仰，它只是对信仰不坚定、不能作出无可置疑的决断而已，它的价值中立使得它无可无不可，左右动摇，所以真正的信仰一定是由道德法则作支撑的。

前面我曾说过，按照这个世界的单纯的自然进程，精确地与道德价值相适合的幸福是不可指望而必须视为不可能的，所以至善的可能性在这一方面只能够在预设一个道德的世界创造者的前提下才被承认。我曾有意克制着不把这一判断局限于我们理性的**主观条件**之上，为的是在后来当需要对理性的认其为真的方式作更进一步规定时才运用这种做法。

"前面我曾说过，按照这个世界的单纯的自然进程，精确地与道德价值相适合的幸福是不可指望而必须视为不可能的，所以至善的可能性在这一方面只能够在预设一个道德的世界创造者的前提下才被承认"，前面在哪里说过？其实上一节整个都一直在批评自然神学，因为它无法证明德福一致。例如在谈到阿那克萨哥拉以前的希腊哲学家们为什么不能设想一个拥有一切完善性的世界原因，就是因为这个世界上的各种坏事对他们提出了反驳，所以他们不去作那种假设，"反而在自然原因中到处搜求，看自己是否能够在这些原因中碰到原始存在者所要求的那种性状和能力。"（前面第 192 页，边码 161）但只有在他们对道德的对象进行了哲学的处理之后，"这时他们才第一次发现了一种新的需要，即一种实践的需要，这种需要不会不给他们确定地指明那个原始存在者概念，而思辨理性则对此袖手旁观"（同前）。现在回过头来想想，当时这种批评好像是基于一种客观事实，即自然界不可能有与德性相适合的幸福，在那里寻求至善的例子等于缘木求鱼。但真的是这样吗？他说："我曾有意克制着不把这一判断局限于我们理性的**主观**条件之上，为的是在后来当需要对理性的认其为真的方式作更进一步规定时才运用这种做法"，就是说，我当时是有意把这一判断说成是客观上的不可能，而不把它局限于我们的理性的主观限制；其实现在倒是应该承认，正是由于我们主观条件的有限性才导致我们无法在自然界中找到这种确证，由此我们可以对理性的认其为真的方式作进一步的规定。当我们现在对这种认其为真的方式进行考察的时候，我们会发现德和福是否能够在自然界中客观上达到一致其实是个不确定的问题，我们既不能断言它可能，也不能断言它不可能，问题只是出在我们自己作这种断言的主观条件中。

实际上，前述的不可能只是**主观的**，就是说，我们的理性发现自己**不可能**根据一个单纯自然进程使两种按照如此不同的法则而发生的世界事件之间如此精确适合并通盘合目的性的关联得到理解；虽然正如在所有那些通常在自然中是合目的的东西那里一样，理性毕竟也不能根据普遍的自然法则来证明、也就是出于客观的理由来充分说明这种关联的不可能性。

"实际上，前述的不可能只是**主观的**，就是说，我们的理性发现自己**不可能**根据一个单纯自然进程使两种按照如此不同的法则而发生的世界事件之间如此精确适合并通盘合目的性的关联得到理解"，这里提出了对这种不可能的真正的解释，就是说，并非客观上可能或不可能，而是主观上我们无法得到合理的理解。凭借我们的思辨理性，我们怎么可能理解，一种单纯的自然进程就能够使这两种完全不同法则的事情即德性和幸福之间如此精确地符合，并且构成这样一个通盘合目的性的关联呢？

"虽然正如在所有那些通常在自然中是合目的的东西那里一样，理性毕竟也不能根据普遍的自然法则来证明、也就是出于客观的理由来充分说明这种关联的不可能性"，当然，我们不能理解，这并不一定意味着这样的事情不可能，而只是意味着我们既没有客观的理由来断定它可能，也同样没有客观理由断言它不可能。他这里举了自然的合目的性的例子，例如一个有机生命体，我们的确无法用牛顿物理学的法则来对它加以彻底的解释，但我们也无法由此来证明它的不可能，因为它已经作为一个有机体的事实摆在我们面前了，只是我们无法理解而已。所以后来在第三批判中康德提出了"反思性的判断力"来解决这个问题，这种判断力本身突破了知性的"规定性的判断力"的那种机械论，抗拒了当时占统治地位的自然科学中的还原论（即把一切自然现象还原为精密量化的关系）。同样，我们在自然界也不妨设想一种自然目的论，它也许会自发地趋向于至善，只是我们还没有看到，或者我们对它的德福关系日益变得公平合理的进程没有察觉到而已。而之所以觉察不到，还是因为我们所使用的理论理性本身对自然法则的理解受到机械论的局限，这种机械论无法解释一个合目的性的过程或者一个历史发展过程，这一点在康德后期有关历史哲学的一系列论文中揭示得非常透彻。当然，即使这种历史目的论，也不是对至善的现实性的一种证明，而顶多是一种"猜测"，在康德那里是具有不确定性的，它的信心最终仍然是来自于背后所隐藏的道德目的论，因为一切历史在他看来终归都无非是"道德史"。①

不过，现在加入进来了一种不同类型的决断根据，以在思辨理性的动摇不定中起决定性的作用。促进至善这一命令是（在实践理性中）有客观根据的，至善的一般可能性同样也是（在对此不加反对的理论理性

① "如果要问：**人类**（整体）是否不断地在朝着改善前进；那么它这里所涉及的就不是人类的自然史……而是**道德史**了"，参看《历史理性批判文集》，何兆武译，商务印书馆2013年版，第149页。

中) 有客观根据的。

这就是在上面讲的，单凭思辨理性是不可能使至善的可能性得到确定的，而必须最终由实践理性的道德法则来拍板。"不过，现在加入进来了一种不同类型的决断根据，以在思辨理性的动摇不定中起决定性的作用"，这里并未完全否定思辨理性的作用，而只是在思辨理性的动摇不定中，加入了一种不同类型的确定性的作用，这就是道德上的确定作用或决定作用。这样一来，"促进至善这一命令是 (在实践理性中) 有客观根据的，至善的一般可能性同样也是 (在对此不加反对的理论理性中) 有客观根据的"，实践理性的道德法则是下达促进至善这一命令的客观根据，而在此基础上，这种至善的一般可能性在立场中立的理论理性中，也就是在理论理性对上帝的必要性的悬设中，也获得了自己的客观根据。理论理性单独来看，它设立上帝作为至善的必要条件只是在做一道由别处送来的习题，它从中只不过表明了自己的主观态度，而对这道习题客观上是否合理、是否具有客观实在性，它并没有表态的余地。但现在，当我们把道德法则这一必然的决断根据加入进来之后，理论理性的这种主观态度恰好就被用作了实践理性的客观实在性的表达方式，它的那种动摇不定现在就有了确定的客观根据。所以上帝悬设的客观实在性其实是由理论理性和实践理性双方共同合作而确立起来的，其中实践理性起了决定性的作用，而理论理性则起了工具性的作用。

不过，我们应当如何表象这种可能性的那种方式，即：是按照普遍的自然法则而无须一个主管自然的智慧的创造者呢，还是以这个创造者的预设为前提，这是理性不能客观地加以决断的。

就是说，尽管现在加入了道德实践的规定根据，使得整个至善的悬设具有了客观实在性，但"我们应当如何表象这种可能性的那种方式，即：是按照普遍的自然法则而无须一个主管自然的智慧的创造者呢，还是以这个创造者的预设为前提，这是理性不能客观地加以决断的"。理论理性虽然设定了至善的一般可能性的条件，但对于这种可能性究竟应该由自然法则本身来解释还是要加上一个对自然界的智慧的创造者来解释，它却无法作出客观的决断。理论理性本身如前所述，它只是一种主观中立的态度，因此它可以任凭自然界使这种可能性变得渺茫而不可预测，既不肯定也不否定，也可以为这种可能性悬设一个创造自然的上帝的实存来解释，这对它来说是无所谓的。如果没有道德上的必要性加入进来的话，它没有什么客观的必要性非得这样表象而不那样表象。

在这里现在就加入了理性的一个**主观**条件：这就是唯一在理论上对理性是可能的、同时又是唯一对道德（它是从属于理性的一条**客观**法则的）有益的方式，即把自然王国和道德王国的严格协调一致设想为至善的可能性条件。

正是在理论理性的这种两可的情况下，"在这里现在就加入了理性的一个**主观**条件：这就是唯一在理论上对理性是可能的、同时又是唯一对道德（它是从属于理性的一条**客观**法则的）有益的方式"。促使理性在上述两可中进行选择的正是道德的因素，因此理性在主观上就选择了这样一条解释途径，这条途径是唯一既对理论理性是可能的，同时又是有益于道德的，因此是具有客观性的。我们现在对至善的可能性加上了一个主观条件，但这个主观条件同时又具有理性法则的客观性，不再是无可无不可的了。这是一个什么样的条件呢？"即把自然王国和道德王国的严格协调一致设想为至善的可能性条件"。就是说，德福一致的可能性条件虽然是理性在主观上悬设下来的，但它表达的是自然王国和道德王国的严格协调一致，这却不是一个主观的表达，如主观的德行和主观的幸福感的一致，而是一个完全客观的表达，是两个"王国"的一致。现在理性设定，只有这两个王国一致了，主观中的德行和幸福的一致才是可能的。而这两个王国如何才能一致呢？这就必须设定一个创造出这两个王国来的唯一的创造者即上帝。

既然促进至善、因而预设其可能性**在客观上**（但仅按实践理性来说）是必然的，但同时，我们要据以把至善设想为可能的那种方式却是由我

[146]　们所选择的,然而在这种选择中纯粹实践理性的一个自由的兴趣却决定要选取一位智慧的世界创造者:那么,在这里规定我们的判断的那个原则虽然作为需要是**主观的**,但同时作为对**客观上**(实践上)必要的东西的促进手段,也是在道德意图中一条认其为真的**准则**的根据,也就是**一个纯粹实践理性的理性信仰**。

现在回到理性的信仰上来了。"既然促进至善、因而预设其可能性**在客观上**(但仅按实践理性来说)是必然的",根据实践理性,促进至善并预设其可能性在客观上是必然的,是实践理性的道德法则的一个义务所要求的;而"我们要据以把至善设想为可能的那种方式却是由我们所选择的",这种方式由理论理性所设想出来,但仅供我们选择,而选择的主体只能是纯粹实践理性。"然而在这种选择中纯粹实践理性的一个自由的兴趣却决定要选取一位智慧的世界创造者",这就是纯粹实践理性自由选择的必然结果,也就是一位智慧的世界创造者,一位上帝,因为只有这一悬设才能解决自然王国和自由王国的协调一致的问题,才能完成至善的这一道德义务。而这种选择的根据是什么呢?就是理性的信仰。"在这里规定我们的判断的那个原则虽然作为需要是**主观的**,但同时作为对**客观上**(实践上)必要的东西的促进手段,也是在道德意图中一条认其为真的**准则**的根据,也就是**一个纯粹实践理性的理性信仰**",这就是康德在这里对于信仰的严格意义上的解释。在《纯粹理性批判》中,他对信仰的定义是:"如果视其为真只是在主观上充分,同时却被看作在客观上是不充分的,那么它就叫作信仰"(A822=B850,此处 Glauben 原译作"信念"),注意这个"被看作"。信仰也好,信念也好,一般来说都被看作客观上不充分的,但这是在理论理性的眼光看来是如此,并且是按照通常的对信念的一般实践理性的(实用的或技术性的)眼光是如此。但有一种信念是从纯粹实践理性的眼光来看的,它不但在主观上(作为需要)被视其为真,而且可以同时在客观上作为实践上必要的东西而被视其为真,这就是道德信念或者道德信仰。所以从纯粹实践理性的眼光来看,道德信仰不但在主观上是有充分的根据的，而且在客观上也是有充分的根据的。

所以这种信仰不是被命令的，而是作为我们的判断的规定，这种规定自愿地有利于道德的（被命令的）意图，此外还与理性的理论需要相一致，要把那种实存加以设定并作为进一步理性运用的基础，这种信仰本身是来源于道德意向的；所以它往往可能即使在善意的人们那里有时也动摇不定，但永远不会陷于无信仰。

"所以这种信仰不是被命令的，而是作为我们的判断的规定"，这就是从上面三个自然段中得出来的结论了。信仰不是被命令的，它是我们的纯粹实践理性对至善实现出来的可能性方式的一种选择，或者更确切地说，是我们作这种选择的判断的规定根据，因此它是立足于我们自己的自由意志之上的，我们愿意或者宁可这样相信。"这种规定自愿地有利于道德的（被命令的）意图"，信仰是我自己选择的，它有利于道德的意图，当然这个意图是被命令的，甚至是绝对命令，但我仍然是自愿地相信而不是被命令的。在道德的意图中，一切别的东西都可以被自由意志所命令，但自由意志本身不可能被命令，所以有利于道德意图的这个信仰也不可能被命令。"此外还与理性的理论需要相一致，要把那种实存加以设定并作为进一步理性运用的基础"，这种信仰的规定还与理性的理论需要一致，理性出于理论上的需要而悬设了一个世界的创造者或原始根据（如上帝的第一推动之类），我们的信仰则可以与此兼容，肯定了这一悬设并将它拿过来用作解释至善的可能性条件，这就使它带上了道德实践的含义，由此建构起了一个由理论理性和实践理性合力支撑起来的道德宗教原理。"这种信仰本身是来源于道德意向的；所以它往往可能即使在善意的人们那里有时也动摇不定，但永远不会陷于无信仰"，这种理论和实践相结合的原理的最深刻的基础当然还是纯粹实践理性的道德意向，而它在理论方面倒是有可能动摇的，但动摇归动摇，由于它的根基的牢固性，一个有道德的人永远不会陷于无信仰。例如《圣经·约伯记》中，义人约伯受到无缘无故的责罚和无尽的苦难，他心生怨言，质问耶和华为什么要降灾祸于他，不如让他死去或未生。他的朋友中，有劝他隐忍的，有责怪他自以为义的，有指责他肯定做过不义的事的，总之不能和上帝论理，要怪只能怪自己。最后耶和华从旋风中回答了约伯的质问，其实只有一个回答，就是神造物的奥妙不是凡人能够理解的，神的大能不是凡人能够拥有的。于是约伯幡然醒悟，懂得了单纯用理论理性不能评判信仰问题；但同时耶和华又批评约伯的朋友们，说他们完全放弃理论理性也不是真正的信仰，他们都不如约伯真诚。最后耶和华把约伯失去的都加倍补偿给了他。康德在《论神义论中一切哲学尝试的失败》中详细评论了约伯的例子，说约伯的朋友们的理论"可以说更多地带有思辨理性和虔诚恭顺的样子"，因而沦为伪善，而约伯则是"直言不讳地承认自己的怀疑的正直不阿"，并且在最强烈的怀疑时还能够说："我持定我的义，必不放松"，这就证明了，"他不是将自己的道德性建立在信仰之上，而是将信仰建立在道德性之上：在这种情况下，无论信仰多么脆弱，它都具有纯粹和真实的性质，即具有奠立一种宗教的性质"。① 可见康德的信仰概念是以道德实践为主导的、理论理性和实践理性的统一，两者缺一不可。

IX. 人的认识能力与他的实践使命的明智适当的比例

这一节当然是继续上一节已经提起的话题，即当我们意识到信仰作为理论理性和实践理性的统一，那么这两者之间采取什么样的比例关系是最为明智适当的呢？我们经常会抱怨上天赋予我们的认识能力不够透彻、不够强大，但这种抱怨是合理的吗？"明智适当"，这里用的是 weislich angemessen，也可以译作"睿智适当"，指一种看起来十分拙劣、实际上大智若愚的智慧。

---

① 《康德著作全集》第 8 卷，李秋零译，中国人民大学出版社 2010 年版，第 270 页。

如果人的本性的使命就是追求至善，那么他的诸认识能力的尺度，尤其是这些能力相互之间的比例关系，也必须被假定为是适合于这一目的的。

这是一个想当然的命题。"如果人的本性的使命就是追求至善，那么他的诸认识能力的尺度，尤其是这些能力相互之间的比例关系，也必须被假定为是适合于这一目的的"，按道理本应当是这样。如果没有这样一种合适的比例，那么人在完成自己追求至善的使命的过程中就很难达到目的了。所以问题就只在于，这种比例究竟如何样才是适当的。

但现在，对纯粹思辨理性的批判证明它在合乎这一目的地解决提交给它的这个最重要的任务上的最大的不足，虽然这一批判也并没有低估这同一个思辨理性的自然的和不可忽视的提示，同样也不低估它为了接近这个已经给他标识出来了的伟大目标所可能跨出的巨大步伐，但思辨理性却毕竟任何时候单凭自己哪怕借助于最大量的自然知识也都达不到这一目标。

"但现在，对纯粹思辨理性的批判证明它在合乎这一目的地解决提交给它的这个最重要的任务上的最大的不足"，就是说，《纯粹理性批判》中已经证明了，思辨理性对于超出可能经验范围之外去完成至善任务的实现方面是先天不足的，它在那里的作用充其量只能是为现成的知性知识提供调节或范导作用，而一旦涉及超验的问题就会导致幻相的发生。但至善、德福一致以及它们的可能性条件即上帝的实存则都是属于彼岸理知世界的自在之物领域，都是单凭思辨理性所无法认识的。"虽然这一批判也并没有低估这同一个思辨理性的自然的和不可忽视的提示，同样也不低估它为了接近这个已经给他标识出来了的伟大目标所可能跨出的巨大步伐"，当然《纯粹理性批判》也没有完全抹杀思辨理性在建立一个道德形而上学方面的自然倾向以及对此的提示，认为这还是有意义的，而且也没有低估它向这个伟大目标即至善迈进所跨出的步伐，包括它的失败都是一种宝贵的经验教训。康德一面在批判思辨理性在这些超验问题上的僭越和冒失,一面却处处留神为它留下余地,将它所假定的那些理念看作迈进到真正实践理性的道德和宗教领域的起点。"但思辨理性却毕竟任何时候单凭自己哪怕借助于最大量的自然知识也都达不到这一目标",思辨理性为自己所设定的这一伟大目标和它实际上所展示的能力极不相称,它固然可以在经验现象中去获取最大量的自然知识,但凡涉及超验世界的对象,它就完全无能为力,它的那些知识全部都用不上。

所以大自然在这里显得只是**后母般地**为我们准备了达到我们的目的所必需的能力。

看到这种情况,我们常常会感叹,大自然对我们人类真是不公,为什么不能赋予我们以看透自在之物的认识能力呢?如果真的给予我们人类这样的透视能力,比如说知性直观能力,那岂不是使完成我们的实践使命变得轻而易举了吗?我们就可以把一切理论知识和实践知识、现象界和本体界全都用一个贯通的知识体系来整个地把握住,免得费这么多周折、拐这么多弯子了。这其实也是大陆理性派的理想愿景,莱布尼茨就曾幻想要发明一种普遍数学,他曾说,到那时,遇到像上帝存在这样的问题,我们哲学家就不用整天争论而毫无结果了,我们可以拿出纸和笔来,算一算就成了。虽然这一思想成就了后来的数理逻辑,但在今天听起来就像是一个笑话。

现在,设若大自然在这里顺从了我们的愿望,并赋予了我们以这样一种我们很想拥有、或有些人竟**误以为**自己现实地具有了的洞见能力或悟性,那么这从各种表面现象看来会有什么样的结果呢?

这是康德惯用的"反证法",就是说,假设一下,如果大自然顺从了我们的愿望,"并赋予了我们以这样一种我们很想拥有、或有些人竟**误以为**自己现实地具有了的洞见能力或悟性,那么这从各种表面现象看来会有什么样的结果呢?"我们成天为自己的认识能力不够而烦恼,我们很想看到本体,但却只能看到现象;那么,假如我们有一天真地获得了这种了不得的洞见能力或悟性 (Erleuchtung)，能够直接看到知性所思维到的一切对象，这种直观知性很多人 (特别是理性派哲学家) 都误以为自己已经拥有了，那会出现什么样的现象呢？

只要我们的整个本性没有同时遭到改变，那么那些<u>终归总是第一个发言的**爱好**就会首先要求满足自己，并且在与合理的考虑结合在一起时，就以**幸福**的名义要求自己得到最大可能的持久的满足；在此之后道德法则才会说话，以便把那些爱好保持在自己适当的限制中，乃至于使它们全部都从属于一个更高的、对任何爱好都不加考虑的目的。</u> [147]

"只要我们的整个本性没有同时遭到改变"，这一点康德是坚信不疑的，人的有限性就是人的本性，这个本性永远也不会改变。"那么那些终归总是第一个发言的**爱好**就会首先要求满足自己，并且在与合理的考虑结合在一起时，就以**幸福**的名义要求自己得到最大可能的持久的满足"，康德看得很清楚，如果要顺从人的自然本性的话，那么人们首先考虑的永远是自己的爱好，而他作为有限的有理性者，他的理性总是首先用来满足自己有限的目的，这种考虑就会成为合理的利己主义，并且如同伊壁鸠鲁那样以幸福的名义获得尽可能多的满足。而在这方面，由于他的知识已经没有任何限制，所以他可以为所欲为，心想事成。"在此之后道德法则才会说话，以便把那些爱好保持在自己适当的限制中，乃至于使它们全部都从属于一个更高的、对任何爱好都不加考虑的目的"，道德法则这时只能是第二位的，只有在人们尽可能满足自己的爱好的需要之后，它才会出来说话，说你们必须适可而止，考虑完了爱好，还要多多考虑一下道德，提高自己的层次，使这些爱好服从一个更高的目的，这个目的本身则不是考虑爱好的。但即使这个目的不考虑爱好，它也是基于爱好，而不是基于它自身，因为这时它已经没有了自己不受思辨理性侵入的领地，它的领地已经还原为思辨理性的认识对象并变成理论上的知识了。于是我们可以做道德的事，但却不再可能是出于纯粹道德的意向或为义务而义务，而是出于功利和实效，而我们行为的道德性也就很可疑了。

但道德意向现在必须与爱好进行的那场几经失败之后毕竟可以在其中逐渐赢得灵魂的道德力量的战斗就会被取代，而**上帝**和**永恒**就会以其**可畏的威严**不间断地被置于眼前（因为我们能够完全证明的东西在确定性方面是与我们通过亲眼目睹而确信的东西对我们有同样效果的）。

"但道德意向现在必须与爱好进行的那场几经失败之后毕竟可以在其中逐渐赢得灵魂的道德力量的战斗就会被取代"，就是说，既然现在爱好遇到了道德意向的限制，但道德意向本身又失去了它的根基，它就不再有力量去和爱好进行战斗了。道德意向如果还保有自己的不可知的来源的话，它本来是可以与建立在知识之上的爱好一较高下的，哪怕几经失败，但毕竟能够从中树立起灵魂的道德力量。而现在这种战斗就被取代了，被什么取代了呢？"而**上帝**和**永恒**就会以其**可畏的威严**不间断地被置于眼前"，也就是被高居于人类之上的上帝和永恒的威严取代了。当我们的知识能力膨胀到没有限制时，它就会认识到上帝的无限性和永恒性，至少可以通过推论将其证明出来，而当我们认识到这一点，它就会对我们有限的人类形成压力，我们意识到上帝的威严无处不在、无时不在，就像一股巨大的可怕的力量不间断地置于眼前，我们逃不出它的手掌。括号中说："（因为我们能够完全证明的东西在确定性方面是与我们通过亲眼目睹而确信的东西对我们有同样效果的）"，就是说，虽然无限的上帝只是我们凭借无所不能的思辨理性推论出来和证明出来的，但它与我们感性直观所见的东西有同样的效果，因而可以作直观的比较，在比较中，我们知道我们那点力量和上帝的无限威力相比简直就是微不足道。所以我们最好还是明智一点，采取合理利己主义的态度来服从上帝的权威，才能最大可能地满足自己的爱好。这样一来，道德的力量就被对上帝的畏惧所取代，我们在满足自己的爱好时，在享乐时，固然也可以去顾及一下道德，但却不是出自于自身道德的力量，而是出自于对上帝的大能的恐惧。

对法则的违犯当然就会被避免，被命令的事会得到执行；但由于行动应当从中发生的那个**意向**不可能由任何命令一起灌注进来,对活动的刺激在这里却当即就在手边并且是**外来的**,因而不许可理性首先力求上进以通过对法则的尊严的活生生的表象聚集起力量去抵抗爱好,于是绝大多数合法则的行动的发生就会是出于恐惧,只有少数会出于希望,而根本没有什么行动会出于义务了,

　　在上帝的可畏的威严的压力之下,"对法则的违犯当然就会被避免,被命令的事会得到执行"。换言之,我们可以做到合乎道德法则地行动,但却不会出自道德法则而行动。"但由于行动应当从中发生的那个**意向**不可能由任何命令一起灌注进来,对活动的刺激在这里却当即就在手边并且是**外来的**,因而不许可理性首先力求上进以通过对法则的尊严的活生生的表象聚集起力量去抵抗爱好",我们受到了道德法则的命令,但并不因此而同时产生出行动的道德意向,相反,在行动中外来的刺激总是现成在手的,感性的爱好总是占据了行动意向的核心位置,所以容不得实践理性通过自己对法则的敬重去抗拒爱好的诱惑。道德法则被理论理性解构为一些知识要素之后已经失去了自己的尊严,它不能聚集起力量去对抗爱好,它自身也只不过是各种微不足道的力量之一。"于是绝大多数合法则的行动的发生就会是出于恐惧,只有少数会出于希望,而根本没有什么行动会出于义务了",而之所以人们还在按照法则行动,就不是由于道德力量的感召,而是由于对上帝的力量的恐惧,或者是对事后奖赏的希望,因此根本没有什么行动是单纯出于义务。

　　但这些行动的道德价值也就会荡然无存了,而人的价值,甚至在最高智慧眼中的世界的价值,毕竟都是唯一地取决于这种道德价值的。

　　这是顺理成章的。按照康德的观点,行动如果不是单纯出于义务,那就没有道德性,只有为义务而义务的行为才有道德价值。"而人的价值,甚至在最高智慧眼中的世界的价值,毕竟都是唯一地取决于这种道德价值的",凡是谈到价值,不论是人的价值还是世界的价值,哪怕在上帝的眼中,都唯一地取决于道德价值。前面也讲过,任何事物的善或好,最终

都要看它对于道德的目的来说是否善或好，杀人的武器做得再怎么精美完善，本身也不能称之为好的，要看它是否用于道德的目的。所有的价值最终都归结于道德价值。所以，一旦道德价值不存在了，人的价值和世界的价值就都丧失了，人在这个世界中就变成了物，只能靠弱肉强食来讨生活，成天只知道把自己"做大做强"，以免被别人战胜和欺负，这就沦入到了价值虚无主义。

所以，只要人类的本性还是像它现在这样，则人类的行为就会变成单纯的机械作用，这时一切将会像在木偶戏中那样很是**有模有样**，但在人物形象里却看不到**任何生命**。

这就是总结了，就是如果真的让人类掌握了无所不能的思辨理性能力（包括知性直观的能力），能够破解一切对象事物（包括自在之物）的真相，这对于人类未必是一件好事。"所以，只要人类的本性还是像它现在这样，则人类的行为就会变成单纯的机械作用"，只要人类的自然本性不变，那么这种超强的思辨理性马上就会变成人满足自己爱好的工具，人们在行动中就会没有任何道德约束，变得"民免而无耻"。他们对道德法则的遵守只不过是出于对最高上帝的力量的恐惧，归根结底是出于动物性的趋利避害的爱好。"这时一切将会像在木偶戏中那样很是**有模有样**，但在人物形象里却看不到**任何生命**"，人们的一切道德行为都会是表面作秀，支配他们行动的其实是自然本能，他们所表现出来的人物形象都可以用机械论的力学关系来解释，就像在演木偶戏，而看不到任何生命的迹象。结论必然是，幸好我们没有掌握这种可怕的能力！

既然在我们这里完全是另一种情况，既然我们凭自己理性的一切努力都只有对未来的一种极为模糊不清的展望，世界的统治者只让我们对他的存有和这种存有的壮丽加以猜测，不让瞥见或作出清晰的证明，而我们里面的道德法则却相反，并不向我们肯定地约许什么或威胁什么，而要求我们无私的敬重，

现实是，我们其实并不掌握这种无限的思辨能力，这真是万幸。"既

然在我们这里完全是另一种情况，既然我们凭自己理性的一切努力都只有对未来的一种极为模糊不清的展望"，实际情况与上面的设想完全相反，我们理性的一切努力并不能看到遥远的未来，更不用说看到永恒了，我们顶多有一种对未来的模糊的展望，而不确定是否能够实现它。"世界的统治者只让我们对他的存有和这种存有的壮丽加以猜测，不让瞥见或作出清晰的证明"，也就是有关上帝的存有，这也只能是我们的一种猜测，无法凭知性直观到，也无法作出清晰的证明，所有的证明都已经被康德的批判所否定而不成立了。"而我们里面的道德法则却相反，并不向我们肯定地约许什么或威胁什么，而要求我们无私的敬重"，反过来，在道德法则方面，事情无关乎思辨理性，它并不向我们肯定地约许什么或威胁什么，而只要求我们撇开一切爱好对它加以敬重。所以，在道德的事情上，我们用不着思辨理性，不管它是有限的还是无限的，我们依据的仅仅是纯粹实践理性，以及它的动机即对道德法则的敬重。

<u>但除此之外，当这种敬重成为主动的和占统治性的时候，这样一来、并且仅仅是由于这一点，道德法则才首次允许对超感性事物的王国加以展望，但也只是凭借微弱的眼光：</u>

前面讲的是道德性，但除了道德性之外，还有建立在这种道德性之上的宗教。"但除此之外，当这种敬重成为主动的和占统治性的时候，这样一来、并且仅仅是由于这一点，道德法则才首次允许对超感性事物的王国加以展望，但也只是凭借微弱的眼光"，当对道德法则的敬重成为主动的、有意识的，并且占据了统治地位，那么借此就可以对超感性事物的王国即上帝之国进行展望了，但也只是凭借微弱的眼光。为什么只是微弱的眼光？因为这种眼光既不是认识，也不是命令，而只是"希望"，只是一种对可能性的盼望，它不可能在此一生中、在此岸世界中实现，但却有可能在彼岸、在来世实现。这种眼光是够微弱的了，但即使很微弱，毕竟还有希望。

那么，真正的道德的、被直接奉献于法则的意向是能够发生的，而有

[148] 理性的创造物是能够配得至善的份额的,这是与他的人格的道德价值而不是单纯与他的行动相称的。

有了对道德法则的超出思辨理性之外的无私的敬重,又有了建立在道德性之上的对上帝之国的信仰,那么首先,"真正的道德的、被直接奉献于法则的意向是能够发生的",意向不需要经过爱好、也不需要经过思辨理性的权衡而直接奉献于法则,这种情况是能够发生的。就是说,真正立足于自身原则之上的道德行为是能够发生的,这本身就是纯粹实践理性的一个事实,在这上面对思辨理性的那种完善性的设想完全是不必要的,甚至是有害的。其次,"而有理性的创造物是能够配得至善的份额的,这是与他的人格的道德价值而不是单纯与他的行动相称的",就是在人格的道德价值的基础上,与之相配的幸福是可以希望的,德福一致的至善是有可能实现的。注意这里强调是与人格的道德价值相称,而不只是与他的行动相称,因为行动只是此岸的现象,它不一定在自由意志中出于道德义务,而有可能是出于其他考虑,如利害或恐惧,这就会使他的行动本身失去道德价值了。只有把自由意志的规定根据建立在义务本身之上,才会有人格的道德价值。

所以即使在这里,对自然和人的研究通常给我们以充分教导的东西也可以是很正确的,即:我们借以实存的那个不可探究的智慧,在他拒绝给我们的东西中比在他让我们分得的东西中并不更少值得尊敬。

即使在这里,就是即使在讨论道德性和道德价值这么高深的问题时,"对自然和人的研究通常给我们以充分教导的东西也可以是很正确的",也就是常识教给我们的东西也可以是很正确的。富有社会经验和人事阅历的人会懂得,在道德问题上不见得知识越多道德水平就越高,有时候甚至会相反,聪明过度的人会有更多机会耍小聪明,底层没有多少文化的老百姓反而只有固守自己的道德意识。"我们借以实存的那个不可探究的智慧,在他拒绝给我们的东西中比在他让我们分得的东西中并不更少值得尊敬",这当然是一种感叹了。我们借以实存的那个不可探究的智慧, 也就是创造我们人类的上帝的智慧, 知道该让我们拥有什么, 又该拒绝我们什么, 这都属于大智慧。所以, 不但他赋予我们道德能力值得尊敬, 就连他限制我们的认识能力也同样值得尊敬。而这才是本节标题中所说的,"人的认识能力与他的实践使命的睿智适合的比例", 仿佛是上帝有意让我们人类拥有不那么强的思辨理性能力, 以便给我们的实践理性的道德信仰腾出位置。

第二部分

纯粹实践理性的方法论

这是按照康德的惯例，先讲要素论，最后讲方法论。要素论是分析研究对象的各个不同层次的要素，构成一个概念体系，方法论则是对这个概念体系的使用方法的规定。康德在他的三大批判中都遵守这一惯例，即在讨论完诸要素之后必定讨论方法。当然各个不同的体系中的方法的含义又是不同的，这一点下面马上就讲到了。

我们所谓的纯粹**实践**理性的**方法论**，不能理解为（不论是在反思中 [151] 还是在陈述中）对纯粹实践原理在它们的**科学**知识方面作出处理的那种方式，这种处理我们通常本来只在**理论**理性中才称之为方法（因为通俗的知识需要一种**章法**，但科学则需要一种**方法**，这就是一种**按照理性原则**的处理方式，而一种知识的杂多唯有借此才能成为一个**系统**）。

"我们所谓的纯粹**实践**理性的**方法论**，不能理解为（不论是在反思中还是在陈述中）对纯粹实践原理在它们的**科学**知识方面作出处理的那种方式"，就是说，我们不能从理论理性的角度来理解纯粹实践理性的方法论，不能把这种方法论看作是对纯粹实践原理作出科学知识层面的处理，不论这种处理是在反思中还是在陈述中。所谓"在反思中"，就是这样一种内心状态，"在其中我们首先准备去发现我们由以达到这些概念的那些主观条件"（《纯粹理性批判》A260=B316），也就是追溯这些现有的概念或表象在认识能力中的来源，看它们是来自感性直观，还是来自知性或理性。与这种先验的反思不同，另外还有一种处理方式也叫作反思，这就是形式逻辑的反思，它其实只是一种"单纯的比较"，为的是形成如全称判断或特称判断、肯定判断或否定判断之类（A262=B317—318），所以只能称之为"陈述"①。这是康德特意在《纯粹理性批判》分析论附录

---

① 在《纯粹理性批判》的先验方法论中，康德认为与先验逻辑相比，形式逻辑所能够做到的只是"把我们在各门科学中关系到系统方面所使用的那些可能方法的名目和各种术语陈述出来，这些都会使初学者预先知道一些名称，其含义和运用他是要到将来才了解到的"。见 A708=B736。

"反思概念的歧义"中所区分的。其实整个《纯粹理性批判》都是在先验反思中进行的，这从它的"总课题"即"先天综合判断是如何可能的"可以看出来。"这种处理我们通常本来只在**理论**理性中才称之为方法（因为通俗的知识需要一种**章法**，但科学则需要一种**方法**，这就是一种**按照理性原则**的处理方式，而一种知识的杂多唯有借此才能成为一个**系统**）"，上面的那种科学知识的处理方式通常叫作方法，也就是先验逻辑的方法。康德在《纯粹理性批判》的"方法论"中说："所以我就把先验的方法论理解为对纯粹理性的一个完备系统的诸形式条件的规定"（A707=B735），例如纯粹理性的训练、法规、建筑术和历史。他认为，这是一种按照理性原则的处理方式，它由此而使各种知识成为一个系统，而不只是给通俗的知识提供一种章法（Manier），一种归类或先后次序的安排。当然，这种方法的对象也可以是纯粹实践理性，例如"纯粹理性的法规"。他说，与纯粹知性的法规不同，"如果有什么地方有纯粹理性的一种正确运用，并在这种情况下也必定有理性的一种法规的话，则这种法规将不涉及思辨的运用，而是关系到理性的实践的运用"（A797=B825）。然而，这种法规仍然是立足于思辨理性的角度而建立起来的有关实践理性运用的方法，而不是实践理性本身的方法，这是要区分清楚的。那么，纯粹实践理性本身的方法又是什么呢？

毋宁说，这种方法论被理解为：我们如何能够做到使纯粹实践理性的法则**进入**人的内心和**影响**内心准则的那种方式，也就是能够使客观的实践理性也在主观上成为实践的那种方式。

"毋宁说，这种方法论被理解为：我们如何能够做到使纯粹实践理性的法则**进入**人的内心和**影响**内心准则的那种方式"，就是说，这里所说的纯粹实践理性的方法，是指我们用什么办法使道德的普遍法则成为人的内心准则。道德法则本身就是定言命令，即要使你行为的准则成为一条普遍法则；但如何使行为的准则成为普遍法则呢？如果能够使这条普遍法则本身就成为人自己的行为准则，那就再好不过了，"也就是能够使客观的实践理性也在主观上成为实践的那种方式"。本来实践法则是使主观实践成为客观法则，现在反过来，使客观法则成为主观实践的准则，如何能够做到这一点？通过教育，即对儿童和青年的道德教育。所以，纯粹实践理性的方法论讲的其实就是道德教育的方法。

现在虽然很清楚的是，唯一使各种准则真正成为道德的并赋予它们某种道德价值的那些规定意志的根据，即法则的直接表象以及对法则作为义务而在客观上必然的遵守，都必须被表象为行动的真正动机；因为否则固然会导致行动的**合法性**，却不会导致意向的**道德性**。

这一段要讨论的是，在谈道德教育的方法之前，首先要搞清楚道德教育的可能性，如果在人的本性中根本就不存在道德教育的可能性的基础，那么任何道德教育都将是白费力气了。"现在虽然很清楚的是，唯一使各种准则真正成为道德的并赋予它们某种道德价值的那些规定意志的根据，即法则的直接表象以及对法则作为义务而在客观上必然的遵守，都必须被表象为行动的真正动机"，这是前面一直都在强调的。我们当然很清楚了，就是必须把为义务而义务表象为行动的真正动机，这是唯一能够使准则成为道德的并且具有道德性的，只有它才能使义务在客观上必然地得到遵守，否则即使遵守了道德法则，也只是偶然的。"因为否则固然会导致行动的**合法性**，却不会导致意向的**道德性**"，行动的合法性如果不是出自主观动机，由此导致客观上必然遵守义务，它就不会具有道德价值，这在前面已经讲得很清楚了。

不过不太清楚的倒是，初看起来对每个人都必然显得难以置信的是，对纯粹德行的那种描述甚至在主观上，也比由娱乐的哄骗和一般我们可以归入到幸福里面去的一切东西所可能造成的所有那些引诱，或者甚至比由痛苦和灾难在某个时候所可能造成的所有那些威胁，都对人的内心拥有**更多威力**，并能够充当一个远为强烈的动机去自己促成行动的那种合法性，产生一些更有力的、出于对法则的纯粹敬重宁要法则而不要任何其他考虑的决断。

这就是道德教育的可能性，它在人性中是有其基础的，虽然初看起来显得难以置信。所以人性如何能够接受道德教育的影响，这是一切道德教育的基础，这一点现在还不太清楚，需要进一步澄清。这就是，"对纯粹德行的那种描述甚至在主观上，也比由娱乐的哄骗和一般我们可以归入到幸福里面去的一切东西所可能造成的所有那些引诱，或者甚至比由痛苦和灾难在某个时候所可能造成的所有那些威胁，都对人的内心拥有**更多威力**"。对纯粹德行的描述，也就是对一个德行的榜样作一种纯粹的描述，这种描述完全是主观的，因为客观上不可能有一个纯粹德行的榜样，如前面讲的，即使像伏尔泰这样的君子，也有内心的阴暗面。但我们不必在意，因为，谁能够猜透人的内心呢？但我们可以对他作纯粹德行的"描述"，这就够了。这种描述出来的德行榜样对于人的内心拥有极大的威力，要比娱乐的哄骗许诺我们的幸福的诱惑，以及比痛苦和灾难所造成的内心恐惧都要有力。"并能够充当一个远为强烈的动机去自己促成行动的那种合法性，产生一些更有力的、出于对法则的纯粹敬重宁要法则而不要任何其他考虑的决断"，这种榜样的力量能够自己促成行动的合法性，这种合法性就不是外来力量逼出来的，而是自己促成的。这其实已经不只是合法性了，而是道德性了，因为它是出自自己内心的一个远为强烈的动机。这种动机产生了一种出于对法则的纯粹敬重的决断，这种决断宁要法则而不要任何其他考虑，如幸福、爱好或娱乐，以及内心恐惧等等趋乐避祸的动机。这就是纯粹的道德动机了。这种道德动机，初看起来是难以置信的，人们通常相信人是情感的动物，人是自私的动物，但不太相信人也是道德的存在。下面就来证明这一点。

[152] 　　然而情况实际上就是如此，并且假如人的本性不具有这种性状的话，那也就不会有法则的任何表象方式在什么时候转弯抹角地以劝说的手段把意向的道德性产生出来了。一切都将成为纯然的伪善，法则将会遭到厌恶乃至于轻视，然而却为了自己的好处而仍然被遵守着。

这个证明按照康德惯用的做法，还是采用的反证法。就是假如不这样，那就会怎么样；而既然不可能那样，就证明这样才是事实。"然而情况实际上就是如此，并且假如人的本性不具有这种性状的话，那也就不会有法则的任何表象方式在什么时候转弯抹角地以劝说的手段把意向的道德性产生出来了"，实际情况是，人是有接受道德动机的能力的，假如没有这种能力的话，那就不可能解释，为什么法则的任何表象方式总是以各种各样的手段转弯抹角地劝说我们，最后还是把道德意向产生出来了这一事实。以各种各样的手段转弯抹角地劝说，这本身就是教育，人有受道德教育的能力，否则的话无法解释，为什么人事实上被以各种手段教育出了道德意向。假如人没有接受道德教育的禀赋的话，则情况应当相反，"一切都将成为纯然的伪善，法则将会遭到厌恶乃至于轻视，然而却为了自己的好处而仍然被遵守着"。一切都将成为伪善，一切善良意志都将是假的，道德法则、良心将变得一钱不值，人们只是为了某种利益而表面上遵守着，但随时准备抛弃它。

法则的字眼（合法性）在我们的行动中是找得到的，但法则的精神在我们的意向中（道德性）则全无，而既然我们用尽了一切努力在我们的判断中都毕竟不可能完全摆脱理性，那么我们不可避免地必然会在我们自己眼中显得是毫无价值的卑鄙小人，

这是继续延伸上面这种假设，即在那种伪善的情况下，"法则的字眼（合法性）在我们的行动中是找得到的，但法则的精神在我们的意向中（道德性）则全无"。我们将把道德法则作为我们行动的一面旗号，但并不是出于主观的动机或意向，因此我们虽然在行动上合乎道德法则，但这些行动并没有道德性，只是合法性。"而既然我们用尽了一切努力在我们的判断中都毕竟不可能完全摆脱理性，那么我们不可避免地必然会在我们自己眼中显得是毫无价值的卑鄙小人"，在这种情况下，我们当然还是有理性的，这是我们作为有理性者所摆脱不了的；那么在理性法庭的面前，我们必然会在自己眼里成为反复无常、唯利是图的小人，而丝毫

不感到自己人格的尊严。我们只是一些投机分子，我们哪怕是遵守道德法则，也只是别有用心，用来为自己谋利，只要利益需要，我们也随时可以抛弃道德法则。这当然是一种十分令人沮丧的无可救药的状况，但事实并不完全是这样。

即使我们试图对于在心中的法庭面前所受到的这种屈辱用如下方式来加以补偿，即我们会通过娱乐而使自己轻松愉快，对这些娱乐活动，我们妄想已有一个被我们所假定的自然的或神的法则与对它们的警察机器结合在一起，这种警察仅仅针对人们所做的事，而不关心人们为什么做这件事的动因。

"即使我们试图对于在心中的法庭面前所受到的这种屈辱用如下方式来加以补偿"，心中的法庭就是理性的法庭，在这个法庭面前，我们发现自己毫无价值和人格尊严。这种屈辱是下面这种方式所不能够补偿的，什么方式呢？"即我们会通过娱乐而使自己轻松愉快，对这些娱乐活动，我们妄想已有一个被我们所假定的自然的或神的法则与对它们的警察机器结合在一起，这种警察仅仅针对人们所做的事，而不关心人们为什么做这件事的动因"，我们即使这样做也无济于事。怎样做呢？就是用娱乐的愉快来麻醉自己，并且假定有一个自然法则和神的法则，会建立起对这些娱乐活动的警察机构，凡是超出这种法则界线之外的就会受到追究，得到相应的惩罚，这是不用我们自己操心的事。我们所要做的就是尽情享乐，满足自己的动物性需要，而不必在内心建立任何自己的法则，因为警察是不管这些事的，他只负责人的外在行动。当然我们也怕警察，怕遭到自然或上帝的惩罚，那会使我们得不偿失；但我们不会有丝毫道德心或道德意向，我们不过是一批高级动物。这就是如果我们否认人的性状中拥有一种纯粹德行的威力，它是超越于一切其他动机之上的有力动机，那就会必然推出的结论，而这种结论是不符合人性的实际状况的。所有这些都是为了证明，人性中事实上是有道德禀赋的，它可以既不受爱好或幸福的诱惑，也不怕灾难和痛苦的威胁。但无疑，这种禀赋需要培养,而这种培养则需要方法。

　　虽然我们不能否认,为了把一个或是还未受到教养、或是粗野化了的内心首次带到道德—善的轨道上来,需要一些准备性的指导,即通过他自己的利益来对此加以引诱,或是通过损害来恐吓;不过一旦这种机制、这种管束产生了一些效果,那么纯粹的道德动因就必须被完全带进心灵,

　　这就是在谈道德教育的方法了。"虽然我们不能否认,为了把一个或是还未受到教养、或是粗野化了的内心首次带到道德—善的轨道上来,需要一些准备性的指导,即通过他自己的利益来对此加以引诱,或是通过损害来恐吓",首先康德承认,为了道德—善的目的而利用人心中本能的趋利避害的倾向,这也是无可非议的。但威逼利诱只是一些准备性的指导,是使未受教化的人、儿童或野蛮人进入道德的方便法门或暂时的权宜之计,还不能算是真正的道德教育。"不过一旦这种机制、这种管束产生了一些效果,那么纯粹的道德动因就必须被完全带进心灵",威逼利诱只是为了驯化人身上的动物性,以免它们干扰人对道德法则的接受,但本身还不能算是道德教育。我们中国人相信"棍棒底下出孝子",迷信"大棒加胡萝卜"可以造就一个道德的人,但并不知道真正的道德教育应该是什么样的。康德则认为,真正的道德教育就在于要把纯粹的道德动因完全带到心灵里来。那么,这种纯粹道德动因是什么样的呢?

　　这种动因不仅因为它是唯一建立起一种品格(即按照不变的准则的一种实践上一贯的思维方式)的动因,而且也由于它教人感到他自己的尊严,就给内心提供了一种出乎他自己意料之外的力量,以从一切想要占据统治地位的感性依赖性中挣脱出来,并在他的理知本性的独立性和他视为自己的使命的崇高思想中为他所奉献出去的牺牲找到丰厚的补偿。

　　这种动因的力量在于,"这种动因不仅因为它是唯一建立起一种品

格（即按照不变的准则的一种实践上一贯的思维方式）的动因，而且也由于它教人感到他自己的尊严，就给内心提供了一种出乎他自己意料之外的力量"。首先，这种动因唯一地建立起一种前后一贯的行动准则和思维方式，它不是朝三暮四、毫无标准的，而是可以从实践上把握和坚持的，这与所有其他出自动物性的快感、爱好和本能需要的动因都不同。这种一贯性本身就是一种力量了，动物性的动因是一时的，突如其来的，不能坚持的，而实践法则的一贯性则是一种定力，任凭风云变幻，我自岿然不动。但除此之外，它还有一种力量就是让人感到自己的尊严，即超越于一切动物性的层次之上的神圣性，这种神圣性就比前一种一贯性更加显示出人格的力量，而且往往是出乎他自己意料之外的。这种精神的力量使得他"从一切想要占据统治地位的感性依赖性中挣脱出来，并在他的理知本性的独立性和他视为自己的使命的崇高思想中为他所奉献出去的牺牲找到丰厚的补偿"，就是一方面从原先控制着他的那种感性爱好中摆脱出来，他不需要从那种自我麻醉的娱乐活动中补偿自己，虽然这看起来好像是一种奉献、一种牺牲，但另一方面，他却有另一种更为丰厚的补偿，这就是从自己的道德行动中获得自身理知本性的独立性，以及对自己负有道德上的崇高使命的自豪。这方面最为典型的就是苏格拉底之死的例子。苏格拉底被雅典法庭无辜判了死刑，他本可以在朋友们的帮助下逃跑，但他仍然服从自己心中的"程序正义"而坦然赴死，临死前却向他的弟子们宣讲他的生死观，他认为他负有神的使命，就是刺激雅典这头大笨牛迅速前进，而现在他已经 70 岁了，他的使命已经完成，是时候该划上一个完美的句号，光荣谢幕了。他最后的话是，我去死，你们去活，谁的选择更好，只有神知道。他是带着满足和自豪而奔向自己的死亡的，而在历史上也的确成为了以身殉道的楷模，享受着世代尊荣，这就是他的丰厚的补偿。

　　所以，我们愿意通过任何一个人都能够进行的观察，而把我们内心的这种属性，这种对一个纯粹道德兴趣的感受性，因而对纯粹德性表象的这种动力,当它被理直气壮地带到人心中来时,证明为趋向于善的最有力的动机,并且如果在遵守道德准则时关键在于持久性和严格性,则证明为唯一的动机;

"我们愿意通过任何一个人都能够进行的观察",也就是我们在任何一个人身上都可以做一个实验,让他对自己进行观察,"而把我们内心的这种属性,这种对一个纯粹道德兴趣的感受性,因而对纯粹德性表象的这种动力,当它被理直气壮地带到人心中来时,证明为趋向于善的最有力的动机"。我们愿意通过每个人在自己内心的观察而证明自己的这样一种属性就是向善的有力动机,什么属性呢?就是对纯粹道德兴趣的感受性,因而有种趋向于德性表象的动力,当它,也就是当这种德行表象,被理直气壮地(gehörig,应有地,理所当然地)带到人心中来时,这种感受性和动力就是最能使人向善的。"并且如果在遵守道德准则时关键在于持久性和严格性,则证明为唯一的动机",就是说,这个动机不但力度最大,而且是唯一地最持久和最严格的动机。其他的动机也许有时并不比道德的动机力度小,但肯定都不如道德动机那么持久、那么严格地一丝不苟,因为后者遵循的是纯粹实践理性。这种动机当然就是指对道德法则的敬重感了。

但与此同时却必须记住,如果这些观察只是证明了这样一种情感的 [153]
现实性,却并没有证明由此而实现出来的道德上的改善,那么这并不会对那个使纯粹理性的客观上实践的法则仅通过纯粹的义务表象而成为主观上的实践的唯一方法造成任何损害,仿佛这种方法就只是一种空洞的幻想了似的。

这句就很有特色了。"但与此同时却必须记住,如果这些观察只是证明了这样一种情感的现实性,却并没有证明由此而实现出来的道德上的改善",上述观察只是一种主观的内省,每个人在自己内心都可以找到这样一种对纯粹道德兴趣的感受性和动力,但并不一定同时就必然伴随着现实的道德上的改善,无法证明一个人只要有了这种内心动机,就会实现出来而变成一个道德的人。但即使这种主观内省并不具有客观现实性,"那么这并不会对那个使纯粹理性的客观上实践的法则仅通过纯粹的义务表象而成为主观上的实践的唯一方法造成任何损害,仿佛这种方法就只是一种空洞的幻想了似的",就是说,这种停留在主观中未实现出来的"情感的现实性"自身就有其固有的价值,而不必等待它在客观现实中兑换成道德上的改善,似乎只要没有现实的效果,它就只是一种空谈,甚至会对使纯粹理性的客观实践法则成为主观实践的这个唯一方法造成损害。换言之,我们仅仅凭借纯粹义务表象来使道德法则成为主观实践的,或者说使普遍客观法则成为内心准则,这并不要求它立刻就有现实的道德改善的效果,不能急功近利。道德教育重在内心的陶冶,以普遍法则激发起主观情感的现实性,也就是对道德法则的敬重的现实性,而不在于它客观的现实功效,这有点像孟子的"言不必信,行不必果,惟义所在"。当然,康德也不是完全不讲功效,而只是不从功效来评价行为的价值,教育不是外在行为的管束,而是内在心性的建立,只要有了道德心,还怕没有道德行为的效果吗?即使暂时没有,以后也会有的。

因为既然这种方法还从来没有被实行过,那么经验也就还不可能显示出它的任何后果来,相反,我们只能对这样一些动机的感受性的证据链提出要求,我现在打算简要地展示这个证据链,然后再稍微勾画一下对纯正道德意向的建立和培养的方法。

"因为既然这种方法还从来没有被实行过,那么经验也就还不可能显示出它的任何后果来",康德非常自信的是,他这套方法是从来没有人认真实行过的,或者人们并没有把这当成一种道德教育的方法,他自己是第一个这样提倡的。所以目前还看不出这种方法的经验后果,这一点都不奇怪;而且他提出这种方法,也不是着眼于它在经验中的任何后果,而是着眼于如何为所有可能的后果在主观上建立起合乎纯粹理性的一整套实践原则,相当于一种"知难行易"的模式。所以他说,"相反,我们只能对这样一些动机的感受性的证据链提出要求",所谓"证据链"(Beweisthümer），也就是一整套环环相扣的证据。就是说，当我们发现内心在道德法则的感受性方面有一种情感的现实性，那么我们首先要做的不是马上去检验一下它在道德实践中的作用效果，而是追究它在主观内心中的证据，这些证据构成一系列合理的证据链条，最终一直追溯到纯粹实践理性的法则。"我现在打算简要地展示这个证据链，然后再稍微勾画一下对纯正道德意向的建立和培养的方法"，这就是他在下面几段中所要做的工作了。实际上我们可以把这种分析看作康德在人心中所进行的一种心理实验，通过这种设计好的实验而把人心中的真正的道德禀赋发掘出来，然后在此基础上建立起一套培养纯正道德意向的方法。

　　如果我们注意一下不仅由博学之士和玄想家、而且由商人和家庭妇女所组成的那些混杂的社交聚会中的交谈，那么我们就会发现，除了讲故事和戏谑之外，其中还有闲聊、也就是说闲话的一席之地：因为故事如果要求新奇和本身具有新鲜的兴趣的话，一会儿就会耗尽，戏谑却很容易变味。

　　康德的心理实验马上推向了广大群众的日常生活和社交聚会，具有非常强的现实感和可重复性。这里特别强调的是，"不仅由博学之士和玄想家、而且由商人和家庭妇女所组成的那些混杂的社交聚会中的交谈"，这是康德谈道德问题的一个特点，就是关注下层百姓的道德状况。正如他早年说的，是卢梭纠正了他的优越感，使他从此学会了尊重人，并意识到如果他的学问不能为一般群众恢复其共同的权利，他就不如一个普通劳动者有用。这里考察的就不是少数学者和高雅之士在想什么，而是普通的商人和家庭妇女在日常生活中的状况，看他们所谈的是些什么内容。"那么我们就会发现，除了讲故事和戏谑之外，其中还有闲聊、也就是说闲话的一席之地：因为故事如果要求新奇和本身具有新鲜的兴趣的话，一会儿就会耗尽，戏谑却很容易变味"，这些内容，一般学者是不会感兴趣的，但康德都很细心地区分了三种情况，一种是讲故事，这是很容易陷入老生常谈、了无新意的。我们今天互联网如此发达，可是你到网上浏览一下，可以发现十之八九都是已经听过的旧闻，所有的故事都是陈词滥调的套路。第二种是戏谑，也就是我们所讲的"段子"，包括开玩笑、脑筋急转弯、卖萌和耍酷，等等，但却容易变味，如变成"荤段子"，或者人身攻击、诽谤，等等。这些都是浮面的东西，康德真正关注的是第三种话题，这就是说人家的"闲话"。所以下面专门来谈。

　　但是在一切说闲话中，没有什么比关于某一个人的品格应当由之确定的这个那个行动的**道德**价值的闲话，更多地激起那些在其他所有的玄想那里马上会感到无聊的人士的参与，并把某种生气带入社交中来的了。

　　家长里短，飞短流长，捕风捉影，风言风语，这些市井小民们日常的口头娱乐通常引不起道德学家和哲学家们的兴趣，但康德却从这里头看出门道来了。"但是在一切说闲话中，没有什么比关于某一个人的品格应当由之确定的这个那个行动的**道德**价值的闲话，更多地激起那些在其他所有的玄想那里马上会感到无聊的人士的参与，并把某种生气带入社交中来的了"，他发现最能够激发起人们的兴趣的是有关某个人的道德品质的闲话，以及有关他做的某件事的道德评判的闲话。这些说闲话的人们，平时从不关心学问，对任何玄想的问题都不感兴趣，但这个时候却全都积极地加入进来，而且来劲了，社交闲谈变成了各种意见的激烈交锋的战场，甚至使社交活动变得生机盎然。

　　那些平时对理论问题中的一切玄妙和冥想的东西都觉得枯燥和伤神的人，当事情取决于对一个被讲到的好的或坏的行动的道德内涵作判定时，马上就会参加进来，并且可以如人们在任何思辨客体那里通常都不可能期待于他们的那样精细、那样冥思苦想、那样玄妙地，把一切有可能使意图的纯洁性、因而使意图中德行的程度遭到贬低或哪怕只是变得可疑的东西想出来。

　　这都是高雅之士不屑一顾的市井百态。"那些平时对理论问题中的一切玄妙和冥想的东西都觉得枯燥和伤神的人，当事情取决于对一个被讲到的好的或坏的行动的道德内涵作判定时,马上就会参加进来",每个市井小人,不论他多么庸俗和缺乏文化教养,一谈及他人的道德,都俨然成了行家,可以充当他人的裁判者,于是纷纷投入。"并且可以如人们在任何思辨客体那里通常都不可能期待于他们的那样精细、那样冥思苦想、那样玄妙地,把一切有可能使意图的纯洁性、因而使意图中德行的程度遭到贬低或哪怕只是变得可疑的东西想出来",不光是积极投入,而且倾注了自己平时不会显露出来的全部才华,那样精细、那样冥思苦想、那样玄妙,为的只是对别人的道德意图加以贬低和质疑,大搞诛心之论。这些在一般文化人心目中属于低层次人群的恶习,在康德眼里却成为了普遍人性中埋藏着道德根基的标志,应当认真加以挖掘。

　　我们往往可以在这些评判中看到对别人作判断的那些个人自己的品格泄露出来,他们中有些人,尤其是由于他们对死去的人行使自己的法官的职务,似乎主要倾向于为所谈到的有关这些人的这个那个行为的善而辩护,以反驳一切不正派的伤人非议,最终为这个人的全部道德价值辩护,以反驳虚伪和阴毒的指责,相反,另一些人则更多盘算的是控告和谴责,不承认这种价值。

[154]

　　"我们往往可以在这些评判中看到对别人作判断的那些个人自己的品格泄露出来",这句点出了康德关注这些人的议论的本意,也就是通过他们对别人作判断而看出这些评判者自己的真正品格,特别是平时不太表现出来的道德品格。这里分两种情况。一种情况是,"他们中有些人,尤其是由于他们对死去的人行使自己的法官的职务,似乎主要倾向于为所谈到的有关这些人的这个那个行为的善而辩护,以反驳一切不正派的伤人非议,最终为这个人的全部道德价值辩护,以反驳虚伪和阴毒的指责","这个人"原译掉了一个"这"字。这一派主要是捍卫英雄的名誉,通常是为了死去的英雄,因为死人已经具有了纯粹道德榜样的表象,他们的那些阴暗面已经不再有人提起,为逝者讳,为尊者讳,这是古今中外的通例。谁要是对死人的毛病都不肯放过,而一直都耿耿于怀,只能说明这人的心胸狭隘。所以古人只要有一点可取之处，都会被夸大为光明磊落的道德君子。通俗地说，这一派可以说是"歌德派"。与此对立的另一派则可以称作"缺德派"，"相反，另一些人则更多盘算的是控告和谴责，不承认这种价值"，实际上，康德更看重的是后面这一派，可以说是吹毛求疵派，他们更能于无意中揭示出人们内心深处对于道德纯洁性的执着和寸步不让。他更愿意为这一派人辩护。

　　但人们毕竟不能总是赋予后面这种人以这样的意思，即想要从人类的一切榜样那里把德行完全通过玄想去掉，以便由此使德行变成一个空名，相反，这常常只是在按照某种不可通融的法则对纯正道德内涵作规定时本意良好的严格而已，在与这个法则而不是与那些榜样作比较时在道德性方面的自大就大为降低，而谦虚决不只是被教会的，而且是在强烈的自我拷问中被每个人所感到的。

　　"但人们毕竟不能总是赋予后面这种人以这样的意思，即想要从人类的一切榜样那里把德行完全通过玄想去掉，以便由此使德行变成一个空名"，这句就是为缺德派的这种吹毛求疵的态度作辩护了，因为他们很容易遭到这样的指责，就是说他们巴不得将一切好人都通过鸡蛋里挑骨头的方式变成坏人，这样天底下就没有好人了，而他们也就不必为自己的坏心眼而内疚了。康德却认为未必是这样。"相反，这常常只是在按照某种不可通融的法则对纯正道德内涵作规定时本意良好的严格而已"，即很可能是，这些人只不过是遵循着道德法则本身的纯粹性要求而毫不退让，恰好表现了人性中带底线性质的某种原则。而这与康德自己所坚持的原则是完全一致的，就是说，真正的道德只能是为义务而义务，不能掺杂任何一点不纯粹的东西，否则就是对道德法则本身的败坏。但因为在现实中没有人能够完全做到这一点，这样一来，"在与这个法则而不是与那些榜样作比较时在道德性方面的自大就大为降低"。在面对这样一种如此纯洁无瑕的道德法则时，人们在道德性方面的自大，也就是自以为能够轻易做到纯粹实践理性所要求的义务这种妄想，就会受到很大的挫折。相反，如果只是和那些人间的榜样作比较，那么人们倒是会纵容这种自大，因为这些榜样没有一个是完全无毛病的，人们就会以为成为道德楷模是件很容易的事，他能做到的，我也能做到，至少和他差不多。但现在有个绝对纯粹的道德法则摆在眼前，那是根本没有人能够完全做到的，这就反而会引起人们在它面前感到自卑和谦虚，最终引发对它的敬重。所以他说，"而谦虚决不只是被教会的，而且是在强烈的自我拷问中被每个人所感到的"。别人教给的谦虚只是表面文章，一种礼貌而已，真正内心的谦虚不是教会的，而是发自每个人内心的纯粹道德原则，当他用这种原则来自我拷问时，一种自发的谦虚就会油然升起，给人以震撼。

然而我们常常可以在那些为已有榜样的意图的纯洁性作辩护的人那里看到，凡是在他们对正直不阿有自己的猜想时，他们也喜欢为这些榜样擦去最微小的污点，其动因是为了当一切榜样都被怀疑其真实性、一切人类德行都被否认其纯洁性时，德行不会最终被看作只是一个幻影，从而趋向德行的一切努力都被当作虚荣的做作和骗人的自大而遭到蔑视。

这又是为前面那种"歌德派"作一点辩护了，但显然这种辩护不像对"缺德派"的辩护那么触及到根本，而只是说他们这样做的出发点也是良好的。"然而我们常常可以在那些为已有榜样的意图的纯洁性作辩护的人那里看到，凡是在他们对正直不阿有自己的猜想时，他们也喜欢为这些榜样擦去最微小的污点"，他们为尊者讳，为维护道德榜样的崇高性而有意忽略哪怕最微小的污点，努力塑造出一个道德完人的形象，这正说明他们自己心中怀有一个正直不阿的猜想，一个理想化的模式，认为一个道德楷模应该是什么样的。"其动因是为了当一切榜样都被怀疑其真实性、一切人类德行都被否认其纯洁性时，德行不会最终被看作只是一个幻影"，他们这样做其实是借一个外在可见的榜样来塑造自己心中的理想，尤其是当一切榜样都遭到怀疑，人人都在躲避崇高、渴望堕落的时代，不惜把一个有瑕疵的榜样打扮成一个完人的形象，目的是为了不让德行最终被看作虚幻的，这通常叫作"善意的谎言"。他们认为这样就可以使道德最终不至于被人们完全抛弃，"从而趋向德行的一切努力都被当作虚荣的做作和骗人的自大而遭到蔑视"，动机是好的。不过一般来说，康德通常是不太主张用这种虚假榜样来进行道德教育的，因为当这种榜样的真相一旦被揭穿，人们对道德的失望就会比原先更甚。在某种意义上，他也不反对用道德榜样的某个行为的道德性表象作为道德教育的入门，但不主张吹捧个人。

　　<u>我不知道为什么青年的教育者们对于理性的这种很乐意在被提出的实践问题中自己作出最精细的鉴定的倾向不是早就已经在加以运用，并且他们在把某种单纯的道德上的教义问答作为基础之后，为什么不为此搜遍古今人物传记，以便手中握有所提出的那些义务的凭据，</u>

　　这是康德对当时的道德教育现状表示的不满。"我不知道为什么青年的教育者们对于理性的这种很乐意在被提出的实践问题中自己作出最精细的鉴定的倾向不是早就已经在加以运用"，这话的意思就是，他认为对青年的教育应当采取这种方式，就是对理性的这种倾向加以利用，什么倾向呢？即很乐意在被提出的实践问题中靠自己来作最精细的鉴定。理性本身就有这种倾向，这在上面所举的那些例子中，即哪怕是文化教养不高的底层百姓都很乐意对各种道德问题凭自己的标准来加以精细的鉴定，就已经揭示得很清楚了。现在的教育者们本应该利用人性中的这种自然而然的理性倾向来对青年进行道德教育，但是不知道为什么他们一直没有这样做。"并且他们在把某种单纯的道德上的教义问答作为基础之后，为什么不为此搜遍古今人物传记，以便手中握有所提出的那些义务的凭据"，他们只知道单纯背诵那些机械的教义问答手册，而不知道在这一基础上，到古今人物传记中去进行搜索，以便获得教义问答中所提出的那些义务的凭据（Beläge，即 Belege，意为凭据、证明、例证），让

学生们自己去判断那些例子的道德价值。这就是康德所提出的道德教育方案了，即对年轻人来说，除了让他们知道纯粹实践理性所提出的那些原理、范畴等等之外，再用具体的例证让学生进行实际操作，由他们自己去形成和建立起内心的纯粹实践理性法则的运用法规。

在这些凭据上他们首先可以通过对各种不同情况下的类似行动加以比较，使他们的弟子开始运用自己的评判来看出这些行动的较小或较大的道德内涵，他们会在这里发现甚至那些本来对任何思辨都还不成熟的少年马上就变得非常敏锐，并由于感到自己判断力的进步而对此发生不小的兴趣，

"在这些凭据上他们首先可以通过对各种不同情况下的类似行动加以比较，使他们的弟子开始运用自己的评判来看出这些行动的较小或较大的道德内涵"，这就是展示这些凭据的作用了。它们实际上就是一些提供给青年人自己做心理实验的对象，青年的教育者们首先可以把这些例子拿来，将它们的不同之处和相同之处进行比较，然后交给受教育者们去加以评判，比较这些行动的道德内涵，由此来使青少年的道德判断能力得到训练和成长。"他们会在这里发现甚至那些本来对任何思辨都还不成熟的少年马上就变得非常敏锐，并由于感到自己判断力的进步而对此发生不小的兴趣"，于是这些教育者将会发现，这些青少年哪怕对任何思辨都还不成熟，但却在这种训练课程中马上会变得非常敏锐，并且可以亲自感到自己在这方面的判断力的进步，由此而发生不小的兴趣。可见康德所主张的道德教育决不是简单的道德说教，也不是树立一些楷模让大家去模仿，而是一种启蒙，即启发学生意识到自己固有的纯粹理性的实践能力并引导他们运用这种能力，他坚信这样做能够达到切实的效果。

但最重要的是，他们可以有把握地指望，经常练习去认识和称赞那种具有全部纯洁性的良好行为，另一方面则带着惋惜和轻蔑去发觉对这种纯洁性的哪怕最小的偏离，即使这种做法直到这时还只是被当作一种

小孩子们可以相互比赛的判断力游戏来发起的，但却会对于推崇一方面而憎恶另一方面留下某种持久的印象，这些练习仅仅通过把这些行动经常地看作值得称赞或值得谴责的这种习惯，就会对以后生活方式的正直

[155] 不阿构成一个良好的基础。

"但最重要的是，他们可以有把握地指望，经常练习去认识和称赞那种具有全部纯洁性的良好行为，另一方面则带着惋惜和轻蔑去发觉对这种纯洁性的哪怕最小的偏离"，这是最重要的，即他们，也就是那些青年导师、教育家们，在上述个案分析训练的心理实验中，有希望通过两方面的练习，一方面是去认识和称赞那种好的榜样，另一方面是发现和鄙视那种不好的苗头，从而在这种双重的训练中逐渐建立起自己未来的道德生活方式的基础。这两方面都是一种对学生的道德判断力的训练，但最初也可能只是一种游戏。"即使这种做法直到这时还只是被当作一种小孩子们可以相互比赛的判断力游戏来发起的，但却会对于推崇一方面而憎恶另一方面留下某种持久的印象"，虽然只是小孩子的游戏，却具有严肃的目的，通过互相比赛道德上的判断力，能够使他们内心形成爱憎分明、善恶有别的持久印象，或者说一种理性的道德习惯。"这些练习仅仅通过把这些行动经常地看作值得称赞或值得谴责的这种习惯，就会对以后生活方式的正直不阿构成一个良好的基础"，这样的练习就是经常性地形成一种对各种行动作道德判断的习惯，这种习惯对孩子们长大以后形成正直不阿的生活方式来说是一个良好的基础。这就是康德为年轻人和儿童所设计的道德教育方法。要注意的是，这里看起来颇类似于我们通常所说的"榜样教育"、"示范教育"，其实有本质的不同，它不是要求学习者盲目地模仿榜样，跟随示范，而是以榜样作为训练自己的道德判断力的靶子，重在练习对好榜样和坏榜样的判断标准的掌握，使学习者最终成为一个有自己的主见和明确的是非观的人。它也不同于那种"动之以情"的文学性的熏陶，在康德看来，这种熏陶对纯粹实践理性能力的培养几乎是一种不必要的干扰。这就是下面说的。

只是我希望不要用我们那些感伤文字中被如此大量滥用的所谓**高尚的** (过誉了的) 行动的榜样来打扰这种练习，而是把一切都仅仅转移到义务以及一个人在他自己眼里通过没有违犯义务的意识而能够和必须给予自己的那种价值之上，

"只是我希望不要用我们那些感伤文字中被如此大量滥用的所谓**高尚的** (过誉了的) 行动的榜样来打扰这种练习"，这里特意把他的道德判断的训练方法与感伤文学中滥用煽情的做法区别开来，那些通过煽情而抬高了的行动榜样并没有突显出其中的道德原理，对读者练习纯粹实践理性的判断力没有什么帮助，只能造成干扰。"而是把一切都仅仅转移到义务以及一个人在他自己眼里通过没有违反义务的意识而能够和必须给予自己的那种价值之上"，可见正确的做法是，一切都应当以义务的考虑为中心，并以此来建立起自己的价值与尊严。我没有违反自己的义务，这本身就具有独立的价值，道德教育的任务就在于要使受教育者意识到这一点，而不是让人的情感变得更脆弱，成为"软心肠"的、易被打动的小说迷。

因为凡是导致对高不可攀的完善性的空洞希望和渴求的东西所产生的纯然都是小说中的人物，这些人物由于他们对自己感觉到这种夸大其辞的伟大非常得意，于是就为这一点而宣布自己可以不遵守平庸的和通行的职责，这种职责在他们看来只是微不足道地渺小。

这就是指出小说所带来的干扰了。"因为凡是导致对高不可攀的完善性的空洞希望和渴求的东西所产生的 [原译文漏掉了这个"的"字] 纯然都是小说中的人物"，小说中的人物都是理想化、模式化了的，它们给读者带来对高不可攀的完善性的空洞希望，让人渴求这种完善性，这尤其在 18 世纪的感伤主义和浪漫主义小说中是如此，一个人物好就好到无可挑剔，坏就坏到无以复加，直到后来 19 世纪的现实主义小说中才逐渐克服了这种毛病。康德具有丰富的社会阅历，他必然会对这种理想化了的小说形象十分反感。更重要的是，他认为"这些人物由于他们对自

已感觉到这种夸大其辞的伟大非常得意，于是就为这一点而宣布自己可以不遵守平庸的和通行的职责，这种职责在他们看来只是微不足道地渺小"。这可以看作对 18 世纪七八十年代德国"狂飙突进运动"的写照，这一文学运动的理论家是赫尔德。他们崇尚激情、天才和大自然，蔑视一切陈规陋习，但却动摇了启蒙运动以来理性的至上法庭，是与康德坚持"纯粹理性"的思想倾向不一致的。这下面有一个注。

　　对那些从中放射出伟大、无私和富于同情心的意向和人性之光的行动加以赞扬是完全可取的。但我们在此必须注意的，与其说是**灵魂的高迈**，不如说是**对义务的由衷的服从**，前者是转瞬即逝和暂时的，对后者却可以指望有一个更长久的印象，因为它具有原理（前者则只具有激动）。

　　这个注是对上面的批评的一种缓和，康德虽然对狂飙突进运动所代表的那种浪漫主义激情不是无条件地赞同，但仍然肯定其中有它的合理之处，而试图将这种合理之处纳入到自己的理论中来。"对那些从中放射出伟大、无私和富于同情心的意向和人性之光的行动加以赞扬是完全可取的。但我们在此必须注意的，与其说是**灵魂的高迈**，不如说是**对义务的由衷的服从**"，他首先承认这种对正面人物形象的道德行动加以赞扬是可取的。前面说过，只要不是鼓吹对这些形象作为道德楷模去加以机械的模仿，康德并不一般地反对将人物的道德行动推崇为我们道德判断的"凭据"，只是对于这种凭据，我们从中所看出的不能仅仅是表面的感动，而应该是内在的原则。康德在这里看重的主要不是灵魂的高迈，而是对义务的自觉的服从。灵魂的高迈，Seelenerhebung，这个德文词在词源上与"崇高"（erhaben）有关，是指对伟大心灵的一种审美观照。康德在这时还没有发展出后来在《判断力批判》中所提出的"美是德性的象征"的思想，但已经有这种苗头了。就是说，小说中所宣扬的那种道德完人，我们要注意的不是表面的高尚情怀，而是底下所透露出来的对义务的坚定贯彻，直到内心最深的意向；或者说，我们要从这种高尚情怀的光辉之中看出后面起支撑作用的道德法则和道德意志。这是对文学作品的两种不同的评价方式，康德认为，只有深入到后面这种方式，才能看出这些作品中真正的道德意义。"前者是转瞬即逝和暂时的，对后者却可以指望有一个更长久的印象，因为它具有原理（前者则只具有激动）"，这就是他提出的理由，即感性和情感的东西只是暂时的，只有普遍法则才具有原理的永恒性。作为道德教育的手段，文学作品不能停留于那种转瞬即逝的激情中，而必须显示出其中永恒的意义才有作用。

　　只要有人作一点点反省，他就总是会感到一种他以某种方式对人类所承担的罪责（哪怕只是这样一种罪责，即我们通过人类在公民状态中的不平等而享受到好处，为此之故别人必然会更加贫困），以便对**义务**的思考不会被自以为**有功**的想像排斥掉。

　　所以，对义务的思考在康德看来是人性中普遍的永恒的课题，不管一个人在社会上做出了多么伟大的成就，在这一点上应该是人人平等的。"只要有人作一点点反省，他就总是会感到一种他以某种方式对人类所承担的罪责"，人不要自我感觉太好，要随时都怀有罪感。基督教主张人人都有"原罪"，康德在这里强调的则是人"以某种方式"对人类所承担的罪责，也就是实际上人在现实生活中不可能是完全无罪的，因为他对自己应尽的义务始终处于未完成状态。括号中有针对性地列举了一种情况："（哪怕只是这样一种罪责，即我们通过人类在公民状态中的不平等而享受到好处，为此之故别人必然会更加贫困）"。就是说，许多浪漫主义的文学家通常喜欢以上流社会的贵族小姐或王子公爵等等来塑造自己的理想形象，或是英雄，或是淑女，而没有意识到他们的这种等级身份本身就是有罪的。因此，作家关注的是这些人物形象所建立的丰功伟绩，或者在这种业绩中所体现的道德楷模，而看不出这些形象有一点点反省意识和自责。他们笔下的人物从来没有意识到，他们之所以能够干出这样伟大的事业，是以他们的优越地位为基础的，因而是以公民社会中的不平等和广大劳动者的贫困为前提的。而只有意识到了这一点，才能使这些人物立足于一般人性的立场来客观地看待自己的行为，"**以便对义务**的思考不会被自以为**有功**的想像排斥掉"。康德在这里体现了他出身于平民并且努力为平民争权利的平等思想，即使在道德教育中，他也着眼于普通百姓这一基本立足点，而不认为只有上流社会才代表人性中的优秀道德素质。

<u>但如果有人问：究竟什么才真正是我们必须用作试金石来检验任何行动的道德内涵的**纯粹**德性，那么我就必须承认，只有哲学才能使这个问题的决断成为可疑的；因为在普通的人类理性中这个问题虽然不是凭借抽象的普遍公式、但却通过日常的习惯而早已经仿佛是左右手之间的区别一样地被决断了。</u>

前面讲的都是教育者以历史或小说中的人物形象作为凭据，提供给受教育者来判断，那么对教育者来说这就是一个决疑论（Kasuistik）的问题，[①] 并随之就带出来一个决疑的标准问题。所以下面讲："但如果有人问：究竟什么才真正是我们必须用作试金石来检验任何行动的道德内涵的**纯粹**德性，那么我就必须承认，只有哲学才能使这个问题的决断成为可疑的"，"纯粹"打了着重号。就是说，一般讲判断一个行为是道德的还是不道德的，如果不涉及纯粹德性，那是比较容易的，凭借个人好恶和事情的后果就可以作出判断；但如果涉及纯粹德性，那就必须把个人好恶和经验后果全部排除掉再来考虑，这样我们才能找到判断的标准，甚至才能使某个既有的决断成为可疑的，而能够做到这点的只有哲学。"因为在普通的人类理性中这个问题虽然不是凭借抽象的普遍公式、但却通过日常的习惯而早已经仿佛是左右手之间的区别一样地被决断了"，在

---

① 康德在《道德形而上学》中"德行论部分"的"要素论"中，几乎每提出一种要素，后面都要讨论一番"决疑论问题"，这些问题都是没有标准答案的，通常回答者是根据人之常情去判断，但作出的回答总是可以被质疑的，所以不如说，这是供人们运用自己的道德法则作判断的一些训练项目。

普通的人类理性中，也就是在掺杂有大量感性因素的理性判断中，我们不是凭借抽象的普遍公式来决断的，而是凭借习惯。这种习惯其实并没有普遍标准，或者说它本身就是标准，由于长期习惯于这种思路，所以在做决断时根本不假思索，就像凭自己的左右手来区分左右一样直接。这就使问题更加深入一层了。前面讲道德教育要使受教育者形成对例证作道德判断的习惯，这是第一步；但这一步一旦形成，还必须提升到第二步，这就是使自己的这种判断通过决疑论而达到哲学，超出那种凭借惯性想当然的日常做法。所以真正完善的道德教育还必须使受教育者善于运用哲学思维结合事例来对自己的道德判断进行反复的推敲和质疑，使这种判断越来越精细和深刻，最终能够上升到康德本人所推崇的纯粹实践理性的道德形而上学层次。如何能够做到这点，下面举例说明。

所以我们将首先用一个例子来指出纯粹德性的检验标准，并且通过我们设想例如它被提交给一个十岁男孩去作评判，来看看他是否由自己而不经过老师的指导也必然会作出这样的判断。

康德在一个例子上指出纯粹德性的检验标准，让我们设想它被交到一个没受过多少教育的十岁男孩手里，看他在这个例子上如何单凭自己来运用这一标准作出道德判断。这又是一场心理实验，所描述的情况基本上都是每个人都能够认可的心理事实。这场实验分三个层次，每一个层次都使得所评判的实验对象在道德评判上提升一级，最终达到的是一种毋庸置疑地出自纯粹实践理性的令人崇敬的道德高度。

设若有人讲述了一个正派人士的故事，别人想鼓动他参与对一个无辜而又无权势的人（如英格兰的亨利八世对安妮·博林的控告）进行诽谤。人家许以好处，即送以重礼或封以高位，他都拒绝接受。这在听者心里所引起的只不过是称许和赞同，因为那都是好处。

[156]

这是第一个层次。现在的例子是一场诽谤案："设若有人讲述了一个正派人士的故事，别人想鼓动他参与对一个无辜而又无权势的人（如英格兰的亨利八世对安妮·博林的控告）进行诽谤。"那么在这个案子上，一个正直的人会采取何种态度呢？"人家许以好处，即送以重礼或封以高位，他都拒绝接受。这在听者心里所引起的只不过是称许和赞同，因为那都是好处"，当然，这种态度是会引起称许和赞同的，这就是一种基本的道德肯定，即对于一个不为利益的诱惑所动而拒绝参与一桩罪恶勾当的人，他这种做法是合乎道德律的，值得表扬。但也仅此而已。这种表扬只限于不受眼前利益诱惑去干坏事，这有可能是出于道德法则，但也有可能是出于其他的考虑，例如权衡利弊，深谋远虑。换言之，这种做法是合乎道德法则的，但是否仅仅出于道德法则，这个还不一定。这有点像前面那个商人不卖假货的例子，在正常的市场经济秩序下，诚实经商是获取最大利益的可靠道路，卖假货是自毁前程。这里的考虑只限于"好处"，只是一个眼前好处和长远好处的问题，一个不要因小失大的问题。当然也不排除有人就是仅仅出于道德法则的考虑而不去做坏事，不论是诽谤他人或是卖假货，但是这一点目前还很难验证，能够验证的就是这个行为是合法的，值得鼓励的。孔子说："不义而富且贵，于我如浮云"，拒绝不义之财是起码的合乎道德法则的行为。

现在人家开始以损失相威胁。在这些诽谤者中有他的一些最好的朋友，他们现在宣告中断与他的友情，有他的近亲，他们威胁要剥夺他的继承权（而他却没有财产），有权贵，他们可以在任何地方、任何情况下迫害和侮辱他，有君王，他威胁他会失去自己的自由甚至生命。

这是第二个层次。这个层次当然就比上一个层次更高了，这不仅仅是获不获利或者获利多少的问题，而且是要他作出牺牲，乃至于牺牲一切，包括友情、财产、面子、安全、自由甚至生命，都受到了威胁。这些威胁一个比一个厉害，将当事人的感性方面的所有需求都逐步剥夺殆尽。所以这里所涉及的就不只是一个利害权衡的问题，而是要"杀身成仁，舍生取义"的问题。对于中国人来说，这就是道德评价的极致了，再没有比这更加崇高和令人敬仰的了。但是，很少有人注意到，同样是杀身成仁舍生取义，仍然可以分出不同的等级来。比如说，孤身一人，无牵无挂，要做到为正义而死相对来说是比较容易的，反正不过是一条命，二十年后又是一条好汉；但如果你是一个重感情的人，而在这个世界上又还有你同样愿意为他们去死的亲人和爱人，那情况又不一样了。

但为了让他也感受到只有道德上善良的心才能十足真切地感受到的那种痛苦，以便苦难的程度臻于极致，我们可以设想他的受到极度困苦和贫穷所威胁的家庭<u>**恳求**他**让步**</u>，<u>而他自己虽然为人正直，但恰好并不具有对于同情和自己的困苦都麻木不仁的感官，在他希望永远不过那种使他遭受如此难以言表的痛苦的日子的这一刻，他却仍然忠于他的正直的决心，毫不动摇或哪怕是怀疑</u>：

这又是一个更高的境界了。如果你的家人因为你而受到牵连，在极度的困境中求你向恶势力让步，而恰好你又非常爱他们，不忍心让他们遭受任何不幸和灾难，在这样的时刻，"他却仍然忠于他的正直的决心，毫不动摇或哪怕是怀疑"，对外来的压力毫不妥协，在这样的情况下做到杀身成仁舍生取义就是极其困难的了。我们听到过无数的例子，在"文化大革命"或历次政治运动中，很多人都是不忍心看到亲人和爱人受到连累而违心地向外部势力屈服，真能像顾准那样坚持真理到底、不惜众叛亲离的人真是凤毛麟角。人性中的这种弱点往往被恶势力用作达到自己卑劣目的的手段，在现代社会中则常被恐怖分子利用来挟持人质，向政府部门提出无理要求。而要不要向恐怖分子妥协也时常成为民众讨论的一个热门话题。这里我们进入到了道德评价的第三个层次，这个层次可以大致相当于裴多菲的那首著名的诗所说的：生命诚可贵，爱情价更高，若为自由故，二者皆可抛。这里的"爱情"是广义的，不单纯指男女爱情，而且包括一切爱恋之情；而"自由"则相当于康德所谓自由意志的自律。单是牺牲自己个人的生命这不算什么，能够经得起情感的考验，为自由的道德原则甚至可以放弃亲情爱情，坚持正直的原则不动摇，这才是更高的道德境界，当然也就更难以做到了。以上三个层次都是道德教育者可以向青少年们提供出来让他们加以判断和评价的案例，实际上也是一种循序渐进的引导。

　　那么我们这位年轻的听者就会一步步从单纯的赞同上升到钦佩，从钦佩上升到赞叹，最后一直上升到极大的崇敬，直到一种自己能够成为这样一个人（当然并不是在他那种情况下）的强烈的愿望；但在这里，德行之所以具有这么多的价值，仍然只是由于它付出了这么多，而不是由于它带来了什么。

　　这是对上面三个案例的总结。"那么我们这位年轻的听者就会一步步从单纯的赞同上升到钦佩，从钦佩上升到赞叹，最后一直上升到极大的崇敬"，这里"赞叹"原译作"惊奇"不是很贴切，惊奇是 Wunderung，而赞叹是 Bewunderung。显然，这个十岁男孩对这三个层次的道德评价也将会呈现出三个阶段：对那个不去取得不义之财的人还只是单纯的赞同；而对不怕威胁坚持原则的人则是钦佩，最高的钦佩就是对杀身成仁舍生取义者的赞叹；最后，对于那种在最亲密的人的恳求面前也能够克服情感绑架而仍然毫不动摇地直道而行的人，就会引起这位少年极大的崇敬了。"直到一种自己能够成为这样一个人（当然并不是在他那种情况下）的强烈的愿望"，这时候他就会产生一种强烈的愿望，想要自己成为这样一个人。当然并不是想处于那种情况之下，因为那种可怕的处境没有人会愿意降临到自己身上，但做一个像他那样顶天立地的人的愿望是会油然而生的，自然就会把这种人格模式当作自己学习的榜样。"但在这里，德行之所以具有这么多的价值，仍然只是由于它付出了这么多，而不是由于它带来了什么"，由此可以看出，这些不同层次上的德行之所以有价值，都只是由于它需要我们付出很多东西，不论是利益、安全、自由、生命还是情感，都是我们有限的人类所看重的，但在道德法则面前都毫不犹豫地被牺牲掉了。而越是牺牲得多，德行在道德性上就越是有价值，所以这种价值不是由于它带来了什么，当然它也许可以带来某些东西，如荣誉，或者平反之后得到补偿，甚至死后的哀荣，这都不能给这个行为增加什么价值，而只是对它本身固有的价值的一种肯定而已。总之，德行的价值主要是由牺牲或否定感性的东西而显示出来的,越是付出得多,越是难以做到,也就越是有价值,这已经让一个十岁男孩领教到了。

整个钦佩、甚至要与这种品格相似的努力,在这里都完全是基于道德原理的纯粹性,这种纯粹性只有通过我们把一切只要是人类能够归入幸福之中的东西都从行动的动机中去掉,才能够相当引人注目地表现出来。所以,德性越是纯粹地表现出来,它对于人心就必定越是有更多的力量。

"整个钦佩、甚至要与这种品格相似的努力,在这里都完全是基于道德原理的纯粹性",这男孩的钦佩以及要向这种品格看齐的努力是为什么呢?由上面讲的可以看出来,完全是基于道德原理的纯粹性,越是纯粹地体现了道德原理的行为,越是会引起他的钦佩和崇敬,最纯粹的道德行为则引起一种模仿的冲动。之所以要分为三个层次来试探,就是为了通过层层推进让受教育者看出道德行为的这种越来越纯粹的趋势。"这种纯粹性只有通过我们把一切只要是人类能够归入幸福之中的东西都从行动的动机中去掉,才能够相当引人注目地表现出来",直到最高层次的道德行为,它里面已经是把一切能够归入到幸福之中的东西都从动机中清除了,也就是丝毫不考虑幸福、也不考虑减少不幸,这样的行为才能引人注目地表现出道德动机的纯粹性,即纯粹是为义务而义务,没有任何杂质。结论是,"所以,德性越是纯粹地表现出来,它对于人心就必定越是有更多的力量",这就是康德的一条基本的道德教育原理。对青年进行道德教育的最根本的一条就是要用德性的最纯粹的表象来打动他们的心,这是最有力量的;相反,凡是掺杂了或者有可能掺杂了某种功利的考虑的,都将削弱教育的力量,是败坏他们的道德心的,都会是失败的教育。

由此就得出,如果德性法则、圣洁和德行的形象在任何地方都应当对我们的灵魂施加影响的话,那么这种德性之所以能够施加这种影响,只是在它不掺杂对自己的福利的意图而纯粹作为动机得到细心关照的范围内,因为它在苦难中才最庄严地表现出来。

　　这是推论了。"如果德性法则、圣洁和德行的形象在任何地方都应当对我们的灵魂施加影响的话"，德性法则，以及圣洁和德行的形象，这里"圣洁"（Heiligkeit）前面译作"神圣性"，也就是神圣性的形象和德行的形象，这应当是任何地方都会对我们的灵魂施加影响的。道德法则不用说，每个有理性者都会受到它的影响；但是对于理性尚未成熟的少年儿童，则要靠圣洁的形象和德行的形象，也就是借助于形象（Bild）思维来进行道德教育。但如果这样的话，"那么这种德性之所以能够施加这种影响，只是在它不掺杂对自己的福利的意图而纯粹作为动机得到细心关照的范围内，因为它在苦难中才最庄严地表现出来"。就是说，这种影响力之所在，就在于它把对自己福利的意图全部剔除掉，而纯粹作为行为的动机并坚持在这范围内行动。这从上述例子中可以看出来，越是在苦难中，在所有感性所欲望的东西都被剥夺干净了的时候，德性才能够最庄严地表现出来。所以在道德教育中通常应该采取排除法，也就是把一切感性的东西都当作应当排除的东西。当然这种影响力本身也是某种感性的东西，习惯或者形象等等，但正如敬重感一样，它们都是某种排除感性的感性。这与着眼于一个人的"功劳"而对它作道德的评价是完全不同的。

　　但那种被清除之后就加强了某种推动力的作用的东西，就必定曾经是一种阻碍。所以任何把从自己的幸福中取得的动机混杂进来的做法，都是对道德法则在人心上获得影响的一个阻碍。

　　"但那种被清除之后就加强了某种推动力的作用的东西，就必定曾经是一种阻碍"，这就是反过来看，那种一旦被清除就使得道德动机被加强了的东西，就是曾经阻碍道德动机的东西。"所以任何把从自己的幸福中取得的动机混杂进来的做法，都是对道德法则在人心上获得影响的一个阻碍"，这几乎是一句重复的话。意思还是前面反复强调的，凡是在道德意图中混进了某种幸福的考虑的，都是对行为的道德性的一种败坏，当然也就不能有力地影响人心了。只有排除一切幸福考虑专门着眼于道德法则的行为才能影响人心。

——此外我主张，甚至在那种受到钦佩的行动中，如果行动由以发生的动因是对自己的义务的尊重，那么正是这种对法则的敬重，而绝不是对有关慷慨大度和思维方式高尚可嘉的那种自以为是的看法的要求，恰好会对目击者的内心产生最大的力量，所以是义务，而不是功劳，才不仅必然会对内心有最确定的影响，而且如果它在自己的不可侵犯性的光辉中被表现出来，也必然会对之有最透彻的影响。 [157]

"此外我主张，甚至在那种受到钦佩的行动中，如果行动由以发生的动因是对自己的义务的尊重，那么正是这种对法则的敬重，而绝不是对有关慷慨大度和思维方式高尚可嘉的那种自以为是的看法的要求，恰好会对目击者的内心产生最大的力量"，这里的"此外"并不是说有另一种观点，而就是上述观点的延伸，就是主张要对那种造成强烈影响的道德行动里面究竟是什么因素在起作用加以分析，而不能马马虎虎，笼而统之。对青少年的教育免不了要加进一些形象的东西，感性的东西，但必须表明，里面真正产生最大力量的就是当事人对道德法则的敬重，而不是那些自以为是的看法，如慷慨大度和思维方式（或思想境界）的高迈不群，这些都是带有感性和情感色彩的。"所以是义务，而不是功劳，才不仅必然会对内心有最确定的影响，而且如果它在自己的不可侵犯性的光辉中被表现出来，也必然会对之有最透彻的影响"，这就又回到了康德的真正目的，就是要教育学生懂得，一切道德行为都是由于其中的体现的义务才值得我们敬重，而不是由于它所产生的功劳，所带来的光环、福利和好处。只有紧紧抓住这样一个目标，这种道德教育才会对内心有最确定的影响，如果再加上在感性的光辉中被表现为不可侵犯性和至高无上性，就会对目击者发生最透彻的影响。

在我们的时代，比起通过与人类的不完善性和在善中的进步相适应的枯燥严肃的义务表象来，人们更希望借助于无病呻吟的、软绵绵的情

感,或是借助于野心勃勃的、吹胀了的、使人心与其说加强不如说萎缩的
狂妄,来对内心产生出更大的效果,在这个时代对这种方法加以提示就
比任何时候更有必要了。

　　这是康德对他那个时代流行的时代风气的批评,当时的精神风尚是
颓废、伤感、纤细、病态,要么就是变态和疯狂。后来席勒专门为此写了
一本书《论素朴的诗和伤感的诗》(1795),把这个时代的衰颓的精神和
古希腊罗马的强健的精神相对比,可见这是当时学界有识之士的共识。
"比起通过与人类的不完善性和在善中的进步相适应的枯燥严肃的义务
表象来",也就是比起古代人来,虽然他们的发展程度不如现在这么完
善,但仍在善中进步,而与此相适应他们的义务表象也更加严肃和枯燥,
现代人却是一副完全不同的面孔。"人们更希望借助于无病呻吟的、软
绵绵的情感,或是借助于野心勃勃的、吹胀了的、使人心与其说加强不如
说萎缩的狂妄,来对内心产生出更大的效果",这就是现代人的写照,无
病呻吟,软弱无力,或者野心勃勃,病态的疯狂。总之一个是健康朴素,
一个是畸形病态,康德的态度显然是站在古代人一边来批评现代人。他
认为,在道德教育上,我们应该学习古人,用坚强的理性战胜情感的缠绵,
才能达到最好的效果。"在这个时代对这种方法加以提示就比任何时候
更有必要了",也就是在当今时代对道德教育的方法加以提示,告诉人们
应当用什么方式教育孩子,用软绵绵的情感去感化他们呢,还是用严格
的理性法则来训练他们,这是比任何时候都更有必要的。

　　为儿童树立一些行动作为高尚、慷慨和值得赞扬的模范,以为通过
灌输某种热忱就会获得他们对这些行动的好感,这完全是适得其反。因
为既然儿童在遵守最普通的义务上,甚至在正确评判这种义务上还如此
远远滞后,那么这就等于说要使他们及时地成为幻想家。

　　这就是前面所讲的,康德对树立榜样让儿童去模仿的做法是不以为
然的。"为儿童树立一些行动作为高尚、慷慨和值得赞扬的模范,以为通
过灌输某种热忱就会获得他们对这些行动的好感,这完全是适得其反",

这种简单地拿一个模范来让儿童去学习，模仿他的一举一动，却不用自己的理性去思考一下这是为什么，他的举动好在哪里，而只是动之以情，滥用一些热情洋溢的赞扬之辞，这种做法对于把儿童教育成有道德的这一目的来说，无异于缘木求鱼，甚至起反作用。"因为既然儿童在遵守最普通的义务上，甚至在正确评判这种义务上还如此远远滞后，那么这就等于说要使他们及时地成为幻想家"，对儿童的教育要根据他们的特点，他们连最起码的义务都还没有顾得上教，例如不乱扔垃圾、不随地大小便、在公共场合不大声喧哗，以及管好自己的日常起居，不要事事麻烦别人等等。同时要告诉他们这样做的简单道理；如果这些都还不知道，就想教给儿童一套大道理，如爱国主义、英雄主义、自我牺牲、舍己为人等等，那就等于说要过早地让他们成为幻想家，是康德所不赞成的。

但甚至在人类的更有学问更有经验的那一部分中，这种臆想的动机对人心如果不是更有害的话，也至少是没有什么真正的道德作用的，但人们本来却正是想借此促成这种道德作用。

这就是说，不仅是对于儿童教育，"甚至在人类的更有学问更有经验的那一部分中"，也就是在受过教育的成人那里，"这种臆想的动机对人心如果不是更有害的话，也至少是没有什么真正的道德作用的"。对这部分人的教育，那当然就是指政府部门或知识精英如道德学家和哲学家们的工作了，他们有责任教育民众，使之民风淳朴。但是如果怀着上述这种臆想的动机，在起码的社会公德都还没有被广大群众接受而成为习惯性的风尚时，就想把他们提高到那些英雄模范的高度，就算这种宣传没有什么害处，至少是没有什么真正的道德教育作用的。其实康德的意思是想说，这种做法不仅没有什么真正的道德作用，反而造成了普遍的浮夸风，导致伪善流行，所以前面才说这完全是"适得其反"。这里也说，"但人们本来却正是想借此促成这种道德作用"，即他们的意图注定会落空。

一切**情感**，尤其是应当引起如此异常的努力的情感，都必须在它们正处于自己的高潮而还未退潮的那一刻,发生它们的作用,否则它们就什么作用也没有:因为人心会自然而然地回复到自己原先的那种疲乏状态中去;因为被带给它的虽然是某种刺激它的东西,但却绝不是什么加强它的东西。

"一切**情感**,尤其是应当引起如此异常的努力的情感",一切情感,这里"情感"打了着重号,是为了与下面打了着重号的"原理"相对照。如果我们把上面这种以道德为目的的努力建立在某种情感之上、试图用情感来引起如此异常的努力的话,那么,"都必须在它们正处于自己的高潮而还未退潮的那一刻,发生它们的作用"。情感只有在它们被激发到高潮的时候才会发生作用,而当它衰退时就不起作用了,"否则它们就什么作用也没有",也就是说它们的作用注定只是一时的。"因为人心会自然而然地回复到自己原先的那种疲乏状态中去;因为被带给它的虽然是某种刺激它的东西,但却绝不是什么加强它的东西",情感的自然本性就是起伏不定,它们依靠自然感性的动机,时而将人心鼓动起来,但随即又回复到疲乏状态,失去鼓动的力量了。因为它们带给人心的虽然是有刺激性的东西,但却并不加强人心,反而最终使人心疲惫和萎靡。所以康德对情感在道德教育中的作用基本上是负面的评价。

原理必须被建立在概念上,在一切别的基础上只能造成一些暂时的冲动,它们不能使人格获得任何道德价值,甚至也不能获得对自己本身的信心,没有这种信心,对自己的道德意向和对这样一种品格的意识,即人里面的至善,就根本不可能发生。

"**原理**必须被建立在概念上",这里"原理"打了着重号,是为了与上面的"情感"相比较。原理就是实践原理,行动的原理,与情感不同的是,原理(Grundsätze)必须建立在概念上,才能成为原理。相反,"在一切别的基础上只能造成一些暂时的冲动,它们不能使人格获得任何道德价值,甚至也不能获得对自己本身的信心",在一切别的基础上,也就是除了概念之外,在感性或情感的基础上,这种原理就不再是原理了,因为它只能造成一些暂时的冲动，忽起忽落，那哪里还会成为原理呢？因此这些冲动也不能使人格（Person）获得任何道德价值，人格是有原理的，没有原理的人格就没有道德价值，因为它的行为飘忽，朝三暮四，拿不准它的价值标准是什么。这样的人格实际上也不成其为人格了，它服从的只是动物性的本能。因此它也不能获得对自己本身的信心，甚至不能预计自己下一步会怎么走。因此，"没有这种信心，对自己的道德意向和对这样一种品格的意识，即人里面的至善，就根本不可能发生"，没有信心就没有对未来的展望，这就不可能有对自己的道德意向的意识，也不可能有对人里面的至善这样一种品格的意识。人作为有理性的存在者，当然有对道德法则的意识，但不见得有对自己的道德意向的意识，不见得有对自己的道德品格的意识，对人进行道德教育就是要形成这种意识，以便达到"人里面的至善"（das höchste Gut im Menschen）。所谓人里面的至善，也就是人格的圆满自足性，人格的此岸方面和彼岸方面的圆融性，人的主观道德意向和客观道德法则的一致性，这和前面讲的德福一致的至善有所不同，但结构是类似的。前面讲过，人格本身是跨两界的，所以只有他的感性方面和理知的方面相互协调一致，才能够形成自己的一种独立自主、前后一贯的"品格"或者说"性格"（Charakter）。所以，有原理我们才有信心，有信心才能够展望未来，展望彼岸世界，这样才能去筹划自己的此岸方面和彼岸方面的和谐，达成自身的一个至善的品格。① 这就是道德教育的极致了。

　　于是这些概念当它们应当成为主观上实践的时，必须不再停留于德性的客观法则上，以便得到钦佩和在与人性的关系中得到尊重，而是必须在与人以及在与人的个体的联系中来考察它们的对象；

　　"于是这些概念当它们应当成为主观上实践的时"，这些概念，也就是原理所建立于其上的那些概念，而原理既然是实践原理，它们就应当

---

① 但对于"人里面的至善"这个概念，康德没有展开，在别的地方似乎也很少谈及。

481

使这些概念成为主观上实践的概念。这时，这些概念就"必须不再停留于德性的客观法则上，以便得到钦佩和在与人性的关系中得到尊重，而是必须在与人以及在与人的个体的联系中来考察它们的对象"。主观上实践的概念不同于客观上实践的法则，它除了要有一个高高在上的德性的客观法则让人仰望和敬重之外，还必须在与个体的人的联系中考察它的对象，也就是联系到人自己的主观意向和习惯去考虑这些概念的对象，看你自己对这件道德行为是一种什么样的态度。

[158] 因为那条法则显现在一种虽然值得最高敬重、但却不那么令人喜爱的形态中，并不像是属于他所自然而然地习惯了的要素，反而像要迫使他常常不是没有自我克制地放弃这一要素，而献身于更高的要素，在这种要素中，他只有怀着对退化的不断忧虑才能费力地维持下去。

道德法则虽然值得最高的敬重，但却不是那么令人喜爱的，从人的自然本性来看是不容易习惯的，反而要迫使他放弃习惯的要素而服从更高的要素，这就需要自我克制，甚至怀着不进则退的忧虑而费力地维持在这种更高要素中。所以道德教育虽然在人性中有它的根基，但并不是那么轻松地就能够完成的，需要克制自己的欲望和不良习惯，时时向更高的层次努力上进，一步步摆脱自然感性的束缚。

总之，道德法则要求出于义务来遵守，而不是出于偏爱，人们根本不可能也不应当把偏爱作为前提。

这句是总结前面对道德的情感教育方式的批评，情感教育在儿童的道德教育中虽然免不了，但这只是引入门的初级训练，而不涉及本质。必须牢牢掌握这种情感教育的本质，不让它滞留于表面的慷慨和高尚的激情，而要深入到内在的法则和义务，以免让受教育者误以为道德行为可以不是出于义务，而是出于偏爱（Vorliebe）。形成道德习惯固然对于遵守道德法则具有主观上的便利和促进作用，但道德行为本身不是出于个人的习惯，而是出于普遍的法则。因此道德教育必须抱一种严肃冷静的态度。

　　现在让我们举一个例子,看是否在把一个行动表象为高尚的和慷慨的行动时,比起这个行动仅仅被表象为与严肃的道德法则相关的义务时,会包含有一个动机的更多的主观动力。

　　下面是举例说明,而且不只举一个例子,他一口气举了三个例子。说明什么呢?"看是否在把一个行动表象为高尚的和慷慨的行动时,比起这个行动仅仅被表象为与严肃的道德法则相关的义务时,会包含有一个动机的更多的主观动力",就是说,一个行动仅仅被表象为与严肃的道德法则相关的义务,就足以使这个行动具有充分的道德性了,因而也足以使它包含有行动的主观动力了;那么,在此之上再加上某种高尚和慷慨的表象,是否会增加这种主观动力呢?康德认为,不会有丝毫的增加,或者说,即使有增加,所增加的也不是道德的主观动力,而只是某种偏爱。下面就来举例说明。

　　有人冒着最大的生命危险力图从沉船中救人,如果他最终丧失了自己的生命,他的这种行动虽然一方面被算作义务,但另一方面,并且绝大部分也被当作有功的行动来评价,但我们对于这个行动的尊重就由于**对自己的义务**这一概念在这里似乎遭到了某种损害而受到很大削弱。

　　这是一个例子。一个人冒着生命危险救人,结果自己牺牲了,人们对他的评价绝对不会仅仅说,他履行了自己的义务,而会把他算作功臣、烈士。但我们虽然对他的行为的敬仰之情升到了极点,但对这个行动的尊重或敬重却反而受到了削弱,因为他违背了"对自己的义务"这条法则,没有保护好自己的生命。康德在《道德形而上学奠基》中对人的义务提出了四种类型,除了两条是对他人的义务,即不撒谎、为他人谋福利之外,还有两条是对自己的义务,一条是不自杀,另一条是增进自己的才能。他努力救人,固然是履行了"为他人谋福利"这一条对他人的义务,但却同时又违背了"不自杀"这条对自己的义务,所以我们在对这个行动的尊重中就必须扣除掉对自己的义务这一份额,哪怕他有再大的功劳,可以增加我们对他这个人物形象的尊重,但却不能增加我们对你这个举动的尊重。这种评价够冷静够苛刻的了,简直有点不近人情。这个例子说明,按照功劳来评价和按照义务来评价不是一回事,前者仍然是功利性的,后者才是道德性的。

更带决定性的例子是为保卫祖国而慷慨捐躯,然而,自发地不等命令就献身于这一意图,这是否也是很完善的义务,对此却仍然留有一些疑虑,并且这个行动本身并不具有榜样和推动人起来模仿的充分力量。

这是第二个例子,并且是更带决定性的,即"为保卫祖国而慷慨捐躯",但却不是等待上级的命令去做,而是自发地凭借冲动去献身。虽然这种想法是好的,是符合道德法则的,但这种做法却并不是出于法则,而是出于冲动,出于对慷慨捐躯这一英雄业绩的向往。所以,"这个行动本身并不具有榜样和推动人起来模仿的充分力量",我们可以很钦佩他,为他的高尚情操所感动,但对这一行动本身却引不起很大的敬重,而只被看作是他这个特定的英雄人物的一种不可模仿的特立独行,甚至还有可能会被军事指挥官视为违反纪律而加以处罚。如果大家都这样冲动起来,那就只能打乱仗了。因为这种行动并非出于普遍法则,而只是出于个人的偏爱,它的道德价值是值得怀疑的。在保卫祖国的事业中,我们没有不等命令就擅自行动的义务,这种行动只是出于主观的一时冲动,而不是出于普遍法则,因而只表明了这个特定的人的气质个性,不具有让人敬重的道德力量。

但如果这是不能免除的义务,对它的违犯本身在不考虑人类福利的情况下就是对道德法则的损害,也仿佛就是对道德法则的神圣性的践踏(这一类义务我们通常称之为对上帝的义务,因为我们是把上帝设想为实体中的神圣性之理想的),那么我们对于牺牲一切永远只可能对所有我们的爱好中最亲切的爱好有价值的东西去遵守道德法则的做法,献上最高最完全的敬重,

这是第三个例子的原则,具体的例子是在下面尤维纳利斯的那首诗中显示出来的,但先要阐明它的原理。"但如果这是不能免除的义务,对

484

它的违犯本身在不考虑人类福利的情况下就是对道德法则的损害，也仿佛就是对道德法则的神圣性的践踏"，如果真的遇到不能免除的义务，违犯这种义务本身就是对道德法则的损害，即对这法则的神圣性的践踏，而不必考虑到它对于人类福利的关系，那情况又和前面第二个例子不一样的了。前一个例子是擅自行动，哪怕是为了爱国，这并不是一种不能免除的义务；而现在这里是不能免除的义务，它是原则上不能不履行的，否则就是对道德法则的损害，甚至仿佛是对这法则的神圣性的蔑视。这里要加上"仿佛"一词，意思是和括号中的话相联系，"（这一类义务我们通常称之为对上帝的义务，因为我们是把上帝设想为实体中的神圣性之理想的）"。括号中讲的是对上帝的悬设，凡是用到神圣性一词，就和上帝挂起勾来了。我们尊重这法则就好像尊重神的法则一样，或者我们把这法则当作仿佛是上帝的法则那样来敬重。我们把上帝设想为、悬设为实体中的神圣性的理想，我们以上帝的义务的名义来遵守道德法则，这就是第三个例子所遵照的原理。这一原理的主旨就是把行动的法则提升到神圣性，也就是超越一切感性的东西之上，只有在这种情况下，"那么我们对于牺牲一切永远只可能对所有我们的爱好中最亲切的爱好有价值的东西去遵守道德法则的做法，献上最高最完全的敬重"，也就是牺牲我们的感性爱好和情感中的一切价值去遵守道德法则，去坚守道德价值，这才值得我们对这种行为献上最高最完全的敬重。因为它是完全超出人类的有限性而服从彼岸的神圣性，而前两个例子都没有达到这种高度。

并且如果我们凭这个榜样能够确信人类的本性有能力攀升到一个超过自然永远只能在相反的动机上具有的一切东西的如此巨大的高度，则我们通过这样一个例子就感到自己的灵魂得到了加强和提高。

这一例子的高度就绝对能够给人提供一种巨大的道德力量，而且是持续不断的、原则上具有普遍性的力量。"并且如果我们凭这个榜样能够确信人类的本性有能力攀升到一个超过自然永远只能在相反的动机上具有的一切东西的如此巨大的高度"，这样的例子能够让人确信，人凭借自己的本性有能力超出自然界的一切阻碍，而提升到这样一个高度，这样一来，"我们通过这样一个例子就感到自己的灵魂得到了加强和提高"。这种加强和提高完全是精神上的，因为我们在这个例子身上看到了人类本性的超越自然阻力的可能性和力量，从而唤醒了自己平时混在感性生活里面的纯粹道德意向，这才是道德教育最后目的之达成。那么，具体到底是一个什么样的例子呢？

尤维纳利斯通过一种使读者强烈感觉到蕴含在作为义务的纯粹法则中的动机力量的强调，而表现了这样一种榜样：

这就是康德举出的第三个例子，就是下面这首拉丁文的诗，是古罗马著名诗人尤维纳里斯所写的，译成中文是：

要做好士兵，做好监护人，仲裁者也要／无偏心；一旦你被召来当证**[159]** 人，／以决疑案，即使法拉里斯命令你／说假话，并拖来了让人作伪证的铜牛；／你却深信罪莫大于舍荣誉而求生，／以及为活命败坏生存之根。

这是讲的做人的义务，不管你从事的是什么工作，士兵也好，监护人也好，仲裁者也好，都负有责任在身，必须尽职尽责，公正不阿，才能说是好人。然后讲到为一件疑案作证人，这时所承担的不是职业道德，但仍然是做人的道德。在任何时候，一旦你被召来充当法庭的证人，那么你的最高义务就是讲真话，无论受到何种压力也决不撒谎。这里提到古代西西里的僭主法拉里斯的残暴手段，就是把不听他的命令作伪证的人放在烧红了的铜牛里面烧死，这个例子与前面讲的苏格兰国王亨利八世为了陷害自己的妻子，而威胁利诱人家为他作伪证的例子相似，但在那里当事人最终经受的是最亲近的人的哀告，即情感上的折磨，而这里所面对的是常人难以忍受的酷刑折磨。不过性质却是一样的，即"你却深信罪莫大于舍荣誉而求生，／以及为活命败坏生存之根"。在这里，诗人"使读者强烈地感觉到蕴含在作为义务的纯粹法则中的动机力量"的强大，它可以克服人的本能的求生欲望，甚至在酷刑面前也坚贞不屈，这是任何其他的人性要素所不可能具有的力量。唯有这种作为义务的纯粹法则才是人的真正的"生存之根",因此以最纯粹的方式揭示出这一生存之根就是道德教育的最终目的。以上三个例子,一个比一个更展示出人类在道德上的生存之根,按照这一程序,被教育者就能够逐级上升,最终领会到纯粹道德法则是一切道德评价的最高标准。

如果我们什么时候可以把功劳的某种得意之感带进我们的行动中来,那么其动机就已经与自矜有所混淆了,因而就获得了一些来自感性方面的辅助了。

这还是重申前面的原则,即一件具有道德性的行动是不考虑功劳、更不考虑由功劳所带来的得意之感而得到评价的,一旦考虑到这些方面,那么行动的动机就已经不纯了,里面就混入了自矜的因素,因而获得了来自感性方面的辅助。"自矜"(Eigenliebe)在前面(《实践理性批判》第100页,边码85)讲过,它是一种"自爱",即一种"对自己本身超出一切之上地关爱",纯粹实践理性不必"消除"它(如同消除"自大"那样),只需要"中止"它即可,也就是可以"把这样一种在我们心中自然地并且还是在道德法则之先活动的自矜限制在与这一法则相一致的条件下"就行了。所以自矜并不是什么了不得的错误,它其实就是对自己的功劳的某种荣誉感,就如同上面那首诗中所说的,"罪莫大于舍荣誉而求生";但毕竟已经"获得了一些来自感性方面的辅助了",因此在动机上已经有些不纯粹了。不过这种自矜的荣誉感有时候也是免不了的,我们要做的不是取消它,而是控制它,不让它超出与道德法则相一致的范围,同时也通过它去揭示其中隐含的道德法则的神圣性。

但唯独把一切都置于义务的神圣性的后面,并意识到我们**能够**这样做,因为我们自己的理性承认这是它的命令,并且宣布我们**应当**这样做,这才意味着仿佛把自己整个提升到超出感官世界之上,

"但唯独把一切都置于义务的神圣性的后面,并意识到我们**能够**这样做,因为我们自己的理性承认这是它的命令,并且宣布我们**应当**这样做,

这才意味着仿佛把自己整个提升到超出感官世界之上"，唯独把一切、也包括自矜，都放在神圣义务的后面，并且意识到，我们之所以能够这样做，仅仅是因为我们应当这样做，因为理性承认这是它的命令。这就不至于把这一行动从效果上仅仅看作是自己的功劳而陷入自矜，过于得意而忘记了谦卑，而"这才意味着仿佛把自己整个提升到超出感官世界之上"。这样，我们就不会滞留于行动效果的功劳，而会从中获得一种纯粹理性的法则意识了。

　　而且在这同一个法则意识中，这种提升甚至作为一种**控制感性的**能力的动机也是与效果不可分割地结合着的，哪怕并不总是与之结合着，① 但这种效果通过经常关心这种动机并对其运用最初作较小的尝试，毕竟也会对自己的产生提供希望，以便在我们心中逐渐引起对这种动机的最大的、但却是纯粹的道德兴趣来。

　　那么现在反过来，在我们已经有了这种法则意识作为动机的时候，再来看这一行动的效果，我们会发现，"而且在这同一个法则意识中，这种提升甚至作为一种**控制感性的**能力的动机也是与效果不可分割地结合着的，哪怕并不总是与之结合着"。也就是在法则意识中，它作为动机的提升功能是与效果不可分割地结合着的。我们前面讲了，敬重感作为道德的动机是一种否定感性的感性、否定情感的情感；而这里说的也是，法则意识的提升本身是一种控制感性的能力，所以这种提升的成功必然也

---

① 这里有一个德文编者注，说那托尔普把这句改作："而且法则意识甚至作为一种控制感性的能力的动机也是与这同一个意识不可分割的，哪怕并不总是与效果结合着。"这里把前一句中的"意识"，即意识到我们能够这样做是因为出自理性的应当，与这一句中的"法则意识"当作两个概念，说它们是不可分割地结合着的，哪怕并不与效果结合着。这种理解是讲不通的，相当于说法则意识与法则意识不可分割。大概他不太理解法则意识怎么会和效果不可分割，即不理解康德这里讲的不是纯粹实践理性本身的原理，而是讲的它的方法。原理可以不讲效果，方法却必须从效果入手。德文编者的解释也把两个"意识"加以区分，说应为"关于同一个意识的法则意识"，一听就有问题。

会与某种得意感和荣誉感结合在一起，哪怕并不总是结合着。之所以不总是结合着，是因为当人们意识到法则意识的至高无上，它来自上帝的神圣性，这时他的荣誉感就中止了，他就会把一切荣誉归于上帝，而懂得谦虚了。"但这种效果通过经常关心这种动机并对其运用最初作较小的尝试，毕竟也会对自己的产生提供希望，以便在我们心中逐渐引起对这种动机的最大的、但却是纯粹的道德兴趣来"，但这种荣誉感的效果，如果经常关心它后面的理性法则的动机，并且对这种动机尝试着作一些运用，就会对自己这种效果的产生提供出某种希望来。就是我既然会对道德的行为产生出这么大的荣誉感和满足感，那我就有希望在自己心中培养起对道德动机的最大的兴趣，而且是完全纯粹的道德兴趣。而这时就可以说，道德教育已经初见成效了。

　　所以这个方法采取如下的进程。**首先**我们所关心的只是，使按照道德法则进行评判成为一件自然的、伴随着我们自己的一切自由行动以及对他人的自由行动的观察的工作，并使之仿佛成为习惯，而且通过我们首先追问这个行动是否客观上符合道德法则以及符合哪种道德法则，来使这种评判变得锋利；

　　下面这两段就是最后对整个道德教育的方法论加以总结了。这个方法采取的是这样一种步骤，第一步就是："使按照道德法则进行评判成为一件自然的、伴随着我们自己的一切自由行动以及对他人的自由行动的观察的工作，并使之仿佛成为习惯"。首先你必须使受教育者形成一种用道德法则去观察和评判自己的行为以及他人行为的习惯。当然，这只是"仿佛成为习惯"，而不是真的固定成为一种习惯，因为否则的话就不用动脑子了。人必须自觉地习惯于用道德的眼光去看待一切行为，每天都要进行这种训练。"而且通过我们首先追问这个行动是否客观上符合道德法则以及符合哪种道德法则，来使这种评判变得锋利"，先是看这个行动是不是符合道德法则，然后看它符合哪种道德法则，要练习得使自己的评判的眼光越来越犀利，不但能够发现道德行为，而且能够看出它们的性质，为它们分类。

同时我们也教导要注意把单纯给责任提供一个根据的那种法则与事实上本身就是责任性的法则区别开来（legesobligandi a legibusobligantibus，拉丁文：关于责任的法则不同于责任性的法则）（例如人类的**需要**所要求我们的那种东西的法则，反之则是人类的**权利**所要求我们的那种东西的法则，其中后者所颁布的是本质性的义务，前者所颁布的则只是非本质性的义务），因而教导要区别汇集在一个行动中的那些不同的义务。

"同时我们也教导要注意把单纯给责任提供一个根据的那种法则与事实上本身就是责任性的法则区别开来"，就是说，需要教给学生的不单是划分类别，而且是划分层次。所谓单纯给责任提供根据的法则，这就是那些具体的义务，例如前面提到的《道德形而上学奠基》中所开列的四种具体的义务，对自己的义务和对他人的义务等等；而所谓"本身就是责任性的法则"是指那种一般的义务法则，如定言命令及其三种不同的变形公式。前者是一些"关于责任的法则"，后者是一些"责任性的法则"。括号里面是进一步解释这两种法则："（例如人类的**需要**所要求我们的那种东西的法则，反之则是人类的**权利**所要求我们的那种东西的法则，其中后者所颁布的是本质性的义务，前者所颁布的则只是非本质性的义务）"，人类的需要所要求的东西的法则是比较具体的，比如要增进自己的才能、要促进他人的幸福，或者不要自杀、不要说谎等等，这都是些具体的需要所体现的义务。反之，人类的权利所要求的东西的法则是比较抽象的，要使你的行动的准则成为一条普遍的法则，成为普遍法则你就有了权利（Recht，也可以译作"法"、"正当"），但并未涉及具体对什么东西的权利。三条变形公式都涉及权利，如："自然公式"是赋予你的行动以自然规律般的必然权利；"目的公式"是让人格中的人性任何时候都有权成为目的，而不只是手段；"自律公式"则表达了这种权利的根源不是外来的，而是自由意志本身赋予的。所以后面这种义务是本质性的，层次更高；前面那些具体条款，如不要说谎、要与人为善等等，则是非本质的、派生的义务。"因而教导要区别汇集在一个行动中的那些不同的义务"，往往在一个行动中会汇集各种不同的义务，如前面提到救人牺牲的例子，里面就既包括要促进他人的幸福的义务，同时也包括不要自杀（保全自己的生命）的义务，前者完成得好，后者完成得不好，在做道德评价的时候都要考虑到。同时一个行动中的同一个义务也有不同的层次，例如促进他人幸福本身就既是具体需要所要求的（关于责任的法则），同时也是抽象权利所要求的（责任性的法则），这些也都要考虑到。所以学会作道德判断是不容易的，道德的教育者必须教导学生区别所有这些细致的不同类别和层次，这本身就是对学生的纯粹实践理性的判断力的训练。

　　另一个必须加以注意之点是这个问题：**这个行动是否（主观上）也是为了道德法则**而发生的，因而它是否不仅仅拥有作为行为的道德正确性，而且也拥有作为按照行为准则的意向的道德价值？

　　这就是一个更深层次的问题了，必须引导学生注意进入到这个问题，就是"这个行动是否（主观上）也是**为了道德法则**而发生的"。那就是考察行动者的主观动机了，看他是否做到了为道德而道德、为义务而义务。只有做到了这一点，行动的动机才能被评判为纯粹的，因而也才是具有真正的道德性的。所以这就相当于考察这一行动"是否不仅仅拥有作为行为的道德正确性，而且也拥有作为按照行为准则的意向的道德价值"。行为的道德正确性是外在的，它只要符合道德法则就是正确的，也就是合法的，但合法性不一定具有道德性；而行为的意向的道德价值则是内在的，为义务而义务的行为才具有道德性。教导学生能够熟练地分辨这种不同，这才是具有了严格意义上的道德判断力。

　　于是毫无疑问，这种练习以及关于由此发源而将我们单纯对实践上 [160] 的事下判断的理性培养起来的意识，必定会甚至对这种理性的法则、因而对道德上善的行动也逐渐产生出某种兴趣。

　　这就是这种练习所要达到的效果了。上面这种循序渐进的练习会

"将我们单纯对实践上的事下判断的理性培养起来"，也就是将纯粹实践理性的判断力培养起来；而意识到这一点，"必定会甚至对这种理性的法则、因而对道德上善的行动也逐渐产生出某种兴趣"。道德教育当然还是要培养学生对于道德法则和道德行为的兴趣，这种兴趣反过来又会成为他们努力钻研其中的关系的动力。道德教育并不是一种完全没有兴趣的教条灌输，而是应该循循善诱、按部就班地来进行，在方法上是有步骤的。

因为我们最终会喜欢得到这样一种东西，对它的考察让我们感到我们的认识能力有扩展的运用，而首先促进这种运用的是那种我们从中发现道德的正确性的东西；因为理性唯有在事物的这样一种秩序中，才能与自己先天地按照原则来规定什么是应当作的那种能力相配。

按照上面的步骤，"我们最终会喜欢得到这样一种东西，对它的考察让我们感到我们的认识能力有扩展的运用，而首先促进这种运用的是那种我们从中发现道德的正确性的东西"，这里出现了 lieb（喜爱的）这样的词，虽然道德法则本身与人的喜爱无关，但训练我们认识道德法则的过程却可以激发起一种喜爱，因为这种考察让我们感到自己的认识能力有扩展的运用，这首先是因为我们在这种运用中发现了道德的正确性（die moralische Richtigkeit）。所谓道德的正确性，就是指我们通过对各种行动进行道德评价的尝试，而确定了何种行为才是在道德上正确的，这种细致的分析和评判所运用的是我们的认识能力，我们借此发现了各种道德行为的分类和不同层次，发现在这里面有一个不变的"秩序"。"因为理性唯有在事物的这样一种秩序中，才能与自己先天地按照原则来规定什么是应当作的那种能力相配"，理性唯有在这种秩序中，通过层层上升，才能与自己的纯粹实践理性能力相配，这种能力就是先天地按照原则来规定"应当"的能力，而这种秩序就是一个合目的的系统。其实在《道德形而上学奠基》中，康德就是这样"从普通的道德理性知识过渡到哲学的道德理性知识"（第一章标题）的，他在那里曾说："在一个有机体，即一个合于生命目的而构造起来的存在者的自然结构中，我们假定为原理的是，在这里面除了对于某个目的也是最为适合并最恰当的器官之外，不会发现任何用于这个目的的器官"；而在一个有理性和意志的存在者身上，把幸福当作大自然赋予理性的最终目的是极不合适的，相反，"既然理性远远不足以适合在意志的对象及满足我们所有的需要方面（理性甚至部分地增加了这种需要）可靠地指导意志，而当根深蒂固的自然本能对于导向这个目的也许更确凿无疑得多时，理性却仍然作为实践的能力，即作为这样一种应当影响意志的能力而被赋予了我们：那么，理性就必定具有其真正的使命"，这使命就是导向德福一致的至善这一终极目的。所以人的理性和意志最终就"可以与大自然的智慧完全一致了……而大自然在这里的处理方式并非不合目的的"。[①] 后来康德在《判断力批判》中则展开了对自然目的论的全面分析，并从中引出了它的最高层次即道德目的论。这都表明，从目的论入手来进行道德教育是无法避免的甚至是唯一的途径，而这显然绕不开运用我们的理性认识对整个自然目的进行思考，以及激发起我们在这方面的喜好和兴趣。明白这一点，下面这段话就好理解了。

　　但一个自然的观察者毕竟最终会喜欢得到那些最初使他感到反感的对象，如果他在其上发现了它们的组织的巨大的合目的性，因而他的理性在观察它们时得到了享受的话，莱布尼茨在用显微镜仔细地观察了一只昆虫后将它爱惜地重新放回它的叶子上去，因为他通过自己的观看感到自己获得了教益，并仿佛从它身上得到了愉快的享受。

　　"但一个自然的观察者毕竟最终会喜欢得到那些最初使他感到反感的对象，如果他在其上发现了它们的组织的巨大的合目的性，因而他的理性在观察它们时得到了享受的话"，这是一个倒装句，是说如果他在那些最初反感的对象身上发现了它们在这个秩序中的巨大的合目的性，因

---

① 《道德形而上学奠基》，杨云飞译，人民出版社 2013 年版，第 13—14、15—16 页。

而从中受教并得到了享受的话,这个自然观察者最终会喜欢这些对象的。这种发现就是道德教育的过程,让每个儿童从这里入手来发现道德的原理是最合适的,因为万物的合目的性是直接摆在自然的观察者面前的秩序,而这个秩序最终是会通向以道德性为最高的善并推导出德福一致的圆满至善来的,一个有理性者从这种秩序中获得满足的享受是很自然的。接下来康德提到了莱布尼茨的一件轶事,就是他通过观察一只昆虫而感受到了一种愉快的享受。这纯粹是一种认识上的享受,但不是对事物的机械关系的认识,而是对整个自然界的目的关系的认识,这种认识虽然不如前一种认识那么精确和可以量化,但却与人的情感相关,这种情感必然把人导向在自然秩序的终极目的上的合乎道德的思考。这种必然性在《判断力批判》中通过反思性的判断力而得到了系统的论证。

　　<u>但判断力的这种让我们感受到我们自己的认识能力的工作还不是对行动及其道德性本身的兴趣。</u>
　　这里指出,上面一段所讲到的道德教育方法有其不足。上一段讲的只是道德教育的第一步,即入门的方法,这就是首先要使道德评判成为我们的一件自然的观察工作,使之仿佛成为习惯并获得愉快的享受。这种做法还只是道德教育的第一步,它需要利用榜样的力量,从中发现道德的正确性,并培养起对于道德行为的功劳和效果的关注,以便后来可以进一步追究行为的主观意向和动机。而这一段则一开始就说:"但判断力的这种让我们感受到我们自己的认识能力的工作还不是对行动及其道德性本身的兴趣",这就是对上述道德教育方法的初级性的评价,即它还只是让我们感受到我们凭认识能力在各种行为上发现道德性的过程,而不是对这种道德性本身的探讨。下面继续指出,我们不能满足于停留在这个阶段。
　　<u>这种工作只是使人们乐意以这样一种评判来自娱,并赋予德行和按照道德法则的思维方式以一种美的形式,这种形式令人赞叹,但还并不</u>

因此就被人寻求（laudatur et alget，拉丁文：它受到赞扬却死于冷漠）；

　　"这种工作只是使人们乐意以这样一种评判来自娱"，对道德教育的这种初级形式，康德的评价不是很高。前面说它使人产生出某种兴趣并且使人"喜欢"，那是当作一种引向道德的正面的手段，这里则指出它的负面，即不过是"自娱"，它还沉溺于感性的爱好之中。"并赋予德行和按照道德法则的思维方式以一种美的形式，这种形式令人赞叹，但还并不因此就被人寻求（laudatur et alget，拉丁文：它受到赞扬却死于冷漠）"，它给德行带来一种美的形式，的确令人赞叹，但并没有使人去寻求，也就是说，影响到了人的认识能力，但还没有影响人的意志能力。这里已经十分接近后来在《判断力批判》中展开的"美是德性的象征"，以及美的鉴赏是"诸认识能力的自由协调活动"的说法，但这时康德似乎还没有要将美学和目的论建立为一个从认识到道德过渡的桥梁的明确思想。这一点在下面看得更加清楚。

　　这就像所有那些事情一样，我们对它们的观看在主观上引起了对我们的诸表象能力的和谐的意识，同时我们在它们那里感到自己的整个认识能力（知性和想像力）都得到了加强，它们就产生出一种也能传达给别人的愉悦，然而这时客体的实存对我们来说仍然是无所谓的，因为它只被看作引起我们心中觉察到超出动物性之上的那些才能的素质的一个诱因。

　　这就预先把第三批判中审美的反思判断力的核心原理提出来了。"这就像所有那些事情一样，我们对它们的观看在主观上引起了对我们的诸表象能力的和谐的意识，同时我们在它们那时感到自己的整个认识能力（知性和想像力）都得到了加强"，诸表象能力其实就是诸认识能力，审美鉴赏是诸认识能力的自由协调活动，首先就是知性和想像力的自由协调活动，这就是美，而崇高则是理性和想像力的自由协调活动。正是这种自由协调活动使我们感到自己的整个认识能力都得到了加强。而美感呢？就是由这种自由协调活动所带来的愉快的情感，这种愉快的情感是可传达的。"它们就产生出一种也能传达给别人的愉悦",这正是康德在《判断力批判》中说的意思:"我们甚至可以把鉴赏定义为对于那样一种东西的评判能力,它使我们对一个给予的表象的情感不借助于概念而能够普遍传达"①。并且,也如同康德在第三批判中把审美判断的快感规定为"无利害的愉快"一样,这里也说,"然而这时客体的实存对我们来说仍然是无所谓的,因为它只被看作引起我们心中觉察到超出动物性之上的那些才能的素质的一个诱因"。在审美鉴赏时我们并不关注审美对象的客观实存,而只关注它的合目的性形式,这就是所谓美的主观合目的性形式,所以这个对象是否实存、因而是否与我们的利害相关,这是无关紧要的。可以看出,在这一长句话中,康德几乎已经把他在《判断力批判》中所阐明的审美判断力的各条重要的原理都提到了,只不过还没有展开作专门论述而已。有意思的是,康德在《判断力批判》中鉴赏的方法论部分(§60),站在审美判断的立场上说:"由于鉴赏根本上说是一种对道德理念的感性化(借助于对这两者作反思的某种类比)的评判能力,又由于从它里面……引出了那种被鉴赏宣称为对一般人类都有效、而不只是对于任何一种私人情感有效的愉快:所以很明显,对于建立鉴赏的真正入门就是发展道德理念和培养道德情感"②。因此,在纯粹实践理性的方法论中引进审美判断作为道德教育的初级阶段也就是顺理成章的了。

但现在**第二种**练习开始了自己的工作,这就是在通过榜样来生动地描述道德意向时使人注意到意志的纯洁性,首先只是作为意志的消极的完善性,就一件作为义务的行动中任何爱好的动机都丝毫也不作为规定根据对意志发生影响而言;

这就是对上述教育方法的缺憾的一种克服了,除了第一阶段那种带有感性的审美效果的道德教育方法之外,第二阶段的方法就是从中突显

---

① 《判断力批判》,邓晓芒译,杨祖陶校,人民出版社 2002 年版,第 137 页。

② 同上书,第 204 页。

出主观意志的纯洁性。"但现在**第二种**练习开始了自己的工作,这就是在通过榜样来生动地描述道德意向时使人注意到意志的纯洁性",就是说,只有当我们让受教育者注意到一件道德行为是否在主观意向中也具有为义务而义务的纯洁性,这时我们的道德教育才算最后完成,这是第二步的工作。那么,意志的什么样的纯洁性呢?首先是消极的,即排除一切爱好和感性的东西,只留下纯粹道德法则。"首先只是作为意志的消极的完善性,就一件作为义务的行动中任何爱好的动机都丝毫也不作为规定根据对意志发生影响而言",为义务而义务的动机才能说是纯粹的。但这种动机最初会激起痛苦,也就是在纯粹道德法则面前人会感到自己的一切爱好都十分渺小,感到自卑。那么这时人的一切爱好动机都不会成为他的意志规定根据了,敬重的首要条件就是在道德法则面前要有自卑感,要放弃自己一切感性爱好的考虑,包括荣誉感、美感等等,否则只要有丝毫这种考虑,道德的动机就不纯了,整个行为的道德性就成了问题。但除此之外纯粹意志还有积极的方面。

但初学者借此毕竟会把注意力保持在对自己的自由的意识上,并且虽然这种放弃会激起最初的痛苦感觉,但却由于它使那个初学者甚至从真实的需要那里摆脱出来,同时就向他通报他从所有这些需要把他纠缠于其中的那些各种各样的不满足中解放出来了,并使内心对来自另外源泉的满足感易于接受。

"但初学者借此毕竟会把注意力保持在对自己的自由的意识上",这就是纯粹意志的积极方面,受教育者在感到自卑的痛苦的同时,也会借此心无旁骛地集中全部注意力在自己的自由意识上。"并且虽然这种放弃会激起最初的痛苦感觉,但却由于它使那个初学者甚至从真实的需要那里摆脱出来,同时就向他通报他从所有这些需要把他纠缠于其中的那些各种各样的不满足中解放出来了",这种痛苦就是使自己放弃自己真实的需要并从中摆脱出来的痛苦,但毕竟摆脱出来也是一种解放,并且同时向他通报了这种解放,他就知道自己不再受这些需要以及它们的不满足的束缚了。"并使内心对来自另外源泉的满足感易于接受",最后这里讲到的就是积极方面了,就是给他向另外一个满足的源泉打开了一扇门,换言之,他由此而获得了另外一种满足,这就是对自己坚守了道德法则、履行了自己的义务的满足。这里展示的消极和积极的关系有点类似于《判断力批判》中的崇高的构成关系,崇高也是诸认识能力的自由协调活动,但不像美的鉴赏那样直接就是想像力和知性的协调,而是想像力和知性首先不能协调,由此带来痛苦;但人转而调动起认识能力中的理性去和想象力相协调,从而在更高层次上引起崇高的快感。当然,在道德教育的高层次这里,所涉及的已不再是两种认识能力的关系,而是两种实践能力的关系,是一般实践理性(实用理性)与纯粹实践理性(道德法则)之间的关系。这种关系是此岸和彼岸的关系,因此两者的"满足"也是来自完全不同的源泉的。

[161]　　当在相关实例被摆出来的那些纯粹道德决定上已经向人揭示出一种内部的、平时甚至都完全不为他自己所知的能力,即**内心的自由**,也就是如此挣脱爱好的剧烈纠缠,以至于没有任何爱好、哪怕最强烈的爱好对我们现在应当用我们的理性所作出的决定发生影响,这时,人心就毕竟从那种时时刻刻暗中压在它上面的重负中解放出来和脱身出来了。

　　上面讲,来自另外源泉的满足感,是什么样的满足感呢?这里说了:"当在相关实例被摆出来的那些纯粹道德决定上已经向人揭示出一种内部的、平时甚至都完全不为他自己所知的能力,即**内心的自由**"的时候。纯粹的道德决定在相关实例上被摆出来了,这种道德决定没有任何感性的爱好方面的考虑,也不在任何情感上和人身安全上的威胁面前退缩,这就已经向人揭示出了一种内部的能力,也就是内心自由的能力,这种能力平时连他自己都不知道,只有在这样一种关键时刻才显示出来。"也就是如此挣脱爱好的剧烈纠缠,以至于没有任何爱好、哪怕最强烈的爱好对我们现在应当用我们的理性所作出的决定发生影响",这是对这种情况加以进一步解释,这个时候我们如此挣脱了爱好的纠缠,连最强烈的爱好,包括欲望和恐惧,都不能对我们的理性决定产生影响。因为我们的自由意志已经超越了任何感性的东西,而纯粹以道德法则作为自己的规定根据了。那么这个时候怎么样呢?"这时,人心就毕竟从那种时时刻刻暗中压在它上面的重负中解放出来和脱身出来了",人心获得了解放,摆脱了那种时时刻刻暗中压在它上面的重负。什么重负呢?就是患得患失的重负,现实利益的重负,人情债的重负,这些重负在人作出道德决定之后,仍然暗中压在人心之上,只有当人意识到自己的意志是自由的,这时才从这些重负中摆脱出来,一心选定了按照道德法则来行动。道德教育最终就是要揭示出这一点来,让受教育者意识到自己是一个自由人。

如果只有我一个人知道错在我这一方,并且尽管坦率地承认错误并提议赔礼道歉,这由于我的虚荣心、自私,甚至由于我平时对那个受到我侵权的人并非没有道理的反感,而遇到了如此巨大的矛盾,然而我却仍然可以置所有这些疑虑于不顾,那么在这样一种情况下,就毕竟包含有不依赖于爱好和巧合的独立性意识,以及自满自足的可能性意识,这种可能性即使出于别的意图也都是处处对我有益的。

这里设想了一种情况,即"如果**只有我一个人知道**错在我这一方",为什么要设想只有我一个人知道自己有错?这是刻意排除其他人的干扰,来专门审查自己的内心。我不必考虑人家怎么看我,我只关心我自己怎么看自己。这时,如果发生这种情况,即"尽管坦率地承认错误并提议赔礼道歉,这由于我的虚荣心、自私,甚至由于我平时对那个受到我侵权的人并非没有道理的反感,而遇到了如此巨大的矛盾,然而我却仍然可以置所有这些疑虑于不顾"。这种情况是有可能发生的,即我想坦率地向人家承认错误并赔礼道歉,尽管遇到了巨大的心理障碍,要克服自己的虚荣心和自私心,还要向我所反感的人去赔礼道歉,这些困难都是人之常情,但我仍然决定这样去做。"那么在这样一种情况下,就毕竟包含有不依赖于爱好和巧合的独立性意识",就是当我克服了一切障碍而决心去赔礼道歉时，这里面就已经包含有超越一切爱好和偶然情况之上的独立性意识了，这种独立性意识是建立在普遍的道德法则之上的。"以及自满自足的可能性意识，这种可能性即使出于别的意图也都是处处对我有益的"，还包含自满自足的可能性意识，就是意识到我这样做了之后，可能会有一种自满自足，也就是使自己安心，问心无愧。而这种自满自足的可能性即使不是出于道德意图，而是出于别的考虑，例如养生和心理健康之类，也都是对我有好处的，人们说仁者寿，就是这个道理。当然我不是为了养生或健康才做这件事，但它可能带来的效果就是如此。

现在，义务法则凭借在遵守它时让我们所感到的那种积极的价值，通过在我们的自由意识中**对我们自己的敬重**而找到了入门的捷径。

我们在遵守义务法则时会"感到"一种积极的价值，不同于前面所讲的那种"消极的完善性"，即完全不为感性的爱好所动。这里的积极价值是指我们在遵守义务法则时感到了对自己的敬重，这种敬重不是出于外来的强迫，而是出于我们的自由意志，正是我们自己所向往和追求的。所以通过这种敬重我们找到了通往义务法则的一种"入门的捷径"，这就是上述那种自满自足的可能性意识，它作为我们自己的自由意志的动机所带来的良好效果而把我们自然而然地推向了道德法则。道德法则只有通过一种道德情感即敬重感才能实现出来，并带来积极的效果。虽然道德法则本身是完全排斥情感的，但敬重感恰好作为唯一的道德情感，因而连带着将那种自满自足感带入了行动及其后果中，使之成为某种习惯并充当了我们进入到道德法则的入门的捷径。而这入门捷径后面所隐含的敬重感正是我们在道德教育中必须着力加以提示的。

如果这种敬重被完全建立起来了，如果人没有比他通过内部的自我审查觉得在自己眼中是可鄙和下流的更使他强烈地感到害怕的了，那么任何善良的道德意向就都能够嫁接到这种敬重上来；因为这是防止我们内心的不高尚和腐败冲动入侵的最好的、甚至是唯一的守卫者。

敬重虽然也是一种情感，即道德情感，但它骨子里是通往道德法则的唯一通道，是防止我们堕落回动物性的守门人。但它一旦建立起来，就有一系列其他的辅助性的情感来加强它的作用。"如果这种敬重被完全建立起来了，如果人没有比他通过内部的自我审查觉得在自己眼中是可鄙和下流的更使他强烈地感到害怕的了"，敬重感使我们在自我审查中没有任何别的事情会感到害怕，唯一害怕的就是在自己眼中成为卑鄙下流的人。"那么任何善良的道德意向就都能够嫁接到这种敬重上来"，注意这里用了"嫁接"这个词，在此基础上可以嫁接上各种善良的道德意向，哪些道德意向？这里只提到对自己在自己眼里卑鄙下游的恐惧，这是消极方面的；其实在《道德形而上学》中还提到积极方面的"爱"和"友谊"，它们都是和敬重紧密结合着的。[①] "因为这是防止我们内心的不高尚和腐败冲动入侵的最好的甚至是唯一的守卫者"，从负面来说，敬重连同它的那些道德意向是防止内心的不高尚和腐败冲动腐蚀我们的自由意志的唯一的守卫者。那么从正面来说，它就是让我们的自由意志毫无阻碍地伸展自己的纯粹的行动法则、成为善良意志的促进者，这两方面是相辅相成的。

我本来只是想借此指出一种道德的教养和训练的最普遍的方法论准则。由于义务的各种各样还要求对它们的每一种类型作特殊的规定，这样就会构成一件广泛的工作，所以如果我在像这样一部只是预备性的练习的著作中只限于讨论这些基本特征，人们也就不会责怪我了。

最后这段话是说，以上所展示的道德教育方法论只是个大概，因为我这本《实践理性批判》也只是一部预备性的练习的著作，只限于讨论一些基本的东西，所以读者莫怪我讲得太简单。"由于义务的各种各样还要求对它们的每一种类型作特殊的规定，这样就会构成一件广泛的工作"，这

[①] 《康德著作全集》第 6 卷，张荣、李秋零译，中国人民大学出版社 2007 年版，第 480 页以下。

件广泛的工作是在后来的《道德形而上学》中完成的,而不是这里的任务。的确,我们在这个方法论部分看到,虽然举了不少例子,但对于原理的阐明却还是太抽象,有些句子的跳跃性很大,不结合其他著作加以仔细分解简直就不知所云。所以在读这些过于晦涩的地方时,我们不妨对照着前面的著作,如《纯粹理性批判》后面的相关部分,还有《道德形而上学奠基》,再就是对照后出的《道德形而上学》和《判断力批判》,特别是其中的那些富有特色的用语,再用心琢磨,才可以大致解除我们的疑问。

结　　论

　　这个结论是放在《实践理性批判》这本书的最后,但是作为最后一个标题,它到底是属于整个《实践理性批判》这本书的结论呢,还是属于最后这部分"纯粹实践理性的方法论"的结论? 通常人们习惯于把它看作整本书的结论,因为它一开头就说出了那段脍炙人口的有关头上的星空和心中的道德律的名言,很是激动人心,正好作为全部批判的结尾语。国内的译者也倾向于这样处理,如李秋零译本把 Beschluß 译作"结束语";韩水法译本则在目录上就与前面的条目"第二部　纯粹实践理性的方法论"之间空了一行,以突显它的地位,这一地位另外只有第一部要素论和第二部方法论的两个标题享有,显然这三个标题被处理成平级的:要素论、方法论、结论。但根据我对这个结论的内容的仔细研读,我认为它只能是属于方法论部分的结论,而不是全书的结论,因为它讲的主要还是道德教育的方法。① 我们下面就来看看。

---

① 刘易斯·贝克在其《〈实践理性批判〉通释》中整个略去了作为道德教育的"方法论"部分不谈,而在最后一节(第七节)"两种令人敬畏的事物"的标题下,他从这个"著名的结语"中也只取了有关"头上的星空和心中的道德律"这一句,对于这句所激发起的"探索的不足",他的理解仅仅是科学或哲学历程的艰难,他的评语是:"最后,康德也借助天文学史的类比而获得了有关道德哲学的有益经验"(黄涛译,华东师范大学出版社 2011 年版,第 351 页)。因此毫不奇怪,这个"结论"的方法论意义也被他轻轻放过了。

[162]　有两样东西，人们越是经常持久地对之凝神思索，它们就越是使内心充满常新而日增的赞叹和敬畏：**我头上的星空和我心中的道德律**。对这两者，我不可当作隐蔽在黑暗中或是夸大其辞的东西到我的视野之外去寻求和猜测；我看到它们在我眼前，并把它们直接与我的实存的意识联结起来。

前面我们把康德的"道德律"（das moralische Gesetz）很多都改译作"道德法则"，是为了与在前后行文中与不断出现的"法则"（Gesetz）一词关联起来，以免人们以为这两个词没有关系。但这句话太有名了，必须尽可能简洁有力，而恰好它的前后又没有其他的"法则"出现，不会引起那种担心。"我头上的星空和我心中的道德律"，这当然是康德整个哲学思考的两大主题，他所策划要重建的"未来作为科学的形而上学"就包括两个部分，一个是自然形而上学，一个是道德形而上学。所以这两大主题人们越是沉思，就越是充满赞叹和敬畏。"赞叹"（Bewunderung）原来译作"惊奇"，等同于 Wunderung 了，不够准确。正因为它们代表康德哲学的两大主题，其实也是人类自从有哲学以来所思考的两大主题，所以它被看作全书的"结论"也就不奇怪了，我们甚至可以把它看作整个康德哲学的结论。但问题就是接下来的这一句："对这两者，我不可当作隐蔽在黑暗中或是夸大其辞的东西到我的视野之外去寻求和猜测；我看到它们在我眼前，并把它们直接与我的实存的意识联结起来"，这句有什么深意呢？这句的意思就是，我们既不能跟从神秘主义的眼光去到黑暗中盲目摸索，也不能听凭理性主义独断论去毫无根据地超出我们的视野凭空猜测，而必须从"我眼前"实实在在地看到的东西出发，把这两者与我的实存直接联结起来，也就是与"人是什么？"的总问题联系起来。这就是在自然界方面，我能够知道什么？在道德方面，我应当作什么（并由此推出我可以希望什么）？但在这两方面，它们都有同样的方法，用来指导对纯粹理性的运用，这就是要对直接呈现在眼前的东西加以分析，从中发现我的实存的意识。这要么是从经验科学中发现我的先验自我意识的统觉的综合统一能力，要么是从我的日常道德知识中发现我的自由意志的自我立法的能力，这两种意识分别构成了我的实存的两大根源，即知性和理性，或者纯粹理论理性和纯粹实践理性。纯粹理论理性的方法就是训练、法规、建筑术和历史考察，主要是前两步，即训练是消极的方法，防止出现幻相，法规是积极的方法，把理论理性引向实践理性。纯粹实践理性的方法则是：第一步，提出榜样，激发学习者的赞叹和敬重；第二步，让学习者通过对榜样的深入而注意到意志的纯洁性，以发现人心中超越一切爱好之上的自由。所以，星空和道德律之说所展示的正是两大批判中的方法的起点。

前者从我在外部感官世界中占据的位置开始，并把我身处其中的联结扩展到世界之上的世界、星系组成的星系这样的恢宏无涯，此外还扩展到它们的循环运动及其开始和延续的无限时间。

这句是讲的头上的星空。星空为什么会引起赞叹？首先是因为我们眼见它的宏大的规模。"前者从我在外部感官世界中占据的位置开始，并把我身处其中的联结扩展到世界之上的世界、星系组成的星系这样的恢宏无涯"，我们不由得不赞叹，因为我们在它面前显得只是一粒微尘。其次是因为它的无限运动和永恒的时间，"此外还扩展到它们的循环运动及其开始和延续的无限时间"，总之是空间和时间的无限超出了我们所可能的想象，在我们所占据的感官世界中，大自然的无限性扩展了我们的眼界。

后者从我的不可见的自我、我的人格性开始并把我呈现在这样一个世界中，这个世界具有真实的无限性，但只有对于知性才可以察觉到，并且我认识到我与这个世界（但由此同时也就与所有那些可见世界）不是像在前者那里处于只是偶然的联结中，而是处于普遍必然的联结中。

这句是讲心中的道德律。心中的道德律为什么会引起敬畏呢？因为它是"从我的不可见的自我、我的人格性开始"的，人格性，Persönlichkeit，原来译作"人格"，现在已经统改了。人格（Person）是跨两界的，人格性却是彼岸理知世界的。所以人格性"把我呈现在这样一个世界中,这个世界具有真实的无限性,但只有对于知性才可以察觉到",这个理知的世界是超越于一切感性爱好之上的,只有知性才能觉察到,或者说只有内在的"心眼"才能看到。正是它的这种超越性,或者说神圣性,才引起我的敬畏。"并且我认识到我与这个世界(但由此同时也就与所有那些可见世界)不是像在前者那里处于只是偶然的联结中,而是处于普遍必然的联结中",这句是关键。如果这个理知世界永远高高在上,不与此岸的现实生活相关联,那我们除了对它"高山仰止"之外,根本无法在现实的实践活动中运用我们的纯粹实践理性。但康德认为,这个世界的法则本身就具有实践能力,所以我与这个理知的世界处在普遍必然的联结中,我必然要以它的法则作为意志的规定根据来进行我的实践活动,也正因此,我同时也就与所有那些可见世界、那些星空即外部感官世界处在普遍必然的联结中。我是在与整个外部世界的关系中贯彻我内心的道德法则的,我以这些法则的理知世界的普遍必然性来进行道德实践,来与整个现象世界打交道,这才是引起我赞叹和敬畏的地方。

前面那个无数世界堆积的景象仿佛取消了我作为一个**动物性被造物**的重要性,这种被造物在它(我不知道怎样)被赋予了一个短时间的生命力之后,又不得不把它曾由以形成的那种物质还回给这个(只是宇宙中的一个点的)星球。

就是说,头上的星空并没有提升我作为一个被造物的地位,相反,"前面那个无数世界堆积的景象仿佛取消了我作为一个**动物性被造物**的重要性",这个星空的世界本身只是一种物质的堆积,但由于它的体积庞大、时间永恒,似乎取消了我这个被造物的重要性。于是,"这种被造物在它(我不知道怎样)被赋予了一个短时间的生命力之后,又不得不把它曾由以形成的那种物质还回给这个(只是宇宙中的一个点的)星球",我作为一个被造物,既不知道我从哪里来,也不能支配我将回到哪里去,生于尘土并将归于尘土,我在这个宇宙中只是一个毫无意义的瞬间,一个过渡,顶多只能和动物平级。由此得出的必然是，头上的星空只不过是心中的道德律的一个环节，它只有作为道德律的一个必不可少的环节（即一个实践对象）才有自身的意义。所以下面就说：

　　<u>反之，后面这一景象则把我作为一个**理智者**的价值通过我的人格性无限地提升了，在这种人格性中道德法则向我展示了一种不依赖于动物性、甚至不依赖于整个感性世界的生活，这些至少都是可以从我凭借这个法则而存有的合目的性使命中得到核准的，这种使命不受此生的条件和界限的局限，而是进向无限的。</u>

　　这就是实践理性高于理论理性之所在。当我认识到我与理知世界的必然联系以至于由此而和整个自然界的必然联系时，这样一个景象"则把我作为一个理智者的价值通过我的人格性无限地提升了"，这是与头上的星空世界相反的，即不是把人变得渺小，而是无限地提升了我的人格性的价值。"在这种人格性中道德法则向我展示了一种不依赖于动物性、甚至不依赖于整个感性世界的生活"，为什么是无限地提升了，就是因为人格性中的道德法则显示了人可以不依赖于动物性和整个感性世界、仅仅按照自己的规定根据而行动的能力，这是任何其他动物和存在物都不具备的。"这些至少都是可以从我凭借这个法则而存有的合目的性使命中得到核准的，这种使命不受此生的条件和界限的局限，而是进向无限的"，"核准"，原文为 abnehmen，是"接受"、"验收"之意，就是说我这种超越于整个感性世界而依照法则行动的能力，是由我的存有的合目的性使命来核准的，而这个使命是指向彼岸和来世的。这实际上就用一个"合目的性使命"把此生和来世联结起来了，此生的目的在来世，头上的星空由此而成为了心中的道德律的一个手段、一个环节。于是，只要我们掌握了这样一种合目的性，我们就可以找到建立纯粹理性的方法的基点了。例如，在《纯粹理性批判》的"先验方法论"中，"纯粹理性的法规"就是从确定"我们理性的纯粹运用之最后目的"开始的（参看 A797=B825 以下），这个目的涉及的是纯粹理性的实践的运用；而在《实践理性批判》的方法论中，对儿童的道德

教育也要从对世界的目的论描述开始，这种描述激发起了受教育者内心的赞叹和敬畏。但停留于这一起点是不够的，还必须由此前进。

　　不过，赞叹和敬重虽然能够激发起探索，但不能弥补探索的不足。现在，为了以有用的和与对象的崇高性相适合的方式着手这一探索，应该做什么呢？在这里，榜样有可能被用于警告，但也可能被用来模仿。

　　这就是准备开步走了，但首先必须揭示出起点的不足。"不过，赞叹和敬重虽然能够激发起探索，但不能弥补探索的不足"，单纯的探索是不够的，在理论理性中，这种探索是无止境的，最终只能停留于赞叹而裹足不前；而在实践理性中，根本不是一个理论上的探索问题，而是要指导行动的问题。所以问题就是："现在，为了以有用的和与对象的崇高性相适合的方式着手这一探索，应该做什么呢？"这个问题是针对着纯粹实践理性的方法论而提的，一方面是"有用的"方式，这涉及一般实践理性或者说实用的理性，另一方面是与"对象的崇高性相适合的"方式，这涉及纯粹实践理性或者说道德法则，双方构成一个从低到高的合目的的方法论系统。这就必须在理论探索之上加上纯粹实践理性的态度，如果没有这种态度，即使在探索中列举了无数的榜样，也有可能被误用。所以说，"在这里，榜样有可能被用于警告，但也可能被用来模仿"，这里的"榜样"Beispiel 在德文中有两个意思，在道德意义上是"榜样"，在认识意义上是"例子"或"例证"。这是两种场合，在理论理性的场合，那种值得赞叹的例子，例如我们眼见的头上的星空，是作为纯粹理性所建立起来的那个宇宙整体的理念的一种例证，虽然值得赞叹，但一旦在灿烂的星空这种感性对象上被具体化为一个感性的例子，它就成了一种警告，警告探索者到此止步，否则就会带来幻相。① 而在纯粹实践理性的场合，所展

①　正如康德说的："但理性只能把这种系统的统一性思考为：理性同时给它的理念提供了一个对象，但这个对象又不是通过任何经验所能提供的；因为经验永远也不提供一个完善的系统统一的例子（Beispiel）。"见《纯粹理性批判》A681＝B709。

示的那些道德榜样如果没有纯粹实践理性的态度，而只是当作探索的对象，那就会变成单纯模仿的对象。但是，如果我们有了纯粹实践理性的态度，上述警告就具有了积极的意义，那种理性的理念可以合理地运用于道德实践中；而原先被当作模仿对象的那些榜样，现在也就成了道德教育的入门，不是单纯让受教育者去模仿和仰望，而是让他们去思考里面的原则，弄清楚我们在其中应该敬重的究竟是什么，那其实是我们自己心中固有的本质规定。当然，在道德教育的初级阶段，这些都还没有被明确意识到。

对世界的考察曾经是从最壮丽的景象开始的，人类的感官永远只能呈示这种景象，而我们的知性则永远只能够承受在感官的广阔范围中追踪这种景象的工作，它终止于——占星学。

这是指对"头上的星空"的考察。从历史上看，"对世界的考察曾经是从最壮丽的景象开始的"。古希腊第一位哲学家泰勒斯就曾经因为仰望星空而掉到一个水坑里，但这并没有损害他作为哲学家的名誉，因为他也曾利用他的星象知识而预测第二年的橄榄油丰收，并因此而发了大财。尽管如此，"人类的感官永远只能呈示这种景象，而我们的知性则永远只能够承受在感官的广阔范围中追踪这种景象的工作，它终止于——占星学"，人类知性的探索范围永远只能是可能经验的范围，泰勒斯顶多只能预言橄榄油的丰收，但如果他进一步想要断言超出他所观察的范围之外的某种神秘力量，那就成了占星学或者占星术，而人类对世界的考察也就终止了。

道德学曾经是从人类本性中最高尚的属性开始的，这种属性的发展和培养的前景是指向无限的利益的，它终止于——狂热或迷信。

这是指对"心中的道德律"的探索。从历史上看，"道德学曾经是从人类本性中最高尚的属性开始的"，这些属性，古希腊人统称为"美德"，如智慧、勇敢、节制和公正，等等。但所有这些属性都有一个实用的目的，要么是城邦的利益，要么是灵魂的健康。而"这种属性的发展和培养的前景是指向无限的利益的,它终止于——狂热或迷信",也就是这些美德的发展和培养的目的没有超出利益的最大化,就这一目的而言,它的最终体现就会是狂热和迷信,而对心中的道德律的探索也就此而终止了。两种理性的探索最终都导致了非理性的结果。

[163] 　　一切尚属粗糙的尝试都是这样进行的,在这些尝试中工作的最重要的部分都取决于理性的运用,这种运用并不像对脚的运用那样借助于经常的练习就会自发地产生,尤其是当它涉及那些不可能如此直接地表现在日常经验中的属性的时候。

　　就是说,不论在理论理性上还是在实践理性上,"一切尚属粗糙的尝试都是这样进行的,在这些尝试中工作的最重要的部分都取决于理性的运用"。在历史上,所有这些尝试都是尚属粗糙的尝试,但其中最重要的部分已经是理性的运用了,只是还不熟练并且经常偏离理性的轨道而已。这种历史的经验给我们今天对青少年进行道德教育的方法提供了借鉴,即最开始只能是比较粗糙的尝试,但其中已经包含有理性的运用了,这就可以循序渐进。"这种运用并不像对脚的运用那样借助于经常的练习就会自发地产生,尤其是当它涉及那些不可能如此直接地表现在日常经验中的属性的时候",理性的运用并不像脚的运用,小孩子学走路,经常练习就会了,但理性的运用必须预先有种"建筑术"的方法论设计,有一套按程序、有步骤的计划,也就是说,理性的运用必须先运用理性。这就像黑格尔所嘲笑的,"学会游泳之前切勿下水"一样,形成一个悖论。不过在康德看来这并不是悖论,因为这两种理性并不在同一个层次上,一种是表现在日常经验中的理性,另一种是纯粹理性,它涉及那些并不直接表现在日常经验中的属性。

　　但是不论多么迟缓,在对理性所打算采取的一切步骤预先深思熟虑、并只让这些步骤在一个预先经过周密思考的方法的轨道中运行这一准则传播开来之后,对世界结构的评判就获得了一个完全不同的方向,并与此同时获得了一个无比幸运的出路。

　　这是以牛顿物理学为例展示人类理性思维在理论探索方面取得成就的原因。在仰望星空方面，古代的宇宙论最终沦为了占星术，但伽利略和牛顿的天体物理学则是有步骤有方法地运用理性。虽然经过了上千年的停滞，"但是不论多么迟缓，在对理性所打算采取的一切步骤预先深思熟虑、并只让这些步骤在一个预先经过周密思考的方法的轨道中运行这一准则传播开来之后，对世界结构的评判就获得了一个完全不同的方向"。可以说，康德头上的星空就是牛顿头上的同一个星空，康德从牛顿和伽利略的按照理论做实验的方法中分析出了一个预先深思熟虑的准则，就是让一切步骤在一个经过周密思考的方法的轨道上运行，严格说来这其实是康德的夫子自道。牛顿本人并没有建立一个经过周密思考的方法的准则，所以他到晚年反而沉迷于占星术。而康德在建立起自己批判哲学的方法之前，也提出过著名的"星云说"。但的确可以说，自从康德的批判哲学建立起来，有关世界结构的宏大理论就有了扎实的方法论基础，人为自然立法的原理为自然科学体系带来了一个完全不同的方向。"并与此同时获得了一个无比幸运的出路"。从此人们不再担心占星术对天体物理学的干扰了，自然科学获得了在可能经验范围内无限进展的前景。

　　<u>一块石头的降落、一个投石器的运动，在它们被分解为各要素及在此表现出来的诸力并经过了数学的加工时，最终就产生出了对世界结构的那个清晰的、在将来也永不改变的洞见，这个洞见在进一步的考察中可以希望永远只是扩展自身，但绝对不用担心会不得不倒退回去。</u>

　　这就是康德依据牛顿物理学所建立起来的对于自然科学原理的永恒性的信心。牛顿在《自然哲学的数学原理》中提出了力学运动的三大定律，即惯性定律、加速度定律、作用力和反作用力定律，最后是万有引力定律，这是他对自然界的各种运动形式的各个要素加以分解并对此进行了数学加工的结果，具有极为清晰极为严格的确定性和可验证性。"最终就产生出了对世界结构的那个清晰的、在将来也永不改变的洞见"，当

时知识界的共识就是，牛顿这套自然法则是永恒不变的，他猜透了上帝创造这个世界的秘密，虽然具体事物的运动方式有许多还未被研究过，但它们最终逃不出这套自然法则的规范，这却是确定无疑的。所以，"这个洞见在进一步的考察中可以希望永远只是扩展自身，但绝对不用担心会不得不倒退回去"，这其实也是引起康德有关"人为自然界立法"思想的起因，只有把这套自然法则归结到人自身的先天认识结构，我们才能有充分的信心用这套法则去规范自然万物，在这种规范中这套法则永远只是扩展自身的适用范围，却不用担心它本身的失效。这就是对于"头上的星空"，我们人类理性通过一个预先经过周密思考的方法所获得的最高结论。那么，对于"心中的道德律"又是如何呢？这就是最后这一段所要讲的。

这一榜样可以建议我们在处理我们本性中的道德素质时同样选取这条道路，并能给予我们达到类似的良好效果的希望。我们手头毕竟有一些在道德上作判断的理性的榜样。

纯粹理性在自然科学中的成功范例，给我们在道德科学中取得类似的成功提供了希望，我们可以照此办理，来把纯粹理性运用于实践领域。这种榜样不是单纯用来模仿的，而是启示了我们自身中正如在认识上具备整套的先天法则一样，同样在道德上也具备整套的先天法则，于是头上的星空和心中的道德律就可以用同一个纯粹理性加以贯通了。"我们手头毕竟有一些在道德上作判断的理性的榜样"，这句原译作"但我们手头却有一些在道德上作判断的理性的榜样"，其实这里的 doch 不是转折的意思，而是回顾。即我们在前面曾提出了那么多道德榜样，都是民间普通的道德理性知识中耳熟能详的例子，它们同样有待于科学的分析。这正如在自然科学中也有那么多的榜样供我们进行理性的分析一样。这里的两个"榜样"看似不同，一个是自然科学为道德学提供了科学分析的榜样，一个是道德本身也提出了许多让人学习的榜样，但实质上是一样的。因为自然科学的榜样无非是对经验的例子进行理性的分析，而道德榜样在道德教育中的作用也正是提供了我们作理性分析的例证。于是我们就可以按照自然科学的先例来对这些道德的榜样进行类似的分析，从而建立起一门道德科学来。我们在此可以明白为什么康德把道德形而上学也称之为"科学"了，它的确就是在一定程度上模仿自然科学方法而建立起来的，当然这已经不是通常意义上的简单模仿了，而是体现了纯粹理性的共同本质性，"科学"是这两方面的统称。

现在把这些榜样分解为它们的基本概念，在缺乏**数学**的情况下，却采取某种类似于**化学**的处理方式，经过在日常人类知性上的反复试验，把在这些概念中可能有的经验性的东西与理性的东西**分离**开来，这样做就能够使我们对这两者都有**纯粹**的了解，并对它们各自单独有可能提供出什么有确定的认识，

如何做呢？这里就是提出方法了。"现在把这些榜样分解为它们的基本概念，在缺乏**数学**的情况下，却采取某种类似于**化学**的处理方式"，现在把这些在日常生活中随处可见的道德理性知识的榜样加以分解，看它们各自是由哪些基本要素构成的。在这里虽然不能够运用数学，但却可以模仿化学实验的方式，即我们前面也提到的，通过从对象中抽出某种东西或者放回某种东西，像化合—分解反应那样暴露出它里面的各种成分来，这是康德屡试不爽的心理实验方法，他自己也经常把自己的方法和化学实验相类比。"经过在日常人类知性上的反复试验，把在这些概念中可能有的经验性的东西与理性的东西**分离**开来"，这里强调的是在"日常人类知性上"的反复试验，这是和自然科学不一样的。道德知识的建立不是象牙塔或实验室里的工作，而是每个普通人运用日常知性都可以进行的一种心理实验，无非就是把某个榜样的概念中可能包含的经验性的东西和理性的东西分离开来，不被感性的光芒炫惑自己的眼光而已。前面讲的道德教育的两个步骤就是如此，先是对榜样的力量产生钦佩和赞叹，但不停留于此，不是对它顶礼膜拜和盲目模仿，而是接下来对

它加以冷静的分析，弄清楚它的力量究竟来自何方，从而揭示出它底下自由意志的普遍法则。"这样做就能够使我们对这两者都有**纯粹**的了解，并对它们各自单独有可能提供出什么有确定的认识"，这样我们就可以对哪些只是表面经验性的东西，哪些纯粹是道德法则，都单独有清晰的了解，并且对于两者各自有可能提供出什么来有了确定的认识。经验性的东西如情感的激动可能提供的只是一种钦佩之情，只有纯粹道德法则才能提供一种谦卑和敬重。

于是就能够一方面预防某种还是**粗糙的**、未经练习的评判的迷误，另方面（这是远为迫切的）防止**天才放纵**，凭借这些天才放纵，正如哲人之石的炼金术士惯常所做的那样，不借任何有方法的研究和自然知识就许诺了梦想中的财宝，而浪费了真正的财宝。

这种方法可以防止两方面的错误，"一方面预防某种还是粗糙的、未经练习的评判的迷误"，这就是停留在初级阶段，一味崇尚榜样的光辉，在对榜样的各种层次和类别的分析和评价上未经练习，把榜样的作用局限于让人模仿。"另方面（这是远为迫切的）防止**天才放纵**"，这是更加糟糕的，就是凭借非理性的天才灵感、直接的感悟和启示，不讲任何方法，以为这样就能够从榜样身上悟到自己应当作的事情。"凭借这些天才放纵，正如哲人之石的炼金术士惯常所做的那样，不借任何有方法的研究和自然知识就许诺了梦想中的财宝，而浪费了真正的财宝"，这里把这种天才比作炼金术士，寻求某种榜样就像寻求"哲人之石"那样，一旦找到就可以用它来点石成金，而没有任何有方法的研究和自然知识的步骤。这些人许诺了梦想中的财宝而浪费了真正的财宝。从"远为迫切"一语来看，康德这里影射的很可能是当时的理论对手赫尔德对天才和感悟的推崇，这种观点排斥理性思维，反对将纯粹理性从感性中区分开来。康德在发表于1784—1785年的《评赫尔德〈人类历史哲学的观念〉》三篇文章中批评赫尔德说："仿佛他那天才并非仅仅是从科学和艺术的广阔领域里搜集观念，以便能把它们扩充到其他的观念上去而已；而是仿佛他以他特殊的思想方法中那种为他所固有的方式而把它们（借用他的话来说）按照一定的**同化**法则加以转化，从而它们就显著地有别于别的灵魂所借以滋养和成长的那些观念，而互相沟通就更加不可能了"，说他的思维方式"并不是某种概念规定上的逻辑准确性或者是对原理的绵密分辨和验证，而是一种转瞬即逝的、包罗万象的观点，一种在类比的发掘方面的丰富智慧；在这方面的运用上，大胆的想象力与巧妙性的结合就通过感觉和感受而在支配着他那经常被保持在朦胧深处的对象；它究竟更其是思维的宏伟内容的一种作用呢，还是冷静的判断在其中很可能发现的一种含义微妙的暗示呢，那就要很费猜测了。"① 他劝赫尔德"约束自己奔放的天才"，"不是靠示意而是靠确切的概念，不是靠臆想而是靠观察到的法则，不是凭一种无论是由于形而上学还是由感情而来的高飞远举的想象力而是要凭一种在纲领上是广泛铺开而在运用上却是小心翼翼的理性"，② 并说他"搅乱了"哲学和诗歌的界限，用"大胆的隐喻、诗歌的形象、神话的示意"而"遮掩了思想的实体"。③ 这场论战来往三个回合，非常纠结，意犹未尽之处，康德又于 1786 年再发一篇《人类历史起源臆测》，正面申述自己的观点。可见这场论战在康德 1788 年发表《实践理性批判》时，特别是在谈到方法论时，的确是一桩迫在眼前的大事件。

　　总之一句话：科学（通过批判的寻求和有方法的导引）是导致智慧学的狭窄关口，如果这种智慧学不仅仅被理解为人们所应当作的事，而且还被理解为应当用作**教师们**的准绳的东西、以便妥善而明确地开辟那条每个人都应走的通往智慧的路并保证别人不走歧路的话：

　　这句总结的话更明确地表示出这个结论就是方法论部分的结论。这句话是："科学（通过批判的寻求和有方法的导引）是导致**智慧学**的狭窄关口"，科学（Wissenschaft），在这里就是带有批判性的和有方法有步骤

① 《历史理性批判文集》，何兆武译，商务印书馆 1990 年版，第 33—34 页。
② 同上书，第 46 页。
③ 同上书，第 53 页。

的那种科学，也就是方法论。前面方法论部分一开始就说了，科学"需要一种方法，这就是一种按照理性原则的处理方式"（《实践理性批判》第205页，边码173）。这种科学"是导致**智慧学**的狭窄关口"，狭窄关口（die enge Pforte），也可以译作"窄门"，是一个宗教用语。《新约·马太福音》第7章第13节说："你们要进窄门。因为引到灭亡，那门是宽的，路是大的，进去的人也多；引到永生，那门是窄的，路是小的，找着的人也少。"康德借用这个典故来说明，他的方法论是避免前面那两种人们容易误入的歧路的唯一通道，用前面的话说，是"使纯粹理性的客观上实践的法则仅通过纯粹的义务表象而成为主观上的实践的唯一方法"（同上第207页，边码175）。"如果这种智慧学不仅仅被理解为人们所应当作的事，而且还被理解为应当用作**教师们**的准绳的东西、以便妥善而明确地开辟那条每个人都应走的通往智慧的路并保证别人不走歧路的话"，为什么是一个狭窄关口呢？因为它有如下条件，即这是一种智慧学（Weisheitslehre），这种智慧学是通向彼岸理知世界的，它不但不能简单地被理解为人们应当这样做，而且必须被理解为人们为什么应当这样做，也就是理解为一种可教的美德。所以它是"教师们"用作准绳的东西，能够妥善而明确地开辟那条通往智慧之路，并且保证不会误入歧途。"智慧学"在前面曾经有过说明，康德在辩证论的开头部分说：把至善的理念"在实践上、也就是为了我们的合乎理性的行为准则来加以充分的规定，这就是**智慧学**，而当智慧学又作为**科学**时就是古人所理解的这个词的含义上的**哲学**，在他们那里，哲学曾是对至善必须由以建立的那个概念及至善必须借以获得的那个行为的指示。假如我们让这个词保留其古代的作为一门**至善之学**的含义，那就好了，只要理性在其中努力使至善成为**科学**"，而后面这个限制条件就是"爱智慧"。（《实践理性批判》第148—149页，边码125）。我们在那里曾经把这个智慧之学解释为亚里士多德提出、经过康德改造提升的"实践智慧"（不仅仅是"明智"），并且指出康德的"爱智慧"即"哲学"的概念是实践智慧和理论智慧的统一，其中实践智慧是更重要的，它是通往至善的理念的。所以智慧之学就是至善之学，而它努力成为科学的行为就是哲学或爱智慧，这门科学、也就是这门方法论科学就构成了一条妥善而明确地开辟出来的通往智慧的路，而避开了歧路。

这门科学，任何时候哲学都仍然必须是它的保管者，公众对它的玄妙的研究是丝毫不必关心的，但他们却必须关心那些只有按照这样一种研究才能真正使他们茅塞顿开的**教导**。

这门作为通往智慧和智慧之学的"窄门"的方法论科学，"任何时候哲学都仍然必须是它的保管者"，它必须以哲学的方式展示出来，而决不能依靠经验性的习惯或者神秘的天才感悟。而反过来，方法论才是真正的哲学、爱智慧，早在苏格拉底那里，它就已经是对公众的一种道德教育方法了。当然，也是从那时候开始，虽然"公众对它的玄妙的研究是丝毫不必关心的，但他们却必须关心那些只有按照这样一种研究才能真正使他们茅塞顿开的**教导**"。苏格拉底就是雅典民众的启蒙者和教导者，他的爱智慧正好体现在努力使实践智慧成为科学、也就是成为方法论之上，只有这样一种研究才能真正使民众得到教导，茅塞顿开。方法论在康德这本书的最后这几句话里面，得到了最高的评价。

后　记

　　按道理来说，康德的《实践理性批判》应该是我们这个以儒家伦理为生活重心的民族最为重视的著作，我们可以从中生出无数中西文化比较的话题来，以激发我们民族在当代社会中精神奋进的灵感。就康德而言，这也是他的三大批判中虽然最薄、但却投入最多情感的一本著作。他不但高调宣称实践理性高于理论理性，而且在众多著作中唯一地采用了抒情和拟人的方式来鼓吹他的"义务"概念，甚至用上了第二人称：

　　义务！你这崇高伟大的威名！你不在自身中容纳任何带有献媚的讨好，而是要求人服从，但也绝不为了推动人的意志而以激起内心中自然的厌恶并使人害怕的东西来威胁人，而只是树立一条法则，……你的可敬的起源是什么？我们在哪里寻找你的那条高傲地拒绝了与爱好的一切亲属关系的高贵出身的根？而且，溯源于哪一条根才是人类唯一能自己给予自己的那个价值的不可缺少的条件？

　　这样动情的诗意的表达，在康德的著作中几乎是绝无仅有的。的确，我们甚至在他涉及美和崇高的《判断力批判》中，都找不出一个惊叹号，在这里却连用了两个。

　　但奇怪的是，在讨论康德伦理学的汗牛充栋的文章和著作中，直接针对《实践理性批判》文本的研究却不多，人们更加关注的是康德的另外两本伦理学著作。首先是《道德形而上学奠基》，因为这本小册子通俗易懂，循循善诱，举大量日常生活中的例子来说明艰深的道理，是最受论者青睐的书。其次是《道德形而上学》，这本书虽然也有些地方不是很容易弄懂，比如其中的"德行论导论"，[①] 但对于有关道德和法权方面的具体问题涉及面广，体系性强，也很容易作出研究性的文章来。唯独《实践理性批判》这本书，除了穿插几个实例外，从头至尾讨论的是一些极其抽象的原理和概念，虽然因列于"三大批判"而比其他两本书更为著名，却比较少有人问津。

　　除了国内学界对这部著作的研究严重不足之外，国外的研究情况也好不到哪里去。在英语世界中，能够找得到的全面评论这本书的著作似乎只有美国的康德哲学权威刘易斯·贝克 (Lewis Beck，1913—1997) 的《〈实践理性批判〉通释》(1960)。[②] 其他就是一些专题研究，即专门研究康德的某个概念，如道德自律、至善、定言命令、道德动机，等等；要么就是大而化之的从总体上研究康德的道德哲学或自由理论，把《实践理性批判》仅仅作为其中一个 (往往是不太重要的) 部分顺带涉及一下。[③] 大量的研究成果都集中于其他两本更为通俗的道德哲学著作上，以至于几乎不成比例。因此，对中国的读者来说，常常是空有一腔想要了解康德道德哲学基本原理的愿望，但恰好对这部系统展示康德道德哲学原理的经典著作，却无从下手。更有甚者，由于英美学者对康德思想的了解至今还停留在一个比较表面的层次，我们读他们的作品往往在关键时刻会

---

① 对此，笔者专门有 10 万字长文《康德"德行论导论"句读》，连载于《清华西方哲学研究》第一卷第一辑、第二辑 (2015 年) 和第二卷第一辑 (2016 年)。

② 英文原题为 A Commentary on Kant's Critique of Practical Reason，黄涛译，华东师范大学出版社 2011 年版。康浦·斯密 (Kemp Smith，1872—1958) 在 1918 年也出过一本同名著作，但似乎没有什么影响，阿利森 (Henry E.Allison) 在其《康德的自由理论》(陈虎平译，辽宁教育出版社 2001 年版) 一书中频繁地引证贝克那本书，而对斯密这一本却只字未提 (虽然后面参考文献中两本书都在目)，说明这本书的内容早已过时。

③ 如阿利森的《康德的自由理论》就把《实践理性批判》挤到了最后一章即第 13 章"理性的事实和自由的演绎"中，其中连"自由范畴表"和自由的"悬设"都没有谈到。

一头雾水,在他们的笔下,康德这样一位思维精密的伟大哲人总是这里"出错",那里"失败",与这些居高临下的现代评论者们比起来,显得十分弱智。[1] 我并不是说康德不可能出错,问题在于,作为一个严肃的研究者,有义务帮他"把话说圆",揭示出他当初是如何想的,然后才可以从与他不同的前提和立场上来揭示他的错误。康德的错误不能轻易判定为逻辑错误或考虑不周,而基本上应该理解为大前提或体系本身的错误,因而不是低级错误,而是原则上的错误,甚至谈不上是什么"错误",而是哲学史上谁都免不了的历史局限性,从这方面来批评他才能服人。所以我们现在的当务之急,不是批评康德这里那里所发生的失误,而是首先读懂这部著作的文本,阐发其中隐而不显的深义,让中国的读者能够入其堂奥。要实现这一效果,非以"句读"这种方式不能。

这本句读的目的,最初只是为了给研究生上课。但在深入到各个细节的过程中,我越来越感到有必要将这部经典名著全部逐句解读出来。当然,这种解读,并不是单纯字面上的讲解,而是渗透了我对康德哲学数十年来钻研的心得体会,以及对康德整个哲学体系的全面把握。本人并不是一个康德主义者,而只是一个长期研究康德哲学的学者,我这本书所关注的重点既不是要弘扬康德的伦理思想,也不是要揭示康德哲学的局限性(这方面可以在别的场合下加以分析),而是要尽可能用通俗的语言将康德的意思向听众传达出来,这是一项最基本的工作。而当我的解释涉及一些康德哲学中聚讼纷纭的难点时,我也自认为在本书中解决了学界不少长期争论、莫衷一是的疑难问题,下面择其要者略举几例。

(1) 关于纯粹实践理性现实地具有实践能力,这在康德那里被看作是一个"理性的事实"(das vernünftige Faktum),对此历来争议颇多。如贝克和阿利森都认为,直接说它是一个"理性的事实"是不合法的,只有说它"对于纯粹理性"而"仿佛"是一个事实才是合法的,所以康德在这

---

[1]　例如,参看阿利森上书第 346 页,以及贝克《〈实践理性批判〉通释》第 186 页等处。

里犯了"不谨慎"的毛病。本书则提出，以上看法并没有把握到康德的真正意思，即没有注意到康德这里讲的"理性的事实"既不同于"经验的事实"，也不是在主客观对立的意义上的认识对象，而是主客观同一的纯粹"实践"理性的事实。如果仍然用理论理性的眼光看待实践理性的事实，难免会对康德造成误解，而这种误解正是这些康德专家自己"不谨慎"的表现。

（2）关于康德对道德律和自由的"演绎"（Deduktion），阿利森提出了强烈的质疑，他甚至说康德的整个演绎是"失败的"，贝克、狄特·亨利希（Diter Henrich）、曼弗雷德·莫里茨（Monfred Moritz）、裴顿（H.J.Paton）等人也持同样观点。但他们都没有注意到，《实践理性批判》中的演绎和《纯粹理性批判》中范畴的先验演绎相比，方向已经完全颠倒过来了，不是要为先天法则提供运用的合法性根据，而是要以先天道德法则这一"理性的事实"（它本身不需要演绎）为依据或"认识理由"，来确认它本身的"存在理由"即自由；而这两者之间之所以不存在"循环论证"，是因为双方分别指向着此岸和彼岸，并不在同一个层次上。上面几位康德专家仍然限于将理论理性中的"演绎"方式照搬到纯粹实践理性中的演绎上，且没有考虑到康德的现象和自在之物分属两个不同的领域，不能像《纯粹理性批判》中在现象界所进行的演绎那样直接贯通，这才导致了他们无法理解康德的思想。① 本书依据康德的文本对此作了透彻的分析和合理的解释。

（3）关于康德的"自由范畴表"，很多研究者都采取了刻意回避的态度，如阿利森在其专门谈康德的自由理论的书中却对它只字未提，国内

---

① 阿利森说，这个演绎在《道德形而上学奠基》中就是"康德著作中最为难解的谜之一"，"人们一致同意，该努力已经失败"，并且"康德本人就认识到这种失败，而这可能会导致《实践理性批判》中巨大的颠倒"（《康德的自由理论》，第322—323页）。他和他的同道们把康德这一演绎的程序相对于《纯粹理性批判》中演绎的"颠倒"看作了"演绎失败"的结果，而不是理解这一演绎的前提。

学者则不论是大陆学者，还是香港（卢雪崑）或台湾（黄振华）学者，也都对这个表跳过不谈。当然这也与康德本人对这个表只有寥寥数语的说明有关，人们很难由这几句话猜测出他究竟是什么意思。贝克在其《〈实践理性批判〉通释》中对这个范畴表倒是进行了逐条分析，但这些分析却主要纠结于字面上的梳理，以及随处指出康德的"错误"、"不准确"之处，提出自己的"疑惑"、"困难"、"惊讶"，再就是在困惑之处旁证博引其他专家的意见，却又未能得出正面的结论，在义理的疏通上可以说一塌糊涂，最后却将自己的这一解读的失败归咎于康德论述的失败。① 读完这些分析，读者仍然不清楚康德到底要说什么。本书则结合康德的《道德形而上学奠基》和后来的《道德形而上学》中的相关论述，对其中每一项自由范畴都进行了个案分析，解释了它们的含义以及与其他自由范畴的层次关系，② 使它们呈现出一个由低到高逐渐上升的系统。

(4) 对于"纯粹实践判断力的模型论"也是人们感到困难而往往跳过不谈的问题。贝克在讨论这一主题时就完全没有抓住要领，而陷入到康德的一些表述细节之中，他甚至没有说出康德为什么要在自由范畴表后面紧接着来讨论"模型论"，为什么将它和范畴表一起划归"纯粹实践理性的对象概念"这一章。本书则结合《道德形而上学奠基》中对定言

---

① 这正如他在总结自己这番分析时所慨叹的："如此，我们也就结束了关于范畴表的这番冗长乏味的考察。其间有太多的犹豫不决，所涉及的问题要远远多于解答，臆测多于决断。令我们感到遗憾的是，康德并未用他那惯常的建筑术技巧将其表达出来。某些与此接近的工作——我并非是对自己的观点自卖自夸——需要将原理和概念的学说放在一起。全书极少对范畴表加以运用，而原本它是应该有助于组织谋篇的，这也许就是范畴表之糟糕构造的症状，或者至少是其晦涩的症状。失败的原因极有可能是康德在此触及到了行动哲学的原则，而对此他从未获得过。……他之所以失败，并不只是因为这个任务的内在困难，也因为他将一种不足以阐明全部实践判断的逻辑形式理论引入到了实践哲学中。"见《〈实践理性批判〉通释》，黄涛译，华东师范大学出版社2011年版，第187页。

② 四大类自由范畴量、质、关系和模态，分别相应于《道德形而上学奠基》中定言命令的"普遍公式"、"自然律公式"、"目的公式"和"自律公式"，可见说这些范畴对康德的伦理体系毫无运用是没有根据的。

命令的"自然法则公式"的表述指出，自由范畴表正是借助于《纯粹理性批判》中的知性范畴表作为自身表达的"模型"，来说明自由的概念"好像"认识中的自然法则那样，能够通过理性的推理而将它的实践法则推导出来，而不至于陷入到经验主义和神秘主义。自由的理念由这种模型而组织在一个从实用的实践理性（任意）逐步上升到纯粹实践理性（义务）的合理系统之中，这种模型本质上是对自由范畴表的来源的说明。

（5）关于康德三大悬设的关系问题，历来都没有人说清楚，贝克则完全跳过了这个问题不谈。本书着重阐明了自由意志的悬设与另外两大悬设（灵魂不朽和上帝存有）所处的不同层次，即自由意志单独是道德律的根据，而道德律是道德宗教的根据，道德宗教本身的原理就体现为另外两大悬设。所以康德要建立起道德宗教，直接有灵魂不朽和上帝存有的悬设就够了，但它们的根源却还是来自于道德律和自由意志。所以唯有自由意志，不但作为宗教的基础是一个基本的悬设，而且是被道德法则所证明了的"事实"（Tatsache，参见《判断力批判》），这是和其他两大悬设不同的。

（6）"纯粹实践理性的方法论"部分，由于它的篇幅较短（只有十几页），通常都被研究者们忽视了，如贝克的《通释》中都没有它的位置。本书则突出了它的重要地位，即指出这一部分所谈的是道德教育问题，类似于苏格拉底的"精神的接生术"，是纯粹实践理性本身的实践步骤，实际上是全书的归结点，极为重要。它告诉我们，如何在对儿童和青少年的道德教育中使他们从单纯的模仿榜样而提升到运用自己的纯粹实践理性的能力来做道德判断，暗示了康德在《回答这个问题：什么是启蒙？》一文中所提出的原理，并描述了这一道德启蒙的层层深入的实施方法。

（7）最后的"结论"（Beschluß），一般认为是整个《实践理性批判》一书的结论（如李秋零译本把这个词译作"结束语"，韩水法译本则在目录上就与"方法论"隔开一行，表明它是全书的结论）。贝克则只从"结论"中挑出第一句有关"头上的星空和心中的道德律"的话来作为全书的总结，其余则置之不顾。但本书则指出，纵观康德的全部著作，他并没有在一部体系性著作后面对全书作一个"结论"或"结束语"的习惯，严格说来这个结论应该只是书中的"方法论"部分有关道德教育方法的结论，而非全书的结论。所以，其中一开头提到的那句著名的"格言"，即"有两样东西，人们越是经常持久地对之凝神思索，它们就越是使内心充满常新而日增的赞叹和敬畏：我头上的星空和我心中的道德律"，其实并不是一味煽情并用来总结全书，而只是从方法论的角度把这种情感启动定为一个对青少年道德教育的初步入门，在康德心目中它还只是一种"粗糙的尝试"。康德指出，如果人们停留于这一层次，最终有可能堕入到"占星术"或"道德狂热"的误区，所以还有待于从单纯情感性的"赞叹和敬畏"提升到对实践智慧的哲学把握，即掌握有关智慧的"科学"。由此而提示了向他的"作为科学"的《道德形而上学》的过渡。

　　以上几例都属于对康德思想的理解方面的一些拨乱反正的典型观点，本书中这样的地方还有不少，具有针对书中的难点答疑解惑的性质，这就使得晦涩难懂的康德道德哲学变得平易近人起来。本书虽然是对康德文本的逐字解读，但并不局限于这些文字字面上所表达出来的意思，而是切入到了文字背后康德可能有的意思，这种切入必须以对康德其他著作的熟悉以及对康德哲学思想整体的把握和贯通为前提。作者相信，正如康德说他可以比柏拉图本人更好地理解柏拉图一样，我们今天的研究者也应该比康德本人更好地表达康德的思想。但关键在于，我们先要对康德当时所考虑的问题有同情的理解，努力对他的想法进行尽可能客观的还原。没有这项基本的功夫，急于从康德思想的外部对之进行胜券在握的批评固然很痛快，其实只表明批评者还没有达到康德的水平。

　　本书是在作者为研究生开设的"德国古典哲学原著选读"康德《实践理性批判》专题课的课堂录音的基础上整理而成的一个逐句解读的读本。该课堂讲授开始于 2007 年上学期，然后作者去香港访学三个月，

2008 年上学期接着讲，下学期又应邀到北京中央财经大学讲学，回来后，2009 年再接着讲了两个学期，将所用教材《康德三大批判精粹》中选入的《实践理性批判》部分讲完了。全部录音除了由我的朋友王里先生整理了前半部分之外，后半部分则由听课的研究生、博士生和博士后主动承担起来，他们是：周雪峰（8.5 次课）、彭超（6.5 次课）、马涛（2 次课）、马幻想（2 次课）、龚莎（1 次课）、龚元欣和万明明（各 0.5 次课）。所有这些文字整理在 2010 年就已经完成了。但我自己对这些初稿再次加以整理、推敲和审定的工作刚刚才开了一个头，随即就将全部精力投入到黑格尔《精神现象学》句读的讲授和录音资料的整理之中，无暇顾及《实践理性批判》的这些已初步整理完的材料，所以又暂时将它们放下了。没想到这一放就是 8 年。直到我将《黑格尔〈精神现象学〉句读》以及《精神现象学》的一个新译"句读本"陆续出齐，这就已经到了 2017 年底，这时才又重新把这件未竟的工作捡起来。经过半年多的埋头苦干，除将已有材料作深度加工和打磨之外，我又将《康德三大批判精粹》中未收入的部分全部以书面句读的方式补写完全，这才有了目前这个一百多万字的《康德〈实践理性批判〉句读》的全本。本书于 2012 年被纳入国家社会科学基金重大项目《德国古典哲学与德意志文化深度研究》（批准号 12&ZD126），作为其中的最后一项代表性成果。

今年是康德《实践理性批判》发表 230 周年，我谨以这部《句读》作为向这位伟大哲人的最诚挚的致敬。

邓晓芒

2018 年 8 月 12 日于武汉

策划编辑：张伟珍

责任编辑：张伟珍

封面设计：吴燕妮

版式设计：马月生　孙姗姗

图书在版编目（CIP）数据

康德《实践理性批判》句读／邓晓芒 著 . —北京：人民出版社，

　2019.5（2024.12 重印）

ISBN 978－7－01－019662－6

I. ①康… 　II. ①邓… 　III. ①德国古典哲学 ②无神论　IV. ① B516.31

　② B91

中国版本图书馆 CIP 数据核字（2018）第 187395 号

康德《实践理性批判》句读
KANGDE SHIJIAN LIXING PIPAN JUDU

邓晓芒　著

人民出版社 出版发行

（100706　北京市东城区隆福寺街 99 号）

北京新华印刷有限公司印刷　新华书店经销

2019 年 5 月第 1 版　2024 年 12 月北京第 3 次印刷

开本：710 毫米 ×1000 毫米 1/16　印张：120.5

字数：1672 千字　印数：6,001—9,000 册

ISBN 978－7－01－019662－6　定价：420.00 元（三卷）

邮购地址 100706　北京市东城区隆福寺街 99 号

人民东方图书销售中心　电话（010）65250042　65289539

本书系2012年国家社会科学基金重大项目
——德国古典哲学与德意志文化深度研究
（批准号12&ZD126）

邓晓芒作品 · 句读系列

上卷 康德《实践理性批判》句读

邓晓芒 著

人民出版社

目　录

句读绪论···*1*

序　言···*1*

导　言　实践理性批判的理念························233

第一部分　纯粹实践理性的要素论

第一卷　纯粹实践理性的分析论··················271

　第一章　纯粹实践理性的诸原理··············271

　　§1.解题······································271

　　　注释······································275

　　§2.定理Ⅰ.································307

　　§3.定理Ⅱ.································318

　　　绎理······································331

　　　注释Ⅰ.································334

　　　注释Ⅱ.································362

§ 4. 定理 III. ·· 389

　　注释 ·· 398

§ 5. 课题 I. ·· 414

§ 6. 课题 II. ··· 424

　　注释 ·· 429

§ 7. 纯粹实践理性的基本法则 ··················· 456

　　注释 ·· 462

　　绎理 ·· 487

　　注释 ·· 491

§ 8. 定理 IV. ··· 518

　　注释 I. ·· 535

　　注释 II. ··· 551

在德性原则中实践的质料规定根据表 ·········· 622

句 读 绪 论

　　我们今天开始本学期的德国古典哲学原著选读。这个课原来是分成两个课：一个是德国古典哲学的原著选读，再一个就是德国古典哲学专题。但是多年以来，我们这两门课其实就是讲的一个内容，就是读康德的原著。前面一段时间，我们读了《纯粹理性批判》，主要是用我们的《康德三大批判精粹》这个选本，其中有二十来万字是从《纯粹理性批判》里面选的，我们就读了这二十来万字，一句一句地读了，这当然是一个非常大的分量。我们从 2000 年就开始读，一直到去年①，才把这一部分基本上读完。这二十万字读了有七年，十四个学期，整理出来的录音资料大概有两百万字，最近可能要把它出成一套书，两百万字起码得要有三大本。② 那么，接下来这一部分呢，就是《实践理性批判》。我们今天这个课，就是要准备读《实践理性批判》。这个课按照学校里面的安排，现在已经压缩为一门课了，但是实际上每个星期都开，而且按照课表上的安排呢，这门课每周只有两个学时，但是七年以来，我们这门课实际上每周都是 3—4 个学时，就是整整一个上午或者整整一个下午，三个多小时，要算学时的话呢，应当算到四个学时。所以要来听这门课，就学分上来说是很划不来的，你听了四个学时，应该得四个学分，结果只得了两个学

---

① 指 2006 年。

② 《康德〈纯粹理性批判〉句读》（上、下）已由人民出版社于 2010 年出版。

分。但是我们在座的都是舍得这个本钱的，花这个时间来听。所以我们也不必计较到底得多少学分。主要是到这里来，对于德国古典哲学的原著，我们要进入一种氛围，训练一种解读的方法。

那么我首先跟大家把这个解读的方法大致介绍一下。以往我们每学期开学的时候呢，都要跟大家讲一讲。虽然七年以来每学期的听众都在变，我们一个学期只能读那么二十多页，所以有的研究生呢，坚持得好的，可能听了三个学期，或者顶多四个学期，一直听下来了。大部分人是听了一个学期，或者是听了半个学期，因为其他的学习任务紧张，也就没来听了。但没来听也不要紧。为什么呢？因为我们这个课的学习方法跟其他的课有一个很大的不同。当然是讨论课，这个跟其他讨论课没有什么区别，但是我们这个讨论课按照原文一句一句地读呢，是不讲究进度的。不是说我今天读了多少，是不是还有多少没有赶在这个期间完成。我们这个课没有进度，读到哪里算哪里，要读懂为止。康德的哲学，康德的书，很大的问题就在这个地方。就是说你要去读他的原著，要读懂那很难很难。所以很多同学就想到是不是能找一些参考资料，当然可以。可以找到很多的参考资料，包括西方哲学史，包括德国古典哲学的断代史，包括康德哲学的专题讨论、专题研究的著作，外文的、中文的，那可以说是汗牛充栋，就是读中文的你都不一定读得过来。一百年以来，我们中国人在康德在哲学方面跟其他的哲学家相比，除了马克思主义哲学、黑格尔哲学以外，——黑格尔哲学现在也不算读得很多的了，——中国人现在读康德的东西是读得最多的，研究得也最多，出的文章和著作也是最多的。但是你读来读去呢，你会发现有这样一个问题，就是说，几乎所有的介绍康德哲学的东西，都是泛泛而谈的，都是从大体上说的。比如说唯物主义唯心主义二元论呐，不可知论呐，然后他的认识论和道德、实践理性和思辨理性之间的关系呀，第三批判的地位呀，等等，这样一些众所周知的、已成定论的东西介绍给你。当然你读了以后，也不是说没有帮助，你可以对康德哲学形成大体的一个概念的框架。但是往往有这种情况，就是你读了一大圈,最后你拿到康德的书来读的时候,不管是中文本、英文本还是德文本,你最后都读不了。就是说,康德在这个地方、这句话讲的什么意思啊?你读了那么多康德,有的读到了博士,那么我从康德的书里拿一句话来问问你,他这句话讲的什么意思,你能不能给我解释一下呢?解释不出来。如果离开了这些工具,离开了这些手段,我直接去读康德的原著,我们就会发现寸步难行。这到底是为什么?

这就说明,我们在读那些辅导教材的时候,读那些资料的时候,我们缺乏一种直接面对原文的训练。就是说,直接面对原文,直接面对至少是汉语原文。我们不说读德文原文,或者我们读英文的也可以,我们直接面对原文,我们能不能把他原文的这一句话的意思解释出来,读懂。很多年轻人在自学的时候读康德哲学,说我已经读了三遍了,我已经读了四遍了,但是你问他读懂了没有,他还是不懂。这个不懂表现在什么地方?就是大体上我都能说得出来,人家能说的,我也能说,也记得住,大家说康德是不可知论者,他的物自体的思想,他的现象界,他的人为自然界立法,他的道德自律,我都能讲出一套。但是你不要跟我讲这些,我拿出一句话来问问你,康德在这一句话里面讲的是什么意思?你在直接面对他的时候,你就讲不出来了,你就只能讲大概是那个意思。我不要你讲大概,我要你讲这一句话,我要你讲这句话里面的这个代词是代哪个的?这个"它",这个"这",是代的哪一部分?它的语法结构是怎么样来的?你把这个给我解释出来,那就说明你对这句话懂了,你把握到了康德在说这句话的时候的意思,他想要表达什么样的东西。这个比较难。当然一般的人是很难做到这一点的。不光是我们中国人,就是那些外国人,他也不一定讲得出来。他可以从旁边、从外面,通过一些介绍性的资料、解读性的资料,然后他说对康德已经把握了,然后对康德加以猛批。但是批来批去,如果你真正是懂康德的,你就会发现,批得完全不在点子上,他没有读懂。所以,我们这个课呢,主要是想着重这一点,就是说给人一种读书的方法。我们不要把自己抬得太高,好像到了康德,到了德国古典哲学，这样一个高层次的哲学，那么我们就应该讨论一些更高的问题了，这些小问题就已经过去了。不是的。我们要从最基层做起，不要厌烦做这些小事情，下这些最初的、最笨的功夫。我们现在要下最笨的功夫。

为什么要下最笨的功夫？我们有了这样一套功夫，你可以说，你读懂了康德的书，你就可以读懂任何西方哲学的书。康德是在西方哲学家里面公认最为晦涩、最为难读的，连德国人都读不懂。德国人说德语，他们都感到非常恐惧。康德的那种德语那简直不是人写出来的，那是天书。一个句子那么长，里面又不说明，那些代词，那些从句，牵连在一起，纠缠在一起，你要把它清理出来，谈何容易。所以我们在读康德的书的时候，我们要把它当作一种训练，当作一种工具。我们受过严格的训练，什么叫严格的训练？严格的训练不是说你知道一些什么东西，你知道康德有哪些命题，有哪些观点。严格的训练就是要一个字一个字地读过来，哪怕读得不多。我可以告诉大家，我们读一个学期，我们顶多能读个二十多页。按照我们以往的经验，读到三十页，就是很了不起了，有时候甚至一个学期只能读十多页。我们十几次课嘛，如果算 18 次课的话，每一次课往往只能读一页多，顶多两页，所以我们一个学期下来顶多能读三十页，何况我们一个学期还上不了 18 次课，有时候还有一些冲突啊，会议啊，外出的任务啊，等等。所以，我们不要求它的进度，我们这学期到底读了多少？不要紧的，我们把它当作训练嘛，你读过了十几页书，你能把康德的这十几页书搞透，你就掌握了一种方法。那么后来的东西你可以自己去举一反三嘛。如果每一个字都要教给你，那这种学生是不可造就的。就是说，我告诉你怎么样读的一种方法，然后把康德的这样一种思维习惯潜移默化地带给你，你以后看到康德的书就不感到恐惧了。我们曾经是这样读过来的，那么我们在面对一个新的文本，我们照此办理。随着你读得越来越多，康德的那些观点，那些细微的思想的纠缠，你了解得越来越透，那么，对康德的整个体系呢，你就有了一个通透的把握。

另一方面，我们这个读书，也不是说完全是一种词句的分析。我刚才讲了，词句是很重要的，语句是很重要的，他这一句话，这个从句是用来修饰哪个成分的，他这个代词是代哪一部分的，代哪个词的，这个你非要搞清楚。你要囫囵吞枣的话，大致上就是那么回事，那你就等于是白读了。我们要把它搞清楚，我们都学过汉语，我们的汉语语法应该是没有问题的，到了研究生这个阶段，至少我们自己写文章，不应该有病句。当然经常也会发生，那可能主要是因为不注意。你注意地写出来一句话，应该是没有语病的，这个我相信到研究生这个层次了，应该是不成问题的。那么你看他的书，至少你对于中译本，那么你也就应该有能力去清理它的语法。他这句话，这样理解才通。如果不这样理解的话，那就不通了，这句话就跟前面那句话冲突了。你有这样一种把握能力，就够了。有对汉语语法的把握能力，那就够了。当然我们这个课随时要对照原文，所以我们带着德文本来对照。如果有能看德文的，或者看英文的，也可以。可以对我们的汉译本加以检验。这个汉译本是我和杨祖陶先生两个人合作弄出来的，也花了一些精力，尽量地要符合原文，包括语气，包括他的意思的转折，包括他的思想中很深层次的、很微妙的东西，我们都尽可能地把它表达出来。当然也有表达得不好的地方，甚至于有错误的地方。我们前面读《纯粹理性批判》的时候，就有同学检查出有不少的地方还可以表达得更好一些，有不少的地方也有一些错误。我们都在这个本子上一一地矫正过来了。在再版的时候呢，我们要把这个本子更加完善一些。康德这个翻译确实太难了，没有人敢于说他的翻译是最好的，是没有错误的。那是不可能的。你翻译康德，你要说你翻译得没有错误，翻译这么大的量，你说你没有错误，那是不可能的。但是我们尽量地减少错误。当然迄今为止，我们的这三大批判呢，在国内学术界的反响还是比较好的，就是认为它可以超过以往的那些本子，错误最少。不是没有，但是最少，而且基本上是信得过的。这个信得过体现在不光是传达出了康德的大体的意思，而且传达出来康德在说话时候的那种语气，那种强调重点，那种转折。特别是有些小词，德文中有些小词，什么"也"啊，"甚至"啊，"然而"啊，"即算"怎么怎么样啊，等等这样一些小词，我们都尽量地把它们表达出来。我们的翻译原则是不放过任何一个小词。要把他的语气传达出来，包括虚拟式。我们搞翻译的通常对虚拟式不太重视，汉语的翻译和英文的翻译都不太重视这个虚拟式，但是在康德这里，虚拟式非常重要，你不可忽视。所以首先要把这个语法的逻辑搞清楚，句子要搞清楚。

但是除此而外，我们还有一个更重要的任务，当然就是在搞清句子和语法的这个基础之上呢，搞懂康德的意思。所谓意思，就是句子背后的东西。如果仅仅是句子，那就是讲分析哲学了。前面有的听众也曾经说过，说邓老师你讲课跟分析哲学讲课好像很有那么点相同的味道，好像是在搞分析哲学，一句句话这么去抠。只有英美分析哲学是这样搞的。当然我不否认，是要有这样的功夫。但是除此而外，要在这些句子底下能够体会康德的原意。怎么体会？那就不能局限于分析。所以在此基础上我们注重的第二点，我们在读的时候呢，就是要考虑他的背景，考虑他的语境，康德说话的语境。这个是分析哲学不太考虑的。欧洲大陆哲学比较考虑的，特别考虑这些东西，比如言外之意，背后的那个意思，整体性，整体的意思，综合的意思。大陆哲学也可以称之为综合哲学，英美哲学可以称之为分析哲学。但是大陆哲学重视综合，也就是重视一个句子在它的整体思想中的位置。所以我们的这个课呢，在搞清句子的成分结构以外，我们特别重视的就是康德用这个句子所表达出来的他的思想总体。所以牵一发而动全身，我们在讨论一个句子的时候，往往要涉及康德的更大范围内的语境。比如所我们在讨论康德的《纯粹理性批判》的认识论的时候，我们肯定有时候要涉及他的《实践理性批判》，甚至于《判断力批判》，涉及整个康德哲学的语境。而且经常地要涉及整个康德时代的哲学思潮，也就是休谟、洛克、莱布尼茨，这些背景我们都要涉及。如果你不涉及这些背景，他没有说，你就以为它不存在，就是那些干巴巴的几个字，几句话，那他为什么会这样说，你就理解不了了。但是如果你对于比如说近代大陆哲学，近代英美哲学，唯理论和经验论，对这样一个背景，你了如指掌，那么你在读康德的书的时候，你会心有灵犀。就是康德说的这句话，他用的这个词，这个词是休谟的词啊，所以他哪怕不提休谟，你也知道他这句话是针对休谟的。他用的另外一个词是莱布尼茨的术语，他没有提莱布尼茨，你也知道，他这个地方影射的是莱布尼茨。这样一来，你的视野就拓宽了，康德的意思，你就可以在更深层次上面对它加以把握。就是说，他在这里头虽然没有讲，但实际上有一个对手在那里，有一个讨论的对手，有一个论战的对手在那里，他就是用他的这样一句话来批驳比如说莱布尼茨的独断论，比如说休谟的怀疑论。

所以我们在读康德的书之前呢，我们要有准备，我相信大家都有这个准备，因为我们读过西方哲学史。如果你碰巧没有学过，你现在学还来得及。一边读康德，一边要读至少是近代西方哲学。唯理论和经验论，你要非常地熟悉，包括它们的那些用语。比如说休谟的"习惯"、"联想"，莱布尼茨的"模糊知觉"、"单子"和"前定和谐"，这样一些概念你心里都要有数。当你碰到康德在提及这些概念的时候，你马上想到，这些涉及的是谁。你有这个背景，你对他的理解一下就通了，一点就通了。尽管他绕来绕去，转弯抹角，但是你有了这个背景以后，你就可以把握住。对于康德自己的整个体系也是的，我们在读的时候，我们肯定要涉及其他部分。我们前面在读《纯粹理性批判》的时候，读到每一处，能够涉及的，我们都涉及康德《纯粹理性批判》的整个体系。比如在读他的"先验感性论"的时候，我们就要涉及他的知性范畴，涉及他的先验逻辑；在涉及他的知性范畴运用的时候，我们也要涉及后面的辩证论、方法论。所以虽然我们只读了十几页，二十几页，但是实际上呢，我们差不多把康德的整个体系陆陆续续地都交代了。很多同学在上了一学期的课以后，或者两学期的课以后，他并不是嫌少，才读了这十几二十页，不是的，他觉得通过这十几二十页的学习，对康德哲学的整体有了一个了解。虽然一个学期我们连康德的先验感性论都还没有读完,但是我们所讲的涉及整个体系,涉及感性论、先验逻辑、先验方法论、先验辩证论,我们都涉及了,融会贯通于其中。所以我曾经把我的这样一种教学的方式称之为"全息式"的教学方式。因为康德的体系是一个全息式的体系,就是说每一点都反映出全体。每一个观点,你要是揪的话,都可以牵扯到整个体系,甚至于还不仅仅是《纯粹理性批判》这个体系,也涉及《实践理性批判》和《判断力批判》。三大批判的体系其实都可以扯进来,你如果要细究的话。当然你不细究的话,就事论事,那它这句话就是这句话了,就按分析哲学的方式讲过去就完了。但是按照我们这种方式呢,我们不是要达到这样一种目的,这只是它的基础,搞清它的句法结构只是它的基础,然后我们在这个基础上面呢,我们要扩展,要把它后面的那些语境提出来,让大家熟悉。这就是我们教学的方法。总的宗旨是这样的。

那么程序呢,我们以往都是按照这种程序:当然首先大家要对上课的内容有所准备,有所预习,预习了就不至于你到了课堂上临时来读,来想,来思考,而是你有了准备。在课堂上呢,我们就能够免掉很多准备的工夫。我一介入这个问题,我已经预习过的,那么直接进入主题,可以免除很多麻烦,节约很多时间。这是预习。然后我们开始上课呢,首先来找一位同学来读一段,把这一段读下来。读的时候有几个要求,一个是要把重点、把重音读出来。这句话里面,哪个词是重音,你要把这个重音读出来。有时候,你把原文翻译成汉语的时候,它也比较讲究这个东西。就是说,一句话里头,你的重音在哪个词上面,这句话的意思就有所不同。经常有同学拿一句话来问我,说这句话怎么总理解不了。我说你读一下看看。他读了一遍,然后我再读一遍,我给你读一遍,我把重音换一下,他就恍然大悟。你把重点词、重音词换一下,它的意思就出来了。有时候康德在原文里面经常把重点词强调出来,我们在汉译的时候呢,就把它的底下打上重点符号。但是在德文原文里面,不是重点号,它是把一个词排得分开一点,排得稀一点,使它更加醒目。在英文里面呢,经常是排斜体字。德文里面也有时候用黑体字。但是我们这个里头呢，就用重点符号。有时候重点符号加上黑体字来强调这个重点词。所以我们在读的时候一个要求是你要把重点词念出来。

再一个就是你要把句号念出来。什么叫把句号念出来呢？就是说，他的这一句话没有完，他的句号还没有到的时候，你读句子的那个语气不要中断，最好是能一口气把那一句话读下来。当然康德的句子有时候太长了，比如说一句话就是半页，读不下来，没有那么长的气，但是也要注意在中间要连上，在换气的时候也要注意把它连上。为什么呢？因为康德的句子的句号是非常重要的。以往的我们的汉译，包括英译，都没有注意这个问题，经常任意地改变他的句号的位置，增加句号，也就是把他的长句子断掉。一个很长很长的句子，我们觉得不耐烦，翻译的人就把它断掉，断成两句话甚至三句话。但是一断开，问题就出来了。康德的长句子为什么要这么长？并不是说他喜欢长，而是因为那个句子意思没有完呐。你把它一断开，那么这句话就可以独立起来理解了，这句话就跟后面那句话脱离了关系，然后后面那句话也可以独立理解，这就成了两句话，它的意思就变了。而在康德的原文里面呢，他这两句话实际上是一句话，是不能分开的。你这句话没有读完的时候，你就不能够了解到他的真正的意思，必须联系到后面那半句，你才能真正地把握他的意思。中文的一些翻译，往往是从英文那里来的，因为中文译本是从英文那里转译过来的，跟着英国人那种习惯，就是把这些句子翻成一节一节的，然后呢，每一个句子我都可以独立地理解，但是连起来我不知所云，不知道他要说什么。因为后面那半句离开了前面那半句，它的功能就失去了，不知道在干什么了，不知道要表达什么意思了。所以我们在翻译的时候呢，我们有一个原则，就是康德的句号一个都不能动。你不能在句子中间插句号，你不能把逗号改成句号，不能断开整个句子。康德自己就强调，他说，我的文章看起来非常的麻烦，总是找得到互相冲突的地方，但是呢，你要从整体上联系地看呢，它是没有矛盾的。只有从整体上理解，才能真正理解。你如果片断地来理解呢，好像是自相矛盾的，好像是出问题的，但是你整体上理解，是没有矛盾的。这个是很重要的一点。比如说，康德经常有这样的句子，说一个词，这个词不是什么什么，但是后面是逗号，他还没有说完，然后有一个从句，就是如果在什么什么情况下。那你把这个中间断开，这个东西不是什么，完了。咦，康德在胡说八道吧，怎么会这样呢？如果你看到这里就完了，然后下面的"如果"，你用另外一个思路，那就不知所云了。所以它们是要联系在一起才能理解的，我们不要害怕这个麻烦，特别是对于我们中国人来说，这是一个训练。

我们中国人的句子通常是短句子，我们通常在古文里面可以看出来。在汉语文言文里面，没有长句子，都是短句子，所以我们古代的那些文言文，我们来校点的话，都是用圈，圈点嘛。用圈来校点。句号和逗号没有区分。句号、逗号区分是从西方引进来的，我们以往就是在每一个句子结构的后面呢，打一个圈。不知道它是逗号还是句号。我们不知道，我们也不用知道。因为即算是打逗号，也可以把它看作是句号。因为我们中国人古汉语句子都是短句子，所以经常遇到麻烦。你究竟把这句话跟下一句话联系起来看，还是孤立起来看，这就有很多不同的解释。古汉语的解释为什么那么多，那么难以统一，这是一个很重要的原因，就是句号和逗号不分。当然更不用说，有时候还有点得不对地方。这个校点是一个很专业性的工作，就是说你对古汉语如果功夫不深的话，你根本不知道这个圈应该点在什么地方。所以古汉语的句子是没有长句子的，长句子是从欧化语言里面引进来的，也就是从西方引进来的。一个句子那么长，它的各种结构，有从句，从句里面又套从句，这种结构方式是从西方语言里面引进来的。西方这种语法有个什么好处呢？就是说它适合于表达哲学思想，适合于表达思辨的思想。而中国的古代的文言文呢，不适合这样一种逻辑性很强的思想。当然它有它的好处，就是说它重视体验，中国人的短句子比较重视体验，他丢一句话在这里，你要想半天。然后又丢一句话在那里，你又要想半天。然后你自己去融会贯通。他不写出来的，他写出来就俗了，写出来就麻烦了，写出来就被人钻空子了。他不写出来就显得很高深，显得很玄妙，就够你去体会。

但是我们今天要读康德的书呢，我们要改变一下我们这个习惯。包括很多人读海德格尔的书也是这样，读西方人的书，黑格尔的书，海德格尔的书，很多人都是用中国传统式的读法，就是抓住他一句话，然后在那里冥思苦想，想出很多很多意思出来。然后又抓住他另外一句话，又在那里冥思苦想，当他把一本书读完了以后，他觉得自己有很多很多收获。但是你要他把这些收获讲出来呢，你会发现，往往风马牛不相及。跟黑格尔的意思，跟海德格尔的意思，特别是海德格尔，现在已经讲烂了，海德格尔的那些书，本来就带有一种体验性，于是很多人就把它用读中国哲学传统典籍的那种方式去读，功夫下得很深，有的搞了几年甚至于十几年，但是呢，只是一些他自己的体会，他对于文本并没有真正地解读，以为就是这个意思。是不是就是这个意思？如果就是这个意思的话，那他在别的地方又说了另外一句话，你怎么样能够贯通起来？所以一般人呢，不太讲究这个文本。有的人翻译了几篇海德格尔的文章给我看，让我对照一下看翻译得怎么样，我给他看了一下，发现他是根据自己的理解，他不管海德格尔语法的表达，特别是那些小词，他根本不管，他就是大致模模糊糊的那个意思，然后把自己所理解的意思写出来，我说这不叫翻译，这叫你的感想，你读了海德格尔以后的感想。这种方式呢，实际上妨碍我们进入到西方哲学文献的文本，是一个很大的妨碍。我们要把这个习惯改过来呢，首先要从对于句子的理解习惯上面改过来。我们中国人并不是不能理解长句子，中国人其实聪明人很多的，只要你把注意力放到这方面来，是能够理解的，绝对能够理解，再长的句子也能理解。问题是你耐不耐烦，你有没有这个兴趣。解决一段长句子就像是解开一个包袱一样，里面有无穷的乐趣。要培养这样的兴趣，去解康德的长句子。

所以我们在读的时候呢，首先就要培养这样一种习惯，就是说，读他的一句话，我们最好要一口气把它读下来。然后根据一口气读下来的整体的意思，我们一句一句地解读。所以我们以往所做的第一个程序就是把它读下来，强调重音和强调句子的连贯性。第二个程序呢，就是由我们读的人自己再从头至尾把这一段话解释一下。一句一句地解释。有的人很不习惯，我要他解释，他就说，这段话大致上说了一个什么什么问题，康德的观点是什么。我说这样解释不行，你要一句一句地解释。所谓一句一句地解释，就是你要解释清楚这一句话的逻辑关系，它的代词，它的从句，这个从句是个什么从句，是个定语从句还是个状语从句，它是起什么作用的。你可能不用这些语法上的术语，但是你要明白这个从句、这个子句是起什么作用的，它是用来修饰哪一部分的。你要把这个给我讲出来。然后你连贯地用你自己的话复述一下康德的意思。康德的句子摆在那里，你刚才已经读了，我不要你再读了，我要你用自己的话把康德的这个意思讲一下。他这个代词是讲什么的，是讲的哪个成分，把它复述一下，用你自己的话讲一遍，把他的意思贯通起来。整个这一段话，他是一个什么思路，你在复述的时候，要能够表述得清楚。这是第二个程序。

第三个程序呢，就是我来讲。我把你刚才读的这一段用我的话一句一句地给大家解释一遍，也就是读一句，解释一句，或者读半句解释半句。这样把这段话从头至尾解释一遍。通常我的这一段解释呢，我就把它录了音。第四个程序是我解释完了，大家提问，我来回答。所有在座的都可以提问。当然提问不要太漫无边际，要结合康德的文本，包括背景知识。所有的问题由我回答，也可以由在座的各位回答，有不同意见还可以讨论。问到没有问题了，我们再进行下面的一段。这是我们通常解读的程序，在《纯粹理性批判》的句读课堂上一直就是这样进行下来的。

前面我把这个课的进行方法的四个程序给大家介绍了一下。不过现在这个课，这学期我们要讲的是《实践理性批判》，我们不再完全按照那个程序来讲了。那样固然对同学们的思维训练很有效，但也很费时间，我们没有那么多时间。严格说来是应该按照上面四个程序来进行的，但是现在我们可能要省去两个环节，只保留我的讲课和最后的提问环节。

讲过《纯粹理性批判》的句读课，我产生了一个强烈的愿望，希望能够在有生之年将康德三大批判全部句读一遍，就连原来省略的部分也要补起来。但是如果按照原来的做法，那么我这一辈子都完不成任务了。但这里仍然有必要把原来所遵照的四步程序给大家讲一下，以便大家知道严格的读书程序应当是怎样的。

《实践理性批判》这是第一个学期，所以在座的同学们是很幸运的，可以从头开始。以往的很多同学都是从中间插进来，一进来就是中间一段，就是《纯粹理性批判》的原理，就是先验逻辑的先验演绎，或者是原理分析的判断论、原理论，或者是二律背反。前面都没有学过，所以往往有时候提的一些问题是前面的问题，当然我也解答，因为他刚来嘛，前面的没听过嘛，也做一个解答。但是，我要求就是你要听这个内容的话呢，你前面至少基本的东西应该有所熟悉，要有一点基础。你完全没有基础，你插进来，那就听不懂了，不知道讲什么。所以，有一些来听的呢，听了一两节课以后就走了。因为他实在听不懂，觉得自己没基础。这个是可以理解的。就是说，你要听这门课，你必须在家里有一些准备，有一些预习，积累一些基本的、常识性的东西，在康德研究领域里面算是常识性的东西，你至少要了解一些。那么，在课堂上的提问呢，你可以不必要把那些常识性的东西都搬出来，要给你重新讲一遍，那就很耽误时间了。我们的进度，特别是上个学期，越来越慢，有很多的原因就是插进来的人太多。懵头懵脑的、对前面没有任何准备的人突然插进来，于是很多东西不懂，就有很多问题不断出现。而以往有准备的那些同学就不耐烦了，就说老师你干嘛每个问题都回答，有些问题太低级了。我说那没办法，既然他要听这个课嘛，总得跟他讲几句了，要照顾全面了。所以进度就越来越慢。虽然我们这个课不讲进度，但还是要求大体上大家的层次有一个一致，不要太参差不齐。否则就没完没了了。所以我们在座的最好把那些基础性的知识呢，首先在家里预习一下。

那么这一次我们的课是从头开始，当然这个从头开始也不是完全从头开始，就是说，《实践理性批判》还是有个前提，就是它是在《纯粹理性批判》的前提之下。《纯粹理性批判》特别是后面部分，我们上学期和上上学期讲到的方法论的部分，纯粹理性的法规的部分，其实很多内容已经涉及《实践理性批判》了，已经涉及康德的道德哲学了。可以说，我们上两个学期讲的整个主要的内容，就是康德的道德哲学，以及包括他的宗教哲学。当然《实践理性批判》是直接地来谈他的道德哲学体系，以及宗教哲学体系，所以我们上学期讲的这个东西呢，也是一个前提，可以说是向《实践理性批判》的过渡。那么我们在讲《实践理性批判》的时候呢，经常也会回到《纯粹理性批判》的那些内容，而且假定听众已经听过了那些内容，因为那些内容是一个前提。如果那个前提你不了解，那《实践理性批判》有些东西呢，他是不说了的，不加解释了的，那你就无法了解了。比如起码的物自体和现象之间的区别你总应该知道吧，实践理性和理论理性，实践理性和思辨理性，这之间的区别，你总应该知道吧，如果这些基本的概念你都不清楚，我们就没法进行。所以在《实践理性批判》，哪怕是开始，我们对前面也要有所了解。当然这个了解就不像我们专门读《纯粹理性批判》的时候要求得那么样具体，大致了解一下也就够了。但是如果你了解得更深一点，如果你前面也听过，或者你自己钻研过，那么对《实践理性批判》呢，我们就可以进行得比较顺利一些。

下面我们进入正题。首先，我想把"实践理性批判"这个概念给大家介绍一下。什么叫实践理性批判？这个在康德的著作里面呢，有一个前提，我刚才讲了，它的前提是"纯粹理性批判"。我们对《纯粹理性批判》这本书要有所了解，特别是它的最后一部分，关于方法论的部分，我们要有所了解。还有一个呢，我们最好能够看一下康德的《道德形而上学奠基》这本书。康德有两本书是讲道德形而上学的，一个是《道德形而上学奠基》，一个是《道德形而上学》。《道德形而上学》现在还没有翻译过来，① 只有前面一部分，叫作"法的形而上学原理"翻译过来了，很小的一部分，但是整本书还没有翻译过来。那么我们最好能看一看《道德形而上学奠基》，苗力田先生把它翻译成《道德形而上学原理》。这本书有三个层次，它由三章所构成。第一章就是从一般的道德理性知识过渡到通俗的道德哲学，第二章是从通俗的道德哲学过渡到道德形而上学，第三章是从道德形而上学过渡到纯粹实践理性批判。这个"实践理性批判"是这样来的。也就是说，一般的道德知识，我们在日常生活中有很多这样的道德格言，比如说"己所不欲，勿施于人"，"害人之心不可有，防人之心不可无"，《增广贤文》里面有很多这样的格言。这些格言都是民间一些通俗的、流行的说法，就是如何做一个好人这样的说法。但是还不是哲学。那么更高一个层次呢，就是通俗的道德哲学，它们形成了一种哲学，特别是经验派的那些哲学家们喜欢在这方面做文章。经验派的那些哲学家他们所讲的可以说都是一些通俗的道德哲学。你要害人，那么你自己要受到伤害。你要活，也要让别人活。然后他们从感性的、经验的立场上对这些原理加以论证，这样就形成了通俗的道德哲学。那么从通俗的道德哲学呢，我们还要提升到道德形而上学。就是说，这样一些原理，日常生活中的道德原理，它们的先天根据何在？这些先天根据是与生俱来的一些命题。你要是个人，作为一个有理性者，你就必须怎么怎么样。这是道德形而上学，它专门追究一些道德哲学的先天根据，形而上学的根据。

那么，最高层次呢，就是从道德形而上学还要追溯到实践理性批判，也就是追溯到这些先天根据的最高的原理，它们本身之所以可能的条件。这就叫作"实践理性批判"，就是要批判地考查我们的实践理性。这就到了最高点了。那些最高的道德哲学，它们都共同地来自于一个最高点。

---

① 已有张荣、李秋零译本，收入《康德著作全集》第 6 卷，中国人民大学出版社 2007 年版。

这个最高点呢，就是纯粹实践理性。我们要把人的道德行为一直追溯到最后的那个纯粹的实践理性。纯粹实践理性就提供出了人的自由的证据，这是最高点，再后面的就再不能追溯了。我们说人是自由的。或者说人是有理性的，这些命题都是不能再追溯的。比如说人为什么有理性，人为什么是自由的，人何以是自由的，这些问题都是没有意义的。在实践活动中，我们必须以这些东西为前提。如果一个行为没有理性，我们不能称之为实践，那是动物的本能。如果一个行为没有自由，那也不能称之为实践，那是一种机械活动，自然规律。所以，凡是谈到实践活动，我们都必须要以自由和理性这样的前提作为它之所以可能的条件。至于这些前提本身呢，它再没有条件了，它是无条件的。这就是实践理性批判所要做的一个工作，就是要进行这种追溯。把所有的道德原理全部归结于这样一个基点。

那么归结于这样一个基点呢，是不是就是对实践理性本身加以批判呢？这个里头有两个层次上的含义，或者说有歧义。一个层次就是说，"一般的"实践理性，另一个更高的层次是"纯粹的"实践理性。一般的实践理性是掺杂有感性的，比如说我们在日常生活中，我们要运用理性，凡是有意图的实践的行为，都是有理性在里面的。你要采取手段，达到什么目的，这个手段和目的的关系，是用理性设计出来的，都是有理性的。但是这个理性呢，它是不纯粹的。为什么不纯粹？因为你的手段也好，你的目的也好，它都跟感性世界纠缠在一起。我们在日常生活中，日常的实践，都是这种不纯粹的实践，不纯粹的实践理性，或者称之为"一般实践理性"。但是，"纯粹实践理性"就是在一般实践理性里面的那个纯粹的部分，那个起支配作用的部分，最高点的部分，那就叫纯粹的实践理性。我们把感性的东西撇开，我们在日常生活中间，我们每一个行为都出自于我们的自由意志。现在我们把每一个行为的那些感性的目的和手段全部撇开，我们把那个自由意志单独提取出来加以考察，纯粹的自由意志，我们就意志考察意志，我们不去考虑这个意志要实现什么，要利用什么，不去考虑这个问题，我们就考察这个意志本身，那么它所体现出来的就是纯粹实践理性。所以"实践理性批判"有两个层次，一个是对纯粹实践理性进行批判，一个是对一般的实践理性进行批判。这是这两个层次，或者说有这两种理解。我们对实践理性批判这个标题，可能有这两种理解。而康德在这个序言里面一开始呢，就是要把这一点澄清，我们讲的"实践理性批判"是什么意思。在两种不同的理解里面，我们要排除掉一种理解，要排除掉对"纯粹实践理性"进行批判的理解。我们要批判的不是纯粹实践理性，而是一般讲的实践理性。这个歧义在《道德形而上学奠基》中表现出来，就是在那里还在谈"纯粹实践理性批判"，似乎是为了与《纯粹理性批判》相并列；而在《实践理性批判》里面已经不谈"纯粹实践理性批判"了，只谈"实践理性批判"。这一点在他的"序言"中一开始就提出来了。下面我们开始进入到他的序言。

序　言①

　　<u>为什么不把这个批判命名为**纯粹的**实践理性批判,而是直接地就称</u><u>作一般的实践理性批判,尽管实践理性与思辨理性的平行关系似乎需要</u><u>前一个名称,对此这部著作给予了充分的解释。</u>

　　也就是这部著作里面充分地解释了一个问题,就是说为什么不把这个批判命名为纯粹的实践理性批判,而是直接地就称之为一般的实践理性批判。"纯粹的"打了着重号。后面没有打着重号,我们也可以把重点强调出来,"直接地"和"一般的",这是后面这半句话的重点,它是跟"纯粹的"相对应的。所谓"直接地就称作一般的实践理性批判",也就是说,我不是命名为"**纯粹的**实践理性批判",而是一般的讲实践理性批判。为什么我们不讲纯粹实践理性批判? 这个标题不是这样列出来,而是把这个"纯粹"去掉,直接地——什么叫作直接地? 就是没有修饰的——叫作实践理性批判。直接讲实践理性批判,没有修饰,那当然就是一般的了。你加上了一个修饰,那就不是一般的,那就是特殊的了。我把纯粹的这个修饰语去掉,那它当然就是一般的实践理性批判了。所以一般的实践理性批判是直接的,我们讲实践理性批判,不加任何限定的,那当然就是一般的实践理性批判。但是我要加上限定,那就不是直接的了,那就要

---

① 　以下凡引康德的原文均加下划线,所注边码为德文版《康德全集》第 5 卷页码。为了读起来醒目,原文每一整句在本书中都另起一行,带起对它的解释也另起一行。

通过这个限定来理解实践理性批判了，比如说纯粹实践理性批判，那就是加以限定了，那就不一般了。那么为什么要这样？"尽管实践理性与思辨理性的平行关系似乎需要前一个名称"，实践理性与思辨理性的平行关系，他这个地方没有直接点出来，实际上是把实践理性批判和纯粹理性批判作了一个对照。所谓思辨理性，我在前面多次提到过，就是康德对于《纯粹理性批判》这本书里面所讲的那种理性，他把它称之为"思辨的理性"。什么叫思辨的理性？通常我们讲"思辨的"就是从概念到概念，这个人的思想很思辨，这个人的理论非常思辨，从概念到概念，不切合实际，对中国人来说这是贬义词。但是在康德那里不见得是贬义，他只是一个限定，就是不接触实践，不把它付诸实行，而只是在头脑里面作一种理论的推断。这就叫思辨。所以有时候又称之为理论理性。理论理性的批判。前面的《纯粹理性批判》讲的那些理性，实际上都可以称之为理论理性，或者说思辨理性，它们跟实践理性是相对的。一个东西是理论的，还是实践的，或者说是思辨的还是实践的，这是两个不同的说法，它们针对两个不同的对象，认识和实践。那么在这里，"实践理性与思辨理性的平行关系"，因为它们都是讲的批判，两大批判嘛，在康德写《纯粹理性批判》的时候，他的设想中是应该有两大批判。第三批判那时候还没有出来，他还没有想到。他在写《实践理性批判》的时候呢，脑子里只有两大批判，对应着两大形而上学。两个批判，一个是思辨理性批判，一个是实践理性批判；对应的两个形而上学，一个是自然的形而上学，一个是道德的形而上学，它们是平行的。这个是他的总体工程。康德在写《纯粹理性批判》、进入批判时期的一开始，他的脑子里面就有这样一套构想。就是说，形而上学现在已经没落了，但是我要把它振兴起来，要重建形而上学，那么这个形而上学呢，应该一方面是"自然形而上学"，另一方面是"道德形而上学"。或者用康德的话来说，一个是头上的星空，一个是心中的道德律。头上的星空是自然的形而上学所探讨的，那么心中的道德律，是道德形而上学所探讨的。但是这两个形而上学呢，只是作为目标。要实现这两个形而上学，建立这两个形而上学，必须有个前提，那就是批判。所以康德最初设计的是两大批判，一个是思辨理性批判，一个是实践理性批判。至于第三批判，是后来才想到的。而且第三批判的任务不是要建立第三个形而上学，而只是要用第三批判为两个形而上学之间架起一座桥梁。所以总体上来说，康德的最初的构想是两大批判和两大形而上学，一一对应。《纯粹理性批判》做了以后，我们就可以建立起自然形而上学了。当然康德最后没有把它建立起来，他只写了一个《自然科学的形而上学基础》。自然形而上学要建立起来，他认为这个很容易，他可以不做这个工作，让他的弟子们去做。那么道德方面呢，《实践理性批判》所建立起来的应该是"道德形而上学"。这个他有，除了《道德形而上学奠基》这本书以外，他还写了一本《道德形而上学》。所以道德形而上学他是建立起来了的，他自己完成了的，自然形而上学他没有完成，他留给别人去做，他认为那个工作太简单了。何况他还有个《自然科学的形而上学的基础》，所以用不着他去干那件事情了。那么从这种观点来看呢，实践理性和思辨理性就有一种"平行关系"。就是说，实践理性批判建立起道德形而上学，纯粹理性批判建立起自然形而上学。那么这两大批判应该是平行的，在方法上至少应该是对应的，所以在标题上也应该对应。所以它们这种平行关系呢，似乎需要"前一个名称"，"前一个名称"是什么呢？就是"纯粹的实践理性批判"，而不是一般的"实践理性批判"，不是简单而论的实践理性批判。通常，简单地说，实践理性批判，那就不光包括纯粹的，也包括不纯粹的，它们都属于实践理性嘛。但是按照《纯粹理性批判》前一部著作的先例，那么我们这个地方应该是《纯粹实践理性批判》。因为前面一部书有个"纯粹"，后面这部书也应该有个"纯粹"，因为它们两者是平行关系。所以前面讲了"纯粹"，那么实践理性批判也应该有"纯粹"呀。当然实践理性跟一般讲的理性中间也有区别，或者我们可以把前面一部《纯粹理性批判》称为《纯粹思辨理性批判》，或者《纯粹理论理性批判》，然后呢，这一部称为《纯粹实践理性批判》，那就对应起来了，那就一一对应了。① 但是在这个地方呢，从名称上面来说，好像有一种不对应的关系，不平衡的关系。那么为什么是这样？"对此这部著作给予了充分的解释"。也就是说，实际上在康德看来，这两大批判之间并不是平行的关系。形式上看好像是平行的关系，但是实质上看并不平行。因为实践理性要高于理论理性，或者高于思辨理性。这是康德在前面已经提出来的，在他的《纯粹理性批判》里面已经提出这样一种关系。实践理性更高，但是理论理性也不可少。理论理性是个奠基性的工作。如果不把理论理性加以批判，如果不完成这个批判，那么实践理性也出不来，实践理性也不能获得一种批判的眼光。所以它们并不是一种完全平行的关系。那么它们的命名上面呢，也就有所不同。这个命名上的不同，反映出这两大批判它们所采用的方法，也有所不同。他讲"这部著作给予了充分的解释"，这个"充分的解释"，一个很重要的解释就是对这两大批判的方法上的区别做了解释。纯粹理性批判的方法是从先验感性论到先验逻辑，最后到先验方法论，从感性上升到知性，再上升到理性，然后在方法论里面对理性的法规作出规定，从而过渡到实践理性。这是纯粹理性批判的方法论。但是实践理性批判呢，它的方法是完全颠倒的。它的方法是先确定"纯粹实践理性"，然后从这个纯粹实践理性的原理、它的范畴、它的概念下降，最后下降到感性，也就是道德情感，所谓的敬重感。它是从理性原理下降到知性范畴，再下降到感性情感，它的程序是相反的。所以它的批判并不是寻找我们的感性、我们的知性、我们的知识之所以可能的条件，——这是纯粹理性批判所采用的方法，寻求我们的知识之所以可能的条件。那么实践理性批判呢，它首先从这个条件出发，用这个条件推出它在知性中、在感性中应该怎么

---

① 后来康德在《判断力批判》中为三大批判重新拟定的名称为："纯粹知性批判"、"纯粹判断力批判"和"纯粹理性批判"，最后这个实际上是指的《实践理性批判》，它篡夺了《纯粹理性批判》的名称。参看《判断力批判》，邓晓芒译，杨祖陶校，人民出版社 2002 年版，第 12 页。

样表现。是从上而下地推演，而纯粹理性批判是从下而上地追溯。所以它们的方法也有所不同。那么最直接的解释就是他下面所做的解释。

它应当阐明的只是**有纯粹实践理性**，并为此而批判理性的全部**实践能力**。

这一句话是关键性的。为什么不讲纯粹实践理性批判？它应当阐明的只是有纯粹实践理性，它只需要阐明，我们有纯粹实践理性就够了。我们不需要对纯粹实践理性进行批判，我们需要批判的只是"理性的全部**实践能力**"，就是我们的一般实践能力。我们的纯粹实践理性有了，这是个事实。我们把它解释出来，阐明出来，就够了。我们不需要对它进行批判、也不可能对它进行批判。它是最高点，你用什么来对它进行批判呢？你没有更高的东西来对它进行批判。你只能够承认它，你不得不承认它，你只要阐明这一点就够了。这不是批判，这只是对它的说明，说明我们人是有纯粹实践理性的。那么，"为此而批判理性的全部**实践能力**"，"实践能力"打了着重号。就是说，这种纯粹实践理性，它的实践能力体现在种种方面。人类具有纯粹实践理性，但是在他的体现，他的能力的运行过程之中，却不一定是纯粹的。我有纯粹实践理性。但是我把这个纯粹实践理性用在一些不纯粹的方面，那是完全有可能的。正因为我有纯粹的实践理性，所以我可以把这个纯粹实践理性用在一些不纯粹的方面，比如说日常生活中。我在日常生活中也可以用我的实践能力。所以他这里讲的是理性的"全部**实践能力**"。这个"全部"，也就是不仅仅包含纯粹的场合，也包含不纯粹的场合，我也可以运用它。那么这种运用就需要批判。当你运用于感性的方面，运用在日常生活中，你当然具有纯粹实践理性，但是你在运用这种能力于日常感性生活中的时候，包括道德生活，也包括日常实践、人际关系，甚至于劳动技术、技能、熟练技巧，这些东西都要运用理性啊。凡是你运用理性，里面就有一个成分叫作纯粹实践理性。但是它运用在不纯粹的方面，那么你就要对它的运用进行批判。"为此"，就是为了纯粹实践理性，为了揭示出、为了阐明这个纯粹实践理性，而要批判理性的全部实践能力。要说明理性的全部实践能力之所以能够成立，之所以可能，就是因为我们人类具有纯粹的实践理性。所以纯粹的实践理性是我们人类一切实践能力的先天之所以可能的条件。这个条件我们不需要去批判它，我们只需要承认它这是个事实。康德多次提到它是一个"事实"（Faktum）。

<u>如果它在这一点上成功了，那么它就不需要批判这个**纯粹能力本身**，以便看看理性是否用这样一种能力作为不过是僭妄的要求而**超出**了自身</u>（正如在思辨理性那里曾发生的）。

这个"它"，也就是实践理性批判。实践理性批判如果在这一点上成功了，在哪一点上呢？就是通过理性的全部实践能力而阐明了我们有纯粹实践理性。如果这一点做到了，如果它阐明了这个纯粹能力，那么它就不需要批判这个能力本身了。这个能力本身也可以说是不能批判的，无法批判的，也不需要批判的。它作为一个事实，你承认下来就够了。你承认你是人嘛，你承认你是人，你就要承认你有实践能力。所谓人是什么？人是一个目的性的存在，有目的的活动才叫作人。如果你连目的都没有了，你的行为是无目的的，那就不是人了。动物我们也说它是有目的的，但是动物那个目的呢，只是我们人看起来是有目的的，就它本身而言呢，是本能的，是设定好了的一种机制，一种肉体本能。所谓目的，就是说，首先在头脑里面有一个我要实现的那个东西的表象，我的结果还没有实现，但是已经在我的头脑里面预先存在了。那么我根据这样一个目的来选择我的手段，最后把它实现出来。这个叫目的性，这里面需要理性的设计能力、推理能力，这个只有人才有。在动物那里，严格说起来，不能说有目的的活动，不能说有实践活动。只有人有实践活动，所谓实践活动就是目的活动。那么我从人具有目的活动这个事实里面可以分析出，这个事实是由于我们人有纯粹的实践能力，或者纯粹的实践理性，不受感性东西的支配，而可以反过来支配感性世界。目的活动就是对感性世界的一种支配，一种自由的、自觉的支配。这是人才有的。我是一

个人，那么我的这种能力就是一个事实，就是一个理性的事实。这个事实不是经验事实，而是理性的事实。人具有理性，他就能看出人身上这样一种事实，就是他具有纯粹的实践能力。那么后面的"以便看看……"是对于"不需要批判"的一种修饰了。就是说，那么它就不需要批判这个纯粹理性能力本身，以便看看——也就是说这个"不需要"可以管到"以便看看"，即不需要"看看理性是否用这样一种能力作为不过的僭妄的要求而**超出**了自身"。所以我们讲句子要连贯起来看，你如果把这个逗号改成句号，那么它就不需要批判这个纯粹能力本身，就完了，那么下面"以便看看"的意思就走了，那就变成康德所承认的观点了。就是说，我们排除了这种需要以后，我们就要看看理性是否用这样一种能力作为不过的僭妄的要求而超出了自身。这个意思就走了。他的意思是说，不需要批判这个纯粹能力本身，而批判这个纯粹能力本身的目的，本来是为了看看理性是否超出了自身。现在这个"不需要"管到了后面的"以便看看"，不但不需要批判纯粹能力本身，连这个"以便看看"理性是否超出自身都不需要了。这个关系是要很仔细注意的。我们不需要看看"理性是否用这样一种能力作为不过的僭妄的要求而**超出**了自身（正如在思辨理性那里曾发生的）"。这就是说，在思辨理性那里，在《纯粹理性批判》那本书里面，这个是需要的。批判理性的纯粹能力，就是为了以便看看理性是不是用这样一种能力作为一种僭妄的要求、一种奢求、一种妄想而超出了自身。《纯粹理性批判》就是讲的这个，就是知性有它运用范围。那些范畴，那些原理，它们都只是在可能经验的范围之内才能够有正当的运用，它不可能超出这个经验的范围还有任何运用。如果你认为还有某种运用，那你就是一种僭妄、僭越，就是一种妄想，或者说就是对理性的一种误用。所以，批判纯粹理性能力本身，这个是在纯粹理性批判里面所做的一件工作，就是对纯粹的理性加以批判。为什么要对它加以批判呢？是因为要对这种理性加以限制。要限制它的运用范围。纯粹理性只能够运用于经验范围之内，才能获得知识。纯粹理性批判是讲认识论的嘛，你要想获得知识，你就必须对我们的纯粹理性的范围加以限定，它的界限，它的有效性，在什么方面才能有效，你必须要加以规定。按照康德的规定，就是必须在现象范围，在可能经验的范围之内，而不能涉及超经验的物自体。否则就是越权，超出了自身，"正如在思辨理性那里曾发生的"。整个一句话就是说，如果它在这一点上成功了，如果它阐明了有纯粹实践理性，那么它就不需要批判这个纯粹理性本身，以便来看理性是不是误用了这个能力。所以实践理性批判跟这个纯粹理性批判，它们所批判、所针对的对象，是完全不一样的。纯粹理性批判针对的是人的纯粹理性，在认识论上，我们对人的纯粹理性要进行批判；而实践理性批判呢，它是把人的纯粹的实践理性当作前提，不需要批判。它要批判的呢，是这样一种能力的全部的运用。纯粹的实践理性在它的全部的实践能力中，它表现在一些具体的场合，那么，各种各样的场合都需要进行批判。为什么？是为了阐明它们里面有纯粹实践理性，为了揭示出来它们有纯粹实践理性。我们通常不意识到这一点，不意识到我们有，我们在进行日常的实践活动的时候，我们往往像一个经验主义者就事论事。但是如果经验主义者完全忽视了我们的纯粹实践理性这样一个事实，那么人的行为就成了一个动物的行为，人的行为就像动物一样，就像机器一样。那人就不成其为人了。这个是没有人会承认的。你说一个人不是人，他认为你是在骂他。每个人都承认自己是人，跟动物不一样，这就是一个事实。这个事实并不是一个经验的事实。从经验的方面来说，人跟动物没有什么不一样，动物有它的生活方式，人也有他的生活方式，只不过是生活方式不同而已。动物要吃东西，人也要吃饭，动物要追求温饱，人也要追求温饱。从经验的角度，从科学的角度来看，人跟动物是没有区别的。所以人是一个人，这不是一个经验的事实，这是一个理性的事实，只有有理性的人才能看出人跟动物的不同。如果你撇开理性，人就是动物。我们经常讲，人其实也就是动物，人是一种动物。什么动物呢？能劳动的动物，会使用工具的动物，会说话的动物，有理性的动物，我们通常加上这样一些修饰语。加上这些修饰语就是说，人还不完全是动物。而这些修饰语呢，动物是看不出来的。我们通过经验、通过感觉，也看不出来，只有通过理性，才能看出来。所以这是一个理性的事实。

因为，如果理性作为纯粹理性现实地是实践的，那么它就通过这个事实而证明了它及其概念的实在性，而反对它存在的可能性的一切玄想就都是白费力气了。

就是说，为什么不需要批判这个纯粹能力本身？因为——这个"因为"是用来回答前一个问题：它就不需要批判这个纯粹能力本身了，为什么？——"如果理性作为纯粹理性现实地是实践的"，"如果"在这里是一个条件句，这也是一个事实，理性作为纯粹理性现实地就是实践的，有理性的人就是有实践能力的人，这是事实。纯粹理性在现实中就是实践的，就是它是能够作用于现实的。所谓实践这个概念，我在前面讲到目的性这个概念，实践就是目的性的概念。什么叫作目的性的概念？就是一个结果还没有到来，我头脑里面已经有了它的这样一个观念，预设的这样一个概念，然后把它实现出来。马克思讲劳动也是这样，劳动所要实现的结果在这个产品存在之前已经预先存在于劳动者的观念中了，已经预先存在于劳动者的头脑中了。这就是劳动，也就是实践。现实的实践是要对现实的世界发生改变的，这样一个结果在现实世界还不存在，是我凭理性想出来的，但是我可以通过我策划好的活动把它实现出来。所以，凡是实践活动都对现实有所改变，有所触动。你躺在床上想一个东西，想得天花乱坠，你不去做，那也不叫实践，你对现实生活没有任何改变，只是你的玄想而已。但是实践活动，就是你想好了，得爬起来，做出某些事情，来达到你的目的，让你头脑里的观念能够现实地实现出来。所以理性作为纯粹理性，现实地是实践的。当然如果你把它仅仅运用于理论上，那么它还不一定是实践的。但理论理性在实践中也需要，比如说科学实验，你在做实验的时候，就是按照理论设计好了的去做，你在自己头脑里面去推想自然界的各种各样的知识，但是你要在现实中表现出来，你的理性作为纯粹理性，它现实地就是实践的，它要对现实世界发生影响。那么一旦它发生影响，我们就可以从它的影响里面运用我们的理性看出，这个发生影响的主体是具有纯粹理性的。所以，他这里讲，"那么它就通过这个事实而证明了它及其概念的实在性，而反对它存在的可能性的一切玄想就都是白费力气了"。"它"也就是理性了，理性就通过这个"事实"——什么事实呢？就是在现实中发生了影响这个事实。理性在现实中发生了影响，影响了现实，造成了一种实践的和目的性的活动，通过这样一个事实呢，就证明了纯粹理性及其概念的实在性。也就是理性通过这个事实而证明了纯粹理性。这里的两个"它"是不一样的，前面一个"它"是指理性，后面一个"它"应该是指纯粹理性。理性就通过这个事实而证明了纯粹理性及其概念的实在性。纯粹理性能对现实发生影响，那么它难道还不是实在的吗？当然这个实在性要理性去看，理性通过这个事实，那么这个事实就是个理性的事实，不是个经验的事实。如果没有理性，如果仅仅是从经验来看这个事实，那么也还是证明不了纯粹理性的实在性。比如说一个人做一件道德的行为，我仅仅是从经验的感性的立场上来看，我还不能断定他这个行为是道德的。我可以说是偶然的，我可以说他是发疯了。他为什么舍己为人？神经不正常嘛。我要从动物的眼光，从一般的感觉经验的眼光，我完全可以得出这样的结论。凡是那些做好事的人都是虚假的，都是反常的。但是如果你从理性的眼光来看的话，你就会从这样一种表面上看起来好像违背自然规律的行为里面，看出有一种纯粹理性的规律。理性本来是可以在自然界里面，按照自然规律来影响自然界，比如说我选择一个手段，来达到我的一个目的，这当然是理性的行为。这个理性选择了自然规律来影响自然界，这个是可能的。但是呢，这种理性不是纯粹理性，它是不纯粹的理性，它掺杂了人的感性需要。我为什么要达到这个目的？是因为我需要。我肚子饿了要吃饭呐。但是如果是纯粹实践理性，我做一件道德的事情，我为正义而献身，杀身成仁，舍生取义，这个用自然的、感性的眼光是莫名其妙，看不出来他为什么要这样做。所以，只有从纯粹理性的眼光我才能够看出，他为什么要杀身成仁舍生取义，它符合纯粹理性的规律，它排除了一切感性的需要。所以理性通过这个事实而证明了纯粹理性及其概念的实在性。就是说纯粹理性的概念，本来是跟现实经验的感性的东西毫不相干的。他不是出于感性的目的，而是出于纯粹理性的目的来做这件事情。但是他做了这件事情，所以他的行动具有实在性。当然做了这件事情，这件事情的规律还是自然规律，杀身成仁，大义凛然走向刑场，牺牲了，这个你完全可以用描述一件自然现象的语言来描述这件事情。一个活生生的人体被子弹洞穿了，然后呼吸停止了，心跳也停止了。你就可以这样来描述，这当然是一个事实了，这是一个经验事实，但是还不是一个理性事实。作为理性的事实，它是在经验的事实的背后，作为一个事实，他已经走上刑场牺牲了，在这样一件事情的背后看出它的原则是纯粹实践理性，是纯粹理性的原则。他是把一切感性的考虑都抛开，抛到九霄云外，纯粹按照道德上应该的那样去做，他觉得我做了我应该做的事情。一个人要做他应该做的事情，这就是道德的。那么这样一个现实发生的事情，作为一个理性的事实，证明了纯粹实践理性或者纯粹理性的概念的实在性。实在性也就是它对现实世界能够发生影响。虽然它的道德原则在现实世界中体现不出来，你如果换一个角度，你从感性的眼光，你看不出他的道德原则，你会说他很蠢。为了一个不存在的东西，而牺牲了自己的一条命。但是这个概念借这样一个事实而赋予了自己以实在性，证明这个纯粹实践理性不仅仅是他头脑里面的一种思辨的玄想，一种从概念到概念，不打算去做的，而是真正要做出来的，真正做到了的。当然做出来你可以从自然规律这个角度去评价他，但是你不能不承认，他的动机是有另外一种规律的。因为用自然规律来评价他，你就没法理解，你只能说他蠢，或者说他神经不正常，说他发疯了。但是你能解释他这种行为吗？从纯粹理性这样一个角度才能解释他的行为，解释得头头是道，他为什么要牺牲。谭嗣同为什么要作为中国革命的第一个流血牺牲的人？戊戌变法的时候，谭嗣同说，我不去谁去呀？我们中国从来就缺乏献身的人，我就做第一个，我就下地狱。这种话听起来好像很蠢，在某些人看起来。但是，有理性的人都会受到他的感动，都会理解他。所以他是具有实在性的。这个纯粹实践理性，比如说道德的规律、道德律，不是说你躺在床上脑子里面想出来的一个东西，它是要对现实世界发生影响，当然这个影响不能够用自然规律来衡量。比如说，你一个人死了就死了，死了也没有留下什么，但是毕竟发生了影响，死了我一个，还有后来人。你会成为榜样，世世代代的人都会前赴后继，踏着你的脚印，去追求某个理想的目标，这就是他在现实世界中发生的影响，就是这个纯粹理性概念的实在性的表现。"而反对它存在的可能性的一切玄想就都是白费力气了"，"它"也就是指纯粹理性，就是说，如果能够承认理性作为纯粹理性现实地就是实践的，它能够对现实生活发生影响，那么反对纯粹理性存可能性的一切玄想就都是白费力气了，你就没法反对了。你如果反对，说不承认纯粹理性存在的可能性，但它的现实性已经在这里了，纯粹理性已经有现实性了，那么你还反对它存在的可能性，那不是白费力气了吗？我们到底有没有纯粹理性？经验派是否认这个东西的，经验派否认我们人类有纯粹理性，认为我们所有的理性其实都是感性的，或者至少是跟感性纠缠不清的，分不开的。所谓理性，在休谟看起来无非是想象力，联想的能力，它最终还是归结为感性、经验。但是用休谟的观点你就没有办法解释"杀身成仁，舍生取义"。"杀身成仁，舍生取义"，他又是为了什么现实的经验，快乐、幸福和享乐呢？他连身体都不存在了，他怎么去享乐？经验派的道德哲学和伦理学鼓吹功利主义、幸福主义、享乐主义。认为人的道德行为是从这个基础上面产生出来的，没有什么纯粹理性。绝对不是通过理性的推理，不是通过纯粹理性的法则，才去做道德的事情。但是康德认为，真正道德的事情，只能够通过纯粹理性的法则。如果你掺杂了功利的考虑、幸福的考虑、情感的考虑，那就不纯粹了。尽管不纯粹了，我们还是可以从人们日常道德生活中这种不纯粹的表现里面，分析出背后的那种纯粹实践理性所起的作用。不管你加上一些别的什么考虑在里面，但是真正在背后支配你去采取一种道德行为的，还是要归结到纯粹实践理性上面来。这是康德的伦理学和英国经验派的伦理学的分歧之点。康德代表大陆理性派，大陆理性派强调纯粹理性，英国的经验派的伦理学是强调感性，强调经验，包括现代的英美经验派的伦理学，都强调这个，功利呀，幸福主义啊。大陆以康德为代表，当然康德以前还有莱布尼茨啊，斯宾诺莎这些人，他们都强调纯粹理性，特别是斯宾诺莎，强调只有按照理智，才能解释道德行为。所谓道德行为就是理智撇开了一切感性的东西所做的事情，那就是道德的。康德也是这样，他把这一点贯彻到底了。

＊　　　　＊　　　　＊①

上一次课我们已经讲到了康德的《实践理性批判》的序言，第一堂课讲了序言的第一段。课堂上有一些新来的，我们这个课一直讲下来，从《纯粹理性批判》现在讲到了《实践理性批判》，这学期是《实践理性批判》的开始。那么我们这个课的程序究竟怎么进行，我在上次课也给大家介绍了。上一次课是讲序言，序言里面主要是阐明《实践理性批判》的书名，这部著作的称呼，为什么就叫作"实践理性批判"而不叫作"纯粹实践理性批判"。在上面已经提到，纯粹实践理性本身是不需要批判的，它是一个理性的事实。所谓理性的事实，也就是说，虽然是纯粹理性，纯粹实践理性也是属于纯粹理性，但是它是有实在性的，这个是用不着再去考究的。为什么有实在性呢？因为作为一种纯粹的实践理性，它的意思就是说，它能够在实践中对客观世界起作用。实践的意思我们大家都知道，不管是纯粹的还是一般的，这样一种实践理性，都要对现实世界、客观世界发生影响，才能叫作实践。你不能停在脑子里面想一想就算了，

---

① 以上是一次课所讲的内容。为了区分课程顺序，书中用"＊"隔开。

而是要去做，要把它做出来，要把它实行出来。实行出来的效果好不好，符不符合你最初的动机，这是另外一回事。很可能不符合。纯粹实践理性的效果就不一定符合动机，在多数情况下是不符合动机的，效果并不能按照你理想的那样实现出来。这个是另外一个问题。但是有一点是确定的，就是说，你不管是从哪种实践理性，纯粹的也好，一般的也好，你总而言之是对客观世界发生了影响，否则的话，你就不能叫实践理性，那就是思辨的了。凡是实践理性，都是实实在在地对现实世界发生了影响，对现象界发生了影响。你可以说，纯粹实践理性的基础是物自体，是本体，但是即算是这样，它仍然要对现实世界、对现象界发生影响，才能称之为实践的理性。这就是一个事实。纯粹理性的事实的意思就在这里。为什么叫作一个事实？为什么叫作具有一种实在性？这种实在性跟科学知识的那种实在性是不一样的。科学知识那种实在性是客观的，主体和客体相对立，然后主体和客体能够相符合的那样一种实在性。那么实践理性的这种实在性呢不是这样的，它就是主体能够作用于客体，能够影响客体，能够改变客体。不光是解释世界，而且是要改造世界。就是马克思后来提出的，以往的哲学家都是解释世界，而问题在于改变世界。改变世界就是实践的观点。这个观点在康德那里其实已经具有了，只不过没有像马克思那样地明确地提出来。而且在康德那里这个改变世界呢，其实也不是真正地改变世界。它只是影响世界。就是一个有理想的人，虽然他的理想抱负一辈子也没有实现出来，但是他终归对现实世界有所影响，对人心，对世道，乃至于最终对历史的进程，他会发生他的影响。当然康德对这个影响是不是能够合乎纯粹实践理性，他抱有一种怀疑态度，他不敢肯定，甚至于他基本上是不认可的。就是说，理想的东西在现实中通常是实现不了的。但尽管实现不了，我们还是要为理想而理想，为道德而道德。这是康德的立场。后来从黑格尔到马克思，就把他这一点突破了。就是说，你光是停留在理想中，哪怕你影响世界，这个世界也不会因为你的影响而有所改变。你真正要根据你的理想来改变世界，那就要把你的理想在后果中实现出来。如果只强调动机，不强调后果，不是你想象中的后果，而是现实的后果，那么这个世界仍然得不到改变，你就还是躺在床上想一想而已。这是后来黑格尔和马克思对康德做了这样一种批判。但是在批判中呢，也不是一概否定的，就是康德的这种纯粹实践理性的本身具有实在性，它在影响了现实世界这个意义上面是一个理性的事实。这一点上，他是有道理的。

　　所以上一段就讲到，纯粹理性现实地影响了世界，而且它对世界的影响单从自然律的这个角度是不能完全解释的。当然你可以解释，单从心理学、生理学、物理学这样的角度，你也可以解释一件道德行为，但是终究它是不能完全解释的。因为如果按照单纯的自然律，这件道德行为是不会发生的。按照生理学、生物学的规律，那道德行为能够发生吗？那肯定不行嘛。当然一旦发生出来，你可以用生理学的角度去对它加以描述，但是这样一种描述呢是不够的。你肯定还要引入另外一条原则，才能够顺理成章地把这样一种道德行为解释为合规律的行为，不是胡乱的、突发奇想的、偶然的一种行为，而是有它背后的原则。这个原则在自然界里面是没有的，用自然界的眼光来看，完全是偶然的、无规律的；它符合自然规律，也是诸多自然规律零零星星地凑在一起，总的来说是没有规律的。总的来说，要找出规律，那必须要从道德上找规律，必须要从它的纯粹实践理性这方面找规律，而这样一种规律呢，才是一切道德行为的真正的原则。所以这样一种规律，借助于现象界的自然律而表明了它的实在性，假借自然界的自然律，自然界的自然律你当然可以用来规范他的行为，但是它只不过是借此来表明了它的实在性，就是我在自然界也有我的影响，道德律、纯粹实践理性在自然界也有它的影响，也可以用来规范现象界那些原来由自然律所规范的事实。这是前面一段对这个名称，为什么叫"实践理性批判"，而不叫作"纯粹实践理性批判"，做了一个初步的解释。就是说，当我把纯粹实践理性这样一个事实确立了以后，那么我就可以用这样一条规则，这样一种规律，来批判一般的实践理性,用纯粹实践理性的法则,来批判一般的实践理性。一方面看一般的实践理性的条件何在,它何以可能;另一方面看一般的实践理性里面在什么意义上,在什么程度上是合乎纯粹实践理性的,在什么意义上它可以合乎道德律,在什么意义上又不符合道德律,在什么意义上表面上符合道德律,实际上却不符合道德律。所以我们对一般的实践理性要采取一种批判的眼光,这种批判的眼光从何而来?就是从纯粹实践理性这样一个法则而来。所以他这个标题不叫作"纯粹实践理性的批判",而叫作"实践理性批判",或者叫作"一般实践理性批判"。对一般的实践理性,哪怕我们在日常生活中的实践理性,它也要用纯粹实践理性的法则来对它进行一番批判,来考察它先天何以可能的条件。如果没有这个先天条件,如果没有纯粹实践理性的法则,包含在一般实践理性的行为之中,那么这个一般的实践理性也就不成其为实践理性,也就会成为一种动物式的行为。我们在日常生活中,我们运用了理性来达到我们的现实的目的、感性的目的,希望和欲求满足了,但是这种满足跟动物式的满足有什么不同呢?要追溯它之所以可能跟动物不同,就在于它在前提里面包含有纯粹实践理性的法则。只不过我们没有把它单独提出来加以纯粹地运用,而是掺杂了感性的目的,把它用于感性的对象上、感性的需求上,所以把这个纯粹实践理性的法则掩盖了。但是这样一种一般实践理性活动的行为之所以可能,还是因为它里面隐藏着有这样一条法则,它在里面暗中起作用,当然我们是把它当作工具来使用,但是实际上它是最终的目的,我们不知道。从客观上来说,它是人类活在这个世界上的最终的目的,那就是纯粹实践理性。它是一个出发点,由此出发,我们人类才可能有一般的实践理性,才可能有一般的理性行为,才可能从纯粹实践理性这样的高度去把握我们的感性生活,我们的一般实践活动。日常的实践活动我们都是从这样一个高度来把握的,但是我们日用而不知,我们没有自知之明。那么康德在这个里头呢,就把这个自知之明给我们建立起来了。建立我们在道德上的自知之明,明确意识到我们的实践理性的前提实际上是出自于我们的道德律。人是道德的动物，人的一切行为，哪怕是日常的行为，感性欲望的追求，等等，这样一些行为，最终的目的是趋向于道德律的，趋向于人的本性的。因为没有这样一种道德律在背后，那么我们也就没有实践理性，我们就不能把理性运用于我们的现实生活中，我们人就跟动物没有什么区别，甚至于比动物还不如。我们在感性方面不如动物，我们高于动物的地方就在于我们有理性，就在于我们有纯粹理性，也就在于我们有纯粹实践理性。这是前面一段里面所包含的这样一些意思。那么今天我们接下来读下面一段。

序言的第二段是承接着第一段里面对于这样一种能力作为一个事实提出来，加以进一步的解释。就是说上面一段已经讲到了纯粹实践理性是一种纯粹的能力，所以这个实践理性批判不需要批判这个纯粹能力的本身，它已经是一个事实，它不再需要批判，它已经影响了现实世界。实践嘛，实践这个概念本身就意味着对现实世界有影响。不是在头脑里面，不是躺在床上冥思苦想的这样一个活动，而是对现实生活有影响的这样一个活动。这样一种活动我们每天都在做着，每天在活动，我们活着对世界发生影响，而且是有目的的影响。这件事情本身就表明了纯粹实践理性作为一个事实的存在。而这样一个事实是依靠纯粹实践理性的，它最终是发生于纯粹实践理性。所以，纯粹实践理性是一个不用批判的实在性的活动。那么这样一种能力，按照上面讲的就是"纯粹能力"，实际上就是纯粹实践理性的能力。

① 凭借这种能力，从此也就肯定了先验的**自由**，而且是在这种绝对意义上来说的，即思辨理性在运用原因性概念时需要自由，以便把自己从二律背反中拯救出来，

我们在这里打住，因为他整个这一段就是一句话，所以我们没办法，

---

① 凡是原文换行分段之处，本书中均空一行。

要把它分段来讲，但是我们不能分段来理解。比较能够断开的就是在这里。凭借这样一种纯粹实践理性的能力，"从此也就肯定了先验的**自由**"，肯定了，也就是落实了先验的自由，就是把先验的自由落到实处了，把它固定了。本来是漂浮的，不定的，先验的自由是漂浮不定的，它是一个理念。刚才有同学讲了，在康德《纯粹理性批判》第三个二律背反里面，康德首次提出了先验自由的理念。也就是说，先验自由是我们的思辨理性在进行一种先验的设想的时候所提出的一个理念。这个理念在认识论的意义上是没有实在内容的。凡是理念都是没有经验的内容的。我们前面已经读了《纯粹理性批判》，我们知道，在康德看来，理念是不可能有经验的内容的。当然它可以运用于经验的知识之上，但那只是一种范导性的运用，是一种调节性的运用，而不是一种构成性的运用。它只是引导我们的经验知识达到一个最高的统一，一个最大的统一。但是这个最大的统一是永远实现不了的，不可能在经验中实现出来，所以它永远是一个漂浮在上的、没有确定内容的理念。这个理念可以思考，因为理性嘛，理性的特点就是要推理，从有限的东西推到无限的东西，理性具有这种能力。理性跟知性不同，就是知性可以思考有条件的东西、有限的东西，而理性则可以思考无限的东西、无条件的东西，理性跟知性的区别就在这里。理性通过推理，虽然我不能达到，高山仰止，景行行止，虽不能至，但是心向往之。我可以向往它，我可以思考它。理念是可以思考的。我可以合理地想出一个理念，按照我的理性的可能性，按照我的推理，去思考它。这是理性的特点。那么先验自由呢，就具有这样的特点。先验自由是思辨理性所提出一个理念。为什么思辨理性能够提出呢？因为思辨理性是认识论的眼光。从认识论的眼光来看，先验的自由是一个可望而不可即的这样一个理念，属于一个理念世界。我们可以想它，但是我们永远不能够把它现实地认识到，不可能通过经验认识到、把握到。所以这是从思辨的立场上、从认识论的立场上提出的一个理念。我们虽然不能认识到，但是我们可以设想，假如我有无限认识能力的话，有直观的知性的话，我们就可以认识到。比如说假如我有上帝那样的眼光，那我就可以直观地认识到什么是先验的自由了。但是我们人不可能，我们人没有这样一种超越性的直观，这样一种知性的直观或者说理智的直观，我们只有感性的直观，所以我们只能想一想而已。虽然是想一想而已，但是我们还是从认识论的角度来想的，我们设想上帝的认识，他可能具有那种超越的眼光，知性的直观，那么就可以设想他能够认识人的自由，他是一个"知人心者"。但是事实上人是不可能的，这个康德是很肯定的。事实上我们不可能成为上帝，成为神。虽然不可能，但是我们还是可以思考到这样一个理念，这就是先验自由。那么这种在认识论上面只能思考的先验的自由，在纯粹实践理性的方面呢，却得到了肯定。就是说，我们从纯粹实践理性这个立场上，就不是要认识先验的自由了，我们不是要把自由当成一个先验的理念来加以思考，在脑子里面仅仅加以思考，先验地思考一个自由的理念。但是纯粹实践理性呢，它本身具有实践能力，它不是说躺在那里思考的问题，而是就要把这个自由实现出来。至少主观上我要把它实现出来，客观上我影响了现实世界，我在实践中影响了现实世界，我就去做。而从我去做一个自由的行动这件事情本身就肯定了先验的自由。也就是说，把那种在思辨理性看来只是一个空洞的理念的这样一个概念，用我的行动给予了它充实的内容。原来只是一个空洞的理念，现在变成了我的一种行动了，而且这种行动是现实的，能够影响世界，能够影响自然界，能够影响社会，能够影响他人。杀身成仁，舍生取义，我做出来了，我实现了我的自由意志。我的自由意志就是要做这件事情。至于它的结果怎么样，我不去管它，至少我对得起自己的良心，我做了这件事情，对得起自己的纯粹实践理性。那么，这样一种自由呢，就不仅仅是躺在床上想出来的那么一个理念了。所以这样一种纯粹实践理性的能力，也就肯定了先验的自由。后面还讲，也就赋予了先验的自由以实在性。因为纯粹实践理性本身是具有实在性的，具有实践的实在性的。但是这种实在性不是认识性的实在性，不是实在的经验科

19

学知识，而是一种活动、实践，一种合目的性的实在性。所谓实践就是合目的性的行为嘛，是有意的行为，我有一个意图，有一个目的，要把它实现出来，这就是一种行动。"而且是在这种绝对意义上来说的，即思辨理性在运用原因性概念时需要自由，以便把自己从二律背反中拯救出来"。肯定先验自由，这是在一种绝对意义上来讲的，什么绝对意义上来讲的呢？就是"思辨理性在运用原因性概念时需要自由，以便把自己从二律背反中拯救出来"，这就是它的绝对意义。先验自由的理念，它具有某种绝对的意义，这种绝对意义在纯粹实践理性中得到了肯定。那么是一种什么样的绝对意义呢？就是思辨理性肯定要用原因性概念，而且原因性概念是思辨理性概念中最重要的一个概念。我在前面讲到了康德的范畴表，以及康德的这个原理体系的时候，多次强调了这一点，就是因果性概念，——我们这里把它翻译成原因性概念更好一点，虽然它也可以翻译成因果性概念，——康德对因果性概念是最为强调的，比实体性概念或交互性概念、协同性概念，或者其他的量的概念、质的概念要强调得更加厉害，论述也最多。为什么这样？我在前面讲到了，西方科学精神的核心概念就是因果性，追根溯源嘛，知其然，还要知其所以然。追溯原因，这个从古代亚里士多德那里就已经表现得非常明显。亚里士多德的四因说，质料因，形式因，动力因和目的因，都是要追溯原因，一切知识就是要追溯后面的原因。只有把握了原因，才能把握事物的本质。这是西方科学精神从亚里士多德以来的一个最强大的支柱，要搞清因果关系，要找到一个事物的真正的原因，并且把这个原因和结果之间的联系明确地表述出来。当然这种表达到近代科学呢，趋向于一种定量化、精密化的规范。现代物理学你要把它的数学关系表明清楚，这个才能称之为真正的原因，你不能泛泛而谈，这个事情恐怕就是那个事情引起的。怎么引起的？何以见得？要有定量化的规定，成比例的，确实就是那个东西引起的。那个东西减少，这个东西也减少；那个东西增多，它的结果就增多。增多多少，都要把它计算出来。这个就是西方科学精神一个很重要的原则，就是因果性的原则。所谓必然性，必然规律，也就是在这个意义上来理解的。什么叫必然性？因果就体现出必然性。原因和结果之间是一种必然的联系，这是康德时代科学精神的一个共识，在所有的科学家和知识分子里面的一个共识。但是唯有一个人提出了挑战，就是休谟。休谟对于自然科学，对于科学精神的一个最大的挑战就在于摧毁了因果必然性。那么康德呢，就是要恢复这种因果必然性的尊严。这个我在前面的《纯粹理性批判》里面已经讲了，这里就不展开了。所以他这里讲，"思辨理性在运用原因性概念时需要自由"，思辨理性运用原因性概念，凡是讨论到科学的时候，它就要运用原因性，原因性概念是自然科学的一个主要的支柱。那么，在运用原因性概念的时候呢，就需要自由。自由跟原因性概念既有联系，又有本质的差别。有联系，就是说自由也是一种原因性的概念，自由因，它不是追溯到另外一个事物的结果，从一个原因追溯到另外一个事物的结果。一个事物是下一个事物的原因，但是它又是上一个事物的结果，这就是因果律，自然界的因果律就是这样的，在一个因果链条中无穷地延伸，从结果和原因向两个方向无穷地延伸。你可以不断地追求原因的原因，也可以不断地推出结果的结果。这就是思辨理性在运用原因性概念的时候通常是这样的。但是呢，它需要自由。这样一个因果链条需要自由，"以便把自己从二律背反中拯救出来"。为什么自由就可以把思辨理性从二律背反中拯救出来呢？因果性的概念，原因性概念，它本身在它构成一个因果链条的时候，是会遇到二律背反的。因为原因的原因不断地追溯，它始终追溯不到一个最终的原因。既然它追溯不到一个最终的原因，那么从整个因果链条来看，它最终就是没有充分的原因的了，或者说，你就不能肯定它有原因，至少不能肯定它有充分的原因，那它这个因果链条岂不是自相矛盾了吗？一切事物都要追溯它的原因，但是唯独这个因果链条本身是没有原因的，或者它是追溯不到充分原因的。如果它追溯不到充分原因，那它还能立得住吗？当年莱布尼茨就提出来充足理由律。任何事物的发生，都是要有充足理由才是能够发生的。所谓充足理由，就是说因果链条必须是完备的，没有任何一个缺环的。任何一件事情都是有无数的、无限长的因果链条所导致的。如果这个链条中缺了一环，那事情就不是这样了。我们也经常讲，如果当初不是那样的话，那现在的结果就大为改观了，那就完全是另外一码事情了。一切都是由一环套一环这样一个因果链条所导致的。所以莱布尼茨讲，我们可以假定，每一个事物的发生，都有它的充分的理由。可是现在单纯按照因果链条去推的话，你推不出充分理由来。因为我们人的经验有限，我们人的一生也有限，你怎么能够无限地去推呢？有些东西失去了，你再也找不回来了。所以，因果链条至少它的那个最初的充分的理由，你没法找到。莱布尼茨的解决办法就是说，那个充分理由在上帝那里。是上帝使得所有这一切因果性得以可能。那么上帝又是如何使得它得以可能的呢？他又是根据什么理由呢？那么莱布尼茨就说，他就没有理由了，他就是自由意志。在上帝那里，是上帝的自由意志，他愿意创造这样一个世界，他要创造这样一个世界，这个找不出什么理由。上帝觉得这样一个世界最好，他所设想的这样一个世界最好，是最完备的、最完善的世界，不缺任何东西。所以莱布尼茨最后追溯到上帝，实际上还是追溯到自由意志。只有追溯到上帝的自由意志这样一个因果链条，按照因果性本身的原则，才是完备的。否则它是不完备的。你明明知道一切事物只有当它具有完备的、充足的理由才得以存在，而你在另一方面又知道这个充足理由是我们不可能找到的，那你凭什么认为这个事物的存在是来自于因果性的？你为什么不说这个事物的存在是来自于奇迹？作为一个有科学头脑的人，他不相信奇迹。他认为一切事情都是有理由的。但是，恰好这一条因果律的原则导致了他的自相矛盾。它必须要有一个最初的原因，要有一个自发的、开始一个因果序列的那个第一因，那就是自由；但是，它凭借因果律本身，事实上又推不到这个自由；但他又必须假定，不假定的话，这个因果律本身就立不起来。这就是康德在第三个二律背反里面所揭示出来的一种困境，一种尴尬。因果律本身有一种自相矛盾的现象，它必须要援引最终的原因，最充分的原因，那就是自由因，自行开始一个因果链条的第一项，它必须要假定，但是这个假定又无法证实。当然除了我刚才讲的莱布尼茨规定的上帝这样一种自由意志，还有一种就是在我们日常生活中间的任何一件自由的行动，都可以理解成自由意志，康德举了一个例子，我从椅子上站起来，我决定从椅子上站起来，我站起来了，这一件事情，你可以用因果性给它推，我站起来是因为什么什么，因为肌肉，因为血压，因为呼吸，各方面骨骼的运动，等等，你可以把我站起来这个行为一个原因套一个原因地一直追溯下去，但是最终，它取决于我的自由意志。如果我当初不想站起来，我愿意坐着，这件事情就不会发生。那么这样一种自由因是否存在？我们前面讲的是，如果没有一个最高的、无条件的原因，那么，整个因果序列，也无法得到证明，也无法存在，也无法立起来。那么，同样的，在这个因果序列中，可不可能有一个撇开一切其他的、在前的因果序列，而自行开始一个因果序列的这样一种自由？比如说人的自由。除了上帝的自由以外，人有没有自由？这也是一个问题。你如果否认了人的自由，说人的自由是表面上看起来自由，实际上是完全受因果律支配，完全是在因果链条上面的一个环节，那么，人也就不可能存在了，人就成了一架机器了。所以思辨理性在运用原因性概念的时候，需要自由，以便把自己从二律背反中拯救出来。把自己从二律背反中拯救出来以后，我们才能够设定人的自由。这个自由也许不是人的自由，二律背反中的自由主要是指第一因，作为无条件的条件的那个绝对自由，比如说上帝。我们设想一个上帝的自由。上帝的第一推动，出于一种善良意志，出于一种自由意志，这个是思辨理性在二律背反中不得不求助的这样一个角色。那么这个角色一旦成立的话，如果说有自由的话，那么我们也可以设想，人在因果链条中有一种自由，就是可以不顾所有的以往的因果链条，我自行开始一个因果链条的序列，也就是我们通常所说的，我改变世界。改变世界是不需要前提的，哪怕有所有的前提，我们说人都是受束缚的，哪有不受约束的自由呢？当然是这样。但是我们人被抛入这样一个环境中，我们对这个环境是可以加以改变的，不是完全被支配的。我是站起来还是坐着不动，这个是由我的自由意志所决定的。你被捆住了，你也不能站起来，也不能做任何动作，但是你反抗总是可以的，你挣扎总是可以的。没有说你不能挣扎。所以，尽管没有前提的自由是不可能的，但是，正因为有前提，所以自由才是可能的。正因为有人束缚你，所以你才能反抗，所以你才能改变世界。当然这个改变在什么意义上改变呢，你不能说我想怎么改变就怎么改变，但是我可以反抗，反抗也是一种改变嘛。你驯服也是你的一种选择，你反抗也是你的一种选择，你不合作也是一种选择。很多人在这个问题上陷入到一种二律背反。就是说人既然是被束缚的，那就没有自由了。我们通常讲，哪有不受束缚的自由，意思就是说，哪有自由。受束缚就不是自由了。但是按照康德的说法，其实不是这样的。正因为受束缚，才有自由。如果一个人不受束缚，那就没有自由了。我经常讲，如果你生下来什么都给你安排得好好的，你还有自由吗？你就等于是养在动物园里面的动物，什么都给你安排好了，不需要你去争取，你所争取到的都不是你争取到的，都是别人给的，所有东西都不是你自己创造出来的，都是别人给你的，那你就没有自由。自由就在于对于你所陷入到的、被抛入到的这个环境，争取你想争取的东西，这才体现你的自由意志。就是说，有障碍，才会有自由。自由就体现为你克服这个障碍嘛。你本来是坐着的，你现在不想坐着，你站起来，你改变这个现状，这就是自由啊。如果你本来就是站着的，你说我站着，就像贾桂说的：我站惯了，那就不是自由了，那个时候的自由就是我要坐下来。凡是你对现实世界有所改变，那就是自由。那么这个改变当然是要有阻力的了，要以阻力为前提，要以反抗为前提，要以障碍为前提，所以只有当你被抛入到一个你觉得不自由状态的这样一个处境中的时候，你才会有自由。这是西方人对自由的理解。我们中国人通常对自由的理解就是自由自在，没有束缚，没有约束，就像康德所举的那个例子，一只鸽子在空中飞，飞得很自在，如果它也有头脑的话，它也许会想到，如果没有空气的话，我会飞得更加顺畅，空气阻碍了我。但是实际上没有空气它就会掉下来。当然康德举这个例子主要是从认识论方面来讲的，你必须要有经验给予出来，你的范畴、你的知性才有运用的对象。在自由方面也可以这样说。如果没有自然界，如果没有自然律，对你的自由构成一种限制，那么你的自由无从表现。当然康德的自由观还没有进入到这样一个层次，这是后来的费希特阐明的自我和非我的关系，自我建立非我，然后自我又克服这个非我，又回到自我。这是费希特和后来的谢林、黑格尔他们所达到的层次。但是康德已经达到了这样的层次，就是说实践在现实生活中跟现实世界发生一种冲突，发生一种影响世界、改变世界这样一种活动，这才是自由。纯粹实践理性就体现在这个上面，由此而获得它的实在性。那么，从思辨理性的角度来看，如果不从实践的角度看，那么它的自由就是空的，它的自由只是一个假想，只是一个理念。而且这个理念呢，往往会把人的理性引向一种幻相。因为他有理念，他就会设想这个理念也是一种知识。但是这个知识呢，又没有经验的内容，所以导致一种幻相。那么康德在第三个二律背反里面，他是如何解决这个问题的呢？他解决这个二律背反就是把现象和物自体区分开来。现象是经验的知识，而物自体呢，它要归之于实践理性。物自体是从实践理性这个角度来讲的。当然在第三个二律背反里面他还没有提出实践理性，他只是归到物自体。物自体我们可以假定有自由，我们不能排除自由的可能性，我们不能说在现象中没有自由，那么在物自体中也就没有自由了，在任何地方都没有自由了。我们不能排除，我们必须为自由留下余地，在物自体里面，在自在之物里面，我们要为它留下余地。这是康德在第三个二律背反里面所提出的解决办法。要解决这个二律背反，怎么解决？有的人说世界上有自由，有的人说世界上没有自由，只有因果必然性，那么这个二律背反如何解决？康德说，大家不要争了，你讲的有自由是在物自体意义上讲的，有这种可能性，这个没有人能够否认你，那就够了。但是从经验自然科学的角度来说没法证实，没法证实也就够了，你也不要去证实了。你也不要说在任何地方都没有自由，因为你讲的这是经验，你不知道物自体的情况，你怎么能够断言，在任何地方都没有自由呢？所以双方都达到了一种调和，这个二律背反就被解决了。你讲的有自由是在物自体意义上讲的，你讲的没有自由或者是找不到自由，是在经验的意义上讲的，是在现象的意义上讲的。那么这样呢，就把思辨理性从二律背反中拯救出来了。但是这个拯救还只是暂时的，在第三个二律背反里面那种拯救还只是暂时的，这种拯救还没有落实。就是说，在物自体里面，我们不能否认它有自由。但是究竟有没有自由呢？还不知道。我们虽然可以避免二律背反，但是我们在积极的意义上呢，并没有肯定到底有没有自由这个问题。先验的自由还是一个理念，还是抽象的、空洞的、没有内容的，我们不知道。不知道的东西当然我们不能断言它没有哇。你讲自由，在思辨联系的意义上我只能说，我不知道到底有没有，我不能肯定没有自由，因为物自体的知识我没有，我的知识只是在现象界，它是有限的。所以，如果你说在物自体的方面是可以有自由的，那我只能说，我没法反驳你。这样当然我就没有矛盾了，没有冲突了。但是是否就真正地拯救出来了，还没有做到位。真正做到位的呢，还是在实践理性方面，在纯粹实践理性方面，它确确实实地把自由的概念从一个先验的理念落实到了我们的实际行动中，落实到了我们的实践中。它是一个事实，当然这个事实是一个理性的事实，而不是经验的事实。只有有理性的人才能够看出，这是一个事实。但它毕竟是一个事实啊。我毕竟影响了经验世界，虽然这个经验世界的影响并不能直接地表现出我的纯粹实践理性的法则，比如说道德律，一个道德的人对世界的影响也可能不完全按照他的道德律那样发生，也可能不是完全按照他的初衷、他的动机那样发生，但是它毕竟有影响。这个影响必须从理性的角度、从理性的层次，分析它后面的实践理性的法则，才能够加以把握。否则的话，那就是自然律，一大堆乱七八糟的、不可理解的自然律在那里起作用。每个自然律都是可理解的，但是整个行动是不可理解的，为什么要做这个行动，那是不可理解的。只有纯粹理性才能够理解，他为什么要做这个行动。这是把自己从二律背反中拯救出来，最后能够拯救出来，那是"在一种绝对意义上来说的"，那就不是模棱两可的了。我说，我虽然不知道有没有自由，但是至少我不能否认有自由——这个就是很相对意义上讲的。在第三个二律背反里面，就是这样来解决问题的，当然也解决了，从思辨的意义上面来说，这样就够了，这样就解决了，你们就不消争的了。你们所争的不是一回事情嘛。那么，真正的解决呢，是要在纯粹实践理性批判里面，建立起自由的积极意义来。上面我们讲得比较多一点，是因为涉及《纯粹理性批判》中的一些前提论述，不交代一下后面的都不好理解。

这种二律背反是思辨理性如果要在因果关系的序列中思维**无条件者**就不可避免地会陷入的，

这就是我刚才讲的，思辨理性在因果关系的序列中，要思维无条件者，思辨理性作为理性来说，它的特点就是可以从有条件的东西一直往上推，一直推到无条件的东西。这是理性超越知性之上的一种能力。知性不做这种推理，知性主要是着眼于判断，这个判断是不是真的，具不具有客观性，有没有经验的内容，知性主要是着眼于这个。而理性呢，着眼于推理。当然知性也推理，但是知性的推理总是要以某个判断为前提。假定了前提，我们讲任何三段论的大前提都是假定的，都是需要证明的。这是知性的特点。但是理性呢，就是说在推理中要追溯，它不允许任何三段论的大前提被假定下来，而是要再追溯它的条件。所以它从有条件者一直追溯到最终的那个无条件者，这是理性的一种本质力量，理性的功能就体现在这里。那么思辨理性如果要在因果关系序列中去思维无条件者，那么它就不可避免地会陷入这个二律背反中去。这个我刚才已经讲了，你要追溯那个无条件者，但是那个无条件者你又追溯不到，那么你追溯不到以后呢，你既不好假定它，也不好否定它。你假定它说有，你凭什么说它有；你否定它说没有，那你凭什么说它没有？这两个二律背反是不可避免地会陷入的。你要追溯那个最初的充足理由,你就必然会陷于二律背反。

<u>但思辨理性只能把这个无条件者的概念悬拟地、而不是作为不可思维的提出来,并不保证它的客观实在性,而只是为了不至于借口理性至少还必须承认是可思维的那种发现是不可能的,来使理性的本质受到攻击并被推入怀疑论的深渊。</u>

"但是思辨理性只能把这个无条件者的概念悬拟地、而不是作为不可思维的提出来,并不保证它的客观实在性"。思辨理性如果要在因果关系的序列中思维无条件者,就不可避免地要陷入二律背反。陷入什么二律背反呢?就是说,这个无条件者,你既不能肯定它,也无法否定它。经验派就说,既然我们不能肯定它,我们就把它否定掉。理性派就说,你无法把它否定掉,所以我们就可以假定它。这两个二律背反是没有办法解决的,在思辨理性固有的立场上,是不可避免地会陷入这种二律背反。那么康德提出来,在思辨理性范围之内,如何解决这个二律背反,就是把现象和物自体划分开来、隔绝开来。你讲的和他讲的不是一回事,不是同一个层次。这样一来就使双方互不冲突,同时可以相安无事、同时并存。所以他讲,在思辨理性的角度,我们来解决这个问题。我们首先把无条件者这个概念——也就是自由的概念,最初的那个充足理由,它肯定是自由意志的——那么这个无条件者自由的概念呢,我们在思辨理性中只能够"悬拟地",problematisch,——"悬拟地"也可以翻译成"成问题地"、"暂时还没有解决的",——提出来,而不是作为不可思维的提出来。"悬拟地"这个概念有双重性,既然是成问题的,就有两可性。就是说,一方面呢,它是不确定的;另一方面,虽然它不确定,但是它可以思维,你可以去想它。虽然你可以去想它,但是它又不确定,它就是这样一个摇摆的状态。所以,这样一个无条件的自由的概念呢,思辨理性可以悬拟地而不是作为不可思维地提出来。它不是作为不可思维的,而是作为可思维的。就是说,你要完全否认它,也做不到。我可以放心地去思维它,因

为它碰不到什么否定的命题。你不能够否定它，它是悬拟的嘛，它还悬在那里。你既不能肯定它，但是也不能否定它，那么我们就可以思维它。我们可以把它悬拟地在思想中提出来，并不保证它的客观实在性。这又转过去了，就是说，我虽然可以思维它，但是我并不保证它的客观实在性。所以这个悬拟的，可以从这两个角度来看，一个是它并非不可思维的，另一个呢，它并非能够保证客观实在性。这是悬拟的两可。这两方面都在悬拟的之下，可以这样理解。一方面，你当然可以去想一想它，但是另一方面呢，你不能把经验的内容归之于它，给它赋予客观实在性。所以"并不保证它的客观实在性"。你想到它，但是在经验中并不能设想我们有一天可以把它认识到，并不保证它的客观实在性。当然它是否有客观实在性，在另外一个意义上面我可以再谈，但是至少在思辨理性这个意义上面，没有什么保证它的客观实在性。思辨理性的先验自由的理念并没有保证它的客观实在性。"而只是为了不至于借口理性至少还必须承认是可思维的那种发现是不可能的，来使理性的本质受到攻击并被推入怀疑论的深渊"，就是说，思辨理性只能够把这个无条件者的概念悬拟地提出来，并不是要保证它的客观实在性，而只是为了不至于借口那种东西、那种先验自由的理念是不可能的，而使理性的本质受到攻击，因为那种先验自由是理性思考出来的。如果自由根本就是不可能的，在经验中我们把握不到嘛，在经验中我们能把握到的只是因果必然性，只是因果律，只是自然律，那么理性还有什么用呢？我们只要有知性和经验就够了，我们获得自然知识就够了，所有的像自由这样一些命题，都是我们凭理性空想出来的。所以理性的本质就受到攻击，并被推入怀疑论的深渊。比如说休谟否认了自由，说一切都是自然律，当然自然律他理解为习惯联想，那么这种习惯联想我们也是通过一种习惯被决定了的。习惯是不由人的意志为转移形成起来的，我们是在生活中所接受下来的，那么人有没有自由？在休谟看来，是存疑的。我们不要用理性去推出人的自由，用理性推出人的自由是没有客观实在性的。那么，"只是为了不至于借口"

那种东西"是不可能的",自由是理性必须至少还承认是可思维的。这个"至少"就是说,理性虽然不能认识它,但是至少可以思维它。这个"至少是可思维的"对应的一方就是"可认识的"。可认识和可思维在康德那里是截然不同的。一个东西可以思维,但未见得就可以认识。很多东西我们都可以思维,自由啊,灵魂啊,上帝啊,物自体啊,本体啊,这些东西我们都可以思维,但是我们不能认识。当然凡是认识的,肯定都能思维。你连思维都不能,那怎么能认识呢?但是凡是能思维的,未见得是能认识的。认识需要另外的条件,除了思维以外,还需要有直观经验,除了理性和知性以外,除了逻辑以外,还要有直观,还要有经验。必须把经验考虑进来,那么能思维的东西才能够成为能认识的东西。所以这里讲的"只是为了不至于借口"理性必须承认可思维的那种东西是不可能的,借口那种自由虽然能够被理性所思维,但实际上是不可能的,把这当作一个借口,来使理性的本质受到攻击并且陷入怀疑论。这个结构应该比较清楚了。总而言之呢,就是说,思辨理性在这个层次上面,它只能够把这个无条件者先验的理念悬拟地提出来,可以思维它,但是呢,不能保证它的客观实在性。那么,在纯粹实践理性里面,凭借纯粹实践理性这样一种能力呢,从此也就肯定了在思辨理性中不能保证它的客观实在性的这样一种先验自由,使它具有了另外一种意义上的实在性。也就是说,在实践中它能起作用,在实践中应该实现出来。当然实际上它不见得能够实现出来,实际上也可能适得其反,它的动机和效果不一定能够达到一致。但它不管,它至少是应该实现出来,而且呢,确确实实地它能够对现实世界发生某种影响,即算它没有实现出来,它也发生了影响。人们顶多说他是一个理想主义者,但是一个理想主义者往往是能够对现实世界有影响的,影响还很大。所以我们有时候觉得理想主义者太可怕了,一个现实主义者还容易被接受一些,理想主义者总想超出现实的状况去创造某些东西,但创造某些东西往往效果不好,甚至于很糟糕。理想主义者确实有这个特点,作为一种实践的主体,他能够对现实世界发生影响,不管是好的影响，还是坏的影响。完全理想的影响几乎是不可能的。你要把自己的理想完全实现出来，通常认为是不可能的。但是即算不可能，它也有影响，就像我们的"大跃进"，发生那样大的影响。它是从理想主义出发的，它的结果跟它的初衷完全不同，天壤之别，但是它现实地要实践理想，这个是没法否认的。所以理想主义者的理想，包括先验自由的理念，它是要发生作用的。发生什么作用它先不管，但是它确实能够发生作用。那么从此就肯定了先验自由的客观实在性。先验自由尽管是一个理念，但是在实践中，它具有它的实在性。在思辨中当然没有实在性，在思辨中，它仅仅是一个空洞的理念，你想认识先验自由，自由是个什么东西，要想获得关于自由的知识，那是妄想，那是不可能的。因为它属于物自体呀。凡是你能认识到的都是现象，哪怕是自由，你也只能认识到它的现象，你不能认识到它的本体。从认识的角度上来说，你不能够肯定它，但是从实践的角度来说，确实存在。即算你不认识，它也可以发生影响。

　　前面已经讲了，就是先验自由这样一个理念得到了肯定，在纯粹实践理性这样一种能力之下，我们可以肯定先验自由，而且是在一种绝对的意义上来说的。也就是说，把思辨理性从二律背反中彻底地拯救出来。在这种意义上，最后把它拯救出来。就是说，我不仅仅是模棱两可地、悬拟地承认，说我们不能否认物自体这样一个领域里面有自由，但是呢，你要真正彻底地把思辨理性拯救出来，你还必须给这样一个自由以确确实实的内容，它的实在性究竟何在。你虽然不能否认它，但是它作为一个理念，它还不具有实在性。所以我们讲先验自由在《纯粹理性批判》里面呢，虽然提出来了，但它还只是一个空位。它虚位以待。以待什么呢？以待实践理性给它以具体的解释，赋予它以实在性。但是这是另外一种实在性，不是思辨理性的实在性，而是实践理性的实在性。所以实践理性跟思辨理性虽然属于两种不同的领域，运用于不同的对象，但是它们之间是有密切联系的。思辨理性必须依赖于实践理性，它的很多理念，你如果要提出来，如果没有实践理性，那就只是一个空的东西，你完全把它抛弃也无所谓的。对于认识来说是无所谓的。但是从另一个方面来说呢，对于实践来说呢，就是一个巨大的损失。所以实践理性对于思辨理性来说，在这个意义上是一个必要的补充。当然这个补充呢，就实践理性来看呢，它是最根本的，是更加根本的。因为它涉及的是物自体，而不仅仅是现象。所以它的实在性跟思辨理性的实在性相比，它是更深层次的实在性。那么下面这一段呢，就开始来讲这个道理了。就是自由理念的实在性究竟是在什么意义上讲的。

<u>自由的概念，一旦其实在性通过实践理性的一条无可争辩的规律而被证明了，它现在就构成了纯粹理性的、甚至思辨理性的体系的整个大厦的拱顶石，</u> [4]

自由的概念，它的实在性在思辨理性那里是没有被证实的。但是在这里呢，通过实践理性的一条无可争辩的规律而被证明了。无可争辩的规律，那就是道德律了，也就是纯粹实践理性的规律。实践理性的无可争辩的规律，就是一般实践理性里面所包含的纯粹实践理性的规律。纯粹实践理性的规律就是道德律。一切实践理性活动里面，其实都包含有道德律，只不过有时候被遮蔽了，有时候被滥用，或者说改换了它的用法，被扭曲了，等等。但是它是包含着的，而且呢，是无可争辩的一条规律。凡是一个具有实践理性的人，如果他单凭自己的实践理性去加以思考的话，他无可争辩地就会推出道德律。只要他有实践理性，哪怕他把实践理性用在感性上，用在日常生活上面，用在牟利方面，用在谋生方面，等等，但是如果他能够对他自己所使用的实践理性加以纯粹的思考，他就会发现，这个纯粹的实践理性本身呈现出一条无可争辩的规律，一条理性的必然规律。所以刚才有同学讲，自由的必然性是在实践理性批判里面呈现出来的，在道德律里面呈现出来的。怎么呈现出来的？就是当你单凭理性去思考自己的行为法则的时候，你就会发现，它就是道德律。

道德律无非就是一条理性的不矛盾律嘛。就是说你的行为的准则要成为一条普遍的法则，不要自相矛盾，不要自我取消，有一言而可以终身行之，你能够按照一条准则终身行之，做到底，而且你能够设想，所有的人都能够这样做，它就是一条普遍法则。这就是道德律，这就是康德讲的"定言命令"。要保持你的人格同一性嘛，你行为的准则要成为一条普遍法则，不是你单个人临时采取的法则。这就是纯粹实践理性的一种纯粹的表达，这是无可争辩的。凡是一个人想把自己的理性运用在实践上，他就会相信这样一条法则。当然你如果加入了感性的、欲望的、情绪和情感的因素进来，那又是另外一回事了。但是如果你不把那些东西混进来，你单纯思考理性本身应该怎么样，你就会发现，应该使自己的行为准则成为一条普遍法则。你在行动中要合乎理性地去行动。那么这又是一个事实，我刚才讲了，这是理性的一个事实，道德律，纯粹实践理性的法则，这是理性的一个事实。所以，讲他的这个《实践理性批判》里面自由体现为一种必然性呢，这是从我们的角度来看的，可以把它理解为这样，而在康德那里呢，倒不完全是这样。在康德本人来说，这种必然性呢，本身也是一个事实，也是一种现实性。在实践中能对现实世界发生作用，当然在我们看来这现实性还不足以成为现实世界。真正成为现实世界，你就必须按照你的目的来改变这个世界，那才成为现实。我们说把一个理想付诸现实，并不是说把你的理想跟现实碰撞一下就算完事了，不是的。付诸现实就是把它实现出来嘛，按照你的理想把它实现出来，这叫付诸现实。按照我们的观点，现实是应该这样的。当然在康德的第三批判里面有这样一种说法，就是说你能够使自己的理念在现实中得到印证，那倒是在某种意义上具有我们后来设想的那种现实性。所以，我们曾经把自由的理念在现实性上，把它看作第三批判所表达的那个主题。那当然也是从我们的角度来看。从康德的角度来看，它也不一定是现实性的。审美也好，自然目的论也好，在康德看来都是一种"反思的判断力"，都还不完全是现实的。现实的在康德那里呢，是在经验世界中，合乎经验的规律，合乎可能经验的条件的，以及在道德实践中，能够在经验世界里面发生影响，他把它归结为现实性。这跟我们通常所理解的还不太一样。所以他的这个无可争辩的规律当然是必然性，但是呢，也有它的现实性的含义，或者是有它实在性的含义。我们再看下面："它现在就构成了纯粹理性的、甚至思辨理性的体系的整个大厦的拱顶石"。自由的观念一旦它的实在性通过理性的一条无可争辩的规律被证明了，通过道德律而被证明了，它就有实在性，——既然道德律是一个事实，那么自由的概念也就成了一个事实，——那么在这种意义上，作为一种实在性的概念，一个被实在性所证明了的概念，它现在就"构成了纯粹理性的，甚至于思辨理性的体系的整个大厦的拱顶石"。纯粹理性的整个大厦，这个纯粹理性包括思辨理性和实践理性。所以他后面特别强调"甚至思辨理性的"，也就是说，甚至于在纯粹理性里面的包括思辨理性的体系的整个大厦的拱顶石。纯粹理性大厦的拱顶石，也是思辨理性大厦的拱顶石。纯粹理性大厦的拱顶石我们好理解，就是说，纯粹理性批判和实践理性批判，思辨理性和实践理性，它们相互的接触点就在这个自由概念。它们两者相互的接触点，实实在在的接触点，就在这个自由概念里面。我刚才讲，第三个二律背反实际上是最关键的。虽然按照康德的范畴表体系，它被安排在第三个，好像跟其他的只是一个次序不同而已，好像也没有特别强调，但是实际上它是被特别强调的。自由的概念是他的整个思辨理性体系所关注的一个核心概念。包括因果性，自由也是一种原因性，那么因果性概念在康德的认识论里面也是一个核心概念。由因果性这个核心概念引出了自由因这样一个核心概念，它背后就是这样的概念。它背后就是要证明，自由因的概念如何能够引出来。自然的原因，自然的因果性，构成了整个知识体系的一个核心概念，那么后面隐藏着的呢，就是你要涉及因果性，你就必然会谈到自由因、自由的原因性。所以思辨理性体系的整个大厦也是以自由的概念作为它的拱顶石。而这个拱顶石呢，是通往实践理性的。拱顶石就是最高点，我们在建筑里面一个拱门，最高的顶点那块石头是最重要的。砌拱门都是从两边砌起嘛，砌到中间的时候，把中间的那块拱顶石一放下去，整个拱门就稳定了。如果中间那个拱顶石没有，或者是你把它拆除了，那么两边都会垮掉。所以拱顶石是一个关键性的概念，就是自由的概念。如果没有这个概念，那思辨理性的大厦也建不起来，整个纯粹理性的大厦当然就更建不起来了。

而一切其他的、作为一些单纯理念在思辨理性中始终没有支撑的概念（上帝和不朽的概念），现在就与这个概念相联结，同它一起并通过它而得到了持存及客观实在性，

在《纯粹理性批判》里面已经讲到了，上帝和不朽的概念，只是一种悬设，在《纯粹理性批判》里面已经提到这样一种悬设，Postlat，也就是假设。但是这个假设有它的特殊的含义，就是说，这个假设不是说随便假设的，是有所要求而假设的。这个概念也有要求的含义，假设、要求，是有根据地假设。它跟那个 Hypothese 不一样，Hypothese 也是假设，但是那个假设，我可以随便假设一个什么东西，没有根据也可以，我可以假想，任意地设定都可以。但是 Postlat 你不是可以任意设定的。你不得不设定，要求你设定，这样一种假设，我们翻译成悬设，就是悬在那里跟你提出要求哇，悬在那里有一种提出要求意思，就是悬设一个目标，你要去追求。所以尽管是悬设，是有根据的一种要求，但是在思辨理性里面呢，始终没有支撑。这个悬设是为了什么悬设呢？是为了实践的目的，为了道德。为了要做一个道德的人，所以才悬设。为了思辨，为了认识，那不需要悬设。来世啊，上帝啊，来世的知识和上帝的知识，是不是要你去认识呢？不要求。不要求你去认识。要求你假设一个上帝和一个来世，那是道德的要求。所以，这些概念作为一些单纯的理念在思辨理性中，始终没有支撑。在自由的概念那里也是这样，自由的概念在思辨的理性中，也是单纯的理念，只是虚位以待，它没有找到它现实的根据，实在的根据。那么上帝和不朽的概念也是这样。那么现在这些概念就与实践的自由的概念相联结，"同它一起并通过它而得到了持存及客观实在性"。现

在呢，对自由的概念已经被证明了，它的实在性已经被证明了，通过实践理性的道德律，我们已经证明了自由的概念了。那么现在其他的一些理念，也就是上帝和不朽的概念，就与这个概念相联结，就与这个被证明实在性了的自由概念相联结，同它一起并通过它——这是几个层次了，一个是把它联结起来，把自由的概念和来世和上帝这三个概念联结在一起，同它一起，同这个自由的概念一起，并且通过这个自由的概念，而得到了持存及客观实在性。"持存"就是说固定的存在，固定的位置，bestehead持存，就是站在那里，一个固定的位置。"及客观实在性"，得到了它的客观实在性。"实在性"在这个地方是 Realität，它跟现实性还是不一样的。现实性是 Wirklichkeit，现实这个概念有更加具有能动的意思了。它们的词根，Werken 是工作，做事。那么实在性 Realität 的词根是 real，是拉丁文，一件事，res 是物，real 就是物的，实在的。这就得到了客观的实在性，客观的事实性。就是说，上帝、不朽这些概念在思辨理性里面本来是悬空的，就像自由的概念一样，自由在思辨理性里面也是悬空的，也是一种存疑的，成问题的，悬拟的，这样一些概念。那么随着自由的概念在实践的意义上具有了实在性，那么与之相伴，与之相连，并且通过实践自由的概念，它们也得到了实存和客观实在性。它们不仅仅是一种主观的悬设了，而且呢，在实践上它们是能够发挥作用的。虽然我们不能认识它，什么是上帝，什么是来世，甚至有没有来世，有没有上帝，这个我们都没有办法确定；但是呢，我把它作为一个悬设，在我的实践中，它们会发生作用。我信上帝，我信来世，我按照有一个上帝的那样去做，我相信善有善报恶有恶报，死了以后，好人上天堂，坏人下地狱，有来世，我相信它，那么我在行动中就会表现出来。一个有信仰的人跟一个没有信仰的人，在行动中的表现是显然不同的。那么，之所以不同，之所以他信仰上帝和来世，是因为他有自由，是因为在实践中表现出他有自由意志。在实践中有自由意志，他就会表现出有道德，而他表现出有道德，他就必须要假定有来世和上帝，否则他就会对这个道德没有信心了，虽然他可以按照道德律那样去做，但是他不会有那样充分的信心，他也不会有那样的希望，希望自己做的这件事情在来世和上帝那里能够得到公平的评价，能够得到公平的审判。所以"同它一起并通过它而得到了持存及客观实在性"，也就是上帝的实存和客观实在性在现实的实践活动中所体现出来的那样一种效应，是建立在自由意志的这样一种实在性的基础之上的。它不是单纯的我信上帝，他不信上帝，仅仅是由于一种盲目的信仰，不是的。而是由于一种理性的信仰。就是说，我之所以信上帝，是因为我有自由意志。我有自由意志所以我有道德，我有道德所以我信上帝，所以我信来世。是这样来的，所以他这种悬设是有根据的。那么通过这种根据呢，它就得到了持存，就是说，它不是偶发的、一时的一个念头，一次心血来潮。你信上帝，你今天信上帝，明天又不信了。你一下子得到什么启示，你就信上帝了，过一会儿，你又受到魔鬼的诱惑，又不信了。不是的。它有它的持存，因为它有它的基础。只要你还是一个自由人，你就会信上帝，你就会有道德，你有道德你就会想到，为了这个道德能够得到实现，我们必须假定一个上帝。否则，如果不这样假定的话，你看到的整个世界都没有道德，物欲横流，你就会失去信心，你的信仰就不会坚定。由于你要做一个道德的人，所以你的信仰就会坚定，就会 bestehend，就会有持存。所以上帝和不朽的概念呢，由此而得到了持存和客观实在性。但是我们这里注意要分出它的层次来。这个客观实在性，一个当然跟思辨理性的那种认识的客观实在性是不一样的，它不是对客观知识的一种把握，不是一种经验的知识，它不是的。再一个呢，它跟自由的概念那种客观实在性还有层次上的不同，自由的概念它是一种实在性，它本身就是一个事实，道德律就是一个事实，每个人都在实践中，都要把他的理念付诸实行，每个人都认为自己应该是自由的，应该是绝对自由的。绝对自由那就是追求道德律的。这是一个事实。但是来世和上帝虽然由此而赋予了客观实在性，但是这种实在性的层次要比那个弱一些。它不是一种事实，上帝和来世本身不是一种事实。它只是由于自由的实在性而被赋予了某种实在性。

就是说，它们的**可能性**由于自由是现实的而得到了**证明**；因为这个理念通过道德律而启示出来了。

就是它们的那种实在性是一种什么实在性呢？这里有个层次区别，大家要注意，"自由是现实的"，这个"现实的"就是 wirklich，康德在这里有一种非常严格的区分，wirklich 就是现实的，wirklichkeit 就是现实性，它们的词根是 werken，工作，做事，还有一种活动的意思；realität 就是实在，我们把它翻译成实在性。这个是有所不同的。那么自由的实在性是现实的，它既是实在的，它同时又是现实的，因为自由它是一种活动嘛。所以它的实在性具有这样一种意义，就是说自由是现实的，是能动的。那么上帝和不朽的概念，它们的可能性由自由的能动性而得到了证明。也就是说，它们虽然也有现实性，但是这种现实性是由于自由是现实的而证明了它们的可能性。所以它们的这个实在性不像自由是能够把握在手的，已经在手头的，而是一种可能性。它还是一种悬设，这种悬设之所以我们说它是实在的，是因为在自由的实践活动中，它能够起作用，它能够发生影响。但是它本身是不是就是现实的呢？这个康德还是有保留的。它只是一种可能性的影响，就是说，我认为有可能有来世，上帝我虽然没有看到，但是上帝是可能的。我不能否认这个可能性，所以我在现实中就要好像有个上帝、好像有个来世地那样去行动。但是是不是有上帝和来世，跟是不是有自由不一样。自由是确实有，它的实在性在我的行动中就已经表现出来了。但是上帝呢，在你的一次行动中，还不能表现出来，他只是支配你行动的目标。你的目标最终要指向一个上帝，要符合上帝的要求，要在来世得到好报。至于这个来世什么时候来，那我不知道。死后才来，死后会不会来，这个我们也不知道。我们只知道它有一种可能性。所以他这个客观实在性"得到了实存及客观实在性"，虽然也是客观实在性，但是它跟自由的那种"现实的"客观实在性还是有所区别的。所以它是由于自由的实在性而得到了证明，它是一种推理，由于自由是现实的，所以我们推出上帝和来世是可能的。那么既然它们是可能的，我们就应该在现实的实践活动中把它们加以运用，运用这种悬设来影响我们的道德行为。由此呢，它们才得到了一种实在性的证明。最后，"因为这个理念通过道德律而启示出来了"，"这个理念"就是自由的理念了，也就是说，在自由的现实性证明了上帝和不朽的可能性的这个中间，还有一个环节，就是道德律。自由，我刚才讲了，有自由，你就会相信上帝，但是呢，它还要经过一个中介，不是直接的有自由就相信上帝了，而是要推一下，要推理。有自由，所以我就有道德律，有道德律，所以我才需要一个上帝和来世。那么道德律是一个事实，直接的事实是道德律。而自由这样一个理念呢，对于道德律这样一个事实来说呢，它还不是直接的，它还是推出来的，启示出来的。Offebarung 这个词，通常翻译成揭示，启示，揭开了，启示出来了。那么自由的理念通过道德律启示出来了，就是说，道德律倒是一个更加现实的东西，是更加具有直接实在性的一个事实。所以康德在《实践理性批判》里面呢，更多地强调道德律是一个理性的事实。自由也是一个事实，那是通过推理推出来的。由于我们有道德律，所以我们推出来，我们是自由的。如果我们没有道德律，我也许推不出我是自由的，我跟动物差不多啊，人为财死，鸟为食亡，跟所有的动物一样，所以你的所有的行为都是被决定了的。由你的出身，你的动物性的身体，你的本能，你的欲望，已经决定了人为财死，鸟为食亡。哪里有什么自由呢？所以事实上很多人都认为人是没有自由的，人是被决定了的。但是康德认为，有一件事情你不可否认，就是说我们这个世界上有道德的人。你可以说那些道德的人是疯子，是不正常的，他偏离了自然规律嘛，人都是自私的，怎么会有有道德的人呢？但是你不能否认，当你这样说的时候，你已经把他的这种行为跟一般的自然规律区分开来了。你说他是疯子吗？你说他是疯子无非就是他和自然规律不相符合啊，你指出了这种差异呀。但是这种差异它有它的规律，这个规律是你否认道德律的人也不得不承认的，或者至少你也能理解的。当他把他的道德律说出来，己所不欲，勿施于人，或者说正义、仁爱、自由平等，等等等等，这样一些理想目标说出来，你当然也能理解。凡是有理性的人都听得懂这些话。只不过呢，他们都认为那些都是虚假的，都是空话，真正实实在在的还是自然律，还是本能，还是人的需要。但是既然你听得懂那些话，就说明你的理性已经在接受那些原则，只不过你用你的感性呢，排挤了它，或者是凌驾于它之上。或者是把那些好听的话当作一面旗帜，当作一个幌子，借用它来达到某些其他的目的。但是，尽管这样，这同时也说明，那些道德律是你能够理解和接受的。所以这是一个不可抹杀的事实。道德律是人性中不可抹杀的一个事实。它是直接呈现出来的，它跟自然律是不一样的，在很多情况下是相冲突的，它恰好说明人不仅仅是动物。这是一个最主要的事实，由这个事实才证明人有自由。我刚才讲，人的每一个行为都是自由的，这个一般来说是可以的。但是要严格追究起来，考究起来，有些人是否认的。就是说，你觉得你是自由的，但实际上你那个自由是受你的动物性所支配的。如果人不要吃饭，他还能追求自己的目的吗？人的一切行为都是由于人要吃饭，穿衣，要温饱，要繁殖，所以才导致的。如果没有这些本性的话，所有这些行为，你都谈不上什么自由不自由。所以因此看来，你的所谓的自由的行为，你的自由地赚钱，你的追求自由的任何目的，在很多人看来，归根结底是不自由，你是被自然所决定了的。但是唯独道德律显示了人有一种真正的自由。就是它可以不被自然律所决定，不被本能所决定。道德律没有本能的根据，一个人的道德行为你说是出于某种本能，那是说不过去的，他就是要违背他的本能，来显示出他的理性，他的普遍性，他超越一切感性之上的这样一种本性。所以自由的理念和道德律，相互之间有一种纠缠的关系，就是从道德律，我们可以推出人有一种真正的自由。那么这种推出是唯一的，就是说，你从道德律得出的唯一的解释，只能够说是人是自由的。人可以不服从自然的、外来的束缚，而按照自己的理想的法则去行动。这是唯一的解释。所以，你可以反过来把自由看作是道德律的之所以可能的条件。由于有自由，所以人才表现出这样一些道德律。但是道德律呢，毕竟是你直接把握到的事实，就是说，在人类社会中，在人类历史中，有那么多的道德行为是不能够用本能来加以解释的，不能够用自然律来加以解释。这是一个事实。哪怕你不赞成他，你说他是疯子，但是你不能不承认有这么一些东西，有这么一些现象。这样一些现象你不能通过自然律、通过经验和感性加以把握，你只能通过理性加以把握。如果你把你的理性调动起来，你就会理解，这种道德律它本身是按照什么规律在做事。这件事情，它是按照一种什么样的法则做出来的，不是按照自然律，而是按照纯粹理性的法则做出来的。所以康德讲这样一种事实是一个理性的事实，而不是经验的事实。

我们来看看这一段话。这一段话是非常重要的，特别是这一段中的那个注释，是经常被人们所引用的。康德在这里特别说明、重点说明道德律和自由相互之间到底是一种什么样的关系。当然其实在康德自己看来这两者就是一回事。但是为什么有两种不同的说法，因为同一个事情有两个互补的方面，一个是体现为人的自由，自由意志；另外一个呢，它被表现为人们在实践中的道德法则，道德律。

但自由在思辨理性的一切理念中，也是唯一的这种理念，我们先天地知道其可能性，但却看不透它，因为它是我们所知道的道德律的条件。

这个"但"，为什么这个地方用一个转折？我们在读文章的时候，每一个词都要注意，不能大而化之地解释，一个字都不能放过。这个地方为什么要转折一个"但"字？这个"但"是跟上面一段联结起来的。上面一段他讲了一些单纯的理念，比如说上帝啊，不朽啊，由于自由这样一个理念的关系，它们也带上了客观实在性。通过这个自由的概念，上帝和灵魂不朽这样一些理念都得到了客观实在性，它们的可能性由自由是现实的而得到了证明。那么这个地方的"但"就是说，尽管上帝和不朽那样一些理念都证明了它们的客观实在性，但是在所有这些理念之中，自由这个理念是唯一的，是特殊的。"但自由在思辨理性的一切理念中"，"一切理念"包括像上帝和不朽的概念，"也是唯一的这种理念"，什么理念呢？"我们先天地知道它的可能性"，肯定是有可能的，我们可以肯定这种可能。上帝和不朽那就不能肯定了，它们也是理念，它们也有实在性，但是这个实在性当然跟自由的实在性还不太一样。自由这种实在性，我们先天地知道其可能性，我们绝对知道它是可能的，"但却看不透它，因为它是我们所知道的道德律的条件"。自由意志作为一个自在之物，我们知道它存在，但是我们看不透它，也就是说不能够认识它的本质，不能够对它作出认识论上的保证。所以我们看不透它。它是自在之物嘛。我们所有的有关于它的一些认识都是表面的，都是它表现出来的现象，但是对它的本身，我们始终不能够穿透它的自在之物这样一个面纱。我们之所以先天地知道其可能性，因为它是我们所知道的道德律的条件。这个"因为"就是说，我们为什么能够先天地知道其可能性呢？因为它是我们所知道的道德律的条件。我们已经知道了有道德律了，既然已经知道有道德律，那么这个道德律应该有它的条件，这个道德律从何而来的呢？那么你必须要承认，它是有它的条件的，那就是自由。自由是道德律的条件。由于我们知道道德律，所以我们知道有自由，自由的可能性真正说来是在这一点上被我们所知道的。在思辨理性中，我们只知道不能否认它的可能性，但在那里我们说它"有可能性"，这是很悬的，无人能反驳，但也没有根据，而现在就有了根据了。但是上帝和不朽这样一些理念就没有这样一种优势了，在所有的理念中，唯有自由的理念具有这种优势，唯一地我们可以先天地知道其可能性。当然我们看不透它。但是它是我们所知道的道德律的条件，这使得我们能够知道它的可能性，这一点是肯定的，是可以确定的。那么下面这个注释呢，我们同样得要一个字一个字地来读。每一个小词都不能放过，像"但"啊，"因为"啊，我们都要搞清楚。不然的话，你就会似是而非，好像都看过去了，但是他具体讲的这个逻辑线索确切的意思,你不能够把握住。你只能够大概知道是怎么回事情,那是不行的。现在我们来看注释。

当我现在把自由称之为道德律的条件、而本书后面又主张道德律是我们在其之下才首次意识到自由的条件时,

自由是我们所知道的道德律的条件,我们已经知道道德律了,但是通过我们知道的道德律,我们就可以知道它的条件是自由。因为道德律跟所有的自然律是不一样的,你不能用任何自然律来解释它。杀身成仁,舍生取义,你用自然规律怎么能解释呢?唯有自由才能解释它。所以自由应该是道德律的条件。我们看到有人杀身成仁舍生取义,那么我们就断言,他是自由的。否则的话,我们就无法解释他。我们用自然规律,按照人的本能解释,那他只会贪生怕死,但是他违背了自然界的本能。那么这个违背本能的行为何以能够做出来的呢?当然是自由地做出来的。他不管自然律会怎么样,哪怕要丢掉性命,他也去干这件事情。这是出于道德律的。当然我们不知道这个自由是怎么起作用的,但是我们通过人做出来一件合乎道德律的事情,做出了一件道德的事情,那么我们反推过去,我们就知道,自由是道德律的条件。道德律何以可能?是因为有自由这个条件,才使得它成为可能的。所以我们现在把自由称之为道德律的条件,而"本书后面又主张",道德律是我们在它之下首次才意识到自由的条件,"意识到"打了着重号,其实就是"认识到"了。"本书后面"是在哪个地方呢?当然很多地方都有,我们这里就不必去一条条地追了。我刚刚讲的其实也已经包含了,当我们讲自由是道德律的条件的时候,那么我们得知这一点,恰好是凭我们知道有道德律,我们看到了有人做道德的事情,我们在自己心中也知道我们有这种可能性,甚至是某种意义上的必然性。凡是道德律命令我们、要求我们去做的事情,我们绝对是可以做到的,只是你不做而已。你不能做到的,道德律不会要求你。比如说要你摘天上的星星,或者要你成为上帝,那当然这个是不合理性的。凡是纯粹实践理性要求我们做的，都是根据我们的能力，是我们能够做到的。那么，我内心的道德律命令我做的事情，这个事我知道我能做到，我肯定凡是道德律命令我应当作的事情，那绝对是我能够做到的，这一点是我毫不怀疑的。一个犯罪的人，他也知道他本来也可以不犯罪，他完全可以做到不犯罪的；或者说一个出卖国家、出卖信仰的人，他也知道他当初做那些事情完全可以不做，他也可以做到大义凛然，甚至牺牲自己的性命，来维护他的理想和信念。你问他，他会承认的。就可能性来说，那当然可以做到，只是因为他怕死嘛，只是因为他怕受苦嘛，所以就出卖了自己的理想嘛。但是我能不能做到呢？有没有这种可能呢？那当然是可能的。纯粹在我的一念之间嘛。所以这是一个事实，这前面第一段里面最后就讲了，"它通过这个事实而证明了它及其概念的实在性"，就是自由的理念通过这样一个道德律的事实，而证明了它的实在性。既然道德律是一个事实，那么道德律的条件也就是一个事实。这是康德特有的一种反思法，追溯它何以可能的条件。我们要特别注意他的这种思维方式，这种思维方式是循环的，就是说当你从一个既成的事实去追溯它的条件的时候，你一方面肯定了这个条件的实在性，但是另一方面呢，你也解释了这样一个事实它是从哪里来的。我们从这个事实作为一个认识的理由，去追溯到它的条件，认识就是要知其然，还要知其所以然。我们知道人有道德律，那么人何以有道德律？我们知其所以然，那就是人有自由，才能够有道德律。如果人没有自由，他只是一个动物，那就不可能做出违背自然律的事情，不可能做出合乎道德的事情。所以"道德律是我们在其之下才首次意识到自由的条件"，有了道德律，我们就从道德律上面意识到了自由。那么这个道德律呢，就是我们意识到自由的一个条件了。如果世界上没有道德律，那我们无法意识到我们是自由的。哪怕我们在现实生活中，我们比动物要强，我们运用理性，我们运用科学技术，我们可以凌驾于万物之上，成为万物中一种最高的高级动物，但是我们仍然可以说，这一切只不过是大自然的一种安排。我们人作为最高级的动物，只不过是比别的动物更强一点而已。那么我们还有什么自由呢？我们就没有自由了。如果仅仅从科学、技术和实用的角度来看人，那么这样一些事实都不能推出我们人是自由的。你有理性又怎么样呢？大自然给你赋予了理性，动物也很聪明啊，你的理性仅仅比动物更聪明一点而已。所以康德认为，唯有在人的道德实践里，才能够真正地发现人是自由的，它是首次意识到自由的条件，道德律使我们第一次意识到我们是自由的。所以道德律是一个条件，这个条件就是，如果没有道德律，没有纯粹实践理性的法则，那么尽管我们有思辨理性，我们也还是不能意识到我们的自由。这个"首次"，其实它的意思也相当于"唯一的"。就是说真正的自由，唯有通过道德律我们才能够意识到，通过任何其他的方式我们都不能够意识到。或者表面上好像意识到了，但是你想一想，你就会发现，它根本是一种自然必然性，归根结底，或者归结到人的欲望本能，肉体需要，或者归结到大自然的安排，或者归结到生态链，弱肉强食，通过进化论我们训练出了一种高级的适应能力。如此而已。但是如果真的有道德律，我们发现一个人是按照道德律来行事，那么，首次我们就意识到了自由。那么，这样一种主张，跟前面的主张——自由是道德律的条件，它们互为条件，这两者是不是一种循环论证呢？很多人就认为他是循环论证，你又讲自由是道德律的条件，又讲道德律是自由的条件，到底哪个是哪个的条件？那么康德在这里呢，把它区分开来了，就是存在的条件和认识的条件是不一样的。

*为了人们不至于误以为在此找到了**不一致的地方**，所以我只想提醒一点，即自由固然是道德律的 ratio essendi[存在理由]，但道德律却是自由的 ratio congnoscendi[认识理由]。*

存在的理由和认识的理由，它们的区别何在？就在于同一个过程它们是从相反的方向来看待。就是说，就存在而言，那当然是有了自由才会有道德律；但是就认识而言，是有了道德律，我们才认识到自由。这是同一过程。就存在而言，有存在的自由所以才表现为道德律。那么当然，反过来你从道德律上面就可以解释了，它的存在的根据就是自由。道德律为什么存在呢？那就是因为它后面有自由嘛。所以，这样一种划分的方式在西方近代以来其实很多人都谈到了，比如霍布斯就已经讲到过说明的方法和证明的方法的不同，马克思也讲到叙述的方法和研究的方法的不同。叙述的方法，你就是要说明它的结构，在你的描述中，你就必须从存在的理由开始。但是研究的方法呢，你必须是从表现出来的经验现象开始，你要研究嘛，你首先要收集例证、要归纳，要论证，要根据事实，然后从事实里面一步步推出它后面的那个根据，那个存在的理由。这是研究的方法。但是马克思在《政治经济学批判导言》里面讲到，叙述的方法和研究的方法是相反的，就是说，当你研究出来了，比如说商品，商品的后面是价值，价值后面是社会一般劳动时间，社会一般劳动时间是人的一种本质的体现，是人的自由的活动的体现。你研究是按照这样一个程序。商品我们现在都看到，然后你研究出它后面的藏着的秘密。那么叙述的方法呢，你就要从它的根本出发，比如说，人的自由的问题，他自由的活动，表现为人的劳动，那么劳动有二重性，一方面是具体劳动，另一方面表现为社会性的抽象劳动，社会的抽象劳动表现为社会一般劳动时间、平均的劳动时间，这就决定了商品的价值。你叙述必须这样叙述，从它的存在引申到它的现象。那么研究是相反的。你必须从它的现象深入到它的存在和本质。所以，这两点呢，其实没有矛盾，完全是统一的，一个存在的理由和一个认识的理由，完全是统一的。人们之所以对这一点感到困惑，是因为人们在这方面没有受过训练，或者是训练很少。有的人只是从经验看问题，那些经验派的哲学家不能或者不愿意反过来从经验的底下追溯到那个本体，然后呢，再用本体作为它的出发点来演绎出经验。经验派认为你那样做就是循环论证了。你本来是从经验推出一个概念，但是那个概念只不过是名称而已，唯名论嘛。但是你又用那个名称推出那个经验，那岂不是循环论证吗？但是康德属于理性派，同时他也吸收了经验派的一些方法。所以他在这个地方呢，两方面他都顾及到了。我研究的时候当然要从一个经验的事实出发，道德律相当于一个事实，当然它不是经验的事实了。在康德那里它已经不是经验的事实，它是一个理性的事实。但是相对于自由来说呢，它是一种事实，而自由是隐藏在后面的。所以我们从人类现实地具有道德律这样一个人人都承认的事实出发，那我就可以推出它后面的自由了。但是一旦推出自由，我就会用自由来解释道德律呀，为什么不行呢？自由就可以被当作一个本体，当成一个存在理由，用来解释道德律。这并不影响我们用道德律作为认识理由去推出自由。

因为如果不是道德律在我们的理性中**早就**被清楚地想到了，则我们是决不会认为自己有理由去**假定**有像自由这样一种东西的（尽管它也并不自相矛盾）。

我们假设一下，"如果不是道德律在我们的理性中**早就**被清楚地想到了"，当然事实是，道德律在我们的理性中早就被清楚地想到了，事实是这样的。这个地方是虚拟式。我们一贯地、从来都清楚地意识到我们有道德律，历来如此。历史上那么多的仁人志士前赴后继，都在为一个道德理想而违背自然律。他们按照自己的规律，按照自己的法则，来支配自己的行动，那就是道德律在我们的理性中所起的作用。道德律在理性中早就被清楚地想到了，被意识到了，如果没有这种情况的话，"则我们是决不会认为自己有理由去**假定**有像自由这样一种东西的"。我刚才讲了，如果没有道德律，哪怕你有思辨理性，你有理论理性，你有科学、有技术，那么，我们仍然没有理由假定有自由这样一种东西。我们决不会认为自己有理由去假定。这个地方用的是"假定"这个词，而且打了着重号。也就是说，自由这样一种东西，是因为道德律被我们想到了，我们才有理由去假定它。但是这个假定我们也要注意分辨，就是说，它这个假定的假设性质并不是那么强，它还是先天地知道其可能性，像前面正文里面讲的"我们先天地知道其可能性，但却看不透它"。就我们看不透它而言，我们可以说，我们这种知道是一种假定，我们有理由去假定。这个理由就在于道德律。道德律使我们有理由去假定有像自由这样一种东西。当然事实上不单纯是假定了，事实上是我们知道。自由不是一个单纯的假定，自由是一个事实。但是如果没有道德律的话，我们就连假定它都不可能，那更谈不上把它看成一种事实了。所以他这个地方是一种退一步的说法。就是说，假如没有道德律被我们想到了，那我们决不会认为自己哪怕是假定像自由这样的东西。当然更不可能先天地知道其可能性。后面括号里面的"（尽管它也并不自相矛盾）"，就是说，自由这个概念也并不自相矛盾，你把它放到不可知的自在之物的领域里面去，它跟自然律没有什么冲突，那么在自在之物的里面我去想它，当然也可以想。自由并没有自相矛盾的地方嘛，它是自在之物嘛，我也不认识它，我也看不透它。我看不透它，但是我假定自由这样的东西是并不自相矛盾的。我们在《纯粹理性批判》的第三个二律背反里面，就是通过这种方式来假定自由这样一种东西。先验的自由理念就是假定，它的实在性还没有得到证明。这种假定凭什么假定呢？仅仅凭它不自相矛盾。就是说，如果在现象界我承认是自然的因果必然性起作用，同时呢，我又假定在本体界可能有自由。这个没有什么矛盾。我说这两句话根本就不会冲突嘛。我没有说现象界就有自由，我只是说本体界——现象界的后面、我们不可知道的那样一个黑暗的地方，那样一个深渊的地方可能是有自由的。我可以设想有这样一种自由，这样一个理念。所以先验自由的理念是我的一种假定，但是它没有实在性。而现在呢，我为什么要去假定？在二律背反里面是说，当人家这样假定的时候呢，你可以承认，这个不自相矛盾。比如说，当理性派假定有自由的时候，你就不能完全否认，你有什么理由否认它呢？当然我也没有理由否认它，我也没有理由说，自由连自在之物那个领域里面都不存在。因为我否认它也要有根据呀。我没有理由去肯定它，但是我也没有理由否定它，那么我们就不妨去假设可能有这么一个自由，这是不自相矛盾的。但是我这种假定是没有根据的。当然在二律背反里面，我要解决二律背反嘛，我不需要有什么根据，我不需要有假定它的根据，我只需要摆脱矛盾。二律背反就是说，自由的理念在现象界发生矛盾了，跟自然律发生矛盾了，那么这个时候呢，我要解决这个矛盾呢，我就承认，自由这样一个理念它的假定在自在之物中也是没有办法否认的。你虽然没有办法证明它，但是你也没有办法否认它。而在《实践理性批判》里面呢，我们就要给这样一种假定提供理由了。不仅仅是为了解决一个矛盾，承认有可能有自由，你还要为它提供理由，你凭什么能够假定。原来是理性派已经假定了，那么你为他辩解，你说他这种假定也否认不了。现在你又进一步要为这个假定提供理由。如果没有道德律，如果不是道德律在我们的理性中早就被清楚地想到了，那么"我们是决不会认为自己有理由去假定有像自由这样一种东西的（尽管它也并不自相矛盾）"。这个里头是暗示了在第三个二律背反里面其实就是假定有自由这样一种东西，没有否认这种东西是可能的。但尽管它也不自相矛盾，那时却没有提出正面的理由或根据。自由的概念在这种解释中，在解决二律背反的过程中，它不会给我们带来自相矛盾，我们承认有这种可能性。但是如果不是道德律的话，那么这种假定也是没有理由的，也是没有根据的。我们通常讲，假定需要什么根据呢？我是假定嘛。但是实际上假定也是需要根据的。你假定这样一个行为，你凭什么可以假定？它也是有理由的，不光是逻辑上的不自相矛盾。它的理由就在于我们发现了人从来都有一种自然律无法解释的东西，那就是道德律。道德律的存在给我们提供了根据，提供了理由，就足以假定我们的自由。那么这种有理由的假定就不仅仅是假定了，那就是我知道。我知道我们有自由。为什么知道呢？因为我们知道我们有道德律。我们知道有道德律，我们就知道了有自由。这是顺理成章的。我们不能单纯地凭自由的不自相矛盾就认为自己有理由去假定它，当然假定它不会发生自相矛盾，只要你把现象和物自体分开，就不会有自相矛盾了。但是你不能单凭这个形式逻辑的不自相矛盾你就假定有一个自由的自在之物存在呀。这个自由的存在你还没有得到理由去假定。你凭什么去假定它存在？那么现在道德律给我们提供了这个理由。由于有了道德律，所以我们有根据去假定自由的存在。

但假如没有自由，则道德律也就根本不会在我们心中被找到了。

"假如没有自由"，这也是用的虚拟式，就是说如果不可能有自由的话，那我们怎么会发现我们心中有道德律呢？我们发现我们心中有道德律，这是一个既成事实，当然不是经验的事实，这是个理性的事实，每一个有理性者，根据自己的理性，反思一下自己，都会发现他心中有一个道德律，他知道自己应该怎么做，而且，凡是应该怎么做的，都是他能够做到的。如果他不能做到的，那就谈不上了，那就不会说他应该那样去做了。做不到嘛。凡是他应该那样做而没有做的，都是他本来可以做到的，这是一个事实。道德律，哪怕我们没有做它，但是我也已经在我的心中找到了这样道德律，我知道我应该这么做。那么假如没有自由的话，我怎么可能在我的心中找到这样一个道德律呢？如果我完全是被动物性本能所决定了的，是没有自由的，我怎么可能承认我本来应该那样做而没有做到呢？我只能说我不得不那样做，或者说我不那样做不行，我是被决定了的，我根本就没有办法。但是现在情况不同，就是说，哪怕一个罪犯他也知道，他本来不应该那样做，他说他本来只能那样做，那是一个借口，或者说那只是说了一方面。他考虑某种情况，某种感情的需要，某种本能的需要，所以他当时呢，只能那样做。当然他心里是知道的，当时他可以不那样做，都在一念之间。所以，道德律在我们心中被找到这样一个事实本身已经反映出我们有自由。所以这是一种反思的方法。我们不能仅仅就事实谈事实，我们要从事实反过去追溯它之所以可能的条件。那么这种追溯就要有一种设想，一种假定，一种假想。就是假如没有那个条件的话，那么我们现在这个事实呢，也就不可能了。而现在既然已经有这个事实，那我们反过来就可以推出来，这个条件也是一个事实。这就像充足理由律一样，莱布尼茨提出了充足理由律，康德也分析了这个充足理由律，就是说，偶然的经验，偶然的事实，使得我们能够反过去假设它有一个充足的理由。任何一个事实，哪怕是一个极其偶然的事实，我们也可以推出，它背后有一整个系列的充足理由，这个充足理由的链条上面哪怕只缺了很不起眼的一环，这个事实就可能不存在了。我们经常讲，如果当初我不做那件事，我不走那一步，当初我稍微偏离一下，我选择了另外一个很微不足道的一种方法，那现在的事情就大不一样了。甚至于有人说，整个历史就要改观了。这个在激烈的社会冲突的场合特别明显。激烈社会冲突的场合，比如战争的场合，那个将军、那个统帅的一念之差，整个战争的结局或者胜，或者败，那么，将来的发展也就完全是两样。由一个很偶然的原因，导致了事情的改观。每一个原因都可以说是很重要的，因为它缺了任何一环，整个情况就大不相同了。也不能说，最主要的是什么原因，就是这个原因，其他的都不重要，那不是的。历史有偶然性嘛。那么康德在这里也是采取这样一种分析的方法。如果没有自由的话，道德律就根本不会在我们的心中找到了。而现在有道德律，那么这个事实就说明了我们有自由。道德律要有根据呀，要有充分的理由啊。这是康德在这个注释里面的说明。

我上面讲的主要是注释里面的这样一个划分。当然这是很重要的，对于理解康德的《实践理性批判》可以说是一个非常关键的地方。但这个地方呢，他主要是把自由和道德律联系起来了，而且认为，在一切理念中，自由的理念是唯一的，我们可以通过道德律来先天地知道其可能性，可以断言它是有可能的，而且可以断言它是存在的。如果不存在的话，那么道德律也不可能了。这是他的前面所要强调的。那么既然它是唯一的这样一个理念，那就还有其他的理念，所以他要加以解释，其他那些理念又怎么样呢？其中呢，他提到的只是上帝和不朽这两个理念。所以他这个地方又有一个转折。

但**上帝**和**不朽**的理念并不是道德律的条件，而只是一个由道德律来规定的意志的必要客体的条件，亦即我们的纯粹理性的单纯实践运用的条件。

自由的理念是道德律的条件，但上帝和不朽的理念并不是道德律的条件。他这个"但是"是跟这个"自由"相区别而来的一个转折。自由是那样的，但是上帝和不朽呢，不是这样的。上帝和不朽的理念，并不是道德律的条件，不像自由那样是道德律的条件。那么它是什么呢？"而只是一个由道德律来规定的意志的必要客体的条件"，上帝和不朽是什么条件？它也是条件，但是它是一个由道德律来规定的意志的必要客体的条件，就是说，由道德律来规定的意志，也就是实践的意志，那么在实践中它要跟客观世界打交道，要跟客体打交道，当然这客体又不是经验的客体，它是由道德律先天地规定的一个意志的客体。就是说，我根据道德律，应该怎么做，那么，我在实践中呢，就朝着这个方向去做，想要把我应该实现的那样一个客体实现出来。当然完全实现出来是不可能的。它只是我在意志中先天规定的，按照道德律先天规定的一个意志的客体。一旦真地实现出来，它就不是了，它就按照经验的规律在起作用，它是一个符合经验规律的客体。但是我在动机里面呢，实际上已经预先规定了一个纯粹的道德客体，我要做一件纯粹道德的事情，我完全是从为义务而义务这样一个纯粹的动机出发，想要做出一件纯粹道德的事情。但是实际上一旦做出来，它肯定不是纯粹的，它就陷入经验世界的自然律里面去了。但是我预先设想了，它应该是朝着这个方向努力的，经验世界的事物应该是与我的道德意志相符合的。朝这个方向努力呢，也不只是说我想想而已，而是我一定要把它实现出来。那么实现不出来，怎么办呢？那就必须要假定来世和上帝，我今生今世实现不出来，还有来世嘛，还有上帝嘛，上帝会作最好的安排。所以，你要把你那个纯粹的为义务而义务的道德律的客体实现出来，那就必须要假定来世和上帝。如果不假定来世和上帝，那就不可能实践，你不可能实践你的道德意志。你一旦做一个事情，你就会陷入世俗生活中间，经验里面，也包括你的感性欲望，你的需要，你的功利，这些东西，你就会陷进去。因为感性世界、经验世界是符合自然律的，它是按照自然律来运作的。我们之所以讲杀身成仁舍生取义就是因为，那些杀身成仁舍生取义的人设想自己的理想一定会实现。怎么实现呢？在来世，在天堂。上帝保证它能够实现，所以我才有信心啊。一个道德的世界是我的道德意志的客体，按照道德律，我的意志是朝着一个道德世界在那里努力。"道德世界"我们上学期已经讲了，上学期讲《纯粹理性批判》的方法论的部分、纯粹理性的法规的部分，特别强调了道德的世界。它是一个"世界"，世界意味着它还是经验的、世俗的，但是它是你想象的世俗经验，你通过一种理知的方式设想的一个理知的世界。它并不是现实经验的世界。来世当然还是一种生活，来世的生活，来世的幸福，这些都包括在内。但是它并不是我们这个世界的生活，它跟我们这个世界的生活不一样的地方就在于，它完全是按照道德律安排的。你的幸福也是按照道德律安排的，幸福是按照道德律成比例地赋予每个人的。你做了多少道德的事情，你就获得多少幸福，善有善报，这是来世的道德世界的一种设想。这个世界在我们的现实世界中是实现不了的，但是它是一个目标。你在做一件纯粹道德的事情、为道德而道德的事情的时候，你是向着那个目标在努力。如果没有那个目标，如果你只有现实经验世界里的目标，那你这个道德是不纯粹的。你没有客体，没有真正的客体，只有经验的客体，那你就会陷入伪善，或者陷入功利，或者败坏道德律。但如果连经验的客体都没有，那你就没有客体，那你的行为就不是一件实践的行为。实践的行为是要把这个客体做出来，才能叫作实践的行为。如果你仅仅是影响了经验世界，没有自己的客体，没有自己的努力的对象，努力的目标，那你这个行为呢，虽然是实践的，却只能陷入经验世界的自然规律里面去。它会陷进去，因为你只有经验世界的客体嘛，经验世界的客体不是以道德律为准来安排的，而是以自然律为准来安排的，那么你就会败坏道德律，或者是把自然律冒充为道德律，那就是伪善。要摆脱这种情况，你必须在你的行为的意志中设定一个超越于现实世界的客体，而这个客体呢，只能够存在于来世。那种来世的道德世界，只有上帝才有可能创造出来，只有上帝才能严格地按照道德律来公平地分配所有的幸福，这样呢，才能够达到至善。我们上学期已经讲到了"至善"这个理念，至善这个理念是在来世作为一种道德世界的一种体制，由上帝来安排的。所谓至善就是德福一致嘛。按照德来分配福，完全按照德的比例来分配福。善有善报，恶有恶报，不是不报，时候未到。要到来世才能完全得到果报。这个是我们上学期已经讲到的。那么这个地方呢，也是从这个角度来讲的。上帝和不朽的理念并不是道德律的条件，道德律本身有它的条件，就是自由，自由是道德律的条件。那么上帝和不朽的理念呢，也是需要的，为什么需要呢？就是说，一旦有了道德律，有了自由，那么道德律要用来规定自由意志，或者说自由意志用道德律来规定它自己，这就是道德自律啊。自由意志用道德律来规定它自身。那么规定它自身的时候呢，它必须要有一个客体，规定自己做什么。因为这个道德律不是一个理论上的法则，它是一个实践的法则，纯粹实践理性，它用道德律来规定自由意志，来做什么呢？来实现一个客体。那么这个客体何以可能？只有当你假设有来世，或者有上帝的时候，这个客体才得以可能。所以这也是推出来的，上帝和不朽的理念也是推出来的，但是它不像自由的理念那样是直接推出来的，直接作为一个事实推出来的，而是完全作为一个假定推出来的。一个必要性，你如果说没有上帝和来世的话，那你的自由意志的客体就不可能了。我们为了在我们按照道德律的自由行动中把它作为一个客体实现出来，那么我们就必须要假定有一个上帝和来世，来保证这个客体的可能性。当然，它的现实性是不能保证的，现实性是在经验世界里按照自然律在运作的。但是呢，有可能性。就是说，当现实性已经完了的时候，这一生你已经过完了，你要进入到来世的时候，你的灵魂不朽嘛，灵魂不朽就是进入到死后的生活，那个时候呢，才有这种可能。如果没有这种可能，那你的行为就完全没有客体了，没有实践的对象了。没有实践的对象，要么就不是实践，要么它的实践就会变质，就会变成一般的日常实践，就会变成日常实用。那么道德律要维持它本身的这种实践，独立的、自由的活动，它必须要假设一个可以实现出来的客体，而这个假设的条件，就是要有上帝和不朽的理念。所以呢，它"不是道德律的条件，而只是一个由道德律来规定的意志的必要客体的条件"。必要性就在于，道德律规定意志，必须要有客体，意志如果没有作用的对象，那它就落空的。如果它作用的对象仅仅是经验世界，那它就不是按照道德律来规定的。要用道德律来规定意志，那它必须有一个对象，这个对象呢，是在来世。为了来世那种道德生活、那种道德世界而努力，哪怕在经验世界中牺牲了自己的生命，也在所不惜。这就是有对象的，有客体的，有理想、有目的的生活。我们讲杀身成仁舍生取义，那是有理想、有目的的生活。下面说："亦即我们的纯粹理性的单纯实践运用的条件"。我们的用道德律来规定意志的必要客体的条件，也就是我们的纯粹理性的单纯实践运用的条件。我们的纯粹理性，在纯粹的实践运用中，也就是说，你有道德律，但是你要把这个道德律用上来呀，才叫作实践呐。单纯的实践运用，"单纯的"就是说，仅仅着眼于它的实践运用，而不是着眼于它的实践的规律。实践的规律就是道德，纯粹的实践理性的规律就是道德律。但是纯粹实践理性的道德律的运用，也就是当你把它做出来的时候，你必须假定一种客体。而你要假定一种客体，你就必须假定这个客体之所以可能的条件，那就是来世和上帝。所以他讲，这是"我们的纯粹理性的单纯实践运用的条件"，这个重点在"运用"上面，你要用它的时候，那么你就必须要设定这样一个理念。至于纯粹实践理性本身，那它的条件就是自由。纯粹实践理性，也就是道德律，它本身的条件，那只能是自由。但是这个纯粹实践理性的运用，它的条件呢，那就必须要假定客体，那同时也就必须假定来世和上帝。

所以，关于那些理念，我不仅要说对它的现实性，而且就连其可能性，我们也都不能声称是**认识**和**看透**了的。

那些理念，也就是上帝和不朽的理念，我对它们的可能性都不知道，这个跟自由的规定就有点不同了。虽然它们都是些理念，但是，认识的理念，我们可以先天地知道其可能性，虽然我们不能看透它，我们不能看透这个自由本身，但是我们可以知道它的可能性。我们不能认识自由本身，它的机制、它的结构，它到底是个什么东西，它的本质，这个东西我们看不透。但是它的可能性我们是知道的，当然现实性呢，在某种意义上我们也可以知道，自由在某种意义上，也可以说是一个事实嘛。它跟道德律一样，它们都是理性的事实。这个在第三批判里面呢，康德曾经讲到，自由在所有的理念中是唯一的一个事实的理念。在《实践理性批判》里面，康德只讲道德律是一个事实 (Faktum)，他没有讲到自由是一个事实。在第三批判里面呢，他讲到自由也是一个事实 (Tatsache)。它这个自由的事实呢，就是从道德律而来的。因为人们有道德律，所以，也有自由。道德律是一个事实，那么，通过假定，通过推测，通过推理，我们也可以确定，自由也是一个事实。所以在某种意义上说呢，自由我们也可以知道它的现实性。当然这个现实性跟经验知识的现实性不一样，它的现实性跟现实性的范畴运用于经验的对象那还不一样，它只是作为一个理性的事实。但这个地方还没有讲到自由是一个事实。自由呢，我们不可能知道它的现实性，但是我们可以知道它的可能性。而上帝和不朽的理念，不仅对它的现实性，而且就连其可能性，我们也都不能声称是认识和看透了的。我们连它们的可能性也不可能知道，我们也不可能认识到。前面讲自由的现实性虽然我们不可能认识到，"看不透它"，但是我们可以"先天地知道"它的可能性，在某种意义上也就是说，我们可以认识到它的可能性，它不是一种科学知识，而是一种实践知识。康德的用语经常有一些不太严格的，就是说，虽然他把实践排除在认识的领域之外，但是他有时候也讲，道德实践也是一种知识。但是不是那种本来意义上的知识，而是一种扩展意义上的认识，即"知道"(wissen)。那么，上帝和不朽的理念和自由的理念的区别就在于，不仅不能认识它的现实性，而且也不能认识它的可能性，我们对它的可能性，我们都不能声称是认识和看透了的。"认识"和"看透"都打了着重号，就是强调，一方面我们不能从理论上认识，另一方面呢，我们就连从实践上面，也不能把它当作是一种实践的知识，也不能把它的可能性当作是一种实践知识。而对于自由，我们可以这样说，我们虽然不能认识它的现实性，但是我们可以认识它的可能性。这个认识是在实践的意义上来讲的。这是他对于这两个理念的一种限定。

但尽管如此，它们却是在道德上被规定了的意志运用于先天地被给予它的那个客体（至善）之上的诸条件。

尽管我们不能认识它们的可能性，但上帝和不朽的这两个理念也是道德意志运用的条件。怎么运用呢？运用于先天地被给予道德意志的那个客体之上。那个客体是先天地被给予道德意志的。那个按照道德律被规定了的意志，先天地就有一个客体，就被给予了一个客体。就是说，按照道德律被规定了的意志是一种实践的意志啊，实践的意志难道没有客体吗？没有客体怎么能叫作实践呢？但它又不是经验的、后天的客体，所以，道德实践的客体是先天地被给予意志的。道德意志要成为一种意志，它就必须有客体，意志必须要有作用对象嘛。你的意志表现在什么地方？肯定必须表现在一个客体上面。你是冲着那个客体来做决定的。道德意志肯定有意志的客体，这是先天地被给予的。那么，在道德上被规定了的意志，它的客体是什么呢？就是至善。按照道德律来规定一个意志，这个意志又必须作用于客体，那么这个客体就是至善，就是德福一致。为什么是至善呢？为什么会是德福一致呢？就是说按照道德律来规定你的意志，你的意志呢，又必须作用于一个客体，作用于客体，那就有幸福的问题在里面。你作用于客体，你作用于世界，那么这个世界会给你回报啊，那么我在做道德的事情的时候，我当然会想，善有善报恶有恶报，这才合乎道德理性，合乎纯粹理性。如果你做好事没有好报，那是不合理的，那是人的道德意志所不能容忍的。我们道德意志的初衷，至少从它的动机上，它是把这个善有善报恶有恶报包含在内的。当然这个善报和恶报涉及幸福，这个幸福呢，它是跟道德成比例的，这是道德律本身的规定能够推出来的。道德律并不是说，好人都要受磨难，都要受苦，不是的。道德律本身当然不考虑幸福，但是，一个道德律一旦做出来，一旦成为一种客观的道德行为，它就涉及幸福的问题。它的动机不考虑幸福，但是它的后果方面肯定有幸福的问题。这个幸福的问题属于客体方面的问题，不是属于主体动机方面的问题。动机上，你为道德而道德，你不管它有没有好报，你都这样做去；但是一旦做出来，如果你没得到好报，你当然觉得是不合理的，你如果得到好报，你觉得是应该的。这个就是纯粹实践理性本身也包含着这一方面，但是呢，它的出发点并不是这一方面。它的出发点是最高的道德律，最高的善。但是呢，还不是至善。至善就是完善了，完美无缺，那就是要善有善报恶有恶报，这才叫作完善，才叫作圆善，牟宗三把它翻译成"圆善"。我们必须要为道德实践设想一个圆满的结局。当然我们的初衷、动机并不是这个圆满的结局，我为了要在天堂里面享福，所以现在做好事，这个康德是不赞成的。但是你做了好事，你在天堂里面享不到福，或者你在世俗生活中享不到福，这个在康德看来是不公平的，是不完满的。它虽然是最高的善，但不是完满的善。而完满的善呢，是在一个按照道德律被规定了的意志运用于客体之上的时候，它所希望的对象。当你运用于客体对象的时候，当你考虑到一个对象，你的目的是否实现出来了，是否实现为一个对象了，既然是实现在一个对象上面，那么涉及这个对象世界呢，它对你就有一种回报。你也可以因为你的道德行为而抱一种希望，康德讲，"我可以希望什么"，这是他的第三个问题，前面"我应该做什么"，这是第二个问题，我做了应该做的事情，那么我可以希望什么呢？第一个问题当然是"我可以知道什么"，这个上学期已经讲了。康德的三个问题，我可以知道什么，我应该做什么，我可以希望什么。那么上帝和不朽的理念呢，涉及我可以希望什么；自由和道德律的问题呢，涉及我应当作什么。我应当作什么，我知道，而且我做了，那么我可以希望什么呢？我做的时候是抱有希望的，我总是希望把我的对象实现出来嘛。你的一个实践行动，如果你根本没有希望，那也不叫实践行动了，你也不会去做。我做这个事情肯定是还抱有一种希望嘛，想把我的目标做出来。比如说，我做一件道德的事情，虽然很可能这件道德的事情实现不了，导致了最后我杀身成仁。但是我之所以杀身成仁，我还是抱有一个希望，就是这个目标能够实现出来。或者说，在我死后，自有后来人把它实现出来；或者是我死后，在来世可以把它实现出来。总有这个希望在里头。而实现出来呢，是一个道德的世界，一个公平的世界，自然就可以希望能够得到好报。我可以希望得到好报，但是这不是我的动机，只是我对于后果的一种估计，我的动机完全不是从希望出发，就是按照道德律来决定我动机，我就要这样做。但是我做的后果考虑没有呢？后果很可能实现不了，很可能好的动机得到了不好的回报，得到了恶报，那么，我的希望只能够放在来世。只有来世和上帝能够公正地使我的希望得到实现。所以，在道德上被规定了的意志运用于先天被给予它的那个客体之上的诸条件，必须假定上帝和来世。你要假定一个上帝和来世，你才能够把你的意志运用于一个客体。如果你的意志是按照道德律来规定的话，那么你这个客体呢就是至善。当然你不从客体方面来考虑，你只从动机方面来考虑，那么它就是道德律，它就是最高的善，但是它不是完满的善，不是至善。你要从客体方面考虑，那就必须有至善。而至善在现实世界中是不可能的，是不现实的。只有在来世它才是可能的。所以必须要有上帝和灵魂不朽的来世来保证它的可能性。否则的话，你的这个行动，就完全是一个主观动机。有好的主观动机，但是呢，你不去把它实现出来，不去把它运用于客体之上，那么这个实践的行为呢，并没有完成。实践的行为是一个动机和目的的统一体，没有动机当然没有实践的行为，但是如果不考虑后果，完全没有后果，它也不是一个完整的实践行为。我们通常讲，康德讲善良意志，只考虑动机不考虑后果，通常这样讲，当然也可以，但是实际上康德也考虑后果。只不过他所考虑的后果是一种应当的后果，不是现实的后果。我在做一件道德的事情的时候，我肯定考虑它的后果，否则的话我这个实践行为是完成不了的。如果你完全不考虑后果，不运用于对象之上，那你这个道德行为还只是一种躺在床上想的东西，不是一种实践活动。实践活动当然要针对一个后果，但是这个后果不是现实经验中的后果，而是你的道德理想中应当的那个后果。这个应当的后果只有上帝和来世才能保证。我们经常误解康德，好像康德就像一个医生只管开单子，哪怕别人吃了他的药，治死了人，他也不管。不是这样的。他在开单子的时候当然想到，我这个药是能够救活人的。当然现实中他可能治死了人，他不是不管呐，他在开单子当初他就想到，我这个单子肯定能够救活人，他才开单子。死了人以后，他可能会谴责自己，也可能会说这是上帝的安排，我也没有办法，我只能救人的病，不能救人的命，那医生也没办法，他可能会这样想。你可以说他不负责任，其实他不是不负责任，他一开始就想到了应该能够救活人。为了能够救活人，我在开单子的时候要谨慎，要动脑子，要防备各种意外。那么康德在这里就是说，防备各种意外，并且要考虑我要达到这样的后果，需要哪些条件。那么在这里就需要上帝和不朽的概念。有了上帝和不朽的概念，我的这个后果就可以保证了，但是如果没有这个概念的话，那我只能服从感性世界了，那我的道德律就被打破了，就坚持不下去了。

这样，它们的可能性就能够和必须在这种实践的关系中被**假定**下来，但却不是在理论上认识和看透它们。

"它们"也就是上帝和不朽，由于它们是道德意志运用于其客体之上的两个条件，这样，它们的可能性呢，就能够和必须——一方面是能够，一方面是必须——在这种实践的关系中被假定下来，理由就是前面讲的，"这样"——就是以前面那样的关系作为前提。前面那种关系就是说，一种道德意志运用于客体之上的时候，必须要假定上帝和不朽，"这样"呢，它们的可能性就能够和必须在这种实践关系中被假定下来。在实践关系中，也就是说，在意志运用于客体之上的这样一种运用的关系中。运用是一种关系了，主体和客体的关系，主观上有一种意志，那么，你必须要运用于客体之上，你才能叫作实践。如果你仅仅是主观的一种意念，而不把它作用于客体，那就还不叫作实践。凡是讲到实践，它就已经涉及客体，那么这个客体是至善。道德意志的客体是至善，它的可能性的条件，必须要有上帝和来世。所以呢，在可能性上，而且必须在这种实践的关系中被假定下来。一方面是可能性，你有了这两个理念，你运用于客体才有可能；而且呢是必然性，就是说你的道德意志要实现出来，它不得不以这样两个理念的假定为前提。如果没有这样两个假定的话，道德意志是根本不可能的。所以它这里有一种必然性在里头。不但是可能，而且是必须假定。"假定"打了着重号。为什么是被假定下来的呢？下面讲："但却不是在理论上认识和看透它们"，这种可能性能够和必须假定，但是它是一种假定，它不是在理论上认识和看透它们。这个假定特别强调它绝对不是一种知识了，它仅仅是一种假定。但是这种假定跟自由的假定呢，还有一点层次上的区别，我刚才已经讲到这一点了。在这个注释里面，我们前面读到了，如果不是道德律，"则我们是决不会认为自己有理由去**假定**有像自由这样一种东西的（尽管它也并不自相矛盾）"。这里也是"假定"，也打了着重号。就是说，如果没有道德律，我连假定自由都做不到，那当然更谈不上知道自由的可能性了。而我们现在先天地知道了自由的可能性。但是在上帝和不朽的理念那里呢，你就谈不上知道它们的可能性了，但是你可以假定它们的可能性，这有一个层次上的区别。就是上帝和不朽的理念，跟自由的理念相比，自由的理念你还可以先天地知道它的可能性，而上帝和不朽的理念，你只能够假定它的可能性。你如果知道有自由的可能性，当然你也可以假定它的可能性，因为这种知道本身也不是理论上的知道，而是实践上的知道。所以在某种意义上来说，从理论角度来说，它也是一种假定。但这种假定呢，是我们推出来的，它是有根据的，它不是没有根据的假定。上帝和不朽的假定也是有根据的，但是这个根据呢，它是从这个道德意志运用于客体之上的条件推出来的,不是从道德意志里面直接推出来的。自由是从道德律里面直接推出来的,而上帝和不朽呢,是从道德律的运用中推出来的。所以,它跟这个道德律还不能直接等同,自由在某种意义上可以跟道德律几乎直接等同,有道德律就有自由,真正的自由就是道德律。但是上帝你不能这样推。你说有道德律就有上帝,那不是的,但是道德律要在实践中运用于客体之上,它就必须假定上帝,假定来世。这是另外一层意思。这个假定跟那个自由的假定层次上是不同的。但是它们共同的一点就是说,它们的这种假定都不是在理论上认识和看透它们。这在三个理念中都是一样的,都不是在理论上认识和看透它们。自由,你也可以知道它的可能性,但是这种知道你是在理论上看不透它的。你知道(wissen)它有,但是看不透它,你认识(erkennen)不了它。上帝和来世也是这样,你可以假定它们,但是呢,你同样地不能够认识它们,不能看透它们。

对于后面这种要求来说,在实践的意图中它们不包含任何内部的不可能性(不包含矛盾)就够了。

对于后面这种要求,也就是对于要在理论上认识和看透它们来说,在实践的意图上它们——也就是上帝和不朽——不自相矛盾就行。也就是说,我们不能在理论上认识和看透它们,但是呢,我在理论上保留对它们的唯一要求,就是只要求它们不包含矛盾。对它们理论上,我们也有要求,我们的要求不是说要认识和看透它们,而只是要求它们在理论上不包含矛盾,那就够了。这就是康德在这个对上帝存有的各种证明的批判里面所讲到的问题。对上帝存有,我们在理论上当然也不能够否定他有可能存在,上帝有可能存在,来世有可能存在,灵魂不朽,有可能的,但是我们当然不能认识它。我们只能说,作为一个物自体里面有可能存在的一个客体,或者一个事情,它不矛盾,因为它跟现象界已经分离开来了嘛。康德对于对上帝的存在证明和对于灵魂不朽的批驳,无非就在这一点,就是说,理性心理学讲灵魂不朽,理性神学,讲上帝存在,这样一些命题,他们的这个错误呢,就在于把现象和物自体混为一谈了,认为我们可以用规定现象世界的那些范畴，去规定灵魂和上帝。这就错了，因为它们会导致自相矛盾。康德的批判并不是说不可能有灵魂，也不可能有上帝，我是一个无神论者。他也不是这样的批判。康德的批判是二元论的批判。就是说，你把两者分开，你把现象和自在之物分开，在现象里面我们看不到灵魂，也看不到上帝。但是在物自体的领域里面呢，你也没有根据去否认它。所以你说有上帝，有灵魂，如果你这个有是指的物自体，那么你并没有自相矛盾，它跟你的经验的知识也不冲突，这就是康德悬置知识为信仰留下的地盘的意义，就在这里。他在对于上帝存有的各种证明的批判及对于理性心理学的批判里面，他没有任何一个地方完全否认了灵魂以及上帝。你要否认它你也没有根据呀。你凭什么否认它？你说它连自在之物都不是，在自在之物领域里面也没有上帝也没有灵魂，这个你就没有根据了。所以你要假定自在之物领域里面有上帝和灵魂，这样一种假定并不包含矛盾。但是你不能因为它的不包含矛盾就证明它是现实的，就以为凡是不包含矛盾的都是现实的，这个你也没有办法知道。理性派的理性心理学和理性神学就是想通过逻辑上的不矛盾来证明一个东西是现实的，上帝是存在的或者灵魂是不朽的，这个是推不出来的。但是呢，在理论上我们能够容忍上帝和灵魂的概念不包含任何自相矛盾，那就够了。这两个概念本身也没有什么自相矛盾，你说它存在于物自体的领域，跟其他的经验知识也不包含冲突。在理论上我们只要设定这两个理念，虚位以待，那就够了。所以对于后面这种要求来说，也就是对于理论上的要求来说，在实践的意图中它们不包含任何内部的矛盾。这个地方特别提到"在实践的意图中"，也就是说，理论上的物自体的领域被保留下来以后，被肯定了它不包含矛盾以后，那么在实践的意图中，它就可以顺理成章了，这就为实践留了一个位置，为人的道德实践留下了一个地盘。在理论上我们不能证明它，不能看透它，不能认识它，但是呢，我们在理论上可以为它们在实践中的运用留下一个余地。如果理论上你都证明了它是包含矛盾的，那在实践上你就谈不上了。如果一个概念包含矛盾，那你哪怕在实践中，你也没办法起死回生了，那它就不可能了。但是它在理论上不包含矛盾，那么在实践中它也就不包含矛盾，你就可以顺理成章地去假定它，不会有任何矛盾。

*　　　　　*　　　　　*

由于这一段很长，又包括一个长注释，所以我把它分成两部分来讲。上一次课讲了前面一部分。今天这一部分是由前面的直接贯下来的，前面讲到上帝和不朽这两个理念，它们的可能性能够和必须在实践的关系中假定下来，但是决不能在理论上认识和看透它们。那么这个"假定"我们要注意，上一段我们讲的这个假定还可以再推敲一下，就是说，他这里讲，这两个理念的可能性能够和必须在实践的关系中被假定下来，上帝和理念的这样一种可能性，那当然属于自在之物和本体的可能性了，在前面的《纯粹理性批判》里面呢，曾经有这样的说法，我们可以翻到第190页即B308的中间这一句话，他是讲到本体的学说了，也就是说范畴不能够离开经验的范围有任何的运用。他说"一旦见不到这种时间统一性"，也就是在经验中，通过时间来统一的这种经验的统一性，如果见不到这种统一性的话，"也就是在本体的情况下，范畴的全部运用、甚至它的全部意义都会完全终止了；因为甚至会根本看不出应当与这些范畴相适合的那些物的可能性"，就是说，范畴一旦离开经验的范围，它所指向的那个本体的"可能性"，我们都看不出来，根本看不出应当与这些范畴相适合的那些物的可能性。在191页即B310说，"一个本体的概念，即一个完全不应被思考为一个感官对象，而应（只通过纯粹知性）被思考为一个自在之物本身的物的概念，是完全不自相矛盾的；因为我们对于感性并不能断言，它就是直观的唯一的可能的方式。……但最终，我们一点也看不出这样一些本体的可能性，现象领域之外的范围（对我们来说）是空的"，这是他对本体的可能性前面有这样一些说法，就是我们根本一点也看不出它的可能性。当然这是在思辨理性的范围之内这样讲的。但是在上一次读的这一段里面呢，就是说，"这样它们的可能性就能够必须在这种实践的关系中被**假定**下来"，我们看不出它的可能性，一点也看不出来，但是我们能够和必须把它假定下来，但却不是在理论上认识和看透它们。"对于后面这种要求来说，在实践的意图中不包含任何内部的不可能性（不包含矛盾）就够了"。也就是说，在实践的意义上面呢，上帝和来世这样一些对象呢，它的可能性是被假定下来的，在思辨理性里面呢，它是不能够假定的，连它的可能性我们都看不出，你凭什么去假定呢？这是《纯粹理性批判》里面的说法。但是，虽然我们看不出，但是我们可以假定。那么假定的理由何在？我们今天读的这一段呢，就是阐述这个理由的。在思辨理性里面，我们根本就没有理由去假定它有这种可能性。但是在实践理性中呢，我们能够和必须把它的可能性假定下来。

　　在这里，于是就有与思辨理性相比较只是**主观的**认其为真（Fürwahrhalten）的根据，

　　在这里，也就是是实践理性的场合之下，于是就有了"与思辨理性相比较只是**主观的**认其为真的根据"。和思辨理性相比较，和认识相比较，在这里，有一种主观的认其为真，而不是客观的认其为真。认其为真，Fürwahrhalten 这个词，我们也可以追溯到上学期讲《纯粹理性批判》没有讲到的最后一部分，也就是 261 页第三节方法论的结尾的那一部分"意见、知识和信念"（B848 以下）。上学期因为时间关系，我们没有讲到它，但是我们在这里可以稍微了解一下，对前面没有讲到的作一个补充。说到这个词，Fürwahrhalten，认其为真，我们就可以参考前面那个地方。这个"认其为真"也是个不好翻的词，我们这个翻译完全是直译，Fürwahr 就是"当作真的"，halten 就是"视为"、"当作是"，所以我们直接就把它翻译成认其为真，把它当成一个词组来了解，这样虽然很别扭，但是不出错。所以第 261 页上面讲到，"视其为真是我们知性中的一桩事情，它可以是建立在客观的根据上，但也要求在此做判断的人内心中有主观原因"。那么这两方面呢，他讲："如果这件事对每个人，只要他具有理性，

都是有效的，那么它的根据就是客观上充分的，而这时视其为真就叫作确信。如果它只是在主观的特殊性状中有其根据，那么它就被称之为置信。"确信 Überzeugung，置信，Überredung，这两个词都有相信和信念的意思。前面这个词，就是说他出自内心的一种坚定的信念，就是我相信，我确信，有的翻译成"信念"，它跟信仰有一种内在关系。就是我信它，我确确实实地信它，有确定性地要信它。所以它跟信仰、信念是有关联的。而后面这个词呢，reden 就是说，言谈，über 就是通过言谈来使他相信。所以我们通常翻译成"说服"。当然它也有相信的意思，但是它是被说服相信的意思。这个词比前面那个的信仰、信念的色彩要淡一些。前面那个很确定的，那就是没有疑问的，无可怀疑的。那么 Überredung 就是姑妄信之，包含有一点这个意思，因为他是被说服了嘛。但是也很有可能他是口服心不服，他并不是出自内心的真心相信，他是被人家说得相信的。所以我们把它翻译成"置信"。当然也不太好，但是为了跟"确信"相比较，也没有更好的办法。就是"置信"只是在主观中有它的根据。一个信念，一个认其为真，它可以建立在客观的根据上面——当然在客观的根据上面，你的主观方面也必须要去信了，也不是说你是被迫的，有了客观根据，如果你被迫，你不得不信它，如果是那样的话，那就是知识了，如果客观上主观上完全都是确定的，那就成了知识了。但是认其为真呢，还不是知识，而是信念，它是有它的客观根据，但是他的内心中也要有主观的一种原因，就是说是你主动地去信的。认其为真，是你认其为真嘛。所以认其为真这两种形式呢，一种是有客观根据的，还是认其为真，但是有客观根据。如果客观根据是充分的，那就不仅仅是信念了，那就是知识了。而如果仅仅在主观中有它的根据，那它就是置信，就是说，你没有客观根据。但是你主观上呢，你有一种需要，主观上你要那样去想。所以这样一种置信的话，它往往会导致幻相。导致幻相，也就成了"意见"。这就是第三节讲"意见、知识和信念"，它们的区别。知识里面包含信念，你获得那个知识你当然是信那个知识的，但是信念是知识中的主观部分，当然它也有客观根据，因为知识肯定是客观的嘛。但是到了知识呢，那就不仅仅是信念了，那就是确定性，那就是 Gewißheit，就完全是没有怀疑的，完全是必然的了。而置信呢，它只有主观的根据，所以它是一切幻相的根源。幻相，前面讲了二律背反呐，上帝的理想啊，理性心理学的谬误啊，这些都是幻相，所以幻相是出自于主观的一种置信，只有主观根据，没有客观根据。这是我们回到前面讲的《纯粹理性批判》的一些界定。所以这个词，Fürwahrhalten，认其为真，主观的认其为真，我们就要前后联系起来。我们的这个《精粹》本有这个好处，它在一本书里面，可以让你上下参照。你读到了第二批判，你可以翻到前面去看看第一批判里面他是怎么讲的，它们的术语都是统一的。对照一下，就可以获得更准确的理解。那么来看这句话："与思辨理性相比较只是主观的认其为真的根据"，思辨理性上的认其为真，那就是知识了。我刚才讲了，所谓知识就是说，它一个是确信，另外一个呢，它不仅仅是确信，而且是知识，是确定性。确信（Überzeugung）跟确定性（Gewißheit）不同，我确信它，但是它还没有被确定下来，没有作为知识确定下来，它还是一种信念。但是知识里面肯定包含有信念。我确信这个知识那才是知识，如果这个知识还在动动摇摇的，那就不能叫作知识了，在知识里面包含有确信的主观的方面，确信在知识里面是属于主观的方面。但是除了主观的方面它还有客观的方面，才构成知识，客观的方面就是确定性。客观上确定了，那才叫知识。这是在思辨理性里面，它是这样的，它是具有一种客观根据的认其为真，那就是具有一种确定性，因为讨论的是知识嘛。那么跟思辨理性相比较呢，在实践理性里面呢，它所拥有的只是主观的认其为真的根据，"主观的"打了着重号。就是跟思辨理性相比较，思辨理性是有它客观上的根据的，有客观上的根据就是确信。但有客观上的根据，不一定就是客观的，信念、确信，不一定是客观的，但是它有客观根据，如果它还没有成为客观，没有成为确定性，那么它就只是一种信念，还是主观的东西，是一种有客观根据的主观的东西。那么如果没有这个客观根据,那你的信念呢,就只是内心的一种置信了。主观的认其为真的根据,也就是置信的根据,它不是确信的根据。

而这根据毕竟对某种同样纯粹的、但却是实践的理性而言是**客观**有效的,

这种主观的认其为真的根据,同样是纯粹理性,但是呢,它不是纯粹的思辨理性,而是纯粹的实践理性,那么这样一个主观的根据,对于同样是纯粹的实践理性而言,它是客观有效的。它只有主观的根据,但是在实践理性中,它客观有效。这个很奇怪了。它本来只有主观的根据,它为什么客观有效呢?那么你就要想到,他这里讲的已经不是认识,它在客观上有效,他是讲的实践理性。当然也是纯粹实践理性,也是抽象的,也是没有具体内容的,但是,这样一种主观根据呢,它在客观上有效。为什么在客观上有效?因为实践本身是一个主观的客观化过程,是一种主观的客观化活动。你的实践要做出来呀,你不能停留在脑子里面想一想,躺在床上做做梦,那不叫作实践。凡是实践你必须要去行动,那么在行动中就有一种客观化的特点。

因而就通过自由的概念使上帝和不朽的理念获得了客观的实在性和权限,

它是客观有效的,它必须把自己客观地实践出来,主观的根据必须客观地实践出来,必须把它付诸行动;因而呢,就能通过自由的概念,——为什么这里就"因而通过自由的概念"?因为实践的行动就包含着自由。你一个实践的行动,你要做出来,当然是你的自由行动了,一切实践的活动,都是通过自由而产生的。凡是实践的活动,里面都有自由,都有意志。如果没有自由,没有意志,那个活动就不叫实践了,那就是自然过程了。实践的活动包含有自由,所以这个里头讲,因而就"通过自由的概念使上帝和不朽的理念获得了客观的实在性和权限",就是使前面的这两个理念,获得了客观的实在性和它们的权限。权限也就是资格,可以翻译成资格,获得了它的资格。就是说,上帝和不朽的理念在纯

粹理性批判里面，在思辨理性里面，它是没有实在性和权限的。你没有资格谈对它们的认识，因为我们人类的认识就是这样的构成的，他不可能去认识上帝和不朽、灵魂这样一些理念。但是在实践的意义上呢，它是客观有效的。它虽然只是出于一种主观的根据，我们把上帝和不朽认其为真，我们把它看作是真的；认其为真以后呢，那么它在实践中它会有效，会起作用。通过自由的概念，我在自由的行动中，我会选择把它们当作是真的。虽然我知道这个视其为真没有客观根据，但是我主观上需要啊，我愿意把它们当作是真的。那么在实践中呢，上帝和不朽的理念呢，就获得了客观的实在性和权限。也就是说，它就具有了客观实在性，具有了它的资格，它就有资格去作为你的实践的一个对象和客体。那么在这个意义上面呢，它具有了客观实在性。你在现实的客观实践活动中，你把上帝和不朽当作你行为的一个对象，比如说以前的基督教的那些圣徒，那些殉道者，它们为了上帝可以做任何事情，甚至丢掉自己的性命。你要是分析他这个行为，他的实践行动的客体是什么，你就会发现，他的客体就是上帝和来世。他相信上帝和来世，所以他就按照这样去做了。至于有没有上帝和来世，这个当然无法证明。他死了以后谁也见不到他了，你也不知道他死了以后到底是见到了上帝还是下到地狱去了，这个没法证实，连有没有来世都没法证实。但是呢，他至少在行动中，他是按照这样一种法则，相信有这样的对象，然后呢，为之而献身。他的行动是这样的，是实实在在的行动，他真的是丢了命了，不是假的。所以它具有了客观实在性和它的权限，作为实践对象的一个资格，上帝和不朽是可以为之献身的，可以作为实践对象来得到证实的。

甚至获得了假定它们的主观必要性（纯粹理性的需要），

"甚至"，这就更加进一步了。我们在行动中通过概念使上帝和不朽的理念实实在在地起了作用，成为了我们这个实践活动的一个对象，一个客体。这个客体当然是我想出来的，但是我为什么想出来？我可不可以不想它呀？所以他在更高一个层次就说，"甚至获得了假定它们的主观必要性（纯粹理性的需要）"，也就是说，假定上帝和不朽，不是随意假定的，不是说我可以假定它，也可以不假定它。我有必要假定它，我在实践活动中，我必须假定它们。当然这是主观必要性，不是客观必要性，不是被迫的。主观上每一个人，每一个有理性者，都有必要假定上帝和不朽。括号里面讲，是纯粹理性的需要，每一个有理性者，只要他有理性，只要通过理性来思考问题，他就必然要把上帝和不朽假定为他实践的对象，假定它有一种客观性，然后在行动中为之献身。所以它不仅仅是说，你有上帝的信仰，我没有，我不信上帝，那你去死，我可以活着，它不是这样的。而是如果你不这样想的话，你自己的理性就自相矛盾了，你就违背你的本性了。因为你有理性，所以假定上帝作为一个客体呢，是必须的，是必然要假定的。如果你不信他，你的理性就自相矛盾。如果你信了他，你又不去实践，你又不去做，那你就问心有愧。这就是理性的必然性，它必然会使一个普通的人问心有愧，甚至觉得自己有罪，对不起某个对象。所以它是纯粹理性的需要，它有一种主观必要性。我们必须假定有这个主观的必要性，假定上帝和不朽的这个对象，这是主观上必要的，或者主观上必然的。假定上帝，当然也就是假定上帝的可能性了。它的可能性就能够和必须在这种实践关系中被假定下来，就如上面一段讲到的，获得了假定上帝和不朽的主观必要性或者必然性。

[5]　　　而理性并没有借此在理论的知识中有所扩展，倒只是这种原先不过是**问题**、而这里成了**断言**的可能性被给予了，

　　理性并没有借这样一种必然的假定、必要的假定，在理论知识中有所扩展。我们主观上有必要假定上帝和不朽，但是理性在理论上面呢，却没有得到任何扩展。是主观假定嘛，你不能说这是一种知识，那就太荒谬了。你必须假定一个上帝，你不能因此就证明了有一个上帝存在于某处，你不能这样来证明。它丝毫也没有这样一种意思，想要在理论的知识中有所扩展。"倒只是这种原先不过是**问题**、而这里成了**断言**的可能性被给予了"，这里又讲到了可能性，我们刚才已经又翻到前面对照

了。这种可能性我们在理论的意义上根本就没有办法知道的，我们连它的可能性都不知道。当然，它的可能性你不知道，但是你也不知道它的不可能性，它的不可能性你也没有办法证实。所以在《纯粹理性批判》里面，在思辨理性里面，它只是一个问题。上帝和来世究竟有没有，我不知道它有没有，甚至于我连它们的可能性都不知道有没有。当然，另一方面呢，我连它的可能性是否没有，我也不知道。我既不知道它有这种可能性，也不知道没有这种可能性，这在思辨理性里面只是一个问题。而在这里呢，成了断言，成了肯定的了。原来是个问题，现在就不成问题了。现在是必须要断言，必须要假定。它的可能性被给予了。在这个地方，这种可能性成了断言，那么它的可能性就被给予了。这个被给予了不是说在经验上被给予了，康德通常用"被给予"这个词都是用在经验上，一个对象被给予了，那就是说，在时间和空间中被给予了，被给予的对象，你总是可以在时间和空间中找到它的位置。这是康德通常的用法。但在这个地方，他不是这个意思。它的可能性被给予了，就是说，我们把它假定下来了，我们把它断言了。这个断言是不能追究的，你为什么要断言？没有什么客观的根据，它只是一种主观的需要。主观需要，我就可以把这种可能性给予出来，给予这样一种可能性，给予上帝和来世一种可能性。那么这种给予呢，就是断言。

<u>于是，理性的实践运用就和理论运用的诸要素联结起来了。</u>

这个地方，你要动点脑筋想一下，跟前面联系一下。在理论运用中的诸要素，那就是感性、知性、理性了。这个地方讲的是"理性的"理论运用的诸要素。理性在理论运用中的诸要素，我在前面讲了，那就是理念。理念最重要的有三个理念，一个是灵魂，一个是宇宙整体，世界整体，还有一个是上帝。首先是理性心理学，是讲灵魂的问题。有没有一个灵魂实体？灵魂实体是否可分？是否不朽？这涉及来世问题。在讲世界整体的时候呢，它是讲世界整体是有限的还是无限的，或者世界最终是由简单的还是复杂的东西构成的，以及讲到了世界上有没有自由。有没

有自由呢，实际上本身是一个自由意志的问题了。再就是有没有上帝的问题。所以在《实践理性批判》里面呢，这三个理念就换了，世界整体这个理念被排除了，被置换为自由的理念了。这就剩下了自由意志、灵魂不朽和上帝这三个理念。实际上呢，还是三个理念，这三个理念跟《纯粹理性批判》辩证论里面的三个理念是对应的。自由意志跟世界整体相对应，第三个二律背反讲了自由意志，它跟这个宇宙整体是对应的，用自由意志这个理念来取代了宇宙整体的理念。灵魂跟灵魂不朽是对应的，上帝当然还是上帝。所以，有时候很难理解，为什么同样三个理念在《实践理性批判》里面成了这三个理念。灵魂和上帝没动，但是一个是自由，一个是宇宙整体。虽然都是有联系的，这个宇宙整体本身跟灵魂不朽也是有联系的，就是这个世界跟来世，这个世界跟那个世界，也是有联系的。但它的内部呢，主要探讨的是一个自由的问题。第三个二律背反其实是最重要的。在四个二律背反里面，第三个二律背反是讲世界是有自由还是没有自由，是否全都是自然必然律、因果律。这个是它内部的一个问题。那么把这个内部的问题单独提出来，它就可以概括二律背反的所有问题。二律背反的所有的问题实际上都涉及有没有自由的问题，有没有一个最高的创始者，也就是上帝的自由意志。很多人都讲，第四个二律背反其实就是第三个二律背反，讲必然和偶然，这个世界是必然的还是偶然的。所有的必然性，因果必然性，加在一起就是一个充足理由，一个最大的偶然性。这个偶然性，那肯定也就是自由了。这是叔本华的解释。也有很多其他的人也是这样解释的。所以四个二律背反最后归结为一个自由的问题。其实第一、第二个二律背反也暗中涉及自由问题：如果有自由，那么世界就会在时间上有开端，在空间上有边界，在构成上是单子了。如果没有自由，这些当然都谈不上。所以这三者就是他的理论运用的诸要素。它跟实践运用中的要素呢，是一一对应的。"于是，理性的实践运用就和理论运用的诸要素联结起来了"，为什么联结起来了？就是他前面讲的，原先只不过是问题，而这里成了断言。首先，自由的理念，我们已经谈到了，就是自由在第三个二律背反里面仅仅是个理念，先验的理念，它是没有实在性的。作为一个先验的理念，就是认识论上面要提出来的一个理念，不得不提出来的一个理念，因为一切因果必然性必须要有一个充足理由嘛，这个充足理由必须是再没有进一步的理由了，那它就是自由嘛。所以这是理论上必要的一个理念。但是呢，它并没有理论理性上面的实在性。这个理念也是我们主观认识的一种需要，但是呢，你不能说它本身是一种知识。自由我们不得不假定它，作为一个先验的理念来假定它，但是呢，它还是个问题，到底有没有自由，在认识上面是一个问题。你既不能证实，也不能证伪。但是在实践理性中呢，赋予了它以实在性。我在前面已经讲了，它给了思辨理性中先验的理念以实践的实在性。它就不再是先验的理念了，它是一个实践的前提。一切实践活动里面都包含有自由。你在做一件事情，你就有自由，你必须假定它，虽然你不能认识这个自由到底是什么样的结构，一种什么样的机制，对它形成一种什么样的知识，这是不可能的。但是你做任何一件事情里面都有自由，它不是知识论的。那么这两种不同的自由实际上是同一个自由。你从认识的角度来看，你就只能够假定一个先验自由的理念，但是你从实践的角度来看呢，你必须承认它是一个事实。每一个有理性者都知道，自己的行动是自由的，自己本来是可以不这样做而那样做的。你做任何一件事情都是这样，不管你做好事还是做坏事，你都知道我本来可以不那样做，所以你才能为你的行为负责啊。如果你只能那样做，那你就不必负责了，你就不是一个自由人了，甚至于你就不是一个人了，你就成了一个动物，成了一个机器。所以这是一个事实，就是说，每一个有理性的人，都知道自己是自由的，这是一个事实。当然这个事实是由道德律显露出来的。你真的是自由的，那只有道德律能够严格地证明这一点。在日常的实践中，当然你也知道道德律是自由的，但是你也可以怀疑，我是不是自由的？我自以为是自由的，但是是不是后面还有一些心理的、生理的因素在决定着我？是不是有弗洛伊德讲的潜意识，我不知道它已经把我决定了？我自以为是自由的，好像是自由的，是不是这样？所以日常的实践中，虽然我们知道自己是自由的，本来可以不那样做，但这还只是一种想法。你是否真的本来可以不那样做呢？也许当时只能那样做了。这个没有办法证实。所以有很多犯罪分子为自己辩解，就说我当时只能那样做，用这句话来为自己辩解。这是最有力的一种辩解，因为你没有办法反驳他。你说你当时可以不那样做，他说不对，我当时只能那样做。这个没有办法证实。但是唯有一件事情可以证实的是，就是道德行为可以证实你是自由的，人真的是自由的。因为按照自然力，人完全可以不做那些道德的行为，但是人做了。所以它是具有实在性的。那么除了自由的理念以外，还有其他的，上帝和不朽的理念，在《纯粹理性批判》的先验辩证论里面，仍然是成问题的。当然康德也没有完全否认上帝存在、灵魂不朽，在《纯粹理性批判》里面，他只是批判了那些对它的证明，谬误推理，以及对上帝存在的各种证明。但是他并没有完全否认它们的可能性。至少它们是不自相矛盾的嘛。那么在《实践理性批判》里面呢，他证明了，它们不仅仅是不自相矛盾的，而且按照理性的法则来说，它们是必然要假定的。所以，如果你是一个有理性者，你就必须断言，有上帝，有来世。这个断言不是在知识论的意义上断言，而是在道德行为上面的断言。就是应该有上帝和来世，这是一种理性的断言。我应当作什么，应当按照有上帝和来世的那样去做。所以他这里讲，把这种成问题的东西变成了一种断言。当然这个断言还是一种可能性了，可能有上帝和来世，我断言不是不可能的，是可能有的，那么我当然就不妨去按照有的那样去做。当然你做不做还是你的自由意志，所以你只能断言有这种可能性。你要做坏事，你可能会下地狱的。但是你不能断言说绝对就会下地狱，从知识论上面来证明，那是证明不了的，你只能断言有这种可能。所以在这种意义上面，理性的实践运用就和理论运用的诸要素联结起来了。这两个体系不是两个完全孤立的体系，它是有联结点的。最主要的联结点就是自由的概念。我在前面讲了，自由的概念是两个理性——实践理性和理论理性之间的拱顶石，最有功能的一块石头就是自由的理念。然后，自由的理念一旦奠定，就拖出来了一串理念，包括上帝存在和灵魂不朽。这一串理念呢，随着自由理念的被奠定，也就获得了它们的实在性，获得了它们的实践的必要性。所以，理论理性和实践理性，它们的理性的运用是在这一点上联结起来的。通过自由的概念，上帝的概念和不朽的概念，这三个理念构成了一个联结点。这三个理念在两大批判里面都有，但是它们的含义不一样。在理论理性批判里面，这三个理念是作为一种不具有客观实在性的主观的设定，而且是有问题的，我们姑妄言之。我们既然不能否认它们，你不能否认有自由，你不能否认有上帝，你凭什么否认，你要否认它你也必须有经验，我没有经验到上帝，但是你也没有经验到没有上帝，所以你不能否认，它还是一个问题。但这个问题呢，留在那里，到《实践理性批判》里面，就成了断言，它就把那个空位填补上去了。所以这两个批判的诸要素呢，就联成了一体。当然是不是就结合得那么好，这个康德在后面是有怀疑的。就是说，虽然联成了一体，但是毕竟实践和理论这两个体系呢好像是对立的，所以要找到一个它们两者之间过渡的桥梁，那就必须要建立第三批判，这是他后期感到不踏实的一点。所以他写完了《实践理性批判》以后，又写了一个《判断力批判》，来把这两者更好地结合起来。其实在此之前，他已经在考虑前两大批判之间是不是有联系。那么在这里表现出，他认为是有联系的。这两大批判的互相独立，并不是完全绝对脱离的，它们的接触点就在这里。

　　而这种需要绝不是思辨的随便哪个意图的假设性的需要，即如果人们想要在思辨中上升到理性运用的完成就必须假定某种东西，

　　"这种需要"就是上面括号里面的"纯粹理性的需要"，假定上帝和来世是一种主观的必要性，也就是纯粹理性的一种主观的需要，但是"绝不是思辨的**随便哪个**意图的假设性的需要"。这种需要是一种实践理性的需要了，所以它绝不是思辨理性的需要。思辨理性的需要表现为"**随**

便哪个意图的假设性的需要"。就是在思辨理性里面，我也有一些需要，有很多需要，有一种假设性的需要。在思辨理性里面，我必须假设一些东西。牛顿讲，物理学要当心形而上学，他否认一切假设。但是牛顿自己呢，也做了一些假设，最著名的是"上帝第一推动"的假设。在思辨理性里面离不开假设，科学思想发展离不开假设。那么在康德这里呢，作为思辨理性呢，在哲学上面，作为一种知识论，也离不开假设。比如说宇宙整体，我们有了这个假设呢，我们在认识客观世界的物理学的时候可以不断地追求完备。灵魂实体，我们在研究心理学的时候，有了这个假设，我们也可以不断地追求完备。上帝存有，我们有了这个假设，在大宇宙和小宇宙两方面，可以同时去追求它们的和谐统一。这是一种思辨理性假设需要。它必须要设立假设。但是这个意图是比较随意的。我作为一个物理学家，我不要那个假设也可以，拉普拉斯就说我不要那个假设，拿破仑问他，你这个体系里面，上帝坐在什么位置？拉普拉斯说，我不需要那个假设。我埋头就做自己的事情，我不去展望未来，只关注它的体系，它的完美性、完备性，那也可以啊。我可以做一个很好的物理学家，我也可以做一个很好的数学家。我不管其他的嘛。所以，它是比较随意的，如果你想要"在思辨中上升到理性运用的完成就必须假定某种东西"，你就可以去想。你也可以不想，随意嘛，你喜欢那样，那你就假设。你喜欢追求完美嘛，那你就追求假设。但是你不去追求假设并不妨碍你获得知识。只是你的这个知识可能眼界比较狭窄，缺少进一步完善化的动力，但是你就事论事，你把这个事情搞清楚也是一种知识的追求。千千万万的物理学家都在追求，其中物理哲学家能有几个呢？只有霍金、爱因斯坦这些人才上升到哲学的层次，那就够了。所以学理论物理学的在美国是找不到工作的。理论物理学全美国只需要五个人就够了。你能找到工作？你能闻点气味就够了。大量的人是做实际工作的。如果你真的有这个理想抱负，你要搞，那当然也可以，你搞到出类拔萃，也不是说就不需要。但是是比较随意的，它不具有一种强迫性的。人们如果想要在思辨中上升到理性运用的完成就必须假定某种东西，"想要"打了着重号，是跟"随便哪个意图"相对应的。随便的意图嘛，任意的一个意图。我想要追求完备，那当然可以。但是如果别人不想要呢，也没有关系。这是不一样的。

相反，它是**一种合规律的**假定某物的需要，舍此，我们**应当**不放松地建立为自己行为举止的意图的东西就不可能发生了。

"合规律的假定某物"，那就有必然性了。不是随意的，而是不假定不行了。你有理性，那么在实践中，你就必须合规律地假定某种东西，这才符合你的理性。你可不可以不符合你的理性呢？如果你要跟他抬杠的话，当然也可以，我不想做一个人，我想做一个动物，我想把自己的脑子全部坏掉，我想去得精神病，那都可以。但是这是另外一个问题了。就是说，凡是一个有理性者，康德的前提在这里，他谈的都是有理性者，都是理性的人，人具有理性的本质，都是在这个前提上谈问题。那么这个里头就有一种合规律的假定。上帝，来世，包括自由在内，它们是一种合规律的假定某物的需要，它是一种理性的需要，也就是它是一种理性规律的需要。是必然的，你不假定它不行。"舍此，我们**应当**不放松地建立为自己行为举止的意图的东西就不可能发生了"，如果没有这种假定的话，那么有一些东西就不可能发生了。什么东西不可能发生了呢？"我们应当不放松地建立为自己行为举止的意图的东西就不可能发生了"，也就是说，前提是，我们应当一时一刻都不放松。前面那些思辨理性的假定呢，是可以放松的。你在专注于某个具体问题的科学研究的时候，你可以不去管上帝呀、灵魂呀这些东西，你可以放松它，放它一步，把它悬置起来。但是在实践理性的规律里面呢，我们应当不放松地建立为自己行为举止的意图，把这样一些意图，把上帝和来世当作自己的目的。我们追求上帝和来世，这是我们在实践行动中一刻也不能放松的。这种不放松不是你的随意，不是主观上想要这样，而是理性本身的规律。凡是你有理性，你按照这种规律，你就必须去设立这样一些假定。所以这些假定对于人的实践活动来说，它不再像思辨理性范围里那样，只起一种范导性的作用，或者起一种调节性的作用，而是起一种构成性的作用。构成性的 konstitutiv，调节性的 regulativ，这两个概念是康德的一对范畴，这个地方没谈。regulativ 我们翻译成调节性的，有的时候翻译成范导性的。所谓范导性的、调节性的，就是说我们在认识的时候呢，要有一个引导，有一面旗帜在前面，虽然我们永远达不到那个目标，但是我们心向往之，我们不断追求完美，那我们就需要一些理念，比如说，世界整体，灵魂，上帝，这样一些理念是起范导性作用的。它们不能构成知识，它们在知识里面只起一种引导作用，它们本身置身于知识之外，但是呢，引导着我们人类的知识不断地追求整体性，最后达到追求上帝和完备性。在外部世界我们追求达到世界整体，在内部世界我们追求达到灵魂，总的来说我们追求上帝。但是它们不是知识，它们对于知识来说，是起调节作用的。而在实践理性里面呢，这样一些客体具有了实在性。它们是我们在实实在在的行为中，作为我们行为的一种结构，这个结构的基点当然是道德律和自由意志。但是由此引申开来、推演开来，必须要设定上帝和来世。所以它具有一种构成性的作用。如果没有这样一种假设，没有这样一个对象的假定，一个来世和上帝的假定，那么，"舍此，我们应当不放松地建立为自己行为举止的意图的东西就不可能发生了"。我们要建立为自己行为举止的意图，就是说，你的行为举止必须要有一个意图的对象，要有一个客体，我们的一切实践活动，都是有对象的，也就是有目的的。实践就是有目的的活动嘛，有目的就有了对象啊。这个对象也可能不一定是经验的对象，也可能是理想中的对象，但是它终究要有个对象。你要做一件行动嘛，你总是有意地去做出来的，你是为了什么去做的，那么你就有一个对象。如果没有这种合规律的假定的话，我们应当建立自己举止行为的行动的不放松的意图，就是时时刻刻都有这个意图的那样一种东西呢，就不可能发生。我们在日常的实践活动中也有意图对象，但是哪个意图对象都是相对的，都是可以放松的，我可能追求某个对象，也可以不去追求，我追求另外的。我这个追求不到，我再去追求别的，这个都是可以的。我们没有哪个强迫你一定要追求什么东西。但是上帝和来世，那是必须追求的。从理性本身可以推出来，它是合规律的一种假定，一种必然的假定。你做的任何事情，都要符合这个假定，这才是人的终极目的。人的一生的终极目标、终极意图，只能够是在这个上面，它是由道德律所推出来的。道德律是无条件的命令嘛，你一定要按照道德律去办事情，这个不是因为别的条件，不是你想搞好人际关系，所以你必须要按照道德律办事，那不是的，那是假的。按照道德律办事，就是应该按照道德律办事，不是为了搞好人际关系，也不是为了治国平天下。我们中国人讲"有德者得天下"，那你这个"德"就成了工具了，把德当作得天下的一个手段了。但是按照康德的道德律，它是无条件的命令。没有条件，你就应该这样做。为什么？因为你是一个理性的人。当然它也有个条件，就是说，你是人。如果你不是人，那当然没有人要求你去做道德的事情。如果你是个人，你是人就有理性，你有理性，那你就应该做道德的事情。因为理性按照它的逻辑推出来，如果你把理性运用在实践活动中，那么，这种理性在实践中的表现就是道德律。那么通过道德律呢，也就可以推出来，它就是按照有上帝和来世的那样去做。它有一种规律的必然性在里头。否则的话，这种目的，这种设定为自己行为举止的意图的东西呢，就不可能发生了。那么人的纯粹实践理性这样一种活动，也就不可能了。纯粹实践理性不可能，那么人就基本上还是一个动物。尽管你有日常的实践理性，那个实践理性呢，还没有从动物中超拔出来，你还不能算一个完全的人。或者呢，我们还可以给它引申一下，就是说，人的这种日常实践理性，其实里面已经隐含着纯粹实践理性的法则，只不过它被感性的东西掺和了，你如果把这个纯粹实践理性的法则单独提出来，那它就是道德律。但是它掺和了别的东西以后，它就被切成一片一片的了，切成片段的了，它就不成其为道德律，它就是临时运用的工具，为了一些感性的目的、感性的需求而服务。当然它也可以服务，它是理性嘛，人有理性人就比动物更高级，但是这种理性体现不出人的独特性，人跟动物没有什么区别了，动物只不过没有人那么聪明，人比动物更聪明，所以人可以凌驾于万物之上，如此而已。但是在别的方面呢，他没有高于动物的尊严，人是一种高级动物啊，他是从所有生物里面发展出来的一种高级生物，但是没有从根本上超越于动物之上。唯有你把这种纯粹实践理性从人的日常实践中提取出来，单独地把它厘清，你才能发现自己天赋有理性，它的真实的目的是什么，是要使你成为一个有道德的人，是要成为一个高于一切动物之上的人，是要你成为一个具有神性的人，这是理性的目的。所以，在这个地方呢，理性的"应当"是无条件的，而且它是不放松的。只要是一个有理性的人，哪怕他还没有想到道德律，但是道德律已经在他的日常实践活动中起作用了。虽然是片段地起作用，但是已经起作用，只是作为工具被感性的欲望所利用。但是一旦他获得了自觉意识，把这种纯粹的道德律提取出来，作为自己终身的目标，那他就是一个完全的人。

前面讲的通过纯粹实践理性，按照一种必然的规律，我们所作出的一种假定，就是上帝和来世的理念，在这种假定中，它是有根据的，它不是毫无根据的，而且这种根据虽然是主观的，但是这种主观需要一个客观对象。通过这样一种需要，——这种需要不是临时的需要，而是一种必然的、理性本身的一种需要，由理性本身推出来的一种需要，——而建立起它的意图的对象，一个客体。这是从正面的论证。上帝、来世和自由，这样一些理念，它们在纯粹实践理性里面有一种必然的、不得已的合规律性。那么下面这一段就是反过来讲了，前面是我们从正面来证明它，那么我们从反面能不能用另外一条方式来假定它。正面的证明本来就是由于反面不可能证明了，思辨理性不可能证明了，那么我们在实践理性里面呢，我们可以给它一种积极的证明。但是回过头来我们看一看，是否本来在思辨理性里面就有这样一种可能，来对它加以证明，这是当时、康德的时代一切理性派的独断论者，它们梦寐以求的，就是想用思辨的方式来证明上帝、灵魂不朽和自由这些理念。那么是不是能够做到呢？这一段就是康德的反过来反观那些独断论者的想法。

当然，会使我们的思辨理性更为满意的是，直截了当地独立解决那些课题，并且把它们作为洞见而为实践的运用保存下来；

"当然"就是一种让步了，前面讲了那么多，通过实践理性来证明。但是我们为他人着想一下，我们让一步，退一步说，思辨理性更加满意的不是我这种证明方式，我这种证明方式等于是撇开思辨理性了，当然它们有联系，思辨理性和实践理性通过这种方式呢，联结起来了，但是思辨理性本身对此还是不能满意的，这种联结好像还是一种外在的联结。你思辨理性解决不了了，然后你换一种立场，从实践理性的角度来解决这些问题。当然你也许解决了，但是思辨理性还是不满意。因为独断论者他们总是从思辨理性出发，从理论理性出发，把理论、认识论看得比实践论要更高。康德现在倒过来了，实践理性高于理论理性，这个是违背他们一向的传统的。思辨理性本身，它把自己看作是至高无上的。所以呢，"会使我们的思辨理性更为满意的"将是另外一种方式，这里使用的是虚拟式，所以我们加了一个"会"。就是这样的方式可能思辨理性会更满意一些。什么样一种方式呢？就是"直截了当地独立解决那些课题"。直截了当地，也就是撇开我们前面所有这些绕弯子，按照思辨理性的眼光来看，可能康德是在绕弯子。你用思辨理性证明不了了，所以你绕到实践理性那边去，来对它加以证明。但是思辨理性更喜欢直截了当，就是说，就从思辨理性里面推出上帝的存在、灵魂不朽、自由，独立地解决那些课题，不需要实践理性插手。或者说，实践理性也必须建立在思辨理性的基础之上，我们先从思辨理性的范围之内，把一切问题都解决了，然后呢，再解决实践理性的问题。所以他讲："直截了当地独立解决那些课题，并且把它们作为洞见而为实践的运用保存下来"。洞见也就是知识，我们看到里面去了，我们深入到了它的实质，看透了它的本质，思辨理性梦寐以求的就是这个，就是要追求一切知识，真正的知识，一切洞见，看透它。当然，按照康德的说法，那是不可能的，你只能看到现象的东西，你不能从现象上面看透它底下的物自体，那个是透不进去的。把它作为洞见，这是思辨理性的一个理想，把这些课题作为洞见，而为实践的运用保存下来，在思辨理性里面就已经看透了，就已经有了关于上帝，关于来世的洞见。你通过推理，通过谬误推理也好，通过二律背反也好，通过对上帝的存在的证明也好，你获得了这种知识，然后我们的实践呢，就能够放心大胆地来运用这些知识。所以思辨理性的想法，独断论的想法，就是想在认识论领域里面把这些问题解决了以后，那么我们在实践中就可以有这样一些知识可以运用了。所以它是"为实践的运用保存下来"的。我们在思辨的运用中，在理性的理论运用中，已经识破了所有这些理念的秘密，那么我们在实践运用中呢，就可以可靠地来使用它们了。

不过我们的思辨能力却从来不曾处于这么好的状况。

这是一个事实了。康德就是用他们失败的这些事实呢，来反驳他们。就是说，你们搞了那么多年，你们从来没有成功过，你们那些证明，对上帝存在，对灵魂不朽的证明，从来都没有成功过，所以"我们的思辨能力却从来不曾处于这么好的状况"。以往的形而上学全都是失败的，以往的形而上学都不科学，都只是一厢情愿。思辨理性想要参透这些形而上学的秘密，但是都做不到。

那些自夸有这样一种高级知识的人在这方面不应当保守，而应当把它们公开地展示出来，供人检验和赞扬。

这里是有一点讽刺的意味了。前面其实也有讽刺的意味，就是我们的思辨理性，你想得倒好，但是呢，你从来也没有成功过。那些自夸有这样高级知识的人，自以为已经证明了上帝，已经证明了灵魂，已经证明了世界整体的状况，那些获得了这样一些高级知识的人，你们在这方面不应该保守嘛，就把你们那些知识公开地展示出来，供人们检验和赞扬。

你自夸有高级知识，那么你就把它拿出来呀，摆出来呀。前面我已经把你们这些知识做了一番检验，证明它们都是失败的。如果你还不服气，你还有，那么你把它摆出来嘛，"应当把它们公开地展示出来，供人们检验和赞扬"。这些方面表现出康德的一种讽刺和自信。但是另外一方面呢，也表现了他的一种宽容精神。就是说他的这种批判，并不是独断的，并不是像独断论者那样，武断地否定。他是在把人家所有可能展示出来的所谓高级知识都检验了一番以后，然后再问他，既然这些东西你们没有根据，站不住脚，你还有没有什么别的更好的呢？你把它摆出来呀，你不应该保守嘛。这就有点讽刺了，谁还会保守呢，发现了一点就急急忙忙要把它公布出来，绝对不会保守的。但是康德还要说，现在我还没有看到，你们肯定保守了，你们还有东西没有公布出来，你应该把它公布出来呀，供人们检验和赞扬啊。赞扬就是反讽了，如果真的有这种高级知识，那是值得赞扬的。我很同情你们，对所有的意见，报以同情的理解，你们都可以把它说出来嘛。

他们想要**证明**；好吧！他们尽可以去证明，而批判将把自己的全部武器放到他们这些胜利者的脚边。Quid statis? Nolint. Atqui licet esse beatis.

"证明"打了着重号，也就是通过思辨理性，对上帝、对灵魂加以证明。他们尽可以证明嘛，如果他们能证明得成功，那么批判——就是指他自己的批判立场了——"将把自己的全部武器放到他们这些胜利者的脚边"，那么我愿意投降，把我的武器放到你的脚边，这在西方就表示投降了，缴械了。这个当然也是讽刺。康德还是很有幽默感的。他在这里引用了贺拉斯的《讽刺诗集》里面的一句话。"Quid statis? Nolint. Atqui licet esse beatis."（为什么站着？他们不愿意。但他们本可以是幸福的。）这是带有一种讽刺的口气了。他们为什么站着不动呢？他们为什么那么保守呢？为什么不去证明呢？他们号称要去证明，为什么不去证明呢？他们不愿意。当然他们的行动都是处于他们的愿意，他们不愿意嘛。但是他们本来可以幸福的，太可惜了，就是说如果他们把他们的证明摆出来的话，他们就会幸福了，能够使他们的思辨理性满意了。这是康德对于他们的一种调侃。在调侃里面我们也可以看出，真正的论辩应该是、也可能采取这种风格的。我曾经讲苏格拉底式的辩论，不是我们这个大学生辩论赛的辩论，大学生辩论赛都是以势压人，以口齿伶俐来压人。不是的。你应该摆出来，摆事实讲道理嘛，应该平心静气地，和颜悦色地，在这个里面包含一种幽默。我们的大学生辩论赛什么时候能够达到这种水平，那就是非常理想的了。但是我看过的大学生辩论赛还没有一个能够达到这种水平，每个人都抢话筒，实际上应该抢的是问题。你要提出一个问题，要问得人家哑口无言，然后呢你才把自己的道理慢慢地摆出来。这个应该是苏格拉底式的辩论。康德就有这种风度。就是说，你把你的东西都摆出来，你摆出来的东西我得进行一番检验，那么你还有没有什么别的东西。他没有那种盛气凌人，顶多是一种讽刺和幽默。

——所以，既然他们事实上不愿意，估计是由于他们不能够，我们就不得不只有又重新拿起那些武器，以便到理性的道德运用中去寻找，并在这种运用中建立起**上帝**、**自由**和**不朽**这些概念，而思辨并未给它们的**可能性**找到充分的担保。

"事实上不愿意"，就是说表面上你看不出他心里面究竟是不愿意还是不能够，至少他没有做出来，我们就姑且说他是不愿意。但"估计是由于他们不能够"，只是估计，我们不能武断地说他们不能够，你怎么能说他们不能够？说不定有一天他摆出一个好的道理来了，你驳不倒的。所以是估计他们不能够，至今还没有提出更好的道理来嘛。"我们就不得不只有又重新拿起那些武器，以便到理性的道德运用中去寻找，并在这种运用中建立起**上帝**、**自由**和**不朽**这些概念，而思辨并未给它们的**可能性**找到充分的担保"，估计他们大概是不能够，我没有断言他们不能够，但是现在他们还没有拿出可靠的证明来，所以呢，我们就不得不又重新拿起那些武器。哪些武器呢？就是那些批判的武器。本来我们是准备缴械投降的，但是你现在不能说服我，没有拿出更好的证明，所以我们只好再拿出批判的武器，"以便到理性的道德运用中去寻找，并在这种运用中建立起**上帝**、**自由**和**不朽**这些概念"。我上次提到了，这些概念的实在性，是道德律运用的实在性，是理性的道德运用的实在性。理性的道德本身，它不需要这种实在性。道德律本身不是由于上帝、由于不朽才得以成立的。自由当然是它的存在理由，唯有自由的概念是道德律的存在理由。但是道德律本身，它本来是可以不需要上帝和不朽的，但是它的运用不能没有上帝和不朽。所以康德的宗教观是建立在他的道德观之上的，而不能反过来，把他的道德观建立在宗教观之上。他的宗教观是他的道德观运用的必然性。就是说，你的道德观，你的道德律，你要用起来，你要放在实践中来实行，那它就要有一个客体，有一个实行的对象。这个实行的对象不可能是经验的对象，而必须是你假定的，从纯粹实践理性的逻辑推演出来的、推定的、必然的一个对象。那就是至善，包括来世和上帝，你要推出至善，你就要设定来世和上帝。所以至善和来世、上帝这样一些理念，都是在理性的道德运用中找到的和建立起来的。当然他把自由也放在这个里头，自由可以说涵盖两层，一方面自由是道德律存在的理由，另一方面它也是道德律运用的理由。道德律的运用，你必须要有自由这个概念；而在自由这个存在理由的基础之上，你才能建立道德律。它的这个关系是这样的。但是在这三个理念里面，只有自由是这种关系。上帝和不朽这两个理念，跟道德律倒不一定是这种关系，不完全是这种关系。它们也是道德律不可少的，但主要是着眼于道德律的运用。就道德律本身的设定，它只要有自由意志就够了。自由意志的自律，那就是道德律。不需要上帝，也不需要不朽。但是在现实的实践中，你还不能不设定上帝和不朽。自由意志在现实世界中，当然也是不少的，但是还要有上帝和不朽。上帝也有自由意志嘛。自由意志在上帝那里也是不可少的。上帝凭借他的自由意志来进行审判，来创造世界。所以在这三个理念里面，是通过理性的道德运用，我们寻找到了，并在这种运用中建立起了上帝、自由和不朽这些理念。自由的理念当然不是在这种运用中建立起来的，它是这种运用的前提，但是也可以建立，建立为比如说上帝的自由。我们作为前提的自由，是人的自由意志，但是建立了上帝的自由，这个也需要设定上帝，在它的运用中设定上帝，所以也可以说它是建立起来的。在这种道德运用中寻找，并在这种运用中建立起上帝和自由这些概念。"而思辨并未给它们的**可能性**找到充分的担保"。反过来看，思辨理性讲了那么多，但并没有给它们的可能性找到充分的担保，言下之意就是说，只有在理性的道德运用中，才能够给它们的可能性找到充分的担保。它们的可能性是有充分担保的，这个充分的担保不是在思辨的意义上，而是在实践的意义上，在纯粹实践理性的意义上。它不是任意的实践，而是按照纯粹实践理性的法则来做一件事情。如果你真是按照纯粹实践理性的法则来做一件事情，你就必须设定这个法则的对象，那就是至善。而这个至善呢，是由上帝和来世做保证的，做它充分的担保。这在思辨理性方面是找不到的。连它的可能性都找不到它的担保，我们想都想不出来它为什么会有可能性，可能性的根据我们都找不到。所以在思辨的意义上我们也不能够设想至善的可能性，当然也不能设想它的不可能性。但是在实践的领域里面，我们给它的可能性找到了一种充分担保，也就是说我们可以充分地有理由假定这种可能性。

下面这一段很长。而且这里头讲到的一个转折，从思辨理性批判到实践理性批判，两个批判，两种不同立场之间的转折，是怎么转出来的。这个前面其实已经涉及了，就是思辨理性和实践理性，通过自由这个概念，如何能够建立起整个体系大厦的拱顶石。但是思辨理性和实践理性两者又有区别，以往的那些形而上学家们，总想通过思辨理性的方式来证实在实践理性里面所假定的那个自由的前提，但总是不成功。而康德通过他自己的这样一种反思，就是说，从认识的立场、从理论的立场转移到另外一个立场，就是实践的立场上来，那么我们就可以把这样一个问题很好地解决。就是以往的形而上学对于自由作为一个认识对象，总是不能把握，不能把握对于实践来说也就失去了根基，人就变成了动物。那么康德通过转换立场呢，就澄清了这个批判之谜。也就是通过批判，我们涉及的这样一个认识何以可能的前提，这个前提本身，如何能够认识，如何能够把握，那么通过实践理性这样一个角度，可以把这个问题解决。

在这里也就第一次澄清了这个批判之谜：为什么我们能够否认在思辨中**诸范畴**的超感官**运用**有客观的实在性，却又**承认**它们在纯粹实践理性的客体方面有这种**实在性**；

这是一个批判之谜，这是两大批判——当时第三批判还没有出来，前面两大批判共同的有这么一个问题。所以他在这里称之为批判之谜，也就是他的全部批判哲学之谜，纯粹理性批判和实践理性批判。所以这些问题都是很重要的问题，如果不能解决的话，就很麻烦。什么问题？"为什么我们能够否认在思辨中**诸范畴**的超感官运用有客观的实在性"，"诸范畴"，刚才有同学讲主要是讲的关系范畴，也可以这样说，但是也不能排除量的范畴和质的范畴，包括模态的范畴。量的范畴比如说单一性，质的范畴比如说实在性，这个地方提的就是实在性，就是讲实在性的，再就是必然性的范畴，这个也不能排除。当然主要是就实体性、因果性和协同性，这样几个范畴来谈的，也可以这样说。因为它们对应于三个先验的理念。那么我们否认在思辨中这些范畴的超感官运用有客观实在性，这个在范畴的先验演绎以及这个分析论里面其他一些地方多处都指出了，康德讲，这些先验的范畴，只能有经验性的运用，而不可能有先验的运用。先验的范畴，不可能有先验的运用。超验的运用是可能的。但是它没有实在性。这个是在分析论的第三章里面，讲到把对象划分为现相和本体的理由这一章里面，讲得很多的。在辩证论一开始也讲了，比如说我们翻到 198 页（《纯粹理性批判》B352），从 197 页最后一行我们看：
"但我并不把这些超验的原理理解为范畴的先验的运用或误用，后者只不过是未受到本应由批判而来的束缚的判断力的一个错误，这个判断力没有充分注意到纯粹知性唯一允许它起作用的那个基地的界限；相反，我把它们理解为一些现实的原理"。"它们"也就是一些范畴的超感官的运用，197 页最后一行，"这些超验的原理"，也就是超感官的运用的原理。先验的运用当然是不可能的，但是这个地方还不是讲的先验的运用。先验的运用在认识上当然是不可能的，认识必须要有经验内容，虽然它们是先验范畴，但是它们的作用，它们的运用，只能是经验性的。但是超验的运用呢，倒是一些现实的原理："它们鼓励我们拆除所有那些界标，而自以为拥有一个在任何地方都不承认有什么边界的全新的基地。所以先验的和超验的并不是等同的。"也就是说这些范畴呢，先验的运用，当然也是超感官的运用，超验的运用呢，也是超感官的运用，不管是超验的还是先验的运用，它们都不具有实在性。这就是这一句话里面讲的"我们能够否认在思辨中诸范畴的超感官运用有客观的实在性"。先验的运用是根本不可能，当然没有实在性；超验的运用呢，不但是可能的，而且我们"把它们理解为一些现实的原理"；但是呢，它也没有实在性，因为它导致幻相。幻相也是很现实的，它们是一些现实的原理。这些超验的原理是一些现实的原理。就是说，你在现实中，你不能不产生幻相。幻相是必然要产生的。你可以在理念上对范畴作超验的运用，而且你往往不得不作这种运用，它鼓励我们拆除那些界标，而自以为拥有一个全新的基地。当然这就是幻相了。幻相也是现实的幻相，就是我们在认识中把这些范畴用在超验的对象身上，比如上帝呀、灵魂呀这些问题上面的时候，这种运用是现实的，但是它没有实在性，它不可能证明你所以为的那样一种应用可以得出什么知识。你所以为的那样一种结论会成为知识，会具有实在性，那是不可能的。这是在思辨中诸范畴的超感官的运用。这个超感官我们可以从两个层面上来理解，一个是先验的，一个是超验的，都是超感官的。这样一种运用的客观实在性是我们否认的。在思辨理性里面是这样的。在另一方面他讲，"却又承认它们在纯粹实践理性的客体方面有这种实在性"。这就是我一开始就讲到了的，承认这些范畴在纯粹实践理性的客体方面的运用有这种实在性。纯粹实践理性的客体，那就是像自由、灵魂、上帝这样一些对象，都可以说是纯粹实践理性的客体。那么这些范畴在这些客体方面呢，有这种实在性。我们可以把因果性运用到自由上，自由是一个原因，可以这样说；我们可以把实体性运用到灵魂上，灵魂是一个实体，那么既然是实体，它就是不朽的。偶性是可以速朽的，是可以变来变去的，但是它作为一个实体呢，它是不朽的。在这种意义上我们可以这样来称呼灵魂。那么上帝呢，是具有最大的协同性的，所有的一切，都是他按照相互的和谐关系而安排下来的。这样一些范畴的运用，"承认它们"，也就是承认这些范畴，"在纯粹实践理性的客体方面有这种实在性"。当然有的人认为这个"它们"在这个地方应该是"它"，在这个前面有一个德文的注，就是埃德曼认为这个"它们"指"范畴"，不对，应该是"它"，也就是指范畴的"运用"，有专家指出，承认"它"，应该是一种运用，有客观实在性，而不是范畴在这方面有客观实在性。但实际上我觉得区别不是很大。就是"它们的运用"有客观实在性，跟"它们"有客观实在性，区别不是很大。因为总而言之它在纯粹实践理性的客体方面，如果它们的运用具有实在性，那么这些范畴呢，当然也具有实在性。这些范畴在纯粹实践理性方面有实在性，也就意味着这些范畴的运用有实在性。所以我们这里没有改过来。

　　<u>因为这一点只要我们仅仅按照名称来了解这样一种实践的运用，就不能不在事先看起来必定显得是**前后不一致的**。</u>

　　"这一点"，也就是我们确定承认这样一种实在性，前面却否定这种实在性，这样一种自相矛盾。"这一点"应该是指前面的这样一种矛盾的情况。前面这种情况，"只要我们仅仅按照名称来了解这样一种实践的运用"，"按照名称"，按照这些抽象的概念来理解。前面把这些范畴在超

感官世界中的运用，把它加以否定，因为它没有实在性；而后面呢，把这些范畴在纯粹实践理性的客体方面，那就是超感官的客体方面的运用呢，又说它有实在性。那么，我们如果仅仅从字面上来了解这样一种表述的话，就是你毕竟把这个范畴运用到了一个超验的客体上面，而这个范畴它本来的意思呢，它只能用来构成我们的知识。我们在前面讲范畴表的时候，已经多次强调了范畴表跟形式逻辑的判断表的区别，就在于它运用于客观对象，它是要形成客观知识的，它是专门提供经验的知识之所以可能的条件的。它的含义就是这样。如果要给范畴下个定义的话，那么它就是这样。那么你把这些范畴转用到实践的方面，如果我们仅仅按照范畴的定义来了解，而不去深入它的具体的内容的话，那么我们"就不能不在事先看起来必定显得是**前后不一致的**"。就是说，你还没有去运用，你就停留在抽象的层面，一般地去评论它，从逻辑上的概念的关系上面，从抽象的概念的关系上面评论，你不看实际。这个实践的运用是涉及实际的问题的，它不一个抽象概念的问题，凡是讲到实践中运用的那些范畴，它就具有一种活动性，具有一种目的活动、意志活动的特点。你光从概念方面、从定义方面来了解这样一个过程，那你肯定是把握不到它的本质的。所以我们如果单纯按照名称抽象地来了解这样一种实践的运用，那么我们"在事先看起来"——就是你还没有去做，你还没有深入到去做的具体的那些法则，就从定义上首先就那么一观望，你就会必定认为是前后不一致的。因为同样一个范畴嘛，在思辨理性领域里面，你说它不能运用于超验的对象，在实践理性的领域里面，你又说它能够运用于超验的对象，那岂不是自相矛盾了吗？这是从单纯的抽象概念方面来理解，来看问题，就会得出这样一种自相矛盾的结论。

但现在，如果我们通过对这种实践运用的彻底分析而察觉到，上述的实在性在这里根本不是通向**范畴**的任何理论性的**使命**和把知识扩展到超感官的东西上去的，

"但现在"，也就是我们走出那种抽象概念的阴影，"如果我们通过对

这种实践运用的彻底分析",我们来看一看,它跟这种理性的思辨运用到底有什么样的区别。我们可以发现,"上述的实在性",也就是纯粹实践理性的超验的运用的实在性,这些范畴在超验的对象上面运用的实在性,"在这里",也就是在实践理性里面、在实践的运用里面,"根本不是通向**范畴**的任何理论性的使命"的,范畴的使命,范畴本来就是为了理论性而设立起来的,为了理论认识的使命而设立起来的。所以我刚才讲,通过对范畴的定义,虽然康德没有作定义,他反对一开始就作出一个定义,但是我们通过他后来的各种分析和解释呢,我们仍然从里面可以发现,范畴的使命,也就是范畴最初所要设立的一个目标是什么呢?就是理论的使命。"而上述的实在性在这里根本不是通向范畴的任何理论性的使命",它同范畴的最初那种设想是完全不一致的,它不是通向范畴那个最初的使命。范畴最初是属于认识论的,但是在这里呢,换一个角度,它不是通向认识论的,它跟范畴的使命没有关系,实在性不是"把知识扩展到超感官的东西上去的",不是把知识加以扩展。范畴的使命当然是扩展知识了,先天综合判断嘛,综合判断的意义就在于它能够扩展知识。那么范畴的这种使命现在是"把知识扩展到超感官的东西上去"吗?显然不是。范畴的使命它有它的范围,一开始就有它的限制,就是它必须在可能的经验范围之内,所以它本身就限制了把这种知识扩展到超感官的东西上去。虽然能够扩展,可以无限地扩展,但只是在现象界可以无限扩展,在经验的范围之内,但你不能扩展到超感官的东西之上。而上述实在性呢,并不是通往这个方向的,好像它是沿着范畴的理论使命,并且同时把这个使命进一步扩展,扩展到超感官的东西上去,完全不是这么回事。那么是怎样的呢?

而只是借此指明,无论何处这些范畴在这种关系中都应得到一**个客体**,因为它们要么被包含在先天必然的意志规定之中,要么就是与意志规定的对象不可分割地结合着的,

"借此",也就是借这样一种范畴的超感官运用的实在性,我们之所

以说它有实在性，是要指明"无论何处"——这个"无论何处"的意思就是说，不限于感官的领域。我们超感官的领域是一个什么领域，我们在这里先不说，总而言之，一旦超感官，那么不论它是在什么地方，无论在何处，"这些范畴在这种关系中"，也就是在这种实践运用的关系中，"都应该得到**一个客体**"，"一个客体"打了着重号。也就是说范畴在这种实践的关系中，都应该得到一个客体，实在性的意思在这个地方。就是说，范畴的超感官运用的实在性的意义就在于，我们在实践的关系中，要使这个范畴得到一个客体，这就具有一种客观的实在性。实在性跟客体是结合在一起的。范畴在实践的关系中，应该有一个客体。当然实际上这个"无论何处"就是讲的在实践的关系中，在超感官的领域里面，如果超出了我们的感官经验的范围之外，那当然就是物自体的领域了。物自体的领域我们当然是不可知的，我们不知道那是一个什么样的领域。但是无论它是一个什么样的领域，这些范畴在这种实践的关系中呢，都应该有一个客体。这个客体当然也就是前面讲的自由。必须要有一个客体，那就是自由。自由是物自体里面的一个客观的原因。我们把因果性的范畴，把原因性的范畴，运用到这个客体的身上，把自由称之为原因。我们有没有权利把因果范畴运用在这样一个物自体身上？在思辨理性里面这是不可想象的，这是不可能的，或者说这是没有实在性的。你可以运用，但是它没有实在性。你不可能获得有关自由的知识。但在实践的关系中呢，它应该得到一个客体。因果性这个范畴，应该有它的客体，应该有它的所指。在物自体的领域里面讲原因，讲原因性，那就是指的自由。就是这样一个客体。"因为它们要么被包含在先天必然的意志规定之中"，"它们"，也就是那些范畴。什么是先天必然的意志规定？凡是意志，都是自由意志。那么这个自由的意志规定，先天地就包含着原因性。范畴要么被包含在先天必然的意志规定之中，就是从意志规定本身所必然包含的那种规定里面，我们已经可以发现包含着原因性的范畴。这是一种情况。自由的概念，作为原因性，它先天地包含在意志规定里面。人的任何意志行为，任何实践行为，必然都是有自由的。如果没有自由，那就不叫意志行为，也不叫作实践。凡是实践，凡是意志行为，都包括有自由。所以，意志的先天规定就是自由。那么这个自由呢，已经包含着范畴，因果性、原因性的范畴，这是一种情况。"要么就是与意志规定的对象不可分割地结合着的"，意志规定的对象，意志规定必须要有一个对象。自由必须要有自由的对象，如果你没有自由的对象，那你就不是实践活动了。原因如果没有结果，也就不是原因性了。任何实践活动，任何意志活动，都是跟一个对象分不开的。都必须作用于一个对象，也就是产生一个结果，才叫作实践。它不是说，你躺在床上想一想，你就可以实现出来了，那是不可能的。人的意志活动、实践活动，必须要现实地去做，必须要有对象，必须指向一个对象。至于最后实现出来的对象是不是原来你所臆想的那个对象，那倒不一定。但是你是按照那个对象去做的，你是要把它做出来付诸行动的，这个我在前面已经讲了。所以意志规定的对象，那么是什么对象呢？归根结底，那就是一个德福一致的"道德世界"的对象。意志规定，当然一般的实践活动中也有一些任意的规定，我想要赚钱，我想要取得一个什么样的成果，这些都是很具体的。但是我已经讲过，意志跟任意有些不同，它是纯粹实践理性的这样一种欲求能力。纯粹实践理性的意志的对象呢，是超验的对象，是意志的自由、灵魂的不朽和上帝的存有，这样一些对象。那么这样一些对象，范畴是和它们不可分割地结合着的。你要讲意志是自由的，你就必须运用因果关系；你要讲不朽的灵魂，你就必须用实体性这个范畴；你要讲上帝的存有，你就必须要用到必然性、用到协同性这样一些范畴。这是不可分割的。上帝把德福协同为一，在各种交互关系中使它们协同为一，这要归结为上帝的正义。所以这些对象呢，是和范畴不可分割的。我们看到这个地方有两个层次。一个是包含在先天必然的意志规定之中，意志先天必然地具有自由的规定，那么自由的规定里面包含有原因性的范畴。这是一个层次，这是最基本的层次。在三个先验的理念里面，自由是最基本的。然后是与意志规定的对象不可分割地结合着的，这个就隔了一层了。意志规定，它本身必须是原因性，是自由因；那么自由因要实现出来，必须要产生结果，产生它的对象，如果没有对象，这个意志不成立，所以意志本身要设立它的对象。那么根据这个对象呢，它又必须要有一些范畴。这些范畴跟这个对象是不可分割地结合着的。这又是另外一个层次，第二个层次，也就是灵魂不朽和上帝存有这两个理念，它们作为实体性和协同性保证了意志规定的对象即道德世界的实在性。

这样，那种前后不一致就消失了，因为我们对那些概念作了一种不同于思辨理性所需要的另外的运用。

[6]

那种不一致就消失了，在思辨理性里面，你不能把范畴作超验的运用，而在实践理性领域里面呢，你又必须把范畴作超验的运用，而且认为它有实在性，这好像是不一致的。但是呢，通过划分这两个领域，前面的思辨理性领域的运用并没有动摇，并没有被否定，但是我现在另起炉灶，我换到了纯粹实践理性的这样一个立场上面来重新考虑，这样呢，那种前后不一致就消失了。"我们对那些概念作了一种不同于思辨理性所需要的另外的运用"。我们对这些范畴，这些概念也就是这些范畴了，作了另外的运用，它不同于思辨理性运用。也就是并不要它们去获得某种知识，而是要拿它们来指导我们的行为，作纯粹实践理性的运用。那么这两者呢，是互不相干的，是两个不能混淆的领域。你要把它们混淆起来，你当然就会觉得它们有矛盾了。但是你现在把它们区分开来，看作是两个不同领域的运用，那么，这种前后不一致就消失了。

相反，现在就展示了一种原先几乎不能指望的、对思辨性批判的**一贯思维方式**的十分令人满意的证实，

这里把这个"证明"改成"证实"，因为 Bestätigung 的意思本来就是"证实"、"验证"，它与 bewesen 即"证明"是不同的，下面本段最后一句也用到这两个词，应该把它们的用法区别起来。有了上面这样一种说明，"现在就展示了一种原先几乎不能指望的、对思辨性批判的**一贯思维**

方式的十分令人满意的证实,"就是展示了一种证实,这种证实在原先是不能指望的。或者说在思辨理性批判里面,对思辨理性的那种一贯的思维方式也进行了一些证实,但是呢,不能十分令人满意。为什么? 因为它总是涉及对物自体的一些边界,但是它又不能够从正面加以解释,物自体究竟是个什么含义。它涉及实践,但总是不能够解释清楚这个实践本身是一种什么样的法则。所以总有一种不清晰性。它只是采取一种保守的态度,就是说,我不能超越到物自体的超验的领域里面去获取知识,但是人的思辨理性又总是有这种倾向,要想超越,这它的一贯思维方式。那么这种超越有什么意义呢? 在那个时候还不能讲。我们讲的是知识问题,还不能讲别的意义,所以总是留下一个遗憾、一个空位,是准备以后来讲的。所以它不是十分满意的。那么现在展示了一种什么样的令人满意的证实呢?

即由于这个批判再三叮嘱,要把经验的对象本身、甚至其中我们自己的主体都看作**现象**,但又要把自在之物本身作为这些现象的基础,因而并不把一切超感官的东西都看作虚构、也不把它们的概念看作空无内容的:

你要获得知识,那么你就要把这些知识限定在现象界。一切经验知识都在现象界,包括我们的认识主体,张三李四,某个人,这些人,都是现象,那么他也要把这个认识的主体看作仅仅是现象。要再三叮嘱。你不要把它看作是物自体啊,你以为张三李四就是物自体了,不是的,他还是呈现在你自己内心面前的一种现象。经验性的自我,这本身也是一种经验知识,比如说经验心理学的知识,实验心理学的知识,当然那个时候还没有实验心理学。心理学的知识也仅仅是一种现象的知识,不是本体。当时很多人认为,对外部现象是物理学的知识,牛顿物理学可以解决。对于心理,那就涉及本体了,涉及根本了。我在内心里面发现了那个自我,那才是真正的自我。我从外界的物理仪器上面所反映出来的那个自我呢,还不是真正的自我。你要测我的血压,测我的呼吸,测我的肌肉的力量，用牛顿物理学的那一套机械的方式来测量，那个我呢，当然不是我的真正的自我，我真正的我在我心里。当时的唯心论者很多人都认为，这个是最根本的了，这个就是实体了。我心里有什么，我心里有上帝，那么上帝呢，也是真正的实体。但是康德认为，哪怕你在自己内心里面，在心理学意义上面所想到的那个自我，仍然是现象，你的情感，你的愿望，你的思想等等，这些东西虽然不能够用物理的仪器来加以测量，加以定量化分析，但是它仍然是一种现象，不是真正的本体。所以在《纯粹理性批判》里面，曾经再三叮嘱，要把经验对象本身，甚至其中我们自己的主体都看作现象。"但又要把自在之物本身作为这些现象的基础，因而并不把一切超感官的东西都看作虚构、也不把它们的概念看作空无内容的"。这就是我们前面一直在叮嘱的，就是在《纯粹理性批判》里面叮嘱的，我们的一切知识都在现象界，包括对我们自己的知识，都在现象界，但是并不因此就否认现象后面有一个物自体，有个自在之物。所以又要把自在之物本身作为这些现象的基础，因而并不把一切超感官的东西都看作虚构。如果按照休谟的观点，既然我们的一切知识都是我们内心呈现出来的现象，那就够了，我就可以怀疑它的客观实在性和必然性，我就只承认我的直觉印象，在内心里面呈现出来什么，我就说什么，在感官中没有呈现出来的，我就不说它，甚至于把它们一概加以否定。是不是能够这样？康德当然不是这样。康德是把休谟的这种经验派、彻底的经验主义和大陆理性派的那种理性主义调和起来了。所以另一方面呢，他又并不把自在之物本身完全否定掉，而是作为这些现象的基础，并不把一切超感官的东西都看作虚构，也不把它们的概念看作空无内容的。在思辨理性里面呢，我已经这样做了，这些自在之物是必须承认的，它不是空无内容的。它们超感官，但是呢，并不是纯粹的虚构。我在前面已经指出这些了，但是仅仅是抽象地指出，就是说它们不是虚构。为什么不是虚构？在《纯粹理性批判》里面，还仅仅是指出来说，我们凡是有一个现象，就必须有一个显现者。所以显现者不是虚构，因为如果没有显现者的话，怎么可能有显现呢？所以显现者停留在这样一种抽象的规定上面。这只是大致的估计，有了显现，我们就可以肯定后面有显现者，有了显现的对象，我们就可以肯定它的底下有一个显现者。否则的话，逻辑上就有矛盾了。有显现，但没有显现者，那怎么可能呢？是什么在显现呢？仅仅是这样抽象的估计。"也不把它们的概念看作空无内容的"，这些概念，灵魂也好，自由也好，上帝也好，世界整体也好，这些概念并不是空无内容的。这个是在前面再三叮嘱的，就是把现象界的知识和不可认识的自在之物区别开来，自在之物虽然不可认识，但它绝对不是虚无，它是实在的，它具有绝对实在性，或者绝对客观性。它跟现象、对象的那种客观性还不一样，现象、对象的那种客观性是由我们的主体建立起来的，它们不是绝对的，它只是限于可能经验的现象界、可能经验的范围之内。那么物自体的那种客观性呢，它是绝对的。就是说，哪怕你没有认识它，它还是在那里。在这方面，康德也接受了唯物主义的观点。你不能认识它，但是你不能否认它的存在。像休谟那样，完全否认它的存在，或者是怀疑它的存在，康德认为也不可能，也不应该。这是前面在思辨理性领域里面已经做过的工作。那么在实践理性的领域里面呢，做了进一步的工作。

　　<u>则实践理性自身现在就独立地、未与那个思辨理性相约定地，使原因性范畴的某种超感官的对象、也就是**自由**，获得了实在性（尽管是作为实践的概念、也只是为了实践的运用），</u>

　　这是在冒号后面的话，就是说，展示了一种什么样的证实？就是由于我们在《纯粹理性批判》中把现象和自在之物区别开来，并肯定了超验的对象并不是虚构的、空无内容的，所以，"实践理性自身现在就独立地、未与那个与思辨理性相约定地"，使超验的自由获得了实在性。为什么要强调独立地、没有与思辨理性约定的这一点？也就是说，它不是从思辨理性当中推出来的，思辨理性本身推不出它来，思辨理性只是给它留下了余地，空出了位置。当然也很重要，所以前面讲，是"由于"思辨理性批判再三叮嘱要承认自在之物的基础，"则"实践理性现在才使自由

获得了实在性。不过实践理性这样做还要另起炉灶，因为它需要转换立场，转换视角。你从同一个视角，怎么能够推出实践理性的一些法则呢？我现在已经转到实践理性的法则这样一个立场上面来了，所以，它跟思辨理性的立场是不相为谋的。它是独立于思辨的立场，未与它们相约定，并不是刻意地去与思辨理性的立场相约定。不是思辨理性的立场已经呈现出来有些什么，那么我们的实践理性的立场就参照思辨理性的立场来提出一些什么法则。那不是，它是独立提出来的。你把思辨的那一套暂时撇开，我们现在不讲认识了，我们讲道德，我们讲实践，我们讲实践理性和纯粹实践理性，我们来讲这个内容。这个时候呢，我们就发展出了我们自己的原则，一种独特的原则。什么原则呢？就是"使原因性范畴的某种超感官的对象、也就是**自由**，获得了实在性"。当我们讲道德、讲实践的时候，我们就使原因性的范畴呢，在超感官的对象上面，在不可认识的某种对象上面，也就是在自由这样一个对象上面，获得了它的实在性。这个实在性跟前面讲的那种知识的实在性，实实在在的经验知识，是大不一样的，完全不是一回事。所以括号里面讲，"（尽管是作为实践的概念、也只是为了实践的运用）"，也就是说，自由必须实实在在地做出来，它是一种现实的行动，它是一种改变世界的行动，要作用于经验世界。当然在经验世界里面，既然它起了作用，那么我们就可以发现它的痕迹，但是这个痕迹呢，并不一定与它的动机完全吻合。自由的动机当然有它的对象，一个动机是指向一个目标的嘛。我要去做一件事情，但是我做不做得成这件事情，这个还是另外一回事，这个要取决于认识，你认识得好，认识得彻底，也许你就能够达到目的，但是，如果你认识得不怎么样，甚至错误，那也许你就实现不了目的。但是我们现在的立场不是认识，我们现在的立场是实践，是要发挥我们的自由的能动性，所以我们不管它的后果如何，甚至于我们"知其不可而为之"。为什么要知其不可而为之？知其不可并不是说，主观上不可，而是客观上不可。但是我们不管，我们只要认为主观上可，我们就为之。这个目标是我主观定的目标，我就按照这个去做。那么这样一种做，它本身具有实践的实在性，它是一种实践意义上的概念，也只是为了实践的运用。做得成做不成那是认识问题，那是思辨的理论的问题，那是科学知识和技术手段的问题；但是应不应当作，这是自由的问题，这是道德的问题。我们现在不管做不做得成，我们首先来考虑应不应当作，那么我们就发现，自由的概念，超感官的概念，虽然不可认识，但是在这个领域里面有它的实在性，因为它引起了我实实在在的行动，我改变了世界，我触及经验世界。按照经验世界本身的规律，它本来应该那样运作的，但是由于我的自由的加入，它改变了它的运行轨迹。当然改变了它还是按照经验世界的自然规律改变的，这个我不管它，但是如果没有我的话，它只能那样运作而不会这样运作。所以尽管是自然律，但是从这样一种人的活动上面，我们所看到的不只是自然律，而是显露出了它后面的某种道德法则或者自由法则。当然这并不冲突，因为自然律还是在那里，我们用道德只是解释了它后面的那个动机、那个动因，这种现象发生后面的动因。它是因为一种自由的原因性才可能发生的。这个是一个完全不同的立场。

因而就通过一个事实证实了这个在那里只能被思维的东西。

"通过一个事实"，就是指我的自由以及由自由所建立起来的道德律。道德律是一个事实，自由也是一个事实。为什么是事实呢？因为它在人的实践活动中起了作用，是这样一个事实。但是它所起的作用呢，你不能通过经验的后果来衡量，你必须通过纯粹实践理性的动机来衡量。所以这个事实呢，是一个理性的事实，而不是一个经验性的事实。这里我们要注意区分。康德讲到，道德律是一个事实，纯粹实践理性的法则是一个事实，讲它是一个事实的时候呢，我们要注意，他讲的是一个理性的事实。当然这个理性的事实可以通过经验的事实发现，道德行为，它是一个经验事实，它造成了一定的后果，那么我们通过这个后果呢，我们可以发现它里面的理性的事实。但是作为一个经验的事实，它并不是完全按照理性的法则来运作，它是按照经验的法则，它是按照自然律来运作的。包括杀身成仁舍生取义，从它的自然后果上来说，它还是符合自然规律的，它并不是什么奇迹。但是这个行为后面所包含的原则，我们可以看出来，它是理性的事实。它说明，我们有理性的法则存在，有自由的法则存在，说明我们是自由人。所以就通过一个事实，"证实了这个在那里只能被**思维**的东西"，"在那里"指在思辨的运用中，在纯粹理性批判里面、在理性的思辨运用里面只能被思维的东西。在纯粹理性批判里面，这样一个自在之物，例如自由，不能认识，但是可以思维。这个对于纯粹理性批判就足够了。对于认识的目标来说，我能够思维它，那就足够了。我不能认识它，但是我可以思维它。我可以思维它，也是把它当作一个认识对象来思维的，虽然我不能认识它，但是我还是从思辨的立场去思维它，满足于能够思维就够了。但是仅仅满足于能够思维还是很空的东西，你如何能够证明，你所思维的那个自在之物或者自由，它不仅仅是你的思维或者是一个空虚的没有内容的东西？你又不承认它是空虚的、没有内容的东西，但是你在思辨理性里面，你在纯粹理性批判里面，你又没有把它的内容讲出来，你只是认为它是一种绝对的客观性，它本身具有绝对的客观性，自在之物嘛，但是是一种什么样的绝对的客观性，你不能够认识，你只能思维它。我在前面讲到，在康德看来，认识一个东西和思维一个东西是完全不同的。自在之物我虽然不可认识，但是我可以思维它。这在思辨理性里面呢，停留于这个层次上面就够了。但现在在实践理性批判里面呢，它要证实。通过这样一个事实，证实了这样一个在那里只能被思维的东西。这个证实，Bestätigung，这个词也有"证明"的意思，但是呢，它的也有批准、承认的意思。就是证明前面假设的东西为实，批准、承认它为实。它不是仅仅逻辑上的证明，而是用事实来验证、来批准，来证实。所以前面我们要把那个"证明"改成"证实"，也有这个含义。我们说，听你的口头上说还不行，要看你的实际行动，它这就是看实际行动，它要看实践嘛。所以通过一个事实就证实了，也就是通过行动验证了这样一个"在那里只能被思维的东西"。在思辨理性那里，它还没有证实，它只是思维而已，还没有通过行动来证实。我停留在一个先验自由的理念，但是还没有把这个理念投入一个行为中去呀。你只有把这个理念投入实践的自由中，你才能证实它的内容不虚，它不是空虚的，不是虚假的，不是一个抽象的概念。

于是与此同时，思辨的批判的那个令人惊讶的、虽然是无可争议的主张，即甚至**思维的主体在内部直观中对它自己来说也只是现象**，也就显然在实践理性的批判中如此好地得到了它完全的证实，

在思辨的批判里面，也就是在《纯粹理性批判》里面，有一个令人惊讶的、但是实际上是无可争议的主张，"即甚至**思维的主体在内部直观中对它自己来说也只是现象**"这样一个主张，在《实践理性批判》中呢，得到了完全的证实，这个在前面"范畴的先验演绎"里面，康德花了不少的篇幅来证明的，就是我怎么可能认识我自己，我怎么可能意识到我自己。经验的自我意识究竟是什么意义上的自我意识，我又怎么可能从我自己里面还发现我有一个物自体。这个是多次讨论到的，我们这个《精粹》里头没有收进来，就是先验演绎的部分呢，我们只收到第 22 节就完了，其实后面还有一些应该收进来的，还有第 24 节、第 25 节，专门谈到了这个问题。就是说，经验的自我意识，自我感，关于自我的经验知识，究竟何以可能。先验自我意识的那个统觉是不是就是经验自我意识的统觉？经验自我意识也有统觉，我们经常容易把这两者混淆起来，就是说，我们人有主观能动性，不然的话，你想想，你所有的知识都是通过你的努力所获得的嘛，如果你不努力的话，你也就建立不起来。我们要善于学习嘛，在学习中要发挥主观能动性嘛，但是所有的这些都是经验的自我。它不是说，你这个人主动性强，你就能学习，这就说明了你有先验自我意识，而另外一个人呢，学习很被动，他不会举一反三，他不会开动脑筋，他就没有先验自我意识。不是这个意思。所有的人都有同样的先验自我意识。但是在经验自我意识里面的它的表现是不一样的。所以这个经验自我意识跟先验自我意识应该区分开来，另外加以对待，加以分析。不能够把

经验的自我等同于先验的自我,也不能把先验的自我降低为经验的自我。这是理性派和经验派都没有处理好的问题。经验派倾向于把先验的自我等同于经验的自我,我就是我所感到的东西,没了;理性派倾向于把经验的自我等同于先验的自我,我在我的内部所知觉到、所感觉到、所思维到的东西,那就是我本身。就是像笛卡儿说的"我思故我在",他这个"我思"包括我感觉,我怀疑,我动摇,我犯错误,这都是我思。所以笛卡儿也并没有超出这种心理学的层次。经验派呢更是完全局限于心理学的层次。那么康德呢,要把这些层次提升到先验的层次,那就必须要把经验的自我解释清楚。就是说,甚至思维的主体在内部直观中对它自己来说也只是现象,我们每个人都有思维主体,在我们的内部直观中,在实践中,在我的个人经验中,那么这个自我对我自己来说呢,也只显示为一个现象。我这个特定的人,张三、李四、笛卡儿、康德,他们的经验的自我意识也只是现象。我这个人,从小受到什么教育,我后来有一天,在什么地方产生了怀疑,这是经验的。笛卡儿就讲,他有一次在战争中,躲在那个地堡里面,冥思苦想,于是就想到了这样一些问题。这是他的一些经验自我,这不是每个人都能想到的。所以,这些思考的主体,虽然也是主体了,你也可以说它有某种主体意义上的主观能动性,它很积极很主动,那只说明它生命力强嘛。这个人生命力很强,这个人精力过人,那么他就有思维主体。但他的这个主体在内部的直观中呢,对他自己来说只是现象。为什么只是现象?你如何能够判定它们只是现象而不是本体?那么康德在这里给出了一个真正的命题,就是说,你把这样一些东西、这个知识都撇开,然后从实践理性的意义上面转换你的立场,你不管我在我的内心中形成了一个什么样的结果,张三这样一个人的性格,这样一个人的脾气,这样一个人的能力,这个当然都是通过长期的训练而造成的,长期的教育而形成的,这些东西你都不管。只要你是一个人,你就有自由意志。这个自由意志没有办法认识,但是呢,它就是一个本体。如果从这个角度来看,那你的那个经验自我呢,只是现象,那只是你的自由意志在实践活动中所表现出来的。至于自由意志为什么要这样表现，那是不可认识的。你的每一个行为都是自由的，你回忆一下，你可以发现你的每一个行为，形成你的人格的每一点，每一段经历，都是你有意识地在做，所以后面都有你的自由在起作用。这个自由不存在什么强啊弱啊，多啊少啊，甚至与肉体的交互作用啊，关系啊，等等，这些东西对自由都没有任何规定作用。自由就在于你的每一次行为都是作为一个头脑清醒的有意识的行为。你不能推托你的责任，哪怕你是被迫的，你也是有意识地被迫的，你也是自愿的。这个自愿不是在经验意义上的，而是在超验意义上的。你是一个人嘛，你不是一个动物，如果是一个动物，那它没有自由，它可以完全被迫。但是人的被迫也是自由的，像萨特说的，人注定是自由的。这个自由跳出一切经验的条件之外，它跟你所形成的这样一个内心的思维主体的现象是两个完全不同的层次。那么这样一个经验自我的、作为现象的这样一种看法呢，"显然在实践理性的批判中如此好地得到了它完全的证实"。

　　以至于即使前一个批判根本不曾证明这一命题，我们也必定会想到这个证实。

　　也就是说，在《纯粹理性批判》里面，即算它根本没有证明这样一个命题，我在前面讲了，它当然也"证明"了这样一个命题，即我们可能有一个自由的主体，作为我们内部一切现象的基础，但是它没有获得"证实"，在纯粹理性批判里面，它主要是在证明，通过逻辑，包括形式逻辑和先验逻辑，也包括经验事实，我们要来证明，我们如何能够获得知识，它主要是做的这样一个工作。但是在实践理性批判里面，它可以涉及证实，根据行动来证实。这个"证实"（Bestätigung）的词根就是 Tat，即行动。所以，显然在实践理性的批判中，如此好地得到了前面的那个主张的完全的证实，说明在以往是没有得到完全的证实的，因为你讲来讲去，你还是一个设定，一个假定。也就是说，对物自体的问题，你到此为止，你就不说了，你只能认识在现象界的东西。那么，在现象界的东西为什么就不是物自体？为什么这个在我的直观中的思维主体就不是本体？它跟外部现象也很不一样啊，跟物理世界也很不一样啊。但是按照康德的说明呢，就是说，它本身还是局限于现象界的，它只出现在时间中。因为真的要涉及物自体，那是绝对客观的。而绝对客观的呢，不能停留在仅仅断言它绝对客观上面，你还必须要证实它。在哪方面能够证实它？用它自身的行动，说明它的存在。它不用说，不用解释，也不用认识，但是它的行动就已经表明有这么个东西存在了。所以即算在纯粹理性批判里面，根本不曾证明这样一个命题，就是说，我们的经验自我只是现象，另外有一个非经验的主体，没有证明，哪怕它根本没有证明，它只是提出来这样一个命题，而没有得到证明，那么在实践理性批判里面呢，也必定会想到这样一个证实。可见实践的证实并不是从思辨的证明来的，实践理性批判就是讲的现象底下的那个自在之物，它如何通过它的行动来证实它的实在性。实在性有两种证明方式嘛，一种就是经验的实在性，我们在经验中、知识中，我们具有经验的证据，那么经验的实在性就是这个知识的必要条件，我们获得了经验性的实在性，那么，这个知识就得到证明了。另外一个方式呢，就是在实践的意义上面，我起了作用，我做了这件事情，自然界因为某个人的有意的行为、自由的行为而发生了改变，按照它自身的规律，本来是不会发生这种改变的，但是它发生了改变。同样是自然规律，但是它按照这条自然规律，而不是按照另外一条自然规律，突然之间就发生改变了，那么这个时候呢，我们就可以通过它的行动证实了有自由存在，有这么样一种原因存在。这个证实呢，它是不需要在思辨意义的知识方面的证明的，哪怕这个行动跟它的这个自由的目的性完全两码事，适得其反，好心办坏事，等等，但是你仍然可以发现，不管是好心还是坏心，它是自由的，它是自由意志，它是有它的目的的。干出了什么样的事情，我们先不管它，但是是他想要办的事情，这件事情才会发生，这个行动才会发生，这就证实了我们的自由。这个在思辨理性里面是不可证明的，因为那个立场还是一种认识论的立场，而不是实践论的立场。

这一段的最后有一个康德自己的注释，我们再来看看这个注释。

由德性法则来确定的作为自由的原因性和由自然法则来确定的作为自然机械作用的原因性，都是在同一个主体即人之中确定下来的，

这个是对前面的一种解释了，就是同一个人的主体之中，我们必须设想有一个作为现象的"我"和一个作为本体的"自在之我"，后者是"由德性法则来确定的作为自由的原因性"，前者则是"由自然法则来确定的作为自然机械作用的原因性"。作为自由的原因性，就是由道德律来确定的，这个我们在《实践理性批判》的后面，就是讲这个问题的。这个地方，在注释里面，当然它只是作为一个假定的前提而提出来的。在《纯粹理性批判》里面，也可以找到类似的说法。人是双重的，他在现象中的种种表现，是他在物自体中作为一个主体的副本 (Gegebild)。这个副本呢，不一定是符合，或者说根本就不是符合自由的原貌的，但是它是一个自由的主体的结果。那么这两方面，一个是可知的领域，一个是不可知的领域，但是可知的领域是由不可知的领域所引起的。所以在同一个人身上呢，它们是可以并行不悖的。人既是感性的存在者，又是理知的存在者，这两者可以并行不悖。

前者与后者的协调一致，如果不把人与前者相关设想为在**纯粹的**意识中的自在的存在者本身，与后者相关则设想为在**经验性的**意识中的现象，那就是不可能的。不这样做，理性与自己本身的矛盾就是不可避免的。

就是人的主体的这两方面如此不同，它们如何能够并行不悖、如何能协调呢？一个是自在之物，一个是现象，而且双方的规律完全是不一样的，它们如何能够不冲突？康德解决这个问题的办法很简单，把矛盾双方隔离开来就是了。你把一方面放到自在之物的领域里面去，把另一方面放到经验现象的领域里面去，你区分开这两个领域，不要把它们混为一谈，它们就不会有矛盾了。不会有矛盾呢，也就并行不悖了；并行不悖，也就协调一致了。他解决矛盾的办法，还是一种非常传统的办法，

一种知性的办法，也就是形式逻辑的办法。凡是有矛盾的地方，我就去找，可能是哪个地方错乱了，肯定是发生了概念混淆。结果经过他的一番寻找呢，他发现，恰好就是混淆了现象和自在之物。那么解决的办法就是你把现象和自在之物不要混淆就是了。你把现象看作是现象，把自在之物看作是自在之物，它们适用于不同的法则，一个是适用于认识的法则，另外一个适用于实践的法则、自由意志的法则，那它们就不会冲突了。同一个行为，比如说我从椅子上站起来，你可以从机械论的因果关系对它加以分析，我从椅子上站起来，如果旁边有一个生理学家，有一个医生，他预先在我身上插满了管子，他就可以测量出来当时我的血压多高，我的呼吸怎么样，我的肌肉的紧张度怎么样，我的血液的成分怎么样，就把这个事情解释了。只要他做得足够的细，他就会解释得很透彻。但是这件事情是不是就是这些法则所决定的呢？我完全知道当时如果我不愿意站起来，我可以坐着不动，所有血压的变化等等都不会存在，这些脑电波的变化都不会存在。所以从另外一个方面呢，我可以把这样一个行为看作是一个自由意志的行为。是我想站起来。我为什么想站起来？当然有目的，或者是身体上的目的，我坐得不耐烦了，坐酸了，我站起来舒展一下。或者是道德上的目的，我站起来表示抗议，这是道德上的目的。道德上的目的才表示了你的自由，因为如果是你坐酸了，那一个动物也可以，动物让它坐久了，它也可以站起来活动活动，那还是符合自然法则的。只有出于道德上的目的，我站起来抗议，这个是纯粹实践理性的行动。所以，他的这个行为你可以从自然律来解释它，也可以从道德律来解释它，双重的解释，并行不悖，完全不相矛盾。这是康德的一种解决问题的办法。所以他讲："前者与后者的协调一致，如果不把人与前者相关设想为在**纯粹的**意识中的自在的存在者本身"，也就是把人设想为一个自在之物，在纯粹意识中的一个自在之物，也就是设想为一个自由的主体了，按照前者，按照德性法则而设想为一个自由的主体。"与后者相关则设想为在**经验性的**意识中的现象"，前面是在"纯粹的意识中"，也就是在纯粹理性中；后面是在"经验性的意识中"，也就是在知性的认识中，知性的认识是离不开经验的，在经验性的意识中的现象：如果不是这样的双重设想，那么它们的协调就是不可能的了。所以，"不这样做，理性与自己本身的矛盾就是不可避免的"，如果不把它们两者分开，那么理性就会导致自相矛盾。纯粹理性的法则本身就是撇开一切经验现象的，如果你把它混同于现象界的一种规律，那么它就会自相矛盾。同样的，现象界你把它当作物自体，那么也就会自相矛盾。这个我在前面讲《纯粹理性批判》的"先验辩证论"的时候已经多次讲到了。理性心理学把人的灵魂实体混同于经验的身心关系，等等，那永远也解释不清楚。人的自由如何能够在现实中解释成一种经验的属性，自由的属性我们可以通过经验来加以规定吗？或者说我们可以考察自由的心灵、灵魂对于身体的作用方式吗？笛卡儿就是想这样来考察：在松果腺、大脑里面的某个部位，自由的主体就住在那里面，然后通过某种机械的方式，影响了周围，周围又影响了周围，然后就使人产生了一个意志的行动。这就产生了一种伪科学，所谓的理性心理学就是一种伪科学。把人的自由归结为这样一种过分细小的物理学、化学的反应，人的自由可以归结为化学反应吗？可以归结为原子、分子、电子的运动吗？那你就走偏了，而且呢，必然导致自相矛盾。你把自己根本就不知道的东西当作是自己的一种知识。以往的形而上学都是这样，通过理性的推理，然后就推出某种可能的东西，但是实际上又把它混同于现象界，认为这就是某种知识，甚至认为人如果掌握了这种知识呢，就可以在现实生活中为自己获得某种利益，这个完全就是非道德的了，而且跟道德的本性是相冲突的。至于二律背反呢，就更明显了，理性自己跟自己本身的矛盾将是不可避免的。

这一段主要是针对上一段后面所提出的问题来加以进一步的扩展。上面这一段提出的问题，当然也包括跟前面讲的不一致了，这种前后不一致体现在，对同一个人我们为什么可以从两个不同的角度来看待他。

一方面把范畴运用在我们的经验中，把我们自己看作是一个经验的思维主体，经验的自我，另一方面在这个经验自我底下呢，我们又可以把它看作是一个物自体，是一个自由的主体。这个自由的主体也不是那个先验的自我，先验的自我只是一个表象，它是被结合到那个经验知识里面去了的。我们在一切经验知识里面都可以发现先验自我的统觉这样一种能动的表象。但是在这个表象底下的那个自由的主体呢，是不能够用这个先验自我来加以统觉，或者加以规范的。所以这是对人的一种双重的观点，我们对于经验自我的理解，仍然是在先验自我意识统觉的统摄之下所形成的一个经验对象，这个经验对象根本不是自在之物的形象；但是另一方面呢，我们又可以把人看作是一个道德的主体，在这个意义上人是自由的。那么这两个不同的领域里面我们都运用了因果性范畴，于是就有很多人指出康德的矛盾了，就是说你的因果性范畴，明明你说它只能够运用于经验，只能做内在运用，不能做先验地运用。但是你自己又把它运用到自由和物自体身上，你不是自相矛盾嘛！包括后来的费希特也是这样指责他，叔本华也是这样指责他。因果性本来就是形成知识的一个范畴，但是在不可知的领域里面，你又使用它，你凭什么？你先做了那种规定以后，你有什么资格再把它运用于物自体的领域？这就是康德在这里要回答的问题。

由此我也就懂得了，为什么至今还在向我提出的针对批判的最大反驳恰好都在围绕着两个要点打转：**一方面**，被使用于本体上的范畴在理论知识上被否定而在实践知识上被肯定的客观实在性，

"至今还在向我提出的"，也就是说，自从他的《纯粹理性批判》发表以后，《纯粹理性批判》的后面一部分已经涉及了，说因果性、原因性这些概念可以用在一种超验的悬设，用在实践的自由这样一个方面，那么很多人就反驳他了，恰好围绕这两个要点打转。哪两个要点？"**一方面**，被使用于本体上的范畴在理论知识上被否定而在实践知识上被肯定的客

观实在性"，就是说，一方面就是这种另类的客观实在性，即"被使用于本体上的范畴在理论知识上被否定而在实践知识上被肯定的客观实在性"，这一点遭到了质疑。就是说，范畴的一种被使用于本体论上的客观实在性，这在理论知识上已经被否定了，而在实践知识上呢，又在这里得到了肯定。这种客观实在性本来是被否定了的，而在实践的知识方面又被肯定了，这不是自相矛盾吗？本来你要把范畴使用于本体上，那么作为理论知识，它是没有客观实在性的，只能得到幻相；但是它在实践的知识上却又被肯定了客观实在性。作为理论知识，它被否定了，作为实践的知识呢，它又被肯定了。这里的"实践"他也称之为"知识"，我们前面已经提到了，这个知识跟理论的知识是完全不一样的。这是康德的一个用语含混的地方，康德的这个"知识"的用法，也不是很严格的。严格说来，实践的方面，纯粹理性道德方面的东西，不能叫作知识，它没有一种经验知识的含义。但是呢，作为告诉我们应该如何去做的这样一些命题，它们也可以称之为知识，它们甚至也可以运用一些范畴，构成好像是知识那样的一些命题。所以他有时候也讲到"实践的知识"。可见"最大反驳"的第一个要点。就是我刚才讲的，你既然说这样一些范畴不能用于本体上，一旦运用于本体，那就没有客观实在性了，那就不是知识；但是另一方面呢，你自己又把它运用于实践的知识方面，认为它有客观实在性，你岂不是自相矛盾吗？在客观实在性的定义上面，你就自相矛盾了。这是一个最大的反驳。

另一方面，那个似非而是的要求，就是使自己作为自由的主体成为本体，同时却又在自然方面使自己成为自己独特的经验性意识中的现象。

这是第二个反驳。"似非而是"跟"似是而非"要注意，不要搞混了。在汉语里也有这种用法，当然讲似是而非的时候更多，讲似非而是的时候，在逻辑上经常会碰到这样的说法。这个反驳好像反驳的是一个错误的命题，但是实际上是一个正确的命题，他叫作"似非而是"，paradox，看起来好像是非，而实际上是是，实际上是正确的一个命题。就是这样一个要求，一方面要求"使自己作为自由的主体成为本体"，你谈到自由的时候，说自己是一个本体，是一个自由的主体；"同时却又在自然方面使自己成为自己独特的经验性意识中的现象"，同时在自然方面呢，又使自己成为现象。一方面讲自己的本体，另一方面又讲自己是现象，你到底是本体还是现象？你讲客观物理世界，现象世界，经验世界，那好说，谁都知道，那个是现象，但是你涉及自己的时候呢，这就有歧义了，你谈到自己的内心，在内在直观中，思维的主体，对它自己来说，难道也是现象吗？你在自己的内部直观，就是在你的内部时间之流中所流过的这样一些主体的那样一些活动。比如说笛卡儿讲的，我思，我怀疑，我感觉，等等，这些都是我的主体活动在我的内在直观中，我把一切外在的东西撇开了，现在我回到我的内心了，那么在康德看来，这些东西也只是现象。那么连这样一些跟外界完全不同的、一种内在直观中的对象都是现象了，那么你这个自由的主体到底何在呢？你如果把你自己看成是本体，你自己无非就是张三李四嘛，既然你自己把你自己看成是现象了，你怎么还能把自己看成是本体呢？在什么意义上看成是本体？一方面你使自己作为自由的主体成为了本体，但是呢，这个本体在自然的方面，使自己成为自己独特的经验性意识中的现象。当然这个"自然的方面"，不仅包括物理学、生理学，而且包括心理学。心理学也是自然的方面，实际上在康德看来，也是符合自然律的。情感、情绪这些东西，也是符合自然法则的。它可以通过生理学、心理学来加以研究。在这些方面呢，就使自己成为了自己独特的经验性意识中的现象。本来讲的是同一个人嘛，你如何能够自己使自己成为现象呢，一方面又把它看作本体，这个是很迷惑人的。这是对康德的两个质疑的要点。

　　因为只要人们还没有为自己形成任何有关自由和德性的确定概念，人们就不能猜出，一方面，他们要把什么当作本体来为所谓的现象奠定基础，

　　"自由和德性"，这个地方特别强调，一般讲自由概念就是任意、为所欲为了,就是自由的任意,但是康德这里特别强调了德性,它跟真正的自由、纯粹的意志、跟自由意志是紧密结合在一起的。如果这个概念没有形成,我们只是把自由的概念停留在一般的现象,比如说任意,我可以为所欲为,我可以想干什么就干什么,我自己设立一个目标,我设定一个目的,然后去争取它,去实现它,完成一个过程,这是一般的日常实践,但是呢,还没有形成任何有关自由和德性的确定概念。一般实践的自由是不确定的,是不纯粹的,它掺杂有很多感性的不确定因素。你今天想这样,你明天可能就不想这样了,你明天可能就想那样了。这个是动摇不定的,它没有确定性。但是,作为德性,作为自由的道德律,那是确定的,它是绝对命令,在任何情况之下,在任何感性的条件之下,它都是不变的,它向人发出一个确定的命令。这就是有关自由和德性的确定的概念,如果这一点还没有形成的话,那么人们就不能猜出——这个地方用的是"猜出"(errathen)——一方面,他们要把什么当作本体来为所谓的现象奠定基础,就是想都想不到,他们要把什么样的东西当作本体,来为现象奠定基础。很多人就把经验的自我当作本体,比如说唯心主义者往往就是这样认为,就是说外在的东西可以说都是现象,主观内心的东西那就是本体,那就是主体,那就是真正的自由。我们讲了那么多自在之物、本体,但是讲来讲去,只是停留在不可知,自在之物不可知。现象我们可知,现象底下的自在之物不可知。但是所有这些不可知,都是一种否定的规定。你都说了自在之物不是什么,但是你还没有说出来自在之物是什么,要作出确定的规定啊。你讲它不可知,那么它到底是个什么东西不可知呢?要把什么东西当作本体,来为所谓的现象奠定基础呢?当然用内直观可以为某种现象奠定基础,《纯粹理性批判》的"先验感性论"已经讲了,空间是一切外部现象的可能性条件,而时间呢,是一切现象的可能性条件,不管是内部还是外部。内部现象就包括心理现象,心理现象也在时间之中。那么用时间作本体,你就可以作为一切现象的基础了吗? 还不行。如果把时间作为一切现象的本体基础,那还是对自在之物和现象的一种混淆。时间也是在现象之中。时间是一切现象的条件，但是它本身也是现象，是现象中的时间，它不是在现象背后。在现象背后还有什么基础？我们在《纯粹理性批判》里面，基本上只能够停留在一个不可知，可能有吧。包括先验理念，也是因为我们不能断言它没有，所以我们就姑妄言之说它可能有。但到底有没有，我们无从确定。到底有没有自由，在现象背后，在我们一个人的行为的现象背后，到底有没有自由，我们今天经常有这种发问，世界上到底有没有自由？你要是一个科学主义者，你就会说没有。因为所有的自由都可以分析，都可以从基因，从脑电波，从血压，从环境，从教育，可以分析出来。它就是这样形成的，那就没有自由了。有的人说，世界上没有绝对的自由，这还是说得比较缓和一点，还留了一点余地。实际上这句话，如果要分析，到底还是说没有自由，因为不是绝对的自由就不是自由啊，你最终还是受规定的。你以为你是自由的，实际上还是受自然规律所决定的，那么这样一来就没有自由了。但是如果你能够形成有关自由和德性的确定的概念，那么这个就有着落了，就有自由了。不是一切都能用科学来加以解释的，人的道德行为就不能用科学来加以解释，只能用人的自由来加以解释。其他的行为，日常的、实用的行为，虽然你可以用自由的任意来解释，但是，最终还是可以用科学来加以完全解释。你任何一个日常的实践行为都可以用科学来完全加以解释，归结到你的基因，归结到你的当时的各种因素的交互作用，等等，都可以解释。唯有道德它是不能还原为科学的自然律的。所以没有这样一个确定的道德和自由的概念，"人们就不能猜出，一方面，他们要把什么当作本体来为所谓的现象奠定基础"，你究竟要把什么来当作现象的基础？你只说自在之物、不可知的东西，那还不够。那你猜都猜不出来那个东西到底是什么东西。现在有了：道德。道德和自由才是一切现象的基础，它在后面起作用，奠定基础。这是一方面的猜不出来。

另一方面，假如人们预先已经把纯粹知性在理论的运用中的一切概念都唯一地用在现象上了，那么是否在任何地方也有可能还对本体形成某种概念。

　　人们猜不出来有两个方面，一方面就是说，这个现象的基础到底是个什么东西，本体到底是什么，你能不能说出来。如果没有自由和德性的概念，这是猜不出来的。另一方面呢，如果你已经"预先把纯粹知性在理论的运用中的一切概念都唯一地用在现象上了"，你把范畴全部都运用到现象上去了，规定所有的范畴只能够有经验性的运用，不可能有任何其他的运用，比如超验的运用，那么它就没有实在性。所以真正要获得实在的知识，只能运用在现象上。如果这个已经定了，"那么是否在任何地方也有可能还对本体形成某种概念"？这个你也猜不出来。也就是说，你是不是还能把这些概念再用到本体上面，作出某种规定呢？当然这些规定肯定不是知识，但是它也是对本体所作的某种规定。那你是猜不出来的，因为没有人给你做示范。只有当你有了自由和德性的确定的概念以后，你才知道，原来这些范畴除了唯一地运用在现象上形成知识以外，还有一个运用，就是在本体上，我们用来规定自由和德性。这就是对本体形成的某种概念。如果没有这个前提，那么你是猜都猜不出来的。如果你不联想到人的道德，你可以把人的一切行为都还原为自然科学研究的对象，这就是现代还原论所走的一条思路。那么从康德以后，很多人，像现象学啊、解释学啊，都想开辟一条新路，就是说，科学技术是不能解决一切问题的，有些问题根本不是在这个意义上面来谈的。如果你把一切都还原为科学，那人类都不存在了。人类就只能被动地谋生，从原始时代到现在都一直保持着原来的水平。当然人类之所以有创造性，就在于他有自由。而他的自由最终是靠道德性来支撑的。人要成为一个道德的人，才给他的自由奠定了基础。在这个基础之上，一切人类的现象，包括知识、科学的现象才得以发展起来。这可以说是康德解决上面两个要点、两个困惑、两个反驳的办法。就是你首先要确立起一个自由的概念，而要确立起一个自由的概念，你必须有德性的概念。

　　只有对实践理性的一个详细的批判才能消除这一切误解，并把正好　[7]

113

构成实践理性最大优点的那种一贯的思维方式置于澄明之中。

这里我们看出他的《实践理性批判》所针对的对象了。《实践理性批判》就是要消除这些误解，一个是，这些范畴既然在理论知识上没有实在性，在实践的知识上又如何能有实在性？再一个呢，人一方面作为自由的主体，同时呢，又把自己看作经验的现象，这如何可能？当然主要是说人作为主体何以可能。《实践理性批判》主要是解决这个问题。只有对实践理性做一个详细的批判，只有对作为实践主体的人，他是如何采取自己的自由行动的，做一个详细的批判。就是说，必须对人的一般实践理性的活动，包括日常的实践活动，日常的与人相处，与大自然打交道，所有这一切实践活动，以纯粹实践理性作为标准来对它们进行详细的批判，才能够消除前面这两个误解。"并把正好构成实践理性最大优点的那种一贯的思维方式置于澄明之中"，也就是揭示出实践理性的最大优点的那种一贯的思维方式。这种一贯的思维方式在前面已经有了，我们在上一页的中间打了着重号的这一句话，"对思辨性批判的一贯思维方式的十分令人满意的证实"，打了着重号的"一贯思维方式"，在思辨性批判里面已经有了，但是还没有得到证实。它已经有一贯的思维方式，也可以说两大批判的思维方式是一贯的，就是立足于纯粹理性。但是在思辨理性批判里面，它还没有得到完全满意的证实，因为在思辨理性的领域里面，它还有个缺口没有补上来。这个缺口如何能够补上来？它自己是补不上来的，必须要转换立场，从实践的高度，才能够捎带着把思辨理性的这个缺口填补上来。但是这样一来就证明了纯粹实践理性是高于纯粹思辨理性的，实践理性高于理论理性。所以实践理性才具有明显的最大的优点，即在实践理性批判里面呢，揭示出了这样一种一贯的思维方式，使它处于澄明之中。纯粹理性它是一贯的，在认识领域和实践领域里面，它的要求是一贯的，都要贯彻纯粹理性；但只有对实践理性的一个详细的批判，才能够把这样一个最大的优点置于澄明之中，把它揭示出来。所以讲到纯粹理性呢，有时候会发生歧义，《纯粹理性批判》里面讲的其实是纯粹知性。后来康德在第三批判里面把它归了一下，就是说，《纯粹理性批判》里面讲的实际上是"纯粹知性批判"，《实践理性批判》里面讲的才是真正的"纯粹理性批判"。为什么这样讲？《纯粹理性批判》里面当然也有纯粹理性了，纯粹知性批判里面就已经有纯粹理性，但是纯粹理性的这种一贯的思维方式还没有得到完全的揭示。它已经贯彻在其中，但是单凭它自己还无能为力，使自己得到一种完全澄明，只有通过纯粹实践理性，才能够把这种一贯的思维方式揭示出来。就是说，在《纯粹理性批判》里面，纯粹知性批判还受到感性经验的约束，它只能够运用于经验的对象，知性的存在范畴只能够运用于经验的对象。离开经验的对象，它是空的。所以虽然号称《纯粹理性批判》，实际上它是离不开比如说先验感性论，因而也离不开经验性的材料的。我们对先验感性论很难处理，它究竟是属于纯粹理性的要素呢？还是另外一个要素？它是为纯粹思辨理性的运用提供条件、提供前提的，如果没有感性的对象的话，那么我们的知性范畴也无从应用。所以这方面呢有一些研究者经常不好划，有的把它划成纯粹理性本身的一个阶段，但是它明明讲的是先验感性论，怎么是纯粹理性的一个阶段呢？那么你把它划分出来单独看待呢，它又是包含在纯粹理性批判里面的。所以在纯粹理性批判里面，还不能绝对看就作是纯粹理性，它的纯粹理性顶多只能做一种调节性的运用，而不能作构成性的运用，只能敲边鼓，不能当主角。真正的《纯粹理性批判》是《实践理性批判》。《实践理性批判》里面，已经撇开了一切经验，一切感性的东西，只考察纯粹理性，它本身有它自身的"法规"，即道德上的自律。道德自律是不考虑一切经验条件的。知性认识还要考虑经验条件，但是道德自律、道德律是不考虑经验条件的，它是一种抽象的形式法规，它才是真正的纯粹理性。或者说，实践理性比思辨理性更纯粹。思辨理性离不开经验对象，而纯粹实践理性，它撇开一切经验对象，不考虑一切经验对象，它就是从自己的道德法则出发，来决定自己的行动。当然一旦决定行动，它就要涉及经验对象，它就要改变世界了，但是它本身的原则里面是可以没有这个东西的，这就是它的最大优点。实践理性的最大优点，就是它可以前后一贯，把那种一贯的思维方式最突出地揭示出来了。而在认识领域里面还没有，它还要受到经验的限制啊，所以它有经验的范围，它不能超越经验的界限，超越经验的界限它就无能为力了，它那个理性就伸展不过去了。如果要伸展过去的话，那就会形成幻相，就会形成谬误，所以它无能为力，它不能贯彻到一切。只有实践理性批判里面的那个原则它可以贯彻一切，它不管所有的经验的东西，自己为自己立法。

＊ ＊ ＊

结合我们上次讲的前面一段来看，康德在那里讲："由此我也就懂得了，为什么至今还在向我提出的针对批判的最大反驳恰好都在围绕着两个要点打转"。这两个反驳的要点，一个就是在理论理性里面已经否定了那些范畴能够运用于本体之上，但是在实践理性批判里面，他又肯定了这样一些范畴在运用于本体之上的时候也具有实在性，这似乎是一个矛盾。那么第二点呢，就是经验自我意识和先验自我意识的关系，也就是说，你把内在主体的自我明明归结为经验性的自我了，你又说成是不可认识的自在之物，这何以可能。那么这两个问题呢，他已经作了初步的解释，这一段就是为自己作进一步的辩护。前面围绕两个核心问题转来转去，对于康德，很多人都进行了批判，但是实际上呢，康德认为只有一点是需要辩护的。前面是两个问题，两个要点，但是这两个要点实际上归结为下面这个唯一的要点。

需要辩护的只是：为什么在这部著作中，纯粹思辨理性的那些概念和原理，固然已经经受过了它们的特殊的批判，在此还时时再一次地被加以检验，

这就是在这里需要辩护的，仅仅是这个。就是说，纯粹思辨理性的

那些概念和原理,主要是指那些知性的范畴以及那些知性的范畴的运用,已经受过了它们的特殊的批判,也就是经受了它们认识论上的批判、思辨的批判。那么"在此",也就是在《实践理性批判》这个地方呢,还要时时再一次地被加以检验。在思辨理性里面已经完成了它特殊的批判了,为什么在这个地方还不断地把它重新拿出来,再次加以检验? 实践理性批判也是一个批判,所谓批判,也就是对这些范畴的用法加以检验。这些范畴,比如说因果性范畴,当它们被运用到实践的方面的时候,它何以可能,在实践理性批判里面,对此重新再次加以检验。

这种做法通常对于一门必须建立的科学的系统化进程来说是不太适当的 (因为已被判定的事按理来说只须引证,而不必再加讨论),

前面已经作了充分的批判了,已经做完了,在这个地方呢,又把它拿出来说,这种做法呢,对于一门必须建立的科学的系统化进程来说是不太适当的。一门必须建立的科学,它有必要进行系统化,系统化就是说它是一个完整的体系。那么对于这样一种系统化的进程来说呢,你在前面说过了,已经完成了,但在这个地方呢,又拿出来说,这种做法呢,是不太适当的。括号里面讲:"因为已被判定的事按理来说只须引证,而不必再加讨论。"康德不是强调系统性吗? 系统性就是说前面你已经论证了,已被判定了,那么在后面呢,你只需要引证它就够了,你不要回过头又去讨论它何以可能。何以可能的问题前面已经讲了,现在又加以讨论,这个是不符合系统化的要求的。好像这里有一个漏洞。

但在**此处**却是允许的,甚至是必要的:因为理性连同那些概念是在向另一种运用的过渡中被考察的,这种运用完全不同于理性在**彼处**对这些概念的运用。

"此处"打了着重号,和后面打了着重号的"彼处"相呼应。在此处,也就是在实践理性批判中,这种重新考虑却是允许的,并且甚至是必要的。为什么在此处是允许的和必要的呢?"因为理性连同那些概念"——也就是知性的纯粹范畴,知性也可以说是理性嘛——理性连同它的那些范畴，"是在向另一种运用的过渡中被考察的"。此处的特点已经不是仅仅局限于思辨的体系中，在那个体系之中，当然你只需要引用它就够了，不需要再加讨论了，已经完备了嘛。但是现在情况不同了，理性和那些概念呢，是在向另一种运用、也就是实践的运用中过渡，这种运用完全不同于理性在彼处对这些概念的运用。两个都打了着重号，一个是"彼处"，一个是"此处"。此处呢，就是实践理性批判；彼处呢，就是纯粹理性批判或者思辨理性批判。这两处地方已经不同了，已经改变了，它们不是同一个地方。

　　但一个这样的过渡就使得把旧的运用和新的运用加以比较有了必要，以便把新的轨道和以前的轨道很好地区别开来，同时又让人注意到它们的关联。

　　一个这样的过渡，也就是从思辨理性过渡到实践理性，从彼处过渡到此处。这样一种过渡，就使得把旧的运用——也就是在思辨理性中的运用，和新的运用——也就是现在的实践理性中的运用，加以比较有了必要。既然要向一个不同的领域过渡，那么这两个领域，它们对这些概念的运用有何不同，你就必须加以比较，"以便把新的轨道和以前的轨道很好地区别开来"。轨道，也就是思路，以前是思辨理性那样一个轨道，按照那样一条思路来考察这些概念和范畴。那么现在呢，是按照实践理性这样一个轨道、这样一条思路来考察的。那么这两个轨道应该很好地区别开来，"同时又让人注意到它们的关联"。思辨理性和实践理性有区别，但是它们同时又有关联，都属于纯粹理性。所以这个比较是既比较它们的区别，同时呢，又指出它们的关联，这就叫作比较，它们具有可比性。

　　所以我们将把对这种类型的考察，此外还有那些再次针对自由概念、但却在纯粹理性的实践运用中的考察，

　　"对这种类型的考察"，也就是对那些概念和原理的再次考察，它与从前在纯粹思辨理性中的考察已经是完全不同类型的了，在方式上面不

一样，在性质上面也是不一样的。这个"类型"就是 Art，Art 在德文里面有类型的意思，也有性质、方式等等这样一些意思。把对这样一种类型的考察，"此外还有那些再次针对自由概念、但却在纯粹理性的实践运用中的考察"，就是除了对各种范畴运用作这样一种不同类型的考察之外，还要再次针对自由的概念、自由的理念作不同类型的考察，也就是放在纯粹理性的实践运用中来考察。在《纯粹理性批判》里面我们已经针对自由概念作过考察了，提出了先验自由的理念，那么这一次的考察，它跟第三个二律背反的考察不一样，因为它是在纯粹理性的实践运用中再次加以考察。这种不同类型是如何考察的呢？

　　<u>不是看作例如仅仅要用来弥补思辨理性之批判体系的漏洞的插叙（因为这个体系在自己的意图中是完备的），也不是像在一栋仓促建造的房子那里常会做的那样，在后面还安上支柱和扶垛，而是看作使体系的关联变得明显可见的真实环节，为的是使那些在彼处只能是悬拟地设想的概念，现在可以在其实在的体现中被看出来，</u>

　　对这种考察，包括对自由概念的再次考察，并不只是"要用来弥补思辨理性之批判体系的漏洞的插叙"，好像在思辨理性的体系那里的考察还不够，还不完备，所以现在要对它加以弥补，这是容易产生的一个误解。"（因为这个体系在自己的意图中是完备的）"，这个纯粹思辨理性的体系，在它自己的意图中，也就是在思辨的意图中，在认识论的意图中，已经非常完备了。刚才有同学也讲了，要回答第一个问题：我可以知道什么，要搞清楚我能够知道什么这样一个意图，那么思辨理性的体系已经是完备的了，没有漏洞，什么都讲到了。至于现在还要重提自由问题，那仅仅是在另外一种意义上，或者在另外一个体系的意图中，而不是在这个思辨理性批判的体系的意图中。所以我们不是把它看作好像仅仅是用来弥补思辨理性批判的一个漏洞，是一个插叙。"也不是像在一栋仓促建造的房子那里常会做的那样，在后面还安上支柱和扶垛"，这是一种形象化的比喻了，实际上是跟前面一个意思。就是好像在一栋仓促建造的房子那

里，思辨理性批判的体系好像建立得过于仓促了，那么还有一些不稳固不完善的地方，所以常常对这样的房子，人们就要在它的后面安上一个支柱或者扶垛，免得它倒了。那么这两种情况都不是，这两种情况其实是一种情况了，一个是概念的表达，一个是形象的表达。那么是什么呢？"而是看作使体系的关联变得明显可见的真实环节"，要阐明的不是体系内部的结构的完善，而是体系的关联变得明显可见，也就是这个体系和那个体系之间是怎样的关联，思辨理性的体系和实践理性的体系之间是什么关联，这种考察在其中充当了真实的环节。在思辨理性批判的体系里面呢，当然这个体系是完成了的，但是它的外部关联，就是这个体系跟另外的体系、跟实践理性批判的体系，它们的关联，在那里还没有变得明显可见，所以在这个地方重新讨论只是为了使这种关联变得明显可见的真实的环节。"为的是使那些在彼处只能是悬拟地设想的概念，现在可以在其实在的体现中被看出来"，它的目的是使那些在思辨理性那里只能是悬拟地设想的概念，比如说自由的概念，当然还有其他的概念，灵魂的概念，还有上帝的概念，获得其实在的体现，变得明显可见。先验自由的理念在第三个二律背反那里只是悬拟地被设想的概念，悬拟地也就是成问题的，problematisch，我们把它翻译成"悬拟地"，它还只是一个问题。我们把这个概念提出来了，但是这个概念本身的问题并没有解决，它只是作为一个先验的理念，我们可以想到它，没有什么东西可以推翻它，但是也没有什么东西可以证实它，所以，我们就不妨想出这样一个概念出来。想出这个概念出来是有必要的，因为，按照第三个二律背反里面的讲法，如果没有自由的概念，那么一切因果必然性的链条也就完成不了。如果没有自由的概念，自然的因果性的链条，也就无法成立，所谓充足理由律就永远达不到充足。自由的概念是由充足理由律所推出来的一个理念。必须要有一个充足理由，再没有其他的理由了，那它当然就是自由了。真正的充足理由只能是自由，所以自由的概念是必须要提出来，但是只能悬拟地设想，不能证实。那么，"现在可以在其实在的体现中被看出来"，"现在"，也就是说在实践理性批判里面，这样一个悬拟的概念可以在其实在的体现中被看出来。我们在实践中，我们去做，我们去行动，从这样一个行为里面呢，就可以看出自由这样一个概念。它就不再是悬拟的设想了，而是在实践的意义上，它具有了客观实在性，这个我在前面已经谈到过了。

这个提醒尤其是针对自由概念的，对这个概念我们不能不惊奇地注意到，还有这么多人，仅仅由于他们在心理学的关系中来考察它，就自夸可以完全看穿它并能解释它的可能性。

这里特别重视这个自由的概念，他这里的这样一个提醒，就是前面所讲的，我们需要辩护的是这一点，为什么在《纯粹理性批判》中那些概念和原理已经经受过了特殊的批判，而在《实践理性批判》里面呢，还要再次拿出来加以讨论，加以检验，是因为体系的类型不同，因而关联也不同。那么这是一个提醒，"这个提醒尤其是针对自由概念的"。他所讲的在思辨理性批判里面已经批判过了的概念，在这里又重新加以再次考察的概念，最重要的就是自由的概念。经过康德纯粹理性批判的第三个二律背反的这种考察以后，我们居然发现，还有这么多人，仍然仅仅停留在心理学的那个层面来对自由加以解释，并由此就"自夸可以完全看穿它并能解释它的可能性"。你问他什么是自由，他就举出一些经验中的心理学的事实，这些事实其实最后都可以归结为自然的因果律。他们以为这样一来就把自由这个概念看穿了，自由无非就是这么回事情，就是自然因果律的一种表现。他们会说，我不是把自由归结为物理学的那些自然规律，但是我可以把它归结为心理学的那些自然规律，属于经验的心理学。在康德以后还发展出了实验的心理学，都是走的这条路子。我们想要把握心的概念，赖尔不是有一本《心的概念》，翻译成中文了，于是就从分析哲学、实证主义这个角度，从实验心理学的这个角度，对于心究竟是怎么一回事情，作出一种实验的、实证的、统计学的、行为主义的、机械论的等等这样一些考察。"仅仅由于他们在心理学的关系中"，这个心理学肯定是经验的心理学，通常讲的一般的心理学。理性心理学其实也还是经验的心理学，康德在"理性心理学的谬误推理"里面已经指出来了，要么它在形式逻辑上是有问题的，谬误推理，偷换概念；要么呢，它其实是经验的心理学，并不是真正的理性心理学。对于真正的理性的心理学，康德还是认为它在某种意义上是可以成立的。在某种意义上，我可以承认灵魂是实体，灵魂是单一的，灵魂是同一的人格，等等，这些东西他都承认的。但是绝对不是在通常讲的心理学的意义上的，不是通常讲的在思辨意义上的、知识论意义上的心理学，而是在实践的这个意义上，真正的理性心理学应当是放到实践的意义上面来考察才可以成立。而这里讲的"仅仅由于他们在心理学的关系中来考察它"，就是放到经验心理学的关系中来考察自由概念，他们以此"就自夸可以完全看穿它并能解释它的可能性"。这显然是一种自夸，自以为已经把握到了自由的本体，自由概念的实质。他们自夸已经解释了自由的可能性，自由何以可能？是因为心理学的规律，心理学的规律使得自由得以可能。但是在康德看来，如果从实践的意义上来理解自由的话，那么自由何以可能的这个问题，是没有办法追究的，是无解的。如果有解，如果你能解释自由何以可能，那自由就不是自由了，它就是被决定的了。对于实践理性来说，自由是第一性的原则，是最高的原则，再不能追溯它何以可能了。道德律何以可能，你可以追溯到自由。自由何以可能，再不能追溯了。但是从心理学的角度呢，好像它是可以解释的，人何以可能有自由啊？我们从心理学上就可以拿一个自由的行为来加以考察，我们可以从它的前因后果考察，他为什么干这件事情？因为他受到什么什么的影响，因为他受到什么什么的教育，因为他当时处于那样一种环境，所以他作出了那样一件事情，选择了那样一种做法，这就是对自由作出了解释。但是这种解释似是而非，难道你这样就把自由解释清楚了？他在那个时候就一定会那样做？他就不可能有另外的选择？尽管有他的教育，有他的环境，为什么同样的人没有作出他那样的事情，而做了不同的、相反的事情呢？

难道当时他就没有选择了？如果是这样，那就没有自由了，因为他没有选择嘛。所以，这样一种解释呢，其实并没有看透自由，也没有解释自由的可能性。在心理学这个层面上就想看透它并且解释它的可能性，其实是完全做不到的。

然而，假如他们事先在先验的关系中仔细掂量过这个概念，他们就既会认识到它作为在思辨理性的完备运用中的悬拟概念的**不可缺少性**，同时也会认识到它的**不可理解性**，

心理学很自信，它以为自己可以在心理学的层面上，把内心所呈现出来的一切现象都加以透彻的解释，这就可以把握自由的本质，看穿它，并且解释它的可能性。但是呢，"假如他们事先在先验的关系中仔细掂量过这个概念"，也就是首先在认识论的层面上仔细考察过自由这个概念，就会知道自由这个概念本身是不可认识的，但又是不可缺少的。这只要读一读康德的《纯粹理性批判》就可以明白，第三个二律背反就是认识论上来考察自由概念的，如果你在认识论上先验地来掂量这个概念，而不是在心理学的意义上来分析这个概念，这是很明白的事。我们知道康德的认识论是坚决反对降低到心理学的层面上的，康德就是反心理主义的。当然后来胡塞尔指责他反心理主义不彻底，说他仍然是心理主义的。但是就康德本人的意图来说呢，他是反心理主义的，他在哲学上是拒斥心理主义的，他认为他谈的不是人的心理结构的问题，知情意都不是人的心理结构的问题，而是一般有理性者他们所可能有的那种主体先验的结构。这种先验的结构，我们可以从先验的层面上对它加以考察，当然这个考察不一定是说把它们看透，把它们作为一种知识来把握住，但至少是从认识论的角度，哪怕它们把握不住，我也要指出来，这几个概念是不能认识的，是不能看透的，但同时也是不能放弃的。但这还是从认识论的立场上面来看，把这些概念看作是悬拟的概念。所以，假如这些从心理学的关系来考察自由概念的人事先在先验的关系中仔细掂量过这个概念，"他们就既会认识到它作为在思辨理性的完备运用中的

悬拟概念的**不可缺少性**",自由的概念作为在思辨理性的完备运用中的悬拟概念是不可缺少的。为什么呢?比如说自然的因果性的概念,人为自然界立法,立了因果律这样一个法,那么,这个因果律要完备地运用,它也少不了自由的概念,这就是我们讲的充足理由律。因果律就是理由律,这个理由律你要完备地运用,就要找到充足的理由,那你就少不了这个悬拟的概念,你就要把自由作为它的前提。否则的话你就没有充足理由,没有充足理由,你所得出的就只是一些偶然的事实,这些偶然的事实你不能完全解释,莱布尼茨提出充足理由律就是要解释偶然真理的问题,任何偶然真理我们先验地认定它们都具有充足的理由,如果没有充足的理由,它们就不会发生。但充足理由是趋向于无限的,在大量的、无限的理由中,只要缺少了一个理由,一件事就不会发生。所以任何一个偶然的事实,你要对它加以完备的认识,你都必须预设一个充足的因果链条,而因果链条又是无穷延伸的,在经验的层面上不可能穷尽的,它总是可以再往前延伸。所以我们必须设定一个先验的悬拟的概念,那就是自由。因果链条最后有一个最充足的理由,再没有别的理由了,这就是自由。由自由的原因性这个概念就是"自行开始一个因果序列",由于有这样一个概念,它自行开始一个因果链条,它当然就是这个因果链条的充足理由了。是它自行开始的,它没有借用任何别的东西,它就是它自己开始的,它就是这个因果链条的充足理由。所以,只有假设了这一点,我们才能解释任何一个偶然事件的完备的理由,我们才能完备地运用我们的思辨理性。所以自由的概念在这种完备的运用中,它是不可缺少的,它具有不可缺少性。"同时也会认识到它的**不可理解性**",它虽然是不可缺少的,但是呢,它是一个先验的理念,我们不能认识它,你要认识它,你必须引入经验的条件。但是它作为一个先验的理念,已经超出经验的条件了,它超出一切可能经验的条件,作为这些经验的可能性的条件,它自身是非经验、超经验的。你要用经验来解释它,那是不行的,那你把它又降为经验里面的因果链条的某一个环节了,那么我们又必须再为这个环节去寻找更高的环节。既然是经验的事物，那我们就还可以为它寻找更高的环节，那它又不是自由了。而真正的自由呢，就是超越经验的，因而是不可理解的，或者说是不可认识的。我们不能用经验的东西去认识它，自由是什么东西，它在时间空间中到底是怎么样决定经验事物的，它的运作机制，我们不知道，我们只能把它放到不可认识的物自体方面去，把它悬置起来，作为一个悬拟的概念。悬拟、悬设，这都是从思辨理性的角度来看待这样一个理念的说法。所以这个理念呢，它在思辨理性中，既有不可缺少性，同时又有不可理解性。

　　<u>并且，假如他们此后将它带到实践的运用上来，他们必定会自己在这运用的诸原理上恰好想到这种运用的上述规定，这个规定是他们平时不太愿意承认的。</u>

　　假如这些心理学家们有朝一日将这个自由的概念"带到实践的运用上来，他们必定会自己在这运用的诸原理上恰好想到这种运用的上述规定"，上述规定，也就是在先验的关系上掂量过这个概念，那么它们就会认识到它具有不可缺少性和不可理解性这样一种规定；而在此后将自由概念带到实践的运用上来的时候，他们必定会自己在这个实践运用中想到这种运用的上面那个规定，也就是这样一个自由意志的概念既不可缺少，也不可理解。"这个规定是他们平时不太愿意承认的"，心理学家们通常不会在先验的关系里面来掂量这个概念，也就是把它看作一个先验的理念，这是一般心理学家们不屑一顾的。所以他们不会承认自由的概念不可缺少，而是认为可有可无，甚至是多余的；他们也不会认为自由概念不可理解，而认为完全可以用自然因果性来解释。心理学家们本身是属于实证主义的，心理学是一种实证科学、经验科学，物理学和心理学两大类，一个是考察外部世界，一个是考察内部世界，那么这两个世界都属于经验科学范围，所以心理学家们平时不太会愿意去承认先验的自由概念，先验自由概念所作出来的规定，他们也不会认可。但是呢，假如他们事先在先验的关系中考察过自由的概念，此后呢又把它带到实践的运

用上来，那么这些人一定会自己在这个运用的原理上恰好想到这种运用的那个先验规定。这个先验的规定就是：先验自由是一个悬拟的概念，它既是不可缺少的又是不可理解的。但是如果你在先验地考察过这一概念以后，在熟知了《纯粹理性批判》里面的分析以后，再进入实践领域里面来，你自己就会得出来这样一个规定了，就是所谓自由的理念既是不可缺少的，也是不可认识的。而这就会既杜绝了他们在思辨的意义上去认识它的意图，同时也想为它的不可缺少寻求到更加可靠和更具客观实在性的基础。只可惜他们平时不会太愿意承认这种规定，这就把他们的思路堵死了。平时他们都是经验论者，而康德在这里要求的是你首先要从先验的角度来考察，要转到先验论的立场上来考察这个概念，那么你在实践论的意义上面呢，你自己就会得出我在这里对它所规定的那些先验的规定。那些先验的规定不仅仅是在思辨的意义上对它的概念所作的规定，而且它在实践的方面是有用的。所以只要你把这个先验自由的理念的含义转用于实践理性的方面，你自己就会知道怎么运用这样一个规定。这是康德非常自信的地方。我想到这一点，并不是我自己一个人想到的，凡是人们在先验的意义上真正搞清了自由的理念、它的含义，那么接下来一旦他考虑到实践的运用，他自己就会得出我在道德实践方面所作出的那些规定。如果没有这样一个训练，首先提升到先验的立场，然后转到实践的立场，如果没有这个前提的话，他们是走不出自己的误区的。

　　<u>自由概念对于一切**经验论者**都是绊脚石，但对于**批判的**道德学家也</u>

[8]　<u>是开启最崇高的实践原理的钥匙，这些道德学家由此看出，他们不可避免地必须**合理地**行事。</u>

　　这里谈到经验论者了，那些心理学家都是经验论者。前面讲的那些心理学家，在心理学的关系中来考察自由概念的人，他们都是经验论者。尽管有一些是理性派，像笛卡儿这些人是理性派，但是当他们在心理学的关系和层次中来考察自由的概念的时候，他们要么在先验的方面是自相矛盾的，不能成立的，要么就是经验论者。那么一般来说，自由概念对于一切经验论者都是绊脚石，他们绕不过去的，自由的概念是他们无法解释的。你想从经验的角度来解释，最终必然导致取消自由概念。从经验的角度，把自由当作科学研究对象，那还有自由吗？那就是科学主义了，把一切都还原为牛顿物理学，或者今天再加上爱因斯坦相对论，还原为现代物理学、基本粒子理论、量子理论，也就是把它还原为一种科学的学说了，那就没有自由概念了，自由就被归结为必然，归结为自然因果律了。所以，一切经验论者对于自由概念都是无能为力的，这个概念对他们都是绊脚石，他们在这里一步也不能前进。"但对于**批判的**道德学家也是开启最崇高的实践原理的钥匙"，批判的道德学家，这是康德的夫子之道了，道德学家必须像康德那样经历过批判哲学的训练，首先是《纯粹理性批判》的训练，然后再转向实践的立场来运用那种训练的成果，这就获得了开启最崇高的实践原理的钥匙。批判的道德学家所立足的是一个纯粹理性的高度，而纯粹思辨理性和纯粹实践理性虽然层次不同，但作为纯粹理性却是相通的。对于这样的批判的道德学家来说，它不是仅仅停留于被动接受、有什么就说什么，经验的东西摆在这里，我就对它进行分析，这个是非批判的。批判的道德学家呢，就是要考察这样一些经验知识何以可能，一直追问到不能再追，追问到先验的理念，并由这里转向道德的领域。批判的层次并不是说要解决一切问题，而在于它提出问题。自由是一个问题，它何以可能是一个问题，这个问题是不能解释的。当你达到这样一层认识，你也就达到了批判的层次。那么对这样的道德学家来说，自由的概念是开启最崇高的实践原理的钥匙，"最崇高的实践原理"当然就是指的道德实践原理。道德实践原理如何理解？必须要从自由的概念来理解，自由的概念是我们理解道德律的一把钥匙。也就是说道德律的何以可能，我们必须归结到自由，除此而外，不是真正的道德律。只有自由意志的自律才是道德律，才能够构成道德律。所以，"这些道德学家由此看出，他们不可避免地必须**合理地**行事"，这些批判的道德学家由这个自由的概念可以看出来，他们不可避免地必须要合理地行事。但这个"合理地"（rational）还不等于是"理性地"（vernünftig），这个词一般来说相当于"知性地"，也就是合乎道理地。他前面讲到的合理的心理学，理性心理学嘛，我们通常讲理性心理学，其实就是合理的心理学。这个地方用的这个词，"合理地"打了着重号，也就是说，康德并没有完全否认合理的心理学。他对理性心理学的批判，主要是指出它们的那些谬误推理，但是理性心理学的那些命题，康德在某种意义上还是承认的。只有在实践的意义上面，他才承认理性心理学的那些命题可以成立。灵魂是实体，灵魂是单一的，灵魂是人格上同一的，再就是灵魂是跟身体处于一种交互作用之中，身心关系之中。这样一些命题，如果你是从认识论的角度来看，那它就是谬误推理，完全站不住脚的。但是理性心理学在实践的意义上，康德又是承认的。不但承认，而且认为一个批判的道德学家，由自由的这个理念不可避免地必须合理地行事，必须按照实践的理性心理学对于灵魂，或者是对于自由所规定的那样一些命题来行事。那些命题也是合理的，所以是必然的、不可缺少的。但又是不可理解的，这个合理性不在于它的认识方面，而是在于它的实践方面。也就是在实践的方面，你应该把自己看作是一个实体，把自己看作是有同一性的。你要为你的行为负责嘛，同时也把自己的行为看作是应该对你的身体起作用。你的行动是由你的自由意志决定的，那它当然要做出来，要通过你的肢体，把它实现在经验世界中，当然有作用。但这个作用是不能认识的、不可把握的。所以这里从道德的意义上面来说呢，人们不可避免地必须合理地行事，而这又恰好与自由概念的先验规定相符合，即自由既是不可缺少的又是不可理解的。

为此之故，我请求读者不要把在分析论的结论那里关于这个概念所说的话以草率的眼光忽略而过。

这个地方他特别强调地提出来，在分析论的结论那里关于这个概念所说的话是很重要的，这个我们在《精粹》里面没有收入进来，因为篇幅的关系；但可以看看我们翻译的《实践理性批判》① 第141—146页（边码120—123），整个这几段话，特别是最后一段话，都是谈自由的概念在实践的意义上的作用，它的种种规定，并说明实践的自由恰好是运用先验自由概念的这些规定而建立起自己的法则的。所以我们可以参考这几段话来理解。在"纯粹实践理性的动机"这一章，《实践理性批判》分析论的最后一章，结束的时候，他中间打了一条杠，最后有几段话，相当于他的结论。也就是说，分析论最后其实就是围绕这自由的概念，归结为对自由概念的分析。所以，他这里特别强调读者要注意这几段话。我们后面有时间要把《实践理性批判》的这几段话好好地琢磨琢磨。

上面一段，他已经讲到了，我们在思辨理性批判里面那个系统是完备的，那么我们现在转入到另外一个体系，就是实践理性批判这样一个体系里面来了。在这个体系里面呢，我们必须把思辨理性批判里面已经在运用方面作出了完备规定的那些范畴重新加以考虑。比如说因果性、实体性这些概念，我们在实践的意义上重新加以考虑，这样来构建一个新体系。这个体系并不是对前面一个体系的补充或者补漏，而是它有它自己的原则；但这些原则仍然是从思辨理性批判的原则中转用过来的。

这样一个体系，当它在这里由纯粹实践理性从对自己的批判中发展出来时，所花费的辛劳，尤其是为了不误解那个正确的观点、即这个体系的整体借以能被准确勾画出来的那个正确观点这方面的辛劳是多还是少，我必须留给这样一类工作的行家去评判。
"这样一个体系"就是指的实践理性批判的体系了。也就是说，这样一个体系，在这里呢，是由纯粹实践理性"从对自己的批判中发展出来的"，实践理性批判这个体系，是由纯粹实践理性从对自己的批判中，也

---

① 《实践理性批判》，邓晓芒译，杨祖陶校，人民出版社2003年版。

就是对实践理性的批判中发展出来的。在这个前言的一开始他就讲到了，纯粹实践理性，它是一个事实，就是理性事实上具有实践能力，这是理性本身的一个事实。所以这个事实是不需要批判的，它是一切批判的前提。但是呢，纯粹实践理性又要进行批判，批判什么呢，批判一般的实践理性。所以他这个书名叫作《实践理性批判》而不叫作《纯粹实践理性批判》，就是因为纯粹实践理性本身不需要批判，它是一个前提。那么，以这个前提作为出发点，对一般的或者说一切其他的实践理性加以批判，这是这本书的任务。但是在这句话里面呢，表述有一点不同，就是说，"纯粹实践理性从对自己的批判中发展出"了一个体系，也就是纯粹实践理性对自己进行批判，纯粹实践理性的自我批判。他这个表述，我理解应该是说，纯粹实践理性从它的在一般实践理性中的表现中发现它自身的前提。纯粹实践理性在一般的实践理性中都是存在着的，都有的，都包含着的。但是它被混同于其他的东西，比如说感性的欲望啊，需要啊，物质和情感方面的考虑啊，等等这些东西，把纯粹实践理性掩盖了。也就是说我们一般的实践理性，比如说我们在日常生活中我们也讲实践，我们去做一件事情，我们一切有目的的活动，都可以说是一般实践理性，而不是纯粹实践理性。但是纯粹实践理性并不是另外的一个什么东西，它就包含在我们的一般实践理性之中。纯粹实践理性作为一般实践理性中的那个纯粹实践理性的成分，包含在人的一切实践活动之中。但是由于它被包含在一些其他的东西之中，被掩盖了，所以必须对一般的实践理性进行批判，加以纯化，把纯粹实践理性本身的那种纯粹理性法则提取出来，由这个法则再来批判所有其他的一般实践理性。这样一种批判呢，也可以看作是纯粹实践理性对自己的批判。也就是说，纯粹实践理性为什么会被掩盖了呢？在什么条件之下它就被遮蔽了呢？它就混同于其他的那些实践的目的了呢？所以对于一般实践理性的批判呢，也可以在某种意义上看作是纯粹实践理性的自我批判。就是说，它不要被那些东西所遮蔽，而要从所有那些东西里面摆脱出来，使它纯粹化，使纯粹实践理性本身摆脱那些不相干的因素,那些不纯粹的因素,使它纯粹化。从这个意义上来说,也可以说,这样一种批判是纯粹实践理性对自己的批判。在这个对自己的批判中,这个实践理性的体系呢,就发展出来了。那么这样一个体系,他说他所花费的辛劳,它所付出的艰巨的劳动,尤其在不误解那个正确的观点、即这个体系的整体借以能被准确勾画出来的那个正确观点这方面的辛劳是多还是少,我必须留给这样一类工作的行家去评判。就是说,有人以为你这套东西没有什么新意,无非是沃尔夫派的现成的观点,这其实是说外行话了。这样一种批判是很费心思的,很辛苦的,就他自己而言,他觉得是很费了一把力气的,尤其在为了不误解那个正确的观点方面。这个正确观点是什么呢? 就是纯粹实践理性本身的经过批判的这样一个观点,也就是把纯粹实践理性从一般实践理性中纯化出来的那一条法则,也就是道德律。纯粹实践理性的法则也就是道德律。纯粹实践理性从批判中发展出体系,它的出发点的那个观点,它是从什么样的一个观点,发展出这个体系来的? 这个体系的整体借以能被准确勾画出来的那个观点,只有从这样一个正确的观点,也就是纯粹实践理性的出发点,好不容易才建立起来的这样一个出发点,由这个出发点,这个体系才能够整体上被准确勾画出来。那么这个观点必须非常精确,容不得半点误解。所以"尤其在为了不误解那个正确的观点"这一方面,花费了很多辛劳,他反复地说明,加以界定,加以区分,加以分析,加以排除,为了使纯粹实践理性的基本法则能够纯粹地展示出来,这个他是花费了很多心力的。为了不被误解,能够准确地勾画出一个体系的整体,这也是很难做到的一件工程。但是康德当然认为他自己做到了。"这方面花费的辛劳是多还是少,我必须留给这样一类工作的行家去评判",这里康德还保持了一定的谦虚,但是这个谦虚里面呢还带有一点骄傲。就是说我必须留给这样一类工作的行家去评判,一般的人你来评判,那你根本想象不到我花费了多少辛劳,只有行家,你真正看懂了我的原理,你才能懂得我到底费了多少力气。当然最终还是由他们去评判,由那些内行的人、由那些目光锐利的人去加以评判。

该体系虽然以《道德形而上学奠基》①为前提,但只限于这部著作使人预先熟悉一下义务原则、提出一个确定的义务公式并为之说明理由的范围内;除此而外这个体系是独立自存的。

"该体系"也就是《实践理性批判》的体系,这里提到了它是以《道德形而上学奠基》为前提——《道德形而上学奠基》,苗力田先生把它翻译成《道德形而上学原理》,李秋零把它译成《道德形而上学奠基》,我这里按照李秋零的翻译。这本书以《道德形而上学奠基》为前提,我们看过《道德形而上学奠基》的都知道,它里面分成三个部分,从日常的道德哲学、一般的道德箴言,过渡到通俗的道德哲学,从通俗的道德哲学过渡到道德形而上学,从道德形而上学过渡到纯粹实践理性批判。《道德形而上学奠基》里面是这三个层次,三个层次的最高点就是纯粹实践理性批判,就是考察我们的道德何以可能,我们的实践法则何以可能,这是《道德形而上学奠基》的最后阶段。那么很显然,实践理性批判这个体系呢,是以它为前提的。前面讲了,从这里过渡到那里,从低级过渡到高级,一直达到最高点,就是实践理性批判了,所以它是以《道德形而上学奠基》为前提。"但只限于这部著作使人预先熟悉一下义务原则、提出一个确定的义务公式并为之说明理由的范围内","这部著作"就是《道德形而上学奠基》,"只限于"是限定在什么方面呢? 就是使我们预先熟悉一下义务原则,提出一个义务公式,并说明理由,在这个范围之内,还是在一些初步的、入门的范围之内作为前提。为前提不是说在任何意义上都是前提。应该说,反过来,实践理性批判才是《道德形而上学奠基》里面所提出的那些公式的前提,反过来应该是这样的。但是那些公式你首先得要熟悉一下,它的义务原则必须要知道,并且要初步地说明一下理由,这些是道德形而上学的基础,是入门的前提。并不是说《道德形而

---

① 原译作《道德形而上学基础》,现已改为《道德形而上学奠基》。

上学奠基》就是实践理性批判的基础了，不是的。它们的关系应该是反过来的。实践理性批判才是给《道德形而上学奠基》奠定基础的，甚至是道德形而上学基础的基础，因为它是深入最深的层次了。《道德形而上学奠基》这本书只是入门，只是从一般的逐步上升，从一般的人们的世俗生活中进行道德评价，通俗的道德哲学这方面，一步一步进入道德形而上学，再进入实践理性批判，追究道德形而上学的根据。所以这个"奠基"的意义呢，并不是绝对的，而只是在入门的意义上面来提供一个基础。但是事实上作为体系来看呢，这两本书的关系是颠倒的，是倒过来的，《实践理性批判》才是最终的基础，正如《纯粹理性批判》是《自然科学的形而上学基础》的基础一样。"除此而外这个体系是独立自存的"，除了这方面以外，《实践理性批判》本身是独立自存的。因为该体系以《道德形而上学奠基》为前提，仅仅是为了熟悉一下义务原则，提出一个确定的义务公式，并说明理由，这只是一个初步的熟悉过程。除了这一点作用以外，这个体系，也就是《实践理性批判》的体系，它是自成体系的，它跟思辨理性批判那个体系可以相提并论，甚至原则上更高于思辨理性批判，实践理性高于理论理性嘛，这是康德的一个原则。至少这个体系它本身是不缺什么的，它不需要首先再为它奠定什么基础。这句话中间夹了一个注释。在这个注释里面讲到了《道德形而上学奠基》所做的事情，我们来看看。

　　一个曾想对这本书表示某种责难的评论家，当他说：这里面没有提出任何新的道德原则，而只是提出了一个**新的公式**，这时他比他自己也许想要表达的意思更为切中要点。但是，谁想过还要引进一切道德的某种新原理并仿佛要首次发现它呢？就好像在他之前世界曾经在什么是义务这点上一无所知或是陷入了完全的错误似的。但谁要是知道一个极其严格地规定依照题目应该做什么而不许出错的**公式**对于数学家意味着什么，他就不会把一个对所有的一般义务而言都做着同一件事的公式看作某种无意义的和多余的事了。

"这本书"，应该是前面讲的《道德形而上学奠基》，因为那本书是早于《实践理性批判》发表的，所以在《实践理性批判》里面呢，他已经看到了对《道德形而上学奠基》的一些评论，所以他在这里加一个注释，来讨论人家对他那本书的评论。《实践理性批判》在写作时还没有出版，当然他无从看到对这本书的评论了。有人说，《道德形而上学奠基》里面没有提出什么新的道德原则，而只是把这些旧的道德原则归纳成了一个"新的公式"。① 康德说，这个时候，他的这种意见"比他自己也许想要表达的意思更为切中要点"。他想要表达什么意思呢？他想要责难他，你只不过是提出了一个新的公式而已。但是实际上在康德看来呢，这正是康德自己所要达到的目的。所以你这个责难根本就不成其为责难，你其实是在表扬我，说我提出了一个新的公式。所以他其实是切中要点的，他恰好点出了我康德在这本书里面提出了一个新的公式，仅此，就足以使康德认为自己已经做出成就了。所以他这是切中要点的，虽然他自己所表达的意图是康德所不赞成的，即认为这不值一提。所以康德后面反驳说，但是谁想过这一点呢？我康德是没有想过的。我从来就没有想到过"要引进一切道德的某种新原理并仿佛要首次发现它"，我并没有想做这样一件事。在《道德形而上学奠基》这本书里面，他一开始就从一般的道德箴言过渡到通俗的道德哲学。他是从通俗的道德哲学和日常道德箴言开始的。他只是想把这种通俗的道德哲学和道德箴言里面所隐含的那些道德形而上学原理，用一个公式揭示出来。它们已经包含有形而上学原理，但是一般的老百姓日用而不知，他们通常都是用这种方式来判断一个人的道德水平的。比如说"为义务而义务"，这是所有的人评判一个人的道德的时候所立足的一个法则。如果一个人做了一件好事，但他没有

---

① 据考证，这位评论家是提特尔 (Gottlieb August Tittel)，参看李秋零译：《实践理性批判》(注释本)，中国人民大学出版社 2011 年版，第 15—16 页。

为义务而义务，或者说尽管他为义务而义务，但是别人不知道，或者别人有意要歪曲他，要攻击他，那么人们所援引的就是"为义务而义务"这样的原则来评价他，就是说他做这个道德的事情，无非是为了炒作自己，他是别有所图嘛，他的目的、动机不纯嘛。所以在日常的道德哲学里面，在通俗的道德哲学里面，包括那些误解了的、不真确的道德判断里面，其实都包含有真确的前提，就是为义务而义务才是真正道德的。所以康德他并不是蔑视这些小人物，这些老百姓，这些无知的大众，而是就从这些无知的大众日常所实行的、现实在遵循的这样一些道德法规、道德原理里面，抽出他所认为的实质性的东西、本质性的东西，用一个公式把它表达出来。这个公式一般老百姓没有意识到，但是一旦表达出来，只要有人愿意理解，就会发现，他讲的正是我每天在做的事情。虽然是一个抽象的东西，但是它并不脱离现实。康德很早就讲过，卢梭教育了他，使他认为他并不高于一般的大众，如果他的这一套学说不能为一般大众的安身立命奠定基础的话，那他的工作就没有任何价值。康德早就有这种意识，所以对这样一种批评呢，他嗤之以鼻。就是说，我从来没有想过，自己比老百姓要高明，要提供一种新的道德原理，"就好像在他之前世界曾经在什么是义务这点上一无所知或是陷入了完全的错误似的"。康德认为在他之前，老百姓完全懂得什么是义务，并不是一无所知，也不是陷入了完全错误，他们讲得对。哪怕实际上很多人做的道德评价并不对，但是他们所依据的那个原则是对的。所以他讲："但谁要是知道一个极其严格地规定依照题目应该做什么而不许出错的公式对于数学家意味着什么，他就不会把一个对所有的一般义务而言都做着同一件事的公式看作某种无意义的和多余的事了"。他在这个地方用数学来打比方。当然在数学中，数学的原则，老百姓也都知道。但是你如果不提供出一些公式来的话呢，那么老百姓知道的那些东西就处于模糊的状态，老百姓日常的计算啊，算术啊，测量啊，这些东西如果没有公式的话，只有一些应用题，一些实用的技术经验，那就没有数学这门科学了。一个木匠不知道勾股定理，也会用"勾三股四弦五"来大致进行操作,但如果数学家能够提出一个公式,那么我们在解决一些课题的时候,在日常生活中,我们就不但可以快捷地找到正确答案,而且可以严格地按照这些公式而避开一切错误。这是非常重要的一件事。但是数学家的这个公式呢,并不是他"发明"出来的,而是在人们日常的测量,日常的计算,日常的一些数学思考中"发现"的,在这些活动中已经包含有这样一些公式在里面。但是如果没有数学家把它们提取出来,那么人们不会准确地运用这些公式,准确地来解答那些问题。所以数学家所做的工作就是要找出这些公式来,数学公式都是由一代又一代的数学家呕心沥血所建立起来的。那么数学的作用就在这里。对数学家数学意味着什么?就是要找到公式嘛。找到公式我就可以自觉地、严格地按照数学规律去计算、去测量。所以找出一个公式来,对于一个道德学家来说,就像对于数学家来说一样,具有根本性的意义。如果你意识到这一点呢,你就"不会把一个对所有的一般义务而言都做着同一件事的公式看作某种无意义的和多余的事了",对所有一般义务而言,只要是谈到义务,包括老百姓日常生活中所谈到的所有的义务,之所以看作是义务,是因为这些事情、具体的形形色色的活动都做着同一件事情。哪一件事情呢?就是"要使你的行为的准则成为一条普遍的法则"这样一条道德律,这样一条定言命令。所有的义务都是在做这件事情,所以根据公式来说,虽然它们五花八门的,有各种不同的表现,但是实际上是在做着同一件事情。新的公式,也就是康德所提出的那种绝对命令、道德律。它可以把所有的义务都归结为一件事情。所以你把它看作是无意义的、多余的,那就错了,就像把数学家所提出的那些公式都看作是无意义的、多余的一样。所以这种批评其实是不值一驳的。那么这个地方加进这个注释来,主要是为《道德形而上学奠基》作一个辩护,就是说在这本书里面,作为《实践理性批判》的一个前提,只限于使人们预先熟悉一下义务原则,提出一个确定的义务公式,并为之说明理由。但是,那本书的功劳应该还是很大的,它提出了一个义务公式嘛,也就是道德律的公式。下面回到正文。

至于说没有把对一切实践科学的**划分**像思辨理性的批判曾做过的那样为了**完备性**而附加进来，对此也可以在这个实践理性能力的性状中找到有效的根据。

至于说另外一方面，有人也许会指责他没有在《实践理性批判》里面把对一切实践科学的划分为了完备性而附加进来，就像思辨理性批判曾经做过的那样把它附加进来。那么，什么叫"对于一切实践科学的划分"？这就是说，实践理性批判是对一般实践理性进行批判，那么人们自然就会想到，批判实践理性包括哪些范围，包括哪些方面，比如说自然研究方面，科学实验，当然也可以说是实践了；日常实践，谋生的活动，追求利益，满足需要，这些实践活动，劳动和熟练技巧，艺术和技术，科学和技术，再就是人际关系，政治方面，法律方面，国际关系方面，最后是道德方面，这是最高的了。所有这些科学的门类，在实践科学这样一个大标题下，是不是要对它加以划分呢？那么在《实践理性批判》里面，没有划分，它只是提出一个基本的原理。《实践理性批判》用纯粹实践理性的法则，来批判一般实践理性。至于一般实践理性包含哪些门类，在这个里头没有明确的划分，像思辨理性批判曾经做过的那样。思辨理性批判里面，做过一个划分，就是人的知识划分为数学知识、自然科学知识、形而上学知识，做了这样一个等级和层次的划分。在思辨理性的批判里面，这样一种划分是完备的，人类所有的知识，除了这三种，数学知识、自然科学知识和形而上学知识以外，没有了，就只有这三种知识。当然逻辑也可以说是知识，但是它是形式上的一种工具，它是一切知识的工具。独立地来说呢，还不能说是知识。逻辑是逻辑，因为逻辑可以不是知识，它可以用在下棋啊、游戏啊这些方面。它是一种普遍的形式逻辑。真正讲知识呢，那就是数学、自然科学和形而上学，它们是有关对象的，是观念和对象相符合的这样一种知识才叫知识。那么实践科学的划分是否能像思辨理性批判曾经做过的那样，作一个完备的划分呢？在这里康德没有作。康德这个完备的划分是在《道德形而上学》那本书里面结合义务的讨论作出来的。《道德形而上学》分为"法权论的形而上学原理"和"德行论的形而上学原理"这两部分,这里头作了一些划分。但是在这个实践理性批判体系里面呢,没有作这种划分,没有为了完备性把所有的一切实践科学附加进来。"对此也可以在这个实践理性能力的性状中找到有效的根据",就是说,虽然我们这个体系没有为了完备性把一切实践科学的划分附加进来,但是在这方面我们可以在这个实践理性能力的性状中,找到划分的有效根据。虽然没有作完备的划分,但是为这种划分提供了根据。你将来要作一种划分,包括康德最后要写《道德形而上学》,他当然要进行形而上学的划分,那么他也要依据《实践理性批判》里面所提供的有效的根据。这是他的一个辩护。

因为把义务特殊地规定为人类的义务以便对它们进行划分,这只有当这一规定的主体(人)按照他借以现实存在的性状尽管只是在关系到一般义务而必要的范围内预先被认识以后,才有可能;

我为什么没有作这种划分呢?我已经提供了这样一种划分的根据,但是没有作任何划分。为什么呢?"因为把义务特殊地规定为人类的义务以便对它们进行划分",就是说这个划分涉及对人性的一种理解。而《实践理性批判》里面谈的不是人,当然我们可以把它理解为人,但是康德所着眼的是纯粹实践理性的法则。人当然也包括在内,但是他针对的不是人类,而是一切有理性者,包括外星人,也包括一切非人的可能的理性存在者。总而言之,他针对的是理性存在者本身,或者是针对纯粹实践理性的法则本身。在这方面呢,它是抽象的。那么把义务特殊地规定为人类的义务,以便对它们进行划分,这个就是已经把这个纯粹实践理性的法则特殊化了,把它特殊化为各种具体的情况,落实到"人"这样一个具体的对象身上来了,规定为人类的义务。义务不一定是人类的义务啊,它可能是一切有理性者的义务。但是如果你要按照人类借以现实存在的性状,要把它规定为人类的义务,以便对它们进行划分,那么这就必须要有一个前提，这个前提我们在这里还没有做，我们现在只是考察纯粹实践理性的一般的法则，还没有把这个一般法则落实到人类会怎么样这上面来，那么要进行划分呢，必须还要做一件工作，就是只有当这一规定主体——人，按照他借以现实存在的性状被认识以后。人现实存在，地球上的人类现实存在，他们有各种各样的性状，在这些性状被认识以后，要有这一步工作，才有可能对于一切实践科学，为了它的完备性，加以具体的划分。那么它借以现实存在的性状被认识，在什么范围之内被认识呢？"尽管只是在关系到一般义务而必要的范围内预先被认识以后"，当然你要对这个实践科学加以划分，对一般的义务进行特殊的划分，那么这个特殊性呢，涉及人的现实存在的特殊性状，但是呢，也不是漫无边际的，必须是在它关系到一般义务而必要的范围内，我们要对它加以认识。也就是这个具体的人类义务的这些划分、这些规定呢，还是由一般义务所决定的，自上而下降下来的，降到了人类的义务身上来了。但是呢，在它与一般义务相关的、必要的范围之内，我们要首先对它加以认识，加以考察。在这之后，才有可能对人类的义务在一切实践科学的方面呢，如何对它加以划分，才能涉及这个问题。

<u>但这种规定不属于一般实践理性批判，后者只应当完备地指出一般实践理性的可能性、它的范围和界限的诸原则，而不与人的自然本性发生特殊的关系。</u>

这种规定、这种划分不属于一般实践理性批判，也就是不属于我们这个《实践理性批判》这本书的主题，"后者"，也就是一般实践理性批判，也就是《实践理性批判》这本书，所涉及的只是一般实践理性的可能性，它的范围和界限。这就是对一般实践理性的批判，我在前面讲到，立足于纯粹实践理性，而对一般的实践理性进行批判。如何批判呢？就是一般实践理性的可能性，它何以可能呢？我们在日常生活中的实践理性何以可能，它的先天条件何在，它的范围和界限的诸原则。《实践理性批判》是讨论这些的，而不与人的自然本性发生特殊的关系。那么人

在一般实践理性中,是如何表现出来的呢?比如说表现在技术方面,表现在政治方面,表现在法制方面、权利方面,表现在道德方面,等等。这些具体的东西呢,在实践理性批判里面呢,并不发生特殊的关系,不需要去加以特殊的划分。当然有特殊划分的根据。我们在后面康德《实践理性批判》的自由范畴表里面,就可以看到一种基本的划分的方式,就是他按照量、质、关系和模态,这四个层次来规定四类不同的自由范畴。这是一种划分的根据,但是没有展开,只有在《道德形而上学》里面才全面展开。

所以这种划分在这里属于科学的体系,而不属于批判的体系。

科学的体系和批判的体系,是两个不同的体系,《实践理性批判》对应的是道德形而上学,《纯粹理性批判》对应的是自然形而上学。道德形而上学和自然形而上学两者合起来,就是康德的所谓未来作为科学的形而上学。这两者合起来是未来可能的作为科学的形而上学,就是他在《未来形而上学导论》里面标题上所表明的,未来的一般作为科学可能的形而上学。这就是他的一个设想,在这个时候呢,这个设想还没有实现。自然的形而上学,一直到后来他都没有建立,他只写了一个《自然科学的形而上学基础》,而没有建立起自然科学的形而上学。但是道德方面,除写了一本《道德形而上学奠基》以外,他还写了一本《道德形而上学》,那个是建立起来了的。那个就是属于科学的体系。但是在这里呢,《实践理性批判》只是属于批判的体系,所以在这方面呢,还谈不上。这是他对自己的另外一个辩护。

下面这一段包括一个很长的注释。我们先看它的正文。上面康德区别了批判的体系和科学的体系,那么,对于《道德形而上学奠基》,下面这一段继续讨论其中所提出这样一些划分,所遇到的一些反驳。他针对人们对《道德形而上学奠基》所提出的一些反驳,在这里作出了一些回应。这个跟上一次讲的话题有一种内在的连贯性。

　　某位热爱真理、思想尖刻、但正因此却永远值得敬重的评论家对《道德形而上学奠基》提出自己的反驳说，**善的概念在那里没有先于道德原则而得到确定**（而在他看来这是必要的），对此我相信我已在分析论的第二章中给予了充分的考虑。 [9]

　　"某位热爱真理、思想尖刻、但正因此却永远值得敬重的评论家"，他这里没有点名，据有人考证，是指当时的一位评论家皮斯托留。[①] 康德认为他首先热爱真理，再就是他思想尖锐，他对康德的批评非常尖锐，这样的评论家康德是很欢迎的。就是说，你总要热爱真理，要讲道理，思想尖刻没有关系，"但正因此"也就是说，思想尖刻这本来是有点伤人的了，有点讽刺啊，有点嬉笑怒骂啊，有点贬斥啊，等等，这个都没有关系，在学术争论中这也是正常的。所以他讲，反而"因此却永远值得敬重的"，你出于公心，出于理性，出于对真理的追求，你的思想尖刻，表明了你的这种热爱，以及表明了你的思想的锐利。所以在这方面呢，康德认为是值得敬重的。康德对他的批评者作了一个划分，他在后面也讲了，有些顽固不化的人，先就给你定好了一个结论，然后永远也不跟你讨论问题，那种人呢，康德是不屑一顾的。那么在这里呢，他必须认真对待。这样一个评论家，对《道德形而上学奠基》提出了自己的反驳，这个"反驳"后面的内容打了着重号："**善的概念在那里没有先于道德原则而得到确定**（而在他看来这是必要的）"。这个反驳是非常要害的。就是说，在这个评论家看来，有必要在道德原则确立之前，先把善的概念讨论清楚。善的概念是最古老的了。从古希腊人们就开始讨论善的概念，好的概念，什么是好，什么是善。善就是适合，从苏格拉底、柏拉图、亚里士多德以及中世纪，人们认为善就是适合，善就是合目的，所谓适合就是合目的。我想要一个什么东西，那个东西恰好就来了，这就是善，我们就说，这太好了，这就叫作善了。那么，通常的做法就是把什么是好这个问题确定下

---

① 参见李秋零译：《实践理性批判》（注释本），中国人民大学出版社 2011 年版，第 17 页。

来,然后呢,再去确定道德原则。因为一般认为道德原则是好的,它属于好的里面最好的,或者说属于好的里面的一类。谁不喜欢有道德的人?谁不喜欢讲道德的人?讲道德的人肯定是一个好人。那么你在讨论道德原则的时候,你难道不先要把这个善的概念搞清楚吗?这在这个评论家看来是必要的。下面整个长长的注释呢,都是在继续深入这样一个观点。就是这样一种批判类型呢,它有一种共同之处,就是把一些在人们通常看来是更加根本、更加重要、更加常见的那些概念,放在康德的道德原则之先,认为应该先把这些概念搞清楚,你才能进一步去讨论道德原则、道德法则。这是通常的一些看法。我们等一下再去看这个注释。他说:"对此我相信我已在分析论的第二章中给予了充分的考虑",分析论的第二章在《精粹》第325页说:"如果善的概念不是由一条现行的实践法则中推出来的,而是反过来要充当这条法则的基础,那么这个概念就只能是关于这种东西的概念,它以其实存预示着愉快,并这样来规定主体将它产生出来的原因性,也就是规定着欲求能力。既然不可能先天地看出何种表象会带有愉快,何种表象却会带有不愉快,那么识别什么直接地是善或恶的关键就只在于经验了"。[①] 就是说,按照通常的观点,你如果要先把善的概念搞清楚,那也就是说,你要先把愉快的概念搞清楚。而愉快的概念是一个经验的概念,什么东西愉快,什么东西不愉快,每个人都通过自己的感觉、通过自己的经验来确定,那就不会有法则了。而且善的概念仅仅通过愉快是搞不清楚的,如果没有法则,那是搞不清楚的。每个人有每个人的愉快,每个人有每个人的"好",你觉得是好的,他认为不好。善与恶相冲突,善与善也相冲突。所以这个概念在法则没有出来之前,我们是无法把它搞清楚的。康德的思路完全是倒过来的,就是说,既然如此,我们不能从经验出发来确定道德法则;相反,我们要从道德法

---

① 见《实践理性批判》,邓晓芒译,杨祖陶校,人民出版社2003年版,第79页,边码69。(以下所指为同一版本。)

则出发，来批判经验中所认为的善或者好，也就是从纯粹实践理性出发，来批判一般实践理性的种种概念。这是康德的思路。这个思路在当时当然是独创性的、开拓性的，很多人都不理解。不管是理性派还是经验派，尤其是经验派，都不理解他的这样一个思路，认为你总要把更宽泛的概念搞清楚了，你才能从里面提取出来道德法则这样一个更加狭窄的概念。这是通常经验式的思维方式容易走的一条路。但是康德的所谓"哥白尼式的革命"在道德领域里面，就体现在这里。就是说，它不是从经验出发，去寻求、去总结、去归纳道德原则，而是从人的纯粹实践理性出发，首先肯定人有纯粹实践理性，然后从这个纯粹实践理性下降，从上而下地来考察我们在日常的实践活动中，包括人们日常的道德活动中，也包括人们日常的追求享乐、追求幸福的活动中，他们应该如何来看待。也就是批判地对待人的一般的实践理性活动。这个在第二章中已经作了充分的考虑。除了这一段话以外，我们还可以看看第334—335页的自由范畴表。自由范畴表在《实践理性批判》里面也是很容易翻到的。"着眼于善恶的自由范畴表"，按照范畴表的这种格式，量、质、关系和模态，列出了12个自由范畴。那么对这12个自由范畴，他有他的解释。在第334页的范畴表之前，他有一句话："只是我们必须注意，这些范畴所涉及的只是一般的实践理性"，注意这个"一般的实践理性"，也就是说，所有人们认为是善的东西，人们认为是自由的东西、善的东西，人们就把它看作是自由的了，好的东西那当然是我很喜欢的东西了，表现了我的自由意志的或者是自由的任意的，这样一些东西，都包含在这个表里面。涉及的是一般的实践理性。所谓一般的实践理性就是说，它涉及的不仅仅是纯粹的实践理性。当然一般实践理性也包括纯粹实践理性，但是在这个地方呢，他仅仅是在一般的意义上来涉及实践理性。所有的追求幸福啊，遵守法制啊，包括追求道德，都包括在这个表里面。所以这个范畴表是不可小看的。他说："因而在它们的秩序中是从在道德尚未确定并且还以感性为条件的范畴，而逐步进向那些不以感性为条件而完全只由道德法则来规定的范畴。"(《实践理性批判》第 90 页，边码 78。) 也就是说这个自由范畴表，它表现出一个等级，一个上升的层次。从哪里上升呢？从感性的、经验的幸福、愉快给我们带来的自由，这当然也可以算自由的范畴，但是这是低层次的。更高层次的自由的范畴，你就必须考虑，除了感性的东西以外，还有社会性的东西，比如说权利，自由权，法权，群己权界，要考虑关系，与自己的关系，与他人的关系，要考虑这些。最后呢，你才上升到道德，就是模态，模态最后就涉及义务了。所以这个自由范畴表呢，可以说，涉及康德自己对于自由在实践理性方面的所有的问题，都包含在这里。所以对这个表呢，我们要多加研究，特别是要联系到康德后来所出版的《道德形而上学》来加以研究。《道德形而上学》就是根据这个表而引申出来、而划分的。他前面不是讲了这个划分的问题嘛，在第 279 页，他说："对此也可以在这个实践理性的性状中找到有效的根据"，就是实践科学的划分。我们虽然不能够像思辨理性的划分那样，在这个《实践理性批判》里面，作一个完备的划分，但是这个划分的根据已经在这个地方了，这就是这个自由范畴表。还有最后一段，335 页，这个第二章的最后一段："我在这里不再对目前这个表附加任何另外的解释，因为它自身是足够明白的，这样的一种按照原则而拟定的划分不论在它的彻底性上还是在明晰性上都是非常有助于一切科学的。"(《实践理性批判》第 91 页，边码 79) 也就是说，这已经是一种科学的划分了。虽然《实践理性批判》本身不是建立在这种科学的划分之上的，它只是一个批判，它不是一个科学体系，它是一个批判体系，但是里面已经提出了这样一个表，作为一切科学划分的根据。实践科学的划分就是按照自由范畴表来划分的，所以它是"有助于一切科学的"，这个"一切科学"当然是在实践理性的范围内的一切科学，比如说法的科学，权利科学，以及道德科学，道德形而上学是关于一切德性的科学。"不论在彻底性上还是明晰性上"，也就是这个表是完备的，再没有可以增加的必要了，也不能减掉任何一个东西，它是彻底的、明晰的。就是说，它是有层次的，条理分明、逻辑分明的。量、质、关系和模态，一层一层地推演出来的。"所以例如说我们从上表和它的第一栏中马上就知道了，我们在实践的权衡中必须从何处开始"，第一栏就是量，什么执意啊、规范啊、法则啊，在实践的权衡中，也就是利害的考虑，在实践的利害考虑之中，必须从何处开始。他说："从每个人建立在他的爱好之上的准则开始，从有理性的存在者就他们在某些爱好上相一致而言对他们的类都有效的规范开始，最后是从不管他们的爱好而对一切人都有效的法则开始，等等。"（同上书，第91—92页，边码79）这就是法的形而上学的原理。法的形而上学就是说，每个人都有追求幸福的自由权利，但是呢，你还要考虑别人也有同样的权利，那么为了考虑你的权利和别人的权利，群己权界，你就必须建立法则、法律。这一段大家可以琢磨一下。所以他在这里讲，"在分析论的第二章中给予了充分的考虑"，你那种要求，要考虑到一般意义上的善究竟如何划分，究竟如何把它们的概念搞清楚，到底有哪些善，哪些是真正善的，哪些是恶的，或者哪些是伪善的，在这个表里其实都有，并没有完全抛弃。但是，康德的思路跟评论者的思路呢，是相反的。就是说，你不能够在这些地方毫无原则地从我们日常的愉快开始，那就没有法则了。只有从一个纯粹实践理性的最高的道德法则开始，然后降下来，对所有这些自由的范畴进行批判，我们才能把善的概念搞得通透，搞得透彻，而且使它成为体系。

　　<u>我同样也顾及到了那些显露出一心要弄清真相的意愿的人士对我提出的好些别的反驳（因为那些只是死盯着自己的旧体系，已经事先决定了应当赞成什么或反对什么的人，反正不需要任何有可能妨碍他们的私人意图的讨论）；并且我也将坚持继续这样做。</u> [10]

　　这个跟前面讲的是一样的意思，就是说，也顾及到了那些显露出一心要弄清真相的意愿的人士，如果有一些人，出于对真理的热爱，一心想要弄清真相，那么，从这样一个动机出发，对我提出别的反驳，我也是要顾及的，我也是要考虑的。我在这个《实践理性批判》里面呢，也是要作

出回应的。我也要顾及跟前面讲的评论者同样的献身于真理的人士，我也要考虑到对他们作出回应。至于其他的人，在括号里说，他们反正不需要我来顾及，我为什么要顾及这些人呢？他们不需要我去顾及，他们真正说来也不需要我的回应，我回应他们干什么？白费了。他们反正也不想听我说什么，他们只想表达他们的观点，预先已经定好了他的结论。最后："并且我也将坚持继续这样做。"就是说，这是我的原则，我以后在任何地方也将会坚持这样的原则。下面来看看这个长注。

康德喜欢作很长的注释，长注释有他的用意，就是不打乱他思维的主干进程，但是又能够说明问题。我们以后在写文章的时候，也可以学习他这种处理办法。但是也不要滥用，有的人喜欢插一些很长很长的注释，让人看得很不耐烦，能够不这样做的时候最好还是短一些好。出于无奈没有办法可以这样采用。这个注释是这样说的，就是针对在前面提出来那个评论家对康德的反驳："善的概念在那里没有先于道德原则而得到确定（而在他看来这是必要的）"，这个后面康德有一个注释，主要是说明除了这位评论家的这样一种观点以外，还有一些类似的观点。

人们还有可能对我作这样的反驳：为什么我对**欲求能力**或是**愉快情感**的概念事先也没有加以解释；虽然这种责难将会是不公平的，因为人们应当可以正当地把这一解释当作在心理学中已被给予的预设下来。

除了前面讲的善的概念在那里没有先于道德原则而得到确定以外，还有的人说你的欲求能力和愉快的情感的概念也没有事先加以解释。这是跟前面那个评论家类似的指责。我在前面讲了所谓"善"的概念，也就是我们从经验中所获得的一些"好"的概念，那个就其本身而言是经验的，而且很难找到什么普遍的法则。康德的意思就是说，从这个里头再去寻求道德法则，那个道德法则就不是道德的普遍法则了，那只是一些经验的法则。那么这里也是同样。"对**欲求能力**或是**愉快的情感**的概念"，欲求能力通常都认为是经验的、感性的，愉快的情感就更不用说了，它完全是感性的。当然在康德看来，欲求能力还不能完全说是感性的，因为他把欲求能力和认识能力当作人的具有先天法则的两种能力。情感能力其实也有先天法则，就是普遍的共通感，但是在写《实践理性批判》这个时候呢，康德对愉快的情感还没有找出先天法则来，但是欲求能力是找到先天法则了的。高级欲求能力就是意志，具有自由意志的法则。当然自由意志的法则要表现在经验中，表现在实践活动中，这是另外一个问题。但是它的先天法则是非经验的，超经验的。但一般人对欲求能力或愉快的情感的概念都是经验的和感性的，都是后天的，都是用生理学、心理学来解释的。那么同样的，这些人有可能作出这样一些反驳，就是说对这些能力的概念呢，你事先也没有加以解释。康德这里的辩解呢，是避其锋芒："虽然这种责难将会是不公平的，因为人们应当可以正当地把这一解释当作在心理学中已被给予的预设下来"。就是说，人们指责我对欲求能力或愉快情感没有加以解释，这种责难是不公平的，因为我讨论的是纯粹实践理性，是批判哲学、先验哲学，所以在这样一个哲学的讨论中，那样一些问题，那样一些概念，我们应当正当地把它当作在心理学中已被给予的预设下来。就是说你从心理学中把那些概念拿来就得了，如果我现在还讨论这些概念，那我岂不是成了心理学家了。我现在是讨论纯粹哲学，我不讨论心理学，心理学由心理学家去讨论，生理学由生理学家去讨论，我的任务不在这里，我只是利用那些概念，并且批判那些概念。至于那些概念讲的是什么，它的定义如何，如何解释，那是心理学家的事情，我是现成地把它拿过来就可以了。所以，心理学上给予的概念呢，我们可以把它正当地预设下来，而不加解释。它是从心理学中借用过来的，你要我对它加以解释，我表明我同意心理学家的解释，这就够了。但是我既要利用它，又要批判它。

　　当然，在那里这个定义有可能这样来建立，即愉快的情感将会是对欲求能力进行规定的基础（如同通常大部分事情实际上也是这样发生的

一样），

　　也就是在心理学里面呢，欲求能力或是愉快情感的概念，它们的定义"有可能这样来建立"，当然不是一定要这样建立，但是至少是有可能这样建立，即"愉快的情感将会是对欲求能力进行规定的基础"。欲求能力，为什么要欲求？因为带来快乐。为了追求快乐，所以才有欲求。这是一般的解释，至少是一种可能的解释，在心理学中可能会有这样一种解释。"如同通常大部分事情实际上也是这样发生的一样"，通常大部分事情，就是说在经验中，在我们的日常生活中，通常我们的欲求能力是由我们的愉快情感所决定的。我喜欢做这件事情，那么我就要去做；我不喜欢做的事情，那我就逃避，趋乐避苦。在我们日常生活中，谁不是这样呢？几乎人人都是这样。通常来讲，大部分情况都是这样的。所以心理学呢，也就是按照这样一种现实的状况来建立和设定这些定义的。

　　但这样一来，实践哲学的最高原则就必然会不得不丧失于经验性中了，而这一点却是首先必须澄清的，并在这个批判中受到了完全的驳斥。

　　就是说，如果是这样的话，按照心理学通常的这种做法，那么"实践哲学的最高原则"——道德原则——"就必然会不得不丧失于经验性中"。实践哲学的最高原则变成了一种经验性的原则，一种后天的原则，那它还有什么崇高性呢？那就没有道德了。有的只是利害，是权衡，是计算，看我能从中得到多少愉快。道德当然也可以带来愉快，但如果我就是为了追求这个愉快才去做道德的事情，那这个道德在康德看来就是不道德的了，或者就不是道德的了，它冒充道德。道德应该是为义务而义务，才有它的崇高性。这一点，也就是实践哲学的最高原则丧失于经验性中，这是"首先必须澄清的，并在这个批判中受到了完全的驳斥"。《实践理性批判》要驳斥的就是这一点。就是说，我们不能把实践的最高原则消解于、瓦解于经验性的事情之中；相反，我们首先就要把它提升上去，要提升到它的最高点，然后再降下来，对所有人们的实践行为进行一种批判性的考察。所以，从经验开始的这种道德学说在《实践理性批判》里面，受到了完全的驳斥，从根基上面的驳斥，就是说，你的思路根本就不对，你不能够先从经验出发去寻找什么是善，什么是愉快，什么是欲求能力，把这些东西作为一种经验的解释，然后再去寻求它的道德法则，那个根本是缘木求鱼，颠倒次序。

　　<u>所以我想在这里作这样一个界说，</u>① <u>这是为了一开始就不偏不倚地将这一争执之点存而不论所必须做的</u>。

　　这里的"界说"（Erklären）也可以翻译成"定义"、"解释"、"澄清"、"说明"，贺麟先生把这个词翻译成"界说"，这就相当于"定义"了。但是它在这里的意思并不是"定义"，康德的"定义"另外有一个词，Definition，康德是用得很严格的。这个 Definition 跟这个 Erklären 用法是不一样的。康德是绝对反对在形而上学里面从定义开始的，在《纯粹理性批判》的先验方法论里面特别谈到了这个问题，他认为数学可以从定义开始，你把数学的概念定义精密确定了，那么其他后面的东西都超不出这个定义，都归于这个之列。但是形而上学是不行的。形而上学不管你怎么定义，它都是不精确的，它有丰富的内容，不可能由一个定义来完全包含的。所以他在这里只是作一个"界说"，一个说明。因为在这里有这样的争论，什么样的争论呢？就是上一句说的，按照心理学的思路，实践哲学的最高原则就必然会不得不丧失于经验性之中。而这一点在这个批判中受到了完全的驳斥，这是首先必须澄清的。也就是说，实践的普遍法则不可能从经验里面得出来，但是按照经验派的那种思路呢，它又只能够从经验中，预先把经验里面的那些概念定义好了以后，你才能抽出道德的法则。这就是康德和经验主义伦理学之间所发生的原则性的争论。那么在开始呢，这个争论必须存而不论。"为了一开始就不偏不倚地将这一争执之点存而不论"，也就是一开始要避开这个争论。我的体系还

————————————

① "界说"在《精粹》和单行本中均译作"说明"，《合集》本中改。

没有展开，我要去争执，我要在一开始就去把那个通常流行的观点加以否定的话，人家会不明白的。你凭什么把它否定？你的观点还没有展开。所以首先要把这个问题挂起来，避免引起一些争论，要从大家都认可的公认的一些命题出发。大家公认，哪怕经验派也能够接受，康德自己呢，也觉得跟他的体系并不违背，那么我们首先要作出一些界说，作出一点说明。下面就是他的说明了。这个说明呢，主要是三个概念，一个是生命的概念，一个是欲求能力的概念，一个是愉快的概念。

——**生命**是一个存在者按照欲求能力的规律去行动的能力。

生命这个概念在康德时代是非常微妙的。康德认为，生命的概念不是一个严格意义上的科学概念，因为当时的生物学还没有成为科学。包括医学、生物学、生理学，动物学和植物学还只是停留在外部形态的分类学这样一个最低级的层次上面，还不成为科学。但是生命这样一种概念在当时很流行，大家已经意识到了有生命之物、有机物，跟牛顿物理学、跟伽利略眼睛里面的那个机械论的世界，是完全不一样的。康德也考虑到了这个问题，在他的早期著作《自然通史和天体理论》里面也讲到了，给我物质，我就可以创造整个宇宙；但是我们不能说，给我物质，我就可以创造出一个幼虫、一株小草。那是不行的。那必须要引出上帝，才能够解释。所以对生命这个概念，在当时是一个非科学的概念。当然我们今天讲到生命就想到不光是有人，而且有动物、植物等等，但是在康德看来呢，生命这个概念主要是人的概念，动物植物就其本身而言，它是机械的，它是按照因果律而构成的，只是在人的眼睛里面呢，它才成其为一个有机体。后来康德在第三批判里面讲道，我们之所以把一个动物看作是一个有机体，不在于动物本身，而在于我们自己的一种反思的眼光。我自己有一种反思判断力，所以从动物身上我马上就想到自己的目的性。我就把自己的那种合目的性附会到动物身上去了，就附会到植物的那些营养结构上面去了。我把它看作是一个有机体，是因为我们人是有机的，我们人是有目的的，是自组织的。这是在第三批判里面特别谈到的问题。

当然在这个地方是不是就已经有那个思想了，现在还不能确定，但是至少有一点是确定的，就是说，严格意义上的科学在康德看来只有牛顿物理学，当然还有数学。数学和力学就是严格意义上科学。医学、生物学、生命科学，在当时还不被康德承认为严格意义上的科学。所以他这里讲，这个生命，"是一个存在者按照欲求能力的规律去行动的能力"，这个"行动"如果理解为广义的行动，当然也包括动物，甚至也包括植物，比如说生长活动，那当然也包括植物，但是实际上他是指的人。就是生命活动是人的活动。动植物之所以也被看作是生命，是因为我们人有一种合目的性的行动的眼光，所以它才在我们眼睛里面成为有生命的。这是对生命的一个规定。"一个存在者"，不管什么存在者，这个是一般所指，他并没有说人，它只是一般的规定，一个界说。凡是一个存在者，按照欲求能力的规定去行动，这种能力呢，就叫作生命。但是这个里头就包含一个欲求能力了。欲求能力的规律是什么规律呢？所以下面第二个就是对"欲求能力"要加以解释。

欲求能力是存在者的这种能力，即通过其表象而成为该表象的对象的现实性之原因的能力。

所谓欲求能力，就是这种能力通过它的表象成为了它的对象的现实性的原因。就是在我心里面有个表象，这个表象指向一个对象，但这个对象还是表象，它不是现实。要把它变成现实，把它实现出来，它的原因就在这个表象之中，最终是在运用这个表象的能力中。它的原因不在外界，我心目中的这个表象，就是实现这个对象的原因，那就是动机了，这个表象就是目的。就是说，一个目的表象是指向一个对象的，有了目的，你才能把它实现出来；当你实现出这个对象来的时候呢，我们就说，这个对象之所以实现出来，是因为你早就有了这个目的了。它的原因就在于你有这个目的，你才能把它实现出来，所以你要追溯它的目的。那么这种欲求能力呢，就是前面讲的实践能力。康德对实践能力的规定也是这样规定的。所谓实践能力也就是"通过其表象成为该表象之对象的现实性之原因"，这就是实践。对实践的定义，我们在前面已经讨论过了，大家有兴趣的话可以去翻一下，在前面《纯粹理性批判》的方法论部分。①这个欲求能力的界说跟对实践的界说是一样的，欲求能力就是实践能力，就是把自己的目的实现出来的这样一种能力，或者说是一种合目的性的行为。马克思对于人的劳动也是这样说的，他认为劳动就是这样一种行为，劳动者所要产生的结果在此之前已经以观念的形式存在于劳动者的头脑里面了。观念的形式也就是表象的形式。以观念的形式，作为一个表象，已经在人的头脑里面产生出来了，那么我按照这样一个表象，把它作为目的，把这个表象对象实现出来，这就是劳动，这就是实践。在马克思看来，最基本的实践就是劳动，这个劳动的结构就是这样，就是先有一个目的表象，然后按照这个表象把它的对象实现出来，变成产品。那么这个产品的原因何在呢？它的原因并不在于那些原料，也不在于那些工具，而在于劳动者的这个表象，这个目的观念。那么这个说法呢，从康德就已经定下来了。康德对实践的规定，对欲求能力的规定，都是这样规定的。所以反过来我们看前面那句，"生命是一个存在者按照欲求能力的规律去行动的能力"，也就可以理解为：生命是一个存在者按照实践的规律去行动的能力，或者按照目的活动的规律去行动的能力。当然我们通常讲，动物的行动，虽然也有生命，但是我们不能说动物也有实践。但是在康德看来呢，动物当然没有严格意义上的、科学意义上的、像人的这样一种实践能力。你不能进入动物的大脑里面去，分析它有一些什么表象，这个是一个黑箱，我们打不开的。我们只能从外在的一些表现，以及它所造成的结果去加以类比，这是动物造成的，那么我们就设想它有一个目的，它有一个表象，它是要把这个表象实现出来。但这只是人的一种反思判断力所得出的结论，就动物本身来说，康德毋宁把它看作是一

---

① 指 A800=B828 以下，参看《康德〈纯粹理性批判〉句读》，人民出版社 2010 年版，第1128 页以下。

种极其精密的机械，一种物体结构。当然他留下了余地，就是说，这个精密到什么程度，不是我们能够想象的。你以为可以通过你所理解的力学去把握它，那也是不可能的。它是无限精密，你永远也不可能把它里面的机械关系研究清楚。哪怕你今天已经达到了基因这个层次，你已经能够把基因的这个链条里面的环节都分析出来了，也是不可能完全把握的，它是无限多样化的，永远可以深入的。所以在这个里头，对于有机体的解释，他留有充分的余地。但是，无论怎么解释，对人来说，最后要求助于我们的反思判断力，求助于我们人对于我们自身的合目的性的那种类比。我们人当然知道，我们做一个事情是有目的的，但是动物做一个事情是不是有目的呢？我们只能猜。但是我们不能够将心比心。将心比心当然是一种拟人化，但是它不是科学的。我们做一个拟人化的类比，我们可以对动物作这样一种猜测。所以一般来说呢，生命是跟实践有关的。或者说，作为生命的生命，它是人类特有的，它跟人以外的整个世界实际上没有真正的关系，只有一种类比的关系。这是我们在第三批判里面所发现的他的一个后来的解释。如果没有后来的解释的话，这个地方很可能会引起一些误解，或者说引起一些质疑。就是说，你把生命看作是一种合目的性的活动，那动物和植物你怎么理解呢？动物你还可以猜测它有合目的性，植物你也猜测它的生长是有目的的生长？它也有一个表象？它没有大脑怎么会有表象呢？就会有这样一些质疑。所以我这里拿后面的东西对它作了这样一种解释。"**欲求能力**是存在者的**这种能力，即通过其表象而成为该表象的对象的现实性之原因的能力**"，就是把自己的表象实现出来的能力，把自己的表象作为原因，使得表象实现出来、成为现实的对象，这样的能力就叫作欲求能力，在别的地方也称为实践能力。但是这只是很形式的一些界说。下面是愉快。

愉快是对象或行动与生命的主观条件、也就是与一个表象就其客体的现实性而言的原因性能力（或对主体产生一个客体的行动之诸力进行规定的能力）相一致的表象。

　　什么是愉快？愉快我们从经验的角度、从心理学的角度来说，就是心情感到开朗啊，感到舒服啊，或者是不可言传啊，它既然是一种感觉嘛，那当然是没有办法言传了的。你说感到舒服，那什么是舒服呢？舒服就是愉快，没有办法解释，只能说它是"说不出的愉快"，一种感觉。就像什么是红，你也很难直接对红加以规定。但是在这个地方呢，康德对它作了一个规定，这个也是形式化的规定。"**愉快**是对象或行动"与某种条件、某种能力"相一致的表象"。对象或行动与什么相一致呢？与"生命的**主观条件**"、与我的主观条件相一致，这个主观条件是什么呢？就是"与一个表象就其客体的现实性而言的原因性能力"，这也就是欲求能力了。前面讲了，所谓欲求能力，就是通过其表象成为该表象的现实性的原因的能力，那么由此我们就可以用来规定愉快了。愉快就是一个对象或者是一件行动，它与一个表象成为客体的现实性的原因性的能力——也就是与欲求能力"相一致的表象"。一个对象与我的欲求能力相一致，那么我就很愉快了，我正好要它，它就来了，那岂不是皆大欢喜嘛。但是这个欲求能力是生命的主观条件，前面讲到生命，生命是一个存在者按照欲求能力的规律去行动的能力。那么，生命就是以欲求能力作为它的主观条件的。生命的主观条件就是欲求能力，也就是与一个表象就其客体的现实性而言的原因性能力。下面的括号中说："（或对主体产生一个客体的行动之诸力进行规定的能力）"。这个很重要，能力的能力，这个更高一层次了。前面是一般的欲求能力，一般的欲求能力呢，是涉及客体，涉及现实性，涉及原因性。那么括号里的"或"呢，对主体产生一个客体的行动之诸力来进行规定，也就是对我的实践能力进行规定。主体产生客体的能力不就是实践能力吗？那么对这种实践能力进行规定的能力，如何规定？当然他这个地方没说，但实际上呢，已经包含有道德律了。我应该做什么，这就是对我做什么的一种规定，一种应该的规定。那么，一个对象或者行动，与这种道德律相一致，当然也会产生愉快，但是这个愉快是在行动之后的，不是行动的目的。我们做道德的事情，不是为了得到愉快,而是为了履行义务,为了应当。这是我应当作的。至于得到愉快或者不得到愉快,这个没关系,这才是真正的道德。当然这是更高一层次的。愉快也有不同的层次,有的人吃一次美餐就得到愉快了,它正是我想要的嘛,我肚子正好饿了。但是有一些人做了一件道德的好事呢,也有愉快。愉快也有不同的层次。但是不管哪个层次产生的愉快,它本身还不是道德的,也不是道德的基础。而这一条界说里面呢,并没有涉及它跟道德律之间的关系,也没有涉及它究竟是经验性的愉快还是由道德所带来的愉快。他把这些东西都悬置起来了,都存而不论,只是从形式上面作出了这样一些规定。愉快是对象或行动与生命的主观条件,也就是与欲求能力——这个欲求能力也包括我们的自由意志的道德能力——相一致的表象,那就是愉快。如果我与这些能力,欲求能力这样一些生命的主观条件相一致了,那么我就感到了愉快,它符合我的欲求能力,符合我的欲望,符合我的追求,符合我的自由意志。这是非常宽泛的,凡是符合欲求能力的,那都是愉快的表象。

为了批判那些从心理学中借用的概念,我不再需要什么了,剩下的是批判本身的事。

这句话原来的译法在汉语里面有歧义。原译作"为了批判从心理学中借用的那些概念",这个"批判"我们在这里要理解为动词。批判什么呢? "批判从心理学中借用的那些概念"。但是这个地方容易把"批判"理解为名词:为了"概念",什么概念呢? "(由)批判从心理学中(所)借用的那些概念。"批判好像本身也要从心理学中借用那些概念。当然要借用,前面不是讲了嘛,《实践理性批判》要把那些心理学概念预设下来。但是这个地方按照德文的语法不是这样的,它不是说为了那些概念,而是说为了批判那些概念。所以为了避免歧义,应该把这句话译作:"为了批判那些从心理学中所借用的概念",我不再需要什么了。我们从心理学中借用了那些概念,愉快啊,欲求能力啊,生命啊,但是我要批判它们,那么为了这种批判,我不再需要什么了,我只需要像上面做的,预先把这些概念用一种极其形式化的界说来加以批判。也就是说，撇开那些具体的、经验的内容，仅仅从它的形式上面把它界定下来，那就够了，剩下的是批判本身的事情。你就不能够指责我说，你没有预先对这些东西下定义啊，这些东西本来我是从经验中借来的，但是在借来的过程中我已经对它们进行了一定的界说。这些界说先把那些争执悬置起来，存而不论。就是说，这些东西究竟是从经验中得来的东西，我们对它们进行经验性的解释呢，还是仅仅从形式上来把握它？这个我们存而不论。它当然可以包含心理学的解释，心理学的解释跟它也不冲突，我们把这些界说放到心理学上，心理学家也会认可的。这是一种形式化的解释嘛，与它的那些经验心理学的内容不冲突。但是，我们借用这些东西，是为了对它进行批判。对它进行批判，主要是就它的形式而言，所以剩下的呢，就是批判本身的事情了，这个时候我们就不需要涉及心理学了。

人们很容易看出，愉快是否任何时候都必须为欲求能力奠定基础，或者它是否在某些条件下也会仅仅是跟随欲求能力的规定而来，这个问题通过这一解释仍然是未决定的；

愉快是欲求能力的基础，还是欲求能力是愉快的基础，"这个问题通过这一解释仍然是未决定的"。这一"解释"，这里的"解释"也可以翻译成界说，它就是用的前面的"Erklären"。但后面这个"解释"呢，它确实又是在很一般意义上讲的。这个问题通过这一解释仍然是未决定的，就是通过上面的三种解释，或者三种界说，我们很容易看出，愉快是不是任何时候都是必须为欲求能力奠定基础的。也就是说，愉快是对象和行动与欲求能力相一致的表象，一个对象跟欲求能力相一致，那就愉快了。但是这个愉快是不是一定要为欲求能力奠定基础呢？那倒不一定。它可以为欲求能力奠定基础，就是说这种一致本来就是我追求的，我追求这个对象跟我的欲求能力相一致，这个一致有两种不同的解释，这个和那个一致，那个和这个一致。如果你把它解释为这个欲求能力必须和这个对象相一致，那么这就是以幸福为前提，你就要追求这个对象嘛，你的追求就是冲着这个对象去的；但是如果反过来，你只是使这个对象与欲求能力相一致，比如你做一件道德行为，你的行为和你要达到的后果跟欲求能力本身的法则相一致，这样一种一致就不是以对象为前提，而是以欲求能力本身的法则即意志法则为前提。当然你做了一件道德的事情，你也会感到很愉快，但这个只是一个后果，而不是你当初追求的目的。所以这种一致有两种不同的一致。一个是以愉快为动机，一个仅仅以愉快为后果。你最初不是为了愉快，但是它最后可以导致愉快，这个是有不同的。所以，"愉快是否任何时候都必须为欲求能力奠定基础，或者它是否在某些条件下也会仅仅是跟随着欲求能力的规定而来，这个问题通过这一解释仍然是未决定的"。我们把这个问题已经悬置起来了，把这个争执之点存而不论。当然这也就涉及我们上学期在《纯粹理性批判》先验方法论中所讲的德福的关系问题，德福一致的问题。为道德而道德跟为了幸福而去追求道德，当然是不一样的。但是为道德而道德，是否也能够带来幸福，随之而来的是否能够有愉快，这是另一个问题，这个问题也还是要考虑的。当你做了道德的事情以后，你当然可以希望它带来相应的幸福。《实践理性批判》的后面讲到实践理性的二律背反、辩证论，也涉及这个问题。但是在最开始的时候，这个问题是存而不论的。我们现在暂时不讨论这个问题，但是我们提出一个大致的界说来。这个界说可以容纳两种不同的解释，这是我们共同的出发点。我们先从这个出发点出发，然后再来讨论问题，循序渐进嘛，那就比较能够得到大家的共识了。所以你不要一开始就把你的观点摆出来。你要摆出的是大家都同意的观点，然后再想办法引到你自己所认可的观点上面去，一步一步地，作为一种"精神的接生术"，像苏格拉底所讲的，我们先从共同的、大家都同意的前提出发，引出新的观点、新的发现。那么前面这三个规定呢，应该是大家都同意的。

　　因为这种解释完全是由纯粹知性的标志、即不含有任何经验性成分的诸范畴组成起来的。

　　"这种解释"原译作"它"，不太明确。这种解释，也就是这种界说，是由"诸范畴"所组成起来的。范畴也可以运用在实践理性的领域里面，它不仅仅是由纯粹理性（纯粹知性）提出来以后，就只用在认识论上面。当然它可以用在认识论上面，而且最根本的、最基本的用途是用在认识论上面；但是它也可以用于实践理性中。那么这几个界说呢，就是这样的。特别是欲求能力的界说，它"是存在者的这种能力，即通过其表象而成为该表象的对象的现实性之原因的能力"。现实性和原因都是范畴，现实性是模态范畴，原因是关系范畴。那么这样一个范畴也包含在生命的界说里面，"生命是一个存在者按照欲求能力的规律去行动的能力"。欲求能力已经被包含在内了，所以现实性和原因也都包含在生命的概念里面了。那么愉快也是这样，"愉快是对象或行动与生命的主观条件、也就是与一个表象就其客体的现实性而言的原因性能力相一致的表象"。现实性和原因性作为知性的范畴已经包含在前面三个界说里面了，而这些范畴呢，它们是"纯粹知性的标志、即不含有任何经验性成分的"，这种解释是完全由纯粹知性的标志所组成起来的。所以这种解释就把争论悬置起来了。你如果带有经验性的成分，马上就有争论。你如果像康德那样首先就提出一个最高的实践原则，那也会有争论。但是这些界说呢，它既不是最高的实践原则，它是最起码的，它是有待批判的，但是它又不含有经验性成分，它只是经验中所包含的先验范畴。对此，那些心理学家能够接受，康德自己也能接受，这是他们共同的一个基点。所以前面讲的是否这样，是否那样，这个问题是未决定的，我们现在暂时不决定它吧，就像大陆和台湾谈判的时候，基辛格发明了这个概念，叫作"海峡两岸"，这是既不触犯台湾，也不触犯大陆，双方都能接受的一种说法，一种措辞。康德在这里也找到了这样一种措辞。

　　这样一种谨慎在全部哲学中都是十分值得推荐的，但却往往被忽视了，也就是忽视了在对概念进行完备的分析之前不要用一个冒失的定义抢先作出自己的判断，那种完备的分析常常只是在很晚才达到的。

　　就是说在一开始的时候,你不要贸然就把自己的观点独断地摆出来,你要循循善诱,这在全部哲学中都是值得推荐的。这是康德写作的一个原则,就是说,讨论任何一个问题,你都不要强加于人,你都要从大家都认可的、虽然别人也许没有意识到、但是你一提出来大家都不会反对的前提出发。但是呢,这样一种谨慎的做法往往被忽视了,"也就是忽视了在对概念进行完备的分析之前不要用一个冒失的定义来抢先作出自己的判断"。概念当然要进行完备的分析,但是在此之前呢,经验派往往就是这样的,抢先对"什么是善"、"什么是欲求能力"、"什么是生命"、"什么是幸福"、"什么是愉快"作出一个定义,然后就根据这个定义来推。这就是非常冒失的。当他们要求对于这些概念作出定义的时候,就已经包含有这样一种冒失。因为在对这些概念进行完备的分析之前,你要用一个定义来作出自己的判断,这个是不谨慎的。一个是会导致误解,再一个会导致强加于人。导致误解就是你的体系还没有展开,人家还不知道你要说什么,你凭一个命题,一个定义,就能把你所有的东西概括起来?不行的。一个概念的内容的阐明是一个很漫长的过程,只有到事情的最后,你回过头来,你才能知道这个人想说的是什么,一言难尽。即算你知道他后来想说的是什么,你也不能用一个命题把他想说的东西完全概括起来。它有一个过程。当然康德也不完全绝对地反对下定义,但是他反对一开始就从定义出发。一开始就从定义出发,这是数学所惯常采用、也是可以采用的一种方法。但是对于哲学来说不能这样。哲学的定义只有在最后才能够作出来。而当你最后作出来的时候,你不能把它单独地孤立起来看待,你必须联系到整个体系来看。所以这个定义作不作出来其实也就无关紧要了,只要你经过了这个体系,经过了这个程序,你就知道这个概念包含有一些什么样的丰富的内容。所以不要抢先,不要一开始冒失地作出自己的判断,要进行完备的分析,常常在很晚,你才能达到这样一个完备的分析,你才有可能作出一个比较贴近的定义。这种方法启发了后人,像黑格尔的逻辑学就是这样的。当然开始你也可以提出一个概念,但那不是定义,你不要理解为定义,它只是概念的一种运动。这个运动只有到概念结束的时候,它才显露出它的真实的、全部的丰富性,黑格尔把它称之为"具体概念"。前面出发的是抽象概念,概念越来越具体,只有具体的概念才是真实的概念。这个思想在康德这里已经开始有了。

人们也将通过(理论理性的和实践理性的)批判的这个全过程发觉,在这一过程中存在有多种多样的机会去弥补在哲学的陈旧的独断进程中的一些缺陷,并改正那些错误,这些错误在人们对诸概念作某种涉及这些概念的整体的理性运用之前是发现不了的。

这是一个补充说明,就是说,前面讲必须要谨慎,为什么要谨慎呢?必须通过完备的分析,在很晚才能找到一个概念的定义。那么,除了通过完备的分析找到这个概念的定义以外,人们也将通过批判的全过程发觉,"在这一过程中存在有多种多样的机会去弥补在哲学的陈旧的独断进程中的一些缺陷,并改正那些错误",这是从反面来讲了。前面是讲,你对这个概念理解得会越来越丰富,越来越具体,后面这一句是讲,也将通过这个全过程发现一些错误,去弥补一些缺陷。不但是获得一个正面的理解,而且呢,排除一些反面的误解。通过理论理性和实践理性批判的全过程,就是说,我们在读《实践理性批判》的时候,我们要联系到理论理性批判、《纯粹理性批判》的全过程,把两大批判当作一个整体来看待。它是一个整体的过程,人们通过这整个过程也会发现,在这一过程中,"存在有多种多样的机会去弥补在哲学的陈旧的独断进程中的一些缺陷"。过去的哲学的独断论的进程会产生出一些缺陷来,那么我在这样一个过程中,在纯粹理性批判和实践理性批判的进行中,有很多机会去弥补这些缺陷。以往的形而上学为什么会失败啊?在理论理性方面他们为什么会失败了?在实践理性方面他们为什么也失败了?在道德哲学方面他们为什么也失败了?我们在这个过程中会发现他们的一系列缺陷,并且纠正那些错误。以往的形而上学的这些错误,"在人们对诸概念作某种**涉及这些概念的整体**的理性运用之前是发现不了的",要有一种什么样的理性运用呢？就是从整体上来看待这些概念的理性运用。理性的特点我在前面讲了，狭窄意义上的理性的功能就在于整体性，在于统一性，在于达到一种无限的统一。知性当然也是统一，综合的统一，但是知性的统一只涉及有限的对象。那么理性的统一涉及的是无限的对象，理性就是要涉及无限的统一。所以"理性运用"这里就是指这些概念的整体的统一性。你把理性运用到这些概念的整体性上面，就发挥了理性本身的固有的功能，那就是达到统一，使所有的东西达到整体的统一。那么在此"之前"，也就是在人们从理性的角度涉及这些概念，不管是理论理性的还是实践理性的，对所有这些概念作一个通盘的全面的考察并作一个理性的运用之前呢，我们是发现不了这些错误的。这些错误要怎么才能发现呢？我们必须对理性从整体上作一种批判的考察。理性这个能力可以运用于理论上，也可以运用于实践中，但是对理性概念本身要作一种整体的运用。这个理性能力在所有的方面的运用都归总到对理性能力本身的批判，实践理性批判和纯粹理性批判都是这样的。所以在此之前呢，你是发现不了这些错误的。因为你只从某个具体的环节出发，你只揪住某一个具体的概念，比如说善，比如说愉快，比如说生命，比如说欲求能力，比如说意志，然后你想从里面抽出普遍的法则出来，你没有整体的眼光，那么你就往往会走进误区。但是如果我居高临下，首先从最高处出发，把握整体，对于理性本身进行批判了以后，我再从这个理性本身降下来，从这个批判的考察降下来，批判所有的理性的运用，包括它的理论运用和实践运用，那么这个时候，那些毛病就暴露出来了。那些毛病就在于没有从整体上把这些概念，没有把它们相互之间的关系、层次、等级处理好，划分清楚。比如实践的理性和理论的理性，就没有划分清楚，混淆了。在理论理性里面，把现象的东西和本体的东西、自在之物的东西混淆了。在实践的领域里面，把经验的善、愉快、欲求能力跟那些先天的能力，意志、道德律，把它们搅在一起了。这只有从整体性的角度才能够看出来的，你局限于某个具体的眼光，你会总是看不出自己的毛病究竟何在。你上升一个层次，跳到一个总体性的层次之上，才能看出自身的毛病。这是康德一个很重要的方法。这个方法在下面一段呢，康德有更加进一步的阐述。以上就是康德的这个长注。

*   *   *

下面这一段话实际上是一个写作方法的程序的说明。就是第二批判——《实践理性批判》，他将采取什么方法来写。前面的《纯粹理性批判》里面实际上已经采取了这样的方法，所以在他这一段话里面所谈到的方法，实际上是从他的第一批判里面，在已经使用的方法里面所总结出来的。他的第一批判按照康德自己的说法，是用一种综合的方法来展示的。康德后来写的《未来形而上学导论》的那本小册子，是康德的《纯粹理性批判》的一个通俗本，或者简写本，但是在写法上跟《纯粹理性批判》是相反的。就是说《纯粹理性批判》采取综合的方法，《未来形而上学导论》采取的是分析的方法。那么在这个《实践理性批判》里面，他对于这两种方法作了一种概括，就是这两种方法相互之间的关系究竟是一种什么关系，在这里也得到了阐明。下面我们来看这一段，这一段跟前面没有很直接的关系，它主要是从本书的写作方法上给大家一个提醒。

当涉及到按照其来源、内容和界限对人类灵魂的一种特殊能力进行规定时，人们虽然只能根据人类知识的本性从这些知识的**各部分**开始，从它们的精确的和（就按我们已经获得的知识诸要素的目前状况来看是可能的而言）完备的描述开始。

这是一种方法。就是说，当涉及这样一个话题，即按照来源、内容和界限"对人类灵魂的一种特殊能力进行规定"时的写作方法。人类灵魂的一种特殊能力，可以是指人的意志能力或者欲求能力，但是在这个地方康德并没有明确提到是一种什么能力，所以我们也可以把他这个话看作是泛指，不一定是指人的意志能力。凡是人的能力，比如说认识能力，

162

只要是人类灵魂的一种特殊能力，我们在对它进行规定的时候，在规定这种特殊能力的来源、内容和界限的时候，那就是广而言之了。这种特殊能力，一个是它从何而来，最初是如何产生的；一个是内容，包括它所有的具体的内容，这种能力表现为一些什么样的内容；再就是界限，这种能力的运用的界限，是不是一种能力的运用没有边界，或者能够跨界使用？当然不是的。一种"特殊能力"，它有它特殊的内容。那么这个特殊的内容呢，它必有它的界限，有它的限制。所以对这些方面进行规定的时候，他讲："人们虽然只能根据人类知识的本性从这些知识的**各部分**开始"。灵魂的各种特殊能力，我们要对它们加以描述，加以规定，那么首先我们要依据人类知识的本性，注意这个"知识的本性"，就是说，看这种知识是属于哪一类知识。康德对人类灵魂各种能力的描述，知、情、意，他的立场还是知识论的，是认识论的。为什么《纯粹理性批判》要放在第一位，作为第一批判呢？说明康德的三大批判，康德的整个哲学体系，他的立场还是近代以来的认识论立场。没有认识论，那这些东西都谈不上了。因为你要把握的是这些特殊能力的知识，你是要基于认识能力的立场上，把它当作对象加以考察，所以这有一个主体和对象之间的二分，那么显然他是按照近代认识论的模式来建立起这一套理论的。所以讲"只能根据人类知识的本性从这些知识的**各部分**开始"，"各部分"打了着重号，也就是说，你要探讨它的来源、内容和界限，你必须从具体的探讨开始，从这些知识的各部分，你用你的这种认识的眼光，把你的研究的对象划分成一些什么样的部分，那么，这些呈现在你面前的肯定是一些部分，是一些具体的对象。我们"虽然"只能够这样，我们首先只能把握部分，"从它们的精确的和（就按我们已经获得的知识诸要素的目前状况来看是可能的而言）完备的描述开始"。什么样的"完备"呢？当然你从各部分开始，这个完备就很难说了。你一点一点地去积累，你对这个研究对象的知识积累到什么时候才算是完备的呢？所以他这里对"完备"有一个括号加以限定，就是这个完备在这一方面、就目前状况而言是完备的。

因为从各部分开始的这个完备的概念是无穷无尽的,你把所有的目前的各个部分都考察完了,也可能还有一些部分没有考察到。所以它只能是"就我们已经获得的知识诸要素的目前状况来看是可能的"那种完备,是尽可能完备。你在目前的状况之下你还可以提出一些"可能的"设定,求完备不仅仅是这些到手的现成的东西就够了,还要从这些现成的东西里面再进一步引申,看它们的可能性的前景何在。还有一些可能的而我们目前还没有到手的知识,也要把它考虑进去。但是那些可能性即算实现,又还会有更多的可能性,所以这只是相对的完备性。"从它们的精确的和……完备的描述开始"。什么是精确的?精确的也就是说非常具体,不是泛泛而谈的,你所获得的知识都是有所指的,可以规定、可以限定的,那就是精确的。一个是精确的,一个是完备的,这是我们的一个程序,也就是从"各部分"开始的这样一个程序,或者说,这是一个从具体上升到抽象的程序。虽然我们只能从这些个别部分的尽可能完备的描述开始,这是经验派的分析的研究方法;但还有可能遵照另一种程序或方法,就是从抽象再上升到具体的综合方法。

但还有另一种关注是更具有哲学性和建筑术性质的:这就是正确地**把握整体的理念**,并从这个理念出发,借助于通过某种纯粹理性能力把一切部分从那个整体概念中推导出来,而在其彼此之间的交互关系中紧盯住那一切部分。

虽然我们开始的时候只能从各部分开始,要从尽可能的完备性和精确性开始,但是开始了以后呢?开始了以后还会有另外一种关注。或者说我们从各部分开始了以后,当我达到了一定的完备性的时候,我们就可以把程序颠倒过来。所以就还有另外一种关注,"是更具有哲学性和**建筑术性质**的",这个"建筑术性质"打了着重号。这是在《纯粹理性批判》的最后一部分"纯粹理性的建筑术"里面展示出来的方法。所谓建筑术,就是说你首先要有一个全部的整体规划,它不是单纯技术性的。技术性的就是着重于细节,我解决这个问题,我解决那个问题,我获得一般的技术方法。但是建筑术呢，就是要有一个整体规划。你要考察一个灵魂的特殊能力，那么对这种特殊能力，你应该有一个整体的设计，就像建筑师一样，首先把它从整体上设计好，然后再把它的各部分按照它们的有机联系加以规定，按照各个部分与整体的相互关系来加以规定。这就是康德的建筑术。所以建筑术跟一般的技术是不一样的。一般的技术是盲目的，它没有总体规划，它解决个别技术问题，解决了一个，又解决另外一个，但是建筑术呢，就是说一开始就必须要发挥主动性，要发挥能动性，要提出一个蓝图，把对象的各部分按照一定的建筑结构合理地加以通盘看待。建筑师跟单纯的技工是不一样的。当然我们说有机的关系，其实在康德那里还没有真正地达到有机的关系，否则他就不会说建筑"术"了，建筑术还是一种机械的技术。我们知道，一栋房子，它的关系并不是有机的，它还是机械的。但这个机械呢，是有关联的。你把这个地方拆掉一部分，那就影响整体了，整个房子可能就要垮下来。它是牵一发而动全身的。虽然不像后来黑格尔所讲的那种有机的生命，但是它也是一种互相关联的关系。所以建筑术是他用来形容他自己的体系的一个常用的术语。他经常讲纯粹理性应该如何建立起自己的"大厦"：如何清理"地盘"，打好"基脚"，估算自己的"材料"，我现有手头的材料是否足以建立起一栋这样大的大厦，或者如果材料不够，我是否只能建一个小一点的房子。这个要有一个通盘考虑。这都是建筑术的一些术语。康德的思维方式呢，基本上还停留在这样一个层次。所以他的这两步呢是分开的。从什么开始？当然只能从具体的部分开始，来获得越来越完备的整体。那么，另外一种方式呢，更有"哲学性"，——哲学性就具有超越性了，就是说你不陷在具体的个别的细节之中，而是跳出所有的细节，到一个更高的层次上面来反观我现在正在做的这些事情，来进行一种建筑术上的设计。这是另外一种关注、另外一种方法。那么这种方法是什么方法呢？"这就是正确地把握**整体的理念**，并从这个理念出发，借助于通过某种纯粹理性能力把一切部分从那个整体概念中推导出来，而在其彼此之间的交互关系中紧盯住那一切部分",就是首先正确地把握整体的理念,这个跟前面的方法就不一样了。前面是首先只能从部分开始,而现在这样一种方法就是一开始就正确地把握整体的理念。当然这毕竟是有前提的,就是整体的理念如何能够正确地把握?还是做了很多前期工作,你把具体的东西已经搞了很多遍了,已经相对有一定的完备性了,这个时候呢,我们才能够有一个飞跃,反过来首先去把握整体的理念。然后呢,再从这个理念出发,借助于把部分从整体中推导出来,"通过某种纯粹理性能力把一切部分从那个整体概念中推导出来",这整个是"借助于"的宾语。这句话要不仔细看的话,会觉得它不通的。"借助于通过某种纯粹理性能力把一切部分从那个整体概念中推导出来",那么借助于这个推导来干什么呢?"在其彼此之间的交互关系中紧盯住那一切部分",即把握"一切部分",这就是要干的。那个整体概念是一个理念,我们从这个理念出发,能够通过纯粹理性的能力把它的一切部分从这个整体的理念里面推导出来,以便最终在它们的"交互关系"中把握一切部分。这就是综合的方法。首先给出一个整体的理念,然后一步一步地把这个理念的各个部分逻辑地推导出来。这就不是具体地一个一个地去考察它的各个部分,然后经验地把这些部分聚集在一起,力求获得一个更加完备、越来越完备的描述。前面这种方法是一种经验的方法。而综合的方法呢,应该是一种逻辑的方法。逻辑的方法就是从一个概念出发,然后把这个概念的各个部分推导出来,这个是另外一种关注,是"在其彼此之间的交互关系中紧盯住那一切部分",就是说,既然我是这样推出来的各个部分,那么我显然就可以在它们彼此之间的交互关系中把一切部分都紧紧地把握住,那就不是散的了。前面那种方法可以说是分析的方法,一个一个地,加一个,又加一个,把每一个具体的部分都加以考察,然后对它们加以完备的描述。但是完备的描述了以后,它们相互之间的关系,是否能够把握到呢?那不一定。如果没有综合的方法,这些描述也无非就是从这一个到那一个,一个一个地加以描述,我所面对的这个对象还有哪些部分，甲乙丙丁描述完了，是不是还有呢？我不知道。可能还有吧。目前我只能描述这些，我看到的就是这些。那么这样的描述能不能把握甲乙丙丁之间的逻辑关系呢？显然不行。它不是逻辑关系，它是经验的偶然关系。那么哲学的方法呢，跟这个就不一样了。它通过纯粹理性能力，把一切具体的部分从那个整体的概念里面推导出来，在这个推导过程中显然它的各部分，与它和整体里面的逻辑关系是清晰地展现出来的。因为你是推导出来的，你不是搜集例证，你不是个别地、分别地去考察每个部分，你是从一个整体中按照理性的逻辑层次推出来的，所以它的每一个部分都被牢牢地把握在这个整体的理念之中。或者说，我正是用这样一个整体的理念把所有那些部分都综合在一起。为什么叫综合的方法？综合的方法就是用一个概念、一个理念，把它的所有各部分加以综合。每一个部分出现，它都是在这个综合的结构的某一个层次上、某一个位置上呈现出来的。所以我能够在其彼此之间的交互关系中紧盯住那一切部分，它们就不会散了，它们就会凝聚在同一个概念之下，并且呈现出它们相互之间的那种逻辑关系。"紧盯住"，也就是它们散不了了，已经被定位了。

　　这种检验和保障只有通过最内在地熟知这个体系才有可能，而那些在最初的探讨上已经感到厌烦、因而认为不值得花力气去获得这种熟知的人，是达不到第二个阶段、即综合地再现那原先分析地被给予的东西的综观阶段的，

　　这里用了"检验"和"保障"。为什么检验？就是说，你通过纯粹理性的这种功能从整体的概念里面推出所有的部分，这对所有的部分就是一个检验，你的这个整体的概念就是一个检验的标准。各个部分是否适合这个标准，不适合，我就把它排除掉，那不是我所要探讨的；适合的我就把它推出来，安放在它的合理位置上。所以整体理念是一个检验的标准，对各个部分是否符合我这个整体的体系，必须要有一个总体的理念对它们加以检验。并且呢，具有一种"保障"。你从一个整体理念推出各

个部分，它就使所有这些部分相互之间，以及它们和整体之间具有一种不可动摇的逻辑关系，这就保障了它所推出的各个部分是完备的。因为它不是通过经验的搜集，经验的搜集总是不完备的，总是可能有你还没有经验到的。但是逻辑上从一个总体的理念推出部分，它就能保障它的完备性。就是说，凡是涉及这个理念之下的东西，全都在这里了，保证无一遗漏。就像他的范畴表一样。他的范畴表无一遗漏，所有的纯粹知性概念全都在这里。当然你还可以举出一些其他的范畴，但是我可以把所有你举出的其他的范畴全部归入这十二个范畴的某一个之下，可以合并到某个范畴里面，可以隶属于某个范畴，解释为某个范畴的变形，等等。总而言之，这样一个体系就有了检验和保障，它既不会无限制地增多，也不会缺少什么。那么这种检验和保障，"只有通过最内在地熟知这个体系才有可能"。这个体系你把它熟知了，熟悉了，反反复复地过了好几遍以后，你才能够对它的各个部分加以检验和保障。当然要达到这种熟知，最初还是要靠分析的方法。这个是康德在这里提出的两种方向不同、性质也不同的方法。我们建立一个体系，有两种不同的方法，一种就是采取分析的方法，不断地去搜集经验的材料，然后对它们加以尽可能完备的描述和概括，从经验的具体上升到概念的抽象，我们通常都是这种方法。我们通常说建立一个体系，那就是各个方面都要考虑到，你建立起来了，于是有人就说，你还有一个方面没有考虑到，那么我再补充一个方面，我再给它另外列一章嘛。把这些方面都尽可能地探讨了以后，大致上就完备了。但是总还是有可能再提出一个方面，你又得增加。这是一种分析的方法，从各个部分出发，可以使我们熟知具体的细节，它有哪些部分，是由哪些分析的部分组成的。但是组成了一个什么概念呢？这个我还不知道。所以黑格尔曾经说，熟知并非真知。我采取这种被动的、经验的方式达不到一个总体的概念。那么综合的方法呢，就是从一个最核心、最本质的概念出发，然后把所有其他的那些部分，作为这个本质概念的各个不同层次上的表现推演出来。这就是综合的方法。这个方法马克思在他的《政治经济学批判导言》里面专门有过论述。我们看马克思政治经济学的方法里面讲到有两种方法：一种是"研究的方法"，一种是"叙述的方法"。在马克思《资本论》第二版"跋"里面也讲到了。研究的方法就是分析的方法，就是说你要研究嘛，你在最开始进行研究的时候，你面对一个对象，你对它一无所知的时候，你怎么提升为理念呢？那不可能。当你面对一个陌生的对象的时候，你必须一部分一部分地去熟悉它，去了解它，去罗列例证，搜集经验材料，然后进入越来越完备的整体。这是任何研究都免不了的。我们通常讲首先有感性认识，然后再上升到理性认识。按照马克思的说法，你首先要对各部分进行研究，个别的研究，把它的性质，把它的来源，把它的界限等等搞清楚，然后再研究另外一个，又把它搞清楚，这样你对这个整体就有了越来越完备的概念。但是这个概念毕竟是模糊的、抽象的，在研究过程中，如果采取这种方法的话，你永远形成不了一个清晰的概念。这是一种实证的方法。但是另外一种方法，马克思讲的就是逻辑的方法，也就是综合的方法。就是说，在一定的时候，当我们的研究达到一定程度时候，我们首先要抓住一个最基本的概念，我们现有的这些材料已经足以使我们开动脑筋，从里面进行一种提取。比如马克思就从所有的经济现象里面提取出了一个最基本的普遍概念，那就是"商品"。《资本论》讲资本主义，政治经济学批判，所有的这种种现象，它里面运转着一个最基本的细胞，那就是商品。不管是资本也好，工资也好，地租也好，金融也好，所有这些东西，无非都是商品在那里面运动。那么商品底下还有更本质的，我们从里面提取出价值，这就是马克思的价值理论。从最常见的、最普遍的一个现象——商品出发，从中分析出它的本质就是价值，而价值是依靠交换价值而形成的所谓社会一般劳动时间。到了这样一个最根本的概念，或者说一个理念，然后从中展示出整个资本主义社会经济运转的内部结构，庞大的体系。那么你从这个思路来解读的话，一切都洞若观火，所有的规律就显示出来了。所以马克思讲，对政治经济学的体系来说，逻辑的、综合的方法是唯一正确的方法。叙述的方法跟研究的方法，应该有所不同。研究应该从具体的例子开始，而叙述呢，必须从一个概念开始推论出所有的概念，使这些概念之间，它们的逻辑关系清晰地显示出来，你才能建构成一个体系呀。体系的方法就是一种叙述的方法，这些东西你都知道了，你怎么把它叙述出来？你不能一个一个举例，一个一个举例，那就不是政治经济学体系了。你要建立一个体系，你必须要采取综合的方法，或者采取系统的方法、逻辑的方法。研究的方法是一个铺垫，是一个前提，那当然没有疑问。但是当你要建立一个政治经济学体系，比如说"资本论"的时候，你还是采取这种研究的方法，那就错了。所以，采取综合的方法才是唯一正确的。我们通常也把这看作是一种历史的方法和逻辑的方法的统一，历史的方法就是经验的方法，逻辑的方法呢，跟历史的方法有所不同，它必须概念先行。但是恩格斯后来讲，逻辑的方法才是真正的历史的方法，因为你要揭示历史的规律，你不能靠举例子来说明问题，你要把握本质，讲出道理来。只有逻辑的方法才能够揭示历史的规律，历史的必然性，当然它要忽略掉大量的偶然的例证，以便让历史的逻辑呈现出来。这两种方法呢，马克思、恩格斯都看好综合的方法，或者说逻辑的方法，或者说叙述的方法，这其实讲的都是一回事情。但必须把两种方法结合起来。这个方法在马克思、恩格斯以前，哪怕在康德以前就已经有人提出，像霍布斯就已经讲到了，有两种方法，一种是分析，一种是综合，分析的方法是一种研究的方法，综合的方法是一种说明的方法。当然马克思主要还是从黑格尔的历史和逻辑相一致这个立足点来谈的，这个我们先不去管它。总而言之，讲了这么多背景以后呢，我们可以看到，康德在这里提出了这两种方法的明确的划分。同时他也讲到了这两种方法的不可分割的关系："而那些在最初的探讨上已经感到厌烦、因而认为不值得花力气去获得这种熟知的人，是达不到第二个阶段、即综合地再现那原先分析地被给予的东西的综观阶段的"。康德自己就是在通过对大量认识论个案的长期研究，包括对当时各种认识论哲学中所提出的有价值的观点的深入分析，以及对数学和自然科学发展中大量事实的分析，最后找到了人为自然立法的基点，才建造出一个综观一切的《纯粹理性批判》的综合体系的。而在道德哲学方面，他也是先有一个《道德形而上学奠基》，从普通的道德理性知识上升到哲学的道德理性知识，从通俗的道德哲学上升到道德形而上学，最后上升到纯粹实践理性的批判，通过这种层层深入的分析找到了道德哲学的最高原理，这才用作《实践理性批判》的基点，来综合地展开整个实践理性批判体系的。他现身说法地体现了在方法上先分析后综合的这两个阶段，而只有在第二阶段，我们才能够着手建立起理论体系。没有这点功夫的人，对于体系就会一窍不通。

　　<u>并且毫不奇怪，他们到处都发现不一致，虽然让他们费猜的那些漏洞并不会在体系本身中，而只会在他们自己的不相连贯的思路中找到。</u>

　　就是说，一般的人，甚至包括一般的学者，一般的研究者，都达不到这个综合的阶段。康德在他的时代已经看出来了，一般的人都是喜欢采取那种分析的方法，或者是经验的、搜集资料的方法，逐个逐个地描述它的对象，作点比较和分类，完了以后，把所有这些描述过的对象加到一起，归纳起来，说这就是我的整体。这个当然也是受当时的自然科学包括牛顿物理学的影响。牛顿物理学从方法论上来说呢，基本上就是一种经验主义的归纳方法，把对象的每个部分都加以研究，然后把研究的这些成果加起来，分门别类，就构成了对于对象整体的理解，恩格斯曾把他称作"归纳法的驴子"。这是分析的方法，把对象的部分从整体上分解出来，独个地、单个地加以考察，然后最后一步，是把所有单个研究加在一起，我们对这个整体就有了比较全面的、详细的理解。你一谈到某个对象，那么这个对象就是那些部分，一二三四，甲乙丙丁，我说完了你就应该理解了，我把它所有的部分都说了，你还不理解？当然牛顿还算好点的，他的"万有引力"还是挺有气魄的。但是实际上呢，在康德和德国古典哲学家们眼里这是不够的，这种经验的分析方法还必须要加上综合的方法，

就是对这个对象加以整体的把握、概念的把握。不是部分相加的经验的把握，而是理性的概念的把握。这样一种程序呢，当然一般人是不容易有耐心去做的。所以他讲"在最初的探讨上已经感到厌烦、因而认为不值得花力气去获得这种熟知的人"，是达不到第二阶段的。一般的研究者在当时能够达到康德的这样一种综合水平的人是极少的，他们在第一个阶段上已经耗尽了耐心。所以一般的人看了康德的几页书以后就不耐烦了，他们总是急于想求得你的一个概念对应的是哪一部分，是哪一个对象。如果他找不到对应的对象，他就会觉得太空了，太抽象了。从概念到概念，纯思辨，一般人掌握不了。我们中国人也有这个毛病，我们在读康德的书的时候为什么不耐烦，就是不习惯他这种首先上升到整体，然后再降下来把握每一部分。这样每一个部分，由于有整体的概念作为前提，就呈现在一种清晰的逻辑关系之中，这种方法是有它的优点的，前提是你要记得你的基点、出发点，要牢牢掌握它，烂熟于心。当然第一个阶段是必要的，这点分析的工作没有做到位，而是"感到了厌烦，因而认为不值得花力气去获得这种熟知的人"，他就达不到第二个阶段——"即综合地再现那原先分析地被给予的东西的综观阶段"。你要把这个整体再现出来，整体本身的结构是如何，你不是凭所获得的那些经验材料，一个个加以描述，而是要把那个对象客观地作为一个整体再现出来，展示各部分之间的逻辑结构。所以这样一种再现的方法呢，很有一点像黑格尔的那种客观辩证法，就是说，把客观事物本身的那种逻辑发展展示出来。当然康德还没有达到逻辑发展那个层次，但是他已经有这样一种考虑，就是说，把一个对象的客观上那种逻辑关系，通过我们这种思辨的方法，把它原原本本地展现出来。马克思在《资本论》第二版"跋"里面就说，这样一种方法给人造成了一种误解，以为他头脑里面的进程就是客观现实历史的进程。本来这个体系是你自己主观加工出来的，结果你把它当成一种客观的逻辑结构、当作历史发展加以展现，其实不对。历史发展跟你头脑里的这样一种过程，可能它们的结构是颠倒的。我先掌握什么，后描述什么，但在历史上恰好相反。你先描述的这个更本质的东西，在历史上是在最后才出现的，比如说商品，在原始时代没有商品，封建时代也不是等价交换，没有那种纯粹的价值，只有到资本主义时代，纯粹的价值和单纯用做商品的那种现象才出现。历史是这样的。我头脑里面的结构呢，则是先描述商品的价值，然后再描述其他的，这是我的一个建构，但是这个建构确实反映了历史上的那些事件中，它在里面本质起作用的那种结构。但是要注意，你不要把它搞颠倒了，以为这个东西历史上就是这样的，就是按照我先验地产生的概念来发展的。马克思虽然批判了黑格尔这样一种误解，但是他仍然承认我是黑格尔的学生，特别在辩证法的方法论方面。康德这里"第二个阶段"虽然综合地再现了原先分析地被给予的东西，但是被分析地给予的东西还是在先，那个阶段并没有被否定。一个学者，最开始要进行研究，面对一个陌生的对象，首先就要从分析开始，在你不明确它内部的各个部分的时候，你如何能够把握它的整体呢？而在分析中所获得的那些东西，进入到第二个阶段的时候，我们就是要综合地再现那些被分析的东西的"综观"。综观就是综合地把握，综合的观念。要综合起来看，把它当作"一个"东西来看，不是很多很多东西。很多很多东西我们已经分别考察过了，现在我们要把它当作一个东西来看，要进入到这种综观的阶段。如果做不到这一点，那么"毫不奇怪，他们到处都发现不一致，虽然让他们费猜的那些漏洞并不会在体系本身中，而只会在他们自己的不相连贯的思路中找到"。这些人，他们因为没有能力达到第二个阶段，所以他们到处都发现不一致。这个是很常见的。我们在康德那里经常发现这里不一致，那里不一致，实际上是因为我们没有达到康德的水平。特别像英国的康浦·斯密那些研究者，到处指出来康德这个地方不一致，那个地方也不一致，到处都发现矛盾，显得康德很弱智。按他们那样来解释的话，康德是一个没有思维能力的人，连基本的自相矛盾都发现不了，智力很低下。所以我劝很多人，我说对那个康浦·斯密《纯粹理性批判解义》，如果你是初学者，你不要去看它，看那个东西是误人子弟，又浪费时间，又花脑子，不知道他究竟要说什么。他就是在找毛病嘛，就是把康德的两句话摆在一起，说，你看，康德这里又自相矛盾了。这个方法当然也不是说完全没有效，如果你对于康德的研究达到一定层次了，你已经是康德研究的专家了，这个时候你再去看，你就会发现斯密还是很敏锐的。他发现那些矛盾，也不是在凭空乱说。但是如果你真的把握了康德的体系，你就会发现那些矛盾是表面的，或者说是无关紧要的，很多是表述上的、术语上的矛盾，那个是无关紧要的，主要是他的那个意思是没有矛盾的。当然总的来说，他还是有矛盾。但并不是那些矛盾，不是你在字句上面能够发现的那些矛盾。那些矛盾当然有一些笔误啊什么东西，有很多人已经指出来了，在德文的编者的注里面也把它注明了，那个我们可以把它改过来就是了。但是就思想而言，他并没有那么多的漏洞。"他们到处都发现不一致"，康德这里不幸言中了，他在这个地方已经预计到他的体系会让那些习惯于经验性的思维方式、习惯于分析的思维方式的人不满，会到处都发现不一致。但是"虽然让他们费猜的那些漏洞并不会在体系本身中，而只会在他们自己的不相连贯的思路中找到"，所谓"不相连贯的思路"，也就是分析的思路，一种非综合的思路。康浦·斯密是很受分析哲学的影响的，他是精通分析哲学的，也可以说是分析哲学研究康德哲学的一个代表人物。所以实际上是在他们分析哲学的思路里面呢，到处都可以发现漏洞，不相一致。但是这个不相一致并不在体系本身中。你真正吃透了康德的思想，你会发现，它本身是非常严谨的。你所考虑的那些问题，他都考虑到了，不像你所说的好像很弱智一样的。所以他这一段话很有预见性。在康德的时代，很多人就是受经验派的影响。经验派的影响当然也有好的方面，但是对理解康德这样的思辨体系来说呢，是非常不利的。应该意识到这方面的缺陷，你要理解康德的体系，你必须要调整思路，要上升到康德所讲的第二个阶段，就是综合的阶段，要习惯于综合地思考问题，也就是逻辑地思考问题。要从一个综合的理念出发，去把握它的各个部分。你把两个部分从不同的地方抽出来摆在一起，它当然可能显出不一致。但是你把它放回到它们本身的位置上去，然后从整个体系的层次结构来考虑，你会发现它完全是一致的。它的不一致的表述是因为它处在不同的语境之中，处在不同的层次之上。在这个层次上的表述，跟在那个层次上的表述，那当然有不一致的地方，也应该有不一致的地方。如果完全一致的话，那还有什么层次呢？那就是一个平面了。不一致的地方正表现出它的结构性、层次性。这是他的长处。

下面我们来看这一段，这是讲他在用语方面遇到了一些指责，这是可以理解的。我们每个读康德的人恐怕都有这种感觉，就是在他这里说的是什么东西啊？那么多的术语，那么多的用法，即算是很普通的词，在他这里都有特殊的规定，都和以往的人所用的不同。更何况他还引进了一些人们不太用的词语。但是在《实践理性批判》里面呢，跟《纯粹理性批判》稍微有点区别。

我丝毫不担心对这部著作想要引入一种新的语言的责备，因为这一类的知识在这里本身是接近通俗性的。

也就是他丝毫不担心《实践理性批判》这部著作中人们责备他要引入一种新的语言，《实践理性批判》应该是没有这个问题的。为什么呢？因为这一类知识，也就是实践理性的知识，道德方面的知识，本身是接近于通俗性的。这里有一个背景，就是康德在对他的《实践理性批判》和《纯粹理性批判》作过一个划分，在《纯粹理性批判》里面，他探讨的是人的认识能力，那是属于专门学者讨论的问题，老百姓不会关心的。老百姓怎么会关心我们的认识何以可能这样的问题呢？老百姓关心的就是他们每天的实践活动。所以在《实践理性批判》里面呢，康德倒是认为，它是涉及老百姓本身的日常实践活动的，是很通俗的。这个在他的《道德形而上学奠基》里面表述得很明确，《道德形而上学奠基》第一章就是从普通的道德理性知识过渡到通俗的道德哲学。这是每个乡下人,村夫村妇、洗衣工、裁缝,所有的世俗之人、市井小人,每天要谈论的东西。比如说对人作道德评价,指责某人,说某人的闲话,这些东西在康德看来,就是他们每天的道德行为。批评这个批评那个,当然大多数情况都是有一些私人的目的,但是这至少说明他们的心目中是有一个道德的标准在那里,可以用来评价。所以他的《道德形而上学奠基》就是从这些日常生活中人们背后嚼舌头开始,来分析他们嚼舌头所使用的那些道德标准到底是什么,然后从通俗的道德哲学过渡到道德的形而上学,把这里面的普遍的法则揭示出来,单独加以考虑。所以它实际上是为普通老百姓每天的道德生活提供理论根据的。他相信,既然你每天做这件事,那么,如果你懂得了我的这样一个论证的话,你应该很容易接受的,你也会很感兴趣。比如说为义务而义务,看起来好像很高深,其实就是那些嚼舌头的大嫂大妈们的标准嘛。她们指责一个人,往往说他虽然做了好事,但是他的动机不纯,别有用心,这无形中就说明她们认为只有为义务而义务才是真道德,所以她要嚼舌头。所有道德的行为她都瞧不上眼,都要从最坏的方面去猜测,为什么呢? 因为这些人都没有达到为义务而义务啊。所以,在道德哲学方面,康德丝毫也不担心有什么新的语言的责备,它无非是对人们日常的、通俗的那些道德生活和道德语言加以解释而已,这是很贴近底层的。而且在他有些地方还批判那些思辨的哲学家们的一套道德哲学,认为他们那些学院派的那些分析是永远也下降不到人们的日常生活中来的,而他的可以。康德认为自己的道德哲学是很通俗的,当然实际上在我们看起来并不通俗。那么下一句话就好理解了:

这种责备即使在第一批判那里也未能得到过任何一个不只是翻阅过这本书、而且详细研究过它的人的赞同。

这里为什么用"即使"呢? 就是说,在《实践理性批判》里面,这个是应该没有问题的,不会有什么看不懂的地方,也没有什么故意捏造新词汇来唬人的意图。但是,即使在《纯粹理性批判》那里,这样的责备呢,也未能得到过赞同，——当然有一个限定："不只是翻阅过这本书、而且详细研究过它的人的赞同"。就是即使在《纯粹理性批判》那里，所谓生造新词汇的这样一种责备，如果你是详细研究过那本书的话，你也不会赞同这种责备，你会发现我并没有生造新词。或者说我的那些看起来好像很新的语词是确有必要才造出来的，不是生造的。下面就来解释了。

当语言在对给予的概念本来已经不缺乏任何表达的时候人为地去制造新语词，这是一种不通过新的真实思想、却想通过在一件旧衣服上加一块新补丁来使自己突出于众人之上的幼稚做法。

他本人批判了这种做法，也就是说，当语言对给予的概念本来并没有缺乏表达，却故意造一些新词让人家看不懂的做法。我们今天有很多人在这样做，本来大家都知道的事情，他加上一些新名词，然后就搞出一个体系来，然后他就可以评职称了。康德不屑于做这种事情。他说，如果一个概念本来不缺乏表达，用很通俗的方法就可以把它讲出来，为什么一定要讲得那么晦涩呢？人为地制造新语词，这是一种很幼稚的做法，想不通过新的真实的思想、却通过"在一件旧衣服上加一块新补丁来使自己突出于众人之上"。康德要做的事情，他自己意识到是划时代的，他用得着去做这些事情吗？他提出的那些新概念，都是万不得已才提出的，绝对不是标新立异。

因此，如果那本书的读者知道有更通俗的表达方式，它们却与我心目中的那些表达方式那样同等地适合于表达那种思想，或者他们敢于表明这些思想本身、因而每个标志这思想的表达方式同时也都是无意义的：

这是在叫板了，在摆擂台了。如果《纯粹理性批判》这本书的读者读了那本书以后发现，有一种更通俗的表达方式，同时这些表达方式却与我心目中那些表达方式同等地适合于表达那种思想，那当然好啦。我心目中那种表达方式是用来表达那种思想的，如果有一种更通俗的表达方式，可以同等地表达那种思想，那岂不是好事？这是一种情况。"或者他们敢于表明这些思想本身、因而每个标志这思想的表达方式同时也都是无意义的",这是另一种情况。就是说,你能够用一种更通俗的方式表达我那种思想,这是好事;另外一种情况呢,你敢于表明,这样一种思想和它的表达方式全都是无意义的,你可以推翻我的思想,包括我的思想的表达方式,这更是欢迎。

　　那么在第一种情况下他们将使我十分感激,因为我只求被人所理解,但在第二种情况下他们就为哲学作出了贡献。

　　如果你能够找到一个更通俗的方式,表达我同等的思想,那我太感谢了。我的能力只有这么多,我只能找到目前的这种表达方式了,我不能再通俗了。如果你能够找到一种更通俗的表达方式,那我当然要感谢你了,谢天谢地了。因为我只求被人所理解嘛,并不在乎表达方式。表达方式我是尽可能通俗。确实有这种情况,我们在最初读康德的《纯粹理性批判》的时候,觉得他在故弄玄虚;但是一旦读进去了以后呢,我们发现,其实他是很朴素的。他的术语,严格地理解起来,没有任何故弄玄虚的地方。他只能这样说,你换一种表达方式就不是的了,它的意思就变了。他要表达这个意思还只能用这种表达方式,没有别的办法。"但在第二种情况下他们就为哲学作出了贡献",如果我的观点真地被他们所推翻,那也是我求之不得的,我是在"孤独求败"啊!在这里当然他是一种谦虚的说法了。我也不是上帝,那么我当然也可以有这种情况,就是有可能这种思想本身因而这种思想的表达方式都是无意义的。你可以推翻我的观点,包括推翻我的表达方式,那么这样一来呢,你如果真的能够做到这一点,那么你就是为哲学作出了贡献。哲学不是我康德个人的,哲学是天下之公器,谁都可以提出自己不同的看法。每一个不同的看法,只要是真正对前人有所改进,都是对哲学作出贡献。这种态度应该说还是不错的,也是每个学者本来应该具有的态度。当然在这里呢,康德内心恐怕还是带有一种嘲讽意味的:你试试看吧,既然你敢于证明我的那些思想和表达方式都是无意义的,那么你肯定会对哲学作出贡献,你就是大家了,你至少超越于我之上了。真发生这种情况,那么我愿意作出牺牲,当你们的靶子。

<u>但只要那些思想还站得住,则我很怀疑对此还可以找到既合适但又</u> <u>更通俗的表达方式。</u>　[11]

就是说,只要第二种情况没有出现,你不能推翻我的思想,包括我的表达方式,你不能够证明这是无意义的,那么我很怀疑,也就是怀疑第一种情况,怀疑对此还可以找到既合适但又更通俗的表达方式。如果你不能推翻我的思想,那你恐怕也不能推翻我的表达方式,你只是想对我的表达方式加以改进,那么我很怀疑,有人还能够作出这种改进。这是他的一个自信,他认为他已经尽了最大努力了。我都没有做到的,你们谁能做到呢? 当然他也没有说绝对不可能,他只是说他怀疑,你们如果能够做到的话,我将十分感激,因为你们用更好的方式表达了我所提出的那些思想,那等于是帮助了我嘛。我提出那个思想就是要让人理解,结果有人不理解,而你让人理解了,那当然是帮助了我。因为你让人理解的是我的思想啊,你是帮了我的忙啊。但是我很怀疑,有人能够做到这一点。下面又有一个更长的注。

我们来看这个长注,这是在我们上次读的这一段的最后,康德加了一个注。上次读的这一段主要是谈到有人指责他,可能会有这种指责,就是说他制造了一些新的名词,引入了一种新的语言,那么在这方面呢,康德为自己作了辩护。就是说,我并没有引进新的语言,只是在不得已的时候呢,用一种新的表达方式来表达那些用别的方式根本没有办法表达的思想。如果你们能够发明比我更好的表达,那我要感谢你们。这个是上一段主要的意思。就是说,你们说我表达得不通俗,但是我现在已经没有办法再找到更加通俗的表达方式了,已经尽可能地通俗了。那么这里加一个注呢,就是把问题在表达方式方面更加引申了一点。那一段正文里面说,可能有人指责他用一种不通俗的表达方式,用一种新的,或者是自创的语言,或者是引进外来语,比如说拉丁语等等,过于学究气,使得一般人很难得看懂。这是一个方面。但是另一方面呢,哪怕是用一些通俗的表达方式,康德也赋予了它不同的意义。康德在这里加一个注就是说明这一点。就是说,你们不要光是指责我的那些表达方式不够通俗,就在我的那些通俗的表达方式里面,你们也要提高警惕,也要注意,你不要以为那是字面上人们日常所理解的那个意义,我这里是有严格区别的。所以这是另一方面。当然这一方面他只是做一个注,附加在这个后面,说明不是他主要所要谈的。因为这方面的事情呢,也不是通过一个注可以说明的,你必须要把他的思想全部掌握了以后,你才能知道,他的那些表达方式虽然看起来好像很普通,但是在康德那里各有它特殊赋予的意义。所以这是另外一种担忧。

我在这里有时(比那种不理解)更为担忧的是对一些表达方式的误解,这些表达方式,我是以最大的小心挑选出来的,为的是使它们所指示的那个概念不被弄错。

也就是说,在这个注里面呢,他提出了一种更加严重的担忧。我提出来一个新名词,那个引起了大家的注意。尽管大家抱怨,说读不懂,那你慢慢读吧,你慢慢去体会,看是不是能够有别的语词可以替代它。你如果发现替代不了,那这个问题并没有很大的危险。后来维特根斯坦讲,一个词的意义就在于它的用法,你用起来,你就会理解了。这个方面呢,倒是一种表面的担忧。那么,更深层次的担忧呢,就是在一些表达方式的误解上面。这些表达方式"我是以最大的小心挑选出来的"。是从哪里挑选出来的呢?是从日常表达方式里面挑选出来的。日常有很多表达方式,大家好像都很熟悉,但是我单挑这样一些词语来表达我的意思,这个时候我是以最大的小心挑选出来的,你不要以为是随随便便地在那里使用,我"为的是使它们所指示的那个概念不被弄错"。这一方面呢,他的担忧更大。这一点没有以明显的方式突出出来,所以呢,需要我们用更大的耐心和细心,更小心地去对待。至于那些明确的、他自己创造的词,那么当然你可以自己去琢磨、去体会了,只要你花一定的耐心,你就可以体会得到。但是日常的那些术语呢，你往往就忽略过去了。这个里面隐含着更大的危险。

所以在实践理性的范畴表上处于模态这一标题下的允许的事和不允许的事（实践上客观的可能和不可能），与接下来的范畴义务和违背义务的事，在日常的语言用法中具有几乎相等的意义；

这个"所以"就是举例来解释了，解释前面讲的。因为我是以最大的小心挑出来的，所以在实践理性的范畴表上——这个范畴表不是《纯粹理性批判》里面的范畴表，是把那个范畴表引申到实践理性上面来的。这样的范畴表他在很多地方都运用，所以《纯粹理性批判》的范畴表是很有用的，它是康德的"建筑术"的必要组成部分。康德几乎在谈到任何一个新的领域的时候，都要从这个范畴表的十二个范畴的角度来对这个问题进行全面的考虑。那么在实践理性的范畴表上，处于模态这一标题下的允许的事和不允许的事这样两个范畴，允许的事和不允许的事在《精粹》上是第 334 页（《实践理性批判》上是第 91 页，边码 78），4. 模态：允许的事和不允许的事。严格的翻译应该是这样，原来译作允许和不允许，省掉了"的事"，其实还是应该补上。① 在这个标题下的允许的事和不允许的事，这是两个范畴。括号中"（实践上客观的可能和不可能）"，它相当于范畴表上的可能性和不可能性这两个范畴，但是它是实践上的，它不是认识对象上的可能和不可能，而是实践上客观的这种可能和不可能。这是对应于这两个范畴，允许的事和不允许的事，也就是在客观上被允许，和客观上不被允许。这两个范畴对应着实践上客观上做得到和客观上做不到。客观上不允许，客观上不可能，也就是客观上做不到的。从实践的意义上来说不可能也就是做不到的。"与接下来的范畴**义务和违背义务的事**，在日常的语言用法中具有几乎相等的意义"，客观上的允许的事和不允许的事（当然括号里面讲也是客观上可能的和不可能的），在

---

① 两处的"的事"两字是在《实践理性批判》重印中加上的。

日常的用法中，从实践的意义上来说很容易跟义务和违背义务的事情混淆起来。他本来是说你可以做，但有可能被误解为你应该做；或者本来是说你做不到，但是也可能被误解为你不应该做。在日常语言中，这两者往往是分不太清楚的，几乎具有相等的意义。

但在这里，前者应当意味着与一个单纯可能的实践规范相协调或是相违背的东西（例如在解决几何学和机械学的所有问题时那样）。

在这里他作出了他自己的解释。在日常的用法里面呢，这两对范畴几乎是相等的，不允许的也就是违背义务的，允许的也就是合乎义务的。但是按照康德的区分，"**前者**"，也就是允许的事和不允许的事，"应当意味着与一个单纯可能的实践规范相协调或是相违背的东西"，"单纯可能的实践规范"，也就是做得到和做不到的这样一个规范。"相协调或是相违背"，与可能的实践规范相协调的，那就是你能够做到的；与可能的实践规范不协调的、相违背的，那就是你做不到的，"例如在解决几何学和机械学的所有问题时那样"。几何学和机械学里面的允许和不允许，或者做得到和做不到，有很多规范。比如说欧氏几何学里面，过两点只能作一条直线，这是一个规范。你过两点能作两条直线吗？不可能的。所以我们讲，过两点只能作一条直线，只允许作一条直线。这是在实践方面作出了这样的规范。你要违背这个规范呢，你就违背了这个前提，那就是不可能的。如果前提定了，你就不可能违反它。如果你定了两点，那么你就只能作一条直线。你说我只定一点，那当然就可以作两条，甚至还可以作三条、无数条。但是如果前提已经定了的话，那么这就是一个实践规范了，你是不能违背的。机械学的问题也是类似的。这是前者。

后者则应当意味着与一个现实地存在于一般理性中的规律处于这样一种关系中的东西；

"后者"，也就是说义务和违背义务的事情，这是什么意思呢？这应当意味着与一个现实地——"现实地"打了着重号——前面的是"可能的"打了着重号，"单纯可能的"跟这里"现实地"有一个层次上的区别，它们是两个不同的模态范畴的层次。"单纯可能的"就是说，它只是从可能性来谈这个问题。那么，义务和违背义务呢，它是有可能违背义务的。你过两点不可能作一条直线，但是违背义务呢，它与遵守义务同样是有可能的。它是从现实的意义上来讲的，"与一个现实地存在于一般理性中的规律处于这样一种关系中的东西"。"这样一种关系中"也就是前面所讲的相协调或是相违背的关系中。那么义务和违背义务呢，意味着一个现实地存在于一般理性中的规律，它是一个现实的规律。你可以违背它，你也可以不违背它，你也可以合乎义务，你也可以违背义务。这两者都是现实的，不仅仅是可能的。如果仅仅是可能的，那它的反面就是不可能，这两者是不能并存的。那么现实的，它的反面是非现实的，但非现实的也是有可能的。就是说，你在现实中，你可以违背它，你也可以按照它去行动，这两种行动都可以是现实的行动。当然一旦你采取了这个现实的行动，另一个行动就不现实了，就被排除了。所以只能有一种现实的行动，它是现实中的一种区分。义务是存在于一般理性中的，它不是就某个具体的前提，比如说你定了两点，然后呢，我们再来谈。你可以定一点，你也可以定三点，这个是偶然的。但是一旦你定了两点，要去作一条直线，那你就发现，只能作一条直线。这只是一种可能性而已。但是在理性中，义务是理性本身的一种规律，现实地存在于一般理性中的规律，就是说，在理性中现实地有这样一条规律。不是说你假定的，如果怎么样，那就有义务的要求。而是说，人本来就是有理性的，所以他就有义务的要求。这个义务的要求本身是一个现实的要求，就是说你可以在现实中符合它，也可以违背它，它是一个现实的规律。对于这个现实的规律处于这样一种关系中的，那就是后者，就是义务和违背义务的事情。

　　而这种含义的区分即使对于日常的语言用法也并不完全是陌生的，尽管有些不习惯。

　　按日常语言的用法呢，我这样说，你们都能够理解，都觉得很清楚。但是你要严格地在日常用语中区分开来，那就有些不习惯。大众在日常语言中不习惯作这样一种细致的区分,老是把相近的东西放在同样的场合来使用,差不离就行了,这是通俗的用法的一个不可避免的毛病,不精密嘛。只有那些哲学家们喜欢咬文嚼字,他们作出这样一些区分来,并且严格遵守这些区分。这就使人讨厌了,嫌麻烦,但你告诉他们,他们也能理解。

于是,例如对于一个演说家以这种身份是**不允许**去锻造新的词语和词语搭配的;对于诗人这在某种程度上是**允许的**;在这里人们在双方任何一方身上都没有想到义务。因为谁想要抛弃自己演说家的名声,没有人能够阻止他。

这就是对日常的语言用法举例说明了。人们在日常用法中不习惯作这种过于细致的区分,就如我在前面所讲的,以两点之间的前提,是不允许作两条直线的,这里有同样的道理。你既然是个演说家,你当了一个演说家,那么以这种身份呢,你就不允许去锻造新的语词和词语搭配了。你作为一个演说家嘛,你就应该按照通俗的、大家都能理解的方式去说话。你自己去锻造一些新词和新的搭配,那是不允许的,那违背了你作为一个演说家的使命。演说家就是应该把自己的话通俗地、以一种能够感动大众的方式把它表达出来,这是他的使命。演说家跟诗人的使命不一样,演说家注重的是通俗性、大众性,而诗人注重的呢,是个人内心的体验。所以他讲:"对于诗人这在某种程度上是**允许的**;在这里人们在双方任何一方身上都没有想到义务"。对于诗人这在某种程度上是允许的,这里的"这",也就是"锻造新的词语和词语搭配"。对于诗人来说,你要锻造一种新的语词和语词搭配,这个在某种程度上是允许的。我们讲"诗人的权利",他可以违背语法,但是你不要太过分,"在某种程度上"是允许的。你没有办法了,你要表达你那个意思,在其他的地方都符合语法的情况之下,无奈之下你在某个地方违背一点语法,这是可以的。包括构词法,包括语词的组合,你违背一些通常的法规,那都是可以的,是允许的。因为你的身份是诗人。当然演说家也可以在演说的时候以诗人的身份说话，那个时候他已经换了身份了，演说的时候，他突然做起诗来了，我们说他换了一个身份，当然也可以。但是呢，你这个身份是在前的，什么身份就说什么样的话，这个是在实践上是一个允许和不允许的标准。但"在这里人们在双方任何一方身上都没有想到义务"，不管你以什么样的身份说话，你以这样一种身份说话，你就不允许说另外一种身份的话，这个是"前者"的例子；后者则是有更大的允许程度。但不管怎样，在这两种情况之下，没有人想到义务的问题。与身份相适合的说话方式，这个里面不存在义务的关系，并不是说你这个人就有义务，必须按照演说家的这种身份去说话。按照康德后面提出的说法，前者是一种"有条件的命令"，而理性的义务呢，它是"无条件的命令"。那么在有条件的命令中，它不是义务。为什么呢？因为它有它的前提，它有它的条件，就是说，他是要作为一个演说家，或者是作为一个诗人说话，这就是条件。并不是说，不管你作为演说家还是作为诗人，你都应该怎么样说话。这个没有。只要你把前提取消，那对他的要求就变了，他就不一定受那种限制了。如果一个诗人，那就没有那种应当按照演说家的规范去说话的义务。或者说，如果你不想当演说家了，那也不必遵守这种规范了。"因为谁想要抛弃自己演说家的名声，没有人能够阻止他"，在日常生活中就是这样，人们说，他说话不像一个演说家，而像一个诗人，但是这句话并不是在道德上谴责他，并没有说他违背了义务。这不是作为义务来要求他的，而是作为他的身份，在客观上，你是作为这样一个身份来实践，那么，按照这种身份，我对你的实践就有要求，这种要求就是允许和不允许。如果他演说的时候一会儿做起诗来了，人家对他的评价就会说他不是一个好的演说家。演说家应当用通常的合乎规范的语词来让人理解，来说服人。但是诗人呢，那就不一样了，诗人不是要说服人。所以，作为演说家的名声，可能会由于你诗人身份的掺杂而受到损害。但是，如果他自己不愿意当一个好的演说家，他没有那个意图，那么，没有人能够阻止他，也就是说，没有人能够用义务来阻止他，没有人能够诉之于义务来要求他，他可以听便。

这里所涉及的只是将**命令**放在**或然的、实然的**和**必然的**三种规定根据之下进行区分。

我刚才讲了，有条件的命令和无条件的命令，这是有区分的。"**将命令放在或然的、实然的**和**必然的**三种规定根据之下"，也就是放在三种模态之下，进行区分，这是康德为这些日常用语所找到的范畴根据，它们在范畴上就是严格有区别的。我们看《精粹》334页到335页，模态范畴之下，"允许的事和不允许的事"，这是或然性，也就是可能性和不可能性这一对模态范畴。下面，"义务和违背义务的事"，这就是现实性和非现实性这一对范畴。那么，最后一对范畴，"完全的义务和不完全的义务"，这是必然性和不必然性（偶然性）的一对范畴。这个我在后面还要具体讲的。完全的义务，就是说你绝对不能够违背的；不完全的义务，就是说，在某些情况之下你可以不做。否定性的义务是绝对要做的，是完全的义务。比如说，不要骗人，不要说谎，这些都是完全的义务，在任何情况下，你都不能骗人，你都不能说谎。或者说不要自杀，否则就违背道德。但是，不完全的义务是那种积极意义上的义务，比如说，你要帮助别人。在有条件的情况之下你应当帮助别人，但是在没有条件的情况之下，你帮不了别人，那也没办法。这就是不完全的义务。或者说呢，你要发展自己的才能，这也是有条件的，你只能说是尽可能地发挥自己的才能，你不要懒惰，你要尽可能发挥自己的积极性。但是有时候没有办法，你不能那么样去要求，也有不得已的情况。没有那个条件，他的才能就发挥不出来嘛。这个是两种义务的区分。那么所有这些义务，所有这些命令，都被他分为三个层次，一个是或然的层次，是允许和不允许的事；一个是实然的层次，现实性的层次，是义务的和违背义务的事；再一个是必然的层次，必然性和偶然性，必然性就是那些完全的义务，偶然性就是那些不完全的义务，那是取决于某些条件的。这是把命令放在这三种规定之下进行区分。日常的语言是深入不到这个层次的，所以是模糊的。

　　同样，我在那个使不同哲学学派中的实践完善性的道德理念相互对立起来的附注中，区分开了**智慧的**理念和**神圣的**理念，虽然我自己把它们从根本上和客观上解释成了同样的。

　　这又是讲了另外一对范畴、另外一对概念了。前面是讲的允许和不允许，义务和违背义务这一对概念，这是举的第一个例子。第二个例子呢，就是说智慧的理念和神圣的理念。这两个理念在我们的"精粹本"上是在 376 页这一个很长的注中讲的（参看《实践理性批判》第 174—175 页，边码 147 注释）。这个注的下半部分讲到了基督教的道德以及与希腊各个学派的理念相比较，就显出这样的区别，就是犬儒派、伊壁鸠鲁派、斯多亚派和基督教派的理念分别就是：素朴、明智、智慧和神圣，这是他们各自对实践完善性的不同理解。在这四个理念中，包括智慧和神圣，虽然康德自己认为智慧就是神圣，但是在他这个附注里面是区分开了智慧的理念和神圣的理念的，甚至"使各个不同哲学学派中的实践完善性的道德理念相互对立起来"。至于康德自己的观点呢，他认为后两者，智慧和神圣应该是一致的，他"把它们从根本上和客观上解释成了同样的"。智慧应该是神圣的智慧，彼岸的神圣性应该是建立在智慧之上，也就是建立在纯粹的实践理性这个基础之上。康德的宗教是一种理性范围的宗教，是一种理性宗教，只有建立在道德、建立在理性之上才是真正的宗教。所以，这两者他把它统一起来了，就是说，神圣并不是迷信，你对上帝的信仰、对彼岸的信仰不是迷信，而是理性的推论，理性的悬设。上帝存在是一个理性的悬设，是从实践理性里面推出来的。所以在 377 页的第三行上面，他讲了这个注释以后，接着就讲："道德法则是神圣的（分毫不爽的），并要求德性的神圣性"，就是说，道德本身具有神圣性。只有在这个基础之上，它才可以建立起对彼岸世界的信仰，对上帝的信仰。这个是康德自己的观点，他是把世所公认的这两个术语作了自己认为是更加严格的解释。但是历史上的那些学派所作的区分其实是不透彻的，所以同样的术语在他这里有了更精确更深刻的含义。智慧的理念跟神圣的理念从根本上和客观上应该是同样的,只是在主观上似乎有些不一样,这也是康德的观点和通俗的表达方式所不同的地方。所以你们在看到康德在用这样一些词的时候,你们要注意区分。通常认为没有区别的,康德却作了精确的区分,而通常认为有严重区分的,康德却又归结为同样的意思。

不过在这一处地方,我所理解的只是这样的智慧,即人们(斯多亚派)自以为拥有的、因而被主观地说成是人的属性的智慧。

他强调在"这一处地方",也就是在比较不同学派中的实践完善性的道德理念的时候,在讲历史上各种学派的时候,我讲的不是我的观点,这时,"我所理解的只是这样的智慧",也就是在斯多亚派那里"被主观地说成是人的属性的智慧"。智慧被说成人的一种聪明,聪明人就可以怎么怎么样。所以我们要尽可能地拥有智慧,有些人天生就很蠢,那也没办法。但是作为哲学家来说,这个智慧呢,应该是属于他的属性。这就是"主观地说成是人的属性这样的智慧"。那么在康德自己来看呢,当然他的这个智慧,不仅仅是主观的,它是理性本身的一种普遍法则。理性本身的普遍法则就不是人的一种准则了,当然它跟准则也是相通的,你要把你的行为准则变成一条普遍的法则。你的主观行为准则要成为智慧的准则,就要成为普遍的法则,这个普遍的法则呢,就是一条客观的法则。道德律是一条客观的法则,它不是我主观想执行就执行,不想执行就不执行的,而是理性客观上命令你非执行不可,没有条件。所以在康德看来智慧是客观的法则,而不是人的属性。或者说它是一切有理性者的属性,因为它是理性本身的属性。人嘛只不过是理性本身的这种属性的一个例子,一个代表人物。所以康德在这方面呢,也不太同意那种人类学的解释,那种解释把道德仅仅归结为人这样一种动物的属性,那就把这种理性的法则变成经验的一种研究对象了。后面是一个括号。

*(也许斯多亚派也用来极力夸耀的**德行**这个术语可以更好地表明这一学派的特征)。*

　　这里的"德行"，跟一般我们讲的"德性"不一样的，原文为 Tugend。而一般我们翻的"德性"，是 Sittlichkeit。他这里用的 Tugend，有人也翻成"美德"，是表现比较具体的一种行为，在做某件事情时的美德。用这个术语"可以更好地表明这一学派的特征"，就是斯多亚派当然是追求一种世界的理性，或者说宇宙智慧，因此斯多亚派的宗教观最后通向了基督教，基督教就是从他们那里来的——一个是斯多亚派，一个是新柏拉图主义，是基督教哲学的两大来源。但是在斯多亚派这里呢，它还没有上升到一种真正的道德，它还只是作为一种德行，也就是人的一种比较具体的一种属性。所以斯多亚派经常把人区分成有德行的和无德行的，把这种德行归结为人的一种忍耐力，或者一种刚毅精神，一种坚忍的气质，一种坚强的个性。这种忍耐，这种坚强，勇敢，等等，这些美德都是属于体质上的，都是属于人类的一种气质。所以斯多亚派的信仰是建立在肉体的忍受能力之上的，这个层次还不高。他们的德行，他们的信仰，是建立在禁欲主义之上的，把你的欲望尽量地压抑、克服，克制自己，在这个意义上才体现出一种高尚的道德。所以斯多亚派主要的道德呢，可以说就是忍耐、禁欲。柏拉图讲的三种道德，智慧就是哲学家的道德，勇敢就是武士的道德，忍耐就是一般老百姓的道德。斯多亚派的忍耐把在柏拉图那里是最低的道德提升起来了，认为忍耐是最高的道德。所以斯多亚派已经有一种把人和人的身份完全拉平的这样一种倾向，在这一点上跟基督教有一种内在的联系，人人皆兄弟。因为不管你身份多么高，但是你在上帝面前，你还是一个老百姓，你赤条条来去无牵挂。你是一个人，别人也是一个人，所以最低层次的忍耐，恰好是最高的道德。但是这个忍耐的道德还是太人性化了，它的神圣性是不够的。所以到了基督教的道德呢，它就把它提升了。基督教的道德是三个主德，信、望、爱——信仰、希望和博爱，这才是基督教的道德。这三个东西不是建立在你的忍耐力之上的，不是建立在你的肉体的忍受痛苦之上的。但是有了这样一种道德，你确实在肉体上可以忍受痛苦，因为信、望、爱都是指向彼岸世界的，具有神圣性，对于此岸世界的这些痛苦都不屑一顾。基督教在这方面应该是超越了斯多亚派，虽然它是从斯多亚派来的。那么在康德这里呢，认为"斯多亚派也用来极力夸耀的**德行**这个术语可以更好地表现这一学派的特点"。斯多亚派的德行就表现在他们的忍耐力，他们的禁欲，他们道德的高尚就表现在他们的无私，没有欲望，他们的清高，唯道德是从。凡是合乎道德的，哪怕是牺牲自己，他也赴汤蹈火，在所不辞。这就是斯多亚派的德行。更加强调一种外在的道德表现，不强调神圣性。在内在的精神上是压抑的，完全是否定自己的，它没有精神上的对更高层次的一种幸福的追求，比如说基督教对来世幸福的追求，这个在斯多亚派那里没有。他们认为，忍耐本身就是幸福，道德本身就是幸福，或者说德行本身就是幸福。这是他们所停留的这个层次，在康德这里当然是不以为然的。就是他们的德行还是比较具体的，就是在乎你所做的事情，而不在乎你所做的事情的超验的原则。而康德呢，是在超验原则这个意义上面来理解道德的。这是第二个例子，就是智慧的理念和神圣的理念，他在行文中也用了，但是康德在用这些词的时候，虽然在这个地方是按照通俗的用法，通俗的理解，但是在康德自己心目中呢，他还是有不同的理解。德行不能称为智慧，智慧应该比德行更高，它就是神圣性。下面他继续举第三个例子。

但纯粹实践理性的**悬设**这一术语仍然是最会引起误解的，假如人们把它与纯粹数学上的、且带有必然的确定性的那些设定所具有的含义混淆起来的话。

就是"悬设"这个术语，Postulat，仍然会引起误解。这个"仍然"，也就是说，前面讲了两个例子了，但是还有，比如说这个例子，还是会引起误解。如果把 Postulat 这个术语与纯粹数学上的那些设定混淆起来的话。"设定"其实也就是 Postulat，它是"带有必然的确定性的"，在《实践理性批判》的单行本和合集中改成了"带有无可置疑的确定性的"，"必然的"这里用的是 apodiktisch，而不是 notwendig，所以改成"无可置疑"的，这是为了翻译上面的区分。这样一种确定性，那是无可置疑的，是在数学上面的这种设定，实际上通常我们称之为数学上的"公设"。这个里面有一个译者按语："这里的'设定'和'悬设'均为德文 Postulat 一词，它来自拉丁文。兼有'要求'和'假设'二义。作为实践理性的'假设'，显然还带有道德上的'要求'的意思，凡在此种场合权依关文运译作'悬设'，即高悬一个理想目标之意，以与一般意义上的假设（如《纯粹理性批判》中曾译为'公设'，见'经验思维的公设'部分）相区别"。悬在那里本来有一种要求的意思，悬赏啊，高悬啊，高悬于那个之上，就是让你去景仰、去追求、去靠近的意思。所以关文运把它翻成"悬设"，我们觉得这个体会还是比较细的，所以采用了这个译名。但是在数学中呢，它就是公设，比如说欧几里得的公设，欧几里得的几何有五大公设，其中最著名的是第五公设。第五公设就是说，与一条直线相交的两条直线，它们的两内角的和如果小于180度，那么这两条直线必然会在某一点相交。就是它们的和小于两个直角，那么它们肯定不平行了，肯定在某个遥远的地方要相交。这是一个基本的公设。那么我们在这个《纯粹理性批判》里面呢，提到"经验思维的公设"。经验思维的公设本来就是从数学里面引来的，但是跟数学里面的公设呢，已经又有所不同了。它作为模态范畴所提供的纯粹知性原理，称之为经验思维的公设。量的范畴是直观的公理，质的范畴是知觉的预测，关系范畴叫作经验的类比；模态范畴，叫作经验思维的公设。为什么叫经验思维的公设呢？因为它涉及客观知识和主观态度之间的关系。它不是客观的因果啊，实体啊，单一和多数啊，这样的一些规定，而是涉及我们对它的主观态度：可能不可能，现实不现实，必然还是偶然，这是我们对客观知识的一种主观态度。那么在这个主观态度上面呢，康德引进了公设这个概念。在几何学里面的这种公设，它也是先定好一种主观的态度。公设没有什么可证明的，公理、公设这些东西都不是证明得来的，它都是我们设定的。我们把它设定了，然后我们就按照这样去做。所以欧几里得几何整个是一个证明的系统，但是它是用公理、用公设来进行证明的。所以我们也称之为公理系统。用几条公理定下来，这几条公理互相之间不能证明，而且也不能用别的东西来证明。它是我们大家都认可的，公认的。你要谈几何学，这几点你都必须承认，等量加等量，其和相等；等量减等量，其差相等。这些东西都是你必须认定的。否则的话我们就不要谈几何学了。我们就作诗，作文章，都可以，但是你一旦谈几何学，这些前提你就必须设定。所以这是公设，大家都公认的一种设定。而在这里呢，康德引用 Postulat，从这个悬设意义上来理解，它跟数学上的公设又不一样了，所以它这个术语最容易引起误解，假如人们把它与纯粹数学上的那些设定所具有的含义混淆起来的话，那就会引起误解。那么如何解释这种误解？

但纯粹数学上的公设 ① 所设定的是**某种行动的可能性**，这种行动的对象我们可以先天地从理论上以完全的确定性预先认识到是**可能的**。

就是纯粹数学上的公设，《精粹》中翻译成"假设"，其实应该翻译成"公设"，更加有针对性，因为欧几里得的公设就是用的这个词。如果你有一条直线，你用两条直线跟它相交，那么，后面这两条直线在什么情况之下将会导致相交，也就是将不会平行。那么这是"**某种行动的可能性**"，即某种作图的可能性，就是说，虽然看起来好像平行，但是在某一点上，你将会发现，你只要把这两条线延伸下去，它们终有一天会相交。这是你在作图的时候，在做这件事情的时候，对未来的一种估计，是某种行动的可能性。"这种行动的对象"，就是说这两条直线最后达到相交了，这种情况"我们可以先天地从理论上以完全的确定性预先认识到是**可能的**"，它是与可能性范畴相关的，可以先天地认识到，从理论上认识到。当然这个先天的，从理论上的，不是证明出来的，而是通过直观。数学的那些最纯粹的原理，都是通过直观，这个是康德在《纯粹理性批判》里面已经说明了的。先天综合命题，在数学和几何学里面呢，是通过直观而

---

① 《精粹》上作"假设"，单行本和合集中作"悬设"，均不妥，此处改作"公设"。

形成、而构造起来的这样一些命题。但是它是从理论上，它不需要凭借经验的，不需要说你试试看能不能够做到。它不需要试，它从理论上已经先天地以完全的确定性预先认识到是可能的。在经验中事实上也许你做不到，也许这两条直线的相交是在很远很远的地方，你可能等不到它们的相交，但是在理论上你可以预计到，只要它的两个内角的和小于180度，小于两个直角，那么它们必定在某一点会相交。这个可能性我是预先认识到的，不需要去做。当然做也可能时间有长有短，也许你这一辈子都做不到，等到你下一辈子再来做，等你的儿子再做，在实践上也许是这样，但是你不需要那样去做，你只要证明它的两个内角的和小于180°，这就可以了，在某一点上它们的相交这种可能性已经被证实了，不必要现实地做出来。

而那个纯粹实践理性的悬设却是出自必然的实践规律来设定某种对象（上帝和灵魂不朽）**本身的可能性的，所以只是为了实践理性而设定的；**

这个是不一样的。数学上的公设所设定的是某种行动的可能性，当然这种行动不一定要做出来，所以虽然它跟实践也有关，但是呢，它只是某种技术性的行动，或者说是实用的实践行动，是属于理论理性之下的，[①] 它还不是纯粹实践理性的行动。相反，"那个纯粹实践理性的悬设却是出自必然的**实践规律来设定某种对象**（上帝和灵魂不朽）**本身的可能性的**"，就是说你在纯粹实践理性中，你是按照道德律而必然地设定上帝和灵魂不朽这些对象的可能性。这种设定不是像几何学的公设那样，为的是认识，作图的行动也只是为了认识，为了证明其他的知识；相反，它"只是为了实践理性而设定的"。所以，纯粹实践理性的"悬设"虽然

---

① 可参看《判断力批判》第 7 页（人民出版社 2002 年版）：纯粹几何学问题的解答"不可以算作实践哲学"，这些"熟巧规则"或"技术上实践的规则"，只服从"作为出自理论哲学（自然科学）的补充的那些规范，所以不能要求在一个被称为实践性的特殊哲学中有任何位置。"

也可以译作"公设",但它跟纯粹数学上的那种公设不同在于,数学的公设已经预先"从理论上"设定了"你的行动的可能性";纯粹实践理性的悬设呢,则是通过**实践规律**来设定**某种对象**的可能性。所以"实践"和"某种对象"都打了着重号,这就是与数学公设的区别,因为后者只是为了理论知识,而且只是设定了你主观的操作行动。纯粹实践理性的悬设必须要设定一个对象本身的可能性,当然这个可能性没有办法证明,到底是有没有,我们不知道。但是呢,我们出于道德律,我们必须设定它的可能性。就是说我们虽然还没有看到,但是我们是可能看到的,我们是可能得到最终的报偿的,所以只是为了实践理性而设定的。数学上的那些公设是从理论上来设定的,我们可以先天地从理论上以完全的确定性预先认识到是可能的,但是在实践理性的悬设里面呢,它不是为了理论,不是为了认识一个上帝而证明上帝存有或者灵魂不朽,它仅仅是为了实践理性来设定的。

　　因为这种被设定了的可能性的确定性根本不是在理论上、因而也不是必然地、亦即不是在客体方面被认识到的必然性,

　　"因为这种被设定了的可能性的确定性",也就是说,上帝和灵魂不朽的可能性的确定性,的确有可能。为什么的确有可能呢? 因为有道德律嘛。道德律是有必然性的。但是呢,它"根本不是在理论上、因而也不是必然地、亦即不是在客体方面被认识到的必然性",这里有些拗口,也就是它不是一种必然的必然性。"在客体方面被认识到的",也可以等同于客观必然的。在客体方面被认识到了嘛,那当然就是客观必然的了,客体有那种不以人的意志为转移的必然性嘛。这种悬设不是那种必然性。那是什么样的必然性呢?

　　而是在主体方面为了遵守实践理性的那些客观的、但却是实践的规律所必要的设定,因而只是必要的假设。

　　虽然不是客体方面的客观必然性,但却是"在主体方面为了遵守实践理性的那些客观的、但却是实践的规律所必要的设定",这里也有一种

客观性，是主体为了遵守实践理性的客观法则所作的设定，这种客观必然性在这里就称之为"必要性"。当然这是我们为了区别而译作"必要性"，其实它和"必然性"是同一个词 Notwendigkeit 或 notwendig，但不同的是，这种必要性和客体上那种客观必然性不同，它是主体为遵守客观法则而自己设立起来的，是主体对自己的一种客观约束或要求，所以译作"悬设"。它更倾向于主观必要性，而不是客观必然性。它不是那种客观认识上必然性，而是一种实践上的必要性，"因而只是必要的假设"。实践理性本身的必然性就是必要性，你一定得这样做，你不得不做，按照理性的客观规范，你必然应该这样去做。这里"必要的"同样也可以翻译成"必然的"，但它跟"必然的"在这里有不同的意思，这种区别只有汉语才能表达。现代汉语在很多地方要比西语甚至比德语更能够表达某些微妙的意思。所以实践理性的这种设定呢，它是一种主观上、实践上的必要的假设，这样一种假设就可以把它翻译成悬设，以便跟数学上公设区别开来。

我看不出能为这种主观的、但却真实和无条件的理性的必要性找到什么更好的表达方式。

虽然有这样一些区分，但是他还是要这样来表达，因为他"看不出能够为这样一种主观的、但却是真实和无条件的理性的必要性找到什么更好的表达方式"，他只能用 Postulat 来表达。在数学方面可以在假设的含义上面来理解，把这个词翻译成公设；但是在实践方面呢，我们可以在"悬设"这个意义上面来加以理解，它是一种主观上要求的必要性，必须要按照这样做，按照纯粹实践理性的客观法则这样去做。这个是跟理论上面的要求完全不一样的。如果真要找更好的表达方式的话，恐怕康德必须学一点中文才行。康德的这个长注释到这里结束，下面再看正文。

[12]　　采取这种方式，内心的两种能力、即认识能力和欲求能力的先天原则从现在起就会被查清，并按照它们运用的条件、范围和界限得到规定

了，但因此就会为一种作为科学的系统的、既是理论的也是实践的哲学奠定更可靠的基础。

这句话有一个跳跃，跳过了中间插入的对于语言、术语的讨论的上面那段说明，直到上面那句"我很怀疑对此还可以找到既合适但又更通俗的表达方式"。上面一段、包括他的那个长注，讨论的都是他所使用的特殊的术语，有些是他新引入的一种语言，有的是他用日常的老的语言，但是赋予了它新的含义。他解释了自己为什么要用这些语言，用这些语言的时候应该注意些什么，也就是不能够按照通常的理解，而应该深入到它后面的思想。这些语词以及它们的区分都是康德所不得不提出来的，并不是说他想标新立异，或者是混同于日常的用法，这些都是对他的误解。但这一段其实是插进来的。在它更前面那一段，也就是我们上上一次讨论的关于方法的问题，所谓建筑术的问题，也就是从哪里开始的问题，康德主张把整体的理念而不是各部分当作出发点。这是他的《实践理性批判》、也包括《纯粹理性批判》的一个方法上的特色。就是建筑术的特色。什么叫建筑术的特色？就是要有一个总体的规划，你要建一栋房子，你必须对这个房子有一个总体的设计，你不能一部分一部分地开始，房子盖到哪里是哪里，那说不定盖到后来就倒了。你首先要有一个总体上的规划，而这个规划必须出自一个总体的理念，也就是说要采取一种先天的方式、综合的方式。我以前已经讲过综合和分析这两种方式的区别运用，分析一般都是用在研究一个新的课题，切入一个新的课题，那么我们首先采取分析的方法。综合是用在建立一个体系。你要建立一个体系，你不能一部分一部分来开始，你必须首先有总体的观念，然后呢，我们才能够使这个体系形成一个建筑。所以这一段话是承接着上一段的思路。"采取这种方式"，采取什么方式呢？采取从上而下的方式，采取着眼于整体，然后来建构它的每一部分这样一种方式。采取这种方式，如果我们从总体的理念出发，那么"内心的两种能力、即认识能力和欲求能力的先天原则从现在起就会被查清"。在这样一种方法的前提之下，我们就会查清我们的认识能力和欲求能力的先天原则在总体的理念中是怎么样的。认识能力和欲求能力的先天原则，那当然就包括《纯粹理性批判》和《实践理性批判》了，这两大批判都是采取这样一种方法，首先从总体理念出发，来查清认识能力和欲求能力的先天原则。"并按照它们运用的条件、范围和界限得到规定了，但由此就会为一种作为科学的系统的、既是理论的也是实践的哲学奠定更可靠的基础"。这个就很明显了，就是说，它的先天原则，先天的理念，在这里首先得到了查清。你首先把它的何以可能的先天条件搞清楚，然后，按照它们——也就是认识能力和欲求能力的先天原则，按照这些原则运用的条件范围和界限得到规定。首先查清了这些理念，然后我们再来规定，就是按照这些理念，按照这些原则的运用的条件、范围和界限来规定。认识能力的先天原则，最高原则也就是这个自我意识先验的统觉的综合统一，那么它的运用的条件、范围和界限如何样的，在《纯粹理性批判》里面依次对它们作了规定。那么在《实践理性批判》里面也是这样，实践能力，自由意志的道德律，它的运用的条件、范围和界限如何？它的条件就是自由意志；为义务而义务，在形式上保持自身的同一，这就是它的范围；它的界限就是在超验的领域，要摆脱一切经验的束缚，你不要把它混同于经验的现实的目的、现实的实践活动，要把它区分开来。而由于这些先天原则的规定，就会为一种作为科学的系统的、既是理论的也是实践的哲学奠定更可靠的基础。这样一来，我们就可以为未来的、可能作为科学的形而上学奠定可靠的基础了。就是说，以前的形而上学都是不可靠的，不管是自然的形而上学也好，还是道德的形而上学也好，都是不成立的。那么从今以后呢，我们要建立一种更可靠的形而上学，由此来打下基础。所以他的两大批判，《纯粹理性批判》和《实践理性批判》，就是为未来的这两种可能的科学的形而上学，既是理论的也是实践的形而上学来奠定基础。未来的形而上学包括两个部分，一个是理论的部分，一个是实践的部分。一个是自然形而上学，一个是道德形而上学。既是理论的，也是实践的，

并且是系统的，是科学的，所谓科学的就是经过严格论证的。这样一种
形而上学就可以在这里打下基础了。这是他的这一小段，强调他的整体
的方法就是从上至下，从先天的方面出发，来对所有的其他的知识进行
规定，对不管是认识论的、科学上的知识，还是道德方面的知识，来进行
规定。这就是从一个先天的理念出发来进行综合的方法，通过综合来建
立他的体系。这样一种建筑术，就是他的方法。

但假如有人出乎意料地发现，任何地方都根本不会有、也不可能有
什么先天的知识，那么我们这番努力也许就不会遭遇到比这更糟糕的
事了。

这个"但"就是与他的这种方法相反，"出乎意料地"就是说，我们根
据以前的采取的这种方法，在我们的意料中，根据我们的建筑术原则，从
上而下才是唯一地建立一个未来形而上学科学体系的方法，我们前面已
经把这个道理讲清楚了；但是呢，假如有一个人，出乎我们的意料，就是
说我们在前面介绍我们的方法的时候，在意料之外，或者说没有考虑到
的，是不是会有这样一种情况啊，假如——这是虚拟式，如果有人出乎意
料地发现，"任何地方都根本不会有、也不可能有什么先天的知识"，这就
从根子上把原来康德提出的方案摧毁了。你要从先天的知识出发，但是
如果有一个人出来说，你没有估计到这种情况吧，就是根本就没有什么
先天知识。如果有人提出这样的反驳，"那么我们这番努力"，也就是从
上至下的这番建筑术的努力，"也许就不会遭遇到比这更糟糕的事了"。
这个"也许"表达了一种虚拟式。就是如果有那种情况的话，那么最糟糕
的就是这种情况了，就是我们的前提都会被摧毁了。我们的前提就是先
天知识，但是有人跑出来说，根本就没有什么先天知识，那就把我们的全
部根基都摧毁了，这当然是最糟糕的了。但是前面这句话是整个都是用
的虚拟式。

不过对此我们丝毫不必担忧。这就如同有人想要通过理性来证明根

本没有什么理性，是一样的情况。

我们丝毫不必担忧这样的情况，这种假设的情况是不存在的。为什么不必担忧呢？"这就如同有人想要通过理性来证明根本没有什么理性是一样的情况"，否认先天知识也就等于否认理性，但你要否认理性还得用理性来否认。你要否认先天知识，说根本没有什么先天知识，那么我们就可以用有人要否认理性知识来打比方。当然这个地方他还没有指出先天知识就是理性知识，但是至少他认为，这两种情况是一样的。你要否认先天知识，就如同有人想要通过理性来证明根本没有什么理性，这是一样的情况，都是自相矛盾。实际上你的证明本身就必须用到理性和先天知识。

因为我们所说的只是，当我们意识到某物即使没有如在经验中那样对我们出现我们也是有可能知道它的，这时我们就通过理性而认识到了某物；因而理性的知识和先天的知识是同样的。

为什么先天知识和理性是一样的情况呢？"当我们意识到某物即使没有如在经验中那样对我们出现我们也是有可能知道它的"，这是什么意思？这就是先天知识的意思。它先于经验能够被知道，先天知识就是这么个意思嘛。我们所说的先天知识仅仅是这个意思，就是说，即使在经验中没有出现那个东西，我们也有可能知道它。也就是我们可以先于经验知道，这就叫先天知识。当我们说我们有先天知识的时候，我们实际上就是通过理性而认识了那个对象，先天知识就是通过理性而认识到的，这是毫无疑问的。"因而理性的知识和先天的知识是同样的"，这个地方就说出来了，理性知识就是先天知识，它们是同样的。所以你想要从知识里面把理性的知识排除掉，那么你同样是在运用理性，你还要追溯到某种先天知识，你就会走到一种自相矛盾的境地。所以我们根本不用担心这种情况的出现。你要证明没有先天知识，你不能说提出一个口号"没有先天知识"就算是证明了，你要证明啊，但是一旦要证明，你就要追溯到某种先天知识。正如你要证明没有理性，你还得通过理性来证明，这是一样的道理。所以你讲，任何地方都不会有什么先天知识，你这个说法如果要有必然性的话，你说任何地方都没有，你怎么知道任何地方都没有？你得证明啊。如果你这个东西要获得必然性的话，那你还得诉之于理性，而不能诉诸经验。你从经验里面是得不出任何地方都没有什么东西这样一种结论的。

要想从一个经验命题中榨取必然性（ex pumice aquam［从石中取水]），甚至想借这种必然性而使一个判断获得真正的普遍性（没有这种普遍性就没有理性的推理，因而也没有出自类比的推理，类比是一种至少是推测的普遍性和客观的必然性，因而总还是以真正的普遍性为前提的），那简直是自相矛盾。

要从我们的经验中榨取必然性，你既然把先天的知识全部撇开了嘛，那你肯定是想从经验中来得出某种必然性了，比如说任何地方都不会有也不可能有先天知识，这个命题本身是必然性的，必然没有先天知识。但是你如果想要从一个经验命题中把这种必然性榨取出来，就像从石头里面取水一样，甚至想借这种从经验中榨取出来的必然性，"而使一个判断获得真正的普遍性"，那就是自相矛盾的。你既然从经验出发，你就不要说什么普遍性和必然性。首先你不能够断言"一切"就会怎么样，"任何地方都"不可能怎么样，这样一些命题都不是经验能够获得的，你只能断言你经验到的事。所以想借这样一种所谓的必然性来使一个判断获得真正的普遍性，那是自相矛盾的。这样一种经验中所获得的所谓的必然性其实不是必然性，顶多只是或然性。你所看到的没有什么先天知识，在你所看到的东西里面，就你所知，没有什么先天知识，顶多是这样。你想从这个里头使一个判断来获得真正的普遍性，那是自相矛盾的。真正的普遍性，不是从经验中可以获得的，它是必须要诉之于先天的东西。一旦要诉之于先天的东西，那么你说任何地方都没有先天知识，这本身就是一个先天知识，那就自相矛盾了。后面括号中说："（没有这种普遍性就没有理性的推理，因而也没有出自类比的推理，类比是一种至少是推测的普遍性和客观的必然性，因而总还是以真正的普遍性为前提的）"，

"这种普遍性"就是前面讲的真正的普遍性,你想从经验的必然性里面使一个判断得到真正的普遍性,那是不可能的。但是这个真正的普遍性呢,括号里面解释,没有这种普遍性,就没有理性的推理。理性的推理就是建立在这种先天的普遍性之上的。它不是建立在经验的那种所谓普遍性之上的。所以,没有这样一种普遍性,就不可能有理性的推理,因而也没有出自类比的推理。这个地方他为什么要讲"出自类比的推理"? "出自类比的推理",也就是经验的推理。类比在康德看来,它是一种经验的方法。但是它是一种从先验下降到经验的方法,它还是有先验的前提的。类比的推理你必须要相信这个中间有可比性,有一种内在的、可能的必然联系,你才能进行类比的推理。否则的话,你根据什么去推理? 你就没有推理了,而只有一种像维特根斯坦讲的"家族相似"的这样一种类比。真正的类比推理呢,它是经验的,但是它其实也是以先天的条件作为前提的。所以他这个地方提到类比的推理呢,实际上是指的经验论通常采用的那种方式。通常经验论喜欢采用类比这种方式来获得一种经验的普遍性。但是康德讲,没有真正的普遍性就没有理性的推理,没有理性的推理呢,也就没有类比。经验论往往要得到某种普遍性就是通过类比,像洛克讲的反省的经验。反省的经验也可以得到某种意义上的普遍性,那主要是通过比较、类比,比较它们相同、相近、相似的东西,然后就说这个大致是一样的。这是一种类比的推理。所以这个地方回过头来对于经验论所以为的那样一种普遍性进行了先天的解释。经验论的那种类比的推理,其实还是建立在理性的推理之上的,尽管经验论也许不承认,或者是没有意识到,但是呢,实际上是以先天的知识为前提的。所以康德继续讲:"类比是一种至少是推测的普遍性和客观的必然性,因而总还是以真正的普遍性为前提的",经验论通过类比所获得的那种普遍性和客观的必然性是一种推测的结果,在某种意义上来说,也可以说它有普遍性和客观必然性。经验论的那些哲学家很多都并不否认有客观的东西,因而并不否认有客观必然的东西,像霍布斯、洛克这些人,他们都不否认知识有一种普遍性也就是客观必然性，经验论的唯物论者通常都是承认这一点的。当然他们是通过类比而获得这种普遍性和客观必然性的。但是康德指出来，这种普遍性和客观必然性是一种推测的普遍性和客观必然性，并不具有严格的必然性。他讲："因而总还是以真正的普遍性为前提的"，就是说，你要推测一种普遍性和客观必然性，那么你必须要有一个标准。真正的普遍性和客观必然性到底是什么？严格意义上的普遍性，那就是无一例外。客观必然性也是这样。不可能是相反的情况。你要获得这样一种普遍性和客观性，你必须有这样一个原则在内心里面作为衡量的标准，你在类比的时候你的内心是有这样的标准的。你看到这两者之间表面上好像是类似的，那么你猜测它里面呢，可能是有一种真正的普遍性和客观必然性，由此你才能建立起经验论的那种普遍性来，所以它还是以真正的普遍性为前提。经验论的自相矛盾就在这里。当时像莱布尼茨和洛克论战的时候就指出来，你讲来讲去，你讲的那种客观性、那种经验论的唯物论，那种普遍必然性，还是要用理性的前提作为条件，你离不了理性。洛克也好，霍布斯也好，他们的经验论里面其实都暗中掺杂了很多理性因素、先天知识的因素，包括洛克的"反省的经验"。反省的经验本身就表明，人具有一种反省的能力，这种反省能力不是从经验获得的，反省的能力是先天的。通过反省的能力所获得的反省的经验，那当然可能是后天的，但是这种能力肯定是先天的。你说人心是一块白板，那这种能力就不可能存在。但既然承认了人先天有这种能力，那也就承认了某种意义上的人的先天知识。莱布尼茨当时对洛克的批判就是这样的，他由此提出了所谓"大理石纹路"的学说，就是说人心不是一块白板，而是一块有纹路的大理石。我们在这块大理石上作画，是按照它先天固有的那些纹理来作出一幅山水画。而不是违背它的纹理，违背它的纹理是作不好的。所以莱布尼茨认为人心中有一些先天的认识能力，而后天的机缘刺激这些能力，才形成了我们的知识。康德当然是继承了莱布尼茨－沃尔夫的大陆理性派哲学，就是说我们人心中有一些先天的能力，这些先天的能力你首先要把它搞清楚。然后你才能降下来，从上而下，你才能够说明理性的推理，乃至于类比的推理。类比的推理就是从这样一种先天能力降下来，降到经验中，对经验进行猜测，才得以成立的。所以经验派赖以立足的那样一些类比推理，实际上还是以先天的知识作为前提。这是他对经验派非常切中要害的论述。这一段的前面一部分是对经验派的反驳了，要从经验命题中获取这种真正必然性那是不可能的。接下来，下面就举了一个例子。顺着上面的思路，说明为什么从经验中获取必然性是自相矛盾的。

用主观必然性也就是习惯来偷换只发生于先天判断中的客观必然性，这就是否认理性有对对象下判断的能力，亦即否认它有认识对象、认识应归于对象的东西的能力，

所谓用主观必然性即"习惯"来"偷换只发生于先天判断中的客观必然性"，这个显然是针对休谟的。我们一看到习惯这个词，马上就想到休谟。在哲学史上从认识论的角度，把习惯当作最根本的原则的，那就是休谟。而休谟的这种习惯呢，被理解为一种主观的必然性。所谓主观必然性也就是前面讲的那种经验的所谓必然性。习惯也可以看作是一种必然性，我习惯了，老是这样，我下次还会这样，这样一种经验的必然性就是一种主观的必然性。而这里讲用这种习惯"来偷换只发生于先天判断中的客观必然性"，休谟就是这样做的。就是我们通常认为具有先天必然性的那些判断，在休谟看来呢，仅仅是习惯而已，并没有什么客观必然性的根据。它只是主观的必然性，而不是客观的必然性；它只是经验中的习惯，而不是先天的判断。这是休谟的一个观点。"这就是否认理性有对对象下判断的能力"，就是否认我们的理性能够对一个对象做出判断。习惯只是主观的嘛，它跟一个客观对象没有什么关系，我作出的所谓判断呢，其实仅仅是我主观上的一种表达，不是什么判断。判断是要针对一个对象的，那么，否认我们的这个判断是指向一个客观的对象，也就是否认理性有对对象下判断的能力了。"亦即否认它有认识对象、

认识应归于对象的东西的能力","它"也就是理性,否认理性能够认识对象,就是否认理性能够认识应该归于对象的那些东西,也就是否认理性具有一种对客观对象下判断的能力。理性作了一个判断,这个是那个的原因,那么这个原因是不是我主观的习惯呢? 还是对象本身具有那样一种因果关系呢? 这个原因是不是应该归于对象的东西呢? 这个是休谟否认的。否认原因、因果性是应该归于对象的,就否认了我们的理性能够认识对象,认为我们的理性所做出的那些判断其实都是一些主观的习惯,用来偷换这样一种客观必然性。这样,我们的认识就没有对象了,只有主观的习惯了,那它哪里有客观的必然性呢? 它只有一种心理上的所谓必然性,其实是可以随时改变的。

例如对于那些经常和总是跟随在某种先行的状态之后的东西,不可以说我们能够从这种状态**推论出**那种东西(因为那就会意味着客观的必然性和关于某种先天联结的概念了),而只可以(以和动物类似的方式)指望相似的情况,这就是把原因的概念从根本上当作虚假的和仅仅是思维的欺骗而抛弃了。

这个"例如"也就是休谟举的例子了,按照休谟的观点,按照这种用主观必然性、习惯来偷换先天必然性的观点,例如来解释因果的必然性。"那些经常和总是跟随在某种先行的状态之后的东西",比如说,每一次太阳出来照耀着,山上的石头就热了,这个热,"经常和总是跟随在"太阳出来这样一种先行的状态之后。那么对于太阳晒这样一种现象,"不可以说我们能够从这种状态**推论出**那种东西",也就是不可能推论出石头热来。我们不能从太阳晒这样一种先行的状态推论出后面的石头热,我们只能说,太阳晒,然后石头热了,而不能说太阳晒热了石头。太阳晒是石头热的"原因",石头热是太阳晒的"结果",这里面加进了一种推论的关系,但是我们不能这样说。因为那就会意味着加进了客观的必然性,即关于某种先天联结的概念。而休谟所主张的仅仅是主观的必然性,它只能是后天的概念,就是习惯性联想的概念。它不可能是先天联结的,只能是在经验中后天所形成的，由于多次重复，经常地看到这种情况，经常是跟随在先行状态之后就发生了一件事情，于是就会有种主观的预期。那么尽管事情是跟随之后发生的，但是我们不能说它是由于这才发生的。休谟有一句名言，就是"在这之后"不等于"由于这"。在此之后不等于是由于此，它仅仅是在此之后而已。但是我们的习惯迫使我们预期这个里头有一种关系，以为有一种客观必然的关系，我们习惯于说在前的东西是原因，在后的东西是结果，而实际上并不是的。"而只可以（以和动物类似的方式）指望相似的情况，这就是把原因的概念从根本上当作虚假的和仅仅是思维的欺骗而抛弃了"，不能说从前面的状况必然推论出后面的状况，而是像动物一样不作判断。动物也没有先天概念，所以动物也是凭经验在那里作预期，只是以相似的情况作经验的类比。按照这种立场呢，我们只能够指望相似的情况，而不能指望有必然性关联。我们甚至不能猜测有必然性的关联，我们只能指望表面是相似的，以此为满足。这样一来，这个原因的概念就没有必要了，甚至认为原因这个概念只是思维的欺骗。我们只要说我们习惯于认为太阳晒热了石头，我们不要说太阳晒是原因，石头热是结果，这从根本上被当作虚假的。从根本上，也就是说，不承认它是一个先天的概念，先天的范畴，而是虚假的和仅仅是思维的欺骗。休谟就是认为，我们实际上根本就感觉不到原因。我们的感觉是唯一可靠的，唯一不欺骗我们的。知觉、印象，这是我们唯一能够拿到手里的，其他的东西都是一种骗局。这里显然是针对休谟的，虽然他没有点休谟的名，但我们要有一种敏感，因为他使用了休谟的那些概念和论据。

有人说，我们毕竟看不到任何理由赋予别的有理性的存在者以另外一种表象方式，想要以这种说法来弥补客观的和由此得出的普遍的有效性的上述那种不足；

这个"有人说"，是我加上去的，原文是不太好译。实际上"我们毕竟看不到……另外一种表象方式"这一句是虚拟式，而且是一个从句，就是表示一种说法，有人"想要以这种说法来弥补客观的和由此得出的普遍的有效性的上述那种不足"。这样我们就可以把这句话跟上句话联系起来了,"上述那种不足"就是休谟所讲的主观必然性的那种缺乏客观普遍性的不足,休谟既不能得到客观有效性,也不能由这种客观有效性中得出普遍的有效性。于是就有人、主要是那些经验论的唯物论者或独断论者,想出一种说法来,说我们人类这种理性存在者只可能有这样一种表象方式,别的理性存在者即使我们没有看到过,我们也没有理由假定他们有另一种不同于我们的表象方式,而必须认为他们也和我们一样用感性经验获取知识,而这种说法似乎就可以弥补休谟的不足了。就是说,虽然我的感觉表象只是主观的经验,但它是一切人类可能有的主观经验,我想象不出其他理性存在者会有不同于我的经验,因此我就断言我的经验在我们人类所能设想的范围内还是有种普遍性的,这种普遍性甚至必然扩展到其他理性存在者身上。当然原文里没有"有人说",但是确实有这样一种说法,这种说法被当作休谟观点的一种缓和,用来弥补休谟的不足。休谟就是说,我们的所有的普遍有效性仅仅是我们主观的普遍有效性,一种习惯、主观的联想、主观的必然性,这种普遍的必然性其实只是我们虚构出来的,并不是一种真正客观的必然性,不是先天的那种普遍有效性。休谟的这种说法过于主观了,显然有所不足,得不到大多数人的赞同。于是有人就提出来一个说法,就是说既然我们没有理由赋予别的有理性的存在者以另外一种表象方式,无法以这种不同的表象方式来从客观上校正我们自己的表象方式,因此只能认为我们的表象方式在其他理性存在者那里也是普遍有效的。其实这种说法并没有超出休谟的观点,休谟虽然是主观唯心论者,但他自认为是很实在的,有一说一有二说二,不作无谓的假设。我们所谈的知识都是人类的知识,也就是都是我们所理解的经验的知识,在这个意义上呢,我也可以承认它是具有一定的普遍性和客观有效性的,所以休谟也说"习惯是人生的伟大指南",但它属于《人性论》,而不属于形而上学。我们只着眼于人的世界,我们的经验所带来的普遍性就是大家都共同承认的,不是光休谟一个人承认,不光是休谟一个人的习惯性的联想,所有的人都是这样的,那不是就能够带来一种客观性了吗?在我们的经验范围之内,这些东西还是普遍有效的。比如说牛顿物理学,它适用于所有我们人在经验中所知的这个客观世界,至于其他的外星人是不是也会有另外一种表象方式,这个是我们不知道的,我们也不用去设想,但他们肯定也要遵守牛顿物理学。这种观点会认为,真正的客观必然性和普遍有效性不一定要像康德那样先天地来建立,我们立足于人类经验的立场也可以获得一种客观必然性和普遍有效性。在经验派里面,休谟当然是最极端的,但是还有一些不太极端的人如唯物论的经验论者,他们主张这样的观点。但他们的观点是站不住脚的,必然返回到休谟。

假如这可以当作一个有效的推论的话,那么我们的无知就可以比一切深思更多地有助于扩展我们的知识了。

假如经验派可以把这样一个理由当作一个有效的推论的话,我们的无知,也就是我们不知道其他有理性者将会怎么样,我们只知道我们人类是怎么样的,这就是无知了,我们就是以我们的无知作为借口,来帮助扩展我们的知识。你再扩展,也仅仅是停留在地球上人类的这个知识层面,你并没有上升到一切有理性的存在者的那种先天知识。如果这种理由能够生效的话,“那么我们的无知就可以比一切深思更多地有助于扩展我们的知识了”,“一切深思”就是说,在现有的经验知识的后面去反思到它之所以可能的先天条件,那个先天条件一旦被我们抓住了,按照康德的观点来说呢,就是自上而下可以无限地扩展我们的知识,包括今天的人类和未来的人类甚至外星人类,都必须以这样的先天条件去获取自己的知识,那样扩展出来的知识就有客观必然性和普遍有效性。但是经验派这种独断论者呢,他们是建立在无知之上的,就是说我们只知道我们现在人类的知识,那么这样一种无知呢,他们认为,比那些深思,比那些知其然而且还要知其所以然的思考更多地有助于扩展我们的知识。就是反正你不要设定任何先天的东西,你从经验中总结出一般性的规律,你就可以扩展我们的知识。自下而上地总结出一般的所谓的客观规律，客观必然性和普遍有效性，那就可以扩展我们的知识了。为什么这样说？下面有个解释。

因为，仅仅由于我们并不知道在人类之外的别的有理性的存在者，我们就将会有权假定他们具有像我们自己对自己所认识到的那种性状，这就是说，我们就将会现实地知道他们了。

所谓"无知就可以比一切深思更多地有助于扩展我们的知识"，是因为在经验派的独断论者看来，我们不知道外星人的情况，也不知道其他的有理性的存在者的情况，"我们就将会有权"，这也是虚拟式了，那么我们就会有权假定，他们——就是这些有理性的存在者，具有像我们自己对自己所认识到的那种性状。什么性状呢？就是经验，主观印象、习惯性联想，想象，等等，这样一些性状。这都是经验派所强调的。我们不知道外星人是怎么样的，所以，这反而使我们有权假定他们肯定是像我们一样的。我们没有理由假定外星人有别的性状，这就没有什么可以妨碍我们用我们自己的性状去取代我们对他们的认识，假定这些外星人具有像我们对自己所认识到的那种性状。我们对我们自己心理学方面的一些知识，可以强加于所有的有理性者，这仿佛就使我们能够现实地知道他们了。明明是地球上的人类所具有的这样的经验、感觉，例如我们人类只有五种感官，所以我们看到的这个世界是这样的，但我们却独断地断言一切有理性者都是这样。其实这只是一种后天经验的偶然的情况，地球上的人类恰好是这样的，怎么能够把这种偶然性提升到有理性的存在者的普遍必然性呢？那只有通过独断的假定了。我们不知道的东西，我们就假定它跟我们是一样的。这样一种说法当然是很可笑的了，这里都是用的虚拟式，就是说，如果是那样的话，就会出现这样一种荒谬的情况：仅仅是由于我们不知道外星人是什么样的，我们就假定他们跟我们是一样的，我们就现实地知道他们了。当然经验派的那些唯物主义者、那些独断论者也并没有进行这一番论证，这是康德自己推出来的。经验派的唯物主义者并没有讲外星人或者一切有理性者，他们要讲的就是地球上的人，我们人类的知识，他们很实在，很现实。但是既然如此，你就不能说你的这样一种经验中抽象出来、总结出来的普遍性能够普遍适用于一切有理性者，否则就是对其他有理性者的一种任意的猜测。你恰好以这种不知道作为理由，来把自己的东西强加于别人。反正大家都不知道嘛，那么我就可以以己度人了，那行吗？所以康德指出由此将会得出一种荒谬的结论，就像要从石头中取水一样。

　　我在这里甚至连提都没有提到：并不是认其为真的普遍性证明了一个判断的客观有效性（亦即它作为知识的有效性），而是哪怕那样一个普遍性偶尔也说得对，这却毕竟还不能当作是与客体相一致的一个证明；毋宁说，只有客观有效性才构成了一个必然的普遍同意的根据。 [13]

　　为什么提都不提呢？因为前面的就已经足以驳倒他们那些论点了，就是根据他们本身的自相矛盾，就已经足以使他们陷于荒谬。所以我这里的观点连提都不用提了。我并不是先入为主，用我的观点去驳斥他们的，而是就他们的观点本身来驳斥他们的。经验派的唯心主义者像休谟，以及经验派的唯物主义者，他们都是自相矛盾的。所以我这里根本就不用提出我的观点，我只需要指出他们的观点的矛盾，就足以把他们驳倒了。他说提都没有提到，但是最后还是提了——我的观点是什么样的呢？"认其为真"，康德在261页 ① 专门谈到了"意见、知识和信念"，这三者都是认其为真，或者都有认其为真，从主观的角度来看它们都是认其为真。但是认其为真有各种不同的情况，一种是有客观根据的，一种是有主观根据的，一种是既没有主观根据也没有客观根据的。所以造成了各种不同的情况：一种是有客观根据的，是确信，这是知识。那么主观上和客观上都不太有根据、都不太可靠的，那就是置信或者是意见。有主观上可靠的根据但是缺乏客观上可靠根据的，那就是信念。这三种认

---

① 　指《康德三大批判精粹》页码，即《纯粹理性批判》A820=B848。

其为真都是从主体的角度、从主观的立场上来看的,它们都有主观的方面。哪怕是确信,它有客观根据,它也要主观去确信呐,也是一种认其为真。但是认其为真的程度是不一样的,所以他这里讲的认其为真只是从最普遍的意义上讲的,就是不管哪一种认其为真,反正它都是我认为是真的。那么我认为是真的是否具有普遍性? 这种普遍性如果有,它是否就证明了一个判断的客观有效性? 在康德看来,这是不足以证明的。认其为真的普遍性,比如说经验派认为我们的经验是普遍的,每个人都有五官感觉,每个人都可以认为这朵花是红的,太阳是红的,乌鸦是黑的。这是普遍的,没有哪个人说太阳是绿的,乌鸦是白的,这是一种主观的普遍性。主观上确实有普遍性,就是人人都认为的那种普遍性,认其为真的普遍性。那么这种人人都认为的普遍性是否就证明了一个判断的客观有效性以及它作为知识的有效性呢? 这个在康德看来是不成立的。并不是认其为真的普遍性证明了一个客观的判断有效性,"而是哪怕那样一个普遍性偶尔也说得对,这却毕竟还不能当作是与客体相一致的一个证明",当然很多主观普遍性确实说得对,但是它并不具有客观性。很多人都公认的东西也可能出错,人人都普遍认为的东西都可能出错。比如说原来认为一切天鹅都是白的,我们现在已经证明它是错的了,出现了黑天鹅;但是,哪怕它没有出错,偶尔也说得对,比如说一切乌鸦都是黑的,迄今为止我们都说这是对的,我们还没有哪个看见过白乌鸦,那么在此之前,这种说法还是对的,但是偶然是对的,还"毕竟还不能当作是与客体相一致的一个证明"。就是说是否客观上真的"所有的"乌鸦都是黑的,并不能由此必然推出来。很有可能在客观上就有一个乌鸦是白的,你没有看到,或者所有的人都没有看到,然后它死了,再也不会被人看到了。在客观上究竟是不是有过一个白乌鸦,这将永远存疑。所以这个命题的客观性是永远也得不到证明的,它毕竟还不能当作是与客体相一致的一个证明。"毋宁说,只有客观有效性才构成了一个必然的普遍同意的根据",应该反过来,必然的普遍同意的根据必须立足于客观的有效性,只在于客观性，那才是知识。你至少要假定客观上有它的必然性，然后我们才能必然普遍同意，否则顶多只是主观上的偶然的普遍同意。普遍同意必须要有必然性，只有由于必然性才得以有真正的普遍性，才能够肯定无一例外的适用，无一例外就是必然性了。但不能反过来说，凡是普遍的都有必然性，因为有的普遍的是偶然形成的，所以普遍性和必然性还是不一样的。你不能说仅仅从普遍性就必然推出它的客观性，特别是如果你没有客观性的前提，仅仅是一种主观的普遍性的话，那你要得出客观必然性是不可能的。所以只有客观性才构成了普遍同意的根据。客观性在康德那里一般说来就等于普遍必然性，但是普遍和必然这中间还有细微的区别。普遍性更多的是从它的范围上来讲的，你举例子，你举了多少例子都适用，这可以适用于普遍性；但是这种普遍性只是一种后天经验所验证的，它还应该有先天的普遍必然性。就是说先天的你不用跟我举例子，我一个命题先天地就可以断言它是普遍适用的。比如说数学、几何学的那些定理，你不要跟我举这个三角形怎么样，那个三角形又怎么样，我事先就可以断言所有这些东西都是必然的，所以也是普遍的。因果律也是，一切发生的事都有原因，你不要跟我举例子，这个有原因，那个有原因，我一个命题就断言了：所有发生的事情都有原因，没有相反的情况。不可能有没有原因的事物发生，这就够了。所以康德在这里是讲，主观普遍性不能从中推出一种客观的普遍性或者客观的必然性，相反，只有从客观的普遍必然性才能推出主观上认其为真的普遍必然性，即确定的知识。否则的话，倒过来说，那是没有根据的，是站不住的，它只是一种经验中偶尔发生的现象。偶尔可能也有，可能你恰好碰中了，你举的例子，恰好这个例子据我们所知，至今还没有任何一种例外的情况。也可能有这种情况。但是它的根据何在，你不知道。

*　　　　　*　　　　　*

上一次讲的那一段后面一部分专门对休谟以及他所代表的经验派提

出了一些质疑，主要质疑的就是他们的这种主观的必然性，主观的习惯性的联想，他们用这样一种必然性来代替来偷换在先天判断中所发生的客观必然性。经验派他们实际上都是采取这种方式，休谟不过是走到了极端，其他的包括洛克，他们都否认有先天知识，一切知识都是从经验中来的，反省的经验也是建立在直接的、感性的经验基础之上的，所以你要说必然性的话，那就只能是一种主观的必然性。在主观经验中，然后呢有一种独断的对于我们不知道的东西的一种猜想，对我们不知道的任何其他的有理性的存在者进行猜想。例如洛克对于所谓的实体，我们虽然不能认识它，但我们可以赋予它以"名义本质"。实体的实在的本质我们不知道，但是我们可以用名义本质来代替。所谓名义本质是我们自己所想出来的，我们用一个我们所能理解的词、一个符号来代替这个实体，也许其他的理性存在者能够看到它，但我们凭自己的感官看不到它，只能假定它存在。这是洛克的办法。那么贝克莱也是，就是我们没有感受到的东西，我们不知道的东西，视野之外的东西，那肯定是上帝在感知它。而上帝对它的感知和我们人类的感知是一样的。比如说一树梅花，我们在家里没有看到它，但是我们一出门就看见了，这就说明，我们原来在家里的时候，是上帝在看见它。我们后来看见它的那种形象就是上帝在我们没看它的时候所看到的形象，这也是一种猜测。这是经验派，包括洛克唯物主义的经验论和贝克莱的那种唯心主义的经验论的猜想，都是从这个角度来谈的。我们的所谓规律，所谓的原理，它的普遍性，它的必然性，从何而来，都是这样来谈的。那么休谟在这方面呢，当然走得比较极端，他公开地把这样一个原则提出来，就是说所有的这些所谓的必然性，其实都是主观的一种习惯。他比贝克莱更加彻底。贝克莱当然提供了主观唯心主义的出发点，讲"存在就是被感知"，但是贝克莱最后又落入了客观唯心主义，承认上帝那种客观的感知。那么休谟把这一点抛弃了，上帝啊，不朽啊，自由啊，这些东西在休谟看来，跟我们的经验都无关。经验论的这样一种普遍性对于休谟来说，用不着那些假设，他并不感到有什么不对劲，而是感到心安理得。只要你是立足于经验，那么我就可以同意你，至于其他的那些解释呢，那是你自己的事情，我只要老实承认不知道就行了。所以下面这一段就是特别点到了休谟，前面都还没有点休谟的名，我们知道是讲休谟，主观必然性就等于习惯，这当然是休谟的用语，但还没有直接说休谟。

休谟也可能会在各种原理中的这一**普遍经验论**体系那里感到十分心安理得；

"也可能"当然是一种猜测了，因为休谟没有直接谈到这一点，但是从他的原理、从他本人的立场来看呢，他肯定是不反对的。就是在各种原理中，比如在牛顿的运动定律中，他会满足于从普遍经验论来解释，不管什么原理都用一种普遍的经验论体系来加以解释。这个经验论是普遍的而且是成体系的，所谓普遍的就是说，放之四海而皆准的普遍性。不管哪个领域里面，我都可以用经验论来解释，这就形成了一个体系，那么休谟肯定会感到十分心安理得了。只要你把这个经验论的体系贯彻到底，把它变成普遍性，休谟就会感到心满意足了，他不会有任何抵触。

因为众所周知，他所要求的不是别的，而是要在原因概念中假定一个单纯主观的必然性含义，也就是习惯，来取代必然性的一切客观含义，

休谟所要攻击的那些先天概念中最主要的一个就是原因性的概念、因果性的概念，他要在原因的概念中设定一个单纯主观的必然性含义。原因的必然性本来应该是一种客观的必然性，或者说是一种先天必然性。在康德看来，先天的必然性也就相当于客观必然性，因为它是你不可更改的，它是不以人的主观意志为转移的，那就是客观的。先天的有这个意思，当然他讲的客观性跟我们通常讲的客观性有一点不同，但是他还是承认客观的。客观的东西之所以是客观的，是因为它里面带有先天的条件。我们先天建立起来的东西就是客观的，因为你不可以后天地加以改变，它具有先天性。客观是由于主体先天把它建立起来了，它才成为

客观的。所以休谟所要求的，他所要达到的，就是在原因概念中设定一个单纯主观的必然性含义。在康德那里必然性含义也有主观性，也有主体性，先天的嘛，先天的也有主体性，但它不是单纯主观的，它是能够建立起一种客体来的，而且是不能被主观自己所改变的。而休谟否认有这样一种先天性，所以他这种主观就成了一种单纯的主观，因为他无法建立起客观性来。休谟的主观是无法建立起客观对象的，它只是单纯心理学上的主观性。假定这样一个单纯主观心理上的必然性含义，也就是习惯，来取代或冒充必然性的一切客观含义，这是不合法的。习惯是后天获得的，也是可以后天改变的。当然以往讲的客观性就是物自体的那种客观性，这是康德和休谟都同样反对的。独断论者认为，那种客观性代表真正的必然性，但是康德的这种客观性是由主体建立起来的一种客观必然性。这种先验的主体不可能像心理学上的习惯一样，从后天的方面来改变它的客观性，它不以人的意志为转移，是放之四海而皆准的。除了物自体，凡是现象中出现的任何事情，它都能够必然适用，这就是康德所理解的客观性。不管是独断论的客观必然性，还是康德的那种批判性的先验的客观必然性，都和休谟的主观的习惯这样一种主观必然性截然不同。休谟把客观性归结为人的心理习惯、恒常的联想这样一些可以不断变化的因素。

以便否定理性的一切有关上帝、自由和不朽的判断；并且他肯定十分擅长于这一点，以便只要人们承认了他的这些原则，就能以一切逻辑的简明性从中得出结论来。

休谟用主观必然性来取代客观性，是为了否定理性的一切有关上帝、自由和不朽的判断，也就是否定以往的形而上学，否定以往的哲学。以往的形而上学和哲学所讨论的最高的问题，就是上帝、自由和不朽这三大理念问题，康德认为它们都属于物自体。但是在休谟看来，这些东西都是站不住脚的。如何否定它？首先要从因果性开始，否定因果性后面有物自体的根据。你说自由是一种因果性，上帝是一种更高的因果性，那么，我从因果性本身开刀。所谓因果性本身就只是人的主观的一种习惯性的联想，既然如此，那么所谓自由、上帝、不朽这些标志着物自体的理念都站不住脚了，都是一种凭空设定的东西，你把它当作一种客观的必然性的原因，那是没有根据的。这是休谟的一个思路了。首先把因果性归结为主观的必然性，也就是习惯，由此来否定了因果必然性的一切客观含义，那么由此我们就可以用来否定上帝、自由和灵魂不朽这样一些理念。这样一些理念作为因果性，以及作为必然的推论，都是没有根据的。因为原因和必然性的概念本身就没有客观的根据，它只有主观的根据。所以这些东西都是你们想出来的，并不是真的，并没有一种客观性包含在里面。"并且他肯定十分擅长于这一点"，这个是康德对他的一种表扬了，就是他对于这一点是非常在行的，对什么非常在行呢？就是说，只要人们承认了他的这些原则，用主观必然性来取代了客观必然性这样一个原则，立足于这样一种彻底的经验论原则，他"就能以一切逻辑的简明性从中得出结论来"。休谟的经验论在原则的贯通和逻辑的简明性上是做得最好的，其他人像洛克的经验论常常有些自相矛盾的地方，而休谟则做到了从同一个原则里面一贯地推出他的结论来。什么结论呢？就是这些东西都只有主观的必然性，都只是主观的习惯的联想，他不去对联想后面有没有经验不到的自在的客观根据作无谓的假设，而满足于就事论事地说出自己所经验到的。比如说上帝，休谟并不是说他不信上帝，他说我也信上帝啊，但是我把信上帝看作是我的一种习惯，只是习惯而已。至于有没有上帝，这是个假问题，不是我能够讨论的。休谟认为这种态度才是真正的宗教信仰，习惯是人生的指南嘛，我们在生活中凭的就是习惯嘛。你说我不信上帝，我没有啊，我只不过是把信仰当作是生活的习惯。我相信这个习惯，这个习惯对我有好处，对社会也有好处，那就够了。你不要去追问究竟有没有上帝啊，去证明上帝的存在啊，那个就有一点空费心思了，你不论怎么证明，你也证明不了。所以只要承认了他的这些原则，也就是主观经验原则，那么就能够以一切逻辑的简明性从中得出结论，逻辑的简明性这是他的一个长处，连康德都承认的。虽然休谟的立足点还是直接的经验，知觉、印象，这样一些不能用逻辑来加以解释的东西；但是一旦这个起点被确定，它就以极其简明的逻辑推理来推出他的结论。所以休谟的分析和论证是非常具有逻辑的简明性的，这是他非常擅长的，也是大家公认的。通常人们认为休谟的推论是没有问题的，他的逻辑推论是非常严密的。我们读休谟的《人类理解论》以及他的《人性论》可以看到，他是从一个非常日常的起点出发，大家都能接受，比如知觉分成两个层次，一个是印象，特别是第一印象，再一个是观念。第一印象是最可靠的，你确确实实感到的东西，所谓眼见为实，那是最可靠的；那么，到了观念呢，那就弱一点了，比如回忆就可能不准确了，这是每个人只要在自己心里想一想，都可以承认的。他就是从这些大家都熟知、都承认的东西出发，一步一步地推出：什么叫印象，什么叫观念，什么叫记忆，什么叫想象，以至于什么叫理性。理性也不过就是想象力所形成的一些相对普遍的规律。所以理性所借助的那些概念，像因果性啊，必然性啊，实体性啊等等，实际上也是人们的一种习惯所形成的，一种想象，一种习惯性的联想，多次重复，恒常地在一起出现，我们就把它们看作是有一种固定的关联。其实有什么固定的关联呢？不过是联想的次数多一些，或者说我们以为它是恒常的，没有出现过例外，我们就相信它了，如此而已。在这个推论过程中间，你几乎找不到休谟的逻辑矛盾。你要批判休谟，你不能从找他的逻辑矛盾方面去入手，在这方面你很难找到他的漏洞。所以当时的很多人对休谟束手无策，就是你驳不倒他。他逻辑上是非常严密的。虽然他是个经验论者，但是他逻辑掌握得非常熟练，他一步一步推出来，每一步你都不能否认。那么最后你也就没有办法否认他了。既然对付不了他呢，人们也就只好把他撇在一边了。当时很多人对他闭口不谈，就当没有这个人，你说了那么一大通，对我来说没有什么用处，对你休谟自己也没有什么用处。你休谟讲的那些，你自己也并不实行嘛，你只是耍嘴巴皮子。所以这里说，他能以一切逻辑的简明性从中得出结论来,也不需要你有什么高度的思辨,只要你有起码的形式逻辑的基础就够了,你就可以按照他的这个前提的原则一步一步推出他的结论,十分简明,没有故弄玄虚的地方。

<u>但就连休谟也没有使经验论达到这样一种普遍性,以便把数学也囊括于其中。</u>

就是休谟在逻辑上如此的简明,如此的严密,他仍然有一个漏洞,终于被康德找到了一个漏洞。休谟在自然科学是如何获得的,我们的经验知识是如何获得的,我们的有关对象的知识如何获得的这些方面,他是非常严密的。因果性啊,实体性啊,这些概念都是针对着自然对象的知识。但是呢,有一种知识,休谟把它排除在外,就是数学,当然还有逻辑。这个地方康德没有讲逻辑。因为对形式逻辑的看法,康德跟休谟基本上没有很大的区别,就是属于洛克所讲的"观念和观念之间的关系",所形成的是分析判断。但是数学则不同。所以他就指责休谟,说就连他也没有使经验论达到这样一种普遍性,以便把数学也囊括于其中。就是说,休谟的这个经验论放之四海而皆准,但是唯独有一个地方不能适用,那就是数学。所以他的普遍性并不是绝对的,也不是任何地方完全都可以有效,在数学这个领域里面呢,经验论就无效了。经验论的这样一种普遍性呢,它没有达到这样一种普遍性,能够把数学也放在里面来加以讨论。按照休谟的观点,数学跟一般的知识是不一样的,数学当然也是知识,但是一般的知识是观念和对象的关系,我们讲是思维和存在的关系,一切知识都是有关某个对象的知识,这是对于自然的科学知识而言的。但是对于数学,在休谟看来就像逻辑学一样,它只是观念和观念之间的一种关系,是观念和观念之间的一种符合,而不是观念和对象的符合。自然科学知识你都要在经验对象中得到验证,看它符不符合自然对象,这是一般的知识。但是数学知识不需要到自然界里面去、到科学实验里面去加以验证。你算出来了就算出来了,算出来你顶多反过去再验算,它是对的那就是对的,它不要做实验的。它不用你到实验室去做个实验,测

一下这个结果对不对，那是不用的。为什么呢？因为数学的那些结论，实际上已经包含在它预先设定的那些观念之中了。单纯观念和观念之间的关系，撇开对象，就只是分析命题，是自己主观设定的，2+2=4 已经包含在 2、4、+、= 这些概念中了，这和经验知识、后天的知识不一样。数学知识肯定是先天的，是分析的，它是由你怎么设定这些概念，比如说自然数、单位、十进位、加减乘除，这些概念你怎么样去设定来决定的，你一旦设定它了，那你就要保持一致啊。你可以把你设定的这些单位、这些数目分解来分解去，然后用加减乘除把它们联系起来。但是不管你怎么倒来倒去，你都是在你自己设定的那些观念范围之内做文章，不涉及所谓的客观对象。那当然就是必然的了。观念与观念的符合取决于我们怎样设定这些观念，你给了它一个规定，那么它要与哪一个规定相符合就已经定了。除非你改变规定，你说我不用十进位了，我用二进位，那么 2+2 就不等于 4 了。你一旦规定了十进位，2+2 肯定等于 4。这跟你预先设定的前提有必然联系。但正因为如此，休谟认为这些知识不能够包括在自然知识或经验知识中。这就是休谟的软肋，是他少有的不一致的地方。

　　他认为数学命题是分析的，而假如这一点有其正确性的话，这些命题事实上也将会是必然的，然而从中却决不能引出结论说，理性在哲学中也有作出必然判断的能力，因为这些判断将会是综合的（如因果性的命题）。

　　数学命题是分析的，也就是数学命题是从你预先设定的概念里面分析出来、推导出来的。这种推论呢，是一种分析性的推论，它的结果已经包含在前提之中，它的谓词已经在主词之中。你怎么样设定主词，你就怎么样设定谓词。你设定谓词不能超出主词的范围，这就是分析判断。分析性的推论也是这样，你的结论超不出你的前提，你的结论是从前提里面推出来的。所以数学命题是分析的。"而假如这一点有其正确性的话"，当然康德并不认为是这样的，康德认为作为纯粹数学命题来说，肯定都是综合性的，是先天综合判断。但是在休谟那里还没有"先天综合判断"这个概念，他认为既然它有必然性，它就是分析的。所以康德讲，假定我们承认了数学命题是分析性的是正确的话，那么这些命题"也将会是必然的"。这当然都是用的虚拟式了，就是康德并不同意，只是按照休谟的观点，这些命题既然是分析的，那么这些命题事实上也将会是必然的。凡是分析的命题都是必然的命题，这个康德在《纯粹理性批判》里面早就已经讲过了，分析性的命题，它的特点，或者它的优点、它的长处，就在于它具有一种先天的必然性。"然而从中却决不能引出结论说，理性在哲学中也有作出必然判断的能力，因为这些判断将会是综合的（如因果性的命题）"。这还是休谟的看法，按照休谟的观点，如果数学命题是分析的，那么它也将会是必然的，但是从中不能引出结论说理性在哲学中也有作出必然判断的能力。在休谟看来，数学跟哲学不一样，不能把数学这样一种分析的必然性引向哲学，以为理性在哲学中也有作出必然判断的能力，这个是休谟所不承认的。你从数学的这样一种分析的必然命题怎么能够推出哲学中理性能够作出必然判断？从观念和观念的关系怎么能够推出观念与对象的关系？所以在休谟的哲学中不存在真正的、像数学那样的必然判断，而只有一种后天经验的虚假的"必然性"。康德也认为，哲学中的必然判断不可能是分析判断，因为它涉及对象，不但涉及经验对象，还涉及自由、上帝和灵魂不朽这样一些对象。康德的先验逻辑所建立起来的这样一些判断，如因果性判断：一切发生的事都是有原因的，这是从分析命题中引不出来的。休谟也看到了这一点，"因为这些判断将会是综合的（如因果性的命题）"，在哲学中所有这些判断将会是综合性的，也就是说将会是先天综合判断。包括旧形而上学里面的那些命题，如上帝存在、灵魂不朽等等，也都是先天综合命题。但是在哲学中做出先天综合判断的能力在休谟那里是没有地位的，他只承认通过经验论形成的这样一种暂时的相对的普遍性，认为哲学中那些先天综合命题都是没有意义的，凡是先天的，都是没有意义的。如果是综合命题，那只能是后天的。如果是必然性的命题，那要么是主观的相对的必然性，要么就仅仅是像数学那样的分析的必然性。但既然分析的必然性他还承认，他就留下了一处"阿基里斯之踵"，因为分析的必然性当然是先天的。就是你预先设定了一些概念，然后从里面分析出它的成分来，那当然有必然性了。但他认为这种先天必然性只是数学命题的必然性，不是哲学命题的必然性。所以休谟在这里有一个不一致的地方。就是说，你虽然承认经验论的原则是具有普遍性的，放之四海而皆准的，但是你又划出了一块地方适合先天的原则而不适合经验论原则，这就是数学。他认为数学就像形式逻辑一样，只处理观念和观念之间的符合性的关系，而不处理观念和对象之间的符合性的关系，所以形式逻辑和数学在休谟那里都是分析命题，它跟我们有关对象的知识是完全不同的。有关对象的知识的条件是由哲学来讨论的，那么哲学在休谟那里并不具有作出一种必然判断、作出一种先天综合判断的能力，它只有后天综合的能力，这就注定他的哲学不承认知识的普遍必然性。但是把经验论贯彻到底，这也是一种哲学。经验论的哲学当然也是一种哲学，它只承认后天综合判断，否认有客观必然性，顶多有主观必然性。这是休谟的一个立场。但是这两个立场之间，数学和自然科学、数学和一般对象知识之间就不一致了。因此，经验论的这样一种原则即算在休谟那里，其实也不具有真正的普遍性，至少它不适用于数学。休谟已经是够彻底的了，休谟是最彻底的经验论者，或者我们称之为极端的经验论者，但是就连他也没有使经验论达到完全彻底的普遍性。

　　<u>但如果我们假定了对这些原则的经验论是**普遍的**，那么数学也将会因此而被卷入其中。</u>

　　就是说，就连休谟对这些经验论原则也没有真正贯彻到底，没有达到他自诩的普遍性；那么反过来，如果我们假定了休谟对这些原则的经验论解释是普遍的，那么数学也将会因此而被卷入其中。如果你要把经验论真正地贯彻到底，那么你为何不把数学也纳入其中呢？数学也不可

避免地会被当作一种后天的综合性的东西，也是经验中总结出来的。既然你不承认有什么先天性的东西，那数学也无非是从后天经验中总结出来的，1+1=2，也是因为我们在现实中，一个苹果加一个苹果确实得到两个苹果，所以我们才说1+1=2，又哪里有什么先天性？如果休谟真的要把经验论贯彻到底的话，他就得取消数学本身的这样一种先天性，数学因此也会被卷入其中，也会被纳入彻底的经验论的那种普遍性里面去，那才是放之四海而皆准的。唯独形式逻辑作为一种思维的工具或技巧可以置身事外，但是它不是真正的知识，而只是观念和观念的设定的关系，它只涉及正确性而不涉及真理性。真正的知识就是思维和对象之间的符合关系，即关于真理的知识。而数学已经涉及某种意义上的对象了，它其实也应该从经验论的普遍性这样一个角度来加以考察，并不单纯是观念和观念的关系，而是观念和对象的关系。这是康德对于休谟的一个要害的攻击。他抓住了休谟的这个要害，就是说你休谟也还是没有彻底嘛，你为什么要承认数学的先天必然性，这个跟你的经验论的原则是不一致的。数学绝对不是一种习惯，不是说我习惯了1+1=2，而是它本来就是1+1=2，只能是如此。所以这一点是被康德抓住的一个要害。

　　既然数学陷入了与只容许经验性原理的那种理性的冲突，例如这点在二律背反中就是不可避免的，这时数学无可反驳地证明了空间的无限可分性，经验论却不能允许这种无限可分性：

　　这是个条件句，既然数学陷入了与那一种理性的冲突，什么理性呢？只容许经验性原理的那种理性。休谟也是标榜理性的，但是他那个理性呢，只能够允许经验性原理的东西。休谟虽然是个经验主义者，但是他很坚持理性的，就是道理要讲清楚，这是他的理性。但是他的理性呢，只允许经验性原理，把经验性原理讲得头头是道，讲得逻辑上无懈可击，这样一种理性。那么数学呢，陷入了与这样一种理性的冲突，也就是陷入了与经验论的冲突。经验论作为一种理性的法则，理性的原理，跟数学的原理发生了冲突。下面举了个例子："例如这点"，也就是这个冲突，"在二律背反中就是不可避免的"。二律背反里面数学和经验论原则发生了不可避免的冲突。空间的无限可分性，这个是数学无可反驳地证明了的，从数学的观点来看，要说空间是不可分的，在某一点上已经不能再分了，这个是违背数学原则的。数学讲究的是观念和观念之间的一致，怎么可能前面的空间都是可分的，突然到某一个程度就不可分了？如果要前后一致的话，它必须承认空间是无限可分的，这个不受我们的经验的限制。但是经验论却不能允许这种无限可分性。你在概念上可以承认无限可分，但是在经验中，你并不能达到无限可分，你不能够无限地分下去。在任何可能的经验中，分到一定的程度，你就分不下去了。分到你看不见了，分到你经验不到了，你还怎么分？所以经验论是不能允许这种无限可分的。它总是在一定的限度上，也就是我们在经验中可以感知的这个限度上是可分的，在超出经验的可以感到的那个限度之外，经验论一般地就不谈了。反正看不见的东西他就不谈了嘛。你还凭你的数学的玄想继续去想，说它还可以分，那个在休谟看来就超越理性的权限了，超越他的基本原则了。他的基本原则就是要能够留下印象、感觉、知觉的，我们才能谈它，感觉不到的我们就不要谈它。那么无限可分，这个是感觉不到的。但在数学上它又是不矛盾的，又是必然的，数学无可反驳地坚持空间的无限可分性。而经验论呢，却不能允许这种无限可分性，这就是一个矛盾。

那么演证的最大可能的自明性与出自经验原则的所谓推论就处在明显的矛盾之中，于是我们就不得不像切斯尔登的盲人那样问道：是什么在欺骗我，视觉还是触觉？（因为经验论是建立在一种**被感知到**的必然性之上，唯理论则是建立在一种**被洞见到的**必然性之上）。

"演证"，Demonstration，这个词康德专门用在数学和几何学之上，数学和几何学的推理称之为 Demonstration。在数学中的推演是自明的，具有最大可能的自明性，不必诉之于偶然的经验，你就必须承认空间无限可分。因为数学不受经验的限制啊，它是观念和观念之间的组合，空间既然是可分的，它就是无限可分的，这个没有任何问题。但是你能从经验中感知到一个无限的东西吗？不能。所以演证的最大可能的自明性与出自经验原则的所谓推论是相矛盾的。出自经验的原则也可以推论，一个大的一个小的，小的肯定包含在大的里面，你可以由此进行推论，这都是在经验中的，出自于经验原则，你看得到的；但是这样一种所谓推论和数学推理的演证明显的相矛盾。"所谓推论"在康德看来还不是真正的推论，经验的那种推论还不是严格意义上的推论，在休谟那里只是一种联想，只是一种想象，只是一种习惯。所以，这种推论和数学的那种自明性的推论，那种演证，处在明显的矛盾中。"于是我们就不得不像切斯尔登的盲人那样问道：是什么在欺骗我，视觉还是触觉？"盲人只有触觉，没有视觉，视觉看到的是一片黑暗，所以他只能够通过触觉来接触外部世界。但是如果他不相信自己的触觉的话，比如说，通过他的视觉他看到一片黑暗，什么也没有，但通过触觉呢，他感觉到有某种东西。那么究竟谁对？触觉和他的那种不存在的视觉，究竟哪个对？如果你要盲人诉之于他的视觉的话，那就什么也没有；如果要相信某种东西的话，他只能够相信他的触觉。那么究竟哪个对，是他的触觉足以让人相信有某种东西呢？还是其实什么都没有，因为他什么也没看见？究竟哪个在欺骗他呢？这就陷入一种矛盾了。视觉在这里相当于休谟所讲的那种数学的玄想，那种从概念到概念，盲人没有视觉嘛，他就只能够凭概念。那么触觉呢，相当于经验派的那种感性的原则，因为经验论是建立在一种被感知到的必然性之上。这个"被感知到的"（gefühlte）跟这个"触觉"（Gefühl）是同一个词，但是括号里面"经验论是建立在一种被感知到的必然性之上"，你就不能翻译成"被触觉到的必然性之上"，这个地方没有办法把它对应翻译。"唯理论则是建立在一种被洞见到的必然性之上"，被洞见到 eingesehene 相当于前面讲的视觉 Gesicht，也是同词根的两个词。Gesicht 就是从 sehen（"看"）变来的，eingesehene 就是"看进去的"、"洞见的"。所以这个括号里面呢，实际上是把这两者对应起来了，就是说，经验论是建立在一种被感知到的、触觉的必然性之上，唯理论是建立在被洞见到的、就是更加接近于视觉的那种必然性之上。我们知道柏拉图的理念论，他这个"理念"（idea、eidos）就是从视觉来的，就是"所看到的相"嘛。历来的唯理论都是把这个视觉抽象化，当然不是用肉眼看，而是用心眼看，在内心洞见到的，不凭感知。所谓洞见就是说，我不是凭感知而感到的，而是从理性的高度跳过感觉直接洞察到的，直接洞察到本质。这就是唯理论的特点。有点像盲人，他闭着眼睛，或者他根本不用看，他也可以洞见到事物的本质。盲人的眼睛虽然瞎了，但是他还是可以认识到事物的本质。我们有时候说，瞎子比明眼人看得更加清楚。为什么看得更加清楚？因为他不受感知的迷惑，他的理性也许更强，他的洞见也许更准确。在这方面呢，康德可以把这两者对应起来，作为一个盲人，他的触觉更倾向于经验论，但是他的内心的视觉，或者说感官上不存在的那种视觉，更倾向于唯理论，它是一种抽象的视觉。感官已经不存在了嘛，但是他可以用一种抽象的视觉，来洞见一种必然性，有点像老子讲的，不出户，知天下，不窥牖，见天道。这两种必然性呢，在这个地方就发生了冲突，是什么在欺骗我呢？是我的感觉经验的必然性、触觉的必然性呢？还是我的理性洞见？我们就会陷入这样一种矛盾之中。这种矛盾首先是从休谟的两种知识引出来的，数学知识和经验知识，这两者不能统一。

这样，普遍的经验论就表现为一种真正的**怀疑论**了，人们曾错误地把这种怀疑论这样不作意义限制地加在休谟的头上，因为他至少还在数学上为经验留下了一块可靠的试金石，

"普遍的经验论"，就是说，如果你要把经验论普遍化的话，那它就会表现为一种真正的怀疑论。如果你只相信自己的经验，不相信任何先天的东西，这就是普遍的经验论，它就表现为一种真正的怀疑论。连休谟都还没有做到这一步，休谟还不是真正的普遍的经验论，他还承认数学这种先天知识。如果真正是彻底的经验论，你就必须把数学那种先天知

识也抛弃掉，我只相信我的触觉，那就是一种真正的怀疑论了。但是没有人能够做到这一点。人们把这种怀疑论这样不作意义限制地加在休谟的头上，这种意义的怀疑论对于休谟来说，是不合适的。一般来说，人们说休谟是怀疑论，是一种普遍的经验论，但是实际上还是有意义限制的。就是说，他那种怀疑论只涉及一般有关感官对象的知识，而把数学排除在外。休谟虽然是普遍的经验论，但是这个普遍性呢并不是绝对普遍的，有个例外就是数学。如果不作这个限制，把一种普遍的经验论以及它所导致的这种怀疑论加在休谟的头上，这个是错误的。休谟的怀疑论，并不怀疑数学知识的先天可靠性。数学知识不受经验的限制，它本身不是从经验中来的，所以他的经验论呢，也不是普遍的，他的怀疑论呢，也不是彻底的，不是无限制。这句后面康德有个注释，我们留着下面再讲。

　　而另一方面，怀疑论则完全不容许有经验的任何试金石（这永远只 [14]
能在先天原则中找到），尽管经验不仅仅是由感知构成，而且也是由判断
构成的。

　　"而另一方面，怀疑论则完全不容许有经验的任何试金石（这永远只能在先天原则中找到）"，为什么把怀疑论不作意义限制地加在休谟头上是错误的呢？是因为休谟至少"还在数学上为经验留下了一块可靠的试金石"，我要用数学来检验经验是否正确，要通过计算和测量来看这个经验对不对，这是一个可靠的试金石。当然休谟本人并没有这样做。并没有说，经验中的知识是否可靠，我们要用数学去衡量一下，他没有这样做。这个只是康德为休谟设想出来的一种可能性，就是说他至少还在数学上为经验留下了一块超经验的可靠的试金石。你既然认为数学那么可靠，那么我就可以用来衡量自然科学。牛顿物理学就是这样的嘛，所谓《自然哲学的数学原理》建立起了精密的、定量化的自然科学，一门科学是否可靠，就看它是否能够定量化。休谟在这方面保留了这种可能性。留下了数学这个可靠的试金石。所以我们不能够把怀疑论不作意义限制地加在休谟头上。你要讲是怀疑论的话，那么怀疑论是完全不容许有经验的

任何试金石的。经验论如果真正彻底地普遍化，那它就是唯一的，放之四海而皆准的，所有的东西都可以用经验来衡量，连数学都是一种习惯性联想，"不容许有经验的任何试金石"。括号里面讲："这永远只能在先验原则中找到"，"这"，就是这种试金石，它是单纯的经验所不具备的。普遍的经验论不承认先验原则，那就没有任何试金石了。你用一个经验能够检验另外一个经验吗？不可能。凭什么这个经验就比另外一个经验具有优越性呢？经验都是一样的，连做梦的经验和现实的经验都无法区分。所以经验中是不存在试金石的。你如果要有一个可靠的试金石，就必须在先天原则中寻找。那么休谟为这个先天原则留下了一块余地，那就是数学。所以休谟不能够说是完全的经验论，或者说是完全的怀疑论。"尽管经验不仅仅是由感知构成，而且也是由判断构成的"，这个"尽管"就是说，其实经验也不完全是感知，而且还包括判断；但即使包含判断，它也没有追溯这个判断之所以可能的先天条件，没有利用它自身的这个要素提升到先天原则上来。如果完全是感知，不做任何判断，那就连经验都不是，你把这些所谓的感知排在一起，随意地联想，不做一个判断，那就不叫经验了。按照康德的说法，一切知识都是经验知识，所谓经验就是知识，是建立在判断上的。在这一点上，他吸收了经验派一个很重要的观点：一切知识都是经验知识。自然科学，牛顿物理学，也是经验知识，它是能够运用于经验的，它是必然要运用于经验的。关于可能经验的知识才是知识。所以谈到知识，它就必须是由判断所构成的。而判断跟一般的知觉命题是不一样的。一般的知觉命题只能说，我感到怎么怎么样，我觉得怎么怎么样，好像怎么怎么样。而判断呢，必须说"是"怎么样。这就是判断。所以，尽管经验不仅仅是由感觉构成的，而且也是由判断构成的，怀疑论却没有看到这一点，怀疑论不允许经验有任何试金石，那么它们所谓的经验就不是严格意义上的经验，只是感觉而已。而凡是经验就必须作出判断，经验要作出判断，里面就必须包含先天的成分，包含有先天的原则，否则的话，这个经验就不是真正意义上的经验了。所以康德讲一切知识都从经验开始，但并非都来源于经验。肯定都从经验开始，但是一旦开始，它里面肯定有先天的成分，不仅仅都是后天的成分。你单是诉之于一种知觉命题，那是不能构成知识的。所以康德也把"知觉判断"跟"经验判断"区分开来，经验判断是真正的判断，知觉判断严格说起来只能说是一个知觉命题，只具有主观有效性，只是我的一种主观感受。

现在来看这个地方的这个注释。刚开始呢，人们很容易就理解为康德继续在讲休谟，但是实际上这个地方已经转了。我们要把握康德当时在讲这些话的时候他背后的那种心态，就是说，人们在误解休谟为一种彻底的怀疑论者的时候，康德马上想到，人们也这样误解了我。所以他在这个地方连忙加了个注。

表明某一宗派的追随者的名称任何时候都带有许多曲解，当有人说：某某是一个观念论者时，大约就是这样。

"表明某一宗派的追随者的名称"，比如怀疑论，这样一个名称，任何时候都会带有许多曲解。就是说，你没有分辨具体的情况，你只是把它泛泛地归于某一宗派的名下，这个时候呢，往往会有些出入，有些言过其实。由此就牵涉到另外一个问题了，"当有人说：某某是一个**观念论者**时，大约就是这样"，"观念论者"打了着重号，观念论者也可以翻译成唯心主义者、唯心论者。这个词是一个非常麻烦的词，你把它完全译成观念论也不行，完全译成唯心论也不行。这个地方我们知道这一点就是了。就是说，某某是一个观念论者，人们一般就是这样来看康德的。康德为什么在《纯粹理性批判》第二版的时候专门写了一篇"反驳观念论"，反驳以门德尔松为代表的观念论者，就是要把自己跟一般理解的观念论者撇清关系。我不是他们所讲的那种观念论者，那种唯心论者，所谓贝克莱主义者。很多人指责康德是贝克莱主义者，因为他也是从主观出发嘛。

一切客观存在都是我主观建立起来的，那岂不就是贝克莱的"存在就是被感知"，那有什么区别呢？康德对这一点非常不满，所以第二版的时候他作了很多修改，以避免这样一种误解。我们这个时候要把握康德的心态，就是说，当他讲到人们对休谟的误解的时候，他马上想到人们对他自己的误解。某某，实际上就是他自己了。某某是一个观念论者，当有人这样说的时候，大约就是一种曲解。

因为即使他不仅完全承认、而且坚决主张，与我们对外物的表象相应的是外物的现实的对象，他却还是声称这些外物的直观形式不与这些对象相关，而只是与人的内心相关。

这个"他"就是"某某"，其实也就是康德自己了。也就是说，康德也受到了曲解，怎么样受到了曲解呢？因为他主张我们对外物的表象有一个外物的现实对象与它对应，这个肯定不是唯心论者，而应该是实在论者，或者我们说的唯物论者。但他还是声称这些外物的直观形式——时间空间，不与这些对象相关，而只与人的内心相关。这些对象只是些自在之物，而我们对外物的表象都被纳入到了主观的先天直观形式之下，所以时间空间具有先验的观念性。在先验感性论里面，康德特别强调这一点，时空只与人的内心相关，是先验的观念性。但是是不是能凭这一点就把他称之为唯心论者呢？康德认为这就是曲解。因为它有一个前提，就是不仅完全承认，而且坚决地主张，与我们对外物的表象有一个外物的现实对象与它对应。他承认我们的认识有一个相应的外界的对象，现实的对象，那就是物自体。物自体也是现实的，自在之物具有绝对的实在性，这你就不能说他是唯心论了。但是呢，人们说他是唯心论也不是完全没有依据，他还是承认对这些外物的直观形式不与这些对象相关，时间空间都是我主观的，都是先验的观念性，所以康德自己能够接受的称呼就是"先验唯心论"或"先验的观念论"。你要说我是唯心论的话，也可以，但是你要说是先验的唯心论我才同意，一般讲唯心论我不同意。我既不同意笛卡儿的唯心论，也不同意贝克莱的唯心论，更不同意休谟的唯心论。休谟的唯心论是一种经验性的唯心论，或者经验性的观念论，康德只承认先验的观念论，或者先验的唯心论。而在实在论上，他只承认"经验性的实在论"，就是承认有一个实在的对象刺激我的感官产生了感觉，这不是任意想出来的，而是有客观根据的。所以这里他把自己的先验的观念论提出来加以强调。我的观念论或者唯心论跟其他的唯心论都不一样，我是建立在一种先验的基础之上的，因此它是能够提供一种先天知识的。同时，这种先验的观念性呢，又不去断言那个自在之物是什么样的一种情况，所以他避免了"先验的实在论"。先验的观念论只能断言先验的那些主观表象，它不反映自在之物的现实，但只要有了经验性的材料充实进来，它就可以建立起一种实在的经验对象。在这个意义上，他又是实在论者，他必须有经验的材料。但是这个实在论是由先验的观念性所建立起来的，它跟自在之物没有一种反映的关系。当然经验材料本身是由自在之物刺激我的感官而带来的，它们不是我随意想出来的，而是具有一种实在性。但是这种实在性要真正成为客观的知识，必须通过先验的观念性，赋予它们时空和范畴规定。光是自在之物刺激我的感官形成的那些视觉印象，那它们还不具有客观性，那很可能是一场梦，形不成一个确定的对象。所以经验性的实在性要由先验的观念才能建立起客观的知识。但是有了这些经验的内容了，它就不再是空的了。概念无直观是空的，有了直观，它就不再是空的了，它就是实在的了。这是他的注释。就是人们错误地把怀疑论不作意义限制地加在休谟的头上，同样也错误地把观念论或者唯心论不作意义限制地加在我的头上。他的注解就是这个意思，在这个地方顺便说明。就是说他跟休谟有同样的命运，人们都误解了他们。再看最后一小段。

<u>但毕竟</u>，由于在这样一个哲学的和批判的时代，很难有人认真地主张那种经验论，

康德的时代是一个哲学的时代，这个是大范围。从文艺复兴以后，

启蒙运动以来，整个欧洲的形势是哲学的时代到来了。在此之前，是宗教的时代，哲学是神学的婢女嘛，哲学是不独立的。但是特别是从启蒙运动以来，宗教本身要依赖于哲学的论证，所以在康德的时代，从大范围来看呢，它是一个哲学的时代。并且它是一个批判时代。"批判时代"是康德自己在《纯粹理性批判》的第二版的序言里面讲的，"我们的时代是一个批判的时代，一切都要经受批判"。那么在这样一个哲学和批判的时代，很难有人认真地主张那种经验论。哪种经验论呢？就是那种普遍的经验论，一切都归之于经验。不光是从经验出发，而且都归之于经验，都来源于经验。康德是讲，一切知识都从经验开始，但并非都来源于经验。但是如果你把经验论普及到它的根源，只有经验的来源，那就是普遍的经验论了。那种普遍的经验论呢，必然导致彻底的怀疑论，这就是刚才那一段已经讲到的。康德说，这样一个时代，"很难有人认真地主张那种经验论"。经验论在休谟那里当然也不彻底，但他至少提出了那样一种意向，即普遍经验论的意向，就是把经验论的原则贯彻到底的意向，其实很难有人认真地主张这样一种意向。休谟也没有认真地主张，他也是半信半疑的。他一方面提出了普遍经验论，另一方面他又给数学的先天原则留下了余地。所以，严格说起来呢，连休谟都不彻底，那么可以断言，难以有人认真地主张那种经验论。

它也许只是为了要对判断力进行练习，而且想通过对照把先天的理性原则的必然性更清楚地揭示出来，才被提出来的：

这就是康德的一种有意地误读了。就是说，很难有人认真地主张那种经验论，如果有人认真地主张的话，那么这种普遍的经验论也许只是要对判断力进行训练。我上次讲到《纯粹理性批判》的"方法论"里面就有一章专门讲"纯粹理性的训练"，就是说纯粹理性在作判断的时候要对自己进行一种训练。什么训练？一方面主观上要避免独断论，另一方面要从反面来对自己的这种判断进行质疑，使它经受考验。就是说，你把一个判断用怀疑论的眼光来加以考察，你提出一个命题，一定要同时提出一个反命题，你就会发现，这两个命题同样有理。虽然它们在逻辑上是不能并存的，但是它们同样地完全合乎理性。那么这样一种二律背反的训练就叫作怀疑的训练、争辩的训练。就是说你对这些绝对的命题，你可以提出一个反题来，并且和那个正题加以对抗，加以争辩。争辩不是为了争一个水落石出，而是要通过这个争辩悟到某些东西，对自己的判断能力进行一番训练，进行一番练习。这个练习 Übung，跟方法论里面讲的那个训练 Disziplin 有接近的意思。就是说，如果怀疑论只是要为了对判断力进行训练，而且想通过对照——对照就是提出反命题——来跟它争论，那么正反两个命题的对照就把先天理性原则的必然性清楚地揭示出来了。你就会发现这两个命题运用的是同一个理性原则，一个是做经验性的运用，一个是做超验的运用，这就具有一种必然性的辩证性，必然会导致二律背反。这种必然性只有在二律背反的对照中才能够更清楚地揭示出来，而反过来，提出这种二律背反就是为了这样一个目的，就是要对纯粹理性判断力进行一种训练，让它注意到自己的运用属于哪个领域，不能混淆经验领域和超验领域。所以这样一种普遍经验论虽然必将导致自相矛盾，导致二律背反和怀疑论，但也不可完全置之不理，因为它也许能够在对人的理性进行训练方面派上用场。你的独断论太绝对了，那么我就可以用这种怀疑论来跟你抬杠，来跟你唱反调，不是为了争个输赢，而是为了把理性的那种必然性揭示出来，把理性的这样一种自相矛盾的境地揭示出来，这对于理性的提升是大有好处的。当然没有人这样干，休谟也没有，只有康德是这样做的。所以这个地方实际上是讲的他自己的事情，就是说，很难有人认真地主张那样一种经验论，只有我在二律背反里面主张过。我这样做只是为了要对判断力进行练习。我是想通过对照把先天的理性原则的必然性更清楚地揭示出来，才把它提出来的。只有康德做了这件工作，就是把这种怀疑论、把这种普遍经验论，比休谟更进一步地贯彻到底，看看它会怎么样。

　　所以人们对于那些愿意费力去从事这样一种本来恰好并无教益的工

作的人，倒是会心怀感激的。

就是说，我其实做了一件大好事啊，谁会愿意费这么大的力气去从事这样一种本来没有什么教益的工作呢？因为怀疑论本身不可能有什么教益，与怀疑论争论更是白费口舌，谁也赢不了谁。你不会有什么结果，你不会给人们带来什么具体的知识。但是，康德说对于这样一种人，愿意花力气去做这样一种不能带来知识的、费力不讨好的工作的人，人们倒是会心怀感激的。为什么感激？因为虽然他没有带来知识，但他更清楚地揭示出了先天的理性原则的必然性。休谟的那种彻底的怀疑论、彻底的经验论，虽然还没有达到真正的彻底，但是我可以把它引申到彻底，来做这样一种运用，来做这样一种尝试，用在二律背反里面，以便揭示出纯粹理性更深刻的原则。这是一件大有好处的工作，虽然它本身不带来知识，但是对于训练我们的理性，训练我们的判断力，是非常有好处的。

*　　　　*　　　　*

导　言　实践理性批判的理念

　　今天开始讲导言。先来看看这个导言，"实践理性批判的理念"，理念也就是理性的概念。那么，什么叫"实践理性批判"？这样一个理性的概念究竟是什么意思？"实践理性批判"是与"纯粹理性批判"相对而言的一个概念，但其实严格说来，所谓的"实践理性批判"要比"纯粹理性批判"更为纯粹，因为纯粹理性批判所涉及的对象还是自然界中的感性经验的对象，或者说"内在的"对象；实践理性批判所涉及的对象却是"超验的"对象，如自由、灵魂不朽和上帝，它们构成了人的实践（就纯粹理性而言即道德实践）之所以可能的条件。所以康德在后来的《判断力批判》中把三大批判作了另外一种命名，即称之为"纯粹知性批判"、"纯粹判断力批判"和"纯粹理性批判"，[①]就是说，《实践理性批判》才是真正的"纯粹理性批判"，《纯粹理性批判》其实只是"纯粹知性批判"，因为纯粹理性在自然知识中只起辅助知性的引导作用、调节作用，而不构成认识的基本要素。而《实践理性批判》这里主要讲的就不是知性了，而是专门讲纯粹理性和它的理念，这个理念在实践的领域中不是调节性的，而是构成性的，它是有关人的道德实践的能力即纯粹理性的实践能力的理念。这个导言一共只有两段，我们先来看他的第一段。

---

①　[德]康德：《判断力批判》，邓晓芒译，杨祖陶校，人民出版社 2002 年版，第 13 页。

233

　　<u>理性的理论运用所关心的是单纯认识能力的对象,而关于这种运用</u>
<u>的理性批判真正说来涉及的只是**纯粹的**认识能力,</u>

　　这是跟《纯粹理性批判》接上头来引入实践理性批判的理念。你要
谈实践理性批判,这个概念是什么意思,那么它有一个前提,就是《纯粹
理性批判》里面已经谈到了,认识的理性需要进行批判。认识的理性就
是说理性的理论运用,而不是实践运用。他说"理性的理论运用所关心
的是单纯认识能力的对象",认识能力的对象如何可能,也就是认识如何
能够获得有关对象的知识,这就是《纯粹理性批判》的主题。认识能力的
对象也就是认识能力所建立的有关对象的知识,这个在前面已经讲过了,
在康德那里两者是一回事。那么,纯粹理性批判所关心的是认识能力的
对象,"单纯"在这里的意思是,仅仅只是认识的对象。那么纯粹理性批
判所关心的仅仅是认识能力的对象,而关于这种运用、也就是理论运用
的理性的批判,也就是纯粹理性批判,即批判理性的认识能力,批判理性
的理论运用。那么真正说来呢,那里涉及的只是纯粹的认识能力。不纯
粹的认识能力,比如说感官、五官的接受能力,那当然也是能力;但在先
验感性论里面,接受能力也分两个层次,一个是材料,质料,也就是五官
的接受,一个是先天的直观能力,就是时间空间。时间空间是属于纯粹
的感性,纯粹的直观,也是纯粹认识能力。而不纯粹的直观呢,就是五官
的那些感觉、知觉、印象。所以,他在这里讲,纯粹理性批判真正说来涉
及的只是纯粹的认识能力。它并没有对五官感觉逐个地进行批判,而是
对人的先天直观能力、知性范畴,乃至于理性的理念进行批判的考察,这
些都属于纯粹的认识能力。所以纯粹理性批判里面的话题主要是一个先
验感性论,一个先验逻辑,都是先验的,都是纯粹的,要对它们进行批判。
为什么仅仅对纯粹的认识能力进行批判,而对于后天感性的认识能力、
五官的能力不需要批判呢? 因为五官的能力不存在先天的认识能力那样
一些问题。什么问题? 下面就讲了。

　　因为这种能力激起了在后来也得到了证实的疑虑,即它很容易超出

自己的界限而迷失于那些不可达到的对象或者甚至是相互冲突的概念之中。

　　为什么只谈纯粹的认识能力，对它进行批判？因为这样一种能力激起了一些疑虑，这些疑虑后来也得到了证实，这样一种疑虑在辩证论里面得到了证实。什么疑虑？"即它很容易超出自己界限"，人类的先天认识能力很容易超出自己的经验的界限。先天认识能力，它的界限在康德看来，那就是现象界，至于本体界，物自体，它是不能够涉足的。但是这个先天的认识能力很容易超出自己的界限，因为它们本身不是来自于经验，它们来自于先天。所以，虽然你说它必须要运用于经验，但是它本身会觉得自己可以不限于经验，因而很容易超出自己的界限，而迷失于那些不可达到的超验对象，这就会陷入一些相互冲突的概念中。也就是它会在理念所涉及的那些对象如灵魂啊，上帝啊，宇宙整体啊，这样一些对象中迷失方向。宇宙到底是有限的还是无限的，可分的还是不可分的，等等，这就是二律背反以及谬误推理之类的辩证矛盾所揭示的纯粹理性的幻相。

　　理性的实践运用则是另一种情况。在这种运用中理性所关心的是意志的规定根据，这种意志要么是一种产生出与表象相符合的对象的能力，要么毕竟是一种自己规定自己去造成这些对象（不论身体上的能力现在是否充分）、亦即规定自己的原因性的能力。

　　前面是讲理性的理论运用，也就是理性在认识方面的运用，那么这一句话做了一个总的概括。在认识论方面。理论理性的批判所涉及的只是纯粹的认识能力，那么理性的实践运用方面就不同了。在理性的实践运用中，"理性所关心的是意志的规定根据"，考察意志如何规定行动，它的规定根据是什么。什么是意志？"意志要么是一种产生出与表象相符合的对象的能力"，就是说，意志的活动是一种目的性的活动，目的性的活动必须有一个表象预先在心目中存在，然后意志就促使自己用行动去产生出一个与这表象相符合的对象，这样一种能力就是意志能力，也就是我们通常所讲的实践能力。你有没有能力自己树立一个目标把它实现出来，这就是实践能力，也就是意志能力。意志能力一般来说呢就是这样规定的。这就是日常我们大家都能够认可的对意志的一种规定。下面的"要么毕竟是"，有一种反驳的意思，为什么讲"毕竟是"呢？就是说，如果前面那样一种规定你还觉得不满足的话，或者说你不同意的话，你说意志不一定要把一个对象实现出来，只要你有这个愿望就行，不以成败论英雄嘛，这也是一种比较常见的看法。当然第一种看法是最普遍的，就是说，意志就是要把一个对象实现出来。那么第二种看法呢，就是说，不必把一个对象实现出来，只要你有这样一种意志，只要你有这样一种动机，这也是一种对意志的看法。前者立足于效果，后者立足于动机。"毕竟是"什么呢？"毕竟是一种自己规定自己去造成这些对象"的能力。它与对象当然还有关，但是他强调的是自己规定自己去造成这些对象。注意括号里"（不论身体上的能力现在是否充分）"，只要你有那个心，只要你有那个动机就可以了。你这个事情没做成，那不是你的错。谋事在人，成事在天嘛，哪有一个事情你是心想事成的呢。前面一个对意志的规定就是你要把一件事做出来，这个人就是有意志了，他实现了他的意志。这是对意志的一种规定。那么第二种就是，虽然能力有限而不能把对象实现出来，但却毕竟知其不可而为之，自己规定自己去造成这些对象，不论身体上的能力现在是否充分。这就是一种仅仅"规定自己的原因性的能力"。这是对于意志的第二种解释。就是说，意志就是自己规定去造成这些对象，或者只规定自己的原因性，至于最后结果如何，那另当别论。"原因性"我在前面讲过，自由意志我们把它看作一种原因性，虽然在自然界里面都是自然律的因果性，但是自由意志呢，我们可以把它只看作是一种原因性。它当然会造成一种结果，但是它的结果不重要。它的结果是否符合它的原因，是否符合它的初衷，符合它最初的目的，这个不重要。重要的是它作为一个原因，引起了自然界的变化，改变了自然界的进程。这个才是最重要的。所以我们在这里把 Kausalität 翻译成原因性，我们不把它翻译成因果性。在自然律中，我们把它翻译成因果性，因为原因和结果是不可分的，有原因就有结果，而且这个结果必定是原因导致的。原因和结果相符合，结果不能大于原因，这个自然界中间的因果律通常有这样一些规则。但是自由意志就不一样了。自由意志只考虑它的原因性。至于它的结果，当然它不会没有结果，因为它也在自然界里面发生了影响，也会有它的结果。但是自由意志本身呢，是不考虑它的结果的。所以这里讲，无论身体上的能力现在是否充分，他自己规定自己去造成这个对象。哪怕他现在的能力不够，结果他没有造成所要的对象，或者他造成的是另外一个对象，甚至他的结果适得其反，他把事情搞砸了，这都是可能的。但是呢，他的意志毕竟实现了，他的意志就是作用于自然界，他作用了，结果怎么样，他不考虑。那个是科学家和技术专家考虑的问题。他的这样一种意志是否可行，需要进行可行性论证，那个是具有科学头脑的人所干的事情。具有自由意志的人不必考虑这些问题，他只要觉得自己应该做，他就会去做。这是第二个层次。所以自由意志就是规定自己的一种原因性的能力，他把这样一种原因性当作意志的规定根据。那么这种原因性呢，就是后面他所讲的自由。规定意志的这种原因性，规定自己去造成这个对象的那种原因性，那就是自由。所以我从另外一个也可以说是更深的层次来看这个意志的规定根据，我们就可以进入到这样一个层次，就是说，一切意志行为后面都有自由，它的根就在于自由，在于自由意志。而自由意志跟自然律是不一样的，是在不同的层次上的。你要做一件事情，你要想把它做出来，这个当然就是自由意志的行为了，但是这样一种对自由意志的行为的规定还没有考虑到它的根。他为什么能够设计一个目标？如果这个事情做不成，它是否还是自由意志？是否还是出于他的自由意志？这个就是在前面一个层次上没有考虑到的。日常一般的人们不太去考虑这个问题，但是另外一种更深入的思考，就是说要从这个实践活动、有目的性的活动的底下去寻求它的更深层次的根据。

　　因为理性在这里至少能够获得意志规定，并且在事情只取决于意愿时，总是具有客观实在性的。

　　也就是说，后面那种情况为什么必定是一种自己规定自己造成自己对象的努力呢？因为理性在这里至少能够获得意志规定。就是说，它的结果也可能实现不了，或者考虑不周，或者事先根本就没有策划，我只是自由意志嘛，是觉得应该这么做，不管后果如何，我就做了。但是至少呢，在这里理性能够获得意志规定。为什么要这么做？为什么应当？这个里头有一种意志规定。当然为什么应当，这就可以追溯到道德律，要深入到道德上的意志自律。意志自律就是一种根本性的意志规定。你现在在这里至少对意志自律这个东西是能够获得的。不管它的结果怎么样，也不管他律是如何，但是意志的自律至少是能够获得的。并且"在事情只取决于意愿时，总是具有客观实在性的"。当这个事情仅仅取决于意愿——意愿也就是意志了，在感性的表达上，意志可以表达为意愿、愿望，我想这样，我愿意这样做，当问题只取决于你愿意不愿意的时候，那么它总是具有客实在性的，只要你愿意，就具有客观实在性，你的这个行为就会影响现实生活。因为它是意志行为，它不是一种旁观的、理论的态度，它是一种行动的态度，所以它肯定会影响客观现实。这个不需要考虑它的后果，它总是有后果的，不管成功还是失败，都是它的后果。只要你有这个意愿，你这个意愿呢，就会在现实中发生影响，它就具有客观实在性。

　　所以在此第一个问题是：是否单是纯粹理性自身就足以对意志进行规定，还是它只能作为以经验性为条件的理性才是意志的规定根据。

　　这里就有一个问题，既然纯粹理性不考虑任何现实的后果，那么这样一种纯粹理性是不是本身单独地就足以规定意志了。这是一种想法，这就是刚才讲的，理性在这里至少能够获得意志规定，并且在事情只取决于意愿时，总是具有客观实在性的，而这样一种情况呢，就是单凭纯粹理性自身就足以对意志进行规定了。那么是不是这样呢？人是否可以不考虑后果，只做他应该做的事情，只按照纯粹理性本身的规定来决定自己的意志？有没有这种可能？而相反的情况是，它只能作为以经验性为条件的理性，也就是说，以经验为前提，我用理性来考虑事情的可行性，以及它可能的后果。首先考虑成熟了，考虑周全了，然后我的理性才据此来规定我的自由意志。这是另外一个选项。是纯粹理性单凭自身就可以规定我的意志呢，还是纯粹理性必须参考经验的客观条件，然后才从中进行选择，考虑目的和手段是否适合，以选择一定的手段，按照自然律的必然因果关系去实现自己的目的？这就是另外一种情况了，这种情况是我们在日常生活中所遇到最多的情况。在日常生活中间，任何人想要干点事情，你就要选择与之相配的手段，而这个手段与这个目的的相配或者不相配取决于自然律，取决于经验世界，取决于你在进程中间有没有经验。一个没有经验的生手，那肯定失败多于成功。有了经验以后，你就知道，这个事情在通常情况下是不可能成功的，那你就不会做了；只有当你有了把握以后，你才会去做，你的理性主要就是用来判断这件事，这样来规定你的意志，那就是他律。这是另外一种情况。也就是在现实的实践活动中我们通常采取的这样一种策略。但是否有前面那种情况，就是不考虑这些问题，单凭纯粹理性就决定自己的意志？这就是一个问题了。这两种情况，到底是哪一种情况更加根本？或者说第一种情况有没有？是否所有的意志行为都是按照第二种模式在实现？这就是首先出现的一个问题了。

现在，**这里出现了一个由纯粹理性批判提供了辩护理由、虽然不能作任何经验性描述的原因性概念，这就是自由的概念，**

也就是我们进入到实践理性批判之后，我们就发现已经出现了"一个由纯粹理性批判提供了辩护理由、虽然不能作任何经验性描述的原因性概念，这就是**自由**概念"，自由的概念现在进入了我们的视野。前面都是提出问题，那么现在有一个答案在这里。就是说，出现了这样一个概念，它是由纯粹理性批判提供了辩护理由的。纯粹理性在它的第三个二律背反里面，已经对于先验自由的理念提出了一个辩护理由，就是先验自由在二律背反中得到了辩护。自由作为二律背反的一方，世界上有没有自由，还是一切都是自然必然性、自然因果律。那么正方认为是有自由的，反方认为没有自由。在二律背反的解决中呢，康德为之进行了辩解。就是说，在经验世界中间，我们虽然不能指定哪一个经验是由自由而产生的，或者说这种自由产生出来，它是根据一种什么样的因果性的机制，这个我们没有办法解释，因为自由本身不属于现象界，它是物自体。但是康德认为，你如果把现象和物自体严格地划分开来，那么这种自由是有可能的，你不能否定有这种自由的可能性。我虽然不能够向你描述出它的经验性的性状，但是你也不能够用经验来取消它的可能性，因为它不在经验的范围之内，你用经验既不能证实、也不能证伪我们的自由，因为现象界的事情不干预物自体的领域。所以在物自体领域里面，康德在第三个二律背反中为自由留下了一个余地，留下了一个空位。它是什么东西我们不知道，但是我们至少知道，在物自体的领域里面是有可能有自由的。你既不能否认也不能肯定，所我们就不妨给它留下一个余地，留待后面再来讨论。这个后面就是现在了，就是留在实践理性批判里面我们现在来讨论了。在实践理性批判里面，我们就开始涉及自在之物的领域了，涉及物自体的领域了，这个时候我们就可以来讨论它到底是什么意思了。所以他这里讲，"这里出现了一个由纯粹理性批判提供了辩护理由、虽然不能作任何经验性描述的原因性概念"，在第三个二律背反里面，反题要否定它的存在，因为你不能作任何经验性的描述，但是正题为它保留了一个位置。就是说，你虽然不能用经验性的东西来描述它，但是你也不能否认它有可能在超经验的领域里面是存在的。虽然不能作任何经验性描述，但是纯粹理性批判提供了它的辩护理由。而这就是自由的理念。

并且如果我们目前能够找到一些理由去证明，<u>这种属性事实上应属于人类的意志（并同样也属于一切有理性的存在者的意志），那么由此就</u>

并不只是说明了纯粹理性可以是实践的，而且也说明只有纯粹理性、而不是受到经验性的局限的理性，才是无条件地实践的。

　　既然纯粹理性已经提供了这样一个自由的概念，并且如果我们找到一些理由去证明，自由这种属性应该属于人类的意志，那就说明纯粹理性是实践的。所以关键就在于我们如何能够证明自由是人类意志以及一切有理性的存在者的意志的属性。只要能够证明这一点，那就说明了纯粹理性不仅可以是实践的、是有实践能力的，而且说明了真正的纯粹理性不需要经验性的条件而能够是实践的。前面讲了，真正的纯粹理性只能是实践理性，而运用于认识方面的纯粹理性还不是真正纯粹的，而要受到经验条件的限制，所以《实践理性批判》才是真正的“纯粹理性批判”。那么，我们能够证明自由是人类意志（或一切有理性存在者的意志）的属性吗？有什么理由去证明这一点呢？我们在导言里面已经看到，这个理由就在于人有道德律。道德律是一个“理性的事实”，正是由于这一点，我们才证明人是有自由的，而且唯有道德律才能证明人的本体是自由的。因为道德律是自由的认识理由，自由是道德律的存在理由，这个我们在前面已经烂熟了，在序言里面已经说过了。作为一个理性的事实，人都具有遵守道德律的自由意志，或者说，只要他愿意，他就能够按照道德律行事，而不需要任何经验性的条件。而道德律就是不需要任何经验条件的纯粹理性的法规，这种纯粹理性不像理论理性那样摆脱不了可能经验的范围，而是单凭本身就具有实践的能力。所以，只有道德律才使得我们可以证明自由是人的意志的属性，使得自由成了一种客观的实在的东西。自由借此而在意志的现实行动中不依赖于任何经验条件而展示了它的原因性，虽然我们仍然不能认识它，但是由道德律的这个理性的事实我们证明，只有人或有理性的存在者才可能完全出于自由而做出这样的行为。理性的其他任何受经验局限的行为都不能够证明这一点。比如说，你很聪明，你发明了动物所不能发明的高科技，因而造福于人类等等，这当然也属于理性的事实，但是这些事实都不足以证明人是自由的。因为你为什么要发明高科技？还是由于动物性的本能需要嘛，最终还是因为大自然构成了人类有生理方面的需要，所以你才去发展科学、技术、文化。所以卢梭说科学技术无助于敦风化俗。如果从所有其他的方面排除了道德，那么你永远也证明不了人最终是自由的。你只能证明人在某种情况之下好像是自由的，动物是不自由的，人比动物高明，人就可以跳出动物的制约性，可以活得比动物更好。但是这些东西最后归结到人的本能，就是说，你毕竟还是动物，你是由大自然所决定了的，你没有逃出自然因果律。真正能够超出自然因果律的，那就是人的道德。它不是为了人的本能需要或者任何一种感性的考虑，幸福、快乐等等，这些东西都不在纯粹理性考虑之中，单凭纯粹理性来决定自己行为，那就是道德行为。只有这种道德行为，才能证明人是自由的。所以，如果你能证明一切有理性者的意志都是自由的，而《纯粹理性批判》在第三个二律背反里面又现成地给我们提供了一个自由的先验理念，那就说明纯粹理性单凭自身就可以是实践的，而且他重点强调说，只有纯粹理性才是无条件的实践的。为什么要强调这一点？只有纯粹理性，而不是那些受到经验性局限的理性，不是理论理性，才是无条件的实践的。理论理性只是有条件的实践的，它可以表现为技术性、实用性的实践，体现为有条件命令；而只有纯粹实践理性才是无条件的实践的，才能形成无条件的绝对命令。他要强调的是，自由的概念是不能够做任何经验性描述的一个原因性概念，而纯粹实践理性证明这样一种自由的概念是一切有理性者的意志的属性，就是那种不能用任何经验性东西来加以描述的纯粹理性的自由的概念，那就是纯粹自由的行为，它是其他一切实践行为的根。单凭纯粹理性来决定自己的自由意志，来规范自己的自由意志，这是其他一切的理性的实践行为的根。纯粹实践理性是不考虑任何条件的，也不考虑是否能够成功，只说自己按照纯粹理性应该怎么做。这就是完全自由的行动，体现为后面要讲的绝对命令或道德律。这是他由此得出的结论。就是说，纯粹理性可以是认识的，也可以是实践的，它可以用在认识上，也可以用在实践方面；但是由于前面这样两个理由呢，我们就可以说，只有纯粹理性，才是无条件的实践的。认识的理性掺杂了一些经验性的东西，受到经验性的局限，这时它虽然也可以是实践的，但并非是无条件地实践的，它是有条件地实践的。而这个条件就不是实践的东西了，而是自然规律。你以自然规律为条件来进行实践，那最终是非实践的，跟动物没有什么根本的区别。当然这里面还包含了纯粹理性，但是纯粹理性在里面不起主导作用，起主导作用的是那些经验性的感性的因素，利用纯粹理性作工具来为自己服务，纯粹理性在这种情况下变得不纯粹了。所以人类虽然借此比动物高级，但是归根结底他没有超出动物。

　　这样一来，我们将要探讨的就不是一种**纯粹实践的**理性的批判，而只是一般**实践的**理性的批判。 [16]

　　就是从上面这句话来看，在这个《实践理性批判》里面我们所要探讨的主题，就不是一种"纯粹实践的"理性的批判，不像《纯粹理性批判》里面一样，一开始就要对于纯粹的理性认识能力进行一番批判。而且，在《纯粹理性批判》里面，它的矛头所针对的，就是纯粹的认识能力。因为纯粹的认识能力有一种自大和狂妄，它觉得自己很纯粹，所以它可以单凭自身就构成知识，所以必须要打击纯粹理性的这样一种狂妄。那么在《实践理性批判》里面就不是这样的，这里面所要探讨的不是一种对纯粹实践的理性的批判，纯粹实践理性是不需要批判的；而只是"一般实践理性"的批判。《实践理性批判》里面所要批判的主题不是纯粹实践理性，而是一般的实践理性。只要是实践的理性，通常所讲的，我们日常的实践理性，当然也是实践的，因为它里面有理性嘛，有理性当然也有自由在里头，只不过理性也好自由也好，在这个里头都是为人身上的这种自然的本能、自然的需要服务的。而且人们往往认为这就是人的自由和理性的唯一体现，所以我们就要对它进行一番批判。人的日常的实践虽然也有理性，也有自由，但是它们其实都被遮蔽了，你要是不经过批判，这些被遮蔽的东西就显不出来。所以,《实践理性批判》里面的主题呢,它只是对一般实践的理性的批判,换句话说,我们就是要用纯粹实践的理性来批判一般的实践理性,而纯粹的实践理性本身是不需要批判的。必须把纯粹的实践理性作为一个标准来衡量、来批判、来检验一般的实践理性,这就是《实践理性批判》的主题。

因为纯粹理性一经被阐明了有这样一种理性,就不需要任何批判了。

在《实践理性批判》这本书里面,纯粹理性只要被阐明了有这样一种理性,只要说明有纯粹理性在起作用,那么就不需要任何批判了,不需要对于这样一种纯粹理性加以批判,也就是不需要对纯粹理性的作用范围、它的运用条件、它的界限、它的可能性进行批判的考察。在实践理性批判里面这是用不着的。为什么在《纯粹理性批判》里面,有了纯粹理性,我们还要对它进行批判呢? 因为那是认识,那是把纯粹理性用在认识方面,我当然就要对纯粹理性的认识的范围、它的作用、它的可能性条件、它的有效性这些问题进行批判的考察。因为你必须要在认识之先对认识的工具加以考察,我凭借这样一种认识能力能够达到什么样的认识结果,能不能建立起一个地基牢固的知识大厦,这个我首先要考虑清楚。这就是认识的态度。认识的态度是主客二分的态度,客观的东西没有出来,我先把主观的东西奠定好,然后再去获取客观的知识。但是进入到实践理性,它是实践的态度,这种实践的态度在纯粹理性的情况下,它不需要预先考虑好再照着去做,因为自由意志是没有前提的,它本身是其他一切的前提。你要考虑它之所以可能的基础,那就把一个纯粹实践理性变成了一个一般实践理性,变成了一个技术性的、实用性的实践,那就属于认识问题了。你要去追究自由何以可能,那你就是追究自由的根据了,这是自相矛盾的。因为自由本身是没有根据的,有根据它就不是自由了,它就变成自然因果性了。所以在实践理性的领域呢,我们只需要阐明有这样一种纯粹理性,就不需要对它进行任何批判了。因为我们拿这个纯粹理性不是用来认识的,不需要考虑它的范围和有效性等等,我们是拿来运用。你要说没有纯粹理性,人就是动物,那没话说;但是一旦你阐明了人有纯粹理性,比如说道德,人有道德行为,道德行为不是出自任何自然律,那么这个道德行为你就不需要去进行批判了。说道德行为的运用条件怎么样,它的可能性范围怎么样,它的有效性怎么样,这些问题都不是你所要阐明的,这些问题都会把道德变成一种利害权衡。但由于道德律在实践理性领域里面已经发生作用,有理性的人在实践中,哪怕他的这个条件还不成熟,或者说超出了他的能力和范围,不管你怎么规定吧,你所有这些规定他都可以不考虑,他只按照自己的纯粹理性来决定自己应当作什么。所以这方面不存在批判的问题。你要对它进行批判,你就是把它看成了认识的问题,把它变成了一般日常的技术性的实践理性,那就偷换了它的论域,偷换了它的论题,它不是属于这个题目之下的。所以这里只要阐明有这样一种纯粹实践理性,就不需要任何批判了。

纯粹理性是本身包含有对它的一切运用进行批判的准绳的。

为什么纯粹理性在实践中不需要批判,但又要批判一般实践理性呢? 接下来可以说是一种解释。纯粹理性本身包含有对它的一切运用进行批判的准绳,这条准绳就在于,纯粹理性以自身为标准,撇开一切运用的经验性条件,一切经验性的内容,而只从它本身的形式方面来考虑问题。要把它本身的形式作为目的,防止利用它作为达到其他经验性的目的的手段,后面这种运用会使它不再是纯粹实践理性,而成为了不纯粹的、夹杂着感性的实践理性,也就是实用理性,或一般的实践理性。所以呢,实践理性的一切运用,我都可以用纯粹实践理性的这样一个准绳来加以批判。比如说,你把它运用到日常生活中,你把它用来追求人类的幸福,满足人的需要,那么,对于这样一种运用就要进行批判了。批判的准绳,就是纯粹理性,纯粹理性本身就包含了它的准绳,它不需要借助于别的准绳,它也不需要用别的东西来批判它。这都是在实践理性批判这个范围里面谈的。

　　所以，一般实践理性批判有责任阻止以经验性为条件的理性想要单独充当唯一对意志进行规定的根据的僭妄。

　　这句话我们要仔细地辨析一下。实践理性批判实际上是一般实践理性批判，而不是纯粹实践理性批判，这跟认识论上的纯粹理性批判是不一样的。一开始康德就声明了这一点：实践理性批判并不是对纯粹实践理性的批判，纯粹实践理性是不需要批判的，而只是用纯粹实践理性来作为标准衡量一般的实践理性，来衡量纯粹理性的一切运用，看这些运用是否纯粹，是否合乎纯粹理性。所以，一般实践理性批判，也就是实践理性批判了，它"有责任阻止以经验性为条件的理性想要单独充当唯一对意志进行规定的根据的僭妄"。要批判的是什么呢？要批判的就是以经验性为条件的实践理性。我们日常的实践理性里面，都是以经验性为条件的，或者说都是掺杂有经验性的条件的。没有经验性的条件，我们几乎想不到去运用理性。由于有了经验性的条件，比如说我肚子饿了，那么就想到去弄点饭来吃，想到去赚钱，饿肚子的味道不好受。这就是经验性的条件，那么我们就运用理性去设计啊，去推理啊，怎么样才能赚到钱，如何才能尽快地赚到钱，如何才能赚大钱。这都是需要运用理性的。以经验性为条件的理性，想要单独充当唯一对意志进行规定的根据，这是一种僭妄。当然赚钱无可非议，人的肚子饿了，当然就要去谋生谋食，这是无可非议的。但是，如果这样一种理性想要单独充当唯一的对意志进行规定的根据，那么就是一种僭妄。它有它自己的范围。如果说这个批判是考察理性的范围，那么，一般实践理性它具有它的范围，它的范围是不能够僭越的。在日常的以经验性为条件的实践理性中，它有很多标准，每个时候都有每个时候不同的标准。但是呢，如果它想要单独充当唯一的对意志进行规定的根据，就是一切都是凭借以经验性为条件的理性来加以规定的话，那它就是一种僭妄。人为财死，鸟为食亡，这个是我们通过理性从日常生活中推出来的一条准则。这条准则在某些情况下是实用的。人如果不为财，他也许就不会丧命，很多人丧命就是在求财的过程中，在谋生的过程中发生了危险，工伤啊，事故啊，就是平常讲，我们躲在家里，要是不去赚这个钱，我们就不会死啦。那当然是这样的了。但是呢，它只是某一方面的标准。某个人，在某种情况之下，你可以用这样一种理性来进行推理，就是如果他今天不出门的话，他就不会送命了。他今天为什么要出门呢？因为他想要多赚点钱嘛。为什么要多赚点钱呢？他要养家糊口啊。这个当然是可以理解的。但是你不要把它单独地、充当唯一的对意志进行规定的根据，那还有很多事情，它不是你单凭养家糊口就可以加以辩护的。你要养家糊口可以，但是你不能谋财害命，你不能伤天害理，你不能做不道德的事情。这是你用什么人为财死鸟为食亡这样一些理性根据都无法辩护的。所以这样的准则并不能够单独地充当唯一的对意志进行规定的根据。如果他想要制造这样的根据，那就是僭妄。而这种僭妄只有通过纯粹理性才能揭示出来。纯粹理性是另外一种层次上的更高的理性，就是撇开一切后天经验性的需要这样一些条件，不考虑这些，你只说你这样做应不应该。你问问自己的良心，所谓问问自己的良心，就是把一切经验性的后天的条件全部撇开不考虑，你只考虑你自己应不应该这样做，那才是唯一的根据。在任何情况下，你做任何事情，都是可以用这样一个根据来加以考量的。你今天做没做对不起人的事情，我们每个人每天晚上都可以这样想一想，我今天是否做了对不起人的事情。不管我做了什么，我都可以用这一条唯一的标准来加以衡量。至于其他的标准呢，那是没有这个资格的。如果它想要充当唯一的对意志进行规定的根据，那就是僭妄。所以，一般实践理性批判，它干的就是这个事情，有责任阻止这样一个经验性的理性，来充当意志的唯一根据。实践理性批判就是要批判这种僭妄。它跟纯粹理性批判里面所要批判的对象是不一样的。纯粹理性批判里面批判的是纯粹理性要超出自己的经验的范围去认识物自体的那样一种僭妄，而实践理性批判呢，它要批判的是我们的日常的经验性的理性想要把自己当作唯一的评判标准的这样一种僭妄。这两者是不一样的。

纯粹理性的运用，只是当有这样一种理性已被断定时，才是内在的；相反，自以为具有独裁地位的、以经验性为条件的纯粹理性的运用则是超验的，

人是有纯粹理性的，当这一点已被断定时，纯粹理性的运用才是内在的运用。什么叫内在的呢？内在的就是在经验范围之内的。当你承认自己有纯粹理性，也就是凭着自己的良心来运用理性时，才能把这种理性运用于经验中，这种运用才具有经验的实在性。这就叫作内在地运用纯粹理性，就是说，只有当它是纯粹理性，把那些经验性的东西都撇除了以后，它才能够在一切经验中无条件地加以运用，才能够把我们的道德运用于我们的现实生活之中，支配我们的一切行动。这就是内在的运用了。这跟下一句话对比起来看可能更清楚："相反，自以为具有独裁地位的、以经验性为条件的纯粹理性运用则是超验的"。以经验性为条件的纯粹理性的运用，也就是说，它不是真正纯粹的。它当然有纯粹理性在里面，但是它以经验性为条件，这样一种纯粹理性的运用，那就不是完全纯粹的理性，那么这样一种运用呢，当它自以为具有独裁地位的时候，也就是它把自己当作唯一的标准的时候，那这种运用恰好是超验的。也就是说，这种运用，恰好是超出经验界的一种僭妄，它指向一个超验的对象，指望在超验的领域里能够继续运用自己的这样一种不纯粹的理性，例如用功利的眼光处理道德上的事情。这是一个很鲜明的对比，一个是纯粹的理性运用，当这样一种纯粹的理性被断言是纯粹的，这个时候它才能够作内在运用，即运用于经验中。也就是说，一种道德，只有当它是以纯粹的理性作为它的唯一的标准的时候，它才能够随时处处都是实践的，都是有实践能力的，从而能够在经验中影响客观世界，影响现象界，这就是内在的作用；那么反过来，以经验性为条件的纯粹理性的运用，当它自以为具有独裁地位、可以无所不包地运用于一切领域时，它反而是超验的。就是说，人为财死鸟为食亡如果成为人生唯一的信条，它就会越界而干预甚至扼杀超验领域的道德的自由，使之成为另一种功利性的交易。

于是彼岸世界在他眼里就成了谋求现实幸福的保障，相信人为财死鸟为食亡的人，总是喜欢进庙里去烧香拜佛，求上天保佑他能够获得他所希望的财富。这样一种信仰就是迷信。它超出了经验世界，但目的却仅仅是为了追求那种经验性条件之下的理性的目标。所有这些都是因为，以经验性为条件的对纯粹理性的运用自以为具有独裁地位。人唯一地从动物性的需要这个立场去考虑自己的实践行为，去运用自己的理性，甚至用来判断道德上、宗教上的事情，那么他这种运用将会是超验的，以为可以买通神仙上帝来为自己谋福利。当然他也可以不是超验的运用，我就是认了，我人只有一生嘛，及时行乐，该享受的就享受，死了就算了，当然那样也可以。但是那就不是具有独裁地位的，那就只是碰运气了。要具有独裁地位，那就要把你的准则上升为一条唯一的意志规定的根据，那么你就要借助于对彼岸的一种独断，对彼岸的一种假设。所以，这样一种运用呢，恰好是超验的。

它表现出完全超出自己领地之外去提要求、发命令的特点，

如果你是以经验性为条件这样一种理性作为唯一的准则，那么它的运用就表现为完全超出自己的领地之外去提要求、发命令，比如说，设定一个上帝，设定一个神，认为自己的感性的谋利活动是上天对自己的命令，这就是所谓"人不为己，天诛地灭"。如果你把实用的理性当作一个具有独裁地位的根据，完全用世俗经验的眼光来看待人自身的实践理性的行为，那么你就会设定一种形而上学来为自己的谋利行为提供根据。以往的形而上学，旧的形而上学，就是把人的自由也看作是一种自然过程，一个自然行为。所以他们把自由、灵魂和上帝都看作知识的对象，我们通过纯粹理性可以规定人的自由，规定人的灵魂，我们可以规定上帝，去判定上帝将会怎么做。判定了上帝会怎么做，我们就可以适应上帝来使自己获得幸福。比如说上帝具有绝对的善意，这是上帝的神义论，我们根据这样一种神义论，就可以使自己获得最大的幸福，不作那种无谓的牺牲，等等。所以，从认识论的观点来看待人的实践行为，并把这种眼光当作唯一通行的，那就必然会这样来设定一个彼岸世界，这种彼岸世界把理性的实践的立场又转移到了认识的立场。对此在《纯粹理性批判》的先验辩证论里面已经做了深刻的批判，就是说，当你把一切都看作是知识的对象，那么人出于自身的需要，出于一种自然倾向，就必然要在认识对象中设定一个来世的灵魂，设定一个自由意志，设定一个上帝和一个最后审判，来作为自己的日常功利活动的参考。但是呢，这种认识论上的设定完全是站不住脚的，只会构成超验的幻相。这里也指出，从经验知识的角度来规定以经验性为条件的理性的运用，那么你必然会使它成为这样一种超验的运用，把经验的实践原则运用于超验的对象身上。但是反过来，如果你立足于我们的纯粹理性，那么纯粹理性这样一种实践的运用将会是内在的。就是说，上帝也好，来世也好，自由意志也好，你都可以把它们运用于经验的实践活动中，作为现实生活中的道德上的指导原则。这里不需要涉及对物自体的一种认识，因为你并不考虑得到满意的结果，而只考虑是否应当这样做。当然它们本身是来自于物自体，但是你不要把它们当作一种认识对象，你只是把它们当作一种实践的法则，它们是可运用的。我在现实生活中当然可以认为自己是有自由意志的，我完全可以通过自由意志来做一种道德行为，我们当然可以指望按照道德行为获得相配的幸福，但不是为了幸福才去做道德的行为，而是相信上帝的公正。因此我们相信有来世，相信有上帝，这些理念在这个时候呢，都具有内在的意义，不再具有超验的意义，不是彼岸世界的知识。这些理念，当你把它们看作是物自体的时候，它就可以在内在的方面作一种实践的运用，或者说在实践的方面作一种内在的运用，就是在现实生活中建立起对彼岸的信仰，并以此作为我们行动的准则。它们会内在地起作用，你相信上帝和你不相信上帝，你的行为将完全是不一样的。你意识到道德律，跟你没有意识到道德律，或者用你的感性需要来遮蔽道德律，你的行为也将是完全不一样的。那么这种行为呢，就是纯粹理性的一种内在的运用，它会影响你周围的现实世界。它不会超出这个现象界去追求某个彼岸的物自体。它只是把彼岸的物自体当作一种悬设来作为内在行动的准则、理性的实践运用的法规。

这与有关在思辨的运用中的纯粹理性所能说出的东西是恰好倒过来的关系。

也就是说，我们按照康德在《纯粹理性批判》里面讲的，和这里讲的是完全倒过来的关系。就是说，当这种纯粹理性已经被断定的时候，在《实践理性批判》这里它的运用是内在的；但是在《纯粹理性批判》里面呢，当我确定有纯粹理性这样一种认识能力的时候，就有了这样一种疑虑，就是它有可能会是一种僭妄，可能会超出经验的范围作一种超验的运用。所以在《实践理性批判》里面，这个关系完全颠倒了，即只有当我们确定了有纯粹实践理性，那么这种纯粹实践理性才会有一种内在的运用，也就是说，它就会在实践中发生现实的作用，它就会改变世界。虽然它自身的立足点是超验的，但它的运用的方向是面向经验世界的。相反，纯粹理性在理论方面，它自身的立足点是经验的，但要防止它朝向超验的方向运用。而不纯粹的实践理性，即实用理性或技术理性，在这方面和理性的理论运用相同，也是立足于经验却妄想把彼岸世界也纳入经验中来，为自己的感性需要服务。所以康德在《判断力批判》中把这种技术上实践的规则划归理论哲学的补充规范。[①] 技术实践的理性作为理论理性或思辨理性的附属部分也呈现出《纯粹理性批判》中那种认知结构，即它只能运用于可能经验范围，而不能对超验世界作先验的运用，否则就会陷入纯粹理性的幻相；相反，纯粹实践理性作为道德实践的原则却构成经验世界中一切行动主体的内在可能性，"我欲仁斯仁至矣"，它的后果我们不考虑，但我们的道德行动肯定是有现实的影响力的。"实践"这个词的意思无非就是把一个在表象中设想的对象实现出来；什么叫实现出来？那就是在经验范围之内要把这个行动做出来，那就是内在的运用

①　参看康德：《判断力批判》，邓晓芒译，杨祖陶校，人民出版社2002年版，第7页。

了。这个是跟《纯粹理性批判》完全相反的程序。在《纯粹理性批判》那里，以经验性为条件的纯粹理性即知性只能运用于经验的范围，狭义的理性也只能够内在地运用，只能够在知性已经提供的那些经验知识的前提之下，对这些知识加以引导，加以范导，理性在那里起这样一个辅助作用。这样一个作用还是以经验为主导的，你不能离开经验性的东西去探讨某个物自体，那就是超验的运用，越界了。但是在实践理性批判里面，就倒过来了，也就是纯粹理性必须不以经验为条件而立足于自身，这样才能普遍必然地运用于一切经验之上作为它们的应当的内在标准；而当它仅仅是以经验性为条件的时候，你要使它成为普遍的法则，具有唯一的独裁地位，那它就不再满足于内在的运用，也不是什么范导性的运用，而是变成了一种超验的运用。你把科学的技术的东西推广到人的道德行为之上，道德也变成了科学的计算，那就没有真正的道德了，一切都是为了在经验的条件之下获取最大的幸福，那就把道德变成了一种谋生的手段，变成了一种工具。所以这两个领域里面的纯粹理性的运用是恰好颠倒的关系，这个是很有意思的，它使得这两大批判的划分结构都是互相倒过来的。

下面是导言的第二段，这一段跟上一段的语气完全是接下来的，这一段主要是说明《实践理性批判》这本书的体例和章节的安排有些什么样的特点。前面一段的最后，我讲到了在《实践理性批判》里面和在《纯粹理性批判》里面结构上有一种颠倒过来的关系。也就是说，纯粹理性的运用，在理论上或思辨上的运用与在实践上的运用不同，在理论上是要先批判地考察纯粹理性本身，而在实践上则是纯粹理性首先被断定有纯粹实践理性，不需要对它进行批判的考察，就用这样一条纯粹实践理性的法则来批判所有其他的在经验中表现出来的实践理性活动，或者说批判一般的实践理性。这是自上而下的程序，它没有一个要追溯其"何以可能"的这样一个自下而上回溯的或者反思的过程。所以它跟《纯粹理性批判》呢，是一种颠倒的关系。《纯粹理性批判》首先要追溯先天综合判断这种纯粹理性知识何以可能，然后把这个何以可能的最高条件、一切综合判断的至上的原理确定了以后，才运用于经验中。而且它这个运用虽然是先验的范畴，先验的原理，但是必须要运用于经验的领域里面才能够有效，否则的话就是空的。但是在《实践理性批判》里面呢，这样一条纯粹理性的法则自身就是有效的。当然它这个自身有效呢，并不是说可以脱离经验，因为是实践嘛，不管你是什么实践，它都是脱离不了经验的，它都是在现实中做出来的事情。但是这一点呢，在一开始就已经确定了，不是说你后来再去把双方连接起来，一开始就有纯粹实践理性这一点已经独断地确定了，① 它必然地已经作用于现实世界了。在这一点上它是内在于经验的。但是它作用于现实世界，不是着眼于它的结果，着眼于它的自然因果性，而是着眼于主体的这样一种意志行为，仅仅着眼于他的意志行为。所以在这方面呢，他并不超越他自身的这个范围，以一种超验的立场去规定这个经验世界应该怎么样运行，不给经验世界提供一条超验的自然法规，它不做这些事情。所以它不像《纯粹理性批判》里面的理论理性那样，不可避免地有这样一种幻相产生，就是自以为给整个宇宙的物理学和人心的心理学提供了一种超验的法则。这是在上一段里面已经讲到了的，《纯粹理性批判》和《实践理性批判》在理性和运用方面有一种颠倒的关系。尽管如此，在安排《实践理性批判》的体例的时候呢，还得参考《纯粹理性批判》。

所以今天讲的这一段呢，以一个"然而"开始，就是尽管有上面讲的那些颠倒的、恰好倒过来的关系，

　　然而，由于以其知识在这里为实践的运用奠定基础的总还是纯粹理

---

① 　在《实践理性批判》中康德在后面有一处谈到："德性原则"通过道德律而"被独断地表达出来"，见中译本，人民出版社 2003 年版，第 91 页，边码 79。

性,所以实践理性批判的划分就总的纲要而言还是必须按思辨理性批判那样来安排。

就是说,尽管有这样一种颠倒的关系,但是实践理性批判的划分,它大体上的章节划分,它的体例安排,次序的安排,就总的纲要而言,还是必须按照思辨理性批判那样来进行安排。为什么呢?"由于以其知识在这里为实践的运用奠定基础的总还是纯粹理性","以其知识"这个"其",就是指代后面的纯粹理性。这也是康德用语要注意的一个地方,他往往用"其"来代后面的那个词。就是说,纯粹理性的知识在这里为实践运用奠定基础的那个东西总还是纯粹理性,这一点与《纯粹理性批判》还是同样的,它总还是纯粹理性在这里为其实践的运用奠定基础。这里用了"知识"这个词,以纯粹理性的知识来为实践的运用奠定基础,也就是说,纯粹实践理性还是一种纯粹理性,那么作为纯粹理性它本身已经是一种先天的知识,在广义上我们已经可以说它是一种知识了。当然严格意义上来说,通常康德讲的知识是经验知识,理性知识只不过是经验知识里面所包含的一种先天成分或要素。在作为经验知识里面的一种先天成分的这个意义上,康德经常把知性或者是纯粹理性也称之为一种知识。但是这个用法并不是绝对的,在康德那里,知识概念的这个用法,他往往还扩展到实践的方面去,谈到实践的知识,或者道德的知识。你知道应该怎么做,这样一种知识,也就是关于应当的那种知识,那么这就是广义的知识了,不具有通常的那种含义,更不具有经验知识的含义。你不能把它当作自然界的一种规律,它只是告诉你,应当怎么做才是正当的,才是道德的。当然这里头就有一种歧义了,但是这个歧义呢,我们熟悉了康德的思想以后,我们可以把它忽略过去。就是说,它只不过是广义的知识。那么在什么意义上是广义的知识?纯粹理性,作为一种广义的知识,就是指一种逻辑推理的知识,你总要遵循逻辑推理呀,你总要遵循不矛盾律、同一律、排中律,这就是理性知识。知性知识就是那些判断的分类,纯粹知性概念,以及在认识的时候所产生的那些纯粹知性原理,那属于知性知识，或者一般来说呢，也属于广义的理性知识。知性也属于理性嘛，知性和理性，有时候它们的界限也不是很明确的，也可以放在一起来说。而在这里呢，这个纯粹理性的知识在为实践的运用奠定基础，也就是以纯粹理性的那样一种推理的知识，逻辑知识。纯粹理性的逻辑运用，我在上个学期讲到了，纯粹理性的逻辑运用就是推理的能力，从有条件的东西总是要往上推，一直推到无条件的东西，这个是逻辑运用。但是这种逻辑运用又有一种纯粹的运用作为它的前提。就是推到无限。无限你推不到啊，那怎么办呢？那就有纯粹的运用。就是说设立一个理性的概念，就是理念。纯粹理性的纯粹的运用，就是从有条件者把理念推出来，用理念来做一些事情。所以这都是一种理性推理的能力。那么在实践运用中呢，主要是纯粹理性的纯粹的运用，不仅仅是逻辑的运用，而且是纯粹的运用，逻辑的运用是包含在内的。就是说，你当然要推到它的无条件者，在实践领域里面，就是要从有条件的命令推到无条件的命令，推到无条件的命令以后呢，你就可以设定一个理念，那就是比如说自由意志。自由的先验的理念，在这里变成了一个实践的自由的概念，然后在自由的基础上我还可以再推出灵魂不朽以及上帝。这都是属于纯粹理性的知识，是纯粹理性在它的逻辑运用中所得出的一些知识，但是这些知识是为了实践，它不是自然科学意义上的知识。所以，纯粹理性既然是以它的知识为实践的运用奠定了基础，那么它总的体例安排还是应该按照理性知识本身的结构来加以安排。从这里我们也可以看出，康德的三大批判其实都还是以第一批判作为它们的基础，也就是他的实践哲学也好，美学也好，自然目的论也好，宗教哲学也好，所有这些，都是以首先为知识奠定基础为前提的，代表着大陆理性派的一个唯智主义传统。当然这不光是大陆理性派的传统，就连休谟的《人性论》也是如此，《人性论》的第一部分首先谈知识，也是从人类的理解力、人类的认识能力出发，来为人性奠定基础。所以这是西方的大传统，主流就是苏格拉底所奠定的"美德即知识"，这个知识不一定是科学知识，而是善恶的知识，就是《圣经》

上的知善恶之树的知识。康德是继承了这样一个大传统。一般来说，西方人都是这样的。凡是谈到美德，道德伦理，包括审美这些问题，他们最终都是诉之于一种知识，或者特种的知识。关于情感的知识，关于信仰的知识，关于其他的一些非理性对象的知识，或者非知识的知识。这里也体现出康德的这样一个倾向，就是说伦理道德、宗教等等，所有这些都是以纯粹理性作为前提建立起来的，宗教是"理性界限内的宗教"，那么道德更加是建立在纯粹实践理性之上的，所以你的这个体系呢，就要按照纯粹理性的"建筑术"那样来安排。纯粹理性的建筑术，就是他的纯粹理性有一套固定的模式，首先是分析论，然后是辩证论，然后是方法论。当然还有感性论，感性论呢不属于纯粹理性，它是感性的，所以要另当别论，但是也是少不了的，所以必须要附属于先验逻辑这个框架之下。所以第一句话就是说这个划分的总的纲要还是要按照思辨理性那样一种模式来安排。当然具体内容是颠倒的，实践理性跟思辨理性里面所讲的那些原理呀，那些对象啊，完全是颠倒过来的。

　　所以我们将必须有实践理性的一个**要素论**和一个**方法论**，在第一部分要素论中，将必须有作为真理规则的**分析论**，和作为对实践理性判断中的幻相的描述和解决的**辩证论**。

　　这个"所以"就是说，如果按照纯粹思辨理性批判的结构那样来安排，如何来安排呢？"所以我们将必须有实践理性的一个**要素论**和一个**方法论**"，这个是在《纯粹理性批判》里面已经是这样做的。首先是先验要素论是主体的最大部分，最后有一个方法论，那个篇幅不大，等于是一个尾巴了，方法论部分一共才三万多字。前面汉字有五十多万字，是最大的一块。除了序言和导言以外，《纯粹理性批判》里面要素论是主体部分，包括先验感性论和先验逻辑，先验逻辑里面又包括先验分析论和先验辩证论。那么方法论就是在要素论之外，你把这些要素都分析出来了，那么我要用这些要素来建立未来的形而上学，要采用一种什么样的方法，这里他实际上已经在向实践理性批判过渡了。那么这个结构呢，我们在《实践理性批判》里面也将照此办理，当然内容不一样，但是从性质上来说，仍然是要素论和方法论，而且要素论是占了很大的比例。"在第一部分要素论中，将必须有作为真理规则的**分析论**，和作为对实践理性判断中的幻相的描述和解决的**辩证论**"，这也是按照《纯粹理性批判》的体例和结构来安排的。就是在要素论里面，将必须有作为真理规则的分析论——为什么是作为真理规则？这个真理在这里也是广义的。既然《纯粹理性批判》里面讲到的科学的真理是一种知识，在《实践理性批判》里面讲到的道德法则，也可以称之为一种道德知识，那当然也有真假问题了。既然他把知识这个概念运用于不仅仅是自然科学方面和数学方面，而且是道德方面，回答应当怎么样的问题，那么这个知识就有真知识还是假知识的问题了。所以他的分析论的部分呢，仍然是讲的真理的问题，但是这个真理跟自然科学的真理不一样，跟科学知识的真理不一样，它是讲的道德上的真知识，道德上的真理。在道德上面我们到底应该怎么做，你也应该分辨真假。当时有很多道德上的流派，比如说，经验主义、功利主义、幸福主义、禁欲主义，这些流派康德都不赞成的，认为对于道德上应当怎么做来说，那都是一些伪知识。当然作为心理学或者作为社会学、政治学，他并不否认有些是知识，它们当然也有其地位；但是作为一种道德知识来说，它们不能称之为知识，它们没有普遍法则。所以在这里呢，作为真理规则的分析论跟在《纯粹理性批判》里面的分析论所讲的内容有类似之处。就是说，《纯粹理性批判》里面讲的分析论就是要提供先验的范畴和各种先验的原理，以便使我们的知识成为真知识。怎么成为真知识呢？就是对象跟主体这些概念和原理相符合的知识，体现出一种必然性。如果没有必然性，仅仅像休谟所讲的那种习惯性的联想，那就不是真知识了，那只是主观的一种知觉。你以为是一种知识，但是它没有必然性，也就没有客观性，没有客观性，那就没有主体和客体的符合，只是主观的一些观念而已。所以在先验逻辑的先验分析论里面，他讲的就是有关真理的逻辑。那么在这里的分析论里面呢，也是有作为真理规则的分析论。当然这种真理规则，是用在实践方面。在实践方面有没有客观的法则，还是仅仅只有一些主观的准则？客观法则和主观准则，这个我们下面还要谈到的，这是很严格的区分。主观准则就相当于休谟的习惯性的联想，只是对我主观有效。我主观认为这个东西我可以坚持，人为财死鸟为食亡，能够骗人我就骗人，这也可以作为人主观上的一个准则，一个习惯，习惯了以后就成为准则了，但是不能成为普遍的客观法则。所以它不是真知识，它只是伪知识。要成为真知识，那就是说，这样一种法则，客观上任何人都必须作为命令来加以执行的。你自己可以终身行之，而且任何别人同样也可以终身行之，而且必须执行，无条件地要做。这个就是真知识，是真正的道德知识。这就是作为真理规则的分析论。那么这个道德知识按照什么样的规则来运行呢？那在分析论里面就讲了，分析论里面就是讲这个东西的。"和作为对实践理性判断中的幻相的描述和解决的辩证论"，辩证论也是模仿《纯粹理性批判》里面的辩证论，是关于幻相的逻辑。在《纯粹理性批判》里面是讲，我们要避免伪知识，但是有些伪知识又避免不了，比如说幻相，先验的幻相你怎么能避免得了呢？它是出于人性的一种自然倾向，必然要产生出来的。但是避免不了也不要紧，你要识破它，不受它的迷惑，来维护真知识的这种纯洁性。你不要把这些东西掺杂进来，以为这也是一种知识，那就把事情搞混了。这是在《纯粹理性批判》里面。在《实践理性批判》里面也是这样，对于实践理性判断中的幻相也要加以描述和解决。实践理性在做判断的时候，这个事情我应不应该做？在我做一个应当的判断的时候，也会产生一种幻相。一种什么幻相呢？就是说，我做这个判断的时候我是根据一条什么样的原理，根据分析的原理呢，还是根据综合的原理？根据分析的原理，就会产生出幻相，比如说，以为德行里面就包含了幸福，所以幸福就是德行，德行就是幸福。德行里面包含幸福，那么我做判断的时候就把幸福作为一个宾词，作为一个谓词，从德行这个概念、这个主词里面，把它直接地分析出来，德行就是幸福。反过来说，幸福就是德行。因为德行这个概念就包含在幸福这个概念里面，所以我只要有幸福的概念，德行的概念自然就出来了。这两种判断都是属于分析判断，因而造成了一种幻相，要么是幸福主义的，要么是禁欲主义的，这两种道德都是幻相。那么如何解决？在康德看来呢，就是要把两者的关系当作先天综合判断来看待。幸福和德行两者之间完全是出于不同的来源，一个出于经验、感性，另外一个出于纯粹理性，你怎么能够把它们当作一种分析的关系呢？它们肯定是一种先天综合的判断。它们在结合成道德判断的时候肯定是一种先天综合判断。先天综合判断就必须要追溯它的条件，如何能够把德和福结合起来？只有当你把德当作一个标准，用来衡量福，这个福是配得幸福的，这个时候你才能把它们作为一个先天综合判断结合在一起，德福一致。德福一致当然在现实世界中是达不到的，于是就通向宗教。这个是他后来要讲的一些基本的原理，就是对实践理性判断中的幻相的描述和解决的辩证论，也就是在这样一个实践领域里面，我们如何避免两种极端的幻相，一个是禁欲主义，一个是享乐主义。这两种幻相听起来都言之成理，都振振有词，但是前提是他们都把这两者当作是分析的关系。而在康德看来它们不应当是分析的关系，而应当是综合的关系。什么东西的综合？现象和物自体。现象和物自体在《纯粹理性批判》里面谈不上是综合的，你必须把它们绝对地划分开来，然后把你的先天综合判断运用在现象领域里面，这个先天综合判断你不要延伸到物自体里面去，否则就越界了。但是在实践理性批判里面呢，恰好是要把现象和物自体当作一种综合的关系来加以设定。而这种设定呢，就延伸到了宗教领域，它就不再是停留在道德领域里面了。道德领域，它是专门讲物自体的问题，专门讲人的自由。自由是不可认识的，但是不可认识呢，它本身还是有它的法则，道德领域就是讲这个法则的。至于幸福、经验，这些东西不考虑。但是在宗教领域里面，它又要考虑。所以宗教领域实际上是现象和物自体，或者是思辨理性和实践理性这两个领域的一个大综合，宗教是把道德和知识双方统一起来的一个第三项，一个合题。当然这是后话了。

　　<u>不过，在分析论底下的划分中的次序又将与纯粹思辨理性批判中的次序相反。</u>

　　前面是"然而"，现在又反过去说了，这里又来了个"不过"。"不过，在分析论底下的划分中的次序又将与纯粹思辨理性批判中的次序相反"，这个相反呢，就是接到了上一段的"恰好是颠倒过来的关系了"，为什么相反呢？因为在内容上它和前面实际上是颠倒过来的关系。尽管在总体纲要方面我们按照《纯粹理性批判》的这样一种划分的模式来建立《实践理性批判》的体例模式，不过呢，比如说在分析论这个范围里面，它的划分次序将与纯粹思辨理性批判中的次序相反，要颠倒过来。下面整个就是说这个原因了，为什么要颠倒过来。

　　<u>因为在当前的批判中，我们将从**原理**开始而进到**概念**，而从概念出发才尽可能地进达感觉。</u>

　　这个"因为"当然还是讲如何相反了。在《纯粹理性批判》里面，是从感性论开始，在分析论中则是从概念论进到原理。先验分析论第一章就是概念的分析，纯粹知性概念，包括范畴的形而上学的演绎。它们是从哪里来的？它们是从形式逻辑的判断的分类表里面引申出来的。那么先验演绎则阐明它们运用于经验之上的权限何在？它的权限就在于它是一种能动性，它的能动性来自于先验自我意识的统觉。每一个范畴都有这样一种能动性，它能够把那些经验的东西统摄成一个对象。否则的话，这些经验的东西就是散的，就成不了一个经验性的对象，那就连经验性的材料都算不上，只是一些主观的幻觉，主观的表象，像休谟讲的那些知觉和印象，飘来飘去的。它要成为一个客观的对象，要成为一个经验的对象，首先依赖于范畴的这种能动的把握。这是形而上学演绎和先验演绎已经把这个概念说清楚了。然后从这些概念里面呢，我们再引申出各种原理，直观的公理，直觉的预测，经验的类比，以及一般经验思维的公设。这四大原理为自然界立了一整套的法。人为自然界立法嘛，这就是

原理论。原理论是讲纯粹理性的判断学说，包括它的图型，通过图型所建立起来的这一套原理，都是在原理论里面讲的。概念论到原理论，这是纯粹理性批判里面的次序。那么，在当前的批判中，在《实践理性批判》中，我们的分析论将从原理开始而进到概念，这是颠倒的，不再是从概念进到原理，像《纯粹理性批判》那样，而是颠倒过来了。从原理开始而进到概念，而从概念出发才尽可能地进达感觉，感性论从最初的环节变成最后的环节了。从实践的原理开始，是因为实践是一种行动，行动不是说先想好了概念，然后按照这个概念去行动，而是一种自由的行动，一种自发性。自发性当然也有它的原理，自发性的行动也不是乱来的，不是瞎碰的，它是一种自由意志，凡是自由意志都必须在实践中坚持下来，不是说碰一下就没有了。你要把它延续下去，那就必须要有原理。有了原理以后，你再去寻求它的概念，看这个原理形成了一种什么样的概念。这些概念也就是《实践理性批判》的范畴，就像《纯粹理性批判》里面的知性范畴一样，《实践理性批判》里面也有范畴。但是这个范畴是自由的范畴。它不是知性的范畴，不是那种认知性质的范畴。我们在后面可以看到，康德提出了一个自由范畴表，有些什么样的自由概念。这些自由概念都是由原理所提供的，首先是原理，然后从这些原理里面呢，形成了这些概念，这些范畴。这些范畴把自由意志的原理划分为一个等级序列，从最初级的自发性到最高级的义务，逐级上升，这就是自由范畴表。而从概念出发，也就是从这些自由范畴出发呢，才尽可能地进达感觉。《实践理性批判》里面也有感性论，但它不像《纯粹理性批判》里面放在开头，而是要到最后才走到感性论。为什么是"尽可能地进达"感觉？就是说，《实践理性批判》里面讲的那些原理、那些概念并不是把感性全都包括在内，而是尽可能地涉及感觉。你的行为要实现为一种感性的活动，但你是从超感性的层次自上而下来的，你是从物自体来的，于是就要在感性中找到你实现自己的行为的中介，即所谓"动机"。你不考虑后果，不考虑效果，但你要考虑动机，而动机必须有感性的特点。你如果连动机都没有一种感性的特点的话，那你要对感性的世界发生作用就是空谈，就只是在抽象概念里面做游戏了。你要把你应当怎么样的行为实现出来，就必须在感性中至少有一种动机，有一种冲动，有一种发动。你的意志通过动机进入到感性领域，最后能得到什么结果，那不是你所考虑的。但是有一点你必须考虑，就是你必须真的有一种感性的动机。那是什么呢？那就是道德情感。道德情感就是所谓的敬重感，你是出于对道德法则的敬重才做这件事情的，那么你在做这件事情的时候你是排除了其他一切感性的后果考虑的。这就是真正的道德。为道德而道德，为义务而义务。为义务而义务并不是说完全没有任何感性的因素了，它也有唯一的感性的因素，那就是对义务本身的敬重，这个是少不了的。你纯粹出于对义务本身的敬重，这种敬重的动机并不是你的道德行为的根本性的原因，并不是自由意志的动因，它只是自由意志的一个机括，是道德行为借以发动起来的一个契机。但是这个发动起来的契机的背后才是自在之物的一个动因，那就是自由意志。自由意志是超感性的，但是超感性的东西要在感性世界起作用，它必须要借助于感性世界中的某种动机，那就是敬重感。这里我预先把后面的东西都已经说了，因为我们是全息式地讲授，就是说不是局限于哪一句话，你要前联后挂，前面的也要联系，后面的也要联系，你要看到后面，你才理解前面。不然的话，你就这句话来读，你就不知道他说的是什么东西。因为他还没有说出来，你绞尽脑汁结果费了很多时间。这里是打了一个分号，尽可能地进达感性。虽然它是超感觉的，但是你要尽量地在感觉领域里面找到某个结合点，那就是唯一的敬重感。我把这种敬重感称之为否定一切情感的情感。因为有了这个情感以后，其他的情感都不在话下了。敬重嘛，高山仰止，景行行止，这种敬重感把其他一切琐琐碎碎的利害呀、恩怨啊等等全都抛之于脑后。出于对于义务和道德的法则的一种纯粹的敬重，我决定做这个事情，这就是感性世界里面的唯一的动机。

反之，<u>在思辨理性那里我们则必须从感觉开始而在原理那里结束。</u>

　　这个我刚才讲了，在《纯粹理性批判》里面，先验感性论和先验逻辑是两部分。首先我们必须从感觉开始，这个感性论包括一切感觉的经验材料的形式，所有的感觉无所不包，都在时空直观形式之中。所以我们要从感觉开始，再去探讨感觉的时空形式条件，这是从先验感性论开始。而在原理那里结束，也就是在先验逻辑的原理那里结束。先验逻辑包括先验的范畴、判断力，也就是图型法，然后是纯粹知性的原理，人为自然界所立的一整套法规。到这里纯粹思辨理性的正面要素的讨论就结束了。但先验逻辑中的先验辩证论还没有考虑，因为先验辩证论说的是幻相的逻辑，属于负面的要素论，它只是一种消除误解的工作。分析论是真理的逻辑，那么辩证论是幻相的逻辑。你懂得怎么去追求真理，但是你还要懂得怎么避免幻相。当然在另外一种意义上呢，辩证论也很重要，因为它是从现象的领域眺望物自体的领域。虽然这些理念你不能把它们当知识，但它们有一种眺望的作用，因此它能够过渡到实践理性批判。所以，先验辩证论是纯粹理性批判到实践理性批判的一个过渡，例如第三个二律背反提出的先验自由的概念就成了两大批判的"拱顶石"，使得纯粹理性批判和实践理性批判连接起来了，拱起来成为了一个大厦。先验辩证论虽然也很重要，但是从这个体例、结构上来说，纯粹理性批判在原理论那里基本上已经结束了，人为自然界已经建立了一个法庭，你只要按照这个法庭去审查经验材料就可以推进科学知识了。自然科学的进一步的发展，出现了种种新的现象，你都要放到这个法庭上来审判，这就够了。所以他这里讲，在原理那里结束。为什么要在原理那里结束？这是从体例上来讲的。那么，为什么现在要和纯粹思辨理性的程序相反，要形成一种颠倒的结构呢？

　　<u>其中的理由又是在于：我们现在要涉及到的是意志，并且必须不是在与对象的关系中、而是在与这个意志及其原因性的关系中来考虑理性，</u>

　　我们为什么在当前的批判中将从原理开始，进达概念，并且从概念

出发，尽可能地进达感觉，这跟思辨理性批判里面的次序完全是颠倒的，这样做的理由何在？因为在思辨理性那里，我们涉及的是认识，而"我们现在要涉及到的是意志"，意志能力和认识能力显然是完全不同的两个领域，它们在与理性的关系中是方向相反的。知识能力、认识能力当然是基础，但是现在我们已经进到了意志能力。"并且必须不是在与对象的关系中、而是在与这个意志及其原因性的关系中来考虑理性"，这是进一步地说明，我们现在涉及的是意志，是意志又有什么不同呢？为什么到了意志我们就必须把这个次序颠倒过来呢？因为在思辨理性里面，我们是在与对象的关系中来考虑理性的，也就是说，我们的理性。要涉及与对象的一致。理性所提出的那些观念，那些概念，与对象之间如何能够达到一致、达到符合，在思辨理性那里我们考虑的是这个。因为我们讨论的是认识嘛，认识就是观念和对象的符合嘛。而现在我们考虑的是意志，所以我们考虑理性呢，不是在与对象的关系中，而是在与这个意志及其原因性的关系中来讨论问题。理性在目前这样一个场合，它所考虑的首先不是它与对象的关系，而是与主体意志的关系，并且这个主体的意志是作为一种原因性，那就是自由了。自由就是一种意志的原因性，要在与这个意志及这个自由的原因性的关系中来考虑问题。这个时候呢，我们的眼光肯定要颠倒过来，原来是向外的，现在我们要向内；原来是为自然界立法，现在我们要为自身立法，要为自己的行动的意志立法。原来是为自然界的原因立法，现在我们要为意志的原因性立法。所以道德实际上是为自由立法，是理性为意志立法，是这样一种关系。它不是向外而是向内，所以它当然应该颠倒过来。

因为不以经验性为条件的原因性的那些原理必须成为开端，在此之后才能够尝试去确定我们关于一个这样的意志的规定根据的、关于它在对象上的运用的、最后关于它在主体及其感性上的运用的那些概念。

这就是进一步讲为什么要颠倒了。"不以经验性为条件的原因性"，也就是意志的原因性、自由的原因性，它不以经验性为条件嘛。这种自由意志的原因性的那些原理必须成为开端。自由意志就是最高的，再没有别的什么原因来决定它了，自由意志当然应该成为开端，它本身就是开端。我们在前面讲《纯粹理性批判》里面的先验辩证论的时候，就看到了这样的定义：所谓的自由，就是自行开始一个因果系列的原因性。它是自发的原因性，最初的原因性，所有的因果系列都是由它开始的，但是它的前面再没有其他的原因了。如果还有其他的原因，那它就又是一个结果了，那它又需要有别的原因性来开始一个因果系列，它就成了因果必然性了。但是自由之所以是自由，就在于它自发地开始一个因果系列，所以它必须成为开端。当然这里不是讲的自由意志必须成为开端，而是讲的自由的原理必须成为开端，首先要探讨的就是自由意志的原理，自由意志本身没有什么可探讨的，它是不可认识的，你只能承认它，但是你对它没有什么可说的。如果要说的话，只能说自由本身的原理，有自由，但是这个自由呢，进一步地考察你就会发现，它不是一个点，而是一条线。如果是一个点的话，那这些点是连不起来的。一点，然后又是另外一点，那这个自由就成了一个一闪而过的东西。闪了一下灭了，就不自由了；然后又自由一下，又不自由了，那个自由就不存在了。实际上，那是类似于动物性的那种任意。但是人的任意是有理性的，所以人的任意是自由的任意。自由的任意就在于，他有理性，他可以为自身提供原理，哪怕是在自由的任意中，也有原理。我要达到我的目的，我必须设计出我的手段。这个目的和手段之间是一种什么关系，我必须通过理性来把握。我们在自由的任意中，在我们的日常的任意的行为中，在实践活动中，在劳动中，在处理人际关系中，我们都有目的和手段的一种考虑，这个考虑就是理性。那么它所根据的呢，就是一些原理。而这些原理呢，当它不以经验性为条件，而是以纯粹理性本身去支配那些经验性的条件，那就是道德的原理了。这个在一般的自由的任意里面还显不出来，它最终还是要以经验性的东西为条件，比如说，我要做这件事情，还是为了养家糊口，那当然还是以经验性为条件，这个显然不能成为开端。但是不以经验性的条件为原因性的那些原理，笼而统之，就是纯粹实践理性的原理，则必须成为开端。"在此之后才能够尝试去确定我们关于一个这样的意志的规定根据的、关于它在对象上的运用的、最后关于它在主体及其感性上的运用的那些概念"，我们要从纯粹实践理性的原理出发，作为开端，然后才去确定那些概念。从原理出发进到概念。什么样的概念呢？首先它能够确定一个这样的意志的规定根据，你想要达到一个目的，你不是一闪念，然后马上就熄灭了，而是把它当作意志的对象去坚持，去追求它，那么这个里头就必须要有一个确定的规定根据，这当然是个原理。原理使你的自由意志能够一直延续下来，但是这个原理也要体现为一个目的，一个概念。你追求那个目的，这个目的不是一个感性的形象、一个表象，那是转瞬即逝的，而是必须有一种概念在支配你的行动坚持到底。所以一个这样的意志的规定根据，就是由这些原理所引出的那些概念。这些概念作为意志的规定根据，便体现为一些对象或范畴，这就构成了自由范畴表。你是按照一种什么样的自由范畴去追求，去实现自己的意志，这就是意志在对象上的运用，这个是必须要加以确立的。最后是关于它在主体及其感性上的运用。感性上的运用那就涉及敬重感了，那么从概念我们就进入到感觉了，没有这一步，原理和概念都不能实现为实践行动。这个还是解释前面讲的，我们从原理开始，然后进到概念，然后从概念又进到感觉，这个是实践理性批判的一个结构模式。但同时也要注意，不能简单地把实践理性批判中的感性看作是对应于纯粹理性批判中的先验感性论，似乎只是颠倒了次序而已。实践理性批判这里讲的感性有两层，一层是类似于纯粹理性批判中的图型 Schema，在这里叫作"模型"（Typus），[①] 它与图型一样也起着一种把先天原理运用于感官对象上的中介作用，但只是象征性的

---

① 参看《实践理性批判》中译本，人民出版社 2003 年版，第 94—95 页，边码 81—82。

作用，即"好像"是符合自然律那样，其实是符合道德律；另一层是道德情感即敬重感，这是真正感性的道德动机，是道德律在实现过程中唯一的感性因素即情感因素，但这种情感是否定一切其他情感的情感，也仅仅是一种中介作用。前一种中介作用是虚拟的，后一种则是实指的。这是在后面的"模型论"和"动机"部分阐述的。

出自自由的原因性的法则，也就是任何一个纯粹实践原理，在这里都不可避免地成为开端，并规定着唯有这条原理才能够涉及到的那些对象。

"出自自由的原因性的规律"，这个"法则"（Gesetz）原来翻译成"规律"，现在我们统一改一下，凡涉及自然知识的都译"规律"，凡涉及道德方面的都译作"法则"。刚才讲了，"因为不以经验性为条件的原因性的那些原理必须成为开端"，那些原理就是纯粹实践理性的原理，也就是道德的原理，纯粹实践理性的原理必须成为开端。因为只有道德原理，才具有纯粹地、完全不以经验性为条件的原因性，才是纯粹实践理性的开端。所以他这里讲，"出自自由的原因性的法则，也就是任何一个纯粹实践原理，在这里都不可避免地成为开端"，就是说在一般的实践理性里面，纯粹实践理性的原理不可避免地要成为开端。它是更高的，它是一切实践理性原理的最高点，是用来检验其他的一切实践理性的原理是否纯粹、是否真正地按照理性来贯彻的标准，也就是说，检验它们是不是真正地出自自由的原因性的法则。所有其他的实践理性虽然也是理性的，也有自由任意在里面，但是呢，它不一定是法则，它可能是仅仅是你自己个人的主观准则，但是你没有考虑它的社会普遍性以及永恒性，没有把它当成客观法则来遵守。客观性的东西才是法则。所以，出自自由的原因性的法则，也就是任何一个纯粹实践原理，作为一些道德法则，在这里都不可避免地成为开端，并规定着唯有这条原理才能够涉及到的那些对象，例如自由范畴表上的义务。当然自由意志跟道德法则相互之间有一种循环的关系，你可以说，唯有这条原理才规定了自由意志，你也可以说，唯有自由意志才规定了道德法则。所以很多人指责康德在这方面有一种循环论证。但是康德在前面已经讲到了，它们的意义是不一样的，是两种不同的法则。道德律是自由的认识理由，自由是道德律的存在理由。所以这两种规定在不同的意义上面呢，有不同的含义，它并不是一个循环论证。

*　　　　　*　　　　　*

第一部分

纯粹实践理性的要素论

第一卷　纯粹实践理性的分析论

第一章　纯粹实践理性的诸原理

§1.解题

现在我们进入到《实践理性批判》的正题了,前面是序言和导言,现在进入到实质性部分。实质性部分在前面我已经大致上给大家勾画了一个轮廓,就是《实践理性批判》跟《纯粹理性批判》的体例、结构、次序是不一样的,它的分析论是从原理出发。在《纯粹理性批判》里面的分析论一开始则是概念分析,然后才进入到原理分析,《实践理性批判》里面则颠倒过来了,首先是原理分析,然后才是概念分析。因为《实践理性批判》里面的概念跟《纯粹理性批判》里面的那些范畴不太一样,它不是认识之所以可能的先天的条件,《纯粹理性批判》里面的这些固定的范畴在构成知识的过程中产生出一些原理,形成人为自然界立法。但是《实践理性批判》里面一开始没有概念。为什么呢? 因为它一开始就是行动,实践理性嘛,一开始就是行动,而这个行动是根据理性来的,是纯粹实践理性的原理。所以纯粹实践理性的分析论的第一章,就是纯粹实践理性的诸原理。

那么第一节解题,Erklärung,这个词的意思就是解释。本来就是解释、澄清,有的时候把它翻译成定义、界说。就是说,一个命题也好,一个概念也好,你首先要把它的意思澄清。把它的意思澄清了就是定义。所以第一节的标题呢,也可以译作定义,或者界说,都可以。但是这个定义是针对着这个第一章"纯粹实践理性的诸原理"的标题来的,第一节就是对这一章标题的解释,什么叫"纯粹实践理性的诸原理"? 所以我们把它翻译成解题。这有一点像斯宾诺莎的"几何学的证明方式",在他的《伦理学》中用几何学的证明方式,一开始就是界说啊,公则啊,公理啊,然后就是一系列定理了。这里第一小节是解题,第二小节就是讲定理。就是按照这种几何学的方式,实际上也就是逻辑的方式,层层递进。你一开始要把概念和命题的意思搞清楚,然后呢,你才能运用它们来建立你的定理。我们看看他的解题第一节的内容。

实践的诸原理是包含有意志的一个普遍规定的那些命题,这个普遍规定统帅着多个实践的规则。

"实践的**诸原理**",也就是实践理性的诸原理了。诸原理,Grundsätze,这个词我们通常翻为原理,而且通常是在知性的意义上的原理,它是复数。它的词根是 satz,satz 本来的意思是句子,一句话,但它本身也可以理解为原理或命题。Grund 就是基本的。就是那些基本的命题,基本的句子,那就是原理。它跟 Prinzip 是不一样的,Prinzip 我们把它翻译成原则,通常是用在理性上的,层次更高;而 Grundsatz 是用在知性上的。康德在《纯粹理性批判》里面曾经作过这样的区分,但是他自己也不是很严格遵守,只是一般来说有这样一个层次关系。"实践的诸原理是包含有意志的一个普遍规定的那些命题",命题就是 satz。那么是些什么命题呢? 就是它里面包含有意志的一个普遍规定。一个命题也许不是普遍的,但是如果这些命题里面包含有意志的一个普遍规定,就是说这个意志能够一贯进行,就像孔子所讲的,"有一言能终身行之者",你的自由意志具有一种普遍规定,在任何时候你都可以按照这样一种规定去行动,这就是意志的一个普遍规定。如果包含有这个普遍规定,在里面的那样一些命题,那就叫作 Grundsätze,实践的诸原理。实践的诸原理也就是这些命题,但这些命题呢,里面包含有意志的一个普遍规定,就是说我可以一直这样做下去的这样一些命题。它不是临时变换的,今天这样做,明天那样做。这些命题里面贯穿着一个普遍的规定。这个普遍规定统帅着多个实践的规则,Regel 就是规则,规则层次就更低了,它是一种技术性、操作性的东西,通常来说是这样。当然也不尽然,有时候他也把它从广义上来运用,一切 Gesetz 也好,Grundsatz 也好,都可以称之为规则,因为它们都有操作性这一方面。但是严格说起来,如果仅仅是规则的话,那它就只是技术性和操作性的。但是这些实践规则中有一个普遍的规定统帅着它们,那就不同了。技术性、操作性的东西都是临机应变的,它们没有什么普遍性,你要根据不同的对象,采取不同的方法,采取不同的规则。不同的游戏有不同的游戏规则。但是在诸原理 Gesetze 这个里头呢,它有一个普遍的规定,来统帅着多个实践的规则。万变不离其宗,你做这做那,不管采取什么规则,你有一个普遍的、一贯的东西在里面贯穿着,这就是你的行为的原理。你的行为有规则,但是更有原理,你是根据什么原理来采取这些行动的。

　　如果这个条件只被主体看作对他的意志有效的,这些原理就是主观的,或者是一些**准则**；

　　这里又出来一个词了,Maxime 是准则。“这个条件”是什么条件呢?也就是这个普遍规定,因为它是包含有意志的普遍规定的那些命题,而且这个普遍规定统帅着多个实践的规则,那么这个统帅性的规则呢,就是这个实践行动的条件。如果这个条件、这个普遍的规则只是被他看作对他自己的意志有效,比如说我自己可以有一言终身行之,这些原理就是主观的,或者是一些准则,准则通常是指主观的行为规范。这些原理当然是由一个普遍规定所统帅的,作为条件统帅着这些原理,但是呢,如果这个条件只被主体看作是对他的意志有效的，那么它下属的这些原理呢，那就是主观的，或者呢是一些准则。这个"或者"，并不是说另外它还是一些准则，而是说它就是主观的。也就是说，准则就是主观的，这是康德的一个固定的用法，凡是涉及 Maxime 这个词的时候，康德的意思就是说它是主观的一些规则，在实践方面就是主观的实践规则，因为只对它的主观意志有效，我们译作"准则"。

但如果那个条件被认识到是客观的，即作为对每个有理性的存在者的意志都有效的，这些原理就是客观的，或者是一些实践的**法则**。

"那个条件"也就是那个普遍规定了，也就是说，这个普遍规定可以是主观的，也可以是客观的，这个地方还没有区分出来，但是现在开始把它区分出来。如果它这个条件只是主观有效的，那么它所统帅的那些原理呢，就是一些准则；但是如果那个普遍的规定被认识到是客观的，什么叫客观的呢？即作为对每个有理性的存在者的意志都有效的，那它们就成了法则。在这里我们要注意康德的用语，关于客观的意思在这个地方呢，与一般理解有所不同。在《纯粹理性批判》里面，他的客观的意思主要指普遍必然性。当然这里也是指普遍必然性，但是这里所强调的呢，是对每个有理性的存在者的意志都必然有效。在实践理性批判中，他的客观的意思就是人人有效，对人人都有效就是客观的，你个人有效那是主观的。他这个主客观的关系相对应于个人和大家、个人和群体之间的关系。个人的是主观的，如果是群体的，大家普遍都认可的，那就是客观的。这个意思稍微有点区别。当然大家都认可，在这个范围之内，也就是普遍必然的，基本意思没变。但是在《纯粹理性批判》里面那个普遍必然，它是针对着自然对象、经验对象而言的，能够普遍必然地运用于每一个经验对象之上，这就是客观的。而在《实践理性批判》里面呢，因为他讲的是实践嘛，所以它是因为能够被每一个有理性者所采纳的，这就是客观的。至于对象怎么样，在这里他不管。或者说，相反，如果你的这个原则要取决于对象，那不一定是客观的，它取决于你所需要的经验对象，那很可能恰好是主观的；相反，不取决于客观的对象，只取决于你自己的最高原理，比如说道德律，那反而是客观的。所以这个地方的客观的意思跟前面有所不同。那么，如果是这样的，那个条件被认识到是客观的，即作为对每个有理性的存在者的意志都有效的，这些原理就是客观的实践法则。法则，Gesetz，这个概念基本上也是一个知性的概念，当然有时候也用在理性上，理性的法则。知性、理性应该说都可以用。但是它的基本的意思呢，就是客观性的法则。所以我们经常把它翻译成"规律"，在自然科学里面我通常译作规律，自然规律，当然也可以译作自然法则。这个词更带有一种客观性。那么，《实践理性批判》所要追求、所要探讨的就是，实践的理性能不能有法则，还是仅仅只是一些准则？只是一些准则，那就没有什么法则了。虽然准则也要使用理性，但是这些理性是作为工具，临时应付，碰到什么，我就用理性去操作。但是理性本身在这里是不是一种普遍法则？那个没有，它都是临机应变的，它没有任何一个原理可以普遍地运用于一切场合。所以康德所要探讨的是究竟有没有实践理性的法则。当然如果你一开始就定下来了，我们有纯粹实践理性，那法则当然就是不言而喻的。我们就要从法则出发，来批判其他的一切实践行为。哪怕这些实践行为里面运用了理性，我们也要看它是如何运用的，这就是实践理性批判。那么前面这一段整个来说就是把这几个概念区分清楚，掌握住，后面才好进行。不然的话就容易引起混淆。法则啊，准则啊，原理啊，原则啊，规则啊，等等，所有这些概念，都有层次上的不同。

注释

我们来看这一段注释，这个注释很长，这个注释就是对前面的那些解题的概念的具体展开。前面只是对这些概念本身作了一些定义，什么叫准则，什么叫法则，什么叫原理，就是他打了着重号的这样几个词，那么下面具体来讲。

　　如果我们假定**纯粹**理性在自身中就能包含有一个实践的、即足以规定意志的根据，那么就有实践的法则；但如果不是这样，则一切实践原理就会只是准则而已。

　　这个在序言里面已经讲到了，只要你假定有纯粹理性，那么你就必然会承认，纯粹理性在自身中就能包含有一个实践的法则，就会提供一个法则。因为纯粹理性嘛，所谓"纯粹"，就是超越一切经验的内容之上，超越一些感性的、实用的那些实践活动之上，这样一种纯粹实践理性就是纯粹理性在实践中的运用，那么它肯定是有法则的。"如果我们假定**纯粹**理性在自身中就能包含有一个实践的、即足以规定意志的根据"，也就是说，如果我们假定纯粹理性是实践的，由于它是"纯粹"的理性，所以在它自身中就包含有一个足以规定意志的根据，而不受外界可能的经验条件的限制和干扰。纯粹理性包含有一切实践的内部的一个足以规定意志的根据，它是一个充分条件，单独由它来规定意志是完全可以的。如果这样来理解纯粹理性，那么，我们就有了实践的法则。既然在实践中我们可以找到纯粹理性作为我们规定意志的一个充分的根据，那么，由这个根据，我们就可以展开一条实践的法则了。这句话就是解释"法则"。上面一段讲法则还没有联系到实践理性，还只是讲对每个有理性的存在者的意志都有效，讲这些原理是客观的或者是一些实践的法则。那么这些实践的法则在这个注释里面就展开了，具体来讲，它就是纯粹理性作为意志的充分规定的一个实践的法则。所以，实践的法则是跟纯粹理性相关的，一般的实践的准则倒不一定是这样，它很可能是由不太纯粹的理性在那里作为它的根据，或者甚至于是只是运用了一下实践理性，而真正的根据其实是感性。当然间接的根据也是理性，但是最终的这个根据还是感性。所以他讲，"但如果不是这样，则一切实践原理就会只是准则而已"，如果不是假定纯粹理性包含有一个实践的足以规定意志的根据的话，那么，一切实践的原理就会只是准则而已。由此我们可以看出，所谓准则，就是在它的意志的规定里面没有假定纯粹理性，或者它只是假定了一般理性,而不追求理性的纯粹性。那么,这样一些原理呢,就只会是准则。可见,所谓的实践的原理里面既包含有实践的法则,也包含有实践的准则。在这些原理里面,什么是实践的法则,就是包含有纯粹理性作为它的规定根据的,那么没有包含纯粹理性作为它的规定根据的,那就是一般的实践原理,就是准则。

在一个有理性的存在者受到病理学上的刺激的意志中,可以发现有诸准则与他自己所认识到的实践法则的冲突。

这个"病理学上的"我们有个注释,pathologisch 在康德哲学中的含义是"由感性冲动所规定的"。这个词的译法有人提出不同的看法,就是说,能不能译成"病理学上的"? 我们是根据词典上面的含义翻译成"病理学上的"。当然并不是说一切根据词典上翻译的就都是对的,但是我们之所以要从词典上取这样一个译名,是有特定的意思的。就是说 pathologisch 这个词来自于希腊文,pathos,它的意思有情感、激情,特别是那种痛苦的激情。Passion (激情、悲情) 也是来自这个词。所以它包含有一种病理学的含义。就是病理学要考察人的疾病,从生理上的、感性的基础来考察。人有病痛,那么这个病痛是属于什么样的一种类型,是出自于哪个病灶,在现代医学上就要进行解剖,要取得切片,或者是做 B 超,或者做 CT 来检查,这都是属于病理学上的一些处理办法,总之是用自然科学的手段来检查。那么这个词之所以被翻译成病理学的,通常也就是从这个眼光来看的,就是从解剖学和生物学这个眼光来看待人们的那些激情,看待人们的病痛和痛苦。当然就它本身的意思来说呢,也可以翻译成感性的,所以有的人建议这个词就干脆翻译成感性的。但在康德那里能翻译成感性的词太多了。ästhetisch 也可以翻译成感性的、审美的;sinnlich 感官的,也是感性的、感觉的。好多词都可以翻成感性的。译作本能的也不行,因为跟这个词根没有什么联系,它不是本能的,本能是原发性的,这是继发性的。就是说,你得了病以后来给你检查,你有了一种情绪,有了一种情感,有了一种激情,然后我来对你进行考察和诊断。

一种意志，如果它是出自于一种临时的冲动，一种痛苦，一种不得已，那么这个时候我们可以从病理学上对它加以考察和分析。所以还是翻译成"病理学上的"比较好一点，虽然很别扭，这个地方突然插一个医学名词，好像无法解释，但是你仔细想一想，恐怕还只能这样翻译。"在一个有理性的存在者受到病理学上的刺激的意志中"，这个肯定是后天的了，受到病理学上的刺激，就是说，导致你产生激情、产生痛感，这样一种受刺激的意志中，"可以发现有诸准则与他自己所认识到的实践法则的冲突"。在这样一个意志里面，有理性的存在者受到病理学上的刺激，于是产生一个意志，在这个意志里面，我们可以发现，各种准则与他自己所认识到的实践法则之间有一种冲突。诸准则，就是受到刺激以后产生的一些准则，它们是与他自己所认识到的法则相冲突的。纯粹理性导致一种实践的法则，这个是每个人其实心里面都意识到或者认识到的。由于病理学上的刺激，使你产生出一些准则来规定你的意志，那么你就会发现，你平时所采取的那种你个人有效的准则，跟你所认可的实践法则是会有冲突的。这里是为了说明他这个法则和准则之间的区别而举这样一个例子。

例如，一个人可以将有辱必报作为自己的准则，但同时却又看到这并非什么实践的法则，而只是他的准则，反之，它作为对每一个有理性的存在者的意志而言的规则，就可能在同一个准则中自己与自己不一致。

就是说，有辱必报肯定不是什么实践的法则，这是每一个人都可以看到的，每一个有理性者用理性想一想，他就会看到，这并非什么实践的法则，而只是他的准则。有辱必报是不是可以成为法则啊？那你就可以想一想啊，所有人都有辱必报，包括你所报复的那个对象，他也有辱必报，那就是冤冤相报何时了。冤冤相报何时了是任何人都不愿意看到的，包括有辱必报的人，也不愿意看到。有辱必报的人总是想，我这一次报复了，对方就再不敢来了，就像巴勒斯坦和以色列。巴勒斯坦内部，哈马斯和法塔赫最近也在爆发枪战，打死了好几十个人，自己人打自己人，他就是有辱必报嘛，就是出于意气。你打以色列嘛，你还可以有一个正大光明的目的，要夺回你们的土地，以色列是强占了你们的土地，你还可以这样说。你跟法塔赫的争论，你就不能这样说了，那是你自己的兄弟啊，无非就是有辱必报嘛。互相刚刚订立了停火协定，马上就破坏了，甚至于一边在订协定，一边在破坏。这就是冤冤相报。实际上包括哈马斯也好、法塔赫也好，都不愿意看到这样的结局。他们总认为自己的这一举动，就摧毁了对方，对方再也不敢来了，再也没有能力来报复了，那就好了。所以有辱必报的这个准则，绝非实践的法则，而只是他的准则。作为对每一个有理性的存在者的规则，法塔赫也好，哈马斯也好，以色列也好，他们都当作一条规则，那就可能在同一个准则中自己和自己不一致。有辱必报，报来报去最后大家都死光了，大家死光了就没有有辱必报了。所有的人都死了，那还报谁呢？谁来报呢？所以，有辱必报这样一条法则就会自我取消，那就是在同一个准则中，自己和自己不一致。这是从结果上来看。从动机上来看也是这样，每一个有辱必报的准则的执行者都希望对方不要有辱必报。从主观动机上来说，它也是自相矛盾的；从后果上来说，它也是自相矛盾的。所以它是自己和自己不一致的。

　　在自然知识中凡发生的事情的原则（例如在运动的传递中作用和反作用相等的原则）同时就是自然规律［法则］；因为理性的运用在那里是理论上的，是通过客体的性状规定了的。 [20]

　　也就是说，在自然知识中，凡发生的事情的原则，这个原则用的是Prinzip，所以他的用语不是很严格的，明明说了原则只能用在理性方面，在这里又用到知性上了。凡发生事情的原则，同时就是自然规律。这个原则跟规律，跟法则是同一的。每一件发生的事情，它所遵循的原则，例如在运动的传递中作用和反作用相等，也就是牛顿的第三定律，那么它同时就是自然规律，就是自然法则。每一次它都有效，每一次它都是这样发生。它不可能以别的方式发生，作用力和反作用力不可能不相等，那么它的知识是怎样，它的客观法则也就是怎样，这个里头没有区分。自然知识是反映自然规律的，很显然，它不是主客观冲突的，它就是主观符合客观的。所以后面解释,"因为理性的运用在那里是理论上的,是通过客体的性状规定了的"。理论上的,就是说客观上对自然对象而言的,你不能随意想怎么就怎么,不是通过你的意志可以决定的,所谓的科学知识,它是不以人的意志为转移的,所以它是由客观的性状所规定了的。规则和每一次发生的那种原则就是同一个,没有区分。它跟实践的规则不一样,实践的准则和它的法则,一个是主观的,一个是客观的。主观的和客观的可以完全不一致,可以相反,还可以互相冲突。

在实践的知识中,即在只是涉及到意志的规定根据的知识中,人们为自己所制定的那些原理还并不因此就是他不可避免地要服从的法则,

这就是区别了。前面一句话讲了在自然知识中怎么样,这里讲到,在实践的知识中怎么样,这是对照而言。什么是实践知识?"即在只是涉及到意志的规定根据的知识中",意志的规定根据,意志由什么来规定?它的根据何在?这就是实践的知识,所谓实践的知识就是探讨这些的。你的意志,你的行为,你的动机,它们的规定根据何在。那么"人们为自己所制定的那些原理还并不因此就是他不可避免地要服从的法则",我刚才讲了原理这个概念,Grundsatz 这个概念,它包含准则,也包含法则。所以人们为自己所制定的那些原理,这些原理当然是涉及到意志规定根据的了,意志应该有一个普遍的规定根据啊,但还并不因为它规定着意志,就是他不可避免地要服从的法则。这些原理固然要规定意志,但是呢,他不一定要服从。为什么呢?

因为理性在实践中与主体相关、即与欲求能力相关,而这规则又会以多种方式视欲求能力的特殊性状而定。

为什么理性的那些原理并不一定要服从法则呢?是因为理性在实践中与主体相关,它有主观的方面,也就是与欲求能力相关,而这个与主体相关、与欲求能力相关的这样一条规则,"又会以多种方式视欲求能力的特殊性状而定"。就是在与主体相关、与欲求能力相关的规则中,它将根据欲求能力的特殊性状而有不同的规则。欲求能力的特殊性状很多了,

情感啊，需要啊，痛苦啊，病理学上的各种各样的刺激啊，所有这些东西，都属于欲求能力的特殊性状。那么理性在实践中与主体相关的时候，它的规则就会与这些特殊性状相关，而且视这些特殊性状而定。这样一来，它就不一定要服从普遍法则了，它可以由于这些欲求能力的特殊性状而偏离法则。所以，人们在为自己所制定的那些原理，并不规定他一定要服从的法则，也并不是他不可避免地要服从的法则，就是因为人的欲求能力有它的特殊性状。人不仅仅是按照纯粹理性来规定自己的意志，在他的实践行为中，他很可能受到欲求能力特殊性状的影响，这是它跟自然知识的一种区别。在客观的法则这方面呢，有点类似于自然知识，道德律有点类似于人为自然界立法的那些法则、那些自然规律。所以道德形而上学跟自然科学的形而上学都被称之为科学的形而上学，因为它们都是一些法则，都是一些规律，但是一个是在认识中的，一个是在实践中的。实践中的那些法则就其本身而言，是人不可避免地要服从的，当然实际上人们可能不去服从，这就是区别了。哪怕是他不可避免地要服从的，他也可以昧着良心去做违反道德的事情。在实践知识中已经划分出了两个层次，主观的这一方面是受欲求能力的特殊性状所决定的，而在客观的方面又必须按照道德律去行事，受道德律所规定。这就是跟自然知识的区别。

　　——实践的规则任何时候都是理性的产物，因为它把行动规定为达到作为目的的效果的手段。

　　我刚才讲规则这个词，Regel，它是最广泛的，只要是实践，它里面就有规则。这跟动物不一样。动物的那种行动，它不能叫作实践，就因为它的那个行动是没有规则的，或者它的规则是一种自然法则，比如说本能，由本能所决定的。而人的实践之所以叫作实践，是由于有规则。有规则就有理性，凡是规则都是由理性所规定的。所以他讲，"实践的规则任何时候都是理性的产物"。理性能建立规则。为什么能建立规则呢？因为它把行动规定为达到作为目的的效果的手段。理性能够把行动规定为一种手段，用这个手段去达到一种效果，而这种效果是作为目的的效果，是先想好了的效果。理性就有这种功能。理性能够规定目的和手段的关系，在自然界的那种规律，它没有目的性的关系。自然界就是因果关系，因果关系是走着瞧，一步一步来的，一个推动一个，但是并没有一个对效果的预先的估计，对效果预先建立一个目的，这个在自然界没有。目的论已经被彻底地驱逐出了自然界，这在康德那里就已经是这样了。在自然界里面我们不能用目的论来解决问题。但是在实践活动中呢，一切都是出于目的，所谓实践活动就是有目的的活动。就是说，既然是有目的，所以它有理性，理性在里面起的作用呢，就是把行动规定为达到这个目的的效果的手段。行动里面包含有这样三个环节，一个是作为动机的目的，一个是手段，一个是作为效果的目的。动机和效果都是目的，目的就是这一个行动的原因，又是它的结果。所以在实践的行动中，因和果是同一的。结果就是他最初所要达到的那个目的，也就是原因，结果就是实现出来了的动机、原因，就其内容而言是同一个东西。我把我的目的实现出来，这个实现出来的目的，跟我原来想的目的，不就是同一个目的嘛。然后呢，中间有一个手段，光有目的不行，理性还可以借助于一个中介，怎么样把这个目的实现出来。所以后来黑格尔特别分析了目的活动的一个三段式。黑格尔认为目的本身就是一个推论，大前提，小前提，结论，三段式。他的这个三段式就是目的的一种模式。当然康德这里还没有这样分析，但是他认为目的是一种理性的产物。这个理性的产物当然就包含推理的能力，理性的能力从根本上来说就是推理。知性的能力是概念和判断嘛，理性的能力就是推理。目的为什么是理性的产物呢？因为通过什么样的手段去达到你所要达到的目的，这是要通过理性的推理的。它还没有实现，但是你可以预先推出来，我有一个目的，那么我又选择了这样一个手段，这个手段是否适合于目的，是应该通过理性的推理，才能推出来的。所以实践的规则任何时候都是理性的产物。因为它把行动规定为达到作为目的的效果的手段。"作为目的的效果"，他这里之所以要这样说呢，是要与作为动机的效果区别开来。它首先有个作为动机的效果，然后呢，选择一个手段，然后呢，把那个目的作为效果实现出来。也就是作为目的的效果。

但这种规则对于一个不完全以理性作为意志的唯一规定根据的存在者来说是一种**命令**。

这种规则，就是理性的实践规则。虽然实践的规则任何时候都是理性的产物，但是，一个存在者，比如说人，他不完全以理性作为意志的唯一规定根据。人当然是有理性的，并且他也有理性的产物，就是他的规则；但是在他的行动中，他并不完全以理性作为他的意志的唯一规定根据。那么，这样一种规则对于他来说就是一种"命令"。他有规则，但是由于他不完全以理性作为他的意志的唯一规定根据，而是受到其他东西的诱惑或者强迫，所以这种规则呢，他不一定去执行。而正因为他不一定去执行，这个规则对于他来说就成了命令了。如果他本来就肯定会要去执行的，那有什么命令呢？正因为他可能不去执行，所以对他说来才是命令。命令这个概念的意思主要就是这个，就是说，有两种可能性，你可以做，也可以不做，那么命令就是说，你不能那样做，你只能这样做。如果只有一种可能性，我本来就要这样做的，我只能这样做，那就谈不上命令了。我们不能说肚子饿了，命令一个人去吃饭，他肚子饿了当然要吃饭。一个人没有想要自杀的时候，我们不能说命令他活着。只有当他想要自杀的时候，我们才能说命令你活着，这才有意义。如果没有这个前提呢，这个命令是没有意义的。所以，这样一种规则，对于一个不完全以理性作为唯一规定根据，也就是说，对于一个有可能偏离这个规则的存在者来说，它就是一种命令。

即这样一条规则，它以表达出行动的客观必要性的应当作为标志，并且也意味着，假如理性完全规定了意志，那么行动就会不可避免地按照这一规则发生。

这个"规则"在这里是最广义的，不一定是指的道德律，也包括我们日常的行为规则，实用的规则。实用的规则肯定是属于理性的，三段论嘛，从目的、手段，推出它的结果，这也是三段论，这是通过理性而推出来的规则，包括那些明智的规则。你要达到那个目的，你就必须采取这样一种手段，这是最明智的，这样才有利于实现你的目的，这是通过理性啊。在日常的实践活动中，我们都要通过理性来做推理，来做判断。但是呢，我们有时候明明知道该这样做，而我们不去做。包括一些实用的明智的劝告，我们有时候也不去做。明明我知道这样子达不到我最终的目的，但是我就是经不起诱惑。这个时候，有一个眼前的机会摆在面前，我不去捞，那白白放过了，于是我就怀着侥幸心理，违背理性的规则，所以别人看到你这个做法会认为很不明智。你因小失大，最后适得其反。但是他那个时候控制不住，他管不了那么多，那些贪官都是这样落马的。所以人并不一定是完全是以理性的头脑在世界上生活，如果有一个人完全以理性的头脑在世界上生活，我们就说这个人太精了，精于算计，什么东西他都算好了，他都是从三段论推出来的，一步一步地，每一步都采取很正确的手段，达到正确的目的。这种情况也包含在内。当然道德行为也包含在内，这个里头他还没有分出来。所以这种规则对于一个不完全以理性作为意志的唯一规定根据的存在者来说，是一种命令。根据我刚才讲的这个命令，它应该包括有条件的命令和无条件的命令，都是命令。有条件的命令也是命令，它提出一个明智的规则，用理性提出来的，当然你可以说这个理性提出的明智的规则它的前提还是感性，那个暂时不管它，它反正是由理性提供了一条合理的规则，这个规则是合乎理性的，那么你严格按照这个规则去做，你就会达到你的目的。但是我们往往做不到，我们往往不是以理性作为意志的唯一规定根据，我们明明知道理性要我这样做，但是我们在做的过程中间呢，有时候太软弱，有时候忍不住，有时候耐不住寂寞，受外界的诱惑，所以偏离了理性的既定轨道。所以，在这个时候，理性对我们来说呢，就是这样一种规则，就成为一种命令。你既然要达到你的目的，你就必须怎么怎么做，否则的话你达不到你的目的。这就成了一种命令。"即这样一条规则，它以表达出行动的客观必要性的应当作为标志"，这个客观必要性，是指的规则在行动中的客观必要性。比如说手段对于目的的客观必要性。你要按照理性的规则去做，你才能在客观上达到你的目的。你如果不这样做，你在客观上就达不到你的目的。所以在客观上是必要的，是应当的。这种应当是客观上必要的应当，你要达到什么样的目的，你就应当怎么怎么做。这样一条规则是以这样一种应当作为标志的。在日常实践的规则和道德的规则、明智的规则中，它们都有一个"应当"。当然在明智的规则里面，它这个应当不是绝对的。你有这个目的就应当，你没有这个目的，那谈不上应当。但是在道德里面呢，这个应当是绝对的，不管你有什么目的，你都应当。你至少不能伤天害理，这个应当，不管你有多少理由，有多少目的，你都应当。所以这个应当呢，也是包含两个不同层次上面的应当。那么这样一条规则呢，就是以这样一种应当作为标志。它在实践中具有一种客观必要性，当然它本身还不一定是客观的法则，但是它在实践上具有一种客观必要性，这样一条规则，以这种客观必要性的应当作为标志，"并且也意味着，假如理性完全规定了意志，那么行动就会不可避免地按照这一规则发生"。他这个地方讲的理性，没有特意强调"纯粹"理性，所以这个理性还是包含两种含义在内。假如你的意志完全由理性来规定，那么行动就会不可避免按照这一规则发生，如果你完全是冷静的，通过理性来规定自己的意志的，排除了一切感性的欲望啊，冲动啊，诱惑啊，这些东西的干扰，那么你的行动就会不可避免按照这一理性的规则发生。你要达到一种什么样的目的，你就应当采取什么手段，这就是一个规则。当然这里也不排除有时候你算计错了，你本来制定的这个策略就不对，那也许不会发生。他这里是一般而论的，就是说，按照一般的理性规则而言，它就应该不可避免地发生。你算好了的嘛。如果你真的是严格按照理性推出来的，那么康德作为一个理性主义者，他相信这样一种实践行动，就会原原本本地实现出来。如果没有实现出来，我们可以检讨，你在理性制定的时候，是不是还不科学，或者是你的知识还不够，你还有些情况没有预见到，那是属于实用的理性、明智的劝告。有些明智的劝告其实是馊主意了。搞了半天，按照他的办法去做，没有达到预期的结果，那也是可能的，那我们就说这种劝告实际上是不明智的。真正明智的劝告就应该不可避免地必然地把他的结果实现出来。当然道德更是这样。假如纯粹理性完全规定了意志，那么行动就会不可避免地按照法则发生。但是这里讲的是比较宽泛的，假如理性规定了意志，那么行动就会不可避免地按照这一规则发生。

　　所以这些命令是客观有效的，并且完全不同于作为主观原理的准则。

　　这些命令也就包括明智的命令和道德的命令。客观有效跟客观的法则还有点区分。客观有效的并不一定就是客观的，比如说那些明智的有条件的命令，有条件的命令本身还是主观的，它是由主观的欲望、各种特殊的性状所规定的，归根结底是这样的。但是为了这个出自于主观欲望的目的，我们运用了理性，理性在这里头只是作为一种手段。当然你可以说，这个理性规定了意志，理性根据我们的欲望的各种特殊性状而规定了意志，但是在规定意志以后呢，你既可以不按照那样去做，你也可以按照那样去做，所以这样一种规定就成为了命令。那么在这种情况之下呢，这种命令是客观有效的，但是它本身还是主观的，是出自于主观准则，不是出自于法则。当然也包含那种客观法则。客观法则也客观有效。所以这些命令就包括两个不同层次上的命令，都是客观有效的，并且完全不同于作为主观原理的准则。准则完全是主观的，就是说，它可能是完全无效的，但是你自己主观上把它作为你自己的一条原理，终身行之，你屡遭失败，但是呢仍然不回头。这可以作为你的主观准则，比如说，有辱必报。有辱必报导致冤冤相报，报来报去，人都死光了，但是你还是抱着它不放，一定要复仇，搞自杀性爆炸。这个也可能是这样的，但是它并不是客观有效的。冤冤相报，就你的目的而言，你并没有实现有辱必报，报了以后你受到更大的侮辱，你又去报，又受到更大的侮辱，你哪里报得完呢？双方都受到越来越大的侮辱。所以这完全是一些主观的原理。主观原理也可以持守，但是它不一定有客观的效应。相反，这些命令则都是客观有效的，明智的命令和道德的命令都是客观有效的命令，并且完全不同于作为主观原理的准则。对巴勒斯坦的问题，我们可以从两个层面来解决。一个是从明智的命令、明智的规则来解决，就是大家合理地谈判，根据各人的利益，如何分配土地，耶路撒冷如何治理，大家坐下来理性地谈判、对话。再一个就是道德上面，道德上面你冤冤相报，就是没完没了，所以你必须要宽容，要上升到一个道德律的层次。所以，不管是从明智的方面，还是从道德的方面，其实巴勒斯坦问题都可以解决，都有解决的办法。其他的地区，其他的问题，其他的冲突，有很多这样的先例已经解决了，但是在这个地区呢，人们解决不了，就是因为人们缺乏理性，情感至上。所以，客观有效的命令呢，是完全不同于作为主观原理的准则的。

但这些命令要么单只考虑到结果及其充分性，来规定有理性的存在者的、作为起作用的原因的原因性的那些条件，要么只规定意志，不管它是否足以达到结果。

我刚才强调的这两个层次在这句话里面就体现出来了，这句话就从这些命令中又划分出了两个层次。在第一个层次上，它们是一种明智的命令，明智的应当，它只考虑到结果及其充分性。充分性就是达到结果的充分性，也就是手段的充分性，你能否实现，你有没有充分的把握把它实现出来，你有没有充分的条件把结果实现出来，那就是手段。只考虑到结果和达到结果的手段，由此"来规定有理性的存在者的、作为起作用的原因的原因性的那些条件"，这就是明智的考虑。结果是要有条件的，手段更是本身就是条件。就是说，你从结果方面考虑，能不能做到啊，你的那个明智的劝告能不能实现出来呀。它的结果要实现出来，必须要有些条件，也就是说要有一些手段。有理性的存在者的原因性，什么原因性呢？作为"起作用的原因"的原因性。"起作用的原因"是一个非常流行的西方哲学术语，就是亚里士多德提出的所谓致动因，又译成动力因。

亚里士多德的"四因"，一个是形式因，一个是致动因，一个是目的因，一个是质料因，由四种原因产生了整个宇宙。其中致动因或者说动力因就是起作用的原因。就是说，它是现实起作用的原因，它实际推动了万物。作为起作用的原因的原因性，也就是实际推动的因果性，有理性的存在者的这样一种原因性都是有条件的。当然有理性的存在者作为一个原因性的存在者，本身是作为一个自由的存在者，所谓自由，我在前面讲了，就是自行开始一个因果序列，它本身是无条件的。所谓自行开始，就是说，他不需要其他条件而能够对那个因果序列起作用，产生第一推动。牛顿的第一推动力就诉之于上帝的自由意志嘛。而在我们人的一切行动中，其实每一个人都是他的行动的第一推动者，因为他是自由的存在者。那么，我考虑到结果和它的充分性，和它的手段，来规定有理性的存在者的作为起作用的原因的原因性，这就是把一种条件加在我的自由意志上了，我是在这种起作用的原因的条件系列之下来发挥我的自由意志的原因性的。起作用的原因就是在现象中、在经验中，要改变客观世界，要推动客观世界，对它起作用。作为这样一种原因性，那么显然是把人的自由的原因性和自然律结合在一起考虑，或者混合在一起考虑的。自由的原因性本来是超验的，它跟因果律是在不同的层次上的，一个是在物自体的层次上起作用，一个是在现象界的层次上表现出它的作用。自由的原因性当然要起作用，不起作用它就等于是空的，就等于被取消了，它肯定要起作用。但是一旦起作用，它就进入到现象界了，它就按照现象界的规律，按照自然科学的规律在起作用，就按照病理学上的规律在起作用。所以他这个地方强调作为起作用的原因的这样一种原因性的那些条件，就是主体的那些条件，有理性的存在者的那些条件。如果这些命令只是在结果和手段的方面来考虑这样一些条件怎么样发生它的作用，那就是有条件的命令了，那就是明智。我们经常劝一个人，你想一想你这样做能不能达到你的目的，这个就不是从道德上来给他提建议了，而是从明智的角度来给他提建议，从一种理性的算计这个角度来给他提建议。通常这种建议是更有效的。因为一般人不喜欢听道德说教。你跟他说，你应该这么这么做，他不听的。你跟他说，你这样做能达到你的目的吗？他就听了。一般人都很实际的，道德不道德我们先放在一边，你这样做适得其反，你要指出来，那他就会听你的意见了。如果做一件事情的目的跟实际达到的结果完全不同，那是任何人都不会做的。哪怕一个盗贼都不会甘心的。这是第一种情况。第二种情况，"要么只规定意志，不管它是否足以达到结果"，这就是道德了。只规定意志，你应该这样做，而不管它的结果如何，不考虑它是否足以达到预想的结果。我们世俗生活的人都要考虑结果的，但是我们的道德说教呢，就是说，哪怕有悲惨的结果，你也应该这样做。为什么宣扬那些烈士呢，宣扬那些见义勇为的人，哪怕他们没有好下场，有的丢了命，有的变成残废，有的损失了钱财，有的丧失了亲人，等等。那么我们为什么还要宣扬他们呢？就是不考虑结果，只规定意志。当我们这样说的时候，即算我们不模仿他，我们害怕，我们也对他肃然起敬。一个人可以做到这样，难道不令人肃然起敬吗？如果有这样一个人站在你面前，你会感到肃然起敬，因为我做不到，而他做到了，他不是为了他自己的任何私人的目的，他不考虑任何结果，他不顾后果，纯粹出于道德，这个就是很难做到的了。但这也属于上述命令中的一种，或者说是最高的一种。我之所以对他肃然起敬，就是这个最高的命令在我的内心也有，而我没做到，所以我才觉得他了不起。他能够做到我本来应该做到的事情，不管他最后达到什么结果。

前者将会是假言命令，并只包含熟巧的规范；反之，后者则将是定言的，并且将是唯一的实践法则。

"规范"，这又是一个概念，Vorschrift，熟巧的规范，跟规则有一些类似了，是操作性的。当然你也可以译成别的，但是我们这里为了区分，我们把它翻译成规范，熟巧的规范，熟练技巧，明智。一个人非常富有经验，他知道什么样的情况该用什么样的办法去对付。这样一种命令是属于假言命令。假言命令就是"如果……那就应该……"，假言命题都是这样。假言判断，假言推理，都有个"如果"在前面。如果没有这个"如果"，那后面这个判断也得不出来，后面这个推理也推不出来。它的前提就是我们假定有这么个前提的话，那么你就应当怎么做。在判断中是这样，在命令中也是这样。如果你想要获得更大的财富的话，那么你就应该拼命地去赚钱，你就应该没日没夜，你就应该加班。你躺在床上舒舒服服的，你能赚到钱吗？当然在中国也有，比如现在炒股，躺在床上就可以赚到钱，所以现在银行里的存款都被提光了，都投到股市里面去了，把股市炒得高得不得了。但是那毕竟是很少的情况，而且在中国这种情况具有赌博的性质，完全不规范的。一个规范的股市是没有那么容易赚到钱的。个别情况下有，但是个别情况不能成为你的规则。你把个别情况当作你的规则，在大多数情况下，你肯定要血本无归。但是在中国，人们把这种机会——我们称之为缘分吧，当作一条普遍规则，把这种偶然性当作普遍规则。中国人最喜欢赌博，打麻将啊，进赌场啊，有了钱就干这个。但是这里头就没有规则。很多赌神、股神，都是有歪门邪道的。要么你事先得到了信息，要么你就是可以出千，所谓出千就是搞鬼了，没有法则，不讲规范。但是，在康德看来，假言命令必须包含有熟巧的规范，它有一套操作性的规范，你要按规矩来，按规矩出牌，这才是明智的。你凭运气，那是不明智的，运气是靠不住的。他说，"反之，后者则将是定言的，并且将是唯一的实践法则"，后者，就是只规定意志，不管它是否足以达到结果，这只有在道德律的情况之下才有可能。那么这样一种情况呢，它的命令是定言的。定言判断，也翻译成直言判断，kategorisch。我们现在通常译为定言的，跟假言的相对。假言的就是前面有个"如果"，定言的前面则没有"如果"。你应该，那就是应该了。假言判断则是说，如果你想达到什么目的，你就应该怎么怎么样做。这个如果里面就可能包含着、埋藏着感性经验的条件。就是说，你有一种感性上的欲望，那是你个人的一种欲望，你可以有，也可以没有。如果你想老来不受穷，年轻的时候就应该攒钱，这只是一个如果而已。但是并非所有的人都愿意老来不受穷，有的人认为自己活不到老，比如说他得了癌症，或者得了一种什么病，只能活到 40 岁，活不过 50 岁，那他不用攒钱了，他赚了钱就花掉。所以这个如果是各人不同的。但是定言命令就没有这个如果，不管你有什么样的个人不同的前提、条件、设想、目的，你都应该这样做。所以后者这种情况是定言的，并且将是唯一的实践法则。实践法则唯一的就是这样一种法则，是定言的。如果是假言的，那这个假言里面就有各种各样主观的考虑，那就不可能是法则。主观的考虑绝大多数是出自于个人对幸福的一种理解，我怎么样才能够最幸福，追求最大的幸福，好像看起来人人都追求最大的幸福，但是人人都不一样。你把这个看作是最大的幸福，他把那个看作是最大的幸福，你对幸福的要求很小，他对幸福的要求可能更大，甚至你的幸福就是他的痛苦，这些都各不一样，没有一条普遍的法则，顶多是一些明智的规则。但是唯一的实践的法则，那就是道德律。唯有道德律，才是人人都一样的，没有任何条件，没有任何如果，都必须做，而且是客观的。当然这样一些实践法则出自于纯粹理性，前面的那些实践的规则虽然也是出自于理性，但不一定是出自于纯粹理性。定言命令和假言命令的区别，在康德那里就是道德和无关道德的区别，这是一道分水岭。前面提了好几个概念，一个是原理的概念，一个是规则的概念，一个是准则的概念，一个是法则的概念，还有原则的概念和规范的概念，定言命令和假言命令的概念，这些概念之间的关系要搞清楚。它们的层次的细微的区别，它们的范围的广和窄，我已经大体上给大家讲了一下。把握概念之间的界线和范围，是理解下面的一个关键。

　　所以准则虽然是一些原理，但并不是命令。

　　这个"所以"是根据前面来谈的，就是说，命令和准则，两者之间是不能等同的。准则是主观的一些原理，因为它有理性在里面起作用，为一定的目的配备了一定的手段，因而形成了自己的准则；但它还不是命令。它在两种情况下都不是命令，一种情况是没有为它设定条件，这个时候它是可做可不做的，没有人强迫他去做。比如为了避免老来受穷，你必须年轻时积累钱财,这是假言命令;但如果你根本不考虑老来的事,或者宁可老来受穷,你也就可以不去积聚钱财,没有前提条件,积聚钱财就不构成对你的命令。第二种情况是这个主观原理仅仅是准则,而不能上升到客观的法则;而如果能够上升到法则,那么它就有可能升级为命令,这时它就成了无条件的命令,或者定言命令。除了这两种情况,就准则本身来看,虽然它们已经是原理,有理性参与其中了,但还不是命令,既不是有条件的命令,也不是无条件的命令,只是实践中的一些技术性的原理,可供选择。

　　<u>但命令本身如果是有条件的,就是说,如果它们不是把意志绝对地作为意志来规定,而只是考虑到某种被欲求的结果来规定,即如果只是些假言命令,那么它们虽然是实践的**规范**,却决不是实践的**法则**。</u>

　　前面讲的是准则,准则虽然是原理,但不是命令。注意这些打了着重号的词,原理、命令,这里是规范、法则。就是说,如果有一种命令,它本身是有条件的,就是它们还没有"把意志绝对地作为意志来规定"——如果把意志绝对地作为意志来规定,那就是无条件的命令了,但现在它还只是有条件的命令:"而只是考虑到某种被欲求的结果来规定",被欲求的结果当然就是命令的条件了。比如我考虑要避免老来受穷,把这个目的放在前面,作为我的意志的条件来下命令,要求我现在努力工作赚钱,如果是这样一种命令,那它们就是些假言命令。假言命令就是说,假如你要想怎么样,那你就得怎么样,你就应当怎么样。那么这样一种命令就成了一种实践的"规范",但还不是实践的"法则"。规范我在前面已经讲到了,Vorschrift,Vor 就是在前面,预先,schrift 就是写出来的东西。这就是规范。它们虽然是规范,但却决不是实践的法则。有条件的命令,假言命令,作为一种命令来说,它们是实践的规范,就是说,假如我预定了自己的目的,我就必须遵照某些规则去做,这些规则就是实践的规范。但是却不是实践的法则,法则是具有普遍性和客观性的,它不以我心里是否预定了某个目的而转移,它是绝对的、没有条件的,在任何条件之下

它都普遍地有效，所以叫作法则。准则跟这个不同，规范跟这个也不同。也可以说，准则不是命令，但是有条件的准则可以是命令，这种假言命令就叫规范；但还不是法则，还没有达到法则的那种客观普遍性，它只是一些假言命令，取决于你所设定的某种主观目的。

实践的法则必须还在我问自己是否根本上具有达到一个欲求的结果所要求的能力、或为了产生这一结果我必须做什么之前，就足以把意志作为意志来规定了，因而它们必须是定言的，否则就不是什么法则了：

前面讲的规范还不是实践的法则，那么实践的法则是什么呢？实践的法则与前面讲的不同，它必须还在我设定一个欲求的结果作为条件之前，也就是在考虑达到这个结果的能力和技术手段之前，就足以把意志作为意志来规定了，也就是足以成为命令了。欲求的结果就是目的，既然我问自己有没有能力达到它以及如何达到它，那显然我是把实现这样一个结果当作给自己下命令的条件的，如果我没有这样一个目的，那么达到它的能力或手段就都谈不上。这就是实践的规范作为假言命令的特点，它是根据要达到的结果来下命令的。那么实践的法则呢，必须还在我问自己是否根本上具有达到这样一个欲求的结果所要求的能力之前，就对一个行为下命令了。就是说，不需要问，我能不能做到啊，是否能够实现我所欲求的结果啊，在问这些问题之前我已经决定必须这样做了。甚至别人问起来得到了否定的回答，我仍然决定这样做而毫不动摇。法则就是知其不可而为之，或者根本就不问其可不可，哪怕晓得我根本没有办法、没有能力达到我任何欲望中的结果，我还得这样去做，我是按照道德命令去做，我应该这样去做，不考虑任何欲求的目的。因此也不考虑达到这些目的的手段，不考虑"为了产生这一结果我必须做什么"，这都是技术问题，丝毫不影响命令的内容。那么我只考虑什么呢？我只考虑纯粹意志的要求，绝对的意志要求，我必须抛开一切条件，单纯就意志来规定意志，或者说，让意志不受任何感性的束缚而自己规定自己，这就是后面要讲的"意志自律"了。实践的法则是这样的，就是在一方面，不考虑任何欲望的结果是否能达到，另一方面，不考虑我要达到这个结果必须掌握哪些手段，而是单就意志本身来规定意志。就是说，我只考虑按照法则我应该怎么做。至于这样做会达到什么结果，达到那个结果需要一些什么手段，这些我都不考虑。如果要考虑那些，那就没有普遍性了，那就只是在某些特殊的条件之下，我的意图才能够实现，那还能叫法则吗？法则就是不管是什么样的条件，经验的环境，经验的手段，经验的效果，在这些东西我还根本没有考虑之前，我就已经决定了我应该怎么做，因为这种法则的命令具有不以任何经验条件为转移的客观普遍性。"因而它们必须是定言的，否则就不是什么法则了"。kategorisch 是定言的，它来自于希腊文 kategory，原指"范畴"，把它变成一个形容词 kategorisch 就是定言的。这个里头是怎么转过来的，我在《纯粹理性批判》里面讲康德的范畴的时候已经讲到了，范畴是一种最普遍的概念，极大的概念，最高的概念。一个概念要达到范畴，那必须有绝对的普遍性。也就是说，一般的概念，我们说马的概念，动物的概念，物体的概念，人的概念，这都是概念，各自有一定的适用范围；但是有一种概念是最普遍的，它在一切地方都适用。比如说因果性的概念，实体性的概念。世上万物，天上地下，一切事物都有原因，一切事物都有它的实体。这个是没有例外的。但是你不能说一切事物都是动物，一切事物都是人，那是绝对不可能的。所以范畴是最大的概念，而最大的概念在康德看来就是顶尖级的了，顶尖级的那就是无条件的，那就是先定的。它所形成的判断就叫作定言的，kategorisch，形式逻辑上就是无条件的判断，又译作"直言判断"。它的表达式就是 S 是 p 这样一个命题。把这个判断变成命令式，就是 S 应当是 p，你应当怎么样，你必须怎么样，这样一种命令，那就是定言命令，它跟定言判断是同构的，都是无条件的。定言判断有的翻译成直言判断，意思就是它直接说，没有设立条件，定言命令也是这个意思，就是不需要有什么条件，你就应当这样做，其他的东西都要以它为条件，它是最高的。所以他这里讲，实践的法则作为命令来说，它们必须是定言的，否则就不是什么法则了。与定言判断相对的是假言判断，即如果怎么样，那就会怎么样；从假言命令来说就是，如果你想要怎么样，那你就应当怎么样。假言命令就是有条件的命令，首先要预设一个条件，然后在这个条件之下，你要实现你的目的，那你就应当怎么做。前面讲的那种规范就属于假言命令。而实践的法则属于定言命令。实践的法则有双重身份，一方面它跟准则一样，它也是原理，但是同时呢，它本身又是命令，它把自己的准则直接提升为法则。而实践的准则本身不是命令，它要变成命令，必须要变成规范，这就必须加上预设的条件，按照这个条件它才下命令。那么实践的法则呢，它不需要变成规范，它本身就是一种命令了。所以这种命令就必须是定言的，否则就不是什么法则了，就没有普遍性了。下面他解释，如果不是定言的，为什么它们就不是法则了呢？

因为它们没有必然性，这种必然性如果要作为实践的必然性，就必须不依赖于那些病理学上的、因而是偶然附着于意志之上的条件。

它们，就是那些非定言的命令，没有这样一种必然性，哪一种必然性呢？就是"这种必然性如果要作为实践的必然性，就必须不依赖于那些病理学上的、因而是偶然附着于意志之上的条件"，这里意思就是说，非定言的命令不具有那种摆脱了一切病理学上的偶然条件的实践的必然性。在理论上它们当然还是有必然性的，比如说规范，你要达到这样一个结果，你必须采取什么手段，必须按照规范来做，这里有一种自然因果律在里面起支配作用，你必须按照自然因果律的必然性选择你的手段，否则肯定达不到你预设的目的。这当然有必然性的。所以他这个地方讲到它们没有必然性，是指实践上的必然性，这种必然性必须不依赖于那些病理学上的、因而是偶然附着于意志之上的条件。在实践的必然性上面，你应当这样做，这在任何情况之下都没有例外的，都不可能是别的样子，你必须按照法则去做。病理学上的东西对人来说当然是偶然的，你的突发的激情，突发的欲望，或者是因为你的某些病态，而产生的一些奇奇怪怪的感觉和需要，它们对意志有影响，但是它们是偶然地附着于意志之上的，它们干扰意志本身的法则。意志本身本来有自己的法则，按照纯粹意志，你就应该怎么做；但是由于有这些偶然的干扰，你为了达到某些别的目的，如减缓内心的苦恼，或者是为某种刺激所困惑，然后你偏离了你的意志的法则，把这样一些感性的需要附着于意志之上。这些条件就使得定言命令变成假言命令了，不是真正的道德行为。但是你如果是有法则在心中的话，那么你就可以排除所有这些偶然的干扰，按照意志本身的必然性来对意志加以规定。

例如，如果有人说，他在年轻时必须劳动和节省，以免老来受穷：那么这就是意志的一条正确的同时又是重要的实践规范。

这就是我们刚才举的例子。在年轻时必须劳动和节省，以免老来受穷，这是一个命令，你必须或者你应该劳动，你应该攒钱，免得老来受穷。这很对呀，这条实践规范很正确呀，这个正确，richtig，它的意思就是从日常的意义上来讲的，这是一条很正确的劝告嘛。对任何人，在青年时代，你都可以这样劝告他。因为你到老了，做不动了，那时候谁来养活你呢？你还不是得靠自己的积蓄嘛。这是一条正确的劝告，毫无疑问。同时又是重要的实践规范，如果你年轻的时候是个花花公子，赚了钱，马上把它花掉了，不留隔夜财，及时行乐，有多少花多少，大手大脚，那你将来会自食其果的，你将来到没钱的时候怎么办？谁来接济你？可见这是"意志的一条正确的同时又是重要的实践规范"。但是这只是一条规范，而不是法则。这个规范是有道理的，它是合乎自然律的，合乎手段和目的的一种客观关系的。你要达到这个目的，你就必须采取这种手段。这是一种明智的劝告，非常正确，也非常重要。每个人都是这样，康德就是这样，年轻的时候省吃俭用，到了老的时候当然他衣食无虞了，他获得了一定的地位，然后他攒了一定的钱财，他也可以买房子了，他也不愁没饭吃了。这很重要啊，任何人在现实生活中，如果不考虑这种规范的话，那就很危险。虽然你能获得一时的痛快，但是你到了晚年，你就会穷困潦倒，那就很悲惨了。所以这不失为一条忠告。

但我们很容易看出，意志在这里是被指向了某种**别的东西**，即人们预设为它所欲求的那种东西，

所谓别的东西就是说，意志本身之外的那种东西，人们预设为这个意志要去欲求的那种东西，它对于意志来说当然是偶然的。意志本身有它的法则，但是在这个时候呢，它没有考虑自己本身的法则，而只是预设你要运用你的意志去追求某种另外的东西。那种东西本身不是按照意志的法则来规定的，而是按照别的法则来规定的。比如说按照自然律，人活在世界上要吃饭，要穿衣，要住房子，而且人注定会老，这是人的生物学的规律、病理学的规律。人的饿肚子是一种病理现象嘛，饿肚子就觉得很痛苦嘛，老了做不动了，就会失去生活来源嘛，所以这是别的东西，人们预设为它所欲求的了。人活在这个世界上就是要追求自己的幸福，这是一种预设。

而人们不必过问他这个行动者本人的这一欲求，是他在他自己所挣得的财产之外还指望有别的资助来源呢，还是他根本就不希望活到老，或者是想自己在将来处于困境时可以勉强应付。

我们很容易看出意志在这里指向了某种别的东西，而人们却不必过问，他这个行动者本人对别的东西的这一欲求，"在他自己所挣得的财产之外是否还可以指望有别的资助来源"，因为假如还有别的来源，那他就不必年轻时勤劳节俭了。"还是他根本就不希望活到老"，例如有人得了绝症，医生说他活不过40岁，那他也不必接受这一劝告。还有人根本就不希望活到老，打算到年纪老了，干不动了，要陷入受穷的时候，就上吊自杀，或者安乐死，结束自己的生命。最后呢，就是打算受穷，无所谓，走一步算一步，车到山前必有路，什么困境都可以熬过去。所有这些情况都有可能使一个人不听这种忠告，将这种有条件的命令的前提条件取消掉，这种命令就失效了。所以当人们提供这种明智的忠告的时候，是把这样一些情况排除在外的，因此并没有什么强制性。你不必过问对方

是否有雄厚的经济来源,不需要去挣钱;或者对方本来就没有指望自己活到八十岁,他是准备自己活到四十岁就去上吊的;或者他也许对老来受穷有思想准备,打算老了再说,总不至于饿死。到老了总有老的办法,我去捡垃圾可以呀,或者是少吃一点,但是现在我要及时行乐,吃光花光,过把瘾就死也行。有这样的人,大量的。但是提出这样一种忠告的时候不必考虑这些情况,这只是一种忠告而已,尽管很正确也很重要,但有特定的针对性,听不听由你。所以提出劝告的人本来就没有把它当作一种非遵守不可的命令,只考虑到一般情况,而没有排除大量的特例,也不必考虑这些特例。

　　<u>唯一能够从中产生出应含有必然性的一切规则的那个理性,虽然也把必然性置于他的这个规范中(因为否则这个规范就根本不会是命令了),但这个必然性只是以主观为条件的,且我们不能在一切主体中以同等程度来预设它。</u>

　　这就是刚才我讲的,这样一种规范,这样一种劝告,这样一种假言命令,其实里面是有理性的,一切规范里面都包含有理性。如果没有理性的话,他怎么可能想到一种规则呢?在上述规范中,当然也有一种规则,命令嘛,肯定还是带有某种强制性的,你得遵守这种规则才能达到目的。而理性则本来是唯一能够产生出"应含有必然性的一切规则"的,一切必然规则都是由理性产生的,包括规范,也包括法则,它们都是规则。但是这个理性在这种规范里面虽然也带入了某种强制性或必然性,形成了某种命令,"但这个必然性只是以主观为条件的",或者说是以主观的偶然情况为条件的。比如说,如果你老来不想受穷,你就必须年轻的时候勤奋地工作、攒钱,这是有必然性在里面的;但前提是,如果你老来不想受穷。必然性建立在主观偶然性之上,因为并不是人人都会想要避免老来受穷,碰巧这个人是这样想的,这个命令就对他有效,而对另外的人则无效。所以虽然你有理性,能够想到一些必然的规则,但如果没有那个建立在感性的偶然性上的条件,这种必然性仍然不能起作用,甚至根本无

效。因此理性虽然本来应该产生出一切含有必然性的规则，但在规范的情况下，它的必然性是以主观性为条件的，因而不是绝对必然的，并不能充分展示理性本来应该含有的一切必然性规则。"且我们不能在一切主体中以同等程度来预设它"，就是说，在不同的主观中，有不同的主观条件，有人喜欢未雨绸缪，有人就喜欢及时行乐，即使有同样的主观愿望，其程度也会有所不同，那么对必然性的命令的执行也就会有程度上的差别。所以尽管理性是一切必然规则的根源，在这种有条件命令的场合下却产生不了普遍必然的规则，总是因人而异的。只有在无条件命令的场合下，理性被用来作为意志本身的一贯性原则，它才能充分发挥自身的普遍必然性规则的作用，这时的规则就成了法则。所以在规范里面，理性虽然也有必然性，但它仍然是以主观为条件的，而且我们不能在一切主体中以同等程度来预设它。在各种不同的主体里面，你的这个规范，有时候可以起作用，有时候不能起作用，有时候有必然性，有时候没有必然性，在某个主体身上它是有必然性的，但是在另外一个主体身上呢，它不一定有必然性，或者它只有某种程度的必然性，我们不能在一切主体中以同等程度来预测它。所以它不是一个普遍的法则，它只是一种具体的规范。是针对某个人、某种具体情况而言的。

　　但理性的立法所要求的是，它只需要**以自己本身**为前提，因为规则 [21] 只有当它无须那些使有理性的存在者一个与另一个区别开来的偶然的主观条件而起作用时，才会是客观而普遍的有效的。

　　理性的立法所要求的是，它只需要以理性自己本身为前提。就是说，理性的立法要排除感性，排除病理学上的一切特殊情况，追求纯粹性，仅仅以理性为前提。这就是理性的法则。理性的立法必须是纯粹理性的立法，理性以自己为条件，不以任何另外的东西为条件，这就叫作纯粹理性的立法了。关于"规则"我刚才讲了，它是最普遍、最广义的，规则包含原理，包含准则，包含法则，包含规范，所有这些东西都可以叫作规则，它是最一般的。怎样的情况之下规则才会是普遍而客观有效的呢？一个规则必须要成为客观而普遍的有效的,那它必须符合一些什么样的条件呢? 这里讲了,规则只有当它排除那些具体的有理性的存在者相互区别的偶然的主观条件而起作用的时候,也就是说,排除主观条件加在理性上的特殊性,才能成为普遍的。不管你有什么样的特殊情况,你跟别人有什么不同,你有一个有钱的爸爸,他没有,或者你想活到八十岁,他只想活到四十岁,所有这些情况,我都无须考虑。规则在排除了所有那些主观条件、特殊的情况而起作用的时候,它才会是客观而普遍有效的,这时它的前提只剩下理性本身。很多人经常把自己没有遵守理性的法则归结为自己的特殊情况,我情况特殊啊,我跟别人不一样啊,所以我不能按对一般人所要求那样去做。但是理性的法则是不考虑这些的,不管你有什么特殊情况。下面又举了一个例子。

当我们对一个人说,他决不应当以谎言作许诺,那么这是一个只涉及到他的意志的规则;

我们对一个人说,你不要说谎,不要以谎言作许诺,那么当然也是一个规则,跟为了不老来受穷你必须要攒钱是一样的,也是规则;但不同的是,这是一个只涉及到他的意志的规则。你不要说谎,这样的规则只涉及你的意志,你在任何情况之下都不能说谎,不管你有什么特殊的情况,哪怕你要饿死了,你也不要用谎言来做许诺。当然现实中人们没有哪个是这样,如果一个人要饿死了,那他什么手段都可以采取,说谎啊,欺骗啊,那都可以。一般来说,世俗的人都是这样的。但是当他这样做的时候呢,他会意识到他是不应该的,他心里是有愧疚的。因为按照他的纯粹的理性,他本来不应该这样做。所以不应该说谎是一个只涉及到他的意志的规则,这样一个规则在任何情况之下都会在你的内心起作用。它是一个底线,是你的道德底线。它不因你是否要饿死了而转移,唯一取决于你的意志。而且的确会有人因为不愿意说谎而饿死了的,这说明只要你坚持这个意志,你是能够做到的,就连饿死的威胁也阻止不了你。如果一个人哪怕他要饿死了,说了谎,他也会有一丝愧疚,凡是有理性的人都会有一种愧疚。现代有些哲学家和康德抬杠，提出来有"善意的谎言"，如医生对癌症病人隐瞒病情，或革命者对敌人隐瞒自己同志的住处，这些具体情况当然都可以讨论，但并不涉及康德的意思。所有"善意的谎言"都不否认这些仍然是谎言，当事人撒了谎之后都会想到，要不是这种特殊情况，本来是不应该撒谎的。或者他只要看一看自己的理性，他就会知道，我这样做本来是不应该的。每一次谎言都是一次权衡，在道德法则和现实需要之间做出选择，而决不是说为了现实需要可以随时更改道德法则，可以坦然服从现实而问心无愧。道德法则的普遍必然性并不是说人们每次都一定会遵守它，而是说当人们为了或大或小的利益以及世俗的关系而违背它时，会在它面前有种愧疚。就是说，我现在没办法，我只能昧着良心做一次了。昧着良心就是把自己的理性故意地遮挡起来，为了应付眼前的需要。当然人类有的时候的确也是没有办法，要考虑各种人际关系，有时还有道德冲突，如医生说谎恰好是为了病人好，是与人为善，不得不在两种道德要求中牺牲一种。至少，人要活嘛，要生存嘛，有时没办法不得不撒谎。但是没办法你也至少应该有一种愧疚感，有一种忏悔精神，有一种知错的、知罪的心情。这个心理哪里来的？就是从纯粹理性来的。如果没有纯粹理性，你连这个心理都没有，那你就是动物了。但人跟动物不同就在于，他哪怕是在干坏事的时候，他也会知错、知罪，这个就是从理性来的。所以他这里讲，不说谎是一个"只涉及到他的意志的"的规则，也就是纯粹理性的一条实践规则，它不会为任何现实的关系和具体情况所动摇。

　　<u>不管这人所可能有的那些意图是否能够通过这个意志而达到；只有这个意愿才是应当通过那个规则完全**先天地**得到规定的东西</u>。

　　这样一条规则，其实已经是实践法则了，这样的实践法则，是只涉及到意志的一条规则，而不管他可能有的那些意图是否能够通过这个意志而达到。就是说，这个意志本身是有其规则的，当然它也可以被用来做别的事情，来偏离它自身的规则，去为别的事情服务。别的事情如果无

害还犹自可,但也有可能去做坏事。比如说,我说谎,为了无偿地获得别人一笔财产,我答应我一年之内一定还给他,但是我知道我一年之内根本就不会有钱还给他,或者我根本就不打算还给他,结果我拿了钱以后就人间蒸发了,这样我的目的就达到了。这里关键在于我是否达到了自己的目的,如果达不到,我的意志和所有用理性想出来的办法都作废了。但是一个只涉及到我的意志的道德法则,例如说不应当说谎,则是唯一使我的意愿完全先天地得到规定的。为什么是"**先天地**"得到规定(原译文"先天地"漏掉了着重号),因为它不考虑我所可能有的那些意图是否能够通过这个意志而实现,即能不能达到我的某个具体的目的,换言之,它的规定是只问动机、不管后果的,当然是先天的。这里用的"意愿"(Wollen)也就是"意志"(Wille)的动词形式。在"不说谎"这条道德命令中,先天地规定了不说谎的意愿,这是一个只涉及到他的意志的规则的意愿,不必考虑他用这样一个意愿来达到一个什么其他的目的,也不必考虑他这个目的是否能够实现。在我考虑到所有这些后果之前,它已经先天地得到规定了:说谎就是不应该的。但是我从后果考虑呢,我这个时候不能不说一点谎;但即算这个时候,我也知道说谎是不应该的。不管有什么样的后果。

<u>现在如果发现这条规则在实践上是正确的,那么它就是一条法则,因为它是一个定言命令。</u>

讲了前面那些例子以后,现在如果发现这条规则——只涉及到他的意志的那条规则——在实践上是正确的,它就是法则。什么叫在实践上是正确的? 前面也讲了一个正确的和重要的,那是在我的规范上,是意志的一条正确的、重要的实践规范,如果有人说他在年轻时必须劳动和节省,以免老来受穷:那么这就是意志的一条正确的同时又是重要的实践规范,但是这个正确性和重要性呢,虽然是实践的规范,但是它的正确性不在实践上,它的正确性在于它的理论上的因果关系,即年轻时勤俭的确可以避免老来受穷,这可以应验。这是一种社会知识。但是它不是

实践上正确的，而只是在理论上正确的，因为年轻时勤俭和老来不受穷之间是手段和目的的关系，它除了取决于意志外，还取决于诸多内在和外在的条件，不是单凭意志本身而正确的。真正在实践上正确的规则必须只凭借同一个意志贯彻下来，还是这条规则，成了无条件的绝对命令，定言命令。只有定言命令在实践上才是正确的。在实践上正确的意思就是同一个意志不自相矛盾，在理论上正确的则是同一个命题逻辑上不自相矛盾。实际上康德在这里也隐含了一种实践上的逻辑正确性，我们通常讲形式逻辑的正确性就是一个命题在逻辑上不自相矛盾，那么将这一原则代入实践中，则是同一个意志不自相矛盾，也就是合乎同一律和不矛盾律。如果一条规则在实践上是正确的，即这条规则不以任何具体的感性的条件为改变，为转移，它自身在意志上不自相矛盾，那么它就是一条法则了；就像一个命题在理论上是正确的，即不管它具体的内容或对象如何，它自身在逻辑形式上也必须不自相矛盾一样。"如果发现这样一条规则在实践上是正确的，那么它就是一条法则"，这种正确性还需要"发现"，并非一目了然的。比如说"不要说谎"，这是一条非常具体的命令，它有时可以配上某种主观条件，说"为了不被人拆穿而导致尴尬，你不要说谎"，这肯定不是一条法则，而只是一条准则或规则。但单独说"不要说谎"，这是不是一条法则，这就需要发现。怎么发现？当然你就要通过你的理性去思考，设想一下，如果所有的人都老是说谎，老是作许诺而不兑现，那么就没有任何人再相信任何人的许诺了；如果没有任何人再相信任何人的许诺，那么以谎言作许诺这件事情就不存在了，因为没人相信啊，没人相信你还作什么许诺呢？所以这一条规则就会自相矛盾，自我取消，也就是一旦你把它设想为一条普遍的法则的话，那么它就会自我取消。相反，如果你对任何人都不说谎，不作虚假的许诺，那么它就可以进入到一种良性的循环。如果所有的人都从来不说谎，那大家就都可以不说谎了，这个在逻辑上就自洽了，就是符合同一律、不矛盾律了，这就成了一条普遍的法则。所有人都不扯谎，那这个世界将是一个非常诚实的世界，而这条法则就可以永远站得住，永远不矛盾。所以我们要从各种准则、规则中去发现哪些是法则，就要用这种方法，凭借理性作推理性的设想，或者叫作"思想实验"。这个在康德的《道德形而上学奠基》里面讲得更清楚一些，在这个地方呢，他好像还没有展开。在《道德形而上学基础》里面，他是把它当作一条"好像是自然律"那样的法则，需要去发现，有很多命令摆在你面前，不要说谎啊，要勤奋啊，要节省啊，等等。所有这些表面上看起来都差不多，没有什么大的区别，那你就必须试验一下，做一个思想实验，去发现其中哪些是自洽的，哪些是无条件自洽的，哪些是有条件必然的，而哪些东西是根本站不住脚的。比如说扯谎，人人都扯谎，那这个扯谎就消失了，就没有必要扯谎了。如果人人都不扯谎，那不扯谎就站住了，就人人都不扯谎了。通过这样一种思想的实验，你就会发现，不扯谎这样一个命令，这样一个忠告，它就像一条自然律一样，能够站得住。凡是不符合自然律的都将被淘汰。当然它不是自然律，但是你可以按自然律的这样一种眼光去设想它，就好像有一个道德的世界，里面有一种自然律，凡是不符合普遍规律的那样一些个别情况就会被淘汰，就不会成为规律，而只是偶然现象。在道德世界里面的"自然律"，那就是道德律了，道德律就这样浮出水面，我们是这样来找到道德律的。在任何一个社会中，它并没有先定地规定哪个是道德律，哪个不是。在人类社会的早期，可能有很多被以为是道德的，比如说扯谎，扯谎最初并不被以为是不道德的，而被看作是聪明的表现，于是人人都互相欺骗。但是后来发现不行，这样一来，我们的社会就没有任何人相信任何人了，那这个社会就解体了，不再需要扯谎了，于是扯谎至少作为道德律就被淘汰了。人们就觉得还是不应该扯谎，要建立互信，大家才能在一起生活。还有比如说自杀，自杀能不能成为一个普遍的道德律？那你可以想一想嘛，如果一个部落里面人人都自杀，那这个部落还存在吗？这个部落不存在了，就没有人能够自杀了。所以在人类的早期可能有很多这样的道德律是被淘汰了的，最后剩下来的是什么呢？比如说，不要扯谎啊，已所不欲勿施于人啊，人们要互相帮助啊，你在有困难的时候也希望别人帮助，所以别人有困难的时候你也要帮助别人，这些东西都是在历史中经过淘汰所发现的。当然这是我的一种解释，这不是康德的解释。康德的解释并不是从历史的维度，而是仅仅停留于做思想的实验，康德认为道德律是需要发现的，我们可以做一个思想实验，以便从中发现道德律。在《道德形而上学奠基》里面，他是从通俗的道德哲学入手，自下而上地来发现道德律；而在《实践理性批判》里面，他是从纯粹理性在实践中表现出的法则，从上而下地来进行论证的，所以他其实不用去发现。但是在这个地方呢，还是讲到了，现在如果发现这条规则在实践上是正确的，那么它就是一条法则。所以"发现"这个词用在这里，如果不了解的话，就觉得很费解。在实践上是正确的其实不需要发现，只要从纯粹实践理性的意志出发，就可以建立起定言命令，建立起实践的法则。

　　所以，实践法则仅仅与意志相关，而不管通过意志的原因性作出了什么，而且我们可以把这种原因性（作为属于感官世界的东西）抽象掉，以便纯粹地拥有法则。

　　这是一个总结了。"所以，实践法则仅仅与意志相关"，与其他的东西没关系，与这个意志所导致的结果没有关系，与你从别的目的出发来利用你的意志，来达到别的目的也没有关系。它仅仅与意志相关，"而不管通过意志的原因性作出了什么"。意志是有原因性的，自由意志嘛，什么是自由呢，自由就是自行开始一个因果序列的原因性，这个在《纯粹理性批判》的第三个二律背反里面已经讲了。自由就是自行开始一个因果序列，它是能够影响经验世界中的因果序列的，这个因果序列是由于自由意志才发生的。康德举例，我现在从椅子上站起来，这就是一个自由意志，我要站起来。但是你站起来后面跟着就有一系列的因果序列。你如果不站起来，可能后面那个因果序列就是另外一个序列。你站起来以后，就改变了，就有了一个不同的因果序列，这是通过自由意志所作出来的，作为一种因果性的后果。那么，实践的法则不管意志的原因性作出了什么，不管你的后果如何，不考虑你的作用。"而且我们可以把这种原因性（作为属于感官世界的东西）抽象掉"，我们不考虑原因性的后果，而且连原因性本身我们也不考虑，也可以把它抽象掉。因为一旦产生原因性，一旦进入到它的作用，那么就进入到了感官世界。如果不进入感官世界，那当然你就不能起作用了，那就只能停留在想一想而已，而不是一种实践。实践就要去做，一做就进入到感官世界了，那么进入到感官世界它就会有它的后果。而实践的法则呢，仅仅与意志相关。所以它不考虑意志的原因性的后果，同时呢，也可以把这种原因性本身作为属于感官世界的东西抽象掉。当然抽象掉还不等于不考虑，而是要抽象地考虑，把自由意志的原因性不当作感性地起作用的东西来考虑，而只看作抽象的自发性。它可以双重地来加以考虑。一方面它是物自体，自由因可以把它归到物自体，它是不能认识的，它本身是非感性的、超感官的。这是一方面。但是自由的原因性同时又具有另一方面的含义。或者说这个概念本来是一个矛盾的含义，一方面它仅仅是原因，而不考虑它的后果，不考虑它的机制，它的作用，全都不考虑，这些东西都属于感官世界；但是同时另一方面呢，如果你完全没有这些东西，它也就不叫原因性了。自由的原因性之所以叫作原因性，还是因为这个原因性本身是对于感官世界起作用的。所以它既是在感官世界中的作用，同时它本身又是超感官的。如果你仅仅说它是一种作用，那它就属于感官世界；但是如果你把它的作用全部排除，那它就不是一种自由的原因性了，它还没有体现出原因性，还没有起作用。没有起作用怎么能叫作自由意志呢？没有起作用就不能够叫作实践活动、意志活动。所以这个概念是一个非常矛盾的概念。康德在这个地方没有明确地把这一层说出来，但是他已经意识到这里头的区别。所以他这个原因性后面打个括号，把原因性"作为属于感官世界的东西"抽象掉，意思就是说，原因性也有可能被理解为不属于感官世界的东西，我们应该把原因性作为一个抽象的物自体来理解。而这样抽象掉感官的东西，我们就可以"纯粹地拥有法则"了。这样我们就可以单纯从形式逻辑的不矛盾律和同一律来规定意志的法则，而不受任何感性的东西的干扰。纯粹的法则是把它的后果和因果序列的过程完全抽象掉了，它只规定一条：你要按照你的准则能够成为一条普遍法则那样去做。这就是定言命令，它是命令你去做的，但是它把这个具体的做作为属于感官世界的东西完全抽象掉了，只留下纯粹理性的形式。或者说，它的这个命令实际上是停留在纯粹理性的范围之内的命令，是一种抽象的命令，它不是在具体的感性经验中的一种命令，而是一种仅仅停留在抽象的意志这样一个层面上的命令。所以他要把凡是属于感性的那样一些原因性抽象掉，使它成为一种纯粹的法则。法则应该是纯粹的，当然它是命令，但是这个命令没有任何感性的内容，而纯粹是一种逻辑形式。所以它的这个命令只限于一种主观的动机，为义务而义务，它也是实践，但是这个实践是抽象的。凡是实践的规则都要对经验世界起作用，但是作为法则来说，它把所起的这些作用本身全部都被抽象掉了。他不管引起的是好结果还是坏的结果，是实现了他的目的还是没有实现它的目的，他最后作为一个道德的人，他感到安慰的是，我做了我应该做的事情。也许没有做成功，也许大获成功，不管你是褒他还是贬他，反正他心安理得，我做了我应该做的事情。这就是法则作为命令的含义，它停留在这样一个抽象的层次。

＊　　　　　＊　　　　　＊

§2. 定理I.

我们首先来看看康德的定理Ⅰ，这是开始进入到正题了。《实践理性批判》，对于人的实践行为、实践活动，主要是通过一种批判来建立起我们所遵循的一些实践法则。这个实践法则首先有几条定理，就是说，你要建立实践法则，那么这个实践法则的原理是如何样的？当然这个原理呢，它可以是肯定的也可以是否定的，而康德建立原理的方式呢，通常都是从否定的方面开始——确定它"不是什么"。实践的原理如果要真正成为实践的法则，首先要搞明白**它**不是什么，然后才讲它"是什么"。这是他按照通常的形式逻辑的方式所制定的程序，传统形式逻辑往往是这样，要建立一条原理，首先就要排除不相干的因素，说它不是什么。比如说在《纯粹理性批判》的先验感性论里面，时间不是什么，它不是概念，它也不是感觉，那么它是什么呢？它是直观，同时它是先天的，它是直观先天的形式。这样从正反两方面来讲规定，这是西方形式逻辑通常的程式。所以这个"定理Ⅰ"是一条否定性的原理。这条定理是这样讲的：

将欲求能力的一个**客体**（质料）预设为意志的规定根据的一切实践原则，全都是经验性的，并且不能充当任何实践法则。

下面都是对这一条的解释。我们来看看这条定理。欲求能力，在前面已经多次提到了，在康德看来，人的三大能力知、情、意，意志能力就属于欲求能力，或者说，意志能力是一种高级的欲求能力。一般的欲求能力里面当然已经有意志了，除意志之外就是欲望能力，但是纯粹意志是属于欲求能力里面的高级成分，而一般的欲望能力是低级的。那么这里讲的欲求能力，他还没有讲高级低级，就是一般来说，把欲求能力的一个客体，也就是质料，预设为意志的规定根据，所有这样的实践原则都只是经验性的。欲求能力有各种各样的客体，我要欲求一个什么样的东西，我可以欲求非常物质性的、感性的对象，当然我也可以欲求比较高级的。我可以欲求一种质料，也可以欲求一种形式。这个客体如果要广泛地来讲的话，它不仅仅包含质料，它也包含形式，所以这个地方的括号要说明是特指质料。一般人所理解的欲求的对象，都是质料性的，都是有一个具体的对象，在时间空间之中，可以感觉到、可以触摸到、可以抓在手里、可以据为己有的这样一个对象，通常是这样的。所以他这里虽然没有明确对这个客体作这样一些划分，但是他显然是讲的人们日常的一些欲求对象。那么括号里面就点明了它是质料，是质料性的这样一些客体。如果你把这些客体预设为意志的规定根据的话,那它的原则肯定都是经验性的。人的一切欲求能力都是立足于意志,但是这个意志如果你把它的对象设定为它的规定根据,那么这样产生出来的实践原则全都是经验性的。因为你是把一个经验的对象、一个感性的对象、一个物质的对象,当作了你的意志的规定根据,也就是当作所追求的对象。这里有几个概念,一个是实践的"原则"(Prinzip),一个是经验性的(empirisch)原则。他这里讲到实践的原则,日常生活中我们把一个具体的对象当作意志的规定根据,那么这样一条实践的规则还能叫作原则吗?什么叫原则?康德在《纯粹理性批判》里面讲过,说原则是属于理性的,原理(Grundsatz)是属于知性的。法则(Gesetz)可以看作原则的一种普遍运用,如这段话:"理性只会看出它自己根据自己的策划所产生的东西,它必须带着自己按照不变的法则进行判断的原理走在前面,强迫自然回答它的问题……理性必须一手持着自己的原则(唯有按照这些原则,协调一致的现象才能被视为法则),另一手持着按照这些原则设想出来的实验,而走向自然"(BXIII)。可见,原则使经验现象达到普遍的协调一致才能称作法则。还有一个就是规则(Regel),这就更低了,就是一般的所有的原理原则,哪怕是临时性的,只要是有一定次序、有一定限制性的,都可以称之为规则,规则要更泛一些。这是他的一些用语。那么他这里讲,"将欲求能力的一个客体(质料)预设为意志的规定根据的一切实践原则",用的是"原则",当然有理性的意思在里头,我们讲康德认为原则是理性的,在这个地方仍然适用。它具有理性的特点,理性的特点是推理,知性的特点是判断。那么人在实践活动中、哪怕在日常的实践活动中也要推理,我们不仅仅停留于判断。我们的行动是建立在推理上的,我这个行为会导致什么结果啊?这要通过推理,在手段和目的之间形成一个推论。后来黑格尔讲得很明确,一切行动都是一个推论。大前提小前提就是你的设定的动机和手段,从中推出目的的实现,就是结论,这构成一个三段式推理。所以在实践中,每一个实践行动里面都包含有理性的原则。但是理性的原则是不是就是最高的呢？那要看情况。理性的原则不一定是纯粹的理性原则，它可以被用于经验或感性的动机中，这就成了经验性的原则。所以他在《实践理性批判》中一开始就讲，纯粹实践理性和一般实践理性是不一样的，一般的实践理性的理性原则淹没在其他的东西之中，比如说感性、欲望、情感、愉快和不愉快，这些东西都挂在它的上面，使它摆脱不了，但是它本身还是属于理性的，因为它是推理产生的嘛。那么这样一些实践的原则，全都是经验性的。经验性的我也讲过，它跟经验不一样。经验 Erfahrung 是个德文名词，而经验性的，empirisch 是一个拉丁词的形容词。区别在于，Erfahrung 这个经验作为一个已经形成了的经验，它是一种知识。我们讲某某人有经验，那就是说他在这方面有知识。而经验知识里面就包含有先天成分，那就是先天的时空形式和范畴，也叫作先天知识。而 empirisch 完全是后天接受的，是由感官所接受的杂多的材料。那么这样一些实践原则，如果你把它的规定根据建立在质料之上，建立在一个物质对象之上，它们就都是经验性的东西，并且不能充当任何实践法则。从这里看呢，法则似乎比原则更高，就是说，原则可能是经验性的，虽然是理性的，然而它淹没在了经验之中，理性的原则要服从于偶然性和感性，所以这些原则全都是经验性的。我们有时候说康德自相矛盾，但康德自己说过，你要挑出一句话来，跟他在别的地方讲的一句话来比较，你会发现到处都有矛盾。但是这个矛盾是浅层次的，因为他的思想里面其实没有矛盾。他这里用的"实践原则"，原则是理性中的最高的，但是全都是经验性的，这岂不是自相矛盾嘛。但是，经过他的解释，这也没什么矛盾，理性原则再高，但如果仅仅被当作达到经验性目的的工具，也就不是什么法则了。我们在日常的实践中，每个人都有理性的头脑，我们都懂得推理，我们掌握了数学和逻辑，我们很理性。但是我们把这个理性完全用来为自己的感性目的服务，我们用来算计人，我们用来为自己捞好处，这些原则归根结底不是理性的，而只是经验性的。所以它不能充当任何实践的法则。法则一般来说正如原理一样是知性的，只采取判断的形式，在实践中只表现为定言命令的形式，不对结果做进一步推理，但这正是道德纯粹性的标志。所以实践的法则实际上只需要有知性就够了，但是要纯粹。知性作为认识来说是不纯粹的，它离不开经验，但是在实践中，只要我们有了知性，懂得一个判断前后一致不自相矛盾就行，就可以形成我们的实践法则。总之，这句话里面一个是讲用质料来规定意志的实践原则全都是经验性的，另外一个是强调，这样的原则不能充当任何实践法则。这就是下面两段分别要加以论述的内容。

<u>我把欲求能力的质料理解为一个被欲求有现实性的对象。</u>

刚才说了，欲求能力的一个客体，是指一个质料的客体。这里说，我把它理解为"一个被欲求有现实性的对象"，严格地直译为"一个被欲求其现实性的对象"。就是说，这样一个欲求能力的对象，被我们要求它具有现实性，或者我们要求它的现实性。这个对象不是抽象的对象，不能停留在空谈，而是要有现实性，要能够摆得出来，要能够兑现。这就是欲求能力的质料，显然它的对象只能是感性的或者经验性的，不是你想一想而已的。

<u>既然对这个对象的欲望先行于实践规则，并且是使这一规则成为自己的原则的条件，所以我就说（**第一**）：这条原则于是任何时候都是经验性的。</u>

这里出现了"规则"，我刚才讲的 Regel，这个规则是最泛的一个概念。规则、原则、原理、法则、规律、规范，还有准则（Maxime），这些概念里面，规则是最泛的，它包含所有这一切，它可以指所有这一切，但是它本身是泛泛而谈的。"既然对这个对象的欲望先行于实践规则"，这个对象指刚才讲的有现实性的对象，质料的对象，对它的欲望先行于实践规则。欲望有很多种，有些不一定要求一个现实的对象，比如对理想的追求，它没有实现不要紧，我献身于理想，我相信它总有一天要实现，或者甚至我相信它根本就实现不了，但是我仍然献身于它，我为它做事心

311

安理得。但在这个地方呢，是讲对这个对象的欲望先行于实践规则，我们的欲望不是对某个理想的欲望，而是对一个现实对象的欲望，对一个有质料的感性对象的欲望。既然这个欲望先行于实践的规则，或者说我们的实践规则是按照这个欲望的对象来形成的，"并且是使这一规则成为自己的原则的条件"，我们的实践原则要以它为条件，我们以这个对象作为条件来规划我们的实践原则，来进行我们的推理——这个就从规则上升到原则了。这种原则本身是理性的，但是它仍然是有限制的，它有条件，这个条件就是说，要有一个现实的对象，有质料的客体。我们的关于对象的欲望是先行的，然后我们才从这个里头获得我们的实践规则，并且使这一规则成为我们的欲望的原则，但是先行的是对象。我们日常生活中有一些这样的原则或者规则，比如说，"人为财死鸟为食亡"，它也是一条原则，我终身就按照这条原则做事，别人怎么样我不管，或者我甚至认为这是天底下的公理，所有的人都是这样的。连鸟都是这样的嘛，人肯定也是这样的。人为财死鸟为食亡有它的普遍性和必然性，但是它的条件就是有财有食，财和食都是一些质料的客体，都是一些感性的对象。要使它成为自己的原则有这么一个条件，有感性的条件。"所以我就说（**第一**）：这条原则于是任何时候都是经验性的"，这就很好理解了。既然如此，所以这条原则，这样一种实践的原则，任何时候都是经验性的。这就是解释他前面的第一个句子成分了，就是说，所有的这样一些实践原则全都是经验性的。为什么都是经验性的？既然对这个对象的欲望先行于实践规则，并且成为这样一个规则、一个原则的先决条件，所以我就说这条原则任何时候都是经验性的。下面进一步解释。

　　<u>因为这样一来，规定这个任意的根据就是一个客体的表象，以及这表象对主体的那样一种关系，通过它，欲求能力就被指定去使这客体成为现实。</u>

　　前面讲这个定理Ⅰ是"将欲求能力的一个客体（质料）预设为意志的规定根据的一切实践原则"都不能成为普遍的法则。但这里提出了一

个任意（Willkür）的概念。在康德那里，意志（Wille）一般来说要比任意（Willkür）更纯粹，更高，意志是纯粹理性的一个理念，而任意呢，是不纯粹的。任意就是在实践中，我想干什么就干什么，这就是任意，它服从人的爱好，服从人的愿望，服从人的感性、情感。但是任意里面包含很多，它也有理性，实用的理性，它的范围比意志要广，它可以包含意志在自身内，它是一般的欲求能力。一般欲求能力都是建立在任意上的；但是意志是高级的欲求能力，那就是建立在纯粹理性之上的，所以意志在某种意义上也可以归属于任意之下，被视为任意的一种特殊情况或极端情况，相当于一般实践理性和纯粹实践理性的关系。"这样一来，规定这个任意的根据就是一个客体的表象"，前面是讲客体被"预设为**意志**的规定根据"，这里是讲"规定这个**任意**的根据"，其实讲的是同一回事。因为，以客体质料作为意志的规定根据，这意志就已经成为任意了，即使本来是一个出自纯粹理性的意志，在被这样一个客体的表象所规定时也就下降成了一般的任意了。例如一个道德行为当它成为一种谋利的手段时，也就不再是道德行为，而是一般的谋利行为了。为什么这条原则任何时候都是经验性的呢？一个是，"因为这样一来，规定这个任意的根据就是一个客体的表象"，就是说，当我们规定任意的根据是一个客体的表象的时候，这样一条原则就是经验性的；还有一个是，"以及这表象对主体的那样一种关系，通过它，欲求能力就被指定去使这客体成为现实"，这样一个行动的目的也是经验性的。作为我任意的根据的，一个是客体的表象，另外一个呢，是这个表象对主体的那样一种关系。光是对客体的表象还不够，客体的表象有很多了，有些表象不一定能够规定我的任意，它们跟我没关系。比如天上的星星跟我有什么关系呢？没有什么关系，我可以不看它，不理它。但是有些表象跟我有密切的关系。比如说食物，比如涉及衣食住行的客体，所以他后面要补充"以及这表象对主体的那样一种关系，通过它，欲求能力就被指定去使这客体成为现实"。欲求能力通过这样一种关系，已经被指定了要去把这个客体实现出来。我们的欲求能力，欲求什么呢？欲求一个现实的对象，也就是欲求使这个对象成为现实。这就是一种目的关系。就是说，一个客体的表象，不是跟我无关的表象，而是跟我有密切关系的表象，是我的目的，我一定要把它实现出来。我的任意就任意在这个地方，我想要把它实现出来。我们通常讲任意就是为所欲为，为所欲为你必须有一个内容啊，它不是空的。你说我什么都不想要，这也是我的为所欲为。像庄子一样，庄子什么都不想要。老子无为，无为而无不为。什么都不是我想要的，那这能够叫作任意吗？真正的任意总是有个对象你要追求，你要执着，把它实现出来，这个表象跟你的主体有一种目的关系，你如果脱离这种关系，你的任意就不存在了，你的自由意志也就不存在了。所以老庄所讲的那种摆脱一切的自由实际上是不存在的，因为它没有任意，也没有意志，没有追求。摆脱一切追求，当然它就不受束缚了，一块石头也不受束缚啊，你就跟那块石头一样，不受生命的束缚，人死了就死了，可以鼓盆而歌嘛。这种自由实际上是没有一个活人能够去追求的。所以总要有客体的表象对主体的那样一种目的关系，才能成为任意的规定根据。下面对这种关系又加以进一步说明。

　　但对主体的这样一种关系就是对一个对象的现实性感到的愉快。

　　对主体的一种关系就是一种追求关系嘛，你要去追求它。那么这种追求是追求什么呢？实际上就是追求对一个对象的现实性感到的愉快，追求归根到底是追求一种愉快嘛。如果你追求到了，又不使你感到愉快，那你干嘛去追求？你就恨不得这一段没有，这就叫后悔。什么叫后悔呀，我做的事情我希望它没有发生过，因为它发生了以后我并不感到愉快。不后悔的事情就是你做了以后你就感到愉快。你追求的那个东西使你感到愉快，所以实际上你所追求的就是一种愉快，对主体的这样一种关系，实际上就是对一个对象的现实性感到愉快。客体的表象跟主体之间有一种关系，是一种什么关系呢？就是当对象实现出来以后能够引起愉快。对象实现了，你就感到愉快；对象没有实现，当然你就感到痛苦。

<u>所以这种愉快必将被预设为规定这任意的可能性条件。</u>

一切追求最后都要归结为对某种愉快的追求。所以这种愉快呢，一开始就"被预设为用来规定这样一种任意的可能的条件"。人生在世就是为了追求快乐嘛，这是一般人的想法。凡是任意之所以可能，就是因为有某种愉快等着他去追求。在这种情况之下，任意的可能性条件是由愉快来预设的。人为财死鸟为食亡，无非是因为人获得了财富当然是很愉快了，鸟也是这样，鸟饥饿的时候到处飞，找食，那么获得了食物以后，吃饱了以后就感到很愉快了，将心比心嘛。所以这在一般的日常实践中都是这样的。既然如此，这样一种实践的原则肯定是经验性的。

<u>但关于某一个对象的不论哪一个表象都决不能先天地认识到：它是与</u>**愉快**或**不愉快**<u>结合在一切的，还是与之</u>**漠不相关**<u>的。</u>

这还是在说这种实践的原则为什么是经验性的。前面已经把它归结为愉快了，已经归结到对一个对象的现实性感到愉快了，既然你归结到愉快，那这个里头就不可能有先天的法则。你不能够先天地认识到，关于一个对象的表象是不是与愉快结合在一起的，你要知道梨子的滋味，你得亲口尝一尝，这都是后天的知识。或者是和愉快没有关系、漠不相关的，无所谓的。这里实际上有三种情况，一种是你得到了就感到了愉快；一种是你失去了就感到了痛苦；再一个呢，你得到了或者失去了你既不感到痛苦，也不感到愉快。路上随便拣一块石头，你不会感到愉快，你把它丢了，也不会感到痛苦。这三种情况都不能先天地认识到，都不能从这个对象的表象中先天地确定，只能后天地确定。如果有行家告诉你，你丢掉的那块石头是一块宝石，你就会后悔得想上吊。这些都不能在事先就得到确定，只能诉之于后天经验。

<u>所以在这种情况下对任意的规定根据任何时候都必定是经验性的，因而把这规定根据预设为条件的那条实践的质料原则也必定是经验性的。</u>

这就是归总了。这样一条实践的原则为什么是经验性的呢？因为

"在这种情况之下对任意的规定根据任何时候都必定是经验性的"，比如说你对一个对象的表象感到愉快还是不愉快，还是漠不相关，这肯定是经验性的。你不能先天地推断，这个东西肯定所有的人都喜欢。现在好像有一种推断，所有的人都爱钱，钱是最逗人爱的，没有钱是万万不能的。但是不是所有的人都那么喜欢钱，那么喜欢发财，这个都不一定。这都是跟某种特殊的时代社会条件，跟个人的特殊情况相关的。一个亿万富翁可能就把钱看得很淡，根本就无所谓了。"因而把这规定根据预设为条件的那条实践的质料原则也必定是经验性的"，把这个规定根据作为条件来加以预设，比如说，把赚钱作为一个条件，说一切人都要赚钱，人生就是为了赚钱，这就是一条实践原则了。但是这条原则必定是经验性的，它没有普遍性，或者说你以为有普遍性，其实没有。以上是对第一个方面的证明，即证明"将欲求能力的一个客体（质料）预设为意志的规定根据的一切实践原则，全都是经验性的"。第二个需要证明的内容就是："并且不能充当任何实践法则"，这个顺理成章可以推出来。

既然（**第二**）一个仅仅建立在某种愉快或不快的感受性（它任何时候都只能被经验性地认识，而不能对于一切有理性的存在者都以同样的方式有效）这一主观条件之上的原则，虽然对拥有这种感受性的那个主体也许可以用作感受性的**准则**，但甚至就对这种感受性本身来说（由于这[22] 原则缺乏必须被先天认识到的客观必然性）也不能用作**法则**：那么，一个这样的原则永远也不能充当一条实践的法则。

这种立足于愉快之上的原则可以用作准则，但不能用作法则。这里又有一个概念：准则，Maxime，在康德的意义上呢，它是一种主观的规则。准则跟法则是有严格区分的，法则是客观的，而 Maxime 是主观的，也可以说是一种主观的规范（Vorschrift）。但是它不是一种客观的法则。或者你可以把它做成一条客观的法则，但是它本身是主观的。当你把它做成一条客观的法则的时候，它就成了道德律了。道德律在某种意义上也是准则,但是这个准则与其他准则不同,它是具有普遍必然性的,这个后面还要专门讲。"仅仅建立在某种愉快或不快的感受性……这一主观条件之上的原则",什么是感受性呢? 中间括号里说,感受性"它任何时候都只能被经验性地认识,而不能对于一切有理性的存在者都以同样的方式有效"。这个感受性他这里德文用的是 Empfänglichkeit,其中 empfangen 是"接受"的意思,后面是形容词尾,也可以翻译成"接受性"。但是我们这里强调它的感性的特点。凡是感性都是被动的,所以它只能经验性地被认识,而不具有先天的普遍必然性,不具有普遍必然的有效性。那么这种愉快和不愉快的感受性是后天感到的,我们不能不通过感性就自己去愉快,所谓"没事儿偷着乐",没事你怎么能快乐呢? 神经病。肯定有件事情你才快乐。所以感受性是被动的,它要依赖于你所感受的那个对象。那么一个原则建立在愉快和不愉快的感受性这一主观条件之上,它并不能对一切人、一切有理性的存在者都同样有效。这种感受性虽然依赖于客观,但是它所获得的这样一种愉快和不愉快是主观的,它不能够普遍化。你感到愉快,也许别人恰好因此而感到痛苦,所以我们常讲,有些人把自己的愉快建立在别人的痛苦之上。那么建立在这个主观条件之上的原则,"虽然对拥有这种感受性的那个主体也许可以用作感受性的**准则**",比如说对于获得了愉快的那个主体,也许这样一条原则可以用作感受性的准则,也许我自己可以用来作为我自己行为的一种规范,一种规则,这是有可能的。我就是要追求某一种愉快,比如说,美食家,我这个人一生就是要追求美食,凡美食我决不错过。当然还有各种各样的选择,可以作为你的准则。"但甚至就对这种感受性本身来说……也不能用作**法则**",哪怕对这种感受性本身,你感到特别愉快的,你感到最高的幸福就是吃一顿美餐,或者喝到一瓶好酒。但是别人并不一定这样认为,别人认为你那个太低级了。所以对这种感受性本身来说呢,也不能用作法则,因为"这原则缺乏必须被先天认识到的客观必然性"。法则就是具有普遍性的,每个人都必须要遵守的。有没有这样一种法则呢? 在感性的生活中是找不着的。如果你把现实的对象作为你行为的规定根据，作为你的前提，你考虑的是现实的感性的物质生活，你的愉快和不愉快，从这方面来考虑的话，那就没有什么法则，只有各种各样的准则。所以最后结论是："那么，一个这样的原则永远也不能充当一条实践的法则"。既然它是经验性的，那它就不是实践的法则，而仅仅是能够充当一条实践的准则，个人的一条准则。所以准则和法则在这个地方是对立的。在我们日常的实践活动中，我们所追求的一切对象，由此形成的那些原则，都只是每个人选择的一条生活的准则，而不是法则。所以谈到实践。康德这里有两个层次，一个是日常的谋生活动，追求你的生存的一切感性需要，追求你的愉快，避免你的不愉快，这样一种生存活动。当然康德并没有完全否定它，这是人的生命本能嘛，人的自然本能也是合理的嘛，也不能够去限制它或者取消它。但是它毕竟是低层次的。另外一个呢是运用于道德中的纯粹实践理性。这个地方的第一定理还没有涉及道德中的实践理性，而只是把日常生活中的实践原则排除掉。所以我刚才讲，第一条定理是一条否定性的定理。就是说，真正纯粹实践理性的法则，它的定理是什么？首先我们要排除，讲它不是什么。它不是我们在日常生活中的那些经验性的实践原则。至于它是什么，那个在后面再讲。

§3.定理 II.

定理 I 是排除性的，就是说，实践的法则不能够建立在一种仅仅是经验性的基础之上。凡是经验性的法则，都不能够充当实践的法则，都没有普遍必然性。那么经验性的这样一些原则，它们有没有一个归总的普遍的说法？所有的经验、快感、愉快都是五花八门的，各人都不一样，都是主观的。那么所有这些主观的、各不相同的实践原则，它们有没有一个共同的地方呢？我们能不能对它们做出一种归纳，掌握一条原则，就是说，凡是这些都属于经验性的？你光是从人的愉快中把这个排除掉，把那个排除掉，你还不能够完全排除光，你还不能够由此显出真正的实践法则应该是什么样的。所以还需要有第二条定理来把所有的那些经验性的原则归总起来，做一个原则性的描述，以便做一个原则上的排除。这个定理Ⅱ就是做这样一种类型上的描述，提供一个排除的总的标准。第一个定理是把低级欲求能力的准则和高级欲求能力的法则区别开来，即从经验和先天的区别这个不同的"质"来进行划分；第二个定理是说明低级欲求能力为什么是低级的，哪怕它也能造成某种普遍原则，也只是类型的普遍，不是先天法则的普遍，因而仍然是低级的，这是从"量"上来进行区分。可见这两个定理都是排除性的。后面还有两个定理，则是正面阐明实践法则的，如定理Ⅲ将法则规定为对自由意志的普遍立法形式，这是从"关系"上来阐明的；定理Ⅳ则是阐明了这一法则的基于"意志自律"之上的必然性，不同于"他律"的可能性，这是从"模态"上来阐明的。当然，上述划分的原则康德并没有说得很明确，是我们从他的一贯采用的按照四类范畴的分析程序里面揣摩出来的，否则，为什么恰好是四个定理就无法解释了。

　　一切质料的实践原则本身全都具有同一种类型，并隶属于自爱或自身幸福这一普遍原则之下。

　　类型他这里是用的德文 Art，一切质料的实践原则就其本身来说，全都具有同一种类型。什么类型呢？就是"隶属于自爱或自身幸福这一普遍原则之下"这样一种类型。这个类型 Art 也有很多含义，也可以把它翻译成性质、种类、方式，但是我们在这里把它翻译成类型。康德实际上在这里是要做一个归纳，就是说所有的质料的实践原则就其本身来说都是一个类型，为什么就其本身？就是作为一种经验性的原则来说。当然它里面也包含有理性，我刚才讲了，一切经验性的实践原则其实已经包含有理性了，但是就这些质料的实践原则本身来说，它们全都是感性的，理性原则只是隶属于感性之下的工具，也就是隶属于自爱或自身幸福之下的工具，并且使自爱或自身幸福也成了普遍原则。自爱或自身幸福实际上讲的是一回事情，自爱就是想让自己得到幸福。一切自爱都是希望自己快乐，而所有这些快乐综合起来我们把它称之为幸福。幸福就是自爱的目标。一个人要自爱，爱自己，那么就要使自己得到幸福，这是毫无疑问的。那么一切质料的原则都隶属于自爱或自身幸福这一普遍原则之下，这个就把它们归总了。所有的愉快、所有的对某个目标的追求，最后无非是要追求自己的幸福。这是一个肯定性的原则，而前面第一条则是一个否定性的原则，但是这个肯定性原则是从那个否定性的原则里面推出来的，是说所有这些否定性的、不能成为实践法则的实践原则，它们有一个共同之点，就是它们都属于自爱或幸福的原则。我们抓住这一条，我们以后就不必对每个具体的愉快或者不愉快加以讨论了，我们可以就用这样一个幸福原则或者自爱原则把它和实践法则区别开来了。所以这一步是很有必要的，如果不把它说出来的话，那么以后再区分的时候呢，你就是很被动了，在每一个场合之下你都要做一个区分。现在有一个归总的东西，质料的实践原则就是幸福原则，或者自爱的原则，我们就可以把它们都统摄在这个之下，一句话就可以区分了。就是说，实践的法则不可能是幸福的原则。在这里康德所反对的是当时所流行的幸福主义和功利主义。幸福主义、功利主义的伦理学把这些东西当作道德法则，但这些东西能当作道德法则吗？即算当作道德法则，也是虚伪的，你最终还是为了自己的幸福。单纯为了自己的幸福是无所谓道德还是不道德的，而把自己的幸福冒充道德，这本身是不道德的。这是康德的一个基本立场。所以这一步很有必要，就是把所有这些形形色色的质料，归总为一条普遍原则，这就是幸福原则。它有普遍性，这个普遍性不是说理性的普遍性，而是在经验中，在感性中，任何一个有生命的人都逃不出去的这样一种普遍性，所以它是一种经验性的普遍性，一种外延的普遍性，而不是概念的普遍性。在经验性的东西中也有普遍性，但是那是经验性的，意思是无一例外，但它的前提不是理性的。它前提无非是说人都是有生命的，人的生命被造成是这样的了，这是一个经验事实。世界上有人，地球上有人，地球上的人都被造成是这样的了，凡是人就要维持自己的生命，就要使自己得到幸福。所以这种普遍原则呢，它还是经验性的原则。但是它跟其他的经验性的原则不同，就是它把所有的那些经验性的原则做了一个归总，归到这样一个无所不包的原则之下了。

　　出自一件事物的实存的表象的愉快，只要它应当作为对这个事物的欲求的规定根据，它就是建立在主体**感受性**之上的，因为它**依赖于一个对象的存有**；

　　实存 Existenz，什么叫"出自一件事物的实存"？ 实存就是具体的存在。我们今天讲的存在主义哲学，就是从这个词来的。但是翻成存在主义，很多人认为翻得不对，因为存在在德文里面更多的是用 Sein 来表示，那么 Existenz 应该翻译为实存，存在主义应该翻译成实存主义。但是一开始呢，我们把它翻译成存在主义，这个翻译也不能说错，因为在西方语言文字里面，实存跟存在本来区别不是很大，只是哲学家把它们区分开来。在日常用语里面呢，实存就是存在。我们讲一个对象的实存，也就是讲一个对象的存在。我们着眼于一个对象的存在，那么在日常口语里面呢，也就是着眼于一个对象的现实性。所以 Existenz 这个词呢，作为存在者或者存在物来理解，它就是一种现实的存在，也有的人把它翻译成"生存"，在日常口语里面也可以理解为生存。一个人的现实存在就是他的一生，就是他的 Existenz。所以实存这个概念呢，就是讲具体的或者是有限的存在，现实的存在。它跟那个 Sein 不一样，Sein 首先是作为一个系词，所有的判断句里面都有一个 Sein，即英文里面的 be。那么判断句里面这个系词，由此产生出西方的存在论，或者翻译成本体论，比较抽象。这里的实存就是讲的具体的存在，我们对一个事物的具体的存在感到的一种愉快。当我有了一个表象，这个表象是表象那个对象的现实存在的，表明那个对象已经到手了，那么这当然引起愉快了。他说，"只要它应当作为对这个事物的欲求的规定根据"，我对一个事物现实存在的表象感到了愉快,那么这个愉快作为对这个事物欲求的规定根据,就是说,我对这个事物之所以有欲求,是因为它能够给我带来愉快,所以这种愉快就规定了我去欲求它。那么我在追求的时候就是以它为目的的,为的是得到它所带来的愉快,我以它作为目的来规范自己的欲求行为。这种行为就是一种欲求行为,就是一种任意行为。为什么说是"应当作为对这个事物的欲求的规定根据",为什么用"应当"呢?就是说,一个事物的实存的表象的愉快不一定作为对这个事物的欲求的规定根据,也许我是偶然获得的,没有刻意去追求,天上掉馅饼,砸到我的头上了,我当然感到很愉快了,这样便宜的事情哪个不高兴呢?但是这不是我求得来的。所以这个地方讲,"只要它应当作为对这个事物的欲求的规定根据",你有个目标去追求,就有"应当"的预设。如果你把它当作你应当去追求的,这个东西既然你那么喜欢,你就应当去追求它,那么它就是你的欲求的规定根据了。"它就是建立在主体**感受性**之上的",这样一种愉快建立在主体的感受性之上,"感受性"打了着重号,说明它是被动的感受。为什么是被动的? "因为它**依赖**于一个对象的存有","依赖"也打了着重号,与"感受性"相呼应。我刚才讲了,这里的感受性实际上有被动性的意思。Empfänglichkeit 就是感受性、接受性,接受来的。在实践行为中,本来应该是主动的,为什么会有被动性呢? 因为它依赖于一个对象的存有。我们通常讲主体的实践的能动性,你要去追求一个对象,你把它追求到了,你把它实现出来了,你把它做出来了,这当然是主动的,是能动的。但是这种能动的欲求行为实际上是建立在主体的被动性之上的,因为它依赖于一个对象的存有,这种主动性在康德看来还不是真正的主动性。当然一切欲求行动、一切欲求能力都是主动的,但是这种低级的欲求能力的前提是被动的。只要你是以愉快作为你的规定根据,那么你就是被动的。因为真正能够使你愉快的就是那个对象的存有,也就是那个对象的现实性。存有,Dasien,Sein 就是有,或者是存在,Da 就是限定,这个,这个有,这个存在,有的人把它翻译成定在,有的翻译成限有,有限的存在,在海德格尔那里翻译成此在。我们这个地方呢，把它翻译成存有。这个存有并没有什么特别的意思，就是具体存在的意思，主要是要跟一般的存在区别开来，避免一些混淆。那么这种主观的愉快建立在感受性之上，是因为它依赖于一个对象的具体的存在，依赖于一个对象的 Dasein。那个具体的对象存在了，你才能感到愉快。那个对象还没有实现出来，还没有 Dasein，还没有具体地存在，那你的愉快始终是悬空的，还没有落实。你还悬着，甚至是痛苦的。你还没有追求到嘛，遥遥无期嘛，所以你必须耐心地等待，等待把这个东西实现出来了以后，你才能获得极大的愉快，你才达到目的。所以这种欲求行为是被动的，那么在康德看来，真正的主动的自发性，跟感受性不一样的那种自发性，那只能够是道德，它不依赖于任何对象的存有，它就是凭自己的自由意志，就可以形成实践的法则。但那是形式的法则，这个地方还没有涉及那一方面，这里只是说，一切质料的实践原则是这样一种被动的原则，它依赖于这质料的对象的存有。还没有考虑到形式。

<u>因而它属于感官（情感），而不属于知性，后者按照概念来表达表象与一个**客体**的关系，却不是按照情感来表达表象与主体的关系。</u>

这里就解释了，为什么这样一种愉快作为欲求行动的规定根据只能是被动的，只能是感受性的，只能是依赖于对象存有的呢？因为它是属于感官，属于情感。这个"它"还是讲的前面那个愉快。前面那个愉快属于感官，这个感官是广义的，它不仅仅是我们通常讲的五官感觉，眼耳鼻舌身，而是感性的意思，它包括内感官。当时英国经验派哲学家们主张人有第六感官，除了眼耳鼻舌身以外，还有内在的感官。内在的感官属于情感，包括人的生命感，包括运动感，包括美感，也包括道德感。当然康德在这里是排斥道德感作为一种内感官的。至于美感，康德在写《实践理性批判》的时候呢，还没有注意到这方面，而认为美感也只是一种心理学的研究对象，不属于哲学研究对象，凡是涉及愉快和不愉快的，都属于心理学研究对象。心理学是一门具体的科学，不属于哲学，哲学只有

两门，一门是道德形而上学，一门是自然科学的形而上学。当然他后期到了写完第二批判以后，他发现还有一个领域是值得哲学来探讨的，那就是愉快和不愉快的情感。愉快和不愉快的情感在道德里面固然应该是被排斥的，但是它自己仍然有它自己的先天的领域。那就是判断力批判、审美的领域，目的论的领域。这个里面仍然有先天的原则，还是值得去探讨的。这是他后来所发挥出来的思想。但是这个时候呢，他把愉快和不愉快的情感还是当作一种心理学研究的对象，并且把它们完全隶属于感官性的东西。既然隶属于感官，那么它们就没有先天的原则，这个时候他还没有发现判断力的先天原则、审美的先天原则。所以他把它完全归属于感官、情感这个领域，"而不属于知性"。它属于情感就不属于知性了，这是康德的两分法。一个是感性，一个是知性。那么，什么是属于知性的呢？"后者按照概念来表达表象与一个**客体**的关系，却不是按照情感来表达表象与主体的关系"，知性是按照概念来表达表象与一个客体的关系，这个在《纯粹理性批判》里面我们已经讲得很多了，知性的功能就是按照概念来表达表象和一个客体的关系。"客体"底下打了着重号，他特别强调，知性是建立起我们认识的对象、认识的客体的。知性的作用就在于赋予我们的知识以客观性，感性做不到这一点。你完全按照感性，那就是休谟，他从感性出发，认为一切知识都是可疑的，都没有客观性，所以休谟陷入怀疑论。康德要克服休谟的怀疑论，就必须要诉之于知性。客观性不是现成地摆在那里的，而是由我们的知性所建立起来的，我们的知性在现象界可以建立它的客观性，获得客观知识，就是普遍必然的知识。虽然它不能延伸到物自体，但是它在现象的领域有一种普遍必然性。这种普遍必然性是先天的，是不以人的意志为转移的，不是你想怎么样就怎么样的。例如因果性，你想要它没有因果性，你想要倒因为果，那都是不行的。为什么不行？因为知性在认识的时候，已经赋予了这些知识以一种不可逆转、不可违抗的先天必然性，这种必然性，康德把它称之为客观性。这种客观性如何形成起来？是由概念、由范畴建立起来的，概念、范畴就是表达这种客观性的。由于有了一整套十二个范畴，所以我们的经验被纳入这一套框架里面而获得了一种客观的实在性，也可以说获得了一种对象性。就是说，我们的知识不再是一大堆虚无缥缈的过眼云烟，一些感觉的表象，红的绿的啊，冷的热的啊，这些表象飘来飘去，而是被固定在一个对象身上，这个红的是一个什么东西的红的，它作为一个偶性属于一个实体，它从哪里来的？它有它的原因。整个科学都是建立在这一套范畴的框架之中，这样来表达表象与一个客体的关系。当然这个里头不仅仅是我们的科学知识，而且还包括我们对一个物自体的那种思维，也可以把它纳入这句话里面来理解。知性"按照概念来表达表象与一个客体的关系"，这个表象除了那些经验的表象以外，我们还可以设想，有一种知性的，或者是理性的表象。比如说灵魂，自由，上帝，这些表象。我们用知性也可以表达这些东西与一个客体的关系，那么这个客体这个时候就是物自体了。当然对物自体的关系不是知识，它没有经验的内容，在经验方面它是空的，但这个地方也没有说它是知识，他只是说，知性是按照概念来表达表象与一个客体的关系，我们表达了这种关系，但是我们不把这种关系看作是知识。我有一个上帝的表象，并且呢我在这个表象里面表达了这个上帝的表象与上帝的存在有某种关系。但是有没有上帝呢？这个我不谈。我只是思考到这样的关系。上帝不是可认识的，但是是可思维的；灵魂也不是可以认识的，但是是可以思维的；世界的整体不是可以认识的，但是是可以思维的。这些表象都表达了与某个客体的关系，但是，这种关系不是认识关系，真正地说来呢，应该是一种实践的关系，是一种信仰的关系。当然这个要扩展开来就很多了，这短短的一句话里面包含有很多，但是这个地方主要还是着眼于我们的认识关系，不排除其他的思维关系。思维一个对象和认识一个对象是不一样的，但是这里呢，主要还是着眼于认识，就是说，知性是按照概念来表达表象与一个客体的关系，在这种关系中，我们也可以认识我们的表象与一个客体的关系。那就要纳入经验了。知性在纳入经验的情况之下，我们是按照概念来认识我们的表象与一个客体的关系。总而言之，知性可以按照概念来思维我们的一个对象，思维一个客体，不管这个客体是科学所探讨的那个对象，还是我们的科学之外非经验的自在之物。他接着说："却不是按照情感来表达表象与主体的关系"，知性只是按照概念来表达表象与一个客体的关系，但不是按照情感来表达表象与主体的关系，也就是说，情感所表达的不是表象与一个客体的关系，而仅仅是表象与我们主体的关系。什么是情感？情感肯定有一个表象，你对什么有情感，你指向一个什么情感，你所喜欢的一个人，或者你所喜欢的一件东西，你感到愉快，那么这种情感所表达的是那个表象对你的主体的关系。这个关系里头，你的这个情感是否真实地反映了那个对象的性质，这个是谈不上的。你喜欢他就是喜欢他。我们经常说，你为什么喜欢他，你说不出来。有人就说，你这种喜欢是错误的。错误就错误，他还是喜欢，不因为是错误的他就不喜欢了。喜欢跟错误没有关系，它只是一种表象跟人的主体的关系，它跟那个客体的属性没有什么关系。当然跟客体的存在有关系，你必须有那么个对象，如果是子虚乌有的，那你就谈不上对他有什么情感了。情感跟那个对象的存在有关，但是这种关系是立足于主体的，或者说是归结于主体的。就是说，我就喜欢他，就够了，不需要说什么理由。反之，知性不是按照情感来表达表象与主体的关系，而是按照概念思维表象与客体的关系，或者认识一个客体。

所以这种愉快只有当主体对于对象的现实性所期待的那种快意的感觉规定着欲求能力时，才是实践的。

所以这种愉快只有在什么情况之下才是实践的呢？只有当这种快感成为欲求的目的时，才是实践的。也就是说，这种愉快在一定的条件下才是实践的。并非所有的愉快都是实践的。我刚才讲的，你爱一个人，也可能不是实践的，你就对他有好感。但是，所谓实践的就是说，你要能够通过你的实践，把这种愉快实现出来，获得这种愉快。这种愉快就是实践的愉快。所谓实践就是跟你的目的性紧密结合在一起的，这种愉快就是实践的愉快。它跟一般的天上掉馅饼啊，或者说你突然对他产生了一种情感呐，跟这种愉快不一样。就是说，如果有一种愉快，你是通过一种实践活动把它实现出来的，那么这种愉快就是实践的。所以只有当主体对于对象的现实性所期待的那种快意的感觉规定着欲求能力的时候，才是实践的。只有当主体对于对象的现实性有一种期待，期待这个对象能够实现出来，并以此来规定主体的欲求能力时，这种被追求被获得的愉快才是实践的。它实现出来就能够给你带来一种快意的感觉，你实际上也正是期待它实现出来以后给你带来一种快意的感觉。快意 Annehmlichkeit，这个词是从 Annehmen 来的，是一个形容词的名词化，Annehmen 我们通常翻译成快适、舒适、舒服、快乐，可以有各种不同的译法。那么作为形容词的名词化呢，Annehmlichkeit 我们翻译成快意。实际上都是愉快的意思。你要欲求一个对象，你对它有欲望，为什么？因为它能给你带来快乐啊。你期待它一旦实现出来，就能给你带来快乐，所以你的欲求能力呢，就由此而被规定了，你的欲求能力就是要把这样一种对象的现实性实现出来，然后你从中可以获得一种快意的感觉。这就是一个目的行为。我们说谈恋爱不能是目的行为，谈恋爱如果是一个有目的的行为，那就值得怀疑了，那就不是自然而然的了，那就是有算计的了，有步骤的了。当然一般的谈恋爱都有一定的步骤，你要去谈成嘛，你要成功嘛，但是这个步骤不能首先透露给对方，透露给对方就很煞风景了，至少要装作好像是无意的。所以这种愉快不是实践的，它是非实践的。真正的实践的是有目的的，有预谋有计划的，要获得某种愉快。在日常生活中实践的愉快大部分都是这种情况。而且他这里谈的是实践理性，这种实践理性是很实用的。所以必须要从这种合目的的、有目的的行为方面来理解。

但现在，一个有理性的存在者对于不断伴随着他的整个存有的那种<u>生命快意</u>的意识，就是**幸福**，而使幸福成为规定任意的最高根据的那个<u>原则</u>，就是自爱的原则。

　　前面都是铺垫，现在要讲出一句关键性的话了。这里的"整个存有"原译作"整个存在"，但这里是用的 Dasein。为什么要用"不断伴随着他的"这样一个形容词？就是说，这种连贯性还是一种经验性的连贯性，在实践中不断地连续下来，但它没有先天的一种普遍必然性。这样一种普遍原则，它的普遍性只是事实上的一种不断伴随着的普遍性，是外延上的普遍性，而不是先天能够确定的普遍性。比如说逻辑，你不能说一个事情不断伴随着逻辑，或者说不矛盾律或同一律不断伴随着某件事情，这样说是说不通的。不断伴随着的都是经验的，它时时刻刻伴随着。在人身上就是这样。"一个有理性的存在者"，这里主要是指人了，他"对于不断伴随着他的整个存有的那种生命快意的意识，就是**幸福**"。什么是幸福？这里可以看作是一个定义。就是一个有理性的存在者的意识，其他动物无所谓幸福，因为它没有意识，只有人才能够感到幸福。幸福是人所特有的，是人的一种意识，这个首先要确定。我们固然有时候也说，一对小鸟是多么幸福，鱼在水里游多么幸福，但是那是你加给它的，它无所谓幸福不幸福，对动物来说那是本能。只有人才能感到幸福，动物只能感到舒适，也可以感到快意、快乐，但是不可能感到幸福。幸福是有理性的存在者才能够感觉到的。为什么呢？因为有理性的存在者可以在经验中发现某种普遍的原则，尽管是经验性的原则。比如说这里讲到的，"不断伴随着他的整个存有的那种生命快意"，他能够意识到这一点，他整个一生都伴随着这种快乐，对于这种快乐的意识就是幸福。一方面我有这种快乐，另一方面我不断意识到这种快乐。动物也有快乐，但它意识不到，动物也没有整个一生的概念，动物快乐就快乐了，而人可以追求他的一生的快乐。我们说好人一生平安，是不是幸福呢？那也不是，他只是没病没灾；当然在某些时候没有遭灾就很值得庆幸了，有人就觉得这是幸福了。但是，真正的幸福就是说，伴随整个一生的那种快乐，并且意识到这一点。如果不意识到，那还不能这样说。韩少功的《马桥词典》里面说，水妹子才几岁就死了，母亲就拼命地哭。别人说，你哭什么，她这一生太幸福了，她还没有长大，还没有嫁人，还没有操劳，全都是人家为她服务，她一辈子够幸福的了。长大了就要有很多苦恼，就有很多痛苦。于是她母亲就不哭了，觉得她女儿死得其所。但是水妹子自己是否意识到自己幸福，这个却没有人管。在康德那里呢，必须要有对整个生存的那种生命的快意的意识，才能叫作幸福。"而使幸福成为规定任意的最高根据的那个原则，就是自爱的原则"，为什么我们要使幸福成为规定任意的最高根据呢？是因为我们自爱。每个人都是自爱的，每个人都首先喜欢自己，在喜欢自己的前提之下，也喜欢自己所喜欢的一切东西，也喜欢一切能够给他带来好处，带来快乐的东西。但是归根结底是喜欢自己。我们说人都是自私的，人都是首先要使自己幸福，然后呢，在这个前提之下，才使别人幸福。使别人幸福最终还是为了使自己幸福。这是一个自爱的原则。所以这个幸福在康德那里呢，一方面它是有理性者才能够提出来的一个理念，幸福也是个理念。我们不能说康德的理念都是很高级的，那也不一定。康德并不是一个禁欲主义者，他认为人的快乐是正当的，幸福就是所有快乐的综合，特别是里面不掺杂任何痛苦，他的一生都伴随着这样一种幸福的意识，那就是最高的幸福。幸福是出自于自爱的原则，当然你可以说它是自私的，但是康德认为这也很正常。所以康德的伦理学最后要追求一种德福一致。道德是最高的，这毫无疑问；但是幸福也不能够抛弃，幸福跟道德要能够达成一致，那就是最好不过的了，那就是至善。但在这种至善中，德性是最高的，幸福只能是从属的。那么，现在使幸福成为规定任意的最高根据，如果你把它规定为一个最高原则，你这一生就是为了追求幸福，其他的都不考虑，那就是自爱的原则。自爱的原则也是人的一种正当的权利，因为人就是一种生物嘛，他要追求自己的愉快和满足，这个毫无疑问。但是这个自爱的原则层次是不高的，它充其量只是幸福原则。而在康德看来，真正的最高原则应该是道德律。所以道德律跟自爱原则在这个里头会有一种冲突。虽然最后康德想把它们调和起来，但是在它们的起点上面毕竟是完全不同的，不能混淆。你不能把自爱原则冒充为道德，像英国经验派的那些道德学家，他们认为所有道德都是在自爱的原则基础上建立起来的，都是在幸福主义的基础上建立起来的，这个是康德不能同意的。

所以，在从任何一个对象的现实性都可以感觉到的愉快或不快中建立起规定任意的最高根据的那一切质料的原则，就它们全部属于自爱或自身幸福的原则而言，都完全具有**同一个类型**。

这是他的总结了，实际上回到了他的定理 II。经过前面的那些论证，所以他得出结论，从任何一个对象的现实性都可以感觉到的那种愉快或者是不愉快中，"建立起规定任意的最高根据的那一切质料的原则，就它们全部属于自爱或自身幸福的原则而言，都完全具有**同一个类型**"，"同一个类型"打了着重号。他这里强调的是，这样一些原则全都属于自爱或自身幸福的原则，一言以蔽之，这就是幸福的原则，这就是自爱的原则，而不可能是道德法则。幸福或自爱的原则，它们是具有同一个类型的。不管你所追求的对象如何的五花八门，各人不一样，每个人都是特殊的，每个人都强调，我的这个追求是跟别人不一样的，我的愉快，我的快乐，跟别人的快乐不一样。而英国经验派的伦理学则是把内感官的愉快置于外部感官的愉快之上，以为这就代表更高的道德层次。康德则直截了当地指出，所有这些其实并没有高低之分，全都是质料的原则，全都没有达到真正道德的水平。出于同情心也好，出于对别人的爱也好，出于美的感动也好，它们都归于自爱，与口腹之乐和性的需要没有根本的区别，不能作为道德的根基。你不要以为你诉之于自己最内心的感觉，你的层次就比他的层次高，你的追求就比他的追求高尚，就具有道德的性质；就本质而言，你们都是一个类型，无非就是为了自己的幸福，无非是为了自爱。所以这同一个类型，实际上也可以说都属于感性的类型，都属于感觉的类型、经验性的类型，都属于愉快或不愉快的类型。愉快在这种意义上面，作为一个总和来看就被称之为幸福。所谓幸福就是这样一个理念，它包含一切愉快。康德在别处也谈到过，人在自然中所追求的最高的善，就是幸福的理念。人也是自然物，那么人作为自然物来说呢，他所能够追求的最高的善就是幸福。英国经验派不是在强调，所谓的道德就是最大多数人的最大幸福，我们中国人也这样讲，为最大多数人谋利益，这个人就是一个道德的人。从利益、从幸福、也就是从行为的后果来衡量一件事情是道德的还是不道德的，这就是功利主义的道德观，但是康德是坚决反对功利主义的道德观的，他认为从一开始、从起点你就不高，你所得出的那种道德怎么可能成为真正的道德法则呢？你在起点上就已经掺杂了一些低层次的东西，所以你不可能成为真正的道德。那种道德必然会喧宾夺主，把你的一些自私的东西，一些个人的低下的东西冒充为道德的，所以是一种虚伪。这是康德的一个基本原则，是他的定理Ⅱ。定理Ⅱ主要是要把定理Ⅰ里面所讲的那些经验性的东西形成为一条普遍原则，形成了普遍原则以后，再谈起来的时候，就可以不必一一举例说明了，我就可以用一套原则，比如说幸福主义、功利主义，来代表所有这样一些低层次的道德观，就比较好讨论了。

＊　　　　　＊　　　　　＊

绎理

今天开始读绎理和注释Ⅰ，首先我们来看这个绎理。前面讲了定理Ⅰ、定理Ⅱ，已经把道理基本上摆出来了，就是说在质料方面的实践原则，它们都是隶属于自爱或者是幸福这样一个普遍原则之下。特别是定理Ⅱ，已经把关于质料的实践原理从正面规定下来，并从纯粹实践理性的法则中排除出去了。那么绎理（Folgerug）呢，就是从这里面推出来的一条原理。从定理里面推出来的都叫绎理。这个绎理就是从前两条定理对质料的低级欲求能力的规定中推出了低级欲求能力和高级欲求能力的区别。

一切质料的实践规则都在低级欲求能力中建立意志的规定根据，并且，假如根本没有足以规定意志的单纯形式的意志法则，那甚至就会没有任何高级的欲求能力能够得到承认了。

这就是从定理 Ⅱ 里面推演出来的一条绎理。这条绎理主要是这两个关键词，一个是质料，一个是形式，前者属于低级欲求能力，后者属于高级欲求能力。一切质料的实践规则跟单纯的形式的法则是不一样的。不一样在什么地方呢？一个是在低级的欲求能力中建立意志的规定根据，另一个是在高级的欲求能力中建立意志的规定根据。康德把这两者区分得很严格，这是他的人类学的特点。就是凡是涉及质料，比如说幸福啊，快乐啊，感性的东西啊，痛苦啊，我们通常所说的欲望啊，就是你希望得到一个什么东西，功利性的东西，由此所建立起来的所谓质料的伦理学，功利主义的伦理学，幸福主义的伦理学，享乐主义的伦理学，它们都是立足于质料之上的。什么质料呢？当然是实践的质料。我们在实践中有两个方面，一个是实践的对象，外界经验的对象，我们的实践是针对那个对象的，这样一个对象呢，我们称之为实践的质料。那么实践的形式呢，就是我不光想到做什么，而且要关注我怎么做。我在实践中怎么做，这是形式；我做什么，这是质料，我求得什么，我要求什么，这个是质料。那么在这里做了一个绎理，就是说，凡是质料的实践规则，质料当然也有它的实践规则，你要得到一个什么样的质料，那么你就必须有一种什么样的技术规则，你就必须要采取一种什么样的手段，你才能够得到这样一个对象。这样一种实践规则，就是我们通常讲的日常实用的实践规则，它是日常低层次的。对于这个事情，我有经验，你非得按这样办不行，你非得采取一种办法，你才能达到目的。这就是一种质料的实践规则。那么这样一种实践规则，它对意志的规定根据是建立在低级的欲求能力里面的，它也能够规定意志，每个人都有意志，但是在这个时候呢，我把自己的意志置于低级欲求能力中来加以规定。在实践活动中要给意志提供一种规定的根据，不然意志就散了，就不是意志了，那就是动物的偶然性了。所以在日常实践中也不能随意，它必须按照一定的规则行动，那么这个根据就是质料的实践规则。当这种质料的实践规则作为一种根据来规定意志的时候，它是立足于低级的欲求能力之上的，凡是我追求幸福，追求功利，追求一个欲望的对象，我都是在低级的欲求能力之中。康德把欲求能力分为低级的和高级的，我们日常的实践，赚钱、做事，这样一些实践都属于低层次的实践。那么高层次的实践就是道德了。低级的欲求能力动物也有，人在这一点上跟动物是没有根本区别的。当然他用来满足自己的欲求能力的方式跟动物是有区别的，他是实践的规则，他有理性，他追求幸福也要靠实践的规则；而动物就谈不上实践规则了，它没有理性，只有本能，本能已经规定了它只能这样做。但是尽管是实践的规则，在人这里，当他立足于低级的欲求能力，不论你多么善于利用你的推理和你的理性，但是你这个理性的前提不是理性，你运用理性的前提还是你的本能，是你的自然欲望，你的物质需求。"并且，假如根本没有足以规定意志的**单纯形式的**意志法则，那甚至就会**没有任何高级的欲求能力**能够得到承认了"，前面半句是实打实的，这后面半句是假设的，用的虚拟式。也就是我们设想一下，如果我们人仅仅就只有这样一些质料的实践规则，没有另外一些实践法则、意志法则，没有足以规定意志的单纯形式的意志法则。假如有这种情况，那会怎么样呢？那就会不承认任何高级的欲求能力，也不承认任何真正的道德行为了。这就是一条绎理，即进一步推出来的原理。注意"足以规定意志单纯形式的"这一说法，也就是说，单凭纯粹的形式，没有任何经验的质料的东西掺杂在内，由它就足以规定意志。也就是说，单凭纯粹的形式，其实我们就可以规定意志了，就可以建立纯形式的法则了。如果没有这个的话，那就会没有任何高级的欲求能力能够得到承认了。我们设想一下，在世界上，如果我们只有质料的实践规则，而没有单纯形式的实践法则，或者这种单纯形式的实践法则如果还不足以规定意志，还需要加上其他任何经验的因素、质料的因素，如果这种情况发生的话，那么就会没有任何高级的欲求能力能够得到承认了，我们就会不承认有任何道德的可能性了。道德实践能力也是一种意志能力、欲求能力。当然一般理解的欲求能力通常都被看作是质料的，讲一个人的欲望，一个人的欲求，康德讲人类的知情意，其中的意志就是欲求能力，我们往往容易把这个欲求能力理解为好像就是我们的日常的欲望。但他这里是不同的，他这里高级的欲求能力是纯形式的，而排除了欲望的任何质料的内容。这是他的一个绎理。这个绎理有两面，一面就是肯定一切质料的实践规则都属于低级的欲求能力，另外一方面就是由此推出，假如仅仅只有这样一种质料的实践规则，而没有足以规定意志的单纯形式的意志法则，那就谈不上道德法则了。这是他的绎理。

注释 I.

那么我们再看他的注释 I。他这里有两个注释，注释 I 后面还有个注释 II，性质都是比较类似的，但区别在于，注释 I 着重于低级欲求能力本身与高级欲求能力在实践原则上的区别，而注释 II 则着眼于单纯主观的实践原则与客观普遍的、必然适用于一切人的实践原则的区别。这就从纵、横两个维度注释了他前面这两个定理，包括绎理。

[23]　　　人们必定会奇怪，为何有些平时很精明的人士会相信，从与愉快情感结合着的**诸表象**是在**感官**中还是在**知性**中有其来源，就可以找出**低级欲求能力**和**高级欲求能力**之间的区别。

这句话比前面的要难一点，就是说，人们必定会感到奇怪了，平时看起来头脑很聪明的人，居然会相信"从与愉快情感结合着的**诸表象**是在**感官**中还是在**知性**中有其来源"，就可以区别低级欲求能力和高级欲求能力。注意这里"诸表象"用了黑体，"感官"和"知性"则打了着重号。这个地方为什么特别强调表象（Vorstellungen）？这个词前面我介绍过，它在康德那里是一个含义最广泛的词，凡是呈现在意识面前的，都叫作表象。这个表象可以是感觉，比如说红的啊，热的啊，冷的啊，痛的啊，舒服的啊，这都是表象；情感也可以是表象，如爱恨、怜悯、快乐和痛苦；时间空间也都是表象，概念也是表象，范畴、原因、实体等等，这些概念都属于表象；就连自我意识本身，甚至自在之物、对象，也可以看作表象。表象是无所不包的，只要能够呈现在意识面前，那么我们就可以把它们当作表象。在这个概念中，Vor 就是"在前面"的意思，stellung 就是"放置"的意思。凡是放我们前面的东西，我们可以对它进行观照、考察和研究的东西，都属于表象。那么我们的实践可以追求一个对象的表象，它呈现在我的面前，我也可以追求一个不存在的东西，比如说理念，只要它向我呈现出来。为什么要采取这样一个比较泛的术语？从后面我们就可以看出来，这个诸表象不论是在感官中还是在知性中有其来源，只要它是与愉快情感结合着的，它所建立的就是质料的实践原则，而不管它是直接来自感官还是来自知性。一个给我们带来愉快的表象可能是来自于感官，比如说，温度，不冷不热，很舒服；但还有一些表象是在知性中发源的，比如说正义、善，也给我们带来愉快。它可能是由知性判断得来的，我们的知性判断这个东西好，这个东西道德，这个东西正义、公平，它也给我们带来愉快。如果不公平，我们心里就有不平了，就有痛苦了。那么有的人就会相信，根据它来源于知性还是来源于感性，我们就可以划分高级的欲求能力和低级的欲求能力。但它们共同的一点就是，它们都是由带来愉快的表象来规定自己的欲求能力的。这些聪明人所犯的错误在于，他们只关注那些规定欲求能力的愉快表象来自何处，从中寻找区分欲求能力的标准，而不是从欲求能力本身的质料和形式来划分低级和高级。

　　因为当我们追问欲求能力的规定根据，并将这些根据建立在可从任何某物那里期待的快意中时，问题的关键根本不在于这个令人快乐的对象的**表象**来自何处，而只在于它**令人快乐**到什么程度。

　　这就是解释了，为什么高级的欲求能力和低级的欲求能力的区别不在于规定它的表象是来自于知性还是来自于感性呢？因为这些很精明的人士有一个前提是未经审查的，这就是假定不论低级还是高级，欲求能力的评价的前提和评价的标准都是给人带来的快意，问题只在于这种快意来源于何处，这就没有切中问题的实质。他们自以为这就是给欲求能力的高低划分了等级，但其实只不过是为所带来的快乐划分了等级而已。所以，"当我们追问欲求能力的规定根据，并将这些根据建立在可从任何某物那里期待的快意中时"，也就是当我们只盯着是哪些表象所带来的快意在规定着我们的欲求能力的方向时，我们看错了对象。因为"问题的关键根本不在于这个令人快乐的对象的**表象**来自何处，而只在于它**令人快乐**到什么程度"，就是说，问题的关键在于，只要还是以令人快乐的对象的表象来规定欲求能力，那么它们通通属于低级的欲求能力，区别只在于令人快乐的程度不同而已。这种划分根本不能区分出欲求能力的高低等级，而是本身在低级欲求能力的范围中转圈子。这些人所纠缠的问题只是，来自感官的表象的快乐更大呢，还是来自知性的表象的快乐更大？这个时候人们所关注的只是这个快乐的程度哪个更大，其实不管快乐来自何方，人们所持的都无非是一种快乐主义或享乐主义的观点。例如后面提到的伊壁鸠鲁的享乐主义，其实他并不主张一味地纵欲，而是提倡节制，认为用知性控制自己的享乐的分寸才能达到最大程度的享乐，而任凭欲望的膨胀则是因小失大，损害了享乐的能力。当然这一类的伦理观点比起毫无节制的放纵欲望要高明一些，但实质上并没有本质的区别，不过是在欲望的满足方面更加明智一点而已。通常人们用这种方式来区分哪些是低级的欲求能力，哪些是高级的欲求能力，但在康德看来不是这样。在康德看来，只要你着眼于快乐，都是低级的欲求能力。快乐本身就是植根于低级的欲求能力，而不是高级的欲求能力。有人会说，既然我们从道德中所获得的愉快更大，或者更持久，例如吃一顿美餐，吃过了就吃过了，第二天肚子又饿了，又没有快乐了，那是很短暂的，但是做了一件道德的事情，我终生都会感到快乐，那么这难道不能把低级欲求能力和高级欲求能力区分开来,并由此建立一种真正的道德观念吗? 他们认为做一件道德的事情的快乐属于高级的欲求能力,而吃一顿美餐的快乐则属于低级的欲求能力,通常都是这种看法的,连很精明的人士都会这样想。但是康德完全否定了这样一种观点。他说这样的划分是很奇怪的,其实这两种快乐仅仅在快乐的程度上有所不同,只要你是着眼于快乐来建立你的欲求能力的根据,那它就是低级的欲求能力,不管这个快乐是长久的快乐还是短暂的快乐,那只是程度的不同,作为快乐来说,它们都是低级的欲求能力。

<u>如果一个表象,哪怕它在知性中有其位置和起源,却只能通过以主体中某些愉快的情感为其前提来规定任意,那么它要作为规定任意的根据就完全依赖于内感官的这种性状,亦即内感官由此而能被激发起快意来的性状。</u>

这一段解释就更加清楚了。如果有一个表象,哪怕它的来源是高级的,比感官的要高,比五官所带来的那些表象要高,比如说它是来自于善、来自于正义这样一些概念,在知性中有其位置和起源;但是如果它只能通过愉快的情感来规定任意,那它仍然只是低级欲求能力的规定根据。任意,Willkür,前面讲了,它和意志不一样,它的范围比意志更广,它包含意志,表明这是它愿意做的事,表明它是一种自发性;但是任意它也可以是随意,想干什么就干什么,不想干就不干了。而意志是要坚持到底的,我们说这个人有意志,他能够一贯到底,不断地坚持,有毅力,这就是意志。当然意志也是一种任意,最初你还是自己起意想要那样做,想要制定自己的行动规则。但是任意呢,它更泛一些,可以被偶然的情感所规定,表现为冲动,也可以被长期的目标或知性所规定,后者就成了意志。而如果一个表象在知性中有其位置和起源,但是呢,却只能通过以主体中某些愉快的情感为其前提来规定任意,就是说,哪怕一个知性的表象,之所以规定我的任意,是因为它能给我带来快乐,如果是这种情况的话,那么它要作为规定任意的根据"就完全依赖于内感官的这种性状,亦即内

感官由此而能被激发起快意来的性状"。也就是说，一个表象通过愉快的情感来规定任意，那么它作为规定任意的根据就是完全依赖于内感官的一种性状，哪怕这个表象本身是来自于知性的。内感官是一个在当时颇为流行的词，英国经验派就特别强调内感官，认为道德感就是内感官，审美也是内感官。像哈奇生、莎夫茨伯利他们认为人有第六感官，不但有外在的五官，不但有肉眼，而且还有内心的眼睛，叫作第六感官。第六感包括道德感和美感，通常是这样认为的。但是在康德这里，这些感官的意思已经不太一样了。康德的内感官是内心灵魂的一种延续性。比如说时间，康德经常把时间称之为内感官，空间则是外感官，这些在《纯粹理性批判》的先验感性论里面讲得很多。就是说，外部的现象要以内感官的时间作为前提，空间是一切外部现象的先天直观形式，而时间是一切内外现象的先天直观形式。时间更加根本，空间只涉及外部世界，而时间既涉及外部世界也涉及内部世界。我们的认识首先把外部世界纳入内部世界里面来，由时间来建立起各种图型，这才能把握整个自然界，包括把握我们自己的内心，心理学和物理学都是基于时间图型之上的。那么这个地方讲到的内感官呢，实际上是讲人的这种内在的时间直观，包括想象力，包括直观的能力，这些都是在时间中进行的。那么一个表象通过愉快的情感来规定任意，作为这样一种根据呢，它完全依赖于内感官的这样一种性状，什么样的一种性状呢？"亦即内感官由此而能被激发起快意来的性状"。内感官作为时间当然是很抽象的，康德认为时间是一种先天直观形式，它不是内容，也不是质料，但是它里面可以充实以各种各样的质料。那么充实以外部世界五官感觉的质料呢，就可以形成对外部对象的一种认识，一种经验，充实以内部世界各种各样的质料，比如说记忆呀，回忆呀，预感呐，预测啊，它就可以形成关于我自身的灵魂、关于经验自我的一种知识。但除此而外，它还可以充实以别的东西，比如说愉快和痛苦，不仅仅是认识方面，而且在欲望能力方面，在时间中我们还可以充实以愉快和不愉快这样一些表象。所以他讲，亦即内感官由这个表象而能被激发起快意来的那种性状。内感官由这个表象激发起快意，这个表象可以来自于知性，可以是抽象的道德概念，这种道德概念要通过愉快来规定我们的任意的根据，那么它必须要通过内感官，必须要依赖于内感官的这样一种性状，这样一种被激发起快意来的性状。内感官里面通过知性的表象也可以激发起一种快意，这是内感官的一种性状。所以，表象尽管可以是知性的，但是它必须回到我们的内感官里面来，它还是感性的，它的立足点仍然是感性的。为什么说它是低级的欲求能力呢？就是它归根结底要依赖于我们的内感官是否能够被激发起一种快乐的情感。

诸对象表象尽可以有如此不同的性质，尽可以是与感官表象对立的知性的、甚至理性的表象，但毕竟，它们本来唯一借以构成意志的规定根据的那种愉快的情感（快意，及人们从那推动着创造客体的活动的东西中所期待的快乐）却具有同一种类型，

前面讲了表象，这里讲到各种各样的对象表象，凡是放在我们前面作为对象的，都可以称之为表象。"诸对象表象尽可以有如此不同的性质"，比如说感官的啊，红色啊，冷热啊，酸甜苦辣啊，快乐和不快乐啊，仇恨啊，痛苦啊，都可以看作是对象表象的性质。当然仇恨和痛苦都是主观的，但是我们也可以把它们当作内在的对象来观照。它们有各种各样不同的性质，"尽可以是与感官表象对立的知性的、甚至理性的表象"，这个地方点出来了，各种各样的表象里面，甚至于可以包含那些与感官表象对立的、跟酸甜苦辣红的热的这些表象不同的一些知性的、甚至于理性的表象。知性的表象，我在前面讲了，比如说范畴，因果关系，实体关系，这样一些概念，都属于知性范畴，后面要讲到的实践理性的判断力的"模型"也属于知性的表象。理性的表象呢，更高一层。比如说，灵魂、上帝、自由意志，这些都是理性的表象，康德称之为理念。知性的概念就是范畴，理性的概念就是理念。诸对象表象尽管可以是范畴和理念，这些范畴和理念是跟感官的表象相对立的，是不掺杂感官的表象的，"但毕

竟，它们本来唯一借以构成意志的规定根据的那种愉快的情感（快意，及人们从那推动着创造客体的活动的东西中所期待的快乐）却具有同一种类型"。这个"毕竟"就是归总了。不管它是哪一种表象，是感官的呢，还是与感官对立的呢，还是知性的甚至于理性的表象呢，所有这些表象，毕竟本来唯一用来规定意志的规定根据的那种愉快的情感都是同一种类型的情感。也就是说，所有这些表象都必须要有愉快的情感，才能够构成意志的规定根据，它们都是通过情感来规定意志的。愉快的情感后面有个括号，说明包括快意，Annehmlichkeit，以及快乐（Vergnügen）。这个快意和快乐相比更加直接一些，直接感到的快意；后面这个快乐稍微间接一点，它是"人们从那推动着创造客体的活动的东西中所期待的快乐"。什么是创造客体的活动？就是实践活动。人们从那推动实践活动的东西中期待快乐，什么是推动实践活动的东西？那就是实践的目的嘛，或者说我们把这个表象用来作为我们意志的根据的时候，这个表象就成了我们实践活动的动机或者说目的。我们这个实践活动是为了什么呢？就是为了那个东西，为了那个表象。所以我们"从那推动着创造客体的活动的东西中"，也就是从那个作为目的的表象中，所期待的是快乐。我们在实践中用一个表象作为我们的目的，来推动我们来创造一个客体，最后从中获得快乐。那就是我们在实践中的目的，我们要实现它，是因为从它里面我们期待它会带来快乐。这个比较间接，快意就比较直接一点。但总而言之，快意也好，快乐也好，都属于愉快的情感。而这种愉快的情感是这些表象本来唯一的借以构成意志的规定根据的。这些表象，不管是来自于何处的表象，不管是理性的，是知性的，还是感官的表象，它们唯一的要根据这种愉快的情感来构成意志的规定根据，而这种愉快的情感具有同一种类型，都是在内感官中能够激发起来的，并不因为它是来自于理性或者是来自于感性或者来自于知性而有所不同，在内感官中它们都是一样的，都带来快乐。我们通常讲，人生在世，无非就是追求快乐嘛，你做好事也是为了追求快乐啊。你做好事如果不能带来快乐，谁去做好事呢？哪怕别人不奖赏你，你自己也心安理得啊。所以，归根结底人们都是为了追求快乐、追求幸福而活在世界上的。这当然是西方幸福主义伦理学所坚持的一个观点。所以我们可以看到，康德在这里从头到尾在反驳的都是这样一个对象——幸福主义伦理学。幸福主义伦理学把一切道德的东西都归结到幸福，归结到愉快，而这些愉快呢，按照康德的分析具有同一种类型。为什么说具有同一种类型？下面解释了。

这不仅在于它任何时候都只能被经验性地认识，而且也在于它刺激起了表现在欲求能力中的同一个生命力，并由于这一点而与任何其他规定根据除了在程度上之外不能够有任何差异。

这种类型的相同性不仅在于认识方面，不仅在于人的愉快的情感是属于感性认识的范畴。我们通常认为，经验的质料，包括我们内心的愉快和不愉快，这都属于感性认识的对象，我们可以从感性经验来认识它，我们不能通过理性来推断它。感到愉快是不能证明的，你必须去感受，你要知道梨子的滋味你就必须亲口去尝一尝。感性认识必须通过经验来认识，你要知道爱情的滋味，你就去谈一次恋爱，这里面是没有什么道理可讲的，是不能预先推断的。但是康德认为规定意志的愉快情感不仅在于它任何时候都只能被经验性地认识，更重要的在于"它刺激起了表现在欲求能力中的同一个生命力"，这不光是认识论的问题，而且是实践的问题。这种愉快的同一个类型不仅在于它们在认识论上面被归于感性认识，而且更重要的在于它在实践方面也属于感性，属于低级欲求能力，所以它激起了表现在欲求能力中的同一个生命力。这种生命力作为一种生物现象来说，它是低级的，是立足于同一个欲求能力中的同一个生命力。哪怕你是出于道德的理由、出于高尚的理由，出于非感性的理由，但是你把它建立在愉快的情感之上，这就不是高级的了，这就只是立足于一种生命力了。"并由于这一点而与任何其他规定根据除了在程度上之外不能够有任何差异"，除了生命力被激发的程度，你感到愉快的程度，除了这一点以外，不能有任何其他的差异。不能够有什么差异呢？不能够有质的差异，而只有程度的差异，只是你感到的愉快的大小，持久或短暂不同而已。幸福主义的伦理学家就是这样说的，道德的快乐比感官的快乐要更大、更加持久，甚至是永恒的，所以它是更高级的。但是康德认为，这只是一种程度上的区别，它没有提出一种本质上的区别，因此并不能提高它的层次。

　　否则的话，我们将如何能够在两个就表象方式而言完全不同的规定根据之间依其大小来作一比较，以优选出那最多地刺激起欲求能力的规定根据呢？

　　否则的话，我们就不能够比较了，我们的幸福主义的伦理学之所以能够比较各种不同的幸福，就是能够在程度上面比较，在程度上面才有可比性。你说一种道德的愉快跟吃一顿美餐的愉快相比较，如何比呢？它们性质不同，没有可比性。但有一点可比，就是吃一顿美餐是短暂的，只有几个小时；而道德愉快是长久的，只能这样来比。所以，如果不是这样的话，不是在程度上有区别，不是忽略掉任何差异，仅仅根据大小来对两个表象方式完全不同的规定根据作一比较，优中选优，那是没法进行比较的。我们只有根据它们的快感的大小，选出最大的快乐，推举那最多地刺激起欲求能力的规定根据，这才能比较。我们要知道康德在这个地方，他心目中是面对着一个敌手，他这种反问也是针对那个敌手的。什么敌手呢？就是幸福主义伦理学。幸福主义伦理学站在他对面，他在跟他们论战。我们在读康德的书的时候都要有这种意识，康德随时随地都有一种论战的心态，有一种批判意识，他讲一句话，看起来好像很平淡，但是他是有所指的。你如果对这个有所指搞不清楚的话，你就不知道他话里面有话背后究竟想说什么。这里的针对的就是指的幸福主义伦理学，他后面也明确提到了，就是指的伊壁鸠鲁主义。伊壁鸠鲁主义就是幸福主义的代表，享乐主义的代表。当然伊壁鸠鲁也不是不讲道德，他本人生活极为严谨，但是他把道德归结为道德的愉快、道德所带来的幸福。所以康德在这里针对的是以伊壁鸠鲁为代表的幸福主义和功利主义，比如说英国的功利主义、幸福主义伦理学家,他们都属于伊壁鸠鲁派,包括休谟、哈奇生、洛克、莎夫茨伯利,康德就是针对他们来发话的。下面举了一些例子。

正是同一个人,他可以将他只到手一次的一本对他富有教益的书未经阅读就退还,以免耽误打猎,可以在一场精彩讲演的中途退场,以免迟误进餐,可以抛开一次他平时很看重的理性话题的交谈,以便坐到牌桌的旁边,甚至可以拒绝他平时乐意接济的穷人,因为他现在口袋里刚好只剩下要用来买一张喜剧门票的钱了。

一下子举出了一大堆例子,说明单凭快乐的大小来规定意志是多么的不靠谱,完全不能把人们引向道德的快乐。例如同一个人,也许他本来是很愿意享受道德所带来的快乐的,但只要他遇到目前吸引他的现实的娱乐项目,他就可以完全不顾道德上的幸福而满足他目前的需要。不管伊壁鸠鲁派的伦理学家多么突出只有道德的那种愉快才是永恒的,才是长久的,但是同一个人,他面对直接的低级欲求能力的诱惑更大,因为感性的愉快本质上就是眼前一时的,和道德上永恒长久的快乐相比,即时的享乐更为真切,也更为强烈。而从本质上来说,这两种行为如果不借助于快乐的大小,本身是不可比的。但凭快乐来比较,则很难说哪方面占优势。

如果意志的规定建立在他从任何一个原因那里都可以期待的快意和不快意的情感之上,那么他通过哪一个表象方式被刺激起来,这对于他完全是一样的。

就是说,如果你把所有的表象用来规定意志的根据都建立在你的快乐的大小之上,那么它通过哪一个表象方式被刺激起来,是通过做一件好事被刺激起来一种快意,还是通过看一场喜剧被刺激起的一种快意,这对于他来说完全是一样的。尽管你可以说,做一件道德的好事可以带来更大的愉快,但是他觉得他看一场喜剧的愉快更大。如果说在这些快乐的性质上面完全没有办法比较,完全没有区分,只能根据快乐的大小来区分的话,那就没有理由说做一件道德的好事带来的愉快一定会比吃一顿美餐或者看一场喜剧带来的愉快更大。你凭什么就说那个更大这个更小,都是愉快嘛,要根据每个人的直接感受,每个人的感受是很不同的。也许会有那种情况,我做一件好事感到了很长久的愉快,也可能有。但是换一个人可能就不是这样,或者同一个人在某些时候就不是这样。他就觉得这一瞬间的享受带来的愉快更大,甚至于我享受了这一次,死都抵得了,"过把瘾就死",马上去死都可以。这个是根据每个人的感受不一样的。所以你要是仅仅根据大小,那就凭每个人的感受了,各人不同,那就没有什么固定的区分。因为单讲快意或者不快意的感受,对于一个人来说通过哪些表象方式被刺激起这些感受来,这是完全一样的,或者完全无所谓的。如果你完全像幸福主义伦理学那样立足于人的感受来决定欲望、来规定人的意志,那么这个感受的表象究竟从哪里来,对他来说是无所谓的。你本来就只关注于他的感受嘛,只关注于感受的大小嘛,那么他感受的性质、感受的来源对他有什么关系呢?幸福主义伦理学的根本缺陷就在这里。它只关注于感受的大小,而对于感受的来源,它提不出区分的根据。你为什么要选择这个,为什么不选择那个,因为对于感受本身来说,这个是没有可比性的。我们可以从各种不同的来源得到快乐,甚至于有的人从受虐中得到快乐,例如受虐狂。所以没有可比性,只有完全根据他临时的感觉,他觉得哪个愉快更大就可以选择哪个,道德不道德对他完全是一样的。

唯独这种快意有多么强烈,多么长久,多么容易获得和多么经常重复,才是他为了作出选择而看重的。

按照幸福主义伦理学,如果把我们欲求能力的规定根据唯一地建立在愉快的情感之上,那么他看重的就只是这种快意多么强烈,多么长久,多么容易获得和多么经常重复。幸福主义伦理学所看重的就是这些,至于它是来自于道德还是来自于本能,这个他不看重,因为他就是凭幸福的大小来规定一个人的意志根据,甚至反过来以此为标准,认为幸福最大的必定是最道德的。

正如对于那需要花费金钱的人，只要这金钱到处都被以同样的价值接受，那么它的材料即金子是从矿山挖出来的，还是从沙里淘出来的，这都完全是一样的，同样，如果一个人只看重生命的快意，他就决不会问是知性表象还是感性表象，而只会问这些表象在最长时间内给他带来**多少和多大的快乐。**

这个比喻非常恰当，就是说，你把一切意志的规定根据都建立在愉快的情感之上，这个愉快情感就相当于一个金币的价值，它是通用的。但是，愉快的情感作为一种通用的价值，不管它的来源，就像一块金子，你知道它有多少克，价值多少美元，那就够了。至于这块金子是从矿山里挖出来的，还是从沙子里面淘出来的，是山上的金子还是河里面的金子，这个完全是无所谓的。我的愉快究竟是来自于道德还是来自于感官还是来自于别的东西，这个也是完全无所谓的。因为你一开始就把它建立在人的快感之上，那么就快感而言，它从哪里来的，是没有关系的，只讲它的大小。"同样，如果一个人只看重生命的快意，他就决不会问是知性表象还是感性表象，而只会问这些表象在最长时间内给他带来**多少和多大的快乐**"，这个说得更明确了。前面那个比喻已经打了一个很形象的比方了，把快乐的大小比作黄金的价值；那么下面回到主题，如果一个人只看重生命的快意，他就不会问是什么带来了这种快意，而只会问这种快意在量上的大小多少。生命在康德那里不是一个关键词，或者说不是一个褒义词，甚至是带有一点贬义的，不像我们今天讲到生命好像都带有褒义。当然有时候也不一定是这样，但至少在康德道德学说里面它带有一点贬义。幸福主义的伦理学认为所谓的道德是什么，说到底就是给最大多数人带来最大的幸福，这就是最高的善，这就是最道德的。所以他们的道德是建立在人的快乐之上的，这个在康德看来就无道德可言了。那样一来，所有的人都是一样的，他觉得哪个幸福更大，那他就是道德的。如果很多人都觉得某件事情是很快乐的，那就是道德的了？不一定。如果那样的话，那就没有道德标准了。一个人为了看一场电影而不去施舍一个穷人，这是道德的还是不道德的呢？他也很幸福啊，他觉得比施舍穷人更幸福，这就没有办法区分了。

[24] 　　只有那些想要否认纯粹理性有能力不预设任何一种情感而规定意志的人，才可能如此远离他们自己的解释而误入歧途，以至于将他们先已用同一个原则表达出来的东西在后来却解释为完全不同性质的。

　　这个里头实际上已经提出了康德自己的标准，什么是高级的欲求能力。既然前面讲的都是属于低级的欲求能力，那么到底什么是高级的欲求能力呢？就是"纯粹理性有能力不预设任何一种情感而规定意志"，这就是高级的欲求能力。纯粹理性单独地，排除任何情感，排除任何质料，排除任何生命的考虑，而单就它本身来规定意志。前面我讲了实践理性和纯粹实践理性有区别，一般的实践理性可以是感性的，可以运用于感性中，它可以是运用于质料中的实践理性。在我们的追求幸福的赚钱谋生活动中，我们也可以有理性，这是一般的实践理性。但是这个一般的实践理性受制于感性的质料，你要吃饭呐，你要穿衣呀，你要满足质料方面的各种欲望啊，那你就必须有钱，能够买各种生活必需品和奢侈品。所以你才用理性去追求你的目的，这些目的都是由你的感性所设定好了的。所以一般的实践理性不是纯粹的实践理性，也不是彻底的实践理性。彻底的实践理性要排除一切感性方面的需要和情感的欲求、情感的快乐、愉快和不愉快，这些考虑全部不管，单凭它自身就有能力规定意志，这就是纯粹实践理性。但是，只有那些想要否认这种纯粹实践理性的人，只有想要否认纯粹理性单独就能规定意志、即不依赖情感而规定意志的人，也就是那些幸福主义者和功利主义者，他们"才可能如此远离他们自己的解释而误入歧途"，这些人远离他们自己的解释，也就是陷入了自相矛盾。什么样的歧途和自相矛盾呢？"以至于将他们先已用同一个原则表达出来的东西在后来却解释为完全不同性质的"，就是原来用同一个原则即幸福原则或快乐原则表达出来的东西，但是后来完全撇开了，甚至走向自己的反面，成了禁欲主义者。这从下面这个例子就可以看出来。

例如我们发现，人们也能够由于单纯**使用力量**，由于意识到在战胜那些与我们的决心作对的障碍时自己的刚毅精神，由于对心灵天赋的培养等等感到快乐，我们有理由把这称之为**高尚的**兴致情趣，因为这些快乐比别种的快乐更受我们的控制，不会被损耗，反而增强着还要更多地享受它们的情感，并在它们使人心旷神怡之际同时陶冶这种情感。

也就是说，幸福主义的伦理学在解释我们的高尚的情感、高尚的情趣、或者说我们的道德的情感的时候是往往是这样来解释的："人们也能够由于单纯**使用力量**，由于意识到在战胜那些与我们的决心作对的障碍时自己的刚毅精神，由于对心灵天赋的培养等等而感到快乐"。这个当然最突出的是斯多亚派是这样解释的。斯多亚派把这些快乐解释为道德，道德就是一种忍耐精神，是一种刚毅精神，是一种对自己能够使用自己的力量来自我控制，能够忍受肉体的痛苦，由此而感到的快乐，对心灵天赋的培养磨练而感到快乐。这都是斯多亚派所强调的，但在伊壁鸠鲁那里已经有苗头了，伊壁鸠鲁的高级享乐主义并不是沉溺于肉体快乐，而是自觉地控制肉体的欲望，提倡俭朴的生活方式。斯多亚派和伊壁鸠鲁派看起来是相对立的，但是实际上他们是两极相通，他们都强调一种道德的快乐。伊壁鸠鲁派认为，凡是快乐的就是道德的；那么斯多亚派认为，凡是道德的，就可以带来快乐。斯多亚派把这种高级的快乐理解为，要么是单纯使用力量，成为强者，要么是忍受苦难的刚毅精神，要么是热心于对自己心灵天赋的培养，发展自己各方面的精神能力。早期斯多亚派不光是发展自己的理性能力，也发展自己的感性能力，但是后期斯多亚派呢，比较强调发展自己的理性能力，感性能力成了低级的。斯多亚派和伊壁鸠鲁派都强调精神的享受，当然强调的角度不一样，在伊壁鸠鲁派是立足于快乐本身，而在斯多亚派是立足于道德的高尚。但是斯多亚派道德的高尚终归是一种局限于肉体上的道德高尚，它跟后来的基督教的美德是不一样的，它靠一种肉体的忍耐力来体现自己的道德高尚。

比如说禁欲，忍受痛苦，看哪个忍受更多的痛苦，我们比赛，看谁能够把手放在火上面烧得更久。斯多亚派强调肉体上的忍耐力就是一种道德，排斥感性的享乐，那是低级的，道德的享受是最高级的，是永恒的，不会被耗损的。而且这种快乐比别的快乐更受我们的控制，"反而增强着还要更多地享受它们的情感，并在它们使人心旷神怡之际同时陶冶这种情感"，使人的情感上升到了一个非常高尚的境界。伊壁鸠鲁派其实也强调这一点，就伊壁鸠鲁本身而言，他的道德是很高尚的，但他后来的那些弟子们把他的学说庸俗化了，把这种享乐主义变成一种纵欲主义。伊壁鸠鲁本人的幸福主义是比较高层次的幸福主义，所以伊壁鸠鲁的享乐主义的倾向还不是很突出，他自己享乐很少，一辈子都很清贫，他追求的只是心灵的平静和肉体的无痛苦，肉体上没有痛苦就够了，主要是心灵上面要不动心，这是最大的安宁幸福。斯多亚派更加极端一点，更强调禁欲，强调忍受痛苦来达到不动心。

　　但是，因此而把这些兴致情趣冒充为不同于单纯通过感官的某种另外的规定意志的方式，而这些兴趣情致却毕竟把我们心中的一种针对它们的情感预设为这种愉悦的首要条件，那么，这就正如同那些热衷于在形而上学中招摇撞骗的无知之辈，

　　这一句我们在《实践理性批判》中和在《康德三大批判精粹》中的译法不一样，这里取《实践理性批判》中的译法。这是对上述观点的一种批评了，这些高尚的兴致情趣的目的还是为了快乐的可能性，虽然它们把自己冒充为对意志的道德规定，而不同于单纯通过感官的规定，但它们毕竟是把针对那些快乐的情感预设为这种愉悦的首要条件了。就是说，你要得到愉快，首先必须要立足于情感，愉快本身是立足于情感的，只有人有情感才会感到愉快。所以这种愉快的根基还是立足于人的感性，作为这种愉快的首要条件。但这些伦理学家把这种快乐的可能性冒充为一种另外的规定意志的方式，好像它与单感官的享受有所不同，是一种更为高尚的兴致情趣。本来我的意志是通过这种快乐的可能性来规定的，

我预期这种可能性是永恒的，更高的，这个时候我把它冒充为不同于单纯通过感官的一种规定意志的方式，好像我的这样一种高尚的兴致情趣跟别的快乐不一样，我对自己的道德个性、道德性格的欣赏所带来的愉快跟我吃一顿美餐的愉快完全不一样。这个在康德这里遭到了批判。就是说，他们把这样一种高尚的兴致情趣冒充为不同于像吃一顿美餐那样的愉快的规定意志的方式，其实是一样的。它们都是在感性中建立起来的一种对快乐的期望，一种对愉快情感的规定。但是他们把它故意提升到一种超感官的愉快，以至于这种愉快与其说还是一种愉快，不如说成了一种痛苦。这就走向了自己的反面，康德把他们比作一些"热衷于在形而上学中招摇撞骗的无知之辈"。此话怎讲？康德又是有所指的，请看下面。

他们设想物质如此精细，如此过于精细，以至于他们自己对此都要感到晕眩，于是就相信自己以这种方式臆想出了一种**精神的**但却有广延的存在物。

这个地方康德联想到本体论方面类似的情况了。也就是说，单纯通过幸福、通过愉快来规定我们的意志，但是这种愉快呢，又比那种感官的愉快要更加精细，它是一种道德的愉快。说道德的愉快要比感官的愉快更加精致，这就像在哲学、形而上学中、在本体论中人们设想一种精细的物质，虽然还是物质——这个物质在这里也可以翻成质料，但是他们设想，有一种物质是更精细的，那就是精神。精神是一种最精细的物质，这种精细的物质"如此过于精细，以至于他们自己对此都要感到晕眩"，这就带有讽刺意味了。就是说，这种物质你再怎么精细，它还是物质。但是他们设想物质精细到一定的程度，细微到已经看不见的程度，那就令人头晕了，那就用放大镜也好，用显微镜也好，你都看不到了，那种物质就是精神了。当时的唯物主义的哲学家们就是这样考虑的。比如说原子论呐，还有其他的像笛卡儿的唯物主义的方面呐，英国经验派当时也有唯物主义的经验派呀，牛顿派的那些哲学家呀，他们这样去解释精神，认为精神不过是一种更加精细的物质而已，这就把人的脑子都转晕了。这就像在道德的领域里面讲，道德不过是一种更加高尚的快乐而已，都是属于质料的原则，而不是形式的原则。这里做了一个类比，这个类比应该说还是比较贴切的，因为确实有这种关系。伊壁鸠鲁就是一个唯物主义者，早期斯多亚派也是唯物主义的。他们确实就把精神看作是一种精细的物质。伊壁鸠鲁的原子论，就是把人的灵魂看作是一种精细的物质嘛，一种最圆滑的、最小的、最精致的物质，总之精神就是一种物质。"于是就相信自己以这种方式臆想出了一种精神的但却有广延的存在物"。既是精神的，但是却又有广延的，这在康德看来是自相矛盾的，就像是在说圆形的方，木制的铁，都是一种自相矛盾的概念。有广延的精神，这是说不通的，只能把人搞晕。不管你这个广延，你把它分得多么精细，它还不是精神，它还是质料，它还是物质。下面就直接点名了。

如果我们同意**伊壁鸠鲁**，在德行上仅仅听任它所许诺的快乐来规定意志：那么我们就不能此后又责备他，说他把这种快乐与那些最粗劣的感官快乐看作是完全等同的；因为我们就根本没有理由诿过于他，说他把我们心中的这种情感借以激发起来的那些表象仅仅归之于肉体感官了。

伊壁鸠鲁派的伦理学就是这样的，快乐主义、幸福主义的伦理学，把一切道德都归结为一种高尚的快乐，如果我们同意他，在德行方面我们听任德行所许诺的快乐来规定意志。伊壁鸠鲁就是说，德行会给你带来快乐，所以，道德行为就是用这种德行的快乐来规定你的意志的那样一种行为，伊壁鸠鲁的原理就是这样的。如果我们同意他这种思路的话，那我们就不能够责备他，说他把这种快乐等同于最粗劣的感官快乐。也就是说，不能够责备他把这种道德的快乐主义等同于享乐主义。所以伊壁鸠鲁他认为自己不是纵欲主义，但实际上后来呢，他的追随者必然地滑向了纵欲主义。他自己当然可以保持他的行为道德高尚，但是他的理论确实是滑向纵欲主义的。后来很多人责备伊壁鸠鲁派，就是说，伊壁鸠鲁的理论本来是很好的，就是后人把它搞糟了。其实不是后人把它搞糟了，后人的那种理解恰好就是从伊壁鸠鲁的理论里面自然延伸出来的。纵欲主义其实就是从他的快乐主义、幸福主义里面自然而然地生长出来的，人家没有理解错，但是人家的那种道德水平当然不能跟伊壁鸠鲁相比，伊壁鸠鲁在古希腊的时代就他本人来说还是一个圣人，但是他的理论，我们说他长出了一个怪胎，为什么长出一个怪胎？其实这是必然的，也是正常的。我们不能此后又责备他，说他把这种快乐与那些最粗劣的感官快乐看作是完全等同的。因为它们在作为快乐这一点上，确实是完全等同的。不管你是出于一种高尚的情操还是出于最粗劣的感官享乐，作为快乐它们都是等同的。所以他们的道德在当时来说都没有摆脱物质的束缚，这个物质的束缚直到基督教里面才摆脱，到基督教里面，纯精神才现身。什么是纯精神？在古希腊的时候，是没有纯精神的概念的，精神总是跟物质纠缠在一起，斯多亚派也好，伊壁鸠鲁派也好，他们的道德都是通过肉体表现出来的，肉体的一种特性，一种属性，个人的一种性格，或者是一种特别的气质。比如说伊壁鸠鲁为人非常温和，非常澹泊，而斯多亚派非常刚毅，非常具有忍耐力。这是他们个人的气质，你要把它说成精神当然也可以，但是这种精神不是纯粹的。这个人生来他就能忍受，这个人生来就不怕痛，他的神经系统决定了他不怕痛。你说他道德高尚，我们经常说有些革命先烈在监狱里面怎么那么能够忍受，稍微动一下念头他可能就成了叛徒。有的人就解释，那是他生来就不怕痛，他受得了刑。有的人就是这样，他就受得了刑。有的人特别怕痛，稍微动他一下他就哇哇大叫，那就容易当叛徒。这个不是道德问题，这是一个医学问题。那么古希腊的道德学家大多有这种倾向。只有到了基督教里面，这个问题才上升了一个更高的层次。而这里是讲的伊壁鸠鲁："因为我们就根本没有理由诿过于他，说他把我们心中的这种情感借以激发起来的那些表象仅仅归之于肉体感官了"。我们根本没有理由责备他，责备他什么呢？就是说，你既然相信伊壁鸠鲁，那你就走上了这条路，你就不能够责备他。因为他没有什么可责备的。他的理论就是这样的。你自己相信了他的这样一个出发点，那么你就要走向他的终点。你不能诿过于他，他就是这么个理论嘛，你不能说他把我们的心中的这种情感借以激发起来的那些表象仅仅归之于肉体感官。后来的很多人咒骂伊壁鸠鲁，说他堕落到了纵欲主义，至少他的后学堕落为纵欲主义，但是，这个是不能诿过于他的。你自己相信了他的前提，你就得接受他的结论。

如同人们能够猜到的，他同样也曾在更高的认识能力的运用中为这些表象中的许多寻求了来源；但这并没有阻止他、也不能阻止他根据前述原则把或许是由那些智性的表象提供给我们的那种快乐本身完全看作是同样的，这些表象唯有借这种快乐才能作为意志的规定根据。

这句话我修改了一下，原来是"把那些或许是由智性的表象提供给我们、而这些表象唯有借此才能作为意志的规定根据的那种快乐本身完全看作是同样的"，现在改译成"把或许是由那些智性的表象提供给我们的那种快乐本身完全看作是同样的，这些表象唯有借这种快乐才能作为意志的规定根据。"这样更简明也更清晰。尽管伊壁鸠鲁他自己没有这样明确地说明，但是我们也可以猜到，伊壁鸠鲁同样也曾经在更高的认识能力中，也就是在知性和理性中，为引起愉快的这些表象中的许许多多表象寻求了来源。也就是说把这些引起愉快的表象的来源归于那些更高的认识能力，归到知性和理性。但这并没有阻止他根据"前述原则"，就是前面讲的幸福主义的原则，以情感、以快乐作为基点的那些原则，"把或许是由那些智性的表象提供给我们的那种快乐本身看作同样的"。也就是说，这些表象或许它们是来源于智性的，智性就包括知性和理性了。智性，intellektuell 是拉丁文，这个词在康德那里呢，是超越感性之上的认识，它跟感性是对立的。凡是智性都包括一个知性，一个理性，包括这两个因素。"由智性的表象提供给我们"，就是说，那些表象是来自于智性的，来自于知性和理性，但它们给我们提供了同样的快乐，而且这些智性的表象"唯有借这种快乐才能作为意志的规定根据"，所以你不能阻止他根据前述原则把这些快乐本身完全看作是同样的。我们可以把这句话简化为这样一句：但把这些表象归于智性并没有阻止他、也不能阻止他根据前述原则把那种快乐本身看作完全是同样的。简单化这个句子就是这样的。这些表象引起了我们愉快，那么为什么会引起我们愉快呢？他为这些表象在更高的认识能力中寻求了来源，就是说，这些表象不完全是感官的，也有很多是来自于智性，由此他把这种愉快抬高为智性的愉快；但是这并不能阻止他根据前述的幸福主义的原则把这种快乐本身看作是完全是同样的。尽管表象的来源不同，也许它有智性的来源，但是作为快乐本身而言还是同样的，并没有什么高级低级之分。表面上，从那些智性的表象引起的快乐跟那些感官表象引起的快乐好像是不同的，它在来源上不同，但只要这些表象唯有借快乐才能作为意志的规定根据，那么这种快乐本身完全是同样的。

再看下面：

前后一贯是一个哲学家的最大责任，但却极少见到。

为什么这里突然提到前后一贯，他实际上是在表扬伊壁鸠鲁。伊壁鸠鲁倒是前后一贯的，你不要以为他前后矛盾，不要以为他前言不搭后语，前面讲高尚的享乐主义，结果后面又怎么堕落为纵欲主义了呢？好像他前后不一贯了。但是康德认为这恰好证明他是前后一贯的，他负起了一个哲学家的最大责任，把他的原则贯彻到底了。反倒是现代的幸福主义者极少见到有这种勇气了。

古希腊的那些学派在这方面给我们提供的例证比我们在我们这个**调和主义**的时代所找到的更多，在我们这里，各种相矛盾的原理的**结合体系**被极其虚伪和肤浅地做作出来，因为它更受到那种公众的欢迎，他们满足于什么都知道一点，而整体上一无所知，但却对一切都能应付自如。

这是在称赞古希腊的那些学派，特别是伊壁鸠鲁学派能够保持前后一致的彻底性。在伊壁鸠鲁的体系里实际上是前后一贯的。这个例子和其他例子都说明，古希腊那些学派在前后一致这方面是比较严格的，而在我们这个时代，就是康德的时代，18 世纪，却是一个调和主义的时代。为什么是一个调和主义的时代？他肯定也还是有所指的。我想他在这个地方指的就是英国经验派，特别是洛克，洛克的体系就是一个典型的调和体系，里面什么都有，什么东西都放在一起，而且自相矛盾他也不在乎，甚至还不知道。还有受洛克影响的，像哈奇生、莎夫茨伯利这样一些道德学家、美学家，甚至包括休谟，也是搞调和的。他们都标榜回到"常识"，反对在概念思辨上钻牛角尖，只要合乎经验，有点概念矛盾也不要紧，这个康德揭示得很多。这方面连休谟也不例外，我们通常认为休谟在经验派里面是最一贯的，但是其实他也不能贯彻到底。他的怀疑论在某些方面并不怀疑，他认为自然知识和数学知识就不一样，数学知识是不可怀疑的，自然科学知识可以怀疑。贝克莱更加是调和的，贝克莱你说他是主观唯心主义的，他又有客观唯心主义。都是稀里糊涂的这样一个时代。康德认为呢，他的使命就在于把这些调和的东西加以清理。英国经验派和法国唯物主义都推崇常识，常识是什么呢？就是说，你可以建立一个体系，但是你不要走极端，要保持"健全理智"。哲学理论总是会触碰到极端的问题，形而上学的最高问题，而当你的理论走到极端的时候，你就要知道回头，要回到常识，承认自己知识的有限性。所以洛克的体系里面充满着矛盾，他也不管不顾，他觉得他都解决不了，你更解决不了，不如就让它挂在那里。他认为自相矛盾不是什么大不了的缺点，违背常识才是最大的缺点。我虽然自相矛盾，但是我没有违背常识，我说的话所有的人都能够接受，都能理解。而在康德这种理性主义者看来呢，这就是不彻底了，不一贯了，所以他在这里进行了批评。"各种相矛盾的原理的**结合体系**被极其虚伪和肤浅地做作出来"，它们不是真正的体系，是一个各种相矛盾的原理的结合体系，这个结合体系是自相矛盾的。为什么要做作出来？"因为它更受到那种公众的欢迎，他们满足于什么都知道一点，而整体上一无所知，但却对一切都能应付自如"，那样一些公众在当时是占大多数，在我们这里当然也是占绝大多数。中国的一般大众都是这样，他们满足于什么都知道一点，这一点他也知道，那一点他也知道，他还要说你，你知道那一点你不知道这一点吧，你只知其一不知其二吧。他们知道得很多，而在整体上却一无所知。整体上你能不能把这些东西贯起来呢？能不能消除矛盾、构成一个逻辑体系呢？这对他们来说是个怪问题，认为你在和他抬杠，故意刁难他。所以他们对逻辑深恶痛绝，因为逻辑那是西方来的东西，不适合于中国。我们中国人就是讲这一点那一点，就是面面俱到，这也要看到，那也不能忽视。当然真正的常识其实中国人也不讲，中国人讲的是古人已经讲过的那些陈腐的大道理，那就是"常识"，在现实生活中的常识他是不看的。"整体上一无所知，但却对于一切都能应付自如"，只要能够应付自如就行了。这是康德的批评。

自身幸福的原则，不论知性和理性在其上可以有多少运用，对于意志来说却只不过包含有与**低级**欲求能力相适合的那些规定根据，

这里可以说是点题了，这句话比较干净、比较纯粹地表达了康德的意思。就是说，以伊壁鸠鲁为代表的幸福主义的原则，当然也可以把知性和理性用在它上面，说使人幸福的事情不仅仅是来自于感官，知性和理性的那些概念也可以带来幸福，带来快乐。但是，"对于意志来说"，也就是当你要把它作为根据来规定意志时，"却只不过包含有与**低级**欲求能力相适合的那些规定根据"，就是说，幸福的原则里面只不过包含有与低级欲求能力相适合的那些规定根据，哪怕你可以把知性和理性的概念运用于其上，它的规定根据还是低级的，不因为你运用了理性和知性它就高级起来了。它作为一种幸福主义的原则，只能是与低级的欲求能力相适合的规定根据。

所以，要么就根本没有什么高级欲求能力，要么**纯粹理性**必定自身独自就是实践的，也就是可以只通过实践规则的形式来规定意志，而无须任何一个情感作为前提，因而无须那些快适或不快适的表象、即欲求能力的质料的表象，这种质料任何时候都是诸原则的经验性条件。

你如果把一切意志的规定都建立在幸福的原则之上，那就没有高级

的欲求能力，你就满足于低级的欲求能力就够了。另外一种选择就是，超出幸福主义的原则之上，摆脱快乐的情感和感性表象的束缚，"要么**纯粹理性**必定自身独自就是实践的"。这个我在前面已经提到了，康德的纯粹实践理性的原则就是这样形成起来的，即展现出纯粹理性本身独自具备的实践能力。"纯粹理性"打了着重号，还加上"自身独自"，这都是强调它是纯粹的，它独自就能够实践，就能够支配人的意志，无须考虑它的质料，无须追求它所带来的快乐或者幸福。"也就是可以只通过实践的规则的形式来规定意志，而无须任何一个情感作为前提"，什么叫独自就是实践的呢？这就是，它仅仅通过实践规则的形式来规定意志，而把质料撇开。前面讲的都是质料的实践规则，一切质料规则都是在低级欲求能力中来建立意志的规定根据；那么相反，这里的纯粹理性是通过实践规则的形式来规定意志的，而无须任何一个情感质料作为前提。这是对幸福主义的反其道而行，即纯粹理性自身就可以规定意志，而不需要任何情感来作前提。"因而无须那些快适或不快适的表象、即欲求能力的质料的表象"，这就是继续推了。前面 Annehmelichkeit 是快意，这里 Angenehmen 就是快适，这里有个层次上的区别，快意或快乐都是情感，而快适或不快适的表象则是激发起情感的，这些表象本身是快适或不快适的，所以它激发起来的情感呢，也就是快乐或不快乐、快意或不快意的。下面解释说，那些表象"即欲求能力的质料的表象，这种质料任何时候都是诸原则的经验性条件"，"任何时候"是泛指的，不光是在实践中，在认识中也是这样。质料都是诸原则的经验性的条件，在认识中，我们要得出原则，得出一个原理，在质料中也少不了它的经验性的条件，这些质料是来自于感官、来自于感性的。

[25]　　只不过这样一来，理性只有在它自己独立地规定意志（而不是服务于爱好）时，它才是病理学上可规定的欲求能力所从属的真正**高级的**欲求能力，

　　也就是说，如果这样来看的话，只有后面这种情况才能引出高级欲

求能力，否则都是低级的。这个地方为什么要用"只不过"呢？因为前面有两种选择，要么根本就没有高级的欲求能力，全都是低级的；要么有高级的欲求能力，那就是纯粹理性凭借自身就是实践的，不需要感性，不需要情感。但是这样一来，那就和前一种情况直接相对立了，"理性只有在它自己独立地规定意志（而不是服务于爱好）时"，它才是"真正**高级的**欲求能力"，他是这样一种语气。爱好，Neigung，这个词有很多译法，最常见的就是翻译成爱好，李秋零翻译成性好。还有很多其他的翻译。我们比较通俗的就翻译成爱好。它是一种嗜好，偏好，有这些意思，这个地方一般地就是说他喜欢什么，他偏向于什么，他倾向于什么。理性只有在它自己独立地规定意志、而不是服务于爱好时，才是高级欲求能力。幸福主义伦理学虽然没有否定理性，但是他们是使理性服务于爱好，也就是服务于感性。康德的伦理学和幸福主义伦理学的区别并不在于一个只谈理性，而另外一个只谈感性，而在于感性与理性之间的关系不一样。幸福主义伦理学是把理性用来服务于爱好，而康德则是相反，首先强调理性只有在它自己独立地规定意志时才是高级欲求能力。它是"病理学上可规定的欲求能力所从属的真正高级的欲求能力"，可见康德也并没有完全否定低级的欲求能力，但和幸福主义伦理学相反，他是要求这种低级欲求能力要服从于高级欲求能力，而高级欲求能力则不能服从低级欲求能力，它是纯粹理性独立自足的。康德不是一个禁欲主义者，哪怕他讲纯粹实践理性，他也不是禁欲主义的。他只是说，人们的正常的低级欲望也不能指责，你也不能说它太低级了，所以就把它抛开，那也做不到；但是呢，你要把这些低级的欲求能力从属于高级的欲求能力，服从于高级的欲求能力，当它们发生冲突的时候，你要能够不考虑它，而当它们不发生冲突的时候，你要首先考虑高级的欲求能力，而把低级的欲求能力服从于或者是从属于高级的欲求能力。这种低级的欲求能力是"病理学上"可规定的。什么是病理学上？pathologisch，一般来说 patho 就是一种激情的意思，那么变成形容词，pathologisch 就是研究激情的。这个是希腊词，在希腊语里面，它本来是一个医学的名词，我们在词典上查到的通常是把它翻译成"病理学的"。但是有些人认为这个"病理学的"不好理解，应该把它翻成"感性的"。但是呢，他们忽视了这个词作为一个医学名词所特有的意义。而且在康德这里，他特别强调的就是学科之分。他专门有一本书叫作《学科之分》，有的翻译成《系科之争》。就是说对人的精神问题，我们究竟是用心理学来考察他，还是用物理学来考察他，还是用医学来考察他，还是用哲学来考察他，或者用数学来考察他？当然在康德看来，对于这些高层次的问题，只能是用哲学来考察。对人的心灵不能用医学来考察。医学当然可以考察，你用医学可以考察他的肉体，但用医学来考察不能把握人的本质，它只能把握一些表面肉体现象，这是很不可靠的。所以这个地方我们特意把这个"病理学"突出出来，让大家习惯。中国人很不习惯，觉得这很难理解，但是你仔细考虑一下呢，就能够体会他的意思。就是说，你把一个人，把他放到病床上来测量他，你当然可以对他的血压，对他的血液成分呀，对他的呼吸呀，各方面作出一种科学的规定，但是那种规定是低级的，是针对低级欲求能力的一种规定，一种自然科学意义上面的规定，医学上的规定。那么这一句话，"理性只有在它自己独立地规定意志时，它才是病理学上可规定的欲求能力所从属的真正高级的欲求能力"，它高级在什么地方呢？体现在什么地方呢？它凭什么要让另外一种欲求能力从属于它呢？就在于它是能够自己独立地规定意志，而不是服务于爱好，不是服务于人的偏好，人的一时的欲望，一时的激情。它真正高级就高级在它的纯粹理性的独立性，撇开一切感性的东西而能够自己规定意志。

　　并且是现实地、甚至**在种类上**与前一种欲求能力不同的，以至于哪怕和那些爱好的冲动有丝毫的混杂都会损害理性的强度和优越性，正如把丝毫经验性的东西作为一个数学演证的条件就会贬低或取消这一演证的尊严和坚定性。

　　理性只有在它独立地规定意志的时候，它才是高级欲求能力，"并且是现实地、甚至**在种类上**与前一种欲求能力不同的"。你不要以为理性单独独立地来规定意志，它就不是现实的了。它还是现实的，因为这里讲的是实践，这里讲的不是认识。如果是认识，理性去把握上帝呀，物自体呀，那不是现实的，那会导致幻象。但是它来支配人的意志，造成人的意志行为，这是很现实的，这非常现实。凡是讲实践，都是现实的，哪怕是高级的实践，道德的实践，也是现实的，是理性的现实运用。但是理性的现实运用本身有两个层次，一个是低级欲求能力的运用，一个是高级欲求能力的运用，高级欲求能力的运用是独立的运用，但是它也是现实的，它能够产生现实的效果。有人做道德行为，他要做出来才算是道德行为。他如果只是想一想不去做，那不能算道德行为，也不能算实践。不管失败还是成功，只要他去做了，那就是现实的，他就对现实世界产生了影响。当然他不是着眼于这个影响，但至少他必须去影响世界。他着眼于他的动机，但是必须要对世界有影响。所以它是现实的，它现实地与前一种欲求能力不同，而且是"在种类上"与前一种欲求能力不同，不像在前一种低级的欲求能力内部只有程度大小上的不同。出于道德的实践和出于爱好的实践，在种类上就是不同的，也就是在等级上是不同的，不是量上的不同，而是它更高级。"以至于哪怕和那些爱好的冲动有丝毫的混杂都会损害理性的强度和优越性，正如把丝毫经验性的东西作为一个数学演证的条件就会贬低或取消这一演证的尊严和坚定性"，这里又打了个比方。就是说，道德的实践，纯粹理性的意志规定，它是属于一种真正高级的欲求能力，和低级的欲求能力完全不同，以至于那些出于爱好的冲动，出于偏好、嗜好的冲动，有丝毫的混杂进来，就会贬低了纯粹实践理性的强度和优越性。比如你这个人情感特别脆弱，你看到人家受苦，你就忍不住流泪，这是你的性格所决定的。你有这样一种爱好，你喜欢施舍人，这是一种感性的东西，但决不同于真正的道德行为。如果你混杂一点这样的东西在里头，说我是有道德的，我今天给叫花子钱了，我富有同情心，那么康德认为这就会损害理性的强度和优越性。理性不需要你的同情心，凭借纯粹理性你就懂得你应该给他钱，这是一种道德原则。哪怕你给了他钱以后，你并没有什么感觉，你的感觉很麻木，但是你的理性很强大，你给他钱完全出于理性，那么这个人是道德的。当然我们日常的人对康德这种道德不太容易接受，那种冷酷无情的人能够称之为道德的吗？但是在康德看来就是这样。就是说，他虽然冷酷无情，但是他按原则办事，他按照他的理性办事，他比那种仅仅出于情感、同情、怜悯来给叫花子钱的人要更加纯粹、更加道德。因为他有坚强的理性，理性本身具有它的优越性，所以他按照理性的原则可以一丝不苟地执行道德的命令。而那些出于情感做好事的人呢，由于他情感的脆弱，由于他情感的丰富，他要做一个好人，那是不长久的。也许他做了几次以后就腻了，也许他以后情感就变化了。情感是容易变化的呀，也许他给了叫花子钱以后被骗，那个叫花子每天赚的钱比他还多得多。他晓得了这一点就再不给钱了。所以出于情感去做好事是靠不住的，它不是出于原则。当然这也很好，我们说这个人是个好人呐，他确实是个好人，他生性就是好人，对谁都没有坏处，只会带来好处。但是在康德看来这种人还不是真正道德的，真正道德的应该出于纯粹的理性。你要考虑一点点爱好、个人冲动，就会有损于理性的强度和优越性。所以康德把道德和数学相比，它们都是出于原则，都是出于纯粹理性。数学的演证，Demonstration，这个词特别适合用在几何学里面。几何学是最清晰的，但是又是最直观的，可以直观到的。数学的演证，你演算一个几何题，那么，在你演算的过程中间，你不能把丝毫经验性的东西掺杂进来。你不能考虑这个三角形和这个圆形搭配起来是美还是不美呀，这个三角形是红的还是绿的呀，你在演证的时候，你必须把这些不相干的考虑全部撇开，你只能考虑这个三角形符合哪一条公理，它和这个圆形的关系应该怎么样证明。在道德方面也是这样。就像证明一个几何题一样的，掺杂一点点丝毫经验性的东西，就会贬低或取消这一演证的尊严和坚定性。道德的原则，每个有理性的人都能理解，就像理解一个几何题一样。三角形三个内角之和等于两个直角，就这么明白，这么简单，这么清晰。每个有理性的人都可以明白，他不需要掺杂进任何其他的那些同情啊，怜悯啊，快乐啊，不快啊，痛苦啊，那些考虑都可以排除在外，就像我们在演证几何题的时候一样。这正说明了这样一些原则具有它独立的尊严和坚定性，放之四海而皆准。不管什么人来，只要他有理性，不管他情感上是个同情心很丰富的人，还是一个情感上麻木不仁的人，但是他可以是个道德的人，如果他有理性，并且按理性来规定自己的意志的话。

　　理性以一个实践法则直接规定意志，不借助于某种参与其间的愉快和不愉快的情感、哪怕是对这一法则的愉快和不愉快的情感，而是只有凭借它作为纯粹理性能够是实践的这一点，才使它是**立法的**成为了可能。

　　最后这句可以说是引出一个积极的结论了，这就和后面的定理Ⅲ接上头了。前两个定理都是消极的，后面两个定理则是积极的。理性是单纯通过实践法则直接地规定意志的，它中间不夹杂有情感的考虑，所以，它这样一种理性是纯粹实践理性，而不是一般的实践理性。一般实践理性可以夹杂有其他的感性的考虑、愉快和不愉快这些情感的考虑在内，所以它不是纯粹的。但是理性当它以一个实践的法则直接规定它的意志，即自身独立地来规定它的意志，不借助于愉快和不愉快的情感，不论是一般讲的愉快和不愉快的情感，还是对这一法则的愉快和不愉快的情感，都不考虑，这时它才是纯粹的实践理性法则。人们做好事的时候有各种情况，比如说有的人做好事是为了得到奖金，见义勇为受了伤，他可以得到政府的奖金，还可以出名，得到愉快的荣誉感，这是一种。另外一种呢，我不求出名，我也不求得奖金，我就是为了做这件好事能够心安理得。这在我们看来当然就是更加高尚的境界了，但在康德看来这也还不够。所以他说"哪怕是对这一法则的愉快和不愉快的情感"都必须排除掉。做好事这件事情本身我是为了我的愉快，我要不做的话我就不愉快了，我单纯是为了这个法则所带来的愉快去做这件好事——这在康德看来也还不是纯粹实践理性，纯粹实践理性就连这样一种愉快或不愉快都不要考虑,更不用说其他的那些功利的考虑了。对这一法则本身带来的愉快的考虑,本质上也还是一种功利的考虑,还是一种幸福主义的考虑,你还是为了愉快嘛,你并不是为了理性本身的一贯性嘛,所以康德把它也排除在外。整个这一句话是说,只有理性以一个实践法则直接规定意志,"才使它是**立法的**成为了可能"。"立法的"打了着重号,已经暗示了后面第Ⅳ条定理(§8)了。什么叫直接规定意志?不借助于某种参与其间的愉快和不愉快的情感。只要借助于参与其间的愉快和不愉快的情感来规定意志,那就不是直接地规定意志了,哪怕是对这一法则的愉快和不愉快的情感也不行。所以理性只有凭借它作为纯粹理性能够是实践的这一点,才使它是立法的成为了可能,或者说才使它成为了立法者。在18世纪那个时代,对立法非常强调。三权分立,立法、行政、司法,立法权最高。而理性在道德上凭借什么才成为最高的立法者?就凭借它的纯粹性,如果它还掺杂有感性的快乐,哪怕是对理性法则本身的快乐,它都不能成为立法者。

＊　　　　　＊　　　　　＊

注释Ⅱ.

今天开始讲注释Ⅱ。这两个注释都比较简单,都还是在定理的前提之下扩展开来,进行通俗化的一种讲解。第一个注释是把低级欲求能力和高级欲求能力从"种类"上区别开来,即从经验和先天的区别这个不同的"质"来进行划分,这更像是对定理Ⅰ的注释;第二个注释是说明低级欲求能力哪怕它也能造成某种普遍原则,也只是类型的普遍,不是先天法则的普遍,因而仍然是低级的,这主要是从"量"上来进行区分,更适合于对这个定理Ⅱ的注释。

获得幸福必然是每个有理性但却有限的存在者的要求,因而也是他的欲求能力的一个不可避免的规定根据。

获得幸福，每个人都要追求幸福，所以他说这是"每个有理性但却有限的存在者的要求"。注意这里有两个限定，一个是"有理性"，如果没有理性，那就是动物了。动物没有理性，因此也不懂得什么幸福。虽然我们经常也说，这个动物多么幸福啊，一对鸳鸯，无忧无虑！但是那只是我们人的一种附会，对于动物本身来说，它无所谓幸福不幸福，一切都是本能的安排。因为幸福这个概念是就人的一种合目的的行为而言。就是说，你有一个目的，你达到了，你通过你的理性设定你的目的和手段，而且顺利地实现了这个目的，那才叫幸福。所以获得幸福是每一个有理性的存在者的要求。但是同时呢，又是"有限的"存在者的要求。为什么又要设定是有限的存在者的要求？这个有限的存在者在康德这里特别的是针对人的感性而言的，感性就是有限的。人有理性，但是人又有感性，有感性他就有限，他就要受到外界事物的限制，包括他自身的本能，他的身体结构，他的身体条件的这样一些物质存在的限制。那么幸福就有两个方面，一个呢，它是理性的产物，你追求幸福，这幸福不是你靠本能马上就能够实现的东西，它是一个预先设定的目的。这个目的还没有实现，这个目的还很遥远，它是一个理想，然后你通过自己的手段，达到了它，实现了这个理想，那就叫幸福了。幸福本身一方面有理性，但另一方面它的目的又是针对着感性，凡是幸福都跟感性的东西相关。所以它是既有理性，但是又是有限的存在者的要求。如果我们设想不是有限的理性存在者，比如说上帝这种无限的理性存在者，就不需要什么幸福了，因为上帝本身没有感性，一切感性都是上帝创造出来的，他本身是没有感性的。同样，天使也不需要什么幸福。只有人类这样一种有限的理性存在者，他有感性的需要，同时又有理性，所以呢，他就要追求幸福。获得幸福必然是每个有理性但却有限的存在者的要求，人就是介乎理性和感性之间、介乎无限和有限之间的这样一个存在者。理性是达到无限的，但是感性是有限的，人既有理性，又有感性。"因而也是他的欲求能力的一个不可避免的规定根据"，有理性但是有限的存在者，也就是人了，人的欲求能力的一个不可避免的规定根据就是追求幸福。人的欲求能力跟动物的欲求能力不一样，他有理性在指导他，同时另一方面他又有感性作为他的目的，所以它是人这样一个有限的有理性的存在者不可避免的规定根据，是他的欲求能力的不可避免的规定根据。追求幸福是他的任意性的一个规定根据，也可以说是他的意志的一个规定根据。当然人的纯粹意志可以不追求幸福，但是追求幸福对于有限的人来说，终归是他的意志的一个不可避免的规定根据。人的意志你可以摆脱，你说我们按照纯粹的意志——那就是道德——来行事，但是追求幸福始终伴随着你，你不可能完全把它消灭。康德并不主张禁欲主义，他认为人要追求幸福是很正常的，哪怕你在进行道德实践的时候，你也不一定要非要把这个幸福灭掉。只要你摆正它的位置就行。你的自由意志首先要根据你自己的纯粹理性来决定，那就是道德了。但与道德伴随而来的呢，也有对幸福的追求，这是必然的，人避免不了的。当然这种幸福与道德很可能并不相配，或者是善无善报，甚至于恩将仇报，给好人带来痛苦，或者相反，恶人有福，未得惩罚，都有可能的。虽然你的意志本身把纯粹理性作为自己的规定根据来行动，那就是道德行为了，你不必考虑是否能够从中得到幸福；尽管如此，你的低级的欲求能力仍然伴随着起作用，虽然它诱惑你把追求幸福当作更高的目的，而把道德当作次要的目的或达到幸福的手段，那是不对的；但你由于有道德而希望获得相应的幸福，希望好人有好报，这却是无可指责的。康德不是一个禁欲主义者，但是他是把道德理想放在幸福之上、放在人的低级欲望之上的。

　　<u>因为对他自己全部存有的心满意足决不是某种原始的所有物，也不是以对他的独立自足的意识为前提的永福，而是一个由他的有限本性自身纠缠着的他的问题，因为他有需要，而这种需要涉及到他的欲求能力的质料，也就是某种与作为主观基础的愉快或不愉快的情感相关的东西，借此就使他为了对自己的状态心满意足所需要的东西得到了规定。</u>

　　"因为对他自己全部存有的心满意足决不是某种原始的所有物"，这里"存有"，Dasein，指比较具体的一种存在。它相当于 Existenz，这两个词基本上是可以通的，甚至于就是同义词，只是一个是德文词，一个是拉丁词。在海德格尔以前的德国古典哲学里面，Dasein 这个词有时翻译成定在，有时翻译成限有，海德格尔这里我们译作此在。在日常德语里面，这个词也可以翻译成生活，非常具体。一个人在不在，就用这个 Dasein。或者一个人不在了，就是死了，只要一个人还活着，那就是 Dasein。这里讲，对他自己全部存有的心满意足，这决不是某种原始的所有物，"原始的"（ursprünglich）原来译作"本源的"，但从上下文来看还是"原始的"。对于有理性的但却是有限的存在者来说，对他的全部生活的心满意足，也就是完全的幸福，这决不是某种原始拥有的既成事实，现代的哲学人类学家认为，人生来就是不满足的动物，匮乏的动物。比如说本能。一个人的本能的满足就是不是能够使他心满意足了？显然不是的。一个人仅仅满足于本能，那离幸福还远得很，我们说，那仅仅是温饱，还没达到小康。你要追求幸福，起码你要追求小康，仅仅是原始的所有物，那就是温饱，这个不叫幸福。当然连原始的所有物都没有满足，那就更没法生存了，没法存有了，这是一个底线，温饱是一个底线。"也不是以对他的独立自足的意识为前提的永福"，Seligkeit，我们翻译成永福，也可以翻译成天福、至福，它是幸福，但是这个幸福不是日常的幸福，它是永恒的幸福。比如说西方人喜欢讲在天堂里面所享的那种幸福，人的灵魂死后上了天堂，他所享到的那种幸福就是 Seligkeit，那就是享永福了。人世间的幸福都不是永恒的，都是暂时的，所以永福是指来世的幸福，或者说是一种最高追求的幸福，一种理想的幸福。但是一个人对他自己全都存有的心满意足，一方面，既不是那种最低级的原始的所有物的满足，不是仅仅对于生存底线的满足，而另一方面呢，也不是以对独立自足的意识为前提的永福。永福是要以一个人的独立自足的意识为前提的，就是一个人的灵魂的独立性，它已经不依赖于任何外界对象了，这种意识只有灵魂升入天堂才能具有。所以他要有这种意识，他才能够意识到永福。我死了以后，我的灵魂到了天堂，到了上帝跟前，抛开了人世的一切烦恼，才能够满足自己的永福。这是最高级的。但是一个人对他的存有的心满意足呢，也达不到这个程度。如果说对本能的满足是一个底线的话，那么对永福的追求应该是一个上限，最高的追求。人就处在这两者之间，一方面呢，他要满足自己的本能的需求，另一方面，他要追求灵魂的永福。但是他既不能仅仅满足于本能的需求，在他的此生也达不到彼岸的永福。那幸福是什么呢？"而是一个由他的有限本性自身纠缠着他的问题，因为他有需要，而这种需要涉及到他的欲求能力的质料，也就是某种与作为主观基础的愉快或不愉快的情感相关的东西"。人对自己全部存有的心满意足"是一个由他的有限本性自身纠缠着他的问题"，幸福永远是个问题，他既不能停留于本能，又不能成为天使，那当然就是一个问题了。他究竟能走到哪一步？这样一个从此岸到彼岸的漫漫长途，是由他的有限本性自身纠缠着的。他是有限的存在，他永远达不到彼岸永福，他的有限性纠缠着他，把他死死地拖住。人生本身就是一个问题，是一个向彼岸世界不断追求、不断寻找的这样一个问题。为什么？因为他有需要，人是有限的，所以他有感性的需要。这个地方的需要主要是指的感性需要。"这种需要涉及到他的欲求能力的质料"，什么是质料，我在前面已经讲了，欲求能力有它的质料，愉快和不愉快，它取决于对象存在还是不存在，多还是少。他要追求一个物欲的对象，他的愉快和不愉快就取决于这个对象的质料。取决于质料很实在呀，我们现在讲，你要赚钱要拿到手里，存到银行里还不算，要买栋房子放在那里，那就是质料了。存到银行里面还可能通货膨胀，你的钱打了水漂，不存在了，买了房子在那里，买了车在那里，那是东西，是不会消失的，这就是质料了。那么这个质料可以引起你的愉快和不愉快，引起愉快和不愉快的主观基础就是情感，你的需要所涉及的其实就是你的主观情感。当然愉快和不愉快的情感本身也是质料，因为它们是感性的嘛。那么对象也是感性的，房子车子都是感性的，都是质料。但是所有这些质料的基础是主观的，这就是愉快和不愉快的情感。房子也好，车子也好，钱也好，等等，所有这些东西，它最后归根到底要归结到你是否感到愉快，当然这愉快又是取决于那些质料的。一般来说，感性的人，有限的人，他对于满足自己需要的东西都是感到愉快的，对于自己的需要无法满足的生活状况是不愉快的。但是归结到最后呢，它是归结到一种主观的基础，愉快或不愉快的情感。有的人赚了很多钱，他也不愉快，这可以有两种情况，一种就是还想赚更多，他跟别人攀比，我现在百万富翁，人家亿万富翁，那我没法跟他比，他也不愉快。还有一种呢，他已经成了亿万富翁，没人跟他比了，他也不愉快。觉得这个钱没什么用了，钱也买不来爱情，也买不到幸福，还带来很多的纠纷，有了钱人与人之间都疏远了，争财产嘛，父子母女兄弟都疏远了，这也不愉快。所以人所追求的真正说来是这个，就是与作为主观基础的愉快或不愉快的情感相关的东西，这就是欲求能力的质料。那些房子啊，车子啊，票子啊，这些东西的主观基础就是愉快和不愉快的情感。"借此就使他为了对自己的状态心满意足所需要的东西得到了规定"，借这些东西，借这些质料，就使他为了对自己的状态心满意足所需要的东西得到了规定，他要对自己的状态心满意足，需要什么呢？需要房子，需要车子，需要票子等等。那么这些东西就是对幸福的规定，这是一些非常物质性的规定。

　　但正是由于这个<u>质料上的规定根据只能经验性地被主体所认识，所以就不可能把这项任务看作是一个法则，因为法则作为在一切场合、对一切有理性的存在者都是客观的，而必定会包含有意志的**同一个规定根据**。</u>

　　所有上述这些质料都有个特点，就是"由于这个质料上的规定根据只能经验性地被主体所认识"，房子对于情感的价值在哪里，车子对于情感的价值又在哪里，这都是你主观上的一种经验性的认识，有人想买房子，有人更喜欢车子，根据每个人的经验性的喜好而各有不同，"所以就不可能把这项任务看作是一个法则"。这项任务就是满足自己的需要，归根结底是满足自己情感上的需要，这就是前面讲的对自己的状态心满意足所需要的东西，这是人的一个任务。人作为有限的存在者，当然是要追求幸福的，要追求自己的各种需要的满足的。但是我们不可能把这项任务看作是一个法则。为什么？"因为法则作为在一切场合、对一切有理性的存在者都是客观的，而必定会包含有意志的**同一个规定根据**"。法则是客观的，法则在一切场合、对一切有理性的存在者都是客观的，也就是对一切主观的人而言都是客观的。人的主观是根据场合而发生变化的，根据人的不同需要而发生变化的，法则却不然。所以这里涉及个人在一切场合、对一切有理性的存在者的关系了，这就是第二个注释的重点。或者说，第一个注释涉及的是质的规定，第二个注释则涉及量的规定。也就是对一切人都是客观的才叫作法则，只对个人有效的只能是准则。法则也可以译成规律，涉及自然界的时候我们就把它叫作规律，涉及道德方面我们就把它译成法则。当然在自然界里面我们也讲自然科学的法则，也可以，但是为了区分开来，我们就可以说法则是涉及伦理道德、法律这些领域，那么规律呢，一般涉及客观世界、自然界。但在德文里面这都是一个词 Gesetz。所以法则是客观的，规律是客观的，是不以个人的主观的需要、场合的变化、情感情绪的变化而转移的。法则必定会包含有意志的同一个规定根据，"同一个规定根据"打了着重号，也就是说，法则是用来规定意志的同一个根据，是以不变应万变的客观的法则，它对情感或意志是毫无区别的，在任何情况之下，你都必须按照这样一条法则来做。这样的法则呢，它对一切有理性的存在者都是客观的，因而是同一地、毫无区别地来规定意志的。这样一种关系，康德后面讲得很清楚了，就是无条件的命令。在任何条件之下，任何场合之下，对于任何特殊的个人，作为理性的法则，都发出同一个命令，没有条件可讲。不是说，你为了达到别的目的，所以你就不得不采取这样一种行为，那叫作有条件的命令。道德命令没有条件，不管你是否要达到其他的目的，这些目的它都先撇开不管，就理性法则本身来推定你应该怎么做。这也叫作定言命令。定言命令就是"你必须"，或者"你应该"，假言命令就是说"如果你要怎么怎么样，那就必须或应该"。假言命令是人们日常生活中的一些技术性的指令，如果你想达到那个目的，那你就得做这件事情，它都是有个条件的。唯有道德它不是日常生活中的假言命令，不是有条件的命令，而是定言命令，不管什么条件之下它都具有同一个规定根据，这就是道德法则。当然这个地方还没有展开讲，他只是提示了一下。就是说，这些追求幸福的行为都是有条件的，根据不同的场合，根据不同的人的需要，根据人的情感的变化而随时改变；而法则是客观的，是不以你个人的情感意志为转移的，这个客观的意思并不是自然界的那种客观规律，而是由纯粹理性规定的实践法则，它不以个人的主观需要为转移，而是对一切人的意志都是同样的规定根据。

因为，虽然幸福的概念到**处都**成为**诸客体**与欲求能力的实践关系的基础，但这个概念毕竟只是那些主观的规定根据的普遍称谓，而并未作任何特殊的规定，而这种规定却正是在这一实践的任务中所唯一要关心的，没有这个规定这一任务就根本不可能得到解决。

为什么幸福不能作为一种法则，这里就加以解释了。"虽然幸福的概念**到处**都成为**诸客体**与欲求能力的实践关系的基础"，"到处"打了着重号，"诸客体"也打了着重号。听起来好像挺客观的，幸福的概念每个人都要追求，这难道不客观吗？诸客体与欲求能力的实践关系的基础是以幸福为基础的，各种各样的客体，不管你是哪个客体都要和欲求能力发生关系，都必须以幸福作为基础，难道它不是客观的吗？幸福也是要追求客观的诸客体嘛。你的欲求能力在实践中难道就不是追求诸客体吗？一谈到幸福，我们通常的理解就是，它是客观的。比如说，我们经常劝一个人，说你要"现实一点"，你必须看看客观条件嘛，要为自己的幸福着想，不要老是理想化嘛。你理想主义地坚持你的那条死硬的原则，有什么好处呢？客观上没有好处嘛。就是说，幸福的概念到处都成为了诸客体与欲求能力的实践关系的基础，你最后能不能得到幸福，那就看你能不能得到房子啊，车子啊，票子啊，这些东西，这都是些最客观的东西，为什么不能成为法则呢？他说，"但这个概念毕竟只是那些主观的规定根据的普遍称谓"，"幸福"这样一个概念是一个什么样的称谓呢？是用来称谓那些主观的规定根据的，我们把它看作是客观的，其实说到底它并不是客观的。我们用它称谓一切，但是实际上这一切里面形形色色，很不一样，而这种差异呢，往往是由人的主观所决定的。你觉得钱多就幸福，我觉得并不幸福，除了钱多以外还有别的东西，有人说他"穷得只剩下钱了"。这是根据每个人的主观的规定根据而各不相同的，但是我们把它都称之为幸福。幸福的概念无非是这样一个普遍的称谓，一个名词，"而并未作任何特殊的规定"。什么是幸福？你可以讨论一辈子。一千个人有一千个定义，我认为幸福是什么，他认为幸福是什么，每个人都不一样。那么，能不能找到一个普遍的、大家都公认的、特殊的规定呢？幸福就是房子？幸福就是钱？当然现在大多数人认为幸福就是钱。但是也不见得，也有很多人不认为幸福就是钱。所以你一旦把它具体下来，把它变成一个特殊规定，它这个普遍概念就被肢解了，因为它本身并未作任何特殊的规定。"而这种规定却正是在这一实践的任务中所唯一要关心的，没有这个规定这一任务就根本不可能得到解决"，每个人在追求幸福的时候，在他的实践中，他唯一要关心的就是他到底要什么，他到底把什么东西看作是幸福。他不是关心那个抽象的概念，所有的人都认为有很多钱就是幸福，他当然也可以从众，但是他是否能得到幸福，那还要看这个特殊的人需要的是什么。一个真正地理解自己的幸福并且追求自己幸福的人，他看重的是自己对幸福的特殊的规定，而不是大家公认的那个抽象称谓。你把什么东西看作是幸福的，那是你特殊的规定，可以跟所有的人不一样；但是如果你从众，别人认为幸福的，你也去追求，到头来那很可能不是你的幸福。所以他唯一要关心的就是幸福对他而言的那种特殊的规定。"没有这个规定这一任务就根本不可能得到解决"，每个人的幸福的特殊的规定如果不自己规定下来，那么他追求幸福这样一个任务根本不可能得到解决。他很可能走上一条不幸福的道路。哪怕他追求的是所有的人都认为幸福的东西，但他个人可能会觉得是不幸福的，除非你通过自己的切身体会认为那确实值得追求，确实是幸福的。

　　<u>因为每个人要将他的幸福建立在什么之中，这取决于每个人自己特殊的愉快和不愉快的情感，甚至在同一个主体中也取决于依照这种情感的变化的各不相同的需要，所以，一个**主观上必要的**法则（作为自然法则）在**客观上**就是一个极其**偶然的**实践原则，它在不同的主体中可以且必定是很不相同的，因而永远不能充当一条法则，</u>

　　你在你追求的东西中是否真的感到愉快，这是不一定的，这个愉快会变化。我们常说，一个人没有得到幸福的时候拼命去追求幸福，得到了幸福就觉得不幸福了，在幸福的峰巅上恰好是跌落的瞬间。你达到幸福顶峰的时候，就觉得也不过如此，这个你要估计到。但是不管怎么样，你要追求幸福，首先要从自己特殊的愉快和不愉快的情感出发，这个是没错的。在同一个主体中，也取决于"依照这种情感的变化的各不相同的需要"，我昨天认为这个是愉快的，但是我今天不这样认为了，我今天恍然大悟，昨天追求的那些愉快的对象对我毫无意义，我今天有更高的追求的对象。所以我的情感会变化，变化了以后，就有各不相同的需要。"一个**主观上必要的**法则（作为自然法则）在**客观上**就是一个极其**偶然的**实践原则"，主观上必要的法则就是自然法则，也就是目的和手段的关系的自然法则，也包括自然情感的法则或者说心理学的法则，心理学属于一门自然科学，人是作为自然物而表现出对自己幸福的这样一些追求的。当然人也有理性，他在这里面运用他的理性，这跟自然界的动物是不一样的，但是这个理性无非是受人的心理的自然法则支配的，它为人的自然需要和心理需要提供合适的手段。所以虽然是主观上必要的和必然的，但在客观上却是一个极其偶然的实践原则。换言之，它对个人来说是必然的、必要的法则，但客观上看来，或者说在他人看来，这却是极其偶然

的。既然每个人的幸福的需要都是各不相同的，"因而永远不能充当一条法则"，因为主观上必要的法则只是自然规律，是个人的心理规律和实用的规律，而这里讲的充当一条法则是指的实践的法则。在实践中有没有普遍的法则，如果有，那它的普遍性就在于能够通行于所有的人，那就是道德法则。实践中凡是能够成为普遍法则的，那就是道德律。这是康德在后面说得比较明白的，在这个地方还没有展开，还只是讲什么东西可以成为一条实践的法则。主观上必要的法则永远不能充当一条实践上的法则。

因为在对幸福的欲望上并不取决于合法则性的形式，而只是取决于质料，亦即取决于我在遵守法则时是否可以期望快乐，和可以期望有多少快乐。

"因为在对幸福的欲望上并不取决于合法则性的形式，而只是取决于质料"，欲求能力表现在对幸福的追求上，它不取决于合法则性的形式，而只是就事论事，它只追求质料，以质料的不同为转移。就是说，我们这里讲的法则呢，是欲求能力的法则，对于幸福的欲望，对幸福的欲求，在认识上我们可以对它的心理学规律和物理学规律进行研究，但在实践上它并不是按照合法则的形式，而只取决于质料，取决于那些我们所追求的物质对象以及它们所带来的快乐，这是很偶然的。我在遵守心理学的自然法则时，这个法则是否能够在实践中达到它的目的要取决于自然的质料，包括感性的对象，也包括它给我带来的快乐或愉快，"亦即取决于我在遵守法则时是否可以期望快乐，和可以期望有多少快乐"。我们人得到满足当然有快乐呀，有愉快呀，这也是很自然的了，也可以看作是一种自然规律。但我在遵守这样一种质料的法则的时候，是否可以期望快乐，以及可以期望有多少快乐，这是说不定的，它取决于偶然的质料。这个法则在这里颠来倒去地，在每一个地方我们都要推敲他到底是什么意思，为什么法则又不能充当法则，不能充当法则又是法则，又按照法则来做，我们要帮他理清。他这里实际上有两种法则，一种是自然法则，包括心理学的情感法则和物理学的目的物和手段的适合关系的法则；另一种是实践法则，即理性在实践中所能够制定的通行于每个有理性者的普遍法则。这样一区分，下面讲的哪些是自然法则，哪些是实践法则，就比较清楚了。

自爱的原则虽然可以包含有熟巧（即为意图找到手段）的普遍规则，但这样它们就只是一些理论性的原则（例如那想要吃面包的人就必须想出一副磨子来）。　[26]

自爱的原则就是心理学的法则了，人生下来他的本能就是自爱、自保，就是为了满足自己，维持自己的生存嘛。这个自爱的原则也可以说是本能的原则，它本身就是一种自然法则。当然动物没有达到这么自觉，只有人有了理性以后他才能够有自爱，但是他的基础呢，还是自我维持的自然法则，是一种心理学上的必然法则。任何有机物的第一个原则就是自我维持，自我维持在人这里就体现为自爱，爱护自己的生命，保护自己的生命，这个是他的第一原则、生存的原则。那么这样一个原则"虽然可以包含有熟巧（即为意图找到手段）的普遍规则"，这就是上面讲的，目的和手段的适合的规则，这属于物理学上的法则，有一套技术上的必然规定。你要保持你的生存，你必须要有一套技术，一套技巧，你要善于谋生。我们说，培养小孩子，第一个要培养的就是要他具有谋生的手段，不要把他养成一个寄生虫。他将来要到社会上自立，怎么能自食其力？他必须要有一定的熟巧、技巧，学一门手艺，这就是生存的熟巧。熟巧就是为意图找到手段，你要实现生存目的，你就必须要找到合适的手段，善于判断什么样的手段能达到什么样的目的，这个里头是有规则的，所以他讲，包含有熟巧的普遍规则。虽然相对而言这里面是有普遍规则的，做任何一件事情在技术上都有它的普遍规则，"但这样它们就只是一些理论性的原则（例如那想要吃面包的人就必须想出一副磨子来）"，"它们"就是指那些普遍规则。你要想吃面包，现在你没有磨，你只有一些麦子，你看人家做面包，很香，你把麦子煮了吃，不好吃，怎么办呢？就学人家嘛,你要想出一副磨子。你可以去买,你也可以去凿,最初的人则要发明一副磨子,总之你必须要想办法弄到一副磨子。我们在这里要注意,这样一些普遍规则或普遍法则只是理论性的原则,就是说,它们是一些知识。它们当然跟实践有关,你可以说,这是一些实践知识,一些技术性的实践知识。但是在康德看来,这些理论性的知识虽然是一些实践经验,但它们本质上仍然只是理论性的。康德后来在《判断力批判》中明确地说,那些技术上实践的规则只属于理论哲学的补充规范,它们与道德上实践的规范是完全不同的。[①] 这是康德的一个很特别的区分。康德在这里有一个注释,进一步说明了上述区分。

在数学或自然学说中被称之为实践性的那些命题真正说来应当叫作技术性的。因为这些学说根本不关心意志规定;它们只表明可能行动的、足够产生出某种结果来的多样性而已,所以正如同所有那些表述原因与某个结果的关联的命题一样,也是理论性的。谁既然愿意有结果,他也就必须容忍有原因。

"实践性的"这个修饰语在这里跟道德实践不同,相当于"技术性的",它是附属于理论性的学说后面的。例如几何学中的作图法,以及自然科学中的科学实验,也就是我们一般讲的"动手能力"。例如医学院的学生不能只讲理论,而必须学习临床医学,毕业后还要有一个实习期,才能成为正式医生。所以技术性的实践或者实用性的实践肯定不属于纯粹实践理性,而是属于一般实践理性,它在理性中掺杂了大量经验性的因素,并且是以经验性的后果为目的的。纯粹的实践理性就是道德,但是一般的实践理性只是日常的实践经验,只能够叫作技术,它的领域不是划到实践哲学的领域里面,而应该划到理论哲学的领域里面作为其附属部分。康德已经看出来,在科学里面的那些实践的部分,实际上是技术,

---

① 参看康德:《判断力批判》,邓晓芒译,杨祖陶校,人民出版社 2002 年版,第 7 页。

它是附属于自然科学和数学的，本质上是理论性的，是为了认识。我们做实验是为了什么呢？为了证明一个定理，为了证明一个科学命题，或者为了否证一个命题，所以它本质上是理论性的。这些技术性的命题"根本不关心意志规定；它们只表明可能行动的、足够产生出某种结果来的多样性而已"，它们没有把意志的规定作为考察对象。当然里面有意志，你要进行作图也好，实验也好，你必须要有坚强的意志去从事这样一种活动，甚至要进行数百上千次的反复实验，任何活动都要有意志。但是它关心的不是意志的规定，你为什么要得到它，你为什么要做这个实验？他会说我是为了得到一个证明。那么你为什么要得到这个证明呢？这个是另外一回事。你问一个在实验室里面工作的科学家，那他就会讲一些别的东西了，比如说为了拿项目啊，为了国家的发展啊。但是这不是属于科学所关心的，科学不关心这个，你的意志最终为什么要做这件事情，它是不关心的。"它们只表明可能行动的、足够产生出某种结果来的多样性而已"，这样一种实验，这样一种作图，只是表明可能行动的多样性，以及结果的多样性。有些结果是未知的，有些行动是没有尝试过的，那我就要去试一试，看有没有新的结果出来。至于为什么要这样做，不为什么，这只是一种科学的兴趣而已，为科学而科学。真正的科学精神就是这种好奇心，这种无功利和超功利性，希望有所发明、有所创造，至于创造出来有什么用，并没有考虑。甚至就是无目的性的，好玩。科学家不关心做实验可以得什么奖，有什么用。陈景润研究哥德巴赫猜想，研究出来有什么用？有多少经济效益和政治影响？从来不考虑。"所以正如同所有那些表述原因与某个结果的关联的命题一样，也是理论性的"。也就是说，这些命题、这些学说是理论性的，正如在自然科学中所有表述因果关系的命题一样，因为这个，所以就哪个，我们只求搞清一个事物的因果关系；同样，在实验中所揭示的还是因果关系，只不过这个关系更具体，跟抽象的、书本上的知识相比，它跟感性现实结合得更紧密。你要善于把那些抽象的原理应用在多种多样的、各种不同的场合之下，养成一种熟练技巧。但是它还是一种理论上的因果关系，不是要用这种理论来规定意志，而是事先把意志从别的地方规定好了以后，比如说你把科学技术当作实现振兴民族精神的一项道德行为，然后完全非功利地献身于这项科研事业。但你当初的道德目的并不是由科研中的因果关系决定的，不能说成功就是道德的，失败就是不道德的。"谁既然愿意有结果，他也就必须容忍有原因"，一般而言，你要愿意达到一个结果，你就必须要容忍它的原因，或者容纳它的原因。你追求一个结果可以是出于道德的考虑，但结果和原因是不可分的，你追求它的结果，你也就预先认可了它的原因，这个不关乎道德，也不由你的意志所决定，你必须为这个结果去寻求它的正确的原因，这就是理论问题了。以上是注释，下面回到正文。

不过，基于这些原则的实践规范却永远不能是普遍的，因为欲求能力的规定根据是建立在愉快和不愉快的情感上的，这种情感永远也不能被看作是普遍地指向同一些对象的。

基于自爱原则以及其中的技术规则的实践规范永远不能是普遍的，这个地方又有一个概念：规范，Vorschrift，也是一个非常泛的概念，有点类似于规则。但是不同的是，规则可以用在自然方面，也可以用在道德方面，也可以用在实践方面。而规范呢，主要是用在实践方面，实践规范。所以它比规则的范围稍微要窄一点。但在实践的领域里面，它还是很泛的，实践的法则，实践的准则，这些概念在康德那里都是非常富有特色的，必须要严格区分开来。我们每一个词都是严格按照后面的索引清理过的，每一个词都是有它前后一贯的定译的，个别不一致的地方都会加以说明。基于这样一些理论原则之上的实践的规范，尽管也是在实践领域里面的一般规则，却永远不能是普遍的，如果是普遍的，那就是法则了。"因为欲求能力的规定根据是建立在愉快和不愉快的情感上的，这种情感永远也不能被看作是普遍地指向同一些对象的"，为什么这些实践规范不能成为普遍的法则呢？因为这种欲求能力的规定根据是建立在愉快和不愉快的情感之上的，而这些情感所指向的对象总是各不相同的。例如我们同在一个实验室里面工作，也许你想求得一个定理的证明，你作为一个科学家，出于一种纯粹理智的愉快，爱智慧嘛，但是他就不一样，他可能是在里面混日子，还有一个人呢可能是想求得晋升，还有一个人想得到一笔项目，还有的人想得到一种资历，他将来求职的时候有一个本钱。各人有不同的想法，各人把不同的东西看作是愉快和不愉快的，这种情感永远也不能被看作是普遍地指向同一些对象。所以虽然同样是出于自爱原则，却不能够成为一种普遍的实践法则。这是这一段最后提到的问题，这是一个比较枝节的问题了，就是讲到在日常实践活动中，有一些是属于技术性的实践，技术性的实践完全是当工具使用的，它本身跟实践的目的没什么关系，它只是一个手段。我们讲实践必须要有目的，要有手段，当然离不了手段。但是有一种实践的规则、技术性的规则，它只涉及手段，那么这个手段就不是属于实践的范围，虽然它也加入到了实践活动，但是不属于实践哲学谈论的范围，它属于理论的范围。就是说我通过实践知道应该怎么操作，这是一种知识，是一种实践的技术知识。我们讲有实践经验的大学生，大学本科的时候到了最后一学期经常要搞一些社会实践，我们搞文科的也要搞社会实践，搞理科的也要搞到工厂里面、实验室里面去动手操作，学外语的要到外企里面去搞本语种的交往实践。那么为什么要搞社会实践？是为了使我们的知识更加完备。你光有书本知识，那个知识不完备。所以它还是属于理论的范围。而在实践的意义上，这些原则，或者这些规则，作为实践规范来说永远不能够是普遍的。它们本身当然有普遍性，你怎么操作，怎么作图，这有一定的普遍性。但是这个普遍性只是限于当你想要去做这件事情的时候，你就必须要用它。但是你完全可以不用它，我讨厌做实验，我就想搞理论，我就想搞一点哥德巴赫猜想，这个也可以。或者甚至于我就不想从事科学研究，我想从事别的。我想去赚钱，我想去从政，那这一套对他来说就没有什么用了。所以在这方面呢，它永远不能够是普遍的实践法则。普遍的实践法则不是建立在愉快和不愉快的情感之上的，你喜欢什么，你想要什么，你的情感是否感到愉快，这些是不能考虑的，唯一应该考虑的是纯粹理性的法则本身，这才属于实践哲学的范围。否则的话，即算你在实践中操作，研究目的和手段的关系，你也不属于实践哲学的范围。

但即使假定有限的理性存在者在他们必须看作是他们的快乐或痛苦的情感的客体的东西上，同时甚至在他们必须用来达到快乐的客体、防止痛苦的客体的手段上，都想得完全一样，**自爱的原则**却仍然绝对没有可能被他们冒充为**实践的法则**，因为这种一致性本身仍然只会是偶然的。

如果我们假定有这种情况，有限的理性存在者，人，在他们必须看作是他们的快乐或痛苦的情感客体的东西上，想得完全一样，在达到这些客体的手段上也想得完全一样。就是说，你把什么东西当作快乐的，你把什么东西当作痛苦的，在这个问题上面，你们想得完全一样。比如说，我们假定，整个社会，每一个人都把赚钱当作是快乐的，都把贫穷当作是痛苦的；同时，在用什么手段上也是完全一样的。比如说，假定全社会的人都认为每个人都应该赚钱，而赚钱应该凭诚实劳动。那么，"**自爱的原则**却仍然绝对没有可能被他们冒充为**实践的法则**"，尽管你们对什么是快乐、什么是痛苦想得一样，你们对于怎样达到快乐、怎样避免痛苦，也想得完全一样，但是在这种情况之下，自爱的原则却仍然不是实践的法则。只要是出于自爱原则，就不可能是实践的法则。哪怕人人都想得一样，好像是一种法则了，具有普遍性了，并不是你一个人这样想，所有的人都认为有钱是快乐的，贫穷是痛苦的，所有的人都认为应该通过劳动来赚钱，而不应该通过打砸抢来脱贫，哪怕所有的人都这样认为。但是如果这样一种观点最终是出于自爱原则的话，那么它仍然不能被冒充为实践的法则。这已经说得很绝对了，哪怕你的勤劳致富人人都赞赏，但如果你是出于自爱的原则，它就不可能变成一条普遍的实践法则，不可能具有真正的普遍性和必然性。为什么？"因为这种一致性本身仍然只会是偶然的"，恰好在这个地方人们可以勤劳致富，满足人们的自爱心，但换一个地方，就有可能勤劳致贫。比如说我们在网上看到一条消息，像不丹这样一个国家，一个非常小的国家，靠近西藏，这个国家没有偷扒抢窃，没有任何犯罪，所有的人都是勤劳致富。他们没有手机，没有摩托，放点羊，种点青稞，过得不算富裕，几乎没有什么钱，但是很幸福。网上到处传，有人去访问拍了好多照片，他们不要钱。你可以看到，大人小孩脸上都是红光满面的，非常健康。环境也保护得很好，没有污染，空气也好，人也不生病。那个地方是世外桃源了，没有受到现代社会的污染。在那种情况之下，每一个人都认为，勤劳致富是正当的，而且不一定要致富，达到适度的温饱就差不多了，这就是最大的幸福。他们都很一致，全国也就是那么几十万、一百多万人口吧，一个那么小的国家，大概比武汉市大不了多少，人口比武汉还少。那么一个国家，它可以做到每个人想法都差不多，对外面的信息啊，电视啊，电脑啊，他们都没有，也不需要，你给他看他也不看，没有兴趣。但是这是很偶然的，我们知道，像不丹那样的国家，在这个地球上恐怕没有几个。而且是非常小的国家才能做到，一个大的国家是不可能那样的。所以这种一致性本身仍然只会是偶然的。即算一个国家所有的人民都达到同样的共识，也是偶然的。或者说，它在某一段时期之内可能是这样的，但是过一段时期，可能就不那样了。包括像不丹那样的国家，我们很难预料，再过五十年会怎么样，再过一百年会怎么样。它永远是这样下去吗？好像也不可能。随着交通的发达，包括外国人到那里去参观，都要给他们带来一些影响。所以他们的这种情况是一种偶然的情况。

这个规定根据将仍然只不过是主观有效的和单纯经验性的，并且不会具有在每一个法则中所设想的那种必然性，即出自先天根据的客观必然性；

上述那种情况可能有，但是呢，只在经验上有，即算在经验中出现了，它也不说明问题。经验中出现的是偶然的，可能有这种情况出现，"这个规定根据"，也就是人人想的完全一样的这样一种规定根据，"将仍然只不过是主观有效的和单纯经验性的"。每个人都跟别人想的一样，但是仍然只是主观有效的。就是他们主观上暂时是这样认为的，并不是出于一种客观的法则，并不是他不得不这样想。他完全可以不这样想，不丹的那些人民也可以不那样想，每个人都有理性嘛，他也可以不受传统的约束，换一种想法和活法，他只是没有那种习惯而已。但是我们也可以设想，人的习惯是可以改变的，他一旦受到了一些影响，那就可能形成另外一种习惯。比如他们有人到了外国，看到了外国的生活方式，回去以后一造影响，一展示，外国人是怎么怎么样的，也许就把那个社会的和谐破坏掉了。完全有可能是这样，因为它只是一种主观的、经验性的规范，"并且不会具有在每一个法则中所设想的那种必然性，即出自先天根据的客观必然性"。这里显出康德所谓的法则究竟是什么意思了。究竟什么是法则，法则并不仅仅是所有人都一样的那种原则，原则在这个地方很泛了，法则不等于所有人都按照同一条原则去思考，法则在于他在思考的时候他是根据一条先天的法则，有一种先天的根据使他不能不这样想，有一种理性的法则在规范着他，因此只要他有理性，这条法则就显出有它的客观必然性。不是主观的偶然性，主观偶然性大家凑起来也可以显出一种类似的普遍性，偶然的普遍性，每个人恰好就是那样想的，那个国家的人就是有那样一种民族性，就是那样一种国民性，他们都是那样想问题，不由自主地那样想问题，是传统带给他们的。那种历史的必然性其实是可以改变的，就像鲁迅笔下的狂人的问话："从来如此，便对么？"由传统带给他们的那种必然性仍然是偶然的。但是，出自先天根据的客观必然性就不同了，任何时代的人，只要是个人，他就有理性，只要有理性，他就会按照理性来思维。那么按照理性的思维就有理性的法则，理性的法则就可以显出一种客观的必然性，对他来说，形成一种强制，你不这样想还不行。当然他也可以不这样想，故意视而不见，但是那就违背了他的理性，也就是说违背了他的本质。理性是人的本质嘛。谁愿意违背自己的本质呢？谁愿意不像一个人一样地生活？谁愿意像动物一样地生活呢？有时候是被迫没有办法，所以过着动物式的生活。但是只要有可能，人就应该像人一样地生活。所以它有一种客观的必然性。

除非我们决不把这种必然性冒充为实践的，而只是当作身体上的，亦即这行动是通过我们的爱好不可避免地强加于我们的，正如我们见到别人打呵欠时也不禁要打呵欠一样。

这种必然性指前面那样一种自爱的原则，每个人都碰巧想得完全一样。这个"除非"要跟前面一句话连起来看，即这个规定根据不会具有一种先天根据的客观必然性，除非是这种情况，它才会有一种客观必然性。什么情况呢？即我们不把这种必然性冒充为实践的，"而只是当作身体上的"。身体上的也就是自然的了。就是说，它也有一种必然性，这种必然性是自然必然性，因而是理论上的必然性，不是实践的必然性，我们不要把它冒充为实践的必然性。我们只是把它当作身体上的，也就是说当作一种自然规律，那倒是有种客观必然性。但这种客观必然性呢就不是我们这里所讲的实践上的客观必然性了，不是讲的实践的法则了，而是讲的自然规律。身体上有一种自然规律，它引发我们不得不做这样的行动，即"通过我们的爱好不可避免地强加于我们的"行动。一个例子是，"正如我们见到别人打呵欠时也不禁要打呵欠一样"，别人打呵欠，我们也要跟着打呵欠，有一种传染性，这是一种生理现象，或者是一种心理学的现象，总而言之是一种自然科学的现象。但它不是一种实践的必然性，因为它跟人的意志无关。

人们宁可主张根本就没有什么实践的法则，而只有为了我们的欲望起见的**劝告**，而不能主张把单纯主观的原则提升至实践法则的等级，

就是说，有一种主张，就是根本没有什么实践的法则，人的行动都是临时起意，瞅准机会，理性的作用就是运用自己的科学知识来审时度势，准确判断并提出劝告。但这种劝告不是放之四海而皆准的法则，而是就我们的某种意图或欲望而制定的手段，它固然具有理论上的道理或原则，但本身并不是实践的法则。这些人否认实践中有什么普遍的法则，他们

信奉的是"没有永远的朋友，只有永远的利益"，在实践中只有为了我们的欲望起见所提出的劝告、忠告，就是说，你如果想要得到什么的话，那你就必须要怎么来做，这是劝告，是忠告。劝告可不是法则啊，劝告还要看你愿不愿意听，你不听劝告，那我也没办法，你有你的选择，所以它不是意志的法则。有条件的命令都是这样的劝告。在我们日常生活中，每个人都有所求，那么我问你，你到底要什么，你说我想要什么，那我就告诉你，你如果想要得到这样一个结果，你就必须首先要做什么，第二步你要做什么，第三步你要做什么。我给你提供一种建议，我是过来人，我都知道。你不知道，那么我告诉你。如果你讲，哎呀，还这么难呀，那我不想要了，我想要别的。你想要别的我又给你提供一个忠告，你第一步得怎么做，第二步、第三步得怎么做。你总不能说，那我不想活了。你还是想活，你想活你就终归得有所求。你要有所求，你就得听劝告。但这些劝告不是你必须要遵守的。现代多元化嘛，每个人有不同的要求，谁也不能强求说都要追求一个共同的东西。但是有一点，就是你一旦确定了追求某个东西，那么你就得知道，你要达到所追求的东西，必须准备什么样的手段。那么在这个领域里面就没有什么普遍的法则。人们宁可主张根本就没有什么实践的法则，而只有为了我们的欲望起见的劝告，"而不能主张把单纯主观的原则提升至实践法则的等级"。那个主张根本就不是什么实践法则，你不能主张把你个人的那种主观的原则提升为普遍的实践法则。你主观的原则那是你主观的，在后面康德把这种主观的原则称之为准则。准则是主观的，当然这里还是用主观的原则，但是实际上凡是主观的原则那在实践上就是准则了，那就不是法则。法则是客观的，是普遍的，准则是个人的，它在等级上是低于法则的。不是说你自己有一个目的，你就把它提升为实践法则，所有人都要遵守这个目的，那你不是强加于人嘛。我们现代社会都讲多元化，每个人有自己的追求，你不能把自己的意志强加于人，何况你的选择对他人未必是最好的。

这些法则拥有完全客观的而非仅仅主观的必然性，并且必须通过理性先天地被认识，而不是通过经验（不论这经验如何具有经验性的普遍性）来认识。

这就是等级上的区别了。你不能把单纯主观的原则提升至实践法则的等级，后面整个从句都是形容这个实践法则的等级的。实践法则是什么等级呢？"这些法则拥有完全客观的而非仅仅主观的必然性，并且必须通过理性先天地被认识"，它们的等级就在于必须由理性先天地确定下来，而不是通过经验来认识，"不论这经验如何具有经验性的普遍性"。仅仅具有经验性的普遍性的那种经验在等级上仍然低于具有理性的先天必然性的法则，只有理性才具有先天的普遍必然性，也才能赋予法则以先天的普遍必然性，使之既有普遍性，也有必然性。而经验虽然也能具有经验性的普遍性，通过经验而表现出一种普遍性，但并没有先天的必然性，与法则的客观必然性和先天普遍性还不是一个等级。我们经常会有这样一种一言以蔽之的说法，比如说人为财死，鸟为食亡，人都是自私的，世界上没有好男人，爱情是不可信的，等等，当然都是以偏概全的说法，但的确十分普遍。你到现实生活中，你会发现往往是这样，你接触到的男人没有一个是好男人。尽管如此，你也不能把它当作一种普遍的法则。因为你的经验是有限的，说不定哪一天就碰到一个好男人了，这个都很难说。或者说，你认为是不好的男人，说不定恰好是很好的，你主观上认为不好，那只是你主观的一种看法而已。所以康德在这里强调的就是，我们不能把这种单纯主观的准则提升到实践法则的等级。实践法则是什么法则呢？它必须具有完全客观的必然性，必须通过理性能够先天地被认识，而不是通过经验来认识的。

甚至那些一致的现象的规则被称之为自然规律［法则］（例如力学的规律），也只是当我们要么实际上先天地认识它们，要么毕竟假定（如在化学中）如果我们看得更深刻时它们就会由客观根据而被先天认识时。

括号中的"力学"，Mechanisch，原来译作"机械学"，Mechanisch 这个词在现代物理学的意义上，已经把它固定地理解为力学了。在康德的时代可能还没有完全固定下来，就理解为机械学，Mechanisch 本来就是机械的意思嘛，但是现代物理学把它固定理解为力学了。在现象世界，在自然界，也有一些规则是被称之为自然法则的，自然法则就是自然规律。当然这是在理论上讲的，在理论上它也具有先天的普遍必然性或客观性，例如力学的规律。这里讲，甚至那些力学的规律，之所以被称为自然规律，"也只是当我们要么实际上先天地认识它们，要么毕竟假定（如在化学中）如果我们看得更深刻时它们就会由客观根据而被先天认识时"。就是说，不单实践法则是这样，甚至于那些自然规律、比如说力学规律也是这样，是怎样呢？就是这些现象规则要被称之为自然规律或自然法则，同样也有个条件，这就是我们要么先天地认识它们，例如力学的规律，要么假定了它的客观根据终有一天会被先天地认识，例如在化学中。这就说明，凡是涉及法则，都必须诉之于理性的先天的普遍必然性，不论是实践法则还是自然法则，或者说，自然界或者人的实践活动中的普遍必然的客观法则都来自于同一个纯粹理性的先天规定。现象的规则是自然科学的规律；那么实践的法则呢，它是人的欲望能力的规则，这跟自然科学的规则是大不一样的。就是说，法则这个词，它肯定是跟理性有关的，在实践的领域里面，要谈法则，我们就必须超出经验性的那种普遍性，超出人的情感，愉快和不愉快，等等。而在自然科学里面，我们要把一个规则称之为法则，也只是在我们要么实际上先天地认识它们、要么估计最终能够先天地认识它们才行。这是对法则这个概念的一个严格的说明。什么叫法则？法则必须是从先天而来的。不是说在经验中看到有很多很多的现象相同，就把它称之为法则了，那不行。在经验中主观的那些普遍性，那还不能够称之为法则。如果叫作法则，那只能是指那个主观上的生理需要，生理需要可以叫作自然法则，因为自然法则服从先天的东西，服从理性。那么这个地方举的例子是力学，比如说牛顿的作用力和反作用力，惯性定理，万有引力定理，这些定理都有后面的先天的根据。我们在《纯粹理性批判》里面已经讲到了，在《自然科学的形而上学基础》中讲得更详细，这些定理后面有一整套先天范畴的体系和原理体系，因果律，实体和偶性，交互作用等等，作为它们的先天根据。但在化学中还看不太明白，如果我们看得更深刻时它们就会由客观根据而被先天认识。在康德时代化学还处于萌芽状态，还不像后来的原子分子水平的化学，道尔顿的元素周期表在康德逝世后才发表。当然之前已经有这样一套理论了，像 18 世纪原子论的观点，牛顿的微粒说，都为化学奠定了基础，但都不成熟，未达到定量化的程度。化学在当时被人们看作是一种表面的规律，那么化学真正的规律在什么地方呢？在它的背后，最后可以还原为物理学，还原为力学。这就是机械还原论的早期形态，就是一切化学的原理最后都还原为分子力学的原理，还原为分子原子之间的关系。但是当时的化学还没有深入到这个层次，还是在比较表面的酸呐，碱呐，化合作用啊，亲和力啊，分解啊，处于这样一个水平。所以康德认为，如果我们看得更深刻时，它们就会由客观根据而被先天认识，也就是如果我们更深入到化学的根据，它就会还原为力学，而只有力学才是完全从先天根据来认识的。而在康德当时，人们还不把化学当作严格意义上的自然科学。当然，推而广之，比如说生物学。生物学也是这样，在当时科学界普遍持还原论的情况之下，很多科学家认为，生物学也可以最后还原为力学。人的血液，人的心脏的搏动，人的脑电流，脑电波，这些东西都可以还原为物理学，还原为机械力学。这是当时自然科学中机械论的一种普遍的影响，笛卡尔就认为动物是机器，人在某种意义上也是机器。康德也不免受到这样一些影响，生物学、生理学、医学这些东西在他的心目中还不能算真正严格意义上的科学，他基本上还是只承认一个是机械性，一个是化学性，而化学性可以还原为机械性。所以目的性，有机性在黑格尔那里看作是自然科学的第三个阶段，而在康德这里呢，它只是一种反思判断力的权宜之计。我们把握有机体，我们不能够完全用机械论来把握。所以我们就设定一个目的来把握它。这在《纯粹理性批判》里面讲了很多了。我们不能把握有机体，不能把它完全还原为机械力学关系，那么我们权且用一个目的性来把握它。但是目的性还不成其为精密科学，目的性你怎么能够用定量化的方式来计算呢？所以在康德眼里，有机体和目的性还不成其为真正的科学。所以他这里只举了化学。化学是可以还原的，可以还原为物理学、还原为机械力学。一直到今天，还原论和非还原论还在争论，究竟能不能还原？我们现在已经深入到基因，DNA 的分子结构，双螺旋结构，是不是我们有一天终于可以用一种机械的、力学的关系来解释人的生命了，能不能做到这一点？当然做到这一点很可怕，那人就可以制造出来了，人就完全成了机械了，人的价值就没有了。人可以制造出来，生命都可以制造出来，那人还有什么价值呢？可以在工厂里面生产了。所以今天一直还在争论，涉及很多问题，包括伦理学问题。在康德时代还没有这个问题，康德很简单，这些东西都不算真正的科学，都是为了弥补科学的不足所想出来的一个权宜之计，就是反思性的判断力。这样一来，对于有机体，我们可以提供一种目的性的判断，来形成我们的医学、生物学、动物学、植物学、生理学。但化学是可以还原的，我们如果看得更深刻，它们就会由客观根据而被先天地认识，就还原为力学了。

不过在那些单纯主观的实践原则那里明确地被当成条件的是，不能把这任意的客观条件、而必须把这任意的主观条件作为它们的基础；因而，它们任何时候都只允许被作为单纯的准则、而永远不允许被作为实践的法则来说明。

前面是讲了，我们不能主张把单纯主观的原则提升到实践法则的等级，或者甚至于冒充为实践的法则，客观的实践法则应该具有一种理性的先天必然性，它是超越主观实践原则的等级之上的。不过在那些单纯的主观实践原则那里，这一点其实是很明确的，并不那么容易搞混。单纯的主观实践原则，也就是我们日常生活中那些经验性的实践原则，满足我们的愉快和不愉快的那样一些实践的原则，它有一个条件很明确，就是不能把这任意的客观的条件作为它们的基础，而必须以这任意的主观条件作为基础。只有以自己感到愉快还是不愉快为基础，这才能够激发起主观的实践原则，那些客观条件只不过是主观的实践原则的手段而已，不足以规定任意或意志。你的实践必须要立足于你的主观条件之上，就是说你最终是为了追求愉快嘛。追求这个追求那个，最终你无非是要使自己过得愉快。如果你虽然追求到了，却没有得到愉快，那你还是不满足的。而如果你虽然没有追求到客观条件，但是你感到了愉快，那也就够了。就像你今天去钓鱼，没有钓到一条鱼，但是你去钓了，也可以感到一种愉快，所以你并不后悔。为什么有的人钓到鱼，又把鱼放生了呢？他就是追求那个过程的快乐，他不是追求要钓到那些鱼。所以主观的实践原则呢，不能把任意的客观条件、而必须把这个任意的主观条件作为它的基础。为什么这里要讲"不过"，就是前面讲了，有些实践规范是自然规律，自然规律可以被称之为自然法则。比如说，我的身体需要，生理需要，这是自然法则，它规定着我们某些实践的规则。不过，这些情况你要排除在外，它们只是达到内心愉快的手段，你应当只考虑那些单纯主观的实践原则，就是说完全是主观的实践原则，完全是追求愉快的那些实践原则。实际上归根结底，我们在日常生活中的那些实践原则不管运用了多少客观规律，本质上都是主观的，都是为了追求愉快，追求幸福。不管你对幸福是怎么理解，但是人都是追求幸福的。所以你的这个主观实践原则，不能建立在你获得了多少物质需要的那些对象之上。当然对象作为手段也不能少，但是你的主观实践的原则呢，不是建立在这些偶然的对象之上的。我们说，钱不是万能的，但是没有钱是万万不能的，有了一定的钱，已经不是万万不能了，那么钱就不是万能的了。任意也有它的客观的条件，你想得到一个什么东西，在条件不够的情况之下，你的任意就得收敛一点，你就不能想要什么就要什么，你钱不多的时候，你就不要乱花，你不要浪费。这要受到客观条件的限制，这个是毫无疑问的，你的任何主观的实践的原则都要受到客观条件的限制。但是呢，单纯主观的实践原则明确地被当成条件的，不是这些客观条件，而是必须把这任意的主观条件作为它们的基础，最终要看你主观上感到愉快的程度是大还是小，是多还是少，是长久还是短暂，要建立在这个基础上。所以虽然它里面有自然法则，但是人的主观实践活动不是取决于这些自然法则的，这些自然法则只是手段，最终还是要取决于主观的愉快和不愉快的情感。所以哪怕是在主观实践准则中，你也不可能用一种客观的法则、包括自然科学的法则来对人的幸福加以规定。人均收入多少，你能说这个国家的人就幸福了？不能规定的。人均 GDP 不能够规定一个人的幸福感。人的幸福感还是基于一种单纯的主观实践原则。必须把这任意的主观条件作为它们的基础。所以这句话里面的"不过"，是针对着前面所讲的自然规律而言的。人在主观的实践活动中也要服从某种自然规律，但是呢，作为主观的原则，它不是建立在自然规律之上的，而是建立在我们的主观的准则之上的，那就是愉快和不愉快的准则。"因而，它们任何时候都只允许被作为单纯的准则、而永远不允许被作为实践的法则来说明"，任何时候，不管你是从道德角度来看待，还是从自然科学的角度来看待，主观的实践原则永远只能是单纯的准则，准则就是主观的，不允许把它作为实践的法则来说明。

　　这第二个注释初看起来似乎只不过是咬文嚼字；但它却对只有在实践的研究中才可能被考察的极为重要的区别作了词语的规定。

　　他的这个注释Ⅱ，初看起来好像是在咬文嚼字，什么法则啊，准则啊，原则啊，规则啊，规范啊，自然规律啊，实践法则啊，等等等等，所有这些好像都是在咬文嚼字，人家说这些概念都差不多的，你作那么多区别干什么？但是实际上却有一种打基础的作用，它们有一种只有在实践的研究之中才可能被考察的极为重要的区别。是什么区别？总之就是准则和法则的区别。准则是主观的，法则是客观的，准则是跟人的主观的情感相关的，而法则呢，是超越于人的主观情感之上的。这个就是实践哲学中一个非常重要的、根本性的区别。后面我们要讲到康德的定言命令，所谓定言命令无非就是这两个概念，就是你要使你的行动的准则成为一条普遍的法则，道德律就是这个定言命令，严格说起来只有这一条。当然它可以表现出不同的形式，但是严格说起来就是这两个概念之间的关系。你能不能使主观的东西成为一个客观的东西，你的主观的准则能不能成为一条客观的法则。成为客观的法则，那你就可以终身持守，而且任何人都可以终身持守，包括你自己，这就是实践的法则了。它出自于人的纯粹理性，而不受任何经验的、偶然的、主客观条件的限制，它是无条件的命令，不管你是主观条件还是客观条件，它都不考虑，它只考虑从理性本身应该怎样决定你的意志、你的实践行为。所以这个区别是非常重要的。这个地方康德作了这么多的烦琐的辨析，不了解他的意图的人，看起来可能觉得没什么多大意思，但是你了解了这个意图，再回过去看，你就觉得他非常严格，几乎是无懈可击。每一种可能的误解他都考虑到了，都把它排除掉了，只剩下这两个概念。

＊　　　　　　＊　　　　　　＊

§4. 定理Ⅲ.

[27]

上次已经把定理Ⅱ的注释给大家讲解了一遍，今天我们进入到《实践理性批判》的第4节定理Ⅲ。我们先回过头来看，定理Ⅰ讲的是将欲求能力的一个客体（质料）预设为意志的规定根据的一切实践原则，全都是经验性的，因而不能充当任何实践法则；定理Ⅱ则说，这种质料的规定根据只可能形成同一类型的质料的普遍性，而不是依据形式的先天普遍性，因而不能充当实践的普遍法则。这两个定理都是首先把质料的规定根据给否定了，确定它们不能充当任何实践法则。定理Ⅰ就是说，至少质料的规定根据是不能够作为实践的法则的；定理Ⅱ则说，质料的实践原则不能作为法则，是因为它隶属于自爱和幸福之下，顶多只有自然法则的普遍性，而没有实践法则的普遍性。所以前面这两条定理都是讲的质料的原则，它不能做什么，它只能是什么。定理Ⅰ是讲它不能作为普遍的实践法则，那么定理Ⅱ就是说它只能是幸福的原则。那么我们今天要讲的定理Ⅲ就是从另外一个方面来讲了：既然我们不能把质料作为我们实践的普遍法则，那么我们只能把什么作为我们的实践法则呢？

<u>如果一个有理性的存在者应当把他的准则思考为实践的普遍法则，那么他就只能把这些准则思考为这样一些不是按照质料、而只是按照形式包含有意志的规定根据的原则。</u>

这就跟前面的两条定理不一样了。前面的两条定理呢，是从反面和正面来探讨质料的原则是一条什么样的原则，以便把它排除掉。质料的原则不是实践的法则，而只是幸福的法则，只是自爱的法则。那么，这个定理Ⅲ就到了另外一个层次了，定理Ⅰ和定理Ⅱ都是讲质料不能成为一条普遍的实践法则，那么定理Ⅲ呢，就是说，如果我们要寻求一条实践的普遍法则，那么它应当是一条什么样的法则。前面我已经讲了，质料的原则是不适合的，那么只有什么才是适合的呢？只有形式的原则才适合于成为实践的普遍法则。他这里用了一种假言式：如果我们要寻求这样一种实践的普遍法则的话，那么就只能把我们的准则思考为不是按照质料、而只是按照形式包含有意志的规定根据的原则。就是我们的自由意志由什么东西来使它得到规定呢？我们不能够按照质料来使它得到规定，质料的原则是幸福的原则，如果用幸福来规定我们的意志，我们就是要追求幸福，那就没有法则了。各人对追求幸福的理解是不一样的，同一个人，前前后后，也是不一样的，他能否追求到幸福也不取决于他，而取决于客观偶然条件，总之他不能够贯彻到底。借用儒家的说法，有一言能终身行之者乎？不能够终身行之，那就不是法则。当然除了终身行之，还要所有的人都能行之。我们的意志的规定根据要么是质料的，要么是形式的；前面两条定理已经把质料的原则排除掉了，剩下的就是形式的原则。质料的原则不能够成为普遍法则，只能是幸福的规则，那是

偶然的，不是必然的。只有按照形式，按照我们的准则所遵循的一种什么样的形式，才可能是实践的普遍法则，必须在这个形式里面包含有意志的规定根据。准则是主观的了，法则体现为客观的普遍必然性，是你不能不遵守的。准则你可以任意设定，你可以把这个作为准则，也可以把那个作为准则；但是有一种准则你如果要使它成为普遍法则的话，那么它必须要以形式作为它的规定根据，用质料来规定则是没有普遍必然性的。这条定理是一条积极的定理，和后面的定理Ⅳ一样。定理Ⅲ是说，普遍的实践法则必须是形式的法则；定理Ⅳ是说，这条形式的法则必须是意志自律。

　　一个实践原则的质料是意志的对象。这个对象要么是意志的规定根据，要么不是。如果它是意志的规定根据，那么意志的规则就会服从于一个经验性的条件（服从于进行规定的表象对愉快和不愉快的情感关系），于是它就不会是什么实践法则了。

　　这是三句话，都是重申前面对质料原则的排除。首先，一个实践原则的质料是意志的对象，一般来说都是这样，凡是实践的质料都是被意志当作对象来起作用的。意志所针对的那个对象，你要求什么，你要得到什么，那样一个对象我们称之为实践原则的质料。前面讲愉快的对象，或者愉快本身，自爱的情感，都是实践的质料。"这个对象要么是意志的规定根据，要么不是"，在实践原则的这些质料中，有些是意志的规定根据，如前面讲的自爱或愉快的情感，而有些则不是。哪些不是，前面已经说到了，就是那些作为意志所支配的手段的对象。比如你想要得到快乐，就必须先求得快乐的对象，你想吃面包先要得到一副磨子；但磨子虽然是你意志的一个对象，但并不是你的意志的规定根据。你还可以随时换一种手段，你不必自己磨面，也可以用钱买或用别的东西换来面包，只有吃面包的愉快才是你意志的规定根据，也就是你的目的。但不作为规定意志的根据的那种质料是不用说的，所以现在只有两种可能，要么你用

391

这个对象的质料来规定你的意志，要么你不受这个对象质料所规定，而自己来规定自己的意志。对象是一种质料的东西，它可以规定你的意志根据，你想要追求什么东西，你就受这个东西所决定，你就受制于你的意志的对象了。我们的老庄哲学摆脱意志的对象最好的办法就是，我们什么都不要。我们摆脱一切追求，什么也不追求，我什么都不要，你拿我没办法。你没有什么东西能够限制我，你能够限制我就是因为我有所求，那么你就抓住我的把柄了。我无所求，你就抓不住，无欲则刚。这是老庄他们摆脱意志对象的一种办法。但是这样一来呢，也就没有意志了。你无所求，你什么也不求，当然你就自由了，但是这个自由也就变成一个空的东西。康德这里呢，当然不是这种解释，就是说，这个对象可以规定你的意志，也可以不规定你的意志。你的意志还是你自己的，意志还在，但是它不是由你的对象的质料来规定的了。只有这两种情况。当然康德没有想到第三种情况，就是我放弃意志，没有意志了，我把自己的自由意志等同于自然，任其自然，这个他没有考虑到，因为他是西方人嘛，所以他不会考虑到这一点。意志要么由对象质料规定，要么不由对象质料规定。"如果它是意志的规定根据，那么意志的规则就会服从于一个经验性的条件（服从于进行规定的表象对愉快和不愉快的情感关系），于是它就不会是什么实践法则了"，质料就是意志的对象，这个对象如果规定你的意志，如果它是意志的规定根据，那么意志的规则就会服从于一个经验性的条件，服从于进行规定的表象带来的愉快或不愉快，其实归根结底是服从于对愉快和不愉快的情感关系。你有所求，那么你求什么？你所求的那个东西的与愉快和不愉快的情感有关，就是说，你求到了你就愉快，你求不到了，你就不愉快，你追求它就是追求愉快，你逃避它就是逃避不愉快。你受制于这种情况，这种关系就是经验性的条件。经验性的条件当然一方面包含那个对象的表象，但它中间要经过你的愉快和不愉快的情感。如果一个人没有愉快和不愉快的情感，如老庄讲的哀乐不能入，得之不喜，失之不悲，对我没什么影响，那它就不能作为规定意志的根据。所以除了那个进行规定意志的表象以外，还要经过愉快和不愉快的情感，在这种关系中它才能够作为意志的规定根据。所以意志的规定根据如果是取决于质料的话，那么它跟人的情感是紧密相关的，或者说它是立足于人的情感的，这种情感我们称之为幸福。你得到了多少东西，最后要落实到你是否感到愉快，你感到多大的愉快，就是我们今天讲的幸福指数。这个幸福指数是跟对象分不开的，但是也不是完全成比例的。你得到的再多，你的幸福指数也不见得有很大的提高。但是如果没有的话，当然就谈不上了。但是它们不是成正比的。所以这个里头必须要加上一个愉快和不愉快的情感关系，那么，这样一条原则呢，就不会是什么实践的法则。

现在，如果我们把一切质料、即意志的每个对象（作为规定根据）都排除掉，那么在一个法则中，除了一个普遍立法权的单纯**形式**之外，就什么也没有剩下来。

他这里采取的是排除法，前三句都是排除，最后剩下的才是要讨论的。为什么康德喜欢采取这种排除法？这种方法是比较容易引进门的，它不是独断的，不是首先就规定：我们通过形式才能规定我们的意志，而是循序渐进的。先排除，再看剩下什么。这种方法来自于笛卡尔的怀疑一切，即把一切可怀疑的都排除在外了以后，才发现只有怀疑本身是不可怀疑的。康德是非常注意思维的程序的，就是说，我们首先没有任何前提，不假定任何条件，不假定任何命题，要想提出一个命题，先把一切可能性都考虑到，把有问题的可能性逐个排除掉，剩下的可能性就是要求的了。所以采取排除法是非常有力的，具有一种逻辑的必然性和说服力。任何东西只有两方面，一个是质料，一个是形式。那么质料我已经说了这么多了，质料是不行的，质料要当作一个普遍的实践法则是做不到的。那么还剩下什么呢？还剩下形式。他要讲的其实就是形式，他不是要花那么多口舌去讲质料。但是你不先把质料排除掉，形式就出不来，就算你提出了形式，人家还会有很多疑问。我首先把这些疑问解决掉，

"如果我们把一切质料、即意志的每个对象（作为规定根据）都排除掉"，排除掉的意思就是不让它们作为规定根据。当然你完全排除掉是不可能的。任何一个实践活动，只要它是实践活动，它就有质料。你说我要做一件事情，我要采取一个实践的行为，我不要任何质料。那当然做不到。所以他这里加了一个括号，"（作为规定根据）"的质料，就是说即使摆脱不了质料，我们也不把它当作规定根据。意志活动的质料当然是有的，没有质料怎么叫实践呢？实践活动肯定是有质料的，但是你可以不把它当作规定根据，把它从规定根据里面排除掉。这个括号里面是很要紧的，你不能把它忽视了。忽视了以后康德的实践就变成一种虚假的东西。你说你在实践，但是你没有对于对象做任何事情，那还能叫实践吗？凡是实践都必须对于对象起作用，才能叫作实践。然而，我虽然作用于对象，改变了对象，深入到了对象，我跟对象进行了接触，发生了影响，但是呢，对象不是我的规定根据。如果是这样的话，如果把一切质料，意志的每一个对象，作为根据都排除掉的话，"那么在一个法则中，除了一个普遍立法的单纯**形式**之外，就什么也没有剩下来"。我们设想一个实践的法则，当然作为实践的法则来说，实践本身有质料和形式两方面，如果按照前面讲的，质料是不适合作为意志规定根据的，那就要排除质料，剩下形式。你不要追求成为法则，那当然也可以保留质料，我就这一次，下不为例，那也可以。但是如果你要把实践准则作为一个法则来追求的话，那么你就必须把质料排除掉。排除掉以后怎么办呢？那么就只剩下了一个普遍立法的单纯形式可以考虑了。实践的行为有两方面，一方面是看你做什么，一方面是看你怎么做。做什么是它的质料，你是怎么做的，这是形式。只有怎么做，才能成为实践的法则。而做什么不可能成为实践的法则。如果你把做什么全部撇开，并不是说你把它取消掉，而是说你不把它作为意志的规定根据，那么剩下的能够作为意志的规定根据的是什么呢？就是怎么做的形式了。他这些定理是要从质料引出形式，是一步步来的，这三个定理之间有一种层次关系。第一条定理说，质料的规定根据不可能作为普遍法则。第二条定理说,质料的规定根据只能够做幸福的规则。第三条定理说质料既然不能作为普遍的法则,只能作为幸福的规则,那么什么才能作为普遍的法则呢? 只剩下形式。

所以一个有理性的存在者要么根本不能把**自己的**主观实践的诸原则即各种准则同时考虑为普遍的法则,要么必须假定,唯有这些准则的那个单纯形式,即它们据以**适合于普遍立法**的形式,才使它们独立地成为了实践的法则。

这是这一段分析了这么多,得出的一个结论。注意这个地方他强调的是"有理性的存在者",或者说他强调的是人的理性,你要按照理性来思维。当然一个非理性的存在者不适合于这里讲的,或者说一个有理性的存在者撇开理性,那也不适合于这里讲的。这里用的还是排除法,你要求普遍法则嘛,那么有一种情况是根本不可能有普遍的法则的,这个情况要排除掉。什么情况呢? 就是"根本不能把**自己的**主观实践的诸原则即各种准则同时考虑为普遍法则",这是一种情况。自己的主观实践诸原则,这个"自己的"打了着重号,也就是主观的,主观的实践诸原则,我在前面讲了,康德把这种原则称之为准则。准则跟法则的区别就在这里,一个是主观的,一个是客观的,一个是没有普遍必然性的,一个是具有普遍必然性的。准则是不具有普遍必然性的,准则是自己想的,自己给自己定的,不适用于别人。人为财死鸟为食亡,宁教我负天下人,不教天下人负我,这是曹操自己定的准则,它不适合别人呐。如果别人都像曹操一样,那曹操就吃亏了。所以他希望天下人都是大公无私,有奉献精神,唯独由他来负天下人,那么他就很得便宜了,他就可以称王称霸了。他手下那么多的谋士,那么多的将军,都是为他卖命的,都为他献出自己的生命,所以他才能够成就大业啊。否则的话,人人都为自己,他成什么大业呢? 所以曹操必须要把自己个人的准则深深地隐藏起来,让人家服从于他。所以这种主观实践的诸原则即各种准则是不能够成为实践法则的,不能把它同时考虑为普遍的法则。当然你说它是不是能建立起普遍法则呢？也许可以，但是它不能同时思考为普遍法则。它可以在另外一个层次上建立一种法则，比如说法律，法律就是对那些自私的人所设立的。如果大家都不自私的话，就不需要法律了，正因为大家都自私，都有自己的准则，所以需要建立法律。但是法律不是最根本的，法律是建立在道德之上的，是内在的自由发于外，体现为外在的自由。所以这个地方讲的是，不能同时思考为普遍的法则，这个就把法律排除了。就是法律当然是一帮自私的人建立起来的，但法律不是你家的，不是某个人的，而是人们相互协调他们的权利关系来设定的。法律假定每个人都是自私的，但是你的自私的准则不要侵犯别人的自私的准则，这是另外一个层次。但是你的自私的准则本身不能够同时思考为普遍的法则，除非你是皇帝。皇帝就无法无天了，口含天宪。你说出来的话就是金科玉律，那你的个人的准则就可以同时成为天下人都必须遵守的普遍法则，那就已经没有法律了，所以这个情况也要排除掉，就是有理性者根本不能把自己的主观准则同时考虑为普遍的法则。"要么必须假定，唯有这些准则的那个单纯形式，即它们据以**适合于普遍立法**的形式，才使它们独立地成为了实践的法则"，排除掉前面一条以后，剩下的就是实践法则了。准则并没有排除，还是你的准则，你不要小看康德的准则，康德的准则好像是遭到了贬斥，但是实际上不是的，准则也是不可取消的。任何道德律，首先必须要有准则。因为准则是各人主观的，它是自己的自由意志，准则是自己的自由意志最初体现出来的规则。当然最初体现出来它还只是任意，如果它用在质料方面的话，它可能不能成为法则。自由的任意和自由的意志，是两个不同的层次。我要为所欲为，这是我的自由的任意，不是真正的自由意志，因为这种自由的任意是偶然的，是一次性的，它没有意志的一贯性。但自由的任意也是不可忽视的，康德在这里对准则有一种两面的评价。一方面呢，单纯的自由的任意不能成为法则；另一方面，要成为法则，自由的任意也是不可抛弃的，哪怕是偶然的，你总得有一次选择。问题是你要把这个自由的任意保持下来、贯通下来，这就提升到了自由意志，提升到了法则。自由的任意和自由的意志没有本质的区别，只有一个是偶然的，另外一个是带有普遍必然的，从本质上来说，它们都是自由。为所欲为也是自由。你不要以为康德完全否认了为所欲为的自由，只承认道德律才是自由，也不是这样。最开始就是为所欲为，自由任意不受束缚，康德对自由的定义就是不受束缚，就是自行开始一个因果序列，不受其他任何因果关系的束缚，最基本的定义是这个。什么是自由？自由就是自行开始一个因果序列。《纯粹理性批判》第三个二律背反里面是这样规定的。要跳出因果之外，不受因果性的规定，而自行规定因果，这就是自由了。你造成了经验世界的一种因果序列，这个因果序列追根溯源追溯到你，而你的这个自由呢，不能追溯到任何别的因果序列。这就是自由。那么这种自由最开始体现为任意，康德举了一个例子，我从椅子上站起来，我也可以不站起来，我坐在椅子上好好的，为什么要站起来？我想站起来，没有什么理由。当然你从旁边分析可以分析出来它的理由，就是他站起来为了活动活动身子啊，或者他受到腿部肌肉的驱动啊，这个你从旁边可以分析；但是就他自己来说，他的自由意志的那一瞬间的自决是没有理由的。不是因为有一个因果性迫使他站起来，因为他完全可以不站起来，没有什么东西可以迫使他。当然他站起来以后就有一系列的后果，影响了客观世界。所以，哪怕是普遍法则，哪怕是道德律，它的主观的准则是必不可少的。你必须要首先要立足于主观的准则，然后再看这个主观的准则在什么情况之下可以成为一条普遍的法则。这是两个不同的层次。并不说是他要撇开个人的那种任意的准则，而单独地来考察普遍法则。我们通常讲康德的道德是一种抽象的道德，康德的道德律是非常抽象的，形式主义的，一般来讲是可以这样说的。但是呢，不要理解得这样简单。好像他一讲形式主义就把所有的任意的东西啊，自由的准则啊，都撇开了，不是这样的。任意的东西，如果取决于对象的质料，取决于人的感情的愉快和不愉快，那在道德法则中是要撇开的。但是如果不是取决于那些东西，你仍然有任意，你想要去做，这件事情是你想去做的，那么撇开所有这些质料以后，取决于它的形式，你的任意着眼于纯粹实践理性的形式，那就是道德律。但是道德律取决于形式，并不是说它就完全撇开了个人的任意，它是把个人的任意提升到了一个更高的层次，那就成了自由意志。所以这个单纯的形式，即各种准则据以适合于普遍立法的形式，才使它们独立地成为了实践的法则。准则在什么情况之下独立地可以成为实践的法则？只有在全部撇开那些质料的前提下，唯一地遵守这些准则的那个适合于普遍立法的形式，才使得准则成为了实践的法则。"适合于普遍立法"打了着重号，这样一种形式就是纯粹实践理性，只有纯粹实践理性才是适合于普遍立法的形式。主观的准则不一定是实践的法则，它要成为实践法则，必须假定这些准则的那个单纯形式是适合于普遍立法的形式，是你可以终身持守、他人也可以终身持守的形式，所有的有理性者都可以终身持守这样一条法则，才使得这个准则独立地成为了普遍的实践法则。

注释

定理Ⅲ刚才已经解释了一遍，接下来是注释。这个注释首先解释前面定理Ⅲ的内容，有理性者把他的准则思考为实践的普遍的法则，只有在按照形式规定自己的意志、使它适合于普遍立法的情况下才能够做得到。这是定理Ⅲ所讲的内容。那么这个注释首先就是解释，我们如何才能确认这个准则已经适合于普遍立法，已经成为了实践的法则，或者说，这个普遍的立法是怎么建立起来的。

准则中的何种形式适合于普遍立法，何种形式不适合于普遍立法，这一点最普通的知性没有指导也能分辨。

这是一个很简单的问题，单凭常识就可以看出来。刚才有同学提出来，形式也有不同的形式，有质料的形式和纯粹的形式，也是不一样的。这里就讲，准则中的何种形式适合于普遍立法，何种形式不适合于普遍立法,这一点呢,是任何一个有正常知性的人都能够分辨出来的,不需要高深的知识。我们行为的一种准则,我刚才讲了,都具有一种形式,凡是准则嘛,虽然不一定能成为法则,但是它本身也有自己的形式。人为财死鸟为食亡,我一直都是这样做的,我一路来都是这样做的,这也是我的形式。曹操也有他的准则的形式,他一辈子都在这样做,都在按照这样一种形式来处理人际关系,虽然有时候表面上好像违背他的准则,但是实际上最终是为了他的准则。有位贪官贪了几千万,后来查出来,他连五毛七分钱都要贪,其实他已经不在乎钱了,他只在乎这种形式,贪污成了他的原则。所以这也有一种形式。那么在准则中就有各种不同的形式,但仍然可以很容易区分,一种是纯粹的普遍形式,另一种是个人特别的形式,曹操的形式和贪官的形式是不希望别人也采用的。你要使准则成为一条立法的法则,那么是哪一种准则适合于普遍立法呢? 这一点,我们只要诉之于我们的普通知性就够了。康德讲他的道德哲学看起来是那么样的晦涩,那么样的思辨,但是实际上他是立足于最普通的老百姓的知性的,是为广大老百姓建立他们为人处世的法则。康德早年本来是想当一个科学家,当一个大学教授,后来读了卢梭的书以后,幡然醒悟。他后来自己讲,是卢梭教育了我,使我认识到,如果我的学问不能给广大老百姓提供他们做人的根据,那它就一钱不值。所以是卢梭扭转了他的方向,从一个科学主义者转向了一个道德哲学家,除了理论理性以外更关注实践理性,更加关注人的自由、人何以自由,用什么法则来实现自己的自由的问题。所以我们一看到"最普通的知性"这种说法,我们就想到康德的这样一个经历。他在很多地方都提到最普通的知性,认为道德法则是最普通的老百姓都能够一下子辨别出来的原则,这只需要最普通的知性就够了,不需要多少科学知识和哲学思辨。

　　例如,我把用一切可靠的手段增大我的财产定为了我的准则。现在我手中有一项**寄存物**,它的所有者已经去世,且没有留下任何与此相关的字据。这当然是我的准则所想要的。现在我想知道的只是,那条准则是否也可以被看作普遍的法则。

这个例子人人都懂，就是人为财死鸟为食亡，我把唯利是图作为我的准则，它也具有一种形式。用一切可靠的手段增大我的财产，增大我的财产是不是有一个限度，增大到多少万就够了呢？没有。它是一个形式，只要增加我的财产，不管多少，唯利是图是我的原则。你看到大利也好小利也好，你不去图，那就是违背我的原则的。别人寄了一点东西在我这里，但是呢，他本人已经去世了，没给我留下任何相关的字据。当然他的家人也许还在，他的亲戚也许还在，但是谁都不知道这件事。前不久电视里播出一个卖彩票的小老板，人家托他买一注彩票，结果中了大奖 500 万。那个人不知道中了大奖，他也可以不告诉他，他不告知谁也不知道。就是一个电话嘛，然后他代那个人买了，放在屉子里面，他如果要据为己有的话，没有任何人知道。但是他虽然自己背了四千多块钱的债务，但是还是打电话叫买彩票的人来领走了。人家就说你图什么？他的老婆也跟他吵。我们现在背债背得这么厉害，紧张得要死，却让你把这么一大注财产给放弃了。人们说他傻，但心里都知道这是了不起的道德行为，因为傻无非是道德的代名词。这个例子很相近。就是说，有一项寄存物在我这里，人家已经去世了，又没有任何字据，我完全可以据为己有，这是符合我的准则的。什么准则呢？用一切可靠的手段增大我的财产，不择手段地增大我的财产。当然这个不择手段呢也还是要择一择，就是可靠的手段，你不要露馅了，暴露了就不好办了。如果很可靠，万无一失，没有任何人知道，那我当然可以增大自己的财产了，这是我的原则。"现在我想知道的只是，那条准则是否也可以被看作普遍的法则"，就是说，在这种情况之下我要考虑一下，这条准则是否可以被看作普遍的法则呢？是否可以不是说是否允许，而是说事实上、客观上是否能做到。这样一条准则，客观上是否能够成为一条普遍法则？我们要注意康德的这个表述。康德绝对不是一个道学家，不是一个说教者。不是说你不能这样做，或者说你这样做不允许、不应当。当然最后他是说这不应当，但是这个不应当是建立在客观上推不出之上的，是建立在理性的推理上的。开始他不说不应当，而是诉之于推理，看看你这条法则客观上是否能够推得出来。你要想一想啊，这样的准则能不能成为一条普遍法则呢？每个人都有理性，都懂得推理，但并不是每个人一开始就有道德，所以他必须用自己的理性来建构起自己的道德原则。道德原则还有待于建构，最开始并没有道德原则，人只是有理性而已。如果没有理性，人本能地倾向于损人利己。在没有道德原则、只有理性的情况之下，我们如何运用我们手中的理性来建立起我们的道德原则，这是康德所考虑的。康德不是一个道学家，他并不是首先心里面有一大套天经地义的规范，什么三纲五常啊，忠孝啊，什么该做什么不该做啊，他没有。他没有任何限制，唯一的就是他有理性，当然还有自由了，还有自由意志。那么我有理性还有自由意志，怎么样建构起一种可靠的道德法则来？这些道德法则不是上帝命令的。不是摩西教导的，也不是某个圣人定下来的，是我根据自己的理性和自由意志为自己建立起来的。那我就可以客观地想一想，如果我的准则里面有这样一条形式的原则，就是人不为己天诛地灭，人为财死鸟为食亡，那么现在我是不是就可以攫取这笔财产呢？那就要看这样一条准则客观上是否可以被看作普遍的法则。

　　于是我把那条准则应用到当前这个场合下，并且问，它是否能采取一个法则的形式，因而我是否有可能通过我的准则同时给出这样一条法则：每个人都可以否认一件无人能证明是存放在他这里的寄存物。我马上就发现，这样一条原则作为法则将会自我毁灭，因为它将使得任何寄存物都不会有了。

　　这就是诉之于人的理性了，一个小孩子，什么都不知道，没有受过教育，他现在上小学一年级了，老师就可以问他了。小孩子已经开始有理性了，你要培养他，虽然他的理性很弱，但是他也懂得思考嘛。幼儿园你可以不教他，你可以让他玩，到小学的时候，他有一点点理性了，你就可以让他动用他的理性来思考一点问题了。那么你就可以问他，如果有一个人寄存一笔财产在这里，谁也不知道。当然如果你认为人不为己天诛地灭，人为财死鸟为食亡，你按照这样一条准则呢，你当然可以据为己有。但是你要想一想，你这个据为己有能不能成为一条普遍法则呢？让他去设想一下，让他运用自己的理性推理一下。那么一推就推出，我是否有可能提出一条这样的法则，每个人都可以否认一件无人能证明是存放在他这里的寄存物。每个人都可以推理一下，比如我这一次据为己有了，那么我推一下，是否可以一直都这样做，并且每个人都这样做。不是下不为例，下不为例就是非理性了。而理性就是说，你做了这件事，下次还能够这样做，而且别人都可以这样做，每个人都可以这样做。你能不能设想这样一种情况，你做的事情，每个人都可以这样做。"我马上就发现，这样一条原则作为法则将会自我毁灭，因为它将使得任何寄存物都不会有了"。这句话很关键，就是一旦你通过理性去设想一下，你就会发现，这样一种准则如果你把它扩展为普遍法则的话，它将会自我毁灭，因为它将使得任何寄存物都不会有了。就是说，如果你设想天下所有的人，没有一个人在这种情况下不把这些财物据为己有，如果这成为一条普遍法则的话，那就有一个问题了，谁还会把自己的财物寄托在别人那里呢？一寄托到别人那里就等于是丢到水里了，当所有的人都这样据为己有，那就没有人可以信赖了，没人可信就不会有寄托这回事了，而这一类的事情也就根本不会发生了。如果你的这条准则一旦成为普遍法则，那么这件事情就压根不会发生。如果所有的人都在骗人，都不可信，那我的财物交给别人保管，还不如埋在地下，我还不如把它挥霍掉，我随便送给哪个都还有个人情，我为什么要托付给一个我自己不相信的人呢？这是非常客观、非常理性的，没有任何道德说教，不是说你这样做不应该，而是说，如果大家都这样做的话，就没有人能够这样做了，它将自我毁灭。这条准则本身一旦变成了一条普遍法则，它就自我毁灭。这是很简单的道理，每一个有普通知性的人都会想得到的，用自己的理性做一个推理，马上就会想到的。

　　<u>我在这方面所认识到的实践法则必须具有普遍立法的资格；这是一个同一性命题，因而是自明的。</u>

　　我在这方面所认识到的实践法则，不管是什么实践法则，如果一旦认识到了它是一条实践法则，它就必须具有普遍立法的资格。前面一句话是讲，你可以设想一下，它是否能够成为一条普遍法则，我们马上就可以发现，有的准则不会成为一条普遍法则，一旦作为普遍法则，它就会自我毁灭，它自己否定自己。在形式逻辑上面，它就是自相矛盾，它就违背了不矛盾律和同一律。每个有理性者都会知道这一点，违背不矛盾律的东西，他一眼就可以看出来是自取灭亡的。所以这方面所认识到的实践法则必须具有普遍立法的资格，就是说，既然它是实践法则，它必须在任何情况之下，都不会自我毁灭，它具有普遍必然性。普遍立法没有例外，它涵盖一切场合。不像准则，它可以不涵盖一切场合。我这一次可以把它据为己有，下不为例；或者我这样做，但别人不能这样做。如果你把唯利是图或损人利己作为一条自己遵守的准则，在形式上呢，它当然也有它的一贯性；但是这个一贯性呢，它是别人不能模仿的。如果所有的人都来模仿你，你这个准则本身就存在不了，你陷入一切人对一切人的战争，大家同归于尽，你这个形式本身就自己否定自己了。所以它不可能成为普遍的立法的原则。而一切实践的法则都具有普遍立法的资格，"这是个同一性命题，因而是自明的"。真正的法则，它必须是普遍立法的。所谓普遍立法的就是说，它能够作为一条普遍的原则来规定一切具体的场合。它不是一个特例。不是说我有特权，我就可以据为己有，别人就不行，不是这样的。如果是实践法则的话，它就是人人都可以做的，它具有普遍立法资格，这是个同一性命题，是符合逻辑的同一律的，永远不会自我否定，因而是自明的。由此可以看出，康德的道德法则其实是建立在形式逻辑的自明的规律之上的，因而是彻底地理性主义的。

　　<u>现在如果我说：我的意志服从一条实践**法则**，那么我就不能援引我的爱好（例如在当前情况下即我的占有欲）来作为意志的适合于某条普</u>

[28] 遍实践法则的规定根据；

根据前面已经得出的这条结论，就是实践法则必须有普遍立法资格，那么现在如果我说，我要把我的意志的准则变成一条普遍的法则，那么我就不能把我的法则限制在我的爱好（Neigung）之上。我在前面已经讲到了，爱好有人翻译成性好、偏好、嗜好、倾向。总而言之，它是一种感性的需要，我们把爱好理解为一种感性上的需要，一种偏好、偏爱。"例如在当前情况下即我的占有欲"，我的准则是什么呢？用一切可靠的手段增大我的财产，这被定为我的准则，这种占有欲就是我的爱好，就是我的偏好。在当前的情况下就涉及这一方面。但是我不能援引我的爱好来"作为意志的适合于某种普遍实践法则的规定根据"，也就是说，如果你想使你的准则成为普遍法则，你就不能把法则建立在爱好之上。反过来说，建立在爱好之上，建立在质料之上，建立在实践对象的表象之上，这都是不能够成为法则的，因为这是损人利己的，损人利己的事一旦成为普遍法则，就导致自我取消，甚至大家同归于尽。这个例子恰好说明了这个情况。

因为这种爱好要说它适于用作某种普遍立法，那就大错特错了，毋宁说，它在一个普遍的立法形式中必定会自我耗尽。

这种爱好你要说它适于用作某种普遍立法，那就从根本上错了。爱好是不适合于用作某种普遍的立法的。因为爱好这个东西它因人而异，因时而异。你随时可以变，它没有普遍立法的资格。包括唯利是图的原则，也只是适用于某个人自己，不适合于别人。如果你把它扩展到所有的人，那这个唯利是图在实践中就会自我取消，人和人就像狼一样，你图不到任何好处。不择手段地占有财产，本来是你的出发点，结果最后呢，你自己的财产也保不住了，人人都会来争夺，会来抢夺，会来欺骗。所以，你要想增加自己财产的这样一条准则本身就被自我耗尽了，人人像狼一样互相争夺，人人都保不住自己的财产，那么增加自己的财产这样一条准则还怎么会成为一条法则呢？它本身就不成立嘛。所以爱好的准则在一个普遍的立法形式中，一旦你赋予它一条普遍的立法形式，它就必定会自我耗尽。它自己就把自己消耗掉了，否定掉了，连准则都不是。所以在现实中，你要不择手段地增加自己的财产，只有一个办法可以作为你的准则，就是你必须把他人都设想为不和你一样，总有一些人是傻瓜，总有一些大公无私的，无私奉献的，那么你就可以在他们那里得到很多利益了，也就可以不断增大自己的财产。而当人家要损害你的财产的时候，你甚至可以用这样一种道德说教去谴责他们，说你们应该大公无私嘛，不要计较这些小利嘛，这样你就可以得利了。但是如果人家不听你说的，而是和你一样想，那你夺别人的财产，别人也夺你的财产，你骗人家，人家也骗你，很多骗子自己被人骗，很多卖毒食品的自己在市场上买的也是毒食品。他们得了什么利益呢？所以，他自己也不想这样干，但是没办法，大家都这样干，大家都同归于尽。所以，这样一条建立在爱好之上的准则，只有作为特权才能成立，一旦变成一条普遍的立法形式，必定会自相矛盾，自我耗尽。康德自己也经常举的另一个例子就是说谎，如果你把说谎作为自己的准则，你这个人就是自以为聪明，通过说谎来达到你的一切目的；但是你想一想，如果所有的人都说谎的话，你说谎还有什么用？如果大家都说谎的话，那就会造成一个人人都说谎的这样一个世界，而人人都说谎，就没有任何人相信任何人了，那你的说谎就不必要了。就像打广告的，如果所有的广告都是假的，必然会导致没有任何人相信广告了，那么广告商投入几百万，那钱不是都打了水漂？之所以要花那么多钱打广告，就是因为总还是有一些人相信，并非人人都说谎，总有一些广告是真的吧，或者广告里面总有一部分是真的吧，这样打广告才有效益呀。这样一些法则，这样一些准则，一旦成为法则，都是自我取消的。这个道理其实很简单，可以和小学一年级的儿童讲。我们也经常这样教育儿童：大家都像你这样，你会愿意吗？你欺负别人，如果别人都来欺负你，你会愿意吗？这实际上已经引入到康德的道德律、即定言命令的原理了。

康德在前面已经谈到了为什么这样一条普遍法则必须要采取形式这样一条规则来加以确立,而不能采取任何质料来加以确立。那么这个注释里面呢,就做了这样一种解释。前面一部分就是讲,如果是采取质料的话,那很可能这样一条法则一旦成为法则,它就变成一条自我毁灭的原则。那就不成其为法则了。它自相矛盾,自我毁灭,自我取消,或者说自我耗尽。这其实是康德的一个非常根本的道理。就是说,道德律为什么能够成为普遍的法则,不是因为这个道德律本身逗人喜欢,或者是大多数人都愿意这样做,或者是来自某个权威,而是因为按照理性的标准来加以衡量,这个道德律能够贯通一致,不会自相矛盾、自我取消,而会具有逻辑上的一贯性。这是一个非常形式的理由。

因此,奇怪的是,那些明白事理的人士怎么会由于那对幸福的欲望、乃至每个人借以将这种欲望建立为自己意志的规定根据的那条准则是普遍的,就想到了由此而将之冒充为普遍的实践法则。

"那些明白事理的人士",前面在注释 I 的第一句话也有这样的表达:"人们必定会奇怪,为何有些平时很精明的人士会相信,从与愉快情感结合着的**诸表象**是在**感官**中还是在**知性**中有其来源,就可以找出**低级欲求能力**和**高级欲求能力**之间的区别"。这两个表述实际上是相互呼应的。前面是讲的,那些平时很精明的人士怎么会相信只要一个愉快是来自于知性,那么它就是高级的欲求能力,来自于感性就是低级的欲求能力。不管是来自于知性,还是来自于感官,愉快还是归结为愉快,归结为质料。所以不管是出自于感官,还是出自于知性,不管是具有临时性的还是具有一定程度上的普遍性,它毕竟还是属于一种感官的愉快,一种质料性的准则,仍然是低级的欲求能力。因此你要把它变成法则呢,是不可能的。而这里讲,这样一些明白事理的人士,头脑清楚的人士,"怎么会由于那对幸福的欲望"的准则是普遍的,"就想到了由此而将之冒充为普遍的**实践法则**"。对幸福的欲望我们大家都知道,它有一定的普遍性,在某种意义上，它是普遍的。我们通常讲，谁不追求幸福呢？每个人都要追求幸福，都有追求幸福的欲望。对幸福的欲望是普遍的，那么是不是能够把这样一条追求幸福的准则，即"每个人借以将自己的这种欲望建立为自己意志的规定根据的那条**准则**"，冒充为普遍的实践法则呢？这个在上面一段我们已经说得很清楚了。所以他这里讲，"因此，奇怪的是……"，你听了我上面那些道理，那你就会感到很奇怪了，为什么有些很聪明的人会想到把那些对幸福的欲望的准则冒充为普遍的实践法则，哪怕它们的确有一定的普遍性？这是说不通的。因为实践法则的规定根据唯一地是立足于它的立法的形式，而不在于它的幸福的质料。凡是涉及幸福，它都是从质料的方面来考虑的，追求幸福的准则也有一定的普遍性，但不能因此就将它冒充为普遍的实践法则。这主要是当时的经验派的伦理学家，特别是英国经验派的道德学家他们所主张的，就是说对幸福的追求具有最大多数的普遍性，所以可以把最大多数人的最大幸福当作是普遍的实践法则或道德法则。谁不追求幸福呢？每个人追求的幸福都是差不多的。无非是温饱、小康、富裕，这是天下之共欲。那么这样一种普遍的准则是否能成为普遍的实践法则？康德认为不可能，这样一种建立在个人幸福追求之上的、哪怕具有普遍性的准则，仍然是属于质料的。那么多聪明的人士，连这样一个问题都分不清楚，这是康德觉得不可思议的事。

<u>因为一条普遍的自然规律 [法则] 既然通常都使一切相一致，那么在这里，如果人们想把一条法则的普遍性赋予这个准则，就恰好会导致与一致性的极端对立，导致这个准则本身和它的意图的严重冲突及完全毁灭。</u>

为什么会奇怪呢？那些明白事理的人士把准则冒充为法则，这是很奇怪的，"因为一条普遍的自然规律 [法则] 既然通常都使一切相一致"，Gesetz 这个词通常在描述自然界的时候，我们就翻译成规律；描述道德法律的时候，我们就把它翻成法则。其实都差不多，自然规律的特点是

什么呢？就是使一切都相一致。规律嘛，就是无逃于其外的，没有什么能够偏离规律的，使一切都要相一致，都要服从于规律。我们讲自然界没有任何东西是不服从规律或超出规律之上的。但是这个规律在这里不一定是指的自然界的规律，它也可以包含道德律。道德、法律这些领域里的规律也叫自然律。我们知道所谓西方的"自然法"的概念，自然法则不仅仅是讲自然界的物质世界的那些规律，而是把它借用于人类社会，人类社会也有法则。也有规律，比如说社会的法律。社会的法律不是哪个任意制定的，而是根据自然法来制定的。这在康德当时也是一个共识。从启蒙运动以来人们都认可，如人天生是自由的，那么按照自然法就应该怎么怎么样。孟德斯鸠、洛克他们都诉之于自然法。当然要追溯它的根源，还可以追溯到更早。但是近代以来呢，在法学领域、道德领域里面特别强调自然法、自然权利。当然这个地方不是用的权利，不是right，而是law，自然的法则。因为一条普遍的自然法则既然通常都使一切相一致，无逃于其外，一切都要符合于它，这是大家都公认的一种共识，这是一个大前提。"那么在这里，如果你试图把一条自然规律赋予这个准则"，这个准则就是把欲望作为自己意志规定根据的准则，那你试试看，你试着推一推理，看行不行，——当然是不行的。那你"就恰好会导致与一致性的极端对立，导致这个准则本身和它的意图的严重冲突及完全毁灭"。这个是前面那个例子已经向我们展示了的：人家托付给我一笔财产，如果没有什么阻碍我把它据为己有，我完全可以把它据为己有，没有人知道。那么这是否可以成为一条普遍的法则呢？作为准则，我已经把它树立起来了，只要有这种情况，那我肯定要把它据为己有。人不为己天诛地灭，这是一条准则。那么能不能把它变成一条法则？你就会看到，实际上它会导致自相冲突或者自我否定。如果一旦这条法则通行起来，你这次成功了，好，可以，但是下一次还能否成功？是否能永远成功呢？你一旦把它变成一条普遍的法则，你就会发现，既然如此，大家都知道了这是一条法则，那么按照这条法则，就没有人把自己的财产托付给任何人。那么，这样一条准则，你实现了这一次，下一次就不行了，没有实行的对象了，它不就自我取消了嘛。既然没有人来托付了，那么你还能把谁的财产据为己有呢？也就不存在了。所以一旦把他的准则赋予这个准则，就恰好会导致与一致性的极端对立，极端到什么程度？极端到自我取消、自我毁灭。它不仅仅是说对立，你也可以这样做，他也可以那样做，而是它本身就走向了自我取消，导致这个准则本身和它的意图的严重冲突。它不是一种外在冲突，不是说你想据为己有，然后别人不让你据为己有，不是的。他不跟你争，他不托付给你就是了，他根本就不用跟你打官司，他就不托付给你，就没这件事情了。所以这是你自食其果，自我取消。这个准则本身和它的意图——就是它自己的意图——严重地冲突及完全毁灭。为什么不能把这个准则冒充为普遍的实践法则？就是这个道理。

　　<u>因为这时一切人的意志并不具有同一个客体，而是每个人都有自己的客体（他自己的称心事），这个客体即使能与别人的那些同样是针对他们自身的意图偶然相合，但还远不足以成为法则，因为人们有权偶尔所做的那些例外是无穷的，而根本不能被确定地包括进一个普遍的规则中去。</u>

　　为什么会导致这个准则和它本身的意图严重冲突及完全毁灭？这里有进一步的解释。因为在这个极端对立的时候，"一切人的意志并不具有同一个客体，而是每个人都有自己的客体"。就是我们都追求幸福，但是你追求的幸福是你的，他人追求的幸福是他人的。每个人都有自己的客体，都有他自己的称心事，他自己觉得称心的，他所感到满意的，跟别人是不一样的，甚至常常是相冲突的。人们利益是会有冲突的，尽管有时候没有冲突，但是也是不同的。你有你的利益，他有他的利益。你的利益并不能就直接带给他，他的利益也不能直接带给你。你的客体，你所追求的对象和别人所追求的那些，他们针对他们自身的那些意图，即算能够"偶然相吻合"，"但还远不足以成为法则"。我们大家都追求同一

个东西，或者说，我们去做同一件事情，然后我们能够达到双赢，这是不是就能达成一种普遍的法则呢？我们有利益就聚在一起，没有利益我们就分散，天下熙熙皆为利来，天下攘攘皆为利往，人们由于利益而团结在一起，那么同样由于没有利益而各散五方，由于利益冲突我们也可以你死我活，互相残杀。而"因为人们有权偶尔所做的那些例外是无穷的"，这些例外各式各样，不受任何法则的规范，而且这个例外还可以说是合法的例外，是有权做的例外。为什么有权？因为它符合你个人的准则，在没有法则之前，任何人都有权按照自己的准则行事。因此"根本不能被确定地包括进一个普遍的规则中去"，也就是说，根本不可能由这种准则建立起一个普遍的法则来。我们的准则有普遍性，比如说我们都去追求幸福，但是有些人他就不要幸福，或者他把另外一种和大家都不同的东西当作幸福，他要自虐或自残。在你看来，他完全是在自我毁灭，那不是他的幸福。有这么一个人，他就跟别人不同，他就觉得大家不愿意做的事情，他恰好喜欢做。这样的例外呢，是无穷尽的。因为每个人都不一样啊，你还不能说他做这件事情是违背什么法则的，他有权这样做，这是他自己的一种癖好。所以，往往这样一些对个人利益的追求，名义上好像具有普遍性，但是实际上具体对每个人来说呢，很可能跟别人都不一样。当然也可能一样。你随便抓一个人出来，你会发现他的追求的那些目的，很可能和别人是一样的，但是也有可能跟别人完全是不一样的。你的追求跟他的追求表面上是一个，但是实际上他的感觉跟你的感觉完全不一样，所以都可以看作是例外，是处于普遍的法则之外的。既然每个人都可以看作是处于普遍法则之外，那还有什么普遍法则呢？每个人都是例外，都有具体情况，我们说具体情况要具体分析，不要一刀切，好像人人都是一样的。有些人就不一样。所以根本不能被确定地包括进一个普遍的规则中去。为什么一个人所追求的客体即使能与别人的那些客体相合，仍然远不足以成为法则，就是因为人们有权偶尔所做的那些例外是无穷的。这个"偶尔"说得非常透了，就是说，虽然一般来说，我们都追求同一种东西，但是我这一次恰好就不去追求，我追求别的，只要偶尔有一次被承认是合法的，是有权做的事，则这样的准则就根本不能被确定地包括进一个普遍的规则中去了。

以这种方式就出现了某种和谐，它类似于某一首讽刺诗中关于一对自杀夫妇的志同道合所描述的：**啊！美妙的和谐！他之所愿，亦她之所想**等等，或者人们关于国王弗兰西斯一世在皇帝查理五世面前的自命自许所讲述的：我的兄弟查理所想要的（米兰），也是我想要的。

这里顺便举了两个例子，"以这种方式就出现了某种和谐"。这带有一种讽刺的意味了，即人们所认为的那种"普遍法则"将无非是这样一种和谐。当然人们的利益也可以和谐，也可以有一种偶然的吻合，我所追求的东西，跟他所追求的东西，很可能是相吻合的，达到了某种和谐。它类似于某一首讽刺诗中所描述的，一对夫妇相约一起去自杀，每个人都有一个自杀的目的，当然出于什么样的原因，我们不知道。也许他们是以为死了比活着更好，更幸福。但是呢，恰好在这一点上，他们都想到一起去了，就是想自杀。在现实中，经常有这种情况，两个人感情好，你死了，我也不活了，既然你不活了，我也去死。所以两个人恰好在这一点上达到了一种"美妙的和谐"，但这显然不能成为一条普遍法则。这个具体是哪个的诗，我们没有查到。可能是当时流行的一首讽刺诗。下面就是一个历史上的典故了，法国国王和神圣罗马帝国皇帝在争夺欧洲的霸权，首先集中在关于米兰公国的问题上，究竟归谁所有。他们两个都想要，但是两个都想要表面上是一种"和谐"，实际上是一种冲突。因为米兰只有一个。两个人都想要它，你把它称之为一种和谐，那当然很带有讽刺性了。就是说，这样一些具体的、建立在质料之上的要求，它们固然可以偶然地相吻合，但实际上呢，是不可能成为普遍法则的。一个是自杀，自杀肯定不能成为普遍法则，能够相约去自杀的夫妇世界上有几对呢，那是很罕见的一种例外。两个君王争夺一个城市的时候，表面上也有一种和谐。实际上也是一种冲突。所以弗兰西斯一世所说的那句话，我的兄弟查理所想要的（米兰），也是我想要的，当然是开玩笑了，有一种幽默在里头。所以这里想说明的是，你着眼于一种表面上的和谐，最大多数人的最大幸福，好像每个人都追求这最大的幸福，但实际上这最大幸福的内容恰好是人与人之间的互相厮杀，互相争夺，每个人都想成为例外。这怎么能成为普遍法则呢？这种准则肯定是极端对立的，它的最终的结果是导致自我毁灭。如果没有一定的法则来约束他们的话，那么这样一种互相争夺就相当于自杀，相当于自我毁灭。原始自然状态的"丛林法则"就是互相毁灭的法则，实际上并不是法则，而是无法无天，是没有法则，人与人像狼一样，弱肉强食，这哪有什么法则呢？或者说只是自然法则、自然规律，不是实践法则。弱肉强食不可能是普遍的实践法则，它只能够是互相冲突和自我毁灭的一些准则。所以霍布斯最后要设计一个方案，就是大家都把自己的权力交给一个专制的君主，大家都不要争了，有一个人来判断我们谁该得谁不该得。这样勉强可以把这种冲突调和起来，但这也只是一种权宜之计呀，王位本身肯定仍然导致一种争夺，君主专制嘛。所以要用对幸福欲望的准则来冒充为普遍的实践法则，这个是不可能的。

经验性的规定根据不宜于用作普遍的外部立法，但同样也不宜于用作内部的立法；

前面讲的是外部的立法，是不可能的，就是你的经验性的准则跟他人的经验性的准则相互之间是永远不可能达到完全协调一致的。即算有相吻合的时候，也是偶然的。偶然的吻合是表面的，表面上相吻合，实际上根本不能吻合，而是冲突。所以经验性的规定根据，按照前面讲的，不宜于用作普遍的外部立法。下面则进一层，"但同样也不宜于用作内部的立法"，内部的立法就是说，每个人的经验性的准则自己能否自相一贯，是否像孔子所讲的，有一言能终身行之？若一个人能够终身行之，就可以看作他的内部立法。但这也是不行的。

因为每个人都以自己的主体作为爱好的基础，另一个人却以另一个主体作为爱好的基础,而在每一个主体本身中具有影响的优先性的一会儿是这个爱好、一会儿是另一个爱好。

这里把外部立法和内部立法都讲了。"因为每个人都把自己的主体作为爱好的基础,另一个人却以另一个主体作为爱好的基础",这就导致外部的立法不可能。每个人各自都以自己的主体作为爱好的基础,但我不是你,你也不是他,所以,要作为普遍的立法呢,这种经验性的根据是不适合的。这是讲的外部的立法,人与人之间不可能立足于经验性的根据来建立起外部的、人与人之间的实践法则。因为每个人的主体是不同的,他的爱好基础也是不同的,爱好(Neigung)就是一种偏好,一种嗜好,一种癖好,特别强调个人那种经验性的一时性起,一时的兴趣,一时的追求。"而在每一个主体本身中具有影响的优先性的一会儿是这个爱好、一会儿是另一个爱好",这就是内部立法的不适合了。为什么内部立法也不适合?因为在每个主体本身中,你选择什么样的爱好作为优先追求的对象,作为首选的对象,这对你自己来说也是变动不居的,一会儿是这个,一会儿是另一个。我今天想吃什么,我明天就不想吃了,明天腻了。今天吃了肉,明天就想吃鱼,后天就想吃鸡,这个爱好本身是不断变化的。你如果不想有变化的话,真的要像一条法则一样贯彻下来的话,那是需要毅力的。你吃多了肉,你就想吃素;但是你要终身坚持吃素,那就是当和尚了,那还谈什么基于主体的爱好?何况当和尚是不容易的,真正地吃素那是不容易的。根据爱好来说,你不能每天都是一模一样的,那样人受不了。所以,就每一个主体本身中具有影响的优先性而言,爱好总是在不断变化的,不断地要变换花样。人就是这么个东西,你要他一年四季365天每天都过一样的日子,这样人是受不了的。你生活条件再优越,慈禧太后每天吃丰盛的酒席,她也觉得腻了,但是她想不出别的办法来,因为所有的菜肴都在她的桌上。所以她其实是很痛苦的。

要找出一条法则将这些爱好全部都统辖在这个条件下,即以所有各方面都协调一致来统辖它们,是绝对不可能的。

这些爱好，包括主体之间的爱好，也包括主体本身内部的各种爱好，要全部都统辖在"所有各方面都协调一致"这个条件下，是绝对不可能的。人与人之间不可能达到在经验性的规定根据上面的完全一致，一个人自身内部也不可能达到在经验性的规定根据上面的完全一致，所以你想把它们都统辖为一条普遍的实践法则，那是绝对不可能的。这是他的进一步论证。这个注释呢，主要是讲这个，首先在第一段举了个例子，第二段说明由这个例子所体现出来的道理，为什么不能够以质料，而只能够以形式来建立一致的规定根据的原则，来建立实践的规定法则，道理就在这里。

§5. 课题 I.

课题，Aufgabe，也可以翻译成任务、习题、作业。这里我们翻译成课题，因为它下面的这种论证方式，有点类似于几何学的论证方式，好像做几何题一样，布置了一个作业，出了一道习题，康德演示给我们看如何做这个题目。其实道理在前面的注释中已经讲得很透了，但是这里还需要以几何学的方式来确定一下，从形式上作出严密的规定，这显然是受到斯宾诺莎的影响。斯宾诺莎在其《伦理学》中的副标题就是"按几何学方式证明"，当时不管人们同不同意他的观点，都认为这是一种最严格的证明方式。康德采取定理、注释（附释）、绎理、课题等一套形式来展开他的伦理学观点，也是有点模仿斯宾诺莎。他现在提交了两个作业，出了两个题目来考一考大家，并且现身说法地为大家解这两道题，这就是课题 I 和课题 II，是 §5 和 §6 所要展示的。

那么，"课题 I"是：

设　唯有准则的单纯立法形式才是一个意志的充分的规定根据：
求　那个唯一由此才能被规定的意志的性状。

这个"设"和"求"当然是我们把它写成这样的，原文就是一句话，

414

由两个短句组成。它们的意思就是一个是假设，Vorausgesetzt，求呢，就是 zu finden，寻求。这个"设"在前面 §4、就是"定理Ⅲ"里面已经提出来了，并且在定理Ⅲ的注释里面作了解释，等于我们已经是已知的了。定理Ⅲ说的是："如果一个有理性的存在者应当把他的准则思考为实践的普遍法则，那么他就只能把这些准则思考为这样一些不是按照质料，而只是按照形式包含有意志规定根据的原则。"定理Ⅲ既然已经作为定理定下来了，那么它在这里就可以作为一个前提，来推出更进一步的命题。这就像几何学里面一样，我们先设立一个前提，这个前提是大家已知的前提。那么从这个已知的前提我们去求它的结果。所以这个前提是，"唯有准则的单纯立法形式才是一个意志的充分的规定根据"，这就是对定理Ⅲ的一个简单的表述，也就是说，不是质料，而是唯有单纯的立法形式，才是一个意志的充分的规定根据，才能充分地规定一个意志。一个意志你要把它加以充分的规定，那只有依靠一种立法的形式，而不能够依靠质料。质料是五花八门的，每一个质料都只能规定一时一地、某一瞬间、某个人的意志，但是呢，充分的规定根据只能够依靠形式。这是定理Ⅲ里面已经确立了的一条定理。充分的规定根据就是无一例外的规定根据，任何意志都逃不出它，这样一种规定根据就是法则了。作为法则的规定根据只有通过单纯的形式才能够建立，这是已知的。那么求什么呢？求"那个唯一由此才能被规定的意志的性状"。前面的设定里面讲到一个意志的充分规定根据，那么现在要求的是，这样一个意志的性状是一个什么样的性状呢？性状，Beschaffenheit，一般把它翻成性质啊，状况啊，都可以。我们把它定译为"性状"，凡是我们的译文里面用到"性状"就是这个词。它原来的意思是 schaffen，就是创造，Beschaffenheit，就是被造出来的那种性质，造性。那么这样一种由单纯的立法形式来规定其充分的规定根据的意志，是一种什么样性质的意志呢？这就是我们要做的作业、课题，即确定这样一个意志的性状如何。下面就来解这个题了。

415

　　由于法则的单纯形式只能由理性展示出来,因而决不是感官的对象,
所以也不属于现象之列:于是它的表象作为意志的规定根据就不同于在
[29]　依照因果性法则的自然界中各种事件的任何规定根据,因为在这些事件
那里进行规定的根据本身必须是现象。

　　这句话首先抓住了"法则的单纯形式",因为所设的定理里讲的就是
单纯的立法形式,这是一个条件。既然它是一种法则的单纯形式,那么
它只能由理性展示出来,因为理性是着眼于形式的,感性是着眼于质料
的,这是康德时代的所有的人都会认可的。既然它只能由理性来展示,
所以它是撇开感官的,单纯的立法形式是撇开感官对象的,"所以也不属
于现象之列"。既然你把感官撇开了,那么它就不属于现象。形式有些
东西是属于现象的,比如说知性的范畴,它们虽然也是形式,但是它们还
是属于现象,因为它们并不撇开感性,所谓"直观无概念是盲的,思维无
内容是空的"。但是这里呢,它不是知性的范畴,它是理性的单纯形式。
理性对于现象世界它是超验的,它不是仅仅先验的。先验的范畴只能运
用于经验,它不能脱离经验而有任何运用。但是这里讲的是纯粹实践理
性,纯粹实践理性跟知性认识的范畴不同,就在于它谈的是超验世界的
问题,而且呢,正因为如此,它是完全摆脱经验、摆脱感官的。你把感官
掺杂进来,那就没法说了。所以法则的单纯形式只能由理性展示出来,
因而决不是感官的对象,所以也不属于现象之列。我们这里讲的已经不
是现象界的问题了,在《纯粹理性批判》里面讲的还是现象界的问题,所
有的知识都是有关现象界那些对象的知识,至于自在之物、本体,不在我
们的知识探讨之列。凡是涉及自在之物和本体,我们可以用理性来思考
它,但是我们绝对不能用知性和经验来把握它。因为自在之物不呈现在
人的经验中,不呈现在人的感官中,它不属于现象之列,它属于现象背
后的东西。现象背后的那种东西没有感官的质料,它只能够通过理性去
推。所以这是一种单纯的立法形式,这种立法形式可以支配我们的意志
和行动,你应该怎么样做,但是呢,它不管你实际上怎么样。你实际上做

了什么，怎么做的，这个它不管，这个都属于现象界了，它只管你的意志应该如何。但是"应该"不属于现象界。你有再多的理由，你也应该这样做，而不应该那样做，这实际上就涉及道德评价了。"于是它的表象作为意志的规定根据就不同于在依照因果性①法则的自然界中各种事件的任何规定根据"，"它的表象"，这里"它"是指的法则的单纯形式。法则的单纯形式，它的表象，作为意志的规定根据，这是那个设定的条件里面已知的；而这样一种单纯的立法形式作为意志的规定根据，就不同于在依照因果性法则的自然界中各种事件的规定根据。这就把这种法则的单纯形式作为意志的规定根据从现象界里面严格区分开来了。我们不能按照现象界的那些因果性法则来干扰、甚至于来规定这样一种单纯的立法形式。自然界中各种事件都是依照因果法则的，前因后果，因果性的法则必须是在时间中发生的事情，那是按照因果律来进行的。自然界中各种事件的规定根据跟这个意志的规定根据是不同的。自然界当中的任何规定根据，是由我们的科学知识和技术、经验、长期的研究，来加以规定的。一个有经验的人、一个有科学知识的人就知道，你做这件事情就会导致什么样的后果，他根据自然界的因果律可以推算出来的。这样一些规定根据显然是属于感官世界的，它跟经验性的东西是分不开的。但是你不可以用这种规定根据来断言一个人的意志，由单纯的立法形式来规定的意志，它要撇开所有这一切因果现象，它和这一切都不同。自然界中的各种事件的规定根据本身都是现象，自然界中一个规定另外一个，不管你追溯到因果链条的哪一个层次，它们都是现象，不可能有一个非现象的东西来决定自然界的因果链条。所以康德在第三个二律背反里面已经谈到了，有两种不同的观点，一种是经验派的观点，认为自然界根本就没有什么自由，一切都是必然的，一切都是因果链条决定的。这个观点没

---

① 《康德三大批判精粹》中原作"原因性"，但此处讲的是自然规律，Kausalität 只有加在自由意志或自由任意上时才译"原因性"，在自然界中则译"因果性"。《实践理性批判》译本中已改过来了，这里以下照改。

错，在自然界就是这样，在现象界就是这样。你根据现象界的观点来看，确实就没有自由，所有的自由行为，你都可以把它追溯到它前面有一个什么样的原因在起作用，你都是被决定了的。在自然界，从自然的观点来看，人就是被决定了的，人是环境的产物，人是有理性的动物，他的这个理性仅仅使他能够意识到自己的动物身份，把这个动物做得更好一点，仅仅是起了这样一个作用。所以经验派在这一方面是有他的道理的，如果他坚守在现象界这样一个领域里面谈问题，那你是驳不倒他的。但是，理性派认为，在所有的现象界的事物之外，应该有一个自由的意志，应该有一个摆脱所有这些现象界的因果律之外的意志的规定根据。康德认为，这在某种意义上也是对的。所以第三个二律背反双方都是有它的道理的，但是呢，它们双方都混淆了现象和物自体，混淆了这个界限。那么康德在这里把它们严格地划分开来了，这句话就是对它们作了严格的划分。就是说，立法的单纯形式不同于那些现象，那是什么呢？那就是物自体了。单纯的立法形式是属于物自体的领域的，属于物自体领域的东西是不可认识的，但是可以思考。你可以按照理性的原则去思考它。你作为一个自由人，你应该怎么样。这个通过理性是可以思考的。当然不能认识，你要说我为什么会这样，为什么要这样，那个没办法认识，你要把自由意志彻底地认识清楚，那这个自由意志也就不自由了，也就成了必然的了。所以你要留一个余地在那里，自由意志是个黑箱，不能够完全认识清楚。自由意志是自发的，人具有这种自发性，偏离一切自然规律，提出一种哪怕是从来没有过的理想，人的自由就体现在这里嘛。我用这个东西来规定我的意志，这是人的特点。即算他实现出来时他仍然是按照自然规律在那里运作，但是他提出这个应当的理想还是自由的，没有这个"应当"，自然界是不会发生这种事情的。所以我们人类可以"杀身成仁，舍生取义"，这是不符合生物学规律的。这是两个世界的划分，一个是现象，一个是物自体。必须严格地区分开来。

但如果没有对意志的任何别的规定根据、而只有那个普遍的立法形式能够用作意志的法则：那么一个这样的意志就必须被思考为完全独立于现象的自然规律、也就是独立于因果性的法则、确切说是独立于相继法则的。

这个是进一步的说明。这两个领域是完全不同的，一个是现象界，一个是物自体。"如果没有对意志的任何别的规定根据、而只有那个普遍的立法形式能够用作意志的法则"，这个是物自体的法则了，如果有这么样一个物自体的形式法则，而没有任何质料的经验性的规定根据来规定意志，"那么一个这样的意志就必须被思考为完全独立于现象的自然规律"，也就是必须思考为依据物自体的法则的，当然也就是完全独立于自然的因果性法则的。物自体和现象是两个完全不可相通的领域。所以它是完全独立于现象的自然规律、因而独立于因果性的法则。这里面有一个层次性。自然规律里面不光是因果性法则，但在自然规律里因果性法则是最重要的，因果性几乎可以概括整个自然规律。别的不行，用单一性、多数性、全体性，用肯定性、否定性，用实体性，这些都不行，唯独用因果性法则就可以统摄整个自然规律。所以因果性法则是自然规律中最重要的一条法则。而且，"确切地说，是独立于相继法则的"。相继法则就是时间中的前后相继性，这是因果性法则的"图型"。《纯粹理性批判》里面讲到范畴的图型法，就是说，因果性是根据什么来作用于经验世界的呢？就是根据时间图型，因果性的图型就是时间中的相继性。你要落实到时间中来，才能够把整个经验世界统摄起来。如果没有时间的相继性法则，那么你这个因果范畴还是一个抽象的、高高在上的东西，不能够落实到感官世界来。但是知性的范畴如果不运用于感官世界，它就没有任何别的用处，它只能够运用于经验。而要运用于经验，就必须通过图型。所以这里讲，普遍的立法形式作为意志的法则完全独立于自然规律，独立于自然规律中的因果律，确切地说是独立于因果律中的相继性法则这一时间图形的。为什么要有这样一个层次，要从自然规律下降到因果性法则再到相继法则？康德在这里就是要把它落实到底，使这样一个意志的普遍立法形式完全区别于感官世界，即区别于现象界、区别于自然规律、区别于因果性，最后区别于时间中的相继法则。相继性法则涉及时间，时间属于感官世界。时间是一个关键，它最能够体现你的这个法则的经验性。但是它跟这个范畴、跟这些概念又是相通的，图型是个中介嘛，范畴要运用到经验上，必须经过这个中介。所以它这句话呢，主要就是讲，如果意志没有任何别的规定、而只有普遍的立法形式，那么它对现象的自然规律、对因果性法则即时间中的相继性法则是完全独立的。

但一种这样的独立性在最严格的理解上、即在先验的理解上，就叫作自由。

一种这样的独立性，什么样的独立性呢？就是独立于所有的自然规律，独立于因果性法则，独立于相继法则。这种独立性的法则在最严格的理解上，就是说，不仅仅是那种相对独立性，我的准则独立于你的准则，这当然也是独立，但是呢，这还不彻底，因为你自己的准则仍然是经验的。他的准则是经验的，你的准则也是经验的。但是在最严格的理解上，彻底的独立性、完全独立性，那就是完全不依赖于任何现象界的规律，不依赖于一切经验的独立性，即在先验的理解上的独立性，也就是超出一切经验、先于一切经验的独立性。先验这个概念前面我们已经讲过多次了，transzendental，我们把它译成先验的，这个概念呢具有一种认识论的含义，就是从认识论的眼光来看，先于一切经验的。一切知识都有两个部分，一个是先验的部分，一个是经验性的部分。先验的部分是先于一切经验，它的来源不是在经验中，而是有先天的来源。先天跟先验也不太一样，先天的概念更广一些。来源于先天成分的那种知识，我们就称之为先验的知识。当然孤立起来，先验的知识还不成其为知识，因为先验的知识只有运用于经验的东西之上，它才能够成为知识。在康德看来，所有的知识有两个成分，一个是先验的成分，一个是经验的成分，离开了任何一个，它都不成其为知识。但是，为什么说这种独立性在先验的理解上就叫作自由呢? 我们在康德的第三个二律背反里面,已经看到他提出了一种"先验的自由",意思是,它追溯到一切因果性之先,并且作为一切现象的因果性最后的充足理由而使得整个因果链条得以可能。它先于一切经验,我们想要对它作出把握,但是又把握不了,因为它里面再也没有什么经验内容了,它本身只是一个先验的理念。所以先验的自由是不可认识的,只是一个可以设想的假定,是一个理性推出来的理念,这个理念不可认识,但是可以先验地思考、可以假设。你可以把它当作一个认识对象来思考,但是你不能真正地认识它。这样一个自由的理念呢,康德称之为先验自由的理念。这个"先验"本身虽然具有认识论的意义,你是从认识论的眼光去看它的,但是又认定这样一个自由的理念是我们人类所不可认识的,因为它不可用于具体的经验对象。所以在《纯粹理性批判》里面提出自由的理念的时候,实际上是为自由这个概念留下了一个空的位置。我想认识它,但是我又不能认识它,所以我就把它作为自在之物悬置在那里。悬置在那里干什么呢? 以后有用处。现在我不能认识它,但是呢,我也不能否认它,也没有理由去否认它。因为你要否认就要证伪,你还得拿经验的东西来证伪。经验的东西怎么能够证伪物自体呢? 经验的东西只能证实或证伪经验世界和现象界的东西。所以,自由这个理念呢,它是一个悬而未决的东西,它是一个成问题的概念。这个先验自由的独立性就意味着它超出或者是独立于一切经验现象,独立于一切因果性之外,独立于一切时间的相继性之外。从先验的角度来看,我们的认识不能够超出我们的感官之外,所以我们只有把它放在那里,留一个空位子在那里。到了讲实践理性批判的时候,我们就可以用到它了。就是说,你既然没有否认那个物自体的自由,并且还给它留了一个空位,那么这个空位我们在实践活动中就可以加以利用,就可以把这种先验的自由理解为实践的自由,至少这种理解和现象界的因果律不会冲突。如果你不在认识论中预先为先验的自由留下这个空位,那实践的自由就会遭到科学知识的反驳。现在我们用实践的自由只是填补了这个空位。你既然没有在认识论中否认人有自由的可能,那么我们在谈实践理性的时候,在谈我们应该怎么做的时候,我们就可以利用我们没有否认人的自由,而把我们的实践法则建立在这个自由之上。不管我们的意志在自然界中是什么,但我们在实践中行使自己的意志时应该是自由的,我们应该用自由来决定我们的意志。或者说,我们的意志应该是自由意志,不应该像动物一样是受本能规定的、受自然因果律规定的,而必须是自己决定自己的意志,自己为自己立法。当然这个自己的自我立法这个地方暂时还没有提出来,但实际上已经呼之欲出了。如果单纯的立法形式应该作为意志的充分规定根据,那么这个唯一能被规定的意志的性状应该是自由。这就是这个课题所要得出的回答。

所以,<u>一个唯有准则的单纯立法形式才能充当其法则的意志,就是自由意志。</u>

这就回到了前面的课题,即这样一个唯有准则的单纯立法形式才能充当其法则的意志应该是什么样的意志呢?应该是自由的意志,应该具有自由的性状。这个地方涉及的已经是实践的自由,而不仅仅是先验的自由了。先验的自由是在《纯粹理性批判》讲认识论的时候提出来的,第三个二律背反的正题认为世界上有自由,它是一切经验的因果性的充足理由,所以我们可以为我们的认识论的整个体系保留一个先验自由的理念,虽然这个理念在认识论里面没有什么用处,我只是无法否认它,但不能用它来认识,这就是先验自由的理念。那么先验自由的理念运用到实践中呢,它就成为了实践的自由。实践的自由就是我们意志的自由、立法的自由。意志立法的这样一种规定是立足于自由之上的,只有立足于自由之上,我们的立法才能摆脱一切现象的因果律。先验的自由就是这么一个意思,就是它不受现象界的一切因果律所支配,相反,它能够自行开始一个因果序列。这个因果序列再没有别的原因了,它最后的原因就是自由。比如上帝创造世界,你说他为什么要创造世界,没什么理由,他就是要创造世界,出于他的自由意志。那么人的行为也是这样。你要追溯他的自由行动的原因，最后就是没有什么理由了，而只是他愿意。他也不是出于认识，当然他可以出于认识，但是归根结底他不是出于认识，而是归结为他要这样，他选择了这样，这才是一个人。完全出于认识，那就不是一个人，那就是计算机。计算机跟人的区别就在这里，人的自由意志最终是没有理由的，而计算机总是有理由的，总是可以为它找到理由。它的程序是设计好的，最后的理由还是要追溯到设计这个计算机软件的那个人身上。你为什么要设计这样一个软件，"熊猫烧香"病毒，你为什么要设计这样的东西，那可以解释。但是一旦他设计出来了，那就没有自由了。那就是按照因果律在那里运作。所以一个先验的自由，在认识的意义上面，它是一切认识的发源地。它本身不进到入认识，这个发源地本身也不会被认识。因为发源地如果要被认识的话，那又会要追溯你那个认识又是发源于何处，那就会无穷追溯。但是自由呢，它自行开始因果序列，所以，追溯到自由就不能再追溯了，你只能在认识论的里面给它保留一个至高无上的位置。那么这个位置到了意志的立法形式的话题底下呢，它就体现出价值来了。意志的那种单纯立法形式，它的性状是什么呢？它的性状只能是自由。那么这种自由在这个意义上面，它能够规定人的意志，它就具有了一种实践的自由的实在性。这个实在性不是认识的实在性，不是说你有了一种实在的知识，而是说，你能够按照一条法则去做一件实实在在的事情，去影响我们这个世界，具有这样一种实践的实在性。实践的实在性跟认识的实在性不一样，认识的实在性是受制于经验性的内容的，实践的实在性呢，全凭你的自由意志，不受任何经验性条件的限制，"我欲仁，斯仁至矣"。当然这件事情必然会带来实实在在的后果，但你并不是着眼于后果，而是着眼于你的动机是不是应当。但是这个动机肯定要产生效果，它具有这样一种实在性。一个自由的意志，它具有实践的实在性，而这个实践的自由是以先验的自由为前提的，如果你在《纯粹理性批判》里面从认识论上一开始就把先验的自由否定掉了，那就根本就不可能有实践的自由，我们在实践中就只好像一个动物一样完全服从自然因果律了。你完全按照本能去行动，那还能叫实践吗？正因为我们在认识中没有否定我们的自由，所以在实践中它就给我们按照自由意志实践的行为留下了余地，实践的自由跟先验的自由是这样一种关系。

§6. 课题 Ⅱ.

设　一个意志是自由的，

求　那个唯一适合于必然地对它进行规定的法则。

我们现在讨论课题 Ⅱ。课题 Ⅰ 跟课题 Ⅱ 是互逆的，一个是从单纯立法形式是唯一规定意志的根据，而得出这意志的性状是自由；另一个是从意志的自由而推出只有单纯立法形式才是这意志的唯一规定根据。他说："设一个意志是自由的，求那个唯一适合于必然地对它进行规定的法则"，很明显，这里的设和求跟课题 Ⅰ 完全是颠倒的，也可以说是课题 Ⅰ 的逆运算。课题 Ⅰ 是设这样一个法则，设定意志的充分规定根据这种立法形式，然后求这样一种意志是什么样的性状，得出来它的性状是自由的。那么课题 Ⅱ 是先设一个意志是自由的，反过来去求那个唯一适合于必然地对它进行规定的法则，也就是说，对于一个自由的意志，用什么样的法则才能够必然地对它进行规定。这就倒过来了，就是说，求对自由意志进行规定的那个法则的性状，而前面是设定了法则，然后求这个意志的性状。所以课题一和课题二是两个不可分割的程序，一个是从形式的立法原则或单纯立法的形式，去求意志的性状；一个是从意志的自由的性状，去求意志的立法的法则是个什么法则。这两者的关系，就是康德著名的道德律和自由之间的关系。关于道德律和自由之间的关系，我们前面已经读到过，就是在《实践理性批判》序言的第 2 页（边码 4）下面那个注释："当我现在把自由称之为道德律的条件、而在本书后面又主张道德律是我们在其之下才首次意识到的自由的条件时，为了人们不至于误以为在此找到了不一致的地方，所以我只想提醒一点，即自由固然是道德律的 ratio essendi[存在理由]、但道德律却是自由的 ratio cognoscendi[认识理由]。因为如果不是道德律在我们的理性中早就被清楚地想到了，则我们是决不会认为自己有理由去假定有像自由这样一种东西的 (尽管它也并不自相矛盾)。但假如没有自由，那道德律也就根本不会在我们心中被找到了"。这个注释是我们理解这两个课题的关键，或者说钥匙。一个是设定立法的形式，求意志的性状；另外一个是设定意志的性状是自由，求它的立法的形式，这说明道德律和立法相互之间有一种纠缠的关系。有些研究者认为康德在这里是循环论证，但实际上康德在序言中做了说明，就是要排除人们所误以为的所谓的循环论证。你说道德律是自由的理由，自由又是道德律的理由，那不是循环论证嘛；但是康德讲，这两个"理由"的意义是不一样的。一个是认识论的理由，你凭什么才知到我们的意志是自由的，就凭你的立法形式它是独立于一切经验的规律，独立于一切现象界的因果律，所以一个道德的人就是一个自由的人，因为他可以不受一切感性的外部条件的限制，而全凭自己的理性来决定自己的意志的规定根据。那么反过来，正因为人是自由的，所以他能够摆脱一切感性的束缚，而自己决定自己的法则，这里讲的是道德律的存在论或本体论的理由。所以这两个理由是不一样的，一个是认识的理由，我们从人有道德律而认识到人有自由；另外一个是存在理由，就是由于我们的存在是自由的，所以我们才能够有道德律，不像动物一样受制于本能。这个理由跟那个理由是不同层次上的理由，所以不存在循环论证。当然他这样做的前提是把认识论和存在论 (本体论) 割裂开来，前者有关现象，后者有关物自体，所以在对这种割裂不以为然的人看来，他就是循环论证。而他自己却并不认为这有什么循环论证。为什么直到今天还有很多研究者指责康德在这个方面是循环论证，认为他对道德律的证明是失败的，就是因为仅仅从形式上看到他这两个课题之间的这样一种貌似循环论证的关系。其实按照康德的前提，这并不是循环论证的关系，是在两个不同层面上谈问题，一个是认识论的层面，一个是立足于实践自由的存在论或者本体论的层面来谈问题。所以它们的证明的意义是不一样的，但是又是互相纠缠的。这个在康德那里呢，他也是承认的。因为认识论和本体论本身也不可分嘛，本身也是互为条件的。你要证明有一个本体，必须要有认识论上的根据；那么，你的认识论呢，也必须立足在一个本体之上。那么这个课题Ⅱ是从本体论上来说明道德律和意志自由的关系，当然这里道德律还没有建立，道德律要到后面第7节"纯粹实践理性的基本法则"，才正式把道德律建立起来。但这个地方是为后面做准备的，先确立起了只有单纯立法形式才是那个唯一适合于对自由意志进行规定的法则。而这就是纯粹实践理性的基本法则，也就是道德法则。

由于实践法则的质料、即准则的某个客体永远只能作为经验性的东西被给予，但那独立于经验性的（也就是属于感官世界的）条件的自由意志却仍然必须是可以规定的：所以一个自由意志独立于法则的**质料**却仍然必须在法则中找到一个规定根据。

实践法则的质料，我在前面已经多次提到了，就是一个人的准则所追求的客体。实践法则本身当然是形式，但是这个形式在实现过程中它肯定要有质料。那么它的这个质料呢，就体现为准则所提出的某个客体，而他所追求的那个客体永远只能作为经验性的东西被给予。经验性的东西也就是属于感官世界的条件的东西。然而，那独立于属于感官世界的条件的自由意志，"却仍然必须是可以规定的"，它虽然独立于经验性的条件，但它却仍然必须有自己的条件，是可以依照这个条件来规定的。可以怎么来规定呢？可以在思想中规定。自由意志可以思考，虽然不可认识，不能通过经验性的条件来认识，但是呢，它仍然可以思考。你既然可以思考它，那它就是可以通过理性来规定的。这样的自由意志可以思考，你不能否认它，你不能说没有自由意志。既然在第三个二律背反里面你没有能够把它否定掉，你还可以对它进行思考，那么它是可以怎样来规定的呢？虽然它不能用自然界的那些规律来加以规定,它独立于这些法则的质料,但却"仍然必须在法则中找到一个规定根据"。实践的法则它有质料,但是呢,它也有形式,实践法则本身只能是建立在形式之上的。那些质料都属于经验世界,那么,独立于经验性的条件的那个自由意志呢,它本身不由这些经验条件规定,那就必须由它的形式来规定,它必须在法则中找到一个规定根据。这个规定根据就只能是法则的形式。

　　但在法则中,除了法则的质料之外所包含的就只有立法的形式了。所以立法的形式只要它被包含在准则之中,就是能够构成意志的一个规定根据的唯一的东西。

　　一个法则中,它有质料,也有形式,但是你这个自由意志是独立于质料之外呀,那你要对它加以规定,你就只有用法则的形式来规定它了。你不能用法则里面的质料来规定它。虽然这些质料也是按照这个法则在运作,受法则的统摄,被纳入这个实践活动之中;但是自由意志的规定根据呢,总归是立足于法则的形式。"所以立法的形式只要它被包含在准则之中,就是能够构成意志的一个规定根据的唯一的东西",立法的形式只要它被包含在你的主观行为的准则之中,也就是只要它被你的准则所选定了,它就是唯一能够构成意志的规定根据的东西。准则我在前面讲了,就它本身而言,它是一种主观行为的规则;但这个主观行为的规则不一定就局限于对质料的选择,也可以包含立法形式,就是把这种立法形式当作自己的准则,那么这个时候它就成为了客观的法则。这个立法的形式是超越他个人准则的那些质料的,所以它就可以成为实践的法则。但是呢,它也有可能不包含这些立法的形式,不包含这些普遍的形式,那它就只是你个人的一种准则,这个时候呢,它就是纯粹感性的,而不能成为实践法则了。实践的法则就是用我的立法的形式来决定我怎么做,决定我的兴趣、方向、爱好,这些东西都要服从这个法则。所以实践法则当然也包含有兴趣、爱好这些感性的东西,只是所有这些感性的东西都不是规定意志的根据,而是要服从那个实践的法则的,它们构成了实践法则底下的质料。自由意志不能用实践法则底下的这些质料来规定自己，而必须用这些实践法则本身的立法的形式来规定自己，这种立法的形式就是能够构成这个意志的规定根据的唯一的东西，唯有这种形式能够规定一个自由意志。自由意志如果被质料的东西来规定，那它就不是自由的了，因为那些质料都取决于自然的规律。而立法的形式是自由意志本身在实践中的规定，它使自由意志具有不依赖于自然规律的自由，只有这种实践法则才能在规定意志的同时还能够使它成为自由的。换言之，意志的规定根据必须是立法的形式，才能够是自由的，如果用质料来规定意志，它就是不自由的，这是康德提出来的一个很重要的观点。什么是真正的自由？我们通常理解的自由往往是在质料方面来理解，为所欲为，我想要的我得到了，那就是自由了。康德认为，你想要的东西你得到了，那你为什么想要呢？还是因为你是一个动物，还是因为你有感性。还是因为你有情感。你为外在的东西、为感性所决定，这不能说是真正的自由。真正的自由是不为外在的感性的东西所动，而是由自己的自由意志本身来决定自己的行为；那么这个自由意志本身如何能决定自己的行为呢？只有通过自由意志本身的形式立法。自由意志本身它是没有什么因果律可以来加以解释的。你要用因果律来解释自由意志，那它就不是自由意志了，它就被纳入因果链条里面去了。所以自由意志本身是自发的。但是一旦它自发产生出来，它就有了它自己的法则。自由意志本身没有根据，它自己是自己的根据。它一旦产生出来，它就把自己变成了自己的根据，那就是仅仅从形式上维持这个自由意志的一贯性。这个一贯性是合逻辑的，是合乎理性的同一性的，所以它是自由意志本身的规律。这个规律就是在任何情况之下，它不为外界的感性质料的东西所动，而保持它自由意志的一贯性。这是康德所提出来的一种新型的自由概念。当然现在很多人都不太承认这个，特别是经验派的伦理学家、道德学家，都不承认这个东西，认为这种形式主义的东西是一种空洞的东西，甚至于是一种虚假的东西。但是康德讲的这个东西是有它的道理的，就是说自由意志是个很实在的东西，并不是空洞的东西，人的自由就是这么个东西。如果你只是着眼于某一个具体的对象，一旦实现出来，它就成为了你的束缚；但康德提出的自由意志、自律，就是要摆脱这种束缚。唯有一种自由意志可以摆脱这种束缚，就是超越一切质料之上的、形式上的自我同一性。当然在我们看来，康德的这种自由观还是很抽象的，形式主义的，没有任何内容。任何内容都会对这种形式形成束缚，所以他认为要追求真正的自由，就必须从纯形式方面来考虑。但这种形式的自由在道德实践中仍然有很实际的用途。

* 　　　　　* 　　　　　*

注释

上次我们已经讲到第 5 节、第 6 节，关于康德实践理性的两个"课题"。这两个课题，一个是从道德法则、从实践的立法形式推出这样一种意志应该是自由的，也就是推出自由意志，这是课题Ⅰ。课题Ⅱ呢，是反过来，如果有一个意志是自由的，那么适合于它的那种法则应该是什么样的。按照康德的说法，它应该是形式主义的，是不跟质料、跟客观存在的对象纠缠在一起的实践法则。一个自由意志，如果它真正要为自身建立一条法则，那只能够在形式上来建立，在质料上是没有办法建立的。质料涉及感性世界、经验对象，那么如果你要从那个里头找一条法则，那肯定就是不自由的了，因为那是自然界的规律，自然界的必然性。必然和自由在这种意义上是对立的。那么自由和必然在什么意义上是不对立的呢？也就是说，自由意志在什么意义上可以找到自身的一条法则呢？那就是形式法则。这个形式法则就是根据自由意志本身能够自相一贯而订立的这样一条纯粹实践理性自律的法则，自己跟自己相一致，自己约束自己，自己限定自己。为什么呢？为的是这样一种自由意志保持它的一致，保持它始终是自由的。你要保持你自己始终是自由的，你就必须要约束自己，你不约束的话，你就不能够保持你自己始终是自由的。这里面有一种辩证关系。当然自由的本来的意思就是不受约束，但是如果自由连自身的约束都没有，那它就肯定要受到外在的约束，唯有当自由受到自身的约束，它才能真正是自由的。那么自由受自身的约束这是一条什么样的法则呢？这是一条形式的法则，即不管你做什么，不管你做的那个事情的对象、质料是什么，总而言之，你在形式上要保持自身的一致。我上次讲到，这两个课题，实际上就是康德在导言里面已经论证过的，自由和道德法则两者之间的一种相互依赖关系。道德法则是我们人具有自由意志的一条认识的理由，我们通过这样一种认识，知道我们有自由。当然这个认识不是指的科学意义上面的、理论意义上的认识，而是一种实践知识。我们看到有些人可以违背自然规律而采取一种道德行为，杀身成仁，舍生取义，由此我们推知人有自由。他不必按照自然界的那种必然规律亦步亦趋，它不被自然界的规律所决定，在这一点上我们可以断言，人有自由，这不是没有根据的。但是并不能由此就来认识到自由是怎么一回事。我们知道人有自由，但是这个自由是什么我们不知道。而另一方面，既然我们认识到人有自由，那么反过来，我们的道德律的根据就在于我们人是自由的。所以自由是道德律的存在理由。一个认识理由，一个存在理由，这两个课题实际上是把这两者之间的关系展开了，把它变成了一种类似于几何学的必然性，相当于运算和逆运算。就是说，如果有一种实践的立法形式，那么采取这种立法形式作为自己法则的那个意志肯定是自由的；相反，如果有一个自由意志，那么，如果要为它配备一个适合于它的法则，那只有从形式上面来规定，那就是道德法则了。当然这里还没有点出道德法则，是要到后面再补充讲的。我们看下面这个很长的注释，这个注释就是具体地把我刚才讲的内容展开，加以详细地讨论。

所以，自由和无条件的实践法则是交替地互相归结的。

　　一个是自由,一个是无条件的实践法则,无条件的实践法则就是无条件的命令、绝对命令,这是康德后面多次提到的。实践的规则有的是有条件的,有的是无条件的;有条件的就是根据质料来决定的规则,无条件的就是根据自由意志本身的形式来决定的法则。如果是自由意志,它就不需要任何条件,它在任何条件之下都要保持自身自由意志的一贯,这就是无条件的法则。那么这两者是互相归结的。你离不开我,我也离不开你,你可以归结为我,我也可以归结为你。当然我刚才讲了,这虽然是互相归结,但是归结的理由是不一样的。一种是认识理由,一种是存在理由。当然这个地方还没有讲到。总而言之这两者是互相归结的,所以有的康德的研究者,特别是英美的一些研究者经常指出康德在这里是循环论证,其实康德已经讲了,认为我在这里是循环论证是不对的,因为它们这种交替地互相归结的层次是不一样的。从认识的层次来看,我们必须从人具有道德律这样一件事实来发现人有无条件的自由意志,人可以按照道德律来办事,而不是按照自然因果律来办事,这是一个理性的事实。所谓理性的事实就是我们只有凭借纯粹理性才能看出的事实,只用经验的眼光是看不出来也理解不了的。例如我们看到杀身成仁,舍生取义的事例,而且我们扪心自问也可以觉察到,这其实也是我们每个人只要愿意都可以做得到的事情,即可以不按照自然律所规定我们的那样去做,而根据某种另外的法则、也就是道德法则来行动。按照自然律所规定的那样去做,那谁不怕死呢? 但是就有些人杀身成仁舍生取义,而且我觉得我也不是没有这种可能,那些人并不是神仙,他也是和我一样的普通人,他能够做到,我为什么不能做到? 所以虽然我事实上没有做到,但是我认为我自己还是有可能做到的。因为我也是一个人啊,他有理性,我也有理性。所以这是一个事实,不管是一个外在事实,还是我们人心中的一个事实。当然在康德看来,他强调这是一个理性的事实。凡是有理性者,都会意识到这是一个事实。这个事实不光意味着我已经把这个事情做出来了,而且意味着我事实上有这种可能性。这就是实践法则，实践法则使我可以认为我有自由。那么这种规定呢，是从认识论来讲的。但是从存在论上来讲，或是从本体论上来讲，这是由于有自由意志，才使得我们表现出有实践法则。我们人的本体是自由的，人的存在是自由的，既然是自由的，那我们就可以不必一定要受自然律的规定，而可以按照道德律来行动。所以这两种互相归结呢，它们的立足点是不一样的，但是总而言之呢，它们是不可分割。你的自由表现在什么地方？别的地方都表现不了，别的地方你都可以说它最后还是由人的生理条件呐，人的物质需要啊，归根结底是由这些东西决定的；唯独有一点你不能这样说，就是这个人可以做道德的事情。当然有的人做道德的事情也可能是出于物质的理由、感性的理由，但是康德把它排除了，如果是这样的话，那就不是真正道德的，真正道德的就是为道德而道德，为义务而义务。人有这种特点，由此我们就可以看出人是自由的。所以这两个概念，一个是自由的概念，一个是实践法则的概念，——实践法则当然是无条件法则，有条件就不能够完全成为法则了，那就只是准则了。自由和无条件的法则，这两者是相互交替地归结的。

　　我在这里现在并不问：它们是否事实上也是不同的，而不是相反地，一个无条件的法则只不过是一个纯粹实践理性的自我意识，而纯粹实践理性却和自由的积极概念完全一样；

　　注意这句话要一口气读到分号，不要断开。也就是说，我在这里现在并不问，既然自由和无条件的实践法则是互相归结的，那它们事实上是否也是不同的呢？自由和实践的法则两者之间是不是具有一种本质区别？虽然你可以把这个归结为那个，也可以把那个归结为这个，那么事实上、客观上它们似乎应该还是两个不同的东西。因为你有自由，所以你才体现出实践法则，或者因为你体现了道德的实践行为，我才判断你后面有自由意志，那么这两者之间是否是两个不同的东西？但这个我不问。为什么不问？因为一来康德这里的任务不是要探讨自由的本质，或者自由的结构，或者把自由当作一种知识；再者，这种问题是问不出一个结果来的，如后面马上讲到的，必将引出二律背反。当然道德律可以说是一种知识，一种实践的知识；但是自由并不是一种知识，我不能够用这个命题给自由下一个定义。当然康德也给自由下了个定义，即不受自然因果律规定的自发性，那只是一个消极的假定。积极的自由则是实践的自由，实践的自由是不可认识的，你不能通过一个定义就把它把握住了。如果能够把握住，那它就是必然规律了。正因为不能把握住一个人是自由的，你就不知道他会怎么干。你不能够通过你对这个人的自由的认识就断言这个人在这件事情上必然会选择哪一方。即算你有很大的把握，你也不能绝对地断言，因为他随时有可能恰好就不按你所断言的那样去做。正因为你不能断言，所以自由是不能被认识的，你如果把它当作一种知识来规定，那它就已经不是自由了。既然不能认识，你怎么知道它跟这个实践规律是不是不同呢？所以我在这里现在并不问这件事情，不问它们是否事实上也是不同的。"而不是相反地，一个无条件的法则只不过是一个纯粹实践理性的自我意识，而纯粹实践理性却和自由的积极概念完全一样"，这是从反面来说了，这个反面我也不问。也就是说，我并不问它们是不同的呢，还是相同的。前一半讲它们是否事实上是不同的，后一半讲，而不是相反地，它们完全相同。如何相同？一个无条件的法则只不过是一个纯粹实践理性的自我意识，就是说，有一个纯粹实践理性，它的自我意识就是这个无条件的法则，就像在《纯粹理性批判》中，纯粹理论理性的自我意识就是本源的统觉的综合统一原则一样。这个地方用了"自我意识"这个词。在《实践理性批判》里面，一般是不讨论自我意识的，自我意识是在《纯粹理性批判》里面作为核心话题来讨论的。纯粹理性批判里面讨论的一切综合命题的最高原理就是先验自我意识的统觉的统一，范畴的先验演绎最终要追溯到人的主体中的那种先验的自我意识，它的那种能动性能够把所有的感性经验的材料统摄到各个范畴底下来，使它们成为一个对象，形成对象的知识。而在《实践理性批判》里面呢，他讲的主题不关自我意识，而是自由。这里只有5处出现"自我意识"的字眼,都是牵涉到感性、理论知识或幻觉时提到的,这个是有区别的。有人会产生这样一种错觉,好像康德在《纯粹理性批判》里面讲先验自我意识的时候已经是在讲自由了,而在《实践理性批判》里面讲自由时也还是诉之于人的自我意识。当然在康德那里,人的认识也有一种主体能动性,体现为先验自我意识的本源的统觉的综合统一,或者人为自然立法。那么这是不是一种自由呢?这种主体能动性难道不是自由吗?但是康德非常谨慎,在《纯粹理性批判》里从来没有把这样一种自发性称之为自由,因为这种自发性所造成的是一种必然规律,是自然律。人为自然界立法,这种能动性虽然是自发的,但不是自由的。因为它不是实践,它只是认识。自由必须跟实践结合在一起,要通过行动来自行开始一个因果系列,造成现实的后果。那么认识呢,固然有它的能动性,但是它不去改变或创造什么东西,它只是用一套现成的先天范畴把现有的那些感性经验材料统起来成为知识就行了。这在康德那里是分得很清楚的,不能够混淆。只有在他的后继者那里,比如说费希特,他自以为在阐释康德、发挥康德的思想,才把这两者合并为一体,就是认为认识也是一种自由,认识就是一种实践行为,自我意识的能动性就是自由的能动性。但当时康德就出来声明说,那不是我的思想,那是对我的歪曲。因为费希特把自我意识和自由意志两个合为一体了,但在康德那里并没有。我们千万要注意这一点。很多学生写文章,包括写硕士论文、博士论文,在这一点上都容易混淆,他们以为康德的自我意识就已经包含自由了。那它跟后来在《实践理性批判》里面讲的自由是一种什么关系,就很麻烦了,因为康德是把它们严格区分开来的,这是现象界和本体界的区分。自由只在实践理性这个意义上才谈得到。自由的意志,自由的行为,是一种合目的性的行为,除了有自发性以外,还必须有它的实践行动和对象。那么认识呢,尽管自我意识的起点也是自发的,有能动性,但是它不是行动的能动性,而只是思想的能动性,而所获得的那个知识还是被动的,取决于感性经验。所以认识跟实践是不一样的,自我意识跟自由意志是不一样的，实践的自由就是我不管有什么样的经验条件，反正我抱定我的形式法则，该怎么做就怎么做，后果不计。当然有后果，实践活动我知道是有后果，但是不论任何后果，我都按照我自身的道德上、法则上的一贯性来采取行动。这就是实践理性跟理论理性的一个根本的区别。所以他这个地方讲到，他并不考虑一个无条件的法则是否只不过是一个纯粹实践理性的自我意识，因而纯粹实践理性却和自由的积极概念完全一样。为什么不考虑？因为这是说不清楚的，这是用理论理性的眼光来看待实践理性中的自由和道德律的关系。你如果把一个无条件的法则看作仅仅是纯粹实践理性的自我意识，以为这种自我意识就等于自由的积极概念，正如它在理论理性中就是本源的统觉的自发性概念一样，那就完全混淆了不同的语境。在理论理性中自我意识形成了十二个范畴的原理。那么在这里是不是这些无条件的实践法则也仅仅是一个纯粹实践理性的自我意识所建立起来的呢？只是纯粹实践理性的一个自我意识呢？纯粹实践理性是不是就是积极的自由，其中没有任何区别？这样一种问题本身是从理论理性的立场上提出来的，所以我不去问，也不能问，因为我现在已经不是理论理性的立场，我已经转移到实践理性的立场上来了。这个问题是人们喜欢提出来的问题，你讲了这么多，道德律也好，自由意志也好，它们到底是相同的，还是不同的？既然你说它们互相归结，但是从认识的角度来看，这个互相归结的双方是不是同一的？但是康德说，我在这里不问这个问题，也不回答这个问题。为什么不回答？不是因为他回答不出来，而是因为这个问题在这里没有意义，这个问题早就已经被排除了，立场已经转换了。这里不讨论自由的概念事实上是怎么样的，自由意志不可知，我们不知道它事实上会是怎么样的。但是有一个事情我们可以断言：它存在。就是我们看到人有道德，人有纯粹实践理性法则，我们由此可以断言它存在。但是这并不是对自由的知识，它究竟是怎么样的，它跟这个道德的实践法则是完全一样的呢，还是不一样的，这个我们没法断言。我们要注意他这个地方否定了这样一种提问的方式。有的人说康德在道德实践里面也谈自我意识，在谈自由的时候好像也谈到自我意识，他就举出这一段话来，说康德在《实践理性批判》里面不是也说了吗？一个无条件的法则只不过是一个纯粹实践理性的自我意识，康德也想到了这个问题呀，好像康德隐隐约约地有一种想把自我意识和自由意志等同起来的倾向。这就是没有读懂，把否定的语气读成肯定的语气了。所以我让大家把这句话一口气读下来，不要停顿。康德在这里完全是否认的，他把这个自我意识连同它的问题全部排除掉了，他连问都不想问这个问题。他想问的是别的问题。

而是要问，我们对无条件的实践之事的**认识**是从哪里**开始**的，是从自由开始，还是从实践法则开始。

我们现在要问的是这样一个问题，我们不问它们事实上是相同的还是不相同的，而是要问，对于无条件的实践之事的认识，对于我应该怎么做的实践知识，是从哪里开始，也就是从哪里得来的。"认识"打了着重号，这也是一种知识，当然不是自然科学知识，不是因果律，不是客观事物的必然性，而是应当的一种必然性或必要性。我们通常讲，应当仅仅是应当，至于事情怎么发生，那是另一回事。不该发生的事情，往往就发生了，经常是这样。但是是不是"应当"就毫无意义了呢？有它的意义，而且有它的必然性。所有的人都认为，这个是应当，那是不应当，所有的人都会认为，这件事情本来是不该发生的。这里面难道没有必然性吗？你们为什么都认为是不该发生的，你们的理由都是一样的嘛。这也是一种知识，这是关于实践之事的认识。那么这种对无条件实践知识的认识是从哪里开始的？我不问它事实上是什么，而是问我们怎么知道，我从哪里开始知道无条件的实践的知识？无条件的实践的知识是从哪里开始的，"是从自由开始，还是从实践法则开始"？无条件的实践知识肯定有两个方面，一个是实践法则，一个是由这个实践法则而断言我们人有自由。那么从实践知识的立场上来看，这个不是《纯粹理性批判》里面讲的认识论，而是实践知识的实践论。我们从实践知识的实践论方面来看，那么我们对这种实践知识的认识是从哪里开始的？我们认识到实践中有一种无条件的规律，有一种无条件的必然性。我们这个认识是从哪里开始的？是从自由开始，还是从实践法则开始？也就是他前面讲的这两个环节，实践法则和自由这两个环节，从道德知识的角度来看，我们以哪一个为起点。

从自由开始是不可能的；这是由于，我们既不能直接意识到自由，因为自由的最初概念是消极的，也不能从经验中推出这概念，因为经验提供给我们认识的只是现象的规律[法则]，因而只是自然的机械作用、即正好是自由的对立面。

你如果把自由当作一个起点，那是不可能的。为什么不可能呢？因为自由是不可知的，你从一个不可知的自由怎么能够推出对实践知识、实践法则的认识呢？因为我们不能够直接意识到自由。当然可以间接地意识到。怎么间接地意识到？就是我们可以假定人具有一种不受自然律束缚的属性，而这种属性只是一种消极的属性，就是不受自然律的束缚，但它的积极意义却不能认识。比如说在道德行为中，你要用自然律去解释，那是解释不通的，人人都怕死，人为财死鸟为食亡，如果这样来解释，就是把人看作动物，那怎么解释人还有道德上的行为。既然解释不通，那用什么来解释呢？只能假定自由来解释。就是说，之所以人能做道德的事情，说明人有自由，不一定是人为财死。但是这个自由不是认识的理由哇，不是我通过自由就认识了这行为的道德性质，而是相反，通过人的道德行为的道德属性，我们才认识到人有自由。这种认识不是说我们已经认识到自由的结构、自由的作用机制、自由的作用方式，不是的；而仅仅是说，认识到我们人是有自由的，仅仅停留在这一点上。这就是实践的知识，我们人有自由，我们人是自由的，你有种种条件限制你，但是你是自由的，这是对人的一种知识。人是自由的是对人的一种知识，但这种知识并不意味着我们把人的自由分解成自然律了。我们通常讲的知识就是符合自然律的就是知识，但是对于自由这样的知识我们不能这样说，好像我们对人的自由有了一种自然律的把握。而是说，我们对实践知识的认识是从哪里开始的，对于不受任何条件所限制的那种实践法则、实践的事情，我们从哪里能够开始进行认识。那么显然不能够从自由开始，因为我们不能直接意识到自由，自由在它的最初概念中只是不受自然律的束缚，摆脱自然律。但这不是一个积极的概念，你摆脱自然律的束缚，你要干什么呢？这在最初的自由的概念里是没有的。我不要干什么，反正我就不要受到任何自然律的束缚。但这形不成对自由一个确定的知识，它只是一个"不是什么"的概念，所以你不能从自由开始，我们只能意识到什么样的情况就是不自由了，但是我们不能肯定地说，什么样的情况下我们就是自由的。如果没有道德律，那么我们最初的对自由的概念是认识不到任何东西的。当然后来自由通过道德律而建立起了积极的概念，那是后一步的事情了，那就不是从自由的概念开始，而是从道德律推出了自由也有它积极的概念。比如说后来讲的道德自律就是一种积极自由的概念。就是你要做那些能够成为普遍法则的事情，能够使你的行为的准则成为普遍法则的事情，这是道德律加给它的形式主义的规定。所以自由在它的积极概念中，它也可以寻求适合于自己的普遍法则，但是它最初的概念是消极的。当然如果没有消极自由的概念，那么积极自由的概念也是不可能的。积极自由的概念是更加进一步的规定，就是你不愿意受任何束缚，那好，你可以不受任何束缚，但是你会发现，如果你不坚持自己的逻辑一贯性的话，你就会堕入到受任何东西的束缚中去，而丧失自己的自由。从这里就引出了积极自由的概念，就是你要不受任何东西的束缚，那么你就必须受一件东西的束缚，那就是你自己的自由意志。所以积极自由的概念就是道德自律的概念，就是道德律的概念，但这已经不是最初的自由概念了，从最初的自由概念开始，那是消极的。对于无条件的实践的事情，我们的认识从哪里开始，不能从这种消极的自由开始。再者，我们"也不能从经验中推出这概念"，假如我们能够从经验中推出自由的概念，那或许能够把自由作为认识道德律的起点，由此而把实践法则变成一种经验知识，但这是根本不可能的。自由的概念本身排除一切经验的束缚，怎么能够从任何经验中把它推出来呢？"因为经验提供给我们认识的只是现象的规律 [法则]，因而只是自然的机械作用，即正好是自由的对立面"，在经验中一切可认识的都是遵守一种机械的规律，这就是自然法则、自然规律。自然规律在康德的时代、即牛顿物理学的时代，在严格的科学看来就是机械作用的规律，凡是超出机械作用之外的，那都不能叫知识。而自由呢，恰好是跟机械作用作对，你要机械地规定我，那不行，我不受你的束缚。既然如此，自由就不是知识了，它跟知识正好是相对立的，它只属于自在之物。

所以，正是我们（一旦为自己拟定意志的准则就）直接意识到那个**道德律**，它是**最先**向我们呈现出来的，

这个"所以"，就是排除了前一种可能，就是在实践中我们的认识从自由开始是不可能的；既然从自由开始不可能，所以只能从另一个方面开始，就是从道德律开始。"一旦为自己拟定意志的准则"，意志有它的准则，我在前面讲到了，所谓意志就是能够坚持下来的行为，那种高级欲望能力。低级欲望能力不能叫意志，那只能叫任意，因为它随时可以中断和改变主意。我刚刚想做这件事情，马上另外一件事情就把我吸引过去了，我们就说这个人朝三暮四，没有恒心，没有定力，也就是没有意志。一个有意志的人，他是能够坚持的。但是他坚持的这个规则首先是他的准则。前面讲到准则和法则的区别，法则是客观必然的，准则可以是主观偶然的，我选择这样一个准则，而不选择那样一个准则，作为我一生为人处世的规则。曹操的准则就是宁教我负天下人，不教天下人负我，这是他的准则。人为财死，鸟为食亡，这也是某人的准则。但是不一定人人都是这样的准则。所以这个准则是可以不断变化的，因人而异，而且一个人也可以在不同的时候改换不同的准则。我现在改恶从善了，人不为己天诛地灭这个准则我已经抛弃了，我现在选择了毫不利己专门利人，变成一个好人了，那也是完全可能的。但是，所有这些规则作为准则，都

是意志为自己选定的。所以一旦为自己拟定意志的准则，就直接意识到了那个道德法则，道德法则也译作道德律。也就是说，凡是你要为自己拟定一个准则的时候，你就会直接意识到有一个道德法则在。为什么呢？因为当你的意志为自己拟定准则的时候，它就有了一个坚持下来、坚持到底的这样一个要求。虽然你不一定能坚持到底，但是你有了一个坚持到底的要求。曹操也是想把他的一辈子的生活的准则放在"宁教我负天下人，不教天下人负我"这一点上，他做不做得到？他认为他是能做到的，他是要坚守这一条准则的，但是如果人人都采用他这条原则，他根本不可能做到。他只能欺负那些老实人、无用之人，但总是可能遇到更强的，至少是不弱于他的。然而一旦当他这样拟定意志的准则的时候，他就会意识到，意志如果真要把一条准则坚持下来，那么最能够坚持下来的那个准则是什么呢？不是他那条例外的准则，而是普遍的法则，就是对人对己都能够普遍适用的那样一条准则。所以在人为自己拟定一个准则的时候，哪怕它是一条自私自利的准则，只要他把它当作一个准则来拟定、来设想，他就会意识到法则了。当然大量的自私自利的人并不一定把这个东西当作自己的意志的准则来拟定，也许他只是机会主义者，碰到什么是什么，根本不去拟定打算长期遵守的准则。碰到一个穷人他也可能给他两块钱，但是碰到有利可图的情况呢，他连忙就去争那个利去了。这个时候我们就说这个人没有意志力，朝三暮四，他也可以做好事，也可以做坏事。我们甚至可以说，大部分人都是这样的。他就没有把自己的生活做一个通盘的思考。像曹操这种人还是不多的，他能够把损人利己当作自己的准则来思考，他是一个超常的人物。他对自己的一生要干什么，他有设计，不流芳百世也要遗臭万年。我们大部分人没有这个设计，碰到什么就是什么，凭情感用事，他可以做好事，但是利欲熏心了，他也可能堕落。但是一旦有人能够为自己的意志拟定准则，那么他必然会意识到，这个准则真要贯彻到底的话，就必须扩展为一条普遍法则。就是说，这条法则不仅仅是我，而且是别人，不仅仅是我这一生，而且包括来世，都能适用的。一切有理性者都能适用的这样一条意志的法则，那就是道德律了。所以这是我们直接意识到的那个道德法则。在康德看来，一个有理性者，他肯定要用理性来支配自己的一生了，如果一个人完全不用理性来支配自己，或者仅仅是偶尔用理性支配一下，其他的时间都凭感性、凭情绪、凭欲望和冲动，那这个人不能算一个完全的人，他蒙蔽了自己的本质。一个有理性者，他是能够用自己的理性为自己的意志起码拟定一个准则的。一旦拟定一个准则，他也就直接地意识到那个道德法则。康德在这一点上对人可能是有一点理想化了。虽然一般他对人看得透，很悲观，认为人要做一个好人、做一个善人是很不容易的，为道德而道德几乎是不可能的，所有的道德里面都有虚伪的成分，都有利益的成分，在这一点上他很悲观。但是在有的方面他非常乐观，就是凡是人都有理性，都会用理性来思想，哪怕是权衡，哪怕是算计，也都已经是一种思想。所以，一个有理性者一旦为自己拟定一个准则，他就可以直接知道那个道德法则，直接地就呈现出来了。因为这是他的意志的准则本身的一个趋向。你能够用理性来为自己的意志拟定一个准则，那它的自然的趋向就是变成道德法则。你将心比心嘛，所有的人也都是有理性者，你的这个准则能否适用于他呢？除非你认为世界上只有你一个人，其他人都不算人，其他人都是我的下饭菜，我可以把他们看作像鸡啊，狗啊，牛啊，羊啊，这样对待。那这样的人就没有理性了，他不会用自己的准则去推己及人。当然你也可以用情感推己及人，像孟子讲的推恩，外推，但是用情感推己及人是没有普遍性的，当你推及别人的时候，那个情感色彩已经淡化了，几推以后呢，已经淡到几乎没有了。所以这种情感的外推是不可靠的。只有理性的外推，它能够跨越情感、情绪、个人、家庭、家族、血缘等等所有这些区别，成为一种普世的伦理。这是康德的立足之地。所以他讲我们直接意识到那个道德法则，它是最先向我们呈现出来的，既然是直接的，所以它是最先的。一个有理性者，当他要按照自己的意志来决定自己的行为的时候，它最先呈现出来的，直接意识到的，就是那个道德法则。

至于我按不按照那个道德法则去做，那当然是另外一回事情。但是每个有理性者心目中都有、都知道我应该怎么去做，都知道一个有理性者应该怎么做。而我是一个有理性者。这个是直接呈现出来的。

[30]　　并且由于理性将它表现为一种不被任何感性条件所战胜的、甚至完全独立于这些条件的规定根据，而正好是引向自由概念的。

也就是说，我直接意识到的是那个道德法则，它最先向我们呈现出来，而自由概念本身是从这里引出来的。这个地方本来已经可以了结了，已经可以得出结论了，就是说，我们不能从自由开始，而必须从道德法则开始，它是最先向我们呈现出来的嘛，它是一个理性的事实嘛。前面讲了，道德律是一个理性的事实，凡是有理性者，在他的心中最先呈现出来的，肯定就是道德法则，也就是我们通常讲的一个人的良心。良心是本来就有的，只要你是一个有理性者，你就会有良心，你就可以把他人当作也是一个有理性者，你就可以知道损人利己是不应该的。这里本来已经做出回答了，即道德律才是最先呈现的。但是他后面又加了一个，"并且由于理性将这个道德法则表现为一种不被任何感性条件所战胜的、甚至完全独立于这些条件的规定根据，而正好是引向自由概念的"。这说明，是由道德法则引向了自由概念，而不是相反。这个自由概念呢，就是一个积极的自由概念了。所以你要从消极自由概念出发是不可能的，你必须从道德律出发；而从道德律出发呢，它正好会引向自由概念，这个自由概念就不仅仅是消极的自由概念，不是仅仅说我不受任何感性条件的束缚，而且是一个积极的自由概念，一个积极的规定根据。就是说，我只受道德律的束缚，真正的自由就是按照道德律办事，这就是一种实践的知识了。自由本来是不可能有什么知识的，因为它是不可知的嘛，它不可能有理论知识；但是经过道德律被引出来以后，它可以成为一种实践的知识。当然自由的消极概念还在，自由本身是不可知的，自由本身的概念是一个消极的概念，就是不受感性的东西所支配所束缚。如何才能不受感性的东西所支配所束缚？那么我们有了道德律的概念，我们就知道如何才是自由的了。道德律就是不受感性的东西所支配所束缚，为道德而道德才是真道德。所以他讲，道德律最先向我们呈现出来，它是不被任何感性条件所战胜的，是完全独立于这些条件的规定根据。规定根据就是积极的了。我可以用这样一个概念来积极地规定我的意志。你只单纯说我不受任何束缚，那你要做什么呢？还没有得出一个积极的规定。你不受束缚，你有自由，不错。你想用这个自由来干什么？你有了自由以后，你打算怎么做？你一旦做任何具体的事情，你就会发现你失去了自由。唯有一件事情，可以使你保持你的自由，那就是做道德的事情。所以，这样一种规定根据，正好是引向积极自由的概念的。我用我的理性，按照道德法则，来规定我的行动，而不为任何感性诱惑所动，这个自由就是更高层次上的自由了，就是得到规定的自由了。这是他一个完整的回答。就是说，我们对实践知识的认识是从哪里开始的，是从自由开始的呢，还是从实践法则开始的？从自由开始是不可能的，只有从实践法则开始，才是可能的。从实践法则开始，我们不仅仅是直接认识了实践的法则，而且还对自由形成了新的、更高层次的概念，积极的概念，我们把握到了自由的本质。自由在《纯粹理性批判》里面完全是消极的，是一个空洞的理念，它仅仅是说，我们虽然在现象界、在自然界一切都受因果必然律的决定，但是呢，对自在之物呢，我们没有办法说，所以呢，你要说自在之物里面有自由呢，那也没有办法否定，所以我们就可以假定一个自由的理念。理念就是理性所想出来的一个概念。我们把它预留在那里，为了在讨论实践领域的时候能够派上用场。到了《实践理性批判》里面，自由就不单纯是一个抽象理念了，这个理念就要起作用了，它就有内容了，它就能够规定我们的行为了。如何来规定？也就是我们首先从道德律开始，对无条件的实践法则形成一种认识，从我们的道德律里面认识到，我们之所以有道德律，是因为我们有自由。这样自由的概念就成为有内容的了，就有实在性了，它会在我们的实践活动中表现出来。做道德的事情才是真正的自由，这就是积极的自由。以赛亚·伯林讲到的消极的自由和积极的自由，其实在康德这里已经提出来了，不过意思不太相同。伯林的消极自由是不受别人干扰的自由，康德的消极自由是不受自然规律决定的自由；柏林的积极自由是导致人们丧失独立自主，康德的积极自由是真正的独立自主。伯林的解释本身自相矛盾的地方很多，[①]而且不如康德的深刻，不做什么的自由只是一个理念，要做什么的自由，才是一个真正具有现实性、具有实在性的自由，这就是做道德的事情。

　　但是，对那个道德法则的意识又是如何可能的呢？我们能够意识到纯粹的实践法则，正如同我们意识到纯粹的理论原理一样，是由于我们注意到理性用来给我们颁定它们的那种必然性，又注意到理性向我们指出的对一切经验性条件的剥离。

　　这里又提出一个问题了，你要从道德法则开始，那么就有一个问题，你是如何能够意识到道德法则的呢？是不是还是从经验中总结出来的呢？我刚才讲了，历史上有那么多仁人志士，杀身成仁，舍生取义，我们通过归纳，发现在人类中有万分之零点几是能够做到道德法则的，所以我们由此断言，人的本性中也潜藏着这种可能性。是不是这样得出来的呢？康德显然不认同从这样一种历史的经验归纳中得出道德法则。他讲："我们能够意识到纯粹的实践法则，正如同我们意识到纯粹的理论原理一样，是由于我们注意到理性用来给我们颁定它们的那种必然性，又注意到理性向我们指出的对一切经验性条件的剥离"。我们如何能够意识到纯粹的实践法则，也就是道德法则？这正如同我们意识到纯粹的理论原理一样。纯粹的理论原理，也就是先验的原理，在《纯粹理性批判》里面，知性的原理论通过十二范畴，提出了十二条原理。人为自然界立法，立了哪些法？立了十二条大法。这十二条大法都是为经验世界所立的法，但它们本身不是从经验中得出来的，因为要是从经验中归纳出来的，那它们就不会有必然性，而只是一种心理习惯，这就抵挡不住休谟的

---

① 参看拙文《伯林自由权批判》，载《社会科学论坛》2005 年第 10 期。

攻击。相反，它们是通过"先验分析论"从经验知识里面分析出来的一种逻辑的先天的条件，一切经验之所以可能的条件，因此具有先天的必然性。那么照此办理，在《实践理性批判》里面呢，我们能够意识到纯粹的实践法则也是由于我们注意到理性用来给我们颁定实践法则的那种必然性。实践法则和理论原理都具有一种必然性，我们注意到这种必然性，它们的可能性就不成问题了。在纯粹理性批判里面我们注意到了这种必然性，就是那种先验演绎。先验演绎就是说，任何一种经验的知识，如果没有这些范畴和原理是不可能的，所以它们运用于经验之上是有必然性的。所以从自然科学里面，我们可以发现它必然要以那些理论的先天原理为前提，它才能成立。这是在《纯粹理性批判》里面已经讲过的道理。所以这是由于我们注意到理性用来给我们颁定这些原理的那种必然性，这种必然性不光在理论理性里面，在实践理性批判里面也是这样。我们能够意识到纯粹的实践法则，是由于我们注意到理性用来在实践中给我们颁定它们的那种必然性，如果没有理性，人的实践活动就不其成为实践活动，那就是动物的本能活动，或者是机械运动。但是，由于有了理性这样一个前提，所以我们的活动成为了实践活动，成为了有目的的、有意志的、能够坚持的、能够以自己的目的作为自己的行为准则的活动，这就是意志活动。而意志活动之所以可能，就在于它首先自身保持一致，有种逻辑上同一律的必然性。所以人的道德律实际上是一个有理性者能够用理性支配自己的实践行为的先天条件或者前提。一般人可能很难理解，因为道德律在一般人看起来，是一个有理性者在有了理性以后、做了很多其他的有理性的事情以后，例如在实用理性中为自己谋利益之后，最后升华起来才得到的一个最高的法则。但是在康德看来，这个最高的道德律恰好是那些比较低层次的行为、包括一些不道德的行为之所以可能的前提。因为道德律没有别的，就是理性在形式上的自我一贯，理性的本质就在于它的自我一贯。同一律和不矛盾律，你一旦运用到实践上面，它就是道德律。如果你连这个理性的自身一贯都不承认的话，那你如何能够把理性运用于你的日常生活中，来追求那些具体的物质利益呢？那顶多是一种动物式的冲动。极而言之，理性本身就是自身一贯，自身一贯就是道德律。那么道德律实际上已经隐含在每一个有理性者的意志行为之中了，但是它还没有被揭露出来，那只是人的一种良心，我们做事可以昧着良心，或者不考虑良心，但是这恰好说明你是有良心的。你能够算计别人，你能够害人，你运用了理性，但是你从来没有把这个理性本身掰开来在自己面前展示一下，你所运用的这个理性，它本来应该是怎么样的。你那么聪明，"熊猫烧香"的病毒你都能做出来，你能不能用你的聪明来干点好事呢？怎样干好事才是你的真正的自由啊？你干了坏事你自己良心不安，你被抓住了，你要被判刑啊，那岂不是后悔嘛。后悔就是不自由了，你昨天的自由被今天的不自由所取销了，那就是陷入自我矛盾之中了，违背了不矛盾律。真正的逻辑上一贯地来贯彻理性到自己的行为中，那就是做道德的事情。这个做道德的事情不是一个说教，一个道德高人说你们应该怎么怎么做，然后你们接受就是了，不是的，而是在每一件行为中可以启发出来的。比如说你干坏事的时候，你扪心自问，你既然会干坏事，也就说明你有理性，你有理性你就可以扪心自问，问问你的良心。所谓良心就是你的本心、你的理性，它本身会要你怎么做。这个实践的法则看起来好像高高在上，好像是一般人达不到的，其实在每个人心中都有，包括那些犯罪分子，做坏事的人，心里面其实都有，只要他有理性就有。所以这样一种理性的法则呢，是具有必然性的，它始终在内心命令我们。凡是一个有理性者，这个理性在实践中的普遍法则就在命令人，只不过你有时候不听它的命令，久而久之习惯了以后呢，你就昧着良心了，你就唯利是图了。但是如果你真正从理性来考虑的话呢，你会发现它在你心中。它不是某某人说教能够灌输给你的，它是你本心中本来就有的。所以是由于我们注意到理性用来给我们颁定它们的那种必然性，又注意到理性对一切经验性条件的剥离，我们就意识到了道德律。理性本身作为道德律颁定给我们有它的必然性，一旦颁定给我们呢，它就从一切经验性的条件上剥离出来。当你单纯只考虑理性的时候，不要考虑那些经验性条件。我想要赚钱，我想要获得高收入，某某人有一辆好车，我也想要，这都是经验性的条件，我为此去使用我的理性，采取各种手段去获得它。但是理性本身的那些必然性的法则是独立于种种经验性条件的。你先不考虑这些，你只考虑理性本身。把所有经验性的条件都撇开、都剥离了以后，剩下的就是人性的东西，就是你本质的东西了，理性就是人的本质嘛。这就是我们能够意识到纯粹实践的法则的原因。原因很简单，一个是我们注意到理性用来给我们颁定它的那种必然性，每个人问问自己的良心、问问自己的理性本身就可以知道；同时也注意到，依照这种必然性对一切对切经验条件的剥离，独立于一切经验条件之外，不受一切经验性条件的束缚。这是正反两方面，正面是意识到理性本身，它有一种必然的颁布法则的权威；从反面来看，既然它有这样一种权威，所以它不受任何经验性条件的束缚。这两方面都是理性的事实，只要我们注意到了，那么我们就意识到了道德法则。道德律其实很容易意识到的，不需要你做那么多的思辨的推论，每一个普通老百姓其实都能意识到。康德认为他的道德学说是大众化的，虽然他的行文如此晦涩，如此难以进入，但是按照他的分析是非常大众化的。每一个普通人，包括那些道德很低下的人，你只要问问他的良心，你只要问问他的理性本身，他就会意识到，我本来应该怎么做，这是直接就呈现出来的。哪怕我干了坏事，我都会意识到我本来应该怎么做，我意识到这是坏事啊，当你意识到这是坏事的时候，你就已经意识到了自己本来应该怎么做。并且呢，是在任何借口之下，在任何感性的条件之下，你都应该怎么做。虽然有的犯人狡辩，说是因为什么什么的外部原因，所以我不这样做不行，但是人人都知道这是一种狡辩。怎么不行呢？你是一个自由人，没有人捆住你的手脚。既然没有人捆住你的手脚，你是自由的，那你为什么要犯罪？你用任何理由都辩解不了，这是非常容易意识到的。所以，从道德法则出发，其实是一个很简洁的方法，很直接的方法。为什么要从道德法则出发，而不能从自由出发，因为自由是一个不可知的概念，而道德法则在我们的日常生活中随时都可以意识到。道德律（das moralische Gesetz），我们有时译作"道德法则"，为的是与前后提到的"实践法则"、"德性法则"、"意志的法则"等等相联系。

一个纯粹意志的概念源于前者，正如一个纯粹知性的意识源于后者一样。

这个地方又作了一个区分。前面讲，我们能够意识到的纯粹实践法则，正如同我们意识到的纯粹的理论原理一样，都是处出于正反两个方面的这种原因，一个是理性本身它必然地颁布法则，另外一个呢，这种法则一旦颁布下来，它就独立于一切经验了。理论理性和实践理性都是这样被我们所意识到的，但是程序是相反的。一个纯粹意志的概念源于前者，也就是源于理性颁布法则的必然性。它不是像《纯粹理性批判》里面谈到认识论的时候一样，先把一切经验的东西剥离了，然后去追溯一切先天综合判断之所以可能的条件，这是在《纯粹理性批判》里面所做的工作。按照这样一个程序，先从先验感性论出发，然后再到知性，再到理性，层层剥离，从下而上地去追问先天综合判断是如何可能的。但是在《实践理性批判》里面，它的程序是倒过来的，这个在导言里面已经说了，不是从感性上升到知性再上升到理性，而是反过来，首先从理性的原理出发，从这一事实中推出自由的概念，然后再下降到感性，通过道德情感把其他一切情感都剥离掉。所以这里讲一个纯粹意志的概念源于前者，源于什么呢？源于我们注意到理性用来给我们颁定这些法则的那种必然性。因此《实践理性批判》是从原理出发的，一开始就是原理，然后才进到概念，然后才到感性。《纯粹理性批判》呢，它一开始是感性，先验感性论，然后提出了范畴，然后从范畴引出原理。这两个批判的程序是相反的，所以它们的来源、它们的起点是不同的。"一个纯粹意志的概念"，就是道德法则的概念，意志的自律就是纯粹意志，意志的他律就是不纯粹的意志，这个概念是"源于前者"的，源于我们注意到理性用来给我们颁定这样一些法则的必然性。这个必然性不需要先做什么铺垫，只要是一个有理性者，他就会从他的理性里面直接地呈现出实践的原理，这就是他的起点。"正如一个纯粹知性的意识源于后者一样"，纯粹知性的意识是从感性论出发的，首先要对一切经验性条件加以剥离，感性论是最初的剥离，剥离那些经验性的材料，感性要提升到先验的感性，那就是直观的纯形式，空间和时间。空间和时间已经把感性的东西剥离了，那么范畴是进一步的剥离。当然剥离了以后还要把它们运用于感性经验的材料，那是另外一回事情。但是在《纯粹理性批判》里面，一个纯粹知性的意识是源于对这些经验性条件的剥离，所以它们的程序是不一样的。

　　我刚才讲了，前面是联系到《纯粹理性批判》和《实践理性批判》，它们都是属于理性的批判，但是它们的程序是不一样的，一个是从经验上升到它之所以可能的条件，从下到上，那么《实践理性批判》里面则是从上至下，先从纯粹实践理性的原理出发，然后再降下来，考虑它跟经验之间的一种剥离关系。这是两个相反的程序。

　　至于说这就是我们那些概念的真正的隶属关系，而德性首先向我们揭示了自由概念，因而**实践理性**以这个概念首先对思辨理性提出了最困惑不解的问题、从而凭这概念使之陷入最大的窘境，这由如下一点就已经得到了说明：

　　这里所要说明的就是，前面讲的那些概念，一个是实践法则的概念，一个是自由的概念，为什么是这样一种隶属关系；以及"德性首先向我们揭示了自由概念"，它又为什么使思辨理性陷入了最大的困境。就是说，当我们谈到德性，也就谈到道德法则的时候，它和自由的概念何者在先，何者在后？这样一种真正的隶属关系就是：德性首先向我们揭示了自由概念。德性和自由概念的关系里面已经涉及认识了，当然这是一种实践的认识，不是一种理论的认识，理论的认识就是思辨理性，实践的认识呢就是实践理性。并且实践理性和思辨理性之间有一种冲突，实践理性通过自由概念使得思辨理性陷入到了窘境。我们知道在思辨理性里面，也就是在《纯粹理性批判》里面，最困惑不解的问题就是自由的问题，康德曾在给友人的信中说，正是"人有自由，以及相反的：没有任何自由，在人那里，一切都是自然的必然性"这样一个二律背反，"把我从独断的迷梦中唤醒，使我转到对理性本身的批判上来，以便消除理性似乎与它自身矛盾这种怪事。"① 就是第三个二律背反里面提出的自由和自然因果性的冲突问题，这是思辨理性所无法解决的最重要的问题。我刚才讲到，在《纯粹理性批判》里面，自由的概念没有办法解决，只是给它保留了一个先验理念的空位。先验理念并没有解决问题，它只保留了这种可能性。就是说，自由的概念我虽然没有办法证明，但是呢，你也没有办法否认，仅此而已，所以我还可以保留自由作为一个理念。但是思辨理性的任务呢，是要把一切知识的可能性说明出来，而碰到自由这个概念就没有办法说明，所以陷入到了最大的窘境，提出了最困惑不解的问题。就是你怎么能够认识自由？你既然不能认识自由，你凭什么给它保留一个理念？它没有办法解释，它所能够提出的理由就是说，我虽然没有办法解释，但是你也没有办法否认呐。所以我可以保留一个理念。但是应该说在这个问题上，思辨理性的任务是没有完成的。这样一个困惑，使得思辨理性陷入到了困境，这种困境由下面这一点得到了说明。

　　由于从自由概念出发在现象中没有任何东西能够得到解释，相反，在这里自然机械作用永远必须充当引线，此外，当纯粹理性想要上升到原因系列中的无条件者时，它的二律背反就在这一方和那一方都同样地陷入到不可理解之中，然而后者（机械作用）至少在解释现象时有适用性，所以如果不是有道德法则及和它一起的实践理性的加入并把这个自由概念强加给了我们的话，我们是永远不会采取这一冒险行动把自由引

① 《康德书信百封》，李秋零译，上海人民出版社 1992 年版，第 244 页，康德误写作"第四个二律背反"。

进科学中来的。

思辨理性所陷入的上述困境由如下一点就得到了说明，也就是得到了展示。就是在《纯粹理性批判》的第三个二律背反里面，正题提出了自由概念的可能性，但并没有任何现象中的经验材料的支持，因而在认识论上是不能成立的，它只是由自然机械作用的因果链条通过充足理由律而引出来的一个"无条件者"的空洞的假定。就是说，如果最终没有一个自行开始一个因果链条的自由的原因性，整个因果链条就都会是不充分的，而没有充分的原因，任何事物都不可能存在。但自然因果性在这里永远只能充当一种"引线"，而不能解释自由的原因性，否则一切又要从头来过，又需要假定一个原因的原因。这样一来，正题的无条件者和反题的条件系列就陷入到了二律背反中，双方都不可理解。正题是由于无条件的自由概念不可能再得到任何自然因果性的解释，因而只是一个空洞的理念；反题是由于排除了自由的理念，整个自然因果系列就都失去了充足理由，因而面临着全部垮台的危险，因为按照充足理由律，任何一件事的发生都必须有充足的理由，没有充足的理由，或者哪怕少了一个理由，整个这件事都将不会发生。这就是纯粹思辨理性的两难。但康德又说，纯粹理性在反题方面至少比起正题来还是有点收获的，这就是"后者（机械作用）至少在解释现象时有适用性"，所有经验现象用不着自由理念的假定就可以凭借自然因果性得到解释，虽然不是终极原因的解释，但至少是已知原因的解释。因此自然因果性在解释自然现象上是非常适用的，用不着自由概念的掺合。"所以如果不是有道德法则及和它一起的实践理性的加入并把这个自由概念强加给了我们的话，我们是永远不会采取这一冒险行动把自由引进科学中来的"，也就是说，既然如此，那么我们为什么还要在正题中强行假定一个自由的理念呢？唯一的解释只能是，有道德法则和实践理性的介入。在第三个二律背反中，本来自由的理念就只是可要可不要的，要它也没有用，增加不了任何知识；不要也没有关系，不会影响经验知识的获得；但为什么正题就一定要假定它呢？

表面上是出于充足理由律，出于对因果链条的完备性的追求，其实是出于超出整个因果链条之外为纯粹实践理性的道德律保留地盘的需要。所以对于自然科学的领地而言，自由的概念是道德法则和实践理性强行塞进来的，是没有理论的合法性的冒险行动。以上的说明主要是站在思辨理性和科学知识的立场上，展示了科学本身不需要自由概念、但又不得不为它留下空间的尴尬处境，但同时也就透露了自由概念本身的真正基础，即实践理性的领地。在正题中，莱布尼茨那些人表面上好像在讨论如何让人类的知识更加完善的问题，但实际上已经涉足于人类实践和自由意志的法则如何建立的问题了，只是他们还不自觉而已。康德这里则一针见血地指出了自由概念的真正来源，接下来他就转换立场，即转到了实践理性的立场，来说明自由概念对于实践是必不可少的概念。他是从实践理性的两个层次来说明人的自由在现实中的体现的，一个是一般的实践理性，即实用的理性，一个是纯粹的实践理性，即道德法则。

　　<u>但就连经验也证实了我们心中的这一概念秩序。</u>

　　这就是一般实践理性的秩序，它里面已经包含有自由的任意的选择了。就是说，我们的日常经验都说明，不论我们在处理我们的日常事务时多么严格地遵守着自然因果律，以便我们在行动中达到我们所期望的最佳效果，但所有这些因果关系后面总归有一个自由的选择在决定着这一因果系列的进程，体现着自然因果性和自由的原因性之间所固有的某种秩序。其实在第三个二律背反的正题中康德就已经举过一个例子了，这就是："如果我现在（例如说）完全自由地、不受自然原因的必然规定影响地从椅子上站起来，那么在这个事件中，连同其无限的自然后果一起，就会绝对地开始一个新的序列，虽然按照时间这个事件只是一个先行序列的继续而已。"[①] 当然，这一经验的证实是不彻底的，它并没有说明我为什么要从椅子上站起来，而只是消极地假定这一行为是不受自然原因

---

① 《纯粹理性批判》A450＝B478。参看人民出版社 2004 年版，第 378—379 页。

的影响的,因此并不能排除人们把它看作仍然只是"一个先行序列的继续"。下面这个例子则说明,即使在自由的任意中最终所体现的只是一个先行序列的继续,即只是一个经验的事实,也已经显示出在人的实践活动中是不能完全撇开自由选择来加以解释的。

　　假定有人为自己的淫欲的爱好找借口说,如果所爱的对象和这方面的机会都出现在他面前,这种爱好就将是他完全不能抗拒的:那么,如果在他碰到这种机会的那座房子跟前竖立一个绞架,以便把他在享受过淫乐之后马上吊在那上面,这时他是否还会不克制自己的爱好呢? 我们可以很快猜出他将怎样回答。

　　显然,这个人的借口是把自己当作完全的动物和自然生物,也就是从科学上规定为一种因果必然性的存在,所谓"食色性也",主张人是抗拒不了自身的动物性需要的,他必然受到自然规律的支配。但是,康德问了这个人一个问题,就是当他知道他的淫乐享受的直接后果是导致死亡,他还会克制不住自己的欲望吗? 答案很显然,只要这个人还有一点理性,他就会有一定的预见性,并且凭借这种预见来控制自己的行动,而不是像动物一样单凭本能冲动。康德在解决第三个二律背反时特别提出:"以这个**自由的先验理念**为根据的是自由的实践概念,前者在后者中构成了历来环绕着自由的可能性问题的那些困难的真正契机。**在实践的理解中的自由**就是任意性对于由感性冲动而来的**强迫**的独立性。因为一种任意就其(通过感性的动因而)**被病理学地刺激起来**而言,是**感性的**;如果它能够成为**在病理学上被迫的**,它就叫作**动物性的**(*动物性的任意*)。人的任意虽然是一种*感性的任意*,但不是*动物性的*,而是*自由的*,因为感性并不使它的行动成为必然的,相反,人身上具有一种独立于感性冲动的强迫而自行规定自己的能力。"① 将这种规定用到目前的场合,这个人

――――――――――――――

① 《纯粹理性批判》A533—534=B561—562。人民出版社 2004 年版,第 434 页,文中凡斜体字原文均为拉丁文。

已经超出了动物性的任意，而提升到了自由的任意，因为感性冲动并不使他的行为成为必然的，而是具有了一种独立于感性冲动的强迫而自行规定自己的能力，也就是能够自由地选择不服从自己的一时冲动。当然你可以说，他的这种选择归根到底仍然还是服从自己的动物性的求生本能，只不过是让眼前的欲望冲动服从长远的生存欲望而已，并没有超出动物性的感性多少。这就是一切实用的或者技术性的实践理性的共同局限性，也是一般实践理性的最低要求，即能够运用理性预见未来、策划自己行为的手段和目的之间的合理性，这样才能获得远远超出动物之上的最大可能的利益。但这种最终基于人的动物性本能之上的任意毕竟已经不同于动物的任意了，它已经是自由的任意了，在这种仍然是经验的活动中已经显露出了自由概念的秩序，在眼前的快乐和即将丧失生命之间作出正确的选择，人类借此而能够实现自己的利益最大化，因而能够超越动物而成为万物之灵长。虽然由理性带来的这种实践的自由还不纯粹，还没有突显出自由意志在纯粹理性中的根源，但至少它可以反驳那种把人的行为完全作自然因果性解释的观点，并促使人们去进一步追究自由在纯粹理性中的起源。这就是他接下来的第二个例子即道德的例子所要说明的。

但如果问他，如果他的君王以同一种不可拖延的死刑相威胁，无理要求他对于一个君王想要以莫须有的罪名来坑害的清白人提供伪证，那么这时尽管他如此留恋他的生命，他是否仍然会认为克服这种留恋是有可能的呢？

这个例子比前一个例子的层次就更高了，它涉及道德的可能性，即在义务和丧失生命之间进行选择的可能性。前一个例子中，人的理性和自由任意终归还是为了人的最根本的感性生存即生命的保存服务，所以终归还只是被当作一种达到自然目的的手段，它本身还不是绝对目的。相反，在这个例子中生命本身成了可以牺牲的手段，而目的则回归到理性和自由本身，在这一境界的高度，人就可以做到杀身成仁、舍生取义了。

以莫须有的罪名来坑害一个清白人,这是不义的,以丧失生命为威胁要我为这种不义的行为提供伪证,这更是双重的不义,也是对我个人人格的侮辱。虽然我如此留恋自己的生命,但我仍然有可能出于正义的德性而拒绝这种威胁,宁可牺牲自己的生命而不做有损于自己的人格的不义之事。当然这里强调的是"有可能",就是说,虽然很多人、也许大多数人都会由于恐惧而屈服于君王的淫威,顺从自己动物性的本能而干出伤天害理的事来,但即使如此,他也仍然知道自己本来是有可能不按照感性的本能而按照理性的法则那样做的,正因此他才会心怀惭愧,感到无脸见人。假如他认为没有那种可能,那他反而会心安理得了。①

他将会这样做还是不会这样做,这也许是他不敢作出肯定的;但这样做对他来说是可能的,这一点必定是他毫不犹豫地承认的。

这就是上面说的,他可以自由地选择服从理性法则还是服从动物本能,因为是自由选择,所以他不敢断定自己最终将会如何选择,是杀身成仁还是卖友求生,但不论他如何选择,他必定会毫不犹豫地承认,他是有可能宁可牺牲自己的生命也不做那种不道德的事情的。即使他没有作出这种正确的选择,这种选择的可能性也会成为他内心的一块心病,使他在自己面前抬不起头来。这正好说明他内心是知道他本来应当怎样做的,他是承认有这种可能性的。

所以他断定,他能够做某事是因为他意识到他应当作某事,他在自身中认识到了平时没有道德律就会始终不为他所知的自由。

这就最终说明了,人的自由意志是由于他内心意识到道德律以及按道德律办事的可能性才被启发出来的,也就是人心中的道德律是他的自由意志的认识理由。他通过自己内心摆脱不了的对道德律的意识、也就是良心的发现,而认识到他本来完全可以自由地选择按照道德律行事,

---

① 同样的例子康德在后面"方法论"部分再次引用,并注明是指"如英格兰的亨利八世对安妮·博林的控告"的诽谤事件。见《实践理性批判》,后面第211页,边码178。

而不受任何感性的动物本能、甚至包括对生命的执着的束缚。虽然实际上很少有人能够做到这种为道德而道德的自由行动，但这至少作为一个可能的选项而深深地植根于他的理性中，成为他一切行动的衡量标尺和理性的法官。而能够审判他的前提就是他在道德和不道德之间是有选择的自由的，他可以选择不道德，那就是出于自由的任意，他必须为此承担责任；他也可以选择道德行为，那就是出于自由意志，他因此而保持了自己的自由人格的一贯性。但是如果没有道德律的意识，即使他在自由的任意中也体现了某种自由，但这并不是对自由的终极的证明，而是可以被当作动物本能的一种比较高级的手段。唯独道德法则才使人的自由摆脱一切感性束缚而独自挺立起来，才使人真的意识到自己完全具有按照自己的纯粹实践理性行事的能力。所以只有道德法则才是人的自由的认识理由。

§7. 纯粹实践理性的基本法则

通过前面的一系列准备，这里开始第一次正式提出了纯粹实践理性的基本法则，也就是道德法则的定言命令。前面讲了，"纯粹实践理性"跟"一般实践理性"不同，它排除了一切非理性的东西，比如说感性质料的东西，物质欲望，情绪，冲动。把这样一些东西排除了以后，纯粹实践理性就呈现出来一条基本的法则，它实际上就是道德律。虽然前面已经提到了道德律，但是还没有正式提出这条道德律。我们讲康德的道德哲学，跟一般讲道德的哲学家很不一样的地方就在这里。一般讲道德的人总是把一些具体的戒律提出来，说这就是道德的，人类公认的一些应该做和不能做的事情，那么我们就把它们称之为道德规范。至于为什么称它们为道德的，这个是前人、圣人定下来的，或者是上帝提出来的，摩西提出来的，你们应该这样做，而不应该那样做。但是康德的道德哲学跟所有其他的道德哲学不同的地方，就在于它并不是一开始就提出几条道德规范，要你应该做这个，不应该做那个，而是首先从纯粹实践理性本身的法则出发，提出这样一条法则，然后说这样一条法则，你们如果愿意的话，可以把它称之为道德律。而且一旦你把它称之为道德律，你就可以发现，凡是你所称为道德的事情，都是因为里面有这样一条纯粹实践理性的法则。我也可以不把它叫作道德律，就把它叫作纯粹实践理性法则，但是它就是道德律，它是最高的道德律。所有那些具体的戒律，你应该做什么，不应该做什么，都必须符合这样一条纯粹实践理性的基本法则，才能称之为道德的。如果有一天你发现你的做法不符合这条法则了，那么这一条道德规范就过时了。所以，具体的道德规范是可以过时的，而这一条纯粹实践理性的基本法则是永恒的。这是康德道德学说一个非常重要的特点。就是他不是先谈什么是道德的，什么是不道德的，对具体的行为把它分个类，分个等级，有的是道德的，有的是不道德的，有的是高尚的，有的是神圣的。他不是这样，他就是诉之于人的理性，然后诉之于人的纯粹实践理性。所以在§7他就提出了纯粹实践理性的基本法则。我们看前面的定理Ⅰ、定理Ⅱ、定理Ⅲ，提出了三个定理，就是告诉你如何去寻求这条纯粹实践理性的基本法则。所以这个§7是个关键，前面都是为引出这条基本法则做铺垫、打基础的。你首先要把质料和形式的区分开来，你首先要把形式的法则归结到它的自由的根基，把形式的法则当作一个理性的事实。那么什么是这条形式的法则？§7就提出来了，"纯粹实践理性的基本法则"，这就是一条纯粹形式的法则。我们看看他怎么表述的。

要这样行动，使得你的意志的准则任何时候都能同时被看作一个普遍立法的原则。

这是个命令式。一般来说命令式可以把主语省掉，但是你可以从命令式看出这个主语是什么，也就是"你"——你要这样行动。单数第二人称，我们翻译的时候也可以加一个"你"字。"使得你的意志的准则"，我在前面已经谈到了准则（Maxime）和原则（Prinzip）、法则（Gesetz）相互之间的区别。准则是主观的，意志的准则，也就是你按照你自己所立的什么样的准则行事，你自己给自己确定一个行为规范，至于别人怎么样，你不管，这就是准则。法则跟准则的区别就在这里，法则是客观的。原则也是客观的，或者是主客观都适合、都适用的。那么，纯粹实践理性的基本法则就是这样一条命令："你要这样行动"，怎么样行动呢？"使得你的意志的主观准则任何时候都能同时被看作一个普遍立法的原则"。这个地方用的"原则"，实际上就是指"法则"，就是你的准则能够被看作是一个普遍立法的法则，立法的原则就是法则。康德曾经讲，原则比法则更高，法则是知性的，原则是理性的。但是康德自己并不严格遵守他自己的这个划分。但是他的准则是严格的，康德任何时候都把准则看作是主观的，适用于主观，我自己可以遵守，但是我不一定要求人家也遵守。那么这样一个命题、这样一个命令式是什么意思呢？它就是说，你的行动的所遵守的那个准则，你随时都要考虑到它能不能成为一个普遍的法则，就是说，你的这个行为有没有普遍性，你行为的形式有没有普遍性。准则就是一种形式啊，法则更是一种普遍的形式。就是你按照一种什么样的方式来行动，这种方式有没有普遍性，能不能让所有的有理性者遵守，而且你也愿意他们遵守。前面讲"要这样行动"，"要"这个词包含有自由意志在里面。这个"要"不是别人"要"，不是别人命令你"要"，而是你的理性自己在命令你"要"，所以是你自愿的，你愿意这样行动，使你的意志的准则呢，任何时候都能同时被看作一个普遍立法的原则。你这样做，你也愿意普天下的人都这样做，当然也包括你自己，你自己永远也能这样做。子贡问孔子："有一言能终身行之者乎？"孔子答："其恕乎，己所不欲，勿施于人。"有一言能终身行之，首先肯定了自己终身行之、终身持守。在孔子看来，己所不欲勿施于人这一条，你自己可以终身持守，而且如果普天下的人都是这样做的话，那这个社会就非常美好了。当然我曾经指出过，孔子的这个己所不欲勿施于人、能终身行之的命题，不是立足于人的自由意志的理法则，它只是一条戒律，为什么要己所不欲勿施于人,这个原则孔子并没有说出来。虽然世界各大民族都有这样一个命题作为道德上的基本原则,但是这个基本原则本身有一个漏洞,就是说它的根据何在。在一般讨论道德律的时候,都没有点出这个根据。所以康德曾经批评这条原则,就是这个原则它本身没有提供理由,你如果把它当作一切道德行为的理由,那就有问题了。康德举个例子说,一个罪犯在法官判他的刑的时候,他可以说,己所不欲勿施于人嘛,你法官既然不想坐牢,你也不要判我的刑。这就有漏洞。我们在日常生活中处理人际关系,当然也可以遵守这样一条准则,己所不欲勿施于人,但是否这就是道德的,也很难说。比如你将来参加工作,到工作岗位,老人就会说,我教给你一条秘诀,什么秘诀? 己所不欲勿施于人,这样你到哪里都能跟别人搞好关系。所以你持守孔子的这样一条原则,你就可以无所不通,左右逢源。这就把一条道德律变成一条实用的、明智的劝告了,而道德就变成一种获得好处的手段了。这个在康德看来不说是不道德的,至少是非道德的。道德确实可以被利用。我们说以德治国,以德交友,以德来保护自己,等等,都可以,甚至说半部论语可以治天下,道德是可以作为工具来使用的。但是真道德应该是为道德而道德,不是把道德作为工具来使用。所以康德曾经在《道德形而上学奠基》里面谈道,"己所不欲勿施于人"这样一条箴言需要有更深层次的根据才能成为真道德。① 当然他并不是说这条原则就是不道德的,因为它后面的根据还没有显露出来。你如果给它提供一个纯粹理性的根据,那它可以成为道德的,但是如果你给它提供一个其他的根据,那它可能成为非道德的甚至于不道德的,成为伪善。伪善就是不道德的,因为你把道德仅仅当成工具了。那么,"己所不欲勿施于人"后面的根据是什么? 康德认为就是这里讲的纯粹实践理性的基本法则,它使得"己所不欲勿施于人"之类的道德箴言成

---

① 参看康德:《道德形而上学奠基》,杨云飞译,邓晓芒校,人民出版社 2013 年版,第 65 页注释。

为了道德律。人们之所以敬仰这些人，就是因为后面这个原因。没有后面这个根据，像刘备这样的人，大忠似伪，就是伪善，用道德来收买人心，然后呢想成就霸业，当然他最后没有搞成了，搞成了的话他跟曹操差不多的，都是奸雄，不要以为刘备就不是奸雄。所以康德的这个原则，它跟"己所不欲勿施于人"有相似的地方，我们在大学课堂上解释康德的道德律的时候，通常就举"己所不欲勿施于人"作为例子，这是很容易理解的。要使你行动的准则成为一条普遍法则，这句话汉语翻译过来非常拗口，绕来绕去的，你不知道他要说什么。但是你一说"己所不欲勿施于人"，大家都明白了，就是不要把你不喜欢的东西强加给别人。所以在通俗地讲解的时候，可以用它来表达康德的道德命令。但是如果要更深一层追究，你就要把后面一层意思讲出来，它是作为纯粹实践理性的普遍原则，以理性的普遍性为根据的。而孔子的"己所不欲勿施于人"不是建立在理性之上，而是建立在情感之上的，恻隐之心呐，仁爱之心呐，它的根本原则就是爱人。怎么爱人？首先是父母、家庭之爱，子女对父母之爱，这个是最基本的爱。孔子的爱人不是像墨子那样的兼爱，不是什么人都爱，而是说，他有一个家庭原则在前面。那么既然有一个家庭原则在前面，己所不欲勿施于人就很有限了，它首先只在与你有血缘关系的那些人中间适用，然后在类似于有血缘关系的那些人之间适用。等到推己及人，推到其他的跟我完全没有关系的人，那就很淡很淡了。我们顾不过来了，就可以冷漠，可以与己无关，可以"君子远庖厨"。所以中国传统的"己所不欲勿施于人"也是有前提的，它那个前提是一种非理性的前提，只是一种家庭亲情，它推到家庭之外是随机的，所以它并不具有真正的普遍性。那么康德这里呢，道德律是建立在纯粹实践理性的前提之上的，在他看来，这个就是不分家庭、种族的、普遍的，是全人类的，甚至是超出全人类的，涉及一切有理性者，包括外星人。所以它这个普遍性就没有任何障碍了。凡是人都有理性嘛，包括中国人，不管哪个民族，哪个血统，哪个家族和种族，至少有一点是共同的，就是都是人，都有理性。在康德看来，只有建立在这样一个基础之上，道德才成其为道德，不然的话，道德就会沦为一种工具，为家族、血缘、民族等等这样一些相对狭隘的关系服务，那就导致社会和人类分裂了。在伊斯兰教里面，在犹太教里面，都有"己所不欲勿施于人"的原则，但是他们很难把自己的原则扩展到对方，而只是在自己的内部己所不欲勿施于人，在外部则恰好相反，要复仇，要冤冤相报，己所不欲恰好要施之于人。甚至越是己所不欲的，越是要施之于人，要选那些最不欲的去施之于人，比如说滥杀无辜，搞恐怖活动。所以康德讲的纯粹实践理性的基本法则是一切道德律的根据，或者一切道德律的基础，我们可以把它称之为一切道德律的道德律，使得道德律成为道德律的那样一条最高的道德律，这才是真正的道德律。其他那些都是从这里推出来的，都是由于有了这一条，才成为道德的。这一条甚至比康德所有四条"定理"都更重要，它构成了纯粹实践理性的"基本法则"。例如在《道德形而上学奠基》中康德是这样表述的："定言命令只有唯一的一个，这就是：你要仅仅按照你同时也能够愿意它成为一条普遍法则的那个准则去行动。"① 和这里是一个意思。只是这里讲"意志"，那里讲"愿意"。可见这个道德律是唯一的定言命令，里面有两个要素，一个是自由意志，"要这样行动，使你的意志的准则任何时候都成为普遍法则"，这个"意志"很重要；那么你的意志的准则呢，必须成为普遍法则，所以另外一个要素就是"法则"的形式，必须成为普遍法则，而不只是家庭规则、种族规则等等。这两个要素构成了这条道德律的命题。从这个基本法则里面，我们已经可以看出来，它后面是以人的自由意志作为前提的。当然它本身不是从自由意志推论出来的，而是纯粹实践理性所体现出来的一个理性的事实。什么叫"理性的事实"，康德在后面还有专门的说明。下面我们看他的这个注释。

---

① 见《道德形而上学奠基》，杨云飞译，邓晓芒校，人民出版社 2013 年版，第 52 页，参看德文科学院版《康德全集》第四卷，1999 年版，第 421 页。

[31]　　**注释**

　　纯粹几何学拥有一些作为实践命题的公设,但它们所包含的无非是这一预设,即假如我们被要求**应当作**某事,我们就**能够**做某事,而这些命题就是纯粹几何学仅有的那些涉及一个存有的命题。

　　这里突然提到纯粹几何学,为什么提到几何学? 这是从纯粹理论理性中的实践性的命题说起,几何学虽然属于纯粹理论理性,但它的一些公设却是不纯粹的实践命题。例如第一公理:"过两点能够且只能作一条直线",这样的公理实际上属于有条件的实践命题,就是如果设定了两个点,又有必要作一条直线的话,那么就可以作一条直线,而且只能作一条。至于为什么要设定这两点,又为什么要作一条直线,这个不用谈,是给定的条件。当然他的这个注释本来是要对纯粹实践理性基本法则作一个说明,而纯粹实践理性法则按前面说的应该是无条件的实践命令,或者说定言命令。但为什么要从这种纯粹理论理性(几何学)的有条件的实践命题开始进入? 主要是起一种对比的作用,通过这种对比可以更精确地限定纯粹实践命题的界线,不会混淆。纯粹理论理性是用来把握科学知识的,包括数学知识和自然科学知识;纯粹实践理性则是把握人的实践行为,一切实践行为都是自由的行为,如果不是自由的行为,你就不能说它是实践的,它都有自由意志在里面。但是实践理性和理论理性这两方面也不是完全不相干的,就是说,在理论理性里面也有它实践的方面,比如说数学里面就有几何学的作图,在自然科学里面就有科学实验。所以理论理性有技术的方面,我们今天讲科学技术,技术的实践就是归属于理论理性方面的。康德后来在《判断力批判》里面讲到,一切技术上实践的原理严格说不属于实践哲学,只能算作"理论哲学的补充"①。康德把纯粹几何学问题的解答,连同"家庭经济"、"国民经济"和"普遍的幸福学说"等等,全部都排除在"实践哲学"之外,"因为它们所包含的

---

① 　参看康德:《判断力批判》,邓晓芒译,杨祖陶校,人民出版社 2002 年版,第 6 页。

全都只是一些熟巧规则，因而只是些技术上实践的规则"；而只留下那种"基于超感性原则"即基于自由意志之上的原则，后者才是"道德上实践的"实践哲学法则。[①] 但这里只提出纯粹几何学的实践命题，是因为在所有这些技术上实践的规则中，几何作图显得是最纯粹的，是一种"无目的的、客观形式的合目的性"，[②] 这与道德实践的非功利性是最接近的。几何学作图的实践规则在欧几里得几何的一些公设（Postutate）中首先就被定下来了，欧氏几何一开始就是五条公设或公理，比如说过两点可以作一直线。这是没有什么道理可讲的，在康德看来是直观给我们提供的。你在直观中一眼就可以看出，过两点可以作一条直线，而且只能作一条。如果你作出第二条，那就不是直线了，那就是曲线了。第二条公设，直线线段可以无限延长；第三条公设，给定一个中心和圆上的一点，你就可以作一个圆。我们知道圆的定义就是这样来的，什么叫圆？圆就是离一个定点等距离的点的轨迹。至少这三个公设是涉及作图的，所以这是一些作为实践命题的公设。"作为实践命题"，就是几何学讨论的是图形，那么在图形的实践方面，就是再怎么作图方面，要有一些公设。但所有这些公设在康德看来，所包含的无非是这一预设，"即假如我们被要求**应当作**某事，我们就**能够**做某事"。就是包含着这样一个前提，什么前提呢？就是假如我们被要求应当作某事，我们就能够做某事。比如说我们被要求过两点作一条直线，那么我们就能够作一条直线。一条线段，只要我们被要求把它延长，那我们就可以无限延长，就能做到。注意这里，我们"被要求**应当作**某事"，就是说有一个假定的前提。当然如果你不被要求过两点作一直线，你就让它摆在那里，没有人让你去作一条直线；或者说那个线段已经在那里，没有人要求你延长，那么当然你可以不延长，这个是没有强制性的。这一点与道德律不同，道德律不是被要求做的，

---

① 　参看康德：《判断力批判》，邓晓芒译，杨祖陶校，人民出版社 2002 年版，第 7 页。

② 　参看同上书，第 211—212 页。

而是我自己自愿要去做的，不存在"不被要求"的情况。但是纯粹几何学的作图中，只要是我们被要求应当作的，我们就能够做到。只要应当，他就能够，这点和道德律又是一样的，道德律决不会提出人做不到的事情来要求人。几何学中也只要有必要过两点作一条直线，那我们就能够做到。"而这些命题就是纯粹几何学仅有的那些涉及一个存有的命题"，这些命题，比如说我们刚才指出的三个命题、三个公设，就是纯粹几何学里面仅有的。在纯粹几何学里面，本来是很纯粹的，它不涉及存有，存有是Dasein，什么是 Dasein 呢？ Dasein 就是具体的存在。Da 就是此时此地，Sein 就是存在。就是这一个此时此地的、现有的存在。那么纯粹几何学怎么会涉及具体的存在呢？我们通常讲几何学很抽象，但一般几何学也涉及一些具体存在的问题，比如能否用圆规和直尺三等分一个角，还有一些"应用题"；而"纯粹"几何学则更抽象，它只包含一些公设和公理。但是纯粹几何学在它的公设里面也涉及存有，比如说这几个公设，两点之间可以作一直线，你可以去试的；任何一个线段你都可以把它延长，通过画图，你可以把它画出来。这些点和线都是可以画出来的，都是具体的存有。这就是纯粹几何学里面的实践的成分。纯粹几何学是很纯粹的，它一般不涉及存有，不涉及你具体地能够干出什么活来，只有这几条可以涉及作图，你在纸上、黑板上画一条线段，看你能不能无限延长。这里举纯粹几何学的例子，是因为它在所有那些技术实践的规则中是最纯粹的，一个是它的超功利，一个是它只要应当就能做到，没有任何经验的障碍，因而在这两方面它最接近于道德实践；但仍然要把两者作为理论理性和实践理性区别开来。连纯粹几何的作图那么纯粹，都不能和道德实践的层次相混，其他那些日常实践活动就更不用说了。所以这个比较是最能说明问题的。

　　所以这就是一些从属于意志的某种或然条件之下的实践规则。

　　这就点出纯粹几何学与道德律的根本区别了。这样一些规则，这样一些公设，因此"就是一些从属于意志的某种或然条件之下的实践规则"。意志经常是有条件的，在某种条件之下，我决意采取一个行动。而这个条件呢，往往是或然的条件，就是说偶然的条件。或者说是不一定的，我这一次这样做了，下一次条件变了，我把别的东西当作了条件，那么我就可以不这样做，而那样做。所以这样一些命题，它是从属于意志的某种或然条件之下的实践规则。比如说，有人要求我应该把这条线段延长，那么我的意志也可以从属于这样一个要求，这个要求当然是或然的，有人向我提出来，但是也可能没人向我提出来，所以这是可做可不做的。这个人今天向我提出来，但是他昨天并没有说。今天既然向我提出来了，那么我也许会考虑按照他提出来的条件去做，而怎么做，就有一条实践的规则。这个规则 Regel 在这里呢，是更加一般化的概念。凡是准则、法则、原则，都可以称之为规则。任何实践都是有规则的，它要么是准则，就是说你自己设定的一个手段和目的的关系，按照这样一个具有内在关联的规则去行动，那就是你的规则了，这是准则。一般目的和手段的关系也是一条技术性规则，你要按照它去做，否则的话，你的目的和手段配不上，你就会失败。要么呢，就是道德法则，那当然也是一种规则，你要按照它持守，不要违反，但这种规则是无条件的法则。那么在纯粹几何学里面，也有一些实践的规则，却是有条件的，是从属于意志的某种或然条件之下的，如果没有这个条件，实践行动不会发生，这些规则也就用不上了。总之，纯粹几何学的作图规则仍然是从属于意志的某种条件下的实践规则，这是它与道德法则的根本不同之处。

但在这里的这条规则却说：我们应当绝对地以某种方式行事。

"但在这里的这条规则"，就是我们这个纯粹实践理性的基本法则，即这个第 7 节所讲的这条基本法则，却是一条和上面讲的纯粹几何学规则完全不同的规则。这条法则表达为一条无条件的命令："要这样行动，使得你的意志的准则任何时候都能同时被看作一个普遍立法的原则"，而且这样一条命令的方式是绝对的。为什么是绝对的呢？因为它前面并没有一个前提，它并不说，如果你要怎么怎么的话，那么你就要这样行动。

或者说，它的意志并不从属于任何或然条件。假如你要上山打猎的话，你就必须准备好猎枪，这有个假如，在假如的前提之下呢，那样一些命令是相对的。我说我今天不想去打猎，所以也就用不着把手段和工具准备好，因为手段和工具是根据你想干什么这个条件来决定的。如果没有这个前提，那么这样一条规则就不起作用。但是这条纯粹实践理性的基本法则不是这样。它不管你有什么前提，不管你想不想别的条件，只要你有理性，只要你是一个理性的存在者，你就应当这样做。并不是因为假如你想要得天下的话，你就得做到己所不欲勿施于人，假如你想要搞好人际关系的话，你就得己所不欲勿施于人，它不是这样一个规则。而是说，"我们应当绝对地以某种方式行事"，也就是康德在后面所讲到的，这是一个无条件的命令。正因为没有相对的条件，所以它是绝对的，我们在任何条件下都绝对应当这样做，或者说必须这样做。为什么呢？没有为什么。不为任何别的东西，不为搞好人际关系，不为治国平天下，不为坐江山，而是为道德而道德。当然你一定要说为什么，那就是为自己，这条纯粹理性的法则仅仅是为了纯粹理性本身能够自身一贯。理性的本性就是要打通一切，就是要强调逻辑的一贯性。那么，你把理性提出来，它自身就有逻辑的一贯性，表现在纯粹实践理性的这条基本法则身上，它就是这样的了。至于你一定要说为什么，我们反思一下也可以说，其实我就是为道德而道德，为理性而理性，没有其他的目的。当然任何实践行为都是有目的的行为，而这样一个道德命令呢，它是以自身为目的的，不是以任何别的东西为目的。这个康德在后面也讲到了，这是一条自我立法的自律的规律。自我立法就是自律，道德自律，Autonomie，自己是自己的规律。Auto 就是自己，nomie 就是法规。自己为自己立法。道德自律就是没有他律，Heteronomie。Hetero 就是异己的、他者的。不是他者的法规，而是自己所立的 nomie，自己的法规。所以自律是绝对的，它不以任何别的东西为条件。你看他的基本法则的表达，"使得你的意志的准则任何时候都能同时被看作一个普遍立法的原则"，任何时候，当然不一定是讲时间了,就是讲在任何场合之下,都能同时被看作一个普遍立法的原则。也就是说它是没有条件的,不是说在这种场合之下,你就要这样做,在那种场合之下,你可以不做。而是说,在任何场合之下,这样一个意志准则都能够作为一个普遍的立法原则。所以它是一条绝对的实践规则。

所以这条实践规则是无条件的,因而是被先天地表象为定言的实践命题的,意志因而就绝对地和直接地(通过这条实践规则本身,因而这规则在此就是法则)在客观上被规定了。

定言的, kategorisch, Kategorie 是一个希腊词,我们通常把它翻译成范畴,也就是它是在一定范围内被规定好了的。所以在逻辑学里面呢,这样一种判断被翻译成定言判断。我们知道判断有三种基本形式,一种是定言判断,一种是假言判断,一种是选言判断。定言的又翻译成直言的,其实按他的原文,应该翻译成定言的,它是像范畴一样被规定好了的一种判断。比如说 S 是 P,玫瑰花是植物,这在判断的形式上就是定言的。假言的就是如果怎么样,那就怎么样。如果玫瑰花是植物,那它就是有生命的,像这样一类判断,在形式上是假言的判断。选言的判断呢,就是说,一个东西,比如说一朵玫瑰花,我还不知道玫瑰花是什么,没看到过,我就可以断言。玫瑰花不是有生命的,就是无生命的。不是这就是那,这是二者择一。或者在有的场合之下呢,可以几者择一,不一定是二者,可以是三者、四者,甚至是多者选一。刑事侦查的时候,有几个犯罪嫌疑人,但是只可能有一个罪犯,这几个人,不是这个就是那个,不是那个就是那个,总而言之是这几个人中的一个。当然这是从形式上来讲的。玫瑰花是一种植物,这从形式上是一个定言判断。那么纯粹实践理性的基本法则呢,它在形式上是采取定言判断,就是说它没有一个"如果",也没有几者择一,它无可选择。当然有一个前提,就是说,这是针对着有理性者。纯粹实践理性的基本法则当然针对的肯定是有理性者,肯定不是无理性者,这不是什么条件,这是题中应有之义。那么凡是有理性者,你就要这样行动，使得你的意志的准则任何时候都能够被看作是一条立法的原则。针对一切有理性者都可以发出这样的命令，这样一个命令是无条件的。"所以这条实践规则是无条件的"，它没有任何别的条件，"因而是被先天地表象为定言的实践命题的"。从形式上来说，定言的命题是没有如果的。A 是 B，那就是 B 了，这个判断就这样断言了，在形式上这是一个无条件的命令。纯粹理性在理论上可以作出一些知识判断，玫瑰花是植物啊，等等，这是定言判断；但是用在实践上，就表现为定言命令。"定言的实践命题"就是定言命令。定言命令我们有时候也把它翻译成绝对命令，或者翻译为定言令式，Imperative 就是命令或命令式。假言命令是相对的，定言命令不是相对的，所以有时候也翻译成绝对命令，这是比较通俗的。但是我们一提到康德的绝对命令，我们就要想到他的逻辑形式，即定言命题。康德的绝对命令是从逻辑形式来的，所以我们在做严格学术研究的时候呢，我们最好称它为定言命令，可以突出它的逻辑根源。它跟假言、选言命题是不一样的。康德道德哲学是立足于纯粹理性，也就是立足于逻辑，立足于判断、推理、同一律、不矛盾律、排中律，立足于这一套东西之上的。为什么叫纯粹实践理性，首先就在于这一点，它是立足于跟理论理性同样的一个理性，首先是逻辑理性，只不过运用于实践中。当然这也就带来了康德形式主义的毛病，逻辑形式嘛，把它的内容完全撇开了。"意志因而就绝对地和直接地（通过这条实践规则本身，因而这规则在此就是法则）在客观上被规定了"，定言命令当然可以叫作绝对的命令，因为它使得意志绝对地和直接地在客观上被规定了。一个是绝对地，就是我刚才讲的，定言命令没有前提，在逻辑形式上它是一个没有前提的命令，所以它是绝对地、直接地被规定的。而且是在"客观上"被规定的，也就是它不是通过主观推出来的，不是你任意的，想要这样，或者想要那样，来得到一种相对的规定，而是直接地、绝对地，不容置疑地规定的，也就是客观上规定了的。括号里面讲，"通过这条实践规则本身"，什么叫直接地？不由别的东西来规定，而就是通过这条实践规则本身。"因而这规则在此就是法则"。我在前面讲了规则和法则的区别，规则是广泛的，无所不包，只要是形成一定规范的，我们都称之为规则。而"法则"Gesetz是客观的，这个词也译作"规律"。准则可以是主观的，而法则在这里是绝对地和直接地规定，因而它不可能是主观准则，而只能是客观法则。"规则"用在这个地方是含糊的，但是因为"这个规则在此就是法则"，就把这种含糊性排除了。规则也可以是主观准则啊，但是在这里呢，因为意志被绝对地直接地规定，这个规则在此就是法则，也就是客观的了。当然这个规定不一定就是说，规定了的就成了现实的，那倒不一定。也许它在法则上、客观上规定你的意志，但是呢你的意志仍然不按照它那样去做。因为意志是自由的嘛。道德律规定了意志，但是人的意志也仍然可以不按照它那样去做。那么这样一来就会导致意志的自相冲突，就是我们通常讲的内疚、后悔、惭愧，感到自己做了对不起自己的事情。自由意志当它选择不道德的事情的时候，它可以导致自由意志的自相矛盾、内心斗争、内心冲突。但是正因为如此，自由意志如果要它真正地按它自己的行为的一贯性做，符合意志本身的不矛盾律和同一律，来保持自己的自由意志的话，那他就必须做合乎定言命令的事情。当然实际上他可能还是不这样做，因为他是自由意志；但即使如此，定言命令也对他起了作用，使他产生内心冲突和愧疚。

因为纯粹的、本身实践的理性在这里是直接立法的。

注意这里打了着重号的**"纯粹的、本身实践的理性"**，它在这里是直接立法的。这一句话就是回答，为什么说意志绝对地和直接地在客观上被规定了呢？因为纯粹的理性或者说本身实践的理性在这里是直接立法的，它不要任何其他的条件，一个纯粹的实践理性就直接为自己立了法。或者说，什么是纯粹实践理性，纯粹实践理性直接地就体现为这样一条基本法则，其中没有任何感性的或者不纯粹的理性来干扰，它单独根据它自己就形成了这条基本法则。这是它直接立起来的，并不是借助于某个外来的、其他的条件才得以建立起来的。我们在《实践理性批判》的导言里面看到，康德一开始就讲，单是纯粹理性自身就足以对意志进行规定，就能够是实践的。我们一般讲到纯粹理性，就只想到它的认识能力；一讲到道德呢，那就是实践，跟理性好像没有关系，理性和道德好像是对立的，你讲理性就可能是不讲道德了。最近我和一些人讨论儒家的道德问题，关于亲亲相隐的问题，我发现有很多争论就在这个地方，就是说，理性跟道德究竟是什么关系？许多人认为，仁德不需要理性，而理性呢，仅仅是逻辑、概念，只讲科学知识。儒家的道德不是建立在纯粹理性之上的，它是建立在情感之上的，或者是建立在"情理"之上的，情理跟康德的纯粹理性是完全不同的两码事。所以我们经常在这方面有一种固定的思维模式，就是讲道德的时候我们不能讲理性，我们只能讲情感，讲恻隐之心、不忍人之心；但是一讲理性，就把这些东西都排除了，那还有什么道德呢？就没有道德了。这是中西道德的一个很重要的区别。康德的纯粹实践理性是自从苏格拉底以来西方的一个传统，苏格拉底讲"美德即知识"，而这个知识是要通过理性的分析、归纳、推理和辨析来寻求的。所以苏格拉底在讨论问题的时候总是用逻辑去推断：什么是美德，你能不能给美德下一个定义，你下了一个定义，那我们就要看这个定义是否符合逻辑的一贯性，是否会导致自相矛盾。如果导致自相矛盾，我们再去寻求别的，不断地一个个推翻，最后来寻求到底什么是美德。这个过程是理性的逻辑推演过程。所以西方有这么一个传统，就是说，道德的东西必须建立在理性、首先是逻辑理性之上。理性当然不仅仅是逻辑理性了，还有我称之为超越的理性，超感性，超越具体的事物，这是理性的另外一层意思。但是理性最基本的意思就是逻辑理性，它本身就是超感性的。就是说，你说话要合乎逻辑，你不要自相矛盾，你不要说了话不算数，自己又忘记了。你今天这样说，明天又那样说，完全不知道自己自相矛盾。如果有自相矛盾，你得想办法把它澄清，把它解释清楚，使它不矛盾，这就是理性的作用。这种作用也可以用到实践上来，所以在康德这里讲，纯粹的实践理性是直接立法的，这就是理性的逻辑一贯性在实践上的直接体现，因为纯粹理性本身就有实践能力，不光是具有认识的作用。因为人不光是凭理性来认识，而且也凭理性来行动；纯粹理性一方面具有认识作用，但是另一方面，它本身就是有实践能力的。或者说，一方面它本身是一种先天知识，能够用它的法则去规范自然界；另一方面呢，它能够把自己的法则运用于自身，规范自身的实践行动。当然行动的后果怎么样，康德在此是不考虑的，那个属于理论理性的事。他只是设定了纯粹理性具有实践能力，它能够影响世界，它能够使得这个世界不仅仅是按照自然律运行，而且也受道德律的影响发生改变，至于怎么改变，这不是道德的事。他强调的是，纯粹的、本身实践的理性，在这里是直接立法的。就是说，纯粹理性直接地提供了它如何去实践的一条法则，这就是这条纯粹实践理性的基本法则，是由纯粹理性自身所提供出来的，不需要任何外来的命令，外来的条件。

意志作为独立于经验性条件的、因而作为纯粹的意志，**通过法则的单纯形式**被设想为规定了的，而这个规定根据被看作一切准则的最高条件。

这等于是对上面的一种再解释了。意志本身当然是纯粹意志，但是这种纯粹意志经常陷在经验性条件的汪洋大海之中。我们人是有限的，是感性的，感性的人在世界上生活，虽然他有纯粹意志，但是那些感性的冲动、感性的需要、感性的诱惑，把纯粹意志遮蔽了。康德所做的工作就是要把纯粹意志提取出来，单独加以考察。既然是人嘛，你跟动物肯定是不一样的，动物也有很多感性的冲动，感性的欲望，感性的本能，那么人在这方面跟动物区别不大，但是唯有一点人跟动物是有区别的，那就是他有意志，而且有纯粹意志。虽然在日常生活中这个纯粹意志被遮蔽了，但是我们可以把它剥离出来，"作为独立于经验性条件的、因而作为纯粹的意志，**通过法则的单纯形式**被设想为规定了的"。"通过法则的单纯形式"被打上了着重号，也就是仅仅借助于法则的单纯形式，把质料都撇开，这样来设想为规定了的。纯粹意志被设想为规定了的，被什么规定了的呢？被法则的单纯形式所规定了的，这才是纯粹意志。如果是被经验性的条件所规定了的，那就不是纯粹意志了，当然那也还是意志，通常康德把它称之为任意，Willkür，意志则是 Wille，Wille 跟 Willkür 在层次上有不同，在词根上是同样的，都是来自于 Wollen，即愿意，我愿意怎么样。但是任意带有感性经验的成分，而意志呢，一般来说是纯粹的，不纯粹的意志就是任意。所以他在这里讲到纯粹意志，纯粹意志是通过法则的单纯形式被设想为规定了的，或者说被法则的单纯形式所规定了的。"而这个规定根据被看作一切准则的最高条件"，这个规定根据，就是法则的单纯形式，在这里被看作是一切准则的最高条件。定言命令是：要这样行动，使得你意志的准则任何时候都能同时被看作一个普遍立法的原则；那么你的一切准则，在这样一条定言命令里面，要能够被看作一个普遍立法的原则，也就是说，看作一个法则的单纯形式，这样来规定你的意志就是道德的。你要做一件事情，这是你的意志；但是你怎么样选取你的准则呢？你应当选择那种能够成为普遍法则的准则，这个普遍法则就是你选择自己的准则的一个最高条件，它是单纯形式的。凡是你在做一件事情的时候，你就要考虑你的准则是否能够成为一条普遍的法则，这是你选取你的准则的一个最高条件，只有这个最高条件是无条件地命令的。

　　<u>这件事情是够令人惊讶的，并且在所有其他实践知识中都没有和它同样的事情。</u>

　　这一件事情是非常令人吃惊的事情，怎么会有这样一条绝对的法则呢？在所有其他的实践知识中，都没有和它同样的事情，因为其他的实践知识都是相对的，你要达到一个目的，你就必须选取一个手段，手段取决于目的，而目的总是相对的、可以改变的。实践本身就是这样一回事情，就是这样一种行为。康德曾经对实践行为下过这样的定义，实践行为，它跟一般的自然过程不同的地方，就在于自然过程是按照事物的规律而运作，实践行为则是按照对事物规律的表象而运作的。也就是说，所谓

实践行为就是首先有一个对事物规律的"表象"，那就是目的。有一个目的，然后呢，你按照这个目的的表象而作用于这个自然界，使它按照你的目的而实现出来。这也是规律，但是这种规律是实践的规律，你的手段要适合于这个目的呀，否则的话你就达不到目的呀，所以这本身就是一种自然规律，也是一种实践知识。但是呢，它跟自然规律不同的地方是它先有一个表象在那里，先有一个目的观念。马克思讲，劳动在本质上就是这样一回事情：劳动的产品在劳动过程开始之前已经存在于劳动者的头脑里面了，只不过是以观念的方式存在的。观念的方式就是表象的方式，观念就是表象。康德也是这个意思，就是实践跟一般的自然过程不同，就在于它先有一个表象。我要达到一个目的，那个目的呢，还没有实现，但是呢，我首先有了这个目的以后，我就可以按照这个目的来设计我的行为，按照这个目的的规律来选取自己的手段，最后把它实现出来。这就是实践活动跟自然过程的区别。因此呢，一切实践活动都有个目的，如果这个目的你放弃了，或者你压根就没产生这个目的，那实践活动也就无从产生。凡是产生出实践活动的，首先都有个条件，就是你已经想要那个目的了，然后你才为它去采取手段，去设计手段，去寻找手段。但是道德律这件事情是"够令人惊讶的"，就是说，在所有其他的实践知识中，都没有和它类似的，它是无条件的。在任何条件之下，不论你有什么样的目的，它都要求你这样做，而不能那样做，这是不以条件为转移的。当然你也不能说它不是实践活动，它有目的，但是这个目的就是它自身的形式，为道德而道德。它是为了形式上的一贯性，而不是为了质料，不是为了某个对象。这跟所有其他的实践知识都不一样。下面一句话就是解释为什么不一样。

因为这个关于一个可能的普遍立法的、因而只是悬拟的先天观念，并不从经验中或任何一个外在意志中借来某种东西就被无条件地要求作为法则了。

"因为这个……先天观念"，什么样的先天观念呢？这个先天观念就是指的前面的普遍法则的先天观念，或者译作"这个先天的思想"，这里的观念用的是 Gedanke，就是被想到的，这样一个思想，这样一个观念。什么观念呢？"关于一个可能的普遍立法的、因而只是悬拟的先天观念"。这样一种先天观念，它是关于一个可能的普遍立法的，为什么是可能的普遍立法的？我们看基本法则里面的表述：任何时候都"能"同时被看作一个普遍立法的原则。他不是说都"是"，它不是说使得你的意志准则任何时候都是一个普遍立法的原则，而是都能同时被看作一个普遍立法的原则。所以这里所涉及的不是一个经验事实，而是一种可能性，它"因而只是悬拟的"，这个"悬拟的" problematisch，原来翻译为"或然的"，是与"实然的"相对举。但我觉得似乎还是改为"悬拟的"更好，因为这里讲的"先天观念"或先天思想 (Gedanke) 暗合康德的说法：自在之物可以"思维"而不可"认识"。康德的判断表中的"或然的、实然的、必然的"对应于知性范畴表中"可能性 - 不可能性、存有 - 非有、必然性 - 偶然性"，即对应于这些可以运用于经验对象上的范畴，但 problematisch 在这里却并不能应用于经验现象，而只关乎自在之物。在这个意义上，与其译作"或然的"，不如译作"悬拟的"，因为来自自在之物的道德律并不是什么或然或可能的，而只能是悬拟的、超经验的。后面讲纯粹实践理性的三大悬设时有句话也可以说明这个意思："那些本来对纯粹理性是悬拟的 (problematisch) (只是可思维的) 概念现在就被实然地解释为应现实地将诸客体归之于它们的概念了"。[①] 就是说这个道德法则，或者纯粹实践理性的基本法则，它只是可思维、可设想的，但它也有某种实然性或实在性。他还多次讲到道德律是一个"理性的事实"，从道德律作为理性的事实这个意义上来说呢，它也可以看作是实然的，但仍然不等于经验性的事实。它跟经验知识相对而言，它只是可思维的，也就是悬拟的，而不

---

① 见中译本后面第 184 页 (边码 154)，亦参看第 185 页 (边码 155)："因为一个不过是悬拟的思想借此首次获得了客观实在性"。

属于经验的可能性。我们上一堂课讲道，一个人你要他作伪证，虽然他没有抵抗住诱惑，他没能抗拒自己的恐惧，他作了伪证；但是他会承认，他不作伪证这是完全有可能的，这种可能性是完全存在的。所以问题不在于他是否做出了合乎道德律的事情，而在于他确实有这种可能性。哪怕他没有做出来，他也有这种可能性。所以这个实然和或然呢要从这两个不同层次上来理解。从经验的层次上面来说它是或然的，或者说是悬拟的、成问题的，而你确实能够做到，这就是实然的。但从超验的层次上讲，这种可能性是悬拟的可思维性，这种只是思想中的先天观念"并不从经验中或任何一个外在意志中借来某种东西就被无条件地要求作为法则了"。虽然它只是关于这样一个可思考的普遍立法的悬拟的先天观念，但它不需要任何经验的前提而被无条件地要求作为法则。这是跟其他的日常实践活动不一样的。我们日常的实践活动，比如说，我已经设计好了，我要达到这个目的，我就采取与之相适应的手段，并且我相信，通过这个手段，我就可以把这个目的实现出来。它有必然性，为什么有必然性，因为它是按照自然规律设计得很好的，天衣无缝。当然人算不如天算，也可能由于某些偶然因素干扰，最终我没有达到目的。但是你至少先要把它设计好啊，你要有足够的胜算，相信有这种可能性，甚至有极大的可能性，甚至可以预计到一些干扰。如果有什么干扰，你要采取应急措施，有所准备，这样使你的目的最终能够实现。一般日常的实践活动是这样来规定或然性和可能性的。但是道德律跟所有的事情都不同，它只是凭借可能的普遍立法，而且只是悬拟的先天思想，就被无条件地要求作为法则了，而"并不从经验中或任何一个外在意志中借来某种东西"。"任何一个外在意志"，比如说某个权威，耶稣基督、上帝，我们信仰他，他怎么说我们就怎么做。这个是在日常生活中经常会看到的，就是从外面的一个意志里面借来一个法则，而不是从纯粹实践理性本身直接地建立起自己的法则。每个人都有纯粹实践理性，所以他个人的自由意志就可以凭借这种纯粹实践理性来建立起自己的法则。但是在其他的实践活动中呢，我们往往是借助于某一个权威，或者某一个老人，他有生活经验，或者是一位成功人士，我们现在成功励志的书多得不得了，我们都去买了看，看看他们是怎样成功的，那么我们也照此办理，我们也就可以成功了。很多人都走的这条路。但是道德律呢，直接就被无条件地要求作为法则了。这样一件纯粹实践理性的基本法则，是够令人惊讶的。在所有其他的实践知识中，都没有和它同样的事情。

但这也并不是一个使被欲求的效果借此而可能的行动应当据以发生的规范（因为那样一来这规则就会永远以身体上的东西为条件了），

"规范"，Vorschrift，Vor 就是预先，schrift 就是写作，写下来。预先写在那里的。把它变成名词呢，就是 Vorschrift，就是预先规定的。这个规范，跟这个规则，有类似的地方，它也比较广泛。但有一点不同，就是说规则可以适用于自然界，自然界的规律也可以称之为规则；但是规范主要是运用在实践中，运用于人的实践，它是预先规定了的，就是预先有一个范本、条文在那里规定着，在汉语里是这样来表达的。在德文里面呢，就是预先写在那里的东西。他讲这条基本法则，虽然它能够无条件地被作为法则了，但是呢，它也"并不是一个使被欲求的效果借此而可能的行动应当据以发生的规范"，也就是说，虽然它是无条件地被作为法则，但是呢，它并不着眼于它的效果，并不是为了产生某种效果所应当遵守的规范。我要产生某种效果，那么我就应当遵守这种规范，这种规范是技术性的，它不是这样的。它是仅仅着眼于形式，而不是着眼于效果，不是为了使某些效果能够成立，不是为了治国平天下而用它来作为一种规范，作为一种手段。括号里讲，"（因为那样一来这规则就会永远以身体上的东西为条件了）"，身体上的东西，physisch，physik 就是物理，物理上的东西，单独用的时候呢，就是物质上的东西，或者身体上的东西。在希腊文里面，physis 的意思就是自然，物理学就是自然之学。但是自然的不仅仅包括物理的，也包括生理的、身体的。在这个地方呢，康德的意思主要是指身体上的东西。以身体上的东西作为条件，或者说以物质上的东西作为条件，以自然性的东西作为条件。因为那样一来这规则就会永远以身体上的东西为条件了，如果你要着眼于某种效果的话，那么这个效果肯定是跟你的实践主体的身体上的某些条件密切相关的。实践主体作为人来说是有身体的，有肉体需要的，那么这些东西就会成为这样一个规则的条件了。这就是我刚才讲的，为什么"己所不欲勿施于人"单独不能成为一条道德律，就是因为在康德看来，如果你把这个东西当作一个达到某种效果的手段，那它就会以身体上的东西作为条件了。在儒家这里呢，就是以血缘的东西作为条件了，以血缘关系作为条件了。己所不欲勿施于人是立足于"爱人"，而"爱人"又是以血缘关系作为它的差等，什么差等？就是你的辈分，你的世系，等等。你把皇帝、把君王看作是一个大家长，那么在这个方面造成了名分、等级，这些东西归根结底是以血缘上的、身体上的东西作为前提的。那么"己所不欲勿施于人"之所以不能单独成为道德律，就是因为它没有明确地点出它后面的这样一个纯粹理性的根据。而纯粹实践理性的这样一条基本法则呢，则是直接点出来了，所以它不再可能被作为达到那些具体的身体上的东西的一种工具。这样一条法则，要比所谓"金规则"，即"己所不欲勿施于人"这条金规则更深刻，更清晰，更不可误解。它只是以纯粹理性自身为条件，永远不以任何其他的东西作为它的条件。

　　而是一个单就意志各准则的形式来先天规定意志的规则，这时一个只是为了诸原理的主观形式之用的法则，作为借助于一般法则的客观形式的规定根据，至少是这样来设想它，就不是不可能的了。

　　意志的各个准则那是很多的，你想这样，他想那样；你今天想这样，明天想那样，这都是千差万别、各式各样的。但是，不管你怎么样千差万别、各式各样，在质料上可以区别、可以分辨，但是在形式上它可以先天规定。"单就意志各准则的形式"，你把这个形式抽出来，"来先天地规定意志"，这样来造成一种规则，这就是一条纯粹实践理性的基本法则了。这条基本法则不是着眼于质料、效果，身体上的东西，而是着眼于一切准则的形式。一切准则都要服从某个形式,这个形式就是看它是否能够成为普遍法则。凡是不能成为普遍法则的那种准则,在形式上就不合格,就被排除了。只有那种在形式上合乎普遍法则这一要求的,我们才把它纳入纯粹实践理性的基本法则之中来。不管你做什么,不管你在内容上做什么,你都要去符合普遍的立法的原则,只有你自愿地遵循普遍的立法原则去做,为义务而义务,你才能说是道德的。所以康德道德哲学的特点就在这里,他不是着眼于效果,而是着眼于形式,或者是着眼于纯粹实践理性的出发点,我们讲的动机。当然康德对动机还有他自己的另外的解释,在后面我还要讲到的。但是通常我们可以说,康德的道德律呢,它是不管后果的,它只讲动机,为道德而道德。"这时一个只是为了诸原理的**主观**形式之用的法则,作为借助于一般法则的**客观**形式的规定根据,至少是这样来设想它,就不是不可能的了",就是说,在这个时候就有一种可能性了,一种什么样的可能性呢? 就是一种只是为了用在主观形式之上的法则,却可以被设想为一般法则的客观形式的根据。前面讲的这个纯粹实践理性的基本法则,它是为了用在主观形式之上的,为了用在规定我们的意志的准则上面的,当然这个准则只是考虑它的形式了;那么这个法则呢,是用在意志的准则上,使你的意志的准则在任何时候都能够被看作是一个普遍立法的原则。所以你有了这样一条普遍立法的原则,你就可以知道你的准则该怎么做,该怎么运用,该怎么把这条法则运用于你的主观准则上面。诸原理,Grundsätze,复数,这也是用得比较活的一个词。在《纯粹理性批判》里面,知性为自然界立法,那么这些知性立的法呢,被称之为原理。凡是讲到知性,就用法则、规律、原理这样一些词。"为了诸原理的**主观**形式之用的法则",把这些原理用在主观形式之上,这是一条法则。用在主观形式之上的原理,那有很多,但是,作为这种运用的法则,应该说只有一个。所以他这里讲的诸原理呢,实际上作为复数来说,他是指的准则;但这些准则经过主观形式上的运用以后呢,它已经成为法则了,它们是法则的诸种表现形式,着眼于各种准则的统一的形式。那么这样一种法则,本来只是为了运用于主观形式之上的,但"作为借助于一般法则的**客观**形式的规定根据,至少是这样来设想它,就不是不可能的了",我们就可以作为借助于一般法则的客观形式的规定根据来设想它了。也就是本来运用于主观的准则之上的那个法则,在这个时候呢,我们至少可以设想,它是借助于一般法则的客观形式的规定根据。这些法则本来是主观形式的规定根据,但是现在我们可以把它们看作是客观形式的规定根据。主观形式已经被它规定了,那么同时我们也可以把这种规定根据看作是客观的规定根据,用来规定客观的形式。所谓客观形式就是说,不仅仅是我这个时候突发奇想的一种规定根据,而且是所有的人、所有的有理性者客观上不能不遵守的。不是我可以随意想遵守或不想遵守,随时可以抛弃的。它既然把我的主观形式规定成了法则,那么我们也就可以看作是借助于一般法则的客观形式的一种规定根据。客观形式就是说,所有的人都必须按照这样一条形式法则来行动,来实践,"至少这样来设想它"。很多人质疑康德的一个重要的理由,就是你凭借你的理性想出来这么样一个法则,你把这个法则作为你的准则。那么你不能保证所有的人都把你这样一个法则作为他的准则,所以你这个准则还是你主观的。但是康德就讲,即算别人事实上没有把这样一个法则作为他的准则的规定根据,但是至少可以这样来设想它。怎么设想它呢? 就是任何时候都能同时把它看作一个普遍立法的原则。就是说,人家虽然不这样想,但是人家如果能够根据自己的纯粹实践理性反躬自问,就一定会这样想。虽然他也许没有按照这样去做,我自己也不一定按照这样去做,即使我立志按照这样去做,但是我也会有经不起考验的时候。人非圣贤孰能无过,怎么能够完全按照道德律去做呢? 总有偏离的。但是他提出这样一个人人实际上都没有做到的标准,并不是毫无意义的,至少我们可以这样来设想:我其实是可以做到的。设想了它有什么好处呢? 设想了它,你就有了一个绝对的道德标准,用它来衡量自己,你就永远不会骄傲了。有了这个标准呢,就使任何人都有一个反

479

省自己的余地，不会认为自己在道德上就可以居高临下了，就可以占领道德的制高点，就可以在道德上凌驾于别人之上了。你会保持内心的谦和，你再怎么做道德的事情，比起你应做的事情来还差得远。所以，在世俗生活中，这是一种道德上可持续发展的原则。你不要以为在道德上就没有可改进的余地了，你还有很多的余地，可以改进自己，不要太骄傲。

　　我们可以把这个基本法则的意识称之为理性的一个事实，这并不是由于我们能从先行的理性资料中，例如从自由意识中（因为这个意识不是预先给予我们的）推想出这一法则来，而是由于它本身独立地作为先天综合命题而强加于我们，

　　这句话我们要仔细琢磨一下。我们可以把这个基本法则的意识、或者说对这个基本法则的意识，称之为"理性的一个事实"。就是说，我们人意识到这样一个基本法则了，这种意识是一个理性的事实。但是有时候呢，康德又说，这个基本法则、这个道德律本身就是一个理性的事实。到底是对道德律的意识、还是道德律本身是理性的一个事实？在康德的研究者们中也有很多争论，因为康德本人的表述确实有不太严谨的地方。有时候他说道德律是理性的事实，但是有时候又说，对道德律的意识是理性的事实。我们究竟怎样来看待这两种不同的表述？其实只要注意到康德的实践理性与理论理性不同的特点，这两种表述并没有什么本质的区别，因为对实践理性基本法则的意识跟一般的意识是不一样的，它就是道德律，就是实践的法则本身。或者说，所谓纯粹实践理性的基本法则，同时就是对纯粹实践理性的基本法则的意识；但这个意识不是理论理性意义上的那种意识，不是说，静观地意识到了，意识到就完了，相反，这个意识是一种实践的意识、行动的意识。所以，康德研究者们经常争论不休的呢，就是对这个"意识"的理解，很多人把它理解为理论理性的意识，即一种认识，这种意识好像就是静观的。我有一个基本法则，然后呢，我又"意识到"我有一个基本法则，好像我按照基本法则做时不一定意识到，而我意识到了也不一定去做。我有道德律，然后我又意识到

我有一个道德律，这两者好像是分开的，这种意识就好像是一种单纯的知识，可以坐在那里只说不做。当然康德有时也把道德意识称之为"知识"，但是康德称之为知识的时候，它是一种"实践知识"，它不是和实践活动脱离开来的一种知识，好像我一边在意识和认识，一边又不去做我意识到的事，所谓"知易行难"。而是说我的这种意识、我的这种知识，就在实践活动中体现，就是支配我实践的法则或者规律，就是我的意志的一种支配方式。正当我意识到的时候，我就已经在做，这种意识就已经是实践了。它不是说，我先做了一件实践的事情，然后我意识到这件事情，或者我先意识到了应该做，然后才去做或者不做。相反，在康德看来，道德律是理性的一个事实，对道德律的意识也是理性的一个事实，这两个说法是一样的，没有什么区别。因为他的这个意识不是一般的意识，而是实践意识，是知行合一、主客同一的意识，对道德律的意识就是道德律，也就是你在实践中所体现出来的形式法则。这就不难理解，为什么说这法则是一个理性的事实了。"这并不是由于我们能从先行的理性资料中，例如从自由意识中（因为这个意识不是预先给予我们的）推想出这一法则来"，就是说，这样一个基本法则作为理性的一个事实，并不是说从一些先行的理性资料中，例如自由意识，我们先有个自由意识，我们对自由意识已经有了理性的把握，然后呢，根据一种逻辑推理把这法则推出来。括号里面讲，因为这个意识，这个自由意识，并不是预先给予我们的，不是先摆在那里让我们去推理的，而是伴随着行动当下冒出来的。理性的事实并不是从先行的理性资料中，从一个大前提中，例如，从自由意识中，推想出这一法则来的，而是一开始就有一个理性的事实摆在我们的面前，比如说道德律。每个人心中都有道德律，那我们就可以想了，什么叫道德律呢？道德律就是摆脱一切经验的条件，而由自己来规定自己行为的法则。那么摆脱一切经验性的条件而自我规定，那不就是自由吗？自由就是摆脱束缚嘛。摆脱一切经验的束缚，那不就是由自己来决定自己行为的法则，那就是自由意志了嘛。所以是从道德律这样一个理性的事实中,我们才意识到我们是有自由意志的。所以我们上一次讲道,康德认为,道德律是自由的认识理由,我们的认识的起点是从道德律再到自由,而不是相反。当然一旦我们认识到以后,我们可以把这个关系倒过来理解,我们之所以有道德律,是因为我们先是自由的,这样一来自由就是道德律的存在理由。但是从认识的程序来说,我们是从道德律开始起步,而意识到我们人是自由的。所以自由的意识不是预先给予我们的,我们不是从这个意识里面推想出道德律来,相反,"而是由于它本身独立地作为先天综合命题而强加于我们",就是说道德律,它本身是独立地作为一种先天综合命题而强加于我们的。"先天综合命题"在这里出现了,我们在《纯粹理性批判》里面看到,康德一开始就提出纯粹理性批判的总问题,就是先天综合判断如何可能。这个问题意味着什么呢?在认识论里面意味着我们的知识何以可能,不管是数学知识还是自然科学知识还是形而上学知识,你要追溯到它的原点,你就会发现它们都是一些先天综合命题,也就是先天综合判断,它们的可能性出自于先验自我意识的统觉的综合统一。那么道德律也是这样,道德律本身独立地作为先天综合命题而强加于我们,它的可能性在于自由意志的自律。纯粹实践理性的基本法则这个命题,虽然是采取命令式,是一个实践的命题,而不是一个理论上的判断,但是它仍然是一个先天综合命题。比如说,要这样行动,使得你的意志的准则任何时候都能够被看作是一个先天立法的原则。那么,这个里头一个是意志的准则,一个是普遍立法的原则,普遍立法的原则并没有包含在意志的准则这样的概念里面,它们不是分析性的关系,而是综合性关系。所以你把这两个概念连接起来,作成一个命令式,这完全是综合起来的。意志的准则如果本身包含着普遍立法的原则,那就会是一个分析判断,但是这里没有,而是两个完全相外在的概念连接在一起。意志的准则不包含普遍立法的原则,意志的准则是主观的,它可以是任意的,可以是以经验的东西作为前提,它怎么能从自身中推出普遍立法的原则呢?它怎么可能包含基本法则呢?它本身的概念推不出普遍立法的原则。所以你把这两个东西连接在一起：你应该这样行动，使得你的意志的准则在任何时候都能被看作是一个普遍立法的原则，这就只能是一个先天综合命题。它是综合命题，因为它的两个概念没有包含关系；但是又是先天命题，它是无条件的，你必须这样做，这是必然的，在任何情况下，任何时候，你都必须这样做。所以它是先天综合命题。它作为先天综合命题而强加给我们，也就是命令我们。它把两个东西综合起来，但是呢，又是先天的，你不能不接受，你不能觉得你一个人可以例外，你必须也按照道德律办事，没有例外。这个先天综合命题之所以可能，我们后面会讲到，是由于自由意志的自律作用，它使得意志的准则能够成为普遍法则。

这个命题不是建立在任何直观、不论是纯粹直观还是经验性直观之上，虽然假如我们预设了意志自由的话，它将会是分析的，但这种自由意志作为一个积极的概念就会需要某种智性的直观，而这是我们在这里根本不能假定的。

"这个命题不是建立在任何直观之上"。直观分两种，一种是纯粹直观，就是时间和空间；另一种是经验性直观，经验性直观那就很具体了，红色啊，香味啊，舒适啊，各种各样的经验性的材料啊。纯粹直观是形式，时间空间是直观形式；经验性直观是内容或质料。但所有这些直观，都不是建立道德命令的条件，定言命令是不因任何时间、地点和具体的事物、具体感受为转移的。"虽然假如我们预设了意志自由的话，它将会是分析的"，他这里作了一个让步，当然这个让步是虚假的让步，所以他后面所采用的是虚拟式，虚拟式我们通常翻译成"假如"。前面讲我们没有预设自由，说这个自由意识不是预先给予我们的，我们的理性事实不是自由意志，而是道德律。通过道德律，我们才推想我们有自由意志，因为如果没有自由意志的话，怎么会有道德律呢？怎么会有对于经验事物一切条件的独立性呢？那肯定我们是有自由意志的。所以自由意志是在后来才推出来的。但是这个地方讲，"假如我们预设了意志自由的话，它将会是分析的",假如我们首先就预设了有一个自由意志,那么这个命题就会是分析的,即由于有自由意志,所以,按照自由意志本身的特性,我们应该在实践中,把我们的准则任何时候都看作一个普遍的法则。这样一个命题将会是分析的,这也是个虚拟式,是不可能的事。下面就讲了,"但这种自由意志作为一个积极的概念就会需要某种智性的直观,而这是我们在这里根本不能假定的",就是说,这种假定实际上是不成立的。为什么呢? 因为这种自由意志作为一个积极自由的概念,在这里就会需要某种智性的直观。我在前面讲过,自由意志的概念是作为一个消极的概念来假定的,就是虽然你不能证明它,但你也不能否认它,既然你不能否认,所以我们就提出一个先验的自由这样一个理念摆在那里。但是这个先验自由的理念是消极的,只是无法否认而已,它还没有任何积极的内容。积极的内容有待于纯粹实践理性、道德律来赋予它。所以自由意志作为一个积极的概念,只是后来的事情。但是如果你把它当作一个前提,我们预设了这样一个积极自由的概念,那就不行了,那就会需要某种智性的直观,而智性的直观呢,是我们人类"根本不能假定的"。智性的直观在《纯粹理性批判》里面多次提到,就是说,我们人类所具有的直观是感性直观,我们只能通过感性来直观,我们只能够通过时间空间来进行直观。超出时空之外,我们单凭知性怎么能直观呢? 我们能直观到一个不在时间中也不在空间中的对象吗? 那样一个对象就是物自体,物自体我们是直观不到的,我们只能够思考一个物自体。所以物自体不可知,不可认识,是因为我们不能直观到它,我们顶多只能够思想到它,把它作为一个抽象的概念,作为一个理念来思考。我们可以设想在一切现象背后,有那么一个物自体,但是这个物自体我们不能直观到。如果直观到。我们就可以把握物自体,就可以对它形成知识了。但是我们的一切知识都要通过感官、经验,在这个范围之内才能获得。所以超出感官之外、超出时间空间之外的那样一个物自体,我们就不能够直观到了,也就不能对它形成知识。所以这是我们在这里根本不能假定的。这就否定了我们能够把自由意志作为一个预先设定的概念来推出道德律，这样一个积极的概念是不能预先设定的。但是呢，当你设定了道德律以后呢，倒是可以从中推出你的自由意志。这个时候的自由意志呢，可以成为一个积极的概念。积极的自由意志是什么概念呢？就是要做道德的事。消极的意思是说，不受感性的束缚，不受知识的束缚，不受经验的束缚，这是消极的自由；积极的自由呢，就是要出于道德律来行动。在这个时候呢，我们可以把这个道德律看作是积极的自由的内容。但是积极的自由的存在是由这条道德律才提示给我们的，并不是预先设定的。因此我们可以想到，这样一条道德律，它不是从一个大前提中分析地推导出来的，而是一个先天综合命题。先天就已经规定好了，但又是一个综合命题，凡是有理性者都会认可这样一个先天综合命题。其他的道理没什么可讲的了，就是这样直接地成了一个无条件的命令。

　　然而我们为了把这一法则准确无误地看作**被给予的**，就必须十分注意一点：它不是任何经验性的事实，而是纯粹理性的唯一事实，纯粹理性借此而宣布自己是原始地立法的（sie volo, sic jubeo）。

　　就是说这样一个理性的事实作为事实来说，它是被给予的，事实嘛，人就是这样的，有理性者就是这样的，已经是这样了。凡是有理性者，他就会有这样一条普遍法则，有这样一条道德律。其实这条道德律无非是对有理性者这个理性的一种展开。什么叫有理性者？有理性者是一个认识者，也是一个行动者。有理性者就意味着他的认识和他的行动都是有理性的。那么在认识上面呢，我们可以把理性看作是纯粹理论理性，它表现为一系列的先天综合命题，十二条原理都是先天综合命题，但这个时候理性还未成为事实，因为这些原理还有待于经验的内容来充实。只有在实践方面，它表现为一条实践的定言命令、绝对命令，这才是一个理性的事实。有理性者是一个事实，那么这条绝对命令也是一个事实。但是这个事实如果要准确无误地看作是被给予的，那就"必须十分注意一点：它不是任何经验性的事实，而是纯粹理性的唯一事实，纯粹理性借此而宣布自己是原始地立法的"。我们经常容易混淆，把这样一个纯粹理性的事实理解为一个经验性的事实。我们有时候也这样解释，这种解释当然是为了通俗化了，比如说世界上尽管一切都符合自然律在那里运转，符合物理学、生物学规律，但是事实上有一些人会"杀身成仁舍生取义"，有那么多仁人志士在历史上以自己的行动表明了道德律的存在。但是这样一种解释呢，实际上已经偏离了康德的原意，他特别强调这不是一个经验性的事实。你要从历史上社会上找一些人来证明，确实有人可以按照道德律来办事，那就只是经验性的事实。康德的理性的事实还不是这个意义上的。它是在什么意义上说的呢？是通过你对你自己的理性反躬自问。凡是有理性者，你就会发现，他们内心都有这样一条道德律在起作用。当然不一定是起积极的作用，即导致你按照道德律去行动，更多的倒是起消极的作用，就是说，当你没有按照道德律去做的时候，你就会自责和惭愧。当然这还是一个内心经验的事实，心理学的事实。真正的理性事实呢，就是说，凡是有理性者，都意识到自己有理性，也就都知道自己应该怎么做，尽管他事实上也许不那样做，不论他做或不做，每一个有理性者他实实在在的唯一的事实就是他是原始立法者，他已经给自己立了法，他的一切行动中都包含了这个因子。他根据自己的纯粹理性宣布，我是原始的立法者。所以括号中的拉丁文就是："如何想就如何吩咐、如何命令"，也就是自由意志在自决方面是一个事实。我所做的事情，是根据我自己的想法，也就是根据自己的纯粹理性来吩咐、来命令的。这样一条命令始终悬在我们的内心，作为我们的良知。它可以不体现在经验的事实上面，不管是外在的，社会历史的，还是内在心理学上的事实，当然会体现在这些上面，但是它不是指的这些东西，而是指的这个根源。所有这些效果，积极的和消极的效果，外在的和内在的效果，它的根源都在于我们的内心有一个基本法则，有一个道德律在那里对我们发出命令，在起作用。所以，当我们反思的时候，比如说，你要我作伪证，虽然我作了，但是呢，我还是知道，我本来是可以不作的，这个可能性是存在的。这是一种反思,这种反思是纯粹理性的反思,并不是心理学上的反思。虽然我没有做到,但是我知道我事实上是可能那样做的。

＊　　　　　＊　　　　　＊

绎理

前一次我已经讲到了纯粹实践理性的基本法则,也就是通过纯粹实践理性所建立起来的道德律,即要这样行动,使得你的意志的准则任何时候都能同时被看作是一个普遍立法的原则。这就是康德的所谓的定言命令的道德律。并且上次我已经把这个道德律的注释给大家分析了一番。那么今天我们要讲他的绎理,以及有关绎理的一个注释。绎理就是从前面的那个定理所推出来、所演绎出来的一个定理、一个原理。

纯粹理性单就自身而言就是实践的,它提供（给人）一条我们称之为德性法则的普遍法则。

这就是他从前面的道德律里面推演出来的命题。推演出什么呢? 纯粹理性单就自身而言,就是实践的,因为前面的那个道德律已经表明,它是由纯粹理性在实践中所提供出来的一条普遍法则。这是从道德律里面推出来的、应该说是反推出来的绎理。这个绎理核心的部分,就是前面半句:纯粹理性单就自身而言就是实践的。我在上次讲到了,他前面已经有几次提到这个问题,比如说,第 273 页(《三大批判精粹》本,《实践理性批判》2003 年版是第 1 页,边码 3) 序言的第一段的最后一句话:"因为,如果理性作为纯粹理性现实地是实践的,那么它就通过这个事实而证明了它及其概念的实在性,而反对它存在的可能性的一切玄想就都是白费力气了"。就是说,如果有这个现实的前提,那么呢,它就通过这个事实证明了它及其概念的实在性。也就是说,纯粹理性在实践中体现为一个事实,那么它就通过这个事实证明了它的实在性。当然什么意义上的实在性，这个地方还没有说。我们上一堂课讲到的纯粹理性的事实，特别强调它不是一个经验的事实，而是一个理性的事实。理性的事实不需要以经验为条件，它单凭它自身就已经实在地具有一种实践性。这就是所谓纯粹理性的事实。所以这个绎理一开始讲，纯粹理性单就自身而言就是实践的，单就自身而言，就是它撇开一切质料，撇开一切经验的内容，不需要以任何经验性的条件作为前提，它就是实践的，它就能够影响实践，甚至于决定实践。所以回过头来，我们看看上次讲的这个纯粹实践理性的基本法则，就是道德命令，要这样行动，使得你的意志的准则任何时候都能够同时被看作一个普遍立法的原则，我们看到它里面没有提任何经验的东西，它不需要，它只提到使你的意志的准则任何时候都能同时被看作一个普遍立法的原则。要这样行动，这个行动就表明它是实践的，它是个实践的命令，命令你这样行动。怎么样行动呢？行动的根据何在呢？行动的根据就在于，使得你意志的准则任何时候都同时能被看作一个普遍立法的原则，这一点是单凭纯粹理性就可以决定的。如何成为普遍立法的原则当然需要借助于理性了，但是并没有掺杂任何经验的东西进来。他只是说，你的意志如果建立一个准则的话，不管是什么准则，它都必须要符合普遍的法则。所以这样一个道德命令本身就说明了纯粹理性单就自身而言，不需要任何其他的成分外在地加入进来，它就是实践的，意思就是说，它就是能够决定人的意志、使人产生实践活动的。当然一旦产生实践活动，它就和经验发生关系了，它就有经验的东西进来了，但在这个时候呢，它已经预先被纯粹理性决定了，经验的后果已经与它没有关系了。所以你要考察这个道德命令和经验的关系，那你必须以它为前提，就是说，首先你必须把一切经验的东西排除掉，看它是怎么样在形式上来加以规定的；那么根据这样一种规定，你再来考察它跟经验的关系。在实践中肯定跟经验有关系，肯定会影响现实世界，造成经验的后果，那么这个经验的后果呢，不是你根据经验世界的规律以任何经验的命题作为前提、作为条件的，而仅仅是立足于纯粹理性的本身单纯的形式上的一种决定性。你在实践活动中,你的意志由什么来决定?那么,纯粹理性单就自身而言,就能够决定。后面一句补充,"它提供(给人)一条我们称之为德性法则的普遍法则","德性法则"(Sittengesetz)打了着重号,也可以译作"道德律",但为了与 das moralishce Gegsetz 相区别,我们改译作"德性法则",其实是一回事。为什么要打着重号呢?应该说在这里,道德律是第一次正式出现的,在前面当然偶尔也提到,但是那不是正式的。正式地出现"德性法则"或"道德律"就是在这个绎理里面。我们现在把这样一个纯粹实践理性的基本法则称之为道德律,前面偶尔提到道德律,但是我们还不知道那是什么。现在呢,通过纯粹理性单就自身而言所表现出来的实践性,那么我们就可以把这样一条法则称之为道德律了。我前面曾经讲到过,这就是康德的道德哲学跟以往所有的道德哲学不同之点。就是说,它并不是首先规定哪些具体行为是道德的,这个是道德的,那个是不道德的,搞出一套戒律来,然后再去分析它,里面有些什么成分,这是以往的道德哲学、道德学说通常采取的一种思路。但是康德的思路完全是另类的。就是说,他先不讲道德律,他只讲理性,人是有理性的,这个不管好人也好坏人也好都承认的,不管你讲不讲道德会都承认。如果你说一个人没有理性,那是骂他,他就会觉得自己受到侮辱了,你把他与动物等同起来了。只要是个人,他都承认自己是有理性的。既然你承认自己有理性,那么你就考察一下,当这种理性达到一种最高的纯粹性的时候,它对于实践来说会有一种什么样的命令,就是纯粹理性对实践会提出一种什么样的命令。那么如果你按照康德的思路去想一想,纯粹理性对我会提出什么命令呢?那只能提出这样一个命令,就是你的意志的准则必须要成为一条普遍的法则。这就是康德所提出的道德律了,但是他还没有说这是道德律,他不用说。你想一想,这样一条法则是什么,你就会恍然大悟。原来这就是道德律。这个地方讲,"我们称之为德性法则(道德律)的普遍法则",其实你不把它称之为道德律也没有关系,反正你按照这样一条法则去做,你的所作所为别人肯定会认为是道德的,肯定是符合人们一般所认为的道德行为的,那么当然我们也可以把它称之为道德律。所以道德律这个标签是后来贴上去的,不是一开始就分出来,哪些行为是不道德的,哪些是道德的,如果做不到,那就是禽兽,就该挨骂。它不是这样的,它诉之于人的理性。每个人都有理性,那么诉之于每个人的理性,你就可以运用你的理性来想一想,你该做什么。所以他的这样一个道德命令,叫不叫道德命令完全无所谓的,但是事实上是道德命令。重要的不是它叫什么,而是它的原理是什么。当代很多伦理学家提出来,在道德学说里面往往有一种谬误,就是说从"是"推出"应当",从是什么推出应该是什么,很多人认为这是推不出来的,是什么并不见得应该是什么。一般来说呢,当然这种批评是对的,但是涉及纯粹理性的最高原理,就未见得对了。在纯粹理性的最高原理上面,是什么就是应该是什么。"是"和"应该"这两种命题,在纯粹理性的最高原理上是一回事。康德在道德学说里面为此作出了一个榜样,他当然没有专门谈这个问题,但是事实上康德就是从"是什么"推出了"应该怎么样"。人是有理性的,这是一个公认的事实;既然是有理性的,那么人实际上就是能够运用自己的理性来思考自己的行为的;那么一旦他用自己的纯粹理性来思考自己的行为,他就知道自己应该做什么了。所以康德对于伦理学的一个核心问题就是:我应当作什么?我应当作什么不是我一开始就提出几个教条,一个人应该怎么样,一个人应该对人忠诚,讲信义,应该爱他人、避免犯罪等等,以前的道德哲学都是这样讲的。有的借助于上帝的权威,摩西的十戒,孔孟的那些格言,如果谁违反了,那就是大逆不道。但是,有没有什么道理呢?没什么道理,都是诉之于权威。你连上帝都不信了,你连摩西的话都不信了,你这个人还是个人吗?孟子讲人有四端,你连四端都不讲,那你就是禽兽了。所以,以往的道德哲学呢,是建立在某种独断之上、某种武断之上的。当然康德也有武断,就是人都是有理性的,这个武断我们一般不认为他是武断,因为这是个事实。凡是人都有理性,如果一个人完全没有理性,这个人就是动物，或者是精神病人，精神病人已经不被看作是完全的人了。人是有理性的，这本身是一个理性的事实。那么既然人是有理性的，这个理性能干什么？它就可以对人的实践活动起作用。所以纯粹理性单就自身而言就是实践的，这本身是一个理性事实，人就是这样的。那么从这个事实出发，我们就可以得出，人应该这样，如果人不这样，那么人就违背了他的事实，他事实上就沦为了动物，他事实上就不再成其为一个人，这是任何人都不愿意的结果了。所以这个绎理里面看起来简单，其实包含有很多讲究。

注释

<u>前面提到的这个事实是不可否认的。</u>

这个注释是对绎理的一个注释。前面提到的事实就是理性的事实。我们可以把对这个基本法则的意识称之为理性的事实，就是第7节所摆出来的这样一个基本法则，它是一个理性的事实。我们对这个基本法则的意识也是一个理性的事实。那么有人问了，到底是这个基本法则是理性的事实呢，还是你对这个基本法则的意识是理性事实呢？英美的一些康德专家往往就纠缠这个问题。其实这个问题用不着纠缠，这个基本法则就是基本法则的意识。当你在实践中遵守这个基本法则的时候，就表明你对这个基本法则有意识。当你意识到这样一个基本法则的时候，也就表明这个基本法则在你的意识中起了作用。尽管你也许不去做，你只是意识到而已，但这个意识不是一般的理论上的意识，不是站在旁边静观，而是一种命令。这个意识是一种命令的意识，就是说你意识到，那么你就受它的影响。实践的意识跟理论的意识是不一样的，实践意义上的意识就意味着一种命令，它已经对你起了作用，当然你可以不去听他的，你有别的、另外一种意识，比如说对人的感性冲动的意识更强烈，你为了满足自己的感情的冲动，你昧着良心，你对这个意识的命令不听，也可以。但是它毕竟还在起作用。即算你不听它，你在干坏事的时候，你的手会

发抖。或者你干完坏事以后，你可能会后悔，你可能于心不忍，甚至于良心发现。它会有作用的。所以，对基本法则的意识，和基本法则是一回事情。如果你没有意识到，那它也就不是基本法则了。他讲的是意志的动因，是什么东西对意志进行了规定，意志的规定根据，他是讲的这么一回事情。所以这个事实是不可否认的。前面提到这样一个事实，就是对基本法则的意识，或者说，纯粹实践理性的基本法则是一个事实，它是不可否认的。

只要我们能分析一下人们对他们行动的合法性所作的判断：那么我们任何时候都会发现，不论爱好在这中间会说些什么，他们的理性却仍然坚定不移地和自我强制地总是在一个行动中把意志的准则保持在纯粹意志、即保持在它自己的方向上，因为它把自己看作先天实践的。

就是说，我们如果要分析一下我们对自己的行动的合法性、即合乎法则性的判断，那就已经把我们的判断归到理性上来了。所谓理性，也就是用来考察我们的合法性的，在实践中，也就是考察我们的行动的合法性和规律性的，看它是不是合乎规律、合乎普遍法则。这个合法性不一定是限指法律上的问题，在康德那里，合法性既有法律的、也有道德的，还有其他的意思，包括自然规律、自然法则，都叫作合法性。那么对行动合法性所作的判断，只要我们对这个判断分析一下，那么我们任何时候都会发现，"不论爱好在这中间会说些什么，他们的理性却仍然坚定不移地和自我强制地总是在一个行动中把意志的准则保持在纯粹意志、即保持在它自己的方向上"。就是说，我们对于我们的行动的合法性来探讨一下看，不管我们作什么样的判断，那么只要我们对这个判断加以分析，我们就会发现，爱好在这个中间当然也许会发生一些影响，但不论爱好在这中间会说些什么，理性却仍然用纯粹意志的方向来规范我们的行动。我们的爱好总要里面起点作用，因为我们人是有限的嘛，人是有身体、有感性的理性存在者，那么他肯定要受到爱好的影响。但是不论爱好会发生一些什么影响，关键是这句话，就是人的理性总会坚定不移地、甚至于自我强制地，排开所有这一切干扰，来强迫他在一个行动中把意志的准则保持在自己的方向上。这就是我上次已经强调过的，所谓的普遍法则不是外加的，它就是意志的准则本身的一贯性、不矛盾性、前后统一性，它在实践中合乎不矛盾律。"纯粹意志"就是有一贯性的意志，你不要一个点一个的点地来看待意志，纯粹意志是一条线，是在时间中保持前后一贯的一条线。后来的很多哲学家为什么那么重视时间，柏格森重视时间，海德格尔重视时间，海德格尔讲"存在与时间"，存在跟时间有什么关系？存在在海德格尔那里，所谓的此在就是一个点，但是如果没有时间，这个点什么也不是。存在只有体现为时间，它才是存在。存在者，或者说此在，此时此地的存在，如果是一个点，那什么意义也没有。但是此时此刻的存在不是一个静止的点，而是在时间中保持一贯的，能够贯彻下来的，那才是真正的存在。那么康德这里呢，已经隐含有这样一个倾向，就是说我们的理性在实践中的作用就在于坚定不移地、强制性地在时间中把意志的准则保持下来。所谓保持下来就是不受任何外来的东西的干扰，保持自身的一贯。一旦保持了自身的一贯，那它就体现了纯粹意志。所以他讲："即保持在它自己的方向上"。意志的准则是主观的，准则不一定能保持，它也不在乎别人能不能遵守，它不在乎这种客观性，那么它就要受到个人有限性的限制，免不了自相冲突。意志的准则如果仅仅是准则，仅仅是从我自己出发，那就会受到自己的有限性的局限，就很难保持一贯。形势一变，可能他的想法就改变了，今天的准则就会和昨天的相矛盾，自己的准则就可能阻止别人的同样的准则。这样一种准则之所以不能贯彻下来，是因为它服从的是感性，而不是服从纯粹理性。但是纯粹理性强制性地把意志的准则保持在纯粹意志的方向上，也就是保持在它自己的方向上。你在选择意志的准则的时候，你就要考虑到，你这个准则能不能够一贯下来，不但今天是自由的，明天仍然是自由的。意志的准则本来是立足于自由的，但是呢，你这个意志自由能不能够保持下来，保持在它自己的方向上。当然时间还没有完，你这一辈子还没有完，你怎么能预计以后的事情呢。但是有一点可以预计，就是保持在它的方向上。以后，虽然它的内容可以变来变去，但在形式上它可以有一个固定的方向，我的意志的准则不管它做什么，它的方向总是保持自身的一贯性，使它有一种普遍性，符合于一种普遍的法则。那么这个普遍的法则就不是外来加给他的，而是他自己的理性的立法，虽然是带有强制性的，但是是他自己的理性本身贯彻下来的。这就是所谓意志自律了，从这里就引出了后面的定理Ⅳ。"因为它把自己看作先天实践的"，这个"因为"就是说，我们的理性为什么能坚定不移地和自我强制地把意志的准则保持在纯粹意志的方向上呢？是因为这个理性把自己看作先天实践的。这就是这个绎理里面的第一句话前半段了，"纯粹理性单就自身而言就是实践的"，意思就是说先天实践的。因为它单就自身而言，什么是自身呢？就是纯粹理性自身。而纯粹理性当然是先天的，人先天地具有纯粹理性，他不以后天的那些经验的影响作为他的前提。先天的不等于天生的，纯粹理性并不是爹妈生下来带给你的，而是你做为一个人先天的，这个先天是逻辑上的先天。我在前面曾经提到过什么叫先天，康德的先天的意思是逻辑上的先天，就是说，只要你是个人，那么你就有这样一个先天的素质，就是纯粹理性。你的爹妈生你的时候可以给你带来其他的一些东西，你的基因、你的气质、你的习惯、你的面貌、你的声音、你的体质，这都是你爹妈给你的，但是理性不是。理性是作为一个有理性者先天固有的。在基督教里面呢，认为这是上帝给的。你的身体是你的爹妈给的，但你的灵魂是上帝给的。当然康德在这里不讲上帝，但是他讲一切有理性者，先天就已经定了他是有理性的。不光是人，而且比如说天使或者上帝、外星人，都是有理性者，只要是有理性者，那么他先天固有的就是有纯粹理性。而一旦有纯粹理性，他就不仅仅把它用在理论方面，而且同时用在实践方面。作为一个有理性者的行动，他就要发挥他的作用，他就要由自己单纯地命令自己的意志该怎么做。所以他把自己看作先天实践的，这个是前提。理性为什么总是要求人把意志保持在纯粹意志的方向上？保持在普遍法则这个方向上？就是因为纯粹理性先天地就是实践的。他不需要任何后天加给他的条件，他就能够对人的实践活动发生影响。而且这个影响在理性看来是一种决定性的影响，是无条件的应该。你做别的事情都不是无条件的，只有纯粹理性的实践法则，它是绝对应该，不管你想要或者不想要得到什么，你都应该，所以它是先天地实践的。

　　现在，正是为了那种不顾意志的一切主观差异而使这个德性原则成为意志的形式上的最高规定根据的普遍形式，理性才同时把这个德性原则宣布为一条对一切有理性的存在者而言的法则，

　　"意志的一切主观差异"，我在前面讲了，意志的准则是主观的，既然是主观的，那么它本身是有差异的。你想这样，他想那样，你的准则是这样的准则，他的准则跟你的不同。有的人的准则很极端，比如说曹操的准则，一般人都认为那太坏了。但是比曹操好一点的，也有无数的不同的等级。有的比曹操只好那么一点点，有的呢可能好得多一些。所以意志是有主观差异的，这个主观差异跟很多具体情况，跟他所受的教育，跟他所处的环境，跟他所面临的问题，跟他所追求的目标，等等，跟所有这些东西都有关系，都影响他的主观的准则。那么，"正是为了那种不顾意志的一切主观差异而使这个德性原则成为意志的形式上的最高规定根据的普遍形式，理性才同时把这个德行原则宣布为一条对一切有理性的存在者而言的法则"，正是为了那个普遍形式，一种什么普遍形式呢？不顾意志的一切主观差异而使这个德性原则成为意志的形式上的最高规定根据，这样一个普遍形式。这句话本身不难理解，就是太长了。为了那种普遍形式，理性才把这个德性原则宣布为一条法则。既然是法则，那它就是对一切有理性的存在者都有效的。这里有一个词就是德性。德性 Sittlichkeit，我们通常翻译成德性，有时候也翻译成道德。但是道德有另外一个词，moral。在德文里面，道德有两个词，一个是 moral，一个是 Sittlichkeit 或者 Sitten。Sittlichkeit 就是从 Sitten 来的，Sitten 是道德的意

思，但是这个道德更倾向于伦理、风俗、习惯、礼仪，更倾向于历史传统留下来的那样一套形式。当然它也是形式，但是这种形式呢，具有历史的内容。当然也翻成德性。道德、风俗、德性，比如我们说一个女人很庄重，很端庄，就用这个词。她符合传统的礼仪，符合传统的道德规范，这个女人很贞洁，有"女德"。这都属于 Sittlichkeit。但是 moral 这个词是从拉丁文来的，凡外来词就比较更抽象一点。康德有时候也用 moral 这个词，或者 Moralität，道德，道德性，它是更加形式化的。康德呢，两个词都用，Sittlichkeit 或者 Sitten 用得更多一点，稍微有一点区别，有时候康德又把它们换用，区别不大。另外还有一词，就是 Tugend，这个词也可以翻译成道德、美德。我们把它翻译成德行。这个词与 Sittlichkeit 相比，它又更具体一些。它具体在什么地方呢？就是人在实践中间发生作用的那样一种形式。它跟内容已经紧密结合在一起了，就是在现实的实践活动中，它是一种行为，这种行为本身当然是有形式的，这种行为本身的形式就叫 Tugend。我们有的时候翻译成美德，其实美德不是很准确，因为它里面没有美的意思，它就是德行，跟那个德性不一样。德性仅仅着眼于实践活动中意志的规定根据，至于这个意志是不是去做了，它不管。反正我规定了，我的行为可能产生影响，产生多大的影响，这个不在我的考虑之中，主要关注的是行为的意志后面那个规定根据。那么德行呢，它是比较着眼于我们的行为产生了一种什么样的影响。这是几个基本的概念，我们先把它们分辨一下。那么他这里就讲到了，使这个德性原则成为意志上的最高规定根据的普遍形式，为了这种普遍形式呢，理性才同时把这个德性原则宣布为一条对一切有理性的存在者而言的法则。这个德性原则也是道德原则，在这个地方我们可以把它理解为就是道德原则，当然它比 moral 那个道德要更广一些。Moral 是更抽象的，就是纯粹从一种形式法则的意义上来理解的，那么德性呢，还是考虑到你的行为具有这样一种道德的性质，德性的性质，或者道德性。把这个道德性的原则宣布为一条对一切有理性的存在者而言的——也就是都适用的——

法则,就是说,现在正是为了这种普遍形式,理性才同时把这个德性原则宣布为一条对一切有理性的存在者而言的法则。本来这个道德法则就是由一个普遍的形式,不考虑它的内容、不考虑它的质料而抽象出来的嘛。那么这个地方呢,强调的是,由于这种普遍形式,所以理性才同时——注意这个"同时",为什么要同时呢? 就是这个理性不仅仅把这个德性原则看作是人类的普遍法则,而且同时宣布为一条对一切有理性的存在者而言的法则。"同时"的意义在这个地方,它既是我们人类的一条普遍法则,同时又是一切有理性存在者的法则,都有效。这个道德律康德不是光着眼于人类,当然他是从人类出发,我应当作什么,从这里引出来的。康德的三个问题,我能够知道什么,我应当作什么,我可以希望什么,还有第四个问题就是人是什么,前面三个问题都可以归结为最后一个问题。事实上康德是这样做的,但是他同时又意识到他为人类所建立的这样一些规则,不是仅仅对人而言的,而且是对一切有理性的存在者而言的。这就是我刚才讲的,为什么他能够从"是"推出"应当"。他不仅仅从人是什么推出人应当是什么,而且是从一切有理性的存在者是什么,那就包括上帝,包括天使,包括一切超越人类之上的,或者是更高层次的有理性的存在者,除了人这种有限的有理性的存在者,还有无限的有理性的存在者,也有个应当的问题了。所以这个所谓的"是",实际上不只是人作为世俗生活中的一个经验事实的"是",而是一个超验的事实,一个理想的事实。纯粹实践理性的法则,它是一个理想,这个理想只有无限的有理性的存在者才能够完全达到,而有限的有理性的存在者,比如说人,实际上达不到。虽然达不到,但是他意识到这一点,他就知道自己应该怎样做。于是理性同时把这个德性原则宣布为一条对一切有理性的存在者都有效的法则,下面就说明什么是一切有理性的存在者。

只要他们一般地具有意志,即具有一种通过规则的表象来规定自己的原因性的能力,因而,只要他们有能力根据原理、从而也根据先天的实践原则(因为唯有这些原则才具有理性对原理所要求的那种必然性)来行动。

就是说，理性已经把这个德性原则不仅仅是规定为对人类而言的法则，而且同时宣布为一条对一切有理性的存在者而言的法则，"只要他们一般地具有意志"。也就是说，不一定要他们具有身体，只要有意志就行。当然如果一切有理性的存在者不具有意志，那也就自相矛盾了，一个有理性的存在者怎么能不具有意志呢？意志就是由理性决定的嘛。意志这个概念和任意这个概念不同的地方，就在于它是按照理性来决定的。而任意呢，虽然里面也有理性的成分，但是它是可以按照感性的爱好来决定的。什么叫具有意志？就是具有一种通过规则的表象来规定自己的原因性的能力。前面讲，意志就是通过规则的表象来规定自己的原因性的能力。一个意志的行为跟一个自然行为、自然过程有根本的不同，自然过程是根据自然的法则来产生自己的因果性的，但是在意志方面呢，是通过规则的表象来规定自己的原因性的能力，这跟自然过程就不一样了。自然过程是按照自然规律，符合自然规律的原因性，意志的过程是根据规则的表象，首先是在表象中来规定自己的原因性，也就是目的性了。首先有一个目的，这个目的还没有产生，还没有实现，但是已经在表象中。那么这个规则呢，它可以成为一个表象，成为一个目的。我要实现的是一种规则，这个规则还没有实现，但是我用这个规则在我头脑中的表象来规定自己的原因性。我头脑里面首先有一个规则的表象，我把它作为一个目的，有了这个目的，我就可以按照这个目的来影响现实世界，成为现实世界的原因，这样一种能力就是意志的能力。我在前面讲了，意志就是人们的行为具有一贯性，这种一贯性就是动机和目的的一贯性，从开始建立目的到最后实现目的是一贯的，是同一个目的。人的行为跟动物的行为、跟自然过程的不同就在这里，就是人能够合目的地影响现实世界。而当这个目的是按照规则而表象出来的，那么这就是一个意志的行为。所以，要把德性原则宣布为一条对一切有理性的存在者而言的法则有个前提，就是说，这些有理性的存在者一般地都具有意志，能够按照规则的表象来对世界发生因果性的作用，来成为世界的原因性。"因而，只要他们有能力根据原理、从而也根据先天的实践原则（因为唯有这些原则才具有理性对原理所要求的那种必然性）来行动"，这是对意志的进一步解释。既然他们一般地具有意志，也就是说，具有一种根据规则的表象来作用于其他事物的、作用于现实世界的那种能力，只要他们有能力根据原理来行动。上面讲根据规则的表象规定自己的原因性，当然也就是根据原理了。原理，Grundsatz，在《纯粹理性批判》里面主要是用在知性能力之上的，相当于法则，即人为自然立法。《纯粹理性批判》讲知性，一个是纯粹知性的概念，那就是范畴，再一个就是纯粹知性的原理，所以这个分析论分成概念分析和原理分析两部分。在那里，原理是特别限定在知性的原理这方面的，在理性方面康德就不谈原理了，理性方面所谈的是原则 Prinzip。这里讲，"只要他们有能力根据原理、从而也根据先天的实践原则"来行动，这里是"原理"和"原则"结合起来用了。原理属于知性，原理属于理性，所以原则要比原理要高，要比法则也高。这个从括号里面也可以看出来，他说"（因为唯有这些原则才具有理性对原理所要求的那种必然性）"。原理可以是不完全贯通的，比如说知性的原理，一切发生的事情都有原因，这个当然是普遍的，放之四海而皆准的。但是，到底哪个是哪个的原因，这个是要根据经验的提供资料来加以决定，有时候还可能搞错。知性只是提供了一个原理的法庭，人为自然界立法。但是在这个法庭上打官司是可以无穷无尽的，所以人们获得的知识也就是零零碎碎的。理性的原则就是把所有这些零零星星的知识都统一为一个体系，一个系统，起这样一个作用。那么这里呢，也表现出类似的这样一种关系，即唯有这些原则才具有理性对原理所要求的那种必然性。理性对原理有一种要求，就是要求探讨必然性。原理在某种范围之内可能有一种必然性，但是没有一种统一的必然性。比如说牛顿的几个定理，每一个定理内部是有必然性的，但是如何把这些定理搞成一个统一的体系，从唯一的东西里面推出所有的其他的东西，这个牛顿是没有做到的，爱因斯坦最后也没有做到。比如说爱因斯坦的统一场论，最后想把四种相互作用的力，包括万有引力都统一起来，最后没能统一起来。但是这种方面、这种意向是存在的，这就是一种理性的意向。理性向把所有的知识都赋予它一种必然性。为什么有万有引力？牛顿避而不答，这个是偶然的，我们所生活的世界里面的万事万物就是有引力，这个没有必然性。但是理性对原理要求一种必然性，那么怎么样才能够要求必然性呢？就是要从原则出发。在《纯粹理性批判》里面，理性的原则仅仅是一个范导性的原则，仅仅是一种调节性的原则，它是永无止境，永远追求不到的，但是它永远是一个理想的目标，你可以向它靠近，你没有它还不行，没有它你的知识就散了。有了它，你的知识虽然还没有完成，但是可以很有信心地朝那个目标逼近。这是理性的作用。那么，在《实践理性批判》里面情况不一样。《实践理性批判》里面，一开始就定了，它不是说你永远不知道是个什么东西，你一开始就知道，理性的事实摆在你面前，它不仅仅是原理，而且是先天的实践原则。所以这里讲，只要他们一般地具有意志，即具有一种通过规则的表象来规定自己的原因性的能力，因而，只要他们有能力根据原理、从而也根据先天的实践原则来行动，理性就可以把德性原则宣布为对他们这些有理性的存在者是有效的。当然凡是有理性的存在者，其实都有这个能力。

　　所以这条原则并不仅仅限于人类，而是针对一切具有理性和意志的有限存在者的，甚至也包括作为最高理智的无限存在者在内。

　　这就是我刚才讲的意思了。当然是从我们人类出发才能理解这条原则，但是呢，一旦理解了它，我们就会发现，它不仅仅是属于我们人类的，因为我们人类是有限的理性存在者，而这条原则把所有的有限性都排除在外了，因为它把质料排除了，把经验的东西排除了，它超越于一切经验的东西之上。那么我们就可以设想，它不仅仅是人的纯粹理性的一种特点，而且是一切有理性者的特点，包括那些最高的有理性者，比如说上帝。所以他在这里讲道，"并不仅仅限于人类，而是针对一切具有理性和意志的有限存在者的"，这就包括比如说外星人，或者说我们还没有发现的某种智慧生物。在康德的时代，他们认为在地球上除了人类以外，说不定还有没有发现的一些有理性的存在者，更不用说当时认为月亮上、火星上都有与人类相似的有限的有理性的存在者。虽然康德的立足点是人类学，但是他的目标呢，是要超越人类学的。当然按照胡塞尔的观点，他最终是没有超越出去，胡塞尔认为康德基本上还是人类学的，甚至于是心理学的。胡塞尔认为只有他自己才超越了人类学。但是在康德自己的心目中，他是立足于要超越人类学的。我讲的理性的法则，不仅仅适用于人类，而且适用于一切与人相类似的有理性的存在者，"甚至也包括作为最高理智的无限存在者在内"，那就是上帝了。我们可以设想这样一个纯粹实践理性的法则也适用于上帝。上帝也有理性，上帝的本质无非就是理性嘛。既然上帝有理性，而且上帝也是一个实践者，上帝创造世界，所以这条理性法则甚至对于作为最高理智的无限存在者也是有效的。当然康德并不肯定有上帝。他只是说，万一要是有上帝，那么他也就适合于这一条道德律。当然，人这样一种有限的理性存在者，跟上帝这种无限的理性存在者相比而言，康德认为还是有区别的。

　　但在人类的场合下这条法则有一个命令的形式，因为我们对于那虽然是有理性的存在者的人类能预设一个**纯粹的**意志，但是人类作为由需要和感性动因所刺激的存在者却不能预设任何**神圣的**意志，亦即这样一种意志，它不可能提出任何与道德法则相冲突的准则。

　　也就是说，这样一个道德律在人类的场合之下它具有一个命令的形式。Imperative，就是命令，命令你应当这样做。这是人类场合下它所具有的形式。为什么要命令呢？"因为我们对于那虽然是有理性的存在者的人类能预设一个**纯粹的**意志"，作为有理性的存在者的人类，只要他是有理性的存在者，我们就能给他预设一个纯粹的意志。只要他能够纯粹地、单独地意识到这个理性，那么它就会构成一个纯粹的意志。然而，虽然人类能预设一个纯粹的意志，"但对人类作为由需要和感性动机所刺激的存在者却不能预设任何**神圣的**意志",我们可以预设一个纯粹的意志,却不能为人类预设一个神圣的意志。什么叫神圣的意志? "亦即这样一种意志,它不可能提出任何与道德法则相冲突的准则",那就是神圣的意志了。神圣的意志就是说,它绝对没有任何可能违背道德法则。而人是很有可能违背的,世界上的纯粹的好人并不多,他总是受到种种感性的需要、感性的动机所刺激、所规定,因为他是有限的有理性者嘛。所以我们不能把人的这样一种纯粹的意志就看作是神圣的意志。神圣的意志那就是圣洁的了,我们要把一个人看成圣人是很难很难的。即算有圣徒,有圣洁的人,但是他也时时刻刻受到他的感性动机的冲击和纠缠,所以通常他的神圣的意志是建立在他的忏悔之上的,他不断地忏悔,提醒自己,警告自己,他要做到神圣是很不容易的。既然连他都要忏悔自己,说明他就还不是足够神圣的,他要通过忏悔自己来达到自己的神圣,来做到道德所要求他的事情。那么他就不是足够神圣的了。足够神圣的就是上帝,上帝可以自然而然地就遵守道德律,就按道德律去办事,甚至于他不可能去做违背道德律的事情,这个就是神圣的意志。神圣的意志没有可能受到感性的影响,因为上帝没有感性,上帝没有肉体,也没有肉体的需要,也没有肉体的欲望,没有物质的需求。所以上帝的意志才是神圣的。神圣的意志就是不可能提出任何与道德法则相冲突的准则的意志,这个是人所不能达到的。人只能达到纯粹的意志,纯粹的意志往往被淹没在人们的日常的各种各样的任意之中,但是它是有的,这个不能否认。但是正因为如此,这样一种纯粹的意志不能够称之为神圣的意志,因为它随时可能受到干扰。只有上帝才能够不受干扰。

因此道德法则在人类那里是一个**命令**,它以定言的方式提出要求,因为这法则是无条件的;

这里推出来,在人类的场合下,这条道德法则具有一个命令形式。为什么具有一个命令形式呢? 因为人类虽然有一个纯粹的意志,但是没有任何神圣的意志,因此他们总是需要由命令来强制。这命令就是说你必须这样做，理性对你发出命令，因为你随时可能受到感性的干扰，所以需要一个命令，需要一种强制。命令就是一种强制性，但这里是一种自我强制。虽然是一种自我强制，但是毕竟还是一种强制。定言命令就是无条件的，它要求人无条件地服从，这跟假言命令不同，跟选言命令也不同。它直接就说了，你应该怎么做；而不是说，如果你要怎么样，你就应该怎么做；也不说你应该要么这样做，要么那样做，从中选择一个。"它以定言的方式提出要求，因为这法则是无条件的"，定言命令也就是无条件的命令。康德的道德律对人来说是一种无条件的命令，只要有理性，就会受到它的命令。

这样一个意志与这法则的关系就是以责任为名的**从属性**，它意味着对一个行动的某种**强制**，虽然只是由理性及其客观法则来强迫，而这行动因此就称之为**义务**，

意志当然是自由的，那么自由的是不是就不服从任何法则了呢？不是。"这样一个意志与这法则的关系就是以责任为名的**从属性**"，它是从属于这个法则的。当我们的意志从属于这个法则的时候，我们就把这种从属性称之为责任，我有责任做什么什么事情。所以意志是从属于法则的，从属性当然就是一种强制了。虽然你是自由意志，但是这个自由意志要从属于某种法则，要受到这种法则的强制。虽然它是一种强制，但这种强制呢，只是"由理性及其客观法则来强迫"，它不是外部的强制，不是感性的强制，不是经验的强制，不是物质需要的强制，但是它还是强制。这个"虽然"在这里就是退一步说，尽管它是由理性而来的强制，它还是一种强制。而这样一个行动，我们就称之为义务。义务和责任这两个词是非常接近的。我们为了区分，把 Pflicht 译成义务，把 Verbindung 或者 Verbindlichkeit 译成责任。这两个词其实可以互换，一般来说很少有什么区别。稍微有点区别，就是义务呢，更主动一点，责任则更加被动一点。因为 verbinden 中的 binden 就是"束缚"的意思，就是说，强调我是受到责任的束缚的，我不是自由的。而这个义务这个词呢，来自于

pflegen，是看护、关照、保养的意思，带有主动性。"而这行动因此就称之为**义务**"，同一个行动，从被强迫性来看一种责任，而从主动的行为来看，我们就可以把它称之为义务。

因为一种在病理学上被刺激起来的（虽然并不由此而规定了的、因而也总是自由的）任意，本身带有一种愿望，这愿望来源于主观原因，因此也就有可能经常与纯粹的客观的规定根据相对立，因而需要实践理性的某种抵抗作为道德的强制，这种抵抗可以称之为内部的、但却是智性的强制。

就是说，这行动为什么被称之为义务？因为一种在病理学上被刺激起来的任意，你可以从旁用一个医生的眼光来观察，它是怎么被刺激起来的，它的反应如何，它的应激性如何，它的感应性如何。当然它也是感性的，但是它不是一般感性的，而是说，它是从医学的眼光可以把握的。那么一种在病理学上被刺激起来的任意，虽然并不因为在病理学上被刺激起来就是被规定了的，因而也总是自由的任意，也就是说，对人的任意而言，虽然它可以从病理学上来加以考察，但是呢，也并不因为病理学上的考察就对它完全作了规定，因而它总是自由的，就是说它还可以是自由的任意。我在讲《纯粹理性批判》时已经提到了，康德自己作了一个区分，所谓任意本身有两种任意，一种是动物性的任意，那是完全可以从病理学上加以考察的，是完全没有理性的；另外呢，人的任意，康德称之为自由的任意。自由的任意虽然是感性的，但是它已经掺杂了理性的成分。人就要加以策划，他虽然也是任意，但是他是一种目的活动，有目的的行为，他首先要设计他的目的和手段，这当然就需要运用理性了。所以这种任意呢，在某种程度上也是自由的。任意分这两个层次，一个是动物性的任意，一个是自由的任意。自由的任意尽管可以是自由的，但是它还不是自由意志。因为它的任意的根据还是感性。而自由意志的根据呢，就完全是理性了。自由的任意，只是利用理性作为手段，实现感性的目的。那么自由意志呢，就是不仅仅把理性当作手段，而且把理性本身当作目的,严格说来是这样。这里讲的呢,是一种在病理学上被刺激起来的任意,是比较严格意义上的,就是说,人的这样一种自由的任意,可以从病理学上面加以考察,但是呢,它并不由此而规定,因此它总是自由的。我可以被某种感性冲动所规定,但是也可以不被它规定。比如说,我暂时忍着,春天没有粮食吃了,我饥饿的时候,我暂时用别的东西填饱肚子,而把种子留下来,不去吃光它,吃光它我种什么。我要把种子留下来,以待春天播种以后,下一季有更大的收成。那动物就做不到这一点。人是有策划的,他可以暂时忍着某些感性的冲动,所以他在这方面比动物要自由。他可以克己,忍饥挨饿,挨到新粮上市,那他的问题就解决了。所以在这方面,人比动物要自由得多。虽然可以从病理学上面来考察这个人确实是该进食了,不进食他就会虚脱了,就会濒临死亡了,但是人居然也可以忍着,放着粮食在面前,他不去吃,表现出他的自由。但是这种自由最终还是为感性的需要服务的。如果你把这样一种忍耐力,把这样一种自由,运用于自由的目的,运用于理性的目的,比如说,不食嗟来之食,我就是维护我个人的尊严,你送给我再好的诱惑我也不理。如果能运用于这方面,那就是自由意志了,那就是道德行为了。那么这里讲的是任意。他说:"本身带有一种愿望,这愿望来源于主观原因,因此也就有可能经常与纯粹的客观的规定根据相对立,因而需要实践理性的某种抵抗作为道德的强制,这种抵抗可以称之为内部的、但却是智性的强制。"就是说,这样一种任意,人虽然比动物要高,他的任意是一种自由的任意,那么他本身带有一种愿望,这个愿望还是来源于主观的原因。就是说,我希望自己能够延续下去,能够活得更好,明年比今年要更好,来源于主观的原因。这个主观的原因呢,我只考虑我自己能够活下去,我只考虑我能够丰衣足食,这样的主观的原因,"因此也就有可能经常与纯粹的客观的规定根据相对立",比如在这里讲的就是与道德律相对立。我们在日常生活中间的那种远见,那种策划,那种机制,那种明智,很可能是违背道德律的。当道德律要求你杀身成仁舍生取义的时候,你考虑的是主观的原

505

因，你还想活下去，还想活得更好。金钱、权力等等各方面的诱惑这些主观原因跟这个客观的规定根据相对立。可能是这样的，与纯粹的客观规定根据，就是不是一般的客观规定根据，而是纯粹理性的客观规定根据。他说"因而需要实践理性的某种抵抗作为道德的强制"，就是说，当它与纯粹理性的客观规定根据如义务相对立的时候，我们就需要实践理性的道德法则来强制自己。作为道德强制的纯粹实践理性在内心里面对你发出命令，强制你，不要受它的诱惑，要抵抗住那些主观愿望的诱惑。这种抵抗可以称之为道德的强制，你不应该怎么做，它是一种内部的强制，但却是智性的强制。它是内部的，就是说你自己的理性在里面发出命令，在你的头脑里面向你发出命令，当然是内部的，也许别人并没有说你应该怎么怎么做，你周围的人很可能完全相反，劝诱你要妥协，你应该妥协，你应该明智，你应该现实一点，但是他内心有一个强烈的命令在强制他，这个内心的强烈的命令，就不是那种内心的愿望，那种冲动，那种感性的需要，而是智性的强制。智性的跟感性的是相对立的。智性的（intellektueller）在这里就相当于理性的，它是纯粹理性的强制在对你发出命令。

<u>在最大充足性的理智中，任意就被正当地表现为不可能提出任何不同时可以是客观法则的准则，而那个由此之故应归于它的**神圣性**概念，虽然没有使任意超乎一切实践法则之上，但却使它超乎一切实践上有限制作用的法则之上，因而超乎责任和义务之上。</u>

在最大充足性的理智中，这个"理智"（Intelligenz）是接着前面"智性"（intellektuell）的强制来说的。最大充足性的理智是什么理智呢？那当然是上帝的理智了。他这里没有提到上帝，为什么没有提到上帝？上帝是一个证明不了的东西，我们现在避而不谈。但是我们有理智，而且我们知道我们的理智是有限的，那么由此我们就可以设想一个最大充足性的理智，那当然是上帝了。不管你把它叫作什么吧，反正我是立足于我的有限的理智，去设想、去推想，因为有理性嘛，我们当然就可以去推想了，就可以从有限的理性，一个有条件者，最后可以推到一个最大充足

性的理智,一个无条件者,实际上就是上帝。在上帝中,"任意就被正当地表现为不可能提出任何不同时可以是客观法则的准则",在上帝那里也有任意性,这是在更高层次上的任意。所以康德讲的这个任意有三个层次:一个是动物性的任意,一个是人的自由的任意,即有限的人类的任意,再一个就是更高的、上帝的那种最大的充足性的任意。莱布尼茨讲上帝的充足理由,上帝的充足理由没有别的理由了,只有上帝的自由意志。在最大充足性的理智中的那种任意呢,那就是上帝的自由意志,当然康德也把它称之为上帝的任意。所以任意这个概念是一个比较广泛的概念,它包含人的自由意志,也包含动物性的感性的任意,也包含人的自由的任意。人的自由意志也可以被称之为一种任意,只不过这种任意呢,跟那种一般的任意不同,就是它可以不受感性条件的支配,而保持自身的一贯。我选定了。选定了什么呢?选定了我自身的任意能够保持下去,成为法则。那就是自由意志了。更高的就是上帝的任意,它正当地表现为不可能提出任何不同时可以是客观法则的准则。人的任意表现为提出来一种主观的准则,这种主观准则可以是完全主观的,也可以是被设想为客观的。当它是完全主观的时候,它就是人的这种自由的任意性,即日常的、通过爱好来决定的那种任意性。那么当它可以表现为客观法则的时候,那就是康德的道德命令:要使你的意志的准则同时可以被看作是一个普遍法则,那就是道德律了。那么,上帝的任意呢,它的特点在这里,就是不可能提出任何不同时可以是客观法则的准则。这跟人不一样了,人的任意是可以提出不同时可以是客观法则的准则的,所以人的任意呢,可以不是道德的,可以是非道德的,可以是主观的一种爱好。我想这样,而不想那样。我想怎么就怎么,这是人的任意的特点,他有这个方面的可能性。当然他也有另一方面的可能性,就是我想使我的行为的准则成为一条普遍的法则,当然也可以。但是在这里,它是需要纯粹理性来发出命令,来抵抗自己各种各样的欲望的侵袭和干扰的。而上帝的任意就不同了,它不可能提出任何不同时可以是客观法则的准则。凡是上帝任意提出的，都是客观法则，而且上帝提不出那种不是客观法则的准则。比如说上帝为了自己发财，那不可能。上帝不需要发财。上帝需要得到人间的某些好处吗？那也不可能。人们会献祭很多好处给上帝，那是以小人之心度上帝之腹，以为我所喜欢的上帝也会喜欢。上帝之所以让人去献祭给他，只是为了考验你，为了考验人的诚心、人的信仰。这个在基督教里面是这样说的，上帝并不稀罕你献祭的那些东西。你捐给教会的钱，教会用来给上帝盖一个教堂，塑一个像，上帝在乎这些东西？不是的。上帝之所以也需要人们崇拜他，只不过是为了考验人的诚心。你有诚心，那么你能不能放弃你所有世俗的东西来跟着我？这考验你的信心，考验你的信仰。但上帝绝不是为了要在人世间获得什么好处。所以上帝的任意呢，不可能提出任何不同时可以是客观法则的准则，上帝凭他的任意，就必然会行使道德律。孟子曾经讲，非行仁义，而仁义行。就是说，最高的境界不是你行仁义，不是你去做好事，而是仁义行，而是你本来就是个仁义人，你的行为就是好事，你不需要强迫自己去做好事，这才是真正的圣人，一般的人达不到那个水平。一般的人向圣人学习，他必须强迫自己去做好事，他必须克服自己那种私心，那种利己之心，但是是圣人不需要，因为他没有利己之心，圣人没有那种不好的念头。他所做出来的不知不觉就是好事。当然我们如果从康德的观点来看呢，孟子就是把普通人当作上帝了，你把世俗人当作上帝了，那怎么可能呢？所以康德认为人是不可能成为上帝的，只有上帝所做出来的事情自然而然就是合乎道德律的，就是合乎普遍法则、客观法则的，就是对每一个人都适用的，对任何有理性的存在者，不管是有限的，还是无限的，都是适用的，是放之四海而皆准的普遍法则。所以上帝不可能做不道德的事情，哪怕他想做都做不到。因为上帝没有肉体，没有感性的需要，他怎么可能为了感性的需要去做一件事情呢？上帝本身就是普遍性。"而那个由此之故应归于它的**神圣性**概念，虽然没有使任意超乎一切实践法则之上，但却使它超乎一切实践上有限制作用的法则之上，因而超乎责任和义务之上"，这句话也有点难以理解。而那个由此之故应归于这种有最大充足性的理智的神圣性概念，前面讲了人只具有纯粹的意志，而不具有神圣的意志。人的纯粹意志当然在日常生活中是被埋没在他的感性任意之中的，但是每个人都有良心。你手拍胸膛想一想，你的良心在，这种纯粹意志是在的，所以人会感到羞愧，感到后悔，感到自己做了不道德的事情，这种纯粹意志是有的。但是，正因为如此，人没有神圣的意志。你为什么后悔，就是因为你的意志没有一种摆脱一切感性干扰的神圣性，没有超验性。虽然说纯粹意志本身有超验性，但是在人身上不可能完全摆脱人的有限性的干扰。那么，对于最大充足性的理智，也就是对上帝而言，我们必须把神圣性的概念归之于他，因为他不可能做出任何不符合客观法则的行为，他的准则就是客观法则。准则当然是主观的，但是上帝的准则同时就是客观的，它不可能有另外一种主观，我们应该把神圣性的概念归之于它。那么这个概念虽然"没有使任意超乎一切实践法则之上，但却使它超乎一切实践上有限制作用的法则之上，因而超乎责任和义务之上"，这种神圣的概念使得上帝的任意具有了神圣性，但是这种神圣的任意是没有超出一切实践法则之上的，它还是从属于一种实践法则。上帝的任意是道德的，是具有最高的德性的。上帝的创造世界、创世纪就是一种实践活动，那么实践活动就有它的实践法则。所以上帝并没有完全超出一切实践法则。但却使它超乎一切实践上有限制作用的法则之上，就是说，上帝的这种实践法则，它是无限制的，它没有必要限制上帝的意志。上帝是无限的有理性存在者，所以，他把他的理性用在实践方面，他的实践也是没有限制的，他不需要去克服他的感性，对他来说，创世不是命令。那么人的这种实践法则，虽然是普遍的实践法则，但是对人来说，他必须要克服感性的限制，所以人的法则尽管是道德法则，但在实践上是有强制作用的，因为人的这种道德法则在实践中受到他的感性的束缚，因此呢，只有体现为命令才能克服这种束缚，它体现为责任和义务。责任和义务都是命令，你应该怎样，不能怎样，对你的意志加以限制，这都是命令,是你的责任,是你的义务,你必须克服一切感性的干扰去做的。这个是人的实践法则,尽管也是普遍的法则,但是它必须体现为命令,当然命令他可以执行,也有可能不执行,但毕竟对他形成了限制。那么上帝的实践法则就没有这种限制作用,它是超乎一切实践上有限制作用的法则之上,因而超出责任和义务之上的。实践上有限制作用,就是限制你不得听从自己的任意的欲望或感性需要的左右。你不得受这些东西的支配,你身为一个国家公务员,你不得搞那些行贿受贿贪污腐败的事情,它限制你。在人身上呢,道德法则有这样一种限制作用。而在上帝那里,就不存在这种限制作用了。所以对于上帝来说,道德律、道德法则不成其为命令。道德法则可以命令人,但是不需要去命令上帝。对人来说,道德法则是人应该做的,对上帝来说,道德法则就不是上帝应该做的,而是上帝实际上在做的。上帝就是道德法则,从上帝的"是"可以推出人的"应该",从纯粹理性本身,它的最大充足性这样一个事实,我们可以推出人在道德中应该做什么。就是我刚才讲的,从是推出应该,在一种意义上是能够成立的。但是超出这样一个意义呢,在别的意义上当然很难成立。你要说一个人是什么,他就应该是什么,一件事情是什么,就应该怎么做,这个是推不出来的。所以有的人往往搞不清楚,就说人要遵守绝对命令,上帝也要遵守绝对命令。这个你就把上帝理解得太低了,你把上帝理解为有限的理性存在者了。绝对命令对于人来说是一个命令,对上帝来说不是一个命令,他不是要遵守绝对命令,他就是绝对命令。是他命令人,他自己不需要命令,他做任何事情都是按照他自己的法则自然而然做的,因为他没有任何干扰,他没有任何感性的东西需要他去命令,所以他是超乎责任和义务之上的。你说上帝有责任有义务,这都是说不通的。只有对人来说,才有道德的义务。对上帝来说,没有道德的义务,因为一切义务都是从上帝那里来的。当然康德这里没有讲到上帝,他只是讲最大充足性的理智。虽然这里还没有讲到,但是我们可以这样理解,就是这种最高的、无限的有理性的存在者,他是不需要命令的。

意志的这种神圣性仍然是一个不可避免地必须用作**原型**的实践理念，无限地逼近这个原型是一切有限的有理性的存在者有权去做的唯一的事，

"意志的这种神圣性"就是上面所讲的上帝的那种意志的神圣性。这里为什么讲"仍然是一个"？就是说，上面已经讲到这样一种神圣性本身超越了责任和义务之上，但是呢，这种神圣性是一种实践的理念，它是理性所推出来的一个概念，在实践理性中理性所推出来的这个概念就是最大充足性的这种理智。这种理智虽然我们人不具备，我们人只是有限的、有一定程度的理性，但是通过我们的理性可以推出有一个最大充足性的理智。因为理性的作用无非就在于推理嘛，虽然我不具备，但是我可以推出有一种超越我之上的最大充足性的理智。它"仍然是一个不可避免地必须用作**原型**的实践理念"。这个里头其实已经隐含着对上帝的一种道德证明了，就是说，它是不可避免的必须地用作原型 (Urbild) 的一个实践理念。在实践活动中，我们都是通过原理、法则来规定我们的意志的，但在行动中总多少有些偏离法则，所以这个法则必须有它的原型。当然我们人不符合这个原型，我们人是有限的，但是从我们人的有限的理性可以推出无限的理性，而且可以倒过来，把这个无限的理性当作我们有限的理性所追求的目的、所模仿的楷模，那就是我们理性的原型了。康德这种反思的哲学经常是这样，我们通过理性所推出来的东西并不是一个单纯的结果，而是原因，后面推出来的东西是在前面的事实的原因。我们从我们有限的理性推出来应该有一个无限的理性，这个无限的理性我们把它看作是我们有限的理性的一个原型。我们有限的理性就是按照一个完满的理性才建立起来的，而且这种推论是不可避免的，是必然的。那么由此也可以推出来，设定上帝是有必要的。我们把道德律看作是对有限的理性存在者、也就是对我们人类的一种命令，那么谁来命令？当然是我们理性本身在命令。但是这个理性在我们人身上它总是纠缠在有限性之中，所以我们必须把这种命令看作是一个无限的理性，

从上至下对我们发出命令,这种无限的理性当然就是上帝了。我们在自己的内心的理性中设定了一个上帝,无限的理性就是上帝。康德在别的地方谈到,对上帝存在只有一个唯一可能的证明,那就是道德的证明。由于道德律,由于道德命令,我们发现了自己的有限性。而既然这种命令必须立足于一种无限的理性,是由一种纯粹的、一种没有任何感性干扰的理性发出来的,那么这种理性我们当然可以把它称之为上帝。但是这个上帝是我们设定的,不是说真的从我们之外来命令我们,而是说我们道德上面有这个需要,要设定一个上帝来命令自己,也就是上帝在我心中的意思。路德教,基督教新教,它一个很重要的转向就是把上帝纳入到了人的内心。上帝是我的内心所设立的一个理想,我真诚地去追求这个理想,但是它的根还在我的理性之中,并不在我之外。所以"无限地逼近这个原型是一切有限的有理性的存在者有权去做的唯一的事",我们虽然不是这个原型,我们虽然不是无限的理性,但是我们可以无限地逼近这个原型,并且是一切有限的有理性的存在者有权去做的唯一的事。我们有权去做,而且唯一有权去做这件事情。这个"有权"在这个地方,好像只是用在法律上的概念,但是在道德上面也可以用,就是说,你有权去做,不光是有义务,而且是有权利。为什么有权利?你自己所具有的理性是有它的权利的,理性在人的内心有发言权的。当然感性也有发言权,那是感性的权利。理性的权利就是要把人的意志归属于上帝这个神圣性的原型。理性有权发出它的声音,当然这种权利本身就是义务。人在感性方面,他就有义务服从理性,而在理性方面,他就有权利发出一种呼声,要你去接近上帝,逼近这个原型。一个有理性的存在者唯一有权去做的事情就是这个事情,就是服从上帝的命令,做道德的事情。所以在这个地方他讲得很绝对,凡是有理性者,只要他尊重自己的理性,他就是道德的人。只要他是道德的人,他就是一个信上帝的人。这是个充分必要条件。只要是一个有理性的人,当他按照自己的理性去做的时候,那么他就是道德的人。当他是个道德的人的时候,他就是服从上帝的人,他就是一个有信仰的人。这里面的原理在后面以及别的地方才阐释出来，这个地方只是提了一个大致的脉络。但是如果我们不了解康德背后的那些东西呢，对他的推论就不太容易把握。

　　<u>而这个实践理念就把那自身因而也是神圣的纯粹德性法则经常地和正确地向他们指出来，确保德性法则的准则之进向无限的进程及这些准则在不断前进中的始终不渝，也就是确保德行，</u>　　[33]

　　"这个实践理念"，也就是这种神圣性的、作为原型的实践理念，也就是关于上帝的理念，就把那个因为这样一种神圣性也沾上了神圣性之光的纯粹道德法则向每个有理性者指出来了。道德律如果没有这样一种神圣性的提升，那么它只是适合于人的有限性的；但是如果我们时刻把人的道德律提升到上帝的命令这样一种纯粹性，变成上帝交给人的责任和义务这样一种神圣性，那么道德律本身就成为了永恒的神圣标准，而彻底摆脱了人的感性的纠缠。而这样一种标准就不仅仅是道德律了，而且也是宗教的信仰。"这个实践理念就把那自身因而也是神圣的纯粹德性法则经常地和正确地向他们指出来"，"他们"就是一切有限的有理性的存在者。你心中有了上帝，上帝就会经常地和正确地向你指出道德律的这种神圣性。为什么是经常地和正确地，就是说，如果没有心中的上帝，你当然也可以做道德的事情，但是不经常，甚至于不正确。康德在谈到道德和宗教的关系的时候就讲过这样的话，就是说一个人当然可以做道德的事情而不必信上帝，比如说斯宾诺莎。斯宾诺莎本人在道德上无懈可击，但是他不信上帝，那你还说信上帝是必要的吗？康德认为，像斯宾诺莎那样的人，当然他凭借自己的一种个性、一种素质可以保证自己，甚至一辈子都遵守道德律，但是一般人，素质不如他那么好的人，或者是从小的教育不如他那么全面的人，或者你曾经受过各种各样不良的影响，那就难说了。虽然他心中也有道德律——每一个人都有，哪怕是罪犯，但是这个道德律并非经常地和正确地向你发出命令。你要靠自己自觉地压抑自己的某些冲动，包括斯宾诺莎自己也是这样，我们虽然不能钻到

他的内心里面去，知道他想什么，但是我们可以猜测。斯宾诺莎也是一个人嘛，他也有感性的冲动，那么他之所以能够保持道德上的高尚，也是因为不断地跟内心的某种不良的念头作战。那么如果他不信上帝的话，他就没有保障，他就不知道自己什么时候会投降。因为他的道德信念是建立在他的个性之上的，而个性总是偶然的，人的素质、人的气质、人的性格这些东西都是偶然形成的。你怎么能保证，你这样一种性格，你这样一种气质在某个时候不会软弱下来，不会出错呢？那么如果你有一个信仰的对象就不同了，因为信仰的对象超出一切人类的性格和气质，它纯粹凭借理性对人发出命令。所以康德认为，像斯宾诺莎那样的人可以值得尊重，但是呢，并不值得仿效，不是人人都能做到像斯宾诺莎那样的。即算斯宾诺莎自己，如果他有一个上帝在心中的话，他可能也会更加有把握，更加有信心，更加有希望。你能做到道德高尚，所有的人都做不到，你就容易产生一种对人类的失望，就认为这个世界是一个污浊的世界，是一个没有希望的世界，你就会有一种清高，众人皆醉我独醒。但在康德看来这靠不住，靠个人的气质、性格、个性来坚持道德当然很好，但是靠不住的，还是要通过一种纯粹理性。但是人的纯粹理性是有限的，所以需要一个无限的纯粹理性作为他的纯粹理性的原型，来鼓励自己，来给自己提供希望。这句话里面包含着很多东西，不要简单化对待了。"这个实践理念就把那自身因而也是神圣的纯粹道德律经常地和正确地向他们指出来，确保道德律的准则之进向无限的进程及这些准则在不断前进中的始终不渝"，这就是我刚讲的，你心中有了上帝以后，你就有信心，能够确保道德律的准则是进向无限的进程。这个信心不是说你就已经是无限的了，你就已经是圣人了，不是这种信心；而是在一条进向无限的道路之上，你可以满怀信心地前进，你可以向那个楷模接近。你永远也成不了那个楷模，但是你可以走在向它接近的无限的进程中，而这些准则在不断前进中是始终不渝的。不管有任何干扰，有上帝在你心中，命令你，你就不会迷失方向。如果你仅仅是立足于你自己的教养，自己的性格，甚至立足于你的自傲，那这个是很靠不住的。你靠自己坚忍不拔是靠不住的，你必须要有信仰。所以他讲"也就是确保德行"。"德行"就是我刚才讲的这个词，Tugend，它跟人的行动直接相关。你有一个道德律，但是在实践行动中，你能不能确保你的实践的行为具有德行，这还是有一种很实际的考虑。就是说如果你的心中真的有一个上帝的信仰的话，那么就可以确保你的德行。

这是有限的实践理性所能做到的极限，这种德行本身至少作为自然获得的能力又是永远不能完成的，因为这种确保在这种情况下永远不会成为无可置疑的确定性，而当作置信则是很危险的。

有限的实践理性就是人的实践理性，人只能做到这一步了，人不能成为上帝，人也不能成为神圣的，不能成为圣人，不能成为真正的圣洁的。但是不要失望，你心中如果有上帝的神圣性，那你就会有信心，不断地向它前进。这就是人所能做到的极限了，一个人能做到这一步就相当不错了，你心中有信仰，并且把一切道德行为都看作是上帝对自己的命令，那就相当不错了。"这种德行本身至少作为自然获得的能力又是永远不能完成的"，我刚才讲了，德行更具体，比德性、道德、道德性更具体，它是跟人的行为、行动直接挂钩的。那么，人的这样一种德行的能力跟自然获得的能力是有本质联系的，人的道德律、纯粹实践理性是先天的实践能力，但是人的德行是自然获得的能力。你借助于这个先天获得的道德律，在实践行动中怎样去做，你的动手能力，你的操作能力，你的行为能力，这个是自然获得的能力。人有这种自然获得的能力，但是呢，这又是永远不能完成的。人作为有限的理性存在者，他从自然所获得的能力是永远得不到完成的。当然德行本身不是自然能力，它只是从自然获得的，人具有一个身体，他就可以用他先天所带来的绝对命令支配自己的身体。支配自己的身体的能力是自然获得的，即要使自己的身体的行动服从道德律，服从自己的义务，这种能力是自然获得的，但是它永远不能完成，因为它是有限的。人在具体的实践行动中，他并没有使这个道德律达到完成，没有使自己的义务达到完成，这个对于自然的人来说永远是做不到的。"因为这种确保在这种情况下永远不会成为无可置疑的确定性"，这种确保，也就是上帝在我心中，也就确保了我的德行。确定性，Gewissheit，一般是用在知识（Wissen）上面的，知识具有确定性，知识的确定性带来人的一种确信，也就是客观上是确定的。但是这种确保，这种心中有上帝所带来一种信心，在这种情况下永远不会成为无可置疑的。我可以朝向无限的上帝前进，但是呢，永远不会成为无可置疑的，永远不会到达目的地，成为确证了的。这只是我的主观的一种信心，但是在客观上并没有确定性。我朝向上帝不断地努力，但是我进到了哪一步，这个并没有客观的标准，我自己也不能确信地把握到我自己。所以一个人要完全把握他自己，在康德看来是不可能的。并不是说你返身而诚，就能够把握到自己了，你返身而诚，你就在那里了，那只是你的主观感觉而已，而主观感觉是不可信的。包括你心中有上帝，你听从上帝的命令，但是你是作为一个有限的人在听从上帝做出的命令，你是否真心诚意地信仰了上帝，这个没有客观标准，只有主观标准。所以它是不可靠的，它永远不会成为无可置疑的确定性。基督教新教特别强调这个，你的信仰，你是不是已经达到了真信仰，这个东西是很不可靠的。你不能凭自我感觉良好就认为我的信仰已经达到纯粹了，不是的。恰好相反，一个真正有信仰的人，就体现在他不断忏悔自己的信仰不够坚定之上。什么叫有信仰的人？有信仰的人不是那种宣称自己已经信了的人，我很信，我百分之百地信，当你这样宣称的时候，恰好说明你还没有信。真正的信仰是说，我怎么就不信呢？上帝啊，赐给我信仰，让我从不信的状态解救出来！这种人才是真正的信徒，才有真信仰。但是这种真信仰恰好是建立在对自己的信仰的怀疑之上的，对自己的信仰不自信，所以才需要上帝来拯救你。如果你自己就能够达到信仰，那还要上帝干什么，那就不需要上帝了，你自己就可以拯救自己了。所以，基督教的新教比较强调的就是，只有上帝才知道你信到了什么程度，你自己是确定不了的。你以为你信了，这个程度就是百分之百了，这不可靠，弗洛伊德讲还有潜意识呢，还有下意识呢，你的意识的后面还有东西在支配你，你怎么就能够完全百分之百地把握自己呢？你的灵魂只有在上帝那里才能得到公正的审判。所以在你到达上帝之前，在你此生这一点永远不可能成为无可置疑的确定性。你要上帝确保你的道德，是不是确保了，这个是定不下来的。它只是你内心的一种愿望，一种趋向，一种追求。这种追求当然是很好的，是趋向于道德的，也是能够确保你在这条路上不断地前进的；但是并不能确保你的这种信仰是无可置疑的，也不能确保你的行为是百分之百的道德行为，这个要由上帝来评价。一个人不要评价自己，也不要评价别人，一切都要留给上帝来评价。基督教比较强调这一方面。康德当然跟基督教还不完全一样，但是在这方面他又留下了很大的余地。不要以为通过你自己的有限的理性推出一个上帝存在，这个上帝就在那里了。如果从确定性来说，上帝还是一个问号。之所以能够确定，只是因为你设立了他，使他成为一种保证，保证你能够在这个趋向于神圣性的道德的道路上不断有所前进。所以这种确保在这种情况下永远不会成为无可置疑的确定性。只是确保了一条道路，不可能确保一个确定无疑的确定性。"而当作置信则是很危险的"，"置信"，überreden，在《纯粹理性批判》的方法论部分讲到知识、意见和信仰那一章的时候，有一个地方特别对这个词有所说明，我们把它翻译成置信。就是说，确信和置信是不一样的，确信，就是在主观上和客观上都有确切的根据，都有确定性，而置信就是说主观上相信，比如说对于纯粹理性的理念，灵魂不朽，意志自由，上帝存在，这些东西你只能说是置信，不能说是确信。因为在主观上和客观上你都没有充分的理由，你都只是一种意见，而不是一种知识。那么你把这种意见当作一种可以确信的东西，那就很危险了，你有可能堕入到以往旧形而上学的那种独断论里面去，追求对上帝的知识。既然对上帝的知识永远确定不了，那么我们想一个办法来确定他，来证明上帝的存在，这个在康德看来就是很危险的。这个置信本来也有说服的意思，你要说服他可以完全没有什么理由，就是凭你的嘴巴比较能够有煽动性，你就可以说服一个人。说服一个人就是使他置信，所以这个置信呢，就是一种泛泛的意见。有的人也相信它，比如说上帝存在，灵魂不朽，这些东西人们也相信它，是不是可以成为一种知识？理性的心理学、理性的形而上学想证明它，但是呢，那是很危险的，那会导致一种二律背反或者是纯粹理性的幻象。在这个地方虽然他实际上讲到了对上帝的证明，但是他留了一个很大的余地，就是对上帝的这种道德证明只是一种不能确定的东西，用《实践理性批判》后面的说法来说，只是一种"悬设"。悬设就是一种假设，上帝在我心中也是一种假设。为什么要有这种假设？没有这种假设我们的道德行为就不规范，就没有信心，就没有希望。所以还是为了道德在实行中能够有一条起作用的法则，那就还需要假定一个东西作为我们的一个标杆，一个追求的目标，这样我们就不会迷失方向，不至于仅仅建立在自己的某种善意啊，某种性格气质啊，某种教养啊这些靠不住的东西上，而是纯粹地建立在理性之上。这就是对上帝的悬设。

＊　　　　　＊　　　　　＊

§8. 定理 IV.

今天讲定理IV。我们联系前面这几个定理，它是层层深入的。第2节定理I讲的是在欲求能力方面，如果以质料作为根据，那是不能得任何到实践法则的。定理II就是说，既然质料不能得到实践法则，那么只有通过形式，而一切质料的原则都是隶属于幸福之下的，它的绎理就是质料的规则都是在低级欲求能力中建立意志规定的根据，而不能提供一个普遍的法则、单纯形式的法则。那么定理III就是正面的了，一个有理性的存在者应该把他自己的准则思考为普遍的法则，那么他就只能把这些准则思考为不是按照质料而只是按照形式包含有意志规定的原则。这是前面三个定理，这三个定理可以说都是在排除一些障碍，最关键的要落实到定理Ⅳ上面来。当然他在前面第 7 节中已经讲到纯粹实践理性的基本法则，也就是道德命令，定言命令，已经把这个基本法则提出来了，但是第 8 节讲的定理Ⅳ是意志自律，这样一个道德的基本法则是按照意志自律的法则、按照意志自律的定理而建立起来的。自由意志本身的一种自律，这个第 8 节定理Ⅳ主要就是揭示这一点。我们通常也可以把康德的道德律称之为道德自律的法则。什么是道德律，什么是道德法则，就是意志的自律，Autonomie。自由意志不受任何外在的规律的决定，如果受外在规律的决定那就是他律了。自由意志只受自己的规定，auto 就是自己，nomie 就是规则、法则，这个词大家要记住。

　　意志自律是一切道德律和与之相符合的义务的唯一原则；反之，任意的一切**他律**不仅根本不建立任何责任，而且反倒与责任的原则和意志的德性相对立。

　　自律和他律都打了着重号。应该说，在所有的道德律的各种不同的表达方式中，最为根本的就是意志自律。在康德的《道德形而上学奠基》这本书里面，提到了道德律的三种变形的表达式。基本的表达公式，就是"你要使你的意志的准则成为一条普遍法则"，但是它首先可以变形为这一公式："你要这样行动，就像你行动的准则应当通过你的意志成为普遍的自然法则一样"。这个是入门处，你要理解康德的道德律，你首先要把道德律看成好像是一条自然规律。就是说，凡是在自然中被淘汰了的，那就不可能是道德律。当然不是讲的自然界了，它是类似于自然界的规律，就是说在人们的日常生活中，我们把它看作是一条经受得起自然淘汰的规律，那就是道德律。因为经受得起自然淘汰的，那就是普遍法则啊。普遍法则不是此一时彼一时的，它是能够经受得住自然淘汰的。比如说，我要自杀，是不是符合道德律？你就可以想一想。如果所有的人都自杀，自杀变成一条普遍法则，那就没有人再能自杀了，它就自然淘汰了，自我取消了。所以第一条法则就是说，你要把你行为的准则看作好像是一条自然律。但这是入门之处，这不是本质性的。第二条变形公式，就是说你要把人格中的人性当作目的，不要仅仅当作手段。你要把你人格中的人性，不光是你的，而且是他人的，一般人的人格中的人性当作目的，而不仅仅当作手段。也就是说，前面第一条呢，那是比较形式化的，凡是有一条准则，如果它不能作为一条贯彻下来的自然律，那它肯定就不是道德法则。那么第二条就比较涉及实质性的东西，实际上是要求你把人当作目的，而不只是手段。这就更深入一步了，你把人格和人性当作目的，如果你这样去做的话，你就会发现你的行为的准则类似于自然法则，肯定能够成为一条道德律。第三种变形公式就是，每一个人的自由意志都是立法的意志，这就是道德自律了，这是三种变形公式中最高的。人的意志是自律的，也就是说，你把人格和人性当作目的，是上帝要你这样做的呢，是圣人教导的呢，还是你自己的自由意志本身所得出来的？当你把人当作目的时候，你有可能是听从于上帝的命令。上帝让你把人当作目的，上帝当然他本身也把人当作目的，所以派耶稣基督来拯救人类；但是如果要更深层次地追究的话，实际上是人把上帝当作目的的，人去追求上帝，然后由上帝来保证人成为实践的目的，耶稣基督就是为了到世界上来救人的嘛。但是康德认为仅仅停留在这个层次还没有到底，容易沦为一种无条件的盲信。你首先要信上帝，如果你不信上帝，那你就完了。但是康德认为，哪怕你首先不信上帝，但如果你有理性的话，那还不要紧。如果你有理性，你用你的理性来设想你的自由意志，你会发现，自由意志当它不受任何东西束缚的时候，它唯一可能受到的束缚就是它自己的束缚。理性是能够这样推想的，你把你的自由意志当作一个立法的意志，为什么立法？首先是为自己立法；立什么法？立自由之法。我按照怎么样去做，才能使得自己的自由得到保障，才能使自己的自由延续下来成为法则，这就是道德自律。所以在《道德形而上学奠基》里面，康德实际上已经推出了道德自律，把它作为各种不同表述的道德律的最根本、最基础的标准。就是说，你要一直追，追到最后，就要追到意志的自律。道德律归根结底是意志自己为自己立法，而不是听从了别人的劝告来为自己立法。所以我在前面也讲到过，它跟一般的道德律，比如说己所不欲勿施于人是有区别的。己所不欲勿施于人是立足于一般的常识，立足于一般的情感，立足于人的一种欲望，将心比心，从情感上来说每个人都有将心比心的这种能力，但这种能力是不可靠的。按照康德的说法，己所不欲勿施于人这样一条道德律还没有追溯到它的根，所以它完全可以被利用来作为达到别的目的的手段。但是如果你把己所不欲勿施于人追溯到它最后的自由意志的根据，它就不再可以成为别的东西的一种手段，不再能够用来达到别的目的，而仅仅是以它自身为目的，为道德而道德。而为道德而道德呢，才是真道德。这是康德的一个原则。澄清了这一点，我们再来看他对定理Ⅳ是怎么讲的。他说："意志**自律**是一切道德法则和与之相符合的义务的唯一原则；反之，任意的一切**他律**不仅根本不建立任何责任，而且反倒与责任的原则和意志的德性相对立"。这一句话就可以说是定理Ⅳ了，后面的都是解释。这个自律是一切道德法则的唯一原则，一切道德法则，不管你怎么表述，最后都唯一地归结到意志自律 Autonomie。不仅仅是道德法则，而且与之相符合的一切义务，它们的唯一原则也是意志自律。我在上一堂课已经讲了，为什么要把道德法则和义务作这样一个区分，因为道德法则本身是一种纯粹理性自身的法则，不管是对上帝也好，对天使也好，对人也好，对外星人也好，都是适用的；但是义务仅仅是针对有限的理性存在者而言的，对上帝来说，道德法则不是义务。他没有义务，他的本性就是如此，上帝做任何事情肯定是按照道德律来做的，因为道德律就是他的本性。但是人、有限的理性存在者就不一定，因为他有感性，很可能他虽然知道有道德法则，但他不按道德法则去做，而是服从了自己的感性的需要。所以只有对人来说，道德法则才成为一种义务，才成为一条命令。对上帝来说，道德法则对他不是命令，他不需要命令，他就这样做了，他就是这样创造世界的，但是人呢，他具有两可的情况。所以，你必须把道德法则对人设立为一种义务，你应当这样做。当然你也可以违背道德法则，上帝不可能违背道德法则，只有人才可能违背，因为人有肉体，他是有限的。所以一切道德法则和与之相符合的义务的唯一原则就归结为意志自律这样一条法则。那么反之，"任意的一切**他律**不仅根本不建立任何责任，而且反倒与责任的原则和意志的德性相对立"，任意我在前面讲了，任意跟意志有区别，任意当然可能是意志，但是也可能不是意志。为所欲为，想怎么干就怎么干，也许你这个"想"呢，恰好是从自由意志出发的，那它就是意志。但是它也许不是从自由意志出发的，而是从对某个具体的感性对象的追求出发的，那就是一般的任意。我们大量的任意行为，为所欲为，想干什么就干什么的行为，都是出于对某个具体对象的追求。极少数情况下也可能是出于真正的自由意志，出于真正的道德律。但是一般讲任意呢，大多数情况下，都是包含他律。什么是他律 Heteronomie？就是异己的法则。任意的一切他律根本不建立任何责任，任意是由他律所决定的，由其他的东西来给自己规定法则的，所以不需要自己负责。比如说，假如你想得到某个事情，你就必须怎么怎么做，这严格说来不是法则，而是一条技术性的规则。你要盖房子，你就必须准备好砖瓦、木料。这是盖房子的一个技术性的规则。如果你连这个都不具备，你怎么能盖得好房子呢？所以你必须、你应该怎么怎么做。这就是他律，它首先取决于你要盖房子。如果你不想盖房子，或者你已经有房子住了，你不需要别的，那这个律、这个规则就可以不起作用了，你就不需要去准备砖瓦和木料了。所以你想要得到什么，你就必须干什么，这也是一种律，也是一种规则，但是是他律，是异己的规则，不是你的自由意志的本身的规则。你在遇到某种外界条件的情况之下，你想得到某个对象，那么它就限制你，它就迫使你去遵守。所以任意的一切他律不建立任何责任，"而且反倒与责任的原则和意志的德性相对立"，他律不是你的责任，你必须准备砖瓦和木料，这不是你的责任，也不是你的义务，因为你完全可以不用盖房子，可以住茅棚。你没有去准备砖瓦和木料的义务，而只是说，如果你想盖一栋房子，你就必须准备砖瓦木料。这里根本不具有责任或义务的问题。任意的一切他律，如果你只把这个他律当作一条行为的规则，你非这样不可，就像你的责任和义务一样，那么它反倒会与责任的原则和意志的德性相对立。就是说，你如果仅仅把一种他律的原则作为自己追求的目标，就像那些腐败分子一样，那就可能违背责任的原则和意志的德性，违背道德律。因为道德律是至高无上的。你把一种他律当作至高无上的，那就是对道德律的违背。当然在某种情况之下，比如说你把道德律看作是至高无上的，而把这种他律的原则呢，不是作为自己的一种规律，而是作为自己的一种技术性的手段，承认它不具有一种法则的普遍性，如果这样来看的话，它当然不一定和道德律相对立。你如果把它隶属于道德律之下，不把它当作一种普遍的法则，不把它当作一种 nomie，只是当作一种临时采用的技术性的手段，它也可以不和道德律相冲突。但是如果你把一切法则都寄托于异己的对象之上，那就会和道德律相冲突。因为你颠倒了理性和感性的次序。按照康德的意图呢，理性和感性的次序不可颠倒，肯定是理性优先，然后才考虑感性。在不违背理性、不违背道德自律的情况之下，你考虑一下他律的欲望。那个是可以的。但是如果你仅仅考虑他律，并且把它当作至高无上的，那它就是跟道德律相违背、相对立的了，更不用说把道德律当作他律的手段了。所以这个地方就区别了自律和他律的一个很重要的层次。当然康德并不是一个禁欲主义者，他并不认为人们应该消灭自己的一切欲望和感性，像上帝一样，完全没有感性地去达到一种道德自律。那个对于有限的人来说是做不到的，而且也不应该为此把自己的一切自然的感性欲望全部抹杀。但是康德有时候往往显出禁欲主义的面貌，就是说，当感性和理性放在一块的时候，你就应该有所选择，理性优先，道德自律优先。他律的那些内容呢，应该是服从于道德自律的。在这个前提之下，人追求幸福，追求自己的满足，也是自然而然的，无可指责。只要你不把它当作一种"律"，它本身无可指责。但是如果你把它当作你人生的一个普遍的法则，那么这就是违背道德律了，你把它当作一种"律"了，那么道德自律又放到哪里去呢？那就排挤了道德自律的位置了。

因为德性的唯一原则就在于对法则的一切质料（也就是对一个欲求的客体）有独立性，同时却又通过某个准则必须能胜任的单纯普遍立法形式来规定任意。

前面已经提到了德性。意志的本身当它建立在自律之上的时候，它就是一种德性了。我刚才讲了，康德的定言命令的最高的表达方式，就是道德自律，就是 Autonomie，这是它最根本的表达方式，即意志自己决定自己。道德不是由一个外来的力量对人类颁布的，而是由人自己的自由意志所颁布的一条法则。对颁布的法则的内容我们先不考虑，我们先考虑的是，我们怎么颁布它，那就是自由意志自己对自己颁布，不用任何其他东西来干扰。这就是意志的德性。那么，德性的唯一原则就在于对法则的一切质料有独立性，这是一个方面。法则的一切质料，也就是欲求的客体，这是法则所不考虑的。法则本身是形式，但是作为一条实践的法则，肯定也是有质料的，它这个形式不可能单独存在嘛。康德主要区分的就是，作为根据的不是质料而是形式，这才是德性的法则。但是他并不否定，即算是形式的法则，它也有它的质料，这就必须有一个欲求的客体。尽管这个欲求也许是高级欲求能力的欲求，但是它也有一个客体，比如说造福人类。但是这些具体的目的呢，它们本身都还不足以成为德性的唯一法则。德性的唯一法则就在于对于法则的一切质料有独立性，就是说，我去做好事不是为了让别人得到多少帮助，而是因为帮助别人这是一条法则。我是按照这条法则去做的，也许我没有做成功，我能力有限，或者是出了什么意外，导致了我没有成功。这个都不要紧，你这个行为是道德的。道德不计成败。你没有做成，但是你的行为是好的，这个大家都公认。反过来，如果你做了很多好事，你的动机不纯，大家还是不认可。所以在康德看来，真正的德性的唯一法则要独立于质料，而仅仅着眼于形式。但另一方面呢，"同时却又通过某个准则必须能胜任的单纯普遍立法形式来规定任意"。一方面是对一切质料的独立性，另一方面它是通过某个准则必须能够胜任的单纯普遍立法形式。某个准则，不管是什么准则，有一个准则，它必须能够承担起单纯普遍立法形式，来规定任意。这就是康德在前面道德律里面所讲到的，要使你的准则，不管是什么准则，总而言之，能够同时被看作是普遍立法的原则。它能够胜任起普遍立法的形式，那么，这样一个准则，就是一个道德法则了。所以这句话的意思就在这里，就是"同时却又通过某个准则必须能胜任的单纯普遍立法形式来规定任意"。这句话有两个意思，一个是，德性的唯一原则就在于对法则的一切质料有独立性，这是它的消极方面，就是摆脱一切质料，不受任何质料的规定；那么积极的方面就是，同时却又通过一个准则必须能胜任的单纯普遍立法形式来规定任意。这个"却"的转折就转到了积极方面，同时却又规定任意。一方面它摆脱一切任意的质料，另一方面呢，却又能够通过形式来规定任意。摆脱质料，而立足于形式。摆脱质料是消极的，立足于形式是积极的。这句话里面已经把道德法则、德性的唯一原则的消极的和积极的两方面都讲了。消极的方面就是要摆脱它的质料，积极的方面呢，就是通过普遍立法形式来规定任意。这个普遍立法形式是某个准则必须能够胜任的。只要有一个准则是必然胜任这个普遍立法形式的，那么我们就可以利用这个普遍立法形式来规定任意。一旦规定任意，这个任意就不再是一般的任意了，那就成了自由意志。所以意志的自律是一个积极自由的法则，当然有它的消极的意义，就是说，它不是他律，它摆脱一切他律；但是它本身具有积极意义，它是自律，它自己规定自己。它把自己从普遍形式上进行了规定，那么这个普遍形式当然是通过纯粹实践理性才能够把握到的。就是说，意志自律之所以成为意志自律，就是在于它是按照纯粹实践理性来规定自己的意志。纯粹实践理性排除了任何质料、任何感性的、经验的成分，只剩下自由意志本身。那么我们就从形式上、从逻辑上看看自由意志本身如何才能够真正地成为自由意志，那就是它自己给自己立法才能真正地成为自由意志。这句话是一个关键性的地方,就是说,因为德性的唯一原则,也就是定理Ⅳ讲的意志自律的一切道德法则和义务的唯一原则,是摆脱质料的他律的;反之,任意的一切他律不仅根本不建立任何责任,反倒与责任和义务的原则相对立。这个定理有正反两方面。正面是讲的意志自律的积极的含义,反面是意志自律所要排除的,也就是消极的含义。意志自律是排除意志他律的,他律就不叫意志了,他律就叫任意了。但是如果任意得到了纯粹普遍形式的规定,那就是意志自律。所以这句是对定理Ⅳ的一种进一步解释。下面就把这个消极和积极明确提出来了。

但那种独立性是消极理解的自由,而纯粹的且本身实践的理性的这种自己立法则是积极理解的自由。

消极的自由和积极的自由在政治哲学界,这几年谈得最多的是柏林。以赛亚·柏林的两种不同的自由的区分特别在英美的政治哲学界有很大的影响,他的一篇最有影响力的文章就是《两种自由的概念》。消极自由在柏林看来实际上就是不受任何外来干扰的那种自由;积极自由就是要做某件事情的自由。在消极的和积极的两种意义上面来说呢,是和康德有吻合之处,但是也不完全一样。因为所谓消极自由在康德这里呢,就是不受任何感性质料、经验的东西束缚而独立,这是康德的消极的自由。柏林的消极的自由则是非常具体的,它本身就是一些经验质料的例证。比如说,我的财产不受干扰,我的人身不受伤害,我的住宅不受侵犯,我的言论不受制裁等等,可以数出一大串。这些都是一些经验的命题,他认为这些都属于消极的自由。消极自由就是在一些起码的人权上面我不受伤害的自由,他是从经验方面来理解的。而康德完全是从超验的方面来理解的,要离开所有这一切质料而独立。康德着眼于它的形式,就是意志本身不受干扰。那么,以赛亚·柏林着眼于它的经验质料。但对消极自由和积极自由的区分是康德最早提出来的。而以赛亚·柏林对积极自由非常反感,他认为积极自由是导致极权、导致不自由的一个最重要的根据。所以他认为所有的自由应该立足于消极的自由才是真自由,积极的自由是虚伪的。这个当然是他的英国经验主义的狭隘性所导致的，虽然他本身不是英国人，但是他的思维方式还是英美经验主义的方式。他这种观点之所以有很大的影响，就是因为他反极权主义，这个是在政治学界得到公认的，国内很多学者也推崇他。但是实际上他对极权主义的根源没有摸清楚。积极自由有可导致一种极权主义，比如说以某种人民代表身份来掌握权力，然后就为所欲为，他的一举一动都是为了人民的自由，不仅仅是为了人民的自由，而且是强迫人民自由。卢梭曾经说过，社会契约论嘛，就是说大家订立契约以后，如果有人违背了社会契约，实践上就是违背了他自己的自由。那么按照法律来制裁他，就是强迫他自由。所以后来法国大革命，强迫人自由，甚至于把你杀了，也是为了自由。当时罗兰夫人就感叹，自由，自由，多少罪恶假汝之名而行之！以自由的名义干出了很多剥夺人自由的事情。但其实并不能把这个事情就归结为积极自由，积极自由要是没有了，哪里会有消极的自由呢？你不建立法制，每个人的消极自由怎么能得到保证，怎么能不受侵害？只有在积极地建立起法制的情况之下，来保障每个人的自由，消极自由才能够成其为自由。所以，积极的自由之所以变成了一种极权，那是自由的异化。自由本身有一种异化倾向，自由变成了不自由，人民代表变成了人民的主人，这个也是自由的进行过程中一个不可避免的倾向，是应该防止的。西方的现代民主社会、法制社会、宪政，想了很多办法，使得自由不因为它的异化而导致极权。应该说他们在很大程度上是成功的。但是这问题始终还存在，尽管他们在很大程度上是成功的，但是也没有彻底解决问题，或者说这个问题是不能够彻底解决的，自由永远有它自身的矛盾，有它的自相矛盾性。这个当然是英美经验派的这些自由主义者们想不到的地方，只有大陆思辨哲学才会深入到自由的自相矛盾这个层次。英美经验主义的思维方式是不能承受矛盾的，一有矛盾，他们就垮了，就不知道怎么对付了，就抓住一端，然后排斥另一端。所以他们解决不了问题，这个是题外之话了。积极自由和消极自由的关系虽然表现在政治哲学上，但它的根基还是在道德哲学中，所以首先我们要把实践理性的自身立法和它的独立性这两方面搞清楚。

所以道德法则仅仅表达了纯粹实践理性的**自律**，亦即自由的自律，而这种自律本身是一切准则的这样的形式条件，只有在这条件之下一切准则才能与最高的实践法则相一致。

这是一种归结了，根据前面讲的定理Ⅳ，就是讲的意志自律或者道德自律，所谓道德法则讲来讲去，它最根本的一点，就是纯粹实践理性的自律，亦即自由的自律。纯粹实践理性的自律就是自由的自律，因为纯粹实践理性本身就具有实践的能力，具有实践能力就是具有自由意志的能力。纯粹实践理性是排除一切经验的东西，单凭理性就能够实践的，就可以作用于客观世界，它不需要任何条件，那么这样一种作用就是自由意志。所以道德法则所表达的只有一个法则，即纯粹实践理性的自律法则，亦即自由的自律法则。如何能够单凭自身就作用于客观世界呢？就是在人的实践活动中，它本身在形式上保持前后一贯，保持自由意志的一贯性，使自由意志本身成为一条法则，而不仅仅成为一个点。我们通常讲自由意志是个出发点，好像你一旦偏离了这个点，那就不自由了，你最初那个选择是自由的，一旦做起来，你就不自由了。但是纯粹实践理性呢，就是使自由意志不但是你的出发点，而且在你的整个过程中它形成了一条规律，一条法则，它不是一个点，它是一条线，它能够成为你的行为的始终一贯的准则，你始终是自由的。因为纯粹实践理性不受一切外在的条件限制，当你在实际行动中受到外在条件限制的时候，你在形式上仍然不是从外在条件的限制来考虑你的行为的，你仍然是自由的。当然在你的效果方面，你可能不自由，你也许没有到达你的目的。没有到达目的不要紧，我只要做了我应该做的事情，那就够了，孟子说，言不必信，行不必果，惟义所在，有点这个意思。在这一点上，我仍然是自由的。我达到了目的或没有达到目的，无损于我行为的自由，这是我愿意做的。我失败了，但是这件事情是我愿意做的，哪怕失败。所以在这方面我仍然可以保持我是一个自由人。自由意志的自律，就是在这个意义上讲的。"而这种自律本身是一切准则的这样的形式条件"，什么样的形式条件呢？"只有在这条件之下一切准则才能与最高的实践法则相一致"，把这句话压缩一下就是：自律本身是一切准则能够与最高实践法则相一致的形式条件。一切准则如果要和最高的实践法则相一致，或者说一切准则如果要成为实践法则，那么就必须在形式上成为自律。如果没有自律，你的准则怎么能够跟普遍的实践法则相一致呢？或者说怎么能够成为一条实践的法则呢？之所以能够成为实践的法则，就是因为你的意志是自律的，你的意志自己给自己立法，所以在你的准则之中，就展现出了一种普遍的法则。你做任何事情，那个事情本身可能是非常具体的，你去帮助一个人，很具体，你的准则，你把它立足于要帮助别人，现在你碰到一个人了，他需要帮助，于是你去帮助他，这个事情非常具体，你做这个事情是按照你的要帮助别人这样一个准则去做的。但是这条准则在你做的过程中，它不仅仅限于你帮助这个人，帮助那个人，而是能够贯穿你的一生，成为一条普遍的法则，并且你希望所有的人都能这样做。它不会自我取消，而会导致一种良性循环，如果所有的人都这样做了，那么人人互相帮助，就是一个美好的社会，那就会越来越普及。如果人人都帮助别人，那么帮助人的人就会越来越多，越来越普遍。所以它本身是一个普遍的法则。那么这个普遍法则的形式条件是什么呢？你为什么会想到你的准则应该是帮助别人呢？那就是出自道德自律，自由意志的自律。就是说，当你想到，你的一种行为，不管帮助别人也好，还是别的什么事情也好，你必须是立足于自由意志本身的不自相矛盾。你之所以帮助别人，不是因为你觉得别人好，你认为别人值得同情，当然你也可以有这些，但是根本不是建立在这个之上，不是建立在同情心之上，那都是特殊的而不是普遍的；而是建立在你的自由意志必须要前后一致，你想成为一个真正自由的人。你要成为一个真正自由的人，你就必须要使自己的自由意志成为一条普遍的法则。那么如何成为？你就必须排除一切质料的考虑,单纯从形式上对自己的自由意志进行一种纯粹实践理性的规定,使它能够在逻辑上前后一贯,符合不矛盾律。至于它在质料上怎么样,那是第二步的,那以后再考虑,在具体情况之下都可以考虑。但是你首先要把这个想清楚了,你到底要什么? 你的自由意志要这要那,你到底要什么? 你到底要的不过是你的自由嘛。你如何才能自由? 通过你的理性想一想,你就会发现,唯一能够使你一贯自由的,就是你的意志的自律,就是你的自由意志的自我立法。所以这种自律本身是一切准则的这样一种形式条件。这句最初没有"这样的"三个字,再版时加上了。为什么要加上"这样的"呢? 就是如果不加上的话,就容易引起误解,即误解为自律本身是一切准则的形式条件,跟下面的一个从句断开了,那它的意思就变了。自律本身是一切准则的形式条件吗? 不见得。我今天没有钓到鱼,但我"形式上"去钓鱼了,这个里头不需要什么自律。但问题是下面还有半句:什么样的形式条件呢? "只有在这条件之下一切准则才能与最高的实践法则相一致",是"这样一种"形式条件,即要使得这个准则和最高的实践法则相一致的这样一种形式条件。所以我们以后搞翻译的时候要注意,对这样一种经典的翻译要特别小心。很多人翻译不耐烦,就把这里断开了,甚至于打一个句号。打一个句号就完了,康德的意思就全走了。

因此,如果那个<u>只能作为与法则联结着的欲望之客体而存在的意愿</u><u>质料,被放进实践法则中**作为它的可能性条件**,那么从中就形成任意的</u><u>他律,也就是对于遵从某一冲动或爱好这种自然规律的依赖性,</u>

也就是说,我们设想一下与法则联结着的欲望之客体的情况,我刚才讲了,实践法则、道德法则当然是形式的,但是这种形式不能够单独存在,它既然是实践的法则,那么它肯定是有质料的,实践就是要在现实中做出来呀。但是这个地方讲到,"如果那个只能作为与法则联结着的欲望之客体而存在的意愿质料",比如说你想要帮助一个人,这是你的按照法则而来的欲望的客体,这也是一个意愿的质料,你想要用多少钱去帮助他，给他以什么样的帮助，这都是质料。这个质料是与法则联结着的，你想要帮助人首先是出于你的法则，你应该帮助别人。因为帮助别人作为一条行为的准则，它是可以成为一条普遍法则的。你按照康德的道德律这样来思考来行动的话，你当然可以在现实生活中做一个好人。但是这个帮助别人本身作为意愿的质料，一旦"被放进实践法则中**作为它的可能性条件**"，注意这个"作为它的可能性条件"是特别强调的，如果这个质料被放进实践法则中，变成了这个法则的可能性条件，这个就把关系搞颠倒了。本来应该是实践法则作为这个质料的可能性条件，现在你把这个质料本身作为法则的可能性条件，这个就颠倒了。"那么从中就形成任意的他律，也就是对于遵从某一冲动和爱好这种自然规律的依赖性"，就是从这种可能性条件中形成了任意的他律。什么他律呢？也就是对于遵从某一冲动和爱好这种自然规律的依赖性。你要去帮助一个人，这个是有它的质料的，也有它的法则。法则是作为形式，而具体帮助某某人，张三李四，以及如何帮助，采取什么手段，给他多少好处，这些都是属于质料。但是如果你把这个质料放在前面，你就是要帮助这个人，至于它符不符合什么法则，那是次要的，你甚至也可以把法则当作一个借口，打出一面旗帜，以便更好地帮助你喜欢的这个人。那么从这样一种质料的可能性条件里面，就形成了任意的他律了，你其实是在遵从某一冲动和爱好，依赖于这种自然规律，这就成了依赖于他律。比如说，你有一种遵从冲动和爱好的自然倾向，也就是你按照你的气质、你的天性、你的情感而行事，哪怕做的是好事。我们说某某人是一个善人，是一个热心肠的人，他就喜欢帮助别人，他生来就爱好与人为善，这是他的一种自然禀赋，因为他爹妈就是个好人，他遗传了爹妈的，或者说他就生在这样一个家庭里面，从他的血缘，从他的气质，以及耳濡目染，就形成了他的这样一种乐于助人、热心快肠的性格。这当然也是自然规律，如果建立在这个之上，建立在一种天生的恻隐之心、不忍人之心之上，那就是对他律的一种依赖性，这就是任意的他律。任意就是想干什么干什么，但是你这个任意

531

有些事干不出来，比如说，一个软心肠的人就做不出那种罪大恶极的事情，不是因为他遵从道德法则，而是他的气质、他的性格决定了他干不出那样的坏事，他只能干好事。所以这也是一种他律，他仍然是被决定了的，还不是道德自律。当然我们在日常生活中很喜欢这样的人，我们喜欢跟这样的人打交道，我们不喜欢跟那种心肠歹毒的人在一起。在一起活得不轻松，你时刻要防备他，说不定什么时候他就把你害了。你跟着好人在一起那就不需要防备了，甚至于你还可以沾一点他的光。人人都喜欢这样。但是，即算是一个好人，这样的人也不是自律，他只是出自于自己的本性，自己的天性。所以康德讲这是一种自然规律，他们家族的这种特点，或者他们家庭的从小的影响，都是无意识中形成的，他们家就是这样的。那么，依赖于这样一种东西呢，那还是他律，还不是自律。自律必须是自觉的，是意志自由的。

而意志就不是自己给自己提供法则，而只是提供合理地遵守病理学上的规律的规范；

这是接着上面的意思，就是在这种情况之下，意志就不是自己给自己提供法则，或者说意志就不是自我立法，我遵守的是一种自然规律，一种病理学上的规律。我在前面曾经讲过，病理学上的，pathologisch，Patho 在希腊文里面就是情感、热情或者欲望等等，它变成形容词，就翻译成"病理学上的"，就是可以用医生的眼光来加以考察的，从心理学家和生理学家的眼光，比如说精神病学家，他们来考察一个人，在病理学上有一些规律。还可以对家族进行一些体质上面的考察，进行心理学上的考察。那么病理学上它有一些规律，为了合理地遵守病理学上的规律，意志在这里就提供了一种规范。当然也是合理的，做好事本身也是合乎理性的，也是合乎道德的。你如果说什么事情是道德的和不道德的，那么他这件事情也是合乎道德律的，但是它不是出自于道德律，它只是合乎道德律，只是遵守了道德律。但是他实际上遵守的是病理学上的规律，体质上和气质上的规律，这方面为意志提供了一种规范。我在前面讲到了规范，这也是个比较广泛的概念，它既可以包括任意的一些准则和规则，也可以包括意志自律、道德律、实践法则。但规范只能用在实践活动中，规范伦理学嘛，就是在实践中有些规范，应该和不应该的规范。它跟规律有点区别，规律是用在自然界，当然也可以用在社会中，人与人的关系中，那就是法则了。规范的概念主要是指社会性的。在这种情况下，意志就不是自己给自己提供法则，而只是提供合理地遵守病理学上的规律的规范。遵守病理学上的规范也是合理的，甚至于是合乎道德的，但是不是出自于道德的，因为他不是自己给自己提供法则。只有自己给自己提供法则，才是真道德，才是为道德而道德。这是康德的一个重要的区别。

　　但是，那以这种方式永远不能在自身包含有普遍立法形式的准则，不仅不能以这种方式建立起任何责任，而且甚至是与一个**纯粹**实践理性的原则、因而同时也与德性的意向相对立的，哪怕从中产生的行动有可能是合法的。

　　这也是我刚才讲的那个意思了。也就是说，那样一种准则，什么样的准则呢，以上面那样一种从冲动和爱好出发的那种方式，那种永远不能在自身包含有普遍立法形式的准则，我们不仅不能以这种方式建立任何责任、任何义务，而且是与这种责任或原则相对立的。立足于人的爱好，立足于人的性格、气质、天生的倾向，这当然不能够建立起任何责任、任何义务。这个人天生就是一个好人，或者他天生就有恻隐之心，这只是他的一种本性，他就是这么个人，性情中人，而不是他按照理性必须要去做到的。恻隐之心怎么能够去做到呢？你生来有就有，生来没有就没有。当然你可以说生来没有这样的人就不是人，是禽兽，像孟子讲的，没有四端，就是"非人也"，甚至可以骂为禽兽。但他还是一个人呐，他只是做不到而已，他做不到恻隐之心，他见了别人受苦无动于衷。这种人也不少啊。我们在社会上看得很多，一个孩子掉到水里面了，大家都围观，站在岸上，没有人下去救他，下去救他要把鞋打湿了，麻烦。他就没有恻隐之心。你说他是禽兽，但是你还得跟这样一些禽兽打交道。所以这个不是责任问题，如果这种性情是天生的，那就不存在责任。之所以是责任，之所以是义务，就是说它不是天生的，它是你必须去做到的自由意志。你的自由意志必须给自己立法，才有责任。所以单纯从自己的个人气质、个人的禀赋、个人的天生的性格出发，不仅不能建立起责任，而且是与纯粹实践理性的原则相对立的。这个前面定理IV一开始就讲了这个意思。"纯粹"在这里打了着重号。当然从他的气质出发，他去凭他的天性和爱好去帮助别人，自己觉得很舒服，心里觉得很舒坦，晚上睡觉也睡得很安稳，同时他也可以意识到自己是道德的，同时也是符合他的理性的，符合他的一般实践理性的，这个是没有疑问的；但是这是与纯粹实践理性的原则相对立的。就是纯粹实践理性要求你要撇开所有的这些考虑，而你却把这些东西当作你的可能性条件，那不是与纯粹实践理性的原则相对立吗？"因而同时也与德性的意向相对立的"，尽管你觉得自己是合乎道德律的，但是你仅仅是合乎道德律，而不是纯粹出自德性的意向。因为你不是纯粹从道德律出发，你这个纯粹理性法则被纠缠在一些感性的因素里面出不来。而纯粹实践理性，就是要把纯粹理性从感性的因素里面提取出来，纯化出来，单独地加以考察。你从道德的行为里面把质料的东西当作你唯一考察的对象，那就使这样一种纯粹实践理性的原则显露不出来了，而且恰好你强调的是相反的东西。纯粹实践理性强调的是意志自律的方面，而你所强调的是意志他律的方面，那岂不是相对立吗？最后，"哪怕从中产生的行动有可能是合法的"，这个"可能"原来译作"应会"，sollte sein，是虚拟式。"应会"就是估计应当，估计应当是合法的，或者据说是合法的，不太好把握。其实简单来理解呢，就是"有可能是合法的"，这样译更直白些。就是说，你的行为，你的行动，估计是合乎道德律的，是合法的，但是它不是出自于道德律的。如果真是出自于道德律的，就不存在估计或"应会"，它就会是个纯粹理性的事实。但仅仅是合乎道德律，它有可能是出自于道德律、有可能是自律，但是也有可能是他律。在他律的情况之下，哪怕是合乎道德律，但是呢，它仍然是他律。这个他律尽管不一定是外界的他律，而是你自身的内在气质，你的心理学和生理学的一种他律，但还是他律，不是自律。心理学和生理学还是属于自然规律，它不是属于自由的规律。而意志自律呢，它是属于自由的规律，自由跟自然是完全对立的。

注释Ⅰ.

[34]

所以，一个带有某种质料性的（因而经验性的）条件的实践规范永远不得算作实践法则。

"规范"这个词又出现了，规范里面包含我们的准则，也包含法则。凡是人，以及社会，人与人之间，他们的这种规则，都被称之为规范。这个在前面已经讲得很清楚了。而这个注释第一句话就点明了所要说明的观点，即必须把质料性的实践规范从实践法则中排除出去。这就是整个注释Ⅰ所围绕的主题。后面的注释Ⅱ还是这个主题，只不过重点从两种规范的区别转向了两者在现实中的矛盾冲突方面。

因为，纯粹意志是自由的，它的法则把意志置于一个与经验性的领域完全不同的领域，而它所表达的必然性，由于不应当是任何自然必然性，所以就只能是一般法则的可能性的形式条件。

这个"因为"就是解释为什么我们不能把质料性的条件当作实践法则。质料性的条件是他律，它是外在地由经验性的对象所决定的，而纯粹意志是自由的，不受外在经验条件的限制。纯粹意志在这里相当于纯粹实践理性，如果这个意志从严格意义上来理解，它跟任意有区别的话，那么它的区别就在于意志是按照纯粹实践理性来规定的，任意则可以掺杂各种经验性的质料条件。纯粹意志摆脱一切经验性的质料而独立，在这种消极的意义上它是自由的。"它的法则把意志置于一个与经验性的领域完全不同的领域"，它超越于经验性的领域之外。那么"它所表达的必然性，由于不应当是任何自然必然性，所以就只能是一般法则的可能性的形式条件"，也就是这样一种法则当然要表达必然性了，但是它不是任何自然必然性，自然必然性就是因果必然性了，而这里讲的必然性是一种自由的、自律的必然性。注意康德这里讲到，自由意志也有自己的必然性，而不是随心所欲、为所欲为的偶然性。这里明确揭示出这第Ⅳ定理所讨论的是属于模态中的必然性范畴，这在定理本身中是没有说出来的。在自然界，自由意志好像没有什么必然性，好像它已经是对必然性的一种打破，一切都变得不可预料了，那还谈什么自然科学？如果说自然界有自由的话，在很多人看来，那自然的因果性就被打破了，这是一般经验派的哲学家和科学家所持的观点，在第三个二律背反的反题里面已经讲了很多。所以自由是没有必然性的，只要自然界有自由，那就没有因果必然性。但是康德认为，自由本身也有必然性，这个必然性跟因果必然性是完全不同的，是另外一种意义上的，它不是任何自然必然性。因此它也不会打破自然必然性。它和自然必然性不在一个层面上，它被置于一个与经验性的领域完全不同的领域。这个领域在康德看来当然就是物自体的领域，那是不可知的领域。虽然不可知，但是它是可以实践的，不可知，但是可以做，而且应该按照那样去做，这也有一种必然性。你应该按照那样去做，这里面有一种必然性或者必要性，它不是任何自然必然性，而只是"一般法则的可能性的形式条件"。一般法则的可能性，这个里头既包括实践的法则，也包括理论的法则、自然规律。自然法则也好，实践法则也好，它们的可能性具有共同的形式条件，也就是同一律和不矛盾律。所以这里讲的一般法则可能性，一般法则包括自然法则和道德律。自然法则的可能性和道德法则的可能性都有一个共同的形式条件，这就是形式逻辑的法则，不矛盾律原则。实践法则的可能性条件就是纯粹意志的自律，这种自律就是意志的同一律，意志的自身一贯性，这是完全形式的条件。所以纯粹意志是自由的，它的法则把意志置于一个与经验性的领域完全不同、而只与自身保持同一性的领域，这就是它所表达的必然性。正如自然法则在形式上表达了经验现象中的逻辑同一性、一贯性和不矛盾性一样，道德实践法则在形式上则表达了自由意志这个自在之物的逻辑同一性、一贯性和不矛盾性。因此两种法则或规律在形式上是同一个逻辑规则，但在内容上却处于完全不搭界的两个领域，井水不犯河水，所以也不会互相冲突。当然如果你要打乱它们的秩序，用自然法则冒充道德法则，或者用道德法则介入自然现象中，那就会导致双方的矛盾冲突了，这是后面注释Ⅱ所强调的。

　　<u>实践规则的一切质料总是基于主观条件，这些条件使这些实践规则获得的决不是对于有理性的存在者的普遍性，而只是那种有条件的普遍性</u>（在我**欲求**这件那件我为了使之实现出来就必须随后去做的事情的场合下），而且它们全都以**自身幸福的**原则为转移。

　　前面已经讲了，纯粹意志本身是自由的，那么这句话就讲，"实践规则的一切质料"永远不能算作实践法则，为什么呢？它"总是基于主观条件"。规则在这里是广义的，既包括准则，也包括法则。那么从质料上考察，它总是基于主观条件的。凡是质料的东西，在实践中总是以主观作为条件的，比如说跟你主观的性格、气质、心理、教育、文化、年龄等等这样一些主观的条件相关，它们不具有完全的普遍性。你从个人的心理、气质、性格、教育等等，所有这些东西来建立某种实践根据，只能够获得一种有限的规则，"决不是对于有理性的存在者的普遍性"。有理性的存在者的普遍性不仅仅是针对人类而言的，而且是针对一切有理性者而言的，康德要避免从经验性的人类学这个狭隘的立场上来考察人的道德。所谓我们人天生就是这样的啊，我们天生就有这样一种气质啊，就有这样一些恻隐之心、不忍人之心啊，由遗传带来的啊，等等，他要避免这样一些误解，而把立足点放在一切有理性的存在者上。所以，立足于人的主观条件的这些规则，对有理性的存在者而言，绝对不是普遍的。主观条件是可变的，随着你的出身不同，教育不同，文化不同，社群、社会、历史等等的不同，而有不同的主观条件，它怎么可能有普遍性呢？"而只是那种有条件的普遍性"，虽然没有普遍性，但是并不否认在一定范围之内有

它相对的普遍性。括号中"在我**欲求**这件那件我为了使之实现出来就必须随后去做的事情的场合下",它有一定的普遍性,"欲求"打了着重号。例如你如果想要老来不受穷,年轻的时候你就必须要积攒钱财,这有一定普遍性。凡是不想老来受穷的人,都必须在年轻的时候积攒钱财,这就是有条件的普遍性。为了实现你的欲求,你就必须随后去做,也就是在手段的意义上付之于行动。这个手段是有普遍性的,只要你有这个目的,你一般来说就必须采取这种手段,这是一种技术性的普遍性,明智的普遍性。你要明智一点,天上不会掉馅饼。你老来想要不受穷,你现在就得攒钱,这是大家都公认的一条规律。所以康德承认这只是有条件的普遍性。他说,"而且它们全都以**自身幸福的**原则为转移",也就是说,这样一种条件是什么条件呢?全都是自身幸福的条件,全都是着眼于幸福。如果撇开这个条件,那你可以说,为什么要考虑老来不受穷?我老来不怕受穷,福贵在天,死生有命,该来的躲不掉,不该来的得不到,那我现在积攒钱财就没有意义了。所以这种普遍性是很受局限的,是有个条件在那里才能成立的。

　　但现在,不可否认的是,一切意愿也都必须有一个对象,因而有一个质料;但质料并不因此就恰好是准则的规定根据和条件;

　　就是说,质料不能成为实践法则,这个前面已经论证得很充分了。质料虽然也可以建立起有条件的普遍性,但是这种有条件的普遍性都是以幸福原则为转移的,都不具有完全的普遍性。但现在,这里又转一下,"一切意愿也都必须有一个对象"。意愿,Wollen,意愿跟意志、任意,都有词根上的联系,它们最初是来自于动词wollen。Wollen就是意愿,愿望,要,想要,它包括意志也包括任意。所以我们把它翻译成意愿。不可否认的是,一切意愿,不管是意志也好,任意也好,自律也好,他律也好,也都必须有一个对象,因而有一个质料。我刚才已经提到这一点。就是哪怕是意志自律,自己规定自己,它也要有一个质料。自己规定自己干什么呢?如果你说我自己规定自己什么也不干,那你就不是一种实践理性,你这种自由意志就是空的，它还没有实践出来。既然作为一种实践理性，实践的自由意志，它就体现在我现实地去做、去行动，它是一种实践活动。实践活动的规定性根据是自由意志，是道德自律，但是这个根据必须要做出来才是根据，它必须要在实践活动中产生影响，它才能成为根据，你才能追究它的根据。如果它还没有做出来，你怎么追究它的根据呢？只有一件做出来的事情，我们才能追究这个事情的根据是什么。所以，一切意愿也都必须有一个对象，因而必须有一个质料，也就是它必须做出效果来。尽管自由意志也许不着眼于它做出来的结果，但是它是有结果的，它是有对象的，它是有质料的。所以，这里的转折也就是说，质料虽然不能建立起实践法则，但是一切实践法则，正如一切准则、一切任意一样，所做出来的那些事情肯定都是有质料的。并不是康德把一个单纯意志自律抽出来，就停留在那里，想一想而已了，就不去做了，不是这样的。实践理性跟理论理性不同就在这个地方，它不是躺在那里想一想，理论理性你可以躺在那里想一想，你可以进行逻辑推理，你可以进行数学计算，你也可以进行科学的假设，可以不去触动外部的现实世界，你只观察它，就够了。但是实践理性不同，它是要做出来的。所以一切意愿也都必须有一个对象，因而有一个质料。他说，"但质料并不因此就恰好是准则的规定根据和条件"，因为如果准则以质料为根据和条件，那么这个准则就不能表现为普遍立法的形式了。这又是一个转折，指出了实践法则虽然和其他实践规则一样有质料，但它的规定根据却并不是由质料所规定的。前面是讲虽然质料不能普遍立法，但是一切意愿，包括你的自由意志的自律，也都必须有它的质料。你说道德自律，你做一件道德的事情，如果你仅仅是口头上说一说，你不做，那就是假的。听其言观其行嘛。你说你想做，但是你最后不去做，那你这个道德实践就没有做出来，没有完成啊，那你的自由意志体现在什么地方呢？体现在口头上？体现在梦幻里？那不算自由意志。真正的自由意志应当是纯粹实践理性的行动中的自律，它必须做出来，在现实生活中发生影响，这才是真正的自律的行为。所以它必须要有它的质料。但这质料并不因此就恰好是准则的规定根据和条件，尽管它有它的质料，但是质料并不规定你的准则。在这种场合下，你行为的准则不是以质料为转移，而是以形式为转移。

因为如果它是这样，那么这个准则就不能表现为普遍立法的形式了，因为对于对象的实存的期待就会成了规定这个任意的原因，而欲求能力对某一个事物的实存的依赖性就必然会成为意愿的基础，这种实存永远只能到经验性的条件中去寻求，因此永远不能充当一个必然的和普遍的规则的根据。

如果一旦有质料，而且质料恰好就是准则的规定根据和条件，就因为它有质料，你就把质料当作准则的规定根据和条件，如果是这样的话，"那么这个准则就不能表现为普遍的立法形式了"。如果一切质料都成为准则的规定根据和条件，那就根本没有什么普遍的立法的形式，也不可能有道德自律和自由意志的自律。所以，在这个地方要为道德自律留下余地，你就不能把所有的有质料的行为都看成是根据质料的行为。道德行为也是有质料的，但是道德行为不是根据质料的，不是以质料作为它的准则的规定根据的。"因为对于对象的实存的期待就会成了规定这个任意的原因，而欲求能力对某一个事物的实存的依赖性就必然会成为意愿的基础"，对象的实存你只能期待了，对象的实存不是由你的自由意志所决定的，那个东西有就有，没有就没有，来了就来了，没来你想要它来也没用。虽然对象的实存本身有它的自然必然规律，但对于你的实践来说它却只能是偶然的。所以对对象的实存的期待就会成了规定这个任意的原因，也就是这个任意的准则的原因。你的这个任意，想要追求一个东西，但是你没有把握能够追求到，因为那不取决于你，那取决于现成的偶然条件。所以，你这个任意呢，只能建立在某种期待之上，或者你估计到这个事情很可能发生，于是把它规定为你这个任意的原因。你看准了它会发生，于是你就去追求。但是，即算你看准了，也可能看走眼了，因为它不取决于你嘛，它取决于外界。所以这个对象的实存的期待在这种情况下就会变成了规定这个任意的原因，这里是用的虚拟式。如果它是这样的话，那么这个准则就不能表现为普遍立法的形式，因为它的原因只能由对于对象的实存的期待来规定。在这种情况之下，欲求能力对于某一个事物的实存，对于获得某个事物，就有一种依赖性，你就不是自由自觉的，你就是被动的，你就是受决定的。于是这种依赖性就必然会成为意愿的基础。这就是他律的情况，他律就是把你的意愿建立在某种依赖性之上，你依赖某个外在事物的实存，这实存就会成为意愿的基础。意愿在这个地方就只是任意而已，它不是自由意志，不是纯粹意志，不由你自己支配。"这种实存永远只能到经验性的条件中去寻求，因此永远不能充当一个必然的和普遍的规则的根据"。你对这个事物的实存有依赖性，而这个事物的实存呢，永远只能到经验性的条件中去寻求。那就必须取决于现有的条件。那么现有的条件是一个偶然经验的事实，你是改变不了、而只能预设的，因此永远不能充当一个必然的和普遍的规则的根据。有各种各样的经验性的条件。一个人做事，哪怕他做了好事，我们也可以说，在他那种情况之下，做这件事情是很容易的，他有各种条件嘛。那么我现在出于不同的环境之下，我没有那个条件，那我就可以不做好事了。经验条件是千差万别的，它怎么可能充当一个必然和普遍的规则根据呢？你就只能诉之于偶然性，诉之于经验的、后天的一些现成条件。这里整个都是在解释，为什么从质料性的实践规范里面推不出实践的法则，推不出必然性的普遍性。

所以，别的存在者的幸福可以是一个有理性的存在者意志的客体。

别的存在者的幸福，就是他人的幸福。你把他人的幸福当成你意志的对象，当然是可以的。这本来也是一件道德的事情。但是这样一件道德的事情看你怎么来分析它。别的存在者的幸福可以是一个有理性存在者的意志的客体，有人就会说，难道这不表明人们可以把一个经验性的对象当作意志的规定根据吗？难道以这种根据来规定意志的行为不是一个道德的行为吗？的确，哪怕你按照道德律的形式规范，你也会推出来使别人幸福是合乎道德律的，康德在《道德形而上学奠基》中就列举过这一条，就是四种道德行为的例子中的第四条，要帮助别人。但光是把别人的幸福当作意志的客体还不足以构成真正的道德法则，看下面：

　　但假如这种幸福是准则的规定根据，那么我们就必定会预设：我们在他人的福利中不仅会找到一种自然的快乐，而且还会发现一种需要，正如同情的情致在人类那里所带来的那样。

　　就是说，你的这个准则能够使他人幸福，但是，如果它的规定根据仅仅是停留在幸福之上，仅仅把这种幸福作为准则的规定根据，那还不足以成为道德法则，因为那样一来"我们就必定会预设"：为什么我们要把使他人幸福当作我的准则的规定根据呢？是因为"我们在他人的福利中不仅会找到一种自然的快乐，而且还会发现一种需要，正如同情的情致在人类那里所带来的那样"。如果你把这种规定根据建立在幸福之上，我们就会预设，我们之所以把我们的行为的规定根据放在幸福之上，是因为在他人的幸福中我们会找到一种自然的快乐，也就是找到我们自己的幸福。我们愿意看到他人幸福，是因为他人的幸福给我们带来了快乐的幸福，而且是一种自然的快乐。我刚才讲，有不少人非常具有同情心，非常具有与人为善的性格，只要别人快乐、别人高兴，他也会高兴的，尽管他也许不能从中得到任何好处，但这种自然的快乐就是带给他的好处。人的自然本性会给他带来一种快乐，这就是同情心。这个是英国经验派的那些伦理学家和美学家非常强调的，像休谟、洛克这些人都非常强调同情心。同情心具有一种感染力，当你看到别人快乐的时候，你也会不由自主地跟着快乐起来；如果你周围都是些愁眉苦脸的人，那你也快乐不起来。当然也不一定了，有的人就希望别人愁眉苦脸，但是一般来说呢，人总希望大家都快快乐乐的，而不希望大家都成天唉声叹气。唉声叹气会传染人的。你跟一个人做朋友，那个人成天唉声叹气，搞得你也心情不愉快了。你还是希望跟一个比较阳光一点的朋友在一起，你自己也会阳光起来，这个是人之常情嘛。但是这是一种自然的快乐。不仅仅是一种自然快乐，而且是一种需要，我需要看到他人快乐。我不愿意、或者说我忍受不了看到人家受苦，人会有这样一种需要。用今天的话来解释呢，就是人本质上就有社会性，它体现在人的同情心上。所以说，"正如同情的情致在人类那里所带来的那样"。同情的情致，Sinnesart，情致，Sinn 就是感觉、情感，art 就是性质、方式，感情的性质，我们也可以翻译成情感的性质，感觉的性质，感觉的方式，这就是情致。同情是一种情致，是一种感情的方式，很多人都有。人类的感情有一种形式，有一种方式，就是往往采取同情的方式，哪怕是一个坏人，他有时候也免不了要同情，有恻隐之心。孟子讲恻隐之心人皆有之，也不是毫无根据的，一般人都有一点，多少而已。同情的情致在人类那里所带来的自然的快乐和需要，都是有的。因为经验派哲学通常用这个来解释人为什么要与人为善，是因为人有一种天生的同情心。人除了有一种竞争心以外，还有一种同情心。人除了要比别人要过得更好，要力求使自己出类拔萃以外，他也希望大家都能够得到幸福。休谟、洛克、哈奇森这些人一直都是用同情心来解释人们的道德的。如果你停留于把意志的规定根据植于这种幸福的快乐或同情心之上，那就陷入了英国经验派对道德的误解。

　　<u>但我不能在每一个有理性的存在者那里都预设这种需要（在上帝那里就根本不能）。</u>

　　我们注意，上面那句话是"正如同情的情致在人类那里所带来的那样"，就是我们在人类中看到了有这样一种同情的情致，这只是我们人类的一种经验，但是康德这里讲的不仅仅是人类，而是一切有理性的存在者。他前面讲的，"所以，别的存在者的幸福可以是一个有理性的存在者意志的客体"，他这里不仅仅是讲的人类，也包括上帝等等。但是他上面是讲，比如在人类这里，我们就可以看到有这样一种同情的情致，所以我们可以证明，一个有理性的存在者就会在他人的福利中找到一种自然的快乐。但是我们在人类中所获得的这种同情的经验不具有普遍性，并不是每一个有理性的存在者都有这种同情的需要。括号里面就举例说，例

如"在上帝那里就根本不能"预设这种需要。上帝是一个反例，它足以推翻这种需要对于一切有理性者的普遍必然性。那么是否除了上帝，其他每一个有理性的存在者都可以预设这种需要呢？康德没有说。但他在别的地方说过，有的人天生就缺乏同情心，但他仅凭心中的道德律就能够做出真正的道德行为。所以他这里用的是"每一个有理性的存在者"（bei jedem vernünftigen Wesen），原来译作"任何有理性的存在者"，不太好。康德是说，同情心有的人有，有的人就没有，至少上帝是根本不需要的。我们地球上的人类有的生来就被赋予了这样一种气质，但是不是每个人都这样呢？那不一定。其他的有理性的存在者我们更加没有办法预测了，至于上帝则更是谈不上了。上帝我们一开始就把他设想成非经验的、超经验的，他没有感性，也不会被感动。所以同情心作为意志的规定根据是很没有普遍必然性的，这里要证明的就是质料的东西不可能成为普遍必然法则。

　　所以，<u>虽然准则的质料还保留着，但它不得作为准则的条件，因为否则这个准则就会不宜于用作法则了。所以一个限制质料的法则的单纯形式，必须同时是把这个质料加到意志上去的根据，但并不以质料为前提。</u>

　　这个上面已经证明得很清楚了。就是说，准则的质料还保留着，它并没有否认在道德自律的情况之下还仍然有它的质料，但是呢，我们不能把它作为准则的条件，否则这个准则就会不宜于用作法则，你如果把质料作为准则的条件，那它就不可能成为法则。限制质料的法则也就是道德自律的法则、意志自律的法则。意志自律的法则是一个限制质料的法则的单纯形式，它是用来限制质料的，是用来作用于质料的，而并不是没有质料的。我们通常讲康德的抽象的形式主义，当然是一种形式主义，但是我们要注意这个度，就是康德的形式主义并不是完全否认质料的，并不是单凭那个形式就可以完成实践活动的。他认为这个形式作为法则是用来限制质料的。这正如他在《纯粹理性批判》里面讲，先验的范畴只能运用于经验的质料之上，而不能作先验的运用；那么在这里呢，实践的法则本身是限制质料的，如果不限制质料，那它就什么也不是了。道德自律是纯粹实践理性的法则，但是纯粹实践理性本身就是实践的，所以它在实践中会对实践质料作出它自身的限制，或者说对质料发生它应有的影响。它是实践，它不是空想，这个限制质料的法则的单纯形式，"必须同时是把这个质料加到意志上去的根据"。这个法则的单纯形式必须是一种根据，什么根据呢？是把这个质料加到意志上去的根据。就是说，当我们把一个质料加到意志之上时，是以这个法则的单纯形式为根据的。"但并不以质料为前提"，这个意志不受质料的限制。它当然是跟质料有关系的，它必须是要有一些质料来受它的限制，如果没有任何质料来受它限制，那它就不能成其为实践了。所以你必须要把一些质料加在意志上，你有意志，你也有意志的法则，但是呢，这个法则是用来干什么的？就是用来把质料加到意志上去的。你有道德律，有道德命令，比如说，要与人为善；而在具体的场合之下，你就要使他人幸福，于是这些幸福、这些质料就加到你的意志上去了，必须加到你的意志上去。那么这意志的根据是什么呢？根据就是这个法则的单纯形式。你以什么形式把这个质料加到意志上去？它不是随随便便地被动地加上去的，它是按照这个形式、根据这个形式把这个质料加到意志上去的。我是出自道德命令，我做与人为善的事情，我使他人幸福，我把这个质料加到我的意志上去，但是我的根据、我的原则就是道德律，而不是幸福。因为我这样做，使我的准则可以成为一条普遍的法则，这是一个单纯的形式，它并不以质料为前提。我把这个质料加上来，但是这个质料并不是我的前提。在逻辑上来说，它是后来加上来的。从实践上来说，当然是同时的，但是它有一个逻辑层次，就是说，你不能以质料作为它的在先的根据，在先肯定只能是法则的单纯形式。那么然后呢，由这种形式就决定了我把这个质料加在意志之上。所以这个法则的单纯形式必须是"同时"把这个质料加在意志之上的，在你把质料加在意志上去的时候，同时你就是以你的法则的形式作为根据的；但毕竟，这个根据是逻辑上在先的，质料不是前提，单纯形式才是前提。

例如，这个质料可以是我自身的幸福。这种幸福，如果我将它赋予每个人（如我事实上终归可以在有限的存在者那里做的那样），那么它就只有当我把别人的幸福也一起包括在它里面时，才能成为一个**客观的**实践法则。

这个质料可以是我自身的幸福，比如说，我的一个准则，它的质料就是我自己想要得到幸福，我把使我自己幸福当作我行为的一个准则。但是我可以设想一下，我能不能把它当作一个普遍的法则呢？不仅仅使我自身幸福，而且使所有的人都幸福，这能不能成为一个普遍的法则？自身幸福当然是使一个人幸福，但是使一个人幸福能不能普遍化为使一切人幸福？出发点当然还是质料，我自身的幸福，这是一个准则。但是我可以用理性来设想一下，"这种幸福，如果我将它赋予每个人（如我事实上终归可以在有限的存在者那里做的那样）"，我自身的幸福，我可以设想把它赋予每个人，设想如果所有的人都像我一样地得到幸福，而且我事实上终归可以在有限的存在者那里做到这一点，因为所有的人都和我一样，是有限的存在者；那么，当我这样设想时，我的这个准则就把别人的幸福也一起包括在它里面了，只有这时，它"才能成为一个**客观的**实践法则"。我自己的幸福当然是一个主观的实践准则，每个人都追求自己的幸福，这是每个人的准则。但是呢，你不能把自己的幸福建立在别人的痛苦之上。只有当你把自己的幸福建立在别人的幸福之上，你才把自己的幸福扩展成了一个普遍的客观法则。你把你的主观的东西扩展开来，把你的小我扩展为大我，己欲立而立人，己欲达而达人，这种幸福不光是我的幸福，也包括别人的幸福，这个时候呢，它才能成为一个客观的实践法则。根据这一点呢，我们可以看出，使一切人幸福这样一条道德的法则，由道德命令所推出来的这条道德法则，它是有质料的，它这个质料就是我自身所体会到的那种幸福，是由个人幸福扩展开来的普遍幸福。但是它这样一来就不局限于这个质料，而是有一种形式化的追求。当我把我个人的幸福作为一条普遍的实践法则来赋予每一个人的时候，这已经不是我直接能感觉到的那种幸福了，而是通过纯粹实践理性所推出来的一条形式法则，也就是把质料的幸福提升为一条形式法则，这个时候呢，这条形式法则就不再是主观的了，而是客观的、适用于每个人的了。

　　所以"促成别人的幸福"的法则并不是来自于"这是对于每个人自己的任意的一个客体"这个前提，

　　这里的"这"下面有个德文编者的注释：dieses 如果要对应的话就是指前面的法则，但是按照 Voländer（弗伦德尔）的观点呢，这是解释不通的，只能读为 diese，阴性，是指的别人的幸福，幸福是阴性的嘛。所以，促成别人的幸福这个法则并不是来自于："别人的幸福"是每个人自己任意的一个实体。别人的幸福在这里当然是对每个人的任意的一个客体了，那是不是由此就造成了"促成别人的幸福"这样一个"法则"呢？显然不行。我们可以问一下：为什么我要促进别人的幸福？回答可能是：我喜欢这样，或者说我这样做感到快乐。但这样的人并不多，至少不是所有的人都会这样想，有的人甚至会以伤害别人为乐。所以从自己个人的快乐和幸福推出别人的幸福并不能成为一条普遍的法则。并不是因为别人的幸福是每个人自己任意的一个客体，就使得促成别人的幸福成了一条普遍法则，那是不可能的。所以你不能从我自己任意的一个客体里面推出要促进别人的幸福，这是推不出来的。康德这里所强调的就是说，促进别人的幸福这样一个法则，不是来自于每个人的主观的客体，从个人的幸福推不出别人的幸福。那么这个法则是出自于什么呢？

　　而只是来自于：理性当作给自爱准则提供法则的客观有效性的条件来需要的那个普遍性形式，成了意志的规定根据，

　　它不是来自于每个人自己任意的一个客体，每个人自己任意的一个客体只能促进自己的幸福，而不可能是促进别人的幸福。每个人，他为所欲为的一个客体，那就是为了促进自己个人的幸福，而不是为了促进每个别人的幸福。所以这样一个促进别人幸福的法则呢，只能是来自于

"理性当作给自爱准则提供法则的客观有效性的条件来需要的那个普遍性形式"，是这种形式"成为了意志的规定根据"。怎样一种形式呢？是理性所需要的普遍性形式；理性为什么需要这种形式？是为了给自爱准则提供法则的客观有效性的条件，或者说，为了使自爱的准则成为一条普遍有效的客观法则。这其实就是定言命令的另一种说法。简化一下就是说，"促成别人的幸福"这一法则来自于理性所需要的那个普遍性的形式成为了意志的规定根据。我的自爱准则不是从我个人的任意出发的，不是从我个人的质料出发的，而是从理性的那个普遍形式出发，我把它当作了意志的规定根据，自爱准则由此而被规定成了普遍的客观法则，这才能推出促成别人的幸福这样一个法则。己欲立而立人，己欲达而达人，为什么？没有人天生地就喜欢立人或达人，如果不经过理性的形式推理话，人凭借天性就只能是己之不欲施之于人，或者说损人利己。之所以与人为善，促进别人的幸福，只是由于理性的那个普遍形式成为了意志规定根据。理性把这个普遍性形式当作给自爱准则提供法则的客观有效性条件来需要，也就是说，理性要给自爱的准则提供法则的客观有效性，那么它就需要一个条件。什么条件呢？就是这个普遍性的形式。我要促进自己的幸福，这是我的自爱的准则，你要把你的自爱的准则变成一种法则，使它具有一种客观有效性，不仅仅是你的自爱，你还要爱人，你还要把你的自爱推广到一切人身上。当然，一个不自爱的人，也不懂得爱人。一个不懂得爱自己的人，怎么可能去爱别人呢？我们历来都强调，你只有把你自己放弃你才能爱别人，其实不是的。你对自己都可以随随便便放弃，你怎么能够爱别人呢？所以必须从自爱的原则出发，但是把它推广成为一种爱人的原则，而爱人的原则是由自爱的原则推广开来才能够成为真正的原则。所以理性要把这个自爱的原则变成法则，具有客观有效性，那么它就需要一个条件，需要一种普遍性的形式，理性的这种普遍性的形式就是把自爱原则提升到法则的客观有效性的条件，而这个普遍性的形式就成为了意志的规定根据。所以这法则不是从每个人自己任意的一个客体中直接得出来的，而是把自己任意的客体提升到一种法则的客观有效性，那当然必须要有一种普遍性的形式，并且必须是由理性来提供的，不是由你的感觉来提供的。那么，这个意志的规定根据必须建立在理性之上，在这里就很明确了。

所以这客体（别人的幸福）不是纯粹意志的规定根据，相反，只有那单纯的合法形式才是如此，我借这种形式来限制我的立于爱好之上的准则，以便使它获得法则的普遍性，

[35]

这客体，也就是促进别人的幸福。促进别人的幸福，我也可以把它当作自己意志的一个客体，但是它不是出自于我的这种任意，而是出自于理性。这种客体——别人的幸福，不是用来规定纯粹意志的根据，相反，只有那单纯的合法形式才是纯粹意志的规定根据，别人的幸福只是这样一个法则所造成的结果。也就是说要倒过来看，只有那合法则的形式，才是别人的幸福的规定根据，才是纯粹意志的规定根据，也就是纯粹意志的客体的规定根据。你要诉之于这种合法的形式，不能搞颠倒了。你促进别人的幸福可以，但是你不要以为你就是着眼于这个幸福，这个幸福使你很愉快，你使别人很愉快，你由此也感到很愉快。如果你就是从这种愉快出发，去促进别人的幸福，那就搞颠倒了。促进别人的幸福当然是一件合乎道德的事情，但是它的道德根据不在于幸福之上，不在于幸福使人快乐这一点上。这是英国经验派的伦理学家、道德学家到处都这样宣扬的，孟子也主张"众乐乐"比"独乐乐"更乐。我之所以要使人快乐，是因为它也给我带来快乐，而且使人快乐所带来的快乐比自己直接享受到那种快乐更快乐，是一种高级的快感，是一种第六感官，道德情感或道德感。道德感比一般的五官感觉要更高级。一般的五官感觉，眼耳鼻舌身，色声香味，这些当然也可以给人带来快乐，但是道德感是最高的快乐。这是经验派的伦理学家所强调的。但是康德在这里强调的就是，别人的幸福，就幸福本身而言，作为一种客体，它不是纯粹意志的规定根据，相反，只有那纯粹的合法形式才是如此。这件事情之所以是道德的，

是因为它符合实践理性的合法的形式。这个形式是由意志的自律所建立起来的,意志自我立法。"我借这种形式来限制我的立于爱好之上的准则,以便使它获得法则的普遍性",我这个准则是立于爱好之上的,因为我要追求我的幸福嘛,这是我的爱好;但是我也必须考虑别人的幸福,在考虑别人的幸福的时候,我就是用这种形式来限制我的这个准则了。就是说,你的这个准则、你的爱好多种多样,但你为之奋斗的那种幸福应该是大众的幸福,而不是你单纯个人的幸福。所以你这个准则必须要考虑它是否能够成为一条普遍的法则,是否所有的人都能适用,这就是对我的准则的一种限制了。我的爱好加以限制以后,它就能够获得法则的普遍性,就是说,你的这个准则应该仅仅是能够成为普遍法则的那样一种准则,而不是为所欲为的准则。

并使它这样来与纯粹实践理性相适合,只有从这种限制中,而不是从附加一个外在的动机中,将一个自爱的准则也扩展到别人的幸福上去的**责任**的概念才能产生出来。

这种单纯的形式不但这样来获得法则的普遍性,而且"这样来与纯粹实践理性相适合",怎样与纯粹实践理性相适合呢?就是要以这种形式来限制我的立于爱好之上的准则,只有从这种形式上的限制中,"而不是从附加一个外在的动机中",也就是不是从质料中,才能产生出一个责任的概念来。立足于质料很可能就是一种外在的动机,你对于一个外在的动机的追求,比如说你对自己的快乐情感的对象的追求,这种快乐情感取决于一个外在的对象,你就是把对情感爱好的追求附加到这个道德行为之中了。道德行为本身有它的形式法则,但是你附加给它一个质料的动机,就是说,我做一件好事,是因为我内心对此感到愉快,这就是一个外在的动机。我做好事的愉快,取决于这件事的质料,这本身还不能说是道德的,有可能是生理上的。有的人做好事确实感到愉快,有的人看到别人流泪他也会流泪,有的人看到人家高兴,他自己也很容易受感染,这是一些有同情心的人。把这样一种动机加到我们的道德行为里面,我追求的是一种做了好事以后的快感，这对于道德行为来说就是一种外在的动机。当然我们通常会认为这本身就是道德的动机，但是在康德看来，这还不能算道德的动机。真正的道德的动机只能是纯粹理性，只能是普遍的形式，而不是从附加一个外在的动机中获得的质料。只有这样一个形式上的限制，"将一个自爱的准则也扩展到别人的幸福上去的**责任**的概念才能产生出来"，我们才会意识到自己有责任将我们自爱的准则也扩展到别人的幸福上去。在这里责任 (Verbindlichkeit) 相当于义务 (Pflicht)，我们前面讲了什么叫责任，什么叫义务，它们基本上是同义词，但有微小的区别，责任比较消极被动一些，义务则积极主动一点。责任的概念就是受到束缚或限制，对于人的爱好这种质料的东西、感性的东西，用一种普遍的形式来加以限制；当然限制过后它就成了积极的了，就能够将自己的准则扩展到别人的幸福上去，这就是义务。所以责任和义务是同一个东西的两面。当然这种情况只是对于有限的理性存在者才存在的，我在前面讲过，只对人而言才有义务，对上帝来说不存在义务。因为上帝是无限的，上帝没有质料。按照西方传统的说法，上帝是纯形式。只有人才具有质料，所以人是有限的。人是有限的，所以就对这种有限的质料加以限制。用什么限制？用纯粹形式、普遍形式来限制。那么在这种限制中，普遍形式就成为了人的一种责任或义务，或者说就成为了对人的一种命令。这种义务的概念、命令的概念是由此产生出来的。

＊　　　　　＊　　　　　＊

注释Ⅱ.

现在我们讲注释Ⅱ。上次已经讲了定理Ⅳ和注释Ⅰ。定理Ⅳ就是关于意志自律的一条定理，就是说，自由意志必须要按照自己为自己所提供出来的规律或者法则来行事，这是任何一个自由意志的自我立法，这跟他律是完全相反的。那么在注释Ⅰ里面已经把这一点作了阐明，就是说为什么实践法则必须基于形式上的意志自律，而不能基于质料上的他律。注释Ⅱ可以说是从反面来进一步说明这一点，就是说，道德法则必须要是意志自律，但如果是意志他律，又会怎么样。这就更多也更直接地涉及了对幸福主义、快乐主义和功利主义等经验派伦理学的一种反驳和批判。通常人们一般理解的道德律是从经验中、从自身幸福和功利中所抽象出来的一种规律。那么这种规律是否能够当作真正的道德律，是否具有普遍必然性，康德在这里进行了有针对性的论证。所以注释Ⅱ一开始就提出了幸福论的原则，以及建立在幸福论之上的功利主义原则。功利主义和幸福论应该是同一个系列的，它们都属于经验主义的伦理法则。但是在康德看来，这样一些法则是站不住脚的，不能成为法则。康德首先对幸福的原则提出了批评。

如果**自身**幸福的原则被当作意志的规定根据，那么这正好是与德性原则相矛盾的，如我前面已指出过的，一切将应当用作法则的规定根据不是建立在准则的立法形式中，而是建立在任何别的地方的原则，一般都必须算作此列。

当然康德不是一般地反对自身的幸福，他反对的是把自身幸福的原则当作意志的规定根据。追求幸福应该是每一个人的天然的本能，每个人活在世界上，都必然会追求幸福，这本身没有道德或不道德的问题。但是你把这个当作意志的规定根据，或者当作意志最终的规定根据，那就不对了，在康德看来，那就会与德性的原则相矛盾。这个在前面他已经指出过了，前面从定理Ⅰ到定理Ⅳ，其实都是讲的这么一个道理。如果你把幸福的原则或者说质料的原则当作意志的规定根据，那么这就是非道德的，不仅不是道德的，甚至是跟道德原则相矛盾的，不能相容的。幸福的原则本身跟道德的原则是可以相容的，但是你如果把幸福的原则当作你的意志的规定根据，那就跟道德原则不能相容了。道德的原则不能以幸福作为意志的规定根据，而必须要以自由意志的自律作为意志的规定根据,这是我们要分清楚的。不要一看到康德在这里对幸福的原则好像是排斥的,就认为康德是一个禁欲主义者,反对一切幸福的原则。不是这样。他说前面已经指出过,"一切将应当用作法则的规定根据不是建立在准则的立法形式中、而是建立在任何别的地方的原则,一般都必须算作此列",前面一直在讲的也就是这一点,就是应当用作法则的规定根据唯一地只能建立在准则的立法形式中,也就是建立在自由意志的自我立法形式中,除此而外的任何原则,既然不是建立在立法形式中,而是建立在质料中,那就都必须算作这样一种与德性原则相矛盾的原则。这样一个法则它的规定根据唯一地建立在准则的立法形式中,如果建立在除开立法形式的任何别的地方,那当然就是质料了,那一般就必须算作此列,也就是属于将会与道德法则相矛盾的一类。这个"一般"(überhaupt)我们要注意,原来译为用来修饰"原则"的定语,现在改为修饰"必须算作",当副词状语。我揣摩康德的意思,是与他前面多次提到道德法则的"唯一"规定根据是建立在意志自律或普遍形式之上相对照的,在这里,排除掉那种"唯一"的情况,剩下的就是"一般"情况了。法则的规定根据除了建立在准则的立法形式中之外,只要是建立在任何别的地方,也就是建立在不管什么样的质料中,一般来说都必须算作是以自身幸福为规定根据的这样一个与道德法则相矛盾的原则。那么这个里头就当然包括幸福主义和功利主义了。幸福主义更注重于主观,强调主观的快乐即幸福感、幸福指数、幸福的程度、幸福的种类,体现为快乐主义、享乐主义;而功利主义呢,更注重于导致幸福快乐的客观对象,它们的利害关系、利害的大小权衡,更注重外在的、可计算的方面。功利主义是可计算的,幸福或快乐则不可计算,只能感觉了。功利主义跟幸福主义有点区别,但是它归根结底还是建立在幸福之上的。你这个计算无非是把你的幸福加以量化嘛,一个质,一个量。但是不管怎么样,所有这些呢,一般地都应该算作此列,就是以自身的幸福的原则作为意志的规定根据。这是一个大范围。它们跟德性的原则是相矛盾的。

　　但这一冲突不单纯是逻辑的, 如同在那些具有经验性条件、但人们却想将之提升为必然的知识原则的规则之间的冲突那样, 而是实践的,

　　"这一冲突", 就是前面讲的以自身幸福的原则作为意志的规定根据是与德性的原则相矛盾的这样一个冲突。幸福原则和德性原则的冲突, 德福不能一致, 德和福在作为意志的规定根据方面它们是不可能一致的, 作为动机是不可能一致的。你要以福作为动机, 那就不能以德作为动机, 在这方面是相排斥的。但这一冲突不仅仅是逻辑上说不通, 逻辑上自相矛盾, 而是实践上的冲突, 是你这样做就不能那样做。逻辑上的冲突比如说, "如同在那些具有经验性条件、但人们却想将之提升为必然的知识原则的规则之间", 必然会发生的冲突。你本来是以经验为条件建立起来的规则, 具有经验性的条件, 但却想将它提升为必然的知识原则; 以经验性为条件的规则是偶然的, 怎么可能提升为必然的知识原则呢? 这本身在逻辑上是说不通的, 由此就导致了纯粹理性的二律背反。这样一些二律背反从根本上来说都属于理论理性的范围, 属于知识内部的思辨的冲突, 当人们想要超出经验之外去寻求先天必然的知识时就会发生, 构成纯粹理性的各种幻相。所以在这样一些原则之间就会发生逻辑上的辩证冲突。但这里讲的这样一种冲突, 它不单纯是逻辑的, 不单纯是知识论上的冲突, 而是实践的冲突。不仅仅是逻辑上讲不通, 而是实践上根本不可能兼容。因为这样一些原则都是一些实践的原则, 当然也有理论的方面, 有实践知识方面, 但不仅仅是理论上说说而已。理论上发现它有矛盾了, 那么在实践中, 那当然肯定也是行不通的。

　　并且假如理性向意志所发出的呼声不是如此清晰、如此不可盖过, 甚至对于最平庸的人都听得分明, 则这一冲突就会将德性完全摧毁了;

　　在实践上是矛盾的、冲突的, 并且呢, 如果听任这样一些实践上的冲突不加解决, 那就会把德性完全摧毁了。如果人们在实践中一些人坚持这个经验性的规则, 一些人坚持那个经验性的规则, 甚至同一个人采取不同的经验性的规则, 朝三暮四、心猿意马, 那就没有规则了, 没有规则,

德性的原则也就被完全摧毁了。或者说，即使人们意识到德性规则并且按照这种规则去做，但却不能坚持，也没有纯粹意志的清晰的概念能够保持前后一贯，而是掺杂一些经验性的质料在里面，这也必将导致这些准则或规则之间的冲突，而将德性的法则完全败坏掉。然而这都是虚拟式，事实上德性法则并没有被完全摧毁，为什么呢？正话反说，"假如理性向意志所发出的呼声不是如此清晰、如此不可盖过，甚至对于最平庸的人都听得分明，则这一冲突就会将德性完全摧毁了"。就是因为这一点，所以德性的原则并没有被摧毁，因为它在每个人的意志里面发出清晰的呼声，甚至最平庸的老百姓都听得分明。就凭这一点，就是说，并不靠知识界或哲学家们挖空心思想出一些逻辑上的思辨技巧来调和这些矛盾冲突，而是凭普通人的理性向实践意志发出的呼声，才保持着德性原则的毫发无损。所以这一句是呼应上面讲的意思，即伦理原则的冲突并不是单纯理论上的冲突，而是实践上的冲突；问题并不在于理论上说不说得通，而在于实践上是如何做的。理论上解决不了的问题，可能在实践上根本不是问题。其实在实践中，就连最平庸的人凭借自己的良心也都听得分明，知道如何来确定意志的规定根据才能形成道德法则。不管经验性的要求多么样的喧嚣，但是理性仍然在后面发出这种声音，连最平庸的人内心里面也不会因外面的喧嚣而盖过良知的声音。这种良知的声音就是理性对于意志发出的呼声，也就是说，你内心的纯粹实践理性会命令你的行为的准则不要建立在那些五花八门的经验性的条件之上，而要立足于准则的单纯形式，这就是意志自律的普遍形式。

<u>但这一呼声于是就连在那些学派的搅混头脑的思辨中也仍然能够保持着，这些学派胆子够大的，为了坚持某种不值得伤脑筋的理论而对那种上天的呼声装聋作哑。</u>

就是说，连最平庸的人都会听得明白的声音，如果没有这样的声音，这个冲突就会把德性完全摧毁了。但是呢，事实上并没有上面那种情况出现，并不是理性声音就被掩盖了。而是这呼声就连在那些学派的搅混

头脑的思辨中也仍然能够保持着。前面是讲,最平庸的人都能听得分明,既然最平庸的人听得分明,那么,在那些学派中,当然也是存在的,这样一种呼声当然也会发出它的声音。那些学派的思辨是搅混头脑的思辨,是玄而又玄的,搞得人晕头转向的、醉醺醺的思辨,但就连这里面也仍然能够保持着呼声。前面讲了最平庸的人都听得到。这里讲了,这些学派的思辨中也仍然能够保持着,这些都是些高级人士了,他们讲的那些玄而又玄的众妙之门里面仍然有这种声音,从上到下,从老百姓到学者,其实都保持着这种声音。但是后面有一个从句,就是这些学派胆子够大的,"为了坚持某种不值得伤脑筋的理论而对那种上天的呼声装聋作哑",这是康德对于他以前的那些伦理学、道德学家们那些理论的批判,这些学派的理论——为了坚持某种不值得伤脑筋的理论,比如说幸福主义、功利主义,这都是些不值得伤脑筋的理论,他们也要坚持;而对那种上天的呼声却装聋作哑,虽然听到了,但是他们充耳不闻,而且闭口不谈。明明听到了的声音,但是在他们那里呢,没有作出任何反应,反而对那些不值得伤脑筋的理论喋喋不休。这就是这些学派搅混头脑的思辨,当然这不仅仅是经验派的那些伦理学家,也包括那些理性派的伦理学家。理论派的伦理学家在道德上面呢,往往经常会失德,经常会堕入到跟经验派的那些伦理学家一个鼻孔出气。所以我们讲康德的伦理学是西方近代以来第一个形式主义的伦理学。他跟以往的,哪怕理性主义的哲学家,斯宾诺莎、莱布尼茨、笛卡儿这些人,都不一样,那些人虽然也讲理性,也讲逻辑,但是搞到头来他们最后呢,要么就是空洞无物,要么一讲真正的道德就堕入到了某些质料的原则之上了,而没有把形式主义的原则抽出来。只有康德第一个把形式主义的原则抽出来了。他为什么能够抽出来,因为在他之前的理性派的伦理学家把伦理道德的法则当作一种认识,当作一种知识。尽管是理性知识,但是它跟人类社会、跟自然界、跟人的本质、跟人的天性,跟这些东西纠缠在一起,所以在伦理学上他们仍然是质料主义的,而不是形式主义的。唯有康德通过他的物自体不可知的学说,把这个自由的自律这样一个抽象的形式提取出来了。所以从他的眼光来看，其他那些伦理学家，不管是那一派的，各家各派，都是同样的质料主义的原则、他律的原则。只有他自己的伦理学是意志自律。这些玄学的思辨，他们为了坚持某种不值得伤脑筋的理论，或者是把伦理学当作一种知识，或者是把它当作一种明智的技术，幸福主义、功利主义，都是属于明智的技术，我们怎么样才能获得幸福，这就是伦理学。我们以什么样的方式来获得幸福，来组织我们的社会，来组建我们的国家，使每个人得到尽可能多的最大可能的幸福，最大多数人的最大的幸福，这都是一种质料的设计，而不是形式主义的应当。形式主义的应当是不管质料的，它超越质料之上。首先，你应当作什么。你不是说组建这个国家，怎么样就能够获得幸福，而是你应当怎么样组建这个国家，你应当怎么样对待他人，组成社会。纯粹的应当，这是康德所提倡的。那么在这里，他批评了所有他以前的那些伦理学。

下面这一大段比较长，但是比较通俗，所以我就简单地解释一下。这一大段是举了两个例子，是两个假设的例子。一个是从幸福主义来举的例子，另外一个是从功利主义来举的例子。首先他说：

如果一位平时你很喜欢的密友以为这样就可以在你面前为自己所提出的伪证作辩护：他首先借口自身幸福是他所谓的神圣义务，然后列举他由此所获得的一切好处，举出他保持着防止任何人发现、甚至也防止你本人从各方面发现的聪明，他之所以只向你披露这个秘密，为的是这样他可以随时否认这一秘密；然后他却装得一本正经地说，他已经履行了一项真正的人类义务；那么，你将要么会当面直接取笑他，要么会带着对他的厌恶而退避三舍，哪怕你在有人单依自身的好处来调整自己的原理时不能提出丝毫反对这一做法的理由也罢。

就是说，他假设，如果有一位平时你很喜欢的密友作了伪证，然后在你面前他为他自己的这一行为提出辩护，作伪证当然是不好的行为了，是不道德的行为，但是他要把它辩护成道德的。他怎么辩护呢？他首先借口自身的幸福是他所谓的神圣义务，这个是幸福主义者伦理学的基础，每个人的义务首先在于他自身的幸福。人都是自私的，自私不是人的一个污点，而是人的一项义务，每个人都必须自私。每个人的自私不仅不是不道德的，反而是真正道德的。当然在现实生活中公开这样讲的人很少，但是也有，个别的、极端的功利主义、幸福主义者会这样强调，认为人天生就是自私的，大自然把人生成自私的，所以要人按照大自然给他安排的本性去做。否则大自然为什么要给他安排这样的本能呢？按照人的本能做的，就是道德的，而人的本能就是追求幸福。追求幸福首先是自我维持、自保，如果没有这样一个原则，那人类根本就不存在。所以，追求个人幸福是神圣的义务，是大自然交给他的义务，甚至于是上帝创造人的时候就已经给他规定了的一项义务。"然后列举他由此所获得的一切好处，举出他保持着防止任何人发现、甚至也防止你本人从各方面发现的聪明"，一个是他举出由此所获得的一切好处，你看，由于我的作伪证，带来了多少好处，我对我的家人，我对我自己，都可以获得多么大的好处，一旦不作伪证，这些好处都没有了。再一个就是他举出他保持着防止任何人发现、甚至也防止你本人从各方面发现的聪明，也就是手段了，我的手段多么高明。你看我追求幸福的手段是多么的合理，多么的明智。明智，这也是幸福主义伦理学所强调的。你要追求幸福，同时你也要懂得怎么样才能追求幸福，这就是所谓合理的利己主义。就是说，一方面追求幸福是天经地义，另一方面呢，你要有技巧。你要是没有技巧，我可以告诉你一些技巧，教给你一套明智的方法，为人处事，怎么样才能获得最大的利益。所有这些都是些技巧，就是"防止任何人发现"，作伪证被别人发现了，那你就失败了，你的目的就达不到了。你首先要一方面作伪证，另一方面你要能够做得巧妙。我们平常也讲，这个人撒谎也撒得不高明，撒了这么个谎，一下被人家揭穿了，那还不如不撒。所以你要撒谎，你必须要高明一点，不要让别人发现。"甚至也防止你本人从各方面发现的聪明"，他告诉你，你看，我做得多么巧妙。我现在告诉你，你一直没有发现，我是怎么样欺骗你的，我是怎么样防止你发现我作伪证的，这一点，显示出我的聪明。但是你为什么要告诉我呢？"他之所以只向你披露这个秘密，为的是这样他可以随时否认这一秘密"，我告诉你也是很巧妙的，我只告诉你一个人，没有旁证，那我就可以随时否认，说了话可以不算话。你一个人证明不了什么。所以我告诉你没有什么，我很聪明的，我智商比你高，我告诉你你也拿我没办法，我各方面都安排得天衣无缝。所以，我之所以只向你一个人披露这个秘密，为的是可以随时否认，这没有关系，单独告诉一个人没有关系，如果到处说当然就不行了。但是你是我最好的朋友，所以我告诉你，谁叫我们是朋友呢？现实中我就听说过一个例子，某人说过这样一句话，这个人当然是很不错的，但有人说他"文化大革命"的时候告密，告密了以后又向那个人坦白，说我告了你的密。那个人说，那你为什么告诉我呢？他回答：因为我们是朋友嘛。当然这个人也很可悲，我们不能指责他，在那种情况之下，为了生存，人的心理会发生扭曲，谁都不敢担保自己不犯错，人往往会做出这样一种卑劣的事情来。下面，"然后他却装得一本正经地说，他已经履行了一项真正的人类义务"，这个就太卑劣了，但是如果有个人在这种情况之下还说他履行了一项真正的人类义务，"那么，你将要么会当面直接取笑他，要么会带着对他的厌恶而退避三舍"，为什么呢，因为他自相矛盾，逻辑上不能自圆其说，所以你会取笑他。要么躲得离他远远的。一方面在逻辑上他是自相矛盾的，另一方面在实践上他是不能容忍的，会引起人们的反感和恐惧，人家会排斥他，会躲避他。"哪怕你在有人单依自身的好处来调整自己的原理时不能提出丝毫反对这一做法的理由也罢"，这是对在实践上为什么要退避三舍的一个补充，一个让步说明。就是说，哪怕你在逻辑上还看不出他是自相矛盾，甚至连你也认为这是天经地义的，哪怕你在理论上丝毫也提不出反对理由来，甚至对他"单依自身的好处来调整自己的原理"也是赞成的,但你在实践上就暴露了你的真实想法,那就是对他退避三舍,不信你可以试试看。极端的利己主义是不能成为法则的,特别是不能成为实践的法则,在实践中是没有与他人相容的余地的。这也就意味着,同样是极端的利己主义者,他们相互之间也是不能相容的。而他们相互之间的不能相容恰好就说明,这样一条准则绝对不成为普遍的法则。你连你自己那一派人都互相不能相容嘛,因为你们所采取的那种极端自利的原则本身就是排他的,怎么可能成为普遍法则呢? 这是一个例子。这个例子非常典型。

　　或者假定有人向你们推荐一个人做管家说,你们可以不假思索地把你们的一切事务都托付给他,并且为了引起你们的信任,他称赞他是一个聪明人,在他自身的利益方面精于算计,他又是一个不知疲倦的勤快人,不会让任何这方面的机会不加利用地被放过去,最后,为了打消你们对他粗俗自私的顾虑,他称赞他如何懂得正派高尚的生活,不是在聚敛钱财和粗野的淫乐中,而是在扩展自己的知识中,在精心挑选的富有教益的交往中,甚至在为穷人做好事中,寻求自己的快乐,但此外,他并不会由于手段(手段的有价值或无价值毕竟只是来自目的)而有所顾忌,别[36]人的钱和财物用在这方面,对他来说就像用他自己的一样,只要他知道他可以不被发现又不受阻碍地做这件事:那么你们就会相信,要么这位推荐人是在愚弄你们,要么他就是失去理智了。

　　这是另外一个假设,也就是假定如果有一个人向你们推荐一个人来当你们的管家,既然要推荐这个人,他当然要夸奖他,但是这种夸奖在正常人听起来就是实际上在骂他了。他这样夸奖:你们可以不假思索地把你们的一切事务都托付给他,并且为了引起你们的信任,他称赞他是一个聪明人,在他自身的利益方面精于算计。这是功利主义伦理学,功利主义伦理学就是精于算计,算得很精,不要吃亏,不管是对个人,还是对国家,还是对人民,他们都精于算计。对国家对人民,当然是立足于每个人的功利,最大多数人的最大利益,怎么叫最大? 就应该有个比较,小一点不行,这个方案比那个方案多一点利益,那么我就采取这个方案,而不采取那个方案。这是精于算计,在自己的生活方面精于算计,在国家的事务方面、在他人的事务方面当然也会精于算计。所以为什么要推荐他当一个管家呢?他来帮你理财,他来帮你管家,他可以帮你为最大利益着想,他精于算计呀。如果一个自己的生活都稀里糊涂的人,你让他管家,那当然是信不过的,这是他的一个条件嘛。"他称赞他是一个聪明人,在他自身的利益方面精于算计",这个一般人都还可以接受。如果你给我介绍一个管家,你首先要说他这个人自身理财怎么样。你说他很会理财,他炒股炒得很成功,去年还赚了一大把,当然我对他就比较放心了,不然他会让我亏了。所以,这个当然是一个前提。另外,在自身的利益方面,一方面精于算计,另一方面他又非常勤快、非常仔细、非常关注,不会有任何疏漏,不会有任何机会被他放过去。最后为了打消你对他粗俗自私的顾虑,他称赞他如何懂得正派高尚的生活。就是说,他不仅仅会理财,他的个人生活也还是很正派、很高尚的。怎么高尚呢?不是在聚敛钱财和粗野的淫乐中寻求自己的快乐,而是在扩展自己的知识中,他非常好学,各方面的知识他要懂得、要追求。在精心挑选的富有教益的交往中,精心挑选他的社交的圈子,交往也就是社交了,在社交中他不乱交朋友,他要挑选那些有知识的人,有文化的人,趣味高尚的人。富有教益的交往,往来无白丁,交往的都是一些有名人士,都是一些社会高尚人士,都是上流社会。"甚至在为穷人做好事中,寻求自己的快乐",他甚至也给穷人施舍一点好处,为此他获得他的快乐。在这些方面,他都能够获得快乐。这是合理的利己主义了,他最终是为了寻求自己的快乐,但是呢,寻求自己的快乐不要太狭隘了,以为就是聚敛钱财和粗野的淫乐就能获得快乐,还有很多事情可以获得快乐,读书啊,社交啊,救济穷人啊,这都可以获得快乐。你为了获得快乐,你可以把你的眼界打开一点,不要太狭隘,在各种情况下都是可以获得快乐的。这是前面这些,好像都还能接受。如果有这样一个人推荐给你做你的管家,他有这样一些优点,好像也还不错。下面就转折了，"但此外，他并不会由于手段（手段的有价值或无价值毕竟只是来自目的）而有所顾虑"，也就是说他为达目的而不择手段。你听了这一句话心里大概就一惊了，这个人为了达到他的目的，为了寻求他的快乐，他是不择手段的，他唯一的目的就是寻求快乐，而怎么样才能获得快乐，他是不管的。这个就不能说是对他的一种称赞了。"别人的钱和财物用在这方面，对他来说就像用他自己的一样，只要他知道他可以不被发现又不受阻碍地做这件事"，别人的钱和财物用在他的目的方面，用在他的寻求快乐的目的方面，对他来说就像用他自己的一样，那你要他来做管家，你的钱就是他的钱了。他用你的钱就像用他自己的钱一样，这样的人怎么能够做管家呢？当然有个条件，就是他也不会光天化日之下来抢钱，他会做得天衣无缝、万无一失。只要他知道他可以不被发现又不受阻碍地做这件事，他就可以为所欲为，用你的钱做他自己的事，又不受阻碍。这也是很明智的啊，如果没有这个条件，你把人家的钱当你自己的钱用，你马上就被开除了，人家不会相信你嘛，怎么能把钱交到你手里呢？交到你手里就等于丢到水里了。"那么你们就会相信，要么这位推荐人是在愚弄你们，要么他就是失去理智了"，要么这位推荐人是在把我当傻瓜了，要么推荐人自己就是傻瓜。这个完全不合理。既不合逻辑，也不合实践理性。这是另外一个例子。这两个例子实际上很相近，甚至也可以说是互相交错的，有重叠的部分。但是总的倾向，前面一个例子是更加着眼于幸福主义，自身的幸福是神圣的义务。后面一个例子更多的是功利主义，就是说，把这种幸福，把这种快乐量化，精于计算，除了经过计算的量以外，不承认有任何其他的法则，包括道德法则。只要能够获得最大的快乐，不择手段。这两者都是康德所极力反对的，凭借常识就可以知道，这都是不道德的。

　　——德性和自爱的界限如此清晰明确地判然二分，以致连最平庸的眼睛都根本不会在区别一件事是属于德性还是属于自爱上面弄错的。

　　前面举了这两个例子，说明的是同一个问题，就是日常生活中人们都很容易区分道德行为和不道德的行为。一个是为了个人幸福而做伪证,一个是为了功利的计算而将他人财产据为己有,谁都不会认为这种人是道德的。所以康德在这里谈的不是一个理论论证的问题,而是一个实践的问题。不管你在理论上如何讲得头头是道,你如何听从明智的劝告,你都可以发现,谁也不会愿意交那样一个朋友,愿意把那样一种人聘为自己的管家,不信你自己试试。所以他的结论就是,"德性和自爱的界限如此清晰明确地判然二分",你交友也好,你聘一个人来当你的管家也好,你首先要考虑的是人家的道德,你要交好人,不要交坏人。当然有时候没办法,你交了坏人,你把一个坏人聘为你的管家,那你要有充分的自信能够控制他。你要相信自己的智商比他高,他瞒不过你,那当然也可以。这个人道德上也可能有些缺陷,但是他翻不起大浪,他的一举一动都在你的监控之中。那就不是一种信任关系,而是一种利用关系了,没有人说这样一种关系是符合道德的,这就像打仗一样,将陷入一切人对一切人的战争。所以德性和自爱的界限如此清晰明确地判然二分,"以致连最平庸的眼睛都根本不会在区别一件事是属于德性还是属于自爱上面弄错的"。这两个例子你把它交给一个智商不高的人,一个普通老百姓,最下层的一个苦力,他都会作出正确的选择。任何人只要他有起码的理性,他都会做出正确选择,这个是绝对不会弄错的。

下面几点说明虽然对一个如此明显的真理可能显得是多余的,不过它们至少还是可以用来使普遍人类理性的判断获得更多一点清晰性。

下面康德提出了几点说明,他说这几点说明虽然对一个如此明显的真理可能显得是多余的,就是说,什么是道德,幸福主义和功利主义算不算真正的道德,这个本来是每个人都能分得很清楚的,是明显的真理,哪怕是最没有文化的人,最无知无识的人,只要给他举几个实际例子,他就能够分清楚了。所以下面几点说明呢,对这样一个明显的真理来说呢,可能是多余的,你还说什么那么多干什么呢?前面例子已经说得很清楚了。什么是道德?功利主义是不是道德?幸福主义是不是道德?这个还看不清楚吗？所以不用再多说了。但是呢，"它们至少还是可以用来使普遍人类理性的判断获得更多一点清晰性"，就是说，当然你在实践中可能分得很清楚，但是分得清楚不一定搞得清楚它里面的这样一些概念，这些判断，它们的逻辑关系，它们的原理。你要把那些原理搞清楚，那并不是很容易。当然一般人用前面两个例子跟他说了以后，他肯定会回避那些不道德的人，这在实践方面他们无疑会采取这样的行动。也许他头脑不一定清晰，也许他还是从自己的功利出发来回避这样一些不正派的人，从功利出发他也知道要结交好人，不要结交坏人，结交坏人会吃亏。但是究竟什么是好人，什么是坏人，他不一定搞得清楚。所以这些说明至少还是可以用来使普通人类理性的判断获得更多一点清晰性。普通人类理性就是广大老百姓的理性，如果老百姓有心要搞清楚的话，可以在我这里搞清楚。当然你不搞清楚也没有关系，也不会变成不道德，道德和不道德不在于听了多少哲学，听了多少道理，而在于在现实生活中间，你凭借你的理性的本能，你就知道回避坏人，结交好人，这个是普通老百姓都能做到的。但是搞清里面的关系，就不是每个人都能做到的了。你如果有心去搞清的话，那么你可以在我这里做到。所以康德的伦理学实际上一方面非常通俗，不要以为它那么高深，它实际上是立足于广大老百姓的最通俗的道德区分，善和恶，道德和不道德。什么是真正的道德，什么是伪善，广大老百姓心里都有一杆秤，都能分得清楚。在日常生活中间，只要他们动动脑筋，就会分得清楚，你忽悠不了他们。当然他们也有犯傻的时候，在理论性的问题上他们也许搞不清楚，但是讲到实践的最终标准，他们知道究竟什么样的人才是好人。所以康德是立足于这些老百姓的日常的、通俗的道德哲学来谈问题，当然老百姓不一定叫作哲学了，但是通俗的道德知识是有的，这是康德的立足点。但是另一方面呢，他之所以说得那么样的高深、晦涩、抽象，是因为你要从理论上搞清这些通俗的道德原理还真不容易，不是那么简单的，有很多表面的东西把它遮蔽了。幸福主义和功利主义都是这样一些遮蔽物，把通常的老百姓的对道德和不道德的明确区分都搞混了，而且还显得很高深、很明智，似乎他们超越一般老百姓之上。康德不想超越于老百姓之上，他只想把老百姓的这些原理搞清楚。但是由于这些原理本身非常复杂，牵涉方方面面，所以就越说越高深、越说越晦涩。通过前面的假设、说明，康德在下面这一段里面得出了他的结论。

　　<u>幸福原则虽然可以充当准则，但永远不能充当适宜作意志法则的那样一些准则，即使人们把**普遍的**幸福当作自己的客体也罢。</u>

　　就是说，前面讲的那两个例子，幸福主义和功利主义，它们都是立足于幸福原则，都是属于这样一个范畴的。那么，康德讲幸福的原则虽然可以充当准则，我们前面已经讲过，准则和法则的区别，后来的同学可能没有听到。准则是主观的，就是说，人的实践嘛，他跟动物的那种本能的行为很不一样。动物的本能行为是由自然界所决定了的，所规定好了的，它只能这样做，按照被规定了的本能的规律那样去做，但是它是无意识无目的的。它内心的那样一种已经设定好了的机制，决定了它在某些情况之下会怎么做。但是人的实践活动不一样，人的实践活动是有他的准则的。这个准则在康德这里主要是主观的行为的规范，就是你的实践活动之所以跟自然界的现象有区别，就在这一点。自然界的现象是本能预先安排好了的，动物是无意识的、无目的的，自然界给它安排了一个目的。比如说它要维生，它要自保，但这个目的并不在它的观念之中，它并没有一个观念要维生、要自保、要逃避死亡，它是本能地逃避死亡，但是人却有观念。所以康德讲，自然的过程就是按照规律来运转，而实践是按照规律的表象而行动，这跟自然过程不一样。实践是按照规律的表象而行动，那这个表象就是目的，它还没有实现，但是它已经作为一个表象存在于你的头脑里面了，这就叫实践。就是首先你有一个表象、有个目的在那里支配着你的行动，在目的和手段之间保持着一种连贯性，这种连贯性就是准则。就是说我要达到一个目的，有利于这个目的的我就去

做，不利于我这个目的的我就不做。这就是我的准则。这个准则可以是道德的，也可以是不道德的。不道德的比如说，人为财死鸟为食亡；宁教我负天下人，不教天下人负我，这也可以作为我的准则。我有了这个目的，然后选取我的手段，我在现实生活实践中，怎样才能够不教天下人负我，这就是我的准则。当然也有道德的，比如说己所不欲勿施于人，当我把这个道德法则看作我的主观的一种行为标准的时候，那么它就是我的准则。所以康德认为，一个准则，只有当它能够成为一条普遍的法则，并且你也愿意它成为一条普遍的法则的时候，它才是道德的。判断一个行动是不是道德的，不是在于它的准则是否能够建立，不在于它的目的和手段的关系是否能够合适，而在于它的这个目的是否能成为一个普遍的目的。我个人的目的，比如宁教我负天下人不教天下人负我，这样的准则是否能够设想为所有的人都具有呢？不可能。就连曹操也不希望所有的人都像他一样。所有的人都像他一样，那他就很被动了。曹操手下的那些人有很多都是非常道德高尚的，包括关羽。曹操这么一个自私自利的人，他也非常器重关羽，他希望关羽跟他完全相反，宁可天下人负我不教我负天下人。所有的人都伤害了我，我也不伤害所有的人，哪怕是敌人。他明明知道曹操对他心怀叵测，是利用他，但是他也不伤害他。既然他对我好嘛，哪怕是表面上对我好，我也知恩必报。因为仁义道德是关云长的准则。所以坏人的准则不能够成为普遍的法则，他总是想让自己的准则成为一个例外，一个特权，我的准则只能够我自己一个人来用，别人不能，别人一用的话，我的准则就被摧毁了。如果所有的人都像曹操一样，甚至于比曹操更厉害，那曹操就很吃亏了。所以他希望人家都比他有道德，然后他就可以得逞。这种准则在成为法则的时候，它就会导致自相矛盾，所以它绝对不能成为普遍的法则。而道德的准则之所以道德，就在于它能够成为普遍法则。宁让天下人负我不教我负天下人，如果人人都是这样，那这个世界就很美好了，就可以良性循环了。所有的人都对所有的人好，所有的人都无私奉献，自我牺牲，为了别人，那这个社会就是非常美好的，是人们梦寐以求的社会。当然曹操是不相信的，他认为这种社会是不可能的，所以他采取了一种相反的准则。所以康德讲，"幸福原则虽然可以充当准则"，我把幸福原则充当准则，人为财死鸟为食亡，人就是为了自己的幸福，每个人都是自私的，所以人的第一要求、第一准则就是追求自己的幸福，这个是可以充当准则的。但是"永远不能充当适宜作意志法则的那样一些准则"，如果有人把幸福原则充当自己的准则，那就永远不能指望它成为意志的法则，你要意识到，这是你的一个缺陷，是你的有限性。当然康德并不反对每个人把幸福当作自己的准则，每个人要活在世界上，当然要追求自己的幸福，否则就活不了。但是你要意识到，当你这样做的时候，这些准则绝对不适合于当作意志的法则。"即使人们把普遍的幸福当作自己的客体也罢"，哪怕你不是把自己个人的幸福，而是把"最大多数人的最大幸福"当作客体，也不行。很多人就是从幸福主义的准则出发，认为它可以成为道德法则，为什么呢？虽然每个人的幸福都是个别的，但是所有的人的幸福是普遍的，为了普遍的幸福就是道德的。但是康德在这里反对这种观点。他认为，即使人们把普遍的幸福当作自己的客体，当作自己追求的对象，也不能当作普遍的法则。功利主义、幸福主义所标榜所鼓吹的就是这个，最好是能追求到普遍的幸福，人人都幸福，这是一个理想状态，但是呢，这当然是不可能的。所以，尽量地向一切人的最大幸福努力。如果做不到的话，也要争取最大多数人的最大幸福。这就是功利主义者和幸福主义者的理想目标。但是康德认为，即算是这样，也不能作为普遍法则，因此也不能说是道德的。即算你追求最大多数人的最大幸福，那少数人仍然是不幸福的，所以也不能说是普遍的法则。下面就来解释为什么。

　　这是因为，对这种幸福来说它的知识是基于纯粹的经验素材上的，因为这方面的每个判断都极其依赖于每个人自己的意见，加之这意见本身又还是极易变化的，所以，这判断尽可以给出**一般性**的规则，但决不能给出**普遍性**的规则，

　　为什么普遍的幸福也不能成为我们的客体，也不能充当意志的法则呢？是因为谈到幸福就涉及知识，我们要注意到这样一种关联。你要认识什么是你的幸福，因为幸福不仅仅是你当下所享受到、所感受到的东西，而是你预测有可能感受到、有可能获得的东西。幸福也有规律，比如说人在什么时候感到幸福，人在饥饿的时候吃一顿饱饭就是最大的幸福了。但是吃饱了以后呢，那他就有别的追求，吃一顿饱饭就不再是他追求的目标了。但是这是一种知识。朱元璋回忆他讨饭的时候，吃一碗"翡翠白玉汤"，那是他极大的幸福；但是他当了皇帝以后，再吃那个"翡翠白玉汤"，实际上是猪潲水做的，就吃不下去了，那幸福的内容就变了。所以，对幸福你应该对它有一种知识，在什么情况之下它会变，在什么情况下你会把它当作幸福。所以幸福不仅仅是你当下的感受，同样一件事情，你当下的感受可能完全不同。以前你当作幸福的，以后你会认为它是一种惩罚。所以这个幸福跟知识有关，而知识与经验有关，知识必须要有经验的内容，知识不能脱离经验。所以"对这种幸福来说它的知识是基于纯粹的经验素材上的"，是从一种偶然的、后天的、由各种经验条件所决定的状况所导致的知识。"因为这方面的每个判断都极其依赖于每个人自己的意见，加之这意见本身又还是极易变化的"，湖南人喜欢吃辣椒，湖南人怕不辣，这是一般的意见。当然不一定每个湖南人都是这样，我就是湖南人，我就不喜欢吃辣椒，我是一个不喜欢吃辣椒的湖南人。在这方面，每个人都有自己的判断，你都不能一概而论。而且这意见本身又是极易变化的，我以前在农村劳动的时候吃辣椒，农民都吃辣椒，我也吃。后来不吃了。以前也抽过烟，后来再没有抽过了。这些都是根据不同的时代、不同的环境而变化的。"所以，这判断尽可以给出**一般性的**规则，但决不能给出**普遍性的**规则"，一般性的跟普遍性的有什么区别？一般性的就是大体而言，湖南人一般都喜欢吃辣椒，但是不是普遍性的，不是每一个湖南人都喜欢吃辣椒。所以关于幸福的判断不可能给出普遍性的规则。下面讲一般性的或普遍性的规则的区别。

即可以给出这样一些最经常地切合于平均值的规则，但却不是这样一些必须任何时候都必然有效的规则，因而，没有任何实践**法则**可以建立在这判断之上。

什么是一般性的规则，就是可以给出这样一些最经常地切合于平均值的规则。湖南人平均来说吃辣椒的人可能性比较高，大多数甚至于绝大多数湖南人都喜欢吃辣椒，从平均值上来看高于其他省份的人。这里有一种规则，但却不是这样一些规则，就是"必须任何时候都必然有效的规则"，后面这种规则才是普遍性的规则。前一种规则并不是任何时候必然有效，一见到湖南人，就断言他必然要吃辣椒，没有这个必然性。所以这样一些经验的规则，哪怕最经常地切合于平均值，但是却仍然不是普遍性规则，不是这样一些必须任何时候都必然有效的规则。经验的规则，幸福的规则，即使有最大多数人的适合性，但是没有必然性，只有偶然性，只有或然性。它顶多有一定的比例，一定的可能性或几率，但是没有必然如此的有效性。"因而，没有任何实践**法则**可以建立在这些判断之上"，"法则"打了着重号。涉及法则，它就是客观的。法则和准则的区别就在这里，准则是主观的，法则是客观的。法则当然也包含主观的，法则是主观准则中带有客观性的那一部分，这就是实践法则。当然还有自然法则，比如因果律也叫作法则。因果律也是无一例外的，没有任何一件事情的发生是没有原因的，你不能说大多数的事情发生都有原因，只能说所有的事情的发生都有它的原因，这是没有例外的。在自然界是这样，在实践的领域里面法则也是没有例外的。那么，幸福的规则显然不符合这样一个要求，幸福的规则不是没有例外的，所以它只能够是一般性的规则，但决不是普遍性的规则。所以幸福的规则不能够为任何实践的法则作基础。

正因为如此，既然在这里任意的客体为任意的规则提供了基础，因而必须先行于这个规则，所以这种规则仅仅只能与人们所建议的东西、因而与经验发生关系，并仅仅建立在它上面，而在这里判断的差异性必

<u>然是无限的。</u>

　　前面已经阐明了为什么幸福的准则不能充当意志的法则。这里则再一次强调，"正因为如此，既然在这里任意的客体为任意的规则提供了基础"，当然"任意"在这里也可以理解为"意志"，意志的客体，但是任意要比意志更宽泛。意志包含在任意里面，作为它的纯粹的部分，但是任意除了意志的纯粹的部分以外，还包含感性的东西，爱好、偏好、冲动，感性的需要、幸福，都可以包括在任意里面。所以这里讲，任意的客体为任意的规则提供了基础，你这个任意要有个客体，你追求什么，你想要一个对象，这个对象是你任意追求的，那么它就有一个客体。现在你把这个客体当作任意的规则的基础，就是说，这个任意的规则是以我追求的目的、我追求的幸福的对象为基础的，因而任意的规则是建立在任意的客体之上的。任意的客体必须先行于这个规则，你想要那个东西，那么你根据那个东西来定你的规则。你想要生活得好，你想要达到月收入一万元，你就以那个目标来决定你的规则，怎么样才能达到这个目的。这种规则当然就只能是幸福的规则了。"所以这种规则仅仅只能与人们所建议的东西、因而与经验发生关系"，这里"建议"（empfiehlt）后面德文版有一个注释，就是说也可以读作"感觉"（empfindet），人们所感觉到的东西。其实不改也可以，Hartenstein 认为应该把它改一下，他认为这两个字相似，是康德搞混了，这里应该是感觉。但人们所建议、所劝告的东西一般都是感性经验的东西，不是定言命令，而是假言命令：如果你想要得到什么，那么我劝你得这么做，不想要就算了。当然这个所建议的东西肯定是感性的了。所以这种规则仅仅只与人们所建议的东西——感性的东西、因而与经验发生关系。建议的东西跟绝对命令是不同的，它只能是一种建议。康德曾经举例子说，如果你要想老来不受穷，你就应该趁年轻的时候积攒钱财。这是一种建议，是人们对你的一种忠告，否则的话，你将来会陷入非常困难的境地。我首先告诉你，你如果到老的时候不想受穷的话，那么你现在该怎么办，这个是所建议的东西。凡

是所建议的东西，都是有条件的命令，而道德是无条件的命令。道德不是建议的，我建议你做个好人，那不是的，没有人建议人家做一个好人，这是必须的，是命令，这个是没有条件的。不是说在什么情况之下你就必须做个好人，而是说，你在任何时候任何情况下，你都应该做一个好人，这在实践上是没有条件可讲的。但是建议是有条件的，你在什么前提之下，你如果选定了这样一个目的，那么我建议你怎么做。建议都是有前提的，而且这些前提是经验的。"并仅仅建立在它上面，而在这里判断的差异性必然是无限的"。也就是说，任意的规则仅仅建立在经验之上，而这方面的判断的差异性必然是无限的。只要你有一个目的，就会有各种建议向你提出来，每个人出于自己的判断而给出不同的建议，经常会让你无所适从。每个人根据自己任意的规则所做出的判断跟任何其他人的判断都不会完全一致，它的差异性是无限的。而不同的当事人选择采纳哪个建议，也是千差万别的。

　　所以这条原则并不为一切有理性的存在者颁定同样一些实践规则，哪怕这些规则都置身于一个共同的名目即"幸福"之下。

　　这条原则就是幸福的原则，这一段一开头就讲幸福的原则。原则（Prinzip）这个词，一般来说康德是用得非常高的，在认识论中原则比法则高，原则属于理性，法则属于知性。但是在这里用得非常泛，幸福也可以称之为原则。当然他的这种泛用也情有可原，因为理性是推理，知性是判断，当理性被用在幸福上，它就是一种推理，构成手段和目的的三段式，但其实是属于理论哲学的，属于经验的推理。但在实践中的知性运用得出的是定言命令，相当于一个判断，但却是实践中的判断，所以不是原则而是法则。实践法则比幸福原则高，不是高在理性和知性、原则和法则的关系上，而是高在实践和理论的关系上。换言之，理论上的（理性）原则还不如实践中的（知性）法则高。即使幸福主义的伦理学都把幸福当作是一条原则（Prinzip），但在实践上都不足以构成一条法则（Ge-setz），因为幸福论的原则本质上是属于知识论的，而不是属于严格的实

571

践论的。前面讲过，技术性、实用性的实践只不过是理论认识的附属部分，不属于实践哲学。所以这里要比较，就采用了一个比较中性的词"规则"。一切有理性的存在者并不能由幸福原则为它们颁定同样一些实践规则，而是根据经验的具体的场合、具体的情况，来颁定一些不同的规则。在这种情况下，尽管都是为了个人幸福，你这样做是为了你的幸福，他那样做也是为了他的幸福，但是你们两个有可能打得不可开交。甚至同一个人，你昨天这样做，今天又是另外一样做法，并且为昨天的做法后悔，这都属于不能一致的情况，自相冲突的情况。所以，哪怕都是为了个人的幸福，但是在幸福这样一个共同的名目之下，它们并不是一些同样的实践规则，而恰好是相互冲突的规则，至少是相互有无限差异的一些规则。人类的所有的冲突，追根溯源，最后都追到这上面来，都会追到幸福的原则。虽然幸福是一个普遍的概念，但是一切矛盾都由它来，总是不能达成一致。

但道德律只是由于它对每一个有理性和意志的人都应当是有效的，才被设想为客观必然的。

这一句提出了幸福的原则和道德的法则区别究竟何在。道德律，即道德法则才是客观必然的，幸福的准则哪怕它有一个共同的名目，但实际上仅仅是主观的准则，不可能成为一种客观的法则，不可能具有客观必然性。客观必然性必须建立在一种法则的普遍性之上，成为普遍法则，才具有客观必然性。康德在《纯粹理性批判》里面有个地方讲到，客观性跟普遍必然性是两个可以互换的概念。所谓客观的就是普遍必然的，所谓普遍必然的就是客观的。普遍的就是没有一个例外嘛，既然没有例外，你就可以预测它，你能预测它，一测一个准，那就是必然的。它还没有发生，你就可以预测它必然是这样，为什么呢？因为这是普遍必然的，没有例外。因果律是普遍必然的，所以它是客观的，没有任何事情可以是没有原因的。所以一件事情还没有发生，你必然可以断言它肯定是有原因的。没有发生你怎么可以断言？他就可以断言。一旦它发生，它肯定是有原因的,尽管它还没有发生。所以,法则是客观的,准则是主观的。道德法则为什么是客观的呢?只是由于它对每一个有理性和意志的人都应当是有效的,对每一个人有效,也就是无一例外,具有普遍性。只是由于它具有这种普遍有效性,它才被设想为客观必然的。在道德法则中,我们考虑的是它的实践的有效性,在实践中道德法则对每一个人都有效,只要他有理性,有意志。他这里讲有理性和意志,要强调意志,因为这里讲的是实践。刚才我们讲因果律,就不需要讲意志了,它只讲有理性就够了。每个有理性的人会认识到,万物的发生都是有原因的,因果律是普遍有效的,但是它不是基于人的意志。而在实践理性里面,它基于人的意志。实践法则对每个有理性和意志的人都应当是有效的。但是这个有效我们不能作狭义的理解,好像既然他有理性,他在现实中就会按照道德律去做。不是这种有效,这种有效还是一种认识上的有效。它是一种实践上的有效,就是它会对人的行为发生影响。也许他最终没有按照道德律去做,他做了不符合道德律、违背道德律的事情,但是道德律对他仍然有效,它会作用于他的良心,使他感到惭愧,感到忏悔,感到于心不安,对他的心理都会发生影响。当然这还都是从客观后果来说的。但是在康德那里呢,一种道德命令的必然性就在于,它必然会发生影响。在人的实践活动中它不是单纯一个抽象概念,毫无作用,我完全可以不管它。你可以不管它,但是你必须要采取某些措施来压制它,比如说昧着良心,你才可以不管它。昧着良心其实还是很痛苦的,因为良心是你的本质。你要把自己变成动物,你要把自己变成不是人,那么你自己也看不起你自己。所以这个就是道德命令的普遍有效性。只要是一个有理性的人,有意志的人,他就会承受这样一种效果。道德法则只是由于这种有效性,才被设想为客观必然的,这是在任何经验的条件之下都无一例外的。它跟幸福原则不同,幸福原则虽然都是追求幸福,但是它是各式各样的,每个人都不同;而道德法则每个人都相同。道德法则在所有人的良心中所发生的作用是人人相同的。在任何情况下,你都不要骗人,你都不要杀人，你都不要害人，这是一个普遍的法则，你要是做了，你必然会觉得这是不对的，不道德的。所以道德法则就是说，你要使你的意志的准则成为一条普遍法则，这是永远有效的，对于每一个有理性者、也就是有意志者，它都有效。这是对幸福原则作了一个进一步的解释。上面这一段就是进一步解释幸福的原则为什么不能作为普遍的法则，为什么不适宜作意志的法则。哪怕你把幸福当作一个普遍的概念，那也没有用，每一个人对同一个幸福理解各不相同，绝对没有一个贯通的一致性。而道德法则与此相反，它必须对每一个有理性和意志的人同样地有效。所以道德法则是客观的普遍法则，有必然性；而幸福的原则呢，不管怎么样，它都是主观的准则，只是偶然的。

　　自爱的准则（明智）只是劝告；德性的法则是命令。但在人们劝告我们做什么和我们有责任做什么之间毕竟有一个巨大的区别。

　　这里非常简明地把这两种规则并列起来加以区分，一个是准则，一个是法则。自爱的准则当然就是幸福的原则了，幸福就是自爱，为什么要追求幸福，就是出于自爱。我要追求我的幸福，我爱自己，当然这没什么错。但是自爱的准则只是一种明智的劝告。自爱本身作为一个幸福的起点，它本身也可能没有什么准则，但是你要把它实现出来，就必须有准则。每个人都爱自己，但是在实践的行动中，怎么现实地爱自己，你就必须要有一个准则，这个准则就是明智地告诉你，只有这样你才能爱你自己，你才能实现自爱，以这样一种聪明的手段，你才能使自己获得幸福，获得满足，获得利益。所以这样一种自爱的准则就是明智（Klugheit），也就是聪明，与目的相适合的手段就是明智的、聪明的手段。人是有理性的嘛，人追求自己的幸福不是盲目地去追求，而是有理性在里面起作用，这种理性就是所谓的工具理性，表现为明智。如果是一头动物瞎碰乱闯，那就不叫准则了，那就是没有准则了。大自然给它规定了本能，它就只能那样去做，至于为什么要按照那样去做，它不知道，所以它也没有准则，它是盲目的。但是人是通过理性来规定的，通过人的知识认识到，一个人要追求到自己的幸福，不能一意孤行，必须要有技巧。从小孩子就教育他，你如果想要得到那个东西，你就必须怎么怎么样。这就是一种明智的训练，从小这种训练是很重要的，长大了才能适应社会生活。但这只是一种劝告，它不是绝对的。因为如果那个孩子改变了主意，说我现在不想要了，那你这个劝告也就没有用了，它是有条件的命令。那么德性的法则是无条件的命令，它跟小孩子想得到什么东西的那种明智是大不一样的。对小孩子的教育一方面是训练他的明智，他要得到一个东西要有耐心，他要先认识手段和目的的关系，要按照其中的规律去行动，才能达到目的，这是一种训练。但是另外一种更重要的训练，就是道德训练。偷东西这种事情绝对不能做啊。你先不要问为什么不能做，那是绝对不能做的，从小就要告诉他，这是命令。当然小孩子的理性还没有建立起来，你跟他讲很多道理也讲不清楚，但是你首先告诉他这是命令，这绝对不能做。稍微再长大一点，等他具备了同情心，你可以告诉他，己所不欲勿施于人，你的东西要被人家偷走了，你伤不伤心啊？你的东西被偷走了你不愿意，那么你也不要偷人家的东西，人家多可怜啊！再大一些，有了理性思维能力，你就可以告诉他康德的道德律了。这是有层次的。但是它的原则最终都是一个，绝对命令是无条件的。当然一般老百姓有了"己所不欲勿施于人"也就够了，对于他们的社会生活来说也就够用了，但是它没有绝对的权威性。为什么要己所不欲勿施于人？这个没法解释，只能诉之于情感或是权威。如果对于理性更成熟的民族，那就需要更高的一种教养，就要诉之于理性。总而言之，自爱的准则只是一种劝告，劝告就是有条件的命令，我劝你怎么怎么样，这是有前提的，这后面的潜台词就是说，如果不这样的话，达不到你的目的，对你自己不好，所以我奉劝你怎么怎么样。这是有条件的命令，那么德性的法则是无条件的命令。所以他这里把"命令"和"劝告"都打上了着重号，作为对照。有条件的命令当然不是一种真正的命令了，还是诉之于他自己的目的，就是说，你如果愿意这样的话，那么你就必须怎么做，这种命令是一种很弱的命令。而真正的命令就是德性的法则。"但在人们**劝告**我们做什么和我们**有责任**做什么之间毕竟有一个巨大的区别"。前面讲了一个劝告，后面讲了一个命令，再深入一点，劝告和有责任——也就是有义务，这两者之间毕竟有一个巨大的区别，而不仅仅是一个劝告一个命令，一个弱一个强。前面讲的自爱的准则只是劝告，德性的法则是命令，好像只是程度的区别，一个口气缓和一点，一个口气强硬一点，好像只是一个程度上的不同。但是实际上有本质上的不同。人们劝告我做什么，我对此并没有责任，不做顶多是自己倒霉，与别人无关；而道德法则命令我做什么，这就使我承担了责任，不做不但别人会指责我，而且我自己也会责备自己。但康德所说的巨大的区别还不只是这一点，而是涉及人性中更深层次的东西。下面就来解释这个巨大的区别。

　　凡是按照任意的自律原则该做的事，对于最普通的知性来说都是很容易而且不假思考地就可以看出的。

　　"任意的自律原则"，这个用语似乎有点怪，按照康德的通常的说法，应该是"意志的自律原则"。定理四就是意志的自律嘛。意志自律是一切道德法则和与之相符合的义务的唯一原则。但这里为什么用"任意的自律"，我前面讲了任意 Willkür 跟意志 Wille 的区别，前者对后者有一种包含关系。意志是包含在任意里面作为任意的纯粹的部分。意志也是一种任意，但是是一种纯粹的任意，或者说一般的任意是不太纯粹的意志，而意志是纯粹的任意。因为任意虽然包含感性的东西，但是毕竟也包含理性在里头，如果我们把这个理性的东西提取出来，单独加以考察，那它就是意志了。只不过在一般的任意里面，这个意志被它的感性的东西所掩盖了，并且被用来为感性的那些目的服务。我们后来讲的唯意志主义，意志主义，以个人意志为主的主观主义，这都是把意志和任意看作是一回事情。但是严格说起来，意志跟任意是不一样的，意志是能够坚持下来成为法则的，一个人看定一个目标能够坚持到底，这就叫有意志。一个人意志薄弱，就是说他随时可以被任意的目标所吸引过去，中断他的努力，他听凭自己的任意所支配。任意跟意志在日常语言中有一些区别，康德在这里把它们区分得更加清晰。但在这里呢，他把任意当作意志来使用也是可以的，因为毕竟意志也可以看作是一种任意，只是纯粹意义上的，一般任意里面本来包含纯粹意志，但是通常它不纯粹，它被混杂在其他的一些感性的目的里面，为感性的目的服务。而这里说，"凡是按照任意的自律原则该做的事"，这就是特别把任意中的纯粹部分抽取出来讲了，这种讲法比较适合于普通老百姓的理解，因为普通人没有分析得那么细，他们会把道德的自律原则也看作是一种任意。所以接下来说："对于最普通的知性来说都是很容易而且不假思考地就可以看出的"，普通知性就是普通老百姓的知性，哪怕他们还停留在知性水平，没有上升到狭义的理性，他们也可以不假思索地就作出正确的判断。当然康德是把这种原理提升到纯粹实践理性的层次上来分析了，但普通百姓连这个都不需要，就能直接把握自己应该怎样做。你想当一个音乐家，你应该做些什么，这个倒不见得那么容易把握。有些没有经验的人可能会认为，他当那个音乐家很容易啊，他天生就是个音乐家。但是他后面付出了多少汗水和辛劳，你都不知道。你只看到他的成功，不知道为了成功该做什么，这在一般的日常生活中反倒是不容易搞清楚的，那必须要有广泛的社会知识和人生经验，还要有人教授，包括自然科学知识，生理学、心理学和人文科学等等各方面的知识，你才能够知道自己怎么样才能达到某个目标。一个学音乐的人，他考上音乐学院附中就不容易，考上以后老师对他要采取科学的鉴定，包括考试也是科学的考试，能够测试出这个人的天赋，他的素质，他的潜能，这是一门科学、教育学，所以他应该做什么这并不是一下子可以搞清楚的。但是，在道德问题上面是能够一下子就搞清楚的，不需要任何经验，不需要任何生理学、心理学等等自然科学的这些知识，都不需要，是不假思索地就可以看出来的。

在该做道德的事情的场合之下，每个人一下子就可以看出来该怎么做。所以我们经常认为这几乎就是本能，看见一个小孩子掉进井里，我几乎是出自本能要去拉他，孟子就讲，这是恻隐之心，恻隐之心人皆有之，这是不虑而知、不思而得的良知。该不该去拉他，想半天，那是不需要的。我们通常都把它归于人的一种天生的本能，天生的良知良能，其实不是的。当然对于最普通的知性来说，要怎么做是很容易知道的，那是因为你有一般的理性，你是一个有理性者，你才会有这样一种冲动。但是这是康德的分析，而老百姓处在普通知性阶段，这种冲动不是经过推理推出来的，而是体现为一种本能式的情感冲动。实际上，背后是有纯粹实践理性在发出一种无条件的命令，因为它不需要你考虑别的条件，不需要你考虑各种各样的知识，也不需要你具有各种各样的现实目的，所以他马上就可以作出选择。这是很容易而且不假思考地就可以看出来的。下面就是作为对照。

凡是在任意的他律前提下必须作的事则很难这样，它要求人世的知识；

这个"人世的知识"也可以译作"世界的知识"，我们可以理解为世俗知识，Welt（世界）也有世俗生活的意思，就是关于自然界和社会、人生种种世俗的知识。"任意的他律"是一种很恰当的搭配了，它和前面"任意的自律"相对照，为什么他前面非要讲"任意的自律"，就是为了跟这里相对照。一个"任意的自律"，一个"任意的他律"，都是任意的，但是一个是自律，是纯粹的，一个是他律，是掺杂了外来的东西的。同样是任意的，但是一个是自律，一个是他律，区别仅仅在这一点，而句式都是一样的，凡是怎么怎么样，就怎么样。任意的自律的原则，和任意的他律原则不同，自律原则是无条件的命令，马上就可以下判断，我应该做什么，或者我不应该做什么。那么任意的他律呢，既然是他律，它就受制于经验的条件，你就必须把外面这些偶然的经验条件都考虑在内，它不是你仅仅考虑你自己的自由意志就够了的事情，而必须要考虑各种不同的场合。在任意的他律的前提下，必须做的事很难像自律的原则那样不假思考地就可以看出来，它要求有世俗的知识，搞不好就会做出错误的行为。这就要求有明智。怎么样才是明智？有人劝你这样这样做，他以为是明智的，但你做出来发现他出了一个馊主意，没有达到你的目的，适得其反。这就是缺乏知识的缘故，当然他的意图可能是好的，他想帮你，结果帮了倒忙。为什么帮倒忙呢？因为他缺乏这方面的知识，你也缺乏。要使事情成功，得有大量的知识积累。

就是说，凡是作为**义务**的东西都自行向每个人呈现；但凡是带来真实而持久的好处的东西，如果要把这好处扩延到整个一生的话，都总是包藏在难以穿透的黑暗中，并要求有很多聪明来使与之相称的实践规则通过临机应变的例外哪怕只是勉强地与人生的目的相适应。

凡是作为义务的东西都直接呈现出来了。你有义务做什么事情，你有义务不做什么事情，这些都是向你直接呈现出来的，在任何条件之下，不依赖于任何条件，这就是直接呈现。不论有什么条件，你都有义务与人为善，你都有义务不侵害他人，这个是直接可以呈现出来的，自行向人们呈现的，不需要什么知识的积累。作为对比的是："但凡是带来真实而持久的好处的东西，如果要把这好处扩延到整个一生的话，都总是包藏在难以穿透的黑暗中，并要求有很多聪明来使与之相称的实践规则通过临机应变的例外哪怕只是勉强地与人生的目的相适应"。就是说，你要追求好处，你要追求幸福，不光是你眼前的幸福，不能为了眼前的幸福而牺牲长远的幸福，如果他明智的话。人都想追求最大的幸福，特别是一生的幸福，俗话说，结局好，一切都好。凡是带来真实而持久的好处的东西，持久到一生，一辈子幸福，但这个目的可不是轻易能够达到的，总是包藏在难以穿透的黑暗中。你为了整个一生的幸福该做什么，这个是最难把握的，哪怕开局很好，有个幸福的童年，也担保不了后来会继续幸福；而最初经受苦难，说不定大难不死，必有后福。这个不但旁人拿不准，就连当事人自己都不知道，只好归之于神秘莫测的"命运"。有的人看起来很聪明，甚至聪明过头了，比一般人都聪明，他懂得随机应变，依照不同的环境和条件选择不同的实践规则和机巧，躲过了无数危险，但最终能够做到"勉强与人生的目的相适应"也就不错了，说不定还会"聪明反被聪明误"，机关算尽却全盘皆输。人不是上帝，要有多少知识，才能够做到真正彻底的明智啊，这个说不准的。只有上帝才能有全面的知识，对有限的人来说，他的知识都是有限的，不可能预先设计好全部手段技巧，而只有随时改变策略，作些例外的变通，也就是必须把自己的实践的规则做一种灵活的运用，有很多例外。最后呢，弯弯曲曲地，你最终也许能勉强地达到你的人生的目的，这就算是成功人士了，这个是需要很多聪明的。至于完全达到你人生目的，那几乎就是不可能的了。人哪里有那么多聪明，人的聪明都是有限的。这是讲他律的情况，它取决于知识，所以它是非常复杂、非常摸不透的。一个处置是适当还是不适当，是明智还是不明智，这个恐怕永远也不能作绝对的断言。就是诸葛亮也有很多失策，诸葛亮那么聪明，他在当时可能认为自己是明智的，但事后发现，他最终是不明智的，有很多失策。可见他律是不可能作为一贯的法则来遵守的。

然而德性法则却命令每个人遵守，就是说一丝不苟地遵守。所以在评判什么是按照德性法则应该做的事上必定不是很难，最普通、最未经训练的知性哪怕没有处世经验也不会不知道处理的。

这就说得很明白了，德性法则、也就是道德律跟前面讲的他律完全是不一样的，这是必须命令每个人遵守的，而只要是真正的命令，就得一丝不苟地遵守，无一例外地、没有条件地要遵守。道德律跟日常生活中的他律、跟有条件的命令的区别很明显，道德律是命令每个人务必遵守的。同时，道德律在判断什么事情应该做的问题上非常容易，普通的知性就足够了。什么是应该做的、什么是不应该做的，对这样的事情的辨别上，普通老百姓不见得就比那些饱学之士差，甚至饱学之士就因为他们的知识太多，所以反而容易把这一点遮蔽了。实际上只要你想想普通人对这个事情是怎么判断的，你就会看得出来，不是那么难以判断的。哪怕没有处世的经验，不懂政治，或者这个人非常情绪化，非常莽撞，也不懂得分寸，但只要这个人运用自己的知性，他就分得清是非。当面临道德选择的时候，一个人都是知道他应该怎么处理的，凭他的最简单、最起码的理性就可以判断，虽然他不见得做到，但是他知道应该怎么做。不过，这种普通人所具备的起码的道德判断还只是属于"普通的道德理性知识"，还有待于提升到道德哲学，并且从"通俗的道德哲学"提升到"道德形而上学"，这就是康德在《道德形而上学奠基》中所展示的思路。所以正因为如此，一个老是喜欢对一切事情做道德判断的人，这个人大概智商并不是很高。这个人尽管在道德上可以说是非分明，但他不一定需要很多聪明，也不见得有很多知识的。因此你要问他这些道德判断如何可能，原理何在，他会不知所措，很容易被一些似是而非之见引入歧途。更不用说，在面临一些复杂情况时，比如说对历史，要做道德判断是很容易的，忠奸善恶，画上脸谱，往戏台上一站，大家就知道这是好人，那是坏人，好人出来了，坏人出来了。当然对于历史，我们不能够停留于作道德判断，作道德判断太简单化了。马克思非常反对的就是对历史作道德化的批判。当然他不是说历史就没有道德，马克思也非常强调历史中有道德，但是仅仅是道德上的批判就是太简单化的批判。这是从另一方面我们也可以这样说，道德化的批判如果运用于必须要大量的世俗知识的场合之下，那是很不够用的。但你也不能完全把道德判断撇开，你完全把道德观点、道德立场放在一边，那历史就没有是非、没有善恶了，那就是历史虚无主义了。之所以还是有历史，是因为还是有一个道德上的善恶，还是有历史的进步。如果说历史没有进步，历史就是一大堆事件，没有道德判断，那就不叫历史了，那只是时间的延续而已。所以康德的道德化的判断呢，我们要看到它的局限性，但是也不能完全否认它。也不能说，凡是历史前进中发展出来的就是好的，就是善的。这是黑格尔的观点，就是凡是合理的就是现实的，凡是现实的就是合理的。凡是在现实的历史中发展出来的,都是一种进步,都是合乎理性的,都是从低级到高级的发展,这就完全把道德的维度撇开了。所以我曾经说,我希望用康德来补充黑格尔。黑格尔这种观点,当然有他的力量,撇开道德的东西以后,就客观地来分析历史事实,有它现实的力量,但是如果完全把道德的维度抛开了,那也不行,那就走向了另外一个片面。

*　　　　　*　　　　　*

前面我们已经把康德的这两个区分给大家讲了一下,就是自爱的原则和德性的法则这两者,自爱的原则是一种劝告,德性的法则才能称之为真正的定理。也就是说,劝告其实也带有一种弱的命令的意思,就是这事应该怎么怎么做,你要怎么怎么做。但这个命令呢,它是有条件的。就是说,你如果主张这个前提,那么你就应该怎么做。所以这个命令是比较弱的,虽然我们有时候也称之为命令,或者要求,但是这种命令呢,在严格意义上不能称之为命令。那么我们看看下面这一段,他把这里头的意思加以进一步展开和深化了。

[37]　　遵守德性的定言命令,这是随时都在每个人的控制之中的,遵守经验上有条件的幸福规范,这却只是很少才如此,且远不是对每个人都可能的,哪怕只在一个唯一的意图上。

德性的定言命令,每个人如果想要遵守,想要服从,那他是完全能够做到的,他自己能够控制自己。也就是他不缺乏遵守德性的定言命令的手段,也不缺乏这方面的能力。德性命令总是人能够做到的,人不能做到的,那德性不会命令他。你如果根本就不可能做到,或者你的身体有残缺,或者条件根本就不允许,没有做到的可能,那德性也不会命令你。因为德性是纯粹实践理性的命令,实践理性必须根据他能够做到的然后来命令他,要他做那种根本做不到的事,这是不合理性的。只有他能够做到的,它才命令,或者说凡是它命令的都是他能够做到的。这是随时都在每个人的控制中，你想要做好事，那是随时都可以的，任何人都不能够借口说我没有能力就不去做好事。孔子也讲过："有能一日用其力于仁矣乎？我未见力不足者。"就是说，我没有见到这样的人，他要用他的力量于仁上面而没有能力的，力量总是充足的。你要做好事，你要做一个善人，你不会没有力量。这是康德在这里的大致意思。那么相反，"遵守经验上有条件的幸福规范，这却只是很少才如此"，就是说，你如果要遵守在经验上有条件的幸福规范，那么，这样一种能力只有很少的情况才会在你的控制之中。你要根据经验的条件来追求自己的幸福，那么"天下事，不如人意者十常八九"，情况往往不是能够如人意的，有很多条件不在你的控制之中。"且远不是对每个人都可能的，哪怕只在一个唯一的意图上"，人与人不同，人的能力有大小，人的天分有大小，人的身体、能量有大小，那么，你想要得到的幸福往往是不可能的。对别人来说也许可以，但对你来说不行，并不是每个人都是可能的，哪怕只在一个唯一的意图上，哪怕仅仅一个意图，你都不一定能够实现。更不用说总体性的意图，你要获得全面的幸福，或者所有的幸福你都想得到，好处全都归你得了，那就更加不可能了。

　　其原因是，由于事情在前者那里只取决于必然是真正的和纯粹的准则，在后者那里却还取决于使一个欲求对象实现出来的力量和身体能力。

　　为什么会这样呢？由于事情在前者，也就是在遵守德性的定言命令这种情况之下，它只取决于必然是真正的和纯粹的准则。它具有必然性，它是真正的和纯粹的准则，也就是取决于成了普遍法则的主观意志的准则，它是不可能有例外的。在任何情况之下，哪怕要去死，你也可以自己决定我得怎么样去死。当然人家要你死，这有时候是避免不了的，但是你可以杀身成仁舍生取义，你可以这样去死。死有重于泰山，也有轻于鸿毛。你选择怎么样去死，这总是可以做到的，这是由你的意志和你的能力能够决定的。没有人说，因为我没有能力，所以我只有轻于鸿毛地去死。你想要死得重于泰山，那总是可以的。这不取决于你的能力，只取决于你的自由意志。有些非常没有能力的残疾人或者是非常弱小的人，他也能够干出惊天动地的事情，取决于他的一念之间。这是前者的情况，只取决于必然是真正的和纯粹的准则。真正的，就是作为一个准则来说，它是能够完完全全地依照来实现的，不是口头上说说而已，或者做不到的，而是必然要做也必然能够做成的。在后者那里呢，也就是在你追求幸福的规范的情况之下，"却还取决于使一个欲求对象实现出来的力量和身体能力"。你要追求幸福，那么它就有些条件，取决于使你的欲求对象实现出来的力量和你的身体能力，做不做得成还难说，做成了也是偶然的。力量可以说是身体的力量，也可以说是外部的力量。各种力量对比，自然界的各种关系，这些远不是每个人都能够控制住的。而最后的评价标准则是最终的效果，这个并不由你支配。而前者呢，只要求做出来，不考虑效果。

　　每个人应当力求使自己幸福这个命令是愚蠢的；因为人们从不命令某人做他已经免不了自行要做的事。

　　命令每个人应当力求使自己幸福，这样的命令是愚蠢的。虽然我们有时候也这样说，你应该现实一点，你应该使自己幸福，一个人生来应该使自己过得快活，好人一生平安，我们经常也这样说，但是这样严格说来它不是一种劝告，它更不是一种命令，不是说你应该追求自己的幸福，严格说起来，没有这样说的，也用不着这样说。谁生下来不追求快乐呢？肯定都要追求自己的幸福的，还用得着你来教吗？这样一种命令的愚蠢的，用不着命令。因为人们从不命令某人做他已经免不了自行要做的事，每个人免不了生下来就要追求幸福，这是人的本能，大自然已经决定了的。他有一个身体，他就要追求满足，他就要追求使自己得到快乐。这个是不用命令的。

　　人们必须命令他的只是这种做法，或不如说把这种做法提交给他，因为他不可能做到他想做的一切。

　　人们必须命令他的是什么呢？在幸福方面必须命令他的不是幸福本

身，而只是达到幸福的这样一种做法，就是说你如果想要达到幸福的目标的话，那么你应该怎么做，在这一方面我们可以命令他。当然这种命令是有条件的，条件就是如果你想获得某个幸福的目标的话，那么我建议你应该怎么做。所以人们必须命令他的只是这种做法，这样一种方法。"或不如说把这种做法提供给他"，为什么讲"不如说"呢？就是说，这严格说来不是一种命令。我们从来不命令人家已经要做的事情，我们能够命令他的就是说，你必须这样做。当我们命令他必须这样做的时候呢，我其实只不过是把这样一种做法提交给他，我给你出一个主意，你接不接受那是你的事。你如果想要达到你的目的的话，那么你就必须接受我这个主意。我已经提供给你了，我提供给你一种做法。什么做法呢？就是达到你本来已经想要达到的那个目的的做法，那种手段。你想要达到一个目的，但是你问我寻求主意，我怎么才能达到那个目的呢？那么我就告诉你，你如果想要达到你的目的，我劝你必须怎么怎么做。所以必须要提供给他的就是这样一种做法。这相当于一种比较弱的意义上的命令，严格说起来连命令都不是，只是劝告。前提的你要达到你的目的，实现你的幸福，那么我就告诉你，你必须这样做才行，你才能达到你的目的，否则的话，你是达不到你的目的的。"因为他不可能做到他想做的一切"，我们把这样一种做法提供给他，因为他不可能做到他想做的一切。你不可能为所欲为，你想要达到你的目的呢，你就必须首先接受我的建议。至于你所要达到的那些目的，那当然有形形色色目的，有时候可能是完全没有办法达到的，在这方面我没有办法去命令他，我只能够命令他能够达到某个目的的那种手段，那种做法，我可以给他提供出来。但是我不能够命令他有什么目的，命令他去追求自己的幸福，这个没有办法命令。因为在你追求你的目的之先，你必须要具备一定的条件，具备一定的手段。我只能命令这个手段，但是我不能命令你的目的。只有在命令你的手段的前提之下，你的目的才有希望能够达到。你不可能达到你的一切目的，有些目的是没有手段能够达到的，有些目的有办法，我就可以给你提供一个办法。那么人们所命令的呢，只须是这些方面的做法。所以他这里讲，"因为"他不可能做到他想做的一切，这个"因为"的意思是针对着人们必须命令的"只是这种做法"。为什么只是这种做法？就是说，因为他不可能做到他想做的一切、他想要达到的一切目的，所以你只能给他提供他能够达到的目的的必要手段，就是这样一种做法，其他的不具有可操作性的目的则是他做不到的，并非他所有的目的都是能够提供做法的。所以只需要你给他的可行的目的提供一个做法就够了。至于别的那些异想天开的目的，那是做不到的，你也无法再给他提供什么建议。

但以义务的名义命令人有德性，这是完全合乎理性的；因为这种规范首先并不是恰好每个人都愿意听从的，如果它与爱好相冲突的话，至于他如何能遵守这一法则的那个做法，那么它在这里是不待别人来教的；因为在这方面凡是他想要做的，他也就能够做到。

这是作为一个对比了。前面是讲追求幸福的规范的时候，在这方面我们提出一个命令是有条件的，你要有这个目的，我才可以给你提供手段，我不能给你提供目的。目的是五花八门各式各样的，有的可以实现，有的是根本就不可能实现的，我只能够给你提供能够实现的那些目的所应该遵循的手段。这是在追求幸福的情况之下是这样的。那么遵守义务这种情况则不同。他说，"但以义务的名义命令人有德性，这是完全合乎理性的"，以义务的名义来命令人做一件事，这完全合乎理性，也就是排除了一切经验考虑，排除了一切感性的东西的考虑。在这种情况下，只需要有实践理性就够了，它完全合乎实践理性。"因为这种规范首先并不是恰好每个人都愿意听从的，如果它与爱好相冲突的话"，这个"因为"是针对前面讲的命令而言的。以义务的名义命令人有德性，这是完全合乎理性的。为什么命令人有德性就是合乎理性的呢？因为它并不是每个人都愿意听从的，它常常会与爱好相冲突。完全合乎理性，这就势必要与爱好相冲突，并不是每个人一开始就愿意听从这种命令，必须运用自己的理性想一想，所以需要命令。在义务方面，为什么必须命令呢？因为不命令的话，他听凭自己的本能和爱好就可能不做，就可能没有意识到他应该做。所以这种义务的规范并不是一开始每个人都愿意听从的，它是完全合乎理性的，因而可能与感性相冲突，他必须要经过斗争，必须坚持，必须克服感性的干扰。既然人并不是一开始自然而然地就愿意听从的，所以它必须要命令你，你听从了这个命令，克服了自己不相一致的爱好，才能遵守。但这不是首先，不是说有一个义务摆在你面前，你马上自然而然就去遵守了，还不是的。你必须把这样一个义务变成对自己的一种命令，强迫自己，行使自己的自由意志，来克制自己各种各样的其他的冲动。这样才能够服从义务的规律。如果有爱好来干扰你的义务。你喜欢这样，义务命令你不能这样，这个时候义务就和爱好相冲突了。在相冲突的情况之下，当然最后还是取决于你的愿意了，并不是说你不情愿，而是说你的命令使得你改变了你自己的意志，你还是服从自己理性的命令好，这个时候你舍弃了爱好，而遵守了自己的义务。那么这个时候，这个命令就起了关键性的作用，它使你的理性占了上风，使你的意志维持了自身的一贯性。当然还有另外一种情况，就是这个命令和爱好并不相冲突。如果你恰好也有这种爱好，那个情况就不同了，你可能首先一开始就愿意听从命令。比如说你出于一种同情心，同情心也是一种爱好，你同情那个人，于是你就资助那个人，救济那个人，这既是义务的命令，也是爱好。有的人就喜欢救济穷人，从中获得一种愉快和满足，这也是一种爱好。那么他这个爱好恰好和义务相吻合，在这种情况之下，当然他可能首先就愿意听从义务的命令。但并不是每个人在任何情况之下都会这样做的。当你的爱好和你的义务相冲突的时候，这就需要有一番内心的斗争。斗争的结果，不知道。也许理性占上风，但是也许爱好占了上风，这都有可能的。但即算他是愿意听从命令，他的义务和他的爱好恰好相吻合，这个里头还有进一步的区分。就是说，你还是要区分，你做这件事情究竟是出于义务还是出于爱好，这还是有所不同的。你的确有可能是出于义务而不是出于爱好，但是在康德看来这个东西检验不出来。只有什么情况下才能检验出来你是出于义务？就是当你的爱好和你的义务相冲突的情况之下，你放弃了爱好，遵守了义务，这才证明你是完全出于义务的。否则的话就说不清楚了，你自己也搞不清楚，你到底是因为爱好，还是因为单纯地出于义务。所以后来席勒就讽刺康德了，就说那我们就只有忍着恶心去做好事，那才是真正的为义务而义务，才是真正道德的。当然这有点夸大，康德也不是说，你就要完全违背自己的爱好去做好事，而是说，只有当你完全违背自己的爱好去做好事的时候，你的为义务而义务才显得出来，才能够被证明。当然不排除你既是爱好也是义务，但这个时候呢，你就证明不了了，你到底是把爱好放在前面还是把义务放在前面。同样一件事情你做出来了，当然人们更希望美化自己，就说我当然是为义务而义务啊，但是你没有办法证明，因为这跟你的爱好恰好是相同的。你救济了穷人以后，媒体给你大肆地宣扬，你也得了好处啊。那你究竟是为了扬名呢，还是仅仅是为了救济穷人？这个你没有办法说清楚，而且你自己也不能够把握，你潜意识里面究竟是不是有那种想出名的欲望，这个恐怕是你自己也不知道的。当年我们学雷锋做好事，就是想让人家看到啊，有时候故意不留名，只留下一点线索，一下子就让人家查到了。所以要为康德辩护的话呢，恐怕这样来说比较能够说得通，就是说实际上康德主张在这种情况之下，你的爱好和义务相冲突，才能显出你是为义务而义务，而不是为了爱好，这是一个区分的标准。"至于他如何能遵守这一法则的那个做法，那么它在这里是不待别人来教的；因为在这方面凡是他想要做的，他也就能够做到"。这就是我刚才引用孔子的那句话："有能一日用其力于仁矣乎？我未见力不足者。"你想要做好事你总是能做的，不管你采取什么方式，你总能够采取一种力所能及的方式，总能达到你的目的，总能把你应该做的那种好事做出来。当然你力所不能及的事，再好理性也不会命令你去做，比如你月收入只有三千，地震捐款却要求你捐一百万，这不是理性的命令。凡是理性规定你应该做的事，你总是能做到的。正因为如此，在这种情况下你应该做什么，这是很清楚的。很多人都找借口，我本来应该这样做，但是由于种种外在条件的限制我做不到，实际上是向自己的情感爱好让步，而逃脱了自己的责任。一般的人都要受爱好、受各种各样的关系的制约，他不可能完全撇开这些就服从道德命令，这只有很少的情况下才能做到。所以我们的英雄很少，大部分都是平常的人，都是凡人。尽管如此，遵守这一法则的那个做法，在这里是不待别人来教的，你自己是知道的，你在目前情况之下应该怎么做，你是知道的。即使你有种种理由违背了你的义务，你还是会知道，本来我完全可以不这样做，只是因为有很多具体的考虑，所以只好这样做了，但是这样做了之后，仍然知道自己是不可原谅的。所以，究竟应该怎么做，这个做法是不用被人来教的，自己完全知道。在这方面，凡是他想要做的，他就能够做到，或者他本来是能够做到的。这里是一个原则区分。一个是追求自己的幸福的目的，那就需要有一些手段，有一些做法来教，有一些聪明的办法来操作，来使它实现，这个是有条件的；另外一个呢，在道德方面，在义务方面，那个是不用教的，那个全部都在你的意志掌控之中。只要你有理性，你就知道，你在这种情况之下应该怎么做，而且你一定能做到。当然这里讲的做得到，是指你的行动应该如何发生，而不是指行动的后果，后果是你支配不了的，但行动是能够支配的。你采取道德的行动，这不存在做不做得到的问题，问题只在你愿不愿意做，或者问题在你虽然愿意做，但是你是不是经得起其他意愿的干扰，经得起爱好啊，情感啊，各种各样的考虑的干扰。如果你受到干扰，这并不说明你还不知道自己本来应该做什么，也不说明你不想这样做；如果你不受任何干扰，则更加说明你本来就是愿意这样做的。这是一个很明显的区别。

在赌博中<u>**输**了的人</u>，也许会对自己和自己的不明智而<u>**恼火**</u>；但如果<u>他意识到他在赌博中行了**骗**（哪怕他因此而赢了），那么只要他用道德律</u><u>来衡量一下自己，他就必定会**蔑视**自己。</u>

这是一个对比。赌博在西方人那里也是非常盛行的，不光是中国人喜欢打麻将，西方人也喜欢打牌。可能康德自己也经常打牌小赌一下。在赌博中输了的人，也许会恼火我怎么会这么蠢，怎么这么不明智，明明知道这样，但是我还是犯了大忌。这是一种懊悔，一种对自己的恼火。但是这个恼火是技术上的，是自己不明智、太蠢，责备也好，骂自己也好，这都属于技术上的操作失误，跟人的道德没有什么关系。但是如果他通过一种不正当的手段，赌场叫"出千"，哪怕他赢了，那么只要他用道德律来衡量一下自己，他就必定会蔑视自己。前面的"恼火"和这里的"蔑视"都打了着重号，这是对照而言。恼火只是一般的，对自己失误的一种懊悔，但是蔑视就有道德的含义了，因为他采取了不正当的手段，欺骗了朋友。本来是公平竞争，结果他打破了这个公平，偷偷地用一种不正大光明的办法，欺骗了他人。哪怕他最后得到的是他认为好的结果，符合他的幸福的规范，但是他在道德上也必定会蔑视自己，觉得自己是一个小人。这是他知道的，不用别人来骂他，因为每个人都有理性嘛，每个人都可以将心比心嘛。我骗了人，得了便宜，那么那些受害者会怎么想，每个人都会知道的。所以他就必定会蔑视自己，只要他用道德律来衡量一下自己的做法。这个跟前明智的规则是相对照的，在明智的规则方面，如果你失败了、失误了，顶多会导致你对自己的恼火；但是如果在道德方面违反了法则，所导致的是对自己的蔑视，这个性质就完全不同了。

所以道德律必定还是和自身幸福的原则有所不同的东西。因为，不得不对自己说：哪怕我的钱袋鼓鼓，我是一个**卑鄙小人**，这种说法比自我欣赏地说：我是一个**明智**的人，因为我充实了我的钱箱，毕竟还得有一条不同的判断准绳。

由这一个日常的例子就可以看出来，道德律和自身幸福的原则是完全不同的。我们在这里可以看到康德处处都是用他的这种义务论来跟当时流行的幸福主义相对照，对幸福主义采取一种批判的态度。他这里说明，为什么道德律和自身幸福的原则是不同的原则，因为下面有两种说法，一个是不得不对自己说：哪怕我的钱袋鼓鼓，我是一个卑鄙小人，这种说法是来自于道德律的。不得不对自己说，当然可以是被强迫，但是被什么所迫？不是被外在的什么东西所迫，而是被自己的纯粹实践理性所强迫，不得不对自己说，哪怕我赚了钱，我得了便宜，在幸福方面我获得了很多，但是呢，我是一个卑鄙小人。那么和另外一种说法相对比，一种明智的说法就是说，我在赌博中通过各种手段，不管是行骗还是聪明还是算计，等等，我充实了我的钱箱，因此我有理由自我欣赏。在赌博中耍了滑头的人，在过后也许会有一种自我欣赏，洋洋得意。在香港的很多片子里面，关于"赌神"呀、"赌圣"呀，其实都是赌鬼，都是比哪个耍花招耍得更高明。耍得更高明的，略胜一筹的，就洋洋得意。我是一个明智的人，因为我充实了我的钱箱，我懂得怎么样充实自己的钱箱，当然有一种自我欣赏。但是这种自我欣赏所采取的标准完全是另外一种标准，所以他讲，"毕竟还得有一条不同的判断准绳"。你完全采取幸福主义的标准，那你就会随时随地洋洋自得。为自己骗人骗得高明而自豪。如果一个人完全采取幸福主义的原则，那么他不会为这样一些骗人的勾当感到内疚。但是，还有另外一个标准，作为一个人来说，他总是会有另外一个标准的。就是理性会强迫他不得不对自己说，哪怕我的钱袋鼓鼓的，我还是一个卑鄙小人。所以这方面总是有两个完全不同的标准，这是康德特意提出来的。

最后，在我们的实践理性的理念中，还有某种与触犯道德律相伴随的东西，这就是它的该当受罚。

前面都是讲的我用什么标准来衡量自己的行为，用道德的定言命令的这样一个规范，还是用幸福主义的规范，这两种规范是完全不同的标准。但是在这一段里面呢，提出了更进一步的一个考察，就是说，当我们触犯道德律的时候，有一个受罚的问题。受惩罚的问题比单纯的道德还是不道德的问题，要更深一个层次。在实践理性的理念中，"某种与触犯道德律相伴随的东西，这就是它的**该当受罚**"。该当受罚也是实践理性的理念。实践理性的理念，有道德、道德律、自由意志，有幸福，也有受罚，而且是该当受罚，应该受罚。这就不光是道德问题，而且也是正义的问题，这也是实践理性的一个理念，就是什么是该当受罚，没有处罚，维护不了公平正义。

但享受幸福与惩罚本身的概念却是根本不能联系起来的。

就是说，在受罚的问题上面，它跟享受幸福的概念完全是对立的。就是一般人如果从幸福主义的角度来看的话，那就不应该受罚。你追求幸福嘛，受罚肯定是不幸福的，一个人受了处罚，那还谈得上什么幸福呢？所以，单纯从概念上来说，幸福的概念与惩罚的概念是根本不能联系起来的。这里有个转折的意思，所以在前面有一个"但"。

因为一个人在实行惩罚的同时固然可能有善良的意图，要使这种惩罚针对幸福的目的，但毕竟，这种惩罚必须首先作为惩罚、即作为单纯的坏事而为自己提供理由，使得受罚者在情况依旧而他也看不出在这种严厉后面藏有任何好意的场合，自己都不得不承认这对于他是做得公正的，他的命运与他的行为是完全符合的。

这个"因为"就是解释为什么享受幸福和受到惩罚本身的概念根本不能联系起来。为什么不能联系起来呢？因为我惩罚你，我是出于善良的意图，或者说我是为了你好，甚至最终是为了你的幸福，但惩罚毕竟是惩罚，而不是幸福。很多惩罚都是以这样一种名目来施行的，父亲教训儿子也是这样，我现在打你，我是为了你将来的幸福，你将来的前途，不打不成材。在实行惩罚的时候，他可能有各种善良的意图，法官也有这样善良的意图，判刑了以后他可能还要对罪犯说，这对你未必不是一件好事。你年纪轻轻的，以防你将来做更多的坏事，以便你将来改过自新做一个好人，所以不得不判你的刑。幸福主义和功利主义就是这样解释刑罚的，他们可能有这样的说法，要使这种惩罚针对幸福的目的，最终是为了你好，为了你的幸福。"但毕竟，这种惩罚必须首先作为惩罚、即作为单纯的坏事而为自己提供理由"，就是说，一切惩罚都是为了幸福的这种幸福主义者经常援引的理由是站不住脚的，康德在这里提出来，这种说法首先得有个前提，就是说，惩罚首先必须作为惩罚，即单纯作为坏事而为自己提供理由。惩罚在幸福主义者眼睛里面看起来当然是一件坏事，然而坏事可以变成好事，他可以吸收教训啊，他可以经验丰富啊，成为一个成熟的人啊。幸福主义者喜欢这样来援引。但是为什么要惩罚？如果按照幸福主义的观点，为了将来成为一个幸福的人，现在使他不幸福，那何必不现在就使他幸福呢？就不惩罚他呢？之所以要惩罚他，肯定另外还有理由。为他将来最终能够获得幸福虽然是一个理由，但是这个惩罚本身是一个坏事。那么为什么要把不幸加于他？单纯作为坏事，它也应该有自己的理由。惩罚他作为一件不幸福的事情，之所以是应该的，这个应该有它本身的理由，不管他将来是得到幸福，还是今后进一步堕落。我们看到很多人坐过牢以后不是改恶从善了，而是变得更坏了。劳改释放犯，刑满释放人员，这些概念在中国人心目中都是一些坏人，就是说你从牢里面出来，没有哪个说他从牢里面出来就变好了。一般来说，我们的观念中坐过牢的人不是学好了，而是学坏了，牢里面是个学坏的学校。所以幸福主义的那种辩解呢，实际上是不一定的。但是这个牢他还必须坐，这个应该有它自身的理由，即惩罚单纯作为坏事而必须为自己提供理由，为什么这件坏事要强加于他，而不强加于其他人。那么下面就是提供了这样一个理由："使得受罚者在情况依旧而他也看不出在这种严厉后面藏有任何好意的场合，自己都不得不承认这对于他是做得公正的，他的命运与他的行为是完全符合的"。惩罚必须有自己的理由，自己的理由不是说惩罚对他有好处，而是说对他的惩罚是该当受罚，这是一种公正（Recht）。[①] 该当受罚就是说它要符合公正的原则，对他的惩罚

---

① 与康德同时代的意大利法学家贝卡利亚（1738—1794）在《论犯罪与刑罚》一书中提出，罪犯受罚是他的"权利"，这一观点对法学界影响极大，康德、黑格尔都受他的影响。德文"Recht"就兼有"法"、"公正"、"权利"等意思，所以"自己都不得不承认这对于他是做得公正的"一语也可以译作："自己都不得不承认这是在行使他的权利"。

是公正的，所以这个惩罚呢，是合乎道德法则的或者合法的，它不是合乎幸福的原则，它是合乎公正的原则。这种理由使得受罚者在情况依旧时，情况依旧就是说，也许这个惩罚对于他来说没有什么改变，并不能使他变得更好、更幸福，而他也看不出在这种严厉后面藏有任何好意，法官是铁面无情的，也许他在法庭上下来以后，他跟这个罪犯有一种熟人关系，他认得这个罪犯，他可能跟他说几句好话，现在坐坐牢，对你将来未必不是一件好事。这都是出于人情来说的。但是呢，一般来说，法官不认得任何人，六亲不认，他把所有的人都当作陌生人。所以在这种严厉的后面不一定藏有任何好意，法官是按规矩办事，按法律条文办事，不是按好意恶意办事，法官必须不讲感情。那么，受罚者在这种场合之下，没有任何同情心，没有任何对他未来的生活的鼓励、帮助，即算如此，他自己仍然不得不承认这对于他是做得公正的。对一个犯人的惩罚必须有这种理由，就是说，不管这种惩罚对他来说是导致幸福还是不幸福，是出于好意还是不出于好意，但是有一点是明确的，就是这对于他是做得公正的。这是前提，其他那些都是事后说的，附加上的。但是首先你这件事情判得公不公，合不合法，合不合乎公正，你害了别人，那么你这些行为该不该得到这样的惩罚，这是最重要的。至于这个惩罚后来按照幸福主义的观点，究竟是导致了好的结果还是坏的结果，这些都必须暂时不去考虑。或者说，即使你要考虑，首先你也得以这个为前提，就是这个事情本身要做得公正，这就直接为你的惩罚提供了理由，不是为惩罚的后果，不是为这个惩罚将来在社会上造成的效应。这是西方法律的原则。西方法律的原则讲究公正，讲究公平，讲究合法性。我们中国人的法律呢，往往不是这样，我们中国人的法律是考虑它的社会效益，考虑拯救一个人，挽救一个人，或者是警示、警戒，别人都不要像他那样，或者是不杀不足以平民愤。都是从一些外在的东西去考虑。对于这件事情究竟是不是公正，判得是不是公，中国传统的法律是不太考虑这些的，或者是放在极次要的地位。首先考虑它的影响，尤其是对于社会稳定造成什么影响。如果不杀不足以平民愤，那肯定要杀。至于他该不该杀，这个在其次。如果国人皆曰可杀，那就该杀。大家都说这个人该死，那就该死。前不久判了郑筱萸案，就是这个情况。国人皆曰这个人不死不行，于是就这样判了。但是有很多其实从法律上来说，比他的罪行大得多的都没有杀，没有杀也是从稳定考虑，也不是从他的该不该杀这个方面来考虑。所以这个法律的公正在康德看来是最重要的，这件事情的处罚必须符合正义，他的命运与他的行为必须完全符合，这才能让人心服口服，包括让他自己都心服口服。把所有的效应全部排除掉，再考虑你做的这件事情与你所受的惩罚是否符合公正的原则，这个是康德最关注的问题。

在任何惩罚本身中首先必须有正义，正义构成惩罚概念的本质。

所谓该当受罚，就是这种惩罚是符合正义（Gerechtigkeit）的，它是正义的惩罚，正义的惩罚才能叫作该当受罚。在道德上的义务论，和在法律上的正义论，这个是密切相关的。道德上主张义务，那么在法律上面就主张正义，"正义构成惩罚概念的本质"。西方法律讲正义，把正义看得至高无上，西方人的法庭上的象征就是一个正义女神，正义女神的眼睛是被布蒙着的，就是六亲不认。不管你是谁，在我面前，我有一个天平，这个天平是持平的，人人平等，不管你有多大权力，哪怕你是总统，哪怕你是我的亲爹娘，我也不认。这个是西方的正义概念。当然实际上是有修正的，就是说，它这种正义概念只是一个理想，或者是一个上限。在具体的实施过程中也有很多修正，但是它的基本原则还是这样的。不管是英美法还是大陆法，基本上正义原则应该是至高无上的。在实践过程中要考虑到很多具体情况，有所修正，比如近亲属可以免除作证的义务，甚至还有特赦啊、大赦啊等等，具体情况具体解决。但是在人们的观念中，在法权思想中，他们承认正义原则是至高无上的。在法庭上那就不能讲其他的，要讲其他的只能在正义判了以后，再加以补充，加以修正。但关键是认为，本来是应该按照正义的法则来判的。所以正义构成惩罚概念的本质，这个是康德非常强调的。但是幸福主义者其实也不否认这一点，只不过幸福主义者们认为正义的标志是大家同等的消极的自由权利，大家能够同等地、平等地获得利益，这就是他们所认为的正义。康德的正义则是立足于道德律的抽象形式。

与正义相联系的虽然也可以有善意，但该当受罚者根据他的行为不能有丝毫理由对它作指望。

康德也没有完全否认善意，没有完全否认幸福的原则，就是说，正义的原则在执行时也可能是出于善意，不是为了要害一个人或者报复一个人，而是为了拯救他或是警告他，以免他再次犯罪。也有的人的确是尝到了坐监狱的苦头，出狱之后改恶从善了，或者叫作"改造好了"。也许他坐几年牢出来会变好些，至少会收敛一些，不会再做那些导致他进监狱的事了，他从此就走上了追求自己幸福的正确道路。这个是有可能的。然而该当受罚的人，他之所以认为他受罚是应该的，并不是因为首先考虑到他将来出狱以后会变得更好，或者说能得到更大的幸福，这个是不能指望的，至少在他受罚的时候不能有丝毫指望。顶多在多少年以后回顾这一段走过的弯路，他也许会承认当初对他的惩罚是对他有好处的，是拯救了他。但没有人是为了使自己的幸福增加而主动要求进监狱的，这毕竟不是什么好事。更何况进监狱固然有可能把人改造好，但也有可能把人变得更坏。所以根据自己的行为，我受了罚，是不是就能带来幸福呢？这个是没有指望的。所以首先你必须对这个受罚本身做出评价，它的理由是什么。它的理由绝不是我将来会得到更大的幸福，虽然实际上也可能跟善意有联系，塞翁失马安知非福，但是我们不能对它作指望。该当受罚本身的唯一价值的就是维护正义。

所以惩罚是一种身体性的坏事，它即使并不会作为**自然的**后果而与道德上的恶联系起来，但却必定会作为按照道德立法原则的后果而与之联系起来。

惩罚对于一个人的身体来说是坏事，你把他关起来嘛，那肯定是一种坏事啊，你限制他身体的自由了。这惩罚不是作为自然的后果而与道德上的恶联系起来,就是这个惩罚并不是自然的后果,即你做了恶以后,自然就会导致你被关起来,不是这样一种后果。惩罚本来是一种坏事,或者它也是一种恶,它是为了限制恶而采取的一种恶嘛。那么这种恶并不是作为道德上的一种自然的后果,不是像幸福主义者的眼光所局限的那样,把一切都看作自然的因果关系,人们作了恶,那么自然就会导致他受惩罚。把人与人的关系看作一种自然关系,看作仅仅是一种幸福和不幸福之间的关系,这种观点是比较狭隘的,是自然主义的观点。所以身体性的坏事作为一种惩罚来说,并不是以一种自然的后果和道德上的恶联系起来,"但却必定会作为按照道德立法原则的后果而与之联系起来"。就是说,它是一种道德上恶的后果,但是不是一种自然后果,它是按照道德立法的原则而来的一种后果。就是说,你不要把这种恶仅仅从它的身体性所受到的伤害这个角度来理解,受惩罚当然是一件坏事,但是这件坏事不仅仅是一种自然意义上的坏事,不仅仅是把你关起来了,使你行动不自由了,而是按照道德立法的原则的后果而与道德上的恶联系起来,就是道德上的恶必然按照法则要导致惩罚。按照道德法则,你违背了义务,你触犯了正义,是从这个角度,并不是说你做了坏事,你就必须恶有恶报。通常我们所理解的惩罚就是恶有恶报,你对人家做了坏事,人家也要对你做坏事,这就是法律中复仇的原则。复仇的原则是比较原始的,原始的法律原则就是复仇的原则,以命抵命,或者说你伤害了人家多少,人家也对等地让你受到多大的损失。这都是一种比较低层次的法学思想。幸福主义的法学思想基本上是建立在这个之上的,就是仅仅从自然的后果方面来考虑惩罚,把一个人关起来,一个是为了复仇,你伤害了人家那么多,得还回去;再一个就是为了不让你继续危害社会,从功利主义的角度来理解我们的惩罚。康德并不完全否认这些,但是有一个前提,就是说,你的惩罚首先本身要是正义的。什么叫本身是正义的? 就是不考虑这些,复仇啊,或者他在社会上对他人造成的恶劣的后果啊,首先必须符合道德上的立法原则,它是作为道德上的立法原则的后果而与道德法则联系起来的。惩罚是因为你做了违反道德的事情,那么违反道德的事情按照道德法则,就必须以惩罚来摆平,来恢复道德法则的权威,是从这个角度来讲的。这个就更深刻一些,比以往的那种复仇的原则,或者是限制罪犯使他不危害社会这样一种原则,相比而言要更深刻一些。所以惩罚首先有个道德上的本质,而道德上的本质首先是就道德立法而言的,首先是一条普遍法则,它要跟具体的、自然的、身体上的一些情况区分开来。

现在,如果一切犯罪,即使不看它对于作案人的身体性的后果,自身就是可惩罚的,亦即失去了(至少部分失去了)幸福,那么说犯罪恰好在[38]于他由于破坏了他自身的幸福而招致了惩罚(按照自爱原则,一切犯罪的本来的概念必然都会是这样),这就显然会是荒谬的了。

这句话转了几个弯。前面我们已经把犯罪和惩罚的关系作了一个澄清,这里的"如果"还是总结前面的。一个作案的人,他必须受到惩罚,这不是着眼于作案人的身体性的后果,或者他的幸福和不幸,他将来是否会得到改善,是否会得到社会的接受,是否会改恶从善,这些东西,我们暂时都不考虑它,这些都是非常现实、非常具体的考虑,是出狱后进一步的考虑,这些暂时不说。即使不看它对于作案人的身体性的后果,一切犯罪"自身就是可惩罚的",因为按照公平正义的原则,它就必须受到惩罚,按照道德的原则,它也必须受到惩罚。"亦即失去了(至少部分失去了)幸福",也就是说,所谓惩罚就是必须使他失去全部或者部分的幸福,或者是罚款,或者是判徒刑,甚至于判死刑。它自身就是可惩罚的,这个惩罚本身就是他幸福的失去。我们不要指望他还可能从中得到什么幸福。对一个判死刑的人,绝对不可以说这是为了你好,你将来死后还可以得到什么幸福,这个是根本就不用指望的,其他的情况也是的。暂时你根本就不用指望你将来是否还可以得到某种好处,这些考虑现在都不考虑,只看这个犯罪自身它是否该当惩罚。这是个前提,这个前提在前面一段话中已经被说明了。那么在这样一个前提之下,如果有这样的说法,"说犯罪恰好在于他由于破坏了他自身的幸福而招致了惩罚",这就显然会是荒谬的了,这是幸福主义的法律观。幸福主义的法律观就认为,犯罪招致了惩罚是由于破坏了他自身的幸福,括弧中说:"按照自爱原则,一切犯罪的本来的概念必然都会是这样",按照自爱原则,也是按照幸福主义的原则,一切犯罪的本来的概念必然都会是说,他之所以招致了惩罚是由于他破坏了他自身的幸福,这就是犯罪。为什么要有惩罚?由于他破坏了自身的幸福。为了他能够对他自身的幸福得到补偿,或者说为了他将来能够得到或恢复他的幸福,所以现在必须惩罚他。这就是我们通常讲的,判刑对罪犯是一种拯救。我们经常也这样说,判你几年刑,你要好好地改造,判刑不是说惩罚你,而是拯救你。你进监狱的时候,政府第一堂课就是这样教育你,你们现在被判刑了,你们不要认为是惩罚你们,而应该把它看作是对你们的一种拯救,你们要洗心革面,脱胎换骨,成为一个新人,一些劳改农场、劳改工厂也起名为"新生"。当然这是对那些劳改犯而言了,对死刑犯就不用这样说了,死了以后还有什么最大幸福,那就没有了。但是对有期徒刑的罪犯都会这样说,你们将来都还要重新做人,所以这是对你们的拯救,应该感谢政府。西方幸福主义的伦理学或者法学也有这种观念,就是说,犯罪为什么要惩罚他,是由于他破坏了他自身的幸福,他在犯罪的时候当然也危害了别人,但是更重要的是危害了他自己。你虽然盗窃了几十万几百万的钱,但是你东躲西藏,你花那个钱花得安心吗? 实际上你并没有得到你的幸福,恰好你把自己陷入到了不道德的境地,抢劫杀人犯,你破坏他人幸福,也破坏了你自己的幸福。幸福主义者通常是这样来解释刑法的。按照这样一种惩罚的观念,这个惩罚不是为了减少罪犯的幸福,而是为了增加罪犯的幸福,所以这是荒谬的。就是说,由于破坏了他自身的幸福而招致了惩罚,按照自爱原则或幸福原则必然会是这样解释犯罪,但这是荒谬的。在古代也有像苏格拉底的说法,美德就是知识。苏格拉底的意思就是说,一个人有了知识就不会做坏事,为什么呢? 因为他就会知道,做坏事对他不利,做坏事对他自己不好。没有人会明明知道这个事情是坏事而去做。因为坏事对人都是不好的，包括对他自己也是不好的。一个人之所以犯罪、做坏事，是因为他以为那是好事，是因为他以为那对自己有好处，所以他才去做，他并不认为自己做的是坏事。如果他真的知道自己是做坏事，他就不会去做那些坏事了。这就是苏格拉底的著名的论证，美德就是知识。一个人有了知识，他就不会做坏事了。当然他说的也未尝没有一点道理，有很多坏事是由于法盲，是由于知识的缺乏。知识的提高对道德水平的提高也不是完全没有作用的。但是也有很多相反的例子，知识越高，反而导致犯罪。相反，没有什么知识的人，他凭天性和本能，倒是还不至于做那些伤天害理的事情。所以现在的幸福主义伦理学呢，基本上是从苏格拉底这样一种观点来的，就是说，人总是想要做好事，想要追求幸福，幸福就是好事。所谓好事，所谓善，就是幸福。幸福主义者所理解的善就是幸福，最大多数人的最大幸福，包括自己的幸福。这样一种幸福是建立在知识之上的，你知道这件事情不会带来幸福你就不会去做。但是在康德看来呢，这是很荒谬的。就是说，犯罪恰恰在于，他由于破坏了他自身的幸福而招致了惩罚，按照自爱原则，一切犯罪都是破坏自己的幸福的，所以对他的惩罚也就是对他自身幸福的一种挽救。他破坏了自己的幸福，所以才必须惩罚他，不是为了正义，而是为了挽救他的幸福，使他不至于更多地丧失他的幸福。这是幸福主义的一种观念。那么这显然是荒谬的。为什么是荒谬的？

按照这种方式，惩罚就会是把某事称之为犯罪的根据了，而正义反倒必定会在于放弃一切惩罚，甚至阻止自然的惩罚；因为这样一来，在行动中就不再会有什么恶，因为本来会跟随而来的、仅仅为此一个行动才叫作恶的那种坏事，从现在起就会被防止了。

一个事情是不是能够叫作犯罪，就看它是不是受到了惩罚。这当然是很荒谬的了。我们应该说，一个事情是不是应该受到惩罚，就看他所做的事情是不是犯罪。只有犯了罪你才会受到惩罚。本来的因果关系是这样的，因为犯罪，所以受罚。但是按照幸福主义的这样一种观点呢，因为惩罚，所以我们可以把它叫作犯罪。为什么呢？惩罚是对他的幸福的挽救，而所谓犯罪呢，就使他丧失了幸福。那么丧失幸福到了要求惩罚来终止的这样一种程度，这个行为才够得上称之为犯罪。就是必须通过惩罚来挽救他的幸福，那么这样一种行为呢，才称之为犯罪。所以惩罚反而变成了犯罪的理由和根据，这就搞颠倒了，"惩罚就会是把某事称之为犯罪的根据了"，这里是虚拟式。"而正义反倒必定会在于放弃一切惩罚，甚至阻止自然的惩罚"，这也是虚拟式。什么是正义？放弃一切惩罚，因为惩罚本身就是导致不幸嘛，惩罚本身是一件坏事，把一个人关起来，没收他的财产，剥夺他的财产，这都是导致不幸的。那么放弃一切惩罚，把所有的不幸的东西都加以放弃，包括对人的惩罚都加以放弃，甚至阻止自然的惩罚，这就会是正义了。自然界有时候会惩罚，你做了坏事会遭到报应，当然也不光是自然界，包括人家的自然的反抗，你去抢人家的东西，人家肯定要反抗了，这个反抗也可以说是自然而然的，出于本能的。"甚至于阻止自然的惩罚"，你要出于最大幸福的观念，人家来抢你的时候你就不要反抗，人家抢了，被抓住了，你也不要告他或判他的刑。从彻底的幸福主义来看呢，应该是这样，这就是正义。因为按照幸福主义的伦理学，剥夺一个人的幸福肯定是不正义的，那就尽可能不要剥夺人的幸福。那么正义反倒必定会在于放弃一切惩罚，甚至阻止自然的惩罚，那就不会有任何不幸福了。甚至于为了你的幸福，而损害了他人的幸福的时候，也不要有什么惩罚。因为你一惩罚，使人类的幸福更加减少了。当这种时候呢，你应该采取一种息事宁人的态度，这就是正义。这种正义还有什么正义呢？这种正义实际上是已经没有任何正义了。你处于一种悲天悯人的考虑，当人家来剥夺你的时候，你听之任之，也不把他告上法庭，放弃一切惩罚，那么这就是他们所理解的正义。"因为这样一来，在行动中就不再会有什么恶，因为本来会跟随而来的、仅仅为此一个行动才叫作恶的那种坏事，从现在起就会被防止了"，这全都是用的虚拟式，就是说，按照幸福主义观点来看，正义就是要放弃一切惩罚，当我们放弃了一切惩罚的时候，你的行动中就不再会有什么恶了。你追求自己的幸福，哪怕伤害了人家的幸福，也不要有所惩罚，也就不再会有什么恶，因为你没有在这样一种幸福的损失上面再增加一种惩罚的损失。本来人家已经损失了幸福，这个时候呢，你把惩罚取消掉，那就不会再增加什么恶了。在行动中不再会有什么恶，因为本来会跟随一个行动而来的，"仅仅为此一个行动才叫作恶的那种坏事"，也就是惩罚，就被防止了。惩罚是跟随而来的、使得这个行动叫作恶的一种坏事。你要惩罚他嘛，你当然就必须把这个行动称之为恶，以恶治恶，以暴制暴。那么，按照前面这种幸福主义荒谬的结论，惩罚是一切犯罪的根据，如果你把惩罚取消了，行动中就不再会有什么恶了，因为没有用来衡量你这件事的恶的那个标准、那个根据了。你的行为不受惩罚，那当然就无所谓恶，无所谓犯罪，你的行为没有受到惩罚，就不叫作犯罪。所以，取消犯罪的方式呢，在幸福主义的这种观点看起来，逻辑上就是应该取消惩罚。怎么取消犯罪？就是把一切惩罚都取消，这样一来，在行动中就不再会有什么恶，因为本来会跟随而来的惩罚，从现在起就会被防止了。也就是说，惩罚这样一种坏事就会被防止了。这是幸福主义者的法律观点。当然他们并不是公开这样提出来的，这是按照康德的分析和推理，他们就会导致这样一种荒谬的结论。你要真正具体去问一个幸福主义者，能不能取消惩罚，是不是必须取消惩罚，他们也不会承认，因为这是很荒谬的，没有人会认为在一个社会中可以没有惩罚。哪怕在原始社会也有惩罚。你做了一件坏事请，肯定要受到惩罚，要受到报应。是不是把惩罚取消了，罪恶就取消了呢？这个是不可能的。但是按照幸福主义者的原则推理下来，就会导致这样一种荒谬的结果。所以我们读到这个地方，看来好像是不可能的事情，但是在康德看来呢，因为他都是用的虚拟式嘛，就是说，如果你从幸福主义的这样一个立场来看待惩罚这件事情，那就会推出这样的结果，就会把一切惩罚都取消了。惩罚是为了一个人好，那真正为了一个人好就不要有任何惩罚，那一切都皆大欢喜了。但是不是恶就会消除了呢？

这个是很荒谬的。

　　但除此之外，把一切惩罚和奖励都只看作在一个更高权力手中的机关，它只应当用来促使有理性的存在者借此实现自己的最终意图（即自己的幸福），这一望而知是一种对他们的意志取消一切自由的机械论，所以我们在此不必多说。

　　就是除了幸福主义上述这些观点以外，"把一切惩罚和奖励都只看作在一个更高权力手中的机关"，他在这个地方没有明说，什么更高权力呢？例如说政府手中的机关，就像霍布斯的"利维坦"一样，把惩罚的权力都交给政府，奖励谁，惩罚谁，都由统治者作为人民的父亲来代他们决定，他有责任"促使有理性的存在者借此实现自己的最终意图（即自己的幸福）"。在幸福主义功利主义者看来，这样的统治者只能由一个抱有幸福主义和功利主义观点的君王来承担，他对此拥有绝对权力，由他来教育人民并赐给人民最大可能的幸福。或者，如果还没有产生出这样的统治者，就可以把上帝设想成这样的最高权力，谁该上天堂，谁该下地狱，都是由上帝所掌握的。那么上帝奖惩所有的人，以此来促使有理性的存在者即人类实现自己的最大幸福，上帝的审判最后是为了拯救人类，为了实现人类的最终的意图即对幸福的渴望。这当然是基督教的观点了。基督教就是说上帝拯救人类，包括那些下地狱的，最后也会得到拯救。但这方面有不同的观点，有的人认为，下地狱是永无拯救，但是另外一种观点认为，下地狱也是一种惩罚，最终还是为了拯救这些人的灵魂。既然他已经有灵魂了，他犯了罪，那么他下地狱，最后通过地狱的惩罚呢，他最后也可以得到拯救。在基督教里面，这也是一说，有理性的存在者人类最后都能实现他自己的幸福。那么康德的评价是，"这一望而知是一种对他们的意志取消一切自由的机械论，所以我们在此不必多说"。就是说，不论是把奖惩寄托于一个绝对的权力机构或君王，还是像基督教那样把正义的审判寄托于上帝，实际上都已经把人的一切自由意志都取消了，就是说，你自己不能够评价自己，必须由世俗君王或上帝来评价你，你不过是他们手中的玩物。但按照康德的观点，一个有理性者既然他自己有自由意志和理性，他就能够自我立法，自己来评价自己，自己来处罚自己。按照正义的原则，按照实践理性的法则，我知道应该怎么做。当我没有怎么做的时候，我就应该惩罚自己，这才是正正当当的一个人，一个大写的人。而按照霍布斯的绝对君主制或基督教上帝的观点，把所有的惩罚和奖励的权力都归之于一个最高权力，人就没有自己的标准来惩罚自己，人只能去相信绝对君主或上帝将给人类带来最终的幸福。这样一来，就把人变成了取消一切自由的机器，一种提线木偶。人只能够对最高君主感恩戴德，或等待上帝来拯救他。所以康德说，既然取消了自由，取消了自由意志，所以我们在此不必多说。因为康德在这里讲的都是立足于自由意志之上的道理，你把人的自由意志都取消了，就失去了讨论的前提，那还有什么说头。这最后一段提出了这样一种观点。这种观点包含有幸福主义伦理学在宗教方面的一种表现形式，虽然它不是以现实社会的幸福与不幸福做标准，而是以来世，以上帝的公正原则作为标准，但是一切都是为了幸福，这一点是一致的。在宗教上，这些人也是按照这样一种方式来理解上帝的最后审判，还是为了善有善报，恶有恶报，最后达到全人类的拯救。所谓拯救就是获得幸福，在人世间得不到的幸福，最后在来世可以得到，这也是一种幸福主义的理解。当然在康德这里是完全不能同意的。

刚才讲的这一段，康德处处都把矛头所向针对着当时比较盛行的幸福主义和功利主义的伦理学。当然康德在这一段里面并没有明确地讲出这样一个话语背景，是我们把它提取出来的。我们在读康德的书的时候呢，总是要尽可能地去寻找这样一种语境，就是说，他说这些话是有针对性的，那么他是针对谁，针对哪一些观点而来的，我们要尽可能地体会到。当然有时候也不一定体会得很准确，但是我们要有这样一个知识背景，如果没有的话，我们要临时去翻一翻，在康德的时代，与他同时代流行的有哪些观点。康德在后面有一个表，德行原则中实践的质料上的规定根据表，里面已经把他的语境给我们端出来了。从此我们可以看出，这个背景就是当时流行的，一个是幸福主义，一个是功利主义，再一个就是完善论。幸福主义和功利主义都是经验派的，完善论是属于理性派的。但是理性派实际上的最终的依据，仍然是落实到幸福和功利之上的。康德认为只有他才第一次完全超脱了幸福主义和功利主义的弊积，上升到一种纯粹的义务论的伦理学，这个在西方伦理学史上也是公认的。康德首次提出了一种纯粹意义上的义务论的伦理学，既不是为了幸福，也不是为了完善；既超出了经验主义，也超出了理性派。那么下面一段呢，我们从这个背景来说就比较容易理解了，因为他在这里公开地提出了他所针对的对象。

　　<u>虽然同样不真实、却更加精巧的是那些假定某种特殊的道德感官的人的托词，说是这种道德感官，而不是理性，规定了道德律，按照道德感官，德行的意识是直接与满足和快乐结合着的，而罪恶的意识则是与心灵的不安和痛苦结合着的，这样他们就终归把一切都置于对自己的幸福要求上去了。</u>

　　"同样"，就是同前面所讲的幸福主义的那些观点一样，那些观点把一切都以幸福来加以衡量，以幸福的动机来衡量人的一切行为，包括惩罚，惩罚最终也是为了幸福的动机，这是前面讲的。但是有另外一种观点，不一定是幸福的动机，而是诉之于一种人类所特有的感官，所谓道德感官，也就是第六感官，这里是比较明确的。在当时，提出道德感官的人有一大批，像莎夫茨伯利、哈奇生，以及他们的追随者，有一大批人都提出，人有一种特殊的感官，道德感官是除了眼耳鼻舌身五官以外的第六感官。五官是对外的，而这个第六感官是对内的感官。特别是哈奇生，提出第六感官是一种内心的感官。内心的感官是对道德和审美的感觉，道德感和美感都是在第六感官里面产生的。我们用五官感觉不到什么是道德的，

什么是美的，动物也有五官，但是动物就没有什么道德和美的感觉。但是人不同，人有一种心灵的感官，叫作第六感官。我们可以把五官所接收下来的那些资料，用我们的道德感官来加以体验，用我们的审美感官来加以鉴赏，这个时候我们就可以感觉到，这个事情是道德的或者是美的。这是当时所流行的一种理论。那么康德讲，这种理论"虽然同样不真实、却更加精巧"，道德感官学说不是直接诉之于人的幸福，如果没有道德感和美感，那个幸福那就完全是动物式的了，完全是外在五官的舒适或者不快，那就跟动物没有什么区别了。但是更加精巧的这样一种学说呢，把人跟动物区别开来了。就是说，人有道德感官，而动物没有，通过道德感官来解决人的道德的问题，这个当然比直接诉之于人的动物性、人的自保的本能，要更加精巧一些，但同样是不真实的。这就"是那些假定某种特殊的道德感官的人的托词，说是这种道德感官，而不是理性，规定了道德律"，就是道德感官本身规定了道德法则。道德本来是没有法则的，全凭内心的第六感官的感觉，如果说道德上有什么法则的话，那它也是由这种感觉而得到规定的，而不是理性。经验派总是强调感觉的首要性，感觉的第一性，莎夫茨伯利、哈奇生他们都是英国人，洛克的追随者，他们都强调内心的这种感觉，相当于洛克的反省的经验。洛克说有两种经验，一种是感官的经验，一种是反省的经验；反省的经验就是把感官所获得的那些经验，通过内心的一种感觉来加以反省。那么，莎夫茨伯利就认为，这种内心的感官就是第六感官，即道德感官。是这种道德感官，而不是理性，规定了道德法则。那么按照这种道德感官，什么是德行的意识？就是与直接的满足和快乐不同的内心感官、第六感官的满足和快乐，但仍然是一种满足和快乐。我们看到道德的事情，就感觉到很舒服，我们看到不道德的事情，就感觉到不平，心中有不平事就不舒服。为什么会感到舒服、会感到不平，就是道德感官在里面起作用，这跟五官的感觉没有直接的关系。我们从五官的感觉看到了一些事情，但是这些使我们不平、愤怒或者是舒服，那是因为内心有一种道德感觉。道德感官不是五官，五官的感觉不会愤怒，也不会不平。所以德行的意识是直接与心灵的满足和快乐结合着的，而罪恶的意识则是与心灵的不安和痛苦结合着的，"心灵的不安和痛苦"，也就是内心道德感官的不安和痛苦，第六感官的不安和痛苦，罪恶是与这种不安和痛苦结合着的。总之这样一些人，他们仍然是把一切都放在对自己的幸福要求上去了，但跟前面一些人相比，他们更加精致。前面一类人，完全诉之于外部的感觉，悦目、悦耳、悦身、身体的舒适，这些是前面一些幸福主义者的立足点。而道德感官这样一种学说呢，比他们那样一些人要高级，因为这些人，他们把道德上的和审美上的这些愉快和不愉快提升到了一个更高的层次。第六感官要比外部的五官更高，你可以把它从精神上来理解，心灵的愉快和不愉快，心灵的不安和痛苦，心灵的满足和快乐，这个当然要比那种直接的功利主义和幸福主义要更加高明一些。但是归根结底呢，他们把一切都放在对自身幸福的要求上，还是一种幸福主义。虽然不仅仅是外部五官的舒适和不舒适，而是一种内心感官的舒适和不舒适，但是还是舒适和不舒适，还是一种感觉。内部感觉和外部感觉都是诉之于感觉，所以归根结底他们把一切都置于对自身幸福的要求。自身幸福不仅仅包括外部的幸福，而且包括内心的幸福，内心的愉快和不愉快，内心的问心无愧，内心的那种道德上的满足感，审美上的愉快感。这当然比那种外部的粗俗的感觉要更加高级一些，但是它仍然是感觉。既然它仍然是感觉，它也仍然是幸福。我们每一个人，只要不是最粗俗的跟动物差不多没有区别的人，一般人除了外部的幸福的追求以外，还是要追求内心的幸福，情感上面的安逸，这种温情，这种公平正义感，这是一般人都要追求的。所以追求幸福不能狭隘地理解为像动物一样地追求外部感官的幸福，而且也包括人的这种特有的心灵的幸福，心灵的平静，心灵的满足。当然康德认为这仍然是不真实的，跟那种外部幸福主义一样，内部的幸福主义同样不真实，虽然更精致。

　　我在这里不想引述上面已说过的话，我只想对这里发生的那种错觉作点说明。

上面已说过的话，也就是一般的幸福主义和功利主义，他已经说得很多了，这里不想再重复了，只想对这里发生的那种错觉作点说明，也就是说，内感官说、道德感官这样一种说法导致了一种错觉。那么康德在这里想对这种错觉加以说明。

为了把一个有罪之人表现为由于意识到自己的罪过而受内心不安所折磨的，他们就必须根据他品质的最主要的根基预先已经把他表现为至少有某种程度在道德上是善良的，正如把意识到合乎义务的行动就感到快活的人预先已表现为有德之人一样。

这句话有一个对手，就是说，道德感官说，哈奇生他们的观点认为，一个有罪之人，他的有罪感是由于意识到自己的罪过而受到内心的不安所折磨。哈奇生他们这些诉之于道德感官的人是这样来解释的，为什么人们觉得自己有罪，就是由于意识到自己的罪过而受到内心道德感官的不安所折磨的。虽然在外部五官上没什么痛苦，也许他生活得很舒适，眼耳鼻舌身，所接触到的外部自然界，外部事物，都是一些令人舒适的现象和事物。但是他觉得自己有罪，他内心感到一种不舒服，就是他的道德感里面产生不安，这是一种心灵的不安。这种不安折磨他，不亚于外部受到的外在的痛苦。饥饿啊，寒冷啊，风餐露宿啊，没地方住啊，经济的窘迫啊，受穷啊，这样一些外部感官的折磨，这当然是一种折磨，这是不幸福。但是，有罪之人往往由于意识到自己的罪过而受内心不安的折磨，这种折磨有时候比外部的折磨更厉害，甚至于有的罪人还羡慕那些穷人，羡慕那些衣不蔽体食不果腹的人，认为他们活得自在，没有什么心理负担。而自己虽然有大笔的钱，生活优裕，但是内心受到不安的折磨更加痛苦。这是道德感官的学说所经常引用的例子。那么康德这样来解释道德感官说的例子，如果说有一个人意识到自己的罪过，受到自己内心的不安所折磨，寝食难安，那么前提是，"他们就必须根据他品质的最主要的根基预先已经把他表现为至少有某种程度在道德上是善良的"，也就是说，只有一种在道德品质的最主要的根基上已经表现为至少某种程度上是善良的，也就是还有起码的良心的，这样一个人才会在他有罪的时候感觉到自己良心的折磨，感觉到自己内心的道德感官、内心的不安的折磨，感觉到问心有愧。这种问心有愧不是由于内心的感觉，不是由于道德感官的感觉自发地就能够产生出来的，而必须首先有一个理性的原则在那里。就是说，他品质的最主要的根基就是理性，根据这个理性，预先已经把他表现为至少某种程度上在道德上是善良的了，因为他已经预先有某种程度是意识到自己的道德上的原则，意识到道德律了，那么他就可以用这个道德律来衡量自己的行为。所以这种道德的负罪感不是由于道德感官自发地生发出来的一种折磨，而是由于有某种普遍的理性的道德法则作为一个标准，当他用这个标准来衡量自己的所作所为的时候，才会产生这样一种负罪感，才会自己折磨自己。所以哈奇生他们那种经验主义的理解完全是站不住脚的，道德感官在经验上是找不到解剖学的根据的。人为什么会有负疚感，他们的解释就是人有道德感官，所以人做了不道德的事情，他的道德感官就容不了他，就会折磨他。这个太武断了，是没有任何根据的凭空猜想。康德在这里的反驳就是说，为了把一个有罪之人表现为由于意识到自己的罪过而受内心不安所折磨的，那么你们就必须根据这个人的理性，预先已经把他表现为至少某种程度在道德上是善良的。这个善良不是建立在道德感官之上，而是先天地建立在品质的最主要的根基即理性之上，他的品质最主要的根基就是理性，理性才是他辨别善恶的标准，必须根据他的理性，先天地把他表现为在道德上某种程度是善良的，有善恶标准的，才能说明他为什么会对善或恶有道德上的感受。一个恶人做了坏事，但他在某种程度上，哪怕只有一点点，也是有良心的，因为如果他感受到内心的折磨的话，那么这个人的良心未泯，良心发现，他还晓得忏悔，晓得惭愧，这个人就还有救。如果你想用道德感官来解释的话，那么这种解释必须要有一个前提，就是这个人在某种程度上还是个好人，因为他的理性还在发出它的呼声，还在作为一个标准在拷问他。"正如把意识到合乎义务的行动就感到快活的人预先已表现为有德之人一样"，意识到自己的行动合乎义务就感到快活，这样一个人，你也必须预先把他表现为有德之人，一个人做了合乎义务的行动就感到快活，为什么感到快活？必须有个前提，就是说他已经是个好人，必须是有德之人他才能感到快活。那么什么才是有德之人呢？必须是意识到自己的品质的最主要的根基，也就是意识到自己的理性，意识到自己理性的本质，这样一个人才能用他的理性来为自己立法，才知道自己本来应该怎么做。这是康德的一个反驳。当然康德的反驳也不是绝对的，也不是说我们从这个反驳就可以判定康德赢了，哈奇生他们输了，那也不一定。他这只是一种立场。从他的立场来看，你们那种道德观之所以成立，还必须以我的立场为前提。当然，如果哈奇生站在他的面前，也许可以反过来说，那你的那个观点还要以我这个为前提呢！所以这两方面呢，我们不能够骤然就判定到底谁对，都有道理。至少康德在这里说出了他这一面的道理。就是说，他是个理性至上主义者，他把理性看作是人的最主要的根基。哈奇生他们无非是把道德感当作人的最大的根基。但是我们这里主要是想要搞清康德的思想。

　　所以毕竟，道德和义务的概念必须先行于一切对这种满足的考虑，而根本不能从这种满足中引申出来。

　　按照康德的这种解释或者反驳，道德和义务的概念必须先行于一切对这种道德感官的满足的考虑，而不能从这种满足中引申出来。理性至上，道德感是从理性里面引出来的，首先是理性的道德义务的概念被意识到了，才作用于人的道德感，所以它必须先行于对这种感性的满足的考虑。当然他也不否认，理性的义务的概念一旦使人们建立起了道德标准，当然也会引起人的道德感。人们按照道德义务的规范做事，那么做完了以后，他会有一种满足。但是在此之前，应该有一种先验的道德义务在里面，它必须先行于一切满足，而根本不能从这种满足中引申出来，这是他的一个绝不妥协的立场。如果从这种满足中引申出人们的道德和义务的概念，那就是经验主义、幸福主义了，在他看来道德的根基就被摧毁了。

但现在，为了在意识到自己与义务相符合时感到满足，为了当人们能够责备自己违犯道德律时感到痛苦的谴责，我们还必须预先估量一下我们称之为义务的东西的重要性、道德律的威望及遵守它而在个人自己的眼中所提供的直接价值。

前面讲归根结底，道德和义务的概念必须先行于一切对这种满足的考虑，这一点确定了；但是现在，不仅仅把这一点确定了，而且还要更深入一步地去考察，所以这里用"但"。义务的概念必须先行于满足，但是为了实现这个满足，为了达到这个满足，或者反过来说，为了在违背道德法则时能够责备自己，能够感到痛苦，"我们还必须预先估量一下我们称之为义务的东西的重要性"等等。就是说，不仅仅是说道德和义务的概念先行于这种满足，而且为了达到这种满足，为了解释这种满足，我们必须先行考察一下、预先估量一下我们称之为义务的东西的重要性，道德法则的权威性等等。如果它们并不重要，没有权威，那么我们照样可以不理它们，而全凭感觉行事。康德并不是完全排除满足，而是要解释这些满足。义务的概念先行于满足，但不仅如此，它还能够解释这些满足，把它们纳入自身下面的一个层次。它先行于这些满足是毫无疑问的，在康德看来，它是一些先验的原则，道德和义务的概念。但是我们为什么会感到满足，为什么会感到痛苦的谴责，我们要对自己做出解释。怎么解释？就是我们实际上承认我们称之为义务的东西的重要性，它对我们产生的影响带有权威性。因为道德的权威太神圣了，道德法则的威望"及遵守它而在个人自己的眼中所提供的直接价值"，都比那些快乐和满足要高贵。遵守道德法则本身就具有直接的价值，不是为了别的东西而有价值，而是遵守道德法则本身就有价值，我们必须要考察这一方面。所以这句话这样一解释就比较明白了，就是说，为了在意识到自己的行动与义务相符合时感到满足，或者为了当人们能够责备自己违犯道德法则时感到痛苦的谴责，一个是感到满足，一个是感到谴责，其前提都是有个更高的道德义务悬在上面。当我们的行为符合道德义务的时候，由于这行为本身的价值，我们就感到满足，当我们违背道德义务的时候，由于这行动本身违反价值，我们就感到自责。那么，为了感到满足和为了感到谴责，我们还必须预先估量一下我们称之为义务的东西的重要性。就是说，这种满足和这种谴责不像肉体的五官感觉那样，不需要任何前提就感到了。你碰到了不舒服的东西，比如说难闻的气味，难以忍受的冷和热，那感到了就感到了，没有感到你想感到也不行。那完全是被动的。但是内心的道德感、满足感和自责感，为了要感到这些东西则是有前提的。有什么前提呢？必须预先估量一下我们称之为义务的东西重要性，如果你说它根本不重要，那么你的满足感和谴责感就很轻，甚至于没有。如果你认为良心这东西几分钱一斤，甚至良心一钱不值，那么你就没有谴责感，也没有义务的满足感。所以为了能够在自己违犯道德法则时感到痛苦的谴责，我们还必须预先赋予我们称之为义务的东西以重要性，赋予道德法则以威望，赋予遵守道德在个人自己的眼中的直接价值。我遵守了道德法则，那么我自己对自己的评价就高，否则的话就低。如果没有这种估量，那么我们怎么可能单凭一种内心的道德感官就感觉到快乐或者是痛苦呢？我们预先要估量一下，这个道德法则对我来说到底重不重要。我们如果认为道德法则重要，那么我们就会在某些情况下感到快乐，在另外一些情况下感到痛苦。如果我们没有这种预先估量，或者说我的这个预先估量的结果是一钱不值，那这些快乐和痛苦就没有了，那我就成了动物，我的一切快乐和痛苦都来自我的五官感觉。之所以还有内心道德感官的考虑，是因为有一个前提，就是说这些先验的东西在我心中占有一个至高无上的地位，或者至少占有一席之地。我们哪怕并没有按照它要求的那样去做，但它会使我感到惭愧；或者我按照它那样去做了，我就感到快乐，不仅仅是做了而已。所以这是对这种快乐感和满足感的进一步的解释，就是说，理性的义务概念必须先行于一切对这种满足的考虑，而不能从这种满足中引申出来；反过来这些满足的本身是根据我们的先行考虑的评价来决定的。

所以我们不可能先于对责任的知识而感到这种满足或心灵的不安，并将之作为这种知识的根据。

也就是说，我们对责任如果没有任何知识，我们怎么能感到满足和心灵不安呢？我们之所以感到道德的满足和心灵的不安，是因为我们已经预先有一种知识。这种知识作为一个标准，让我们自己来衡量一下自己，所以我们才能感到满足和心灵的不安。那么我们不可能先于对责任的知识而有道德感受，就是当我们没有对于责任的知识的时候，我们就不可能感到这种满足和心灵的不安。而将这种满足和心灵的不安作为这种知识的根据，这更是不可能的，完全是搞颠倒了。莎夫茨伯利他们就是把这种内心的满足或者是心灵的不安作为我们对责任的知识的根据，认为我们对责任有知识，但这种知识是后天的，是建立在我们的满足和心灵的不安之上的。这个是道德感官说所坚持的一个次序和立场，先有感官，感觉到了不安，那么我们在分析为什么不安，这个不安有什么规律，然后我们发现，凡是我们做了不道德的事情，我们就感到不安，或者说，凡是我们的道德感官感到不安的那些事情就是不道德的事情。这个时候我们就从里面抽象出了一种道德法则、道德规范。这是经验派的道德学家的思路。那么康德显然是倒过来的，他认为不是从感觉出发来制定一些道德规范，来决定哪件事情是道德的或者不道德的，相反，我们首先凭我们的理性知道哪些事情是道德的，哪些事情是不道德的，然后用它作为标准来衡量我们的所作所为，我们才会感到内心的满足或者不安。这是康德的思路。

为了能对那些感觉哪怕只是形成一个表象，我们也必须至少大体上已经是一个正派的人。

这就说得更明确了。那些不安的表象，或那些满足的表象，哪怕只形成一个，也必须是一个正派的人才能做到，而正派的人当然必然是有理性的人，意识到道德法则的人。当然这些感觉本身是一种情绪、一种情感，不安嘛，痛苦嘛，但是你必须要有一个表象你才能不安和痛苦。或者不安和痛苦本身就是由于一种表象在你的心灵里面发生了作用，有了一个位置。关于表象，我们前面多次讲过，这是一个非常泛的词，Vorstellung，凡是内心呈现出来的都叫作表象，包括人的感觉，包括概念、范畴、理念、原则，也包括情感、情绪，这是个心理学的概念。凡是在内心中呈现出来，凡是放置在你的内心之前的都称之为表象。这是最根本的。因为你首先要感到这个情感，它就必须是一个表象。那么这里呢就是讲，为了能对那些感觉哪怕只是让它呈现出来，呈现在你的面前，我们也必须至少大体上已经是一个正派的人，当然你可能做坏事，但是你大体上还是一个正派的人，还有点良心，你才能对你做的坏事感到惭愧。这是从根本上来说了，如果你根本就不是个正派的人，那你连这个表象都没有，你也谈不上呈现出你的在道德情感上的痛苦和满足，就像动物一样，动物做什么都无所谓，它们没有道德感觉是因为没有道德标准。

此外，如同人类的意志由于自由而可以被道德律直接规定一样，按照这一规定根据而经常练习也可以最终在主观上造成一种对自己的满足感，这点我是完全不否认的；

这个"此外"就是说，他认为，经验派这样一些说法呢，也有它一定的道理，他也并不否认。什么道理呢？就是人的意志由于自由，而可以推出它自身的道德法则来规定自己，由此而产生出一种道德情感来。康德的道德律本来就是由人的自由意志而推出来的，你要使你的行为的准则成为一条普遍的法则，那么这个普遍的法则呢，对人的自由意志就成为了一种规定性的根据；那么同样，按照这样一种直接的规定根据而经常地练习，经常用这样一条道德法则来衡量我的行为，每次当我做一件事情的时候，我就用这样一条道德法则、绝对命令、定言命令来衡量自己，不断唤起自己的良心，不断地按照自己的良心尽可能地去做，这也可以最终在主观上造成一种对自己本身的满足感。习惯成自然，最开始可能不习惯，最开始是理性的绝对命令，没有任何前提。当我们调动自己的理性，稍微想一想，我们就可以承认，我们的理性是有一种自我立法的能力的，按照这种立法是我应该做的。那么，当我意识到以后呢，如果我经常地练习，在主观上、在心理学上，我也可以造成对自己本身的一种满足，这个他并不否认。莎夫茨伯利他们所讲的内在感官、道德感官，在康德看来无非就是长期的训练以后所形成的一种内在的情感倾向，主观上对自己本身的满足感。就是当你经常按照道德律去做以后，你就会在经验中形成一种满足感。这一点他是完全不否认的。他反对的只是对两者关系的倒因为果。

毌宁说，把这种唯一真正值得被称之为道德感的感情建立起来、培养起来，这本身是属于义务的；

他并不否认这种道德情感的建立，经常地练习用道德律来衡量自己的行为，长此以往的确可以造成一种道德感。义务不是空口说说而已，它本身就包含这种主观的准则要成为一条普遍的法则，这就必须要在实践中兑现，在经验上见效，它是一条实践的法则。道德法则不是一条理论上的法则，它必须要你去做。那么要你去做呢，它就涉及你必须要有一种道德情感。道德情感康德后面讲到了，是人们进行道德实践的一种"动机"，但它不是"动因"。动因是自由意志，那是不可知的。但是不可知的动因呢，它有一条法则，就是道德律。自由意志是不可知的，但是自由意志的法则是可以把握的，是一个理性的事实。你可以按照自由意志的法则去做，这就是道德的动因。那么动因是在底下的自在之物中起作用。它怎么起作用，我们不知道，因为是自由意志。自由意志不可预测，也不可以分析，也不归结为机械作用或因果律。但是它在现象界要起作用，必须要有一种动机，必须要有一种现实的推动力，那就是道德情感。一个道德的行为在现实中要有它的推动力，必须要有道德情感。当然我们要不带情感地去做，按照理性去做。但做的时候，免不了要带上情感。而且呢，道德情感是值得鼓励的，其他的一些情感都不在话下，都不必提。

但是唯有一种情感，就是道德情感，人们有义务在道德实践中把这样一种情感培育起来，使人们的感性在道德实践中能够起到一种中介的作用，一种协调的作用，而不是对抗的作用。人们的感性在人们的道德行为中往往可能会起一种阻碍作用，爱好很可能起一种阻碍作用。但是有了这种感性的道德感，那么它就可以调节我们的感性，使它适应于道德实践。所以这本身就是一种义务，或者它本身是属于义务的。

[39]　　**但义务的概念却不能由此引申出来，否则我们就将不得不去设想对一个法则本身的情感，并把那只能通过理性设想的东西作为感觉的对象；**

也就是道德情感是属于义务的，但义务的概念呢，却不能从道德情感的里面引申出来。我刚才讲了，义务的概念是所谓动因，它不是动机，动因是背后起作用的东西，自由意志。义务的概念是从自由意志的概念里面引出来的，而不是从道德情感里面引申出来的。如果义务要从道德情感里面引申出来，那我们就只好去设想对法则本身有一种情感，那是不可能的。对一条抽象的法则，能有什么情感呢，对实践理性的一种抽象的法则，一种形式的法则，我们不能用情感设想它，只能用理性去设想它。"否则我们就将不得不去设想对一个法则本身的情感，并把那只能通过理性设想的东西作为感觉的对象"，这个"否则"在康德看来是荒谬的，我们不可能对一个法则诉之于情感。法则只能通过理性设想，不能作为感觉的对象。我们不能感觉到一个法则。一个绝对命令的法则，我们怎么能去感觉到它。只能通过理性才能思考到它。

这如果还不至于成为一种无聊的矛盾的话，也将会把一切义务的概念都完全取消了，而只不过代之以更精致的、时常与较粗鲁的爱好陷入纷争的那些爱好的机械作用。

"这"就是讲的前面那个"否则"。用情感去设想法则，把法则作为情感的对象，作为感觉的对象，这个本来在康德看来是一个无聊的矛盾。但是他这里退一步，"如果还不至于成为一种无聊的矛盾的话"。在他看来本来确实是无聊的矛盾，但是退一步来说，有些人确实他们所理解的义务就是感觉的对象，他们把义务称之为感觉的对象，或者把感觉的对象称之为义务，他们也可以避开这个矛盾，改换一下语义。那么即算是如此，也将会把一切义务的概念都完全取消了，这样来解释义务，那还有什么义务呢？你们所讲的那些义务，经过这样一篡改，只不过一些更精致的机械作用。较粗鲁的爱好，就是我刚才讲的，一般的幸福主义、功利主义伦理学，在没有诉之于道德感官的时候，是较粗鲁的，他们把人和动物等同起来了。那么，道德感官的学说提出以后，人跟动物就有了区别，这就是比较精致的了。代之以更精致的那些爱好，道德感官所产生的那些爱好、那些情感、那些感动，那是更精致的、更高级的，那是人的心灵的、精神性的一些爱好。但是呢，这些爱好与较粗鲁的爱好长期陷入纷争，就是说你还是讲的爱好，你讲的那个爱好从本质上来说跟动物性的爱好究竟有什么区别？动物从五官所获得的那些爱好，跟你从内感官所获得的那些爱好是不是本质上是一样的？所以他们长期陷入纷争，争的就是这回事。你既然强调爱好，强调感觉，你就不能完全跟那些外部的、粗鲁的感觉划清界限，你就陷入与它们的纠缠之中。所以它"只不过代之以更精致的、时常与较粗鲁的爱好陷入纷争的那些爱好的机械作用"。用爱好来解释义务的规则，实际上是一种机械规则，尽管你把它提升了，更精致了，你认为是一种心灵的爱好，精神性的爱好，但是爱好与爱好之间的竞争仍然是一种机械的关系，哪个爱好的力量大，就把你拖向哪个方向。它们的关系就是一种机械的力学关系，可以按照自然科学的方式加以精密规定。但是按照康德的体系呢，它不是一种机械关系，它是一种层次关系。你的所有的爱好，不管是内心的还是五官的，都是低层次的，而更高层次的道德义务必须是建立在理性之上。低层次的这些爱好康德也不完全否认，道德感官也好，外部五官感觉也好，康德其实都不否认，但是康德主张，所有这些爱好，如果要是道德的话，那么它是预先必须要有一个先验的标准，这个标准是立足于理性之上的。理性要比感性所有那些爱好更高，它们的关系不是一种机械作用的关系，而确确实实是一种人的本质、人的精神生活对人的现实实践活动之间的支配关系。这就摆脱了机械作用，而把人的行为纳入真正的合目的性的行为。我们知道康德的机械论和目的论是一个二律背反，第三批判里面就讲到机械论和目的论的二律背反。那么按照经验派的这种观点，人们必然会陷入机械论，必然会被当作一个动物来加以分析，动物就是符合机械论的，动物的行为都是可以按照机械论的观点看待的，弱肉强食就是机械论的。即算是从内在心灵的心理学上面来分析，也是一种强势的力量会战胜一种弱势的力量，强和弱都是可以从心理学和生理学上来加以测量的，所以是一种机械关系。而康德的这种观点就摆脱了机械论而进入到了目的论，人的一切实践行为归根结底是目的性的行为。目的论就不是陷入机械论之中，而是凌驾于机械论之上，它可以利用机械论作为自己的手段。目的要实现出来必须要有技术性的手段。但它本身不能归结为这样一些技术，不能够归结为机械关系，它本身是一种目的关系。目的关系是一种真正的善的关系，善良意志，所有的目的都可以称之为善和好，达到目的就是好，没达到目的是不好。那么要超出这些机械作用呢，就必须按照康德的这种说法，从纯粹实践理性出发来建立起实践的法则，建立起道德的法则，才能够使人真正地摆脱动物性的层次。

我们前面讲了康德的形式主义的伦理学，他的这种形式的原则和质料的原则是截然不同的，而且，所有前面的这些论述，它的最大的一个敌手，就是质料的伦理学，主要是经验派。他们所提出的道德原则就是幸福主义、功利主义和情感主义，他们道德的基础则是最大多数人的最大幸福。这是康德所面临的最大的对手。所以他的这个伦理学呢，虽然也试图在理性和经验之间找到第三条道路。但是他最主要的攻击对手就是经验主义。前面已经讲了两个层次，一个层次就是幸福本身，当然幸福本身也包括两种，一种是质的方面，幸福感、幸福度，我们通常讲的幸福指数；再一个呢，就是功利主义。那么第三个呢，更高一点的就是道德感、第六感这样一个学说，它实际上已经掺杂了理性主义的某种因素。就是说已经有先天的东西作为我们评价道德的标准，就是我们先天的第六感官、道德感官，由此所带来的愉快和不愉快就成为了我们的善和恶的标准，这是由哈奇生这样一些代表人物所提出来的。那么所有这些都是属于质料的伦理学，他们提出来的原则都是一些质料性的原则，而在康德看来这些原则都不适合于作为真正道德律的根据，唯有形式主义的原则，才能够成为道德律的普遍原则。所以我们今天要读的这一段呢，就是在这个基础之上作出的一种概括。

如果我们现在比较一下我们的实践理性的那个**形式上的**（作为意志自律的）至上原理和德性的一切迄今的**质料上的**原理，那么我们就可以在一个表格中把其余的一切原理展示为这样一些原理，通过它们实际上同时也就穷尽了除唯一的形式上的场合外所有其他可能的场合，这样就显而易见地证明，要去搜求不同于现在所阐明的另外一条原则将是白费力气。

就是说，我们现在可以比较一下，前面已经批判这个批判那个，这种观点也不行，那种观点也不行，那么康德自己的观点呢，是先提出来了。现在我们把这两种原理作一个比较。康德的是形式上的原理，也就是意志自律的原理。如何才能自律？就是说，它不是以意志的对象或者意志的质料作为它的规定的根据，而是由意志本身作为它的规定根据，那就是至高无上的原理了。这样一种自律肯定只能是形式上的，意志在不考虑它的所有的对象、后果的前提下，已经给自己提出了一条规律，那么这样一种意志自律呢，肯定只是形式上的，这就是意志本身能否前后一贯，能否达到一种形式逻辑上所谓的不矛盾律或同一律。这就是形式上的至上原理。把这个作为形式上至上的原理，来和德性的一切迄今的质料上的原理相比较，也就是和迄今为止人们所提出的质料上的原理相比较。如果我们现在比较一下这两种原理的话，"那么我们就可以在一个表格中把其余的一切原理展示为这样一些原理"，这个表格就是他在下面画出的这个表:"在德性原则中的实践的质料规定根据表"。就是在形式的原理之外的其余的一切质料的原理有哪些,把所有的一切质料的原理展示为这样一些原理。"通过它们实际上同时也就穷尽了除唯一的形式上的场合外所有其他可能的场合",这就是我刚才讲的,所有其他的可能场合都是质料的场合,形式上的场合只有唯一的一个,那就是康德所提出的形式上的自律。除了这个场合以外,所有其他可能的场合都在这里被穷尽了。我们注意这个"穷尽了",康德作为一个理性主义者的代表,他讲究的是全称判断,讲究的是无一遗漏,讲究的是普遍必然性。如何才能够达到普遍必然性?那就是要在一个表格里面把所有的东西按照逻辑层次穷尽地包含在里面,再没有别的了。你如果还能找出一个来,那都可以归结到这个表里面的某一项之下。要做到这一点,这个表就必须按照严格的逻辑层次来划分。康德的所有的表都是这样的,我们看他的范畴表,看他的理念,每当他提出一个表的时候,他都是按照严格的逻辑层次来列他的表的,这一点我们要充分注意。不要以为他就是搜集了一些东西排列在这里,以一种经验的方式,碰到了什么就把它捡起来。那个不是康德的风格。康德的风格首先是从形式上找到它的一种逻辑上的层次和结构。既然是逻辑上的层次和结构,那就是无一例外,全部都在里面了。所以,通过这个表格中的原理,实际上同时也就穷尽了除形式上的唯一的场合外所有其他的可能的场合。"这样就显而易见地证明,要去搜求不同于现在所阐明的另外一条原则将是白费力气",因为它已经穷尽了,再没有了,逻辑上不可能再有了。现在阐明的原则都在这里,你要能够找到一条不同于这里的原则,那将是白费力气,所以他已经一揽子解决了问题。康德所追求的就是这个,在任何场合下他都追求彻底地把问题加以解决,这跟经验派是完全不同的风格。经验派是尝试逐步逐步地、零星地知识积累,解决一个算一个,以后的再说。但是康德代表理性派的这种风格呢,就是说我一次性地把问题都解决了。以后你们的那些研究尽管还可以进一步细化、进一步细分,但是总纲在这里,我已经提出来了。

　　——于是，意志的一切可能的规定根据要么是单纯**主观的**，因而是经验性的，要么也是**客观的**和合理的；但这两者都或者是**外部的**，或者是**内部的**。

　　这就是他的划分的逻辑层次。意志的一切可能的规定根据，当然这个可能的规定根据，按照上面所说的，要把唯一的形式的场合排除在外。在这种情况之下，意志的一切可能的规定根据也就是一切可能的质料的规定根据，它们有两种情况，"要么是单纯**主观的**，因而是经验性的"。他这里把主观的和经验性的联系起来，你要规定你自己的意志的根据，那么这种根据如果你把它摆在主观里面，那它就只能是经验性的，就是你自己的经验。你用什么来规定你自己的意志，如果它是单纯主观的，那它是不可能真正作为一种客观的东西来加以规定的。这也就是我们前面所讲的单纯的准则，你不可能把这种准则变成一条普遍的法则，在这种情况之下，它就是经验性的。它只适合于你自己。而你自己是一个经验性的人，所以只适合于你自己的这样一条经验性的准则。它不适合于别人，就在于在经验上你和别人不同，你和别人是两个人。所以他这里说"因而是经验性的"。这个"因而"我们要推敲一下才能得出来，不然的话，主观的为什么就是经验性的，这个就很难推了，它有这样一些环节。另一种情况则是，"要么也是**客观的**和合理的"，就是说，是主观的不假，但是如果它除了是主观的以外，它也是客观的，那它就是合理的。主观的准则同时也是客观的，那它就是合理的。你的准则要成为客观的，那它当然必须要合理，必须要超越经验，这是理性派的出发点了。前面一个是经验派的出发点，后面一个合理的、客观的，则是理性派的出发点。理性派的出发点倒是比较强调主观准则同时也是客观的，或者说，正因为它是客观的，所以它应该成为主观的准则。当然它跟康德的定言命令的形式法则还不一样，这只是质料上的客观性和合理性，因此它不是从主观准则中推出来的普遍形式法则，而只是主观准则之外的一种客观要求，这种要求仍然是质料的。当然,这种质料是经过理性处理的,它也超越于具体经验性的东西之上,超越了幸福、情感和功利。但在康德看来,理性的这种处理仍然局限于对象的质料,而不是依据理性本身的形式。这就是他下面这个表的划分的两大类质料的规定根据,其中每一类又分为外部的和内部的两种。

[40]　　　　在德性原则中实践的质料规定根据表

主观的				客观的	
外部的		内部的		内部的	外部的
教育 (据蒙田)	公民宪法 (据曼德维尔)	自然情感 (据伊壁鸠鲁)	道德情感 (据哈奇生)	完善 (据沃尔夫和斯多亚派)	上帝意志 (据克鲁修斯和其他神学家)

我们来看看这个表,他已经划分了两个不同的角度,一个是主观经验的,一个是客观合理的,它们分别代表经验派和理性派。但是这两者分别都或者是外部的,或者是内部的。经验派有外部的和内部的,理性派也有外部的和内部的。所以总共得出来,有四个不同的道德原理或实践理性原理,再细分是六种。那么,这个德性原则中的实践的、质料上的规定根据表,这里的"德性",Sittlichkeit,也译作道德、道德性,里面包含有道德和伦理;而伦理就不仅仅是道德了,也包括我们所讲的法权和法律。所以康德在《道德形而上学》一书里面,一开始讲法权论的形而上学,再讲德行论的形而上学。法权和德行总称之为道德(Sitten),实际上是德性形而上学。德性的形而上学包括法的形而上学和德行的形而上学。所以,"在德性原则中实践的质料规定根据表",这个表里面实际上包含法权和道德两者,法权是外在的自由,道德是内在的自由,它们都是建立在自由意志之上的。法权就是自由意志相互外在的关系,所谓"群己权界",这是严复翻译穆勒的《自由论》的译名,把它翻译成《群己权界论》。

这个自由跟我们通常理解的自由不太一样，它是着眼于自己的自由和他人的自由的关系，群体的自由相互之间的权利界限，或者是自由权的相互关系。那么这种关系当然对一个人来说是一种外在的关系，你的自由不要损害人家的自由，那么人家的自由的界限在哪里，对于你来说是外在的，而在这个界限之内你的自由也是外在的，这就已经是法律了。法律是外在的自由，道德是内在的自由。那么这个表呢，把这两个因素都包含在里面。我们首先来看看。

　　大的划分是主观的和客观的，所以他这个表里面有两大格，一个是主观的，一个是客观的。主观的里面划分为外部的和内部的。外部的里面又划分为两个层次，一个是教育（据蒙田），他这里提出教育。在实践中外部的教育的规定根据，那就是蒙田以及他的同时代的很多启蒙思想家，比如说卢梭、孟德斯鸠这些人，都反复申述过的一个原则：人是教育的产物。人是被教育成他那个样子的，前提是，人是环境的产物。所以你要培养出好人来，你就必须改善社会环境，改善教育环境。卢梭写了一本《爱弥尔》，怎么教育爱弥尔，从小到大有一套教育的方法，这个教育呢，当然还是主观的，是主观的一种教育策略，教育的程序。你怎么去教育一个孩子，这个教育的原则还是人主观想出来的，不是说天生就在那里。教育跟天生的、先天的禀赋不同的地方就在这里，它是可以由人自己改变的。你改变一种教育方式，它得出的效果是完全不同的。所以人是教育的产物，这是主观中的外部规定根据。是主观设立的，但是呢，是从外部去改变一个人。教育家是人类灵魂的工程师，从外部去改变一个人的灵魂。这是主观里面外部的原理，第一个呢，是教育。这个教育首先当然是道德教育，《爱弥尔》里面首先讲的是道德教育，当然还有知识教育，还有别的教育，但是总而言之呢，总体上来说呢，是把人教育成一个好人。这当然是经验派的观点。在这种观点之下呢，人没有什么是完全先天的东西，也许大自然给人提供了一种可教育性，一种素质、一种禀赋。但是人之所以成为人，是教育起来的。你不教育他，你把他丢到动物里面，他就变成了狼孩、猪孩，他就不成为人，但是在人类社会中，他就成为人。在一个好的社会中，他就成为一个好人。在一个不好的社会环境中，他就会堕落成为一个坏人。所以这是主观的、外部的一条基本的原理。那么另外一条呢，是公民宪法，根据曼德维尔。公民宪法的观点比教育观点当然要更加带一点普遍性了。教育是非常个别的、经验性的，特定的人，我们讲因材施教，特定的人有特定的教育法，一个教育法不见得适用于每个人，你要根据他的禀赋，根据他的素质，来对他施教。那么公民宪法呢，就是带有一定的普遍性了，虽然也是人后天所建立起来的，所订立起来的，但是一视同仁的，在法律面前人人平等。曼德维尔是英国的著名哲学家，他主张私人罪过对公众是有利的，私人罪过，也就是说人都是自私的，但是在公民宪法的条件之下，自私自利的人恰好可以造成对整个社会有利的后果。曼德维尔对人通过教育可以变好这一点绝望了，人要变好是不可能的，人就是这么一个自私的动物，他就是倾向犯罪；但是你如果有良好的公民宪法，就能够限制他的犯罪，那么，他的这种犯罪的欲望反而会对社会起一种促进作用，整个社会会变好。就具体的每个人来说，他是坏的，但是这种坏的东西在好的公民宪法条件之下，它不会表现出来，它在他内心，他有一种犯罪的欲望，但是他知道不行，那么他就把这种欲望转向了做好事。当然做好事并不说明他是个好人，他可能还是个坏人，一旦他没有公民宪法的约束，他的坏的本性就会表现出来。但是有了公民宪法的束缚，他这个坏的本性就表现不出来，表现出来的恰好是他有利于社会、有利于他人的那一面。所谓合理的利己主义就是这样看的，人都是利己的、自私的，但是为了自私，在公民宪法的条件之下，他就要利他，他甚至就要大公无私，至少装出一个大公无私的样子，让他人得到好处，最后呢，他自己才能得到好处。这是曼德维尔的一个逻辑，就是在公民宪法之下，我们可以把一个恶人，一个倾向于犯罪的人，变成通常意义上的好人。这个好人不是从他的内心来说的，是从他的实际后果来说的。所有的人都遵守公民宪法，都彬彬有礼，都与人为善，这是合乎法律的，合乎宪法的，那么这个社会也就是一个道德的社会，而这个人呢，也就变成了一个文明人，变成了一个绅士。虽然他骨子里头并不是绅士，只要有可能，他就会犯罪；但是好的公民宪法使他变成了绅士。这是主观的、外部的两种类型。

那么主观的、内部的两种类型，一个是自然情感，一个是道德情感。自然情感是伊壁鸠鲁的那种观点，就是愉快和不愉快、快乐主义、幸福主义、享乐主义，这样一些实践的质料上的规定，那么它们当然是不可能成为一种普遍的法则的。或者说它虽然表面上是一条普遍法则，但是各个人是完全不同的。表面上人人都追求幸福，人人都追求快感，但是每个人追求的快感完全不一样。你重视这一点，他重视那一点，甚至相互冲突。你所理解的幸福跟他所理解的幸福完全不同，甚至于有的人会把自己的快乐建立在他人的痛苦之上。但是他们的自然情感的原则呢，是内部的。跟这个教育也好，跟公民宪法也好，是完全不同的。人不需要有什么教育，也不需要有什么公民宪法，按照他的自然本能，他就会倾向于追求自己的幸福。当然伊壁鸠鲁也不同于纵欲主义，他还是推崇我们要懂得怎么样去追求自己的幸福，这里头就要有理性，他跟后来那些享乐主义者、纵欲主义者还不太一样。就是说你盲目地追求幸福往往得不到幸福，怎么样能够得到自己的幸福？那就还要有一定的克制，克制自己眼前的、比较小的幸福的欲望，以便追求更完满的、更完整的、更多的、更持久的幸福。这是伊壁鸠鲁的一种观点。他的立场就是内部的个人的自然的情感，自然的好恶，自然的苦乐，愉快和不愉快。在这个上面，在质料上面，他也建立起了他的规定根据，在实践中立足于苦乐这样一些质料，来建立他的规定根据。这就是主观的自然情感的基础。那么主观内部的道德情感，这就是我刚才提到的哈奇生（原来译作"哈奇逊"）的那种观点，以哈奇生为代表的，不光是哈奇生，还有很多，莎夫茨伯利那些人都强调道德情感。这是英国经验派的一个传统，后来一直延伸到休谟、伯克这样一些人，都很推崇道德情感，认为道德情感是人的一种特殊的情感，跟动物不一样。人的快乐和不快乐这样一些感觉跟动物都是一样的。但是唯有道德情感和审美情感是和动物不一样的，只有人才有，这是人的一种特殊的情感。但是它仍然是主观内部的第六感官，其实并没有什么客观标准，不能形成普遍法则。在审美中我们看得很明显，对同一个对象，不同的人的审美评价可以完全不同，而且没有任何标准能够解决人们之间的纷争。那怎么才能够达到共识呢？那只有按照休谟的说法，请一个最有经验的人，他看得最多，他是专家，他比较过所有的戏剧，哈姆雷特也好，奥赛罗也好，还有其他作家的戏剧也好，他都看过，然后他通过他的比较，他的审美感官是最有权威的。于是我们都跟他，如果我们的判断跟他的不相符合，我们就要感到惭愧，我们就觉得自己没有品位。但是这样一种品位，这样一种标准，是相对的，绝对不是说可以放之四海而皆准的。随着时间的推移，我们看得更多了，那以前的那些标准呢，就被推翻了，完全可能，所以它完全是主观的。而在道德上，我感到这样做是道德的，他感到是不道德的，很多各种不同的评价都可以出自各人的道德感。我们看到有人做了一件好事，评者如潮，各人发表不同的意见，当然在不同的意见中，也可能有一种主流。主流是大家都认为他这件事做得好。但是也有个别人偏不这样认为，你拿他也没办法。因为他的道德情感就是这样判断的。各人的情感是不一样的。所以这是一种主观的内部的道德情感，也只能是相对的，没有普遍性。这四种，一种是教育，一种是公民宪法，一种是自然情感，一种是道德情感，这四种主观的规定根据，都是经验派的。经验派总而言之就是这四种，经验派的质料伦理学，他们的规定根据就是这四种，一种是主观外部的，就是教育和公民宪法，一种是主观内部的，就是自然情感和道德情感。当然后面一个比前面一个总要显得高级一些。教育是最低层次的，然后公民宪法呢，是比较高层次一些。但是它们都是主观制定的，主观制定的教育，主观制定的公民宪法，它不是先天的，都是由人们后天所制定的。那么主观内部的就是自然情感和道德情感。自然情感是杂乱无章的，道德情感有了一点点规范性，它有了一个主管部门，就是人的第六感官。但是总的来说这些规范都是相对的，而这样一种规定根据是经验的。这就是主观的规定根据，就这四种。

那么客观的规定根据呢，主要是两种，内部的和外部的。内部的是完善的概念，根据沃尔夫和斯多亚派。沃尔夫和斯多亚派都属于理性主义，他们诉之于一个概念来作为我们评价道德的标准，或者是对于实践的行为进行规定的一种根据，那就是完善。完善这个概念，从斯多亚派已经有了。其实柏拉图已经提出了完善的概念，柏拉图的最后的那个善的理念是最高理念，作为最高理念的善，他是把它归之于神的，所以这个是要归结到客观的外部的规定根据。但是它作为一种内部的规定根据，就是斯多亚派首先提出来的。个人的完善既是客观的，但是又是内部的。就是说，每个人都有完善的普遍标准。你要达到这个标准，你的个体的人格才能称得上是完善的。比如说美德，勇敢、克制、智慧、正义，这是柏拉图提出的美德，斯多亚派也主张这个，斯多亚派特别主张克制、刚毅。那么一个人要成为一个完全的人、完善的人，他就必须要这些美德都齐全。斯多亚派是特别讲究个人美德的，一个人活在世界上就是要遵守各种道德，遵守各种道德就可以建立自己完善的人格。所以这样一种客观的道德标准适合于每一个人，但是他又是内部的，就是说，每个人都把这样一些客观的道德标准纳入自己的人格之中，就可以到达一种内部的完善。沃尔夫作为理性主义者也是这样，把完善作为人的完成了人格的一种标准。沃尔夫派的鲍姆加通就把完善作为美的定义，完善也就是完美，他把完善这个概念扩展到审美的方面去了。但沃尔夫派主要是从逻辑理性这个意义上面来讲的，就是说，人的最重要的特点、本质，就是人的逻辑理性，从逻辑理性里面，我们可以自然而然地推出一个完善的概念，就是完备无缺而且自身和谐的概念，来作为一个人的人格完成了的标志。所以这是一种内部的完善。但是这种内部的完善也可以推广到外部，外部的完善就是上帝的意志，上帝的意志是最高的完善。这个要追溯当然就要追溯到柏拉图，柏拉图的善的理念是最高的理念，那就是完善。完善除了有道德上的含义，最好的、最道德的含义以外呢，还有认识上的含义，最完整最齐全的含义，所以是全知、全能、全善，一直到后来的基督教，都是根据这样一条从柏拉图来的思路。上帝就是完美无缺，凡是存在的东西，都是上帝创造的，凡是存在的东西都是善的。那有没有恶呢？恶就是虚无，恶就是善的缺乏，它本身什么也不是，它只能够通过善来定义，所谓恶，就是缺少善，或者是没有善。凡是存在的东西都是善的，因为上帝是一切存在的根源，这种存在取决于上帝的意志。上帝的意志就是完善，上帝所创造的东西完美无缺。为什么有恶？就是为了要完美无缺，这有一种辩证关系在里头，如果没有有缺陷的东西，那反而就不是完美无缺了。必须要有一些有缺陷的东西、包含恶的东西在世界上，这个世界才是完美无缺的，就像一幅图画，如果全是光明，那就不好看了，必须要有一些阴影。后来莱布尼茨他们也经常这样论证，一个和谐的世界，就是有很多很多等级，各个等级都有，从最完满的存在，最后到虚无，中间是有些欠缺的存在，这是上帝设计的。上帝为什么要设计一些有欠缺的存在？是为了完美无缺。否则的话，上帝有些东西就没有考虑到，他就不能设计出来。上帝有什么东西不能设计出来？他也可以设计出恶，有的人甚至把恶也归结为上帝，把罪过也归结为上帝，最终是因为上帝。上帝为什么要创造出罪过来？是为了人向善嘛，是为了人达到更高层次的善嘛。所以上帝的设计是完美无缺的，你绝不能指责说，上帝为什么要发地震？上帝为什么要死这么多人？你不能指责上帝。上帝的安排是绝对地完美无缺的，这个道理我们人不能理解，但是在上帝的角度，只有这样，这个世界才是一个完满的世界。莱布尼茨讲，在所有的可能世界中，上帝凭借自由意志选择了一个最完满的世界，最和谐的世界。当然康德这里没有讲到莱布尼茨，他讲到的是克鲁修斯和其他神学道德家。神学道德家跟道德神学家，在康德那里是有区别的。神学道德家，就是把神学作为道德的根据，他首先是一个神学家，然后从神学家的立场，他成为了一个道德家，就是把道德建立在上帝的自由意志基础之上的这样一些道德学家。那么康德自认为是道德的神学家，他是道德家，然后从道德推出神学，在道德的基础上，他建立起神学，那么对这个神学就要做道德的解释，而道德呢，不能做神学的解释。神学道德家就是把道德做神学的解释，他首先是神学家，然后成为一个道德家。那么他的道德就是建立在神学基础之上的。克鲁修斯是德国的启蒙学者，他反对莱布尼茨—沃尔夫派的理性主义和独断论。这里我刚才举了莱布尼茨这样一种完善的观点，上帝在一切可能世界中创造了最完满的世界，这就是莱布尼茨的所谓"神正论"，或者说上帝正义论，由这个世界的和谐，而证明上帝是正义的。但是克鲁修斯比他更加极端，更加彻底，他完全诉之于上帝的意志。在他看来，并不是因为这个世界是和谐的、是完善的，所以上帝的意志才是善的，恰好相反，由于上帝的意志就是善的，所以这个世界才是完善的。上帝出于他的绝对的善良意志创造了这样一个世界，所以上帝的意志在人看来也许是毫无道理的，但客观上是善的和正义的。上帝要亚伯拉罕把自己的独生子杀掉，来献祭给他，有什么道理？没有任何道理。但是亚伯拉罕必须无条件执行，既然你相信上帝，你就必须无条件地执行。你必须相信上帝这样做是有道理的，尽管这个道理你不知道，而且即算在你看来是毫无道理的，在上帝那里也是有道理的，你也得执行。所以克鲁修斯的这种观点带有一种非理性的倾向。当然他还是理性主义的，因为上帝是一种客观的外部命令，上帝命令你干什么，这就是绝对要执行的一种根据。但是克鲁修斯把上帝不是看作是一个理性的化身，而是看作是一个自由意志的化身。那么这个自由意志呢，也是一种完善，跟前面沃尔夫—斯多亚派的完善有同样的原则，但层次是不同的，它集中于上帝的自由意志之上。上帝是一个好的意志，是一个自由的意志，他所做的事情都是完善的。这是两个客观的层次，一个是内部的，涉及个人内部人格的完善；一个是外部的，涉及上帝的完善，以及上帝所创造的这个世界的完善。这两个不同的层次，在客观的根据中，一个是内部的客观，一个是外部的客观。内部的人格的完善，取决于客观的美德标准，那么外部的客观的完善,它取决于上帝的客观的自由意志。但它们都属于质料的根据。如果细算起来,质料上的规定根据表有六个不同的类型,其中四个是属于经验派的,两个是属于理性派的。下面他自己对这个表进行了解释。

[41]　　　处于左边的原则全都是经验性的,因而显然根本不适合用作普遍的德性原则。但右边的原则是建立在理性之上的 (因为作为物的**性状**的完善和被表现在**实体**中的最高完善,即上帝,两者都只有通过理性概念才能设想)。

这一句话就把左边的四个经验性的原则全部否定掉了。他在这里不用更多的废话了,他说得比较多的是右边的。右边的理性派的这两个原则,他说是"建立在理性之上的",后面有一个括号加以说明,就是这两者都只有通过理性概念才能设想,一个是作为物的性状的完善,一个是实体中的最高完善。属于前者的是内部的完善,主要是讲的人格的性状。当然不限于人的性状,也包括物的性状,就像亚里士多德说的,每一个事物都有自己的一种追求完善的内部倾向,但万物都不是绝对完善的,只是相对完善的,只有上帝才是绝对完善的。人格也是这样,人格只能追求相对的完善,不可能有绝对的完善,否则人就成神了。"表现在实体中的最高完善",这就是神,就是上帝,斯宾诺莎的上帝就是实体。但是克鲁修斯的上帝跟斯宾诺莎的上帝还不太一样,这个实体是个自由意志的实体,而斯宾诺莎的实体只是一个自然界,一个物质实体。那么这里实际上是把理性派的这两种客观的规定根据,不论是内部的规定根据还是外部的规定根据,都归结为两种不同层次上的完善,前者是相对的完善,后者是绝对的完善、最高的完善,它们都只有通过理性概念才能设想。因为完善的概念就是一个理性的概念。或者说就是一个只能够通过理性来加以设想的概念。完善的概念通过感性是没有办法设想的,感性都是不完善的,感性的东西都是有缺陷的,都是五花八门的。那么真正严格意义上的完善只有通过理性才能设想，只有通过理念、"一"或者统一性才能设想，就像柏拉图讲的，最高的理念就是善，就是太一。那么其他的善呢，都是因为分有了这个最高的完善，才成其为善。万物当然也有各自相对的完善，这匹马真好，作为一匹赛马来说，它各个方面都合乎标准，这是一个具体的完善；但是那只是一匹马的完善，这马本身来说它是不完善的，它善跑，但是不善于负重，它还具有别的缺陷，至少它没有理性，等等。所以具体的各种事物，它们的完善都是相对的。它们之所以被称之为完善，是因为它们"分有"了最高的完善。这是柏拉图的一个理念。所以，这两者都只有通过理性概念才能设想，具体事物的完善只有通过绝对完善的概念才能够设想。你必须首先有一个理性的最高完善的概念，你才能对各种各样的事物设想它的相对的完善性，一定程度上的完善性，所以你必须要有个绝对完善的标准。设想这些东西都是要通过理性，而不能通过经验，通过经验是无论如何也抽象不出这样一个绝对标准来的。所以谈完善的人在西方一般都是理性主义者。当然后来鲍姆加通提出来，有一种感性的完善。鲍姆加通属于沃尔夫派，但他的美学观认为美就是感性认识到的完善，甚至说美就是感性认识本身的完善，所以在鲍姆加通那里，他把感性和完善联系起来了。但是在美学里面你可以这样说，在其他的方面，尤其是在道德上你就很难这样说。历来都是把完善当作一个理性的理念，超越于感性之上，鲍姆加通居然就把它跟感性直接挂起钩来，这本身是反传统的，他代表着当时的一种倾向，就是从神学的世界观转向了人学的世界观。基督教说人的本性是恶的，人是有罪的，但是文艺复兴和启蒙运动以来呢，人们开始认为人的本性是善的，人的本性就是完善的，只不过我们把人的本性无限地扩大，于是得出了一个上帝完善的概念。但无论如何，在康德的时代，人们一般都认为，完善的概念只有通过理性才能够设想出来，完善本身就是个理性设想出来的概念。

　　不过，前一个概念，即**完善**的概念，要么是在**理论**的含义上来了解的，这时它无非意味着任何一物在其种类上的完备性（先验的完备性），要么它意味着一物仅仅作为一般的物的完备性（形而上学的完备性），对此在这里不能谈及。

这个"不过"就是说，他发现这个里头可能有别的一种解释，他先把这个漏洞堵上。就是有可能，人们一看到这个完善的概念，就会想到别的方面，康德这里讲的是道德，但是有人可能会联想到理论的含义，比如说认识。本来在柏拉图那里，善的理念就不仅仅是道德的含义，而更重要的是一种认识上的含义，就是完备性。完善一方面可以意味着道德，上帝是最高的善嘛；但是另外一方面，也可能是一个更基本的方面，意味着完备性，意味着世界的没有缺陷、样样齐全。这是认识上的含义，这个东西还缺什么？是不是还少了什么啊？是不是还需要补充一些什么呀？一张桌子缺少一条腿就不完整了，这个是认识上、理论上的含义，不属于道德的含义。道德的含义是讲价值判断，这个事情应不应该，好不好，你赞不赞同，适不适合你的目的，主要在这个意义上面来谈的。但是完善也可以从理论上的含义来了解，这就是事实判断，任何一个事情，它的完善仅仅是意味着在其种类上的完备性。我刚才讲，一匹马，它是否完善呢？这是不是一匹完善的马呀？它是立足于种类之上的。就是说，你对马的概念是什么。我们人对马的概念一般来说，凡是跑得快的马，我们就把它看作是比较接近于完善的马、好马。这匹马跑得快，它的各方面，肌肉、骨骼都适合于奔跑。那么它的这个体型就是完备的。种类上的完备性是一种先验的完备性，先验的完备性就是根据马这个概念，这个种的概念，我们来判定一匹完善的马到底应该具备哪些性状。当然马的概念本身是一个经验的概念，是地球上的一个物种。但是在柏拉图那里呢，所有这些概念都是先验的。马的概念也好，桌子的概念也好，所有这些经验的东西，作为概念来说，它们都是先验的，都在理念世界之中，所以它有一种先验的完备性。由于有这种完备性，所以这个物种才被创造出来。先验的，凡是康德用到这个词的时候，都是在认识论的意义上讲的，具有认识论的意义，也就是说先于经验而具有一种完备性。这种完备性任何一种经验都只能接近而不能达到的。由于有了这样一种完备性，所以才有现实经验的个体。这就是康德的先验哲学，在《纯粹理性批判》里面，已经表达了这样的关系：先验的范畴使得我们经验的知识得以可能。那么，一个种类的完备性，我们也可以把它看作是一个先验的范畴，当然在康德那里它不是先验的范畴，但是如果用柏拉图的眼光来看，它就是一个先验的概念，使得现实的经验事物成为可能。马的理念使得现实的马、个体的马成为可能。现实的马是分有了马的理念才变成现实的，那么马的理念是最完备的，所有现实的马都是分有了马的这种绝对完备性而有一定的完善，这就叫作先验论。"要么它意味着一物仅仅作为一般的物的完备性"，就是"形而上学的完备性"。形而上学的完备性是和先验的完备性相对照的，先验的完备性是认识论上讲的，你要认识一个事物的完备性，你必须要有一个先验的完备性的概念，你把这个先验的完备性的概念用在具体的经验对象之上，你就可以对这个经验的对象是否完备做出判断。但是形而上学的完备性呢，它是从本体论上讲的，形而上学不问经验何以可能，它只问这个概念本身是如何规定的，这个概念的含义是什么。所以我们在《纯粹理性批判》的先验感性论里面，我们发现有对时间空间的先验的阐明和形而上学的阐明。形而上学的阐明就是阐明时间和空间本身的意义是什么，先验的阐明就是阐明时间和空间如何成为数学、几何学的可能性的先天条件，它如何让这些具体的科学成为可能。在《纯粹理性批判》的先验分析论里面的范畴表就是形而上学的演绎，就是在范畴表里面展示出这些范畴的形而上学意义以及它们之间的相互关系；而在范畴表后面又有一个"先验的演绎"，就是看看具有这样一些含义的这些范畴是如何使得我们的经验知识成为可能的。所以先验的和形而上学的是两个不同层次上面的概念。他这里讲到了先验的完备性和形而上学的完备性，先验的完备性就是说，这样一些完备性，如何使得具体的个别对象被看作完备的；而形而上学的完备性则是"意味着一物仅仅作为一般的物的完备性"，一般的物，我不讲是哪个物，我只讲物的完备性，通常所讲的物的完备性，那么它意味着什么？一物如何才能叫作完备的？也就是前面讲的"被表现在**实体**中的最高完善"。这两种情况都是在理论的含义上来了解的，那么这两种含义在此都"不能谈及"，因为它们都属于理论，而这里讨论的则是"实践的质料规定根据"。先验的完备性和形而上学的完备性都超出我们所要谈的范围之外，我们现在要谈的不是理论，而是实践的规定根据。

但在**实践**含义上的完善概念是一物对各种各样目的的适应性和充分性。这种完善作为人的**性状**、因而作为内部的完善，无非就是**天分**，而加强或补充天分的东西就是**熟巧**。

这跟前面就不同了。前面是在理论的含义上来了解的完善的概念，"但在**实践**含义上的完善概念是一物对各种各样目的的适应性和充分性"，这里把"目的性"纳入进来了，也就是把实践纳入进来了。我们现在不探讨这个事情符不符合完善性的概念，那是理论上的。首先有一个理性的概念，你对这个概念如何理解，然后用这个概念来衡量具体的经验对象、个别事物是否完善，这是理论上做出的分析。理性派对自然科学也好、认识论也好，他们都是这样做的。用一个一般的原理来衡量具体事物，那个定理是在先的，这就是先验的作用，所谓的人为自然界立法。但是实践含义的完善概念呢，那就是另外一回事了，一物对各种各样的目的的适应性和充分性，涉及目的和手段的关系。手段的适应性和充分性，你的手段适不适合那个目的，适合那个目的是否充分，是否就能达到这个目的。在这些方面呢，都是属于实践的含义。"这种完善作为人的**性状**、因而作为内部的完善，无非就是**天分**，而加强或补充天分的东西就是**熟巧**"。这种完善作为人的性状，作为人的一种能力、一种状态、一种素质，因而作为内部的完善，就是天分加熟巧。我们刚才考虑了内部的完善，主要是以人作为它的代表来谈的。人天生的完善，这个人的素质，这个人的遗传基因，导致他具有一些适合于他所要达到的目的的那样一些特点和性状。那就是他的天分了。一个人生来就是要当音乐家的，那么他天生有些素质，那就是天才。道德上的完善也属于此列，他生下来就有一种内部完善的素质，如自我控制力、忍耐力、上进心等等，各方面的素质都非常适合于他成为一个音乐家，或者成为一个道德上的完人。但光有天生的素质还不够，还要加强或补充以后天的努力和学习，以形成某种习惯或熟巧。就是你必须练习，熟能生巧，习惯成自然。如果你光凭天分，你如果不下苦功夫修炼，你还是当不成音乐家，或者在道德上达不到完善。所以，必须要有熟巧来对天分加以补充，来获得加强。这是作为人的性状。

实体中的最高完善，即上帝，因而外部的完善（从实践的意图上来看），就是这种存在者对所有一般目的的充分性。

这里明确地点出来了，实体中的最高完善就是上帝。那么这就已经从内部的完善延伸到了上帝的外部完善。这种完善，前面我们已经把理论的意图撇开了，我们不谈理论的意图，如果谈理论的意图呢，可能就会导致像莱布尼茨的那样一种神正论，用理论来证明上帝的完善。现在我们从实践的意图上来看，"就是这种存在者对所有一般目的的充分性"，就是这种实体，这种上帝，它对所有一般目的的充分性。一般来说人有目的，我们不管他有什么目的，一般来说，人可以有目的，也就是说人有自由意志，人有选择目的的能力，但这种选择总是不充分的，你选择了这个，就得放弃那个，没有十全十美的。而对所有一般目的的充分性只能来自于上帝，因为上帝才是最高的完善，所以上帝是最高的合目的性。这个关系在柏拉图、亚里士多德那里都有论述。就是说，整个宇宙包括人在内，都被放在一个从低级到高级的目的系统中，低级的东西追求高级的东西、高级的东西追求更高级的东西，形成一个等级系统。而最高的目的就是上帝，所有一切目的最后归结为无非是追求上帝。人的一生，追求这，追求那，最后我们可以看出来，不管他做什么，他最终想自己成为神，以便能够为所欲为。上帝的自由意志可以为所欲为，可以创造世界，人也是追求这样一种能力。所以他的所有的目的，它们的充分的根据就在于上帝这样一个存在者,这是对他的实践的客观的、外部的规定根据,归结到上帝的自由意志,上帝的最终目的就是一切目的的充足理由。当然有些无神论者根本就不考虑上帝,他们追求自己个人幸福,我们就说,他的目的在半道中就歇下来了,没有继续往上追了。你追求幸福又是为了什么呢? 最后是为了完善上帝的最高目的,如果停留在仅仅追求自己个人的享受上,那他就还停留在动物的层次上面,就没有在这个目的链条上更进一步地往上去追求。当然他的追求也是有一定的位置的,不能完全否认,但是这种目的是不完善的,只是在一个非常有限的层次上是完善的。比如说,他发了财,他追求到了他的目的,在这个意义上有一定的完善性,但是更高的完善性就没有了。很多发了财的人到晚年学起了哲学,搞起了慈善,或者希望自己的子女出国深造,成就学业,而不像他一样只顾赚钱。而上帝是所有一般目的的充分性,所有的一般目的,从低到高,都归结为上帝,万流归大海,都要汇集到上帝那里去。

所以,既然那些目的必须预先给予我们,而只有联系到这些目的,**完善**(我们自身的内部的完善和上帝的外部完善)的概念才能成为意志的规定根据,但一个作为必须先行于借实践规则对意志所做的规定、并包含着这规定的可能性根据的**客体**的目的,因而那作为意志的规定根据来看的意志的**质料**,任何时候都是经验性的,

先看这小半句话。这句话很长,从"所以"一直到本自然段的最后,就是一句话,所以我们不要把它割裂开来了。从"既然"到"因而"到"从而",再到"那么结果就是……",这整个是一个条件句,最后是三条结论。先看这个条件句。"既然目的的概念必须预先给予我们",这些目的本来是必须预先给予我们的,也就是目的概念必须是先验的,与此相联系的完善的概念也是先验的,不论是我们自身内部的完善还是上帝的外部完善,也才能先验地成为意志的规定根据。但是这样一个目的本身作为一个客体却是经验性的,哪怕这样一个客体"必须先行于借实践规则对意志所做的规定、并包含着着规定的可能性根据",就是说,这样一个客体

即使先行于借助于实践规则对意志所做的规定，所以看起来好像是先验的，也就是说，这个目的必须先行于道德对意志所做的规定、并包含着规定的可能性根据，但它的客体却是经验性的。为什么说"但"呢？就是说，这样一个目的看起来是先天的，但实际上还是经验性的。虽然它的概念必须先行于我们的完善，但这个目的的客体却是后天提供的，这个"客体"打了着重号。也就是说，这样一个目的终归不是你的道德自律，而是他律，是由客体来规定你的目的。所以这个目的并不是形式，而是"作为意志的规定根据来看的意志的**质料**"，也就是说，用这样一个目的来规定你的意志，那只能是质料性的，尽管它必须在实践中预先对意志加以规定，那也只是质料的规定。所以这些看起来是由理性建立起来的先天根据，如个人的完善和上帝的意志，其实还是依赖于感性经验的，因为这样一个目的只能是质料的目的。在这种情况之下，你的道德行为是以某些具体的经验目的为前提的，那些目的必须预先给予我们，只有联系到这些目的呢，完善的概念才能够成为意志的规定根据。你讲到完善的时候，好像是你完全根据理性，完善是一个理性概念嘛；但是你用什么来判断你的完善？你用什么作为标准来说这件事情是完善的还是不完善的？在这个时候就必须要有一个目的，而这个目的的客体必须预先给予我们，看你的目的是什么。苏格拉底也讲过，目的不同，完善的标准就不同。用木头做一把汤勺，是好的，但是用金子来做一把汤勺就是不好的，太重了，它不适合于舀汤嘛。所以用完善作为实践的规定根据，它肯定只能是质料上的，所以他讲，任何时候都是经验性的。这里还是在批评客观的规定根据的那两种貌似理性主义的观点，即个人的完善和上帝的意志，指出它们其实还是经验主义的。

从而能够用作**伊壁鸠鲁**的幸福论的原则，但决不能用作德性论和义务的纯粹理性原则（正如天分和对天分的促进只是由于它们对生活的利益有贡献，或者正如上帝的意志，当与其相一致被当作意志的客体而无需先行的、不依赖于上帝理念的实践原则时，就只有通过我们从中所期

待的**幸福**才能成为意志的动因)，

　　这是接着上面的讲，既然这两种客观的质料规定根据其实并不是理性主义的，而是经验主义的，那么显然，它们"从而能够用作**伊壁鸠鲁**的幸福论的原则，但决不能用作德性论和义务的纯粹理性原则"。这个"从而"就是前面的"既然"所讲的意思，就是那些感性经验的目的必须预先给予我们，而只有联系到这些目的，完善的概念才能够成为意志的规定根据。这样一个先行的客体的目的，包含着我们对于意志作为一种实践理性的规定的这样一个可能性根据，有了这个目的，我们才能用实践理性来衡量这个对象的完善，来规定我们的意志。因而那作为意志的规定根据来看的意志的质料，任何时候都是经验性的，从而能够用作伊壁鸠鲁的幸福论的原则。这就把理性派的所谓完善论跟伊壁鸠鲁联系起来了，这个他们自己是完全预料不到也绝对不会同意的，因为他们自认为是理性派，就是要反对经验派、反对伊壁鸠鲁，完善论就是为了反对幸福论才提出来的嘛。但是经过康德的分析，完善论跟伊壁鸠鲁派有内在的联系，他们其实都是一丘之貉，他们的基本原则和出发点都是一样的，都是质料的原则。这样的原则决不能用作道德论和义务的纯粹理性原则，道德论和义务的纯粹理性原则唯一地只能是康德所提出的形式主义的原则。括号中，"正如天分和对天分的促进只是由于它们对生活的利益有贡献，或者正如上帝的意志，当与其相一致被当作意志的客体而无需先行的、不依赖于上帝理念的实践原则时，就只有通过我们从中所期待的幸福才能成为意志的动因"，这就把前面讲的内部的客观根据即个人的完善和外部的客观根据即上帝的意志都包括在内了，它们其实都是依赖于质料的。客观内部的完善，作为人的性状，无非就是天分和对天分的促进，这种促进也就是上面讲的加强或补充天分的熟巧。而这两者，即天分和对天分的促进，只是由于它们对生活的利益有贡献，才成为了意志的规定根据。你有天分，又有长期的艰苦的练习，那么你就实现了你的目的。实现了你的目的呢，就对生活的利益有了贡献。所以这就跟伊壁鸠鲁的幸福论原则可以挂起钩来了，你至少获得了伊壁鸠鲁意义上的幸福。获得幸福是你的目的，所以这样一些原则能够用作伊壁鸠鲁的幸福论的原则，但是绝对不能用作道德的原则。或者说客观的内部的完善绝对不能用作道德的原则，它最后还是要归结为伊壁鸠鲁的幸福论的原则。至于客观的外部的完善，即上帝的意志，如果你把它当作意志的客体，而不需要再有什么先行的、不依赖于上帝理念的实践原则，也就是不需要意志的自律而只是努力与上帝的意志相一致，那么这个上帝意志就只有通过我们从中所期待的幸福才能成为意志的动因，而这就又落到幸福主义伦理学的框框中去了。这种伦理学不需要一种先行的、独立于上帝理念的实践原则，但恰好这种先行的独立原则才是跳出幸福主义伦理学的不二法门，这就是康德的定言命令。只有康德的定言命令才是不依赖于上帝的理念、也不是从上帝的意志推出来的，它是先行的，是由纯粹实践理性本身推出来的。那么，你现在把与上帝相一致当作意志的一个对象，为什么要和上帝相一致？没有什么先行的理由。如果没有先行的理由，那就只能有后天的理由了，所以就只有通过我们从中所期待的幸福才能成为意志的动因。你为什么要和上帝相一致？是想从上帝那里获得幸福啊！最终是为了获得上帝的完善，获得上帝的完善就是获得上帝赐予你的幸福，你所期待的幸福才能成为你的意志的动因。很多基督徒都是这样的，他之所以相信基督教，不是出于道德本身的理由，而是出于害怕下地狱，希望进天堂，希望获得幸福，这是康德非常不满意的。一般的基督徒并不是真正地相信上帝，他们的信仰没有坚实的理性的根基，而是建立在质料的原则之上，还是为了享福，还是为了伊壁鸠鲁的幸福论的原则。这个括号里面的内容，就是借这样一种完善论的自相矛盾性来推出，它们最后要归结到跟这种跟伊壁鸠鲁的幸福论的原则、跟经验主义的主观的原则划不清界限。甚至最终它们要跌落为经验主义的原则，而永远上升不到纯粹实践理性的实践原则。通过这两个层次，一个是客观的内部的完善，一个是客观的外部的完善，说明了理性派的实践规定根据仍然是质料的,在这一点上,他们跟经验派如出一辙,没有什么区别。可见,这个表里面所有这些规定根据的六种类型全都是质料上的,而且它们已经囊括和穷尽了一切质料上可能的规定根据,这是它们共同的基础,就是他们都是立足于质料。经过前面的一整套的分析,下面康德得出了三条结论。

那么结果就是,**第一**,一切在此提出的原则都是**质料上的**,**第二**,它们包括了一切可能的质料上的原则,**最后**,由此推出的结论是:由于质料上的原则完全不适合于用作至上的道德法则(如已经证明的),纯粹理性**的形式的实践原则**,即那种因我们的准则而可能的一个普遍立法的单纯形式必须据以构成意志的最高的直接规定根据的原则,就是适合于在规定意志时用作定言命令即实践法则(这些法则使行动成为义务)、并一般地适合于既在评判中又在应用于人类意志时用作德性原则的**唯一可能的**原则。

这三个结论就是:第一,所有在这个表上的原则都是质料上的规定根据,没有例外。第二,所有可能的质料上的规定根据都在这里了,没有遗漏。因为这个表已经穷尽了一切质料的规定根据,它是按照逻辑的层次排列的,而不是说经验性地这里捡一点、那里捡一点凑起来的,它有一种内在的逻辑关系。这种逻辑关系从最简单的低层次一直到更复杂的高层次,而不管是低还是高,它们有一个共同的原则贯穿于其中,这就是质料上的。最后的第三点应该比较好理解了,由此推出的就是这样一个结论,即由于质料上的原则已被证明完全不适合用作最高的道德律,所以纯粹理性的形式的实践原则就是适合于用作德性原则的唯一可能的原则。这也是前面四条定理的结论。因为"纯粹理性的**形式的实践原则**",就是"因我们的准则而可能的一个普遍立法的单纯形式必须据以构成意志的最高的直接规定根据的原则",也就是定言命令必须据以构成意志的最高规定根据的原则。这句话是解释形式的实践原则的,"那种因我们的准则而可能的一个普遍立法的单纯形式"是这句话的主语,它就是定言命令：你要愿意你的准则成为一条普遍的法则。"据以",就是定言命令是根据这个实践原则而构成意志的最高的直接规定根据的。简单地说就是,形式的实践原则就是定言命令据以构成意志的最高直接规定根据的原则。定言命令就是"因我们的准则而可能的一个普遍立法的单纯形式",这个普遍立法的单纯形式是因为我们的准则而可能的,由于我们立意要做一件事情,本来是我们主观的,这是个前提了,由此我们才可能产生一个普遍的立法。我们的主观准则,我们使它成为一个普遍的法则,那么这个立法呢,当然是从我们的主观准则开始才产生出来的,而不是建立在上帝的命令之上的,它是建立在我们的自由意志之上的。这样一个单纯形式,必须据以构成意志的最高的直接规定根据,这就是纯粹理性的形式的实践原则。这是我们对这个从句以及从句里面所包含的从句所作的解析。那么这样一个原则呢,就是适合于在规定意志时用作定言命令即实践法则的唯一可能的原则。括号中"这些法则使行动成为义务",进一步解释这个实践法则,就是说,这样一种实践法则使你的行动成为了义务。如果仅仅是立足于质料的原则,哪怕你提出了一个类似于法则的原则,比如说幸福主义,它也不适合于成为义务,追求幸福哪是什么义务呢？要成为义务必须是形式的。所以这种形式的法则才使行动成为了义务,具有了道德的尊严。如果什么东西都还原为你是为了你自己的幸福,那就没有道德尊严了,那就不是你的义务了。你当然是要追求幸福的,我也是追求幸福,你也追求幸福,我们彼此彼此。你追求幸福做了好事,我追求幸福做了坏事,我们都是为了追求幸福嘛,所以就没有义务的问题。但是如果是形式的法则呢,它就使行动成为了义务。"并一般地适合于既在评判中又在应用于人类意志时用作德性原则的**唯一可能的**原则",在评判的时候,评判一件事情是否合乎义务,是否道德的时候,它是用作德性原则,而在应用于人类意志时,就是说,你自己在决意做一件事情的时候,它也是一条德性的原则。这也是两个不同的层次。一方面,我在做一件事情的时候,我要以它为标准；

另一方面我在评价一件事情的时候，比如说评价别人做的一件事情的时候，我也要以它为标准，这才显出它的普遍性。那么，要用作德性的原则，最为适合的那条唯一可能的原则，就是这样一条形式的实践原则。这就是他对这个表的解释。

本书系2012年国家社会科学基金重大项目
——德国古典哲学与德意志文化深度研究
（批准号12&ZD126）

邓晓芒作品 · 句读系列

中卷 康德《实践理性批判》句读

邓晓芒　著

人民出版社

目　　录

Ⅰ.纯粹实践理性原理的演绎 ······································1

Ⅱ.纯粹理性在实践运用中进行一种在思辨运用中它自身

　　不可能的扩展的权利 ·······································163

第二章　纯粹实践理性的对象的概念 ····················208

　　着眼于善恶概念的自由范畴表 ·························325

　　纯粹实践判断力的模型论 ·······························353

第三章　纯粹实践理性的动机 ·····························377

　　对纯粹实践理性的分析论的批判性说明 ··············625

I.纯粹实践理性原理的演绎 [42]

这一部分标明为罗马数字的第 I 节,当然还有第 II 节。第 I 节讲纯粹实践理性诸原理(原文为复数)的演绎,第 II 节是讲纯粹理性在实践运用中的扩展权限,这种权限在思辨的运用中是不可能的。实际上这第 I 节相当于《纯粹理性批判》里面的先验演绎,当然已不是纯粹理论理性的范畴的演绎,而是纯粹实践理性诸原理的演绎。纯粹实践理性的原理,包括前面四个"定理",最后归结为道德律,那么这就是道德律的演绎。道德律的演绎是什么意思呢?演绎这个概念康德在《纯粹理性批判》里面已经讲过了,他是举的法庭上辩论的例子。在法庭上我们要证明一个权限,那么我们可以搜集经验的事实。比如说证明一座房产它是属于我的,那么我就可以提出很多理由,这些理由呢,是从经验搜集来的,诸如我从来就在这个地方住,我从祖父那里就继承了这笔财产,我还对它进行了装修,等等等等;但是法庭不会仅仅就凭你这一点来相信这个房产是你的,他还要向你要房契,要出示具有法律效力的房产证,必须要提供一个在法律上面能够被承认的理由,你的权利的证据,你的产权的合法证据,这就是所谓的演绎。在《纯粹理性批判》里面的演绎主要是一种先验的演绎,就是追究我们人类的知识,你要把范畴运用到我们的经验上来构成人类的知识,那么这些范畴有什么权利运用于我们的经验对象呢?范畴运用于经验对象之上的权利从何而来?它凭什么就让你这么放心地运用于经验之上?是不是像笛卡儿讲的,也许有一个上帝或恶魔在欺骗我们,是不是它把你误导了?或者像休谟讲的,这仅仅是我们的一种习惯,也许你今天可以运用,明天就不能运用了?要说明这一点,康德提出了一种范畴的先验演绎。范畴的先验演绎无非就是说,就现有的我们的知识或者我们可能的知识里面,如果离开了范畴,那都是不成为知识的。一切知识之所以成为知识,都是已经有范畴先天地在里面起作用,才使得我们的知识得以可能。任何知识都是这样的,包括以往的知识,以及往

1

后的知识，都不可能没有范畴。比如说因果性的范畴，不可能有一天我们的知识就不需要它了，任何知识之所以成为知识，必须有前因后果、实体、交互关系等等这样一些范畴，它们是构成我们知识的一套骨架。所以由知识的可能性，就得出来任何知识已经有它在里面起作用，而且是先验地起作用。它不是我们从经验里面总结出来的，而是由我们主体认识的结构所决定的，而这个主体的结构最终要追溯到自我意识的结构。自我意识是一种统觉的能力，人之所以有认识的能力，就是立足于有先验的统觉的能力。先验的统觉能力在十二个范畴上面分别有它的表现，每一个范畴都表现了自我意识的先验统觉能力的一个方面，由此我们才构成了知识。所以它的法律根据是在这里。就是范畴运用于经验是由先验自我意识所批准的。人的知识何以可能？是因为人有先验自我意识的统觉，是统觉的本原的综合统一使得我们的知识得以可能。所以一切范畴的法律根据都要诉之于统觉的本原的综合统一，诉之于这样的先天条件，那么它才有它的权限，它本来就是干这个的，就是要把这种统一性赋予那些杂多的经验材料，由此来构成知识。但它的权限也就到此为止，它只能用来把握感性的经验，只能用来形成现象的知识，而不能运用在自在之物上。这是在《纯粹理性批判》里面的演绎，它是诉之于先验的条件，所以叫作先验演绎。那么纯粹实践理性的演绎呢，他这里不讲先验演绎了，这里很微妙，他就直接讲演绎。再一个，这里讲的演绎不再是范畴的演绎，而是原理的演绎，因为在《实践理性批判》中，作为基点的已经不是范畴或概念，而是原理。这个我们在后面再慢慢地来看。这个演绎的前面他一直都在做铺垫，我们先看他的第一段。第一段是回顾前面的。

　　这个分析论阐明，纯粹理性是实践的，亦即能够独立地、不依赖于一切经验性的东西而规定意志，

　　"这个分析论"，就是前面讲都是分析论嘛，其实纯粹实践理性原理的演绎也是属于分析论。但是分析论的主体部分在前面已经讲过了，四

个定理按照质、量、关系和模态已经逐一列出来了，各种各样的具体的分析已经分析完了，形式的原则和质料的原则的区分，已经区分完了，它们各自的特点，什么样的原则才是唯一适合于道德法则的，也已经讲了，而道德法则的经典的表达式在第 7 节也已呈现列出来了，那么这个地方就总结前面的。这个分析论阐明，"纯粹理性是实践的"，这也是前面所阐明的一个前提。这是一个理性的事实，不需要证明，只需要阐明（dartun）就够了。你要说明这个问题：纯粹理性是实践的，那么何以得知？我们从道德律上就可以得知。道德律是命令我们在实践中采取的一条纯粹理性的法则，当然你也可以不听它的命令，但是它仍然在命令，这是一个事实。不管你是好人也好，坏人也好，它都在命令你，只要你有理性，它就在命令你应该做这个，不应该做那个。而且如果你听了它的命令，你就会做一件好事，你就会按照道德律去做。当然你不按照它那样去做，它也是实践的，就是说，它让你知道你在实践中违背了道德律。所以你遵守道德律和违背道德律，都表明了纯粹实践理性是实践的。你违背了道德律的时候，你知道你违背了道德律，所以你在实践中，你是带着这样一种知道在实践，这跟不知道而行动是完全不同的。你是带着一种知道自己在违背道德律的意识在实践，所以它对你的实践仍然有影响。所以说，纯粹理性是实践的，这是一个事实，任何人都抹杀不了，也不需要证明。下面解释，什么叫纯粹理性是实践的，就是作为一种实践的理性，它是"能够独立地、不依赖于一切经验性的东西而规定意志"。实践通常是需要依赖经验性的东西的，我们讲现实生活中的实践活动，它都要依赖于经验性的东西；但是纯粹理性在里面起了这样一种作用，就是不依赖于一切经验性的东西来规定意志。当你能考虑纯粹理性的要求的时候，你是可以不考虑一切经验性的东西的，那么它单独就可以规定你的意志。在这个意义上，纯粹理性是实践的，纯粹理性也就是撇开一切经验东西的那种理性，它本身就是实践的，纯粹理性的那种纯粹的形式本身就具有实践的效力，就能够规定人的意志。

——虽然这种阐明是通过一个事实，在其中纯粹理性在我们身上证明它实际上是实践的，也就是通过理性借以规定意志去行动的那个德性原理中的自律。

这是一个让步句。也就是说，纯粹理性是实践的，这件事本身是不用证明的，但是可以阐明，虽然这种阐明是通过一个事实来证明，但决不是通常的逻辑上或概念上的证明。当然这个事实不是一种经验的事实，而是一个理性的事实。在这个事实中，"纯粹理性在我们身上证明它实际上是实践的"，我们实际上可以也应该按照纯粹理性的法则去做，按照道德律去做，实际上是有这个可能的，我们是能做到的，我们每个人都知道，我们能做到。而且这样一种做，它不依据任何一种经验性的法则，它排除了一切自然规律的考虑，包括人的本能、人的恐惧、人的利益、人的小心眼，全部都排除掉了，仅凭纯粹理性，我们就知道我们应该怎么做，而且如果我们愿意的话，我们一定能做到。道德律不是受条件限制的，只要你愿意，你就能按照道德律做到。"也就是通过理性借以规定意志去行动的那个德性原理中的自律"，这个事实是什么呢？这个事实就是自律。所谓通过一个事实，也就是通过自律这个事实。理性借德性原理规定意志去行动，而这个德性原理中的自律就是纯粹理性的事实，它是最基本的、最具可行性的德性原理。所谓通过一个事实来阐明，也就是通过这个自律来加以阐明。理性借以规定意志去行动的那个德性原理，也就是道德律，就是定言命令：你要使你行动的准则成为一条普遍的法则。这样一个道德命令，其中它的自律，就是这条定言命令的第三种表达式：每个人的意志都是立法的意志。康德在《道德形而上学奠基》中还说，其他的定言命令的各种表达式最终都归结为意志自律，"自律原则是唯一的道德原则""定言命令所命令的，不多不少正好是自律"。① 其实

---

① 参看康德：《道德形而上学奠基》，杨云飞译，邓晓芒校，人民出版社 2013 年版，第 80 页。

自律就是道德律,但是那是道德律的一种比较高级的表述。道德律有三个派生的公式,这在《道德形而上学奠基》里面分了三个层次。第一个是自然律的公式:要使你的行动的准则就像普遍的自然律那样;第二个表述就是目的性或人性的公式:任何时候都要把你和他人人格中的人性当作目的,而不要仅仅当作手段;第三种表述就是:每一个有理性者都是意志的立法者,这就是自律公式。后面这个公式是前两个公式的统一,康德说,通过它而"给全部准则一个完整的规定,即:所有出于自己的立法的准则,应当与一个可能的目的王国——就像与一个自然王国那样——协调一致"。① 自然公式和目的公式在自律公式中统一起来了。任何一个有理性者都是能够自我立法的,都是道德自律的,用自律可以最彻底地最贴近地表达出康德道德律的意思。意志自律的原则是康德的定言命令的最高公式,就是说,所有这些表述实际上都是建立在你自己为自己的意志立法的规定之上。这个分析论阐明了纯粹理性是实践的,这个阐明呢,则是通过一个事实、也就是通过道德自律来进行的。

  <u>——这个分析论同时指出,这一事实是和对意志自由的意识不可分割地联系着的,甚至与它是毫无二致的,借此,一个属于感官世界并认识到自己和其他起作用的原因一样必须服从原因性法则的有理性的存在者,他的意志同时却又在实践中从另一方面,也就是作为自在的存在者本身,意识到自己的可以在事物的某种理知秩序中得到规定的存有,</u>

  前面讲了,这个分析论阐明了纯粹理性是实践的,是通过人的道德律而得以阐明的,我们通过道德律认识到我们的纯粹理性是实践的,其本身是具有实践能力的,这是摆在我们面前的事实。纯粹理性除了有理论的那一方面以外,它本身具有实践的这一方面。它是能够实践的,它是可以在实践中起作用的,它也是应该运用于实践之中的。这个是分析

---

① 参看康德:《道德形而上学奠基》,杨云飞译,邓晓芒校,人民出版社 2013 年版,第74 页。

论所阐明的主要的东西。那么下面讲，"这个分析论同时指出"，这个分析论除了指出纯粹理性是实践的以外，同时还指出，道德自律这个事实"是和对意志自由的意识不可分割地联系着的"。道德律是自由的认识理由，我们通过道德律恰好就直接地认识到我们人是自由的了。所以它跟意志自由是不可分割地联系着的。你要讲道德律，肯定就要讲自由，因为一个讲道德律的人，一个按照道德律办事的人，他是摆脱了一切感性的束缚的，他是自由人，你用任何感性的手段都捆不住他，哪怕你诉之于他的亲情，诉之于他的求生欲望，诉之于他的本能，你都捆不住他，如果他要按照道德律办事的话，这样一个人是彻底的自由人。当然对自由的理解还有其他的理解，比如说，对感性经验对象的追求，对幸福的追求，这些当然也是自由，但不是彻底的自由，不是一贯的自由。你追求幸福，前提是你是一个感性的人，你生来就被束缚住了，你生来就被束缚在你的本能之中。只有一种行为是彻底的自由，那就是道德行为。按道德律办事是彻底的自由，甚至于不受你的本能、不受你天生的任何禀赋条件所决定。所以，这样一个事实，也就是道德自律，和自由意志是不可分割地联系的，甚至与自由意志是同一件事情，没有两样。严格讲，在康德意义上的道德律就是意志自由。因为道德律是一条实践的法则，它不是理论的法则，意志按照这个实践的法则去做就是一个自由人，就是一个自由意志的彻底的实现。那么，借助于这种事实，借助于这种道德律，借助于这种意志自由，"一个属于感官世界并认识到自己和其他起作用的原因一样必须服从原因性法则的有理性的存在者"，也就是有限的有理性的存在者，他是属于感官世界的，他认识到自己和其他起作用的原因一样要服从因果律。"起作用的原因"，这是亚里士多德的术语了，就是说致动因，或者翻译成动力因，也就是导致运动的原因。那么这样一个存在者认识到自己跟其他的起作用的原因一样，和自然界一切发生效果的原因一样，必须服从自然的因果性法则。他跟所有其他的具有原因后果这样一种关系的存在者一样，他做一件事情跟地震了山上石头要滚下来这样一个因果关系的现象一样，他认识到自己同样要服从自然因果性法则。原因性法则在这里可以翻译成因果性法则，Kausalität 本来是原因性，在这种情况下可以理解为因果性，前因后果。那么必须服从因果性法则的这样一个有理性的存在者，就是很可悲的了，你有理性，但是你的理性并没有把你提升起来，你意识到自己是有限的，是受到感性的束缚的，你必须服从自然界的因果性法则。作为感官世界的存在者，你就是一个动物，就是自然界的一个物体，要服从因果关系。但是，"他的意志同时却又在实践中从另一方面，也就是作为自在的存在者本身，意识到自己的可以在事物的某种理知秩序中得到规定的存有"，前面是作为现象，是受到因果关系的束缚的；但是同时呢，他又作为自在的存在者本身，从自在之物的这个角度，意识到所有的现象我都可以把它撇开。在现象界我当然是受束缚的。但是当我把所有的现象都撇开以后，把整个感官世界都撇开以后，我可以从自在之物的这个角度来看待我自己，也就是看作自在的存在者本身。我意识到自己的可以在事物的某种理知秩序中得到规定的存有，意识到自己另外一种存有，它不同于在现象界、在感官世界的所有的那些存有方式，而有一种自在的存有方式，这种方式是可以在事物的某种理知秩序中得到规定的。理知秩序，在《纯粹理性批判》里经常会碰到这个词，Intelligibilis，我们把它翻译成理知的，intellektuell 我们把它翻译成智性的。一个是智性的，一个是理知的，理知的更加超脱一些，属于超验的，智性的则是先验的。我们做了这样一个区分。一般的翻译都没有做这个区分。当然蓝公武做了一点区分，把理知的翻译成"直悟"的，直接悟到的，有点佛教的色彩，就是彼岸的东西，在现象界没有一丝痕迹，但是我们可以悟到它。这个词有一点那个意思，它跟智性的或者知性的不一样，智性的或知性的在自然界都有，比如说实体性、因果性范畴，这些都是智性的，它们适用于经验世界。但是理知的是超越于经验世界的。不过我们在这里不用"直悟的"，"直悟"这个概念佛教色彩太重了，当下直悟，它是一种顿悟，一种不通过理性而直接直观到的。但是康德这里没有直观的意思，理智直观只有上帝才可能有；也没有悟的意思，它还是理性，通过理念来认知的。这个认知不是严格意义上的知识，但是通过理念，像柏拉图的理念世界，通过一种从经验世界的飞跃跳到了理念世界。但是这个理念世界本身是通过逻辑，通过概念推理而建立起来的，即从有条件的推向无条件的，从有限推出无限，而不是通过悟道。我们翻译成理知的，就是说，理知的秩序在彼岸世界，在物自体的领域里面，超越于现象界，在物自体的那个领域里面，但是是通过理性推理，我们不必诉之于经验，就可以知道应该是怎样的秩序。它也有秩序，理知的秩序就是彼岸世界的、自在之物的那样一种应该的秩序。它不是一种严格意义的知识，但是我们可以通过理性而知道这样一种秩序。那么既然我们把自己看作是自在之物，看作是自在的存在者本身，我们就可以意识到自己在事物的某种理知秩序中得到了规定。哪怕我们做同一件事情，我们除了用现象界的那种自然因果律来对它加以评价以外，我们还可以从彼岸世界的秩序来对它加以评价。比如说道德律，道德律就属于彼岸世界的一种理知的秩序。这样做应不应该，这样做对不对，这是一种秩序。但是这个秩序在现象界是不显现出来的，你要从现象的角度来看，没什么应该不应该的，只有成功和不成功，做得到和做不到，是或不是。至于应该不应该，这是另外一种标准，另外一种秩序，我们的存有可以由此得到规定，我们的本体可以由这种理知的秩序而得到规定。

　　<u>虽然不是按照对他自己的某种特殊的直观，而是按照某些能在感官世界中规定自己的原因性的力学性法则；因为自由，当它被赋予我们时，就把我们置于事物的某种理知秩序中，这是在别处已经得到了充分证明的。</u>

　　前面讲对自己的自在存在可以在理知的秩序中得到规定，那么如何得到规定呢？"虽然不是按照对他自己的某种特殊的直观"，这种特殊直观就是康德在《纯粹理性批判》里面提到的智性直观或知性直观。对于我们人来说，知性是不能直观的，直观本身也不是概念。这两者虽然是不可

分的，我们必须把知性和直观相互结合起来，知性无直观是空的，直观无概念是盲的，这是他在《纯粹理性批判》里面提出的一个原则，但它们的来源是截然不同的。所以我们的直观不是知性的，它只能是感性的。那么，我们要意识到自己的在理知秩序中得到的存有，是不是能够按照感性直观呢？那当然不可能。在前面已经讲了，现在不是感性世界的事情，现在是物自体的彼岸世界的事情，是现象界底下的那个自在之物的存在。我们既不能按照知性直观来意识到自己的本体的存有，意识到自己在现象界底下还有一个本体的存有，也不能按照我们人类的感性直观来意识到自己的可以在事物的某种理知秩序中得到规定的存有，因为感性直观不能深入到本体，只能够停留在现象上，那么，我们意识到这种理知秩序中的存有就只有一个办法，那就是"按照某些能在感官世界中规定自己的原因性的力学性法则"。这个"力学性的"（dynamisch）是借用的，并不是指的牛顿物理学的那种力学法则，而是指的能够在实践行动中起作用的一种法则，类似于康德在知性范畴中也分出"数学性的"和"力学性的"两大类，量和质的范畴是"数学性的"，关系和模态范畴则是"力学性的"。①人的实践在感官世界中肯定要留下痕迹，留下影响，那么我们在感官世界中寻求到某些能在感官世界中规定自己的原因性的力学法则，那就是自由意志了，自由意志就是人的能够在感官世界中规定自己的原因性、也就是自行开始一个因果序列的意志。当然感官世界本身它的原因性就是自然因果性，这里没有自由意志存身的余地，我们要对感官世界形成一种知识，找到这个事物的原因究竟何在，把它变成一种知识，那只有通过因果律、自然规律来找。但是有些事情，我们可以把它同时归结为自由意志的原因性，虽然它也符合因果律。比如说，一个人的犯罪，他犯罪的一举一动，每一个细节都是符合自然因果律的，但是他这件事情最初的起因何在，我们还得追究到他的自由意志。是他的自由意志按照某些能在感官

① 参见《纯粹理性批判》B110。

世界中规定自己的原因性的力学性法则，而造成了这样一个事件。自由意志在《纯粹理性批判》的第三个三律背反中被规定为"自行开始一个因果序列的原因性"，这种"自行开始"就是自由意志的某种力学法则。由此我们可以意识到自己的自在存在者本身，虽然我们不能对此形成知识，但是我们可以按照某些能在感官世界中规定自己的原因性的力学法则来意识到自己。我们意识到自己，就是说这事是我干的，而且是我的自由意志干的，不能推卸责任到任何感性的、经验的东西的影响之上。固然有很多的感性的东西影响我作出了这件事情。我做出这件事情每一个细小的步骤都要依赖于感性经验的因果必然性，因果关系，自然因果律，但我仍然要把这件事情归咎于我的本体，我的自由意志。这就是我本身所作出来的事情，而且我是自由作出来的，没人强迫我，我就是当初的那一闪念，导致我作出了这样一件事情。所以，这种力学法则跟自然界的那种因果性的力学法则是不一样的，它是自行开始一个因果系列的，而不只是现有因果系列中的一个环节。在《纯粹理性批判》第三个二律背反里面，康德举例说，我现在从椅子上站起来，这个站起来当然要受到很多的自然因果性的束缚和决定，但是我站起来或者不站起来，这个完全取决于我的自由意志，我也可以不站起来。一旦我采取了这个行动，那么它将带来一系列的因果性，跟我没有采取这个行动所带来的因果性是完全不同的，我必须把这一套因果性全部归咎于我最初的那个自由意志。所以它也是一个力学性法则，它是最高的力学性法则，它导致了后来的所有的因果系列，都是由这样一个举动、由这样一个自由意志所带来的。那么由此呢，我就可以意识到我作为自在的存在者本身了。在实践中我可能意识到我的行动每采取一步都要受到无数的自然的因果必然性的制约，这是一方面，从这个方面说，我在现象界是没有自由的；但是从另一方面呢，我也可以把所有这些因果性在感官世界中归结为最初的那样一个原因性，归结于它的一种力学性的作用，这是另外一种眼光。所以我的每一个行动，我们都可以采取双重的眼光，一方面看到它的自然因果性，另一方面呢，看到它的本体的自由的原因性。当然这种原因性不是知识，在知识方面它是空的，它只是一个理念，它只是由于所有的知识都不能否认它，它才可以留下来作为实践的根据。所有的知识都在现象界，所以所有的知识都不能否认自由意志，因此它就作为一个理念空在那里了。那么空在那里也有好处，它留下了余地，让我们能够从道德律的角度意识到人有自由意志。自由意志的这种可能性总是存在的，而且是合乎纯粹理性的必然性的；而我按照纯粹理性的必然性法则行动，则把自由意志的这种可能性变成了现实性和客观实在性。所以我不是按照某种特殊的智性直观来意识到我的自由意志，而是根据我的行动，在感官世界中追溯它的一种原因性，它有某种力学性的法则，这样我就意识到我自己的自在的存在。"因为自由，当它被赋予我们时，就把我们置于事物的某种理知秩序中，这是在别处已得到了充分证明的"，当自由被赋予我们时，这里不是指的一个具体的时间，不是说有一天自由被赋予我们了，在这之前我们没有自由，不是的，他是从逻辑上讲的。只要自由被赋予我们，那它就把我们置于事物的某种理知秩序中。事物在人看来有双重秩序，一个是现象界的秩序，就是自然界的知识体系；另一方面，它又有理知的秩序。自由把我们放到了一个事物的理知的秩序中，也就是说自在之物本身的秩序之中，它有它自身的规律或法则。自由本身就有了这样一个秩序，它就按照自身的法则来起作用了。比如说道德自律、意志自律，意志自律就是自由本身的规律，它按照本身的规律建立了一套秩序，那就是道德律，以及在道德律的基础之上建立起来的信仰，包括灵魂不死，包括上帝，包括所有这一切，都在道德律的基础之上形成了一个秩序。这个秩序是在理知的世界中，在理知的领域里面，也就是在像柏拉图所讲的理念世界之中，它跟现象世界是不相干的。柏拉图还认为现象界跟理念世界有对应关系，有模仿和被模仿的关系；但是康德把它们彻底地剥离开了，没有什么对应关系，完全是两条道。理知秩序跟现象界的因果秩序是完全不同的，它是我们的自由意志应该怎么样做的一种秩序，而不是事实上在经验中是怎么样的一种秩序。当然在这个地方他说"这是在别处已得到了充分证明的",所以他这里就不再具体地讲了。纯粹实践理性的演绎,首先他从这个分析论里面所提取出来的这两个阐明。一个是纯粹理性的是实践的,这是一个理性的事实;另一方面呢,这个理性的事实就是自由意志,而自由意志属于理知的秩序,不属于现象界。这是他前面已经讲过的,这里就不过多地重复了。

*　　　　　*　　　　　*

我们继续讲纯粹实践理性的演绎。我在上次已经讲了前面的一段,第一段就是从纯粹实践理性的分析论着手,当然这个演绎也还属于分析论。前面都是讲的分析论,包括这个演绎在内,但是前面所讲的分析论从纯粹实践理性中分析出来的特点,就是纯粹理性是实践的,它可以不依赖于感官世界而独立地开始自己的实践作用,能够由纯粹的实践理性来规定我们的意志,这正是这个演绎所要说明的。那么这个演绎为什么要从对分析论这样一种界定,对它的特点的这样一种描述来进入?我们可以从这样一个区别来理解,就是说,实践理性批判跟纯粹理性批判都有演绎,但是这两个批判的分析论是完全不一样的。所以你要讲纯粹实践理性原理的演绎的话,那么首先要把这个演绎在实践理性批判里面的思路跟纯粹理性批判里面的思路不同的地方表现出来。而这个不同的地方呢,与它们两者的分析论的不同有本质的联系。就是你首先把它们的分析论到底有哪些不同搞清楚了,你就会知道这里的演绎跟纯粹理性批判里面的演绎的进路是不一样的。虽然它也是演绎,但是你绝对不要用纯粹理性批判里面的演绎的思路来理解它。所以他一开始做铺垫呢,就是把这两者的分析论加以比较,前面首先把《实践理性批判》里面的分析论的特点提出来,然后呢,我们今天要讲的就是要把《纯粹理性批判》的分析论的特点提出来,然后再把这两个分析论的特点加以比较;比较出它们的特点以后,再去寻求在实践理性批判里面要对它的原理进行演绎该从哪里入手。这就不能像《纯粹理性批判》里面那样从那个地方入手,而要换一个地方。所以前面这一段之所以要讲到这个分析论的特点，就是这样一种意图。大的意图我们要把握，那么小的方面他为什么要这样说就比较能够有一个方向了。今天我们要读的就是 316 页（单行本第 56 页，边码 50）的中间这一段。

现在，如果我们把这个分析论与纯粹思辨理性批判的分析论部分加以比较，那么就显示出两者相互之间的一个鲜明的对比。

这就是我刚才讲的，如果把在《实践理性批判》中的分析论与纯粹思辨理性批判的分析论部分加以比较，纯粹思辨理性就是《纯粹理性批判》这本书讲的理论理性，它里面也有个分析论，那么这两方面呢，我们加以比较，就可以显示出两者相互之间的一个鲜明的对比，这两者是完全不同的。

在那里，使先天知识、确切地说只是对于感官对象的先天知识成为可能的最初的材料，不是原理，而是纯粹感性**直观**（空间和时间）。

就是在《纯粹理性批判》里面，它那个分析论是这样一种特点，也就是说在它之前一开始提到的是先验感性论。先验感性论里面讨论直观问题，讨论时间空间问题。为什么在《纯粹理性批判》里面，在分析论之前要有一个先验感性论呢？我们知道，《纯粹理性批判》的结构一开始是先验感性论，然后才进入到先验分析论。那么在分析论之前为什么要有一个先验感性论？这是分析论在那里跟在这里不同的一个最重要地方。所以他说，"使先天知识、确切地说只是对于感官对象的先天知识成为可能"，先天知识何以可能，或者说先天综合判断何以可能，这是《纯粹理性批判》里面提出的"总问题"。先天综合判断何以可能，先天知识何以可能，这个先天知识包括范畴，也包括时空。时间空间也是先天知识。数学何以可能，自然科学何以可能，为了回答这个何以可能，必须要对这些先验的原理加以演绎。所谓演绎就是这个意思，就是寻求这样一种先天知识何以可能成为知识，也就是说何以可能运用于直观的对象之上构

13

成知识。先天知识之所以成为知识，就是因为它能够运用于直观的对象之上。如果它仅仅是先天的，那还不成其为知识，哪怕是数学，它可以离开感性的经验材料单独地加以推演，但是数学之所以成其为知识，还是因为人们在进行数学推演的时候，因为是以时间空间为材料，所以最终能够被运用于经验的材料之上，运用于经验对象，因为整个宇宙的万事万物，没有任何事物能够超越数学推演出来的这样一种规范，因为它们都是在时空中的存在物。这是康德的一个观点，当然别人也许不一定同意他的观点。因为数学明明可以不需要感性经验的材料，它就是数学家在头脑里面做游戏，冥思苦想就可以了。但是在康德看来，你的冥思苦想的结果之所以称之为知识，还是因为它本身是时间和空间的关系，一旦运用于经验材料，那就放之四海而皆准，因为没有什么东西不在时空之中。你就是在进行哥德巴赫猜想，你在数学里面解决种种难题，那些难题好像没有任何现实意义，但是一旦解决了以后，它肯定就有了现实意义。因为数学所解决的无非是时间和空间的问题，算术解决的是时间的问题，几何学解决的是空间的问题。而时间空间就是万事万物存在的必然形式。那么这种先天知识、这种先天综合判断何以可能，就有两个方面。一个方面呢，就是必须有一些先天的直观形式和范畴，在分析论里面主要是讲先天的范畴；另一方面呢，就是要有感性直观的材料。这两个方面都是不可或缺的。而就先天知识这一方面来说，既然已经有了先天知识，那么它之所以可能的前提，反过来正在于它能够运用于感性的材料。所以这句话是这样讲的："使先天知识、确切地说只是对于感官对象的先天知识成为可能的最初的材料，不是原理，而是纯粹感性直观（空间和时间）"，这里着重于材料。当然一个知识，它本身包含形式和质料两个方面，但这里只强调质料。为什么只强调质料呢？因为形式他前面已经讲了，它使先天知识成为可能。先天知识已经提出来了，那么它要成为知识，还必须要补充以材料。如果他不讲"先天知识"，只是讲"知识"何以可能，比如说，自然科学的知识何以可能，那他就要强调两个方面，一个是先天的方面，先天的范畴和先天的直观形式；另一个就是后天的感性材料。但是他这里提的问题不是知识何以可能，而是先天知识何以可能，先天的那些形式要成为知识何以可能，先天的那些范畴要成为知识何以可能，那么就取决于最初的材料，不是原理，也不是范畴，而是纯粹感性直观。感性直观也有两个层次，一个是纯粹的层次，一个是不纯粹的层次。纯粹的层次就是时空形式，之所以是纯粹的，就是因为时间空间也是先天的，它们没有掺杂后天的那些杂多的内容。但是，这里讲"纯粹的感性**直观**"，也就是使得经验性的感性直观、即五官感觉之所以可能的先天的时间空间。有了时间空间，你才可能感觉到五官的色声香味，这些东西才能够纳入进来。如果没有时间空间，那你连任何一种感觉你都感觉不到。凡是你感觉到了一种红色，那么它在时间和空间里面肯定经过了一瞬间，肯定占据了哪怕一丁点空间，你才能够感觉到。如果它不占据某一瞬间，它也不占据任何空间，你怎么感觉得到？所以时空形式是任何一种后天的感觉经验之所以可能的前提。当然时间空间本身也可以构成先天的知识，就是数学，但是他这里讲的是"分析论"里面的先天知识，那就是范畴和原理。那么范畴和原理成为知识而不仅仅是一种概念游戏，何以可能呢？那首先就取决于你要把它放在时间和空间里面来运用，那当然也就包括一切后天的经验材料，因为时间空间是一切后天的经验材料之所以可能的条件。你要把它引向这个方向。这就是在《纯粹理性批判》里面的演绎所提供的一条思路。就是它的特点在于，首先有先验感性论提供了时空形式，通过时空形式，使得我们的一切感性经验材料得以可能；然后呢，在分析论里面提出来先天的十二个范畴。那么这个范畴跟这个直观的内容相互之间有一个对应的关系。这个范畴是运用于直观对象之上的，首先运用于时间空间之上的。那么它何以可能运用于时间空间和经验对象之上？它运用于经验对象之上的资格或者权利从何而来？我们为什么相信它能够运用于经验对象之上？这就需要一个演绎。这是《纯粹理性批判》里面的演绎，它需要一个演绎来说明它们之间的这种必然联系。时间空间是先验的范畴能够构成知识的一个必要条件。反过来说，范畴如果不运用于经验的对象之上，它一点用也没有，它是空的，它就不能构成知识，它只是你的思想中的一种游戏。因果性、实体性这些范畴，你不把它运用于对象，那就是你的思维的游戏，那不能构成知识。凡是要构成知识，就必须运用于经验对象。凡是经验对象，里面就已经运用了这样一套范畴。这是他的《纯粹理性批判》里面的演绎主要说明的问题。

　　——从单纯概念而来的综合原理没有直观都是不可能的，勿宁说，这些原理只有在与本身是感性的那种直观的关系中，因而也只有在与可能经验的对象的关系中，才能发生，因为只有与这种直观结合着的知性概念才使我们称之为经验的那种知识成为可能。

　　这就是我刚才跟大家讲的这种关系了。"从单纯概念而来的综合原理"，也就是先天综合原理，从这些概念或范畴先天地产生出来的那种综合原理，"没有直观都是不可能的"。这种先天的综合原理何以可能？必须要有直观，必须要从直观来获得它的可能性，也就是说必须运用于直观之上。先天综合判断何以可能？必须要通过直观，得有它的内容，它才得以可能。如果没有它的内容，那它就不可能有综合判断，或者它就只是一种分析的关系，就像形式逻辑一样，那先验逻辑的范畴就会退回到形式逻辑的判断形式里面去。形式逻辑的那样一些判断形式，在什么时候会成为范畴的呢？就是当这些判断考虑到在直观对象上的运用的时候，它们就成为了范畴。我在前面讲《纯粹理性批判》的时候讲过，就是说，范畴是从哪里来的？是从形式逻辑的判断分类表里面引出来的。形式逻辑的判断分类有十二个类别，那么范畴就有十二种范畴。那么如何引出来？就是说形式逻辑的那些判断分类它们的关系是分析的，不是综合的关系，虽然那种分析的关系是先天的，但是它不涉及对象，它跟对象没有关系。形式逻辑不考虑对象，它只考虑自洽性，只考虑逻辑上的正确性，它不考虑和对象相符合的真理性。我们讲过，真理性和正确性是不一样的。真理性是思维和存在的符合关系，正确性是思维和思维的符合关系，观念和观念的符合关系，它不考虑存在的问题。那么，当形式逻辑的判断分类要考虑存在的问题，要考虑对象的问题，那就成为了先验的范畴，那就不再是形式逻辑的判断的分类，那就成为了范畴的分类，形成了范畴表。所以范畴无非是从形式逻辑的判断里面，当它考虑到对象的时候所得出来的。范畴就是这么个东西，没什么巧。就是形式逻辑，当它要考虑到对象的时候，它就变成了先验逻辑，就成为了认识论。我在前面讲了，凡是"先验"这个词就涉及认识论的意思，所谓认识论就是思维和存在的关系，思维和对象的关系。形式逻辑本来没有涉及思维和对象的关系，但是你把它联系到对象，那么就从里面引出了先验逻辑，认识通过十二个范畴所得出的十二条原理为自然界立法，人为现象世界立法，人为直观的对象立法。这就是范畴的来由。所以单纯从概念而来的综合原理，从范畴得出的那些原理，都是先天综合原理，没有直观都是不可能的，否则你综合什么呢？举例说，一切发生的事情都是有原因的，这是一个先天综合判断。发生的事情和原因这两个概念是一种综合的关系。但是一旦提出来，你就知道这是一种先天的关系，哪怕这个事情还没有发生，你也可以先天地断言，这个事情只要发生，它就是有原因的。你不可能设想一个事物的发生是没有原因的。凡是发生的事情肯定都有原因，哪怕我不知道是什么事情，我也可以先天地这样断言，我用一个符号代替它——X。X一旦发生，它就是有原因的，这是先天的断言。但是这样一个断言呢，没有直观在里头是不可能的。就是说，它必须要有直观在里头，要有经验的事情发生。这个虽然是先天的断言，但是它不是一种逻辑上的断言，它是一种综合的断言。何为综合呢？就是说，它考虑的是可能的经验，可能的直观。虽然这个直观也许还没有在我面前，还没有发生，还没有看到，但是可能看到。所以它必须要考虑到可能的直观对象，可能的经验对象，才能得出这样一个先天综合判断。这样一种先天综合原理，没有直观都是不可能的。哪怕现在还没有，但是它肯定是放在可能的直观里面来加以考虑的。如果完全没有，不考虑直观，那当然就是不可能的了。"毋宁说，这些原理只有在与本身是感性的那种直观的关系中，因而也只有在与可能经验的对象的关系中，才能发生"，"这些原理"，比如说，一切发生的事情都是有原因的，类似的原理，如一切事物都是有它的实体的，一切过程都是有它的必然性的，等等等等，所有这些运用了范畴的原理，只有在与直观的关系中才能发生。这里要加一个"本身是感性的那种直观的关系"，为什么要加这个修饰语呢？为什么要强调在本身是感性的直观的关系中呢？就是因为康德在前面已经多次提到直观有两种可能性，一种是感性直观，这是我们人类所具有的直观，另外一种可能的直观就是知性的直观，这是我们人类不具备的，但是并非不可能的，我们没有理由否认它。我们自己虽然不具备，但是我们看不出有什么理由否认有知性的直观（也翻译成理智的直观、智性的直观）。就是说，在康德看来，假如有上帝的话，那么上帝的直观就是知性直观。也就意味着，上帝的知性一旦思考到什么东西，那个东西就会在直观中出现。上帝说要有光，于是就有了光。上帝想到了光，他的思维，他的知性想到了光这个观念，那么这个观念就变成了直观，上帝创造世界不就是这样的么？基督教里讲到上帝创造世界，在康德看来那就是知性的直观，上帝有一个概念，这个概念就变成了现实。但是人不具有这种能力，人的概念是概念，现实是现实。人的概念要变成经验的知识，必须把两者结合起来，必须要把两者捆绑在一起，必须要把知性的范畴运用于外在的经验对象之上，形成先天综合判断。不是说你想到这个范畴，那么这个对象就实现了，那你就成了上帝了。所以他这里就讲到，这些原理只有在与本身是感性的那种直观的关系中才能发生，这是就人的认识而言的。人的直观只能是感性的。如果是知性的直观，那就不需要了，那些原理本身就是直观的东西了。但是在这里，这些原理，只有在本身是感性的那种直观的关系中，"因而也只有在与可能经验的对象的关系中，才能发生。""与可能经验的对象"，我刚才已经强调了这一点，不一定是现在到手的、正在发生的经验对象,而且是将来某个时候可能发生的,或者以往某个时候,比如说几万年以前、几亿年以前,我们人类还没有产生,我们也可以设想,它是可能的。万一有人在当时的现场,他就可以看到地球是怎么形成的。或者有个外星人,他就可以看到,地球是怎么形成的,这也是可能的。过去的经验,消失了的经验,和未来还没有发生的经验,都属于可能的经验。所以我们可以有考古学,有宇宙发生学,有未来学等等,这些原理只有运用于这些可能的经验对象,才能够发生。如果没有这种关系,如果不考虑这种关系,那这些原理本身就不能发生。或者说,这些原理就会从先验逻辑的原理退回到形式逻辑去,如果是因果关系,在形式逻辑上就退回到了假言判断。如果是实体性的关系,在形式逻辑上就会退回到定言判断,如果是交互关系,那么在形式逻辑上就会退回到选言判断,如此等等。"因为只有与这种直观结合着的知性概念才使我们称之为经验的那种知识成为可能",为什么这些原理只有在可能经验对象关系中才能发生呢?因为只有与可能经验对象相结合的知性概念才使我们称之为经验的那种知识成为可能。知识前面有个修饰语,我们称之为经验的那种知识,因为在康德看来,一切严格意义上的知识都是经验知识,或者简而言之可以称之为经验。一切知识都可以简称为经验。在这方面他吸收了经验派的观点。凡是讲知识,你必须要有经验内容,它就是经验知识。严格说起来,推到底,应该是这样。没有离开经验的知识,哪怕数学知识,它也是指向着经验才成其为知识的,它不是一种思维的游戏。那么这种经验知识何以成为可能呢?就是一个是知性概念,一个是直观,两者结合,才使得经验知识成为了可能。所以,范畴,也就是知性概念,没有直观,它就是空的,直观如果没有范畴来指引的话,它就是盲的。这是康德的一句名言了,就是概念无直观则空。直观无概念则盲。只有这两者结合起来,知识才得以可能。如果没有直观,知性概念只是一个空架子,它不成其为知识;如果没有范畴,那么这些直观的经验材料也是一盘散沙,也形不成经验的知识。我们经常把一盘散沙的那些经验的材料认为就是经验知识，其实还不是的。一盘散沙的那些经验材料跟做梦没有什么区别，它之所以跟做梦有了区别，跟幻想有了区别，跟错觉有了区别，就是因为你把它通过范畴整理为一个体系，整理为一个立法的原理或者知识。比如说你把因果性、实体性等等这样一些范畴构成关于某个经验对象的知识，这个时候这个知识就被限定了。它是有原因的，它本身是实体，它有偶性，它跟其他的实体发生关系，它是现实的，而且是必然的，可能、现实和必然，等等。这些东西你把它限定到一个对象上，那么这个对象才成为了知识。如果没有所有这些限定，一个简简单单的红在那里，你是做梦梦见了一个红呢，还是现实中真正有这么一个红呢？还是你的眼睛花了，发生了错觉呢？这个就说不清楚了，你必须运用范畴把它们规定下来，把这个红色规定下来，这个红色被纳入到范畴关系中，才成其为一种知识。这是一个红苹果，这是一面红旗，这个红的东西是一个东西。所以这种经验的知识呢，只有在两者结合的情况下才成为可能。反过来，凡是已经成为可能的经验知识，里面都必然地包含这两者。这就是演绎了，反过来说，那就是演绎了。演绎是什么意思呢？就是说，凡是经验的知识，都必然包含有先天的范畴，作为它的可能性条件。范畴的演绎就是这个意思，范畴如何能够必然地运用在经验对象之上呢？他是反过来证明的。凡是经验对象里面其实已经必然地有了范畴在起作用。如果没有范畴，那是不可能的。你去想一想，如果没有范畴的话，那些经验的材料如何可能成为知识呢？所以，这些范畴必然要运用于经验对象之上，而且必然可以运用于经验对象之上。它这种必然性来自于范畴的根源，所有十二个范畴的根源在于先验自我意识的统觉。每一个范畴都意味着先验自我意识对于客观事物的某一方面加以统摄。因果性的方面，实体性的方面，单一性的方面，全体性的方面，等等等等，对这些方面加以统摄。所以先验自我意识是统觉的本源的综合统一，是一切知识的发源地。一切知识都是靠自我意识的这种能动性把经验的那些材料抓起来、统起来，把它抓到一起，用十二个范畴。我们说要把一些东西抓到一起，你必须要用五个指头把它抓起来，Begriff（begreifen）即"概念"这个词的意思，就是"抓起来"。当我们用十二个范畴把这些经验材料抓起来，捏成一个对象，塑造成一个对象，这个知识就产生了。否则的话，一盘散沙，那就是过眼云烟，那就不是知识。

超出经验对象之外，因而关于作为本体之物，思辨理性就完全正当地被剥夺了**知识**的一切积极意义。

既然如此，一切知识都是由于先验自我意识通过十二个范畴，把那些经验材料抓到一起而形成的，那么就有一个问题，如果没有东西可抓，如果超出了经验的范围，如果超出经验对象之外，你就没有东西可抓了。你那十二个范畴本来就是为了抓一些经验的对象而准备的嘛，我刚才讲了，什么叫范畴，就是因为涉及经验对象，所以十二个判断形式、判断的分类就变成了十二个范畴。本来就是这样引出来的；但是一旦撤离了经验的对象的这个范围，进入到了比如说物自体的范围，物自体我们是经验不到的，它刺激我们的感官，使我们产生了经验，但是它本身我们经验不到。那么一旦超出经验对象之外，"因而关于作为本体之物，思辨理性就完全正当地被剥夺了**知识**的一切积极意义"，本体就是物自体了，思辨理性，就是知性，也就是理论理性，包括它的原理，也包括它的十二个范畴，在这种情况之下呢，就完全正当地被剥夺了知识的一切积极意义。也就是说，这些原理，这些范畴，就正当地不再能构成知识了。正当的，就是合理的，如果你认为它本身还能构成知识，那是不正当的，那是一种僭越、越位，那就是犯规了。那么正当地来说呢，它应当是被剥夺了一切积极意义。什么叫积极意义呢？就是说，在消极意义上，它可以保留，但在积极意义上，它被取消了。你不能说，我已经认识到一种知识了。当然我也不能否认它，对本体，对自在之物，它有什么样的性质，我既不能肯定，也不能否定，我只能保留一种消极态度：我不知道。所以对知识来说，它被剥夺了一切积极的意义。比如说有没有自由，在现象界当然看不到自由，在本体界能不能找到自由呢？本体界超出我们的视野之外了，我们怎么能看到呢？但是我们不能说在本体界没有自由。我们既不能说在本体界有自由，也不说在本体界没有自由，这都没有根据。那么我们至少剥夺了知识的积极意义，而且应当被剥夺。因为所谓知识，它就是离不开经验直观的对象嘛。当我离开了直观对象以后，我们怎么还能获得知识呢？所以它的积极意义就被取消了。积极的意义被取消了，但是并不见得一切消极的意义都被取消了。所谓消极的意义就是说我可以保留，我既不肯定它，也不否定它，但是我保留能够在某种意义上肯定它的可能性。我不杜绝这种可能性，你说能不能肯定，能不能否定？我只能说我不知道。也就是说，我保留了，万一有一天，你肯定了这种物自体的知识，那跟我的这种态度也不会有冲突。我没有否定嘛。

　　——但思辨理性也作出了很多成绩：它保住了本体的概念，即保住了思考这类概念的可能性乃至必要性，

　　这个刚才讲了，在知识方面，它被剥夺了一切积极意义，那么它是不是就完全没有成绩了呢？思辨理性在关于本体的知识方面，是不是就完全没有任何动作呢？也不是的。虽然它说我不知道，但是这个不知道本身，它有它一定的意义。虽然不是积极的意义，但它也是一种成绩。这个成绩就在于，"它保住了本体的概念，即保住了思考这类概念的可能性乃至必要性"。我说本体我们不知道，但是我们并不否认本体的存在，我也不否认自由意志的存在。虽然我不能对自由意志形成知识，我从来也没有在科学的意义上认识过任何一个自由意志，但是我对它持保留的态度。持保留态度就是没有把它取消掉，保住了本体的概念。对自在之物，我保住了它的概念，即保住了思考这类概念的可能性乃至必要性。康德有一个很重要的区别，思考一个东西不等于认识这个东西，我没有认识这个东西，但是我可以思考这个东西，这完全是可能的。作为本体我没有认识它，但是我可以思考它。在纯粹理性批判里面保住了这种思考的可能性，而这种可能性在实践理性批判里面就成为了必要性或必然性。所以他是首先保住了可能性，我可以思考它，当我思考它的时候，你不能

指责我在那里胡说八道，因为既然你不知道，你对此也既没有肯定的知识，也没有否定的知识，那么人家在思考这类对象的时候，你怎么能说他是胡说八道呢？你凭什么说他是在胡说八道？他是没有经验，因此不能断言说有，但你也不能断言说无，因为你也没有经验。所以你不能说他不能思考，他是可以思考的。虽然我没有看到自由意志，我也没有看到上帝，我也不可能见到来世，但是我想一想总是可以的，我思考这类对象总是可以的，我把它当作实有其事的来思考，姑妄言之，那都是可以的。自在之物嘛，你不能完全取消自在之物，我说我们所认识到的都是现象，现象底下有没有一个自在之物？我可以把它当作是有，把它看作是有的那样来思考，这总是可能的。那么这种可能性到了实践理性的范围里面呢，它就成为了一种必要性和必然性了，它就不仅仅是一种可能性了。在实践的领域里面，你就必须要这样思考，如果没有这种思考，你的纯粹实践理性就建立不起来，你的行为就没有一种纯粹理性的根据，你就会在实践中像一个动物一样仅仅是一种自然物，按照自然规律办事，你的一切行为都出于自然的本能，那种行为就不叫作实践。真正要叫作实践，你必须要有纯粹理性在里面起作用，那你就必须首先设定人是自由的。人的自由当然是一个物自体，但是你必须设定它。你必须要把你的行为思考为一个自由意志的行为，当然不是对自由意志的行为加以认识，那个认识不了，自由意志怎么能认识呢？自由意志一旦能够认识，那就成了因果必然性了，那就不是自由意志了。但是你可以思考，就是说，这个行为我认为是出于自由意志的。这就是一切纯粹实践理性的起点，由此建立起道德律，甚至于宗教、上帝、灵魂、来世，这些东西都可以在这个基点上建立起来。所以他说"乃至必要性"。必要性在这个意义上面讲，在《纯粹理性批判》里面还没有这个"必要性"，但是它有一种可能性，它保住了可能性。保住了可能性就保住了在另外一种意义上面的必要性或者必然性。

　　并且例如说，它不顾一切反对意见，把从消极方面看的自由、即假定

[43]　为与纯粹理论理性的那些原理及各种限制完全相容的自由拯救了出来，却并没有提供任何确定的和扩展性的东西来使这些对象得到认识，因为它毋宁说完全切断了对于这方面的一切展望。

　　我刚才举了自由意志的例子，康德在这里也是举的这个例子。这个例子是最直接的。"它"，也就是思辨理性，不顾一切反对意见，在思辨理性里面，第三个二律背反有反对意见，有的人说世界上有自由，而反对意见说，根本就找不到自由，经验派认为根本就不可能有自由。你到经验世界里面去找一找，哪一件事情是自由的？你如果举出来任何一件事情是自由的，我都可以说明它的来龙去脉，它都是由环境决定的，由天生的禀赋，由遗传的基因，由各种各样的自然的规律所决定的，没有任何一件事情可以逃脱自然规律。所以你说哪有自由呢？没有自由啊，这是非常强有力的反对意见。直到今天还有人提出这个问题，世界上到底有没有自由，任何自由难道是不受环境决定的吗？这样一问你就没话说了。因为一个稍微有点科学头脑的人都会承认，没有任何人会超出因果必然性之外的。你说有一个东西突然超出了因果性之外，那就是奇迹了，那就是迷信了。凡是科学所承认的，都在因果必然性之内，没有自由的余地。自由只是我们人认为它是自由，我们想象中认为它是自由。这是一个非常强烈的反对意见。但是思辨理性不顾一切反对意见，把从消极方面看的自由拯救了出来。所谓从消极方面看的自由，就是不受束缚的自由。你说所有人的一切行为都受到环境的束缚，都受到自然条件的束缚，都受到自然因果律的束缚，但是你所讲的这些束缚都是现象界，都是经验的、直观的领域里面所发生的束缚。但是，思辨理性没有否认在现象底下那个本体有可能是自由的，哪怕思辨理性也否定不了这一点。思辨理性只管现象领域里的问题，它哪里管得到本体界的问题呢？所以对本体界的问题是不是有自由，思辨理性保持沉默。你保持沉默，那你就留下了余地呀。你没有否定在本体界、在自在之物里面可能有自由。人一方面是作为现象的生物，另一方面也作为物自体。人在现象界，他就是一个动物,甚至于是机器,他符合一切因果律;但是人作为本体,他是自由的。这个自由是思辨理性所不能认识的,但是也不能否认。思辨理性怎么能否认,你凭经验的东西去否认物自体的自由,那怎么可能呢?它们在两个不同的层次嘛。你凭经验的东西不能证明自由,你凭经验的东西也不能证伪自由。这就是在第三个二律背反里面为自由意志所留下的一个余地。所有的东西,你所看到的东西都是符合因果必然性的。你可以这样说,你说完了没有,你把所有的东西说完了,那么最后我还可以说,在物自体里面,仍然可以有自由。这就是康德在《纯粹理性批判》导言里面讲的,我要悬置一切知识,为信仰留下地盘。就是这些知识我不否认,等你讲完了,我把所有的东西一股脑把它悬置起来,我还要看一看,所有的知识底下的那种本体、自在之物,作为信仰的对象它是怎么样的。要给信仰留下地盘,要相信我们人还有一个本体,所有这些现象,这些动物,这些生物,这些本能,当然都是人的,但并不是人的本质,那都是人的现象。人的本质不应该是这样,人的本质应该是自由的,应该是摆脱所有这些因果必然性的束缚,不受因果必然性束缚的自由。这种自由是消极的。消极意义上的自由无非就是说,摆脱束缚;反过来说,积极意义上的自由,就是自由地要做一件事情。一个是摆脱束缚,摆脱束缚是干什么呢?摆脱束缚是为了自由地做一件事情,消极自由和积极自由当然也是不可分的。如果你不想做任何一件事情,那也谈不上摆脱束缚,摆脱束缚是针对你想做一件事情而言的。你想做一件事情,但是有很多东西束缚你,你摆脱这些束缚来做,那就是消极自由。你做出了这件事情,那就是积极自由。这是自由的两个含义,在康德那里已经提出来了。现代的以赛亚·伯林提出来消极自由和积极自由的区分,其实在康德那里早就提出来了。当然有所不同,伯林的消极自由和积极自由划分得非常对立,他认为消极自由是真正的自由,积极自由是导致专制的,这就不对了,其实这两者根本是不可分的。那么康德讲的是,"把从消极方面看的自由、即假定为与纯粹理论理性的那些原理及各种限制完全相容的自由拯救了出来"，这是对消极自由的一个补充说明。当然这种自由是假定的，在思辨理性里面，在《纯粹理性批判》里面是假定的。它还不是一个事实，但是这个假定是有权假定。你一切科学知识没法否认嘛，那么我就有权假定。假定为与纯粹理论理性——也就是思辨理性，也就是作为科学知识的理性——的那些原理，也就是知性范畴的原理，人为自然界立法的那些原理，是完全相容的。知性的十二个范畴推出了十二条原理，及各种限制，比如说，限制在可能经验的范围之内，但与这范围之外的物自体是完全相容的。这个相容不是在这个限制之内相容，而是在这个限制之外，跟这个限制并不冲突的相容。自由的原理，消极的自由，在第三个二律背反里面，作为这个二律背反的解决是这样解决的，就是说，公说公有理，婆说婆有理，你说有自由，他说没有自由，那么我们来一个妥协方案。在经验的领域里面，作为知识，我们看不到任何自由；但是我们也不能否认在物自体的领域里面是可能有自由的。所以正反双方都是对的，正方说有自由，是在物自体的意义上，反方说没有自由，是在现象界的意义上。这两者完全不同，因此也谈不上冲突。我说有自由，但我并没有干扰你的物理过程，你的自然过程，你的自然法则，因为所有这些法则都在现象界起作用，而我谈的是本体界。在这个意义上它们是相容的。那么承认这种相容，就把这种自由拯救了出来。我们不需要在现象界能够给自由来做一个定义，因为自由不是一个经验的事实，不是一个经验的规律。归根结底，自由不是知识的问题。你要从知识的角度来看，那当然。一切都还原为知识，那就没有自由了。但是自由不是知识的问题，它是信仰的问题，是行动的问题，是实践的问题。在知识领域里面，你不能证明自由，但是至少不能否认自由。你否认了自由，我的行动都没有自由了，你就干涉到实践的领域去了。所以你最好还是保留，你不知道你就不要乱说。你保留一个位置在那里，让它为实践的领域来发挥作用，这多好，相互之间非常协调。这是康德的一个设想。保留了一个位置，以便在谈实践理性的时候能够发挥它的作用。"却并没有提供任何确定的和扩展性的东西来使这些对象得到认识"，我们把自由拯救出来了，但是呢，我们并没有扩展自由的知识，我们对自由仍然一无所知。我们把自由拯救出来了，但是自由是什么呢？我们既不能否定它，也不能肯定地认识它。这里讲的是我们并没有肯定地认识它。我们没有提供任何确定的和扩展性的东西，来使这些对象得到认识。"扩展性的东西"是相对于经验知识而言的。很多人一谈到自由，就想扩展一种超经验的知识，把我们的知识扩展到经验知识的范围之外。"扩展"在这里是这个意思，扩展到经验范围之外，获得某种知识。这个我们并没有得到，并没有提供任何有关这些自由的对象的扩展性的和确定性的知识。"因为它毋宁说完全切断了对于这方面的一切展望"，这个"它"还是前面那个主语，就是思辨理性。在这里，"思辨理性"作为主语是一贯到底的。"思辨理性"，"理论理性"，也就是在《纯粹理性批判》里面所讲的那种认识的理性，切断了对于这方面，也就是对于自由、对于本体这方面的一切展望。我在讲《纯粹理性批判》时已经讲了，一个先验分析论，一个先验辩证论，先验辩证论里面讲的就是要切断对于物自体的一切展望。我们关于物自体的知识是不可能的，我们只能有关于现象界的知识，这是思辨理性的一条基本的原则。我们的知识之所以可能的条件和范围，我们的一切先天综合判断在知识上的运用，它的条件何在，它的范围何在。它的最高的条件就是自我意识的统觉的本源统一；还有后天的条件，这就是感性直观的范围。知识的形式就是自我意识和范畴，知识的材料就是经验的材料，超出可能经验范围之外的知识当然就不可能了。既然你说一切知识之所以可能的条件在材料方面就是一切可能经验的范围，那么超出一切可能经验的范围之外是否能够有知识呢？当然就没有了。所以说切断了对这方面的一切展望。展望，就是你站在经验的基地上，展望经验之外的那个领域，超出我站的这个范围去展望更遥远的可能的对象。对自在之物的领域加以展望，这个是被切断了的，你趁早死了那个心，否则的话，你将导致二律背反，你将导致谬误推理，你将导致对上帝存在的一切错误的证明，就会产生先验的幻相。每当你想要对物自体进行展望的时候，你就会产生先验的幻相。它就提醒你，你要停止这种展望。所以思辨理性、也就是在《纯粹理性批判》的先验辩证论里面，就完全切断了对这方面的一切展望。不管是对于宇宙整体，还是对于灵魂，还是对于上帝，你都不要去展望，你老老实实地有一说一有二说二，你的那些理念当然也不是没有用处，你可以把它作为一种内在的运用，把宇宙整体、灵魂和上帝作为物理学、心理学的一种指导性的原则，一种范导性的原则，来指导我们的知性在具体的经验研究范围内不断地扩充知识。但是这些理念是永远达不到的，它只是作为知识的一个标杆，但本身不是知识，它只是一个目标，一个理想。你不要把它当知识来展望。

前面这一大段，就是在《纯粹理性批判》里面讲的分析论，上一次讲的那一段是在《实践理性批判》里面的分析论。那么，下面这一小段就要将这两个分析论加以比较。

与此相反，道德法则尽管没有提供任何**展望**，但却提供出某种从感官世界的一切材料和我们理论理性运用的整个范围都绝对不可解释的事实，这个事实提供了对某个纯粹知性世界的指示，甚至对这个世界作出了**积极的规定**，并让我们认识到有关它的某种东西、即某种法则。

道德法则也没有提供展望，并不是说道德法则就提供了物自体的知识，那不是的。道德法则绝对不是说，我站在经验的立场上从道德法则中对物自体展望到了某种知识。它没有。但道德法则却提供了一种"事实"（Faktum）。这个事实是"从感官世界的一切材料和我们理论理性运用的整个范围都绝对不可解释的"，就是说，这样一个事实不能够从科学来加以解释，既不能从感觉材料来加以解释，也不能从知性的原理、范畴来加以解释。但是它是一个事实。道德法则提供了一个事实，或者说道德法则本身就是这样一个事实，它把自己作为一个事实提出来了。康德在前面讲了，纯粹实践理性作为道德法则本身就是一个理性的事实，但不是一个感性的经验的事实。在感性经验的世界里面，你看不出有这样的事实，你通过自然科学的眼光，你也分析不出有这样一个事实。一个人做了一件好事，你从生物学的眼光来看，他这是一种本能，或者他的身体素质在这一瞬间导致他所作出了一个动作，这个动作凑巧被你们评价为"好事"；或者你从医生的眼光看，这甚至是一个病态的不正常的反应，就像南京彭宇案的法官所说的，人不是你撞的你为什么要去扶她？但是如果你从人性的角度来看，你会发现，他做的一件好事反映出他所持的道德法则。他的行为是由他的道德法则所决定的，不是由他的本能，由他的生理条件，由他的脑电波、由他的血压和呼吸来决定的，也不是由他的利益考虑决定的。他做这件好事的根据是一个道德的事实。但道德的事实在自然科学里面是不予考虑的。那他为什么做这件好事呢？不能够从感官世界的一切材料和我们理论理性运用的整个范围（包括利害关系的考虑）来加以解释，绝对不可解释。但是它是一个事实。"这个事实提供了对某个纯粹知性世界的指示，甚至对这个世界作出了积极的规定，并让我们认识到有关它的某种东西、即某种法则"，这种自然科学所不可解释的事实，提供了对某个纯粹知性世界的指示。什么叫知性世界？Verstand 我们通常翻译成知性，Welt 就是世界。知性世界（Verstandeswelt）也就是理知的世界。上一次我们讲到了理知世界（das intelligible Welt），所谓理知世界是一个本体世界，它是不能成为经验知识的。你可以思考，但是不能认识，这就是理知世界。蓝公武把它翻译成"直悟的世界"，即不通过感性的东西而直接悟到，或者超越感性的东西直接去悟到的世界，并不是很恰当的译法。"悟"是非理性的，但这里是要通过理性去思想的，是在道理上可知的，只是没有经验的对象和内容而已。我们把它翻译成理知的，这是从柏拉图来的。柏拉图把世界分成两个层次，一个是现象的世界，一个是理知的世界。理知的世界是只有死后才能够全面地观看到的，也就是说在现实生活中人是不可能观察到的，但是可以通过理性而知道有这么一个世界存在。它不是现象界的知识，但是我们可以凭思想知道它的存在。而知性世界，康德经常也用这个词，用这个词的意思就是理知世界的意思。知性世界也不提供知识，它也不能通过认识来把握，因为知性没有直观就是空的。知性无直观则空，直观无概念则盲，这两者是不能分的，如果是一种知识，它就只能是这两者的一个综合。而纯粹的知性世界是排除了一切直观和感性材料的，所以它是一个理知的世界，这个纯粹知性世界是不能认识的；但是呢，道德法则这个事实提供了对某个纯粹知性世界的指示（Anzeige），提供了一种引导，或者说提供了一种暗示都可以，但是最好翻译成指示。它不是暗指，它不是比喻，也不是潜意识的暗示，而是一种明示，这个事实本身提供了某个纯粹知性世界的指示。你既然通过任何自然科学手段都不能把握我做这件好事的原因究竟何在，那么显然在你的自然科学所把握的所有这些原因底下还另外有个原因，另外有一种规定根据。这个规定根据属于一个纯粹的知性世界，它没有掺杂任何感性的直观的材料，它就是我们通过思维能够想到的，通过理性能够想到的，我们可以思考，但不能认识。虽然不能认识，但我们仍然可以思考。我们不认识它，但是我们可以知道它是存在的。为什么你做了这件好事？如果你根本不相信理知世界是存在的，那你做这件好事就不叫好事了，它只是一种自然规律而已，它跟自然现象没有什么区别。自然现象无所谓好坏，地震、山体滑坡，你能说它是恶还是善呢？都不是，它既不是恶意的也不是善意的。你不能评价它，你只能说这是自然现象。那么人做了一件事，就会有一个评价，即他是善意的，还是恶意的。当然做好事肯定是善意的。那么这个善意的根据何在？它绝对不是自然科学的根据。所以，这件事实本身就提供了一个指示，有一个知性世界存在。"甚至对这个世界作出了积极的规定"。我们说，有一个知性世界存在，这还是一个很空洞很抽象的一个承认，一个相信。我相信有一个知性世界存在，它使我做出了一件好事。但是实际上还不仅如此，这里甚至对这个世界作出了积极的规定。你说这个世界存在，但是我还不认识它，这个当然还是消极的规定。我承认这个世界可能在，不然的话，我怎么解释我的行动呢？但是还有一种积极的规定，这个世界有它自身的规定，这个规定不是科学规定，不是自然科学知识的规定，但仍然是一种积极的规定。"并让我们认识到有关它的某种东西、即某种法则"，就是说，这个知性世界也有某种积极的规定，并且通过这种积极的规定让我们认识到有关这个世界的某种东西，即某种法则。让我们认识到，这个地方的"认识"是广义的，不是通过经验的东西、通过把握经验的材料来认识，而是一种理知的意义上的认识。它作出了积极的规定嘛，那么这种积极的规定是什么呢？比如说道德律，道德律就是一种积极的规定。法则，我的行为的准则应当成为一条普遍的法则，这个法则就是一种积极的规定。这就认识到有关这个知性世界的某种东西了。也就是在这个知性世界中，统治这个知性世界的是另外一种法则，不是自然科学的规律。规律和法则本来是同一个词 Gesetz，但在道德或法律的意义上，我们把它翻译成法则，不翻译成规律。也就是说在知性世界里面，这是一种法则。除了道德法则之外，自然法、人为法、民事诉讼法，这些都用法则，我们不说民事诉讼规律。在自然界呢，自然界的法则，我们通常把它翻译成规律。那么在知性世界里面，积极的规定就是这样一种法则，在这里，有一些可以把握得到的、确定的、积极的规律。它不是消极的，不只是说它不是什么，而是说它是什么；不仅仅停留在我不知道，我现在已经知道，并且能够确定就是这样一条法则。比如说定言命令这样一条法则，这是有关知性世界的某种东西，是知性世界的统治的法则，统治整个知性世界的法则。这就是道德律。那么道德律这个事实提供了对某个纯粹知性世界的指示，对这个世界作出了积极的规定，并让我们认识到有关这个知性世界的某种东西，即某种法则。道德法则让我们认识到，知性世界是有某种法则的。这种认识不是经验的认识，不是科学知识，而是道德知识。不是关于"是什么"的知识，而是关于"应当作什么"的知识。

前面的一小段是从《实践理性批判》里面的分析论提出了道德法则，跟《纯粹理性批判》里面的分析论的法则做了一个对照，就是说，道德法则尽管也没有提供对于物自体知识的任何展望，但是它提供了一个事实，或者它本身就是一个事实。这个事实是《纯粹理性批判》里面所有的那些法则、那些经验、那些知识都无法解释的。但是这个事实呢，它本身又是有积极的规定的。这就提出了我们现在所谈的这个分析论，它通过一个理性的事实，具有它积极的规定。那么这两个分析论之间是一种什么关系呢？下面一段就是阐明，这两个分析论所揭示的这样两种不同的法则，它们之间的关系何在。

这个法则应当使感官世界作为一个感性的自然（在涉及到有理性的存在者时）获得某种知性世界的形式，即某种**超感性的自然**的形式，却并不破坏感官世界自身的机械作用。

这句话非常重要。就是这个道德法则，它应当使感官世界作为一个感性的自然，感官世界当然是感性自然了，感性自然有很多，万事万物都是感性自然，但是在涉及有理性的存在者的时候，就是在涉及人的时候，使这样一个感性自然"获得某种知性世界的形式"。就是说，人作为感性自然的一个存在物，他当然要服从感性自然的规律，但是他通过这个道德法则呢，使这个感性自然获得了某种知性世界的形式。感性自然的法则就是自然规律，知性世界的法则就是道德法则，但它们是同一个自然的两种不同的法则，但这两者是不相冲突的，这在前面已经讲到了。上面那一段，把从消极方面看的自由，即假定为与纯粹理论理性的那些原理及各种限制完全相容的自由，拯救了出来。完全相容，怎么个相容呢？就是一方面你尽可以是你的感性自然的存在，作为一个有理性的人，有理性的存在者，你可以是一个感性自然的存在者，但是呢，你获得了某种知性世界的形式。从内容上，他是感官世界的存在者，一个做好事的人，或者一个杀身成仁舍生取义的人，他的内容仍然是感性的，他也有喜怒哀乐,他也怕死。那些大义凛然走向刑场的人,作为动物,其实他也怕死;但是他采取了一种大义凛然的形式,采取了一种道德律的形式,却并不破坏感官世界自身的机械作用。这就是这两者为什么可以相容,因为当他采取这样一种道德形式的时候,他并没有破坏感官世界自身的那种机械作用。感官世界在当时的人看来,是完全服从于牛顿物理学的,牛顿物理学最终归结为机械论。康德当时也是相信这个机械论的,认为自然界的万事万物的规律都是服从机械作用的。你要从科学的眼光来看,那就是从机械论的眼光来看自然物。当然这个机械作用,它不一定局限于机械运动了,它也包括人的生理学和生物学、医学、心理学等等这些领域的科学所研究的对象,在康德看来,这些归根结底都是可以还原为机械作用的。当然生物学跟力学还不同,医学、心理学跟一般的机械论还不同,但是认为它们最终可以还原为机械作用。那么机械论和道德这两者可以相容,可以同时并存,不相冲突。为什么不相冲突?并不是康德把它们的关系研究得多么细致,而是他把这两者划分在两个领域里面,让它们不互相干扰。自然科学家、医生、心理学家,你尽可以作你的判断,对于同一个做好事的人,同一个杀身成仁的人,你尽可以作你那个判断;但是一个道德家,一个哲学家,他也可以作另外一种判断,这两种判断是并行不悖的。因为是一个研究的是现象界的规律,另外一个研究的是知性世界的法则,也就是本体界的规律。这两个规律是层次上不同的。这实际上是把两者的关系挑明了,即这两个世界,包括纯粹理性批判里面讲的规律和实践理性批判里面讲的法则,它们之间是以一种什么方式相互容纳的。

于是,<u>最普遍意义上的自然就是在法则 [规律] 之下的物的实存</u>。

"最普遍意义上的自然",我刚才讲的,nature,这个词有双重的含义,最一般意义上的自然,就是在法则或者是规律之下的物的实存。法则,Gesetz,我刚才讲了,在运用于自然科学时,我把它翻译成规律;运用在道德伦理和法律、社会方面时,我把它翻译成法则,实际上是一个词。所以我有时采取打括号的方式把另一个译法附在后面。最广义、最普遍意义上的自然，就是在法则或者是规律之下的物的实存。"物"，Ding 这个词是比较宽泛的，既包括自然物，也包括自在之物。自在之物是 Ding an sich，自在之物也是物，自然物也是物。物的"实存"，Existenz，这个词也有双重含义，既是存在，也是生存，后者具有实践含义。所以最普遍意义上的自然，一方面是自然界的自然，另一方面，道德世界也是一种"自然"，一种 Natur。当然这个时候，我们通常就不把它翻译成"自然"了，而翻译成"本性"。Natur 有自然的意思，也有本性、本质的意思。在道德意义上面呢，我们通常翻译成本质，人的本质是道德的。在汉语中我们通常不说人的自然是道德的，因为人的自然是感性，是欲望，是感觉，人的本质才是道德。但是这里康德是用的它的双关义，所以虽然我们把它都翻译成"自然"，但是我们要了解到，它这个自然是广义的，包括人的本性。人的理性的本质，也就是理性的自然，所以道德在这种意义上也是一种自然，人在本性中就有道德，但它跟自然界的那个自然是完全不同的。或者说人有双重的自然，一个是感性的、自然界的自然；一个是物自体、理知世界的自然，就是道德的自然。但它们又是同一个自然，正如现象之物和自在之物是同一个物一样。所以他这里讲是"最普遍意义上的自然"，它们都是在 Gesetz 之下的"物"的"实存"。注意这里每个词都带有双关义。当它作为自然界的自然的时候，它就在规律之下；当它作为道德的自然的时候，就在法则之下，两者都是物，一个是自在之物，一个是自然物。这是一般的物的实存的区分。所以康德有两种形而上学，一种是自然形而上学，一种是道德形而上学。自然形而上学研究的是人的感性的自然，经验知识的自然；道德形而上学研究的是人的道德的自然，或道德的本性。这就是一般的 Natur 的两种形态或两个领域。

　　一般有理性的存在者的感性自然就是他们在以经验性为条件的那些规律之下的实存，因而对于理性来说就是**他律**。

　　刚才讲，最普遍意义上的自然，有这两方面，它们都是在法则或者规律之下的物的实存。这两方面分开来看，一般有理性的存在者，他的感性自然是一方面，就是"他们在以经验性为条件的那些规律之下的实存"，那就是在自然科学的眼光之下，符合自然规律的那种实存。这是第一个方面。"因而对于理性来说就是**他律**"。人是有理性的存在者，理性是人的本质，但是人在感性世界中受制于经验的规律，取决于我们后天所接受到的外来的感性材料，由这些材料我们才形成了对自己和对世界的科学知识。那么人的这种感性自然的实存对于他的理性来说就是他律。所谓他律，heteronomie，就是由异己的东西来形成的规律。理性不能单凭自己形成自然规律，它必须要考虑到经验性的条件。所以他讲，这些感性自然就是他们在以经验性为条件的那些规律之下的实存。理性或者知性要形成知识，不能脱离经验性的条件，经验性的东西是它的质料，如果没有这些质料，它就是空的，它那些规律就不成其为自然规律，就会退回到逻辑形式、逻辑规则上面去。形式逻辑在康德那里不能叫作法则，也不能叫作规律，只能叫作规则；要成为规律、成为法则，它就必须以经验性为条件。知性或者理性必须以经验性为条件才能形成规律，知性的那些范畴，那些原理，必须运用于经验性的材料之上，才能形成规律。所以，对于理性来说经验性的规律就是他律。注意这个"对于理性来说"。对于经验来说，它倒不是他律，因为在《纯粹理性批判》里面，人为自然界立法，所以对于经验世界来说，在某种意义上面，倒可以称之为自律。所以康德在《判断力批判》的"第一导言"里面曾经提到有三种自律（Autonomie），一种是人为自然界立法，属于知性；一种是人为自己立法即道德律，属于理性，还有一种是属于判断力的，就是审美，审美是"再自律"（Heautonomie），对自律的自律。① 这是在《判断力批判》里面的说法。当然这个说法跟前面的有些对不上号，后来康德的想法也有点改

---

① 参看《康德三大批判合集》（下），邓晓芒译，杨祖陶校，人民出版社 2009 年版，第541 页。

变。但在这里呢，他不把人为自然界立法看作是"对理性来说"的一种自律，而是一种他律。理性在经验对象上的运用对于纯粹理性本身来说还是他律，真正纯粹理性的自律只能够是道德自律，如果运用于别的方面，运用于认识，那就是他律了。就是说，你是依靠可能经验的材料而建立起来的规律，你不是依靠理性本身就能够建立起一套规律。知性的范畴在运用于可能的经验对象的时候，它形成了一套原理，那些原理对理性本身而言就是他律。虽然对于自然来说，理性为它立法，这些法是理性自己立的，是理性运用于自然之上的；但是对于理性本身来说，它不是立了这个法来运用于自身，它是运用于对象，所以它要取决于对象，取决于对象感性的状态。在这个意义上面，它是他律。一般有理性的存在者的感性自然也就是人的肉体自然，就是一般有理性的存在者在以经验性为条件的那些规律之下的实存，他是要服从以经验性为条件的那些规律的。比如生理学的规律，物理学的规律，也包括心理学的规律，都是以经验性为条件的规律。人生在世，这样一种实存是要服从这些规律的。这是一个方面。对于理性来说，这就是他律，你服从这些外在规律，那当然就是他律了，你不能超出这个规律，它决定了你的实存的方式。

　　反之，正是这同样一些存在者，他们的超感性的自然就是他们按照独立于一切经验性条件、因而属于纯粹理性的**自律**的那些法则而实存。

　　作为对比，正是同样的有理性的存在者，同样一些人，他们的超感性的自然是另外一种实存。超感性一般来说已经不叫自然了，所以这个地方他的意思是超感性的本性，但是在德文和英文里面都还是一个词。这也很好理解，就像我们说一个杯子的现象是杯子，它的本体仍然是作为本体的杯子。人的超感性的本性是什么呢？就是按照纯粹理性自律的那些法则而实存。而这些自律的法则，是独立于一切经验性条件的，因而是属于纯粹理性的。这个关系应该很清楚了。"反之"，就是说，在另外一种意义上面，它不再服从以经验性为条件的那些规律，而是按照超感性的自然，按照道德自律的那些法则而实存。同样一个存在，人生天地间，他是感性的,但是除了人生天地间服从自然规律以外,他还可以按照道德律而存在,那是他的超感性的本质。人的本性本来应该是这样的,按照道德律而生活在世界上。这个"实存"就是生存于世,Existenz,也可以翻译成生存。

并且由于这些法则——按照这些法则,物的存有是依赖于知识的——是实践的:所以超感性的自然就我们能够对它形成一个概念而言,无非就是**一个在纯粹实践理性的自律之下的自然**。

"这些法则"当然还是指那些道德法则,纯粹理性自律的那些法则,人们是按照这些自律的法则而生存于世的。"按照这些法则,物的存有是依赖于知识的",这个"知识"是广义的。也就是说,一个物的存有,一般来说,在自然界里面,它是依赖于因果律,依赖于自然的规律而存在着;但是道德法则所决定的那些物的存有是依赖于道德知识的,只有当我们在道德上认识到应该有某物,这个某物才会存有。这就是一种道德实践的过程。在按照道德法则的实践中,一个物是否存有,并不是依赖于它的经验科学的规律,而是依赖于我的道德知识,然后我根据这个知识把这个物造出来。如果他预先没有这方面的道德知识,那这个物本来是不会有的,哪怕有自然规律,它也不会有。或者说,也许它偶然有了,自然界有很多偶然性嘛,这些偶然性都是符合自然规律的,但是人的道德行为才是使得该物之所以存在的一个理由,一个根据。这个事情是他造成的,这件事情是他做出来的。为什么说是他做出来的呢?这个事情本身不是有它的自然规律吗?就因为是他利用了这个自然规律,使它为自己预先设定的道德法则服务,这样才把这个物造出来了。所以自然过程的结果跟道德实践的结果是不一样的。自然过程的结果,得到了就得到了,产生了就产生了;但是道德实践的结果,在产生之前,已经存在于人的道德目的中,所以它的实际的存有是依赖于道德知识的,是依赖于人的道德动机的。当然这个知识是广义的了,是一种道德知识。这个事情我认为应该实存,应该如何实存,这也是一种知识,一种应该的知识。通过这种应该的知识，我把这件事情做出来了，产生了它的结果，那么这结果就要归因于他最初的这种知识，关于应该的知识。实践总是这样的，不管是有条件的命令，还是无条件的命令、定言命令，首先有一个命令，你应该做什么，关于这个应该的知识，指导着我们在实践中去把这个后果实现出来。那么一旦实现出来，这个后果就归因于我首先提出的这个应该，以及我对应该的知识。在道德方面更是这样，它的规定根据完全取决于应该的知识，道德的定言命令决定了应该，导致了我的一个道德行为。这个道德行为所设想的后果要归因于我的动机。这个破折号里面就是这个意思。"按照这些法则，物的存有是依赖于知识的"，这些法则就是道德法则，这些知识也是道德知识、关于应该的知识。这些法则是实践的，因为一个物的存有依赖于知识，那么这个过程当然是一个实践的过程，而这些法则呢，就是前面讲的纯粹理性自律的那些法则，就是实践的法则。由于这些法则是实践的："所以超感性的自然就我们能够对它形成一个概念而言，无非就是**一个在纯粹实践理性的自律之下的自然**"。"超感性的自然"，也就是我们人的本体，人的超感性的本质，我们对自己的这种超感性的自然、超感性的本体，也能够形成一个概念。我刚才讲了，虽然我不能认识它，但是我可以思考它，可以对它形成一个概念，就可以在它上面运作我们的理性。因为理性只要有概念就可以运作了，它撇开了一切经验的东西嘛，那么它剩下的就只是这样一个自然，"**一个在纯粹实践理性的自律之下的自然**"，这里都打了着重号。这个法则是实践的，而且是涉及人的本体的，是超感性的自然的、本体的概念，那么它无非就是一个在纯粹实践理性的自律之下的自然。它是实践的嘛，而且它又超感性，纯粹实践理性既然超感性，又是实践的，所以它体现为自律，即自己给自己的行为提供规定。它是实践的，而且是纯粹理性的，那它当然是自律的，它自己给自己立法，它撇开了感性的一切条件。这个自律是就纯粹理性本身的概念而言，我们对我们的物自体可以形成一个纯粹理性的概念，这个纯粹理性的概念自己给自己提供行动的法则，提供实践的法则,那就是纯粹实践理性的自律。那么在这个自律之下,就是在这种情况之下的自然,超感性的自然就是这样一个自然,超感性的本性就是这样一个本性。

但这个自律的法则是道德的法则,所以它是一个超感性自然的及一个纯粹知性世界的基本法则,这个世界的副本应当实存于感官世界中,但同时却并不破坏后者的规律。

我们虽然讲它是自然,但是其实它跟一般意义上的自然已经大不一样了,"这个自律的法则是道德的法则",所以它是一个超感性自然的法则。道德的法则在感性自然里面是不起作用的,作为一个自然科学家,用道德的法则来进行研究那是很可笑的。你不能用道德的法则,应该怎么怎么样,来指导我们的自然科学的研究。所以它是超感性的自然的基本法则,"及一个纯粹知性世界的基本法则",超感性的,那当然也就是超越于感性世界之外的一个知性世界的基本法则,是本体世界的基本法则。本体世界我们可以用知性去思考它,而不能用知性去认识它;但是既然我们可以用知性去思考它,我们就可以把它看作是一个纯粹的知性世界,它没有感性,它也不需要感性。那么在这个世界里面,它的基本法则就是道德法则,就是道德律。这个自律的法则就是这样一条道德律,所以它是一个超感性自然的及一个纯粹知性世界的基本法则。这个纯粹知性世界本身当然是超感性的,但是它有一个副本,这个副本与它并行不悖,同时呢,又是与它同一的。就是说,虽然是两种不同意义的自然,但又是同一个自然的两种不同意义,就像同一个杯子既有它的现象,也有它的物自体一样,我们所讲的人就是这个人,就是张三这个人,这个人既有本体,也有现象。于是我们可以把他的现象看成是他的本体的一个"副本"(Gegenbild,直译为"对面的形象")。他的真正的"正本"就是他的本质,就是他的理性,就是他的道德律。那么他的副本呢,就是在他行使道德律时,他的生物学的、医学的、生理学的、心理学的所有这些表现。所以知性世界的副本应该实存于感官世界,或者说,我们可以把感官世界看作是知性世界的副本。这个副本实存于感官世界，它就是感官世界中的实存。张三，他在感官世界中也在实存，但是我们所看到的这个实存呢，只是一个副本，他的正本则是他的道德本性。"但同时却并不破坏后者的规律"，这个副本存在于感官世界中，虽然它代表着知性世界的形象，但是却并不破坏感官世界的规律。它跟感官世界同样都服从感官世界的规律。一件道德行为并不会破坏感官世界的规律，并不因为他是出于道德律来做这件事情的，于是他就违背了感官世界的规律。感官世界的规律怎么能违背呢？自然规律怎么能违背呢？自然规律是违背不了的，但是你不要因为自然世界的规律违背不了，就认为它就没有它的正本了，它的正本是在知性世界里面。只不过这个知性世界并不破坏它在感官世界的规律。我们可以把感官世界的所有这些规律都看作是对知性世界的一个副本，这两者相安无事。

我们可以把前者称之为**原型的**世界（natura archetypa），我们只是在理性中才认识它；而把后者称之为**摹本的**世界（natura ectypa），因为它包含有作为意志的规定根据的、前一个世界的理念的可能结果。

这句话经过刚才的解释就很好理解了。就是说，前者就是知性世界，称之为原型的世界，就是正本、原本。原本和副本，原本和摹本，是同一个世界正反两面之间的关系。原型的世界就是它的正本，是它在知性世界的本质。一个人，他的本质是原型，是知性世界，是自律。如果真正按照他的本性、按照他的原型的世界来行事的话，他就会成为一个有道德的人。但是这个有道德的人呢，并不跟他的感官世界的存在相冲突，正好相反，他就是在感官世界的这样一些规律中，表现出他的知性世界的那种道德法则的，在每一点小事上面都表现出来。一个人在为人处世方面，他的一举一动，你要换个眼光来看，都可以看出他是服从道德律的。但是如果你没有这个眼光，当然你可以从医学的角度去分析他，他的一举一动，甚至于他没有意识到的细节，他的脑电波，他的血压，他的呼吸的改变，根据这些你都可以去研究他，你发现他跟别的人没有什么区别，好人跟坏人也没有区别,他们都是服从自然规律的。但是呢,你如果用道德的眼光来看,你就可以发现,所有这些细节都是知性世界的一个副本,都是他的原型世界、他的道德素质的一个摹本。所以,原型的世界我们只是在理性中才认识它,而把后者、把感性世界称之为摹本的世界。为什么称之为摹本的世界?明明是自然界的规律,在我们看来是非常实在、非常现实的,是人所逃不了的,为什么仅仅是一个摹本呢?"因为它包含有作为意志的规定根据的、前一个世界的理念的可能结果",因为这个摹本的世界包含有知性世界的理念的可能结果,而这个理念是作为意志的规定根据的。同一个人,当他的意志的规定根据是立足于知性世界,立足于道德律,那么他的现实行为的表现就是他的知性世界或道德律的摹本。知性世界当然是一个理念,我们在现实世界中是认识不了的,理念是不能作为知识来看待的,它只是一个理想,是一个追求的目标。虽然它是人的本质,但是这个本质我们是不能认识的,但我们可以把这个摹本的世界看作是原型的世界的可能的结果。为什么是可能的结果?我们不能够完全规定它就是这个结果,它只是可能的结果。它可能是这个结果,也可能是那个结果。你做一件好事,也许做成了,也许做不成,也许半途而废,也许只做到了一部分。它的后果要受能力、条件、环境、时间、地点的限制。你想做一件好事,你的意志的规定根据完全是出自于知性世界。但是它的可能的结果呢,那个不受你控制。虽然不受你控制,但还是可以看作是你的行为的可能的结果。你做一件好事,你没有做成,或者你甚至于办成了坏事,但是我们仍然归咎于你,虽然当初的意图是好的,但是由于受到能力或环境的限制,谋事在人,成事在天,你造成了这样一个结果。当然你会感到后悔,感到惭愧等等,但是这个后果你毕竟不能否认,是你最初的那个念头才造成了这样一个后果。如果你没有那个念头,也不会有这个后果。这个后果也许是好的,也许是不太好的,甚至于也许是坏的,总之不管是什么样的可能的结果,都要归到你最初的那个动机,而那个动机则取决于知性世界的法则。好心有时候办得了好事,有时候办不了好事,但是不管你办得了还是办不了,你的结果都要归结到你最初的那一片好心。在道德上,它是决定你的意志的一个规定根据。所以,后面这个世界只是一个摹本世界,它不能等同于原型的世界,因为它作为意志的规定根据,只包含有前一个世界的理念的可能结果。

这是因为,实际上这个道德法则依据该理念把我们置于某种自然中,在其中,纯粹理性假如伴随有与之相适合的身体能力,就会产生出至善来,这个道德法则还规定我们的意志把这种形式赋予作为一个有理性的存在者整体的感官世界。

这是进一步解释了,实际上,这个道德法则依据这样一个知性世界的理念,把我们置于某种自然中,这个"某种自然"是比较值得推敲的,什么是某种自然,我们接着下面来看。在这种自然中,"纯粹理性假如伴随有与之相适合的身体能力,就会产生出至善来"。这个某种自然,实际上是把两种自然结合为一体了,一个是纯粹理性在知性世界中的超感性自然的道德理念,另一个是"与之相适合的",也就是以这种理念为规定根据的身体能力,一旦这两种自然结合为一,那就会产生出至善 (das höchste Gut) 来,这里用的是虚拟式。这个虚拟式表明这里还缺一个必要条件,就是能够为这种道德理念配备与之相适合的身体能力的那个存在者,也就是上帝。所以这只是至善的一种可能性,它有待于上帝来实现;但在我们证明一个上帝存在之前,道德法则的理念就已经在与某种自然的关系中提供了这种至善的可能性,即一旦我们有了与之相适合的身体能力 (mit dem ihr angemessenen physischen Vermögen,"身体能力"也可译作"自然能力"),我们就能做到既有德性,又有与之相配的自然需求的满足,即"德福一致",这就是至善。当然这里还没有直接引出上帝来,那是后面要做的工作;但这里预先提出了一种假定的可能性,甚至是道德法则的理念本身所具有的一种倾向性,这种倾向必定会进一步把上帝引进来。道德法则依据知性世界的理念,把我们放进了某种自然中,这是这种理念必然会设想的一种自然。这种自然,一方面是感官的自然,它是自然界，它符合在感官世界之中的自然规律；另一方面，感官世界的这种自然规律，在某种情况之下，它是附属于道德律的，是受到人的道德的本性的统治的。也就是说，人的道德的自然统治着人的感性的自然，两者以这种方式构成同一个自然。这个"某种自然"在这里就非常关键了。虽然这是两个完全隔绝的自然，一个是现象界，一个是本体界；一个是摹本的世界，一个是原型的世界。但是呢，它们的理想的关系是达到两者的合一，达到两种自然、两种本性的合一。这个时候，就一个人而言，假如他有纯粹理性，同时又获得了与之相适合的身体能力，就是说他能够按照自然规律做到纯粹理性对他所要求的德行，如果这个人身体能力足以克服环境的制约，比如说，他有上帝那样一种创造世界的、无所不能的能力，那么就会产生出至善来。至善的概念我们在《纯粹理性批判》里面已经接触到了，就是德福一致。你有多大的德性，就可以获得与之相配的成比例的幸福，这就是最高的、圆满的善了。光有道德高尚还不是至善，而只是无上的善，必须辅之以配享的幸福才是圆满的善或至善。当然这是一种假设的自然状态，自然界的规律并不受这种理念的束缚，人的幸福在现实中也不与道德成比例。但在知性世界中，我们仍然可以设想某种自然界，它是完全服从道德律的，但它又不违背感官世界的自然规律。它既服从道德律，同时它又服从自然律，它以服从自然律的方式来服从道德律。在这种设想中，这两个世界就完全统一了，并且是以道德配享成比例的幸福这种方式统一的。正因为这样一个超感性自然的道德理念，作为一个理念，它属于知性世界、理知的世界，所以在这个理念中呢，必须设想出一个自然界，在这个自然界里面呢，存在着至善。我们现实的自然界是没有至善的，顶多有道德行为的善，但是它跟幸福是割裂的，有道德的人往往不幸，幸福的人往往不道德。我们的现实世界是这样的。但是在理知世界中，就有一个"应当"的世界，就是善有善报恶有恶报的世界，那么这样一个世界将会导致德福一致。但是这样的世界怎么才能产生出来呢？必须是有道德的人伴随与之相适合的身体能力或自然的能力，当然世俗的人是没有这个能力的。因此从这个里头我们可以设想一个上帝，或者设想一个人具有像上帝那样的无所不能的力量，但是他又是道德的，完全根据道德法则行动。如果有这样一个有理性的存在者，他有纯粹理性，同时又伴随有与之相适合的自然力，他依据道德律而来的自由意志总能实现，那么就会产生出至善来。这是两者的一个关系。为什么把感官世界称之为摹本的世界，把道德世界称之为原型的世界，就是因为它们中间有这样一种关系。摹本和原型之间有这样一种可能的关系，使得摹本严格地成为了原型世界的摹仿。正由于它们有这样的关系，所以我们把它称之为摹本。"这个道德法则还规定我们的意志把这种形式赋予作为一个有理性的存在者整体的感官世界"，这种道德法则，也就是纯粹理性的自律法则，还规定我们的意志把这种理念的形式赋予作为一个有理性的存在者整体的感官世界，作为一个有理性存在者整体，那就是社会了。人类社会跟自然界不一样，它是由有理性的存在者构成的整体，但它和自然界同样都是感官的世界。而当每个人都按照定言命令使自己行动的准则成为一条普遍法则的时候，他就已经把这条定言命令赋予了感官世界中的其他每个有理性的存在者了，他对自己的规定同时就是对每个有限的有理性的存在者的规定。这是从另外一个角度来讲，就是为什么摹本的世界和原型的世界能够相一致，一方面，如果有上帝的话，就是自然界和道德世界合一的世界；另外一方面，如果仅仅从人类社会来讲，撇开自然物不谈，就人所组成的一个感官世界而言，那么这个道德法则还规定我们的意志，把道德律这样一种形式赋予了作为一个有理性的存在者整体的感官世界。在这个意义上我们也可以说，人类社会的现实生活是原型世界的一个摹本。他整个这段话都在解释为什么我们把后者称之为摹本的世界，把前者称为原型的世界。他从两个层次上来讲，一方面是从如果我们有无所不能的能力，那么我们可以导致德福一致；另一方面，我们在现实的社会生活中，我们可以把这种道德律作为一种形式而赋予整个现实生活的感官世界，使它成为每个有限的理性存在者的良心。在这个意义上面也可以说，感官世界是一个摹本的世界。因为在形式上面，它可以看作是道德律的一个可能的结果。当然，在现实社会生活中，感官世界并不是道德律的结果，但是它有这种可能性。我们可以把整个社会生活看作是应当服从于这种形式的，而这是每个有理性的人都承认的。当然在现实中我们没有办法做到，但是我们整个社会，如果每个有理性者都成为一个立法的意志，每个人都追求自己的意志自由和道德自律，那么我们就可以趋近这个理想，我们把这样一个感官世界当作我们的理想来追求，这个是可以的。在这个意义上来说呢，我们的感官世界也是原型世界的一个摹本，我们摹仿着它在现实世界中生活。"道德律"（das moralische Gesetz）我们这里已经都改译作"道德法则"了，在后面我们也将酌情修改。

　　对自己本身加以最普通的注意，就会证实这个理念确实如同一种示范那样为我们的意志规定树立了楷模。
　　这就是刚才最后讲的那句话的意思。每个人对自己的本性加以最普通的注意，不需要你深思熟虑，不需要你运用多少思辨，不需要你运用多少逻辑推理，你只要注意就够了，因为理性是每个人身上的事实。纯粹实践理性，包括它的法则，是每个有理性者身上的事实，只需要你对自己加以最普通的注意，就会证实这个理念，也就是知性世界的理念，确实如同一种示范那样为我们的意志规定树立了榜样。我们有这样一个知性世界的理念，知性世界的理念本身就示范了一种合理的世界，合乎道德的世界。这样一个理想，这样一个示范，这样一个目标，为我们的意志树立了榜样，你可以按照这样一个世界的楷模去规定自己自由意志的行动。这个只要我们对自己的理性稍加注意，就会得到证实。所以为什么说道德律是一个理性的事实，因为知性世界的理念能够现实地对我们的意志起规定作用，只要你稍加注意，就会证实这一点。这个理念确实为我们的意志规定树立了榜样，它在每个人心中都作为一个榜样在对他发出呼吁。当然你可以不听它的，但它确确实实在你的心里，作为一种示范。

前面我已经讲了，康德在实践理性原理的演绎这一部分，首先比较了两个批判、即《纯粹理性批判》和《实践理性批判》的分析论之间的区别，然后对它们之间的关系作了一种阐述。虽然有很大的区别，但是也不是说完全没有关系。在思辨理性里面所讲的那种感官世界是可能经验的世界。那么在实践理性中的那种知性世界，是我们为了自己的道德实践而必须悬设的、必须设定的一个理知的世界。理知的世界肯定没有任何感官的材料，没有任何可能的经验充实其间，但是理知的世界作为一个世界来说，它有它的实存，它有它在理念中、在设想中、在假设中所设定的那个世界的存在。那个世界在我们的现实生活中是一个不可能的世界，但是在我们的理念中，我们是可以思考、可以设想它的。我们设想这个知性世界是由道德律所统治的，但这个世界作为同一个世界来说呢，在设想中它又是符合自然律的，它应该是道德和自然相统一的世界，这样一个世界当然只有上帝才能够创造出来。如果有上帝的话，他就能够创造出是一个完全合乎道德律、但同时又合乎自然规律的世界，它跟自然规律并不冲突。但是我们人类不具有这样一种能力，我们所看到的现实的感官世界、经验世界，它跟道德律是不相吻合的，它是由自然规律所统治的，而不是由道德律所统治的。但是尽管如此，我们的道德律，作为知性世界的统治规律，它跟感官世界的占统治地位的自然规律相互之间并不是相冲突的，因为它们分属于两个不同的层次。一个是本体、自在之物的层次，另外一个是现象界的层次，它们双方不是一种二律背反互相冲突的关系，而是一种可以并存的关系。那么话又说回来，虽然它们可以并存，但是它们的分析论是不一样的。因此它们的演绎也应该是不一样的。前面的都是铺垫，就是说，它们的演绎完全不一样，那么在《实践理性批判》里面的演绎就应该遵守一条完全不同的思路，因为纯粹实践理性是完全脱离经验、脱离感官世界的，那么它的演绎就有它的一种独特的程序。现在我们来看下面这一大段。应该说从这个里头已经开始进入到演绎的领域了。

如果我在打算出庭作证时所依据的那个准则受到实践理性的检验，[44] 那么我总是要查看一下，假如这个准则作为一个普遍的自然律而起作用，它会是什么样子。

在这里他打了一个比方，就是出庭作证。这个出庭作证在《纯粹理性批判》的先验演绎的里面也提出来过。什么是演绎？在《纯粹理性批判》里面，康德一开始也打了这样一个类似的比方。就是如果控辩双方在法庭上，要给一件事情提供它的资格论证，提供它的权限的证明，那么他不能够单凭经验的事实，而必须提供它的合法性根据。那么演绎这个概念呢，就是从法庭上面法官要求提供合法性根据这样一个程序里头来的，就是要讨论诸范畴运用于经验对象上的合法性何在。这就是演绎的意思，要找出它们的合法性根据，以便将它们必然地、有充分权利地运用于经验对象之上。也就是说，把先验的范畴跟经验的材料放在一个必然的关系中来考察，这就是演绎所要达到的目的。那么这里同样提出了一个法庭作证的比方，我们可以把它理解为这就是实践理性批判的演绎所引用的一个比方。在这个领域里面，同样是在法庭上作证，那么我们从中看看康德是怎么理解道德律的必然性的。如果我出庭作证的时候，我提出一个准则，比如说我行为的准则，我就是按照这个准则来行动的，那么这个准则必然受到实践理性的检验：它是合理的吗？正因为你提出的这样一个准则是你的实践的准则，你为什么要做那件事情呀？法庭上要你提出你做这件事情的动机所依据的准则究竟是什么，那么，你提出来了，提出来以后，在法庭上就要受实践理性的检验，要拿出实践理性来检验一下你做这件事情的准则是否具有合法性，也就是合理性。当然这里根本不涉及经验的事实，也许有经验的事实，但是在这个时候呢，我们考虑的不是经验的事实，也不是情感，而是你在实践的时候，你所依据的准则是否具有合法性。所以他的这个演绎呢，不是先验范畴和经验对象之间的关系，而是要探讨准则跟法则之间的关系。这是实践理性批判的演绎所考虑的问题。一个是准则，一个是法则，都是规则，规则与规则之间的关系，而不是原理和经验之间的关系。"那么我总是要查看一下，假如这个准则作为一个普通的自然律而起作用，它会是什么样子"。比方说在道德法庭面前，有人提出我的行为的准则是人为财死鸟为食亡，或者人不为己天诛地灭，或者毫不利己专门利人，这些都是属于个人的准则，是自己选择的。但是它是不是具有合法性呢？是不是具有普遍性呢？是不是能够贯通无阻呢？这个就是道德法庭上所要考虑的。我们在评价一个人的行为的时候，我们就设立了一个道德法庭。那么对他的行为所提供的准则，我们就要用实践理性来加以衡量，如果它作为一个普遍的自然律而起作用，它会是什么样子。

很明显，它将会以这种方式迫使每个人说真话。因为，承认陈述具有证明作用却又故意不说真话，这是不能与自然律的普遍性相共存的。

首先，如果用实践理性来加以检验的话，那么我们就可以发现，如果你考虑实践理性，那么你就会不能不说真话，说真话才是符合实践理性的，说假话是不符合实践理性的。在道德法庭上，首先，我们一衡量，我们就可以看出来。"因为，承认陈述具有证明作用却又故意不说真话，这是不能与自然律的普遍性相共存的"，你承认你的陈述具有证明作用，因为你是在法庭上啊，法庭上不能够说假话，不能够作伪证，作伪证就是犯法了。道德法庭同样是这样。在道德法庭上，你想要在法庭面前作证，你既然有这个意图，那么你的陈述就具有证明作用；但同时呢，又故意不说真话，那么这就是自相矛盾了。所以这是不能与自然律的普遍性相共存的。这当然是一个例子了，就是说，首先你在法庭上面，你会发现，你的这个证明本身必须是真的，否则的话，你怎么用实践理性来衡量呢？你怎么用实践理性来衡量它是一个普遍的自然律呢？你这个证明本身应该是真的，否则的话，你就是自相矛盾，就不合理性了。当然这样一个例子呢,康德在别的地方也说过,就是不要说谎是合乎实践理性的。如果一个人把说谎作为自己的行为准则,一旦它作为普遍的法则起作用,它就会自我取消。这个我已经多次讲过了。你设想人人都说假话,那么说假话就没有用了,因为反正没有人说真话,也就没有人相信任何话,那说假话就会是浪费口水,就没有用了,所以说假话也会就自我消亡。所以说假话是一个自相矛盾的准则,而说真话才是一个可以贯通无阻的准则,因为如果这个世界上人人都说真话,那么就会良性循环,人与人的信任就会与日俱增,这个世界就是一个很好的世界。说真话就会越来越真,越来越普遍,这就类似于一个良性循环的自然法则。他这里强调自然律的普遍性,也就是意味着说假话这样一类的行为在实行过程中就会被自然淘汰,而说真话这样一类的行为就会适者生存,就会越来越发达。当然它其实不是自然法则,它是道德法则,但是我们可以用自然法则来做一个类比。康德提出的是一种思想试验,我们可以想一想,假如这个世界上每个人都说假话,那将会怎么样? 那将会再没有人说假话了,因为说假话纯粹是一种浪费。这就与自然律的普遍性不能相容。

以同样的方式,我在自由处置自己的生命上所采取的准则也马上就可以规定下来,如果我问问自己,这准则必须是怎样的,才能使一个自然按照它的某种法则维持下去。

这是康德经常举的另外一个例子,就是自杀。我在自由处置我自己的生命的时候,我究竟是活还是不活。这是哈姆雷特的一个选择了。那么我处置自己的生命的时候,我选择自杀,当然很多人选择了自杀,这是无可奈何的事情。但是如果在道德法庭面前,你就必须为你的自杀的准则做出辩护。你想自杀可以,但是你能不能想一想,你的自杀如果成为一条普遍的法则,如果这个世界上的人,人人都自杀,那么就再没有人可以自杀了。人活着可以自杀这条准则作为法则就会自我取消,当人都自杀死了,再没有人可以自杀了,自杀就不存在了。所以,这也是一条自然淘汰的准则。所以马上就可以规定下来,"如果我问问自己,这准则必须

是怎样的,才能使一个自然按照它的某种法则维持下去",每个人都自杀
是不能维持下去的。人只有那么多嘛,哪怕世界上今天已经有 60 多亿
人了,但是如果每个人都自杀,一个个都死了,也就没有人再可以自杀了,
所以这是不能维持的。自杀这个准则作为一个法则是不能维持下去的,
它是会被自然淘汰的。所以他这里讲,使一个自然按照它的某种法则维
持下去。在现实生活中,如果人人都如此,那是不能维持下去的。这是
康德在《道德形而上学奠基》那本书里面提出的两个例子。当然还有别
的例子,首先是这两个例子,一个是说谎的例子,一个是自杀的例子。经
过纯粹理性这样一番检验,那么我们最后就提出了两条道德律,说谎是
不道德的,自杀是不道德的。当然我们中国人看起来自杀无所谓道德不
道德。但是在西方人那里,在基督教世界里面,自杀是不道德的。上帝
派给你生活的义务,你再怎么苦,生不如死,你也得活下去。所以你自杀
是违背上帝的意志的,也违背自己的义务,违背自己的使命。这个是西
方人的一种观点。所以这个里头首先提出了两个道德律,一个是不要说
谎,不要说谎当然可以扩展开来,就是不要欺骗人家,不要伤害人家,不
要算计人家等等。自杀也可以扩展开来,不要压抑自己的才能,不要浪
费自己的生命,不要浪费自己的光阴,极而言之就是不要自杀。我们看
到有些人成天打麻将、酗酒,就说你这是自杀,是浪费生命,极而言之,
那就是自杀,把自己的生命不当数,是不道德的。所以康德的道德律在
实践理性批判对准则的检验中,什么是道德的,什么是不道德的,我们首
先一无所知,我们是一块白板。那么到底什么是道德的,我们要通过实
践理性和自由意志来检验,看看我们是否愿意这样一条准则成为一条普
遍法则,或者它能否成为一条普遍法则。如果通过了这番检验,那么我
们就可以确立起这样一个行为是合理的,具有普遍必然性的,我们就把
这样一种行为叫作道德的。而从实质上来说呢,它只不过是符合纯粹实
践理性的,符合纯粹实践理性的才是道德的。不符合纯粹实践理性的就
不道德。而在未经理性检验之前,不能够先就确立什么是道德,什么是

不道德,不能光凭听从某个权威,摩西或者上帝,孔子或者孟子,给你颁定怎么做是道德,怎么做是不道德的,开列一个清单,这个在康德看来都是没有根据的。这样一种建立在信仰和盲从迷信之上的所谓道德律,即算真是道德的,也是不稳固的。真正要保证道德的纯粹性和普遍必然性,就必须从实践理性出发来建立道德。不是被动地接受某种道德戒律,而要凭自己的理性去建立一种道德法则,这个是康德特别强调的。在道德的法庭面前,你用什么来为自己辩护,如何通过这种辩护来确立真正的道德法则,这就是实践理性批判的演绎。在《道德形而上学奠基》这本书里面,他一共举了四个例子,不要说谎和不要自杀只是前两个例子,后面还有"要帮助别人"和"要发展自己的才能"。一般来说,为了展示实践理性批判中的演绎,举这两个例子,也就基本上差不多了。

显然,在这样一个自然中任何人都不会**任意**结束自己的生命,因为这样一种做法决不是持久的自然秩序,在所有其他的场合下,情况也是如此。

这就是讲自杀的情况。这里的"任意",也就是说是立足于自由意志。我在前面已经讲过,在任意里面已经包含有自由意志。就是说,你被动地结束自己的生命,那是没有办法的,你遇到了灾祸,或是别人把你杀害了,这是没有办法;但是你不能够自己结束自己的生命,不能够出于自己的任意,自己想怎么就怎么,你想死就死,这个是不对的。"因为这样一种做法决不是持久的自然秩序",它不能够贯彻下去的,它会被淘汰。"在所有其他的场合下,情况也是如此",所有其他场合,康德在这里实际上是暗示他所提出的其他两个例子,在《道德形而上学奠基》里面提出了四个例子,在这里只讲了两个例子,而在其他两个例子的场合下,例如你不帮助别人,作为你的准则是可以的,但是你要想让它成为一个普遍的法则,那你自己首先就不会同意。因为你自己也有需要帮助的时候,你还是会希望生活在一个互相帮助的世界,比较高兴。再比如,一个人懒得发展自己的才能,成天耽于享乐,这样一个人生也不会是你所愿意的。

虽然当时很投入，但事后总会陷入空虚，觉得一生都荒废了，一事无成。如果说不帮助别人是在空间上没有普遍性，那么不发展自己就是在时间上没有普遍性。所以，康德的定言命令是这样讲的，就是"你要愿意使你的行为准则成为一条普遍法则"，有时候他又去掉这个"愿意"，就是直说，"你要使你的行为的准则成为一条普遍的法则"，有时候还采取变形的方式、类比的方式，说"你要这样行动，就像你的行动的准则应当通过你的意志成为普遍的自然法则一样"。[①] 就是说，假定这条准则作为一条自然律，那么如果它没有普遍性，要么呢，它就会自我淘汰，要么呢，你就不希望它存在，你会否定它的扩展和延续，在这种意义上也是属于自然淘汰。一个是客观上的自然淘汰，和一个主观上的自然淘汰，因为在这些情况之下都是不符合实践理性的。

但现在，在现实的自然中，只要它是一个经验对象，自由意志就不是由自己来确定这样一些能够独自按照普遍法则建立起一个自然、哪怕是自发地与这样一个按照这些法则来安排的自然相适合的准则；勿宁说，这是一些私人爱好，它们虽然按照病理学上的（身体性的）规律构成一个自然整体，但不是构成一个只有通过我们的意志、按照纯粹实践法则才有可能的自然。

在现实的自然中，只要这个现实的自然是一个经验对象，自由意志就不能在其中确立起一种可以成为自然法则的准则来。为什么要强调它是个经验对象呢？前面讲了，这个自然有两种含义，一种是自然界，另外一种就是道德本性。人的道德本性也是自然。所以他这里要限定一下，只要它是一个经验对象，也就是在现实的自然界的意义上，那么自由意志在这种自然中，就不是由自己来确定这样一些准则的。一些什么样的准则呢？这些准则能够独自按照普遍法则建立起一个自然来。在现实的

---

① 参看康德：《道德形而上学奠基》，杨云飞译，邓晓芒校，人民出版社 2013 年版，第 52—53 页。

自然中，自由意志不是由自己来确定、也就是撇开感性经验自己来确定这样一些准则，这些准则要能够独自按照普遍法则建立起一个自然。后面这种自然当然就不是经验自然、不是自然界了，而是道德自然，就是人的道德本性，这是自然的第二种含义。从这里我们可以看出他前面为什么要限定一下，"只要它是一个经验对象"。作为经验对象的自然，跟作为道德的自然，它们分属于两个不同的世界。一个是现象界，一个是本体界，都叫自然，但必须区分。那么，既然你把经验的自然当对象，那么显然，自由意志就不可能做到由自己来确定这样一些准则，它们能够独自按照普遍法则建立起一个自然来，相反，它只能受到自然界各种经验对象的束缚。所以它不是由自己来确立这样一些自然准则，也就是这样一些建立道德世界的准则。"哪怕是自发地与这样一个按照这些法则来安排的自然相适合的准则"，这更进一层，就是说，我们不但不能建立起一个道德自然的准则，我们哪怕是那种自发地与这样一个按照这些道德法则来安排的自然相适合的准则，都建立不起来。我们在自然界里面，既不能建立起纯粹的道德法则、道德自然，也不能建立起一个与道德法则、道德自然相适合的自然，也就是说，我们也不能把这个不符合道德法则的自然改造成符合道德法则的自然。在现实的自然界，以经验的眼光，自由意志既没有办法把自己的准则确立为普遍的道德法则，也没有办法确立起与道德法则相符合的准则，因为它局限于经验对象的自然界。那么，这两个层次的准则只有在什么情况下才能确立起来呢？一个，你不能在自然界里，不能在现象界，你必须要在本体里去设想，在本体界里面，自由意志是可以确立起这样一些独自按照普遍法则建立起的自然或本性的，那是属于本体论的本性，属于人的本质，那是可以的，但是在自然界不可以。再一个，你也不能在自然界里确立起自发地与一个按照这些法则来安排的自然相适合的准则，因为我们没有那么强大的自然力。我们的身体能力，我们各方面的物质条件，都不允许我们凭借自己的能力，凭借自己所掌握的自然规律，来使整个自然界组成一个符合道德律的世界，这只有上帝才能做到。人不能借助于自然规律，使自己符合道德律。人只有撇开自然规律，才能够使自己按照道德律去那样做。所以这一句就是说，在现实的自然，只要你局限于经验的对象，那么你的自由意志就不能够在现实的自然界里面去建立起道德律，也不能使现实的自然界符合于道德律，这些都做不到。那么能做到的是什么呢？下面就讲了："勿宁说，这是一些私人爱好，它们虽然按照病理学上的（身体性的）规律构成一个自然整体，但不是构成一个只有通过我们的意志、按照纯粹实践法则才有可能的自然"。自由意志就不是自己来确立这样一些合乎道德律的准则，勿宁说，这些自由意志在自然界里面所确立的准则只能够是一些私人爱好。爱好，Neigung，有的人翻译成性好、嗜好、偏好，我翻译成爱好，爱好就是感性的一种倾向，由于人的感性、情感、欲望所导致的一些倾向。所以它是一些私人爱好，私人，就是说，它不是普遍性的，而是各人不同的。"病理学上的"，我在上学期专门介绍过，Pathologie，这是个希腊文，如果按照它原来的意思呢，我们可以翻译成感性的，Pathos 就是情绪、激情，情感上的或者感性上的。但是"病理学"在医学上已经变成一个专用术语了。[①] "病理学上的"也就是生理性的，解剖学上的，你可以通过医学的眼光来加以考查、加以检测。这样一些爱好，在自然界里面，我们的自由意志所能够确立的准则是什么呢？它绝对不是那种普遍的实践理性法则，它只是些爱好，只是"按照病理学上的（身体性的）规律构成一个自然整体"的一些现象。爱好当然属于现象界了，现象界当然也有规律，自然界有它的规律，有它的因果性，有它的结构，有它的关系。但这样一些因果性，这样一些结构关系，是按照病理学上的规律构成一个自然整体的。也就是我在自然界里面采取的那些准则，只能够是这样一些准则，如果你停留在自然界的话，你所采取的准则就仅

---

① 李明辉先生认为在康德时代这个词还不具有医学上的专门用语性质。但无疑，后来的"病理学"意义是由这里发展出来的，要泛泛地译作"感性的"，反而不对了。

仅是那种生理学的、解剖学的、顶多是心理学上的一些准则。这些准则呢，也能够构成某些相对的整体，比如说曹操"宁教我负天下人，不教天下人负我"，这样一个准则，也可以贯彻他的一生啊，他只是不希望别人模仿他，他最喜欢的不是那种跟他一样的人，而恰好是关公这样一些自我牺牲的人，牺牲自己去成全别人的人，与人为善的人，曹操喜欢这样一些人。他手下所用的那些人，倒是跟他完全不同，甚至于相反。可惜关公不跟他，关公只献身于那些跟他一样的人。但是曹操这种坏人最喜欢的是好人，他也可以构成一个自然整体，但是这个自然整体是没有普遍性的。坏人也不希望生活在一个全是坏人的世界，坏人最喜欢生活在一个大家都是好人的世界，这是他的自相矛盾之处。所以它虽然构成了一个自然整体，"但不是构成一个只有通过我们的意志、按照纯粹实践法则才有可能的自然"，这个自然整体不是道德的自然整体，而是自然界的、医学的、生理学的等等这样一个自然整体。而道德自然整体只有撇开经验的自然界，单独通过我们的自由意志、按照纯粹实践法则才有可能。这样一个自然当然就是本体的自然了，本体的自然是按照纯粹实践法则才有可能的，是通过我们的纯粹意志才有可能的这样一个自然。那是属于人的本质，在现象界是看不见摸不着的，是把握不到的。你只有跳出现象界，超出经验，你才能思考到我们有这样一个整体，你才能通过这样一种思考，使自己按照自己的本性来行动。

但我们仍然通过理性意识到一个法则，它是我们的一切准则都服从的，就好像凭借我们的意志必然会同时产生出一个自然秩序来一样。

这里话题一转了。如果我们限制在自然界之中，我们被限制在种种感性经验的束缚之中，我们固然也可以把所有这些束缚都当作是一个合乎自然规律的整体，人为财死鸟为食亡，人就是这样活了一生，他也是个整体；尽管如此，"但我们仍然通过理性意识到一个法则"。尽管我们是在自然界里面、在感性中，我们逃不出自然规律，但是我们仍然通过理性意识到了一个法则。这个法则"是我们的一切准则都服从的，就好像凭

55

借我们的意志必然会同时产生出一个自然秩序来一样"，理性意识到了这样一个我们的一切准则都服从的法则。当然你的准则也可以不服从它，你说我这个准则就是我独自一人的，像曹操那样，我这个事我秘而不宣的，我不能告诉人家，偶尔有时候可能喝多了酒，泄露给别人了，他会后悔的，怎么能让别人知道我是这样一个准则呢？所以这是我独自一人的准则，我从来不想把它变成普遍法则。但是即算在这个时候，如果我从自己的理性来看，我仍然意识到，我的一切准则都必须服从普遍的法则。曹操当然也有理性了，他那么会算计，他也会意识到有这样一个法则，其实是不应该这样做的。但是曹操之所以还是这样做呢，是因为他昧着良心，他把他自己的这一方面主动地遮蔽掉了，只看到眼前的利益而违背了自己的理性。如果他不遮蔽掉理性，那么他就会意识到，这样一个法则是我们的一切准则都服从的。从理性的这个角度来看，所有这些准则都会服从这个法则。因为你是个理性的存在者，你的一切准则按照实践理性来衡量，都应当服从道德法则。怎么样服从？"就好像凭借我们的意志必然会同时产生出一个自然秩序来一样"，这就是前面讲的定言命令的第一个变形公式。在纯粹理性的层面，你的自由意志的准则本身就会产生出一个自然的秩序，这个自然当然是指的本体界、道德界，实践理性，但它"好像"经验的自然界那样有秩序，有普遍法则。定言命令所表达的是一种道德秩序，在道德世界中它统治一切。但突然把这一套端出来，一般人还接受不了，太违背他们的日常生活的现实经验了，所以康德设计了一个最初的、最入门的表达方式，就是你可以把它看作如同一条自然律那样。你把你的准则看作好像是一条自然律，虽然它不是自然律，但是你要把它看作类似于自然界的规律，这样就好接受了。你就会意识到，虽然是理知世界而不是经验世界，但那里也有一个秩序，就是一个纯粹实践理性的整体秩序，它们所构成的那个自然，就是人的本性、人的本体的自然。它不是一个自然界，它是一个有道德秩序的自然。所以，我们的一切准则都服从这个法则，是按照这样一个本体的自然秩序来服从的,根据这样一个秩序来服从道德法则,"就好像凭借我们的意志必然会同时产生出一个自然秩序来一样"。因为你是按照纯粹实践理性的法则来运用自己的自由意志,那么这个自由意志在理性法则的指导之下,作为它的规定根据,必然会导致一种定言命令,而由定言命令呢,必然会建立起一个道德的秩序。所以这个自然秩序实际上是道德秩序,不是我们自然界的秩序。

所以这个法则必定是一个并非经验性地被给予的、但却通过自由而可能的、因而是超感性的自然的理念,我们至少在实践方面给予它以客观实在性,因为我们把它看作我们作为纯粹有理性的存在者的意志的客体。

这就是我刚才多次强调的,自然的理念的这个自然是超验的意思,超验的自然。前面所讲的所有那些都证明了,通过理性意识到的这个法则,它不是从经验中获得的,这个法则不是对经验世界的抽象、提升、上升而得来的一个法则。也不是从经验世界里面分析出来的,像康德对人的自然科学知识加以分析,发现里面除了有后天的经验成分以外,还有先天的要素。虽然这要素的来源是先天的,但是我们可以从后天经验中把它分析出来。但是道德法则不是这样,这个法则是"并非经验性地被给予的、但却通过自由而可能的、因而是超感性的自然的理念",它是这样一个自然的理念,这个自然不是经验性地被给予的,不是经验的自然,而是通过自由而可能的自然,因而是超感性的自然。我的自由已经表明我具有这样一个自然,就是我们的本体。这个本体是通过自由而可能的,通过自由我们可以造成这样一个自然的理念,造成一个理知世界的理念,这个自然不是我们日常所见到的自然界,而是我们的心灵、我们的本体中的那样一个自然,它有一个秩序,这个秩序的顶点是道德法则,它是由我们的自由所造成的。我们通过我们的自由,我们建构起我们的道德法则或者道德本性,我们建构起我们的道德秩序,这都是通过自由而可能的,因而是超感性的自然的理念。这个自然可以理解为本性,也可以理解为另外一种意义上的自然，就是知性世界的自然，这里的知性就是一个道德秩序，这是由道德律所统治的这样一个本性的整体自然。所以这个法则必定是一个超感性自然的理念，对这个理念，"我们至少在实践方面给予它以客观实在性"，"客观实在性"在这里是一个非常值得琢磨的概念，"客观实在性"一般讲自然科学，有经验的内容，我们说这样一个自然科学知识有客观实在性，它不是我主观想出来的，而是能够通过经验来验证，能够把握众多的经验材料，那么它就具有客观实在性。但是，道德法则在实践方面也能够获得它的客观实在性。自由的理念在《纯粹理性批判》里面，它只是一个先验的理念，它空无内容，它是悬空的；但是在实践方面呢，它就落实了，所以在实践的方面呢，自由的理念具有了客观实在性。道德法则也是这样，在实践方面它被赋予了客观实在性。也就是说，作为自由的行动，任何实践都要作用于自然界，都要作用于我们现实世界，发生它的后果。当然这个作用它不考虑在现实世界的后果，它只考虑动机，这个动机是从物自体来的，但是也它能够影响我们现实世界的因果性过程，能够影响我们对一个行动的解释。我们的行动，作为一个道德行动，它也只有在体现于现实世界中的时候才能称之为实践的。实践是非常具体的，非常现实的，具有客观实在性的，它能够现实地作用于世界，道德行为也不例外。日常的实践行为可以改变世界，可以使它为我所用，那么道德行为同样可以改变世界。但是这个改变虽然由道德行为引起，但本身遵循自然规律，这个世界并不一定按照你的道德意图来改变，它还是按照它的自然规律来改变。所以道德行为并不考虑它的后果，而只考虑它引起后果的动机。但尽管如此，这个自然物仍然可以被视为是由你的道德意图而得到改变的，这是一种眼光。一个医生、一个解剖学家看待一个道德行为，他只能通过自然规律来分析；但是一个哲学家、一个道德学家，他就有另外一种分析，他就可以深入到这个行为在本体中的原因，并且把这样一个现实的影响看作是背后那个本体原因的后果。这个后果也可能并不是如他最初所料到的那样的后果，但是它毕竟产生了后果，它毕竟发生了影响。在这个意义上，道德行为具有它的客观实在性，一切实践活动，包括道德实践活动，都有客观实在性，因为它是实践嘛。它跟经验世界肯定要打交道的，它不能够光是停留在头脑里面，停留在思想之中，它必须要实现出来，他的行为必须要做出来，必须是他的行为，在这个意义上它具有客观实在性。自由意志尽管不可认识，它是一个本体的、抽象的理念；但是在做出来的过程中间，它就体现出来了，也就是显出他有自由了。如果他什么也不做，你怎么知道他有自由呢？他肯定是做了一件事情，你才知道他有自由。至于这个事情做得好不好，最后是不是反过来对他形成了限制，使他不自由了，那是另外一回事情，至少最初他做这个事情是他的自由。道德律也是这样。我们至少在实践方面给予它以客观实在性。"因为我们把它看作我们作为纯粹有理性的存在者的意志的客体"。"它"，也就是这样一个法则了，这个法则毕竟是被非经验地给予的、但通过自由而可能的，因而是超感性的自然的理念。我们至少在实践方面能够给予这个理念以客观实在性，也就是把这个法则看作我们作为纯粹有理性的存在者的意志的客体。这样一个理念，就是这样一个法则，它当然不是一个抽象的，仅仅停留在思想中的法则，它是一个实践理性的法则，它是要做出来的。那么这个法则呢，我们就可以把它当作意志的客体。作为纯粹的有理性的存在者的意志的客体。就是说，我们就是要做这件事情，但我们在这件事情中只着眼于其中的法则，而不是其中的经验对象。意志所要做的就是这件事情，就是道德律，就是要把道德律实现出来。所以我们可以把这个道德律的理念当作我们意志的对象来加以实现，这就是道德律的客观实在性。意志的客体也就包含有客观实在性，就是说意志要把它实现出来，意志不仅仅是想一想而已。意志跟意识不一样，意识就可以是想一想，我意识到了，我想一想就得了。但是意志就不一样，意志就是要决心、企图，就是要把它做出来。它有这样一种企图，它有这样一种倾向，有这样一种趋向，有一种欲望。意志是高级欲望能力嘛，这是康德对意志的定位。

我们的欲望能力有两种，一种是低级的，一种是高级的。意志属于高级欲望能力。欲望能力是一种能动的、实践的能力，那么道德实践的目的是什么？为义务而义务，为法则而法则，为道德而道德。所以这个道德法则呢，成为了意志的客体。那么，作为客体，它就是在实践中能够起作用的，能够实现出来的，能够付之于行动的，所以它具有客观实在性。所以他这里讲，因为我们把这个理念看作我们有理性的存在者的意志的客体，我们作为有理性的存在者，我们的意志就是以这样一个法则，以这样一个理念，作为我们的对象，作为我们的客体。为义务而义务。这是与前面讲的"私人爱好"把现实的自然中的经验当作对象完全不一样的。根据上面做出的这样一些区分，康德在下面这一小段里面，把这样一个区分进一步明确化了。

所以，在意志所服从的那个自然的规律 [法则] 和某种（在意志与其自由行动有关的事情上）**服从一个意志的自然**的法则 [规律] 之间做出区别是基于：在前者，客体必须是规定意志的那些表象的原因，但在后者，意志应当是这些客体的原因，以至于意志的原因性只是在纯粹的理性能力中有自己的规定根据，所以这个能力也可以称之为一个纯粹的实践的理性。

要在这样两个东西之间作出区别，就是在意志所服从的那个自然的规律和某种服从一个意志的自然的法则之间作出区别。规律和法则都是一个词，Gesetz，我们在这里把它另外一个意思放在方括号里面加以表示。一个是意志不得不服从的自然规律，就是我们通常讲的自然规律。从这方面看，在这个世界上，没有任何意志是自由的，你都得服从自然规律。哪怕你自己以为是自由的那种自由意志，实际上也还是得服从自然规律。这个自然规律包括人之外的整个客观世界的规律，也包括人的身体和心理规律。人自己也是一个自然物，包括他的心理，也是符合某种自然规律的，也是由经验的心理学规定的。包括你的肌体，你的心态，你的心理活动,你的记忆、联想,你的教养,你的习惯。这些东西都是符合自然律的。这是一方面。另一方面,是"某种(在意志与其自由行动有关的事情上)**服从一个意志的自然**的法则"。意志所服从的和服从意志的,这两种自然的规律或法则是有区别的,它们体现的是实用的(技术性的)规则和道德的法则之间的区别。在自然界里面意志是没有自由的,我们通常认为意志是受自然规律束缚的;但是呢,如果我们要谈意志的自由,把意志和自由的行动关联起来,那么在这些事情上面就有服从一个意志的自然的法则。在自由行动方面,自然界是服从于一个意志的。前面讲自然的规律,这里讲自然的法则,都是一个词,但却是不同意义上的自然,不同意义上的法则或规律。所以必须在这两种自然法则或规律之间作出区别,一个是意志所服从的那个自然规律,一个是服从意志的自然的法则,而服从意志的自然的法则,就是自由的法则。什么是自由?康德在《纯粹理性批判》里面讲自由的理念,说所谓自由,就是"自行开始一个因果序列的那种原因性"。它引起了一个因果序列。比如说我从椅子上站起来,这是我的自由意志。我站起来以后,就引起了一系列的因果关系,在自然界里面,整个环境,我所处的位置,我的姿态就完全不同了,就造成了一个事件。这个事件是我造成的,如果没有我的自由意志,没有我的选择,那这个事件就不会发生。正因为我的自由意志,我的选择,使得我在这一瞬间站起来了。我本来可以不站起来,不站起来当然也是自然的,但是那就会服从另外一套自然规律了。我站起来以后,我改变了世界,但是并没有改变自然规律,而是选择了另外一条自然规律。所以它跟这个自然规律也没有不相容的地方,但是它是在另外一个意义上来讲的规律或法则。服从一个意志、服从这个意志的自由的那个自然的法则,这个自然的法则表面上还是自然的,但骨干里其实就是道德法则了。道德法则使得我的本性服从我的自由意志,我是一个自由人,那么我的自然,我的本性,就是服从我的自由的一种法则,或者说在我的自由的基础之上所建立起来的一套法则。在这两种自然法则、或者说两种自然规律之间，我们应该作出区别。前面一个自然规律是大自然的规律，是经验自然规律；后面一个自然法则，是道德法则。这个道德法则是基于我们的自由意志的，道德法则是由我们的自由意志来建立、来做的，如果没有自由意志，这个道德法则也不存在。由于有了自由意志，所以我们的道德法则是按照自由意志而建立起来的，这就是自由意志的自律。自由意志自己给自己提供了、建立了它的法则，那么这个法则，首先它是服从自由意志的。那么这两者之间为什么要作出区别呢？是根据什么来作出区别呢？康德讲，在前者，客体必须是规定意志的那些表象的原因，也就是自然界的那些客体，是规定意志的表象的原因，意志的那些表象就是目的，意志有一个目的，那么这个目的表象是根据什么来规定的呢？根据客体，根据客观环境，根据客观需要，根据我所针对的那个客观的经验对象来规定。我面前有一个经验的对象，那么我想要得到它，于是就形成了一个目的表象，这个目的就是指向它的，这个目的就成为指向它的一个表象。由于这个表象，我们规定了我们的意志，那就去做吧，那就去下决心去得到它吧。这就是一般实践理性的行为结构，是实用的行为方式。在这个情况之下，客体必须是规定意志的那些表象的原因。我们最后追究到我们的行为的原因何在呢？就是说，出现了这样一个客体。或者说它还没有实现，但是我想得到，我在观念中已经有这样一个客体了，我在表象中已经有它了，我想把它实现出来，而且我最后把它实现出来了。这样一个客体呢，我们就可以把它看作我的意志的原因。虽然它是我的意志的结果，我把它实现出来了，但是结果在目的活动中，在实践活动中，它同时就是原因。我们在生产劳动中，在物质的实践活动中，都是这样的，它跟自然的因果性不同的地方就在这里。自然的因果性不能倒因为果，原因就是原因，结果就是结果，先因后果，你不能说先果后因，那就搞倒了。但在实践活动中，它是可以颠倒的。在实践活动中，先有结果的表象，我先是着眼于那个结果，才引起了我这个实践活动。所以这个结果才是我行动的原因。我之所以要行动，是因为着眼于它将获得的结果，我才采取行动。目的性的因果关系，跟一般的机械因果关系，它们的区别就在这里。目的性的因果关系的原因和结果是可以颠倒的，而且必须是颠倒的，它才称之为目的。所谓目的的概念就是把结果当作原因，把我行动的结果、将要实现的结果当作我这一行动的动机，这就叫目的。那么，在这种情况之下，客体必须在先，或者我将要实现的结果必须是引起我的意志行为的先在的原因，外在客体必须是规定意志的那些表象的原因。但是在后者，就是在服从一个意志的自然法则的那种情况之下，这个自然法则是服从我的意志的，我的意志想怎么样，这个法则就会怎么样。这个在自然界是不可思议的，自然规律怎么能够服从你的意志呢？自然规律有它自己的发展的规律，有它自己的必然性，你想要怎么样，它不见得就会怎么样，不然就成了主观主义了。你想要它不这样发生，但它偏偏就这样发生了。这种事情多得很，它不会服从你的意志。但是在道德实践的情况下呢，恰好不一样，意志应当是这些客体的原因。我有一个意志，那么，这些客体呢，就会被产生。这个客体之所以产生，是由于我的意志。"以至于意志的原因性只是在纯粹的理性能力中有自己的规定根据"，意志当然它本身是原因，它是那些客体的原因，那么它的原因性肯定是超越这些客体的，先于这些客体的。这些客体还没有，但是意志已经有原因性了。那么这种原因性的规定根据是什么呢？如果就意志本身而言，显然只是在纯粹的理性能力中有自己的规定根据。在这种情况之下，意志的规定根据只能是纯粹实践理性，而不是经验的客体。当然我们在日常实践中，要取决于经验的客体，虽然我们也说这个客体是我造出来的，我造一件产品，我把它造出来了，它是我的自由意志的产物。但是这个自由意志是受限制的，它归根结底不是自由的。你之所以能够产生出这样一个客体来，你还是因为受到了自然规律的限制，你按照自然规律去做，自然规律允许你有这样一个设想，造出这样一个产品来。所以，自然规律能否产生出这样一个产品来，这是前提，它不由你的意志所决定。但是在后面这种情况之下呢，自由意志应当是这些客体的本原的原因。这些客体如果没有意志，它们是不可能的，只有通过人的意志的原因性，这些客体才得以可能，以至于意志的原因性只是在纯粹的理性能力中，才有自己的规定根据。在前面一种情况之下，意志的原因性是在不纯粹的理性能力中，有自己的规定根据。这种理性能力为什么不纯粹呢？以为它掺杂了一些经验的东西在里头。人的爱好，人的喜欢，人的情感，人的一般低层次的欲望、欲求、好恶，这些东西掺杂在里面，成为了意志的规定根据，促使人去下决心，运用自己的意志能力。那么归根结底，他的规定根据呢，是要诉之于经验世界，经验的客体，这就是一般的实践理性。当然它也有理性，但是理性在里面只是起一种工具的作用，理性来安排我的意志如何才能够获得那些经验的感性的对象。这是前面一种情况，人作为一个自然物，他的意志严格说来是不自由的，他的意志跟动物的任意没有本质的区别。只有一点区别，就是他能够使用理性；但这种理性是不纯粹的，而且是工具性的。我们通常讲工具理性，技术理性，理性在里面只是起一种工具和技术的作用，帮助我们去达到我们的目的，来满足我们的动物性的需求，使我们的物质生活水平能够提高，能够不断地获得更多的幸福。理性在里面只起一种辅助的作用、工具的作用。但是在后面一种情况之下，在纯粹实践理性的情况下，意志应当是这些客体的原因，那么这种原因就是一种纯粹的原因，这个客体完全是由我的意志而产生的。那么在这种情况之下呢，意志当头，意志在先，意志这个时候还没有被污染，还没有被掺杂，那么规定意志的原因性的就只能是纯粹的实践理性。纯粹的理性能力是规定意志的根据，意志在这里只能够按照纯粹理性来规定自己。"所以这个能力也可以称之为一个纯粹的实践的理性"，因为它是用纯粹理性来规定意志，规定意志的实践行为。这是一个区别，即不纯粹的一般实践理性和纯粹实践理性的区别。这个区别讲到了意志的两种法则，一种是意志所服从的自然规律，一个是服从意志的自然法则。都是讲的意志，都是讲的实践行为，但是呢，前一个是讲的我们日常的实践行为，技术性的实用的行为，后一个是讲的我们的道德的实践行为。日常的实践行为是取决于经验的自然界的,取决于自然规律的,你要达到你的目的,你首先得看看是否具有可操作性,是否能够获得你所需要的效果,那你就必须要有丰富的自然科学知识,要有丰富的经验,你才能够获得成功。当然这也是一种意志行为,但是这种意志行为不是本源的,这种意志行为只是我们人类作为一个动物在这个地球上生存的一种手段而已。那么后面这种意志行为,作为人的本体,作为人的本性,这种自然的法则就是一个意志的本体的法则,它是撇开一切经验的东西单独自我决定,自己为自己立法,自律,所以它是纯粹的实践理性法则。下面这一段把意志所遵循和所建立的这两种不同的法则归结为两个"课题",也就是《纯粹理性批判》和《实践理性批判》所讨论的两个课题。

　　所以,这样两个课题是极不相同的:**一方面**,纯粹理性如何能够先天地**认识**客体,**另一方面**,它如何能够直接地(只通过它自己的作为法则的准则的普遍有效性的思想)就是意志的规定根据,即有理性的存在者在客体的现实性上的原因性的规定根据。 [45]

　　这里提出了两个完全不同的课题,实际上也是提出了两个不同的演绎方式。我们要紧扣这一节的主题。这一节的主题是讲纯粹实践理性的原理的演绎,分来分去,为什么要作这样一些区分?就是告诉我们,纯粹实践理性的演绎跟前面讲的纯粹思辨理性的演绎是不一样的,它们的思维进路是不同的,因为它们所提出的两个课题是不同的。一个课题是《纯粹理性批判》里面的演绎的话题,另外一个课题是《实践理性批判》里面提出来的演绎的话题。要区分两种不同的演绎,首先我们要看看这两个不同的课题,两个演绎是由两个不同的课题分别引出来的。怎么不同呢?他说,"**一方面**,纯粹理性如何能够先天地**认识**客体",这当然是《纯粹理性批判》里面的演绎的课题。《纯粹理性批判》的演绎是什么意思呢?就是要对我们如何能够先天地认识客体做出论证,也就是对如何能够必然地认识客体做出论证,这也就意味着要证明我们的那些范畴和原理如何能够普遍必然地运用于客体之上,它们运用于客体之上的先天根据何在。《纯粹理性批判》的演绎就是讲清这个问题的,这是一个思路,一个课题。**"另一方面"**,纯粹理性如何能够直接地"就是意志的规定根据",也可以理解为纯粹理性如何能够直接就是实践的。作为意志的规定根据当然就是实践了。它如何能够直接作为根据来规定意志,就是它如何能够不依赖于经验而单独就是实践的,这个我们在前面已经多次接触到这样一个话题了。纯粹理性单独就其自身而言,就是实践的,也就是说,它自己就能够规定意志,不借助于任何别的东西,不借助于经验。括号里面讲:"(只通过它自己的作为法则的准则的普遍有效性的思想)",也就是说只通过纯粹理性法则自己在被个人的准则接受时的普遍有效性的思想,就能成为意志的规定根据。只通过纯粹理性的普遍有效性的思想,但这个普遍有效性呢,是作为准则的普遍有效性:它是被作为准则接受下来的普遍有效性,而这个准则呢就成了作为法则的准则。这里讲的其实就是定言命令了,通过这样一种普遍有效性的定言命令,就能够规定意志。单单凭借这样一种普遍有效性的定言命令来规定意志,那就是纯粹实践理性了。实践理性就是规定意志的理性,纯粹的,就是单单凭自己的普遍有效性的思想来规定意志。什么叫纯粹理性?纯粹理性就是那种普遍性的思想。纯粹理性追求一,追求放之四海而皆准,能够贯通到底,无一例外,这就是纯粹理性。那么用这样一种纯粹理性来作为意志的规定根据,如何可能?这里不是说经验知识何以可能,而是说纯粹理性如何可能作为意志的规定根据,单凭它自己如何可能来规定人类的实践行为。"即有理性的存在者在客体的现实性上的原因性的规定根据",在客体的现实性上的原因性,这就是对意志的定义,什么是意志?就是导致一个客体的现实性的原因,通俗地讲,意志就是把一个客体实现出来的原因。意志为什么直接能把这个客体实现出来?那它就必须要有一个根据,这个根据规定着有理性的存在者的意志,要它成为实现这个客体的原因。这个根据有可能是经验的对象,那就是实用的、技术性的实践理性,但它不是直接规定意志的,而要通过爱好;而现在,纯粹理性直接是意志的这个规定根据,那就是纯粹的实践理性了。现在我们要讨论的是,意志的这个规定根据何以可能,或者说,纯粹理性,不借助于任何经验,如何可能对意志进行规定?这个问题就是演绎在《实践理性批判》里面所要解决的问题。就是纯粹理性如何能够直接的就是意志的规定根据,也就是要说明,纯粹理性作为有理性存在者在客体的现实性上的原因性的规定根据如何可能。

下面一段讲第一个课题,第一个课题其实是重复在《纯粹理性批判》里面讲的那些内容,但是他的讲法在这里也稍微有点不同,因为他的角度不一样。基本的意思是一样的,就是在《纯粹理性批判》里面讲的先天综合判断何以可能,通过演绎来证明,我们的知性范畴作为一种先天的范畴如何必然能够对经验的材料加以综合而形成一种先天综合判断。这就要展示我们的那些先天范畴是如何对后天的那些经验材料一步步加以统摄,加以综合,加以统一,从而建立起知识的普遍必然性的。这就是《纯粹理性批判》里面的演绎所做的一个课题。但他在这里的表述是大大简化了的。

第一个课题属于纯粹思辨理性批判,它要求首先澄清:直观——没有它们无论什么地方都不能有任何客体被给予我们、因而也没有任何东西能被综合地认识——是如何先天可能的?

这个"首先"就是说,在《纯粹理性批判》的分析论之前,也就是在先验演绎之前,就已经必须要澄清"直观是如何先天可能的"。康德在"先验感性论"里面解决了这个问题,即一般认为感性直观都是后天经验到的,康德却指出,后天的经验性直观如果没有里面所包含的时间空间这样的先天直观形式,是不可能被我们后天接受到的。由于解决了直观的先天可能性，所以，康德回答了《纯粹理性批判》的总问题中的第一个问题，即纯粹数学何以可能，它取决于直观是何以可能的，因而取决于由时间和空间构成了一切经验性直观的先天的形式条件。破折号里面讲"没有它们无论什么地方都不能有任何客体被给予我们、因而也没有任何东西能被综合地认识"，这里，把直观如何先天可能的这个问题提升到了演绎的一个必要条件的层次上来考查，没有这个起码的条件，不单数学是不可能的，而且一切有关客体的经验知识作为先天综合知识都是不可能的。当然这还不是分析论里面的演绎。直观如何可能也有演绎，就是对时间和空间的两个"阐明"，一个是形而上学的阐明，一个是先验的阐明。康德在有个地方也讲到，这些阐明实际上已经是演绎了，但是为什么不叫演绎，是因为直观的阐明是通过直观，而不是通过逻辑，通过逻辑才能叫演绎。但在直观里面呢，用不着逻辑，它只要通过直观，我们就可以直观到，时间和空间是两种先天的直观形式。所以他只说阐明。所谓阐明，就是把一个概念里面的内涵说出来，把它清楚明白地展示出来，并且说明它如何能够造成知识，即时间空间如何使得数学得以可能。时间空间是使得算术和几何学得以可能的必然的先天条件，算术和几何学讲的就是时间和空间的各种规定，没有别的。而到了先验分析论里面讲先验逻辑，康德就讲到范畴的先验演绎，就是说，这样一些先验的范畴，是如何构成我们的自然科学知识的，或者自然科学是如何由于这些范畴而具有了先天的必然性、从而可以称之为科学的。这就涉及《纯粹理性批判》的总问题的第二个问题，纯粹自然科学何以可能。第一个问题是纯粹数学何以可能；第二个问题是纯粹自然科学何以可能；第三个问题是形而上学作为自然倾向何以可能，那就是在先验辩证论里面解决的；第四个问题是形而上学作为科学何以可能，那就是在先验方法论里面解决的。这是在《纯粹理性批判》里面要解决的这四个问题。那么，先验演绎呢，主要是解决第二个问题，纯粹自然科学何以可能，这样一种作为自然科学的先天综合判断何以可能。但是它的前提呢，首先要求澄清，直观如何是先天可能的,那就必须对于时间和空间进行形而上学的阐明和先验的阐明,这也相当于演绎的作用了。这两个破折号里面就是说,为什么要首先阐明这个,是因为没有这些直观,无论什么地方都不能有任何客体被给予我们、因而也没有任何东西能被综合地认识,因为它们提供了进行综合的材料。就是说,这些先天直观提供了任何客体能够被给予我们的前提,任何自然科学的对象能够被给予我们,首先是建立在直观被给予我们这样一个基础之上。一旦直观被给予我们,那么我们就有了一种客体的可能性了。当然这个客体还必须要由范畴去建立,但是范畴建立不是在空地上建立,范畴要建立客体,它必须要拿直观的东西作为它的材料才建立得起来。范畴对各种经验材料加以综合,先验自我意识对各种材料加以本源的统觉的综合统一,这里头很重要的概念是综合。综合什么呢? 综合直观的杂多,综合直观的材料。所以没有直观,无论什么地方都不会有任何客体被给予我们,因而也没有任何东西能被综合地认识。这就是为什么首先要有先验感性论把先天的直观提供出来。那么有了先天直观以后,我们就能够接纳经验的直观对象,就提供了能被综合认识的对象,在这个前提之下,我们才能考虑范畴的先验演绎的问题。所以,《纯粹理性批判》里面是这样的思路,首先从先验感性论出发,对时间空间的这样一种阐明给范畴的先验演绎提供了一个基础,这是首先要澄清的。

这个课题的解决导致这个结果:直观全都只是感性的,所以也不容许任何比可能经验所达到的范围走得更远的思辨知识成为可能,因此,那个纯粹思辨理性的一切原理所达到的无非是使经验成为可能,这经验要么是有关给予对象的,要么是有关那些可以无限地被给予、但却永远也不被完全给予的对象的。

他这里没有再展开了,其实这里不但包含有直观的这样一种澄清,也包含有对于自然科学知识或经验知识的演绎。因为按照他上一段所讲的,这两个课题中的第一个是,纯粹理性如何能够先天地认识客体。但上一段讲首先要澄清直观是如何先天可能的，还没有直接着手解决这个课题，只是为解决这个课题提供了一个基地，提供了一个前提。他首先澄清的是感性的客体是如何可能被给予我们，但是还没有说明纯粹理性如何能够先天地认识这些客体。当然，客体如何可能被给予我们的问题是纯粹理性如何能够先天地认识客体这个问题的前提，所以他在破折号里面讲，没有这样一些直观，无论什么地方都不能有任何客体被给予我们、因而也没有任何东西能被综合地认识。那么反过来，一旦有了先天直观，那就有了被给予我们的客体，也就有了能被综合认识的东西，那些东西作为知识何以可能就是进一步的先验演绎的任务了。这就是在《纯粹理性批判》的先验分析论里面讲到的知性范畴的先验演绎所要完成的任务。那么在这一段呢，就是接下来讲，"这个课题的解决导致这个结果"，就是说第一个课题的、也就是先验演绎的课题的解决将导致一种结果。先验演绎的课题主要是范畴如何能够运用于经验对象之上，当然它首先要有一个直观的经验对象作为前提，因为这个课题本身就需要能够运用的直观对象。那么这一点一旦完成，它就会导致什么样的结果呢？就是："直观全都只是感性的，所以也不容许任何比可能经验所达到的范围走得更远的思辨知识成为可能"。这就是演绎的一个结果，就是直观都是感性的，都是在时间空间中呈现出来的，我们不可能有知性直观。既然直观全都只是感性的，也就是只能在时间和空间之中，那么时间空间就是一切可能经验的条件。任何可能经验，你都只能在直观中设想它，只能在时间空间中设想它。由此而形成"直观中领会的综合"（这是第一版演绎的第一步），包括未来的经验，包括以往的经验，不管什么时候的经验，不管什么地方的经验，不管是宇宙边缘的经验，还是宇宙之外的、另外一个宇宙的经验，等等，总之所有这些你只能在时间空间这两种直观形式中感性地去设想它，使它在直观中得到综合。这样一来，感性的时间空间就成了任何"思辨知识"之所以可能的条件、范围或界限。所以，时间空间作为感性，它是一切可能经验的范围，所有可能经验的范围都在时间和空间之内。我们的直观只能是感性的，所以不容许任何比可能经验所达到的范围走得更远的思辨知识成为可能。你光说"思辨"可以，思辨是从概念到概念，它可以超出一切可能经验之外；但是思辨的"知识"，一旦要成为知识，它就不能超出一切可能的经验之外。你想一想当然可以了，物自体啊，上帝啊，灵魂啊，你信马由缰怎么想都可以，但那都是超出可能经验之外的，你不可能经验到上帝，也不可能经验到灵魂。所以在思辨的知识这个意义上呢，超出一切可能经验之外是不允许的，无法获得任何先天综合知识。"因此，那个纯粹思辨理性的一切原理所达到的无非是使经验成为可能"，这就点题了，这是《纯粹理性批判》的先验分析论里面所讲的范畴的先验演绎。就是范畴所建立起来的那些原理，人为自然界立法，十二个范畴立了十二条原理，作为自然界的法，它们所达到的无非是使经验成为可能。这就说明了纯粹理性如何能够先天地认识客体，它就是这样来先天地认识客体的，即纯粹思辨理性的一切原理所达到的无非是使经验成为可能，没有别的了。也就是说，凡是有可能成为经验知识的，都是纯粹思辨理性的原理所造成的，纯粹思辨理性的原理就是干这个的，它只是通过对直观的综合使经验成为可能，它不可能超出经验之外去获得什么别的知识。但正因为如此，所以我们的一切有关客体的经验知识里面都必然包含有纯粹思辨理性的原理，包含有知性范畴以及由知性范畴展开的那些原理，它们是这些经验知识之所以可能的必然条件。纯粹理性就是凭借它的那些范畴在感性直观的范围之内，去综合地统摄一切经验材料，这就使我们对于客体有了一种先天的知识，这个演绎所要达到的结论就是这样的。下面他对这个经验作了进一步的解释和说明："这经验要么是有关给予对象的，要么是有关那些可以无限地被给予、但却永远也不被完全给予的对象的"，这个经验要么是有关已经给予的对象的，就是现有的经验，我们把纯粹思辨理性的一切原理运用于现有的经验。比如说我眼前的这个杯子，我就可以从单一性，从因果性，从实体性，从交互关系，从现实性等等所有这些范畴的角度，围绕着它来对它加以规定。这些规定就是对这个杯子的认识。我把所有这些原理都运用在这个杯子上，用完了，我就全面地考查了这个杯子，这个杯子就被我把握住了，就被我彻底地认识了。如果我真的是对它的因果性、实体性、交互关系、它的质和量、它的模态等等全部都把握到了以后，那么我对这个杯子的认识就彻底了。"要么是有关那些可以无限地被给予、但却永远也不被完全给予的对象的"，这就是有关无限可能经验的了。这些原理使经验成为可能、或者说使经验知识成为可能有两种情况，要么是有关已经被给予的对象的，要么是有关那些还可以无限地被给予的对象的。后者就是所谓一切可能的经验，这是一个开放的体系。我们的自然科学知识不是局限于当下的，不是像经验派所讲的，我面前出现了一个东西，我就认识它，我面前不出现了，它就不存在了，像休谟所讲的，它不出现在面前了，那我就不能认识它了。出现在面前，我就对它有印象；不在我面前的，我对它就只有记忆，只有想象的观念，想象力和记忆就是退而求其次，就是不太可靠的知识了；至于从来都没有出现过的，那就根本谈不上什么认识了，想都不要想。——这样看就太狭隘了。所以康德把这样一种经验扩展为对一切"可能"经验的知识，这就更加表明了知识的一种先天性和超前性。可能经验，无数万年之前的经验和无数万年之后的经验，你凭你当下的感觉、印象、知觉是不可能把握到的，那就要凭先天的法则，先天的规律，先天的原理来对它的可能的经验内容加以推断，而且要留有按照这些原理进一步扩展的余地。总之，这些原理所达到的无非是使经验成为可能，不仅是眼前的经验，也包括那些无限被给予的可能的经验，哪怕它们是永远也不被完全给予的对象，这时候就要求助于理性的理念来引导。认识是无限的，科学知识的发展也是无穷无尽的，我们所能把握的不只是眼前我们已知的这个宇宙中我们所知道的那些经验事实，那些经验对象，我们还要努力探寻未知的可能经验的对象，还要继续发展科学，还要扩展我们的知识。按照休谟的那种方式，我们完全不能扩展我们的知识。但是按照康德的方式呢，借助于先验的原理，我们可以无穷地扩展我们的知识。所以我们对于可能经验所达到的范围有一种展望，但是无论怎么展望，我们超不出可能经验的范围。可能的经验还是经验，它还是在时间空间之中，还是能够被我们的感性直观所感到，这个是毫无疑问的。但是在这个可能经验的范围里面呢，可以借助于理性的理念的范导作用，在时空上有无穷无尽的发展。这就摆脱了休谟的那种局限性和狭隘性。康德结合理性派和经验派两者，克服了他们各自的片面性。理性派忽视经验，而经验派呢，又没有先天的普遍必然性，只能就事论事。那么康德呢，他强调经验，但是这个经验是可能经验，包括那些可以被无限地被给予的经验对象。这是第一个课题。

＊　　　　　　＊　　　　　　＊

我们上次已经讲到了两个课题，康德从《纯粹理性批判》和《实践理性批判》这两部著作的思路的比较推出来有两个这样的不同的课题。第一个是《纯粹理性批判》的课题，第二个是《实践理性批判》的课题。那么第一个课题是属于纯粹理性批判的演绎，它的目的是要证明范畴能够运用于经验知识之上的必要性或者必然性。范畴必然要运用于经验知识之上。为什么必然？我们在上一堂课已经讲到了，就是直观何以可能，进而我们的经验知识何以可能。经验本身得以可能的前提就已经以范畴作为它的必要条件了，如果没有范畴的话，我们的任何经验知识都是不可能的。在康德那里，一开始的时候，好像还没有看到这种必要性，好像先验感性论是可以独立的，先有了感性知识，然后才有了理性知识。但是通过先验演绎，尤其是第一版的先验演绎，我们知道，哪怕是直观的感性的知识，如果没有高层次上的知性、范畴、自我意识的统觉统一，那它也是不可能的，那都是一些过眼云烟，形成不了一个有关对象的知识。所以从经验知识本身得以成立的条件我们可以看出来，它必然要运用范畴，要运用知性，需要知性来使它成为一种经验知识。反之，范畴的先天知识也只能运用于经验直观之上，而不可能有离开经验对象的先验运用。这是在《纯粹理性批判》的第一个课题里面所讨论过的，现在已经不讨论了，现在就是展示在《纯粹理性批判》里面曾经讨论过的这样一种关系。所以，《纯粹理性批判》的演绎是关于知识何以可能的这样一个演绎，它解决康德《纯粹理性批判》的四个主要问题中间的前面两个，数学何以可能，自然科学知识何以可能。当然后面的形而上学也包含在内，即我们超出经验范围之外的知识何以不可能。所以它跟《实践理性批判》里面要解决的问题是完全不同的。实践理性批判里面，不是要解决知识何以可能的问题，而是要解决纯粹理性何以能够规定意志的问题。这就是我今天要给大家读的这一部分。我们来看 319 页（单行本第 60 页，边码 54）。

　　第二个课题属于实践理性的**批判**，它并不要求澄清欲求能力的客体是如何可能的，因为这仍然作为理论的自然知识的课题而委托给了思辨理性的批判，

　　第二个课题属于实践理性的批判的课题，他强调这个"批判"。当然，前面的《纯粹理性批判》也是批判，也是考察理性本身从哪里找到它的根据，对于理性本身要进行批判。理性不能贸然地超出经验范围之外，去随意地运用，去做先验地运用，这个是不可能的。这当然也是批判。但是，第二个课题属于实践理性的批判，这个时候已经不是纯粹实践理性对自身的批判，这个我在前面已经讲了，在实践理性批判里面的这个批判，为什么叫实践理性批判，它不是对纯粹实践理性进行批判，而是立足于纯粹实践理性，去对一般的实践理性、掺杂有经验成分的实践理性进行批判。所以他这个批判有特殊的含义，跟前一个批判还不太一样。前一个批判是就我们现有的纯粹理性，我们对它批判地考察，考察它的范围、限度，考察它所形成的知识的可能性条件，限定纯粹理性运用的范围，这是对于纯粹理性本身进行考察。纯粹理性批判是对纯粹理性本身的批判，

对理性本身的理性思考。那么在实践理性批判里面呢，这个批判的意思已经有点不同了，它的前提是不用质疑的，纯粹实践理性是不用怀疑的，它是一个事实，我们接受这个事实就够了。纯粹理性批判就是要澄清理性的能力是如何可能的。但是在实践理性批判里面，并不要澄清欲求能力的客体是如何可能的。欲求能力的客体，当你问它是如何可能的时候，你是把它当作一个知识的对象了，欲求能力的客体也可以成为知识的对象。但这样一个探讨，它不属于实践理性批判的课题，还是属于前一个课题。欲求有个对象，这个对象肯定也在现实世界中有它的后果，也是一个经验的后果，那么这个经验的后果何以可能？就像我们在《纯粹理性批判》里面讲经验知识何以可能一样。这样一个问题，它不属于实践理性批判考察的范围。所以他讲，"它并不要求澄清欲求能力的客体是如何可能的，因为这仍然作为理论的自然知识的课题而委托给了思辨理性的批判"。欲求能力当然也包括一般实践理性，虽然不是纯粹实践理性，但是我们在日常活动中，都要使用理性。那么它的客体何以可能，也就是说，它将会达到什么样的结果呢？这是一个科学问题，或者说，这是一个技术问题。我的欲求能力要达到可能的结果，如何可能达到，这是技术问题，即你如何能够从你的目的出发，利用一定的技术手段，实现自己的目的。那么，技术的实践前面我已经讲过，它不属于严格意义上的实践哲学，它属于理论哲学，它是对实践的活动进行理论的考察，也就是我们通常讲的科学技术。技术是附属于科学的，科学技术没有伦理道德含义，没有应该不应该的问题，它只有做不做得到的问题。你如果按照科学的原理去做，你就做得到，如果你违背了科学规律，你就做不到。所以，这样一个客体如何可能的问题，它不属于实践理性批判，它仍然作为理论知识的课题而委托给了思辨理性的批判去解决，它是一种理论自然知识，也就是科学技术的课题，还是属于上面的那样一个课题。

而只要求澄清理性如何能够规定意志的准则，这件事是仅仅借助于作为规定根据的经验性表象而发生的呢，还是就连纯粹理性也是实践的，它是否是一个根本不能经验性地认识的可能的自然秩序的法则。

第二个课题属于实践理性的批判，它不考察那些欲求能力的客体是如何可能的，而是考察什么呢？它"只要求澄清理性如何能够规定意志的准则"。欲求能力的客体当然也包括意志的客体，哪怕我做一件道德的事情，它的后果如何，能不能做得到，这也是理论理性、思辨理性所考察的问题，要委托给思辨理性去考察。那么实践理性批判不考察这个问题。它只考察理性如何能够规定意志的准则。理性规定意志的准则，意志本身要发生，按照一种什么样的准则来发生。也就是规定意志的动机，它不考察后果，不考察你的这样一个意志、你所定下的目的、你的客体能否实现，你能不能做到，这个它不管，它只规定意志的准则。你的意志的动机里面的准则如何规定，这是理性在主体内部所做的工作。理论理性考察主体和客体的关系，而实践理性是在主体本身的内部考察理性能不能规定你的意志的准则，如何规定意志的准则。理性考察的是，你的意志不管做什么，能否使你的准则成为一条普遍的法则。实践理性批判考察的是这样一个问题。所以它只要澄清理性如何能够规定意志的准则，或者说意志的准则如何能够成为一条普遍的、合乎理性的法则。意志的准则成为一条普遍的法则，这就是道德律了。所以就是考察道德律如何可能。它不是说道德律何以可能运用于对象，道德律如何可能产生它的现实的后果，它不考虑这些问题。它只是考虑，道德律本身何以可能。"这件事是仅仅借助于作为规定根据的经验性表象而发生的呢，还是就连纯粹理性也是实践的，它是否是一个根本不能经验性地认识的可能的自然秩序的法则"，道德律何以可能这个问题就分成两个问题，一个是，道德律是不是仅仅借助于作为规定根据的经验性表象而发生的，即道德律是否由经验表象作为它的规定根据；一个是，就连纯粹的理性本身，没有任何经验性表象，它是否也是实践的，也就是说，它的法则所展示的那种可能的自然秩序，是否根本就不能经验性地认识，而只是一个纯粹理性的理知世界的秩序。当然，你要从经验的表象来规定自己的意志也是可能的,而且大量的意志行为、任意行为都是如此。但是在康德看来,这就不是纯粹的道德行为了。你虽然做了一件道德的行为,但是你的动机里面掺杂有经验性的东西,或者根本就是以你的经验性的东西为你的规定根据的,你为什么要做一件事情,你口头上说是为了道德,但是实际上你是为了利益,你是为了获取更大的名声,你是为了一些别的经验的目的,这都是可能的。但是我们能否坚持说,就连纯粹理性也是实践的。经验的东西做规定根据,当然可以是实践的,比如说我们的实用,我们的明智的劝告,你如果想要在这个集体里面左右逢源、如鱼得水,你就必须做好事,你就必须与人为善。所以,想要左右逢源这样一种经验性的目的当然也是实践的,也可以支配你的行为。你可以做好事,或者你也可以算计人,你也可以做坏事,都可以导致实践的后果。这是一方面。但是另一方面呢,就连纯粹理性也是实践的。就是说,即算你任何经验性的目的都不考虑,包括你的名声、地位、权力、钱、利益,这些东西都不考虑,甚至也不考虑技术上的可行性,不考虑后果的现实性,就凭纯粹理性本身,它也可以是实践的,有没有这种情况? 这就是康德所讲的为义务而义务,为道德而道德,有没有这种情况? 我纯粹从理性出发来考虑问题,我就可以决定我的自由行动了,如果有这种情况,那就是真正道德的。道德何以可能,取决于有没有这种情况。这就表明,纯粹理性就是一个根本不能经验性地认识的可能的自然秩序的法则。纯粹理性当然会提出一个法则,凡是理性都要提出法则、原则,那么纯粹理性这样一个法则,是不是一个"根本不能经验性地认识的可能的自然秩序的法则"呢? 这个定语很长。一个"根本不能经验性地认识的可能的自然秩序的"法则。这个地方讲的"自然秩序",我们不要理解为自然界的规律,因为它是根本不能经验性地认识的,而自然界当然可以经验性地认识。康德的自然的概念我在上次讲到了,它有双重含义,自然界当然是自然的。但是道德也是自然的。人的道德也是自然,或者说是人的本质。那么这个地方讲的自然秩序就是人的本性即理性的那种秩序,人按其本性而言的秩序。当然这个秩序是属于物自体的，它不属于经验的对象，其中没有任何经验的东西可以提供出来给我们认识。那么在物自体里面，在人的物自体上，是不是也有一个纯粹理性的秩序呢？这是不是一个这样的自然秩序的法则呢？这种自然秩序是不同于经验自然界的那样一种自然秩序，是一种知性世界的秩序。知性世界就是我们所设想的在我们的本体之中所存在的秩序。我们设想它如果构成一个世界的话，这个秩序即道德秩序将统治这个世界。当然这在现实的经验世界里面是不可能的，所以它只是停留在我们的假设之中。我们假设有那样一个世界，道德秩序占统治地位，那样一个世界作为我内心的一种信念，那么它当然具有实践的能力，我内心有了这样一种信念，我就可以按照这样一个世界的法则来行动。我在这个世界里面可以按照那个世界的法则来行动，不管它在这个世界中的后果如何，我也"知其不可而为之"。但是只要我这样来采取实践行动，就会影响这个世界，影响我生活的这个经验的现实世界，所以这一法则本身就有实践能力，纯粹理性本身就有实践的能力。这是他的第一句话。

　　这样一个超感性的自然，它的概念同时能够是通过我们的自由意志将它实现出来的根据，它的可能性不需要任何先天的直观（对一个理知世界的直观），这种直观在这种场合下作为超感性的直观，对我们来说也必然会是不可能的。

　　这样一个可能的秩序是一个超感性的自然，它当然不是在经验中可以实现出来的。但是，"它的概念同时能够是通过我们的自由意志将它实现出来的根据"，虽然它是超感性的自然，但是它的概念，与此同时，又是能够通过我们的自由意志将它实现出来的根据。是不是能够实现出来，这个我不管，这个是思辨理性讨论的问题，是科学技术讨论的问题。但是我的自由意志要把它实现出来，我的根据就在于它本身，就在于这个超感性的自然的概念，它可以成为我把它实现出来的根据，也就是说，它可以成为我的自由意志的目的。目的就有这个特点，它要实现的东西，跟它的意志的根据是一码事。目的活动我在前面讲到了，目的活动就是他要实现出来的东西预先已经在他的心里作为根据了。那就是动机。目的就是动机嘛。动机有双重意义，一方面是它没有实现出来的时候，它就是动机；当它实现了的时候，它就是所达到的目的，那就是目的活动的结果。当然这个结果不一定符合于动机。我们经常讲，心想事成，不一定。你想到的能够有百分之七八十成为现实，那就不错了。结果不一定完全符合动机，但是结果是应该符合动机的。这个活动是把它作为应该实现出来的东西来造就的。所以，这样一个超感性的自然，它的概念同时能够是通过我们的自由意志将它实现出来的根据，我们的自由意志要把这个超感性的自然实现出来，不仅仅是停留在概念上面，而是要采取把它实现出来的行动。那么，我们意志的根据何在？根据就是它这个概念，我们有了这个概念，以这个超感性的概念做根据，来激发我们的自由意志，使我们的自由意志把这个目的付之于行动。付之于行动不一定就成为后果。但是付之于行动是先于让它成为后果的，想要把这个理想实现出来的，我才付之于行动。至于它真的是不是理想变成现实，这是另外一回事情。下面："它的可能性不需要任何先天的直观（对一个理知世界的直观），这种直观在这种场合下作为超感性的直观，对我们来说也必然会是不可能的"。也就是这样一个超感性自然的可能性，不需要任何一个对于理知世界的直观，也就是说，这样一个超感性的自然，我们人是看不到的。它既然是超感性的，而我们人又只能通过感性来直观一切事物，那么这个超感性的自然我们人是看不到的，它属于物自体。那么是不是需要一个先天的直观，对于一个理知世界的知性直观？这对我们的意志的发动没有必要，它单凭法则就可以发动起来。它需不需要一个知性直观？我们的意志要把它实现出来，是不是需要首先直观到它，然后才把它实现出来呢？我们的感性当然不能直观到它，我们是不是需要一个知性的直观来直观到它，然后再把它实现出来呢？康德认为不需要。我要把一个彼岸的秩序、纯粹理性的法则实现出来，不需要对这个彼岸世界的秩序具有一种什么直观，不管是感性直观也好，还是知性直观也好，都不需要。当然他这里强调的是任何先天的直观，这个是针对理性派的。理性派的哲学家，当时唯理论的哲学家，他们认为人有一种先天的知性直观，它可以不通过经验而直观到事物本身，不通过感性可以直观到事物本身，甚至可以直观到上帝。但是康德认为人在道德实践中不需要这种能力，只需要纯粹理性就够了。更何况，"这种直观在这种场合下作为超感性的直观，对我们来说也必然会是不可能的"。这种理知世界的直观，在道德实践的这样一种场合下，在纯粹理性通过我们的自由意志把它的法则实现出来的这样一种场合之下，作为超越感性之上的直观，对我们来说也必然会是不可能的。我们人的直观只能是感性的，只能通过感官直观对象。知性直观在什么情况下是可能的呢？比如说在上帝创造世界的情况之下，也许就是可能的。上帝具有这样一种大能，他能够按照纯粹理性的法则把这个世界创造出来，因为他有知性的直观，或者说理智的直观、智性的直观。但是对于我们人来说，我们只能凭借自己的自由意志，按照道德律去行动，把道德律作为我们的规定根据就行了，不需要预先直观到这一行动的后果。在这种情况之下，这样一种超感性的直观是我们不需要的，也是我们不可能拥有的，这是我们人的有限性所决定的。

　　<u>因为问题只取决于意愿在它的准则中的规定根据，那根据是经验性的呢，还是一个纯粹理性概念（关于一般准则的合法则性的概念），并且它又如何可能是后一种情况。</u>

　　为什么超感性自然的概念作为自由意志的根据不需要、也不可能有任何直观？这句话就解答了。因为在这种场合之下，"问题只取决于意愿在它的准则中的规定根据"。这个地方用的"意愿"，wollen，这个词是比较含糊的词，它既包含自由意志，也包含任意，因为这两个词都是从 wollen 来的，要追溯意志 Wille 和任意 Willkür 这两个词的词根的话，都要追溯到 wollen。那么，问题只取决于意愿在它的准则中的规定根据，它的规定根据是什么呢？"那根据是经验性的呢，还是一个纯粹理性概

念"？当然如果是经验性的，那它就是任意，就是 Willkür ；如果是纯粹理性概念在规定它，那它就是意志，Wille。这是两种情况，两种情况都属于 wollen 的情况，Willkür 和 Wille 两个概念都包含在 wollen 这个概念里面。问题取决于意愿 wollen 在它的准则中，它的规定根据是经验性的呢，还是一个纯粹理性概念。"纯粹理性概念"加了一个括号内的说明，"(关于一般准则的合法则性的概念)"，一般准则，不管是什么准则，它的合法则性概念就是纯粹理性概念。准则和法则，前面都讲到了。准则是主观的，法则是客观普遍的。主观的准则能否成为一条普遍的法则，那就要看纯粹理性了，那就要以纯粹理性作为标准。你不能以经验作为标准，以经验作为标准，你永远也找不到法则，你只能是主观的准则，那就是任意，为所欲为，下不为例，这一次抓住机会了，机会不能错过，那就是机会主义了，那就不是道德了。道德就是说，我是一个有原则的人，我的行为的准则能够放之四海而皆准，能够保持它的一贯性，我今天能遵守，我明天能遵守，我一辈子能持守，任何他人也能持守，这就是道德的法则。关于一般准则的合法则性的概念，这就是纯粹理性概念。纯粹理性概念运用于准则上，就使得这样一种准则成为一种合法则性的主张，那就是道德律。这是不需要什么直观来作为前提的，哪怕是知性直观。"并且它又如何可能是后一种情况"，问题只取决于意愿在它的准则中如何可能是这后面一种情况，就是纯粹理性概念成为了它的规定根据，如何可能？实践理性批判所要解决的是这样一个如何可能的问题，也就是这样一种演绎的问题。实践理性批判的演绎是这样一个问题，也就是意愿在它的准则中如何可能以纯粹理性的概念作为它的规定根据，换言之就是道德律如何可能。因为道德律无非就是讲，你要使你的行为的准则成为一条普遍的法则，你要使你的行为的准则按照纯粹理性把它变成普遍的法则。这就是道德律。那么这个普遍法则如何可能，那就是道德律何以可能。他要讲的是这个问题。

　　意志的原因性对于实现客体是不是足够的，这仍然是托付给理性的理论原则去评判的事,这就是研究意愿客体的可能性,因而对这些客体是直观在实践的课题中根本不构成它的任何契机。

这个是排除法了。排除什么呢？排除的是这种情况:"意志的原因性对于实现客体是不是足够的",这样一个问题。也就是说,你的意志作为实践的原因,也就是作为动机,你在实践活动中,你把你的意志作为原因性来引起后果,那么你的这个动机对于实现客体是不是足够的呢,你这个目的是不是足以实现出来呢？你的动机是否考虑到了它的实现的可能性,以及可操作性、有效性呢？这就需要有一种直观了,不是感性直观就是知性直观。但这个问题并不是这里所要考虑的,不是纯粹实践理性批判所要考虑的。所以他讲,"这仍然是托付给理性的理论原则去评判的事情,这就是研究意愿客体的可能性"。前面讲的这个问题,我的动机是不是能够实现出来,这样的问题"仍然是托付给理性的理论原则去评判的事"。为什么讲"仍然是",就是前面的《纯粹理性批判》已经讲了这样一种技术性的问题,实际上也属于理论的、科学的问题。你的目的、你的方案是否可行,是否具有操作性,是否有效,这个要通过理论,通过调查研究,通过详细的分析论证,才能够得出你的预测。那么你这个预测的准确率有多少,这个不是属于实践理性讨论的问题,而是仍然属于理论理性、托付给理性的理论原则去评判的事情。你要从科学知识的角度,你才能了解它是否具有可操作性,不能凭你的主观愿望,你就觉得它是可以实现出来的。你还要看你的动机在目前的情况之下有没有可能实现。在几十年以前,我们说要到月亮上去,那是根本不可能的一个目的,是神话中的事情。现在我们有可能了,随着科学技术的发展,它才有可能了。所以这样一个目的完全是取决于科学技术的发达程度的问题。这就要研究意愿客体的可能性。"因而对这些客体的直观在实践的课题中根本不构成它的任何契机",对这些意愿的客体,也就是对实践的后果,这个目的实现出来了没有,对这个后果的直观,在实践的课题中,也就是在第二个课题中,根本不构成它的任何契机。这也是人们指责康德的地方,就是他只管动机,而不管效果。康德确实有这方面的特点,就是当他谈到道德的时候,他企图把道德从一切效果中抽象出来,首先定一个理想的法则在那里,这个法则是完全没有任何效果的考虑的,但它仍然是实践的,它是可以操作的。这个操作不一定有成效,但是它可以动起来,可以付诸于实践,实际上后果怎么样,他不考虑,或者说他认为首先不应该考虑。当我们谈纯粹实践理性的时候,我们不应该把任何效果、操作、技术、工具这些考虑纳入进来。我们要就道德来谈道德,为道德而道德,首先树立起一个标准。当然这个标准一旦树立了以后,是不是康德也反对任何对效果的考虑呢? 那倒不一定。所以,在别的一些地方,他也可以做出一些退让,甚至做出大幅度的退让。包括人类在历史中所表现出来的种种行为,康德认为都不是在道德上没有任何意义的,对道德也还是有意义的。所以,人们对他的指责有一部分道理,也不完全有道理。从他的基点来说是有道理的,他的道德基点确实是纯粹道德,不考虑任何经验的和后果的问题,但是他的目的并不是说,我确定这个就完了。他确立这样一个纯粹道德的标准,是用来衡量我们在日常生活中的道德实践。日常生活中的道德实践肯定是离不开经验的,也离不开后果的考虑的。这个是康德也看到的,有限的人类要完全为道德而道德,那是做不到的,只有上帝能做到,只有天使能做到,人类做不到。但是,即算人类做不到这样一个标准,还是有意义的。道德实践和日常实践毕竟不同,那些指责康德的人,往往都是把道德实践和日常实践等同起来了,用日常的功利的行为去要求道德行为的法则。他们没有看到,康德的意思是,我首先要把这个标准确立起来,这个标准必须把后果和一切经验全部排除掉,然后反过来,用来衡量我们在现实世界中的行为。这样一来,我们就可以区分什么是真道德,什么是虚伪,什么是伪善,我们就可以清醒地了解到我们人类道德的状况,离真正的道德还有距离,不要沾沾自喜。你有这样一个目标,就会使你的道德状况可持续地发展。那么在这里呢,他还是强调,研究意愿客体的可能性,研究你的意愿的对象,也就是那个结果,那个效果的可能性,对这些客体的直观,这在我们这个实践的课题中根本不构成任何契机,你不要考虑任何关于它的效果、关于它的客体如何能够实现出来这些问题,要把它们从这些纯粹实践理性的契机中排除出去。

　　在这里事情只取决于意志的规定和作为自由意志的意愿的准则的规定根据,而不取决于后果。

　　这里讲得比较明确了,就是为什么要把直观排除出去。因为在这个地方,"事情只取决于意志的规定",意志在这里就是自由意志了,意志是一种什么样的规定,意志本身得到了什么样的规定,这个是现在在这个地方要讨论、要涉及的。"和作为自由意志的意愿的准则的规定根据",意愿我刚才讲了,包含自由意志,也包含自由的任意。这个地方讲,作为自由意志的意愿,也就是说,从这个意愿里面排除了任意的部分,只取它作为自由意志的这一部分。意愿的准则本来是主观的,但是作为自由意志的意愿,它的准则,那就可以是客观的了,那就成了法则。那么,这个法则的规定根据何在,这是这里要讨论的问题。我们如何能够使得意愿的准则成为一条普遍的法则,事情取决于这个问题,而不取决于后果,也就是说,只取决于动机。动机里面一个是包含意志的规定,什么是意志,意志本身的规定;再一个呢,就是作为自由意志的意愿的准则,它的规定根据,究竟是以什么来规定它。作为自由意志的意愿的规定根据肯定就是理性,就是普遍的法则。不管是意志的规定根据也好,还是意愿的法则的规定根据也好,都是属于动机的,不属于后果。动机里面,一个是自由意志,一个是由自由意志所形成的法则,这都属于动机。你的行为必须是自由的,必须是出自于你的自由意志,这是动机的第一个要求。动机的第二个要求,你的这个动机必须有自己的准则,你不是动物的冲动,你是按照一定的准则来行动,那么这个准则呢,它如何能够成为普遍的法则。它不成为普遍的法则,它也是动机;它成为普遍的法则,它也是动机。总而言之,它属于动机的这个范围,它不属于后果的范围。那么后果的范围就是说，你这样一种动机，你按照普遍法则，或者不按照普遍法则，你把它实现出来，能否实现出来，实现到什么程度，能否做到，可操作性如何，这就属于后果的问题了，那是理论理性的问题。但是在这个地方呢，它不取决于后果，它只取决于动机里面的两种要素，一个是自由意志，一个是道德法则，自由意志的法则。

　　因为，只要**意志**对于纯粹理性来说是合法则性的，那么意志在实行中的**能力**就可以是无论怎样的情况，既可以按照对一个可能的自然的这些立法准则而现实地从中产生出这样一个自然来，也可以不这样，对此这个批判是根本不关心的，它在此只研究纯粹理性是否和如何能够是实践的、即能够直接规定意志的。 [46]

　　"因为，只要**意志**对于纯粹理性来说是合法则性的，那么意志在实行中的**能力**就可以是无论怎样的情况"，只要意志是合乎道德法则的，那么批判所关心的就不是它在实行中的能力了。"意志"和"能力"都打了着重号，以示对照。在能力方面，无论是怎样的情况，都不会影响意志的规定。"无论怎样的情况"，原译作"如其所愿的情况"，就是你可能想到的任何情况，那就是无论怎样的情况了。这个"因为"是接上面的话，在目前的情况下，只取决于动机，而不取决于后果，为什么呢？因为，只要意志对于纯粹理性来说是合法则性的，那么意志在实行中的能力就可以是无论怎样的情况。无论怎样的情况也有两种情况，"既可以按照对一个可能的自然的这些立法准则而现实地从中产生出这样一个自然来，也可以不这样"。就是说，你有这个能力，可能的自然，也就是说理知世界，知性世界，这是一个可能的自然，当然我们在现实世界中其实是不可能看到它的。但是，因为人是有限的嘛，你的眼光也是有限的，你怎么知道上帝不可能把它创造出来呢？这个你是没法断言的。所以他说，这是一个可能的自然。但是这个可能的自然是有立法的，一个理知世界嘛，可能的自然，作为适合于人的本性的这样一个世界，它当然是可以自我立法的，它的这些准则是可以自我立法的。它还是准则。并不因为它成为了客观普遍立法的法则，它就不是准则了，它还是主观的；但它既是主观的，也是客观的。所以道德律当然是法则，但它也是准则。就是说，对于个人来说，你可以把它作为你的准则，你可以把这个普遍的法则作为你的准则，那么作为准则呢，你就可以付之于行动了。按照对一个可能的自然的这些立法准则而现实地从中产生出这样一个自然来，从你的动机中产生出这样一个自然的后果来，使这样一个理知的世界变成一个经验的世界，变成一个现实的世界，这是有这种可能性的。当然也可以不这样，这又是另外一种可能性。这种能力有两种情况，你既可以把你的动机实现出来，也可以不实现出来。当然一般对人来说，这是实现不了的，它只是彼岸的理想，你怎么能把它在现实世界中实现出来呢？部分地实现，或者说，接近于把它实现出来，那是有可能的，你的主观努力至少可以使这个世界变得更美好一点。我们说，只要每个人都献出一点爱，这个世界就是一个美好的世界。"只要"，就是说有这种可能性，不是没有可能。当然在现实中，我们可以设想有这种可能，但是你不要真的以为就有这种可能性了。现实是很令人失望的，其实只要每个人伸出一只手，每个人只要付出一点点，这个世界就会变得非常美好，但就是做不到，因为只要有几个人不这样做，那就全部崩溃了。但是尽管如此，你也不是没有希望。尽管我们在现实世界中经常看到的是不这样，就是"也可以不这样"，这是我们经常看到的，但是也不要丧失希望，那种可能性始终还是存在的。作为一个理想，它不是一个完全的空想，它是有可能的。人只要愿意，是可以做到的，人有自由意志嘛。自由意志你就不能算定，你就不能说，人一定做不到，不是的。自由意志就是说他可以做，也可以不做。一旦他可以做的时候，那这个理想就有可能实现。所以这虽然是个理想，好像不着边际，好像是根本不可能的，但是康德指出来，这是有可能的，只不过在现实世界中，我们还没有看到它有多大可能性，我们看到的都是令人失望的现象。但是他在这里强调的是，只要意志对于纯粹理性来说是合法则性的，那么意志在实行中的能力就可以是无论怎样的情况，要么可以按照对一个可能的自然的这些立法准则而现实地从中产生出这样一个自然来，要么也可以不这样，至少有这两种可能性。重要的是，"对此这个批判是根本不用关心的"，有没有可能实现出来，这个批判根本不关心。你讲有可能，你讲没有可能，这个批判都不关心，它所考虑的不是这个问题，它根本不考虑在现实中的后果的问题，考虑在现实中能否实现出来的问题，或者你有没有这个能力实现它的问题，这完全是一个技术问题，如何把理想把实现出来，这只是一个技术问题。当然在别的地方康德也没有反对对这些问题加以研究，比如说建立法制，恶劣的人性只有在法制之下才能够受到规范，才能够一步一步走向道德。但是在这个地方呢，还不是时候。对此这个批判根本不用关心，它在此只研究纯粹理性是否和如何能够是实践的，即能够直接规定意志。实践理性批判在这里研究的是什么呢？研究纯粹理性是否是实践的，这是一个问题；再一个如何能够是实践的，它是实践的，但是它是何以可能的，它为什么能够是实践的，这是它要考虑的两个问题。这个批判在这里考虑的是这两个问题。第一个，纯粹理性是否是实践的，这个问题其实一开始就解决了，纯粹理性是实践的，这是一个事实。这个问题不是一个理论问题，它是一个事实的问题。事实上，我们每个人、每个有理性者都知道，我们的理性所命令我们的都是我们可以做的。我们的理性命令我们，你要把你的行为的准则变成一条普遍的法则，这合乎纯粹理性啊。那么合乎纯粹理性是不是就足以规定实践了呢？每个人都知道，它足以规定实践。道德的事情，它不会让你做你做不到的事情，道德所规定的事情都是你当下就能做的。杀身成仁舍生取义，只要你把生命置之度外，谁不能做到？都可以做到。问题就是你愿不愿意把自己的生命置之度外，你要考虑很多东西。你要是从纯粹理性出发，纯粹理性是不考虑感性的，只要你把感性置之度外，从纯粹理性出发，那么每个人都知道，纯粹理性是可以按照去做的。所以这是一个事实，当然不是经验的事实，它是理性的事实。纯粹实践理性本身就是一个实事，它告诉每个有理性者，理性命令你做的，都是你可以去做的，都是你能够去做的，问题在于你做不做。所以实践理性批判所要讨论的是"如何可能"的问题，"它在此只研究纯粹理性是否和如何能够是实践的、即能够直接规定意志的"。是否是实践的，这个已经作为前提了，已经经过他的解释和说明，作为纯粹理性批判的前提了。那么剩下的就是如何能够是实践的，这就是纯粹理性批判所要论证的，就是这个演绎所要说明的。纯粹理性如何能够是实践的，即能够直接规定意志的。纯粹理性是实践的，就意味着纯粹理性能够直接规定你的意志，能够直接产生出你的动机，它不需要任何经验的东西，不需要借助于任何情感啊、情绪啊、利益啊、名声啊这些考虑，它直接就规定，你应该这样做。而且意志在这种情况之下，是有可能听从它的命令的，有可能受他的规定的。那么，这样一种规定，如何可能呢？这就是实践理性批判所要研究的问题。

所以在这件工作中批判可以不受指责地从纯粹实践法则及其现实性开始，并且必须从此开始。

注意这个"所以"。也就是说，在实践理性批判这样一件工作中，由于实践理性批判不关心结果而只关心动机，所以"批判可以不受指责地从纯粹实践法则及其现实性开始"，为什么呢？因为在实践理性批判里面，我们所考虑的只是意志本身的规定，即意志的作为法则的准则和意志准则的规定根据，也就是说，这两者都属于动机。我们在实践理性批判里面考虑的不是它何以可能成为结果、何以可能做出后果，而是这个纯粹实践法则本身何以可能。既然是纯粹实践法则本身何以可能，那么纯粹实践法则本身必须是已经在你面前了，已经是现实的了，我们要问的只是它何以可能。它已经是有现实性的，纯粹实践法则是一个理性的事实，它有现实性。就是说，纯粹理性可以规定实践，可以导致实践，可以规定意志，可以作为意志的规定根据，这是一个事实。所以我们可以不受指责地从纯粹实践法则及其现实性开始，"并且必须从它开始"。不受指责地，也就是说有人可能指责他，你这个纯粹实践法则本身是从哪来的？你连从哪来的、是如何产生的你都没有说清楚，你就直接从它开始了，那不是在逻辑上根本就不成立吗？但是康德说，问纯粹实践法则从哪来的这个问题，等于说人的理性从哪里来的问题，人是理性的动物，这是一个事实，没有人否定的。而人有理性，则理性有理论的运用，也有实践的运用，这也是一个事实。这是一个不可追究的问题，人为什么会有纯粹实践理性？人有纯粹实践理性，这是一切问题的前提，是每一个有理性者考虑自己的理性就必须承认的事实。甚至你问这个问题，就已经是以它为前提了。每一个有理性者，既然他有理性，他就能以此来规定意志，这就是纯粹实践理性的法则。作为一个事实，每一个有理性者都知道，他的理性的法则能够决定自己的意志。在这个意义上，它具有现实性，并且必须从这样一个事实开始。开始干什么呢？开始去考察纯粹实践法则是如何可能决定意志的，是如何可能成为意志的规定根据的。这就是实践理性批判所要考虑的问题。实践理性批判必须从纯粹实践理性开始，来批判地考察人的一般实践能力，包括人在自由的任意中、在我们日常生活的实践活动中的那些准则，都要放在纯粹实践理性的这样一个理性的事实之下来进行考察。而这个理性的事实本身，是用不着再考察的，用不着证明的，它就是一个既成事实。所以必须从这里开始，从任何别的地方都不行。你从科学的、技术的、实用的、明智的、聪明的，等等，从所有这样一些角度来考察一般实践理性，都不能达到纯粹实践理性，都不能对实践理性形成批判，或者说，都是无批判的。我们对于我们日常生活的实践，仅仅是从可行性，从后果，从有效性来考察，那就是一种非批判的态度。如何才能形成一种批判的态度？我们必须要上升到纯粹实践理性这一事实，我们在实践中，由纯粹理性可以规定我们的实践，可以成为我们的意志的规定根据。上升到这样一个高度，我们再回过头来看我们的日常生活，看各种实践，那就具有一种批判的眼光了。否则的话一切都是非批判的，甚至于还没有进入到实践哲学，还停留在理论哲学。我们以往的很多道德哲学、实践哲学,实际上都还是停留在理论哲学,都还是考虑利益啊,最大多数人的最大幸福啊,如何能够达到自己的目的啊,如何设计这样一个社会啊,政治体制啊。这些东西当然都应该考虑,但是它们都是非批判的,它的最高前提是未经考察的。人难道就是动物吗? 人难道就没有更高的追求了吗? 所以罗尔斯的《正义论》就把这个东西引进来了,就是说,除了我们最大多数人的最大利益以外,还应当有更高的正义的标准。这是从康德来的。所以必须要从这样一个实践法则开始。实践法则是我们对一切实践活动进行评价的标准。

<u>但它不是把直观、而是把这些法则在知性世界中的存有的概念、即自由的概念作为这些法则的基础。</u>

这个"它",也就是在这个工作中的批判,这个批判不是把直观作为这些法则的基础,"而是把这些法则在知性世界中的存有的概念、即自由的概念作为这些法则的基础"。这在上一段中已经说明了,就是这个批判不需要从直观开始,而要从纯粹实践法则开始,纯粹实践法则是一个事实,已经摆在我们面前。那么要说明它何以可能的基础,不能够把直观作为这些法则的基础。这些法则是在理知世界中,也就是在彼岸世界,在一个物自体的世界中有它们的存有的概念。存有 (Dasein) 也可以理解为存在的概念、定在 (此在) 的概念。就是以理知世界中的一个存有作为它的基础,这个存有,就是自由。这些法则何以可能呢? 因为人是自由的,因为人有自由。人的自由是纯粹实践法则的基础。但是这个基础呢,它不存在于直观之中,不存在于感性世界之中,而是存在于理知世界之中,存在于物自体的世界之中,这个物自体是我们能够思维但是不能认识的。我们有一个物自体的概念,我们有一个自由的概念,但是我们对物自体、对自由都没有认识,都不可能有认识,因为它没有直观,我不可能看到物自体。一切知识都必须是经验的知识,都必须要有直观的内容,没有直观的内容,它就只是一个思维,而不是认识。但是尽管如此呢,我们可以把它思考为这些法则的基础。这个康德在《实践理性批判》

前面第2页一开始那个注释里面就已经谈到了：道德律是自由的认识理由，自由是道德律的存在理由。道德律是一个事实，根据这个事实，我们可以认识到、我们可以知道我们有自由。当然这个自由不能认识，但是，自由的认识理由在道德律里面，就是说，有道德律，我们才知道、才认识到我们有自由，这个理由，这个根据，就在道德律里面。所以在这个意义上，道德律是自由的认识理由、根据或者基础。但是，既然通过道德律我们才能够认识到我们有自由，那么反过来，因为我们有自由，所以我们才可能有道德律。这个因为所以，已经不是那种认识论意义上的了。说因为我们认识到道德律了，所以我们就可以知道有自由了，这是一个意思；但是另外一个意思呢，就是说，正是我们已经有自由了，那么我们就可以用我们的自由来解释我们的道德律的可能性：我们为什么有道德律，为什么可以按照道德律来行动，仅仅是因为人是自由的。因为人是自由的，所以我们才是有道德律的。所以有的英美的研究者认为康德在这里作了一种"循环论证"，但是康德一开始就提出来，这不是循环论证，认识理由和存在理由是完全不一样的，因为它们分处于两个不同的世界即现象界和知性世界中。那些人认为康德在循环论证，是因为他们自己只从一个世界来看待这两个概念，而忽视了这两个理由是不同世界中的理由，既然处于不同世界，所以它们可以合法地辗转互证，并不违背形式逻辑。我以此岸的事实为根据去认识一个彼岸的对象的存有，与我以彼岸对象的存有作为解释这个此岸事实的根据，这是两个不同层次的问题，并没有互相矛盾。我们先认识到我们人有道德律，每个人反躬自省，马上就可以知道，我内心是有纯粹理性的法则的，并且我是可以按照这个法则去做的，杀身成仁舍生取义，我们每个人都是可以做到的，这取决于我们的自由意志。当然实际上我很难做到，所以我会问心有愧，并在那些仁人志士面前产生一种羞愧感和敬重感，也是因为我知道我本身有自由意志因而是可以选择的。这是一个事实，如果我根本就不可能做出那样的行动，它根本不取决于我的自由意志，那我就谈不上羞愧或敬重了。

从这个事实我们就发现，其实人是自由的。我在当时那种情况之下，只要我愿意，我也可以像他那样选择从容面对死亡，我其实本来也是可以做到那样的。之所以可以做到，就是因为我知道我是自由的。自由本来就是可以这样也可以那样，在乎你的选择嘛。所以我那样做也是可能的，由这个事实，我就可以断言，我是有自由的。但是一旦认识到这一点，我就可以用自由来解释我的行为的准则了。我当时为什么没有做到，是因为我自由地选择了另外一条路；或者说我当时做到了，我也可以用我的自由来解释，即我本来可以选择屈服，但是我当时觉得绝不能那样做，所以我自由地选择了大义凛然面对死亡，这也证明了我是自由的。两种场合都可以证明我是自由的，都可以证明我当时的选择是由自由意志所决定的，但只有后一种场合才能使我问心无愧，才能保持自由意志的一贯性。所以自由是道德律的存在理由，这一点反过来就可以得到证明，这其实是同一个问题的两面。我从道德律认识到我有自由，我又用自由来解释我的道德律，这不是循环论证。他这里讲的也是这个意思。这个批判不是把直观、而是把这些法则在知性世界中的存有的概念、即自由的概念作为这些法则的基础。我通过这些法则已经意识到了我有自由，意识到了自由的概念。同时呢，我反过来就可以把这个自由概念作为这些法则的基础。这是顺理成章的。但是如果你把这个自由、这个知性世界中的存有概念理解为直观中的东西，理解为此岸的东西，那倒的确会成为循环论证了，即用原因来解释结果，又用结果来解释原因。

　　<u>因为这个概念并没有别的意思，而那些法则只有在与意志自由相关时才是可能的，并且在以意志自由为前提时是必然的，或者相反，意志自由是必然的，是由于那些法则作为实践的悬设是必然的。</u>

　　这是进一步解释了。为什么自由概念必须作为这些法则的基础呢？因为这个自由概念并没有任何别的意思。这句话在这里他讲的是，因为这个自由的概念并没有别的意思，只有作为这些法则的基础的意思。后面这半句他没有说出来。因为自由的概念仅仅有唯一的意思，就是前面

那句话的最后半句：自由概念作为这些法则的基础。自由的概念严格地说起来，它就是一个道德律的基础概念，就是作为道德律的基础才有自由。当然我们可以把自由用在很多方面，用在追求自己的各种各样的具体的目的方面，那也是一种自由。追求不受束缚、任意而为，追求自由自在，追求迁徙的自由、言论的自由、财产自由等等，都可以讲是自由。但是严格说来，只有一个自由是真正自由的，那就是作为道德法则的基础，只有做道德的事情，才是真正自由的。做其他的事情呢，都是在某种次要的意义上，某种第二性的意义上是自由的。比如说政治自由，政治自由在康德看来是第二位的，那是外在的自由。真正的自由是内在的自由，就是道德自律。外在的自由是为了让人逐步地意识到内在的自由，才被称之为自由的。政治自由，法权的自由，自由权，人权，这样一些在现实世界中的自由都是为了引起人们道德自由的理念，都是为了激发人的道德意识，才有它们自由的含义。所以康德曾经在一个地方讲，整个人类历史归根结底是道德史，是道德意识日益觉醒的历史，整个人类历史都是趋向于道德的。[①] 这跟很多人的看法不一样，很多人认为人类的历史就是追求自己的幸福，越来越幸福。其实不是。幸福只是一个手段，幸福其实是人的贪欲，人的不满足。人的这样一种不满足实际上是大自然的一种设计，为了把人逐步逐步地引向更加文明；引向更加文明是为了逐步逐步地引向更加道德。这是康德的历史观。所以他讲自由的概念并没有任何别的意思，只有作为道德律的基础的意思，在最严格的意义上来说，真正的自由就是道德自律，不受任何外在的感性的东西的束缚，摆脱一切束缚。我可以做一件事情，完全不考虑感性的东西，只考虑自由意志自身的普遍性和一贯性，那就体现出人的真正的本质、真正的自由了。真正的自由人就是那种杀身成仁舍生取义的人，这是康德对自由的

---

① 参看康德：《重提这个问题：人类是在不断朝着改善前进吗?》，载《历史理性批判文集》，何兆武译，商务印书馆1990年版，第149页。

看法，非常严格。当然他也不是禁欲主义，他只是提出一个标准，你要说真正的自由嘛，那只有这样的自由才是真正的自由。他没有别的意思。"而那些法则只有在与意志自由相关时才是可能的，并且在以意志自由为前提时是必然的"，这是另外一个意思了。一个是这个自由的概念并没有任何别的意思，只有作为这些法则的基础的意思；而那些法则只有在与意志自由相关时才是可能的，就是说，道德的法则，纯粹实践理性的法则，只有在与意志自由相关时才是可能的，只有当一个人处在真正的意志自由的时候，也就是说他可以排除一切感性束缚单纯由自己的意志决定自己的行为的时候，才是可能的。你要意识到道德法则，你必须排除一切感性束缚。你之所以做不到杀身成仁舍生取义，就是你束缚于感性。如果你把感性排除了，甚至于把生死都置之度外了，那你当然可以做到。那个时候，道德律就浮现出来了。至少在你的思想中，当你把一切都抛弃，甚至于你的生命你都不考虑，不在话下，那么道德律应该怎么做，自然就出来了。因为你是理性的人嘛，你是有理性的存在者嘛。所以，那些法则只有当你抛弃了一切束缚你的东西，与你的意志自由紧密相关的时候，才是可能的。你完全按照自己的意志自由去办，不受任何感性的束缚，那个时候，你就是在按照道德律在办，就是按照纯粹实践理性的法则在办。"并且在以意志自由为前提时是必然的"，不光是可能的，而且是必然的。如果你只考虑意志自由，不考虑任何别的东西，那么，道德律就是必然的。当然考虑任何别的东西也可以，但是那就不是意志自由了，考虑任何别的东西，你就受到了一定的束缚。如果你完全从意志自由出发，你就不会考虑任何别的东西，你必然就会考虑意志自由本身有它自己的规律。它排除了一切其他的规律，包括贪生怕死，这也是动物界的规律。贪生怕死你也把它抛弃了，你不考虑，那么意志自由就有它自身的规律，而自身的规律，就是道德律，就是纯粹理性的规律。纯粹理性就是考虑"一"，考虑统一性和一贯性，这都是纯粹理性的职责。那么把这种职责运用在意志自由本身上面，那就是你这个意志自由的自律。

意志自由自己成为自己的规律，这是最高的单一性和统一性。它不要别的规律，但是它自己把自己做成了规律。自己做成自己的规律，那就是前后一贯的、合乎理性的自由意志。他前面是自由的，后面也是自由的，整个一生都是保持着自由，能够终身行之，这就需要理性来贯通。所以一旦你意识到意志自由了，那么你建立起这样一个法则就是必然的，你就必然会建立这样一个法则。因为你没有别的考虑了，必然只会有一个考虑，就是把自身贯彻下去，把意志自由从头到尾贯彻下去。贯彻下去那就必然会得出道德律了，必然会得出自由意志的一条理性的法则、意志自律的法则。"或者相反，意志自由是必然的，是由于那些法则作为实践的悬设是必然的"，反过来说，意志自由本来是自由，但是意志自由有它的必然性，有它的规律性，有它的不可违抗性。不可违抗不是说外在的东西不可违抗，而是说，它自身不可违抗，它有它自身的必然性。自由和必然本来是对立的，但是在意志自由的这个范围之内，自由本身有它的必然。自由本身只有当它成为了它本身的必然的时候，它才是真正的自由，如果没有这个必然，它就只是偶然的，那就会要追究，它这个偶然是不是有外来的原因啊？有外来的原因才是偶然的，即算你说它有内在的原因，这个内在的原因也顶多是心理学的原因，也是由外在的教育啊，经历呀，教养啊，各方面的东西所造成的。所以，偶然的东西都要归结为外在的一种原因，只有它自身，纯粹意志、纯粹的自由本身，贯彻到底，那是没有任何偶然性的，是必然的，这通过逻辑就可以推出来，有一种逻辑的必然性。真正的自由是不违背自身的，如果一个人的自由是偶然的，他下一瞬间马上又感到后悔了，这就不自由了，又觉得自己还是不要这个自由的好，那还是什么自由呢？真正的自由就是他必然能把自己贯彻到底。这种必然性是由于那些法则作为实践的悬设是必然的，这是反过来说了。自由使得那些法则成为必然的，那些法则也由于自身的必然性，而使得自由成为必然的。也就是我刚才讲的，自由要成为真正的自由，它就必须是必然的自由，它就必须是把自由贯彻到底。而要贯彻到底，就必须遵守某种法则。而这种法则必须是纯粹的，没有任何外来的感性的经验的东西干扰，它就是自由意志本身所立的一条法则，所以这样一条法则作为实践的悬设是必然的。在《实践理性批判》后面的方法论部分讲到，纯粹实践理性有三大悬设，一个是上帝，一个是灵魂不朽，一个是自由意志。那么，这里又提出来，道德法则作为实践的悬设是必然的，就是说，道德法则也可以作为实践的悬设，这是一个不同的提法。我曾经在一篇文章里面说，康德好像只讲过自由意志是悬设，没有讲道德律是悬设。后来香港的卢雪昆女士就向我指出，不对，有个地方他讲了，实践的法则作为实践的悬设是必然的。的确如此。悬设 Postulat，本来是假设或公设的意思，是个拉丁词，在拉丁语中它本来有两个含义，一个是假设，一个是要求。推敲这里的意思，设定那个东西是作为一种要求，设定一个标准，设定一个要求，要求你去做到，这是在实践的意义上。用这个词就具有一种实践上的含义，就是要求你去做。上帝也好，灵魂不朽也好，自由意志也好，都属于这样一种悬设，它假定在那个地方有个标准，是针对你的行动的要求；而不是说，你就可以随它去假定了，它反正是假定的，反正它不是现实的，它只是一种假定，你就可以不管它了。所以不能译作假定、假设，Postulat 在这里不是这个意思，它有更强的意思，就是假定了它是要你做的，要你去追求的，它是一种实践的要求。当然在用于理论的意义上时也有要求的意思，但那个要求比较弱，只是说任何时候不能违背，我通常译作"公设"，比如《纯粹理性批判》中纯粹知性的原理的第四项就是"一般经验性思维的公设"，这是运用模态范畴（可能性、现实性、必然性）的原理建立起来的。康德明确说，这些知性原理的公设是从数学中借用过来的："数学中的一个公设叫作实践命题，它所包含的无非是我们最初借以把一个对象给予自己并产生出它的概念来的那种综合，例如借助于一条给予的线从一个给予的点出发在一个平面上描绘一个圆，……所以我们因此就能够有同一权利来公设诸模态原理"（A234=B287）。这里明显引用的是欧几里得几何的第三公设："给定任意线段，可以以其一个端点为圆心，以该线段为半径作一个圆。"但这些毕竟都是在理论理性中的技术性的实践原理，而不是在实践理性中的道德实践法则，所提出的要求只是假言命令而不是定言命令。所以同一个Postulat在理论理性中和纯粹实践理性中，我通常分别译作"公设"和"悬设"。①这样看来，那些道德法则就是这种要求，作为实践的悬设对你提出要求，发布命令。但是我刚才讲了，它是一个理性的事实，那么事实怎么又是悬设呢？怎么又是要求呢？这个在康德这里并不矛盾。就是说，恰好是这样一种要求，对于有理性的人来说，它是一个事实，即确实有这种要求，这个要求做不做得到，这个先不管，但它确实在对人发命令。这样一些法则作为实践的悬设是必然的。为什么是必然的？因为人都是有理性的，人有理性，必然就会有理性在实践上的运用，理性在实践上的运用必然就会提出实践的法则，而不仅仅是准则。如果你是动物的话，如果你只有动物性的话，那可能你只有任意性，连准则都没有；但是因为你有理性，你就有了准则，而且由于这个理性是你的本质，所以你必然会除了一般准则以外，还有一种特殊的准则，那就是法则。你必然会想到，这个准则是否能够成为普遍的法则，是否具有普遍性。所以这些法则作为实践的悬设是必然的。既然这些法则作为实践的悬设是必然的，那么意志的自由也是必然的，因为这些法则就是意志自由的法则，没有别的。我刚才讲了，这些法则只有在意志自由上才体现出来，在别的任何地方都体现不出来，在人的动物性上，是根本体现不出来的。所以它的这个必然性也就是意志自由的必然性，意志自由的必然性就体现在它能够把它的意志自由贯彻到底，成为一条法则。所以，既然有这样一种普遍的法则，意志自由就成为了必然的。自由和必然在康德这里有很复杂的层次，我们要注意，不要一看到自由就认为它跟必然是没有关系的。在康德这里，一开始他就把自由看成是必然的。当然这个必然跟自然界那个

---

① 　还可参见《实践理性批判》前面第 12 页（边码 13）注释对此的冗长说明。

因果性的必然是完全不一样的，它是属于知性世界、彼岸世界的那样一种必然的要求，是知性世界对我们人的一种要求。以上这两句已经涉及到了纯粹实践理性原理的可能性问题，并指出了这种可能性就在于意志的自由，这已经颇为类似于《纯粹理性批判》中对知性范畴的先验演绎的思路，即追溯先天综合判断何以可能，或者说，先天范畴何以可能运用于经验对象上。这个问题在那里是通过追溯到先验自我意识的统觉的本源的综合统一而解决的；但在这里，还不能因为把道德法则追溯到它的意志自由这个存在理由，就算是完成了道德法则的演绎。因为这里还没有像对范畴的先验演绎那样，说明道德法则"如何可能"运用于实践行动中，而只是对道德法则本身的内容和意义作了解释或阐明。

　　至于对道德法则的这种意识，或者这样说也一样，对自由的意识，是如何可能的，这是不能进一步解释的，不过它们的可容许性倒是完全可以在理论的批判中得到辩护。

　　对道德法则的这种意识，或者换言之，自由的意识，是如何可能的，你如何意识到道德法则的，比如说，是不是上帝把道德法则装到你的脑子里，使你能够意识到的呀？是不是上帝赋予了你自由啊？在基督教里面讲，上帝造人的时候就把自由意志放在人的心中了。文艺复兴的理论家们就抓住这一点大做文章了，如米兰多拉·皮科说，上帝造人的时候就把人造成了是自由的，所以上帝在造人的时候就对人说，你们要好自为之，我给了你们自由，你们既可以纯洁如天使，也可以堕落如野兽，随你们去选择。这是基督教的解释。但因为康德把上帝悬置了，上帝有没有，我们不知道，所以在康德看来，我们如何能够意识到我们的道德法则，我们如何能够意识到我们的自由，因而我们如何可能把道德法则或自由运用于实践中，这是不能进一步解释的。我们意识到我们的道德法则，我们意识到我们有自由，我们是理性的动物，我们是有理性的存在者，这样一些意识都是纯粹理性的事实，终极的原则，不能够进一步加以解释的。是谁、又是如何使得我们意识到我们有自由，我们有道德律，我们这种意识的前提是什么，可能性的条件是什么，这个没法进一步解释。当然有的道德学家想要试图进一步解释，比如说经验派的伦理学家、道德学家，就想用经验、用社会生活、用人类历史来加以解释。康德不同意这种解释，他的论证是自上而下的。我们最初总要有一个不言而喻的东西，用它来解释一切，但是这个东西本身是没有办法解释的。在认识论里面就是这种先验的自我意识，再不能解释了，先验自我意识如何可能，这个我们是不知道的，我们只是通过分析知识的结构发现了它。那么在实践理性批判里面，道德律我们如何能够意识到它，我们的自由如何可能，这个也是没办法解释的，这是我们的出发点。我们只有从这个出发点才能解释其他的一切，但是我们不能用其他的任何东西来解释这个出发点。但他这里留了一个尾巴，"不过它们的可容许性倒是完全可以在理论的批判中得到辩护"，它们的可容许性，就是说人可以容许他的自由和道德法则的可能性，自由跟道德法则在这里变成一体了。也就是说，在理论理性里面我们可以容许有自由，虽然我们不能认识它，也不能解释它，但是我们可以容忍它。这就是在第三个二律背反里面，把自由意志当作一个先验的理念放在那里，虽然它的内容是空的。思维无直观则空，理念可以无直观，但我们可以思维一个至高无上的自由的理念、自由因的理念。我们在现实生活中看到的都是因果律，都是前因后果，但是我们可以设想一个终极的、不再有原因的原因，就是自由。这个是可以容许的，在理论理性里面，虽然你证明不了它，但是你也否定不了它，你既证明不了人的自由，也否定不了人的自由，那你就只有把它当作一个可以设想的、可以思考的这样一个概念、这样一个理念，把它保留下来，容忍下来。既然你既不能否定也不能肯定，那么你就不妨去想一想，不妨去思考一下某种自由的概念。那么有没有必要呢？在自然科学中好像没有必要，但是，保留下来是有好处的。自然科学用不着用自由的理念来解释任何事情，当然它也否定不了自由的理念，也不能说自然科学通过论证，就会证明世界上根本就没有自由，这个它也证明不了。既不能证明，也不能否定，那么就可以把它保留下来，以便它在别的方面有用。在理论理性批判中得到辩护就是这个意思，就是说，它虽然不可认识，但是它这种不可认识反而有好处，你如果认识了，它反而就不是自由了，它就成了因果律了。它不可认识，所以它就保留了一个自由意志的黑箱，我把它称之为黑箱，从这个黑箱里面可以产生出真正的道德。如果不是黑箱，如果是个白箱，你已经清清楚楚知道这个里头是如何运作的，自由意志本身是一个什么样的机制，那还有自由吗？那还有道德吗？那就没有道德了。所有的道德都可以用因果律来加以解释，都可以用科学来加以解释，所有的道德行为都是有它的前因后果，都可以还原为一种机械的物理过程，一种生物学的本能，一种脑电波的闪耀，那就没有道德了，人就变成机器，就变成动物了。正因为自由意志在理论理性中得到了辩护，它虽然不能被认识，但是你也不能把它取消掉，它有它的权利，要为它的这种权利辩护。那种辩护还是有好处的，在后来的《实践理性批判》里面就全靠它了，关于道德，关于宗教，关于法律，有了这个概念，一切就好解释了。不然的话，人就变成了动物。如果科学至上，所有的东西都可以还原为科学，那人就不存在了。

对实践理性最高原理的**阐明**现在已经作出了，就是说，首先指明它包含什么内容，即它是完全先天地、不依赖于经验性原则而独立存在的；其次指明它在什么地方与其他一切实践原理区别开来。

"阐明"这个词，Exposition，我们在这里翻译成阐明，这是个拉丁文，它相当于德文的 Erörterung。这个词在康德这里有特殊的含义。这一点我们在上次讲"第一个课题"时已触及了，这里则是康德自己明确用到这个词。我们先可以看看在《纯粹理性批判》的先验感性论里面的说法："所谓**阐明**（expositio），我理解为将一个概念里所属的东西作出清晰的（哪怕并不是详尽的）介绍；而当这种阐明包含那把概念**作为先天给予的**来描述的东西时，它就是**形而上学的**"（A23=B38）。这就是空间概念的形而上学阐明（Erörterung，或者拉丁文 expositio），后面还有空间概念的先验阐明。我前面已经提到过，对空间和时间概念的阐明，在康德那里就相当于对空间和时间概念的演绎。例如在《纯粹理性批判》中，康德就直接把先验感性论中的先验阐明称之为对空间和时间的"先验演绎"（A87=B119）。但与范畴的先验演绎不同的是，"在这个世界中一切几何学知识因为基于先天的直观而具有直接的自明性，而对象则通过这种知识本身先天地（按照形式）在直观中被给予出来。相反，纯粹知性概念从一开始就有这种不可回避的需要，即不仅为它们自己，而且也为空间寻求先验的演绎"（A87=B120）。所以 Erörterung 或者 Exposition 这个词实际上暗含着"演绎"（Deduktion）的意思，只不过在空间和时间中由于直接给出自己的对象，因而并不需要走逻辑上的演绎的程序，只要直接阐明就行了。倒是纯粹知性概念（范畴），有必要首先不仅为自己、而且也反过来为空间寻求一种先验演绎，要从逻辑上间接地论证我们有关对象的经验知识为什么必须通过范畴才得以可能、又是如何可能的。现在，康德把这个"阐明"用在纯粹实践理性原理的演绎上，正是着眼于这个演绎要说明的首先也是实践法则"直接"给出自己的对象的能力，这和空间时间直观形式的阐明有些相似。这里讲，"对实践理性最高原理的**阐明**现在已经作出了"，这个"阐明"打上着重号，意思是纯粹实践理性原理的演绎并不像理论理性的范畴演绎那样，要求助于一个先验自我意识的统觉，而是像先验感性论那样，凭借自身（作为一个"事实"）直接就阐明了自己的可能性。这个"阐明"打了着重号，后面就是解释这个着重号了。"就是说，首先指明它包含什么内容，即它是完全先天地、不依赖于经验性原则而独立存在的"，这句我们可以跟《纯粹理性批判》（A23=B38）的关于空间概念的形而上学阐明对比一下。他在那里也是这样讲的，形而上学的阐明，即我们先从形而上的层次上把这个概念搞清楚，看看它本身包含什么内容。有点不同的是，实践理性的最高原理是完全不依赖于经验性的"原则"而独立存在的，空间的先天性则不是独立于经验性的原

则，而只是独立于直观的经验性内容（现象）。"其次指明它在什么地方
与其他一切实践原理区别开来"，不仅与经验性的原则相区别，而且与其
他一切实践原理相区别。但在这一点上，实践理性的最高原理的阐明与
空间的阐明又有所不同，因为它虽然是一个理性的"事实"，但毕竟不是
先天的直观形式，而本身是一条"原理"，只是和其他的实践原理有区别。
所以这里的"阐明"就不能完全和空间的阐明相同，因为这个原理虽然作
为一个"事实"而可以直接加以阐明，但作为一条"原理"，正如纯粹知性
的范畴一样，仍然还需要一个演绎，也就是需要为自己的运用提供辩护
理由。如果是在认识论上，提供这种辩护理由就是先验演绎了，但这里
讲的不是认识论，而是实践论，所以也不可能有先验的演绎。在这里只
限于指明，"它"，也就是实践理性的最高原理，在什么地方与其他一切实
践原理区别开来。实践理性的最高原理的阐明，首先是指出它包含什么
内容，其次是指出它在什么地方与其他一切实践原理区别开来，由此而
能够独立于其他实践原理并对其他实践的原理进行批判。"实践理性批
判"是这样一种批判，就是立足于纯粹实践理性而对一般实践理性进行
批判的考察。但是呢，首先要考察它跟其他的一切实践原理有什么区别，
它如何排除了其他的一切实践原理。因为纯粹实践理性的原理不考虑它
的后果，所谓不考虑它的后果，也就是要把它跟一切考虑后果的实践原
理区别开来。这是实践理性原理的阐明所要做的工作，它虽然跟纯粹理
性批判里面的演绎有类似之处，但是实质上仍然是有所不同的，所以仍
然需要再考虑演绎的问题。

　　至于对这个原理的客观普遍的有效性的**演绎**即提供辩护理由，以及
对这样一种先天综合命题的可能性的洞见，我们不可能指望像在讨论到
纯粹理论知性的那些原理时一样顺利进行。

　　这个地方着重提出来两个演绎不同的地方。前面所讲的还只是对纯
粹实践原理的阐明，虽然类似于对空间的阐明，但还只是真正的演绎的
准备，并未达到《纯粹理性批判》中范畴的演绎的层次。所以他讲，"至

于对这个原理的客观普遍的有效性的**演绎**即提供辩护理由","演绎"在这里打了着重号,显然是和刚才打了着重号的"阐明"相对照而言的。也就是说,对这个实践理性的最高原理,它的客观普遍的有效性的演绎,也就是它为什么必然会普遍有效地运用于人的实践活动中,为什么可以采取定言命令这种不容分说的形式,这个不是演绎要解决的问题。你根据道德律所下的绝对命令是否普遍有效啊?按照《纯粹理性批判》中演绎的标准,你就必须提供辩护理由,才能称得上是演绎。在《纯粹理性批判》里面是要求这样的,就是说,你的范畴、原理如何能够运用于经验对象之上,造成经验知识,你的有效性如何,你为什么可以运用并且必须运用于经验对象之上呢?你必须提出辩护理由。康德提出的最终的辩护理由就是先验自我意识的统觉的本源的综合统一,也就是知性认识能力的能动性和主动性。当然在这里情况已经完全不同了,实践理性批判不可能再采取这样一种演绎的方式,来为自己的原则的普遍必然性进行辩护。"以及对这样一种先天综合命题的可能性的洞见",这里的这样一种先天综合命题是类比于《纯粹理性批判》中的先天综合命题,先天综合命题何以可能,这是《纯粹理性批判》的总问题,包括自然科学何以可能,数学何以可能,形而上学何以可能,都是讲的先天综合命题的可能性。何以可能?你就必须要有"洞见"(Einsicht),就是看到里面去的眼光。那么实践理性的最高原理也是一个先天综合命题:"你要这样行动,使你的行为的准则成为一条普遍的法则",只不过这个命题采取的是命令式。那么这个命令何以可能?是谁授权的?对这样一个先天综合命题何以可能的洞见,"我们不可能指望像在讨论到纯粹理论知性的那些原理时一样顺利进行"。这样一个先天综合命题的可能性,我们不可能像在理论理性的演绎那样来进行。在《纯粹理性批判》里面讲自然科学何以可能,纯粹数学何以可能,这种可能性的洞见已经表明得清清楚楚了,就是出自于先验自我意识的统觉能力,人的主体的能动性,人为自然界立法。"纯粹理论知性",也就是纯粹理论理性,理性和知性在这个地方康德是打通了来用的。为什么这个地方特别要换上"知性"呢？就是要强调，《纯粹理性批判》里面讲的那个理性其实是知性，虽然里面也讲到了理念，但是那都是起辅助作用和纠偏作用的，它的主体是知性。《纯粹理性批判》里面所谈的主体部分是纯粹理论知性，只有在《实践理性批判》里面讲的才是真正的纯粹理性，是严格意义上的、狭义的纯粹理性。[①] 所以他在这里特别换上一个"纯粹理论知性的那些原理"，是强调在那里讲的其实只是知性，而不是严格的理性。所谓不可能指望像那里一样顺利地进行，不可能顺利进行什么呢？这里有两个层次，一个是不可能对这个原理的客观普遍有效性提供辩护理由，例如诉之于先验自我意识的统觉的统一。这是很多初次接触康德的人都免不了搞混的，以为康德的实践主体和认识主体都是自我意识，不是的。这个不可能像在那里一样地顺利进行。或者说，我刚才讲了，根本就用不着去进行，用不着去为定言命令提供辩护理由，否则的话，那还是绝对命令吗？那就成了假言命令了。第二个层次是：不可能有对这样一种先天综合命题的可能性的洞见。我刚才讲了，纯粹实践理性批判的主题就是要讲道德律何以可能，这个问题还是要提的，但是这个可能性的洞见呢，不能够指望像在讨论到纯粹理论知性时一样顺利进行。道德律何以可能这个问题还是在那里的，但是不能采取那种方式来演绎，它有另外一种演绎的方式。所以这第二个层次呢，没有完全否定问题，只是说，这个问题不可能像在纯粹理性批判里面一样地那样来论证。

因为后者涉及的是可能经验的对象，也就是现象，我们能够证明的是，只有通过把这些现象按照那些法则的标准纳入到诸范畴下来，这些现象才能作为经验的对象被**认识**，因而一切可能的经验都必须与这些法则相适合。

①　纯粹理性批判"却是由三部分组成的：纯粹知性批判，纯粹判断力批判和纯粹理性批判"，见《判断力批判》导言 IV，人民出版社 2002 年版，第 13 页。

为什么不能顺利进行？下面做了解释。因为在纯粹理性批判中那样一种原理，它们所涉及的是"可能经验的对象，也就是现象"。既然在纯粹理性批判里面谈的都是可能经验的对象，都是现象。那么在那里我们能够证明的是什么呢？我们能够证明的是，"只有通过把这些现象按照那些法则的标准纳入到诸范畴下来，这些现象才能作为经验的对象被**认识**，因而一切可能的经验都必须与这些法则相适合"，只有把这些现象按照那些法则，按照那些原理，按照人为自然界所立的法，而纳入诸范畴下面来加以考察，这些现象才能作为经验的对象被认识，"认识"在这里打了着重号。这里谈的是认识，谈的是经验知识，经验知识只有在范畴之下才能够获得。"因而一切可能的经验都必须与这些法则相适合"，这就证明了这些法则的权利。为什么这些法则能够运用于经验对象之上呢？因为只有在这些法则之下，经验的对象才能与这些法则相适合，也才能够被认识。比如说因果性，真正的经验知识必须要有因果性，前因后果，要解释清楚。你要解释清楚，你就必须要把因果性范畴运用到经验的对象之上，那么你对这个对象的因果关系的了解才能成其为知识，没有因果性范畴，你就成不了知识，所以因果性范畴有权用在经验对象之上。凡是经验知识里面就已经包含了因果性范畴作为它之所以可能的前提了，这就是在纯粹理性批判里面的演绎所证明的，它通过这样一种思路来加以证明。但是这样一种思路完全不能用在目前的这个场合之下。

<u>但我不能在对道德法则进行演绎时采取这样一条思路。</u>

这就是我刚才讲的，目前这个场合是道德场合，那么道德法则要进行演绎，道德法则何以可能用在实践中？我要说明这样一点，我绝对不能引用经验的知识来加以证明。我们不能说，所有人们的实践活动所产生的经验后果里面都必然已经包含有道德法则了，因此道德法则必须运用于所有的实践活动之中。这个思路在这里是不适用的，这是经验派的思路，经验派的道德学说就是这样一种思路。他们认为，所有的经验行为，我们在社会交往中，我们与他人的关系中，我们处理人与人的关系的时

候，我们已经包含有一种道德法则了，我们要做的就是通过分析我们的经验，看它如何从这些经验性的行为里面形成起来的。而这个道德法则运用于我们的实践活动，它造成了后果，所以我们可以从后果来看待道德法则的普遍性和适用性。这其实是纯粹理性批判里面的思路，也是经验派的道德学说的思路，虽然经验派只限于从实践经验中发现了道德法则，却并没有证明这类法则的普遍必然性。既然如此，那么道德的必然性就很可疑了，因为它取决于后果，取决于后果就只是从一种自然科学角度来看待道德律，那么这个道德动机还是不是先天必然地用在实践中的道德动机，那就很可疑了。在思辨理性里面，你从它的后果，就是经验知识，来推出它之所以可能的前提，这个前提可以是先天必然的，它是由先验自我意识来保障的。但是在实践活动中，你从经验的后果中推出它的动机，这个动机就不可能是先天必然的了，只可能是后天偶然的。因为你瞄准的就是这个后果，你实际上是把这个后果当作它的动机了。我刚才讲实践的目的因果性和自然的因果性是不一样的。自然的因果性，前因后果，不可颠倒；而在实践的因果性里面，从后果可以设定动机。经验派的这种道德解释就是把后果当作了动机，那你就把经验的东西作为动机了，那它还有什么必然性呢？那它还有什么先天性呢？所以在这个地方不能够采取这样一条思路。

因为这涉及到的不是可以在别的地方以任何方式给予理性的有关对象性状的知识，而是在这范围内的知识，即它能成为对象本身实存的根据、并且通过这种实存理性就具有一个有理性的存在者中的原因性，这就是涉及到能够被看作一种直接规定着意志的能力的纯粹理性。

为什么在对道德法则进行演绎的时候不能够采取这样一条从现有的经验知识里面分析出它的先天条件（所谓"先验分析论"）的思路？因为在这里"涉及到的不是可以在别的地方以任何方式给予理性的有关对象性状的知识"，所谓在别的地方，也就是在感性世界中，因为这里讲的都是理知的世界，都是知性的世界，都是物自体。除了物自体以外，别的地方就是现象了。所以在这里涉及的并不是以现象中诸范畴的方式给予理性的有关对象性状的知识，例如有关对象的属性或大小，有关对象的因果性、实体性等等的知识，不是涉及到经验世界的、感性世界的各种各样的知识。"而是在这个范围内的知识"，还是知识，要注意"知识"在这个地方的意思已经变了。康德经常把"知识"（Erkenntnis）这个词用在不同的含义上，如在《实践理性批判》里面，他把道德也称之为一种实践的知识，就是知道我应该怎么做，知道我们有自由。我刚才讲了，道德律是自由的认识理由，这个认识不是一种经验知识的认识，不是通常意义上的认识，而是一种特殊的知识，就是我知道我应该怎么做，而不是知道这个东西是什么，这个东西是怎么样的。这是一种实践意义上的知识，用亚里士多德的话来说，就是一种"实践智慧"（Phronesis）。亚里士多德认为有两种智慧，一种是理论的智慧，一种是实践的智慧。① 那么康德这里也有两种理性，一种是理论理性，一种是实践理性。那么实践理性也是理性，所以它也是一种知识，但是这种知识是一种实践知识，实践智慧，而不是理论知识。所以他说，"在这个范围内的知识，即它能成为对象本身实存的根据"，就是道德法则能够成为对象本身实存的根据，什么对象？实践的对象，实践的目的。道德律至少可以成为对象本身得以产生出来的根据，它是实践的意志嘛，道德法则是实践的法则嘛，实践法则要付诸行动的。付诸行动当然就会产生出一个对象的实存来，虽然它不管这个对象是否按照目的现实地实现出来了，是否走样了或适得其反了，但是它必然会产生出对象的实存，否则怎么叫实践呢？实践的意义就在于，它能够凭借自己的意志产生出一个对象来，它能够使一个对象实存，它成为这个对象的根据。他做了一件道德的事情，我们所有的人都说，这件事情是他做的，是他的自由意志做的，是他的自由意志根据道德法

---

① 当然，康德对亚里士多德的"实践智慧"也有自己的解释，即不同于实用的明智，而更倾向于纯粹实践理性的道德智慧；亚里士多德本人则似乎并未明确作这种区分。

则做的，所以我们必须把他做的这件事情归因于他的道德法则。当然这件事情是好事还是坏事，这个还没有定，是不是像他所预想的那么好，或者说，是不是把好事做成了坏事，这是人所预料不到的。尽管预料不到，但是这件事是他出于好心做的，这个总应该承认。所以道德律可以成为对象本身实存的根据。对象本身被做成了一件事情，这件事情的实存是以他的道德律作为根据的，那么在这个范围之内呢，就有一种知识。什么知识呢？就是我的这样一种行为是应该产生效果的。因为它是实践嘛，它是一种实践的知识，实践的法则。实践的法则是应该产生效果的，因而也是能够改变世界的，能够影响世界的。而且，这样一种影响肯定不同于我出于动物本能所造成的影响，哪怕我把好事做成了坏事，这也不是我出于坏的目的，或者出于本能的目的所造成的。那是根本不同的。这是一个。在这个范围内的知识，在什么范围之内呢？就是这样一种法则，能够成为对象本身实存的根据，在这个范围之内，我有一种知识。我知道什么样一种法则能够运用于我的实践中，成为对象实存的根据。"并且通过这种实存理性就具有一个有理性的存在者中的原因性"，通过这种实存，当然这种实存作为道德行为对客观世界的影响，就使得理性具有一种原因性，它能够引起客观世界的变化嘛，那当然具有一种原因性了；但是这种原因性不同于自然界的因果性，它是一个有理性的存在者的原因性。这种原因性是在一个有理性的存在者里面的，它不存在于任何动物、石头、植物等等其他的东西里面。"这就是涉及能够被看作一种直接规定着意志的能力的纯粹理性"，"这就是涉及到"和前面"因为这涉及到的"一句话相并列，这就是涉及到什么东西的知识呢？首先是涉及到实践范围内的知识，而这就是涉及纯粹理性了。但是这个纯粹理性不是纯粹理论理性，而是涉及到"能够被看作一种直接规定着意志的能力的纯粹理性"，那就是涉及一种实践的纯粹理性，它直接规定意志。直接的意思就是说，不通过任何感性的中介，由纯粹理性直接就规定意志，它自身就具有实践能力，它就可以变成行动，完全理想主义的，我通过一个纯粹理性的理想，就可以决定我的行动，不考虑任何场合，也不考虑任何手段。我就会按照我的实践理性应当的那样，把这个事情做出来，在这个场合之下，在这个范围之内，我有一种知识。

＊　　　　＊　　　　＊

我们昨天讲的这一段，就是实践理性最高原理的阐明，相当于先验感性论里关于空间的形而上学阐明，就是阐明它本身的内涵：它是什么，它不是什么。所以上面一段讲实践理性最高原理的阐明有两个层次，首先阐明它包含什么内容，其次指明它在什么地方与其他一切实践原理区别开来，这就是正反两方面内容。也就是它是什么和它不是什么，这属于形而上学阐明的范围。但是相当于先验阐明的这个方面，在实践理性的最高原理，也就是道德法则的这方面，不能够像在《纯粹理性批判》里面那样，借助于经验的对象来阐明它何以可能，不能像先验逻辑，先验分析论里面那样，来说明道德法则如何能够规定意志。道德法则有它的特殊性，因为它涉及到纯粹理性直接规定意志的能力，所以不可能有先验的演绎，否则就成了理论理性的认识论了。今天这一段紧接着上面的论述来加以推理。

但现在，一旦我们达到了基本的力量或基本的能力，人类的一切洞 [47] 见就结束了；因为这些能力的可能性是根本无法理解的，但同样也不容随意虚构和假定。

"基本的力量和基本的能力"，这个概念从哪里来的？是什么意思？我们可以看看在《纯粹理性批判》先验辩证论的附录里面，有一个标题"纯粹理性诸理念的调节性运用"。纯粹理性的理念一方面有超验的运用，逼迫着人去对它进行超验的运用，因为这个理念是一个思维到的物自体。你既然思维到一个物自体，你就有一种克制不住的倾向把它运用到超验的领域里面来对这个物自体加以规定，加以认识，这就会导致先验幻相；

但是另一方面它有一种内在的运用，即一种调节性的运用，也就是说这个理念本身还是有用的，它本身虽然不是知识，但是它对知识有用。有什么用呢？它能够把所有的知识统一起来构成一个体系，虽然最终这个体系是完不成的，自然科学无穷地向前进展，但是它毕竟提供了一个目标，你有了这个目标就可以自觉地在科学的研究中把所有的原理尽可能地在现有的条件下统一起来。这是自然科学家们自觉或不自觉地已经在做的一件事情，他们在进行自然科学研究的时候不仅仅运用了感性的经验和知性的范畴，而且暗地里已经运用了理念，使自己的知识体系成为一个系统，成为一个统一体。当然这个统一体本身并不是知识，但是它是使得知识成为一个体系的必要条件。在"先验辩证论"的附录里面就提到了，比如说，科学家们，当他们把所有的那些原理归结为某种力的时候，这个时候科学家们有一种类似于理性本能的倾向，就是把所有各种各样的力归结为最后的力，一个"基本力"。[①] 力当然是越少越好，太多了我们把握不住，什么都是力，力这个概念无所不在，不管是在物质世界还是在心理学里面，到处都是力。那么如何能够减少力的数量，使它们最后能够归结为唯一的一种力？这是先验的理念所要达成的一个努力的方向。科学的研究就是要减少力的数量趋近于一个基本的力，使这个宇宙变成一个统一体。在自然科学里我们看到许多自然科学家都是这样做的，像爱因斯坦，他毕生遗憾的就是没有把四种基本的相互作用力归结为唯一的自然力，他的"统一场论"没有能够建立起来。所有的宇宙中的力都可以归结，但是归结到最后还是有四种，这就没有达到目标。是不是能够达到目标，谁也不能预料。很可能再过几十年又多出来一个什么力。但是科学家的任务就是要把这些新发现的力重新又归结为更少量的，归结为少量的力以后就可以花比较少的力气把握更多的规律，这在科学中叫作"思维经济原理"。思维经济原理是有道理的，虽然在康德看来它

---

① 有关这个基本力，我们可以参看《纯粹理性批判》A649=B677 页。

不是一条严格的认识原理，它是一条理性的范导性、调节性原理，在科学研究中你的思维要尽可能地导向某个唯一的理念。这是在《纯粹理性批判》里面已经展开了的，在这里又提到了。这里提到是由前面引出来的，前面已经谈到，在《纯粹理性批判》里，它的先验演绎把直观的综合归结到诸范畴，把诸范畴的综合归结到自我意识的本源的综合统一。当然这个本源的综合统一在知性认识里面虽然无所不在，但是它所发现的那些规律仍然是一些杂多的力的规律，需要由理性的理念把它们最终导向统一。那么在道德法则这里情况当然和认识领域中不同，在认识领域里面一个理性的理念只是作为最后统一的一个目标，而在道德领域里，由于涉及的是直接能够规定意志的纯粹理性，理性的理念就不是一个目标了，它是一个起点，唯一的纯粹理性直接地就可以规定意志，具有规定意志的能力，这是已经现成在手的。它是唯一的，而且也是统一的，在知性世界里面是占统治地位的一种秩序。这个时候我们就可以想到某种基本的力量和基本的能力，这就是纯粹理性的实践能力。"但现在，一旦我们达到了基本的力量或基本的能力，人类的一切洞见就结束了"，我们对这个基本力量能否更深入一步地加以探索呢？那是不可能的。在《纯粹理性批判》里面，当我们达到上帝、灵魂、宇宙整体这样一些理念的时候，我们就不可能对它们进一步加以认识了。因为既然它用来解释整个宇宙，所以它是超越于整个宇宙之外的，或者说在整个宇宙之上的，没有什么东西能再对它加以描述。所有对它的描述都是它的产物，它再上面就是物自体了。而他这里讲的基本力量和基本能力不仅仅是在认识领域里的理念，也包括在实践里面直接规定着意志的纯粹理性。这种纯粹理性能够直接规定意志，那它当然就是一种最基本的力量，当我们达到这样一个层次的时候，一切洞见就结束了。你想要洞见它，你想要看透它那就不可能了。这里不限定到底是实践领域还是理论领域，只是一般地来说的。为什么就看不透了呢？"因为这些能力的可能性是根本无法理解的，但同样也不容随意虚构和假定"，这些能力的可能性，我们根本无法参透和理解，它是最高的，它既是一切能力的起点，又是我们追求的一个永恒的目标，除非你能够达到永恒，像上帝一样，那就可以认识它，但是有限的人是不能达到的。但同样也不容随意虚构和假定，就是说这样一种理念，虽然你达不到，但是它又不是你随意设定的，它还是有它的根据的，虽然它是一个理念，人们永远也认识不了它，但是我们之所以假定它作为一个悬设是有根据的。下面就分别来讲这个根据，首先讲理论理性。

因此在理性的理论运用中只有经验使我们有权假定它们。

也就是说这样一种理念在理论理性中只能作一种内在的运用，如果作超验的运用，就会导向幻相，导向二律背反。内在运用就是说它只能运用于经验领域内，运用于现象界之内。它本身虽然在现象界之外，但是它只能用来引导经验现象，"只有经验使我们有权假定它们"。只有经验现象才有这个必要，即有必要设定一个先验的理念来引导我们的经验知识。这种内在运用的必要性就在于如果没有它们的话，我们的经验知识就不完整了，我们的经验知识趋向于完整的动力就消失了。经验知识总是要扩张自身，把自身作为一个体系，求得某种统一，扩张自身并不仅仅是获得一些新的知识，博物学，什么东西都知道，那还不够，还必须让它们构成一个体系。要构成一个体系，那你就必须要假定有个理念作为一个唯一的基本力或者唯一的最高点。所以正是经验知识的需要使我们有权假定这些理念。它们不是任意虚构的，而是由经验知识本身的需要才得以证明它们的权利的。这就是康德对思辨理性中的理念的先验演绎，即把它限于对人类知识系统的一种"调节性原则"的运用。① 这是理念在理论理性中的情况，它和知性范畴的演绎不一样。但理念在纯粹实践理性中的演绎又更不一样。

但在这里，在谈及纯粹的实践理性能力时，这种列举经验性的证据以取代从先天知识来源中进行演绎的代用品也被从我们这里夺走了。

---

① 参看《纯粹理性批判》A669—671=B697—699。

对于先验理念的内在的运用，在经验知识上的运用，康德说它是一种不同于知性范畴的演绎。"纯粹理性的理念虽然不允许像范畴那样一种演绎；但如果它至少应当拥有哪怕是不确定的客观有效性而不只是表现一些空虚的思想物……，那么对它的一个演绎就绝对必须是可能的，即使承认它与我们对范畴所能够作出的那种演绎会大不相同也罢。"① 当然在这种经验运用中我们发现有一种需要，需要有一个先验的理念来指导或调节我们的科学知识，这是一种理论上的需要，但这种演绎作为主观的调节性的原则，与针对知性范畴的那种构成性的客观演绎相比，显然其辩护力度要小一些，因此只能看作是"列举经验性的证据以取代从先天知识来源中进行演绎的代用品"。康德甚至在《纯粹理性批判》中说："对于这样一些先验的理念，本来是不可能有任何像我们对范畴所能提供的那样的**客观演绎**的……但从我们理性的本性中对它们作一种主观的推导，这却是我们可以做的工作。"② 当然他在后面又把这种"主观推导"说成是另一种"大不相同的"演绎，因为经验的知识需要理念来引导，这种需要与经验知识需要一个范畴来规范是完全不同的。没有范畴规范就根本没有知识，而需要一个理念则是次一步的要求：有了知识，但是我还想使这个知识更完备，完成一个知识的体系。所以先验理念的假设对经验知识来说不是非有不可的，我们只要有了范畴和经验的材料，把经验的材料纳入到范畴之下，就可以获得知识了，当然这个知识还不完备，还不成系统，但它毕竟是知识。自然科学家所做的工作不一定要把它构成一个系统，只有像牛顿、爱因斯坦这样顶尖级的科学家才考虑到怎样把所有的知识凝聚起来构成一个体系，而其他那些比较小的科学家不关心这个问题，只要一点一滴的积累，就是科学知识。所以经验的需要在这个地方不是一种正规的演绎，而是对先验演绎的"代用品"，可以说

---

① 《纯粹理性批判》A669—670=B697—698。
② 《纯粹理性批判》A336=B393。

是一种"准演绎"。但是在谈到纯粹的实践理性时，就连这种列举经验性的证据的代用品也被从我们这里夺走了。你要证明道德原理能够运用于我们的经验对象之上的权利，那是证明不了的，而且也是不需要证明的。何以见得你从道德出发就能够产生出合乎道德的结果来？它的经验的后果你是证明不了的，何况你如果想证明这一点，恰好说明你的出发点并不是纯粹道德法则，这不是纯粹实践理性所应该关心的。反过来，你要从经验的后果里面证明它需要一个道德原则也是证明不了的。既不能证明我们的道德法则对于经验的现象有一种权利，也不能证明经验对象本身需要这样一个道德法则作为自己在可能性条件，没有道德法则它就不可能存在。我们在现实生活中每天出于我们的利益、出于实用和功利的考虑在做一些事情，那么做这些事情是不是必须以道德法则为前提？这个没有什么必然性。可见这里既没有《纯粹理性批判》里面那种知性的先验演绎，也没有《纯粹理性批判》中诸理念的取代先验演绎的代用品。为什么这样呢？

因为凡是需要从经验中为自己的现实性取得证明理由的东西，按照其可能性根据都必然依赖于经验原则，然而纯粹的、但却是实践的理性由于其概念就已经不可能被看作这一类东西了。

"凡是需要从经验的后果中为自己的现实性取得证明理由的东西"，比如说，道德法则假如要依靠经验的现实性证明自己的客观实在性，就是说你的动机是否真正道德，那要看它的后果是否道德，由后果的道德来证明你的动机的道德。后果的道德又以什么为标准呢？那当然只能以经验为标准，比如最大多数人的最大幸福。所以凡是需要从经验中为自己的现实性取得证明理由的东西，"按照其可能性根据"，你把它的所有可能性根据都想遍了，那么唯一必然地都只能依赖于经验原则，因为你本来就是以经验原则作为它的标准嘛。一个行为的道德是否具有现实性，就看它是否能在经验当中实现出来。如果它实现不出来，那你这个道德就没有现实性，这样，道德就由经验的原则加以衡量，它就依附于经验的原则了，幸福、利益、功利这些东西就能够决定道德。道德不是空谈，它是实践的原理，它肯定要有效果；但是如果用效果来衡量道德，那肯定是经验的原则，它要按照自然规律来加以衡量。这就是经验派的伦理学的主张。"然而纯粹的、但却是实践的理性由于其概念就已经不可能被看作这一类东西了"，"纯粹"这个概念的意思就是排除经验的东西，按照康德的用法，凡是讲到"纯粹的"东西一般都是排除了经验性的东西，排除了后天的东西，几乎相当于"先天的"意思。"纯粹的，但却是实践的理性"，这个"实践的"就容易引起一些联想，因为它要在现实中做出来，所以它必定是经验的，但是道德律恰好不是，它一方面是实践的，另一方面又是纯粹的、超经验的。当然它肯定要对经验世界发生影响，要作用于经验世界，要对经验世界有所改变，从这个意义上它跟经验世界是不能脱离的；但是在这个实践的活动中它仍然是纯粹的，与一般实用的或技术性的实践是完全不同的。也就是说这种道德律不涉及它所产生的后果，包括它所采用的手段，它只涉及动机，如果说它涉及后果，那也只是应当的后果，现实的后果它不管。我做这件事情是为了什么目的，这个目的是应当实现的，至于它在现实中是否能实现出来？这个我不考虑。我只是用道德律来统治一个应当的世界，也就是知性世界，在知性世界里面，凡是有应当的地方就有它的后果。那个时候就可以考虑后果了，但所有这些考虑都是在知性世界中来考虑的，应当有这些后果，但是现实中有没有，这个没关系。所以它是纯粹的、但却是实践的理性，它由于其概念就已经不可能被看作这一类要从经验中取得证明的东西了。它在概念中就是纯粹的，又是实践的，能够纯粹地实践而不是考虑后果地实践，它只是从动机出发来考虑的实践。这种纯粹的实践原理怎么可能被经验的后果所左右呢？怎么可能用经验的规律来衡量呢？那显然是不可能的。

<u>甚至道德法则也仿佛是作为我们先天意识到并且是必然确定的一个纯粹理性的事实而被给予的，即使假定我们在经验中找不到严格遵守这一法则的任何实例。</u>

　　道德法则当然是一个抽象的法则了，一个纯粹理性的法则，它跟经验不搭界。虽然它那么样的纯粹，但是这个道德法则也是作为一个"事实"被给予的，当然这个事实不是经验的事实，而是理性的事实。理性的事实有可能变成经验的事实，但是它不考虑这个。我的自由意志，我的道德法则，按照道德法则规定自由意志，是可以付之于实行的，这是一个事实，事实上是可以的，哪怕我没有做到，但是我可以做到，有些人就做到了，我也可以做到。我在没有做到的时候我也知道我是可以做到的，这就是一个事实，这个事实跟经验后果的事实不一样，它是一个纯粹理性的实践行动的事实。实践不仅仅是停留在想象中，而是这个动机对于人的实践行动确实具有规定性，哪怕我们在经验世界里面找不到严格遵守这一法则的任何实例。这个地方康德显示出他的不可知论的彻底性。在经验世界里面我们可能找不到任何一个实例严格遵守道德法则。哪怕那些杀身成仁舍生取义的仁人志士，你也不知道他内心究竟是怎么想的。当然他的行为是很难得的，因为毕竟有道德律在里面起作用。但是他是不是纯粹完全按照道德律呢？这个我们猜不到，我们只能从外部的行为推测他是为道德而献身的。但是他当时究竟是怎么想的，这个我们没有办法知道。所以康德这里也没有下断言，哪怕你把所有那些仁人志士都否定了，没有一个人不是为自己考虑，为现实考虑，为自己的名誉，为自己死后的声望，或者为了自己的情感而献身，但即使是这样，你仍然不能否认"道德法则也仿佛是作为我们先天意识到的并且是必然确定的一个纯粹理性的事实而被给予的"。这个地方加了一个"仿佛是"，当然他前面已经讲到了道德法则就是纯粹理性的一个事实，然而，即使我们在经验中找不到任何实例，道德法则也仿佛作为一个事实被给予我们，这个地方口气有点缓和，但这个缓和并不说明康德的思想有所退让。道德法则作为一个事实，前面讲它是不需要证明的，也不可能证明，但是是不是就完全不能够加以说明和阐明呢？这个后面他有说明，它还是可以阐明的。

所以道德法则的客观实在性就不能由任何演绎、任何理论的、思辨的和得到经验性支持的理性努力来证明，因而即使人们想要放弃这种无可置疑的确定性，也不能由经验来证实并这样来后天地得到证明，但这种实在性却仍是独自确凿无疑的。

"所以道德法则的客观实在性就不能由任何演绎、任何理论的、思辨的和得到经验性支持的理性努力来证明"，这个断言下得很绝对了。道德法则你要对它的客观实在性加以演绎，那么你唯一的办法似乎就是通过经验知识的演绎，通过理论的、思辨的和得到经验性支持的理性努力来证明，但是这条路已经堵死了。道德法则的客观性是不能够通过这样一种演绎来加以证明的。"因而即使人们想要放弃这种无可置疑的确定性，也不能由经验来证实并这样来后天地得到证明，但这种实在性却仍是独自确凿无疑的"，就是说我即便不去追求严格确定性的证明，放弃先验的演绎，也不由后天经验来证实，这也是证实不了的。我们不能证实它，无论是从先天的思辨还是从后天的经验，只要是从知识的角度，我们就不能证实道德法则的客观实在性。但是，即便如此，这种实在性却仍是独自确凿无疑的，因为它是纯粹实践理性的一个事实。既然先验演绎和后天经验都不能证实道德律，我们是不是就可以否定道德律的客观实在性呢？是否世界上就根本就没有道德律，道德律都是我们主观上的幻觉，是一种想象出来的东西，是不是这样呢？康德认为，尽管如此，道德律的客观实在性却仍然是独自确凿无疑的。为什么？下面一段有他的解释。

取代对道德原则的这种被劳而无功地寻求的演绎的，是某种另外的但完全背理的东西，因为它反过来自己充当了某种玄妙莫测的能力的演绎的原则，

这是一个很大的转折。前面一直都在否认，说不能够通过纯粹理性批判里面的那样一种演绎，通过后天经验和经验知识得以可能的先天条件，来证明道德法则的客观实在性，这个是证明不了的。你要仿照《纯粹

理性批判》里面那种先验演绎的方式,那肯定走错路了,这条路已经堵死了。但上一段最后一句话:"这种实在性却仍是独自确凿无疑的。""独自"的意思是不需要经验,道德法则的这种客观实在性不需要经验。取代这种被劳而无功地寻求的演绎的,是某种"完全背理的东西",完全不可理解的,完全不能够推出来的。因为"它",也就是道德原则,"反过来自己充当了某种玄妙莫测的能力的演绎的原则"。为什么是"反过来"?也就是说,本来是要对道德原则去寻求某种演绎,以便合理地解释道德律的客观有效性,但是这种要求只不过是沿用了理论理性的思路,而没有考虑到现在对道德原则的演绎已经完全改换了语境,因而改变了演绎的方向。现在我们反过来要用道德律来充当某种另外的能力的演绎的原则,以便证明这种能力的客观有效性。这种能力是"玄妙莫测的",后面讲了,它其实就是自由,是自由意志的能力。也就是说,你要用别的东西来证明道德律的客观实在性,那是证明不了的,但是道德法则的客观实在性本身是确凿无疑的,所以它自己倒是可以证明另外一种东西的客观实在性,即道德法则本身充当了对自由意志的能力的演绎的原则。它不能由别的东西演绎出来,但是它可以演绎出别的东西,不是对道德原则进行演绎,而是用道德原则对别的东西加以演绎,用道德原则对于自由意志加以演绎。这就是《实践理性批判》和《纯粹理性批判》中的演绎的相反的或者说颠倒的程序了,这种程序在理论理性看来是某种"完全背理的东西"。也就是道德原则独自的确凿无疑性无须演绎,它是一个事实,这个事实再不能推了,它是某种基本的能力,你再不能推出它之所以可能的条件了;但是它本身倒可以用来证明别的东西。这是相反的程序,因为道德法则本身不能通过演绎来证明,而只是一个事实,每个人内心都有,既然有,所以它反过来自己充当了自由意志的能力的演绎的原则。实践的程序和认识的程序本来就是相反的,不是从客体到主体,而是从主体到客体,连《实践理性批判》的结构和《纯粹理性批判》的结构也是相反的结构,所以它们的演绎程序也是互相颠倒的,这没有什么可奇怪的。

这种能力不必被任何经验所证明，但思辨理性却（为了在自己的宇宙论理念之下按照这能力的原因性找到无条件者，以便思辨理性不自相矛盾）至少必须把它假定为可能的，这就是自由的能力，

"这种能力不必被任何经验所证明"，自由的能力用不着也不可能被任何经验所证明，它是超越于经验之上的嘛。我们在《纯粹理性批判》的第三个二律背反里面已经讲到了，从现象界不可能证明自由的存在。世界上有没有自由？你从自然科学知识不可能证明它的存在。但是从自然科学知识也不可能否认它的存在。因为你的自然科学知识只能够否定现象界的那些东西，至于自在之物那个领域的东西，你够不着。所以自然世界、经验、现象这些东西，对于自由这个概念既不能证明，也不能否认。但思辨理性却至少必须把它假定为可能的，这是思辨理性本身的需要，它必须要假定一个自由意志。为什么？这就是括号里讲的，"（为了在自己的宇宙论理念之下按照这能力的原因性找到无条件者，以便思辨理性不自相矛盾）"。这就需要我们对《纯粹理性批判》比较熟悉才能够理解。"先验辩证论"的导言里面就讲到了，理性的逻辑运用和理性的纯粹的运用。理性的逻辑运用就是说推论，任何命题都必须从一个有条件的东西推论它自己的条件；而理性的纯粹运用则是说，它必须有它的充分的条件才能存在，少一个条件都不行，这就是充足理由律。莱布尼茨提出的充足理由律已经制定了一个认识的法则，它通常也被看作一条逻辑法则，但是逻辑学家们一般都否认它是一条逻辑法则，认为它只是一个认识论的法则，但是在康德看来，它既是认识论的也是逻辑的法则。也就是说，凡是一个经验的事物它都是有条件的，这个我们大家都承认，没有条件它怎么产生出来呢？但既然你承认这一点，你就必须承认，条件后面又有条件，而且必须要有充分的条件，这个事物才可能存在，所以这个条件的链条就会是无穷无尽的。只有当你追溯到最后的时候，当你把整个宇宙当作一个经验的整体，再追溯它的那个最终的条件，那么这

整个经验的整体的条件系列的条件肯定是非经验、超经验的，它肯定在这个条件系列之外。这个超经验的条件本身就不再有条件，因为它是超经验的嘛，所以是无条件者，是一切条件系列的顶端，那就是一个绝对的原因性的理念。整个宇宙的最高条件是一个理念，我们通常把它叫作上帝，你也可以不叫上帝，牛顿讲上帝的第一推动，就是追溯到一切运动的最初原因。那么这个无条件的条件是根据什么来起作用的呢？它肯定不是根据自然规律，因为自然规律都被包含在经验的条件序列之中了。它本身是无条件的，没有原因，但却是一切事物的原因。什么叫没有原因？一个事物的发生没有原因，那只能说它是自由的。你也不能说它是偶然的，偶然的东西也有原因啊。上帝为什么要第一推动，你不能解释，只能说是上帝的自由意志。这样一个自由意志的设定是思辨理性为了保证不自相矛盾而必须假定的，这就是括号里面的意思。为什么不假定一个自由意志，思辨理性就会自相矛盾呢？是因为全部因果链条不论你伸展得多么远，都还是未完成的，因而链条上的任何一环也都不能充当"充足理由"，而凡是没有充足理由的东西都不可能存在。我们通常也讲，在许多原因中少了一个原因，这件事就不会发生了。这样一来，如果没有一项开始一个因果链条的绝对无条件者，从而在某个地方给这个无限延伸的因果链条一个终点，或一个原始的动力，作为它的充足理由，那么整个链条的存在的可能性都将受到威胁。只有将这个链条终止于某个自身不再有条件的条件上，整个条件系列才能达到完成，其中的每个环节以及它们的总和也才能获得自己的充足理由，因而也才能现实地存在。所以这个作为一切条件的条件的无条件者，即自由意志，作为自行开始一个因果系列的首个原因性，是整个因果链条不可或缺的一环，没有它，整个宇宙的因果链条就不完整、不充分，因而不能成立。在第三个二律背反里面康德已经证明，如果没有自由意志来解释一切自然推动的因果性，那就会导致所有的经验的事物都有理由（原因），唯独这个经验事物的整体没有理由（原因），所以如果你把这个经验事物看作一个整体的话，那就会导致自相矛盾。这个经验事物的整体,按照思辨理性的一贯性也必须设定一个理由,设定一个最高的原因,这个原因是开始了整个因果序列的首项,如果没有这个第一因,整个宇宙是没有原因的,因果律就在宇宙整体这个最大的经验对象上失效了。因果律的意思就是一切发生的事情都有原因,那么整个宇宙有没有原因呢?你如果坚持因果律,你就必须承认,整个宇宙也有原因,所以如果没有自由的假设,思辨理性就会导致自相矛盾。当然反过来,我们也可以看出来,即算假定了自由意志,如果你不区分现象和物自体,也会导致自相矛盾,这就是二律背反。你说世界上没有自由会导致自相矛盾,你说世界上有自由也会导致自相矛盾。怎么解决? 康德的办法就是把它划开:在现象界没有自由,但是在本体界可以有。本体界可能有的自由为解释现象界的因果必然性提供了前提,使得经验自然科学因果律的解释得以可能。所以双方都调和了,而且双方谁也离不开谁。虽然自由意志是一个假设,但是你经验自然科学也离不开这个假设。你要把你的经验科学的原则贯彻到底,你也离不开自由意志的假设。去年美国的刘闯到武大来作了一个报告,关于现代自然科学最新的一些思考,他就把自由意志引入了量子力学。如果康德在的话,康德会笑起来了:我说的对吧,我早就说了,自然科学再怎么发展,你最后离不了自由意志,哪怕作为一个假设,你都必须设定它。所以这个地方很巧妙,自由意志虽然是个假设,但是不是毫无根据的,不是康德我这个人追求自由,我就假设了自由意志,它就是从自然科学本身里面推出来的,至少推出这么一个假设。这个假设是有根据的,有必要的,如果没有这个假设,自然科学本身很难解释。思辨理性本身有必要把自由假定为可能的。你可以把它理解为上帝的自由意志,也可以把它理解为现实生活中的人的自由意志。人的自由意志也可以自行开始一个因果序列,当然从另外一个角度来看,这个因果序列不是你开始的,它是延续下来的,是因果链条中不可中断的一环,这个完全站得住脚。但是康德完全是在另外一个意义上,在物自体的意义上来说的。表面上在现象中它是不可中断的一环，但是这一环到这个地方接着的下一个环节到底是接哪一个环节，这个里头我们可以看出自由意志在里面的解释作用。它不是实际作用，不是一种机械作用，不是说自由意志就中断了或者改变了自然规律的方向，如果那样，那么我们就可以追究了：它凭一种什么样的机制改变了这种方向，它凭一种什么样的动力阀，凭借一种什么样的"麦克斯韦妖"来制造某种有利于人的效果。英国物理学家麦克斯韦曾设想有这样一个小妖精，它在两个空气室中间把握了一种阀门，把热空气分子放进左边，把冷空气分子留在右边，由此来制冷和制热。这个当然是违背能量守恒定律和热力学第二定律的，是不可能的。所以自由意志只能被设想为在物自体的领域的假设，不可能被设想为麦克斯韦妖之类的机械的东西。后来物理学界有人认为，人的自由意志就是麦克斯韦妖。在物理学中，自由意志就起了一个麦克斯韦妖的作用，它违背了热力学第二定律，违背了熵增加的定律。熵增加是不可违抗的物理定律，但是有了人，就可以违抗它，因为人可以选择，这个世界是人选择的。这个世界之所以进步都是人在那里起作用，如果没有人这个世界肯定是越来越退化，最后导致热平衡，导致一片混沌，这是必然趋势。按照目前这个宇宙发展趋势来看，最后将导致再不能有任何新的秩序产生，也不能有任何新的能量产生，所有的东西都是一样的。这就是老庄所追求的最高境界了，所有东西都一样，万物齐一，就没有痛苦了。但是对于自由意志来说这是不可能的。自由意志在康德看来并不干预、并不插手自然界的力学规律，但是我们可以把一个过程看作是由它开始的，这是从物自体的意义上来说的，这就是自由的能力，我们至少必须把它假定为可能的。这个可能的是不是现实的呢？这在思辨理性里面是永远得不到证明的。它永远是一个空位，是个空洞的理念，先验理念可以指导我们的研究，但是我们不能认识它本身，这就是自由的能力。

　　<u>对于自由，那本身不需要任何辩护理由的道德法则不仅证明它是可</u>能的，而且证明它在那些认识到这个法则对于自己有约束的存在者身上

是现实的。

我们从科学的角度证明不了这个自由是现实的。我们只能留下余地，说不是不可能，而是有可能人有自由；不是不可能，而是有可能最终有一个上帝创造了世界。这只是一种可能性，在思辨理性里面，我们必须为这种可能性留下余地，否则的话思辨理性本身会导致自相矛盾。在道德领域里面，道德法则不需要任何辩护理由，不需要证明，但是这个道德法则本身证明了自由是可能的。这就是这一段开头讲的，取代对道德原则的这种被劳而无功地寻求的演绎的，是某种另外的但完全背理的东西，它反过来自己充当了自由意志的演绎的原则。所以道德法则不仅证明了自由是可能的，"而且证明它在那些认识到这个法则对于自己有约束的存在者身上是现实的"，也就是在人身上，当他意识到道德法则对于自己有约束性的时候，就证明了他的自由是现实的。意识到道德法则对自己有约束，这本身是一个事实。道德法则是一个事实，在什么意义上是一个事实呢？就是每一个有理性者都会意识到道德法则对自己的实践行为有约束。道德法则是一个实践理性的法则，在你做事的时候你要考虑道德法则，这本身是一个事实。既然有这个事实，那么在意识到这种约束的存在者即人身上，我们就证明了人现实地是有自由的。康德在《实践理性批判》一开始就提到，道德律是自由的认识理由，自由是道德律的存在理由。道德律本身是一个事实，它具有一种现实性，在人的实践活动中，你绝对否认不了道德律对你有约束。这是一个事实，这个事实本身不需要解释，它从哪里来的？它何以可能？这是我们永远追溯不到的，但是这个事实一旦成立，它就可以证明我们是有自由的。它就成为了自由的认识理由。这就是实践理性批判中的反向的演绎。

道德法则实际上就是出于自由的原因性的一条法则，因而是一个超感性自然的可能性的法则，如同在感官世界中那些事件的形而上学法则是感性自然的原因性法则一样，

实际上也就是客观上，自由是道德律的存在理由，道德律之所以存

在，就是由于存在有自由的原因性，道德律之所以存在的原因就在于自由，人可以不按照我们的本能去做事，可以不按照我们自己追求幸福的欲望而行动。动物就不行，动物只能按照它的本能行事，人则可以按照另外一条法则做事，甚至可以克制自己的本能，这是人的一种现实的可能性，的确有这种可能性。那么这种可能性就证明，人是有自由的。因为人有自由的选择能力，所以他才能够在道德律和自然本能两者之中选择道德律，当然也可能自由地选择自然本能，但那终归会是不自由的，不能形成自由的法则，不能持续自由意志。所以道德法则实际上就是出于人的自由的选择能力而形成的一条法则，"因而是一个超感性自然的可能性的法则"，超感性的自然，也就是人的本体。我们以前讲过，康德的"自然"有两种含义，一种是自然界的含义，一种是本体、本性的含义，感性的自然就是自然界，超感性的自然就是人的自在之物，就是人的本体，那么这里讲的就是人的自由了。自由意志的可能性有两可，既然是自由意志嘛，我们通常说有多种选择，但实际上归根结底是两种选择：做还是不做，按照道德律去做还是不按照道德律去做。至少道德律是超感性自然的一条可能性的法则，你是有可能按照道德律去做的，与动物不同，你是一个人，因为你是自由的嘛，你就有可能按照道德律去做。那么这个道德律就是自由的原因性的一条法则，它是从自由的原因性里面推出来的。"如同在感官世界中那些事件的形而上学法则是感性自然的原因性法则一样"，人既在感官世界中，又在本体世界中；既在感官的自然中，又在超感官的自然中，他是横跨两个领域的。这个"如同"跟前面是并列的，意味着结构上的相似：在超感性世界中自由是道德律的原因性法则，而在感官世界中那些事件的形而上学法则，指的就是诸范畴及其原理。人为自然界立法，所立的那些法是感性自然界的法则。所有的范畴，包括因果性在内，都是自然的原因性法则，是它们造成了感官世界的自然万物，包括自然万物的知识。经验对象以及经验对象的知识，这在康德看来是一样的，经验对象就是有关经验对象的知识，这在《纯粹理性批判》里面已经讲过了,不像我们通常讲的,经验对象和经验对象的知识是两码事。在康德看来,经验对象就是经验对象的知识,因为经验对象就是我们自己的知识建构起来的,它不是一个自在之物,而是我们所看到的现象。所以我们看到的现象、经验对象就是我们对经验对象的知识。它之所以称之为一个对象,就是因为我们在知识中把它做成了一个对象。这里"如同……一样"说明两者有一种同构性,在超感性自然的本体界,自由的法则决定了道德法则的现实性。道德法则本身有现实性,但是使它获得这种现实性的是人的自由的法则,正如同在经验中范畴使经验的对象获得了它的现实性一样。在理论理性里面他要证明的是这些范畴如何必然能够运用于经验对象之上,这一点一旦得到证明,演绎就完成了;那么反过来,在道德领域里面的演绎是什么意思呢?恰好就是道德法则这一事实如何必然说明人是自由的。经验被排除了,取代经验的地位的就是道德法则这样一个事实,这是个理性的事实而不是经验的事实。这两种演绎之间也具有一种同构关系。虽然前面整个都在说《实践理性批判》里面的演绎跟《纯粹理性批判》里面的演绎不同,而且方向相反,但是尽管如此,这个地方还是有某种同构性。一个是自由的领域,一个是自然必然性的领域。在自然必然性的领域里面,范畴代表着自然形而上学的法则,由范畴这样一些经验对象的法则规定了经验对象的事实;在《实践理性批判》里面,是自由的事实规定了道德法则的事实,这两个事实,一个是经验的事实,一个是理性的事实,都是事实,但是都要追溯到它们的规定性根据来得到解释,两者有一种类似的关系。

因而道德法则所规定的是思辨哲学曾不得不任其不加规定的东西,也就是其概念在思辨哲学中只具有消极性的那种原因性的法则,这就第一次使这条法则获得了客观实在性。

道德法则规定的是什么呢?就是自由。通过道德法则这样一个理性的事实,我们得以对自由加以规定。自由是什么?在思辨理性中看不见摸不着,我们不能对它说任何话,我们只能说,自由是有可能的,我们仅仅为自由保留了一种理念的可能性。但它究竟是怎样的可能性，那个是消极的，就只是不受感性经验的规律的束缚而已。但是通过道德法则，就给自由规定了它的积极的内容，"道德法则所规定的是思辨哲学曾不得不任其不加规定的东西"。第三个二律背反里面对于自由没有做任何积极的规定，唯一的规定是否定性的规定，就是说它可以不受所有这些经验规律的束缚，这些规定是消极自由的规定。所谓自行开始一个因果系列的原因性，这只是说它不受其他原因的束缚而自行开始，而没有说自行开始是按照什么来开始。在道德法则里面则做出了规定，就是说自由就是按照道德法则来开始，当你用道德法则来规定自己的实践行为的时候，你就是自由的，你就意识到你的自由了；而当你遵守经验规律的时候，你意识不到你的自由。"也就是其概念在思辨哲学中只具有消极性的那种原因性的法则"，"其"代指自由，自由是一种消极的原因性，是在思辨哲学中不受任何经验法则约束的一种原因性。这样一种原因性的法则第一次获得了客观实在性，这个我们在《实践理性批判》开头的时候就已经讲到了。就是说在思辨理性里面，第三个二律背反提出了一个空洞的先验自由的概念，在知识的意义上它是空洞的，但是如果没有它，我们在实践领域里面也就不能推出它的积极的意义，它的实在的意义；那么反过来，当我们在实践领域里面，通过道德律推出了我们人具有一种实实在在的自由，虽然不能认识，但是你可以去做，你可以付诸行动，这很实在啊。你可以在行动中体现你的自由，你的行动的法则是你自由建立起来的，那么这种实践理性的自由就弥补了思辨理性里面自由理念的不足。为什么不足？因为它原来只是消极的，它只是一个空位，它还没有东西填满这个空位。那么到了实践理性批判里面，就把这个空位填满了。在思辨理性里面讲的自由实际上就是我们实践的自由，这是同一个东西从不同角度来看的结果。从理论的角度、科学知识的角度，我们只能说它是一个空位；但是从实践的角度我们可以去做它，我们可以将它实行，使它具有一种客观实在性。这种客观实在性与知识的客观实在性是不同意义上的。知识上的客观实在性必须要有经验的内容，而这个地方它可以不考虑任何经验的内容，当然它也会有经验内容，但是我不考虑。一考虑经验内容，自由就消失了，就被纳入经验的因果律里头去了。我不考虑经验内容，就考虑动机，就考虑实践的意志是怎么自我规定的，这个时候我在实践中就具有了一种客观实在性。这是康德一个非常巧妙的构思，两大批判在自由这个概念上搭起了桥。所以他讲自由的概念是思辨理性批判和实践理性批判两大批判的"拱心石"，把这两大批判拱起来的最关键的一块石头。我们要造一个拱门，中间那块石头是最关键的，中间那块石头一抽掉，整个建筑就垮掉了。有了自由的这样一个拱心石，在思辨理性批判里面自由那个理念本来是空的，摇摇欲坠的，现在就可以撑起来了。相反，在实践理性批判中实践的自由，由于有了思辨理性批判里面自由的铺垫，它就有了自己的位置。如果连这个位置都没有，那么你的自由是无从设想的。如果在第三个二律背反里面，我们不像康德那样，我们证明在经验世界里面根本就不可能有自由，如果能够通过经验证明没有自由，那么在实践领域里面也就没有理由去设定一个自由了。正因为在知识领域里面对于自由不置可否，所以我才能在实践领域里相信确实有一个自由，它也跟思辨理性的那些自然规律不相冲突。不仅不影响那些自然规律，而且你追究到最后，这些自然规律还需要那个理念撑起来，虽然这个理念本身不是什么知识。所以这个理念为实践的自由留下了余地，这就是康德在《纯粹理性批判》第二版序言里面所讲的："我要悬置知识，为信仰留下位置"。在实践中我是取决于信仰，取决于信念，在《纯粹理性批判》的方法论部分，也谈到了"意见、知识和信念"，信念和信仰是同一个字 Glaube。这个知识如果超出自己的范围，它就会变成一种意见，那就会导致二律背反，导致幻相，但是我们把知识限制在它的经验范围之内，不让它成为意见，那么我们就为本体界的信念留下了余地。所以他两大批判之间的关系就是依赖于自由的概念而建立起来的。

我们上面已经把演绎的来龙去脉大体上讲了。道德法则的演绎、实践理性最高原理的演绎应该怎么样理解，不是说要证明道德法则何以可能，而是说道德法则作为一个事实证明了什么，由道德法则演绎出来什么东西？演绎出来它的存在理由，在这个意义上也可以说是道德法则何以可能的解释，但是这个解释跟纯粹理性批判中知识何以可能的解释是完全不一样的。它不是从后果推究它的前提，因为道德法则跟自由这两个概念是互为前提的：一个是认识理由，一个是存在理由，它们互相解释。所以道德法则的客观实在性使得它的理由、它的根据自由本身也具有了客观实在性，或者说证明了自由的客观实在性。道德法则只有设想人是自由的，才能够得以解释，这与《纯粹理性批判》的先验演绎有一种同构性。在《纯粹理性批判》里面，经验的知识只有设想它是由人的统觉的本源综合统一所建立起来的，它才具有了客观实在性。那么在道德领域里面，道德法则本身具有客观实在性，但究其存在的理由，它的客观实在性被思考为是由自由意志实现出来的，道德律作为一个理性的事实，这个事实是通过人的自由意志在实践中做出来的，是通过自由的选择在实践中现实地做出来的。当然这个实现不是在经验的意义上实现，而是在理性的意义上实现。作为意志的根据，它实实在在地对人的意志有一种约束作用、指导作用、命令作用。所以下面这段话第一句就讲了这种关系：

[48] 　　道德法则由于它本身是作为自由这种纯粹理性原因性的演绎原则而提出来的，它的这种信用就完全足以代替一切先天的辩护理由来补偿理论理性的某种需要，因为理论理性曾被迫至少**假定**某种自由的可能性。

　　道德法则的演绎不是说演绎出道德法则自身何以可能，而是演绎出自由这种纯粹理性的原因性的客观实在性，这种客观实在性就表现在道德法则身上。所以道德法则本身是一个演绎的原则，它不需要别的演绎原则对它进行演绎。它自身就演绎出它的根据即自由的原因性。道德法则作为一种事实，它是具有信用的，每个人都没有办法否认它，因而每个人都必须相信自己有自由。因为它是一个理性的事实，它在每个有理性者的内心里面都必然要发生它的作用。一旦他在实践中行动，他就会意识到道德法则对他的作用。所以它是具有这样一种信用的，"这种信用就完全足以代替一切先天的辩护理由来补偿理论理性的某种需要，因为理论理性曾被迫至少**假定**某种自由的可能性"。前面一段括号里面已经讲了，思辨理性如果没有自由理念的假定的话也会导致自相矛盾，所以它被迫需要假定一个先验自由的理念来作为它本身避免自相矛盾的假设。但理论理性的这种假定毕竟是消极的、不完全的，它需要得到某种补偿，即获得自由的积极规定。而道德律的这样一种作为理性事实的信用就代替一切先天的辩护理由而补上了这个欠缺，它不需要论证。理论理性只是假定某种自由的可能性，它需要证明或者证实，但是这个证实又不能仅仅通过先天的理由来加以辩护，因为这种辩护毕竟只是一种假定，只是消极的辩护，就是思辨理性要完成自己的因果链条，有必要假定一个自由的理念，才能获得充足理由，这个先天的辩护理由只是保留了自由理的可能性而已。而在实践理性中道德法则的信用就足以取代一切先天的辩护理由来补偿理论理性的这种需要，即补上理论理性所未能证明的自由的实在性。你既然提出了一个先验的理念，你总要给它赋予某种客观实在性才行，没有客观实在性它总归只是一个假设，这终归是一种缺陷。理论理性不能仅仅满足于某种自由的假定，但它自身又解决不了这一缺陷。实践理性、道德法则就补充了这种需要，即要有一种客观事实作为这种假定的根据。你凭什么能够假定一个先验自由的理念，不只是为了维持因果链条的统一性而假定一个充足理由，关键是这个假定的客观实在性何在？而由于道德律的信用，就使得自由这个概念成了纯粹实践理性的现实的出发点。

这是由于，道德法则以下述方式对于自己的实在性做出了即使思辨理性批判也会感到满意的证明，即它在一个曾经只是被消极地设想的、

思辨理性批判无法理解但却不得不假定其可能性的原因性之上，加上了
积极的规定，即一个直接地（通过意志准则的某种普遍合法则形式这个
条件）规定着意志的理性的概念，

　　道德法则以这样一种方式对自己的实在性作出了证明，这个证明即
使是对于思辨理性也会感到满意的，因为它的实在性并不和理论理性的
知识的实在性相冲突，而是能够和平共处。一个什么样的证明方式呢？
"即它在一个曾经只是被消极地设想的、思辨理性批判无法理解但却不得
不假定其可能性的原因性之上，加上了积极的规定"，"它"指道德法则，
道德法则在自由的原因性之上加上了积极的规定。这个自由的原因性在
思辨理性里面只是消极地被设想，它只是说摆脱一切经验的束缚，它可
以自行开始一个因果序列。有人提出这个"自行开始"应当算积极的自
由，但实际上这只是着眼于它的消极方面，"自行"就是摆脱了一切经验
束缚的。当然一般来说，积极的自由和消极的自由是分不开的，所以哪
怕康德在表述消极自由的时候也无形中使用了积极自由的表述。按照伊
赛亚·伯林的说法，积极的自由就是要做一件什么事情的自由，自行开
始一个因果序列就是积极自由，消极自由就是不受什么束缚的自由。你
不受束缚不是说你躺在那里不受束缚，而是说你在做一件事情的时候不
受束缚，所以积极的自由和消极的自由实际上是划不开的。康德也划不
开，但是他可以从两个角度来看，从消极自由的角度来看它是自行开始
一个因果序列，从积极自由的角度来看这个自行开始是怎么开始的呢？
是按照道德律开始的，是道德律强行使这个因果序列服从于自身。所以
道德法则以这样一种方式对于自己的客观实在性作出了一种证明，也就
是它在一个曾经只是被消极设想的原因性之上，加上了积极的规定。这
种自由的原因性本来是思辨理性无法理解、但却不得不假定其可能性的，
本来是一个消极自由的规定；而现在从积极意义上说，它不受经验规律
的束缚而能够完全按照道德律办事，这就是积极的规定。不受经验的束
缚是消极的规定，按照道德律办事就是积极的规定。什么是自由，当然

一般来说自由就是不受任何束缚，但是积极意义上的自由就是你要按照道德律办事，按照道德办事你就可以不受任何经验的束缚，有了积极的自由，消极的自由也就得到解释了。为什么是消极的自由，为什么可以不按照所有的经验规律办事呢，是因为你按照道德律办事。所以道德律就在自由的消极意义上面加上了积极的规定。"即一个直接地（通过意志准则的某种普遍合法则形式这个条件）规定着意志的理性的概念"，道德法则是直接规定着意志的，这个"直接"的意思就是说，排除了那些经验的中介，我按照道德法则这个理性的概念来规定自己的意志。但是"直接的"后面的括号里又讲是有条件的，这个直接不是没有任何条件的，而是在超自然、超经验的层次上，通过意志准则的某种普遍合法则形式这个条件来规定意志的。这个条件本身当然就有一个内部的间接过程了：要把你意志的准则看作某种普遍的法则。这就是道德法则的形式。这个积极的规定就是一个直接规定着意志的理性的概念，用纯粹实践理性直接规定意志，它采取的形式就是道德律的形式，就是你要这样行动，使你的意志的准则成为一条普遍的法则，自由被加上了这样的积极的规定。

这就第一次有能力做到赋予那在想要思辨地行事时总是用自己的理念夸大其辞的理性以客观的、虽然只是实践上的实在性，而把理性的**超验的**运用转变成**内在的**运用（即通过理念而本身就是在经验领域中起作用的原因）。

也就是说道德法则使得自由具有了积极的含义，这就克服了思辨理性的一个缺陷，就是理性在思辨的运用时总是用自己的理念夸大其辞，这是纯粹理性的自然倾向。在《纯粹理性批判》里面提出的第三个总问题就是形而上学作为一种自然倾向是何以可能的。形而上学总是有一种自然倾向，当它要追求一种理性的知识的时候总是要夸大其辞，总是超出经验之外去运用，希望把自己提出的那些理念当作是一种客观知识。你超出了经验的范围之外还能获得什么知识呢？你以为你能够超出经验之外获得某种纯粹理性的知识，那就是夸大其辞了，那是做不到的。你这种夸大就会导致幻相，好像你获得了某种知识，但是根据康德的分析，这些知识全都是虚假的。那么这样一种理性在思辨的方面总是要超出经验的范围、在知识的意义上夸大其辞，在另外一种意义上来讲就不再是夸大其辞了，那就是在实践的意义上。实践的法则确实应该超出经验的范围，只能够从自在之物、本体的范围里面来发布命令。所以这个理性第一次被赋予了一种"客观的、虽然只是实践上的实在性"，这个"虽然"就是表示它虽然不是思辨理性的客观知识，不是理论上的实在性，而只是一种实践上的实在性，但它仍然是客观实在的。因为客观有两种含义，一种是客观知识，一种是客观的实践。马克思也讲，以往的哲学家总是解释世界，但问题在于改变世界，改变世界就是实践的一种客观实在性，实践的实在性，这个更重要。实践理性高于理论理性，这个原则从康德一直延续到马克思。马克思说改变世界才是最重要的，这还是来源于康德。康德就是把实践理性看作一种更高的客观实在性，虽然这种客观实在性放到理论理性里面是夸大其辞的。"而把理性的**超验的**运用转变成**内在的**运用（即通过理念而本身就是在经验领域中起作用的原因）"，也就是说这样一种实践上的客观性就使得理性的这种在理论理性中原本是超验的运用转变成了内在的运用。"超验的"和"内在的"都打了着重号，以示对照。这一对概念我们这里还有必要再介绍一下。"超验的"跟"先验的"不同，先验的是从认识论上来讲的，使得经验得以可能的那些先天条件都属于先验的，自由的理念作为一个"先验的"理念也有这一方面，就是它能够作为一个范导性的概念，来引导我们的经验知识去追求一个更加完备的因果链条，先验的理念在这方面有它认识论的调节性作用。但是这个理念它本身是超验的。超验的意思就是说，就它的存在而言，它存在于超验的世界。先验的理念本身是超验的，但是当运用于知识的时候，它可以用来范导和调节我们的经验知识，使它趋向于完备，这个时候就是把超验的理念作一种内在的运用，一种范导性的运用。自由的理念有这方面的作用，它本身是超验的理念，它本身是对一个本体界的思

维的概念，就是理念。我们对于本体界的自由不能认识，但是我们可以
思维，可以想到它，可以假定它，这个时候我们就可以把它界定为超验的。
但在超验的领域里面它不能认识，你如果把它当作认识的对象就会导致
二律背反的幻相，你以为在超验的领域它可以形成某种超验的知识，那
就错了。它只能作为先验的理念在经验世界里面辅导知性去不断构成一
个完备的知识体系，在这个意义上它有一种先验的范导性。这是两个不
同的层次，同一个理念，既可以叫作先验的理念，也可以叫作超验的理念。
就先验的理念而言，它是就它在认识论上面所起的作用而言的，在这种
作用中，我们对这个先验的理念是作了一种内在的运用，内在于经验世
界，当然它本身是在经验世界之外，是超验的，但是我们把它作为一个理
想的旗帜来引导我们的经验知识，这样一种运用是理论领域中的内在的
运用。尽管它在超验的世界里面就知识论而言一无所为，尽管我们有在
超验的世界里对它加以运用的自然倾向，但这个自然倾向是没有后果的，
只能得出一些幻相，所以这些运用都是劳而无功的。那么这种劳而无功
是不是说明这些理念就完全不可能有作用了呢？就认识的意义上来说不
可能有作用了，但是就实践的意义上来说并非如此。超验的理念在超经
验的领域里面也可以转变成内在的运用，怎么转变？"即通过理念而本
身就是在经验领域中起作用的原因"。理性通过理念本身就在经验中起
作用，这是在实践的意义上说的。理性成为了在经验领域中起作用的原
因，也就是自行开始一个因果链条的意思，但是不再只是一个思辨的假
设，而是要在经验世界里面起作用，要影响世界，那是通过什么呢？当然
是通过实践了。现在它不是一种知识，但是它是一种实践的原则。理性
作为实践的法则可以在经验里面起作用，它是经验里面起作用的原因性，
而且是最高的原因性，它在实践行动中自行开始一个因果序列，它不受
经验的束缚而影响经验世界。对自由理念的这样一种运用就是内在的运
用，而不再是只能产生出幻相来的超验的运用了。道德律作为一条实践
的原则它是要起作用的，如果它不起作用它就不是实践原则，那也就不

是道德律了。道德律本身就是实践的原则，所以它有客观实在性。这个客观实在性的意思就是它能够规定人的自由意志的行动。作为一个理性的事实，它确确实实能够规定人的自由意志的行动，它的后果当然就是影响到了经验世界。虽然它不考虑这个，它考虑的只是自己怎么样规定自己行动的意志，但是它这个行动肯定会带来后果，肯定会影响经验的领域。任何实践，无论是道德实践还是其他实践，都会影响经验领域，所以在这个意义上，它在经验领域里面是内在的运用，内在运用在这个意义上就是实践的运用。人只能在经验领域里面进行实践，如果停在超验的领域里面不下来，就谈不上实践，那只是一种思想而已。但是思想要付之于行动，那你就必须从超验的本体领域下降到现象领域，当然这个规定不是冲着经验领域来的，但是它毕竟会影响经验领域，所以它就会转变成内在的运用。你从实践的眼光来看，我们人作为经验中的存在物，它的实践活动对世界有影响。从这个角度来看，你就会发现，所有这些理性的法则、道德律都会对人的经验存在发生影响，对自然界发生影响。并不是人们通常误解的，好像康德的道德律高高在上，停留在应然的世界而不与实然的世界相关联，这个是误解。康德虽然不考虑实在的后果，但是它的应然的世界确实是要和实然的世界相关联的，确实是会在实然的世界里面发生影响的。所以它这种运用在实践的意义上，一方面你可以说它是超验的运用，因为它只规定超验世界的事情，只用道德法则规定人的自由意志，这都是在物自体的领域里面发生的一种运用；但是它可以转变成内在的运用，凡是你规定了自由意志的事情你都会通过行动影响到自然界。因为你规定自由意志不是规定它去思想，而是规定它去行动。你用理性的法则规定了自由的行动，那它就会影响经验世界，从这个意义上它又变成了一种内在的运用。内在的运用就是要在实践中显出它的效果，总而言之要改变世界，影响世界。

在感官世界本身中对存在者的原因性进行规定，这永远不能是无条件的，但这些条件的全部系列却必须有某种无条件者，因而也必须有一种完全由自身规定自身的原因性。

"在感官世界本身中对存在者的原因性进行规定，这永远不能是无条件的"，这里讲的是自然因果律。因为经验世界的任何一件偶然的事件，都是有原因、有条件的，不会无缘无故地发生。我们在世间万物看到，每件发生的事情都是有原因的，每一个存在都有它的条件，绝对不可能有一个无条件的东西存在于经验世界之中。但是就像我们上次讲到的，如果把这些条件的序列当作一个整体来看，所有的条件构成一个世界整体，当我们把整个宇宙当作一个整体来看待的时候，那么这整个序列也必须有一个最高的条件，而这个最高条件必须是一个无条件者。因为，如果这个序列的整体的条件仍然是一个有条件者，那就说不通了，那就还不是整体，就必须把那个条件也包括进来，必须再后退一步，找到那个最高条件的条件，那么这个条件就不是最高的了，就还是一个有条件的东西。但是一旦我们把整个系列看作一个整体，那么它肯定必须有一个无条件者作为它的条件，否则就会自相矛盾。"因而也必须有一种完全由自身规定自身的原因性"，就是说，那个最高的条件就必须是"自因"。正如斯宾诺莎讲的自因，实体自身是自身的原因，唯一的，在它之上再没有别的东西可以作为它的条件了。这个道理是在《纯粹理性批判》的第三个二律背反里面已经明确阐述了的，在这里是旧话重提，没有什么新的意思。根据这个道理，正题要证明世界上有自由，除了有因果性之外，还应该有一种自由的原因性，如何证明呢？就从我们这个世界一切有条件者作为一个整体，它的那个条件本身必须是无条件者，由此而证明必定有个无条件的条件、无原因的最高原因性。一个无条件的原因性就是自由了。一切有条件的原因性都不是自由，都是受那个条件所必然规定的，所以它们不可能是自由的；但是一个自身再没有任何其他条件的原因性肯定是自由的原因性。所以他这里是重申第三个二律背反的正题，就是在整个感官世界、宇宙整体之上、之先，必定有一个无条件的条件，那个无条件的条件就是自由。纯粹理性在进行认识的时候，不满足于知性范畴一个一个把握那些具体事物的原因，总是要不断追求它的终极的原因。一般的自然科学就是为一个事物找到它的原因，或者为这个事物找到它原因的原因，找到某一个范围之内的因果链条就够了，自然科学一般是这样的，不追求终极的东西，追求终极的东西是哲学的任务。哲学是用理性去超越一切经验性的东西，理性本质上是一种推理的能力，就是从一个判断推出它的条件，再从条件推出条件的条件，可以一直推下去。知性执着于一个判断，只考虑这个判断成不成立，有没有与之相符合的经验对象，如果有，这个判断就成立了，它的任务就完成了。但是这个判断何以可能，那你就必须追溯它的条件，就必须推理，而且贯彻到底的话你就一直会追到底，追到最后。当然实际上没有最后，但是理性可以在这样一个追溯过程中提出一个理念，理性的概念。理性的概念就是把知性的范畴扩大化，把它推向无限，原因推向最终的原因，实体推向最后的实体，交互关系、协同性推向最高的协同性，这就得出了理性的三个先验理念：灵魂、宇宙整体的原因即自由因、以及上帝。从宇宙整体里面可以推出自由的理念，因为一旦你涉及宇宙整体，就有这个问题，宇宙整体何以可能？宇宙整体的条件是什么？在宇宙中每一个事物都有它的条件，那么宇宙整体的条件是什么？只能是自由，即无条件的条件。所以宇宙整体这个概念到了《实践理性批判》里面就归结为自由的概念了。很多人搞不清楚。本来在《纯粹理性批判》里面三个这样的理念：灵魂、宇宙整体和上帝，在《实践理性批判》里面怎么成了灵魂、自由意志和上帝？就是这样来的。自由意志是通过宇宙论的推论推出来的，当你把宇宙看作一个整体的时候就需要设定一个自由，才能解释这整个因果关系的链条。当然你如果不看作一个整体，只是就一部分来谈，那就总是可以找到这个部分之外的条件，它的必然的原因，那个原因又有原因；但是如果你把宇宙看作一个整体，一个宇宙论的理念，那么这个理念必然就带来一个先验自由的理念，而且离不开先验自由的理念。如果没有先验自由的理念,宇宙整体的理念是形成不起来的,甚至是自相矛盾的(宇宙中每个事物都有原因,唯独这个整体没有原因)。像经验派,也讲宇宙整体,认为整个宇宙里面没有任何地方是自由的,这是第三个二律背反的反题。但是既然如此,那这个宇宙整体就是未完成的、开放的,尚未形成整体,也就是说,在经验派那里宇宙整体的概念是形不成的。既然形不成整体,那么它里面的因果关系就总是未完成的、可疑的,不能满足充足理由律。为什么形不成,就是因为它没有找到一个无条件的条件,就是自由,作为自己的充足理由。所以自由这个理念是宇宙整体这个理念得以形成的必要前提,你要追溯的话,整个宇宙整体追到最后必须要引进自由的概念。为什么前面三个理念到了《实践理性批判》里面就变成了另外三个,宇宙整体理念变成了自由的理念,它的道理就在这里。这句话在这里提出来跟上面所讲的是一脉相承的,就是说自由的理念在《纯粹理性批判》里面已经提出来了,而且是作为一个必要的假设提出来的,不是天上掉下来的,不是我们现在谈实践,我们突然就有了一个自由的理念了。这个自由的理念是我们在《纯粹理性批判》里面考察人的认识能力的时候已经准备好了,不矛盾,所以现在可以大胆去用它。因为不管你怎么用它,它跟人的自然科学知识是不冲突的,不仅不冲突,而且整个自然科学的知识体系还需要它,作为一个必要的假设,尽管不是作为知识。它本身不能纳入自然科学体系里面作为一个知识成分,但是整个知识体系缺不了它。所以他这里首先申明自由的理念作为道德律、作为实践理性的根基不是天上掉下来的,是在我们考察我们的认识能力的时候就已经定下来了,但是还没有阐明它的具体内容,只是提出了一个先验的理念放在那里,这个理念是有可能的,是不跟知识相冲突的,这里就是说明它的这样一个出身。我们前面已经讲了,自由的理念是两大批判之间的拱顶石,它架起一个从《纯粹理性批判》到《实践理性批判》的桥梁,就体现在这里。

　　<u>因此自由作为一种绝对自发性的能力的理念曾经并不是一种需要,</u>

　　相反，**就其可能性而言**，乃是一个纯粹思辨理性的分析原理。

　　这个就更加进一步了。自由这个理念的含义无非就是一种绝对的自发性，绝对地由自身开始，在第三个二律背反里面讲的，自行开始一个因果序列的原因性，这就叫作自由。因果序列一旦开始，那么它就受制于必然性了。其他的原因即便是另外一个原因的原因，也不是自行开始的，本身也是由别的原因所决定的，只是因果序列中的一个环节；唯有自由是自行开始一个因果序列，所以它的特点就是作为一种绝对自发性的理念。这个理念在《纯粹理性批判》的第三个二律背反里面，"曾经并不是一种需要"，而是从因果序列本身里面推出来的，甚至就其可能性而言是从这里面"分析"出来的，属于一个分析命题。或者说，在那里它曾经并不是一种实践的原理，而是一种理论上、逻辑上的必要的假定，缺了它就会导致自相矛盾。如果它是一种需要，那就涉及到实践的要求了，这就只能是一种从理论理性之外引进来的需要。所以他讲，自由理念"**就其可能性而言，乃是一个纯粹思辨理性的分析原理**"，它不是为了某种需要，好像我们在道德上需要这样一个理念，我就从外面、从人的实践中引进一个自由的理念来，强加于理论理性，不是的。"就其可能性而言"，强调不是一种现实性，自由的理念就其现实性而言在《纯粹理性批判》里面还是空的，它没有直观作为它的内容，概念无直观则空。这个地方的可能性还是一种抽象的可能性，就是逻辑上的可能性，这只是说，它并不自相矛盾，也不跟自然界的因果规律相冲突。凡是概念上不自相矛盾的都是可能的，这是形式逻辑的一条原理。这里讲的是形式逻辑的可能性，而不是可能性范畴。行星撞击地球，以前曾经发生过，地球虽然没有完全毁灭，但是地球上的生物都毁灭了；那么以后还会不会有呢？有这种可能性。这种可能性就要运用康德在范畴表里所列出来的可能性范畴了。但是自由不是这样一种可能性，而是逻辑上的可能性。就其可能性而言，乃是一个纯粹思辨理性的分析原理，就是说，必须要有自由，这是可以从因果链条里面分析推理出来的。一切有条件者都需要一个条件，整个条件系列的整体也是有条件者，所以也需要一个条件，那么这个最后的条件必须是一个无条件者，否则它就还不是一个整体的条件，或者说，这个条件的整体就还不是一个整体。所以，如果逻辑上要不自相矛盾的话，整体的最高条件必须是无条件者，这是在逻辑上可以推出来的。你推出一个无条件的条件，这个过程是根据分析得出来的，没有综合进任何外来的东西。当然，这个最后条件应该是怎么样的，这个是一个先天综合命题；但是逻辑上推出有这样一个最后的条件，这个过程是分析的，因为所谓最后就是你把以往的因果链条看作一个整体，最后条件在这个整体之外，不再有其他条件了。如果这个最后的条件不是最后的，还有其他条件，你就是自相矛盾了。

　　<u>不过，由于绝不可能在任何一个经验中给出与它相符合的一个例子，因为在作为现象的物的原因之中找不到任何对这一本身会是绝对无条件的原因性的规定，所以，我们只有在把一个自由行动的原因这个**观念**应用在感官世界中的某个存在者身上、只要这个存在者另一方面又被看作本体时，才能为这个观念**辩护**，</u>

　　自由这个原因性是整个因果序列开始的第一项，所以在这个因果序列里面不可能找出一个与它相符合的例子来，它本身超越于经验世界、因果链条之上。任何现实的原因我们都可以为它找到原因的原因，都不是绝对无条件的原因性。"我们只有在把一个自由行动的原因这个**观念**应用在感官世界中的某个存在者身上"，就是说这个观念在现实中找不到任何对应物，任何一个在感官世界中的因果关系、原因性都不是绝对无条件的，都不是自由。那么这样一个在整个世界之外的原因性、比如上帝的创造体现在什么地方呢？我们在这个宇宙中任何地方都看不到一个上帝，看不到上帝的创造，我们所看到的已经是符合因果链条的了，已经是处在因果链条的系统之中，这个系统中找不到任何一个环节是自由的，那么这个理念还有什么用呢？在整个宇宙之外我们可以假想一下它最初是出自由造成的，然后一切都是必然的了，但是我也可以不这样想。

按照经验派，你不知道的你就不要说，你怎么知道在宇宙之初有一个上帝创造呢？我们就在宇宙之中，那这个理念就毫无用处了，可以抛弃。但是你既然接受了这个理念，就需要为它辩护，这个理念需要一定的辩护，虽然我不能认识它，我不能把它变成知识，但是为它辩护一下总是可以的。怎么辩护？只有把一个自由行动的原因这个观念应用在感官世界中的"某个存在者"身上，才能为这个观念辩护。"某个存在者"当然就是人了。当我们把自由的原因这样一个想法运用在人身上，才能为这个想法做出辩护。虽然上帝创造世界，整个宇宙的第一条件我们看不到，但是自由这个理念，我们在经验世界中仍然可以有它的用处。我们把它运用于人身上，就能为这个观念作出辩护。辩护是事后的，辩护不是事前的论证。就是说当我们已经有了这个理念之后，再来为这个理念作辩护。这是退一步了，我不是一开始就证明了这个理念，这个理念没有得到证明，它只是一个假设。但是这个假设也不是毫无用处的假设，比如说在人身上它是很有用的。在上帝身上是用不着辩护的，因为我们看不到上帝，但我们可以把自由这个理念运用在人身上。既然我们可以把这个理念运用在人身上，不管在什么意义上运用于人身上，我们都为这个理念作出了辩护。这个理念虽然是空的，虽然不是知识，只是一个"观念"（Gedanke，想到的东西），但是它是有用的。这里还有一个条件从句："只要这个存在者另一方面又被看作本体"，原来译作"即使这个存在者另一方面又被看作本体"，好像是一个让步从句，其实它的意思并非让步。它的意思恰好就是：当我们把这个观念用在感官世界的对象身上时，只要这个对象另一方面又被看作本体，这时我们就能为自由的观念辩护了。所以我们把 so fern 改译成"只要"（而不是"即使"）。之所以要这样，是因为他这个地方要强调的是人在感性世界中作为经验因果关系的一个环节，同时又具有超感官的本体，所以他是唯一能在感官世界中为自由的理念辩护的存在者。人生在世也是经验因果性的一个环节，作为这一环，他也是感官世界中的存在者，在这一点上跟其他的存在者没什么两样；

但是唯独在这样一个感官存在者身上，我们可以运用我们的自由的观念，当然理由就是它同时又是一个本体，在本体中我们可以设想人有自由。这样一个双重的存在者，一方面是感官世界的，另一方面又是有他的本体的，可以看作本质的，那么我们把自由的观念运用在他身上是恰好适用的。也就是说自由行动的原因性实际上是感性的人的本体上的一种规定，人的本体的原因性就是自由，这样一来就可以为这个观念进行辩护了。当然这样一辩护就涉及本体的领域了，也就是涉及道德实践的领域，或者说，我们的道德领域里面的自由意志得以确立，就为我们的知识领域里面的自由理念作出了辩护。在知识领域中，这个自由的理念虽然提出来了，是一个先验的理念，但是它还没有得到自己的辩护理由，它只是一个空洞的理念。它当然是一个假设，你不能证明它，又不能否定它，所以它就被提出来了，但是为什么一定要提出这个东西呢？我不假设它行不行？当然可以。自然科学用不着假设自由这个理念，但是在某种意义上，你不假设它还不行。为什么？一方面当然是因为自然科学本身要求完备性，但这种要求只要有一个空的假设就可以了，不能形成对它的具体的辩护；另一方面，就是因为人有道德，人的道德如果不假设自由的理念，那么实践就无所适从了，而只要有了自由的理念，人的实践行动就有了确定的规定。所以从人的道德上、人的本体上、人的本质上需要自由的概念，这才为自由的概念作出了辩护。自由的实在性就在人的实践活动之中，在认识中它只是一个空的理念，当然它也是必要的，甚至于是从分析的原理得出来的，但是它还不具有实在性，它有待于实践来证明它的实在性。所以这个理念在《纯粹理性批判》里面还是未完成的，它只是提出了一个问题。自由的理念在什么意义上有它的实在性，这个问题在《纯粹理性批判》里面还没有得到解决，而是有待于实践的实在性来提供辩护理由。

　　因为我们已指出，就存在者的一切行动都是现象而言把这些行动看作是在身体上有条件的，同时却又在这行动的存在者是知性存在者的范

<u>围内把这些行动的原因性看作是身体上无条件的,这样使自由概念成为</u>
<u>理性的调节性原则,这是并不矛盾的,</u>

　　"我们已经指出",这是在第三个二律背反里面已经指出了,"存在者"
(das Wesen)就是指人,人是一个生物的存在,他的一切行动都是在身体
上有条件的,都是由他的肌肉、血压、血液、脑电波等等这些条件所决定
的,这是毫无疑问的。任何一个人,不管他是一个恶棍还是一个大义凛
然的志士,他的一举一动都是同样地由那些身体上的条件所决定的。然
而,"同时却又在这行动的存在者是知性存在者的范围内把这些行动的
原因性看作是身体上无条件的",知性存在者是和感性存在者相对而言
的,人作为一个感性存在者,他就是一个现实的经验的存在者,一个可以
通过科学加以研究的对象。那么知性存在者呢,是一个可以思考的对象,
一个本体。知性的作用在于思维嘛,单凭知性能够想到的那个存在者,
比如自在之物。它能够通过知性想到,但是不能通过感性来证实。可以
思考,但是不能认识。当然人类如果完全是后天的感官,没有思考,任何
经验知识都是不可能的。只有思考在认识中和感性相结合,才可以形成
知识。但是如果它不跟感性结合,它就只是知性对象,那么它就是只能
思考而不能认识的。一个理念、一个物自体,一个本体,我都可以思考,
这都没有问题,我不强求认识这些理念,那我尽可以思考,一个空洞的范
畴我也可以思考,当我没有把它运用于经验对象之上的时候我也可以思
考。但是这个思考是不是就是对范畴的一种运用了呢? 你还没有运用
它,你只是想到了它,你想到了这些范畴和理念,但是你还没有把这些范
畴和理念运用于知识的对象,构成知识。所以这里讲的,"在这行动的存
在者是知性存在者的范围内",意思是说,就这行动的存在者在本体的范
围之内,或者在自在之物的范围之内,可以看作是身体上无条件的,不管
你的身体是怎么样,你都是要做出这个行为来的,你没有考虑到你的身
体,或者说你根本就撇开身体上的条件自行决定自己的行为,摆脱身体
的束缚。这样一种方式就是自由,自由意志的自决。"这样使自由概念

成为理性的调节性原则,这是并不矛盾的",自由概念在这个意义上成为理性的调节性原则,而不是构成性原则。构成性原则是感性世界的原则,是支配身体和感性物体的规律;调节性原则又译作"范导性"原则,它不会插手和改变感性事物的规律,而只是范导它、调节它。这种自由意志的自决的调节性原则与前面把行动看作身体上有条件的,双方并不矛盾。也就是说,这样一个行动有双重的意思,一方面这行动在身体上是有条件的,符合自然界的因果律,你的自由意志的行为在感性中都是符合你的身体条件的,医生可以对你做一种客观的科学的把握。如果他在你身上安装了各种仪器,测定了你的血压、脑电波,心电图等等,他就可以根据这些资料对你的行为作出一种决定论的判断:你下一步该做什么了,该迈出你的左腿还是右腿了,这个是没问题的,医学一旦有一天发展到这一步,完全有可能把人的各种行为都还原为生物学的一些合规律的现象。但是同时另一方面,同一个行动的存在者又是知性的存在者。虽然一切行动做出来是符合自然规律的,但是他之所以把这行动做出来的原因并不是符合自然条件的。更往前追一步,他为什么做出来?这个是不符合生理条件的。这个原因我们还必须往上追,不能满足于他所表现出来的生理表征,各种迹象,而必须追溯他的归根结底的原因,他最初决定走出这一步,那个意志的原因是什么?那个原因是没有任何身体条件对他起束缚作用的。那么这两条原理是否冲突呢?一方面说他完全符合自然规律,另一方面又说他根本就不在乎生理上的条件,而只按知性世界的法则行动,康德认为不冲突,因为双方处在完全不同的两个维度中。自由的概念从本体的维度出发,成了理性运用的调节性原则,它作为一个理念可以调节我们的表现为各种生理现象的行动。一个医生要研究一个人的行为的各种生理表征,如果你完全没有自由的概念,你不知道他做这件事情的动机是为了什么,那么你就只能非常被动地有一说一,有二说二,你所获得的一大堆资料都是毫无意义的,你会把人还原为机械关系,你就会说,人是机器,他的所有行为都是由他的内部结构和力学关系所决定了的，你对他的所有这些生物学上的解释都是没有意义也无法评价的。如何才能有意义，你必须了解他这样一个行为是出于自由意志及其法则，虽然自由意志你不能认识，但是它可以着手按照自己的法则把所有这些机械的行为统一起来，统摄在一个系统之中，使他的身体上每一个细微的变化都是有意义的，都是为了这样一个目的而组织在这样一个行动之中。我对这样一个人的这样一套举动就有了本质的把握，可以进行好坏善恶的评价了。否则的话就是扭曲的一种印象，人就会变成一架机器。自然科学把人完全还原成一架机器，跟其他的机械装置没有区别，这个本身是不利于我们对人的认识的。对于一个道德行为，更加需要一个有机统一的解释，而不是大卸八块的机械解释。他的那套行为是出于道德，出于自由意志，不是为了生物学上的一时需要，就像人饿了要吃饭。相反，人的道德行为是一个自由意志的合法则的行为，它不是生物本能。所以一个超越于生物本能之上的理念对于研究他的道德行为、构成一个完整统一的理解具有不可或缺的意义。这就是自由的理念对于人的行为的一种调节性的原则，或者说范导性原则，就是把所有这些原理和关系调节为一个和谐的整体，一个统一的整体，所有的理念都起这样一种作用。这里讲的是自由的理念，其他的理念也是的，如灵魂的理念在心理学上是一个不可缺少的调节性理念，你所有的对人的心理学的研究不能仅仅停止在行为主义，操作主义，或者是实验心理学，大量的数据堆在你面前，你怎么解释，你要解释所有这些数据，你必须有一个理念。所有这些数据都是张三这个人的心理，那么你就把张三看作是一个统一的灵魂，然后那些数据才有意义。当然你要最终把握它是不可能的，灵魂是不可知的，但是灵魂这个理念有一种范导性的作用，能够指导你对张三的心理学进行步步深入的、越来越贴近本质的研究，所以灵魂的概念首先给张三的心理学的研究对象提供了一个整体性的范导，不管它有多少材料，它都是属于张三的灵魂。上帝也是这样，我们的心理学和物理学所有的研究最终都是趋向于上帝的统一性的。上帝创造了整个世界,包括每个人的灵魂。所以这些理念都可以成为自然科学的调节性的原理,而在这种调节性的关系中,这两方面是并不矛盾的。一方面在自然科学领域,包括在心理学的领域,我们完全可以按照因果必然性来考察任何一个材料,任何一个事实我们把它归入到它的因果性的条件之下,人的行动我们可以把它归结为人的身体条件;但是另一方面,我们用自由这个理念来规范所有的经验条件,这些身体条件最后要趋向于什么呢? 它们的目的是什么呢? 它们的目的是自由,他最初的动机就是由意志自由来决定的,这个跟他最初的动机是由一个脑电波的跳动所决定的并不矛盾。因为自由不是一种知识,它与脑电波跳动的知识并不冲突,它只是一个范导性的理念,对脑电波的这样一次跳动做出解释。为什么脑电波在这个时候跳了一下? 当然从身体性的条件你可以追溯到他前面的那一跳,这个也可以解释的。但从自由的理念我们可以说他脑电波的这次跳动是他自由意志的决定,完全可以做两套解释,一套是自然科学的解释,一套是道德的解释。道德的解释可以对它做一种范导性的理解,可以把自然科学零星的解释形成一个系统,但是道德的解释本身在这个系统之外,它不参与这个系统,不干扰自然科学的进程。

　　通过后一种方式,我虽然根本没有认识到被赋予这样一种原因性的那个对象是什么东西,但毕竟为我的下述做法扫除了障碍,即一方面在解释世界的被给予性乃至于有理性存在者的行动时,公正地对待从有条件者到条件的无穷回溯这种自然必然性的机械作用,另方面却又给思辨理性保留一个为它空出来的位置,即保留理知的东西,以便把无条件者放到那里去。 [49]

　　"通过后一种方式",哪一种方式呢? 就是把这些行动的原因性看作生理上无条件的,这样来使自由的概念成为理性的调节性原则。"我虽然根本没有认识到被赋予这样一种原因性的那个对象是什么东西","这样一种原因性"就是自由的原因性,"那个对象"就是本体,这个本体是什么东西呢? 我根本没有认识到,本体是不能认识的,但是我可以把自由的原因性赋予它。我自行开始一个因果序列的规定根据就在于我的本体，虽然没有认识到，但"毕竟为我的下述做法扫清了障碍"。什么做法？有两方面。"即一方面在解释世界的被给予性乃至于有理性存在者的行动时，公正地对待从有条件者到条件的无穷回溯这种自然必然性的机械作用"，这个世界已经被给予了，这个世界的整体已经被给予了，或者用宗教的话说就是这个世界已经被创造出来了，你要解释它。有理性的存在者的行动跟世界的被给予性有一种关系，世界被给予了，被谁给予的呢？是有理性的存在者的某个行动给予的。这个有理性的存在者可以是上帝，上帝的行动创造世界，也可以是某个感性的存在者，就是人，人也是有理性的存在者。那么他的自行开始的一个因果序列的行动当然是一个自由的行动了，这个被开始的因果序列可以看作上帝所创造的一个世界，当然从小范围来说也可以理解为只是人所造成的世界的一部分，但它也是被给予出来的，它是被人的这样一种自由行动给予出来的。那么，当我们在解释这样一个世界的被给予性，乃至于解释某个有理性者的开始一个因果序列的行动时，我们要公正地对待从有条件者到条件的无穷回溯这种自然必然性的机械作用，并不因为这样一个有理性的存在者是自由的，就把一切机械的因果关系中断或者抛弃了，完全用自由解释这个世界，完全不顾它的这种机械关系，干扰和打乱经验世界已经存在的因果关系，这个就不公正了。不能任意打乱因果关系，有一个事情解释不了你就说这是自由的，有一个事情解释不了你就说这是天意、是上帝的奇迹，那不行，你还得按照机械关系在经验世界里面一是一二是二地解释，尽可能地按照从有条件者到它的条件的无穷回溯来搞清楚这种自然必然性的机械作用。你要公正地对待自然因果律，你要承认它，不能干扰它，你要让它自己去推论，去回溯，你要承认第三个二律背反中经验派的反题是有道理的，不要像以前的理性派哲学家那样把他们的道理一笔抹杀，那就不公平了。"另方面却又给思辨理性保留一个为它空出来的位置，即保留理知的东西，以便把无条件者放到那里去"，这是另一个

不可忽视的方面。我们设定一个自由的理念，就为这种双重的做法同时
并行扫除了障碍。一方面你要承认从有条件者到条件的因果链条是可以
无穷回溯的，在这个无穷回溯的过程中必须严格按照机械论的解释，尽
可能详尽地回溯自然必然性的机械作用；另方面却又给思辨理性保留一
个为它空出来的位置。"理知的东西"我们前面讲过了，理知世界也就是
本体世界，我从理性方面可以知道它有，但是我不能认识，因为认识需要
经验，而理知世界是没有经验的，它是超经验的。虽然它超经验，但是我
可以思考它，可以通过理性知道它有，知道它存在，只是我不能认识它。
第一方面仅仅是讲了从有条件者向条件的无穷追溯，但是还没有追溯到
无条件者，在追溯到无条件者之前，应该公正地对待机械论，给它充分的
发展空间，不要限制它，也不要干扰它。但是做到这一步还不够，另方面
却又必须给思辨理性保留一个为它空出来的位置，这个"它"应该还是指
自由的理念，即那个自因的原因性。在思辨理性里面，本来一切都是机
械作用了，在牛顿的时代，自然科学所有的知识都可以归结为机械作用，
思辨理性既然探讨知识，那就是所有的知识都是机械作用。但是在这里
我们必须为思辨理性保留一个空出的位置，以便安放自由的理念。虽然
一切其他的解释都是在讨论机械作用，但是有一个空档，有一个一切机
械作用达不到的地方，什么地方？就是那个无条件者。思辨理性通过有
条件者去追溯它的条件，可以无穷追溯下去，但是追到最后，追到那个无
条件者、也就是自由这个理念的时候，它还在思辨理性里面，这个理念本
身就是思辨理性推出来的先验的理念，而且这个先验理念可以运用于知
识，可以做内在的运用。我们前面讲了，先验理念这种调节性、范导性的
作用实际上还是内在的运用，不是超验的运用，不是为了对这些理念的
对象加以认识，只是为了利用这个理念来把握我们已经认识到的或者将
要认识到的这些经验知识，使它们构成一个整体。这样的运用就是内在
的运用，内在于可能经验，使得这些经验能够越来越成为一个大系统，一
个统一体。所以自由理念在思辨理性里面也占有它的位置，是从认识论

的立场来看，但是并不具有知识的意义。它从思辨理性这样一个地盘中发生它的认识作用，但是不是认识它本身，而是使其他的知识越来越形成一个知识统一体，当然这种作用也属于认识的作用。牛顿把树上掉下的苹果和天体运行结合起来，归结为同一条原理——万有引力，这就在理性的道路上面往前跨进了一大步。这样一种统一性的要求本身是由理念带来的：宇宙是一个系统，从树上掉下的苹果和天体运行都是按照同一个规律在运行的，这就是一种理性的要求。以前我们把它称为"思维的经济原理"，要用尽可能少的原理来把握尽可能多的现象。牛顿用一本书、几条定律把所有的规律都概括了，那就很经济了。而思维经济原理就是由理性的这种理念的范导性所带来的。但是这个空出来的位置究竟是为谁空出来的呢？在思辨理性里面，它虽然有范导作用，但本身是空的，没办法解释，它只能说，这个领域里面我们可以为它设定一个自由的理念，但是我们不能认识，就放在那里。但是空出来的位置它实际上是保留了理知的东西，保留了人的理性能够知道的东西，这个东西不是认识，而是我们通过理性能够知道在超经验的世界之外有一个本体。我们为那个本体保留这样一个位置，虽然这个本体不能进入到思辨理性里面来，但是既然思辨理性里面已经有了空位置，那么这个位置是为了实践理性而保留的，为了在实践理性里面起作用才保留的，"以便把无条件者放到那里去"。无条件者就是自由了。无条件者在思辨理性里面是一个空的理念，但是这个空的理念实际上是为理知的东西所保留的，以便把无条件者放到理知的东西那里去，也就是放到这个空位置那里去。作为一个空位一旦填满，它就已经不在思辨理性里面了，在思辨理性里面它显示为空，它的实际内容已经在实践理性里面了。所以思辨理性的先验理念这个概念提出来，本来是人的认识能力所提出来的，先验的理念之所以是先验的，就是从认识论立场来看的，凡是"先验的"都跟认识论有关，都是属于认识的角度。从认识的角度看这些理念是空的，当然它有用，能够对人的知识起一种统一作用，但是它本身的含义、内容和实在性都是缺乏的。你不能从知识的角度给它规定一个什么样的内容。但是既然它是空的，所以不妨碍它在另外一个领域里面、在实践的领域里面有它的内容，恰好因为你那是空的，所以我可以用我这样一个实实在在的解释来填充它。上面这一句太长了，我们分成了三句来解释它。

但我并不能把这个观念实在化，也就是不能把它转变为对一个哪怕只是单纯按其可能性而言的如此行动的存在者的**知识**。

自由的理念是一个空位，作为空位，它是为理知的东西保留的，而不能把它实在化。这个实在化，在思辨领域里面的意思就是变成经验的知识，获得经验性的实在性。在思辨理性里面，在理论理性里面，真正实在的东西就是知识，而知识之所以实在，是因为它有经验性的东西，它有直观。而范畴和理念，就这些观念本身来说都是空的，如果没有直观的内容充实，它们就没有实在性，不能把它们变成有经验性的内容的那样一种知识，因为它超越了经验。所有的先验理念都是超越于一切经验之上的，所以先验的理念就其本身而言都是超验的理念。超验理念和先验理念实际上是同一个东西从不同角度来说的：从认识论的角度来说，这个理念有它的用处，有它内在的范导性的运用，我们把它称之为先验的理念；从它本身来说，从它作为本体的概念来说，它是一个超验的理念，它不能运用到经验知识的内部。所以"我并不能把这个**观念实在化**，也就是不能把它转变为对一个哪怕只是单纯按其可能性而言的如此行动的存在者的**知识**"。在逻辑上不矛盾的一个自由行动的存在者当然是可能的，包括上帝和人的本体，都是可能的，当然我们不能证明它，但是我们也不能否证它。上帝创造这个世界，有没有可能？从逻辑上来说是不矛盾的。你把整个宇宙看成一个整体，那么这个整体肯定有一个条件，这个条件本身必须是无条件者，那只能是上帝了。这样一个无条件者创造这样一个世界，这是有可能的。在现实世界中，人能不能自由行动？这也是按其可能性而言的存在者，自由行动的存在者，但是对这样一个自由行动的存在者，你不能对它形成某种知识。你不能对人的自由形成某种知识，你不能对人在本体上如何能够具有自由这样一种属性形成某种知识。对上帝也是这样，上帝创造世界，这不是一种知识。

这个空的位置现在由纯粹实践理性通过在理知世界中的一个确定的原因性法则（通过自由）而填补了，这就是道德法则。

这句话就回到了他的本题了，最终绕来绕去，他就是为了证明这个东西。在纯粹思辨理性里面，只是一个空位的这样一个先验自由的理念，它的空的位置现在被填补了。由什么填补了呢？由纯粹实践理性通过在理知世界中的一个确定的原因性法则，也就是实践的自由而填补了。理知世界就是本体世界，在本体世界中确定的原因性就是自由的原因性，它是无条件的，它不以任何感官世界中的因果链条作为条件，不以任何身体性的东西作为条件，它是一种绝对自发的原因性。这样一种原因性，它的法则就是道德法则。自由是绝对的自发性，但是这个绝对的自发性是不是就没有任何法则了呢？在理论理性中看不到任何法则，而只有自然规律；但在实践理性中，它却有它自己的法则。这个自己的法则并不妨碍它的自发性。它还是自发的，自由的，但同时又是自律的，它借此而保持着它的自发性和自由的一贯性。自发性就是不受外在的东西束缚这样一种特性，但它如何能够保持一贯？只有一个办法，就是把自己变成一条法则。把自由本身变成一条法则。你是自由的，你就必须遵守自由的法则，否则你今天自由，明天就可能不自由了。如果你不努力保持你的自发性，你就一会儿是自由的，一会儿是不自由的，那就不是真正的自由了。真正的自由是能够保持下来的自由，能够一贯的自由，就是道德法则。这样一个自由的法则它把自由的理念在思辨理性里面留下的那个空位置填补了，因为它不再是空洞的了，而是具有实实在在的内容，就是实在的行动法则的内容，道德法则的内容。

这样一来，虽然对于思辨理性在它的洞见方面并没有丝毫增添，但却给它那悬拟的自由概念增加了**保障**，这个概念在这里获得了**客观的**、虽然只是实践的但却是无可怀疑的**实在性**。

在思辨理性那里，空位仍然是空位，你仍然不能得到对于自由这个理念的知识，你也不能用自由的这样一个理念去干扰和取代自然的机械因果关系。所以在思辨理性方面它仍然是一个空位，对它的洞见没有任何增加。"但却给它那悬拟的自由概念增加了**保障**"，悬拟的，problematisch，就是成问题的，或者是有待于解决的，或者作为一个课题的。在思辨理性那里，自由还是一个课题，还是一个问题，还是悬着的，还没有解决。它只是提出了有这样一个可能的理念，但是这不是知识，在知识方面还是空的。如何能够保障它？在自然科学里面完全可以没有它，我们照样进行科学研究，按照思辨理性的法则，即算我没有达到统一性，也不妨碍我们对知识进行慢慢地积累和增添。所以就自由的这个概念本身来说是悬拟的。就它的作用来说当然它能够起到一种好作用，能够促进知识不断完善，但是就这个概念本身来说得不到辩护。但是从道德法则这一方面、从实践的方面，却给那悬拟的自由概念增加了保障，就是说这个概念确实是在实践方面有必要的，正因为它在实践方面不可缺少，肯定要发挥作用，所以它在认识方面的空档就被填补上了，这进一步证明我们在理论理性中保留这个空档是做得对的。所谓"增加了**保障**"，保障打了着重号。自由的概念在思辨理性里面已经提出来了，但是还没有保障，它本身是一个悬拟的概念；那么到了纯粹实践理性的法则中，就给它提供了保障，说明这个概念的确是有它的实在性的。"这个概念在这里获得了**客观的**、虽然只是实践的却是无可怀疑的**实在性**"，获得了客观的实在性，不是我主观想出来的。在思辨理性那个范围之内是一种假设，能够思考但是不能认识，是人的思维想出来的这样一个概念，这样一个理念，虽然也无法否定，但毕竟可以怀疑，这就没有它的客观实在性。它作为一种范导性的运用也只是一种主观上的运用，所谓思维经济原理只是我们自己主观的一种引导性的原理，是我们为了认识世界更加直截了当，更加轻松，更加易于把握而设想出来的。整个世界那么复杂，我们用一条或者几条原理就把它把握了，这是非常令人愉快的事情，但这是主观的，没有实在性。我们要把握这个世界，就必须把它看作是统一的，免得空费了好多精力，但我们不能把这个主观的观念实在化。在思辨理性里面确实是这样。但是在这里，在道德法则、在理知世界中的实践的方面，我们使得这个法则获得了客观的实在性。当然这个客观的不是思辨理性意义上的客观的，是实践理性意义上的客观的，也就是说，在实践理性的意义上，它是一条普遍必然的法则。我们前面多次提到，康德所谓"客观的"就是指普遍必然的，具有普遍性同时具有必然性。那么道德法则就同时具有普遍必然性，你要使你的行为的准则成为一条普遍的法则，这是纯粹实践理性的必然要求，它具有普遍必然性，所以它具有客观性。并且具有实在性，因为它是一种实践的法则。实在性在康德那里有两种，一种是知识的实在性，一种知识如果有它的经验性的内容，并且有客观必然性，那么它就具有实在性了；另外一种是实践的实在性，行动的实在性，实实在在地有一个行动，不是说实实在在有一个知识，能够把握住，而是实实在在地做出了一种行动，影响了世界，这当然就有实在性了。任何道德法则都有影响世界的这样一种实在的能力。当它规定自由意志的时候，它就有了一种影响世界的实实在在的能力，因为它是实践的。"虽然只是实践的"，这里"虽然"是让步，是针对前面讲的那种思辨理性的实在性。思辨理性里面这个概念是没有实在性的，我们不能把这个观念实在化。但实践的实在性同样是无可怀疑的，虽然只是实践的实在性，这样一种实在性与前面那种认识的实在性相比毫不逊色。两种实在性同样是无可怀疑的，同样是客观的，同样具有普遍必然性；只不过它们的领域不同，一个是在认识领域，一个是在实践的领域。所以自由这样一个先验的理念在实践的领域里面，作为一种实践的自由，给先验的自由增加了某种保障。先验的自由在思辨理性里面是没有保障的，它只是提出了一个可能的概念，或者说它那个保障顶多就是保障它不被取消，你不能取消它，当然你也不能证实它。你虽然不能证实它，但是你也没有理由取消它，它不在你的科学范围之内。它是不可知的，不可知的东西你怎么能断言它没有呢。你只能说,我不知。这样一种保障是没有保障的。这只是一种非常消极的保障,但是在实践的领域里面给了它积极的保障。不光是不能否认,它实实在在表现出了它的作用,表明这个概念是能够规定自由意志、能够在实践中起作用的,所以它是无可怀疑的实在性。可见,自由的概念在《纯粹理性批判》里面是一个悬拟的概念,但在理知世界也就是在实践理性的领域里它增加了一个保障,使得这个概念获得了一种客观的实在性,虽然只是一种实践的实在性。

甚至就连原因性概念,它的应用、乃至于它的含义本来只是在与现象相关联、以便把现象联结为经验时才发生的(就如《纯粹理性批判》所证明的),实践理性也没有把它扩展到使它的运用超出所定的界限。

这个原因性的概念是一般而言的,自然因果性是一种原因性,自由也被看作一种原因性。那么就连原因性这个最根本的概念,"它的应用、乃至于它的含义本来只是在与现象相关联、以便把现象联结为经验时才发生的",它在实践理性这里也没有作过分的运用。原因性的概念本来的意义是指在现象中的联结,我们把自由也称作一种原因性,是把现象界里面的原因性扩展开来,推论到一个最终的原因性,这个时候我们才提出了一个自由的原因性。但就其本义来说,它的运用是仅仅就与现象相关联这个意义上才发生的,也就是用来把现象联接为经验对象。原因性概念本来就是一个范畴,或者翻译成因果性范畴,这个范畴是用来把经验性的东西联接为对象,把现象结合为一个经验对象,是起这样的作用的。范畴只能做经验性的运用,它不能做先验的运用,你如果做先验的运用,没有经验性的材料,那它就是空的,它什么也运用不了。如《纯粹理性批判》中所证明的,因果性本来是一个经验知识的范畴,它使得经验知识得以可能并建构起经验知识。这样的原因性概念,"实践理性也没有把它扩展到使它的运用超出所定的界限",实践理性用了自由意志的原因性,但是实践理性也并没有把它超出经验对象,变成一种超经验的知识。虽然我们在实践理性里面用自由的原因建立起我们的道德法则,但是并不意味着我们就在理论知识的那种意义上超出了经验世界，提供了另外一种超经验的知识。实践理性没有扩展原因性概念运用于经验之上的经验知识，纯粹实践理性是超经验的，但是它并没有把这个概念扩展到超出经验之外去获得某种超验的知识，没有扩展到使原因性概念的运用超出经验的界限。

　　因为假如实践理性意在于此，它就必然会想去指明，根据与后果的逻辑关系如何能够在不同于感性直观的另外一种直观方面得到综合的运用，也就是 causa noumenon 是如何可能的；

　　causa noumenon 就是本体的原因。"意在于此"就是要使原因性概念超出所定的界限来获得某种知识，如果实践理性有这个意图的话，"它就必然会想去指明"，因果关系这种"根据与后果的逻辑关系如何能够在不同于感性直观的另外一种直观方面得到综合的运用"，也就是在理智直观方面得到运用。另外一种直观就是理智直观，超感性的直观，凭借理智本身就能够直观到，又称之为知性的直观。凭借知性本身就能够直观到一个对象，我一思想一个对象，那个对象就出现了，在我的直观中出现了，这个在康德看来完全是不可能的。对于人来说，知性不能直观，直观也不能思维，这两者的来源是完全不同的，人类不可能具有知性直观。但是如果实践理性想在超感性的领域里面获得某种知识的话，那它就必须要有一种超感性的直观，那就是知性直观，因为一种知识如果是实在的知识，肯定要有直观的内容。没有直观的内容，仅仅是一个概念，那它就是空的。那么在超感性领域里面，一个概念要想不空，要成为实实在在的知识，那就必须要有一种超感性的直观来充实，而这种超感性的直观是我们人类所不具备的。你光是分析这个概念那不行的，没有知识的意义，真正的知识应该是综合的知识，能不能得到这样一种先天综合的知识，那就看你有没有这样一种超感性的直观。如果有一种超感性的直观，那么我用这种自由的因果性来综合这种直观，就能够获得有关自由的一种知识了。当然我并没有超感性的直观，那我也就没有这样一种关于本体的原因性的知识，没有关于自由的知识。这整个句话都是用的虚拟式：如果有知性直观那就好办了，我用我的理念综合这些知性直观的对象，那就会得出这样一个本体界的原因性是如何可能的知识。

这是它根本做不到的，但它作为实践理性也完全不考虑这一点，因为它只是把作为感性存在者的人类的原因性（这是被给予的）的**规定根据**建立**在纯粹理性中**（这理性因此而叫作实践的），所以，它就能够在这里把原因概念为了理论知识而在客体上的应用完全弃置不顾（因为这个概念哪怕独立于一切直观，也总是在知性中被先天地见到），

实践理性根本做不到提供有关本体的原因的知识，因为实践理性并不是理论理性，所以它也不考虑去追求一种知识，不考虑追求一种超经验的知识。"因为它只是把作为感性存在者的人类的原因性（这是被给予的）的**规定根据**建立**在纯粹理性中**（这理性因此而叫作实践的）"，作为感性存在者的人类的原因性就是作为一个感性存在者的人，他做一件事情，他的那种感性的原因性可以通过自然科学，通过医学，通过解剖学来加以研究，这些原因性的规定根据是被给予的。但是把这样一种原因性的"规定根据"建立在"纯粹理性"中则是另外一回事了，也就是从纯粹理性中去建立起这些原因性的规定根据，或者说以纯粹理性当作这些被给予的原因性的规定根据，这只有在纯粹实践理性中才能做到的。作为感性存在者的人类，也就是人类的身体性，人类的肉体性，当然是有原因性的，这个原因性是属于自然科学的因果必然性。人有欲望，有本能，人要吃饭，如果没有饭吃就会肚子饿，肚子饿了就会找东西吃，这都是原因性，这些原因性本身是建立在感性之中的，建立在经验的自然界的因果必然性的链条之中的。那么实践理性要考虑的是，这样一种原因性的规定根据能不能把它建立在纯粹理性中？人根据自己的本能来行动还不能叫作实践的行动，那跟动物的活动没有什么区别，动物的活动我们不能把它叫作实践的活动。什么才能叫作实践的活动呢？就是动物性的活动我们把它的根据用纯粹理性来加以规定。那么人能不能把行动的规定根

据建立在纯粹理性之上？作为感性存在者的人类的原因性的规定根据的这样一种纯粹理性就叫作纯粹实践理性。由纯粹理性来规定我们感性的活动，它就是纯粹实践理性。"所以，它就能够在这里把原因概念为了理论知识而在客体上的应用完全弃置不顾"，实践理性考虑的是这一方面，就是你的肉体行动它的规定根据是不是来自于纯粹实践理性法则啊？它只考虑这个，所以它就可以在这里把原因性概念为了理论知识而在客体上的应用完全弃置不顾，它不考虑原因性的概念，无论是经验中的原因性还是自由的原因性概念，为了获得一种理论知识，如何可能应用在客体上，运用在经验对象上？在这方面，纯粹实践理性完全不考虑，所以它不考虑如何能够形成一种有关自由的原因性的理论知识。在经验的客体上自由的原因性当然是完全不能够运用的，自然界不会按照你的自由意志而改变规律，即使作为整个自然因果系列的一个无条件的原因性，它的设定也不是运用，而只能是假设。那么这个概念是否能够在超验的客体上运用？因为我们没有知性直观，所以也不可能。而且关键还不在于不可能，而在于它根本不考虑，实践理性对于这种能够导致某种理论知识的运用完全弃置不顾。括号里面："（因为这个概念哪怕独立于一切直观，也总是在知性中被先天地见到）"。独立于一切直观，包括感性直观，也包括理智直观，它完全不能在任何直观上面运用，但是总是能够在知性中被先天地见到，也就是说你总是能够思考它。虽然我们不能凭借感性直观对它进行认识，也没有知性直观来获得它的知识，但是你总是能够对它进行思维。所以它就能够在这里把原因概念为了理论知识而在客体上的应用完全弃置不顾。当我思维一个这样的概念的时候，我可以完全不去考虑它能否被认识，既然它可以被思维，那么它就可以撇开一切认识，这样就有可能做一种实践上的运用，不是用来认识，而是用来实践。为什么能用来实践呢？因为你可以思维到它，你就可以把你的行为建立在它之上，你就可以把你的实践行为的规定根据建立在自由的原因性这样一个理念之上。自由的原因性被先天见到了，就可以独立于直观做另外一种运用。

　　不是为了认识对象，而是为了规定一般对象上的原因性、因而只是在实践的意图上运用这个原因概念本身，并因而能把意志的规定根据放进事物的理知的秩序中去，因为它同时也乐于承认，它根本不理解这个原因概念对于认识这些事物可以有什么样的规定作用。

　　自由的理念是独立于直观的，所以它对一切知识都没有作用。知识要求有直观，既然自由理念独立于一切直观，所以它不能做知识上的运用；但是它又在知性中被先天地见到，那么它是一种什么运用呢？它是一种实践的运用。"不是为了认识对象，而是为了规定一般对象上的原因性"，实践就是对一般对象的原因性作出规定，这一规定本身就是一个实践行为。这个对象它本身当然是个原因，它会引起一个结果，但是你如果能预先规定一般对象、不管是哪个对象的原因性，那么这个过程就是一个实践过程。一般对象的原因我都预先规定了，按照我这个规定来运作，那就是一个实践过程，所谓实践，无非就是规定一般对象方面的原因性。自由的原因性这个理念本身只是在实践的意义上运用的，这个概念我用来规定我的行动，行动的目的就是为了实现这个自由。我把我的自由当作我这个行动的最初的原因，也就是动因，这个行动如果没有我的自由意志是不可能发生的。因为有我的自由意志，所以规定了它的原因性，就是由我的自由意志发起的行动。那么我就是在实践的意图上运用了自由的原因性本身。"并因而能把意志的规定根据放进事物的理知的秩序中去"，我们的意志的规定根据在这个时候就不再是那些感性的本能和欲望了，而是置于理知的秩序之中了。理知的秩序我们前面讲了，理知的世界是一个本体的世界，这个理知的本体世界里面，它有它的秩序，它的这套秩序是排除一切感性经验的因素、单凭理性可以知道的，单凭理性可以颁布的法律，那就是理知的秩序。意志的规定根据被放进了事物的理知的秩序，这个事物是广义的。一般来讲的事物可以是经验事物，也可以是物自体。事物的理知的秩序那当然就是指自在之物了，意志的规定根据是在这样一个秩序里面得到规定的。在这个秩序里面，我应不应该做这件事情，我应该如何做这件事情，都是有一定的秩序的，都不是为所欲为的。这样一种行为就是一种纯粹实践理性的行为。我把自由意志这个原因概念本身在实践的意图上加以运用，那就是把意志的规定根据放进了自在之物的秩序里面。虽然是自在之物，我们不能认识，但是我们通过理性可以思考它。既然可以通过理性思考它，也可以通过理性给它颁布一种秩序，应该这样而不应该那样，颁布一种理知的秩序。"因为它同时也乐于承认，它根本不理解这个原因概念对于认识这些事物可以有什么样的规定作用"，理知的秩序不是一种知识，所以它不理解这些概念对于认识这些事物能有什么规定作用，这些事物也就是自在之物。理知世界中合乎秩序的那些事物我们是不能认识的，在自由意志这个概念对于认识理知世界的这些事物可以有什么样的规定作用方面，我们一无所知。并不因为你有了自由的原因性这样一个概念，你就对于我应当怎么样行动的这样一些事情有了客观的知识，这个是做不到的。而且实践理性也不在乎、甚至还乐于承认，它无法理解它所拥有的这样一个原因概念对于认识物自体能够起什么样的作用。对于在这个世界里应该怎么做，它的确可以起规定作用，但是对于认识物自体的世界它根本就不能起什么作用。

它当然也必须以一定的方式来认识意志在感官世界中的行动这方面的原因性，因为否则实践理性就不能现实地产生任何行为了。

这个地方又用了"认识"这个词，但却做了限定："以一定的方式来认识"，说明这里讲的认识是在不同意义上讲的，不是在理论思辨的意义上的认识。认识什么呢？认识"意志在感官世界中的行动这方面的原因性"，认识意志对感官世界中的行动是有原因性的，也就是认识到人是有自由意志的。它顶多能够意识到这一点，就是人的意志对人的感性中的行动是能够起作用的。实践理性不是口头上谈谈而已，它是要现实地去做的，是要对感官世界发生影响、对感官世界要产生一定的原因性的。

意志本身就是一种原因性，意志不是一种躺在床上想一想的观念，而是
与现实的感官世界打交道的过程中作出的一种行动，这个行动的规定者
就是意志。实践理性能够现实地产生出实践的行为，这就是实践理性的
实在性或者客观性的表现，实践理性认识到它自己有这方面的原因性。
自然界有它的原因性，实践理性的自由意志也有它自己的原因性。人的
原因性不能代替自然界的原因性，但是自然界的原因性也不能抹掉人的
原因性。人认识到人有这样一种能力，我们可以影响世界，改造世界。
至于怎么改变，改变成什么样？那是自然科学的事情，那是技术研究的
事情；但是我产生一个自由意志必然会对世界产生影响，必然有可能把
它付诸行动，这是任何人都不能否认的。所以在这个意义上面，我们认
识到了意志的原因性，而认识到这种原因性，实践理性就能够现实地产
生它的行为，"因为否则实践理性就不能现实地产生任何行为了"。在这
个意义上，实践理性有它的现实性，有它的实在性。为什么讲实践的自
由证明了它的实在性呢，就是在这个意义上。不是在空洞抽象的意义上，
而是在实实在在地能够影响人的行为，能够通过人的行为影响感官世界
这个意义上，它具有实在性。

　　但是，对于这个它所制定的有关它自己作为本体的原因性的概念，[50]
它不需要在理论上为了认识这原因性的超感性的实存而作出规定，因而
无须在这范围内能够赋予这概念以所指。

　　这句中的"认识"与前一句的"认识"是不一样的，前面是实践知识，
这里则是指理论上的认识。我可以认识意志在行动上的原因性，但是我
不需要认识"这个原因性的超感性的实存"，在理论上对之作出任何规
定，"因而无须在这范围内能够赋予这概念以所指"，所指，Bedeutung，又
译"意义"、"含义"，就是你这个概念的意思是指什么？用胡塞尔的话来
说就是你的"意向对象"是什么？任何意识都是指向某物的意识，那个对
象不管是现实的还是幻想的，总而言之你的意志是意谓着这个的。自由
的原因性这个概念它到底是指一个什么东西，你能不能给我说明一下？

说明不了，因为它是不可知的嘛，它只是一个实践理性自己制定的"有关它自己作为本体的原因性的概念"，但是在实践理性的范围内它无须赋予这个概念以所指，它只是借这概念来规定自己的行动罢了。自由意志到底是个什么东西？这个它不需要解释。它当然有所指，有它实践上的含义；但是在理论上，在认识方面，"为了认识这个原因性的超感性的实存而做出规定"，这个是不需要的。在思辨理性的二律背反里面仅仅提出了自由的理念，但是对于这个理念究竟是怎样的所指没有指出来，只是一个空位。这个空位为什么可以保留，是因为你不能证明有它，也不能证明没有它。所以你不能确定地指出一个所指来，说这个就是它。这个所指在理论的范围你不可能指出来。

因为所指它是在别的地方获得的，虽然只是为了实践的运用，也就是通过道德法则而获得的。

是不是自由这个理念就没有所指了呢？完全是一个空的概念了呢？也不是。它是有所指的，但是这个所指不是在理论的范围之内，而是在别的地方获得的，也就是在实践范围之内获得的。就是说，通过道德法则，我们才意识到了这个自由它有它的所指，它的所指是什么？它的所指在实践的意义上就是按照道德法则来行动，这就是自由意志的所指。按照道德法则来行动的意志就是自由的意志，就是按照自由的因果性来规定自己的意志，这就是自由的真正所指。在《纯粹理性批判》里面，它还只是一个空的理念，抽象来说，一般来说，它能够自行开始一个因果序列。这是一个消极的规定，但是它还没有积极的所指。自行开始，也就是不受别的东西干扰地开始；那么自行到底如何开始呢？只能是按照道德律开始，自行按照道德律开始一个因果序列。因为道德律就是不受任何经验或感性的东西束缚的，它是自行开始的起点。在《纯粹理性批判》里面只是说它不受感性的因果律所束缚而自行开始，在《实践理性批判》里面就积极地给它作出了规定：这种自行开始就是按照道德律开始。所以它的所指是在实践理性方面通过道德律而获得的。

即使从理论上来看，这个概念也仍然是一个纯粹的、先天被给予的知性概念，它可以被应用于对象身上，不管这些对象是感性地还是非感性地被给予的；

虽然它在理论上没有所指，但是"即使从理论上来看，这个概念也仍然是一个纯粹的、先天被给予的知性概念，它可以被应用于对象身上，不管这些对象是感性地还是非感性地被给予的"。如果这个对象是感性的，那它就可以用作一种范导性的原理来引导这一对象知识趋于完善化；如果是非感性地被给予的，那么它也可以运用于其上，做一种超验的运用，这个是可以的，甚至是避免不了的。如果你把这种超验的运用当作知识，那就会产生出幻相；而如果你不作为知识，而只是用来规定自己的意志，它就会转变为实践意义上的内在的运用。这就是前面讲的，我们在这里第一次有能力做到把理性的超验的运用转变为内在的运用，但这种内在的运用不是去把握经验对象，而只是在实践中使自由的理念本身成为在经验领域中起作用的原因。^① 对理念的超验的运用是有可能的，并且是现实的，因为这个理念本身有一种自发的冲动，要拆除一切束缚，超出感官和经验的世界去追求某个超验的对象。^② 在这方面的运用是有可能的。但是你要把这样一种运用当作知识的话就会引出一系列的辩证的幻相。幻相回避不了，肯定要产生，问题在于产生了以后你可以不受它迷惑，你经过了康德的纯粹理性批判以后，就会懂得怎样处理这些幻相，就是不把它们看作是知识，而只是看作意志的规定根据，使这种运用成为另一种意义上的内在的运用。

虽然在后一种场合下它不具有任何确定的理论所指和理论运用，而只是关于一个一般客体的形式的但却是重要的知性观念。

在后一种场合下，就是当它运用于非感性的对象之上，运用于超验

---

① 参看《实践理性批判》第 64 页（边码 57）。
② 参看《纯粹理性批判》A296=B352。

的理知世界之上的时候,"它不具有任何确定的理论所指和理论运用"。如果能够清醒地看到这一点,严守这种运用的界限,那么我们在运用它时就只是把它当作"关于一个一般客体的形式的但却是重要的知性观念",一般客体也就是一般对象,包括自在之物,自由理念只被看作它们的抽象形式的、但却是重要的知性观念。

理性通过道德法则使这概念获得的所指只是实践性的,因为一个原因性(即意志)的法则的理念本身就具有原因性,或者本身就是原因性的规定根据。

这里明确点出了,这个一般客体的形式就是道德法则的形式,它成为了这个自由的理念所获得的实践性的所指,因为道德法则就是意志的原因性的法则,也就是自由意志本身的法则,它就是自由意志用来规定自身的实践形式的规定性根据,即意志自律的形式。

以上就是对纯粹实践理性的原理、也就是定言命令的原理的全部演绎。这个演绎不是说追问纯粹实践理性何以可能或者定言命令何以可能,而是以纯粹实践理性这一事实来证明自由的实在性,或者说演绎出自由的实在性。真正的自由只有在道德律的形式下才有现实性,当然这已经不是理论上的逻辑上可能的假设,而是实践上的规定意志行为的现实性。但在形式上看,与纯粹思辨理性的演绎不同,纯粹实践理性原理的演绎更合乎通常的演绎三段式的规范。例如我们可以列出这样的三段式:

大前提:凡不依赖于任何感性条件而自行开始一个因果系列的绝对的自发性就是自由;

小前提:道德法则在其实践中不依赖于任何感性条件而能够直接规定意志的原因性;

结论:道德法则作为纯粹实践理性的事实,就是实在的自由。

正是在这种意义上,康德说道德法则是自由这种纯粹理性的原因性的演绎原则,这也是康德一开始提出"纯粹实践理性原理的演绎"这一课题时的真正意思。可见有人说康德对纯粹实践理性的演绎"失败"了，[1]这是由于没有注意到康德的实践理性的演绎与《纯粹理性批判》中的演绎的含义的转变。康德的演绎不是"失败"了，而是压根儿就没有打算在这种理论的意义上进行道德律的演绎，他自己就把这条路堵死了，因而也谈不上什么"失败"。康德道德法则的演绎既不是要说明道德法则如何可能，也不是要说明自由何以可能，而只是要在自由的理念已经在《纯粹理性批判》中被证明了可能性的前提下，以道德法则的实在性来阐明这种自由是实在的。

*   *   *

Ⅱ. 纯粹理性在实践运用中进行一种在思辨运用中它自身不可能的扩展的权利 [2]

前面第Ⅰ节讲了"纯粹实践理性原理的演绎"，即从纯粹实践理性的法则这一理性的事实中推出了自由的实在性，主要是一种正面的阐述。现在，这个原理论的第Ⅱ节讨论的是纯粹理性在实践运用中进行扩展的"权利"（Befugniß，又译"权限"），这种权利在思辨的运用中是不可能有的，仅限于纯粹理性的实践运用，所以它是一种"权限"。但这一节主要是为这种实践运用的权利进行辩护，也就是为前一节纯粹实践理性原理的演绎的辩护。之所以需要辩护，是因为它肯定会受到经验主义哲学家、尤其是休谟的质疑。所以这一节主要就是针对休谟的一种反驳。

---

[1] 例如，参看阿利森：《康德的自由理论》，陈虎平译，辽宁教育出版社 2001 年版，第 347 页。刘易斯·贝克的说法比较稳妥，即康德宣称"原则毋需演绎"，"他将道德律、理性事实作为前提演绎出其他的东西，即演绎出自由，这是它的'存在理由'。"见所著：《〈实践理性批判〉通释》（1960），黄涛译，华东师范大学出版社 2011 年版，第 211 页，又见第 212—213 页。

[2] 本节未收入《康德三大批判精粹》，因而也未进行课堂句读，此处以书面句读的形式补入。

在道德原则上，我们建立起了一条使原因性的规定根据超越于感官世界的一切条件之上的原因性法则，并且对意志进行了**思考**，好像它是作为属于某个理知世界的东西而可规定的，因而不只是好像这个意志的主体（人）作为属于一个纯粹知性世界的东西，虽然在这方面并不被我们知悉，却是可规定的似的（正如这根据纯粹思辨理性批判就能做到的那样），

这还是对前一节的演绎的分析。在道德原则上，我们建立起了一条原因性的法则，这法则"使原因性的规定根据超越于感官世界的一切条件之上"。换言之，我们建立起了一条自由的法则，它就是整个感官世界的一切条件的最高条件，一个本身无条件的条件。当然，严格说起来，这句话几乎是同义反复，在道德原则上建立起了一条原因性法则，而道德原则作为意志的规定根据，本身其实已经是原因性的法则了。那么康德在这里为什么要用道德"原则"（Prinzip）代替"法则"（Gesetz），难道只是为了避免重复？其实前面讲到过，相对说来，原则大体上属于理性，而法则属于知性；理性的推理是动态的原则，不像法则的判断那样更有确定性，如定言命令的法则就是定言判断的命令式。"并且对意志进行了**思考**，好像它是作为属于某个理知世界的东西而可规定的"，"思考"打了着重号。就是说，在道德原则上我们把意志仅仅思考为在理知世界中可规定的东西，它的规定根据就是道德法则。"因而不只是好像这个意志的主体（人）作为属于一个纯粹知性世界的东西，虽然在这方面并不被我们知悉，却是可规定的似的"，这是用的虚拟式。这种规定不仅仅只是说，人这个意志主体作为属于纯粹知性世界的东西虽然不可认识，但却可以规定，"（正如这根据纯粹思辨理性批判就能做到的那样）"。这样一种规定在《纯粹理性批判》中就已经做过了，也就是对人的先验自由的假定，它就是对人的意志主体作为属于纯粹知性世界的东西的先验假定。但这种假定并没有给出任何规定的内容，而只是指明了它只有在理知世界中才是可规定的，其实这种规定除了思辨理性已经做过的以外，还有待于

实践理性从道德法则的方面去做。所以道德法则的演绎所做的应该并不是仅限于思辨的方面，如果只是在这个方面，那这个演绎就不用做了，纯粹思辨理性批判就已经做过了，例如对先验理念的调节性运用的演绎。[①]但这个演绎并不限于这一方面。

而是也借助于某种根本不可能归于感官世界任何自然规律中的法则，而对这个意志在其原因性方面作出了**规定**，因而就把我们的知识**扩展**到了感官世界的边界之外，但纯粹理性批判曾把这样一种僭妄宣布为在一切思辨中都是无意义的。

这个演绎所做的要更多些，这就是"也借助于某种根本不可能归于感官世界任何自然规律中的法则"而对意志的原因性作出了"**规定**"，"因而就把我们的知识**扩展**到了感官世界的边界之外"，这是《纯粹理性批判》中所没有做过的。注意"规定"和"扩展"都打了着重号，表示与前面的"思考"已有了本质的不同。不同在于，这种演绎使自由获得了自己的积极的规定，并且在有关感官世界的知识之外，增添了某种另类的"知识"，这就是对广义的"知识"的一种扩展。"但纯粹理性批判曾把这样一种僭妄宣布为在一切思辨中都是无意义的"，做出积极的规定也好，扩展我们的知识到感官世界之外也好，这在纯粹理性批判看来都是无意义的做法，也是不可能成功的。但如何使这种做法在实践理性批判中获得自己的意义和成功，这就需要对它作出辩护。首先要使它不和纯粹理性批判中的做法相冲突。

那么，纯粹理性的实践运用在这里与它的理论运用在其能力的边界规定方面如何能够协调呢？

这就是这一节的问题。澄清这一问题，一方面有利于纯粹理性批判的立场不至于受到冲击，另方面有利于按照纯粹实践理性的轨道而将自己运用的领域更清晰地呈现出来，不要越界，以便更严格地确立起道德

---

① 参看《纯粹理性批判》A669—671=B697—699。

法则所运用的权限范围。这就需要在这两种能力的边界规定方面作出更精确的界定。

[51]　　对于**大卫·休谟**，人们可以说他真正开始了对纯粹理性各种权利的一切反驳，这些反驳使对纯粹理性的整个研究成为必要，他的推论是这样的：**原因**的概念是一个包含有对不同东西就其为不同的而言的实存作为联结的**必然性**在内的概念，以至于如果设定了 A，我就认识到必将也有某种完全不同于 A 的某物 B 必定实存。

这里直接点休谟的名了。康德对休谟的评价甚高，这主要是由于他认为休谟"真正开始了对纯粹理性各种权利的一切反驳，这些反驳使对纯粹理性的整个研究成为必要"，也就是由于休谟对纯粹理性各种权利的质疑，激发了康德对纯粹理性从根本上进行一番反思和批判。所以休谟的作用主要是一种反作用，一种刺激和激发作用，他对纯粹理性的各种权利的反驳，不仅涉及到思辨理性，而且也涉及到实践理性，最后都集中于一个问题，也就是因果性问题，不仅是自然因果性，而且是自由的原因性。休谟对理性主义的反驳主要体现在对因果必然性的质疑上，康德在《未来形而上学导论》中说："休谟主要是从形而上学的一个单一的然而是很重要的概念，即因果连结概念（以及由之而来的力、作用等等派生概念）出发的。……他要理性回答他：理性有什么权利把事物想成是如果一个什么事物定立了，另外一个什么事物也必然随之而定立"，他认为这其实不过是由于联想而来的"主观必然性，即习惯性"而已。① 这一质疑十分厉害，以至于康德说："我坦率地承认，就是休谟的提示在多年以前首先打破了我教条主义的迷梦，并且在我对思辨哲学的研究上给我指出来一个完全不同的方向。"② 而现在，康德在这里把休谟的推论简单地

① 康德:《未来形而上学导论》，庞景仁译，商务印书馆 1978 年版，第 6 页。
② 同上书，第 9 页。

作了概括。首先是对原因概念的理解："**原因**的概念是一个包含有对不同东西就其为不同的而言的实存作为联结的**必然性**在内的概念，以至于如果设定了 A，我就认识到必将也有某种完全不同于 A 的某物 B 必定实存"，而休谟恰好认为对因果性的这种理解、特别是对其中的必然性的理解是站不住脚的。下面就提出了他的质疑。

但必然性也只有在一个联结先天地被认识的情况下才能够赋予这个联结；因为经验对一种联结所提供出来的认识只会是"它存在"，却并不是"它必然这样存在"。

这里休谟区分了两种情况，一种是 A 和 B 的联结已经先天地被认识了，这只能是数学的情况；另一种是经验知识的情况，但在经验知识中一切联结所提供的东西都只会是作为既成事实来认识，即一个事物"存在"，却永远不能从中看出这个事物存在的必然性。就因果性而言，我们只能看到一个事物接着一个事物发生了，但我们看不出这两件事物之间的相继发生有什么必然性的联结，这就意味着我们永远也不能从"在这之后"推论出"由于这"。

于是他认为，在一物和另一物之间（或一个规定与另一个与它完全不同的规定之间）的联结如果没有在知觉中被给予的话，是不可能把这种联结先天地并作为必然的来认识的。

这就是休谟对因果必然性的否定了。他说的也有道理。两个完全不同的东西，一个接着另一个出现，这是能够知觉到的；但这两个东西之间的联结并没有被我们所知觉到，凭什么能够说它们之间有一种必然的联结？比如说以前乡下人认为乌鸦叫带来祸事，喜鹊叫则报告喜事，也许碰巧说对了，但是谁能证明一定是这样？即使是真正的因果关系，如太阳晒导致了石头热，我们也只能猜测两件事之间有某种联系，但也不一定是必然的，因为石头有可能被预先泼了开水。休谟认为最稳靠的还是知觉到了的东西，如太阳在晒着，石头热了，这个不会错；但如果因此就说是"太阳晒热了石头"，就有点玄。

　　所以一个原因的概念本身是虚构的和骗人的，说得最客气也是一种在这方面尚可原谅的错觉，因为把某些物或对它们经常在其实存上相并或相继所作的规定知觉为结伴的，这种**习惯**（某种**主观的**必然性）不知不觉地被当成在对象本身中设定这样一种联结的某种**客观的**必然性了，

　　这是休谟的解释和结论，他由此而推翻了当时人们都认为最无可置疑的因果必然性，也就是推翻了文艺复兴以来一切科学最坚强的支柱，这简直是观念上的一次天翻地覆！因果性甚至原因的概念本身在他看来是一个虚构的概念，一种错觉，我们把两个并列的或者前后相继的东西视为"结伴的"或是有固定联系的，这只是人的一种联想的"习惯"，顶多只具有一种心理上的"**主观的**必然性"，但却"不知不觉地被当成在对象本身中设定这样一种联结的某种**客观的**必然性了"。"主观的"和"客观的"都打了着重号，作为对照，因为以主观代替客观肯定是错误的。

　　而这样，一个原因的概念就被骗取到了，而不是被合法地获得了，甚至永远也不可能被获得或被认证，因为它要求的是一种本身无意义的、幻想出来的、在任何理性面前都站不住脚的联结，这种联结是永远也不可能有什么客体与之相符合的。

　　注意休谟这里两次提到"骗人"、"骗取"，而最奇怪的是，他所强调的居然是"合法"的"认证"，是要在"理性面前"站住脚，如果因果联结达不到这个标准，就是"本身无意义的、幻想出来的"、因而"永远也不可能有什么客体与之相符合的"。当然，休谟作为一个彻底的经验主义者，他这种说法也许是"以其人之道还治其人之身"，就是说，你们理性主义者标榜合法性、理性的认证，以为这样就可以保证符合客体，从而证明因果联结的真理性，但其实你们并不能自圆其说，你们所标榜的因果必然性既是不合法、不合理性的，也没有与之相符合的客体，因此不能冒充为真理。这就是用理性主义自己的标准来反驳理性主义的观点。但另一方面，这也恰好说明休谟本人其实骨子里还是相信理性的，否则他怎么会用理性的标准来衡量因果律呢？他一直宣称唯有直接的知觉印象才是可

靠的，只有经验知识才是实在的知识，但是你看看他写的书，那种逻辑的严密性和说理的透彻性甚至超过一些理性派的哲学家。所以他的这种另类的观点尽管大多数人都不赞同，但却没有人能够反驳他，主要倒不是因为他的观点太古怪，而是因为他的逻辑太严密，没有人能够从理论上驳倒他。直到今天，我们还可以看出，休谟在理论上是驳不倒的，你只能绕开他，而无法战胜他，要么你就必须承认他说得对。但这种逻辑的严密性最终体现在，他在把经验主义贯彻到底的时候，就使这种彻底的经验主义变成了怀疑主义，从一种保守的知识论走向了对一切客观知识的摧毁。这就是下面要继续展开的。

——这样一来，首先在涉及到事物的实存的一切知识上（因而数学尚未列入其中），**经验主义**就作为各种原则的唯一来源而引进来了，但与经验主义同时一起引进来的还有对（作为哲学的）整个自然科学所抱的最顽固的**怀疑论**本身。

这还是在描述休谟的观点及其后果。这里讲"首先在涉及到事物的实存的一切知识上"，也就是在一切经验知识上，在有关一切客观事物或经验对象的知识上，贯彻了经验主义的唯一原则。这里在括号中预先声明，"（因而数学尚未列入其中）"，这是一个伏笔，就是说后面康德将指出数学在这方面也不能例外，而这是休谟所未能看到的。休谟所讨论的知识只限于经验知识，也就是那些综合性的知识，而数学在他眼里只是分析性的知识，只涉及洛克所说的"观念与观念的符合"，而不是"观念与对象的符合"。前一种符合是我们人自己设定的，因此具有先天必然性，后一种符合则是后天获得的，只遵守经验主义的原则，因此不具有先天必然性。"但与经验主义同时一起引进来的还有对（作为哲学的）整个自然科学所抱的最顽固的**怀疑论**本身"，这就是休谟的经验论与其他经验论者相比的一个最重要的特色，就是怀疑论。休谟首先揭示出，经验论一旦走向彻底化，就是怀疑论，怀疑论是经验论的底牌，而且无可逃避。这种怀疑论针对的是整个自然科学和自然哲学，在这种怀疑论面前，自然科学的一切朴素的信念都是站不住脚的、虚假的，就连那些最不可怀疑的原则，例如因果性必然原则，都遭到了怀疑。这样一来，一切自然科学的原理就都失去了普遍必然性，都只是姑妄言之，都不过是人类自娱自乐的智力游戏而已。对自然科学或自然哲学的这种基本信念的摧毁就很可怕了，因为它动摇了整个近代科学和哲学思想的根，但在当时只有康德从理性派的立场上认真对待了它，并着手重建了科学的基本信念。他首先承认休谟说的不无道理。

因为我们永远也不可能根据这样一些原理从事物的给予的规定中按照其实存而**推论**出一个后果（因为这就要求一个包含这样一种联结之必然性在内的原因的概念）；而只能根据想象力的规则期望与平时相似的情况；但这种期望永远不是肯定的，不论它如何经常地应验。

作为一个经验主义者，休谟反对在经验中引入某种先天的原理，如因果性原理，反对根据这个原理从一个经验事实推论出另一个经验事实，从而赋予这两个经验事实以一种必然性的联结。"而只能根据想象力的规则期望与平时相似的情况"，这就是联想的规则。我们平时多次观察到，太阳出来了，于是石头开始发热；那么在下一次太阳出来的时候，我们自然就会根据记忆而产生一种习惯性的联想，即这次是不是也会像上一次那样，接下来石头就开始发热呢？"但这种期望永远不是肯定的，不论它如何经常地应验"，也就是这种联想的期望只是一种主观上的心理习惯，而不可能是经验中客观存在的一种联系，无论它如何经常在经验中得到应验，你也不可能因此就断言下一次肯定也会是这样。你顶多能够据此对未来作出一种或然性的预期，即预料下一次多半还会如此，但事实上也完全有可能不是如此。这就是休谟对归纳法的看法，真正的归纳都是不完全归纳，它对人的判断有一定的指导意义，所谓"习惯是人生的指南"，但决不是必然的。我们人类都活在某种大数据的概率中，只能根据一定的或然性来处理日常事务，谁能保证万无一失呢？有的人经验丰富些，成功的概率就大一些，但"智者千虑，必有一失"，人不是上帝。

至于完全归纳则是不能指导现实生活的，它只是对既成事实的确认，甚至有人说是同义反复，或者说其实是演绎推理，不能获得新知识。康德在这里表面上只是在引述休谟的观点，但实际上是在为自己想好的出路作铺垫，就是说，一旦证明了经验派解决不了因果关系的普遍必然性问题，那就只有让位于理性派的先验论来解决了。但后面这个意思在这里还没有说出来。

　　甚至在发生任何事件时我们都不能够说：在该事件之前**必定**已有某物先行，它是**必然**跟随其后的，就是说，它必定会有一个**原因**，所以，即使我们知道有类似事情先行的情况仍然是如此经常发生，以至于有可能从中抽引出一条规则来，我们也不可能因此就认为这类事情是永远和必然以这种方式发生的，于是我们就必须为盲目偶然的事也保留其权利，尽管在它身上停止了一切理性运用；而这样一来就在从结果上升到原因 [52] 的推论方面给怀疑论提供了根据，并使它成为无法反驳的了。

　　就是说，因果律在这里已经完全被否定了。所谓因果律，按照康德《纯粹理性批判》中的说法就是："一切发生的事情都有其原因"。这是一切自然科学研究假定为勿容置疑的前提，在日常生活中也都被认为是不言而喻的公理，甚至如果有人面对一件发生的事情只限于说这句话，所有的人都会认为是一句废话。但现在，"即使我们知道有类似事情先行的情况仍然是如此经常发生，以至于有可能从中抽引出一条规则来，我们也不可能因此就认为这类事情是永远和必然以这种方式发生的"，这是经验派一般所能认可的一种对因果律的解释。就是两件事情以类似的方式多次先后相继地发生，按照经验归纳法，我们就可以从中抽象出一条规则来，就是凡是发生的事情都有原因。经验派的哲学家都不会反对，通过对大量事件的归纳和抽象而得出的一条规律是有效的；然而即使这样，他们也不会认为这一类的规律是普遍必然的，如果它多数情况下有效，也只能看成是我们的运气好，但下一次却未必有效，不能完全依赖这条规则。"于是我们就必须为盲目偶然的事也保留其权利，尽管在它身上停止了一切理性运用"，我们随时准备接受一些根本没有前提的突发的偶然事件，即使按照因果规律分析我们有 99% 的把握，我们也要为 1% 的预见不到的可能性留下余地，哪怕我们必须在这微小的可能性上停止一切理性的运用也罢。然而，只要这 1% 的可能性的权利得到保留，那整个事情的因果必然性就都是值得怀疑的，因为 1% 的可能性虽然概率很小，但是一旦成为现实，它就是 100%。"而这样一来就在从结果上升到原因的推论方面给怀疑论提供了根据，并使它成为无法反驳的了"，这就是休谟在一般经验论的基础上进一步的推进，也就是抓住那 1% 的偶然性的余地而否认 99% 的大概率的必然性，进而否认因果规律的可信赖的作用，主张对一切普遍必然的法则都抱一种谨慎的怀疑态度。这其实正是一个彻底的经验论者所必然得出的结论，一个人只要他极端信任感官经验，而排斥理性的运用，或者把理性的运用完全归结为经验的多次重复，他就必定会走到休谟这一步。而到了休谟这一步，就是根本无法反驳的了，休谟的彻底性使他成为战无不胜的了，只要他坚持这一立场，就连康德也没法驳倒他。能够与休谟的立场相抗衡的只有两种办法，一种是指出休谟自己的不一致处，当然这并不是对他的立场的根本性的反驳，而只是迫使他丢开自己一时还舍不得丢掉的遮羞布，暴露出自己立场的赤裸裸的反理性本质；再就是诉之于因果性范畴作为纯粹知性范畴运用于一般对象（经验对象和先验对象）之上的先验功能，以便一方面在理论上通过先验演绎阐明，一切可能经验的对象都要以知性范畴为前提才是客观实在的，另方面能够跳出理论理性的圈子之外，从另外的角度即实践理性的角度来揭示休谟观点的狭隘性。但理论上的先验演绎康德在《纯粹理性批判》里面已经做过了，这就是通过对现有经验知识中各种构成成分的分析，揭示出其中所包含的先天成分，并阐明这些先天成分在构成经验知识中所起的普遍必然的作用。然而，对于休谟这样的极端经验论者来说，感觉经验本身是不可分析的，它是一切分析的前提而不是分析的对象，因为它根本不是构成起来的，而是直接感受到的。这就是为什么康德说休谟的怀疑论"无法反驳"的原因。这就像你无法使一个全身瘫痪的人站立起来一样，或者更确切地说，你可以唤醒一个睡着的人，但你无法唤醒一个假装睡着的人。所以康德剩下要做的是，突破休谟的狭隘眼光，到自在之物的实践领域去为原因性概念寻求另外一种可能的运用。于是下面主要是从两点来对休谟的观点作出反驳，即第一段是揭示休谟在数学观上的自相矛盾，以便把他逼到彻底的怀疑主义的墙角；后面几段则都是借因果性范畴运用于一般对象之上的权利，而为纯粹实践理性把自己的运用扩展到思辨理性范围之外作出辩护。

　　<u>至此为止数学仍然安然无恙，因为休谟认为数学命题全都是分析性的，就是说为了同一性的缘故从一个规定到另一个规定、从而是按照矛盾律来进行的（但这是错误的，因为数学命题毋宁说全都是综合的，并且虽然例如几何学并不与事物的实存发生关系，而只是与诸事物在可能直观中的先天规定发生关系，它却如同通过因果概念一样从一个规定 A 过渡到一个完全不同的、但却是作为与它必然联结着的规定 B）。</u>
　　这是接着上面休谟对自然科学因果律的普遍必然性的否定来说的，就是说，休谟固然通过他的怀疑一切而使自然科学有关对象世界的知识面临着被全部摧毁的恐慌，但唯独数学幸免于难，"因为休谟认为数学命题全都是分析性的，就是说为了同一性的缘故从一个规定到另一个规定、从而是按照矛盾律来进行的"。对数学的这种看法并不是休谟所独有的，而是当时几乎所有哲学家们的共识，它来源于洛克最先对真理的两种区分，即一种是"观念与观念的符合"，如数学和逻辑，它们按照同一律和不矛盾律分析地展示其各种命题，而不必考虑它们所描述的经验对象；另一种是"观念与对象的符合"，这就必须诉之于经验事实，只有与经验对象相符合的观念才可能是真的，它所形成的命题就是综合命题。这种划分直到康德以前，不管是对于经验派还是理性派，都还是被公认的，休谟当然也不例外。但康德的《纯粹理性批判》对此首次进行了一番革命

性的变革，即证明一切数学命题、至少纯粹数学命题全都是先天综合的，分析判断只在其中起一种润滑作用；而一切经验知识里面都包含有先天综合判断作为自身之所以可能的条件。这就是康德在接下来的括号里面针对休谟的上述数学观点、也是当时流行的数学观点所说的："（但这是错误的，因为数学命题毋宁说全都是综合的，并且虽然例如几何学并不与事物的实存发生关系，而只是与诸事物在可能直观中的先天规定发生关系，它却如同通过因果概念一样从一个规定 A 过渡到一个完全不同的、但却是作为与它必然联结着的规定 B）"。康德在《纯粹理性批判》的"导言"中曾提出，理性的一切理论科学中都包含有先天综合判断作为其原则，并举了算术中 5 + 7 = 12 以及几何学中"两点之间直线最短"的命题为例子，认为无论你从 5 + 7 或者"两点之间的直线"这样的概念中怎么分析，也得不出 12 以及"最短"这样的结论来，而必须诉之于时空直观。所以康德首次把数学归于"先验感性论"中来加以讨论，这种做法也是空前的。他从感性中分析出其中的先天的接受性条件，也就是先天的直观形式即空间和时间，而数学则是在空间和时间的关系中所表达的先天综合命题，即空间使几何学成为可能，而时间使算术成为可能。因此他说，"例如几何学并不与事物的实存发生关系，而只是与诸事物在可能直观中的先天规定发生关系"，就是说，数学虽然不是观念与经验对象相符合的关系，但却是与经验对象中直观的先天规定（时间空间）发生关系，而不是单纯的"观念与观念的关系"。数学不是没有对象，而是以时空这种先天直观形式为对象，在这种意义上，它同样是"观念与对象的关系"。所以，数学其实和因果律一样具有相同的先天综合结构，它"如同通过因果概念一样从一个规定 A 过渡到一个完全不同的、但却是作为与它必然联结着的规定 B"，只不过这个"规定 A"不是作为一个不同的事物、而是作为一个不同时空的量的规定而和另一个与它完全不同的时空规定 B 相联结，而这种联结也如同因果律一样具有先天的必然性。括号中的这句话既是对休谟的批评，也是对康德自己的数学观的阐述。当然休谟是否会接受这一批评则另当别论，康德也没有指望休谟会同意自己的观点，他只是要指出，按照休谟的观点，他的数学观和他的经验知识的观点是相互冲突的，是不能自圆其说的。如下面所说：

但最终这门由于其无可置疑的确定性而被如此高度赞扬的科学也必然会由于**休谟**为何用习惯来代替原因概念中的客观必然性的同一个理由，而败在**原理中的经验主义**的手下，

数学的无可置疑的确定性历来被人们高度赞扬，在这方面休谟也不例外；但按照休谟的经验主义的原则，如果他真正贯彻到底的话，数学的这种确定性也不能不被彻底动摇，理由则是和他动摇因果概念的客观必然性的理由相同。也就是说，正如休谟认为因果性概念的客观必然性可以归结为人自身的一种习惯性联想（主观必然性）一样，数学命题也可以用主观中形成的习惯来解释它的普遍必然性，而这样一来，不但一切自然科学的牢固基础被连根拔起，而且就连休谟一贯认可的数学的必然性基础也被他自己的极端经验主义摧毁了。因为按照休谟的"原理中的经验主义"即彻底的经验主义，所谓"观念与对象的关系"其实也是观念与对象的观念的关系，亦即同样是"观念与观念的关系"，两者在同是主观心理的习惯性联想这一点上是半斤八两，没有本质区别。这样一来，数学就没有任何理由以自己是"观念与观念的关系"而高居于经验科学的"观念与对象的关系"之上，保持自己先天的普遍必然性而免于归结为综合关系的偶然性了。

并且不管它多么骄傲，它也得满足于打消它那些大胆的要求先天赞同的权利，并指望观察者出于好意而同意其命题的普遍有效性，这些观察者作为证人毕竟不会拒绝承认他们任何时候也是这样知觉到几何学家作为原理而讲出来的东西，因而即算它恰好并不是必然的，但毕竟是今后会允许人们可以这样期待的。

休谟将数学置于一个不受经验的偶然性干扰的清高之地，但其实数学应该知道在休谟的这种理解中并没有要求先天赞同的权利，它不能不

打消这种僭妄的要求，而满足于其他观察者"出于好意而同意其命题的普遍有效性，这些观察者作为证人毕竟不会拒绝承认他们任何时候也是这样知觉到几何学家作为原理而讲出来的东西"。就是说，休谟的数学必然性不能寄托于先天的普遍必然性，而只能寄希望于他人的"好意"，这种好意体现在他们凭经验随时都能知觉到几何原理在他们心目中是对的，于是就一厢情愿地为这种认可作为普遍有效的东西充当证人，其实他们根本不能证明这种几何原理对于所有的人都普遍有效，而只是根据自己的感觉而好意地不拒绝承认这种普遍有效性而已。"因而即算它恰好并不是必然的，但毕竟是今后会允许人们可以这样期待的"，也就是说，即算有一天证明几何原理并没有先天的普遍必然性，但毕竟有种经验归纳的可期待性，因为他们根据自己多次观察的经验而形成了一种习惯性的心理联想，因而有理由预期今后同样也会毫不犹豫地赞同这些原理。康德在这里完全是用休谟自己的经验论原理解构了数学的普遍必然性，使它降解为一种经验归纳的较大概率的可然性和或然性了，由此而证明休谟在坚持彻底经验论立场方面仍然具有不彻底性。真正彻底贯彻经验论原则的话，休谟就没有权利留下数学这样一种先天知识的尾巴，而应当将一切理性科学都归结为一种主观心理联想而消除其一切普遍必然性，这样一来，就连理性本身也都可以废掉了。这就是下面说的。

休谟的原理中的经验主义也就以这种方式不可避免地导致了甚至是在数学上的、因而是在理性的一切**科学的**理论运用上（因为这种运用不是属于哲学就是属于数学）的怀疑论。

这就暴露出了休谟经验主义的底牌，这就是对于理性在一切科学上的理论运用的怀疑论。这里的"一切**科学的**理论运用"，康德注明"不是属于哲学就是属于数学"，也就是一个数学，一个哲学认识论，在休谟就是经验论的认识论，这两者属于理性的一切科学的理论运用。而当休谟最终走向怀疑论的时候，不但数学的普遍必然性遭到了摧毁，而且经验主义的认识论本身也将遭到摧毁，它们都将毁于怀疑论的深渊。所以，真正导致经验论的末日的不是别人,正是休谟这个最彻底的经验论者,他是经验论的自掘坟墓者。下面更进一步。

是否普遍的理性运用(在看到知识的主要部门都遭遇到一种如此可怕的颠覆之际)会更能幸免于难,而不是更加无可挽回地陷入到一切知识的同样的毁灭中去,因而是否一种**普遍的**怀疑论必定会从这些原理中得出来(当然这种怀疑论只会涉及那些学者),这一点我想留给每个人自己去评判。

上面还只是讲到理性的一切"理论运用",即认识论方面的运用;而这里则进一步提出,是不是"普遍的理性运用"也会连带着遭此厄运?所谓普遍的运用,意指除了理论上的运用之外,还有理性的实践的运用,是否也会因此受到牵连呢?它是不是也会"更加无可挽回地陷入到一切知识的同样的毁灭中去,因而是否一种**普遍的**怀疑论必定会从这些原理中得出来"呢?如果会,那么这种怀疑论只会涉及那些在理论的运用中已经预先把知识的普遍必然性都降解为一种主观习惯了的学者,使他们废止理性在实践中普遍运用的资格。"普遍的"打了着重号,就是说,不仅包括认识论上的怀疑论,而且包括实践中的怀疑论。康德说:"这一点我想留给每个人自己去评判",也就是说,理论上的怀疑论肯定会涉及实践上的怀疑论,谁愿意做这样彻底的怀疑论者,这不是一个理论问题,而是一个自愿选择的问题。古代的怀疑论者,当他怀疑某个知识的真实性的时候,他就身体力行,以身试法。据说古希腊的著名怀疑论者皮浪就是这样,他勇敢地站在马车道上,看远处飞驰而来的马车能否将自己撞死,但每次寻死都被他的同伴拉开了。近代的怀疑论者就狡猾多了,休谟说一切知识都不可靠,有人就问他,那你怎么还天天吃面包,而不去吃石头呢?休谟正色答道:我作为一个普通人,当然要吃面包充饥;但我作为一个哲学家,我就要探讨一下这个知识有什么根据,我发现根本没有什么根据,于是我就这样如实地说出来了,这并不意味着我在实践中就不是一个普通人了。但这种辩解是无力的,一个人的理性并不只是用来认识经验事物的，而且不能不用于他的实践，人不是动物，没有理性指导的实践是不可能的。但是尽管如此，单纯想从理论上驳倒休谟也是不可能的，只有把理论和实践同时考虑在内，才能看出休谟理论的荒谬性；而如果休谟执意只谈理论而不管实践，你也拿他没办法。所以康德这里诉诸每个人自己的选择：你是准备像休谟那样，根本不打算把自己的理论运用于自己的实践中呢，还是打算像皮浪那样以身试法，使怀疑论不限于理论的范围，而成为一种"普遍的怀疑论"？这等于是将了休谟主义者一军，即你们的怀疑论如果要彻底的话，就必须走到皮浪主义的地步；否则就是一种虚伪，一种既要否定理性又想留一手的做法。同时，这也为康德过渡到下面要着重谈的理性在实践方面的运用权限作了一个铺垫。其实，康德之所以要让休谟把自己的数学的普遍必然性降解为主观的心理习惯，就是为了使休谟经验论中的怀疑论覆盖于理性的一切运用之上而成为普遍的怀疑论，这种普遍的怀疑论不但适用于经验知识，而且适用于数学知识；进一步说，不但适用于理论理性，而且也适用于实践理性。这样就能为康德摆出自己的观点来拯救休谟的普遍怀疑论所陷入的绝境提供一个机会了。

　　至于我在《纯粹理性批判》中所做的探讨，它虽然是**由休谟**的怀疑学说所引起的，但却走得远得多，它包括纯粹理论理性在综合运用中的整[53]　个领域，因而也包括人们称之为一般形而上学的东西；所以我对于这位苏格兰哲学家的涉及到因果性概念的怀疑采取了如下方式来处理。

　　这一段继续从分析休谟怀疑论的症结所在而引出了康德自己的解决办法。康德在休谟打断了他的"教条主义的（独断论的）迷梦"之后，开始致力于对纯粹理性本身的批判，但他在这里比休谟"走得远得多，它包括纯粹理论理性在综合运用中的整个领域，因而也包括人们称之为一般形而上学的东西"。也就是说，他对理性的批判不但包括经验知识，也包括数学知识，它们都属于理论理性的综合运用；同时也包括了一般形而上学,而所谓一般形而上学则涉及自然科学的形而上学和道德的形而上学。这就比休谟仅限于理论理性中对理性能力在经验知识中的运用提出怀疑的做法大大扩展了,而且层次也大大提高了。康德的批判借助于休谟对经验知识的怀疑作为一个最初的支点,一跃而成为对于人的理性能力在整个人类理论领域和实践领域中的运用加以批判地考察的"科学的形而上学"体系,纯粹理性经过这一番炼狱的考验,摆脱了怀疑论的纠缠,变得更为坚强了。休谟对因果必然性的怀疑论观点是康德紧紧抓住的一个突破口,但康德并没有完全否定休谟的观点,而是充分肯定了休谟的洞见,但指出后者在基本立场上还局限于传统的看法。康德借此机会展示了自己的革命性看法,认为只有把立场转移到他的这一崭新的基础上来,才能把休谟的怀疑论作为一个必要的环节吸收到一种新型的形而上学体系中,化腐朽为神奇。所以康德对于休谟"这位苏格兰哲学家"的观点所抱的态度并不是一味地批驳,而是"处理"。如何处理? 这就是下面所说的。

　　当休谟把经验对象当成了自在之物本身(如几乎到处都的确也在发生的那样)时,他就把原因概念宣称为骗人的和虚假的幻觉,在这点上他做得完全正确;因为对于自在之物本身以及它的规定本身,并不能够看出为什么由于某物 A 被设定则另一个某物 B 也一定会必然设定,所以他根本不可能承认关于自在之物本身会有这样一种先天的知识。

　　康德这里是抓住了问题的根本,也就是把经验对象的现象和现象后面的自在之物混为一谈,这在康德看来也是当时哲学界的通病。康德认为,如果像流行的观点那样把经验对象当作自在之物本身,那么休谟对这种因果联系的批评就是"完全正确"的,康德自己就把这种运用于自在之物本身上的因果联系称之为"幻相"。当然,休谟其实并不承认经验现象后面还有一个不被认识的自在之物,在他面前只有一个对象,就是感觉到的经验对象。但是在康德看来,这也就相当于把经验对象当作是等于"自在的"对象了,这个对象不是我们人想出来的,而是被给予我们的，因此你要把一个主观先天的原因概念强加于它，那只能是一种"骗人的和虚假的幻觉"。"因为对于自在之物本身以及它的规定本身，并不能够看出为什么由于某物 A 被设定则另一个某物 B 也一定会必然设定，所以他根本不可能承认关于自在之物本身会有这样一种先天的知识"，这就是休谟的思路，这条思路如果运用于对自在之物的知识的批判上，是完全正确的，即我们不能证明一个自在的 A 为什么必然会导致另一个自在的 B，这种必然性为什么会成为一种先天知识。休谟的错误不在这里，而在于他把这种针对自在之物的知识的质疑用在了一般经验知识之上，而没有发现在经验知识中，因果必然性恰好是由我们主观上先天地建立起来的一种客观法则。

　　<u>这个精明的人更不可能允许这个原因概念有一个经验性的起源，因为这种起源直接与联结的必然性相矛盾，而这种必然性构成了因果概念的本质；因而这个概念就遭到了排斥，而代之以在遵循知觉过程时的习惯了。</u>

　　休谟的另一个错误则在于，当他看到因果性概念既不存在于自在之物中，也不可能来自于经验性的起源时，他就把这种概念直接归于人们在知觉过程中的习惯性联想了。但这一个错误与前一个错误一样，都是错误中含有正确的成分，因此都得到了康德的公正的表扬。前面说休谟否认因果律可以运用于自在之物上是"做得完全正确"，这里则说他否定因果律有经验性的起源是非常"精明"之举，"因为这种起源直接与联结的必然性相矛盾，而这种必然性构成了因果概念的本质"。因果概念的本质正是必然性，它不是说 B 接着 A 而发生，而是说 B"必然"接着 A 而发生，或者说 A 必然导致了 B。而在经验中根本不存在这样一种必然性的根据，因为所谓经验就是指被给予我的感官知觉的东西，我们只能被动地接受，根本不能预料它将如何给予我们，所以说从经验中可以找到必然性的起源是自相矛盾的。在这点上休谟也是很精明的，至少比一般经验派学者要精明得多。但问题是，否定了因果律在经验中的起源以

后怎么办？如何解释因果律毕竟在我们的日常生活中和科学研究中所起的巨大的支撑作用？休谟的失足之处在这里就显露出来了。出于彻底的经验论立场，休谟看到因果律这个概念并非来自经验，就将它从经验知识中排斥出去，而代之以在遵循知觉过程时的主观习惯了。他不可能移步理性派立场，从主观认识能力的先天条件方面为因果性概念找到另外的来源，以便为经验知识重建因果律的普遍必然性，而只能提出这种反科学、反理性的解释，成为了近代认识论的毁灭者。下面一段康德就开始摆出他自己正面的观点了。

　　但从我的研究中所得出的结果是，我们在经验中与之打交道的那些对象绝对不是自在之物本身，而只是些现象，并且即使在自在之物本身上根本看不出、甚至不可能看出，为什么当 A 被设定了时，不设定与 A 完全不同的 B（即设定作为原因的 A 和作为结果的 B 之间的联结的必然性）就会是**矛盾的**，但我们完全可以思考的却是，它们作为现象必定是**在一个经验中**以某种方式（例如在时间关系方面）必然结合着的，而且它们不与这个经验借以成为可能的那种结合**相矛盾**就不可能分离开来，而它们唯一在这个经验中才是对象，才能为我们所认识。①

　　康德对付休谟所提出的难题的最主要的对策，就是区分现象和自在之物。他承认休谟说的有道理，但只是针对自在之物有道理，或者说，只是在把现象看作自在之物时有道理。然而在康德看来，"我们在经验中与之打交道的那些对象绝对不是自在之物本身，而只是些现象"，我们不能把适用于自在之物的道理转移到现象身上。并且，即使适用于自在之物的这个道理，也就是，"即使在自在之物本身上根本看不出、甚至不可能看出，为什么当 A 被设定了时，不设定与 A 完全不同的 B（即设定作

---

①　此句根据普鲁士科学院版略有修改，删掉了"也根本看不出"中的"也"字，又删掉了"而且它们在不与这个经验"中的"在"字，并将"就会是**矛盾的**；"中的分号改为了逗号。

为原因的 A 和作为结果的 B 之间的联结的必然性) 就会是**矛盾的**", 或者说即使我们完全不能在自在之物身上看到因果联结的必然性, 以及看到因果必然性被取消就会带来什么矛盾, "但我们完全可以思考的却是, 它们作为现象必定是在一个经验中以某种方式 (例如在时间关系方面) 必然结合着的"。这就是说, 即使在自在之物中的确没有根据去设定因果必然性, 但在自在之物所呈现出来的现象中, 作为原因的 A 和作为结果的 B 却必定是在一个经验中通过时间图型而结合着的。原因就在于, 这个经验之所以可能, 正是以那个必然的结合为前提的, A 和 B "不与这个经验借以成为可能的那种结合**相矛盾**就不可能分离开来", 就是说, 你要把它们分离开来, 使它们互不关涉, 就会使它们与那种结合相矛盾, 而这种结合却正是使这个经验成为可能的必要条件。所以当它们与这种结合相矛盾时, 它们就游离为没有任何关系的知觉印象的碎片, 而不成其为经验对象了。但 "它们唯一在这个经验中才是对象, 才能为我们所认识", 如果它们不在这个以这种必然结合为前提的经验中, 那它们就不是对象, 也不能为我们所认识, 而只是一大堆印象在晃来晃去, 还抵不上一个梦。这句中打了着重号的两个 "矛盾", 前一个是指在自在之物中, A 和 B 没有因果必然性也不会有什么矛盾; 后一个是指在现象中, 只有当它们与因果联结相矛盾时才能把它们分离开来。比如说我们发现它们之间并没有因果关系 (或者假定它们之间有因果关系就会与其他的因果关系相冲突, 打乱整个因果关系的链条), 也还没有发现它们各自与其他事物之间有什么因果关系, 而这时它们就不成其为经验的对象, 还没有被我们所认识, 它们只是一些有待于认识的经验性材料。或者说, A 和 B 在现象中不可能是完全分离而互不相干的 (如现代经验主义者所谓的 "经验原子" 或 "知觉原子"), 而是作为认识的对象, 它们随时都处于这种无所不在的普遍联结关系中。这种矛盾在自在之物那里是根本不存在的, 而只是现象中的矛盾, 它迫使我们承认因果关系在经验中必然存在。

实际情况也正是这样发生的: 以至于我不仅能够对原因概念按照其

在经验对象方面的客观实在性来加以证明，而且也能由于它所具有的这种联结的必然性而把它作为先天概念**演绎出来**，也就是能够将它的可能性依据没有经验来源的纯粹知性加以阐明，

这里讲的"实际情况"，就是指康德在《纯粹理性批判》中所实际上采取的方法，这就是"不仅能够对原因概念按照其在经验对象方面的客观实在性来加以证明"，这是在一切经验科学或自然科学中都已经证明了的。用经验来说明这个因果性概念在各门科学中都是行之有效的，这用康德的话来说就是"经验性的演绎"，正如洛克已经做过的那样（参看《纯粹理性批判》A85＝B117 以下）。但仅仅停留于这方面是不够的，抵抗不了休谟的质疑，所以还必须引入一种先验的演绎。所以说，"而且也能由于它所具有的这种联结的必然性而把它作为先天概念**演绎出来**，也就是能够将它的可能性依据没有经验来源的纯粹知性加以阐明（dartun）"，这就是康德所做的创造性的工作了。对因果性概念以及其他所有那些范畴进行一番先验的演绎，意味着依据纯粹知性这个比经验更高的知识来源对因果联结等的普遍必然性加以先天的阐明，这样才能使它们成为一种法定的不可逃避的先天知识原理，成为一种为经验科学立法并使之获得客观必然性的可靠知识的根据，而不再处身于休谟为它们所设定的主观习惯的解释中，不再时刻受到怀疑主义的毁灭性的威胁。

并且这样将它的起源的经验主义取消了以后，就能将经验主义的不可避免的后果即怀疑论，首先在自然科学方面、然后出于依据这些理由的整个完备的推论而在数学方面，即在这两种与可能经验的对象相关的 [54] 科学方面，连同对理论理性所主张洞察的一切东西的全部怀疑，都加以彻底的铲除。

这就是康德希望一劳永逸地从理论理性的领域中解决休谟的怀疑论问题的方案，就是将经验派从洛克到休谟所主张的有关因果联系的经验主义起源取消掉，转而归之于先验的纯粹知性的起源。洛克是以为通过对因果性的经验性的演绎就能够充分证明其普遍必然性；而休谟仍然按

照洛克的预设，却推论出来这种普遍必然性是完全没有根据的，它只能导致怀疑论的结论；康德则认为休谟说得不错，但结论并不是因果性的普遍必然性没法证明，而是要换一种思路，改为从这概念在先天的纯粹知性中来证明，这样才能避免在休谟看来不可逃避的怀疑论的归宿。所以他说，这样一来就能够将各方面的怀疑论全部"加以彻底的铲除"，这首先包括对自然科学的怀疑论，其次包括"出于依据这些理由的整个完备的推论"、也就是康德在上面按照休谟自己的原理而帮休谟所严格推出的数学上的怀疑论，再就是不限于"这两种与可能经验相关的科学"，而且是"连同对理论理性所主张洞察的一切东西"的怀疑论，也就是对导致这两种具体科学的怀疑论的更高层次上的经验论的认识论本身的怀疑论，都通通加以铲除。这就是康德在本节中为解决"纯粹理性在实践运用中进行扩展的权利"这个问题所做的铺垫，也就是阐明了纯粹理性在思辨的运用中是完全有自己运用的权利的，但这种权利只是针对可能经验的范围的，休谟否定纯粹思辨理性的这种权利固然不对，但他指出思辨理性超出经验性的范围运用于自在之物身上是完全不可能的，这毕竟是对的。那么，纯粹理性在超出可能经验的范围之外是否就只能是一无作为了呢？它是否在某种别的意义上可以把自己的运用扩展到自在之物的领域中去呢？这就是下面一段要回答的问题。

<u>但是，这个因果性范畴（并且一切其他范畴也是一样，因为没有它们就没有任何关于实存着的东西的知识能够实现出来）在那些并非可能经验对象之物、而是超越于可能经验的边界之外的物上面的应用，情况又是如何呢？因为我本来就只能够在**可能经验的对象**方面来演绎这些概念的客观实在性。</u>

这就涉及康德在这一节中所要讨论的本题了，前面都是回顾和铺垫。问题在于，前面一直都在考虑如何避开休谟在经验主义认识论中所展示的怀疑论前景，为此康德在"可能经验对象"的范围内演绎了因果性等概

念的普遍必然性，也就是证明了这些概念运用于经验对象上时的"客观实在性"。在这里，"客观"性是指范畴的普遍必然性，因为康德说过，他所理解的客观性就是普遍必然性，这是由"先验的观念性"所建立起来的客观性；而"实在性"则是由经验来提供的，也就是这些范畴都有实在的经验对象的内容，而不是空的，这就是所谓"经验性的实在性"。那么，在这些都已经澄清了以后，问题就是这些范畴是否能够超越于可能经验的范围而在自在之物身上也有某种运用呢？当然，理论的运用或思辨的运用是不可能的，我们决不可能运用它们去达到对于自在之物的知识，例如用因果性得到自由的知识，用实体性得到灵魂的知识，用协同性得到上帝的知识，这都只能是一些纯粹理性的"幻相"，不能当真的。但是不是可以在这方面对它们作一种实践的运用？如果可以，那又是怎样一种运用？这就是关键的问题。

　　但同样，我也只有在这种情况下才拯救了这种客观实在性，即我曾指出了，毕竟可以借此来**思维**一些客体，虽然不是先天地规定它们：而这就给这些客体在纯粹知性中提供了一个席位，而那些概念就由这个席位而与一般客体（感性的或非感性的）联系起来了。

　　就是说，虽然前面限定说，"我本来就只能够在**可能经验的对象**方面来演绎这些概念的客观实在性"，但我之所以能够拯救这种客观实在性，是因为我曾经指出，哪怕我的范畴受到可能经验的限制，但"毕竟可以借此来**思维**一些客体，虽然不是先天地规定它们"。就是说，我虽然不能脱离可能经验的范围来运用这些范畴，但毕竟我可以先天地用它们来思维一些客体，也就是它们在我这里具有先验的观念性。我虽然不能单凭这种先验的观念就规定它们所想到的客体，但这种思维的能动性正是我之所以能够给可能的经验世界立法的根据，是我在把它们运用于经验时就能够建立起经验知识的客观实在性的根据。"而这就给这些客体在纯粹知性中提供了一个席位，而那些概念就由这个席位而与一般客体（感性的或非感性的）联系起来了"，这些客体当然不一定都是经验的客体，而

185

是这些范畴所能够"思维"到的一切客体，也包括自在之物。这个"一般客体"既可以运用来为经验对象建立起客观实在性，但也可能仅仅只是一个思维的对象，一个先验的 X，这时从知识的角度看它就是一个不可知的自在之物，我们并不能对这个自在之物本身作出任何先天的规定。但不管自在之物也好，经验的对象也好，它们作为客体都有赖于这种思维的能动性，"而这就给这些客体在纯粹知性中提供了一个席位"，也就是说，这些先验的客体、先验的 X 最终来源于哪里呢？就来源于纯粹知性，它们在纯粹知性中有它们自身固有的席位。当它们被运用于经验直观中时，它们就从先验的对象变成了经验的对象，由先验的观念性而获得了经验性的实在性；而当它们没有运用于经验直观中时，由于我们人不可能有理知直观或知性直观，所以它们就在纯粹知性中保留着自己的席位，而无法发挥其认识方面的效用。但不管怎样，它们作为纯粹知性的先验对象或者先验客体，仍然是由知性的这些先天范畴所设想出来的，所以，"那些概念就由这个席位而与一般客体（感性的或非感性的）联系起来了"。其实康德完全用不着这样大费周章，他在《纯粹理性批判》的 §9、§10 两节中，一开始就把这个关系挑明了，即纯粹知性概念（范畴）是当我们考虑到形式逻辑的诸判断形式在针对着一个对象时形成起来的，如果不针对任何一般的对象或客体，这些范畴本身就废掉了，而将倒退回形式逻辑的判断形式，他的"先验逻辑"也就立不起来了。而"一般对象"在充实以经验性材料以前，可以理解为指向自在之物的"先验对象"。

　　如果还缺少什么东西的话，那就是这些范畴、尤其是因果性范畴**应用**于对象之上的条件，也就是直观，这个条件在凡是直观没有被给予的地方，都使得以作为本体的对象之**理论知识为目的**的应用成为不可能的，

　　这就是刚才讲的，一般对象如果缺少了经验性的直观这个条件的话，有关它（先验对象＝X）的理论知识就是不可能的。当然这个条件也包括知性直观而不止是经验性直观，但由于知性直观只是理论上的一种人

所不具备的可能性，或许上帝会有，所以我们也用不着谈它，这里讲的直观就是经验性直观，它是一切知识的必要的材料，也是"这些范畴、尤其是因果性范畴应用于对象之上的条件"。而在缺少这个直观条件的地方，对范畴的应用如果要成为"以作为本体的对象之**理论知识为目的**的应用"，那是不可能的。作为本体的对象就是自在之物，对它是不可能有任何理论知识的。

因而这种理论知识如果有人敢于去尝试，也是（如在《纯粹理性批判》中也在发生的那样）完全遭到禁止的，然而毕竟这个概念的客观实在性仍然还在，甚至也能够被运用于本体，但却不可能对这个本体从理论上作丝毫的规定并由此来产生知识。

就是说，如果有人一定要尝试获得对于本体的这种理论知识，例如在《纯粹理性批判》中就谈到过这种可能性，并且立刻就被斥为幻相而受到了禁止，那么"毕竟这个概念的客观实在性仍然还在，甚至也能够被运用于本体"。在理论知识上遭到禁止运用的范畴并没有因此而改变本身的性质，它仍然保有指向某个对象的客观实在性的能力，只不过这时的客观实在性就不再是经验性的实在性，因而它在撇开一切可能经验而运用于本体上的时候，所体现出来的客观实在性只能是实践行动的客观实在性。"但却不可能对这个本体从理论上作丝毫的规定并由此来产生知识"，这一点是休谟所看到了的，但是他却不知道即算如此，范畴仍然可以在一种不同的意义上运用于本体，并获得另外一种客观实在性。当然，这一句还没有直接点出范畴或知性概念在本体上运用时所具有的客观实在性就是实践行动的实在性，而只是强调运用于本体上的客观实在性仍然是由这些范畴自身建立起来的，不过不是作为理论知识建立起来的。那是作为什么而建立起来的，这个问题的答案要在下面一句中推出来。

因为，这个概念甚至在与一个客体的关系中也决不包含任何不可能的东西，曾经证明了这一点的就是：不论这个概念如何应用于感官的对象，它在纯粹知性中仍保证有自己的位置，并且即使它在此之后或者与自在之物本身（它不可能是经验的对象）发生关系，而且不能以某种理论知识为目的而为表象**一个确定的对象**作出任何规定，但它仍然还是可以有能力为了某种另外的目的（也许是为了实践的目的）而对自己的应用作出某种规定，

"这个概念甚至在与一个客体的关系中也决不包含任何不可能的东西"，就是说，在与一个不论是什么样的客体的关系中，这个概念、也就是这种范畴包含有各种可能性，不论什么样的关系都有可能，这是一种开放式的概念规定。康德曾经在《纯粹理性批判》中就已经证明了，虽然这个概念在理论的意义上只能应用于感官的对象，但这种应用仍然是自上而下的，并不受感性对象的偶然性所支配，而是"在纯粹知性中仍然保证有自己的位置"。作为经验知识之所以可能的先天条件，它本身仍然是植根于纯粹知性中的，在那里保有自己的位置（Sitz）或席位（Platz）。因此它就有可能不限于在理论的意义上运用于经验的对象，而且也在另外的意义上运用于超经验的对象，这并不会改变它本身的性质。"并且即使它在此之后或者与自在之物本身（它不可能是经验的对象）发生关系，而且不能以某种理论知识为目的而为表象**一个确定的对象**作出任何规定"，这里的"而且"原来译作"也"。这里之所以改成"而且"，是为了避免被人误会为后面的从句是与前面的"即使"相照应的，其实不是的，而是带起一个并列从句；这两个并列句都属于"即使"，是与下面的"但"相呼应的。就是说，即使这概念或范畴在应用于感官对象之上以后，还能够超出经验对象之外而与自在之物本身发生关系，也就是前面讲的，与一个先验对象发生关系，而且同时又不能为了获得某种理论知识而规定一个确定的对象，"但它仍然还是可以有能力为了某种另外的目的（也许是为了实践的目的）而对自己的应用作出某种规定"。范畴的确可以为了某种非理论的目的而与某种先验对象发生关系，并对自己的实践的运用作出某种规定，即制定出某种"纯粹理性的法规"（参看A797=B825）。注意这里讲"也许是"为了实践的目的，就是说，还不一定是指实践的目

的，但已经不是以经验知识为目的了。那还有什么别的目的呢？康德在这里用词是非常谨慎的，就是说，对于我们人类来说，除了以经验知识为目的就只有实践的目的了；然而范畴所针对的先验对象原则上还有第三种可能，就是假如人有知性直观的话，那就有可能形成对于自在之物的超感性经验的知识。当然人实际上没有知性直观，所以对于我们人类来说只有两种可能性，但原则上并不排除这第三种可能性。所以这里只说"也许是为了实践的目的"，留了一手，即不是唯一性，而只是一种可能性。

而如果按照**休谟**的观点，这个因果概念包含有某种任何地方都不可能思维到的东西的话，这种情况就不会发生了。

这又回到了休谟的观点，就是前面讲的，休谟认为因果性概念所包含的东西是任何地方都不可能思维到的，也就是我们通过思维是永远不可能把握到的，因为它只是我们主观中的某种习惯性联想而已，所以我们永远不要相信它，只能对它抱毫不动摇的怀疑态度。而这样一来，这里所讲的，范畴还有可能用于其他目的以实现自己在自在之物上面的运用的情况，就根本不会发生了。因为休谟在摧毁因果性范畴在理论认识上的普遍运用的同时，也把这种范畴本身与一般对象（包括经验对象和先验对象）的必然关系清除掉了，那也就无从过渡到范畴在另外一种意义上与自在之物打交道、例如说为人的自由的实践行动立法规了。不过要引出因果性与人的实践活动的关系，还有一些中间环节需要填补，所以康德直到这时一直没有直接说这种关系就是实践的关系，而仍然引而不发。下面几段才把实践法则的权限一步一步推出来，这是非常细致的。

现在，为了找出上述概念应用于本体之上的这一条件，我们只须回顾一下，**为什么我们没有满足于将它应用于经验对象之上**，而是通常也想要把它运用于自在之物本身。而这也就马上表明了，使这种情况对我们成为必然性的不是理论上的意图，而是实践上的意图。

　　这里开始转到另一个视角了,前面都是说,因果性范畴不但可以运用于经验对象,而且在另外一种意义上也可以运用于自在之物,但因为休谟的失误,在否认它能够运用于经验对象的同时也把它运用于自在之物的权利剥夺了。而这里则追问道:后面这种权利从何而来? 也就是,因果性范畴运用于自在之物上的条件是什么? 这就涉及到《纯粹理性批判》中已经讨论过的一个问题,即**"为什么我们没有满足于将它应用于经验对象之上**,而是通常也想要把它运用于自在之物本身"? 《纯粹理性批判》中曾谈到,范畴只能在可能经验范围内作内在的运用,而不可能作先验的运用,但超验运用的原理却不但是可能的,而且是"现实的","它们鼓励我们拆除所有那些界标,而自以为拥有一个在任何地方都不承认有什么边界的全新的基地",当然经过批判我们可以"揭示这些僭越的原理的幻相"(A296=B352—353),但我们为什么总是想把它们运用于自在之物本身,这其实是另有原委的。这在"实体性"的范畴方面就是,"要我们将自我的知识由无结果的夸大其辞的思辨而应用到富有成果的实践的用途上来,这种做法即使所针对的永远也只是经验的对象,但毕竟是从更高处获得它的原则的"(B421);并且,"通过这种做法,对于按照那些与思辨的理性运用结合着的实践的理性运用的原理来设想来世的权限、甚至必要性来说,却没有丝毫损失","这理性同时也就作为自在的实践能力本身、不局限于自然秩序的诸条件,而有权使目的秩序、并借助于它而使我们自己的实存扩展到超出经验和此生的界限之外"(B424—425)。可见对实体性范畴的这种运用只是为了实践的目的。同样,在"原因性"范畴方面也是如此:"这个理性具有原因性,至少我们在它身上设想着一种原因性,这一点从我们在一切实践的事情中作为规则而加在实行的力量之上的那些命令中就看得很清楚。应当表达了某种必然性,……于是这个应当就表达了一种可能的行动,这行动的根据不是别的,只是单纯的概念"(A547=B575)。所以,康德在这里就点明了,"使这种情况对我们成为必然性的不是理论上的意图,而是实践上的意图"。灵魂实体、自由的原因性以及上帝的协同性,这些理念一方面可以作为自然科学的范导性原理而在可能经验的范围内作内在的运用,但另一方面,它们也完全可以而且必须超验地运用于理知世界中,并在实践法则的意义上转变为现实行动中的内在的运用。但这两种"内在运用"的界限绝对要划分清楚,一种是运用于经验知识,另一种是运用于实践行动。

为了思辨,即使我们做得到,我们也不会在自然知识中和一般地在 [55]
那些根本不可能被给予我们的对象方面取得任何真实的成果,而顶多会从感性的有条件者(停留于此并努力遍历这个原因的链条已足够我们去做的了)向超感性的东西跨出一大步,以便完成我们关于根据方面的知识并为之划定边界,然而在那个边界和我们所知道的东西之间仍然永远有一条填不满的无限的鸿沟,而我们所听从的与其说是彻底的求知欲,还不如说是虚荣的疑问癖。

也就是说,对理念的这种"超验的—内在的"运用决不可能是思辨意义上的,不可能是为了获得理论知识。如果是抱着这种意图的话,即使我们勉强这样去做了,也不会在自然知识中和在自在之物里面取得任何真实的成果,因为这种做法在思辨的意义上只是超验的,不可能获得任何经验的内容。"而顶多会从感性的有条件者(停留于此并努力遍历这个原因的链条已足够我们去做的了)向超感性的东西跨出一大步",这就是理的调节性或范导性的运用,它能够使感性的有条件者向着超感性的无条件的条件推进一大步,而不是固步自封。我们充其一生也只能停留在这个范围之内,只能尽可能地遍历这个因果链条,"以便完成我们关于根据方面的知识并为之划定边界",但永远也达不到一切根据的最终的充分根据或充足理由,这个被用来当作充足理由的理念所起的作用,实际上只相当于为这一因果链条划定最终的边界。"然而在那个边界和我们所知道的东西之间仍然永远有一条填不满的无限的鸿沟",理念的这种内在的运用是一个从有限进向无限的永远不会完结的过程。而推动我们从事这种在知识上不断追求扩展的动力是什么呢? "我们所听从的与其说是彻底的求知欲，还不如说是虚荣的疑问癖"。当然是求知欲，科学家们追求对自然的全面深入的认识，形成越来越大的系统，从相对真理不断进向绝对真理，这对科学知识来说是一种完善和进步；但从道德上来看，这种追求的根子不如说是虚荣的疑问癖。这种目标不能说有多么高尚，与这些理念本身应当具备的目的不能相配。或者说，纯粹理性的理念的这种范导性运用只是这些理念的一种次要的、辅助性质的运用，这种好奇心是服务于知性的认识功能的，它在理论知识方面不能唱主角，而只能唱配角，其实并不完全符合它的高贵身份。所以在《纯粹理性批判》中谈到纯粹理性的思辨的运用，只有知性才有自己的法规，而理性却不可能有任何法规。"然而，必定在某个地方存在着属于纯粹理性领地的积极的知识的根源，这些知识也许只是由于误解而引起了种种谬误，但事实上却构成理性努力的目标。因为，除此之外，又该用哪一种原因来说明这种无法抑制的、绝对要在超出经验界限之外的某个地方站稳脚跟的欲望呢？"所以，纯粹理性"或许可以指望在给它剩下的唯一道路上，也就是在实践运用的道路上，会有更好的运气。"（A795—796=823—824）可见，"如果什么地方有纯粹理性的一种正确运用，并在这种情况下也必定有理性的一种**法规**的话，则这种法规将不涉及思辨的运用，而是关系到**理性的实践的运用**"（A797=B825）。这些在《纯粹理性批判》中只是略为提示一下的观点，现在成为了《实践理性批判》中纯粹理性在实践上的正当运用的权限的证明。

　　但除了**知性**与种种对象（在理论知识中）所处的那种关系之外，知性也有一种与欲求能力的关系，这种能力因此而叫作意志，并且就纯粹知性（它在这种情况下叫作理性）通过某个法则的单纯表象就是实践的而言叫作纯粹意志。

　　这一自然段整个都是对康德自己的正面观点的阐述，也就是说明纯粹理性运用于实践中时它具有一种什么样的扩展自身的权利，只有当它这样来扩展自身时,它才开辟了自己运用的主战场,而在思辨的领域中它虽然也有内在的运用,但那只是它的副战场,在那里它除了协助知性对经验知识的完备性的要求之外,不能有任何扩展的运用。那么,纯粹理性在这个主战场中是如何扩展自己的权利的呢?"但除了**知性**与种种对象(在理论知识中)所处的那种关系之外,知性也有一种与欲求能力的关系,这种能力因此而叫作意志",这里"知性"打了着重号,它是一个纽带,即副战场和主战场之间的纽带。知性通过其范畴,一方面与种种对象、包括经验对象和先验对象处于理论知识的关系中,它这方面是与认识能力相关,这是上两个自然段所围绕讨论的问题;"但"除此而外,知性与欲求能力也有一种关系,这种能力由于和知性的这种关系就叫作"意志",或者说,意志就是带有知性的欲求能力,这是与动物的欲望不同的。动物的欲望是不带知性的,因而是完全感性的、本能的,人则可以由自己的知性来规定自己的欲望,因而他的行动是有目的、有计划的,是经过思考和策划的。但还不仅如此,这种意志也分两个层次,一个是普通日常的不纯粹的意志,一个是更高层次的纯粹意志,"就纯粹知性(它在这种情况下叫作理性)通过某个法则的单纯表象就是实践的而言叫作纯粹意志"。这其实也就是一般实践理性和纯粹实践理性的区分,纯粹意志和纯粹实践理性是相等同的概念,它们都意味着"通过某个法则的单纯表象就是实践的",因而如前面所说的,它们单凭自身的法则表象直接就具有实践能力,无须任何经验条件。注意括号里讲,纯粹知性在与欲求能力的这种实践关系中就"叫作理性",为什么这样说?在康德的语汇中,一般说来知性是判断的能力,而理性是推理的能力;知性在认识中是运用范畴对经验对象下判断,但在纯粹知性运用于自在之物的场合下,没有经验对象,因而不再能够下判断了,只能进行从概念到概念的推理,因而推出来的都是幻相;但如果将纯粹知性及其范畴运用于欲求能力的实践活动中,虽然同样没有经验的对象,却能够通过单纯的法则表象来规定意志而发起实践行动,在其中,纯粹知性就起着理性推理的作用。尽管这一法则表象在形式上仍然采取知性判断的形式（甚至如后面所展示的，采取"自由范畴"的形式），也就是以定言命令式呈现的判断形式，但这个定言命令式的内容却是推理的，即"你要这样行动，使你的行为的准则成为一条普遍的法则"。如何使个人的准则成为普遍的法则，这就需要推理能力。所以知性和理性不是对立的，而是在不同层次上包含你中有我、我中有你的复杂关系。①

一个纯粹意志的客观实在性，在先天的道德律中仿佛是通过一个事实（Faktum）而被给予的；因为我们可以这样来称呼一个不可避免的意志规定，哪怕这个规定并不是立足于经验性的原则上的。

这就是在前面序言中一开始就提出来的，纯粹理性现实地就是实践的，这是一个理性的事实。"一个纯粹意志的客观实在性，在先天的道德律中仿佛是通过一个事实（Faktum）而被给予的"，纯粹意志在道德律中"仿佛是"通过一个事实而具有客观实在性，为什么只是"仿佛"？因为这里还没有对"事实（Faktum）"这个概念加以限定，一般来说它通常都被理解为经验的事实。所以这里的意思是，纯粹意志的客观实在性仿佛是如同一个经验的事实那样被直接给予的，但其实它并不是一个经验的事实。前面也说了，它是一个"理性的事实"，不过它像经验的事实一样也具有客观实在性，因为实践行动中的意志自决也有客观实在性。"因为我们可以这样来称呼一个不可避免的意志规定，哪怕这个规定并不是立足于经验性的原则上的"，这就是纯粹意志的客观实在性，即纯粹理性法则可以实在地、甚至"不可避免地"规定意志去行动，而这种意志由于是纯粹意志，所以它是自己规定自己去行动，而不是立足于任何经验性的原则之上。在纯粹实践理性中，这样一个理性的事实既不能证明，也不能演绎，而是一切证明和演绎的前提。但它毕竟可以分析，这就是下面所做的。

---

① 关于这个问题，可参看易晓波：《论康德的知性与理性》，湖南教育出版社 2010 年版。

但在一个意志概念中已经包含了原因性的概念,因而在一个纯粹意志中也包含了一个带有自由的原因性概念,就是说,这种原因性不是按照自然规律所能规定的,因而也不能有任何经验性的直观作为这概念的实在性的证明,但却仍然在先天的纯粹实践法则中完全表明了这概念的客观实在性的理由,当然(很容易看出)这不是为了理性的理论运用,而只是为了它的实践运用。

通常的意志概念本身就是一种原因性概念,一个意志行为必然会有它的后果,而这后果肯定也会追究到这个意志,作为它的原因。所以从意志概念中可以分析出一个原因性的概念,"因而在一个纯粹意志中也包含了一个带有自由的原因性概念",这是顺理成章的。什么是纯粹意志?就是那种不依赖于任何经验条件的意志,因而也是不受任何经验条件所限制的意志,这样的意志当然就是自由意志了,它是一个带有自由的原因性概念。"就是说,这种原因性不是按照自然规律所能规定的,因而也不能有任何经验性的直观作为这概念的实在性的证明",这个在《纯粹理性批判》的第三个二律背反中已经由"反题"所证明了,反题所做的工作就是把自由从一切经验的自然规律中排除出去。而正题则坚持,尽管如此,自由仍然可以在整个经验世界之外作为整个因果链条的首项原因,而成为这个因果链条的充足理由。而这里则是在承认正反双方的各自正确性的前提下,赋予了这种先验自由的可能性以实践意义上的实在性。所以这种自由的原因性虽然是超经验的,"但却仍然在先天的纯粹实践法则中完全表明了这概念的客观实在性的理由,当然(很容易看出)这不是为了理性的理论运用,而只是为了它的实践运用"。自由的理念在先天的纯粹实践法则中表明了它的客观实在性,如前面所说的,道德法则是自由的"认识理由",这种"认识"当然不是理论上的认识,而是实践性的认识,就是通过遵守道德命令而行动的意志,我们意识到自己的行动实际上是自由的,是由我们的自由意志决定的。这也就是道德法则凭借其客观实在性对自由的演绎,我们由此"认识"到自由是我们的道德命令的"存在理由"，正是基于它才使道德律成为客观实在的行动法则。当然，自由是如何做到这一点的，这是我们不可能认识到的，我们甚至可以设想，假如真的能够认识到自由是如何决定了道德律的实施的，这倒会成为人们所批评康德的"循环论证"了。但正由于康德对原因性在现象界的理论的运用和在本体中的实践的运用区分得很严格，这里的"认识理由"只是行动中的自觉性，它和"存在理由"之间并不构成循环论证。

于是一个拥有自由意志的存在者的概念就是一个 causa nounmenon 的概念；至于这个概念的不自相矛盾，人们已经通过下述这点而得到了保证，即一个原因作为完全来自于纯粹知性的概念，同时也按照其客观实在性在一般对象上通过演绎而得到保证，此外按照其起源又必须要独立于一切感性条件、因而本身不局限于现相上（除非它是一个必须被规定在理论上对此加以运用的概念），当然就能够被应用于作为纯粹知性存在物的事物之上。

"于是一个拥有自由意志的存在者的概念就是一个 causa nounmenon 的概念"，该拉丁文的意思是"本体因"。原因的概念本来是一个知性范畴，而知性范畴本来是要运用于经验对象上以形成经验知识的；而现在，既然前面已经说到，在一个纯粹意志中就包含了一个带有自由的原因性概念，那么这个自由因当然就是一个本体因的概念，而不再是经验现象中的原因概念了。"至于这个概念的不自相矛盾，人们已经通过下述这点而得到了保证"，就是说，按道理这个本体因的概念是会自相矛盾的，因为原因概念作为知性范畴是为了在可能经验中作内在的运用，而决不能作先验的运用的，而且即使不由自主地要作超验的运用，那也是得不到预期的结果的，只能导致幻相；而现在居然能够（凭借自由意志的实践法则而）成为一个"本体因"并具有了客观实在性，这对于因果性这个知性范畴来说岂不是自相矛盾？但经过如下的解释，这一矛盾便化解了。"即一个原因作为完全来自于纯粹知性的概念，同时也按照其客观实在性在一般对象上通过演绎而得到保证",这里是按照哈滕斯泰因的校正并经过再斟酌而改译的。①就是说,这个原因性概念本来就是来自纯粹知性的范畴,它同时按照其客观实在性而在"一般对象"上得到保证,即一方面在经验对象上通过先验演绎而得到保证,成为一切经验知识得以可能的先天条件,另方面在先验对象上通过道德律对自由的演绎而得到保证,成为了道德律的"存在理由"或"本体因"。同一个原因的概念同时在理论和实践两方面并行不悖,都得到了保证,两者井水不犯河水,不存在什么自相矛盾。"此外按照其起源又必须要独立于一切感性条件、因而本身不局限于现相上(除非它是一个必须被规定在理论上对此加以运用的概念)",或者说,原因概念来自于先天知性范畴,它本身并不限定要被捆在经验对象或现相上,而完全可以在自由意志这里开辟第三种用法,它既不同于直观中的经验性运用,又不同于在理论意义上的超验运用(或作为范导性原理的内在运用),而是在本体上的实践的运用,这与前两种运用并不相冲突。当然这种实践的运用与前两种理论的运用都完全不同,它是严格按照纯粹知性的起源而摆脱了一切感性条件的限制的,虽然它同时还保留着在理论上范导性地运用于现相界的权利,但与现在这种实践的运用并不产生矛盾。所以,这个原因概念"当然就能够被应用于作为纯粹知性存在物的事物之上",也就是经过这样的限定,这种原因性概念被应用于自在之物或本体之上是完全没有矛盾的。"现相",Phänomene,是一个与德文中的 Erscheinung(我译作"现象")同义的希腊词,但在康德那里两者又有细微的差别,前者特指已经受到先天范畴的规范而定型了的现象,相当于说"现象界",而后者则是指尚未得到定型的经验性的东西。汉语中的"相"正是指定型了的象,例如我们说"照

---

① 经 Hartenstein 修改过的原文为: "dafür ist man schon dadurch gesichert, daß der Be-griff einer Ursache als gänzlich vom reinen Verstand entsprungen, zugleich auch seiner objektiven Realität nach in Ansehung der Gegenstände überhaupt durch die Deduktion gesichert,……",其实他只添加了一个 nach,意思就完全不同了。

相"而不说"照象"。所以我把这两个词分别译作"现相"和"现象",以示区别。

　　但由于<u>这种应用不可能得到永远只能是感性的任何直观的支持,所以 causa nounmenon 在理性的理论运用上虽然是一个可能的、可思维的概念,但却是一个空洞的概念。</u>

[56]

　　本体因, causa nounmenon, 也就是自由理念,正因为不能得到感性直观的支持,所以它在理性的理论运用上,也就是在范导性地用作世界整体因果链条的首项时,本身只是一个可思维的概念,一个空洞的可能性的假定。当然,假如我们能够具有知性直观,我们就可以赋予这个概念以理论知识的具体内容,可惜我们没有,而永远只能有感性的直观,所以我们可以大胆地说,它不可能得到"任何直观"的支持。这都是前面说过的道理,在这里通过"本体因"而再次加以强调。

　　<u>但现在,我也不要求借此来对一个存在者**就其**拥有某种**纯粹**意志**而言的性状作理论上的认识**;我只满足于借此而把这个存在者描述为一个这样的存在者,因而仅仅把原因性概念与自由概念(以及与之不可分割地,与作为自由的规定根据的道德法则)结合起来;</u>

　　就是说,虽然本体因的概念在理论知识的意义上完全是空洞的,没有具体内容的,但是我在这里也并不要求借这个概念"对一个存在者**就其拥有某种纯粹**意志**而言的性状作理论上的认识**","就其……纯粹……而言……作理论上的认识"打了着重号。意思是,自由意志概念如果是不纯粹的,例如考虑到感性经验中的利害而作出的决定,那倒是可以作理论上的认识的,因为实用的或技术上的实践本身就是一门学问,可以用来认识一个存在者的性状;但这里并不要求作这种认识,因为我在这里运用的是"纯粹"意志的概念,它不是用来认识的,本身也不可能被认识。"我只满足于借此而把这个存在者描述为一个这样的存在者,因而仅仅把原因性概念与自由概念(以及与之不可分割地,与作为自由的规定根据的道德法则)结合起来",我在这里的意图只是这样来描述一个存

在者,也就是在这个存在者身上,原因性概念表明了一个自由概念,也就是表明了道德法则的概念,因为自由意志的规定根据只能是道德律,这是不可分割的。

由于原因概念的这种纯粹而非经验性的起源,我当然应该得到这种权利,因为我对这概念除了与规定其实在性的道德法则相联系、即只是作一种实践的运用外,并不保有作任何别的运用的权利。

这里最后点题了,就是纯粹实践理性在本体中的扩展运用的权利(Befugniß)问题。为什么会有这种权利? 是因为"原因概念的这种纯粹而非经验性的起源",原因概念本来就只是针对一般对象而建立起来的先天概念,但并没有限定这对象一定是经验对象,它也可以是先验对象、自在之物,所以"我当然应该得到这种权利"。我把原因概念运用于自在之物固然在认识上一无所获,甚至会产生幻相,但如果只是在实践的意义上运用,这倒是有其客观实在性的,"因为我对这概念除了与规定其实在性的道德法则相联系、即只是作一种实践的运用外,并不保有作任何别的运用的权利"。只要我限定了这种运用只限于实践运用,我就有权作这种运用,这也正是 Befugniß 这一概念所具有的"权限"的意思,即这种权利是有限的,不能任意扩展。但原因概念既然是先天的知性概念,它就既有权用于经验对象(认识),也有权用于超经验的对象(实践),只要不把这两者搞混了就行。

假如我和**休谟**一样,不仅就自在事物本身(超感官的东西)而言,而且也在感官对象方面,剥夺了因果性概念在理论运用中的客观实在性,那么这个概念就会丧失掉一切意义,并被作为一个理论上不可能的概念而宣布为完全无用的,而且由于对子虚乌有的东西也不可能作任何运用,则对一个**理论上无意义的**概念作实践的运用也将完全是无稽之谈。

这里回过头来又提到休谟,就是说,如果不批判休谟在认识论上的错误,则因果性概念在实践领域中运用的权限也将被取消了。休谟就是

"不仅就自在事物本身（超感官的东西）而言，而且也在感官对象方面，剥夺了因果性概念在理论运用中的客观实在性"，也就是不仅剥夺了因果性概念作为本体因（先验自由理念）而对整个因果链条的范导作用，而且也剥夺了它对经验知识的构成性作用，这两方面本来都具有理论运用中的客观实在性，或者说，都由范畴的先验的观念性而建立起了经验性的实在性，但都被休谟一笔抹杀了。"那么这个概念就会丧失掉一切意义，并被作为一个理论上不可能的概念而宣布为完全无用的"，这就是对因果性概念的完全取消。当然，说丧失掉一切意义是就理论上的认识意义而言的，休谟为因果性保留的唯一的意义就是主观联想的习惯这种心理学上的意义，但这种意义对于认识论是没有意义的。"而且由于对子虚乌有的东西也不可能作任何运用，则对一个**理论上无意义的**概念作实践的运用也将完全是无稽之谈"，也就是在认识论上把它变成了一个主观想象出来的东西，它就不再是一个可以运用的概念。一个在理论上都不可能运用的东西，遑论在实践上对它加以运用。可见休谟所摧毁的决不仅仅是认识论上的因果概念，也包括对这因果概念在任何意义上、尤其是在实践意义上的运用的权限。反过来也可以看出，康德虽然强调实践理性高于理论理性，但他的根子仍然是扎在理论理性中的，他是把理论理性提出的概念扩展运用于实践中，所继承的还是自苏格拉底以来的"美德即知识"的理性主义传统。

但现在，一个经验性上无条件的原因性的概念在理论上虽然是空洞的（没有适合于它的直观），却仍然还是可能的，并且是与某个不确定的客体有关的，但代替这客体被提供给这概念的却是在道德法则上、因而在实践的关系中的意义，所以我虽然并没有任何规定这概念之客观理论实在性的直观，但这概念依然有可以在诸意向和准则中 in concreto [具体地] 表现出来的现实应用，也就是有能够被指明的实践的实在性；而这对于这概念甚至在本体方面的合法权利来说也就足够了。

"但现在"，也就是我在这里和休谟不同，"一个经验性上无条件的原因性的概念在理论上虽然是空洞的（没有适合于它的直观），却仍然还是可能的"。我并不像休谟一样，因为一个经验上无条件的原因性概念、也就是一个自由的终极原因的概念没有直观的内容就根本否定它，而是认为它仍然是可能的，有必要假定自由原因的理念。"并且是与某个不确定的客体有关的"，这个自由的原因性概念正如一切原因性概念一样，本身是针对一般对象的，而且是与某个不确定的对象、即某个先验的对象＝X 相关的。一般原因性概念为自由的原因性概念提供了根本的保障，使它有运用于某个不确定的客体身上的权利，"但代替这客体被提供给这概念的却是在道德法则上、因而在实践的关系中的意义"。你具有这样一种权利，但如何使用这种权利？唯有一种方式，即不是用在具体某个客体身上，而是用在道德法则上，使这种运用成为一种道德实践活动。"所以我虽然并没有任何规定这概念之客观理论实在性的直观，但这概念依然有可以在诸意向和准则中 in concreto ［具体地］表现出来的现实应用，也就是有能够被指明的实践的实在性"，就是说，虽然我并没有把自由的原因性概念用在某个具体的客体身上，从而在理论上获得某种直观中的实在性，但这概念还是可以在实践的意向和准则中表现出它的具体的现实运用来，因而在这方面它具有能够被指明的客观实在性，即实践的实在性。这还是上面讲过的道理：自由的理念在实践中获得了它在理论上不可能获得的客观实在性。"而这对于这概念甚至在本体方面的合法权利来说也就足够了"，这是在作总结了。原因性概念在本体方面的合法权利，也就是被当作自由意志来运用的合法权利，它并不要求在理论知识上具有直观内容的证明，而只要求有权运用在实践的意向和准则中，从而在这种意义上要求有客观实在性，这就足够了。下面一段则是立足于这一根本权利而继续扩大战果，即凭借自由意志的概念而建立起一个纯粹实践理性的范畴体系，从而向第二章"纯粹实践理性的对象的概念"过渡。我们来看看他怎么过渡。

　　但是，一个纯粹知性概念在超感官的东西的领域中的这种客观实在性一旦被引进，从此就给一切其他范畴提供出也是客观的、只不过是单纯实践应用上的实在性，虽然永远只是就这些范畴与纯粹意志的规定根据（与道德法则）处于**必然的**结合之中而言，然而，这种实在性对于这些对象的理论知识，即对于凭借纯粹理性对这些对象的本性加以洞见以扩展这些知识，却没有丝毫影响。

　　上面说了，原因性概念作为一个自由的本体因概念虽然在实践的运用方面有自己不可剥夺的权限。"但是，一个纯粹知性概念在超感官的东西的领域中的这种客观实在性一旦被引进，从此就给一切其他范畴提供出也是客观的、只不过是单纯实践应用上的实在性"，自由的原因性范畴一旦作为客观实在的东西被引入到超感官的领域中来，它就带给了其他一切范畴在这个实践领域中的同样的客观实在性，从而能够在这个领域中建立起一整套按照知性范畴表而安排好各自位置的自由范畴表。因果性范畴本来只是十二范畴表中的一项，但对于实践领域而言，它是最根本的一项，即作为其他一切范畴在实践意义上的客观实在性的保证。因此它就能够将这些知性范畴建立为一整套自由范畴。"虽然永远只是就这些范畴与纯粹意志的规定根据（与道德法则）处于**必然的**结合之中而言"，"必然的"打了着重号，也就是说，这些范畴既然都成了自由范畴，当然就和道德法则处于必然的结合中了，即这种结合是按照一种与道德法则相关的必然的等级秩序来安排的。"然而，这种实在性对于这些对象的理论知识，即对于凭借纯粹理性对这些对象的本性加以洞见以扩展这些知识，却没有丝毫影响"，这里再次强调，这些范畴的实在性只限于实践的实在性，而与它们针对一般对象的本性（Natur）的知识没有关系，丝毫不能带来对本体的扩展性的知识。我们在后面（《实践理性批判》第92页以下）将会看到，这些范畴在经验对象上为了理论认识而建立的秩序，在道德实践的领域中虽然没有任何扩展理论知识的意义，但却可以作为自由意志的实践行动的一套"判断力的模型"，用来对实践行动所造成的"善"的层次或等级加以合理的划分。这就是第 90 页以下的"就善与恶的概念而言的自由范畴表"的来由。

正如我们在后面也将发现的那样,这些范畴永远只与作为**理智**的存在者相关,并且在这些存在者身上也只与**理性**对**意志**的关系、因而只与 [57]
实践相关,而并不自以为超出这点对这些存在者有任何更进一步的知识;

这就是对后面自由范畴表的限定了。这些自由范畴有两个限定,一个是"永远只与作为**理智**（Intelligenzen）的存在者相关",而不是与作为感性的存在者相关,也就是只与有理性的人（或者还有上帝）相关而不与感性事物相关。另一个是,"并且在这些存在者身上也只与**理性**对**意志**的关系、因而只与**实践**相关",也就是只是一些实践理性的范畴,只涉及理性与意志的关系,而与人的认识毫无关系。"而并不自以为超出这点对这些存在者有任何更进一步的知识",不单与人的认识能力毫无关系,而且与对人自身的认识也毫无关系。当然你可以说,理性对意志的关系也算一种知识,一种实践的知识,康德有时也这样说,但超出这点,或者除此之外,这些自由范畴对这些存在者并没有任何"更进一步的"知识。

但是,不论属于这样一些超感官之物的理论表象方式而还想被拉入和这些范畴的结合中来的另外还有些什么属性,它们这样一来就全都不被视为知识,而只被视为对这些存在者作假定和作预设的权利（但在实践的意图上则简直就视为这样做的必然性）了,

就是说,不仅仅是这些范畴本身不再被视为知识,而且"不论属于这样一些超感官之物的理论表象方式而还想被拉入和这些范畴的结合中来的另外还有些什么属性,它们这样一来就全都不被视为知识",也就是受这些自由范畴的牵连,会有一些属性作为这些超感官之物的理论表象方式而被拉入进来,以便对这些自由范畴加以表象,这些表象本身是理论性质的;但不论这些表象是什么性质的、具有什么样的属性,它们在这样一种关系中全部都将不被视为知识。"而只被视为对这些存在者作假定和作预设的权利（但在实践的意图上则简直就视为这样做的必然性）

了"，也就是对理智存在者作假定和作预设的权利。我们有权假定一个人是自由的，正如我们在《纯粹理性批判》的第三个二律背反中有权假定一个自由的理念能够"自行开始一个因果系列"一样，这种"权利（Befug-niß）"前面已经证明了，它来源于知性范畴本身就是对"一般对象"（包括先验对象）的先验规定。而一旦证明了这种权利（它既可用于认识，也可用于实践），又限定了它在实践意图上的运用，则用这些表象对理性存在者作假定和作预设就是必然的了，也就是我们在实践中必然要把一个人假定和预设为自由的，不论他提出多少外界影响对他的行为作解释，也要让他为自己的行为负责。所有那些看起来可以作出自然科学或心理学的解释的表象，在这种实践的关系中都必须用他的自由意志来解释，都成了他的超感官本体的一种不具理论意义的理论表象方式。

<u>甚至当我们根据某种类比、即根据我们在感性存在者方面从实践上所使用的那种纯粹理性关系来假定那些超感官的存在者（如上帝）时，也是如此，这样，通过应用于超感官之物、但只是在实践的意图上这样做，就丝毫也不会助长纯粹理论理性沉溺于夸大其辞的空谈。</u>

就是说，既然我们在人身上已经将感性存在者的各种表象（如心理学表象）放到了实践关系中，并这样使它们与纯粹理性相关，以这种关系来假定人的超感官的自由意志，那么我们也可以"根据某种类比"而同样来"假定那些超感官的存在者（如上帝）"。简言之，我们可以通过对人的感性表象所使用的范畴如因果关系来假定人的自由意志，我们同样也可以通过对整个宇宙的感性表象所使用的范畴如协同性关系来假定一个超感官的上帝的自由意志，把它看作整个宇宙因果链条的"充足理由"。我们完全有权这样做，只要我们守住一个界限，这就是"通过应用于超感官之物、但只是在实践的意图上这样做，就丝毫也不会助长纯粹理论理性沉溺于夸大其辞的空谈"。就是说，只要我们限于实践的意图而把自由意志的概念运用于超感官之物，而不是越界到理论的领域去扩展我们有关超感官之物的知识，我们就不会陷入理性的幻相而不能自拔。这一句

实际上已经给后面基于道德关系提出上帝悬设以及建立道德神学的思想埋下了一个伏笔。

*　　　　　*　　　　　*

这个课上个学期停了一学期，去年的上半学期，把康德《实践理性批判》第一卷的第一章"纯粹实践理性的诸原理"讲完了。它的这个结构有一点类似于《纯粹理性批判》的结构，即先验分析论，然后是先验辩证论；而这里是："纯粹实践理性的分析论"，和"纯粹实践理性的辩证论"。我们看《实践理性批判》的这个目录，第一部分"纯粹实践理性的要素论"，要素论第一篇是"纯粹实践理性的分析论"，分析论第一章是"纯粹实践理性的诸原理"，相当于"原理分析"，接下来第二章是"纯粹理性对象的概念"，相当于"概念分析"，第三章是"纯粹实践理性的动机"，相当于"感性论"，这些都是和《纯粹理性批判》中相对应的，只是次序相反。这三章很有意思，按照康德的解释，有点类似于《纯粹理性批判》里的先验感性论、先验逻辑里面的概念论和原理论；但是在《纯粹理性批判》里他讲的是认识论，所以先从感性开始，然后提出范畴表，就是概念论，从概念论里再引出原理。因为我们在认识自然界的时候，是从感性所提供的材料出发，然后通过概念把这些材料进行综合，最后找出原理，也就是自然规律，这就建立了起我们的自然科学的知识，这是《纯粹理性批判》的构架。但是《实践理性批判》里面呢，先是这个分析论，在分析论里面呢，它不是从感性到概念再到原理，而是先从原理出发，再到概念，再下降到感性。为什么会这样？因为它们的方向不同，认识是要把握经验对象，先要有感性经验提供出来才能把握，如果面前没有经验的对象那就没有办法把握，那就是空的。所以先要讲感性论，再一层一层地把范畴，原理和自我意识的统觉能力加上去，把这些感性材料统起来，构成知识对象。但是在《实践理性批判》里面呢，它不是要去把握一个对象，它是要发挥意志的能动作用。我们知道实践和认识的方向是不一样的，认识

205

是从对象和经验上升到理性，实践呢，首先是有一个理性的法则，然后意志把它运用于实践活动中，影响感性世界。那么康德这里两大批判的结构的颠倒，恰好显示出认识世界和改造世界的方向是不一样的。所以前面我们讲到《实践理性批判》前几个章节，都体现出能动的实践活动这样一种特殊的结构和运作方式。一开始是它的那些定理，这些定理经过分析，最后引出道德律的基本法则，以及纯粹实践理性的自律，这个是前面第7节和第8节已经总结出来的，纯粹实践理性最高原则就是道德自律的原理：你要使你行为的准则成为一条普遍的法则，这就是道德律，它是一个不可否认的理性事实，也是后面一切论证的出发点。那么这个道德律后面有一个演绎，它这个演绎和纯粹理性批判里面的演绎也不一样。《纯粹理性批判》里的先验演绎，它主要是要研究我们这些先天的范畴凭什么能够运用于我们经验的对象之上，它的这个权利是从哪来的。康德认为如果没有这些先验的范畴，这些经验的材料就是过眼烟云，形不成经验对象，凡是形成经验对象的，都要以先验的范畴为前提，才得以可能。这是他的演绎所说明的道理。我们上学期讲的《实践理性批判》里的演绎，它的任务却不一样，它也叫演绎，但它不是说我们这些道德原则凭什么可以产生经验的后果。如果从这个角度来考虑，那就不是实践理性的最高原则的演绎了，那就是一种技术，即证明如何在这个社会上取得你预期的效果。而纯粹实践理性的演绎它不是讲这个，它是讲你的道德律作为你的纯粹的实践法则，作为一种不管后果的道德法则它何以可能。但这个何以可能在理论理性中没有答案，它本身是一个纯粹理性的事实，具有实践的客观实在性和第一性；然而正是凭借这种第一性的客观实在性，道德法则演绎出了彼岸的自由意志的客观实在性，认识到了自由是道德律自身的存在理由。或者说，道德法则何以可能不能从理论上加以回答，但可以从实践上获得自在之物中的根据，这就是它的演绎。所以，纯粹实践理性的演绎的目的和认识论里面的演绎不一样，它不是证明经验世界、经验知识何以可能，而是证明道德法则运用于实践行为中，这一事实何以可能。那么这个演绎的结果最后追溯到自由意志，就是人的自由使得道德律能够不依赖于任何经验而运用于人的行动之中。道德律能够运用于人的实践活动，其根据就在于人的自由。他不是说人的实践活动没有道德律就不可能发生，那不是的，人的实践活动没有道德律也能发生，他可以做不道德的事情，同样也是实践活动，他可以根本不考虑道德律，为了自己的物质利益，自私自利，都可以的，所以道德律并不构成他一切行动之所以可能的前提。但是道德律是能够运用于行动中的，要证明这一点，康德归结到因为人有自由。至于为什么会有自由，这个就不能再追溯上去了，每个人都从道德律这个事实里面已经意识到了自由意志，这是一个事实，一种基本能力。每个人心中都有一个道德律的事实，他本来是可以按照道德律做的，他有这种能力，那么，这个"本来可以"就说明人是有自由的。人可以选择嘛，你可以这样做，也可以不这样做，这就已经承认了人的自由，不然你怎么可以说我本来可以不这样呢？所以，前面这个纯粹实践理性的演绎，它是要说明这个道理，它也属于分析论的原理，道德原理，道德法则在先。今天我们要讲的是在这个道德法则确定下来以后，再根据这个道德法则确定它的对象的概念，进入到概念论。这个就是第二章，纯粹实践理性的对象的概念。

第二章　纯粹实践理性的对象的概念

　　前面第一章是"纯粹实践理性的原理"，这里第二章是"纯粹实践理性的对象的概念"，实际上是相当于纯粹实践理性的范畴论。《纯粹理性批判》里面有范畴表、范畴论，那么这一章也相当于范畴表、范畴论。范畴表以及对范畴表的解释，构成了纯粹实践理性的对象的概念。为什么范畴就是对象概念呢？因为前面我们已经讲到了，康德的"范畴"的概念是从形式逻辑的判断表里引出来的。形式逻辑的 12 种判断形式，对应着康德的先验逻辑的 12 个范畴，它们是一一对应着的。但是它们的区别就在于，形式逻辑的判断是不考虑对象的。形式逻辑的判断分类，全称判断，单称判断，等等，所有这些各种各样的判断，它们都不考虑对象，它们只考虑概念与概念之间的逻辑关系，概念之间不自相矛盾，只考虑概念和概念相符合，而不考虑概念和对象相符合的问题。那么，先验逻辑里面的范畴就不一样了，范畴是要考虑对象问题的，考虑你这个概念是否和对象相符合，而不仅仅是和另外一个概念相符合。当你把形式逻辑里面的各类判断从针对对象这样一个意义上来理解的话，那就成了范畴。范畴就是纯粹知性概念，这些纯粹知性概念是针对经验对象的，这个是在《纯粹理性批判》里面已经说明了的。先验逻辑和形式逻辑的区别也就在这里，形式逻辑是不管对象的，它只讲我这样说有没有什么逻辑错误，我符合不矛盾律、同一律就够了，我逻辑上就没错，但是有没有这回事，它不管。我们说，金山是金的，这个逻辑上没错，但有没有金山，形式逻辑它不管。三段论推理，形式逻辑是不管大前提的，大前提是什么，它是给定的，你给了我一个大前提，那我就可以推，你再给我个小前提，我就可以得出一个结论。至于大前提和小前提，对不对，从哪来，它不管这个。而先验逻辑就要管，先验逻辑是为自然界立法。形式逻辑本身还没有涉及对象，而为自然界立法就涉及自然界的对象了。所以，范畴这个概念它是跟对象有关的。当然这个第二章的标题，"纯粹实践理性的对象的概念"，还没有讲到范畴，但它实际上就是范畴，纯粹实践理性的范畴。也就是说它涉及了对象，它是抽象概念，但是它是针对着某个对象的。所以，它的这个概念论相当于《纯粹理性批判》里的范畴论，但是它们的这个方向显然是不同的。《纯粹理性批判》里的范畴不是从原理推出来的，相反，是范畴从本身推出原理。范畴立起来了，再从范畴里面引出我们的认识的原理。人为自然界立法，立了哪些法，光是一个范畴表，仅仅是一些概念还不够，还没有形成判断。要形成判断，那就要诉之于原理论，你那些人为自然界立法的法规，都是以命题的方式、以判断的方式，通过时间图型与对象结合，而形成起来的。那这些判断、这些命题呢，要从范畴里面引出来，先验逻辑的判断是从先验逻辑的范畴里面引申出来的，每个范畴引申出一条判断，一条法规。比如，这个因果性范畴，我们从中引申出"一切发生的事情都有原因"，这就是从范畴里面引申出的一条因果律的原理。但是在《实践理性批判》里，它是倒过来的，它是先有原理，然后再从这个原理里面引出它的范畴，这两种程序是颠倒的。那么纯粹实践理性对象的概念，我们从这个角度来理解就是纯粹实践理性的范畴表，而后面的第三章就是"纯粹实践理性的动机"，那就是相当于《纯粹理性批判》里面的感性论部分了。所谓动机就是说，是什么东西在实际过程中推动你的实践活动，你的实践活动要有一个感性的推动力，如果没有感性，如何能推动你去实践呢？实践活动肯定是和感性世界、经验世界发生关系的，它在行动中肯定也在经验里面，比如在我们的心理活动中，在我们的主体行动中，有一种经验性的推动力，这就是道德情感。所以他的动机论也就相当于《纯粹理性批判》里的感性论了。可见他这个三章是很完备的，但是和《纯粹理性批判》里面的程序相比呢，是完全倒过来的，它是从原理到概念到感性，《纯粹理性批判》里呢，则是从感性论到概念论到原理论。原因就在于实践跟理论不同，理论是从下至上的，是从感性经验上升到理性的把握，而实践是倒过来的，先从理性的法则出发，通过实践行动把它实现在经验世界中。实践活动肯定是带有经验的，但是并不完全被动地接受经验的条件和材料，而是理性法规从上至下地把自己实现在经验世界中。这是两个完全不同的程序。那么我们今天要讲的，就是纯粹实践理性的对象的概念。我们一句一句地来解释，大家注意，一边听一边开动脑筋。特别是他的语法结构。康德的语法结构非常复杂，你稍微不留神，就容易被他搞糊涂。

　　我所说的实践理性的对象概念，是指作为自由所导致的可能结果的一个客体的表象。

　　他的这句话是解题啦。要搞清什么是"纯粹"实践理性的对象概念，先要搞清，什么叫"实践理性的对象概念"？这概念"是指作为自由所导致的可能结果的一个客体的表象"。简言之，我所说的对象概念就是一个客体的表象，对象就是客体，这大家都知道。一个什么客体的表象呢？"作为自由所导致的可能结果的"客体的表象。一般实践理性的对象概念都是指自由所导致的可能结果，这个对象不是理论理性所讲的经验对象，而是指由自由所导致的可能的结果。自由那就体现为意志的实践活动了，实践理性和理论理性不一样，它里面肯定有自由，那么我们这里讲的对象的概念呢，就是指自由所导致的可能结果。当然它可能导致结果，也可能不导致结果，或者导致别的结果，劳而无功，那都是可能的，在实践中有失败的可能。所以他这里讲，是自由导致的"可能"结果，不管它是成功还是失败，它都是可能的，这就可以作为实践理性的对象概念。但这种实践理性的对象概念和标题里讲的"纯粹"实践理性的对象的概念还不完全一样，他这里是讲的一般的实践理性的对象概念，不特指纯粹实践理性的对象的概念，这点要注意。他开始是一般而言的，我先不讲纯粹实践理性的对象的概念，我先把实践理性的对象概念讲清楚，从一般到特殊。他第一句话就讲的是，一般实践理性的对象概念，总而言之，就是自由所导致的可能结果。它是这样一个客体的表象，这样一个客体的表象并不是现成地摆在那里的，而是由自由所产生的，是由人的能动性所导致的这样一个可能的结果。

因而，作为这样一种可能结果而存在的实践知识的对象，只是意味着意志与这对象或者它的对立面将由以被现实地造成的那个行动的关系，

我们先看这半句，呵呵，句子很长的，要有耐心，要仔细，这是两个必要的条件，否则的话，你看不懂。"因而"，就是根据刚才那个定义，"作为这样一种可能结果而存在的实践知识的对象"，就是这样一个客体的表象，当它由自由意志造成的时候，从客观效果或结果上看是作为实践知识的对象而存在的。这里用了"实践知识"（die praktische Erkenntniß）这一说法，如何理解？前面说了，实践本身并不是理论，因此也不是一种知识，而是行动；但如果从行动的结果来看实践，那就也可以形成一种知识，这种知识是实用性的实践和技术性的实践所造成的实践知识。所以康德在《判断力批判》中说，这种不纯粹的实践理性并不属于实践哲学，而是属于理论哲学。[①] 一个实践行动效果如何？是否成功？用什么手段达到最佳效果？怎样获得幸福？等等，这都是一种实用技术的知识要关心的。而这样一个对象概念，"只是意味着意志与这对象或者它的对立面将由以被现实地造成的那个行动的关系"，就是说，只意味着意志与那个现实行动的关系，这个行动将造成这个对象，那就叫成功；但也有可能造成这对象的对立面，即适得其反，那就是失败。所以作为这样一种实践的对象，不是与那个行动的结果直接相关，而是与意志和造成这一结果的行动的关系相关，与达到这一结果的手段相关。那个行动当然包含有可能的结果，但是这个结果的意义只在于，意志和那个行动发生了关

---

① 康德：《判断力批判》，邓晓芒译，杨祖陶校，人民出版社 2003 年版，第 7 页。

系，那个行动就是导致这一结果的手段。这个行动如果达到了意志的目的，就是成功的行动，否则就是失败的行动，但不论成功还是失败，实践知识的对象都意味着这个导致成功或者失败的行动与意志的关系，目的和手段的关系，这就是这个对象的含义。这个含义仅仅从行动所造成的结果或后果身上是看不出来的，还要看它与实践的意志是一种什么关系，是符合还是违背意志。一栋房子垮掉了，有可能是年久失修，但也有可能是为了建高速路而拆除了，不能单凭这栋房子的状况来看它的意义，而要联系主体的意图。所以实践知识的对象并不是一个孤立的客观对象，而是实践意志和那个行动的关系。

　　而评判某物是不是一个**纯粹的**实践理性的对象，则只是在辨别是否有可能**愿意**有那样一个行动，凭借这种行动，将使得某个客体当我们有这种能力（对此必须由经验来判断）时就会成为现实的。

　　"而评判某物是不是一个**纯粹的**实践理性的对象"，注意"纯粹的"打了着重号，也就是说，前面是讲的一般实践理性的对象概念，我刚才提醒大家注意，实践理性前面去掉了"纯粹的"修饰语，所讲的就是一般的实践理性对象的概念，包括实用的、技术性的实践理性的对象概念，那是可以构成一种实践技术的"知识"的，这就是实用的知识，关于实践成败的知识。他是先把一般实践理性对象的概念定下来，然后再来讲我们如何评判某物是不是一个"纯粹的"实践理性的对象，这个时候把"纯粹"加上去了，这就是这一章的完整的标题了。那么，纯粹的实践理性的对象又是什么呢？"只是在辨别是否有可能**愿意**有那样一个行动，凭借这种行动，将使得某个客体当我们有这种能力（对此必须由经验来判断）时就会成为现实的"，这里"愿意"打了着重号。就是说，纯粹实践理性的对象所关心的虽然也是意志和行动的关系，但并不是意志和行动的成败的关系，而只是我们是否会有可能愿意那样一个行动，也就是我们的意志本身可能对什么样的行动作出决定的问题。这时这个行动就不能被看作仅仅是达到某个现实目的的手段了。当然这个行动的效果必须"由经验来判断"，它取决于我们的能力，我们在行动中有没有能力把这个对象实现出来，那是经验的事情，根据你个人的体质、聪明和机灵的程度、力量，当然还有环境、形势；但是纯粹实践理性不管这些，它只关心自己是否愿意有这样一个行动。所以后面"凭借这种行动……成为现实的"一语用的是虚似式，而"愿意"则打了着重号。我们有没有这样一种能力，我们现在还不知道，所以它用虚拟式；但我现在关心的只是这种行动本身是不是我有可能"愿意"的。就是说我们评判某物是不是纯粹实践理性的对象，那就是在辨别我们是否有可能愿意有那样一个行动。它落脚在这种愿意或者说意志的可能性，只看哪些行动是我可能愿意的，哪些可能是不愿意的。而评判的标准不再是行动的后果，而是纯粹实践理性本身，由它来决定意志是否去行动。之所以叫纯粹实践理性的对象，它的意思就在这里，它只凭纯粹理性来考虑行动意志的可能性而不考虑行动的后果。但是一般实践理性对象中，实用理性考虑的是意志和行动后果的关系，甚至这个意志和行动是否发生关系要由这个后果来决定，因为行动不过是达到这一后果的手段。比如说我们要达到一个现实的目的，或者说我们要做一件不怎么道德的事情，但它的后果太诱人了，这种后果促使我采取一种意志的行动。当然它还是意志与行动的关系，这一点和纯粹实践理性的对象是一致的，但这种关系是由行动的后果决定的。所以这里有两个层次，一个是一般的实践理性对象的概念，一个是纯粹的实践理性对象的概念。纯粹的实践理性对象的概念，它的后果是虚拟式的，实际上它是不加考虑的，它考虑的对象就是我的意愿和行动之间的关系。一般的实践理性当然也考虑意志和行动的关系，但是这个意志有可能是为了达到某个感性的目的才采取这样一个行动，它并不是纯粹意志。这里已经有一种区别了，但是这个区别还不是很明显，因为一般的实践理性的对象里也包含纯粹的实践理性对象，那么一般的实践理性的对象里面除开纯粹的实践理性对象以外，那些部分是一种什么样的情况呢？下面就要加以介绍了。

　　如果这个客体被假定为我们欲求能力的规定根据，那么通过我们诸能力的自由运用而使**它在身体上成为可能**就必须先行于对它是不是一个实践理性对象的评判。

　　在一般的实践理性里面，除开纯粹的实践理性以外，其他的就是这样一种实践理性，它着眼于行动所造成的客体。这时，"这个客体被假定为我们欲求能力的规定根据"，这个客体是我们的行动现实地造成的，但是我在行动中所假定要造成的这个客体，已经被预设为我们欲求能力的规定根据了，欲求能力也就是我们的意志啦。这就是我们刚才讲的，不是纯粹实践理性的情况而是实用的实践理性的情况。我为了达到一个目的，一个可能的结果，现在还没有出现，但是我已经想到它，并且想把它造就出来，那么这样一个目的，这样一个客体，就成为了我欲求能力的规定根据。意志和行动的关系在这种情况下就是，我为什么要起这个意，为什么有这个自由意志采取这个行动，是为了达到这个目的，是为了这个结果，这个行动就仅仅成了为达到目的所采取的手段。所以这个行动是受那个目的所规定的，受他认为可能的结果所规定的。当然我也可能达不到目的，偷鸡不成反蚀一把米，这种情况也有。我失败了，但是最初我要采取这个行动，我是假定它可以成功的。在这种情况下，"通过我们诸能力的自由运用而使**它在身体上成为可能**就必须先行于对它是不是一个实践理性对象的评判"，一个对象是不是实践理性的对象，就取决于通过我们诸能力的自由运用而是否能够使它在身体上成为可能，通过我们的各种能力，包括认识能力、想象力、体力、机智、灵活等等，而足以使该对象实现出来。这个时候，我们才能把这个对象看作实践理性的对象，否则的话，如果我们估量自己没有这个能力，不具有可行性，就不要想去做。这就是技术上的实践理性，在身体上成为可能以前，不要把这个对象看作实践理性的对象，当然这个"身体上"是广义的，泛指一切物质条件。所以，他这里有一个因果关系，物质条件必须先行于自由意志，先行于对它是不是一个实践理性对象的评判。我要评判对一个对象是不是一个实践理性的对象，或者说，它值不值得我去追求，也就是我的意志和那个行为是不是会发生关系，取决于我们能否使这个对象在身体上成为可能。这完全是一个经验性的条件，我能不能使一个对象在身体上成为可能，也就是说我能不能通过我的身体活动使这个对象实现出来，这当然是一个经验的话题了，有的人可能，但有的人可能做不到，因为有的人身体弱、力气小，有的人太傻，这个都是经验的一些条件。这里讲的情况是不纯粹的实践理性的情况，就是我们日常的实践理性，我们的实用理性，康德常用的词是"明智"。你做事是否明智，这个就是我们日常讲的经验了。有经验的人就知道，你这样做不能达到目的，你不可能把它做出来，你会失败，这就是不明智。但是，如果要"知其不可而为之"，我知道做不出什么结果而去做，我应该去做，那就是有道德了。有的人明明知道达不到目的，但他觉得自己还是应该去做，那就是纯粹的实践理性的对象了，它是不依赖于后果的。而在这个地方所讲的是一般的实践理性的对象，其中那些日常的、实用的实践理性对象，那不是纯粹的，因为它取决于它的经验后果，取决于它的客体能否实现。纯粹的实践理性对象则是不取决于它的后果的，而只是取决于它的意志和行动的关系。一般的实践理性也是意味着意志和行动的关系，但在这关系中它的前提是行动的后果，这就是不纯粹的实践理性的对象。而纯粹的实践理性对象，它没有这个行动的后果作为前提，它是无条件的，是无条件的命令。我们上一次讲过，无条件的命令和有条件的命令是不一样的，有条件的命令是，你把这个后果考虑在前面，你如果想要怎么怎么样，那你就得怎么怎么样，前提是你想要达到什么目的，那你就应当怎么做，这就叫明智。纯粹实践理性的对象是没有这个前提的，它不考虑后果，它直接就是从意志出发，你应当怎么怎么样，这个叫定言命令。有条件的命令叫假言命令，无条件的命令叫定言命令。这里讲到，"如果这个客体被假定为我们欲求能力的规定根据"，这就是假言命令了。我要做一件什么事情，前提是为了达到另外一个目的，是否能够达到，则必须以身体上的可能作为这样一个实践理性的根据，一个条件，只有在这个条件下，我才能够把这个对象评判为我的实践理性的对象，才值得我去做，如果没有这个条件，那就不值得去做。如果没有这个条件，虽然那也是我的思考对象，但是不能评判为我的实践理性的对象，我就可以对它作壁上观，不去追求，不去实践它。这是一种情况，一种日常的实用的明智，是实践理性在日常生活中的运用，这是很普遍的。但是康德要追求的是纯粹实践理性。那么纯粹实践理性是什么情况，下面就讲了。

　　<u>反之，如果先天法则可以被看作行动的规定根据、因而这个行动可</u><u>以被看作是由纯粹实践理性所规定的，那么对某物是不是纯粹实践理性</u>[58] <u>的对象而作的判断就完全不依赖于与我们身体上的可能性的比较，</u>

　　与前面讲的情况相反的另外一种情况是，"如果先天法则可以被看作行动的规定根据、因而这个行动可以被看作是由纯粹实践理性所规定的"，如果这个行动的规定根据是先天的法则，而不是前面讲的，把一个客体假定为我们欲求能力的规定根据，这个就不一样了，先天法则就不取决于我们的能力了，而是取决于纯粹实践理性本身。这不取决于你生来有力气、体型高大、能够克服困难，或者脑子特别灵，可以想到很多点子，这些都是后天经验的，或者爹妈给的、天生的，总之是偶然的，有的人是这样，有的人就不是这样。但是，先天的法则不管任何人都是一样的，而且是先天必然的，它不依赖于后天的种种经验条件。那么在这种情况下，先天法则可以看作是行动的规定根据，你的行动的规定根据不是要出自于你要达到某个具体的目的，而是出于你内心固有的先天法则，因而这个行动可以被看作是由纯粹实践理性所规定的。这个时候，什么叫纯粹实践理性的行动，什么叫一般的实践理性的行动，这个差别就显出来了。纯粹实践理性的行动是由先天法则作为它的规定根据，它立意要这样，立志要这样，它的意志决定采取这样一个行动不是为了达到某个现实的目的、某个现实的客体，而是出于先天法则，出自于它的纯粹实践理性的逻辑一贯性，它要保持它的自由的一贯性。"那么对某物是不是

纯粹实践理性的对象而作的判断就完全不依赖于与我们身体上的可能性的比较",如果是这样一种情况,判断一个对象是不是纯粹实践理性的对象,就完全不依赖于我们身体上的可能性,完全不依赖于把这个对象和我们后天的经验条件作比较。我们不是要把这个纯粹实践理性的对象和我们身体上的可能性条件加以比较,看它是不是能够成功再去作出决定,纯粹实践理性的对象是不计成败的,它作决定时不考虑我的身体和我的能力是不是能够做到,会有什么样的结果,而只考虑应不应该。哪怕我由于能力不够,最终结果并没有达到,但这样做的行动却仍然是应该的,并且是可以做到位的。所以在自由意志和行动本身的关系上,不存在做不做得到的问题,只要你愿意,就能够做到,就能采取行动;只不过结果如何,这是我不能控制的,所谓谋事在人,成事在天。所以,我要把一个对象看作是一个纯粹实践理性的对象,其标准不在于我能不能够获得想要的结果,不取决于拿我的目的和我身体上的可能性来比较一下,看有多少胜算,看是不是差距太大。你要实现你的那个理想,你没那个能力,你还差得远,如果这样一说的话,你就没有信心了,你就不是从纯粹实践理性出发、把自由意志和行动的关系作为自己的对象了。纯粹实践理性也有一个对象,凡是有这种理想的对象的人,他根本就不考虑自己有多大的能力,他就是为之而献身就够了,一个人的能力有大小,但只要为这样一件伟大崇高的事业献身,他就心满意足了。这个就是从纯粹实践理性出发的,从先天原则出发的,先天原则告诉他,你应该这样做,你这样做是符合道德律的,为道德而道德,为义务而义务,这就是纯粹实践理性的境界了。实用的实践理性达不到这种境界,而只考虑我能不能做到,我到底能起多大的作用,我要计算计算,我一个人的力量有多大,即算我联合几个人,力量又有多大,能不能成功,要从这方面来考虑。

而问题就仅仅在于,假如事情由我们支配的话,我们是否可以**愿意**有这样一个针对某个客体的实存的行动,因而这一行动**在道德上的可能性**就必须是先行的了;因为这时并不是对象、而是意志的法则才是行动的规定根据。

在这种情况下，"问题就仅仅在于，假如事情可以由我们支配的话，我们是否可以**愿意**有这样一个针对某个客体的实存的行动"，又是"愿意"打了着重号。问题仅仅在于我们是否愿意有这样一个行动，那么在这里意志和行动是直接发生关系的，但这时我们要判断自己是否会愿意，就失去了任何经验对象的标准，只有意志本身的纯粹理性标准。当然这个行动是针对某个可能的客体实存的行动，但我并不考虑这个客体在什么情况下可以实存，而只考虑我愿意不愿意这样一种行动发生，我愿不愿意去做这个行动。"愿意"下面打着重号，所要强调的是，我是否愿意才是纯粹实践理性首先要考虑的问题，至于它能否实现，那是另外一回事情，你甚至可以不考虑。当然，这个行动本身是针对着某个客体的实存的，实存在这里可以理解为实现了，它针对着某个客体的实现。一切意志的行动当然是有目的的，这个目的是要实现的，你不能空谈我要做一件道德的事情，却不针对任何可能的结果，凡是道德实践都必须有一个现实的客体，你要去追求它、完成它、实现它。但是直接来说，纯粹实践理性考虑的是愿意和行动之间的关系，而不是行动和客体之间的关系。你虽然也想到了某个客体的实存，但是这个客体是否能够实存，你现在不考虑，因为你是纯粹实践理性嘛。你把一个有可能实现的行动当作你追求的目标，但是仅仅是在你的意志和这个行动之间发生关系，仅仅是你选择了这样一个行动，你为道德而道德。当然这个事情还是会在现实生活中发生影响，要造成后果，不管是正面的还是负面的，或者好事办成了坏事；但是，你的这个出发点还是好的，单从这个出发点来支配你的行动，那它就是纯粹实践理性，你想实现的这个对象就是纯粹实践理性的对象。"因而这一行动在**道德上的可能性**就必须是先行的了"，如果事情仅仅取决于我们是否愿意有这样一个行动的话，那么，这样一个行动在道德上的可能性就必须作为一个前提。就是说，这时你的这个意志要是有什么根据的话，那就只能是在道德上的可能性，因为所有的经验条件都已经被屏蔽了,只剩下纯粹实践理性的法则来作评判的标准。你这样做是不是有可能是道德的,这个是你首先必须要考虑的,如果是道德的你就做,如果是不道德的你就不要做。不做也是一种行动,有所为有所不为,有所不为也是一种行为。因为它不道德,你就采取一种有所不为的态度,虽然它可能给我带来某种好处,但我不稀罕,我首先考虑它是否道德。所以这个行动在道德上的可能性必须先行,它是无条件的,并不是能够带来什么好处,而是道德上的可能性作为意志的规定根据,自己就有决定权。这里为什么要强调道德上的可能性呢? 这个里头跳过了一些环节,刚才只是讲了先天的法则可以看作是意志的规定根据,还没有讲道德的法则,但是在前面的"原理论"里面已经讲了,纯粹理性的先天法则就是道德法则,无条件的定言命令就是道德法则。前面在引出他的道德律的时候就已经阐明了这样一个道理。自由意志本身的自律就是道德的,但是它首先是自律才是道德的,不是因为某某人说他是道德的就是道德的,也不是因为我们习惯上称之为道德的就是道德的,而是由于自由意志本身的自我一贯性。道德律是怎么得出来的,要使你的行为的准则成为一条普遍的法则,在这条定言命令里面没有一个字提到道德,但它就是道德律。或者说,所谓的道德,就是建立在自由意志的自律之上的法则。我先不知道什么是道德,但是我知道什么是自由,我也有理性,那么我用我的理性规范我的自由,使我的自由意志成为一条法则,这就是道德了。所以他这里已经解释了,既然要以先天的法则作为意志的规定根据,那么在实践上,先天的法则就是道德的法则,其中的道理前面已经讲过,在这里就不用讲了。所以他这个地方突然出现,这一行动"在道德上的可能性"就必须是先行的,如果你没有看前面,看到这句话就会觉得非常突兀,突然蹦出来一个"道德上的可能性",其实它是这样来的。在康德的心目中,这个东西不用说啦,前面说的够多了。所以,你必须为道德而道德,而不是为了某个其他具体的目标而行动,你的行动是为了道德本身,是由道德规定你的意志。"因为这时并不是对象、而是意志的法则才是行动的规定根据"，因为这个时候呢，并不是由对象、并不是由那个行动所实现的结果来规定你采取什么行动，而是意志本身的法则成了行动的规定根据。意志的法则就是道德的法则，在这个时候就是意志本身的法则，它就是行动的规定根据。实践理性对象的概念意味着意志和行动的关系，那么在这个地方呢，如果意志和行动的关系是由意志本身来规定的，那就是纯粹实践理性的对象了，这跟一般实践理性的对象是不一样的。纯粹实践理性的对象呢，并不是要由对象来规定它的意志的根据，而是把意志的规定根据作为自己的对象。纯粹实践理性的行为必须是为道德而道德，为义务而义务，而不是为了幸福。我们通常讲，为了大多数人的幸福，我也在其中了，即使我可以牺牲自己，但还是为了追求大多数人的幸福。那个在康德看来，都不是严格意义上的纯粹实践的理性，也不是严格意义上的道德行为，它还是为了幸福，还是为了人们的一些动物性的需要。

前面已经把这个实践理性的对象概念和纯粹实践理性的对象概念区别开来了。康德的论述是非常有层次的，一开始讲一般的实践理性的对象概念，然后讲纯粹实践理性的对象概念，然后再讲不纯粹的实践理性的对象概念，然后做一个比较。那么下面讲的这一小段，就回到了一般的实践理性的原点上来了。

所以，实践理性的唯一客体就是那些**善**和**恶**的客体。因为我们通过前者来理解欲求能力的必然对象，通过后者来理解厌恶能力的必然对象，但两者都依据着理性的一条原则。

这一小段两句话。"所以"就是从前面那一段作一个总结。"实践理性的唯一客体就是那些**善**和**恶**的客体"，"善"（Gute）和"恶"（Böse）都打了着重号。这里跳过了一个解释，就是善和恶都是跟意志与行动之间的关系有关的，或者说，它们就是实践理性的两种对象，意志和行动的关系既有善的关系，也有恶的关系。实践理性的唯一客体就是善的客体和恶的客体，这里头既包括纯粹实践理性的客体，也包括不纯粹的实践理性的客体，它们的客体都可以说是可善可恶的客体，这是一般而言的。"唯一客体"，就是说它跟一般的自然的客体不一样，和理论理性的客体不一样，它唯有一个客体，要么是善，要么是恶，这是联系着自由意志来看、来评价的。自然的客体则没有这种评价，自然过程种类千千万，无所谓善恶，人的实践行动在自由意志的眼光中才分善或恶，恶是善的反面。"因为我们通过前者来理解欲求能力的必然对象"，通过"前者"也就是通过善了，什么是善呢？善就是欲求能力的必然对象。欲求能力总是要追求善的，我想要追求的对象就是善，我想要追求哪个对象，我就把那个对象称之为"好"的，这个善也可以翻译为好。"通过后者来理解厌恶能力的必然对象"，厌恶的对象当然就是恶的、不好的。"但两者都依据着理性的一条原则"，就是不管是善的对象还是恶的对象，它的依据都是理性的原则。所以不管是纯粹的实践理性也好，还是不纯粹的实践理性也好，里面都贯穿着理性，都是根据理性来欲求或拒斥的，这是和其他动物不同的。它的对象正因此才能称之为善恶的对象、善恶的客体，因为有理性在里头才能称之为善和恶。如果没有理性，而是自然现象，也就是并非有意识地去做这件事情，那就没有善和恶。手段和目的是不是适合，这就需要理性来判断，你要达到你的目的，你要使用你的手段，或者你要评价你的目的是不是善的，都需要有理性。那么你评价这个对象是恶的，也需要有理性，它不符合你的目的，那就是恶的。所谓工欲善其事必先利其器，这个善是手段的善，你要善其事，你要完善这个事情、要把这个事情办好，你必须要选择恰当的手段，必须先要利其器，那么这些都需要理性的考虑。这是一般的实践活动，它需要理性在里面。那么纯粹的实践活动更需要理性在里头，就是说你选择了这个行动，这行动本身它必须是符合纯粹实践理性的，你才选它。所以这两者，善也好恶也好，都必须要符合理性。总之，不管是一般的实践理性还是纯粹的实践理性，它们都要依据理性的原则。它的唯一的客体就是善和恶的客体。没有别的客体或对象了。凡是实践都是针对着好和坏的，善和恶的，只有实践才能说是善和恶。反过来只有善和恶才是实践的对象，因为凡是实践的都是有目的的，凡是有目的的活动都是有善恶评价的，这是一般的原理。所以他的自由范畴表就是"着眼于善恶概念的自由范畴表"，自由的范畴、自由的实践理性的对象概念，它是着眼于善恶的。也就是说，你自由不自由，看你的对象是善还是恶，你的对象是善，你觉得只有这样做才是好的，那就体现了你的自由，如果你面前的那个对象是恶，那么你的行动和意志的关系就不自由了。所以这是着眼于善恶概念的自由范畴表，善恶是跟自由概念必然联系在一起的，只有自由的行动才有个善恶评价，凡是"自由"发挥了、"自由"实现了的，我们就把它评价为善的，凡是自由受阻的，我们就评价为恶的。那么从这个方面评价自由范畴表，才是实践理性的对象概念。

　　如果善的概念不是由一条先行的实践法则中推出来的，而是反过来要充当这条法则的基础，那么这个概念就只能是关于这种东西的概念，它以其实存预示着愉快，并这样来规定主体将它产生出来的原因性，也就是规定着欲求能力。

　　"如果善的概念"，也就是"好"的概念，"不是由一条先行的实践法则中推出来的"，先行的实践法则，这里实际上是讲的道德法则。如果善的概念不是从道德意义上讲的，不是由先天的道德律推出来什么是好的，这个行为是好的行为，这个人是好人，如果不是这样；"而是反过来要充当这条法则的基础"，即反过来要以善这个对象的概念充当实践法则的基础。我们日常生活中常有这种情况，比如说，你要做一件好事，你想做一个好人，前提是，这对你有好处。你首先是为了"善的对象"来做这件事情，而善的对象，按照上一句说的，是"欲求能力的必然对象"，那么这个"善"、这个"好"就不一定是道德意义上的"善"或"好"。在日常生活中我们经常说这个菜好吃、这酒好喝,这都是好、都是善,一旦这样一个无所不包的善的概念要充当实践法则的基础,"那么这种概念就只能是关于这种东西的概念,它以其实存预示着愉快"。"实存"就是现实的存在,具体的存在,到手的存在。而这种现实存在的对象之所以被称为"好",是因为它预示着愉快、预示着快感,凡是带来快感的东西我们都说它"好"。"并这样来规定主体将它产生出来的原因性,也就是规定着欲求能力",这样规定,怎样规定?即刚才讲的,先于这条法则而充当法则的基础,以预示着愉快的东西充当法则的基础,这样来规定。主体先于法则而把这个好的对象产生出来的原因作为规定意志的根据,就是因为这个对象产生出来之后,预料它可以给我带来愉快,这种愉快就规定着我们的欲求能力。主体之所以要将这个对象产生出来,就是因为它的实存使我预示着愉快,所以我要把它产生出来。因此,归根结底,我是为了愉快而把这个善的对象产生出来的,这一点规定了我的欲求能力、我的意志。这是一种情况,如果一种善的概念不是像纯粹实践理性那样的,先由一条法则推出它的概念,那就会是这种情况。我们今天一开始讲到,纯粹实践理性的秩序是从法则到概念,然后才到感性动机,从上到下。首先有法则,然后从中推出善恶的概念,然后再去寻找这个善恶概念的动机,那才到了感性的动机,从理性到感性。但是如果不是这样,不是从先行的法则中推出善的概念,推出自由范畴。而是反过来,善的概念要充当这条法则的基础,这条法则不论是纯粹的实践理性的道德法则,还是一条理论理性的、实用性的法则或者技术性法则,也就是获得幸福和愉快的技巧或知识,它们都被置于追求愉快的基础上了。所以康德通常在实践的意义上用"法则"一词都是指道德法则,而实用的或技术性的法则并不是实践意义上的法则,而是理论意义上的法则,在实践意义上它们都是没有法则的,只有愉快或不愉快的感受。以这样一种预示着愉快的实存来充当我们的欲求能力或意志的规定根据,即使里面包含有道德法则,那是没有什么法则可言的,叫作"唯利是图",因为道德法则在这里也成了谋利的手段；只有纯粹实践理性才可能有先天的法则，才可能以这种先天法则作为意志的规定根据，这就叫作道德。

既然不可能先天地看出何种表象会带有**愉快**，何种表象却会带有**不愉快**，那么识别什么直接地是善或恶的关键就只在于经验了。

"既然"也就是说，这个是大家公认的，不需要证明的。大家都知道，"不可能先天地看出何种表象会带有**愉快**，何种表象却会带有**不愉快**"，俗话说，口味面前无争辩，没有任何表象可以先天地推定它使每个人都会感到愉快的，或者它必定会使每个人不愉快。甚至同一件愉快的事情，一旦得到，也就觉得不过如此，身在福中不知福了，这个是大家都知道的。所以，哪种表象会带有愉快，这个就需要经验到了你才知道，你要知道梨子的滋味，你得亲口去尝一尝，你要知道那个东西是不是愉快，或者是不是不愉快，你不能听别人说，也不能根据一条先天的法则推出来，你必须亲自去尝尝，所以它不能根据先天的法则来决定。哪怕别人说得再好，四川的麻辣烫、湖南人喜欢吃辣椒，说辣椒多么好，你不亲口尝一下你怎么知道呢？说不定你尝了以后，你会觉得太痛苦了。所以哪种东西带有愉快，哪种东西是带有不愉快的，这个不是先天决定的。既然这样，"识别什么直接地是善或恶的关键就只在于经验了"，就要你亲口去尝尝，亲自去经验一番，你才能获得愉快或不愉快的经验，一切预先的推断都是空谈。

这种经验唯一能在与主体的那种属性的关系中进行，这种属性就是愉快和不快的情感，即一种属于内感官的接受性，

"这种经验唯一能在与主体的那种属性的关系中进行"，这种经验跟外在的经验还不一样，它是一种主体经验，与每个主体特有的属性相关，与他的性格、气质、感受力的类型和敏锐程度相关。"这种属性就是愉快和不快的情感，即一种属于内感官的接受性"，愉快和不愉快的经验跟理论上、跟科学的经验还不一样。你感到愉快，这个是你主体的属性，这个并不是一个客观的知识。客观的知识就是人人都认为是一样的，每个人都认为这个东西是红色的，那个东西是绿的，这个没有什么区别。但是

说这个东西是愉快的，那个东西是令人不愉快的，这只是主体的属性，是一种属于内感官的接受性。情感是一种感性的东西，一种主观的东西，情感它不是知识，康德认为情感这个东西只能属于心理学研究的对象，心理学就是研究人的情感等主观属性的，但是也只是外在地研究。情感不能纳入认识论，五官感觉可以纳入认识论，红的、绿的尽管也是主观感觉，但毕竟反映了外在事物的客观性质，它们都属于认识的材料。而情感如痛苦、快乐、嫉妒这些东西不属于认识，只属于内感官的接受性。"内感官"，康德在《纯粹理性批判》的先验感性论里面讲到，时间是一种内感官的接受性，而不是属于外感官的、空间的接受性。所以情感这个东西没法在空间中加以描述、加以规定，而在时间中，每个人也只能根据自己的内感官的感受加以确认。所有空间的东西都必须在时间中加以把握，但是所有在时间中的东西不见得能在空间中加以把握。有些东西是不能在空间中把握的，比如说情感、情绪，这种内在的属性、主观的属性只属于时间。而情感这种内感官的接受性、感受性不是主动产生的。你感到愉快或痛苦，一定是有某种别的东西刺激你，你才能在主观里面接受到，所以它们只能是后天经验的。

于是关于那直接是善的东西的概念就会仅仅针对着那与**快乐**的感觉直接结合着的东西，而关于那全然是恶的东西的概念则会必然仅仅与那直接引起**痛苦**的东西相关了。

既然善的概念不是由先行的法则推出来，而是反过来，要由善的概念推出这些实践规则，不是从上而下，而是要从下而上地建立实践理性的对象，"于是关于那直接是善的东西的概念就会仅仅针对着那与**快乐**的感觉直接结合着的东西"。在这种情况之下，什么是善的东西，简单说来，那就是使人快乐的东西。凡是使人快乐的东西就是善的东西，凡是善的东西的概念就仅仅针对着能直接带来快乐的感觉的东西。一个东西我们把它称之为善的，是因为它能给我们带来快乐的感觉，这就直接把快乐的东西当作是善的对象了。那么反过来，"关于那全然是恶的东西的概念则会必然仅仅与那直接引起**痛苦**的东西相关了"，这里的"痛苦"与前面的"快乐"都打了着重号，以作对照。这一整句都是虚拟式，凡是在我们的翻译里面有"就会"、"将会"等字眼，一般在德文里它就是虚拟式。所谓虚拟式，就是说康德并不真的这样认为，只是假设，就是在这种前提下，那就会出现这样的情况，即直接是善的东西的概念就会成了仅仅是与快乐结合着的东西，而恶的概念则仅仅会是与痛苦结合着的东西。善或恶就被等同于快乐和痛苦了，这当然是不对的，是经验派伦理学的误解。下面康德马上开始提醒了。

　　但这已经与语言的习惯用法相违背了，这种习惯用法把**快适**与**善**区别开来，把**不快适**与**恶**区别开来，并要求对善和恶任何时候都通过理性、因而通过能够普遍传达的概念来评判，而不是通过单纯的限制于个别主体及其感受性上的感觉来评判，

　　他说，上面这种情况已经与语言的习惯用法相违背了，我们通常讲的善和恶不是这样的情况，凡是带来愉快的就是善，凡是带来痛苦的就是恶吗？不一定。我们通常讲到善和恶的时候，跟快乐和痛苦当然也不是完全没有关系，但是你也不能完全用快乐和痛苦来衡量善和恶。有些善的东西是带来痛苦的，有些带来快乐的东西恰好是恶的。我们的日常用语中经常把这个区分开来，而不是把它们等同。"这种习惯用法把**快适**与**善**区别开来，把**不快适**与**恶**区别开来"，就是快适的东西不一定是善的，有可能是恶的，而不快的东西、要忍受痛苦的东西很可能是非常高尚的。所以你仅仅用快乐和不快乐来区别善恶，这个与我们通常的语言的用法都不一致。① 习惯的用法"要求对善和恶任何时候都通过理性、因而通过能够普遍传达的概念来评判，而不是通过单独的限制于个别主体及其感受性上的感觉来评判"，也就是通常的用法在善和恶的概念里面已经加入了理性，而且要依靠理性，要通过理性能够普遍传达的概念来

---

① 在《判断力批判》中康德再次从日常用语的角度讨论了这一问题，见该书 §4。

评判，而不是通过感觉来评判，这些感觉太限制于主体及其感受性上了。善恶不是你主观的感觉，愉快和痛苦的感觉完全是个别主体主观上的，是个别主体及其感受性上的感觉，你用这个来评判、来评价善和恶，这个跟通常讲的善和恶相违背。通常我们讲的善和恶的概念，必须要能通过理性的普遍概念来传达。"能够普遍传达的概念"，这里已经暗示了范畴表。那些着眼于善恶概念的自由范畴是能够普遍传达的概念，因此是有理性在里面起作用的，不是凭你主观上觉得怎么样就能断言的。通常理解的善和恶的概念是通过理性、通过那些自由的范畴来加以评判的。善和恶肯定跟自由有关，凡是你评判善和恶都跟自由有关，但是自由有很多层次、很多等级，每个等级都是可以普遍传达的，它是一种理性的范畴。因此，自由是一种普遍传达的概念，通过这些概念才能够评判善和恶，但是绝对不能通过单纯的限制于个别主体的感受来评判，这些东西没有可传达性，而且它本身是可变的。你今天感受一个东西是愉快的，你明天感受到同一个东西可能就不愉快。你好酒贪杯，你今天喝醉了，第二天头痛欲裂，你就会有一种拒斥感。同一个东西，在不同的时候可以带来快乐，也可以带来痛苦，它没有普遍性。所以这个快乐和不快乐是跟善恶的概念完全不一样的，你要用愉快和不愉快来定义这个善恶是不行的。的确有很多人就是这样定义的，像幸福主义的伦理学、经验论者，他们就企图把善和恶完全限定在愉快和不愉快的感觉上，用愉快和不愉快作为最终的标准来衡量善和恶。他们认为所谓善就是幸福，所谓最高的善，就是最大多数人的最大幸福；但是实际上最大多数人的最大幸福，这个是说不定的，而且是不断变化的，有时候，大部分人都觉得幸福了，但是过一段时间他们又觉得不幸福了。如果一段时间大家觉得温饱就是幸福，但是久而久之，你会发现解决温饱还不够，把人们喂饱了就幸福，就像养动物一样么？你还要有别的追求呀，所以这同一种幸福过一段时间就变成不幸福了。所以用幸福和不幸福、愉快和不愉快来定义善和恶，这就没有固定标准了，就是相对的、变动的了。

227

　　但愉快和不愉快就自身而言却仍然不能先天地和某个客体的任何表象直接结合起来，所以，相信有必要把愉快的情感作为自己的实践评判的基础的哲学家，就会把作为达到快适的**手段**的东西称之为**善**的，而把作为不快适和痛苦的原因的东西称之为恶；因为对手段和目的的关系的评判当然是属于理性的。

　　他这里实际上已经带有反驳的意思了。"但愉快和不愉快就自身而言却仍然不能先天地和某个客体的任何表象直接结合起来"，愉快和不愉快就自身而言，你可以把它固定在任何一个客体表象上吗？固定不了。同一个好酒，国酒茅台，你今天喜欢喝，喝多了，你明天也许就不喜欢喝了。并不是一个人喜欢喝茅台酒，他任何时候都会喜欢喝茅台酒，这个是固定不了的，这个是要看机会、看时候，酒逢知己千杯少，话不投机半句多。所以它就自身而言是不能先天地和某个客体的任何表象直接结合起来的。不能直接结合起来怎么办呢？"所以，相信有必要把愉快的情感作为自己的实践评判的基础的哲学家，就会把作为达到快适的**手段**的东西称之为**善**的"，所以那些幸福主义的伦理学家想了一个办法，愉快不愉快这是每个人自己去感受的，那是相对的，但是达到愉快的手段，那个是有客观性的。所以幸福主义的伦理学家们想到的办法，就是把作为达到快适的手段的东西称之为善的，而把作为不快适和痛苦的原因的东西称之为恶的。就是说快适和痛苦本身不能成为评判善恶的标准了，那么我们就把达到快适和引起不快的手段或原因作为善恶的标准。这样我就从单纯的享乐主义或幸福主义提升到了一个更高的层次，这就是功利主义。功利主义比幸福主义要高，就是因为它不是直接地把愉快和不愉快作为善和恶的标准，而是把达到愉快和不愉快的手段或原因作为善恶的标准。因为手段和原因要通过理性去分析、去掌握、去发现，这个已经有理性的因素在里头了。所以这句话里面，康德已经暗示了，就是幸福主义觉得自己建立在单纯的内在直观感觉、痛苦和快乐之上是站不住脚的，从语言的用法上就站不住脚，语言的用法就已经把快乐和善、把不快乐和恶区别开来了；所以他们如果仍然要坚持这个立场，就必须采取这种退而求其次的方式。我们不能把快乐和不快直接当作善恶的评判的标准，如果我还是要把它作为基础，那么我就把达到善恶的手段的东西称之为善，而把作为不快适和痛苦的原因的东西称之为恶。这样退一步以后，天地就广阔得多了，就是不再是仅仅局限于直接的主观感觉，那个太荒谬了，人家一眼就看出来，那个不对，因为我们在日常生活中，我们说话就不是这样说的。但是他们退一步，这样就更加巧妙一些、精致一些了。所以功利主义比幸福主义是更加精致的经验主义伦理学，它虽然还是经验主义的，但是它不是排斥理性的（排斥理性的经验主义伦理学只能紧紧扣住快乐和不快乐的感觉），而是有了理性的设计、承认了理性的作用。什么样的手段能够达到快适，这是需要理性的分析的，我们就把这个手段称之为善的；而引起不快的那个原因也需要理性分析，不快本身不是恶。但是引起不快的原因是恶，这个就难以反驳一些了。当然这都是康德所反对的伦理学，不管是幸福主义还是功利主义。"因为对手段和目的的关系的评判当然是属于理性的"，这就是功利主义的高明之处，因为它引入了目的和手段的关系，而这个关系肯定已经用到了理性，不像动物那样完全是凭借自己的快乐或不快来行事。幸福主义就是类似于动物性的伦理学，把人看作是单纯的动物；那么功利主义已经把人看作是理性的动物了，他可以通过理性来设计手段和目的，考虑怎么样才能成功、才能带来利益，这个利益甚至是可计算的。幸福是不可计算的，快乐是不能计算的，快乐有多大，这个是完全说不清的，因为它完全是主观感觉；但是功利是可以计算的。有多大的功利，可以由平均工资水平等等指标来计算。有的人就试图把它变成一种可以精密计算的伦理学，像英国的功利主义伦理学，他们经常有这种企图，想把伦理学变成一种可以用数学公式来表达的理论。所以它里面包含有一种理性，如手段和目的的关系、幸福指数、成功的程度、成功率等等这些东西，都是可以用理性来加以规范的。当然康德并不赞成。

[59]　但是,尽管只有理性才有能力看出手段与其意图的关联(以至于我们本来也可以用目的的能力定义意志,因为目的任何时候都是欲求能力的按照原则的规定根据),然而从上述善的概念中仅仅作为手段而产生的那些实践准则,永远也不会就自身而言包含某物作为意志的对象,而总是只包含对于任何目的是善的东西作为意志的对象:这种善任何时候都将只是有用的东西,而它对之有用的东西则必定总是外在于意志而处于感觉中的。

"但是",他当然是准备反驳了,"尽管只有理性才有能力看出手段与其意图的关联",只有理性才能看出手段和意图(即目的)的关系。括弧里面讲,"(以至于我们本来也可以用目的的能力定义意志,因为目的任何时候都是欲求能力的按照原则的规定根据)",什么是意志,我们本来是可以这样来定义的:意志就是目的的能力。按照康德自己的说法,意志是一种欲求能力,欲求什么呢? 当然是欲求目的了。动物也有欲求能力,但意志是一种高级的欲求能力,高级就高级在人有理性,他能够设计一个合理的手段去达到既定的目的,也就是人有合乎目的的欲求能力。我们说动物也是有目的的,但是严格说来这只是一种类比,这个目的不是在它的自觉之中,那是一种本能,是大自然规定好的,而不是动物自己设计的。人的目的是人的一种自觉追求,包含有目的和手段的中介关系,是由人的意志和理性所规定的。手段本身也是目的,是最近的目的;目的本身也是达到另外的目的的手段,这就有一个目的链条,体现了理性原则的普遍性和一贯性,要通过理性的推理才能够建立起来的。所以我们本来也可以用目的的能力来定义意志。"本来也可以",就是说康德在这里还没有明确这样定义。① 康德自己的定义还是说,意志是一种欲求能力,是一种高级欲求能力。但是本来还可以用目的能力来定义,因为

---

① 但在《判断力批判》中,康德则明确说:"欲求能力,如果它只是通过概念,亦即按照一个目的的表象行动而是可规定的,它就会是意志。"(中译本见 2003 年版,第 55 页),或者"这种原因性就是按照目的来行动的那种能力(即一个意志)"(第 219 页)。

目的任何时候都是欲求能力的按照原则的规定根据，也就是，是什么东西规定了我的欲求能力呢？是目的，它按照理性的原则来规定欲求能力。你欲求什么？这取决于你的目的以及达到这个目的的手段。目的规定欲求能力，不是像动物那样随机地就规定了欲求能力，而是要看它符合不符合理性的原则。这个理性原则可以是实用的、技术的原则，也可以是道德的原则。我要掂量一下这个手段能不能达到我预期的目的，而且有可能是长远的目的。我真正想要的是什么，我真正的目的是另外一个长远的目的，眼前这个目的诱惑不了我，它只是一个过渡。那么长远的目的要坚持下来，更是必须要有原则，就要把眼前这个目的看作达到长远目的的手段，形成一种目的链条，这个链条是按照理性原则进行的。所以目的是欲求能力的按照原则的规定根据，目的和手段的关系究竟是处在一种什么样的链条之中，这个只有通过理性才能看出来。"然而从上述善的概念中仅仅作为手段而产生的那些实践准则，永远也不会就自身而言包含某物作为意志的对象，而总是只包含对于任何目的是善的东西作为意志的对象"，上述善的概念就是功利主义的概念，然而从功利主义的善的概念中，仅仅作为手段而产生的那些实践准则，全都只是一般实践理性的实用技术的善，而不是纯粹实践理性的道德上的善。功利主义的那些善的概念里面，它的实践的准则仅仅是手段；或者说，功利主义也有理性，它能够产生出实践的准则来，但是它的实践准则在善的概念里仅仅是作为手段，而目的本身则总是来自感性经验。就是说你的手段是不是适合于某个既定的感性目的，如果适合，这个手段就是好的，如果不适合，那就是一个坏的手段，就是一个下策。理性在这种日常实践行动中的作用只是附属的、协助性的，只被当作临时借用的工具，而不是自主的。所以它只是实践的准则，而不是实践法则。准则跟法则的区别我们前面也提到过，准则这个概念是主观的，法则是客观的。他这里实践的准则是主观的，我想要达到一个目的，那么我按照一个手段和目的的关系，我自己来选择，那是我的准则。但是那不一定是法则，它跟别人的准则也许是不相同的，它对自己也许只是临时的、随机的，我这个时候采取一种准则，那么另外的场合我可能采取另外一种准则。当然它也有一种规则性，但是那是临时的、一次性的规则。那些准则"永远也不会就自身而言包含某物作为意志的对象"，这些实践准则当然是从实践理性中产生的，但只是作为手段，永远也不会就自身而言包含某物作为意志的对象，也就是实践准则就自身所包含的东西而言，它不是意志的目的，它只是手段，它的目的要由别的方面提供给它。意志其实不是要追求它，意志之所以把它当成准则，是为了用它追求别的东西。所以它本身并不是意志的对象，"而总是只包含对于任何目的是善的东西作为意志的对象"，意志之所以要追求手段，只是因为这个手段里面包含了对任何目的是善的东西，或者手段中包含对别的目的而言是好的东西。这个手段是适合于某个目的的，这样我才把它作为意志的对象来追求。所以我们在追求目的之前，我们要追求手段。我们没有条件的时候，我们就要创造条件，那么创造条件，它本身不是目的，你创造条件是为了追求你最后的目的，这就是手段里面所包含的善的内容。但是它只是作为手段的善，只是依赖于目的的善。而这个目的的善，如果你还从功利主义的目的来看，那它还是手段，这个目的又是别的目的的手段。但是功利主义的最终目的是落到非理性上的，无非是为了维持人的生存，增进人的幸福和快乐。所以，"这种善任何时候都将只是有用的东西，而它对之有用的东西则必定总是外在于意志而处于感觉中的"，功利主义嘛，强调有用的东西，有用的就是好的。对什么有用呢？有什么目的呢？那个目的、那个对之有用的东西，必定总是外在于意志而处于感觉中的。你最终的那个东西不是你可以选择的，它是外在于你的意志，它预先在感性中就决定了你。你之所以挣钱是因为你要吃饭，之所以要吃饭，是因为你是一个动物，大自然在产生你的时候已经制造了你有个嘴巴有个胃有个消化系统，你只有这样才能活着。如果你是一棵植物的话，你就不会吃饭了，但是你就需要阳光、雨露。所有这些东西的规定都是处于人的意志之外的，对人来说，它们最终是处于感觉中，是处于愉快不愉快的情感中。你为什么对这个东西感到愉快，这个没法说，大自然生了你这么个身体，你就对这个东西感到愉快。

既然这种感觉作为快适的感觉必定会与善的概念不同，那么任何地方就都不会有什么直接的善，而善就会不得不在达到某种别的东西、即达到任何一种快意的那些手段中去寻求了。

这是他的一个推导，从功利主义原则最后推导到对自己有用的东西总是外在于意志而处于感觉之中，就是返回到了愉快与不快的情感。你本来就是为了达到愉快及避免不快，才去运用实践理性来寻求某种手段，功利主义超越幸福主义，它的超越就体现在它能够引入理性，能够超越幸福主义那种直接的快乐、享乐的感觉，而去寻求达到快乐和享乐的手段、工具，这个是必须要经过理性的策划才能够规定的。但是即算是经过这些策划，那些手段它本身并不完全是善的，它本身所具有的善只是相对于它的目的而言的，目的还有目的，那么最终的目的是什么？最终就归到了享乐、愉快。所以功利主义虽然超越了幸福主义和享乐主义，但是从实质上说并没有根本性的超越。所以康德讲，"既然这种感觉作为快适的感觉必定会与善的概念不同"，前面已经讲了，幸福主义那种快适的感觉跟人们通常讲的善的概念是不同的，在日常的用语里面就已经不同了。没有人简单地把快乐等同于善，把不快就等同于恶，你要强词夺理的那样讲，是违背语言的习惯的。作为一种快乐它与善的概念毕竟是不同的，既然如此，"那么任何地方就都不会有什么直接的善"，只有间接的善了。间接的善就是工具的善，是对于某种别的东西而言的善，而别的东西作为直接的善，最后归结到人的愉快感觉，而感觉的快乐和善又不是一回事，那就无所谓善不善了。所以，"善就会不得不在达到某种别的东西、即达到任何一种快意的那些手段中去寻求了"，在功利主义设想的那种情况下，任何地方的善都是间接地作为工具的善，那就没有什么直接的善。所谓的善，在功利主义那里就只剩下手段的善，间接的工具的善，没有了直接的善。善到底是什么，我不知道，我只知道为了达到某种目的，哪怕是不善的目的，哪怕只是一种快意，我也必须去找到一个善的手段，我们只知道这手段是善，但是目的未必是善的。康德当时就认识到，我们今天的所谓工具理性，它把一切价值的根据都摧毁了。当然它还有相对的价值，工具理性的价值，但是工具理性的价值不是终极的价值，它总是要有一个终极的价值作为它的前提，它才能够有价值。如果没有这个前提，如果这个前提不可规定，那么功利主义的前提就不可规定，那么就陷入了无价值和价值虚无主义，人和动物最终就没有什么区别。功利主义和幸福主义导致了把人当作动物来看待，把人看作仅仅是更聪明的动物，为了自己的生存而利用理性来作为他的手段。凡是利于我们生存的那就是好的，凡是不利于我们生存的那就是坏的，那跟动物有什么区别呢？这种善的价值的最终根基何在呢？当时康德就对功利主义提出了这种批评。功利主义当然很有道理，特别在现代社会，英美分析哲学的伦理学对现实社会的功能设计、规范等等都是非常实在的，都是给人带来好处的，所以基本上在现代法治国家、民主国家流行的都是功利主义的东西，哪怕像德国这些国家也受到影响，开始改变自己的立场，认为原来的立场太理想化了。而美国正因为实用主义、功利主义流行，所以它远远走在其他国家前面，不管是它的科学发展、技术发展、经济发展、财富增长，都引起欧陆国家的羡慕和仿效。但是也有一些知识分子在抵制，认为那是美国价值，美国价值最后会导致否认一切价值的虚无主义。康德在这里已经提出了这种批判，即如果完全按照那种方式设计一个社会，人们的价值观、道德观就跟动物没有什么区别了。人当然是一种高级动物，他有理性嘛，但是这种理性只被用来发财致富，这是一条最短的捷径，但是人的尊严就没有了。道德是使人有尊严的，人格是具有价值的，你把人变成高级动物以后，尽管你可以在物质条件、生活条件方面走在前列，达到一种不可想象的高度，但是人失去了价值，失去了尊严。所以康德对于经验主义、功利主义的伦理学的批判只是要坚持人的超经验的尊严，人跟动物不同就在于他能够超越经验、超越物质需要而保有自己的尊严，那么这个尊严它的根基何在？康德主要是要为这个东西奠基。所以康德的哲学在今天仍然很有价值，像罗尔斯的正义论企图把康德的某些东西恢复起来，哪怕在美国，他的正义论试图把价值的根基、把道德的根基恢复起来，同时又跟现实的发展结合起来，不是讲正义论、讲道德的尊严就不讲发展了。其实康德也没有完全否定功利主义本身和幸福主义的价值，但是康德主张这些价值要有价值根据，最高的价值根据是超越功利主义的。他要把这个建立起来。

　　上面已经讲到的那几段，主要是区分出了一个快适和善，一个不快和恶。这两种区别主要是当时的功利主义、幸福主义把它们加以混淆，而康德根据自己的善恶概念，把它们严格区分开来了。前面已经讲了一番道理，就是真正的善应该是以法则作为它的根据。而快适是以感性作为它的条件，有什么感性、有什么样的感官，你感觉到了快适，就是善。那么这里头没有所谓的先天法则，只有后天各不相同的感性、感觉。我们可以看出，康德在他的伦理学里面，他与之作斗争的最重要的对手就是英国经验派的伦理学，不光是英国，法国也有。经验派的伦理学主要是以人的享乐、幸福、快适、爱好这些东西的相关性来定义什么是道德的，什么是不道德的，那么康德就是要从这里头超越出来。我们在理解康德的伦理学的时候，有一个基本的线索可以把握，就可以在他的话里面听出后面的针对性，按照这种背景知识就可以容易进入到他的言外之意。这里面没有一个字提到幸福主义、功利主义的伦理学或者英国经验派的伦理学，但是实际上他是针对着这样一种倾向来讲的。这也是康德以后直到今天仍然在争论的一个问题，就是究竟是把道德建立在功利主义或幸福之上，还是建立在一个先天的法则、道义之上，这是非常重要的一个伦理学的区别。所以康德在西方伦理思想史上所代表的观点是有倾向性的，也就是从古代苏格拉底、柏拉图到斯多亚派的传统，中世纪的禁欲主义道德在康德这里也有反映。当然康德没有那么极端，他是把功利主义、幸福主义纳入其下，但是不能把它当作最高原理，最高原理就是先天的普遍道德律，在这之下可以适当地考虑功利主义、幸福主义的原则有哪些合理之处。而最后这两方面真正要达到统一，还是要在彼岸通过上帝来解决问题，所谓德福一致。道德和幸福怎么样能达到一致，人是无能为力的，只有靠上帝，这是他的一种解决的办法。今天要读的这一段，其实还是这个问题，就是如何把道德的善恶和我们心理上、生理上所感到的快乐和不快，先把它们区别开来。通常我们在日常生活中对这两者是不加区别的，快乐的事，我们都把它称之为好，也就是善，遇到自己不愉快的事情，我们就说不好。但是当我们说这个人是个好人的时候，不一定是说他能使我感到愉快，而是表明他是一个道德的人，他有很高的道德的时候我们才能称他为一个好人，否则的话，哪怕他给我带来好处，我也不认为他是一个好人。这个是一个很重要的区别，这个在中国的汉语里，在德语里面，在西方的文字里面都有这样一个混淆，但在用法上人们还是知道有区别的。这个混淆当然也是有道理的。就是说人类最初产生出"好"这个概念，是什么东西都包含在一起的，而且它的根源仍然是立足于人的感官的愉快的，中西方都有这种用法。西方"Good"这个词本来的意思就是合适嘛；那么中国的"善"，上面一个"羊"底下一个"口"，就是羊肉吃到口里就是好的，有人就是这样解释，"羊"入"口"则善，"羊""大"则为"美"。而且古代善和美是不大区分的，善也可以作为美用，美也可以理解为善。所以它们的起源都是一样的，都是来自直接的感性愉快，给人带来幸福、带来快感。但是它上升到道德的纯粹法则这个意义上呢，应该是引申义或者是提升义，是提升起来的。最高的"好"，那就不光是口腹之欲了，孟子讲"可欲之为善"，这是低层次的。孟子经常用吃东西来打比喻，熊掌和鱼，怎么样选择。这是有它的根源的。但是到了康德那里，就把这两方面，哪怕有同一个根源，坚决地区分开了，以便跟功利主义、幸福主义伦理学划清界限。看这一段：

经院派的一句老话是:nihil appetimus, nisi sub ratione boni; nihil aversamur, nisi sub ratione mali;

意思是:"只以善为理由去追求,只以恶为理由去拒斥。"这是经院派的一句老话,也就是西方的这个善恶观念是有传统的,不是说在康德这个时代采取了这样的解释,它是从经院派类似于谚语、格言这样一些说法里面找根据的。西方历来这样认为:只以善为理由去追求,只以恶为理由去拒斥,正如中国人也讲,择善而从之。但康德是要为这种说法翻案,他说,

而这句话有一种往往是正确的、但也往往对哲学非常不利的用法,因为 boni 和 mali 这两个术语包含有某种歧义,这要归咎于语言的局限,据此它们可以有双重含义,因而不可避免地使实践法则陷入盘桓不定,

就是"只以善为理由去追求,只以恶为理由去拒斥"这样一句话它当然是对的,"包含一种往往是正确的"用法。谁都不会去追求恶,也不会去拒斥善,这是大白话。但康德认为这话也不是绝对正确的,而是"往往是"正确的,通常是正确的;但是对哲学是非常不利的,用严格的、精密的哲学眼光来考察,引用这样一个谚语或者格言是非常不利的,是会发生混淆的。因为"善"和"恶"这两个拉丁语词本身"包含有某种歧义",不利于哲学层次的细致区分。因为所说的善可以是那种"可欲之为善"的"善",也可以作为道德上的"善",同一个词包含有双重含义,这是一个有歧义的词。"因而不可避免地使实践法则陷入盘桓不定",在实践法则的选择上,你就会在这两种歧义之间转来转去,一会儿用这个,一会儿用那个,都是用的同一个善,但实际上并不是同一个意思。

而哲学在运用它们时固然完全意识到同一个词的这种概念差异,但却不能为此找到任何特殊的表达方式,它们就迫使哲学作出微妙的区分,对于这些区分人们后来无法达成一致,因为这种区别没有能用任何合适的术语直接表明出来。

这就是指出了当前的哲学特别是道德哲学所遇到的在术语上的麻

烦。就是根据拉丁语"只以善为理由去追求，只以恶为理由去拒斥"，这句话是有歧义的。当我们在讨论实践法则的时候，我们就摇摆不定，我们是用这个意思还是用那个意思。"哲学在运用它们时固然完全意识到同一个词的这种概念差异"，哲学在运用"善"或"恶"的语词的时候，其实很容易区分出来同一个概念的不同层次的差异，但是，"却不能为此找到任何特殊的表达方式"。你意识到这种差异，但是你如何能在术语上、表达方式上区分出来，这还是一个问题。所以"它们"也就是这两个具有双重含义的概念，就迫使哲学作出微妙的区分，也就是试图表达它们的言外之意。从那句话以后，以往的人们都还没有作出这种区分，因为没有解决语词表达的问题，单凭意在言外的体验是无济于事的，总是确定不下来。"对于这些区分人们后来无法达成一致，因为这种区别没有能用任何适合的术语直接表明出来"，这些区分，以往的哲学也作了一些，但是往往很难达成一致，因为没有确定的语词表达，即使从意思上区分了以后，人们还是在争来争去，关键在于对于这些区分人们没有找到合适的语词。你既然有歧义，你就要想法用两个术语来表达，但是它只有一个。这就是导致人们无法达成一致的原因。其实是直到康德才对此明确作出了区分。下面康德有一个注释。

　　此外，sub ratione boni [拉丁文：以善为理由] 这个说法也是有歧义的。因为它可以有这样的意思：如果、而且正**由于**我们**欲求**（意愿）某物，我们就把它表象为善的；但也可以是说：我们之所以欲求某物，是**因为我们将它表象为善的**，以至于，要么欲求是作为善的客体的概念之规定根据，要么善的概念是欲求（意志）的规定根据；因为 sub ratione boni [以善为理由] 在前一种情况下将意味着我们**在善的理念之下**去意愿某物，在后一种情况下则意味着我们**按照善的理念**而意愿某物，善的理念必须是作为意愿的规定根据而先行于意愿的。

　　我们来看看这个注。他说，"此外，sub ratione boni [拉丁文：以善为理由] 这个说法也是有歧义的"，不仅是善和恶这两个概念有歧义，可以意味着感性的善恶，也可以意味着法则的善恶、纯粹实践理性的善恶，而且"以善为理由"这个说法也是有歧义的。"以善为理由"就不仅仅是概念了，而是一个命题，以善为理由，或者善就是理由，这样一个说法它本身也是有歧义的。"因为它可以有这样的意思：如果、而且正**由于我们欲求**（意愿）**某物，我们就把它表象为善的**"，就是说以善为理由可以意味着：如果我们欲求某物，或者说正是由于我们欲求了某物，所以我们就把它表达为善的，这是主观的解释，即它是否善取决于我们是否欲求它。"以善为理由"，这个理由可以理解为主观欲求的理由，"欲求"是由于我们想要某物，这个某物就是善的。所以它取决于我们的欲求能力。而我们的欲求能力从哪儿来的，它反倒不是从我们所欲求的善来的，而是从我们的比如说感情的需要来的。我们的感性欲求是我们作为理由去追求某个东西的出发点，那个东西符合我的欲求才是善的。这是"以善为理由"的第一层含义，即主观的含义，通常是经验主义、幸福主义的伦理学所坚持的。"但也可以是说：我们之所以欲求某物，是**因为我们将它表象为善的**"，这就是客观主义的解释了，这是另外一层意思，我们的主观欲求现在是有原因的了，这个原因就是我们表象为善的那个对象。就是说，正因为这个东西我们认为是善的，我们才去追求，那么在我们追求的时候，我们也可以把它说成是以善为理由。这层意思就是说，首先我们要认为它是善的，我们才去追求，这个善不是以我们的欲求为根据，相反，我们的欲求是以这个客观的善为根据。我们要以善为理由，而不要以恶为理由，那么关键在于，什么是善？我们先已经认定它是善的啦，那么这个"认定"就不是出于后天经验，而是出于我们内心先天的法则。我们认为这样做不对，所以不能做；或者认为这种行为应当去做，所以我们才这样做。康德对道德行为就采取了这样的一种理解，我们只追求我们认为是对的、是好的那样一些对象，而这种认为的标准不是感性经验，而是先天的法则。这两种理解是截然不同的，一种是幸福主义或功利主义的理解，一种是道义论的理解，我们都可以表达为"以善为理由"去追求。所以这是一个歧义。"以至于，要么欲求是作为善的客体的概念之规定根据"，善的客体的概念是由我们的欲求来作规定的，那显然这样一种善就是主观感性欲求的善。"要么善的概念是欲求（意志）的规定根据"，善的概念，首先有个概念，然后你的欲求、你的意志要按照这个善的概念去规定、去追求一个对象。你是按照一个善的概念去追求一个对象，这就是一个善的行为；而不是因为你去追求这个对象，所以把它称之为善的，给它一个善的概念，这是两种不同的思路。"因为 sub ratione boni [以善为理由] 在前一种情况下将意味着我们**在善的理念之下**去意愿某物，在后一种情况下则意味着我们**按照善的理念**而意愿某物，善的理念必须是作为意愿的规定根据而先行于意愿的"，就是说，为什么会导致这样一个结果呢？是因为在前一种情况下，即如果从欲求出发去规定一个对象的善，这意味着我们"在善的理念下"去意愿某物。"在善的理念之下"就是打着善的理念的旗号，以善的名义、以这个理念的名义去追求某物。我们追求某物，也可以不以善的名义，我不说它是好是坏，我只说我愿意、我想；但是我们把它称之为善的，是我们打着善的旗号。这是前一种情况，在感性的、经验的、功利主义的情况之下，我们是打着善的旗号去追求任何我们想要追求的东西。那么在后一种情况下呢，则意味着我们"按照善的理念"而意愿某物，这个就大不相同了。看起来好像区别不大。"在善的理念之下"和"按照善的理念"，不就是一回事吗？但是在康德看来有本质的区别。你是打着善的理念的旗号，但是内心里想的其实恰好是你的爱好、你的愉快、你的快乐，这是一种情况；另一种情况是，我们"按照善的理念"去追求，也就是善的理念成了你的追求的规定根据。不是打着善的旗号，不是你先想要一个东西，然后你去找一个旗号，认为自己追求的是善；而是你首先有一个善的理念的作为你的法则、原则，来指导你的意愿。"按照"也就是以它为法则，我们根据这样一个法则来意愿某物。所以"善的理念必须是作为意愿的规定根据而先行于意愿的"，这个理念是先行于意愿的，你先有什么？你如果先只是有意愿，你还没有善的理念，你想要一个东西，然后你找了一个善的理念，你说我这是追求好的东西，追求善的东西，那么这个善是你后来加上去的，你加上了，并不改变任何事情。相反，按照善的理念，就是说你必须先把善的理念当作规定根据，当你还没有起意的时候，还没有发生这个意愿的时候，你已经有了这个先天的善的理念在那里，然后你的一切意愿、意志都按照这个理念去追求任何东西，这个是另外一层意思。所以他加的这个注就是说，我们讲的拉丁文这个成语的歧义，不仅仅在于善恶这两个概念的歧义，而且在于"以善为理由"这个说法它本身有歧义。也就是不光是这个概念有歧义，而且这个命题也有歧义。当然这两种歧义都是由于功利主义的伦理学和康德主张的先验的伦理学之间的区别和差异所导致的。它们的立足点，一个是立足于感性的欲望，另外一个是立足于先天的法则，这两者都可以包含在这个谚语里面。下面，康德认为德语在这一点上要优于拉丁语。

*　　　　　*　　　　　*

德语有幸拥有一些不使这种差异遭到忽视的表达方式。对于拉丁语用一个唯一的词 bonum [善] 来称呼的东西，德语有两个很不相同的概念，也有两种很不相同的表达：对于 bonum 来说就是**善**（Gute）和**福**（Wohl），对于 malum 来说就是**恶**（Böse）和**祸**（Übel）（或**苦** [Weh]），以至于我们对一个行动所考察的是它的**善**和**恶**，还是我们的**福**和**苦**（祸），这是两种完全不同的评判。 [60]

这里回到正文。"德语有幸拥有一些不使这种差异遭到忽视的表达方式"，和拉丁语相比，近代德语有很大的优势，在表达哲学概念上更加精确，可以从语词上把这两个容易混淆的概念区别开来。拉丁语毕竟是一种古代语言，比较粗糙，类似于中国古代文言文，而近代德语则相当于白话文。德语适合于哲学的精确表达，这是康德和黑格尔都指出过的，

241

并且是引以为自豪的。注意这里"德语有两个很不相同的概念,也有两种很不相同的表达",根据不相同的概念,与此相应地就有两种不同的表达。前面拉丁语里面不光是概念的混淆,而且是这种表达的歧义,是两种命题的混淆。那么德语可以很好地解决这个问题。"对于 bonum 来说就是**善**(Gute)和**福**(Wohl),对于 malum 来说就是**恶**(Böse)和**祸**(Übel)(或**苦**[Weh])",这里 Gute 我们翻译成善,Wohl 我们翻译成福,所以我们发现汉语也很有幸,也有两个相应的表达,在这一点上汉语是不输于德语的,德语是非常精确的,现代汉语其实也很精确。一般来说,应该说现代汉语在这方面是更占优势的,因为现代汉语是可以意会的,表形、表音、会意,它是多方面的,几乎可以说没有汉语不能表达的西方概念。我们在翻译过程中对这一点深有体会,你总可以拐弯抹角地把它表达出来,当然有时候表达得不好、不顺畅,有些外来词我们觉得别扭,但别扭是暂时的,我们用习惯了之后,你就不别扭了。佛教里面的那些术语多别扭呀,现在我们日用而不知,我们以为是汉语,其实是外来语。汉语它的长处就在这里,它既可以表意也可以表音、还可以表形,所以难不倒汉语。我们看这里,德语在这个方面有优势,对于拉丁语有歧义的 bonum,我们可以用两个不同的德语 Gute 和 Wohl 表达。对于 malum 来说就是恶(Böse)和祸(Übel)(或苦[Weh]),它有两个表达方式:Böse, Übel(或 Weh)。Böse(恶)通常是在道德上讲的,它不会用在不快上面。不快有两个表达方式:Übel, Weh。"Übel"是灾难、灾祸、糟糕,"Weh"是苦、痛苦、不幸,Übel 是从客观上看的,而苦 Weh 比较倾向于主观。也就是在客观上和主观上,它分别用两个词来表示拉丁语里面的非道德意义上的恶,而另外还有一个道德意义上的恶则用 Böse 来表示。"以至于我们对一个行动所考察的是它的**善和恶**,还是我们的**福和苦**(祸),这是两种完全不同的评判",这里看出德语所占有的优势。显然,康德在这里是颇有一点自豪的,在德国人那里都是这样,黑格尔经常说德语本身具有哲学性质,德语在它的语言里就包含着它的辩证性质,它的同一个词可以表达完全相反的意思。最典型的就是我们通常讲的 aufheben［扬弃］这个词，有两个含义，一个是取消、一个是保存。那么我们中文里面翻译成扬弃，既是扬又是弃，也可以说成是悬置、搁置，"悬置"当然也有弃置不用的意思，但是又不是完全放弃，就是把它悬起来，放在那里保存起来备用。可见，德语既可以把同一个词的两种意思区分开来表达，也可以把两种不同的甚至相反的意思用同一个词来表达，非常灵活，但是又很严格。总而言之，德语跟拉丁语比起来更精确、更适合于哲学表达。

　　<u>由此已经看出，上面那条心理学的原理至少还是很不确定的，如果它被翻译为：除非考虑到我们的**福和苦**，我们就不去欲求任何东西；</u>

　　就是说按照上面所讲的那样一个对哲学十分不利的理解，把这句拉丁俗语理解为一条心理学的原理，理解为我们的主观欲求、主观的意愿，那么它肯定会是不确定的。"如果它被翻译为：除非考虑到我们的**福和苦**，我们就不去欲求任何东西"，就是说，我们把"只以善为理由去追求"从拉丁文翻译为德文，那么它至少是不确定的。因为德文已经把它的意思精确地限定为主观感觉中的福和苦了，这就排除了道德上的确定的理解。为什么是"至少"呢？就是不说它根本还不够格上升到道德原则，至少它连自己的确定性都做不到，因为我们每个人对福和苦的理解是大不一样的，每个人所追求的幸福是大不一样的。很可能你觉得很幸福的事情，别人觉得很痛苦，你觉得很痛苦的事情，别人觉得很快乐。这种例子多得很。

　　<u>相反，如果我们把它表示为：按照理性的指示，除了只是在我们认其为善的或是恶的时候，我们就不去意愿任何东西，那么这条原理就成了确定无疑的，同时又是完全清楚地表达出来的了。</u>

　　这一对照就很清楚了。相反的表达按照德文的翻译，就是把这样一条原理理解为不是心理学的原理，而是"按照理性的指示"，理性在先，先行于意愿而发生，除了只是在我们按照理性"认其为善的或是恶的时候，我们就不去意愿任何东西"。就是当感性还没有掺杂进来，而且根本

没有考虑我的幸福、我的欲求或者我的痛苦，只是在我们认为这个事情是善的或是恶的时候，我们才去意愿任何东西。也就是在我们按照理性的指示认为那个东西是善的，我们才去欲求这样一个东西。我们去追求它，但是追求的根据是按照理性的原则来评定善和恶，那么这条原理就是确定无疑的，它就不会有歧义，也不会因人而异。因为理性的法则是普遍的法则，任何人只要有理性，它按照理性就会推出同样的善和恶，它就没有歧义。所以它是确定无疑的，"同时又是完全清楚地表达出来的了"，不光意思清楚，而且表达也清楚明白。这样就把它跟前面心理学的理解完全清楚地区别开来了。这一段就是借助于德语里特有的关于善和恶的不同的术语，把这句拉丁俗语中的模棱两可的含混性问题解决了，从而使幸福主义伦理观和道义论的观点严格区别开来。下面一段就是进一步解释，既然提出了德语里这样一种区分，那就来对这两个术语作详细的考察。

　　福或**祸**永远只是意味着与我们的**快意**或**不快意**、快乐和痛苦的状态的关系，而如果我们因此就欲求或厌恶一个客体，那么这种事只要它与我们的感性及它所引起的愉快和不愉快的情感相关时就会发生。

　　德语里面讲的"福"和"祸"，它只是意味着这样一个关系，就是与我们的快意或者是不快意、快乐或痛苦的状态的关系，到底是福还是祸，那要根据我们是否感到愉快、是否觉得痛苦来判定。福就意味着和快乐的关系，祸就意味着和痛苦的关系，所以我们用这两个德语词，只是意味着这样一种关系，没有别的意思了。"而如果我们因此就欲求或厌恶一个客体，那么这种事只要它与我们的感性及它所引起的愉快和不愉快的情感相关时就会发生"，这是从主观态度上说的了，就是说，我们为什么会因为福而欲求一个客体，因为祸就厌恶一个客体，正是由于这种关系即福和快乐的关系、祸和痛苦的关系与我们的感性相关，与它们所引起的愉快和不愉快的情感相关。所以归根到底，主观感受和情感是我们评价一件事是福还是祸的标准，也是我们对一个客体抱欲求态度或者是厌恶态度的根源。当我们面对一个对象的时候，我们就根据这个关系追求一个对象或者拒斥一个对象。

但善或恶任何时候都意味着与意志的关系，只要这意志由理性法则规定去使某物成为自己的客体；正如意志永远也不由客体及其表象直接规定，而是一种使理性规则成为自己的（由以能实现一个客体的）行动的动因的能力一样。

前面是讲快意和不快意，对快意的欲求和对不快意的拒绝我们通常也称之为意志，所谓趋乐避苦的能力也是欲求的能力。但是严格说起来，康德认为一般的欲求还不能称之为意志。意志是高级欲求能力，它当然也是属于欲求能力，但是一旦提到意志，它就意味着有理性的加入，就成了高级欲求能力，那就摆脱了外界对我们的作用和刺激，而能够由理性的法则来决定我们的意志。人都有一种动物性的需要，你饿了，你的胃就刺激你，你就得赶快去找点东西填饱肚子，这个动物也会有的。这个就不能叫作意志，只能叫作欲求。人的意志当然也是一种欲求，但是它是高级的，所以"**善或恶任何时候都意味着与意志的关系**"，它就跟前面讲的那种欲求和厌恶不一样了。这里是高级欲求，追求或拒斥的是善与恶，"**只要这意志由理性法则规定去使某物成为自己的客体**"。这个意志使某物成为客体，意志当然要使某物成为自己的客体，也就是当然要去追求一个客体，这是一切欲求都有的结构；意志不是空的，凡是有意志，就要去追求一个目标，追求一个对象，把它当作自己的客体；但是意志是由理性法则规定它，去使某物成为自己的客体，而不像一般欲求那样由自己的感性、情感甚至本能来规定自己去追求一个对象。这样一来，他这个善和恶就与福和祸区分开来了，善或恶取决于与意志的关系，而不是与情感和本能的关系。"**正如意志永远也不由客体及其表象直接规定，而是一种使理性规则成为自己的（由以能实现一个客体的）行动的动因的能力一样**"，"正如"后面是一个状态从句，就是说，善和恶任何时候都意味着与意志的关系,只要这意志由理性法则规定去使某物成为自己的客体,这就正如意志本身的情况那样。意志本身是什么情况?它永远也不由客体及其表象直接规定,而是一种使理性规则成为自己的(由以能实现一个客体的)行动的动因的能力。这是意志本身的固有的结构,意志由理性法则规定去采取行动,使某物成为自己的客体,这并不是意志偶然采取的行为方式,而是意志的本质。意志永远不是由对象来直接规定的,如果是由对象和它的表象来直接规定,这个对象诱惑我,这个对象使我感到快乐,于是我就这样做了,这个叫作缺乏意志。你没有意志,所以经不起诱惑嘛。所以意志永远不是这样由客体及其表象直接规定的,恰好相反,它是不受对象的诱惑而坚持自己的规定,这种规定当然就是一种理性的规定了。这就是一种使理性规则成为自己的行动的动因的能力,能够使理性的规则成为自己行动的动因,这就叫作意志。什么叫作意志?意志不是被动的,不是受外界客体所影响。外界影响了你、诱使了你、逼迫了你,所以你才这样做,这不叫意志,这叫作缺乏意志,或者叫作意志薄弱。严格说起来,意志是什么呢?就是一种使理性规则成为自己行为的动因的能力,它有能力把理性的规则作为自己的行为的动因、作为自己行动的根据,这就叫意志了,我纯粹出于理性规则规定自己的行动,这就叫作意志了。括弧里面,"(由以能实现一个客体)",就是说意志它也不是与客体毫无关系的。前面讲了,它不是由客体来规定的,但是这个行动使得意志由以能实现一个客体。意志它是一种行动能力,它不只是说它想要这样干,想想而已,不是的,它要把这种想法付诸行动。如果你从一个理性规则出发,我想要这样去做,但是我又不去这样做,又没有这样去做。只是想想而已,那还不叫作意志;只有你付诸行动了,它才叫作意志,这就会有后果了,这就是由以能实现一个客体的行动。它虽然不由客体所决定,但是它是要决定客体、要实现一个客体的。所以它是一种实践活动、是一种实践能力。前面那个是一般的实践能力,我们在日常生活中所作的那种没有道德含义的行为,那也是一种实践能力,

246

它也要实现客体。但是它们的不同就在于，日常的一般的实践活动中，它的客体是规定我们意志的一个原因、一个根据，我们是根据这个客体，它对我的刺激，我们来追求它或者回避它和拒斥它。所以在那种情况下，我们是被动的。那么在现在这种情况下，我们是主动的，就体现在它不受客体的规定而能够规定一个客体、实现一个客体。实现一个客体这一点跟前一种情况没有区别，实用的实践也要实现一个客体，但是现在这里实现一个客体，不是根据这个客体的刺激来追求它、或者拒斥它，不是一种被动的反应，而是根据我们自己的理性规则主动地来决定我们是否追求它、或者拒斥它。追求和拒斥都是一种行动，既然都是一种行动，它就要产生一种客体，不管是消极的还是积极的，它都要产生一种客观状态，都有它的后果。但是这个后果已经不是它的行动的原因了，它行动的动因已经放在了我们主体的理性规则之上了，所以"由以能实现一个客体"并不是行动的出发点，而只是不言而喻的后果，只能放在括号里面讲一下。这就是它们的区别。一般地趋福避祸，这样一种出于本能每个人都会去做的行为，跟出于理性所规定的意志而采取的道德行为，它们之间的区别就在这里。所以按照拉丁文的这个俗语，它并没有将我们的趋福避祸的行为和我们的道德行为区别开来，而康德则认为，只有按照德语才能够严格地把两者区别开来。这里就是根据德语词在这两个概念上做的一种区分。

所以，善和恶真正说来是与行动、而不是与个人的感觉状态相关的，并且，如果某物应当是绝对地（在一切方面而且再无条件地）善的或恶的，或者应当被看作是这样的，那它就只会是行动的方式，意志的准则，因而是作为善人或恶人的行动着的人格（Person）本身，但却不是一件可以被称为善或恶的事物。

"善"和"恶"在这里已经被提到了道德意义上来谈了，真正说来，它们是跟行动相关的，而不是跟个人的感觉状态相关的。它们只和行动相关，这是一个很重要的区别，不要小看这个区别。只和行动相关，也就是善和恶只和实践相关,而跟实践中所掺杂的那种个人感觉状态无关。那么只和实践相关,它们就属于一种纯粹的实践理性了。纯粹实践理性它只和行动相关,当然它也会导致后果,也要实现客体,但是它不考虑现实的后果,而只把客体的实现放在括号中、或者是以虚似式而一笔带过。它只是在行动之前作为一个目的而设立一个动机,这个目的能不能作为后果而实现,它不管,它只和我为了实现这个目的所采取的行动相关。至于这个后果会不会产生幸福或痛苦,那就更不是它所关注的了。所以善和恶是属于纯粹实践理性的,而一般的福和祸则属于一般的实践理性、日常实用的实践理性。它当然也是实践理性,我们要追求祸和福,要避开灾祸,肯定需要实践理性在其中起作用,但是实践理性在这里不是纯粹的,而且它只是作为工具而附属于别的东西。而纯粹实践理性则是纯粹着眼于实践本身,行动本身,对于行动的后果,以及它对于我们主观上引起的感觉,完全不加关心。"并且,如果某物应当是绝对地(在一切方面而且再无条件地)善的或恶的,或者应当被看作是这样的",这句话就说得更加明确了。如果某物应当是绝对地善的或恶的,什么是"绝对地"?括弧里面解释,就是在一切方面都是善或恶的,而且除了善恶标准外再也没有别的条件了。某物应该是再也没有别的条件而本身就是善的或恶的,不要去在外面为它寻求别的条件,比如你的感觉、你的快乐、你的痛苦,这些都不成其为条件。而且在一切方面都是善或恶的,有没有在一切情况下都是善的或恶的事情呢?康德认为有,比如说撒谎。在任何情况下,撒谎都是恶的,不撒谎则是善的,这是一条道德法则,不可违背的。不要自杀也是。如果某物应当是绝对地善的或恶的,"或者应当被看作是这样的",就是说也许这种情况在现实中是没有的,人们在现实中多多少少总免不了撒谎,世界上绝对不撒谎的人是没有的,但是应当被看作是这样的,人本来应当绝对不说谎的。而绝对不撒谎这样的事情,应当绝对地被看作是善的。"那它就只会是行动的方式,意志的准则,因而是作为善人或恶人的行动着的人格(Person)本身,但却不是一件可以被称为善或恶的事物"，那它就只会是行动的方式，意志的准则，我们就只能从形式上来规范它，而不涉及它所造成的后果或事物。所以它是作为善人或恶人的行动着的人格本身，"人格 (Person)"原来译作"个人"，还有人译作"人"、"人身"，当然也不是不可以，但这就漏掉了这个词的形式上的含义。就是说行动我们不考虑它的后果，我们就只考虑它的方式，也就是它的一种形式，你要按照什么样的形式去行动、按照什么抽象的法则去行动，不在乎你做什么，而只在乎你如何做、按照什么准则去做。所以它在现实中产生了什么样的后果，这个不关系到善和恶的准则。哪怕你没有做出来，它是善的就是善的，这个在任何情况下都不改变它的性质。你想要做的那件事情可能根本实现不出来，甚至是适得其反，好事办成了坏事，那都不涉及根本，只看你在办事的过程中，那种规定意志的形式是不是符合道德法则，符合善的法则。所以它只会是行动的方式，意志的准则。就是说你的意志是以什么样的方式作为你的准则。准则当然还是主观的，这个地方还没有涉及道德律的客观法则，这里还是涉及意志的准则，行动的方式，你的行动按照什么样的方式。因而善或恶是作为善人或恶人的行动着的人格本身，只是行动的方式，那行动的内容可以变来变去，但是行动的方式是不变的，借此可以把一个善人和一个恶人区别开来。人生在世有他的行为方式，行为的准则，不管你这个准则是怎么样的，你总要有准则，这个人才有人格，我们才把他称之为一个人格。Person 这个词本身是"面具"的意思，来自拉丁语，就是古罗马戏剧舞台上戴的面具。每个面具它有不同的特征，代表着固定的角色，相当于中国的脸谱，它们是不能混淆的。但是每个人的面具，在戏台、舞台上它一直要戴到最后，它代表了这个"角色"，它是不能摘下来的。像斯多亚派就提出过一个观点，就是说世界是一个大剧场，每个人在这个剧场中扮演着一定的角色，这个角色是上帝派给他的，你戴了这个面具，你这一辈子就是这样一个面具、这样一个角色了，一直到死，在上帝面前才能把你的面具摘下来。那么你在这个世界大剧场里面，你就要演好你的角色。所以这个 Person 它为什么代表了"人格"的意思，就是说人格它具有形式上的一贯性，每个人他都有一个一贯的人格、有他自己一贯的准则，不管这个准则是好是坏。你说我的准则是人不为己天诛地灭，那也可以呀，那就是你的人格，如果你就是一个人不为己天诛地灭的人，那么我就可以跟你打交道了。最怕的是那种一边心里是人不为己天诛地灭，口里却说毫不利己专门利人的人，你无法和他打交道，因为他没有人格。真正懂得人不为己天诛地灭的人，他就会尽可能不去损害人家的利益，因为他知道如果损害了人家的利益，人家一定会反对你，那么你自己的利益也就要受到损害，实际上你实现不了自己的准则。所以一个坏人只要他有人格，我们就可以跟他打交道。民主制度就是这样建立起来的，那是一个坏人的制度，就是在跟坏人打交道的时候，我们有契约，我们把人做出最坏的设想，在这样一种设想中来建立起一种制度，要求每个人都要有自己的人格，使坏人也能在其中实现自己"为己"的目标。那么这样一种制度实际上会逐步地把坏人变成好人，一种假定人人都是坏人的制度是一种能够把坏人变成好人的制度。相反，一个假定人人都是好人、或者说"还是好人多"的制度，哪怕一开始的确是好人多，也是把好人变坏的制度，是一个日益走向腐败的制度，这里面有一种辩证关系。先把人看作是坏人，承认人性本恶，然后建立起一种制度来，使坏人可以不把他的坏泛滥开来，而受到他自己的人格的节制，这就为恶劣的人性向善的目标前进留下了广阔的余地。而一个相信人性本善的制度，总是依赖于每个人本性的善而无须制约，那就造成伪善流行，最后只好依赖潜规则了。潜规则其实就是双重人格，口头上说的明规则可以是好的，是百分百的善，实际上不说出来的都是利害关系甚至压迫关系，这就是潜规则。每个人被逼着说假话，哪怕说的是冠冕堂皇的假话，也已经把人的人格摧毁掉了。所以这个人格是康德伦理学和法哲学首先要立起来的一个东西，后面还要多次提到。就是说你必须把一个人看作是一个有人格的人，一个有人格的人就是一个有理性的人，我们经常讲西方的经济人、理性人的概念，其实也都是人格的概念。你有理性你就能按照理性的准则行事，这个准则不一定要是普遍的法则，不一定要是道德自律，也许只是你一个人的准则。但是你只要有人格，有自己一贯的准则，我们就可以在理性的基础上把法制建立起来，从而为真正的道德留下空间。这里人格还不等于善或恶，西方人说一个人是有人格的人，并不一定就是说他是有道德的人，他也许是一个坏人，但是他能够保持一致，他就是那个坏法，所以坏人只要他有保持一致的人格，那么就有办法限制他的坏，并且利用他的坏把他变成好人。在西方人眼里，谁不是坏人呢？坏的程度也许有区别，但是人人都是坏人，西方有这种原罪意识，人人都有原罪，人的有限性就是罪。这就使他们把关注的焦点从一般的道德评价深入到了对人的人格的评价，人格是一切道德评价的根。你不要光是从道德的善恶，君子还是小人来区别人，你还要从人格是否一致来评价人。真正的小人不是自私自利的人，而是反复无常的人，那就是小人；而真正的君子，他的行为是一致的、一贯的。做人要有原则，有所为有所不为，坏人做事如果能有所不为，"盗亦有道"，那他也只是坏到一定的程度，有些坏事他是不干的，这种人就可以和他讲民主讲法治了。所以在这方面我们要站在康德的文化背景上来理解才能把握它。他这里讲，"因而是作为善人或恶人的行动着的人格本身，但却不是一件可以被称为善或恶的事物"，不管是善人还是恶人，总之是人而不是物，物没有人格，人才有人格。所以只有具有人格的人才能成为善恶评价的对象，而任何其他事物都不能称之为善的或恶的。说"行动着的人格本身"，表明人格就是行动的方式，绝对的善或恶就是这种形式，而不是一件可以被称为是善或恶的事物。如果我们把某物称之为是绝对地善的或恶的，我们就把这个善的和恶的看作就是这个某物的属性了，我们说这是件好事嘛，不管谁来做这件事情，怎么做的，我们都把这个好、善看作是这件事情的属性，而往往忘记了做这件事情的人的行动方式，忽略了他的意志和行动的关系。我们把一个具体的东西看作是绝对地善的或恶的，这就人表面了，我们没有着眼于做这件事的人的行动的方式是善的还是恶的。当然他导致了这样一个后果，但是我们不要单从这个后果来看这件事情，而要从这件事情的行动方式来看。也许这个人出于好的目的、出于好的动机，按照好的行动方式去做，但是做出来的事情却很糟糕，但是那无损于他的行动方式。比如说他去救落水的人，没有救到，反而自己淹死了，你说他淹死了是一件好事，那不能这样说，只能说他的行动方式是一件好事。所以这个对象、这个某物不能称之为善的或恶的事物，这跟他的行动方式没有直接的关系，当然我们希望行动有好的后果，但是即算它有好的后果，我们也不是着眼于好的后果，而是着眼于做这件事情是按照道德律、按照善的原则来做的，我们才说这是善的行动。

所以，一个斯多亚派的人在剧烈的痛风发作时喊道：疼痛，你尽管更厉害地折磨我吧，我是永远也不会承认你是某种恶的东西（κακον，malum①）的！

"疼痛"是生理上的一种感觉了，一个痛风病人受到疼痛折磨的时候，他说，我永远也不会承认你是某种恶的东西。这当然显示了斯多亚派刚毅、忍耐的精神，就是说尽管你拼命地折磨我，但是你无损于我的善。我有痛风病，我每天受到病痛的折磨，痛风病的痛苦几乎成了我的一个属性，但是我的人格绝不因此而丝毫有所贬损，我还是一个道德的人。作为一个道德的人是凌驾于肉体的所有属性之上的。这个是斯多亚派的一个说法，康德其实是很佩服他们的。康德的道统就是从斯多亚派来的，首先是苏格拉底，然后是柏拉图、斯多亚派，然后是中世纪的基督教。那么近代的文艺复兴以来，这个道统已经濒临断裂，文艺复兴特别强调人的享受、人的感性，这个传统几乎断掉了。那么康德把它接上了，带有某种禁欲主义倾向。但是康德也不是完全的禁欲主义，他为人的欲望留下

---

① 希腊文，拉丁文：恶。——译者

了自己的位置，只是在最高点上，康德可以说是禁欲主义。但他并不一味地反对幸福主义和享乐主义，他反对的是把幸福主义、享乐主义当作最高原则，但是也没有完全排除享乐主义，享乐主义也是人的正当的需要，追求幸福也是人的正当的需要。所以最后他要讲德福一致嘛，最后人希望在上帝那里达到德福一致，这种希望是正当的，人应该按照自己的道德获得自己"配享"的幸福。功利主义、幸福主义的伦理学，错误不在于承认了追求幸福的权利，而在于他们把这种权利当作人的最高权利或者唯一权利。但是康德认为这还不够，人的尊严应该提升，应该提升到超越他的痛苦和快乐之上，他有他的尊严，他有他的人格，这才是一个人嘛。这个是康德从斯多亚派那里接受下来的一个传统，又把它大大发挥了，并且加以改造了。斯多亚派、中世纪的禁欲主义完全排除感性的东西，与感性势不两立，这个在康德看来是太过分了，康德还是主张以某种方式把它们统一起来。

　　我们当然可以嘲笑他。但他毕竟是对的。他所感到的是一种祸，这是他的喊叫所透露了的；但因此就在他身上看出一种恶，这是他根本没有理由承认的；因为疼痛丝毫也不减少他的人格的价值，而只是减少他的健康状况的价值。

　　斯多亚派的人毕竟是对的，他之所以是对的，就是他把痛苦和恶严格区分开来了。痛苦（和快乐）以及恶（和善）完全是不同层次上的东西，它们互相之间不能互相代替，我即算是有最大的痛苦，我也不把它认为是恶。那么反过来，哪怕我得到了巨大的感觉上的幸福，我们也不能把它称之为善。所以康德非常推崇这样一个斯多亚派的看法，虽然我们可以嘲笑他，好像斯多亚派这样一种自豪有点可笑，但康德认为他是对的。"他所感到的是一种祸，这是他的喊叫所透露了的"，他在喊叫的时候当然是感受到了痛苦，是为了增强自己的忍耐力来对抗这种痛苦，所以它是一种祸、一种灾难，这是通过他的喊叫可以看出来的。如果他没有痛苦，他就不会喊，他喊出来就是为了战胜这样一种痛苦。"但因此就在他身上看出一种恶,这是他根本没有理由承认的",因为他喊叫,就在他身上看出一种恶,这是不能承认的。就是他遭受痛苦,并不表示他是一个坏人,我们通常讲一个人遭受灾难,我们一般人会对他抱有同情,但是有的人会说他做了坏事,遭到了报应,基督教也有这种说法,一个人遭难了,有的人就说是上帝对他的惩罚。康德在这一点上也超越了基督教的观点,基督教认为人遭遇到这样的痛苦,肯定在上帝那里是有理由的,你不能埋怨上帝,上帝这样做肯定有他的理由,你必须因此而忏悔。但是康德已经超越了这一点,就是严格把痛苦、灾难和善、恶区别开来,痛苦和遭难绝对不是对你的恶的报应或惩罚。用痛苦和快乐来作为恶和善的惩罚和奖励,这种解释是康德完全不承认的。在现实生活中,任何幸运或灾难都不能说明你在道德上的善或恶,没有这个关系。现实中好人没有好报,恶人最后善始善终,你说恶人不得好死,他偏偏就得好死了,你一点办法都没有。这个康德看得清楚得很,你不要指望一个人做了好事,就能在现世得到好报,即算得到报应也是偶然的。当然里面也有些必然的规律,你做多了坏事,那你就会受到周围人的痛恨,别人会想尽办法来报复你。一个人做多了坏事通常都没有好的报应,这是一种实践智慧,明智的人都不会那样干。即算是一个坏人,他也不会得罪所有的人,这是不明智的。但是这说明不了什么问题,有大量相反的例证。所以康德把这个严格地区分出来,你不要以为善有善报,恶有恶报,在现实中这是不可能的,我们只能寄希望于来世,希望上帝是公正的,上帝可以严格按照你做的好事给你报偿,按照你做的坏事给你惩罚。但是在今生今世你休想,死了这条心。所以一个人遭受到了痛苦,因此在他身上就看到了恶,这是根本没有理由承认的。"因为疼痛丝毫也不减少他的人格的价值,而只是减少他的健康状况的价值",斯多亚派在西方伦理学史上是以道德严谨而著称的,为了道德他们什么事情都可以做,什么事情都可以忍耐,所以他们绝对不会做不道德的事情,一般说斯多亚派都是道德楷模。当然也有伪善。像塞涅卡,他也是斯多亚派的一个圣人,写了很多书,非常多的精辟的格言都是出自于塞涅卡的笔下,后世的人甚至基督徒都很推崇他;但是他是很伪善的,他要人家克制,但是他的家里家财万贯,他后来被皇帝处死,就是因为他太富有了,皇帝嫉妒他。你要人家安于贫穷、忍耐,你自己骄奢淫逸,他住的地方像皇宫一样,他的享受是应有尽有。塞涅卡为自己辩护,就是说我要求的那些君子标准,我是能够做到的,我之所以没有做到,是因为一些具体的条件的限制,但是我的道理在我的书里面,跟我的生活完全是两码事。这个我们中国人很难理解,我们中国人讲究言行一致,听其言而观其行。但是西方人觉得只要你说得好,对后人有启发,不要去管说这个话的人是什么人。卢梭是个大圣人,但是卢梭自己道德上的缺陷大得很,到处乱搞,搞出私生子来,往孤儿院里一送,自己不负任何责任;但是他写了《爱弥儿》,告诉你怎样培养孩子。这种人的道德很值得推敲,但是他的思想确实很深刻,很有启发意义。康德看《爱弥儿》第一次打破规矩,看到晚上不睡觉,第二天没有出来散步。西方人跟我们不一样,他们认为人人都有原罪,人想要做到圣人,那是不可能的,每个人都有缺点,缺点大和小、多和少而已。所以有缺点不要紧,只要你有一个意图要追求善、要向善,要追求好的生活,哪怕仅仅是你的一个理念,那也就不错。当然斯多亚派一般来说是比较能够言行一致的。

　　<u>只要他意识到自己曾说过一次谎,这谎言就必定会打消他的勇气了;但疼痛却只会成为使他高尚的理由,如果他意识到他并不是由于任何不正当的行动而招致了这种痛苦、并因此而使自己活该受到惩罚的话。</u>

　　所以康德讲,疼痛丝毫也不减少他的人格的价值,而只是减少他的健康状况的价值;相反,"只要他意识到自己曾说过一次谎,这谎言就必定会打消他的勇气了"。痛苦并不构成他的恶,那么他这里有一个信心,这个信心来自何处呢?这个信心就来自于他认为自己从来没有说过谎,自己道德上无懈可击。在斯多亚派那里是有这种说法的,就是人可以成为圣人;当然到了基督教这种信心被打破了,因为原罪的观点,人不能骄

傲，人不可能是无懈可击的，你要自以为无懈可击，你就会盛气凌人了。所以斯多亚派有些人是盛气凌人的，他指责别人，之所以指责别人，是因为他觉得自己在道德上是至高无上的。所以只要他意识到自己曾说过一次谎，这谎言就必定会打消他的勇气了；反过来说，就是他们从来没有撒过谎，所以在任何痛苦面前，他们都问心无愧。这里举撒谎的例子，是因为康德把不说谎视为定言命令的最直白通俗的例子。"但疼痛却只会成为使他高尚的理由，如果他意识到他并不是由于任何不正当的行动而招致了这种痛苦、并因此而使自己活该受到惩罚的话"，就是说正因为他们不认为自己在道德上有什么毛病，所以疼痛反而会成为使他高尚的理由，因为越是疼痛，就越是表现出他们的美德：刚毅和忍耐。一个痛风病人，如果他觉得自己道德上无懈可击的话，那么越是疼痛，反而会衬托出自己的高尚。所以他们往往会标榜一种苦行主义，用故意使自己受苦来增加自己的道德砝码。这个跟我们中国人很相似，我们中国人想要表彰道德模范，通常就拿残疾人来做楷模，由此衬托出他的道德高尚，因为他超出常人，一般人受不了的他都能忍受。但这种道德高尚有个前提，即如果他意识到了他并不是由于任何不正当的行动而招致了这种痛苦，因此而使自己活该受到惩罚的话。一个道德楷模被火车压断了双腿，他并不是由于自己的不道德的行为遭到了报应，而是因为偶然的事故带来的痛苦，他在这种情况下，坚强自立，不接受别人的援助，而自食其力，这是很高尚的。这一点斯多亚派跟我们中国人很相似。只是到了基督教文化，才说人都是有原罪的，人不可能是完美的。就是康德也不认为他的道德律、绝对命令真正在现实中是每个人做得到的，甚至他认为没有人能够严格做到这一点，因为人都是带有感性、带有情感的，你要不让自己的情感影响道德律的实行是做不到的。道德律只是作为一个道德理想、一个追求的目标、一个应当的标准立在那里，用来衡量我们。你可以追求这个目标、接近这个目标，但是你永远不能达到这个目标。康德在这点上承接了基督教的这样一个传统。而对斯多亚派那种认为自己道德完美的观点,康德是带有批判态度的。尽管他的道统是从那里来的,但是他并不完全赞成斯多亚派的观点。

前面讲到善和福、恶和祸这两对不同层次的术语,康德进行了划分;那么这种划分,还要进行一番说理。我们看看下面几段,都是进一步的说明。

凡是我们要称之为善的,必须在每个有理性的人的判断中都是一个 [61] 欲求能力的对象,而恶则必须在每个人眼里是一个厌恶的对象;因而这种评判所需要的除了感官之外,还有理性。

就是说,厌恶和欲求都是跟人的感官相关的,欲求、拒斥,是一种爱好或者一种厌恶感;但是一个欲求能力的对象或者拒斥的对象要在有理性的人的判断中,根据理性人的判断来欲求和拒斥,这才能称之为善的或恶的。善的跟福不一样,恶的跟祸、苦也不一样,不一样就在于,作这种判断的除了感官以外还有理性。善和恶一般来说,当然是人们欲求或拒斥的对象,这个康德并不否定,但是它的评判的能力是理性。根据什么评定它是善的还是恶的,如果没有理性这个必要条件,那就不叫作善和恶,而叫作福和祸。所以除了感官外,还要加上理性,这才造成了这种评判,也就是理性对人的感性活动的评判,你是要追求呢,还是要拒斥它、逃避它,这个是根据理性作出来的决定。

这种情况与那和谎言相反的真实、和强暴相反的公正等等是同样的。但我们可能把某物称之为一种祸,而同时每个人却又必须把这种祸有时间接地,有时甚至是直接地宣称为善的。

"和谎言相反的真实"、"和强暴相反的公正"也是这种情况,就是同样要通过理性的判断。是谎言还是真实,是强霸还是公正,虽然它们肯定也要跟感性打交道,但是它的评判标准必定要是理性。"谎言和真实"不是快乐和痛苦的问题,所以斯多亚派在叫喊的时候,那种痛苦绝对不是一种恶。康德说如果他说过谎，那么他就没有这么庆幸了。也就是说如果自己说过谎，那么它就有一种恶在里面的，他的痛苦就有可能是对他的恶的惩罚。如果他没有说过谎，他认为自己在道德上是纯洁的，他就可以大无畏地承担自己的痛苦。所以"谎言和真实"就是一个善和恶的理性的评价，"强暴和公正"也是这样，里面包含有一种理性的法则作为判断的标准。"但我们可能把某物称之为一种祸，而同时每个人却又必须把这种祸有时间接地，有时甚至是直接地宣称为善的"，前面一句讲的是善和恶，下面一句讲的是福和祸的情况，就是说我们有时候把某物称之为一种祸，但同时每个人却又必须把这种祸有时候间接地，有时甚至是直接地宣称为是善的。也就是说，"善和恶"跟"福和祸"有时候会交叉起来。前面康德只是把两个层次区分开来了，区分了以后，在这一段里面又涉及两个层次之间的交叉关系。在低层次上被称之为祸的东西，在高层次上，前面讲了它不等于恶，但是有时候在某种情况下反而被称之为善的。最简单的例子是罪犯被绳之以法，判了刑，这直接对于他来说是祸，对于大众来说间接地却是幸事，甚至对他本人有时也可以看作一种拯救。当然有时候祸也被称之为恶的，祸不等于恶，但是常常等于恶的结果，因为作恶往往带来灾祸，这个情况很常见。但是在有的情况中不好的事情，我们也把它称之为善的。下面的例子就是间接的善。

　　一个要接受一次外科手术的人毫无疑问会觉得这场手术是一种祸；但他以及每个人都会通过理性把它解释为善的。

　　人家动手术，这当然是大祸临头了，一个人病到要做手术的程度，那当然是遭难了，但是不因为遭难你就回避手术、拒斥手术。小孩子会这样做，但是一个有理性的人就会知道这是必要的，小孩子也可以给他讲清这个道理。所以动手术是一种善的行为，从道德上讲，对医生来说他是在做好事，他在道德上是高尚的，有医德，治病救人本身是一个人道的行为。这件让人害怕的事带来了病人的康复，间接可评价为善的。

　　但如果有一个人喜欢戏弄和搅扰那些爱好宁静的人们，终于有一次碰了钉子并遭到了一顿痛打，那么这当然是一种祸，但每个人都会为此鼓掌并认为这事本身是善的，哪怕从中并不会产生出任何别的东西；

如果有一个人老是骚扰别人，因而遭到痛打。对于遭到痛打的这个人当然是一种灾难了，但是每个人都会说活该，并且认为这件事情本身是善的。如果每个人都不出头来收拾他一顿，那就让他胡作非为了，那大家都不得安宁了，所以这件事情本身是善的。但是这种善跟前面的那个善还不一样，前面的那个外科手术它是一种间接地善的，而这个人遭到痛打的这件事情本身是善的，也就是直接地是好的行为，这种人的行为早该受到制止了，这本身就是一件善事，而不必考虑任何别的后果。但是做手术的那个情况有一点间接。就是对于接受手术的这个病人来说，你可以把手术称之为善的，但还是要看后果如何。而且实际上严格说起来这个后果也不是善的，只能说是福，只是对于那个医生来说是道德的。但是那个人遭到痛打的这件事情本身道德上就是善的，因为这件事应该受到制止，必须有人出来主持正义。所以这件事情本身、包括这个人本身就是在道德含义上是善的，它和医生做手术的那件事情不一样。手术本身没有道德含义，但是惩罚做坏事这是有道德含义的，这是更加直接的。所以每个人都会为此鼓掌并认为这事本身是善的，哪怕从中并不会产生出任何别的东西。遭到痛打这件事情没有产生别的效果，它只是对于这样一种恶劣的行为进行了惩罚，这件行为本身就是善的行为，它不需要产生别的效果。它没有产生一个善的对象，它只是制止了一种不道德的行为继续下去。

甚至那遭受到这顿痛打的人，通过他的理性也必定会认识到这事对他是公正的，因为他看到理性所不可避免地向他劝告的在安乐和善行之间的相称在这里精确地实现了。

每个人都会为它鼓掌，并且认为这件事情是善的，甚至于那个被打的人，如果他有理性，那么通过他的理性也必定会认识到这事对他是公正的。他就会反思了，他为什么会遭到痛打，我是不是干扰人家了，给人家造成不愉快了，那么我遭到这种痛打是公正的，公正的就直接涉及善了。"因为他看到理性所不可避免地向他劝告的在安乐和善行之间的相称在这里精确地实现了"，也就是善有善报、恶有恶报，这种理性的要求实现了。安乐和善行之间的相称，就是你图快乐不要妨碍别人，反过来也就是遭到痛打和作恶之间的相称，这都是理性不可避免地向他劝告的。也就是告诫他，作恶会遭到报应的，会受到相应的惩罚的，行善才会得到安乐。这是按照公正的原则、按照道德的原则应该这样的。那么这种相称在这里精确地实现了，你有什么话说呢？你自己有理性，你想想你遭到这一顿痛打该不该？如果他按照理性想一想，就会承认确实该打。这里举了两个方面的例子来说明祸和福跟恶和善它们属于两个不同的层次，但是相互之间有时候会发生影响、会交叉。我们通常讲的善有善报、恶有恶报，就是你做了好事就会带来幸福，你做了坏事就会带来惩罚，这是一种相关性；但是还有另一种相关性，对于灾难有时反而可以理解为善，对于幸福有时候可能被理解为恶的。善有善报、恶有恶报有时候不一定的，往往是不义之财给人带来幸福，但我们把它称之为是恶的，或者某一件坏事，但是我们往往把它称之为好的。马克思恩格斯都讲人的恶劣的情欲是推动世界历史前进的动力，它会产生好的效果，每个人去追求自己的私利，结果是推动历史的发展。当然康德还没有达到这个层次，但已包含类似的意思了。

　　当然，在我们实践理性的评判中，**很大程度上**取决于我们的福和苦，并且在涉及到我们作为感性存在者的本性时，**一切都**取决于我们的**幸福**，如果这种幸福如理性首先所要求的，不是根据转瞬即逝的感觉，而是根据这种偶然性在我们全部实存及对这种实存的心满意足上所具有的影响来评判的话；但并不是**一般说来一切事**都取决于这一点的。

　　"在我们实践理性的评判中，**很大程度上**取决于我们的福和苦"，"很大程度上"打了着重号，注意重点放在不同的地方，句子的含义就会有区分。重点一读出来，语感就不一样了，语感不一样，意思就不一样。所以康德经常运用这样一种手段，就是标重点。"很大程度上"取决于我们的福和祸，为什么是很大程度上？因为这里讲的是一般实践理性的评判，也就是在我们的实践理性中间，通常说来，在大多数情况下，我们的评判是取决于人的福和祸的，这就是那些实用的和技术的实践。我们在对一个人的行为进行评判的时候，也通常都是着眼于他给我们带来了好处还是坏处。"并且在涉及到我们作为感性存在者的本性时，**一切都**取决于我们的**幸福**"，就是在涉及到我们作为感性存在者的本性时，在涉及到我们的感性生存时，这就不只是"很大程度上"，而是"一切都"取决于福和苦的实用的考虑，也就是取决于是否幸福了。"如果这种幸福如理性首先所要求的，不是根据转瞬即逝的感觉，而是根据这种偶然性在我们全部实存及对这种实存的心满意足上所具有的影响来评判的话"，一切都取决于我们的幸福，这个"幸福"也打了着重号，接着有一个对幸福的解释。前面讲到福和苦的时候还没有出现"幸福"这个词，幸福 Glückselig-keit 和福 Wohl 是两个不同的词，虽然它们的意思是相近的。幸福这个词其实是包括了福这个概念的，就是我们的感性欲求的对象得到实现，那就是幸福了。然而在这种幸福中，"如理性首先所要求的，不是根据转瞬即逝的感觉，而是根据这种偶然性在我们全部实存及对这种实存的心满意足上所具有的影响来评判的话"，这句话是对幸福进行一种解释，就是说这种幸福它里面是有理性的，人的幸福它不是完全感性的、像动物一样的条件反射，一种刺激，一种本能，它不是的。康德讲到幸福的时候，它里面都包含有理性的成分，它是一般的实践理性的表现形式。我们要追求幸福，我们人的追求跟动物的满足是不一样的。人追求的才能称之为幸福，因为人在追求自己的欲望的满足的时候，他要用到理性，不是根据转瞬即逝的感觉，而是根据这种偶然性在我们全部实存及对这种实存的心满意足上所具有的影响来评判，也就是根据对我们整个一生的影响来评判。这种幸福是根据理性来评判的，那么理性是如何来评判的呢？

理性评判幸福不是根据你此时此刻瞬间的感觉，不是转瞬即逝的感觉。在这一瞬间你固然很快乐，但是你是不是会带来恶果呢？你是不是今天痛快，明天还痛快呢？你今天追求到了这个具体的愉快的对象，对于你将来整个一生所追求的最大的幸福是有利还是有害呢？这是理性所考虑的。所以理性有一种长远的眼光，这是人跟动物不同的，动物要追求的只是自己眼前本能的欲望，但凡是讲到幸福，那都属于人的一种评价，里面有理性的作用。感觉当然在这里面，感觉是一种偶然的感觉，那么理性根据这种偶然的感觉对我们全部实存及对这种实存的满意上所具有的影响来评判。理性起了这种作用，它能够把人的此时此刻的幸福感纳入到整个人生未来它的影响中加以评价，这是人区别于动物的一个基本点。比如说农民，他要保留种子，第二年要播种呀，再怎么饿得不行，种子他是要保留下来的。这是人比动物高的地方，他能够预见未来，能够克服面前的一瞬间的不愉快或痛苦而为将来的幸福提供一个基点。留得青山在，不怕没柴烧，真正的幸福是有长远目标的，要考虑到将来，这是人的理性带给人的一种考虑。所以对幸福的追求不等于对转瞬即逝的感官的追求，这种追求往往是导致不幸的，纵欲、无克制、透支、吸毒，它最后导致的是不幸。在经验中，我们经常有这些经验教训。"**但并不是一般说来一切事**都取决于这一点的"，他前面讲到"**一切**都取决于我们的**幸福**"，但这有个前提，就是如果涉及我们感性存在者的本性时，一切都取决于我们的幸福。这里则说，但并不是一般说来一切事都取决于这一点。就是前面一句话的条件是涉及我们的感性存在者的本性，这是一个特殊的情况，但是"一般"实践理性不仅仅是这样情况，还有别的情况，例如道德的情况。也就是并不是一般说来一切事都取决于幸福，一切取决于幸福是就我们的感性存在者的本性而言的，所以经验主义的伦理学，幸福主义、功利主义的伦理学在这方面应该有一定的道理。就限于只谈我们作为感性存在者的时候，确实一切都取决于我们的幸福，当然幸福里面也有理性，人的自由跟动物的任意是不同的。人和动物都有任意的一面、为所欲为的一面，但是人的任意是有理性的，因此他也是自由的，他能摆脱某些经验的东西，而追求更多的经验的东西，摆脱某些暂时的愉快，而追求更大的永久的愉快。而动物是本能。这里说"一般说来"，那就应该也把道德考虑进去。不仅仅作为感性存在者的本性，而且作为有理性的存在者的本性，那么在有理性的存在者这一方面，它就不仅仅取决于人的幸福了。

人就他属于感官世界而言是一个有需求的存在者，在这个范围内，他的理性当然有一个不可拒绝的感性方面的任务，要照顾到自己的利益，并给自己制定哪怕是关于此生的幸福、并尽可能也是关于来生的幸福的实践准则。

这句话就很明确了。为什么一般说来不能一切事情都取决于幸福呢？"人就他属于感官世界而言是一个有需求的存在者"，人作为感性存在者，他的本性是有需求的。"在这个范围内，他的理性当然有一个不可拒绝的感性方面的任务，要照顾到自己的利益"，这也是所有的人都能接受的，经验派的伦理学、幸福主义的伦理学，他们所立足的一个基点，就是人是感性的、经验的，他的理性有责任来为自己的感性需求服务。所以在这一点上，他的理性当然有一个不可拒绝的感性方面的任务。理性有一个感性的任务，经验派的伦理学也不是拒斥理性，但是他们认为理性的任务就是服务于感性，就是安排自己的幸福，功利主义就是要计算幸福，最大多数人的最大幸福，怎么才能最大？最大的幸福要通过计算、谋划，就像农民留下多少种子才够用。这都是运用理性来考虑的，功利主义的伦理学运用理性就在这个方面。"并给自己制定哪怕是关于此生的幸福、并尽可能也是关于来生的幸福的实践准则"，这个里头就包含有更深一层的意思了。哪怕要考虑到自己的一生，甚至来生，这都是理性的任务。理性的特点是长远的目标，而不只是近期目标。农民可以考虑到来年、后年，那么这是他的考虑，理性已经运用在里面了；但是还有更长远的考虑，更长远的考虑是此生，我这一生该怎么做，才能有个"善终"。但关键是要制定"尽可能也是关于来生的幸福的实践准则"，就是说此生也许我祖祖辈辈就是当农民，那么我也只好当农民，祖祖辈辈都受穷，我这一辈子也发不了财，这是关于此生的想法。但是尽可能也是关于来生的幸福，那就涉及对来生上天堂还是下地狱的一种考虑。人既然可以考虑明天，有这样一种理性的能力，他就可以用来把握自己的一生，进而也就可以考虑自己的来生，因为一生的考虑跟来生的考虑同样都要运用理性，它是没有区别的。只要你相信有来生的话，那么你的生命还没有完，你还有来生，你灵魂不朽，灵魂上天堂之后，你还有生活，基督教甚至认为那才是真正生活的开始，你在此生的生活只是为将来的生活做准备的。所以理性在这里面也是介入了，这样一种准备、这样一种实践准则才是一种幸福的准则。基督教认为你做好事、你勤勤恳恳，你死了之后可以上天堂。你所受到的损失在天堂里面都可以得到补偿。基督教教导人们为来世做策划，它的原则跟我们的理性教导我们今生今世做策划是一样的，就是幸福原则。在来世获得幸福，今生的欠缺在来世可以补偿。为什么"尽可能"呢？就是说一般的人可能考虑得不是那么真切，虽然预计到自己可能有来生，但是很渺茫。来生谁也不知道，理论上没有人否定过来生，那么根据理性，它就有这种可能性；但是它只是可能性，它不能证实。首先是此生，我们要按照幸福的原则，使自己获得尽可能大的幸福；但是有可能的话，我可以为来生准备可能的幸福。对上帝你也可以采用博弈论的方式，像帕斯卡所说的，你信上帝，如果真有上帝，你可以得到很多好处，万一没有上帝，你也不会吃亏；但如果你不信上帝，万一有上帝，你就吃大亏了。所以你还是信上帝比较保险，你即算是此生吃了亏，如果你信上帝，你在来世可以补回来。人们尽可能地精明算计，不但今生要获得幸福，而且尽可能来生也能获得幸福。首先要满足今生的幸福，然后尽可能对来生的可能的幸福也要做考虑。这都是实用理性的考虑。

　　但人毕竟不那么完全是动物，面对理性为自己本身所说的一切都无动于衷,并将理性只是用作满足自己作为感性存在者的需要的工具。

　　人是一种动物,这个康德并不否定;但他否认人完全是动物,他说,"人毕竟不那么完全是动物",不像那些经验派功利主义所认为的那样,人完全是动物。如果人完全是动物的话,他将"面对理性为自己本身所说的一切都无动于衷,并将理性只是用作满足自己作为感性存在者的需要的工具"。人这个动物从动物这方面来说,他面对理性为自己本身所说的一切都会无动于衷,他将只看重理性对外面的事物所说的东西,加以注意。理性对外在的这个那个事物相互权衡,精于计算,趋利避害,考虑如何达到最大的幸福,这当然要运用理性,但是这是向外运用。对这一点,作为一个感性的动物,他当然也要注意,否则就满足不了自己的动物需要了。但是对于理性为自己本身所说的一切,他都会无动于衷。其实理性应该为自身立法,不只是为外界立法。也就是说理性给人自己颁布的是道德律,如果他完全是动物的话,他就会对道德律无动于衷,并将理性只是用作满足自己作为感性存在者的需要的工具。他有理性,但是这个理性只是被当作感性的工具来使用,没有自身固有的价值,理性的价值只是为了给感性服务。人是有理性的动物,如果只是从这个方面来理解的话,那就相当于说动物有利爪、利牙,人没有,但是人有一种比利爪利牙更厉害的武器,那就是理性。人有理性那就比狮子老虎更加厉害,他可以驯服狮子老虎。所以理性在人身上装备起来,就像狮子老虎装备了利爪、利牙一样,很厉害。理性确实很厉害,它使人成为万物之灵长,可以统治自然万物,居于生态链的最高层,没有制约他的东西。人可以主宰一切。那么从这个方面看,人当然具有崇高的地位,但是仅仅是动物性的,他还是一种高级动物。这种地位其实还不够高级,因为他本质上还是动物,他跟动物处于同一个水平。他厉害,但他也仅仅是厉害而已。一个人很厉害,当然能够使我们恐惧他、服从他,但是不一定能让我们崇敬他。崇敬必须要有道德,你光是厉害,那还不够,如果你道德卑下,我不崇敬你,当然我可以服从你,是没办法,我对你害怕,但是你引不起我的尊敬。或者我装出表面上的尊敬，骨子里是藐视的。那么人如果是这样的话，他就没有什么崇高性了，他仅仅是把理性作为一种感性的工具，理性本身也就没有崇高性了，理性赋予人是为了什么，难道就只是让人满足他的本能需要？

因为如果理性只应当为了那本能在动物身上所做到的事情而为他服务的话，那么他具有理性就根本没有将他在价值方面提高到超出单纯动物性之上；这样理性就会只是自然用来装备人以达到它给动物所规定的同一个目的的一种特殊的方式，而并不给他规定一个更高的目的。

"本能在动物身上所做到的事情"，那就是动物的谋生方式，狮子有狮子的谋生方式，老虎有老虎的谋生方式，牛马有牛马的谋生方式。马的谋生方式就是逃跑，跑得快，牛的谋生方式就是它有强大的胃，它还有一对牛角，可以抵御捕食者。那么人他有理性，在这个意义上面，他的理性还是为了本能在动物身上所做到的事情服务的。本能在动物身上所做到的事情是维持动物的生命，如果仅仅是为了这个事情而为他服务的话，"那么他具有理性就根本没有将他在价值方面提高到超出单纯动物性之上"。一个人具有理性，如果仅仅是为本能服务，那他就没有办法将他在价值方面提高到超出单纯动物性之上，人的价值就并不高出动物的价值，无非都是为了动物性的生存。人有理性就像狮子有爪牙一样，你厉害不错，但是动物也厉害，你运用阴谋诡计能把狮子抓住，但是有时候你也被狮子吃掉。那么狮子把你吃掉了，有什么可惋惜的呢？不都是弱肉强食吗？所以你打死一头狮子和狮子吃掉一个人，在价值上没有哪个高哪个低的问题。人是一种动物，狮子也是一种动物，人为什么就不能被吃掉呢？所以在价值上面人跟动物就没有什么不同的地方。"这样理性就会只是自然用来装备人以达到它给动物所规定的同一个目的的一种特殊的方式，而并不给他规定一个更高的目的"，人有理性，但是理性并没有给人带来更高的目的，而只是给他规定了一种动物性的目的，只是自然界用来装备人以达到动物的同一个目的的一种特殊的方式，人也不过是一种特殊的动物而已。显然在康德看来,理性的目的绝对不仅仅是维持人的动物性的生存。但是按照经验派的功利主义伦理学,就把人的任何其他的目的都取消了,使人的理性下降到一种仅仅维持生存的武器,与动物同一等级了。

　　所以他固然根据这个一度对他作出的自然安排而需要理性,以便随 [62]
时考察他的福和苦,但此外他拥有理性还有一个更高的目的,也就是不
仅仅要把那本身就是善或恶的、且唯一只有纯粹的、对感性完全不感兴
趣的理性才能判断的东西也一起纳入到考虑中来,而且要把这种评判与
前一种评判完全区别开来,并使它成为前一种评判的至上条件。

　　"所以他固然根据这个一度对他作出的自然安排而需要理性","一
度对他作出的自然安排",就是说人生来具有理性一度是为了如同动物
的安排的同一个目的,也是自然给他作出的安排。人按照大自然给他的
安排固然需要理性,"以便随时考察他的福和苦",以便趋乐避苦。有了
理性以后,他就随时可以考察他的福和苦,随时可以分辨什么是福,什么
是苦,这都需要理性来进行评判,在福和苦的考察方面来运用它的标准。
这就是他能够战胜动物的原因。动物没有理性,动物对它快乐的追求和
对它痛苦的回避都是出自于纯粹的本能、出自于它偶然的处境,它没有
远见。人有了理性,就可以居高临下对这些对象进行选择,加以设计、加
以对照、加以策划,安排自己的行动去取得使他幸福的东西,逃避使他痛
苦的东西。这就是人的成功之处。"但此外他拥有理性还有一个更高的
目的",什么目的呢? "也就是不仅仅要把那本身就是善或恶的、且唯一
只有纯粹的、对感性完全不感兴趣的理性才能判断的东西也一起纳入到
考虑中来",就是所考虑的目的不单纯是那种福和苦,而是那种本身就是
善和恶的东西,要从那种福和苦的考虑提升到本身是善和恶的考虑。本
身是善和恶的,而不只是带来快乐和痛苦的,那么这种东西唯一只有纯
粹的理性才能判断,这种纯粹理性对感性是完全不感兴趣的。我们除了
要考虑给我们带来幸福和痛苦的目标,我们还要考虑我们的行为的善和

恶，而这一方面只有撇开感性、通过纯粹理性才能够判断。那么在更高的目的上，我们除了把这一方面、也就是把道德方面纳入到考虑的范围中来以外，"而且要把这种评判与前一种评判完全区别开来，并使它成为前一种评判的至上条件"。也就是不仅要从福和祸的评判提升到善恶的道德评判，而且要把这种善恶的道德评判与福和祸的评判完全区别开来，并使前者成为后者的至上条件。就是说要评判这个更高的目的，这个更高的目的是评价那些低级目的的至上条件。福和苦它本身还不是善和恶，我们要追求善和拒斥恶，通常容易把它跟趋乐避苦混淆起来，如果我们追求的仅仅是幸福、所逃避的仅仅是祸和苦，那就还谈不上真正的善恶。我们必须要上升到更高的层次，这个更高的层次跟祸和苦的层次是完全不同的，它是要运用纯粹理性的，这才能评判善和恶。而这种高层次的评判又是我们用来评判福和苦的至上条件，也就是我们必须立足于善和恶来评价福和祸，如果单就福祸来评价福祸，那和动物是没有什么区别的。我们必须评价福和祸的善恶意义，只有善人才配享福，他的祸也只是对他的考验，大难不死必有后福；恶人则是有祸之人，哪怕他现在享福。人就是要获得幸福，就应该去追求幸福，这个康德并不否定，但是这个追求是有条件的。它的条件就是说人必须在道德上配得幸福，只有道德是至上的、无条件的。道德应该是评价我们在现实生活中应不应该享福的至上条件。在现实生活中，虽然从你的动物性的需要看趋乐避苦是应该的，但是如果从道德上看是不应该的，那么道德就是至上条件，善人就应该服从这一至上条件。所以道德上的"应该"就成为了日常生活中"应该"的评判的至上条件，你应该使这种更高的目的成为前一种祸福评判的至上条件。这是康德在这里所要表达的，也就是康德并不完全反对功利主义的伦理学，功利主义伦理学的错误并不在于提出了功利主义的原则，而在于把功利主义原则当作了至上的原则，把福和苦的评价当作了至上的条件，这个就错了。因为它并不是无条件的，而只有无条件的才能成为至上的条件，那就是道德命令，只有定言命令才能成为至上条件。当然在康德这里，真正要使善恶成为福和苦的评价的至上条件，只有在上帝那里才能做到。只有上帝才能做到善有善报、恶有恶报，德福一致，恶和苦也一致，坏人下地狱、好人上天堂，这个只有上帝做得到。但是这里讲的不是做不做得到，而是如何评价。我们有了纯粹理性，我们就可以把这个作为标准来评价善恶。虽然我们做不到，但是我们可以对自己的行为加以评判，而评判的至上标准就是道德律。

＊　　　　　＊　　　　　＊

我们上次已经谈到康德对于善恶这两个概念，把它们严格地与福祸区别开来。就是善的东西不一定等于是愉快，愉快的东西不一定是善的东西，善和恶它本身具有一种道德的涵义。那么祸、福和痛苦、快乐这些概念它们本身并不具有严格意义上善的概念，根据我们上次讲到上一段的最后一句话，我们也特别强调了对善和恶概念的最高的评判应该成为对其他的一切祸福评判的至上条件。这个是上面提出来的一个很新奇的观点。那么这意味着什么？我们上次也作了一些简单的解释，比如说德福一致，这个福应该是以德作为它至上的条件，配得幸福，这样才能够达到德福一致，当然这里还没有展开，只是露出了这样一句话，真正的展开是在后面逐步进行的。

在这样评判本身是善的或恶的东西，以区别于那只和福或祸相关而可能被称为善或恶的东西时，有如下几点是关键。

"在这样评判本身是善的或恶的东西"，就是根据上面讲的，我们要区别开来，"善和恶"跟"福和祸"这两种评判是完全不同的，那么我们把它们区别开来评判。在这样评判本身是善的或恶的东西，"以区别于那只和福或祸相关而可能被称为善或恶的东西时"，要注意下面几点。这里"只和福或祸相关而可能被称为善或恶的东西"，就是说人们通常喜欢把福或祸也称之为善或恶的东西，给我带来幸福和快乐的东西我就称之为善的东西，给我带来痛苦的东西我就称之为恶的东西，这是不准确的，但是由于拉丁文的含混性，经常有可能被人们误称的。那么我们在区别这两者的时候，有如下几点是关键。

　　要么理性的原则本身已经被思考为意志的规定根据，而无需考虑欲求能力的可能客体（因而仅仅是凭借准则的合法则的形式）；于是，那条原则就是先天的实践法则，而纯粹理性自身就被看作是实践的了。

　　"要么"，这就是一种情况，是关键点之一。我们要区分这两种评判，那么我们要提出第一种评判是什么样的。这就是，"理性的原则已经被思考为意志的规定根据"，当然这里讲的是实践理性，实践理性的一条原则就其本身来说，就已经被看作是意志的规定根据了。我们在实践理性批判的一开始，导言里面就读到康德的这样一句话：纯粹理性本身就是实践的，本身就具有实践能力。也就是说它不需要借助于某个对象、某个另外的目的，或者为了感性的愉快、或者为了什么别的意图，然后才能推动自己去实践。纯粹理性不需要借助于感性的东西推动自己去实践，而是本身就可以实践，就可以投身于实践中，把自己实现出来。这就高度强调了纯粹实践理性本身就是自由的，它不受任何东西的限制和束缚。所以他讲要么理性的原则本身已经被思考为意志的规定根据，"而无需考虑欲求能力的可能客体"。欲求能力可能有很多客体，那都是外在经验的对象，我们要在现实中追求到它们，这就是欲求能力的可能客体。不仅仅是现存的客体，而且是可能客体，现存的客体还没有得到，但是我在欲求能力中想要把它实现出来，尽管它仅仅在可能性中，但是它还是取决于外在的各种条件，而不是取决于纯粹理性本身。那么这里讲的，理性的原则本身，也就是纯粹理性的原则，它已经是意志的规定了，至少被我们思考为、设定为意志的规定了，它本身是可以具有实践能力的，可以凭自身来规定意志应该做什么、不应该做什么。括弧里面讲"（因而仅仅是凭借准则的合法则的形式）"，因为无需考虑欲求能力的可能客体，所以它仅仅是凭借准则的合法则的形式，所以这里的理性法则就是纯粹理性法则。这就是前面我们讲的康德的定言命令、绝对命令或者道德法则。所谓定言命令就是，你要这样行动，使你行为的准则成为一条普遍的法则，这是无条件的。这样一个定言命令当然是纯形式的，它没有规定任何对象，它只是说你应该这样做，不在于你做什么，而在于你怎么做。怎么做呢？就是在你做的时候要使你的行为的准则成为一条普遍的法则。这样一条理性的原则既然已经被思考为意志的规定根据，而没有任何对象来作为它的前提，因而仅仅是凭借准则的合法则形式。这个形式跟内容或质料是相对而言的，你要是把客体放进来，那就是根据某些质料、根据某些内容了。但是它这里去掉了所有欲求能力的可能客体，它剩下的只是理性的纯形式。所以括号里面是进一步加以解释，这样一条理性的实践法则，它仅仅是凭借准则的合法则的形式。"于是，那条原则就是先天的实践法则，而纯粹理性自身就被看作是实践的了"，"那条原则"就是那条理性的法则，它本身已经被思考为意志的规定根据了，那么这条原则就是先天的实践法则。因为它跟欲求能力的可能客体都无关，是自上而下地规定意志的。欲求能力的客体都是后天的、经验的，它跟这些后天的经验的都无关，那么它本身当然仅仅是建立在人的先天的理性原则之上的。所以这条原则就是先天的原则，虽然是在实践中，它要实践出来，但是它的法则是先天的。我们讲实践，它不可能没有后天经验的东西，你讲实践，你就必须在现实中发生作用，你肯定要跟后天的经验打交道，这个是毫无疑问的；但是你这个实践的法则是先天的，你根据一条什么样的法则、或者一条什么样的准则来打交道，这个跟你最后所要实现的对象、你所造成的结果无关。康德只注重"我"在实践中是根据一条什么样的法则或者准则来进行这个实践，至于实践所造成的后果那是后一步的事情。他讲，"而纯粹实践理性自身就被看作是实践的了"，我们刚才提到的纯粹理性自身就具有实践能力，就能作用于感性世界，就是这样来的。纯粹实践理性当然要作用于感性世界，但是，纯粹理性自身没有任何其他的感性的对象，能不能就凭自己作用于感性世界，这是他所关注的。那么在这种情况下，即第一种情况之下，纯粹理性从自身出发来决定意志、来规定意志，那么当然它自身就被看作是实践的，它可以通过自身的先天法则而作用于客体。

这样一来，这条法则就**直接地**规定着意志，按照这种意志的行动就**是本身自在地善的**，一个意志的准则永远按照这条法则，这意志就是**绝对地、在一切方面都是善的**，并且是**一切善的东西的至上条件**。

"这样一来"，也就是说，纯粹理性本身就具有实践能力了，那么这样一来，这条法则、这条理性的法则"就**直接地**规定着意志"，"直接地"打了着重号，也就是它不借助于任何客观对象而规定意志。它当然要作用于客观对象，但是它的法则是直接地规定着我的行动意志的，没有任何中介。"按照这种意志的行动就是**本身自在地善的**"，意志按照这条理性的法则的规定而行动，这样一个行动本身自在地就是善的，"自在地"这个词跟自在之物用的是一个概念 (an sich)。这个行动，这里不是讲的自在之物，而是讲的这个行动，自在地是善的，就是行动本身就是善的，而不是根据它的后果来说是善的。"自在地"这里相当于"本身"，是相对于它所造成的现象、它所造成的后果而言，任何行动都要造成后果，如果你的意志的行为不仅仅是想想而已，在脑海中转转而已，而要把它做出来，它肯定要造成后果。但是造成的后果怎么样，是愉快的还是不愉快的，在这个地方还没有得到确定。得到确定的就是这个行动本身，因为它的意志来自于先天的法则，所以这个行动本身自在地本身就是善的。当然它也许造成不好的后果，也许是好心办了坏事，那也有可能的，但是这个行动本身自在地你不能否定，它已经是善的了。"一个意志的准则永远按照这条法则，这意志就是**绝对地、在一切方面都是善的**"，这法则是直接决定意志了，那么如果这个意志永远根据这条法则来制定，也就是完全符合道德法则，以至于你把你的行为的意志的准则变成了一条普遍的法则，那么这样一个意志就是善的意志，而且它是绝对地、在一切方面都是善的意志。它就是绝对的善良意志，我们通常讲康德的善良意志就是这么个意思。所谓善良意志就是永远使行为的准则按照理性法则来制定，那么这样一个意志就叫作善良意志，而且是绝对的善的意志。"并且是**一切善的东西的至上条件**"，一切善的东西都要根据这个绝对善的意志才能成为善的。我们刚才讲的上面一段的最后一句已经提出了至上条件的问题。也就是说如果没有这样一个本源的绝对的善良意志，那么其他的善都是相对的，它对某一方面来说是善的，但是对另一方面来说，或者从总体上来看，不见得是善的。如果你没有最终的那个绝对的善的目标，没有那个绝对的善作为你的根基，那么所有的善都将崩溃，都将站不住脚。我们每天都在做符合自己目的的好的事情，我想要达到一个目的，于是就采取一个好的手段，所以"善"是我们在日常生活中每天都在用的概念，这个工具好不好使、好不好用，这个人的智力怎样、能力怎样，这个员工好不好，我们每天都这样评价。但是所有的这些评价都是相对的，换一个场合可能就成了反面的评价。如果没有一个终极的善良意志，所有这些善的评价归根结底都谈不上善，甚至于是恶的。比如希特勒手下有很多很好的将军，很好的士兵，他们很善于打仗，但是他们的终极目标没有善的绝对根基，所以所有的这些善越善就越恶。为什么说绝对的善良意志是一切善的东西的至上条件呢，问题的关键就在这里。我们经常怀疑人生究竟有没有意义，这个世界上到底有没有善，就是因为我们没有确立起一种绝对的善的标准来。康德的思想这是很重要的一个特点，他不像经验派抓住一点就是一点。抓住一个善的东西就把它叫作善的东西，他要追根溯源，所有这些善的东西归根结底是否是善的，它是建立在什么东西上才得以是善的，必须首先解决这个问题。所以在这一点上康德把它归结到纯粹理性，由纯粹理性法则所规定的这样一个意志的准则，那就是绝对善的，因为它不受任何外在经验条件的影响、限制和改变。在任何情况下、在一切方面，绝对是善的这样一个意志是一切善的东西的至上条件。这就是整个前面讲的第一种情况："要么理性的原则本身已经被思考为意志的规定根据"。那么第二种情况是什么？接下来看。

要么，欲求能力的规定根据先行于意志的准则，这意志以一个愉快和不愉快的客体、因而以某种使人**快乐**或**痛苦**的东西为前提，并且趋乐避苦这条理性准则规定那些行动如何相对于我们的爱好而言、因而仅仅间接地（考虑到另外的目的，而作为这目的的手段）是善的，这样一来，这些准则就永远不能称之为法则，但仍可以称为理性的实践规范。

"要么"，这就是另外一种情况了，前面是讲的纯粹理性直接规定意志的情况，那么这个地方是第二种情况，就是"欲求能力的规定根据先行于意志的准则"。"欲求能力的规定根据"就是欲求能力受到规定，什么规定呢？就是欲求能力的对象，欲求能力受到它的对象的规定。我有欲求能力，那么这个欲求能力是针对什么样的一个对象呢？比如说我肚子饿了，我现在要去吃饭，那么这个饭、这个面包就是我的欲求能力的规定根据，我就把欲求能力限制在面包这个目的上了，别的东西我现在不要，我现在就要吃饱肚子，别的东西现在不能规定我的欲求能力，只有面包能够规定。于是欲求能力的这样一个规定根据就先行于意志的准则。意志当然也是欲求能力啦，但是意志它自身有一种准则，这种准则也可以先行于欲求能力的规定根据，那就是前一种情况。而现在是以欲求能力的规定根据做前提的，这个时候就不是由纯粹理性直接来规定意志的准则，而是由欲求能力的规定根据、也就是欲望的对象来规定我的意志的准则了。我要得到这块面包，那么我当然要花力气，我就必须要坚持了，有一点意志能力啦，我就要使这个意志能力按照某种准则去取得这块面包。意志是按照准则行动的，它跟单纯的欲望不同，单纯的欲望是按照本能行动的。而人的意志要按照准则行动，它里面是有理性的，我怎么取得这块面包，那么我首先要去打工，打工当然不是我本能的欲望，因为它是很累的。人哪个不希望休息、偷懒呢，但是不行，我必须要按照意志控制我的行为，按照一条准则、按照一条规则才能获得这块面包。所以欲求能力的规定根据，它是先行于意志的准则，作为意志的准则的规定的。"这意志以一个愉快和不愉快的客体、因而以某种使人快乐或痛苦的东西为前提"，在这种情况之下意志就是以某个客体为前提，而这个客体要么是愉快的客体，要么是不愉快的客体。愉快的客体我的意志就去追求它，不愉快的客体我的意志就要回避它，因而是以某种使人快乐或痛苦的东西为前提。愉快和不愉快的客体还是指的一个客观的事物，更进一层的是，不光是愉快或不愉快的事物，而且是某种使人快乐或痛苦的东西，这个东西不一定是客体了，凡是一件事情、一种状态，只要给我带来快乐或痛苦，它都是我的意志的前提。这就比前面那个讲的更加到位一些，也就是以人的快乐和痛苦为前提，凡是使人快乐和痛苦的东西都是意志的前提。"并且趋乐避苦这条理性准则规定那些行动如何相对于我们的爱好而言、因而间接地（考虑到另外的目的，而作为这目的的手段）是善的"，前面讲了要么是快乐和痛苦的客体，要么是快乐和痛苦本身；那么更进一步说，还有趋乐避苦这条理性准则，这个地方加进了一个"理性准则"。前面仅仅是讲的愉快和不愉快、或者快乐和痛苦，那完全是一种感性的情感、情绪；那么这个地方呢，趋乐避苦是一条理性准则，对于愉快的东西我有意识地去争取，对于痛苦的东西我有意识地回避，这是一条理性准则，只有有理性的人才能把它当作一条准则来遵守。我们前面讲到，准则是一条主观的规则，它里面已经有理性，只有人才能按照理性去行动，而动物完全是按照它的本能行动的，它当然也要趋乐避苦，但是没有把趋乐避苦当作它的准则。你把趋乐避苦当作准则，那你已经进行了一番理性的考虑，即规定那些行动如何相对于我们的爱好而言、因而间接地是善的。有了理性的准则，它就可以规定我们的行动怎么样才能够相对于我们的爱好而言是善的，由此也就引进了善的概念。我们前面讲的善和福、恶和苦的概念是不一样的，善的概念之所以不一样是因为它包含有更高层次的，比如说道德方面的善，但是在一般的意义上，善的概念除了道德方面的善，还包括工具意义上的善，也就是我们通常讲的，工欲善其事必先利其器，这种意义上的善就是一般的"好"。那么一般的好里面就有理性。这个愉快和痛苦、福和祸它们本身还没有理性在里面,或者说它还不需要理性在里面,只要带来快乐的我就觉得是幸福,这个里头不一定要介入一条理性的准则。那么介入理性的准则,比如说趋利避苦这条原则,它可以规定哪些行动相对于我们的爱好而言是善的,哪些行动就成为了对于我们的爱好而言的手段。所以他在括弧里面讲,"(考虑到另外的目的,而作为这目的的手段)",也就是在这种情况下,趋乐避苦的准则它可以在某种手段的意义上也是善的,但只是相对于我们的爱好而言,因而仅仅间接地是善的。我们可以把这个相对于某某而言,跟前面所讲的意志是绝对地在一切方面都是善的,对照起来看,就非常明显了。刚才我们讲了在第一种情况下意志它是绝对地、在一切方面都是善的,而现在讲的这样一个行动,由这种趋乐避苦的理性准则所规定的行动,它是相对于我们的爱好而言的,因而仅仅是间接地、考虑到另外的目的,并且作为这个目的的手段,它才是善的。这就是第二种情况。"这样一来,这些准则就永远不能称之为法则,但仍可以称为理性的实践规范",在这第二种情况之下,这些立足于欲望的对象之上趋乐避苦的准则就永远不能称之为法则了。法则是普遍的客观的规则,但是这些准则它仅仅是主观的、各不相同、各个时候也是不一样的,我吃饱了,我的目的就转移了,就转移到别的方面去了。所以它永远不能称之为法则,但仍可以称之为理性的实践规范。这个"规范",我们也给大家介绍过,"Vorschrift"这个概念,它也是一个比较广泛的概念。康德有几个概念我们是要区分开来的,一个是准则,是主观的行为的规则;一个是法则,那是普遍的行为法则;规则是很广泛的,包括一切准则、法则、原则、原理、规范等等都是规则,凡是有规律的、有一定约束性的,我们都把它称之为规则,是最泛的一个概念。那么规范这个概念,比准则和法则都泛一些,它包含准则和法则,但比规则要窄一点。规范主要是指人在实践活动中它所遵守的规则,而规则可以在人的实践活动中遵循,也可以是指大自然的规律。那么大自然的规律不能称之为规范,因为规范主要是讲人的实践和人的社会生活,社会生活称之为规范 Vorschrift, vor

就是在前面、预先，Schrift 就是写下来的字，写下来的文字，预先写下来的东西，那当然是指社会生活中的东西。这些准则永远不能称之为法则，但仍可以称为理性的实践规范，一个规范既包含法则也包含准则，准则虽然在这种情况不能称之为法则，但是还是可以称之为理性的实践规范。这样做出来的行动，虽然不能称之为绝对善的，但是还是可以称之为相对善的，相对于某些我们的爱好而言它还是善的，但是这种相对的善它是手段的善，而不是绝对的目的的善、不是最高的善。而最高的善，是作为所有这些善之所以可能的条件、至上条件，所有的善都是以这个绝对的善作为至上的条件才成为善的。

这目的本身，即我们所寻求的快乐，在后一种情况下并不是**善**，而是**福**，不是一个理性概念，而是一个有关感觉对象的经验性的概念；

前面讲的是手段，就手段来说，它可以称之为相对的善了。那么就目的来说怎样呢？他说，"这目的本身，即我们所寻求的快乐，在后一种情况下并不是善，而是福"，"后一种情况下"就是第二个"要么"后面所讲的情况，即以快乐作为规定根据，在实践中来规定意志。那么在这种情况之下，我们所寻求的目的并不是善，它仅仅是快乐，仅仅是福，在这个关节点上就把善和福严格区分开来了。前面讲了，你要把善与福区别开来有以下几点关键，那么这就是第二个关键，就是你要把善和福完全区别开来你就必须把至高的善、道德的善、意志的绝对的善，去和那些相对的善，跟这样一个欲望的目的、欲求的目的也就是福区别开来。这个目的本身，我们寻求的快乐，那就是福而不是善。达到这个快乐，达到这个福的手段，在相对的意义上也可以称之为善，但是这个善如果没有绝对的善，它也不能称之为善。它的条件就是要有一个绝对的善，这是我们刚才讲的。在这种情况下，目的本身就是快乐，快乐仅仅是福，但是它不是一个理性概念，而是一个有关感觉对象的经验性的概念。这样一个快乐的概念、这样一个目的，在第二种情况下是一个有关感觉对象的经验性的概念。你要寻求快乐，什么东西使你快乐，那就是某个有关感觉对象的经验性的概念，它是非常变动的，因人因时因地而异的。所以它不是一个理性的概念，理性的概念是放之四海而皆准的，它是普遍的。而这样一个目的的概念是一个经验性的概念，不断地随着感觉和经验的变动而改变。

不过，对达到这目的的手段的运用、亦即那个行动（由于为此需要理性的思考）却还是叫作善的，但并不是绝对的善，而只是在与我们感性的关系中、考虑到它的愉快和不愉快的情感的善；

根据我们刚才的解释，这一句话就很容易解释了。就是说，不过，在后面这种情况下又要区分两种情况，一种是目的本身，这种目的本身就是为了直接获得快乐；另外一种情况就是你要获得快乐所采取的手段。就目的而言，那种愉快不能叫作善，只能叫作福，那么对达到这目的的手段的运用、亦即那个行动，那个行动只是作为手段而采取的，由于为此需要理性的思考，你要达到一个目的，你要采取一个什么样的手段，这个是需要理性的思考、策划、谋划、设计的，这个是人高于动物的地方，这就可以叫作相对的善了。动物的那种目的性是大自然给它安排好的，它没有说通过一个理性的思考去设计一个什么样的手段来达到它的目的，它缺乏这么个环节。那么人就有这样一个环节，为达到这个目的而对手段的运用，那个行动却还是可以叫作善的。在这里康德比前面讲的就更加细一层了，前面只是一般地把善和福、恶和苦（祸）区分开来，那么在这个里头呢，他把善也区分出来两个层次，就是相对的善和绝对的善。而在相对的善里面又有两个层次，目的的层次我们不能叫作善，只能叫作福；而手段的那个层次却还是可以叫作善的。你要达到一个目的，你必须要选择一个恰当的手段，那么这个恰当的手段通过理性的设计就是好的手段，但这种好只是在工具意义上的、手段意义上的好，而不是在目的意义上的好。所以他讲，"但并不是绝对的善，而只是在与我们感性的关系中、考虑到它的愉快和不愉快的情感的善"，这个善还只是相对的善。前面讲的，意志本身按照纯粹理性作为它的纯粹规定的根据，那就是绝对地在一切方面都是善的，那才是绝对的善。而作为工具来说，它不是绝对意义的善，而只是在与我们感性的关系中，那就是相对的啦，相对于我们的感性而言的，考虑到它（感性）的愉快和不愉快的情感，在这个意义上是善的。

但由此被刺激起意志的准则时，这个意志就不是纯粹的意志，纯粹的意志只指向那种东西，在其上纯粹理性能够自身就是实践的。

但由此，由什么呢？就是由这样一种包含有愉快或不愉快的情感的相对的善，而刺激起意志的准则，由欲求能力的对象刺激起意志的准则，意志给自己制定一个准则，是因为有愉快的对象在那里或者有不愉快的对象在那里。那么这样一个准则也是意志的准则，但由于这个准则它是来自于我们感性欲求的对象，愉快或不愉快的对象，那么这种情况下，"这个意志就不是纯粹的意志"。什么是纯粹的意志？就是纯粹按照理性原则来作为自己的准则的，那就是纯粹的意志。意志的概念在康德那里规定为高级欲求能力，意志能力也属于欲求能力，但是它是属于高级欲求能力，或者是一种纯粹的欲求能力。康德凡是用"纯粹"这个修饰语时，通常是把感性的经验撇开了。所以他讲纯粹的意志，也就是讲它没有感性的经验的杂质、没有那些杂多的东西，它就是纯粹的意志。而纯粹的意志一旦被纯粹化来看待，它就是纯粹实践理性，或者说它就是理性的纯粹实践方面，纯粹理性在实践方面体现出来就是纯粹意志。我们通常的意志也有这个意思，我们通常说这个人只有情感，缺乏意志，这个人是一个情绪化的人，但是缺乏意志，缺乏意志的意思就是说缺乏坚持。一个目的定在那里以后，他能够按照那个目标一路坚持下来，一直坚持下来当然是需要理性的。理性才具有一贯性、具有普遍性，按照理性才能坚持下来。所以纯粹意志，就是按照纯粹理性作为自己的行动准则的那种意志。纯粹意志就是按照纯粹理性的准则所规定的意志。所以由那种感性的愉快的和不愉快的对象所设计起来的意志的准则，当然这个意志就不是纯粹的意志。纯粹意志"只指向那种东西，在其上纯粹理性能够自身就是实践的"，这里就说得很清楚了。纯粹意志就是指向那样一种行动的，在这种行动中，纯粹理性能够自身就是实践的。有一种行动它是追求感性的目标的，但是还有一种行动，它仅仅是按照理性原则去办事，它不追求任何感性的目标。当然它也要造成感性的后果，但是它的着眼点不在于感性的后果，而在于纯粹理性的法则。纯粹理性自身就能够体现在造成感性后果的实践行动中。所以纯粹理性自身就是实践的，就能够作用于客观世界，主体凭借纯粹理性就能够作用于客观世界。主体作用于客观世界，那当然就是实践的了，也要造成经验后果了。但是所有这些行动的过程都是按照纯粹理性来进行的，所以纯粹理性不凭借它达到的后果、也不凭借任何客观的对象作为自身的目的，它凭借它自身就能够造成实践。

　　<u>这里正是对这个方法的悖论通过实践理性批判加以解释的地方：**就是说，善和恶的概念必须不先于道德的法则（哪怕这法则表面看来似乎必须由善恶概念提供基础），而只（正如这里也发生的那样）在这法则之后并通过它来得到规定**</u>。

[63]

　　"对这个方法的悖论"，什么是方法的悖论（das Paradoxon der Methode）？这里的"悖论"（Paradoxon）的意思是"似非而是"，看起来不合常理，但其实不然。一般人也许会认为，既然纯粹实践理性是从一般实践理性中提升出来的，它也就必须以一般实践理性为基础，例如说，道德法则肯定是从一般善恶概念中提升起来的，所以善恶概念就应该是道德法则的基础，而不是相反。但康德的看法却恰好是倒过来的：正因为一般实践理性只是不纯粹的实践理性，所以它的衡量标准、即它的对象能够称得上真正的善的标准倒要依赖于纯粹实践理性。康德把这一表面上的违背常理称之为"方法的悖论"，即："**善和恶的概念必须不先于道德的法则（哪怕这法则表面看来似乎必须由善恶概念提供基础），而只（正如这里也发生的那样）在这法则之后并通过它来得到规定**"，就是说，看起来似乎要由善恶概念为道德法则奠定基础,其实正如这里所发生的那样,善恶概念才是在道德法则建立起来以后由此得到规定的。打了着重号的这句话非常重要,实际上,整个《实践理性批判》就是要干这件事,就是对一般的实践理性加以批判,而凸显出纯粹实践理性的这条原理来。这条原理就是:善和恶的概念必须不先于道德的法则,而是要在这法则之后并通过它得到规定。这其实也就是前面§7讲的纯粹实践理性的基本法则、即定言命令的表达方式,定言命令就是无条件的命令,它当然不能以任何别的东西为前提,它本身作为纯粹实践理性法则是其他一切欲求能力的前提。但是表面看起来,你没有善恶概念,你谈什么道德法则呢?就一般通常的理解看来,我们所说的道德不道德,首先要根据善和恶来区别。这是在康德之前几乎所有的人都是这样看的,就是说什么是好的、什么是不好的,好的我们就把它称之为是道德的,不好的、恶的我们就称之为不道德。以往所有的道德都是这样建立起来的,《圣经》里面的摩西十诫也是这样建立起来的。摩西十诫为什么那样深入人心,人们一看就觉得对,认为这就是道德的,就因为它里面的那些戒律在所有人的心目中首先是善的,所以人们就认可它是道德戒律。在康德之前所有的道德信条基本上是这样建立起来的,就是把道德建立在善和恶的概念之上。而善和恶的概念首先包含的就是那些手段的善、那些相对的善,比如说相对于苦乐,我们为什么要有道德呀,是因为不道德的东西给我们带来痛苦,正因为它给我们带来痛苦,我们就称之为恶的,而道德则是因为它给我们带来幸福,我们就把它称之为好的、善的,所以道德法则就成了我们追求幸福的好的手段。历来人们都是这样看待所谓的道德,所谓的道德法则都是建立在善和恶的概念之上,而善和恶的概念归根结底是建立在我们的幸福和痛苦之上。我们今天绝大多数人也是这样认为的,所谓好的东西,道德的东西就是为了最大多数人的最大利益,功利主义和幸福主义的伦理学就建立在这个之上。对最大多数人的最大幸福,我们就称之为道德的,那么损害大部分人的利益的那就是恶的。但是在康德这里来了一个大转折，在他看来，我们首先要把什么是道德的确立起来，然后再去评价什么是善的和什么是恶的。这个眼光就比原来的眼光在层次上大大提高了。用前面那个眼光你很难判断有些东西是善的还是恶的，因为它只要给人们带来利益，人们就会认为它是善的。比如说希特勒上台，除了少数犹太人以外，绝大部分德国人都认为他是最好的领袖，因为他把德国从贫困和毁灭中拯救出来，给德国人带来了工作、带来了福利，解决了一系列的社会问题，虽然牺牲了自由，但是呢，大家都感谢他，因为他实现了人民的幸福和国家的富强。但是那些都是狭隘的，都是手段的善，而不是建立在一种根本的道德原则基础上的善，所以现在人们都认为那不是真正的善。那么道德从哪里来，是不是凡是带来幸福、带来快乐就是道德的？康德是坚决反对这种倾向的。康德主张，善和恶的概念必须不先于道德的法则，或者说善和恶的概念只有在道德的法则树立起来之后才得以确立，手段的善、工具的善，康德也不否定。但是所有善的概念必须是在我们确立了道德法则之后，从上而下，我们才能对其他的善加以规定，那才是真正的善。否则所有的善都是相对的，最终来说是不善的，至少是谈不上善恶的，那就是动物本能嘛。动物也要在这个世界上生存，维持自己的生存，人也要维持自己的生存，那有什么善不善的呢？人与人之间每个人都是动物，每个人都像狼一样，弱肉强食，自己赢了就说是善，自己输了，就说是恶，那善恶的概念就被滥用了。但一旦确立起了一个道德法则，这一切都有了标准，相对的善的东西如果与先天的道德法则相冲突，它就是不善的，它就不能成立。所以康德在后面讲实践理性的二律背反时就指出，道德和幸福两者，是从道德推出幸福，还是从幸福推出道德，双方好像都有道理，但是康德认为前者是更有道理的，因为善和恶的概念必须不先于道德法则，这是跟功利主义的善恶观和幸福观完全对立的。这是康德对西方伦理学史上的一次决定性的扭转，当然很多人不同意他，但是他第一次提出了这样一个全新的见解，这在以前是没有的。就是说，你首先要以纯粹实践理性来确立道德法则，然后通过道德法则来确定善恶,而道德法则是由什么来确定呢? 是由摆脱一切感性的纯粹实践理性来确定的,因为纯粹实践理性本身直接就有实践能力,它能够自由地规定意志行动的根据。因此,康德第一次把道德法则不是建立在通常讲的善和恶之上,而是建立在纯粹理性和自由意志之上。这个我们前面已经讲了,康德把道德法则从自由意志中推出来,真正的自由就是道德自律,所谓道德命令其实就是自由意志的自律。每个有理性者都是立法者,自由意志自己给自己立法,这就形成了道德,然后凭这个道德再去规定善恶,这跟传统的规定道德善恶的方法完全相反。我们中国人也很难理解康德的道德法则,为什么呢? 我们会觉得康德道德法则没有讲任何道德的事情,康德认为所谓的道德命令就是"你要使你的行为的准则成为一条普遍的法则",这算是什么道德法则呀? 道德法则应该是不要杀人、不要抢劫、不做坏事等等,这些东西才是道德法则呀,但它里面没有一个字提到我们通常所理解的道德行为,他只是说你要使你行为的准则成为一条普遍的法则。当然他展开了以后,他可以采取我们通常讲的杀人、害人、帮助人、助人为乐这些作为例子,来说明他的道德法则,那是另外一回事。但是首先他要从"理性"和"自由"这两个人的本质出发来规定道德法则,这是康德一个巨大的改进,乃至于今天他的这种道德观念对我们都有振聋发聩的作用。就是说道德不是建立在它的效果、后果或者人的动物性的感受(快乐痛苦)之上的,而是建立在自由意志的法则之上。我建立起来一条自由意志的法则,这个法则本来也可以不叫道德法则,它叫作定言命令,但是它实现出来的后果,都是我们通常称之为的"道德"的那些事情:不要说谎,不要害人,要与人为善,这些都是从道德法则或定言命令中推出来的。所以我们把这个定言命令称之为道德法则,这跟我们通常讲的道德很不一样。很多人认为他是形式主义、是抽象的,他把道德的内容都抽掉了,就剩下一个空洞的形式。但是即算是这样,也是他的一个重大的改进。以往人们总是陷在一些具体的表象之中,而找不到道德的原因。为什么那些行为是道德的呢?

我们通常都归结为权威，比如说耶稣基督、上帝是怎么教导的，摩西十诫就是传上帝的话，他传达了上帝的旨意，那么我们就相信了他。你要问为什么杀人是不道德的，因为上帝是这样说的，你问为什么损人为己是不对的，因为孔子讲过，己所不欲勿施于人，但是为什么己所不欲勿施于人就是道德的呢？那就不能再追问了，那就只能归于权威了，或者凭感觉来判断了。但是康德第一次把它往前追了一步，为什么这些东西是道德的呢？因为它符合人的理性和自由，它按照人的理性和自由确立起了道德法则。而这个道德法则表现在人与人的关系之中，就表现为不要骗人，要与人为善，只有这样，你才能使你的行为准则成为一条普遍法则，你才能维持你的行为的逻辑上的前后一贯，你才能始终是一个自由人而不后悔。这就把人作为一个道德的人，他的尊严何在，把它确立起来了。他不是把人作为一个奴仆听从一个外部命令，而是听从于自己的意志，他把人的主体性建立起来了。道德是建立在人的主体之上的，不是凭哪个权威的命令、也不是凭自己的情感好恶而建立起来的。那么当然你还可以追问，为什么人有自由，或者人为什么要有自由，为什么人要有理性，你还可以往前追。康德说，那就没有什么追头了，你要是不要自由，那是你的事情，听便，但是你去问问，谁不想要自由，每个人都想要自由的，谁没有理性，每个人都有理性。如果你说我不要理性，你这句话本身就是理性的，只有理性的人才说得出来。只有动物没有理性，人都是有理性的，那是没有办法否定的。所以这两点是没有办法再追问的，它是终极的事实，是康德所说的"理性的事实"。凡是一个人，他首先是自由的，再一个他有理性，因为有理性他才是自由的，他把他的理性运用于他的自由之上，那就是道德法则。所谓道德法则就是这样形成起来的。道德法则是可以追的，追到人的自由，追到人的理性。那么自由和理性就不能再追问了，因为你一追问，就说明你有理性并且是自由的了。所以康德的这句话在这里是非常重要的，就是说，善和恶的概念，必须不先于道德法则，而必须是后于道德法则的，必须通过道德法则来规定，这是一个重要的转折。当然你可以说这个转折对于人来说没有现实意义，它不能改变什么，能够改变什么的还是功利主义伦理学，诉诸最大多数人的最大利益。西方的民主制就是这样，诉诸人的利害，划定"群己权界"，你不要侵害人家的人权，否则的话，你自己的人权也会受到损害，你如果不想你自己的人权受到损害，那你就要服从法律。经验派的伦理学、法哲学、政治哲学都是诉诸人们之间的利害关系、制约关系，这当然很好，凭借社会契约，你可以确立起一个非常好的社会制度，大家都能够安居乐业。但是唯有一点，当你这样来解释人们的道德和法权的时候，人的尊严就丧失了，就像孔子所说的："道之以政，齐之以刑，民免而无耻"。人就不过是一个"高级动物"，他有理性，他比动物要看得远，动物不晓得要用它们之间的利害关系来规定它们之间的行为规范，而人可以，如此而已。但人的道德尊严何在？我要遵守这些东西，难道只是因为恐惧吗？我不守法我就要受到惩罚，就要受到大部分人的谴责，我一个人抵不过大多数人、抵不过舆论，所以出于恐惧，我不得不守法，就像一个笼子把人关住了，但人的尊严就不存在了。而康德的道德法则恰好能够把人的尊严树立起来。他用这个方式来解释我为什么要遵守法律，那是因为那个法律是我自己定立的。我只要还是一个人，我就应该遵守自己的法律，这个人就有了尊严了，我服从法律其实还是服从我自己，并不是出于恐惧，而是出于我自己的本质，即理性和自由。但上述康德的这条原理应当如何解释，这里还没有展开。

因为即使我们没有意识到德性的原则是一个纯粹的、先天规定意志的法则，但为了不完全白白地（gratis）假定一些原理，我们至少总还必须在开始的时候，让意志是只有经验性的规定根据还是也具有纯粹先天的规定根据这个问题留在**未决**之中；因为预先把人们应当首先去决定的东西已经假定为决定了的东西，这是违背哲学研究的一切基本规则的。

如何通过实践理性批判来解释上面那个似非而是的命题呢？下面就是详细解释了。"因为即使我们没有意识到德性的原则是一个纯粹的、先天规定意志的法则",就是说即使我们以前没有听说过康德的那个命题,我也不能抱有任何先入之见,一口就把这个命题否定掉,我们可以按照哲学研究的一般程序自己得出正确的结论。"为了不完全白白地假定一些原理",这里"白白地"(gratis)与宗教信仰类似,基督教认为上帝的恩典是"白白地"施予人的,没有什么道理可讲,信徒只能感恩和接受,不能去追究它的理由。^① 但这不是理性思维的态度,理性就是要摆脱先入之见,对一切原理都要质疑和追究,天下没有免费的午餐。所以,"我们至少总还必须在开始的时候,让意志是只有经验性的规定根据还是也具有纯粹先天的规定根据这个问题留在**未决**之中",就是说,既然康德已经提出了一种全新的观点,那么我们在尚未检验它的真实可靠性之前,一开始还必须把这两种不同的观点都考虑在内。你暂时可以不接受我这种观点,就是前面打了着重号的观点,但是呢,你必须把两种可能性都考虑在内,一种是人们日常所接受的观点,就是把道德看作是建立在善恶概念之上的;同时又为另外一种观点留下余地,就是也可能道德本身是善恶概念的基础。在把两种观点加以分析和比对之前,不要妄下结论,宁可让它们留在未决之中。在开始的时候,在我们还没有进行详细的探讨的时候,我们不要急于作结论。"因为预先把人们应当首先去决定的东西已经假定为决定了的东西,这是违背哲学研究的一切基本规则的",因为你一开始就把我们应该去决定的东西假定为已经决定了的东西,那就把结论当作预设的前提了,这是违背形式逻辑的。你要进行哲学探讨,那你首先要遵守形式逻辑。你不能预设结论,结论是要一步步推出来的。这是哲学研究的基本规则,和宗教信仰是不同的。下面就来对这两种未决的观点进行分析和比较,以便为他的结论作出解释。

　　假设我们现在要从善的概念开始,以便从中推出意志的法则来,那

---

① 　例如,可参看《圣经·罗马人书》3:24; 4:3-4. 李秋零把 gratis 译作"徒劳地",韩水法译作"徒劳无功地",均不确。徒劳地意味着没有效果、不成功,而 gratis 的意思是免费的、白给的、不要回报的。

么关于某个对象（作为善的对象）的概念就会同时把这个对象说成是意志的唯一规定根据。

这是一个假设，我们先假设一方，假设一切意志只可能有经验性的规定根据，它的法则都是从善的概念中推出来的。前面一句话讲，让意志是只有经验性的规定根据还是也具有纯粹先天的规定根据这个问题留在未决之中，那么现在我们来一个个地探讨。我们首先假定从善的概念开始，也就是从善的概念只有经验性的规定根据开始，善的概念一开始就不是从先天法则来的，它本身是包含经验性的规定根据的。所以我们"从善的概念开始，以便从中推出意志的法则来"，这是两种未决的观点中的一方。"意志的法则"单独来看也就是意志的先天根据、先天法则，但是这里要从善的概念里面推出意志的法则，这种法则就不是什么先天法则了。他说，"那么关于某个对象（作为善的对象）的概念就会同时把这个对象说成是意志的唯一规定根据"，"这个对象"就是善的对象，你既然从善的概念开始嘛，那么你首先就应该设定某个对象，善的概念是对应着某个对象的。当我们讲善和恶的概念的时候，我们都是指向某个对象的。那么关于"某个对象"、善的对象的概念，就会同时把"这个对象"说成是意志的唯一规定根据。就是在第一种规定之下，我们从善的概念开始，善的概念先于意志的法则，这会导致什么样的情况呢？我们来看一看，来考察一下。这样一来，就会把关于某个善的对象的概念说成是意志的唯一规定根据，因为你要从善的概念里面推出意志的法则嘛。"意志的法则"，既然是法则就应该是前后一贯的，前后一贯就意味着不管在任何时候它都要以这个"善的对象"作为它的对象，所以这个"善的对象"就是意志的对象的唯一规定根据。为什么说唯一的规定根据？因为唯有这样善的法则才称之为法则，如果它不是唯一规定根据，只是规定根据之一，那意志的法则就不成其为法则，因为意志一会儿针对这个对象，一会儿针对那个对象，它就不是法则了，法则必须针对一个对象一直贯穿下来，才叫作法则。所以关于某个对象的概念作为"善的概念"就会把这个对象说成是意志的唯一规定根据，就会导致这样一个结果。不仅如此，下面还继续推论。

由于现在这个概念将没有任何先天实践法则作为准绳，所以善或恶的标准就只有可能建立在对象与我们的愉快和不愉快的情感的一致之中了，而理性的运用就只可能部分地在于，在与我的生活的一切感觉的整个关联中来规定这种愉快或不愉快，部分地在于规定那些使我获得愉快或不愉快的对象的手段。

"由于现在这个概念将"，这个"将"表明下面都是虚拟式，"现在这个概念"就是这个善的对象的概念，它将"没有任何先天实践法则作为准绳"。因为它是这个意志法则的唯一规定根据，所以它不能又把它所规定的东西作为它自己的准绳，"所以善和恶的标准就只可能建立在对象和我们的愉快或不愉快的情感的一致之中了"。就是说，这个意志的法则如果要建立在善的概念基础之上，那么这个善恶的标准就不能以意志的法则作为标准，因为意志的法则还没有建立起来，意志的法则还有待于善的概念给它规定下来；那么这个善的概念如何来规定意志的法则呢？它只可能是以这个对象与我们的愉快或不愉快的情感的一致性来规定。什么是善？当意志的法则还没有建立起来的时候，我们就只能够凭我们的情感来断言，跟我们的情感愉快相一致的，我们就把它叫作善的，跟我们的情感不一致的，违背我们情感的，我们就把它称之为恶的。因为意志的法则这个时候还没有成为标准，剩下的唯一可能的标准就是情感的标准，它才是为意志所建立的标准。"而理性的运用就只可能部分地在于，在与我的生活的一切感觉的整个关联中来规定这种愉快或不愉快，部分地在于规定那些使我获得愉快或不愉快的对象的手段"，也就是在这种情况之下，虽然也包含有理性，但理性运用在什么方面呢？一部分用于，在与我的生活的一切感觉的整个关联中来规定这种愉快或不愉快。就是当我们用情感来判断善和恶的时候，里面也有理性的运用，即运用在两个方面：一方面，在于与我们的生活的一切感觉的整个关联中来规定这种愉快与不愉快。也就是说,愉快与不愉快本来是感性的东西,跟理性没有关系,但是理性也有作用。理性有什么作用呢? 理性可以规定长远的、整体的愉快和个别的愉快之间的关系。就是说暂时的愉快当然是愉快了,但是理性可以对它进行评估,暂时的愉快值不值得,划不划得来,我为了暂时的愉快丢掉了更大的愉快,我为了一时的贪杯,而损害我自己的身体,这就划不来了,这个愉快就带来了更多的不愉快。所以理性就可以起这种评估的作用,在与我的生活的一切感觉的整个关联中来规定愉快或不愉快,看如何获得最多的愉快。我图一时痛快,结果毁了我的一生,这种事有理性的人是不干的,他宁可放弃他暂时的愉快而保持他的一生的愉快。你不要捡了芝麻丢了西瓜,权衡利弊,这是理性能做到的,这是一方面。还有一方面:部分地在于规定那些使我获得愉快或不愉快的对象的手段。理性还有一种运用,除了对这种整体和个别之间关系的评估和权衡以外,还有一种就是说,你想要追求愉快的对象,那么你采取什么手段比较恰当? 这个理性也可以进行干预,这叫作工具理性。那么理性的这两种运用,前者是幸福主义伦理学所主张的,幸福主义伦理学把我们的理性用来估量愉快的大小、幸福的大小,两利相权取其大,两害相权取其轻,我们要追求的是最大多数人的最大幸福。而后者则是功利主义的,功利主义就是说你要采取恰当的手段,你要事半功倍、花最小的力气获得最大的效率、以最小的牺牲谋取最大的快乐,这是功利主义所采用的理性法则。所以理性的运用在这种情况下有两个部分,一部分在于权衡整体的愉快和局部的愉快,一部分在于规定那些使我获得愉快或不愉快的对象的手段,这个手段要恰当,要有效。

　　既然什么是与愉快情感相符合的,这只有通过经验才能够决定,而实践法则按照提示却应当在此之上以之为条件建立起来,那么这就恰好把先天实践法则的可能性排除掉了:因为人们会认为有必要预先想到去为意志找出一个对象来,对它的概念作为一个善的东西的概念就必然会构成意志的那种普遍的、尽管是经验性的规定根据。

这就是对前面所讲的进行评价了。前面所讲的都是虚拟式，就是说如果假定我们要从善的概念开始来规定意志的法则，那将会导致什么样的结果，前面讲就导致这样的结果了。"既然什么是与愉快情感相符合的，这只有通过经验才能够决定"，这就是上面得出的结果，什么东西是使我感到愉快的，那我只有通过经验才知道，你要知道梨子的滋味，你就得亲口尝一尝，通过经验你才能决定那个东西是否愉快。"而实践法则按照提示却应当在此之上以之为条件建立起来"，实践法则按照这样的提示，就是按照以善的概念开始来建立实践法则的假设，是应当"在此之上"、也就是在经验的基础之上，并"以之为条件"而建立起来的。"那么这就恰好把先天实践法则的可能性排除掉了"，在这种情况下，什么东西都要通过亲口尝一尝，那还有什么先天实践法则呢？那就没有先天实践法则了，而且一切先天实践法则的可能性都排除掉了。凡是什么东西你都要通过经验去加以确定，然后你再去为它找什么实践法则，那个这个实践法则肯定就不可能是先天的实践法则，它肯定是后天的，严格说来都不能叫作"法则"，而只能是"准则"了。所以这里用的都是虚拟式。"因为人们会认为有必要预先想到去为意志找出一个对象来，对它的概念作为一个善的东西的概念就必然会构成意志的那种普遍的、尽管是经验性的规定根据"，先天的实践法则被排除掉了，下面进一步解释，为什么会排除掉了呢？是因为在这种情况下，人们就会认为有必要预先想到去为意志找出一个对象来，到哪里去找呢？到经验中去找。意志已经有了，但是意志的对象还没有，既然意志的法则取决于它的对象，那么你就要去找出它的对象来，而且必须到经验中去找。在这种情况下，对这个经验对象的概念，作为一个善的东西的概念，就必将构成意志的那种普遍的、尽管是经验性的规定根据了。这个对象我们已经把它称之为好的，因为在经验中它使我愉快，那么这个对象的概念就必将构成意志的那种普遍的规定根据，尽管是经验性的规定根据。这里整个也是用的虚拟式，这种经验性的"普遍性"当然是不现实的，但是人们会以为它是普遍的，以为某个具体的经验的东西也可以成为意志的普遍的规定根据。比如说好的东西谁不爱呢，生活舒适谁不喜欢呢，独立别墅、高级小轿车谁不喜欢呢？人们把这个当作普遍的根据，但是其实是经验性的规定根据。"尽管是经验性的规定"，人们却以为这种善的概念就必然构成意志的普遍的规定根据，人们把一些经验中的东西当作一种普遍的意志规定，当作规定意志的一些普遍法则。其实当然不是法则了，而是实际上把先天的实践法则的可能性都排除掉了。人们所以为普遍性的东西其实是经验性的东西，不是先天的东西，人们把经验中的善的对象当作了普遍的规定根据，所以就没有先天的实践法则了。所以康德对他的原理的解释是：即使我们想要暂时把一般实践理性的对象（善恶概念）和纯粹实践理性的法则何者为前提的问题"留在未决之中"，我们也不能从善的概念中推出意志的法则来，因为这样一来我们就预先把意志的先天法则排除掉了。所以我们剩下应该做的是，预先对纯粹实践法则做一番分析性的研究，再用它来规定善的概念，这是经过失败的经验之后才想到的出路。

但原来预先有必要考察的却是：是否也会有一种先天的意志规定根据（它永远都不会在任何别的地方、而只会在某种纯粹实践法则中发现，也就是在这个法则仅仅给准则颁布合法则的形式而不考虑某个对象的限度内发现）。

"但原来预先有必要考察的却是"，"原来"是指哪里呢？是指前面我们把两种做法悬而未决的时候，当初我们就应该选择另外一条路。原来预先有必要考察的是："是否也会有一种先天的意志规定根据"，也就是我们要探讨的不应该是我们是否能够从善恶概念中建立起意志的普遍法则来，而是首先就要把先天的意志规定根据确立起来。通过康德前面这一大段的假定，我们现在可以认定，要是从善的概念出发，以便从中推出意志的法则，那么推来推去，我们就会把所有的先天实践法则都排除掉了，我们只剩下了经验性的规定根据。但是我们原来预先有必要考察的却是：是否也会有一种先天的意志规定根据，我们现在要来做本来应该一开始就做的考察：除了这样一个经验的规定根据以外，是否还会有一种先天的意志规定根据。假如我们想要从善的概念开始推出意志的先天根据来，我们就必然会把这个先天意志法则完全否定了，这就跟我们的初衷相违背了。我们想要从善的概念里面推出意志的先天法则，但我们遭到了失败，我们推出的只能是经验的东西，它不是法则，它只具有经验的相对普遍性。所以原来有必要首先加以考察的倒是，除了经验性的这样一种概念以外，是不是也会有一种先天的意志规定根据。现在发现从经验性的规定根据中推出先天的意志根据这条路走不通，这种先天根据用括弧中的话来说："（它永远都不会在任何别的地方、而只会在某种纯粹实践法则中发现，也就是在这个法则仅仅给准则颁布合法则的形式而不考虑某个对象的限度内发现）"。括号里面才是正解，先天的意志规定根据永远都不会在任何别的地方、即不可能在经验对象中，而只会在某种纯粹实践法则中发现，这个括弧里面的话就是从前面的考察方式中得出的结论。那么在这里我们可以提出来了，就是说除了经验性的规定根据外，是否也会有一种先天的意志规定根据呢？现在我们知道，从善的概念出发来推导出这种先天意志法则已经是不可能了。那么我们这个悬而未决的问题显然就只剩下一种可能性了，这个可能性就是括弧里面讲的，它的意志的规定根据永远都不会在任何别的地方、而只会在某种纯粹实践法则中发现，也就是在这个法则仅仅给准则颁布合法则的形式而不考虑某个对象的限度内发现。而我们前面的论证都是考察某个善的对象概念，而这个善的对象概念呢，既然没有先天的法则来规定它，那它就只能诉诸情感的愉快和不愉快了。到头来我们从善的概念里推出来的就仅仅是后天经验的那些规定，而把一切先天的实践法则都排除掉了。所以这个先天意志的规定根据只能够在仅仅给准则颁布合法则的形式而不考虑某个对象的限度内发现，这就是定言命令的内容，要给准则颁布一个合法则的形式，要使你的准则符合普遍的法则。只有这样我们才能够发现意志的先天法则。

<u>但由于我们已经把一个对象按照善和恶的概念当作了一切实践法则</u>的<u>基础，而那个对象没有先行的法则却只能按照经验性的概念来设想，</u><u>所以我们就已经把哪怕只是设想一个纯粹实践法则的可能性都预先取</u><u>消了；</u>

这句话就很明白了，本来你想要考察是否也会有一种先天的意志规定。那么前面考察来考察去都还没有涉及这样一个先天的意志规定，反而把这个先天的意志规定完全排除掉了。所以我们在括弧里已经很明确了，就是这样一个先天的意志规定不能在别的地方，只能在纯粹实践法则中发现。但是由于我们已经把一个对象按照善和恶的概念当作了一切实践法则的基础，这是前面这一大段论证的，我们已经把一个善的概念作为开始、作为前提，以便从中推出意志的法则来，"而那个对象没有先行的法则却只能按照经验性的概念来设想"，也就是只能够按照"祸和福"、"快乐和痛苦"来加以设想，"所以我们就已经把哪怕只是设想一个纯粹实践法则的可能性都预先取消了"。这一点前面实际上已经讲到了，一个先天的实践法则的可能性被排除掉了。为什么排除掉了呢？是因为我们一开始就把一个对象按照善和恶的概念当作了一切实践法则的基础，你根本就不可能从中得出先天法则，连它的可能性你都把它取消了，更谈不上把它推出来了。

<u>因为反过来，我们如果预先对纯粹实践法则作过分析性的研究的话，</u>[64]<u>我们本来会发现，并不是作为一个对象的善的东西的概念规定了道德法</u><u>则并使之成为可能的，而是相反，道德法则才首先把善的概念就其完全</u><u>配得上这一名称而言规定下来并使之成为可能的。</u>

这个可以看作是结论了，"因为反过来"，我们如果不采取刚才的那个程序，从善的概念里面推出意志的法则，而是反过来，"我们如果预先对纯粹实践法则作过分析性的研究的话"，就是对纯粹实践法则我们首先就应该作分析性的研究，这种分析性的研究应该先于善和恶的概念，而善和恶的概念不能先于这样一种研究。这就是这一段的开头打了着重

号的那一句话的意思：善和恶的概念必须不先于道德法则，而只在这法则之后并由它来规定。就是说如果我们预先对纯粹实践法则作过分析的话，"我们本来会发现"，"本来会"是虚拟式啦，就是说我们前面整个一大段都没有这样做，我们都在从善的概念出发来推出意志的法则。假如我们反过来预先就对纯粹实践法则进行过分析性的研究，我们本来可以发现，"并不是作为一个对象的善的东西的概念规定了道德法则并使之成为可能的，而是相反，道德法则才首先把善的概念就其完全配得上这一名称而言规定下来并使之成为可能的"，这就跟前面打了着重号的那句话是同样的意思。前面打了着重号的话中，第一个括弧里面说了："哪怕这法则表面看来似乎必须由善恶概念提供基础"，所以为了遵守哲学研究的基本规则，康德首先就是拆穿这种表面看起来的假象，即假定我们先从善恶概念开始，看能不能从中推出意志法则来，结果发现不行。于是在这里我们已经发现了，并不是作为一个对象的善的东西规定了道德法则并使之成为可能的，换言之，并不是善恶的概念成为了道德法则的基础。那么相反，如果我们对纯粹实践法则先进行一番分析，那么我们就会发现，道德法则才首先把善的概念就其完全配得上这一名称而言规定下来并使之成为可能。"就其完全配得上这一名称"，也就是说就其为绝对的善、就其为完完全全的善、就其为善本身而言，配得上善这一名称，这就把那种真正意义上的善的概念规定下来，并使之成为可能了。当然还有相对的善，相对的善要依赖于绝对的善，如果没有绝对的善，相对的善很可能不是善的，它对这个东西是善的，但是对另外一个东西它可能就不是善的，而可能是恶的。那么只有追溯到最高级的善，绝对的善，底下所有的这些善我们才能从它本来的意义上称之为善的，因为它们都是服从于绝对的善的。所以康德的思路是倒过来的，他不是从小善推出大善，而是从最高的善规定下面所有的善，下面所有的善都是因为分有了大善才成其为善的，这有点像柏拉图的"分有说"了。柏拉图所谓的理念世界，下面现实世界的感性事物都因为分有了理念才成为现实的事物，美的东西是因为分有了美的理念才成其为美的，这都是自上而下的。这就是康德的思路，是从柏拉图以来的传统理性主义的思路。这一段主要是证明了，康德所提出的原理的确"似非而是"，其言不虚。

刚才讲的是康德对这一原理的分析，到底是善恶概念先于道德法则，还是道德法则先于善恶概念。前者是不可能的，只有后者才是合理的，最后得出的结论是道德法则必须要先于善恶的概念，善恶概念是由于道德法则确立了之后，才得以规定、才得以可能的。哪怕我们日常生活中所讲的功利主义的善，手段和目的相适合的善的概念，仍然最终要归结到意志的先天根据才是真正善的，而意志的先天根据是由道德法则所决定的，不是由任何对象所决定的，这才是绝对的善。所以这就是一个很重要的原理了，是由于我们改变了思维方法而得到的，即不是从善恶概念推出意志的法则，而是从意志法则的分析而建立起善恶概念。下面一段就是对这一方法论原则的解释。

这个仅仅涉及到至上的道德研究的方法的说明是很重要的。它一下子就澄清了哲学家们在道德的至上原则方面的一切迷雾的起因。

就是上面所做的这个说明，它"仅仅涉及到至上的道德研究的方法"，就是说，它是最高层次的方法，是要寻求道德的先天法则，只盯着这一最高法则，所以必须采取自上而下的方法，就是首先对纯粹实践法则作分析性的研究，再以此来规定善的概念。上面所做的实际上是通过一种反证法（这是二律背反通常采用的方法），就是说假如我们从善出发来规定意志的法则，那是完全不可能的，我们会发现这种规定将把一切先天的实践法则都排除掉了，而剩下的经验的愉快和不愉快、快乐和痛苦这些感性的东西，是没有任何先天的实践法则可言的，只有相对的善。而相对的善没有绝对的善作为根底，它是与善的概念不相称的，配不上善这一名称，甚至会成为恶的。比如一个作恶多端的人，他越是有本事，他的工具越先进,他作的恶就越大。所以真正的善和恶必须要把道德法则确立起来之后才能够得到确定。因此很重要的就是要说明,如何能够首先从至上的道德法则的分析这一最高层次的研究入手,来为一切善恶的概念奠定基础。也就是说你首先要把那些经验的、情感的、愉快或不愉快的、福和祸等这些东西暂时放在一边,仅仅涉及至上的道德研究的方法。首先要贯彻这个至上的方法,这一说明是很重要的。"它一下子就澄清了哲学家们在道德的至上原则方面的一切迷雾的起因",这个就很厉害了,经过这样一个说明,康德一举澄清了历来的哲学家们在道德的至上原则上的一切迷雾,它的根源何在。不光是澄清了一切迷雾,而且还澄清了一切迷雾的起因,为什么会发生这些迷雾的原因。道德的至上原则到底是什么? 在这方面,历来的幸福主义和功利主义,包括理性派的伦理学家们,例如前面列表中的斯多亚派和沃尔夫们,都没有搞清楚。不单是幸福主义、功利主义、经验主义,那不用说,都把道德的至上原则放在经验里面,只关心道德的质料而不关注形式;就连理性派也是这样,把道德的至上原则放在完善的概念里面。理性派从莱布尼茨—沃尔夫,直到康德以前,他们的道德的至上原则跟经验派虽然有所不同,他们是放在"完善性"这个概念里面,但是实际上完善的概念还是基于经验性的东西,是与人的内部完善即天赋和熟巧以及上帝的外部完善即目的性不可分的,同样也是质料性的而不是形式上的(见前面《实践理性批判》第54页,边码49),所以他们跟经验派的伦理学并没有划清界限。那么不管是经验派还是理性派,他们的道德的至上原则都陷入了迷雾,而这些迷雾的原因在康德这里一举澄清了。

因为这些哲学家寻找意志的某种对象,以便使它成为一个法则的质料和根据(据说这样一来,这个法则就不是直接地、而是借助于那个被带到愉快或不愉快的情感上来的对象,而成为意志的根据),而不是本来应该做的,首先探求一条先天地直接规定意志、并按照这意志才来规定对象的法则。

"因为"，就是指起因。起因是什么呢？因为"这些哲学家寻找意志的某种对象，以便使它成为一个法则的质料和根据"。所有这些哲学家寻找道德的至上原则都是在寻找某种对象，这个对象当然是善的对象，以便把它作为一个法则的质料和根据。他们以为，基于这个善的对象，我们就可以从中引出一条法则来了，这就是上面所讲的第一种方法。那么这种方法就是诉之于善的质料，这个质料就是法则的根据，他们总是从具体的某个东西出发，来为这个法则找到根据。他们一切迷雾的根源就在这里。括弧里讲，"（据说这样一来，这个法则就不是直接地、而是借助于那个被带到愉快或不愉快的情感上来的对象，而成为意志的根据）"。这个法则既然它是从对象的根据、对象的质料而来的，所以这个法则就不是自己直接就成为了意志的规定根据，而是借助于那个对象，而那个对象则被带到了愉快与或不愉快的情感上来。所以，法则是间接地借助于一个带有情感的对象，而成为了意志的规定根据，实际上还是由情感作为意志的规定根据。当然按照康德的观点，法则必须是直接地凭本身就成为意志的规定根据，这才是至上的道德法则。但是以往的哲学家总是要借助于一个对象，而这个对象总是被带到一个愉快或不愉快的情感上来。包括理性派所说的上帝的完善，其实都是这样的，最后要由愉快或不愉快的情感来说明，即"完善"就是"完美"，"美"和"善"这都是要通过人们的情感的愉快或不愉快来加以评判的。他们认为这样才可以把法则当作意志的规定根据。"而不是本来应该做的，首先探求一条先天地直接规定意志、并按照这意志才来规定对象的法则"，按照康德的意思，本来应该是这样做的，就是首先来探求一条先天地直接规定意志以及按照这意志如何规定对象的法则。也就是按照康德的观点，先有法则，然后用这个法则规定意志，然后再用这个意志规定对象，这就完全颠倒过来了。在伦理学里面，可以说康德也发起了一场哥白尼式的革命：不是由对象到意志再到法则，而是倒过来，由法则到意志再到对象，本来应该是这样。这样一种方法康德在序言里面一开始就定下来了，就是纯粹实践理性法则本身直接就具有实践能力，而无须借助于经验的东西。本来应该做的就是首先去探讨一条先天地直接规定意志的法则，你不借助于任何后天的经验对象，首先就要探讨先天地直接规定意志，并且按照这个意志才来规定对象的法则。这个法则当然最终还是要规定对象，但是，对象在后，法则在先。这个对象你可以说是善的对象，但是它是由先天的法则所规定下来的。

于是他们曾经想把这个愉快的对象，即据说是适合于充当善的至上概念的对象，在幸福中、在完善中、在道德情感中，或是在上帝的意志中建立起来，

"于是"，也就是说这些人搞错了，做反了，于是呢，他们曾经想把这个愉快的对象作为适合于充当善的至上概念的对象建立起来。他们认为要探讨道德律，要探讨实践的法则，怎么探讨？必须首先找到一个对象，一个愉快的对象，而这个对象据说是适合于充当善的至上概念的。那么如何把这样一个对象建立起来呢？在幸福中、在完善中、在道德情感中或是在上帝意志中建立起来。这是几个不同的类型，几种不同的办法，以往的道德哲学无非就是这几种。一个是在幸福中，如幸福主义伦理学；一个是在完善中，如沃尔夫派；一个是在人们的道德情感中，或者是第六感官中，这是哈奇森他们想要超出一般的感性和五官感觉之上，诉之于精神性的道德情感；最后是在上帝的意志里，在上帝的善意中，如克鲁修斯等人。这四种方式我们可以在前面"在德性原则中实践的质料规定根据表"（见《精粹》第 314 页，或《实践理性批判》第 53 页，边码 48）中找到，这个表撇开左边的两栏，即主观外在的教育和公民宪法，右边这四栏就是这里提到的这四种方法，一个是自然的情感（据伊壁鸠鲁），一个是道德情感（据哈奇森），一个是完善（据沃尔夫和斯多亚派），一个是上帝的意志（据克鲁修斯和其他神学道德家）。这里把以往对道德的质料规定都列举完备了。至于前两栏，即主观外部的教育和宪法呢，那个不属于道德的内在根据，而是属于对道德进行外部教育和法律限制，后面这

四个才属于道德法则本身的规定根据。所以这里列举了这四种,一个是在幸福中建立起愉快的对象,按照伊壁鸠鲁来说就是依据自然情感而建立起幸福主义伦理学;一个是完善,属于沃尔夫和斯多亚派;一个是道德情感,属于哈奇森,哈奇森提出人的第六感官是管道德和审美的高级感官,它找不到一个具体的感觉器官,它就是人的整个身体;再一个就是上帝的意志,这个是在基督教那里比较推崇的,虽然克鲁修斯是启蒙学者,但他反对沃尔夫和斯多亚派这些理性派的独断论,他认为上帝不是严格按照理性来规定一切的,而是根据他的意志,完全不受理性的束缚,完全凭自己的自由意志。但是上帝的意志所造成的结果还是通过我们的感官经验可以看到的,比如说经验中偶然的东西,不是什么东西都是必然的,很多东西都是偶然的。偶然的东西在莱布尼茨看来最终都归结为必然的,但是克鲁修斯认为不是这样的,偶然的就是偶然的,偶然的就是上帝他想要这样,上帝为所欲为。所以偶然的不能归结为必然的,相反必然的可以归结为偶然的,上帝之所以选择了我们这个合乎牛顿物理学的机械论的宇宙,也是由于他一时兴起,他就创造了这个世界,但他也可以创造一个与这个世界完全不同的世界,2+2=5的世界,他完全可以创造一个不合逻辑的世界,这取决于他的自由意志。他幸好创造了我们这样一个合乎逻辑的、合乎数学关系的世界,那是上帝的自由意志、上帝的善意。以上所有这一切都用来解释善的概念,作为一个至善的概念的对象,想要从中引出道德律来。在康德看来这都是企图从善的概念推出道德法则来,而不是从道德法则里面建立起善的概念,所以都是行不通的。

于是他们的原理每次都是他律,他们不可避免地必然碰到了一个道德法则的种种经验性条件:因为他们只有按照意志对每次都是经验性的情感的直接态度,才能把他们的作为意志之直接规定根据的对象称之为善的或恶的。

所有这些上面举的例子,即以往所有的伦理学家们建立起来的原理,"每次都是他律"。我们刚才讲了康德的哥白尼式革命,在道德领域里面就体现在他把自由意志作为一切道德法则和善的终极根据。道德法则本身就是自由意志的自律，所以道德法则不是他律，它不依赖于任何经验的对象，善的对象；而在他以前的道德学家、伦理学家们每次提出的原理都是他律，毫无例外。他们都没有发现人的自由意志的自律的原则，更没有凭借这个自律的原则来建立起真正的道德法则，所以"他们不可避免地碰到了一个道德法则的种种经验性条件"。所有的道德法则都要以种种经验性条件作为前提，前面讲了四种，幸福、完善、道德情感、上帝的意志，这都是经验性的条件、偶然的条件，按照这些条件是根本形不成一种先天的普遍必然法则的，哪怕按照上帝的偶然性，上帝的意志，你也形不成普遍必然法则。"因为他们只有按照意志对每次都是经验性的情感的直接态度，才能把他们的作为意志之直接规定根据的对象称之为善的或恶的"，这就是他们的缺陷之所在。为什么他们都是他律呢？因为他们只有按照意志对每次都是经验性的情感的直接态度，才能把这些作为意志之直接规定根据的对象称之为善的或恶的。尽管有不同的情况，但"每次"都是"经验性的情感"，都是意志对这种经验性的情感的直接态度。意志与经验性的情感当然有关系，但是按照康德的说法，在道德实践中这种关系应该是间接的，它只能作为后一步的，它不能是直接用来规定意志。当意志在按照道德法则行动以后，当然会造成与道德情感的关系，但是这些人只想按照意志与每次都是经验性的情感的直接关系来规定意志，并且把意志之直接规定根据的这些对象称之为善的或恶的。他们的善的或恶的概念实际上归根结底是来自于经验性的对象、来自于经验性的情感，不管说它是完善也好还是幸福也好，最终都落实到经验性的情感。所以意志的直接规定根据的对象，这个对象是带有经验性的情感的，他们只有把情感纳入进来，才能把规定情感的这些对象称之为善的或恶的。所以归根结底这些做法都是建立在情感上的，建立在感情的愉快或不愉快之上的。哪怕哈奇森和理性派显得很高超，克鲁修斯的上帝意志显得很神秘，但是他们还是归结为情感，落实到现实的偶然性，跟幸福主义者在这一点上殊途同归。

只有一条形式的法则，亦即这样一条仅仅将理性的普遍立法形式向理性颁布为诸准则的最高条件的法则，才能够先天地是实践理性的一个规定根据。

这是康德自己的一个正面的结论了。"只有一条形式的法则，亦即这样一条仅仅将理性的普遍立法形式向理性颁布为诸准则的最高条件的法则"，前面讲的都是质料的规定根据，这些质料的规定肯定都成不了法则，它们都是取决于那种经验性的感性条件的，因此都是排除了先天的实践法则的。那么先天的实践法则怎么样才能获得呢？这就是康德的规定了：只有一条形式法则，也就是这样一条仅仅将理性的普遍立法形式向理性颁布为诸准则的最高条件的法则，"才能够先天地是实践理性的一个规定根据"。这就是说，当我们排除了前面那些质料的规定根据，剩下来的一个唯一的选择就是形式的法则。什么是形式的法则？就是理性本身它有一个普遍的形式，我们仅仅将这个理性的普遍立法形式先天地颁定为实践理性的规定根据，只有纯粹理性才能以自己的普遍形式对实践进行普遍的立法。感性是不行的，情感更不行。虽然前面那些基于感性的实践准则里面也有理性，但是前面那些理性是服务于感性经验的，要由经验来决定我的理性采取什么样的手段，所以理性的目的在前面那些情况之下都是由经验来提供的，经验提供某种目的，那么理性就照着做，为它设计一种手段，理性为感性服务，为经验服务。那么在这里，则是理性为自己服务。这样一条普遍的立法形式向理性颁布为诸准则的最高法则，"诸准则"本来是带有感性质料的、主观的，但是有了理性的普遍立法形式，也就提升为了理性的普遍的客观法则，可以一贯地持守并且人人都可以持守。这里还是拐弯抹角地表达了他的定言命令的内容，就是要这样行动，使你的行为的准则成为一条普遍的法则。这里的讲法是，仅仅按照理性的普遍立法形式，把你的法则颁定为你的种种准则的最高条件，那也就把你的准则提升为一条普遍的法则了。只有这样的法则才能先天地成为实践理性的规定根据,这个结论已经做出来了。前面一段主要是讲,如果从善的概念出发想要来规定实践的法则,那是行不通的,那么到这一句话为止,前面都是讲的这个问题;而这句话就是结论了,只有这样一条形式的法则,就是把理性的普遍立法形式向理性颁布为诸准则的最高条件的法则,才能够先天地是实践理性的规定根据。这是正面阐述如何建立起实践理性的意志的先天法则,从善、恶的概念里面是不可能的,只有从先天的方面,只有从理性的普遍立法形式里面才能够建立起实践理性的先天地实践的法则。

然而,古人不加掩饰地透露了这个错误,因为他们把自己的道德研究完全建立在对**至善**概念的规定之上,因而建立在对某种对象的规定之上,然后他们又想使这个对象成为在道德法则中意志的规定根据:即一个客体,它是远在道德法则首先自己得到证明并作为意志的直接规定根据而得到辩护以后,才能对那个从此就按其形式而被先天地规定了的意志表现为对象的,这件事我们将在纯粹实践理性的辩证论中来尝试一下。

这是康德对于以往的道德的模式的一种总体评判。这个"古人",没有说什么古人,应该是指从古希腊罗马直到基督教中古时代的道德学家们,他们"不加掩饰地透露了这个错误"。什么错误呢?就是一方面,"因为他们把自己的道德研究完全建立在**至善**概念的规定之上,因而建立在某种对象的规定之上",以前的道德学家总是把道德研究完全建立在对至善概念的规定之上,"至善"打了着重号。就是说他们的道德研究是以至善概念为前提的,什么是至善?前面讲纯粹实践理性的演绎时曾提到过:"实际上这个道德法则依据该理念把我们置于某种自然中,在其中,纯粹理性假如伴随有与之相适合的身体能力,就会产生出至善来"(见《实践理性批判》第 57—58 页,边码 52);而这一用法来自《纯粹理性批判》中所说的,至善就是"德福一致",也就是与道德相匹配的幸福,它只有设定一个上帝才有可能(参看 A814=B842)。所以这里的意思就是,他

302

们曾经把自己的道德研究完全建立在对至善概念的规定之上，因而建立在对上帝的规定之上。"然后他们又想使这个对象成为道德法则中意志的规定根据：即一个客体"，"即一个客体"，这个至善的对象即上帝就是意志的客体，"它是远在道德法则首先自己得到证明并作为意志的直接规定根据而得到辩护以后，才能对那个从此就按其形式而被先天地规定了的意志表现为对象的"，就是说，他们既想用上帝来规定人的意志的道德性，但又看到只有一个有道德的人才会相信上帝、去追求上帝。这就形成了一个悖论。就是说，你在道德研究中设定了一个至善的上帝，然后你想用这个上帝规定使意志成为道德的，而这个上帝本身又只有在道德律首先自己得到证明以后，才能被道德的意志表现为自己的对象，这就是一种循环论证。为了道德的理由而设定上帝至善的概念，把这个至善概念作为道德法则中意志的规定根据，但又把这个概念当作已被道德法则所规定的意志的追求对象，那么到底是上帝的至善在先还是道德法则在先？是服从上帝才是道德的，还是道德的人才服从上帝？是为了德福一致而恭行道德，还是坚守道德而希望德福一致？这就构成了实践理性的二律背反，这正是后面纯粹实践理性的辩证论中所讨论的问题。①所以他说："这件事我们将在纯粹实践理性的辩证论中来尝试一下"，"这件事"就是那个二律背反，即把善的概念作为前提还是把道德法则作为前提。幸福主义伦理学就是把善作为前提，凡是善的、幸福的就是道德的，

---

① 其实在《纯粹理性批判》中已经看到了这一问题，康德在那里说："但如果现在实践理性达到了这一高度，也就是达到了作为至善的一个唯一的原始存在者的概念，那么它决不可以冒险以为它已经超越了其应用的一切经验性的条件，并高高飞升到了对那些新对象的直接知识，于是就能从这一概念出发并从中推导出道德律本身。因为这些道德律恰好是由其内部的实践必然性而把我们引向一个独立原因的预设或一个智慧的世界统治者的预设的，为的是赋予那些规律以效力，所以我们就不能根据这种效力反过来又把道德律看作是偶然的和由单纯的意志推出来的，尤其不能看成由这样一个我们若不依照道德律来构想就对其完全没有概念的意志推出来的。"（A818=B847）

这是一方，好像听起来很有道理；另外一方，就是讲凡是道德的才是善的、幸福的，甚至不需要对象，道德行为本身就是幸福的，比如说斯多亚派就说只要我做了道德的事情，不管结果是什么，我就已经得到幸福了。那么这两者，伊壁鸠鲁的幸福主义和斯多亚派的禁欲主义，这两者各有其道理，构成一个二律背反。所以他将在纯粹实践理性的辩证论中来尝试解决这个在至善论中的德福关系问题。

在近代人那里有关这个至善的问题似乎已经过时了，至少已成为了只是附带的事情，他们把上述错误（如同在许多别的情况下那样）隐藏在一些不确定的语句后面，

"在近代人那里"，也就是从文艺复兴以来进入到近代，近代的标志就是文艺复兴还有后来的宗教改革。进入到近代，这个至善的问题似乎已经过时了，其实就是上帝的至善的问题已经过时了，人们已经不讨论这个问题了，特别是启蒙思想家们根本就不讨论这个问题。除了像莱布尼茨那样的人还要为上帝的正义作出证明，所谓上帝正义论或者"神正论"还要讨论上帝的至善的问题，他遭到了近代启蒙思想家们的嘲笑。在今天你还要去证明上帝的至善，那就会受到嘲笑了。所以在近代人那里有关这个至善的问题似乎已经过时了，"至少已成为了只是附带的事情"。莱布尼茨讲上帝的至善也只是附带的，他的前定和谐的学说也不是他的理论出发点，他的理论出发点还是他的单子论，最后推出矛盾了，没有办法了，就请出上帝来解决他所遇到的种种矛盾。所以黑格尔把莱布尼茨的上帝称之为一条"大阴沟"，凡是污水没有地方排了，就排到上帝那里去。为什么成为了附带的事情，因为基督教的那种绝对权威在近代已经失去了。"他们把上述错误（如同在许多别的情况下那样）隐藏在一些不确定的语句后面"，"上述错误"就是指前面那个悖论，以及德福之间的那种二律背反。从前面的悖论里面是可以推出二律背反的。你从善的概念出发推出道德，还是从道德出发推出善的概念。这就是伊壁鸠鲁派、斯多亚派两条不同的路线。幸福就是道德，或者道德就是幸福，这

是两种完全不同的对立原则，这就是上述错误了。如同在许多别的情况下那样，别的情况也有二律背反。康德在他的体系里的每一个部分都有二律背反，在《纯粹理性批判》里有，在《实践理性批判》里有，在《判断力批判》里面也有二律背反，都是放在辩证论里面加以解决的，当然这个时候《判断力批判》还没有出来。这些错误如同在别的情况下那样，隐藏在不确定的词句后面，例如《纯粹理性批判》的二律背反就是由于概念的不确定，我们看《纯粹理性批判》的二律背反，它的解决就是要把现象和自在之物严格区分开来，你要把你的词句、你的用语确定下来，就不会有二律背反。你把现象和物自体混为一谈，当然就出现矛盾了，你谈的是现象还是物自体，这个你要搞清楚。如果这点搞清楚了，就不存在二律背反了。那么这里也一样，他们把上述的错误隐藏在一种不确定的词句后面，例如前面指出的，混淆了道德上的善恶和非道德的福祸，这是一切纠缠不清的矛盾的根源。

　　然而人们仍然从他们的体系中看到这种错误在透露出来，因为这样 [65]
一来处处都显露出了实践理性的他律，从这里面永远也不可能产生出一
种先天普遍地下命令的道德法则。

　　这些错误隐藏在不确定的词句后，但是"人们仍然从他们的体系中看到这种错误在透露出来"，就是他们虽然用这些不确定的词句掩盖错误的观点，但一旦建立起体系，就暴露出他们从出发点上就错了。错在哪里？他说，"因为这样一来这种错误处处都显露出了实践理性的他律"。后面会要讲到，二律背反的双方都陷入到了他律。要么就是由幸福来规定道德，那当然是他律了，你的规则不是自己通过自由意志建立起来的，而是通过你的感性的情感，感性的情感是由你的本能决定的，那不是他律吗？要么就是由上帝的至善来规定的，上帝规定了至善，这成了我们的宿命，不能不遵守上帝的法则，这个也是他律。所以说是处处都显示了实践理性的他律。"从这里永远也不可能产生出一种先天普遍地下命令的道德法则"，从以往所有这些伦理学家里面，不管你的出发点是幸福、还是道德情感、还是完善、还是上帝的意志，所产生出来的都是他律，永远也产生不了先天普遍地下命令的道德法则，因为它们都不是建立在自我立法的自由意志之上的。康德把这个讨论按照一种严密的逻辑逐步地引向了他自己所要的这个结论，即善与恶的概念最终是与自由的"范畴"相关的。

＊　　　　＊　　　　＊

今天讲的这一部分是非常重要的。在实践理性批判关于对象的这一章里面，今天要讲的涉及对象本身，作为一个概念，或者作为一个范畴体系，特别是端出了他的自由范畴表。这个范畴表是他的指导性的一个表。他要讲这个对象概念，无非就是要引出这个范畴表，而这个范畴表包括了康德对自由的所有的理解。康德的自由概念，不管是哪个层次的，都包含在这个范畴表里面作为一个实践的规则，康德所理解的自由有许多不同的层次，都在里面。前面讲了那么多，就是要把善和恶的概念和一般人所理解的福和祸，或者是快乐和痛苦这样的概念区分出来，区分的一个很重要的标志就是，善和恶的概念它是自由意志规定的一个结果。所以它不能够作为道德根据的一个出发点，它只是道德行为产生之后我们对它的一个价值评价，而不能单独地把它作为一个道德根据。我们以往的道德在康德以前经常就是这样的，把一个既定的善和恶的概念就当作是道德，然后从里面引出一些道德规范。根据康德前面的分析，这是不对的，它摆脱不了后天经验的一些感性的东西，会带来快乐或痛苦的东西，如果我就根据这一点来评价这件事是道德的还是不道德的，这就走进死胡同了。而在康德看来，这个要颠倒过来，你首先要从实践理性出发，从自由意志本身的法则出发，然后你才能看出哪些东西是善的、哪些东西是恶的。当然它也有一个层次，在这种眼光下，这种自由意志的善恶也表现为从低到高的不同的等级。那么今天我们讲的这一段就是阐明这个道理的。

　　既然善和恶的概念作为先天意志规定的结果也是以纯粹实践原则、因而是以纯粹理性的某种原因性为前提的：所以它们从根源上说，并不像纯粹知性概念或被理论地运用的理性的范畴那样（例如作为对被给予的直观的杂多在一个意识中的综合统一性所作的规定）与客体相关，那些概念或范畴毋宁说是把这些客体预设为被给予的了；

　　"既然"，也就是根据前面所说的，前面已经阐明，"善和恶的概念作为先天意志规定的结果"，善和恶的概念不是作为人们意志的先天规定，相反，它是这种先天的意志规定的结果，也就是自由意志的先天法则的结果。作为先天意志的结果，"也是以纯粹实践原则、以纯粹理性的某种原因性为前提的"。这里有两个层次啦，一个是它是先天意志规定的结果；同时，它也是以纯粹实践原则作为前提的，而纯粹实践原则也就是纯粹理性的某种原因性。先天意志规定跟这个纯粹理性的原因性实际上是一回事，但是从不同的角度来看，一个是从自由意志的角度来看，先天的意志规定是自由作出的规定；一个是从自由意志所规定的原则来看，先天的意志规定本身是以纯粹实践理性作为原则的，是一种纯粹理性的原因性，只有这样它才是自由的。注意这个"原因性"（Kausalität，又译因果性）出来了，它本身就是一个知性范畴，但在《纯粹理性批判》第三个二律背反中，它被提升为自由的理念、终极的原因性；而在《实践理性批判》里，它又具有了实践范畴的意义。所有的自由范畴都是建立在原因性范畴之上的，而这里的原因性当然就是自由的意志的原因性，自由因。但纯粹理性的原因性不再是原来的知性范畴的那种因果性、那种必然的因果链条了，"所以它们从根源上说，并不像纯粹知性概念或被理论地运用的理性范畴那样"，这里"从根源上说"，也就是它们现在作为实践理性的范畴，与它们所发源的理论理性中的范畴当然就不同了。所以它们一方面不像《纯粹理性批判》中的纯粹知性概念那样，另一方面也不像在那里被理论地运用的理性范畴那样。所谓"理性范畴"也就是理性的理念了，在《纯粹理性批判》中，先验自由的理念本来就是理性运用因果性范畴而建立起来的，正如灵魂的理念是运用实体性范畴、上帝的理念是运用交互性范畴建立起来的一样。但是在那里，这些理性的范畴都是被"理论地运用"的，也就是所谓"内在地运用"的，即用来范导人类的理论知识朝向一个完整的科学系统发展的。但现在这种理念或理性范畴的运用从根源上已经从理论的领域转向了实践的领域，那它的运用当然就和前面那种理论的运用大不相同了。不同在什么地方？范畴的理论运用是括号中说的，"（例如作为对被给予的直观的杂多在一个意识中的综合统一性所作的规定）"，即这些范畴是凭借先验自我意识的统觉的综合统一来统摄那些给予的直观杂多材料而形成经验对象的，因而它们是这样"与客体相关"的，也就是"那些概念或范畴毋宁说是把这些客体预设为被给予的了"。这就跟现在这些自由范畴的实践的运用不同了，这些自由范畴作为意志的规定根据，如前面反复说明的，并不是以某种客体的预先被给予为前提的，而是按照意志的先天法则才把客体表现为自己的对象，要将它实现出来。所以，理论地运用的那些理性范畴和知性范畴，它们的运用是不纯粹的，它们要预设了感性直观材料的被给予才能够运用，也就是只能运用于可能经验的对象上。所以他这里讲，从根源上说，自由范畴并不像纯粹知性概念或被理论地运用的理性的范畴那样与客体相关，不是等着直观材料出现然后再把它加工成对象，而是不以任何直观经验的对象为根据而按自己的法则直接产生自己的对象。它们当然也要与客体相关，但是不像那些知性范畴和理性概念那样与客体相关，它们与客体的关系跟那些知性范畴所建立起来的与客体的关系方式是不一样的。

反之，善和恶的概念全都是一个唯一的范畴即因果性范畴的**诸样态**（Modi），只要它们的规定根据在于某个原因性法则的理性表象，理性把这法则作为自由的法则给予它自己，并由此而先天地证明自己是实践的。

按照《纯粹理性批判》的说法，知性范畴跟形式逻辑的判断分类的区别就在于，范畴是从形式逻辑的判断的"引线"引出来的，每一类判断里面都可以引出一个范畴。如何引出？就是把形式逻辑的判断视为针对着某个经验对象的。形式逻辑的那些判断是不管对象的，它们只管正确性，不管真理性，不管与对象是否相符合。但是先验逻辑的知性范畴它是要建立对象的，并且只能运用于经验对象上。正因为它要建立对象，所以它从一个形式逻辑里面引出了不同的意义，虽然范畴也是要用来作判断的，只是它对判断的意义是针对着某个直观的经验对象的。所以范畴就把客体预设为已经从直观经验里被给予了，这是从理论上运用的这种知性范畴的特点。它与客体是以这种方式发生关系的，就是它本身就预设了客体（先验对象），然后用它的这一套范畴加在经验中被给予的那些材料之上，将客体建立为经验对象。与那些知性范畴跟客体相关的方式不同，"反之，善和恶的概念全都是一个唯一的范畴即因果性范畴的诸样态"，怎么不一样，这句话就讲了。善和恶的概念作为自由范畴的客体，全都是原因性范畴本身的诸样态，而不是现成地摆在那里等自由范畴去加工的对象。样态，Modi，又译样式，单数是 Modus，这是斯宾诺莎的术语。斯宾诺莎的唯一实体就是"自因"，自己是自己的原因，但它有无数的样态，这些样态从自身看什么都不是，但从实体的角度看，它们都是实体本身。康德把这个术语用在这里，正好阐明善恶概念对自由范畴的这种从属关系。"只要它们的规定根据在于某个原因性法则的理性表象，理性把这法则作为自由的法则给予它自己，并由此而先天地证明自己是实践的"，这表面上是一个条件从句，但实际上是说明了这种从属关系的具体方式。就是说，善恶的概念的规定根据不是什么直观对象，而是某个原因性（即自由的原因性）的法则的理性表象，理性表象也就是理念了，这样一种自由法则的理念规定了善与恶的概念，所以后者无非是前者的样态。而理性在这里是把这种原因性法则作为自由的法则给予自己的，而不是作为知性的认识论范畴给予自己的，这样一来，当然就先天地表明自己是实践的理性了。所以善恶概念作为这个唯一的原因性范畴的诸样态是什么意义上的诸样态呢？就是这种意义上的，即它们的规定根据在于这个自由的原因性法则的理性表象。"某个原因性法则"其实就是自由的原因性法则，它跟一般的原因性法则（因果律）是不一样的。而自由的原因性法则的"理性表象"可以理解为"理念"，自由的原因性法则，我们用它的理念来规定善和恶的概念。而理性现在把原因性法则作为自由的法则而给予自己，原来理性只拥有理论上的原因性或因果性法则，现在理性又拥有了一个自由的原因性的法则，这就先天地证明了理性本身所固有的实践性。理性为自己建立了一套自由的法则，用来规定善恶，由此就先天地证明自己是实践的，先天地证明就是不需要后天的经验材料作为条件，不需要预先由经验和直观给予一个对象，因为它仅仅是给自己建立了一个法则，并按照这一法则去行动。那么这个法则是自由的法则，自由的法则就会体现在实践中，不体现在实践中怎么能叫作自由呢？自由的法则就是实践的法则，所以理性先天地表明自己就具有实践能力。这再次说明了康德的一个根本的观点，即纯粹理性本身就具有实践能力。所以它的法则就可以在严格意义上成为纯粹实践理性法则，它根本不需要后天经验的直观作为它的条件。当然它要影响后天经验的直观，影响自然界，影响经验世界，因为它是实践法则嘛；但是作为法则来说，它完全是理性自己给自己建立起来的。理性先天地就要做出行动，它就是要把自己的法则实现在现实中。至于是实现得了还是实现不了，或者是实现要有哪些经验性的条件，这个不是它考虑的事情，反正它能够把自己的原则、法则付诸行动，它在行动中能够自己给自己立法。

　　但由于这些行动<u>一**方面**虽然是在一条本身并非自然法则、而是自由法则的法则之下，因而是属于理知的存在者的行为的，但**另方面**却又是作为感性世界的事件而属于现象的，所以一个实践理性的诸规定将只在与感性世界的关系中才能发生，</u>

　　"但由于这些行动"，这些行动也就是意志自由的法则所导致的实践行动，理性由此而先天地表明自己是实践的；那么这些实践行动"**一方面**

虽然是在一条本身并非自然法则、而是自由法则的法则之下"，就是这些行动的规定根据是超自然超经验的法则，因而是属于理智的存在者的行为的。理性为它自身立法，并且把它付之于实践，和经验对象毫无关系，而是纯粹理性直接具有的实践能力，由此而产生了这些行动，这些行动显然与自然法则之下采取的行动是完全不一样的。自由的原因性跟自然的因果性虽然都是因果性范畴，但两种因果性的法则是不一样的，而纯粹理性的这种实践能力是在自由的法则之下实行的，"因而是属于理知的存在者的行为"。"理知的"，intelligibel，它跟理智 Intelligenz 或知性 Verstand 以及智性的 intellektuell 都不太一样，康德对它们做的区分就是说，理知的是一个本体论的概念，后面几个都是认识论的概念。理知的东西我们可以理解为本体，它不在现象中，它在本体世界里，在自在之物中，它本身是不可认识的，但是我们的理性知道它在那里。所以纯粹理性的实践的行动是属于理知的存在者的行为，它超然于一切现象事物和感性事物之上，是属于人的本体的行为。人的行为从一个层面来看，可以看作是属于现象的，它是符合自然因果律的；从另外一个方面来看，又可以看作是出自于他的本体，是可以作、应当作而不可认识的。这两个方面可以并行不悖，但是任何一方都不能代替另一方。这里是讲人的合乎自由法则的行动属于本体的方面，是超现象、超经验的，这是一个方面。"但**另方面**却又是作为感性世界的事件而属于现象的"，这个是对照而言，一方面他的行为属于理知世界的存在者，也就是属于本体的存在者，另一方面他的行为又是作为感性世界的事件而属于现象的。这样一种行为，他既然要把它做出来，哪怕你是纯粹的实践理性，它本身直接就具有实践能力，是按照自由法则本身来行动的，但是属于本体的这个行动也要表现在现象界。你不表现在现象中，它怎么能够叫作实践呢？你肯定要把先天的自由法则在现实中实现出来，肯定要让它在现象中有所表示，否则人家怎么知道你的本体有什么行为呢？既然是实践行为，它肯定要在现象中造成后果，形成过程，要克服感性世界的种种阻力，那才叫作实践。所以哪怕纯粹理性的实践，也要在感性世界中表现出来；但它的法则并不在感性世界。你要理解这个实践行为的法则，你必须要透过现象世界、或撇开现象世界，纯粹从理性本身的自由法则来加以设想，你才能理解这个行为它的本体究竟是怎么样的一种行为。你不要仅仅把它看作现象，现象当然是现象界的现象，你可以通过医学家、生物学家、解剖学家、动物学家去加以严格的规定，通过心电图、脑电图等等，你都可以把他的行为分解为自然的现象。但是所有这些分解都不触及他这个行为的先天法则，只触及他这个行为的现象。一个人杀身成仁舍生取义，你通过脑电图，当然可以对他的整个过程加以解释。但是你再怎么解释，你都触及不到杀身成仁舍生取义的道德法则，它的法则是在本体界，不受你的自然规律的分析。你必须要深入他的本体界，找到他的自由意志的法则，才会发现他这个行为是一个自由的行动，他是按照自由意志本身的法则在行动。然而，尽管他在本体界是这样的，但在现象界他仍然必须表现为种种你可以加以测量的现象，所以在另一方面又是作为感性世界的实践而属于现象的。"所以一个实践理性的诸规定将只在与感性世界的关系中才能发生"，如果它不在与感性世界的关系中发生，不对感性世界发生影响，那它就不叫作实践的，就没有发生。

因而虽然是符合于知性范畴的，但不是为了知性的某种理论的运用，以便把（感性的）**直观**的杂多纳入某种先天的意识之下，而只是为了使**欲求**的杂多服从于一个以道德法则下命令的实践理性的或一个纯粹先天意志的意识统一性。

这里还是从实践理性的诸规定来看待自由范畴，说这种实践理性规定"因而虽然是符合于知性范畴的，但不是为了知性的某种理论的运用，以便把（感性的）**直观**的杂多纳入某种先天的意识之下"。自由范畴作为实践理性的规定，是"符合于知性范畴的"，前面讲它们本来就是从知性的原因性范畴转过来的，所以自由范畴当然也是一种原因性的范畴，而且整个自由范畴表和《纯粹理性批判》中的知性范畴表都是一一对应的，也是四大类十二范畴。但它现在并不是为了知性的理论运用，不是为了把感性杂多统摄在先验自我意识之下，构成有关经验对象的某种知识。实践理性的诸规定、即自由的原因性范畴并不是为了知性的某种理论的运用，"而只是为了使**欲求**的杂多服从于一个以道德法则下命令的实践理性的或一个纯粹先天意志的意识统一性"，是为了使欲求的杂多服从意识的统一性，这种统一性是以道德法则下命令的实践理性的统一性，或者说一个纯粹先天意志的统一性。"欲求的杂多"，这就包括情感的需要、日常生活的需要、本能的需要等等，这些东西在实践的法则之下，都要服从一个以道德法则下命令的实践理性的统一性。一个纯粹先天意志的也就是一个自由意志的，欲求的杂多必须服从一个自由意志的意识的统一性，这跟理论理性中的自我意识的统觉的统一性有结构上的类似，但实质上是完全不同的，它不是为了形成对经验对象的知识，而是要完成纯粹实践理性的实践行动，不要搞混了。康德在《实践理性批判》里面基本上不提自我意识和统觉。① 在《纯粹理性批判》里面的最高原理就是自我意识的统觉的本源的综合统一，但是在《实践理性批判》里面的最高原理则是自由意志的先天法则的统一，前者针对的是感性直观的杂多，后者针对的是欲求的杂多。他的道德法则、定言命令就是要把各种欲求的杂多置入一个纯粹实践理性法则的统一性之下，不是为了认识它们，而是要让它们服从命令。以这种法则来下命令，那就是诉诸一种意志了，你必须这样做，你应该这样做，没有别的选择。这样一种纯粹先天的意志形成了一种意识的统一性，把所有的欲求的杂多全部统摄起来了。所以前面也讲到道德法则是一切善恶的至上条件，你必须以这种先天的意志法则作为前提，才能把任何欲求的杂多称之为善或恶。

① 《实践理性批判》中总共只有五处提到"自我意识"这个概念，而且一次是附带提到（2003 年单行本第 102 页），四次是在否定的意义上提到（第 38、138、160、181 页）。

　　这些自由范畴，因为我们要这样称呼它们、而不是称呼那些作为自然范畴的理论概念，它们就具有对后面这些概念的明显的优越性，即由于后面这些范畴只是一些仅仅通过普遍概念而不确定地为任何我们所可能的直观表明一般客体的思维形式，与此相反，前面这些范畴则是指向**某种自由的任意**的规定的（这种规定虽然不能有任何直观与之完全相应地被给出，但却已经以一个先天的纯粹实践法则为基础了，而这是在我们认识能力的理论运用的任何概念那里都不会发生的），

　　这里一开头就提出了"自由范畴"，并且打了着重号。康德通常喜欢这样，当一个术语第一次出现，他通常喜欢把它打上着重号。这里第一次出现了自由范畴。本章的标题是"纯粹实践理性的对象的概念"，这些对象的概念实际上就是自由的范畴。自由范畴这个术语在这里虽然是第一次出现，但其实前面已经涉及到了，只是还没有这样称呼。所以康德认为人们看到这里已经能够理解了，我所讲的这些原因性的范畴，其实不是自然的原因性范畴，不是自然的因果律，而是自由的范畴。因为他前面已经讲了自由的法则。比如，善和恶的概念全都是一个唯一的范畴即因果性范畴的诸样态，"唯一的范畴"就是指自由的范畴。这些原因性范畴所遵循的不是自然因果律，而是自由的法则，是理性给自己的意志建立的一套自由的范畴。"因为我们要这样称呼它们、而不是称呼那些作为自然范畴的理论概念，它们就具有对后面这些概念的明显的优越性"，就是上面所谈到的这些自由范畴，由于我们这样来称呼它们，在称呼上面把自由的范畴和自然的因果性范畴区分开来，所以它们就具有对后面这些范畴的明显的优越性。怎么样的优越性呢？"即由于后面这些范畴只是一些仅仅通过普遍概念而不确定地为任何我们所可能的直观表明一般客体的思维形式"，后面这些范畴就是自然的范畴了，它们只是一些思维形式，什么思维形式？一些仅仅为可能的直观、可能经验表明一般客体的思维形式，而且这种表明还是不确定的，哪怕它是通过普遍概念来表明的。因为那些可能的直观是不确定地，你怎么能先天地决定

后天的感觉里会出现什么样的直观呢？你只能碰到什么，你就把这些普遍概念运用到上面去。因果性是可以先天地运用于经验的，但是因果性的内容是不确定地，哪个是原因那个是结果，这个是不确定的，这个要取决于你给我什么样的直观，而不能先天地断言，你必须要在直观经验中考察到底哪个是原因哪个是结果，而且很可能后来又被推翻，重新确定。所以是不确定地为任何我们所可能的直观来表明一般客体，这些知性范畴、这些自然范畴是一些普遍的思维形式，这些思维形式是要通过这些普遍概念不确定地为那些可能的直观表明一般客体，或规定为一般客体。当那些直观呈现出来了，那么你去用你的范畴把它们规定下来，把这些直观纳入到一个客体表象里，建立起一个客体，它们是这样的思维形式。而"与此相反，前面这些范畴则是指向某种**自由的任意**的规定的"，"与此相反"，是跟这些自然范畴相反的，这就体现出优越性来了。"前面这些范畴"，也就是自由的范畴，它们是指向某种自由的任意的，是不受直观对象限制的。自由的任意 (eine freie Willkür) 我们前面曾经介绍过，它跟自由的意志 (ein freier Wille) 是不同的；虽然不同但是有联系，自由的任意包括的范围更广，它包括自由的意志，但是除了包含自由意志之外，它里面还包含另外一些感性欲求的东西，即爱好。就是人的欲求它不仅仅体现为自由意志，它还可以体现为一种任意的行为。这些任意行为当然也跟动物不同了，动物的任意那是完全感性的任意，而人的任意有理性在里头，是他经过脑子思考过的，是有目的和手段之分的，他是为了达到为所欲为的目的而用理性设计出某种手段。所以康德曾经在《纯粹理性批判》里面把这种任意称之为自由的任意，而与动物的感性的任意相区别 (A802 ＝ B830)。不同就在于人的任意既然有理性，就是自由的任意，哪怕是为了他的本能需要，他跟动物也是不同的，他也要通过理性思考，才能满足这个需要。他通过理性地设计、谋划，有目的、有意识地去行动，把自己出于本能所需要的东西运用理性实现出来，这是人的任意跟动物的任意不同的。但是自由的任意跟自由意志又是不同的，自由任意的高级形式才是自由意志，自由意志是摆脱了人的一切感性的需要，单凭纯粹理性自己决定自己的行为，这就是自由的意志。所以自由意志就是对道德法则的服从和遵循，你追求道德境界，那也是一种欲求能力，但是它是高级欲求能力。高级欲求能力就被称之为自由意志，低级欲求能力在人的身上被称之为自由的任意。人在低级欲求能力里面也要运用理性，高级欲求能力无非是把这个理性单独抽出来，就形成了高级欲求能力，这个我们前面已经详细讲过了。所以自由的任意，他在这里强调的是它是跟自然的范畴不同的，它是自由的范畴，有一种任意在里头。这些范畴是指向某种自由的任意的规定，你要规定自由的任意你必须要有自由的范畴。括号里的话是解释这种自由范畴的："（这种规定虽然不能有任何直观与之完全相应地被给出，但却已经以一个先天的纯粹实践法则为基础了，而这是在我们认识能力的理论运用的任何概念那里都不会发生的）"，这种规定，也就是这种自由的范畴，不能有任何直观与之完全相应地被给出，这里头的修饰语很值得玩味。就是说自由的范畴并非完全没有任何直观被给出，但是它不能有任何直观与之"完全相应地"被给出。自由的任意它的规定可以是纯粹的，但是也可以是不太纯粹的，也就是说它可以有一些直观的内容、有一些直观的对象被给出，但是这种给出跟这个自由的范畴不是完全相应的。并不是说你的自由任意规定了某个对象，那个对象就完完全全能够在直观中实现出来，那不是的。我们在现实中也是这样的。我们想的很好，但是没有任何后果是跟你所想到的东西完全相应的，哪怕在现实中实现了某个目的，它都不是完完全全跟你的所想象的目的完全相应，很多后果仍然是你没有预料的。你常常好心办坏事，或者是目的虽然实现了，但并不是十全十美。心想事成也许有，但是并不是百分百的事成，有百分之六十就不错了，天下事不如意者十常八九。而且进一步的后果你无法预料，它取决于整个世界的因果链条，你又不是上帝，你怎么能考虑到呢？所以它不能完全相应地被给出那个直观来。日常实践中，你的意图尚且不能在直观经验中完完全全地实现出来,那么在道德实践中你的目的就更有可能完全实现不出来。你固然能够做到知其不可而为之,甚至杀身成仁舍生取义,但是你不是为了去死才去做道德的事情,你肯定还是想把你的道德的理想实现出来。所以在这种情况下,往往是完全没有直观与之相应地被给出,你的道德目的只能寄托于一个理念。所以这句话里面你仔细分析,可以包含很多可解释的东西。这种规定虽然不能有任何直观与之完全相应地被给出,"但却已经以一个先天的纯粹实践法则为基础了,而这是在我们认识能力的理论运用的任何概念那里都不会发生的",不管是什么样的自由范畴,是道德的自由范畴还是日常实践的实用的自由范畴,都已经以一个先天的纯粹实践法则为基础了,也就是说它们实际上已经是以道德法则为基础了。这是康德一个很怪异的颠倒的观点。通常我们认为道德法则是以日常实践的法则为基础的,比如说幸福、功利,最大多数人的最大幸福,在这个之上我们就建立了道德法则;但是康德是反过来的。幸福也好、功利也好,作为一种实践范畴它们都是以道德法则为基础的,否则你就不属于自由范畴,而只属于自然范畴。它们最终都要以道德法则为基础,也就是说在我们日常的实践中,我们通常称之为自由的任意,里面其实已经包含着道德法则作为它的前提,作为它的基础,因为我们的自由任意里面已经运用了人的理性。当然这个理性还不纯粹,它是混杂在我们的感性需求之中的;但是道德法则它本身就是纯粹的理性法则,它本身就足以是实践的。我们现在把它提取出来,单独来考察这个理性,我们发现它本身有它的规则和法则,它不需要任何感性的东西就已经是实践的。那么在这里康德就指出来,正是因为纯粹理性本身的这种实践能力,使得我们所有的追求幸福和功利的任意的行为都成了自由的任意。他是把这个自由任意里面的理性把它单独抽出来加以考察,他就发现这个纯粹的理性是一切自由任意之所以可能的条件,我们现在把它这个条件单独抽出来,那它就是道德法则。如果把它混在那些感性经验里面,那它当然不是道德法则,或者体现不出道德法则。但是那些感性经验的实践追求幸福的活动,它本身已经包含了这个东西作为根本的基础,它们实际上就是以一个先天的纯粹实践理性法则为基础了,所以才体现为善或恶的概念。而这样一个基础是在我们的认识能力的理论运用的任何概念那里都不会发生的。我们认识能力的理论运用、也就是在科学知识的运用那里,包括它的所有知性范畴那里,虽然也运用理性甚至纯粹理性,但都只是理论运用,而不是理性的实践运用,所以都不会有这样一种自由的任意的,因而也不包含这样一种纯粹意志的道德法则,这样一种纯粹实践的法则在我们的自然科学、自然知识那里是找不到的。这就是对于自由的任意的规定,也就是范畴了。这些自由的范畴当然还并不是纯粹的范畴,不一定是道德的范畴,它也包括我们日常实践的范畴,但是它们已经以一个先天的纯粹实践法则为基础了。这就是他这个括弧里面的意思。

　　所以它们作为实践的要素概念,并不以那种不存在于理性本身中、而必须由别的地方即必须从感性中拿来的直观形式(空间和时间)为基础,而是以在理性中、因而在思维能力本身中作为被给予了的**某种纯粹意志的形式为**基础;

[66]

　　"所以它们作为实践的要素概念,并不以那种不存在于理性本身中、而必须由别的地方即必须从感性中拿来的直观形式(空间和时间)为基础",这个"它们"就是那些自由范畴,就是对自由的任意的各种规定,这些规定、这些范畴作为实践的要素概念并不以感性直观为基础。所谓"实践的要素",我们已经看到,康德把《实践理性批判》分为两个部分,要素论和方法论。在《纯粹理性批判》中,要素论的主体就是那个范畴表,以及由范畴所引出来的那些原理;在《实践理性批判》里面其实也是这样,只不过自由范畴表是由前面的原理引出来的。再一个与《纯粹理性批判》不同之处在于,这些范畴作为实践的要素概念,并不以那种不存在于理性本身中、而必须由别的地方即必须从感性中拿来的直观形式(空间和时间)为基础。这句话实际上就是讲,《纯粹理性批判》中的那些理论的要素概念、那些纯粹知性范畴，它们正是以那种不存在于理性本身中，而是必须由别的地方即必须从感性中拿来的直观形式为基础的，如果没有这个基础，它们就是"空的"。这个是实践理性的要素跟理论理性的要素的一个很大的区别，前面已经讲到《纯粹理性批判》跟《实践理性批判》两者在结构上就很不一样，《纯粹理性批判》首先要从先验感性论开始，从时间和空间开始，在这个基础上，你才能把你的范畴体系提出来，以便把范畴运用于时间和空间之上。而且这些范畴本身必须要借助时间作为它们的图型，才能运用于经验对象。那么在《实践理性批判》里面不是这样的，它是从原理开始，然后从原理里面形成它的范畴体系，形成了范畴体系之后，我们再去考虑范畴的东西如何在感性中实现的问题，那就是纯粹实践理性的"动机"了。既然两大批判是完全相反的程序，所以实践的要素跟理论的要素也是不一样的。理论的要素论先从感性开始再到知性范畴和原理，而实践的要素论是直接从理性原理开始，它并不以感性的东西为基础，"而是以在理性中、因而在思维能力本身中作为被给予了的某种**纯粹意志的形式**为基础"。作为实践的要素概念它有它的基础。它的基础是什么呢？是在思维能力本身中，思维能力也就是纯粹理性能力，也就是在理性能力本身中，理性能力是一种思维能力。自由范畴的基础是在思维能力"本身"中，作为"被给予"了的某种"纯粹意志的形式"，这个思维能力"本身"意味着没有掺杂任何别的东西，而"被给予"则意味着它是一个理性的事实，不能再从别的东西里面推出来。而正是在它自身里面就有一种"纯粹意志的形式"，在思维能力里面已经包含了某种纯粹意志的形式。也就是说，纯粹实践理性本身是具有实践能力的，那它就具有纯粹意志的形式，理性跟意志是不可分的，理性本身可以体现为纯粹意志的形式，所谓纯粹意志的形式本身就是一种理性的形式。我们前面讲到自由意志的自律，自由意志的自律就是在行动中把自由变成一种前后一贯的法则，要变成前后一贯的法则当然要有理性了，只有纯粹理性才能把意志变成前后一贯的法则。要使你的行为的准则变成一条普遍的法则，这个命令里头本身就体现了理性的法则，但是它又是意志的，它是按照理性决定自己的行为，这就是纯粹意志。这种纯粹意志的形式不是以时间空间、直观、感性作为它的基础，而是本身成了自由范畴的基础。纯粹意志的形式也就是道德法则，在纯粹理性这种思维能力里面已经包含了道德法则的形式了。那么这种道德法则的形式就是自由范畴的基础了。

因此就发生了这种情况，即由于在纯粹实践理性的一切规范中所关心的只是**意志的规定**，而不是**实现意志的意图**的（实践能力的）自然条件，所以先天的实践概念在与自由的至上原则的关系中立即就成为了知识，而不能期待直观来获得意义，也就是说，是出于这种值得注意的理由，即由于它们是自己产生出它们与之发生关系的东西的现实性（意志意向）的，而这根本不是理论概念的事情。

"因此就发生了这种情况"，我们来看看，发生什么情况。"即由于在纯粹实践理性的一切规范中"，规范是在实践中形成的规则，在自然界中形成的规则就叫作规律，如果是纯粹实践理性的规范，那就可以叫作法则了。而由于在纯粹实践理性的一切规范中，"所关心的只是**意志的规定**，而不是**实现意志的意图**的（实践能力的）自然条件"，就是在纯粹理性的一切规范中，由于纯粹实践理性就是已经从一般自由的任意里面所提纯了的实践理性，它的一切规范就是道德规范，所以这些规范只是用来规范意志本身的，而不管实现意志的意图的自然条件。这些意志的意图能否实现，能否达到预期的效果，取决一切自然条件，特别是人的实践能力。但是道德法则不管客观的自然条件，也不管实践者的实践能力这个主观条件，它只关心意志本身的规定，这规定告诉我是否应该这样做。这就叫知其不可而为之，哪怕根本就没有客观或主观上的自然条件来实现你的意志的意图，你也应当这样规定你的意志。你的意志当然是有意图的，任何意志都有它的意图，凡是意志活动都有它的目的，但是这个意图跟你的能力不一定相称。所以他括弧里面讲是实践能力的自然条件，当然也包括外界的条件，它影响你能力的发挥。外界的自然条件归根结底还是取决于你的实践能力的自然条件,你有好的意图,但是你没有能力把它实现出来,当然你可以怪罪环境,条件还没有成熟等等。但是你最终还是要怪自己无能,你无力回天,只好献出自己的生命,这是令人慨叹的。但是在纯粹实践理性的一切规范中,它们所关心的只是意志的规定,只是你应不应该这样规定你的意志,而不在乎你的意志的意图是否有条件实现出来,哪怕没有条件实现出来,你也要做。"所以先天的实践概念在与自由的至上原则的关系中立即就成为了知识,而不能期待直观来获得意义",先天的实践概念,就是指自由的范畴,正如先天的知性概念就是指知性范畴一样,先天的实践概念就是自由范畴。而它与自由的至上原则发生关系,自由的至上原则就是至上的道德法则,也就是原理论中讲的纯粹实践理性的最高原理。自由有不同的等级,我们刚才讲了,它的有些原则是低层次的,如功利的、幸福主义的原则,自由的任意的一些规则,它们都不能形成法则;但是也有高层次的,最高层次的那就是道德法则了,自由的至上原则就是这种道德法则。先天的实践概念在与自由的至上原则的关系中"立即就成为了知识",这个知识不是指的自然科学的知识,而是道德知识,是一种实践的知识。我们前面讲了,康德对"知识"这个概念的运用是比较宽泛的,有时候他把知识单从理论的意义上讲,而认为从实践意义上不能获得什么知识。但是他自己也经常讲"实践的知识","道德的知识",对于我应该怎么做的知识。所以后来的费希特从康德出发,他建立的第一个体系,就叫作"全部知识学的基础"。既然不管是理论知识还是道德知识都是知识,那么费希特就想到,我何不把这个搞成一个体系,不要把它分成两大块,理论的实践的,好像有一种鸿沟,费希特想把这个鸿沟填平。他自以为是在发展康德,结果被康德自己否定了,康德说这种观点根本不是我的观点。康德自己把这些实践的原则称之为知识,这与一般意义上的知识是截然不同的,这种知识是不依赖于感性直观的,有点像孟子所说的"不学而能、不虑而知"的"良知",但孟子的良知恰好是感性直觉的,康德这里却是纯粹理性的。理性的理论上的知识是依赖于直观的,有待于后天的经验材料的充实才能建立起来;而先天的实践概念在与自由的至上原则的关系中,无须经验材料而立即就成为了知识,这相当于说,纯粹实践理性直接就具有实践能力,这是个理性的事实。我们一开始就知道这个事实,"立即"也就是它不需要等待后天经验,先天地就已经是知识了,它不必放在直观里面看它的后果怎么样、看它的过程怎么样,它根本就不在乎它在直观中的效果怎么样,不期待直观来获得意义,它本身就是知识。"也就是说,是出于这种值得注意的理由,即由于它们是自己产生出它们与之发生关系的东西的现实性(意志意向)的",因为先天的实践概念、也就是这些范畴,是自己产生出它们与之发生关系的东西的现实性。它们与之发生关系的东西是什么东西呢? 就是"意志的意向"了。自由的范畴虽然决定不了它在直观经验中的后果,但意志的意向总是可以决定的,它们可以对意志的意向产生现实的影响力。前面讲了在纯粹实践理性的规范中,所关心的只是意志的规定,它只关心意志的规定,至于意志的意图有什么样的自然条件,以及它产生什么样的后果,这个都不是它所要关心的。这个自由范畴表也是这样,它只关心意志的意向,至于规定意志的条件,意志的目的是否能实现出来,那个取决于后天的经验材料,不是它所关心的。所以这句话就是讲,它们自己产生出它们与之发生关系的东西的现实性,也就是意志的意向的现实性。这个意志的现实性就体现为意向。意志是 Wille,意向是 Gesinnung,意向的概念比意志更具体一些。意志的意向就有现实性了,就是说它已经体现为一种意向,一种动向,因而确确实实对经验世界起了作用,不管这个作用是什么作用,不管这个作用是否实现了它的目的,这个不管,但它确实起了作用,所以它具有现实性。意志一旦变成了意向,它就具有了现实性。但是如果它不变成意向,它哪里能叫作意志呢? 因为意志如果仅仅是躺在床上想一想,你没有具体的意向,那就说明你没有意志。你有一种意向,对现实生活你有一种倾向性,你才能够对现实起作用。那么这些范畴是自己产生出这种意志意向的现实性的,它们直接与意志发生关系,产生出意志的意向。

这个意志在实践中必须要实现，必须要以自己的意向现实地起作用。"而这根本不是理论概念的事情"，理论概念只关心你这个意向过程以及你所实现的这个结果符合哪一种自然规律，或者是脑电波或者是心电图，符合一种什么样的肌肉的运动，而不关心这一过程按照先天的道德法则该不该发生。理论理性只考虑这些表面现象的东西，它不考虑本体的东西，本体的东西是这些实践范畴所要考虑的。

<u>只是我们必须注意，这些范畴所涉及的只是一般的实践理性，因而在它们的秩序中是从在道德上尚未确定并且还以感性为条件的范畴，而逐步进向那些不以感性为条件而完全只由道德法则来规定的范畴。</u>

这个就把范畴表的整体的趋向明确下来了。"只是我们必须注意"，这个"只是"当然是一种转折了。就是说所有这些实践的范畴，这些自由的范畴，它们当然关心的只是和意志的关系，不考虑这些意图的实现出来的条件的。这个是毫无问题的。因为所有这些范畴的至上条件是道德法则，它们最终是以道德法则作为条件才能够是自由的。但是呢，我们又必须注意，"这些范畴所涉及的只是一般的实践理性"，我们前面讲到了一般的实践理性和纯粹的实践理性是有层次上的不同的，一般的实践理性也包括纯粹实践理性作为它的一个最高的部分，但是它还包括一些不纯粹的实践理性。所以对一般实践理性和纯粹实践理性，康德在《实践理性批判》中一开始就作了一个非常详细的区分，就是一般实践理性包括我们日常生活中的实践理性，包括那种日常追求幸福、追求功利的实用的实践，技术性的实践，当然也包括道德实践，这种实践理性就叫作一般的实践理性。但是道德实践的理性或者说纯粹的实践理性是其中远远高于其他的实践理性之上的，这跟我们刚才讲的自由的任意和自由的意志之间的层次区分是相符合、相对应的，自由的任意就是一般的实践理性，自由的意志就是纯粹的实践理性。那么在这里讲到，虽然所有的自由范畴最后都要放在与最高的自由范畴的关系里面来加以考察，才能看出它们的自由本质，但是在这个范畴表里面它还不是这样一下子就到位的，而是要经过

一个过程，要一步步把这个最高的实践理性的范畴引出来。在此之前，它们每个都自认为自己是自由的。所以尽管这些范畴都是与意志本身相关，它只关心它们与之发生关系的意志的现实性，而不关心这些意图是否实现出来的条件，但是我们必须注意，这些范畴所涉及的只是一般的实践理性。在达到最后阶段以前，一般的实践理性虽然从本质上来说也是立足于纯粹实践理性之上的，它的理性的成分如果我们单独挑出来加以考察，就会发现它是纯粹实践理性并带有它本身的先天实践法则；但是一般来说，它们还是混杂的。"因而在它们的秩序中是从在道德上尚未确定并且还以感性为条件的范畴，逐步进向那些不以感性为条件而完全只由道德法则来规定的范畴"，就是说这些自由的范畴有一定的秩序，这个秩序是从在道德上还没有确定，或者还没有想到道德不道德的范畴进到道德的范畴。我们通常所理解的是，自由和道德好像是两码事，没有人想到自由本身就是道德的，或者说道德本身就是自由的，所以在自由与道德之间有一个断裂。我们日常讲到的自由就是为所欲为，想干什么就干什么，所以它们的道德的含义尚未确定，道德的含义还隐藏在内，隐而未显。但我们从来不想一下，当它们的道德含义还未揭示的时候，它们的自由含义也就是可疑的，因为这还都是些以感性为条件的范畴，它们的自由注定还要受到感性的限制和束缚。这个跟《纯粹理性批判》的知性范畴表还不一样。知性范畴表每一个范畴都是纯粹的知性概念。那么在自由的范畴表里面，前面的一些范畴还是以感性为条件的范畴。这个说法本身有一点自相矛盾的意思：以感性为条件的范畴，范畴怎么能以感性为条件？但是我们要去仔细理解的话，我们能体会康德的意思。前面这些范畴当然也是自由了，是属于自由的范畴，你不能说它不是自由，但这个自由的层次是很低的，它跟感性纠缠在一起。作为范畴来说，它是指向感性的，所以它跟理论性的范畴有点类似。理论的知性范畴都是指向感性的，就范畴本身来说是纯粹的，非感性的，但是它指向感性的杂多。而自由范畴表中前面那些范畴也是指向感性的运用的，它们表现为实用的和技术的实践，所以康德把这一类的实践归于"理论哲学"或"理论哲学的补充"①。而最高的那个范畴它就完全不是指向感性的运用了。所以他讲，这个范畴表是按照秩序而从以感性为条件的范畴逐步进向那些不以感性为条件而完全只由道德法则来规定的范畴。《纯粹理性批判》的范畴全都是指向感性的运用的，而在《实践理性批判》里面自由的范畴表则有一个从感性到超感性的趋势或秩序，它最后的范畴是完全只由道德法则来规定而不以感性为条件的，而且一旦规定，它就直接成为知识，它不需要有后天经验的东西才成为知识。《纯粹理性批判》里面的那个范畴表，严格来说它还不成为知识，它还只是知识之所以可能的先天条件，那个范畴表本身还不足以构成知识，因果性、实体性这些概念本身还不足以构成知识。康德有时候也说这些"先天知识"，但是实际上是指的在知识中的先天成分，它还需要后天的经验成分才能成为知识，这些先天成分如果没有后天经验、后天直观，就只是空的，严格说来不能成为知识。但在自由范畴表里面，最后进向那样一些范畴，那样一些以道德法则来规定的范畴，它本身就成为了知识，是不以感性为条件的纯粹实践的知识。

着眼于善恶概念的自由范畴表

"着眼于善恶概念的自由范畴表"，着眼于善恶概念即着眼的是结果，而自由的范畴是原因，所以这个标题的意思就是：着眼于这样一种结果的原因的表。如前面我们讲的（《实践理性批判》88页，边码76第二段）："既然善和恶的概念作为先天意志的结果也是以纯粹实践原则、因而是以纯粹理性的某种原因性为前提的"，那么这个前提就是自由范畴，由这个自由范畴表建立起了善和恶的概念，或者建立起好的和坏的概念。凡是符合自由范畴的就是好（善）的，凡是不符合这个自由范畴表的就是坏（恶）的，这里不仅仅是包括道德上的善恶，也包括日常的善恶，日常事务

---

① 　可参看《判断力批判》中译本 2003 年版，第 6 页。

的好和坏。现在这个表和《纯粹理性批判》的范畴表有同样的结构，都是分成量、质、关系、模态四大类，每一类中有三个范畴，而每三个范畴都形成一个"正、反、合"的关系。我们先列出这个表，然后再来分析。[①]

1. 量

主观的、按照准则的（个体的**执意**）

客观的、按照原则的（**规范**）

既是先天客观的又是主观的自由原则（**法则**）

2. 质

践行的实践规则（praeceptivae）

中止的实践规则（prohibitivae）

例外的实践规则（exceptivae）

3. 关系

与**人格性**的关系

与人格**状态**的关系

一个人格对其他人格的状态的**交互**关系

4. 模态

允许的事和**不允许的事**

义务和**违背义务的事**

完全的义务和**不完全的义务**

对于这个表，康德除了有一个大体上的总的说明之外，只对"量"的部分有寥寥数语的解释，而对其他三类则没有一个字的解释。所以我的

---

① 对本表的分析也可参看拙文：《康德〈实践理性批判〉中的自由范畴表解读》，载《哲学研究》2009 年第 9 期。

解释除了第一类"量"的范畴在后面有点蛛丝马迹外，在康德那里找不到任何提示，只能根据康德的整体思想来推断。首先来看第一类："1.**量**：主观的、按照准则的（个体的**执意**）；客观的、按照原则的（**规范**）；既是先天客观的又是主观的自由原则（**法则**）"。在《纯粹理性批判》的范畴表中，量的范畴的三项是"单一性、多数性、全体性"，和这里的三项恰好对应，表明了自由范畴的量上的范围是从单个人到多数人再到全体有理性者。所谓"主观的、按照准则的（个体的执意）"，这是其中第一项，那就是为所欲为了。这是最低级的，为所欲为，想干什么就干什么，执意要干什么，我就是要干这个，我就是要做这件事，其他都不管。这是最原始最低级的自由，也是通常绝大多数人直观地理解的感性的自由。但是你也不能否定这也是一种自由范畴，哪怕是最底层的。所以一般来说，康德的自由是分层次的，真正的自由，严格意义上的自由当然是道德，道德自律，自由意志的自律，这才是真正的自由，它是其他自由的保障。但是他并不否定我们日常所讲的那种为所欲为、任意而行也可以称之为自由。虽然它还是以感性为条件，我们前面讲了，某些自由范畴是从道德上尚未确定并且还以感性为条件的范畴出发的，这最明显地体现在第一个范畴上面。第一个范畴完全是以感性为条件的，至少它自以为是这样，就是说你的执意（Willensmeinungen）是按照你的准则的主观的行为，当然是自由的，你不能否认。但为什么这样执意，是因为这可以带来快乐。康德在第三个二律背反里面讲到自由的理念的时候，就举了这样一个例子，我现在从椅子上站起来，我为什么要站起来不需要交代，但是我自己要站起来的，这点我自己知道。当然有很多原因，但是最终的原因是他愿意。它是自由的行为，你能够从椅子上站起来，你为了别的目的从椅子上站起来，这个都可以；当然也可以把它解释为道德法则，我为了道德的目的，我站起来表示抗议，这个也可以；但是我站起来准备走，准备逃跑，都可以。这个是比较泛的，就是我现在想要站起来了，这是最泛泛而谈的，就是需要有执意。哪怕是道德行为也包含着这样一个准则在里头，你是自己选择、执意要做这件道德行为的，当然大量的并非是道德行为，可能是任何有意识的行为，故意的行为，主观上按照准则的个体的执意。如果按照这个准则它符合于普遍法则，那就是道德，如果它不符合普遍法则，那就是日常的为所欲为。正因此，这个范畴它本身并没有考虑道德还是不道德，而只考虑自己在感性上是否执意，是否承认出于自己的意愿。只不过，这种自以为的自由是极不牢靠的，因为这种执意和任意是随时可改变的，甚至是自相冲突的，也许你等下就会后悔。只有与道德法则暗合的那种执意，才有可能把这种自由感保持下来，当事人也许不自觉，但在长期的为所欲为中他会明白过来，什么才是他保持自由的阻力最小的方式，这就是道德的方式。第二项是"客观的、按照原则的（规范）"，前一项是主观的，第二项是客观的，这就有一种对照性。第一项是按照准则，第二项是按照原则，原则要比准则更有普遍性。括弧里面讲到"规范"（Vorschriften），我们前面讲到所有一切实践领域中的规则都可以称之为规范。在实践理性里面所作的事情，如果能够成为一种规则或者成为一种普遍的原则，那它就是一种规范。所以这个第二项跟前面一项不同之处，就在于它是指的一种社会性的普遍的规范。前面是一种个别性的东西，执意要做什么，是个人主义的、自私的；但是大家都有共同的执意，那就成了一种规范了。所有人都按照同一个准则这样做，那就是一个原则了，那就具有一定的普遍性了。但这种客观的普遍性还是太感性了，如果说，前一项是享乐主义、幸福主义的自由观的话，那么这一项就是功利主义和合理利己主义的自由观。如苏格拉底说每个人有了知识就不会做违反道德的事情，没有人去有意去追求恶、坏，凡是有知识的人都会去追求善，因为善是有利于自己的。功利主义也是这样说的，每个有理性的人都不会自己害自己，都会追求最大的功利。这可以说是一种实践理性的规范，概莫能外，所有的人基本都是这样的，所有的理性人都是追求自己的幸福。但是每个人对幸福的理解不会完全一样，所以仍然带有很大的偶然性，相当于卢梭所说的"众意"，因为大多数人的意愿、哪怕是所有人的意愿，当利益关系发生变化，也有可能过一段就成了少数人的意愿了。更何况，人们遵守这种规范的时候，并不是出自自己的本质，而只是出于个人功利的考虑，只是适当限制一下个人主义的无限膨胀的欲望，但毕竟对个人形成压抑，个人是为了自己的长远的利益而被迫服从这种客观的规范。那么第三项就是前面两项的合题了："既是先天客观的又是主观的自由原则（法则）"，主客观的统一才是法则（Gesetze）。这个法则跟规范还不一样，规范可能是实用的原则，功利主义的规范，没有人会自己害自己，这个里头包含有理性，但理性在其中仍然只是充当工具，所以它仍然是实用主义的。但是既是先天客观的又是主观的自由原则，也就是说当你把主观的准则直接变成先天客观的原则，那就是法则了，就是道德律了。既是先天客观的又是主观的，道德法则就是这样，你要把你的行为的准则变成一条普遍的法则。普遍法则是客观的，但是又是立足于你的主观的准则、立足于你的自由意志的准则的。这就成了一条自由的法则，这个是跟前面两项都不一样的，但是又跟前面两项都有共同之处，因此是一个"合题"。第一项完全是个体的执意，为所欲为，不考虑别人；第二项要考虑到别人，功利主义者要实现你的功利目的，那你必须要把考虑别人作为手段，要考虑一般社会实践的规范。第一项要考虑动机，第二项要考虑后果，如果你不考虑后果那你的行动就会失败，你不尊重客观的规范你就是不合理的、不明智的、鼠目寸光的利己主义。你的利己主义要合理，你就必须遵守某种规范，而这些规范往往就限制了你，你不能为所欲为，你为所欲为肯定达不到目的。你必须要遵守一定的社会规范，这是第二项自由范畴即规范。但是这个规范如果是立足人的自由意志的原则而形成的规范，那就可以叫作道德法则；如果不是立足于人的自由意志，而只是立足人的利益，那就仅仅是一种规范而已。就是大家都这样做，并且有经验的人告诉你，只有这样做，你才能得到最大的利益，那么我就要压抑自己的执意，我就不能为所欲为，我就要抱有清醒的头脑，不能一时冲动，要放弃某些东西，我才能得到更多的东西。所以第二项的主客、人己之间仍然是对立的，因为它们都停留于感性的层次和工具理性层次。第三项则是把人己之间在纯粹理性的本质层次上贯通起来了，我不再是把服从规范当作临时采用的手段，而是把服从法则当作我自身的内在本质，同时也是每个人的本质。这就超越了前面两项而形成了合题，这个合题就是"既是先天客观的又是主观的自由的原则"，也就是道德法则了。如果说第二项相当于卢梭的"众意"即多数人的意愿的话，那么这个第三项就相当于卢梭的"公意"，即普遍意志，它既是先天客观的又是普遍的。康德经常把普遍必然性称之为先天性或者称之为客观性，先天客观的作为一种实践法则来说它就是道德法则，这种法则具有普遍必然性。每一个人只要他直接立足于自己的自由意志而不受感性杂多的干扰，他就会发现，他的这样一个纯粹意志的法则是普遍必然的，不光是他自己的意志的法则，也是每一个有理性者出于纯粹意志必然会遵守的法则。所以他虽然是立足于个人的自由意志，但是它是有普遍性的。经常有人感到很奇怪，康德讲到个人的自由意志，怎么会成为普遍的法则，怎么会成为所有的人都适用的一条法则，那不是他自己想出来的吗？其实康德认为你自己想出来的东西很多是任意的或执意的，它们的确没有什么普遍性；但是唯有一种东西是有普遍必然性的，就是你的纯粹理性，以及纯粹理性直接体现在实践中的纯粹意志。你立足于你的自由意志而根据你的纯粹理性想出来的东西，那就是每一个有理性者必然会想出来的东西，那就不仅是属于你个人的，而是既属于你个人的又属于全人类的，甚至是属于一切有理性者的。只要是有理性者，不管是人类，还是外星人，他必然会想到这个法则。我当然是通过我自己的理性想出来的，但是一旦想出来，它就不仅仅适用于我自己了。纯粹理性都是这样，这正如欧几里德几何，它是自己想出来的，但是又是先天的。数学家一旦把某一条公理或定理发现出来，那它就是放之四海而皆准的，毕达哥拉斯定理一旦发现出来，那就不是毕达哥拉斯个人的事情，那就是全人类的事情，甚至是一切有理性者的事情，大家都会承认，但是又是他个人发现的。所以这个第三项才真正到达了道德法则，这就是他前面讲的，自由范畴表在它的秩序中是从道德上尚未确定并且还以感性为条件的范畴，而逐步进向那些不以感性为条件而完全只由道德法则来规定的范畴，这一程序在这个量的三段式里面可以最典型地看出来。当然这个三段式在后面还有说明，这是康德自己采用来说明这一程序的唯一的例子（我将用他的解释作为我的解释的印证），其他质、关系和模态的三个例子他都省略掉了，只好由我们自己按照康德的思想去分析和解释了。

"2. **质：践行**的实践规则（praeceptivae，拉丁文：命令）；**制止**的实践规则（prohibitivae，拉丁文：禁止）；**例外**的实践规则（exceptivae，拉丁文：例外）"。在《纯粹理性批判》中，质的范畴一栏有三个范畴：实在性、否定性、限制性。与此相应，这一栏的自由三范畴是"践行"、"制止"[①] 和"例外"，第三个括号中的拉丁文除了例外的意思，在拉丁文中还有一个意思就是"限制"。可见这三个自由范畴与三个知性范畴是一一对应的，从逻辑上说，这不难理解，一个是要做什么，一个是不准做什么，一个是在要做什么和不做什么之间有种例外或限制，即只允许某人做什么。这相当于实践行动中的实在性、否定性和限制性。一个是实在性，你要做什么，命令你一定要把它做出来；一个是否定性，你不能做什么；再一个是限制性，就是限制在某个人或某种具体条件下，具体问题具体分析、具体对待。这个在逻辑上我们比较好理解，它比较符合逻辑上的三个等级。但是从它的含义上说，我们就不是很好理解。首先我们要注意，这里的三个自由范畴都是讲的实践**规则**，这与三个量的自由范畴从准则到自由的**原则**不同。自由的"准则"或"原则"表明的都是从什么"开始"，即自由的起点；而这三条"实践规则"表明的则是如何进行，即自由的实行。前

---

① Unterlassen，最初译作"制止"，后改为"中止"似不够强，"制止"与括号中的拉丁文"禁止"更相配。

三条最后落实到"法则"（Gesetze），后三条则讨论实现这些法则的"规则"（Regeln）。康德在《道德形而上学》中对规则和法则的区别有如下说明："命令式是一条实践规则，通过它，就自身而言偶然的行动被变成必然的。它与一条实践法则的区别在于，实践法则虽然表现一个行动的必然性，但却不考虑这个行动就自身而言是已经内在地必然寓于行动的主体（例如一个神圣的存在者）之中，还是（例如对人来说）偶然的，因为在有前者的地方，就不出现命令式。所以，命令式是一条规则，其表象使主观偶然的行动成为必然的，因此把主体表现为一个必然被强迫（使之不得不）与这条规则相一致的主体。"① 法则是一般而论的，它可以适用于上帝，但这时它就不成其为"命令"，因为只有人才需要命令。所以尽管在量的自由范畴中已经达到了"法则"，但这法则要在人身上有实质性的体现，还必须借助于质的范畴，即作为命令的"实践规则"，才具有可操作性。所以，质的自由范畴与量的自由范畴相比，已经从高高在上的抽象下降到了具体的生活，并从这些生活中所遵行的规则里面去体会道德法则或定言命令的普遍性。这是一种下降，但同时也是一种前进，因为它们已经不是一种抽象的起始法则，而是在人类生活中实际起作用的行动规则。当然，这些规则也被法则化了。正如在《纯粹理性批判》中，他对质的范畴及其原理"知觉的预测"的解释也有一种"量化"的倾向、即归结为"度"或"内包的量"的倾向一样，② 在这里，自由的实践规则也不过是把人一步步导向道德律的实践法则的引子。另外，量的自由范畴从以单一个别的自由为起点到以多数人的自由为起点再到以全体人的自由为起点，这当然是一个提升过程；那么在质的自由范畴中，从践行的实践规则到中止的实践规则再到例外的实践规则是否也是一个提升过程

---

① 《康德著作全集》第 6 卷，张荣、李秋零译，中国人民大学出版社 2007 年版，第 229 页。
② 《纯粹理性批判》，邓晓芒译，杨祖陶校，人民出版社 2004 年版，第 158 页；又参看杨祖陶、邓晓芒著：《康德〈纯粹理性批判〉指要》，人民出版社 2001 年版，第 188—190 页。

呢？回答是肯定的。由上面我们已经知道，质的自由范畴要使人在实践规则中意识到实践法则即定言命令，那么最直接的就是"践行的实践规则（praeceptivae）"，括号中的拉丁文就是"命令"的意思。在实践中命令你如何行动，这是定言命令直接的体现，因为它本身就表述为一条行动的命令：你应当这样做，使你的行动的准则成为一条普遍的法则。但在质的范畴中这表现为直接的具体行为规则，尚未完全脱离感性经验的层次。因此比它更能够使人意识到这一行动的普遍意义的并不是对这一行动的**实行**，而是对相反的行动的**不实行**，即并不是"有所为"，而是"有所不为"。这就是第二个范畴"中止的实践规则（prohibitivae）"的更高意义之所在，括号中的拉丁文意为"禁止"。一种被禁止了的行动并没有现实地做出来，但它也让人意识到没有这样做是符合道德律的，因而道德律是超越于做出来了的事情之上的。所以不做坏事的道德层次比做好事的道德层次更高，因为做好事有可能是出于偶然或本能，而能够做坏事却不去做则是自觉地以道德律约束自己的结果。但最麻烦的是第三个质的自由范畴即"例外的实践规则（exceptivae）"，括号中的拉丁文也是"例外"的意思。为什么"例外"的道德层次要比践行和中止（禁止）更高呢？为了说明这一点，我们有必要参看一下康德在《道德形而上学奠基》中的一段话："现在，如果我们在每次违背义务时注意一下自己，我们就会发现，我们实际上并不愿意我们的准则真能成为一条普遍的法则，因为这对我们来说是不可能的；毋宁说，倒是这些准则的反面应当普遍地保持为一条法则；只是我们自以为有这种自由，为了自己或者（哪怕只是这一次）为了有利于我们的爱好而**例外**一次。所以，如果我们从同一个视点、即理性的视点出发去衡量一切情况，我们就会在自己意志中发现一种矛盾，就是说，某一原则客观上必须要是普遍法则，然而主观上却不能普遍有效，而要允许有例外。然而，当我们一方面从某个完全与理性符合的意志的视点来考察我们的行动，接着另一方面却又从某个受爱好影响的意志的视点来考察这同一个行动时，那么这里实际上就不是什么矛盾，倒是有爱好与理性规范的一个对抗 (*antagonismus*)，由此原则的普遍性 (*universalitas*) 就变成了单纯的普适性 (*generalitas*)，这样一来，实践的理性原则就会在半途与准则相遇。现在，虽然这不能在我们自己无偏颇地作出的判断中获得充分根据 (gerechtfertigt)，但它还是证明了一点，即我们实际上承认定言命令的有效性，并且 (带着对它的最大敬重) 只是允许自己有一些在我们看来无关紧要和迫不得已的例外而已。"① 这就是康德的辩证眼光的深刻之处。在具体行动中的道德意识的层次上，有所不为比有所为的层次更高，而以"例外"为借口违背道德律则比遵守道德律的层次又还高一层，因为这种违背是在承认道德律具有最高权威的前提下，"带着对它的最大敬重"而对自己的"允许" (erlauben)，它充分展示了有限人性与无限道德律之间的张力。康德看到，由于现实的人的有限性，他们永远也不可能做到原原本本地完全符合道德律，所以原则的绝对"普遍性"必须下降为现实的相对"普适性"，实践的理性原则不得不"在半途与 [人的] 准则相遇"。但他认为这恰好"证明"，我们实际上承认了定言命令在现实生活中的有效性。这是单纯做好事或者不做坏事都不能够证明的，前者没有上升到普遍原则；后者上升到了普遍原则，但却只体现为其反面的无效性；只有这种例外的允许，才在我们的一种现实行为中通过某种限制、即在不伤及道德律的根本的情况下体现了对道德律的敬重。而这种允许本身也有可能规定一种法则：在无损大局的情况下允许做一些违背道德律的事 (如善意的说谎)，这也可以用道德律来规定，即规定在什么情况下或者何种程度上这种例外仍然是不与道德律相冲突的。例如康德在《道德形而上学》中说：在道德上被要求或者被禁止的行动之外，还有一种被允许的 (Erlaubt) 行动，"这样一种行动叫作道德上无关紧要的"② 。当然，这种例外本身也还是有它的不足之

① 康德：《道德形而上学奠基》，杨云飞译，人民出版社 2013 年版，第 56—57 页。
② 《康德著作全集》第 6 卷，张荣、李秋零译，中国人民大学出版社 2007 年版，第 230 页。

处,这就是它只考虑到现实中的行动,而没有考虑到人格的一贯性,因为例外虽然可能在道德上无关紧要,但却是对一个人的人格一贯性的中止。这就需要向更高的"关系"范畴提升。

"3.**关系**:与**人格性**的关系;与人格**状态**的关系;一个人格对其他人格的状态的**交互**关系。"在《纯粹理性批判》中的关系(Relation)范畴的三项是实体和偶性的关系、原因和结果的关系、主动和被动的交互关系(协同性关系);而在自由范畴表中相应的三项则是三种关系,一种是"与人格性(Persönlichkeit)的关系",一种是"与人格状态(Zustand der Person)的关系",一种是"一个人格(einer Person)对其他人格状态的交互关系"。[①] 三者都涉及人格,那么什么是人格?康德在人格问题上接受了理性心理学的传统定义:"凡是在不同的时间中意识到它自己的号数上的同一性的东西,就此而言它就是一个人格",[②] 也就是某物在时间上的自身一贯性;但他对这个概念在理解上又作了伦理学上的改进。例如在《道德形而上学》中他说:"人格是其行为能够归责的主体",人格 Person 是一个主体,他所做的事情他都能够承担,"因此道德上的人格性不是别的,就是一个理性存在者在道德法则之下的自由(但是,心理学的人格性只是意识到其自身在其存在的不同状态中的同一性的那种能力)。由此得出,一个人格仅仅服从自己(要么单独地、要么至少与其他人格同时)给自己立的法则"[③],一个理性存在者在道德法则之下的自由就是人格性,而人格则是一个能够归责的主体,本来也说明他是自由的,但是人格主要强调他的主体性,可以归责,而这个归责也可以是他犯了罪,他能够承担他的罪行,这也是人格。但是人格性必须是道德

---

① 这里 Persönlichkeit 原来译作"人格",直到第七次印刷之后才改成了"人格性";相应地,原来译"个人"的 Person 都统一改成了人格,人格和人格性的译法更能反映这两个概念之间原文中的联系。

② 《纯粹理性批判》,邓晓芒译,杨祖陶校,人民出版社 2004 年版,第 319 页。

③ 《康德著作全集》第 6 卷,张荣、李秋零译,中国人民大学出版社 2007 年版,第 231 页。

法则之下的自由，所以人格性就把人的本质进一步表达出来了，人格的本质恰好就是他的人格性。在这里，首先引起疑惑的是在前两项中，只说了"与…的关系"，但却没有说是什么在与"人格性"和"人格状态"发生"关系"？到第三项才交代清楚，是"一个人格"对"其他人格状态"之间的交互关系，主体是"一个人格"。① 那么我们也可以把前两项的主体看作是"一个人格"，只是被省掉了，因而"与人格性的关系"就可以理解为"一个人格与人格性的关系"，第二项则是"一个人格与人格状态的关系"。由此看来，第一项"一个人格与人格性的关系"也就相当于"实体和偶性的关系"了。但两者间谁相当于实体、谁相当于偶性？我们不能把人格性看作人格的一种"偶性"，因为康德在后面明确说了："人格作为属于感官世界的东西，就他同时又属于理知世界而言，则服从于他自己的人格性；这就不必奇怪，人作为属于两个世界的人，不能不带有崇敬地在与他的第二个和最高的使命的关系中看待自己的本质，也不能不以最高的敬重看待这个使命的法则。"② 由此看来，人格反而是人格性的"偶性"了，而人格性则相当于人格的"实体"（康德有时将它称之为"灵魂不朽"③）。因为人格是跨两界（感官世界和理知世界）的，而人格性则是专属于理知世界的，它是前者的"本质"（Wesen），并且是义务的"高贵出身的根"。④ 其实，康德在《纯粹理性批判》中就已经批判了理性心理学把人格当作实体、把人格性当作人格的属性的观点，认为"这将是反对我们的全部批判的巨大的、乃至于唯一的绊脚石"⑤。他在那里虽然接受了理性心理学对人格的定义，并认为"人格的同一性在我自己的意识中是不可避免地要遇到的"⑥；但他坚决反对把这种人格同一性视为一种

① 原译文漏掉了"一个"二字，应补上。
② 《实践理性批判》，邓晓芒译，杨祖陶校，人民出版社 2003 年版，第 119 页，有改动。
③ 《实践理性批判》，邓晓芒译，杨祖陶校，人民出版社 2003 年版，第 168 页。
④ 同上书，第 118 页。
⑤ 《纯粹理性批判》，邓晓芒译，杨祖陶校，人民出版社 2004 年版，第 294 页。
⑥ 同上书，第 319 页。

"实体"的知识，因为"在不同时间内对我自己的意识的同一性只是我的各种思想及其关联的一个形式条件，但它根本不证明我的主体的号数上的同一性"①。当然，他也承认，"正如实体和单纯的东西的概念一样，就连人格性的概念……，也同样是可以保留的，并且在这方面，这个概念对于实践的运用也是必要的和充分的，但我们永远也不能相信它是我们对自己的知识通过纯粹理性所作出的扩展"②。包括实体和人格性在内的理性心理学的诸概念在他看来可以"在那种仍然一直指向经验对象的实践运用方面，按照在理论运用中类似的意义，而应用于自由和自由的主体身上"。③ 所谓"按照在理论运用中**类似的**意义"这种说法，暗合着《道德形而上学奠基》中关于定言命令的第一个变形公式："你要这样行动，就像你行动的准则应当通过你的意志成为普遍的自然法则一样"④。也就是把**好像**处于自然法则中的人格通过**类比**提升到自由的法则。可见在《实践理性批判》中，人格性是提升人格的，即把横跨两界的人格从感性世界提升至理知世界，提升到自由或人格性。所以当一个人格被置于"与人格性的关系"中来看待时，他是被视为一个自由的主体的，并因此而为道德上的善恶奠定了基础。当然，这种关系仍然是人格的自身关系，即人格与他自己的本质的关系。正如康德在《道德形而上学奠基》中所说的："当然只有**在理性存在者身上才发生的对于法则的表象**本身，只要是它而不是预期的结果作为意志的规定根据，它就能构成我们称为道德的那种首要的善（vorzügliche Gute），这种善在根据这种法则而行动的人格（Person）本身中就已经存在于当下了，却不可从结果里才去期待它。"⑤第二项"一个人格与人格状态（Zustand der Person）的关系"则涉及到人

---

① 《纯粹理性批判》，邓晓芒译，杨祖陶校，人民出版社 2004 年版，第 320 页。

② 同上书，第 321 页。

③ 同上书，第 309 页。

④ 《道德形而上学奠基》，杨云飞译本，第 52—53 页。

⑤ 《道德形而上学奠基》，杨云飞译本，第 23 页。

格是被当作目的还是仅仅作为手段的问题，正如康德在后面说的："在这个目的秩序中，人（与他一起每一个有理性的存在者）就是自在的目的本身，亦即他永远不能被某个人（甚至被上帝）单纯用作手段而不是在此同时自身又是目的，所以在我们人格中的人性对我们来说本身必定是神圣的"。① 所以这项自由范畴与因果关系范畴相对应，但不是自然因果关系，而是目的因果关系。康德在《道德形而上学基础》中把定言命令的第二变形公式表达为："你要这样行动，把不论是你的人格中的人性，还是任何其他人的人格中的人性，任何时候都同时用作目的，而决不只是用作手段。"② 贬低一个人的人性就是贬低他的人格，意识到这一点，就在把自己看作人格性的基础上具有了自由的现实的主体性，也具有了道德上善的价值，因为这里在人格性的前提下增加了一个目的性概念。所以康德又说："理性存在者就被称之为**人格**，因为他们的本性已经突显出他们就是自在的目的本身，即某种不可仅仅被当作手段来使用的东西，因而在这方面就限制了一切任意（并且是一个敬重的对象）。"③ 第三项"一个人格对其他人格状态的交互关系"则涉及"目的国"的问题，因而与定言命令的第三变形公式相关："每个人类意志都作为一个凭借其全部准则而普遍立法的意志"。④ 这就比单纯把人格中的人性当作目的的更提高了一个层次，把一切人当作了普遍立法者。在这里，已经不再只是横跨两界的人格状态和人性了，而是全部超越到理知世界中去建立一个理想的目的国。正如康德所说："任何一个理性存在者，作为自在的目的本身，不论它所服从的是什么样的法则，必须能够同时把自己看作普遍立法者，因为正是它的准则之适合于普遍立法，才使理性存在者作为自在的目的本身凸显出来，与此同时，它的这种优先于一切单纯自然物的尊严（特

---

① 《实践理性批判》，邓晓芒译，杨祖陶校，人民出版社 2003 年版，第 180 页。
② 《道德形而上学奠基》，杨云飞译本，第 64 页。
③ 同上书，第 62—63 页。
④ 《道德形而上学奠基》，杨云飞译本，第 68 页。

权) 使得它任何时候都必须从它自身的视角出发、但同时也要从任何其他有理性的、作为立法者的存在者 (它们正因此也被称为人格) 的视角出发来采用自己的准则。于是，一个理性存在者的世界 (*mundus intelligibillis* 理知的世界)，作为一个目的王国，以这种方式就有可能，这就是通过作为成员的所有人格的自己立法而可能。"①

由此可见，在自由的三项关系范畴中背后隐藏的是康德对定言命令的三种变形的公式，这三种变形公式，按照康德的说法，"为的是使理性的理念 (按照某种类比) 更接近直观，并由此更接近情感"，并且"如果人们同时想给德性法则提供一个入口：那么引导同一个行动历经上述三个概念，并由此使它尽可能地接近直观，这是很有用的"②。但也正因为如此，这三项自由范畴也就没有完全摆脱感性直观的束缚，而是突显了一种冲突。应当说，康德在关系范畴的第三项中已经达到了自由范畴的极致，即自由意志的"自律"和"目的国"。但也正因为它太高了，所以它就使得它所居住的那个理知世界和它从中超越出来的那个自然世界之间产生了一个裂痕或"悖论"："然而，尽管理性存在者即使自己一丝不苟地遵守这些准则，它却不能指望其他每个理性存在者因此也同样信守这些准则，同样也不能指望自然王国及其合目的的秩序与作为一个合格成员的理性存在者在一个由它自身而可能的目的王国上达到协调一致"；"正是在这里就包含着一个悖论：仅仅这种作为理性本性的人性的尊严，不计由此而能达到的任何其他目的和好处，因而仅仅对一个单纯理念的敬重，却要来充当意志的一丝不苟的规范"。③ 自然王国和目的王国的这种冲突，只有通过引入"义务"这一概念，才能得到恰当的解决，也就是理

---

① 《道德形而上学奠基》，杨云飞译本，第 77 页。

② 同上书，第 74—75 页。由此可见，说康德"极少对范畴表加以运用，而原本它是应该有助于组织谋篇的" (刘易斯·贝克：《〈实践理性批判〉通释》，黄涛译，华东师范大学出版社 2011 年版，第 187 页) 是多么缺乏眼光。

③ 《道德形而上学奠基》，杨云飞译本，第 78 页。

性主体在面对自然王国时承担起自己的道德义务,以"应当"的命令来支配自然王国 (欲望爱好)。

可见这三个关系类的自由范畴相当于实体和偶性的关系、一个实体和另一个实体的状态上的因果关系以及一切实体的交互关系。所有的这些性质都是跟人格性有关的,这些关系范畴已经暗示了有某种道德的实体在那里。但是在第一个范畴里面还不是很明显,它只是一个人格与他的人格性之间有一种关系,这还不具有社会普遍性,那是他个人的事情。那么第二个是与人格状态的关系,既然人格可以承担他的责任,他是一个可以归责的主体,那么一个人格所表达出来的那些状态就带有社会性了。这类似于《纯粹理性批判》里面的因果关系,实体关系跟因果关系相比它的层次是不一样的,一个实体跟它自己表现出来的偶性是直接的关系,而原因和结果那就不是直接的关系了,它是两个实体之间的状态的关系。两个实体之间的关系就表现出各个实体之间的状态,它是跟其他实体之间有联系的一种状态。那么第三个范畴,一个人格对其他人格状态的交互关系,也就是状态跟状态之间的关系,不只是一个人格跟他的状态之间的关系,而是状态跟状态之间的交互关系。交互关系就是说你的人格跟其他的人格没有固定哪个是原因哪个是结果,你既是原因也是结果,所以在这个关系之中,准则就上升到了法则,准则成了普遍的准则,那就是法则了,于是每个人都是立法者,这就达到道德上的自律了。前面可能还不是,前面第一项与人格性的关系,也许只是意味着你这个人可以为你自己的行为承担责任。第二项与人格状态的关系,也许只是意味着你出于你的人格,那么你要考虑跟他人人格发生关系的时候,你所处的状态。第三个环节,人格对其他人格的状态的交互关系,也就是说你也要把他人的人格也当作人格,你要把他人的人格状态和你的人格状态放在一个交互作用中来加以考虑,而不要以自我为中心,去考虑怎样对付别人。你既以自我为中心,又以他人为中心,那么你们的人格状态相互之间就有一种交互关系,这个时候就上升到了道德的层次。当我们把自由意志的自律作为自己的义务来执行时，虽然我们没有提出更高的自由范畴，但却体现了自由范畴的**实践性**，^① 它是自然王国和目的王国冲突的克服。这就引出了第四类自由范畴即"模态"。

"4.**模态：允许的事和不允许的事；义务和违背义务的事；完全的义务和不完全的义务**。"模态范畴要讲的是"义务"，正如康德的道德论就是义务论一样，但却从"允许"开始，也就是从权利开始。它的三项是"允许的事和不允许的事"、"义务和违背义务的事"、"完全的义务和不完全的义务"，模态范畴都是一对一对的。这三项的层次关系，我们从康德《道德形而上学奠基》中的一段话中可以大致看出，这段话是紧接着上面所引的那段话之后的："**道德性**（Moralität）就是行动与意志自律的关系，这就是通过意志的准则而对可能的普遍立法的关系。能与意志自律共存的行动，是**允许的**（erlaubt），不合乎意志自律的行动，是**不允许的**。其准则必然与自律法则协调一致的意志，是**神圣的**、绝对善良的意志。一个并不绝对善良的意志对自律原则（道德强制）的依赖就是**责任**。所以责任是不能被归于一个神圣的存在者的。一种出于责任的行动的客观必要性，称为**义务**。"^② 显然，模态范畴立足于实践的"行动"，所以从"事"开始；而行动具有与道德律或意志自律相符合的**可能性**，这就是"允许的事"，不符合则是"不允许的事"；若行动具有与道德律一致的**必然性**，那就是责任或义务了。不过在《实践理性批判》中的表达与此稍有不同，中间加了一个**现实性**。康德在该书序言的一个最长的注释中谈到他在自由范畴表中精心挑选出来的术语："所以在**实践**理性的范畴表上处于模态这一标题下的**允许的事和不允许的事**（实践上客观的可能和不可能），与接下来的范畴**义务和违背义务的事**，在日常语言的用法中具有几乎相等的意义；但在这里，**前者**应当意味着与一个单纯**可能的**实践规范相协

---

① 质的范畴也讲"实践规则"，但只是在一般实践理性中自下而上地发现道德律的规则；模态范畴则是纯粹实践理性自上而下地贯彻法则的实践性。

② 《道德形而上学奠基》，杨云飞译，第79页。

调或是相违背的东西（例如在解决几何学和机械学的所有问题时那样）。**后者**则应当意味着与一个**现实地**存在于一般理性中的规律处于这样一种关系中的东西"；前者不一定与义务相关，"例如对于一个演说家以这种身份是**不允许**去锻造新的语词和语词搭配的；对于诗人这在某种程度上是**允许**的；在这里人们在双方任何一方身上都没有想到义务"。总的说，"这里所涉及的只是将命令放在或然的、实然的和必然的三种规定根据之下进行区分。"① 在这里，允许的事只是"可能"符合义务；而"义务和违背义务的事"则成了"现实性"（"实然"）范畴，即理性法则、道德律现实地具有了实践能力，或者得到实行，或者遭到违背。至于"必然性"（和偶然性）模态相应于什么，虽然这里没有说，但在范畴表上是对应于"完全的义务和不完全的义务"。完全的义务是必须实行的（如不要自杀、不得骗人），不完全的义务是看情况可以实行也可以不实行的（如要发展自己、要帮助别人），两者相当于必然性和偶然性。虽然康德没有对第三项深入讨论，但至少，这段话可以说是对第一对范畴和第二对范畴作了一个非常明确的区分。"允许的事和不允许的事"、"义务和违背义务的事"这两对范畴之间在日常用语中好像没有什么区分，它们相当于权利（和无权）与义务（和不义）的关系。在德语中，权利 Recht 同时又有"法"、"正义"的意思，中译有时译作"法权"，以求表达这两重意思（合法的权利），但并不很恰当。不过我们通常也说，权利和义务不可分，有权利就有相应的义务。但是康德非常仔细地把它们区别开来，就是允许的和不允许的不一定是涉及义务。他这里举了几何学和机械学的例子，你在几何学作图的时候有些是不允许的，按照几何学的规则是不允许这样做的，但是这里没有什么义务的问题，机械学也不允许违背动量守恒定律。还有演说家演讲，修辞学有些规范你要遵守，你锻造新词，生造一些词出来，

---

① 《实践理性批判》，邓晓芒译，杨祖陶校，人民出版社 2003 年版，第 11 页（边码 12），译文有个别改动。

对于演说家来说是不允许的，人家会说你的演说是失败的；但是诗人却有某些特殊的权利，西方人很推崇"诗人的特权"或"诗人的自由"，诗人可以突破某些语法，可以生造某些词，那都是允许的。所有这些都不关义务或道德的事，只是技术上和实用性的。所以第一项还是比较泛地谈允许的事和不允许的事，权利的范围要比义务大得多，不允许的事无权去做，但做了也不一定违背义务（如几何作图），换言之，有权利也不一定有相应的义务。所以这对自由范畴它还不一定涉及义务，还不一定是道德的问题，但在日常生活中经常把它们混淆起来。我们说不允许这样做，往往好像就意味着道德，特别是对小孩子，大人在教育他的时候，通常不区分不允许的两种含义，是客观上不允许还是道德上不应该，你有权利这样做还是你有义务这样做。康德在这里进行了严格地区分，从中也体现了一个从一般的实践理性上升到纯粹实践理性的过程。允许的事和不允许的事相当于可能的事和不可能的事，那么义务和违背义务的事则相当于现实性和非现实性。也就是说，前面只是泛泛而言的可能性，允许的和不允许的都还没有做出来，而义务和违背义务的事情那就非常现实了，义务你必须要把它实现出来才算，违背义务的事情则不得把它实现出来，这就涉及一个现实性的问题。前面允许的事情，你不一定去做，你哪怕不做，它也是允许的，而不允许的事情你也不一定做得成，所以它只是针对一种客观的可能性的；那么这里的"义务和违背义务的事情"则是着眼于现实的，凡是义务的事情你就必须把它做出来，否则就是失职，凡是违背义务的事情你必须坚持不做，否则就是犯罪。第三对范畴，"完全的义务和不完全的义务"，这个涉及必然性的范畴。什么叫完全的义务什么叫不完全的义务？按照康德的说法，所谓完全的义务，就是说你不做不行的，你绝对必须要做的，它是符合必然性的，而不完全的义务在某些情况下你是可以不做的，只是鼓励你做的，有一定的偶然性。比如说，你不要说谎，不要说谎是完全的义务，不要伤害人家，这是完全的义务，在任何情况下，你都不要说谎，你都不要伤害人家，你不得违背。但是有些义务是不完全的义务，比如说你要与人为善，你要救苦救难，你要发展自己的才能，这些是有条件的，就是说你在没有条件的情况下可以不做。比如说救人，在某些情况下，你没有能力救人，你也可以不救人，不会违背道德。沉船了，大家各自逃命，你抓到了这个板子，但是人家也想要这块板子。你给不给他，你不给他，你自己逃命要紧，人家也不会指责你，因为你把板子给了他，你自己会淹死。所以在这个情况下，虽然有义务但是不完全，当然你要舍己救人，那就是英雄了，但是你不给他也没有人指责你。在这种情况下，不是我死就是他死，那么我可以服从我的本能，我的本能当然是挽救我自己的生命了。还有像不要自杀，在任何情况下不要自杀，这个是完全的义务，但是要发展自己的才能，这个是不完全的义务，没有条件你怎么能发展自己的才能？穷人在贫民窟里从小就没有受到好的教育，他就发展不了自己的才能，你不能指责他，他没有发展自己才能的条件。所以在这种情况下要区分完全的义务和不完全的义务，有些义务是绝对必然的，有些则是有偶然条件的。在义务的事里面还要区分完全的义务和不完全的义务，这个在道德领域是更高一层次的分析。如果连不完全的义务你都要去完成，或者你没有完成就会感到内疚，那说明你的道德水平是更高层次的。虽然你当时不可能把这块板子让给人家，你自己逃了命，也没人指责你，但是最后你自己感到问心有愧，那么你这个人的道德就是比较高的，因为你知道自己本来是应该去完成的，虽然是不完全的义务，但仍然是义务。本来不是说每个人都要当英雄的，但是在那种情况下我为没有能够当英雄而问心有愧，这个是需要更高的道德的。反过来说，如果有人在极其不利的条件下（如身患残疾），通过自己的努力奋斗而终于出类拔萃，既发展了自己又造福于人类，这种人的自由水平和道德水平是超乎寻常的。从第一项到第三项，康德在这里展示了道德形而上学的下限和上限，下限是权利哲学（法哲学）的主题，上限是道德理想人格的主题，整体则在康德的《道德形而上学》中得到了系统的阐明。注意康德的措辞：其中第一项讲的是"允许的事和不允许的事"，都还是就"事"论"事"；第二项"义务和违背义务的事"则只有一半论"事"，前一半已经没有"事"，只有"义务"；第三项则完全没有了"事"，只讨论"义务"本身的划分了。[①] 换言之，自由的对象最初都是"事"，即外部感性世界的现象；但越到后来越回到自身，从外在的自由回到内在的自由，终于在模态的最高项这里以自身的法则为对象了。[②] 由此而体现了康德前面所申述的"过渡"原则，即"从在道德上尚未确定并且还以感性为条件的范畴，而逐步进向那些不以感性为条件而完全只由道德法则来规定的范畴"。到了最后这一项"完全的义务和不完全的义务"，自由范畴的道德含义已经完全显露出来，甚至自由与道德律也已经融合为一了。这个时候的自由的对象，就是道德上至上的善。

整个看来，康德的自由范畴表体现的是自由概念从带有感性的自由任意进向自由意志并达到自由的法则即道德律的一个逐级上升历程。因此经过解释，康德的自由范畴表完全可以看作康德的整个实践哲学（包括《实践理性批判》、《道德形而上学》和《道德形而上学奠基》）的总纲，而决不是可有可无的附属品。它的地位应当和知性范畴表在《纯粹理性批判》中的地位大致相当。只是由于康德自己对这个范畴表的说明太少，它与康德整个实践哲学体系的关联很不容易看得出来，因而被大多数研究者所忽视了。

紧接着自由范畴表，下面的一段就是对这个表的一个总体的说明，我们来看看。

---

① 所谓"事"，体现在形容词的名词化上，如"允许的事和不允许的事"：das Erlaubte und Unerlaubte，而"违背义务的事"则是 das Pflichtwidrige。由形容词（或形动词）变来的中性名词通常译作"……的事"。

② 联系康德在《纯粹理性批判》中对模态范畴的特殊性的解释，这一点不难理解。康德在那里说："模态的诸范畴具有自身的特殊性：它们丝毫也不增加它们作为谓词加于其上的那个作为客体规定的概念，而只是表达出对认识能力的关系。"（A219=B266）。

[67]　　我们在这里马上就会看出,在这张表中自由就通过它而成为可能的那些作为感官世界中的现象的行动而言,将会被看作某种原因性,

在这里马上就可以看出,看出什么呢? 在这张自由范畴表中,自由将会被看作某种原因性,因为它使得那些作为感官世界中的现象的行动成为了可能,或者它造成了那些感官世界中的行动。这时我们就把它称之为这些行动的原因。自由肯定要在感性世界的现象中表现出来,它是一种行动,因此是某种原因性,即自由的原因性。所谓"就通过它而成为可能的那些作为感官世界中的现象的行动而言",也就是该表标题中所表述的,"就善与恶的概念而言",因为如前所述,实践理性的对象就是"自由所导致的可能结果的一个客体的表象",并且"实践理性的唯一客体就是那些善和恶的客体"。所以这一短语实际上是对自由范畴表的破题。

但这种原因性并不服从经验性的规定根据,因而它会与这些行动的自然可能性的诸范畴相关,然而每个范畴却被这样普遍地来理解,以至于那个原因性的规定根据也可以被认为是外在于感官世界而处在作为某个理知的存在者的属性的自由中的,

自由将会被看作是某种原因性,"但是这种原因性并不服从经验性的规定根据",它是某种特殊的原因性,也就是自由的原因性。自由的原因性当然并不服从经验性的规定根据,不服从自然因果律的规定根据,它不是由自然因果律来规定的,它是自由的。自由的原因性自身跳出了经验事物的因果链条,它是"自行开始一个因果序列"的,这在《纯粹理性批判》的第三个二律背反中早已说明了。"因而它会与这些行动的自然可能性的诸范畴相关",因为它开启一个因果序列时,必然表现为作用于感官世界中的现象的行动。就其作为这样一种涉及现象的行为而言,它被看作是某种原因性,因而它就会与这些行动的自然可能性的诸范畴相关。这些感性世界中的行动本身有一套自然的可能性的诸范畴,这些范畴使这些自然事物成为可能;那么自由的原因性与这些范畴发生了关

系，比如说自然界的多数性、实在性、限制性呀，实体性、协同性呀这些范畴都会与自由的原因性发生关系了。而这样就形成了自由的原因性的诸范畴，也就是各种自由范畴。所以自由范畴表就是由于自由的原因性在自然的诸范畴上起作用所表现出来的各种"样态"，它们与知性的范畴表一一对应。"然而每个范畴却被这样普遍地来理解"，虽然它与这些知性的范畴有对应关系，但每个自由的范畴却被这样普遍地来理解，也就是不仅仅在自然现象的意义上理解，而且是要普遍地、作为现象和本体的统一来理解。"以至于那个原因性的规定根据也可以被认为是外在于感官世界而处在作为某个理知的存在者的属性的自由中的"，就是那个原因性的规定根据除了可以被认为是自然的原因性以外，还可以被认为是外在于感官世界而处在作为某个理知存在者的属性的自由中。也就是自由的行动在感官现实世界中，它也表现出经验的因果关系，自由的原因性关系也会表现为自然的因果关系，这个事情是我做的，最开始的起因是我做的，是我引起的。"我引起"，那么我引起这个行动，它本身就是个自然的原因，这在自然因果关系上是符合因果律的。但是呢，这个原因性的规定根据也可以被认为是外在于感官世界，而处在作为某个理知的存在者的属性的自由中。同一个事情有两个不同的理解，一个是自然因果性的理解，另一个是自由的原因性的理解。

直到模态的诸范畴引入从一般的实践原则向德性原则的过渡，但只是**悬拟地**引入，然后德性原则才能通过道德法则被**独断地**表达出来。

前面讲"以至于"那个原因性的规定根据被看作是自由因，这里讲"直到"，"直到"也就是自由因的最后阶段，一直到这样的理解，什么样的理解呢？"模态的诸范畴引入从一般的实践原则向德性原则的过渡"，就是说从模态的诸范畴里面引入了从一般实践原则向德性原则（die Prinzipien der Sittlichkeit）的过渡。前面其实都有过渡，但是只有在模态的诸范畴才公开地向德性原则过渡，达到了作为"义务"（包括法权义务和德行义务）的纯粹善良意志。模态范畴中第一对范畴，"允许的事和不允许的事"，这个还不一定涉及义务，顶多涉及权利；但是第二对范畴"义务和违背义务的事"，这个就有明显的德性标准了。我们看所有的范畴表上面，只有模态的第二对范畴才开始出现了"义务"的字眼。然后第三对范畴"完全的义务不完全的义务"，就是只谈义务了。在前面都没有涉及义务的问题，都是什么按照准则、按照原则呀，主观的自由法则呀，践行、中止、例外呀，人格性、人格状态这些概念等等，都还没有直接点出德性义务，虽然其实已经模糊地包含在内了。而在模态范畴最后就引入了从一般实践原则向德性原则的过渡，"但只是**悬拟地**（problematisch）引入，然后德性原则才能通过道德法则被**独断地**（dogmatisch）表达出来"。为什么说"**悬拟地**引入"？这就必须和上面该表之前那句话联系起来："这些范畴所涉及的只是一般的实践理性，因而在它们的秩序中是从在道德上尚未确定并且还以感性为条件的范畴，而逐步进向那些不以感性为条件而完全只由道德律来规定的范畴。"范畴表由一般实践理性引向纯粹实践理性、由一般日常实用的善引向道德的至上的善、由自由的任意引向自由意志，这决不意味着从确定的前提推论出后果，而只是从姑妄言之的、道德上尚未确定的善或自由引向确定的善和自由。只有到最后，这种过渡才不再执着于"事"，而只考虑道德实践任务的完全或不完全，它跳出经验性的不确定的层面，进入了一个理知的确定的层面，"然后德性原则才能通过道德法则被**独断地**（dogmatisch）表达出来"。为什么这里是"独断地"表达出来？德性原则要通过道德法则被独断地表达出来，德性原则当然是比较宽泛的，所谓"道德形而上学"其实就是德性的形而上学，包括法权论的形而上学和德行论的形而上学；而道德法则是比较窄的，只属于德行论（Tugentlehre）。就是在德性原则里面最高层次就是道德法则。那么德性原则通过道德法则被独断地表达出来，也就是从上而下地表达出来，道德法则是至高无上的，而德性原则不仅包括道德法则，还包括法的形而上学原理。我们知道康德的《道德形而上学》包括两个部分，一个是法的形而上学，一个是德行（严格意义上的道德）

的形而上学。德性原则是广泛的，包括法和道德在内，德性原则就是义务原则，义务不光包括道德义务，还包含法律义务，其中道德义务是更深层次的，道德是法律的基础，因为内在自由是外在自由的基础。所以说通过道德法则独断地表达出来，就意味着从最高原理把下面的原理推出来。一般来说康德是反对独断论的，但是他并不反对独断，他认为独断有时是少不了的，理性主义要独断，但不要独断论。《纯粹理性批判》的第二版导言中有这样一段话："这个批判并不与理性在其作为科学的纯知识中所采取的**独断处理**处在对立之中（因为这种处理任何时候都必须是独断的，亦即从可靠的先天原则严格地证明的），而是与**独断论**相对立的"（BXXV）。我们从这里可以看出来，独断跟独断论是不一样的，独断的处理方式也就是必须"从可靠的先天原则严格地证明的"。所以单纯讲"独断"的时候就是指严格的从先天原则自上而下地来证明，这是理性主义的正当途径。那么在《实践理性批判》里面，通过道德法则来表达德性原则恰好就是这样的独断表达。所以在《实践理性批判》里面他当然也是反对独断论的，但是他并不反对独断的处理方式，而恰好是采取独断的处理方式，从可靠的先天原则从上而下地推出所有的原理。所以德性原则我们可以看到它是比较宽泛的，要推出德性原则就要从至高无上的道德法则独断地把它表达出来，才会得到严格的规定。

　　我在这里不再对目前这个表附加任何另外的解释，因为它自身是足够明白的。这样的一种按照原则而拟定的划分不论在它的彻底性上还是在明晰性上都是非常有助于一切科学的。

　　通过上面这一段总结性的阐述，他认为这个表足够明白了，可以不必再附加任何另外的解释了，因为这个表的形式是四大类、三个一组，每组的关系也是比较清晰的。跟知性范畴表对照着看，就更加清楚了。"这样的一种按照原则而拟定的划分不论在它的彻底性上还是在明晰性上都是非常有助于一切科学的"，这里的划分是按照原则而拟定的划分，既彻底又明晰。彻底性就是说它无所不包，无一遗漏，所有的东西都在这里，因为它是按照原则规划的，而不是按照归纳，不是举例子，也不是偶然碰上的。明晰性就是说，它是层次分明的，从低到高一个等级一个等级排列出来，合乎正、反、合的逻辑次序。因此他认为，这个框架是有助于一切科学的。所谓"一切科学"应该是指理论科学和实践科学，因为这个框架本来就是从理论科学那里搬过来的，它在那里非常适用，而且必不可少，而在实践科学方面同样也是极其有用的，构成整个体系的骨架，或者如后面说的，构成纯粹实践理性判断力的"模型"。所以在《实践理性批判》里面，这个范畴表它是一个例子，说明同一个概念体系不但可以用于理论理性上，而且可以作为"模型"运用于实践理性或道德科学上。当然，作为读者来说，我们会觉得康德的这种解释未免太简略了，几乎是没有作任何解释，就是列了这么一个表让大家猜它的意思，引起了康德研究者们的诸多抱怨。所以我们上面费了那么大的力气到处寻找蛛丝马迹，以便还原康德的真正思路。康德真正的解释只有下面这一句，作为示例而谈到了量的范畴的意义，其他的他闭口不谈，而是叫我们以此类推。我们来看这一句。

　　所以例如说我们从上表和它的第一栏上马上就知道了，我们在实践的权衡中必须从何处开始：从每个人建立在他的爱好之上的准则开始，从有理性的存在者就他们在某些爱好上相一致而言对他们的类都有效的规范开始，最后是从不管他们的爱好而对一切人都有效的法则开始，等等。

　　在实践的价值评判中、在权衡中，我们必须从何处开始？从第一栏就很容易看出来，这个第一栏就是量的范畴这一大类，其中包含三个范畴。"从何处开始"意味着自由概念的起点，最简单最朴素的自由观，这是量的范畴所占据的位置。下面是三个排比句，相对应于量下面的三项。"从每个人建立在他的爱好之上的准则开始"，这是量的第一个范畴：主观的、按照准则的，也就是个体的"执意"，它表明，执意的准则最开始是建立在主观爱好之上的。当然后来它也可以从建立在爱好之上的准则提升自己，直到使自己成为一条普遍的法则；但是它一开始是建立在它的爱好之上的。其次，"从有理性的存在者就他们在某些爱好上相一致而言对他们的类都有效的规范开始"，这是第二个，相当于量的第二范畴，就是客观的按照原则的"规范"。从有理性的存在者，就他们在某些爱好上相一致而言，我们大家都要追求利益，于是我们这些利益相关者要在利益方面达到相一致，建立起对我们这一类人都有效的规范，那就是合理的利己主义，一种聪明、明智的利己主义。这就要遵守某种规范。对他们这一类人来说，大家都从中获利，这种规范是有效的。"最后是从不管他们的爱好而对一切人都有效的法则开始，等等"，最后是不管他们的爱好，撇开他们的爱好，对所有的人一视同仁，不看爱好，那就是法则了。而这种法则就是道德法则，道德法则就是不管一切爱好而对每个有理性者都有效的法则。当每个人都超出自己的爱好，或者用罗尔斯的话来说，在我们面前建立起一面"无知之幕"，将爱好全部屏蔽掉，然后再来看看什么样的法则对我有效，那么每个人都会发现，只有道德法则才会对自己有效，也对每个人有效，这就是普遍的"法则"。他这里举的是量的范畴的例子。其实每一栏都可以这样来分析，他指望读者能够举一反三，自己按照这种模式把后面几类范畴的关系推演出来。但是他的提示只是限于，后面的范畴都是以前面这个例子同样的模式展开的，首先是个体的模式，然后是人与人之间的关系的某种规范，最后达到某种普遍的法则。

以这种方式，我们就概览了全部我们必须做的事情的计划，甚至概览了实践哲学必须回答的每个问题以及同时必须遵守的次序。

康德是非常自信的，他认为以这种方式，通过举一反三，就概览了全部我们必须做的事情的计划，也就是我们的自由任意的全部实践理性规则，从最起码、最低层次的为所欲为，直到最高层次的义务，全都组织在一个井然有序的逻辑体系中了。所以按照这个逻辑体系的安排，我们就概览了所有必须做的事情的计划，"甚至概览了实践哲学必须回答的每个问题以及同时必须遵守的次序"。实践哲学提出了很多问题,我应不应该这样做,这样做行不行,允不允许或者你愿不愿意,权利的问题,法的问题,德行问题,道德法则的分类问题,都包含在这个表里面,实践哲学必须遵守这里面制定好的一定的次序来解答这些问题。你要回答每个问题,你都必须把这个问题放在一定的次序里面来考察。我一听你的问题,我就知道你的问题在我的表里面处于哪一个层次、哪个位置,那么我就可以顺理成章地把前后关联和概念之间的脉络理清楚,我就可以按照这个表的次序对你的问题作出彻底的回答,这是他的自信,这就是他的自由范畴表的作用。之所以是"范畴表",意思是指所有的东西都在里面了,没有什么东西可以逃得出去,也没有什么不完备的地方。我们刚才讲到,第一个范畴和第二个范畴其实都可以包含在第三个范畴里面。当然也可以不包含,因为它们带有感性的条件,但是也可以理解为,它们在感性的遮蔽下已经隐含着第三范畴了,就是在自由的任意里面其实已经包含了自由意志。但是由于它们还包含有别的东西,不纯粹的东西,一些杂质,这就有赖于通过第三范畴一层层把这些杂质清除掉,排除它的感性条件,最后显露出来的就是它们的本质的东西,那就是第三个环节,应该这样来理解。当然它跟《纯粹理性批判》里面的知性范畴表有点不同,《纯粹理性批判》里面的范畴表每个范畴都是纯粹的,而这个表里面每个范畴里面除了第三个范畴外前两个都是不纯粹的。它们都可以说是自由的范畴,但是这个自由有很大一部分是出于感性,因为自由的任意本身是有感性的层次的,只有自由意志才摆脱了感性的层次,这是两个批判中的范畴表的区别。尽管如此,在《纯粹理性批判》的范畴表后面所说的话对于这里的自由范畴表也是适用的:"科目一旦分定,所需要的就只是充实它们,而像目前的这样一个系统的正位论是不容易让任何一个概念专门所属的那个位置弄错的,同时却很容易使人注意到那仍然空着的位置。"(A83=B109) 这就是一种指导,如果我们要系统地探讨自由范畴所涉及的内容,我们很容易依照这个范畴系统的指引而填补上那没有想到的空白,并由一个范畴推想出下一个范畴。我们在康德的《道德形而上学》中,几乎处处都能看到按照自由范畴表来安排内容和层次的痕迹,如"法权论"中从"私人法权"到"公共法权"再到"世界公民法权";"德行论"中从"对自己的完全的义务"到"对自己的不完全的义务"再到"对他人的不完全的义务"(爱等等)和"对他人的完全的义务"(敬重),以及在爱与敬重的统一即"友谊"中结束,都反映出自由范畴表的定型作用。

$$*\qquad\qquad*\qquad\qquad*$$

纯粹实践判断力的模型论①

在讨论完了自由范畴表之后,康德紧接着插入了一个小标题"纯粹实践判断力的模型论"。为什么要插入这一小节? 特别是,为什么要在这个地方插入这一小节? 很少有人能够说得清楚。模型论,Typik,也可以译作"类型论",但有人译作"典型论",这表明没有懂得康德的意思。其实,康德这一小节决不是可有可无的,而是严格按照他自己的"建筑术"而设计的,相当于《纯粹理性批判》中的"图型法",只是位置不在概念论和原理论之间,而是在讲完原理论和概念论(范畴论)之后。之所以要放在自由范畴表之后讲模型论,是因为自由范畴表本身就是以《纯粹理性批判》中的知性范畴表为"模型"的。但与知性范畴表不同的是,它没有感性直观的对象可以应用,因而也用不着时间的先验规定来构成范畴运用的"图型";但它同样也必须应用于自己的客体即可能的实践行动之上,这就需要一种"纯粹实践的判断力",以判断纯粹实践法则是否能够运用于经验世界中的行动,因此也就需要借用一套自然界的范畴和规律作为一种模型和类比,用来判断自由意志的实践行动是否能够合乎纯

---

① 本标题的内容在《精粹》中未被选入,所以句读时也跳过去了,这里以书面句读的形式补上。

粹实践法则。这一点其实在范畴表下面的那段话中已经说出来了，他说：
"在这张表中自由就通过它而成为可能的那些作为感官世界中的现象的
行动而言，将会被看作某种原因性，但这种原因性并不服从经验性的规
定根据，因而它会与这些行动的自然可能性的诸范畴相关，然而每个范
畴却被这样普遍地来理解，以至于那个原因性的规定根据也可以被认为
是外在于感官世界而处在作为某个理知的存在者的属性的自由中的"。
自由的原因性既然"并不服从经验性的规定根据"，那它又如何会"与这
些行动的自然可能性的诸范畴相关"？只能是通过模型的类比，即与自
然界的范畴有一种类比关系，但只是作为自由的原因性的模型（即自由
范畴的范畴形式），这种原因性本身却是超自然超经验的。

　　<u>善和恶的概念首先为意志规定了一个客体，但这两个概念本身是服
从理性的一条实践规则的，如果理性是纯粹理性的话，这条规则就先天
地在意志的对象方面规定着意志。</u>
　　善和恶的概念，根据前面范畴表、即"着眼于善恶概念的自由范畴
表"所表明的，是指自由范畴的对象。范畴是要指向一个对象的，而自由
范畴的对象就是善与恶。所以说"善和恶的概念首先为意志规定了一个
客体"。"但"，也就是说，虽然是首先为"意志"规定了客体，但"这两个
概念本身是服从理性的一条实践规则的"，即它们本身要服从理性的实
践规则，只不过首先所服从的并不是纯粹意志，而是任意，是服从一般实
践理性的规则，而不是纯粹实践理性的法则。这从整个自由范畴表可以
看出来，它们的起点仍然是带有感性的质料的，后来才逐步向纯形式提
升起来。所以，"如果理性是纯粹理性的话，这条规则就先天地在意志的
对象方面规定着意志"，只有到了纯粹理性的层次，这条规则才会成为意
志的法则，才会先天地规定意志的对象。而在此之前，它的自由的任意
免不了还要受到感性对象及其愉快和不愉快的情感的规定或束缚。
　　现在，一个在感性中对我们是可能的行动究竟是不是服从这条规则

的情况，对此就需要实践的判断力了，借此那种在规则中被普遍地 (in abstracto) 说出来的东西才被 (in concreto) 应用于一个行动上。

现在，有一个情况需要实践的判断力来决定，就是"一个在感性中对我们是可能的行动究竟是不是服从这条规则"？这和《纯粹理性批判》中的理论上的判断力不同，在那里的问题是：纯粹知性的规则或范畴是不是能够运用于和它完全不同质的感性对象身上？或者说，我们如何能够运用这些知性范畴的原理对感性的对象作出判断？那就需要一个第三者即先验的图型，作为时间的先验规定，它既具有先天的普遍性，同时又具有直观的具体性，因此可以作为知性和感性之间的中介。而在这里情况有所不同，即不是知性规则与可能的感性对象的关系，而是意志的规则对感性中的可能的行动的关系。因此同样是判断力，理论上的判断力是通过图型法而和感性经验的对象打交道，实践的判断力则是和行动本身打交道。虽然这行动只有在感性经验中才有可能，但这种判断关心的只是如何把法则运用于行动，而并不关心这行动在感性中造成什么样的后果，即它所关心的只是，借助于什么样的判断力，"那种在规则中被普遍地 (in abstracto [抽象地]) 说出来的东西才被 (in concreto [具体地]) 应用于一个行动上"。所以判断力在这中间并没有任何时间或空间的先天直观形式可资利用，无法建立起一种直观的图型来。但先天的意志法则和感性中的可能行动毕竟还有抽象和具体的分别，纯粹实践理性的判断力如何能够有把握地跨越这一鸿沟而实现自己的实践判断，这就至少需要一种类比的模型充当中介，而这种模型就存在于自由范畴和知性范畴的结构形式上的类似性中。得出这一结论初看起来似乎是不可能的，因为一个理知世界，一个感官世界，这两方面相距太远，很难用一个中介把双方拉到一起来，所以下面一直都在质疑这一中介的可能性。

但由于纯粹理性的一个实践规则**第一**，作为**实践的**而涉及一个客体的实存，**第二**，作为纯粹理性的**实践规则**而带有在行动的存有方面的必然性，因而是实践的法则，也就是并非通过经验性的规定根据而来的自 [68]

355

然法则，而是一条自由的法则，根据这条法则，意志应当能够独立于一切经验性的东西（仅仅通过一般法则及其形式的表象）而得到规定，但在可能行动上所出现的一切情况却都只可能是经验性的，也就是属于经验和自然界的：

这就是摆出困难了。虽然我们有必要将普遍的法则运用于具体的行动上，但却遇到了两大障碍。第一个障碍是，纯粹理性的实践规则既然是**实践的**规则，它就"涉及一个客体的实存"，就是说，它不光是宣称自己具有实践的能力而已，而是要现实地作用于一个实存着的客体，它的实践行动必须在客体上见效、兑现。而这如何可能就是一个问题，一个纯粹实践理性的规则如何能够在一个客体的实存上显示出它的作用来？第二个障碍是，"作为纯粹理性的**实践规则**而带有在行动的存有方面的必然性，因而是实践的法则，也就是并非通过经验性的规定根据而来的自然法则，而是一条自由的法则"，注意前一个障碍中"实践的"打了着重号，而第二个障碍中则是"实践规则"打了着重号。这意味着，双方的对立在于，一方面纯粹理性的实践规则必须具有实践的现实性，而不是理论的空谈；另方面则这种实践规则又必须具有在行动中的必然性和普遍性，因而是实践的"法则"，而不只是临时采用的准则或规则。所以一方面，这种法则也不应当是受到经验性的规定根据所限制的自然法则，"而是一条自由的法则，根据这条法则，意志应当能够独立于一切经验性的东西（仅仅通过一般法则及其形式的表象）而得到规定"；但另一方面，当意志超越于经验之上，仅仅通过一般法则的形式表象而得到规定时，它又不可能撇开经验性的东西，它作为一种实践活动，"在可能行动上所出现的一切情况却都只可能是经验性的，也就是属于经验和自然界的"。这里反来复去纠缠的就是这样一个悖论：自由的实践法则既要有实效，因此它就必须和客体的实存打交道；但同时它本身又不涉及经验性的东西，而必须是超经验的；而当它作为超经验的普遍必然性对行动发生作用时，它又不可避免地要使这种行动在经验的自然界中发生，否则行动就根本不可能发生。正是由于这两方面都要兼顾，即一方面它要是实际的实践行动，另方面它又必须具有超经验的普遍必然性，这就使得如何能够把纯粹理性的实践法则运用于现实的实践行动中，成为了一个难以解决的问题。

所以，显得非常荒唐的是，想要在感官世界中碰到这样一种情况，它在感官世界中永远服从自然法则、但却又允许一条自由法则应用于其上、并且那应当在其中 in concreto 体现出来的德性之善的超感性理念也可以应用于其上。

这就是上面所推出的这个荒唐的悖论。由于以上两个不能相容的要求，所以如果有人"想要在感官世界中碰到这样一种情况，它在感官世界中永远服从自然法则"，就是它永远具有可以按照自然法则在感官世界中检验出来的实效；另一方面，"但却又允许一条自由法则应用于其上、并且那应当在其中 in concreto 体现出来的德性之善的超感性理念也可以应用于其上"，这种情况就会显得非常荒唐了。这里的三个"其"都是指代"它"，即希望在感官世界中碰到的那种"情况"（der Fall），这种情况就是，既要在感官世界中遵守自然法则，同时却又要允许自由的法则及其超感性的理念运用于其上，使这种超感性的理念能够具体地在其中体现出德性之善来。这整个一句都是用的虚拟式，表明看起来这是不现实、不可能的。

所以纯粹实践理性的判断力遭受了与纯粹理论理性的判断力同样的一些困境，但后者拥有一种走出这些困境的手段，亦即：因为在理论运用方面事情取决于纯粹知性概念能够应用于其上的直观，而这类直观（虽然只是有关感官对象的）却又能够先天地、也就是在涉及杂多在其中的联结时与纯粹知性概念先天相符合地（作为**图型**）被给予出来。

纯粹实践理性的判断力和纯粹理论理性判断力同样的困境在于，如何能够将先天的原则运用于后天的对象上。在《纯粹理性批判》的"原理分析论"中，首先要解决的就是"先验判断力"的问题，因为"判断力就是把事物归摄到规则之下的能力，也就是分辨某物是否从属于某个给定的规则之下"（A132=B171）；并且"先验哲学所具有的特点就在于：它除了能指出在纯粹知性概念中所给予的规则（或不如说诸规则的普遍条件）之外，同时还能先天地指出这规则所应该运用于其上的那种具体情况"（A135=B174）。抽象与具体、先天的知性概念和经验性的具体情况之间如何能够联结这一困难的问题，在那里借助于想象力所制定的"时间的先验规定"而解决了，这就是所谓"纯粹知性概念的图型法"。所以在《纯粹理性批判》中，之所以能够走出这种困境，是"因为在理论运用方面事情取决于纯粹知性概念能够应用于其上的直观，而这类直观（虽然只是有关感官对象的）却又能够先天地、也就是在涉及杂多在其中的联结时与纯粹知性概念先天相符合地（作为**图型**）被给予出来"，就是有一种直观既能够让先天范畴运用于其上，又能够先天地将感官对象按照范畴的要求提供出来，这就是时间图型。时间本身既具有先天性，又具有直观性，它是先天的直观形式，是一切可能经验的对象得以被给予的先天条件，所以它成了先天范畴与经验材料之间的媒介。这是《纯粹理性批判》中的情况。但是到了《实践理性批判》的实践判断力中，这种起中介作用的图型就丧失了，因为这里所涉及的已经不再只是自然知识中先验成分和经验成分的关系，而是整个自然界作为现象而与本体界的关系，两者之间存在着不可跨越的鸿沟。因此看起来，这个问题在这里是无法解决的，自由范畴固然具有无所不在的普遍性，但它如何具体判断一个行动将是符合纯粹实践理性的普遍法则的，却没有一个客观的标准，似乎只能由自己的主观意图来随意解释。而这样一来，这种主观意图就被架空了，而纯粹实践理性的实践能力也就会受到质疑了。这就是下面所讲的。

　　相反，德性之善是某种按其客体来说超感性的东西，所以不可能为它在任何感性直观中找到某种相应的东西，因此从属于纯粹实践理性法则之下的这种判断力看来就遭受了一些特殊的困境，这些困境来自于一条自由的法则应当被应用于作为事件的行动，而这些事件又是在感官世界中发生的、因而就此而言是属于自然的。

"德性之善"，也就是纯粹实践理性的客体，它已经是超感性的东西了，例如"模态"范畴的第三项，它已经只有"完全的义务和不完全的义务"，而没有"事"了，"所以不可能为它在任何感性直观中找到某种相应的东西"。而这样一来，纯粹实践理性的判断力就遭受了不同于纯粹理论理性的判断力所遭受到的困境，它不可能按照后者那种解决方式来化解，而是一种"特殊的"困境。"这些困境来自于一条自由的法则应当被应用于作为事件的行动，而这些事件又是在感官世界中发生的、因而就此而言是属于自然的"，就是超感官的自由法则在运用于行动中时，这些行动本身又在感官世界中，它们遵守着自然法则；而在自由法则和自然法则这两者之间又不可能有任何过渡，它们分处于自在之物和现象的两岸，互不往来。于是这种运用的可能性就成了问题，很可能，当你自以为在运用自由法则的时候，实际上却完全是你的一种幻觉，所发生的只不过是一个自然现象、物理化学和生物学的现象而已；要么就是你的自由意志得不到任何客观自然法则的印证，也无法用自然法则来检验其效力。纯粹实践理性的判断力将无法进行判断，只能要么无所作为，要么向自然规律投降。

不过，在这里却又给纯粹实践的判断力展示了一个有利的前景。当把一个在感官世界中对我是可能的行动归摄到一个**纯粹实践法则**之下时，并不涉及到这**行动**作为感官世界中的一个事件的可能性；因为这种可能性该由理性的理论运用按照因果性法则来评判，因果性是一个纯粹知性概念，理性在感性直观中对这概念有一个**图型**。自然因果性或它得以发生的条件都属于自然概念，这些概念的图型是先验想象力所拟定的。

按照上一段讲的，纯粹实践理性的判断力是一点希望也没有了，虽然有普遍法则，但却不能运用于现实的行动中，这不是被废掉了？但是这一段又来了个转折，就是"给纯粹实践的判断力展示了一个有利的前景"。什么样有利的前景？那就要和纯粹理论理性的判断力作一个比较，所以下面就是摆出两种不同的情况。"当把一个在感官世界中对我是可能的行动归摄到一个**纯粹实践法则**之下时，并不涉及到这**行动**作为感官世界中的一个事件的可能性"，把感官世界中的可能行动归摄到纯粹实践法则之下，这就是纯粹实践理性的判断力的结构方式，因为如前所述，康德对一般判断力的规定是："判断力就是把事物归摄到规则之下的能力"。但这种纯粹实践的判断力与纯粹理论的判断力不同，它并不涉及感官世界中的事件的可能性，换言之，它不关心这一行动可能在感官世界中带来什么相应的结果。"因为这种可能性该由理性的理论运用按照因果性法则来评判，因果性是一个纯粹知性概念，理性在感性直观中对这概念有一个**图型**"，行动有什么样的结果，这个要由理论理性来管，理论理性按照因果性范畴，并运用自己在感性直观中所拥有的图型，就能够判断出这一行动必然会导致什么后果。但这已经不是纯粹实践的判断力所管辖的范围了，后者所关心的只是行动的根据是否出自先天的自由意志法则，而不关心它所得出的是什么结果。而这正是纯粹实践判断力的"有利前景"之所在，即它不必考虑感性经验中那些复杂的因果关系，而只凭一种简单的自由意志法则，就可以做到"虽千万人，吾往矣"。反之，"自然因果性或它得以发生的条件都属于自然概念，这些概念的图型是先验想象力所拟定的"，这就使理论理性的判断力多一道手续，要借助于想象力和图型，而不能自行决定自己的普遍法则（范畴）的适用性（即范畴不能作先验的运用，只能有经验性的运用）。

[69]   但这里所涉及的并不是按照法则发生的某个情况的图型，而是某种法则本身的图型（如果这个词在这里合适的话）；因为**意志规定**（而不是与其后果相联系的行动）仅仅通过法则而无须一条别的规定根据，就把因果性概念与种种不同于那些构成自然联结的条件的条件结合起来了。

   这就点出了纯粹实践判断力相比于理论理性的判断力的有利之处，

就是："这里所涉及的并不是按照法则发生的某个情况的图型，而是某种法则本身的图型（如果这个词在这里合适的话）"。按照法则发生的情况的图型，也就是行动后果的图型，这个不由纯粹实践理性管，而由纯粹理论理性管。纯粹实践理性只有"法则本身的图型"。当然把"图型"用在这里是不恰当的，只是为了和前面理论理性的图型相对应而借用的，所以括号里面说，"如果这个词在这里合适的话"，表明康德当然知道这是不合适的用词。但什么是"某种法则本身的图型"？其实这只是图型的替代物，也就是模型，与知性范畴的图型相比，这种"图型"（实即模型）并不包含于实践法则的某种后果中，而就是实践法则本身所带有的。"因为**意志规定**（而不是与其后果相联系的行动）仅仅通过法则而无须一条别的规定根据，就把因果性概念与种种不同于那些构成自然联结的条件的条件结合起来了"，就是说，意志规定仅仅通过法则就把因果性概念与那些超自然的条件结合起来了。这里面既不考虑"与其后果相联系的行动"，也"无须一条别的规定根据"，而仅仅把法则作为意志的规定根据，就把因果性概念与超验的自由结合起来了。在这里，自由的原因性才是一切因果性概念的最终条件，所以取代理论理性的图型的，在这里就是因果性概念，它既是自然界的因果性，是"构成自然联结的条件"，但同时又是超自然的原因性，即自由的原因性。因果性的知性概念在纯粹实践判断力中起了一种类似于"图型"的作用，而且它就是意志规定本身所带有的，因为意志本身就是一种在行动中导致自然界后果的原因。所以只要意志把这种可能的后果撇开，它就可以直接由自身所带有的这种准"图型"来规定自己的行动，不必绕弯子，从而体现出它优越于理论理性判断力的优势。

自然法则作为感性直观对象本身所服从的法则，必须有一个图型、即想象力的一种普遍的运作方式（即把法则所规定的纯粹知性概念先天地向感官表现出来）与之相应。但对于自由的法则（作为某种根本不是以感性为条件的原因性），因而甚至对于无条件的善的概念，却不可能为了其 in concreto 应用而配备任何直观、从而配备任何图型。

　　首先讲的是真正意义上的"图型"应该是怎样的，那就只能是自然法则的图型。自然法则既然是感性直观对象必须服从的法则，那这种先天法则和感性直观对象之间必然会有种质的不同，而两种性质截然不同的东西要能够结合，就必须有一个第三者做中介，它既有这一方的特点，同时又有另一方的特点，这才能够把双方牢固地结合在一起。所以这种自然法则、也就是知性为自然界所立的法规"必须有一个图型、即想象力的一种普遍的运作方式（即把法则所规定的纯粹知性概念先天地向感官表现出来）与之相应"，否则是没有效力的。它必须有一个图型与它相应，这个图型是想象力的一种普遍运作方式，它能够把法则所规定的范畴先天地向感官表现出来，也就是把范畴先天地表现为直观，以便感官能够接受。这样一来，先天的范畴及其原理（法则）就能够顺利地运用在感官对象上了。这就是时间图型在认识中的作用。但自由法则的情况却与此不同。"但对于自由的法则（作为某种根本不是以感性为条件的原因性），因而甚至对于无条件的善的概念，却不可能为了其 in concreto o [具体的]应用而配备任何直观、从而配备任何图型"，正因为自由的法则"根本不是以感性为条件的原因性"，而是摆脱了感性的、自由的原因性法则，并且无条件的善的概念、也就是绝对善的概念也是如此，所以与自然法则不同，自由的法则不可能为了其具体的应用而配备任何直观图型。换言之，没有直观就没有图型，我们必须对自由法则通过某种图型而应用在自然对象上这种中介方式死了心，那不是自由法则的构成方式，而是自然法则的构成方式。

　　因此，德性法则除了知性（而不是想象力）之外，就没有任何其他居间促成其在自然对象上的应用的认识能力了，而知性并不为理性理念配备一个感性图型，而是配备一个法则，但却是这样一条能够在感官对象上 in concreto 得到表现的法则，因而是一条自然法则，但只是就其形式而言，是作为判断力所要求的法则，因此我们**可以把这种法则称之为德**

性法则的模型（Typus）。

这最后一句是关键性的了。正因为自由法则不以感性直观为条件，因此德性法则、也就是自由的法则，不是靠想象力（因为想象力在康德看来也是一种直观的能力），而只能靠知性这样一种认识能力，来促成自己在自然对象上的应用。"而知性并不为理性理念配备一个感性图型，而是配备一个法则，但却是这样一条能够在感官对象上 in concret [具体地] 得到表现的法则，因而是一条自然法则"，理性理念这里指自由的理念，它本来就是知性在运用因果性范畴时，按照因果的法则（"一切发生的事情都有原因"）而（在理性的协助下）推出来的，而在这样推论的时候，知性就为这种自由理念也配备了一个法则，这条法则本身是能够在感官对象上具体表现出来的，因为因果律本来就是一条自然法则。"但只是就其形式而言，是作为判断力所要求的法则，因此我们**可以把这种法则称之为德性法则的模型**（Typus）"，也就是说，当我们把这条自然法则转过来配备给自由的理念时，只是就它的原因性形式而言的，是作为纯粹实践理性的判断力所要求的法则，而撇开了它作为理论认识上的自然法则运用于直观对象上的内容。这时我们讲自由的原因性，就不再具有自然界的因果性那种经验知识的含义，并且在此之上，所有那些由范畴所引申出来的纯粹知性原理也只是在形式上被运用于纯粹实践理性的超感性的判断力中，所以这些原理或法则以这种方式就可以被称之为德性法则的"模型"。这就把"模型"的来龙去脉讲得清清楚楚了。模型就是纯粹实践理性的判断力用来判断一个行动是否能够被归摄于德性法则之下的法则，它来自于知性范畴或原理在实践运用中的形式化，或者说，它只借用了知性范畴的形式来为己所用。但是这种说法还是太抽象了，下面一段就是举例说明了。

纯粹实践理性法则之下的判断力规则就是这条规则：问问你自己，你打算去做的那个行动如果按照你自己也是其一部分的自然的一条法则也应当发生的话，你是否仍然能把它视为通过你的意志而可能的？实际上每个人都在按照这条规则评判种种行动在道德上是善的还是恶的。

　　这就用一个实例来说明了纯粹实践理性的判断力的规则或者说模型究竟是什么。它就是这条规则:"问问你自己,你打算去做的那个行动如果按照你自己也是其一部分的自然的一条法则也应当发生的话,你是否仍然能把它视为通过你的意志而可能的?"问问你自己,当然是问问你自己的理性了,就是你设想一下你的行动如果按照自然法则也应当发生,那么你是否也能把它视为通过你的意志而成为可能的? 或者说你是否也能把这一行动视为自己的自由行动? 这实际上就是康德在《道德形而上学奠基》中所提出的定言命令的第一条变形公式(该公式又被康德学界称为"自然律公式"):"你要这样行动,就像你行动的准则应当通过你的意志成为普遍的自然法则一样。"① 也就是试着看看,能否把你的意志的行动设想为一条普遍的自然法则,如果能,则可以把这一行动判断为自由的行动,因而也是合乎道德法则的行动;如果不能,如果是不可持续发展的,而只是下不为例甚至一次性买卖,则由此而否定了这一行动的道德性和合法则性,它的自由的任意只是暂时的假相,最终是不自由的。但自然法则并不是道德法则,它怎么可以用来裁量行动是否合乎道德呢? 康德却认为,这种自然法则在这里并不是真正运用于感性自然中的法则,而只取它的法则的形式,在形式上它和自由的法则是相通的,或者说自由法则(自由范畴表)就是自然法则(知性范畴表)按照其形式转用于纯粹实践领域而形成的。因此当我们的自由法则由于纯粹理性的抽象性而难以被人们把握、也难以运用于现实的行动中的时候,我们就可以借助于自然法则来和道德法则进行一番类比,把道德法则看作"就像"它将成为一条普遍的自然法则一样去设想它,从而能够现实地指导我们的意志行动去符合道德法则。康德认为这是一条非常简明而又实际的判断标准,"实际上每个人都在按照这条规则评判种种行动在道德上是善

---

① 《道德形而上学奠基》,人民出版社 2013 年版,第 52—53 页。

的还是恶的",因而具有很大的便利性。在《道德形而上学奠基》中,康德举了四个非常通俗的例子来说明这一模型在现实的道德实践活动中的应用,即不自杀、不说谎、发展自己、帮助别人;而在这里,康德下面又以这些例子(排列顺序有所不同)来说明他的这个"自然公式"的具体运用。

所以我们说,如果**每个人**在他相信能获得自己的好处时都允许自己去欺骗,或一旦对生活的彻底厌倦向他袭来,他就认为有权缩短自己的生命,或对他人的疾苦视若无睹,并且如果你也一起置身于事物的这样一种秩序中,那么你在其中怎么会使自己的意志协调一致呢?

这就相当于《道德形而上学奠基》中的那些例子,只是漏掉了"发展自己的才能",只剩下三个例子。一个是为了自己的好处而行骗、撒谎,一个是由于绝望而自杀,一个是冷漠地对待他人的不幸。可以设想一下,如果"每个人"(打了着重号)都这样做,而且你自己也置身于其中,也就是说,假如这些做法成为一条普遍法则,"那么你在其中怎么会使自己的意志协调一致呢?"在《道德形而上学奠基》中也是这样说的:"现在他试验一下:他的行动的准则是否有可能成为一条普遍的自然法则",也就是"这样设问:假如我的准则变成一条普遍的法则,那又会是怎样的情况。我现在马上可以看出,这一准则绝不可能作为普遍的自然律而有效并与自身协调一致,而是必定会自相矛盾"[1]。这就是一种思想实验,我们不需要引用现实的例子,也不需要去进行实地调查,而只须在头脑中运用我们的知性或理性设想一下、考虑一下:假如发生那种情况,你会愿意吗?或者即使你能愿意,它是否有可能成为一条每个人都遵守的普遍法则呢?在这样设想中的事物的秩序就是一种自然秩序,我们完全可以按照自然法则来设想,这样就会发现,如果有这种情况发生,那它将会是自相矛盾、自我取消的。一个人人都想不开就自杀的社会不是可以持续的社会;如果人人都说谎,则没有人再相信任何人,说谎本身便失去了作

---

[1] 《道德形而上学奠基》,人民出版社 2013 年版,第 53、54 页。

用，将会自行消亡；如果人人都不帮助别人，社会固然还可以存在，但没人愿意生活在这样的社会中，如此等等。在这种思想实验中，并不需要把"善"、"道德"、"自由意志"等理念直接加入其中，它所运用的只不过是单纯的自然法则，也就是因果律，以及因果律所导致的自相矛盾、自我取消。而这种自我取消不过是自然法则的形式化的结果，即归结到了形式逻辑上的不矛盾律：凡是逻辑上自相矛盾的东西，在现实中肯定也是不可能存在的。于是在这里我们就获得了一个判断行为善恶的标准：凡是一旦作为普遍法则实现出来在客观上将会自我取消、或者在主观意志上将会自我否定的行为，都不可能是道德的行为，它的反面才是道德的行为。人们说，康德的定言命令不过是运用了形式逻辑的不矛盾律和同一律而建立起来的；① 但很少有人指出，这种不矛盾律也并不单纯是凭借概念上的自我同一性，而是凭借自然法则的形式化的类比作为模型，否则的话，定言命令就不会成为先天综合命题，而会是分析命题，将失去自身的实践能力了。②

其实每个人都知道，如果他允许自己暗中骗人，每个人却并不会因此也就这样做，或者如果他内心狠毒，每个人也并不会马上就这样对待

---

① 例如黑格尔就断言："所谓道德律除了只是同一性、自我一致性、普遍性之外不是任何别的东西"，"这个原则所具有的唯一形式就是自己与自己的同一"（黑格尔：《哲学史讲演录》第四卷，贺麟、王太庆译，商务印书馆 1978 年版，第 290 页）。我自己有时候为了简明也采取这种说法，其实是有简单化之嫌的。

② 单就定言命令本身来看，它确实有将逻辑上的不矛盾律转用于实践之嫌。"你要这样行动，使你的行动的准则成为一条普遍的法则"，可以理解为：你要这样行动，使你的行动的准则任何时候都不自相矛盾。实际上，知性范畴由于它们本来就是从形式逻辑的判断分类表中加上对经验对象的运用而引出来的，当我们撇开它们的直观经验对象的内容而单从形式上看时，它就退回到形式逻辑的判断形式去了，当然也就可以作为纯粹实践理性的判断的"模型"了。因为这时它本身没有了对象或客体，它也就可以适用于任何对象或客体了。不过我们仍然要注意，哪怕这样一种形式法则的模型，也不能完全等同于形式逻辑的不矛盾律，因为它仍然悬欠着一个有待综合的客体，不是感性经验的客体，就是实践行动的客体，而形式逻辑则是完全不考虑客体而只考虑思维本身的一致性或不矛盾性的。

他；因此他的行动准则与一条普遍的自然法则的这种对照也就不是他的意志的规定根据。

这就表明上述假设实际上只是一种思想实验，而不可能是真的自然法则。"其实每个人都知道，如果他允许自己暗中骗人，每个人却并不会因此也就这样做，或者如果他内心狠毒，每个人也并不会马上就这样对待他"，在现实中，不可能每个人都说谎，正因为如此，所以说谎者还会有人相信，别人会觉得有可能自己碰上的正是一个诚实的人。例如广告不可能全是假的，至少还有百分之几十的可信度，否则的话，广告商也不会一砸几百万投入进去了。现实中也不可能设想每个人都会对他人的苦难无动于衷，即使你自己这样对别人，别人也不一定会同样对待你，所谓"人傻钱多"的情况总是有的，害人的人并不会立刻得到惩罚。所以人们并不会真的以这种假设出来的场合作为自己的行动根据，"因此他的行动准则与一条普遍的自然法则的这种对照也就不是他的意志的规定根据"，具体的事情并不像单凭理性推理设想出来的那么简单化，人们总是相机行事的，善有善报恶有恶报即使有，也被推到无限遥远的未来，没有人真的会因为这种对照而努力把自己的行动的准则变成一条普遍的自然法则。

但自然法则毕竟是按照道德原则来评判行动准则的一个**模型**。如果 [70]
行动的准则不具有这样一种经得起一般自然法则形式的检验的性状，那么它就不可能是道德的。

尽管这样设想的自然法则并不是真的自然法则，而只是思想中的假定，人人都知道它不可能在现实中发挥作用；"但自然法则毕竟是按照道德原则来评判行动准则的一个**模型**"，就是说，这并不是真的自然法则，而只是自然法则的模型，为的是以此来判断行动是否与道德法则相符合。"如果行动的准则不具有这样一种经得起一般自然法则形式的检验的性状，那么它就不可能是道德的"，这是典型的德意志思维方式的特点，即"想好了再做"。即使我并没有按照想好应当的那样去做，但我毕竟预先知道自己这样做是不应当的，即算做了不道德的行为，也得先知道自己这样是不道德的。而这种预先对自己的行为下判断的标准，就是看这种行动是否具有这样一种经得起一般自然法则形式的检验的性状，只有通过了这一关，我们才能对自己的行动有一种清楚的是非心和道德自觉性。

　　甚至最普通的知性也是如此来判断的；因为自然法则永远为知性的一切最日常的、甚至是经验的判断奠定着基础。

　　康德历来认为自己的道德学说是为普通老百姓说话的，它不需要什么高深的知识水平和思辨能力，而只要有普通知性或者说常识就可以理解。在这方面，自然法则的模型起了最关键的作用，就是说，普通人可能并没有受过系统的科学训练，但遵守一般的自然法则总还是能够理解的，如果连这种常识都还不具备，那么他自己的经验也会让他轻易获得这种知识，即遵守自然法则的才是对的，而这种信念也很容易从日常实用的层面波及道德实践层面，形成他做道德判断的模型。甚至我们对小孩子的道德教育也是从这里开始的，也就是诉之于他对"自然法则"的知性的理解。例如大人在孩子犯错误之后就会问他：如果大家都像你一样，那你会愿意吗？孩子一想，我不会愿意，那我就不要去做那种我不愿意所有的人都做的事情。

　　所以知性任何时候都执有自然法则，只是在出于自由的原因性应当得到评判的情况下，它就使那种自然法则仅仅成为一条自由法则的模型了，因为知性如果不执有某种它能使之成为经验场合中的实例的东西，它就不可能使一个纯粹实践理性的法则获得适当的运用。

　　这就是我们刚才讲的，知性把用于理论理性的范畴和原理在形式化的意义上转用于实践理性的评判或判断功能，这就使它所执有的自然法则成为了一条自由法则的模型。"因为知性如果不执有某种它能使之成为经验场合中的实例的东西，它就不可能使一个纯粹实践理性的法则获得适当的运用"，知性本来就拥有它能够用于经验场合的东西，这就是纯粹知性的范畴和原理，这本身就使得它能够让纯粹实践理性的法则获得适当的运用了，如果没有这些用于经验知识中的范畴和原理，它就无法把纯粹实践理性的法则用来判断行动的道德性或善。为什么这里特别强调"知性"的这种功能？因为上一段讲了，"德性法则除了知性（而不是想象力）之外，就没有任何其他居间促成其在自然对象上的应用的认识能力了"，所以知性就为理性的理念配备了一个能在感官对象上得到表现的自然法则，但只是就其形式而言的法则，这就是德性法则的模型。

　　所以，也要允许把感官世界的自然用作一个理知自然的模型，只要我们不将直观和依赖于直观的东西转移到理知自然上去，而只是把这个一般的**合法则性形式**（其概念甚至发生在最普通的理性运用中，但仅仅只是为了理性的纯粹实践运用这个意图才能够先天确定地被认识）与理知自然相联系。因为在这范围内，这些法则本身不论它们会从何处拿来自己的规定根据，都是一样的。

　　这就是刚才讲的，在自由法则的场合下，"也要允许把**感官世界的自然**用作一个**理知自然的模型**"，这种转用当然只是形式上的。这里把"感官世界的自然"和"理知自然"作为两种"自然"（Natur）相提并论，这种用法我们前面已经见过了，就是把"感性自然"和"超感性的自然"相对举（如《实践理性批判》第 57 页，边码 51）。为什么可以作这种相提并论，下面给出了理由："只要我们不将直观和依赖于直观的东西转移到理知自然上去，而只是把这个一般的**合法则性形式**（其概念甚至发生在最普通的理性运用中，但仅仅只是为了理性的纯粹实践运用这个意图才能够先天确定地被认识）与理知自然相联系"。就是说，之所以能够把两种自然相对举，是因为我们并未将感性的自然中的直观的东西一起转移到理知自然上去，而只取其中的合法则性形式，在这点上两种自然就被打通了。而这种合法则性形式，按照括号中的说明，是连老百姓最普通的理性都能够轻松运用的，但只是在纯粹实践理性的道德领域中，人们才清楚地看出它能够超越于一切感性而与自身理知的本体相关联。"因为在这范围内，这些法则本身不论它们会从何处拿来自己的规定根据，都是一样的"，在这范围内，就是在这些法则作为"一般的合法则性形式"的范围内，它们不论是从感性直观中还是从纯粹实践法则中拿来自己的规定根据，都具有同样的模型，因而才可以从这一自然转用于另一自然。①

此外，由于在一切理知的东西中又拥有对我们来说只不过是以其法则和以纯粹实践理性的运用为目的的实在性、而非任何其他实在性的，绝对只有（借助于道德法则的）自由，而且就连自由也只是就它是一个与道德法则不可分割的预设而言的，再就是理性根据那条法则的指引也许还想把我们引向的所有那些理知对象，但纯粹实践理性有权也有必要把自然（按照其纯粹知性形式）用作判断力的模型：所以目前这个说明的用处在于防止把单纯属于这些概念的**模型论**的东西算作这些概念本身。

这句的意思主要是想把自由范畴的模型和自由范畴本身区别开来，因为这些模型只是一种类比，即在思想实验中把道德法则当作"好像"是自然法则那样看待，而并不真的是自然法则，不要弄假成真了。所以他说："由于在一切理知的东西中又拥有对我们来说只不过是以其法则和以纯粹实践理性的运用为目的的实在性、而非任何其他实在性的，绝对只有（借助于道德法则的）自由"，也就是说，只有自由，而且是最高层次的道德法则上的自由，才是在一切理知的东西中拥有实践的实在性、而不是理论上的实在性的东西。这种实践的实在性对我们来说只不过是以纯粹实践理性的法则的运用为目的的实在性，它不是认识一个经验对象那样的实在性，而是实行一个道德行动的实在性，这个前面已经阐明过了。

---

① 康德在《纯粹理性批判》中其实已经看到了这种转用的可能性，如他在讨论到"意见、知识和信念"时，涉及这样一种"视其为真"的情况："尽管我们在与客体的关系中不能采取任何措施，因而视其为真只不过是理论上的，但由于我们仍然能够在许多情况下在思想中拟定和想象某种措施，我们以为这种措施是有充分根据的，如果有某种办法来裁定这件事的确定性的话，这样，在单纯理论的判断中就有**实践的**判断的一个**类似物**，对它的视其为真是适合于**信念**一词的，我们可以把这种信念称之为**学理上的信念**。"（A825=B854）

"而且就连自由也只是就它是一个与道德法则不可分割的预设而言的"，这里又补充一句，说这个自由不是一般实践理性的自由的任意，而是纯粹实践理性的自由意志，它是与道德法则不可分割的一个预设的理念。"再就是理性根据那条法则的指引也许还想把我们引向的所有那些理知对象"，前面是"绝对只有"自由，这里说"再就是"一切理知的东西中除了自由而外的其他那些理知对象。也就是说，一切理知的东西包括三个理念，一个是自由，一个是灵魂不朽，一个是上帝；其中自由在道德法则的运用上是绝对具有实在性的，但其他两个理知对象，即灵魂和上帝，在此基础上根据道德法则的指引也会在道德实践上具有相对的实在性。总之这些实在性都只是在理知的东西凭借道德法则的实践行动这个意义上所获得的实践的实在性，而不是理论上的实在性。"但纯粹实践理性有权也有必要把自然（按照其纯粹知性形式）用作判断力的模型"，就是说，尽管上述实在性都只是道德实践意义上的实在性，但纯粹实践理性"有权也有必要"把自然法则的那种纯粹知性形式也就是范畴形式用作判断力的模型。有权，就是当我们去掉这些知性范畴所针对的感性直观的内容而只取它们的普遍形式时，它们与自由范畴在形式上就打通了，没有什么东西能够阻止我们把这种形式用作我们判断一个行为的道德性的形式法则。有必要，则是因为自由的法则本身不涉及经验直观的内容，那么它在运用于一个实践行动时如何能够判定这个行动是符合道德法则的呢？虽然任何行动都必然表现为经验世界中的后果，但我们不能用这些后果来衡量实践的道德性，否则道德性就荡然无存了，我们必须借用另外一种去掉了这些经验后果的、形式化了的"自然法则"，以类比的方式充当道德法则和实践行动之间是否相符合的判断标准，这才在我们的实践活动中随时能够判断这一行动是否合乎道德。而这种形式化了的自然法则就是模型，它已经由我们的知性在认识经验对象时所先天具备的范畴中提供出来了。但正由于绝对实在的自由和相对实在的其他理念都属于理知的东西，它们有权也有必要把形式化了的自然法则用作实践判断力的模型,而这种模型本身却并没有实在性,而只是思想实验中所借用的一种类比的操作手段,"所以目前这个说明的用处在于防止把单纯属于这些概念的**模型论**的东西算作这些概念本身"。要防止把纯粹实践理性的这些理念的模型看作是这些理念本身,也就是说,我们只是把我们行动的准则"看作好像是"一条自然法则,但并不是说,这些道德法则就真的是一些自然法则,道德法则本身、自由法则本身并不等于它们的模型,一个具有实在性,另一个则不具有实在性。

于是这个模型论作为判断力的模型论防止了实践理性的**经验主义**的危害,这种经验主义把善和恶的实践概念仅仅建立在经验的后果(所谓幸福)之中,虽然幸福和由自爱所规定的意志的那些无限有用的后果在这个意志同时使自己成为普遍的自然法则时的确可以用作德性之善的完全合适的模型,但它与这个模型毕竟不是一回事。

这一句是严防把这种模型论作经验主义的误解,而这其实是很容易导致的。人们会把康德的思想实验看作一种经验的自然法则,我自己在讲课时为了通俗的简明有时也这样解释,就是当我们设想一个行为的准则成为一条自然法则时,就好像在让自然规律对这种准则进行一番"自然淘汰",凡是经受得住这番考验的,那就是合乎道德的。黑格尔则指出,他这种类似自然法则的模型论其实并不像他说的只是单纯的形式主义,而是有经验的前提的,例如为什么当一切人都说谎,人们就不愿意再相信谎言了,是因为谎言导致他们经济上受到了损失,如果不考虑财产私有制的话,相信谎言又何妨。但康德自己却认为,只要他把这种形式化的自然法则看作只是判断力的模型,他就"防止了实践理性的**经验主义**的危害,这种经验主义把善和恶的实践概念仅仅建立在经验的后果(所谓幸福)之中"。就是说,他的模型论并不是对经验主义和幸福主义伦理学的让步,并不是说,道德法则的实践作用真的要由它实行的后果来评价,这只是一种类比而已。当然康德的这种辩护是不太有说服力的,为什么还是要借用经验来做类比,这仍然说明了单纯的理性主义或者说

"纯粹实践理性"本身的不足。但他自己认为只要划清了经验和经验的形式的界限，就可以避免陷入经验主义中。"虽然幸福和由自爱所规定的意志的那些无限有用的后果在这个意志同时使自己成为普遍的自然法则时的确可以用作德性之善的完全合适的模型，但它与这个模型毕竟不是一回事"，这些后果一个是"幸福"，一个是"由自爱 (Selbstliebe，原译作自保) 所规定的意志的那些无限有用的后果"，后者所指的其实也就是幸福。由自爱所规定的意志，这个时候它只能叫作任意，它的无限有用的后果就是幸福，因为幸福不限于这个那个有用的东西，而是一个无限有用的理念。① 那么，这样一种幸福的理念，在这个意志同时使自己成为普遍的自然法则时 (这时它才能叫作意志)，也就是在纯粹实践理性的定言命令的第一个变形公式中，它可以用作德性之善的合适的模型。比如说不说谎、不自杀、为他人谋福利、为自己谋发展，这些都是有利于人的幸福的，是具有"无限有用的后果"的，因此这些合乎自然法则的事可以用来判断行为的道德性，但这些具有经验内容的事情与它们的模型"毕竟不是一回事"，因为它们的模型只取它们的自然法则的形式，而不管它们的感性内容。

同样，这个模型论也防止了实践理性的**神秘主义**的危害，这种神秘主义把只是用作**象征**的东西当作**图型**，也就是把现实的但却是非感性的 [71]
直观 (对某种不可见的上帝之国的直观) 作为应用道德概念的基础，而浪迹于浮夸之地。

前面讲经验主义，这里讲神秘主义，这是康德的道德学说努力要克服和避免的两种伦理学倾向。神秘主义的错误在于"把只是用作**象征**的东西当作**图型**"，就是说，模型本来只是起一种类比的象征作用，只是对判断的一种引导或指导，而不能看作一种构成性的图型，似乎这样一

---

① 康德在《判断力批判》中把幸福称之为一个"理念"，见人民出版社 2002 年版，第285 页。

来就构成了一种特殊的对彼岸世界的理论知识。① 所以这种观点把模型当作一种"现实的但却是非感性的直观（对某种不可见的上帝之国的直观）"，因为既然模型的感性内容都被抽掉了，只保留了自然法则的形式，于是他们就再把这种超感性的形式现实化，设想成某种非感性的直观，或者说理智直观，借此可以直观到"上帝之国"。他们以为这种自然法则就是上帝之国的法则，可以用作道德概念的基础，但其实不过是"浪迹于浮夸之地"而已。这里所批评的神秘主义，应该就是指比他小19岁的雅可比（1743—1819），当时他已经以和门德尔松讨论斯宾诺莎和莱辛以及理性和信仰的关系的书信而闻名于世，他的通过"直接知识"认识上帝的神秘主义观点直到后来黑格尔的《小逻辑》中，还被作为"思维对客观性之第三态度"而与形而上学、经验主义（批判主义）相并列，可见其重要性。但康德坚决反对这种神秘直观的知识，他认为我们人类所具有的直观只能是感性的，而不可能是超感性的，所谓的理智直观对我们是神秘的，甚至是忽悠人的。康德自己坚持的是理性主义的原则立场。

　　适合于道德概念之运用的惟有判断的**理性主义**，这种理性主义从感性自然中只采取纯粹理性独自也能够思维的东西，即合法则性，并且只把那种能够通过感官世界中的行动反过来按照一般自然法则的形式规则现实地得到表现的东西带到超感性的自然中去。

　　这一句说得很明确了。康德在这种情况下仍然坚持理性主义，"这种理性主义从感性自然中只采取纯粹理性独自也能够思维的东西，即合法则性"，也就是他从自然法则中只采用了其中的合法则性，这是纯粹理性不需要感性的内容而独自也能够思维的东西，它既不是感性经验的知识，也不是神秘主义的感悟，而是完全属于理性思维的范围。"并且只把

---

① 在《判断力批判》§59中，康德把直观的"图型式的"和"象征式的"作为两种截然不同的表达方式区别开来。

那种能够通过感官世界中的行动反过来按照一般自然法则的形式规则现实地得到表现的东西带到超感性的自然中去"，一切行动、包括道德行动都是在感官世界中表现出来的行动，但是作为模型，这里只把在这种感官世界中的行动里面不是表现于感性事物上的东西，而是反过来表现为"一般自然法则的形式规则"的东西，带到超感性的自然即理知的自然中去，带到纯粹实践理性的道德法则中去，使它能够现实地判断行动的道德性。这就是康德所设想出来的一条万全之策，可以避开经验主义和神秘主义的两大"危害"。

然而，对实践理性的**经验主义**加以防范却更为重要和更为可取得多，因为**神秘主义**毕竟和道德法则的纯粹性和崇高性在一起还是相融合的，此外，将道德法则的想象力一直绷紧到超感性的直观，这也是不那么自然、不那么符合日常思维方式的，因而在这方面危险并不是很普遍；

但在这两大危害中，康德认为经验主义的危害更加值得重视，相反，神秘主义虽然也是错误的，但相比之下危害还不那么大。"因为**神秘主义**毕竟和道德法则的纯粹性和崇高性在一起还是相融合的"，就是说，神秘主义毕竟还承认了道德法则决不等同于经验世界中的某种知识，而应归于彼岸的某种理智直观，它是不能用通常的认知方式来把握的，因而杜绝了从理论上将道德法则降为现实知识的这条经验主义之路，而保持了道德法则本身的纯粹性和崇高性。实际上，康德自己也经常被人认为是神秘主义者，因为他否认自在之物或本体世界的可知性，在这方面他的确和神秘主义有某种相通之处，这是他所承认的神秘主义的积极方面。而消极方面则是，"此外，将道德法则的想象力一直绷紧到超感性的直观，这也是不那么自然、不那么符合日常思维方式的，因而在这方面危险并不是很普遍"，神秘主义正因为追求神秘的彼岸知识，所以在普通百姓中并不会那么普及，它完全超越了常识，只是个别心态特异的人的灵感，这也就减少了它的影响力和危害性。这是和经验主义相比较而言的，换言之，经验主义正因为它通俗易懂，迎合了普通百姓的利己心，所以危害反而更大。

　　相反，经验主义则在意向中（人类通过行动能够和应当为自己争取的更高的价值毕竟在于意向，而不仅在于行动）将德性连根拔除，并将一种完全另外的东西，即种种爱好一般地借以在相互之间推动交往的一种经验性的利益来代替义务强加给意向，

　　与神秘主义相比，经验主义在意向（Gesinnungen）中拔除了德性的根，因为按照康德的唯动机论，意向本身和意向所导致的行动相比，对于德性的更高价值是更加根本的东西。而经验主义恰好败坏了这一意向，"并将一种完全另外的东西，即种种爱好一般地借以在相互之间推动交往的一种经验性的利益来代替义务强加给意向"，也就是用经验性的利益交换取代了"为而义务"的意向。这就把一切道德的根都摧毁了。

　　此外，也正因为如此，经验主义连同一切爱好，如果它们（不论它们被剪裁成它们所想要的怎样一种形态）被提升到一个至上的实践原则的高位上来的话，都是贬低人类的，并且由于它们仍然如此有利于一切人的情愫，经验主义出于这一原因就比所有的狂热都要危险得多，后者永远不可能构成大量人群的持久状态。

　　经验主义不仅在道德理论的原理上是错误的，而且在实践上也是贬低人类的，因为它把爱好提升为一个至上的实践原则，不论这些爱好采取什么样的形态，如高尚的爱好、精神性的享乐、第六感官的感觉等等，都把人变成了一种感性的动物，一种利益的追逐者。"并且由于它们仍然如此有利于一切人的情愫，经验主义出于这一原因就比所有的狂热都要危险得多，后者永远不可能构成大量人群的持久状态"，这是经验主义超出神秘主义的影响力的地方，就是它们十分有利于一切人的"情愫"（Sinnesart），打动人们的情感，虽然并不晓之以理，但却十分动之以情。这就比所有的神秘主义的狂热都要更危险、更带诱惑性，足以迅速成为广大老百姓信奉的道德学说，但其实却使人们失去了道德的根基。而神秘主义却不具有这种号召力，只停留在少数学者的书斋中，反而不可能

造成那么大的危害。

＊　　　　　＊　　　　　＊

第三章　纯粹实践理性的动机

今天开始讲第三章，**纯粹实践理性的动机**。动机这个概念我们前面已经跟大家介绍过，Triebfeder，Trieb 就是推动，Feder 就是钟表里面的发条，就是一种驱动性的机械装置或者一种机制。为什么要讲纯粹实践理性的动机呢？就是前面讲了很多规定意志的根据，如果是道德法则、普遍法则的话，那么就是一种义务，一种道德，但是如果用感性的东西来规定意志的话那就是非道德的。但是完全用道德法则来规定意志，因为道德法则是抽象的，意志本身也是很抽象的，虽然它是一种欲望能力，但它是高级欲望能力，它跟感性的东西没有关系；那么这两个抽象的东西如何能够体现在实践行动中就成了问题。就是说抽象的道德律如何通过一种具体的机制表现在实践行动中，这还需要实践活动中有一个内在的发条或动机，这个是这一章所要解决的问题。前面一章讲到纯粹实践理性的模型，但那只是一个象征，只是一种形式法则的类比，并且只用于我们的判断和评价，而并不具体地作用于行动。但道德行动本身既然只能在感性世界中进行，虽然我们不考虑它的感性后果，却毕竟需要和感性世界有一个交接，也就是至少要有一个感性的动机。所以在原理论和范畴论后面，还需要有一个感性论，但它不是讨论感性的后果，而是讨论感性的动机，这动机虽然本身也是感性，但它却是背对感性后果而面向道德法则的。我们前面讲了《实践理性批判》和《纯粹理性批判》两本书的结构是颠倒的：《纯粹理性批判》是从先验感性论开始然后到先验的概念

377

论，也就是范畴，最后引出纯粹知性的原理；那么《实践理性批判》里的程序是颠倒的，一开始确定原理，通过纯粹实践理性的事实把原理提出来，即道德法则、定言命令；然后从原理里面得出自由范畴表，自由范畴表着眼于善恶概念的对象，而善恶是原理所表现出来的结果，不能倒过来把善和恶看成是原理的根据。而这些自由的范畴最后毕竟要通过感性的动机才能表现为具体的行动，尽管纯粹实践理性本身不是感性，但是因为它要体现在实践活动中，不是躺在床上想一想，而是必须去做，那么这个做的过程肯定需要一种动力，这就是第三章关于动机论的主题。

　　行动的一切德性价值的本质取决于道德法则直接规定意志。如果对意志的规定虽然是**符合**道德法则而发生的，但却是借助于某种情感，不论这种为了使道德法则成为意志的充分规定根据而必须预设的情感具有何种性质，因而，不是**为了这法则**而发生的：那么这行动虽然将包含有**合法性**，但却不包含**道德性**。

　　"行动的一切德性价值的本质取决于**道德法则直接规定意志**"，这是第一句话。第一句话可以说是总结了前面所提出的一些基本原则，也就是说为道德而道德才是道德的，你的意志必须直接由道德法则来规定，不能由任何其他的东西规定，不能由感性的东西来规定，这是前面多次重复说明了的一个基本的原则。"道德法则直接规定意志"打了着重号，所谓直接规定意志，是指不借助于感性和情感的中介，道德法则本身就能够规定意志，直接就能对意志起规定作用。这是前面讲过的，一切道德价值的本质取决于这一点，就是说凡是道德法则直接规定意志而排除了一切感性的东西的行为，那么它就具有道德价值，否则的话，掺杂一点其他的东西，那就不具有道德价值了。这是康德的形式主义伦理学的一个根本原则：为道德而道德、为义务而义务才具有道德价值。下面加以进一步解释。他说，"如果对意志的规定虽然是**符合**道德法则而发生的"，"符合"打了着重号。"符合"道德法则跟"出于"道德法或者"为了"道德法则，这两个模式是大不一样的。你光是符合道德律，但你的动机不是出于道德律，这还不行。所以说如果对意志的规定虽然是符合道德法则而发生的，"但却是借助于某种情感"，这就还不是道德的，因为它虽然符合道德法则，但不是直接地由道德法则来规定意志。对意志的规定是符合道德法则了，但却是借助于某种情感来符合道德法则。比如说你做好事，你觉得这是一件好事，何乐而不为，你是借助于做好事带来的快感、愉快，来决定你去做好事。我做好事我就感到愉快，由这样一种愉快情感的推动做好事，虽然是符合道德法则的，但还不是真正道德的。他说，"不论这种为了使道德法则成为意志的充分规定根据而必须预设的情感具有何种性质"，不论这种情感具有何种性质，不论你这样一种愉快、你做好事带来的快乐具有何种性质，或者具有无私的快感的性质，或者具有感到光荣的性质，或者具有一种做交易的情感投资的性质等等。反正你做了好事，你就预期它将给我回报，不论是心理上的安慰还是物质上的回报，或者做好事本身给我带来一种愉快，解除我的某种负疚感，觉得自己问心无愧、觉得自己是个好人等等，有各种各样的性质。而且哪怕这种情感是为了使道德法则成为意志的充分规定根据而必须预设的，为什么要预设这种情感，因为没有这种情感我就不会起意去做。当然它的初衷也是不坏的，也是很好的，就是说，为了使道德法则成为意志的充分规定根据，我们就预设某种情感，它会诱使我们坚持道德法则。比如说我们现在有很多格言、箴言，就是说你要一辈子愉快，那么有一个秘诀，就是你要与人为善，你要乐于助人，你要做好事不要做坏事，那么你就会一辈子愉快。说来说去，就是你要是做个好人，做道德的事，你就会一辈子愉快。这当然是一个秘诀，而且经常是有效的，一个经常做好事的人，我们说好人一生平安，或者说好人长寿，仁者寿，一辈子没有什么痛苦，也无愧于天地，没有敌人也没有做亏心事。反过来，做多了坏事的人不会快活，易于得癌症。当人们把握到这样一种诀窍的时候，他做道德的事情好像就具有了允分的根据。你单纯从道德法则、为道德而道德来规定意志,那个规定根据好像不充分,至少对一般的凡人来说不充分。人都是有七情六欲的,你把七情六欲摆在一边,纯粹从道德法则来规定人的意志,看起来好像是不充分的,至少在现实中能够做到这样的人就很少了。何况出于做好事的愉快来做好事的人本来就不多,你如果连这个愉快也不考虑,为道德而道德,那样做好事的人就更少了。为什么会更少,因为一般人会觉得它缺乏充分的根据。你让我做好事,我为什么要做好事,如果有人加上一句说你做好事你就会得利,你会左右逢源,或者做好事你就一生愉快,于是有人就会想,我还是做好事吧,做好事比较划得来,谁不愿意一辈子都愉快,过一个快乐的人生呢? 那么这样一来,道德法则作为意志的规定根据就变得很充分了。但是康德这里是作为一种反面的批判对象提出来的。他说:不论这种为了使道德法则成为意志的充分规定根据而必须预设的情感具有何种性质,"因而,不是**为了这法则**而发生的"。"为了这法则"打了着重号,这一串着重号与前面一串着重号是对应的。前面是讲虽然是"符合道德法则"而发生的,这里讲的是"为了道德法则"而发生的,也就是出于道德法则而发生的。如果只是符合道德法则、并非是出于道德法则而发生的,那还是不够的。当然做好事所带来的快乐是符合道德法则的,它不会违背道德法则,不会跟道德法则对着干,但是它毕竟是为了别的东西,是为了愉快而不是为了道德法则。下面讲:"那么这行动虽然将包含有**合法性**,但却不包含**道德性**",合法性和道德性在康德那里区分得很严格。康德的《道德形而上学》里就分了两个部分,法的形而上学原理和德行的形而上学原理,法的形而上学原理讲的是合法性,但是光是合法性还不具有道德性。我们守法可以出于种种考虑,有的是出于恐惧,不守法就会有刑律加以惩罚,违背了法律将给自己带来损害,有的是出于利益考虑,合法经营才能长久营利。当然也有一种守法是为守法而守法,那就不仅仅是合法性了,不是因为守法给他带来好处,避免伤害和损失,而是为了守法而守法,那么这样一种守法它本身就具有道德性了。所以康德的《道德形而上学》为什么要把法的形而上学也放在里面一起讲呢，就是因为他力图从合法性里面提升到道德性，哪怕在法律的领域里面，我们也可以讲道德，也可以提升到道德性，而且从根本上来说，法律是建立在道德之上的，应该从合法性来造就道德性。我们经常讲，一个法治社会、一个民主体制，可以把坏人变成好人。最开始为了避免受伤害，出于恐惧，但是慢慢地就会觉得守法是天经地义的，哪怕不能带来任何好处我也必须守法。那么守法就成为了一种义务，为义务而义务，不是为了某些具体的物质利益的考虑了。但是首先你要把合法性和道德性区别开来，这是康德的一个基本立场。包含有合法性的东西并不一定包含道德性，或者说遵守法律的时候不一定是出于道德考虑。

既然动机（elater animi）被理解为存在者意志的主观规定根据，而这[72]存在者的理性并非由于他的天性就已经必然是符合客观法则的，那么由此首先将推出：

我们先看这半句。"既然动机（elater animi）被理解为存在者意志的主观规定根据"，elater animi 这个拉丁文意思是心灵的鼓动。animi 指一种动物性的灵魂，它不是一种理性的灵魂，而是带有一种动物性的情感、本能、冲动、欲望。elater 的意思是提高、振奋，所以译作"心灵的鼓动"，它是用来解释动机（Triebfeder）的。动机它更多地着眼于现象界的一种机制，一种起作用的力量，被理解为存在者意志的主观规定根据，主观规定根据在这里主要偏向于在现象界的主观的准则，主观上想做什么，但是还没有考虑到客观法则。康德的定言命令不是说要使你的主观的准则成为一条普遍的法则吗？那么这个主观的准则还没有成为普遍的法则、或者我根本没有考虑让它成为普遍的法则的时候，它有可能是更加偏向于现象界，偏向于我的功利，我的幸福，我的感受，我的爱好和冲动的，在这方面动机表达了一种带有动物性的心灵的冲动、心灵的鼓动。当然还是心灵的，但是它是偏向于情感方面的，是主观的规定根据。那么主观规定根据如果能够规范到客观的法则，成为一条普遍法则，普遍法则就是客观法则，那么它就构成道德律，这个道德律一个是客观法则，另外一个，它又是由主观准则扩展来的。所以道德律本身是客观的，但它必须要有主观的动机，要有主观的准则，否则的话道德律是道德律，但主观上我行我素，人始终不能成为有道德的。那么动机被理解为存在者意志的主观规定性根据，"而这存在者的理性并非由于他的天性就已经必然是符合客观法则的"，这个存在者的理性作为一种主观规定根据，是不是能够由于它的天性，Natur，即由于它的自然本性，就已经必然是符合客观法则的呢？不一定。理性由于存在者的自然天性就符合客观法则，这只在偶然的情况下也许会有，但是一般来说，它的自然是倾向于借助理性来完成它的具体的、个体的、私人的一些欲望的满足和目的，理性在这里成了感性的工具，所以它不一定是符合客观法则的，至少它不是必然符合客观法则的。注意他这里的用词，说存在者的理性并非由于他的天性就已经"必然"是符合客观法则的。他偶尔也许会恰好做了符合客观法则的行为，那他就做了好事，但是他本意并不是要做好事，并不是要做道德的事情，而是为了要实现他自己的某种个人的目的。"那么由此首先将推出"下述的结论。

我们不能赋予上帝的意志以任何动机，但人的意志的动机（以及任何被创造的有理性的存在者的意志的动机）却永远只能是道德法则，因而行动的客观规定根据任何时候、并且惟有它才同时必须又是行动的主观上充分的规定根据，如果这种行动应当实现的不只是法则的不包含其**精神**的**条文**的话。

这句话你要把它一直读到底才能理解，你不读到底的话就被它弄糊涂了，你一边看就会一边糊涂，怎么糊涂呢？"我们不能赋予上帝的意志以任何动机"，这个不难理解，因为上帝并没有在现象世界的本质，并没有所谓的自然天性，自然本身就是上帝创造的。上帝是超越于自然之上的，因此上帝也不需要任何动机。上帝的意志不需要在现象界有某种心灵的鼓动，上帝的道德法则本身就是上帝的意志，它不需要命令，也不需要鼓动。它直接地就成为了上帝的意志，所以我们不能赋予上帝以任何动机。如果你赋予上帝以动机，你就把上帝贬低了，你就把上帝看成和人一样具有感性、具有情感，在现象界需要一种鼓动，需要对实践活动的心灵鼓动，这个是不存在的。所以康德讲，所谓的定言命令只是对人而言的，因为人是有限的，需要对人加以命令，这命令就意味着需要人克服他的有限性，摆脱他的有限性。而在上帝那里没有有限性，他没有身体，他没有自然，所以对上帝来说他用不着命令。上帝的理性就直接规定他的意志，所以我们也不能赋予上帝的意志以任何动机。问题是在"但"后面："但人的意志的动机（以及任何被创造的有理性的存在者的意志的动机）却永远只能是道德法则"。人的意志的动机永远只能是道德法则，如果你不看后面的话，单看这句话，这是康德不可能赞同的。人的意志的动机，这个"动机"是涉及现象界的，是涉及感性的，涉及感性的动机怎么可能永远是道德法则呢？而且他这里讲到，不光是人，而且一切有理性者的动机，他的行动的动机，他在实践活动的时候内部促使他行动的发条，永远也只能是道德法则。"因而行动的客观规定根据任何时候、并且惟有它才同时又是行动的主观上充分的规定根据"，"惟有它"，也就是它不需要另外加入任何情感的、感性的东西来补充它。我们刚才讲了，情感在表面看起来好像是在人们做道德行为的时候给意志提供了更加充分的根据，你看你又做了好事，又得到了愉快，那岂不两全其美，一般人由此就会去做好事，因为他觉得这种动机的理由还不错，还比较充分。你光是说要做道德的事情，他会觉得我为什么要做道德的事情，这个理由就不充分了。你再告诉他，做道德的事情你会得到一辈子的愉快，如果他相信了你的话，他就会去做好事。但在这里讲，这个动机永远只是道德法则，这种情况如何可能呢？这是他推出来的一个结论：如何可能？那么把最后一个从句加上去就可能了，这就是，"如果这种行动应当实现的不只是法则的不包含其**精神**的条文的话"，就是说，不是不包含精神的条义、而是包含有精神的条义的话。最重要的是最后这个"如果"，我们寄希望于读者的耐心，就是你一定要把这个句子看完。康德的句子也有这个特点，当你没把这个句子看完，句号还没有打出来的时候，你要特别谨慎，你不要还没完就去片面地理解，你要到句号完了以后综合地加以理解，才能够全盘地懂得康德的真正的意思是什么。这里的"如果"是对前一句话的限定，去掉这个限定当然就成了康德所反对的观点，就是说一个行动的动机怎么可能永远只是道德法则？但加上这个限定就好理解了：永远只是道德法则，但前提是，如果这种行动应当实现的不只是法则的不包含精神在内的条文的话，也就是行动应当实现法则的精神，而不只是法则的条文，这个时候，意志的动机就永远只能是道德法则的。条文当然也在内，但这条文是包含法则的精神的，它不是一个单纯的抽象法则的条文，那只是符合法则的，而不是出于法则的。但是如果包含精神的话，那么这种行动就是出于法则的。既然是出于法则，当然你的动机就永远只能是道德法则了，你是出于法则，而不仅仅是符合法则了。符合法则有可能是出于别的、出于感性的动机，那康德这句话就站不住脚了，为什么意志的动机永远只是道德法则？它似乎也可以是感性的；但是最后的从句把这一点弥补了，就是说它有一个前提条件，这种行动应当实现的不只是法则的不包含其精神的条文，而是在条文中包含有精神的。这里康德对"精神"作了一个注释，我们来看看。

　　对于任何合乎法则但却不是为了法则而发生的行动，我们都可以说：它只是按照**条文**、而不是按照**精神**（意向）来说是道德上善的。

　　这就是讲相反的情况了，"对于任何合乎法则但却不是为了法则而发生的行动"，也就是说，如果不是这种仅仅合乎法则的行动，而且也是为了法则的行动，那就必须在条文中包含精神；但如果光是条文而没有精神，那就成了不是为了法则而发生的行动了。那么在这种情况下，"我们都可以说：它只是按照**条文**、而不是按照**精神**（意向）来说是道德上善的"。道德律只是不包含精神的条文，也就是不包含有对法则本身的动机的条文，这只是表面上善的。只有当条文中包含有法则本身实现出来的意向、动机，那么意志的动机才永远只能是道德法则，这几乎是同义反复，是顺理成章的。这个注释还是对上一句的解释，即意志的动机如果加上精神这个条件，它就能够永远是道德法则，而没有这个条件，这动机就不是道德上善的，这没有什么不好理解的。道德法则是行动的客观规定根据，只要再加上包含有精神这个条件，那么它任何时候、并且唯有它才同时必须又是行动的主观上充分的规定根据。就是说这种道德法则是客观的，但同时又是行动上主观的充分的规定根据，只要你的法则里面包含有精神，那么主观上你的意志的规定根据凭借这种道德法则就是够充分的了，不需要加上感性的或是其他的别的什么样的规定根据。当然，到底什么是"精神"（Geist），康德这里未加解释。而且一般说来，康德对这个概念用得不多，《实践理性批判》中只出现不到 10 次，《纯粹理性批判》中也只有十多次，大致笼统地说，就是指内心中超越日常感性事物的东西。上面整个这句话我们把它掰开了，每个字都掰开了，每个字都有它的用意，不要放过。我们读书，特别是像康德这样的经典的书，我们要形成这样一种习惯，就是每一个字你都不要放过它。它不是随意放在那个地方，它都是有用意的。我们的翻译也是，不落掉任意一个字，哪怕一个很小的、很不起眼的字，我们都要把它翻译出来，也是为了大家能去抠它。有些翻译是经不起抠的，因为他吞掉了很多字，他觉得不重要的就不翻译，但实际上这里面就可能隐含有误解；或者是句号打的不是地方，不是按照康德的地方打句号，那也可能造成误解。我们这个是严格地按照康德的句号来打的，康德没有打句号的地方我们绝对不打，当然文章就显得很难读了，很讨厌了，不符合我们的习惯，但带来的便利是你可以去抠它，你抠完它以后你就发现它很顺。你真正把它掰开来以后你会发现没有什么了不起的，一个字一个字地把它敲定了以后，你发现它不是很神秘的东西，它就是摆在那里的意思，看你能不能把它组合起来。这种组合实际上是一种很机械的组合，一种逻辑和数学的组合，所以分析哲学特别喜欢康德哲学，因为康德哲学喜欢抠字眼，它没有像黑格尔哲学那样的言外之意。

那么这是他的第一段。第一段还是和前面的衔接着的，还没有正式提出第三章的标题上所要讨论的这个主题，即作为感性或情感的"动机"问题。前面可以说是总结上一章所讲的道德法则，它必须是直接规定意志的，它不能够有任何感性的东西掺杂在里面，哪怕我们普通人认为掺杂些感性的动机可能就使理由更充分，能使更多的人去做道德的事情，但是康德认为那只是符合道德律而不是出于道德律。那样一种符合道德律并不具有道德的价值，要把符合道德律但是没有道德价值的情况区分开来。什么才具有道德价值，那就是为道德而道德，为义务而义务，就是出于道德律来做道德的事情才具有道德的价值，这是康德的最基本的出发点和原则。不过这里要注意，康德前面说的是"由此首先将推出"这个结论，即如果行动的目的是包含精神的条文，则意志的动机永远只能是道德法则而不是任何感性的东西；然而这只是第一步，先将感性的东西排除掉，归结到为义务而义务，然后再来考察这种动机是否绝对不涉及感性。如果完全不涉及感性，那人就和上帝一样了，那这种动机也就不成其为动机了，因为所谓动机 Triebfeder 就是要推动感性的。最后我们会发现，其实纯粹的道德法则作为动机仍然必须体现在某种道德情感即敬重感上，这就是后面要讲的"纯粹实践理性的动机"了，它是属于"感性论"的。

所以，既然我们为了道德法则之故，以及为了使道德法则获得对意志的影响，必须不寻求任何另外的有可能会缺少道德法则的动机，因为这将会导致一切不能持久的十足伪善，甚至哪怕只是在道德法则**之外**还让别的一些动机（作为利益的动机）一起发生作用，也是**要当心**的：

这个"所以"当然还是个引子，是从上面一段得出来的一个结论："所以，既然我们为了道德法则之故，以及为了使道德法则获得对意志的影响，必须不寻求任何另外的可能会缺少道德法则的动机"。也就是说，为了使道德法则直接规定意志，或者对意志的影响直接规定意志，我们必须不寻求任何另外的也就是间接的、不是直接的动机，即有可能会缺少道德法则的动机。当然不一定缺少道德法则，也许它包含道德法则，比如说做好事带来的快感、愉快等等，它们也是"符合"道德法则的。但毕竟它们不是为了道德法则，而是为了自己的某些愉快，甚至是为了身体健康。例如一个人做了很多好事以后，心情也愉快了，身体也变好了。虽然说这样一些动机可以符合道德法则，也是不应当去寻求的。"因为这将会导致一切不能持久的十足伪善"，你为了一些感性动机或者别的利益去做好事，去做符合道德法则的事情，那是不能持久的，因为它取决于感性。感性的东西怎么能持久呢？你今天愉快，明天也许就烦了。而十足的伪善，就是以一种另外的动机去做道德的事情，并且标榜自己是道德的，那就是伪善。做道德的事情时别有用心，这就是伪善，他不是为了道德而道德，而是为了升官发财，为了得利，那就是伪善。"甚至哪怕只是在道德法则**之外**还让别的一些动机（作为利益的动机）一起发生作用，也是**要当心**的"，这是跟前面对照，就是说可能会缺少道德法则、但不一定缺少道德法则的情况。而这里就讲，甚至哪怕有道德法则，但只是在道德法则之外还让别的动机作为利益的动机一起发生作用，这也要当心。当然并不缺少道德法则，道德法则我也承认，但是我还让别的一些动机一起发生作用，那么康德说这也是要提高警惕的。不要以为凡是做了好事、符合道德律就是道德的，如果你在做好事的时候除了道德法则之外还有一些别的动机，有利益的动机，那你就要当心了。你是为了利益还是为了道德，这个要分别清楚。当然你做道德的事情常常会带来利益，但是你要摆正这个位置。所谓的"要当心"在这里打了着重号，也就是说你要摆正这个位置。康德并没有一概否认这种情况：两者同时起作用，一方面你是做了道德的事情，具有道德法则，另一方面你又带来了利益,这两方面也许都有动机,但你要摆正它们的位置,你首先从哪里出发,你的真正的出发点在哪里,是为道德而道德呢还是为了功利而道德。整个这一句都是从"既然"为开头,既然如此,

那么留给我们的就无非只是谨慎地去规定,道德法则成为动机将采取何种方式,以及由于动机是道德法则,与人的欲求能力一起并作为那个规定根据对这种能力的结果而发生的是什么,

这句话很关键。既然前面讲了这么多前提,就是说不要伪善,要当心,不要把这个功利的东西、情感的东西摆在第一位,做道德的事情的时候要出于道德法则并把道德法则当作是充分的规定根据,不再需要任何别的东西。别的东西当然也可以有,但是完全没有也不要紧。你做道德的事情当然可能带来利益,但是哪怕完全不能带来利益或者甚至带来损害,单凭道德法则你就应该去做道德的事情,它就已经是充足的理由了,这是康德在前面一再申述的。既然如此呢,"那么留给我们的无非只是谨慎地去规定,道德法则成为动机将采取何种方式"。前面已经讲到位了,就是说道德法则是意志的充足理由、充足的规定根据,"那么现在留给我们的无非只是谨慎地去规定","谨慎地"和前面"要当心的"是连着的,当心就是不要把那些功利的东西放在第一位。在这种前提之下我们去规定。道德法则成为动机将采取何种方式。道德法则本身就是意志的充分的规定根据,那么它实际上也就是行为的充分的动机,那么这个动机将采取何种方式?这里头分出一点区别来了,"动机"和动机的"方式"。道德法则本身可以成为动机,因为它是实践的规定根据,它在实践中能够规定意志去做出那个行动出来,所以它在动机的发条里面,它是一个发条;但是我们前面讲了,这个发条是用来推动现象界的,它是涉及现象的,它在推动现象界改变某些事物、产生某些结果,那么道德法则从它本身来说应该还不是现象界的事情。它表现在现象界,它可以在现象界表现出它的作用,因为它改变了某些事实,但是你从现象界本身是看不出它的根据来的。杀身成仁舍生取义,你从现象界只能看到一个人死了,

一个人流了很多血，心脏停止跳动了等等，但是你从现象界看不出哪种是道德法则的作用。道德法则是在他的大脑里面还是在他的心脏里面还是在他的肺部呢？你找不出来，你要找出来必须超越现象界。那么既然超越现象界，道德法则怎么可能成为一种现象界的动机呢。这个道德法则是如何起作用的，你分析他的脑电波，你分析他的心电图，你都找不出来的。它如何成为动机，如何成为活动的机制，Triebfeder，如何成为一个发条来推动你去行动，这个你找不出来的。道德法则它是一个抽象的理念，它是自由意志的自律，那么这个自律本身就是一个物自体，它的自律也是在物自领域体里面的一个自身的逻辑规律，在现象界你是找不出来的。所以他在这里分出了另一个层次，就是说道德法则成为动机将采取何种方式。道德法则肯定要影响人的意志，影响人的实践行为，但是它采取何种方式，也就是说在现象界将采取何种方式，这个是可以讨论的。现在唯一留给我们加以讨论的就是这样一个主题，就是道德法则成为动机将采取何种方式，这个方式是现象界的，道德法则本身则是本体界的，当然它具有实践能力，这是一个理性的事实。道德法则在实践活动中要起作用，这是一个理性的事实，但它如何起作用，还是需要一种方式，它本身的作用机制我们不可能知道，但是它表现在实践活动中的这种方式，我们可以通过分析它的表现，分析它的现象而做出规定。所以下面讲，"以及由于动机是道德法则，与人的欲求能力一起并作为那个规定根据对这种能力的结果而发生的是什么"，这也是需要我们去谨慎地规定的。我们要谨慎地规定，规定什么呢？一个是规定何种方式，道德法则成为动机采取何种方式；一个是它对这种能力的结果发生的是什么，也就是在现象界会发生什么。整个这句话，动机被局限于道德法则之上，而不是什么感性、利益，这些都不是，唯有道德法则才是动机；那么这种动机采取什么形式？而且由于动机是道德法则，那么它与人的欲求能力一起发生了什么，以及对这种欲求能力又发生了什么样的结果？道德法则作为一个规定根据来规定人的欲求能力，那会产生什么结果呢？道德法则对人的行为起了一种根本的规定作用，那么在现象界它会导致什么样的结果呢？这个结果也就是道德法则起作用的方式。道德法则要采取何种方式，那就要看它在现象界对欲求能力加以规定的时候会产生什么结果，当然不是最后的结果，而是说欲求能力在这样做的时候它会表现出什么样的现象，欲求能力被道德法则规定的时候会产生什么效应。它背后是道德法则在起作用，那么它要怎么样去欲求呢？这种怎么样去欲求就属于道德法则对欲求能力加以规定的结果，这就是他整个这一章要讨论的主题了。这里有很多细微的区分，大家要高度地注意。

　　因为一条规则如何能独自地直接就是意志的规定根据（这毕竟是一切道德性的本质），这是一个人类理性无法解决的问题，它与一个自由的意志是如何可能的这个问题是一样的。

　　这句话讲"因为"，就是解释前面那句话。就是说我们现在要谨慎地去规定的是道德法则所要采取的动机的方式，即它将成为动机时所要采取的方式，以及道德法则作为动机在规定人的欲求能力的时候，它对于人的欲求能力会发生什么样的影响，要考虑这一点。为什么呢？"因为一条规则如何能够独自地直接就是意志的规定根据（这毕竟是一切道德性的本质），这是一个人类理性所无法解决的问题"。一条规则独自地直接规定意志，也就是撇开一切感性的东西，撇开一切结果、一切影响、一切效应，直接地去对意志进行规定，这当然是一切道德性的本质。前面讲了，道德性的本质就是普遍的道德法则直接能够规定意志，不需要任何感性的东西，道德性的本质就是为道德而道德，为义务而义务；但问题是如何能够？你直接用道德法则去规定意志，如何能规定？它是怎么样操作的，它里面有什么样的机制？这就是人类理性无法解决的问题了。它属于自在之物，不可认识。我们的道德法则究竟是怎么样来规定意志的？你说它可以直接规定意志，这只是一个事实，但这个事实你不能理解。我们有了道德法则，我们就可以规定我们的意志，怎么规定的呢？这是理性无法理解的，也许只有上帝可以解决。"它与一个自由的意志是如何可能的这个问题是一样的",道德法则如何可能规定意志,这跟意志如何可能是自由的,这两个问题是一个问题。意志如何可能是自由的?那么你就来分析,你把人的意志行为拿来进行生理学的、物理学的、化学的、心电图的、脑电图的分析,分析来分析去,全都分析完了,你仍然没有发现自由的机制、自由如何可能。如果你能把自由行为的机制都分析出来,那它就不是自由的了,那它就是由自然的因果必然性决定的,在它的作用机制中,前因导致后果,都是决定了的,那它还有什么自由呢?自由就在于它本质上是不可知的,所以才有自由,才称之为自由。所以这些都属于自在之物的问题。既然一条规则如何能够独自地规定意志是人类不可认识、不能解决的一个问题,那么现在留给我们的只是去考察道德法则作为动机将采取何种方式。它作为动机在感性中表现为一种什么样的结构。我们无法认识,它已经起作用了,它是如何起作用的我们无法知道,我们能够知道的就只是它在结果中采取的方式,它现实地对其他现象发生作用的方式,我们可以来加以讨论。

所以我们将必须先天地指出的,不是道德法则何以会在自身中充当一种动机的那个根据,而是就其作为这样一个动机而言在内心中所起的(更准确地说,必然起的)作用。

"所以"后面的这句话就是把前面的归结起来了。因为一条规则如何能独自地直接就是意志的规定根据,这是人类理性没有办法理解的问题,"所以我们将必须先天地指出的,不是道德法则何以会在自身中充当一种动机的那个根据"。道德法则如何能够充当动机,它以一种什么样的机制来充当意志的根据,来作用于意志。道德法则是如何从自身来规定这个意志,这个我们不能先天地指出,当然也更不能后天地指出了。我们必须先天地指出的不是这一点,道德法则能够充当动机的那个根据我们是找不出来的;那么我们必须先天地指出的是什么呢?是就其(道德法则)"作为这样一个动机而言在内心中所起的"作用,更准确地说是必然会起的作用。也就是说我们必须先天地指出，就道德法则作为这样一个动机而言在内心中必然会起什么样的作用，这个是我们可以讨论的。留给我们考察的仅仅是这样一个问题，就是我们必须要先天地指出道德法则作为一个动机在人的内心中所起的作用。当然这已经是一种心理现象，在人的内心中显现出了道德法则的作用，这已经是现象了；至于道德法则在背后怎么起作用，我们仍然不知道。但是它在我们内心确实可以有某种效应、某种结果显示出来，有某些事情在发生，由于这些事情的发生，所以我们才能够被鼓动起来进行我们的道德实践。道德实践不是抽象的，它还是由具体感性的人在那里做，那么在具体的人做的时候，他们必须在主观内心里面有一种动机，这个动机也可以说就是道德的动机，但是道德的动机采取了在内心现象中的这样一种作用方式，采取了在内心鼓动人的情感的方式。这里的"内心"（Gemüt），也可以翻译成情感，我通常翻译成内心，朱光潜喜欢翻译成"心意状态"，有的翻译成"情绪"。在康德这里这个词的用法是很广的，单纯翻译成情感不够用，或者翻译成思想感情，总而言之是在内心中所起的作用。实际上这里已经暗示了下面要讲到的在情感中所起的作用，它要触动人的情感。道德法则虽然它不借助情感，但是它在内心中会触动人的情感，并且只有触动了人的情感，实践的行动才能够现实地做出来。我们可以先天地指出道德法则凭它本身能在人的内心触动哪些情感，这是留给我们可以做的，但是要非常小心、非常谨慎地来做这件事情，否则很容易就会产生混淆。

我们再看下面一段，我们看他一步步接近他的主题，现在已经触及他的主题了，就是这个纯粹实践理性的动机，真正他要讲的还不是道德法则本身，道德法则本身也可以说是动机，但是它本身的机制是如何样的，我们没法讨论，它超出我们人类理性的认识之外；但是我们能够讨论的是它在我们内心所引起的那种机制，那就是它的动机的真正含义。

　　由德性的法则对意志所作的一切规定的本质在于：意志作为自由意志，因而并非仅仅是没有感性冲动参与的意志，而是甚至拒绝一切感性冲动并在一切爱好有可能违背这法则时中止这些爱好的意志，它是单纯由这法则来规定的。

　　"由德性的法则对意志所作的一切规定的本质在于"，德性法则对意志做规定，德性法则也就是道德法则，那么对意志做规定，所作的一切规定它都有一个本质，什么本质呢？就是"意志作为自由意志，因而并非仅仅是没有感性冲动参与的意志，而是甚至拒绝一切感性冲动并在一切爱好有可能违背这法则时中止这些爱好的意志"。德性法则对意志的规定本质上就是把它规定为自由意志，所谓自由意志，就是不仅摆脱感性冲动，而且能够拒绝和中止感性冲动的意志。"它是单纯由这法则来规定的"，它是只服从道德法则的意志，这也才是自由意志。这句话是说，意志作为自由意志是单纯由这法则来规定的，中间插了一个"因而"，因而并非仅仅是没有感性冲动参与的意志，而是甚至拒绝一切感性冲动、并在一切爱好有可能违背这法则时中止这些爱好的意志。也就是说，它没有感性的冲动，那也可以理解为它与感性冲动没有关系；但是它不仅仅如此，它虽然没有感性冲动参与其中，但是它又有与这些感性冲动的关系，它与这些感性冲动恰好因此而发生关系。什么关系呢？否定的关系，拒绝的关系。所以这就是道德法则为什么能够成为意志规定的动机的原因，并不是说这些道德法则本身有一种机制，而是说当这些道德法则不知道怎么样就规定了意志的时候，使得意志形成了一种机制，形成了一种拒斥感性冲动的机制，这个机制是感性的。你拒斥感性冲动，你本身就是感性的了，你要拒斥感性冲动你就已经沾上了感性冲动，你只能在感性冲动的同一个感性的水平上才能拒斥感性冲动。如果你还是一个物自体，那么就与感性冲动没有关系，你怎么能拒斥感性冲动呢？你只能说它与感性冲动没有关系。但是意志之所以被道德法则所规定，就表现在不仅仅是没有感性冲动参与其中，而且它甚至拒斥一切感性冲动，并在一切爱好有可能违背这法则时，能够中止这些爱好。它当然是以道德法则作为它的规定根据，但是正因为如此，当它发现感性冲动、爱好有可能违背这法则的时候，它就主动地中止了这些爱好，这个是很关键的。从这里面就引出了他真正意义上的感性的动机。

　　所以就这范围而言，道德法则作为动机的作用只是否定的，并且这样一种动机本身能够先天地被认识。

　　"所以就这范围而言"，就上面所讲的这种情况而言，即当爱好、感性冲动有可能违背道德法则的时候，以道德法则作根据的自由意志就能够自由地去拒绝这样一种冲动，中止这样一种爱好。就这个范围而言，"道德法则作为动机的作用只是否定的"。否定什么？否定感性冲动，否定爱好。当感性冲动和爱好与道德法则之间发生冲突的时候，道德法则就对它们加以否定，道德法则作为"动机"的作用就表现在这一方面。就这个范围而言它的作用是否定的，但就另一个范围而言它又是肯定的。它作为物自体的法则，它要来规定意志，成为意志的规定根据，它命令意志按照它的法则去做，它就是自由意志的自律，从这个方面来说它是肯定的、积极的。但是一旦遇上感性的现象，比如说爱好、冲动、感性欲望，它所起的作用就只是否定的，它作为动机的作用只是否定的。"并且这样一种动机本身能够先天地被认识"，这个有点奇怪，就是说它对于感性冲动的否定，本身应该是在感性的领域里面加以否定，只有在感性中才能遇到感性冲动并对它们加以否定，那么它本身也应该带有感性的色彩，它必须与感性冲动在同一个层次才能去否定感性。那么为什么它又是可以先天地被认识的呢？反过来，假如它真是先天可以认识的，它又如何可能单凭自身就作用于感性冲动呢？这是非常奇怪非常关键的问题。道德法则作为一个唯一的动机，严格来说它本来当然是先天地规定人的意志，它是意志的先天的规定根据，就此而言它是可以先天地认识的。当然这里所谓"认识"不是理论知识，而是实践知识，就是知道我应当怎么做。但它又可以并且必须越界进入感性的领域，对于这些感性冲动来说起一种否定的作用，这种作用也是可以先天认识的。那么这如何可能？只有一种可能，就是要千篇一律地拒绝任何感性冲动，凡是与自己不合的就立即中止它们，而不用考虑任何具体情况。这样一种动机本身虽然在感性领域中活动，但又的确能够先天地被认识，能够先天地断言：在感性的领域里面，道德法则必然会对所有的感性冲动加以拒绝，只要它们违背了道德法则，都会加以否定。这一点是可以先天地被认识的，可以先天地断言道德法则在感性的后天的现象界里面必将发生的事情。那些事情当然都是后天的，你有什么样的爱好在与道德法则相冲突，这是后天的，是因人而异、因时因地而异、因不同的场合而异的，这个你不能先天地预测。但有一点是可以先天地预测的，就是不管出现什么情况，我将一概加以否定，只要它违背了道德法则。这个是可以先天地加以认识的，这认识不是科学知识，而是道德知识。在道德知识方面我们可以先天地肯定，由道德法则所规定的意志是必然能够对一切可能干扰它的感性冲动和爱好加以否定的，就此而言它是先天的知识。

　　因为一切爱好和任何感性的冲动都是建立在情感上的，而对情感（通过爱好所遭到的中止）的否定作用本身也是情感。　　[73]

　　这就更进一步了。"因为一切爱好和任何感性的冲动都是建立在情感上的，而对情感（通过爱好所遭到的中止）的否定作用本身也是情感"，要否定情感，这种否定本身也是一种情感，道德法则在现象界所表现出来的就是一种否定情感的情感，当它中止爱好的情感时本身也是一种情感活动，否则它的中止就是无效的。当然这种否定情感的情感并不是道德法则本身起作用的一种机制，这种机制我们永远是猜不透的，它到底是怎么样影响人的意志，使得人能够否定一切情感，这个机制我们猜不透；但是一旦它影响了人，产生了这种否定情感的情感，就形成了一种感性的机制，所以严格说来，所谓的纯粹实践理性"动机"就是在这样一种否定情感的情感中所形成的机制。这时可以看出，"动机"这个概念本来是属于感性的，当康德有时也把道德法则称之为"动机"时，那只是就道

395

德法则在与感性之间发生作用而言的；而道德法则即使在被称之为"动机"的时候它本身还是超验的，它属于物自体，我们不可能认识它的作用机制；但是作为动机的道德法则将采取何种方式来起作用，也就是在现象界将采取何种方式改变人的情感，这种方式就只能是感性的，它是否定一切情感的情感。既然一切爱好和任何感性的冲动都是建立在情感上的，那么你要对这些情感起否定作用，那除非你自己也有一种情感，除非这样一种否定作用本身也是情感。在你的爱好遭到中止时，在该情感受到否定时，你要打击你的情感，这时候你就会感到痛苦，那么这种痛苦当然也是一种情感。这样一来，动机就从道德法则本身所具有的先天可认识的规定根据出发，而被赋予了感性的情感内容。这是一步步走过来的。

于是我们可以先天地看出，道德法则作为意志的规定根据，由于它损害着我们的一切爱好，而必然会导致一种可以被称之为痛苦的情感，并且在此我们就有了第一个、也许甚至是唯一的一个例子，在其中我们有可能从先天的概念出发来规定一种知识（在这里就是一种纯粹实践理性的知识）对愉快或不愉快的情感的关系。

"于是"，这是接着上一句的"因为"而来的，正"因为"否定情感也是一种情感，"于是我们可以先天地看出，道德法则作为意志的规定根据，由于它损害着我们的一切爱好，而必然会导致一种可以被称之为痛苦的情感"，于是我们有了关于道德法则必然导致一种痛苦情感的先天知识。这是和前面相比很奇怪的一个结论，前面的两句都是在先天的超验的领域里面，排斥一切情感，那么在这里话头一转：排斥一切情感也是一种情感！我们刚才讲了，道德贬低或拒绝我们的一切爱好，这当然会带来痛苦。道德法则作为意志的规定根据，在我们内心里必然会导致痛苦，这一点我们是可以先天地看出的。我们否定一种什么样的情感而导致了痛苦，这个我们不能先天地看出，但是不管是否定什么样的情感都会导致痛苦，这个我们可以先天地看出，所以它是一种先天的知识。我们可以先天地断言，如果你要按照道德法则办事，你就会有一种痛苦，因为你要排斥自己的各种爱好、各种情感，那肯定会很痛苦的。为什么这么多人不愿意按道德法则办事呢，并不是因为按道德法则办事就不会有快乐，当然也会有快乐，但是因为按道德法则办事首先要牺牲很多，你的需要、你的爱好、你的利益，都要置之度外，那肯定要带来痛苦，而这一点是可以先天地断言的。所以愿意出于道德法则行事的人很少，按道德法则行事必然会带来某些痛苦。当然最终你也有可能会带来利益和愉快，但那是偶然的，你得碰巧，你做了好事然后善有善报，善有善报是偶然的情况，也有可能好事没好报；而做好事必然带来痛苦是可以先天断言的，因为你要把爱好和情感都撇在一边，甚至要压制它、压抑它。所以我们可以先天地看出，道德法则作为意志的规定根据必然会导致一种痛苦，"并且在此我们就有了第一个、也许甚至是唯一的一个例子，在其中我们有可能从先天的概念出发来规定一种知识（在这里就是一种纯粹实践理性的知识）对愉快或不愉快的情感的关系"。在这里，也就是在《实践理性批判》里面这是一个唯一的例子，在这个例子里面我们有可能从先天的概念出发来规定一种知识对情感的关系。《实践理性批判》在此之前是完全排除情感的，但在这里我们提出了一个唯一的例外，我们的先天知识也可以和情感发生关系，唯有在这种场合之下我们的道德的先天知识可以跟情感发生关系，我们有可能从先天的概念出发来规定一种知识对愉快或不愉快的情感的关系，当然这种知识在这里是一种纯粹实践理性的知识，也就是道德知识。要想先天地规定一种知识和情感的关系，一般来说是不可能的，因为情感是偶然的，是预测不到的，怎么可能先天地规定呢？而且这个纯粹实践理性的知识，它本身是通过排除情感才得以建立起来的，它如何又能够先天地规定情感呢？那么在这里唯一的一个例子，就是在这种情况下，虽然纯粹理性的道德律是排斥情感的，但是既然它可以对情感发生作用，就使得道德知识与愉快或不愉快发生了关系，而且是先天地发生关系。凡是你要按道德原则办事，那先天地就可以断言肯定会损害你的情感，肯定首先是不愉快的，所有使你愉快的东西在道德法则面前都无足挂齿，你首先要把它贬低到不值一提，那当然就会使每个人的情感都受到损害了。人都是自爱的，人都喜欢按自己的情感办事，那么讲到道德律，你就要把自己的情感贬低，这个肯定会带来痛苦。这种先天的知识是不需要后天加以规定的，与什么样的情感、爱好发生关系这个只有后天才可以规定，但是道德律肯定会与任何情感格格不入，这个是先天可以规定的。道德知识先天地可以认为与情感爱好有冲突，并且会带来痛苦。下面就对这些情感加以区分，看与什么样的情感发生关系。

一切爱好合起来（它们当然也可以被归入某种尚可容忍的学说中，这时它们的满足就叫作自身幸福）构成了自私（solipsismus）。

"自私"（solipsismus）在拉丁语里面的意思是唯我主义，"一切爱好合起来"就构成了自私。一切爱好的总和"当然也可以被归入某种尚可容忍的学说中"，这里的学说没有直接点出来，实际上就是功利主义和幸福主义，一切爱好合起来可以归入幸福主义里面。"这时它们的满足就叫作自身幸福"，对个人爱好的满足叫作自身幸福，自身幸福也可以翻译成个人幸福。一切爱好合起来就是幸福主义，幸福主义是尚可容忍的，我们前面讲到，康德并没有完全否定幸福主义、功利主义，但是他认为幸福主义和功利主义只是尚可容忍的，但本身并不能成为道德原则。幸福主义和功利主义在道德上是没有根基的，只有当真正的德性论建立起来之后，幸福主义和功利主义才能在这之下找到合适的位置，才能被容忍。所以一般来说康德对幸福主义和功利主义采取一种容忍的态度，但是他大力地猛批、只要有机会就批判的主要对手，就是作为道德原则的功利主义和幸福主义。实际上他并不是要完全取消它们，而是对它们的目空一切、认为自己就是道德的最高原理的这种态度加以批判，只有在批判以后，当我们把纯粹实践理性的德性论建立起来，然后才能把它们收入自己的麾下。所以他在这里用了"某种尚可容忍的学说"这一说法，没有点名，只说这些爱好的满足就叫自身幸福，而一切爱好合起来构成了自私、构成了唯我主义。

这种自私要么是**自爱**的、即对自己本身超出一切之上地**关爱**的自私 (Philautia)，要么是对自己本身感到**称意**(Arrogantia) 的自私。前者特别称作**自矜**，后者特别称作**自大**。

自私有两种情况，一种情况就是说自爱，自私里面也包含自爱，也就是说对自己本身超出一切之上，超出别人，超出其他一切非我的东西，特别对自己关爱，这样一种自私，括弧里面的拉丁文叫作"爱己"。自爱、爱己，康德把它归于自私，这个自私在汉语里面翻译出来显得有点不道德的意思，但是在康德那里还没有不道德的意思。"自私"这个德语词是 Selbstsucht，字典上翻译成"自私自利"、"利己主义"，我找了半天，暂时还没有找到一个比较恰当的词使它不带有道德贬义，因为"自爱" (Selbstliebe) 本身并不带有贬义，汉语里面"自爱"经常是褒义的，说"你要自爱一点"，但是没有人说"你要自私一点"，自私一点就是缺乏道德了。唯我主义在汉语里面也是带有贬义的，但这些概念在康德这里其实并不带有那么严重的贬义，而几乎是中性的。"这种自私要么是自爱的，即对自己本身的超出一切之上地**关爱**的自私"，那就是爱己 (Philautia)，这应该是人之常情，在这种意义上，人都是自私的。"要么是对自己本身感到**称意**的自私"，也就是自负 (Arrogantia) 的自私，后面这一种倒是带有一点贬义，自负在基督教传统中是带有贬义的，表明一个人不知罪，太骄傲。那么在这里是更进一层地贬斥的。"前者特别称作**自矜**，后者特别称作**自大**"，自矜 (Eingenliebe) 和自大 (Eingedünkel)，自矜贬义要少一些，自大的贬义就比较明显。一个人自矜不一定是贬义，有时候可能是褒义，他自爱，比较矜持，他的性格是这样，他不苟言笑，比较严肃比较保守，这都属于自矜；但一个人自高自大，就比较讨厌了。这是他对一切爱好所做的两类划分：一个是自矜，一个是自大；或者说一个是自爱，一个是自负。

纯粹实践理性对自矜仅仅是**中止**而已，因为它把这样一种在我们心中自然地并且还是在道德法则之先活动的自矜限制在与这一法则相一致的条件下；于是这时它就被称之为一种**有理性的自爱**。

这里我们可以看出他对这两类自私的态度的分别了，他对前一种自爱并不是完全否定的。"纯粹实践理性对自矜仅仅是**中止**而已"，仅仅把它中止了，Abbruch 译作"中止"，但自由范畴表上的 Unterlassen 最初译作"制止"，有禁止的意思，比这里的意思要强，后来改为"中止"，现在我们还是把那里改回"制止"。而这里就是把它中止了，但是没有把它打入冷宫，或者没有把它贬下去，仅仅只是说把它限制住了，不让它膨胀起来。"因为它把这样一种在我们心中自然地并且还是在道德法则之先活动的自矜限制在与这一法则相一致的条件下"，纯粹实践理性对于自矜的态度就是仅仅中止它，就是把这样一种在我们每个人心中自然会发生的自爱或者是自矜限制住。这是非常自然的爱好，它本身无所谓好坏，并且它还是在道德法则之先活动的，是一种自然的倾向。因为它在道德法则之先就已经发生了，这种自矜已经在活动了，而在意识到道德法则之后只需对它加以限制，限制在与道德法则相一致的条件下。自矜你还可以保留，但是你要把它限制在与道德法则不相冲突的条件下，与道德法则相一致，那就属于与客观法则相一致。那你就不能一味地自矜了，你的自爱也要打折扣了，你不能仅仅立足于你自私的立场。你就要考虑道德法则的普遍性，考虑到一切有理性者都能够遵守的共同的法则，在这个法则之下对自己的自矜和自爱加以限制；或者说，在不违背道德法则的情况下，你还可以保持自爱和自矜，那是你的性格，但是要限制。如果一旦违背道德法则，那你就要把它中止，在大是大非的问题上，你的自爱和自矜要到此止步。"于是这时它就被称之为一种**有理性的自爱**"，这里"有理性的自爱"打了着重号，或者说是有道德的自爱。这种自爱还是值得保留的，但是它要中止的是那种自矜，就是把自爱看成是唯一的原则。当你把自爱看成唯一的原则的时候就是自矜，那么在这个时候就必须要中止，但自爱还可以保留，不是说就完全否定掉了，而"有理性的自爱"更是值得推崇。所以自爱还是一个褒义词。这是第一个层次，对于自爱或者自矜来说道德法则采取这样一种保留和吸纳的态度。但是对于自大，他采取的又是另一种态度了。

但纯粹实践理性完全消除自大，因为一切发生在与德性法则相协调之前的对自我尊重的要求都是不值一提的和没有任何资格的，因为正是与这一法则相协调的某个意向的确定性才是一切人格价值的首要条件（如我们马上就会说明的那样），而任何先于这种确定性的强求都是错误的和违背法则的。

"但纯粹实践理性完全**消除**自大"，"消除"还打了着重号，这是特意和前面的"中止"相对照而言的，即对于自矜仅仅是中止，没有完全否定。如果你配上理性，那么使它成为理性的自爱那还是可以保留的；但对自大就要完全消除，这是鲜明的对比。"因为一切发生在与德性法则相协调之前的对自我尊重的要求都是不值一提的和没有任何资格的"，也就是说，对自我尊重的要求必须建立在德性法则之上，否则是不值一提的和没有任何资格的，自大则是否定了德性法则比它还大，那你还有什么自大的理由呢？要求人家尊重自己这本身应该说也没有错，但是自大不光是要求人家尊重自己，而且要求人家唯一地尊重自己，自己却不尊重人家，这就破坏了德性的普遍法则。只要求人家尊重自己而自己不尊重人家，这就不符合道德律了。道德律就是说你要人家尊重自己，那你也得尊重人家，己所不欲勿施于人，那么自大则反其道而行，就是只要求人家尊重自己，这就是自大。而这就是纯粹实践理性要消除掉的，要完全打下去的，niederschlagen，消除，按照字面上说就是把它打下去，把这种自大打下去，完全消除。因为一切不与道德法则相协调的对自我尊重的要求都是不值一提的和没有任何资格的，你凭什么要人家尊重自己而自己却不尊重别人？如果你不以道德为标准，那么一切自我尊重的要求都会是不值一提的，想都别想，因为你没有资格。"因为正是与这一法则相协调的某个意向的确定性才是一切人格价值的首要条件（如我们马上就会说明的那样），而任何先于这种确定性的强求都是错误的和违背法则的"，这里涉及的是"人格"（Person）问题，凡是原来译作"个人"的，我们这里都改成"人格"。人格在后面还有系统全面地展开。一切人格价值的首要条件就是你的意向必须坚持与道德法则相协调，你首先要有这个意向，要有与道德法则相协调的这样一种确定性，也就是要将这一原则坚持下来。这样的人格是普遍人格，有一言能终身行之，而且凡人皆能行之。所以一定要与道德法则相协调才是一切个人的人格价值的首要条件。个人有什么自大的理由呀？实际上真正的个人价值是要预设与这法则相协调的，要有这样的确定性你才有个人价值。而一旦有了这种确定性，你也就不会自大了，因为你要与道德法则相协调，那你就不会超出所有人之上唯我独尊，不会把别人都贬到你自己之下，而是可以把你自己的准则变成一条普遍的法则。在法则之下人人都是平等的，没有哪个人可以妄自尊大。

于是这种自我尊重的偏好就其只是基于感性之上而言，也是属于道德法则所要中止的爱好之列的。所以道德法则消除着自大。

"于是这种自我尊重的偏好"，也就是自大，过分地要求自我尊重，那就是自大，"就其只是基于感性之上而言"，因为它只是基于感性之上的一种偏好，"也属于道德法则所要中止的爱好之列"。也就是说，由于自大是基于感性之上的，它没有预先对于道德法则的协调做出某种确定的意志选择、意志规定，它不是基于道德法则之上，所以它也属于道德法则所要中止的爱好之列的。这个地方又用到"中止"，"中止"前面是和"消除"相对而言，前面讲对于自爱仅仅是中止而已，而对于自大是完全消除。那么这里讲到，由于这种自大也是属于道德法则所要中止的爱好之列的，这个看起来好像有些错乱，对于自大怎么能仅仅是中止呢，应该是消除，把它打下去，但它这个用语，就是说也是属于道德法则所要中止的爱好之列，也就是说要消除这个东西也是属于要中止的爱好之列的，只不过它的程度更深一些，它比仅仅中止更进一步，但它还是属于这一系列,属于这个大范围之内的。这里并没有什么真正的用词的矛盾,而是说,中止是一个大范围,而消除是针对其中比较极端的、更进一层的自大的,这个更进一层的自大就不仅要中止,而且要消除了。但要消除这还是属于中止这个大范围之内的。这样,"所以道德法则消除着自大"这一句就好理解了,中止和消除只是程度上的不同,这点下面看得更清楚。

但既然道德法则毕竟还是某种自身肯定的东西,也就是一种智性的原因性、即自由的形式,那么由于它与主观上的对立物、也就是与我们心中的爱好相反而**减弱着**自大,所以它同时就是一个**敬重**的对象,又由于它甚至**消除着**自大,亦即使之谦卑,所以它是一个最大的**敬重**的对象,因而也是一种不是起源于经验性而是被先天认识的肯定性情感的根据。

"但既然道德法则毕竟还是某种自身肯定的东西",这个"但"字口气一转,转向什么呢?原来讲的都是"中止"、"消除"、"否定",都是这样一些概念,但是这里讲到,道德法则在自身毕竟还是某种肯定的东西。什么肯定的东西呢?"也就是一种智性的原因性、即自由的形式",道德法则我们刚才讲了,从物自体的角度看它有积极的意义,它在物自体的层面上积极地规定着自由意志,它是自由意志的自律,所以它有着肯定的含义。只是在现象界它表现出一种否定性,否定一切现象,否定一切感性,成了否定感性的感性。那么在智性方面,也就是说在纯粹实践理性的思考之中,也就是在物自体的领域里面,因为物自体只能通过智性来思考,不能通过感性来认识,所以他这里讲的智性就暗示着在物自体的这样一个层面上,它就是一种智性的原因性、即自由的形式。道德律是自由的形式,前面已经讲到了,所谓道德律就是自由意志的自律,自由意志本身贯穿下来这就是道德律,道德律没有别的意思。你今天自由,明天自由,后天也自由;你自由他也自由,张三李四都自由,这就是道德律的自由形式了。如果你今天自由,明天不自由了,后悔了,自相矛盾了,这就不叫道德律,这个就违背道德律了。自由本身有一种贯穿下来的形式,这就是道德律。既然道德法则毕竟还是某种自身肯定,"那么由于它与主观上的对立物、也就是与我们心中的爱好相反而**减弱着**自大，所以它同时就是一个**敬重**的对象"，由于道德法则与主观上的对立物、也就是与我们心中的爱好相反，它减弱着自大，它能够让你不那么自大，所以它就成了一个敬重的对象。道德律本身是一种客观法则，那么在主观中它有一个对立物，当然道德律本身也要出于主观的准则，这个主观的准则当它变成一条道德法则的时候，它在主观上就不再是道德律的对立物了。但在主观上还是有道德律的对立物，那就是情感、爱好之类，道德律与主观上的这些对立物是相反的，这些对立物把道德律的准则撇开了。道德律的准则肯定不是对立物，但是它有对立物，它与我们心中的爱好相反。道德法则与我们心中的爱好成为对立物，它减弱着自大。我们心中的爱好是加强着自大的，但是道德律与这种爱好相反，它是减弱着这种自大的，所以它同时就是一个敬重的对象。"敬重"打了着重号，Achtung 这个词我翻译成敬重，有的译本上翻译成尊重、尊敬，都可以的，但是我把它定译为敬重，觉得更加传神。因为道德不是一般的尊重、尊敬，而是对一个人、一条法则的敬重。那么凡是能够减弱自大的，它同时就是一个敬重的对象，你自大，它比你还大，能做到这一点的，难道还不值得你敬重？道德律对人的自大加以减弱，那么它就迫使你感到敬重。你不要以为这世界上没有你可以敬重的东西了，有一件东西你是不得不敬重的，那就是道德律，你以为没有什么东西比你更强，但是在道德律面前你必须抱有敬重的态度，这就减弱了你的自大。"又由于它甚至**消除着**自大，亦即使之谦卑"，我对道德律可以抱敬重的态度，但是我是不是仍然可以有一点自大，在我的自负和道德律之间是否还可以保持一点平衡？我虽然在道德律面前敬重道德律，但是在别的方面我还是很了不起的，我可以骄傲，可以不谦虚，是不是这样？但是由于道德律消除了自大，使人变得谦卑，所以在这种骄傲和道德律之间就不再有讨价还价的余地了。道德律甚至可以完全消除自大，彻底把你的自大打下去，你的那些东西不算什么，除了道德律以外你引以为自豪的那些东西什么也不是。这样一种在道德律面前的谦卑，使你再大的本事在这里都不值一提，微不足道。"所以它是一个最大的**敬重**的对象"，这就更进一层了。不仅仅是敬重的对象，不仅仅是敬重的对象之一，而且是一个最大的敬重的对象，其他的你引以为自豪的东西在它面前都不能比，不可同日而语。"因而也是一种不是起源于经验性而是被先天地认识的肯定性情感的根据"，这里头就是点出它的致命的一句，说道德律是一种不是来源于经验性而是被先天地认识的肯定性情感的根据"，道德律成了一种先天认识到的肯定性情感的根据，这种"肯定性情感"就是敬重感，也就是道德法则作为动机所采取的感性形态。对情感的否定本身在这里成了一种肯定性的情感，前面都是强调道德动机在感性中的否定的作用，即使它有肯定性的作用也是不可知的，是在自在之物的层面上来谈的；但是由于这种道德律对于情感的这种否定性，特别是对自大的彻底的消除，使人产生一种谦卑的情感，把道德律看成一个最大的敬重的对象，那么这样一种情感它就是一种肯定性的情感。这样一种肯定性的情感不是来源于经验性的，不是来自于后天的，而是被先天认识的；之所以能够被先天认识，就是因为它是通过道德律的一种智性的肯定性而发生的，在智性的领域里面作为一种智性的原因性而对道德律的肯定，它恰好表现出道德律作为动机的积极的方面。我们刚才讲它积极的方面是不能表现出来的，不能直接在现象中看到的，它本身是不可理解的，我们只能看到它在现象中的否定作用。但这里讲，虽然是否定的作用，但这个否定作用它本身有积极意义，否定情感的情感它本身也是一种积极的情感，当然它的积极性也在于它代表的是道德法则的积极性，因为道德律是被先天认识的肯定性情感的先天根据。这个先天认识立足于道德法则的先天性，道德法则的先天性可以先天地断言，一切情感都要加以否定；但正因为这个先天的断言，这样一种先天知识也就带来了一种积极意义上的知识，就是这个否定情感的情感还是一种情感，因此在现象界它可以作为一种心灵鼓动的力量，可以作为道德行为的感性动机。

所以对道德法则的敬重是一种通过智性的根据起作用的情感,这种情感是我们能完全先天地认识并看出其必然性的唯一情感。

这就是他整个这一章真正要探讨的主题了。"对道德法则的敬重是一种通过智性的根据起作用的情感",它和其他所有的情感都不一样,其他所有情感都是通过感性起作用的,而唯有对道德法则的敬重,它不是通过感性起作用,它是通过智性的根据、也就是通过道德法则起作用,是通过道德自律对人的实践活动起作用。道德法则对人的实践活动发生影响,这种影响否定了一切情感,那么它在否定中自身所带来的那种情感就是一种能够先天认识的肯定的情感。"这种情感是我们能完全先天地认识并看出其必然性的唯一情感",这是其他遭到它否定的情感所不能相比的。这里已经走过了一个从上而下的过程,现在已经从原理论到概念论、现在降到了感性论。但是这个感性是唯一先天的感性,也就是对道德法则的敬重的情感。康德对于《实践理性批判》的感性论唯一地就是建立在这样一种敬重感之上,其他的感性都被撇开了。在纯粹理性的实践中对其他一切感性都要加以否定;但是正当你对其他一切感性都加以否定的时候,你本身就带来了一种感性,或者说你本身就有一种否定情感的情感,那么唯一的这种情感是我们可以先天地认识,并且看出它的必然性的。整个这一段一步一步地推导,最后达到了《实践理性批判》的感性论,现在才进入到正题了。它的立足点,就是这种敬重的情感。我们休息一下吧。

[74]　　我们在上一章已看到,一切**先于**道德法则而呈现为意志客体的东西,都通过这个作为实践理性的至上条件的法则本身以无条件的善的名义而被排除在意志的规定根据之外了,并且,这个以诸准则与普遍立法相适应为内容的单纯实践形式才首次对那自在地和绝对地是善的东西进行了规定,并建立起唯一地在一切方面都是善的那个纯粹意志的准则。

"我们在上一章已看到",上一章就是第二章,就是关于纯粹实践理性的概念，也就是它的范畴，关于自由范畴的那一章。看到什么呢？"一切**先于**道德法则而呈现为意志客体的东西，都通过这个作为实践理性的至上条件的法则本身以无条件的善的名义而被排除在意志的规定根据之外了"，一切先于道德法则而呈现为意志客体的东西，比如说善，也就是好的东西，一切欲望的对象，爱好的对象，追求的目的。我们的意志要追求一个东西，那么这个东西在考虑道德法则之前我们就在追求，我们把这样一种东西称之为善或者"好"。当然康德在上一章已经区分了，有一种东西根本不能够叫作善，只能叫作福，善和福是不一样的，恶和祸也是不一样的，可以参看单行本第 83—86 页。在那里已经详细地区分出，只有实践理性的法则直接作为意志的规定根据，才是以无条件的善为目的；而间接地通过感性欲望的对象来规定意志，这样的"善"只是相对于某个"福"、某个爱好的对象而言，是作为手段的善，而不是至上的善。手段的善有可能用来作恶，例如偷盗的技术，只有道德法则才能确立至上的善。那么这里讲的"先于道德法则而呈现为意志客体的东西"，就是我们通常称之为善的东西，"都通过这个作为实践理性的至上条件的法则本身"，也就是通过道德法则本身、通过至上的善本身，"而被排除在意志的规定根据之外了"。也就是日常的善已经不能作为意志的直接的规定根据了，那只是福而已，它们要能够被称为善，必须首先看它们是否服从于无条件的至上的善。所以道德法则是一般实践理性的至上条件，包括我们对福的追求，对爱好的追求，以及对一切手段的追求，都要放在道德法则之下才能称之为善的，否则就不是善的。因此幸福主义和功利主义并未被完全否定，但它们有一个至上的条件就是道德法则，康德是把幸福主义和功利主义纳入道德法则这个至上条件之下来构成他的善的体系的。这个道德法则本身则是被看作无条件的、至上的善，最高的善，其他的善都是有条件的、即以它为条件的，包括功利的、作为手段的善、福、快乐，我们通常称之为善的都是有条件的，只有道德法则它是无条件的。因此归根结底，唯有至上的无条件的善才能成为意志的规定根据，所有其他的善都只是由于这种意志的规定根据才成其为善的，没有这种规定根据则只是福而已，甚至有可能是恶的。或者说，道德律是任何一个意志的必然的和直接的规定根据，其他作为意志客体的东西即使偶尔能够间接地规定意志，在道德律面前也是应当排除掉的，不能由它们来规定意志。"并且，这个以诸准则与普遍立法相适应为内容的单纯实践形式才首次对那自在地和绝对地是善的东西进行了规定"，这个单纯实践形式既然以诸准则与普遍立法相适应为内容，这内容也就是定言命令。定言命令的表述就是，要使你行为的准则成为一条普遍的法则，也就等于说，你要使你的各种主观准则都与客观的普遍立法相适应，使它自身能够成为一条普遍的法则。这也就是自由意志的自律，每个有理性者的意志都是自己立法的意志，所以这里实际上表达的是定言命令。定言命令才首次对那自在地和绝对地是善的东西进行了规定，什么是自在的善？什么是绝对的善？自在的善就是不以别的东西为前提的绝对的善，不受任何其他条件影响而自己能够直接规定意志，因为它的规定根据仅仅是那种单纯实践理性的形式，不涉及经验内容。那么绝对的善、自在的善就是善的意志，而善的意志是由单纯的实践形式来规定的，也就是由定言命令来规定的，定言命令使人的意志成为了绝对善的意志。"并建立起唯一地在一切方面都是善的那个纯粹意志的准则"，这就是我们刚才讲的，这样一条定言命令是唯一的绝对善的纯粹意志的准则，是排除了一切爱好、感性欲望、幸福、功利等等考虑的。道德律当然不仅仅是道德准则，它同时也是普遍的客观法则；但是它仍然是准则，它涉及人的主观的意志规定。准则是主观的，法则是客观的，准则涉及意志的规定，从意志的规定来看，这样一个准则是在一切范围都是善的那样一个普遍意志。这是在上一章已经讲到的，在这里再重复一遍。

但现在，我们发现我们的本性作为感性的存在者具有这种性状，即欲求能力的质料（爱好的对象，不论是希望还是恐惧）首先是不由自主的，而我们的可从病理学上规定的自己，虽然通过自身的准则是完全不适合于普遍立法的,但却力图使其要求预先地并作为第一的和原始的要求发生效力,就好像这构成了我们的整个自己一样。

　　"但现在",这里是一个转折,前面讲的是重申上面一章,我们已经把一切不以道德律为条件的所谓的善都排除在意志的规定根据之外,把感性,把爱好,把幸福全部排除掉了。但是不是道德律就完全不需要感性了呢? 果真如此,那么道德律就无法在感性世界中体现自己作为动机的作用了。所以我们现在要回过头来,重新审视感性在道德实践中的作用问题。于是,"我们发现我们的本性作为感性的存在者具有这种性状,即欲求能力的质料(爱好的对象,不论是希望还是恐惧)首先是不由自主的",就是说从我们的本性、我们的自然本能来说,它和前面一章所讲的自由意志的规定根据是完全不同的。这里谈的是我们欲求能力的质料,注意这个质料,而前面第一章讲的是欲求能力的形式。我们通常讲的欲求能力都是从质料上来看的,比如说爱好、希望和恐惧,它的那些对象,我们把它称为欲求能力的质料,这些质料首先是不由自主的,是违背我们的自由意志的。我们的本能是我们生来就如此,这个我们没法决定,它先就已经决定了我们需要什么,我们希望什么,我们恐惧什么,所以它首先是不由自主的,不受我们的意志规定的。这是一个方面。但另一方面,"我们的可从病理学上规定的自己,虽然通过自身的准则是完全不适合于普遍立法的,但却力图使其要求预先地并作为第一的和原始的要求发生效力,就好像这构成了我们的整个自己一样"。就是说,虽然我们的自然本性的质料不受我们意志的支配而首先决定了我们,因此我们完全是被动的,但我们总是努力把这个病理学上的自己看作是真正的自己,力图把这种被动的行动视为我自己的主动的行为,哪怕这种行为的准则完全不适合于普遍立法,而是随机的、偶然的。我们总是习惯于从病理上规定自己,从医学的眼光,或者从生物学的眼光,甚至从解剖学的眼光来看待自己,不但如此,我们还力图使这样一种本能的要求预先作为第一的和原始的要求发生效力。我们老是把道德律撇在一边,道德律那是第二位的，我们首先是要吃饱肚子，我们首先是要追求享受然后再追求道德的事情，中国古人也讲，仓廪实而知礼节，仓库里有了粮食，礼节就开始被遵守了，如果粮仓里都是空的，大家饿着肚子，那就顾不上礼节了，那就天下大乱了。所以这个本能的要求总是要作为第一的原始的要求来发生效应，就好像构成了我们的整个自己一样。我们谈到自己，往往是这样一种由病理学上来规定的自己，好像我们就仅仅具有这样一些感性的本能、爱好、需求，好像这就是我们的整个自己。当然康德不否认这是我们的自己，我们作为人类当然有这方面的需要，但是不是我们整个的自己？康德主要对这方面提出疑问，这只是我们的一部分，而且是不带本质性的一部分，不带根本性的一部分，只是我们作为感性存在者、作为现象的那一部分，而不是我们作为本体的那一部分。作为本体的部分、即道德律的部分更重要，但是我们往往把这一部分忘记了，我们以为我们整个自己就是一个感性的动物，并且我们把它首先作为第一和原始的要求，要它发生效应。这种实际上是被动的、被本能决定了的要求，却被我们看作了我们的自我的主动的要求，因此它可以表现为意志的规定根据。

　　<u>我们可以把这种按照其意志的主观规定根据而使自己成为一般意志的客观规定根据的偏好称之为**自爱**，这种自爱如果把自己当作立法性的、当作无条件的实践原则，就可以叫作**自大**。</u>

　　这里又引回到了自爱，前面讲到自爱，但那里主要是着眼于道德法则对这种自爱的排除和中止，以及由此产生的谦卑和敬重与道德法则的必然关联；而这里却是要从中引向谦卑和敬重与人的感性和情感的关联。"我们可以把这种按照其意志的主观规定根据而使自己成为一般意志的客观规定根据的偏好称之为**自爱**"，意志的主观规定根据也就是本能、冲动、欲求、爱好，这些动物性的东西本来是不可能作为意志的规定根据的，但由于我们把自己当作动物，所以我们也使自己的意志屈从于它们的规定，并且还按照这样一种意志的主观规定根据而把偏好扩展为

一般意志的客观规定根据,这种偏好就称之为自爱。本来这种出自本能的主观规定根据并不能成为客观规定根据,但是我们主观上认为它可以成为天经地义的规定根据,比如说人为财死、鸟为食亡,这是天下之通例,人不为己天诛地灭,概莫能外,没有任何一个人可以摆脱,这就把它变成了一种客观的规定根据。那么这样一种偏好就称之为自爱,实际上是自己爱自己,你把它变成天下之通例,好像人人都是这样的,不过是为自己的自私的自爱作辩护,人人都这样,我当然可以这样。进一步说,"这种自爱如果把自己当作立法性的、当作无条件的实践原则,就可以叫作**自大**",从这里可以看出自爱和自大之间的层次区别,自爱只是一种偏好,就是把这种主观规定根据当成客观的规定根据,这就叫自爱;但是如果它把自己当作立法性的,当作一种普遍法则,当作无条件的实践原则,那就是自大。人不为己天诛地灭,本来是为自己的自私做辩护的;但是如果把这种辩护当成是普遍的必然的原则,是人生的价值所在,当作是一种立法性的、无条件的实践原则,那就成了自大。比如说幸福主义和功利主义的伦理学,把它们的伦理道德建立在人的自私之上,通过人的自私来建立道德法则,这就是自大。你如果仅仅是为自己的自私作辩护,那还仅仅是自爱,那还不叫自大;但是如果真的把它建立成一种最高的道德法则,把人从哲学上规定为除了这个没有别的了,那就是自大了。为什么自爱可以中止,但自大必须把它消除,原因就在这里。所以康德实际上对功利主义和幸福主义的伦理学并没有完全否认它们的出发点,而只是否认它们把这个出发点当成最高原则的这种态度。功利主义和幸福主义确实可以成为人的出发点,但是不能作为最高准则,你把它绝对化就成了自大。

于是,那唯一真正(即对一切方面)客观的道德法则就完全排除了自爱对至上的实践原则的影响,并无限地中止了把自爱的主观条件颁定为法则的自大。

前面讲了自爱和自大两种情况,在做了这样的规定以后,"于是,那唯一真正（即对一切方面）客观的道德法则"，为什么说是对一切方面的客观法则，唯一真正的客观法则？前面讲的自大的那种"客观法则"，只是"把自己当作"客观规定的、立法性的、无条件的实践原则，那就是自大；但是唯一真正的客观法则，也就是在一切方面都是客观的法则，那就是道德律。自大的原则实际上是不能在一切方面都是客观的，一旦变成客观的法则就暴露出它实际上是主观的准则，诸多主观的准则各不相同、各不相让，每个人都自私自利，但是每个人的自私自利都相互冲突、互相取消。自私自利的人都是些最希望别人大公无私的人，如果别人也自私自利，那他的自私自利就难以实现。所以这条准则一旦成为客观法则，它就自己否定自己，实际上它作为客观原则是不成立的，或者是自相矛盾、自相冲突的。而真正的客观原则只能是道德法则，它是每个人互相协调的，在逻辑上是不矛盾的，这才是可以终身行之的法则。那么这样一种唯一真正的客观的道德法则"就完全排除了自爱对至上的实践原则的影响"，它要把自爱对这一至上实践原则的影响排除掉，完全不考虑自爱。"并无限地中止了把自爱的主观条件颁定为法则的自大"，这里又用到"中止"，前面讲到中止，对自大不仅仅是中止，而是消除。这个地方仅仅用了"中止"，但加上了一个"无限地"，不止是临时地中止，不止是在它与道德法则相违背时的中止，而是永远地中止，这其实就相当于前面的"完全消除"了。消除当然也是一种中止，把它打下去，只不过消除的程度比中止更进一步而已。但"无限地中止"就和消除一样了。自私或自矜只是在与道德律冲突时要中止，但在不冲突时则可以让它去；但自大则是哪怕并不与道德律冲突时也要防止的，或者说，它是肯定会与道德律相冲突的，因此要绝对地杜绝，或无限地中止。

既然凡是在我们自己的判断中中止我们的自大的东西，都使人谦卑，所以道德法则不可避免地使每个人通过他把自己本性的感性偏好与这法则相比较而感到谦卑。

　　"既然凡是在我们自己的判断中中止我们的自大的东西，都使人谦卑"，我们在自己的自我判断中，在我自己是什么人这个判断中，中止了我们的自大，凡是这样一种告诫你不要自大的东西，都会使你谦卑，使你谦虚，觉得自己很渺小，或者说，只有谦卑才能中止你的自大。既然如此，"所以道德法则不可避免地使每个人通过他把自己本性的感性偏好与这法则相比较而感到谦卑"，前面是一般的原理，后面是一个具体的例子，凡是在我们自己的判断中中止我们自大的东西，都会使人谦卑，那么道德法则就是这样一种东西。所以道德法则不可避免地使每个人感到谦卑，为什么？因为只要他把自己本性的感性偏好与道德法则一比较，立刻见出高下。这个本性也就是 Natur，每个人把自己自然的感性偏好与这法则相比较必然感到谦卑。道德法则总是会使人感到谦卑，为什么感到谦卑呢？因为它是把自己的爱好、感情偏好与这个法则相比较，一比之下他就会发现他的那些感性偏好，他的那些自然本能微不足道、无足挂齿，这就必然会不可避免地使每个人感到谦卑。道德法则是使人感到谦卑的，而真正说来，这种谦卑就是他道德法则的动机，因为对自己的感性爱好感到谦卑的另一面就是对于道德法则感到敬重，这是同一件事的两个方面。对自己感到谦卑，这使得他敬重道德律，以至于凭借这一动机他在实践中就能够遵循道德律。当然实际上他经常受到感性的干扰，明明道德律是他敬重的，但是他也可能没有那样做；但是他没有那样做的时候自己会惭愧，会感到自己更加渺小，更加感到自己卑微。

　　那以其表象作为我们意志的规定根据在我们的自我意识中使我们感到谦卑的东西，就其是肯定的并且是规定根据而言，就为自己唤起敬重。所以道德法则哪怕在主观上也是敬重的一个根据。

　　"那以其表象**作为我们意志的规定根据**在我们的自我意识中使我们感到谦卑的东西"，那样一个东西，什么东西呢？它的表象作为我们意志的规定根据在我们的自我意识中使我们感到谦卑，那么这是一个什么东西呢？不用说，显然它就是道德律。但这是就道德律作为我们意志的规定根据、在我们的自我意识中使我们感到谦卑而言的，也就是说，是就道德律的主观方面来说的，因为它是作为我们意志的规定根据而在我们的自我意识中起作用的。这样一个道德律，"就其是肯定的并且是规定根据而言，就为自己唤起**敬重**"，也就是在主观中，否定的方面使我们感到谦卑，肯定的方面则唤起敬重。我们要注意这里打了着重号的两处，一处是"作为我们意志的规定根据"，另一处是"敬重"，这是相呼应的。为什么要打着重号？这是为了与上一段中提到敬重时的提法相对照，上一段的提法在单行本第 101 页是这样的："道德法则……是一个最大的**敬重**的对象，因而也是一种不是起源于经验性而是被先天认识的肯定性情感的根据。所以对道德法则的敬重是一种通过智性的根据起作用的情感，这种情感是我们能完全先天地认识并看出其必然性的唯一情感。"显然这是从道德法则与主观爱好的对立来引出敬重，强调的是这种敬重与道德法则的密切相关性以及由此带来的先天性和必然性，也就是强调它的客观来源。与此相反，现在谈敬重的语境则有所变化，不是强调其客观来源，而是强调它在我们的自我意识中与意志的关系。主观的东西在这里不再只是道德法则的"对立物"，而且道德法则要在自我意识中"唤起"的东西。道德法则在主观中不但起了一种否定的作用，而且唤起了一种肯定性的作用，这就是敬重感。这个谦卑可以说是它的一种否定的作用，每个人感到谦卑的时候都是痛苦的，你太微不足道了，你不要自大，你甚至不要自爱，你要把自己看得低一点。当然没有人一开始就愿意这样，没有人愿意把自己看得微不足道，看得一钱不值，就连小孩子都不愿意这样，你要他谦卑，那就要教育。小孩子有一点本事就觉得自己了不起，你要使他谦卑要通过教育，所以它是一个痛苦的过程，是一个否定的、消极的过程。但道德律不仅仅是否定的根据，而且是规定的根据、肯定的根据，这就使它为自己唤起了敬重。谦卑和敬重是同一种情感的两种不同的表现，或者两个不同的方面，敬重的反面就是谦卑，它们是不可分的。敬重是建立在谦卑基础之上的，你如果没有谦卑哪有敬重呢？你对一个东西敬重，你肯定对自己感到谦卑，没有谦卑也就不会有敬重。康德在这里强调的是，使我们感到谦卑的东西同时它就为自己唤起了敬重，敬重是就其积极的、肯定的方面而言的，谦卑是就其否定的方面而言，谦卑就是否定一切情感的情感，就其否定一切情感而言那就是谦卑，就其仍然是一种情感而言那就是敬重。但这两者都是在人的自我意识中发生的。"所以道德法则哪怕在主观上也是敬重的一个根据"，这一句点到了关键，就是道德法则不但在客观上是敬重的先天根据，而且"哪怕"是在主观上，它也是敬重的主观根据。或者说，道德法则通过敬重而从意志的一种客观的规定根据而成为了主观的规定根据。道德法则本身是客观的法则，它是不局限于某个人的，它是人人都可以遵守的；但是不仅如此，哪怕在主观上，它也是敬重的一个根据，它不仅仅是人们出于理性或智性而不得不遵守的，而且它也是人们可以发自内心而自愿遵守的。所以它也表现在主观上，它是引起人的敬重的根据，而且唯有道德法则能够引起人的真正的敬重或者最大的敬重。这就使道德法则的动机具有了感性的维度，具有了情的内涵。我们在生活中敬重某个人，但是我们之所以敬重他是因为他是道德的，如果不是道德的，哪怕他再有力、再强大，我们也不敬重，我们可能会佩服他，可能会欣赏他、称赞他，但我们不敬重。凡是我们敬重一个人都是因为他身上的道德法则。所以道德法则哪怕是主观上，也是引起敬重的一个根据，尽管它本身是客观的，但是它是引起敬重的一个主观根据。这就把纯粹实践理性的动机从先天的智性的动机引向了主观的感性的动机，同一个道德律，从动机的来源说是客观的，从动机的作用方式来说又是主观的。

既然一切在自爱中遇到的东西都属于爱好，一切爱好却基于情感之上，因而凡是使在自爱中所有的爱好全部中止的东西都正因此而必然对情感有影响，

整个这半句都是讲"既然"，"既然一切在自爱中遇到的东西都属于

爱好，一切爱好却基于情感之上"，一切自爱或爱好都是建立在情感之上的。"因而凡是使在自爱中所有的爱好全部中止的东西都正因此而必然对情感有影响"，因为这个爱好是建立在情感之上的，那么你对这个爱好加以否定、加以中止，必然也会对情感有影响。爱好的根据就是情感，你要否定爱好必然要否定情感，正因此而必然对情感有影响。下面就是回应这个既然了，既然一切我们在自爱中遇到的东西基于情感，你要中止它必然对情感有影响，那么怎么样呢？

[75]   那么我们就领会到，如何可能先天地看出，道德法则通过把爱好和使爱好成为至上实践条件的这种偏好、也就是把自爱排除在任何参与至上立法的活动之外，而能够对情感发生作用，这种作用一方面只是**否定性的**，另一方面，也就是在纯粹实践理性的限制性根据方面，则是**肯定性的，**

    缩短一下这句话就是：我们现在领会到了，如何可能先天地看出道德法则能够对情感发生作用。道德法则本身是超越一切情感之上的，它能够直接地对意志进行规定，直接地具有实践能力，但是我们从道德法则上面能够先天地看出它也能够对情感发生作用。道德法则如何能对情感发生作用呢？这里就说了，是"通过把爱好和使爱好成为至上实践条件的这种偏好、也就是把自爱排除在任何参与至上立法的活动之外"，就是道德法则通过把爱好以及偏好、自爱等等都排除在任何参与至上立法的活动之外，"而能够对情感发生作用"。简而言之，道德法则通过排除情感而对情感发生作用，通过排除一切情感来影响情感。一个是把爱好排除在这个活动之外，不让它参与至上的立法活动；一个是把偏好排除在外，这种偏好就是使爱好成为至上实践条件的偏好，也就是自爱，必须被排除在外，不让它参与至上立法的活动。至上立法就是直接地、自上而下地立法，人为自己立法，道德法则为自由意志直接地立法，直接建立自由意志的法则，没有比这种立法更高的了。其他的立法活动、例如法权的建立都在它之下，都以这样的一种至上的道德立法活动为条件，它立的法就是放之四海而皆准的普遍法则。通过这样一种排除而能够对情感发生作用，这可以先天地看出来，既然在前面讲有那么一个条件，那么我们就能领会到我们如何可以先天地看出道德法则对情感的作用。"这种作用一方面只是**否定性的**，另一方面，也就是在纯粹实践理性的限制性根据方面，则是**肯定性的**"，这种作用也就是对情感发生的作用，它一方面只是否定性的，比如说谦卑，谦卑就是否定了一切爱好，一切需要，一切情感，一切快乐，谦卑使人不快，所以它是一种否定性的情感。另一方面，也就是在纯粹实践理性的限制性根据方面则是肯定性的，纯粹实践理性的限制性根据也就是道德法则，道德法则是一种限制性的根据，就是说把所有的爱好、情感都排除掉以后所成立的那样一种根据，那么从道德法则这个角度来看就是肯定性的。它是意志的一种规定根据，那么它当然是肯定性的，这样一种作用从这方面来看它是肯定性的，它对情感所发生的作用从肯定的方面来看就是一种敬重感。

并且，为什么根本不允许把任何特殊种类的情感以实践情感和道德情感的名义假定为先行于道德法则并为之奠定基础的。

这个"并且"实际上还是接着"如何可能先天地看出"这后面来的。我们懂得了，如何可能先天地看出道德法则能够对情感发生积极的作用，这是看出的一个方面；并且还能够先天地看出，"为什么根本不允许把任何特殊种类的情感以实践情感和道德情感的名义假定为先行于道德法则并为之奠定基础的"。这个所指就非常明确了，它就是批判经验派的观点，即把道德建立在道德情感之上，而它们所讲的这些道德情感都是一些具体的幸福、快乐、功利等等，即使是同情、怜悯或者内感官、第六感官，所谓高级的情感，最后也要落实到它们所带来的快感，即幸福和快乐。但康德讲，根本不允许把任何特殊种类的情感，打着实践情感和道德情感的旗号冒充为道德法则的基础，这是英国经验派伦理学经常干的事情。从哈奇生开始，就把道德规定为人的第六感官的功能，博克把它规定为

417

人的同情感的功能，在人的社会性的同情感之上我们可以建立起一套道德规范，这都是以实践情感和道德情感的名义把情感假定为先行的道德法则，并为道德法则奠定基础。那么在康德看来应该颠倒过来，道德法则是最根本的基础，是至高无上的基础，它不可能由那些特殊种类的情感先行于它，根本不允许有任何特殊种类的情感先行于道德法则，来为道德法则奠定基础。他这里非常明确，矛头指向经验派的幸福主义伦理学和功利主义伦理学，所谓实践情感和道德情感就是经验派的伦理学所强调的。当然康德在这里把自己的敬重感也称之为道德情感，它也是一种情感，而且是一种道德的情感；但是它跟经验派的道德情感是完全不同的，它不是像他们所说的特殊种类的情感，而是完全超越于任何具体的情感之上，对一切情感进行否定的一种情感。所以它是先天的知识，是可以先天地看出来的一种情感。那么这种道德情感才是唯一的一种可以成为纯粹实践理性的动机的情感，其他的都不行。所以康德在很多地方都驳斥这种道德情感论，我们刚才讲的哈奇生，还有亚当·斯密、莎夫兹伯里、休谟，也包括卢梭、爱尔维修，这些人都是把人的道德建立在同情感之上，建立在道德情感、第六感官、内感官这些东西之上。康德就是要和这些观点作斗争。即便如此，他自己也假定了一种道德情感；但是他的这种道德情感是一种特例，层次要比其他所有的道德情感都高。这种道德情感是先天的，可以先天地断言也可以先天地起作用的，大致相当于《纯粹理性批判》中的先天直观形式即时间空间的位置。只要一个人有理性，他就会在自己的实践活动中，在自己的自由意志选择中发现这样的道德情感。你如果昧着良心，你违背了这种道德情感做事情，你就会感到惭愧，感到自卑，哪怕一个坏人，只要他有理性，他就会感到惭愧，他会感到本来是可以不这么做的，但是现在没办法，一时冲动就做了。这是康德对他的道德情感的一种解释，我们也可以把他这种解释看成是对道德情感论的一种让步，对经验派伦理学的一种让步。但在他自己看起来他当然没有让步，他完全是逻辑一贯的，因为他的这个道德情感完全是先天的。

*　　　　　*　　　　　*

我们上次讲到敬重这样一种情感，这可以说是康德的《实践理性批判》第三章的主题，就是纯粹实践理性的动机。而且一般来说，康德的动机这个概念，Triebfeder，就是用在敬重这种情感之上的，这个概念值得再考虑一下。这个词是一个非常特殊的德文词，它是由两个部分组成的，一个是 Trieb，一个是 Feder。Trieb 就是推动的意思，推动、驱动。像弗洛伊德的所说的内驱力、利比多，就是这个词，有时候翻译成冲动，有时候翻译成本能，但是它本来的意思就是驱动的意思。Feder 就是钟表里面的发条，那么"驱动发条"，我们把它翻译成动机，它本来是用在钟表这个机器零件上，用在道德上它就是一个动机。康德那个时代钟表业已经非常发达了，这个词已经成为一个非常通俗的名词。那么这个"动机"，它跟"动因"不太一样，动因有两个词，即 Bewegungsgrund 和 Bewegursache，Bewegung 是运动的意思，Grund 就是根据、理由或原因，Bewegursache，Ursache 也是原因，是引起事情的原因。它们都是原因的意思，这两个词没有什么很大的区别，但是它们跟 Triebfeder 有一些区别。Triebfeder 特别是指比较具体的、比较形象化的那种推动力，因此它通常是用在情感这个领域，就是情感表现出来了；那么动因呢，有时候也用在情感这个领域里面，但是很多时候是用在抽象的方面，追根溯源，例如物自体，人的自由意志就是物自体，它作为一种原因性，在底下推动着人的实践行动。我们讲，纯粹实践理性本身就具有实践能力，本身具有实践能力也就意味着它本身就是实践的动因。但是这个动因是看不见摸不着的，它是在物自体里面起作用，它的后果你都可以看到，因为它是实践，它肯定会要做出来；但它是怎么做出来的，我们不知道，我们搞不清楚它的机制。而这个动机我们是可以搞清楚它的机制的。他这一章主要就是给我们讲清楚，这个敬重感作为动机，它的机制到底是什么。这个我们上一次课已经触及到了，一个是消极的方面，一个是积极的方面，或者说否定的方面和肯定的方面。否定的方面就是说，敬重感也是一种情感，但它是否定一切情感的情感，对一切出于爱好，出于感觉出于世俗的目的，如自爱、自大等等所产生的感情，它都加以否定。所以它是一种消极的情感，就是谦卑。但是由于它本身也是一种情感，它是否定了一切情感以后的谦卑，这种谦卑觉得自己的一切情感都微不足道、都无足挂齿，这样一种谦卑也是一种情感；既然它也是一种情感，它就具有了它的肯定的意义，在否定了一切情感之后，转而敬重道德法则，肯定了道德法则，所以它又是肯定性的。这是我们上次读到的一段，上面这一段给大家展示出来的，就是动机它的"机"到底何在，它的机制到底在哪里，它的这个发条是怎样起作用的，怎样发挥它的功能的。那么今天要讲的这一段，339 页的最后这一段（单行本 103 页，边码 88 首段），继续对这样一种机制进行深入的分析，我们来看这一段。

　　对情感的这种否定性的作用（不快意），正如对情感的一切影响和对任何一般情感的影响一样，是**病理学上的**。

　　病理学这个概念也是他的一个重要的概念，Pathologie，词典上的意思就是病理学，希腊文 patho- 是情绪、激情的意思，有的翻译成情欲、悲情、情致，反正是一种情感，那么 Pathologie 在希腊文里面本来是情感学，但是作为一个专门术语带有医学的色彩，所以后来被用来表示病理学。就是说你这些症状它背后的这种机制、这种逻辑 logie 到底是什么，这实际上是病理学所研究的。那么康德用病理学这样一个词通常都是在现象界，用在解剖学、生物学、生理学、医学这样一些意义上面，它是不能够进入形而上学的。它跟形而上学相比有一个层次不同，它是低层次的。所以凡是讲到病理学呢，都是讲的生理学的感性本能的一种反应。那么这里讲到，"对情感的这种否定性的作用（不快意）"，就是否定一切情感的这样一种作用，当然是不愉快的了，"正如对情感的一切影响和对任何一般情感的影响一样，是**病理学上的**"。对情感的一切影响和对一切情感的影响，这不一样，对于一个情感有各种影响，对各种情感也有一种影响。但不管从哪个方面来讲，影响都是病理学上的。

　　<u>但作为道德法则意识的作用，因而就某种智性原因即作为至上立法者的纯粹实践理性的主体来看，一个被爱好所刺激着的有理性的主体的这种情感虽然叫作谦卑（智性的轻视），但就这种谦卑的肯定的根据即法则来看同时又是对法则的敬重，</u>

　　我们先看这半句。"但作为道德法则意识的作用"，这个"但"就是说，前面讲是病理学上的，那么它是不是还有别的方面的意义呢？除了病理学上面、除了生物学和医学上面的意义以外，除了这种否定性的作用它本身是病理学上的，它是不是还有其他方面的意义呢？是不是还有更高的意义呢，所以这里要用个"但"。但作为道德法则意识的作用，这却是更高层次上的作用，道德法则本身体现为一种意识的作用。我们前面已经讲到了，道德法则的意识和道德法则其实是分不开的，你讲道德法则，肯定有道德法则的意识，肯定是意识到的道德法则。那么一讲道德法则的意识呢，它肯定是道德行为中的法则，不是躺在床上想一想就完事了的，而是有现实作用的。作为道德法则意识的作用，就是这种意识作为一种实践的活动、作为与一种实践活动相伴随所发生的作用，就是这种否定性的情感。"因而就某种智性原因即作为至上立法者的纯粹实践理性的主体来看"，既然是道德法则意识的作用，因而它就是某种智性原因的主体。这个"智性的"和前面那个"病理学的"是相反的，就是说，对道德法则你不能通过感性来意识到，你只能通过智性。智性在这个地方大致可以理解为知性，就是通过你的知性，通过你的逻辑，通过你的一般讲的理性，也就是超感性，作为智性原因的主体来看。"即作为至上立法者的纯粹实践理性的主体来看"，这个智性的原因是什么呢，是作为至上立法者的纯粹实践理性的主体。就是说纯粹实践理性是至上的立法者，它本身是最高立法者，它所立的法是无条件的命令，道德法则是纯粹实

践理性颁布的一条命令。那么作为至上立法者的纯粹实践理性的主体来看，"一个被爱好所刺激着的有理性的主体的这种情感虽然叫作谦卑（智性的轻视）"，我们简化一下：作为道德法则的意识的作用来看，一个被爱好所刺激着的有理性的主体的这种情感虽然叫作谦卑。也就是这种否定性的情感实际上是作为道德法则在主观中所产生的意识的作用，它本身虽然是一种病理学上的现象，但它同时又是道德法则意识的作用，这样一种情感。那么这种情感它又是一个被爱好所刺激着的有理性的主体的情感。前面整个来说，可以说都是对这种"情感"的一种修饰，一个是作为道德法则的意识的作用，一个是就某种智性原因来看，或者作为至上立法者的纯粹实践理性的主体来看，智性的原因也就是纯粹实践理性的主体，就这一方面来看，那么一个被爱好所刺激着的有理性的主体的这种情感叫作谦卑。这种情感是有理性的主体的情感，但是呢，它是被爱好所刺激着的，这里一个环节都不能丢，你要把所有这些环节都考虑在内。它是有理性的主体的情感，但是它是由爱好所刺激着的。有理性的主体被爱好所刺激而产生出来的情感，他讲，"虽然叫作谦卑（智性的轻视）"。就是说前面讲它是一种否定的作用，是一种不快意，因此它是病理学上的，这就是谦卑。那么括弧里面讲"智性的轻视"，这种病理学上的否定性是从何而来的？它是由智性来的，是智性对感性的一种轻视。智性高于感性嘛，人的知性、人的理性都高于感性，高于感性它就对这种情感的东西带有一种轻视，所以它叫作谦卑，谦卑就是对自己的蔑视了，就是对自己的这种情感的蔑视。这蔑视从何而来，就是从人的智性而来，但是它非要打在括弧里面。就是说在这个地方呢，暂时还没有去分析智性，还是沿袭着上面一段所讲的，它作为一种消极的、否定性的情感，它只是一种谦卑，它只是一种病理学上的、但是隐含着的实际上是由智性而来的谦卑。由智性而来的谦卑就不单是病理学上的了，它也是智性的，是涉及物自体的。病理学上的只是现象的，只是现象界。我们从现象界，可以从医学的、生理学、解剖学的角度来对它加以规定，说它是完全否定的，它使人产生了一种谦卑，否定了一切情感，把自己的一切情感都看作微不足道，但是这并不能解释它的来源。所以这个地方非要放在括弧里面讲，就是你不要忘了，这样一种感性的谦卑，它的根源来自于知性，它的动因（Bewegursache）是出自于智性的动因。"但就这种谦卑的肯定的根据即法则来看同时又是对法则的敬重"，这个"但"就在这里转折了，就把这个括弧里面的东西释放出来了，把它去掉括弧了。这种谦卑的肯定的根据，前面都是讲的否定，谦卑本身也是否定，但是这种谦卑作为一种否定性的情感，它具有肯定性的根据，这个根据用的是 Grund，实际上是动因。就这种谦卑的肯定的根据即法则来看，它就不再只是否定性的了，这种谦卑的肯定的根据就在法则中、在智性中。所以在这方面，它同时又是对法则的敬重。智性的谦卑体现在智性对感性的态度上，一个智性的人对自己的感性是抱有一种谦卑的态度、一种轻视的态度的；但是呢，它同时又是对法则的敬重。一方面对感性表示轻视，另一方面呢，正因为如此，它同时又是对法则本身的敬重，这个"同时又是"，就是相对于前面讲的，它当然是一种谦卑了，是一种否定性的东西，否定性的情感，但是同时又是一种肯定性的情感，因为它的根据是肯定性的：就这种谦卑的肯定性的根据即法则来看，同时又是对法则的敬重。

对于这种法则根本没有任何情感发生，而是在理性的判断看来，由于克服了前进中的阻力，对障碍的清除就等于是对这原因性的一种肯定的促进了。

"对于这种法则根本没有任何情感发生"，我们对法则的敬重本身当然也是一种情感了，但是就这种法则本身而言呢，它根本没有任何情感发生，它不是由这种情感引起的。它可以在我们内心引起我们的情感，但是它本身不是由我们的情感引起的，它就是纯粹智性的，纯粹实践理性的，怎么可能在它里面有情感发生呢？那就会搞颠倒了。"而是在理性的判断看来"，这个理性的判断我们要注意，这个判断不是知性的，而是一种道德判断，实践理性的判断。它跟知性判断有类似之处，就是它们其实都是智性的，而且都是用智性的范畴和法则对于感性的东西作判断，智性本身包括知性和理性。对于实践活动作判断，就是用智性的法则、理性的法则对实践活动来加以判断，这判断把实践的法则和感性世界联结起来。我们在《纯粹理性批判》里面讲到判断力的学说，一方面有感性，另一方面有知性范畴，那么如何把知性范畴运用于感性的经验材料之上，这个中间有一个中介，那就是判断力。判断力通过想象力的时间图型，图型法，把抽象范畴跟具体的感性的材料联结起来，知性判断就起这样一个联结的作用。那么在这里的理性的判断呢，也是有点类似，就是说把这个抽象的道德法则跟具体的实践行为联结起来，实践行为当然还是跟感性世界有关系的，跟感性世界要打交道的，但是它的原则不在感性世界中，它的原则是在纯粹实践理性里面。所以在理性的判断看来，"由于克服了前进中的阻力"，理性的判断既然是理性中的判断，它就不仅仅是一个单纯的道德法则，而是要把道德法则在现实中起作用的机制展示出来，表明它怎么样能够作用于现实。纯粹理性本身就有实践作用，那么这个实践作用在现实中是怎么发生的，这就需要实践理性的判断。他这里说，在这种判断看来，就发现了这样一种机制了，就是由于克服了前进中的阻力，"对障碍的清除就等于是对这原因性的一种肯定的促进了"。由于克服了前进中的阻力，也就是说在这个时候就考虑到谦卑了，谦卑是克服前进的阻力，因为它否定一切情感，因为情感就是前进中的阻力。你要实现你的道德法则，但是人又天生具有感性的有限性，受感性的刺激而具有情感，他不愿意，那这个时候就要命令了。既然人具有感性，所以他的道德法则只能够对人采取一种命令的方式——你必须这样，你应当放弃你的情感，遵从我的法则。在这样一个过程里面呢，就要克服前进中的阻力，就是把那些人性中的情感全部加以克服，"克己复礼"，克服前进中的阻力。但这种对障碍的清除就等于是对这原因性的一种肯定的促进了，以便于道德法则的原原本本地实行嘛，所以这个原因性就是我们讲的动因。当然康德在这个地方没有用"动因"（Bewegursache）这个词，用的是"原因性"（Kausalität），但实际上就是指的这样一种背后的动因，即道德法则这样一种原因性。你把它的障碍清除了，反过来就是对道德法则的实践活动的一种肯定的促进。道德法则的原因性就体现在它本身可以成为实践的规定根据，我的行为的原因性不是来自于自然界、自然规律，不是自由落体或是作用力等于反作用力这样一些规律，也不是出自于情感，而是出自于自由意志，这就是道德法则本身的原因性。在它的实践活动中呢，对消极的阻碍性的东西加以克服，那么反过来呢，就是对于这种原因性的一种积极的促进了。所以消极和积极这两方面在这里是不可分的，你取消了一方面，就肯定了另一方面，另一方面就获得了促进。不是另外有一种积极的情感作用，即使敬重的情感，也不是对道德法则有种特殊的爱好，而只是由于道德法则取消了一切情感之后所产生的情感效应。

因此这种情感也就可以称之为对道德法则的一种敬重的情感，但由于把这两个理由加在一起，它就可以被称之为**道德情感**了。

这句话可以说是给敬重这种情感定位了，"因此这种情感也就可以称之为对道德法则的一种敬重的情感"。这种情感一方面是否定性的，谦卑，另一方面作为一种肯定的情感它又是敬重，可以称之为对道德法则的一种敬重的情感。一般的情感都不是对道德法则而言的，都是对其他的具体的经验性的感性的某个目标而言的情感。但是唯有一种情感是专门对道德法则的，不对任何别的东西，从积极的意义上，它是唯一地针对道德法则的，那就是敬重。敬重就只是针对道德法则的，对道德法则也只可能有一种敬重的情感。敬重的情感对道德法则而言是积极的、是肯定的，但是对所有其他情感而言，都是消极的、否定的。"但由于把这两个理由加在一起"，哪两个理由？就是一方面它作为谦卑，作为一种消极的情感，它是一种否定情感的情感；另一方面，它作为对道德法则的敬重，它跟一般的情感都不一样，它是一种肯定道德律的情感。所以正反两个方面综合起来看呢，"它就可以被称之为**道德情感**了"，道德和情感就挂起钩来了。正反两个方面的理由，反面的理由赋予了它情感的称号，就是它是否定情感的情感、谦卑，正面的理由赋予了它道德的称号，就是它是对道德法则的一种敬重，所以由于这两个理由相加，我们可以把它称之为道德情感。"道德情感"是康德在一般场合下所否定的，因为这个概念是哈奇生他们提出来的，英国经验派的伦理学所主张的就是道德情感，亚当·斯密写了一本《道德情操论》。还有所谓第六感官，好像人体内除了五官以外还有一个内心的感官，就是道德情感，它是用来感受生命，感受美，感受道德，感受正义这些东西的，这个是康德坚决反对的。康德反对人有一种特殊的道德情感，以往历来都是这样的，在没有提出敬重感之前，遇到道德情感他都是采取一种批判的态度。但是在这里呢，他提出了在某种肯定和否定的双重条件下，这种敬重感可以被称之为道德情感。当然这个道德情感与经验派通常所理解的道德情感是完全不同的，通常人们理解的道德情感完全是从感性的角度、从感性的立场上，把它视为人内心的诸种感官之一，人的五官都是人的外感官，那么如同五官一样，人的内心、心灵也有一种内在的感官，一种特殊的官能，称之为道德情感官能，或者叫作第六感官。这个是经验派他们惯常所采用的方式，用来解释人们何以有道德，就是因为有这种感官，包括同情心、怜悯心、社会性、友爱、互助，都是出于这种道德感官，仍然是某种爱好。那么康德的解释是完全不同的，他的道德情感不是建立在一种特殊的感官之上，而是对一切感官爱好、一切情感的否定，它的基础毋宁说是建立在自在之物、自由意志之上，是不可知的、不可认识的。自由意志也不是人的一种官能，而是人的本体，是人的现象底下的本质。所以这里讲的道德情感跟一般讲的是完全不同的，虽然他同样也用道德情感这个词，但是跟一般讲的道德情感的结构和基础都不一样了。当然也有一样的地方，为什么叫道德情感呢，也有相通的地方，就是说它是道德的，但是它又是感性的，它还是一种情感，这个没法否认，谦卑、敬重，这都是情感。你否定了一切情感以后，还是有一种否定性的情感，人非草木嘛，人都有情感，有他的有限性，人跟上帝不一样。如果是上帝的话，出于道德法则他不需要命令，他也没有什么情感可以克服。但是人不同，道德法则对人来说太难了，他需要克服很多东西，那么当他克服这些东西的时候，他就油然升起一种敬重感。要做到道德法则既然那么难，那当然会肃然起敬了，如果很轻松很容易就能做到，那有什么敬重可言呢？那就不需要敬重了。上帝我们也谈不上对他的敬重，上帝做这件事情轻而易举，所以在这方面我们对上帝也谈不上敬重。只有人，他既然那么有限，他又能够做到道德法则，那才是令人敬重的，说明他的自由意志发挥了多么大的克服困难的力量，才做到这一步。所以康德的道德情感跟以往讲的既有相同之处，但是根基上又是不同的。

所以，道德法则，正如它通过实践的纯粹理性而是行动的形式上的规定根据，以及它以善和恶的名义虽然也是行动对象的质料上的、但却只是客观的规定根据那样，它也是该行动的主观的规定根据，即动机，因为它对主体的感性有影响，并产生一种对法则影响意志有促进作用的情感。

这一句话是对前面三段所讲的两个方面的总结，即一方面，道德法则是对感性的对象和一切情感的消除、中止或拒绝，因此它构成意志的客观规定根据；但另一方面，"道德法则哪怕在主观上也是敬重的一个根据"（单行本第 102 页，边码 87），它在自我意识中引起了一种否定情感的情感。正如这里说的："所以，道德法则，正如它通过实践的纯粹理性而是行动的形式上的规定根据，以及它以善和恶的名义虽然也是行动对象的质料上的、但却只是客观的规定根据那样"，正如什么什么那样，这里不是打比方，而是排比句式，也就是说，道德法则一方面是行动的形式上的和"客观的规定根据"。形式上的规定根据这个好理解，道德法则本来就是纯粹实践理性的纯形式，用来规定人的行动就成了意志的规定根据；但它又不光是形式，而是也有它的对象或客体，它的行动的目的，这就是善或恶，它的目的是要达到绝对的善。前面讲了，真正的善或绝对善只能是道德性，这虽然也是质料上的，但仍然是超感性的规定根据，并不涉及主观情感，而是要尽可能排除情感。善和恶这个质料跟一般讲的质料不一样，一般讲的实践的质料是主观的，我要达到一个主观的目的，我要获得主观的快乐，获得主观的快感、惬意、舒适等等，这都是主观的质料，但这个地方强调呢，是"以善和恶的名义"我们所要规定的质料，它是客观的质料。善和恶前面康德讲了很多了，它跟这个福和祸是完全不一样的，福和祸只是关系到人们的快乐，愉快和不愉快，那么善和恶呢，它是超越这个之上的。基于愉快的幸福有时候也打着善的旗号来冒充道德律，但其实只是主观的规定根据，所以是名不副实的，真正有资格以善和恶的名义来规定行动的只能是客观的规定根据，即超感性的道德律。所以总的来说，道德法则既是形式的规定根据，在质料上它也是客观的规定根据，但这只是道德法则的一个方面。另一方面，正如在客观上它是规定根据一样，"它也是该行动的主观的规定根据，即动机，因为它对主体的感性有影响，并产生一种对法则影响意志有促进作用的情感"。这个地方讲到道德法则也是主观的规定根据，也是主观的动机。我们前面已经讲到过，道德法则本身它是动因，是身处物自体中不可知的客观原因，但是在这个地方说是主观动机。它本来是客观的规定根据，但是在同一个行动中，它又成了主观的规定根据，也就是动机。为什么前后讲的不一样？有的人可能就会抠他了，道德法则本身没有任何情感发生，它怎么可能是动机呢？这个你要根据他接下来讲的加以整体的理解。"因为它对主体的感性有影响，并产生一种对法则影响意志有促进作用的情感"，它本身没有发生任何情感，但是它对主体的感性有影响，它产生了一种情感，能够在法则影响意志的时候起促进作用。道德法则既然是实践法则，它现实地具有实践能力，而且你不能脱离实践来单独考察它，它就是在实践中起作用的，那么在实践中，它有什么样的一种作用机制呢？我们从这个角度来考察的话，我们就会发现在实践中它的作用机制就是这样的，就是由道德法则造成了这样一个主体的行为，这样一个行动，它是该行动的主观的规定根据，也就是该行动的动机。它本身并没有任何动机，它本身是动因，动因是如何发生的，我们不知道，它是物自体，它的作用机制不可知；但是它一旦在实践中发挥作用，我们就可以分析了，我们先假定这个实践是由它所造成的，那么我们在分析这个实践活动的时候，我们发现由它造成了一整套的动机，谦卑啊，敬重啊，否定性的情感和肯定性的情感啊，它就对主体的感性发生了影响。它如何发生影响的我们不知道，但是它发生了影响，我们就可以来分析这个影响，来观察这个影响。它产生了一种对法则影响意志有促进作用的情感，在人的实践活动中、在这个行为本身中产生了一种情感，法则要影响意志，就必须要借助于人的主观动机，也就是借助于这种情感。在本体界它是如何发生作用的，那当然不需要借助于任何情感，但是它的机制我们也不知道；但是一旦它在现象界起了作用，那么我们就可以对它加以分析，发现它要借助于敬重感这个动机，为道德而道德这本身就带来一种敬重的情感。纯粹是为了道德，不为任何其他东西，任何其他东西都不值一提，都无足挂齿，只有纯粹出于对道德法则的敬重的行为，才是真正的道德行为。那么这样一种敬重感就是能够促进法则对意志的影响作用的，这个促进作用当然是在现象界了，就是在现实的实践活动中有促进作用。至于这个促进作用是不是促进到物自体那里去了，这个我们就不知道了，也是不可能知道的，因为物自体跟感性、跟情感没有关系。所以这个里头的机制是非常复杂的，我们要反反复复、仔细去体会，他的用词选择了又选择，非常谨慎非常小心，以免产生误解。但仍然很容易产生误解，这个里头稍微一不留神，就会以为康德自相矛盾了。我们可以说，康德也可能有些地方是讲得不太清楚的，但是你要说他自相矛盾，这个就要很谨慎，不能够随意地就判断他在自相矛盾，他是想把他的意思表达清楚，但在这里头又非常难以表达清楚，根据我们刚才讲的，应该说是非常细腻非常复杂的一种关系。

在这里主体中**预先**并没有任何与道德性相配的情感发生。这本是不可能的，因为一切情感都是感性的；但德性意向的动机却必须是摆脱一切感性条件的。

这里特别强调了，"在这里主体中"，这个主体也就是主观，即在主观中，"**预先**并没有任何与道德性相配的情感发生"，"预先"打了着重号，就是情感总归还是后天的、经验的，不可能预先先天地发生任何与道德性相配的情感。只有在人的物自体里面的道德法则是在先的，那么道德法则在先是不是同时就配有它的情感呢，绝对不可能，不可能预先就在道德法则那里配有与它相应的情感。"这本是不可能的，因为一切情感都是感性的；但德性意向的动机却必须是摆脱一切感性条件的"，这本是不可能的，"这"就是指前面的这句话，在主体中预先并没有任何与道德性相配的情感发生，这样一种发生本来就是不可能的。因为一切情感都是感性的，感性的它就只能是后天的，它怎么可能预先跟道德法则相配而发生呢？但德性意向的动机却必须是摆脱一切感性条件的，德性意向，这个意向，Gesinnung，也就是说内心的那样一种倾向性，那样一种意念，那样一种意向。德性意向是一个比较具体的描述，比较现象性的一种描述，德性它本身应该说是建立在意志之上的，德性的自由意志，道德法则，本来是这样。但是在实践活动中呢，它表现为德性意向的动机，德性的那种一念之间的倾向性，它必须是摆脱一切感性条件的，也就是摆脱一切情感的，它对于感性世界具有一种彻底的否定作用。这就是我们前面讲的，它是摆脱一切感性的，是否定一切感性的感性。所以虽然这种动机不是先天的、预先伴随着道德法则的，但是它又是摆脱一切感性条件的，因此是先天可认识的，它处于感性和智性之间的一个位置。当然它本身还是属于感性，道德情感嘛，它还是一种情感，但是它在感性里面是最靠近智性的，因为它不是对感性事物的情感，而是纯粹对道德法则的敬重感。所以在这里，德性意向的动机必须是摆脱一切感性条件的，它跟其他一切后天的感性又完全不同。

　　毋宁说，为我们的一切爱好奠定基础的感性情感虽然是我们称之为敬重的那种感觉的条件，但对这情感进行规定的原因却在纯粹实践理性中，因此这种感觉由于它的来源而不可能是病理学上的，而必定是**在实践上产生出来的**：

　　我们先看看这半句。前面讲了一个两难，一方面情感不可能预先与道德法则相配，因为一切情感都是感性的，它不可能与纯粹实践理性的道德法则同时产生；但是另一方面呢，它作为道德意向的动机又必须要摆脱一切感性条件，虽然它本身是感性，但是它又要摆脱一切感性条件。这个就是两难了：它又要想做先天的道德法则的动机，但是它本身又是感性；它要摆脱一切感性，但是它本身也是感性。所以前面两种说法都还没有到位，真正能够说到位的就是下面这句话："毋宁说，为我们的一切爱好奠定基础的感性情感虽然是我们称之为敬重的那种感觉的条件"，也就是说敬重是以感性情感作为条件的，或者说敬重其实也是一种感性情感，它是以感性情感作为条件的，而这种感性情感是为我们的一切爱好奠定基础的。倒过来说也可能更好理解：敬重感的条件虽然是为我们的一切爱好奠定基础的那种感性的情感。"但对这情感进行规定的原因却在纯粹实践理性中"，对这情感、也就是对敬重感进行规定的原因却不在感性情感中，反而是在纯粹实践理性中。也就是说敬重这样一种情感，本来它也是感性情感了，它是以一切感性情感作为条件的，因为它要对所有这些感性情感进行否定，没有这些感性情感，它否定什么呢？所以它要以它自己的否定对象为条件。但是一旦对所有那些爱好的感性情感进行否定，那么敬重本身就成了一种肯定性的情感，它的肯定性的规定根据不可能再在被它否定了的感性情感中，而是在纯粹实践理性中，是纯粹实践理性派它去否定一切感性情感的，所以它本身虽然还是一种感性情感，但却成了纯粹实践理性的动机。"因此这种感觉"，也就是这种敬重，"由于它的来源而不可能是病理学上的，而必定是**在实践上产生出来的**"，也就是说敬重这种感觉，由于它的来源是在纯粹实践理性中,所以和其他的那些感觉已经大不相同,它的功能虽然还是病理学上的,还要以感性的方式来作用于其他情感、否定其他情感,但它的来源却已经是出于纯粹实践理性的规定根据,是仅凭道德律就可以先天断言的。所以这样一种感觉的来源是物自体,是来自于物自体里面的道德法则和自由意志,这不可能是病理学上的,而必定是在实践上产生出来的,"在实践上产生出来的"打了着重号。为什么这里要打着重号呢?因为它不是病理学上的,因而不是理论上的。病理学上的那就是完全被动的了,它那种情况跟症状摆在那里,然后你去对它加以科学的分析就够了,那就是一种理论的态度。凡是病理学上的东西都是属于一种理论上的态度,或者理论上可以加以考察的一种主观现象就称之为病理学上的。但是在实践上产生出来的,这就是一种实践的态度了,这是一种能动的行为,它取决于自由意志的规定根据。敬重这种感觉必定是在实践上产生出来的,在实践活动中产生出了这样一种感觉,那么这种感觉的规定根据就在于纯粹实践理性对它作了肯定的规定,所以它必定是在实践上产生出来的。它不能用病理学的理论的眼光来加以研究,来加以对待。下面是冒号:

因为既然道德法则的表象排除了自爱的影响和自大的妄想,这就减[76]少了纯粹实践理性的阻碍,并产生出纯粹实践理性的客观法则优越于感性冲动的表象,因而在理性判断中使这法则的重量通过减去与之相抗衡的重量而相对地(就一个由感性所刺激的意志而言)产生出来。

前面讲,这种敬重的感觉必定是在实践上产生出来的,冒号后面等于是在解释了:它在实践上怎么产生出来的?它产生出来的机制何在?这个我们可以加以考察。"因为既然道德法则的表象排除了自爱的影响和自大的妄想",在实践中有个道德法则,这个道德法则对一切自爱的影响和自大的妄想都是排除的,那么这个实践理性的道德法则在实践中就有一种排除作用,它不仅仅要求你符合道德法则,而且要求你纯粹是出于道德法则。道德法则的表象,注意这个"表象",他是在对于实践的过程进行分析,在实践活动中,各种表象在起作用,那么代表道德法则的那种表象就排除了自爱的影响和自大的妄想。当然康德用这个词不光是在心理学的意义上，他也用于自在之物，也是一个表象，对自在之物的思维、概念，所有这些东西都可以说是表象。那么道德法则它也有它的表象，道德法则、道德命令，它在人的实践活动中也有它的表象，那就是我们通常讲的对道德法则的意识。那么这样一个表象，这样一个意识，它排除了自爱的影响和自大的妄想，自爱和自大都对人的心理有影响，但是它们遭遇到道德法则的表象时就都被排除了。"这就减少了纯粹实践理性的阻碍，并产生出纯粹实践理性的客观法则优越于感性冲动的表象"，这样一种排除就减少了纯粹实践理性的阻碍。纯粹实践理性本身是要在实践活动中体现出来的，没有实践活动，它这个纯粹实践理性怎么体现呢？它是"实践"理性啊！那么在这个活动中呢，所有的自爱的影响和自大的妄想都是它的阻碍，人们过于自爱，人们过于看重自己的情感，自己那些感性的东西，这就阻碍了道德法则。那么道德法则的排除作用就减少了纯粹实践理性的阻碍，也就是纯粹实践理性实践出来时受到的阻碍。纯粹实践理性本身就是要实践出来的，它本身就有实践能力，本身必须表现为实践活动，那么在实践活动中它受到了阻碍，而道德法则的表象就排除了这种阻碍，并产生出一个表象。就是说既然你能够用道德法则排除所有这些干扰，那么显然你这个道德法则是优越于所有其他的感性冲动的，这样一个表象也由此产生出来了。纯粹实践理性的客观法则要优越于感性冲动，这样一个表象显然是有利于这个客观法则的实行的。"因而在理性判断中使这法则的重量通过减去与之相抗衡的重量而相对地（就一个由感性所刺激的意志而言）产生出来"，也就是它排除了阻碍以后，在理性的判断中，也就是在实践理性的判断中，在实践理性跟感性世界打交道的行为之中，使这法则的重量通过减去与之相抗衡的重量而相对地产生出来，怎么产生出来呢？通过减去与之相抗衡的重量而相对地产生出来。就是说法则本身是没有重量的，因为它不在感性中出现嘛，它本身是在自在之物里面，法则不可能变成现象，它是人的本质，是不可认识的自由，所以法则本来是体现不出重量的，单独看它是体现不出重量来的。这里用的重量是一个非常形象的比喻，重量是我们最切身感受到的一种分量，一种作用，一种影响力，所谓重量其实就是影响力了，感性的影响力，感性的分量。它本来没有办法表现出来，那么它可以通过一种方式表现出来，通过什么方式呢，就是减去与之相抗衡的重量，与之相抗衡的重量就是感性的重量。感性都是有重量的，沉重的感性，沉重的情感，我们被所有的情感沉重地压抑着，我们背负着很多各种各样的情感、各种各样的需要，里头包括本能，也包括人情和自己的一种情绪。各种各样的情感把我们压得透不过气来，既要照顾到这一方面，又要照顾到那一方面，所有这些东西都是世俗的。但是道德法则一出来，把所有这些东西一扫而空，所有的这些东西，有那么重的东西，都被扫光了，由此就反衬出道德法则的重量，道德法则比所有这一切都要更重。所以它是相对地产生出来。绝对地就道德法则本身来看，你看不出它有多少重量，它是一个抽象的法则，一个形式的法则，而且它不可认识，它在自在之物的彼岸世界，它是不能够用重量来衡量、来测量的。但是呢，由于在实践活动中它把所有那些与之相抗衡的重量减去了，把它排除了，因此它相对地就体现出它的重量来了。那么体现出它的重量呢，在括弧里面说是"就一个由感性所刺激的意志而言"产生出来，法则对于由感性所刺激的意志而言有了重量。这个意志它可以由感性刺激，也可以由道德法则来规定，由感性来规定就是刺激，由道德法则来规定，那就是作为道德法则的规定根据了，就是由自由意志来规定道德法则了。那么这样一个意志它本来是可以受到感性刺激的，而道德法则就对这样一个意志而言显示出来了它的重量。一个由感性所刺激的意志在这个时候权衡轻重，就发现道德法则最重，道德法则比所有这些感性刺激起来的重量都要重，一个道德法则就可以把所有的感性刺激的那些表象、那些重量全部排除掉，扫除障碍。所以这一句话就很明确了，这句话是比较关键的，就是说它的作用不是通过积极地直接自己现身在现象界来排除那些感性的东西，而是通过在实践活动中，人的情感里面发生了一种否定一切情感的情感，排除了所有的那些情感，然后呢，就显示出道德法则的分量。那么这个中介显然就是道德情感，也就是敬重感，敬重感所起的作用就在这里。就是道德法则借助于敬重感来排除一切其他的情感，由此而显示出它的作用，它的分量。

　　于是对法则的敬重并不是导致德性的动机，相反，它就是在主观上被看作动机的德性本身，这是因为纯粹实践理性由于它拒绝了与它相对立的自爱的一切要求，而为现在唯一有影响的法则取得了尊严。

　　这是根据前面讲的得出的结论。"于是对法则的敬重并不是导致德性的动机"，所谓导致德性的动机（Triebfeder zur Sittlichkeit），原来译作"对德性的动机"，意思还不太明确，这里把"对"改为"导致"。也就是说这种敬重导致了德性，那就是德性受到这种敬重的规定、甚至由敬重才产生出来了，不是这样的。并不是对法则的敬重成了德性的规定根据，这个是不能这样说的。对法则的敬重是感性的东西，你如果说它就是产生德性的动机，由这种动机而产生出德性来，那岂不是跟经验派没有什么区别了？但是康德的伦理学跟经验派是完全不同的，所以他这里要否定这一点。对法则的敬重并不是产生出德性的动机，"相反，它就是在主观上被看作动机的德性本身"，注意这句话，敬重是在主观上被看作动机的德性本身。德性本身它当然不能直接地就等同于动机，德性本身是智性的而不是感性的，怎么能等同于敬重感呢？但敬重感是"在主观上""被看作"是动机的德性本身，或者说，德性本身在主观上被看作是动机，被看作是敬重感。那么实际上对法则的敬重是德性在主观上的一种表现，是德性作为动机的一种表现形态，要这样来理解。它是不是就是德性本身呢，也不是，对法则的敬重还不是德性本身；但是呢，它是在主观上被看作了动机的德性本身，或者是作为主观动机的德性本身，因为它是德性本身产生出来的。德性本身本来是自在之物的一种客观法则，那么它在主观上表现为一种感性的动机，这个是不能够分开来理解的，它就是在主观上被看作动机的德性本身，你不能把这个修饰语去掉。德性本身是客观的，但是在主观上被看作动机，所以应该说它就是德性本身在主观上的体现，在这种意义上、在这种条件之下，我们把它看作德性本身。"这是因为纯粹实践理性由于它拒绝了与它相对立的自爱的一切要求，而为现在唯一有影响的法则取得了尊严"，为什么对法则的敬重是在主观上被看作动机的德性本身呢？这是因为，纯粹实践理性拒绝了与它相对立的自爱的一切要求，所以就为现在唯一有影响的法则取得了尊严。纯粹实践理性通过对法则的敬重感而拒绝了一切自爱和自大，使道德法则成了唯一必须被遵守的规定根据，这就为道德法则取得了至高无上的尊严。也就是说在敬重的这样一个场合之下，道德法则成了唯一有影响的，由此而获得了尊严。这是纯粹实践理性拒绝了与它相对立的自爱的要求，在它面前所向无敌，否定了一切自爱的情感，高居于一切自爱的情感之上了，那它当然就具有至高无上的尊严了。而这在主观中是由于对法则的敬重感所带来的，所以我们可以把这个对法则的敬重在主观上看作是德性本身的动机，它就是从德性来的，在主观里面我们可以把它就看作是德性本身。当然在客观上它还不是，因为对法则的敬重作为敬重来说它还是在主观里面的，而德性本身它是在客观里面的，它是在物自体里面的，它不在现象中。敬重还在现象之中，但是我们可以把它看作是德性本身在主观中的表现，或者在主观中的代表，我们把敬重看作是德性本身在人的主观中的一种起作用的形态，一种动机。理由就在于，纯粹实践理性通过它而拒绝了一切自爱的要求，为道德法则取得了至高无上的尊严。敬重就是对这种至高无上的尊严的情感。

　　<u>在此我们现在要注意的是：一旦敬重是对情感的一种作用、因而是对一个有理性的存在者的感性的作用，这就预设了这种感性为前提，因而也预设了这样一些存在者的有限性为前提，</u>

　　我们看看这半句。"在此我们现在要注意的是"，就是说我们讲了前面所有这一切以后，我们现在要特别注意一点，就是敬重本身也是感性

的，"一旦敬重是对情感的一种作用、因而是对一个有理性的存在者的感性的作用，这就预设了这种感性为前提"。敬重是对情感的一种作用，当然是了，敬重是对情感的一种否定作用，一种排除。因而是对一个有理性的存在者的感性的作用，有理性的存在者比如说人，对人的感性发生作用。那么这就预设了这种感性为前提，因而也预设了人这样一些存在者的有限性为前提。只要你承认敬重是对于情感的作用，那么你就已经预设了情感这样一种感性作为你的前提了，你要否定它，你也必须要先假定它，你要否定情感，你必须假定你所否定的这个情感是预先存在的，然后你才能排除它。你既然在排除它，你就是预设了这种感性已经先在那里了，然后等你去排除嘛。所以他讲，这就预设了这种感性为前提，这个前提当然是经验的前提了，它不是先天的前提，不是先天条件，而是一个经验的前提。有这些感性在那里有待于你去把它扫除，这就预设了这种感性为前提，因而也预设了这样一些存在者的有限性为前提。前面讲敬重是对一个有理性的存在者的感性的作用，那么这里是讲，因而也预设了这样一些存在者的有限性，这样一些存在者也就是上面讲的有理性的存在者，一个有理性的存在者的感性的作用，那么因而也预设了这样一些有理性的存在者的有限性。也就是说敬重感本身预设了有理性的存在者的有限性，预设了它所面对的是有限的有理性的存在者，而不是无限的、不是绝对的有理性的存在者。比如说人类就是有理性的存在者，但是人类是带有感性因而带有有限性的有理性的存在者，所以人的理性不是无限的，他不像上帝，上帝才是无限的，而人跟上帝相比是有限的。所以敬重感预设了它是对于人而言的，只有人才有，也只有人才需要敬重感，因为人有一些莫名其妙的情感、非理性的情感，需要敬重感来对它们加以否定和排除。

是道德法则使这些存在者担当起敬重来的，而对一个最高的、乃至摆脱了一切感性、因而感性也决不可能是其实践理性的障碍的存在者，我们是不能赋予他对**法则**的敬重的。

　　这个已经把这句话的意思挑明了："是道德法则使这些存在者"，也就是使这些有限的有理性的存在者"担当起敬重来的"。当然是道德法则使人担当起了敬重，人所敬重的就是道德法则；但是它预设的前提就是说，这个担当起敬重的存在者是有限的，比如说人类，它是有限的。所以道德法则对它来说构成一种无条件的命令，这种命令具有一种至高无上的尊严。而对于无限的有理性的存在者来说，就不存在这样一种敬重，用不着这样一种担当。所以接下来讲，"而对一个最高的、乃至摆脱了一切感性、因而感性也决不可能是其实践理性的障碍的存在者，我们是不能赋予他对**法则**的敬重的"，这样一个最高的、摆脱了一切感性、因而感性也决不可能是其实践理性的障碍的存在者，就是上帝，上帝是一个最高的有理性的存在者，上帝不具有感性，因此感性也决不可能构成他的实践理性的障碍。上帝的实践理性按照他的法则愿意怎么做就怎么做，想怎么做就怎么做，他没有感性作为他的障碍，他也不需要任何感性作为他的质料。上帝从虚无中创造世界，上帝说要有光，于是就有了光，他的实践活动没有任何障碍，你不能追问上帝是用什么样一种手段创造了光，创造了整个世界。他不需要手段，他的实践理性本身就够了。在道德上更是这样，在道德上上帝要做什么事情，他凭借他的实践理性去做就是了，他不需要克服任何障碍。所以我们是不能赋予他对法则的敬重的，他不是出于对法则的敬重而实行道德法则的，这只是对于人而言的，对于我们人类来说，我们对于一个人的敬重是对他身上的那种法则的敬重。对上帝来说，那种法则本身就是上帝创造出来的，他不可能又对他自己创造的法则有什么敬重，他也不需要通过敬重来实行他的道德法则。对法则的敬重仅仅是由于这个法则在感性的人身上很难实现，所以我们才有敬重，在人身上，法则有很多的障碍，所以才引起我们对人身上的法则有一种敬重，而对上帝来说呢，他没有这种困难。他无所不能，上帝是全知、全能、全善的，他要实行法则，没有什么做不到的。所以我们在这里对于一个至高无上的有理性的存在者不能够赋予他对法则的敬重，不能够想象上帝也是出于对法则的敬重而服从道德法则的。这是这一段的意思，我们休息一下吧。

好，我们再继续看这个 341 页（《实践理性批判》104 页，边码 89），看下面这一段。

所以这种（冠以道德情感之名）的情感仅仅是由理性引起的。它并不用来评判行动，也根本不用来建立起客观的德性法则本身，而只是用作动机，以便使德性法则自身成为准则。

"所以这种（冠以道德情感之名）的情感仅仅是由理性引起的"，敬重的情感仅仅是由理性引起的，但按照康德通常的说法，我们的情感都是由后天的东西引起的，或者即使其中有理性，也是掺杂了大量经验性的东西才能引起情感，而没有一种"仅仅"由理性引起的情感。通常都是这样。经验派的道德哲学、伦理学之所以引起康德的反对，就是因为所有的情感在康德看来一般来说都是后天的，它不可能仅仅由理性引起，所以不能作为道德法则的根据。但是在这里呢，他打破了惯例，网开一面，就是说唯有一种情感是仅仅由理性引起的，也就是这种冠以道德情感之名的情感仅仅是由理性引起的。这个就在情感的动机上把自己和哈奇生的那种经验派的道德情感严格区分开来了，哈奇生的道德情感论就是说，它是由第六感官引起的，因此和其他情感一样，还是由感官引起的。哈奇生的道德情感是由人的一种内在感官所引起的，而这种内在感官又是由于受到一种外部的刺激而作出的反应，比如说在人际关系中，我们看到人家很可怜，受到这种刺激，我们的内感官就被触动了，产生了一种同情感，于是就有了道德情感。那么康德在这里借此跟经验派的伦理学严格划清了界限，否则他也讲道德情感，经验派也讲道德情感，他们就划不清界限了。所以他把敬重称之为"冠以道德情感之名"的情感，也就是只是在名义上与哈奇生他们相同，实际上完全是两回事，因为他的敬重感仅仅是由理性引起的，要把感性的规定根据完全排除掉才能获得。而这种情感"并不用来评判行动，也根本不用来建立起客观的德性法则本身，而只是用作动机，以便使德性法则自身成为准则"，这儿也分得很清楚，就是说这种道德情感并不是用来评判行动的一个标准。评判行动的标准必须要诉之于动因，比如要诉诸后面的纯粹实践理性的根据，就是看你是不是为道德而道德，这个标准只能够是道德法则本身。而道德情感并不是用来评价行动的，它不能够凌驾于行动之上，作为这个行动的规定根据，不能作为它的动因。也根本不用来建立起客观的德性法则本身。这个刚才也讲了，道德法则不是由敬重所导致的，而是先于敬重的情感，由纯粹实践理性提供的。只有经验派的伦理学才把道德情感看作是用来建立起客观普遍的德性法则的根据，这个在康德看来是颠倒了它们的次序。相反，他认为是德性法则才在人的主观中产生了一种道德情感，因果关系不能颠倒，动因还是德性法则，道德情感则是德性法则这种动因在人的主观中的体现或者说代表，或者说是德性法则在人的主观中否定一切情感时所引起的一种情感，而不能倒过来，认为这种德性法则是由道德情感建立起来的。所以他讲，这种道德情感只是用作动机，以便使德性法则自身成为准则，这句话也很关键。它只是用作动机，使德性法则自身能够成为准则。德性法则本来是说，要使你的准则成为一条普遍的法则，这就是定言命令的法则，它命令人在主观中的行为准则要符合这条客观法则。但这种命令如果要真正成为命令，它还必须从人的主观出发，让人接纳道德法则为自己的准则。所以他这里讲，使德性法则自身成为准则，就是使德性法则这样一条客观法则成为人所接纳的主观准则，或者反过来说，使人的主观准则成为普遍的客观法则。我们前面多次提到，法则是客观的规则，准则是主观的规则，那么德性法则自身要成为准则，要你能够自愿地照它去做，要你真的愿意去做，那么它就必须成为你的准则。当然这个准则同时也就是德性的客观法则，所以这里有一个回转：在德性法则本身，它是把人的准则规定为普遍的客观法则，这是定言命令所规定的；但是这种规定要真正能够发生作用，还必须回到人的主观准则里面来，使人主观上能够主动地把这个法则采纳为自己的准则。而这个时候就用得着道德情感的动机了。准则必须变成法则，法则又必须被采纳为准则，这两个过程是在不同的领域里面：要把准则变成法则，这个是在自在之物的领域里面所形成的一条自由意志的法则；而这条自由意志的法则要在现象界作为对有限的理性存在者起作用的一条法则，它又必须由这个理性存在者主动地把它接纳为自己的动机，这样一个返回到准则的过程已经是在现象界了，或者已经涉及现象界了。这样道德法则才有可能在实践活动中现实地起作用，也就是必须要把道德法则当作自己的准则来执行，而这就需要动机。动机就是在现象界起这个作用的，所以他讲，只是用作动机，以便使德性法则自身成为准则。这个里头的机制是非常精密的，我们要仔细体会。德性法则本来是把准则已经包括在内了的，所谓德性法则就是道德命令，就是要使你的准则成为一条普遍法则，既然它是使你的准则成为普遍法则，那它就已经包含你的准则了；但是，那只是应该，是应当，那还不是现实。在现实中你要使你的准则成为普遍法则，你就必须把这个普遍的法则通过道德情感的动机接纳为自己的准则，在现实生活中要具体这样去做的时候，那就需要有动机。所以动机的作用就在这里，以便使德性法则自身成为准则，那么这个准则就不是一般的准则了，不是一般的"人为财死，鸟为食亡"或者是任何自私自利之类的准则，而是把道德法则当作自己的准则，这只有通过对道德法则的敬重才能做到。

　　<u>但我们能给这样一种特异的、不能和任何病理学情感相比拟的情感取一个什么更恰当的名称呢？它是这样一种特别的情感，即它显得仅仅服从于理性的、也就是实践的纯粹理性的命令。</u>

　　这个"但"是针对前面一句话，前面一句话讲，所以这种情感仅仅是由理性引起的，那么按照康德一贯的思维呢，仅仅由理性引起的东西能不能称之为感性，能不能称之为情感？这在以前是康德不承认的。凡是

情感就不是仅仅由理性引起的，由理性引起的就不是情感，以前康德是区分得很严格的。而这个地方他讲，"但我们能给这样一种特异的、不能和任何病理学情感相比拟的情感取一个什么更恰当的名称呢？"就是说这样一种情感除了道德情感以外，除了这种冠以道德情感之名的情感以外，我们还有没有别的更恰当的名称呢？没有。他这是反问了，就是我们前面把它称为道德情感，冠以道德情感之名，但是它又是仅仅由理性引起的。仅仅由理性引起的你就不能称之为情感啊，但是我们没有别的办法来称呼它，我们不能给这种情感取一个更恰当的名称，没有更恰当的名称了，我们只能把它称之为道德情感。我们只能对这个名称加以特殊的解释："它是这样一种特别的情感"，它不能和任何病理学情感相比拟，它否定了一切病理学的情感，那么它本身当然不能说是病理学的。"它显得仅仅服从于理性的、也就是实践的纯粹理性的命令"，所以不能说它是病理学的，你不能从医生的角度、从生物学和生理学的角度来看道德情感，例如把它归于所谓"第六感官"。但我们没有别的办法，还是要采取道德情感这样一个名称，没有更恰当的。唯一的办法是限定一下：它是这样一种特别的情感，它显得只服从纯粹实践理性的命令，只服从道德律。"它显得"，也就是说它在现象界，表现出仅仅服从于实践的纯粹理性的命令，我们再找不到它服从别的东西了，它看来就是仅仅服从于理性，仅仅由理性所引起。所以我们只能把它称为道德情感，虽然很容易跟其他人所讲的道德情感相混淆，但是没办法，我们还只能用道德情感来对它加以命名，只要你们体会到了康德自己对道德所作的规定，以及他出于道德而对自己的这个情感所作的规定，那就不会引起混淆。但是如果你望文生义的话，那就很容易混淆，实际上也有很多人混淆，特别是经验派的伦理学，很容易把康德的这样一种道德情感看作是对经验派的一种"让步"。在某种意义上当然也可以这样说，因为康德的道德律、绝对命令、定言命令本来是排斥一切情感的，但是在这个地方，作为他的第三章讲到动机的时候，他又把情感纳入进来了，当然是一种让步。但这种让步不是他的一种失误，他是早就策划好了的，从原理出发到概念然后再到感性，《实践理性批判》就是这样一个过程，这在"导言"中就已经规定好、策划好了。虽然他的实践理性是抽象的、形式主义的，道德律那么样的抽象，但是绝不是抽象到完全不食人间烟火，而是想方设法还是要在实践中跟现实世界打交道。他本意就是这样的，你说他对感性做了让步，也可能你是出于对他本意的误解，他本来就没有说完全把感性的东西排除掉，在《纯粹理性批判》里面没有排除掉，在《实践理性批判》里面也没有排除掉。但是他要注明的就是说，在《实践理性批判》里面的这样一种感性仅仅是由理性本身引起的敬重感，要对这种情感做一种特殊的分析，他只承认这种情感是属于道德的，别的情感都不能够划到道德里面来，如此而已。

我们再看下面一段。前面已经讲了作为道德情感的敬重，下面对敬重再做一些具体的区分，从抽象的区分一直到具体的区分，越来越具体。下面这一段就非常具体了，就是举一些例子了。前面讲的都是概念，从概念到概念，那么这一段就是举例说明。

敬重任何时候都只是针对人格的，而绝不是针对事物的。后者可以在我们心里唤起**爱好**，并且如果是动物的话（如马、狗等等），甚至能唤起**爱**，或者就是**恐惧**，如大海，一座火山，一头猛兽，但从来不唤起**敬重**。

"**敬重**任何时候都只是针对人格的，而绝不是针对事物的"，这里"人格（Person）"原来译作"人"，后面凡是遇到这个词都统一译作"人格"。当然也还是"人"，或者译作"个人"，但主要是针对人的人格。人有人格，所以他不同于物，包括一切其他动物。而敬重不可能针对事物，只能针对人格。事物不具有人格，所以也不可能承担道德法则，不可能引起敬重。"后者可以在我们心里唤起**爱好**，并且如果是动物的话（如马、狗等等），甚至能唤起**爱**，或者就是**恐惧**，如大海，一座火山，一头猛兽，但从来不唤起**敬重**"，后者就是事物，万事万物，可以在我们心里唤起爱好：我喜欢这个东西。并且如果是动物的话，比如说马和狗啊，我们甚至能够唤起爱。西方人对于马和狗的爱那是超乎一般的。或者就是恐惧，就是对于那些无生命的东西，比如说大海啊，火山啊，我们也怀有恐惧，当你独自面对一头狮子，那也会引起恐惧，但从来不唤起敬重。我们对大海和火山的力量有一种畏惧，有一种恐惧，甚至于我们还可以有一种崇高的感觉。在第三批判里面也举了这样一些例子，大海啊，火山啊，悬崖啊，飓风啊，它们的力量多么强大，是人的力量远远不可比拟的，我们可以产生恐惧，最后甚至可以产生崇高感，崇高里面也包含恐惧，但是从来不唤起敬重，敬重是超越这一切之上的。当然崇高也可以类比于敬重，经过反思性的判断力，我们从恐惧可以升华到一种崇高感，象征着对道德律的敬重，所以"美是德性的象征"；但是美毕竟不是德性，毕竟不属于德性，它只是一种象征。那么在这里呢，这种敬重感是属于德性的，甚至于在某种意义上它被看作德性本身，我们刚才讲了。当然是在某种主观的意义上，而不是直接地就等于德性本身。敬重本身并不直接地等于德性本身，这个很清楚的，但在主观现象中它就被看作德性本身。而我们对于自然物的畏惧、恐惧不会唤起敬重，从来不唤起敬重，哪怕你唤起崇高，它也不唤起敬重，我们对大海怎么会有一种敬重呢，不可能的，对火山也不可能有一种敬重感，再大的爆发力我们也不可能敬重它。因为它们并不包含道德法则。

　　<u>与这种情感已经很接近的某种情感是**赞叹**，赞叹作为激情，即惊叹，也可以针对事物，如高耸入云的山峰，天体的巨大、繁多和遥远，有些动物的力量和速度等等。但这一切都不是敬重。</u>

　　这是再举例说明了，举的正是审美的例子。"与这种情感已经很接近的某种情感就是赞叹"，这里赞叹原译作惊奇，但 Bewunderung 有钦佩的意思，所以改译作赞叹。但它的词根 Wunderung 是惊奇、惊异，所以这里又说，"赞叹作为激情，即惊叹"（Erstaunen），赞叹和惊叹有一点小

444

小的区别，赞叹就好像仅仅是旁观的，一种静观的佩服、叹服，我在旁边看着觉得钦佩，那么它作为激情也就是惊叹了。惊叹就不光是我在旁边看着，而是有一种发自内心的激动，有一种冲动，叹息，望洋兴叹。望洋兴叹那就不光是望洋佩服了，而是对人生、对人的渺小有一种叹息、有一种激情了。"也可以针对事物"，赞叹和惊叹也可以针对具体某个事物，"如高耸入云的山峰，天体的巨大、繁多和遥远，有些动物的力量和速度等等"，在第三批判里面也举了类似的一些例子来说明这种赞叹和惊叹。"但这一切都不是敬重"，所有这些都提不到敬重上面来。它可以暗示、象征，让人联想到敬重，有一种对于道德的象征作用。你可以从中联想到对于道德法则我们有一种敬重，但那个敬重和对于刀山火海，对于大自然的惊叹是完全不同性质的。大自然不管多么无限，力量多么的巨大，跟道德的力量相比，那都不能比。或者说我们再怎么比，都只是一种象征，一种不恰当的比喻。我们把道德的力量比作像喜马拉雅山一样，那只是为了更加具体、更加形象而提出的一种比喻。但是真正你想一想，其实喜马拉雅山也比不上，一个人的精神怎么能用一座山来比喻呢，喜马拉雅山是没有理性、没有意识的，它的体积再怎么巨大也比不上道德上的崇高。所以对道德的敬重是所有这一切不可比的。

一个人可以是我的一个爱的对象，恐惧的对象，或者赞叹的对象，甚至达到惊叹，但毕竟决不能因此就是敬重的对象。他的风趣的性情，他的勇气和强壮，他由于在别人中的地位而具有的影响力，都能引起我这样一类的感觉，但却总还是缺乏对他的内心敬重。

一个人也是这样，一个人也要分层次，既然我们对人和物有这样的区分，那么对一个人我们也有这样一种区分。一个人他可以是我的一个爱的对象，我们爱一个人。当然爱一个人比爱一条狗的层次要更加高一点，但是在大的方面来说，这还是属于我们的感性的层次。"一个人可以是一个爱的对象，一个恐惧的对象，或者赞叹的对象，甚至达到惊叹"，有的人的大才简直是令人惊叹，他一个人的头脑就抵得上成百上千的人，像康德这样的人,令人惊叹。但毕竟决不能因此就是敬重的对象,并不因为他令人惊叹,我们就敬重他。康德当然我们敬重他,但决不是因为他的能力,而是因为他的道德,或者说由他的能力所传达出来的那种道德意识,我们对他感到敬重。其他的都不可能是敬重的对象,你可以爱它,你可以恐惧,你可以赞叹或者惊叹,但是你要达到敬重必须有另外一些东西,另外一个层次。"他的风趣的性情,他的勇气和强壮,他由于在别人中的地位而具有的影响力,都能引起我这样一类的感觉,但却总还是缺乏对他的内心敬重",他的风趣的性情使我对他感到喜爱了,他的勇气和强壮也可能使我对他感到恐惧了,他由于在别人中的地位而具有的影响力也可能使我感到赞叹和惊叹,都能引起我这样一类的感觉,但如果仅仅就是这些,却总还是缺乏对他的内心敬重。对一个人的内心敬重,那是特殊的,它跟人的强壮,跟人的智慧,跟人的风趣,跟他的地位等等都不一样,或者说都没有关系。

[77] **丰特奈尔说:我在贵人面前鞠躬,但我的精神并不鞠躬**。我可以补充说:在一位出身微贱的普通市民面前,当我发觉他身上有我在自己身上没有看到的那种程度的正直品格时,**我的精神鞠躬**,不论我是否愿意,哪怕我仍然昂首挺胸以免他忽视了我的优越地位。

这是丰特奈尔的一句名言。"我在贵人面前鞠躬,但我的精神并不鞠躬",我在贵族面前,在有地位的人面前可以鞠躬,这是按照规范,按照礼节,按照一般的常理,应该是这样。一个有地位的人来了,西方人习惯于鞠躬,我们中国人就习惯于磕头。我们今天已经不磕头了,但是至少,一个有地位的人来了我们要鼓掌,或者要站起来,行注目礼等等。但我的精神并不鞠躬,一个有地位的人进屋子里来了,我知道他很有地位,我对他表示敬意,我对他表示礼貌,但是我的精神并不鞠躬。我并不觉得矮人一等,我并不觉得在他面前我就比他要低,我之所以对他表示尊敬,那是因为他的地位,社交礼节,对什么样的人给予什么样的待遇,给予什么样的礼节。在日常生活中没有这一套东西我们就行不通了,人家就说你是个怪人，你就融入不了这个社会了。但是呢，精神是另外一回事情。我们在社会中形成的某些习俗、礼节、规范都是根据一些世俗的东西来决定的，由一些爱好、利益、利害关系等等所决定的，但是我的精神要摆脱所有这一切，我的精神并不鞠躬。你要我的精神鞠躬，你得表现出一些道德上的优势，而不是社会地位的优势。丰特奈尔也是法国的一位启蒙思想家，康德很推崇他。"我可以补充说：在一位出身微贱的普通市民面前，当我发觉他身上有我在自己身上没有看到的那种程度的正直品格时，**我的精神鞠躬**，不论我是否愿意，哪怕我仍然昂首挺胸以免他忽视了我的优越地位"，这是康德作出的一个反面的补充。我在贵人面前要鞠躬，但是我并不觉得自己人格上比他低一等；但是反过来，我在一个比我地位更低的人面前并不鞠躬，而是昂首挺胸，但当我发觉他身上有我在自己身上没有看到的那种程度的正直品格的时候，我的精神鞠躬。这不是因为对方的地位，哪怕对方地位比我还低，在精神上，在出身微贱的普通市民面前，如果他身上有一种品质是我身上找不到的，或者我也有，但是我不如他那么样的正直，达不到他的高度，那么在这个时候，我面对这样一个小人物，我的精神鞠躬，我内心里对他有一种敬重。所谓鞠躬就是敬重了，我的内心对他抱有一种敬重，不论我是否愿意。这个很微妙，就是说在一个小人物面前我的精神鞠躬，对我来说是很不愿意的，是很丢人的，他那么一个不起眼的小人物，我的地位比他高多了，但是他居然在我面前显得比我还高大。就像鲁迅的《一件小事》，鲁迅坐在黄包车上，结果发现那个黄包车夫，那个人力车夫比他还高大，榨出他皮袍下面的"小"来。他的地位当然高高在上了，他是教育部的大员，又是五四运动的名人，名作家，四海之内都知道他，但是一个不起眼、不出名的黄包车夫居然表现出那种正直的品格，使得鲁迅觉得自愧不如。所以鲁迅特意为他写了一篇随笔。他是很痛苦的，他写出来是很痛苦的，但是为什么又要写出来呢，绝不是一种享受，它是一种自省，出于道德的压力他不得不写出来，一定要把它写出来，出于一种对道德法则的敬重，他必须写出来。他说，哪怕我仍然昂首挺胸以免他忽视了我的优越地位，鲁迅也是仍然昂首挺胸，然后抓了一大把铜钱给那个黄包车夫，显示他还是有钱的，给了钱以后又后悔，觉得这一把钱根本说明不了什么。任何人对自己的优越地位总还是有一种自豪的，总是不愿意对比他更卑微的人鞠躬的。

这是为什么？他的榜样在我面前树立了一条法则，当我用它与我的行为相比较，并通过这个事实的证明而亲眼看到了对这条法则的遵守、因而看到了这条法则的**可行性**时，它就消除了我的自大。即使我意识到自己有同样程度的正直，这种敬重也仍会保持。

这个说得很透彻了。为什么会有这种现象呢，因为他的榜样，这样一个小人物的榜样"在我面前树立了一条法则"，就是这个小人物做的这件事情不是为了自己的私利，也不是为了自己的爱好，他觉得自己应该这样做。我撞倒了人当然应该去把她扶起来，其他的都无所谓了，这个车钱有没有啊，或者那个人是不是走了，那个人没走，那是鲁迅嘛，他不会走，要是今天的人可能拔腿就跑了，跟我没关系，我还要赶路。所以他有一个榜样，这样一个小人物在我面前树立了一条法则。"当我用它来与我的行为相比较，并通过这个事实的证明而亲眼看到了对这条法则的遵守、因而看到了这条法则的**可行性**时"，这样一个人的行为在与我的行为相比较时，"就消除了我的自大"。他的行为的法则拿来与我的行为相比较，就通过事实而使我亲眼看到了对道德法则的遵守，就是世界上的确有这样的好人，他的行为明明白白地显示出人们是可以遵守道德法则的。你不要说人为财死鸟为食亡，人不为己天诛地灭，有的人就是能够作出合乎道德法则的事情来，因而使我看到了这条法则的可行性。你不要以为这条法则是不可行的，有人就这样做了，说明我本来也可以这样做，他给我树立了一个榜样，不是停留在纸上、停留在理念中、停留在幻想中，而是在现实中可以做的。康德在《实践理性批判》一开始就讲到，纯粹实践理性有实践能力，这是一个理性的事实，而在现实生活中，我们确确实实发现，的确出于纯粹实践理性可以产生这种现象，产生这种行为，这就以一个例子说明了这样一条道德法则具有可行性。那么这样一来就消除了我的自大。一个人总是多少有一点自大的，总是有一点觉得自己了不起的。我至少比某些人强，我比上不足，比下总是有余的，总还多少有一点自大。但是在这样一个榜样面前，就消除了我的自大。连他都能够做到，我为什么不能够做到，我为什么没有做到？我还不如他。这使我意识到这一点，消除了我的自大。进一步说，"即使我意识到自己有同样程度的正直，这种敬重也仍会保持"，即使我意识到自己跟那个人一样，比如当时我跟那个人力车夫一样，有同样程度的正直，对于凡是能够这样做的人也仍然会保持敬重。有的人也许会说，这个不算什么，我在当时的情况下也会那样做。即算是这样，即算我如果是他，我也会这样做，我也会敬重他。鲁迅就是觉得自己不如他，但是有的人也许觉得自己并不比他差。如果另外一个人坐黄包车，他也许会觉得这是很自然的事情，他不会有鲁迅那样的一种突然发现，发现这个人比我还要高大。也许他会觉得这是人之常情，任何人也会这样做。但是即算在这种情况之下，自己跟他有同样程度的正直，这种敬重也仍会保持。我跟他也许都会做同样的事情，但是我看到他做这样的事情，我还是会对他有一种敬重。为什么呢，下面讲了。

因为既然在人身上一切善都是有缺陷的，所以那凭借一个榜样而变得直观的法则就仍然总在消除着我的骄傲，对此，我亲眼所见的这位人士就充当了一个尺度，他在自己身上总还是可能带有的那种不纯洁性对我来说并不像我自己的不纯洁性那样为我所熟悉，因而他在我眼里就显示出更纯粹的光辉。

这是解释了。尽管他做的事情我也能做，但是我仍然对他采取一种敬重的态度，这是为什么呢？"因为既然在人身上一切的善都是有缺陷的"，这是客观事实，一切善的事情在每个人身上都是有缺陷的，都是不够完善的。"所以那凭借一个榜样而变得直观的法则就仍然总在消除着我的骄傲", 我所看到的只是一个直观的榜样, 是这一瞬间所显示出来的法则的模式, 而把人身上其他的属性都忽略了, 只是就这一点而言就足以消除我的骄傲了。比如说, 我当然可以理解他这样做的原因, 我在他当时的这种情况下我也会这样做, 但是呢, 这个时候我意识到, 即算我按照他那样去做, 但是我这样做的想法总是有缺陷的, 比如说我是仅仅是出于同情心, 或者仅仅出于社会舆论的压力, 大家的眼睛看着, 你把人撞到了你扬长而去会受到谴责, 我做不出来, 等等。总之我出于这样一些具体的理由, 自然而然地就会去扶那个被撞倒的老太婆, 但仍然不是为道德而道德。所以我身上的这个善, 即算是在做一件善的事情, 它总是会有缺陷的, 这点我自己很清楚。那么凭借一个榜样而变得直观的法则在这方面就仍然消除着我的骄傲, 那个榜样是作为一个法则使我尊敬, 在我看来, 他做那件事情就是出于纯粹道德。那么我要去做那件事情, 当然也可以做, 但是我可能就会是出于同情感、怜悯之心或者是出于社会的压力、别人的指责, 就不可能做到像他那样为道德而道德。我把他看作是为道德而道德, 因为我把他当作一个榜样嘛, 那么这个榜样就仍然在消除着我的骄傲。"对此, 我亲眼所见的这位人士就充当了一个尺度, 他在自己身上总还是可能带有的那种不纯洁性对我来说并不像我自己的不纯洁性那样为我所熟悉, 因而他在我眼里就显示出更纯粹的光辉", 这是康德对当事人的一种心理的分析。就是说, 我亲眼所见的那个人, 我只是从外部行动看到他这个举动体现了道德法则, 至于对他的动机, 我并不熟悉。也许他的动机也有不纯粹的地方, 比如说那个人力车夫, 他可能也有不纯粹的地方。看起来好像是为道德而道德, 不是为了任何私利, 但是也可能他这样做是有原因的。比如说他从小受的影响, 模仿来的习惯, 有些东西是一种情感的体验, 这种情感已经成了一种固定的模式了, 或者他觉得不应该让人笑话, 撞到了人又不管, 这是让人耻笑的, 或者是认为不做好事要遭雷打, 等等。这些不纯粹的因素在一个外人看来他不能体会到, 他只看到他的这个举动, 于是就自然而然地产生了这种举动作为一个榜样的形象。他把这个举动当成了一个榜样，是他自己把这样一个举动看作纯粹道德的楷模，他没有去追究这个人的内心会怎么样，是不是还有不纯洁的动机。实际上任何人都有可能带有不纯洁的动机去做道德的事情，但是在具体到某一个人，比如说我在当场看到这件事情的时候，我不会去追究他背后的不纯洁的动机，也许我直接地就把他当作一个尺度了。而我自己是否有不纯洁的动机，这个我自己很清楚，肯定是有的。其实在康德眼里，一个世俗的凡人几乎是不可能做到完全为道德而道德的。所以我在当时，我虽然设想自己可能像他那样，也会那样做，但是我那样做可能就是出于一些不纯粹的动机，包括我的同情感、怜悯之心，在康德看来也是属于不纯洁的动机，这些我当然自己清楚。但是我对那个车夫可能就不清楚。我只看到他外部的行为，我也没有去追究他的内心，我只是把他的外部行为当作一个尺度、当作一个榜样来看待。所以我亲眼所见的这位人士就充当了一个尺度，他在自己身上总还是可能带有的那种不纯洁性，对我来说并不像我自己的不纯洁性那样为我所熟悉，因而他在我眼里就显示出比我更纯粹的光辉了，这种光辉仍然会压倒我的不纯洁的动机，所以他就仍然会使我敬重。这是一种心理活动的分析了，当我看别人做道德的事情的时候，我首先想到的、首先看到的就是他这件事情确实做得很伟大，确实很光辉，确实可以作为我的榜样。他也是个人，我也是个人，我为什么不能够做到，或者说即算我能够做到，我也知道不可能纯粹是为道德而道德，在内心毕竟还欠高尚，至于他的内心究竟是怎么样的，我猜不到，我也用不着去猜，因为我把它看作是道德的事情的时候，主要是把它作为我的一个尺度、一个榜样来衡量我自己。它激发了我自己内心的纯粹实践理性的道德法则，成为了这一法则的榜样和典范。那么这个尺度、这个榜样放到我自己身上用来衡量，哪怕我能够做到，我也不一定是完全出自为道德而道德，这就消除了我的自大，迫使我对他所代表的道德法则产生一种敬重。所以这样一种榜样在人与人之间是值得鼓励的，而且是值得敬重的。我敬重的不是他内心究竟有多纯洁,或者他平时是否每件事情都是出于道德律,而是单独这件事作为道德律的一个榜样是值得敬重的。当然你要来具体分析一个人的话,按照康德的原则,如果仅仅是符合道德律,那还不是真道德,不是真道德那就不值得敬重。分析到具体一个人身上,也许会得出一个他不值得敬重的结论,很多喜欢挑剔的人往往以此来贬损那些有道德名声的人。但是在人与人交往的时候,都是只看到人的外部行动,知人知面不知心,你不必去追究他的内心,你只要对他的这个行为本身作为一个道德法则的例子来直观,不管是符合道德法则还是出于道德法则,总而言之它在我的心里体现了一种道德法则,那就足以引起敬重了。所以在我把他当作一个榜样这种意义上,他是值得敬重的。我敬重的不是他这个人,而是他这个人里面体现的道德法则。他这个人也许不是出于道德法则,只是符合道德法则,但是我就取这一点,我就取他符合道德法则这一点就够了,我就仍然可以产生一种敬重。当然如果我了解到他其实是别有用心或者另有目的,我的敬重可能就会消失了,因为他不是真正地出于道德法则。但是当我不了解这些情况的时候,我是把他姑且当作是出于道德法则的,因为是他做出来的行动嘛,我就把它当作是道德法则的一个榜样,那么就可以充当一个尺度来对自己进行衡量了。

敬重是无论我们愿意不愿意,对于功德我们都无法拒绝给予的一种**赞许**,我们顶多可以在表面上不流露出这一点,但我们却不能防止在心里面感觉到它。

"**敬重**是无论我们愿意不愿意,对于功德我们都无法拒绝给予的一种**赞许**",敬重无论我们愿意不愿意,都得承认和赞许的。我们有时候觉得很痛苦,鲁迅的《一件小事》是带着一种非常痛苦的心情写出来的。但哪怕我们很不愿意,我们也不得不对他加以赞许,无法拒绝的。"我们顶多可以在表面上不流露出这一点,但我们却不能防止在心里面感觉到它",很多人也许都有鲁迅那样的感觉,但是他没有流露出来,只有鲁迅把它写成了一篇文章,把它展示出来了。但是我们却不能防止在心里面感觉到它,每个人其实都可能有鲁迅那样的感觉,我们不由得在心里面感觉到这样一种敬重。

敬重很难说是一种愉快的情感,以致我们在看重一个人时陷入敬重只是不情愿的。

"敬重**很难说**是一种**愉快**的情感",这个地方用词很有分寸,"很难说",你要说它完全不是愉快的情感,恐怕也难说,他也没有完全否定。敬重是不是能带来愉快的情感呢?敬重有时候也能带来愉快的情感,比如说你喜欢跟一个你所敬重的人在一起,他会带来愉快;但是呢,你又感到压力,心理上有种自卑,所以它也许并不完全是一种愉快的情感。你跟一个你所敬重的人,一个道德高尚的人在一起的时候,你往往觉得自己渺小,所以它本身是不太愉快的。也许你喜欢跟他在一起,但是你不能开口,你一开口说话就发现自己的层次比他低,你这样看问题,他不这样看,这总是不愉快的。他不能够很同情地理解你的想法,总是有一种拒人于千里之外的威严。所以虽然你很愿意跟他在一起,但是你不见得是很愉快的,"以致我们在看重一个人时陷入敬重只是不情愿的"。有的人甚至认为你不要那么样道德高尚好不好,你搞得我们都压力太大了,我们都做不到像你那样。特别是在官场里面,一个很廉洁的干部是很受人冷落的,人家都不敢挨他,一个腐败的干部反而可以跟大众打成一片,喝酒啊,吃肉啊,大家都高高兴兴,那气氛多好啊,那就是一个"和谐社会"了。如果大家都是道德君子,那就不和谐了,那他就随时要提防你了。历史上所谓的"清流"往往是遭人嫉恨的,你秉公办事,说不定有一天就会揭发我,所以这是很可怕的,我们要敬重他是不情愿的。尽管我们对他心怀一种恐惧,敬而远之,但是我们仍然敬重他。一个人真是一个廉洁的干部,当官当了好多年身无分文,两袖清风,这种人还是受人敬重的,哪怕腐败分子都想把他除掉,除掉了以后还是觉得他这个人值得敬重。

我们试图找出能够使我们减轻敬重这一负担的东西,找出任何一种瑕疵，以便补偿由这样一个榜样使我们产生的谦卑所带来的损失。

这种心理非常普遍了，就是说一个真正使人敬重的人会使人感到压力，那么减轻这种压力的方式呢，要么你就远离他，敬而远之，你不跟他打交道，要么你就给他泼脏水。这种泼脏水有时候是无意的，也不一定是你有意地要把他贬低，而是你希望他不要那么样的高尚，你希望他不要那么样的廉洁，你希望从他身上也找出某个突破口，找出某种弱点，大家心理就平衡了。一个廉洁的干部，一个谦谦君子，有一天如果人们终于找到他的把柄了，说他有婚外恋，或者他有一次也收受了别人的什么礼物，这个时候人们心理上会有一种平衡，大家都彼此彼此，都一样，我的压力就减轻了。你不要要求我什么，你自己也不过如此。所以人心总是有一种倾向，就是对于自己敬重的对象要减轻自己敬重的负担，于是有一种办法就是找出对方的瑕疵，以便弥补、以便补偿由这样一个榜样使我们产生的谦卑所带来的损失。我过分谦卑的话，我自己就有损失，至少在心理上感到不平衡，有一种心理上的损失。

就连死去的人，尤其是当他的榜样显得是无法模仿时，也并不总是幸免于这种批评的。甚至**庄严伟岸**的道德法则本身也被暴露于这样一种抵制对它的敬重的企图面前。

就连死去的人，死去的英雄，包括雷锋，我们学雷锋，雷锋已经成了一个楷模了，一个符号了，但是后来人们又找出来，雷锋当时也有什么高级手表，也有料子裤。搜出来，当全国人民都那么穷的时候，他居然还有这些东西，于是人们就在网上大肆炒作，大家心里都感觉到平衡了，雷锋也不过如此，我跟他相比也没有那么大的差距。就连死去的人也并不总是幸免于这种批评，很多过去的英雄，后来的人都要找出他的一些毛病来，这些信息在网上看的人很多，很感兴趣。当然找出毛病来，有一方面是为了尊重历史事实，人无完人，哪里有那么完美的道德君子，有些是吹出来的，捧出来的。但是有一方面也是满足了某些人的心理需要。尊重历史事实是应该的，是什么就是什么。岳飞、文天祥、关天培这些民族英雄，后来的人在写史的时候，人们为尊者讳所隐瞒下来的一些东西，现在揭示出来，还历史以本来面目也是应该的。但是这些东西在民众中间传得很快，传得很快并不是因为民众对历史有兴趣，他对历史没有兴趣，他就是对这个事情有兴趣，要把这些英雄人物、大家顶礼膜拜的人拉下来。所谓痞子精神就是这样的，把高贵的东西拉下来，那我就心安理得了，我就心安理得当自己的痞子了，做一个没有道德的人我也没有什么内疚了。"甚至**庄严伟岸**的道德法则本身也被暴露于这样一种抵制对它的敬重的企图面前"，连道德法则，庄严伟岸，每个人内心其实都知道那是庄严的，那是不可侵犯的神圣的道德法则，但是也被暴露于这样一种企图面前，要抵制对它的敬重。哪怕是道德法则本身，很多人都在对道德法则说三道四，说没有真正的道德法则，所有的道德法则都是伪善，都是面具，都是假的，还有人发明了"圣母婊"这样一种污名，世上没有一个好人。女人就说世上没有一个好男人，男人说世上没有一个好女人，都可以这样说，说道德法则是用来骗人的。很多人都是采取这样一种态度来抵制对于道德法则的敬重，道德法则免不了暴露在这样一种企图面前受到攻击。

　　我们难道可以认为，除了我们想要摆脱这种吓人的、如此严肃地责备我们的不自重的敬重之外，我们之所以喜欢把道德法则贬低为自己的亲切的爱好，可以归咎于某种别的原因吗？难道为了使道德法则成为对我们自己应该注意的利益的随心所欲的规范，所做出的一切这样的努力都是出于别的原因？

　　前面都讲了一些原因，我们为什么要贬低道德法则，为什么要贬低英雄，为什么要贬低那些道德楷模，当然是出于一种心理平衡的需要了，因为道德法则本身通常不会给人带来愉快，反而给人造成一种压力，使得人不情愿，这种不情愿是我们对这些道德楷模说三道四的一个原因。那么这里就是一句反问："我们难道可以认为，除了我们想要摆脱这种吓人的、如此严肃地责备我们的不自重的敬重之外，我们之所以喜欢把道德法则贬低为自己的亲切的爱好,可以归咎于某种别的原因吗?",我们把道德法则贬低为一种爱好,使它不那么高高在上,可以为常人和庸人接受,这不能归咎于某种别的原因,而只能归咎于我们想要摆脱这种吓人的、不堪忍受的敬重,因为它老是责备我们,让我们抬不起头来。这里也解释了那些经验派的伦理学家为什么总要把道德法则归结为某种感官感觉,也是因为不这样做,道德法则的崇高性就使人难以承受,因为这是人不情愿的,它不是使人愉快的。所以我们有一种自发的倾向,就是喜欢把道德法则贬低为仅仅是我们的一种爱好,这种爱好对我们来说更亲切。经验派的伦理学就是这样,所谓第六感官、内感官的道德学,就是把道德法则贬低为我们自己最为内在的一种爱好,它不是五官的爱好,五官的爱好是外在的,最亲切的爱好就是内感官的爱好,内感官的一种气质,一种情感,一种自然倾向。我们把道德法则贬低为一种内感官的爱好,它还是一种爱好,所以经验派的道德情感显得很接地气,很平易近人。康德那种高高在上的道德法则需要我否定自己的一切情感,这就引发一种拒斥感,是一般人不情愿的。康德在这里就分析了,之所以他们要走这条路,就是因为他们内心里面真正说来是想要摆脱敬重,因为敬重这个东西如此地吓人,如此严肃地责备我们不自重,这个太让人难堪了,太让人难以忍受了。接着还有一个反问:"难道为了使道德法则成为对我们自己应该注意的利益的随心所欲的规范,所作出的一切这样的努力都是出于别的原因?"难道为了,这个实际上就是经验派的伦理学家们所做的事情了,为了做这样一件事情,什么事情呢?使道德法则成为对我们应该注意的利益的随心所欲的规范,就是把道德法则变成一个功利主义的规范,这种规范当然是随心所欲的。难道努力这样做是出于别的原因,而不是出于对敬重的恐惧和逃避吗?前一个反问可以说是针对着幸福主义的伦理学,那么这一个反问是针对着功利主义的伦理学,它们层次上稍微有一点区别。幸福主义的伦理学强调自己的亲切的爱好,自己内心的爱好,每个人对幸福都有自己的直接的感受,可以说是各人都不相同,但是每个人内心里面通过自己的第六感官可以感到。那么功利主义则是对自己应该注意的利益有一种明智的考虑和预见，这个比幸福主义的那种直接性要层次更高一点，因为它里面已经有了工具理性的规范，用理性来考虑我们应该注意自己的一些什么样的利益。但这个理性是为利益所用的，是实用的工具理性，而在这方面的考虑的规范还是出于随心所欲的，同样是立足于爱好和感性欲望之上。所有这些幸福主义和功利主义的伦理学，他们所做出的种种努力难道不是出于对敬重感的逃避，而是出于别的原因吗？

尽管如此，在这里面却毕竟又**很难说有不愉快**：以致当我们一旦摆脱了自大并允许那种敬重产生实践上的影响，我们又可以对这条法则的美妙庄严百看不厌，并且当灵魂看到这条神圣的法则超越于自己和自己那脆弱的天性之上的崇高性时，便会相信自己本身在这种程度上被提高了。

这一段前面一开头就讲，"敬重**很难说**是一种**愉快**的情感"；但是这里又讲，"尽管如此，在这里面却毕竟又**很难说有不愉快**"，这两处打了着重号的地方都是"很难说"的，但又是相互对照、相互呼应的。意思是，敬重既不完全是一种愉快的情感，又不完全是不愉快的情感，或者既有愉快的一面，又有不愉快的一面，所以很难简单地用愉快或不愉快来规定它。前面主要是讲它的不愉快的一面，由于它出自于人的谦卑，自我贬低，所以令人不快，一般人都尽量想逃避它。但这里讲，它同时又有令人愉快的一面，"以致当我们一旦摆脱了自大并允许那种敬重产生实践上的影响，我们又可以对这条法则的美妙庄严百看不厌，并且当灵魂看到这条神圣的法则超越于自己和自己那脆弱的天性之上的崇高性时，便会相信自己本身在这种程度上被提高了"。这里提到了崇高性，这本身是会带来快感的，后来在《判断力批判》中，康德更细致地分析了崇高在引起人的痛苦之后，最终给人带来的快感，并且说那是只有文明化了的人类才会有的快感，野蛮人是不懂的。当然在这里他还没有分析得这么具体，而只是说，敬重是一种说不清是愉快还是不愉快的情感。前面说了不愉快的方面，说它是一种"负担"，给我们带来一种"损失"；但又说，尽管如此，在这里面毕竟很难说有不愉快，也就是说它毕竟还是有一种愉快。比如说，当我们一旦摆脱了自大，让这种敬重对我们的行动产生影响，那么也可能就会对一个道德上的高人不会感到有那么大的压力。我让自己出于敬重而按照实践的法则去行动，就会对那些道德君子感同身受，那么我们又可以对这条法则的美妙庄严百看不厌。其实每个人心里都有这一方面，就是凡是涉及道德法则的时候，我们其实是乐观其成，甚至是百看不厌的。因为当灵魂看到这条神圣的法则的崇高性超越于自己那脆弱的天性之上时，便会相信自己本身在这种程度上被提高了，因为连我自己都开始讨厌自己的脆弱天性了，我的立足点肯定就提高了。于是对于道德法则就会产生一种喜爱，一种敬重，一种亲近感，有一种追随的欲望。某某人在道德上体现了某种法则，那么我们就有一种要追随他的欲望，对于那种道德上的小人，我们有一种避开的欲望。但是前提就是说，我们要摆脱我们的自大，摆脱我们的那种自私心，自爱和自负，那么我们就可以对道德法则百看不厌。所以我们对敬重的愉快是以先前的不愉快为前提的，我们先要否定自己，等到把自己提高了以后再对自己加以肯定。鲁迅写出《一件小事》来，通过这样一种写作，他也会觉得自己被提高了，他被一个人力车夫的榜样提高了，而他的这篇小文也成了后人道德教育的经典教材。

[78] 　　虽然伟大的天才和与他们相称的活动也可以引起敬重或与此类似的情感，而且把这种情感献给他们也是完全正当的，而这时看起来就好像赞叹和那种感觉就是完全一样的了。

　　这里有一个退步，有一个退让。什么退让呢？"虽然伟大的天才和与他们相称的活动也可以引起敬重或与此类似的情感"，伟大的天才，例如文艺复兴的三杰——艺术天才，还有牛顿——科学天才，这样一些人和与他们相称的活动，他们所创造出来的业绩，那是我们一般人做不到的，凡人都做不到的，他们的伟大的成就等等，也可以引起敬重或与此类似的情感。对于一个人所造成的业绩，在历史上所起的作用，如此超出凡人的作品，我们也可以引起敬重，或者是类似于敬重的情感。"而且把这种情感献给他们也是完全正当的"，当然如果一个道德楷模我们把敬重献给他，这是不用说的，但是一个伟大的天才我们把敬重献给他，那么天才凭什么能够让我们对他产生敬重呢？康德在这里似乎有一些自相矛盾，就是我们把这种敬重的情感献给他们也是完全正当的。"而这时看起来就好像赞叹和那种感觉就是完全一样的了"，我们对伟大的天才、他所造就的业绩或成就感到赞叹，感到惊讶，感到惊叹，但我们是不是感到敬重呢？前面说了一个人的勇敢也好智慧也好才能也好，跟敬重不是一回事，我可以对他的才能感到惊叹，但是这并不足以使我产生敬重。但是这里呢，反过来说了，说这时看起来好像赞叹和那种感觉，也就是和敬重感就是一回事了。这里似乎有一个矛盾。但是康德下面就解释了。

不过如果我们更仔细地考察就会发现，由于在这种熟巧上有多少成分应归于天生的天才，有多少成分应归于通过自己的勤奋而来的修养，这永远还是不确定的，所以理性就把这种熟巧推测性地向我们表象为修养的结果，因而表象为功劳，这显然就压抑了我们的自大，并且要么在这点上责备我们，要么责成我们以和我们相适合的方式来遵行这样一种榜样。

这样一解释就没有矛盾了。为什么我们对天才也可以赋予他敬重？不是因为他的天才，不是因为他天生的素质，他的基因优秀，而是因为他把自己的天才通过自己的勤奋加以修养，而这种勤奋恰好是符合道德法则的。我们在康德的《道德形而上学奠基》里面看到，康德从四个方面来说明他的道德法则在现实中的应用，即不要说谎、不要自杀、要发展自己的才能、要帮助他人。其中包括要发展自己的才能，是属于道德法则的。所以我们在敬仰天才、敬重天才的时候，不是敬重他天生的才能，也不是敬重他所造成的后果，比如说他改写了历史，他在历史上第一次破天荒提出了什么命题，他比别人都站得高看得远等等，这些东西都引起我们惊叹，但是不足以引起我们敬重。但是我们还是可以对他敬重，就是因为他努力地发展了自己的才能，他没有荒废自己的才能。我们其实也可以做到，但是我们没有去做，所以我们把这种敬重的情感献给他们也是完全正当的。为什么是正当的，里头有原因，不能简单地说这些天才就是值得敬重的，那太笼统了。有一句格言不是说，天才在于勤奋吗？我们是着眼于他的勤奋，着眼于他发展自己的天才。一个人可以把自己的才能发挥到这样的地步，这只有严格遵守道德法则才可以做得到，他从来没有荒废自己的才能，没有偷懒，这是在康德的道德律里面已经包含着的一个方面。这样来看我们就可以理解前面的那句话了，也可以理解为什么不能把惊赞叹和敬重混为一谈，看作是完全一样的，那是不行的。所以这一句话讲，"如果我们更仔细地考察就会发现，由于在这种熟巧上有多少成分应归于天生的天才，有多少成分应归于通过自己的勤奋而来的修养，这永远是不确定的，所以理性就把这种熟巧推测性地向我们表象为修养的结果，因而表象为功劳"，就是说理性并不去分辨，他之所以做出这么样大的成就，有多少应该归于他天生的天才，有多少应该归结于他后天的勤奋，这个是分辨不出来的，它是不确定的。因此理性就"推测性地"把他的成就表象成努力修养的结果，也就是设想为遵守了道德律的结果，这正如前面讲一个道德榜样，我们不去追究他当时内心究竟是否出于道德律，而是姑且假定他是为道德而道德地行动着那样。内心的事情谁说得清楚？同样，一个成功的天才究竟是因为父母的基因好，还是后天的修养到家，谁又说得清楚？使我们感到敬重的就是，这个人通过自己的勤奋把一个人的才能发挥到了极限，达到了出神入化，这得耗费多少精力去发展自己的才能啊！我是做不到的，一般人也做不到，所以对这种勤奋的精神和不计功利地发展自己才能的精神，我们当然是作为一条道德法则来敬重的。道德法则要求人们要尽可能地发挥自己的才能，那么你按照道德法则来发挥自己的才能，这个本身是一种道德行为。对自身能力的修养就是合乎道德法则的，因而表象为功劳，如果他是天生就能够做到这样，那反而不是他的功劳了，即算有功劳也是他父母的功劳，不是他的功劳。他父母生了这么个好儿子好女儿，他能够做出这样大的成就，那和他自己的努力没有什么关系，他很轻松就能够做到这一点。我们之所以能够把它表象为功劳，就是说他是靠自己的勤奋，即算他有天才，也是靠自己的勤奋来发挥天才，他才有功劳。而"这显然就压抑了我们的自大"，就是它能做到远远超出凡人之上这样的业绩，这样的成就，那么我为什么做不到？不是因为我天生不如他，而是因为我不如他勤奋，我没有时时刻刻按照道德法则来充分地发挥自己的才能，这就压抑了我们的自大，使我们自愧不如。"并且要么在这点上责备我们，要么责成我们以和我们相适合的方式来遵行这样一种榜样"，这就造成了对我们的压力，责成我们要遵循这样一种榜样，他能够做到这样一种情况，我们也应该像他那样努力地去做。当然是以与我们相适合的方式。也许我在音乐方面不如他，但是我在美术方面不比他弱，或者我在音乐美术方面都不行，我也许可能在组织能力方面要比他强。每个人有和自己的天才相适合的方式，但是要发挥自己的才能，这个是共通的，不管你有什么样的才能，你要找到自己的才能，你要充分发挥自己的才能，这个是共通的，这是一个道德法则。

所以它并不仅仅是赞叹，它是我们对这样一个人格（真正说来是对他的榜样向我们摆明的法则）表示的敬重；

"所以它并不仅仅是赞叹"，就是说这种天才所引起的并不仅仅是赞叹，而是敬重。这种敬重感是"我们对这样一个人格（真正说来是对他的榜样向我们摆明的法则）表示的敬重"，是对他的人格（Person）表示敬重，而不是针对他的能耐，针对他的力量或灵巧，针对他的身体素质，真正说来是对在这个人格里面向我们体现出来的道德法则表示敬重。一个人的人格就不是单纯指他的身体，而是指他的身体和心灵的统一体，正因为如此人格中才能够包含有道德的"法则"。就此而言，这个词翻译成

461

"人身"在这里是不行的，在后面出现这个词的时候看得更加清楚。通常讲人格是着眼于它的一贯性，如康德在《纯粹理性批判》中讲的：在不同时间中意识到自己号数上的同一性的东西就是一个人格 (A361)。我们俗话也说，我"行不改名，坐不改姓"，我"以人格担保"，"一人做事一人当"，这都是把自己的个人看作一种普遍的法则，时间上前后一贯的法则。只有对这样坚持一贯法则的人才能引起别人的敬重，而朝三暮四、言而无信、自打耳光的人是不会被人敬重的，值得敬重的人格是按照道德法则而在时间上一贯的。那么我们对他的人格的敬重就是对这个人格所体现的道德法则的敬重，对他的榜样向我们摆明的法则表示的敬重，所以这个敬重和赞叹就区分开了。前面讲好像敬重跟赞叹就没有什么区别了，你对一个天才只能有惊叹，但是为什么还会有敬重呢？这里头有区别的，你对他的惊叹是对他的天才的惊叹，对他的业绩的惊叹，而你对他的敬重是对他创造出这样一种业绩所下的功夫、所体现的自律的敬重，他是按照一种道德法则严格规范自己的行为才达到今天的高度的，这个道德法则就是勤奋，就是要充分地发挥自己的才能，我们对这个法则表示敬重。

　　这由如下一点也得到证实，当众多平庸的倾慕者相信他们从另外什么地方得知了一个这样的人物 (如伏尔泰) 的性格上的劣迹时，就不再对他有任何敬重了，但真正的学者却至少着眼于他的天才而仍然总还是感到这种敬重，因为他本人卷入某种事物和职业中，这就使对这人的模仿在某种程度上成为他的法则。

　　"这由如下一点也得到证实"，就是下面这种情况也可以证实我们前面所说的这一点，就是对于天才人物的敬重其实不是对他的天才和他的成就的敬重，而是对于他在这个天才和成就中所贯穿的道德法则的敬重。他说，"当众多平庸的倾慕者相信他们从另外什么地方得知了一个这样的人物 (如伏尔泰) 的性格上的劣迹时，就不再对他有任何敬重了"，这个知名人士总是免不了有一些传闻，有一些闲言碎语，甚至有一些绯闻，当我们知道他有这样一些劣迹的时候，一般的人，平庸的倾慕者，今天叫作"粉丝"，就不再对他有任何敬重了。这些粉丝都是平庸的，都是从表面看问题，他们对一个人的敬重，就要求说一个人好那就什么都好，一旦发现他有某些缺点，那就丧失对他的敬重了。他们把这种敬重仅仅是系于某种业绩，某种做的事情，或者是某种天分，某种才能，而忽视了一个人、哪怕是一个很不完善的人，在他做事情的时候所贯穿到底的那种法则，那种彻底性的形式。一般人是不重视这个的，所以一旦得知一个"神一样"的人也有他的缺点的时候，他就不再有任何敬重了。为什么我们通常讲要"为尊者讳"，就是我们想要尊敬一个人，我们就要把他的一些不良的事情、阴暗面隐瞒起来，或者把它抹掉，我们写历史书的时候都是这样的。就是因为这些历史书都是一般的普通人去看的，你把那些阴暗的东西写出来，我们就失去了对这个人的敬重。当然这种态度康德认为是不应该的。对这种庸人他是持一种批判眼光的，就是我们不要因为一个人有缺点就完全丧失对他的敬重，我们也不要把自己的敬重建立在一个人没有缺点之上，那就是造神了，那就是神化一个人了。谁都有缺点，鲁迅也有缺点，伟人也有缺点；但伟人之所以是伟人不在于他没有缺点，而在于他的行为里面包含有一种前后一贯的道德法则。所以他讲，"但真正的学者却至少着眼于他的天才而仍然总还是感到这种敬重"，真正的学者就是像康德这样的学者，却着眼于他的天才，看到他的业绩，只有他能够创造出来，别人都做不到，但是仍然还是感到这种敬重。就是说在天才之外，我们所尊敬的并不是对天才本身的业绩的敬重，而是对人们发挥这种天才发挥到如此地步，如此地把道德法则作为他人生的一个法则，一个准则，对这一点我们感到敬重。"因为他本人卷入某种事务和职业中，这就使对这人的模仿在某种程度上成为他的法则"，这个真正的学者本人也处在某种事务和职业之中，他深知人随时都有可能陷入某种失误之中，因此也需要一种道德法则的代表来作为自己行动的楷模。那么现在一个天才人物出现了，天才人物使他产生一种模仿的冲动，哪怕人家有某些劣迹，但这正好让我可以模仿，如果没有任何缺点，那反而让人不好模仿了。我现在也在做一件事情，那么他在那件事情上面取得了那么大的成就，他就成为了我的楷模。这个楷模并不是说我也要作出他那么大的成就来，而是把他的行为作为一条法则来加以模仿，就是人总要努力，人总要支配自己的命运，人总要尽可能地发挥出自己的才能，像他那样。我自己也在做事，也在卷入某种事务和职业之中，谁都不是不食人间烟火的天使，那么我从这一点出发，我恰好要学习他，把他那种精神运用到我的事务和职业之中，尽量发挥到极致，这样他才成为了我的敬重的对象。当然是着眼于天才了，天才就是勤奋的标志，如果不是天才的话，那你也得不出这样一个结论，就是他充分发挥了自己的才能。如果他没有天才的成就的话，那么你也不可能从他身上看出这一条法则来，但是由于他超越一般人之上的伟大成就，所以我们从里面可以推测他为此付出了多么大的毅力，能够充分地把自己的所有的才能发挥出来。所以我们对他仍然感到敬重，哪怕他有很多缺点，哪怕他有很多劣迹。伏尔泰也好，卢梭也好，这些人都有劣迹，人无完人，所有的人都是有限的，但是问题就在于他们在行动中是不是有意识地遵守了某种道德法则。他们肯定是由于遵守了某种道德法则，也就是充分发挥了自己的才能，才成就了今天这样的事业，伏尔泰、卢梭这样的人才能够成就他们巨大的名声。正是这一点才使人感动，使人敬重，使人产生一种模仿的冲动。模仿不是要你去模仿他那些事情本身，也不是要模仿他的那些劣迹，也不是要达到自己的心理平衡，而是为了在自己的事业中能够把它作为原则，能够把它作为行动的法则。这个就是我们对于那些伟大人物产生敬重的原因。康德对于人的敬重的心理的分析落实到这一点：敬重仍然还是产生于道德法则，而不是产生于那些感性的事物和爱好的东西。

*　　　　　*　　　　　*

我们再接着往下讲，我们今天讲到 343 页（《实践理性批判》107 页，边码 92）下面这一段。前面已经讲了康德的敬重的概念，敬重的概念一个最重要的机制，作为一种动机的最重要的机制，就是说它有消极的和积极的两个方面，或者说肯定的方面和否定的方面。在否定的方面它体现为谦卑，也就是说对一切情感加以排除，加以否定；积极的方面就是说，从这个理性或者说智性的原因这方面来看，它对于道德律、道德法则有一种在实践中的促进作用，它能够作为我们人在现实生活中的一种动机，对道德实践的一种动机。但这种动机呢，它不是最根本的原因，最根本的原因还是在它的背后有一种理性的法则规定，对意志有一种规定。对意志规定是在彼岸世界、在自在之物里面起作用，它怎么起作用的，我们搞不清楚；它怎么会引起这种敬重情感的，我们也搞不清楚。总而言之，它现在要排除一切情感，那么，在现实人的感性中，在它排除一切情感的同时，就会产生一种消极的情感——谦卑，而这种谦卑作为积极的情感呢，就称之为敬重。这是康德的一个基本的机制，我们讲他的动机，就是要考虑道德律在现象界它是以一种什么样的机制起作用的，它本身不在现象界，但是它在现象界必须起作用，因为它是实践活动，必须对现象产生作用，产生影响，那就要借助于敬重这种动机的机制。那么对这种机制他作了反复地说明，因为他总觉得说得不太清楚，或者说得不够，怕别人有误解，就翻来覆去地说，其实主要就是这样一个机制在那里反复作解释。随着他的解释我们也可以对它的方方面面有所了解。

所以，一当这种情感甚至不针对任何别的客体，而只针对出自这一根据的客体时，对道德法则的敬重就是唯一的并且同时又是无可怀疑的道德动机了。

"所以，一当这种情感"，这种情感就是道德情感，也就是敬重感，"甚至不对任何别的客体，而只针对出自这一根据的客体时"，敬重这个情感确实是不针对任何别的客体，它只针对出自于这一根据、也就是出自于道德律的客体。客体在这里是泛指了，它可以是一个人，也可以是一个人做的一件事、产生的一个后果，但是这种敬重感不针对任何别的客体，而只针对着出自道德律的根据的客体，那就是针对道德行为了。那么，当它具有这样一种单独的唯一的针对性的时候，"对道德法则的敬重就是唯一并且同时是无可怀疑的道德动机了"。也就是在我们发生敬重的情感的时候，我们对它加以分析，可以发现它没有任何其他的客体，它只是针对出自于道德律而形成的那么一个行动的榜样，这个榜样可以体现为一个人，他的天才，也可以体现为他做的那件事情、他所造成的伟大成就和业绩。那么对这样一个人或者他的业绩，我们着眼于里面所遵循的道德法则而发生一种敬重感，而且仅仅对这样一种道德法则发生一种敬重感，这是他前面反复已经说明了的。我们对这样一个榜样，我们产生一种敬重感，对其他的任何东西，我们都产生不了敬重感，不管是高山、大海，还是猛兽，还是令人恐惧的东西，或者是说伟大的事业，对这个事业本身你也产生不了敬重感。当然对完成伟大事业的这个人，他通过他自己的努力把自己的才能发展起来，这个我们可以有敬重感，但不是针对这个事情本身，也不是针对他的天才，而是针对它们后面的那个根据，把他当作一个道德上的榜样来考虑。所以，我们的这个敬重针对的是特指的、特定一个的对象，唯独由于以道德律为根据而产生的那种客体影响我们，才会有这种敬重感，因此对道德法则的敬重就是唯一的并且同时又是无可怀疑的道德动机。这个推论应该是很清晰的，因为它只对这一根据产生了客体，那么一旦有这种敬重发生，它就是唯一的道德动机。敬重肯定是出于道德动机，并且是无可怀疑的，你不能把它牵扯到任何其他的目的或者其他的客体身上，仅仅是立足于出于道德法则的那种客体才能引起你的敬重，那它当然就是无可怀疑的道德动机了。

　　首先，道德法则客观地、直接地在理性判断中规定意志；但只有通过法则才能规定其原因性的自由却正是在于，它把一切爱好、因而把人格的自尊都限制在对自身纯粹法则的遵守这一条件上。

　　这里是进一步解释敬重的原理了。"首先，道德法则是客观地、直接地在理性判断中规定意志"，这里是一个分号，是设定了敬重的智性的客观性方面。当然这是一个前提，即由道德法则规定意志，并且是客观地、直接地在理性判断中来规定意志的，它不需要任何感性的东西掺杂其中，而是直接地、客观地规定意志的法则。相比之下，感性就是主观准则了，但是道德法则是在理性判断中，这个理性判断不是认识上的判断，而是实践上的判断，我应该不应该做这件事情的判断。康德的判断可以用在认识上面，那么在《实践理性批判》里面呢，他没有单独把判断力挑出来讲，但是他在动机论里面实际上讲的就是道德判断，通过道德判断怎么把道德命令运用于感性世界。道德命令要运用于感性世界，它必须要有一个动机，所以呢，我们也可以把这个动机的学说看作是实践理性关于判断力的学说。下面讲另一方面："但只有通过法则才能规定其原因性的自由却正是在于，它把一切爱好、因而把人格的自尊都限制在对自身纯粹法则的遵守这一条件上。"分号的前半句是一个前提，就是道德法则从理性判断的方面来规定意志，这个是先天的。但分号后半句则讲，只有通过法则才能规定其原因性的自由，那就是道德上自由意志的自律了，而自由意志的自律就正是在于它把一切爱好、因而把人格的自尊都限制在对自身纯粹法则的遵守这一条件上。道德自律作为一种命令，它就是要命令一切爱好、因而命令人格的自尊全部都遵守自身的纯粹法则，也就是要把自己的准则限制在普遍法则这一条件之下。所以这个自由意志的自律是一条无条件的道德命令，就是要命令我们排除我们的那些爱好，而使自己的意志的准则成为普遍法则。道德命令就是把为道德而道德作为行动的准则，命令自由意志本身自律，而摆脱感性对的人一切束缚。"人格的自尊"，我们原来翻译成"个人的自尊"，在这个地方从"个人"的角度来理解也可以，就是说人格本身已对它的自尊形成一种热爱，或者甚至于会膨胀为自大，自负、自大都属于对个人的人格过于自爱，除了对外界各种各样的对象、各种目的有一种爱好以外，最终归根结底是对个人自己的爱好，对自己人格的一个爱好，这种爱好就表现为自尊。但是这种自尊要限制在对自身纯粹法则的遵守这一条件下，康德并不完全否定这个爱好本身有它的意义，但是它要限制在对于自由意志自身的纯粹法则的遵守这一条件下。所以对于现实的人，康德认为主要就在于你不要把你的道德法则用来为你的爱好服务，而是你尽管带有很多爱好，自尊也是其一，但是你要把它们限制在对道德法则的遵守上，对道德法则的遵守才是对于你自己的自由意志的遵守。在这个条件之下你可以去谈论那些爱好，可以去追求那些爱好，康德也不主张禁欲主义，但是他主张有一个秩序。你首先应该把这种自由意志的自律当作你的一切行为的条件，不管在现实生活中追求哪一种爱好，包括对自尊的追求，但是有一个条件，就是要遵守道德律。这一句话的两半实际上是从敬重的超验根据推到现实生活中来，它的根据就是说，道德律是直接地、客观地来规定意志的，但是自由却恰好在于要把一切爱好和自尊都限制在对自身法则的遵守这个条件之上。也就是说你有道德律，它规定了你的自由意志，但是你的自由意志恰好体现在你在现实生活中把那些爱好都加以限制，排除它们对你的影响，而把你的道德律、把你的自由意志的规定根据作为一个条件，用它来规定你的行为。

　　这一限制于是就对情感发生作用，并产生出能够出于道德法则先天地认识到的不愉快的感觉。

　　这一限制，就是说你要把你的爱好限制在道德律的这个条件之下，这个限制于是就对情感发生了作用。它本来是跟情感没有关系的，它是在你的自在之物里面进行规定的，它在你的自在之我底下作为意志的规定根据，你不能认识到它，但是你可以用它来对自己的意志加以规定，来决定自己应当作什么。至于它如何起作用，这个你本来是认识不到的。但是这样一种限制本身它就对情感发生了作用，它的机制是怎么发生作用的，你搞不清楚，但是你既然限制了自己的情感，那么就对情感有作用、有影响。"并产生出能够出于道德法则先天地认识到的不愉快的感觉"，这个"并产生"其实就是解释这个作用是一种什么样的作用。对情感发生的作用，也就是说产生了不愉快的感觉，这就是对情感发生的作用，就是使你不愉快。但是这种不愉快呢，它是能够出于道德法则先天地认识到的，我们先天地已经可以认识到这种不愉快。道德法则它不是一种认识，但道德法则在实践活动中可以先天地认识到它的后果，它肯定会带来不愉快的。道德法则既然是排斥人的一切爱好的，掺杂了任何一丝一毫的爱好，这个道德法则就不纯粹了，所以它要求就其本身而言排除这些爱好，要排除爱好肯定就会带来不愉快了。所以你不必要后天地去经验这样一个实践活动，而先天地你就可以断言，如果我把道德法则付之于实践，它是会带来不愉快的，因为它会限制我的情感。

　　但由于这种限制在这方面只是一种否定的作用，它作为从一个纯粹实践理性的影响中产生出来的作用，首先对主体的那种以爱好作为其规定根据的活动、因而对他的人格价值（这种价值不和道德法则相一致就被贬为一钱不值）的看法造成了损害，

　　在这里打住，先看这半句。他说，"但由于这种限制在这方面只是一种**否定的**作用"，这个"但"就是说，前面讲的是它能够对情感发生作用，比如说，产生出一种不愉快的感觉，但这种作用只是否定性的，这就对前面的加以修正了。前面笼统地讲，它可以对情感发生作用，但这里加上一句，这种情感的作用只是否定性的，"否定的"打了着重号。"它作为从一个纯粹实践理性的影响中产生出来的作用，首先对主体的那种……看法造成了损害"，对主体的什么看法造成了损害呢？对那种"以爱好作为其规定根据的活动"的看法，"因而对他的人格价值"的看法造成了损害，即认为"这种价值不和道德法则相一致就被贬为一钱不值"。这里"人格价值"（seines persönlichen Werths）原来译作"个人价值"，还是译作"人格价值"为好。这句就说明它的否定性在哪里了，为什么是一种否定性作用啊？它作为一种从纯粹理性的影响中产生出来的作用，它的影响是否定性的，道德律在实践活动中对人的感性方面所产生的影响是否定性的，所以它首先对主体的那种以爱好作为其规定根据的活动有损害，因而对他的人格价值的看法也有损害。以爱好作为其规定根据的活动那就是人们日常的感性活动，对日常的感性活动，我们对它的评价在这方面受到了损害，也就是遭到了贬低。就是说你的那些感性活动，追求这个追求那个，追求各种物欲，根本一钱不值。因而这对他的人格价值也造成了损害，我的人格价值不就是在这个里头吗？就在我们的日常生活里面，我们每天都在干的事情，在追求、在赚钱，满足自己的欲望，这都是属于人格价值。人格前面说了，它跨两界，既包含人身的含义，也包含道德承担的主体的含义，这里至少是对人格的人身这方面的含义造成了损害。当然了，人格价值不仅仅在这里，但是总的来说，对他的人格价值的看法造成了损害。括弧里讲，这种人格价值如果不和道德法则相一致就被贬为一钱不值。当然人格价值也可以和道德法则相一致，这时它就具有道德法则的承担者的作用，所以它可以通过这种方式，使我们走向道德法则，那也是可以的。我们看前面那个自由范畴表里面就讲到了人格、人格状态和人格性，人格或人格性属于自由的"关系范畴"，这个自由的关系，一个是与人格性的关系，第二个是与人格状态的关系，第三个是人格对其他人格的状态的交互关系（参见《实践理性批判》第91页，边码78），沿着这一阶梯，自由的人格就越来越提升到接近道德法则。他这里也是这样说的，与人格性的关系相当于意识到自己的人格承担着彼岸的道德法则，与人格状态的关系相当于对自己的人格在感性现实中的状态不满，对之加以否定，而对其他人格状态的交互关系则相当于让人格的准则提升成为普遍的法则。因而这样一种否定性的作用处于这个阶梯的中间一级，它对主体的那种活动、因而对他的人格价值的看法造成了损害，这种人格价值如果不和道德法则相一致的话就被贬为一钱不值。但是反过来，如果和道德法则相一致的话，它将会引向道德法则，这就是提升到自由范畴的第三级，它将会把我们引向道德法则。当然这一层他在这里没有说，他还只是从这一限制的消极面来讲，从它的否定性这一面来讲。这首先对主体的那种以爱好作为其规定根据的活动造成了损害，因而对他的人格价值的看法也造成了损害，所以对人格状态的关系是一种否定关系。

　　所以，这种法则对情感的作用就只是使之谦卑，因而我们虽然能先天地看出这种谦卑，但在这上面却不能认识到作为动机的纯粹实践理性法则的力量，而只能认识到对感性动机的抵抗。

　　也就是说，从这个消极的方面、否定的方面来看，"这种法则对情感的作用就只是使之谦卑"，它对情感产生了作用，但只是使之谦卑，注意这个"只是"。他这里强调的就是说，它的这样一种作用仅仅是否定性的。"因而我们虽然能先天地看出这种谦卑"，如我们前面讲的，能够出于道德法则先天地认识到会有这种不愉快的感觉，你要是出于道德法则，用为道德而道德的标准来衡量，你就会看出人在他的感性活动中会用这种道德法则来贬斥任何一种爱好，这种贬斥就是谦卑。在道德法则面前，你的任何爱好都一钱不值，这就是一种谦卑的态度了，而且是可以先天地看出来的，你有了道德法则，它在人的现实生活中作为标准来衡量，就会把一切感性活动都比下去，它是至高无上的。"但在这方面却不能认识到作为动机的纯粹实践理性法则的力量，而只能认识到对感性动机的抵抗"，虽然能先天地看出这种谦卑，但它是消极的，却不能认识到作为动机的纯粹实践理性法则的力量。也就是说谦卑我们不能把它看成是一种积极的动机，动机是发条嘛，动机是一种推动道德在实践中实现的积极的力量，但是谦卑在这方面却看不出有什么作为动机的积极的力量，我们只是认识到它对感性动机有一种抵抗。这是从谦卑上面给我们带来的认识，这种认识当然是道德上实践上的认识，不是那种理论的知识。在谦卑上面我们还只是认识到它对于感性动机有一种抵抗力、排斥力，它排斥一切感性，这是先天地可以认识到的，这个不需要后天的证明，就凭道德律本身的性质，它就是排斥感性的。纯粹实践理性直接地就具有实践能力，它不需要任何感性，任何感性在它面前都微不足道。但是它不是表现为一种积极的力量，而仅仅是一种消极的抗拒和排除。这是一个方面,是就它的否定方面而言,那么下面还有它的肯定方面。

[79]　　　但由于这条法则毕竟客观上、也就是在纯粹理性的表象中是意志的一个直接的规定根据,因而这种谦卑只是相对于法则的纯粹性才发生,所以在感性方面对道德上的自重的资格的贬低、亦即使之变得谦卑,就是在智性方面对法则本身的道德上的、即实践的尊重的提升,简言之,就是对法则的敬重,因而也是一种按其智性原因来说的积极的情感,它是先天被认识到的。

　　这个"但"就是回到本题了,你讲纯粹实践理性的动机,你不能光是停留在消极的方面,消极的方面怎么能形成动机呢? 但是真正的积极的方面它又离不开消极的方面,它不是另外一种东西,它就是这个消极的方面的积极的作用,这消极的方面它也有积极的作用,这看你怎么看。你要完全从这些爱好被排除了这一点看,它当然是消极的,但是你如果从它的根源上来看——它为什么被排除了——还是因为先天的道德法则表现出了它的作用,表现出它的排斥作用,以便它自己在现实中能够贯彻。那么从这个角度来说,它就有了积极的一面。所以他讲,"但由于这条法则毕竟客观上、也就是在纯粹理性的表象中是意志的一个直接的规定根据",也就是说,这条法则、即道德法则毕竟在客观上、也就是在纯粹理性的表象中直接规定了意志,不需要任何感性的中介。客观上,也就是排除了一切主观爱好,在纯粹实践理性的表象中它是直接规定意志的根据,纯粹理性本身直接地就具有实践能力,直接地就能够规定意志,这是前面反复申述的一点。那么从这方面来看,"因而这种谦卑只是相对于法则的纯粹性才发生",这种谦卑它是肯定是消极的,把一切都贬低了,但是它只是相对于法则的纯粹性才发生,它凭借法则的纯粹性才有可能贬低一切感性的东西。当它把一切都贬低了以后,你就可以发现它是靠什么东西贬低了感性,原来靠的是法则的纯粹性,那么在另一方面它就有积极意义了。"所以在感性方面对道德上的自重的资格的贬低、亦即使之变得谦卑,就是在智性方面对法则本身的道德上的、即实践的尊重的提升，简言之，就是对法则的敬重"，这句话是关键性的。在感性方面对道德上的自重的资格的贬低，就是感性能不能够在道德上把自己提得很高，有没有一种自重，有没有一种自大，这方面遭到了贬斥。经验派的伦理学认为感性就可以作为道德的普遍立法，把感性当作是本身就是道德的，所以感性在道德上是有自重的资格的，在道德上它可以作为一个重心，幸福主义或者功利主义都是感性，它们都是把感性提升到道德上的自重，那么它有没有这种资格？康德认为是没有的，他主张在感性方面对这种自重的资格加以贬低，亦即使之变得谦卑，你不要把道德建立在你的感性上，你要谦卑，要把所有的感性都加以贬低。个人的功利、个人的幸福算不了什么，你要把它当作真正的道德律那就是不知天高地厚了，你要变得谦卑一些。我们人是有限的，人的幸福也好，功利也好，都不足以成为道德法则。那么这反过来，就是在智性方面对法则本身的道德上的、即实践的尊重的提升了。前面是在感性方面对道德上的自重资格的贬低，那么这里反过来呢，是在智性方面对法则本身的道德上的、即实践的尊重的提升，这两方面是一回事。从智性方面对法则加以实践的尊重，这个尊重在这里得到提升，这是这件事的另一面。在感性方面我们当然只看到它消极的一面，我们看不到它的积极方面；但是如果你从智性方面来看、从纯粹理性、从纯粹实践理性方面来看，你就会发现它本身就是对于人的智性的法则的尊严的一种提升。把感性的尊严打下去，本身就是对智性的尊严的提升。简言之，这就是对法则的敬重了，所有这一切归根结底就是对法则的敬重。"因而也是一种按其智性原因来说的积极的情感，它是先天地被认识到的"，"积极的"原来译作"肯定的"，也可以，但这里不如"积极的"好。前面讲的是消极的情感——谦卑，排斥一切情感、排斥一切爱好，那么这种排斥本身呢，从智性的角度来看，恰好是一种积极的情感。按其智性的原因来说，我们为什么要谦卑，为什么要把那些爱好，把那些一般的情感打下去，是因为我们对智性方面加以推崇，要为道德法则扫清道路。从这个角度来看呢，这样一种谦卑就成了敬重，对这些感性的东西谦卑就是对智性原因的敬重，所以它就成了一种积极的情感，而且也是先天地被认识到的。谦卑也是先天认识到的，我们从道德律出发，我们就可以推出这种道德律要求我们在实践活动中的谦卑，对一切感性的爱好都加以贬低；那么从积极的方面来说呢，我们也可以先天地认识到，从道德律出发，当我们贬低了一切爱好以后，那么这本身就是对道德律的一种敬重，并且先天地认识到道德律对人来说肯定会带来敬重。这两者都是先天地认识到的，首先你肯定会带来谦卑，消极的谦卑，然后呢，你又可以断言它本身就意味着敬重，这都是先天地认识到的一种道德情感。

因为对一种活动的阻力的任何减少都是对这种活动本身的促进。

这就是一物两面、一体两面，你对运动的阻力减少了，反过来说就是对这一运动本身加强了，你减少了它的阻力，它就能够顺利地在人的感性生活中实现出来，所以它同时就是一种促进。这是符合伽利略的运动相对性原理的：运动物体 A 的前进和参照系 B 的后退是等价的。所以这个动机不是直接地由道德律产生一种情感，然后来推动人们的道德行为，不是那么简单，而是反过来你才能看出它的积极作用，就是通过它排除阻力，道德律首先是排除阻力，道德律没有阻力了，就可以顺利地在现实生活中、在感性中实践出来，从这种意义上说它有一种积极的意义。敬重的积极的作用、积极的意义，恰好是在阻力的这种减少中体现出来的，阻力的减少就是对这种活动本身的促进。

但对道德法则的承认就是对实践理性的某种出自客观根据的活动的意识，这种活动只是由于主观原因（病理学上的原因）对它的阻碍才没有在行动中表现出自己的作用。

前面讲了，敬重已经是积极的情感了；反过来他又说，"但对道德法则的承认就是对实践理性的某种出自客观根据的活动的意识，这种活动只是由于主观原因（病理学上的原因）对它的阻碍才没有在行动中表现出自己的作用"，这个"但"就是说，前面讲是一种积极的情感，"但"还要进一步说明，这种积极的情感首先是由于对道德法则的承认，也就是对实践理性的这种实践活动的意识，但这种活动当主观上的病理学原因对它发生阻碍时并不能表现出来，而只有在这种阻碍被清除时，这种活动才借此表现出自己的作用，我们也才能借此意识到这种来自道德法则的作用。也就是说，他在这里又更进一步强调敬重的消极的一面，提醒在讲它的积极的一面时，你又不要忘了它的消极的一面，这还是最原初的根据。就是说它本来是消极的，本来它不是有积极意义的，对道德法则的承认就是对实践理性的某种出自客观根据的活动的意识，出自客观根据的，也就是跟这个主观感性的东西没有关系的，它本来是这样一种意识。对道德法则，我承认它，实际上就是意识到实践理性是出自客观根据而活动，我意识到这一点。但如果停留于这一点，那么还不能对这种活动有明确的意识，它与现实行动中的表现还是两张皮，因为主观的病理学的原因会对它有阻碍或遮蔽，使它不能在行动中表现出自己的作用。这种活动它本来是超越于一切病理学的原因之上的，但如果这些感性的原因在活动中对它加以阻碍，使你在行动中没有表现出道德律的作用，那么道德律就还完全是纯粹抽象的，不切实际的，这时人的行为就叫作"昧良心"。我们通常讲康德的道德法则是不切实际的，它没有考虑到人的情感、人的接受性、人的幸福、人的功利，它都不管，那怎么能够在现实生活中实现出来呢？但康德说，之所以没有实现出来，就是有这些主观的原因作为病理学上的阻碍，只有清除这些障碍，道德律的至高无上的作用才能够显示出来。而正是在清除障碍的过程中，道德律的现实作用就体现出来了，"良心发现"了，表明它并不是完全不切实际的，而是借助于敬重作为自己的情感动机，由此而从抽象的概念和法则下降到现实的人间。当然，它的这种现实作用首先只能是否定性的。

　　所以对道德法则的敬重也必须被看作这法则对情感的肯定的、但却是间接的作用，只要这法则通过使自大谦卑化而削弱了各种爱好的阻碍性影响，因而，这敬重也必须被看作活动的主观的根据，即看作遵守这法则的**动机**，以及与这法则相符合的生活作风的准则的根据。

"所以对道德法则的敬重也必须被看作这法则对情感的肯定的、但却是间接的作用"，就是说，前面一句话讲了，这种活动由于主观原因对它的阻碍而没有在行动中表现出自己的作用，那么对道德法则的敬重当然就表现出它的作用来了，对道德法则的敬重就是道德法则在行动中所表现出来的作用。那么这种敬重也必须被看作就是这法则对情感的肯定的作用，但却是间接的作用，肯定的作用也就是积极的作用了，但又是间接的作用。这一句很重要，"但却是间接的"，就是说，从直接的来看，道德法则和情感本来是格格不入的，它之所以实现不出来就是因为有这些情感在阻碍它嘛；但是呢，对道德法则的敬重又必须被看作这个法则对情感的一种肯定性的作用，本来是只有否定性的作用，但是就敬重而言，它必须被看作是肯定性的，但这只是间接的，直接的它还是否定性的，是否定一切情感的。道德法则直接地来说它只能够是对于情感的一种否定的作用，但你要把这种敬重看作是道德法则对情感的肯定性的作用，那它就只能看作一种间接的作用。间接的肯定，即通过否定来肯定，通过否定一切情感来肯定唯一的道德情感，这就是敬重。所以他下面就讲，"只要这法则通过使自大谦卑化而削弱了各种爱好的阻碍性影响"，为什么是间接性的作用呢？因为这法则通过使自大谦卑化，人的感性总是倾向于自大，但是这个法则使得这种感性的自大谦卑化，否定了这些感性，使它们达到谦卑，这就削弱了各种爱好的阻碍性的影响。使自大谦卑化当然就削弱了各种爱好的阻碍性，本来各种爱好是阻碍着道德法则的实现的，但是这个法则借助于使自大谦卑化而克服了这些阻碍。那么，是什么东西使得自大谦卑化呢？那就是对道德法则的敬重，或者说谦卑化实际上就体现出了敬重，但是通过谦卑化来体现敬重。谦卑化是直接针对感性的，就是道德法则要直接否定一切感性、情感，那么当我们手持道德法则来衡量我们的一切感性生活的时候，我们就会有一种谦卑化。敬重则是直接针对道德法则的，它不是对任何低于道德法则的东西的敬重。

但是道德法则对情感的肯定的作用却只能是间接的，只能通过唯一否定情感的情感即敬重来肯定情感，来形成纯粹实践理性的判断活动。道德法则对于那些阻碍有一种高高在上、高不可攀的姿态，使得我们产生一种谦卑化的自卑，因此它削弱了各种爱好的阻碍性的影响。一个懂得谦卑的人，他就会自觉地在道德法则实践的道路上把这些爱好清除掉，而清除这些阻碍就是出于对道德法则的敬重。"因而，这敬重也必须被看作活动的主观的根据，即看作遵守这法则的**动机**"，从前面的这样一番解释，康德得出来，这种敬重也必须被看作活动的主观根据。道德法则是实践活动的客观根据，它客观上决定了人的意志，那是客观上的应该；但我是不是能发自内心地去做呢？我是不是在主观动机里也有一个根据呢？这个是由敬重来提供的。敬重必须被看作活动的主观根据，这个是跟前面讲的道德法则是行动的客观上的规定根据相对应而言的，道德法则是意志的客观上的规定根据，那么在实践活动中还必须把敬重作为主观的根据，即看作遵守这法则的动机。动机就是主观根据，动因则是客观根据，这两个概念是不一样的。动因一般是抽象的，运动的原因是一个范畴，这个范畴不是用在理论上，而是用在实践上。原因范畴用在实践上代表着物自体的原因，作为物自体的原因，人的本体，那就是自由意志，自由的规律——自律，它作为一种客观的法则规定着人的行动的意志。我应该这样做，但是我主观上还没打算这样做；但是当我主观上打算这样做的时候那就是敬重在起作用了。所以敬重是一个主观的根据，即遵守道德法则的动机，"以及与这法则相符合的生活作风的准则的根据"，这个就更加主观了。我出于敬重而遵守道德法则，长此以往我把这变成了自己生活作风（Lebenswandels），我要做一个道德的人，我要在道德上形成我的生活作风，这种生活作风是与这个道德法则相符合的，那么在这个生活作风里面呢，我就有了自己的一种特殊的准则。这个准则也是主观的，我们前面讲了，准则跟法则不同，法则是客观的，准则是主观；但准则同时也可以成为客观的，这就是道德律，定言命令就是要使行动的准则成为一条普遍法则。所以准则可以成为普遍法则，但是一般讲准则的时候呢，它不一定是客观法则，它通常是指那些感性的爱好，把你的感性的爱好作为一种临时的准则。这种准则是没有普遍性的，只适合于当时当地当下，或者只适合于你个人，或者只适合于某些人，这都叫作准则。但是一旦普遍化为适合于所有的有理性的存在者，那就成了法则。当然，成了法则，它还是准则，就是你在准则里面把法则纳入进来了，使你的准则成为了客观法则，而这个客观法则又成为了你的准则。你把道德律做成了你自己的准则，这就是说，把你的准则建立在这种敬重之上，把敬重作为你的生活准则的根据。我在生活作风上要成为一个道德的人，我要在日常生活中都要表现出自己是有道德的，怎么做呢？就是把敬重作为行为准则的根据。你做任何一件事情，你所依据的那个准则必须要有敬重作为根据，出于对道德法则的敬重来做，那就是为义务而义务了。出于对义务的敬重而做义务的事情，不为别的，就是为了义务，就是因为我尊重义务、尊重我的职责、尊重道德律，这个就是为义务而义务了。为义务而义务在这种情况下就可以成为一贯的生活作风，而不只是一条抽象的法则。那么下面就来讨论这几个概念了，兴趣、动机、准则这几个概念都是主观的，那么它们之间究竟是怎样的关系？刚才讲了，把你的准则建立在敬重之上，以敬重作为你生活作风的根据。

从动机的概念中产生出某种**兴趣**的概念，这兴趣永远只能赋予一个有理性的存在者，并且意味着意志的**动机**，只要这动机**通过理性表象出来**。

"从动机的概念中产生出某种**兴趣**的概念"，兴趣，Interesse，在德文里面有好几个译名，可以翻译成"兴趣"，可以翻译成"利益"、"利害"、"关切"，这几个翻译都是层次很不一样的。拉丁文原意就是"涉事"，Inter就是"进入……之间"，esse就是"存在"、"有关系"。最具体的、最直接的译法就是"利益"，为了某人的利益，为了人民的利益，或者你损害了某某人的利益。那么抽象一点呢，就是"利害"，不光是"利"，而且是

"害"，涉及某某人的利益的，不是利就是害，利害关系，我们在康德美学里看到他的第一个契机就是"无利害的愉快"。再就是"关切"，这是对于利益或利害的主观态度，你要考虑到具体的利害关系，所以它也可以翻译成"关切"。但是这个"关切"也可以作高层次的理解，就是说这种"关切"它不一定是对具体的利害关系的关切，苗力田先生在翻译这个词时喜欢译成"关切"，就是在道德的层面上来理解的，比如说我们讲的"终极关怀"，我们对于道德行为的结果的那种关切，也可以用这个词。但是翻译成"兴趣"就比较一般，我这里之所以翻译成"兴趣"，就是说它比较一般，可以具有一定的代表性，可以把高层次和低层次两方面都结合起来。它本来的意思是低层次的，但是它也可以用在高层次上面，在目前这种情况之下就是这样，就是在低层次的利益、利害的层面上面把它提升起来，到了一种比较高层次的关切，这就是兴趣。我把它翻译成"兴趣"，关注某件事情，对某件事情有兴趣，这个也许是指你对某件具体的事物有兴趣，每个人都有自己的兴趣，炒股的人一听到股市兴趣就来了，别的事情他都没有兴趣，所以兴趣是与人的利益息息相关的。但是也有高层次的，看你的兴趣用在哪一方面，比如第三批判中，在审美方面康德也提到，有一种"经验性的兴趣"，还有一种"智性的兴趣"（§41—42）这里就不能译作"利益"或"利害"了。审美本来是没有利害的，无利害的愉快嘛；但是它一旦产生，你可以加给它某种兴趣，一个是经验性的兴趣，也就是说它可以给你带来某种好处，比如有利于社交，这是低层次的；但是也有一个智性的兴趣，也就是说它可以引向道德情感。一旦审美发生，你可以往下引，也可以往上引，往下引就是经验性的兴趣，往上引就是智性的兴趣，比如说道德兴趣，你可以把美作为德性的象征，这都是可以的。如果译作"利益"或"关切"，一个低，一个高，就统一不起来了。那么在这里我们尽量把两方面兼顾起来，一方面它有感性的方面，另一方面它又引向智性的方面。这里说，从动机的概念中产生某种兴趣的概念，"这兴趣永远只能赋予一个有理性的存在者，并且意味着意志的**动机**，只要这动机**通过理性表象出来**"。动机的概念里面产生出某种兴趣的概念,这个兴趣是高层次的,也就是说动机它是一种机制,是涉事、介入事情之中的机制,而不是停留于高高在上的云端。而在这个敬重的场合下,动机就是把这样一种道德法则放在实践活动中来加以促进的感性的表象,一种情感活动。既然它要在实践中促进道德法则,敬重就体现为一种目的活动,那么有了目的你就有了兴趣了,你就有了追求的对象、关切的对象了,那么这种关切就是兴趣了。所以从动机的概念中产生出某种兴趣的概念,产生出某种关注的概念。而这种兴趣永远只能赋予一个有理性的存在者,这种兴趣跟那种低层次的兴趣是不一样的,它不是针对某些具体的利害和爱好的,它只能赋予一个有理性的存在者,所以它是我们刚才讲的智性的兴趣,它是针对有理性的存在者的。这就意味着它是"通过理性表象出来"的意志的动机,这兴趣本来是由动机产生出来的嘛,而这个动机是通过理性表象出来的,不是通过感性、爱好或者利益、利害而表象出来的。

　　由于法则本身在一个道德上善的意志中必须是动机,所以**道德的兴趣就是单纯实践理性的一个纯粹的不依赖于感性的兴趣。**

　　这一句话更是把他用"兴趣"这个词的用意点明了。"由于法则本身在一个道德上善的意志中必须是动机",法则本身是抽象的,但是法则本身可以直接规定意志,在一个道德上善的意志里,——善是着眼于它的后果,我们前面讲到了,善是道德法则的后果,我们把它产生出来的后果称之为"善",——在道德上善的意志中,你要产生出这种后果来,你就必须成为动机。道德法则你不能抽象地高高在上,停留在彼岸世界,不下降到实践的活动中来造成影响,那个是没有用的,它必须是动机。在道德上一个意志想要造成善的后果,那么根据这个道德法则,它就必须有一种动机起作用,才能够把这个道德上的善实现出来。"所以**道德的兴趣**就是单纯实践理性的一个纯粹的不依赖于感性的兴趣",道德上也有一个兴趣,这个兴趣已经不是低层次的利害或利益或功利或幸福,都不是的，就是单纯实践理性的，这个"单纯"就是说，仅仅是实践理性的一个纯粹的不依赖于感性的兴趣。单纯也好，纯粹也好，不依赖于也好，都是指的跟感性相脱离，或者超越于感性、超然于感性之外的兴趣，这就是道德兴趣，简而言之，道德兴趣就是超感性的兴趣，就是单纯实践理性的一个纯粹的不依赖于感性的兴趣。

建立在兴趣概念上的也有某种准则的概念。所以准则只有当它仅仅以人们对遵守法则所怀有的兴趣为基础时，它才在道德上是纯正的。

"建立在兴趣概念上的也有某种**准则**的概念"，这又出来一个打了重点号的词——准则。前面讲，从动机中产生出兴趣的概念，它意味着通过理性表象出来的动机；那么，有这么一种超感性的兴趣了，我在主观中就可以把这种兴趣作为我的准则。主观中的准则本来就可能包含有"人为财死，鸟为食亡"或"人不为己，天诛地灭"之类的准则，它们都是建立在兴趣或者说利益之上的；但如果是由理性表象的动机产生出来的兴趣，那就是一种道德的兴趣，而建立在道德的兴趣之上的准则就和那些低级的准则完全不同了。这种兴趣也是要追求一个目的的，但是它的目的不是"人为财死，鸟为食亡"，不是追求食物和物质需要的满足，它是追求道德法则，那么建立在这种兴趣的概念之上的准则的概念本身就已经是扩展为法则的准则了，要使你的准则成为一条普遍的法则，这个准则的概念就是建立在道德的兴趣之上的。当然在定言命令里面没有提到兴趣，定言命令讲的是纯粹道德法则，所以它不讲兴趣，但是你要把定言命令的道德法则在实践活动中实现出来，那你就要有动机，有兴趣，而且要有以道德兴趣作为基础建立起来的准则。"所以准则只有当它仅仅以人们对遵守法则所怀有的兴趣为基础时，它才在道德上是纯正的"，主观的准则必须仅仅以人们对遵守客观法则所怀有的兴趣为基础，也就是说对于法则本身要有敬重，只有对法则本身你抱有一种敬重的态度，那么你对遵守法则就会怀有一种道德的兴趣。仅仅在这个基础之上来建立起你的准则，由敬重产生出来的兴趣，这才是在道德上纯正的兴趣，也就是

481

说这个准则才能在道德上变成普遍的法则。定言命令就是讲，你应当使你的准则成为一条普遍的法则；怎么样成为普遍法则？道德律里面没有讲这个，只讲应当。但是一旦你要把它付诸实现，你就要赋予它道德动机，它就是通过这样的动机实现出来的。准则怎么能成为法则？就是要仅仅以人们对遵守法则所怀有的兴趣为基础，也就是要把对法则的敬重作为它的基础，这个时候呢，准则才能够成为一条普遍的法则，定言命令里提出的那个"应当"才得以实现。唯一的途径就是这样，就是通过这个动机而能够使定言命令在人们的现实生活的实践活动中实现，而不仅仅是一条高高在上的不切实际的抽象的形式法则。我们经常指责康德的这个形式法则是不可实行的，是不切实际的，但是康德实际上也考虑了怎么样实现它，他为此考虑了很多。如何把这样一种抽象法则在现实生活中实现出来，那就是通过动机、通过对道德律的敬重以及由此形成的兴趣，来建立起一条在道德上纯正的行为准则。现实的人总是脱离不了感性的，但是道德法则又不能用感性来实现，那就只有通过一个否定一切感性的唯一的感性来实现，道德法则本身没有兴趣，是超验的；但是呢，它在现实生活中又必须带上某种主观的兴趣，否则的话它实现不了，所以唯有建立在敬重之上的道德兴趣，才能够使道德法则出于主观的准则而得到实现。

但所有这三个概念，即动机概念、兴趣概念和准则概念，只能被应用于有限的存在者上。

这个"但"呢，就是说前面说了那一些，我们把它归纳起来，所有这些都是因为有限的存在者，或者说有限的理性存在者，都是由于这个存在者的有限性所带来的，因为它们都涉及感性嘛。动机的概念、兴趣的概念和准则的概念都离不开人的感性，道德律本来是超感性的，超验的，但是在实践活动中它又要跟感性打交道，否则的话它就不是实践规律，就不能成为实践法则。它要跟感性打交道，怎么打交道？康德为它想出了这样一条很狭窄的道路，就是通过动机，通过兴趣，通过准则。这个动机也就是敬重了，就是敬重感，它产生出道德的兴趣，而建立在这个兴趣之上的，则是准则的概念。但是这些概念只能应用于有限的理性存在者上，这个"但是"后面强调这一点，就是说之所以这样，是因为人是有限的。道德律是不管人的有限性的，它超越于人的有限性，想把人提高到无限的理性存在者，或者提高到纯粹的理性存在者；但实际上人又达不到那样的纯粹和无限性，那怎么办呢？那就只有提出这样一些概念，动机、兴趣、准则，来把那种纯粹的实践法则在人们的有限的实践活动中体现出来。所以它要限制在有限的存在者之上，它只能有这种应用，如果对于无限的理性存在者，比如说上帝，那是不适用的。因为上帝没有这种局限性，他也就没有这样一种动机、兴趣、准则的需要，他想到什么，他就可以把它做出来。上帝全知、全能、全善，他不需要这个限制。

　　因为它们全都以一个存在者的本性的某种限制性为前提，因为该存在者的任意性的主观性状与一个实践理性客观法则并不自发地协调一致；

　　这个"因为"是进一步的解释，"它们"，也就是动机、兴趣、准则这些概念，"全都以一个存在者的本性的某种限制性为前提"。一个存在者的本性，这个"本性"也可以译作"自然"，一个存在者的自然的某种有限性，这是这三个概念的前提。自然的存在者，也就是感性的存在者，人在本性上他就是带有感性的，他是感性的理性存在者，也就是有限的理性存在者，这个是前提。他本性上就有某种限制性，人生来他有一个肉体，他带有他的情感，带有他的爱好，这是他的本性的限制性，他受到限制。你有情感，你有爱好，你就受到你身体的限制，你有这个兴趣，你有利害，你有目的，那你就受到这个客观事物的限制。客观事物只有对一个本性上自己具有限制性的这样一个存在者才构成一种限制，例如你的环境对你构成限制，为什么呢？因为你本身也是这个环境的一部分，你跳不出环境，你跳不出感性世界。所以它们全都以一个存在者的自然本性的某种限制性为前提，"因为该存在者的任意性的主观性状与一个实践理性客观法则并不自发地协调一致"。该存在者，比如说人，他的任意性的主观性状当然也是自由的，任意性也是人的自由的一种体现，但是在任意性这个层次上它只是一种主观的性状，它与一个实践理性的客观法则并不自发地协调一致。人们在发挥自己的任意性的时候，他的主观性状并不一定是符合道德律的，并不一定符合实践理性的客观法则的，所以这种性状虽然有自发性，但是并不一定自发地和道德律协调一致。他不是按照道德律来自发地、来任意地建立自己的准则，自由的任意和自由意志有层次上的不同，虽然它们都可以说是自由，但任意性的自由是偶发的、偶然的，有时甚至是一次性的、下不为例的，它没有普遍法则，顶多就是单纯的准则；但是单纯的准则一旦扩展为法则，那它就跟实践的客观法则相一致、相协调了，那它就是道德行为了，那它就符合道德律了。但是有限的理性存在者并不总是自发地与道德律协调一致，即算他与道德律协调一致也是偶然的，他通常并不是自己要和道德相一致，在任意性的层面上，他没有想到道德律，他想到的是别的东西，感性的东西。我要满足自己的需要，我任意喜欢哪个，我就去追求那个，这是他的任意性本身的准则。

　　这就有一种通过什么而被推动得活动起来的需要，因为某种内部的阻碍是与这种活动相对抗的。所以这些概念在上帝的意志上是不能应用的。

　　"这就有一种通过什么而被推动得活动起来的需要"，这个活动起来，就是前面提到过的，道德法则它必须要体现在人的实践活动中，体现在人的行动中，那么就有一种通过什么而被推动得活动起来的需要。实践理性的客观法则要被推动得活动起来，成为人的主观准则，就需要一种中介，需要那么一种推动力。也就是说，由于人的有限性，所以产生了这样一种在实践活动中对于一个主观动机的需要，这是由于人受到感性的限制而带来的。如果人没有感性的限制，那就不需要这样一种动机了。正因为人必须要克服他自身的障碍，那些感性的东西层层障碍、阻碍着道德法则的实现，所以就必须要有一种动机把它们清除掉，使得道德法则能够体现在我们的行动中。"因为某种内部的阻碍是与这种活动相对抗的"，是与道德法则的在实践中的这种活动相对抗的，是阻碍着它实现的，那么我们就需要一种动机来扫除这些阻碍。但你要扫除这些感性的阻碍，这种力量本身还必须是感性的，抽象的法则根本触动不了它们。只有感性的力量才能扫除感性的阻碍，才能克服感性的阻碍，没有感性，这些智性的法则、实践理性的法则只是对这些阻碍的一种抽象的否定，只是对人的感性的一种不承认，却不能够着手具体地把这些阻碍清除掉，而要清除这种阻碍呢，还得有一种动机。"所以这些概念在上帝的意志上是不能应用的"，最后一句话把这个要害点出来了，康德没有一开始就点出他最后要说的问题，一开始总是扯得很远，说了半天，说到最后就是把人和上帝区别开来，人不是上帝。说得简单一点，就是说，这个所谓的动机、所谓的敬重感、所谓兴趣、所谓准则，只是对于有限的人来说是需要的，对无限的上帝、对绝对理性的上帝是不需要的，上帝要把道德法则变成实际行动是很简单的事，上帝说要有光，于是就有了光，他一说什么，一想什么，他凭自己的理性马上就可以把它创造出来了，不需要通过感性的手段，也不需感性的材料，他可以无中生有。但是人做不到这样，所以人要贯彻彼岸世界的法则，必须要借助于动机。以上一段就是把敬重感放在主观的动机、兴趣和准则三个概念的相互关联中确定下来了。休息一下。

我们再继续来看。下面这一段呢，就是对这种道德情感的特殊之处进行一番讨论。前面已经讲了，人——有限的理性存在者，跟上帝的绝对的理性是不一样的，因此人必须要在现实的实践活动中跟感性打交道，因此就需要有动机，需要有兴趣和准则这样一些概念，这就是敬重之所以必要的根源。如果人不是具有感性的有限性、受到感性的限制，那么也就不需要敬重了，就像上帝一样，上帝对他的法则不需要动机，他直接把他的法则拿来用，就可以推出道德行为，就可以创造世界。

[80]　　在对纯粹的、去掉了一切利益的道德法则的无限的尊崇中，有某种如此特别的东西，正如实践理性把这法则推荐给我们来遵守，而实践理性的声音甚至使最大胆的恶棍也感到战栗、并迫使他躲避这法则的目光那样：

"在对纯粹的、去掉了一切利益的道德法则的无限的尊崇中"，这个"利益"不是 Interesse，这个"利益"用的是 Vorteil——"好处"，去掉了一切好处、去掉了一切利益的道德法则，在对它的无限的尊崇中，这个无限尊崇实际上指的就是敬重了。也就是说在这种敬重中，"有某种如此特别的东西"，什么特别的东西？"正如实践理性把这法则推荐给我们来遵守，而实践理性的声音甚至使最大胆的恶棍也感到战栗、并迫使他躲避这法则的目光那样"，暂时还没有说是什么特别的东西，而是打了个比方，比如说，实践理性把这法则推荐给我们来遵守。这里原来译作"实践理性把它推荐给我们来遵守"，这个"它"我们把它改一下，就是点出它就是"这法则"，"它"是指"这法则"，而不是指那种"如此特别的东西"，原来的译法不太明确，容易混淆。实践理性用这个道德法则来规定我们的意志，也就是要让我们来遵守、命令我们来遵守它，这里讲"推荐给我们来遵守"，其实也就是"命令我们遵守"的意思：你要这样做。"而实践理性的声音甚至使最大胆的恶棍也感到战栗"，最大胆的恶棍，哪怕是罪犯，也会对这法则感到战栗，他在犯罪的时候也有可能感到战栗，良心迫使他躲避这法则的目光。我们讲他"昧着良心"，一个罪犯实际上是昧着良心，他不是没有良心，每个人都有他的良心，我们经常讲"你的良心被狗吃了"，实际上这意思就是说"你难道不是人吗？"你只要是个人，你就应该有良心，所谓"被狗吃了"是个形象的说法，实际上是你把自己的良心遮蔽起来了，你只有把自己的良心遮蔽起来，你才能干坏事。所以最大胆的恶棍其实面对良心的这样一种目光、面对这个法则的目光也

486

是感到战栗的,想尽办法要躲避法则的目光。这是很特别的东西,实践理性的声音在这样一种法则之下,并没有施加什么强制,就使得最大胆的恶棍也会感到战栗、也会逃避法则的目光。下面这个冒号,真正要讲的特别的东西实际上是这个冒号后面讲的,前面的当然也很特别,但主要是引出后面的这个特别的东西。

以至于我们不必奇怪,我们发现单纯智性的理念对情感的这种影响在思辨理性看来是无法解释的,而且不得不满足于我们竟然还能先天地看出一个这样的情感是不可分割地与每个有限的理性存在者心中的道德法则表象结合着的。

"以至于我们不必奇怪",当然这是很特殊的,是某种如此特别的东西;但是正由于实践理性把这个法则推荐给我们来遵守时,这样的声音使最大胆的恶棍也感到战栗,这已经是够奇怪的了,以至于我们不必奇怪,虽然后面这些是很奇怪的,但是我们已经见怪不怪了。不必奇怪什么呢?"我们发现单纯智性的理念对情感的这种影响在思辨理性看来是无法解释的",单纯智性的理念,比如说道德律、道德法则,它是一种智性的理念,它本来对情感是没有影响的,它在这个理念中,从思辨的理性来看它是高高在上的,它根本不屑于跟现实的情感世界打交道。所以它对情感的这种影响在思辨理性看来是无法解释的,它怎么会产生这样一种情感呢?它的内在的、内部的运作机制是我们是没有办法解释、没有办法认识的。"而且不得不满足于我们竟然还能先天地看出一个这样的情感是不可分割地与每个有限的理性存在者心中的道德法则表象结合着的",这个是它特别的地方,但我们不得不满足于在这方面不去做思辨上的追究了,只能满足于在实践上对此有某种先天的认识就够了。这就是,即算我们不能够思辨地加以认识,但是我们居然还能先天地看出,一个这样的情感是不可分割地与每个有限的理性存在者心中的道德法则表象结合着的。这是很奇怪的,但是我们不必感到奇怪,虽然在思辨理性里面我们一无所知,但是我们在实践理性的领域里面还能先天地看出一个这样的情感不可分割地与我们心中的道德法则结合着。这是一种实践的知识，我们对它没有理论的知识，但是我们有实践的知识，这个实践的知识是会使我们在理论上感到奇怪的，但它使我们在实践中感到满足，所以我们对此不必感到奇怪。尽管我们对它没有任何思辨知识，但是我们仍然可以把这种情感与道德法则结合在一起，作为一种实践的知识。这是一种非常特殊的情况，但是这一点也不奇怪，正如我们单纯智性的理念对情感的影响也是无法从思辨上解释的一样。

假如这种敬重的情感是病理学上的，因而是一种建立在内部**感官**上的愉快情感，那么想要揭示出这愉快与任何一种先天理念的关联就会是白费力气了。

"假如"，这是个虚拟式了，"假如这种敬重的情感是病理学上的"，它当然不是病理学上的，但是我们假设一下、想象一下，假如这种敬重的情感是病理学上的，"因而是一种建立在内部**感官**上的愉快情感，那么想要揭示出这愉快与任何一种先天理念的关联就会是白费力气了"。这个显然是针对经验派的观点的，这就是把这种敬重理解为病理学上的，因而是建立在内感官上的愉快情感。英国经验派总是诉诸内感官，就是说我们除了有外部的五官以外，我们内心还有一种内感官——第六感官，那么这种感官可以管道德判断、审美判断等等这样一些高级的判断活动。当然这是康德所不能同意的了，这只是一种假设。假如它是一种病理学上的、建立在内感官上的愉快情感的话，那么想要揭示出这愉快与任何一种先天理念的关联就会是白费力气。如果你这样看的话，那么这样一种情感就不会有任何先天的关联，它就只是就事论事，只是后天的，也不会有任何法则，它形成不了任何普遍法则。把这样一种情感从病理学上解释为一种内感官的愉快，这是英国经验派他们的思路，在康德这里受到了批判。批判的最主要的论据就是，这样一来它们就不可能与先天理念有任何关联。而康德的这样一种敬重感它是先天地可以跟道德法则紧密结合在一起的，它不能够脱离先天的道德法则而得到理解，所以它是可以先天地推出来的。这是很奇怪的一件事情，一种情感它可以先天推出来，它能跟道德法则结合在一起，这不奇怪吗？但是用不着奇怪，在他这里用不着奇怪，因为它不是从思辨的层面上来解释的，而只是作为一种实践知识来看待的，所以从理论上看它是一种如此特别的东西，但在实践上看它又是一种先天的情感，可以先天地推断出来。下面就讲了这个意思。

但现在，这是一种仅仅面向实践的情感，并且它只是按照法则的形式、而不是由于法则的任何一个客体而与法则的表象相联系的，因而它既不能算作快乐，也不能算作痛苦，但却对遵守这一法则产生出某种**兴趣**，我们将它称之为**道德的**兴趣；

我们先看这半句，就是说它不可能是那种病理学上的情感，那种情感是可以用科学的方法从理论上来认识的。"但现在，这是一种仅仅面向实践的情感"，"面向实践"有特殊的含义，也就是说仅仅涉及人的自由意志的情感。它仅仅面向实践，它不在乎这个实践所获得的后果，所带来的快乐，带来愉快和不愉快，那个东西已经不属于严格意义上实践本身的范围了。实践本身的范围就是你应该这样做，做成了什么不管，万死而不辞，知其不可而为。日常的实践当然要管后果，实践就是为了实现这些后果而做的；但道德的实践它不管，它只管实践本身应不应该，它不是以那些后果为目的，而是以实践本身为目的。所以这里讲的是"仅仅面向实践的情感"，它仅仅面向实践行动，而不是跟行动的后果直接相关的，这就是现在所讲的敬重的情感。敬重的情感是一种仅仅面向实践的情感，"并且它只是按照法则的形式、而不是由于法则的任何一个客体而与法则的表象相联系的"，它只是按照法则的形式，它面向实践本身，也就是面向我们的行为本身，因此它只是按照这行为的法则的形式，你的行为本身应该怎么做。至于应该做什么内容，它不管，做的后果也不管。敬重也就是敬重这一点，道德法则只规定你应该怎么做的形式，至于你去做什么或者你做了以后得到什么，它完全不管，这是我应该做的，在任何情况马上就能知道我应该怎么做，至于它的客体，它是不管的。我们也经常讲，道德行为不在于他做了什么、而在于他是怎么做的，同样的一件事情，你可以道德地去做，也可以不道德地去做。我们对一个人的道德评价就是这样，这往往被看作是非常抽象的，书呆子气的，我们往往认为他给我们带来了实惠，某某领导给我们企业带来了好处，那就是个好人，我们通常看重的是这个好处，他为我们做了很多事情。但是呢，也许他是采取违法的方式，行贿受贿的方式，违犯原则的方式，你要从道德的眼光来看呢，就不会在乎他做了些什么事情，而在乎他是怎么做这些事情的。所以同样的事情可好可坏，一个好的事情也可以是出于不好的动机，按照不好的形式来做的，采用的是不道德的形式来做的。你如果要从道德上进行追究的话，你就要辨别这一点。当然你不从道德的眼光、只从利益的眼光，那你就只看他给我们带来什么好处，他做出了什么业绩就够了，但再多的好处也只能带来感激，不能带来敬重。所以敬重是对这样一种行动的敬重，就是它必须是仅仅按照法则的形式，而不是由于法则的任何一个客体而与法则的表象相联系的。按照客体也可以与法则的表象相联系，但那就只是符合道德律，而不是出自于道德律了，不是由道德律来贯通整个过程了。"因而它既不能算作快乐，也不能算作痛苦"，这种道德情感既不能算作快乐，也不能算作痛苦，这就是他前面讲的，它本身有一种很难说是愉快的情感，但是又很难说有不愉快。我们上次已经讲了，道德情感很怪，它既不能算作一种愉快，但是你也不能说是它是不愉快的。经验派就是把这种道德情感设定为愉快的情感、内感官的愉快，内感官跟外感官不同，外感官觉得痛苦的，也许你的内感官就会觉得有种道德上的愉快，有这种可能，这就把愉快和不愉快分属于两种不同的感官了，这是经验派的幸福主义伦理学、快乐主义伦理学所强调的。那么这里讲到，这种敬重的情感实际上既不能算作快乐，也不能算作痛苦，你要是从这个角度去衡量，是没法衡量的。敬重的情感，你说到底是能给内感官带来快乐还是带来痛苦呢？很难说。"但却对遵守这一法则产生出某种**兴趣**，我们将它称之为**道德的**兴趣"，这里用一个中性的词"兴趣"取代了愉快或不愉快。尽管兴趣既不能算作快乐，也不能算作痛苦，但是人们却仍然趋向于它；人们不是因为快乐而趋向于它，但是也不因为痛苦而逃避它，人们对它有一种兴趣，对遵守这一法则产生出兴趣，我们将它称之为道德的兴趣。这个"兴趣"本身就已经超越于快乐和痛苦之上了，当然兴趣可能会带来快乐和痛苦，利益嘛，利害嘛，特别是低层次的利害，它可能会带来快乐和痛苦。低层次的利害受到损失，那么就带来痛苦，为了追求某种低层次的快乐，所以我产生某种低层次的兴趣。但是兴趣不仅仅是这一种，它本身是超越于快乐和痛苦之上的。比如说利益，一个利益就能带来快乐吗？这是不一定的，再大的利益，是不是能够带来快乐？这看人而来、看情况而来，有的人对利益无所谓，对利益看得淡一些，有的看得重一些，或者有时利益甚至会带来痛苦。所以利益、兴趣跟这个快乐和痛苦虽然有一种因果关系，但这种因果关系不是那么一定的，没有必然法则。高层次的兴趣更是可以超越于快乐和痛苦之上，有人就是要追求他觉得自己应该追求的，他觉得自己应该成为这么一个人，哪怕会带来痛苦，不管带来的是痛苦还是愉快，他都要成为这么一个人。这也可以成为一种兴趣，作为他追求的目标。例如一个人要成为一个好人，他明明知道自己成为一个好人肯定会吃亏，你的一生将带来无穷无尽的痛苦，但仍然有人想要成为好人，不因为他将要吃亏他就不去做好事，这就是一种更高层次的兴趣，这样一种兴趣就称之为道德的兴趣。这一法则产生某种兴趣，某种，不是一切，低层次的兴趣它肯定不会产生，道德法则怎么可能产生低层次的兴趣呢？你没有什么具体的利益可以让你去追求的；但是呢，是某种兴趣，我们将它称之为道德兴趣。对道德可以有一种兴趣，虽然道德法则本身它是不关兴趣的，不能带来利益的，它超越于利益或兴趣之上，但是对道德法则的追求它也可以成为一种兴趣，对遵守这一法则产生某种兴趣。道德法则本身是很抽象的，但是由于有限的人来承担这种道德法则，所以对道德法则的遵守就产生了某种兴趣。兴趣这个概念，前面讲了，它是针对有限的存在者而言的，对于有限的人，他要遵守某种道德法则，他就必须要有一种兴趣。

正如就连对法则怀有这样一种兴趣的能力（或对道德法则本身的敬重）真正说来也是道德情感一样。

最后一句这样改动一下更好理解。原文译作："这就是为什么就连对法则怀有这样一种兴趣的能力（或对道德法则本身的敬重）真正说来也就是**道德情感**"，现在把"这就是为什么"改成"正如"，后面加"……一样"；"也就是"改成"也是"。"正如就连对法则怀有这样一种兴趣的能力（或对道德法则本身的敬重）真正说来也是**道德情感**一样"，这个就跟前面的对应起来了。中间是分号嘛，前面的"**道德的**"兴趣和这里的"**道德情感**"都打了着重号，是相对应的。原来这个翻译对这一点表示得不明确，从语法上来说没有错，但是对这个意思表述得不明确。就是说前一句是讲的兴趣，后一句是讲的这样一种兴趣的"能力"，兴趣是"道德的"兴趣，那么怀有这样一种兴趣的能力真正说来也是"道德情感"。这种能力其实就是敬重了，如括号里面讲，"或对道德法则本身的敬重"，所以这种兴趣的能力就是敬重，敬重则体现为一种道德兴趣。我敬重这个道德法则，那么我对道德法则就有一种兴趣，我就要去追求它，既然你敬重它，你要去追求它，就体现为一种兴趣了。这种兴趣的能力，你之所以有这样一种追求的能力，是因为你产生了一种道德情感，产生了一种强烈的敬重感，这种敬重感使你有能力和动力去追求一个根本不能带来任何利益或爱好以及快乐的对象，你追求的是一种道德法则作为你的对象。所以不但这种兴趣是道德的兴趣，就连对法则怀有这样一种兴趣的能力其实也就是道德情感。这里通过"正如……一样"把这两个层次并列起来了，一个是兴趣，一个是兴趣的能力即敬重；或者一个是道德兴趣，一个是道德情感，这两个层次是对应的。这个就比较好理解了，这句话是把这两个层次并列起来了。这是最后一句，而整个这一段是讲，敬重感是如此特别东西，它跟这个思辨的东西是完全不同的，它跟经验主义伦理学所讲的内感官的愉快也是完全不同的，它是一种独特的情感，一种道德的兴趣和一种道德的情感。

关于意志**自由地**、却又与某种不可避免的、但只是由自己的理性加于一切爱好上的强制结合着而服从法则的意识，就是对法则的敬重。

这一句话可以看作是对敬重的一个正式的定义了，什么是敬重？关于……的意识就是对法则的敬重，对法则的敬重其实是一种意识，当然这种意识也表现为一种情感，它不是一种认识，它还是一种情感激动。这种情感激动就是否定了一切情感以后，导致了那种谦卑，然后由于这种谦卑，你抬头一望，这谦卑来自何处？你会发现"高山仰止，景行行止"，高高在上的是道德法则：这个时候呢，这种谦卑同时就伴随着一种敬重。这也是一种情感，但是这种情感是可以先天地意识到的，我们甚至不需要具体地到实践中去感受，我们可以从道德法则本身推出来。人们在进行道德判断的时候、在进行这个实践理性的判断的时候，我们可以先天地认定，这个实践理性把道德法则运用于实践中肯定会引起人的一种敬重，因为它排除了一切感性的障碍，否定了一切感性的爱好，那么它当然是高出一切感性爱好之上的；而感性的爱好又只有通过另一种感性才能排除，这最后就是敬重。如果在现实中一个人通过这种排除，他肯定会感到一种敬重，这是推出来的，是他先天意识到的。那么是一种什么意识呢？"关于意志自由地、却又与某种不可避免的、但只是由自己的理性加于一切爱好上的强制结合着而服从法则的意识"，意志自由地服从法则的意识就是敬重，简单说就是这样，关于意志自由地服从法则的意识就是对法则的敬重。所谓"自由地"就是说，你的自由意志它本身如果没有任何束缚的话，它本身直接地就是要服从法则的。但是这个服从法则虽然是自由的，但它又不是任意自发的，所以他又讲，要与某种不可避免的、但只是由自己的理性加于一切爱好上的强制相结合。虽然他是自由的，但是他又是有自己的强制的，为什么要强制呢？因为他是有限的嘛。人是有限的，人的自由意志会遇到人的有限性，如果没有有限性，它单凭自发的任意就是自由的。但是呢，人又有有限性，所以自由又必须与某种强制结合着，这是不可避免的。但这某种强制其实只是人由自己的意志加于自己一切爱好上的强制，这个强制虽然是不可避免的，但它不是外来的；虽然是不可避免的，是必然的，是必要的，但是这个必然性、这个必要性它不是外部强制，它是由自己的理性加于一切爱好上的强制。由此可以看出来它还是自由的，虽然它说要强制，但是它是自己强制自己，它由自己的理性强制自己的爱好。与这种强制结合着而服从法则的意识，那就是敬重了。这句话非常复杂，康德的这个句子把康德句式的典型的结构都体现出来了，对他的每句话你要一个层次一个层次地分析，你才能够把它贯通，如果你就是像看小说一样看过去的话，也不知道它在说什么，你就搞不清楚它里面的关系了。这是他对敬重的一个规定，一个定义。

那要求并且也引起这种敬重的法则，如我们所看到的，无非是道德法则（因为没有任何其他的法则是把一切爱好从它们对意志的影响的直接性中排除出去的）。

这是从上面那个定义里面推出来的。"那要求并且也引起这种敬重的法则，如我们所看到的，无非是道德法则"，前面那一句是对法则的敬重，那么是对什么法则的敬重呢？无非是对道德法则的敬重，或者说，唯一的敬重就是对道德法则的敬重。前面已经多次讲到了，对任何其他的东西人们引起的都不是敬重，唯有对道德法则才能够引起敬重，敬重也是仅仅只对道德法则而言的。所以那要求并且也引起这种敬重的法则，如我们前面已经多次阐明的，无非是道德法则。括号里讲，"因为没有任何其他的法则是把一切爱好从它们对意志的影响的直接性中排除出去的"，这个里头给出了一个理由。为什么无非是道德法则，为什么仅仅是道德法则呢？是因为没有任何其他的法则是把一切爱好排除出去的，从什么里面排除出去呢？从对意志的影响的直接性中排除出去的。为什么讲直接性呢？因为对意志影响的间接性那是有可能的，哪怕是道德法则，它对意志的影响的间接性是有可能不排除爱好的，但是对意志的直接规定只能来自于道德法则。道德法则从对意志的影响的直接性中排除了一切爱好，就是说你的爱好不能直接来规定你的意志，唯有道德律能够直接地规定意志，道德律对意志可以直接下命令，你应该怎么做，无条件地命令。它并没有把爱好从对意志的一切影响中排除出去，而只是从对意志的影响的直接性中排除出去，那么它就为对意志影响的间接性保留了一定位置。就是说你直接地是从意志出发的，但是间接地也可以受到你的爱好的影响，比如说你做了道德的事情你感到愉快，这个是不排除的，但是你的道德性不是由于你的道德的愉快。虽然你感到道德的愉快也并不是坏事，不必刻意排除，但康德认为你也不必去考虑，你所获得的是一种道德的愉快还是一种道德的痛苦，这个不必考虑，也不必排除；但是在直接规定意志的方面你是绝对要排除的，只有道德法则是把它们从对意志的影响的直接性中排除出去的，所以我们说的这个敬重，它是仅仅针对道德法则而言的。

　　那在客观实践上按照这一法则并排除一切出自爱好的规定根据的行动叫作**义务**，它为了这种排除之故在自己的概念中如此**不情愿地**包含有实践上的**强迫**，即对行动的规定，不论这些行动如何发生。

　　这里开始对义务加以讨论了，"义务"打了着重号。什么是义务呢？"那在客观实践上按照这一法则并排除一切出自爱好的规定根据的行动叫作义务"，在客观实践上，它跟你的主观的这些爱好没有关系，道德法则是一种客观的命令，你客观上应该做什么。也就是说，义务就是按照法则排除了一切主观爱好来作为你的行动的规定根据，把一切爱好的目的全都抛弃了，全都撇开不管，仅仅从这样一个法则出发，在客观实践上按照这一法则而行动，排除一切出自爱好的规定根据，这样的行动就叫作义务。通常我们讲，道德律是人的义务，因为道德律是着眼于行动的嘛,道德律本身如果不从行动方面来考虑呢,那还不叫义务,只有道德律在行动中表现出来、实现为一个行动,这个行动才叫作义务。当然道德本身是一个抽象的形式法则,这个抽象的形式法则必须在行动中贯彻,那么贯彻道德法则的这样一个行动就叫作义务,你有义务去行动。这个义务"为了这种排除之故在自己的概念中如此**不情愿地**包含有实践上的**强迫**,即对行动的规定,不论这些行动如何发生",这种义务排除一切爱好,爱好当然是自己情愿的了,但是它排除了一切爱好以后,显然它就成为一种不情愿的强迫了。排除一切爱好是需要强迫的,如果你任其自然的话,那么它自发地、自然而然地就服从他的爱好了,但是由于有道德律在行动中对这种爱好的一种强迫,所以它包含有一种不情愿性。而强迫就是对这种行动的规定,不论这些行动如何发生,行动要发生是受到种种感性的限制的,一个是你主观上的限制,一个是客观环境、客观条件的限制,总而言之,感性的处境、感性的现实、感性的现状使得这样一种行动采取了不同的发生方式。但是义务对这些行动加以规定,是不论这些行动会如何发生,总而言之,你得服从义务,你得遵守义务,没有任何价钱可讲。这样一种行动是你的义务,你就该这样做,你应该这样做,至于如何这样做或者你做不做得到、你做成了没有、你的能力如何、你的条件如何,这些都不论,最主要的就是你应不应该这样做。按照义务你应该做,你就得这样做,这就是一种实践上的强迫,是对行动的一种强迫性的规定。

来自这种强迫意识的情感不是病理学上的、即由一个感性对象引起的那种情感,相反,它仅仅是实践上的,也就是通过一个先行的(客观的)意志规定和理性的原因性才可能的。

"来自这种强迫意识的情感不是病理学上的、即由一个感性对象引起的那种情感",这种敬重的情感不是病理学上的情感,病理学上的也就是由感性对象所引起的情感。一般讲强迫意识都会以为是受到某种感性对象的强迫,但这里不是。"相反,它仅仅是实践上的,也就是通过一个先行的（客观的）意志规定和理性的原因性才可能的"，仅仅是实践上的，那么什么是仅仅实践上的？前面讲了，仅仅实践上的就是把实践的感性条件和所带来的感性后果都撇开，仅仅就实践本身的形式法则而言来看实践活动，也就是你的自由意志主动去做的，不是说你被动地受到某些诱惑、受到某些限制、受到某些感性的逼迫或者某些爱好的驱动，那些都是属于病理学上的，由感性对象引起的情感。而这样一种敬重的情感仅仅是实践上的，它是主动的，它不受任何后天感性的对象所影响。"也就是通过一个先行的（客观的）意志规定和理性的原因性才可能的"，这就是实践本身的形式规定。"仅仅是实践上的"在康德那里的特定的含义就是说，它是通过一个先行的意志规定和理性的原因性才可能的，它不需要后天感性的介入。纯粹理性本身直接地就具有实践能力，不需要感性的考虑就可以推动实践活动，这就叫"仅仅是实践上的"。实践上的跟感性上的还不太一样，它当然也要有感性、有敬重感来推动，但是这种敬重感是排除一切感性的，它实际上是通过一个先行的意志规定——先天的理性的原因性才可能的。

所以，这种情感作为对法则的**服从**，即作为命令（它对于受到感性刺激的主体宣告了强制），并不包含任何愉快，而是在这方面毋宁说于自身中包含了对行动的不愉快。

由于它是仅仅实践上的，"所以，这种情感作为对法则的**服从**"，这个"服从"打了着重号，这是从消极方面来讲的，服从是从消极方面讲的；"即作为命令"，作为命令是从积极方面来讲的，命令你服从。这种情感作为对法则的服从，但是又是作为命令，这种情感是一种命令，你对道德法则感到一种敬重，那么这种情感就命令你去服从道德法则。括弧中，"它"，这个命令，"对于受到感性刺激的主体宣告了强制"，敬重对人宣告了一种强制，就是命令你去服从，那就对受到感性刺激的主体、也就是对各种爱好宣告了强制，对于这些爱好必须加以强制，命令它们必须只是服从道德法则。那么显然，这种情感"并不包含任何愉快，而是在这方面毋宁说于自身中包含了对行动的不愉快"。前面说了,这种道德情感、这种敬重,它既不能说是愉快的,也不能说是不愉快的,但这个地方从它的消极方面来看呢,毋宁说于自身中包含了对行动的不愉快。康德在这里表述得不是那样绝对的,他为了跟经验派区别开来,他就说敬重既不能说成愉快的,也不能说是不愉快的,既不能算作快乐,也不能算作痛苦;但是这个地方又说,它毋宁说于自身中包含了对行动的不愉快。当然只是"包含了",也就是说,既算是它包含了对行动的不愉快,它也不能算到痛苦那里去,不能算到经验派的内感官那种感性的痛苦里面去。他这里的用语都是比较含糊、比较缓和的了,不是那么绝对的,"毋宁说",倒不如说,就是你一定要说它愉快和不愉快的话,不如说它"包含了"对行动的不愉快;到底是愉快还是不愉快,在康德这里避免对它作出一个直接的、硬性的规定。正如道德情感到底是一种经验的情感,还是一种先天的意识,康德在这里也避免对它作一个固定的规定,反映出他的模棱两可。他的这个动机本身就是处于一种模棱两可之间的东西,处于此岸和彼岸、现象和本体中间的这个东西。当然他还是把它划归到现象里面来,所以它毋宁说包含了对行动的不愉快,基本上还是划归于现象界;但是这个现象界是本体由智性、由理性可以先天地推出来的,可以先天地加以规定的,甚至不必有后天的东西、不必有后天的经验就可以推出来,它在现象界一定会是怎么样。

　　不过反过来说,由于这种强制只是通过**自己的**理性的立法而施行的,[81] 这种情感也就包含有**提升**,包含有对情感的主观作用,只要它的唯一的原因是纯粹实践理性,

　　我们先看这半句。前面是从消极方面来讲,服从,服从当然是从消极的方面看了,所以它在这方面于自身中包含了对行动的不愉快。敬重它首先带来一种不愉快,谦卑、谦卑感是一种不愉快、一种服从的情感。"不过反过来说",前面已经反过来说好几次了,这里又反过来说,"由于这种强制只是通过**自己的**理性的立法而施行的,这种情感也就包含有**提**

升，包含有对情感的主观作用，只要它的唯一的原因是纯粹实践理性"，这个意思前面其实已经讲过了，新鲜的地方也就是说，这种情感包含有提升，这个"提升"，Erhebung，它跟这个崇高有同样的词根——erheben，它也可以理解为崇高，即erhaben，Erhabenheit。崇高也就是提升、提高了，那么这种情感也就包含有提升，这个跟后来的第三批判里面讲的美和崇高有一种内在的联系。但在这个第二批判里面，他并没有展开崇高，他是在《判断力批判》里面才专门讲到崇高，讲到崇高是一种鉴赏，跟美是同一个系列的，对美的分析和对崇高的分析。对美的分析当然是第三批判的根基了，但是他其实更重视对崇高的分析，因为崇高更加接近于道德。美只跟知性相通，知性跟想象力的自由协调活动那就是美，而理性和想象力的自由协调活动那就是崇高，理性比知性要高，它更加直接地跟道德打交道。这种思想在他早年的《关于美感与崇高感的考察》一文中已经有某些苗头了，但是在第三批判中才定型。我们可以看出来，在谈道德的敬重的时候，他是从崇高这个角度来理解的，虽然他始终没有把道德情感和崇高究竟是一种什么样的关系很明确地加以规定，他在讲道德情感的时候讲崇高，是讲"类似于"一种崇高的情感，但究竟是一种什么样的关系，它跟审美又是一种什么样的关系，在这个里头并没有讲清楚。他说，这种情感也就包含有提升，包含有对情感的主观作用，把人从情感的这个层面提升到道德法则，那么这种提升到道德法则也就是对情感的一种主观作用。这个敬重的情感包含有对情感的主观作用，因为它否定所有的情感，这种否定情感的情感就把人的情感这种主观活动提升到了道德法则的层次，那就是起了一种主观的作用。只要它的唯一的原因是纯粹实践理性，它就能够起这样的作用，它就能够提升到道德法则。当然，道德情感它的唯一的原因的确是纯粹实践理性，在这个前提之下，那么这种情感就包含有提升，包含有对情感的主观作用。

　　因而，它也可以叫作只是在纯粹实践理性方面的**自我批准**，因为我们认识到自己是没有任何利害［兴趣］而只凭法则被规定为这样的，并从

此就意识到一种完全不同的、由此而在主观上产生出来的兴趣，它是纯粹实践的和**自由的**，

"它"，也就是这种情感了，"也可以叫作只是在纯粹实践理性方面的**自我批准**"，纯粹实践理性高高在上，但是在实践活动中它必须要降下来，要变成人的现实的行为，那么在这现实的行为里面呢，道德情感自己批准自己。它批准自己把自己提升到纯粹实践理性、道德法则，通过敬重的批准把人的情感提升到法则，或者说敬重的情感只不过是把自己提升到纯粹实践理性方面去。这个"自我批准"里面的这个"自"——这个 selbst，它可以理解为就是道德情感，道德情感把自己批准为纯粹实践理性的一方，当然它不是纯粹实践理性，但是它把自己看作代表纯粹实践理性，相当于道德法则在现象界的一种表象、一种代表。纯粹实践理性不可能在现象界中直接地现身、直接体现出来，因为它是物自体嘛，它只是属于一种道德上的应当；但是通过敬重的自我批准，这种敬重把自己批准为纯粹实践理性的代表，为什么会这样呢？"因为我们认识到自己是没有任何利害 [兴趣] 而只凭法则被规定为这样的"，规定为哪样的？规定为有敬重感的。敬重感只能来自法则，而不掺杂任何利害，这里 Interesse 只能译作利害或利益，而不能译作兴趣。因为我们认识到，前面讲到，这样一种道德情感它是由这个道德法则所能够先天地认识到的，那么这个"认识"呢，就是认识到自己没有任何利害而只凭法则被规定为敬重的。没有任何"利害"，我们在后面方括号里面加上一个"兴趣"，我们通常采取这种方式，就是如果有两个译名，一个为主，另一个为副，我们就采取这种方式，在后面加一个方括号，把为副的那层意思加进去，以标明它跟这个词实际上是一个词。利害和兴趣实际上是一个词，但在这个地方它就是特指那种低级的兴趣。没有任何利害，也就是没有任何低级的兴趣了。"并从此就意识到一种完全不同的、由此而在主观上产生出来的兴趣，它是纯粹实践的和**自由的**"，当然一旦被规定了以后它本身也有一种兴趣，这是一种没有利害的兴趣，或者说是一种没有兴趣的

兴趣。没有任何利害或兴趣，这本身也成了一种兴趣，这正如敬重感是一种否定情感的情感一样。所以这里仍然有一种兴趣在里头，凡是有目的的行动都有一种兴趣在里面，但是这个兴趣已经不是低级的兴趣，而是高级的兴趣，已经是排除了任何利害的兴趣，是一种首先不考虑任何利害的兴趣，它只是凭法则被规定为这样的。最开始他是只凭法则，法则命令我应该这样做，那么我们就去排除一切爱好和情感，从中激发起一种道德情感，并把这样做当成自己的一种兴趣，一种目的。当然最开始是只凭法则，没有任何兴趣，我们把这种没有兴趣的东西当成兴趣，因为我们认识到自己是没有任何兴趣而只凭法则被规定为这样的，并从此就意识到一种完全不同的、由此而在主观上产生出来的兴趣，它就是纯粹实践的和自由的兴趣。这都是解释，为什么道德情感是纯粹实践理性方面的自我批准，"自我批准"打了着重号。因为我们认识到自己没有任何利害而是仅凭法则就被规定为心怀敬重的，并从此就意识到一种完全不同的主观上产生出来的兴趣，这就是我们刚才所讲的，我们排除了一切兴趣以后，由此而在主观上又产生出来一种兴趣，而这种兴趣正因为如此而是纯粹实践的和自由的。纯粹实践的，也就是说它是完全从纯粹实践法则上对意志加以规定的；自由的，在这里就是它摆脱了一切爱好兴趣，它全是凭自己的纯粹意志规定的兴趣。也就是它不考虑后果，不考虑成败，不考虑是否能够满足其他的兴趣，所以它是纯粹实践的和自由的。

对某种合乎义务的行动所抱的这种兴趣绝不是听从爱好的建议，而是理性通过实践的法则绝对地命令并且也是实际地产生的，但因此也就带有一个完全独特的名称，即敬重这一名称。

"对某种合乎义务的行动所抱的这种兴趣"，这种兴趣是对某种合乎义务的行动的兴趣，它仅仅只是对于行动本身的。前面讲了，它只是对于行动产生的兴趣，它对于行动的后果没有兴趣，它只是考虑我要追求，要做这样一个行动，要做这样一件事情，这件事情是合乎义务的。之所以要做这件事情不是因为它可以为我带来什么好处，而是因为行动本身合乎义务，我应当这样做。这样的一种兴趣呢，"绝不是听从爱好的建议"而来的兴趣，没有任何爱好掺杂于其间，"而是理性通过实践的法则绝对地命令并且也是实际地产生的"，兴趣被理性的实践法则绝对地命令，而不是通过爱好、由爱好来建议的，这当然层次很高了。但它又不是空洞的，它也是实际地产生的，本身具有情感的现实性。而这种既是高层次的、同时又具有情感的现实性的兴趣，那就是敬重感了。"但因此也就带有一个完全独特的名称，即敬重这一名称"，敬重完全是一种独特的情感，前面多次提到了，就是它是一种如此特别的东西，我们竟然发现还能先天地看出一个这样的情感是不可分割地与道德律结合在一起的，我们必须赋予它一个完全独特的名称，它是一种独特的情感，否定一切情感的情感，里面包含一种独特的兴趣，没有任何兴趣的兴趣，或者纯粹实践的和自由的兴趣。我们必须把这样一个敬重，把这样一个术语单独地特别地运用于这样一个场合，不能跟其他的场合相混淆，不能跟一般的尊敬、一般的钦佩、一般的赞赏、一般的羡慕相混淆，敬重就是敬重，它仅仅就是针对道德律的。所以我们有必要把敬重这个术语特殊化、固定化，固定为它就是对于道德律的敬重。敬重就是对道德律的敬重，其他都谈不上，其他的都不能够说是敬重。

＊　　　　　　＊　　　　　　＊

我们继续上一次，第 346 页（《实践理性批判》第 111 页，边码 95），从中间这段开始。这一段康德阐明，他的这个敬重概念的提出对于他的道德形而上学来说具有什么样的意义。前面是致力于把敬重概念和其他的一切概念区别开来，并且阐明了它的固有含义、它的特殊性，特别是为什么要用一个完全独特的名称、用"敬重"来称呼我们对于道德律的动机。敬重作为一种情感它本身是属于现象界的，但是现象界的这种现象、这种情感完全是来自于道德法则的，而道德法则它不属于现象界。虽然它不属于现象界，但是它能够在现象界表现出来，因为它是实践理性，它本身是用于实践的，离开实践它就没有意义，所以它肯定要在实践中表现出来。要在实践中表现出来，它肯定就要作用于现象界，使现象发生改变。所以敬重这个名称非常特殊，一方面它是来自于道德法则，但是另一方面它又还是属于现象界；虽然它是属于现象界的，但它与所有的情感又大不一样，在所有的情感里面唯独它可以称作道德情感，唯独它是完全出自于道德律而产生的一种敬重感。这是前面对于敬重这样一个名称的特殊的约定，突出了它的特殊地位。那么这种特殊的地位在这里起什么样的作用？下面就要讲这个问题了，所以我们看这一段。

所以义务的概念客观上要求行动与法则相符合一致，但主观上要求行动的准则对法则的敬重，作为由法则规定意志的唯一的方式。

这里有一个客观和主观的问题。义务这个概念"客观上要求行动与法则相符合一致"，就是说你能够做到你的行动在客观上符合法则，这在客观上就已经满足了，客观上只要求你的行动与法则相符合。但是义务这个概念除了在客观上有一个要求之外，在主观上还有另一个要求。所以他讲，"但主观上要求行动的准则对法则的敬重"，我们前面讲了法则跟准则的不同，法则是客观的，准则是主观的，康德在这里的用语非常严格。法则通常讲的是客观法则、客观规律，我们有时候也翻译成规律，对于自然事物我们就翻译成"规律"，对于社会性的、道德性的、政治性的我们就翻译成"法则"。那么法则是客观上的，你在客观上能够符合义务，但是在主观上还要求行动的准则对于法则的敬重，也就是说，要求你的主观动机是出于对法则的敬重，或者说是"为义务而义务"，仅仅为了对法则、对义务的敬重而做符合义务的事，让对法则的敬重"作为由法则规定意志的唯一的方式"。客观的法则要规定我主观的意志，通过什么来规定？唯一的方式就是通过我自己的敬重，通过任何其他方式都不行。那么这里提出一个什么原则呢？就是义务的法则它本身是要求"为义务而义务"才是道德的。这个前面已经讲到了这样一个意思,就是说一个人的道德行为如果不是出于"为义务而义务",或者说如果不是出于义务而仅仅是符合义务,那还不是真正道德的,那可以说是迈向道德的第一步,但本身还不具有道德价值。你做的事情符合义务了,但是真正要称得起是道德的,必须在你主观上同时也应该是"为义务而义务",那就只有通过敬重了。通过任何其他的情感都有别的一些考虑,爱好啊,兴趣啊,利益啊,通过这些考虑来符合义务、做符合义务的事情,虽然是值得肯定的,但是不值得敬重,或者说它并不具有道德价值,也许具有合法价值。康德在《道德形而上学》那本书里面分成两部分,第一部分是法的形而上学原理,第二部分是德行的形而上学原理,为什么这样分呢?就是法的形而上学原理它本身是不要求你为义务而义务的。守法当然是义务了,但是在法律范围内,它并不要求你为守法而守法,它不管你的动机,你是出于好的目的也好,你是出于坏的目的也好,你仅仅出于了为了不受损失,自私的目的,或者说为了要赚大钱,诚实劳动可以赚大钱,为此而守法,那个当然值得鼓励,但是还不值得敬重。你要一个人对你的行为敬重,那就不仅仅是守法,而且必须是为守法而守法,那就是有道德性了。在法律上也有道德性的,就是说,有的人守法并不是贪图什么样的利益,也不是出于某种情感,也不是出于某种害怕受罚的恐惧,而是认为守法是他的义务,他必须守法,纯粹是为了义务而守义务,哪怕他要因此蒙受损失也要守法,这样一种行为就具有道德性,而加上任何功利的目的就贬损了它的道德性。这是康德伦理学的一个基本的观点,就是为义务而义务的观点。但是在法律范围之内并不要求这一点,一条法律它只要你遵守就够了,它不管你出于什么样的动机,在法律的层面上只要求守法。而如果从道德的角度来看的话,就把法的精神深入到道德层面去了,因为其实这个法本身还是建立在道德之上的,守法只是迈向道德的第一步,那么再进一步就必须要懂得什么叫"为义务而义务"。所以他《道德形而上学》的第二部分才是德行的形而上学原理,就涉及道德的领域了,道德领域当然比法的领域更加内在、更加基础、更加带根本性。那么这里已经把这两者区别开来了，义务的概念客观上要求行动与法则相符合一致，那是当然的了，因为它本身，义务的概念，就是用来约束人的行动的嘛，你在行动上做到了，这就符合了义务概念的某一部分要求；但是主观上要求行动的准则对法则的敬重，除了外在的行动要符合法则，而且内在的准则要是出于对法则的敬重，这是义务概念的另一个要求，更深层次的要求，它是作为由法则规定意志的唯一的方式。

　　而基于这一点，就有了<u>**合乎义务**所做的行动的意识和**出于义务**、即</u><u>出于对法则的敬重所做的行动的意识之间的区别，其中前者（即合法性）</u><u>哪怕是只有爱好成了意志的规定根据时也是可能的，但后者（道德性），</u><u>即道德价值，则必然只是建立在行动出自于义务而发生、也就是仅仅为</u><u>了法则而发生这一点上。</u>

　　"基于这一点"，也就是基于义务客观上和主观上两方面的要求，"就有了**合乎义务**所做的行动的意识和**出于义务**、即出于对法则的敬重所做的行动的意识之间的区别"，就有了这样一种区别，一个是合乎义务，一个是出于义务。我们从中可以看出来，康德之所以要提出敬重的主观动机这样一个概念，就是为了给出于义务的行为找到一个基础，它的目的在这里，它的功能也在这里。就是有了敬重你就可以出于义务而做义务的事情，做义务所要求做的事情，而不仅仅是外部行动上合乎义务、而内心却有些七七八八的其他考虑。"其中前者（即合法性）哪怕是只有爱好成了意志的规定根据时也是可能的，但后者（道德性），即道德价值，则必然只是建立在行动出自于义务而发生、也就是仅仅为了法则而发生这一点上"，这就把两种情况摆明了。有这么一个区别，合乎义务和出于义务的区别，那么其中前者，就是合乎义务了，合乎义务就叫作合法性，通常是运用于法律方面。当然也可以用在道德方面，道德方面也有合法性，我们也称之为"合乎道德法则"，总而言之，都是叫作"合法性"。你如果做到了，那么合乎义务我们就可以把它称作"合法性"了。但是合法性是哪怕只有爱好成了意志的规定根据时也是可能的。"合法性"这个概念涵盖面很广，它当然可以包含"出于义务而义务"、"出于守法而合法"这种情况，但是，哪怕有另外一种情况，你在做合法的事情的时候，仅仅出于爱好，比如说，你要是不守法的话，你就会被人揭发，你的商店就会倒闭，至少会是名誉上受到损失，人家不来你这买东西了，你以后就要吃亏、受损失。那么仅仅出于这样一种考虑，那你就只是出于爱好，仅仅出于这份爱好我还是安分守己，不做违法的事情比较好。在这种情况下，只有爱好成为意志的规定根据，根本没有考虑到守法是每个公民的义务，哪怕在这个时候合法性也是可能的。很多小商小贩，你要说他是出于对道德律的敬重、出于对法律的敬重才去遵守义务，恐怕一般很难做到，哪怕他守法也是出于他自己的利益考虑，通常是这样。他知道如果违法就会带来更大的损失，守法虽然赚钱慢一点，但是从长远考虑还是比较稳妥、比较可靠、比较划算的，从这个角度来考虑还是守法比较好，这个情况也是有可能的。那么还有后面一种情况，也就是"后者（道德性），即道德价值，则必然只是建立在行动出自于义务而发生、也就是仅仅为了法则而发生这一点上"，道德性跟单纯的合法性就不一样了，当然它也是合法的，但你要能称得上"道德性"，你的行为就不仅要是合法的而且要是道德的，要具有道德价值，那就必然只能建立在行动出自于义务而发生之上。只有你是出于义务而做这件事情，也许有的素质高的小商小贩他就是出于尊敬义务，对于义务的敬重，而不违法，甚至于在某些危机的时刻，哪怕别人都卖假货，他自己一个人不卖假货就要在竞争中被淘汰出局，哪怕如此，他也不卖假货。这种情况就具有道德价值了，他的诚实守法就值得敬重了，因为他不顾他的损失，不顾他的这个店子要倒闭，仍然守法，只是因为他觉得自己应该守法。那么这种情况呢，就具有道德性，我们对他就肃然起敬。对于那种为了自己的牌子能够打得响而守法的人，我们可能称赞他，鼓励他，但是我们还不至于对他肃然起敬，因为他是为了他自己，要使人对他肃然起敬，那就必须可以看出来他完全不是为了他自己，完全是为了守法而守法，那么这种情况就具有道德价值。注意这里两种情况都强调一个"只有"或"只是"，是指的极端情况，一般情况下都是两者都有一点，既有赚钱的目的，又有守法的义务意识，都是处于两者之间，比例有所不同而已。但这里讲的是两种极端情况，这才能突出合法性和道德性的本质区别。也就是只有当守法行为是仅仅为了法则而发生，这才是值得我们敬重的一个前提，甚至于你要是掺杂了一丝一毫其他的考虑在内，就不能够使你引起别人敬重了，顶多引起别人赞许。这个地方有一个注，我们来看看。

　　如果我们精确地权衡对人格的敬重这个概念，正如它在前面已被阐明的那样，那么我们就发现，它总是建立在给我们树立起一个榜样的义务这种意识上的，因而敬重永远只能拥有一个道德上的根据，

　　我们先看这半句。"如果我们精确地权衡对人格的敬重这个概念"，对人格的敬重这个概念，我们在使用这个概念的时候，我们确切地来说是在什么意义上使用的，我们仔细地考虑一下。人格，Person，原来译作"个人"，现在一律改作"人格"。这个对人格的敬重的概念，"正如它在前面已被阐明的那样"，在前面已被阐明，"前面"在哪里呢？我们可以从这里倒数上去的第一、二、三，第四段的后面一部分，也就是第343页（《实践理性批判》107页，边码92），在讲伏尔泰之前的这句话，这句话讲，"所以它并不仅仅是赞叹，它是我们对这样一个人格（真正说来是对他的榜样向我们摆明的法则）表示的敬重"。然后举例说，像伏尔泰这样的人，我们敬重的也不是他的才华，而是他的人格，是对他的榜样向我们摆明的法则所表示的敬重。敬重不是因为他有多么能干，也不是他造成了多大的业绩，而是由于他的勤奋，我们对他肃然起敬，因为他能够把自己的才能发挥到这样的高度。而这里讲，"那么我们就发现，它总是建立在给我们树立起一个榜样的义务这种意识上的，因而敬重永远只能拥有一个道德上的根据"，当我们使用敬重这个概念的时候，我们就发现这种敬

重总是建立在给我们树立起一个道德榜样的义务这种意识上的，我们对一个人的人格的敬重是出于他所体现出来的义务榜样。一个人应该完成他的义务，在一个人身上如果体现出来，那么这个人就成为我们敬重的榜样，这个榜样并不在乎别的方面，正如前面讲的，一般的庸众看到某某伟人也有缺点，就不再对他敬重了，但是有识之士不会因为这一点而取消对他的敬重。因为本来对他的敬重就不是出于对他没有劣迹或者说如何成就伟大这些看得见的外在的表现之上，而是出于他的行为里面所体现出来的道德律、义务，他完成了他的义务，从这个角度来看，即算他没有完成他的业绩，或者我们说失败的英雄，但是就他发挥自己的才能所达到的高度来说，仍然可以对他产生敬重。这个是前面已经提到了的，这个地方再重新阐明它的意义，人都是感性的，人都有他的缺点、都不是完人，但人只要表现出这样一种意向，并且经过自己的努力达到这样的高度，这就是令人敬重的。那么考虑到这一点我们就会在日常生活中对他产生一种模仿，他是人，我也是人，他能够做到的，我为什么做不到呢？这个做不到不在于他所造就出来的业绩、他的功成名就，而在于他能够把他的天才发挥到什么水平。所以敬重永远只能拥有一个道德上的根据，发挥自己的才能本身是一个道德上的法则，这成为了我们敬重的根据。

　　而凡是在我们运用这一术语的地方，注意到人在他的评判中对于道德法则所怀有的那种隐秘的和值得惊叹的、但在此也常常表现出来的顾虑，这是非常好的，甚至从心理学的眼光来看对于人的知识也是很有用的。

　　"凡是在我们运用这一术语的地方"，就是凡是在我们运用敬重这样一个概念的地方，"注意到人在他的评判中对于道德法则所怀有的那种隐秘的和值得惊叹的、但在此也常常表现出来的顾虑，这是非常好的"。前面讲，我们对于一个人格产生的敬重呢，不是考虑到人性的负面、弱点，他的劣迹，他也做过一些不好的事情，并不因此就打消我们对他的敬重，我们只是主要着眼于他对于自己才能的发挥，这个道德律在我们面前成为了活生生的榜样。那么凡是在我们对一个人格产生敬重的地方，我们同时也注意到人在他的评判中对于道德法则所怀有的那种顾虑。一种什么顾虑呢？就是说，我们对于一个人的评判，虽然可以对他产生一种敬重，但同时隐隐约约也许有一种顾虑，就是他是不是出于义务而义务？他的动机究竟是出于义务呢，还是出于别的？还是出于野心，或者出于享乐？还是出于将来出人头地，做人上人，获得更大的权利和财富？有这种顾虑。一个人拼命地发挥自己的天才，不是为了发挥自己的天才本身，而是有别的目的，把发挥自己的才能当成一种手段去取得更大的幸福，有这个可能。而且人的动机你是猜测不了的，哪怕他口头上不说，但是他完全有可能隐秘地是出于那样一种目的，这种目的往往连他自己也不明确，他到底是为了义务而发挥自己的天才呢？还是为了争取更大的幸福、享受而发挥自己的天才？这个往往当事人本身也是不明确的。所以我们在把敬重这样一个术语用在一个人格上的时候，我们注意到人在他的评判中对于道德法则所怀有的那种隐秘的和值得惊叹的顾虑，这种顾虑一方面是隐秘的，另一方面是值得惊叹的，但同时又是免不了要表现出来的。一个人的动机究竟纯不纯，我无法证实，只有一种隐秘的顾虑，但这种顾虑又总是要表现出来，并且有这种顾虑也是非常好的、值得惊叹的。为什么好，为什么值得惊叹？因为它代表每个人心中其实都有一个共同的道德标准，不约而同地就把为义务而义务作为尺度来衡量一切道德行为了。这个标准实际上是很高的，是很值得推崇、值得惊叹的，在此也常常表现出来，当我们评价一个人的时候，我们经常会说，如果他仅仅是出于义务而做这样一件道德的事情，那是值得敬重的。这个"如果"，就是我们经常会留一个余地，留下一点顾虑，言下之意就是说，如果他并不是完全出于义务，那他就不值得敬重了。所以在我们给予他敬重的评价的时候，我们经常有一种顾虑，即我们的评价是否真的合乎他内心的动机呢？人心叵测，人心隔肚皮，我怎么就能够知道他完全出于义务呢？

当然了，有识之士不会因为这一点就打消对他的敬重，因为有识之士并不是着眼于他内心客观上怎么样，而是着眼于他可以作为我的榜样，我姑且把他看作是为义务而义务，不会因为他可能有别的动机就对他丧失敬重了。一般的庸人就总是去追究某个人的动机，哪怕一个特别好的人，他也要从他的动机中分析出某些对他有利的东西来，说他做好事还是为了比如说获得荣誉啊，获得奖赏啊，炒作啊，或者别有用心啊，等等。一般庸人大众在评价一个人的时候免不了总想把这些东西加进去，然而，即算那些庸众把这些顾虑加进去也是值得惊叹的，就是说人为什么会把这些顾虑加进去，正说明他的内心恰好是把一个真正的敬重只愿意赋予那些为义务而义务的人，不愿意赋予那些为了爱好而义务的人，这是他值得惊叹的地方。就是一般老百姓，普通的愚夫愚妇，村夫村妇，甚至街头巷尾的那些长舌妇，老是说别人坏话，哪怕别人做了非常好的事情，她也要从坏的方面去猜测他的动机，这个我们一般人是很讨厌的。但是康德对这一点是宽容的，他认为这个恰好表明人们心底里面还是有一种道德标准的，只不过人们认为没有人符合这一道德意向，因此不愿意给他以敬重。这恰好说明人心里面有一种值得惊叹的原则，所以对这个原则的顾虑也是值得惊叹的，有这种顾虑是非常好的。所以康德在《道德形而上学奠基》中一开始就是"从普通的道德理性知识到哲学的道德理性知识"，也是从这些底层庸人大众个个具有的普通的道德理性知识出发，去引出其中的哲学道理的。我们在网上经常可以看到，某某人做了一件好事，于是就有人来说这是在炒作，任何好事情都会有人说三道四，我们通常认为这是庸人心理，是要不得的。但康德认为，不要以为这全都是要不得的，这恰好说明了人们对道德有一种高要求，就是要求他纯粹是为义务而义务地做好事。他讲，"甚至从心理学的眼光来看对于人的知识也是很有用的"，这是从心理学的眼光来看。一般来说，康德是瞧不起心理学的，他认为心理学对哲学来说没什么用，哲学应该超越于心理学之上，心理学只是人性的一种经验知识。他在《实用人类学》里谈了很多心理学现象，只是为了实用的目的。但是他又认为，心理学对人性的知识是很有用的，所以我们要了解人。我们要做一个道德的人，这个不错，我们要了解道德，要了解实践理性的法则，这是每一个人都要做的；但是另一方面我们也要了解现实的人，了解社会上人的现实状况，因为再高的道德法则也要靠人去实行，在这一点上康德其实是非常具有社会经验的，非常世故非常老练的，他并不是一个完全的书呆子。你以为康德是个书呆子，其实对他是一种误解，他也有很多底层朋友，他自己在底层也混了多年，他跟那些贫民、那些穷人打过很多交道的，包括他的仆人兰培。所以他对人性的知识其实是非常看重的，就是说，你不要高高在上老谈道德，你也要知道人世间的人性的现状究竟是怎么样的，这两方面结合起来，你的道德法则在人性中如何体现，人如何去追求你高悬在道德彼岸的那个理想，才能找到合适的答案。那你就要对两方面都有了解，一方面对于人性的现状，另一方面对人的彼岸的理想，你都要有知识。那么这里讲对人性的知识、对人的知识也是很有用的，就是现实中我们对一个人的评判，哪怕我们对他产生敬重，但是我们同时免不了怀有一种隐秘的顾虑，就是说我们把他看成一个榜样，但是客观上这个人到底怎么样，我们心里是没有底的，而且就是伏尔泰自己也没有底。因为人要彻底地认识自己是很难很难的，几乎不可能，只有上帝才可能彻底地认识一个人，所以在这个方面我们总是留下一个顾虑，这其实倒是好事，免得我们过于天真。但是当我们把人当作道德楷模的时候我们是撇开了这些顾虑，不管怎么样，他能做得到，那么我也应该做得到，我就把他当作是为义务而义务的一个楷模了。真正能够让我敬重的就是在我心目中我把他当作为义务而义务的榜样，我对他的敬重不是对他这个人、比如说伏尔泰这个人的敬重，而是对他身上所体现的道德法则的敬重，他是道德法则的典型或者代表。每个具体的活生生的人都是有缺点的，人心都是肉长的，人也有情感，人也有脆弱的地方，也有痛苦，那么在这方面我不必去考虑它。以上是他这个注释里面所讲的，当我把敬重这个概念运用于某个具体的人格身上的时候我们是采取的什么样的态度,它总是建立在给我们树立起一个榜样的义务这种意识上的,我们的敬重只是给予、仅仅给予他所体现的道德法则,而不是给予他的整个带有肉体带有情感的人性,这个具体的个人是另一回事。这是这一段。

在一切道德评判中最具重要性的就是以极大的精确性注意到一切准则的主观原则,以便把行动的一切道德性建立在其**出于义务**和出于对法则的敬重的必然性上,而不是建立在出于对这些行动会产生的东西的喜爱和好感的那种必然性上。

"在一切道德评判中最具重要性的就是以极大的精确性注意到一切准则的主观原则",就是要注意到一切准则,你的这个动机的主观原则,要以极大的精确性注意到这一点。所以刚才讲的那些庸人大众对模范人物的吹毛求疵其实也是应该的,在进行道德评判的时候,最重要的就是要把这一点精确地提出来加以对待,"以便把行动的一切道德性建立在其**出于义务**和出于对法则的敬重的必然性上",就是说把这一点严格区分开来以后,我就可以把对于道德性的评价建立在他的为义务而义务和对义务的敬重的必然性之上,出于义务也就是出于敬重了,为义务而义务就是仅仅是出于对义务的敬重而做义务的事情,本来就是这样的。仅仅建立在这一点上,那么这种行动就有必然性了,也就是说你把一切偶然的因素,爱好、需要、利益,全部撇开以后,你从纯粹的实践理性引起对于法则的敬重,那么它所导致的行动就有一种必然性,就是心怀敬重必然会出于义务做义务的事情,你有一种敬重感,你就必然会把其他一切考虑都放在一边,包括爱好,包括利益,你把它们都放在一边,仅仅从道德法则来规定自己的意志,这种规定就有必然性。这个必然性当然有前提,就是说你把一切偶然性都撇开了,完全是为义务而义务,那么这里头就有必然性。反之,出于爱好你就不是必然会去做合乎义务的事情,你也可能有时候偶然地做了合乎义务的事情,但是你就不是必然去做了。

所以他讲，"而不是建立在出于对这些行动会产生的东西的喜爱和好感的那种必然性上"，这就是另外一种必然性了，出于对后果的喜爱和爱好，当然也是一种必然性，是人性之所不可免的自然必然性，本能的必然性，出于爱好你就必然会去做符合你的需要的事情，这也有必然性。你要喜欢一个东西你就必然会想办法去追求它，这也有必然性，但是这已经不是道德性的必然性，而是自然必然性，是生物学的必然性了，它对于道德的必然性来说恰好是种偶然性。道德性不是建立在这种动物的必然性、生物学的必然性或者说物理学的必然性上的，而是建立在对法则的敬重这种必然之上的，这个是完全不同的。

对于人和一切被创造的理性存在者来说，道德的必然性都是强迫，即责任，而任何建立于其上的行动都必须被表现为义务，而不是被表现为已被我们自己所喜爱或可能被我们自己喜爱的做法。

那么从上面可以推出来，"对于人和一切被创造的理性存在者来说"，人就属于被创造的理性存在者，被造物，也就是有限的理性存在者，他不是上帝。上帝作为理性存者是无限的，因为人是被创造的，上帝是进行创造的。也就是对于有限的人来说，"道德的必然性都是强迫，即责任，而任何建立于其上的行动都必须被表现为义务"。义务这个概念里面包含有强迫的意思，也就是责任。什么是责任呢？ Verbindlichkeit，翻译成"责任"，其实也可以翻译成"义务"，但是这个责任是比较具体一些的，它来自于 verbinden，本来就是束缚、捆绑的意思。我有义务，我有责任，也就意味着我受到束缚。所以他这里讲，道德的必然性都是强迫，即责任，也就是受到束缚的，受到束缚也就是被强迫了。而任何建立于其上的行动都必须被表现为义务，任何建立在这种强迫之上、建立在受道德必然性所强迫这一点上的行动都必须被表现为义务，"而不是被表现为已被我们自己所喜爱或可能被我们自己喜爱的做法"。为什么呢？因为它受束缚嘛，义务里面就有受强迫，受束缚的意思。但义务和责任又有细微的不同，义务在这里对应的是"Pflicht"，这个德文词和

Verbindlichkeit 都可以翻译成"义务"，但是义务比责任更抽象一些，它的词根是 pflegen，意思是"照料"、"看护"，带有主动性。责任则更加具体一些，你有任务，你受到束缚和捆绑，带有被动性。所以义务更加带有形而上学的意义，层次更高。道德形而上学通常是这样，道德律虽然有强迫，但毕竟是建立在主动性而不是被动性之上的。所以我把它们区分开来。建立在这种责任之上的行动必须被表现为一种义务，而不是被表现为已被我们所喜爱或可能被我们自己所喜爱的那些做法。后面这种行动它有可能是我们自己已经喜爱的，或者是有可能被我们喜欢的那些东西，是跟我们的爱好、跟我们的利益、跟我们的好处都相关的那样一种做法，那个是不能表达义务的。道德的必然性只能以义务的方式表现出来，而不能以一种爱好、以一种喜好表现出来。这里康德是在跟经验派的幸福主义、功利主义伦理学进行辩驳，就是所谓的"道德必然性"，道德怎么可能是有必然性的，是因为它里面包含有自上而下的强迫。幸福主义伦理学以为道德法则是建立在幸福之上的，就是让人能够为所欲为，最大可能满足自己的需要，在这个方面建立起道德的必然性，对此康德是坚决反对的。道德的这种强迫是自上而下加在有限的人身上的责任，而出于自己的喜爱，不管是已经喜爱的还是可能被我们所喜爱的那样一些做法，它是由下而上发展出来的，比如说本能、生物性的需要、日常的爱好，这是我们自己作为有限物必然会有的一些表现，作为受肉体束缚的存在者就必然会有这些本能的表现，但是这些做法永远不会产生道德上的必然性，对于道德法则来说它都是偶然的，都是一种干扰。

[82]　　　就好像，我们有朝一日能做到无须对于法则抱有那种与害怕违禁的恐惧、至少是担忧结合着的敬重，我们就能像那超越于一切依赖性之上的神性一样自发地、仿佛是通过一种成为了我们的本性而永远不会动摇的意志与纯粹道德法则之间的协调一致（因而德性法则由于我们永远不可能被诱使去背弃它，也许最终就有可能完全不再对我们是命令了），而在某个时候能具有意志的某种**神圣性**似的。

　　下面"就好像"这一句话很长了，这句话一口气是读不完的，这要换好几口气才可以读完，一直到本段末接上最后两个字"似的"才了结。我们把"似的"放在最后，在德文里面就是一个典型的框型结构了，框型结构就是把所有的内容都塞到一前一后两个虚词所构成的框架里面去，构成一个完整的句子。这种框型句子结构在英语里面是翻译不出来的，但在中文里面却可以轻松表达，翻译不成问题。但是这个句子很大，里面有很多内容，我们来分析一下。就好像什么呢？就是说，根据前面讲的，道德必然性是从上而下加在人身上的，就好像人是能够做到纯粹为义务而义务那样，就好像人是应该而且能够做到那种神圣性、能够做到它所要求的强制性的道德义务一样，最简单地说这一长句就是这个意思。但联系前面一句话来讲，道德的必然性都是强迫，即责任，道德律对人的强迫就好像是强迫人要做到像上帝那样的，它是自上而下加给人的一种命令，命令人要做到像上帝那样，当然其实是做不到的，所以就只是好像。人都是有限的嘛，人怎么能够成为上帝呢，但这道德命令就是命令人就好像你能够做到上帝那样。但是实际上，假如真的有一天你能够做到上帝那样，这个绝对命令也就不存在了，正因为你做不到，所以才对你有一种命令啊，要你成圣，要你成为圣人，要你成为上帝，就好像你真的能够跟上帝一样行动。所以我们再来看，就好像，我们有朝一日能做到，能做到什么呢？"无须对于法则抱有那种与害怕违禁的恐惧、至少是担忧结合着的敬重，我们就能像那超越于一切依赖性之上的神性一样自发地、仿佛是通过一种成了我们的本性而永远不会动摇的意志与纯粹德性法则之间的协调一致，……而在某个时候能具有意志的某种神圣性似的"。也就是说，就好像，我们有朝一日能做到在对法则抱有敬重时无须带有恐惧和担忧，担忧什么呢？担忧我在敬重中是不是还隐含着除了道德法则之外的感性准则，至少是有这种趋势，也就是上面那个注释中说的那种隐秘的"顾虑"。因为假如我们已经具有了神性，那就不需要带有这种担忧了，但没有这种担忧，那就连敬重也都不必要了，我们之所以对法则抱有敬重，就是因为一般人做不到，我自己也担忧自己做不到。所以一个人他如果能够显出他能够做到，我就对他抱有敬重，那是因为我自己做不到，这样才会有敬重。敬重是由于我们人是有限的，所以我们对于那种纯粹的道德法则就会抱有一种敬重，我做不到嘛，我要做到我必须把我的一切爱好予以否定，要绝对地谦卑，那怎么能够做到呢？除非是圣人，但世界上没有圣人。所以这只是一种好像，好像我们有朝一日无须对法则抱有那种敬重，那种敬重是与害怕违禁的恐惧，至少是担忧结合着的敬重。敬重里面有一种害怕，害怕什么？害怕自己违反道德律，为什么害怕自己违反道德律呢？因为有那么多的爱好、那么多的兴趣、那么多的利益在诱惑着我们，所以我们有一种恐惧。敬重就是对所有这些爱好的排除嘛，否定情感的情感，否定一切情感，但是各种情感时时刻刻在侵袭我们，所以敬重里面夹杂着有一种害怕，一种恐惧。现在我们能不能做到无须这种敬重、这种恐惧、这种担忧和顾虑，而能像那超越于一切依赖性的神性一样，自发地与纯粹道德法则相互协调一致呢？事实上我们人当然是没有这种神性的，我们人是有依赖性的，而神性是超越于一切依赖性之上的。但是我们能否设想一下，就像我们能超越于一切依赖性之上，就像神性一样自发地、仿佛是通过一种意志而与纯粹道德法则协调一致？这样一种意志仿佛已经成为了我们的本性而永远不会动摇，不受任何感性爱好的干扰，当然就能够做到与纯粹道德律之间的协调一致了。好像可以做到这样，虽然有限的人实际上是做不到这样的，有限的人的意志总是受种种东西的规定，有时候他可以受道德律规定，但有时候也会受感性的爱好所规定，不可能有那么坚强的意志；但是这恰好是道德法则所要求于我们的，它让我们设想一下，这样一种与道德律相协调的意志似乎已经成为我们的本性，它永远不会动摇。我们的意志经常不一定是符合道德律的，所以你要讲符合道德律的这样一种意志成为了我们的本性，这在凡人是做不到的，但是我们可以设想神圣的人性，提升到神圣性上的这种人性，它可以做到这一点，它可以把这样

一种意志变成我的本性，而永远和纯粹的道德律协调一致。所以这里讲
"自发地"，自发地就是说不受强制的，自由的，完全是出自意志本身。本
来意志本身要受到强制，要么受到道德律的强制，要么受到爱好的强制、
本能的强制，但是在这个时候我们可以设想，自发地、仿佛是通过那样一
种永远不会动摇的意志与纯粹道德律之间的协调一致，而在某个时候能
具有意志的某种神圣性似的。那么这个括弧里面的就是讲这个协调一致
了，"（因而德性法则由于我们永远不可能被诱使去背弃它，也许最终就
有可能完全不再对我们是命令了）"，这一句其实很重要。一旦有那样一
天，我们的意志已经成为了我们的本性，天生就是要去和纯粹道德律协
调一致的，那么道德律呢，由于我们永远不可能被诱使去背弃它，那么这
样一种道德律对我们就不再是命令了。既然我不可能去违背道德律，那
道德律对我还成为什么命令呢？道德律之所以对我成为命令，就是因为
我随时可能违背道德律，所以道德律就在于命令我们不得违背，这就是
命令。如果你本来就没想去违背，不可能去违背，那就不是命令，道德律
还在，但是它已经不是命令，它是我的本性，我生来就会按照道德律去做
事，你不需要命令我，你需要命令我的反而不是我的本性了。孟子讲，"由
仁义行，非行仁义也"，"仁义"我们可以把它看成道德律，"由仁义行"而
不是去"行仁义"，中国道德观念是这样的，中国的道德观念就是人人可
以成为圣人嘛，所谓圣人就是由仁义行，而不是去行仁义。"行仁义"就
是说有个仁义在那里等我去做，那么这个仁义对我就成了命令，而"由仁
义行"那就不是这样的了，就是我本来就是仁义的，我率性而为就已经是
行仁义了，这是最高境界。当然行仁义也可以，行仁义也是一般老百姓
都应该这样做的，这说明他们都不完全是好人，只是想做好人；但是最高
境界是"由仁义行"，那是圣人才能做到的，他不是去行仁义，而是孔子
所讲的"七十而从心所欲不逾矩也"。到了七十岁你就可以做到"从心所
欲而不逾矩"，完全是率性而为、从心所欲，做任何事情都是合乎道德的、
合乎义务的，这是中国哲学的一个立场。但是在康德这里是反的，康德

是反对这个立场的,他说,如果设想那样一种情况,——他这里用的都是虚拟式了,就好像是我们有朝一日可以做到不需要抱有对法则的那种恐惧、那种警觉,就能够一劳永逸地超越于一切依赖性之上,就像神性一样,用中国的话说就是像圣人一样,在基督教的语境里面就是像上帝那样,自发地、仿佛是通过一种成为了我们的本性而永远不会动摇的意志与纯粹道德律之间协调一致,而在某个时候能具有意志的某种神圣性似的。基于这样一设想,那么道德律由于我们永远不可能被诱使去背弃它,也许最终就有可能不再对我们是命令了。比如对上帝来说,道德律对他就不是命令,道德律对上帝来说不是命令而是"由仁义行",上帝不是去行仁义,不是说强迫自己的自由意志去行仁义,在上帝那里没有强迫,因为上帝没有感性嘛,他也没有肉体、也没有爱好、也没有利益、也没有需要,上帝是一个纯精神,他怎么会由道德律强迫自己呢? 他需要强迫的地方在哪里呢? 他没什么需要强迫的地方,他就完全是纯精神、纯理性。不管是他创造世界也好、创造人也好,上帝创造一切都自发地出自于道德律,而不受任何强迫。但这只是上帝,而不是人能够做到的。康德对道德律和自由意志的这种关系的确定跟中国儒家的观点完全是倒过来的,中国儒家就是讲"满街都是圣人",每一个人原则上都可以做到"由仁义行",只看你做不做,你只要愿意你就可以做到。所以真正的圣人他做任何事情是没有任何强迫的,返身而诚,乐莫大焉,他自然而然、率性而为,"率性"就是天道、天性。我们很多人把康德和儒家伦理加以"融通",我们从这一点可以看出来非常难,几乎是不可能的。你要把康德和儒家伦理扯到一起来你会发现,它到处都会自相矛盾,这主要是对人性的看法不一样。康德认为人性本恶,当然它也可以善,但是它本来是恶,中国人认为人性本善,恶只是外来的污染。

也就是说,道德法则对于一个最高完善的存在者的意志来说是一条**神圣性**的法则,但对于每一个有限的理性存在者的意志来说则是一条**义**

务的法则，道德强迫的法则，以及通过对这法则的**敬重**并出于对自己义务的敬畏而规定他的行动的法则。

"也就是说"，就是上面所讲的道理啊，其实说白了就是这样的，就是人不是神。"道德法则对于一个最高完善的存在者的意志来说是一条**神圣性**的法则"，对于最高完善的存在者的意志来说，也就是对于上帝的意志来说。他这个地方提都不提上帝，他都是用这样的表述，一个最高完善的存在者的意志，一个无限的理性存在者的意志，但人类只是有限的理性存在者。道德法则只对上帝才有神圣性，本来这个道德法则是着眼于这个最高的完善的存在者，我们也可以不把他叫作"上帝"，我们可以把它称之为"理想"，就是一种道德理想，上帝我们也可以把它理解成一种道德理想。康德在这里一般避免提到"上帝"这个词，一提到这个词就有很多别的联想了，当然他这里讲的只是道德法则，那么这个道德法则对于这个最高完善的存在者的意志来说无限地高于人的意志，就此而言它是一条神圣性的法则，它具有神圣性。"但对于每一个有限的理性存在者的意志来说则是一条**义务**的法则，道德律强迫的法则"，这里"义务"和"神圣性"都打了着重号，表示对照。对于有限的理性存在者，包括人在内，对于人的意志来说道德法则不可能是神圣的法则，而只能是一条义务的法则。神圣性的法则里面是没有强迫的，它本身就是神性的，它没有强迫；而强迫是对于感性而言的，对有限的理性存在者才有感性，所以义务里面包含强迫的内容。对于有限的理性存在者来说这是一条义务的法则，即道德强迫的法则，或者说，道德的神圣性对于有限的人来说、对于不神圣的人来说就具有一种强迫性，就失去了它的神圣性。"以及通过对这法则的**敬重**并出于对自己义务的敬畏而规定他的行动的法则"，道德法则作为一种道德强迫的法则，就体现在它的敬重上，"敬重"也打了着重号，它是前两者的合题，因为它既是趋向于神圣性的，同时又是强迫性的。也就是道德法则的强迫就在于通过对这法则的敬重并出于对自己义务的敬畏而规定自己的行动法则，这个"敬畏"（Ehrfurcht）没有"敬重"这个词那么专门化，但是也是大致上表达了敬重的意思，出于敬重而规定他的行动，所以这里面有强迫，有恐惧。上帝不食人间烟火，但是上帝的法则要运用于有限的人身上就必然会带有强迫，那就变成了义务，义务的概念就是这样一个概念。

　　<u>不得把另外一条主观原则设定为动机，因为否则行动虽然可以像这法则对它加以规范的那样发生，但由于这行动尽管是合乎义务的，却不是出自义务而发生的，所以对此的意向就不是道德的，而在这种立法中真正重要的却是这个意向。</u>

　　这就是接着上面的语气来的，就是说道德法则是一种道德强迫的法则，必须要通过对这法则的敬重、出于对自己义务的敬畏而规定他的行动。下面接下来就讲，"不得把另外一条主观原则设定为动机"，也就是说敬重当然也是一条主观原则，但是除了敬重以外，不能够把另外一条主观原则设定为行为动机。道德法则只能够把敬重设定为它唯一的动机，而不能把另外一条主观原则也设定为动机。"因为否则行动虽然可以像这法则对它加以规范的那样发生"，就是说如果用了另外一条非敬重的主观原则作为它的动机的话，比如说通过爱好、通过利益的考虑作为自己的动机的话，那么行动虽然可以像这法则对它加以规范的那样发生，那样实行出来。比如说我也可以不卖假货，但是我不是出于对道德法则的敬重，而是出于利害的考虑。"但由于这行动尽管是合乎义务的，却不是出自义务而发生的，所以对此的意向就不是道德的，而在这种立法中"，也就是在这种道德的立法中，"真正重要的却是这个意向"，却是什么意向呢？却是出自义务的意向。意向在这里也可以大致理解为动机，对此的动机就不是道德的了，而在这种立法中真正重要的却是这样一种动机，也就是对道德法则的敬重。这是对他前面的一个进一步的解释，就是把人和神圣性、人和上帝划分开来，人不能做到完全没有强迫、自然而然地就按照道德律办事，所以才必须要有义务。义务带有一种强迫性，道德律从上而下、从神圣性来对人颁布一条义务，这个义务必须要人克

服他的有限性，克服他的感性、爱好、利益等种种考虑，那么对这些感性的东西的克服本身就体现为敬重，所谓克服一切情感的情感唯一地只有敬重。那么在有限的人来说就必须要通过这个敬重，你才能够意识到真正的道德是为道德而道德、为义务而义务的，虽然你做不到，但那是你自己的原则，你的道德目标。这个义务通过敬重对人产生了一种强制，命令人从他的有限性走向无限。这是康德的基本的观点。

出于对人们的爱和同情的好意对他们行善，或是出于对秩序的爱而主持正义，这是非常好的，但这还不是我们行为的真正的、与我们在作为**人类**的理性存在者中的立场相适合的道德准则，如果我们自以为能够仿佛像一个见习生那样凭借高傲的想象而置义务的观念于不顾，并且不依赖于命令而从自己的愉快出发一意孤行，就像没有任何命令迫使我们去那样做的话。

这个是首先肯定了出于对人们的爱和同情的好意对他们行善，做好事，但不是出于为做好事而做好事、不是出于为义务而义务，而是"出于对人们的爱和同情的好意对他们行善，或是出于对秩序的爱而主持正义，这是非常好的"，这本身当然是好事、善事。对个人来说我们的慈悲为怀、我们的慈善举动等等，对社会来说我们主持正义，主持正义是出于对秩序的爱，因为天下大乱使老百姓不得安居乐业，那么我们还是希望回到一个有秩序的社会、有法制的社会。不管是对于个人还是对于社会，我们出于自己的爱、出于同情来做好事，来主持正义、行善，这些行为本身都是符合道德法则的，都是非常好的好事。"但这还不是我们行为的真正的、与我们在作为**人类**的理性存在者中的立场相适合的道德准则"，这些好事还并不是我们真正的道德准则，并不适合于我们作为人类的理性存在者的立场。"人类"打了着重号，为什么打了着重号呢？就是说与我们在作为有限的理性存在者中的立场相适合，人类的立场就是有限的了，上帝的立场就是无限的，所以他要区分开人类的和上帝的。也就是出于爱好、出于同情等等来做好事，这还不是真正的与我们人类的立场相适合的那种道德准则，而只是一种人之常情。所以一方面他认为这个东西是很好的，如果有一个人出来主持正义，如果哪里发生灾难了，发生地震了，我们大家都去救助，这些行为都是很好的，康德很肯定这种行为，但还不够。为什么还不够呢？它还不是我们行为的真正的道德准则，这种爱好，出于爱也好，出于同情也好，这当然都是我们的准则，也是我们做一件好事的动机，但是这动机还不是我们真正的道德准则，不是与我们的人类立场相适合的。当然后面还有一个补充，它还不是我们真正的道德准则，尤其是，"如果我们自以为能够仿佛像一个见习生那样凭借高傲的想象而置义务的观念于不顾，并且不依赖于命令而从自己的愉快出发一意孤行，就像没有任何命令迫使我们去那样做的话"。后面这个补充很重要，就是说我们出于爱、出于同情去做好事这当然是很好的，但是它还不是我们真正的道德准则，因为它里面还有这样一种可能性，如果，如果什么呢？如果我们自以为能够仿佛像一个见习生那样，见习生，就是说一个初学者，一个对于这个道德律、对于实践哲学、道德形而上学还不甚了解的人，像一个见习生那样，凭借高傲的想象而置义务的观念于不顾。凭借高傲的想象，同情，我要为天下人谋福利，造福于老百姓，造福于广大群众，这都是高傲的想象，把自己当圣人了，把自己凌驾于一切老百姓之上了；而置义务的观念于不顾，把这当作我自己、我这个圣人的一种替天行道，代天立言，我就是圣人，我就是天道。那么谁对你有约束呢？就没有约束了。我没有约束，我的一言一动就代表天道，这就是圣人，圣人就是"大救星"，大救星就是没有任何束缚的，没有任何约束的，他可以为所欲为，他的一举一动都代表天道嘛，这就是非常高傲了。凭借高傲的想像而置义务的观念于不顾，义务的观念要带来强迫的，圣人是不受强迫的，他"从心所欲而不逾矩"，他受什么强迫呢？他自己已经成了天道的代表。那么置义务的观念于不顾，就是把义务放在一边，我就是圣人，在我之上再没有别的了，我就是天道，在我之上再没别的我需要遵守的，再没有别的可以强迫我的法则，凡是反对我的就是反对天道，这就很危险了。"并且不依赖于命令而从自己的愉快出发一意孤行"，只依赖于本性而不依赖于命令，总觉得我替天行道是多么的愉快，"反身而诚，乐莫大焉"，"反身而诚"就是回到本性了，回到本性就是回到天道了，"尽心知性而知天"嘛，我就回到天道了，那就是最快乐的了。从自己的诚实本性出发不依赖于命令，那当然是很快乐的了，接受命令是很痛苦的，你要遵守命令你必须放弃自己的很多东西，但是我要从自己的愉快出发一意孤行。"就像没有任何命令迫使我们去那样做的话"，最后这个"的话"和前面的"如果"相呼应，又构成一个框型结构，前面那个结构是"就好像……似的"，那个容量大，里面套了好几个从句；这个只是一个条件句，里面套了一个并列句和一个状语从句。整个这段话就是一句，后面这个状语从句是一个补充，就是说如果我们在凭借我们的爱好我们的同情做好事的时候，没有考虑到命令，没有考虑到强迫，没有比我们更高的东西，好像我们把自己的爱好和同情提升到了顶点，我就是出于对人民的爱，出于对老百姓的关怀、同情、怜悯来做好事，那你就把自己当上帝了，把自己当救世主了，而不考虑任何命令，不考虑任何义务的观念、强迫的观念。那么这个时候呢，你的行为的准则还不是真正的道德法则，一件本来看起来很好的好事就有可能变成一场灾难。你在道德领域中还只是一个见习生，你既不了解人类的有限性，也不了解自己的有限性，你提出的并不是真正的与作为人类的理性存在者的立场相适合的那种道德法则，因为人类既不是上帝也不是圣人，而是普通人，我们也是有七情六欲的人，哪怕救世主，其实他也是人而不是神。康德看得很清楚，没有任何一个凡人能够成神，你的行为必须与作为人类的身份、立场相适合，那么这种道德法则对你来说呢就有一种强制性，就有一种强迫，而不像一个见习生那样凭借高傲的想象而置义务的观念于不顾，自高自大、为所欲为、一意孤行。我们刚才又把它跟儒家的伦理相比较，我们往往在读这些书的时候都要有这个视野，最好有一个中西比较的视野。我们为什么研究康德？不是说我们在学术上把他研究透了，把他的每一句话都搞清楚了，就完了，我们研究康德就是为了体会、吸收他里面所包含的西方文化的精髓，并且跟我们中国传统的东西相比较，看看我们中国传统文化历来视为天经地义的东西，它的边界在哪里，它的缺陷在哪里，它的弱项在哪里。我们要看出这个，你就必须要读西方人的书，如果你不读的话，你就整天陷在中国文化的氛围里出不来。当然不是说中国的就不好，这里还谈不上好不好的问题，你要找出这个区别来，你就会发现中国文化的边界，西方文化也有它的边界，在这两个边界之间我们可以发生碰撞、可以扩大我们的眼界，增强我们的文化自我意识。

我们置身于理性的**规训**之下，并且在我们服从这一规训的一切准则中都不得忘记，不要从它里面抽掉任何东西，也不要由于我们把我们意志的那种虽然是合乎法则的规定根据却仍然建立在不同于法则本身和对法则的敬重的别的东西中，而以自矜的妄想使法则（尽管这是我们自己的理性所立之法）的威信有所损失。

"我们置身于理性的**规训**之下"，这个"规训"（Disziplin）打了着重号，原来翻译作"戒律"，不是很确切，把"训练"的意思丢掉了。后面译作"训练"（《单行本》第 117 页，边码 100），又缺了规则的意思，这里统一译作"规训"，也就是命令了，我们置身于理性的规训的命令之下，你不得干什么，我们是受理性的规训强迫的，应该这样来看。我们置身于理性的规训之下，"并且在我们服从这一规训的一切准则中都不得忘记"，我们的准则要服从这个规训，这个准则就是我们的动机了。我们出于什么动机来服从理性的规训、服从道德命令？那么我们这个动机在我们一切准则中都不能忘记的是，"不要从它里面抽掉任何东西"，这个命令要原原本本地照此办理，"也不要由于我们把我们意志的那种虽然是合乎法则的规定根据却仍然建立在不同于法则本身和对法则的敬重的别的东西中"，一个是不要从它里面抽掉任何东西，不要偷工减料；再一个就是不要加进任何别的东西，即"由于我们把我们意志的那种虽然是合乎法则的规定根据却仍然建立在不同于法则本身和对法则的敬重的别的东西中"。这句话比较拗口啊，也不要由于，由于什么呢？由于我们把我们的意志的那种规定根据仍然建立在别的东西中，已经是合乎道德法则的规定根据了，却仍然建立在别的东西中，把道德法则建立在这些异己的东西中。由于这一点，"而以自矜的妄想使法则（尽管这是我们自己的理性所立之法）的威信有所损失"。为什么会使法则的威信受到损失？因为我们意志的那种规定根据虽然是合乎法则的，但却仍然建立在，既不同于法则本身、也不同于对法则的敬重的别的东西中，比如说出于爱好、出于利益，它们哪怕是合乎法则的，但不是出于法则的，这都有损于法则的威信，而且属于"自矜"（eigenliebig）。一般人会认为，一个行动既出于爱好又能合乎法则，这岂不是两全其美？这既合乎了法则，也是他愿意的，也是他喜欢的，这人喜欢做好事，做好事当然是合乎法则，而且能够使他心安、使他快乐，能够使他长寿，孔子讲"仁者寿"嘛。好人一生平安嘛，做好事能够使人一生快乐嘛，能够不得癌症，你做多了坏事，你这个人就容易得癌症，成天生活于恐惧和仇恨之中，生活于负疚之中，那就会得癌症了，癌症很大的因素是精神性的因素。所以很多人为了自己不得病，所以去做好事，做好事以后一身轻松。那么这样一些东西它是不同于法则本身和对于法则的敬重的，你如果把你的意志建立在这样的一些东西里面，你就是在以自矜的妄想使法则的威信受到损失了，所谓"自矜的妄想"就是把你的这种爱好看作神圣的、看作是至高无上的，如前面所说的，虽然还没有到自大，但毕竟属于自私，是容易导致自我膨胀的。你的爱好实际上是出于你的同情心，同情心是一种自然的情感，人都有同情心，孟子讲"恻隐之心人皆有之"嘛，人都有同情心、都有怜悯之心，你把这样一种同情之心、怜悯之心推到至高无上，我之所以做好事就是因为我的同情心，而由于我有同情心所以我是个好人，这就是一种自矜的妄想。以为靠自己的这样一种同情的情感，就可以自然而然地做好事，就是合乎道德的，人一旦合乎道德就心安理得了。这之所以是一种自矜的妄想，是因为他没有看到自己的有限的边界，没有看出这个同情心它虽然"人皆有之"，但并非"时时有之"，甚至该有的时候没有，不该有的时候泛滥成灾。它对人的作用的脆弱是显而易见的，也如孟子自己讲的，我看见一条牛将被杀，觉得可怜，就用一头羊去替换它，因为羊的被杀我没看见，就可以"君子远庖厨"。你不可能对所有的人都有恻隐之心，只对你亲眼所看到的那几个人有，所以它是没有普遍性的。人是有限的，人的同情心也是有限的，人的感性都是有限的，不要由此带来一种自负的妄想，这将使普遍法则的威信有所损失。道德法则要远远高出你的同情心之上，高出你的一切爱好之上，高出你的一切情感之上，因为道德法则具有神圣性，而人的任何情感都是人类这种有限的理性存在者不可避免的一种限制。所以这种法则，这个括弧里讲，尽管这是我们自己的理性所立之法，但仍然会使它的威信有所损失，就是说这个道德法则它具有神圣性，但尽管它是神圣的，但它还是我们自己的理性所立的。康德的道德命令，定言命令、绝对命令的意思实际上是按自己的理性自我立法，道德自律是理性通过自己的自由推出来的，你的自由意志自己给自己立法，你才能够维持自己始终永远是自由意志。如果是由别的东西来给你立法，你就不可能保持你的自由，你这一瞬间自由，等一下马上就不自由了，因为他律所依赖的那些外界的条件都是偶然的，只有自己依靠自己、自由意志依靠自由意志本身而建立的法律才是真正永恒的道德法律，一旦建立起来我们就会发现它具有永恒性，它具有神圣性。所以道德自律所立的这个法是具有神圣性的，它就是上帝的法，人也具有上帝的一部分神性，就体现在他的纯粹理性上面。人有纯粹理性，但人比上帝差得远，就是因为人除了纯粹理性之外还有感性、还有肉体，所以这个肉体感性通常要对纯粹理性加以干扰，加以遮蔽，诱使它脱离纯粹实践理性，就会使它的威信有所损失。

　　义务和职责是我们唯一必须给予我们对道德法则的关系的称呼。我们虽然是一个通过自由而可能的、由实践理性推荐我们去敬重的德性王

国的立法的成员，但同时还是它的臣民，而不是它的首领，而看不清我们
作为被造物的低微等级并对神圣法则的威望加以自大的拒绝，这已经是
在精神上对这一法则的背弃了，哪怕这个法则的条文得到了实现。　[83]

　　"义务和职责是我们"，"我们"就是人类了，是我们人类"唯一必须
给予我们对道德法则的关系的称呼"，我们人类对道德法则的关系必须
是把它叫作"义务"或者是"职责"，这里"职责"，即 Schuldigkeit，和"责
任"同义，来自 Schuld，即亏欠、罪过，这里是指该做的事情。也就是我
们和道德法则的关系必须是强迫性的，只能是这样，这是和上帝与道德
法则的关系不同的。"我们虽然是一个通过自由而可能的、由实践理性
推荐我们去敬重的德性王国的立法的成员，但同时还是它的臣民，而不
是它的首领"，我们虽然是一个德性王国的立法的成员，这个德性王国是
一个通过自由而可能的王国，并且是由实践理性推荐我们去敬重的王国，
它的自由就体现在它的成员都是自己立法的。这个德性王国是实践理性
的必然推论，也是康德的一个理想，在永恒的未来，我们把它当成一个理
想来追求，就是追求一个自我立法的德性王国。这样一个德性王国是通
过自由而可能的，它是由自由的人所建立起来的，在这个德性王国里面
人人自由。这个德性王国在现实中当然实现不了，但作为一个理想是由
实践理性推荐我们去敬重的，我们每一个人只要有理性、有实践理性，它
就会推荐我们对这样一个德性王国加以敬重。这个也就是康德在《道德
形而上学奠基》里面讲的"目的国"，在这个目的国里面每一个有理性的
存在者都是凭借他的自由意志立法的，都是道德自律的，在这个未来的
理想国里面，人人自由而且人人自律。他这个自由已经不是我们世俗生
活中的自由了，世俗生活中的自由往往被理解成为所欲为、想干什么干
什么，它与感性、爱好、需要是不可分离的，但是未来的德性王国里面这
种自由呢，每个人的自由都是自律，都是自己立法，同时又是他人的自律，
是普遍的法。他不是自己立法可以自己来享用，而是他一旦自己立法就
可以成为普遍的法，康德的道德律就是这样讲的，你要使你的意志的准

则成为一条普遍的法则。那么我们虽然是这样一个王国的立法的成员，但同时还是它的臣民，这个"臣民"的意思就是说，他还要服从立法，虽然他自己立法，但是他自己也得遵守，他自己被迫遵守他自己的立法，而不是它的无所约束的首领。不是说他一旦立了法他自己就可以逍遥法外了，他是立法者，唯独他自己可以不遵守法，不是这样的。一方面他自己立了法，另一方面他又是这个德性王国的臣民，他必须服从这样一个立法，无人可以例外。那么这就是说，他在现实世界中必须服从他自己所立的法，在理想的世界、道德王国中他是、每一个人也都是王国的立法成员，这个道德王国我们说它是彼岸的，但是它同时在现实生活中又对我们起作用，实际上它在某种意义上就存在于我们当下，它以理想的方式在我们当下起作用。我们每一个人都有这样一个理想，我们都是这个德性王国立法的成员，但是同时我们除了理想之外还有现实，我们有生活需要，我们要养家糊口，我们要追求自己的利益，所以同时又要受到它的命令，而不是它的首领。"而看不清我们作为被造物的低微等级并对神圣法则的威望加以自大的拒绝，这已经是在精神上对这一法则的背弃了，哪怕这个法则的条文得到了实现"，如果我们自以为在道德中为自己立法就狂妄自大起来，而看不清我们作为被造物的低微等级，也就是作为有限的理性存在者的低微等级，低微是相对于上帝而言的，相对于神圣性而言的，我们对神圣法则的威望加以自大的拒绝，我们自高自大，我们就把自己看作圣人甚至是上帝了。我们会认为一切法则都是出自于我们的本性，出自我们作为圣人的天性，那么这已经是在精神上对这一法则的背弃了，因为我们没有把握到道德法则的精髓，它作为神圣法则的对我们是强迫的义务，彼岸的法则对于此岸的现实的人类来说必须体现为一种义务。你如果没有义务这个概念、没有强迫的责任概念，那么我们在精神上已经对这样一个义务的法则、道德的法则背道而驰了，哪怕这个法则的条文得到了实现，哪怕这个法则逐字逐句你都没有违反，你都是按照这个法则做的，但是你在精神上已经远离了这个法则的精髓，这是康德所要强调的。休息一下吧。

　　好，我们再看下面这一段。我们在上面两段里面已经开始接触到了康德的这样一种维度，就是最高存在者跟人这种有限的存在者相比较的维度，上帝跟人，上帝是最高最完善的存在者，人是有限的理性存在者；人虽然有限但是他也有理性，所以在这方面他与上帝有相通之处，甚至像《圣经·创世纪》中说的，人跟上帝"平起平坐"了；但是人的有限性又是他摆脱不了的，因此跟上帝这种无限的理性存在者相比又是微不足道的，这是上面已经揭示到的问题。那么下面这一段就抓住这个问题来进一步扩展，扩展到哪里去呢？扩展到宗教里面去。下面这么长的一段，实际上是跟宗教领域发生关系了，讨论我们如何理解基督教的上帝的教导。这个道德律它本身具有神性，在基督教里面马上就想到这是从上帝那里来的，对人来说它表现为一种强制、一种命令、一种义务，这是由人的有限性所带来的，这整个还是基督教的思路。那么康德如何用这样一个思路对基督教圣经里的话加以解释，我们来看一看，实际上他对基督教进行了一番颠覆，特别是后来的《纯然理性范围内的宗教》谈得更露骨，所以他当时受到国王和宗教大臣的谴责啊，国王不准他再谈宗教问题了，但是他在国王死后又大谈特谈起来。

　　<u>但与此完全协调一致的是像这样一条命令的可能性：**爱上帝甚于一切和爱你的邻人如爱己**。</u>
　　"但与此完全协调一致的是像这样一条命令的可能性"，与什么协调一致呢？与上面讲的道德王国、目的国以及我们在其中自己立法、自己服从相一致。"但"就是说，看起来是不一致的，但实际上是完全一致的。什么东西完全一致呢？是这样一条命令的可能性："**爱上帝甚于一切和爱你的邻人如爱己**"，这是《圣经》马太福音里面的话。那么《圣经》里面这样一条诫命是上帝的命令，好像并不是人自己为自己立的法，它如

何能够跟康德上面所讲的完全协调一致呢？康德想要表白他所说的这些东西跟圣经里面所讲的是完全不冲突、完全不矛盾的，看来还需要一番论证。所以接下来这里有一个注释，也就是树立一个完全矛盾的对立面。

*与这条法则构成某种奇特对比的是那条有些人想要使之成为德性的最高原理的自身幸福原则，它将会这样来表述：**爱你自己甚于一切，而爱上帝和你的邻人却是为你自己的缘故**。*

一般人可能会误以为，自立法就是以自己的幸福为基点去为一切他人立法，让所有的人都服从自己，这就是最高的德性原理了。但康德在这个注释中正是要为自己的自立法的原则提供一个"奇特对比"，也就是把幸福主义和功利主义的伦理学拿来与自己的道德自律进行对比。通过对比，他表明这种幸福主义与《圣经》中的原则是恰好反过来的，耶稣基督说要爱上帝甚于一切，爱你的邻人如爱己，幸福主义者的原则却是"爱你自己甚于一切，而爱上帝和你的邻人却是为你自己的缘故"。康德想说的是，我的这个东西跟圣经是完全符合的，而那种幸福主义伦理学倒是违背《圣经》的。自身幸福原则康德并不完全否认，但是他否认的是你不能把它当成德性的最高原理，如果你要想要把它当成德性的最高原理，那就完了，就跟《圣经》里面讲的完全相反了。上帝的一切道德诫命将成为谋取自己私利的工具，就是说你可以爱上帝，也可以爱你的邻人，但是这一切都是因为你爱自己，爱自己是最高的原理。在康德看来这个是不行的，康德自己还是认为他的这个说法完全是跟《圣经》相吻合的，问题就在于对圣经的教导如何理解、如何解释。所以他这一段就是对《圣经》的教导作出他自己独特的解释。这个解释后来遭到教会人士的谴责，说你这是无神论，你把信仰完全建立在理性之上，而不是把理性建立在信仰之上，你把信仰、把宗教建立在道德之上，而不是把道德建立在宗教之上，这是和基督教的教会的解释完全背道而驰的。所以康德是拼命地想要撇开他这种嫌疑，他就说，我的说法呢，你读读《圣经》可以看出，我跟圣经的说法完全一致，甚至有了我这个说法，上帝的那条诫命才得以可能。

因为这毕竟是作为命令要求对**吩咐人去爱**的法则加以敬重，而不是把使爱成为自己的原则这件事委之于随意的选择。

"因为这"，"这"就是前面的所讲的，"爱上帝甚于一切，爱你的邻人如爱己"，这一条原则或命令。这一条命令呢，"毕竟是作为命令要求对**吩咐人去爱**的法则加以敬重"。《圣经》里面讲的"爱上帝甚于一切"等等，是马太福音中耶稣的话，是作为命令来要求信徒的，当然也要求对这条吩咐人去爱的法则加以无条件的敬重。"吩咐人去爱"这也打了着重号，意思是这样一法则是听命于上帝的，爱你的邻人如爱己是由于爱上帝甚于一切，首先是爱上帝甚于一切，所以是上帝吩咐人们去爱，如果不是上帝的吩咐，谁能够命令一个人爱呢？爱是可以命令的吗？只有上帝才可以命令人爱，因为上帝无所不能，一般人则不可能。所以你必须要对这条命令加以敬重，"而不是把使爱成为自己的原则这件事委之于随意的选择"，也就是一意孤行，认为爱这件事情只能是随心所欲，听任自己随意的选择。因为爱作为一种世俗的情感，本身的确就是随意的，无法命令的，或者是偶然的，看你出于什么样的目的。你出于自己情感的自然倾向，你出于自己的天性，自己的气质，或者是出于亲缘关系或社会理想，但这些都不是上帝所要考虑的。上帝从无限的理性出发下达命令，不是把使爱成为自己的原则这件事情委之于随意的选择，而是颁布一条法则，无价钱可讲。这里头带有强迫性的。

但对上帝的爱作为爱好（病理学上的爱）是不可能的；因为上帝不是感官的对象。这样一种爱针对人虽然是可能的，但却不能被命令；因为仅仅按照命令去爱一个人，这是任何人都没有能力做到的。所以这只是被理解为一切法则的那个核心的**实践的爱**。

这个解释就有点离经叛道了。前面讲它是作为一种命令，出于上帝的命令，强迫人去接受，这个跟基督教正统的解释还不是很冲突，但是跟它的基础是冲突的，就是说它这种命令不是出于信仰而是出于理性，这一点是冲突的。但是不管是出于什么，强迫人去执行、去接受，作为一个义务，作为一个责任，这一点是跟基督教是一致的，但下面就不太一致了。他说，"对上帝的爱作为爱好（病理学上的爱）是不可能的；因为上帝不是感官的对象"，作为爱好，爱好就是病理学上的爱，所谓"病理学上"我们前面已经讲了，就是出于那种生物性的、生理性的，或者作为感官性的激动，可以通过医学来加以剖析的，可以通过测量、心电图、脑电图、呼吸、血压等等来加以研究的，这样一种爱，那属于病理学上的爱。对上帝的爱作为爱好不可能是这样一种爱，因为上帝不是感官的对象，上帝看不见摸不着。对一般的爱好之所以能爱是因为它是感官的对象，你才能对它产生世俗的爱，所以对上帝的爱不是一般讲的世俗的爱。"这样一种爱针对人虽然是可能的，但却不能被命令"，这样一种世俗的爱对人来说是可能的，或者不如说唯有这种爱对人来说才是可能的。比如说爱你的邻人如爱己，这个是可能的，对上帝的爱和对你的邻人的爱是性质不同的，对上帝的爱是不能够作为感性的爱来爱的，针对人虽然是可能的，但是却不能被命令，世俗的爱怎么可以被命令呢？命令你去爱这个人是很难理解的。"因为仅仅按照命令去爱一个人，这是任何人都没有能力做到的"，仅仅按照命令，仅仅按照上帝的诫命，上帝命令你们去"爱你的邻人如爱己"，仅仅根据这个命令去爱每一个人，任何人都没有能力做到。我们通常爱一个人，那是世俗的爱，但是世俗的爱是自发的，它不是说命令你爱就爱，命令你有就有，命令你没有就没有。爱情是自发的，爱一个人的情感都是自发的，并不能通过理性或者通过推理，或者通过一种强制，制定一种法则，命令你爱她，这个是在现实生活中不可能发生的事。那么《圣经》上这样说，他的解释是什么呢？他说，"所以这只是被理解为一切法则的那个核心的**实践的爱**"，它是一种实践的爱，就是说这种爱也不能被理解为世俗的爱，我对他人的爱当然可以是世俗的，却不能被命令；但是在这个上帝的诫命里面，上帝命令你爱一切人，这个不能被理解为一种世俗的爱，只能被理解为什么呢？只能被理解为一切法则的那个核心的实践的爱。一切法则的核心，《圣经》里面有很多法则，上帝的启示，摩西的"十诫"，耶稣的教导等等，但它们的核心就是那种实践的爱，上帝本质上就是爱、大爱。实践的爱跟我们感性的那种爱、那种爱好是很不一样的，它是高度抽象的一种爱，没有感性的对象和内容，而只有"应当作"的意志。一切法则的核心是实践的爱。我们讲上帝、耶稣基督，他的核心就是体现爱嘛，基督教的"三主德"就是"信、望、爱"，你首先要信，然后要希望，最后落实到要爱，上帝的原则就是爱的原则。但这个爱是实践的，我们不能世俗地理解。那该怎么理解呢？

爱上帝，意思是指**乐意**做上帝所命令的事；爱邻人，意思是**乐意**履行对邻人的一切义务。

他把这个"爱"（liebe）解释为"乐意"（gerne 乐意、高兴）。"爱上帝，意思是指**乐意**做上帝所命令的事情"，上帝所命令的事情我愿意去做，没有抵触，或者说，我启动了按照上帝的命令去做的自由意志。这个"乐意"跟"爱"相比好像没有那样强烈的主动性色彩，而带有一种被动性的色彩，你命令我，我乐意，我接受，我同意，带有一种被动性。它不是像人们通常所理解的出于一种激动，出于对上帝的一种狂热的热爱，而做出一种热烈的表示，不是热爱上帝；而只是乐意做上帝所命令的事。但它里面实际上含有一种冷静的意志，一种实践理性的应当，这就是"实践的爱"。实践的爱不带有那种狂热，感性的爱是带有一种狂热的，而实践的爱，也就是实践理性的态度，它只是乐意做上帝所命令的事。"爱邻人，意思是乐意履行对邻人的一切义务"，对邻人我是有义务的，这个义务对我有一种强迫性，有一种命令，那么在这个命令面前我乐意，我愿意去履行。康德在这里对于这个爱加以转化，首先把它变成实践的爱，然后对这个实践的爱加以解释，就是乐意做上帝所命令的事，乐意履行对邻人的义务。这就很抽象了。这就是一种"理智的爱"，斯宾诺莎曾经讲过对上帝理智的爱，大致相当于康德这个说法，它没有感性的爱的内容。

　　但使这一点成为规则的命令却也不能命令人在合乎义务的行动中具有这种倾向，而只能是命令人朝这个方向努力。

　　这句话里面我们要注意这两个着重号。"但使这一点成为规则"，使哪一点成为规则呢？就是说，做上帝所命令的事情并且乐意履行对邻人的义务，要使这种乐意成为规则。那么"使这一点成为规则的那个命令"，也就是上帝的命令了，"却也不能命令人在合乎义务的行动中**具有**这种倾向"，他可以命令人，但是他不可以命令人在执行自己的义务的行动中已经具有这种倾向，这个"具有"打了着重号。也就是说已经具有了这种倾向，这是他命令不了的，上帝命令不了的，上帝也不能改变人的本性，要人已经具有这个意向，这个是连上帝也不能命令的，但上帝能命令的是什么呢？"而只能是命令人朝这个方向**努力**"，"努力"也打了着重号。就是说上帝不能命令人完全抛弃自己的感性，已经具有乐意接受一切义务、乐意承担一切义务的这个意向，这个上帝做不到，但上帝能够做到的就是促使人在世俗生活中朝这个方向努力，朝这个乐意接受上帝的一切命令的方向努力。这就是对上帝的命令的一种解释了，就是说，爱上帝甚于一切，爱你的邻人如爱己，这一点能做到吗？人是做不到的；上帝明明知道人做不到，上帝为什么颁布这个命令呢？就是因为上帝并不指望人真的能做到，但是上帝要给予人一种努力的方向，一种努力的目标。你在世俗生活中是做不到，但是你要朝这个方向努力，上帝命令的意思就在这里。并不说我们真的能够做到人在合乎义务的行动中具有这种意向，但是他可以朝这个方向努力，这是上帝所命令的，你要不断地克服自己的感性，不断地朝向道德理想前进。

　　因为一个要人们应当乐意做某件事的命令是自相矛盾的，因为当我们已经自发地知道我们有责任做什么时，如果我们此外还意识到自己乐意这样做，对此下一个命令就会完全是不必要的了，

　　这个说明非常有意思，"因为一个要人们应当乐意做某件事的命令是自相矛盾的"，我命令你，命令你乐意做这件事情，这是自相矛盾的。

乐意就乐意，不乐意就不乐意，你可以命令我，我也可以不乐意，但是虽然不乐意，我还是可以按你的命令去做，这个是可以的；但是一个人本来就乐意做这件事情，你又去命令他，这个是不必要的，是多余的。我们说多余的命令，他本来就不需要强迫，你还去强迫他，那不是多余的嘛。"因为当我们已经自发地知道我们有责任做什么事的时候，如果我们此外还意识到自己乐意这样做，对此下一个命令就会完全是不必要的了"，我们已经知道了我们有责任做什么，这是每一个有理性者都能做到的，他有理性，他就可以自发地凭借自己的理性知道自己有责任做什么、应该做什么。但是如果我们同时还意识到自己乐意这样做，我很高兴这样做，那么就用不着命令了。当然人并不能做到这一点，人往往是知道自己应该怎么做，但他并不乐意，并不心甘情愿，他还有很多别的要求，这才需要对他下命令啊。只有上帝才能做到，一方面知道自己应该怎么做，另一方面他又愿意这样做、又乐意这样做，但是人是做不到的，人一旦能做到，那就完全用不着命令了。

并且，如果我们虽然做了，但恰好不是乐意的，而只是出于对法则的敬重，则一个使这种敬重正好成为准则的动机的命令就会恰恰违背所命令的意向而起作用。

前面是讲，如果我知道自己的责任并且我愿意这样做，那实际上是用不着命令了；这里讲，"并且，如果我们虽然做了，但恰好不是乐意的，而只是出于对法则的敬重，则一个使这种敬重正好成为准则的动机的命令就会恰恰违背所命令的意向而起作用"。也就是说在另外一种情况之下，我们虽然做这件事情，但并不是乐意地做这件事情，而只是出于对法则的敬重，我们知道有法则，应该这样做，但是我们并不乐意这样做，尽管我们不乐意这样做，但是我们仍然这样做了，出于敬重这样做了，那么一个使这种敬重正好成为准则的动机的命令就会恰恰违背所命令的意向而起作用。这就是另外一种情况了，就是说这样一种命令建立在敬重这样一个动机之上，它使这种敬重正好成为动机，那就会恰好违背所命令的意向而起作用。违背所命令的意向，也就是违背被命令但却并不情愿的那个意向，不情愿的意向就需要命令了，所谓命令就是命令那个不情愿的意向嘛。所以要违背所命令的那个意向而起作用，这样一个命令在这种情况下它就起作用了，正因为你不愿意，所以命令才会起作用，而且是违背你的这种不愿意而起作用，这才是我们通常讲的命令对人起作用的方式。如果你本来就愿意，那就用不着命令了，那就是多余的了，实际上当然是做不到的，人怎么可能全心全意地完全是愿意地做道德的事情、爱好做道德的事情呢？没有这种爱好，而人之所以做道德的事情、之所以是出于道德律，就是因为他违背了自己的意向，他用敬重来违背自己的意向，使这种命令发生了作用，这才是人的正常的情况，一般是这样的。

　　所以那条一切法则的法则正如福音书的一切道德规范一样，就把德性的意向体现在它的全部完善性中了，如同这种完善性作为一个神圣性理想是没有任何被造物能达到的，但它却是一个范本，是我们应当努力去接近并在一个不断的但却无限的进程中与之相同的。

　　这就是他对《圣经》里那句话的解释了。"所以那条一切法则的法则"，也就是"爱上帝甚于一切，爱你的邻人如爱己"，这是一切法则的法则，在《圣经》里面这是最重要的一条，特别是"爱上帝甚于一切"，这是最高的法则。由于爱上帝，所以才爱你的邻人如爱己，因为这是上帝的命令。那条一切法则的法则，"正如福音书的一切道德规范一样"，福音书里面还有别的道德规范，那么这一条道德法则正如新约里的一切道德规范一样，"就把德性的意向体现在它的全部完善性中了"，这条法则已把德性的意向以它的全部完善性体现出来了。这条一切法则的法则具有最高的完善性，何以见得？它在自身中体现的是德性的意向，也就是一种自由意志行为，所有的道德规范都是在这种德性意向中实现出来的，那当然是完善的了。"如同这种完善性作为一个神圣性理想是没有任何被造物能达到的，但它却是一个范本，是我们应当努力去接近并在一个不断的但却无限的进程中与之相同的"，就是说，这样一个范本虽然没有

任何人能够达到,但是它却给我们提出来一个目标,这是我们应当努力
去接近并在一个无限进程中与之相同、达到统一的。这是康德对那条法
则的一个解释,即实践理性的解释。就是说按照实践理性,《圣经》里讲
了"爱上帝甚于一切,爱你的邻人如爱己",这是排除了一切感性的东西
以后,纯粹按照实践理性所得出的一条法则,所以它是体现在它的全部
完善性上,它是最纯粹的,也就是最完善的,它没有受到任何感性的贬损
和玷污,它的威信至高无上,具有神圣性。但是这种完善性作为一个神
圣性理想是没有任何被造物能够达到的,也就是没有任何人能够达到,
人是有限的被造物,人不是创造者而是被创造者,正因为这一条道德律、
道德的法则具有全部完善性,所以人是不能达到的。但是尽管不能达到,
它却是一个范本。我们经常可以批评康德,说你讲的一切道德理想都是
不切实际的,没有任何人可以做到,那你为什么还要讲它。康德就是这
样回答的,它是一个范本,是我们应当努力去接近的一个方向,在一个不
断的但却无限的进程中我们应该与之相同。所以,有这个理想和没有这
个理想是大不一样的。如果没有一个彼岸的理想,那么所有的理想都在
此岸,一旦实现出来,我们就再也没有理想了,我们追求的目标一旦达到,
那我们就再也没有追求了。但是正因为康德的理想是彼岸的,所以才永
远给人以理想,并且给人带来尊严。因为世俗的理想它总是建立在世俗
的感性需要之上的,人不过是一种高级动物而已,从这个角度来说人并
没有根本地超出于动物,并没有自身的尊严。但是如果有一个彼岸的理
想,那么人就带来他的尊严,人有一部分像神,人具有神圣性。

　　就是说,假如一个有理性的被造物有朝一日能够做到完全**乐意地**去
执行一切道德法则,那么这将不过是意味着,在他心里甚至连诱惑他偏
离这些道德法则的某种欲望的可能性都不会存在;因为克服这样一种欲
望对于主体来说总是要付出牺牲的,因而也需要自我强制,也就是需要
内心强迫去做人们不是完全乐意做的事。但达到道德意向的这种程度是 [84]
一个被造物永远不能做到的。

537

　　这是个假设了，"就是说，假如一个有理性的被造物"，这里用的是虚拟式了，假如有一个有理性的被造物有朝一日，当然是不现实的，但是我们可以假设一下，"有朝一日能够做到完全**乐意地**去执行一切道德法则"，设定这样一种情况，那会怎么样呢？他说，"那么这将不过是意味着，在他心里甚至连诱惑他偏离这些道德法则的某种欲望的可能性都不会存在"，那就像朱熹讲的"尽乎天理之极而无一毫人欲之私"，存天理灭人欲，把人欲之私全部洗清掉了。任何偏离道德法则的可能性都不会存在，这是一种假设的情况。当然在康德看来这种假设的情况对人来说是不可能的，人不可能做到这一点，对朱熹来说是可能的，而且人人都可能，只要他愿意，人皆可以为尧舜，只不过他们不知道，他们把自己的圣人的本性遮蔽了。但是在康德看来这是不可能的，为什么不可能呢？"因为克服这样一种欲望对于主体来说总是要付出牺牲的，因而也需要自我强制，也就是需要内心强迫去做人们不是完全乐意做的事"，你内心有一种偏离道德法则的倾向，那么你要克服它，你就要做出牺牲，因为你要做出牺牲，因而也是需要自我强制的，就是需要内心去强迫做人们不是完全乐意做的事情，比如说做道德的事情，做合乎道德法则的事情，你必须要强迫自己。虽然你不完全乐意，甚至完全不乐意，但是你出于义务、出于理性强迫自己去做。"但达到道德意向的这种程度是一个被造物永远不能做到的"，这种程度，就是说达到完全克服不乐意、在自己心里甚至没有任何偏离道德法则的可能性的程度，这是一个被造物、一个凡人永远也做不到的。耶稣基督还说"要爱你的敌人"，一个凡人怎么可能爱自己的敌人呢？实际上也没人做到过，基督教两千多年的历史，没有一个人能够做到真正爱你的敌人。这是凡人做不到的，所以它是一个被造物永远不能做到的，你是一个被造物，你肯定有你的感性的感受，你有你的肉体，你有你的情感，自然情感，除非你死了，除非你不再是人了。所以你是永远不能做到这一点的。

　　因为既然它是一个被造物，因而就它为了对自己的状况完全心满意足所要求的东西而言，它总是有所依赖的，所以它永远不能完全摆脱欲望和爱好，这些东西由于基于身体的原因，不会自发地与具有完全不同的来源的道德法则相符合，

我们看这半句，"因为既然它是一个被造物"，也就是人了，人是一个被造物，"因而就它为了对自己的状况完全心满意足所要求的东西而言，它总是有所依赖的"，也就是说你要使他完全乐意，完全满意，你要使他做的事情是他完全乐意做的，那么他总是有所依赖的。因为他是被造物嘛，他是有限的存在物，他靠什么来使自己满意呢？"所以它永远不能完全摆脱欲望和爱好，这些东西由于基于身体的原因，不会自发地与具有完全不同的来源的道德法则相符合"，人永远不能完全摆脱欲望和爱好，欲望和爱好都是人要使自己的状况满意所要求的，人依赖于某些偶然的东西，依赖于某些外在的东西，这些东西由于某种基于身体的原因，由于人有一个身体，在这个基础之上就带来某些原因，而由于这些原因它不会自发地与具有完全不同来源的道德法则相符合。你的这些爱好，你的这些欲望，最终是基于你的身体，是由于你的身体的原因，由于你带有你的肉体，那么这些原因它跟道德法则的原因是完全不同的。道德法则它具有完全不同的来源，也就是说道德法则是基于纯粹理性，而你的欲望和爱好是基于你的身体、基于你的感性。所以一个来自于感性，一个来自于理性，怎么可能恰好完全符合呢？所以它不会自发地与道德法则相符合，也就是说不会出于这些爱好和欲望本身的原因、不是出于自己的原因和道德法则相符合。它可以和道德法则相符合，但不是自发地，是被迫的，不是出于自己身体的原因，而是出于理性。

因而它们任何时候都有必要使被造物的准则的意向在考虑到它们时建立在道德强迫上，不是建立在心甘情愿的服从上，而是建立在哪怕是不乐意地遵守这法则所**要求**的敬重上，

这个"因而"，也就是说由此推出来了，"它们"，所有的欲望和爱好这样一些东西，"任何时候都有必要使被造物的准则的意向在考虑到它

们时建立在道德强迫上"，这样一些欲望和爱好任何时候都有必要使我们的准则的意向在考虑到它们时受到道德的强迫，在我们准则的意向中就是要对它们进行道德强迫。"不是建立在心甘情愿的服从上，而是建立在哪怕是不乐意地遵守这法则所**要求**的敬重上"，也就是说，心甘情愿地服从是不可能的，你出于爱好和欲望，你怎么可能心甘情愿地去服从道德法则呢？我们的这个准则的意向不是建立在心甘情愿的服从之上，不是顺其自然、率性而为就能够做道德的事情，而是建立在什么之上呢？我们的意向是建立在敬重之上，这个敬重呢，是哪怕不乐意也要遵守这些法则。敬重就是这样一种要求，就是哪怕不乐意，你出于敬重也要遵守法则，敬重本身就是对一切不乐意加以排斥，加以克服，因为敬重是一种否定情感的情感，是否定一切爱好和欲望的情感，那么否定这些爱好和情感当然是不乐意的了，但是敬重恰好就在于使它们不乐意，要克服它们。

不建立在那决不担心内心意志会对法则产生任何拒绝的爱之上，但仍然使这种爱，也就是单纯对法则的爱（因为这样一来法则就会不再是**命令**了，而主观上现在将转变为神圣性的道德性也就会不再是**德行**了）成为自己努力的永久的、虽然是不可达到的目标。

这句话还是接着上面讲的，也就是被造物的准则要建立在敬重上。"不是建立在那决不担心内心意志会对法则产生任何拒绝的爱之上"，不是建立在这样一种特殊的爱之上，什么特殊的爱呢？这种爱决不担心内心意志会对法则产生任何拒绝。这种爱是一种理想，我们不能建立在这个之上。因为我们的爱肯定是会对法则产生拒绝的，所以我们也不能把我们的意向建立在这样一种爱之上。关键是下面这一句："但仍然使这种爱，也就是单纯对法则的爱"，我们把括弧先不看，"成为自己努力的永久的、虽然是不可达到的目标"。我们没有这种爱，但是我们仍然使这种爱成为我们努力的永久的目标，它不是基础，而是目标。虽然这目标是不可达到的，也就是说我们使这种对上帝的爱成为自己永久追求的目标；

但是我们的这样一种准则的意向仍然不能够建立在这样一种爱之上，在现实生活中我们准则的意向只能建立在敬重之上，而不能建立在这种爱之上，因为我们没有这种爱，只有普通的爱。虽然如此，虽然我们不能以这种爱作为自己准则的意向，但是我们可以把它作为我们的目标，这就是《圣经》里那句话的真正的意思。上帝要我们爱上帝甚于一切，爱你的邻人如爱己，这种爱是上帝对我们提出的一个目标、一个要求，但并不要求我们在现实生活中就完全做到，上帝知道那是做不到的。在现实生活中我们能做到的就是出于敬重，出于害怕自己做不到，害怕自己的欲望，包括我们自己有限的爱，会违背法则，因此要先把这些东西排除，排除了以后，我们出于一种敬重和敬畏来遵守道德法则，这是我们人能够做到的。但是尽管如此，爱上帝还是可以作为我们永久追求的目标，单纯对法则的爱是我们永久追求的目标。我们人的爱是做不到的，人的爱都是有限的，都是具体的，都是感性的，但是我们要把单纯对法则的爱当作自己一个遥远的目标来追求。那么单纯对法则的爱，我们看括弧里面是如何解释的，"因为这样一来法则就会不再是**命令**了，而主观上现在将转变为神圣性的道德性也就会不再是德行了"，这样一来，也就是说，单纯对法则的爱如果有的话，法则就会不再是命令了，如果我们出于自己的爱就必然要遵守法则，那么法则对我们还成为什么命令呢？我们凭借爱就可以了，就不需要命令了，就不需要克服任何其他的爱了，我们的爱就是对法则的爱。而主观上现在将会转变为神圣性的道德性，现在，也就是这样一来，这个道德性呢也就会被转变为神圣性，而转变为神圣性的道德性呢就会不再是德行了。德行，Tugend，跟德性——Sitten，跟道德——Moral 都不一样的，Tugend 是比较强调在现实生活中有德的行为，所以我们把它翻译成"德行"，它强调"德行"。这个 Sitten 我们把它翻译成"德性"，这个 Moral 我们把它翻译成"道德"，后面这两个词都比"德行"要抽象。"德性"跟这个"德行"不一样，它更加抽象，而且范围也更广，它包含法，德性包含法，包含风俗习惯，也包含德行，所以它是一个更加抽象更加具有涵盖性的概念。"道德"Moral 来自拉丁文，它更是一个高层次的更加抽象的概念；而德行是落实在它的行动中的。所以这种变成神圣性的道德性也就不会再是德行了，也就是在人的现实生活中它就不会再变成一种道德的行为。人在现实生活中要实现一种道德的行为，一种德行，他总是跟人的感性生活有千丝万缕的联系，他必须要拒绝一些东西、克服一些东西、恐惧一些东西、排除一些东西，然后才能完成德行。如果有一个纯粹对法则的爱，那就是神圣的，那人就跟上帝一样，人的德性就不再成为德行，而成为神圣性，成为上帝的神圣性。所以我们只能把这样一种对上帝的爱或者说对法则的爱当成必须永远追求而不能追求到的一个彼岸世界的目标来加以考虑。我们不要以为上帝的命令我们每个人在现实生活中都可以真正做到，它是永远做不到的，但是永远做不到却是永远可以去追求、可以去接近的，这个绝对的理想可以在人的相对的行动中不断地靠近它，这个是可以的。这就是他对《圣经》里面的这种理想的一种解释。《圣经》里很多话都可以做这种解释，比如说"要爱你的敌人"，爱你的敌人非常极端了，人非草木，孰能无情？你怎么可能爱你的敌人？但是耶稣基督强调要爱你的敌人，要努力去做到，因为只有爱你的敌人，你的爱才是对上帝的爱、才是纯精神的爱，因为敌人跟你在世俗生活中没有任何关联，不但没有任何关联，而且是处处反对你的，这才叫作"敌人"嘛。你把他当成敌人，就是说在感性上他处处都跟自己作对，你也跟他作对，但是你仍然要爱他，在什么意义上爱他？那就是在纯精神的意义上爱他，纯粹出于理性的道德法则，我应该爱他，理性的道德法则应该超越于一切感性的爱好之上，这样的爱才是真正上面所要求的那种爱。而世俗生活中间出于血缘关系、出于利害关系、出于各种各样的关系的那种爱都是不纯粹的，都不是真爱，都是归根结底爱自己。但是现实生活中没人能做到爱自己的敌人，人们就说基督教虚伪，净提一些人们做不到的道德要求，做不到为什么要提出来？但实际上做不到的东西提出来才能够使人提升，你就永远不会自我感觉良好，你永远不会太骄傲，你永远觉得自己做得还欠缺，认识到自己的有限性。有一个彼岸的标准在衡量着你。有这个标准跟没有这个标准大不一样，你有这个标准就有忏悔精神，没有这个标准你就没有忏悔精神，你就以为你当下就与天道合一，自我感觉良好，这个是很不一样的。所以康德在这里仍然要把基督教里的这个原则提出来，虽然他认为世俗的人做不到，只是上帝的事情，但是可以作为上帝对人的一种永恒的要求，作为人的一个努力追求、但不可达到的目标。

因为对于我们所尊崇、但却（因为意识到我们的软弱）畏惧的东西，由于更容易适应它，恭敬的畏惧就转变成好感，敬重就转变成爱了；至少这将是一个献身于法则的意向的完成，如果一个被造物有朝一日会有可能达到这种完成的话。

"因为对于我们所尊崇、但却（因为意识到我们的软弱）而畏惧的东西，由于更容易适应它"，为什么更容易适应它呢？你有了一个永远不可达到的目标，你就可以强迫自己来适应它，有这么一个标准，有这么一个彼岸的标准，你就可以强迫自己来适合于它。如果没有这个目标，那倒是更难以适应了，你会说这都是鬼话，不屑一顾。当然这本身是很难的，我们所尊崇的道德律，由于我们自己达不到，所以我们在尊崇中又感到畏惧。但只要我们把它当作自己的目标来接近，我们就会适应下来。于是"恭敬的畏惧就转变成好感，敬重就转变成爱了"，在这个意义上宗教就表达了这一层意思，具有使苦涩的生活裹上糖衣、使之容易吞咽的作用。在现实生活中我们只有敬重，但是有了彼岸的标准，我们就可以把敬重转变成爱、把畏惧转变成好感，使得我们可以适应道德法则。对道德法则不仅仅是敬重，或者说对道德法则的敬重里面本身也包含有对彼岸的某个标准的爱，敬重就转变成爱了。所以我们对敬重如果从宗教的这个角度来理解，我们可以把某种对法则的爱加入进去，敬重本来是一种恐惧，敬重否定了情感，否定一切情感，包括爱，都否定了，人世间的一切情感都被敬重否定了，所以才有敬重嘛。人的一切有限的微不足道的情感都不在话下，跟道德法则相比都无足挂齿，所以我们对道德法则有一种敬重，而敬重是一种痛苦感，它本身有一种谦卑。但是如果有了一种彼岸的标准的话呢，我们就可以把这种畏惧转变成好感，把敬重转变成爱。"至少这将是一个献身于法则的意向的完成，如果一个被造物有朝一日会有可能达到这种完成的话"，当然这里还是用的虚拟语式，整个这都是一种假设的情况。他说，至少这，也就是这种好感，这种爱啊，将是一个献身于法则的意向的完成。你出于敬重献身于法则，这是你的意向；但是这个意向遥遥无期啊，你不断地出于敬重去做好事，但是又不断地意识到自己跟彼岸的标准相比、跟道德法则相比还做得不够，还是谦卑，永远会有痛苦，永远需要忏悔。所以敬重的情感实际上是给人带来痛苦的，但是敬重的情感最后达到完成，它会带来一种更高的爱的满足，那就是一种献身于法则的意向的完成，但是这个完成在此生是完成不了的，只有寄希望于来世，所以这种好感也可以被考虑进敬重的情感里面，就是你可以把它转变成一种好感和一种爱，爱上帝，圣爱。斯宾诺莎所讲的"圣爱"、"理智的爱"，那就是爱上帝，是一种纯精神性的、没有任何感性的成分在里头的爱，它把任何感性都排除了，把它放在了彼岸世界。当你的肉体已经消灭了以后，你的情感也完全被净化了以后，那个时候还剩下一种爱，那就是圣爱了。"至少这将是一个献身于法则的意向的完成"，作为虚拟式来看，至少它是一个意向的完成，我这辈子看准了，就是要为此而献身，最后才完满了，最后才圆满了。如果一个被造物有朝一日会有可能达到这种完成的话，这个"如果"也就说明，他实际上知道一个被造物在他的一生中是永远也达不到这种完成的，但他必须要把这个意向当作有朝一日有可能达到完成地那样去设想，那样去做，使自己的一生有个圆满的交代。所以他在前面讲到，可以成为自己的永久的、虽然是不可达到的目标，单纯对法则的爱，这是永远不可达到的目标，如果有朝一日会有可能达到这种完成的话，那么他也就会达到这种爱，也就可能达到这种爱，但这是"如果"，是虚拟式。所以对于宗教的爱也好，对于上帝本身也好，对于来世也好，在他那里都是一种实践理性的悬设，这个我们后面还要涉及到的，在实践理性里面提出来灵魂不朽和上帝是实践理性的两大悬设、两大假设，这假设当然是非现实的，它是超验的，是我们经过纯粹理性推出来的，虽然不是真实的，但它是必要的，我们必须要假设一个上帝，假设一个来世。假设上帝以后，宗教里面所讲的那一切，我们人所做不到的那一切标准，就都具有了意义，比如这里讲的"爱上帝甚于一切"、"爱你的邻人如爱己"，所有这些东西都具有了意义，具有了什么意义呢？具有了一种引导的意义。在现实生活中我们的动机当然只能够建立在敬重之上，这个敬重给我们带来痛苦，对我们是一种强迫，这种强迫遥遥无期；但是虽然遥遥无期，我们却可以预先设想它背后将要达到的那种个完成，那就会升起一种信仰，一种信仰的爱，一种纯粹的爱，这种纯粹的爱是完全理性的，而不是感性的。所以，有了这个目标，我们的这个道德行为道德生活就有了一个归宿，就不会老是觉得自己永远需要忏悔，永远生活在忏悔之中，而有了希望。康德最后会讲到，宗教是给人带来希望的，如果人生都是痛苦，那就没有希望了，那就像佛教徒所讲的"苦集灭道"，人生都是苦，一切苦都是由于烦恼集中在人身上，所以只有灭掉烦恼我们才能够得道，才能够超脱，才能够跳出轮回，只有否定生命才能够成佛。但基督教它不否定生命，它给人生命以希望，我们虽然在生活中受苦，但是我们最后是有希望的。这个是题外之话了，但是它背后有这个东西在里头，我们读康德的道德哲学的时候我们要有一点基督教的背景知识，我们就能够知道他这个里头话里有话，他不是直接说出来的。

*　　　　*　　　　*

好，我们上次谈到了康德对圣经的一种解释，特别是对圣经里面的最重要的诫命"爱上帝胜于一切和爱你的邻人如爱己"，对这样一条命令他做了一种全新的解释，这个是跟所有基督教神学家们的解释都不一样的;这种解释主要是说,像这样一种命令人去爱,它不是在世俗意义上的爱,世俗意义上的爱是不可能被命令的,爱上帝的爱,包括爱你的邻人如爱己,包括爱你的敌人,这样一些在圣经里面讲的爱,在康德看来都是一种彼岸世界里的理想,人在此岸世界做不到的,是永远不可达到的目标,但是它是一个努力的方向,要尽量地、尽可能地去试图尝试这样一种爱,但是你永远也做不到。因为世俗的人在生活中,他们的爱都是具有具体的世俗内容的,带有他的爱好、情感,带有他的需要,而上帝的爱作为一种圣爱,它是完全超越世俗的。这个是上节课我们讲到的康德的一个很重要的观点,就是树立了一个爱的理想,它不是说人就可以做到,但正因为人不能做到,所以它才可以作为一个人的理想,可以作为永远努力的目标,这是他对圣经的一种新的解释。那么,我们今天要读的这一段,349 页(《实践理性批判》115 页,边码 98)下面这一段,就是从这个地方出发来引出他的这个原则,用圣经里面的爱的原则来引出他的道德原则,引出他对自己道德原则的一种解释、一种视角,就是怎么看待人的义务,看待上帝对人所颁布的命令。

　　这一考察在这里的目的,并不仅仅是要将前述福音书的诫命归到清晰的概念上来,以便在对上帝的爱方面遏制或尽可能预防**宗教狂热**,而是也要直接地在对人的义务方面精确规定德性意向,并遏制或尽可能预防那感染着大众头脑的**单纯道德的**狂热。

　　"这一考察",也就是上面讲的关于圣经里面这一句话的考察,"在这里的目的,并不仅仅是要将前述福音书的诫命",就是爱上帝胜于一切和爱你的邻人如爱己,把这样一条诫命"归到清晰的概念上来"。当然是有这方面的作用,就是通过对《圣经》文句的分析,康德证明这样一个诫命的清晰的概念,它不应该是我们世俗通常所理解的,真的要用世俗的情感去爱上帝,或者用世俗的这种利害关系去爱你的敌人,用世俗的关系爱你的敌人也是做不到的。通过这个概念的辨析,康德也说明了在世俗生活中要命令一个人去爱是自相矛盾的，是不可能的，如果他本来有这个意向，那么你命令他是多余的，如果他没有这个意向，那么你命令他也是枉然，起不了作用。由此推出来结论只能够是，《圣经》里面讲的爱是彼岸的，不能用世俗的人们日常的爱去理解，这就把《圣经》里面这样一个诫命归到清晰的概念上来了，以往都是模模糊糊的，既讲它是超越世俗的圣爱、彼岸的爱，但同时又用世俗生活中的爱、一般的爱去理解它，所以概念就不清晰了。这个考察在这里澄清了这一点。"以便在对上帝的爱方面遏制或尽可能预防**宗教狂热**"，这里讲到了宗教狂热，在对上帝的爱方面要遏制或尽可能预防宗教狂热。就是说如果这个概念不清晰的话，那就会导致宗教狂热，所谓宗教狂热就是用世俗的热情、情感、情绪去附会我们对上帝的信仰。世俗的情感、情欲这些东西当然也是有道理的，也不能完全抹杀，但它们的层次是很低的，只要是用这样一个层次去代替我们真正的信仰，那就会导致宗教狂热。我们看到基督教历史上有很多宗教狂热，从十字军，到各种各样的异端，各种各样的异教、邪教，你要追根究底，要追溯它们的根源的话，你就会发现都是由宗教狂热引起来的。那么康德对宗教狂热的解释就是说，你用世俗的爱去附会甚至去取代对彼岸世界的爱。对上帝的爱应该不是狂热的，它是像斯宾诺莎所讲的对上帝理智的爱，所谓理智的爱就是你把它看作一个彼岸的目标，而且你的努力不能够发动你的世俗的爱好、发动你世俗的一般情绪去追求它，那是追求不到的，那是缘木求鱼。它必须让你抛弃一切世俗的爱好，仅仅从对上帝的信仰来追求它，如果从道德上来说，就是仅仅出于敬重来追求它，这才能避免这种狂热。宗教狂热就在于你把世俗的这种爱好和情感、情绪附会成你对上帝的信仰，从一种非理性的、盲目的、冲动型的情感出发去爱上帝，那就会导致宗教狂热。宗教狂热在康德时代已经被人们抛弃，康德时代经过了三十年战争，每个人都标榜自己是最爱上帝的，最信仰上帝的，打得死去活来，造成了人类的浩劫。所以大家有目共睹，这个时候大家都已经对这种宗教狂热厌弃了，觉得其实这并不是真的爱上帝。在康德看来真正爱上帝应该是出于理性。这是上面的考察的第一个作用，要达到的第一个目的，就是要澄清这一点来排除宗教狂热，这是毫无疑问的。但是不仅仅是这样，我们看下面。"而是也要直接地在对人的义务方面精确规定德性意向，并遏制或尽可能预防那感染着大众头脑的**单纯道德的**狂热"，不仅仅是要遏制或预防宗教狂热，而且要遏制或预防道德狂热，要直接在对人的义务方面精确规定德性意向。德性意向也就是德性动机了，意向这个概念大致相当于动机这个概念，就是你的内心的倾向性。那么，要对这个意向加以精确的规定，按照康德前面的规定来说这只能够是敬重，德性意向的精确规定只能够是出于敬重，出于任何其他的动机都已经不是德性了。在义务方面精确地规定德性意向，那就是出于对义务的敬重，为义务而义务，出于这样一种动机来完成自己的义务，这就是对德性意向的一种精确规定。那么反过来，这就可以遏制和尽可能预防感染着大众头脑的单纯道德狂热，这里"道德狂热"打了着重号，和上面的"宗教狂热"相对照。对宗教狂热当时的人们已经普遍地感到厌弃，但是对于道德狂热人们几乎还没有意识到。康德的功劳就在这里，除了宗教狂热以外，他还要追溯宗教狂热背后更深层次的根基，那就是道德狂热。你排除了宗教狂热，但是你如果还停留于道德狂热，那很容易又变成宗教狂热，又产生出新的宗教狂热，只要你有道德狂热，那么你的根就没有断掉。所以他的这样一番分析，目的不仅仅是要排除宗教狂热，而且是要尽可能预防、遏制感染着大众头脑的那种单纯道德的狂热，这就是仅仅凭借一种情绪，一种自发的情感，凭借一种天生的性情，来下道德判断。性情，或者我们喜欢讲的"血性"，你还有没有血性，中国人的血性到哪里去了，当然血性是需要的，但是单凭血性来建立起自己的道德是很危险的，凭一种自小就被感染上了的情感、一种情绪，而未经自己的理性反省，于是就自以为是道德的，这就是一种单纯的道德狂热。这种狂热感染着大众头脑，一般来说群众、老百姓、大众很容易感染道德狂热，因为他们缺乏理性，缺乏对自己生来固有的或者从小被教育、被灌输进去的那种近乎本能的冲动加以理性的反思。缺乏这种理性的反思，他们的心智就相当于儿童。所以康德在这里最终要达到的目的就是排除道德狂热，这就要精确地规定道德意向，或者说排除道德狂热也就是为了精确地规定道德意向，精确地规定道德意向就能够排除道德狂热。所以他在考察《圣经》的时候，除了要排除宗教狂热和道德狂热以外，还有一个更积极的作用，就是要把道德的动机精确地规定下来，阐明他精确规定道德动机的理由。也就是除了消极的排除，而且还有积极的建设。你说道德狂热不好，那么你怎么来规定道德动机？康德就把他的理由摆出来了。

人类（按照我们的一切洞见也包括任何有理性的被造物）所立足的德性层次就是对道德法则的敬重。

这个是他得出的一个积极的结论，人类，不光人类，也包括一切有理性的存在者，也包括可能的外星人，凡是具有理性的一切被造物，任何一个星球上的存在者，他们所立足的德性层次就是对道德法则的敬重。人类也好，其他有限的有理性的存在者也好，总而言之，他们所立足的德性层次就是敬重，只有立足于敬重，它们才能够被称之为道德的，被称之为有德性。那么康德他要达到的目的其实就是这一句话，就是要把道德的法则通过对道德法则的敬重突出出来，加以确立。这样一种受到敬重的法则不仅仅是道德的法则，也是我们宗教信仰的法则，康德在很多地方都谈到了，宗教的根基是道德，道德上立不稳，那么宗教上也立不稳，你的信仰也立不稳，你的信仰也就变成了狂热。如果在道德上你立得稳，立足于坚实的理性基础之上，那么在宗教上面你也就会避免道德狂热。严格意义上的基督教信仰不是宗教狂热，虽然在基督教历史上有过多次的狂热，一直到今天还有，今天基督教和伊斯兰教的冲突，有很大成分都是建立在宗教狂热之上的，今天很多下层的基督教徒、老百姓，他们都有宗教狂热；但是基督教里的有识之士，很早就已经看出来，这种宗教狂热不是真正的基督精神。你要真的向耶稣基督学习，耶稣基督是非常冷静的,耶稣基督不是凭狂热做事情的,所以一个真正基督徒的信仰是非常冷静、非常理性的信仰。当然信仰本身它不一定是完全理性的,但是在所有的宗教徒里面基督徒是最理性的,基督教的信仰是最理性的,因为它从希腊哲学里面吸收了理性精神,使得基督教成为了最具理性精神的一种宗教,这是从它的原理上说的。当然在世俗生活中每一个基督徒不一定都能做到,他们都是按照自己现实的感受来理解基督教的信仰。而康德在这里头是最突出的一位,就是把基督教里的理性精神给提取出来,加以大大地扩充,甚至于把整个基督教的世俗理解都颠倒过来了。整个基督教的世俗理解都是建立在情感之上的,因为基督教里面也宣扬爱嘛,所以世俗的理解就是从爱、从世俗的情感出发来理解我们对上帝的爱。那么在康德这里把它颠倒过来了,就是说爱是建立在理性之上的,彼岸世界的爱只有通过理性才能到达,通过知性才能到达,你通过世俗的感性怎么能到达呢? 这是他对基督教的一种新的解释,后来康德在《纯然理性范围内的宗教》里面特别讲了这个问题,不能把宗教作为道德的基础。历来都把基督教作为道德的基础,以为基督教一垮台道德就不存在了,但是康德提出来,应该把道德作为基督教的基础,把道德作为宗教的基础,只要道德没有垮台宗教就不会垮台,只要有道德就会有宗教,就会有信仰,即使宗教衰落了也会复兴,不必担忧。但是道德如何才能够不垮,那就要诉之于人的理性,诉之于纯粹实践理性。

　　使人类有责任遵守道德法则的那种意向就是:出于义务,而不是出于自愿的好感,也不是出于哪怕不用命令而自发乐意地从事的努力,而遵守道德法则,而人一向都能够处于其中的那种道德状态就是**德行,也就是在奋斗中**的道德意向,而不是自以为**具有了**意志意向的某种完全的**纯洁性**时的**神圣性**。

　　"使人类有责任遵守道德法则的那种意向",有一种意向,也就是有一种动机,它使人类认为遵守道德法则是自己责任,我有责任去遵守道德法则,这样一种意向是什么意向呢? 就是"出于义务,而不是出于自愿的好感，也不是出于哪怕不用命令而自发乐意地从事的努力，而遵守道德法则"，简单来说就是出于义务而遵守道德法则，为义务而遵守道德法则，也就是为义务而义务，为道德而道德。而不是出于自愿的好感。太多的人有这种看法，就是说一个好人他自愿地去做好事，是出于对善事的好感、对道德的好感，他助人为乐，喜欢做善事，喜欢做善人。但这样一种意向是不足以使人类把道德法则看作自己的责任的，甚至连道德法则或责任这些概念都用不着，只是一个"好人好事"而已。也不是出于哪怕不用命令而自发乐意地从事的努力而遵守道德法则，这种人当然很好啦，不用命令，连自己内心的命令都没有，就自发地乐意遵守道德法则；但这种人哪里有？这是天使，或者上帝本人，而不是凡人。凡人不可能不用命令而自发乐意地努力遵守道德法则，出于他的自发乐意，他顶多可以做到符合道德法则，而这种符合并不是他的责任导致的，而是碰巧，所以他的动机并非道德法则，而是另有来源。在康德看来这也不是真正的道德意向，它只是合法性，不是真正具有德性的，你可以表扬这个人，也是值得鼓励的，但是呢，终究不值得敬重。你出于自发乐意地做好事，说来说去你还是为了满足自己感性上的需要，或者维持一种情感上的平衡，或者出于怜悯，你看不得人家受苦，你看人家受苦你心里难受，所以你要捐出你的钱来，解决一下人家的问题，然后平复一下你内心的难受，你就这么个人。有的人就是这样的，特别农村里那些没有文化的老大娘，看见人家遭罪造孽她就流眼泪，她有同情心，非常朴素的，因为她天性如此，从小就是这样的，从小就在这样一种环境中。特别是那种偏僻农村里，那种远古时代的淳朴的民风都是这样的，有一种助人为乐的爱好，只要能帮得上，不要什么回报，只是看不得人家受苦的事情。这当然是很好的，康德在这里也没有否认，但是呢，真正要提高到人类有责任遵守道德法则的那种意向，把它看成一种责任、一种义务，那种道德意向、那种道德动机就只能是为义务而义务。其他不是出于义务，而是出于哪怕不用命令而自发乐意地从事的努力，在康德看来都还不是遵守道德法则的意向动机。"而人一向都能够处于其中的那种道德状态就是**德行**",排除了那种自发的乐意、自愿的好感,只留下为义务而义务的动机以后,它所造成的道德状态是什么呢?就是德行。德行就是人一向都能够处于其中的那种道德状态,就是人任何时候都能够处于其中的那种道德状态。不是说他心情好的时候就乐于助人,他受到人家伤害的时候就不助人了。我们经常是这样,做好事要看我的心情,心情好的时候我可以做好事,但是我自己受到伤害的时候就有一股怨气,有人甚至于倾向做一些坏事来报复社会,没有目标、没有目的地去破坏社会。这些人原来也许可能是好人,在一个好的社会条件下,他很可能会乐于助人,但是一旦乐于助人几次都受到伤害,他以后就再也不助人了,他就没有这种需要、这种爱好了。本来乐于助人只是他自己的一种爱好,满足自己一种心理上的需求,但是后来他发现这种需求对他没有好处,只会反过来伤害自己,那他还会帮人吗?当然有的人还会,那个就要从另外一个层面上来考虑了。如果你帮了人反而遭暗算,这样的人如果下一次他仍然还帮人家,这个人的道德境界要高一个层次。有个别人也会这样说,下一次我遇到这个情况我还会出手相帮,那就不是仅仅出于爱好了,不是出于世俗的情感了。你帮助他不会带来任何感官上的愉快,只是出于责任,那就是已经接近为义务而义务了。所以人一向能够处于其中的道德道德状态就是德行,德行我们上次已经讲过这个词,Tugend 是比较具体的,它不同于德性,即 Sittlichkeit, Sitten,德性是比较抽象的。德行是在具体的行为中直接体现出来的,有的也翻译成"美德",已经以美的方式表现出来了,当然很具体了。康德认为人们一向都可以处于其中的这种道德状态就是德行,那么什么是德行?"也就是**在奋斗中的**道德意向",德行尤其跟奋斗相关,"在奋斗中的"打了着重号。在奋斗中,也就是他需要克服障碍,需要有一个敌对的斗争对象,这个对敌斗争的对象不是别人,就是自己,要努力跟自己奋斗,努力跟自己斗争。我们前面讲到所谓的敬重,它是一种否定性情感,否定什么呢?否定自己一切的情感,它是一种否定情感的情感，唯有敬重才具有这种全盘的否定性。那么你要否定自己的一切情感当然就要奋斗了，那不是很容易、舒舒服服地就可以达到的，那必须要发挥战斗精神。苗力田先生翻译"奋斗"特别强调它的战斗性，德行是一种战斗的德行，这个战斗不是跟外在的敌人战斗，而是跟内在的敌人战斗，就是要克服自己的情感、情欲。所以它是奋斗中的道德意向，"而不是自以为**具有了**意志意向的某种完全的**纯洁性**时的**神圣性**"，它是一个与自己奋斗的道德意向，它由此而获得自己的现实性；而不是自我感觉良好，自以为纯洁、自以为圣洁，内心一片平静，从来不反省自己，不拷问自己的灵魂。自以为具有了，"具有了"打了着重号，就是我自固有的、天生的，我天性中带来的意志意向的某种完全的纯洁性，自以为具有这样一种纯洁性，甚至因为自己固有这种纯洁性而把自己神圣化。这就是我们中国人讲的"赤子之心"，人之初性本善嘛，人皆可以为尧舜，每个人都可以成为圣人，这是中国道德的最高境界了。但在康德看来这是要加以否定的。自以为具有了纯洁性，这时就自以为具有神圣性，具有纯洁性就具有了神圣性，那就可以成圣了，凭自己的天性就可以成圣，这个是康德要坚决反对的。当然康德既然这样坚决反对，说明康德的时代很多人是这样的，所以我们举中国的例子，讲中国人要成为圣人，人之初性本善，其实西方人也有这一方面，但是不同的是西方出了一个康德，中国没有出康德，西方出了一个对这样一种自以为的神圣性加以反思的人。当然不仅仅是康德，在基督教里从来都在反思，耶稣基督就有这种反思，他说：你们要以为自己是无罪的，那真理就不在你们身上了。每个人不得认为自己是无罪的、是圣洁的、是固有纯洁性的，如果你这样认为那真理就不在你身上，那你就是伪善了，在耶稣基督那里有这种反思。但在中国传统儒家伦理里面是没有这种反思的，总是认为人天性是好的，天人合一，反身而诚，乐莫大焉，只要你诚心诚意，诚者天之道也，诚之者人之道也，尽心知性而知天。只要你返回到一颗赤子之心，那就是好的，每一个人都可以做得到，每一人天性都是好的，哪怕一个穷凶极恶的杀

553

人犯,他也"本质是好的",放下屠刀立地成佛,这是中国伦理道德一贯强调的。西方虽然有基督教的反思,但是长期以来能够做到这种反思的人并不多,广大老百姓里面也有自认为天性善良、自认为天性纯洁的,也有看不得人家受苦,出于情感平衡、心理平衡的需要去做好事,这大量地有。当然这种情况也是值得鼓励的,但是把这当成是真正的道德基础,这就有问题。所以康德在这里要反对的就是这样一种倾向,自以为具有了意志意向的某种完全的纯洁性时的神圣性,这个并非德行,这样一种自以为的神圣性并不是德行,他把这个严格地区分开了。当然不是德行也不见得是坏事,但是不要把它抬得过高。这是好事,值得鼓励、值得称赞、值得推崇,它会导致社会秩序良好,但是不要以为这就是德行的标尺,还有更高的。如果你把它抬得过高,自以为这就是德行了,那么就会导致道德狂热,这就是为什么会有道德狂热,根据就在这里。这种道德狂热在中国儒家伦理里面体现得最多,最普遍,可以说儒家伦理整个就是基于道德狂热,就是建立在一种情感之上,缺乏理性的反思,缺乏对伪善的一种深入的剖析。

[85]　　这纯粹是道德上的狂热和自大的膨胀,为此人们通过对行动的鼓舞而使内心具有更加高贵、更加崇高、更加慷慨的情绪,借此他们把内心置于妄想中,仿佛那构成他们行动的规定根据、并使他们通过遵守这一法则(**听命于**它)而越来越谦卑的不是义务,即对法则的敬重,这法则的束缚(虽然由于它是理性本身加给我们的因而是温和的束缚)是他们即使不情愿也**必须**承担的;反倒好像那些行动不是从义务中、而是作为他们的净赚被期待的。

　　"这纯粹是道德上的狂热和自大的膨胀","这"是接着上面那一句来的,是指"自以为具有了意志意向的某种完全的纯洁性时的神圣性",那么这样一种自以为具有了神圣性的想法,纯粹是道德上的狂热和自大的膨胀。道德上的狂热和自大、自以为是,就是骄傲,基督教最反对的就是骄傲,这不是人的性格或者个性的问题,而是信仰的根基问题。基督教信仰要求信徒的虔诚，那就是在上帝面前你不要骄傲，你要知道在你之上还有一个上帝，在此岸之上还有一个彼岸，你不要以为在此岸世界你能够做一个道德君子，你就成圣了，你就成神了，那你就是过于骄傲，就陷入了道德上的狂热和自大的膨胀。"为此人们通过对行动的鼓舞而使内心具有更加高贵、更加崇高、更加慷慨的情绪"，为此，就是为了这种自大的膨胀、为了这种狂热，人们通过对行动的鼓舞，人们在行动中有一种情绪上的鼓舞，使内心具有更加高贵、更加崇高、更加慷慨的情绪，这些情绪其实都是世俗的。你在世俗生活中更加高贵，等级更高，层次更高，更加崇高，但这并不说明你更有道德。"崇高"用在这里，我们前面讲了，康德经常把它跟敬重感联系起来，但是用在这个地方它并不是指的敬重感，所以崇高和敬重感是有层次区别的。第三批判里讲了对崇高的分析，里面讲到美是德性的象征，崇高也是德性的象征，但象征毕竟还不是德性本身。直接能够体现德性的就是敬重，所以敬重感应该说比崇高更加内在，崇高还是比较表面的，它可以象征德性，它可以跟敬重感挂起钩来，但毕竟是一种表面的东西、情绪化的东西。崇高作为一种审美鉴赏，情绪化的东西比较多一些，它是跟人的审美情感打交道，跟鉴赏力打交道。所以他讲更加崇高更加慷慨的情绪，所有这些都混在一起，高贵、崇高、慷慨，人们当然可以通过对行动的鼓舞使内心具有这样一种更高的情绪，但这种情绪还不是真正的道德情感，只是类似于道德情感，有些像但是还不是，这个区别非常重要。康德讲，"借此他们把内心置于妄想中"，借助于这样一些情感，他们把自己的内心放在了、置于了妄想中，这个就严重了，就是说通过对行动的鼓舞而使内心具有了一种更高的情绪，越来越高，越来越情绪饱满，以至于把这些情感置于妄想中。妄想什么呢？他讲，"仿佛那构成他们行动的规定根据、并使他们通过遵守这一法则（**听命于它**）而越来越谦卑的不是义务，即对法则的敬重，这法则的束缚（虽然由于它是理性本身加给我们的因而是温和的束缚）是他们即使不情愿也**必须**承担的"，也就是说，他们会觉得他们使自己的行为听命于道德法则不是出于义务，而是出于他们自己的高贵、高尚和慷慨，从而使他们的自我感觉膨胀到忘乎所以，而忘记了这法则的束缚如果来自敬重的话，是他们不得不遵守的，他们即使照办了，其实也没有什么功劳可言，是该做的。但他们意识不到这点，"反倒好像那些行动不是从义务中、而是作为他们的净赚被期待的"，这个就是妄想了，把他们的内心置于妄想中。什么样的妄想呢？就是仿佛那构成他们行动规定根据并使他们通过遵守这一法则而越来越谦卑的不是义务，不是对法则的敬重。本来应该是义务构成他们的行动的规定根据，并且使他们越来越谦卑，义务才能使他们听命于道德法则，"听命于"打了着重号，听它的命令，那当然你自身就是谦卑的了，你听从道德法则的命令，而不听从自己情感的任何命令，这就是很谦卑了，已经谦卑到极点了。但是这种谦卑并不张扬，而是冷静的、默默的，因为这法则的束缚由于它是理性本身加给我们的，因而是一种温和的束缚；虽然温和，如果他们是出于敬重的话，却是他们即使不情愿也必须承担的，"必须"打了着重号。这个温和的并不是指它可以不执行，而是说它是由我们自己的理性加给自己，所以它是有一种弹性的，在现实中你可以接受它的命令也可以不接受它的命令，但是呢，如果你根据理性，就必须接受它，你如果根据感性呢，你当然也可以违背它。所以这种义务、这种命令只是在理性的层面上的命令，而在感性的层面上它他留给人选择的自由。就是你可以遵守你的理性，你也可以服从你的感性冲动，但你要分清楚，只有根据纯粹理性行动才是道德的，而根据某种感性的需要或爱好行动，不论你如何标榜自己的高尚和慷慨，都不用吹牛，它没有道德价值。做道德的事情没有别人来强制，是你自己的理性在强制你，所以它是温和的束缚；虽然是温和的，但它是即使不情愿也必须承担的，要违背你的情愿，要进行奋斗，要与内心的那种情愿、那些感性的爱好作战。但是这个妄想就在于仿佛不是这样，反倒好像那些道德行动不是从义务中、而是作为他们的净赚被期待的。这个"反倒"就是真正的妄想，前面是讲他们这个妄想把他们的行动根据看作不是怎么样，那么，是怎么样呢？反倒好像那些行动不是从义务中被期待的，而是作为他们的净赚被期待的。这个净赚 baarer Verdienst 如何理解？也可以译作"赤裸裸的功劳"，他们不是把自己的道德行为看作按照理性标准理所应当的行为，而是看作完全是由他们个人的功劳所导致的。这不是从义务中被期待的，不是按照为义务而义务的标准可以期待的那样一种行动，因而不是一个普遍可期待的行动，而是要依赖于某个人的好意，看是谁在做，有的人、好人可以期待，但有的人、坏人则不可期待。因此如果一个人做了好事，那就完全归功于他的生性善良或高尚，归功于他的同情心和公益心，看作是这个好人净赚得来的，但不关普遍法则什么事，只是他运气好，生来是好人。实际上做道德的事没有什么净赚的，它的原则需要牺牲自己的一切世俗的情感，需要自己去战斗、去奋斗。当然从世俗的眼光来看这不是净赚，因为你要做好事就要有所付出，好人总是吃亏，你要做慈善你就得破财，你就得拿钱出来；但从道德的眼光来看他们觉得是净赚，他觉得自己赚了，建立了自己的功勋。他为什么要去做慈善事业花那么多钱，你还不能说他是为了留名，有的人就不留名，他是隐姓埋名，匿名地去捐赠，但是他们觉得自己赚了，赚了道德上的安慰，赚了道德上的满足感，所以是作为这样一种净赚。但仍然不是出自义务，出于义务就会觉得，这是我的责任，我不想捐钱我不想牺牲，但是我出于我的责任我必须这样做，这不是什么了不得的值得大吹特吹的功劳，而是我应该做的。而净赚就是说即算牺牲自己的利益也是我愿意去做的，我为什么愿意做，因为我得到的更多，我损失的只是金钱，我得到的是道义上的一种自尊，一种骄傲，觉得自己是好人，这就是我赚来的。这就是在道德狂热中自我膨胀的一般心态。这个"净赚"，后面还有"赚头"、还有讲到"赚来的"等等，还出现过几次，我们下面还可以回过头来看。

因为，不仅仅是他们通过对这样一些行为、也就是出自这条原则的那些行为的模仿，本来并不曾对这法则的精神有丝毫的符合，这种精神在于那服从法则的意向，而不在于行动的合法则性（不论这条原则是一

条什么原则)，并且，这些动机都是在**病理学上**(在同情甚或爱己之中)、而不是在道德上(在法则中)建立起来的，

我们先看这半句。这是一种妄想，什么妄想呢？就是好像那些行动不是从义务中被期待的、而是作为他们的净赚被期待的，这就是一种妄想了，这就是一种道德狂热了。为什么这是一种妄想呢，下面就讲了："因为，不仅仅是他们通过对这样一些行为、也就是出自这条原则的那些行为的模仿，本来并不曾对这法则的精神有丝毫的符合"，这是一种妄想，一方面就是说，他们通过对这样一些行为、也就是出自道德法则的那些行为的模仿，本来并不曾对这法则的精神有丝毫的符合。他们只是对这样一些出自道德法则的行为加以模仿，人家为义务而义务所做的行为，在他们看来只是作为自己的净赚，所以他们仅仅是一种表面的模仿，本来就不曾对这法则的精神有丝毫的符合。你模仿人家为义务而义务的道德行为，但你自己又不是为义务而义务，仅仅是一种外在模仿，大家都觉得这是道德的，那么我也这样做，但是我这样做的动机不是为了道德法则本身，而是为了别的，那么你仅仅是在行动上对这种行为加以模仿罢了。"这种精神在于那服从法则的意向，而不在于行动的合法则性"，这法则的精神本来是什么呢？是服从法则的意向，而不是行动的合法则性，也就是意向中就服从法则，而不仅是行动上的合乎法则。你在动机里面就是为了服从法则，而不仅仅是为了行动后果的合法则性，括弧里讲"不论这条原则是一条什么原则"，如果你仅仅是要行动的合法则性，那么你的这个意向所服从的原则是什么样的原则就无关紧要了，它也许根本不是义务的原则，而是情感的原则、感性的原则。注意这个地方，康德把原则和法则区分对待了，原则讲的不是合法则性的法则，而上面三行讲，"对出自这条原则的那些行为的模仿"，本来"这条原则"就是指法则，但是由于他们并不考虑这个出发点、这个原则是什么原则，好像什么原则都可以，只要你做得到，这就成了一种模仿了。人家也许是出于义务的原则，但是我不一定是出于义务的原则，出于什么原则都可以，只要我能够

做到合法则性，那就仅仅是一种表面的模仿。所以括弧里讲，不论这条原则是一条什么样的原则，就是说不论你出于什么原则，别人出于义务的原则，那么你模仿的时候不管是否是出于义务的原则，不管这个原则是什么原则，只要效果上达到了合乎法则就行。这个是一方面，但是还不仅仅是这样。为什么是妄想？一方面是他们通过这样的行为仅仅是表面的模仿，仅仅是一种合法则性，这是一方面，但是还有更深层次的原因。"并且，这些动机都是在**病理学上**（在同情甚或爱己之中）、而不是在道德上（在法则中）建立起来的"，就是他们行为的动机、他们行为的意向，都只是在病理学上、在同情甚或爱己之中建立起来的，而不是在道德上、在法则中建立起来的，这就更深一个层次了。前面讲的妄想就是说他们只是表面的模仿，他们不考虑他们的动机是一种什么样的原则，这是从这个表层上来讲的，他们跟道德法则的精神没有丝毫的符合，他们不考虑道德法则的精神，只是做表面上的模仿；那么从更深一层来看，他们为什么要做这种模仿？就是说他们的主观出发的动机本身是病理学上的。前面这个"不仅仅"是从否定的意义上讲，他们没有真正道德上的东西，那么这个"并且"是从肯定的意义上讲，就是他们的动机不是道德的而是病理学上的。他们的动机到底是什么动机呢？它不是道德动机，而是在同情甚或爱己之中建立起来的。在同情上似乎还情有可原，但是有的人说，同情归根结底是爱己。同情本身是爱人，但为什么要爱人，是因为同情，是因为设身处地，我要是在他那种情况之下，我也需要帮助，所以就有一种同情。但是用自己的情感去打比方你才能够理解别人，这归根结底还是爱己，还是因为你自己需要帮助，你自己在那种情况下，你自己很难受，于是你就设想别人也难受。我们经常讲一个不懂得爱己的人怎么会爱别人，一个自己都不知道幸福为何物的人怎么可能为人民谋幸福？同情更深的成分就是爱己，爱己是更根本的。归根结底，到最后你要是出于感性的原因、出于情感爱好，那最终会归结到爱己上来，最终还是爱你自己，而不是在道德上、在法则中建立起来的。在道德上也就是在法则中。道德在法则上是超越爱己的，真正的大公无私，真正地能够爱你的敌人，那就是在法则上，这种法则是不带任何情感的，一旦带上了情感就可能是爱己，当然敬重感除外。

这样，他们就以这种方法产生了一种轻浮的、粗疏的、幻想的思维方式，即用他们内心的某种自愿的忠顺来使自己得意，似乎他们的内心既不需要鞭策也不需要约束，对它而言甚至就连一个命令也是不必要的，而在这方面忘记了他们本应先于他们的赚头而加以考虑的职责。

"这样，他们就以这种方法"，这个是做结论了，"产生了一种轻浮的、粗疏的、幻想的思维方式"，轻浮的、粗疏的、幻想的思维方式跟前面讲的道德狂热联系起来了，这就是道德狂热的特点。什么是道德狂热，这就是轻浮的、粗疏的、幻想的思维方式。"即用他们内心的某种自愿的忠顺来使自己得意"，他们内心有某种自愿的忠顺，我这个人是好人，我历来都是好人，我自愿地忠于道德法则，忠于上帝，我是上帝的宠儿，我自愿作为上帝的宠儿，我自愿作为道德的奴仆。我在行使自己的这样一种道德使命的时候感到自发地有一种内心的愉快，感到有所归属，感到自己有了安身立命之地，甚至有了一种得意，用某种自愿的忠顺来使自己得意。只有在做道德的事情的时候我们才感到自己怡然自得，感到自己得其所哉。但这种思维方式是轻浮的，因为他们不反思这种自愿的忠顺底下的根基；是粗疏的，因为他们看不出自身的漏洞；是幻想的，因为他们其实没有那么忠诚，只是自我感觉良好而已。"似乎他们的内心既不需要鞭策也不需要约束"，既不需要鞭策也不需要约束，那就是自发的，他们觉得自己已经达到了"从心所欲而不逾矩"的境界，不是"行仁义"而做到了"仁义行"。"对他而言甚至就连一个命令也是不必要的"，不需要内心的命令，他自发地就会去做，因为他这样做很愉快，"反身而诚乐莫大焉"，或者像颜回那样，"一箪食，一瓢饮，居陋巷，人不堪其忧，回也不改其乐"。他就是不改其乐，他觉得自己没做亏心事，就感到很高兴，似乎他们内心既不需要鞭策也不需要约束，甚至一个命令也是不必要的。

当然在儒家里面要做到这一步也是不容易的，孔子那么多弟子也就是一个颜回，孔子自己七十岁才做到"从心所欲而不逾矩"，这个时候连一个命令也不需要了。但按照儒家的理论来说这才是人的本性，"人之初，性本善"，人本来就是这样的，但是"性相近，习相远"，受到了外来的很多遮蔽和干扰，所以你必须要克己复礼。儒家讲克己，其实是讲克服外来的影响在自己心中造成的污染或干扰，要恢复自己的本性，而康德这里讲鞭策和约束主要是讲克服自己内心的阻碍，不是外在的。人的内心本恶，人的内心本来就有障碍，本来就有满足自己的爱好而违背道德律这样一种倾向，所以康德的战斗、奋斗是自己跟自己斗，儒家的那种奋斗看起来好像也跟自己作斗争，其实是跟外在的影响作斗争，是把外在的影响排除出去，回复到人的本性。当然也很难，但是由于他们认为这是自己的本性，所以他们有一种得意，似乎他们内心既不需要鞭策也不需要约束，"率性之谓道"，率性就是天道，你真正能够按照自己的本性去做，率性而为不受别人的干扰，那就是天道了。这在康德看来就是幻想和粗疏，甚至也是轻浮，因为只停留于表面。连一个命令也不需要的人只能是圣人，或者说上帝，上帝不需要命令，他按照自己的意志就会做道德的事情，上帝做的事情都是道德的，上帝不可能做不道德的事情，因为他没有感情没有肉体，他不受任何诱惑。但是人就需要命令，需要有一种束缚，一种鞭策。以为自己能够成为圣人的人是极其狂妄的，对旁人也是很可怕、很危险的。"而在这方面忘记了他们本应先于他们的赚头而加以考虑的职责"，就是这种妄想导致他们忘记了他们的职责，这本来是应该先于他们的赚头而加以考虑的。先于他们的赚头，什么赚头？前面讲了，所谓净赚最终还是赚了，为什么我们做道德的事情，其实我们还是有世俗的权衡，权衡利弊，舍财消灾，吃亏是福，或者求得心理的平衡，无愧怍于天地，甚至获得一种自我纯洁感和自我崇高感，这里是有赚头的。当然康德并不否认这种赚头，但是要先于这些赚头而加以考虑的是你的职责。你要做道德的事情，道德的事情很可能带来心理上的赚头，你虽然失去了，但获得的更多，这种考虑是肯定是有的，人生活在世界上，生活在关系之中，他肯定有这些方面的考虑，也肯定有情感的考虑，但在这些东西之前应该有职责的考虑。康德并不是一个禁欲主义者，他要求的是一个等级层次的划分。人的欲望是可以满足的也是应该满足的，但是在人的欲望满足之前应该考虑道德法则、职责，考虑了职责，然后你按职责做了善事，最后你获得了净赚，你有赚头，那是该得的，那是你配得的。所以幸福也好，心理上的快乐、情感上的安慰也好，所有这些东西都是建立在道德职责完成了的前提之下才是配得的，否则的话就没有标准了，那就和动物性的行为没有什么区别了。按照动物性的标准人就成了动物，但是如果按照道德的标准来衡量，他仍然可以保有他的幸福，但是有个标准来衡量：他该不该得，他配不配得。善有善报，恶有恶报，善和报、道德和幸福之间应该相配，凡是人类都会有这样一种标准。那么什么标准在前？康德认为道德应该在前，道德是最高标准。那么这些世俗的人们的妄想就在这里，他们忘记了一个先后次序，忘记了他们本应先于他们的赚头而加以考虑的职责。

　　<u>别人的那些以巨大的牺牲、而且只是为了义务所做出的行动，当然也可以在**高贵的**和**崇高的**行为的名义下得到赞扬，但也只有在存在着让人猜测这些行为完全是出于对他的义务的敬重、而不是出于心血来潮才发生的迹象时才是如此。</u>

　　这句话很微妙了。就是"别人的"，别人的也就是相对于我来说的，当我要对别人的行为作出评价时，他的"那些以巨大的牺牲、而且只是为了义务所做出的行动，当然也可以在**高贵的**和**崇高的**行为的名义下得到赞扬"，就是在我面前如果有一个人真是为义务而义务而作出了巨大的牺牲，他不是为任何的世俗的好处而战斗的，而是仅仅是为义务做出了道德的行动，那么我在对他进行评价的时候，当然也可以用"高贵的"和"崇高的"这样的名义来赞扬他的行为，虽然这也许并不符合他的意向，但这是不错的。高贵的和崇高的，这是他上面用的词，在上面是用在带

有否定性的意义上的，说那种妄想"纯粹是道德上的狂热和自大的膨胀，为此人们通过对行动的鼓舞而使内心具有更加高贵、更加崇高、更加慷慨的情绪，借此他们把内心置于妄想之中"，前面是这样讲的。那么在这里呢，就是讲，即算是为义务而义务，那些真正的道德行为，当然也可以在高贵的和崇高的行为的名义下得到赞扬，所以高贵和崇高这些名义本身并不一定是妄想。我们在面临这样一个榜样的时候，我们也可以赞扬他说他是高贵的、崇高的，但是有个限制，没有这个限制，这种说法很可能就会成为狂妄。什么限制？"但也只有在存在着让人猜测这些行为完全是出于对他的义务的敬重、而不是出于心血来潮才发生的迹象时才是如此"。我们可以对一个真正的道德行为也加以崇高的、高贵的评价，加以赞扬，这当然是可以的，但是有一个前提，如果没有这个前提我们很容易被置于妄想之中。一个什么前提呢？就是在他的行为中，我们可以隐隐约约看出某种迹象，找到某些征候，找到某些蛛丝马迹，可以让人猜测这些行动完全是出于对他的义务的敬重、而不是出于心血来潮，要有这样一些迹象我们才能够去把他的行为评价为是高贵的或崇高的，而不会导致妄想。也就是说，我们要有一定的凭据，假设这个人以巨大的牺牲并且只是为了义务做出了道德行为，为义务而义务做出了道德行为，但这毕竟只是我们的猜测，如果他客观上是这样的，那就皆大欢喜，但这是无法求证的。我们作为一个旁观的评价者来看，他内心究竟是怎么想的，我怎么知道呢？他是不是出于为义务而义务，还是出于想得到什么别的好处，或者他心灵上有过创伤想要以此来补偿，或者他天性如此，他生来就不晓得怎么做坏事，他只会做好事，他天性善良，等等，这些都是有可能的。一个人做好事以后，肯定有很多猜测的，任何人都可以做出任何猜测，但都不能作数，就连他自己的表白都不能作数。人心隔肚皮，你不会知道他内心是怎么想的，你只能猜测。所以你哪怕做了再大的好事也会有人猜测你，说你是为了炒作，你看现在网上到处都是，凡是出了一个什么英雄模范，于是就有人说这是炒作，他这样说你没办法反驳，你这种反驳很无力，因为这是很有可能的。你如果出来说我不是炒作，这反而会坐实了你就是炒作。所以人的内心是没办法知道的，只有猜测，但是呢，可能有某种迹象，可以让人猜测这些行动完全是出于对他的义务的敬重、而不是出于心血来潮才发生的。如果一个人他在做好事的时候有某些迹象让你能够猜测，当然不是认识、不是肯定，只要你能做出这种猜测，就是说，你看，他完全是为了义务而义务，有这种猜测就足以让我们赞扬他了。比如一个人救人，结果被人家反咬一口，反咬一口自己还赔了钱，还赔了名誉。南京不是有个案子，判救人的那个人败诉，结果被自己救的人反咬一口，赔了一大笔钱去了；但是这个人后来说，下次我遇到这种情况还会去救人。这就是一种迹象，也可能他下次真的又救人，不管是不是又被人家反咬一口。一般来说，没有人有那么愚蠢的，明明知道自己会吃亏，不光是破财而且名誉上会受到损失，但是仍然去救人，就像南京法官的推理：不是你撞的，你为什么去救她？那只能解释为，就是纯粹为义务而义务，纯粹是为了义务，但在南京法官眼里这就证明了这是不可能的，并且反证了救人的人就是撞人的人，逻辑很严密啊！但前提是，现实中没有人会为了义务而做好事。而康德认为这就是一种迹象，当然也只是猜测，你没法证明他就是为义务而义务，人心是不可知的，在康德那里有个原则就是人心不可知，人心是个物自体，你连自己究竟是个什么人，你自己也是不知道的，你只有努力去做，到了你死的时候，上帝会加以公正的审判，才盖棺论定你是个什么人。所以我们也只是猜测，根据某种迹象，他确实符合为义务而义务的标准，但也是你的猜测。耶稣基督讲"爱你的敌人"也是一样，如果你跟他有仇，你仍然去帮助他，这个就是一个迹象，什么迹象？你跟他有深仇大恨，但这个时候你仍然去帮助他，说明你是为义务而义务，你觉得在人家有困难的时候应该帮助人家，不管这个人是谁，是你的爱人还是仇人，你都去帮助他，这就是一个迹象。但是也只是一个迹象，也只是一种猜测，你不能肯定这个人就是真正地出于上帝的圣爱去帮助别人，也许有别的考虑，也许他有化敌为

友的考虑,有民族大义的考虑,有政治策略上的考虑。日本人侵华战争
杀了我们中国几千万人,结果我们最后不要赔偿,我们以德报怨,显示我
们中华民族的大度,这当然是爱你的敌人,你可以猜测这是一种迹象,你
猜测中国领导人已经做到了耶稣基督讲的爱你的敌人,但也只是一种猜
测。另外一种猜测是,这只是一种策略,不光是周恩来宣布,蒋介石也宣
布,不要赔偿,互相在争夺不要赔偿的权利,这是一种政治谋略。所以你
都可以做一种猜测,康德在这里也只要求有某种迹象,存在着让人猜测
这些行为完全是出于对他的义务的敬重、而不是出于心血来潮才发生的
迹象,有了这种迹象就够了,你就可以把他这个行为称之为高贵的和崇
高的。为什么可以这样?因为你把他称之为高贵的和崇高的,不是对他
这种行为本身的一种认识或者一种确定,而是把他当作你的榜样来鼓励
自己,就是说我明明知道他可能不是为义务而义务,但是他有某种迹象
我们可以从这方面去猜测他,那么我们就可以把他当作一个为义务而义
务的榜样,而不管他本人是怎么想的。他本人究竟怎么想的是没办法确
定的,一个人的内心你怎么可以知道呢?你怎么可能是知人心者呢,只
有上帝才是知人心者,你不是上帝。所以我们只能在猜测中,出于主观
的需要,把他树立为一个目标,哪怕后来人们发现了他有一些劣迹,这个
人并不好,等等,但是这个榜样、这个目标在我心中仍然不倒,因为我不
是为了他,不是为了对他作出客观评价,而是为了我自己的行为有一个
楷模,有一个努力的方向。

　　<u>但如果我们要把这些行动作为仿效的榜样介绍给一个人,那么绝对</u>
<u>必须用对义务的敬重(作为唯一真正的道德情感)当作动机:这种严肃而</u>
<u>神圣的规范并不听任我们虚浮的自爱用病理学上的冲动(就其与道德性</u>
<u>相类似而言)来戏弄,以**赚来的**价值自夸。</u>

　　这句话就是康德的本意了,他本来的意思是,为什么要用崇高和高
贵的名义去赞扬一个人的道德行为,只是为了引导人们从中看出真正的
道德动机来,而不是停留于这些表面的荣光。"但如果我们要把这样行

动作为仿效的榜样介绍给一个人"，我们要树立一个榜样让人家来学习，"那么绝对必须用对义务的敬重（作为唯一真正的道德情感）当作动机"，当我们要教育一个年轻人，你该向某某人学习的时候，绝对必须用对义务的敬重来打动他，要把这种普遍的超越世俗情感之上的法则解释成某某人的动机，说他是出于真正的道德法则，出于对义务的敬重、为义务而义务，而做这件事的。这是不是这个榜样的动机先不管，但是至少这个榜样适合于把这当作他的动机，把他的行动当作出自于这样一种动机，而且是唯一的动机来看待。"这种严肃而神圣的规范并不听任我们虚浮的自爱用病理学上的冲动（就其与道德性相类似而言）来戏弄，以**赚来的价值自夸**"，这种为义务而义务的敬重感是一种严肃而神圣的规范，它不会听任我们出自于虚浮的自爱用病理学上的冲动来戏弄，来冒充。病理学上的冲动有时候在后果上跟道德性非常类似，就其与道德性相类似而言，似乎就可以鱼目混珠了。有时候，人出于某种淳朴的天性，他有一种趋向于做好事的本能，或者这样一种气质倾向，或者这样一种爱好。有些人生来乐于助人，我们说这种人的性格乐于助人，这是他的性格，看到别人受到自己的帮助就高兴，那么我们就说他是个好人。但实际上在康德看来，这只是与道德性相类似而已，一个淳朴的好人只是类似于道德性，真正的道德性必须要通过与自身的天性战斗，通过自觉的反思，通过忏悔，通过抗拒自己内心的诱惑来完成。一切感性的诱惑，哪怕是高级的，比如说同情感、怜悯心、慷慨大度，等等，这些东西都属于高级的情感，那么你也要首先把它们加以抗拒，不要受这种病理学上的冲动的戏弄。戏弄也就是说好像你已经是道德的了，但是实际上你并不是真正出于道德上的动机，这让你产生一种错觉，让你误解了你的本性，误解了你自己。我们发现有些人从来自认为是个好人，但是不知不觉地有一天，突然发现自己是一个很坏的人，那些贪官基本都是这样的。贪官所以能升上去，还是因为他做了很多好事，一般来说都是这样，一般来说他总有些能力，总有些为人民服务的思想，比如李真就是这样，前河北省委书记程维高的秘书，李真最开始上任的时候决心要为老百姓谋利益，要向焦裕禄学习，看焦裕禄的电影，看得流眼泪，这是李真被判了死刑，在临死之前自己交代的。他当时是非常真心地想要为老百姓做好事，一旦手里有了权我就要为老百姓做好事，肯定他觉得自己是个好人了，但是怎么会一步步走到变成了一个大贪污分子，达到判死刑的这样一个地步？这种落差是非常大的。用康德的眼光来看，就是他所自认为的这种本性只是一种感性的天性，天生具有正义感，具有同情心，但把道德建立在这个之上实际是很不可靠的，但是它和道德性非常相似。所以一个人在这种情况下就会觉得自己被自己的本性所戏弄，命运给他开了一个大大的玩笑，他本来觉得自己是好人，但是后来发现自己是一个很坏很坏的人，究竟是怎么来的他不明白。无疑他最初想为人民建功立业，就是希望将来能够以赚来的（verdienstlich）价值自夸，以为凭我的善良天性，只要给我掌权的机会，我就一定能够成就一位道德上的高人，人民的拯救者。但是道德规范作为纯粹实践理性的规范是严肃而神圣的，它并不会听任我们虚浮的自爱用这种病理学上的冲动开玩笑，以赚来的价值自夸。这是康德的一个深刻的分析。当然，一般来说康德不太赞成通过具体的榜样来教育青年，在《道德形而上学奠基》里面他特意讲到，与其用榜样来教育青年，不如像苏格拉底那样启发青年人自己的理性，使他们提高自己的道德修养。你靠榜样去教育青年很容易变成一种外在的模仿，诉之于从众心理。你看董存瑞炸碉堡，然后他名垂青史，那么下一次你也可以去炸一个，你也可以名垂青史，当英雄。这是对青年人的一种诱惑，用一种情感、用一种赚来的价值去诱惑青年，实际上是把青年引向歧途的。青年之所以崇拜英雄，很大程度上是一种从众心理，大家都崇拜偶像，青年人是需要偶像的，于是你给他一个道德偶像，一般来说康德是反对这种做法的。但是在这里他承认，如果我们一定要把一个人的道德行为作为仿效的榜样介绍给大家，一定要对青年人树立一个榜样，那么我们绝对必须要牢牢地立足于对义务的敬重，要跟他讲清这个道理。这个人当时究竟是怎么想的我们不知道,他内心究竟考虑的是什么,董存瑞在那一瞬间、在那几秒钟之内他脑子里想了些什么,当然你可以去猜测,有各种各样的猜测,这个无关紧要,但是最重要的是应当体现出为道德而道德、为义务而义务,这样一种观念、这样一种职责要让年轻人在这个榜样上面能够看出来,至少要有某种迹象。主要应该从这方面去树立榜样;而不是通过煽情来树立一个形象,用各种形象化的方式来把他合理化,把他人情化,来解释他当初为什么会做出那样一种形象。比如雷锋从小如何受地主压迫,受苦受难,然后"夺过鞭子揍敌人",满怀深仇大恨,快意恩仇,所以他才能够成为这样一个普通英雄,这个是不够的。实际上这个效果不是把人引向真正的道德,而是很容易把人引向一种道德狂热。

　　只要我们仔细搜求一下,那么我们就已经会在一切值得称赞的行动上都发现一条义务法则,它在**颁布命令**,而不容取决于那有可能是我们的偏好所喜欢的我们的愿望。

　　"只要我们仔细搜求一下",就是说他前面讲了,要在一个行动中发现某种迹象,能够使人去猜测他是为义务而义务的,那么哪里有这种迹象呢?一般的来说你要客观的评价,几乎很难做到,人非草木,孰能无情,你要一个人完全为义务而义务去做道德的事情,从理论上来说人是做不到的,这个标准是彼岸的标准,凡人哪能做得到呢?但是要找到某些迹象使我们能够去猜测,却是有可能的。所以只要我们仔细地搜求一下,"那么我们就已经会在一切值得称赞的行动上都发现一条义务法则,它在**颁布命令**"。可见这里讲的"仔细搜求"不单纯是广泛撒网,而且是对每个被公认为道德的行为仔细地考究一下里面的动机,在广度和深度上作立体的搜求。这个就把它放得很宽很宽了,不一定要在特定的道德行为上面,甚至在一切值得称赞的、被认为有功的行动上面,只要去搜求,我们都可发现一条义务法则,是它在颁布命令。所以这个世界上还是有好人。有人说这个世界上还是好人多,这多和少没人统计过,也无法统计,因为有的好人可能是伪善,你不能把他算进来,谁是伪善谁是真善,这个很难确定。但不管怎么样，在一切值得称赞的行动上，我们都可以发现一条义务法则在颁布命令，在一切好的行为上面，一切道德的行为上面，不管他内心究竟真的是怎么想的，我们都可以发现某些迹象，它呈现出一条义务法则。哪怕是伪善，但为什么要用善来伪装自己，这恰好也说明了这个善它本身命令你，那么它也就是一条义务法则。哪怕我们后来揭示出某某标兵某某模范是假标兵是假模范，他实际上是一个贪官，这种例子多得很，但是我们并不为我们曾经把他树立为榜样而后悔，因为他毕竟起到了某些教育作用。就是说在这一切值得称赞的行动上只要他做了这种行动，哪怕贪官我们也不能否认他当时做的那些事情是好事，他给老百姓带来了利益，他牺牲了自己的利益所做的那些行为还是一件好的行为。那么我们拿这件行为来说事，我们就会发现有一条义务的法则它在颁布命令，"而不容取决于那有可能是我们的偏好所喜欢的我们的愿望"。这个命令是不允许它取决于我们的愿望、取决于我们的爱好的，这是一条法则、一条命令。为什么哪怕是假好人，哪怕是伪善者，他也要为自己辩护，用他自己的声明来说我没有伪善，是出自于真心的，为什么一定要这样说呢？从他的这种自我辩护里面，不管他的辩护有没有根据，有没有力量，也可以看出来真正的义务法则就是为义务而义务，它就是下命令，而容不得那些出于爱好的标志，它必须把那些排除掉。如果你要做一个好人，哪怕做一个假好人，哪怕你要做一个伪君子，你也要声明你不是出于你的爱好。伪君子之所以是伪君子，就是他声明自己不是出于自己的爱好，哪怕真是出于自己的爱好，他也要说这不是的，要把自己的真实意图掩盖起来。为什么要掩盖，恰好说明他不得不掩盖，因为道德义务是一条命令，他不掩盖的话他的行为就被识破了，就暴露出不是出自道德义务了，他自己的自我感觉就维持不了。他要觉得自己是个好人，他要觉得自己在做好事，他必须既欺骗自己也欺骗他人，说自己不是出于自己的爱好；那么这反过来正说明，他也知道真正的义务必须不是出自于自己的爱好，而是出自于纯粹的义务。所以我们不必苛求每一个人一定要是从里到外、确确实实地都符合自己的义务，这个你没法确定，而且现实的人基本上也难以做到，所以人多多少少都有一点伪善。他自觉的程度如何可以有不同，但是一个文明人如果完全没有一点伪善那是不可能的，除非是个婴儿，除非是一个野蛮人，没有受过文明教育的。凡是受过文明教育都知道，道德律对人有一种要求，所以他哪怕做不到，他也要装出自己做得到，或者装出自己已经做到了。只要他这样做了，你就可以称赞他，然后他就容易产生一种错觉，就以为自己真的是道德的，但实际上他并没有把这一层揭穿。其实人们真正完全做到只按道德律行动是不可能的，纯粹为义务而义务是不可能的，也不要去勉强，不要去强求一步到位，那只会导致说谎。而是在一切值得称赞的情况下，我们都可以发现一个目标，就是为义务而义务，你只要能够发现这一目标，就够了，就值得称赞。并不是他的内心实际上没有做到为义务而义务就不值得称赞，他还是值得称赞的，因为的确有这样一个义务法则在颁布命令，从任何一件好事上面我们都可以看到，义务是一种命令。

这是唯一从道德上使心灵得到教化的描述方式，因为只有它才能胜任坚定的和精确规定了的原理。

"这"，也就是从道德榜样中看出义务法则、道德命令、为义务而义务的作用，"是唯一从道德上使心灵得到教化的描述方式"，就是说要描述一个道德榜样，只能这样描述。我们刚才讲了，一般来说康德是不太赞成树道德榜样的，他认为靠榜样来建立道德法则不是一个很好的办法，它容易造假，也容易从众，反而把人自己的理性荒废了。毋宁说，要启发人的理性让他自己去树立道德法则，那才是最好的教育方式。但是在这里康德也不否认榜样的必要性，但必须以上述方式来建立，认为这是唯一能够从道德上使心灵得到教化的描述方式。也就是在采取这种方式的时候，要从任何一件好事上引导人家、引导年轻人，去注意其中的义务法则、其中的道德命令所起的作用，而忽略后面其他真实的情况。真实的情况你反正搞不清楚，你又不是上帝，你不要乱去猜测他究竟是什么目的，他做了好事你就应该鼓掌，就应该称赞，因为只有好事、包括表面上的好事才有可能蕴含义务法则的迹象，而坏事和不好不坏的事则连迹象都不可能有。但是你心里要知道，真正值得你敬重的就是出于义务而义务，为义务而义务，你只要从他的道德行为上看出这一点就够了，你不要评价这个人内心是不是真的为义务而义务，或者是还有其他不纯粹的动机，这个你没法评价。但是你从这个榜样上要能看出这一点，这才是唯一能够从道德上使心灵得到教化的描述方式。"因为只有它才能胜任坚定的和精确规定了的原理"，其他的都不足以胜任。坚定的和精确规定了的原理只能是为义务而义务，而能够胜任这条原则的肯定不会是那些遭人鄙视的行为，而只能是那些受到赞扬的行为，在对这些行为的描述中才能起到心灵教化的作用。至于这些行为里面又有一些实际上并不是出于义务的，仅仅是自称为出于义务的，这个另当别论，并不影响它的教化功能。但原则是在描述时要把一切世俗的情感都排除掉，不加考虑。比如说要爱你的敌人，要把这个作为一个理想，当然是做不到的，很多历史上有名的化敌为友的例子其实都是值得怀疑的，即使是雷锋肯定也做不到这一点，如果当年压迫他的那个地主在街上摔倒了，可能他也不会去扶他，即使扶了，也不是出于爱，他也做不到爱他的敌人。但是康德的意思是，真正的道德性的原理就是要超越世俗的一切爱恨之上，完全出于义务来做道德的事情。休息一下吧。

　　我们再继续讲下面这一段。前面这一大段很长，康德主要是讲，作为一个道德楷模，我们要从他身上学习什么东西，我们从他身上得到什么样的启示，我们看他的什么东西。道德楷模不要我们看他作为一个具体的个人，他的世俗层面的东西，而要看他能够根据某些迹象体现出来的那种为义务而义务的原则，哪怕他实际上不是为义务而义务，你也要从他的行动中看出为义务而义务的原则，把他个人撇开，把他个人究竟是什么样的撇开，而把他看作至少是接近于为义务而义务这个道德原则的一种体现，或者一种象征，这才能从道德楷模上真正得到教化。上面提到了使心灵得到教化的描述方式，真正使人的心灵得到道德教化，就需要这样来理解。① 由此我们就可以避免道德狂热。道德狂热往往就起于我们对某些道德楷模的模仿，某些圣人，某些圣徒，甚至于对耶稣基督本人作一种表面的模仿，由此树立我们的信仰，这就导致了道德狂热。那么下面一段就是专门讲这个道德狂热了。这一段我们要重点看一看。也可以说康德在树立敬重作为道德性的唯一的动机的时候，他是着眼于这一点的，就是要从我们的道德行为里面把道德狂热排除掉，而建立起真正理性的一种道德法则，建立起清醒理性的有普遍性的道德法则。前面讲了宗教狂热和道德狂热，下面这一段就是专门讲道德狂热。

如果最广泛意义上的**狂热**就是按照原理来进行的对人类理性界限的跨越，**那么道德狂热就是**对人类的实践的纯粹理性所建立的界限的这种跨越，

我们先看这半句。"最广泛意义上的**狂热**就是按照原理来进行的对人类理性界限的跨越"，最广义的狂热，即一般来讲的狂热。狂热，Schwärmerei，它的词根就是 Schwarm，Schwarm 本来的意思就是形容蜂群，蜜蜂一大群嗡嗡营营地聚集在一起，是一种疯狂的、蜂拥而至的、没有秩序的景象，聚在一个蜂巢里面，乱七八糟地在那里攒动，每只蜜蜂都发出令人头晕的轰鸣声，内部温度可达 40 多度。这就是 Schwarm，就是聚在一起的乌合之众的意思。那么 Schwärmerei，-rei 这个后缀是带有贬义的，可以把它翻译成狂热，也可以翻译成迷狂，在《实用人类学》中我译作迷狂。最广义的狂热就是按照原理来进行的对人类理性界限的跨越，所谓按照原理来进行，狂热在康德看来不是没有原理的，它还是按照一定的原理，按照

---

① 关于道德教育的原则问题，康德在后面"纯粹实践理性的方法论"部分有更专门的论述。

一定的想法来进行的,甚至可以说是抱定一个原理执迷不悟。同时它又是对人类理性界限的跨越,它超出了人类理性的界限,所以这个原理就不是理性的原理,或者说它虽然有原理,但是它导致了非理性。在《实用人类学》里面他对狂热或迷狂有好几处规定,在第15—16页上面,[①] 他是这样说的,就是说按照一般人的认识能力,可以划分为必须被给予共通感的人,以及科学的人。前者是在实际运用的情况之下熟悉规则的人,在我们日常生活中我们拥有共通感,其实就是从众心理了,那么共通感就可以给我们一种规则,我们在人与人的交往之中就熟悉了这种规则并加以实际的运用;后者是在实际运用之先就熟悉规则的人,就是科学的人,科学的人能够先天地熟悉规则,人掌握了规则才能为自然立法。共通感则是在实际的社会生活中后天地才熟悉运用规则的,这种规则就是健全知性,共通感 sensus communis 也有人翻译成健全知性。就是在世俗生活中,我们可以形成一些共识,形成一些约定俗成的规则,然后我们就按照这样的规则办事,但这些规则是一种世俗的原则。于是康德讲,"因此他们把这种健全知性抬到迷狂的高度,把它想象为一个隐藏于心灵深处的宝藏的源泉,甚至于有时把它的格言当作神谕(苏格拉底的守护神),解释为比学来的知识总会给人提供的一切东西更为可信。"这是他对于迷狂或者对于狂热的一种解释。就是说一般人们认为,人生活在世界上要跟他人打交道,于是在跟人打交道的时候就形成了一种共通感或者健全知性,有时也翻译成常识。普通常识当然也是种规则,也是有它的原理的,但是把这种原理抬高到对人类理性界限的跨越,超出人类理性,那就是迷狂了。所以他讲,把这种健全知性抬到迷狂的高度,把它想象为一个隐藏于心灵深处的宝藏的源泉,甚至有时把它的格言当作神谕,就像苏格拉底的守护神那样。苏格拉底就有这种迷狂的倾向,他经常听从他

---

① 　此处引用的是《实用人类学》,邓晓芒译,上海世纪出版集团、上海人民出版社 2012年版。

内心的守护神、内心"灵异"的召唤，经常处于迷狂的状态，很多人跟他一起到一个地方去聊天，走着走着忽然发现苏格拉底不知到哪里去了，一看他落在后面很远很远，一个人站在大路边发呆，然后人们去看他，就发现他在那里处于迷狂状态。现代医学分析他有癫病，就是他突然一下就神灵附体了，他在倾听他内心的声音的召唤，所以这个时候你不要去打搅他。这就是把这种健全知性，本来是很明白的健全知性，把它抬到了一个迷狂的高度，这就成了所谓的狂热。他有时把这种迷狂称之为"心灵的病态"（《实用人类学》第 37 页），有时又把诗歌和天才都归于这一类迷狂。他在第 78 页说，"这样一种一方面更加敏捷另一方面却毫无规则的意象之流的汹涌，当其与理性汇合时就称之为**迷狂**。"就是说它还是和理性汇合的，但它本身是天才的显现。非理性的东西、毫无规则的意象之流汹涌澎湃，那么和理性规则相汇合的时候就称为迷狂。从这三个地方我们可以看出，他都是用的"迷狂"这个词，我们这里翻译成狂热。可以看出，康德的狂热或者迷狂来自于柏拉图，柏拉图的迷狂有好几个层次，从爱的迷狂到宗教的迷狂到诗的迷狂，最终达到的是理智的迷狂。就是说经过了我们心灵从低级到高级地提升自己，也就是从柏拉图的四种知识、从想象到意见到知性，最后提升到理性，理性就是辩证法了，一个阶段一个阶段地提升上来，提升到最高层次的时候我们就上不去了。就像一只鸟儿，飞得越来越高，最后它的力气已经不够了，但在最后那一瞬间，它就处于一种迷狂状态。它的理性的翅膀已经飞不上去了，但是在它的极限处，它看见了理念世界的汪洋大海，理念世界比下界的一切知识都要更加完善，更加美妙，但是那只有一瞬间，于是就掉落下来了。他把人的灵魂比作一只理性的鸟儿，不断地往上飞，但是人的理性有限，它不能够完全飞到理念的世界，它只有经过了不断的努力高飞以后，在最后才达到一种理性的迷狂，在这种迷狂中，它瞬间能够看到整个理念世界的汪洋大海，但是掉下来以后又忘记了，它又必须要再次经过不断的努力，才能够再达到它所忘记了的那个理念世界。这样一种狂热从用语的来源上面,我们可以追溯到柏拉图的迷狂 (Extase)。实际上康德讲,把人的世俗的知识提高到超越理性界限之外,也就是这么个意思,那就处于迷狂的状态了。当然康德是不赞成这种非理性的迷狂的,到了康德的时代,仍然有这种柏拉图主义传统的体现,就是把一种常识、一种健全理智、甚至一种感性直观都提升到某种神秘的高度,把它看作是人内心所隐含的某种不可言说的能力。理智的直观也好,健全理智也好,包括很多非常讲理性的哲学家都相信这个;但实际上这些非常讲理性的人,他们也免不了最后要诉之于一种狂热。当然康德在这个地方主要是从道德上说的,这种健全理智也表现在道德上,就是把我们的道德上的健全理智当作是不容分说的,不用分析的,它就是我们的天性,就是我们隐含的某种直觉能力。所以他这里讲,最广泛意义上的狂热就是按照原理来进行的对人类理性界限的跨越,最广义的狂热,就是不光包括道德的狂热,也包括认识的狂热,柏拉图的理性的狂热主要是一种认识论上的狂热,那么最广义的狂热就是按照原理来进行的对人类理性界限的跨越。它是按照原理,它有原理,但是它又是超出人类理性界限的,超出了人类理性而诉之于直觉,诉之于某种隐秘的能力。"**那么道德狂热**就是对人类的实践的纯粹理性所建立的界限的这种跨越",道德狂热打了着重号,它跟最广泛意义上的狂热相比要更狭窄一些。在最广义的狂热里面,有一种是道德狂热,当然除此而外还有别的,还有刚才讲的宗教狂热,还有理性的狂热,而那么这里只讲道德狂热。道德狂热是对人类的实践理性所建立的界限的跨越,这方面类似于认识论中的理性的狂热。道德狂热诉之于人的道德实践的常识,这在康德的时代非常流行,常识不光是包括认识论上的常识,也包括道德领域的常识。像法国哲学家最喜欢诉之于常识,卢梭也好,爱尔维修也好,英国的洛克,他们都诉之于常识,还有苏格兰常识学派,常识哲学。那么这种常识实际上已经突破了纯粹实践理性的界限,纯粹实践理性是立足于理性的,但是这种道德上的常识往往诉之于内心的一种直觉,一种不可言说的东西。你要他说,他也说不清楚，他说是一种道德直觉，道德情感。英法的哲学家们通常都喜欢诉之于一种道德情感，这种道德情感是不可分析的，你要用理性去分析是分析不出来的。所以它是对人类的实践的纯粹理性，也就是纯粹实践理性了，所建立的这种界限的跨越。纯粹实践理性建立了什么界限呢，就是要把此岸和彼岸分开，此岸的爱好、此岸的需要、此岸的情感情绪，这些东西跟纯粹实践理性所建立的彼岸有不可超越的界限，在界限之外那就是理知世界，一个物自体的世界，一个应当的世界，一个彼岸的世界。纯粹实践理性的界限应该是在彼岸，那么对这种彼岸世界的跨越就是用此岸世界的东西去取代纯粹实践理性清清楚楚所规定的道德法则，所以这是一种跨越。

[86]　　　人类的这种理性通过这界限禁止把合乎义务的行动的主观规定根据、也就是它们的道德动机建立在任何别的地方，而只建立在法则本身中，禁止把由此带进准则中的意向建立在任何别的地方，而只建立在对法则的敬重之中，因而它命令使消除一切**自负**也消除虚荣**爱己**的义务观念成为人心中一切道德性的至上的**生活原则**。

　　“人类的这种理性通过这界限”，人类的纯粹实践理性通过它所建立的此岸世界和彼岸世界、感性世界和理知世界的界限，这界限上面叫作人类理性的界限，它是不容跨越的，所以，“禁止把合乎义务的行动的主观规定根据、也就是它们的道德动机建立在任何别的地方，而只建立在法则本身中”。纯粹实践理性的界限就是用来禁止把合乎义务的行动的主观规定根据建立在别的地方的，一个行动它合乎义务，但是它的主观规定根据应该建立在什么地方呢，只能够建立在法则本身中。纯粹实践理性的界限就在于，它仅仅在法则本身的为义务而义务中建立起我们的道德动机，而不能在任何别的地方，比如说爱好啊，需要啊，情感啊，同情心啊，这些东西都不能够把自己的主观规定根据作为道德的规定根据，都不能作为道德的主观规定根据。只有法则本身才能够作为道德行动的主观规定根据，它的界限在这里，这也就是法则和情感之间的界限。“禁止把由此带进准则中的意向建立在任何别的地方", 前面讲行动的主观规定根据, 或者道德动机, 它们的基础是法则; 这里讲由此法则"带进准则中的意向", 其实是一个东西, 但意向的表述更带主观性。"由此"就是由这个法则带进准则中的意向, 这法则通过敬重的动机把一种意向带进了主观准则中。康德的定言命令就是, 要使你的准则成为一条普遍的法则, 那么既然它成为了一条普遍的法则, 就把一种意向带进了你的准则之中。而在此之前, 你的准则中有各种意向, 它们都是来自感性的自爱或自负之上的, 现在则被限定为来自法则的了, 人类的理性禁止把它建立在任何别的地方, "而只建立在对法则的敬重之中"。前面是讲行动的主观规定根据、敬重只能建立在法则本身中, 这里讲主观准则的意向本身只能建立在对法则的敬重之中, 这两句排比有种层次递进关系, 在不同层次上都要划清界限。由法则带到准则里面的这个意向呢, 不是别的任何意向, 而只是对法则的敬重, 它仅仅是建立在对法则的敬重之中, 这才是你的应该采取的意向, 你的意向应该是把对法则的敬重作为你的动机。这两句话其实是一个意思, 但是后面这句说得更直接: 动机如何能够"建立在法则本身中"呢? 只有把意向"建立在对法则的敬重之中"。对法则的敬重是你的意向的直接的动机, 在间接的意义上, 你也可以说你是以法则为动机; 但是在直接的意义上, 你是以对法则的敬重意向为动机。只有以对法则的敬重意向为动机, 才真正是完全以法则为动机, 否则的话就可能带来别的东西。"因而它命令使消除一切**自负**也消除虚荣**爱己**的义务观念成为人心中一切道德性的至上的**生活原则**", 人类的纯粹实践理性设立起自己的界限, 禁止把你的道德行动的动机建立在别的地方, 而只建立在法则之中, 禁止这种意向建立在别的地方, 而只建立在对法则的敬重之中, 这种界限和禁止就使它的命令成为必要。所以它下达了这样的命令, 就是要使得消除一切自负也消除虚荣爱己的这样一种义务观念, 也就是为义务而义务的观念, 成为人心中的一切道德性的至上的生活原则, "生活原则"打了着重号。为什么要在生活原则上打着重号，就是因为这种命令是直接针对人类的一切自负和虚荣爱己的，这些正是日常生活中常见的内容，所以"自负"和"爱己"也打了着重号，以和"生活原则"相呼应。人类理性不是高高在上，不食人间烟火，而是支配人的日常生活的原则，是通过和人的自然本性作斗争才使得义务观念成为了人的道德性的至上的生活原则。而这样一种义务观念既然是建立在敬重之上，它就是消除一切自负的，当然就要求你的绝对的谦卑，消除一切爱己之心和虚荣心。那么在这一命令之下，经过一场与感性的东西作斗争，这样一种义务观念才可以成为人心中一切道德性的至上的生活原则。这就是敬重在其中所起的关键作用。敬重本身是一种道德情感，只有敬重这种情感才能使道德法则跟人的日常生活发生关系。如果不通过敬重，那么道德法则只是道德法则，它进入不了人的生活，进入不了现实的活生生的人的生命，它是一个无生命的道德法则。道德法则在上帝那里就有了，但是对有限的理性存在者、对于人来说，则必须要通过这种道德情感才能进入到人的现实生活中来。所以在日常生活中，我们通过道德情感可以遵守彼岸世界的法则即道德法则，使它成为我们生活的至上的原理。这种义务观念这时必然要表现为"它命令"，也就是纯粹实践理性的命令和强制，才使得义务观念成为人心中一切道德性的至上的生活原则。这样一来，在这种理性命令的强制下，我们就可以消除道德狂热了。前面讲了宗教狂热，这里讲道德狂热，康德所要做的工作就是怎么样能够使人们摆脱道德狂热，但同时又不是在人们日常生活中间不起作用的，而是成为人们生活中的至上原则。没有了道德狂热，人家就会说你那一套东西没有情感、没有健全理智、没有常识，你怎么实行呢？好像康德就是完全不切实际的了。但是康德认为，通过道德情感，我们可以在现世生活中跟彼岸世界打交道，不是完全跟此岸世界无关的。唯一地通过这样一种对法则的敬重，我们才能够把自己跟道德狂热区别开来，而理性地在生活中树立起自己的道德目标。这就能够摆脱道德狂热了。

所以如果是这样,那么不单是小说家或敏感的教育家 (尽管他们还如此起劲地反对多愁善感) ,而且有时甚至哲学家、乃至一切哲学家中最严肃的哲学家斯多亚派,都引入了**道德狂热**来取代冷静的但却是明智的德性规训,尽管后面这些人的狂热更多地具有英雄气概,前面那些人的狂热则更具萎靡不振的性状,

我们看看这半句。"所以如果是这样",如果是怎么样呢,如果是道德狂热,如果道德狂热就是这样一种状况,如果我们这样来理解道德狂热的话,"那么不单是小说家或敏感的教育家 (尽管他们还如此起劲地反对多愁善感)"。当时流行的那些小说,康德也看过一些,里面大量都是这种道德狂热,都是通过煽情来宣扬日常的道德,都是一种共通感或健全理智的道德。敏感的教育家也是如此,比如说卢梭、爱尔维修这样一些人,都是属于教育家,他们是很敏感、很敏锐的,尽管他们自己也如此起劲地反对多愁善感。反对多愁善感是从莱辛就很明确地提出来了,席勒、莱辛他们这些人都认为,多愁善感是近代人的一种毛病。所谓从素朴的诗到感伤的诗,古代的诗歌是素朴的,在那种素朴的形态之下古代的诗歌是英雄主义的,或者田园牧歌式的,没有什么情感上的大起大落,没有什么感伤。但是近代以来人们多愁善感,无病呻吟,苍白,特别是上层人士、有教养的人士,他们的那些诗歌体现出一种多愁善感的倾向。这跟古代的诗、跟荷马的史诗比比看,跟索福克勒斯的悲剧比比看,你就会发现古代的人没有那么多的伤感,很朴素的,是什么就是什么,要死就死要爱就爱,不渲染不复杂。只有近代的那些上流人士,文明人士,他们就多愁善感,在古人看起来无所谓的事情,近代人细腻的情感却带不过去。但敏感的教育家们小说家们都有这样一种倾向,尽管教育家们如此起劲地反对多愁善感,但是连他们自己也免不了。"而且有时甚至哲学家、乃至一切哲学家中最严肃的哲学家斯多亚派,都引入了**道德狂热**来取代冷静的但却是明智的德性规训",康德对斯多亚派是非常推崇的,尽管他自己并不是斯多亚派,但他是属于斯多亚派这样一个理性主义传统的。

应该说康德的道德学说是属于从斯多亚派经过基督教到近代理性主义一脉相承贯穿下来的"道统",所以他对于他们的鼻祖斯多亚派,包括老卡图,包括爱比克泰德、塞涅卡这些人都是非常推崇的,经常引用他们的名言。但是就连斯多亚派这样一些最严肃的哲学家,都引入了道德狂热来取代冷静的但却是明智的德性规训或训练。这是康德对自己的一种估价了:在这个传统里面他是改革者,他是创新者,他的创新在什么地方,就是以往的、几乎可以说所有的道德哲学家,他们都逃脱不了道德狂热。道德狂热这个概念恐怕也是康德第一个才提出来的,没有考证过,但是确实在康德以前很少发现有这种提法,只有讲宗教狂热,理性的狂热,柏拉图也只讲有四种迷狂:爱的、宗教的、诗的、理性的迷狂,但是呢,是不是有道德狂热,这至少是康德才第一个明确地加以阐明的。在他之前的那些道德学家都不知不觉地引入了道德狂热,道德狂热的对立面是什么呢,就是冷静的但却是明智的德性训练,也就是我们前面讲的那个"唯一从道德上使心灵得到教化的描述方式"。如何把一个人格作为真正的道德榜样树立起来,使人们在道德上得到教养,得到教化?必须用道德法则来排除一切狂热,这种德性训练才能使心灵得到教化。在康德这里第一次明确提出,只有冷静的但却是明智的德性规训才能够摆脱道德狂热,在此前还没有人这样做过。"尽管后面这些人的狂热更多地具有英雄气概,前面那些人的狂热则更具萎靡不振的性状",后面这些人就是哲学家,特别是斯多亚派,他们的道德狂热更多地具有英雄气概。斯多亚派是很有英雄气概的,所以他们也可以算到古代的"素朴的诗"这个传统里面,斯多亚派生活在古希腊罗马时代,他们的那些观点非常具有英雄气质。斯多亚派强调忍耐,强调刚毅精神,强调为了道德可以忍受肉体的痛苦,主张禁欲主义。但是康德认为这种道德仍然是建立在一种道德狂热之上的,勇敢、克制、刚毅、理性、智慧,这些都是斯多亚派的道德传统,罗马人的美德,人们公认就是他们非常勇敢,视死如归,具有献身精神。再就是克制,冷静,刚毅精神,绝对服从逻各斯、理性。这些应该都与康德有某种暗合。但是，所有这些在斯多亚派那里都是建立在人的一种气质上的，斯多亚派特别强调人的这样一种刚毅的气质，他们认为这是个人的素质，他们经常要通过一种自虐的方式来考验自己的这种素质。比如通过把手放到火上烧，比赛看谁忍耐得久，这样来考验自己，来测试自己。那当然身体素质更好的人会忍耐得更久一些，生性软弱的人就怕痛了。这是一种病理学上的基础，而诉之于一种病理学上的基础，这就很容易变成一种道德狂热。只有到了基督教里面，才克服了这样一种建立在个人素质之上的道德精神，基督教的美德就不再是勇敢、智慧、克制，当然克制还有，但是更重要的基督教美德是信、望、爱三主德。基督教的美德已经是彼岸的了，跟人的素质没有关系，不管是什么样的素质，你都可以做到信、望、爱，这是任何人都可以做到的。所以基督教的美德就已经超越了斯多亚派的这样一个此岸的、世俗的层次，已经建立在彼岸之上了。但是长期以来人们都还没有意识到这一点，只是康德在这里才把它的原理清理出来。信、望、爱是彼岸世界的原则，而且是建立在纯粹实践理性之上的，纯粹实践理性就是彼岸的，它本身跟此岸世界没有关系，只有一点可以发生关系，就是通过敬重。所以他对于斯多亚派的这样一种道德狂热也是不满意的，但是他认为，这种道德狂热更多地具有古代人的英雄气概，和近代人的萎靡不振比起来还有值得推崇之处。而前面那些人，也就是近代的小说家和敏感的教育家，哪怕他们反对多愁善感，但是他们自己就有这一方面。所以他对前面那些人的狂热，那种更具萎靡不振的性状，评价更低。卢梭是非常多愁善感的，很难从他身上看出有什么英雄气概，英国的那些教育哲学家其实也是这样，都失去了古代那种英雄主义的坚强和原则性。

　　并且我们可以用不着伪装而十分忠实地照着福音书的道德信条说：福音书首先是通过道德原则的纯粹性、但同时也通过这原则与有限存在者的局限的适合性，而使人类的一切善行都服从某种摆在他们眼前的、不容许他们在道德上所梦想的完善性之下狂热起来的义务的管教，并对

自大和自矜这两种喜欢弄错自己的界限的东西建立起了谦卑（即自知）
的限制。

"并且"，这个是另外一个意思了。前面就是讲那么多的小说家、敏
感的教育家甚至于是哲学家都引入了道德狂热来取代冷静的但却是明
智的德性训练，这都是从"所以如果是这样"引出来的，如果道德狂热就
是这样理解的话，那么我们就可以看到，小说家、教育家、哲学家都摆脱
不了这种道德狂热。而从"并且"开始就是回到开头了：如果道德狂热
这样理解的话，那么我们就不仅可以看出小说家等等都有道德狂热，"并
且"还可以"用不着伪装而十分忠实地照着福音书的道德信条说"，也就
是我们就可以按照圣经的道德信条直接来正本清源了。历来的道德学家
都免不了引入道德狂热，这多少是对福音书的道德信条的伪装；那么我
们搞清了道德狂热的结构、它的来历，我们就可以用不着以道德狂热来
伪装成对福音书的解释，而是十分忠实地还福音书以本来面目。我们刚
才讲了，基督教对于斯多亚派那种道德狂热的理解已经有所超越，斯多
亚派的道德是建立在个人的生理素质之上的，勇敢、智慧、节制，这些东
西都跟人的气质有关，有些人生来就勇敢，有些人生来就聪明，有些人生
来就能够克制，这都是人的一种素质。所以那时有人做到这一点就有一
种英雄气概，它们是个人素质啊；但是基督教超越了这一点，基督教要讲
信、望、爱的道德，它不是建立在个人素质之上的，而是建立在人的冷静
的意向选择上的。所以你发挥这样一种道德性状呢，也显不出你有什么
英雄气概，你信上帝，你爱上帝，爱一切人，你对于上帝拯救抱有希望，
这些都不是什么英雄气概，但是它是理性的。用康德的话来说，如果完
全忠实地按照福音书来解释，那就是理性的。所以他这个冒号后面就说
出了他的解释："福音书首先是通过道德原则的纯粹性、但同时也通过这
原则与有限存在者的局限的适合性"，一个是道德原则的纯粹性，就是没
有丝毫世俗感性和爱好的东西，是完全彼岸的原则，哪怕没有一个凡人
能够做到；再一个是通过这原则来适合于人的有限性，即它并不是完全

不食人间烟火，而是要与有限人类的有限性有个交接，这两方面缺一不可。那么通过这两方面干什么呢？"而使人类的一切善行都服从某种摆在他们眼前的、不容许他们在道德上所梦想的完善性之下狂热起来的义务的管教"，也就是使人类的一切善行都服从义务的管教，这义务由于已经与有限存在者的局限相适合了，所以不再是远在彼岸的，而是摆在他们眼前的，是能够通过敬重被每个有理性者所直接感到的，而且是不容许以他们在道德上所梦想的完善性的名义煽动起道德狂热来的。福音书首先是通过道德原则的纯粹性，而使人类的一切善行都服从义务的管教，这就是他对福音书的解释。这个管教也可以理解为命令，义务对人发出命令，那么福音书里面讲的就是这个，就是纯粹的道德原则命令人在行善时都要为义务而义务，人都要为了服从义务的命令来做出他们的善行。这是康德对福音书所作的自己的解读。在他看来，所谓道德原则的纯粹性就相当于纯粹实践理性的法则；而这原则与有限存在者的局限的适合性，就相当于康德的动机，谦卑和敬重正是为了适合于人的有限性而激发起来的。道德的纯粹性不是高高在上、降不下来的教条，只能停留在彼岸，而是同时也通过这原则与有限存在者的感性相适合，借助于敬重而代表道德法则对人下命令，这命令才是与人的有限性相适合的。敬重虽然是有限的人所具有的，但它是朝向无限的，它是指向彼岸的，它本身也在此岸，但是它背对此岸，它朝向彼岸。所以这就是纯粹的原则与有限存在者的局限相互之间的一种适合性，通过这个中介，使得普遍的道德法则适合于有限的存在者；通过这样一种适合性，也就是通过这样一种敬重，就使人类的一切善行都服从某种摆在他们眼前的、不容许他们在道德上所梦想的完善性之下狂热起来的义务的管教。这个义务一方面是摆在他们眼前的，这个眼前当然是感性的了，如果没有敬重的话，义务原则高高在上，但是没有表现在、没有摆在他眼前。那么通过敬重这样一种道德情感，义务的原则、义务的命令就摆在眼前了。你出于敬重去做道德的事情，那就是出于摆在眼前的一种情感动机，驱使你去做道德的事情，所以摆在眼前的也就是适合人的有限性的。再一个是不容许他们在道德上所梦想的完善性之下狂热起来。在道德上经常会有一些非理性的、梦想的完善性，从柏拉图的理念世界的完善到斯多亚派的个人道德素质的完善，这是前面所批评的一种道德狂热了。道德狂热把这种完善性建立在梦想之上，人类的善行容易在这种梦想的完善性之下变得狂热起来，这个是义务的法则所不允许的。道德上梦想的完善，也就是所谓健全理智、道德的直觉、第六感官，这些东西都是说不清楚的，什么是第六感官，什么是道德直觉，我们直到今天还有道德直觉说，把道德最后归结为一种直觉，归结为直觉也就是归结为说不清了。直觉就是不能够分析的，那么康德是反对这个的，认为是道德上的梦想。这种梦想的完善性会导致一种狂热，但是义务它是不容许这样一种狂热的，义务是管教，管教也就是命令。"并对自大和自矜这两种喜欢弄错自己的界限的东西建立起了谦卑（即自知）的限制"，自大和自矜就是前面所讲到的两种不同的自私，自大就是过于自爱，也就是骄傲；自矜，就是过于自尊了。自大和自矜在本章开始第三段就已经分析了，它们是两种喜欢弄错自己的界限的东西。弄错什么界限？就是弄错感性准则和理性的道德法则的界限，它们总想用自己的感性准则去取代和冒充义务的法则。而福音书里面的说教就是对自大和自矜这两种喜欢超出自己、喜欢弄错自己界限的东西，建立起了谦卑的限制。福音书里面，基督教的一个很重要的精神就是谦卑：你不要自以为是，你不要以为自己是道德的，你不要以为自己有权动用私刑去惩罚一个你认为不道德的人。就像中国政法大学那个杀老师的学生，他杀了自己的老师振振有词啊，他说这恐怕只有我来惩罚他了，他认为这个老师是不道德的，所以他充当了一个"义士"的形象。他动用私刑，用菜刀砍死了老师，他认为他自己做了一件正义的事情。这样一种道德狂热的信徒是非常恐怖的，过于自大和自矜，他不懂得谦卑。你有什么资格去处罚你认为不道德的事情？一些人抓了一个行淫的妇人要用石刑惩罚她，耶稣基督就问那些人，你们谁觉得自己是无罪的，就可以用石头砸她，那些人面面相觑，一个个都扔下石头走开了，他们都觉得自己不是无罪的。这些人素质很高啊，这些人可能都是耶稣的信徒。幸好他们不是中国人，要是中国人，我想那个妇人必死无疑。我们每个人从小就被教导，要"与坏人坏事作斗争"，而从来没有人对我们说，这"坏人"也可能包括我们自己，而这"斗争"也许恰好本身就是"坏事"，甚至以后可能被看作"浩劫"，就像"文化大革命"。所以我们这时候绝对都会争着去用石头去砸她，来证明自己是纯洁干净的。因为耶稣基督讲了嘛，你们谁觉得自己是清白的，你就可以用石头去砸她，那么凡是不用石头砸她的人，都说明自己不清白，说明自己有罪，这是中国人不可接受的。中国人都要证明自己纯洁无罪，这是"红卫兵"心理的根源，而证明自己无罪的办法就是惩罚罪人，就是要把那个老师杀掉，否则的话我就有罪了。我把他杀了正说明我无罪，我纯洁，我眼里容不下沙子，我干干净净，不但干干净净，而且道德高尚，大义凛然，宁可去死，"舍得一身剐，敢把皇帝拉下马"，这种气概是很可怕的。不懂得谦卑的人是很可怕的，这叫作"以理杀人"，这是戴震说的，其实也是"以德杀人"、"以情杀人"，也就是我们通常讲的"左"。这是康德非常反对的，他认为所谓谦卑，在基督教里面就理解为一种自知，这个自知不是说知道自己是什么人，能够完全把握自己的内心，那是只有上帝才能知道的，上帝才是知人心者。恰好相反，自知在这里有点像苏格拉底的"自知其无知"，就是知道自己几斤几两、知道自己的有限性边界的意思，我在上帝面前感觉到自己渺小，因而谦卑，甚至觉得自己有罪，这就是自知，也就是知罪。不知道自己的有限性、不知罪的人是没有自我意识的人，所以谦卑就是自知，自知就是有自我意识，有理性的反省精神和自我拷问、自我批判精神，能够"认识你自己"。整个《实践理性批判》就是要达到自知，用纯粹实践理性来批判我们日常的一般实践理性，防止人们凭一点良好的自我感觉就膨胀起来，陷入道德狂热。这个是在他的导言里面一开始就讲到了的，为什么不叫作"纯粹实践理性批判"而要叫作"实践理性批判"，就是要用纯粹实践理性来批判我们的一般的实践理性,达到自知,达到谦卑。为此就要树立一个纯粹实践理性的彼岸的标杆,在这个标杆面前我们每个人只有敬重的份,你只能够敬重,你只能够谦卑,你不能够自以为是。

*　　　　　*　　　　　*

我们上次已经讲到康德对《圣经》、福音书里面的说法进行了一番新的解释,他这番新的解释就是要把人们从宗教的狂热里面解脱出来,同时还要把人们从道德狂热中解脱出来。特别是后面这个意向非常重要,就是如何能够把真正的道德行为跟人们通常误以为道德的那种道德狂热区分出来。按照康德的办法就是要严格区分道德法则和我们的爱好,也就是要把这些爱好放在一边,严格从道德法则、从对道德法则的敬重来评价我们的道德行为,这就是为义务而义务的行为。所以下面自然就引出了他对义务的规定。前面都谈到义务,但是没有对义务正面进行严格的限定。下面这一段带有感情,康德在他的书中是很少打惊叹号的,这里就打了惊叹号。

义务! 你这崇高伟大的威名! 你不在自身中容纳任何带有献媚的讨好,而是要求人服从,但也绝不为了推动人的意志而以激起内心中自然的厌恶并使人害怕的东西来威胁人,而只是树立一条法则,它自发地找到内心的入口,但却甚至违背意志而为自己赢得崇敬(即使并不总是赢得遵行),面对这法则,一切爱好都哑口无言,即使它们暗中抵制它:

"**义务**! 你这崇高伟大的威名!"有了前面这些铺垫,他现在把义务突出出来,义务是崇高的、伟大的,崇高这个词在这里又一次运用。也就是说康德在这个时候基本上把崇高和道德情感合为一体,有时候也会做出细微的区别。但是按通常的观点,义务已经被带上了崇高的情感,敬重在没有经过康德详细的辨析以前,人们一般就用崇高来评价道德义务,这是通俗的说法。但是经过康德的分辨,义务是敬重这种道德情感的规定根据，你可以带有情感地把它称作崇高的、伟大的，但崇高伟大本身却不是什么道德情感，而只是对义务的一种命名。义务这一威名或者英名，崇高伟大，高山仰止、居高临下，但并不是因为它的情感最强烈，而是因为它超越于一切情感之上，它与一般的世俗生活不在一个层面上。"你不在自身中容纳任何带有献媚的讨好"，义务不是用来讨好人的，它不理睬人的任何爱好、任何需要的满足，"而是要求人服从"，它命令人服从，这是一个方面。"但也绝不为了推动人的意志而以激起内心中自然的厌恶并使人害怕的东西来威胁人"，它既不讨好人、引诱人，也不威胁人，既不拉拢人也不拒斥人。为了推动人的意志，义务当然是要规定人的意志的，要强迫、命令人的意志；但绝不为了这个目的就去激发起人内心中自然的厌恶和恐惧，以此来威胁人。"自然的厌恶"，也就是我们日常生活中的感性爱好方面的厌恶，也是使人害怕的东西，如怕死，怕痛，怕利益受损，怕情感受伤，这些在日常生活中的确都能够引起恐惧，而逼迫人不得不做某些事情，或加以逃避。但在义务面前你用不着恐惧，没有人用这种令人害怕的东西来强迫你。"而只是树立一条法则，它自发地找到内心的入口，但却甚至违背意志而为自己赢得崇敬（即使并不总是赢得遵行）"，就是说义务它要推动人的意志。它是靠什么呢？它只是树立一条法则，这条法则自发地找到内心的入口。为什么自发呢？因为它就在人们的心中，义务这个东西它本来就在人的心中，所以它能自发地找到内心的入口。它在内心中，当然不是在现象中，而是在本体中，在人的自在之物那个领域中。这个就是敬重感的位置了，在自在之物里面规定人的意志的那套法则，它能够自发地、自然而然地找到内心的入口。它通过对人的爱好的拒斥，与此同时就引起了人的一种谦卑和敬重感，这就是人自然而然的内心的入口，能够对人的内心有影响。"内心"（Gemüt），有人翻译成情绪，有的翻译成心意，或者灵魂、气质、内心的情感，它含义很广，有的翻译成思想感情或者是心意状态。我们干脆把它翻译成内心，它包含我们通常所讲的，某某人内心中的一切东西、一切活动，但是它显然是在现象界里面呈现出来的。那么在本体中道德法则能够找到进入到人的内心现象的入口，包括人的情感、情绪，它不是说跟人的情感完全无关的东西，它要跟人的情感打交道。虽然这是一种否定性的交道，否定人的一切情感。但是在否定的同时，它又有积极意义，它作为一种否定性的情感代表着道德法则。所以它虽然自发地找到内心的入口，但却甚至违背意志而为自己赢得崇敬。"找到入口"不是为了迎合人的内心，它甚至于违背意志。它要规定意志，如何规定意志？它往往是采取违背意志的方式，也就是当人的意志受制于这些内心的情绪、情感的时候，它就会违背意志。所以他这里讲，甚至违背意志，当然也可能不违背意志了，当意志服从它的时候。但是即使是违背意志，它也为自己赢得崇敬，反正意志要受它的规定、命令，而它不能让意志为所欲为，来支配它。在意志面前，它违背意志而命令意志，那么它居高临下，它有这样一个高度，来为自己赢得崇敬。但是并不总是赢得遵行，意志不一定总是遵行它，甚至往往在大多数情况下是不遵行它的，或者表面上是遵行它、符合它，但是实际上却遵行其他的东西，遵行人的爱好、需要、冲动，也许不违背它，但不是出自于它。但是哪怕是在违背它的情况下，它也赢得了自己的崇敬，你不去按照它的法则办事，但是你内心是知道的，你知道你本来是应该按照道德法则办事的。所以在你的心目中，不管你是出于何种情况之下，你总是怀有对道德法则的崇敬。哪怕一个坏人，他还是怀有对道德法则的崇敬的，只是他出于别的考虑，或者他认为自己做不到，或者他认为那样的人虽然很理想、很可贵、很崇高，但是世界上没有那样的人，当然我也做不成那样的人，这是为自己找理由了。所以这种崇敬总是在人们的内心的，我们通常把它称之为人的良心。良心并不总是赢得遵行，你可以违背良心，但是良心还在。"面对这些法则，一切爱好都哑口无言，即使它们暗中抵制它"，爱好在它面前没有说话的余地，你不能提出别的理由来取代它，一切爱好都哑口无言，即使它们暗中抵制它。爱好在这种情况下，要抵制道德法则,也只能采取暗中的方式、自欺的方式、伪善的方式,要打着道德的旗号违背道德。即使暗中遭到抵制,但是它仍然具有违背意志而自己获得的崇敬。这后面是冒号,我们要注意,这里冒号的意思就是说,所有前面的这一大段都是对义务的一种解释,都是"义务"概念的一个从句,都是对义务是什么的展开。我们通常讲的义务就是这样一种东西。义务不是献媚人,也不是威胁人,而只是树立一条法则,它自发地找到内心的入口,但是永远保持它所赢得的崇敬。人们在任何情况下,对它都具有崇敬。然后在冒号前面截止了。下面就正式地展开为什么在这里要提到义务。冒号前面都是一个框形结构的从句,然后直接问,像这样一种义务:

你的可敬的起源是什么? 我们在哪里寻找你的那条高傲地拒绝了与爱好的一切亲属关系的高贵出身的根? 而且,溯源于哪一条根才是人类唯一能自己给予自己的那个价值的不可缺少的条件?

这一段整个上面都是为了引出这些问题。首先是赞扬了一番义务,你这崇高伟大的威名。那么你这么崇高伟大的威名的起源是什么呢? 是什么东西使你具有了这样的崇高伟大,义务的起源它是建立在什么之上的,"我们在哪里寻找你的那条高傲地拒绝了与爱好的一切亲属关系的高贵出身的根?"义务是高傲地拒绝了跟爱好一类的东西的联系,拒绝了与爱好藕断丝连、或者暗通款曲的关系,与它们一刀两断。那么,义务的高贵的出身的根在哪里? 它斩断了现实感性的爱好的根,那它本身的起源又是什么? "而且,溯源于哪一条根才是人类唯一能自己给予自己的那个价值的不可缺少的条件?"后面这一问是更进一步了,就是涉及到人的价值了。义务是人类唯一能自己给予自己的不可缺少的价值,其他的价值不是人类自己给予自己的,它需要外在的条件,也需要你自身的身体上、心理学上具有的条件,这才谈得上有价值。比如人的生存,你要有生存的质料,还要有生存的欲望和本领,所以这些东西是你的生存的价值的根。那么人类唯·能够自己给予自己的价值,那就是义务,你这一辈子完成了自己的义务，就活得有价值。那么，这种价值、这种义务又是根源于什么呢？溯源于哪一条根才是人类义务的不可缺少的条件？义务这里涉及到价值关系的问题，义务能够赋予你以人生的价值，而且是唯一的能自己给予自己的价值，也就是一种终极价值。一个人完成了自己的义务，他这一生就值得了。当然你也可以把别的东西作为你的值得，你在这个优美的风景区看到一栋别墅，你可能想，我在那里哪怕只住上一年，我这一辈子也值得了，某某高档餐馆我只要能在里面吃一餐饭，我这一辈子就值得了，有很多不同的价值标准。但是那些价值标准都不是人类自己给予自己的。只有义务才是人类唯一能自己给予自己的那个价值。这种价值它的不可缺少的条件是什么？是溯源于哪一条根？它凭什么能够加在人的身上，能够自己给予自己？这一段其实主要是要提出这些问题。前面当然也是顺带说明了义务的特点，它既不献媚人、引诱人，也不威胁人，它自发地找到它的内心的入口，它只是建立一条法则，但最后都是为了提出这些问题来。

[87] <u>这个东西决不会低于那使人类提升到自身（作为感官世界的一部分）之上的东西，那把人类与只有知性才能思考的事物秩序联系起来的东西，这个事物秩序主宰着整个感官世界，与此同时还主宰着人在时间中的可经验性地规定的存有及一切目的的整体（只有这个整体才是与像道德法则这样一个无条件的实践法则相适合的）。</u>

首先，"这个东西决不会低于那使人类提升到自身（作为感官世界的一部分）之上的东西"，这个东西，指义务的根源，它不低于使人类提升到自身之上东西，这里的人类自身是指"作为感官世界的一部分"的自身，也就是世俗理解的人类自身。那么这个义务的根源一定不会低于那使人类提升到自己的感性存在之上的东西。这个"之上"也就是说超出人的感官的身体，要提升出来。那就是人类自身除了作为感官世界的一部分，在这之上的东西就应该是理知世界的东西，是作为理知世界

的一部分,要把人类作为感官世界的一部分提升到作为理知世界的一分
子,一个成员。所以他接着说,"那把人类与只有知性才能思考的事物
秩序联系起来的东西",什么是使人类提升到自身之上的东西? 就是那
把人类与只有知性才能思考的事物秩序联系起来的东西。就是说这样
一个东西把人类与只有知性才能思考的事物秩序联系起来了,"只有知
性才能思考的事物秩序"是什么呢? 就是理知世界。所谓理知世界(die
intelligible Welt),有时候也被说成是知性世界(Verstandwelt),但有时
候也把它们区分出来。就是说不仅仅是知性世界,而且是理知世界。知
性世界还带有一种认识论的色彩,理知世界就完全没有认识论的色彩。
当然理知世界从柏拉图那里起源,理念世界也称之为理知世界,它本来
也有认识论的特点。但是康德在某个地方曾经提到过,[①] 他说,理知世
界只是从本体论上来说的,他不是说理性可以"知",当然这个词它本来
有这个理知的意思。所以康德要专门说明,你可以从理论上来认识的世
界,通过理性和知性可以认识的世界,严格说来不能叫作理知世界或知
性世界,因为它离不开感性经验,还是感性世界。理知世界是和感性世
界相对而言的,感性世界是可知的,理知世界是不可知的。理知世界不
可知,但是理知世界可思、可行,它有它的一套合理秩序。这套秩序不
是一套认识的秩序,不是说理知世界我们通过认识把握到它的规律,它
就是这样构成的,不是的。理知世界是你的实践行为的一套秩序,它有
秩序,这种秩序是你的应当的秩序,你应当怎么怎么做,这个里头有层
次、有规矩、有规范,这一套法规就是理知世界的秩序。他这里讲了,这
个东西决不会低于那使人类提升到自身(作为感官世界的一部分)之上
的东西,那把人类与只有知性才能思考的事物秩序联系起来的东西,就
是说它决不会低于、而且可能是高于这一套东西。这套东西只是把人类
提升到感性之物以上,但还没有彻底摆脱感性之物,而只是把人类与只

---

① 可参看《纯粹理性批判》A257=B312 —313。

有知性才能思考的事物秩序联系起来、与人的理知世界联系起来了。所以这只是一个中介，它使人超出自己的感性而与理知世界相联系，但它本身还不是纯粹属于理知世界的。按照下文所讲的，这就是指人的"人格"（Person）。义务的根至少不能低于人格，它本身应该是属于理知世界的；人格则是跨两界的，它只是把人的感性与这个理知世界联系起来的中介或纽带。当然也离不开这个纽带，只有通过这个中介，我们才能被引向彼岸的理知世界，找到义务的根源。你如果能找到这个根，你就能发现那只有知性才能思考的事物秩序、也就是理知世界的秩序。那么这个秩序是什么样的秩序呢？"这个事物秩序主宰着整个感官世界"，"这个事物秩序"就是理知世界的秩序，它属于物自体、属于事物自身。这个事物秩序主宰着整个感官世界，整个感官世界都是服从它的，如何理解这一点？就是说在这个感官世界里面，一切事物都是一环套一环，按照因果律而构成无限的因果链条，但却形不成一个"整体"，只有无限多的头绪和偶然事件，连因果律其实都是偶然的碰撞，呈现出杂乱无章和无序的现象；只有在跳出这个因果链条之外的彼岸世界，我们立足于一个世界整体的眼光来看这个感官世界，我们才有可能赋予它某种整体的秩序。这是康德在《纯粹理性批判》的第四个二律背反中所阐明的道理，即世界整体要依赖于一个绝对必然的存在者才得以可能。而这里更进一步指出，"与此同时还主宰着人在时间中的可经验性地规定的存有及一切目的的整体（只有这个整体才是与像道德法则这样一个无条件的实践法则相适合的）"，这就是第三个二律背反里面讲的，人的先验自由的理念是我们可以假定来解释此岸世界的行为的一个彼岸世界的充足理由，而这一理由在人的有目的的实践行动中就体现为道德法则的存在理由，这就是人的实践的自由。由于道德法则是跳出一切感性事物的因果性而无条件地提出的一条绝对命令，所以它能够把人在时间中的可经验性地规定的存有及一切目的的整体都置于它的命令之下，而自身并不受任何经验性的条件所命令。这就是说，人的各种目的性的活动正如自然因果性一样,都是杂乱无章、互相碰撞、不成整体的,只有在道德律的绝对命令之下,它们才有可能构成一个目的整体,而只有这样的整体、也就是一个人格,才是与道德法则相适合的。道德法则绝对不是只命令其中的一个部分,而是从整体上命令人、也就是无条件地命令人:你应当。人的所有在时间中可经验性地规定的存有,也就是人的各种目的活动,作为一个整体或人格,只能由道德法则这样一个无条件的实践法则所命令、所主宰。在这里,人的时间中的存有,这个存有也就是 Dasein,是可经验性地加以规定的,一切目的则包括我们在此生此世跟感官世界打交道所建立起来的所有的目的,比如幸福,所有这些,作为一个整体都要服从理知世界的目的,那就是以义务本身为目的。只有这个整体才是与像道德法则这样一个无条件的实践法则相适合的。一切目的的整体,包括感官世界,包括幸福、包括人在此岸世界所追求的各种各样的目的,这些各种各样的目的总和就是我们称之为幸福的东西,当它们由道德法则统一成一个目的的整体时,就叫作"德福一致"或者"至善"。当然这是后面要讲的,这里只是透露了一点苗头。一切目的的总和包括两个,一个是幸福,一个是德性,而在德性的主宰下的幸福就是德福一致,这就构成了一切目的的整体。道德法则并不排除人的其他目的,它所要求的就是把一切目的的总和隶属于自身之下,道德法则就是实践的最高原理,所有其他的目的都要隶属于其下,所以不能单个地与它相配,只有它们的总和才能与它相配。单个地来说,显然道德法则是不管世俗生活的具体目的的,也可以说世俗生活中的目的是不与道德法则相配的。只有所有这些目的的总和才能够与道德法则相配,它里面才有一种分配的比例,上帝的正义可以把这个比例摆平,安排得相配。这样一个彼岸世界的事物秩序主宰着一切目的的整体,那就是德福一致的整体。那么,义务的根源肯定不只是存在于此岸和彼岸世界的这个中介或者联系中,而只可能在彼岸的理知世界,这样才能对此岸的人类存有产生主宰的作用。那它到底是什么东西呢?

　　这个东西不是别的，正是**人格性**①，也就是摆脱了整个自然的机械作用的自由和独立，但它同时却被看作某个存在者的能力，这个存在者服从于自己特有的、也就是由他自己的理性给予的纯粹实践法则，因而人格作为属于感官世界的人格，就他同时又属于理知世界而言，则服从于他自己的人格性；

　　这个半句非常重要，它说"这个东西不是别的，正是人格性（Persönlichkeit）"。人格性我们上次也已经接触到了，我们可以参看一下自由范畴表的"关系范畴"（《实践理性批判》第 90 页，边码 78，《精粹》第 334页），第一项就是"与人格性的关系"，第二项是与人格状态的关系，第三项人格对其他人格的状态的交互关系。这个上次我们已经讲到了。"人格性"具有道德含义，而"人格"本身并不具有道德含义。人格本身作为"个人"，按照《纯粹理性批判》里面理性心理学的说法，只是被定义为"在时间中的号数上的同一性"，也就是同一个人在时间上能够维持下来，他是同一个人，他就是他，就是这么个人，一贯下来，这就是他的人格了，而不涉及是好人还是坏人。但人格性就不一样了，人格性是人格中的这样一种一贯性的根源，这个一贯性不仅仅指时间上能够贯穿下来，就像通常对人格的解释那样，即在时间中号数上的同一性，而是说，它之所以能够一贯下来，是因为它跨越到了另一个永恒的超时间的领域，所以不受时间的影响。人格之所以是人格，真正说来是因为人格本身已经跨越了两个世界的领域，它在此岸世界的实践中，体现的是彼岸世界的、自在之物的秩序，而这个秩序就是人格身上的人格性。所以人格性是人格身上更高层次的东西，虽然人格本身由于有人格性而比起

---

①　原译作"人格"，这里改成了"人格性"。因为前面我们已经把 Person 改译成人格，那么这里 Persönlichkeit 应该翻译成人格性。Person 是个名词，加了形容词的词尾 lich，persönlich，就是人格（性）的，然后把这个形容词再把它名词化 Persönlichkeit，所以 Persönlichkeit 只能翻译成人格性。人格与人格性是相通的，但是又不完全是等同的。这个问题可看拙文：《关于 Person 和 Persönlichkeit 的翻译问题——以康德、黑格尔和马克思为例》，载《哲学动态》2015 年第 10 期。

一般事物来已经是提升了的东西了，但如同前面讲的，人格性比它更高，它"决不会低于那使人类提升到自身（作为感官世界的一部分）之上的东西，那把人类与只有知性才能思考的事物秩序联系起来的东西"，也就是说，它决不会低于人格。人格性在这里跟前面讲的联系起来就很明确了，人格使人类提升到自身之上，并且能够把人类与理知世界的秩序联系起来，它是个中介；而人格性则是这个中介所要提升和联系到的那个理知世界的秩序，它包含在人格中，并且正是由于它，人格才能对人类有那样的提升。能够使人格体现出人格性的，本质上并不是时间上的感性的东西，而是彼岸世界的法则。人格正由于包含有这一法则，它才能够把此岸世界和彼岸世界联系起来。我们人类的义务就是从这里来的，它的根就在这里，就在于人身中的或者说人格中的人格性。所以前面问的问题，即哪一条根才是人类唯一能自己给予自己的那个价值的不可缺少的条件？义务的可敬的起源是什么呢？回答是：那就是人格性。对这个人格性，他后面又有一个解释："也就是摆脱了整个自然的机械作用的自由和独立"。我们人生活在感官世界中，他是服从自然的机械作用的，按照牛顿的物理学，人也是一个物体，也是一个物质存在，是由原子和分子组成的，服从力学的规律；但是人格性是摆脱了整个自然的机械作用的自由和独立。人格只是把人和彼岸世界、理知世界联系起来，而人格性则体现了一种摆脱了整个自然机械作用的自由和独立。你固然可以从机械作用来规定人，但是这个规定对于人身上的人格性来说无损于一丝一毫，那都是外在的规定，那不是它本身，而它本身是摆脱了一切机械作用的，它是自由和独立的。"但它同时却被看作某个存在者的能力，这个存在者服从于自己特有的、也就是由他自己的理性给予的纯粹实践法则"，也就是说，人格性同时却被看作某个存在者、也就是某个人格的能力，这个存在者、人格除了摆脱一切自然机械作用外，它还有能力服从于自己特有的纯粹实践法则即道德法则，这种能力就是人格性。这个存在者，这个主体，这个拥有人格性的人格，服从于自己所特有的、由他自己的理性给予的纯粹实践法则。"特有的"，这里有一种排他性，就是说它不是由感官自然界的机械作用所带来的法则，而是它自己特有的法则，即纯粹实践法则。"因而人格作为属于感官世界的人格，就他同时又属于理知世界而言，则服从于他自己的人格性"，这里说得再明确不过了，这个存在者就是人格，他既属于感官世界，同时又属于理知世界，因而他是跨越两界的，但是他服从于他自己的人格性。人格性是人格自己本身的一种能力，人格要服从它自身的能力，他有这种能力，正是这种能力使人格可以跨两界，从此岸跨越到彼岸去。我们注意这个地方有两个层次，一个是人格作为属于感官世界的人格，服从于他自己的人格性，人格为什么要服从他自己的人格性，是就他属于感官世界而言，他要服从理知的世界的法则，而这法则恰好又是他自己的法则。人格跨两界，一边是感官世界，在感官世界中一个人的人格就是在时间中的号数上的同一性，他是同一个人，同一号人；但之所以如此，不是因为他在经验世界中用什么感性手段维持了时间上的一贯性，而是因为他本身有理知世界的一面，他的感性的一面始终面临着理知世界的法则作为前后一致的标准。他要服从他的人格性，是因为他的人格把他自己提升到了理知世界，他作为同时又属于此岸世界的人格，必须服从他的人格性，这样才能凭借人格提升到一个理知世界。所以我们虽然是属于感官世界的，但是我们的人格要求我们服从我们的人格性，以便提升到理知世界。这里很重要的界定就是说，人格是横跨两个世界的，一个是感官世界，一个是理知世界；而人格性就是处于两个世界之交的人格得以从此岸过渡到彼岸的一种能力，或者说是彼岸世界的拉力。我们由此可以理解康德在《道德形而上学奠基》里面讲到的定言命令的第二条变形公式。定言命令的普遍公式就是：要使你的行为的准则成为一条普遍的法则，这是一般而言的。但是它有三条变形公式，经常学界争论不休的就是这三条变形公式它究竟意味着什么。第一条变形公式就是要使你的行为的准则好像一条普遍的自然律，这条变形公式是一条引导性的公式。"好像"，你要是理解不了的话，你就用自然律来打比方，就是说你想想看，你的这个行为的准则能不能像自然律那样立得住。他用自然律来打比方，而且是"好像"。所以在这方面其实已经引进了一种反思性的判断力。当然反思性的判断力是后来在第三批判中才确定的，是针对自然界的目的论的，是讲我们的自然界本来是没有目的的，但我们可以把它看作"好像"有一个终极的目的，它趋向于道德。但是这里这个定言命令的第一条变形公式，它是反过来的"好像"，就是说我们的定言命令本来是道德命令，但它可以看作"好像"是一条自然律一样，它不是自然律，但是它好像是。与我们这里相关的是第二条变形公式，就是说，"任何时候你都要把人格中的人性当作目的，而不能仅仅当作手段"。这也是我们长期以来争论不休的问题，什么叫作"人格中的人性"？在《道德形而上学奠基》中讲得很简单，在这里可以找到答案。什么叫作人格中的人性？就是说人格本身是跨两个世界的，那么人格中的人性跟一般讲的人性它的眼界是不一样的，我们一般讲的人性就是人的感情和人的此岸的经验性的生活，包括他的爱好、幸福等等所有这些东西，都是属于人性的。但是除了这些东西以外，人格中的人性把眼界扩大了，就是说不仅仅是此岸世界中的幸福，而且包括彼岸世界所追求的那样一种秩序。那么第二条变形公式就是说，你任何时候都要把你人格中的人性当作目的，而不仅仅当作手段。凡是世俗的目的你都可以当作手段，你的幸福，你的需要，都可以用来交换别的东西；唯独彼岸世界的秩序你不能当作手段，你的义务不能当作手段。所以人格中的人性就把人性限定了，必须把这两界都考虑在内。我们通常说"人是目的"，当然这个概念最初好像是从康德来的，把人当作目的不要当作手段。但是康德的"人是目的"是有它的限定的，就是说不仅仅是把现实生活中的感性人当作目的，而且更重要的是要把纯粹实践理性的人当作终极目的，要把人当作一个整体来看，感性的目的服从道德的目的，这才是把整个人格中的人性当作目的。人格横跨两边，你不仅仅是要满足人的世俗生活的需要，而且最终是要完成自己的义务，这就是把人当作目的。我们通常讲人是目的，那就是要为人们谋福利，当然是这样的，没错；但是这是远远不够的，还应该把人的自由、把人的彼岸世界的秩序，比如说公正、正义这些东西，也要当作更高的目的，要把人的整体当作目的。人的整体就不仅仅是感官的东西，而且包括他的彼岸世界的法则。我们从这个地方可以找到答案，来解答他的第二变形公式里面讲的"人格中的人性"到底是什么意思。人性，你可以理解为人的自然性，但是人的自然性也有歧义，就是既包括人的感性的自然，也包括人的理知的自然，包括人的彼岸世界的追求，包括人的物自体，包括人的彼岸世界，包括人的尊严。我们讲的人权其实也是讲的这个方面，我们讲保护人的私有财产权，好像就是讲要保护他的那点东西，不是的。保护他的私有财产权，就是说如果他不愿意的话，他的一根针都不能受到损害，并不在乎那是他的针，而是在乎那是他的人格。你剥夺了他的一根针，你就是损害了他的人格。应该从双重的意义上看待人性，看待人是目的，所以他这个地方讲到了，因而人格作为属于感官世界的人格，就他同时又属于理知世界而言，则服从于他自己的人格性；人格性是在人格身上把人特别提升到理知世界的一种能力，一种功能，是人格的属于彼岸世界的功能。

这就不必奇怪，人作为属于两个世界的人，不能不带有崇敬地在与他的第二个和最高的使命的关系中看待自己的本质，也不能不以最高的敬重看待这个使命的法则。

"这就不必奇怪"，就是从上面顺理成章地得出的结论了，"人作为属于两个世界的人"，人既属于感官世界又属于理知世界，既服从感官世界的机械规律，同时又受制于彼岸世界、理知世界的道德规律。人作为属于两个世界的人，"不能不带有崇敬地在与他的第二个和最高的使命的关系中看待自己的本质"。第二使命或最高的使命是什么呢？就是道德了。第一个使命是追求知识，人为了自己的幸福，就必须认识世界，而认识世界就是人的第一个使命，即理论理性的使命，它体现为人为自然界立法。所以自从培根提出"知识就是力量"以来，追求知识就成了人的一个使命。但仅仅这样是不够的，人属于两个世界，他不仅仅属于感官世界，不仅仅要追求自己的幸福，而且他不能不带有崇敬地在与他的第二个和最高的使命的关系中看待自己的本质。第二和最高的使命涉及到人的本质问题，也就是他的物自体、他的彼岸世界的本体的问题，所以他必须要带有崇敬、要怀抱着一种敬重感去追求。人的第一个使命是认识世界，是理论的使命，而第二个使命则是实践的使命，即成为道德的人，那才是他的真正的本质。这两大使命正如康德在书的"结论"部分一开头说的："有两样东西，人们越是经常持久地对之凝神思索，它们就越是使内心充满常新而日增的赞叹和敬畏：**我头上的星空和我心中的道德律。**"而相比之下，心中的道德律比头上的星空是更为高尚的使命。"使命"（Bestimmung），原来的意思是"规定"，这种规定是先天的规定，比如说人，人生在世他已经被规定好了，那么人就有完成这个规定的使命，所以这个概念在德文里面有两个意思，一个是规定，一个是使命。而人作为跨两界的存在者，作为既拥有感性的接受力又拥有知性的自发性的人格，他就具有双重的使命：一个是用知性去为感性的自然界立法，这就是认识世界；一个是超越于感性的自然界而凭借知性或理性自己为自己立法，实现人生的终极目的。这是一个具有人格的人的双重使命，如果是只有感性而没有知性和理性的动物，它也就不具有人格，因而也没有这两项使命。而就人格的完整性而言，后面这项使命即人为自己立法、成为道德的人，比前一项使命层次更高，它可以通过"配享幸福"而把前一使命包含于自身内。这就是所谓实践理性高于理论理性的原理，所以它是唯一值得我们以最高的敬重来看待的最高使命的法则。这个法则是什么？他作为本体世界的人、理知世界的人，他的规定性的法则就是道德法则。所以这一段非常重要，人格、人格性、人同时作为两个世界的存在者的关系在这里说得非常清楚，在《道德形而上学奠基》里面没有说得这么清楚，也没有提到这种关系。

　　一些按照道德理念来标明对象价值的术语就是以这个起源为根据的。道德法则是**神圣的**(不可侵犯的)。人虽然是够不神圣的了,但在其人格中的**人性**对人来说却必然是神圣的。

　　"一些按照道德理念来标明对象价值的术语就是以这个起源为根据的","这个起源"即刚才讲的,义务的可敬的起源,这就是人身上的人格性,就是人格中的人格性。那么以这个起源为根据,就产生了一些按照道德理念来标明对象价值的术语,比如说神圣性、崇高性等等类似于这样一些术语,都是按照道德理念来标明对象价值的。一个对象它的价值何在? 这要看它的起源何在,当然你可以说,这个东西很值钱,可以用来换钱,这个东西很有营养价值等等,这些价值都是按照我们感性生活的需要来定的,它们的起源归根结底就在于感性的爱好和身体的需要。但是有一种对象它没有这些价值,它是按照道德理念来标明价值的,就是说这个对象什么用也没有,甚至还要我们放弃自己的某些爱好和需要,但是它是我的义务。它不能给我带来任何好处,但是唯一的,它是我的义务,我们的一切价值最终都要以它为标准来衡量。那么它的价值就在于,我完成了它,我就实现了自己的最高的价值,虽然我没有得到一点好处,但是它是我的终极价值。有一些按照道德理念来标明对象价值的术语就是以这个起源为根据的,也就是以人的人格性作为根据的。有了人格性,这个价值就得以成立,那么我们给这个价值的命名就是以人格性作为根据的。下面他举了个例子:"道德法则是**神圣的**(不可侵犯的)","神圣的"就是这样一个术语,它就是按照道德理念来标明对象价值的术语,比如我们说道德法则是神圣不可侵犯的,这样一种术语就是以人格性作为它的根据的。其他的任何价值,比如说再怎么值钱,再怎么营养价值高,都够不上"神圣的"称号。道德的法则怎么是神圣的呢? 因为它是超越于感官世界之上而与彼岸世界、知性世界相联结的。那么是什么东西把我们与彼岸世界相联结? 是我们的人格中超乎感官世界之上的人格性。接下来讨论神圣的。他说,"人虽然是够不神圣的了,但在其人格中的**人性**对人来说却必然是神圣的"。我们注意这里直接出现了"人格中的人性"这样一个说法，这就跟《道德形而上学奠基》中的表述联系起来了。定言命令中的第二个变形公式是：你任何时候都要把自己人格中的人性和他人人格中的人性永远不仅仅当作手段，而要当作目的。这里说，人虽然是够不神圣的了，但在其人格中的人性对人来说却必然是神圣的，"人性"打了着重号。康德一般来说承认人性本恶，人并不神圣，人是够下贱的，人生活在感性世界之中，每天追求利益、物欲横流、损人利己、钩心斗角；但是"在其人格中的人性"对人来说却必然是神圣的。不管人多么下贱，在日常生活中把道德置之于脑后，道德滑坡、人性沦落，但是在其人格中的人性对人来说却必然是神圣的。为什么？因为人格中的人性包含着人格性。就是说人格跨两界，而其中的人格性具有把人格中的此岸和彼岸世界挂起钩来的功能，所以从人格中这样一种统一的人性来看，人不仅仅是感官世界的人，而且是理知世界的人，前者必然服从后者。那么人格中的人性对人来说就必然是神圣的，它被人格中的人格性神圣化了，人性被人格中的人格性神圣化了。这里打了着重号的"人性"，也可以说是横跨两个世界的，是人格使人性的两个世界成为了一体，那么人性作为两个世界中的人性，一方面它具有感性，另一方面它具有实践理性，所以这样一种人格中的人性，对于人来说也必然是神圣的。

在全部造物中，人们所想要的和能够支配的一切也都**只能作为手段**来运用；只有人及连同人在内的所有的有理性的造物才是**自在的目的本身**。

这句话直接地就点到了道德法则的第二个变形公式。"在全部的造物中，人们所想要的和能够支配的一切也都**只能作为手段**来运用"，比如说，你把他人作为手段，把他人的人性作为手段，那也是必要的，人在社会中总是要互相利用、互相帮助的。那么在这种互相帮助、互相利用中，人的确是把人当作手段，人有时候也把自己当作手段，出卖自己的劳动力，与别人交换。把人和自己都当作手段，康德也不反对。但是他讲的是不能"仅仅"当作手段,不是"只能"作为手段,否则就是把人当作仅仅只活在此岸世界,而忘记了人同时还属于彼岸世界,这个是非常重要的。"在全部造物中",这个"造物"也就是被创造物。人们所想要的和能够支配的一切都是被造物,所有这些都只能作为手段来运用。但是"只有人及连同人在内的所有的有理性的造物",这个就与全部的被造物区分开来了,也就是在全部的被造物中把人这个被造物区分出来了。在全部被造物中,人们所想要的和能够支配的,包括人所想要作为目的和作为手段的,统统只能作为手段,包括你在世俗生活中的目的,你要追求这个追求那个,但是追求这个、那个,最终都还只是一种手段;与此不同,只有人及连同人在内的所有的有理性的造物,"才是**自在的目的本身**",这里打了着重号,与上面"**只能作为手段**"相对照。就是说,只有人,连同其他一切有理性的存在者,包括外星人,才是自在的目的本身。先不说其他理性存在者,至少这就把人与物区分开来了。一切物作为你的手段,它们都只能作为你的手段,只有人才能同时作为自在的目的本身;当然人也可以作为手段,但这时的人是只就他作为物而言的,是作为动物或感性的存在者而言的。人其实也是一个被造物,人作为被造物跟其他的被造物、或者说人跟动物在这一点上没有根本的区别,都只能作为手段来运用的。但是在全部的造物中,人是特殊的被造物,他只有就其特殊性而言,才是自在的目的本身。因为人横跨两个世界,在理知世界里面,也就是在人的物自体、人的物自身里面,他才是自在的目的本身。人的目的当然也不仅仅是理知世界的目的,也包括此岸世界的有限目的,但这些有限的目的都不是自在的目的,而只是为了一个比它更高的目的,因此是同时可以作为更高目的的手段的。因此只有彼岸世界的人格性才是自在的目的本身,才不需要一个比它更高的目的来利用它而自身成为最终的目的,这才叫作自在的目的本身。而人格中的人性作为跨越两界的统一体,也只有在这个意义上才能被当作是绝对的目的,而不再是其他目的的手段。因为他除了有此岸世界的目的追求,还有彼岸世界的目的追求，并能将此岸的目的追求服从于彼岸的目的追求，这就使整个人成为了目的而不只是手段。其他的被造物只有此岸的目的，所以即使它有目的，比如说动物，毕竟只能作为手段；人身上的动物性的一面也是这样，即使人身上的动物性也有目的，但是这些目的总归只能作为手段来运用。这个是一个区分，在全部造物中，人和其他的造物不同，他不仅仅作为手段，他还是自在的目的。

因为他凭借其自由的自律而是那本身神圣的道德法则的主体。

为什么人这种造物就能够成为自在的目的呢？人也是一种造物呀，他也有感官、需要、也要服从自然的机械规律呀，为什么他就能够成为自在的目的本身呢？"因为他凭借其自由的自律而是那本身神圣的道德法则的主体"。这个还是在解释"神圣性"，因为他是自在的目的本身，所以他具有神圣性，也就是说，因为他凭借其自由的自律而是道德法则的主体，而道德法则本身是神圣的。凭借这一点，他就能成为自在的目的本身，使得他的自然的存在，他的整个人性，包括此岸的、彼岸的，都统一在了这个自在的目的之下，这一点使得他的整个人生都被神圣化了。基督教就是这样讲的，人身上的神性使得他的动物性都被提高了，人的感官世界的生存、人的此世的生活是为来世做准备的，所以他被神圣化了。基督教里面有圣徒，圣徒之所以是圣徒，就是他的整个生活就是为来世服务的，他的生活整个都被神圣化了，成为了神圣的主体。

正是为了自由之故，每个意志、甚至每个人格自己所特有的针对他自己本人的意志，都被限制于与有理性的存在者的**自律**相一致这个条件之下，也就是不使这个存在者屈从于任何不按照某种从受动主体本身的意志中能够产生出来的法则而可能的意图；所以这个存在者永远不只是用作手段，而且同时本身也用作目的。

"正是为了自由之故"，为了实现纯粹的绝对的自由，"每个意志、甚至每个人格自己所特有的针对他自己本人的意志"，这里一个是每个意志，另一个是，甚至每个人格自己所特有的针对他自己本人的意志。"每个意志"是泛指，就是说你这个意志可以是对内的，也可以是对外的，你在外部世界去追求都可以体现你的意志，你要实现你的目标、达到你的目的嘛，这都要体现你的意志。但每个人格自己所特有的针对他自己本人的意志，就是每个人格针对自身的意志，这是他特有的，对意志的意志是每个人自己特有的，别人只能针对他的身体，但是不能针对他的意志。意志的这两个层次是因为人格是横跨两个世界的，既然他横跨两个世界，所以在他的意志本身内部就有一种分裂，一方面针对着外面的感性世界，另一方面则针对着内在的理知世界，从而使得他的意志互相冲突、不自由了。而要达到自由意志，就必须使这种分裂达到统一，就要用对意志的意志来支配或限制其他的意志，也就是用对彼岸理知世界的意志来支配和限制此岸感性世界中的意志。这就能够使得所有的意志"都被限制于与有理性的存在者的**自律**相一致这个条件之下"，而这种意志的自律就是对意志的意志，它是人格本身所特有的。因为人格本身虽然是分裂的，但是人格又必须达到统一，统一的条件就是和意志的自律相一致，也就是和对意志的意志相一致。这就是不受任何感性世界的爱好和需要的影响，意志完全自己为自己建立法律，自己为自己立法，以此来限制自己在此岸世界的意志，包括限制自己的对感性的意志，以及规范自己的对意志的意志。在感官世界，人很容易去追求那些感性的目标。那么作为一个完整的人格，他就要用自己的彼岸世界的道德法则，对于此岸世界的感性的爱好、追求加以限制，这就是人格所特有的针对他自己本人的意志。这种限制是为了自由之故，因为对感性世界的意志是不自由的，受制于外在的偶然条件；只有对意志本身的意志才是真正自由的，它完全取决于人格自身。所以为了自由之故，你就必须把自己的自由限制于一个条件之下，什么条件呢？就是与自律相一致，而自律本身就是最纯粹的自由。所以把自由意志限制在这个条件之下，就意味着限制于自由本身之下，对自由的自由才是真正的自由，才是作为原则、作为法则的自由，而不是一次性的、偶发的、自相冲突的自由。"也就是不使这个存在者屈从于任何不按照某种从受动主体本身的意志中能够产生出来的法则而可能的意图"，就是说不要使这个存在者屈从于那样一种可能的意图，什么可能的意图呢？不按照某种从受动主体本身的意志中能够产生出来的法则而可能的意图。你当然还是一个受动的、被动的主体，你是主体，但是你具有被动性；但你又有你自己的意志，那么按照你本身的意志能够产生出一种法则，这就是自律的法则。如果不是按照这种法则而可能的意图，那你就不要屈从于它，这就是一切意志要成为自由的意志所必须服从的先决条件。否则的话，你作为一个受动主体，你必然受到外界的支配，受到外界的种种条件的限制，你就会陷入到不自由，或者陷入到自由的自相矛盾、自我毁灭。只有当你能按照自己对意志的意志产生出一种法则来，你才能使你的自由贯穿你存在的始终，不被感性的条件所中断，反而使这些条件根据这条法则的形式而得到安排，成为自由的质料。纯粹从你的自由意志本身中产生出的这条法则就是道德法则，或者说义务的法则。如果你不按照道德法则，你就可能有别的意图，你就被感性所支配，你就屈从于你的爱好，这当然也是你的一种可能的意图，这时你就会违背与自己的意志的前后一致，成为一个随风转的、随时用自己目前的意图否定早先意图的机会主义者，到头来成为命运的玩物。所以为了自由之故，你不要屈从于任何不按照法则而可能的意图，就是不要屈从于感性的意图，不要被你的受动性所俘虏，不要堕落为感性的奴隶。"所以这个存在者永远不只是用作手段，而且同时本身也用作目的"，这就是道德法则的第二个变形公式，所有以上的讨论都是解释这一公式里面的原理的。就是当你成为感性的奴隶时，你就成为了单纯的手段而失去了最终的目的；只有按照你的自由意志本身中所产生出来的法则即自律法则行事，你才能成为自己的目的。所以《道德形而上学奠基》中的第三个变形公式就是"自律公式"：每个理性存在者的意志都是立法的意志。

就这个世界中的有理性的存在者作为上帝意志的造物而言，这个条件我们甚至有理由归于上帝的意志，因为该条件是基于这些造物的**人格性**之上的，只有凭借人格性这些造物才是自在的目的本身。

"就这个世界中的有理性的存在者作为上帝意志的造物而言，这个条件我们甚至有理由归于上帝的意志"，这是进一步确立道德律的神圣性了，这种神圣性不仅在于理知世界的超乎感性，而且在于与上帝意志相关。这个世界中的有理性的存在者本来是有限的有理性者，也就是受到感性局限的人，但是他也是上帝意志的造物。着眼于这一点，我们甚至可以把这个条件归于上帝的意志，"这个条件"就是指上面讲的，"与有理性的存在者的自律相一致这个条件"，也就是每个意志、甚至对意志的意志要想成为自由的意志所必须具备的条件。意志要成为自由的，就必须与自律相一致，这样一个条件甚至可以归于上帝的意志，因为人本身就是上帝意志的造物，上帝把人造成了这样，让人的意志与自己的自律相一致。其实前面已经提到了被造物，虽然没有讲到上帝，但是一旦讲到被造物其实就已经暗示了一个上帝，因为所谓被造物，被什么所造呢？那就是上帝。所以这里把上帝引出来，是就我们人类作为上帝意志的造物而言。他这里说就什么而言，这个措辞是有分寸的，人类存在者究竟是不是上帝的造物，这个地方存而不论，他没有说肯定人就是上帝的造物，他只是说，就人是作为上帝意志的造物而言，如果你要谈到这个方面的话，那么这个条件，我们甚至有理由归于上帝的意志。就是说，假如我们是上帝的造物，我们就有理由认为是上帝的意志使得我们、命令我们把自己的意志限制于与自律相一致，我们可以把与自律相一致视为上帝的意志，是上帝命令我们这样做的。为什么呢？"因为该条件是基于这些造物的**人格性**之上的，只有凭借人格性这些造物才是自在的目的本身"。我们前面讲了什么是人格性，人格是把此岸世界和彼岸世界联结起来的一个纽带、中介，因为人格除了包含有此岸的人身以外，还包含有彼岸的人格性，我们为什么可以把人的这种道德自律的命令视之为是上帝的意志，就是因为人格通过人格性把我们跟彼岸世界、理知世界联系起来了。所以他这里讲，因为该条件、即我们的意志跟自律相一致这一条件，是基于这些造物的人格性之上的。人格性是使人提升到神圣性之上的一个关键，是一切义务的根源，它使我们的人格能够连接两个世界。只有凭借人格性这些造物才是自在的目的本身，我们通常讲，人是自在的目的本身，为什么？就是因为人具有人格性，人除了具有此岸世界的目的以外，还有彼岸世界的目的，而彼岸世界的目的才是真正的自在的目的，此岸世界的那些目的最终都可以还原为手段，都不是自在的目的。这就是我们为什么把这个条件有理由归于上帝的意志的原因，我们自己建立起的道德自律，我们自己要跟这个道德自律相一致，为什么我们可以把它看作是上帝的命令呢？就是因为这样一个条件是由我们的人格性建立起来的，而人格性使得人格成了把人和理知世界联结起来的一个纽带；既然和理知世界联结起来，那么我们就可以在理知世界里面设想一个无条件的有理性者，那就是上帝，它是安排理知世界的秩序的最高主宰。理知世界是有秩序的世界，这个秩序是由谁安排的呢？那就可以设想出一个上帝来安排。这一点在后面讲上帝的悬设时还要展开来讲。

　　这个激起敬重的人格性理念让我们看见了我们本性（按其使命而言）的崇高性，因为它同时让我们注意到我们的行为在这种崇高性方面缺乏适合性，这样就消除了自大，这个理念甚至对最普通的人类理性来说也是自然的和容易看出来的。

　　这句话承接上面的意思。上面一段主要是讲以人格性为起源而导致的神圣性，这一段　则讲由敬重所带来的崇高性。"这个激起敬重的人格性理念"，这个"人格性理念"是激起我们敬重的，我们的敬重是针对着道德法则的。但是对于我们的具体的个人来说，它是由于我们人格性的理念而激起了我们的敬重。因为只有人格性的理念才使我们的人格横跨两个世界，我们从此岸世界去仰视彼岸世界的法则，那就激起敬重，而起到这种作用的就是人格性的理念。人格性本身是一个理念，它是人格的一种能力，一种把人引向彼岸世界、把人和彼岸世界联系起来的能力，它"让我们看见了我们的本性（按其使命而言）的崇高性"。我们的本性按其使命而言，而不是按其感性的自然而言，这里"本性"（Natur）本来也可以译作"自然"，但这里不指感性自然，所以要加一个括号"（按其使命而言）"，也就是按其规定性而言，而不是按其感性的现实性而言。这个理念不是我们的自然，但却是我们的本性，它属于我们的本体。那么这个使人敬重的人格性理念使我们看到了自己的本体的崇高性，也就是看到了我们的本体是超越于感性自然之上的，是在我们的感性需要和爱好面前一尘不染的，这就具有崇高性。如果仅仅有此岸世界的幸福，那人的本性或者自然是不具有崇高性的，但人格性理念属于一个更高的世界的本性，所以它具有一种崇高性，它可以指导此岸世界的幸福服从彼岸世界的道德，所以它也可以激起敬重感。"因为它同时让我们注意到我们的行为在这种崇高性方面缺乏适合性，这样就消除了自大"，"它"，也就是人格性的理念，使我们看到了我们本性中的崇高性，但这种崇高性根源于彼岸世界，根源于我们更高层次的使命。那么同时它也就让我们注意到我们的行为在这方面缺乏适合性，我们的行为总是此岸世界的行为、总是表现在现象界、表现在我们有限的具体行为中，与人格性和道德律所要求的那种纯粹性不相适应。我们的行为在这种崇高性方面是不适合的，或者有部分适合，但归根结底是缺乏适合性的，因此它不能完全体现这种崇高性，所以这种人格性的理念把我们的眼光引向彼岸世界的本性，同时就让我们注意到我们的具体行为与这种崇高性相比是远远不适应的。我们的本性是有崇高性的，但是我们自己的行为总是不适合自己固有的崇高性，看到这一点，就消除了我们的自大，使我们懂得了谦卑。因为你不能做到适合于你的本性、适合于你固有的使命，这就消除了你的自大。你的本质高高在上，是你要追求的，也是你必须要追求的，但是又很难追求到。康德的想法跟孟子的想法是不一样的。孟子说"反身而诚，乐莫大焉"，康德却认为反身而诚，苦莫大焉。它消除了自大，当然是非常痛苦的。"这个理念甚至对最普通的人类理性来说也是自然的和容易看出来的"，既然是人性、人的本性，是每个人所固有的，所以这样一个人格性的理念甚至对于普通老百姓来说，也是自然的和容易看出来的，并不是什么高深的道理。每个人在自己身上都可以看出，他有一个良知，有一个应该怎么做的原则呈现在他的面前，但是他的具体行为总是很难与之相适合。只要他反省一下自己，他就可以看出来自己的现实行为和理想中应当的行为的距离，而且这个理想不是外在的，就是他自己的理想，他应该成为一个什么人他是知道的。但是他只能成为一个什么人，这是无可奈何的，又是他所不甘心的。所以在这种反省之下，他就会内心充满了谦卑，这是甚至对最普通的人类理性来说也是自然的和容易看出来的。

　　每个哪怕只有一般程度的诚实的人难道不是有时也发现，一个本来是无害的谎言，他原可以借此要么使自己从一场麻烦的纠葛中脱身出来，　[88]要么很可以为一个所爱的有价值的朋友谋取利益，但却仅仅为了不让自己私下里在自己眼中遭到轻视而放弃了？

　　"每个哪怕只有一般程度的诚实的人"，也就是普通老百姓，不要求他成为圣人，只要他有一般的诚实，不需要你有非常高的道德水平。一般的人"难道不是有时也发现，一个本来是无害的谎言，他原可以借此要么使自己从一场麻烦的纠葛中脱身出来"，这很常见。你随便说一个谎，你就可以脱身出来，如果你实话实说，你就会陷入无限的麻烦。我们经常在现实中看到，有的人明明可以用一句谎言就轻松摆脱困境的，但是他就是不晓得拐弯，直话直说，我们就说这个人太直了，心直口快，总有一天要吃亏的。确实我们有些人甚至会指责这样的人，就是说只要稍微撒一点小谎就可以了，或者稍微拐一点弯就可以了，说得含糊一点，不要把话挑明了，窗户纸不要捅破了，不要撕破脸皮了，不然就很麻烦。一个本来是无害的谎言，说出来也不会伤害到任何人，他就是不说，不圆滑，甚至脑子不开窍。"要么很可以为一个所爱的有价值的朋友谋取利益"，现在很多贪污腐败都是这样发生的，为了一个有价值的朋友，你今天为他谋取了利益，他明天就会回报你更大的利益，于是你就想给他一点好处来贿赂他。"但却仅仅为了不让自己私下里在自己眼中遭到轻视而放弃了"，现实中偶尔也会遇到这样的人，当然是凤毛麟角了，既不会撒谎，也不会行贿，被人骂作"死脑筋"，但他其实只是为了不让自己在自己眼中遭到轻视，他不屑于这样做。本来可以说一个小小的谎言，就大家皆大欢喜，但他偏偏要败大家的兴，就像鲁迅在《聪明人和傻子和奴才》里说的，大家都在为一个孩子的降生而庆贺，说尽了恭维话，一个傻子跑来却说，这孩子将来要死的，得到了大家的一顿痛打。我们在日常生活中每天都在撒谎，在应付社会交往时，一个不会撒谎的人是不能见容于这个社会的。但是偏偏有些人就是要把话说得很直，或者稍微缓和一点的说法，叫作"假话全不说，真话不全说"，仅仅是为了不让自己私下里在自己眼中遭到轻视。其实"真话不全说"和说假话也没有本质的区别，只有程度上的不同，人不可能完全不说假话。当然不撒谎的人，也可能是自己的天性不会撒谎，没有经过训练、教养不够、幼稚，经常有这种情况；但是也有的人，他能够撒谎，但是他为了不让自己私下里在自己眼中遭到轻视而不屑于撒谎，他觉得为了避免一些麻烦，为了一些利益和一些世俗的关系而去撒谎，有损于自己的人格。在具体某件事情上，这样的人是可能有的。为自己的亲友谋利的事现在也越来越普遍了，但仍然有个别人不屑于这样做，例如胡耀邦就是这样，虽然是极少数楷模，但毕竟说明人是有可能做到这样的。

一个陷入生活的巨大不幸的正直的人，只要他能摆脱他的义务，他本来可以避免这种不幸，难道使他挺住的不正是这种意识，即他毕竟保持和尊重了他人格中的人性的尊严，他在他自己面前没有理由感到羞愧，而且没有理由畏惧内心自我拷问的眼光？

"一个陷入生活的巨大不幸的正直的人"，一个人陷入了生活中的巨大不幸，但是他还是个正直的人，一个有良心的人。这个人"只要他能摆脱他的义务,他本来可以摆脱这种不幸",或者说,这种不幸是怎么陷入的呢?正是因为他遵守了自己的义务。当然还有其他的原因,例如小人陷害啊,运气不好啊等等,但如果不是他承担了自己的义务,他是完全可以避开的。但是他没有避开,他承担了自己的巨大不幸,而坚持履行自己的义务,他在这种不幸面前仍然挺得住。"难道使他挺住的不正是这种意识,即他毕竟保持和尊重了他人格中的人性的尊严",就是说我遭受到了这么巨大的不幸,但是我心安理得、无怨无悔,因为我是为了正义、为了承担自己的义务而招致这种不幸的。因此我保持和尊重了自己人格中的人性的尊严。"他在他自己面前没有理由感到羞愧,而且没有理由畏惧内心自我拷问的眼光",每个人在这种情况下,当他遭遇到这样不幸的时候,如果他反思给他带来不幸的原因正是他履行了自己的义务,那么他问心无愧,他怎么样拷问自己也不怕。人在内心能够经得起拷问,经得起自己良心最严厉的审判,因为他是出于义务的,所以他挺得住,他在精神上不会崩溃。如果一个人不是因为这样一种精神力量的支撑,那么这个人遭到如此不幸,他也许很难挺得住,也许会做出违背义务的事来,也许仅仅是因为自己的损失过大,他不能接受。但是一个人是为了义务而遭受了这样大的不幸,如倾家荡产,他还能够挺得住,因为他内心有一个非常坚强的支撑,就是说我的这些损失是由于我坚持了我的义务的原则所带来的,我就会有种崇高感,我活得有尊严。

这种慰藉不是幸福,甚至也不是幸福的最小部分。因为没有人会希望自己遭遇到它,甚至也许就连这样一种处境的生活也不希望有。然而他活着,并且不能忍受在自己眼里配不上这种生活。

就是说我能够顶得住,我内心有一种安慰,我能够有一种慰藉,我遭遇了巨大的不幸,但是我认为还是值得的,所以我内心有一种平衡。"但是这种慰藉不是幸福,甚至也不是幸福的最小部分",这种慰藉是不是一种幸福呢?绝对不是,因为它不会带来快感、快乐,而仅仅只是一种安慰,一种惨痛剧烈之后的自我平衡的感觉,就连一丝一毫的幸福感也没有。

哪怕你是为了义务受到了损失，你也不会认为是幸福的。因为毕竟这是带来巨大不幸的，你不会自我欺骗，说幸好有这场不幸。所以它不是幸福，甚至也不是幸福的最小部分。一个事实是，"因为没有人会希望自己遭遇到它，甚至也许就连这样一种处境的生活也不希望有"，没有人希望遭遇到它，哪怕是为了义务，也没有人希望自己遭遇到这么巨大的不幸，包括倾家荡产、残废、生命垂危、甚至牺牲生命，没有人愿意这样。他明确地知道这是一种牺牲，这绝对不是什么幸福，不要自欺。所以没有人会希望自己遭遇到它，甚至连这样一种处境的生活也不希望有。这种处境的生活有时候会非常的难受，甚至于生不如死，在其他的情况下，也许他早就忍受不了，跳楼了、自杀了。而他没有自杀，也决不是因为这种处境里有什么幸福，人们永远不希望遭遇这种生活。"然而他活着，并且不能忍受在自己眼里配不上这种生活"，他不希望有这种生活，然而他仍然活着，他为什么仍然活着呢？因为他认为在自己的眼中配得上这种生活，配得上活着，也就是说，他配得上自己的生命，因为他坚持的是道德法则和义务。如果没有这一条，他就会觉得自己简直不配活在这个世上了，他就可能自己惩罚自己，也就是自杀。所以虽然遭受了巨大的不幸，但是他还是活得很有尊严，因为他认为自己应该活在这个世界上，他问心无愧，配得上自己的生命。他心中有一个支撑，如果没有这个支撑，也许他就认为自己不配活着了，例如自己在赌场里输光了，那么他就觉得自己不配活在世上了。如果是为了义务，他就觉得配得上自己的生命，没有辜负自己的生命，继续完成义务是他坚持活下去的支撑。这时如果他自杀的话，反而使自己配不上这种生活了，本来是为了义务而牺牲一切，虽然不能带来幸福，但是他必须活下去，以配得上自己的义务，他活下去本身就是为了遵守义务。在《道德形而上学奠基》里面讲道德法则的四个例子，其中第二个例子就是不要自杀，不要自杀是一条道德法则，哪怕在生活毫无乐趣的情况下，你仍然不能自杀，必须活下去承担自己痛苦的命运，那是值得人们敬重的。如果这时自杀，反而是违背自己的义务了。

所以这种内心的镇静对于一切可以使得生活快适的东西只是否定性的；因为这是在他完全放弃了他的现状的价值以后，对在人格价值中沉沦这种危险的阻止。

"所以这种内心的镇静对于一切可以使得生活快适的东西只是否定性的"，内心的镇静，也就是内在的支撑，他靠什么而活着，就是靠为义务而义务活着，这是他最高的目的，这给他带来一种内心的镇静。一切情况、一切不幸的发生都不能动摇他内心的镇静，这就叫作不动心，这种不动心是建立在他的彼岸世界的道德信念之上的。因此这种内心的镇静对于一切可以使得生活快适的东西只是否定性的，这就是我们中国人讲的"无欲则刚"，我对一切带来生活的快适的东西都不屑一顾，甚至有意漠视，就像斯多亚派一样保持自己内心的镇静，一切快乐在我的原则面前都微不足道，不值一提。"因为这是在他完全放弃了他的现状的价值以后，对在人格价值中沉沦这种危险的阻止"，"他的现状"，这里指他遭到巨大不幸后的生活状态，他现在已经认了，完全放弃了尽可能去弥补或改善的努力，认为它本身毫无价值。不管是有幸福还是没有幸福，不管是快乐还是痛苦，现在这些东西对他都微不足道，都不能够影响他。在生活中一般的人看作是有价值的、拼命追求的东西，但是一个有道德的人则无所谓，他对所有这些价值都放弃了，他唯一执着的价值就是道德价值，或者说他的人格的价值。所以他的这种在世俗损害面前的不动心，实际上是对在人格价值中沉沦这种危险的阻止，你有这种内在的镇静，你放弃一切现状的价值，你就可以避免在人格价值中的沉沦，你就会无所畏惧地阻止自己在人格价值中沉沦。通常所谓的"看破红尘"，看起来也是否定了一切现实的价值，但是同时却在人格价值中也沉沦了，看破红尘就堕入到虚无主义了，一切都没有价值了。但这里却是由于坚持某种原则而否定一切现实价值的，与那种虚无主义完全不同，反而是要阻止这样一种沉沦的。我们可以否定现实中的一切价值，但在人格的价值中不能沉沦，因为人格的价值不仅有此岸世界的价值，更有彼岸世界的价值。所以在此岸世界的生活中,你要为了彼岸世界的价值而生活,这就可以阻止你在否认了此岸世界的价值之后的沉沦。我们通常讲的看破红尘就容易导致这样一种沉沦,否定了一切价值之后,你就没有任何价值了,一旦看破红尘之后,就把人变成非人了,人生就不值得过了,勉强还在维持生命,也是采取出家、隐居、玩世不恭等等方式,敷衍生命,自欺欺人。总而言之,人生一旦失去了现实世界的价值,同时就失去了彼岸世界的价值,这个是康德认为应该加以阻止的。用什么阻止? 就是用这种内在的镇静,就是通过人格,通过人格中的人格性,来展望彼岸世界的价值。

这是对某种完全不同于生活的东西的敬重的结果,与这种东西相比和相对照,生活连同其所有的快意毋宁说根本就没有什么价值。他仅仅只是出于义务还活着,而不是由于他对生活感到丝毫的趣味。

"这"还是指内在的镇静。这种内在的镇静,"是对某种某种完全不同于生活的东西的敬重的结果",完全不同于生活、完全不同于此岸世界的生命的东西,那就是彼岸世界的价值了,是理知世界的秩序。之所以如此镇静,是对那些彼岸的东西的敬重的结果。所谓敬重,前面讲了,就是否定一切情感的情感,就是谦卑,就是对此岸世界生活中被认为有价值的东西的全盘否定,杀身成仁,舍生取义,那么所带来的结果就是一种内在的镇静。一切感性世界的喧嚣在这种镇静面前都等于无,都不值一提。"与这种东西相比和相对照",与这种完全不同于世俗生活的东西相比、相对照,"生活连同其所有的快意毋宁说根本就没有什么价值"。当然生活、生命本身康德并没有完全否定,康德也还是很重视生活、生命的,但是与这样一种彼岸的东西相比、相对照,生活和生命连同它的快意就根本没有什么价值了,因为这种东西是具有神圣性的,具有崇高性的,与它相比,生活本身就一钱不值了。这正如当分母是无限大的时候,再大的分子也等于零一样。生活本身充满的快乐也好、痛苦也好,跟道德相比一钱不值。康德并不主张禁欲主义,他认为人生在世肯定还是要追求幸福的，肯定还是要把他认为的幸福东西当作是有价值的。在没有跟道德法则相比之前，人们理所当然地要追求幸福的生活。但是一旦与道德法则相比，你就会发现它们"毋宁说"根本就没有什么价值。这个"毋宁说"是指跟其他既有的价值相比而言，有一种相比之下否定某种东西的意思。当你达到这样的境界的时候，内在的镇静看到彼岸世界的价值，而你本来认为是有价值的那些东西，毋宁说根本就没有什么价值。这就是敬重使你作出的判断。"他仅仅只是出于义务还活着，而不是由于他对生活感到丝毫的趣味"，既然生活没有什么价值，那为什么他还活着呢？仅仅是出于义务还活着，不是出于这个生活本身。一旦出于义务而活着，就会感到生活本身没有什么价值，在生活中没有丝毫的趣味，而他仍然活着，则是尽义务，是为义务而义务，不是为了生活中的乐趣。仅仅从生活中的乐趣出发的生活实在不值得他活下去，如果抱着这种乐趣的观点，一旦生活中全是痛苦，那他就可以结束这种痛苦，如果人生无非是追求幸福和快乐，那他就觉得没有在痛苦中活下去的理由了。但是在康德看来，在任何情况下即使没有任何活下去的理由了，还有一个理由，那就是为了道德和义务而活着，纯粹实践理性命令他活着。因为纯粹实践理性的法则就是：要使你的行为的准则成为一条普遍的法则。你要在这个时候自杀的话，这条自杀的准则是不能成为普遍法则的，因为如果所有的人都去自杀，自杀完了就没有人能够自杀了。仅仅是为了你的行为准则成为普遍法则而活着，这就是你活着的最后支撑。

　　纯粹实践理性的真正动机就是这样的情况；它无非是纯粹道德法则本身，只要这法则让我们发觉我们自己的超感性实存的崇高性，并主观上在人们的心中，在他们同时意识到自己的感性存有和与此结合着的对他们在这方面很受病理学上的刺激的本性的依赖性时，引起了对于自己更高使命的敬重。

615

"纯粹实践理性的真正动机就是这样的情况"，什么叫作"纯粹实践理性的真正动机"？也就是纯粹出于对法则的敬重而活着，就是这样的情况，也就是前面所举的例子这样的情况。"它"，也就是纯粹实践理性的真正动机，"无非是纯粹道德法则本身"，但是这里要注意了，话还没有说完，否则的话就会认为道德法则就等于动机了。其实道德法则本身还不是动机，而是动因。在什么情况下，这动机"无非是"道德法则本身呢？"只要这法则让我们发觉我们自己的超感性实存的崇高性，并主观上在人们的心中，在他们同时意识到自己的感性存有和与此结合着的对他们在这方面很受病理学上的刺激的本性的依赖性时，引起了对于自己更高使命的敬重"，简化一下就是：这动机无非是道德法则本身，只要这法则引起了对于自己更高使命的敬重。实际上这个动机就是这种敬重，那么由于这样一个道德法则引起了我们对自己的更高使命的敬重，我们就把这个道德法则说成是动机。但是实际上纯粹实践理性的道德法则还不能真正等于动机，否则我们就不必再设一个敬重来作为它的动机了，所以这里有一个前提，这个前提就是它引起了对自己更高使命的敬重。因此真正的动机就是敬重，但由于是对最高使命的敬重，所以我们也把这种动机看作就是道德法则本身。所以康德的说法看起来自相矛盾，但是你经过分析，你发现他也还是能自圆其说的。他就是要拉近道德法则跟动机的关系，道德法则就是动机，在什么情况下就是动机呢？在道德法则受到敬重的情况下。所以纯粹实践理性的动机就是敬重，但是这种敬重是对什么的敬重呢？是对道德法则的敬重，所以我们间接地也可以说，这种动机就是道德法则，因为是道德法则引起了我们的敬重。"只要这法则让我们发觉我们自己的超感性实存的崇高性"，这里不是用的敬重而是用的崇高性，但是已经暗示着敬重了，上面讲神圣性、崇高性是一些按照道德理念来标明道德价值的术语，它们都是基于人格性的理念之上的。崇高性跟敬重不完全相等，但是非常接近，有时候康德把它们看作几乎就是相同的两个概念。正是道德法则让我们发觉我们自己有一种超感性实存的崇高性，也就是激发起我们对自己身上的超感性实存的敬重。这个法则使我们发觉我们自己除了一种感性的实存以外，还有一种崇高的超感性实存。这个实存本来是指感性的生活，但是一种超感性的实存，那就不是我们此岸世界的实存了，正因为它是超感性的实存，所以它具有一种崇高性，因而能够引起我们的敬重。或者说，这个法则正是在引起了我们的敬重的情况下，对我们揭示出了超感性实存的崇高性，道德法则让我们发现了我们还有一个值得敬重的崇高的彼岸世界存在，所以这里讲到崇高性就已经暗含了敬重。"并主观上在人们的心中"，也就是不光是发觉彼岸世界客观上的那种崇高性，而且在此岸世界的主观上，在人们的心中，"引起了对于自己更高使命的敬重"。在什么情况下引起了对于自己更高使命的敬重呢？中间这个状语就是说，"在他们同时意识到自己的感性存有和与此结合着的对他们在这方面很受病理学上的刺激的本性的依赖性时"，这时就引起了对更高使命的敬重。这个"更高"就是相对于自己的感性存有和对刺激的本性的依赖性而言的，道德使命比它们都要高。感性的存有是很被动的，是具有依赖性的，是依赖于自己受病理学上的刺激的本性的，因此是谈不上崇高的。这种依赖性是与在自己的感性存有的方面分不开的，是受病理学上刺激的人的本性的依赖性。人的本性有两种，一种是此岸的本性，一个是彼岸的本性，这里是指此岸的本性，也就是自然本性。人性是横跨两个世界的。我们前面已经讲了，在感性世界里面，他的本性是受病理学上的刺激的，也就是可以通过医学、解剖学、生物学的分析和研究加以规定的、符合自然规律的。人的自然本性在这方面很受病理学上的刺激，对自己的感性本性有一种依赖性。而在他们同时意识到自己的感性存有和与此结合着的依赖性的时候，在意识到自己的有限性的时候，就引起了对自己的更高使命的敬重。这个更高使命是与感性的存有相比较而言的，比起它的感性的依赖性来说，它是更加崇高的使命，这就主观上在人们的心中引起了对这个更高使命的敬重。所以要把整个句子连起来看，不要断章取义，不要说康德讲了道德法则本身无非是动机，那么道德法则就是动机了，但是动机是在感性中的东西，那么道德法则岂不成了感性中的东西吗？不是的，道德法则之所以称为动机是有条件的，是因为在感性中唯有一个敬重是否定一切感性的感性，所以可以成为道德法则在感性中的动机，在感性世界中它执行了道德法则的任务，它造成了道德法则的影响和作用，在这个意义上，这种动机无非是道德法则的本身，但是不能直接地说道德法则就是动机。

于是，与这种动机结合着的就很可能是生活的如此之多的魅力和快意，以至于甚至仅仅为了它们之故，一个合理的并对生活的最大福祉深思熟虑的**伊壁鸠鲁主义者**所作的最明智的选择也已经会表示赞成德行善举了，而把对生活的欢乐享受的这种展望与那个至高的、单凭自身已经足以进行规定的动因结合起来，这种做法也可以是值得推荐的；

"于是，与这种动机结合着的就很可能是生活的如此之多的魅力和快意"，为什么这种动机很可能结合着生活的如此之多的魅力和快意？他前面不是把它们都排除掉了吗？只有把生活中的如此多的魅力和快意都排除掉，才有对更高使命的敬重，为什么这里讲"于是"呢？其实前面讲对生活的快意的排除只是从行为的最高准则中排除，而并不是完全消灭它们。我们不能把它们当作行为的动机，但这并不妨碍这种动机本身"很可能"还附带有生活中的魅力和快意。人对道德法则的敬重是指向彼岸世界，但是它本身还留在此岸世界、还留在感性之中，它也是一种情感。所以这就有可能有生活中如此之多的魅力和快意攀附过来，与它结合在一起，其中真正的动机只有一个，但是不排斥自然还会有其他情感附带而来。你可以不考虑那些东西，你可以一心向着彼岸、向着道德法则，执着于一种敬重；但是既然你这种对道德法则的敬重本身还留在感性世界里面，而且作为各种情感中的一种，那么这种动机、这种敬重感在排除掉那些与之相冲突的情感爱好之余，并不排除有些与之并不相冲突而是能够融洽相处的情感爱好与之伴随而来，这种可能性是有的，而且也是不必刻意清除掉的。[①] 比如你也许会由于完成了自己的道德义务而心中带来一种快感，甚至有如此多的魅力，你做惯了好事之后，你习惯了，你觉得做好事有一种魅力，你见到好事就想去做。你在这方面不由自主有一种情感上的需要，需要做好事，这个是有可能跟敬重感结合在一起的，有可能是不冲突的。虽然敬重感否定一切情感，但那是就这些情感作为意志的规定根据而言的，并不是要搞禁欲主义。当你有了敬重感并把它确立为唯一的动机之后，有可能其他情感也会附加上来，你做好事也会带来快乐。虽然你做好事不是为了快乐，排除了一切快乐的考虑，甚至于排除了做好事的快乐的考虑，但是它毕竟是有可能带来快乐的。人做了好事之后，由于人还是感性的，你在得到人们的称赞或者自己心里得到安慰时，也会带来一些快乐。"以至于甚至仅仅为了它们之故，一个合理的并对生活的最大福祉深思熟虑的**伊壁鸠鲁主义者**所作的最明智的选择也已经会表示赞成德行善举了"，就是仅仅是为了这些魅力和快意之故，一个伊壁鸠鲁主义者也会赞成德行善举。伊壁鸠鲁主义者就是幸福主义者或者享乐主义者，但他们的享乐主义并不是纵欲主义，而是强调要有明智的选择，要对生活全盘进行合理的规划，以达到最大可能的幸福。而这样一来，德行善举也在伊壁鸠鲁主义者的考虑之列，并且作为一项重要的选择标准，因为它可以带来最大最持久的快乐。这些幸福主义者也主张要过有道德的生活，但是他们过道德的生活并不是为了纯粹的道德法则，而是为了与纯粹的道德法则的动机即敬重伴随而来的那些快乐，所以他们又称之为快乐主义者，他们把快乐的享受当作本身就是道德的，或者他们把道德归结为人们做道德的事情所带来的快乐。康德对伊壁鸠鲁主义者并非全盘否定的，他认为伊壁鸠鲁主义者在生活方面是深思熟虑的，他们考虑到了各种幸福，各种幸福的等级，如何使自己能

---

① 这些与道德律和敬重不相冲突甚至还有利于巩固这种敬重的情感，阿利森称之为"支持性的道德情感"，参看惠永照的博士论文：《康德道德哲学中的情感问题研究》，华中科技大学 2018 年。

够合理地得到最大最持久的幸福。这种学说后来发展为合理的利己主义，你可以追求幸福，你要享乐，但是要合理，如果不合理就变成了损人利己了，最终就成了害人害己了。损人利己是不合理的，因为那是搞不长久的，终归会害自己。伊壁鸠鲁主义者也不是后来的人所误解的，认为他们是纵欲主义者，他们其实也完全赞成德行善举，仅仅为了快意、魅力之故而赞成德行和善举了，他们认为这是最明智的。这里的"明智"(klug, Klugheit)，康德的用法是固定的，凡是讲到明智都用这个词。一方面他瞧不起，认为明智是功利主义，你做这件事情不明智也就达不到你的目的，你的手段与目的不相配合。所以明智是一种算计，是一种小聪明，我如何最快地达到自己的幸福，性价比达到最大，我们做买卖要讲明智，要能够算计，每笔买卖要划算。伊壁鸠鲁认为你要追求的幸福是持久的幸福，不是这一瞬间，图一时痛快，但是后患无穷，而是要更长久的愉快，能够使你的愉快在质上达到最强，在量上达到最持久，这才是最聪明的人。而这样的一些人他们也可能会赞成德行善举，着眼于它所带来的快乐和幸福，做好事带来的快乐比任何快乐都更大更持久，与道德的动机结合着的很可能就是这些东西。这些东西当然也不能完全否认，康德也没有完全否定它。他说，"而把对生活的欢乐享受的这种展望与那个至高的、单凭自身已经足以进行规定的动因结合起来，这种做法也可以是值得推荐的"，他说在这方面的做法也是值得推荐的。我们注意他这里的用词，它不是值得敬重的，而是"值得推荐"的，在其他地方他也讲到是值得鼓励的。这种做法是值得鼓励的，你能够明智地选择你的利益的最大化，这与道德律、与为义务而义务虽然不是一回事，但也不冲突。比如，诚信买卖实际上是可以使自己的利益最大化的，你如果不诚信的话，你自己砸自己的牌子，你图眼前一时的小利，那是不值得的，所以做生意要诚信是值得鼓励的，这个地方讲是值得推荐的。把生活的欢乐的享受"这种展望"，即不是说眼前这一下，而是长久的欢乐的享受，持续的展望，与那个至高的单凭自身就足以进行规定的动因结合起来，是值得推荐的生活方式。这里的"动因"是 Bewegursache, Beweg 是推动, Ursache 就是原因。与那个至高的、单凭自身已经足以进行规定的动因结合起来, 也就是与道德法则结合起来, 道德法则是动因, 我们前面讲了, 真正说来道德法则是动因, 而对道德法则的敬重则是动机, 动机跟动因是有区别的。动机是 Triebfeder, 是推动的发条, 从构词上面我们也可以看出来, 这很具体很形象; 而动因是 Bewegursache, Ursache 是原因, 原因是一个比较抽象的概念, 它是诸范畴之一。运动的原因, 按照他这里的说法是单凭自身已经足以进行规定, 规定什么? 规定意志, 是意志的规定根据。动因还有一个说法就是 Bewegungsgrund, Bewegung 是运动, Grund 是理由、根据、原因, 它跟 Bewegursache 作为原因是重叠的, 后者也有根据的意思, ur 是原始的, Sache 是指事情, 即"原来的那个因"。这两个概念我们都把它翻译成动因。那么这个概念是至高的、单凭自身已经足以进行规定的动因, 那就是道德法则, 纯粹实践理性的法则自身直接就有实践能力, 这是在导言中一开始就强调了的一个"理性的事实"。敬重作为动机显然不具备这样一个特点, 它不是至高的, 它所敬重的对象道德律才是至高的。那么他这里是讲, 伊壁鸠鲁主义者他们也可以把对生活的欢乐享受的展望与道德律的动因结合起来, 这个做法是值得推荐的, 这可以看作是康德对经验主义伦理学所作的一个让步。当然原则上没有让步, 就是说他并不反对伊壁鸠鲁主义者把快乐与这些动因结合起来, 他认为这是值得鼓励的, 但是这还不是道德。他反对的不是伊壁鸠鲁主义者把快乐跟道德结合起来, 而是他们把这些东西就当作道德。你可以结合起来, 那值得鼓励, 对促进道德也有好处, 只要你不混淆, 但是伊壁鸠鲁主义者恰好就是混淆了幸福的事情和道德的事情。所以下面就是话头一转。

　　但如果谈到义务的话, 这样做只是为了与恶习一定会在反面幻化出来的种种诱惑保持一种平衡, 而不是为了在这里面把真正的动力放入进来, 哪怕一丝一毫也不行。因为这将意味着想要使道德意向在其源头上 [89] 遭到污染。

这个"但"就是转化了,"但如果谈到义务的话",也就是前面谈的都还不是义务,而只是明智的生活方式。你可以把这种幸福的考虑、明智的选择等等去和那个至高的、单凭自身已经足以进行规定的动因即法则结合起来,过一种明智的生活,这种做法是值得推荐的。但是要谈到义务的话,这种做法还不是义务。"这样做只是为了与恶习一定会在反面幻化出来的种种诱惑保持一种平衡",就是说伊壁鸠鲁派为什么要这样做呢?只是为了与恶习的诱惑保持平衡,只是为了在经验的层面上抵抗恶习,不受恶习的幻相所迷惑,而保持一种善恶平衡的均势。但这只是治标不治本,不能彻底解决问题。敬重则是要从根本上把一切诱惑都排除掉,而不只是达到什么平衡。敬重本身是排除一切情感的干扰,而找到和坚持道德法则作为意志的唯一规定根据,守住这一点,才能彻底打破恶习的一切诱人的幻相,而不为一切外在的干扰所动。而伊壁鸠鲁主义者抵御这些诱惑的方式则不过是说,这种种诱惑无非就是快乐嘛,那么我告诉你有一种最长远的快乐、最高级的快乐,你那种低级的快乐不能和它相比,这就是做符合道德的事情。当然这并不能最后解决问题,当温饱还没有解决的时候,你不会想着去做慈善事业,你首先填饱了肚子再说,但是伊壁鸠鲁主义者毕竟可以在一定程度上遏制物欲横流,可以保持一点平衡,所以还是值得推荐的。但是他讲,这种推荐"不是为了在这里面把真正的动力放入进来,哪怕一丝一毫也不行"。真正的动力die eigentliche bewegende Kraft, Kraft 是物理学里面的力, bewegende 就是推动,推动的力就是动力。真正的动力,真正的推动你趋向于义务的力,应该就是敬重的动机,而不是这些值得推荐的明智的做法。所以他讲,如果谈到义务的话,那么义务的真正动力在哪里呢?我们决不能把这样一些只是为了与恶习的种种诱惑保持平衡的做法放进来,冒充义务的动力。保持平衡只是一个很消极的做法,不过是用另外的更高层次的幸福来抵消低层次的幸福,但是你高层次的幸福也还只是幸福,而不是真正的义务,它只是为了跟其他的诱惑保持一个平衡,但却不能为了在这里面把真正的动力放入进来，哪怕一丝一毫也不行。我们谈到义务的时候不能把伊壁鸠鲁主义者的明智看作就是动力，它丝毫也没有促进义务，而只是和恶习达成平衡。所以谈到义务时康德是完全排除伊壁鸠鲁派的。谈到别的方面他倒是可以容忍，觉得这个也没有害处，而且还值得鼓励，至少对于人们追求幸福的愿望来说是明智的，不至于人人都去想歪门邪道，从这个角度来看，当然还是值得推荐的。当然真正谈到义务的话，那就不能以这个作为动力了，"因为这将意味着想要使道德意向在其源头上遭到污染"。把伊壁鸠鲁主义混进义务的动力中来，这将会使道德的意向在源头上遭到污染，也就是败坏了道德意向的动机。如果你以为康德对伊壁鸠鲁主义的容忍就是把义务的动力放进来了，那么这就是对康德所规定的道德意向的源头的玷污，因为这个涉及到义务的根源。我们前面讲了，义务你这崇高伟大的威名，你的根源在哪里？在人格性，在人格中的人性，而不是在伊壁鸠鲁主义者说的那些快乐中，那些明智的选择中。如果你把它的根源放在明智的选择上，那么你将使道德意向在源头上遭到污染，也就是使道德动机在源头上遭到污染。

义务的尊严与生活享受没有任何相干；它有自己特有的法则，甚至自己特有的法庭，而且不论我们还想如何把这两者搅在一起，以便把它们仿佛混合成药剂递给有病的心灵，但它们却马上就自行分离，如果它们不分离，那么前者就完全不起作用，即使肉体的生活会从这里获得某些力量，而道德的生活却会无可救药地衰退下去。

"义务的尊严与生活享受没有任何相干"，这是康德的一个基本原则，义务的原则、义务的根源按照其尊严，要与生活的享受截然分开，他完全是一种道义论的伦理学。义务"它有自己特有的法则，甚至有自己特有的法庭"，法则和法庭，法则是法庭审判的原则，而法庭是法则的实行机构，法庭实际上是按照这个法则来进行判决的。"而且不论我们还想如何把这两者搅在一起，以便把它们仿佛混合成药剂递给有病的心灵"，就是说在道德学说的领域里，很多人都想将义务与生活享受这两者混合在一起，特别是经验主义的伦理学家们，经常想把道德法则跟幸福的追求混合在一起，认为对幸福的追求本身就可以产生出道德尊严，产生出义务。他们认为这样混合成药剂可以用来医治有病的心灵，用来医治物欲横流、世风日下、道德沦丧这些社会弊病。通常人们会认为，快乐、幸福这些东西可以用来充当苦药的糖衣，道德这味药很苦，你要使一般人直接吃下去很难，所以你用幸福作为糖衣包裹着道德递给有病的心灵，似乎这样就可以有利于治疗道德病了。"但它们却马上就自行分离，如果它们不分离，那么前者就完全不起作用，即使肉体的生活会从这里获得某些力量，而道德的生活却会无可救药地衰退下去"，就是说人们其实分得很清楚，哪怕是普通的老百姓，你要把道德的苦药与快乐的糖衣裹在一起，他们都能分得很清楚，他们心里自有一杆秤。你要做这样事情，使它既分有快乐，同时又是道德的，那么你的道德评价马上就降低了。我们要对一个人道德上肃然起敬，必须要考虑到他做这件事情是完全不照顾到自己的快乐的，恰好相反，越是对自己的幸福有所损害，人们就越是更加相信他的行为是值得敬重的。老百姓都有这种实践智慧，他不会把这种快乐和道德掺杂在一起的。相反，如果一个道德的行为稍微掺杂了一点自己的快乐或者幸福的利益的考虑，老百姓马上就闻出来了，就觉得你这里头有问题，尽管你做了一点好事，做得再好的也是为了炒作，为了提高自己的知名度。老百姓清楚得很，只有当一个人完全没有这种考虑，甚至在自己的快乐或幸福上损失惨重，他们才会对你生起一种敬重。所以你不要以为道德裹上糖衣药丸就怎么样，它们马上就会自行分离。即使它们不分离，它们混在一起搅不清楚，那么前者、即道德法则也完全不起作用了，道德法则就会完全被当作一个借口，当作一个旗号，打着道德的旗号去谋私利，这个是完全有可能的。你口头上是把道德法则和利益、幸福、快乐混在一起，但实际上你根本没把道德法则当回事，因为你把道德拉下来，拉到和利益、快乐同一个水平，但道德在其中只是抽象的法则，而利益和快乐则是具体的，直接打动人的，所以免不了道德只会成为一个空洞的借口。真正的道德法则是不能够当作工具的，只能够用作目的，如果你把它当作手段混在那些东西一起，那么，如果没有分离的话，道德也是完全不起作用的。"即使肉体的生活会从这里获得某些力量"，比如说它打着道德的旗号，它心安理得，甚至肆无忌惮，觉得打着道德的旗号总比打着不道德的旗号更好做事。人们在做一件事情的时候，相信自己是在做道德的事情，比相信自己是在做不道德的事情更有力量。如果他认为自己是在做不道德的事情，那么他就会躲躲闪闪、遮遮掩掩、就不理直气壮了，或者他们认为自己的行为没有道德含义，那么他们就不会有更大的动力去做这件事情；但是如果有一个道德的旗号在号召他们，那么他们就获得了某些额外的力量。"而道德的生活却会无可救药地衰退下去"，尽管肉体的生活会从这里获得某些力量，但道德生活却会无可救药地衰退下去，实际上是对道德生活的损害。当你在肉体生活方面借助于道德的旗帜而更加理直气壮时，实际上却是在自欺，而真正的道德反而更加滑坡、更加衰退下去了。这个是它们之间的一种反比关系。

＊　　　　＊　　　　＊

对纯粹实践理性的分析论的批判性说明 [①]

以上句读所讲的是《实践理性批判》除序言和导言外，要素论中"第一卷"即"纯粹实践理性的分析论"部分，下分原理、对象概念和动机三章，我们已经逐句给大家讲解完了。现在这个标题是"对纯粹实践理性的分析论的批判性说明"，是对整个分析论的一个总结性的概观。所谓"批判性说明"，就是跳出来站在一旁，对它的内容进行一番总体审视，主

---

① 本节"说明"在《精粹》中未收入，因此在课堂句读时也未讲授。为求完整，本句读采取书面句读的方式将其补入。

要是阐明实践理性的分析论和思辨理性的分析论的关系，一方面强调这两种分析论的区别，另方面同时又指出这两种纯粹理性相互之间的关联，说明为什么两者都叫作纯粹理性。这些都是在分析论本身的进行过程中无暇顾及的，虽然不时有所触及，但并未作专题的展开，只有在分析论讲完了之后，才能够从整体上对实践理性和理论理性的关系问题加以全面定位。这种写作方式我们在《纯粹理性批判》中也看到有类似的例子，如先验分析论后面的"先验分析论附录"，先验辩证论后面也有一个"先验辩证论附录"；甚至在第三批判中也可以看到，在审美判断力的分析论后面有一个"总注释"，在目的论判断力后面也有一个目的论的"总注释"。这好像是康德的体系哲学的一个习惯性的构成方式，即在全部分析结束之后，总要来一段综合说明，来展示前面已经被拆分开来的各个部件之间的关联。下面我们来看看。

我所谓的对一门科学或它的单独构成一个系统的某个部分的批判性说明，是指当人们把它与一个别的具有类似认识能力作根据的系统进行比较时，对于它为什么恰好必须具有这样的而不是任何其他的系统形式所作的探讨和辩解。

这相当于解题了。"我所谓的对一门科学或它的单独构成一个系统的某个部分的批判性说明"，这就是标题中说的"对纯粹实践理性的分析论的批判性说明"的一般化，不仅仅是对纯粹实践理性分析论的批判性说明，而且是对某一门科学或它的某个系统部分的批判性说明。总之这种说明"是指当人们把它与一个别的具有类似认识能力作根据的系统进行比较时，对于它为什么恰好必须具有这样的而不是任何其他的系统形式所作的探讨和辩解"，也就是在与同类系统进行比较中来分辨这一系统与其他系统的形式上的区别。之所以是同类系统，是因为它们都具有类似的认识能力作根据，比如说感性、知性、理性和判断力，这是康德的三大批判都少不了的结构形式上的要素。康德作为一个基本上是理性派的思辨哲学家,他在探讨人类的知、意、情或者认识能力、实践能力和情感能力的先天原则时,全部都是以人的认识能力作为理论根据的,就此而言他的三大批判都属于同类的体系,对此可参看《判断力批判》导言最后所列的那个表。但不同的是,这些相同的要素在三大批判中各自都采取了不同的结构方式,具体到《实践理性批判》中,它为什么恰好采取了这样一种系统结构方式而不是其他的、例如不是《纯粹理性批判》那样的结构方式,这是需要加以探讨和辩解的。这一说明就是在纯粹理性的科学这个总标题下,讨论理论理性和实践理性之间的关系,说明它们在比较中恰好各自具有这样而不是那样的系统形式的根据。

现在,实践理性和思辨理性就两者都是**纯粹理性**而言,都有同样的认识能力作根据。所以一种理性和另一种理性在形式上的区别将不得不通过比较来规定并指出其根据。

"现在,实践理性和思辨理性就两者都是**纯粹理性**而言,都有同样的认识能力作根据",这就是上面讲的,《纯粹理性批判》和《实践理性批判》都是以人类最高认识能力即纯粹理性能力作根据的,只是同一个理性认识能力在理论上和实践上的不同运用而已。在某种意义上,康德甚至认为纯粹理性在道德实践上的运用比起在科学知识方面的运用来还要更加配得上"纯粹理性"这一称号,因为纯粹理性的理论运用毕竟离不开感性直观的对象,它不能作先验的运用而只能作内在的经验性的运用;而纯粹理性在道德实践上的运用则完全撇开感性的考虑而遵守纯粹理性的法则,完全按照不矛盾律和同一律而展开,它无需经验对象而本身直接就有实践能力。所以在《判断力批判》中,康德甚至把他的三大批判的称呼改为:"纯粹知性批判"即理论理性;"纯粹判断力批判"即审美和目的论;"纯粹理性批判"即实践理性。① 他认为这是组成他的总体的"纯粹理性批判"的三个部分。显然,《实践理性批判》在他眼里才是最正宗的严格

———————————

① 参见《判断力批判》导言第Ⅲ节最后一句话。

意义上的"纯粹理性批判"，而原来的《纯粹理性批判》其实主要是"纯粹知性批判"，严格意义上的"纯粹理性"只在先验辩证论中起一种调节性的作用，因而只有知性的法规而没有理性的法规。当然，知性在他看来也属于广义的理性，所以他在命名《纯粹理性批判》时并没有作更仔细的区分。而在《实践理性批判》这里，则有必要作更严格的区分，首先要分析两大批判在划分结构上的颠倒，这是在该书的"导言"中一开始就着重说明了的问题。"所以一种理性和另一种理性在形式上的区别将不得不通过比较来规定并指出其根据"，也就是理论理性和实践理性在各自的划分形式上的不同，必须通过两大批判的结构的比较来显示其根据的不同，正如在导言中以这种区分来澄清"实践理性批判的理念"一样。这种不同就在于，实践理性批判是从原理论到概念论再到感性论，而理论理性批判则是从感性论到概念论最后抵达原理论；之所以如此，则是因为实践理性批判的根据在于意志的自由，而理论理性批判的根据则在于一切可能的经验知识的先天必然条件。

　　纯粹理论理性的分析论与那些能够被提供给知性的对象的知识打交道，所以它必须从**直观**、因而（由于这种直观总是感性的）从感性开始，但从那里首先进展到（这直观的诸对象的）概念，并只有在预先准备了这两者之后才以**诸原理**结束。

　　这就是刚才讲的，《纯粹理性批判》的分析论和这里的分析论不同的地方，即采取了"直观—概念—原理"的程序。首先，它必须从感性直观开始，是因为它"与那些能够被提供给知性的对象的知识打交道"。哪些对象能够被提供给知性来形成知识呢？自在之物不可能给知性提供出知识的对象来，它提供的只是思维对象而不是认识对象。要提供认识的对象，必须是在现象中由直观来提供，而由于我们现象中的直观"总是感性的"，而不可能有所谓的知性直观，所以这种分析论必须"从感性开始"。"但从那里首先进展到（这直观的诸对象的）概念，并只有在预先准备了这两者之后才以**诸原理**结束"，就是说，先验感性论只是一个开始，单靠它是形不成真正的知识的，它只是通过时间空间给形成经验知识准备了材料，如果没有先天的概念即范畴来对这材料进行统摄，那就还只是些过眼云烟，形成不了确定的经验对象。而范畴就是有关直观的诸对象的概念，它们将这些已经接受在时间空间中的经验性材料加以整理规范，使之被安排在井然有序的知性范畴体系之下，具有统觉的本源的综合统一的必然性，这才构成经验的知识体系。但这种安排是如何进行的呢？不是乱来的，而是必须按照知性范畴在运用时间图型的中介于感性直观对象上时的一整套判断的原理来进行，这套原理一手握着感性直观材料，一手握着知性的范畴形式，将双方按照一定的程序编织起来，从而形成了有关自然万物的经验的知识体系，这就叫作"人为自然界立法"。这是《纯粹理性批判》中向我们展示出来，而在《实践理性批判》的导言中重申了的理论理性的分析论程序，这种重申是为了与《实践理性批判》的分析论程序相对比。

相反，由于实践理性并不和诸对象打交道以**认识**它们，而是与它自己的那种（按照诸对象的知识而）使诸对象**实现出来**的能力打交道，也就是和一个就理性包含原因性的规定根据而言本身就是某种原因性的**意志**打交道，因而这时理性无须指出任何直观的客体，而是（由于原因性概念总是包含着与一个在相互关系中规定杂多之实存的法则的关联）作为实践理性而**只**须指出一条**法则**：

"相反，由于实践理性并不和诸对象打交道以**认识**它们，而是与它自己的那种（按照诸对象的知识而）使诸对象**实现出来**的能力打交道"，这就是《实践理性批判》和《纯粹理性批判》"相反"的地方了：它不是为了认识而和现成的诸对象打交道，而是只和自己的某种"能力"打交道，这种能力能够使诸对象实现出来。当然在实现出来时必须按照诸对象的知识来做，但它本身不是认识能力而是实践能力。"也就是和一个就理性包含原因性的规定根据而言本身就是某种原因性的**意志**打交道"，就是说，实践理性只和"意志"打交道,这种意志本身就是某种原因性,因为理性不单是像在理论理性中那样只是运用原因范畴来获得知识,而且它本身就是某种原因性,能够成为意志的某种规定根据。正如康德在理论理性的第三个二律背反中所指出的那样,理性能够由自身形成某种先验自由的理念,这种先验自由不再受自然因果律的限制,而能够无条件地自行开始一个因果链条,因而可以成为意志的最初的原因性或者说原始的规定根据。"因而这时理性无须指出任何直观的客体,而是(由于原因性概念总是包含着与一个在相互关系中规定杂多之实存的法则的关联)作为实践理性而**只须指出一条法则**",这时,也就是在实践的理性中,理性无须指出任何直观的客体,因为它是无条件地在发挥自己的原因性功能,它只着眼于这种实践的能力而不以任何直观的客体为前提。但它也不是乱来的,既然它是原因性功能,那么原因性的概念总还是会与某种法则相关联,否则你凭什么认定这个是那个的原因? 原因性概念其实也就是因果性概念,它的法则在相互关系中规定着杂多之实存,或者说使杂多之实存处于相互关系的法则中。所以,它虽然不必指出任何直观的客体,但却必须指出它自己的一条实践理性的法则,也就是自由的原因性法则。它"只"须指出这条法则,意思是它排除任何有关直观对象的法则,而只展示出自由意志自身的法则,这就是自由意志的自律法则。这后面是一个冒号,就是说,所有这些实践理性不同于理论理性的特点,就为实践理性批判的分析论程序为什么采取这种方式提供了理由。

[90] 　　所以就这理性应当是一种实践理性而言,它的分析论的一个批判(这是本来的任务)就必须从先天的**实践**原理的**可能性**开始。

　　根据上述理由,所以在谈到实践理性的时候,"它的分析论的一个批判(这是本来的任务)就必须从先天的**实践**原理的**可能性**开始"。与理论理性批判的分析论一样,实践理性批判的任务也是要回答这样一个问题,即先天综合判断何以可能? 但《纯粹理性批判》的先天综合判断是指一切可能的经验知识的先天必然性条件,这就必须有:1.直观对象的接受;

2.先天范畴的形式;3.将这些范畴形式运用于直观对象之上的原理。而《实践理性批判》的先天综合判断的可能性则是指在实践行动中自由如何可能成为法则,或者说纯粹实践法则如何可能,这就必须:1.排除一切经验性的或者合乎经验法则的实践原理(§2、§3),确立纯粹理性本身作为绝对命令具有直接的实践能力这一"理性事实"(§4、§7);2.由此而肯定这一理性事实背后的"存在理由"即自由,并展示这一自由在一个善与恶的范畴等级体系中如何从尚未摆脱感性条件的层次开始,而一步步提升至不以感性为条件而完全由道德律来规定的范畴(自由范畴表);3.最后考察这样一种基于意志自由的道德法则是如何通过敬重这种道德情感而作用于人的实践行为,从而使实践原理的可能性在道德生活中成为具有行动的感性动机的现实性的。显然,最关键的区别在于实践理性批判的起点,即对纯粹理性具有实践能力这一"理性事实"的确认,这一理性事实是通过排除法而自然显露出来的,就是说,只要我们在实践中排除一切爱好和利益的考虑,而只从纯粹实践理性里面寻求行动的法则,我们就会发现纯粹实践理性本身是能够具有实践能力的,或者说,先天的实践原理是可能的。而这就是实践理性批判的分析论的起点。

　　只有从这里出发,它才能进到实践理性对象的诸概念,即绝对的善和恶的概念,以便按照那些原理首次将这些对象提供出来(因为这些对象是不可能先于那些原则通过任何认识能力作为善和恶而被提供出来的),并且只有在此之后,最后一章、即关于纯粹实践理性对感性的关系及实践理性对感性的可先天认识的必然影响的一章,也就是关于道德情感的一章,才结束了这一部分。

　　"只有从这里出发,它才能进到实践理性对象的诸概念,即绝对的善和恶的概念",这是讲三个环节之间的关系,只有从纯粹实践理性能够按照自己的定言命令的法则行动这一理性事实出发,才能进入到第二个环节,即由自由范畴所确定的善与恶的概念。这正如前面讲的,对道德法则的演绎向我们揭示出底下隐藏着的自由的根据,"道德法则实际上就是出于自由的原因性的一条法则，因而是一个超感性自然的可能性的法则"（见《实践理性批判》第63页，边码56）。当然这种自由的原因性并非一次性地就以纯粹的形态体现在实践活动中，而是有一个不断上升的过程，直到最后才体现为：出自义务的自由就是善，违背义务的自由就是恶，这是绝对的善恶；在此之前那些自由的范畴都是不纯粹的、相对的善和恶的概念。所以这样一个善恶等级的自由范畴表就是为了以纯粹实践理性的道德法则对那些不纯粹的实践理性行为加以逐步纯化，使其最终显露出绝对的善恶标准即纯粹自由意志来，"以便按照那些原理首次将这些对象提供出来（因为这些对象是不可能先于那些原则通过任何认识能力作为善和恶而被提供出来的）"。自由范畴表上的那些范畴都是按照纯粹实践理性的原理即道德法则的标准来逐级安排的，虽然在达到模态范畴之前，那些范畴至少在量的方面、质的方面和关系的方面都多少含有自由的因素，即相当于"自由的任意"的因素，但都还没有达到真正的"自由意志"。只有在最后的模态阶段的三范畴，自由达到了这样三项：允许的事和不允许的事（可能性和不可能性）、义务和违背义务的事（现实性和非现实性）、完全的义务和不完全的义务（必然性和偶然性），[①] 我们才能够把握这三个层次上的善（或恶）的概念，即权利和无权、义务和违背义务、义务的底线和上线。[②] 而这样一些概念的对象，如果没有道德法则作标准，单凭认识能力来分辨，是永远不可能作为善和恶而被提供出来的。"并且只有在此之后，最后一章、即关于纯粹实践理性对感性的关系及实践理性对感性的可先天认识的必然影响的一章，也就是关于道德情感的一章，才结束了这一部分"，这是第三环节了，第三环节用到了先天认识能力，因为它涉及了纯粹实践理性对感性的可先天认识的必然

---

① 参见自由范畴表，《实践理性批判》，第90—91页（边码78）。

② 底线是指"不得"做什么，如不得自杀，不得说谎；上线是指尽可能"要做"什么，如要发展自己的才能，要增进他人的幸福。前者是硬性规定，即完全的义务；后者是柔性规定，即不完全的义务。

影响。但这并不是作为道德实践的前提或出发点,而只是作为它的后果,即它在人的情感中所造成的必然影响,那就是作为实践行动的动机的道德情感即敬重感。而且一旦达到这一环节,实践理性批判的分析论就结束了,认识能力在这里只是被借用来否定一切可认识的东西,从而把人引向纯粹实践的法则,而不可能建立起另一种理论认识来。以上就是康德为《实践理性批判》的分析论所展示的三阶段程序。

于是,<u>实践的纯粹理性的分析论就完全与理论的纯粹理性类似地对其运用的一切条件的整个范围进行了划分,但却具有相反的秩序。</u>

实践理性和理论理性在分析论中所涵盖的范围是类似的,它们都囊括了人类认识能力的各个环节,即判断力、知性和感性(实践理性),或者感性、知性和判断力(理论理性),它们都属于理性运用的一切条件的全部范围;但两者却具有相反的秩序,这是由它们所处的领域不同而导致的。实践领域的要素理所当然地要和理论领域的要素具有相反的结构方式,后者是要从对象上获得经验知识,前者则是把经验对象现实地产生出来的行动。

<u>理论的纯粹理性的分析论被分为先验感性论和先验逻辑,反之,实践的纯粹理性分析论则被分为纯粹实践理性的逻辑和感性论(如果允许我在这里仅仅出于类比而运用这种本来根本不合适的命名的话),在前者那里逻辑又分为概念分析论和原理分析论,在后者这里则分为原理分析论和概念分析论。</u>

这是进一步更具体地描述两大批判的分析论的相反结构了,其实这一点在前面“导言”中已作了大致的概括,这里只不过说得更详细一些而已。注意他在这里把《纯粹理性批判》中的术语“逻辑”和“感性论”(Ästhetik)转用于纯粹实践理性的分析论中,但马上又表示这仅仅是“出于类比”的需要而借用了这种“本来根本不合适的命名”。为什么根本不合适?因为逻辑也好,感性论也好,本来是专门用在认识论上,以获得有关经验对象的理论知识的,而实践理性批判却是和不可认识的自在之物

即自由意志打交道的，所以康德通常非常谨慎，在《实践理性批判》中一般不用这种认识论色彩很重的字眼。虽然我们在讲解康德的道德哲学的时候往往说，他的定言命令实际上是运用了形式逻辑中的不矛盾律和同一律才得以建立起来的，而他的道德情感实际上也和现实世界的经验现象发生了关系，但康德自己还是要守住他的这条底线，不然的话，他的现象和自在之物、理论理性和实践理性的截然二分就会全盘崩溃了。只是到了他的后继者费希特那里，将他的理论理性和实践理性合而为一，将人的主体性的自由意志当作"全部知识学的基础"来贯通一切，才把康德竭力掩盖的理论和实践的相通性大力张扬起来，这是后话。这句主要讲两种分析论的逻辑部分，一个分为概念分析和原理分析，另一个分为原理分析和概念分析，内容一致，次序颠倒。下面则专门讲两种分析论中的感性论部分。

在前者那里感性论出于感性直观的双重性质还具有两个部分；在后者这里感性根本不被看作直观能力，而只被看作情感（它可以是欲求活动的主观根据），而在情感方面纯粹实践理性就不再允许任何进一步的划分了。

"在前者那里感性论出于感性直观的双重性质还具有两个部分"，也就是在《纯粹理性批判》那里，先验感性论中的先天直观形式有两种，即空间和时间，它们是我们接受感官材料的外部直观形式和内部直观形式。"在后者这里感性根本不被看作直观能力，而只被看作情感（它可以是欲求活动的主观根据）"，在《实践理性批判》这里，所说的感性根本不是认识中的直观能力，不是用来提供感性对象的，而只是主体内部的一种激动，它属于主观的欲求活动，这就是人的情感倾向。"而在情感方面纯粹实践理性就不再允许任何进一步的划分了"，情感不像直观，有内直观和外直观之分，而是整个都是主观内在的，作为纯粹实践理性的主观动机，它以敬重这种道德情感而激发起人出自义务而行动的力量，实际上只是道德法则在人的感性中的一个必不可少的工具，本身的作用首先也只是在感性中为道德法则扫清地盘。这种作用在感性中只是否定性的，因此也无法再进一步加以划分。

　　甚至这种两部分连同其分支的划分在这里没有被现实地放在前面（正如人们本来很可能一开始就由以前划分的榜样被引诱着去尝试的那样），其理由也能很容易看出来。

　　"两部分"指逻辑和感性论，"分支"则是指逻辑中的概念论和原理论。这样一套划分"在这里没有被现实地放在前面（正如人们本来很可能一开始就由以前划分的榜样被引诱着去尝试的那样)"，"在这里"指在《实践理性批判》中，这套划分"没有被现实地放在前面"，也就是说，虽然在导言中预先展示了这一划分的梗概，但在正文中，《实践理性批判》是以一种"走着瞧"的方式来逐步展开分析论的三环节的，而不是现实地一开始就把这三个环节放在正文中作为考虑问题的框架。括号中说，"（正如人们本来很可能一开始就由以前划分的榜样被引诱着去尝试的那样)"，也就是像在《纯粹理性批判》中已经预先做出了榜样的那样。在那里，除了在"导言"的最后一节（第 VII 节）末尾预先展示了感性和知性的划分以外，在"要素论"的第一部分"先验感性论"中，一开始在 §1. 中就设定了："一门有关感性的一切先天原则的科学，我称之为先验感性论。所以必须有这样一门科学，它构成先验要素论的第一部分，而与包含纯粹思维诸原则、称之为先验逻辑的那一部分相对"（A21＝B35—36）。但在《实践理性批判》中却没有这样的随时交代，而是随着需要一步步展开各环节的。为什么这里不像《纯粹理性批判》中那样，一开始就预先派定各个部分的划分，然后按部就班地逐个分析？"其理由也能很容易看出来"，要言之，这是由两大批判的不同性质所导致的。下面就来展示这样做的理由。

　　因为在这里是在其实践的运用中被考察的**纯粹理性**，因而它是从先天原理而不是从经验性的规定根据出发的：所以纯粹实践理性分析论的这种划分就必定得出类似于一个三段论推理的结果，即从**大前提**中的共相（道德原则）出发，通过一个在**小前提**中前置了的、把（作为善的或恶的）可能行动放在共相之下的归摄，而前进到**结论**、也就是前进到主观的意志规定（一种对实践上可能的善和建立于其上的准则的关切）。

　　"因为在这里是在其实践的运用中被考察的**纯粹理性**，因而它是从先天原理而不是从经验性的规定根据出发的"，《实践理性批判》为什么是和《纯粹理性批判》中相反的次序呢？一个理由当然是因为它在这里是在实践的运用中的纯粹理性，而不是在理论的运用中的纯粹理性；但另一个重要的原因，也是这里特别强调的原因，是因为它是真正严格意义上的"纯粹理性"，而不是纯粹知性这种广义上的纯粹理性。狭义的纯粹理性和知性的一个很重要的区别就在于，知性的出发点是运用范畴来对经验对象作判断，必须一开始就对判断两端的主词和宾词分别考察，它的原理是由判断中引出来的，只是判断的原理，推理在它眼中不过是一系列判断的延续而已，并没有独立的意义。所以《纯粹理性批判》中只有在讲到先验辩证论时，才把理性的推理单独提出来讲，而且主要是就其导致幻相的否定的意义来谈的，它的肯定的方面则只是作为对知性知识的一种"调节性运用"，本身并不构成知识，它只是事后对已有知识起一种辅助作用。而在《实践理性批判》中，它的出发点就是先天原理，这种先天原理不是对经验对象作判断的原理，而本身就是一个三段论推理的大前提，因此它更有资格称之为"纯粹理性"。换言之，在严格意义上，纯粹知性是讲概念和判断的，而纯粹理性是讲推理的，无怪乎康德在第三批判中要把《纯粹理性批判》改称为"纯粹知性批判"，而把《实践理性批判》在严格意义上称为"纯粹理性批判"了。"所以纯粹实践理性分析论的这种划分就必定得出类似于一个三段论推理的结果"，这里面是有必然性的。《纯粹理性批判》分析论中的几大块是拼接起来的，有感性，有知性，然后两者要结合，一切联结的可能性何在？在于先验自我意识的统觉的综合统一作用；但这种统一是对偶然凑合在一起的东西的统一，因为你遇到什么样的经验对象，这个你无法预料。相反，《实践理性批判》中的三个环节的统一是一个类似于三段论推理的统一，这就是："即从**大前提**中的共相（道德原则）出发，通过一个在**小前提**中前置了的、把（作为善的或恶的）可能行动放在共相之下的归摄，而前进到**结论**、也就是前进到主观的意志规定（一种对实践上可能的善和建立于其上的准则的关切）"。在这里，道德法则作为共相，就相当于大前提：凡是行动的准则都应当成为一条普遍法则；小前提：越是趋向于普遍法则的自由行动就越是善的；结论：所以，那完全出于对法则的敬重的行动就是绝对善良的行动。显然，只要你设定了大前提，在具体的实践中肯定就会以此为标准来衡量小前提的善恶情况，即衡量一切自由任意行动的善恶成分，并最后推论出这些实践行动中的极限情况，也就是以敬重感为动机的为义务而义务的行动，只有它所达到的才是绝对的善而不是相对的善。这就将纯粹实践理性的原理、自由的善恶范畴表以及纯粹实践理性的感性动机全部包括在一个具有内在必然性的三段论推理中了，它不必借助于任何偶然的感性对象而直接体现了纯粹理性的那种逻辑必然性。

对于已经能够确信分析论中出现的这些命题的人，这样一些比较就 [91] 会使他们感到快乐；因为这些比较正当地引起了一种期望，或许有一天能够抵达对全部纯粹理性能力（不论是理论理性还是实践理性的能力）的统一性的洞见并从一个原则中推导出一切来；而这是人类理性的不可避免的需要，人类理性只有在其知识的一个完备的系统化统一中才会感到完全的心满意足。

这就是对这一比较的最终目的的一个概括了。"对于已经能够确信分析论中出现的这些命题的人，这样一些比较就会使他们感到快乐"，就是说，凡是相信上述纯粹实践理性的三段论的人，当他们把这些命题和《纯粹理性批判》中的相应的三项即感性、概念和原理加以比较时，都会有一种快乐，觉得纯粹理性在理论上和实践上的运用的这种相映成趣的颠倒结构简直是妙不可言。为什么？"因为这些比较正当地引起了一种期望，或许有一天能够抵达对全部纯粹理性能力（不论是理论理性还是实践理性的能力）的统一性的洞见并从一个原则中推导出一切来"，这里满足的是一种科学的兴趣，也就是按照思维经济原理，必须尽可能地把多个原理归结为最少的，乃至于唯一的原理，就像牛顿把星体的运转规律与地上的自由落体法则归结为一个万有引力法则一样。人们希望也许有一天会看到，所有这些命题不论它们是理论上的还是实践上的，都可以从一个唯一的纯粹理性能力的洞见中推导出来。当然在康德看来这是不可能的，因为这等于要把康德好不容易才在现象和自在之物之间建立起来的一道不可逾越的墙拆除掉，并将导致一系列的幻相和谬误。然而他认为，心怀这样一种期望本身还是"正当的"，是人类不可避免地总要产生出来的一种倾向。"而这是人类理性的不可避免的需要，人类理性只有在其知识的一个完备的系统化统一中才会感到完全的心满意足"，所以人们在把纯粹理性的两种完全不同的运用进行类比时会有一种出自人类本性的快乐，这是可以理解的，虽然可遇而不可求，但至少可以让人们看到这样一种大一统的趋势。纯粹理性的本性就是要追求统一，当然也要追求它自身运用的统一。这种统一只是在后来费希特的《全部知识学基础》中才真正实现出来，却又不被康德所认可。康德提醒人们，愿望虽好，却不可能达到，这就是下面一段所讲的。

　　但如果我们现在也考察一下我们关于纯粹实践理性并通过它所能够拥有的知识的内容，正如纯粹实践理性的分析论将它摆明的那样，那么尽管纯粹实践理性与理论理性之间有值得注意的类似，同样也可以找到值得注意的区别。

　　这个"但"就是把话题一转，"如果我们现在也考察一下我们关于纯粹实践理性并通过它所能够拥有的知识的内容，正如纯粹实践理性的分析论将它摆明的那样"，也就是考察一下有关纯粹实践理性的知识以及纯粹实践理性自己所拥有的知识的内容，也就是整个纯粹实践理性的知识内容和纯粹实践理性在其分析论中所展示出来的知识内容，这些都已经在纯粹实践理性的分析论中摆明出来了。"那么尽管纯粹实践理性与理论理性之间有值得注意的类似，同样也可以找到值得注意的区别"，这就是反过来说了。前面一段主要是采取类比法来比较两大批判分析论的类似之处，而这一段开始要强调两者的区别了。当然前面也讲到了它们的区别，但主要是强调异中之同；而下面则倒过来，要强调同中之异了。

在理论理性方面，**一种纯粹理性认识的先天能力**可以通过来自科学的例证（在这些科学上由于它们对自己的原则以如此各色各样的方式通过按一定方法的运用而加以检验，人们就不必担心如同在日常知识那里一样很轻易地把经验性的认识根据暗中掺杂进来）而十分容易和明显地得到证明。

这还是首先摆出纯粹理性的理论运用的特点，但是有针对性地摆出来，表明这是与纯粹理性的实践运用非常不同的地方。"**一种纯粹理性认识的先天能力**"打了着重号，这是与后面一句中"**最日常的实践理性运用**"这个也打了着重号的短语相对照的。那么这种先天能力"可以通过来自科学的例证"而得到证明，括号里的话也是有所指的："（在这些科学上由于它们对自己的原则以如此各色各样的方式通过按一定方法的运用而加以检验，人们就不必担心如同在日常知识那里一样很轻易地把经验性的认识根据暗中掺杂进来）"。也就是科学知识和"日常知识"显然不同，前者的原则或者规律以各种方式按照确定的方法而可以得到检验，因此就不必像后者那样，担心把经验性的认识根据暗中掺杂进来。很多日常知识并没有什么科学的道理，只有大量的偶然经验性的内容，经常是以"想当然"的理由来解释一个经验现象，而且在实验中不可重复，这是经不起严格的科学检验的。休谟正是借此而把一切科学原理如因果性、实体性等等归结为没有必然性而只有或然性的"习惯性联想"。所以科学知识对于日常知识是抱一种怀疑和警惕的态度的。只有按照科学的程序，遵循一定的科学方法，一个科学假设才能得到确定无疑的证明，而且这套程序是十分容易和明显的，也就是可操作的。

但纯粹理性不掺杂任何一种经验性的规定根据而自身单独也是实践的，这一点我们却必定可以从**最日常的实践理性运用**中作出阐明，因为我们把这个至上的实践原理认证为这样一条原理，每个自然的人类理性都会认为它作为完全先天的、不依赖于任何感性材料的原理是人类的意志的至上法则。

这就是对照了。"但纯粹理性不掺杂任何一种经验性的规定根据而自身单独也是实践的，这一点我们却必定可以从**最日常的实践理性运用**中作出阐明"，理论知识、科学知识是尽可能撇开日常知识而诉之于科技手段和科学方法的证明；反之，纯粹实践理性则正是从日常的实践知识中来阐明纯粹理性不掺杂丝毫经验性的东西而自身单独就是实践的这个道理，而且这个道理就是纯粹实践理性作为开端的基本原理，从中必然推出了后面的自由范畴和感性动机。这一点从康德的《道德形而上学奠基》中也可以看出来，在那里的三章标题就是："从普通的道德理性知识过渡到哲学的道德理性知识"、"从通俗的道德哲学过渡到道德形而上学"、"从道德形而上学过渡到纯粹实践理性的批判"。可见康德的道德哲学虽然复杂深邃、晦涩难懂，但其实倒是直接以市井百姓的日常生活为根基的，这正如他早年受卢梭影响而发生的思想转变那样。他说卢梭纠正了我，"我学会了来尊重人，认为自己远不如寻常劳动者有用，除非我相信我的哲学能替一切人恢复其为人的共同权利。"[1] 在《实践理性批判》的"方法论"部分，他甚至提醒人们注意观察"由商人和家庭妇女所组成的那些混杂的社交聚会中的交谈"，特别是其中关于某人的道德上的闲话，似乎人人都可以很好地掌握道德评价的标准（参见《实践理性批判》第207—208页，边码174）。尽管这些闲话中很多都是幻想和疑

---

[1] 《反思录》，参见康浦·斯密：《康德〈纯粹理性批判〉释义》，韦卓民译，华中师范大学出版社2000年版，第39页。

心的不实之词或诛心之论，属于"长舌妇"们口中的家长里短，挑是拨非，但显露出来的道德标准却毕竟是正确的，这就是要求一个人的行为完全出自于纯粹理性而不掺杂任何一种经验性的规定根据，也就是要求他完全"为义务而义务"地行动，否则就要非议他。"因为我们把这个至上的实践原理认证为这样一条原理，每个自然的人类理性都会认为它作为完全先天的、不依赖于任何感性材料的原理是人类的意志的至上法则"，这个至上的实践原理就是，善良意志必须完全出自于纯粹理性，不能带有丝毫经验性的成分，这就是为义务而义务的道德法则，这是每个"自然的人类理性"，不管他的身份如何，知识水平多高，地位多么卑微，都会奉为人类意志的至上法则的。在这方面，甚至无知无识的民众可能更加朴素地体现了道德法则的纯粹性，而不会用很多知识来掩盖和诡辩。

　　<u>我们首先必须把这条原理按照其起源的纯粹性甚至在**这个日常理性的判断**中加以验证和辩护，然后科学才能够把这条原理把握在手，以便对它加以运用，仿佛它是一个先行于一切关于其可能性的推想和一切有可能从中引出的结论的事实似的。</u>

　　"我们首先必须把这条原理按照其起源的纯粹性甚至在**这个日常理性的判断**中加以验证和辩护"，这条实践原理虽然是至上的原理，但它的起源却恰好在底层，在日常理性的判断中。所有其他的问题都必须回复到这个日常理性的判断才能得到验证和辩护。"然后科学才能够把这条原理把握在手，以便对它加以运用，仿佛它是一个先行于一切关于其可能性的推想和一切有可能从中引出的结论的事实似的"，这里又提到"科学"，这里是指道德科学，即作为科学的道德形而上学。康德在《任何一种能够作为科学出现的未来形而上学导论》中所设想的一种"科学的形而上学"，在《纯粹理性批判》中是这样说的："自然的形而上学以及道德的形而上学"，连同它们的"批判"，才是"唯一构成我们在真正意义上能够称之为哲学的东西。这种哲学使一切都与智慧相联系，但却是通过科学之路，这是一条一旦被开辟出来就再也不被壅蔽且决不会让人迷失的

唯一的道路。"（A850=B878）但这两门科学的建立方式却不尽相同。在自然形而上学中，首先必须通过《纯粹理性批判》用科学的分析手段来找到形而上学得以可能的先天条件，这就是先天直观形式、先天范畴及其原理；而在道德形而上学中，先行的《实践理性批判》的任务不是找到道德法则之所以可能的先天条件，而是首先确认"有实践的道德法则"这一"理性的事实"，然后再在这一原理的事实基础上以科学的方式（三段论推理）推演出它的自由范畴诸对象，最后推演出导致终极对象即绝对善的那个感性的主观动机（敬重感）。在后面这一程序中，科学不是用来确立最初的原理，而是用来从这一初始原理出发严格推演出它的对象和动机的，科学把这条原理当作了一个先行于一切可能性推想及其结论的"事实"来接受，这是由这门科学的实践性所决定的。当然，这种实践性不是受制于外部感性条件和内部感性需要的实践性，而是出自纯粹实践理性本身的法则的实践性，所以就此而言这门科学仍然是建立在纯粹理性之上的，或者说仍然是"科学的"。因为它所由以出发的事实不是经验的事实，而是纯粹实践理性本身，它把纯粹理性本身的实践性当作了"事实"或前提，所以它的科学性丝毫也不比对前提进行批判考察的理论理性逊色。

　　但这种情况也可以由此前刚刚阐述过的作出很好的解释；因为实践的纯粹理性一定必须由那些原理开始，这些原理因而必须作为最初的材料给全部科学奠定基础，而不能从科学中才首次产生出来。

　　这里是重申，在理论理性看来是不科学的做法，即不加反思和批判地从某个既定事实出发而展开整个体系，在纯粹实践理性这里却恰好是科学的，"因为实践的纯粹理性一定必须由那些原理开始，这些原理因而必须作为最初的材料给全部科学奠定基础，而不能从科学中才首次产生出来"。纯粹实践理性不能像纯粹理论理性那样，从科学已经论证好了的前提中把诸原理产生出来，而必须把诸原理作为最初的奠基性材料置于开端部分。其实纯粹实践理性的法规作为自由意志的自律原则，在自身中就已经包含着它的全部环节,并且能够自行推演出这些环节。所以它的开端虽然并不是由科学中产生出来的,但它仍然是一个地道的科学体系。

但对道德原则作为纯粹理性的诸原理的辩护却因此可以通过援引日常人类知性的判断而很好地并且以足够的可靠性来进行,因为一切有可能作为意志的规定根据混入我们的准则中来的经验性的东西通过它在激发起欲望时必然附着在意志之上的快乐或痛苦的情感马上就成为**可辨认**<u>**的**,但那个纯粹实践理性却完全**拒绝**把这种情感作为条件接受到自己的原则中来。</u> [92]

"但对道德原则作为纯粹理性的诸原理的辩护却因此可以通过援引日常人类知性的判断而很好地并且以足够的可靠性来进行",就是说,道德原则既然植根于日常实践理性的运用,那么用什么来保证它还是纯粹理性的原理呢?它不会被日常实践的经验性杂质所污染吗?这里却说,恰好相反,要想为道德原则的纯粹性辩护,正可以通过援引日常人类知性的判断来进行,而且这种辩护具有足够的可靠性。注意这里讲"日常人类知性的判断",而前面讲的则是"日常理性的判断",都是为这条原理的纯粹性作"辩护",有什么不同吗?差别似乎不大,但一定有,看下面。"因为一切有可能作为意志的规定根据混入我们的准则中来的经验性的东西通过它在激发起欲望时必然附着在意志之上的快乐或痛苦的情感马上就成为**可辨认的**",这里说的是,把一切有可能干扰我们意志的规定根据的经验性的东西"辨认"(kenntlich macht)出来,如何辨认出来?通过它激发起欲望时所带来的快乐或痛苦的情感,这样一种对经验性的东西的"辨认"是只须人类日常知性的判断就可以做到的,因为它更多的是一种认识上的操作。在心理学上我们可以辨别出一种快乐或痛苦的情感是来自于何种经验性的东西,附着于何种欲望之上。而在这样辨认了之后,"但那个纯粹实践理性却完全**拒绝**把这种情感作为条件接受到自己的原则中来",也就是说,对于这种被辨认出来了的情感进行"拒绝"的还是"纯粹实践理性"。这两个词，一个是"可辨认的"，一个是"拒绝"，都打了着重号，它们分属于人类日常知性和纯粹实践理性，我们可以简单化地概括为：知性来辨认，理性来拒绝。纯粹实践理性自己不需要辨认什么，它只是按照自己的原则行动，只有当日常知性为它辨认出来了不属于它并且还阻碍它的实行的情感时才作出拒绝的决定。在这种关系中，人类日常知性是为纯粹实践理性服务的，但它不是什么高深的知识，而只是在日常生活中对于经验性的东西及其快乐或痛苦的情感加以辨别而已，只要有这点判断能力就足够了。所以每个普通人和老百姓都可以具有这种最起码的辨别力，分得清哪些是真正属于纯粹道德法则的，哪些是附加在上面的可疑的东西，然后再由每个普通人都必然具有的纯粹实践理性能力进行决断，是拒绝还是坚持，这就足以为纯粹理性的实践法则作出有效的辩护了。这种辩护就是显示出这种实践法则本身出自纯粹实践理性的纯粹性，它由普通老百姓的日常知性和日常理性保证不会掺杂任何经验性的东西，而这种保证是可靠的。

这些（经验性的和理性的）规定根据的不同质性，通过一个实践上的立法的理性对一切混合的爱好的抗拒，通过某种特别的、但并非先行于实践理性的立法、反倒是唯有借助于这种立法、即作为一种强制而产生出来的**感觉**方式，也就是通过某种敬重的情感——这类情感没有任何人是对于爱好而具有的，不论这爱好可能是何种类型，但却可以对于法则而具有，——而得到这样的辨认、变得这样的突出和显著，

这是紧接上一句来的。"这些（经验性的和理性的）规定根据的不同质性"，也就是上面凭借人类日常知性把经验性的情感和纯粹理性的法则区分开来，看到了两者的"不同质性"（Ungleichartigkeit），也就是看到了它们的异质性。这种不同质是通过两种方式而被辨认出来的，即："通过一个实践上的立法的理性对一切混合的爱好的抗拒，通过某种特别的、但并非先行于实践理性的立法、反倒是唯有借助于这种立法、即作

为一种强制而产生出来的**感觉**方式，也就是通过某种敬重的情感"。前一个"通过"是否定的方式，也就是一个实践的立法对一切混合的爱好的抗拒，即前面讲的对一切感性情感的否定，使它们自惭形秽，保持谦卑；后一个"通过"则是指肯定的一面，也就是通过敬重的情感。这种情感虽然也是一种"感觉方式"，但它不是实践理性立法的根据，而只是由此所产生出来的强制性效果，因此它是代表实践理性的立法而对一切感觉加以否定的感觉方式，也就是否定情感的情感方式。两个破折号中间是对敬重的进一步解释："这类情感没有任何人是对于爱好而具有的，不论这爱好可能是何种类型，但却可以对于法则而具有"，敬重只能是对法则的敬重，而不可能是对任何爱好的敬重，在法则面前，任何爱好都不值一提，所以这才激起对这法则本身的敬重，这是前面反复讲过了的。那么，通过立法的理性在感性中的否定的一面，即对一切爱好的抗拒，以及它的肯定的一面，即对法则的敬重，于是经验性的和理性的两种规定根据的不同质就泾渭分明了，"而得到这样的辨认、变得这样的突出和显著"。要区别这两种规定根据由此而变得十分容易了，不需要什么高深的知识。

以至于任何人、哪怕是最日常的人类知性，都不会不在一个呈现在面前的榜样那里瞬间感到，他虽然会通过意愿的经验性根据被劝告去追随它们的诱惑，但永远不能指望他除了只**遵从**纯粹实践理性法则外还遵从别的法则。

"以至于任何人、哪怕是最日常的人类知性，都不会不在一个呈现在面前的榜样那里瞬间感到，他虽然会通过意愿的经验性根据被劝告去追随它们的诱惑，但永远不能指望他除了只**遵从**纯粹实践理性法则外还遵从别的法则"，这里又用了"最日常的人类知性"，是它在其中发挥了这样的辨认作用，使这种不同质或者说异质性变得这样突出和显著，以至于达到了这样的效果。什么样的效果呢？就是只要有最日常的人类知性，只要是一个具有普通知性的正常人，当在他面前有一个道德楷模树立着的时候,他必然会立刻感到自己虽然有可能受到经验性的根据的诱惑,但谈到遵从某种法则,那么他唯一可能遵从的就是纯粹实践理性的法则,而不是其他任何自然法则。因为任何经验的自然法则在他的实践行动中顶多只是临时性的、一次性的行为根据,用过就丢,就转移到以别的自然法则作根据,所以在实践中并不能构成法则,而只是机会主义的利用,实际上没有任何法则可言。这种区别是每一个具有普通人类知性的人立刻就可以辨认出来的,只要他把他所敬重的法则和日常生活中引诱他的那些自然法则一对比,他就知道自己应当如何做了。

在**幸福论**中诸经验性原则构成了整个基础,而这些原则对于**德性论**来说却甚至丝毫不构成其附加成分,于是区分开幸福论和德性论在纯粹实践理性的分析论中是它的首先和最重要的职责性工作,它在这件工作中必须像几何学家在自己的研究中那样做得**一丝不苟**、甚至也可以说**吹毛求疵**。

上面所讨论的有关纯粹理论理性的分析论和纯粹实践理性的分析论的异同问题,看起来似乎只是一个表达程序或体系的形式结构问题,但其实涉及到了两种完全不同甚至相反的道德学说,这就是当时流行的经验派的幸福论和康德所坚持的德性论的对立。这一段就开始把问题引向这一更深的层次。"在**幸福论**中诸经验性原则构成了整个基础,而这些原则对于**德性论**来说却甚至**丝毫**不构成其附加成分",如果按照理论理性的程序来讲道德学说,那就免不了陷入以经验性原则为根据的幸福论的伦理学;相反,如果按照康德《实践理性批判》中制定的程序,则一开始就堵死了通往经验性伦理学的道路,因为它的基本的实践原则中丝毫也不附带有经验性的成分,而是直接从纯粹实践理性本身的法则出发的。"于是区分开幸福论和德性论在纯粹实践理性的分析论中是它的首先和最重要的职责性工作",前面区分理论理性的分析论程序和实践理性分析论的程序的目的在这里就显露出来了,它不仅仅是一个章节划分次序的问题,而是为了首先进入对幸福论和德性论加以区分这一最重要的职责性工作。换言之,康德的德性论的伦理学最重要的职责就是把自己和幸福论的伦理学区分开来,划清界限,所以是他一开始就要做的首要的工作,这在《实践理性批判》的简短的"导言"中就已经提出来了,只是当时还没有完全显露出这种形式结构上的区分底下隐藏着的两种不同性质的伦理学倾向。而现在在对整个分析论作总结的时候,就有必要把这一点明确强调出来。"它在这件工作中必须像几何学家在自己的研究中那样做得**一丝不苟**、甚至也可以说**吹毛求疵**",前面虽然也多次提到康德的纯粹实践理性原则与幸福主义、快乐主义、功利主义等等经验派伦理学的区别,但还都只是就事论事地在某个具体问题上作出划界,而本段及下面几段则是全面地从整体上阐明幸福主义伦理学和德性论伦理学的细致的划分以及这种划分的根据,并由此深入底下的必然和自由的关系。康德把这件工作类比于几何学家的一丝不苟甚至吹毛求疵,正说明他把自己的道德哲学视为一种严格意义上的"科学",而不只是一种学派的意见。

但对于在这里(正如任何时候在凭借单纯概念而非概念的构造而来的理性知识中一样)由于不能把任何直观作为(纯粹本体的)根据而必须与更大的困难作斗争的哲学家来说,毕竟也很有用的办法就是,他几乎像化学家一样任何时候都可以用每个人的实践理性来做实验,以便把道德的(纯粹)规定根据与经验性的根据区别开来;

这就是与具体科学的类比了。"但对于在这里(正如任何时候在凭借单纯概念而非概念的构造而来的理性知识中一样)由于不能把任何直观作为(纯粹本体的)根据而必须与更大的困难作斗争的哲学家来说",也就是对于一位探讨纯粹实践理性原理的哲学家来说,他不能把任何直观当作纯粹本体的根据,因为他不具备知性直观,不能在思维到本体(Noumen)的时候同时直观到它,因此和那种能够凭借"概念的构造"而来的理性知识即数学几何知识比较起来,他必须与更大的困难作斗争,他的哲学在这方面相当于那种凭借单纯概念而来的理性知识，即类似于自然科学知识。康德在《纯粹理性批判》中曾经说："哲学的知识是出自概念的理性知识，数学知识则是出自概念的构造的理性知识。但构造一个概念就意味着：把与它相应的直观先验地展现出来。"（A713=B741）显然，哲学的知识（在那里是有关自然对象的先天知识，而在这里则是有关道德的先天知识）由于没有直观（感性直观和知性直观）来帮忙，它建构起来要更加困难。就自然科学知识来说，一方面它本身必须要加以演绎才能证明自身运用于经验对象的权限，另方面，它随时面临着可能经验世界的偶然性的挑战，不得不通过科学实验来不断地证明自己和纠正自己，而这些都是建立数学或几何学知识时所不必要的。而就道德哲学的先天知识而言，它虽然也不可能向构造概念的几何学知识学习，因为它没有知性直观，但它却可以借鉴自然科学那种出自概念的知识。所以康德说，对这样的哲学家来说，"毕竟也很有用的办法就是，他几乎像化学家一样任何时候都可以用每个人的实践理性来做实验，以便把道德的（纯粹）规定根据与经验性的根据区别开来"。正如化学家可以通过做实验来证明自己的原理，同样，道德学家也可以诉之于人类的日常实践理性，设计一些实验方式来检测出其中所包含的纯粹实践理性原理。这种实验的效果就是把道德的纯粹规定根据与其他经验性的根据区别开来，这正如化学实验从化合物中把一种物质从其他物质中分离开来一样。这对于道德哲学来说是一种"很有用的办法"，因为我们有大量的日常实践的例子来供我们做实验，甚至不必真的去做现实的实验，而是在思想中做一种思想实验，就可以把概念确定下来，这是每个有理性者随时随地都能进行的，也是康德在前面进行案例分析时经常采用的方法。

　　当他把道德法则（作为规定根据）加在从经验性上被刺激起来的意志（例如那种由于能够凭借说谎而有所获就会愿意说谎的意志）之上时就是这样。

这是举例说明上述道德实验了。道德上如何做实验？例如说，当你为了获得某种现实的好处而倾向于说谎的意志时，你把道德法则加在这个意志之上，你马上就可以发现，这种说谎的意志是在经验上被刺激起来的，并不是出于你真正的自由意志，而是受制于你希望得到的那种好处，你已经被外在的利害考虑所裹挟。因此这样一种行动的准则是不可能成为一条普遍法则的，而只可能是机会主义的、一次性的，一旦成为普遍法则就会导致自我取消。这时，你的意志究竟应该如何决定才是自由的就昭然若揭了。这就是一场道德上的心理实验，或者说良心的实验。

这就仿佛化学家把碱加入石灰在盐酸中的溶液里那样；盐酸马上就脱离了钙而与碱化合，钙则沉淀在底下。

化学家把碱，例如氢氧化钠（NaOH）加入石灰（碳酸钙 CaCO3）在盐酸（HCI）中的溶液，这溶液本来是由石灰在盐酸中溶解而生成的，其成分是氯化钙、二氧化碳和水（$CaCO_3 + 2HCI \rightarrow CaCI_2 + CO_2 + H_2O$）；现在氢氧化钠加入后，其中的钠就置换了氯化钙中的钙而和氯结合为氯化钠（盐），而钙则沉淀下来，与氢氧根中的氧结合为不溶于水的碳酸钙（石灰）。这一化学反应的例子康德在《纯粹理性批判》第二版序言中也曾提到过，他说："……当施塔尔通过在其中抽出和放回某种东西而把金属转变为石灰又把石灰再转变成金属时，在所有这些科学家面前就升起了一道光明。"（BVII—BVIII）但在那里他是为了用这个科学实验的例子说明他的"人为自然立法"的能动的认识论原则，而在这里却是为了说明人在道德实践中随时可进行的良心实验。所以下面就说了这个良心实验的例子。

同样，这条道德法则树立于一个本来就很正派的人（或至少哪怕这一次想把自己置于一个正派人的地位的人）面前，他凭这法则就认识到 [93] 一个说谎者的卑劣，——他的实践理性（在关于什么是他应当作的事这个判断中）马上就抛弃了好处而使自己与那为他保持着对他自己人格的

敬重的东西 (诚实) 相一致,而那种好处则在从理性 (它完全只站在义务一边) 的一切附属物中被分离出来和清洗出来以后,现在就被每个人加以权衡,以便也许还在别的场合下与理性建立起联系,只是除开它有可能违背道德法则的情况以外,而道德法则是永远不离开理性、而是与之最密切地结合着的。

"同样,这条道德法则树立于一个本来就很正派的人 (或至少哪怕这一次想把自己置于一个正派人的地位的人) 面前,他凭这法则就认识到一个说谎者的卑劣",也就是与上面的化学实验的例子同样,当我们用一条道德法则 (相当于碱) 树立于一个正派人或者想要正派的人面前时,他把这条法则加入一个说谎行为 (相当于盐酸溶液) 之中,马上就见出这行为的卑劣。并且,"他的实践理性 (在关于什么是他应当作的事这个判断中) 马上就抛弃了好处而使自己与那为他保持着对他自己人格的敬重的东西 (诚实) 相一致",他的实践理性的判断就相当于化学反应中的置换了,在这个化学反应中,应当与氯结合的不是钙,而是钠,于是钙被置换掉了,而与氯最具亲和力的钠就取代了钙的位置。而在道德实验中则是道德法则取代了说谎的意志所带来的好处的位置,使这种意志服从于对人格的敬重而成为诚实的意志。"而那种好处则在从理性 (它完全只站在义务一边) 的一切附属物中被分离出来和清洗出来以后,现在就被每个人加以权衡,以便也许还在别的场合下与理性建立起联系",那被排除出来的好处并不是被完全取消掉了,就像禁欲主义伦理学那样,而是要与理性相互权衡。在完全为义务而义务的纯粹实践理性面前,它当然没有立足之地,必须干干净净地被清洗出来;但它本身也可以是经过理性思考的,这种理性就是一般的实践理性,通常也称之为实用的理性或工具理性,这是我们人类在日常生活中也少不了要运用的,只是不能运用于现在这个场合。你用工具理性来讲道德,就是把纯粹实践理性和一般实践理性混为一谈了,当然会陷入幸福主义和功利主义的谬误。所以必须把这种实践理性保留在一般场合下,你可以用它来为自己谋取好处,这也是应该的，每个人都不能不考虑养家糊口的问题，必须在这个问题上动脑筋，运用理性来选择最为明智的做法；"只是除开它有可能违背道德法则的情况以外，而道德法则是永远不离开理性、而是与之最密切地结合着的"。道德法则当然是更高的要求，也是最纯粹的实践理性的命令了，这是一个有理性的人首先必须考虑并应当服从的，它与理性"最密切地结合着"，中间再插不进任何其他东西。而如果要插进其他东西，例如对利益或快乐的考虑，那这种实践理性就只能是间接使用的理性了，就只能是使理性充当工具去获取另外的东西了。这当然也是人高于动物的地方，他凭借自己的理性的机巧而胜过了所有的动物而成为万物之灵长。但这并不能给他带来崇高性或神圣性，只不过表明人是生存斗争中的赢家而已，而没有从根本上超越于动物之上。人的真正本质并不在于他能够使用理性的机巧为自己获取更多动物性的好处，而在于他所拥有的理性本身在其纯粹性上是为他自己立法的，是使他具有崇高性和尊严的，那才是他的良心之所在。所以良心的实验并不取消人对幸福或功利的考虑，而是摆正了这种考虑与道德法则的相对位置，一个有理性的人只要问问自己的良心，就马上会承认道德法则是一切其他考虑都必须无条件服从的，对这一位置的任何颠倒都将使他在自己内心看不起自己，而感到羞愧。

　　但是，幸福原则与德性原则的这一**区别**并不因此就立刻是双方的**对立**，纯粹实践理性并不要求人们应当**放弃**对幸福的权利，而只是要求只要谈到义务，就应当对那种权利根本**置之度外**。

　　这个观点其实在上面的论述中已经蕴含着了，这一段则是更细致地厘定幸福原则和德性原则之间的关系，它不是那么简单化的。"但是，幸福原则与德性原则的这一**区别**并不因此就立刻是双方的**对立**"，前面的例子只是要把好处和道德法则分离开来，或者把好处的考虑从道德法则中清除出去，这只是"区别"问题，但并不是"对立"的问题。他并没有说两种原则誓不两立、水火不容，而只是各自处于不同的层次而已，它们各有自已适合的语境，不能混淆。"纯粹实践理性并不要求人们应当**放弃**对幸福的权利，而只是要求只要谈到义务，就应当对那种权利根本**置之度外**"，康德不是一个幸福主义者，但他并不排斥幸福，有点近似于孔子讲的："君子爱财，取之有道"。但康德严格说来甚至也不是"取之有道"，而是财道两分，财是财，道是道，决不以道取财。你追求幸福就追求幸福，但不要标榜自己是在做道德的事，哪怕你以道德的方式追求幸福也不是道德的；当然也不是不道德，它是介于道德和不道德之间的事，或者说，它是"非道德"的事。所以，当我们谈到道德或者义务的时候，幸福根本不容插嘴；但是在不涉及道德问题的时候，或者在不违反道德的情况下，追求幸福无疑是每个人的一项不可剥夺的权利。追求自己的权利不是义务，权利是可坚守也可放弃的，并不存在道德问题，只涉及自由的任意；但只要谈到义务，那就必须将对幸福的权利置之度外，义务高于一切幸福的权利，更不用说对幸福的那些越权或侵权的追求了。义务所涉及的只是自由意志的自律，它之所以被人敬重，也正是因为这一点。

就某种观点来看，照顾自己的幸福甚至也可以是义务；一方面是因为幸福（灵巧、健康、财富都属于此列）包含着实现自己义务的手段，一方面也是因为幸福的缺乏（如贫穷）包含着践踏义务的诱惑。

这里又再让一步了。在将幸福和义务如此严格地区分开来以后，康德反过来又认为，"就某种观点来看，照顾自己的幸福甚至也可以是义务"。所谓"就某种观点来看"，也就是在承认上述区分的前提下，涉及到某种非常间接的关系，我们倒是又可以把追求幸福的行为视为自己义务的内容。什么样的间接关系？下面就讲了："一方面是因为幸福（灵巧、健康、财富都属于此列）包含着实现自己义务的手段，一方面也是因为幸福的缺乏（如贫穷）包含着践踏义务的诱惑"。就是说，当义务已经确定并且被自由意志作为自己的规定根据接受下来以后，在具体实行义务的过程中会遇到两方面的问题。一方面是手段问题，你有了善良意志的良好愿望，但由于你的笨拙、病患和贫穷，哪怕你出于道德法则想要把手边的善事做出来，但却由于能力不够而做不到，甚至好事办成了坏事，在这种情况下你就完不成你的义务了。但这一条看起来似乎和效果论者及功利主义伦理学划不清界限，好像违背了康德自己的原则，因为康德历来都强调道德法则是不考虑手段、只考虑意志的规定根据即动机的，主张只要"应当"，就"能够"。例如他在"导言"中就提出，理性的实践运用不同于理性的理论运用就在于，在实践的运用中，"理性所关心的是意志的规定根据，这种意志要么是一种产生出与表象相符合的对象的能力，要么毕竟是一种自己规定自己去造成这些对象（不论身体上的能力现在是否充分）、亦即规定自己的原因性的能力"。前一种能力是实用的实践能力，后一种能力就是道德实践能力；而在道德实践能力中，"单是纯粹理性自身就足以对意志进行规定"，这一点在人的自由那里拥有"辩护理由"（见《实践理性批判》第 16 页，边码 16）。因此在康德那里，"照顾自己的幸福"本来在任何场合下应该都不可能是义务，它只可能是有条件的命令，即"如果履行义务的行动要达到成功的话，你必须照顾自己的幸福"。但尽管如此，康德对这一命题却并不是从效果上来看的，而恰好是作为一种定言命令的普遍法则，即把它作为《道德形而上学奠基》中四条具有代表性的义务中的第三条即"你要发展自己的一切才能"的内容来看的。所以在《道德形而上学奠基》中，他认为"作为理性存在者，他必然愿意他身上的一切能力得到发展，因为这些能力毕竟是为了可能的意图为他服务和被赋予他的"①，但却不是为了获得丰硕的成果，而是为了人性的完善。人有义务使自己的人性臻于完善，当手段脱离开具体目的而具有人性的普遍性时，它就成了无条件的普遍法则，本身成为了义务的内容。"照顾自己的幸福"在这里并不是着眼于

————————

① 《道德形而上学奠基》，杨云飞译，第 55 页。

幸福本身，而是着眼于"照顾幸福"与普遍义务的关系。第二个方面也是如此，"因为幸福的缺乏（如贫穷）包含着践踏义务的诱惑"，这是着眼于抵抗外来诱惑，正如前一方面是着眼于加强自身能力一样，都与完成义务有着间接的关联，因而也被纳入义务本身的内容范围中来。这两方面都涉及幸福，但并不像幸福主义者那样着眼于幸福本身及其所带来的快乐和好处，而是将它纳入定言命令的形式底下，着眼于它的准则能够成为一条普遍的法则。康德后来在《道德形而上学》中对此有更清楚的说明，在"人对自己的不完全的义务（就其目的而言）"的标题下，他说："培植自己作为达成各种可能目的的手段的自然力量（精神的、灵魂的和肉体的力量），是人对自己的义务"。"这并不是顾及其（达成各种目的的）能力的培养能够带来的好处，……相反，道德实践理性的命令和人对自己的义务是：培养自己的能力……并且在实用方面做一个与自己的生存目的相适合的人。"① 毕竟，定言命令的形式要由具体的事例来解释，这就必然会牵涉到幸福、目的、效果和能力等一系列问题；但由于有前面的基本原理所制定下来的视角，所有这些带有经验性的要素都具有了不同于经验主义伦理学中那种意义，或者说，都通过形式主义的义务而"圣洁化"了。

只促进自己的幸福，这直接说来永远也不可能是义务，更不可能是一切义务的原则。

区别就在这里，幸福主义伦理学把自己的幸福"直接"当作就是义务，甚至当作"一切义务的原则"；而康德在这里把幸福"就某种观点来说"看作也是义务，是从间接性的意义上说的，本身是服从更高的形式主义的义务原则的，是就其作为实现义务和促进义务的手段而言本身也成了义务的。去掉这一前提，它当然就不能构成任何义务原则了。

既然意志的一切规定根据除了唯一的纯粹实践理性法则（道德法

---

① 《康德著作全集》第 6 卷，李秋零译，中国人民大学出版社 2007 年版，第 455 页。

则）之外全都是经验性的，因而本身是属于幸福原则的，那么它们就全都必须从至上的德性原理中分离出来而永远不能作为条件被合并到德性原理中去，因为这将会把一切德性价值都完全取消了，正如对几何学的原理作经验性的掺杂就会把一切数学的自明性这个数学本身（按照**柏拉图**的判断）所拥有的最卓越的、甚至比数学的一切用处都重要的东西都取消了一样。

这就是上一句的展开。"既然意志的一切规定根据除了唯一的纯粹实践理性法则（道德法则）之外全都是经验性的，因而本身是属于幸福原则的，那么它们就全都必须从至上的德性原理中分离出来而永远不能作为条件被合并到德性原理中去"，这里重申，按照康德的观点，意志的规定根据只有基于唯一的纯粹实践理性法则才具有道德性，其他都属于经验性的幸福原则，不能冒充德性原则。所以上面要煞费苦心用化学实验打比方把这两种情况严格区别开来。"因为这将会把一切德性价值都完全取消了，正如对几何学的原理作经验性的掺杂就会把一切数学的自明性这个数学本身（按照**柏拉图**的判断）所拥有的最卓越的、甚至比数学的一切用处都重要的东西都取消了一样"，如果把这两种原则混为一谈，就把一切德性价值都取消了，因为去掉了形式主义的德性法则，或者用质料的经验性原则破坏了德性法则的形式主义的纯粹性，那就没有任何普遍标准了。这里又打了一个数学的比方，就是对几何学原理作经验性的掺杂，比如说把它解释为一种实用的测量术，而对数学的自明性不屑一顾，认为证明得那么清清楚楚没有必要，只不过是"屠龙之术"，这就把数学中最重要的东西取消了。从这里可以看出古希腊的数学观和中国古代数学观的根本区别，古希腊柏拉图的学园门楣上刻着："不懂几何学者不得入内"，有学生问学习这些东西有什么用，柏拉图给他两个银币打发他开路。希腊数学的创始人毕达哥拉斯的数学观也不是立足于实用测量之上，而是着眼于数学的系统性和清楚明白性，他把这种清楚明白看得很神圣。据说毕达哥拉斯发现勾股定理，举行了一场"百牛大祭"的宗教仪式来庆祝。但中国古代的勾股定理就只是普通的工匠技术知识，据说是商代的商高答周公问时说出来的，虽然后来也有人证明，但没人认为是什么了不起的事情。欧几里得《几何原本》在明代由徐光启翻译出来以后，几乎无人过问，传到日本以后却大受欢迎。中国是在三百年后废科举、兴学校，才将《几何原本》列为必修教科书的，但直到今天，虽然被归于"数学"一科的名下，其实一般人的理解仍然只是古代的"算术"而已。康德举这个例子是要说明，他在道德法则的义务形式中纳入对幸福的考虑并不是为了获得更多的幸福，而是立足于古希腊几何学所彰显的那种清楚明白的纯粹理性。所以在貌似对幸福原则作了某种"让步"之后，康德马上重点强调他这样做实际上与幸福主义伦理学根本不在一个层次上，就像欧几里得《几何原本》虽然也很有用，但和一般"质测之学"不在一个层次上一样。这就足以堵住那种可能的误解了。

　　<u>但能够取代对纯粹实践理性的至上原理的演绎、即取代对这样一类先天知识的可能性的解释的东西无非是提出这个理由：假如我们洞察了一个起作用的原因的自由的可能性，我们也决不会只是洞察到作为理性存在者的至上实践法则的那个道德法则的可能性，而是将完全洞察其必然性，而这些理性存在者我们是赋予了其意志的原因性的自由的；</u>

　　"但能够取代对纯粹实践理性的至上原理的演绎、即取代对这样一类先天知识的可能性的解释的东西无非是提出这个理由"，这里再次提到了纯粹实践理性至上原理的"演绎"的问题，也就是要解释这样一类先天知识或道德实践原理是如何可能的？在《道德形而上学奠基》中专门有一节谈"定言命令如何可能？"认为这种可能性就在于"自由的理念使我成为一个理知世界的一员"，它使我们在面对自己的感性欲望时必须服从意志自律的理念，而且"普通人类理性的实践应用证实了这一演绎

的正确性"。① 本来,纯粹理性现实地具有实践能力,这是一个理性的"事实",它的可能性是用不着证明的;但尽管如此,我们仍然必须为此提供"理由",我们可以用这个理由来取代对这个至上原理的事实的演绎,而这实际上也是不同于理论理性中对于范畴的先验演绎的另一种演绎,即不是从理论上考察这条原理运用于经验对象上的可能性,而是从实践上发现这条原理背后在理知世界中的"存在理由"。什么样的理由呢?"假如我们洞察了一个起作用的原因的自由的可能性,我们也决不会只是洞察到作为理性存在者的至上实践法则的那个道德法则的可能性,而是将完全洞察其必然性,而这些理性存在者我们是赋予了其意志的原因性的自由的",就是说,假如我们看到一个"起作用的原因"后面可能有自由的原因,这是在《纯粹理性批判》第三个二律背反中已经有理由假定了的,那么当我们面对道德法则的可能性时,我们就不会止于假定它后面"可能"是有自由作根据的,而是会承认这种道德法则"必然"是以自由作根据的,因为没有自由意志,道德法则是根本不可能的,反过来,只有自由意志才能够使道德法则成立。自由不是道德法则后面的可能的理由之一,而是道德法则唯一可能的理由,也就是必然要承认的理由;换言之,只要人们出于道德法则行动,他就必然是自由的;反之,只要人是自由的,他就必然能够出于道德法则而行动。这就是康德前面(第2页注释)讲的,自由是道德法则的存在理由,而道德法则是自由的认识理由的意思。由此可见,康德从理论理性和纯粹实践理性的区别中引出了更加根本的深层次的原则,这就是纯粹实践法则与自由的必然关系,并由此使道德法则获得了特殊意义上的演绎。道德法则何以可能是实践的,这与知性范畴何以可能运用于经验对象上是完全不同的问题,前者作为理性的事实已经不可能在现实中再追溯它的可能性根据,但必然要在理知世界中承认它的可能性理由,后者则完全是在现象中讨论的问题。长期

---

① 《道德形而上学奠基》,杨云飞译,第101页。

以来康德研究者们对这个问题都感到困惑不解，很多人断言康德对道德律的演绎是"失败的"①，都是因为没有看到，这两种"演绎"对概念或原理的运用的合法性的辩护理由分处于现象和自在之物中，我们不能把理论理性中的演绎机械地套用于实践理性中。

[94]　　　因为这两个概念是如此不可分割地结合着，以至于我们也可以通过意志对于除了唯一的道德法则外的任何其他东西的独立性来给实践的自由下定义。

　　　道德法则和自由两个概念如此不可分，所以实践的自由可以定义为：意志唯一地只服从道德法则，除此而外对任何东西都是独立不倚的。因为道德法则本身就是不屈从于任何其他东西的，是超越于一切感性爱好和需要之上的，所以当我们看到一个人出于道德法则行事的时候，我们就可以说他是一个自由人。除此以外，任何其他的行为都不能使我们认定这是一个自由人，因为他多少受到在他意志之外的东西的制约。

　　　不过，一个起作用的原因的自由，尤其是在感官世界中，按其可能性来说是绝对不可能被洞察的；只要我们能够充分保证不会有对自由的不可能性的任何证明，于是就由于悬设了自由的那个道德法则而不得不假定自由、并同样由此也被授权假定自由，那就是万幸了！

　　　这里话题一转，强调上述自由不可能在它所起作用的现象世界中得到证明。"不过，一个起作用的原因的自由，尤其是在感官世界中，按其

---

①　参看阿利森：《康德的自由理论》，陈虎平译，辽宁教育出版社 2001 年版，其中在"演绎的失败"一节中说："康德确实提供了在他看来是对道德律的一种非诡辩式的演绎。一如我们所知，这一演绎必须被判定为一失败之举，并且这一点也极可能被康德本人所认识到。"（第 346 页）刘易斯·贝克在《〈实践理性批判〉通释》中也说，康德对道德律只进行过"形而上学的演绎"，实际上是一种"错误的命名"，只是一种对事实的描述而已，而在"先验演绎"的意义上，康德的道德律"既不拥有演绎，也毋需演绎"（见该书，黄涛译，华东师范大学出版社 2011 年版，参见第 130—131、210—211 页）。但康德从来没有在纯粹实践理性中模仿理论理性把演绎区分为"形而上学的"和"先验的"，贝克的独出心裁的解释是无效的。

可能性来说是绝对不可能被洞察的", 所谓"起作用的原因的自由", 即自由的先验意义上的理念, 它指的是能够在现象界"自行开始一个因果系列"的原因性, 正如第三个二律背反所设定的; 但它本身却绝对不可能在这个感性的现象界中得到解释或证明。不过我们在这里也不需要这种现象界的证明, 对于实践理性而言, "只要我们能够充分保证不会有对自由的不可能性的任何证明, 于是就由于悬设了自由的那个道德法则而不得不假定自由、并同样由此也被授权假定自由, 那就是万幸了", 也就是说, 万幸的是, 《纯粹理性批判》在第三个二律背反中已经确立了这个先验自由是一个可能的假定, 这种假定虽然不可能证明为实, 但也不可能证明为虚, 没有人能够证明它是不可能的。这样一来, 由于"悬设了自由的那个道德法则", 我们就"不得不假定自由"而且"被授权假定自由"。不得不假定自由, 是由于在道德法则这个"理性的事实"中必然悬设了自由, 没有自由就不会有道德法则; 而"被授权假定自由"则是由于在第三个二律背反中自由作为一个必然要假定的先验理念而排除了任何禁令, 因此道德法则对自由的悬设绝对不会遇到任何障碍, 它有权作这种悬设。我们可以把康德的这番论证看作就是他所谓的道德法则的演绎, 这番演绎单从字面上看, 似乎脱不了"循环论证"之嫌, 但如果考虑到康德是在日常实践活动和它背后的彼岸世界的根据之间建立起某种联系, 即作为"认识理由"和"存在理由"之间的既相关又不可相混的关系, 则"循环论证"的指责是肤浅的。只有在同一个层次上才可能构成循环论证, 但在康德的现象和自在之物二分的语境中, 这恰好不是循环论证, 除非你将这一鸿沟取消。

因为尽管如此, 还有许多人仍然总相信这种自由是可以像所有别的自然能力一样按照经验性原则来解释的, 并且把自由看作**心理学的**属性, 其解释唯一地取决于对**灵魂的本性**和意志的动机作更仔细的研究, 而不是看作一个属于感官世界的存在者的因果性的**先验的**谓词(正如事情实际上毕竟唯一地取决于这一点那样),

659

　　为什么说只要保证先验的自由不被确证为不可能的、因而可以为道德法则的权限提供演绎的理由就是万幸的了呢？"因为尽管如此，还有许多人仍然总相信这种自由是可以像所有别的自然能力一样按照经验性原则来解释的"，这些人不满足于这种"万幸"，因为他们不认为这足以为道德法则提供演绎，非得要在经验世界中寻找康德道德法则的演绎，找不到就判定康德的演绎"失败"，就像阿利森和贝克们所以为的那样。然而，康德对自由的理解早已超出了经验主义的那种理解，经验主义伦理学以为人的自由可以和别的自然能力一样按照经验性原则来解释，"并且把自由看作**心理学的**属性，其解释唯一地取决于对**灵魂的本性**和意志的动机作更仔细的研究"。心理学也好，灵魂论和意志学说也好，在他们眼里都是可以纳入自然科学中、按照自然规律加以分析的，他们的心灵学说具有自然科学的还原论倾向，即把心理的东西还原为物理的东西。凡是不能用自然规律来解释的现象，他们都认为这是由于研究得还不够仔细。"而不是看作一个属于感官世界的存在者的因果性的**先验的**谓词（正如事情实际上毕竟唯一地取决于这一点那样）"，这个"因果性"译作"原因性"比较好。就是说，他们没有看到，自由应当看作某个感官世界的存在者、也就是人这样一个感性存在者的原因性的先验谓词，"先验的"打了着重号。人的原因性可以有很多不同的谓词，它们都是经验性的，唯有自由这个谓词是先验的谓词，是不需要任何经验性的条件而单凭充足理由律（任何事情的发生都必须有充足的理由）就先天地推出来的一个理性的理念，这是在第三个二律背反中已经阐明了的道理。所以，要谈自由概念的实在性，我们决不能到经验世界里面按照自然规律去找，在理论理性的范围内，事情实际上唯一取决于为这种实在性先验地留下余地，也就是首先通过为先验自由理念保证其假设的可能性，不将它在理论上一笔抹杀，以便在实践理性的领域中以道德法则这一理性的事实来证明其实践意义上的实在性。但如果在理论理性中为求经验性的证实而将自由还原为自然必然性，因而实际上将自由都取消了，那就谈不上在实践领域中再为它寻求某种实在性和必然性了。所以第三个二律背反为先验自由保留了可能性的余地，这是关键，整个事情唯一地取决于这一点，或者用康德在前面说过的话来讲，自由的理念一旦由实践理性的法则而获得了其实在性，它就成为了全部纯粹理性大厦的"拱心石"（第 2 页）。

这样就把我们通过纯粹实践理性并借助于道德法则所接受到的那个壮丽的启示，即通过清楚意识到自由的那个本来是超验的概念而对一个理知世界的启示取消了，连同一起取消的是绝对不接受任何经验性的规定根据的道德法则本身：所以就有必要为了防止这一幻觉及展示经验主义的赤裸裸的浅薄而在这里再作一点引述。

这是接着上面说的，如果想单凭自然科学的眼光在心理学或其他知识领域中寻求自由的解释，而忘记为自由在理论上保留一个先验理念的可能性位置，其结果就是，"这样就把我们通过纯粹实践理性并借助于道德法则所接受到的那个壮丽的启示，即通过清楚意识到自由的那个本来是超验的概念而对一个理知世界的启示取消了"。为什么取消了？因为你把自由的"先验理念"取消了，这就使它无法发挥其"拱心石"的作用而过渡到自由的"超验概念"，这个超验概念启示了一个理知世界，并且是在道德法则这一纯粹实践理性的事实中接受这一启示的，本身具有实践的实在性。所以，"连同一起取消的是绝对不接受任何经验性的规定根据的道德法则本身"，道德法则虽然具有实践的实在性，但它并不是接受了任何经验性的规定根据而拥有这种实在性的，而是来自超验世界的自由而对经验世界起作用的，它以道德实践的行动而现实地诠释了先验自由的"自行开始一个因果系列"这一含义。但如果先验自由的理念本身被取消了，那么这一含义也就不可能立得住足了，而没有自由的支撑，道德法则如何可能也就成了问题。总之，这一切问题都出在经验主义伦理学无法理解自由的理念上，"所以就有必要为了防止这一幻觉及展示**经验主义**的赤裸裸的浅薄而在这里再作一点引述"，防止什么幻觉？就是防止前面讲的习惯于把自由还原到自然科学规律中来加以解释这一幻觉。这种解释实际上是对自由的解构，它只表明经验主义没有能力理解自由概念。这种经验自然科学的理论在对待自由或道德这些实践理性的问题上太浅薄了，如果不在这个问题上对之展开全面深入的批判，那就无法对人的自由和道德有基本的理解。所以下面就是康德在自由问题上对经验派观点的集中批评。

　　与作为自由的原因性不同的作为自然必然性的因果性 [原因性] 这个概念只涉及物的实存，只要这个实存是在时间中可规定的、因而是作为现象而与这些现象的作为自在之物本身的原因性相对立的。

　　对自由和必然的理解在因果性或者说原因性这一点上有个交叉点，可归结为自由因和一般原因的区别。"与作为**自由**的原因性不同的作为**自然必然性**的因果性 [原因性] 这个概念只涉及物的实存"，这里原来"自然必然性"译作"必然性"，漏掉了一个"自然"。我们知道，康德在反驳休谟的因果性理论时，主要就是反对所谓的"习惯性联想"的解释，而认为因果性是有先天必然性的。康德要捍卫自然科学的必然性，最重要的理论支柱就是有关因果必然性的论证。但这种因果必然性是和作为自由的原因性不同的，后者作为最高或最初的原因性，它截断了因果性的无限链条，以自身为起点而开始一个因果序列，因此它在这一点上本身是没有原因的，因而是不被决定的，是可以这样也可以不这样的，它完全取决于自己的自由意志。反之，作为必然性的因果性的概念则无关乎自由意志，它只涉及"物的实存"。什么是物的实存？"只要这个实存是在时间中可规定的、因而是作为现象而与这些现象的作为自在之物本身的原因性相对立的"，这个"只要"看起来好像是一个条件从句，实际上是定语从句，即我说的物的实存是指这样的实存，它是在时间中可规定的，因而是现象。在时间中可规定也就是可以纳入时间图型来规定的，当然只能是经验现象了，因为时间图型正是范畴，包括因果性范畴得以运用于经验对象上的不可缺少的中介。那么，它作为现象，则是与这些现象底下的自在之物的原因性相对立的，什么叫自在之物的原因性？那就是自由的原因性。按照自由理念的假定，自由的原因性在自在之物中，但它的作用效果却在现象中，这些效果本身是服从现象的自然规律的，也是服从自然因果性的。于是这里就有两种不同的原因性相互对立着，一种是自由的原因性，它本身是不再有其他原因的，它不受制约地自行开始一个因果系列；另一种是必然的因果性，每一个原因同时又是其他原因的必然的结果，这样在时间中环环相扣、互相制约，没有自由的原因性能够插手于其间的余地。但最吊诡的是，自由的原因性在现象中的效果和必然的因果性并不是两个不同的过程，而就是同一件事的两种观点，可以从两种完全不同的立场来对这件事进行分析，一种立场认为它是自由造成的，另一种却认为它完全是以前一系列的原因所引起的必然后果。这就形成了不可解决的矛盾，也是经验主义伦理学所遇到的最棘手的问题。

现在，如果我把物在时间中的实存的规定当作自在之物本身的规定（这是最常见的表象方式），那么在因果关系中的必然性与自由就不能以任何办法达成一致；相反，它们处于相互矛盾的对立中。

这里讲的是当时的通病了，但主要是针对经验哲学的。显然，"如果我把物在时间中的实存的规定当作自在之物本身的规定"，那是注定会像阿利森和贝克他们那样，不能理解康德对道德律的演绎的，也就是不能理解道德命令在日常实践理性中的必然性与它在彼岸的自由根据之间的授权关系。因为这样一来，"那么在因果关系中的必然性与自由就不能以任何办法达成一致；相反，它们处于相互矛盾的对立中"。在康德看来，因果关系中的必然性与自由的原因性是同一现象中的两个不同的维度，如果我们坚持这两个维度即现象和自在之物的不可通约，那么两方面是可以相安无事的，同一个实践行动在不同层次上既可以作病理学上的解释，同时也可以作道德上的评价，这个是没有问题的。但是，如果你要把一方归结为另一方，也就是说你要把现象中的事物看作就是自在之物，实际上是把自在之物自身所保有的地盘挤掉了，把它完全变现为现象了，于是这个实践行动就只能被看作一个自然现象，服从因果必然性的链条，没有任何地方容得下自由的原因性插足，这就使自然必然性和自由双方处于不可调和的矛盾对立之中了。所谓康德的纯粹实践理性的演绎"失败了"的结论就是这样得出来的。

　　因为，从必然性中所得出的结论是，任何事件、因而在一个时间点上采取的任何行动，都必然是以在先行的时间中发生过的事为条件的。

　　单纯从现象的角度看是这样的情况。依照经验事物的必然性，任何事件，也就是在某个时间点上采取的任何行动，都要以在先的时间中发生过的事件为条件，也就是它们都要服从可能经验中的因果关系，表达为时间图型就是时间中的相继性。所以因果律在《纯粹理性批判》中就被规定为时间相继的原理："一切变化都按照因果连结的规律而发生"（B232）。而这条原理是直接与自由的原因性相冲突的，如下所述。

　　既然过去了的时间不再在我的控制之下，所以我所实行的每个行动都由于**不受我所控制的**规定性根据而是必然的，就是说，我在我行动的那个时间点上绝不是自由的。的确，即使我把我的整个存有假定为不依[95] 赖于任何一个外来原因（如上帝），以至我的原因性、甚至我整个实存的根据都完全不会处于我之外，那么这毕竟丝毫也不会把那个自然必然性转变成自由。

　　这两句没有什么不好理解的。"既然过去了的时间不再在我的控制之下，所以我所实行的每个行动都由于**不受我所控制的**规定性根据而是必然的，就是说，我在我行动的那个时间点上绝不是自由的"，过去了的时间不受我控制，我们说时间一去不复返，它不可能再回到我的手中由我操纵，而它已经造成的既成事实却决定了我此时此刻的意向和行动，造成了我现在不得不遵循的必然性。在这种意义上，我们永远逃不脱时间给我们规定的命运，在任何时间点上都不可能是自由的。"的确，即使我把我的整个存有假定为不依赖于任何一个外来原因（如上帝），以至我的原因性、甚至我整个实存的根据都完全不会处于我之外，那么这毕竟丝毫也不会把那个自然必然性转变成自由"，这是更进一步说，这种不得不遵循的必然性不仅是指我们受到外部力量的既成事实的制约，而且包括我们自己内部在以往时间中所造成的习惯、嗜好、性格、历史等等的制约。这些东西可以看作与外来原因没有多大关系，甚至和上帝也没有关系，纯粹是我自己所造成的，我从来如此，现在也就只能这样了。但这仍然只是一种自然必然性，而不是什么自由。我们常看到一些标榜性格特立独行的人，或者旁人也称之为"性情中人"，敢骂敢打，我行我素。但这与真正的自由还不是一回事，而只是一种特殊的自然必然性，一种特殊的气质。这种人实际上是最容易被别人操纵的，因为他缺少头脑，即缺乏理性思维，他的行动准则很难成为一条普遍的法则，只是他个人的一种行事特点，很大程度上出自天生的本能和由此形成的惯性。

因为在每个时间点上我总还是服从必然性的，即通过那**不受我所控制的**事而被规定去行动的，而诸事件 a parte priori［来自先前部分的］无限序列，我永远只会按照一个已经预先规定的秩序来延续它，却决不会自行开始它，它就会是一条持续不断的自然链条，因而我的因果性决不会是自由的。

这里细化落实到每个时间点上我是否由于不受外界干扰而能够自由选择。"因为在每个时间点上我总还是服从必然性的，即通过那**不受我所控制的**事而被规定去行动的"，这里又一次将"不受我所控制的"打上了着重号。如果说，自由就在于在每一瞬间能够自发地作出决定的话，那么在整个过程都由这种特殊性格气质所贯穿的情况下，如果没有来自彼岸的自由的影响加入，那么我们在每一瞬间都将服从已经规定好了的必然性，当我们熟悉了一个有特殊性情的人的行为方式，我们就可以预测他下一瞬间将采取什么行动，这是连他自己都无法控制的事。"而诸事件 a parte priori［来自先前部分的］无限序列，我永远只会按照一个已经预先规定的秩序来延续它，却决不会自行开始它"，我们对一个人的行为的预测总会是按照他先前一贯的行为方式来进行，即算有所失误，也总是可以找出失误的原因并逐渐改进。但对于一个"自行开始"一个因果序列的行为，那就没有人能够仅仅依靠在经验现象中的延续性来作出预测，而只能从彼岸世界的理知的原则来解释了。例如"杀身成仁，舍生取义"，这在按照经验世界的自然规律的眼光下是不可能的，因为人都是爱惜生命的。但无数的仁人志士前仆后继，却实实在在地改变了我们的社会和我们的生活方式，甚至在日常生活中抛弃了以往习以为常的自然规律，而开启了另一套自然规律，这就是凭借道德理想或道德法则而自行开始了一个崭新的因果序列。注意"自行开始"一语正是在《纯粹理性批判》的第三个二律背反中对先验自由理念的表述："自行开始一个状态"、"自行开始一个事件序列"（A533—534=B561—562）等等。而在现在这种场合下，一切都是按照自然必然性发生的，这样一个无限延伸的序列，"它就会是一条持续不断的自然链条，因而我的因果性决不会是自由的"。当然，"杀身成仁舍生取义"也并没有中断自然因果链条，人杀了头是要死的，这仍然是自然规律；但是人毕竟可以不按照自然规律来选择这条自然规律而不选择另一条自然规律，使某条自然规律成为我自己选择的后果，使这一因果序列而不是另一因果序列能被看作是我自行开始的一个因果序列，这种选择的规定根据则可以不是自然规律，而是超越于一切自然规律之上的道德法则。

所以，如果我们想把自由赋予一个其存有在时间中被规定了的存在者，那么我们至少不能在这方面把它从它的实存中、因而也是它的行动中的一切事件的自然必然性法则中排除出去；因为这将等于是把它托付给了盲目的盖然性。

由上面对经验论的道德观的批评中引出的问题是，自由和自然必然性究竟如何才能不相冲突、互不取消地结合起来呢？康德的看法是，"所以，如果我们想把自由赋予一个其存有在时间中被规定了的存在者，那么我们至少不能在这方面把它从它的实存中、因而也是它的行动中的一切事件的自然必然性法则中排除出去"，这是首先要做到的一点。一个在时间中被规定了的存在者，例如说一个人，如果想要把自由赋予他，那么首先我们不能把人强行从他的行动的自然必然性中拖出来，让他不食人间烟火，甚至专门与自然规律作对。因为人实际上做不到完全脱离自然规律，即使你与自然规律作对，你也要运用自然规律，也必然会受到自然规律的惩罚，仍然还在自然规律之中。所以实际上只不过是采取了一种不承认但却又不得不遵守的模糊态度。"因为这将等于是把它托付给了盲目的盖然性"，所谓"盖然性"，德文 Ungefähr，原意是大概、差不多、或然性。这种大致差不多的模糊态度本身并没有什么法则，为什么要这样？不过是显示自己不同凡响，目标是盲目的，行为是动摇的，本身成不了气候。真正的自由应该是明确的，有自己的法则，它不在自然法则之外，而就在自然法则之中，它能够赋予自然法则一种全新的意义。

但由于这条法则不可避免地涉及到这些物就其**在时间中的存有**可以被规定而言的一切因果性，所以，如果这条法则是我们也能够据以设想**这些自在之物本身的存有**的方式，则自由就必然会被作为一个无意义的和不可能的概念而遭到抛弃。

就是说，如果按照上面说的，把这条自然法则视作自在之物本身的法则，那么即使我们不把自由从它里面排除出去，也是不可能使自然和自由相安无事的。"但由于这条法则不可避免地涉及到这些物就其**在时间中的存有**可以被规定而言的一切因果性"，自然法则就是在时间中存有的一切因果性法则，所以它在时间中的一切事物现象中必然具有统领一切的权限，容不得自由在这个领域中占据自己的一席之地。"所以，如果这条法则是我们也能够据以设想**这些自在之物本身的存有**的方式，则自由就必然会被作为一个无意义的和不可能的概念而遭到抛弃"，就是说，这样一来，由于自然必然性在现象界占据着一切因果性，如果它再把自在之物的领域也纳入自己的管辖之下，或者说，把自在之物本身的存有也变成一种现象界的存有，让它服从自然必然性的法则，那就把自由的地盘彻底地抢走了。自由就会被当作一个既无意义的也不可能的概念而抛弃，它在自然法则中无意义，而在自在之物中也不可能，自然因果性的必然法则就会统治一切。这就是经验派伦理学通常所犯的错误，在他们那里，根本没有自由的存在余地，因此也没有道德法则的根基。

因此，如果我们还要拯救自由，那么就只剩下一种方法，即把一物的就其在时间中能被规定而言的存有，因而也把按照**自然必然性**的法则的因果性**只是赋予现象**，而把自由赋予**作为自在之物本身的同一个存在者**。

所以关键就在这里，就是要想拯救自由，就必须划分开现象和自在之物，这是唯一剩下的办法。就是说，我们必须把时间中能被规定的存在限定在现象界，在这一领域中是自然必然的因果律所统治的地盘；"而把自由赋予**作为自在之物本身的同一个存在者**"，自由的地盘是在自在之物，不能混淆。注意这里打了着重号的词语：我们把"自然必然性""只是"赋予"现象"，而把自由则赋予"作为自在之物本身的同一个存在者"。现象和自在之物是"同一个存在者"，但必须把这个存在者的两个不同层次划分清楚，我们在现象的层次运用自然必然性法则，而在自在之物的层次则守住自由的大本营，这样就能够把自然必然性和自由双方都结合起来，同时又避开它们的冲突，让它们各司其职，互不干扰。

这样做当然是不可避免的，如果我们想要把这两个互不相容的概念同时保持住的话；不过，如果我们想要把它们解释为结合在同一个行动中、因而想解释这种结合的话，在应用中却冒出来种种巨大的困难，它们似乎使得这样一种结合变得不可行了。

"这样做当然是不可避免的，如果我们想要把这两个互不相容的概念同时保持住的话"，这相当于前一句讲的，如果我们还要拯救自由，那么就剩下一种方法。两个互不相容的概念，一个是自由，一个是自然必然性，我们只有一种方法把它们同时保住，这就是区分现象和自在之物，让自然必然性和自由各自待在自己的领域中。这种想法很自然,但实行起来并不如所想象的那么简单。所以他又说,"不过,如果我们想要把它们解释为结合在同一个行动中、因而想解释这种结合的话,在应用中却冒出来种种巨大的困难,它们似乎使得这样一种结合变得不可行了"。有很多基本的概念还有待于澄清,有些似是而非的道理必须排除掉,因为康德所做的是一件开拓性的工作,有不少陈旧的观念常常很容易混入进来,因此有必要把一切可能的理论上的漏洞都堵塞住,才能使康德所提出的方案变得坚如磐石,无懈可击。这就是下面几段所要做的事。

如果我关于一个犯过一次偷窃行为的人说:这个行为是按照因果性的自然法则从先行时间的规定根据来的一个必然后果,那就不可能有这个行为本来可以不发生这件事;那么,按照道德法则所作的评判在这里又如何能够造成一个改变,并预设这个行为由于道德法则说本来应当不做而本来毕竟可以不做,就是说,这个人在该时间点上、就该行动而言毕竟从属于一种不可避免的自然必然性之下,他在这同一时间点上并就同一行动而言又如何能够说是完全自由的呢? [95]

这里举了一个例子。"如果我关于一个犯过一次偷窃行为的人说:这个行为是按照因果性的自然法则从先行时间的规定根据来的一个必然后果,那就不可能有这个行为本来可以不发生这件事",就是说,如果按照自然必然性来评价一件犯罪的行为,那就只能把这个行为解释为必然的、不可避免的,而不存在"本来可以不发生"这件事,也就是认定这个人不可能不犯罪。现在问题来了:"那么,按照道德法则所作的评判在这里又如何能够造成一个改变,并预设这个行为由于道德法则说本来应当不做而本来毕竟可以不做",就是说,这只是一种自然法则的评判,也就是把这个人看作一个完全遵守自然法则的自然物,或者一个动物;既然如此,我们又如何能够按照道德法则对他这件行为进行一种不同的评价,改变原先所做的结论,并且"预设"这个行为由于道德法则说了他本来应当不做，就果然会有这种不做的可能性？当然事情已经做了，再预设别的可能性已经没有现实意义了，但在道德评价上却还是有意义的，而且意义重大。其意义就在于，这个人是否要为他的偷窃行为负道德责任？如果他完全是按照自然因果律而做了这件事，他不可能有别的选择，比如他是在梦游中拿了别人的东西，那他就完全不必负道德责任和刑事责任。"就是说，这个人在该时间点上、就该行动而言毕竟从属于一种不可避免的自然必然性之下，他在这同一时间点上并就同一行动而言又如何能够说是完全自由的呢？"在这种情况下，他是完全不自由的，而是由一种不可避免的必然性所操纵的。在这一时间点上，他的行为是可以用他以往所患的梦游症做全部解释的，只有医生才能进行这种解释。在这种解释中，自由意志完全没有被考虑的余地，而人也就没有被当作人格，而是当作一个需要治疗的自然对象来看待的。

试图寻求一种托词，说人们只是使自己的按照自然法则的因果性之规定根据的方式适合于一种**比较的**自由概念（据此，对一个东西进行规定的自然根据若处于起作用的存在者**内部**，这个东西有时就叫作自由的结果，例如一个被抛物体当它在自由运动时所做的，我们在这里运用自由这个词，是因为该物体在它处于飞行的期间没有从外部受到任何东西的推动，或者，就像我们把一只表的运动也称之为一种自由运动一样，因为它自己推动自己的指针，因而这指针可以不由外部来推动，同样，人的行动尽管由于它们在时间中先行的那些规定根据而是必然的，但却还是被称之为自由的，因为这毕竟是一些内部的、通过我们自己的力量而产生的表象，因此就是按照种种机缘状况而产生的欲望所引起的、因而是按照我们自己的随意性而引起的行动），这是一种可怜的借口，

这句话太长了，先截断一下。"试图寻求一种托词，说人们只是使自己的按照自然法则的因果性之规定根据的方式适合于一种**比较的**自由概念……，这是一种可怜的借口"，我们先把这个长括号中的话撇开。这里"比较的"打了着重号。就是说，有一种可怜的借口，是想以这种方式把

自由和自然因果性调和起来，这就是在自然法则的范围之中提出一种相对的自由概念，也就是把一种自然因果性和另一种自然因果性作比较，说这个比那个要更加自由一些，或者相对于那个而言，这个自然因果性可以看作是自由的。这当然是一种托词了，但这种说法流传很广，比如说物理学中有"自由落体定律"。所以括号内就说了："据此，对一个东西进行规定的自然根据若处于起作用的存在者**内部**，这个东西有时就叫作自由的结果，例如一个被抛物体当它在自由运动时所做的'"，"内部"打了着重号。这个时候，我们把运动物体的内部原因相对于它的外部原因而言称之为"自由"的原因，如果这个原因没有受到外部原因的干扰，那么它所造成的结果就被看作是"自由的"，例如一个被抛物体的"自由的"飞行路径肯定是遵循抛物线。"我们在这里运用自由这个词，是因为该物体在它处于飞行的期间没有从外部受到任何东西的推动"，当然这种"自由的"行动其实不过是对一种自然必然过程的描述，只是一种修辞上的借用，与我们所要讲的人的自由意志毫无关系。古代的亚里士多德曾经把这两者当成一回事，认为哪怕石头从山上滚下来，也是它想要奔赴自己的"目的"，估计后来的"自由落体"的说法也与此有关。自从伽利略以后，自然科学已经把目的论完全赶出了自然界，但这种习惯性的说法仍然被延续下来，将一种完全是自然必然性的运动也相对地命名为"自由的"，这不过是用语上的混淆而已。"或者，就像我们把一只表的运动也称之为一种自由运动一样，因为它自己推动自己的指针，因而这指针可以不由外部来推动"，这里又举了一个机械运动的例子。当一只表上紧发条以后，我们就让它按照设定好了的程序进入自己的运动过程，这时候不需要任何人为的调节，这只表就会自动报时，这时我们也会把它的运动称之为一种自由运动。最后一个例子是回到本题上："同样，人的行动尽管由于它们在时间中先行的那些规定根据而是必然的，但却还是被称之为自由的，因为这毕竟是一些内部的、通过我们自己的力量而产生的表象，因此就是按照种种机缘状况而产生的欲望所引起的、因而是按照我们自己的随意性而引起的行动"，通常人的自主行动也往往由于它发自个体自身内部而被称之为自由的，因为人们看到这种行动虽然不能不受制于在时间中先行的那些外在条件，但它毕竟是由我们内部的力量而产生的。然而人们没有考虑到，这种内部力量本身其实是由身体上"按照种种机缘状况而产生的欲望"，这种欲望什么时候到来取决于机缘，不是我想来就来的，而由此产生的行动顶多是"按照我们自己的随意性而引起的"，而并不真正是自由的。这三个例子的共同之处都是把自然必然性的某种特定状况，也就是一个运动过程的内部状况相对于外部干扰而称之为自由的，其实它与外部的那些干扰力量或者机缘并没有本质区别，都是不自由的。下面是康德的评价。

<u>总还是有一些人用这个借口来搪塞自己，以为自己用抠出一个小小的字眼儿的方式就解决了那个困难的问题，为了解决这个问题人们毫无结果地工作了数千年，因此答案的确是很难通过这种完全表面的方式就可以被找到的。</u>

"抠出一个小小的字眼儿"，就是前面打了着重号的"比较的"和"内部的"，以为用这种字眼就可以把自由和自然必然性区别开来，同时又表明了自由和自然必然性的关系。但这种关系是历来极为困难的问题，"为了解决这个问题人们毫无结果地工作了数千年，因此答案的确是很难通过这种完全表面的方式就可以被找到的"。这里讲的"数千年"从亚里士多德算起，至少有两千多年了。亚氏就是想用一种普遍的目的论来解释一切运动包括机械运动，运动在他的定义中就是从"潜能"到"实现"的合目的过程，由此而消解了自由和必然的对立，然而从来都没有真正平息过这方面的争论。而在伽利略和牛顿的时代，这条路已经走不通了，自由和必然的问题就成了一个巨大的难题，到了莱布尼茨，还把自由和必然的关系称之为人类"两大迷宫"之一（另一个迷宫是"连续性和不可分的点"）。经验派试图通过玩弄字眼就解决这一困难的问题，实在是太自不量力了。他们采取的是一种完全表面的方式，就是只在自然必然性

的框框里面转来转去,根本没有深入自由的本质,也不知道它与道德有什么关系。下面是一个长达一个页码的句子,我们分段来读。

因为在追问一切道德法则及与之相应的责任追究必须当作根据的那个自由时,问题根本不取决于那依照一条自然法则来规定的因果性是由于处在主体之中的规定根据还是由于处在主体之外的规定根据而是必然的,在处于主体之中时又是由于本能还是由于借理性来思考过的规定根据而是必然的;

"因为在追问一切道德法则及与之相应的责任追究必须当作根据的那个自由时",换言之,我们追问的是这样一种自由,它必须被当作一切道德法则及与之相应的责任追究的根据,而不是什么特殊种类的自然因果性。从自然因果性里面划分出一种来,把它冒充为自由,这种做法连自由的边都没有挨上。"问题根本不取决于那依照一条自然法则来规定的因果性是由于处在主体**之中**的规定根据还是由于处在主体**之外**的规定根据而是必然的",这里"之中"和"之外"打了着重号,意思是这两个小小的字眼儿说明不了任何问题,不可能区分开自由和必然。自由和必然的关系决不等于主体之中的因果必然性和主体之外的因果必然性之间的关系。进一步说,这种关系也不在于区分"在处于主体之中时又是由于本能还是由于借理性来思考过的规定根据而是必然的",也就是说,即使在主体之中,凭借主体是出于本能还是出于运用理性的明智的考虑也不足以区分必然和自由。如果说,"之中"和"之外"的区别是幸福主义者的划分,那么本能和明智的区别则是功利主义者的划分,加入了理性思考的幸福主义者就是功利主义者,或者说是合理的利己主义者,虽然比一般的幸福主义如快乐主义、享乐主义要高,但总的来说都处在自然必然性的范围内,并没有给真正的自由留下丝毫余地。因为在这里所使用的理性只是被当作达到其他功利目的的手段,因而是不纯粹的实践理性,却没有按照纯粹实践理性本身的法则来给行动的意志提供规定根据。只有后面这种超越一切自然现象之上的法则才能使我们想到它在彼岸世界中的根据,这就是不受一切经验事物制约的自由。

　　如果这些进行规定的表象按照这同一些人士所承认的,本身毕竟在时间中、也就是在**先前状态**中有自己实存的根据,而这种先前状态却又在一个先行状态中有其实存的根据,如此等等,于是尽管它们、即这些规定可以始终是内部的,尽管它们可以有心理学的而非机械论的因果性,也就是通过表象而不是通过物体的运动来产生行动:那么这就始终是存在者就其存有可以在时间中规定而言的因果性的一些**规定根据**,因而是处于过去时间的那些使之成为必然的条件之下的,所以这些条件在主体应当行动时就**不再受他所控制**,

　　"如果这些进行规定的表象按照这同一些人士所承认的,本身毕竟在时间中、也就是在**先前状态**中有自己实存的根据,而这种先前状态却又在一个先行状态中有其实存的根据,如此等等","这些进行规定的表象",指因果性是在主体之内还是在主体之外进行规定的表象,以及在主体之内是由本能进行规定还是经过理性思考而进行规定的表象。"同一些人士",也就是前面讲的,总是有一些人用这种借口来搪塞自己,以为依靠这样一些进行规定的表象就可以解释自由了。那么这些人士自己也承认,这些表象本身毕竟在时间中的先前状态中有自己实存的根据,而这根据又还有更早先的根据,以此类推。既然如此,那么"尽管它们、即这些规定可以始终是内部的,尽管它们可以有心理学的而非机械论的因果性,也就是通过表象而不是通过物体的运动来产生行动",它们也不可能是自由的。内部心理学的因果性和外部机械论的因果性比起来,并不"更自由"一些,虽然它是通过表象而不是通过物体的运动来产生行动,但它仍然"始终是存在者就其存有可以在时间中规定而言的因果性的一些**规定根据**,因而是处于过去时间的那些使之成为必然的条件之下的,所以这些条件在主体应当行动时就**不再受他所控制**"。心理学的那些规定根据仍然是在时间中前后相继的,过去的时间决定着现在和未来,因而每一瞬间都必然受制于过去时间中所设下的条件,这些条件在主体这一瞬间行动时不再受他控制、反而牵制着他所作的决定。这里充分揭露了对自由的这种心理学解释的自欺欺人。

　　因而那些规定根据虽然具有心理学的自由（如果人们愿意把这个词运用在灵魂诸表象的一个仅仅是内部的链条上的话），但毕竟带有自然必然性，因而并没有留下任何**先验的自由**，后者是必须作为对于一切经 [97] 验性的东西、因而对于一般自然的独立性而被思维的，不论这自然是被看作仅仅在时间中的内部感官对象，还是看作同时在空间和时间中的外部感官的对象，

　　"因而那些规定根据虽然具有心理学的自由（如果人们愿意把这个词运用在灵魂诸表象的一个仅仅是内部的链条上的话）"，这里姑且承认那些人对自由的解释虽然也可以说是心理学的自由，但括号里又说，如果仅仅是用词问题，那么你也可以在心理学上使用这个词，但要明白它只不过是指人的内部诸表象前后相继所形成的因果链条。"但毕竟带有自然必然性，因而并没有留下任何**先验的自由**"，就是说它毕竟属于自然必然性，并没有给先验自由留下余地。"先验自由"打了着重号，只有先验自由才是真正要谈的自由，它与自由落体的"自由"和心理学的"自由"都不同，是处于经验世界的彼岸而由纯粹理性所先验设定的。所以，"后者是必须作为对于一切经验性的东西、因而对于一般自然的独立性而被思维的，不论这自然是被看作仅仅在时间中的内部感官对象，还是看作同时在空间和时间中的外部感官的对象"，它必须从一切经验性的东西中抽身出来，独立于一般自然现象而被思维，不论这自然现象是内部的心理现象还是外部的物理现象。既然如此，它虽然可以思维，但却不可认识，即根本不能当作一种自然因果性的知识来把握。从这个角度来看，所有那些把自由当作一种可以认识的经验对象来把握的做法都偏离了方向，经验派的种种解释都是不靠谱的。

　　没有这种唯一是先天实践性的（在最后这种真正意义上的）自由，任何道德法则、任何根据道德法则的责任追究都是不可能的。

最后这里亮出了底牌。就是说，只有所讲的这种超越一切经验的先验自由才是真正意义上的先天实践性的自由。注意这里的用词：前面讲"先验自由"，这里讲"先天实践性的自由"，虽然是同一个自由，但表述的角度不一样。先验自由是在《纯粹理性批判》里面的提法，主要是从认识论的角度来设定的，即要把握一切因果链条的终极原因性或者充足理由，必须先验地假设一个不再有其他原因的原因，否则其他一切因果性都将由于缺乏最后的充足理由而垮台。凡是用"先验的"一词都是在认识论意义上说的。但是当我们把这种先验自由转移到实践的立场上来看待时，它的认识论上的调节性作用就不在考虑之中了，而只是先于一切经验来给实践行动的意志提供先天的规定根据，因而它能够造成实践行为的事实，在这种意义上它给仅仅是一个空洞的理念而没有具体内容的先验自由赋予了实践的实在性，但本身还是先天的。承认了这种实践的自由，我们虽然不能给我们的经验知识增添丝毫内容，但却在现实的实践活动中有了一个在道德上追究责任的可能，我们由此而建立起道德法则，并且将道德法则看作我们在实践中应尽的责任或义务。这才是我们对真正自由的正宗的解释，它的领域不在自然科学和心理学中，而是在道德哲学中。这个长句子到这里才结束。

正是为此我们才可以把在时间中的种种事件的所有必然性都按照因果性的自然法则也称之为自然的**机械作用**，虽然我们的意思并不是指那些服从机械作用之物必须现实地是一些物质的**机器**。

直到"先验的自由"这一概念出来并在道德实践中获得了它的实在性，康德认为我们才具备了彻底摧垮一切经验主义的自由观的最终杀手锏，把它们一概归于机械论。"正是为此我们才可以把在时间中的种种事件的所有必然性都按照因果性的自然法则也称之为自然的**机械作用**"，只要是依托时间中的经验现象来谈自由或必然，则肯定都是置于经验性的自然法则之下，它们其实都将归于自然的机械作用。"虽然我们的意思并不是指那些服从机械作用之物必须现实地是一些物质的**机器**"，这正是经验派的一个借口,以为我谈的自由并不是物质性的机器,而是心理学上的表象,以为如此就摆脱了机械论的狭隘性,但其实事情的实质并没有什么两样。只要限于时间中的排列,心理学中的各种现象就仍然是机械论的。

在这里我们只是当种种事件按照自然规律发展时着眼于它们在时间序列中的联结的必然性,我们现在可以把这一过程发生于其中的那个主体称之为 Automaton materiale [物质的自动机],因为这个机器是由物质推动的,或者依莱布尼茨,称之为 Automaton spirituale [精神的自动机],因为它是由表象推动的,

在这种心理学的机械论的场合之下,"我们只是当种种事件按照自然规律发展时着眼于它们在时间序列中的联结的必然性",在这种自然必然性中我们丝毫也看不出有什么事情是自由发生的,一切都被卡死在可以定量化分析的时间序列之中,每件事都和它前面所发生的事件相联结并受到它的制约。"我们现在可以把这一过程发生于其中的那个主体称之为 Automaton materiale [物质的自动机],因为这个机器是由物质推动的",在这种情况下有两种说法,一种就是按照外部联系而把这个主体称之为"物质的自动机",因为它的外部联系都是物质的联系,人的身体终归是物质的存在并被物质所推动。另一种就是,"或者依莱布尼茨,称之为 Automaton spirituale [精神的自动机],因为它是由表象推动的",这就是按照内部联系而把主体称之为"精神的自动机"。不论从外部看还是从内部看,总之人这个主体在这种眼光中都是一部机器,"人是机器",不仅法国唯物论者拉·美特利是这样说,就连理性派的代表莱布尼茨也是这样说的。他所谓上帝的"前定和谐说"认为,上帝在创造精神实体的时候就已经把其中的全部可能的表象都安排成一个环环相扣的无限的因果链条了,没有上帝的安排,连一根头发都不会掉下来,也不会有任何一个念头发生。所以肉体活动和精神活动的区别只是在细小的层次上,如外部或内部、物质现象或精神现象、物理和心理等等上有所不同而已,本

质上它们都是机械运动。

　　并且如果我们意志的自由无非是后一种（例如说心理学的和比较性的，而非同时是先验的即绝对的）自由，那么它从根本上也丝毫不比一个旋转烤肉叉的自由好到哪里去，后者一旦上紧了发条，也会自行完成它的运动。

　　"并且如果我们意志的自由无非是后一种（例如说心理学的和比较性的，而非同时是先验的即绝对的）自由"，所谓"后一种自由"就是莱布尼茨所说的"精神的自动机"这一种，它就是心理学的和比较性的自由，即由内心各种表象在时间中相互联结，这比起外部身体受到物质世界的阻碍和制约来说显得是一种"较为自由"的程序，但肯定不是先验的或绝对的自由，那是在莱布尼茨这些人的视野之外的。而在这种情况下，"那么它从根本上也丝毫不比一个旋转烤肉叉的自由好到哪里去，后者一旦上紧了发条，也会自行完成它的运动"。这里貌似也是"自行完成"了它的运动，但实际上一切都有赖于最初有人给它"上紧发条"，就像一个旋转烤肉叉的机器一样。这就是莱布尼茨的"前定和谐"的学说：构成世界的单子每个都看似是在自由地运动，各自都自行其是，觉得自己是自由的，但其实最终都是由上帝的前定和谐从头到尾彻底安排好了的。这种宿命论把一切自由都变成了假相，实际上一切都被看作是先天必然地决定了的。莱布尼茨对康德的启发在于，他以一个彼岸世界的上帝作为前定和谐的始作俑者，实际上已经把自由本身置于整个经验世界之外（而不只是某个物理过程之外）了；只不过这种上帝的自由意志还不是"先验的"，不是同一个人身上与现象并行不悖的自在之物的层次，它实际上被从人那里剥夺而转交给上帝了，所以这种自由与人的道德实践也毫不相干。

　　现在，为了消除前述场合下同一个行动中在自然的机械作用和自由之间表面上的矛盾，我们必须回忆一下在《纯粹理性批判》中已经说过的东西，或是从中得出的东西，即：与主体的自由不能一起共存的自然必然性只是与那种从属于时间条件的物的诸规定相联系的，从而只是与作为现象的行动主体的那些规定相联系的，所以就此而言主体的每一个行动的规定根据都处于那属于过去的时间而**不再受他控制**的东西中（必须归于此列的也有他的已经做出的行为，以及在他自己眼中作为现相而可由这些行为所规定的他的性格）。

这里开始正面展开康德自己对必然和自由这一对矛盾的解决办法了。"现在，为了消除前述场合下同一个行动中在自然的机械作用和自由之间表面上的矛盾，我们必须回忆一下在《纯粹理性批判》中已经说过的东西，或是从中得出的东西"，他没有说是在《纯粹理性批判》中哪一处说过的东西，但读过该书的人都会知道，这主要是在第三个二律背反的讨论中反复申明的观点，当然也包括能够从中引申出来的观点。什么观点？"即：与主体的自由不能一起共存的自然必然性只是与那种从属于时间条件的物的诸规定相联系的，从而只是与作为现象的行动主体的那些规定相联系的"，就是说，自然必然性只与时间中的物相联系，具体到人身上，只与行动主体在现象中的那些规定相联系，所以它是与主体的自由不能在现象中共存的。"所以就此而言主体的每一个行动的规定根据都处于那属于过去的时间而**不再受他控制**的东西中（必须归于此列的也有他的已经做出的行为，以及在他自己眼中作为现相而可由这些行为所规定的他的性格）"，所以就此而言主体的行动是不自由的，因为这里每一个行动的规定根据都是不受他控制的，它们已经属于过去的时间了，时过境迁，他不可能把过去的时间重过一遍，改变过去的既成事实。括号里面讲，这也包括他自己的过去行为，以及这些行为所已经形成的他的性格，他的习惯，这些心理学的关联和外部环境的变迁一样，都属于时间中一去不返的现象。这里用的是"现相（Phänomens）"，它与"现象（Erscheinung）"是同义词，但由于它是拉丁词，所以稍微抽象一点。按照《纯粹理性批判》已经阐明的观点，外部环境的必然性和主体内心的心理必然性同样都受制于时间中不再受主体控制的东西,因而都和主体的自由格格不入,我们休想从这里找到理解自由的切入点。

[98]　　但在另一方面也意识到自己是自在之物本身的这同一个主体,却将自己的存有本身**就其并不从属于时间条件**而言也只是看作能通过他凭理性给予自己的那些法则所规定的,而在他的这种存有中,他没有任何东西先行于自己的意志规定,相反,每个行动、并且一般地说他的存有的每个按照内感官而变更着的规定、甚至他作为感官存在者的实存的全部系列,在对他的理知实存的意识中都必须被看作无非是后果,却绝不是他作为**本体**的原因性的规定根据。

　　在现象的自然必然性中容不了自由,那么人的自由又存身于何处呢？　"但在另一方面也意识到自己是自在之物本身的这同一个主体,却将自己的存有本身**就其并不从属于时间条件**而言也只是看作能通过他凭理性给予自己的那些法则所规定的",显然,自由只能存身于同一个主体的自在之物本身中。同一个主体既有现象的一面,又有不可显现出来得到认识的自在之物的一面,而且这一不可认识的一面却同时又是他所意识到、所思维到的。既然如此,他就将自己的存有本身看作不是从属于时间条件及其自然必然性的,而只服从于那些凭借纯粹理性给予自己的法则。就其不从属于现象中的时间条件及其自然必然性而言他是自由的,而就其服从纯粹理性法则而言,他又另外有一种必然性,即作为道德法则的自由的必然性。这两种必然性由于分别处于现象和自在之物的不同层次,所以是可以共处而不构成冲突的。但这种共处又不是平行并列,而是一方最终要服从另一方,也就是作为现象的方面必须视为作为本体的方面的后果,因为只有本体的方面是绝对的原因性,"在他的这种存有中,他没有任何东西先行于自己的意志规定",唯独它是没有原因的原因,是自行开始一个因果系列的自由因。"相反,每个行动、并且一般地说他的存有的每个按照内感官而变更着的规定、甚至他作为感官存在者的实存的全部系列,在对他的理知实存的意识中都必须被看作无非是后果，却绝不是他作为**本体**的原因性的规定根据"，也就是另一方面，除自由因之外，他的每个行动，不论是他的按照内感官而变更着的心理学的规定，还是他作为感官存在者的全部实存，包括心理实存和身体实存，在自己活动的时间系列中都必须被他的纯粹实践理性看作是本体中这一自由的原因性的后果，而不能反过来规定这一原因性。

于是从这方面来看，有理性的存在者对于他所干出的每个违背法则的行动，哪怕它作为现象是在过去充分规定了的并且就此而言是不可避免地必然的，他也有权说，他本来是可以不做出这一行动的；因为这个行动连同对它加以规定的一切过去的东西都属于他自己给自己造成的性格之独一无二的现相，按照这个性格，他作为一个独立于一切感性的原因而把那些现象的原因性本身归咎于自己。

这就从现象中的纠缠进入自由本体的领域了，它的原理是什么呢？"于是从这方面来看，有理性的存在者对于他所干出的每个违背法则的行动，哪怕它作为现象是在过去充分规定了的并且就此而言是不可避免地必然的，他也有权说，他本来是可以不做出这一行动的"，有理性的存在者出于对自己自在之物的本体的思考，对于他在现象中哪怕是按照不可避免的必然性而干出的违背道德法则的行动，他也有权说自己本来是可以不这样做的，也就是他本来是可以有自由的选择权的。"因为这个行动连同对它加以规定的一切过去的东西都属于他自己给自己造成的性格之独一无二的现相，按照这个性格，他作为一个独立于一切感性的原因而把那些现象的原因性本身归咎于自己"，注意这里又出现了"性格（Charakter）"一词，它在前面是作为人的一种心理现象，即各种表象在时间中已经形成了的某种特殊的习惯性的联结方式，而被归入自然必然性中，并不具有真正的自由的含义。但在这里，性格作为一个统摄了这个行动连同对它加以规定的一切过去的东西的、自己给自己造成的独一无二的现相，它却成了把全部内心现象集合起来与彼岸自由主体发生关系的一个联结点。① 所以这个行动的主体是"按照这个性格"而独立于一切感性原因、并把这些原因本身归咎于自己的。这里说的前一个"现相"是"独一无二的",而后一个"现象"(Erscheinungen)是复数,它们是按照前一个性格的单个"现相"被归咎于自己的道德本体的,这就把"现象"和"现相"这两个同义词的微小区别显示得很明显了。②

与此完全相一致的也有在我们里面我们称之为良心的那个奇特能力的公正判决。

前面把一个犯偷窃罪的人如何能够不以现象中的一切自然必然性来为这一行为辩护、而仍然可以从道德上对之加以评判的道理讲得很透彻了,而这一评判如果是由行动的主体自己对自己作出来的,那就涉及良心(Gewissen)的问题了。所以,与上面的分析完全一致的是"在我们里面我们称之为良心的那个奇特能力的公正判决",这种公正判决仍然要从现象和自在之物的既相区分又不相脱离的关系着眼才能够建立起来。人尽管可以依照全部自然必然性为自己所做的坏事作出辩解,但他的良心或良知始终站在这一切之上,能够用彼岸世界的标准来对此作出另一番道德的审判。

一个人尽可以矫揉造作,以便把他还未忘记的一件违法行为文饰为无意的过失,文饰为仅仅是人们决不可能完全避免的不小心,因而文饰为他被自然必然性的湍流所卷入进去的事情,并宣称自己在这件事情上是无辜的;但他毕竟会发现,这位为他作有利辩护的律师决不可能使他心中的原告保持沉默,如果他意识到当他在干这件不正当的事时他完全

---

① 在《纯粹理性批判》中也谈到,每个起作用的原因都必然有一种"品格"(Charakter),而品格又分"经验性的品格"和"理知的品格",前者属于现象,后者属于自在之物,它们是同一个主体身上的两个方面。参看 A539=B567 及以下。那里的"品格"在这里译作"性格"。

② 对此可参看拙著《〈纯粹理性批判〉讲演录》对这两个词的辨析,商务印书馆 2013 年版,第 56 页。

是清醒的、即他在运用自己的自由的话，

　　这是每个人在做了违法的事之后都有可能产生的为自己辩护的意图，也是最容易提出的辩护理由，即他做这件事是无意的，是不小心犯下的，人非圣贤，孰能无过，这是不可能完全避免的，所以自己在这件事上是受了自然必然性的裹挟，甚至完全是无辜的。这也是一般辩护律师们最容易为他找到的辩护理由，而且也不是完全没有道理。"但他毕竟会发现，这位为他作有利辩护的律师决不可能使他心中的原告保持沉默，如果他意识到当他在干这件不正当的事时他完全是清醒的、即他在运用自己的自由的话"，就是说，如果这个人能够对自己进行反思，运用纯粹实践理性充当对自己的原告，来客观地看待自己的行为的话，那么他必定会意识到所有这些辩护理由都不足以使自己内心的这个原告保持沉默，当然前提是，他当时做这件事的确是清醒的，是运用自由意志而自己决定这样做的。就是说，他现在的自由意志开始对他当时的自由选择进行审判，撇开所有外在的自然必然性而仅仅着眼于两个自由意志之间的关系，这时就会有一位内心的审判官出来运用纯粹实践理性法则对这两个自由意志的关系加以摆平，使他意识到他当初的自由意志是不符合意志的普遍法则的，因此必须在自己内心判决自己的行为有罪。而这位内心的法官就是良心，它是哪怕法庭上律师为他进行了成功的辩护，也不会停止对自己自责的声音的。

　　虽然他把他的违法行为用某种由于逐渐放松对自己的警惕而染上的坏习惯来**解释**，直到他能够把这个行为看作这种习惯的自然后果的程度，这却仍然不能使他免于自责和他自己对自己发出的训斥。

　　这还是一个意思。他可以用外部的不良影响来推托自己的责任，说是自己受到了某种坏习惯的污染，自己要承担的责任只是警惕性不高，对自己要求不严，放松了学习，忘记了初心，这是在所有的贪官被查处时所写的检讨中几乎都可以看到的句子，其实只是一种把事情淡化、把大事化小的伎俩。他们预设的前提是，自己的本质还是好的，只是一时不小心而被外界误导了，如果要对他处罚，首先要处罚的是他周围的恶劣的道德环境而不是他个人。康德说，尽管如此，"这却仍然不能使他免于自责和他自己对自己发出的训斥"。康德这样说是因为，他心目中的"良心"（Gewissen，又译作"良知"）是指纯粹实践理性，是每个有理性者只要还处于清醒状态就必然会普遍发生作用的原则，因为在他看来人的本质定义仍然是"有理性者"。但对于我们中国人来说，这种看法未免太天真了。根据我们的日常经验，干坏事的人能够做到"良心发现"的情况是很少的，一般都是能够逃脱就逃脱，该干的坏事还将照干不误，除非他被逮住了。因为中国人并不存在西方基督教那样的忏悔意识的传统。儒家所讲的人人皆有的"良知"并不是普遍的实践理性，而只是偶尔触动起来的某种情感，即"恻隐之心"、"羞恶之心"、"辞让之心"、"是非之心"之类的"四端"，虽然"人皆有之"，却并非"时时有之"，甚至还可能以"君子远庖厨"的方式来屏蔽。尤其是当知道惩罚将要来临时，良知更是逃之夭夭，事后也不会起什么作用。

　　正是根据这一点，人们对于一件早就犯下的罪行在每次回忆起来的时候也都心怀悔恨；一种由道德意向所引起的痛苦的情感，就其并不能用来使已经发生过的事情不发生这点而言在实践上是空洞的，甚至会是荒谬的（如同**普利斯特列**这样一个地道的贯彻到底的**宿命论者**也把这种情感宣称为荒谬的一样，而在坦诚性方面他比这样一些人更值得称赞，这些人由于他们实际上主张意志的机械作用、但在口头上却主张意志自由，就总还是愿意被视为他们在自己的调和主义体系中把自由一起都包 [99] 括在内了，却并没有说明这样一种责任追究的可能性），但作为痛苦却毕竟是完全合乎法则的，

　　"正是根据这一点，人们对于一件早就犯下的罪行在每次回忆起来的时候也都心怀悔恨"，正是根据人都有良心、有纯粹实践理性的法则这一点，所以人们总是事后对自己的罪过有种悔恨，这一点在西方基督徒那里体现得最清楚。基督教有种临终忏悔仪式，每个人在临死之前，哪

怕他是在监狱里服刑，也有牧师赶到来为他做忏悔，他向牧师坦白自己平生所做的不道德的事情，表示对自己的行为的悔恨，牧师则有义务为他保密，并在上帝面前为他涤罪。康德当然不信这套仪式，他自己临死前也没有请牧师，但这种在临死前清点自己一生的罪孽的传统无疑对他有深刻的影响，他相信人都会有这样的需要，这就是他所理解的良心。"一种由道德意向所引起的痛苦的情感，就其并不能用来使已经发生过的事情不发生这点而言在实践上是空洞的，甚至会是荒谬的"，这就是很多人，特别是我们中国人会有的想法，就是你的忏悔并不能改变已经发生过的事实，只是徒然增加痛苦而已，因此没有任何意义。通常采取的办法就是：过去了的就让它过去吧，不要再提了。所以"文化大革命"后那些曾经作恶多端的人少有出来忏悔的，很多人即使意识到自己错了，甚至意识到自己罪孽深重，也都陷入一种有意识的遗忘之中，不愿意提及，也不愿意去回想。人们豪情依旧的借口是：要向前看，不要纠缠老账！等而下之的则是拼命自欺，美化自己的过去，把自己打扮成无辜者和受害者。人们回避这种痛苦实际上就是回避道德审判，回避自己的良心的法庭，有意识地把自己的思想局限于现实的经验世界的得失，而放弃道德法则的评价标准。下面括号里举了普利斯特列的例子，普利斯特列是当时的一个英国教士，但他的观点却相当激进和开明，崇尚实验自然科学，甚至不惜为此和教会正统教义分裂，最后因同情法国大革命而被迫移居美国。康德曾在《纯粹理性批判》中把他称之为"唯一忠实于理性的经验性运用的原理而厌恶一切超验思辨的普利斯特列"（A745=B774）。普利斯特列由于他的唯科学主义而走向宿命论，也把这种于事无补的忏悔当作荒谬的东西抛弃了，和这里讲的有意识的遗忘有类似之处。但康德在这里却认为他自有其"坦诚之处"，就是说，他公开承认自己就是机械论者，而不去奢谈什么自由意志，因此"他比这样一些人更值得称赞，这些人由于他们实际上主张意志的机械作用、但在口头上却主张意志自由，就总还是愿意被视为他们在自己的调和主义体系中把自由一起都包括在内了，却并没有说明这样一种责任追究的可能性"。"这些人"，也就是那些想把人的自由选择纳入现实的自然必然性里面来的经验主义者，他们实际上根本不可能用这样一种所谓的"自由"来形成自己的责任追究的道德法则，却又堵塞了自由意志和道德法则的其他来源的可能性，而普利斯特列至少还为这个来源保留了彼岸的上帝意志的可能性余地。当然康德的意思是，仅仅在彼岸保留这样一个不可证明的余地是不够的，自由意志通过道德法则对人的影响力在现实的人身上是作为理性的事实而发生着的，当人在忏悔中超越一切经验的借口而诉诸自己良心中的道德法庭时，所带来的于事无补的"痛苦"正是道德法则在对人心起作用的明证。所以他说，这种痛苦"作为痛苦却毕竟是完全合乎法则的"，它表明了人对道德法则的至高无上的敬重。

因为理性在事情取决于我们的理知实存的法则（道德法则）时不承认任何时间差异，而只是问这个事件作为行为是否属于我，但然后就总是把这种情感与这行为从道德上联结起来，不管这行为是现在发生的还是早先发生的。

"因为理性在事情取决于我们的理知实存的法则（道德法则）时不承认任何时间差异，而只是问这个事件作为行为是否属于我"，由于道德法则是属于自在之物或者说自在之我的，它在理知世界中不承认任何时间差异，所以在这种情况下，理性所要问的只是这件行为是不是我做的，哪怕是很久很久以前做的，是年轻时犯傻做的，但道德法则却丝毫不会因此而有所松懈。只要核实了这行为是我自己做的，而且是在清醒的情况下做的，"然后就总是把这种情感与这行为从道德上联结起来，不管这行为是现在发生的还是早先发生的"。一切前因后果的解释，以及自那以后我再没有犯错的表白，都不足以减轻良心的审判，所以这种痛苦的情感并不是一般的情感，而是比一切在时间中发生并且可随着时间的推移而逐渐淡化的情感都更为持久的道德情感，它来自那否定情感的情感即敬重感。

因为**感官生命**在对其存有的**理知的**意识（即对自由的意识）方面具有一个现相的绝对统一性，这个现相就其只包含着有关涉及道德法则的意向（有关性格）的那些现象而言必须不是按照那应归之于作为现象的性格的自然必然性来评判，而是按照自由的绝对自发性来评判。

"因为**感官生命**在对其存有的**理知的**意识（即对自由的意识）方面具有一个现相的绝对统一性"，这里"感官生命"和"理知的"都打了着重号，作为双方对照。一方是感官生命，当它面对理知的自由意志的时候，它本身就具有一个现相的绝对统一性，也就是说，它是作为一个整体而面对自由意志的。自由意志不是和它的某一感性的部分打交道，而是和它的统一的这个感性的"我"打交道，也就是和这个已经成为我的个人总体特征的"性格"打交道。前面讲了，"现相"和"性格"这些词都是对自然现象和感性现象的总括的概念，在感官生命中它们代表的是人格中属于现象世界的一方面，但已经统一在人格中了。所以下面说，"这个现相就其只包含着有关涉及道德法则的意向（有关性格）的那些现象而言必须不是按照那应归之于作为现象的性格的自然必然性来评判，而是按照自由的绝对自发性来评判"，现相是一切自然现象的总括，相当于"自然界"；而性格则相当于一个人的全部时间中的心理现象的总括。所以现相就其只包含有关道德法则的意向而言，就是指那些被总括在一个人的性格中的现象，这些现象的总体就与自在之物一方的自由和道德法则有种意向性的关系，也就是作为个体的人格对于人格性有一种趋向性的关系。而这时我们就不能按照性格的自然必然性来评判这个现相，而只能按照自由的绝对自发性来评判它了。经验派的问题就出在他们不能把人的现相看作一个整体的性格而与处在现相彼岸的那个自由发生关系，而企图限于现相内部来解决自然必然性和自由的问题，所以他们失去了自由的绝对自发性这个标准，而把一切都以自然必然性来衡量，任何行为都成了命中注定的，也就无法作道德评价了。

所以我们可以承认，假如对我们来说有可能对一个人的思维方式一旦它通过内部的或外部的行动表现出来就具有如此深刻的洞见，以至对这种思维方式的每一个哪怕是最微小的动机、连同一切对这一动机起作用的外部诱因也都为我们所获悉，我们对一个人在未来的行为举止就有可能如同对一次月食或日食一样确定地测算出来，这时我们却仍然主张人是自由的。

因此，在康德这种既承认此岸现象世界的整个贯通的自然必然性，同时又承认彼岸世界自由本体的绝对自发性的双重立场上，我们对于现象之物就可以容许最彻底的机械论而不掺杂丝毫自由的假设，因为我们的自由理念是要从另一理知世界来理解的，它不会撼动自然必然性在现象中的地位，却赋予了这些现象以道德性的价值标准。"所以我们可以承认，假如对我们来说有可能对一个人的思维方式一旦它通过内部的或外部的行动表现出来就具有如此深刻的洞见，以至对这种思维方式的每一个哪怕是最微小的动机、连同一切对这一动机起作用的外部诱因也都为我们所获悉"，这种"假如"当然是不现实的，但是按照自然规律和心理学的规律，原则上并不是不可能的。我们在现实中几乎不可能对一个人的思维方式通过调查它的内外行动的表现而全盘掌握其内部细节和外部诱因，这太复杂了！但再怎么复杂，它们也只是按照自然法则在时间中运行，不可能有超出自然必然性之外的其他原因。所以只要假以时日，凭借各种手段，"我们对一个人在未来的行为举止就有可能如同对一次月食或日食一样确定地测算出来"。预测月食日食与预测一个人的思想动机和行为举止只是在复杂程度上有所不同，而在性质上则是完全一样的，物理学、天文学的规律和心理学的规律都是自然规律，都可以必然地加以规定和预测。而即使在这样的预测成功之后，"这时我们却仍然主张人是自由的"，这就是康德的双重眼光所带来的巨大好处了。人的自由根本不用惧怕自然必然性的制约和强制，因为它处于另一个维度，感性世界的东西不可能对理知世界有丝毫影响。这就既在现象中成全了一切自然科学规律、包括心理学规律的权威性，同时又为人的自由本体保留了充分的余地,让人的道德实践置于一个高于理论理性之上的永恒的层次。

就是说,假如我们还能够对人的主体有另外一种眼光(但这种眼光当然并没有赋予我们,我们所有的不是它而只是理性概念),亦即一种智性的直观,那么我们也许就会最终发现,就永远只能涉及道德法则的东西而言种种现象的这个完整的链条都取决于作为自在之物本身的主体的自发性,关于这个自发性的规定是根本不可能给出任何自然解释的。

这里又是一个假设,即对我们仍然主张人是自由的所做的假设。前一个假设,即假设人可以透彻地看穿人的心理活动的一切细节,这只是现实中不可能的,但原则上没有什么不可能;而这一个假设则真正是原则上不可能的,但仍然可以对我们理解人的自由有所帮助。什么假设呢?"就是说,假如我们还能够对人的主体有另外一种眼光(但这种眼光当然并没有赋予我们,我们所有的不是它而只是理性概念),亦即一种智性的直观",这是康德反复强调的,就是我们人不可能有智性直观,我们一方面只有感性的直观,它是不可能穿透自在之物的;另方面只有纯粹理性的抽象概念,它可以用来思维那些不可直观因而也不可认识的对象,它的思维的结果并不能成为知识。但尽管如此,我们还是可以假设一下,假如我们对人的主体能够像上帝一样拥有智性直观,能够看透这个主体的自在本体及其自由,"那么我们也许就会最终发现,就永远只能涉及道德法则的东西而言种种现象的这个完整的链条都取决于作为自在之物本身的主体的自发性,关于这个自发性的规定是根本不可能给出任何自然解释的"。就是说,我们也许就会发现,在《纯粹理性批判》的第三个二律背反中所假定的自由的理念,真的在因果链条的顶端自发地决定着整个链条的开始发动,虽然对这个自发性不可能给出任何自然解释,但却有可能给出智性直观的解释。当然这种可能性在第三个二律背反中也早就已经被康德否定了。那么是否人的主体的自由就失去根据、因而成为不可能的了呢?当然不是,康德是要从另一个维度即道德实践方面来为人的自由寻求根据。

在缺乏这种直观的情况下，道德法则向我们保证，我们的作为现象的行动与我们主体的感官存在者的关系，是不同于这个感官存在者本身借以被联系到我们里面的理知基底的那种关系的。

这就是康德在"山穷水尽疑无路"的情况下，所找到的"柳暗花明又一村"了。在智性直观的假设被否定了的情况下，"道德法则向我们保证，我们的作为现象的行动与我们主体的感官存在者的关系，是不同于这个感官存在者本身借以被联系到我们里面的理知基底的那种关系的"。就是说，我们作为现象的行动与我们主体的感官存在者、也就是与我们的性格这种心理学上的主体的关系，是不同于这个性格本身借以被联系到我们的自由的理知基底的关系的。前者是纯粹按照自然规律在时间中环环相扣地进行的，没有任何自由自发的余地；后者则是通过我们的性格代表我们整个的内心情感对道德法则的遵守和敬重，而保证了自己在本体中具有一个自由的理知基底。基底（Substrakt）当然是指自在之物了，它是一切现象底下的基础，因此并没有完全脱离现象，只是和现象处于不同的维度中，由它在后面决定了现象中的行动。下面又举了一个生活中常见的例子。

在有些情况下，人们从小哪怕与别人同时受到良好的教育，但却这么早就显露出恶性来，并且一直继续加剧到他们的成年时代，以致人们把他们看作是天生的恶棍，而且看作在思维方式上是完全无可救药的，但却同样还是为了他们的所作所为而审判他们，同样指责他们的违法行为是罪过，甚至他们（小孩）自己也觉得这种指责是完全有根据的，就好像即使他们内心那种被归于他们的自然性状毫无希望，他们却仍然像每个其他人那样要承担责任似的。

[100]

这种例子就属于康德所谓的"理性的事实"了，即虽然不能在感性的经验中找到任何根据，但却仍然认为一个作恶之人必须受到惩罚，因为他实际上被看作一个自由人。"在有些情况下，人们从小哪怕与别人同时受到良好的教育，但却这么早就显露出恶性来，并且一直继续加剧到他们的成年时代，以致人们把他们看作是天生的恶棍，而且看作在思维方式上是完全无可救药的"，这种现象太多了。人们往往相信"人是教育的产物"，有什么样的教育，就教出什么样的人，一般来说这也没有大错。但偏偏就有些人，你怎么教育他，他也是不可挽回地走上了邪路。于是人们就把这种现象归之于他天生的邪恶气质，这在自然科学的思维中也是顺理成章的。至今还有些科学家和心理学家在探讨人类的"犯罪基因"，试图通过某种医学治疗的方式来改善人的行为方式。"但却同样还是为了他们的所作所为而审判他们，同样指责他们的违法行为是罪过"，这种审判又有什么科学根据呢？如果一个人的行为完全是由自然必然性决定的，没有任何自由意志，那他又凭什么为自己的行为负责呢？然而事实上，所有的人都会认为这个人的犯罪行为是必须受到惩罚的，否则就违反了公平法则和道德法则。"甚至他们（小孩）自己也觉得这种指责是完全有根据的，就好像即使他们内心那种被归于他们的自然性状毫无希望，他们却仍然像每个其他人那样要承担责任似的"，就是当事人自己也会觉得对他们的这种指责是有理由的，即使他们把自己的行为归咎于外来的影响或诱惑，或者归咎于自己内心天生的感性欲求和冲动，并且自认为自己绝对摆脱不了这种自然性状，但却仍然认为自己就像所有其他犯罪的人一样，要为自己的不良行为承担责任，付出代价。他可以出于内心感性的恐惧而想方设法尽量逃避这种惩罚，但逃避之余，他仍然会认为这种惩罚本来是"应该的"、合理的。这就是一个普遍存在的理性的事实，但它看起来似乎是违背常理的。人们毫不犹豫地除掉一只害虫，并不把这看作一种"罪有应得"的"惩罚"，因为没有人指望它有另一种选择。

这种情况本不可能发生，假如我们不是预设了一切出自人的任意的事（每个故意做出来的行动无疑都是如此）都有一个自由的原因性作根据的话，这种自由的原因性从少年时代起就在他们的现象（行动）中表现出他们的性格，这些现象由于行为的类似性而使得一种自然关联成为可识别的，但这种关联并没有使意志的恶劣性状成为必然的，毋宁说，它是自愿接受了那些顽固不化的罪恶原理的后果，这些原理只会使意志更加卑鄙和更该受到惩罚。

这就是解释这样一种理性的事实为什么会发生。"这种情况本不可能发生，假如我们不是预设了一切出自人的任意的事（每个故意做出来的行动无疑都是如此）都有一个自由的原因性作根据的话"，就是说，这种情况之所以发生，就是因为我们（包括罪犯本人）事实上已经预设了凡是人有意做出来的事都有一个自由的原因性作根据。当然这个自由的原因性并不表现在人的外部和内部的感性层面，也不能由任何自然必然性来解释，它就是一切人包括当事人的一个理性的预设，而且他们事实上都承认这个预设。"这种自由的原因性从少年时代起就在他们的现象（行动）中表现出他们的性格"，从少年时代起，也就是从一个人的理性开始形成的时候起，这种自由的原因性就在他们的行动中表现出他们的性格了，就是说他们开始形成某种性格就必须追溯到这种自由的原因性了，是他们自己自由地选择了形成这种习惯、这种性格的。"这些现象由于行为的类似性而使得一种自然关联成为可识别的"，这就是所谓的习惯成性，你一旦确定了走上这条不归路，你就会把这种类似的现象变成自己的性格，从而使这种自然关联成为可识别的，成为你和别人有所区别的性格特征。"但这种关联并没有使意志的恶劣性状成为必然的"，这种关联，也就是这种习惯、气质和性格所形成的自然关联，却并没有使意志的恶劣性状成为必然的，意志并不是注定要走上这条邪路的。"毋宁说，它是自愿接受了那些顽固不化的罪恶原理的后果，这些原理只会使意志更加卑鄙和更该受到惩罚"，这就是跳出自然关联来看了，其实意志是自愿地、也就是自由地接受了那些罪恶原理的后果。不但接受了罪恶的原理，而且接受了它的后果，即受到惩罚的后果。所谓罪恶原理，就是违背起码的道德法则的原理，这些原理只会使意志更加卑鄙和更该受罚，因为意志不是偶然的失误，而是明知故犯，是按照原理来犯罪，这就使犯罪成了顽固不化的恶习,因而更加卑鄙。也更应该受到惩罚,因为惩罚正是按照这条原理而来的,惩罚才使这条原理成为了原理,不受惩罚,或者在作恶时没有想到受惩罚,反而会不成其为原理了。所以这一切都可以归结到人事实上有一个自由意志,并且他在行动中随时都意识到自己的自由意志,这才是人们认为一切本身具有各种自然因果性的犯罪行为都不能由这种因果必然性得到辩护和完全脱罪、而仍然应该受到审判和处罚的理由。

但自由还将面临一个困难,如果人们要把它在一个属于感官世界的存在者中与自然机械作用结合起来的话:这种困难即使在至今所说的一切都得到赞同之后,却仍然使自由受到灭顶之灾的威胁。

前面讲到过,"如果我们想要把它们解释为结合在同一个行动中、因而想解释这种结合的话,在应用中却冒出来种种巨大的困难,它们似乎使得这样一种结合变得不可行了"(《实践理性批判》第130页),就是说,想把自由和自然必然性结合在一个行动中不相冲突,会遇到各种巨大的困难。然后就举了一个小偷的例子,又举了一个良心审判的例子,来说明我们不能通过把自由并入自然因果律里面来解决这一矛盾,而必须在自在之物的领域中为自由留下余地,使双方在现象和本体两个不同层次中各司其职,不相干扰。但这里却讲,"但自由还将面临一个困难,如果人们要把它在一个属于感官世界的存在者中与自然机械作用结合起来的话",就是说,在把彼岸世界的自由和感官世界中的存在者身上的自然机械作用结合起来时,不但会遇到把自由从自然必然性中区别出来的困难,这一困难已经通过划分现象和自在之物的不同领域解决了;而且由此又带来了自由的第二个困难,"这种困难即使在至今所说的一切都得到赞同之后,却仍然使自由受到灭顶之灾的威胁",也就是在我们把自在之物和现象区分开来以后,仍然有可能使自由遭到灭顶之灾的危险。为了拯救自由的概念,我们不能把自由归结为某种现象的因果必然性,而必须把自由完全置于现象世界之外的理知世界中,但这又引起了第二个困难,也就是在这个理知世界中产生的困难。这第二个困难是什么？康德这里始终没说，他要留到下一段来展开。我们这里可以预先透露一下，就是当我们把自由置于自在之物领域而和感官世界划分开来时，仍然有一个问题，就是在自在之物领域中，除了人的本体存在之外，还有更高的上帝，这就会遇到人的本体连同其自由意志最终都是由上帝所决定的麻烦，人有可能变成上帝控制之下的自动机而失去自由。所以，即使我们承认上面所说的一切，人的自由仍然面临灭顶之灾的威胁。

但尽管有这种危险，有一种情况毕竟同时也提供了对于主张自由来说还有幸运的出路的希望，这就是：同样的困难对于那种把时间和空间中的实存看作自在之物本身的实存的学说所造成的压力更强得多（事实上如我们马上将看到的，它只压制这个学说），

这里是比较了后一个困难和前一个困难的难度，就是说，尽管我们把现象和自在之物区别开来又带来了自由在自在之物中如何能够不被上帝的前定和谐所"和谐"掉的困难，这一困难同样威胁着要取消自由，使人变成某种自动机，不是自然必然性的自动机，就是上帝手中所操纵的自动机；但是这个困难比起把现象和自在之物混为一谈所遇到的困难来说还是要小些，它"毕竟同时也提供了对于主张自由来说还有幸运的出路的希望"，也就是它最终还是能够找到让自由的主张走出困境的出路。而"同样的困难对于那种把时间和空间中的实存看作自在之物本身的实存的学说所造成的压力更强得多"，也就是前面那个困难把时间和空间中的事物看作自在之物本身，这就导致了一种更强、更彻底的摧毁自由概念的威胁，这种困难是更紧迫地需要克服的，它通常是经验派所遇到的困难。而现在我们至少在超越时空之外的自在之物中保持了自由的纯粹概念，所遇到的困难只不过是如何在人的自由意志和上帝的自由意志之间摆平关系，这是理性派如莱布尼茨和马勒伯朗士他们遇到的困难。但这两种困难共同的地方都是使得自由被必然性所取消，而使人变成某种自动机，只不过后一种困难其实更容易脱身，而前一种困难是根本性

的。如括号中说，"（事实上如我们马上将看到的，它只压制这个学说）"，也就是说这种困难只是压制了把现象等同于自在之物的学说，但并没有封杀自由在自在之物中的可能的出路，或者说，它的顺利解决倒是给自由意志和上帝的合理关系留下了一条出路。

所以它并不强迫我们放弃我们最重要的预设，即对作为感性直观之单纯形式的、因而作为主体在属于感官世界时所特有之单纯表象方式的时间的那种观念性的预设，因而只要求我们把这个预设同自由的理念结合起来。

也就是说，这第二个困难毕竟给自由留下了某种幸运的希望。"所以它并不强迫我们放弃我们最重要的预设，即对作为感性直观之单纯形式的、因而作为主体在属于感官世界时所特有之单纯表象方式的时间的那种观念性的预设"，"它"，也就是第二个困难，并没有强迫我们放弃时间的观念性的预设，这一预设是我们最重要的预设，它在《纯粹理性批判》中一开始的先验感性论中就提出来了，即时间是我们的感性直观的单纯形式，是主体在属于感官世界时所带有的单纯表象方式。① "因而只要求我们把这个预设同自由的理念结合起来"，就是说，当自由的理念在第二个困难中受到威胁的时候，在自由属于自在之物这一前提下，把时间的观念性预设与自由的理念结合起来理解是使自由走出自身被决定的困境的一条出路。因为上帝并不是在时间中创造世界，而人的自由意志却是开始了一个时间中的因果序列，这就使得上帝的自由意志仅仅止于创世，包括创造人的本体，这并不在时间中表现出来；而只有人的自由意志才直接决定了此后的整个时间序列，它丝毫不受上帝创世的影响。这

---

① 参见《纯粹理性批判》A35—36=B52："我们反驳一切对时间的绝对实在性的要求，这种要求以为时间即使不考虑我们感性直观的形式也是绝对依附于事物作为其条件或属性的。这样一些属于自在之物的属性也永远不能通过感官给予我们。所以在这里就有时间的**先验的观念性**，据此，如果我们抽掉感性直观的主观条件，时间就什么也不是"。

是康德在后面第二段所提出的解决办法，我们这里预先提示出来，不然的话太难理解了。下面两段话，先是第一长段，具体展示我们所遇到的第二个困难，然后第二段才最后提出解决这一困难的办法。这个关子卖得够大的。

　　这就是说，即使人们向我们承认理知的主体在一个给予的行动上还能够是自由的，哪怕它作为一个属于感官世界的主体在同一个行动上也是以机械作用为条件的，然而看来只要我们认为**上帝**作为普遍的原始存在者也是**实体之实存的原因**（这是一个永远也不可放弃的命题，除非我们把作为一切存在者的存在者的上帝概念，连同在神学中一切东西所依赖的上帝之圆满俱足都一起放弃掉），我们似乎也就不得不承认：人的种

[101]　种行动在那个**完全在他控制之外的东西**中，也就是说在一个与人不同的、人的存有和他的原因性的全部规定所完全依赖的最高存在者的原因性中，有它们进行规定的根据。

　　"这就是说，即使人们向我们承认理知的主体在一个给予的行动上还能够是自由的，哪怕它作为一个属于感官世界的主体在同一个行动上也是以机械作用为条件的"，"这就是说"，是指前面解决第一个困难的办法，即区分现象和自在之物，但即使人们承认了这一点，这还不足以解决第二个困难。所以这里说，即使人们承认主体的行动在理知层面上是自由的，而在感性层面上是机械必然的，"然而看来只要我们认为**上帝**作为普遍的原始存在者也是**实体之实存的原因**"。上帝是"**实体之实存的原因**"，这里打了着重号的原文是 die Ursache auch der Existenz der Substanz，其中"实体"、"实存"（有时被等同于"实有"即 Dasein，见 B111）和"原因"都是知性范畴，本来是用来规范经验对象的，并不存在先验的运用。这里讲上帝甚至也是（auch）这种实体的实存的原因，意思是，上帝也是经验世界的原因，换言之，上帝是创世者。只要我们认为上帝是创世者，人的自由就面临威胁。括号里讲："（这是一个永远也不可放弃

的命题,除非我们把作为一切存在者的存在者的上帝概念,连同在神学中一切东西所依赖的上帝之圆满俱足都一起放弃掉)",上帝创世是一个"永远也不可放弃的命题",它不但涉及"一切存在者的存在者",而且涉及神学上的至善的圆满性。这其实是后面有关"上帝存在"的悬设所要讲的话题,这里预先提及。为什么要在这里提及?因为在纯粹理性的第三个二律背反里面已经暗含着这个意思了,其中推出先验自由的理念首先是在创世这个意义上进行的,然后才从上帝创世的自由意志中引出了人的自由意志。所以要追问人的自由意志是如何设定的,首先要追溯到上帝创世是如何设定的。对此我们可以参看《纯粹理性批判》第三个二律背反中"对正题的注释"部分(A449—450=B477—478):"现在,我们阐明了一个现象序列从自由中首次开始的这种必然性,虽然真正说来只是在对于一个世界起源的可理解性所需要的范围内阐明的,……但由于这样一来毕竟这种在时间中完全自发地开始一个序列的能力得到了一次证明(虽然不是得到了洞察),所以我们现在也就斗胆在世界进程当中让各种不同序列按照原因性自发地开始,并赋予这些序列的诸实体以一种自由行动的能力。"下面还举例说,"如果我现在(例如说)完全自由地、不受自然原因的必然规定影响地从椅子上站起来,那么在这个事件中,连同其无限的自然后果一起,就会绝对地开始一个新的序列"。这说明,既然上帝可以创世,一旦承认这一点,也就不能否认人也能够自由地开始一个因果序列。但这同时就带来了第二个困难,什么困难?这里接下来就说:"我们似乎也就不得不承认:人的种种行动在那个**完全在他控制之外的东西**中,也就是说在一个与人不同的、人的存有和他的原因性的全部规定所完全依赖的最高存在者的原因性中,有它们进行规定的根据"。就是说,我们似乎也就不得不承认,人的行动哪怕被认为是自由的,但却受到那个"**完全在他控制之外的东西**"的支配,这个东西与人不同,是人的存有和人的原因性的全部规定都不能不依赖的一个最高存在者,也就是上帝。所以,是上帝对人的全部行动构成了背后的规定根据,因为就连人本身的自在之物也是上帝创造的。那么这样一来，即使我们承认了人的自由是由自在之物方面发源的，与感性的现象世界有绝对的区分，但人的自由在自在之物里面还是没有得到保障，人仍然只是被决定的。这就是在保证人的自由方面所遇到的第二个困难，它是由莱布尼茨有关上帝的"前定和谐"给人的自由规定好了每个细节这样一种学说所带来的，虽然康德在这里并未点莱布尼茨的名字。

　　实际上，假如人的行动当它们属于人在时间中的规定时，不仅仅是对人作为现象的规定，而且是对他作为自在之物的规定，那么自由就会无法拯救了。

　　这里所假设的正是莱布尼茨的观点。"假如人的行动当它们属于人在时间中的规定时，不仅仅是对人作为现象的规定，而且是对他作为自在之物的规定"，莱布尼茨正是这样说的。康德在《纯粹理性批判》的先验感性论中（A43—44=B60—61）批评道："因此说我们的整个感性无非是对事物的混乱的表象，这种表象只包含那属于自在之物本身的东西，只不过是处于我们未借意识将之分辨清楚的那些特征和部分表象的堆积状态下：这种说法是对感性概念和现象概念的一种歪曲"，"所以，莱布尼茨—沃尔夫的哲学在把感性和智性的区别仅仅看作逻辑上的区别时，就对我们知识的本性和起源的全部研究指示了一种完全不正当的观点"。莱布尼茨把时间空间看作自在之物本身的关系，认为这种关系本质上只是逻辑关系，但在人的感性中呈现为模糊的或混乱的表象，有待于智性的清理（见 A40=B56，康德不点名地提到"有些形而上学的自然学家所持的观点"）。的确，按照这种观点，"那么自由就会无法拯救了"，因为时间空间这种直观形式的主观表象现在侵入了自在之物的领域，成了人的自在主体的固定关系，将主体牢牢捆绑在数学或逻辑的必然性中，就容不得自由施展的余地了。这种观点虽然把自在之物和现象作为逻辑上的清晰和不清晰的表象区别开来，但仍然用时间空间的眼光来看待自在之物中的关系，而忽视了时空只能在现象中起作用的观念性，由此导致了自由的第二个困难。

　　人就会是由一切工艺制品的那个至高无上的巨匠所制作和上好发条的傀儡或沃康松式的自动机了，而自我意识虽然会使它成为一个思维着的自动机，但在其中当他的自发性被看作是自由的时，对这个自发性的意识就会只不过是幻觉，

　　按照上面这种观点，"人就会是由一切工艺制品的那个至高无上的巨匠所制作和上好发条的傀儡或沃康松式的自动机了"，人在行动中的自由其实是上帝这只巨手前定和谐地安排好了的自动程序，貌似自由的人其实不过是上帝的工艺品，是上好发条的傀儡，或者沃康松所发明的自动机。"而自我意识虽然会使它成为一个思维着的自动机，但在其中当他的自发性被看作是自由的时，对这个自发性的意识就会只不过是幻觉"，虽然人有自我意识，能够自发地思维自身，但这种自发性并不是真正的自由，而只不过是一种主观幻觉而已。康德在《实践理性批判》中很少提到"自我意识"，这里是少数几处之一，而且一般都是负面的。自我意识在认识论中固然代表一种统觉的"自发性"或能动性，但这与自由并不是一回事，它只是在现象中建构起经验认识的对象，而不是在实践中产生出客观对象。在这里康德更是干脆把这种认识的能动性称作自由的"幻觉"，这同样是针对莱布尼茨的观点，因为后者的确把人的单子的自由当作主观的幻觉。

　　因为，既然规定他的运动的那些最近的原因以及这个运动上溯到它的那些规定原因的一个长长的序列虽然都存在于内部，但最后和最高的那个规定原因却毕竟完全是在一只外来的手那里找到的，那么这种自发性就只配称之为比较性的。

　　这是对上述幻觉的描述了。"因为，既然规定他的运动的那些最近的原因以及这个运动上溯到它的那些规定原因的一个长长的序列虽然都存在于内部"，心理学上的自由就是这样，它把规定人的运动的那些原因的所有的因果链条都统摄在自身内部，好像是它在支配一切表象而没有任

何表象能够支配它。但它本身作为一个自在之物（自在之我）仍然要受到其他自在之物的制约。"但最后和最高的那个规定原因却毕竟完全是在一只外来的手那里找到的，那么这种自发性就只配称之为比较性的。"规定人拥有一个自由主体的那个最后和最高的原因是在自在之物领域中的一只外来的手，也就是上帝之手，人的自发性在上帝那里根本不是什么自发性，而是被动地被规定了的，只有上帝本身才是真正自发的，人的主体也不过是上帝的一个作品而已。所以它的这种自发性只配称为比较性的，就是比起它所为之立法的各种经验对象来它是自发的，能动的；但是比起上帝来，它又是被动的。这就和前面那些经验主义者所采用的伎俩没有什么区别了，只是在那里是把机械运动和人的心理活动相比较，而这里则是把人的心理活动与上帝的机械制作相比较，它们都以"比较自由"的名义取消了自由，还原成了机械必然性。

因此我看不出那些一直还在坚持把时间和空间视为属于自在之物本身之存有的规定的人在这里将如何避免行动的宿命；或者，如果他们如此直接地（如本来很精明的**门德尔松**所做的那样）把时空都只承认为必然属于有限的和派生的存在者之实存的条件，但却不是必然属于无限的原始存在者之实存的条件，我看不出他们将如何为自己辩护，说明他们从何处取得这种权利来作出这样的区分；

"因此我看不出"，后面接续的是"如何避免"、"如何为自己辩护"、"如何避开"等等，也就是说，由以上困难所导致的就是不能解释下面的问题。一个是："因此我看不出那些一直还在坚持把时间和空间视为属于自在之物本身之存有的规定的人在这里将如何避免行动的宿命。"就是如果把时间空间归于自在之物而不是人主观的直观表象，那就必然会在自在之物的范围里面讨论时空关系问题，这就把上帝和人的本体限定在一定的时空关系中，使上帝对人的创造变成了一种不可动摇的宿命，而人的自由在这种命运中就丧失掉而成为了机械的必然性。再一个是："或者，如果他们如此直接地（如本来很精明的**门德尔松**所做的那样）把时空都只承认为必然属于有限的和派生的存在者之实存的条件，但却不是必然属于无限的原始存在者之实存的条件"。这里提到门德尔松的观点，这个观点在《纯粹理性批判》中受到康德批判，专门写了一节"反对门德尔松对灵魂的持存性的证明"，大意是说，门德尔松赞成莱布尼茨对灵魂单子不灭的断言，但反对其理性心理学的论证，这种论证说，凡是可以分解的都是要消灭的，而单子既然是绝对单纯的、不可再分的，所以是不灭的实体。门德尔松认为这种证明是不够的，它不能排除单子不是由于量上的不断分割、而只是由于程度的逐渐减弱导致趋于零的情况；所以必须从时间的连续性上来证明，就是如果灵魂单子有可能消灭的话，"在它存在的那个瞬间和它不再存在的另一个瞬间之间就会根本遇不到任何时间了，而这是不可能的"（B414）。在他看来，灵魂不论减弱到什么程度，在它的存在和不存在之间都不可能没有时间，而只要有时间，再稀薄的灵魂也将是存在的。但康德指出，灵魂由于逐渐衰弱而最后变成虚无是可能的，因为灵魂作为内感官的对象的持存性，也就是作为自在之物的时间是无法证明的，在康德看来时间本来不过是灵魂中的直观形式，因此会随着灵魂的消失而消失，所以门德尔松必须首先"从单纯概念中证明出灵魂本身超出生命之外的绝对持存性"（B415），而这是他的灵魂不死说做不到的。这里说，门德尔松自己也承认，我们根据自己灵魂的内在感官的生命可以感到时间的持存性，但这种持存性只是"属于有限的和派生的存在者之实存的条件"，即只属于人的灵魂实存的条件，"但却不是必然属于无限的原始存在者之实存的条件"，即不是属于上帝实存的条件。所以康德说，"我看不出他们将如何为自己辩护，说明他们从何处取得这种权利来作出这样的区分"，就是说，你们既然已经把时间设定为灵魂的自在之物本身的条件了，却又否认时间是上帝这个自在之物本身的条件，同样都是自在之物，你们做出这种区分是根据什么，没有道理。

<u>甚至他们将如何避开他们在把时间</u>中的存有看作必然与有限的自在

之物相联系的规定时所遭遇到的矛盾，因为上帝是这个存有的原因，但却又不可能是时间（或空间）本身的原因（因为时间必须被预设为物之存有的先天必然条件），因而上帝的原因性在这些物的实存上本身也必须是以时间为条件的，于是这里就不可避免地必然会出现针对上帝的无限性和独立性这两个概念的一切矛盾。

上面说了，由第二个困难所导致的有两个"看不出"，一个是看不出那些把时间看作自在之物本身的属性的人如何能在上帝那里避免宿命论；再一个是看不出只把时间看作人的自在之物的属性却不认为也是上帝的属性的人如何能够把这两种自在之物区分开来；而这里又提出了第三个"看不出"，即看不出"甚至他们将如何避开他们在把时间中的存有看作必然与有限的自在之物相联系的规定时所遭遇到的矛盾"。第一个"看不出"涉及把时间一般地归于自在之物；第二个"看不出"涉及把时间只归于人的自在之物而排除上帝的自在之物；第三个"看不出"则涉及把时间归于人的自在之物时所遇到的矛盾。什么样的矛盾？"因为上帝是这个存有的原因，但却又不可能是时间（或空间）本身的原因（因为时间必须被预设为物之存有的先天必然条件），因而上帝的原因性在这些物的实存上本身也必须是以时间为条件的"，"本身"原译作"甚至"。就是从自在之物来说，如果认为时间是人的自在之物的属性，上帝这个自在之物则是人的自在之物的存有的原因，即人的自在之物的创造者，那不可能又是时间本身的原因；因为既然任何物、包括自在之物的存有都要以时间为先天条件，上帝要创造人的存有也要以时间为先天条件，上帝造人也得按照时间的规定来造，那么上帝还是无所不能的吗？"于是这里就不可避免地必然会出现针对上帝的无限性和独立性这两个概念的一切矛盾。"换言之，如果把时间看作自在之物的规定，则上帝本身也不再是绝对自由的，而不得不服从时间的必然规定，就像任何有限的自然事物一样，上帝就成了一个遵守自然法则的伟大工匠；而上帝所创造的人也只能是一部貌似自动实则被动的机器了。

相反，我们很容易把与一个感官世界的存在者的规定不同的、作为不依赖于一切时间条件的上帝实存的规定，当作**某个自在的存在者本身的实存**而与一个**在现象中的物**的实存区别开来。

"相反"，也就是与上面所有三种把时间归于自在之物的方式相反，"我们很容易把与一个感官世界的存在者规定不同的、作为不依赖于一切时间条件的上帝实存的规定，当作**某个自在的存在者本身的实存**而与一个**在现象中的物**的实存区别开来"。只要我们不先入为主地把时间作那种自在的规定，上述困难是很容易消除的，就是说，与感官世界的存在者不同，上帝实存是不依赖于一切时间条件的，或者一般地说，自在存在者本身不在时间中，只有现象才在时间中，因为一切现象都是以我们主观中直观的先天形式为条件的，而一切自在存在者都是在我们主观所直观到的东西之外的。这就是打了着重号的两个短语的相互对照，一个是"某个自在的存在者本身的实存"，另一个是"在现象中的物"的实存，这两者是很容易区别开来的，只要我们把时间看作仅仅是我们主观中的直观先天形式，而不是外部客观中自在之物的某种关系或属性。这里其实已经提示了后面一段所要讲的对这一困难的解决办法，就是只要抛弃以往人们总是习惯性地把时间归于自在之物的做法，而把时间和空间限定为我们主观中的先验的观念性，事情就很简单了。

因此，如果我们不接受时间和空间的那个观念性，则唯一剩下的就只是**斯宾诺莎主义**，在其中空间和时间就是原始存在者本身的本质规定，而依赖于原始存在者的物（因而也包括我们自己）并不是实体，而只是依存于实体的偶性；因为，如果这些物只是作为原始存在者**在时间中**的结果而实存，而时间又是它们自在地实存的条件的话，那么甚至这些存在者的行动也就必然会不过是原始存在者随时随地所实行的行动了。 [102]

"因此，如果我们不接受时间和空间的那个观念性"，这个"观念性"在前面（《实践理性批判》第 137 页，边码 116）曾被称之为"我们最重要的预设，即对作为感性直观之单纯形式的、因而作为主体在属于感官世界时所特有之单纯表象方式的时间的那种观念性的预设",这是康德在《纯粹理性批判》的"先验感性论"中就确立起来了的。但是如果不接受康德的这一重要的预设,而执意要把时间和空间归于客观的自在之物本身,同时又想避开上述经验主义和理性主义的两个巨大的困难,那就只剩下唯一的可能性:"则唯一剩下的就只是**斯宾诺莎主义**"。斯宾诺莎在当时名声不好,门德尔松和雅可比还为莱辛是不是斯宾诺莎主义者打过笔墨官司。康德后来在《判断力批判》中也在目的论的视野中提到斯宾诺莎,说对于作为"自然物的基底的原始存在者"即上帝,"他并不将这些自然物的原因性赋予它,而只是将它们的自存性赋予它"(§73.),上帝并不是万物的原因,而只是它们的存在。作为实体或基底的上帝在斯宾诺莎那里只不过是"自因",既没有别的原因,也不给别的东西带来原因。这里则讲,"在其中空间和时间就是原始存在者本身的本质规定,而依赖于原始存在者的物(因而也包括我们自己)并不是实体,而只是依存于实体的偶性",斯宾诺莎倒是把空间和时间赋予了自在的原始存在者或上帝实体,使它们成了绝对客观的、按照完全机械的方式运作的上帝的本质规定,而我们人和万物都只不过是依存于实体的偶性,本身并没有实存性,也就更谈不上什么自由了。"因为,如果这些物只是作为原始存在者**在时间中**的结果而实存,而时间又是它们自在地实存的条件的话,那么甚至这些存在者的行动也就必然会不过是原始存在者随时随地所实行的行动了",这里用的虚拟式。就是说,假如把人和万物看作只是上帝"在时间中"所创造出来的结果,而时间又是人和万物自在地实存的条件,那么人自以为是自由的行动就只能是由上帝在时间的连续性中所随时随地所决定的被动的行为。这种创世论的说法以斯宾诺莎同时代的马勒伯朗士的"偶因论"和格林克斯的"两时钟说"为代表。所谓"偶因论"是说,心物关系、身心关系并没有笛卡尔所说的那种"交感",而是互相平行、互不干扰的,是上帝使双方保持一种相应性,一方面使我们的认识和客观物质世界相应,另方面使我们的意志与外部世界的改变相应,显得像是我们在认识世界和改变世界,其实物质和精神的一切相应关系都来自于上帝的随时安排。"两时钟说"则形象地诠释了这种偶然的相应关系,说这种相应就像两个时钟在同一时间点同时敲响,并不是因为相互之间有什么作用发生,而是因为有一位钟表匠在一旁随时调整,使它们同步。莱布尼茨则是对这种偶因论进一步加以改进,他认为上帝不可能像一位钟表匠那样随时来协调各个时钟之间的步调,那样的钟表匠是一位糟糕的钟表匠,显得上帝太没本事了;相反,上帝在创造各个时钟时早就已经预先把它们造得永远精确同步,不再需要上帝亲自动手来调整,这才像一位最高明的钟表匠。所有这些理论都是把时间归于上帝创造万物的条件,因而也是人和事物本身存在的条件,在这点上他们和斯宾诺莎相似;但有一点不同的是,斯宾诺莎并没有把人和事物的存在本身看作是上帝这个唯一实体在时间中创造出来的另一些实体,它们虽然由上帝赋予了存在,但这些存在仍然在上帝中,它们那种独立性的表象只是虚假的想象,其实只是上帝实体的一些偶性。斯宾诺莎虽然也有平行论的倾向,就是思维和广延被看作上帝的两大平行的"属性",但毕竟不是两种实体。所以斯宾诺莎虽然把时间归于自在的上帝实体,但由于实体只有一个,所以并没有陷入理性派创世论那种上帝实体和单子实体之间的自由和必然相冲突的困难。

　　因此尽管斯宾诺莎主义的基本理念很荒谬,但它的推论却远比按创世论所能做到的更加令人信服,如果这些被当作实体并自在地**实存于时间中的存在者**被视为一个至上原因的结果、但却并不同时被视为属于原始存在者及其行动的,而是被视为独立的实体的话。

　　"因此尽管斯宾诺莎主义的基本理念很荒谬",斯宾诺莎主义为什么"很荒谬"?因为它的基本理念就是唯一的上帝实体,又称之为自然,但却没有任何自然的感性内容,因此它窒息了人的一切能动性和自由,把一切事情都归结到上帝的机械操作,万物所显现出来的千变万化多姿多彩的现象都只是不值得注意的"偶性"而已。这种所谓的泛神论,后来连黑格尔都把它称之为"无世界论",是很难被人接受的。"但它的推论却远比按创世论所能做到的更加令人信服","更加使人信服"原文为 bündiger,也有简明、简洁的意思,就是说,虽然结论不可接受,但推论过程却是那么清楚明白,简明扼要,不像那些创世论者搞得那么麻烦和困难重重。"如果这些被当作实体并自在地**实存于时间中的存在者**被视为一个至上原因的结果、但却并不同时被视为属于原始存在者及其行动的,而是被视为独立的实体的话",这个"如果"就是那些创世论者的观点,如果是这种观点的话,比较起来,斯宾诺莎的观点要简明通达得多,有种几何学式的说服力。什么样的观点呢?就是这些实存于时间中的存在者被当作实体,它们虽然被看作上帝的实体所创造出来的结果,却又不甘心被看作上帝的单纯属性,而想成为独立的实体,以便保持自己的自由。而这就肯定会遇到极大的困难,就是这种自由和上帝的创造之间是什么关系,最后则必然会被上帝的前定和谐所和谐掉。这就是由于把时间看作自在之物本身的实存形式所带来的困难,在这种客观的时间中,自在之物中的绝对实体(上帝)和相对实体(人)如何相协调,就没有了周转的余地,只能硬碰硬,最后是两败俱伤,上帝一方成了机械论,有限存在者一方成了偶因论。反倒是斯宾诺莎把上帝这个自在之物看作唯一的实体,其他都是实体的样态或偶性,才回避了这种发生在自在之物中的矛盾冲突,但却是以公开牺牲掉人的自由、陷入宿命论为代价的。

上述困难的简单明白的解决是以下面这种方式完成的。如果**在时间中**的实存就是这个世界中思维着的存在者的一种单纯感性的表象方式,因而并不涉及作为自在之物本身的这些存在者:那么对这些存在者的创造就是对自在之物本身的创造,因为一个创造的概念并不属于实存的感性表象方式,也不属于因果性,而只可能与本体发生关系。

这一段就是直接来解决理性派所遇到的自由和必然关系的这第二个

困难了,"上述困难的简单明白的解决是以下面这种方式完成的",即这
个困难的解决要比解决第一个困难容易得多。"如果**在时间中**的实存就
是这个世界中思维着的存在者的一种单纯感性的表象方式,因而并不涉
及作为自在之物本身的这些存在者","在时间中"打了着重号,说明这
个困难的解决还是要抓住时间问题。在时间中的实存并不等于自在之物,
时间只是思维着的存在者、也就是人在"这个世界中"的单纯感性的表象
方式,也就是在现象世界中的直观的纯形式中的表象,与这些思维着的
存在者作为自在之物无关。"那么对这些存在者的创造就是对自在之物
本身的创造,因为一个创造的概念并不属于实存的感性表象方式,也不
属于因果性,而只可能与本体发生关系",这半句和前半句是对照的,所
以中间的这个冒号应该是分号。前半句讲时间中的实存不涉及自在之物
本身,这半句讲自在之物本身也不涉及时间中的实存。因为在谈到上帝
创世时,我们固然可以说上帝是一切有限的存在者的创造者,但这种创
造只涉及他们的自在之物本身,而与他们在时间中的具体表现无关。因
为创造的概念是不属于感性表象方式的,我们说"创造"的时候,从严格
意义上来说在感性世界中并没有任何东西是"创造"出来的,而只是一物
从另一物转变或改变其形式而已,结果肯定是从原因中得来的,实体是
在时间中持存的,物质不灭,不可能无中生有。所以在感性世界中只有
因果关系,而只有在自在之物里面才可能有严格意义上的创造,就是上
帝从无中创造出一切。真正的创造就是无中生有,这也只有从自在之物
的意义上才能得到理解,所以这里说一个创造的概念只可能与本体发生
关系。

　　因此,如果我关于感性世界中的存在者说:它们是被创造出来的,那
么我就在这点上把它们看作是本体了。

　　所以当我们说一个感性世界中的事物是"被创造出来的",比如说是
被自由意志创造出来的,这就已经把立场从感性世界转移到本体世界中
来了,在感性世界中是没有"创造"这回事的。因此这是不可混淆的,我

们在感性世界中只谈因果必然性，一个从另一个产生，这里面不可能有自由容身的余地；但一旦说到自由，说到创造，那么我们就已经是在自在之物的领域内谈问题了，在这个领域里面是没有所谓时间中的因果性和必然性的，只能是无中生有。这样一分开，自由和必然的冲突就根本无从发生，而上述矛盾也就迎刃而解了。

所以，正如说上帝是诸现象的创造者，这是一个矛盾一样，说上帝作为创造者是感官世界中的、因而是作为现象的种种行动的原因，尽管他也是行动着的（作为本体的）存在者的存有的原因，这同样也是一个矛盾。

"所以，正如说上帝是诸现象的创造者，这是一个矛盾一样"，把上帝说成诸现象的创造者，也就是像理性派那样设想上帝创造了钟表并给它们对准了时间，这就会是一个矛盾，把上帝在自在之物领域干的事搬到现象中来了。因为上帝要制造出一个钟表来，按照现象的标准就必须首先获得制造钟表的材料，而不能无中生有，在感性事物中不可能无中生有，所以这是自相矛盾的说法。另一方面，"说上帝作为创造者是感官世界中的、因而是作为现象的种种行动的原因，尽管他也是行动着的（作为本体的）存在者的存有的原因，这同样也是一个矛盾"，不但说上帝是现象的"创造者"是矛盾的，同样，说上帝是现象的"原因"也是矛盾的，这是把现象中的因果关系提升到自在之物中来了，即使说的是发出种种行动的人的原因也不行，因为人在现象世界中的行动也要遵守感性的因果必然性规律。当然，上帝是行动者的本体存有的原因，但不能把这种原因混入现象界的因果性中来，否则就是自相矛盾。所有上面讲的矛盾或困难，不论是经验派的困难还是理性派的困难，都是由于混淆了现象和自在之物两个互不干涉的领域而导致的。经验派把现象等同于自在之物，理性派把自在之物的事等同于现象的事，而时间则成了穿梭于双方的一个媒介，也恰好就是引起双方冲突的契机。

如果现在有可能在无损于这些行动作为现象的机械作用的情况下主

张有自由（只要我们承认时间中的存有是某种仅仅适用于现象而不适用于自在之物本身的东西），那么行动着的存在者就是被创造者这一点在这里就不会造成丝毫的改变，因为创造所涉及的是这些存在者的理知的实存，而不是它们的感知的实存，因而不能被看作诸现象的规定根据；

这就是康德提出的对这两个困难，尤其是第二个困难的解决办法。"如果现在有可能在无损于这些行动作为现象的机械作用的情况下主张有自由（只要我们承认时间中的存有是某种仅仅适用于现象而不适用于自在之物本身的东西），那么行动着的存在者就是被创造者这一点在这里就不会造成丝毫的改变"，这里关键就在于括号里的话：只要我们承认时间中的存有仅仅适用于现象而不适用于自在之物，也就是把时间从自在之物身上彻底剥离开来，由此来划分现象和自在之物。那么我们就可以一方面无损于行动者的机械作用，另方面保持行动者的自由。"那么行动着的存在者就是被创造者这一点在这里就不会造成丝毫的改变"，在这种严格区分现象和自在之物的情况下，行动者被上帝创造并不会影响他的自由，不会使他成为上帝所创造的机器上的一个零件。"因为创造所涉及的是这些存在者的理知的实存，而不是它们的感知的实存，因而不能被看作诸现象的规定根据"，理知的实存就是自在之物的实存，在自在之物中谈创造与时间不相干，与感性的实存不相干，不像在现象中谈自由那样会与机械因果性发生冲突。只要撇清了这一点，那么上帝创造世界、创造有限主体或行动者的行为与行动者的自由并不存在像理性派所描绘的那种非此即彼的矛盾。

但假如尘世存在者作为自在之物本身而**在时间中**实存，这里的结果就会完全不同了，因为实体的创造者就会同时又是在这个实体身上的全部机械装置的发动者了。

反过来说，如果按照理性派所设想的，"尘世存在者作为自在之物本身而**在时间中**实存"，那就会导致完全不同的结果。这里"在时间中"打了着重号，表明这是关键。理性派的失误正是在于，把人这个行动主体在自在之物的层面上放到时间中来考察,或者说把时间条件引入自在之物里面,而违背了时间的观念性本质。这样造成的结果将是,"实体的创造者就会同时又是在这个实体身上的全部机械装置的发动者了",即这个行动者作为自在之物中的实体就会陷入某种因果关系中,全套机械装置都是由它的创造者所发动起来的,它的自由意志就成了上帝所发动起来的机械装置中的一个零件,成了在时间中被决定的。所以理性派的自由论总是不知不觉地变成了宿命论,而陷入了自由和必然的困境,问题就出在对时间理解上。

[103]　　在纯粹思辨理性批判中所做到的使时间(以及空间)与自在之物本身实存的这种分离,就具有如此大的重要意义。

这句话是总结性的了,它总结了前面所讨论的经验派和理性派所陷入的不可解决的困难的根源。由此可以看出,在《纯粹理性批判》的先验感性论中所一开始就确立起来的时间和空间的先验的观念性具有多么重要的意义,它使时间空间被限定在主观观念中的先天直观形式上,这种先天直观形式是一切数学之所以可能的先天条件,因而也是一切自然科学的知识之所以可能的条件,但它所能够规定的只是现象中的机械因果必然性,而不可能运用于自在之物中的上帝和人的自由意志之上。所以只要我们摆正了时间的这样一种性质,由此将它与自在之物截然分离开来,不论是经验派还是理性派在自由和必然的关系问题上所遇到的困难都将不会发生。

但人们会说,在这里所提出的对困难的解决毕竟在自身中还有许多难处,是几乎无法得到清晰的描述的。不过,人们所尝试过或可能尝试的任何其他解决就更容易和更可理解吗? 我们宁可说,形而上学的独断论导师们通过他们对这一难点尽可能视而不见,并希望如果他们闭口不谈它,也许就不会有任何人轻易想到它,所证明的将与其说是诚实,不如

<u>说是狡猾。</u>

话说到这一步，康德也意识到，他所提出的解决困难的办法也不是十全十美的。"在这里所提出的对困难的解决毕竟在自身中还有许多难处，是几乎无法得到清晰的描述的"，比如说，关于上帝的预设就存在问题，康德在这里不过是就着理性派已经认为不言而喻的前提来说话，但并未对它加以仔细推敲。其实如《纯粹理性批判》中已经揭示的，各种上帝存在的证明都是站不住脚的。对上帝存在的悬设进行严密的论证是他后面要讨论的话题。又如上帝创造世界、创造出人的行动主体又是怎么回事，这里也没有深究，而是顺着理性派哲学家的说法在说，只不过他指出，你们如果要这样说，那就必须按照我这里提出的规范，否则将遇到不可克服的困难。但康德依照理性派的这些前提而提出的解决困难的办法，本身仍然有许多难处，是有待于澄清的。"不过，人们所尝试过或可能尝试的任何其他解决就更容易和更可理解吗？"就是说，我提出的这种处理办法虽然也预设了一些不可理解的前提，但理性派想尽一切办法所做的解释，如什么偶因论、两时钟说、前定和谐说等等，却决不比我的方案更可取。而我的方案比他们具有一个明显的优势，就是更加诚实。相反，"我们宁可说，形而上学的独断论导师们通过他们对这一难点尽可能视而不见，并希望如果他们闭口不谈它，也许就不会有任何人轻易想到它，所证明的将与其说是诚实，不如说是狡猾"。形而上学的独断论导师们，也就是那些理性派的大师们，他们最大的问题就是不诚实，对自身体系所暴露出来的疑点假装没看见，想蒙混过关。

<u>如果一门科学要得到帮助，那么所有的困难都必须被**揭示**出来，甚至必须使那些还在暗中阻碍科学的困难都被**搜寻**出来；因为每种困难都在召唤一种补救手段，而这种手段是不可能在被找到时不使科学获得一种不论是范围上还是在确定性上的增长的，所以就凭这一点甚至这些障碍都成为了科学彻底性的促进手段。</u>

这是在讲方法论了。"如果一门科学要得到帮助，那么所有的困难

都必须被**揭示**出来,甚至必须使那些还在暗中阻碍科学的困难都被**搜寻**出来",康德的批判哲学首先就是挑毛病的哲学,必须把所有的困难不论是明的还是暗的都揭示和搜寻出来,在此基础上才有可能对科学起到促进作用。"因为每种困难都在召唤一种补救手段,而这种手段是不可能在被找到时不使科学获得一种不论是范围上还是在确定性上的增长的,所以就凭这一点甚至这些障碍都成为了科学彻底性的促进手段",每揭示一种困难,都迫使人们去寻求一种补救手段,并由此而促进了科学的发展,这其实就是康德的经验之谈。康德正是在当时的经验派和理性派的长期争执不休中看出了他们各自所面临的困难,并且综合双方的观点而找出了摆脱困境的出路,他所提出的双重形而上学,即自然形而上学和道德形而上学,就是在范围上比以往的形而上学更加扩展了,而在两种形而上学各自的确定性上也有了极大的改观。

反之,如果故意把这些困难掩盖起来,或只是用止痛剂去化解,那么这些困难迟早会爆发为无可挽回的灾祸,这些灾祸将使科学毁于一种彻底的怀疑论。

相反,如果故意绕开困难,例如经验派是甘愿停留于有限的经验世界,放弃对整体性的追求,把一切涉及世界整体的问题都作为无意义的问题而掩盖起来,不加讨论;理性派则是通过诡辩而做出一些似是而非的解释,以满足一种心理上的需要,他们对休谟提出的对上帝存在和灵魂不朽的证明的质疑装作视而不见。"那么这些困难迟早会爆发为无可挽回的灾祸,这些灾祸将使科学毁于一种彻底的怀疑论",这正是休谟的怀疑论能够乘虚而入的原因。休谟的怀疑论在当时对科学来说是一场无法挽救的灾难,经验论被撕去了"科学"的假面,理性派则从根本上遭到了全盘摧毁,所以当时还在讲科学和认识论的人都不敢正面回应休谟的挑战。只有康德彻底审查了休谟提出的问题,正视了形而上学所面临的困境,并最后找到了他认为切实可行的解决办法。那么,他是如何找到出路的呢?下面康德从实践理性批判的角度对他摆脱困境的整个思路进行了一番全面的检视，这番检视可以看作他对两大批判的密切联系的一种总体概括，也就是对于包括纯粹思辨理性和纯粹实践理性在内的全部纯粹理性体系所作的阐明。

下面这一段被用分割线与上面的隔开，其实内容还是相关联的，用不着隔开，有的本子如柯内曼（Köneman）出版社 1995 年的选集六卷本（Werke in sechs Bänden, Herausgegeben von Rolf Toman.Band 3.）就没有隔开。这里我们还是依照普鲁士科学院权威版本。

既然在纯粹思辨理性的一切理念中，唯一在超感性东西的领域里、即使只是对实践的知识而言取得了如此巨大扩展的概念，真正说来就是自由概念，所以我就问自己：**究竟是从何处唯独这个概念获得了如此巨大的多产性**，而其他那些概念虽然表示着对一个纯粹的可能的知性存在者虚位以待，但却不能对这些知性存在者的概念作任何规定。

"既然在纯粹思辨理性的一切理念中，唯一在超感性东西的领域里、即使只是对实践的知识而言取得了如此巨大扩展的概念，真正说来就是自由概念"，在纯粹思辨理性中，也就是在《纯粹理性批判》中，提出了一系列的理念，如灵魂、世界整体、上帝等等，还有自由。但唯有自由的理念是唯一在超感性的东西的领域里，也就是自在之物的领域里，对于实践的知识取得了巨大的扩展，也就是获得了实践意义上的实在性，体现为一种理性的事实。这是在《纯粹理性批判》中已经阐明了的。其他那些理念都还只是些先验的理念而已，可以假设，可以思维，但却无从获得实在性。"所以我就问自己：**究竟是从何处唯独这个概念获得了如此巨大的多产性**，而其他那些概念虽然表示着对一个纯粹的可能的知性存在者虚位以待，但却不能对这些知性存在者的概念作任何规定"，当然这里是自问自答了。为什么在众多理念中，只有自由的理念成为一个"事实"，从而在实践的领域里开辟了如此广阔的一片天地，带来了如此巨大的多产性，以至于在此基础上建立起了一门"道德形而上学"？而其他的那些理念，如灵魂的理念，上帝的理念，虽然在思想上所指谓的是一个可能的知性存在者，如灵魂实体或上帝实体，但却是虚位以待。它们不像自由的理念，虽然在先验的层面上也是虚位以待，但却等来了它在实践的层面上的实在性；而是在任何意义上都不能对它们作任何规定，始终是些可思而不可知的理念。如何会是这样，这就需要对它们是如何产生出来的进行一番追溯，因而需要回到《纯粹理性批判》中作一番思路的清理。

[104]

我马上就领会到，既然我离开范畴就不可能思维任何东西，所以在我所探讨的这个理性理念中也必须首先寻找范畴，这范畴在这里就是**因果性**范畴，而且，即使自由的**理性概念**作为一个夸大其辞的概念也不可能配备有任何相应的直观，但为了自己的综合而向自由理念要求无条件者的那个**知性概念**（因果性概念），却必须事先被给予一个感性直观，以便首先得到客观实在性的保证。

根据前面那一问，我们回到《纯粹理性批判》，"我马上就领会到，既然我离开范畴就不可能思维任何东西，所以在我所探讨的这个理性理念中也必须首先寻找范畴，这范畴在这里就是**因果性**范畴"，也就是说，我回到了《纯粹理性批判》中的知性范畴表，并且找出了其中的因果性范畴，这正是我的自由理念之所以不但能够被思维，而且产生了如此巨大的实践成果的根源。为什么在那么多范畴中唯独选中了因果性范畴，下面有解释，首先当然与因果性概念本身的要求有关。"而且，即使自由的**理性概念**作为一个夸大其辞的概念也不可能配备有任何相应的直观，但为了自己的综合而向自由理念要求无条件者的那个**知性概念**（因果性概念），却必须事先被给予一个感性直观，以便首先得到客观实在性的保证"，自由的理念首先是一个"理性概念"，这里打了着重号，自由的理性概念本身是不可能配备有任何相应的直观的，所以它单独来看肯定是"夸大其辞"的。但因果性这个知性概念本身也要求对它的感性对象起一种综合作用，"知性概念"在这里也打了着重号。这个因果性的知性范畴必须向自由的理性概念要求一个无条件者，这样才能为自己的因果系列获得最终的充足理由，只有以这样的充足理由为先决条件，整个因果链条才能得到稳定，否则就会最终由于"理由不充分"而垮台。但在此之前，它必须运用于感性直观之上，并由此而得到客观实在性。至于为了自己的综合而不断地要求从条件或原因追溯到更高的条件和原因，形成一个无限的因果链条，最终则是要求一个无条件者作为绝对的原因性，这并不能带来任何客观实在性，而只不过是一个逻辑上必然的假设，这就是先验自由的假设。所以先验自由的假设是因果性范畴在运用于感性直观中时为了获得充足理由而要求的。这些都是在《纯粹理性批判》的第三个二律背反中已经阐明了的道理。那么，其他的范畴是否也具有因果性范畴这样的性质呢？下面就来清理一下。

于是一切范畴都分为两级，即单纯针对客体表象中的综合统一的**数学性的**范畴，和针对客体之实存的表象中的综合统一的**力学性的**范畴。

这也是在第一批判中讲过的。在康德的纯粹知性范畴表中，四大类范畴分为两类，量和质为一类，关系和模态为一类，分别称之为"数学性的"和"力学性的"，我们也可以看作是静态的和动态的。前者是针对"客体表象"中的综合统一的范畴，后者是针对"客体之实存的表象"中的综合统一的范畴。所谓客体之"实存"（Existenz）是个动态概念，"实存"原来是个动词（existieren），又译作"生存"，所以它的表象不是静止的表象，而是动态表象。显然，自由的理念只能出自动态范畴，而不可能出自静态范畴。至于究竟出自动态范畴中的哪一个，后面再说。

第一级范畴（量和质的范畴）任何时候都包含有**同质的东西**的一个综合，在这种综合中，对于在感性直观里所给予的有条件者是根本不可能在空间和时间中找到无条件者的，因为这个无条件者本身又必将属于空间和时间、因而又必须是有条件的；因此甚至在纯粹理论理性的辩证论中，为种种条件找到无条件者和条件总体的两种相互对立的方式都是错误的。

这种区分在《纯粹理性批判》的范畴表和第一、第二个二律背反中也都讲过了。量和质的范畴都是"同质的东西"的综合，因为质在康德那里无非是"内包的量"，量不论是外延的还是内包的，都是以同质的东西为基础来计算的，也就是能够以量化的方式来定量定性的。"在这种综合中，对于在感性直观里所给予的有条件者是根本不可能在空间和时间中找到无条件者的，因为这个无条件者本身又必将属于空间和时间、因而又必须是有条件的"，既然是定量化的，所以量和质都必然处于时间空间中，而时空在广度和深度两方面都是可以无限延伸下去的，因而不可能找到无条件的东西。所以康德在第一、第二个二律背反中说，在空间和时间中去寻求一个无限的无条件的边界或起点完全是一个概念中的错误，这里所谓"无限"其实只不过是"不限定"的意思，是一个永远开放的概念。"因此甚至在纯粹理论理性的辩证论中，为种种条件找到无条件者和条件总体的两种相互对立的方式都是错误的"，也就是说，空间和时间上的二律背反，不管是正题还是反题都是错误的。这就和下面的第二级范畴即关系和模态恰好形成对照，因为在关系范畴和模态范畴中所形成的二律背反中，正题和反题在某种意义上都是对的，都在不同的领域中有自己的意义和适用对象。这就是下面要讲的自由理念的真正出处了。

第二级范畴（一物之因果性和必然性的范畴）则完全不要求这种同质性（即有条件者和条件在综合中的同质性），因为在这里应当被设想的不是直观如何由其中的杂多复合起来，而只是那个与直观相应的有条件的对象的实存如何（不论是在因果性方面还是在物本身的偶然存有方面）设立理知世界中的、虽然在其他方面并不确定的无条件者，并使这种综合成为超验的；

"第二级范畴（一物之因果性和必然性的范畴）则完全不要求这种同质性（即有条件者和条件在综合中的同质性）"，第二级范畴在知性范畴表中有这样一些：关系范畴包括实体和偶性、原因和结果、协同性（交互关系），模态范畴包括可能性—不可能性，存有—非存有（现实性－非现实性），必然性—偶然性。要注意的是，康德在这里把这个范畴表简化了，关系范畴被简化为因果性，模态范畴被简化为必然性。怎么可以这样简化？实际上，在《纯粹理性批判》中，康德虽然没有明说，但内心实际上是把因果性视为关系范畴中的核心，而把必然性视为模态范畴中的核心的。在关系范畴中，实体和偶性实际上是为因果性做铺垫的，因为实体和偶性严格说来还算不上什么关系，相比之下，偶性只是实体自身的静态的表现方式；只有在实体之间，一个实体是原因，另一个实体是结果，这才有真正的动态的"力学"关系；至于协同性或者交互关系，本质上无非是说互为因果的关系，是由动态又回复到了静态。所以因果性范畴是关系范畴中的核心范畴。而模态范畴中，必然性是可能性和现实性所要达到的认识上的最终目的，后两者都是为找出事物中的必然性而作铺垫的，只有达到了普遍必然性的知识才是科学知识，一种可能性或者一种既成事实的现实性都还不算严格的科学知识。但康德在《纯粹理性批判》中虽然也可以看出比较重视这两个范畴，但并没有明确把它们作为核心范畴提出来。而这里则是不言而喻地将它们用来代表关系范畴和模态范畴。在他看来，这两个范畴完全不要求像在量和质的范畴中的那种"同质性"，那种同质性限定在有条件者和它的条件在综合中是同质的，而在这里则可以是不同质的，就是说，原因可以是和结果不同质的，必然性也可以是和那些偶然性不同质的。"因为在这里应当被设想的不是直观如何由其中的杂多复合起来"，那种设想只是一种静态的设想，属于量和质的范畴，而这里则已经是动态的关系和模态了。所以在这里所应当设想的，"只是那个与直观相应的有条件的对象的实存如何（不论是在因果性方面还是在物本身的偶然存有方面）设立理知世界中的、虽然在其他方面并不确定的无条件者，并使这种综合成为超验的"，也就是说，看直观中的对象在实存中如何设立一个无条件者，哪怕这个无条件者并不在可能经验中、因而也不在直观中，而只是在理知世界中，除了在理知世界中可思维之外在其他方面并不确定。这样的无条件者在因果性方面就是自由因，在物本身的偶然存有方面就是上帝的绝对必然的存有。于是，这样一种跨越经验世界之外的综合就是超验的综合了，也就是力图用一个超经验的理念来综合整个经验世界。

因此，在纯粹思辨理性的辩证论中也就出现了这种情况，即两个表面上相互对立的、为有条件者找到无条件者的方式，例如在对因果性的综合中为感官世界的原因和结果序列中的有条件者来设想出不再具有感性条件的因果性的方式，实际上并不是互相矛盾的，

这是回顾《纯粹理性批判》的先验辩证论中的二律背反的论证了。前两个二律背反正题和反题都是错误的，这个前面已经讲了；那么后面两个二律背反，一个是世界上有自由或者没有自由，一个是这个偶然的世界有或者没有一个绝对必然的存在者，它们的正题和反题实际上并不是矛盾的，而是双方都是正确的。它们都是要为经验中的有条件者找到一个无条件者，正题是说，这个无条件者可以设想为存在于彼岸的理知世界中，反题则是说，无条件者不可能存在于此岸的经验世界中。这两种表达方式表面上是互相冲突的（有自由，或者没有自由），实际上只不过是同一个说法的正反两种表达而已。注意这里对这两种方式只举了其中一种方式作为例子，就是"在对因果性的综合中为感官世界的原因和结果序列中的有条件者来设想出不再具有感性条件的因果性的方式"，也就是从感官世界中的因果序列推出感官世界之外的一个无条件的原因性即自由。至于第二种方式，即为一切偶然的经验事物设想出一个绝对必然的存在者即上帝，则要在整整一页以后才回头来讨论（"但我们在第二个力学性的理念方面……"）。这里则重点谈因果性和自由，因为在这种方式没有理清之前，第二种方式也就不好谈。

而同一个行动，任何时候都是以感性为条件的、也就是机械必然的，但同时也作为属于行动着的存在者之原因性的行动，就这存在者属于理知世界而言，有一个感性上无条件的原因性作根据，因而能够被思考为

自由的。

这就是论证在什么意义上有自由。人的同一个行动有两面,一方面,就其属于经验世界而言,它"任何时候都是以感性为条件的、也就是机械必然的",就此而言它不可能是自由的。另一方面,"但同时也作为属于行动着的存在者之原因性的行动,就这存在者属于理知世界而言,有一个感性上无条件的原因性作根据,因而能够被思考为自由的",就其属于理知世界而言,它已经超出了一切感性的范围,有一个没有感性条件的原因性做它的根据,所以它的这种原因性就可以被思考为自由的。所以自由的二律背反的双方都是正确的。

现在问题只在于要使这个**能够**(Können)变成**是**(Sein),即我们要能在一个现实的场合下仿佛通过一个事实来证明,某些行动不论它们现在是现实的还是仅仅被要求的、即客观实践上必要的,都是以这样一种原因性(智性的、在感性上无条件的原因性)为前提的。

在《纯粹理性批判》中对自由理念的假定还只是一种可能性,虽然是一种不可否证的可能性,但毕竟也没有能够证实。所以现在问题就在于如何能够使它从单纯的可能性而成为实在性,也就是从"能够"(或译作"可能")变成"是"(或"存在")。这就需要找到一个现实的场合,在其中应该通过一个事实来证明,"某些行动不论它们现在是现实的还是仅仅被要求的、即客观实践上必要的,都是以这样一种原因性(智性的、在感性上无条件的原因性)为前提的"。不论这些行动现在是现实的,还是仅仅在客观上被实践所要求的,也就是我们通常所说的"应当"做的,都要以这样一种原因性也就是自由的原因性为前提,这种原因性本身是智性的,在感性上无条件的。那么,在哪里可以找到这样一种场合呢?

我们不可能指望在那些通过经验现实地给予出来的、作为感官世界事件的行动中找到这种联结,因为出于自由的原因性总是必须在感官世界之外到理知的东西中去寻求。但除了感官之物以外别的东西却并没有提供给我们的知觉和观察。

[105]

肯定不能在感官世界的经验中找到这种场合。"我们不可能指望在那些通过经验现实地给予出来的、作为感官世界事件的行动中找到这种联结，因为出于自由的原因性总是必须在感官世界之外到理知的东西去寻求"，经验派昧于这个道理，而总想在经验世界的事物中给这种自由提供某种解释，结果只能是把它消解为一种幻觉和一种心理现象。他们没有看到，自由的原因性只能在感官世界之外去寻找，它是一种超感官的理知的东西。"但除了感官之物以外别的东西却并没有提供给我们的知觉和观察"，理知的东西并不是我们的知觉和观察所能够达到和看清的，由此顺理成章地就可以推出，自由决不是我们的知觉和观察所能够领会和把握的，它必须运用我们的纯粹理性到超出感官之外的领域中去把握。

所以剩下的就无非是，或许会发现一条不矛盾的、更确切说是客观的因果性原理，它从自己的规定中排除一切感性的条件，也就是说，在这样一条原理中，理性不再去引用**别的东西**作为因果性方面的规定根据，而是本身已经通过这条原理包含了这个规定根据，所以这时它作为**纯粹理性**本身就是实践的。

经验世界的感性之路被堵死了，"所以剩下的就无非是，或许会发现一条不矛盾的、更确切说是客观的因果性原理，它从自己的规定中排除一切感性的条件"。现在要考虑的只能是，有没有这样一条因果性原理，它从自己的规定中排除了一切感性条件，同时又是不矛盾的，既不和感性世界相矛盾，又不和自身相矛盾。它在这种意义上将会是一条客观的因果性原理，这种客观不是经验对象意义上的客观，和这种绝对的客观比起来，经验对象的客观其实还是主观中的，只是相对的客观。"也就是说，在这样一条原理中，理性不再去引用**别的东西**作为因果性方面的规定根据，而是本身已经通过这条原理包含了这个规定根据，所以这时它作为**纯粹理性**本身就是实践的"，这种排除了一切感性条件的、理知的因果性原理是什么意思呢？这无非是说，理性在某种因果性活动中，它的规定根据不再是别的某种东西，某种并非理性的或感性的东西，相反，它本身就成了这个因果性的规定根据，所以它作为不掺杂感性在内的纯粹理性本身就具有实践能力，也就是作为一种纯粹理性的原理直接就是引起实践行为的原因。这里离我们的目标越来越近了。

但这条原理不需要作任何寻求和发明；它早就存在于一切人的理性中且被吸纳进他们的本质，它就是**德性**的原理。

这就达到了我们的目的地，即终于为这种抽象的自由理念找到了它在现实中的表现场合。它其实不需要作任何寻求和发明，而是早就存在于一切人，包括最没有文化的底层群众的理性中，成为了他们的本质。这就是康德在《道德形而上学奠基》一开始由以出发的"普通的道德理性知识"，或者"通俗的道德哲学"，只要人们动脑筋想一想，就可以发现在这些日常司空见惯的实践行为的德性原理中，所包含的正是自由的预设。所以道德法则才是自由的"认识理由"，我们由此而知道人是自由的，这不是从任何经验事物中证明的，而就是从人的道德实践中发现的，只有道德实践行为才能单纯从人的自由意志来解释，而不能也不需要用经验性的理由如情感或利害来解释。由此我们承认自由是人的日常道德生活中的一个"事实"。自由正是由道德法则而获得了自己的实践的实在性。

所以那个无条件的原因性及其能力，即自由，但连同自由还有某个属于感官世界的存在者（我本人），毕竟同时又不只是不确定地和悬拟地被**思考**为属于理知世界的（这一点思辨理性就已经能够查明是可以做到的了），而是甚至就自由的原因性**法则**而言也被**确定地**和实然地**认识**到了，这样，这个理知世界的现实性，确切地说是在实践的考虑中的现实性就被**确定地**提供给我们了，而这种确定性在理论的意图中将会是**超验的**（夸大其辞的），在实践的意图中则是**内在的**。

这样一来，自由的理念由此就突破了自身作为一个假定的先验理念的空洞性和虚拟性，而拥有了实践的实在性并成为了某种"认识"的对象。"所以那个无条件的原因性及其能力，即自由，但连同自由还有某个属于感官世界的存在者（我本人），毕竟同时又不只是不确定地和悬拟地**被思考**为属于理知世界的（这一点思辨理性就已经能够查明是可以做到的了），而是甚至就自由的原因性**法则而言**也被**确定地**和实然地**认识**到了"，这一点是《纯粹理性批判》中已经多处提示了的，就是自由的理念就其作为理论理性的对象是不具有现实性的，就连其可能性也是未经证明的，只有在实践的意义上才具有了现实性或实在性。自由连同行动的主体（我本人）凭借实践中的法则（自由的原因性法则）而被"**确定地**和**实然地认识到了**"，即被认识到它们的确都属于理知世界，因而成为了一种实践的"知识"。"这样，这个理知世界的现实性，确切地说是在实践的考虑中的现实性就被**确定地**提供给我们了，而这种确定性在理论的意图中将会是**超验的**（夸大其辞的），在实践的意图中则是**内在的**"，就是说，自由的现实性在《纯粹理性批判》中经由第三个二律背反而得到了一种假定，但这种假定是超验的、夸大其辞的，它超出一切经验可证明的范围，其实只是一种无法否认的可能性；但在实践的考虑中却被证明为确定的，而且在这种意义上，这个超验的理念现在成了内在的。"内在的"（immanent）在康德那里意味着在可能经验之内的、可由经验验证的，知性范畴只能有内在的运用，就是只能运用感性的对象上。而这里用内在的这个术语，虽然不是指运用于感性对象上，但却是指运用于感性活动上，也就是运用于日常生活中人的实践活动上。这种实践活动虽然实行的是感性的行为，但这种感性行为的规定根据却是听从纯粹实践理性的命令，是出自于道德法则而不是感性的自然法则。这就使得自由的实践法则成为了一种可以在日常感性活动中得到验证的实践知识了，所以康德在谈及道德法则时所举的例子，例如《道德形而上学奠基》中反复提到的那四个义务的例证（不自杀、不说谎、发展自己的才能、帮助他人），都可以看作在日常实践中对道德法则的验证，都是一些道德实践的知识。

　　但我们在第二个力学性的理念方面、即在一个**必然存在者**的理念上却不能够采取同样的步骤。我们不可能不借助于第一个力学性的理念就从感官世界出发上达这个必然存在者。

这里终于谈到第二个力学性的理念了，前面一直都在谈第一个力学性的理念即自由的原因性理念，它出自于关系范畴中的因果性范畴。而这里第二个理念作为一个绝对必然的存在者的理念，实际上就是上帝的理念，却不能够直接采取像第一个理念那样的程序推出来。第一个理念是由无限因果链条推导出一个最终的开端的原因性，它本身实际上也参与到这个因果链条中作为其中不再有其他条件的第一项，或者整个因果链条的充足理由；反之，第二个理念则整个都在经验世界之外，不是作为其中第一项，而是仅仅作为纯粹理知的概念来设想。这种区别在《纯粹理性批判》中说得很清楚：必然存在者"作为理知的条件根本不会作为这个序列的一项（就连它的最高项也不是）属于这个序列，并且也不使这个序列的任何一项成为经验性上无条件的，而是让整个感性世界留在自己的经过一切项而前进的、经验性上有条件的存有中。所以在这里，这样一种把一个无条件的存有作为诸现象的基础的方式就会与前一小节中那种经验性上无条件的原因性（即自由）有所不同，即在自由那里作为原因的物本身（现相的实体）毕竟还是属于条件序列的，而只有它的原因性被设想为理知的，但在这里，必然的存在者必须完全在感官世界的序列之外（作为超出世界之物）并单纯从理知上来设想"（A560=B588—A561=B589）。那么，这个绝对必然的存在者的理念是否也有"内在的运用"呢？就其本身来说这是不可能的，它只是一个纯粹理知的理念，与感官世界没有任何交接，因为它所面对的感官世界与自由所面对的因果链条不同，是一个充斥着偶然性的世界，偶然和偶然之间不存在像原因和结果那样的必然关系，形不成一个可资推导的链条，所以必然存在者与这个世界的关系完全是一种外在的、超验的关系。但也有一种办法把它和感官世界关联起来，这就是借助于第一个理念的内在的运用。所以康德在那里说，因果链条的这个序列"只被我们用作引导，以便达到一个有可能是一切变化之物的最高条件的存有,即达到**必然的存在者**"(A559=B587);而在这里也说:"我们不可能不借助于第一个力学性的理念就从感官世界出发上达这个必然存在者"。就是说,如果要把第二个力学性的理念和感官世界联系起来的话,只有经过第一个力学性的理念即自由的原因性作为引导或者中介,因此只能是一种间接的联系。

因为假如我们试一试,我们将必须作一个大胆的跳跃,离开一切被给予我们的东西而飞抵那甚至丝毫没有被给予我们的东西之上,借此我们才有可能促成这样一个理知的存在者与感官世界的联结(因为这个必然的存在者应当被认为是**在我们之外**被给予的);相反,这种情况在**我们自己的**主体上,就其一方面通过道德法则(由于自由而)把自己规定为理知的存在者、**另方面**认为自己是按照这一规定在感官世界中如同现在亲眼看到的那样活动的而言,倒是完全可能的。

"因为假如我们试一试,我们将必须作一个大胆的跳跃,离开一切被给予我们的东西而飞抵那甚至丝毫没有被给予我们的东西之上",上面讲了必然存在者理念要想与感官世界联结,离不开自由的原因性这个内在地运用于感官世界的理念;那么这里说,假如我们试一试,看是不是不借助于这一中介也能形成这一联结,那么我们将作一个大胆的"跳跃",不借助于在感官世界中被给予我们的东西而"飞抵"理知世界中的东西上去,中间并没有任何桥梁或中介。"借此我们才有可能促成这样一个理知的存在者与感官世界的联结(因为这个必然的存在者应当被认为是**在我们之外**被给予的)",只有完成了这一跳跃,理知的存在者与感官世界才有可能联结起来,而这时理知的必然存在者是在我们之外、不借助于我们而凭空给予的。这种跳跃当然是不合法也不可能的,因为没有中介,从此岸到彼岸是跳不过去的。"相反,这种情况在**我们自己的**主体上,就其一**方面**通过道德法则(由于自由而)把自己规定为理知的存在者、**另方面**认为自己是按照这一规定在感官世界中如同现在亲眼看到的那样活动的而言,倒是完全可能的",相反的是在我们自己的主体上的自由的情况,如果借助于我们的主体自由这个中介,这一联结就完全有可能了。因为我们在作为自由的主体而出自道德法则地行动时,我们一方面把自己规定为理知的存在者,另方面又完全是按照感官世界的因果律而对现实世界产生着实践的影响力,所以我们的自由行动就可以作为两个世界联结的纽带,这就可以考虑也给感性世界的偶然性向必然存在者的飞跃提供一个中介。

　　唯有自由意志的概念允许我们可以不超出我们之外去为有条件的东西和感性的东西发现无条件的和理知的东西。因为正是我们的理性自身,　[106]通过最高的、无条件的实践法则和意识到这条法则的那个存在者（即我们自己的人格）而认识到自己是属于纯粹知性世界的,更确切地说,是认识到自己带有这个存在者本身能够得以活动的那种方式的使命的。

　　这就是自由理念的中介作用。"唯有自由意志的概念允许我们可以不超出我们之外去为有条件的东西和感性的东西发现无条件的和理知的东西",自由意志的概念作为一个因果序列的开始项,虽然本身居于理知的领域而不具有任何感性的条件,但毕竟在行动的主体中与一个感性事物的因果序列有了接触,使这个序列与我们之内的理知的东西发生了关系,或者说在这个感性因果序列中发现了它背后的超感性的理知的东西。因此它不需要在感性的东西和理知的东西之间做一个跳跃,而是可以不超出我们之外而形成双方的一个直接的过渡。"因为正是我们的理性自身,通过最高的、无条件的实践法则和意识到这条法则的那个存在者（即我们自己的人格）而认识到自己是属于纯粹知性世界的",是"我们的理性"而不是彼岸上帝的理性,它通过道德法则以及意识到道德法则的存在者而认识到了自己是属于理知世界的。这个存在者就是我们自己的人格,因为这个人格是跨两界的,它使感性的我们通过道德实践而认识到了我们自己的理知的本质。"更确切地说,是认识到自己带有这个存在者本身能够得以活动的那种方式的使命的",也就是说,认识到我们自身就带有我们能够得以活动的那种方式,那种方式就是在感性世界中的实践活动的方式，它虽然是感性的方式，但本身却带有某种超越于感性世界及其因果律之上的、来自彼岸的道德使命。

这样就可以理解，为什么在全部理性能力中**只有实践的**能力才可能是帮助我们超出感官世界并使我们获得有关一个超感性的秩序和联结的知识的，但也正因为如此这些知识当然就只能够在对于纯粹实践的意图所必须的那个范围之内扩展。

这就是总结自由概念的上述媒介作用了，它使得我们可以理解，"为什么在全部理性能力中**只有实践的**能力才可能是帮助我们超出感官世界并使我们获得有关一个超感性的秩序和联结的知识的"。为什么只有实践能力可以起到与超感官秩序联结的作用？因为它里面包含有自由概念，并且作为一种理性能力即纯粹实践理性的能力，它能够对这种联结作用形成一种（实践的）知识，也就是对于实践活动中我们将与怎样一种纯粹理性法则打交道获得知识。"但也正因为如此这些知识当然就只能够在对于纯粹实践的意图所必须的那个范围之内扩展"，既然这些知识只是有关实践中"应当"的法则的知识，所以它与理论上的任何知识都是不同的，它不可能用感性世界中的经验法则来衡量，也不会干预这些自然法则的正常运行，而只是在纯粹实践理性的意图或目的的范围内扩展。以上的讨论实际上已经把两大批判的结合点阐述得淋漓尽致了，这个结合点就是自由的概念。所以无怪乎康德在序言中就断言，自由的概念"构成了纯粹理性的、甚至思辨理性的体系的整个大厦的**拱顶石**，而一切其他的……概念（上帝和不朽的概念），现在就与这个概念相联结，同它一起并通过它而得到了持存及客观实在性，就是说，它们的**可能性**由于自由是现实的而得到了**证明**"（见第2页）。用自由把理论理性和实践理性结合成一个完整的纯粹理性体系，这是康德的一个颇为得意的杰作，这也是他之所以把我们理性的一切兴趣的三大问题（我能知道什么、我应当作什么、我可以希望什么）最后归结为一个问题："人是什么"的立足之处。当然，自由的理念如何能够在第二个力学性的理念即绝对必然的

存在者 (上帝) 那里发挥它的中介作用, 在这里仍然语焉不详, 这是康德要留给后面讲纯粹实践理性的三大悬设时展开来谈的。

　　请允许我借此机会再提醒大家注意一点, 就是我们凭借纯粹理性所迈出的每一步, 哪怕是在我们根本不考虑微妙思辨的那个实践领域内, 却仍然是如此精确地、而且是自动地与理论理性批判的一切契机相衔接的, 就好像每一步都以深思熟虑的谨慎仅仅是为了获得这样的认可而想好了的一样。

　　在这里康德再次强调他按照纯粹理性的严格精确的必然性一路走来, 自然而然地就会达到这样一个和谐的整体, 哪怕我们现在转移到了实践理性的领域, 也能够自动地和纯粹理论理性的一切契机相互衔接, 就仿佛是预先想好了的一样。显然, 康德很可能事先并没有想到这两大批判之间会吻合得如此天衣无缝, 他认为这足以证明他在运用纯粹理性能力时是多么的严格, 只要每一步都稳扎稳打, 步步为营, 整体上就必然会互相呼应、浑然一体, 这正是纯粹理性本身的客观真理的特征。所以在分析论的这最后一段中, 他要提醒的就是他的全部理性批判并非从这里那里凑合起来的一些观点, 而是一个具有内部自我完备性和自洽性的合乎逻辑的体系, 这足以证明这个体系的坚如磐石、不可动摇。

　　实践理性的这些最重要的命题与思辨理性批判的那些看起来似乎是微妙的和不必要的说明之间的这样一种不以任何方式被寻求、而是 (如同人们只要愿意把道德研究推进到它们的原则就能够自己确信的那样) 自动出现的精确印证, 是令人惊讶和使人奇怪的, 而且加强了那条已由别的人所认识到并赞扬过的准则, 即在每一种科学研究中都要以一切可能的精密性和开放性不受干扰地继续自己的进程, 而不把这种研究在自己的领域之外有可能违背的东西放在心上, 而是尽可能独立自主地将这种研究真实完备地加以完成。

　　"实践理性的这些最重要的命题与思辨理性批判的那些看起来似乎

是微妙的和不必要的说明之间的这样一种不以任何方式被寻求、而是（如同人们只要愿意把道德研究推进到它们的原则就能够自己确信的那样）自动出现的精确印证，是令人惊讶和使人奇怪的"，实践理性的这些重要命题，也就是上述自由概念的实践的实在性及其中介作用，恰好与《纯粹理性批判》中的那些在当时看来似乎是不必要的说明之间，例如与一个空洞的、看起来毫无用处的先验自由理念的假定之间，竟然"自动"出现了精确的印证，这种互相印证似乎并不是刻意寻求的，而是在道德研究的领域只要把原则贯彻到底就会出现的，这的确令人惊讶。这件事情"加强了那条已由别的人所认识到并赞扬过的准则，即在每一种科学研究中都要以一切可能的精密性和开放性不受干扰地继续自己的进程，而不把这种研究在自己的领域之外有可能违背的东西放在心上，而是尽可能独立自主地将这种研究真实完备地加以完成"，这其实就是理性派的准则，也就是对理性的普遍必然性的绝对信念，认为只要我们认定在一个领域中彻底遵守理性的法则，它就会无所不通，决不会遇到与之格格不入的障碍。正如逻辑原则和数学原理放之四海而皆准一样，你在某个领域中严格按照法则来进行研究，它就会自动扩展到这个领域之外的其他领域，而不需要你预先全盘考虑完善；相反，这种程序本身正是科学研究扩展我们的知识、从已知进向未知的方式。康德的思维方式基本上是坚持这一理性主义的信念的。所谓"不把这种研究在自己的领域之外有可能违背的东西放在心上"，这里似乎在暗指宗教的那些独断的教条。因为人们也许会指责康德，说你把上帝往哪里摆？但康德会表明，只要我按照纯粹理性的法则把自由意志的问题解决了，上帝的问题也必将顺理成章地得到解决。

　　多次的观察使我确信，如果我们完成了这件工作，那在这件工作的半途中在我之外的其他学说看来有时似乎是很可疑的东西，只要我把这种疑虑直到事情得到完成之前都置之不顾并专心于我的工作，最终就会以出人意料的方式而与那种丝毫不考虑那些学说、也没有对它们的偏袒和偏爱而自发产生出来的东西完全吻合。

这种吻合当然不是什么巧合，而是具有理性内在的必然性的。康德的经验之谈就是，他一件一件地完成自己的工作，当一件工作尚未完成时，看起来与其他的工作似乎无法相容，疑虑丛生，但那只是因为这件工作尚未展示出它的全貌。这时我们就必须埋头于手头的工作，尽可能把它做得无懈可击，而不去外在地考虑如何与其他工作相衔接的问题。只要你在这件工作上真正做到了一丝不苟，那么到工作完成时，你就会惊奇地发现它与其他那些工作严格地相互吻合，其实这正是理性和逻辑的妙处。后面接下来要谈的纯粹实践理性的辩证论正好印证了康德的这种自信，在康德作为出发点的纯粹理性的立场看来，上帝存有和灵魂不朽的问题不是一开始就必须考虑的问题，但它们必然会随着体系的展开而逐步得到解决，最终会作为纯粹理性体系的一个必然的部分或环节而得到合理的阐明。但这样所获得的神学也只能是道德神学，即以道德为基础的神学，而道德却决不会变成神学的道德学，康德的理性主义立场是一贯的。

作者们只要能够下决心以更多一些的开诚布公来进行工作，他们就会避免好些错误，节省好些徒劳的辛苦了（因为这些辛苦是花费在假象上的）。

所谓"以更多一些的开诚布公来进行工作"，其实就是以批判的开放态度来进行工作，不设任何假定的前提，一切按照纯粹理性的法则来进行检验，这样就会不受一些幻相和假象的迷惑。而以往的形而上学总是在这些既定的陈见上纠缠不休，凡是遇到解决不了的问题就绕着走，而对一些先入之见如独断论的诸多设定却又不加反思地接受下来，他们的工作除了给一些既定的偏见加上冠冕堂皇的无用的装饰之外，几乎全部都白费了。这是康德对他们的告诫。